Acesse JÁ os conteúdos ON-LINE

CAPÍTULOS ON-LINE

Acesse o link:

www.editorafoco.com.br

* As atualizações em PDF ou Vídeo serão disponibilizadas sempre que houver necessidade, em caso de nova lei ou decisão jurisprudencial relevante, durante o ano da edição do livro.

* Acesso disponível durante a vigência desta edição.

WANDER GARCIA
UM DOS MAIORES ESPECIALISTAS EM EXAME DE ORDEM DO PAÍS

2024 VIGÉSIMA EDIÇÃO

COMO PASSAR

OAB
PRIMEIRA FASE
5.000 QUESTÕES COMENTADAS

3.802 QUESTÕES IMPRESSAS
1.200 QUESTÕES ON-LINE

BEST SELLER #1
O MAIS VENDIDO ENTRE OS APROVADOS

APRENDA COM OS AUTORES MAIS EXPERIENTES EM OAB

DISCIPLINAS
Ética **Profissional**
Direito **Constitucional**
Direito **Internacional**
Direito **Empresarial**
Direito do **Consumidor**
Direito **Civil**
Direito **Processual Civil**
Direito **Administrativo**
Direito **Tributário**
Direito do **Trabalho**
Direito **Processual do Trabalho**
Direito **Ambiental**
Direito da **Criança e do Adolescente**
Direito **Penal**
Direito **Processual Penal**
Direitos **Humanos**
Filosofia do **Direito**
Direito **Eleitoral**
Direito **Previdenciário**
Direito **Financeiro**

ANA PAULA DOMPIERI
ORGANIZADORA E COCOORDENADORA

• GABARITO AO FINAL DE CADA QUESTÃO, FACILITANDO O MANUSEIO DO LIVRO

• QUESTÕES COMENTADAS E ALTAMENTE CLASSIFICADAS POR AUTORES ESPECIALISTAS EM OAB

2024 © Editora Foco

Coordenador: Wander Garcia
Organizadora e cocoordenadora: Ana Paula Dompieri
Coorganizadora: Paula Morishita
Autores: Wander Garcia, Adolfo Mamoru Nishiyama, Ana Paula Dompieri, Arthur Trigueiros, Bruna Vieira, Eduardo Dompieri, Filipe Venturini, Flávia Campos, Gabriela R. Pinheiro, Gustavo Nicolau, Henrique Subi, Hermes Cramacon, Luciana Batista Santos, Luiz Dellore, Renan Flumian, Ricardo Quartim, Roberta Densa, Robinson Barreirinhas, Rodrigo Bordalo, Savio Chalita e Teresa Melo
Diretor Acadêmico: Leonardo Pereira
Editor: Roberta Densa
Revisora Sênior: Georgia Renata Dias
Capa Criação: Leonardo Hermano
Diagramação: Ladislau Lima
Impressão miolo e capa: EDELBRA

Dados Internacionais de Catalogação na Publicação (CIP) de acordo com ISBD

C735

Como passar na OAB 1ª fase / coordenado por Wander Garcia, Ana Paula Dompieri. - 20. ed. - Indaiatuba, SP : Editora Foco, 2024.

1.184 p. ; 17cm x 24cm.

Inclui índice e bibliografia.

ISBN: 978-65-6120-010-3

1. Direito. 2. Ordem dos Advogados do Brasil - OAB. 3. Exame de Ordem. I. Garcia, Wander. II. Dompieri, Ana Paula. III. Título.

2024-43 CDD 340 CDU 34

Elaborado por Odilio Hilario Moreira Junior - CRB-8/9949

Índices para Catálogo Sistemático:

1. Direito 340   2. Direito 34

DIREITOS AUTORAIS: É proibida a reprodução parcial ou total desta publicação, por qualquer forma ou meio, sem a prévia autorização da Editora FOCO, com exceção do teor das questões de concursos públicos que, por serem atos oficiais, não são protegidas como Direitos Autorais, na forma do Artigo 8º, IV, da Lei 9.610/1998. Referida vedação se estende às características gráficas da obra e sua editoração. A punição para a violação dos Direitos Autorais é crime previsto no Artigo 184 do Código Penal e as sanções civis às violações dos Direitos Autorais estão previstas nos Artigos 101 a 110 da Lei 9.610/1998. Os comentários das questões são de responsabilidade dos autores.

NOTAS DA EDITORA:

Atualizações e erratas: A presente obra é vendida como está, atualizada até a data do seu fechamento, informação que consta na página II do livro. Havendo a publicação de legislação de suma relevância, a editora, de forma discricionária, se empenhará em disponibilizar atualização futura.

Bônus ou Capítulo On-line: Excepcionalmente, algumas obras da editora trazem conteúdo no on-line, que é parte integrante do livro, cujo acesso será disponibilizado durante a vigência da edição da obra.

Erratas: A Editora se compromete a disponibilizar no site www.editorafoco.com.br, na seção Atualizações, eventuais erratas por razões de erros técnicos ou de conteúdo. Solicitamos, outrossim, que o leitor faça a gentileza de colaborar com a perfeição da obra, comunicando eventual erro encontrado por meio de mensagem para contato@editorafoco.com.br. O acesso será disponibilizado durante a vigência da edição da obra.

Impresso no Brasil (01.2024) – Data de Fechamento (12.2023)

2024
Todos os direitos reservados à
Editora Foco Jurídico Ltda.
Avenida Itororó, 348 – Sala 05 – Cidade Nova
CEP 13334-050 – Indaiatuba – SP

E-mail: contato@editorafoco.com.br
www.editorafoco.com.br

Acesse JÁ os conteúdos *ON-LINE*

  ATUALIZAÇÃO em PDF e VÍDEO para complementar seus estudos*

Acesse o link:
www.editorafoco.com.br/atualizacao

CAPÍTULOS ON-LINE

Acesse o link:
www.editorafoco.com.br/atualizacao

* As atualizações em PDF e Vídeo serão disponibilizadas sempre que houver necessidade, em caso de nova lei ou decisão jurisprudencial relevante.
* Acesso disponível durante a vigência desta edição.

COORDENADORES E AUTORES

SOBRE OS COORDENADORES

Wander Garcia – @wander_garcia

É Doutor, Mestre e Graduado em Direito pela PUC/SP. É professor universitário e de cursos preparatórios para Concursos e Exame de Ordem, tendo atuado nos cursos LFG e DAMASIO. Neste foi Diretor Geral de todos os cursos preparatórios e da Faculdade de Direito. Foi diretor da Escola Superior de Direito Público Municipal de São Paulo. É um dos fundadores da Editora Foco, especializada em livros jurídicos e para concursos e exames. É autor *best seller* com mais de 50 livros publicados na qualidade de autor, coautor ou organizador, nas áreas jurídica e de preparação para concursos e exame de ordem. Já vendeu mais de 1,5 milhão de livros, dentre os quais se destacam "Como Passar na OAB", "Como Passar em Concursos Jurídicos", "Exame de Ordem Mapamentalizado" e "Concursos: O Guia Definitivo". É também advogado desde o ano de 2000 e foi procurador do município de São Paulo por mais de 15 anos. É *Coach* Certificado, com sólida formação em Coaching pelo IBC e pela *International Association of Coaching.*

Ana Paula Dompieri

Procuradora do Estado de São Paulo, Pós-graduada em Direito, Professora do IEDI, Escrevente do Tribunal de Justiça por mais de 10 anos e Assistente Jurídico do Tribunal de Justiça. Autora de diversos livros para OAB e concursos.

SOBRE OS AUTORES

Adolfo Mamoru Nishiyama

Advogado. Possui graduaçãoem Ciências Jurídicas pela Universidade Presbiteriana Mackenzie (1991) e mestrado em Direito do Estado pela Pontifícia Universidade Católica de São Paulo (1997). Doutorado em Direito do Estado pela Pontifícia Universidade Católica de São Paulo (2016). Atualmente é professor titular da Universidade Paulista

Arthur Trigueiros

Pós-graduado em Direito. Procurador do Estado de São Paulo. Professor da Rede LFG e do IEDI. Autor de diversas obras de preparação para Concursos Públicos e Exame de Ordem.

Bruna Vieira

Advogada. Mestre em Concretização de Direitos Sociais pelo UNISAL. Professora de Direito Constitucional em cursos de pós-graduação, concursos públicos e exame de ordem há 12 anos. Autora de diversas obras jurídicas pelas editoras FOCO e Saraiva. Atuou na coordenação acadêmica dos cursos de Pós-graduação da FGV (GVLAW) e foi aluna especial no Curso de Pós-graduação Stricto Sensu da USP (Faculdade de Direito - Universidade São Paulo), nas disciplinas: "Metodologia do Ensino Jurídico" com o Prof. José Eduardo Campos de Oliveira Faria e "Efetivação do Direito à Saúde em Estados Democráticos de Direito: Fundamentos, Evolução e Desafios do Direito Sanitário, com os professores Fernando Mussa Abujamra Aith e Sueli Dallari.

Eduardo Dompieri

Pós-graduado em Direito. Professor do IEDI. Autor de diversas obras de preparação para Concursos Públicos e Exame de Ordem.

Filipe Venturini Signorelli

Mestrado em Direito Administrativo pela Pontifícia Universidade Católica de São Paulo. Pós-graduado em Governança, Gestão Pública e Direito Administrativo. Pós-graduado em Direito Público. Pós-graduado em Ciências criminais e docência superior. Linha de pesquisa na área de Autorregulação e Controle na administração pública. Conselheiro no IPMA Brasil – International Project Management Associate. Gestor Jurídico e Acadêmico. Professor. Advogado e Consultor Jurídico no Bordalo Densa & Venturini Advogados.

Flávia Campos

Consultora Legislativa da Assembleia Legislativa de Minas Gerais. Professora de Direito Administrativo, Urbanístico e Prática Cível e Administrativa no SupremoTV e na Escola Superior de Advocacia da OAB/MG. Coordenadora das turmas preparatórias para o Exame de Ordem do SupremoTV.

Gabriela R. Pinheiro

Pós-Graduada em Direito Civil e Processual Civil pela Escola Paulista de Direito. Professora Universitária e do IEDI Cursos On-line e preparatórios para concursos públicos exame de ordem. Autora de diversas obras jurídicas para concursos públicos e exame de ordem. Advogada.

Gustavo Nicolau – @gustavo_nicolau

Mestre e Doutor pela Faculdade de Direito da USP. Professor de Direito Civil da Rede LFG/Praetorium. Advogado.

Henrique Subi – @7henriquesubi

Agente da Fiscalização Financeira do Tribunal de Contas do Estado de São Paulo. Mestrando em Direito Político e Econômico pela Universidade Presbiteriana Mackenzie. Especialista em Direito Empresarial pela Fundação Getúlio Vargas e em Direito Tributário pela UNISUL. Professor de cursos preparatórios para concursos desde 2006. Coautor de mais de 20 obras voltadas para concursos, todas pela Editora Foco.

Hermes Cramacon – @hermercramacon

Pós-graduado em Direito. Professor do Complexo Damásio de Jesus e do IEDI. Advogado.

Luciana Batista Santos

Graduada em Direito pela Universidade Federal de Minas Gerais. Mestre em Direito Tributário pela Universidade Federal de Minas Gerais. Professora de Direito Tributário. Autora de livros e artigos na área do Direito Tributário. Advogada.

Luiz Dellore – @dellore

Doutor e Mestre em Direito Processual Civil pela USP. Mestre em Direito Constitucional pela PUC/SP. Professor do Mackenzie, EPD, IEDI, IOB/Marcato e outras instituições. Advogado concursado da Caixa Econômica Federal. Ex-assessor de Ministro do STJ. Membro da Comissão de Processo Civil da OAB/SP, do IBDP (Instituto Brasileiro de Direito Processual), do IPDP (Instituto Panamericano de Derecho Procesal) e diretor do CEAPRO (Centro de Estudos Avançados de Processo). Colunista do portal jota.info. Facebook e LinkedIn: Luiz Dellore

Renan Flumian

Mestre em Filosofia do Direito pela Universidad de Alicante. Cursou a Session Annuelle D'enseignement do Institut International des Droits de L'Homme, a Escola de Governo da USP e a Escola de Formação da Sociedade Brasileira de Direito Público. Professor e Coordenador Acadêmico do IEDI. Autor e coordenador de diversas obras de preparação para Concursos Públicos e o Exame de Ordem. Advogado.

Ricardo Quartim

Graduado em direito pela Universidade de São Paulo (USP). Procurador Federal em São Paulo/SP e autor de artigos jurídicos.

Roberta Densa

Doutora em Direitos Difusos e Coletivos. Professora universitária e em cursos preparatórios para concursos Públicos e OAB. Autora da obra "Direito do Consumidor", 9ª edição publicada pela Editora Atlas.

Robinson Barreirinhas

Secretário Municipal dos Negócios Jurídicos da Prefeitura de São Paulo. Professor do IEDI. Procurador do Município de São Paulo. Autor e coautor de mais de 20 obras de preparação para concursos e OAB. Ex-Assessor de Ministro do STJ.

Rodrigo Bordalo

Doutor e Mestre em Direito do Estado pela Pontifícia Universidade Católica de São Paulo (PUC-SP). Professor de Direito Público da Universidade Presbiteriana Mackenzie (pós-graduação). Professor de Direito Administrativo e Ambiental do Centro Preparatório Jurídico (CPJUR) e da Escola Brasileira de Direito (EBRADI), entre outros. Procurador do Município de São Paulo, atualmente lotado na Coordenadoria Geral do Consultivo da Procuradoria Geral do Município. Advogado. Palestrante.

Savio Chalita

Advogado. Mestre em Direitos Sociais, Difusos e Coletivos. Professor do CPJUR (Centro Preparatório Jurídico), Autor de obras para Exame de Ordem e Concursos Públicos. Professor Universitário. Editor do blog www.comopassarnaoab.com.

Teresa Melo

Procuradora Federal. Assessora de Ministro do STJ. Professora do IEDI.

SUMÁRIO

COORDENADORES E AUTORES	V

COMO USAR O LIVRO?	XV

1. ÉTICA PROFISSIONAL www. | 1 |

1. ATIVIDADE DE ADVOCACIA E MANDATO	1
2. DIREITOS DO ADVOGADO (PRERROGATIVAS)	5
3. INSCRIÇÃO NA OAB	23
4. SOCIEDADE DE ADVOGADOS	33
5. ADVOGADO EMPREGADO	44
6. HONORÁRIOS	46
7. INCOMPATIBILIDADES E IMPEDIMENTOS	62
8. PROCESSO ADMINISTRATIVO DISCIPLINAR	71
9. DEVERES DOS ADVOGADOS, INFRAÇÕES E SANÇÕES	81
10. ESTRUTURA E ORGANIZAÇÃO DA OAB E ELEIÇÕES	104
11. ÉTICA DO ADVOGADO E PUBLICIDADE PROFISSIONAL	119
12. QUESTÕES DE CONTEÚDO VARIADO	134
13. QUESTÕES SOBRE COVID	138

2. DIREITO CONSTITUCIONAL www. | 141 |

1. PODER CONSTITUINTE-	141
2. TEORIA DA CONSTITUIÇÃO E PRINCÍPIOS FUNDAMENTAIS	144
3. HERMENÊUTICA CONSTITUCIONAL E EFICÁCIA DAS NORMAS CONSTITUCIONAIS	148
4. CONTROLE DE CONSTITUCIONALIDADE	149
5. DIREITOS E DEVERES INDIVIDUAIS E COLETIVOS	167
6. DIREITOS SOCIAIS	187
7. NACIONALIDADE	188
8. DIREITOS POLÍTICOS	192
9. ORGANIZAÇÃO DO ESTADO	198
10. PODER LEGISLATIVO	214
11. PODER EXECUTIVO	233

www. Acesse o conteúdo on-line. Siga as orientações disponíveis na página III.

VIII COMO PASSAR OAB

12. PODER JUDICIÁRIO...239

13. CONSELHOS NACIONAIS DE JUSTIÇA E DO MINISTÉRIO PÚBLICO 249

14. FUNÇÕES ESSENCIAIS À JUSTIÇA...250

15. DEFESA DO ESTADO...252

16. ORDEM ECONÔMICA E FINANCEIRA...257

17. ORDEM SOCIAL 260

18. DISPOSIÇÕES CONSTITUCIONAIS GERAIS...267

3. DIREITO INTERNACIONAL   www.   269

1. DIREITO INTERNACIONAL PÚBLICO – TEORIA E FUNDAMENTOS.............................269

2. DIREITO INTERNACIONAL PÚBLICO – FONTES 269

3. TRATADO..270

4. ESTADO – SOBERANIA E TERRITÓRIO...270

5. ORGANIZAÇÕES INTERNACIONAIS – TEORIA GERAL..277

6. SER HUMANO 279

7. RESPONSABILIDADE INTERNACIONAL 280

8. MECANISMOS DE SOLUÇÃO PACÍFICA DE CONTROVÉRSIAS INTERNACIONAIS........281

9. DIREITO COMUNITÁRIO...282

10. TRIBUNAL PENAL INTERNACIONAL 283

11. DIREITO INTERNACIONAL PRIVADO – REGRAS DE CONEXÃO DA LEI DE INTRODUÇÃO ÀS NORMAS DO DIREITO BRASILEIRO 284

12. APLICAÇÃO DO DIREITO ESTRANGEIRO – REENVIO OU DEVOLUÇÃO, PROVA DO DIREITO ESTRANGEIRO E PROVA DOS FATOS OCORRIDOS NO ESTRANGEIRO 289

13. COMPETÊNCIA INTERNACIONAL 289

14. COOPERAÇÃO JUDICIÁRIA INTERNACIONAL 290

15. HOMOLOGAÇÃO DE SENTENÇA E LAUDO ARBITRAL ESTRANGEIROS 291

16. QUESTÕES COMBINADAS E OUTROS TEMAS DE DIREITO INTERNACIONAL PRIVADO 292

4. DIREITO EMPRESARIAL   www.   295

1. TEORIA GERAL DO DIREITO EMPRESARIAL 295

2. SOCIEDADES..302

3. TÍTULOS DE CRÉDITO 310

4. FALÊNCIA, RECUPERAÇÃO DE EMPRESAS E LIQUIDAÇÃO EXTRAJUDICIAL..............318

5. CONTRATOS EMPRESARIAIS 327

6. PROPRIEDADE INDUSTRIAL...329

7. OUTROS TEMAS 330

5. DIREITO DO CONSUMIDOR   www.   333

1. CONCEITO DE CONSUMIDOR. RELAÇÃO DE CONSUMO..333

2. PRINCÍPIOS E DIREITOS BÁSICOS 334

SUMÁRIO IX

3. RESPONSABILIDADE DO FORNECEDOR 336

4. PRÁTICAS COMERCIAIS 343

5. PROTEÇÃO CONTRATUAL 347

6. DEFESA DO CONSUMIDOR EM JUÍZO 354

7. SNDC E CONVENÇÃO COLETIVA 358

6. DIREITO CIVIL   www.   361

1. LINDB – LEI DE INTRODUÇÃO ÀS NORMAS DO DIREITO BRASILEIRO 361

2. GERAL 362

3. OBRIGAÇÕES 375

4. CONTRATOS 388

5. RESPONSABILIDADE CIVIL 401

6. COISAS 409

7. FAMÍLIA 422

8. SUCESSÕES 433

9. LEIS ESPARSAS 442

7. DIREITO PROCESSUAL CIVIL   www.   445

1. PARTE GERAL 445

2. PROCESSO DE CONHECIMENTO 458

3. PROCESSO DE EXECUÇÃO E CUMPRIMENTO DE SENTENÇA 472

4. RECURSOS 480

5. PROCEDIMENTOS ESPECIAIS 490

6. TEMAS COMBINADOS 499

8. DIREITO ADMINISTRATIVO   www.   503

1. PRINCÍPIOS ADMINISTRATIVOS 503

2. PODERES ADMINISTRATIVOS 506

3. ATO ADMINISTRATIVO 510

4. ORGANIZAÇÃO DA ADMINISTRAÇÃO PÚBLICA 527

5. SERVIDORES PÚBLICOS 542

6. IMPROBIDADE ADMINISTRATIVA 562

I. O REGIME JURÍDICO DA IMPROBIDADE ADMINISTRATIVA 562

II. MODALIDADES DE IMPROBIDADE ADMINISTRATIVA. ASPECTOS GERAIS 562

III. SANÇÕES OU PENAS PELA PRÁTICA DE IMPROBIDADE ADMINISTRATIVA 563

IV. SUJEITOS DO ATO DE IMPROBIDADE ADMINISTRATIVA 564

V. PROCESSO 565

VI. PRESCRIÇÃO (ART. 23) 566

COMO PASSAR OAB

VII. LEI 14.230/2021 E DIREITO INTERTEMPORAL. POSIÇÃO DO STF 566

7. INTERVENÇÃO NA PROPRIEDADE E NO DOMÍNIO ECONÔMICO 571

8. BENS PÚBLICOS 582

9. RESPONSABILIDADE DO ESTADO 586

10. LICITAÇÕES E CONTRATOS 593

11. SERVIÇO PÚBLICO, CONCESSÃO E PPP 598

12. CONTROLE DA ADMINISTRAÇÃO 609

13. PROCESSO ADMINISTRATIVO 613

14. LEI ANTICORRUPÇÃO (LEI 12.846/2013) 617

9. DIREITO TRIBUTÁRIO — 621

1. COMPETÊNCIA TRIBUTÁRIA 621

2. PRINCÍPIOS TRIBUTÁRIOS 623

3. IMUNIDADES 629

4. DEFINIÇÃO DE TRIBUTO E ESPÉCIES TRIBUTÁRIAS 633

5. LEGISLAÇÃO TRIBUTÁRIA – FONTES 639

6. VIGÊNCIA, APLICAÇÃO, INTERPRETAÇÃO E INTEGRAÇÃO 643

7. FATO GERADOR E OBRIGAÇÃO TRIBUTÁRIA 647

8. LANÇAMENTO E CRÉDITO TRIBUTÁRIO 648

9. SUJEIÇÃO PASSIVA, RESPONSABILIDADE, CAPACIDADE E DOMICÍLIO 651

10. SUSPENSÃO, EXTINÇÃO E EXCLUSÃO DO CRÉDITO 661

11. REPARTIÇÃO DE RECEITAS TRIBUTÁRIAS E FINANÇAS 671

12. IMPOSTOS E CONTRIBUIÇÕES EM ESPÉCIE 673

13. GARANTIAS E PRIVILÉGIOS DO CRÉDITO 686

14. ADMINISTRAÇÃO TRIBUTÁRIA, FISCALIZAÇÃO E PROCESSO ADMINISTRATIVO FISCAL 689

15. DÍVIDA ATIVA, INSCRIÇÃO, CERTIDÕES 694

16. AÇÕES TRIBUTÁRIAS 696

17. SIMPLES NACIONAL – MICROEMPRESAS E EMPRESAS DE PEQUENO PORTE 701

18. DIREITO FINANCEIRO 704

19. OUTRAS MATÉRIAS E TEMAS COMBINADOS 706

20. QUESTÕES SOBRE COVID 706

10. DIREITO DO TRABALHO — 709

1. FONTES E PRINCÍPIOS DO DIREITO DO TRABALHO 709

2. CONTRATO DE TRABALHO 709

3. SUJEITOS DA RELAÇÃO DE TRABALHO – MODALIDADES ESPECIAIS DE TRABALHADORES 716

4. REMUNERAÇÃO E SALÁRIO 719

5. JORNADA DE TRABALHO – DURAÇÃO DO TRABALHO 727

SUMÁRIO XI

6. ALTERAÇÃO, SUSPENSÃO E INTERRUPÇÃO DO CONTRATO DE TRABALHO – FÉRIAS 735

7. TÉRMINO DO CONTRATO DE TRABALHO 742

8. ESTABILIDADE 753

9. NORMAS DE PROTEÇÃO DO TRABALHO – TRABALHO DO MENOR – TRABALHO DA MULHER 756

10. DIREITO COLETIVO DO TRABALHO 758

11. FGTS 762

12. TEMAS COMBINADOS 764

13. QUESTÕES SOBRE COVID 771

11. DIREITO PROCESSUAL DO TRABALHO   WWW.   773

1. PRINCÍPIOS PROCESSUAIS 773

2. COMPETÊNCIA DA JUSTIÇA DO TRABALHO 773

3. ATOS, TERMOS E PRAZOS PROCESSUAIS 775

4. PARTES E PROCURADORES 777

5. RECLAMAÇÃO TRABALHISTA E RESPOSTAS DA RECLAMADA 779

6. PROCEDIMENTO SUMARÍSSIMO 792

7. RECURSOS 794

8. EXECUÇÃO 809

9. AÇÕES ESPECIAIS 816

10. TEMAS COMBINADOS 820

11. QUESTÕES SOBRE COVID 829

12. DIREITO AMBIENTAL   WWW.   831

1. INTRODUÇÃO E PRINCÍPIOS DO DIREITO AMBIENTAL 831

2. DIREITO AMBIENTAL NA CONSTITUIÇÃO FEDERAL 832

3. MEIO AMBIENTE CULTURAL 834

4. COMPETÊNCIA EM MATÉRIA AMBIENTAL 834

5. SISNAMA E PNMA 836

6. INSTRUMENTOS DE PROTEÇÃO E PROMOÇÃO DO MEIO AMBIENTE 836

7. LICENCIAMENTO AMBIENTAL E EIA/RIMA 836

8. UNIDADES DE CONSERVAÇÃO 842

9. PROTEÇÃO DA FLORA. CÓDIGO FLORESTAL. MATA ATLÂNTICA 844

10. PROTEÇÃO DA FAUNA 846

11. RESPONSABILIDADE CIVIL AMBIENTAL 847

12. RESPONSABILIDADE ADMINISTRATIVA AMBIENTAL 850

13. RESPONSABILIDADE PENAL AMBIENTAL 850

14. ESTATUTO DA CIDADE 852

15. RESÍDUOS SÓLIDOS 853

COMO PASSAR OAB

16. RECURSOS HÍDRICOS 854

17. BIOSSEGURANÇA 855

18. AGRÁRIO 855

19. SANEAMENTO BÁSICO 855

13. DIREITO DA CRIANÇA E DO ADOLESCENTE   www.   857

1. CONCEITOS BÁSICOS E PRINCÍPIOS 857

2. DIREITOS FUNDAMENTAIS 857

3. PREVENÇÃO 863

4. MEDIDAS DE PROTEÇÃO 865

5. ATO INFRACIONAL – DIREITO MATERIAL 868

6. ATO INFRACIONAL – DIREITO PROCESSUAL 869

7. CONSELHO TUTELAR 871

8. ACESSO À JUSTIÇA 873

9. INFRAÇÕES ADMINISTRATIVAS E CRIMES 873

14. DIREITO PENAL   www.   877

1. CONCEITO, FONTES E PRINCÍPIOS DO DIREITO PENAL 877

2. APLICAÇÃO DA LEI NO TEMPO 879

3. APLICAÇÃO DA LEI NO ESPAÇO 883

4. CLASSIFICAÇÃO DOS CRIMES 885

5. FATO TÍPICO E TIPO PENAL 887

6. CRIMES DOLOSOS, CULPOSOS E PRETERDOLOSOS 891

7. ERRO DE TIPO, DE PROIBIÇÃO E DEMAIS ERROS 892

8. TENTATIVA, CONSUMAÇÃO, DESISTÊNCIA, ARREPENDIMENTO E CRIME IMPOSSÍVEL 895

9. ANTIJURIDICIDADE E CAUSAS EXCLUDENTES 901

10. CONCURSO DE PESSOAS 904

11. CULPABILIDADE E CAUSAS EXCLUDENTES 907

12. PENA E MEDIDA DE SEGURANÇA 909

13. CONCURSO DE CRIMES 921

14. AÇÃO PENAL 923

15. EXTINÇÃO DA PUNIBILIDADE 925

16. CRIMES CONTRA A PESSOA 929

17. CRIMES CONTRA O PATRIMÔNIO 937

18. CRIMES CONTRA A DIGNIDADE SEXUAL 946

19. CRIMES CONTRA A FÉ PÚBLICA 950

20. CRIMES CONTRA A ADMINISTRAÇÃO PÚBLICA 952

21. CRIMES CONTRA AS FINANÇAS PÚBLICAS 960

22. OUTROS CRIMES DO CÓDIGO PENAL 960

SUMÁRIO

23. CRIMES RELATIVOS A DROGAS 961

24. LEI MARIA DA PENHA 966

25. CRIMES DE TRÂNSITO 968

26. CRIMES DE LAVAGEM DE DINHEIRO 970

27. CRIMES CONTRA A ORDEM TRIBUTÁRIA 971

28. CRIMES HEDIONDOS 973

29. OUTROS CRIMES DA LEGISLAÇÃO EXTRAVAGANTE 975

30. TEMAS COMBINADOS 981

31. QUESTÕES SOBRE COVID 982

15. DIREITO PROCESSUAL PENAL www. — 985

1. FONTES, PRINCÍPIOS GERAIS E INTERPRETAÇÃO 985

2. INQUÉRITO POLICIAL E OUTRAS FORMAS DE INVESTIGAÇÃO CRIMINAL 987

3. AÇÃO PENAL, SUSPENSÃO CONDICIONAL DO PROCESSO, AÇÃO CIVIL E ANPP 994

4. JURISDIÇÃO E COMPETÊNCIA; CONEXÃO E CONTINÊNCIA 1004

5. QUESTÕES E PROCESSOS INCIDENTES 1014

6. PROVA 1019

7. PRISÃO, MEDIDAS CAUTELARES E LIBERDADE PROVISÓRIA 1032

8. SUJEITOS PROCESSUAIS, CITAÇÃO, INTIMAÇÃO E PRAZOS 1045

9. PROCESSO E PROCEDIMENTO; SENTENÇA, PRECLUSÃO E COISA JULGADA 1051

10. PROCESSO DOS CRIMES DE COMPETÊNCIA DO JÚRI 1056

11. NULIDADES 1062

12. RECURSOS 1063

13. *HABEAS CORPUS*, MANDADO DE SEGURANÇA E REVISÃO CRIMINAL 1072

14. EXECUÇÃO PENAL 1074

15. LEGISLAÇÃO EXTRAVAGANTE E TEMAS COMBINADOS 1078

16. DIREITOS HUMANOS www. — 1085

1. TEORIA GERAL E DOCUMENTOS HISTÓRICOS 1085

2. GERAÇÕES OU GESTAÇÕES DE DIREITOS HUMANOS 1086

3. CARACTERÍSTICAS DOS DIREITOS HUMANOS 1086

4. SISTEMA GLOBAL DE PROTEÇÃO DOS DIREITOS HUMANOS 1087

5. SISTEMA GLOBAL DE PROTEÇÃO ESPECÍFICA DOS DIREITOS HUMANOS 1088

6. SISTEMA REGIONAL DE PROTEÇÃO DOS DIREITOS HUMANOS – SISTEMA INTERAMERICANO 1094

7. SISTEMA AMERICANO DE PROTEÇÃO ESPECÍFICA DOS DIREITOS HUMANOS 1103

8. DIREITOS HUMANOS NO BRASIL 1104

9. DIREITO DOS REFUGIADOS 1115

10. DIREITO HUMANITÁRIO 1116

17. FILOSOFIA DO DIREITO — 1119

1. ÉTICA 1119
2. QUESTÕES COMBINADAS E OUTROS TEMAS 1133

18. DIREITO ELEITORAL — 1135

1. PRINCÍPIOS, DIREITOS POLÍTICOS, ELEGIBILIDADE 1135
2. INELEGIBILIDADE 1135
3. ALISTAMENTO ELEITORAL, DOMICÍLIO 1136
4. PARTIDOS POLÍTICOS, CANDIDATOS, SISTEMAS ELEITORAIS 1136
5. ELEIÇÕES, VOTOS, APURAÇÃO, QUOCIENTES ELEITORAL E PARTIDÁRIO 1139
6. PROPAGANDA ELEITORAL E RESTRIÇÕES NO PERÍODO ELEITORAL 1139
7. PRESTAÇÃO DE CONTAS, DESPESAS, ARRECADAÇÃO, FINANCIAMENTO DE CAMPANHA 1140
8. JUSTIÇA ELEITORAL 1141
9. AÇÕES, RECURSOS, IMPUGNAÇÕES 1141
10. CRIMES ELEITORAIS 1144
11. CONDUTAS VEDADAS AOS AGENTES PÚBLICOS 1144
12. COMBINADAS E OUTRAS MATÉRIAS 1145

19. DIREITO PREVIDENCIÁRIO — 1147

1. PRINCÍPIOS E NORMAS GERAIS 1147
2. CUSTEIO 1147
3. SEGURADOS, DEPENDENTES 1147
4. BENEFÍCIOS 1149
5. SERVIDORES PÚBLICOS 1153
6. AÇÕES PREVIDENCIÁRIAS 1154
7. ASSISTÊNCIA SOCIAL E SAÚDE 1154
8. OUTROS TEMAS E MATÉRIAS COMBINADAS 1155

20. DIREITO FINANCEIRO — 1159

1. PRINCÍPIOS E NORMAS GERAIS 1159
2. LEIS ORÇAMENTÁRIAS (PPA – PLANO PLURIANUAL; LDO – LEI DE DIRETRIZES ORÇAMENTÁRIAS; LOA – LEI ORÇAMENTÁRIA ANUAL) 1160
3. RECEITA PÚBLICA 1161
4. PRECATÓRIOS 1162
5. LEI DE RESPONSABILIDADE FISCAL 1163
6. OUTROS TEMAS E COMBINADOS 1164

COMO USAR O LIVRO?

Para que você consiga um ótimo aproveitamento deste livro, atente para as seguintes orientações:

1º Tenha em mãos um *vademecum* ou **um computador** no qual você possa acessar os textos de lei citados.

Neste ponto, recomendamos o **Vade Mecum de Legislação FOCO** – confira em www.editorafoco.com.br.

2º Se você estiver estudando a teoria (fazendo um curso preparatório ou lendo resumos, livros ou apostilas), faça as questões correspondentes deste livro na medida em que for avançando no estudo da parte teórica.

3º Se você já avançou bem no estudo da teoria, leia cada capítulo deste livro até o final, e só passe para o novo capítulo quando acabar o anterior; vai mais uma dica: alterne capítulos de acordo com suas preferências; leia um capítulo de uma disciplina que você gosta e, depois, de uma que você não gosta ou não sabe muito, e assim sucessivamente.

4º Iniciada a resolução das questões, tome o cuidado de ler cada uma delas **sem olhar para o gabarito e para os comentários**; se a curiosidade for muito grande e você não conseguir controlar os olhos, tampe os comentários e os gabaritos com uma régua ou um papel; na primeira tentativa, é fundamental que resolva a questão sozinho; só assim você vai identificar suas deficiências e "pegar o jeito" de resolver as questões; marque com um lápis a resposta que entender correta, e só depois olhe o gabarito e os comentários.

5º **Leia com muita atenção o enunciado das questões.** Ele deve ser lido, no mínimo, duas vezes. Da segunda leitura em diante, começam a aparecer os detalhes, os pontos que não percebemos na primeira leitura.

6º <u>Grife</u> **as palavras-chave, as afirmações e a pergunta formulada.** Ao grifar as palavras importantes e as afirmações você fixará mais os pontos-chave e não se perderá no enunciado como um todo. Tenha atenção especial com as palavras "correto", "incorreto", "certo", "errado", "prescindível" e "imprescindível".

7º Leia os comentários e **leia também cada dispositivo legal** neles mencionados; não tenha preguiça; abra o *vademecum* e leia os textos de leis citados, tanto os que explicam as alternativas corretas, como os que explicam o porquê de ser incorreta dada alternativa; você tem que conhecer bem a letra da lei, já que mais de 90% das respostas estão nela; mesmo que você já tenha entendido determinada questão, reforce sua memória e leia o texto legal indicado nos comentários.

8º Leia também os **textos legais que estão em volta** do dispositivo; por exemplo, se aparecer, em Direito Penal, uma questão cujo comentário remete ao dispositivo que trata de falsidade ideológica, aproveite para ler também os dispositivos que tratam dos outros crimes de falsidade; outro exemplo: se aparecer uma questão, em Direito Constitucional, que trate da composição do Conselho Nacional de Justiça, leia também as outras regras que regulamentam esse conselho.

9º Depois de resolver sozinho a questão e de ler cada comentário, você deve fazer uma **anotação ao lado da questão**, deixando claro o motivo de eventual erro que você tenha cometido; conheça os motivos mais comuns de erros na resolução das questões:

DL – "desconhecimento da lei"; quando a questão puder ser resolvida apenas com o conhecimento do texto de lei;

DD – "desconhecimento da doutrina"; quando a questão só puder ser resolvida com o conhecimento da doutrina;

DJ – "desconhecimento da jurisprudência"; quando a questão só puder ser resolvida com o conhecimento da jurisprudência;

FA – "falta de atenção"; quando você tiver errado a questão por não ter lido com cuidado o enunciado e as alternativas;

NUT - "não uso das técnicas"; quando você tiver se esquecido de usar as técnicas de resolução de questões objetivas, tais como as da **repetição de elementos** ("quanto mais elementos repetidos existirem, maior a chance de a alternativa ser correta"), das **afirmações generalizantes** ("afirmações generalizantes tendem a ser incorretas" - reconhece-se afirmações generalizantes pelas palavras *sempre, nunca, qualquer, absolutamente, apenas, só, somente exclusivamente* etc.), dos **conceitos compridos** ("os conceitos de maior extensão tendem a ser corretos"), entre outras.

10º Confie no **bom-senso**. Normalmente, a resposta correta é a que tem mais a ver com o bom-senso e com a ética. Não ache que todas as perguntas contêm uma pegadinha. Se aparecer um instituto que você não conhece, repare bem no seu nome e tente imaginar o seu significado.

11º Faça um levantamento do **percentual de acertos de cada disciplina** e dos **principais motivos que levaram aos erros cometidos**; de posse da primeira informação, verifique quais disciplinas merecem um reforço no estudo; e de posse da segunda informação, fique atento aos erros que você mais comete, para que eles não se repitam.

12º Uma semana antes da prova, faça uma **leitura dinâmica** de todas as anotações que você fez e leia de novo os dispositivos legais (e seu entorno) das questões em que você marcar "DL", ou seja, desconhecimento da lei.

13º Para que você consiga ler o livro inteiro, faça um bom **planejamento**. Por exemplo, se você tiver 30 dias para ler a obra, divida o número de páginas do livro pelo número de dias que você tem, e cumpra, diariamente, o número de páginas necessárias para chegar até o fim. Se tiver sono ou preguiça, levante um pouco, beba água, masque chiclete ou leia em voz alta por algum tempo.

14º Desejo a você, também, muita **energia**, **disposição**, **foco**, **organização**, **disciplina**, **perseverança**, **amor** e **ética**!

Wander Garcia e Ana Paula Dompieri

Coordenadores

1. Ética Profissional

Arthur Trigueiros e Savio Chalita[1]

1. ATIVIDADE DE ADVOCACIA E MANDATO

(OAB/Exame XXXIX) Bruno, advogado, compareceu à audiência de conciliação acompanhado de seu cliente Carlos, tendo-lhe sido conferidos poderes para transacionar em juízo ou fora dele. Na audiência, foi oferecida proposta de acordo pela parte adversa, que não foi aceita por Bruno, visto que conflitava flagrantemente com os interesses de seu cliente.

Contrariado, o magistrado cassou a palavra de Bruno, determinando que não se manifestasse mais durante a audiência, visto que a opção de aceitar ou não o acordo seria de decisão única de Carlos, sem possibilidade de influência de seu patrono.

Nesse contexto, de acordo com o Estatuto da Advocacia e Ordem dos Advogados do Brasil (OAB), assinale a afirmativa correta.

(A) O magistrado agiu corretamente, considerando que tem o dever de manter a ordem dos trabalhos e, em sua atuação, deve fomentar a solução pacífica dos conflitos, que estava sendo inviabilizada pela resistência de Bruno ao acordo.

(B) A palavra de Bruno não poderia ter sido cassada sob o fundamento de que aceitar ou não o acordo é de decisão única de Carlos sem possibilidade de influência de seu patrono, vez que o advogado é indispensável à administração da justiça e deve orientar seu cliente.

(C) Em insistindo em falar com seu cliente sobre a aceitação ou não do acordo, a conduta de Bruno acarretará responsabilidade perante a OAB, em razão da violação da ordem hierárquica do magistrado.

(D) Em caso de manutenção da insubordinação de Bruno, o juiz poderá determinar que a seccional competente da Ordem dos Advogados do Brasil aplique a pena de suspensão das atividades de advocacia por ele desempenhadas, por prazo não inferior a dois anos.

A: Incorreta. O magistrado não tem a função indicada. Trata-se, inclusive, da exata atuação que se impõe ao advogado na condição de indispensável à administração da justiça e na postulação pela decisão mais favorável ao seu cliente (§ 2º, art. 2º, EOAB); **B:** Correta. A indispensabilidade do advogado (art. 133, CF), bem como a função do advogado na defesa do melhor interesse de seu cliente (§ 2º, art. 2º, EOAB) são características indissociáveis à advocacia; **C:** Incorreta. Além dos comentários anteriormente apresentados, o art. 6º, EAOB, estabelece que não há hierarquia entre magistrados, membros do Ministério Público e advocacia, devendo todos se tratar de modo respeitoso; **D:** Incorreta. Além dos comentários anteriormente apresentados, a conduta descrita não constitui infração disciplinar, tampouco sancionada com a suspensão no prazo indicado. **SC**
Gabarito "B".

(OAB/Exame XXXIX) Luana, advogada especialista em Direito Civil, é procurada por Carla, que busca ajuizar demanda para obtenção de indenização por danos morais e materiais em face de seu vizinho. Ao tomar conhecimento dos fatos, Luana percebe que aquele era o último dia possível para o ajuizamento da ação, visto que a prescrição da pretensão de sua cliente se consumaria no dia seguinte.

Luana, então, peticionou, perante o juízo competente, sem, contudo, ter tido tempo hábil para anexar aos autos a procuração de sua cliente, em razão da urgência decorrente da iminente prescrição.

Nesse contexto, considerando as disposições do Estatuto da Ordem dos Advogados do Brasil, assinale a afirmativa correta.

(A) A advogada Luana não pode postular em juízo ou fora dele sem procuração, ainda que em situação de alegada urgência.

(B) A urgência, por si só, não é suficiente para justificar a não apresentação da procuração, devendo ser conjugada com iminente risco à integridade física ou à vida do cliente.

(C) Luana não está obrigada a apresentar procuração, visto que o mandato conferido por seus clientes é presumido pelos fatos narrados na inicial e pela documentação que a instrui.

(D) No contexto da iminente prescrição da pretensão de sua cliente, Luana, afirmando urgência, pode atuar sem procuração, obrigando-se a apresentá-la no prazo de quinze dias, prorrogável por igual período.

A: Incorreta. Trata-se exatamente de exceção prevista no art. 5º, § 1º, EOAB, que estabelece que o advogado poderá atuar sem procuração, em caso de urgência, obrigando-se à sua apresentação no prazo de 15 dias, prorrogável por igual período. **B:** Incorreta, uma vez que trata-se de expressa permissão contida no art. 5º, § 1º, EOAB; **C:** Incorreta. Como regra, o advogado deve fazer provar o instrumento de mandato no primeiro momento em que se manifestar nos autos. No entanto, em situação de urgência alegada pelo próprio advogado, é possível a apresentação diferida nos termos do art. 5º, § 1º, EOAB. **D:** Correta, nos exatos termos da norma indicada do art. 5º, § 1º, EOAB. **SC**
Gabarito "D".

(OAB/Exame XXXIX) O advogado Edson foi contratado para prestar a um cliente assessoria jurídica quanto a uma questão imobiliária.

Considerando o caso hipotético, assinale a afirmativa correta.

(A) Edson pode prestar a assessoria de modo verbal. Também não é necessária a outorga de mandato ou formalização por contrato de honorários.

(B) Edson deve prestar a assessoria de modo escrito. Faz-se necessária a outorga de mandato, mesmo que não haja formalização por contrato de honorários.

---

1. Os comentários das questões do Exame Unificado 2010.1 foram feitos pela própria organizadora da prova.

(C) Edson pode prestar a assessoria de modo verbal. É necessária a outorga de mandato, mesmo que não haja formalização por contrato de honorários.

(D) Edson deve prestar a assessoria de modo escrito, mas não é necessária a outorga de mandato ou formalização por contrato de honorários.

A: Correta. O § 4º, art. 5º, EOAB, estabelece que as atividades de consultoria e assessoria jurídicas podem ser exercidas de modo verbal ou por escrito, a critério do advogado e do cliente, e independem de outorga de mandato ou de formalização por contrato de honorários; **B, C e D:** Incorretas. Todas as assertivas indicam a exigência de que a assessoria jurídica seja prestada de modo escrito ou que é necessário a formalização da outorga de poderes através de um mandato e contrato de honorários. No entanto, conforme fundamentação da alternativa "A", as atividades relatadas pelo enunciado permitem o exercício de forma verbal ou por escrito e independem de formalização de outorga de mandato ou contrato de honorários. **SC**

Gabarito "A".

(OAB/Exame XXXVIII) O advogado Luís Santos, regularmente inscrito na OAB, está em início de carreira. Luís presta serviços jurídicos a determinada instituição social sem fins econômicos, consistentes em patrocinar seus interesses em demanda judicial em curso.

Sobre a atuação de Luís, assinale a afirmativa correta.

(A) Não poderá ser considerada advocacia *pro bono* a atuação gratuita de Luís como advogado das pessoas naturais, hipossuficientes econômicas, beneficiárias da instituição social.

(B) É ilícito que Luís preste gratuitamente tais serviços jurídicos, se o objetivo é valer-se de sua atuação como instrumento de publicidade da sua atividade profissional.

(C) A atuação gratuita de Luís, ainda que não seja eventual, na defesa em Juízo da mencionada instituição social, pode ser considerada advocacia *pro bono*.

(D) É admitida a prestação por Luís, sob a forma de advocacia *pro bono* voluntária, de serviços jurídicos para uma instituição social cobrando preços simbólicos, haja vista a ausência de fins econômicos.

A: Incorreta. O art. 30, § 2º, CED, dispõe justamente sobre a possibilidade de que a advocacia *pro bono* seja exercida em favor de pessoas que não dispuserem de recursos para, sem prejuízo do próprio sustento, contratar advogado; **B:** Correta. O § 3º, art. 30, CED, dispõe que advocacia *pro bono* não pode ser utilizada para fins político-partidários ou eleitorais, nem beneficiar instituições que visem a tais objetivos, ou como instrumento de publicidade para captação de clientela; **C:** Incorreta. A advocacia *pro bono*, para que possa ser exercida, deve justamente ser eventual, gratuita e voluntária (art. 30, *caput*, CED); **D:** Incorreta. A advocacia *pro bono* possui como requisito de seu exercício a gratuidade (art. 30, *caput*, CED). **SC**

Gabarito "B".

(OAB/Exame XXXVII) Teresa, advogada contratada por Carina para representar seus interesses em ação judicial, decide renunciar ao mandato.

Em 16/02/2023, Teresa redige notificação de renúncia e a envia por meio de correspondência com aviso de recebimento a Carina, que a recebe em 28/02/2023.

No dia seguinte, Carina ajusta com a advogada Fernanda que ela passará a representar seus interesses na ação judicial a partir de então, mas ainda não assina nova procuração.

Considerando esse cenário, sobre o cumprimento de prazo processual com vencimento no dia 02/03/2023, assinale a afirmativa correta.

(A) Teresa deve cumprir o prazo porque continuará obrigada, durante os dez dias seguintes à notificação de renúncia, a representar Carina, mesmo que tenha sido substituída antes do término desse prazo.

(B) Teresa estará desobrigada do cumprimento do prazo, porque Carina foi notificada da renúncia ao mandato em data anterior ao seu vencimento.

(C) Fernanda não poderá cumprir o prazo, já que somente poderá postular em juízo fazendo prova do mandato.

(D) Fernanda poderá cumprir o prazo, já que, afirmando urgência, poderá atuar sem procuração, obrigando-se a apresentá-la no prazo de quinze dias, prorrogável por igual período.

A: Incorreta. Caso seja substituída, não será necessário o cumprimento do prazo de dez dias da notificação de renúncia (§ 3º, art. 5º, EOAB); **B:** Incorreta. O que faz com que Teresa não seja obrigada ao cumprimento do prazo é o fato da nomeação de nova profissional, conforme § 3º, art. 5º, EOAB; **C:** Incorreta, pois o advogado, afirmando urgência, poderá atuar sem procuração, obrigando-se a apresenta-la no prazo de 15 dias, prorrogável por igual período (§ 1º, art. 5º, EOAB); **D:** Correta, no exato termo do que dispõe o já citado § 1º, art. 5º, EOAB. **SC**

Gabarito "D".

(OAB/Exame XXXVI) O advogado Francisco Campos, acadêmico respeitado no universo jurídico, por solicitação do Presidente da Comissão de Constituição e Justiça da Câmara de Deputados, realizou estudos e sugestões para a alteração de determinado diploma legal.

Sobre a atividade realizada por Francisco Campos, assinale a afirmativa correta.

(A) A contribuição de Francisco dá-se como a de qualquer cidadão, não se configurando atividade da advocacia, dentre as elencadas no Estatuto da Advocacia e da OAB.

(B) É vedada ao advogado a atividade mencionada junto ao Poder Legislativo.

(C) A referida contribuição de Francisco é autorizada apenas se Francisco for titular de mandato eletivo, hipótese em que, no que se refere ao exercício da advocacia, ele estará impedido.

(D) Enquanto advogado, é legítimo a Francisco contribuir com a elaboração de normas jurídicas, no âmbito dos Poderes da República.

De acordo com o art. 2º-A do EAOAB, incluído pela Lei 14.365/2022, o advogado pode contribuir com o processo legislativo e com a elaboração de normas jurídicas, no âmbito dos Poderes da República. Assim, correta a alternativa D.

Gabarito "D".

(OAB/Exame XXXV) Maria, advogada, sente falta de confiança na relação profissional que mantém com Pedro, cliente que representa em ação judicial. Maria externa essa impressão a Pedro, mas as dúvidas existentes não são dissipadas. Maria decide, então, renunciar ao mandato.

Considerando essa situação hipotética, é correto afirmar que o ato de renúncia ao patrocínio

(A) excluirá a responsabilidade de Maria por danos eventualmente causados a Pedro após dez dias da notificação, salvo se for substituída antes do término desse prazo.

(B) obrigará Maria a depositar em juízo bens, valores e documentos que lhe hajam sido confiados e ainda estejam em seu poder.

(C) fará cessar de imediato a responsabilidade profissional de Maria pelo acompanhamento da causa.

(D) deverá ser feita sem menção do motivo que a determinou.

A: incorreta, pois o art. 16, § 1º, do CED, expressamente prevê que a renúncia ao mandato não exclui a responsabilidade por danos eventualmente causados ao cliente ou a terceiros; **B:** incorreta, pois, conforme art. 12 do CED, caberá ao advogado devolver ao cliente (e não depositar em juízo, como consta na alternativa!) bens, valores e documentos que lhe hajam sido confiados e ainda estejam em seu poder quando da extinção do mandato; **C:** incorreta, pois, com a renúncia ao mandato, o advogado permanece representando o cliente nos 10 (dez) dias subsequentes à comunicação feita a ele, salvo se novo advogado houver sido constituído (art. 5º, § 3º, EAOAB); **D:** correta, nos termos do art. 16, *caput*, do CED.

Gabarito "D".

(OAB/Exame XXXIV) Aline, advogada inscrita na OAB, poderá praticar validamente, durante o período em que estiver cumprindo sanção disciplinar de suspensão, o seguinte ato:

(A) impetrar *habeas corpus* perante o Superior Tribunal de Justiça.

(B) visar ato constitutivo de cooperativa, para que seja levado a registro.

(C) complementar parecer que elaborara em resposta à consulta jurídica.

(D) interpor recurso com pedido de reforma de sentença que lhe foi desfavorável em processo no qual atuava em causa própria.

B, C e D: incorretas, pois contêm atos considerados privativos de advocacia. Durante o cumprimento de suspensão, o advogado é proibido de realizar atos privativos de advocacia, sob pena, inclusive, de nulidade (art. 4º, parágrafo único, do EAOAB). Além disso, o art. 37, § 1º, do EAOAB, diz expressamente que a suspensão acarreta ao infrator a interdição do exercício profissional em todo o território nacional. Portanto, qualquer ato privativo de advocacia não poderá ser praticado, durante o cumprimento da suspensão, pelo advogado infrator; **A:** correta. A despeito de Aline estar suspensa do exercício profissional, poderá impetrar *habeas corpus* em qualquer instância ou tribunal, consoante autoriza o art. 1º, § 1º, do EAOAB, eis que referido remédio constitucional não exige capacidade postulatória, podendo ser manejado por qualquer pessoa, advogada ou não.

Gabarito "A".

(OAB/Exame XXXIV) Determinada sociedade de advogados sustenta que os serviços por ela prestados são considerados de notória especialização, para fins de contratação com a Administração Pública.

Sobre tal conceito, nos termos do Estatuto da Advocacia e da OAB, assinale a afirmativa correta.

(A) Todas as atividades privativas da advocacia são consideradas como serviços de notória especialização, tratando-se de atributo da atuação técnica do advogado, não extensível à sociedade de advogados.

(B) Todas as atividades privativas da advocacia são consideradas como serviços de notória especialização, conceito que se estende à atuação profissional do advogado ou da sociedade de advogados.

(C) Apenas exercem serviços de notória especialização o advogado ou a sociedade de advogados cujo trabalho seja possível inferir ser essencial e, indiscutivelmente, o mais adequado à plena satisfação do objeto do contrato.

(D) Apenas exercem serviços de notória especialização o advogado cujo trabalho seja possível inferir ser essencial e, indiscutivelmente, o mais adequado à plena satisfação do objeto do contrato, tratando-se de atributo da atuação técnica do advogado, não extensível à sociedade de advogados.

A e B: incorretas. Nos termos do art. 3º-A, parágrafo único, do EAOAB, considera-se notória especialização o profissional ou a sociedade de advogados cujo conceito no campo de sua especialidade, decorrente de desempenho anterior, estudos, experiências, publicações, organização, aparelhamento, equipe técnica ou de outros requisitos relacionados com suas atividades, permita inferir que o seu trabalho é essencial e indiscutivelmente o mais adequado à plena satisfação do objeto do contrato. Portanto, nem toda atividade privativa de advocacia pode ser considerada como um serviço de notória especialização; **C:** correta, de acordo com o dispositivo legal anteriormente citado; **D:** incorreta, pois a notória especialização pode ser atribuída a um advogado (pessoa física/natural) ou a uma sociedade de advogados, conforme se lê expressamente no já citado art. 3º-A, parágrafo único, do EAOAB.

Gabarito "C".

(OAB/Exame XXXIII – 2020.3) Anderson, advogado, decidiu renunciar ao mandato outorgado por Adriana. Nessa hipótese, segundo o Estatuto da Advocacia e da OAB, é correto afirmar que Anderson continuará a representar Adriana por

(A) 10 dias, contados da notificação da renúncia, ainda que Adriana constitua novo advogado antes desse prazo.

(B) 15 dias, contados da notificação da renúncia, ainda que Adriana constitua novo advogado antes desse prazo.

(C) 15 dias, contados da notificação da renúncia, exceto se Adriana constituir novo advogado antes desse prazo.

(D) 10 dias, contados da notificação da renúncia, exceto se Adriana constituir novo advogado antes desse prazo.

Nos termos do art. 5º, § 3º, do EAOAB, o advogado que renunciar ao mandato continuará, durante os dez dias seguintes à notificação da renúncia, a representar o mandante, salvo se for substituído antes do término desse prazo. Assim, incorretas, de plano, as alternativas "B" e "C", que mencionam o prazo de 15 dias. Já a alternativa "A" também apresenta incorreção em sua parte final, ao afirmar que o prazo de 10 dias subsiste ainda que novo advogado seja constituído antes desse interregno. Correta, por se amoldar ao dispositivo legal citado, a alternativa "D".

Gabarito "D".

(OAB/Exame XXXIII – 2020.3) Gabriel, advogado, exerce o patrocínio de Bruno em certo processo administrativo. Todavia, foi necessário o substabelecimento do mandato a Henrique.

Considerando a hipótese apresentada, assinale a afirmativa correta.

(A) O substabelecimento do mandato com reserva de poderes a Henrique exigirá inequívoco conhecimento de Bruno.

(B) Diante de substabelecimento com reserva de poderes, Henrique deverá ajustar antecipadamente os seus honorários com Bruno.

(C) Caso Bruno não aceite a atuação de Henrique, por preferir o trabalho de outro advogado, Gabriel deverá privilegiar a atuação do outro profissional com ele no processo.

(D) Diante de substabelecimento com reserva de poderes a Henrique, este não poderá cobrar honorários sem a intervenção de Gabriel.

A: incorreta, pois somente o substabelecimento sem reserva de poderes exigirá prévio e inequívoco conhecimento do cliente (art. 26, § 1º, do CED); **B:** incorreta. O prévio ajuste de honorários deve ocorrer entre advogado substabelecido (no caso do enunciado, Henrique) e advogado substabelecente (Fabriel), conforme determina o art. 26, § 2º, do CED. Não é caso, portanto, de Henrique (advogado substabelecido com reserva de poderes) ajustar seus honorários diretamente com o cliente Bruno, mas, sim, com Gabriel; **C:** incorreta. O art. 24 do CED prevê que o advogado não será obrigado a aceitar a indicação de outro advogado para com ele trabalhar no processo; **D:** correta. Em caso de substabelecimento com reserva de poderes, o advogado substabelecido (no caso do enunciado, Henrique) não poderá cobrar honorários sem a intervenção de Gabriel, que foi quem lhe conferiu o substabelecimento.
Gabarito "D".

(OAB/Exame Unificado – 2020.2) O advogado Filipe, em razão de sua notoriedade na atuação em defesa das minorias, foi procurado por representantes de certa pessoa jurídica X, que solicitaram sua atuação *pro bono* em favor da referida pessoa jurídica, em determinados processos judiciais.

De acordo com o Código de Ética e Disciplina da OAB, assinale a opção que apresenta a resposta que deve ser dada por Filipe a tal consulta.

(A) É vedada a atuação *pro bono* em favor de pessoas jurídicas, embora seja possível a defesa das pessoas físicas que sejam destinatárias das suas atividades, desde que estas não disponham de recursos para contratação de profissional.

(B) É autorizada a atuação *pro bono* em favor de pessoas jurídicas, desde que consideradas instituições sociais e que não se destinem a fins econômicos, e aos seus assistidos, sempre que os beneficiários não dispuserem de recursos para a contratação de profissional.

(C) É autorizada a atuação *pro bono* em favor de pessoas jurídicas, mesmo que destinadas a fins econômicos, desde que a atividade advocatícia atenda a motivos considerados socialmente relevantes, independentemente da existência de recursos para contratação de profissional.

(D) É autorizada a atuação *pro bono* em favor de pessoas jurídicas, mesmo que destinadas a fins econômicos, desde que a atividade advocatícia se dirija a motivos considerados socialmente relevantes e as pessoas físicas beneficiárias das suas atividades não disponham de recursos para contratação de profissional.

A: incorreta, pois o art. 30 do CED, tratando da advocacia *pro bono*, permite sua prática em favor de pessoas jurídicas, desde que sejam instituições sociais sem fins econômicos (ex.: ONGs) e que não tenham recursos para a contratação de profissional; **B:** correta, nos termos do art. 30, § 1º, do CED; **C** e **D:** incorretas, pois, como dito, pessoas jurídicas somente poderão ser destinatárias da advocacia *pro bono* se se tratarem de instituições sociais sem fins econômicos.
Gabarito "B".

(OAB/Exame Unificado – 2020.1) Um escritório de renome internacional considera expandir suas operações, iniciando atividades no Brasil. Preocupados em adaptar seus procedimentos internos para que reflitam os códigos brasileiros de ética profissional, seus dirigentes estrangeiros desejam entender melhor as normas a respeito da relação entre clientes e advogados no país.

Sobre esse tema, é correto afirmar que os advogados brasileiros

(A) podem, para a adoção de medidas judiciais urgentes e inadiáveis, aceitar procuração de quem já tenha patrono constituído, sem prévio conhecimento deste.

(B) deverão considerar sua própria opinião a respeito da culpa do acusado ao assumir defesa criminal.

(C) podem funcionar, no mesmo processo, simultaneamente, como patrono e preposto de seu cliente, desde que tenham conhecimento direto dos fatos.

(D) podem representar, em juízo, clientes com interesses opostos se não integrarem a mesma sociedade profissional, mas estiverem reunidos em caráter permanente para cooperação recíproca.

A: correta, nos termos do art. 14 do CED, que determina que o advogado não aceite procuração de quem já tenha patrono constituído sem prévio conhecimento deste, salvo por motivo plenamente justificável ou para a adoção de medidas judiciais consideradas urgentes e inadiáveis; **B:** incorreta. Prevê o art. 23 do CED que é direto e dever do advogado assumir a defesa criminal sem considerar sua própria opinião sobre a culpa do acusado; **C:** incorreta. O art. 25 do CED proíbe expressamente que um mesmo advogado funcione, simultaneamente, no mesmo processo, como patrono e preposto do empregador ou cliente; **D:** incorreta. Prevê o art. 19 do CED que os advogados integrantes da mesma sociedade profissional, ou reunidos em caráter permanente para cooperação recíproca, não podem representar, em juízo ou fora dele, clientes com interesses opostos.
Gabarito "A".

(OAB/Exame Unificado – 2019.3) O advogado Geraldo foi regularmente constituído por certo cliente para defendê-lo em um processo judicial no qual esse cliente é réu. Geraldo ofereceu contestação, e o processo segue atualmente seu trâmite regular, não tendo sido, por ora, designada audiência de instrução e julgamento.

Todavia, por razões insuperáveis que o impedem de continuar exercendo o mandato, Geraldo resolve renunciar. Em 12/02/2019, Geraldo fez a notificação válida da renúncia. Três dias depois da notificação, o mandante constituiu novo advogado, substituindo-o. Todo o ocorrido foi informado nos autos.

Considerando o caso narrado, de acordo com o Estatuto da Advocacia e da OAB, assinale a afirmativa correta.

(A) Geraldo continuará a representar o mandante durante os dez dias seguintes à notificação da renúncia.

(B) O dever de Geraldo de representar o mandante cessa diante da substituição do advogado, independentemente do decurso de prazo.

(C) Geraldo continuará a representar o mandante até que seja proferida e publicada sentença nos autos, ainda que recorrível.

(D) Geraldo continuará a representar o mandante até o término da audiência de instrução e julgamento.

A: incorreta. Extinto o mandato pela renúncia apresentada pelo advogado, será seu dever prosseguir na representação do (ex)cliente nos dez dias subsequentes à notificação, salvo se substituído antes do término de referido prazo (art. 5º, § 3º, EAOAB). Considerando que no enunciado há a informação de que o mandante, após três dias da notificação da renúncia, constituiu novo advogado, Geraldo não mais prosseguirá na representação do cliente pelos dias restantes; **B:** correta, nos exatos termos do que dispõe o art. 5º, § 3º, do EAOAB; **C e D:** incorretas, pois a representação do mandante após a renúncia do advogado estende-se pelo prazo máximo de 10 (dez) dias após a notificação, podendo ser ainda menor, caso, nesse interregno, um novo patrono seja constituído. Gabarito "B".

2. DIREITOS DO ADVOGADO (PRERROGATIVAS)

(OAB/Exame XXXIX) Durante audiência de instrução e julgamento da qual participou na qualidade de advogado, Robson foi comprovadamente ofendido por palavras desferidas pelo juiz que presidia o ato. Abalado em razão desse fato, Robson decide buscar as informações necessárias para obter desagravo público perante o Conselho Seccional competente da OAB.

A esse respeito, assinale a afirmativa correta.

(A) O relator deverá solicitar informações da autoridade ofensora, como condição para a concessão do desagravo.

(B) Não há previsão legal ou regulamentar de prazo máximo para concessão do desagravo, em caso de acolhimento do parecer do relator, aplicando-se o princípio da Duração Razoável do Processo.

(C) O desagravo será concedido em sessão realizada para essa finalidade, amplamente divulgada, sendo vedada, em qualquer caso, a concessão imediata.

(D) A sessão de desagravo deverá ser realizada, preferencialmente, no local onde a ofensa foi sofrida ou onde se encontre a autoridade ofensora.

A: Incorreta. O relator poderá propor ao Presidente do Conselho Seccional que solicite informações do juiz (ofensor). No entanto, recebidas ou não as informações, mas convencendo-se da procedência das ofensas indicadas, ou mesmo quando envolver caso de urgência e notoriedade do fato, pode o relator emitirá parecer que será submetido ao Conselho (que por sua vez, decidirá pelo acolhimento do parecer e consequente designação de sessão de desagravo) – art. 18, RGOAB; **B:** Incorreta. Por força do art. 1º, § 5º, da Resolução n. 01 de 22.05.2018, da OAB, "Os desagravos deverão ser decididos no prazo máximo de 60 (sessenta) dias"; **C:** Incorreta. O art. 18, § 1º, RGOAB, estabelece que o pedido será submetido à Diretoria do Conselho competente, que poderá, nos casos de urgência e notoriedade, conceder imediatamente o desagravo, ad referendum do órgão competente do Conselho, em observância ao que estabelecer seu regimento interno; **D:** Correta. Trata-se da literalidade do art. 18, § 6º, RGOAB: "Ocorrendo a ofensa no território da Subseção a que se vincule o inscrito, a sessão de desagravo pode ser promovida pela diretoria ou conselho da Subseção, com representação do Conselho Seccional". SC
Gabarito "D".

(OAB/Exame XXXIX) Alice Santos, advogada, está sendo investigada criminalmente por ter, supostamente, cometido fraude contra o sistema previdenciário, em conjunto com Robson Lima, seu cliente, e Leonardo Melo, seu ex-cliente. O órgão competente do Ministério Público consulta a Dra. Alice Santos sobre seu interesse em efetuar colaboração premiada.

Com base na legislação aplicável, assinale a afirmativa que apresenta, corretamente, o que ela concluiu.

(A) Poderá efetuar colaboração premiada contra Leonardo Melo, já que ele não ostenta mais a condição de seu cliente.

(B) Poderá efetuar colaboração premiada contra Robson Lima, por se tratar de cliente que está sendo formalmente investigado como coautor pela prática do mesmo crime.

(C) Caso efetue colaboração premiada contra Robson Lima, estará sujeita a processo disciplinar, que poderá culminar na aplicação da pena de suspensão.

(D) Caso efetue colaboração premiada contra Leonardo Melo, estará sujeita às penas do crime de violação do segredo profissional.

A: Incorreta. O § 6º-I, art. 7º, EOAB, dispõe que é vedado ao advogado efetuar colaboração premiada contra quem seja ou tenha sido seu cliente; **B:** Incorreta, uma vez que o § 6º-I, art. 7º, EOAB não estabelece qualquer exceção à regra; **C:** Incorreta. A inobservância da vedação contida no § 6º-I, art. 7º, EOAB, ensejará a aplicação da sanção de exclusão (art. 35, III, EOAB); **D:** Correta, com exata aplicação do que estabelece o § 6º-I, art. 7º, EOAB "É vedado ao advogado efetuar colaboração premiada contra quem seja ou tenha sido seu cliente, e a inobservância disso importará em processo disciplinar, que poderá culminar com a aplicação do disposto no inciso III do *caput* do art. 35 desta Lei, sem prejuízo das penas previstas no art. 154 do Decreto-Lei nº 2.848, de 7 de dezembro de 1940 (Código Penal)". SC
Gabarito "D".

(OAB/Exame XXXVIII) A medida cautelar de busca e apreensão a ser cumprida no escritório do advogado José foi regularmente deferida, por Juízo competente. Considerou o magistrado que havia nos autos indícios de autoria e materialidade da prática de crime por José, juntamente com um cliente seu, de nome Oswaldo.

Quanto à situação hipotética narrada, assinale a afirmativa correta.

(A) É dever do representante da OAB presente ao ato, durante o cumprimento do mandado de busca e apreensão, impedir que documentos referentes a outros processos em face de Oswaldo, não relacionados ao objeto da investigação que ensejou a cautelar, sejam retirados do escritório, exceto se o volume ou natureza dos objetos impedirem o resguardo do sigilo através da cadeia de custódia.

(B) A análise dos documentos apreendidos deve ser feita mediante comunicação prévia ao Conselho Federal da OAB, com antecedência mínima e impreterível de 48 horas.

(C) Caso seja essencial à sua defesa no processo criminal, é admitido que José efetue colaboração premiada em face de Oswaldo, desde que haja confirmação das imputações por outros meios de prova.

(D) É direito de José estar presente na ocasião designada para análise do conteúdo dos documentos apreendidos, quando do cumprimento do mandado de busca e apreensão.

A: Incorreta. De fato o representante da OAB terá o dever de zelar pelo fiel cumprimento do objeto da investigação, bem como impedir que documentos, mídias e objetos não relacionados à investigação, especialmente de outros processos do mesmo cliente ou de terceiros, que não sejam pertinentes à persecução penal, sejam analisados, fotografados, filmados, retirados ou apreendidos do escritório de advocacia. No entanto, no caso de inviabilidade em razão da sua natureza ou volume, a cadeia de custódia preservará o sigilo do seu conteúdo, sendo assegurada a presença do representante da OAB quando por ocasião da análise de tais documentos. Para isso, a autoridade responsável deverá informar ao Conselho Seccional de data, horário e local, com antecedência mínima de 24h, garantindo o direito de acompanhamento, em todos os atos, pelo representante da OAB e pelo advogado investigado (art. 7º, §§ 6º ao 6º-H, EOAB). **B:** Incorreta. Conforme esclarecido nos comentários da alternativa anterior, o prazo é de 24h e o órgão da OAB que deverá ser comunicado é o Conselho Seccional; **C:** Incorreta. O § 6º-I, art. 7º, EOAB, veda expressamente que o advogado efetue colaboração premiada contra quem seja ou tenha sido seu cliente, sob pena de responder a processo disciplinar suscetível da sanção de exclusão (Art. 35, III, EOAB); **D:** Correta. O direito de José encontra-se estabelecido nos §§ 6º-F ao 6º-H, art. 7º, EOAB). **SC**
„Gabarito "D".

(OAB/Exame XXXVIII) Maria, advogada regularmente inscrita na OAB, encontra-se gestante. Em razão de sua condição, Maria tem direitos específicos previstos no Estatuto da Advocacia e da OAB.

Assinale a opção que apresenta, corretamente um desses direitos.

(A) Durante a gravidez, ela terá direito a uma vaga garantida nas garagens dos fóruns de todos os tribunais.

(B) Durante a gravidez ela terá preferência na realização das audiências a serem realizadas no dia, independentemente de comprovação de sua condição.

(C) Após dar à luz, ela terá direito à suspensão dos prazos processuais por 60 (sessenta) dias, contados a partir da data do parto, se for a única patrona da causa.

(D) Após dar à luz, ela terá preferência na ordem das sustentações orais, mediante comprovação de sua condição, pelo período de 90 (noventa) dias, contados a partir da data do parto.

A: Correta, em plena consonância com a literalidade do art. 7º-A, I, b, EOAB e o respectivo §1º do dispositivo; **B:** Incorreta, uma vez que, nesta situação, deverá comprovar sua condição (de gravidez), conforme art. 7º-A, III, EOAB; **C:** Incorreta. O prazo indicado no § 3º, art. 7º-A, EOAB é o previsto no § 6º, art. 313, CPC, qual seja, de 30 dias (e não de 90 dias, como está na alternativa); **D:** Incorreta. O prazo a ser considerado, neste caso, será o de 120 dias, uma vez que o § 2º, art. 7º-A, EOAB faz menção do prazo indicado no art. 392, CLT. **SC**
„Gabarito "A".

(OAB/Exame Unificado – 2020.2) A advogada Clotilde, em manifestação oral em juízo, proferiu algumas palavras sobre o adversário processual de seu cliente. Na ocasião, a pessoa mencionada alegou que teria sido vítima de crime de injúria.

Considerando o disposto no Estatuto da Advocacia e da OAB, é correto afirmar que

(A) as palavras proferidas podem constituir crime de injúria, a fim de se tutelar a adequada condução da atividade jurisdicional. Além disso, Clotilde poderá

responder disciplinarmente perante a OAB pelos excessos que tiver cometido.

(B) a imunidade profissional conferida a Clotilde assegura que as palavras proferidas não constituem injúria, tampouco são passíveis de responsabilização disciplinar perante a OAB, independentemente da alegação de excesso.

(C) a imunidade profissional conferida a Clotilde assegura que as palavras proferidas não constituem injúria. Contudo, ela poderá responder disciplinarmente perante a OAB pelos excessos que tiver cometido.

(D) as palavras proferidas podem constituir crime de injúria, a fim de se tutelar a adequada condução da atividade jurisdicional. Contudo, não são passíveis de responsabilização disciplinar perante a OAB, independentemente da alegação de excesso.

O Estatuto da OAB (EAOAB), em seu art. 7º, § 2º, dispõe que o advogado tem imunidade profissional, não constituindo injúria ou difamação puníveis qualquer manifestação de sua parte, no exercício de sua atividade, em juízo ou fora dele, sem prejuízo das sanções disciplinares perante a OAB, pelos excessos que cometer. Importante recordar que, quanto ao desacato, o STF, no julgamento da ADI 1.127-8, declarou inconstitucional referida expressão, razão por que a imunidade do advogado não alcança referido crime. Assim, se a advogada Clotilde, em manifestação oral em juízo, houver proferido palavras sobre o adversário processual de seu cliente que constituam injúria ou difamação, não será punível por sua conduta, em razão da imunidade prevista no já citado art. 7º, § 2º, do EAOAB. No entanto, a lei é clara: o advogado será punido disciplinarmente (leia-se: será processado por infração ética) em razão de excessos que venha a cometer. Analisemos, assim, as alternativas! **A:** incorreta, pois a imunidade profissional do advogado, desde que por manifestações decorrentes do exercício profissional, elimina a possibilidade de punição pelos crimes de injúria e difamação; **B:** incorreta, pois a imunidade profissional do advogado não inviabiliza responsabilização disciplinar perante a OAB, desde que haja excesso cometido; **C:** correta, nos termos do art. 7º, § 2º, do EAOAB; **D:** incorreta, pois as palavras proferidas por Clotilde, em manifestação oral em juízo, não constituirão injúria (ou mesmo difamação) puníveis. No entanto, são passíveis de punição disciplinar, perante a OAB, caso constatado excesso.
„Gabarito "C".

(OAB/Exame Unificado – 2020.2) Maria, advogada, adotou o recém-nascido João. A fim de organizar sua rotina, Maria verifica que tem contestação a apresentar em quinze dias e audiência agendada em quarenta dias, em processos distintos, nos quais figura como única advogada das partes que representa.

Sobre a situação apresentada, assinale a afirmativa correta.

(A) Maria, ao comparecer ao fórum para a realização da audiência, terá direito a reserva de vaga na garagem.

(B) Maria terá preferência de ordem para a realização da audiência, mediante comprovação de sua condição.

(C) Maria terá o prazo para apresentar a contestação interrompido, desde que notifique o cliente por escrito.

(D) Maria, ao comparecer ao fórum para a realização da audiência, não deverá ser submetida a detectores de metais e aparelhos de raio X, se estiver acompanhada de João.

A: incorreta, pois o direito a reserva de vaga de garagem nos fóruns e nos tribunais é conferido às advogadas gestantes (art. 7º-A, I, "b", do EAOAB); **B:** correta. De fato, à advogada que houver adotado, o

1. ÉTICA PROFISSIONAL 7

EAOAB, em seu art. 7º-A, III, assegura a preferência na ordem das sustentações orais e das audiências a serem realizadas a cada dia, mediante comprovação de sua condição; **C:** incorreta. À advogada adotante, confere-se a suspensão dos prazos processuais quando for a única patrona da causa, desde que haja notificação por escrito ao cliente (art. 7º-A, IV, do EAOAB). Veja-se: o Estatuto da OAB prevê a suspensão, e não a interrupção do prazo; **D:** incorreta, pois o direito à não submissão a aparelhos de raio-X e a detectores de metais nos tribunais, nos termos do art. 7º-A, I, do EAOAB, é assegurado apenas às advogadas gestantes.
Gabarito "B".

(OAB/Exame Unificado – 2020.2) O advogado Júnior foi procurado pela família de João, preso em razão da decretação de prisão temporária em certo estabelecimento prisional. Dirigindo-se ao local, Júnior foi informado que João é considerado um preso de alta periculosidade pelo sistema prisional, tendo em vista o cometimento de diversos crimes violentos, inclusive contra um advogado, integração a organização criminosa e descobrimento de um plano de fuga a ser executado pelo mesmo grupo.

Diante de tais circunstâncias, o diretor do estabelecimento conduziu Júnior a uma sala especial, onde poderia conversar com João na presença de um agente prisional destinado a garantir a segurança do próprio Júnior e dos demais. Além disso, foi exigida a apresentação de procuração pelo advogado antes de deixar o estabelecimento prisional.

Considerando o caso narrado, assinale a afirmativa correta.

(A) É exigível a apresentação de procuração. Quanto às condições exigidas para a realização da entrevista, por serem devidamente justificadas, não indicam violação de direitos.

(B) Não é exigível a apresentação de procuração. Já as condições exigidas para a realização da entrevista violam direitos e implicam o cometimento de fato penalmente típico pelo diretor do estabelecimento.

(C) É exigível a apresentação de procuração. Já as condições exigidas para a realização da entrevista indicam violação de direitos, devendo ser combatidas por meio das medidas judiciais cabíveis, tais como a impetração de *habeas corpus*.

(D) Não é exigível a apresentação de procuração. Já as condições exigidas para a realização da entrevista indicam violação de direitos, devendo ser combatidas por meio das medidas judiciais cabíveis, tais como a impetração de *habeas corpus*, não se tratando de fato tipificado penalmente.

O Estatuto da OAB, em seu art. 7º, III, confere ao advogado a prerrogativa de comunicar-se com seus clientes, pessoal e reservadamente, mesmo sem procuração, quando estes se acharem presos, detidos ou recolhidos em estabelecimentos civis ou militares, ainda que considerados incomunicáveis. Assim, a partir do enunciado proposto, temos que o diretor do estabelecimento onde se encontrava preso João, ao conduzir o advogado Júnior a uma sala onde poderia conversar com seu cliente na presença de um agente prisional, violou a prerrogativa em comento, que assegura ao advogado o direito de comunicar-se reservadamente com seu constituinte. Além disso, também há ilegalidade na exigência de procuração para que o advogado pudesse exercer sua prerrogativa de acesso ao cliente preso. Por fim, a violação ao direito previsto no citado art. 7º, III, do EAOAB, constitui crime de abuso de autoridade, conforme prevê o art. 7º-B do Estatuto da OAB, incluído pela Nova Lei

de Abuso de Autoridade (Lei 13.869/2019). Correta, portanto, a alternativa "B". Veja-se que as alternativas "A" e "C" preveem a exigência de procuração como condição para que o advogado tenha acesso ao cliente preso, o que já vimos não corresponder à prerrogativa do art. 7º, III, do EAOAB. Também incorreta está a alternativa "D", ao afirmar que a violação da prerrogativa não constitui fato penalmente típico. Lembre-se que o desrespeito ao direito em enfoque constitui crime de abuso de autoridade (fato típico, portanto).
Gabarito "B".

(OAB/Exame Unificado – 2019.3) Em certa situação, uma advogada, inscrita na OAB, foi ofendida em razão do exercício profissional durante a realização de uma audiência judicial. O ocorrido foi amplamente divulgado na mídia, assumindo grande notoriedade e revelando, de modo urgente, a necessidade de desagravo público.

Considerando que o desagravo será promovido pelo Conselho competente, seja pelo órgão com atribuição ou pela Diretoria *ad referendum*, assinale a afirmativa correta.

(A) A atuação se dará apenas mediante provocação, a pedido da ofendida ou de qualquer outra pessoa. É condição para concessão do desagravo a solicitação de informações à pessoa ou autoridade apontada como ofensora.

(B) A atuação se dará de ofício ou mediante pedido, o qual deverá ser formulado pela ofendida, seu representante legal ou advogado inscrito na OAB. É condição para concessão do desagravo a solicitação de informações à pessoa ou autoridade apontada como ofensora.

(C) A atuação se dará de ofício ou mediante provocação, seja da ofendida ou de qualquer outra pessoa. Não é condição para concessão do desagravo a solicitação de informações à pessoa ou autoridade apontada como ofensora.

(D) A atuação se dará de ofício ou mediante pedido, o qual deverá ser formulado pela ofendida, seu representante legal ou advogado inscrito na OAB. Não é condição para concessão do desagravo a solicitação de informações à pessoa ou autoridade apontada como ofensora.

A: incorreta. De acordo com o art. 18, *caput*, do RGOAB, o desagravo público será promovido pelo Conselho competente, de ofício, a seu pedido (leia-se: pedido do advogado ofendido) ou de qualquer pessoa. Assim, de plano, incorreta a alternativa em comento, pois dispõe que a atuação da OAB se dará apenas mediante provocação, quando poderá, como visto, ser de ofício; **B** e **D:** incorretas. O pedido de desagravo público não poderá ser formulado pelo representante legal do advogado ofendido. Também não se exige, para o requerimento de instauração do processo de desagravo, que um advogado com inscrição na OAB apresente referido pedido; **C:** correta, conforme dispõem os §§ 1º e 2º, do precitado art. 18 do RGOAB.
Gabarito "C".

(OAB/Exame Unificado – 2019.2) A conduta de um juiz em certa comarca implicou violação a prerrogativas de advogados previstas na Lei nº 8.906/94, demandando representação administrativo-disciplinar em face do magistrado.

Considerando a hipótese narrada, de acordo com o Regulamento Geral do Estatuto da Advocacia e da OAB, assinale a afirmativa correta.

(A) É competência dos presidentes do Conselho Federal, do Conselho Seccional ou da Subseção formularem

ARTHUR TRIGUEIROS E SAVIO CHALITA

a representação administrativa cabível. Em razão da natureza da autoridade e da providência, o ato não pode ser delegado a outro advogado.

(B) É competência apenas dos presidentes do Conselho Federal ou do Conselho Seccional formularem a representação administrativa cabível. Todavia, pode ser designado outro advogado, investido de poderes bastantes, para o ato.

(C) É competência apenas do presidente do Conselho Seccional formular a representação administrativa cabível. Em razão da natureza da autoridade e da providência, o ato não pode ser delegado a outro advogado.

(D) É competência dos presidentes do Conselho Federal, do Conselho Seccional ou da Subseção formularem a representação administrativa cabível. Todavia, pode ser designado outro advogado, investido de poderes bastantes, para o ato.

A questão em tela pode ser respondida com base na literalidade do art. 15, *caput*, e parágrafo único, do Regulamento Geral do Estado da OAB. Confira-se: Art. 15. Compete ao Presidente do Conselho Federal, do Conselho Seccional ou da Subseção, ao tomar conhecimento de fato que possa causar, ou que já causou, violação de direitos ou prerrogativas da profissão, adotar as providências judiciais e extrajudiciais cabíveis para prevenir ou restaurar o império do Estatuto, em sua plenitude, inclusive mediante representação administrativa. Parágrafo único. O Presidente pode designar advogado, investido de poderes bastantes, para as finalidades deste artigo. Correta, portanto, a alternativa "D", estando as demais em descompasso com o referido dispositivo normativo. Gabarito "D".

(OAB/Exame Unificado – 2019.2) O advogado João, conselheiro em certo Conselho Seccional da OAB, foi condenado, pelo cometimento de crime de tráfico de influência, a uma pena privativa de liberdade. João respondeu ao processo todo em liberdade, apenas tendo sido decretada a prisão após o trânsito em julgado da sentença condenatória.

Quanto aos direitos de João, considerando o disposto no Estatuto da Advocacia e da OAB, assinale a afirmativa correta.

(A) João tem direito à prisão domiciliar em razão de suas atividades profissionais, ou à prisão em sala de Estado Maior, durante todo o cumprimento da pena que se inicia, a critério do juiz competente.

(B) João tem direito a ser preso em sala de Estado Maior durante o cumprimento integral da pena que se inicia. Apenas na falta desta, em razão de suas atividades profissionais, terá direito à prisão domiciliar.

(C) João não tem direito a ser preso em sala de Estado Maior em nenhum momento do cumprimento da pena que se inicia, nem terá direito, em decorrência de suas atividades profissionais, à prisão domiciliar.

(D) João tem direito a ser preso em sala de Estado Maior apenas durante o transcurso de seu mandato como conselheiro, mas não terá direito, em decorrência de suas atividades profissionais, à prisão domiciliar.

O direito do advogado de permanecer em sala de Estado Maior, com comodidades condignas, ou, à sua falta, em prisão domiciliar, encontra como marco temporal o trânsito em julgado da sentença (art. 7º, V, do EAOAB). Considerando que o advogado João somente foi preso após o trânsito em julgado da sentença condenatória, não fará jus à prerro-

gativa tratada no referido dispositivo legal. Esclarece-se que o direito ora tratado independe do tipo de crime cometido pelo advogado, ou seja, relacionado ou não ao exercício profissional. Em outras palavras, por qualquer crime que tenha sido praticado, independentemente de guardar qualquer relação com o exercício profissional, o advogado, antes do trânsito em julgado da sentença, terá o direito de permanecer preso em Sala de Estado Maior, ou, à falta, em prisão domiciliar. Cessa a prerrogativa com o advento do trânsito em julgado, quando, então, o advogado passará a cumprir pena como qualquer outro criminoso irrecorrivelmente condenado. Analisamos, pois, as alternativas. **A:** incorreta, pois o direito de o advogado permanecer preso em sala de Estado Maior, ou, à falta, em prisão domiciliar, vigora antes do trânsito em julgado da sentença, o que não é o caso relatado no enunciado com relação a João (art. 7º, V, do EAOAB); **B:** incorreta, tendo em vista que a permanência do advogado em sala de Estado Maior ou prisão domiciliar é restrita ao período anterior ao trânsito em julgado; **C:** correta, nos termos já explicitados nos comentários anteriores, notadamente em razão do disposto no art. 7º, V, do EAOAB; **D:** incorreta, pois o direito de um advogado permanecer preso cautelarmente em sala de Estado Maior, ou, à falta, em prisão domiciliar, não decorre do fato de ser detentor de mandato em qualquer órgão da OAB, mas pelo só fato de ser advogado. Gabarito "C".

(OAB/Exame Unificado – 2019.2) O advogado X foi preso em flagrante enquanto furtava garrafas de vinho, de valor bastante expressivo, em determinado supermercado. Conduzido à delegacia, foi lavrado o auto de prisão em flagrante, sem a presença de representante da OAB.

Com base no disposto no Estatuto da Advocacia e da OAB, assinale a afirmativa correta.

(A) A lavratura do auto de prisão em flagrante foi eivada de nulidade, em razão da ausência de representante da OAB, devendo a prisão ser relaxada.

(B) A lavratura do auto de prisão em flagrante não é viciada, desde que haja comunicação expressa à seccional da OAB respectiva.

(C) A lavratura do auto de prisão em flagrante foi eivada de nulidade, em razão da ausência de representante da OAB, devendo ser concedida liberdade provisória não cumulada com aplicação de medidas cautelares diversas da prisão.

(D) A lavratura do auto de prisão em flagrante não é viciada e independe de comunicação à seccional da OAB respectiva.

Considera-se prerrogativa do advogado a de não ser preso em flagrante, por motivo ligado à profissão, salvo por crime inafiançável, quando, então, assegura-se a presença de um representante da OAB durante a lavratura do respectivo auto, sob pena de nulidade (art. 7º, IV e § 3º, do EAOAB). Nos demais casos que não se relacionem com o exercício da profissão, a prisão em flagrante deverá apenas ser comunicada à OAB. Assim, analisemos cada uma das alternativas. **A** e **C:** incorretas, pois a presença de representante da OAB somente se faz necessária quando a prisão em flagrante decorrer da prática de um crime inafiançável praticado pelo advogado por motivo ligado à profissão. O enunciado deixa claro que o advogado X foi preso em flagrante enquanto furtava garrafas de vinho. Ora, o furto de vinho não é crime que tenha qualquer relação com o exercício profissional, razão por que não se aplica a prerrogativa tratada no art. 7º, IV e § 3º, do EAOAB; **B:** correta. De fato, não há qualquer vício na lavratura do auto de prisão em flagrante em desfavor do advogado X, independentemente da presença de representante da OAB, eis que, como dito, o crime por ele praticado não guarda qualquer relação com o exercício da profissão. A única peculiaridade é que, conforme determina a parte final do art. 7º, IV, do EAOAB, nos demais casos (leia-se: naqueles que não guardarem relação com a profissão),

1. ÉTICA PROFISSIONAL

a OAB apenas deverá ser comunicada; **D:** incorreta. A despeito de não haver vício na lavratura do auto de prisão em flagrante do advogado X, eis que o crime por ele praticado não tinha nexo com sua atividade profissional, o Estatuto da OAB exige a comunicação da prisão à OAB. Não confunda o leitor a "comunicação da prisão", que é posterior à lavratura do auto de prisão, com a "presença de representante da OAB", que, obviamente, deve ocorrer antes da lavratura do referido auto.

Gabarito "B".

(OAB/Exame Unificado – 2018.3) A advogada Mariana, gestante, ao ingressar em certo Tribunal de Justiça, foi solicitada a passar por aparelho de raios X e por detector de metais.

Considerando o caso narrado, de acordo com o Estatuto da Advocacia e da OAB, assinale a afirmativa correta.

(A) Mariana tem o direito de não ser submetida a aparelho de raios X, embora deva passar pelo detector de metais, independentemente de motivação.

(B) Mariana tem o direito de não ser submetida a aparelho de raios X. Quanto ao detector de metais, deverá passar pelo aparelho apenas se evidenciada situação especial de segurança, em ato motivado.

(C) Mariana deverá, por medida de segurança, passar pelo aparelho de raios X e pelo detector de metais, a menos que haja contraindicação médica expressa.

(D) Mariana tem o direito, independentemente do teor da alegação sobre segurança, de não ser submetida ao detector de metais, nem ao aparelho de raios X.

O art. 7º-A do Estatuto da OAB, a este incluído pela Lei 13.363/2016, dispõe sobre direitos das advogadas que se encontrem em condições especiais (gestantes, lactantes, adotantes ou que tenham dado à luz). Especificamente quanto às advogadas gestantes, dispõe o inciso I, "a", do referido dispositivo legal, ser direitos delas a entrada em tribunais sem que sejam submetidas a detectores de metais e aparelhos de raios X. Correta, assim, a alternativa "D", estando as demais em descompasso com o teor do que preconiza o referido art. 7º-A, I, "a", do EAOAB. Trata-se de questão que cobra do candidato apenas o conhecimento da "lei seca".

Gabarito "D".

(OAB/Exame Unificado – 2018.3) O advogado Mário dos Santos, presidente do Conselho Seccional Y da OAB, foi gravemente ofendido em razão do seu cargo, gerando violação a prerrogativas profissionais. O fato obteve grande repercussão no país.

Considerando o caso narrado, de acordo com o Regulamento Geral do Estatuto da Advocacia e da OAB, assinale a afirmativa correta.

(A) Compete ao Conselho Seccional Y da OAB promover o desagravo público, ocorrendo a sessão na sede do Conselho Seccional Y.

(B) Compete ao Conselho Federal da OAB promover o desagravo público, ocorrendo a sessão na sede do Conselho Federal.

(C) Compete ao Conselho Seccional Y da OAB promover o desagravo público, ocorrendo a sessão na sede da subseção do território em que ocorreu a violação a prerrogativas profissionais.

(D) Compete ao Conselho Federal da OAB promover o desagravo público, ocorrendo a sessão na sede do Conselho Seccional Y.

O desagravo público é prerrogativa dos advogados prevista no art. 7º, XVII e §5º do EAOAB e arts. 18 a 19 do Regulamento Geral do Estatuto da OAB (RGOAB), com as alterações promovidas pela Resolução 1/2018 do CFOAB. Com relação à competência para promover o desagravo público de advogado que tenha sido ofendido em razão do exercício profissional ou por força de cargo ou função da OAB, prevê o art. 19 do RGOAB que caberá ao Conselho Federal fazê-lo quando o ofendido for Conselheiro Federal ou Presidente de Conselho Seccional, bem como quando a ofensa a qualquer advogado se revestir de relevância e grave violação às prerrogativas profissionais, com repercussão nacional. A sessão pública de desagravo, nesses casos, ocorrerá na sede do Conselho Seccional em que tenha ocorrido a ofensa, contando com representantes do CFOAB, exceto no caso de o ofendido de Conselheiro Federal, quando, então, o desagravo será promovido no próprio Conselho Federal. Correta, portanto, a alternativa "D".

Gabarito "D".

(OAB/Exame Unificado – 2018.2) O advogado Fred dirigiu-se, em certa ocasião, a uma delegacia de polícia e a um presídio, a fim de entrevistar clientes seus que se encontravam, respectivamente, prestando depoimento e preso. Na mesma data, o advogado Jorge realizou audiências na sede de um juizado especial cível e no interior de certo fórum regional da comarca.

Considerando o disposto no Estatuto da Advocacia e da OAB, assinale a afirmativa correta.

(A) É direito de Fred e Jorge a instalação de salas especiais permanentes para os advogados nos seguintes locais visitados: sede do juizado especial cível e fórum regional da comarca. Quanto aos demais, embora seja recomendável a existência de salas especiais, não há dever legal de instalação.

(B) É direito de Fred e Jorge a instalação de salas especiais permanentes para os advogados em todos os locais visitados. Quanto aos quatro locais, há dever legal de instalação das salas.

(C) É direito de Fred e Jorge a instalação de salas especiais permanentes para os advogados nos seguintes locais visitados: sede do juizado especial cível, fórum regional da comarca e presídio. Quanto à delegacia de polícia, embora seja recomendável a existência de salas especiais, não há dever legal de instalação.

(D) É direito de Fred e Jorge a instalação de salas especiais permanentes para os advogados nos seguintes locais visitados: fórum regional da comarca e presídio. Quanto aos demais, embora seja recomendável a existência de salas especiais, não há dever legal de instalação.

De acordo com o art. 7º, § 4º, do EAOAB, o Poder Judiciário e o Poder Executivo devem instalar, em todos os juizados, fóruns, tribunais, delegacias de polícia e presídios, salas especiais permanentes para os advogados, com uso e controle assegurados à OAB (a palavra "controle", importante advertir, foi declarada inconstitucional pelo STF no julgamento da ADI 1.127-8, razão por que referidas salas, embora utilizadas pelos advogados e OAB, não serão por esta controladas!). Dito isso, vamos às alternativas. **A:** incorreta, pois a salas especiais e permanentes devem ser instaladas, pelo Judiciário e Executivo, respectivamente, em todos os fóruns, juizados, delegacias de polícia e presídios; **B:** correta, nos termos do já citado art. 7º, § 4º, do EAOAB; **C:** incorreta, pois também é direito dos advogados disporem de salas especiais permanentes nas delegacias de polícia, tratando-se, diga-se de passagem, de um dever do Poder Executivo instalá-las; **D:** incorreta, pois a alternativa excluiu os juizados especiais e delegacias de polícia, locais que também devem contar com salas especiais permanentes para uso dos advogados e da OAB.

(OAB/Exame Unificado – 2018.1) José Carlos Santos, advogado, dirigiu-se ao Ministério Público a fim de tomar apontamentos sobre investigação criminal em andamento, conduzida pelo Parquet, em face de seu cliente, em que foi decretado sigilo. Dias depois, José Carlos foi à delegacia de polícia no intuito de examinar e retirar cópias de autos de certo inquérito policial, em curso, no qual também foi decretado sigilo, instaurado contra outro cliente seu.

Consoante o disposto no Estatuto da Advocacia e da OAB, assinale a afirmativa correta.

(A) Em ambos os casos, José Carlos deverá apresentar procuração tanto para tomar apontamentos sobre a investigação em trâmite perante o Ministério Público quanto para examinar e retirar cópias do inquérito policial.

(B) Apenas é necessário que José Carlos apresente procuração para tomar apontamentos sobre a investigação em trâmite perante o Ministério Público, não sendo exigível a apresentação de procuração para examinar e retirar cópias do inquérito policial.

(C) Apenas é necessário que José Carlos apresente procuração para examinar e retirar cópias do inquérito policial, não sendo exigível a apresentação de procuração para tomar apontamentos sobre a investigação em trâmite perante o Ministério Público.

(D) Não é exigível a apresentação de procuração para examinar e retirar cópias do inquérito policial, nem para tomar apontamentos sobre a investigação em trâmite perante o Ministério Público.

Nos termos do art. 7º, XIV, do EAOAB, com a redação que lhe foi dada pela Lei 13.245/2016, é direito do advogado examinar, em qualquer instituição responsável por conduzir investigação, autos de flagrante e de investigações de qualquer natureza, findos ou em andamento, ainda que conclusos à autoridade, mesmo sem procuração, podendo obter cópias por meio físico ou digital. A procuração somente será necessária se a investigação tramitar em sigilo ou segredo de justiça (art. 7º, § 10, do EAOAB). Correta, portanto, a alternativa "A", pois o advogado José Carlos pretende ter acesso a autos de investigação criminal sob sigilo conduzida pelo Ministério Público, bem como examinar autos de inquérito policial em que houve decretação de sigilo, o que, em ambos os casos, exigirá apresentação de procuração. Perceba o candidato que o acesso aos autos de investigação, bem como a obtenção de cópias e apontamentos, dispensará procuração, como regra. O instrumento de mandato somente será necessário em caso de sigilo (ou segredo de justiça, embora assim não esteja expressamente previsto em lei). As demais alternativas estão incorretas por conflitarem com o disposto no art. 7º, XIV, do EAOAB.

Gabarito "A".

(OAB/Exame Unificado – 2017.3) A advogada Ana encontra-se no quinto mês de gestação. Em razão de exercer a profissão como única patrona nas causas em que atua, ela receia encontrar algumas dificuldades durante a gravidez e após o parto.

Considerando o caso narrado, assinale a afirmativa correta.

(A) O Estatuto da OAB confere a Ana o direito de entrar nos tribunais sem submissão aos detectores de metais, vagas reservadas nas garagens dos fóruns onde atuar,

preferência na ordem das audiências a serem realizadas a cada dia e suspensão dos prazos processuais quando der à luz.

(B) O Estatuto da OAB não dispõe sobre direitos especialmente conferidos às advogadas grávidas, mas aplicam-se a Ana as disposições da CLT relativas à proteção à maternidade e à trabalhadora gestante.

(C) O Estatuto da OAB confere a Ana o direito de entrar nos tribunais sem submissão aos detectores de metais e preferência na ordem das audiências a serem realizadas a cada dia, mas não dispõe sobre vagas reservadas nas garagens dos fóruns e suspensão dos prazos processuais quando der à luz.

(D) O Estatuto da OAB confere a Ana o direito de entrar nos tribunais sem submissão aos detectores de metais, preferência na ordem das audiências a serem realizadas a cada dia e vagas reservadas nas garagens dos fóruns, mas não dispõe sobre suspensão dos prazos processuais quando der à luz.

A: correta, pois, de fato, o art. 7º-A, I, do EAOAB, assegura à advogada gestante a entrada nos tribunais sem submissão a detectores de metais e aparelhos de raio-X (alínea "a"), bem como reserva de vaga de garagem nos fóruns (alínea "b"), além de preferência na ordem de sustentação oral e pauta de audiências (inc. III); **B:** incorreta, pois o Estatuto da OAB, com o advento da Lei 13.363/2016, que incluiu àquele diploma legal o art. 7º-A, passou a prever direitos específicos para as advogadas gestantes, lactantes, adotantes e que tiverem dado à luz; **C:** incorreta, pois, como visto no comentário à alternativa "A", às advogadas gestantes assegura-se a reserva de vaga de garagem nos fóruns (art. 7º-A, I, "b", do EAOAB); **D:** incorreta. À advogada que houver dado à luz, assegura-se a suspensão dos prazos processuais, por 30 dias, consoante dispõe o art. 313, § 6º, do CPC e art. 7º-A, § 3º, do EAOAB, desde que seja a única patrona da causa, e desde que notifique por escrito o cliente.

Gabarito "A".

(OAB/Exame Unificado – 2017.3) Tânia, advogada, dirigiu-se à sala de audiências de determinada Vara Criminal, a fim de acompanhar a realização das audiências designadas para aquele dia em feitos nos quais não oficia. Tânia verificou que os processos não envolviam segredo de justiça e buscou ingressar na sala de audiências no horário designado.

Não obstante, certo funcionário deu-lhe duas orientações. A primeira orientação foi de que ela não poderia permanecer no local se todas as cadeiras estivessem ocupadas, pois não seria autorizada a permanência de advogados de pé, a fim de evitar tumulto na sala. A segunda orientação foi no sentido de que, caso ingressassem na sala, Tânia e os demais presentes não poderiam sair até o fim de cada ato, salvo se houvesse licença do juiz, para evitar que a entrada e saída de pessoas atrapalhasse o regular andamento das audiências.

Considerando o caso narrado, assinale a afirmativa correta.

(A) A primeira orientação dada pelo funcionário viola os direitos assegurados ao advogado, pois Tânia possui o direito de permanecer, mesmo que de pé, na sala de audiências. Todavia, a segunda orientação coaduna-se com o poder-dever do magistrado de presidir e evitar tumulto no ato judicial, não violando, por si, direitos normatizados no Estatuto da OAB.

1. ÉTICA PROFISSIONAL   11

(B) A segunda orientação dada pelo funcionário viola os direitos assegurados ao advogado, pois Tânia possui o direito de retirar-se a qualquer momento, independentemente de licença do juiz, da sala de audiências. Todavia, a primeira orientação coaduna-se com o poder-dever do magistrado de presidir e evitar tumulto no ato judicial, não violando, por si, direitos normatizados no Estatuto da OAB.

(C) Ambas as orientações violam os direitos assegurados, pelo Estatuto da OAB, ao advogado, pois Tânia possui o direito de permanecer, mesmo que de pé, na sala de audiências, bem como de se retirar a qualquer momento, independentemente de licença do juiz.

(D) Nenhuma das orientações viola os direitos assegurados ao advogado, pois se coadunam com o poder-dever do magistrado de presidir e evitar tumulto no ato judicial, não contrariando, por si sós, direitos normatizados no Estatuto da OAB.

O art. 7º, VI, "b", do EAOAB, assegura ao advogado o direito de ingressar livremente nas salas e dependências de audiências, secretarias, cartórios, ofícios de justiça, serviços notariais e de registro, e, no caso de delegacias e prisões, mesmo fora da hora de expediente e independentemente da presença de seus titulares. Ainda, o art. 7º, VII, do EAOAB, garante ao advogado o direito de permanecer sentado ou em pé e retirar-se de quaisquer locais indicados no inciso anterior, independentemente de licença. Assim, vamos às alternativas. **A:** incorreta. Tanto a primeira, quanto a segunda orientação dadas pelo serventuário à advogada Tânia violam os dispositivos legais citados. Portanto, a determinação de que a advogada não poderia permanecer de pé, caso todas as cadeiras da sala de audiências estivessem ocupadas, conflita com o art. 7º, VII, do EAOAB; **B:** incorreta, pois a primeira orientação dada à advogada Tânia conflita diretamente com o já referido art. 7º, VII, do EAOAB, que lhe assegura o ingresso livre às salas de audiências, nelas permanecendo sentada ou de pé, bem como a possibilidade de retirada a qualquer tempo, independentemente de licença; **C:** correta, nos termos do predito art. 7º, VII, do EAOAB; **D:** incorreta, pois ambas as orientações, como visto, colidem com o Estatuto da OAB. Gabarito "C."

(OAB/Exame Unificado – 2017.1) Viviane, Paula e Milena são advogadas. Viviane acaba de dar à luz, Paula adotou uma criança e Milena está em período de amamentação. Diante da situação narrada, de acordo com o Estatuto da OAB, assinale a afirmativa correta.

(A) Viviane e Milena têm direito a reserva de vaga nas garagens dos fóruns dos tribunais.

(B) Viviane e Paula têm direito à suspensão de prazos processuais, em qualquer hipótese, desde que haja notificação por escrito ao cliente.

(C) Viviane, Paula e Milena têm direito de preferência na ordem das audiências a serem realizadas a cada dia, mediante comprovação de sua condição.

(D) Paula e Milena têm direito a entrar nos tribunais sem serem submetidas a detectores de metais e aparelhos de raio-X.

O art. 7º-A do EAOAB, incluído pela Lei 13.363/2016, definiu diversos direitos às advogadas que se encontrem em condições "especiais" (gestantes, lactantes, adotantes ou que derem à luz). Com relação à advogada Viviane, que acaba de dar à luz, disporá dos seguintes direitos: (i) acesso a creche, onde houver, ou a local adequado ao atendimento das necessidades do bebê (art. 7º-A, II, EAOAB); (ii) preferência na ordem das sustentações orais e das audiências a serem realizadas a cada dia, mediante comprovação de sua condição (art. 7º-A, III, EAOAB); (iii)

suspensão de prazos processuais quando for a única patrona da causa, desde que haja notificação por escrito ao cliente (art. 7º-A, IV, EAOAB). No tocante à advogada Paula, que adotou uma criança, disporá dos mesmos direitos de Viviane (art. 7º-A, II a IV, EAOAB). Finalmente, com relação à advogada Milena, que está em período de amamentação, faz jus a acesso a creche, onde houver, ou a local adequado ao atendimento das necessidades do bebê (art. 7º-A, II, EAOAB) e preferência na ordem das sustentações orais e das audiências a serem realizadas a cada dia, mediante comprovação de sua condição (art. 7º-A, III, EAOAB). Vamos, portanto, às alternativas! **A:** incorreta, pois somente às advogadas gestantes defere-se o direito à reserva de vaga nas garagens dos fóruns dos tribunais (art. 7º-A, I, b, EAOAB). Viviane acaba de dar à luz e Milena está em período de amamentação; **B:** incorreta. Viviane, que acaba de dar à luz, e Paula, advogada adotante, embora disponham do direito de suspensão dos prazos processuais, somente gozarão de tal prerrogativa desde que sejam as únicas patronas da causa, mediante notificação por escrito ao cliente (art. 7º-A, IV, EAOAB); **C:** correta. De fato, tanto as advogadas gestantes, como as lactantes (Milena), adotantes (Paula) ou que derem à luz (Viviane), terão direito de preferência na ordem das sustentações orais e das audiências a serem realizadas a cada dia, mediante comprovação de sua condição (art. 7º-A, III, EAOAB). Gabarito "C."

(OAB/Exame Unificado – 2016.3) Adolfo, policial militar, consta como envolvido em fato supostamente violador da integridade física de terceiros, apurado em investigação preliminar perante a Polícia Militar. No curso desta investigação, Adolfo foi notificado a prestar declarações e, desde logo, contratou a advogada Simone para sua defesa. Ciente do ato, Simone dirige-se à unidade respectiva, pretendendo solicitar vista quanto aos atos já concluídos da investigação e buscando tirar cópias com seu aparelho celular. Além disso, Simone intenta acompanhar Adolfo durante o seu depoimento designado.

Considerando o caso narrado, assinale a afirmativa correta.

(A) É direito de Simone, e de seu cliente Adolfo, que a advogada examine os autos da investigação, no que se refere aos atos já concluídos e documentados, porém, a possibilidade de emprego do telefone celular para tomada de cópias fica a critério da autoridade responsável pela investigação. Também é direito de ambos que Simone esteja presente no depoimento de Adolfo, sob pena de nulidade absoluta do ato e de todos os elementos investigatórios dele decorrentes.

(B) É direito de Simone, e de seu cliente Adolfo, que a advogada examine os autos, no que se refere aos atos já concluídos e documentados, bem como empregue o telefone celular para tomada de cópias digitais, o que não pode ser obstado pela autoridade responsável pela investigação. Também é direito de ambos que Simone esteja presente no depoimento de Adolfo, sob pena de nulidade absoluta do ato e de todos os elementos investigatórios dele decorrentes.

(C) É direito de Simone, e de seu cliente Adolfo, que a advogada examine os autos, no que se refere aos atos já concluídos e documentados, bem como empregue o telefone celular para tomada de cópias digitais, o que não pode ser obstado pela autoridade responsável pela investigação. Também é direito de ambos que Simone esteja presente no depoimento de Adolfo, sob pena de nulidade relativa apenas do ato em que embaraçava a sua presença.

(D) Considerando cuidar-se de mera investigação preliminar, Simone não possui o direito de examinar os atos já concluídos e documentados ou tomar cópias. Do mesmo modo, por não se tratar de interrogatório formal, mas mera investigação preliminar, sujeita à disciplina da legislação castrense, não configura nulidade se obstada a presença de Simone no depoimento de Adolfo.

Com o advento da Lei 13.245/2016, a redação do inciso XIV, do art. 7º do Estatuto da OAB (EAOAB), foi alterada, passando a prever como direito do advogado o de examinar, em qualquer instituição responsável por conduzir investigação, mesmo sem procuração, autos de flagrante e de investigações de qualquer natureza, findos ou em andamento, ainda que conclusos à autoridade, podendo copiar peças e tomar apontamentos, em meio físico ou digital. Contudo, é possível que a autoridade que presida a investigação delimite o acesso do advogado aos elementos de prova relacionados a diligências em andamento e ainda não documentados nos autos, quando houver risco de comprometimento da eficiência, da eficácia ou da finalidade das diligências. Importante destacar, ainda, que a precitada Lei incluiu ao art. 7º do EAOAB uma nova prerrogativa, definida em seu inciso XXI, por meio da qual se defere ao advogado o direito de assistir a seus clientes investigados durante a apuração de infrações, sob pena de nulidade absoluta do respectivo interrogatório ou depoimento e, subsequentemente, de todos os elementos investigatórios e probatórios dele decorrentes ou derivados, direta ou indiretamente, podendo, inclusive, no curso da respectiva apuração, apresentar razões e quesitos. Ante o exposto, analisemos cada uma das alternativas. **A:** incorreta, pois o art. 7º, XIV, do EAOAB, permite que o advogado obtenha cópia dos autos da investigação por meio físico ou digital (no caso, por meio de emprego de um telefone celular); **B:** correta. De fato, a advogada Simone terá o direito de examinar os autos da investigação que recai sobre o seu cliente Adolfo, no que se refere aos atos já concluídos e documentados (sob pena de comprometimento da eficiência, eficácia ou finalidade das investigações), empregando, inclusive, o telefone celular para obter cópia dos autos (art. 7º, XIV e § 11, EAOAB). Também, poderá assistir ao seu cliente durante seu depoimento, sob pena de nulidade absoluta, conforme dispõe o art. 7º, XXI, do EAOAB; **C:** incorreta, pois o cerceamento da prerrogativa prevista no art. 7º, XXI, do EAOAB (direito de assistência, por advogado, a clientes investigados) acarreta a nulidade absoluta de interrogatórios, depoimentos e de quaisquer outros elementos de prova que daí derivem direta ou indiretamente; **D:** incorreta, pois em descompasso com o art. 7º, XIV e XXI, ambos do EAOAB, já que é direito do advogado examinar autos de investigação, bem como de assistir ao cliente investigado, sob pena, neste último caso, de nulidade absoluta do interrogatório ou depoimento.
Gabarito "B".

(OAB/Exame Unificado – 2016.2) Júlia é advogada de Fernando, réu em processo criminal de grande repercussão social. Em um programa vespertino da rádio local, o apresentador, ao comentar o caso, afirmou que Júlia era "advogada de porta de cadeia" e "ajudante de bandido". Ouvinte do programa, Rafaela procurou o Conselho Seccional da OAB e pediu que fosse promovido o desagravo público. Júlia, ao tomar conhecimento do pedido de Rafaela, informou ao Conselho Seccional da OAB que o desagravo não era necessário, pois já ajuizara ação para apurar a responsabilidade civil do apresentador.

No caso narrado,

(A) o pedido de desagravo público só pode ser formulado por Júlia, que é a pessoa ofendida em razão do exercício profissional.

(B) o pedido de desagravo pode ser formulado por Rafaela, mas depende da concordância de Júlia, que é a pessoa ofendida em razão do exercício profissional.

(C) o pedido de desagravo pode ser formulado por Rafaela, e não depende da concordância de Júlia, apesar de esta ser a pessoa ofendida em razão do exercício profissional.

(D) o pedido de desagravo público só pode ser formulado por Júlia, que é a pessoa ofendida em razão do exercício profissional, mas o ajuizamento de ação para apurar a responsabilidade civil implica a perda de objeto do desagravo.

Nos termos do art. 18, caput, do Regulamento Geral, o inscrito na OAB, quando ofendido comprovadamente em razão do exercício profissional ou de cargo ou função da OAB, tem direito ao desagravo público promovido pelo Conselho competente, de ofício, a seu pedido ou de qualquer pessoa. Assim, o direito ao desagravo público, também expressamente previsto no rol das prerrogativas profissionais (art. 7º, XVII e §5º, do EAOAB), independerá da concordância do advogado ofendido (art. 18, §7º, do Regulamento Geral), devendo ser promovido a critério do Conselho. No caso relatado no enunciado, tendo a advogada Júlia sido ofendida pelo apresentador de um programa de rádio, a ouvinte Rafaela tem "legitimidade" para provocar a OAB a deflagrar procedimento de desagravo público, ainda que a causídica tenha expressamente manifestado a desnecessidade da medida, visto que ajuizara ação de responsabilidade civil contra o apresentador. Perceba que o desagravo público, mais do que um mecanismo a serviço do advogado ofendido, é um instrumento da OAB para repudiar ofensas à classe de advogados, razão por que sequer se exige a anuência do ofendido.
Gabarito "C".

(OAB/Exame Unificado – 2016.1) O advogado Carlos dirigiu-se a uma Delegacia de Polícia para tentar obter cópia de autos de inquérito no âmbito do qual seu cliente havia sido intimado para prestar esclarecimentos. No entanto, a vista dos autos foi negada pela autoridade policial, ao fundamento de que os autos estavam sob segredo de Justiça. Mesmo após Carlos ter apresentado procuração de seu cliente, afirmou o Delegado que, uma vez que o juiz havia decretado sigilo nos autos, a vista somente seria permitida com autorização judicial.

Nos termos do Estatuto da Advocacia, é correto afirmar que

(A) Carlos pode ter acesso aos autos de qualquer inquérito, mesmo sem procuração.

(B) Carlos pode ter acesso aos autos de inquéritos sob segredo de Justiça, desde que esteja munido de procuração do investigado.

(C) Em caso de inquérito sob segredo de Justiça, apenas o magistrado que decretou o sigilo poderá afastar parcialmente o sigilo, autorizando o acesso aos autos pelo advogado Carlos.

(D) O segredo de Justiça de inquéritos em andamento é oponível ao advogado Carlos, mesmo munido de procuração.

Nos termos do art. 7º, XIV, do EAOAB, com a redação que lhe foi dada pela Lei 13.245/2016, é direito do advogado examinar, em qualquer instituição responsável por conduzir investigação, mesmo sem procuração, autos de flagrante e de investigações de qualquer natureza, findos ou em andamento, ainda que conclusos à autoridade. Caso os autos tramitem em sigilo (ou segredo de justiça), o exame pelo advogado somente será possível se apresentada procuração (art. 7º,

§ 10, do EAOAB). Isto posto, vamos às alternativas. **A:** incorreta, pois o acesso aos autos de inquérito, quando tramitarem em sigilo (ou segredo de justiça), exigirão apresentação de procuração. Perceba que a expressão "qualquer" torna a assertiva errada; **B:** correta, nos exatos termos do art. 7º, XIV e § 10, do EAOAB; **C:** incorreta, pois o EAOAB, em momento algum, condiciona o exercício da prerrogativa do advogado de examinar autos de inquéritos que tramitem em segredo de Justiça à autorização judicial. Como dito, caso os autos estiverem sob sigilo/segredo, bastará ao advogado que apresente procuração para ter acesso a eles; **D:** incorreta, pois, como visto, se o advogado estiver munido de procuração, terá acesso aos autos de inquérito que tramitem em segredo de justiça.

Gabarito "B".

(OAB/Exame Unificado – 2015.3) Os advogados criminalistas X e Y atuavam em diversas ações penais e inquéritos em favor de um grupo de pessoas acusadas de pertencer a determinada organização criminosa, supostamente destinada ao tráfico de drogas. Ao perceber que não havia outros meios disponíveis para a obtenção de provas contra os investigados, o juiz, no âmbito de um dos inquéritos instaurados para investigar o grupo, atendendo à representação da autoridade policial e considerando manifestação favorável do Ministério Público, determinou o afastamento do sigilo telefônico dos advogados constituídos nos autos dos aludidos procedimentos, embora não houvesse indícios da prática de crimes por estes últimos. As conversas entre os investigados e seus advogados, bem como aquelas havidas entre os advogados X e Y, foram posteriormente usadas para fundamentar a denúncia oferecida contra seus clientes. Considerando-se a hipótese apresentada, assinale a afirmativa correta.

(A) A prova é lícita, pois não havia outro meio disponível para a obtenção de provas.

(B) A prova é lícita, pois tratava-se de investigação de prática de crime cometido no âmbito de organização criminosa.

(C) Considerando que não havia outro meio disponível para a obtenção de provas, bem como que se tratava de investigação de prática de crime cometido no âmbito de organização criminosa, é ilícita a prova obtida a partir dos diálogos havidos entre os advogados e seus clientes. É, no entanto, lícita a prova obtida a partir dos diálogos havidos entre os advogados X e Y.

(D) A prova é ilícita, uma vez que as comunicações telefônicas do advogado são invioláveis quando disserem respeito ao exercício da profissão, bem como se não houver indícios da prática de crime pelo advogado.

Nos termos do art. 7º, II, do EAOAB, são direitos do advogado a inviolabilidade de seu escritório ou local de trabalho, bem como de seus instrumentos de trabalho, de sua correspondência escrita, eletrônica, telefônica e telemática, desde que relativas ao exercício da advocacia. Ainda, o §6º, do precitado dispositivo legal, determina que a quebra da inviolabilidade de que trata o inciso II, do mesmo art. 7º do EAOAB, será possível desde que presentes indícios de autoria e materialidade da prática de crime por parte do advogado. Ora, no enunciado apresentado pela banca examinadora, ficou claro que os advogados criminalistas X e Y não eram alvo da investigação, instaurada em desfavor de seus clientes, cujas conversas foram interceptadas, bem como interceptadas foram conversas entre os próprios advogados, utilizadas para fundamentar posterior denúncia oferecida pelo Ministério Público. Afora as questões de índole penal e processual penal, é certo que, do ponto de vista da legislação de ética profissional, com destaque para o referido

art. 7º. II e §6º, do EAOAB, as comunicações havidas entre clientes e advogados, no exercício da profissão, são invioláveis, salvo se os próprios causídicos estiverem sendo investigados por suposta prática de infrações penais. Como, na espécie, afirmou-se que os profissionais não tinham qualquer envolvimento nas práticas criminosas perpetradas por seus clientes, a quebra da inviolabilidade de suas comunicações feriu de morte a prerrogativa em comento. Ilícita, portanto, as provas que embasaram o início da ação penal. Correta, pois, a alternativa "D", estando as demais em descompasso com o EAOAB.

Gabarito "D".

(OAB/Exame Unificado – 2015.3) A advogada Ana retirou de cartório os autos de determinado processo de conhecimento em que representava a parte ré, para apresentar contestação. Protocolou a petição tempestivamente, mas deixou de devolver os autos em seguida por esquecimento, só o fazendo após ficar pouco mais de um mês com os autos em seu poder. Ao perceber que Ana não devolvera os autos imediatamente após cumprir o prazo, o magistrado exarou despacho pelo qual a advogada foi proibida de retirar novamente os autos do cartório em carga, até o final do processo.

Nos termos do Estatuto da Advocacia, deve-se assentar quanto à sanção disciplinar que

(A) não se aplica porque Ana não chegou a ser intimada a devolver os autos.

(B) não se aplica porque Ana ficou menos de três meses com os autos em seu poder.

(C) aplica-se porque Ana reteve abusivamente os autos em seu poder.

(D) aplica-se porque Ana não poderia ter retirado os autos de cartório para cumprir o prazo assinalado para contestação.

A: correta. Nos termos do art. 7º, XV, do EAOAB, é direito do advogado ter vista dos processos judiciais ou administrativos de qualquer natureza, em cartório ou na repartição competente, ou retirá-los pelos prazos legais. Contudo, referida prerrogativa será afastada – no tocante à retirada dos autos -, até o encerramento do processo, se o advogado houver deixado de devolvê-los no prazo legal, e só o fizer depois de intimado (art. 7º, §1º, "c", do EAOAB). No caso relatado no enunciado, a advogada Ana sequer chegou a ser intimada a restituir os autos ao cartório, tendo o magistrado, diretamente, exarado despacho proibindo-a de retirar os autos novamente em carga até o fim do processo. Assim, inaplicável seria a sanção imposta pelo EAOAB, qual seja, a de se vedar nova carga dos autos, eis que tal somente será aplicada se a devolução dos autos ocorrer após intimação. Como visto, a advogada Ana, embora não tenha devolvido os autos do processo, por esquecimento, fê-lo antes de ser intimada a tanto. Logo, inaplicável o disposto no art. 7º, §1º, "c", do EAOAB; B, C e **D:** incorretas. Analisando-se conjugadamente o precitado art. 7º, §1º, "c", do EAOAB com a infração disciplinar constante no art. 34, XXII, do EAOAB (retenção abusiva ou extravio de autos), chega-se à conclusão de que o advogado somente incorrerá em infração ética caso não restitua os autos após ser intimado a tanto.

Gabarito "A".

(OAB/Exame Unificado – 2015.3) Alice, advogada, em audiência judicial, dirigiu a palavra de maneira ríspida a certa testemunha e ao magistrado, tendo este entendido que houve a prática dos crimes de injúria e desacato, respectivamente. Por isso, o juiz determinou a extração de cópias da ata e remessa à Promotoria de Justiça com atribuição para investigação penal da comarca.

Considerando a situação narrada, a disciplina do Estatuto da OAB e o entendimento do Supremo Tribunal Federal, sobre as manifestações de Alice, proferidas no exercício de sua atividade profissional, é correto afirmar que

(A) podem configurar injúria e desacato puníveis, pois o Supremo Tribunal Federal declarou inconstitucional a imunidade profissional prevista no Art. 7º, § 2º, do Estatuto da OAB, já que a Constituição Federal consagra a incolumidade da honra e imagem.

(B) não podem constituir injúria ou desacato puníveis. Isso porque o advogado tem imunidade profissional, nos termos do Art. 7º, § 2º, do Estatuto da OAB, cuja integral constitucionalidade foi declarada pelo Supremo Tribunal Federal.

(C) não podem constituir injúria, mas podem configurar desacato punível. Isso porque o advogado tem imunidade profissional, nos termos do Art. 7º, § 2º, do Estatuto da OAB, mas esta, de acordo com o Supremo Tribunal Federal, não compreende o desacato, sob pena de conflitar com a autoridade do magistrado na condução da atividade jurisdicional.

(D) não podem constituir injúria ou desacato puníveis, mas podem caracterizar crime de desobediência. Isso porque o advogado tem imunidade profissional, nos termos do Art. 7º, § 2º, do Estatuto da OAB, cuja constitucionalidade foi declarada pelo Supremo Tribunal Federal, com a ressalva ao delito de desobediência, a fim de não conflitar com a autoridade do magistrado na condução da atividade jurisdicional.

O art. 7º, §2º, do EAOAB, em sua redação original, dispunha que o advogado tem imunidade profissional, não constituindo injúria, difamação ou desacato puníveis qualquer manifestação de sua parte, no exercício de sua atividade, em juízo ou fora dele, sem prejuízo das sanções disciplinares perante a OAB, pelos excessos que cometer. Ocorre que o STF, no julgamento da ADI 1.127-8, declarou a inconstitucionalidade de parte do referido dispositivo (*ou desacato*). Assim, o que a Suprema Corte assentou foi o entendimento de que o advogado, embora imune aos crimes de injúria e difamação, quando praticados no exercício de sua atividade, responderá criminalmente por desacato, já que, assim não fosse, haveria patente falta de isonomia entre autoridades e os advogados. Com base no que expusemos até o momento, vamos à análise das alternativas. **A**: incorreta, eis que, como dito, o STF declarou apenas parcialmente a inconstitucionalidade da imunidade profissional do advogado, mantida no tocante aos crimes de injúria e difamação; **B**: incorreta, pois o STF declarou, como já ressaltado, a inconstitucionalidade de parte da redação do art. 7º, §2º, do EAOAB; **C**: correta, já que a advogada Alice, embora seja imune a eventual injúria praticada contra a testemunha, não o será, conforme julgamento realizado pelo STF na ADI 1.127-8, quanto ao desacato perpetrado contra o magistrado; **D**: incorreta, haja vista que o art. 7º, §2º, do EAOAB, não trata do crime de desobediência, mas, sim, de crimes contra a honra (injúria e difamação), alcançados pela imunidade profissional, e de um crime contra a administração pública (desacato), afastado, pelo STF, da abrangência da prerrogativa profissional dos advogados.
Gabarito "C".

(OAB/Exame Unificado – 2015.2) Gisella é advogada recém-aprovada no Exame de Ordem e herda diversas causas de um colega de classe que resolveu trilhar outros caminhos, deixando numerosos processos para acompanhamento nos Juízos de primeiro grau. Ao acompanhar uma sessão de julgamento na Câmara Cível do Tribunal W, tem necessidade de apresentar, antes de iniciar o julgamento, alegações escritas aos integrantes do órgão julgador, que somente foram completadas no dia da sessão. Aguardando o início dos trabalhos, assim que os julgadores

se apresentaram para o julgamento, a jovem advogada dirigiu-se a eles no sentido de entregar as alegações escritas, sendo admoestada quanto à sua presença no interior da sala de julgamento, na parte reservada aos magistrados. Nos termos do Estatuto da Advocacia, o ingresso dos advogados nas salas de sessões

(A) está restrito ao espaço da plateia.

(B) depende de autorização do Presidente da Câmara.

(C) é livre inclusive na parte reservada aos magistrados.

(D) depende de concordância dos julgadores.

Nos termos do art. 7º, VI, "a", do EAOAB, é direito do advogado ingressar livremente nas salas de sessões dos tribunais, mesmo além dos cancelos que separam a parte reservada aos magistrados. Assim, vamos às alternativas. **A**: incorreta, pois o advogado, nas sessões de julgamento dos tribunais, tem acesso não somente ao espaço destinado à plateia, mas, também, àquele reservado aos magistrados; **B**: incorreta. O exercício do direito previsto no art. 7º, VI, "a", do EAOAB, não depende de autorização de quem quer que seja; **C**: correta, nos exatos termos do art. 7º, VI, "a", do EAOAB; **D**: incorreta, pois, como visto, o acesso do advogado às sessões dos tribunais, mesmo além dos cancelos que separam a parte reservada aos magistrados, não depende da concordância dos julgadores. Trata-se, é bom destacar, de prerrogativa profissional.
Gabarito "C".

(OAB/Exame Unificado – 2015.2) A advogada Maria foi presa em flagrante por furto cometido no interior de uma loja de departamentos. Na Delegacia, teve a assistência de advogado por ela constituído. O auto de prisão foi lavrado sem a presença de representante da Ordem dos Advogados do Brasil, fato que levou o advogado de Maria a arguir sua nulidade. Sobre a hipótese, assinale a afirmativa correta.

(A) O auto de prisão em flagrante não é nulo, pois só é obrigatória a presença de representante da OAB quando a prisão decorre de motivo ligado ao exercício da advocacia.

(B) O auto de prisão em flagrante não é nulo, pois a presença de representante da OAB é facultativa em qualquer caso, podendo sempre ser suprida pela presença de advogado indicado pelo preso.

(C) O auto de prisão em flagrante é nulo, pois advogados não podem ser presos por crimes afiançáveis.

(D) O auto de prisão em flagrante é nulo, pois a presença de representante da OAB em caso de prisão em flagrante de advogado é sempre obrigatória.

Nos termos do art. 7º, IV e § 3º, do EAOAB, é direito do advogado ter a presença de representante da OAB, quando preso em flagrante, por motivo ligado ao exercício da advocacia, para a lavratura do respectivo auto, sob pena de nulidade. E a prisão em flagrante, quando relacionada ao exercício da profissão, somente será admissível em se tratando de crime inafiançável. No caso narrado no enunciado, Maria foi presa em flagrante por furto cometido no interior de uma loja de departamentos, portanto, sem guardar qualquer relação com o exercício da profissão. Dessa forma, não terá o direito de ter a presença de representante da OAB durante a lavratura do auto de prisão em flagrante, que não é nulo. Frise-se: a prerrogativa em tela pressupõe, necessariamente, que a prisão em flagrante do advogado ocorra por motivo ligado ao exercício da profissão, quando, somente nessa circunstância, um representante da OAB deverá se fazer presente para acompanhar a lavratura do auto. Assim, de planos, as alternativas **C** e **D** são incorretas. Correta é a alternativa **A**, por todos os esclarecimentos que já fizemos. Quanto à alternativa **B**, incorreta, não é verdadeira a afirmação de que a presença

1. ÉTICA PROFISSIONAL

de representante da OAB para a lavratura do auto de prisão em flagrante seja facultativa em qualquer caso. Vimos que se se tratar de flagrante delito por motivo ligado à profissão, a presença de representante da entidade deverá ocorrer, sob pena de nulidade, ainda que contasse o advogado com um defensor constituído.

Gabarito "A".

(OAB/Exame Unificado – 2015.2) Leôncio é estagiário de escritório especializado na área cível e testemunha o descumprimento de norma legal por funcionário público, imediatamente comunicando a situação ao seu advogado supervisor. Ambos dirigem-se ao órgão diretor administrativo competente e reclamam pelo descumprimento de lei, o que foi reduzido a termo. A referida reclamação veio a ser sumariamente arquivada por não ter sido feita na forma escrita. Nos termos do Estatuto da Advocacia, reclamações por descumprimento de lei

(A) devem ser necessariamente escritas.

(B) devem ser formuladas pela OAB, exclusivamente.

(C) podem ser verbais.

(D) são de atribuição privativa de Conselheiro da OAB.

Nos termos do art. 7º, XI, do EAOAB, é direito do advogado reclamar, verbalmente ou por escrito, perante qualquer juízo, tribunal ou autoridade, contra a inobservância de preceito de lei, regulamento ou regimento. Portanto, no caso apresentado no enunciado, Leôncio, estagiário, e seu advogado supervisor, ao constatarem o descumprimento de norma legal por funcionário público, poderiam, nos moldes do referido dispositivo legal, reclamar de forma verbal ou escrita. Correta, portanto, a alternativa C.

Gabarito "C".

(OAB/Exame Unificado – 2015.1) Ao decretar segredo de Justiça nos autos de determinada investigação policial, o magistrado alertou o Delegado de Polícia de que, aos advogados ali constituídos, deveria ser facultado o acesso à integralidade dos elementos de prova já documentados nos autos, ressaltando, no entanto, expressa e reservadamente, que ninguém, nem mesmo advogado constituído por meio de instrumento de procuração, poderia ter acesso à medida cautelar de interceptação telefônica em andamento.

Sobre a advertência do magistrado, assinale a afirmativa correta.

(A) A advertência é ilegal, pois é direito do advogado, apresentando procuração do investigado, ter vista da integralidade de procedimentos de qualquer natureza.

(B) A advertência é ilegal, pois é direito do advogado ter vista de procedimentos de qualquer natureza, independentemente da apresentação de procuração.

(C) A advertência é lícita, pois, em se tratando de procedimento sob segredo de Justiça, é permitido ao advogado, munido de procuração do investigado, o acesso aos elementos de prova já documentados nos autos, mas não a medidas cautelares ainda em andamento.

(D) A advertência é lícita, pois nem mesmo advogados munidos de procuração podem ter acesso a autos de procedimentos sob segredo de Justiça.

Nos termos do art. 7º, XIV, do Estatuto da OAB, é direito do advogado ter vista de autos de inquérito policial ou de prisão em flagrante, findos ou em andamento, em qualquer repartição policial, independentemente de procuração, ainda que conclusos à autoridade, podendo, também, obter cópias e fazer apontamentos. Assim, a regra é a desnecessidade

da procuração. Contudo, se no inquérito tiver sido decretado segredo de justiça (ex.: nos crimes contra a dignidade sexual, o art. 234-B, do CP, impõe o segredo de justiça), o advogado somente terá acesso aos autos se tiver procuração. Uma vez exibido o instrumento de mandato, terá acesso amplo aos elementos de prova. Contudo, nos termos da Súmula vinculante 14, o defensor somente poderá consultar os elementos de prova já documentados nos autos (ou seja, já colhidos e reduzidos a termo), o que exclui, por óbvio, as diligências futuras e aquelas que corram em apartado, tal como ocorre com os autos da interceptação telefônica, que somente serão anexados ao IP ao final. Assim, com base no caso relatado no enunciado, vamos às alternativas. **A** e **B**: incorretas, pois a advertência feita pelo magistrado é lícita, já que decretado o segredo de justiça no inquérito policial, razão por que a procuração deveria ser exigida, bem como no tocante à interceptação telefônica, na esteira da precitada Súmula vinculante 14; **C**: correta, pois em procedimento investigatório em que seja decretado segredo de justiça, seu acesso por advogado será permitido desde que munido de procuração, podendo consultar apenas os elementos de prova já documentados nos autos, consoante a referida súmula vinculante; **D**: incorreta, pois, como visto, o advogado, desde que munido de procuração, terá acesso aos autos de procedimentos sob segredo de justiça.

Gabarito "C".

(OAB/Exame Unificado – 2015.1) O advogado Antônio participava do julgamento de recurso de apelação por ele interposto. Ao proferir seu voto, o Relator acusou o advogado Antônio de ter atuado de forma antiética e de ter tentado induzir os julgadores a erro. Em seguida, com o objetivo de se defender das acusações que lhe haviam sido dirigidas, Antônio solicitou usar da palavra, pela ordem, por mais cinco minutos, pleito que veio a ser indeferido pelo Presidente do órgão julgador.

A respeito do direito de Antônio usar a palavra novamente, assinale a afirmativa correta.

(A) Não é permitido o uso da palavra por advogado em julgamentos de recursos de apelação.

(B) É direito do advogado usar da palavra, pela ordem, mediante intervenção sumária, para replicar acusação ou censura que lhe forem feitas.

(C) É direito do advogado intervir, a qualquer tempo e por qualquer motivo, durante o julgamento de processos em que esteja constituído.

(D) O uso da palavra, pela ordem, mediante intervenção sumária, somente é permitido para o esclarecimento de questões fáticas.

Nos termos do art. 7º, X, do Estatuto da OAB, é direito do advogado usar da palavra, pela ordem, em qualquer juízo ou tribunal, mediante intervenção sumária, para esclarecer equívoco ou dúvida surgida em relação a fatos, documentos ou afirmações que influam no julgamento, *bem como para replicar acusação ou censura que lhe forem feitas.* Analisemos, pois, as alternativas. **A**: incorreta, podendo o advogado valer-se da prerrogativa em comento durante o julgamento de qualquer tipo de recurso ou processo; **B**: correta, nos exatos termos do art. 7º, X, do EAOAB; **C**: incorreta, pois o advogado, embora possa fazer uso da palavra a qualquer momento, deverá fazê-lo mediante intervenção sumária, e não por qualquer motivo, mas, sim, para esclarecer equívocos ou dúvidas relativas a aspectos fáticos ou documentais, ou diante de afirmações capazes de influir no julgamento, ou para replicar acusação ou censura que lhe tenham sido dirigidas; **D**: incorreta, pois, como visto no comentário à alternativa antecedente, o advogado poderá fazer uso da prerrogativa em comento para esclarecimento de fatos, documentos ou afirmações que influam no julgamento, ou para rebater acusação ou censura que lhe tenham sido desfechadas.

Gabarito "B".

ARTHUR TRIGUEIROS E SAVIO CHALITA

(OAB/Exame Unificado – 2015.1) Epitácio é defendido pelo advogado Anderson em processo relacionado à dissolução de sua sociedade conjugal. Posteriormente, Epitácio vem a se envolver em processo de natureza societária e contrata novo advogado especialista na matéria. Designada audiência para a oitiva de testemunhas, a defesa de Epitácio arrola como testemunha o advogado Anderson, diante do seu conhecimento de fatos decorrentes do litígio de família, obtidos exclusivamente diante do seu exercício profissional e relevantes para o desfecho do litígio empresarial. Consoante o Estatuto da Advocacia, o advogado deve

(A) atuar como testemunha em qualquer situação.

(B) depor, porém sem revelar fatos ligados ao sigilo profissional.

(C) resguardar-se e requerer autorização escrita do cliente.

(D) buscar suprimento judicial para depor em Juízo.

Nos termos do art. 7º, XIX, do Estatuto da OAB, é direito do advogado recusar-se a depor como testemunha em processo no qual funcionou ou deva funcionar, ou sobre fato relacionado com pessoa de quem seja ou foi advogado, mesmo quando autorizado ou solicitado pelo constituinte, bem como sobre fato que constitua sigilo profissional. Assim, no caso relatado no enunciado, como o advogado Anderson atuou em processo a favor de Epitácio, tendo tomado conhecimento, então, de fatos que interessam ao "novo processo", não poderia depor. Assim, vamos às alternativas! **A:** incorreta, pois o EAOAB impõe limites à atuação do advogado como testemunha, podendo recusar-se a depor em casos em que o sigilo profissional ficará em xeque; **B:** correta, conforme assinalado pela banca examinadora. Contudo, entendemos imperfeita a conclusão a que chegou a FGV, pois no enunciado ficou claro que o processo em que o advogado Anderson atuou como patrono, tomou conhecimento de fatos que interessavam ao "novo processo" em que fora arrolado a pedido do ex-cliente. Não poderia, nessa situação, depor, visto que haveria risco de violação ao sigilo profissional. Caberia ao advogado, simplesmente, ao comparecer à audiência, apresentar a recusa, nos termos do art. 7º, XIX, do EAOAB e art. 38 do CED; **C:** incorreta, pois nos casos referidos nos precitados dispositivos normativos, ainda que haja autorização do cliente, o advogado ficará impedido de prestar depoimento; **D:** incorreta, pois inexiste previsão legal que autorize o advogado a depor por meio de suprimento judicial.
Gabarito "B".

(OAB/Exame Unificado – 2015.1) Isabella, advogada atuante na área pública, é procurada por cliente que deseja contratá-la e que informa a existência de processo já terminado, no qual foram debatidos fatos que poderiam interessar à nova causa. Antes de realizar o contrato de prestação de serviços, dirige-se ao Juízo competente e requer vista dos autos findos, não anexando instrumento de mandato. Nesse caso, consoante o Estatuto da Advocacia, a advogada pode

(A) ter vista dos autos somente no balcão do cartório.

(B) ter vista dos autos no local onde se arquivam os autos.

(C) retirar os autos de cartório por dez dias.

(D) retirar os autos, se anexar instrumento de mandato.

Nos termos do art. 7º, XVI, do Estatuto da OAB, é direito do advogado retirar autos de processos findos, mesmo sem procuração, pelo prazo de dez dias. Correta, assim, a alternativa C, estando as demais em descompasso com a prescrição legal.
Gabarito "C".

(OAB/Exame Unificado – 2014.2) O estagiário Marcos trabalha em determinado escritório de advocacia e participou ativamente da elaboração de determinada peça processual que estava para ser analisada pelo magistrado da Vara em que o processo tramitava, assinando, ao final, a petição, em conjunto com alguns advogados do escritório. Como conhecia muito bem a causa, resolveu falar com o magistrado com o objetivo de ressaltar, de viva voz, alguns detalhes relevantes. Quando o magistrado percebeu que estava recebendo o estagiário do escritório, e não um dos advogados que atuava na causa, informou ao estagiário que não poderia tratar com ele sobre o processo, solicitando que os advogados viessem em seu lugar, se entendessem necessário. Marcos, muito aborrecido, afirmou que faria uma representação contra o magistrado, por entender que suas prerrogativas profissionais foram violadas. A respeito da conduta de Marcos, assinale a opção correta.

(A) Marcos teve sua prerrogativa profissional violada, pois é direito do advogado e do estagiário inscrito na OAB dirigir-se diretamente ao magistrado nas salas e gabinetes de trabalho, independentemente de horário previamente marcado, observando-se a ordem de chegada.

(B) Marcos não teve sua prerrogativa profissional violada, pois apenas deve dirigir-se diretamente ao magistrado quando os advogados que atuam na causa estiverem impossibilitados de fazê-lo, sendo a atuação do estagiário subsidiária em relação à atuação do advogado.

(C) Marcos não teve sua prerrogativa profissional violada, pois apenas o advogado tem direito de dirigir-se diretamente ao magistrado nas salas e gabinetes de trabalho, independentemente de horário previamente marcado, observando-se a ordem de chegada. Ao contrário, Marcos praticou ato excedente à sua habilitação e, em razão disso, ficará impedido, posteriormente, de obter sua inscrição definitiva como advogado.

(D) Marcos não teve sua prerrogativa profissional violada, pois apenas o advogado tem direito de dirigir-se diretamente ao magistrado nas salas e gabinetes de trabalho, independentemente de horário previamente marcado, observando-se a ordem de chegada. Ao contrário, Marcos praticou ato excedente à sua habilitação e deve ser punido com pena de censura.

A: incorreta, pois o direito de dirigir-se diretamente aos magistrados, nas salas e gabinetes de trabalho, independentemente de prévio agendamento, observada a ordem de chegada, pertence ao advogado (art. 7º, VIII, do EAOAB). Embora, na praxe forense, estagiários se dirijam diretamente a juízes, geralmente para despacho de petições, não se pode afirmar que tal prática "costumeira" constitua uma prerrogativa. O rol do art. 7º do EAOAB é destinado aos advogados, não aos estagiários; **B:** incorreta, pois a atuação do estagiário não pode, salvo nas hipóteses do art. 29, §§ 1º e 2º, do Regulamento Geral, ser isolada. Em outras palavras, a regra é a de que o estagiário somente poderá atuar em conjunto com o advogado nas atividades consideradas privativas de advocacia (art. 29, *caput*, do Regulamento Geral e art. 3º, § 2º, do EAOAB). Despachar uma petição, nos moldes delineados no enunciado, e argumentar tecnicamente sobre o que se discute nos autos, em nosso entendimento, caracteriza ato de postulação judicial (art. 1º, I, do EAOAB), que, como sabido, é atividade privativa de advogado; **C:** incorreta, pois a conduta praticada pelo estagiário não lhe acarretará, por falta de previsão legal, a consequência indicada na alternativa, qual seja, a de ficar impossibilitado de obter, futuramente, sua inscrição definitiva como advogado; **D:** correta. De fato, como visto, o estagiário não goza

da prerrogativa de que trata o art. 7º, VIII, do EAOAB. Ao contrário, ao demonstrar ao juiz que tinha amplo conhecimento da causa, inclusive trazendo argumentos e fazendo ponderações relevantes sobre a causa, praticou ato excedente de sua habilitação, incorrendo no art. 34, XXIX, do EAOAB (infração disciplinar, passível de censura).
Gabarito "D".

(OAB/Exame Unificado – 2014.2) Às 15h15, o advogado Armando aguardava, no corredor do fórum, o início de uma audiência criminal designada para as 14h30. A primeira audiência do dia havia sido iniciada no horário correto, às 13h30, e a audiência da qual Armando participaria era a segunda da pauta daquela data. Armando é avisado por um serventuário de que a primeira audiência havia sido interrompida por uma hora para que o acusado, que não se sentira bem, recebesse atendimento médico, e que, por tal motivo, todas as demais audiências do dia seriam iniciadas com atraso. Mesmo assim, Armando informa ao serventuário que não iria aguardar mais, afirmando que, de acordo com o EAOAB, tem direito, após trinta minutos do horário designado, a se retirar do recinto onde se encontre aguardando pregão para ato judicial. A partir do caso apresentado, assinale a opção correta.

(A) Armando poderia se retirar do recinto, pois o advogado tem o direito de não aguardar por mais de trinta minutos para a realização de ato judicial.

(B) Armando não poderia se retirar do recinto, pois a autoridade que presidiria o ato judicial do qual Armando participaria estava presente.

(C) Armando não poderia se retirar do recinto, pois a prerrogativa por ele invocada não é válida para audiências criminais.

(D) Armando poderia se retirar do recinto, pois não deu causa ao atraso da audiência.

A: incorreta, pois o advogado somente poderá se valer da prerrogativa do art. 7º, XX, do EAOAB, se o juiz estiver ausente do local em que deva presidir o ato; **B:** correta. A questão é muito boa e pode induzir a erro o candidato. É que o direito de retirada do advogado do local em que deva ser realizado o ato judicial (ex.: audiência) somente poderá ser exercido se o juiz que deva presidi-lo estiver ausente por, pelo menos, trinta minutos (art. 7º, XX, do EAOAB). No caso relatado no enunciado, o magistrado encontra-se presente, mas a audiência anterior foi suspensa em razão do mal-estar do acusado que a ela compareceu. Trata-se de verdadeiro "atraso de pauta", que muito ocorre no dia a dia forense. E, nesse caso, como o juiz está presente, mas as audiências estão atrasadas, o advogado não poderá se socorrer do precitado art. 7º, XX, do EAOAB; **C:** incorreta, pois a prerrogativa prevista no art. 7º, XX, do EAOAB, não faz distinção do tipo de audiência. Contudo, destacamos que, pelo princípio da especialidade, se se tratasse de uma audiência trabalhista, aplicar-se-ia o disposto no art. 815, parágrafo único, da CLT (bastam quinze minutos de ausência do magistrado para que o advogado possa se retirar do local); **D:** incorreta. Pouco importa, para o exercício da prerrogativa em questão, ter o advogado dado ou não causa ao atraso da audiência. Imprescindível, como visto, que o juiz esteja ausente para que o causídico se valha do seu direito de retirada.
Gabarito "B".

(OAB/Exame Unificado – 2014.2) O advogado Antônio de Souza encontra-se preso cautelarmente, em cela comum, por força de decreto de prisão preventiva proferido no âmbito de ação penal a que responde por suposta prática de reiteradas fraudes contra a Previdência. O advogado de Antônio requereu ao magistrado que decretou a prisão a transferência de seu cliente para sala de estado-maior. Como não havia sala de estado-maior disponível na localidade, o magistrado determinou que Antônio deveria permanecer em prisão domiciliar até que houvesse sala de estado-maior disponível. Sobre a decisão do magistrado, assinale a opção correta.

(A) O magistrado decidiu corretamente, pois, de acordo com o EAOAB, é direito do advogado não ser recolhido preso, antes de sentença transitada em julgado, senão em sala de Estado-maior e, na sua falta, em prisão domiciliar.

(B) O magistrado não decidiu corretamente, pois o advogado, assim como qualquer outro cidadão que tenha concluído curso superior, tem direito a ser recolhido preso em prisão especial, mas não em sala de estado-maior, que apenas é garantida a magistrados e membros do Ministério Público.

(C) O magistrado decidiu corretamente, devendo o advogado permanecer em prisão domiciliar, mesmo havendo sala de Estado Maior, após eventual trânsito em julgado de sua condenação.

(D) O magistrado não decidiu corretamente, pois o advogado apenas tem direito a não ser recolhido preso, antes de sentença transitada em julgado, em sala de estado-maior e, na sua falta, em prisão domiciliar, quando o crime que lhe esteja sendo imputado decorra do exercício regular da profissão de advogado.

A: correta. De fato, é direito do advogado, antes do trânsito em julgado, ficar recolhido preso em sala de Estado-Maior, com acomodações e comodidades condignas, ou, à falta dela, em prisão domiciliar (art. 7º, V, do EAOAB); **B:** incorreta, pois, como dito, é prerrogativa do advogado permanecer preso cautelarmente (ou seja, antes do trânsito em julgado) senão em sala de Estado-Maior, ou, à falta, em prisão domiciliar; **C:** incorreta. O advogado somente permanecerá preso cautelarmente em prisão domiciliar se, na localidade, não houver sala de Estado-maior (art. 7º, V, do EAOAB); **D:** incorreta. Essa é uma excelente pegadinha da banca examinadora! O direito de o advogado ficar preso cautelarmente em sala de Estado-maior, ou, à falta, em prisão domiciliar, não se vincula ao tipo de crime por ele praticado, vale dizer, se relativo ou não ao exercício da profissão. Assim, terá direito ao "benefício" ora debatido advogado acusado de estupro, tráfico de drogas, homicídio ou qualquer outro tipo de crime, ainda que não guarde qualquer relação com o exercício regular da profissão.
Gabarito "A".

(OAB/Exame Unificado – 2014.2) A advogada Ana integrou o departamento jurídico da empresa XYZ Ltda. e, portanto, participava de reuniões internas, com sócios e diretores, e externas, com clientes e fornecedores, tendo acesso a todos os documentos da sociedade, inclusive aos de natureza contábil, conhecendo assim, diversos fatos e informações relevantes sobre a empresa. Alguns anos após ter deixado os quadros da XYZ Ltda., Ana recebeu intimação para comparecer a determinada audiência e a prestar depoimento, como testemunha arrolada pela defesa, no âmbito de ação penal em que um dos sócios da empresa figurava como acusado do crime de sonegação fiscal. Ao comparecer à audiência, Ana afirmou que não prestaria depoimento sobre os fatos dos quais tomou conhecimento enquanto integrava o jurídico da XYZ Ltda. O magistrado que presidia o ato ressaltou que seu depoimento havia sido solicitado pelo próprio sócio da empresa, que a estaria, portanto, desobrigando do dever de guardar sigilo. Sobre a questão apresentada, observadas as regras do Estatuto da OAB e do Código de Ética e Disciplina da OAB, assinale a opção correta.

(A) Ana terá o dever de depor, pois o bem jurídico administração da justiça é mais relevante do que o bem jurídico inviolabilidade dos segredos.

(B) Ana terá o dever de depor, pois foi desobrigada por seu ex-cliente do dever de guardar sigilo sobre os fatos de que tomou conhecimento quando atuou como advogada da XYZ Ltda.

(C) Ana terá o dever de depor, pois não integra mais o departamento jurídico da empresa XYZ Ltda., tendo cessado, portanto, seu dever de guardar sigilo.

(D) Ana não terá o dever de depor, pois o advogado tem o direito de se recusar a depor, como testemunha, sobre fato relacionado à pessoa de quem foi ou seja advogado, mesmo quando solicitado pelo cliente.

A: incorreta, pois, nos termos do art. 7º, XIX, do Estatuto da OAB (EAOAB), é direito do advogado recusar-se a depor como testemunha em processo no qual funcionou ou deva funcionar, ou sobre fato relacionado com pessoa de quem seja ou foi advogado, mesmo quando autorizado ou solicitado pelo constituinte, bem como sobre fato que constitua sigilo profissional. Assim, nada obstante a advogada tenha sido intimada a prestar depoimento, é sua prerrogativa recusar-se a depor; **B:** incorreta, pois, como visto no comentário à alternativa antecedente, o fato de o ex-cliente solicitar o depoimento não a desobriga de recusar-se a prestá-lo. Ainda, nos termos do art. 38 do CED, o advogado não é obrigado a depor, em processo ou procedimento judicial, administrativo ou arbitral, sobre fatos a cujo respeito deva guardar sigilo profissional; **C:** incorreta, pois o fato de Ana não mais integrar o departamento jurídico da empresa XYZ não a desobriga de observar seus deveres éticos, dentre eles, o de sigilo profissional. Afinal, todos os fatos de que tinha ciência em razão de sua atuação profissional estão abrangidos, como dito, pelo sigilo, não podendo ser revelados mesmo em caso de o cliente (ou ex-cliente) solicitar ou autorizar o depoimento; **D:** correta, nos moldes previstos nos comentários antecedentes, que se baseiam no art. 7º, XIX, do EAOAB e art. 38 do CED.
Gabarito "D".

(OAB/Exame Unificado – 2014.1) Agnaldo é advogado na área de Direito de Empresas, tendo como uma de suas clientes a sociedade Cobradora Eficiente Ltda., que consegue realizar os seus atos de cobrança com rara eficiência. Por força de sua atividade, a sociedade é convidada a participar de reunião com a Associação dos Consumidores Unidos e envia o seu advogado para dialogar com a referida instituição.

Consoante o Estatuto da Advocacia, deve o advogado comparecer

(A) à reunião com seu cliente, responsável pela empresa.

(B) desacompanhado, com procuração com poderes *ad juditia*.

(C) à reunião, com mandato outorgado com poderes especiais.

(D) ao local sem a presença do cliente e sem mandato.

A, B e D: incorretas. É que um advogado poderá comparecer a uma reunião ou assembleia, ainda que desacompanhado de seu cliente, nelas representando-o, desde que munido de procuração com poderes especiais; **C:** correta, nos exatos termos do art. 7º, VI, "d", do EAOAB. Assim, é direito do advogado ingressar livremente em qualquer assembleia ou reunião de que participe ou possa participar o cliente (ou seja, ainda que este esteja ausente!), desde que munido de poderes especiais. Portanto,

o ingresso do advogado nesse tipo de lugar (assembleias/reuniões) somente é possível, ainda que desacompanhado do cliente, desde que disponha de procuração que lhe tenha sido outorgada. Porém, referida procuração não pode ser "comum", mas, sim, com poderes especiais (para comparecer/representar o cliente).
Gabarito "C".

(OAB/Exame Unificado – 2014.1) Abel, por força de suas atividades como advogado, comparece à audiência designada para ocorrer às 13 horas. Aguarda algum tempo, mas não recebe qualquer notícia do início dos trabalhos forenses.

Nesse caso, consoante o Estatuto da Advocacia, protocolizando comunicação em juízo, pode retirar-se do recinto passados

(A) vinte minutos do horário designado.

(B) trinta minutos do horário designado.

(C) quarenta minutos do horário designado.

(D) cinquenta minutos do horário designado.

A, C e D: incorretas, pois, como será visto no comentário a seguir, o prazo que o advogado deverá aguardar, até que possa exercer sua prerrogativa, é de trinta minutos; **B:** correta. Nos termos do art. 7º, XX, do EAOAB, é direito do advogado retirar-se do recinto onde se encontre aguardando pregão para ato judicial, após trinta minutos do horário designado e ao qual não tenha comparecido a autoridade que deveria presidir a ele, mediante comunicação protocolizada em juízo.
Gabarito "B".

(OAB/Exame Unificado – 2013.3) Sobre o *desagravo público*, assinale a afirmativa correta.

(A) O advogado poderá ser desagravado quando ofendido no exercício da profissão ou em razão dela, desde que faça o requerimento em petição dirigida ao Presidente do Conselho Seccional no prazo de seis meses, contados a partir da data da realização da ofensa.

(B) O desagravo público depende de concordância do advogado ofendido.

(C) O advogado não pode dispensar o desagravo público quando o Conselho Seccional decidir promovê-lo.

(D) O advogado tem direito a ser desagravado, mesmo que a ofensa por ele sofrida não guarde relação com o exercício da profissão ou de cargo ou função na OAB.

A: incorreta, pois o desagravo público é prerrogativa do advogado, nos termos do art. 7º, XVII, do Estatuto da OAB, podendo ser realizado de ofício pelo Conselho competente, ou a pedido do advogado ofendido ou de qualquer pessoa (art. 18, *caput*, do Regulamento Geral). Portanto, não é verdadeira a afirmação de que o advogado será desagravado desde que faça requerimento nesse sentido, tal como menciona a assertiva em tela; **B:** incorreta, eis que o desagravo público, por ser instrumento de defesa dos direitos e prerrogativas da advocacia, não depende sequer de concordância do ofendido, que não poderá dispensá-lo, devendo ser promovido a critério do Conselho (art. 18, § 7º, do Regulamento Geral); **C:** correta, nos termos do comentário à alternativa anterior, estando de acordo com o que dispõe o precitado art. 18, § 7º, do Regulamento Geral; **D:** incorreta, já que o desagravo público somente será realizado quando a ofensa dirigida ao advogado guardar relação com o exercício da profissão ou de cargo ou função que tenha na OAB (art. 18, *caput*, do Regulamento Geral). Portanto, ofensas de caráter estritamente pessoal não deverão ser apuradas pela OAB, cabendo ao relator propor o arquivamento do pedido (art. 18, § 2º, do Regulamento Geral).
Gabarito "C".

1. ÉTICA PROFISSIONAL

(OAB/Exame Unificado – 2013.2) O advogado Caio solicitou vista de autos de processo disciplinar instaurado na OAB contra seu desafeto, o advogado Tício. Caio justificou seu pedido afirmando que juntaria as informações contidas no processo disciplinar em questão às de um determinado processo judicial no qual ambos atuaram, visando, com isso, demonstrar que Tício costumava ter comportamento aético.

Com relação à hipótese sugerida, assinale a afirmativa correta.

(A) Caio não poderá ter acesso aos autos do processo disciplinar instaurado contra Tício, porque demonstrou que juntaria as informações nele contidas às de um processo judicial em que ambos atuavam, prejudicando, assim, a boa administração da justiça.

(B) Caio não poderá ter acesso aos autos do processo disciplinar instaurado contra Tício, uma vez que os processos disciplinares instaurados na OAB contra advogados tramitam em sigilo, até o seu término, só tendo acesso às suas informações as partes, seus defensores e a autoridade judiciária competente.

(C) Caio poderá ter acesso aos autos do processo disciplinar instaurado contra Tício, desde que assine termo pelo qual se compromete a não divulgar a terceiros as informações nele contidas.

(D) Caio poderá ter acesso irrestrito aos autos do processo disciplinar instaurado contra Tício, uma vez que processos disciplinares instaurados na OAB contra advogados não tramitam em sigilo.

A: incorreta, não pelo fato de o advogado Caio haver afirmado que juntaria as informações obtidas no processo disciplinar a um processo judicial, mas, sim, pelo fato de aquele tramitar em sigilo (art. 72, § 2º, do EAOAB), como será melhor visto na próxima alternativa; **B:** correta. De fato, nos exatos termos do art. 72, § 2º, do EAOAB, o processo disciplinar tramita em sigilo, até o seu término, só tendo acesso às suas informações as partes, seus defensores e a autoridade judiciária competente. Logo, se Caio não for parte no processo ético-disciplinar, não conseguirá ter acesso aos autos; **C** e **D:** incorretas, pois, como visto, salvo as partes, seus procuradores e a autoridade judiciária competente, o processo disciplinar tramitará em sigilo. Em outras palavras, à exceção das pessoas previstas no já referido art. 72, § 2º, do EAOAB, ninguém mais terá acesso ao processo disciplinar em trâmite (leia-se: antes do trânsito em julgado).
„Gabarito "B".

(OAB/Exame Unificado – 2013.2) Walter é advogado com atuação no Estado W e foi surpreendido pela acusação de participar de evento criminoso, tendo sido decretada sua prisão cautelar, por ordem judicial.

Com relação ao caso relatado, nos termos do Estatuto da Advocacia, assinale a afirmativa correta.

(A) O advogado deve ser apresentado ao Presidente da Seccional da OAB ou ao seu representante.

(B) O advogado ficará preso em sala de Estado-Maior ou equivalente até o final do processo.

(C) O advogado ficará restrito à sua residência, em prisão domiciliar, até reunião da seccional da OAB.

(D) O advogado sofrerá punição disciplinar pelo fato de estar respondendo a processo criminal.

A: incorreta, pois o Estatuto da OAB, em momento algum prevê que ao advogado que tenha contra si decretada prisão cautelar (flagrante,

temporária ou preventiva), seja apresentado ao Presidente do Conselho Seccional ou a qualquer representante deste órgão. O que há em referido diploma legal é que, em caso de prisão em flagrante decorrente do exercício profissional, um representante da OAB acompanhe a lavratura do respectivo auto (art. 7º, IV). A presença do representante da instituição somente ocorrerá em caso de prisão em flagrante, mas, não, nos demais casos de prisões cautelares (temporária e preventiva) decretadas por autoridade judiciária; **B:** correta, de acordo com a banca examinadora. O art. 7º, V, do EAOAB, garante que o advogado, antes do trânsito em julgado, fique recolhido preso em Sala de Estado-Maior, com comodidades condignas, ou, à sua falta, em prisão domiciliar. Não concordamos com a expressão "ou equivalente" contida na assertiva. Repare que o enunciado pede ao candidato que responda com base nos termos do Estatuto da OAB. E o Estatuto, como visto, garante ao advogado a permanência em Sala de Estado-Maior, ou, à falta dela, em prisão domiciliar. Em outras palavras, não havendo Sala de Estado-Maior, a alternativa legalmente prevista é a prisão domiciliar, e não "salas equivalentes". Errou, tecnicamente, a banca examinadora, especialmente pelo fato de ter exigido do candidato que assinalasse alternativa "*nos termos do Estatuto da Advocacia*". Repetimos: o Estatuto não fala em "Sala equivalente". E o que seria "Sala equivalente"? Admitir como correta a assertiva é fazer letra morta a prerrogativa em comento; **C:** incorreta. Como visto no comentário antecedente, o advogado ficará recolhido preso em Sala de Estado-Maior, e, somente à falta dela, em prisão domiciliar (art. 7º, V, EAOAB); **D:** incorreta. O só fato de responder a processo criminal não enseja qualquer punição disciplinar. Basta verificar o rol do art. 34 do Estatuto da OAB, que trata das infrações disciplinares. No entanto, advertirmos que se um advogado praticar crime infamante (art. 34, XXVIII, EAOAB), poderá sofrer pena de exclusão (art. 38 do EAOAB), mas após regular processo disciplinar.
„Gabarito "B".

(OAB/Exame Unificado – 2013.2) Úrsula, advogada com larga experiência profissional, necessita atualizar o seu arquivo de causas. Assim, requer o desarquivamento de determinados autos processuais de processo findo de um cliente, que tramitou sob sigilo, mas de época anterior à sua atuação. Ao dirigir-se ao cartório judicial, é surpreendida pela exigência de procuração com poderes especiais para retirar os autos.

Nos termos do Estatuto da Advocacia, é direito do advogado retirar autos de processos findos

(A) com procuração, inseridos poderes gerais, pelo prazo de cinco dias.

(B) com procuração, com poderes especiais, pelo prazo de quinze dias.

(C) sem procuração, com autorização do escrivão do cartório, pelo prazo de dez dias.

(D) sem procuração, pelo prazo de dez dias.

Nos exatos termos do art. 7º, XVI, do Estatuto da OAB, é direito do advogado retirar autos de processos findos, mesmo sem procuração, pelo prazo de dez dias. Ainda que o processo que Úrsula pretendia fazer carga tenha tramitado em sigilo, tal não seria motivo para não conseguir exercer sua prerrogativa. Todavia, caso o processo tivesse tramitado sob segredo de justiça, aí sim não teria o direito de retirá-los do cartório (salvo, é claro, se tivesse procuração do cliente). É o que decorre do art. 7º, § 1º, "1", do EAOAB.
„Gabarito "D".

(OAB/Exame Unificado – 2013.1) O advogado Francisco é conhecido por sua rara habilidade no setor de contratos empresariais, experto nas chamadas cláusulas venenosas que dificultam a quebra imotivada de avenças. No exercício regular da sua profissão de advogado, apresenta-

-se, munido dos devidos poderes, em assembleia de sociedade anônima, cujo controlador é seu cliente. O presidente da assembleia não acolhe a sua presença, aduzindo falta de autorização legal.

Nos termos do Estatuto da Advocacia, é direito do advogado

(A) ingressar em assembleia, representando seu cliente, mesmo não munido de mandato.

(B) representar seu cliente com procuração outorgada com poderes gerais.

(C) atuar em assembleia a que seu cliente possa comparecer, munido de poderes especiais.

(D) atuar excepcionalmente com autorização do presidente da assembleia, que supre o mandato.

Nos termos do art. 7º, VI, "d", do Estatuto da OAB, é direito do advogado ingressar livremente em qualquer assembleia ou reunião de que participe ou possa participar o seu cliente, ou perante a qual este deve comparecer, desde *que munido de poderes especiais*. Assim, o advogado Francisco pode, sim, comparecer à assembleia de sociedade anônima, cujo controlador é seu cliente, ainda que este lá não esteja, desde que munido de procuração com poderes especiais. O mandato (com poderes especiais), como se vê, é indispensável para que o advogado possa ingressar, livremente, em assembleias e reuniões em que estejam ou pudessem estar seus clientes.

Gabarito "C".

(OAB/Exame Unificado – 2013.1) A advogada Maria solicitou, no cartório de determinada vara cível, ter vista e extrair cópias dos autos de processo não sujeito a sigilo. O serventuário a quem foi feita a solicitação afirmou que Maria não havia juntado procuração aos autos do processo em questão e, em razão disso, apenas poderia ter vista dos autos e que lhe seria vedada a extração de cópias.

A partir do caso apresentado, assinale a afirmativa correta.

(A) O serventuário não agiu corretamente. Mesmo não estando constituída nos autos do processo, Maria pode ter vista e obter cópias dos autos do processo, já que o mesmo não está sujeito a sigilo.

(B) O serventuário agiu corretamente. O advogado não constituído nos autos de determinado processo apenas pode ter vista dos mesmos em balcão, mas não pode retirá-los de cartório para extração de cópias.

(C) O serventuário não agiu corretamente. Tendo em vista que Maria não estava constituída nos autos e que não poderia retirá-los de cartório para a extração de cópias, o serventuário deveria ter providenciado pessoalmente as cópias de que Maria necessitava.

(D) O serventuário não agiu corretamente. Tendo em vista que Maria não estava constituída nos autos do processo, não poderia sequer ter vista dos mesmos.

A: correta. Nos termos do art. 7º, XIII, do Estatuto da OAB, é direito do advogado examinar, em qualquer órgão dos Poderes Judiciário e Legislativo, ou da Administração Pública em geral, autos de processos findos ou em andamento, *mesmo sem procuração*, quando não estejam sujeitos a sigilo ou segredo de justiça, assegurada a obtenção de cópias, podendo tomar apontamentos. Assim, agiu incorretamente o serventuário, pois o fato de a advogada não ter procuração não constitui obstáculo para que ela tenha vista e obtenha cópias dos autos. Porém, caso o processo fosse sigiloso, somente com procuração poderia ter vista e carga dos autos; **B:** incorreta. Como visto, o art. 7º, XIII, do Estatuto, garante ao advogado, mesmo sem procuração (salvo se os

autos tramitarem em sigilo ou segredo de justiça!), o direito de examinar e obter cópias dos autos; **C:** incorreta, pois a advogada Maria, mesmo sem estar constituída nos autos (leia-se: ter procuração outorgada pelo cliente), teria o direito de examiná-los e obter as respectivas cópias diretamente, vale dizer, independentemente de qualquer atividade do serventuário; **D:** incorreta. A falta de procuração não constitui óbice ao advogado para ter vista e obter cópias dos autos de processos que tramitem em quaisquer dos Poderes (Executivo, Legislativo e Judiciário), salvo se sujeitos a sigilo ou segredo de justiça. Nesse caso, somente com procuração o advogado terá vista e poderá obter cópias dos autos.

Gabarito "A".

(OAB/Exame Unificado – 2013.1) João, advogado regularmente inscrito nos quadros da Ordem dos Advogados do Brasil, veio a ser indiciado por força de investigação proposta em face de um dos seus inúmeros clientes, não tendo o causídico participado de qualquer ato ilícito, mas apenas como advogado. Veio a saber que seu nome fora incluído por força de exercício considerado exacerbado de sua atividade advocatícia. Contratou advogado para a sua defesa no inquérito criminal e postulou assistência à Ordem dos Advogados do Brasil por entender feridas suas prerrogativas profissionais.

Observado tal relato, consoante as normas do Regulamento Geral do Estatuto da Advocacia e da OAB, assinale a afirmativa correta.

(A) Ao contratar advogado para a defesa da sua pretensão não mais cabe à Ordem dos Advogados interferir no processo para salvaguardar eventuais prerrogativas feridas.

(B) A atuação da Ordem dos Advogados na defesa das prerrogativas profissionais implicará a assistência de representante da instituição, mesmo com defensor constituído.

(C) A assistência da Ordem dos Advogados está restrita a processos judiciais ou administrativos, mas não a inquéritos.

(D) A postulação de assistência deve ser examinada pelo Conselho Federal da Ordem dos Advogados que pode autorizar ou não essa atividade.

A: incorreta. Veremos ainda nos comentários a esta questão que a OAB deverá interferir em inquéritos e processos em que o advogado figure como indiciado, acusado ou mesmo vítima, desde que os fatos digam respeito à atuação profissional, ainda que o advogado tenha constituído defensor; **B:** correta. Nos termos do art. 16 do Regulamento Geral, sem prejuízo da atuação de seu defensor, contará o advogado com a assistência de representante da OAB nos inquéritos policiais ou nas ações penais em que figurar como indiciado, acusado ou ofendido, sempre que o fato a ele imputado decorrer do exercício da profissão ou a este vincular-se; **C:** incorreta, pois, como visto, o art. 16 do Regulamento Geral permite a interferência da OAB não apenas nas ações penais em que figure como acusado ou ofendido um advogado, mas, também, nos inquéritos policiais, desde que os fatos apurados digam respeito ao exercício profissional; **D:** incorreta, pois o Regulamento Geral não diz caber ao Conselho Federal a análise sobre pedido de intervenção da OAB em inquéritos policiais ou ações penais em que figurem advogados como indiciados, réus ou ofendidos.

Gabarito "B".

(OAB/Exame Unificado – 2012.3.B) O advogado Antônio foi intimado a comparecer em Juízo para depor como testemunha a respeito de determinados fatos envolvendo um ex-cliente, a respeito dos quais tomou conhecimento em razão de seu ofício, em reuniões com o cliente em questão. Antônio recusou-se a depor, mesmo após ter sido autorizado por seu ex-cliente a fazê-lo.

A respeito da hipótese sugerida, assinale a afirmativa correta.

(A) Antônio não agiu corretamente. Ele está obrigado a depor, já que foi desobrigado por seu ex-cliente do dever de guardar sigilo.

(B) Antônio não agiu corretamente. Ele está obrigado a depor, já que o dever de guardar sigilo cede diante da decisão judicial que determinou sua intimação.

(C) Antônio agiu corretamente. O advogado tem o direito de recusar-se a depor como testemunha sobre fato relacionado com pessoa de quem seja ou foi advogado, mesmo quando autorizado ou solicitado pelo constituinte.

(D) Antônio não agiu corretamente. Ele está obrigado a depor, pois não é mais advogado do ex-cliente em questão.

A: incorreta. Nos termos do art. 7°, XIX, do Estatuto da OAB, é direito do advogado recusar-se a depor como testemunha em processo em que figure cliente ou ex-cliente, ainda que desobrigado; **B:** incorreta. A intimação judicial que determinou o comparecimento do advogado à audiência não constitui motivo ou justificativa para que se rompa o dever ético de resguardo do sigilo profissional (art. 7°, XIX, do Estatuto; art. 38 do Código de Ética e Disciplina); **C:** correta, nos termos do art. 7°, XIX, do Estatuto, bem como do art. 38 do Código de Ética; **D:** incorreta. Pouco importa se a parte envolvida no processo é cliente ou ex-cliente. O advogado, ao mesmo tempo, tem a prerrogativa de recusar-se a depor como testemunha (art. 7°, XIX, do Estatuto), bem como o dever ético de resguardar o sigilo profissional (art. 38 do Código de Ética e Disciplina).
Gabarito "C".

(OAB/Exame Unificado – 2012.3.B) José, advogado recém--formado, é contratado para defender os interesses de Cláudio que fora preso em flagrante, por crime afiançável, estando pendente o valor da fiança. Dirigindo-se ao local onde seu cliente está detido, apresenta-se à autoridade estatal competente e requer entrevista pessoal com Cláudio. A autoridade afirma que somente poderá autorizar o seu ingresso mediante a apresentação do instrumento de mandato.

Nos termos do Estatuto da Advocacia, o advogado, nesse caso, deve

(A) assentar que pode entrevistar-se com seu cliente mesmo sem procuração.

(B) contatar a família para que apresente o instrumento de procuração.

(C) aguardar a fixação da fiança para entrevistar-se com seu cliente em liberdade.

(D) aduzir que nesses casos tem prazo para apresentação de procuração.

A: correta. Nos termos do art. 7°, III, do Estatuto da OAB, é direito do advogado comunicar-se pessoal e reservadamente com seu cliente preso, em estabelecimentos civis ou militares, independentemente de procuração, ainda que considerado incomunicável; **B:** incorreta. Como visto, o art. 7°, III, do Estatuto, dispensa a exibição de procuração para que um advogado tenha acesso ao seu cliente preso; **C:** incorreta, pois, seja afiançável, seja inafiançável o crime pelo qual o cliente tenha sido preso em flagrante ou seja causa de qualquer outra espécie de prisão cautelar, o direito de o advogado com ele comunicar-se é prerrogativa conferida pelo já citado art. 7°, III, do Estatuto da OAB; **D:** incorreta. A

procuração – ou a falta dela – não constitui requisito para o exercício de prerrogativa profissional atinente à comunicação de causídico com seu cliente preso.
Gabarito "A".

(OAB/Exame Unificado – 2012.1) Tício, advogado militante há longos anos, tem entrevero com o Juiz da Comarca W que, em altos brados, afirma que o causídico é praticante de chicanas e atos de má-fé processual, sendo conhecido como exímio procrastinador da atividade processual, obstando o bom desenvolvimento da Justiça. À luz das normas do Regulamento Geral do Estatuto da Advocacia e da OAB, é correto afirmar:

(A) Tais atos permitem o agravo do advogado se houver requerimento pessoal ao Presidente da Seccional.

(B) Havendo requerimento de qualquer pessoa poderá ocorrer o desagravo após decisão do Relator do processo.

(C) O desagravo é público e promovido pelo Conselho competente podendo ocorrer de ofício.

(D) Caso constatado que a ofensa é decorrente do exercício da profissão poderá ocorrer o arquivamento sumário.

A: incorreta, pois, nos termos do art. 7°, XVII e § 5°, do EAOAB, caso um advogado seja ofendido em razão de sua profissão ou do exercício de cargo ou função na OAB, deverá ser promovida a competente sessão pública de desagravo, a fim de ser repudiada a ofensa dirigida ao causídico. Nos termos do art. 18 do Regulamento Geral, o desagravo poderá ser promovido de *ofício*, a *pedido* do advogado ou ofendido ou a *pedido* de qualquer pessoa; **B:** incorreta, pois, uma vez formulado o requerimento de desagravo público, caberá ao Relator do processo deflagrado na OAB oferecer parecer que, se acolhido, aí sim, gerará a designação de sessão específica para tal fim (art. 18, § 4°, do Regulamento Geral); **C:** correta, pois está conforme o disposto no art. 18 do Regulamento Geral; **D:** incorreta, pois, de acordo com o art. 18, § 2°, do Regulamento Geral, será caso de arquivamento, por proposta do Relator do processo, caso seja constatado que a ofensa não diz respeito ao exercício profissional (ou seja, quando tiver conotação de ofensa meramente pessoal, e não profissional).
Gabarito "C".

(OAB/Exame Unificado – 2012.1) O escritório Alpha, Beta e Gama Advogados Associados, especializado em advocacia criminal, foi alvo de medida cautelar de busca em apreensão, determinada por juiz criminal, no âmbito de ação penal em que diversos clientes do escritório figuravam como acusados. O magistrado fundamentou a decisão de deferimento da medida de busca e apreensão apontando a gravidade dos crimes atribuídos pelo Ministério Público aos acusados, clientes do escritório em questão, bem como a impossibilidade de obtenção, por outros meios, de prova dos crimes por eles praticados. Considerando o que dispõem as normas aplicáveis à hipótese, assinale a alternativa correta:

(A) A inviolabilidade de escritórios de advocacia é absoluta, sendo ilegal e inconstitucional, em qualquer hipótese, a realização de medida de busca e apreensão em seu interior.

(B) A inviolabilidade de escritórios de advocacia é relativa, podendo-se determinar medida de busca e apreensão em seu interior quando houver certeza de que serão encontradas provas do crime praticado pelo cliente do advogado que ali trabalhe.

(C) A inviolabilidade de escritórios de advocacia é relativa, podendo-se determinar medida de busca e apreensão em seu interior quando houver indícios de autoria e materialidade da prática de crime por parte de advogado que ali trabalhe, sendo, no entanto vedada a utilização de documentos pertencentes a clientes do advogado investigado, quando os mesmos não estejam, por sua vez, sob formal investigação.

(D) A inviolabilidade de escritórios de advocacia é relativa, podendo-se determinar medida de busca e apreensão em seu interior quando houver indícios de autoria e materialidade da prática de crime por parte de advogado que ali trabalhe. Neste caso, a garantia da inviolabilidade resta absolutamente afastada, não havendo limites para a realização da medida.

A: incorreta, pois como se verá nos comentários às demais alternativas, a inviolabilidade do escritório de advocacia é relativa, vale dizer, comporta exceções; **B:** incorreta, pois, a despeito de ser possível a decretação de medida cautelar de busca e apreensão em escritório de advocacia, consoante permite o art. 7º, II e §§ 6º e 7º, do EAOAB, não se exigirá, para tanto, certeza de que serão encontradas provas do crime praticado pelo advogado, bastando *indícios* de autoria e materialidade delitivas; **C:** correta. De fato, embora a regra seja a da inviolabilidade do escritório de advocacia, consoante dispõe o art. 7º, II, do EAOAB, é certo que referida inviolabilidade é relativa, sendo perfeitamente possível a busca e apreensão nos escritórios de advocacia quando tal medida for necessária para a apuração da autoria e materialidade da prática de crime cometido pelo advogado. Em regra, na busca e apreensão, não poderão ser utilizados documentos, objetos e mídias pertencentes a clientes do advogado, salvo se estes forem coautores ou partícipes daquele na prática do mesmo crime que ensejou a medida cautelar (*vide* art. 7º, § 7º, do EAOAB); **D:** incorreta, pois a busca e apreensão, embora constitua instrumento que "relativiza" a inviolabilidade do escritório de advocacia, é medida que encontra limites impostos pela própria lei (art. 7º, II, e §§ 6º e 7º, do EAOAB), tais como os próprios requisitos de admissibilidade: indícios de autoria e materialidade delitivas, mandado de busca e apreensão específico e pormenorizado, necessidade de presença de representante da OAB etc.

Gabarito "C".

(OAB/Exame Unificado – 2012.1) Aparecida, advogada da autora no âmbito de determinada ação indenizatória, bastante irritada com o conteúdo de sentença que julgou improcedente o pedido formulado, apresenta recurso de apelação em cujas razões afirma que o magistrado é burro e ignora as leis aplicáveis ao caso em exame. Disse ainda que tal sentença não poderia ter outra explicação, senão o fato de o magistrado ter recebido vantagem pecuniária da outra parte. A respeito da conduta de Aparecida, é correto afirmar:

(A) Aparecida não praticou crime nem conduta antiética, pois fez tais afirmações no exercício da profissão, devendo atuar sem receio de desagradar ao magistrado.

(B) Aparecida praticou o crime de injúria, ao afirmar que o magistrado é burro e ignora as leis aplicáveis ao caso e o de calúnia, quando afirmou que o magistrado prolatara a sentença em questão por ter recebido dinheiro da outra parte. Além disso, por todas as ofensas irrogadas, violou dispositivo do Código de Ética e Disciplina da OAB, que impõe ao advogado o dever de urbanidade.

(C) Aparecida violou apenas dispositivo do Código de Ética e Disciplina da OAB, por desrespeitar o dever de urbanidade, mas não praticou crime, uma vez que tem imunidade profissional, não constituindo injúria, difamação ou calúnia puníveis qualquer manifestação de sua parte, no exercício de sua atividade, em juízo ou fora dele.

(D) Aparecida violou dispositivo do Código de Ética e Disciplina da OAB, por desrespeitar o dever de urbanidade e praticou o crime de calúnia ao afirmar que o magistrado prolatara a sentença em questão por ter recebido dinheiro da outra parte. Não praticou crime quando afirmou que o magistrado é burro e ignora as leis aplicáveis ao caso, pois tem imunidade profissional, não constituindo injúria punível qualquer manifestação de sua parte, no exercício de sua atividade, em juízo ou fora dele.

De acordo com o art. 7º, § 2º, do EAOAB, o advogado, no exercício profissional, em juízo ou fora dele, goza de imunidade profissional, sendo certo que *qualquer* manifestação sua (repita-se: desde que relativa ao exercício da profissão!) não constituirá injúria ou difamação puníveis. Porém, eventuais excessos serão passíveis de punição no âmbito disciplinar, consoante prevê referido dispositivo legal. No caso relatado no enunciado, a advogada Aparecida, ao xingar de "burro", teria cometido, em tese, o crime de injúria (art. 140 do CP). Ainda, ao afirmar que o magistrado recebera vantagem pecuniária para prolatar aquela sentença, teria, também, incidido no crime de calúnia (art. 138 do CP). Lembre-se que a imunidade profissional do advogado abarca apenas dois crimes: injúria e difamação. Portanto, Aparecida, embora imune ao crime de injúria, não o é com relação à calúnia (*falsa imputação, a terceiro, de fato definido como crime*), por esta devendo responder. Todavia, ainda que a advogada seja inviolável no tocante à injúria, é certo que xingar um juiz de "burro" viola dever ético de urbanidade, vale dizer, dever de tratamento respeitoso (art. 44 do CED). Portanto, Aparecida deverá responder criminalmente por calúnia e disciplinarmente pelo excesso cometido em relação ao magistrado.

Gabarito "D".

(OAB/Exame Unificado – 2011.3.A) Mévio, advogado de longa data, pretendendo despachar uma petição em processo judicial em curso perante a Comarca Y, é surpreendido com aviso afixado na porta do cartório de que o magistrado somente receberia para despacho petições que reputasse urgentes, devendo o advogado dirigir-se ao assessor principal do juiz para uma prévia triagem quanto ao assunto em debate. À luz das normas estatutárias, é correto afirmar que

(A) a organização do serviço cartorário é da competência do juiz, que pode estabelecer padrões de atendimento aos advogados.

(B) a triagem realizada por assessor do juiz permite melhor eficiência no desempenho da atividade judicial e não colide com as normas estatutárias.

(C) o advogado tem direito de dirigir-se diretamente ao magistrado no seu gabinete para despachar petições sem prévio agendamento.

(D) a duração razoável do processo é princípio que permite a triagem dos atos dos advogados e o exercício dos seus direitos estatutários.

De fato, de acordo com o art. 7º, VIII, do EAOAB, é direito do advogado dirigir-se diretamente aos magistrados em suas salas e gabinetes de trabalho, independentemente de prévio agendamento, devendo respeitar apenas a ordem de chegada.

Gabarito "C".

1. ÉTICA PROFISSIONAL

(OAB/Exame Unificado – 2011.3.A) Semprônia, advogada há longos anos, é contratada para representar os interesses de Esculápio, que está preso à disposição da Justiça criminal. Ao procurar contatar seu cliente, verifica que ele está em penitenciária, considerado incomunicável, por determinação de normas regulamentares do sistema. Apesar disso, requer o acesso ao seu cliente, que foi indeferido. Consoante as normas legais e estatutárias, é correto afirmar que

(A) a atuação do advogado deve estar submetida aos regulamentos penitenciários, para a sua própria segurança.

(B) os estabelecimentos penitenciários civis devem organizar as visitas dos advogados por ordem de chegada.

(C) o advogado, quando for contatar o seu cliente em prisão, deve ser acompanhado por representante da OAB.

(D) é ilegal vedar a presença do advogado no contato com seu cliente, ainda que considerado incomunicável.

De fato, o art. 7º, III, do EAOAB, garante ao advogado o direito de comunicar-se pessoal e reservadamente com seus clientes, ainda que presos em estabelecimentos civis ou militares, independentemente de procuração. A prerrogativa em comento é possível de ser exercida mesmo se o cliente for considerado incomunicável. Registre-se, por oportuno, que a doutrina e jurisprudência processuais penais informam que o art. 21 do CPP, que trata da incomunicabilidade do preso, não foi recepcionado pela CF/1988. Afinal, nem mesmo durante estado de defesa admite-se a incomunicabilidade (art. 136, § 3º, IV, da CF/1988). Gabarito "D".

3. INSCRIÇÃO NA OAB

(OAB/Exame XXXIX) Pedro, cidadão brasileiro, graduou-se em Direito em renomada instituição norte-americana. Caso deseje exercer no Brasil a profissão de advogado, Pedro deverá solicitar inscrição na Ordem dos Advogados do Brasil.

Sobre a hipótese, assinale a opção que indica o requisito que, em tal ocasião, Pedro estará dispensado de apresentar.

(A) Revalidação do título de graduação em Direito.

(B) Aprovação em Exame de Ordem.

(C) Ter sido admitido em estágio profissional de advocacia.

(D) Prestação de compromisso perante o conselho.

A: Incorreta. O art. 8, § 2º, EOAB, estabelece que a necessidade de prova do título de graduação (em país estrangeiro), sua respectiva revalidação, além dos demais requisitos indicados no art. 8º, EOAB. **B:** Incorreta. Pedro deverá cumprir todos os requisitos do art. 8º, além das condições específicas de apresentação do seu diploma e respectiva revalidação. **C:** Correta, uma vez que tal exigência não está relacionada no art. 8º, EOAB. Trata-se de requisito apontado pelo art. 9º, EOAB, para fins da inscrição de estagiário. **D:** Incorreta, uma vez que é um dos requisitos indicados no art. 8º, EOAB, e portanto passível de ser exigido na ocasião do seu requerimento de inscrição. Gabarito "C".

(OAB/Exame XXXVIII) Lucas, estagiário de Direito, descobre que Patrícia, advogada que o supervisiona, teve sua inscrição na OAB cancelada. Na intenção de auxiliar Patrícia a restabelecer o exercício da advocacia, Lucas passa a estudar a legislação que disciplina o tema.

Sobre o cancelamento da inscrição, Lucas concluiu, corretamente, que

(A) deve ter motivo justificado, caso seja solicitada pelo profissional.

(B) a aplicação de penalidade de exclusão impossibilita um novo pedido de inscrição.

(C) deve ser promovido, de ofício, pelo conselho competente, caso decorra do exercício de atividade incompatível com a advocacia.

(D) será restaurado o número cancelado, caso seja feito um novo pedido de inscrição.

A: Incorreta. O pedido de cancelamento não impõe a necessidade de apresentação de justificativa (art. 11, I, EOAB), obrigação que existe no pedido de licença (art. 12, I, EOAB). **B:** Incorreta. O art. 11, II, combinado com § 3º, do mesmo dispositivo, esclarece que é possível a realização de novo pedido de inscrição. No entanto, aquele que tiver o cancelamento de inscrição em decorrência da aplicação da sanção de exclusão, deverá apresentar, em conjunto ao seu pedido, provas de reabilitação; **C:** Correta. Trata-se da literalidade do que dispõe o § 1º, art. 11 combinado com o art. 11, IV, todos do EOAB. Ou seja, cancela-se a inscrição do profissional que passar a exercer, em caráter definitivo, atividade incompatível com a advocacia, o que será feito de ofício pelo Conselho Seccional correspondente à inscrição; **D:** Incorreta. O pedido de nova inscrição não restaura o número da inscrição anterior (§ 2º, art. 11, EOAB). Gabarito "C".

(OAB/Exame XXXVIII) O advogado Alex encontra-se licenciado junto à OAB. Assinale a opção que, corretamente, apresenta uma causa para o licenciamento de Alex.

(A) O requerimento de licenciamento, independentemente de motivação, formulado por Alex.

(B) O fato de Alex passar a sofrer de doença física incurável.

(C) O exercício por Alex, de forma definitiva, de atividade incompatível com a advocacia.

(D) O fato de Alex passar a sofrer de doença mental curável.

A: Incorreto. Para o pedido de licenciamento é necessária a apresentação de justificativa (art. 12, I, EOAB); **B:** Incorreta. A doença física incurável (ou mesmo a curável) não traz qualquer consequência. A doença que pode gerar impacto quanto à inscrição definitiva será a mental. Se curável, licencia o profissional (art. 12, III, EOAB); **C:** Incorreta. O exercício, em caráter definitivo, de atividade incompatível com a advocacia ocasionará o cancelamento da inscrição do advogado Alex (art. 11, IV, EOAB). Inclusive, diante de tal situação, o cancelamento se dará de ofício pelo Conselho Seccional respectivo (qualquer pessoa pode, ainda, comunicar o exercício da atividade incompatível, o que resultará no cancelamento). O exercício de atividade incompatível, mas em caráter temporário, acarretará tão somente a licença do profissional (art. 12, II, EOAB). **D:** Correta, nos exatos termos do que dispõe o art. 12, III, EOAB. Gabarito "D".

(OAB/Exame XXXV) Antônio, brasileiro, formou-se em Direito em uma renomada Universidade de certo país da América do Sul. Lá, conheceu e casou-se com uma nacional daquele país, Ana, que também se formou em Direito na mencionada universidade.

Já graduados, Ana e Antônio decidiram mudar-se para o Brasil, e exercer a advocacia em Minas Gerais, uma vez que se especializaram em determinado ramo do Direito em que há bastante similitude com o Direito do país de origem de Ana.

Considerando o caso narrado, assinale a afirmativa correta.

(A) É vedado a Ana o exercício da advocacia no Brasil, salvo, a título precatório, como consultora em Direito Internacional, se não cursar novamente a graduação no nosso país. Antônio, em via diversa, poderá inscrever-se como advogado desde que prove seu título de graduação, obtido na universidade estrangeira, que este seja revalidado e que seja aprovado no Exame de Ordem, cumpridos os demais requisitos legais.

(B) Tanto Ana quanto Antônio poderão inscrever-se como advogados, desde que provem seus títulos de graduação, obtidos na universidade estrangeira, que estes sejam revalidados e que eles sejam aprovados no Exame de Ordem, cumpridos os demais requisitos legais.

(C) É vedado a Ana o exercício da advocacia no Brasil, salvo, a título precatório, como consultora em Direito Internacional, se não cursar novamente a graduação no nosso país. Antônio poderá inscrever-se como advogado desde que prove seu título de graduação, obtido na universidade estrangeira, independentemente de revalidação, e que seja aprovado no Exame de Ordem, cumpridos os demais requisitos legais.

(D) É vedado a Ana e a Antônio o exercício da advocacia no Brasil, salvo, a título precatório, como consultores no Direito estrangeiro, se não cursarem novamente a graduação no nosso país.

De acordo com o art. 8º, § 2º, do EAOAB, o estrangeiro ou brasileiro, quando não graduado em direito no Brasil, deve fazer prova do título de graduação, obtido em instituição estrangeira, devidamente revalidado, além de atender aos demais requisitos previstos em referido artigo, que nos traz, em seus sete incisos, as condições necessárias para a inscrição como advogado. Assim, passemos à análise das alternativas. **A**, **C** e **D**: incorretas, pois Ana e Antonio, a despeito de terem se graduado em Direito no estrangeiro, poderão exercer normalmente a advocacia aqui no Brasil, desde que tenham seus diplomas revalidados em nosso país, bem como se preencherem todos os demais requisitos para inscrição como advogados, incluindo aprovação em Exame de Ordem; **B**: correta, conforme autoriza o art. 8º, § 2º, do EAOAB.
Gabarito "B".

(OAB/Exame XXXV) João é estagiário de Direito. É vedado a João praticar isoladamente – isto é, sem atuar em conjunto com o advogado ou o defensor público que o supervisiona – o seguinte ato:

(A) assinar petições de juntada de documentos a processos judiciais.

(B) obter junto aos escrivães e chefes de secretarias certidões de peças de processos em curso.

(C) comparecer à prática de atos extrajudiciais, sem autorização ou substabelecimento do advogado.

(D) retirar e devolver autos em cartório, assinando a respectiva carga.

A: incorreta, pois o art. 29, § 1º, III, do Regulamento Geral (RGOAB), permite ao estagiário, isoladamente, assinar petição de juntada de documentos a processos judiciais ou administrativos; **B:** incorreta, pois, ainda que isoladamente, o estagiário pode obter, junto aos escrivães e chefes de secretarias, certidões de peças ou autos de processos em curso ou findos (art. 29, § 1º, II, RGOAB); **C:** correta, pois ao estagiário somente será possível comparecer a atos extrajudiciais, isoladamente, quando receber autorização ou substabelecimento do advogado (art. 29, § 2º, EGOAB); **D:** incorreta, pois é lícito ao estagiário, ainda que sozinho, retirar e devolver autos em cartório, assinado a respectiva carga (art. 29, § 1º, I, RGOAB).
Gabarito "C".

(OAB/Exame XXXIII – 2020.3) Lia, aluna do oitavo período de uma Faculdade de Direito, obteve de certo escritório de advocacia a proposta de um estágio profissional. Assim, pretende providenciar sua inscrição como estagiária junto à OAB.

Lia deverá requerer sua inscrição como estagiária junto ao Conselho Seccional em cujo território se situa

(A) a sede do escritório onde atuará.

(B) a sede principal da sua atividade de estagiária de advocacia.

(C) o seu domicílio de pessoa física.

(D) a Faculdade de Direito em que estuda.

Nos termos do art. 9º, § 2º, do Estatuto da OAB (EAOAB), a inscrição do estagiário é feita no Conselho Seccional em cujo território se localize seu curso jurídico. Assim, o local adequado para a aluna Lia pedir sua inscrição na OAB, como estagiária, é o do Conselho Seccional onde se situa sua Faculdade de Direito, estando correta a alternativa "D". Pouco importará o local do estágio (alternativa "A"), ou da sede principal de sua atividade de estagiária (alternativa "B") ou de seu domicílio civil (alternativa "C"). O que importa é o local do curso jurídico!
Gabarito "D".

(OAB/Exame XXXIII – 2020.3) Carlos é aluno do primeiro período do curso de Direito. Vinícius é bacharel em Direito, que ainda não realizou o Exame da Ordem. Fernanda é advogada inscrita na OAB. Todos eles são aprovados em concurso público realizado por Tribunal de Justiça para o preenchimento de vagas de Técnico Judiciário.

Após a investidura de Carlos, Vinícius e Fernanda em tal cargo efetivo e, enquanto permanecerem em atividade, é correto afirmar que

(A) Carlos não poderá frequentar o estágio ministrado pela instituição de ensino superior em que está matriculado.

(B) Vinícius preencherá os requisitos necessários para ser inscrito como advogado na OAB, caso venha a ser aprovado no Exame da Ordem.

(C) Fernanda deverá ter sua inscrição na OAB cancelada de ofício ou em virtude de comunicação que pode ser feita por qualquer pessoa.

(D) Fernanda deverá ter sua inscrição na OAB suspensa, restaurando-se o número em caso de novo pedido.

De acordo com o enunciado proposto, Carlos, Vinícius e Fernanda foram aprovados em concurso realizado pelo Tribunal de Justiça para vagas de Técnico Judiciário. A partir da investidura nos cargos, os três passaram a exercer atividade incompatível com a advocacia, ou seja, tornaram-se totalmente proibidos de advogar, inclusive em causa própria, conforme art. 28, *caput*, e inciso IV, do Estatuto da OAB. O efeito da incompatibilidade, no caso em tela, será o de impedir a inscrição nos quadros da OAB daquele que ainda não for advogado (Carlos, aluno de Direito, e Vinicius, bacharel em Direito), ou irá acarretar o cancelamento da inscrição de quem já for advogado (Fernanda). Assim, passemos à análise das alternativas. **A:** incorreta, pois, a despeito de Carlos, com a posse decorrente da aprovação no concurso, ter se tornado incom-

1. ÉTICA PROFISSIONAL   25

patível com a advocacia, poderá frequentar o estágio na instituição de ensino que frequenta, embora vedada a inscrição na OAB (art. 9º, § 3º, EAOAB); **B:** incorreta, pois, ainda que Vinicius seja aprovado em Exame da Ordem, não poderá obter inscrição como estagiário, já que o art. 8º, V, do EAOAB, prevê como um dos requisitos para a inscrição o de não exercer atividade incompatível. Ser Técnico Judiciário é considerado atividade incompatível (art. 28, IV, EAOAB); **C:** correta. Considerando o exercício de atividade incompatível por Fernanda, que já era advogada, o art. 11, § 1º, do EAOAB, prevê que o cancelamento da inscrição ocorrerá de ofício, pelo Conselho Seccional competente, ou em virtude de comunicação por qualquer pessoa; **D:** incorreta, pois, cancelada a inscrição do advogado, em caso de novo pedido de inscrição, não será restaurada a numeração anterior (art. 11, § 2º, EAOAB).

Gabarito "C".

(OAB/Exame Unificado – 2019.3) Jailton, advogado, após dez anos de exercício da advocacia, passou a apresentar comportamentos incomuns. Após avaliação médica, ele foi diagnosticado com uma doença mental curável, mediante medicação e tratamento bastante demorado.

Segundo as disposições do Estatuto da Advocacia e da OAB, o caso do advogado Jailton incide em causa de

(A) suspensão do exercício profissional.

(B) impedimento para o exercício profissional.

(C) cancelamento da inscrição profissional.

(D) licença do exercício profissional.

O acometimento de doença mental curável é causa de licenciamento (ou licença) da atividade profissional, com fundamento no art. 12, III, do EAOAB. Significa dizer que o advogado ficará afastado dos quadros da OAB até alcançar a cura para sua moléstia psiquiátrica. Importante frisar que no período de licença, não poderá exercer a profissão, sob pena de nulidade dos atos praticados (art. 4º, parágrafo único, EAOAB). Correta, portanto, a alternativa "D", estando as demais, por evidente, erradas.

Gabarito "D".

(OAB/Exame Unificado – 2019.3) Maria, formada em uma renomada faculdade de Direito, é transexual. Após a aprovação no Exame de Ordem e do cumprimento dos demais requisitos, Maria receberá a carteira de identidade de advogado, relativa à sua inscrição originária. Sobre a hipótese apresentada, de acordo com o disposto na Lei 8.906/94 e no Regulamento Geral do Estatuto da Advocacia e da OAB, assinale a afirmativa correta.

(A) É admitida a inclusão do nome social de Maria, em seguida ao nome registral, havendo exigência normativa de que este seja o nome pelo qual Maria se identifica e é socialmente reconhecida, mediante mero requerimento formulado pela advogada.

(B) É admitida a inclusão do nome social de Maria, desde que, por exigência normativa, este seja o nome pelo qual Maria se identifica e que consta em registro civil de pessoas naturais, originariamente ou por alteração, mediante mero requerimento formulado pela advogada.

(C) É admitida a inclusão do nome social de Maria, independentemente de menção ao nome registral, havendo exigência normativa de que este seja o nome pelo qual Maria se identifica, e é socialmente reconhecida, e de que haja prévia aprovação em sessão do Conselho Seccional respectivo.

(D) Não há previsão na Lei 8.906/94 e no Regulamento Geral do Estatuto da Advocacia e da OAB sobre a inclusão do nome social de Maria na carteira de identidade do advogado, embora tal direito possa advir de interpretação do disposto na Constituição Federal, desde que haja cirurgia prévia de redesignação sexual e posterior alteração do nome registral da advogada para aquele pelo qual ela se identifica e é socialmente reconhecida.

A: correta. De acordo com o art. 33, parágrafo único, do RGOAB, com a redação que lhe foi dada pela Resolução 05/2016, do CFOAB, prevê que o nome social é a designação pela qual a pessoa travesti ou transexual se identifica e é socialmente reconhecida e será inserido na identificação do advogado mediante requerimento. Ademais, o art. 34, II, também do Regulamento Geral, prevê que o anverso do cartão de identidade do advogado alguns dados, na sequência nele especificada, inclusive o nome e o nome social (nesta ordem, portanto); **B:** incorreta. O nome social não necessita constar no registro civil, bastando que seja declarado pela pessoa travesti ou transexual perante seu Conselho Seccional. Com isso, o nome social, que não se confunde com o nome de registro, será incluído na identidade profissional do advogado, em campo próprio; **C:** incorreta. No cartão de identidade profissional do advogado constará, além do nome registral, o nome social. Não bastará, portanto, apenas a indicação do nome social no documento de identidade profissional do advogado, até porque, por força do art. 13 do EAOAB, referido documento faz prova da identificação civil para todos os fins legais; **D:** incorreta. Como visto, o art. 33, parágrafo único, do RGOAB, expressamente autoriza a inclusão do nome social em sua carteira de identidade profissional. Tal procedimento independe de qualquer alteração do nome do advogado no registro civil, nem mesmo de cirurgia de redesignação sexual.

Gabarito "A".

(OAB/Exame Unificado – 2019.2) Júnior é bacharel em Direito. Formou-se no curso jurídico há seis meses e não prestou, ainda, o Exame de Ordem para sua inscrição como advogado, embora pretenda fazê-lo em breve. Por ora, Júnior é inscrito junto à OAB como estagiário e exerce estágio profissional de advocacia em certo escritório credenciado pela OAB, há um ano. Nesse exercício, poucas semanas atrás, juntamente com o advogado José dos Santos, devidamente inscrito como tal, prestou consultoria jurídica sobre determinado tema, solicitada por um cliente do escritório. Os atos foram assinados por ambos. Todavia, o cliente sentiu-se lesado nessa consultoria, alegando culpa grave na sua elaboração.

Considerando o caso hipotético, bem como a disciplina do Estatuto da Advocacia e da OAB, assinale a opção correta.

(A) Júnior não poderia atuar como estagiário e deverá responder em âmbito disciplinar por essa atuação indevida. Já a responsabilidade pelo conteúdo da atuação na atividade de consultoria praticada é de José.

(B) Júnior não poderia atuar como estagiário e deverá responder em âmbito disciplinar por essa atuação indevida. Já a responsabilidade pelo conteúdo da atuação na atividade de consultoria praticada é solidária entre Júnior e José.

(C) Júnior poderia atuar como estagiário. Já a responsabilidade pelo conteúdo da atuação na atividade de consultoria praticada é solidária entre Júnior e José.

(D) Júnior poderia atuar como estagiário. Já a responsabilidade pelo conteúdo da atuação na atividade de consultoria praticada é de José.

Nos termos do art. 3º, § 2º, do EAOAB, o estagiário de advocacia, regularmente inscrito, pode praticar os atos previstos no art. 1º, na forma do regimento geral, em conjunto com advogado e sob responsabilidade deste. Ou seja, Júnior, por ser estagiário inscrito na OAB, conforme afirma o enunciado, pode praticar atos privativos de advocacia previstos no art. 1º do EAOAB, entre eles, assessoria, consultoria e direção jurídicas (art. 1º, II), desde que o faça em conjunto com um advogado, a quem estará atrelada a responsabilidade pelo ato realizado pelo estagiário. Assim, de plano, estão incorretas as alternativas "A" e "B", pois afirmam ser impossível que Júnior tivesse atuado como estagiário na atividade de consultoria jurídica. Incorreta, também, a alternativa "C", pois, como dito, a responsabilidade pelos atos praticados pelo estagiário é do advogado, conforme disposto no art. 3º, §2º, parte final, do EAOAB. Correta, pois, a alternativa "D".

Gabarito "D".

(OAB/Exame Unificado – 2018.3) Lúcio pretende se inscrever como advogado junto à OAB. Contudo, ocorre que ele passou por determinada situação conflituosa que foi intensamente divulgada na mídia, tendo sido publicado, em certos jornais, que Lúcio não teria idoneidade moral para o exercício das atividades de advogado.

Considerando que Lúcio preenche, indubitavelmente, os demais requisitos para a inscrição, de acordo com o Estatuto da Advocacia e da OAB, assinale a afirmativa correta.

(A) A inidoneidade moral apenas poderá ser suscitada junto à OAB por advogado inscrito e deve ser declarada por meio de decisão da diretoria do conselho competente, por maioria absoluta, em procedimento que observe os termos do processo disciplinar.

(B) A inidoneidade moral poderá ser suscitada junto à OAB por qualquer pessoa e deve ser declarada por meio de decisão de, no mínimo, dois terços dos votos de todos os membros do conselho competente, em procedimento que observe os termos do processo disciplinar.

(C) A inidoneidade moral apenas poderá ser suscitada junto à OAB por advogado inscrito e deve ser declarada por meio de decisão, por maioria absoluta, de todos os membros do conselho competente, em procedimento que observe os termos do processo disciplinar.

(D) A inidoneidade moral poderá ser suscitada junto à OAB por qualquer pessoa e deve ser declarada por meio de decisão, por maioria simples, do Tribunal de Ética e Disciplina do conselho competente, em procedimento que observe os termos do processo disciplinar.

O art. 8º do Estatuto da OAB nos traz o rol dos requisitos necessários à inscrição como advogado, dentre os quais, a idoneidade moral (inciso VI). Acerca dessa exigência, o § 3º do mesmo dispositivo legal prescreve que a inidoneidade moral, suscitada por qualquer pessoa, deve ser declarada mediante decisão que obtenha no mínimo dois terços dos votos de todos os membros do conselho competente, em procedimento que observe os termos do processo disciplinar. Assim, analisemos as alternativas! **A** e **C**: incorretas, pois a declaração de inidoneidade moral poderá ser suscitada não somente por advogado, mas, na dicção legal, por qualquer pessoa. Além disso, o reconhecimento da inidoneidade exigirá maioria qualificada (dois terços), não bastante maioria absoluta dos membros do Conselho competente; **B**: correta, nos exatos termos do art. 8º, § 3º, do EAOAB; **D**: incorreta, pois a inidoneidade moral deverá, uma vez suscitada por qualquer pessoa, ser analisada pelo conselho competente, somente sendo declarada por decisão da maioria qualificada de seus membros (dois terços no mínimo).

Gabarito "B".

(OAB/Exame Unificado – 2017.3) O advogado Gennaro exerce suas atividades em sociedade de prestação de serviços de advocacia, sediada na capital paulista. Todas as demandas patrocinadas por Gennaro tramitam perante juízos com competência em São Paulo. Todavia, recentemente, a esposa de Gennaro obteve trabalho no Rio de Janeiro.

Após buscarem a melhor solução, o casal resolveu que fixaria sua residência, com ânimo definitivo, na capital fluminense, cabendo a Gennaro continuar exercendo as mesmas funções no escritório de São Paulo. Nos dias em que não tem atividades profissionais, o advogado, valendo-se da ponte área, retorna ao domicílio do casal no Rio de Janeiro.

Considerando o caso narrado, assinale a afirmativa correta.

(A) O Estatuto da Advocacia e da OAB impõe que Gennaro requeira a transferência de sua inscrição principal como advogado para o Conselho Seccional do Rio de Janeiro.

(B) O Estatuto da Advocacia e da OAB impõe que Gennaro requeira a inscrição suplementar como advogado junto ao Conselho Seccional do Rio de Janeiro.

(C) O Estatuto da Advocacia e da OAB impõe que Gennaro requeira a inscrição suplementar como advogado junto ao Conselho Federal da OAB.

(D) O Estatuto da Advocacia e da OAB não impõe que Gennaro requeira a transferência de sua inscrição principal ou requeira inscrição suplementar.

A transferência da inscrição principal de um Conselho Seccional para outro, nos termos do art. 10, § 3º, do EAOAB, somente será necessária em caso de mudança efetiva de *domicílio profissional*. No caso relatado no enunciado, Gennaro e sua esposa mudaram-se da capital paulista para o Rio de Janeiro, ali fixando sua residência com ânimo definitivo. Porém, as demandas patrocinadas por Gennaro assim prosseguiram, tendo ele escritório em São Paulo. Logo, vê-se não ter havido mudança de domicílio profissional do advogado, assim considerado sua sede principal de atividade de advocacia (art. 10, § 1º, do EAOAB), mas, apenas, de seu domicílio civil, que não impacta em sua inscrição na OAB. Portanto, correta a alternativa D. Não é o caso, importante registrar, de Gennaro pleitear sua inscrição suplementar na OAB/RJ, eis que somente seria necessária caso passasse a atuar com habitualidade em referido Estado (art. 10, § 2º, do EAOAB), fato não relatado no enunciado. Incorretas, pois, as alternativas "B" e "C".

Gabarito "D".

(OAB/Exame Unificado – 2017.2) Diogo é estudante de Direito com elevado desempenho acadêmico. Ao ingressar nos últimos anos do curso, ele é convidado por um ex-professor para estagiar em seu escritório.

Inscrito nos quadros de estagiários da OAB e demonstrando alta capacidade, Diogo ganha a confiança dos sócios do escritório e passa a, isoladamente e sob a responsabilidade do advogado, retirar e devolver autos em cartório, assinando a respectiva carga; visar atos constitutivos de sociedades para que sejam admitidos a registro; obter junto a escrivães e chefes de secretaria certidões de peças ou autos de processos em curso ou findos; assinar petições de juntada de documentos a processos judiciais ou administrativos; e subscrever embargos de declaração opostos em face de decisões judiciais.

Considerando as diversas atividades desempenhadas por Diogo, isoladamente e sob a responsabilidade do advogado, de acordo com o Estatuto e Regulamento da OAB, ele pode:

(A) retirar e devolver autos em cartório, assinando a respectiva carga, bem como visar atos constitutivos de sociedades, para que sejam admitidos a registro.

(B) obter, junto a escrivães e chefes de secretaria, certidões de peças ou autos de processos em curso ou findos, bem como assinar petições de juntada de documentos a processos judiciais ou administrativos.

(C) obter, junto a escrivães e chefes de secretaria, certidões de peças ou autos de processos findos, mas não de processos em curso, bem como subscrever embargos de declaração opostos em face de decisões judiciais.

(D) assinar petições de juntada de documentos a processos judiciais, mas não a processos administrativos, nem subscrever embargos de declaração opostos em face de decisões judiciais.

Acerca das atividades dos estagiários, por questões didáticas, as dividimos em dois "grupos": aquelas que podem ser realizadas em conjunto com advogado e aquelas que podem ser executadas isoladamente, ou seja, independentemente da atuação conjunta com advogado. No primeiro caso (atuação conjunta com advogado), identificamos no art. 3º, § 2º, do Estatuto da OAB (EAOAB) que o estagiário de advocacia, regularmente inscrito, pode praticar os atos previstos no art. 1º, na forma do regimento geral, em conjunto com advogado e sob responsabilidade deste. Ou seja, pode o estagiário realizar todas as atividades privativas de advocacia previstas no art. 1º do Estatuto, desde que em conjunto e sob a responsabilidade de um advogado. No segundo caso (atuação isolada), o estagiário poderá, nos termos do art. 29, § 1º, do Regulamento Geral, praticar isoladamente os seguintes atos, sob a responsabilidade do advogado: I – retirar e devolver autos em cartório, assinando a respectiva carga; II – obter junto aos escrivães e chefes de secretarias certidões de peças ou autos de processos em curso ou findos; III – assinar petições de juntada de documentos a processos judiciais ou administrativos. Importante frisar que, a despeito de poder realizar todos os referidos atos sozinho, a responsabilidade por estes será do advogado. À vista do exposto, vamos às alternativas. **A:** incorreta, pois não poderá o estagiário, isoladamente, visar atos constitutivos de pessoas jurídicas, atividade considerada privativa de advocacia (art. 1º, § 2º, do EAOAB); **B:** correta, nos termos do art. 29, § 1º, II e III, do Regulamento Geral; **C:** incorreta, pois o estagiário poderá, isoladamente, obter, junto aos escrivães e chefes de secretarias, certidões de peças ou autos de processos findos ou ainda em curso. Também incorreta a afirmação de que, isoladamente, estagiários poderão subscrever embargos de declaração opostos em face de decisões judiciais, eis que se trata de atividade privativa de advocacia (postulação judicial – art. 1º, I, do EAOAB), dependendo, portanto, de atuação conjunta com um advogado; **D:** incorreta, pois, nos termos do art. 29, § 1º, III, do Regulamento Geral, o estagiário poderá subscrever petição de juntada de documentos a processos judiciais ou administrativos.

Gabarito "B".

(OAB/Exame Unificado – 2016.1) Victor nasceu no Estado do Rio de Janeiro e formou-se em Direito no Estado de São Paulo. Posteriormente, passou a residir, e pretende atuar profissionalmente como advogado, em Fortaleza, Ceará. Porém, em razão de seus contatos no Rio de Janeiro, foi convidado a intervir também em feitos judiciais em favor de clientes nesse Estado, cabendo-lhe patrocinar seis causas no ano de 2015.

Diante do exposto, assinale a opção correta.

(A) A inscrição principal de Victor deve ser realizada no Conselho Seccional de São Paulo, já que a inscrição

principal do advogado é feita no Conselho Seccional em cujo território se localize seu curso jurídico. Além da principal, Victor terá a faculdade de promover sua inscrição suplementar nos Conselhos Seccionais do Ceará e do Rio de Janeiro, onde pretende exercer a profissão.

(B) A inscrição principal de Victor deve ser realizada no Conselho Seccional do Rio de Janeiro, pois o Estatuto da OAB determina que esta seja promovida no Conselho Seccional em cujo território o advogado exercer intervenção judicial que exceda três causas por ano. Além da principal, Victor poderá promover sua inscrição suplementar nos Conselhos Seccionais do Ceará e de São Paulo.

(C) A inscrição principal de Victor deve ser realizada no Conselho Seccional do Ceará. Isso porque a inscrição principal do advogado deve ser feita no Conselho Seccional em cujo território pretende estabelecer o seu domicílio profissional. A promoção de inscrição suplementar no Conselho Seccional do Rio de Janeiro será facultativa, pois as intervenções judiciais pontuais, como as causas em que Victor atuará, não configuram habitualidade no exercício da profissão.

(D) A inscrição principal de Victor deve ser realizada no Conselho Seccional do Ceará. Afinal, a inscrição principal do advogado deve ser feita no Conselho Seccional em cujo território ele pretende estabelecer o seu domicílio profissional. Além da principal, Victor deverá promover a inscrição suplementar no Conselho Seccional do Rio de Janeiro, já que esta é exigida diante de intervenção judicial que exceda cinco causas por ano.

Nos termos do art. 10, caput, do EAOAB, a inscrição principal do advogado deve ser promovida perante o Conselho Seccional em que pretende estabelecer seu domicílio profissional. Caso passe a advogar com habitualidade (intervenções judiciais que excederem a cinco causas), deverá providenciar inscrição suplementar, nos termos do art. 10, §2º, do EAOAB. Assim, vejamos as alternativas. **A:** incorreta, pois a inscrição principal deve ser feita no Conselho Seccional em que o advogado pretenda estabelecer seu domicílio profissional, e não naquele em que tiver concluído o curso jurídico, ou naquele em que residir. Não se fala, também, em facultatividade de promover inscrição em outros Conselhos Seccionais. Se Victor passar a exercer a profissão, com habitualidade, perante outros Conselhos Seccionais, deverá promover pedido de inscrição suplementar (art. 10, §2º, do EAOAB). No caso relatado no enunciado, considerando que Victor pretende estabelecer seu domicílio profissional em Fortaleza-CE, a inscrição deve ser realizada no Conselho Seccional do Ceará (OAB/CE).; **B:** incorreta. Como visto, a inscrição principal de Victor será feita perante a OAB/CE (domicílio profissional). O fato de ter concluído o curso de Direito em São Paulo em nada influencia o local da inscrição principal. Quanto ao Rio de Janeiro, será necessária a inscrição suplementar, pois, em 2015, atuará em seis causas, o que faz reconhecer a habitualidade do exercício profissional, nos moldes do art. 10, §2º, do EAOAB; **C:** incorreta. Não se fala em facultatividade na inscrição suplementar que deverá ser promovida no Rio de Janeiro, pois o já referido art. 10, §2º, do EAOAB, impõe ao advogado que a providencie caso passe a atuar com habitualidade (mais de cinco causas por ano); **D:** correta. De fato, a inscrição principal terá que ser promovida no Ceará (domicílio profissional de Victor), bem como será necessária a inscrição suplementar no Rio de Janeiro (habitualidade da advocacia, reconhecida pelas seis causas em que patrocinará).

Gabarito "D".

(OAB/Exame Unificado – 2015.3) Fernanda, estudante do 8º período de Direito, requereu inscrição junto à Seccional da OAB do estado onde reside. A inscrição foi indeferida, em razão de Fernanda ser serventuária do Tribunal de Justiça do estado. Fernanda recorreu da decisão, alegando que preenche todos os requisitos exigidos em lei para a inscrição de estagiário e que o exercício de cargo incompatível com a advocacia não impede a inscrição do estudante de Direito como estagiário.

Merece ser revista a decisão que indeferiu a inscrição de estagiário de Fernanda?

(A) Sim, pois Fernanda exerce cargo incompatível com a advocacia e não com a realização de estágio.

(B) Não, pois as incompatibilidades previstas em lei para o exercício da advocacia também devem ser observadas quando do requerimento de inscrição de estagiário.

(C) Sim, pois o cargo de serventuário do Tribunal de Justiça não é incompatível com a advocacia, menos ainda com a realização de estágio.

(D) Não, pois apenas estudantes do último período do curso de Direito podem requerer inscrição como estagiários.

De acordo com o art. 9º, I, do EAOAB, para inscrição como estagiário é necessário preencher os requisitos do art. 8º, I (capacidade civil), III (título de eleitor e quitação do serviço militar), V (não exercer atividade incompatível), VI (ter idoneidade moral) e VII (prestar compromisso perante o Conselho Seccional competente). Sendo Fernanda serventuária do Tribunal de Justiça do estado em que solicitou a inscrição na OAB, seu ingresso como estagiária seria, de fato, vedado, eis que exerce atividade incompatível com a advocacia, nos termos do art. 28, IV, do EAOAB (cargos ou funções vinculados direta ou indiretamente ao Poder Judiciário). Perceba o leitor que as incompatibilidades para o exercício da advocacia também afetam a pretensão do candidato ao estágio profissional da advocacia, razão pela qual estão incorretas as alternativas "A" e "C", estando correta a alternativa "B". Também incorreta a alternativa "D", pois pode postular a inscrição como estagiário o estudante que estiver cursando os últimos anos de Direito (leia-se: para os cursos de cinco anos, a partir do quarto ano ou sétimo semestre/período). Gabarito "B".

(OAB/Exame Unificado – 2015.2) Patrícia foi aprovada em concurso público e tomou posse como Procuradora do Município em que reside. Como não pretendia mais exercer a advocacia privada, mas apenas atuar como Procuradora do Município, pediu o cancelamento de sua inscrição na OAB. A partir da hipótese apresentada, assinale a afirmativa correta.

(A) Patrícia não agiu corretamente, pois os advogados públicos estão obrigados à inscrição na OAB para o exercício de suas atividades.

(B) Patrícia não agiu corretamente, pois deveria ter requerido apenas o licenciamento do exercício da advocacia e não o cancelamento de sua inscrição.

(C) Patrícia poderia ter pedido o licenciamento do exercício da advocacia, mas nada a impede de pedir o cancelamento de sua inscrição, caso não deseje mais exercer a advocacia privada.

(D) Patrícia agiu corretamente, pois, uma vez que os advogados públicos não podem exercer a advocacia privada, estão obrigados a requerer o cancelamento de suas inscrições.

A: correta. Um procurador municipal, nos termos do art. 3º, § 1º, do EAOAB, ao lado dos integrantes da Advocacia-Geral da União, da Procuradoria da Fazenda Nacional, da Defensoria Pública e das Procuradorias e Consultorias Jurídicas dos Estados, DF, das autarquias e fundações públicas, é considerado advogado público, sujeitando-se, portanto, às regras contidas no Estatuto da OAB, Código de Ética e Regulamento Geral. Portanto, o fato de Patrícia, aprovada em concurso para determinada procuradoria municipal, não mais pretender exercer a advocacia privada, não a exime de prosseguir com sua inscrição na OAB. É que, repita-se, todos os integrantes da advocacia pública devem ter inscrição nos quadros da entidade; **B** e **C:** incorretas. A aprovação em concurso para procurador municipal não é causa de licenciamento da advocacia, não se enquadrando a situação em qualquer das hipóteses do art. 12 do EAOAB, nem de cancelamento (art. 11 do EAOAB). Como dito, os integrantes da advocacia pública estão submetidos às normas previstas no EAOAB, assim como no CED e Regulamento Geral. São, portanto, advogados, e para que possam exercer a advocacia, ainda que nos limites do cargo que assumirem, precisarão manter suas inscrições na OAB. Em caso de cancelamento ou licenciamento (arts. 11 e 12 do EAOAB, respectivamente), não poderiam praticar quaisquer atos privativos de advocacia, o que iria inviabilizar o exercício de suas funções públicas; **D:** incorreta. Primeiramente, não é verdadeira a afirmação de que os advogados públicos sejam proibidos de exercer a advocacia privada. Diversos Estados admitem, por exemplo que os Procuradores estaduais exerçam a advocacia privada, o mesmo ocorrendo no âmbito dos Municípios. De outro lado, como já afirmado anteriormente, os advogados públicos sujeitam-se às regras do Estatuto da OAB, que vincula o exercício da atividade de advocacia à inscrição na OAB (art. 3º, *caput*, do EAOAB). Gabarito "A".

(OAB/Exame Unificado – 2015.1) Bernardo é bacharel em Direito, mas não está inscrito nos quadros da Ordem dos Advogados do Brasil, apesar de aprovado no Exame de Ordem. Não obstante, tem atuação na área de advocacia, realizando consultorias e assessorias jurídicas. A partir da hipótese apresentada, nos termos do Regulamento Geral da Ordem dos Advogados do Brasil, assinale a afirmativa correta.

(A) Tal conduta é permitida, por ter o bacharel logrado aprovação no Exame de Ordem.

(B) Tal conduta é proibida, por ser equiparada à captação de clientela.

(C) Tal conduta é permitida mediante autorização do Presidente da Seccional da Ordem dos Advogados do Brasil.

(D) Tal conduta é proibida, tendo em vista a ausência de inscrição na Ordem dos Advogados do Brasil.

O bacharel em Direito, ainda que aprovado no Exame de Ordem, enquanto não tiver obtido sua regular inscrição, com o preenchimento de todos os requisitos do art. 8º do Estatuto da OAB, não poderá praticar os atos privativos de advocacia (art. 1º do EAOAB), dentre eles, as tarefas de assessoria e consultoria jurídicas (art. 1º, II, do EAOAB e art. 4º, *caput*, do Regulamento Geral). Assim, a única alternativa correta é a D, estando as demais em descompasso com os preceitos normativos citados. Gabarito "D".

(OAB/Exame Unificado – 2013.3) Ângelo, comandante das Forças Especiais do Estado "B", é curioso em relação às normas jurídicas, cuja aplicação acompanha na seara castrense, já tendo atuado em órgãos julgadores na sua esfera de atuação. Mantendo a sua atividade militar, obtém autorização especial para realizar curso de Direito, no turno da noite, em universidade pública, à qual teve acesso pelo processo seletivo regular de provas.

Ângelo consegue obter avaliação favorável em todas as disciplinas até alcançar o período em que o estágio é permitido. Ele pleiteia sua inscrição no quadro de estagiários da OAB e que o mesmo seja realizado na Justiça Militar.

Com base no caso narrado, nos termos do Estatuto da Advocacia, assinale a afirmativa correta.

(A) O estágio é permitido, desde que ocorra perante a Justiça Militar especializada.

(B) O estágio é permitido, mas, por tratar-se de função incompatível, é vedada a inscrição na OAB.

(C) O estágio poderá ocorrer, mediante autorização especial da Força Armada respectiva.

(D) O estágio possui uma categoria especial que limita a atuação em determinados processos.

Preliminarmente, antes de iniciarmos os comentários a cada uma das alternativas, faz-se preciso um breve histórico. Assim, temos que o estágio profissional, nos termos do art. 9º, I, do Estatuto da OAB (EAOAB), exigirá que o futuro estagiário preencha os requisitos mencionados nos incisos I, III, V, VI e VII do art. 8º, do mesmo diploma legal, quais sejam: I – ter capacidade civil (art. 8º, I, EAOAB); II – título de eleitor e quitação militar, se brasileiro (art. 8º, III, EAOAB); III – não exercer atividade incompatível com a advocacia (art. 8º, V, EAOAB); IV – ter idoneidade moral (art. 8º, VI, EAOAB) e; V – prestar compromisso perante o Conselho Seccional (art. 8º, VII, EAOAB).

Considerando que no enunciado em análise temos que Ângelo é *militar na ativa*, tal atividade o torna *incompatível com o exercício da advocacia*, nos termos do art. 28, VI, do Estatuto da OAB, fato suficiente a obstar sua inscrição como estagiário, visto que não preenche o requisito do art. 8º, V, EAOAB (não exercer atividade incompatível com a advocacia). Assim, vamos às alternativas. **A e C:** incorretas, pois se Angelo exerce atividade incompatível, não poderá obter a inscrição na OAB no quadro de estagiários, não havendo qualquer exceção, tal como a proposta nas assertivas (estágio na Justiça Militar ou com autorização da Força Armada respectiva); **B:** correta, pois muito embora Angelo não possa obter a inscrição na OAB como estagiário, pelas razões já alinhadas, o art. 9º, § 3º, do EAOAB, autoriza que o aluno de curso jurídico que exerça atividade incompatível com a advocacia possa frequentar o estágio ministrado pela respectiva instituição de ensino superior, para fins de aprendizagem, vedada, repita-se, a inscrição na OAB; **D:** incorreta, pois, com base nos fatos relatados no enunciado, como dito, Angelo não poderá sequer obter a inscrição na OAB, não se falando em restrição à atuação em determinados tipos de processo, tal como sugere a assertiva.

Gabarito "B".

(OAB/Exame Unificado – 2013.2) Ferrari é aluno destacado no curso de Direito, tendo, no decorrer dos anos, conseguido vários títulos universitários, dentre eles, medalhas e certificados. Indicado para representar a Universidade em que estudou, foi premiado em evento internacional sobre arbitragem. A repercussão desse fato aumentou seu prestígio e, por isso, recebeu numerosos convites para trabalhar em diversos escritórios de advocacia. Aceito o convite de um deles, passou a redigir minutas de contratos, sempre com supervisão de um advogado. Após um ano de estágio, conquistou a confiança dos advogados do seu setor e passou a ter autonomia cada vez maior. Diante dessas circunstâncias, passou a chancelar contratos sem a interferência de advogado.

Nos termos do Estatuto da Advocacia, o estagiário deve atuar

(A) autonomamente, após um ano de estágio.

(B) conjuntamente com um advogado, em todos os atos da advocacia.

(C) autonomamente, em alguns atos permitidos pelo advogado.

(D) vinculado ao advogado em atos judiciais, mas não em atos contratuais.

Nos termos do art. 3º, § 2º, do Estatuto da OAB, o estagiário de advocacia, regularmente inscrito, pode praticar os atos previstos no art. 1º, na forma do Regulamento Geral (art. 29), em conjunto com advogado e sob responsabilidade deste. A questão não deixou claro quais os contratos chancelados pelo estagiário, sem a atuação conjunta do advogado. Parece que a intenção da banca foi tratar dos atos constitutivos de pessoas jurídicas, cujo visto (chancela) é atividade privativa de advocacia (art. 1º, § 2º, do EAOAB e art. 2º do Regulamento Geral). Porém, ainda que assim não seja, um estagiário de um escritório não poderia, sozinho, chancelar qualquer tipo de contrato elaborado para cliente, visto que tal tarefa não se encontra dentro daquelas em que se admite a atuação isolada (art. 29, § 1º, do Regulamento Geral – I – retirar e devolver autos em cartório, assinando a respectiva carga; II – obter junto aos escrivães e chefes de secretarias certidões de peças ou autos de processos em curso ou findos; III – assinar petições de juntada de documentos a processos judiciais ou administrativos).

Gabarito "B".

(OAB/Exame Unificado – 2013.1) Um jovem advogado inicia sua carreira em seu estado natal, angariando clientes em decorrência das suas raras habilidades de negociador. Com o curso do tempo, sua fama de bom profissional se espraia e, em razão disso, surgem convites para atuar em outros estados da federação. Ao contatar um cliente no Estado Y, distante mais de mil quilômetros do seu estado natal, é surpreendido pelas autoridades de Y, com determinação restritiva ao seu exercício profissional, por não ser advogado do local.

A partir do exposto, nos termos do Estatuto da Advocacia, assinale a afirmativa correta.

(A) O advogado deve restringir o exercício profissional ao local em que obteve sua inscrição.

(B) O advogado deve solicitar autorização a cada processo em que atuar fora do local de inscrição.

(C) O advogado deve realizar Exame de Ordem em cada estado em que for atuar.

(D) O advogado pode exercer sua profissão em todo o território nacional.

A: incorreta. A inscrição do advogado em qualquer Estado (leia-se: Conselho Seccional) o permite advogar não somente naquele território, mas, também, em todo o Brasil (art. 7º, I, do Estatuto da OAB). Porém, caso passe a advogar com habitualidade em outros Estados que não aquele em que mantém inscrição principal (art. 10, *caput*, do Estatuto), deverá, de fato, providenciar sua inscrição suplementar (art. 10, § 2º, do Estatuto e art. 26 do Regulamento Geral); **B:** incorreta, pois, como dito, a inscrição do advogado em qualquer Estado da federação o habilita a advogar em todo o território nacional, não se exigindo autorização para cada processo em que atuar fora do local de inscrição. Porém, sempre é necessário que se atente à eventual necessidade de promoção de inscrição suplementar; **C:** incorreta. Não constitui exigência legal para a inscrição suplementar ou para o exercício da advocacia fora do local de inscrição principal ser o advogado compelido a prestar Exame de Ordem, que, lembre-se, é, atualmente, unificado; **D:** correta. De fato, a inscrição do advogado na OAB (pouco importando em qualquer Estado/Conselho Seccional), o qualifica a advogar em todo o território nacional (art. 7º, I, do Estatuto da OAB). Porém, frisamos uma vez mais, tal direito não é irrestrito, pois o art. 10, § 2º, do Estatuto, e art. 26 do Regulamento Geral exigem a inscrição suplementar em caso de habitualidade do exercício da advocacia em outros Estados que não o de inscrição principal do advogado.

Gabarito "D".

(OAB/Exame Unificado – 2012.3.B) Marcio, advogado com inscrição regular, passou a exercer atividade incompatível com a advocacia e, por força disso, teve sua inscrição cancelada. Após sua aposentadoria no cargo que gerava a incompatibilidade requereu o seu retorno aos quadros da OAB. Assinale a alternativa que indica o requisito exigido pelo Estatuto para a inscrição nesse caso.

(A) Diploma de graduação em Direito.

(B) Certificado de reservista.

(C) Compromisso perante o Conselho.

(D) Título de eleitor.

A: incorreta. Para o retorno de (ex)advogado à OAB, que teve sua inscrição cancelada por assunção de atividade incompatível em caráter definitivo (art. 11, IV, do Estatuto da OAB), bastará o preenchimento, nos termos do art. 11, § 2º, do Estatuto da OAB, dos requisitos previstos no art. 8º, I (capacidade civil), V (não exercer atividade incompatível), VI (ter idoneidade moral) e VII (prestar compromisso perante o Conselho competente), do mesmo diploma legal. O diploma ou a certidão de graduação em Direito serão exigidos apenas no primeiro pedido de inscrição (art. 8º, II, do Estatuto da OAB); **B:** incorreta. A quitação militar será exigida apenas dos candidatos homens, se brasileiros, no momento do requerimento da inscrição inaugural (art. 8º, III, do Estatuto). Em caso de reinscrição (retorno após cancelamento da inscrição "original"), não será exigida novamente o documento (quitação militar); **C:** correta. Em caso de novo pedido de inscrição, o candidato (ex-advogado) deverá, novamente, prestar compromisso perante o Conselho Seccional, consoante determina o art. 11, § 2º, c.c. art. 8º, VII, do Estatuto da OAB. **D:** incorreta, pois, conforme indicado nos comentários à alternativa "A", o advogado que teve sua inscrição cancelada e que ingressa com pedido de nova inscrição deverá comprovar os requisitos descritos nos incisos I, V, VI e VII do art. 8º da Lei 8.906/1994, dentre os quais não está previsto o título de eleitor.

Gabarito "C".

(OAB/Exame Unificado – 2012.3.A) José da Silva, advogado renomado, é acometido por doença mental considerada pela unanimidade dos médicos como incurável, perdendo suas faculdades de discernimento e sendo considerado absolutamente incapaz por sentença judicial.

Nos termos das regras estatutárias, sua inscrição como advogado será

(A) suspensa até laudo médico sobre a doença portada.

(B) cancelada diante da incurabilidade da doença.

(C) extinta por decisão de junta médica convocada para tal fim.

(D) suspensa temporariamente para avaliação pelo Conselho Seccional.

De fato, se um advogado for acometido por doença mental considerada incurável, tornar-se-á incapaz para os atos da vida civil, perdendo, assim, o primeiro requisito para a obtenção de inscrição na OAB (art. 8º, I, do Estatuto da OAB). Assim, nos termos do art. 11, V, do Estatuto da OAB, será cancelada a inscrição do advogado que perder qualquer dos requisitos para a inscrição. Logo, José da Silva terá sua inscrição cancelada. É bom que o candidato fique atento ao seguinte: se a doença mental que acometer um advogado for considerada curável, será caso de licenciamento do profissional (afastamento temporário), nos termos do

art. 12, III, do Estatuto da OAB. Não se confunde o *licenciamento* com a *suspensão* do advogado, considerada *pena* pela prática de infração ética (art. 37 do Estatuto da OAB).

Gabarito "B".

(OAB/Exame Unificado – 2012.3.A) Sílvio, aluno regularmente matriculado em Escola de Direito, obtém a sua graduação e, logo a seguir, aprovação no Exame de Ordem. Por força de movimento grevista na sua instituição, o diploma não pode ser expedido.

A respeito da inscríção no quadro de advogados, consoante as normas do Regulamento Geral do Estatuto da Advocacia e da OAB, assinale a afirmativa correta.

(A) O diploma é essencial para a inscrição nos quadros da Ordem dos Advogados.

(B) O bacharel, diante do impedimento de apresentar o diploma, deve apresentar declaração de autoridade certificando a conclusão do curso.

(C) A Ordem, diante do movimento grevista comprovado, poderá acolher declaração de próprio punho do requerente afirmando ter obtido grau.

(D) O bacharel em Direito deve apresentar certidão de conclusão de curso e histórico escolar autenticado.

A: incorreta. O bacharelado em Direito constitui, de fato, requisito para a obtenção da inscrição nos quadros da OAB. Todavia, o documento comprobatório de referido requisito pode ser o diploma ou a certidão de graduação em Direito (art. 8º, II, do Estatuto da OAB). Todavia, caso o candidato não apresente o diploma, a alternativa será a aludida certidão de conclusão do curso, acompanhada do respectivo histórico escolar autenticado (art. 23 do Regulamento Geral); **B:** incorreta. Como visto, dois são os documentos comprobatórios do bacharelado em Direito (diploma ou certidão – e não declaração! – de graduação no curso), nos termos do já citado art. 8º, II, do Estatuto da OAB; **C:** incorreta. A declaração unilateral de graduação, pelo candidato, obviamente não demonstra ser ele formado em Direito. Trata-se de requisito que deve ser comprovado documentalmente à OAB (lembre-se: por diploma ou certidão de conclusão do curso); **D:** correta, nos termos do art. 23 do Regulamento Geral. Não dispondo o candidato do diploma, a alternativa será a apresentação da certidão de graduação em Direito (também conhecida como certidão de colação de grau), acompanhada de histórico escolar autenticado.

Gabarito "D".

(OAB/Exame Unificado – 2011.3.A) Terêncio, após intensa atividade advocatícia, é acometido por mal de origem psiquiátrica, mas diagnosticado como passível de cura após tratamento prolongado. Não podendo exercer os atos da vida civil, apresenta requerimento à OAB. No concernente ao tema, à luz das normas aplicáveis, é correto afirmar que é caso de

(A) cancelamento da inscrição como advogado.

(B) impedimento ao exercício profissional, mantida a inscrição na OAB.

(C) licença do exercício da atividade profissional.

(D) penalidade de exclusão por doença.

De fato, a doença mental curável, consoante dispõe o art. 12, III, do EAOAB, é causa de licenciamento do advogado. Somente seria caso de cancelamento se se tratasse de doença mental incurável, caso em que o advogado teria perdido um dos requisitos para a inscrição, qual seja, a capacidade civil (art. 8º, I, do EAOAB).

Gabarito "C".

1. ÉTICA PROFISSIONAL

(OAB/Exame Unificado – 2011.3.B) O Bacharel em Direito, após aprovação no Exame de Ordem, deve apresentar cópia do diploma. Caso ele não tenha sido expedido, segundo as normas do Regulamento Geral do Estatuto da Advocacia e da OAB,

(A) ocorrerá a inscrição provisória como advogado.

(B) não poderá ocorrer a inscrição até expedido o diploma.

(C) pode apresentar certidão de conclusão com histórico escolar.

(D) deve obter permissão especial do Conselho Seccional.

De fato, caso um bacharel em Direito, após aprovado em Exame de Ordem, requeira sua inscrição na OAB, precisará, dentre outros requisitos, apresentar diploma ou certidão de conclusão do curso (art. 8°, II, do EAOAB; art. 23 do Regulamento Geral).

Gabarito "C".

(OAB/Exame Unificado – 2011.3.B) Nos termos das normas do Regulamento Geral do Estatuto da Advocacia e da OAB, o estagiário poderá isoladamente realizar o seguinte ato:

(A) atuar em audiências nos Juizados Especiais representando os clientes do escritório.

(B) obter com os Chefes de Secretarias certidões de peças de processos em curso.

(C) sustentar oralmente os recursos nos tribunais, quando cabível a defesa oral.

(D) assinar petições iniciais ou contestações quando incluído no instrumento de mandato.

De acordo com o art. 29 do Regulamento Geral, com destaque para os §§ 1° e 2°, poderá o estagiário, isoladamente, praticar os seguintes atos: a) carga e descarga de processos; b) *obter certidões de peças ou autos de processos em curso*; c) elaborar petição de juntada e; d) realizar atos extrajudiciais, desde que autorizado ou munido de substabelecimento do advogado. Assim, correta a alternativa B. As demais alternativas contêm atividades que não podem ser realizadas isoladamente pelo estagiário, mas, sim, por advogado. Até é possível que um estagiário assine petições iniciais, contestações ou recursos, desde que em conjunto e sob a supervisão e responsabilidade do advogado (art. 3°, § 2°, do EAOAB)

Gabarito "B".

(OAB/Exame Unificado – 2012.1) Nos termos das normas do Regulamento Geral do Estatuto da Advocacia e da OAB, o Estágio Profissional de Advocacia é requisito para inscrição no quadro de estagiários da OAB, sendo correto afirmar:

(A) É ministrado pela Seccional da OAB sem intervenção de entidade de ensino superior.

(B) Pode ser ofertado por instituição de ensino superior em convênio com a OAB.

(C) Deve ter carga horária mínima de 360 horas distribuídas em dois anos de atividade.

(D) Pode ocorrer a complementação de carga horária em escritórios sem credenciamento junto à OAB.

A: incorreta, pois o estágio profissional contará, por evidente, com a intervenção da entidade de ensino superior. Afinal, o objetivo do estágio é a aprendizagem prático-profissional; **B:** correta, conforme dispõe o art. 27, § 1°, do Regulamento Geral; **C:** incorreta, pois a carga horária mínima do estágio profissional será de 300 (trezentas) horas, distribuídas e dois ou mais anos, conforme prevê o art. 27, § 1°, do Regulamento Geral; **D:** incorreta, pois o estágio profissional, quando

realizado fora da instituição de ensino superior, deverá ser realizado em local (escritório ou entidades) que mantenha convênio com a OAB, conforme prevê o art. 30 do Regulamento Geral.

Gabarito "B".

(OAB/Exame Unificado – 2012.2) Pedro, advogado regularmente inscrito nos quadros da OAB, após regular processo administrativo disciplinar, é apenado com a sanção de exclusão por ter sido condenado pela prática de crimes contra o patrimônio, tendo a decisão judicial transitada em julgado. Após cumprir a pena e tendo sido a mesma julgada extinta pelo Juízo competente, apresenta requerimento de retorno à OAB.

Nos termos do Estatuto, deve o requerente

(A) apresentar a documentação prevista para inscrição inaugural no quadro de advogados, além de submeter-se a novo Exame de Ordem.

(B) requerer a restauração da sua inscrição anterior com os documentos previstos para a inscrição inaugural, sem submissão a novo Exame de Ordem.

(C) indicar provas para a inscrição nos quadros da OAB que comprovem a sua capacidade civil apta a permitir o retorno, e os documentos para inscrição inaugural.

(D) comprovar a sua reabilitação e apresentar os documentos relacionados à idoneidade moral.

A: incorreta, pois o advogado que tiver sua inscrição na OAB cancelada em virtude de sofrer pena de exclusão, para retornar à instituição, embora deva submeter-se à prévia reabilitação (art. 11, § 3°, do EAOAB), não terá que prestar novo Exame de Ordem; **B:** incorreta, pois, como visto na alternativa anterior, o retorno à OAB, em caso de exclusão, exige pedido de reabilitação, não bastando mero pedido de restauração da inscrição anterior. Aliás, após o cancelamento da inscrição, não se restaura a inscrição (leia-se: número) anterior!; **C:** incorreta, pois o retorno de advogado excluído da OAB exige não apenas os requisitos necessários à inscrição inaugural (art. 8° da EAOAB) mas, também, a reabilitação (art. 11, § 3°, do EAOAB); **D:** correta (art. 11, § 3°, do EAOAB). Temos uma crítica ao gabarito. A alternativa "D" é a "menos errada". Porém, é certo que o retorno de advogado com inscrição cancelada em razão de pena de exclusão, a despeito de exigir prévia reabilitação, inclusive criminal (art. 41, parágrafo único, do EAOAB), não exige "prova documental" de idoneidade moral. De fato, a idoneidade moral é requisito necessário à inscrição na OAB (art. 8°, VI, do EAOAB). No entanto, trata-se de um requisito "presumido", que independe de prova. Ainda que se esteja diante de exclusão oriunda da prática de crime infamante, com a reabilitação judicial, resgata-se a idoneidade (art. 8°, § 4°, do EAOAB).

Gabarito "D".

(OAB/Exame Unificado – 2011.2) Alcides, advogado de longa data, resolve realizar concurso para o Ministério Público, vindo a ser aprovado em primeiro lugar. Após os trâmites legais, é designada data para a sua posse, circunstância que acarreta seu requerimento para suspender sua inscrição nos quadros da OAB, o que vem a ser indeferido. No caso em comento, em relação a Alcides, configura-se situação de

(A) incompatibilidade, podendo atuar, como advogado, em determinadas situações.

(B) cancelamento da inscrição por assunção de cargo incompatível.

(C) suspeição enquanto permanecer no cargo.

(D) suspensão da inscrição até a aposentadoria do membro do Ministério Público.

De fato, o exercício de cargo no Ministério Público é causa geradora de incompatibilidade em caráter definitivo, fato suficiente a ensejar o cancelamento da inscrição do advogado, nos termos do art. 11, IV, do Estatuto da OAB (Lei 8.906/1994 – EAOAB). Deve o candidato recordar que ser membro do Ministério Público configura causa de incompatibilidade (proibição total para advogar), nos termos do art. 28, II, do EAOAB. A licença (e não suspensão, que é espécie de pena pela prática de infração ética, prevista no art. 37 do EAOAB) da inscrição somente seria viável se se tratasse de incompatibilidade em caráter temporário, nos termos do art. 12, II, do EAOAB, o que, evidentemente, não é o caso de um advogado que tome posse para o exercício de cargo no Ministério Público.
Gabarito "B".

(OAB/Exame Unificado – 2011.1) Semprônio reside no Estado W, onde mantém o seu escritório de advocacia, mas requer sua inscrição principal no Estado K, onde, em alguns anos, pretende estabelecer domicílio. No concernente ao tema, à luz das normas estatutárias, é correto afirmar que

(A) na dúvida entre domicílios, prevalece o da sede principal do exercício da advocacia.

(B) a inscrição principal está subordinada ao domicílio profissional do advogado.

(C) o Conselho Federal pode autorizar a inscrição principal fora da sede do escritório do advogado.

(D) o advogado pode eleger qualquer seccional para inscrição principal ao seu arbítrio.

A: incorreta, pois, de acordo com o art. 10, § 1º, do Estatuto da OAB (EAOAB – Lei 8.906/1994), considera-se domicílio profissional a sede principal da atividade de advocacia, prevalecendo, **na dúvida**, o domicílio da **pessoa física** do advogado (e não o da sede principal do exercício da advocacia, como mencionado na alternativa); **B:** correta. De fato, a inscrição principal do advogado deve ser feita no Conselho Seccional em cujo território pretende estabelecer o seu domicílio profissional (art. 10 do Estatuto da OAB – EAOAB – Lei 8.906/1994), assim entendido como a sede principal da atividade de advocacia (art. 10, § 1º, do EAOAB); **C:** incorreta, pois contraria o disposto no art. 10 do EAOAB); **D:** incorreta, posto que em desconformidade com o previsto no art. 10 do EAOAB).
Gabarito "B".

(OAB/Exame Unificado – 2011.1) Juvenal, estagiário regularmente inscrito nos Quadros da OAB, em processo no qual se encontra indicado como tal, retira do cartório os autos do processo, deixando de devolvê-los no prazo legal. Regularmente intimado, mantém a sua inércia. Em termos disciplinares, é correto afirmar que

(A) o estagiário não sofre sanções disciplinares.

(B) não há diferença na atuação do estagiário e do advogado para efeito de sanções disciplinares.

(C) no caso em tela, não haverá qualquer sanção nem ao advogado nem ao estagiário.

(D) o advogado responsável pelo estagiário é o destinatário das sanções nesse caso.

A questão é polêmica e deveria ter sido anulada pela banca examinadora. Com efeito, o enunciado é bastante claro ao mencionar que Juvenal, estagiário, retirou os autos do processo do Cartório Judicial, deixando de restituí-los mesmo após ser regularmente intimado para tanto. Nos termos do art. 29, § 1º, I, do Regulamento Geral da OAB, é lícito ao estagiário retirar e devolver autos de processos judiciais, porém, sob a responsabilidade do advogado. Assim, certamente baseando-se em referido dispositivo, a banca optou por indicar como correta a alternativa D. Porém, na docência de Paulo Lôbo, eminente jurista na área da ética profissional do advogado, tratando da responsabilidade

do advogado pelo extravio ou retenção abusiva de autos, infração geradora de suspensão dos quadros da OAB (art. 34, XXII, do EAOAB – Lei 8.906/1994), menciona ser ela "principal e solidária" (*Comentários ao Estatuto da Advocacia e da OAB*, 4ª edição, Ed. Saraiva, p. 42), donde se extrai que o estagiário que houver efetuado a carga dos autos também será responsabilizado. Portanto, em nosso entendimento, nenhuma alternativa é correta. No entanto, a questão em comento não foi anulada!
Gabarito "D".

(OAB/Exame Unificado – 2010.2) Fábio, advogado com mais de dez anos de efetiva atividade, obtém a indicação da OAB para concorrer pelo quinto constitucional à vaga reservada no âmbito de Tribunal de Justiça. No curso do processo também obtém a indicação do Tribunal e vem a ser nomeado pelo Governador do Estado, ingressando nos quadros do Poder Judiciário. Diante disso, à luz das normas estatutárias ocorrerá:

(A) o cancelamento da inscrição como advogado.

(B) a suspensão até que cesse a incompatibilidade.

(C) o licenciamento do profissional.

(D) a passagem para a reserva do quadro de advogados.

Nos termos do art. 12, II, da Lei 8.906/1994, *licencia-se* o profissional que "passar a exercer, em caráter temporário, atividade incompatível com o exercício da advocacia". No caso, Fábio não ficará afastado temporariamente, mas por um bom tempo. Assim, o caso não se enquadra na hipótese da alternativa "c", que trata do licenciamento do profissional. Na hipótese, como a advocacia é *incompatível* com a condição de membro do Poder Judiciário (art. 28, II, da Lei 8.906/1994), e tal condição se dará com caráter duradouro, Fábio deverá pedir o cancelamento da sua inscrição como advogado, nos termos do art. 11, IV, da Lei 8.906/1994, de modo que a alternativa "A" é a correta.
Gabarito "A".

(OAB/Exame Unificado – 2010.1) Assinale a opção correta de acordo com as disposições do Regulamento Geral do Estatuto da Advocacia e da OAB.

(A) O compromisso que o requerente à inscrição nos quadros da OAB deve fazer perante o conselho seccional, a diretoria ou o conselho da subseção é indelegável, haja vista sua natureza solene e personalíssima.

(B) Toda vez que figurar como indiciado em inquérito policial, por qualquer espécie de infração, o advogado deve ser assistido por um representante da OAB, sem prejuízo da atuação de seu defensor.

(C) É vedado ao requerente pleitear inscrição nos quadros da OAB sem ter, regularmente registrado, diploma de bacharel em direito, não suprindo sua falta nenhum outro documento.

(D) O estagiário inscrito na OAB pode praticar, isoladamente, todos os atos próprios de advogado, desde que sua inscrição esteja regular.

A: correta. É o que se extrai do art. 20, *caput* e seu § 1º, do Regulamento Geral; **B:** incorreta. O art. 16 do Regulamento Geral afirma que tal assistência de representante da OAB nos inquéritos policiais ou nas ações penais em que o advogado figurar como indiciado, acusado ou ofendido, só ocorrerá quando o fato a ele imputado decorrer do exercício da profissão ou a este vincular-se; **C:** incorreta. O requerente à inscrição no quadro de advogados, na falta de diploma regularmente registrado, poderá apresentar certidão de graduação em direito, acompanhada de cópia autenticada do respectivo histórico escolar (art. 23 do Regulamento Geral); **D:** incorreta. Praticamente todos os atos de advocacia, previstos no art. 1.º do Estatuto, podem ser praticados por estagiário inscrito na OAB, mas devem ser feitos em conjunto com o

advogado ou o defensor público. Apenas alguns poucos atos podem ser, isoladamente, praticados por estagiários (De acordo com o art. 29, § 1.º, do Regulamento Geral "O estagiário inscrito na OAB pode praticar isoladamente os seguintes atos, sob a responsabilidade do advogado: I – retirar e devolver autos em cartório, assinando a respectiva carga; II – obter junto aos escrivães e chefes de secretarias certidões de peças ou autos de processos em curso ou findos; III – assinar petições de juntada de documentos a processos judiciais ou administrativos").
Gabarito "A".

4. SOCIEDADE DE ADVOGADOS

(OAB/Exame XXXIX) O advogado Pedro, regularmente inscrito na OAB, deseja ser sócio de determinada sociedade de advogados. É seu intuito, ainda, ser escolhido sócio administrador da mencionada sociedade de advogados. Não obstante, Pedro atua, e continuará atuando, como servidor da administração pública indireta.

À luz do Estatuto da Advocacia e da OAB, assinale a afirmativa correta.

(A) Pedro poderá ser sócio da sociedade de advogados e ocupar a posição de sócio administrador, exceto se for sujeito a regime de dedicação exclusiva.

(B) Há vedação legal a que Pedro seja sócio da sociedade de advogados.

(C) Pedro poderá ser sócio da sociedade de advogados. Todavia, não é autorizado que ocupe a posição de sócio administrador, independentemente do regime a que sujeito.

(D) Pedro poderá ser sócio da sociedade de advogados. De igual maneira, mesmo que o regime a que submetido seja de dedicação exclusiva, Pedro poderá ser sócio administrador da sociedade de advogados.

Em razão da semelhança entre as alternativas apresentadas, os comentários serão feitos de forma abrangente. A única alternativa correta é apresentada pela alternativa A. Trata-se da redação do § 8º, art. 15, EOAB, que estabelece que "Nas sociedades de advogados, a escolha do sócio-administrador poderá recair sobre advogado que atue como servidor da administração direta, indireta e fundacional, desde que não esteja sujeito ao regime de dedicação exclusiva, não lhe sendo aplicável o disposto no inciso X do *caput* do art. 117 da Lei nº 8.112, de 11 de dezembro de 1990, no que se refere à sociedade de advogados". Por sua vez, o citado dispositivo da Lei 8.112/90, dispõe que ao servidor é proibido participar de gerência ou administração de sociedade privada, personificada ou não, exercer o comércio, exceto na qualidade de acionista, cotista ou comandatário. Desta forma, o servidor público não poderá ser sócio-administrador de uma sociedade empresarial, mas poderá ser de uma sociedade de advogados (sociedade simples, não empresária), desde que não esteja sujeito ao regime de dedicação exclusiva. SC
Gabarito "A".

(OAB/Exame XXXIX) Mariana deseja ingressar no quadro da *Sociedade de Advogados XYZ*, na qualidade de associada, sem vínculo de emprego. Ao pesquisar a legislação que rege a parceria em questão, Mariana descobriu que constitui cláusula essencial do contrato de associação

(A) a qualificação das partes, com referência expressa à inscrição no Conselho Seccional da OAB competente.

(B) a identificação da parte que terá a responsabilidade exclusiva pelos riscos e pelas receitas decorrentes da prestação do serviço.

(C) a forma de repartição da responsabilidade pelo fornecimento de condições materiais necessárias à execução dos serviços entre as partes, vedada a atribuição da totalidade das despesas exclusivamente a uma delas.

(D) a estabilidade da parceria, materializada na ausência de prazo determinado para a duração do contrato.

Considerando que as alternativas são muito parecidas quanto à apresentação dos elementos mínimos a serem observados em um contrato de associação, os comentários serão feitos de forma geral. A alternativa A é a única correta. O art. 17-B, especificamente em seu parágrafo único, relaciona os elementos mínimos que o contrato de associação deverá apresentar. São eles: I – qualificação das partes, com referência expressa à inscrição no Conselho Seccional da OAB competente; II – especificação e delimitação do serviço a ser prestado; III – forma de repartição dos riscos e das receitas entre as partes, vedada a atribuição da totalidade dos riscos ou das receitas exclusivamente a uma delas; IV – responsabilidade pelo fornecimento de condições materiais e pelo custeio das despesas necessárias à execução dos serviços; V – prazo de duração do contrato. SC
Gabarito "A".

(OAB/Exame XXXVIII) Uma sociedade de advogados decidiu patrocinar a realização de um evento, sob o formato de um congresso, em certo hotel de lazer do tipo "resort", que conta com área de conferências, com o explícito fim de publicidade de suas atividades profissionais.

Considerando a forma de publicidade escolhida, assinale a afirmativa correta.

(A) Não é autorizada, independentemente de quem seja o público convidado para o evento, tendo em vista o local escolhido. Todavia, se o congresso fosse realizado em local diverso do hotel selecionado, seria admitido o seu patrocínio como meio de publicidade.

(B) É admitida, desde que os participantes sejam apenas integrantes da sociedade de advogados, funcionários ou clientes.

(C) É autorizada, sendo admitida a participação de clientes da sociedade de advogados e de interessados do meio jurídico.

(D) não é autorizada, independentemente de quem seja o público convidado para o evento, ou do local onde realizado.

A: Incorreta. O art. 45, CED, autoriza expressamente, como forma de publicidade, o patrocínio de eventos ou publicações de caráter científico ou cultural; **B:** Incorreta, uma vez que o art. 45, CED, não faz esta distinção, bastando que seja um evento científico ou cultural. **C:** Correta, nos exatos termos do art. 45, CED. **D:** Incorreta, uma vez que, pelos fundamentos já apresentados, é autorizado expressamente pelo CED (Art. 45). SC
Gabarito "C".

(OAB/Exame XXXVII) Lucas e Leandro são os únicos sócios da sociedade de advogados Lucas & Leandro Advogados. Ocorre que Leandro, que já exerce mandato de vereador, passará a integrar a mesa diretora da Câmara Municipal no próximo biênio.

Durante tal período, a sociedade de advogados

(A) deverá transformar-se em sociedade unipessoal de advocacia, com a concentração em Lucas das cotas que pertencem a Leandro.

(B) deverá averbar, no registro da sociedade, o licenciamento de Leandro para exercer atividade incompatível com a advocacia em caráter temporário, não alterando sua constituição.

(C) não poderá funcionar, porque Leandro, um de seus integrantes, estará totalmente proibido de advogar.

(D) não poderá ter sede ou filial na mesma área territorial do Conselho Seccional em que Leandro exerce o mandato na mesa diretora da Câmara Municipal.

Considerando a semelhança das alternativas, os comentários serão feitos de forma global: A única alternativa correta é a de letra B. A atividade de incompatibilidade (compor mesa da casa legislativa – art. 28, I, EOAB) é de natureza temporária. Por tal razão, Leandro não terá cancelada sua inscrição, mas tão somente será licenciado. Como consequência, não será necessária a extinção da sociedade ou a concentração de quotas por parte de Lucas. Esta circunstância (Leandro passar a compor cargo de mesa na Casa Legislativa) tão somente imporá que seja feita a averbação no registro da sociedade, conforme § 2º, art. 16, EOAB. **SC**
Gabarito "B".

(OAB/Exame XXXVII) O advogado Jefferson pretende associar-se a uma sociedade de advogados, para a prestação de serviços advocatícios e participação nos resultados.

Sobre tal possibilidade, assinale a afirmativa correta.

(A) É admitido que Jefferson se associe, em tais moldes, a apenas uma sociedade de advogados.

(B) A associação de Jefferson a uma sociedade unipessoal de advocacia, com participação nos resultados, não é permitida, pois configuraria a presença de requisitos legais de vínculos empregatícios.

(C) É admitido que Jefferson se associe, simultaneamente, a uma sociedade de advogados e a uma sociedade unipessoal de advocacia.

(D) A associação de Jefferson a uma sociedade de advogados deve ser em caráter geral, não sendo admitida a restrição à determinada causa.

A: Incorreta. O art. 17-A, EOAB, dispõe que o advogado poderá associar-se a uma ou mais sociedades de advogados ou sociedades unipessoais de advocacia para prestação de serviços e participação nos resultados; **B:** Incorreta. Trata-se de modalidade permitida pelo art. 17-A, EOAB. No entanto, esta associação não poderá ostentar os requisitos legais de vínculo empregatício; **C:** Correta, nos exatos termos do que dispõe o art. 17-A, EOAB; **D:** Incorreta, pois a modalidade de associação (com participação nos resultados) é permitida expressamente pelo art. 17-A, EOAB. **SC**
Gabarito "C".

(OAB/Exame XXXVI) Recém formadas e inscritas na OAB, as amigas Fernanda e Júlia desejam ingressar no mercado de trabalho. Para tanto, avaliam se devem constituir sociedade unipessoal de advocacia ou atuar em sociedade simples de prestação de serviços de advocacia.

Constituída a sociedade, Fernanda e Júlia deverão observar que

(A) a sociedade unipessoal de advocacia adquire personalidade jurídica com o registro aprovado dos seus atos constitutivos no cartório de registro civil de pessoas jurídicas, sujeito a homologação da OAB.

(B) as procurações devem ser outorgadas à sociedade de advocacia e indicar individualmente os advogados que dela façam parte.

(C) poderão integrar simultaneamente uma sociedade de advogados e uma sociedade unipessoal de advocacia

com sede na mesma área territorial do respectivo Conselho Seccional.

(D) os advogados integrantes da sociedade não poderão representar em juízo clientes de interesses opostos.

A: incorreta, pois qualquer sociedade de advogados, seja ela simples (pluripessoal) ou individual (unipessoal), adquirirá personalidade jurídica com o registro aprovado dos seus atos constitutivos no Conselho Seccional da OAB em cuja base territorial tiver sede, conforme art. 15, § 1º, do EAOAB. Como visto, o registro do ato constitutivo deve ocorrer perante a OAB, e não perante Junta Comercial ou Cartório de Registro Civil das Pessoas Jurídicas, conforme proíbe, expressamente, o art. 16, § 3º, do EAOAB; **B:** incorreta, pois as procurações devem ser outorgadas individualmente aos advogados (pessoas físicas/naturais) e indicar a sociedade de que façam parte (art. 15, § 3º, do EAOAB); **C:** incorreta, pois nenhum advogado pode integrar mais de uma sociedade (unipessoal ou pluripessoal) na mesma área territorial do respectivo Conselho Seccional, consoante dispõe o art. 15, § 4º, do EAOAB; **D:** correta, conforme dispõe o art. 15, § 6º, do EAOAB e art. 19 do CED.
Gabarito "D".

(OAB/Exame XXXV) Antônio, economista sem formação jurídica, e Pedro, advogado, ambos estudiosos da Análise Econômica do Direito, desejam constituir sociedade de advogados que também fornecerá aos seus clientes serviços de consultoria na área econômica.

Ao analisar a possibilidade de registro desse empreendimento, que consideram inovador, Antônio e Pedro concluíram, corretamente, que

(A) poderá ser efetivado, já que é permitido o registro, nos cartórios de registro civil de pessoas jurídicas e nas juntas comerciais, de sociedade que inclua, entre outras finalidades, a atividade de advocacia.

(B) não poderá ser efetivado, já que somente são admitidas a registro as sociedades de advogados que explorem ciências sociais complementares à advocacia.

(C) poderá ser efetivado, desde que a razão social tenha o nome de, pelo menos, um advogado responsável pela sociedade.

(D) não poderá ser efetivado, já que não são admitidas a registro as sociedades de advogados que incluam como sócio pessoa não inscrita como advogado ou totalmente proibida de advogar.

Nos termos do art. 16, *caput*, do EAOAB, não são admitidas a registro nem podem funcionar todas as espécies de sociedades de advogados que apresentem forma ou características de sociedade empresária, que adotem denominação de fantasia, que realizem atividades estranhas à advocacia, que incluam como sócio ou titular de sociedade unipessoal de advocacia pessoa não inscrita como advogado ou totalmente proibida de advogar. Assim, analisemos as alternativas. **A** e **C:** incorretas, pois sociedades de advocacia somente podem ser registradas na OAB (art. 15, § 1º, EAOAB). Ademais, o art. 16, § 3º, do EAOAB, proíbe o registro, nos cartórios de registro civil e nas juntas comerciais, de sociedades que incluam, entre outras finalidades, a atividade de advocacia; **B:** incorreta, pois sociedades de advocacia somente podem explorar, por óbvio, serviços de advocacia; **D:** correta, conforme prevê o art. 16, *caput*, do EAOAB.
Gabarito "D".

(OAB/Exame XXXIV) A sociedade empresária Y presta, com estrutura organizacional, atividades de consultoria jurídica e de orientação de marketing para pequenos empreendedores.

Considerando as atividades exercidas pela sociedade hipotética, assinale a afirmativa correta.

(A) A sociedade Y deve ter seus atos constitutivos registrados apenas na Junta Comercial.

(B) A sociedade Y deve ter seus atos constitutivos registrados apenas no Conselho Seccional da OAB em cuja base territorial tem sede.

(C) É vedado o registro dos atos constitutivos da sociedade Y nos Conselhos Seccionais da OAB e também é vedado seu registro na Junta Comercial.

(D) Os atos constitutivos da sociedade Y devem ser registrados na Junta Comercial e no Conselho Seccional da OAB em cuja base territorial tem sede.

Nos termos do art. 16, *caput*, do EAOAB, não são admitidas a registro nem podem funcionar todas as espécies de sociedades de advogados que apresentem forma ou características de sociedade empresária, que adotem denominação de fantasia, que realizem atividades estranhas à advocacia, que incluam como sócio ou titular de sociedade unipessoal de advocacia pessoa não inscrita como advogado ou totalmente proibida de advogar. Assim, a sociedade empresária Y jamais poderia ser registrada na Junta Comercial, que, conforme art. 16, § 3º, do EAOAB, deveria recusar referido registro, dada proibição de registrar sociedades que incluam, entre outras finalidades, a atividade de advocacia. Também seria vedado o registro da sociedade Y perante a OAB (Conselho Seccional da sede), eis que, além de serviços de advocacia (Consultoria Jurídica), prestaria, também, orientação de marketing a pequenos empreendedores, portanto, atividades estranhas às jurídicas. Correta, portanto, a alternativa C, estando as demais em descompasso com os referidos dispositivos legais.
Gabarito "C".

(OAB/Exame XXXIV) Anderson, titular de sociedade individual de advocacia, é contratado pela sociedade empresária *Polvilho Confeitaria Ltda.* para atuar em sua defesa em ação judicial ajuizada por Pedro, consumidor insatisfeito.

No curso da demanda, a impugnação ao cumprimento de sentença não foi conhecida por ter sido injustificadamente protocolizada por Anderson após o prazo previsto em lei, o que faz com que Pedro receba valor maior do que teria direito e, consequentemente, a sociedade empresária *Polvilho Confeitaria Ltda.* sofra danos materiais.

Diante dessa situação, Anderson, sem prejuízo da responsabilidade disciplinar em que possa incorrer, poderá responder com seu patrimônio pessoal pelos danos materiais causados à sociedade empresária *Polvilho Confeitaria Ltda.*

(A) Solidariamente, com a sociedade individual de advocacia e de forma ilimitada.

(B) Subsidiariamente, em relação à sociedade individual de advocacia e de forma ilimitada.

(C) Solidariamente, com a sociedade individual de advocacia e de forma limitada.

(D) Subsidiariamente, em relação à sociedade individual

A e **D**: incorretas. Nos termos do art. 17 do EAOAB e art. 40 do Regulamento Geral (RGOAB), os advogados integrantes de sociedades de advocacia respondem subsidiariamente (e não solidariamente!) à sociedade, cabendo a esta, portanto, a responsabilidade principal de arcar com os danos causados aos clientes; **B**: correta. A despeito de a responsabilidade do advogado ser subsidiária à da sociedade, será ilimitada, conforme os já referidos dispositivos normativos; **D**: incorreta, pois a responsabilidade será subsidiária e ilimitada.
Gabarito "B".

(OAB/Exame Unificado – 2020.2) A sociedade de advogados "A e B Advogados" está sediada no Rio de Janeiro. Entretanto, em razão das circunstâncias de mercado dos seus clientes, verificou que seria necessário ao bom desempenho das suas atividades profissionais constituir uma filial em São Paulo.

No que se refere ao ato de constituição da filial e a atuação dos sócios, assinale a afirmativa correta.

(A) O ato de constituição da filial deve ser averbado no registro da sociedade e arquivado no Conselho Seccional de São Paulo, ficando todos seus sócios obrigados à inscrição suplementar junto ao Conselho Seccional de São Paulo.

(B) O ato de constituição da filial deve ser averbado no registro da sociedade e arquivado no Conselho Seccional de São Paulo, ficando obrigados à inscrição suplementar junto ao Conselho Seccional de São Paulo apenas aqueles sócios que habitualmente exercerem a profissão naquela localidade, considerando-se habitualidade a intervenção judicial que exceder cinco causas por ano.

(C) O ato de constituição da filial deve ser averbado no registro da sociedade e arquivado no Conselho Seccional do Rio de Janeiro, ficando obrigados à inscrição suplementar junto ao Conselho Seccional de São Paulo apenas aqueles sócios que habitualmente exercerem a profissão naquela localidade, considerando-se habitualidade a intervenção judicial que exceder cinco causas por ano.

(D) O ato de constituição da filial deve ser averbado no registro da sociedade e arquivado no Conselho Seccional do Rio de Janeiro, ficando todos seus sócios obrigados à inscrição suplementar junto ao Conselho Seccional de São Paulo.

A: correta. A filial de uma sociedade de advogados, para ser regularmente aberta, exigirá que seu ato constitutivo seja arquivado no Conselho Seccional onde for instalada, bem como a averbação de referido ato no registro da sociedade. Ademais, os sócios da sociedade estarão obrigados a pedirem inscrição suplementar, tudo conforme art. 15, § 5º, do EAOAB; **B**: incorreta. O ato de constituição deverá ser arquivado no Conselho Seccional da filial e averbado no registro da sociedade. Ademais, a exigência de inscrição suplementar não se restringe apenas aos sócios que foram exercer a profissão com habitualidade, pois esta – a habitualidade – não é requisito para a inscrição suplementar. É que, constituída a filial, automaticamente, vale dizer, independentemente de habitualidade, os sócios necessitarão promover inscrição suplementar no respectivo Conselho Seccional; **C** e **D**: incorretas, pois o arquivamento do ato constitutivo deverá ocorrer no Conselho Seccional de São Paulo, que é onde será instalada a filial, e não no Conselho Seccional em que registrada a sociedade (Rio de Janeiro).
Gabarito "A".

(OAB/Exame Unificado – 2020.1) Os sócios Antônio, Daniel e Marcos constituíram a sociedade *Antônio, Daniel & Marcos Advogados Associados*, com sede em São Paulo e filial em Brasília.

Após desentendimentos entre eles, Antônio constitui sociedade unipessoal de advocacia, com sede no Rio de Janeiro. Marcos, por sua vez, retira-se da sociedade *Antônio, Daniel & Marcos Advogados Associados*.

Sobre a situação apresentada, assinale a afirmativa correta.

(A) Daniel não está obrigado a manter inscrição suplementar em Brasília, já que a sociedade *Antônio, Daniel & Marcos Advogados Associados* tem sede em São Paulo.

(B) Antônio deverá retirar-se da *Antônio, Daniel & Marcos Advogados Associados*, já que não pode integrar, simultaneamente, uma sociedade de advogados e uma sociedade unipessoal de advocacia.

(C) Mesmo após Marcos se retirar da sociedade *Antônio, Daniel & Marcos Advogados Associados* permanece o impedimento para que ele e Antônio representem em juízo clientes com interesses opostos.

(D) Caso Antônio também se retire da *Antônio, Daniel & Marcos Advogados Associados*, a sociedade deverá passar a ser denominada *Daniel Sociedade Individual de Advocacia*.

A: incorreta. Uma vez constituída uma filial de sociedade de advogados, todos os sócios estão obrigados à inscrição suplementar, conforme denuncia o art. 15, § 5º, parte final, do EAOAB. Considerando que a sociedade Antônio, Daniel & Marcos Advogados Associados tem sede em São Paulo e filial em Brasília, todos os três sócios devem ter inscrição suplementar na OAB/DF; **B:** incorreta. Os sócios de uma sociedade simples de advocacia podem integrar outras sociedades de advogados (de natureza pluripessoal ou unipessoal), desde que em Conselho Seccional distinto (art. 15, § 4º, do EAOAB). Se a sociedade pluripessoal tem sede em São Paulo e filial em Brasília, não há problema em o advogado Antônio constituir sociedade unipessoal de advocacia com sede no Rio de Janeiro, que é Conselho Seccional distinto ao da outra sociedade que integra; **C:** incorreta. O art. 15, § 6º, do EAOAB, proíbe que advogados que integrem uma mesma sociedade de advocacia representem em juízo clientes com interesses opostos. Se o advogado Marcos retirar-se da sociedade, deixa de existir o impedimento referido; **D:** correta. Se uma sociedade inicialmente pluripessoal passar a ter em seu corpo societário um único advogado, será o caso de sua transformação para sociedade unipessoal, conforme autoriza o art. 15, § 7º, do EAOAB. No enunciado há a informação que o advogado Marcos retirou-se da sociedade, remanescendo, assim, os advogados Antônio e Daniel. Caso aquele também se retire da sociedade, esta ficará reduzida à unipessoalidade, razão por que Daniel deverá promover a alteração do tipo societário para sociedade unipessoal de advocacia, cujo nome deverá ser formado pelo nome completo ou parcial de seu titular, seguido da expressão "Sociedade Individual de Advocacia" (art. 16, § 4º, do EAOAB).
Gabarito "D".

(OAB/Exame Unificado – 2020.1) A sociedade *Antônio, Breno, Caio & Diego Advogados Associados* é integrada, exclusivamente, pelos sócios Antônio, Breno, Caio e Diego, todos advogados regularmente inscritos na OAB.

Em um determinado momento, Antônio vem a falecer. Breno passa a exercer mandato de vereador, sem figurar entre os integrantes da Mesa Diretora da Câmara Municipal ou seus substitutos legais. Caio passa a exercer, em caráter temporário, função de direção em empresa concessionária de serviço público.

Considerando esses acontecimentos, assinale a afirmativa correta.

(A) O nome de Antônio poderá permanecer na razão social da sociedade após o seu falecimento, ainda que tal possibilidade não esteja prevista em seu ato constitutivo.

(B) Breno deverá licenciar-se durante o período em que exercer o mandato de vereador, devendo essa informação ser averbada no registro da sociedade.

(C) Caio deverá deixar a sociedade, por ter passado a exercer atividade incompatível com a advocacia.

(D) Com o falecimento de Antônio, se Breno e Caio deixarem a sociedade e nenhum outro sócio ingressar nela, Diego poderá continuar suas atividades, caso em que passará a ser titular de sociedade unipessoal de advocacia.

A: incorreta. Com o falecimento de Antônio, seu nome poderá permanecer na razão social da sociedade, desde que haja expressa previsão no ato constitutivo, conforme autoriza o art. 16, § 1º, do EAOAB; **B:** incorreta. Breno, ao assumir o mandato parlamentar como vereador, tornou-se impedido de advogar, na forma prevista no art. 30, II, do EAOAB. Trata-se, é bom repetir, de impedimento, gerador de proibição parcial para advogar. Tal restrição ao exercício profissional não impede que Breno continue a integrar a sociedade de advocacia. Caso integrasse a Mesa da Câmara de Vereadores, aí sim tornar-se-ia incompatível com a advocacia (art. 28, I, do EAOAB), o que inviabilizaria sua permanência na sociedade de advogados; **C:** incorreta. A incompatibilidade, quando temporária, como é o caso de Caio, somente deverá ser averbada no registro da sociedade, não alterando sua constituição (art. 16, § 2º, do EAOAB); **D:** correta. Se somente Diego restar na sociedade, esta deverá transformar-se em unipessoal, tornando-se ele seu titular (art. 15, § 7º, do EAOAB).
Gabarito "D".

(OAB/Exame Unificado – 2019.2) A Sociedade de Advogados X pretende associar-se aos advogados João e Maria, que não a integrariam como sócios, mas teriam participação nos honorários a serem recebidos.

Sobre a pretensão da Sociedade de Advogados X, de acordo com o disposto no Regulamento Geral do Estatuto da Advocacia e da OAB, assinale a afirmativa correta.

(A) É autorizada, contudo deve haver formalização em contrato averbado no registro da Sociedade de Advogados. A associação pretendida deverá implicar necessariamente vínculo empregatício.

(B) É autorizada, contudo deve haver formalização em contrato averbado no registro da Sociedade de Advogados. A associação pretendida não implicará vínculo empregatício.

(C) É autorizada, independentemente de averbação no registro da Sociedade. A associação pretendida não implicará vínculo empregatício.

(D) Não é autorizada, pois os advogados João e Maria passariam a integrar a Sociedade X como sócios, mediante alteração no registro da sociedade.

Nos exatos termos do art. 39 do Regulamento Geral do Estatuto da OAB, a sociedade de advogados pode associar-se com advogados, sem vínculo de emprego, para participação nos resultados. No parágrafo único do mesmo dispositivo há previsão de que os contratos referidos neste artigo são averbados no registro da sociedade de advogados. Analisemos as alternativas! **A:** incorreta, pois a associação de um advogado a uma sociedade de advogados não gera vínculo empregatício, consoante dispõe o art. 39 do RGOAB; **B:** correta. De fato, o contrato de associação deve ser devidamente averbado no registro da sociedade de advogados, sem, porém, gerar vínculo de emprego entre associado e sociedade; **C:** incorreta, pois o art. 39, parágrafo único, do RGOAB, impõe que os contratos de associação sejam averbados no registro da sociedade de advogados; **D:** incorreta, pois o Regulamento Geral autoriza, em seu art. 39, a associação entre advogados e sociedades de advogados. Frise-se que os advogados associados não se tornam sócios, nem empregados, mas, apenas, associados da sociedade, mediante vínculo contratual.
Gabarito "B".

1. ÉTICA PROFISSIONAL

(OAB/Exame Unificado – 2018.3) Ricardo Silva, Carlos Santos e Raul Azevedo são advogados e constituem a sociedade Silva, Santos e Azevedo Sociedade de Advogados, para exercício conjunto da profissão. A sociedade consolida-se como referência de atuação em determinado ramo do Direito. Anos depois, Carlos Santos falece e seus ex-sócios pretendem manter seu sobrenome na sociedade.

Sobre a manutenção do sobrenome de Carlos Santos na sociedade, de acordo com o Estatuto e com o Regulamento Geral da OAB, assinale a afirmativa correta.

(A) É permitida, desde que expressamente autorizada por seus herdeiros.

(B) É vedada, pois da razão social não pode constar o nome de advogado falecido.

(C) É permitida, desde que prevista tal possibilidade no ato constitutivo da sociedade ou na alteração contratual em vigor.

(D) É permitida, independentemente da previsão no ato constitutivo ou na alteração contratual em vigor, ou de autorização dos herdeiros, desde que autorizada pelo Conselho da respectiva Seccional.

A questão cobra do candidato um assunto "clássico" no tema "sociedade de advogados", qual seja, a possibilidade de manutenção de nome de sócio falecido no nome societário. E a resposta se encontra no art. 16, § 1º, parte final, do EAOAB: "A razão social deve ter, obrigatoriamente, o nome de, pelo menos, um advogado responsável pela sociedade, podendo permanecer o de sócio falecido, desde que prevista tal possibilidade no ato constitutivo". Portanto, correta a alternativa "C", cabendo exclusivamente à vontade dos sócios, quando da elaboração do ato constitutivo da sociedade, prever a possibilidade de permanência de nome de sócio falecido no nome da sociedade. Em outras palavras, havendo expressa previsão no ato constitutivo, admite-se a manutenção do nome de sócio que tenha falecido. No silêncio de referido ato, o nome da sociedade deverá ser alterado caso nele constasse nome (ou sobrenome) de sócio que tenha morrido.

Gabarito "C".

(OAB/Exame Unificado – 2018.2) O advogado Pasquale integra a sociedade de advogados X, juntamente com três sócios. Todavia, as suas funções na aludida sociedade apenas ocupam parte de sua carga horária semanal disponível. Por isso, a fim de ocupar o tempo livre, o advogado estuda duas propostas: de um lado, pensa em criar, paralelamente, uma sociedade unipessoal de advocacia; de outro, estuda aceitar a oferta, proposta pela sociedade de advogados Y, de integrar seus quadros. Considerando que todas as pessoas jurídicas mencionadas teriam sede na mesma área territorial de um Conselho Seccional da OAB, assinale a afirmativa correta.

(A) É permitido que Pasquale integre simultaneamente a sociedade de advogados X e a sociedade de advogados Y. Todavia, não é autorizado que integre simultaneamente a sociedade de advogados X e a sociedade unipessoal de advocacia.

(B) É permitido que Pasquale integre simultaneamente a sociedade de advogados X e a sociedade unipessoal de advocacia. Todavia, não é autorizado que integre simultaneamente a sociedade de advogados X e a sociedade de advogados Y.

(C) Não é permitido que Pasquale integre simultaneamente a sociedade de advogados X e a sociedade de advogados Y. Tampouco é autorizado que integre simultaneamente a sociedade de advogados X e a sociedade unipessoal de advocacia.

(D) É permitido que Pasquale integre simultaneamente a sociedade de advogados X e a sociedade de advogados Y. Também é autorizado que integre simultaneamente a sociedade de advogados X e a sociedade unipessoal de advocacia.

De acordo com o art. 15, § 4º, do EAOAB, nenhum advogado pode integrar mais de uma sociedade de advogados, constituir mais de uma sociedade unipessoal de advocacia, ou integrar, simultaneamente, uma sociedade de advogados e uma sociedade unipessoal de advocacia, com sede ou filial na mesma área territorial do respectivo Conselho Seccional. Assim, analisemos cada uma das alternativas. **A:** incorreta, pois Pasquale não poderá integrar, simultaneamente, duas ou mais sociedades no mesmo Conselho Seccional, tenham elas natureza pluripessoal ou unipessoal (individual); **B:** incorreta, eis que o advogado Pasquale, que já é sócio da sociedade X, não poderá ser titular, no mesmo Conselho Seccional, de outra sociedade, ainda que de natureza individual; **C:** correta, pois, como visto no art. 15, § 4º, do EAOAB, nenhum advogado poderá integrar mais de uma sociedade de advogados (pluripessoal ou unipessoal), com sede ou filial na mesma área territorial do respectivo Conselho Seccional; **D:** incorreta, por colidir frontalmente com a proibição contida no art. 15, § 4º, do EAOAB. Em suma, um advogado somente será dado integrar uma única sociedade de advogados, da espécie que for (individual ou pluripessoal), em cada Conselho Seccional.

Gabarito "C".

(OAB/Exame Unificado – 2017.2) Miguel, advogado, sempre exerceu a atividade sozinho. Não obstante, passou a pesquisar sobre a possibilidade de constituir, individualmente, pessoa jurídica para a prestação de seus serviços de advocacia.

Sobre o tema, assinale a afirmativa correta.

(A) Miguel poderá constituir a pessoa jurídica pretendida, mediante registro dos seus atos constitutivos no Conselho Seccional da OAB em cuja base territorial tiver sede, com denominação formada pelo nome do titular, seguida da expressão 'Sociedade Individual de Advocacia'.

(B) Miguel não poderá constituir a pessoa jurídica pretendida, uma vez que o ordenamento jurídico brasileiro não admite a figura da sociedade unipessoal, ressalvados apenas os casos de unipessoalidade temporária e da chamada subsidiária integral.

(C) Miguel poderá constituir a pessoa jurídica pretendida mediante registro dos seus atos constitutivos no Conselho Seccional da OAB, com denominação formada pelo nome do titular, seguida da expressão 'EIRELI'.

(D) Miguel poderá constituir a pessoa jurídica pretendida mediante registro dos seus atos constitutivos no Registro Civil de Pessoas Jurídicas, com denominação formada pelo nome do titular, seguida da expressão 'EIRELI'.

A: correta. De fato, nos termos do art. 15, "caput", do Estatuto da OAB (EAOAB), os advogados podem reunir-se em sociedade simples de prestação de serviços de advocacia ou constituir sociedade unipessoal de advocacia, na forma disciplinada nesta Lei e no regulamento geral. Qualquer que seja a espécie de sociedade de advogados (pluripessoal ou unipessoal), a aquisição da personalidade jurídica dar-se-á com o registro de seus atos constitutivos no Conselho Seccional da OAB em cuja base territorial tiver sede (art. 15, § 1º, do EAOAB). Com relação ao nome da sociedade unipessoal, este será obrigatoriamente formado

pelo nome ou nome social do seu titular, completo ou parcial, com a expressão 'Sociedade Individual de Advocacia' (art. 16, § 4º, do EAOAB); **B:** incorreta, pois, como visto, o art. 15 do EAOAB, com a redação que lhe foi dada pela Lei 13.247/2016, permite a constituição de dois tipos de sociedades de advogados, quais sejam, a pluripessoal (formada por um mínimo de dois advogados) e a unipessoal (formada por um único advogado); **C:** incorreta, pois a denominação da sociedade unipessoal de advocacia será formado pelo nome ou nome social completo ou parcial de seu titular, seguido da expressão "Sociedade Individual de Advocacia", e, não, "EIRELI" (Empresa Individual de Responsabilidade Limitada). Lembre-se que as sociedades de advogados jamais podem adotar características ou formas de sociedades empresárias (art. 16, "caput", do EAOAB); **D:** incorreta, pois, nos termos do art. 16, § 3º, do EAOAB, é proibido o registro, nos cartórios de registro civil de pessoas jurídicas e nas juntas comerciais, de sociedade que inclua, entre outras finalidades, a atividade de advocacia. Além disso, como já mencionado, a denominação da sociedade unipessoal não fará menção a "EIRELI", mas, sim, a "Sociedade Individual de Advocacia".
Gabarito "A"

(OAB/Exame Unificado – 2017.1) Os advogados Raimundo da Silva, Severino da Silva e Juscelino da Silva constituíram sociedade simples de prestação de serviços de advocacia, denominada Silva Advogados, com o registro aprovado dos seus atos constitutivos no Conselho Seccional da OAB pertinente ao local da sede. Severino figura como sócio-gerente. Além dos três advogados, não há outros sócios ou associados. Considerando a situação narrada e a disciplina do Regulamento Geral do Estatuto da Advocacia e da OAB, assinale a afirmativa correta.

(A) Os atos indispensáveis à satisfação das finalidades da pessoa jurídica apenas podem ser praticados por Raimundo, Severino ou Juscelino, sendo vedada a prática de atos por Silva Advogados, uma vez que as atividades necessárias ao desempenho da advocacia devem ser exercidas individualmente, ainda que revertam à sociedade os proveitos.

(B) Os atos indispensáveis à satisfação das finalidades da pessoa jurídica podem ser praticados por Silva Advogados; porém, os atos privativos de advogado devem ser praticados por Raimundo, Severino ou Juscelino.

(C) Os atos indispensáveis à satisfação das finalidades da pessoa jurídica e os atos privativos de advogado podem ser praticados por Silva Advogados.

(D) Os atos destinados à satisfação das finalidades da pessoa jurídica apenas devem ser praticados por Severino, sendo vedada a prática de atos por Silva Advogados, uma vez que as atividades necessárias ao desempenho da advocacia devem ser exercidas individualmente, ainda que revertam à sociedade os proveitos. Os atos também não podem ser praticados pelos demais sócios, já que Severino figura como sócio-gerente.

Nos termos do art. 42 do Regulamento Geral do Estatuto da OAB, podem ser praticados pela sociedade de advogados, com uso da razão social, os atos indispensáveis às suas finalidades, que não sejam privativos de advogado. Portanto, de plano, estão incorretas as alternativas "**A**" e "**D**", eis que, como visto, os atos destinados à satisfação das finalidades da pessoa jurídica (no caso, da sociedade de advogados), devem ser praticados pela sociedade, cabendo exclusivamente aos advogados a execução dos atos privativos de advocacia. Destaque-se que o art. 37, § 1º, também do Regulamento Geral, determina que as atividades profissionais privativas dos advogados são exercidas individualmente, ainda que revertam à sociedade os honorários respectivos. Portanto,

correta a alternativa "**B**". Por fim, a alternativa "**C**" está incorreta, pois os atos privativos e advogado não podem ser praticados pela sociedade simples (pessoa jurídica), mas, como dito, somente pelos seus sócios.
Gabarito "B"

(OAB/Exame Unificado – 2015.3) Os advogados Márcio, Bruno e Jorge, inscritos nas Seccionais do Paraná e de Santa Catarina da Ordem dos Advogados resolveram constituir determinada sociedade civil de advogados, para atuação na área tributária. A sede da sociedade estava localizada em Curitiba. Como os três sócios estavam inscritos na Seccional de Santa Catarina, eles requereram o registro da sociedade também nessa Seccional. Márcio, por outro lado, já fazendo parte da sociedade com Bruno e Jorge, requereu, juntamente com seu irmão, igualmente advogado, o registro de outra sociedade de advogados também na Seccional do Paraná, esta com especialização na área tributária. As sociedades não são filiais.

Sobre a hipótese descrita é correto afirmar que a sociedade de advogados de Márcio, Bruno e Jorge

(A) não poderá ser registrada na seccional de Santa Catarina, pois apenas tem sede na Seccional do Paraná. Márcio não poderá requerer inscrição em outra sociedade de advogados no Paraná.

(B) não poderá ser registrada na seccional de Santa Catarina, pois apenas tem sede na Seccional do Paraná. Márcio poderá requerer inscrição em outra sociedade de advogados no Paraná.

(C) poderá ser registrada na seccional de Santa Catarina, pois os três advogados que dela fazem parte estão inscritos na Seccional em questão. Márcio não poderá requerer inscrição em outra sociedade de advogados no Paraná.

(D) poderá ser registrada na seccional de Santa Catarina, pois os três advogados que dela fazem parte estão inscritos na Seccional em questão. Márcio poderá requerer inscrição em outra sociedade de advogados no Paraná.

A questão em tela foi alvo de severas críticas por professores de diversos cursos preparatórios para o Exame de Ordem, dentre os quais me incluo. Com base na narrativa contida no enunciado, a banca examinadora assinalou como correta a alternativa "A" (*não poderá ser registrada na seccional de Santa Catarina, pois apenas tem sede na Seccional do Paraná. Márcio não poderá requerer inscrição em outra sociedade de advogados no Paraná*). Contudo, não se pode concordar, *data venia*, com a assertiva indicada, pelos motivos a seguir. Primeiramente, não é verdadeira a afirmação inicial de que os advogados Márcio, Bruno e Jorge não poderiam registrar na seccional de Santa Catarina uma sociedade de advogados. Conforme enuncia o art. 15, §1º, do Estatuto da OAB, a sociedade de advogados adquire personalidade jurídica com o registro aprovado dos seus atos constitutivos no Conselho Seccional da OAB em cuja base territorial tiver sede. No caso relatado, os advogados decidiram registrar sociedade em Curitiba (portanto, seccional do Paraná). Também resolveram constituir sociedade em Santa Catarina (não há menção se se trata de filial, mas tudo leva a crer que sim!). Na parte final da questão, afirma-se que as sociedades não são filiais. Mas quais sociedades: aquelas constituídas por Márcio, Bruno e Jorge ou por Mário e seu irmão? A redação do enunciado é confusa, o que, por si só, já deveria ensejar a anulação! No mais, entendendo-se que a sociedade que Márcio, Bruno e Jorge constituíram em Santa Catarina era uma filial, nenhum problema haveria. Tal é autorizado pelo art. 15, §4º, do Estatuto da OAB (nenhum advogado pode integrar mais de uma sociedade de advogados, com sede ou filial na mesma área territorial do respectivo Conselho Seccional). Assim, incorreta a primeira parte da

1. ÉTICA PROFISSIONAL

alternativa "A". Pelo exposto, a alternativa adequada e que deveria ter sido assinalada pela banca examinadora é a "C" (*poderá ser registrada na seccional de Santa Catarina, pois os três advogados que dela fazem parte estão inscritos na Seccional em questão. Márcio não poderá requerer inscrição em outra sociedade de advogados no Paraná*). Frise-se que, em qualquer caso, Márcio, por já integrar sociedade de advogados no Paraná (juntamente com Bruno e Jorge), não poderia integrar outra sociedade na mesma seccional, consoante dispõe o já referido art. 15, §4º, do Estatuto. A questão, por tudo o que se argumentou, deveria ter sido anulada, visto que, além de ter redação confusa, apontou alternativa errada como correta, mormente se considerada que a sociedade que seria constituída em Santa Catarina seria uma filial daquela com sede no Paraná, o que seria perfeitamente admissível.

Gabarito "A".

(OAB/Exame Unificado – 2015.3) Gabriela é sócia de uma sociedade de advogados, tendo, no exercício de suas atividades profissionais, representado judicialmente Júlia. Entretanto, Gabriela, agindo com culpa, deixou de praticar ato imprescindível à defesa de Júlia em processo judicial, acarretando-lhe danos materiais e morais.

Em uma eventual demanda proposta por Júlia, a fim de ver ressarcidos os danos sofridos, deve-se considerar que

(A) Gabriela e a sociedade de advogados não podem ser responsabilizadas civilmente pelos danos, pois, no exercício profissional, o advogado apenas responde pelos atos que pratica mediante dolo, compreendido por meio do binômio consciência e vontade.

(B) a sociedade de advogados não pode ser responsabilizada civilmente pelos atos ou omissões praticados pessoalmente por Gabriela. Assim, apenas a advogada responderá pela sua omissão decorrente de culpa, no âmbito da responsabilidade civil e disciplinar.

(C) Gabriela e a sociedade de advogados responderão civilmente pela omissão decorrente de culpa, sem prejuízo da responsabilidade disciplinar da advogada, cuidando-se de hipótese de responsabilidade civil solidária entre ambas.

(D) Gabriela e a sociedade de advogados podem ser responsabilizadas civilmente pela omissão decorrente de culpa. A responsabilidade civil de Gabriela será subsidiária à da sociedade e ilimitada pelos danos causados, sem prejuízo de sua responsabilidade disciplinar.

Nos termos do art. 17 do EAOAB, corroborado pelo art. 40 do Regulamento Geral, além da sociedade, o sócio e o titular da sociedade individual respondem subsidiária e ilimitadamente pelos danos causados aos clientes por ação ou omissão no exercício da advocacia, sem prejuízo da responsabilidade disciplinar em que possa incorrer. No enunciado ficou claro que a advogada Gabriela, sócia de uma sociedade de advogados, agindo com culpa no exercício da profissão, deixou de praticar ato imprescindível à defesa de Júlia em um processo judicial, daí advindo danos materiais e morais à cliente. Assim, vamos à análise das alternativas. **A:** incorreta, eis que não somente os atos dolosos praticados pelo advogado, no exercício profissional, ensejam a responsabilização civil dele e da sociedade de advogados a que faça parte. Nos termos do precitado art. 40 do Regulamento Geral, os advogados sócios e os associados respondem subsidiária e ilimitadamente pelos danos causados diretamente ao cliente, nas hipóteses de dolo ou culpa e por ação ou omissão, no exercício dos atos privativos de advocacia, sem prejuízo da responsabilidade disciplinar em que possam incorrer; **B:** incorreta, pois à sociedade de advogados imputar-se-á a responsabilidade civil pelos atos praticados pelos seus sócios ou titular. Destaque-se que, nesse caso, a responsabilidade da sociedade

será principal, aos sócios e titular da sociedade individual existindo apenas responsabilidade subsidiária, embora ilimitada; **C:** incorreta, pois os sócios não respondem solidariamente com a sociedade, mas, sim, subsidiariamente, conforme se vê expressamente nos arts. 17 do EAOAB e 40 do Regulamento Geral; **D:** correta, eis que, de fato, tanto a sociedade, quanto os sócios, responderão pelos danos causados aos clientes, sendo certo que a responsabilidade civil dos advogados que integrem a sociedade é subsidiária a esta, embora ilimitada, sem prejuízo de responsabilização disciplinar.

Gabarito "D".

(OAB/Exame Unificado – 2015.3) O banco Dólar é réu em diversos processos de natureza consumerista, todos com idênticos fundamentos de Direito, pulverizados pelo território nacional. Considerando a grande quantidade de feitos e sua abrangência territorial, a instituição financeira decidiu contratar a sociedade de advogados X para sua defesa em juízo, pois esta possui filial em diversos estados da Federação. Diante da consulta formulada pelo banco, alguns advogados, sócios integrantes da filial situada no Rio Grande do Sul, realizaram mapeamento dos processos em trâmite em face da pessoa jurídica. Assim, observaram que esta mesma filial já atua em um dos processos em favor do autor da demanda.

Tendo em vista tal situação, assinale a opção correta.

(A) Os advogados deverão recusar, por meio de qualquer sócio do escritório ou filial, a atuação da sociedade de advogados na defesa do banco, pois os advogados sócios de uma mesma sociedade profissional não podem representar em juízo clientes de interesses opostos.

(B) Os advogados deverão identificar quem são os sócios do escritório que atuam na causa, pois estes não poderão realizar a defesa técnica do banco em quaisquer dos processos em trâmite, sendo autorizada, porém, a atuação dos demais sócios da sociedade de advogados, de qualquer filial.

(C) Os advogados deverão recusar a defesa do banco pela filial da sociedade de advogados no Rio Grande do Sul e indicar as outras filiais para atuação nos feitos, pois todos os sócios da filial ficam impedidos de representar em juízo a instituição financeira, em razão de já haver atuação em favor de cliente com interesses opostos.

(D) Os advogados deverão informar ao banco que há atuação de advogados daquela filial em um dos processos em favor do autor da demanda, a fim de que a instituição financeira decida se deseja, efetivamente, que a sua defesa técnica seja realizada pela sociedade de advogados, garantindo, assim, o consentimento informado do cliente.

A: correta. Nos exatos termos do art. 19 do CED, os advogados integrantes da mesma sociedade profissional, ou reunidos em caráter permanente para cooperação recíproca, não podem representar, em juízo ou fora dele, clientes com interesses opostos. No caso apresentado, considerando que o banco Dólar, réu em processo judicial, contratou profissionais de sociedade de advogados, com filiais em todo o Brasil, que identificaram que atuam em favor do autor da ação, será impossível que patrocinem a defesa da instituição financeira. Pouco importa o local em que o processo judicial tramita. Se uma das filiais da sociedade de advogados contratada pelo banco constatou que o autor da ação é seu cliente em um dos processos movidos contra referida instituição, os advogados deverão recusar, por meio de qualquer sócio ou filial,

a atuação da sociedade de advogados em prol do banco, conforme preconiza o referido art. 19 do CED; B, C e **D**: incorretas, visto que em descompasso com o quanto disposto no Código de Ética.
Gabarito "A".

(OAB/Exame Unificado – 2014.3) Os advogados X de Souza, Y dos Santos e Z de Andrade requereram o registro de sociedade de advogados denominada Souza, Santos e Andrade Sociedade de Advogados. Tempos depois, X de Souza vem a falecer, mas os demais sócios decidem manter na sociedade o nome do advogado falecido.

Sobre a hipótese, assinale a afirmativa correta.

(A) É possível manter o nome do sócio falecido, desde que prevista tal possibilidade no ato constitutivo da sociedade.

(B) É possível manter o nome do sócio falecido, independentemente de previsão no ato constitutivo da sociedade.

(C) É absolutamente vedada a manutenção do nome do sócio falecido na razão social da sociedade.

(D) É possível manter, pelo prazo máximo de seis meses, o nome do sócio falecido.

Nos exatos termos do art. 16, § 1º, do Estatuto da OAB, a razão social da sociedade de advogados deve ter, obrigatoriamente, o nome de, pelo menos, um advogado responsável pela sociedade, podendo permanecer o do sócio falecido, desde que prevista tal possibilidade no ato constitutivo. Correta, pois, a alternativa A, estando as demais em dissonância com aquilo que preconiza o EAOAB.
Gabarito "A".

(OAB/Exame Unificado – 2013.3) O escritório Hércules Advogados Associados foi fundado no início do século XX, tendo destacada atuação em várias áreas do Direito. O sócio-fundador faleceu no limiar do século XXI e os sócios remanescentes manifestaram o desejo de manter o nome do advogado falecido na razão social da sociedade.

A partir da hipótese sugerida, nos termos do Regulamento Geral da Ordem dos Advogados do Brasil, assinale a afirmativa correta.

(A) Falecendo o advogado sócio, determina-se a sua exclusão dos registros da sociedade incluindo a razão social do escritório.

(B) Permite-se a manutenção do sócio-fundador nos registros do escritório, mediante autorização especial do plenário da Seccional.

(C) Havendo previsão no ato constitutivo da sociedade de advogados, pode permanecer o nome do sócio falecido na razão social.

(D) Existindo acordo entre o escritório de advocacia, os clientes e a Seccional da Ordem dos Advogados do Brasil, é permitida a manutenção do nome do sócio falecido.

A e D: incorretas, visto que em caso de falecimento do advogado sócio, nada obstante, por razões óbvias, não mais possa figurar no corpo societário, poderá ter seu nome mantido na razão social da sociedade, desde que essa possibilidade esteja prevista no ato constitutivo (art. 16, § 1º, do EAOAB); **B**: incorreta, pois inexiste base legal ou em qualquer outro diploma normativo que autorize a permanência de sócio-fundador de sociedade de advogados nos registros do escritório mesmo após seu falecimento. Como pessoa morta poderia continuar a figurar como sócia da sociedade? Assim, absolutamente descabida a assertiva; **C**: correta, nos termos do já citado art. 16, § 1º, do EAOAB. Isto porque a razão social de uma sociedade de advogados, em caso de falecimento do sócio-fundador que lhe emprestava o nome, poderá ser mantida inalterada desde que tal possibilidade esteja expressamente prevista no seu ato constitutivo.
Gabarito "C".

(OAB/Exame Unificado – 2013.2) Os advogados Roberto e Alfredo, integrantes da sociedade Roberto & Alfredo Advogados Associados, há muito atuavam em causas trabalhistas em favor da sociedade empresária "X". A certa altura, o advogado Armando ingressou na sociedade de advogados. Armando, no entanto, já representava os interesses de ex-empregado da sociedade empresária "X". Em razão disso, Armando não foi constituído para atuar nas causas do escritório envolvendo a sociedade empresária "X", continuando, assim, a atuar em favor do ex-empregado. Por outro lado, Roberto e Alfredo não foram constituídos para advogar pelo ex-empregado.

A partir do caso apresentado, assinale a afirmativa correta.

(A) Roberto, Alfredo e Armando agiram correta e eticamente, pois dividiram os clientes, de forma que nenhum deles advogasse, ao mesmo tempo, para clientes com interesses opostos.

(B) Roberto, Alfredo e Armando não agiram corretamente, pois, em causas trabalhistas, os advogados de partes com interesses opostos não podem ter qualquer tipo de relação profissional ou pessoal.

(C) Roberto, Alfredo e Armando não agiram correta e eticamente, pois os advogados sócios de uma mesma sociedade profissional não podem representar, em juízo, clientes com interesses opostos.

(D) Roberto, Alfredo e Armando não poderiam ter constituído a sociedade em questão, ainda que Armando deixasse de atuar na causa em favor do ex-empregado.

A: incorreta, como será melhor analisado no comentário à alternativa "C". O fato de Roberto, Alfredo e Armando integrarem a mesma sociedade de advogados lhes impõe a observância de alguns preceitos éticos, dentre eles, o de jamais atuarem em causas em que seus clientes sejam litigantes uns contra os outros; **B**: incorreta. Não apenas nas causas trabalhistas veda-se que advogados das partes litigantes tenham relação profissional (ex.: escritório em comum ou sociedade). Como veremos a seguir, há restrição geral para que advogados que integrem a mesma sociedade ou escritório patrocinem pretensões de clientes com interesses conflitantes; **C**: correta. Nos exatos termos do art. 15, § 6º, do EAOAB, os *advogados sócios de uma mesma sociedade profissional não podem representar em juízo clientes de interesses opostos*. Ainda, o art. 19 do Código de Ética e Disciplina (CED), em reforço, adverte que *os advogados integrantes da mesma sociedade profissional, ou reunidos em caráter permanente para cooperação recíproca, não podem representar, em juízo ou fora dele, clientes com interesses opostos*; **D**: incorreta. Se o sócio Armando deixasse de representar um ex-empregado da empresa "X", cliente da sociedade que passou a integrar, não mais existiriam os obstáculos previstos nos já citados arts. 15, § 6º do Estatuto e 19 do CED.
Gabarito "C".

(OAB/Exame Unificado – 2012.3.A) O advogado João, regularmente contratado para defender os interesses de José em Juízo, realiza a defesa regular em primeiro grau, mas não apresenta recurso de apelação contra sentença que julgou improcedente o pedido, mesmo havendo sólida fundamentação para modificar o decidido. O prejuízo causado ao cliente foi de R$ 10.000,00, parcialmente coberto por seguro realizado pela sociedade de advogados integrada por João.

Consoante as regras estatutárias, os prejuízos causados ao cliente acarretam a responsabilidade pessoal do sócio advogado de forma

(A) limitada à responsabilidade decorrente de contrato de seguro.

(B) ilimitada, mas subsidiária em relação à sociedade.

(C) limitada e principal, sendo a da sociedade subsidiária.

(D) ilimitada e vinculada ao resultado do processo disciplinar instaurado.

Nos termos do art. 17 do Estatuto da OAB, reforçado pelo art. 40 do Regulamento Geral, pelos danos causados dolosa ou culposamente a terceiros por sócios ou associados, a responsabilidade civil recairá apenas subsidiariamente às pessoas físicas, respondendo, em primeiro lugar, a pessoa jurídica (sociedade de advogados). Todavia, a despeito de os sócios responderem *subsidiariamente*, caso seus patrimônios pessoais sejam atingidos por insuficiência patrimonial da pessoa jurídica (ou seja, da sociedade de advogados a que pertencerem), tal ocorrerá de forma *ilimitada*. Assim, pouco importará a sua participação no capital social da sociedade.
Gabarito "B".

(OAB/Exame Unificado – 2011.3.B) No concernente à Sociedade de Advogados, é correto afirmar, à luz do Estatuto e do Código de Ética e Disciplina da OAB, que

(A) pode se organizar de forma mercantil, com registro na Junta Comercial.

(B) está vinculada às regras de ética e disciplina dos advogados.

(C) seus sócios estão imunes ao controle disciplinar da OAB.

(D) seus componentes podem, isoladamente, representar clientes com interesses conflitantes.

A: incorreta (art. 16, *caput*, e § 3º, do EAOAB). Importa anotar que a sociedade de advogados não tem natureza empresarial, mas civil (sociedade simples); **B:** correta, conforme disposto no art. 15, § 2º, do EAOAB; **C:** incorreta (art. 40 do Regulamento Geral), pois os sócios da sociedade de advogados submetem-se, por evidente, ao controle disciplinar da OAB; **D:** incorreta (art. 19 do CED e art. 15, § 6º, do EAOAB), pois é vedado que sócios da mesma sociedade de advogados patrocinem clientes com interesses conflitantes. Afinal, além de antiético, tal proceder poderia violar o necessário sigilo profissional que rege a relação cliente-advogado.
Gabarito "B".

(OAB/Exame Unificado – 2012.1) Lara é sócia de determinada sociedade de advogados com sede no Rio de Janeiro e filial em São Paulo. Foi convidada a integrar, cumulativamente e também como sócia, os quadros de outra sociedade de advogados, esta com sede em São Paulo e sem filiais. Aceitou o convite e rapidamente providenciou sua inscrição suplementar na OAB/SP, tendo em vista que passaria a exercer habitualmente a profissão nesse estado.

(A) Lara agiu corretamente, pois, considerando-se que passaria a atuar em mais do que cinco causas por ano em São Paulo, era necessário que promovesse sua inscrição suplementar nesse estado.

(B) Lara não agiu corretamente, pois é vedado ao advogado integrar mais de uma sociedade de advogados com sede ou filial na mesma área territorial do respectivo Conselho Seccional.

(C) Lara não agiu corretamente, pois é vedado ao advogado integrar mais de uma sociedade de advogados dentro do território nacional.

(D) Lara agiu corretamente e sequer era necessário que promovesse sua inscrição suplementar, pois passaria a exercer a profissão em São Paulo na qualidade de sócia e não de advogada empregada da sociedade em questão.

De acordo com o art. 15, § 4º, do EAOAB, nenhum advogado poderá integrar mais de uma sociedade de advogados com sede ou filial na mesma base territorial (leia-se: mesmo Conselho Seccional). Logo, agiu incorretamente a advogada Lara, visto que, sendo sócia de sociedade com sede no Rio de Janeiro e filial em São Paulo, não poderia ter aceitado o convite para integrar outra sociedade de advogados com sede em São Paulo. Frise-se: advogado não poderá integrar mais de uma sociedade por Conselho Seccional, seja sede, seja filial! Logo, correta a alternativa B. Quanto às demais alternativas (A, C e D), deve o leitor recordar-se que o "fato gerador" da inscrição suplementar é a habitualidade da advocacia em outros Conselhos Seccionais que não o de inscrição principal do advogado. Referida habitualidade somente se caracteriza com o acompanhamento/patrocínio e mais de 5 (cinco) causas por ano, assim entendidas as intervenções judiciais (art. 10, § 2º, do EAOAB e art. 26 do Regulamento Geral). No entanto, especificamente no tocante aos sócios de sociedade de advogados, em caso de constituição de filial, os sócios obrigam-se à inscrição suplementar "automaticamente", ou seja, independentemente do número de causas que venham a acompanhar no Conselho Seccional respectivo (art. 15, § 5º, do EAOAB).
Gabarito "B".

(OAB/Exame Unificado – 2011.1) Os advogados Pedro e João desejam estabelecer sociedade de advogados com o fito de regularizar o controle dos seus fluxos de honorários e otimizar despesas. Estabelecem contrato e requerem o seu registro no órgão competente. À luz da legislação aplicável aos advogados, é correto afirmar que

(A) o Código de Ética não se aplica individualmente aos profissionais que compõem sociedade de advogados.

(B) é possível a participação de advogados em sociedades sediadas em áreas territoriais de seccionais diversas.

(C) a procuração é sempre coletiva quando atuante sociedade de advogados.

(D) podem existir sociedades mistas de advogados e contadores.

A: incorreta. A sociedade de advogados, obviamente, é composta por advogados regularmente inscritos na OAB, os quais, à evidência, submetem-se às regras deontológicas (regras éticas), inclusive, e principalmente, aquelas previstas no Código de Ética e Disciplina. Ressalte-se que a própria sociedade de advogados submete-se ao Código de Ética, consoante determina o art. 15, § 2º, do Estatuto da OAB (EAOAB – Lei 8.906/1994); **B:** correta. De fato, admite-se que um advogado, sócio de uma sociedade, integre outras sociedades de advogados, desde que sediadas em outra base territorial (leia-se: outro Estado – Conselho Seccional), consoante art. 15, § 4º, do EAOAB; **C:** incorreta, pois a procuração deve ser outorgada individualmente aos advogados, e não de forma coletiva (art. 15, § 3º, do EAOAB); **D:** incorreta. É absolutamente vedado que uma sociedade de advogados apresente como objeto qualquer atividade diversa das privativas de advocacia (art. 16 da EAOAB).
Gabarito "B".

(OAB/Exame Unificado – 2010.2) Michel, Philippe e Lígia, bacharéis em Direito recém-formados e colegas de bancos universitários, comprometem-se a empreender a atividade advocatícia de forma conjunta logo após a aprovação no Exame de Ordem. Para gáudio dos bacharéis, todos são aprovados no certame e obtêm sua inscrição no Quadro de Advogados da OAB. Assim, alugam sala compatível em local próximo ao prédio do Fórum do município onde pretendem exercer sua nobre função. De início, as causas são individuais, por indicação de amigos e parentes. Logo, no entanto, diante do sucesso profissional alcançado, são contactados por sociedades empresárias ansiosas pela prestação de serviços profissionais advocatícios de qualidade. Uma exigência, no entanto, é realizada: a prestação deve ocorrer por meio de sociedade de advogados. No concernente ao tema, à luz das normas aplicáveis

(A) a sociedade de advogados é de natureza empresarial.

(B) os advogados sócios da sociedade de advogados respondem limitadamente por danos causados aos clientes.

(C) o registro da sociedade de advogados é realizado no Conselho Seccional da OAB onde a mesma mantiver sede.

(D) não é possível associação com advogados, sem vínculo de emprego, para participação nos resultados.

A: incorreta, pois o art. 15, *caput*, da Lei 8.906/1994 estabelece que deve se tratar de sociedade civil, ou, na linguagem do atual Código Civil, de sociedade simples, e não de sociedade empresária; **B:** incorreta, pois, além da sociedade, o sócio responde subsidiária e *ilimitadamente* pelos danos causados aos clientes (art. 17 da Lei 8.906/1994); **C:** correta, pois "a sociedade de advogados adquire personalidade jurídica com o **registro** aprovado dos seus atos constitutivos no **Conselho Seccional** da OAB em cuja base territorial tiver **sede**" (art. 15, § 1º, da Lei 8.906/1994); **D:** incorreta, pois "a sociedade de advogados **pode** associar-se com advogados, sem vínculo de emprego, para participação nos resultados" (g.n.) (art. 39 do Regulamento da OAB).
Gabarito "C"

(OAB/Exame Unificado – 2009.3) Assinale a opção correta de acordo com o Estatuto da Advocacia e da OAB.

(A) O sócio de sociedade de advogados que cause danos a clientes deve responder por seu ato comissivo ou omissivo, sendo tal responsabilidade pessoal, não havendo implicações para a pessoa jurídica.

(B) Falecendo o advogado durante o curso de um processo, os honorários de sucumbência serão integralmente recebidos pelo profissional que o suceder na causa.

(C) Na situação em que advogados se reúnam em sociedade civil, devem as procurações ser outorgadas individualmente a cada causídico, com a indicação da sociedade de que façam parte.

(D) É proibido que a sociedade de advogados ostente, na razão social, o nome de sócio falecido. Assim, em caso de falecimento de algum sócio, deve-se, obrigatoriamente, providenciar a alteração do registro da sociedade.

A: incorreta, pois a sociedade também responde com seu patrimônio (art. 17 da Lei 8.906/1994); **B:** incorreta (art. 24, § 2º, da Lei 8.906/1994 – os honorários de sucumbência, em caso de falecimento do advogado, serão transmitidos aos sucessores ou representantes legais); **C:** correta, corresponde ao disposto no art. 15, § 3º, da Lei 8.906/1994; **D:** incorreta (art. 16, § 1º, da Lei 8.906/1994 – admite-se a continuidade do uso de nome de sócio falecido, desde que haja expressa previsão no ato constitutivo da sociedade de advogados).
Gabarito "C"

(OAB/Exame Unificado – 2009.2) A respeito das sociedades de advogado, assinale a opção correta.

(A) Considere que Rogério e Daniel sejam sócios na XYZ Advogados, com sede em Belém – PA, e que André convide Rogério para integrar a equipe de sua sociedade, a MNP Advocacia, com sede em Santarém – PA. Nessa situação, não há qualquer impedimento ao fato de Rogério integrar a MNP Advocacia, uma vez que a sede das referidas sociedades está situada em cidades diferentes.

(B) A sociedade de advogados só adquire personalidade jurídica após o registro na seccional da OAB em cuja base territorial estiver situada a sede da sociedade.

(C) As procurações podem ser outorgadas à sociedade de advogados, bastando que se faça menção ao registro dos advogados que a compõem.

(D) A personalidade jurídica da sociedade de advogados é adquirida com o seu registro na junta comercial.

A: incorreta (art. 15, § 4º, da Lei 8.906/1994 – não pode um advogado ser sócio de duas sociedades na mesma base territorial, ou seja, no mesmo Estado da federação); **B:** correta, conforme previsão do art. 15, § 1º, da Lei 8.906/1994; **C:** incorreta, visto que, nos termos do art. 15, § 3º, da Lei 8.906/1994, a procuração deverá ser outorgada individualmente aos sócios, devendo constar no referido instrumento a sociedade de que façam parte; **D:** incorreta, visto que a sociedade de advogados adquire personalidade jurídica após o registro dos atos constitutivos no Conselho Seccional da OAB em cuja base territorial tiver sede (art. 15, § 1º, da Lei 8.906/1994), e não na Junta Comercial ou qualquer Cartório de Registro Civil de Pessoas Jurídicas. Lembre-se que a sociedade de advogados não tem natureza jurídica de sociedade empresária!
Gabarito "B"

(OAB/Exame Unificado – 2009.1) No que concerne à sociedade de advogados, assinale a opção correta.

(A) De acordo com o Estatuto da OAB, a sociedade de advogados adquire personalidade jurídica quando do registro dos atos constitutivos perante a junta comercial em cuja base territorial tiver sede.

(B) Advogados sócios da mesma sociedade profissional podem representar em juízo clientes de interesses opostos, desde que mantenham o decoro e a autonomia funcional.

(C) Nenhum advogado pode integrar mais de uma sociedade de advogados, com sede ou filial na mesma área territorial do respectivo Conselho Seccional.

(D) É possível registrar no Cartório de Registro Civil de Pessoas Jurídicas sociedade que inclua, entre outras finalidades, a atividade de advocacia.

A: incorreta (art. 15, § 1º, da Lei 8.906/1994 – o registro deve ser feito no Conselho Seccional em cuja base territorial tiver sua sede); **B:** incorreta, contraria o disposto no art. 15, § 6º, da Lei 8.906/1994, bem como o quanto contido no art. 19 do CED; **C:** correta, de acordo com o art. 15, § 4º, da Lei 8.906/1994; **D:** incorreta, pois é *proibido* o registro na hipótese versada na alternativa em comento (art. 16, § 3º, da Lei 8.906/1994).
Gabarito "C"

(OAB/Exame Unificado – 2008.3) No tocante à sociedade de advogados, assinale a opção correta.

(A) A sociedade de advogados pode associar-se com advogados apenas para participação nos resultados, sem vínculo de emprego.

(B) Com o falecimento do sócio que dava nome à sociedade de advogados, o conselho seccional deverá notificar de imediato os demais sócios para a alteração do ato constitutivo, independentemente de previsão de permanência do nome do sócio falecido.

(C) Os advogados associados não respondem pelos danos causados diretamente ao cliente, sendo essa responsabilidade exclusiva dos sócios do escritório.

(D) Ainda que condenado judicialmente por dano causado a cliente, o advogado não deverá sofrer qualquer sanção disciplinar no âmbito da OAB.

A: correta (art. 39 do Regulamento Geral – os advogados associados não são sócios ou empregados da sociedade de advogados, mas, apenas, "parceiros", que auferirão uma participação nos resultados dos trabalhos realizados em nome da sociedade); **B:** incorreta, pois, nos termos do art. 16, § 1º, da Lei 8.906/1994, o nome do sócio falecido poderá continuar na razão social da sociedade desde que haja expressa previsão no ato constitutivo; **C** e **D:** incorretas, pois dispõem de modo diverso do previsto no art. 40 do Regulamento Geral.

Gabarito "A".

(OAB/Exame Unificado – 2008.2.SP) João Braz e Antônio Geraldo são advogados inscritos na Seccional de São Paulo. Em janeiro de 2002, eles tornaram-se sócios de um escritório de advocacia, que foi registrado na Seccional da OAB de São Paulo com o nome Antônio Geraldo Advogados Associados. Após seis anos de trabalho como sócio de João Braz, Antônio Geraldo faleceu. Considerando a situação hipotética apresentada, assinale a opção correta no que se refere à sociedade de advogados.

(A) Obrigatoriamente, a razão social do escritório deveria conter, o nome dos dois sócios, ou seja, João Braz e Antônio Geraldo Advogados Associados.

(B) Antes da morte de Antônio Geraldo, João Braz poderia ter integrado outra sociedade de advogados, desde que o escritório tivesse filial na mesma área territorial da Seccional de São Paulo.

(C) O registro de constituição do escritório Antônio Geraldo Advogados Associados deve ser feito no Conselho Federal da OAB.

(D) Após a morte de Antônio Geraldo, o escritório poderá permanecer com o mesmo nome, se houver previsão dessa possibilidade no ato constitutivo da sociedade.

A: incorreta, visto que o art. 38 do Regulamento Geral e art. 16, § 1º, da Lei 8.906/1994 admitem que o nome da sociedade seja composto pelo nome ou nome social de pelo menos um dos sócios, completo ou abreviado, não se exigindo, portanto, o nome de todos os sócios; **B:** incorreta, pois não pode o sócio de uma sociedade integrar outra sociedade na mesma base territorial (leia-se: mesmo Conselho Seccional), conforme art. 15, § 4º, do Estatuto da OAB; **C:** incorreta (art. 15, § 1º, do Estatuto da OAB – o registro deve ser feito perante o Conselho Seccional); **D:** correta (art. 16, § 1º, do Estatuto da OAB e art. 38 do Regulamento Geral).

Gabarito "D".

(OAB/Exame Unificado – 2008.1.SP) Assinale a opção correta quanto à sociedade de advogados.

(A) A sociedade de advogados que incluir no seu quadro de sócio bacharel em direito sem inscrição na OAB não obterá o registro no Conselho Seccional da OAB.

(B) Pessoa jurídica de direito privado que contratar os serviços de uma sociedade de advogados outorgará

poderes mediante procuração em nome do sócio majoritário, e, não individualmente, a cada advogado da sociedade.

(C) Considere que A, B, C e D sejam sócios da mesma sociedade de advogados e que X e Z sejam empresas clientes da sociedade. Nesse caso, havendo uma demanda com interesses opostos, a sociedade poderá representar, em juízo, os interesses de ambas as empresas com a condição de que os advogados sócios A e B defendam, em juízo, a empresa X, e os advogados sócios C e D defendam a empresa Z.

(D) Quatro advogados podem associar-se em uma sociedade por cotas de responsabilidade limitada, tendo como objeto a atividade da advocacia e registrando-a na respectiva junta comercial.

A: correta (art. 16, *caput*, da Lei 8.906/1994 – somente advogados inscritos na OAB podem integrar a sociedade de advogados); **B:** incorreta (art. 15, § 3º, da Lei 8.906/1994 – a procuração deve ser outorgada individualmente aos sócios, com menção à sociedade que integram); **C:** incorreta (art. 15, § 6º, da Lei 8.906/1994 e art. 19 do CED – sócios de mesma sociedade não podem defender clientes com interesses conflitantes); **D:** incorreta (arts. 15, § 1º, e 16, § 3º, ambos da Lei 8.906/1994 – a sociedade de advogados deverá ser registrada no Conselho Seccional em que se estabelecer a sede, sendo vedada a assunção de qualquer forma mercantil).

Gabarito "A".

(OAB/Exame Unificado – 2007.3) A personalidade jurídica de uma sociedade de advogados sediada no Pará tem início com o registro, aprovado,

(A) de seu contrato social na Junta Comercial competente.

(B) de seus atos constitutivos na OAB/PA.

(C) de seu contrato social no cadastro unificado do Conselho Federal da OAB.

(D) de seus estatutos no Registro Civil de Pessoas Jurídicas.

A: incorreta, pois a sociedade de advogados não tem natureza empresarial, não podendo, portanto, ser registrada em Junta Comercial (art. 16, § 3º, do EAOAB); **B:** correta. Nos termos do art. 15, § 1º, da Lei 8.906/1994, os atos constitutivos devem ser levados a registro perante o Conselho Seccional em que for se estabelecer a sede. Portanto, no caso em análise, sociedade de advogados sediada no Pará adquirirá sua personalidade jurídica com o registro de seus atos constitutivos perante o Conselho Seccional do Pará (OAB/PA); **C:** incorreta, pois, como visto, o registro ocorrerá no Conselho Seccional da sede da sociedade; **D:** incorreta, pois é vedado o registro de sociedade de advogados em Cartório de Registro Civil, tal como prevê o referido art. 16, § 3º, do EAOAB.

Gabarito "B".

(OAB/Exame Unificado – 2007.3) Rodrigo celebrou contrato de prestação de serviços advocatícios com a sociedade de advogados Carvalho e Pereira, composta por dois advogados, com o objetivo de que ambos o representem judicialmente em uma ação indenizatória. Nessa situação hipotética, a procuração judicial referente à prestação desse serviço

(A) deve ser outorgada aos advogados, com a indicação de que eles fazem parte da referida sociedade.

(B) deve ser outorgada à sociedade, com a expressa enumeração e qualificação dos advogados que a compõem.

(C) deve ser outorgada à sociedade, sendo dispensável a indicação expressa dos advogados que a integram, pois o contrato de prestação de serviços foi celebrado com a pessoa jurídica.

(D) pode ser outorgada tanto à sociedade quanto individualmente aos advogados.

Nos termos do art. 15, § 3º, da Lei 8.906/1994, a procuração deverá ser outorgada individualmente aos sócios, indicando-se a sociedade a que eles façam parte.

Gabarito "A".

(OAB/Exame Unificado – 2007.3.PR) Considerando que um advogado integre duas renomadas sociedades de advogados, ambas sediadas em Curitiba, assinale a opção correta.

(A) O advogado em questão não pode integrar mais de uma sociedade de advogados na cidade de Curitiba, pois o respectivo conselho seccional não autoriza tal atuação na comarca da capital.

(B) Nenhum advogado pode integrar mais de uma sociedade de advogados, com sede ou filial na mesma área territorial do respectivo conselho seccional.

(C) O advogado em questão pode integrar mais de uma sociedade de advogados, desde que não atue em causas propostas pelo mesmo cliente em ambas as sociedades.

(D) Esse advogado pode tomar parte como sócio-fundador na primeira sociedade em que se integrou e atuar na outra como sócio benemérito.

Nos termos do art. 15, § 4º, da Lei 8.906/1994, um advogado não pode integrar duas sociedades (sede ou filial) na mesma base territorial, vale dizer, no mesmo Estado da federação.

Gabarito "B".

(OAB/Exame Unificado – 2007.3.PR) Considere-se que uma sociedade de advogados sediada em Curitiba – PR – pretenda abrir filial na cidade de Goiânia – GO. A esse respeito, é correto afirmar que o ato de

(A) constituição da filial deve ser averbado no registro da sociedade e arquivado junto ao Conselho Estadual do local onde for instalada, ficando os sócios obrigados a inscrição suplementar.

(B) constituição da filial deve ser averbado no Conselho Federal da OAB e arquivado na Junta Comercial, ficando os sócios obrigados a eleger, em um prazo máximo de noventa dias, novo sócio com inscrição regular na Seccional do local onde for instalada.

(C) fundação da filial deve ser averbado na Junta Comercial e arquivado no Conselho Federal da OAB, ficando os sócios obrigados a inscrição suplementar.

(D) constituição deve ser averbado na Junta Comercial, registrado no cartório de registro civil de pessoas jurídicas e arquivado no Conselho Federal da OAB, ficando os sócios obrigados a transferir sua inscrição para a Seccional onde a filial for instalada.

Nos termos do art. 15, § 5º, da Lei 8.906/1994, a abertura de filial de uma sociedade de advogados exigirá a averbação no registro da sociedade (Conselho Seccional em que estiver situada a sua sede), sendo indispensável que os sócios providenciem inscrição suplementar. Lembre-se que é vedada a abertura de filial de sociedade de advogados no mesmo Estado da federação!

Gabarito "A".

(OAB/Exame Unificado – 2007.3.PR) O advogado Pedro Pires convidou seu antigo colega de graduação, André Silva, regularmente inscrito na OAB/PR, para com ele constituir sociedade de advogados. Também foram convidados a constituir tal sociedade o contabilista Omar Pascoal, a psicóloga Ana Pereira e a desembargadora Laura Benevides. Em reunião preliminar, os sócios concordaram em atribuir à referida sociedade o nome Dura Lex Advogados Associados e decidiram que a esta prestaria consultoria contábil e psicológica aos seus clientes, além dos serviços jurídicos propriamente ditos, sendo estes ofertados ao público através do "carnê justiça", inovador sistema de financiamento dos honorários advocatícios. Em relação a essa situação hipotética, é correto afirmar que a referida sociedade

(A) não deve ser admitida em registro, mas admite autorização de funcionamento, pelo Tribunal de Ética da OAB, como sociedade de advocacia mista, desde que devidamente registrada no Conselho Federal de Contabilidade e no Conselho Regional de Psicologia.

(B) pode ser admitida em registro, mas não poderá funcionar, em razão da não inscrição da desembargadora na OAB.

(C) não deve ser admitida em registro, nem pode funcionar, visto que apresenta forma ou característica mercantil, adota denominação de fantasia, tende a realizar atividade estranha à advocacia e inclui sócio totalmente proibido de advogar.

(D) não deve ser admitida em registro nem pode funcionar, pois deveria ter sido escolhido para a sociedade nome fantasia, obrigatoriamente, em língua portuguesa, sendo vedada a utilização de expressões estrangeiras.

A sociedade de advogados somente pode ser composta, como o nome sugere, por advogados regularmente inscritos na OAB, não se podendo admitir que seja integrada por pessoas estranhas à advocacia (contadores, psicólogos e magistrados). Outrossim, é absolutamente vedada a adoção de nome fantasia, bem como a prestação de atividades que não aquelas privativas de advocacia. Sobre as vedações às sociedades de advogados, *vide* art. 16 da Lei 8.906/1994 (Estatuto da OAB).

Gabarito "C".

5. ADVOGADO EMPREGADO

(OAB/Exame Unificado – 2018.3) O advogado Sebastião é empregado de certa sociedade limitada, competindo-lhe, entre outras atividades da advocacia, atuar nos processos judiciais em que a pessoa jurídica é parte. Em certa demanda, na qual foram julgados procedentes os pedidos formulados pela sociedade, foram fixados honorários de sucumbência em seu favor.

Considerando o caso narrado e o disposto no Regulamento Geral do Estatuto da Advocacia e da OAB, assinale a afirmativa correta.

(A) Os referidos honorários integram a remuneração de Sebastião e serão considerados para efeitos trabalhistas, embora não sejam considerados para efeitos previdenciários.

(B) Os referidos honorários integram a remuneração de Sebastião e serão considerados para efeitos trabalhistas e para efeitos previdenciários.

(C) Os referidos honorários não integram a remuneração de Sebastião e não serão considerados para efeitos trabalhistas, embora sejam considerados para efeitos previdenciários.

(D) Os referidos honorários não integram a remuneração de Sebastião e não serão considerados para efeitos trabalhistas, nem para efeitos previdenciários.

Os honorários de sucumbência, por decorrerem precipuamente do exercício da advocacia e só acidentalmente da relação de emprego, não integram o salário ou a remuneração, não podendo, assim, ser considerados para efeitos trabalhistas ou previdenciários (art. 14 do Regulamento Geral do Estatuto da OAB – RGOAB). Portanto, de plano, incorretas estão as alternativas "A" e "B", por afirmarem que os honorários sucumbenciais recebidos por advogado empregado integram sua remuneração, sendo considerados para efeitos trabalhistas e/ou previdenciários. A alternativa "C" é incorreta pelo fato de, em sua parte final, consignar que os honorários sucumbenciais recebidos por advogado empregado são considerados para efeitos previdenciários. Portanto, correta a alternativa "D", estando em perfeita consonância com o referido art. 14 do RGOAB.

Gabarito "D".

(OAB/Exame Unificado – 2018.1) Enzo, regularmente inscrito junto à OAB, foi contratado como empregado de determinada sociedade limitada, a fim de exercer atividades privativas de advogado. Foi celebrado, por escrito, contrato individual de trabalho, o qual estabelece que Enzo se sujeitará a regime de dedicação exclusiva. A jornada de trabalho acordada de Enzo é de oito horas diárias. Frequentemente, porém, é combinado que Enzo não compareça à sede da empresa pela manhã, durante a qual deve ficar, por três horas, "de plantão", ou seja, à disposição do empregador, aguardando ordens. Nesses dias, posteriormente, no período da tarde, dirige-se à sede, a fim de exercer atividades no local, pelo período contínuo de seis horas.

Considerando o caso narrado e a disciplina do Estatuto da Advocacia e da OAB, bem como do seu Regulamento Geral, assinale a afirmativa correta.

(A) É vedada a pactuação de dedicação exclusiva. Deverão ser remuneradas como extraordinárias as horas diárias excedentes a quatro horas contínuas, incluindo-se as horas cumpridas por Enzo na sede da empresa, bem como as horas que ele permanece em sede externa, executando tarefas ou meramente aguardando ordens do empregador.

(B) É autorizada a pactuação do regime de dedicação exclusiva. Deverão ser remuneradas como extraordinárias as horas que excederem a jornada de oito horas diárias, o que inclui as horas cumpridas por Enzo na sede da empresa ou efetivamente executando atividades externas ordenadas pelo empregador. As horas em que Enzo apenas aguarda as ordens fora da sede são consideradas somente para efeito de compensação de horas.

(C) É autorizada a pactuação do regime de dedicação exclusiva. Deverão ser remuneradas como extraordinárias as horas que excederem a jornada de oito horas diárias, o que inclui tanto as horas cumpridas por Enzo na sede da empresa como as horas em que ele permanece em sede externa, executando tarefas ou meramente aguardando ordens do empregador.

(D) É autorizada a pactuação do regime de dedicação exclusiva. Deverão ser remuneradas como extraordinárias as horas que excederem a jornada de nove horas diárias, o que inclui as horas cumpridas por Enzo na sede da empresa ou efetivamente executando atividades externas ordenadas pelo empregador. As horas em que Enzo apenas aguarda as ordens fora da sede são consideradas somente para efeito de compensação de horas.

Nos termos do art. 20 do EAOAB, a jornada de trabalho do advogado empregado, no exercício da profissão, não poderá exceder a duração diária de 4 (quatro) horas contínuas e a de 20 (vinte) horas semanais, salvo acordo ou convenção coletiva ou em caso de dedicação exclusiva. A dedicação exclusiva, assim definida como o regime de trabalho expressamente previsto em contrato individual de trabalho, ensejará jornada diária de até 8 (oito) horas, sendo que o excedente será remunerada como jornada extraordinária (art. 12 do RGOAB). Para fins de definição sobre o que se considerada como jornada de trabalho do advogado empregado, esta compreenderá todo o tempo em que estiver à disposição do empregador, aguardando ou executando ordens, no seu escritório ou em atividades externas (art. 20, §1º, do EAOAB). Assim, analisemos as alternativas. **A:** incorreta, pois, como visto, admite-se a pactuação de jornada de trabalho sob o regime de dedicação exclusiva; **B:** incorreta, pois todo o tempo em que um advogado empregado estiver à disposição do empregador, em verdadeiro regime de "plantão", como mencionado no enunciado, será considerado no cômputo da jornada de trabalho; **C:** correta, nos termos do art. 20 do EAOAB e art. 12 do RGOAB; **D:** incorreta, pois o regime de dedicação exclusiva imporá ao advogado empregado jornada diária máxima de oito horas (e não nove horas, como consta no enunciado), sendo que as excedentes serão remuneradas como horas extras. Também se inclui na jornada de trabalho todo o tempo em que o advogado estiver aguardando ordens do empregador, não se falando em consideração apenas para compensação de horas.

Gabarito "C".

(OAB/Exame Unificado – 2011.3.A) Mévio é advogado empregado de empresa de grande porte atuando como diretor jurídico e tendo vários colegas vinculados à sua direção. Instado por um dos diretores, escala um dos seus advogados para atuar em processo judicial litigioso, no interesse de uma das filhas do referido diretor. À luz das normas estatutárias, é correto afirmar que

(A) a defesa dos interesses dos familiares dos dirigentes da empresa está ínsita na atuação profissional do advogado empregado.

(B) a atuação do advogado empregado nesses casos pode ocorrer voluntariamente, sem relação com o seu emprego.

(C) a relação de emprego retira do advogado sua independência profissional, pois deve defender os interesses do patrão.

(D) em casos de dedicação exclusiva, a jornada de trabalho máxima do advogado será de quatro horas diárias e de vinte horas semanais.

A: incorreta, pois "O advogado empregado *não* está obrigado à prestação de serviços profissionais de interesse pessoal dos empregadores, fora da relação de emprego" (art. 18, parágrafo único, do EAOAB); **B:** correta (art. 18, parágrafo único, do EAOAB). O fato de o advogado ser empregado não lhe imporá o dever contratual de atuar em causas de interesse pessoal dos dirigentes da empresa (empregador). Atividades estranhas ao contrato de trabalho até poderão ser prestadas pelo advogado empregado, mas "fora" da relação laboral, devendo ser contratado para a prestação do serviço e receber para tanto; **C:** incorreta, pois contraria o art. 18, parágrafo único,

do EAOAB; **D:** incorreta, visto que não condiz com o art. 12, parágrafo único, do Regulamento Geral, que assim dispõe: "Em caso de dedicação exclusiva, serão remuneradas como extraordinárias as horas trabalhadas que excederem a jornada normal de *oito horas* diárias".
Gabarito "B".

(OAB/Exame Unificado – 2010.1) Assinale a opção correta acerca da situação do advogado como empregado, de acordo com as disposições do Estatuto da Advocacia e da OAB.

(A) O advogado empregado não está obrigado à prestação de serviços profissionais de interesse pessoal, fora da relação de emprego.

(B) Nas causas em que for parte empregador de direito privado, os honorários de sucumbência serão devidos a ele, empregador, e não, aos advogados empregados.

(C) Considera-se jornada de trabalho o período em que o advogado esteja à disposição do empregador, aguardando ou executando ordens no âmbito do escritório, não sendo consideradas as horas trabalhadas em atividades externas.

(D) A relação de emprego, no que se refere ao advogado, não retira a isenção técnica inerente à advocacia, mas reduz a independência profissional, visto que o advogado deve atuar de acordo com as orientações de seus superiores hierárquicos.

A: correta, assim dispõe o art. 18, parágrafo único, do EOAB; **B:** incorreta. Em tal situação, os honorários serão devidos aos advogados empregados (EOAB, art. 21, *caput*), salvo se houver disposição em contrário, conforme admitiu o STF no julgamento da ADIN 1.194; **C:** incorreta. O conceito de jornada de trabalho deve englobar tanto o período em que o advogado empregado esteja à disposição do empregador no âmbito do escritório quanto aquele em que esteja realizando atividades externas (EOAB, art. 20, § 1.º); **D:** incorreta. A relação advocatícia de empregado não implica redução da independência profissional (EOAB, art. 18).
Gabarito "A".

(OAB/Exame Unificado – 2009.2) Com relação ao advogado empregado, assinale a opção correta.

(A) Considere que Fabiana, advogada da empresa SW, tenha ganhado processo para seu empregador. Nessa situação, caso haja honorários de sucumbência, estes devem ser repassados à empresa, haja vista que Fabiana já é remunerada para defender os interesses da empresa SW.

(B) Considere que Daniel, advogado empregado do banco Z, tenha sido chamado à sala do diretor-presidente e lá recebido ordem para fazer contestação do processo de separação desse diretor-presidente. Nessa situação, Daniel não está obrigado a prestar seus serviços profissionais, visto que a causa é de interesse pessoal do diretor-presidente, sem relação com o contrato de trabalho.

(C) Considere que Marcos, advogado empregado do banco X, tenha recebido ordem para elaborar parecer favorável em um contrato manifestamente ilegal. Nesse caso, por ser empregado do banco, ele não possui independência profissional para fazer, por convicção, parecer contrário ao referido contrato.

(D) O advogado empregado, no exercício da profissão, não pode ter regime de trabalho superior a trinta horas semanais, independentemente de acordo coletivo ou de contrato de dedicação exclusiva.

A: incorreta, pois, em regra, a sucumbência pertencerá ao advogado, mesmo que empregado (art. 21, *caput*, do Estatuto da OAB). Contudo, o STF, no julgamento da ADIN 1.194, relativizou a regra rígida de que a sucumbência sempre pertence ao advogado, afirmando tratar-se de direito disponível, motivo pelo qual admite acordo em sentido contrário; **B:** correta, visto que, nos termos do art. 18, parágrafo único, do Estatuto da OAB, o advogado empregado não pode ser obrigado a prestar serviços estranhos àqueles estabelecidos no contrato de trabalho; **C:** incorreta, pois o art. 18, *caput*, do Estatuto da OAB, garante ao advogado empregado sua isenção técnica e independência profissional, motivo pelo qual não pode ser compelido, ainda que na qualidade de empregado, a elaborar manifestação sobre a validade de um contrato manifestamente ilegal; **D:** incorreta, pois os arts. 20, *caput*, da Lei 8.906/1994 e art. 12 do Regulamento Geral preveem de modo diverso: a jornada do advogado empregado "não poderá exceder a duração diária de quatro horas contínuas e a de vinte horas semanais, salvo acordo ou convenção coletiva ou em caso de dedicação exclusiva". No caso de dedicação exclusiva, "serão remuneradas como extraordinárias as horas trabalhadas que excederem a jornada normal de oito horas diárias".
Gabarito "B".

6. HONORÁRIOS

(OAB/Exame XXXVIII) Teresa Silva, advogada atuante na área criminal, tem como clientes Luiz, acusado de tráfico ilícito de drogas, e Roberto, acusado de crimes contra o sistema financeiro nacional.

Após serem proferidas decisões judiciais que determinam o bloqueio universal dos patrimônios de Luiz e Roberto, Teresa se indaga a respeito dos meios disponíveis para obter os valores necessários ao reembolso de gastos com a defesa e ao recebimento de honorários desses clientes.

Sobre esse assunto, é correto concluir que

(A) garantir-se-á a Teresa a liberação de 20% (vinte por cento) dos bens bloqueados de Luiz para o fim de reembolso de gastos com a defesa, vedado o recebimento de honorários.

(B) garantir-se-á a Teresa a liberação de 20% (vinte por cento) dos bens bloqueados de Roberto para o fim de reembolso de gastos com a defesa e o recebimento de honorários.

(C) Teresa poderá optar pela venda de bens de Luiz em hasta pública para o reembolso de gastos com a defesa.

(D) Teresa não poderá realizar a adjudicação de bens de Roberto para a satisfação dos honorários devidos.

Em razão das alternativas serem praticamente idênticas, os comentários serão feitos de modo global. A única alternativa correta encontra-se na letra B. Isto em razão de que o art. 24-A, EOAB estabelece que no caso de bloqueio universal do patrimônio do cliente (por decisão judicial), será garantido ao advogado a liberação de até 20% dos bens bloqueados para fins de recebimento dos honorários profissionais e reembolso de gastos com a defesa. No entanto, o dispositivo traz uma exceção, que é quanto às causas relacionadas aos crimes previstos na Lei de Drogas (Lei 11.343/2006). Também, o dispositivo traz que deverá ser observado o parágrafo único do art. 243, CF, que por sua vez estabelece que "todo e qualquer bem de valor econômico apreendido em decorrência do tráfico ilícito de entorpecentes e drogas afins e da exploração de trabalho escravo será confiscado e reverterá a fundo especial com destinação específica, na forma da lei.". SC
Gabarito "B".

1. ÉTICA PROFISSIONAL

47

(OAB/Exame XXXVII) A advogada Celina celebrou com a cliente Camila um contrato de prestação de serviços advocatícios. Na cláusula X, foi disposto que a extensão do patrocínio é limitada ao primeiro grau de jurisdição. Na cláusula W, foi disposto valor diverso de honorários contratuais para a hipótese de a causa encerrar-se por acordo.

Considerando o informado sobre o contrato realizado, de acordo com o Código de Ética e Disciplina da OAB, assinale a afirmativa correta.

(A) A cláusula X é vedada, pois não se admite tal limitação de atuação em grau de jurisdição. A cláusula W também é vedada, pois não se admite a previsão de valores diversos de honorários em caso de acordo.

(B) O conteúdo da cláusula W, com disposição de valor diverso de honorários contratuais para a hipótese de a causa encerrar-se por acordo pode ser incluído no contrato sem que isso implique ilegalidade. A limitação de atuação em grau de jurisdição prevista na mencionada cláusula X encontra vedação legal.

(C) A cláusula X é permitida. Por sua vez, a cláusula W é vedada, pois não se admite a previsão de valores diversos de honorários em caso de acordo.

(D) As duas cláusulas narradas não violam a disciplina do citado Código de Ética e Disciplina da OAB.

A: Incorreta. Quanto à cláusula X, O § 1º, art. 48, CED, estabelece justamente que o contrato de honorários profissionais deverão esclarecer, dentre outros elementos, se haverá limitação a determinado grau de jurisdição. O mesmo dispositivo, em sua parte final, ainda autoriza que haja sobre hipóteses da causa encerrar-se mediante transação ou acordo (cláusula W); **B:** Incorreta. Acerca da indicação relativa à Cláusula W, a assertiva está correta. No entanto, não há vedação legal quanto à limitação de atuação a determinado grau de jurisdição, como esclarecido nos comentários à alternativa A; **C:** Incorreta, ambas as cláusulas são permitidas, conforme § 1º, art. 48, CED, e comentários apresentados à alternativa A; **D:** Correta, conforme comentários já apresentados na letra A, com fundamento no citado § 1º, art. 48, CED. **SC**

Gabarito "D".

(OAB/Exame XXXVI) Celso, advogado, foi contratado por Maria, servidora pública, para ajuizar ação com pedido de pagamento de determinada gratificação. O contrato celebrado entre eles prevê que Celso somente receberá honorários caso a demanda seja exitosa, em percentual do proveito econômico obtido por Maria.

Em tal caso, é correto afirmar que

A) os honorários contratuais não poderão incidir sobre o valor das parcelas vincendas da gratificação.

B) os honorários foram pactuados de forma correta, já que, nessa hipótese, deveriam ser necessariamente representados por pecúnia.

C) os honorários não podem ser superiores às vantagens advindas a favor de Maria, exceto se acrescidos aos honorários de sucumbência.

D) os honorários contratuais não poderão incidir sobre o valor das parcelas vencidas da gratificação.

O enunciado da questão versa sobre os chamados "honorários quota litis", ou honorários com "cláusula" ou "pacto quota litis", regrados pelo art. 50 do CED. Partindo dessa premissa, vejamos cada uma das alternativas. **A** e **D:** incorretas, pois os honorários com cláusula *quota litis* podem incidir sobre prestações vencidas e vincendas, desde que

observadas a moderação e a razoabilidade, conforme enuncia o art. 50, § 2º, do CED; **B:** correta, nos termos do art. 50, *caput*, do CED; **C:** incorreta, pois os honorários a serem recebidos pelo advogado não podem ser superiores aos ganhos do cliente, já considerados os honorários sucumbenciais (art. 50, *caput*, CED).

Gabarito "B".

(OAB/Exame XXXVI) Hildegardo dos Santos, advogado, é contratado em regime de dedicação exclusiva como empregado da sociedade XPTO Advogados Associados. Em tal condição, Hildegardo atuou no patrocínio dos interesses de cliente da sociedade de advogados que se sagrou vencedor em demanda judicial.

Hildegardo, diante dessa situação, tem dúvidas a respeito do destino dos honorários de sucumbência que perceberá, a serem pagos pela parte vencida na demanda judicial.

Ao consultar a legislação aplicável, ele ficou sabendo que os honorários

(A) serão devidos à sociedade empregadora.

(B) constituem direito pessoal do advogado empregado.

(C) serão devidos à sociedade empregadora, podendo ser partilhados com o advogado empregado, caso estabelecido em acordo coletivo ou convenção coletiva.

(D) serão partilhados entre o advogado empregado e a sociedade empregadora, na forma estabelecida em acordo.

De acordo com o art. 21, parágrafo único, do EAOAB, os honorários de sucumbência percebidos por advogado empregado de sociedade de advogados são partilhados entre ele e a empregadora, na forma estabelecida em acordo. Correta, portanto, a alternativa D, estando as demais em dissonância com o texto legal.

Gabarito "D".

(OAB/Exame XXXV) Em certa comarca, em razão da insuficiência do número de defensores públicos em atuação, o Juiz Caio nomeou o advogado Pedro para defender um réu juridicamente necessitado.

Quanto aos honorários a serem recebidos por Pedro, assinale a afirmativa correta.

(A) Pedro apenas terá direito ao recebimento de honorários na hipótese de a parte contrária ser sucumbente, a serem pagos pelo autor.

(B) Pedro tem direito a honorários fixados pelo juiz, independentemente de sucumbência, a serem pagos pelo Estado, segundo a tabela organizada pelo Conselho Seccional da OAB.

(C) Pedro tem direito a honorários fixados pelo juiz, independentemente de sucumbência, a serem pagos pela Defensoria Pública, segundo a tabela organizada pelo Defensor Público Geral do Estado.

(D) Pedro apenas terá direito ao recebimento de honorários na hipótese de a parte contrária ser sucumbente, a serem pagos pela Defensoria Pública.

Nos termos do art. 22, § 1º, do EAOAB, o advogado, quando indicado para patrocinar causa de juridicamente necessitado, no caso de impossibilidade da Defensoria Pública no local da prestação de serviço, tem direito aos honorários fixados pelo juiz, segundo tabela organizada pelo Conselho Seccional da OAB, e pagos pelo Estado. Correta, portanto, a alternativa B, estando as demais em descompasso com o referido dispositivo legal.

Gabarito "B".

(OAB/Exame XXXIV) O advogado César foi procurado pelo cliente Vinícius, que pretendia sua atuação defendendo-o em processo judicial. Ambos, então, ajustaram certo valor em honorários, por meio de contrato escrito. Na fase de execução do processo, César recebeu pagamentos de importâncias devidas a Vinícius e pretende realizar a compensação com os créditos de que é titular.

Com base no caso narrado, assinale a afirmativa correta.

(A) É admissível a compensação de créditos apenas na hipótese de o contrato de prestação de serviços a autorizar; se for silente o contrato, é vedada, mesmo diante de autorização posterior pelo cliente.

(B) É admissível a compensação de créditos somente se o contrato de prestação de serviços a autorizar; caso silente o contrato, é possível a compensação, se houver autorização especial firmada pelo cliente para esse fim.

(C) A compensação pretendida apenas será cabível se houver autorização especial firmada pelo cliente para esse fim; no contrato de prestação de serviços não é admitida a inclusão prévia de cláusula autorizativa de compensação de créditos.

(D) A compensação de créditos é vedada, não sendo admitida a inclusão prévia de cláusula autorizativa no contrato de prestação de serviços; tampouco, autoriza-se tal compensação, ainda que diante de autorização especial firmada pelo cliente para esse fim.

A: incorreta. Nos termos do art. 48, § 2º, do CED, a compensação de créditos, pelo advogado, de importâncias devidas ao cliente, somente será admissível quando o contrato de prestação de serviços a autorizar ou quando houver autorização especial do cliente para esse fim, por este firmada; **B:** correta, nos termos do art. 48, § 2º, do CED; **C:** incorreta, pois o contrato de prestação de serviços pode prever, expressamente, a possibilidade de compensação de créditos com valores a serem recebidos pelo cliente; **D:** incorreta, pois, como visto, admite-se a compensação de créditos, desde que haja previsão no contrato de prestação de serviços, ou autorização especial firmada pelo cliente. Gabarito "B".

(OAB/Exame XXXIV) Leandro, advogado, celebrou contrato com associação de servidores públicos para pleitear em juízo o pagamento de determinada indenização em face do ente público respectivo. O contrato previu que Leandro receberia percentual do valor a que fizesse jus cada servidor que aderisse aos seus termos. O pedido em questão foi julgado procedente em ação coletiva.

Após o trânsito em julgado dessa decisão, Leandro passou a representar em execução individual os interesses de Hugo, servidor substituído em juízo pela associação que optou, expressamente, por adquirir os direitos decorrentes daquele contrato. Em tal caso, o montante destinado a Leandro era inferior ao limite fixado em lei para as obrigações de pequeno valor, mas o mesmo não ocorria com relação ao crédito titularizado por Hugo. Assim, Leandro juntou aos autos, no momento oportuno, o contrato de honorários celebrado com a associação e a opção pelo mesmo firmada por Hugo. Fez, ainda, três requerimentos: o destaque da parcela relativa aos honorários convencionados do valor total devido a Hugo, a expedição de precatório em nome de Hugo e a expedição de requisição de pequeno valor em seu nome.

Considerando essa situação, assinale a afirmativa correta.

(A) Apenas o requerimento de expedição do precatório deve ser deferido, já que, por ter atuado em prol de entidade de classe em substituição processual, Leandro somente faz jus aos honorários assistenciais fixados na ação coletiva.

(B) Apenas o requerimento de expedição do precatório deve ser deferido, já que, como o contrato de honorários foi celebrado entre Leandro e a associação, as obrigações dele decorrentes não podem ser assumidas por Hugo sem a necessidade de mais formalidades.

(C) Apenas o requerimento de expedição de requisição de pequeno valor deve ser indeferido, já que o juiz deve determinar que os honorários contratuais sejam deduzidos do valor devido a Hugo após o pagamento pelo ente público.

(D) Todos os requerimentos devem ser deferidos.

Nos termos do art. 22, § 6º do EAOAB, o advogado Leandro fará jus aos chamados honorários assistenciais, podendo executá-los, se quiser, nos próprios autos, conforme autoriza o art. 23 do EAOAB. Neste caso, a depender do valor dos honorários devidos ao advogado, a serem pagos pelo devedor/executado, poderá requerer a expedição de requisição de pequeno valor (quando a condenação tiver sido imposta à Fazenda Pública). Também é direito do advogado requerer o destaque de seus honorários de valores a serem percebidos/levantados por seu cliente, conforme autoriza o art. 22, § 4º, do EAOAB. Correta, portanto, a alternativa D. Gabarito "D".

(OAB/Exame Unificado – 2020.2) Caio procurou o advogado Rodrigo para que este ajuizasse, em favor do primeiro, determinada demanda judicial. Rodrigo, interessado no patrocínio da causa, celebrou com Caio contrato de prestação de serviços advocatícios com adoção de cláusula *quota litis*.

Considerando o contrato celebrado, assinale a afirmativa correta.

(A) A adoção da cláusula *quota litis* é vedada pelo Código de Ética e Disciplina da OAB, de modo que o caso deverá ser regido pela disciplina afeta aos contratos silentes sobre os valores devidos a título de honorários contratuais.

(B) A adoção da mencionada cláusula é admitida, mas é vedado que os honorários contratados, acrescidos dos honorários da sucumbência, sejam superiores às vantagens advindas por Caio; além disso, não é admitido que os honorários advocatícios incidam sobre o valor de prestações vincendas.

(C) A inclusão da cláusula em questão é autorizada, caso em que os honorários contratuais devem ser limitados às vantagens advindas por Caio, excluídos de tal limitação os honorários da sucumbência; além disso, não é admitido que os honorários advocatícios incidam sobre o valor de prestações vincendas.

(D) A cláusula *quota litis*, incluída no contrato, é permitida, mas é vedado que os honorários contratados, acrescidos dos honorários da sucumbência, sejam superiores às vantagens advindas por Caio; além disso, admite-se que os honorários advocatícios incidam sobre o valor de prestações vincendas, se estabelecidos com moderação e razoabilidade.

1. ÉTICA PROFISSIONAL   49

A: incorreta, pois a adoção de cláusula *quota litis* é autorizada expressamente pelo art. 50 do CED, desde que respeitados os requisitos nele previstos; **B:** incorreta. De fato, é proibido que os ganhos do advogado, já considerados os honorários sucumbenciais, superem os ganhos do cliente. Não há, porém, proibição de que os honorários incidam sobre prestações vincendas, desde que haja moderação e razoabilidade (art. 50, § 2º, CED); **C:** incorreta. Em caso de adoção de cláusula *quota litis*, nada impede que o advogado receba, também, honorários sucumbenciais, desde que a soma de seus ganhos (honorários convencionados com o cliente e os honorários de sucumbência) não sejam superiores aos do cliente; **D:** correta, conforme art. 50, *caput*, e §2º, CED.

Gabarito "D".

(OAB/Exame XXXIII – 2020.3) A entidade de classe X, atuando em substituição processual, obteve, no âmbito de certo processo coletivo, decisão favorável aos membros da categoria. A advogada Cleide patrocinou a demanda, tendo convencionado com a entidade, previamente, certo valor em honorários. Ao final do feito, foram fixados honorários sucumbenciais pelo juiz.

Sobre o caso apresentado, assinale a afirmativa correta.

(A) Cleide deverá optar entre os honorários convencionais e os sucumbenciais.

(B) Cleide terá direito aos honorários sucumbenciais, sem prejuízo dos honorários convencionais.

(C) Cleide só terá direito aos honorários convencionais e não aos sucumbenciais, que competirão à entidade de classe.

(D) Cleide terá apenas direito aos honorários convencionais e não aos sucumbenciais, que reverterão ao Fundo de Amparo ao Trabalhador.

O art. 22, § 6º, do EAOAB, tratando dos honorários, dispõe que o disposto neste artigo aplica-se aos honorários assistenciais, compreendidos como os fixados em ações coletivas propostas por entidades de classe em substituição processual, sem prejuízo aos honorários convencionais. Significa dizer que há possibilidade de cumulação dos honorários assistenciais (pagos pela parte derrotada na ação coletiva elaborada pelo advogado) com os convencionais (pagos pela parte contratante, ou seja, pelo cliente). Por isso, incorretas as alternativas "A", "C" e "D", que, de alguma forma, afirmam ser proibida a cumulação de referidas espécies de honorários. Correta, portanto, a alternativa "B".

Gabarito "B".

(OAB/Exame Unificado – 2020.1) O advogado Fernando foi contratado por Flávio para defendê-lo, extrajudicialmente, tendo em vista a pendência de inquérito civil em face do cliente. O contrato celebrado por ambos foi assinado em 10/03/15, não prevista data de vencimento.

Em 10/03/17, foi concluída a atuação de Fernando, tendo sido homologado o arquivamento do inquérito civil junto ao Conselho Superior do Ministério Público. Em 10/03/18, Fernando notificou extrajudicialmente Flávio, pois este ainda não havia adimplido os valores relativos aos honorários contratuais acordados.

A ação de cobrança de honorários a ser proposta por Fernando prescreve em

(A) três anos, contados de 10/03/15.

(B) cinco anos, contados de 10/03/17.

(C) três anos, contados de 10/03/18.

(D) cinco anos, contados de 10/03/15.

De acordo com o art. 25 do EAOAB, prescreve em 5 (cinco) anos a ação de cobrança de honorários de advogado, contado o prazo, dentre outras hipóteses, a partir da ultimação do serviço extrajudicial (inc. III). No enunciado em comento, o advogado Fernando foi contratado em 10/03/2015 para defender extrajudicialmente seu cliente Flávio. Não havendo data de vencimento do contrato (que poderia ser um dos termos iniciais de contagem do prazo prescricional, conforme inc. I, do art. 25 do EAOAB), houve o encerramento da atuação extrajudicial do advogado em 10/03/2017, considerado, portanto, o termo inicial da prescrição quinquenal da cobrança de honorários advocatícios, conforme art. 25, III, do EAOAB. Assim, incorretas, de plano, as alternativas "A" e "C", que trazem o prazo prescricional de três anos. Incorreta, ainda, a alternativa "D", pois o início de fluência do prazo prescricional não pode ser o da assinatura do contrato (momento da contratação), mas, no caso referido, o da ultimação (leia-se: finalização) do serviço extrajudicial. Correta, assim, a alternativa "B".

Gabarito "B".

(OAB/Exame Unificado – 2019.1) Eduardo contrata o advogado Marcelo para propor ação condenatória de obrigação de fazer em face de João. São convencionados honorários contratuais, porém o contrato de honorários advocatícios é omisso quanto à forma de pagamento. Proposta a ação, Marcelo cobra de Eduardo o pagamento de metade dos honorários acordados.

De acordo com o Estatuto da OAB, assinale a afirmativa correta.

(A) Marcelo pode cobrar de Eduardo metade dos honorários, pois na ausência de estipulação sobre a forma de pagamento, metade dos honorários é devida no início do serviço e metade é devida no final.

(B) Marcelo pode cobrar de Eduardo metade dos honorários, pois na ausência de estipulação sobre a forma de pagamento, os honorários são devidos integralmente desde o início do serviço.

(C) Marcelo não pode cobrar de Eduardo metade dos honorários, pois na ausência de estipulação sobre a forma de pagamento, os honorários somente são devidos após a decisão de primeira instância.

(D) Marcelo não pode cobrar de Eduardo metade dos honorários, pois na ausência de estipulação sobre a forma de pagamento, apenas um terço é devido no início do serviço.

De acordo com o que dispõe o art. 22, § 3º, do EAOAB, salvo estipulação em contrário, 1/3 (um terço) dos honorários é devido no início dos serviços, outro terço até a decisão de primeira instância e o restante no final. Assim, considerando que no contrato de honorários avençado entre Eduardo (cliente) e Marcelo (advogado) não constou a forma de pagamento, caberia a cobrança, por parte do causídico, de apenas um terço no início do serviço. Correta, portanto, a alternativa "D", estando as demais incorretas em razão de colidirem com o já referido dispositivo legal.

Gabarito "D".

(OAB/Exame Unificado – 2019.1) Jorge é advogado, atuando no escritório modelo de uma universidade. Em certa ocasião, Jorge é consultado por um cliente, pois este gostaria de esclarecer dúvidas sobre honorários advocatícios. O cliente indaga a Jorge sobre o que seriam os honorários assistenciais.

Considerando o disposto no Estatuto da Advocacia e da OAB, assinale a opção que apresenta a resposta de Jorge.

(A) Os honorários assistenciais são aqueles pagos diretamente ao advogado que promove a juntada aos autos do seu contrato de honorários antes de expedir-se o mandado de levantamento ou precatório.

(B) Os honorários assistenciais são aqueles devidos ao advogado em periodicidade determinada, pela prestação de serviços advocatícios de forma continuada, nas situações que o cliente venha a ter necessidade, como contrapartida à chamada "advocacia de partido".

(C) Os honorários assistenciais são aqueles fixados pelo juiz ao advogado indicado para patrocinar causa de juridicamente necessitado, no caso de impossibilidade da Defensoria Pública no local da prestação do serviço.

(D) Os honorários assistenciais são aqueles fixados em ações coletivas propostas por entidades de classe em substituição processual.

Trata-se de questão que cobra do candidato pura e simplesmente o conceito de honorários assistenciais, trazido pelo art. 22, § 6º, do Estatuto da OAB, incluído pela Lei 13.725/2018, assim considerado como os fixados em ações coletivas propostas por entidades de classe em substituição processual, sem prejuízo aos honorários convencionais. Portanto, correta a alternativa "D", exatamente por corresponder à dicção do dispositivo legal citado. A alternativa "A" trata, em verdade, dos honorários contratuais, que admitem, quando juntado o contrato no processo judicial antes de expedido mandado de levantamento ou precatório, que o valor respectivo seja deduzido de eventual montante do cliente (art. 22, § 4º, do EAOAB). Já a alternativa "B" trata da denominada "advocacia de partido", que admite a cobrança de honorários de forma continuada pelo advogado, numa espécie de "mensalidade" para a prestação de serviços advocatícios de que o cliente necessitar. Por fim, incorreta a alternativa "C", que trata da hipótese prevista no art. 22, § 1º do EAOAB (nomeação de advogado a pessoa necessitada quando, na Comarca, não houver Defensoria Pública, caso em que os honorários serão fixados pelo juiz e pagos pelo Estado).
„Gabarito "D".

(OAB/Exame Unificado – 2018.3) O advogado Nelson celebrou, com determinado cliente, contrato de prestação de serviços profissionais de advocacia. No contrato, Nelson inseriu cláusula que dispunha sobre a forma de contratação de profissionais para serviços auxiliares relacionados a transporte e a cópias de processos. Todavia, o pacto não tratava expressamente sobre o pagamento de custas e emolumentos.

Considerando o caso narrado, assinale a afirmativa correta.

(A) O contrato celebrado viola o disposto no Código de Ética e Disciplina da OAB, pois é vedada a referência a outras atividades diversas da atuação do advogado, como os serviços auxiliares mencionados. Por sua vez, quanto às custas e aos emolumentos, na ausência de disposição em contrário, presume-se que sejam atendidos pelo cliente.

(B) O contrato celebrado viola o disposto no Código de Ética e Disciplina da OAB, pois é vedada a referência a outras atividades diversas da atuação do advogado, como os serviços auxiliares mencionados. Por sua vez, quanto às custas e aos emolumentos, na ausência de disposição em contrário, presume-se que sejam antecipados pelo advogado.

(C) O Código de Ética e Disciplina da OAB autoriza que o contrato de prestação de serviços de advocacia disponha sobre a forma de contratação de profissionais para serviços auxiliares. Por sua vez, quanto às

custas e aos emolumentos, na ausência de disposição em contrário, presume-se que sejam atendidos pelo cliente.

(D) O Código de Ética e Disciplina da OAB autoriza que o contrato de prestação de serviços de advocacia disponha sobre a forma de contratação de profissionais para serviços auxiliares. Por sua vez, quanto às custas e aos emolumentos, na ausência de disposição em contrário, presume-se que sejam antecipados pelo advogado.

Assim dispõe o art. 48, § 3º, do CED: "O contrato de prestação de serviços poderá dispor sobre a forma de contratação de profissionais para serviços auxiliares, bem como sobre o pagamento de custas e emolumentos, os quais, na ausência de disposição em contrário, presumem-se devam ser atendidos pelo cliente. Caso o contrato preveja que o advogado antecipe tais despesas, ser-lhe-á lícito reter o respectivo valor atualizado, no ato de prestação de contas, mediante comprovação documental". Portanto, correta a alternativa "C", estando as demais em descompasso com o referido dispositivo normativo. Perceba o leitor: a questão cobrou conhecimento do "texto de lei". Nada mais!
„Gabarito "C".

(OAB/Exame Unificado – 2018.3) Gilda, empregada terceirizada contratada pela sociedade empresária XX Ltda. para prestar serviços ao Município ABCD, procura o auxílio de Judite, advogada, para o ajuizamento de reclamação trabalhista em face do empregador e do tomador de serviços.

Considerando a existência de decisão transitada em julgado que condenou os réus, solidariamente, ao pagamento de verbas de natureza trabalhista, assinale a afirmativa correta.

(A) Em execução contra o Município ABCD, Judite terá direito autônomo a executar a sentença quanto aos honorários incluídos na condenação por arbitramento ou por sucumbência, podendo requerer que o precatório seja expedido em seu favor.

(B) Em caso de falência da sociedade empresária XX Ltda., os honorários arbitrados em favor de Judite serão considerados crédito privilegiado, sendo obrigatória sua habilitação perante o juízo falimentar.

(C) Em execução contra o Município ABCD, o juiz deve determinar que os honorários contratuais sejam pagos diretamente a Judite, desde que o contrato de honorários seja anexado aos autos após a expedição do precatório, exceto se Gilda provar que já os pagou.

(D) Judite poderá cobrar judicialmente os honorários contratuais devidos por Gilda, devendo renunciar ao mandato se, em sede de sentença, a demanda for julgada procedente.

A: correta. Nos termos do art. 23 do Estatuto da OAB, os honorários incluídos na condenação, por arbitramento ou sucumbência, pertencem ao advogado, tendo este direito autônomo para executar a sentença nesta parte, podendo requerer que o precatório, quando necessário, seja expedido em seu favor; **B:** incorreta, pois o art. 24, *caput*, do EAOAB, prevê que em caso de concurso de credores, como é o caso da falência, o crédito de honorários terá natureza privilegiada, podendo a execução dos honorários ser promovida nos mesmos autos da ação em que tenha atuado o advogado, se assim lhe convier (§ 1º); **C:** incorreta. O valor dos honorários contratuais somente poderá ser destacado do montante a ser recebido pelo cliente quando o respectivo contrato for juntado aos autos antes da expedição do precatório, consoante prevê o art. 22, § 4º, do EAOAB; **D:** incorreta. A procedência ou improcedência da ação

1. ÉTICA PROFISSIONAL

patrocinada pelo advogado não influencia na forma de cobrança judicial dos honorários contratuais. Ou seja, caso o cliente fique em débito no tocante aos honorários convencionados, poderá o advogado promover a cobrança judicial, devendo, antes, renunciar ao mandato (art. 54 do CED). Repise-se que tal procedimento independe de a demanda ter sido julgada procedente ou improcedente.

Gabarito "A".

(OAB/Exame Unificado – 2018.2) O advogado Fabrício foi contratado por José para seu patrocínio em processo judicial, por meio de instrumento firmado no dia 14/11/2012. No exercício do mandato, Fabrício distribuiu, em 23/11/2012, petição inicial em que José figurava como autor. No dia 06/11/2013, nos autos do processo, Fabrício foi intimado de sentença, a qual fixou honorários advocatícios sucumbenciais, no valor de dez mil reais, em seu favor. A referida sentença transitou em julgado em 21/11/2013.

Considerando que não houve causa de suspensão ou interrupção do prazo prescricional, de acordo com a disciplina do Estatuto da Advocacia e da OAB, assinale a afirmativa correta.

(A) A pretensão de cobrança dos honorários sucumbenciais, fixados em favor de Fabrício, prescreve no prazo de cinco anos, a contar de 14/11/2012.

(B) A pretensão de cobrança dos honorários sucumbenciais, fixados em favor de Fabrício, prescreve no prazo de cinco anos, a contar de 06/11/2013.

(C) A pretensão de cobrança dos honorários sucumbenciais, fixados em favor de Fabrício, prescreve no prazo de cinco anos, a contar de 21/11/2013.

(D) A pretensão de cobrança dos honorários sucumbenciais, fixados em favor de Fabrício, é imprescritível, tendo em vista seu caráter alimentar.

A prescrição da pretensão da cobrança judicial de honorários advocatícios consuma-se após o decurso de 5 (cinco) anos, contados na forma estabelecidas nos incisos I a V, do art. 25 do EAOAB. No caso do problema em tela, verifica-se que os honorários sucumbenciais foram arbitrados em sentença, cujo trânsito em julgado operou-se em 21/11/2013. Ora, somente após o trânsito em julgado é que se torna exigível a verba honorária, razão por que este é o termo inicial da prescrição quinquenal de que trata o referido art. 25 do EAOAB. Perceba o leitor que as alternativas "A", "B" e "C" indicam o prazo de cinco anos, porém, com divergência no tocante ao termo inicial de contagem. Veja-se que a data da distribuição da ação jamais poderia ser o início de fluência do prazo prescricional, até porque, nesse momento, não haveria honorários sucumbenciais já arbitrados. Também a data da intimação da sentença que tenha arbitrado referidos honorários não pode ser o termo inicial da prescrição de sua cobrança, pois é possível que haja posterior modificação por força de recursos. Logo, somente com o trânsito em julgado tem início o prazo de prescrição da cobrança judicial, pelo advogado, dos honorários sucumbenciais que lhe tenham sido arbitrados. Incorreta, por fim, a alternativa "D", pois a verba sucumbencial tem prazo para ser cobrada, não se tratando, ainda que tenha, de fato, natureza alimentar, de pretensão imprescritível.

Gabarito "C".

(OAB/Exame Unificado – 2017.3) O advogado Inácio foi indicado para defender em juízo pessoa economicamente hipossuficiente, pois no local onde atua não houve disponibilidade de defensor público para tal patrocínio. Sobre o direito de Inácio à percepção de honorários, assinale a afirmativa correta.

(A) Os honorários serão fixados pelo juiz, apenas em caso de êxito, de natureza sucumbencial, a serem executados em face da parte adversa.

(B) Os honorários serão fixados pelo juiz, independentemente de êxito, segundo tabela organizada pelo Conselho Seccional da OAB e pagos pelo Estado.

(C) Os honorários serão fixados pelo juiz, apenas em caso de êxito, independentemente de observância aos patamares previstos na tabela organizada pelo Conselho Seccional da OAB, a serem pagos pelo Estado.

(D) Os honorários serão fixados pelo juiz, independentemente de êxito, segundo tabela organizada pelo Conselho Seccional da OAB, e pagos pelo patrocinado caso possua patrimônio, a ser executado no prazo de cinco anos, a contar da data da nomeação.

De acordo com o art. 22, § 1º, do EAOAB, o advogado, quando indicado para patrocinar causa de juridicamente necessitado, no caso de impossibilidade da Defensoria Pública no local da prestação de serviço, tem direito aos honorários fixados pelo juiz, segundo tabela organizada pelo Conselho Seccional da OAB, e pagos pelo Estado. Assim, analisemos as alternativas. **A:** incorreta, pois o art. 22, § 1º, do EAOAB, não condiciona o pagamento dos honorários advocatícios ao profissional nomeado pelo Juiz ao êxito na causa. Não se confundem os honorários arbitrados pelo juiz, como remuneração ao trabalho desempenhado pelo advogado, com os eventuais honorários sucumbenciais, devidos pela parte vencida no processo; **B:** correta, de acordo com a redação do art. 22, § 1º, do EAOAB; **C:** incorreta, seja por limitar a fixação dos honorários de advogado indicado pelo Juiz, à falta de Defensor Público, ao êxito na causa, seja por afastar os parâmetros acerca do pagamento dos honorários por tabelas organizadas pelos Conselhos Seccionais; **D:** incorreta, pois os honorários arbitrados pelo Juiz, à falta de Defensor Público, serão pagos ao advogado que atuar em prol de pessoa necessitada pelo Estado, e não pela parte adversa ou pela própria parte beneficiária do patrocínio da causa.

Gabarito "B".

(OAB/Exame Unificado – 2017.3) Certa sociedade de advogados, de acordo com a vontade do cliente, emitiu fatura, com fundamento no contrato de prestação de serviços advocatícios. Em seguida, promoveu o saque de duplicatas quanto ao crédito pelos honorários advocatícios.

Considerando o caso narrado, assinale a afirmativa correta.

(A) É vedada a emissão da fatura, com fundamento no contrato de prestação de serviços, bem como não é autorizado o saque de duplicatas quanto ao crédito pelos honorários advocatícios.

(B) É autorizada a emissão de fatura, com fundamento no contrato de prestação de serviços, se assim pretender o cliente, sendo também permitido que posteriormente seja levada a protesto. Todavia, é vedado o saque de duplicatas quanto ao crédito pelos honorários advocatícios.

(C) É autorizada a emissão de fatura, com fundamento no contrato de prestação de serviços, se assim pretender o cliente, sendo vedado que seja levada a protesto. Ademais, não é permitido o saque de duplicatas quanto ao crédito pelos honorários advocatícios.

(D) É vedada a emissão de fatura, com fundamento no contrato de prestação de serviços, mas é permitido que, posteriormente, seja levada a protesto. Ademais, é permitido o saque de duplicatas quanto ao crédito pelos honorários advocatícios.

Conforme dispõe o art. 52 do CED, o crédito por honorários advocatícios, seja do advogado autônomo, seja de sociedade de advogados, não autoriza o saque de duplicatas ou qualquer outro título de crédito de natureza mercantil, podendo, apenas, *ser emitida fatura*, quando o cliente assim pretender, com fundamento no contrato de prestação de serviços, a qual, porém, *não poderá ser levada a protesto*. Portanto, vejamos as alternativas. **A** e **D:** incorretas, pois o art. 52 do CED permite a emissão de fatura com fundamento no contrato de prestação de serviços, sendo vedada, porém, a tiragem de protesto; **B:** incorreta, pois, a despeito de ser permitida a emissão de fatura, não o será o protesto da fatura em caso de inadimplemento; **C:** correta, nos moldes do art. 52 do CED.

Gabarito "C".

(OAB/Exame Unificado – 2017.2) O advogado Stéfano, buscando facilitar a satisfação de honorários advocatícios contratuais a que fará jus, estuda tomar duas providências: de um lado, tenciona incluir expressamente no contrato de prestação de seus serviços, com concordância do cliente, autorização para que se dê compensação de créditos pelo advogado, de importâncias devidas ao cliente; de outro, pretende passar a empregar, para o recebimento de honorários, sistema de cartão de crédito, mediante credenciamento junto a uma operadora.

Tendo em vista as medidas pretendidas pelo advogado e as disposições do Código de Ética e Disciplina da OAB, assinale a afirmativa correta.

(A) Não é permitida a compensação de créditos, pelo advogado, de importâncias devidas ao cliente, sendo vedada a inclusão de cláusula nesse sentido no contrato de prestação de serviços. De igual maneira, não é admitido o emprego de sistema de cartões de crédito para recebimento de honorários, mediante credenciamento junto a operadoras de tal ramo.

(B) Não é permitida a compensação de créditos, pelo advogado, de importâncias devidas ao cliente, sendo vedada a inclusão de cláusula nesse sentido no contrato de prestação de serviços. Porém, é admitido o emprego de sistema de cartões de crédito para recebimento de honorários, mediante credenciamento junto a operadoras de tal ramo.

(C) É admitida a compensação de créditos, pelo advogado, de importâncias devidas ao cliente, se houver autorização para tanto no contrato de prestação de serviços. Também é permitido o emprego de sistema de cartões de crédito para recebimento de honorários, mediante credenciamento junto a operadoras de tal ramo.

(D) É admitida a compensação de créditos, pelo advogado, de importâncias devidas ao cliente, se houver autorização para tanto no contrato de prestação de serviços. Porém, não é permitido o emprego de sistema de cartões de crédito para recebimento de honorários, mediante credenciamento junto a operadoras de tal ramo.

Nos exatos termos do art. 48, § 2º, do Código de Ética e Disciplina (CED), a compensação de créditos, pelo advogado, de importâncias devidas ao cliente somente será admissível quando o contrato de prestação de serviços a autorizar ou quando houver autorização especial do cliente para esse fim, por este firmada. Ainda, o art. 53, também do CED, enuncia ser lícito ao advogado ou à sociedade de advogados empregar, para o recebimento de honorários, sistema de cartão de crédito, mediante credenciamento na empresa operadora do ramo. Assim, de plano, incorretas as alternativas "A" e "B", eis que neles há afirmação

de não ser permitida a compensação de créditos, pelo advogado, de importâncias devidas ao cliente. Também incorreta a alternativa "D", pois nela há afirmativa no sentido de que não é permitido o emprego de sistema de cartões de crédito para recebimento de honorários. Assim, correta a alternativa "C".

Gabarito "C".

(OAB/Exame Unificado – 2017.1) A advogada Maria foi procurada por certo cliente para o patrocínio de uma demanda judicial. Ela, então, apresentou ao cliente contrato de prestação de seus serviços profissionais. A cláusula dez do documento estabelecia que Maria obrigava-se apenas a atuar na causa no primeiro grau de jurisdição. Além disso, a cláusula treze dispunha sobre a obrigatoriedade de pagamento de honorários, em caso de ser obtido acordo antes do oferecimento da petição inicial. Irresignado, o cliente encaminhou cópia do contrato à OAB, solicitando providências disciplinares. Sobre os termos do contrato, assinale a afirmativa correta.

(A) A cláusula dez do contrato viola o disposto no Código de Ética e Disciplina da OAB, uma vez que é vedada a limitação do patrocínio a apenas um grau de jurisdição. Quanto à cláusula treze, não se vislumbram irregularidades.

(B) Não se vislumbram irregularidades quanto às cláusulas dez e treze do contrato, ambas consonantes com o disposto no Estatuto da OAB e no Código de Ética e Disciplina da OAB.

(C) A cláusula treze do contrato viola o disposto no Código de Ética e Disciplina da OAB, uma vez que o advogado não faz jus ao recebimento de honorários contratuais em caso de acordo feito entre o cliente e a parte contrária, anteriormente ao oferecimento da demanda. Quanto à cláusula dez, não se vislumbram irregularidades.

(D) A cláusula dez do contrato viola o disposto no Código de Ética e Disciplina da OAB, uma vez que é vedada a limitação do patrocínio a apenas um grau de jurisdição. A cláusula treze do contrato também viola o disposto no Código de Ética e Disciplina da OAB, uma vez que o advogado não faz jus ao recebimento de honorários contratuais em caso de acordo feito entre o cliente e a parte contrária, anteriormente ao oferecimento da demanda.

O Novo Código de Ética e Disciplina (CED), em seu art. 48, § 1º, prevê expressamente que o contrato de prestação de serviços de advocacia não exige forma especial, devendo estabelecer, porém, com clareza e precisão, o seu objeto, os honorários ajustados, a forma de pagamento, a extensão do patrocínio, esclarecendo se este abrangerá todos os atos do processo ou limitar-se-á a determinado grau de jurisdição, além de dispor sobre a hipótese de a causa encerrar-se mediante transação ou acordo. Portanto, as cláusulas dez e treze do contrato de prestação de serviços profissionais apresentado pela advogada Maria ao cliente estão em perfeita consonância com as disposições do CED. Ao se restringir a limitação do patrocínio ao primeiro grau de jurisdição, valeu-se a advogada do precitado art. 48, § 1º, do CED, que permite a indicação do grau de jurisdição em que o advogado irá atuar. Também, a cláusula treze é adequada, tendo disciplinado a incidência de honorários advocatícios mesmo que seja celebrado acordo antes da propositura da demanda. Correta, portanto, a alternativa "B", estando incorretas as demais alternativas, por afirmarem haver violação ao CED por uma ou outra cláusula contratual.

Gabarito "B".

1. ÉTICA PROFISSIONAL 53

(OAB/Exame Unificado – 2016.3) Luciana e Antônio são advogados que, embora não tenham constituído sociedade, atuam em conjunto em algumas causas, por meio de substabelecimentos conferidos reciprocamente. Em regra, acordam informalmente a divisão do trabalho e dos honorários. Todavia, após obterem sucesso em caso de valor vultoso, não chegaram a um consenso acerca da partilha dos honorários, pois cada um entendeu que sua participação foi preponderante. Assim, decidiram submeter a questão à Ordem dos Advogados.

Nesse caso,

(A) havendo divergência, a partilha dos honorários entre Luciana e Antônio deve ser feita atribuindo-se metade a cada um, pois quando não há prévio acordo é irrelevante a participação de cada um no processo.

(B) compete ao Tribunal de Ética e Disciplina atuar como mediador na partilha de honorários, podendo indicar mediador que contribua no sentido de que a distribuição se faça proporcionalmente à atuação de cada um no processo.

(C) compete ao juiz da causa em que houve a condenação em honorários especificar o percentual ou o quanto é devido a cada um dos patronos, de modo que a distribuição se faça proporcionalmente à atuação de cada um no processo.

(D) compete à Caixa de Assistência aos Advogados atuar como mediadora na partilha de honorários, podendo indicar mediador que contribua no sentido de que a distribuição se faça proporcionalmente à atuação de cada um no processo.

A: incorreta. Nada há no Estatuto da OAB, Código de Ética ou Regulamento Geral que discipline que a partilha de honorários em caso de substabelecimento seja feita à razão de metade para cada um. Ao contrário, o art. 51, § 1º, do CED, dispõe que a partilha deva ocorrer proporcionalmente à atuação de cada um, ou em conformidade com o que tenha sido ajustado entre os causídicos; **B:** correta. Nos termos do art. 51, § 2º, do Novo Código de Ética e Disciplina (CED), quando for o caso, a Ordem dos Advogados do Brasil ou os seus Tribunais de Ética e Disciplina poderão ser solicitados a indicar mediador que contribua no sentido de que a distribuição dos honorários de sucumbência, entre advogados, se faça segundo o critério estabelecido no § 1º (*no caso de substabelecimento, a verba correspondente aos honorários da sucumbência será repartida entre o substabelecente e o substabelecido, proporcionalmente à atuação de cada um no processo ou conforme haja sido entre eles ajustado*); **C:** incorreta, pois descabe ao juiz da causa fixar a forma ou o percentual de honorários a ser destinado para cada um dos advogados; **D:** incorreta, pois caberá ao Tribunal de Ética e Disciplina indicar mediador para pacificar o conflito entre os advogados que não estiverem concordes com a partilha de honorários.
Gabarito "B"

(OAB/Exame Unificado – 2016.2) A advogada Laila representou judicialmente Rita, em processo no qual esta postulava a condenação do Município de Manaus ao cumprimento de obrigação de pagar quantia certa. Fora acordado entre Laila e Rita o pagamento de valor determinado à advogada, a título de honorários, por meio de negócio jurídico escrito e válido. Após o transcurso do processo, a Fazenda Pública foi condenada, nos termos do pedido autoral. Antes da expedição do precatório, Laila juntou aos autos o contrato de honorários, no intuito de obter os valores pactuados.

Considerando a situação narrada, é correto afirmar que

(A) Laila deverá executar os honorários em face de Rita em processo autônomo, sendo vedado o pagamento nos mesmos autos, por se tratar de honorários contratuais e não sucumbenciais.

(B) o juiz deverá determinar que os valores acordados a título de honorários sejam pagos diretamente a Laila, por dedução da quantia a ser recebida por Rita, independentemente de concordância desta nos autos, salvo se Rita provar que já os pagou.

(C) Laila deverá executar os honorários em face do município de Manaus, em processo autônomo de execução, sendo vedado o pagamento nos mesmos autos, por se tratar de honorários contratuais e não sucumbenciais.

(D) o juiz poderá determinar que os valores acordados a título de honorários sejam pagos diretamente a Laila, por dedução da quantia a ser recebida por Rita, caso Rita apresente sua concordância nos autos.

A: incorreta, pois o art. 22, §4º, do EAOAB, autoriza o advogado a juntar aos autos o contrato de honorários, quando, então, o juiz autorizará que o respectivo valor acordado seja descontado da quantia a ser recebida pelo constituinte, desde que tal providência seja postulada pelo causídico antes de expedido o mandado de levantamento ou o precatório; **B:** correta, nos termos do art. 22, §4º, do EAOAB. Destaque-se que esse "mecanismo" para recebimento dos honorários previsto no Estatuto da OAB independe de concordância da parte contratante (leia-se: cliente do advogado), salvo se esta provar que já efetuou o pagamento dos valores; **C:** incorreta, pois a advogada Laila dispõe de um título executivo extrajudicial (contrato de honorários) passível de exigência a seu cliente (no caso, Rita), e não ao réu (município de Manaus); **D:** incorreta, pois, como visto, a concordância do cliente não é prevista como requisito para que o advogado receba os valores acordados diretamente do montante a ser recebido pelo constituinte.
Gabarito "B"

(OAB/Exame Unificado – 2016.2) A advogada Taís foi contratada por Lia para atuar em certo processo ajuizado perante o Juizado Especial Cível. Foi acordado o pagamento de honorários advocatícios no valor de R$ 5.000,00 (cinco mil reais). O feito seguiu regularmente o rito previsto na Lei nº 9.099/95, tendo o magistrado, antes da instrução e julgamento, esclarecido as partes sobre as vantagens da conciliação, obtendo a concordância dos litigantes pela solução consensual do conflito.

Considerando o caso relatado, assinale a afirmativa correta.

(A) Diante da conciliação entre as partes, ocorrida antes da instrução e julgamento do feito, Taís fará jus à metade do valor acordado a título de honorários advocatícios.

(B) A conciliação entre as partes, ocorrida antes da instrução e julgamento do feito, não prejudica os honorários convencionados, salvo aquiescência de Taís.

(C) Diante da conciliação entre as partes, ocorrida antes da instrução e julgamento do feito, deverá o magistrado, ao homologar o acordo, fixar o valor que competirá a Taís, a título de honorários advocatícios, não prevalecendo a pactuação anterior entre cliente e advogada.

(D) Em razão da conciliação entre as partes, ocorrida antes da instrução e julgamento do feito, deverá ser pactuado, por Taís e Lia, novo valor a título de honorários advocatícios, não prevalecendo a obrigação anteriormente fixada.

Nos exatos termos do art. 24, §4º, do EAOAB, o acordo feito pelo cliente do advogado e a parte contrária, salvo aquiescência do profissional, não lhe prejudica os honorários, quer os convencionados, quer os concedidos por sentença. Assim, o fato de as partes do processo em que a advogada Taís figurava como patrona de uma delas terem chegado a um acordo, não irá obstaculizar que a profissional receba os honorários convencionados, salvo se assim concordar. Correta, pois, a alternativa "B", estando as demais em desacordo com o quanto dispõe o Estatuto da OAB.

Gabarito "B".

(OAB/Exame Unificado – 2016.1) Daniel contratou a advogada Beatriz para ajuizar ação em face de seu vizinho Théo, buscando o ressarcimento de danos causados em razão de uma obra indevida no condomínio. No curso do processo, Beatriz substabeleceu o mandato a Ana, com reserva de poderes. Sentenciado o feito e julgado procedente o pedido de Daniel, o juiz condenou Théo ao pagamento de honorários sucumbenciais.

Com base na hipótese apresentada, assinale a afirmativa correta.

(A) Ana poderá promover a execução dos honorários sucumbenciais nos mesmos autos judiciais, se assim lhe convier, independentemente da intervenção de Beatriz.

(B) Ana e Beatriz poderão promover a execução dos honorários sucumbenciais, isoladamente ou em conjunto, mas devem fazê-lo em processo autônomo.

(C) Ana poderá promover a execução dos honorários sucumbenciais nos mesmos autos, se assim lhe convier, mas dependerá da intervenção de Beatriz.

(D) Ana não terá direito ao recebimento de honorários sucumbenciais, cabendo-lhe executar Beatriz pelos valores que lhe sejam devidos, caso não haja o adimplemento voluntário.

Nos exatos termos do art. 26 do EAOAB, o advogado substabelecido, com reserva de poderes, não pode cobrar honorários sem a intervenção daquele que lhe conferiu o substabelecimento. No caso relatado no enunciado, Beatriz substabeleceu a Ana, com reserva de poderes, tendo o feito em que atuavam as advogadas sido sentenciado, com a condenação da parte adversa a pagar honorários sucumbenciais. Vamos, assim, às alternativas. **A:** incorreta, pois, como visto, a advogada substabelecida (no caso, Ana) somente poderá executar os honorários sucumbenciais se houver a intervenção da advogada substabelecente (Beatriz); **B:** incorreta. A uma, porque somente será possível a execução dos honorários se ambas as advogadas o fizerem, eis que a advogada substabelecida não poderá exigir os honorários sucumbenciais se não contar com a intervenção da substabelecente. A duas, porque os honorários de sucumbência poderão ser executados nos próprios autos em que fixados, se assim convier ao advogar, nos termos do art. 24, §1º, do EAOAB; **C:** correta, conforme disposto no art. 26 do EAOAB; **D:** incorreta, pois a advogada substabelecida fará jus aos honorários sucumbenciais, na forma que tenha ajustado com a advogada substabelecente.

Gabarito "C".

(OAB/Exame Unificado – 2015.2) Laura formou-se em prestigiada Faculdade de Direito, mas sua prática advocatícia foi limitada, o que a impediu de ter experiência maior no trato com os clientes. Realizou seus primeiros processos para amigos e parentes, cobrando módicas quantias referentes a honorários advocatícios. Ao receber a cliente Telma, próspera empresária, e aceitar defender os seus interesses judicialmente, fica em dúvida quanto aos termos de cobrança inicial dos honorários pactuados. Em razão disso, consulta o advogado Luciano, que lhe informa, segundo os termos do Estatuto da Advocacia, que salvo estipulação em contrário,

(A) metade dos honorários é devida no início do serviço.

(B) um quinto dos honorários é devido ao início do processo judicial.

(C) a integralidade dos honorários é devida até a decisão de primeira instância.

(D) um terço dos honorários é devido no início do serviço.

Nos termos do art. 22, § 3º, do EAOAB, salvo estipulação em contrário, um terço dos honorários é devido no início do serviço, outro terço até a decisão de primeira instância e o restante no final. Para fins de memorização: 1/3, 1/3 e 1/3! Correta a alternativa D.

Gabarito "D".

(OAB/Exame Unificado – 2014.3) O advogado Caio atuava representando os interesses do autor em determinada ação indenizatória há alguns anos. Antes da prolação da sentença, substabeleceu, com reserva, os poderes que lhe haviam sido outorgados pelo cliente, ao advogado Tício. Ao final, o pedido foi julgado procedente e o cliente de Caio e Tício recebeu a indenização pleiteada, mas não repassou aos advogados os honorários de êxito contratados, estipulados em 30%. Caio, para evitar desgaste, preferiu não cobrar judicialmente os valores devidos pelo cliente. Tício, não concordando com a opção de Caio, decidiu, à revelia deste último, ingressar com a ação cabível, valendo-se, para tanto, do contrato de honorários celebrado entre Caio e o cliente.

A partir do caso apresentado, assinale a afirmativa correta.

(A) Tício pode ajuizar tal ação, pois, embora não tivesse celebrado o contrato com o cliente, recebeu poderes de Caio para atuar na causa.

(B) Tício pode ajuizar tal ação, pois ingressou na causa antes da prolação da sentença, sendo, assim, igualmente responsável pelo êxito.

(C) Tício não pode ajuizar tal ação porque, como Caio e Tício não requereram o destaque dos honorários contratuais, ele não tem mais direito a recebê-los.

(D) Tício não pode ajuizar tal ação porque o advogado substabelecido com reserva de poderes não pode cobrar honorários sem a intervenção daquele que lhe conferiu o substabelecimento.

Nos termos do art. 26 do Estatuto da OAB, o advogado substabelecido, com reserva de poderes, não pode cobrar honorários sem a intervenção daquele que lhe conferiu o substabelecimento. Correta, portanto, a alternativa D. A regra em comento tem total razão de ser: em caso de substabelecimento com reserva de poderes, o advogado substabelecido não tem qualquer relação contratual com o cliente, razão pela qual somente poderá cobrar os honorários com a intervenção do substabelecente – este sim, o advogado "originário" da causa. As alternativas A e B estão erradas, e pela mesma razão: o advogado substabelecido, ainda que tenha recebido poderes do substabelecente para atuar na causa, não poderá, sozinho, cobrar os honorários do cliente, haja vista o teor do precitado art. 26 do EAOAB. Também está incorreta a alternativa C, pois a possibilidade de recebimento dos honorários contratuais independe de se ter solicitado ao juiz, nos termos do art. 22, § 4º, do EAOAB, a reserva do numerário correspondente ao valor constante no contrato.

Gabarito "D".

1. ÉTICA PROFISSIONAL

(OAB/Exame Unificado – 2014.1) Maria, após vários anos de tramitação de ação indenizatória em que figurava como autora, decidiu substituir José, advogado que até então atuava na causa, por João, amigo da família, que não cobraria honorários de nenhuma espécie de Maria. Ao final da ação, quando Maria finalmente recebeu os valores que lhe eram devidos, a título de indenização, foi procurada por José, que desejava receber honorários pelos serviços advocatícios prestados até o momento em que foi substituído.

Sobre a hipótese sugerida, assinale a afirmativa correta.

(A) José tem direito a receber a integralidade dos honorários contratuais e de sucumbência, como se tivesse atuado na causa até o final, uma vez que foi substituído por vontade da cliente e não sua.

(B) José não tem direito a receber honorários, porque não atuou na causa até o seu fim.

(C) José tem direito a receber honorários contratuais, mas não tem direito a receber honorários de sucumbência.

(D) José tem direito a receber honorários contratuais, bem como honorários de sucumbência, calculados proporcionalmente, em face do serviço efetivamente prestado.

A, B e C: incorretas, pois o fato de o cliente revogar o mandato conferido por Maria a José, substituído por outro colega, não induz pensar que o "antigo causídico" nada receberá de honorários, sejam os convencionados, sejam os eventuais honorários sucumbenciais. Tal será melhor visto no comentário a seguir; **D:** correta. Nos termos do art. 17 do CED, a revogação do mandato judicial por vontade do cliente não o desobriga do pagamento das verbas honorárias contratadas, assim como não retira o direito do advogado de receber o quanto lhe seja devido em eventual verba honorária de sucumbência, calculada proporcionalmente, em face do serviço prestado.
˙„ᗡ„ oʇᴉɹɐqɐƆ

(OAB/Exame Unificado – 2014.1) Sobre o prazo para ajuizamento de ação de cobrança de honorários de advogado, assinale a opção correta.

(A) Prescreve em dois anos a ação de cobrança de honorários de advogado, contando-se o prazo do vencimento do contrato, se houver.

(B) Prescreve em cinco anos a ação de cobrança de honorários de advogado, contando-se o prazo do trânsito em julgado da decisão que os fixar.

(C) Prescreve em dois anos a ação de cobrança de honorários de advogado, contando-se o prazo da ultimação do serviço extrajudicial.

(D) Prescreve em cinco anos a ação de cobrança de honorários de advogado, contando-se o prazo da decisão que os fixar, independentemente do seu trânsito em julgado.

A e C: incorretas, de plano. É que a prescrição da pretensão à cobrança de honorários, nos termos do art. 25 do EAOAB, ocorre no prazo de cinco anos; **B:** correta. De fato, prescreve em cinco anos a ação de cobrança de honorários de advogado, contando-se o prazo (termo inicial) do vencimento do contrato, se houver (inc. I do art. 25 do EAOAB), do trânsito em julgado da decisão que os fixar (inc. II do art. 25 do EAOAB), da ultimação do serviço extrajudicial (inc. III do art. 25 do EAOAB), da desistência ou transação (inc. IV do art. 25 do EAOAB) ou da renúncia ou revogação do mandato (inc. V do art. 25 do EAOAB); **D:** incorreta. Como visto, somente a partir do trânsito em julgado da

decisão que fixar os honorários (ex.: honorários sucumbenciais) é que começará a fluir o prazo prescricional.
˙„ᗺ„ oʇᴉɹɐqɐƆ

(OAB/Exame Unificado – 2013.3) Eugênio é advogado contratado pela empresa Ônibus e Ônibus Ltda. Na empresa ele é responsável pelas defesas em ações que pleiteiam o reconhecimento da responsabilidade civil da sua cliente e dos seus prepostos. O contrato de honorários venceu em 2010 e não foi renovado. Em dificuldades financeiras, a empresa não pagou os honorários devidos.

O termo inicial para a contagem do prazo para a prescrição da pretensão de cobrança dos honorários advocatícios, observado o disposto no Estatuto da Advocacia, ocorre a partir da

(A) última tentativa de conciliação.

(B) data fixada pelo Juiz.

(C) última prestação de serviço.

(D) data do vencimento do contrato.

A, B e C: incorretas, pois não se enquadram em quaisquer dos termos iniciais de contagem da prescrição da cobrança de honorários definidos no art. 25 do EAOAB; **D:** correta. De acordo com o art. 25 do Estatuto da OAB (EAOAB), prescreve em cinco anos a ação de cobrança de honorários, contado o prazo: I – do vencimento do contrato, se houver; II – do trânsito em julgado da decisão que os fixar; III – da ultimação do serviço extrajudicial; IV – da desistência ou transação; V – da renúncia ou revogação do mandato. Assim, com base no enunciado proposto, temos que o termo inicial para a contagem do prazo prescricional para a propositura de ação de cobrança dos honorários é o *vencimento do contrato* havido entre o advogado Eugênio e a empresa Ônibus e Ônibus Ltda, que ocorreu em 2010.
˙„ᗡ„ oʇᴉɹɐqɐƆ

(OAB/Exame Unificado – 2013.2) Deise, advogada renomada, com longos anos de experiência na profissão, obtém sentença condenatória favorável contra o município "X". Após o trânsito em julgado, inicia a execução, apurando vultoso valor a receber para o seu cliente, bem como honorários advocatícios de sucumbência correspondente a dez por cento do principal. Além disso, a ilustre advogada possui contrato de honorários escrito, fixando outros dez por cento em decorrência do resultado final do processo, a título de honorários de êxito. No entanto, para manter cordial a sua relação com o cliente, não apresenta o contrato em Juízo, esperando o cumprimento espontâneo do mesmo, o que não veio a ocorrer. Assim, antes do pagamento do precatório, mas tendo sido o mesmo expedido, requer a advogada o bloqueio do valor correspondente ao seu contrato de honorários.

Observado tal relato, segundo as regras do Estatuto da Advocacia, assinale a afirmativa correta.

(A) O destaque correspondente aos honorários advocatícios definidos em contrato escrito pode ocorrer a qualquer momento antes do pagamento do precatório.

(B) O advogado, ocorrendo a existência de honorários advocatícios contratuais fixados por escrito, deve requerer o seu pagamento com a dedução do valor devido ao cliente antes da expedição do precatório.

(C) O pagamento dos honorários contratuais fixados em documento escrito deve ser realizado pelo cliente ou em ação judicial sem que possa ocorrer desconto no valor do precatório expedido em favor do cliente.

(D) O Juiz fazendário da condenação, em se tratando de acerto privado, não possui competência para definir se tal valor é ou não devido, sendo inviável o desconto no valor do precatório.

A: incorreta. O art. 22, § 4º, do EAOAB, prevê que se o advogado fizer juntar aos autos o seu contrato de honorários *antes de expedir-se o mandado de levantamento ou precatório*, o juiz deve determinar que lhe sejam pagos diretamente, por dedução da quantia a ser recebida pelo constituinte, salvo se este provar que já os pagou. Portanto, não é correto afirmar que a dedução dos honorários advocatícios definidos em contrato escrito pode ocorrer "a qualquer momento" antes do pagamento do precatório, mas, sim, até sua expedição; **B:** correta, nos termos do precitado art. 22, § 4º, do EAOAB; **C:** incorreta. O Estatuto da OAB permite que o advogado que tenha avençado seus honorários em contrato escrito o junte aos autos, a fim de que se proceda à dedução do montante respectivo do valor que esteja à disposição do cliente (art. 22, § 4º, EAOAB). Trata-se de um excelente mecanismo contra a futura – e eventual – inadimplência. Assim, o advogado terá a garantia de que receberá os valores ajustados com o cliente; **D:** incorreta. A possibilidade de dedução do valor dos honorários advocatícios contratualmente fixados, na forma já referida nos comentários às alternativas antecedentes, decorre de lei (leia-se: do Estatuto da OAB, art. 22, § 4º), razão pela qual o Juiz fazendário terá, sim, competência para proceder ao desconto no valor do precatório devido ao cliente.

Gabarito "B".

(OAB/Exame Unificado – 2013.1) Nos termos do Estatuto da Advocacia existe a previsão de pagamento de honorários advocatícios. Assinale a afirmativa que indica como deve ocorrer o pagamento, quando não houver estipulação em contrário.

(A) Metade no início e o restante parcelado em duas vezes.

(B) Um terço no início, um terço até a decisão de primeira instância e um terço ao final.

(C) Dez por cento no início, vinte por cento na sentença e o restante após o trânsito em julgado.

(D) Cinquenta por cento no início, trinta por cento até a decisão de primeiro grau e o restante após o recurso, se existir.

Nos exatos termos do art. 22, § 3º, do Estatuto da OAB, salvo estipulação em contrário, um terço dos honorários é devido no início do serviço, outro terço até a decisão de primeira instância e o restante no final. Portanto: 1/3, 1/3 e 1/3!

Gabarito "B".

(OAB/Exame Unificado – 2012.3.A) Um advogado é contratado por um empresário para atuar em causas na área empresarial, formalizando contrato escrito e emitindo fatura para pagamento dos honorários ajustados. A partir de determinado momento o empresário passou a não pagar os honorários ajustados. Consoante as regras do Código de Ética, o advogado para buscar o recebimento dos honorários pactuados, deverá

(A) emitir duplicatas decorrentes da fatura apresentada.

(B) levar o contrato de honorários a protesto.

(C) emitir debêntures em decorrência do contrato firmado.

(D) cobrar os valores por meio de ação judicial.

De acordo com o art. 52 do Código de Ética, o crédito por honorários advocatícios, seja do advogado autônomo, seja de sociedade de advogados, não autoriza o saque de duplicatas ou qualquer outro título de crédito de natureza mercantil, podendo, apenas, ser emitida fatura, quando o cliente assim pretender, com fundamento no contrato de prestação de serviços, a qual, porém, não poderá ser levada a protesto. Pode, todavia, ser levado a protesto o cheque ou a nota promissória emitido pelo cliente em favor do advogado, depois de frustrada a tentativa de recebimento amigável (art. 52, parágrafo único, do CED). Assim, a única alternativa que resta ao advogado que ser vir diante de inadimplência do cliente no tocante aos honorários, é a cobrança dos respectivos valores por meio de ação judicial. Se houver contrato escrito, que tem eficácia executiva (art. 24, *caput*, do Estatuto da OAB), poderá o advogado promover a execução de referido título. Caso não o tenha, deverá promover ação objetivando o arbitramento judicial dos honorários (art. 22, § 2º, do Estatuto da OAB), não podendo ser inferiores ao mínimo estipulado nas tabelas editadas pelos Conselhos Seccionais.

Gabarito "D".

(OAB/Exame Unificado – 2011.3.A) No caso de arbitramento judicial de honorários, pela ausência de estipulação ou acordo em relação a eles, é correto afirmar, à luz das regras estatutárias, que

(A) os valores serão livremente arbitrados pelo juiz, sem parâmetros, devendo o advogado percebê-los.

(B) a fixação dos honorários levará em conta o valor econômico da questão.

(C) a tabela organizada pela OAB não é relevante para essa forma de fixação.

(D) havendo acordo escrito, poderá ocorrer o arbitramento judicial de honorários.

A: incorreta, pois o juiz, quando do arbitramento de honorários ao advogado, decorrente da ausência de estipulação ou acordo com o cliente, irá pautar-se pelas tabelas editadas pelos Conselhos Seccionais (art. 22, § 2º, do EAOAB); **B:** correta, de acordo com o art. 22, § 2º, do EAOAB; **C:** incorreta, pois, como dito, a tabela de honorários editada por cada Conselho Seccional servirá como parâmetro ao magistrado quando do arbitramento dos honorários advocatícios; **D:** incorreta, pois, havendo acordo escrito, o advogado não necessitará de arbitramento de seus honorários pelo magistrado. Afinal, o contrato escrito de honorários constitui título executivo, passível, portanto, de execução (art. 24 do EAOAB).

Gabarito "B".

(OAB/Exame Unificado – 2011.3.B) Esculápio realiza contrato escrito de honorários com Terêncio, no valor de R$ 20.000,00. Consoante as normas estatutárias aplicáveis à espécie, é correto afirmar que

(A) esse documento não se reveste passível de futura execução, como título executivo.

(B) a ausência de pagamento do valor pactuado leva ao arbitramento judicial dos honorários.

(C) o contrato escrito é título executivo, podendo o advogado ingressar com ação de execução dos seus honorários.

(D) esse crédito não possui privilégio em eventual insolvência do cliente.

A: incorreta, pois o contrato escrito de honorários é título executivo (art. 24, *caput*, do EAOAB); **B:** incorreta, pois, havendo contrato escrito, que, como visto, é considerado título executivo, caberá ao advogado credor promover a competente ação de execução, não sendo necessário o arbitramento judicial dos honorários, que somente ocorrerá quando não houver acordo (art. 22, § 2º, do EAOAB); **C:** correta, corresponde à previsão contida no art. 24, *caput*, do EAOAB; **D:** incorreta, pois os honorários advocatícios são considerados créditos privilegiados em caso de concurso de credores (ex.: falência e insolvência civil).

Gabarito "C".

1. ÉTICA PROFISSIONAL

(OAB/Exame Unificado – 2012.1) O advogado João apresentou petição em determinada Vara Cível, pela qual fazia juntar o contrato de honorários celebrado com seu cliente para aquela causa, bem como requeria a expedição de mandado de pagamento em seu nome, a fim de receber seus honorários diretamente, por dedução da quantia a ser recebida por seu constituinte. Sobre a hipótese e à luz do que dispõe o Estatuto da Advocacia e da OAB, assinale a alternativa correta:

(A) O advogado tem direito à expedição de mandado de pagamento em seu nome, para que receba diretamente seus honorários, por dedução da quantia a ser recebida pelo constituinte, devendo, para tanto, fazer juntar aos autos o contrato de honorários.

(B) O advogado tem direito à expedição de mandado de pagamento em seu nome, para que receba diretamente seus honorários, por dedução da quantia a ser recebida pelo constituinte, devendo, para tanto, fazer juntar aos autos o contrato de honorários, bem como declaração expressa de seu constituinte anuindo com a realização do pagamento diretamente ao advogado.

(C) O advogado não tem direito à expedição de mandado de pagamento em seu nome, para que receba diretamente seus honorários, por dedução da quantia a ser recebida pelo constituinte, mas o magistrado pode assim determinar, caso entenda conveniente.

(D) O advogado não tem direito, em hipótese alguma, à expedição de mandado de pagamento em seu nome, para que receba diretamente seus honorários, por dedução da quantia a ser recebida pelo constituinte. Mandados de pagamento, incluindo-se aqueles referentes aos honorários do advogado, são sempre expedidos em nome da parte.

De acordo com o art. 22, § 4º, do EAOAB, se o advogado fizer juntar aos autos o seu contrato de honorários antes de expedir-se o mandado de levantamento ou precatório, o juiz deve determinar que lhe sejam pagos diretamente, por dedução da quantia a ser recebida pelo constituinte, salvo se este provar que já os pagou. Trata-se de excelente "favor legal" pela existência de um contrato escrito de honorários, qual seja, a de dedução do montante correspondente ao valor a ser percebido pelo advogado da quantia a ser levantada pelo cliente. Vale frisar que tal possibilidade (dedução dos honorários da quantia a ser recebida pelo cliente) decorre diretamente da lei, não sendo necessária qualquer autorização do cliente (tal como referido na parte final da alternativa B). Caberá ao juiz, com a juntada aos autos judiciais do contrato de honorários, expedir mandado de levantamento diretamente em nome do advogado, no montante correspondente aos honorários contratados. O valor restante, por óbvio, será levantado pelo cliente.
Gabarito "A".

(OAB/Exame Unificado – 2012.2) João postulou, por meio de representação de advogado, ação condenatória em face da sociedade Cacos e Cacos Ltda., obtendo sentença favorável, condenando a ré ao pagamento da quantia de R$ 100.000,00 (cem mil reais), acrescida de R$ 15.000,00 (quinze mil reais) de honorários advocatícios. Após o trânsito em julgado da decisão judicial, João e seu advogado Pedro são cientificados de que a sociedade está falida, devendo os seus créditos sofrer procedimento de habilitação.

Nesse caso, a natureza dos créditos correspondentes a honorários advocatícios, nos termos do Estatuto, é considerada como

(A) quirografária.

(B) real.

(C) privilegiada.

(D) natural.

De fato, o crédito correspondente a honorários advocatícios, conforme dispõe o art. 24, *caput*, do EAOAB, é considerado privilegiado no caso de concurso de credores (ex.: falência ou insolvência). Importante destacar, porém, que a jurisprudência do STJ (REsp 1.152.218/RS, de relatoria do Ministro Luis Felipe Salomão) consolidou o entendimento que os créditos resultantes de honorários advocatícios têm natureza alimentar e equiparam-se aos trabalhistas para efeito de habilitação em falência. Confira-se abaixo a ementa do referido julgado: "DIREITO PROCESSUAL CIVIL E EMPRESARIAL. RECURSO ESPECIAL REPRESENTATIVO DE CONTROVÉRSIA. ART. 543-C DO CPC [Art. 1.036 do CPC/2015]. HONORÁRIOS ADVOCATÍCIOS. FALÊNCIA. HABILITAÇÃO. CRÉDITO DE NATUREZA ALIMENTAR. ART. 24 DA LEI 8.906/1994. EQUIPARAÇÃO A CRÉDITO TRABALHISTA". Assim, o crédito decorrente de honorários advocatícios, quando habilitado na falência, gozará de privilégio especial.
Gabarito "C".

(OAB/Exame Unificado – 2012.2) João é contratado para propor ação de cobrança pela sociedade M e P Ltda., em face da sociedade C e L Ltda., sendo o valor da causa, correspondente ao débito, de R$ 200.000,00 (duzentos mil reais). Após iniciada a ação, mas antes do ato citatório, a sociedade autora vem a desistir da mesma. Houve contrato de honorários subscrito pelas partes aventando que, nesse caso, seriam devidos honorários fixos de R$ 10.000,00 (dez mil reais). A sociedade notificada regularmente não pagou os honorários contratuais.

Nesse caso, o prazo para a prescrição da ação de cobrança de honorários passa a contar da data

(A) do trânsito em julgado da decisão judicial.

(B) da desistência judicial formulada.

(C) do término do mandato judicial.

(D) da ultimação do serviço judicial.

A: incorreta, pois o trânsito em julgado de decisão judicial somente constituirá termo inicial do prazo prescricional à cobrança de honorários quando os tiver fixado (art. 25, II, do EAOAB). No problema proposto, a decisão judicial não fixou os honorários, mas, simplesmente, homologou o pedido de desistência da ação; **B:** correta (art. 25, IV, do EAOAB); **C:** incorreta, pois, no caso relatado no enunciado da questão, o termo inicial da prescrição à cobrança dos honorários é a própria desistência judicial (art. 25, II, do EAOAB), e não o término do mandato em razão, por exemplo, de renúncia ou revogação (art. 25, V, do EAOAB); **D:** incorreta, pois o advogado foi contratado para promover ação judicial (e não serviços extrajudiciais).
Gabarito "B".

(OAB/Exame Unificado – 2011.1) A prescrição para a cobrança de honorários advocatícios tem como termo inicial, consoante as normas estatutárias,

(A) o dia do primeiro ato extrajudicial.

(B) o início do contrato de prestação de serviços.

(C) a data da revogação do mandato.

(D) a sentença que julga procedente o pedido em favor do cliente do advogado.

A: incorreta. De acordo com o art. 25 do Estatuto da OAB (EAOAB – Lei 8.906/1994), a prescrição da ação de cobrança de honorários advocatícios é de cinco anos, contados: I – do vencimento do contrato, se houver; II – do trânsito em julgado da decisão que os fixar; III – da ultimação do serviço extrajudicial; IV – da desistência ou transação; e V – da renúncia ou revogação do mandato. Portanto, o termo inicial não poderá ser o dia do primeiro ato extrajudicial, mas sim de sua ultimação (término); **B:** incorreta, pois, consoante art. 25, I, do EAOAB, o prazo de prescrição começará a fluir a partir do vencimento do contrato, se houver, e não do início da prestação dos serviços; **C:** correta. De fato, a partir da revogação do mandato, a relação cliente-advogado está extinta, cabendo ao advogado, a partir de então, intentar com demanda no prazo máximo de cinco anos (art. 25, V, do EAOAB); **D:** incorreta. Apenas com o trânsito em julgado da decisão que houver fixado os honorários (ex.: honorários sucumbenciais ou honorários por arbitramento) é que terá início a prescrição quinquenal (art. 25, II, do EAOAB).

Gabarito "C."

(OAB/Exame Unificado – 2010.3) Homero, advogado especializado em Direito Público, após longos anos, obtém sentença favorável contra a Fazenda Pública Estadual. Requer a execução especial e apresenta, após o decurso normal do processo, requerimento de expedição de precatório, estabelecendo a separação do principal, direcionado ao seu cliente, dos honorários de sucumbência e postulando o desconto no principal de vinte por cento a título de honorários contratuais, cujo contrato anexa aos autos. O pedido é deferido pelo Juiz, mas há recurso do Ministério Público, que não concorda com tal desconto. De acordo com as normas estatutárias aplicáveis, é correto afirmar que

(A) seja o contrato escrito ou verbal, pode o advogado requerer o pagamento dos seus honorários contratuais mediante desconto no valor da condenação.

(B) é possível o pagamento de honorários advocatícios contratuais no processo em que houve condenação, havendo precatório, desde que o contrato seja escrito.

(C) os honorários devidos no processo judicial se resumem aos sucumbenciais, vedado o desconto de quaisquer outros valores a esse título.

(D) os honorários advocatícios, que gozam de autonomia, quer sucumbenciais, quer contratuais, devem ser cobrados em via própria diretamente ao cliente.

A: incorreta, pois, conforme preconiza o art. 22, § 4º, do Estatuto da OAB (EAOAB – Lei 8.906/1994), *"se o advogado fizer juntar aos autos o seu* contrato de honorários *antes de expedir-se o mandado de levantamento ou precatório, o juiz deve determinar que lhe sejam pagos diretamente, por dedução da quantia a ser recebida pelo constituinte, salvo se este provar que já os pagou."* (g.n.). Assim, se o contrato for verbal, inviável a aplicação do dispositivo legal transcrito; **B:** correta, pois, de acordo com o já citado art. 22, § 4º, do EAOAB, é perfeitamente possível que o advogado Homero pleiteie em juízo a reserva do montante capaz de quitar os honorários contratualmente avençados, expedindo-se, inclusive, precatório ou requisição de pequeno valor da verba em questão; **C:** incorreta, pois, no bojo de um processo judicial, como visto, poderá o advogado receber os *honorários contratuais*, mediante juntada do contrato escrito aos autos (art. 22 do EAOAB), bem assim os *honorários sucumbenciais*, que devem ser pagos pelo vencido ao advogado do vencedor (art. 23 do EAOAB); **D:** incorreta, pois os honorários sucumbenciais *podem ser cobrados nos próprios autos* em que forem fixados, sendo desnecessário o ajuizamento de ação autônoma para que o advogado os receba (art. 23 do EAOAB).

Gabarito "B."

(OAB/Exame Unificado – 2010.2) Eduardo, advogado, é contratado para defender os interesses de Otávio, próspero fazendeiro, em diversas ações, de natureza civil, empresarial, criminal, bem como em processos administrativos que tramitam em numerosos órgãos públicos.

Antes de realizar os atos próprios da profissão, apresenta ao cliente os termos de contrato de honorários, que divide em valores fixos, acrescidos dos decorrentes da eventual sucumbência existente nos processos judiciais. À luz das normas aplicáveis,

(A) os honorários sucumbenciais e os contratados são naturalmente excludentes, devendo o profissional optar por um deles.

(B) os honorários contratuais devem ser sempre em valor fixo.

(C) os honorários de sucumbência podem, ao alvedrio das partes, sofrer desconto dos honorários pactuados contratualmente.

(D) os honorários sucumbenciais acrescidos dos honorários contratuais podem superar o benefício econômico obtido pelo cliente.

A: incorreta, pois, segundo o art. 22, *caput*, da Lei 8.906/1994, a prestação do serviço assegura ao advogado direito aos honorários convencionados, aos fixados por arbitramento judicial **e** aos de sucumbência; ademais, os honorários fixados em sentença pertencem ao advogado, que pode executá-los autonomamente (art. 23 da Lei 8.906/1994). Ademais, não é verdadeira a firmação de que os honorários sucumbenciais excluem os contratuais, ou vice-versa, haja vista que são espécies distintas de honorários, pagos, inclusive, por pessoas distintas. Os contratuais são pagos, obviamente, pelo cliente (contratante), ao passo que os sucumbenciais são pagos pela parte vencida no processo. Aliás, segundo o CED, "os honorários da sucumbência e os honorários contratuais, pertencendo ao advogado que houver atuado na causa, poderão ser por ele executados, assistindo-lhe direito autônomo para promover a execução do capítulo da sentença que os estabelecer ou para postular, quando for o caso, a expedição de precatório ou requisição de pequeno valor em seu favor (art. 51) "; assim, é possível que o contrato de honorários determine que o advogado fique com os dois honorários (contratual e de sucumbência) ou que se combine algum tipo de compensação; **B:** incorreta, pois não existe, nos arts. 22 a 26 do EAOAB, nem nos arts. 48 a 54 do CED, obrigação nesse sentido; **C:** correta, cabendo às partes (cliente e advogado) disporem da forma que bem entenderem. Afinal, de acordo com o STF (ADI 1194), os honorários têm natureza disponível; **D:** incorreta, pois, segundo o art. 50, *caput*, do CED, "na hipótese da adoção de cláusula *quota litis*, os honorários devem ser necessariamente representados por pecúnia e, quando acrescidos dos de honorários da sucumbência, **não podem ser superiores às vantagens advindas a favor do cliente**" (g.n.).

Gabarito "C."

(OAB/Exame Unificado – 2010.1) Referentemente à cobrança de honorários advocatícios, assinale a opção correta.

(A) A ação de cobrança de honorários prescreve em cinco anos, sendo o prazo contado, necessariamente, a partir do vencimento do contrato, cuja juntada é imprescindível.

(B) O prazo prescricional da ação de cobrança de honorários depende do tipo de trabalho profissional contratado e é contado a partir do trânsito em julgado da decisão que os fixar.

(C) O advogado substabelecido com reserva de poderes pode cobrar honorários proporcionais ao trabalho realizado, sem a intervenção daquele que lhe conferiu o substabelecimento.

1. ÉTICA PROFISSIONAL   **59**

(D) A decisão judicial que arbitrar honorários e o contrato escrito que o estipular são títulos executivos e constituem crédito privilegiado na falência e na liquidação extrajudicial, entre outras situações.

A: incorreta. Além do vencimento do contrato, podem haver outros marcos iniciais do prazo prescricional (art. 25 do Estatuto – I) vencimento do contrato; II) trânsito em julgado da sentença que houver fixado os honorários; III) ultimação dos serviços extrajudiciais; IV) renúncia ou revogação do mandato; V) desistência ou transação) **B:** incorreta. O prazo é de 5 anos e tem outros marcos iniciais (art. 25 do Estatuto – *vide* comentário à alternativa A); **C:** incorreta. Tal cobrança não pode ser feita sem a referida intervenção (art. 26 do Estatuto); **D:** correta. É o que estabelece o art. 24 do Estatuto.
Gabarito "D".

(OAB/Exame Unificado – 2009.1) Assinale a opção correta com relação aos honorários advocatícios.

(A) Nos honorários sucumbenciais, impostos por decisão judicial, estão incluídos os contratuais, salvo se estipulado o contrário no contrato entre advogado e cliente.

(B) De acordo com o Estatuto da OAB, é imprescritível a ação de cobrança de honorários contratuais, ainda que o contrato preveja prazo certo para tanto.

(C) Os honorários sucumbenciais são devidos ao advogado pela parte perdedora da ação, podendo o causídico, inclusive, promover a execução ou cumprimento da sentença, conforme o caso, nos próprios autos da causa em que atuou.

(D) Na execução contra a fazenda pública, é vedado ao advogado pleitear ao juízo a expedição de precatório de crédito de honorários contratuais de forma separada do valor devido ao cliente.

A: incorreta (art. 22, *caput*, da Lei 8.906/1994 – repare na partícula "e"); **B:** incorreta, visto que a prescrição da pretensão à cobrança dos honorários ocorre no prazo de cinco anos, consoante dispõe o art. 25 da Lei 8.906/1994; **C:** correta (arts. 23 e 24, § 1º, da Lei 8.906/1994); **D:** incorreta (art. 23 da Lei 8.906/1994). Importante destacar, inclusive, o teor da Súmula vinculante 47: "Os honorários advocatícios incluídos na condenação ou destacados do montante principal devido ao credor consubstanciam verba de natureza alimentar cuja satisfação ocorrerá com a expedição de precatório ou requisição de pequeno valor, observada ordem especial restrita aos créditos dessa natureza."
Gabarito "C".

(OAB/Exame Unificado – 2008.3) Acerca dos honorários profissionais previstos no Código de Ética e Disciplina da OAB, assinale a opção correta.

(A) O trabalho do advogado e o tempo necessário ao serviço profissional são elementos que devem ser atendidos para a fixação dos honorários advocatícios.

(B) Os honorários advocatícios são tabelados nacionalmente e obedecem ao critério de fixação de preços com base no valor da causa, não tendo relevância a condição econômica do cliente.

(C) Os honorários advocatícios para as causas de família e do direito do trabalho podem ser previstos em contrato escrito ou verbal.

(D) A cobrança judicial dos honorários advocatícios deve ser feita pelo próprio profissional contratado.

A: correta, conforme dispõe o art. 49, II, do CED; **B:** incorreta (arts. 49, IV, do CED e 58, V, da Lei 8.906/1994 – os honorários são tabe-

lados por ato dos Conselhos Seccionais, que são os órgãos estaduais da OAB, sendo levado em consideração, dentre outras situações a condição econômica do cliente): **C:** incorreta. De acordo com o art. 48, *caput*, e § 1º, do CED, os serviços profissionais serão contratados preferencialmente por escrito, não exigindo o contrato forma especial. Assim, não é verdadeira a afirmação de que apenas para as causas de direito de família e de direito do trabalho os honorários serão previstos em contrato escrito ou verbal. O precitado art. 48 do CED é aplicável indistintamente a qualquer ramo do Direito; **D:** incorreta, pois, de acordo com o art. 54 do CED, "havendo necessidade de promover arbitramento ou cobrança judicial de honorários, deve o advogado renunciar previamente ao mandato que recebera do cliente em débito".
Gabarito "A".

(OAB/Exame Unificado – 2008.2.SP) Segundo as disposições do Código de Ética e Disciplina da OAB, o advogado inscrito na OAB há vinte anos, ao fixar seus honorários advocatícios, deve observar

(A) a forma de contrato oral prevista para os advogados inscritos há mais de dez anos na OAB.

(B) o impedimento da adoção da cláusula *quota litis* para honorários representados por pecúnia.

(C) a possibilidade de participação em bens particulares do cliente mediante contrato verbal ou escrito.

(D) sua competência profissional e seu renome.

A: incorreta (art. 48, § 1º do CED – os serviços profissionais serão contratados preferencialmente por escrito); **B:** incorreta (art. 50 do CED – os honorários podem ser estabelecidos na forma *quota litis*, fixados em um percentual do proveito econômico da causa, não podendo, somados à sucumbência, superar os ganhos do cliente); **C:** incorreta (art. 50, §1º, do CED – a participação do advogado em bens particulares do cliente é admitida excepcionalmente, desde que comprovadamente o cliente não disponha de recursos financeiros e desde que fixado em instrumento contratual tal forma de pagamento); **D:** correta (art. 49, VII, do CED – os honorários advocatícios deverão ser fixados com moderação, atendidos, dentre outros, a competência do profissional).
Gabarito "D".

(OAB/Exame Unificado – 2007.3) A construtora Muralha Ltda. contratou Souza e Silva Advogados Associados S/S para o ajuizamento de ação para condenação da União ao pagamento de crédito de R$ 300.000,00 decorrente de contrato administrativo de prestação de serviços já devidamente realizados. Ficou pactuado, no caso de êxito, o pagamento de 20% do proveito econômico decorrente da decisão judicial. O pedido foi julgado procedente e houve a condenação da Fazenda também em honorários advocatícios de 10% do valor da condenação. Antes do trânsito em julgado, a empresa faliu. Considerando a situação acima exposta, assinale a opção correta de acordo com o Estatuto da OAB.

(A) A sociedade de advogados tem legitimidade para executar autonomamente os honorários de sucumbência, inclusive nos mesmos autos judiciais.

(B) Na hipótese de a União não pagar os honorários de sucumbência, a sociedade poderá exigir do cliente o adimplemento desta obrigação.

(C) O Conselho Federal da Ordem dos Advogados do Brasil entende que apenas os honorários contratuais são direito do advogado e que os de sucumbência pertencem ao cliente.

(D) O crédito decorrente do contrato de honorários é quirografário no processo de falência.

A: correta, conforme arts. 23 e 24, § 1º, da Lei 8.906/1994 e art. 51, *caput*, do CED; **B:** incorreta, visto que os honorários de sucumbência são devidos pela parte vencida ao advogado da parte vencedora; **C:** incorreta, pois os honorários sucumbenciais, como visto, pertencem ao advogado da parte vencedora; **D:** incorreta (art. 24, *caput*, da Lei 8.906/1994 – Estatuto), eis que os honorários advocatícios constituem crédito privilegiado (e não quirografário) nas execuções coletivas (ex.: falência).

Gabarito "A".

(OAB/Exame Unificado – 2007.3.SP) No que se refere a honorários advocatícios, assinale a opção correta.

(A) No sistema de *quota litis*, não é possível a cumulação desta com os honorários de sucumbência.

(B) Inexistindo contrato escrito de honorários, está implícito que o advogado receberá, apenas, os honorários de sucumbência.

(C) O advogado substabelecido com reserva pode cobrar os honorários diretamente do cliente, sem intervenção daquele que lhe substabeleceu.

(D) A ação de cobrança de honorários prescreve em cinco anos, a contar do trânsito em julgado da decisão que o fixar, entre outras hipóteses previstas no Estatuto da Advocacia.

A: incorreta (art. 50, *caput*, do CED). Admite-se a cumulação no sistema *quota litis* com os honorários de sucumbência, mas o advogado não poderá receber mais do que o cliente; **B:** incorreta, pois, inexistindo contrato escrito "os honorários são fixados por arbitramento judicial, em remuneração compatível com o trabalho e o valor econômico da questão, não podendo ser inferiores aos estabelecidos na tabela organizada pelo Conselho Seccional da OAB" (art. 22, § 2º, da Lei 8.906/1994); **C:** incorreta, já que o advogado substabelecido com reservas *não* poderá cobrar sem a intervenção daquele que lhe substabeleceu. (art. 26 da Lei 8.906/1994); **D:** correta, em conformidade com o art. 25, II, da Lei 8.906/1994.

Gabarito "D".

(OAB/Exame Unificado – 2007.2) Em relação aos honorários advocatícios tratados no Código de Ética e Disciplina dos Advogados, assinale a opção correta.

(A) O recebimento de honorários de sucumbência exclui o pagamento dos honorários contratuais.

(B) O advogado não pode levar em consideração a condição econômica do cliente para fixação dos honorários advocatícios.

(C) Na hipótese de adoção de cláusula *quota litis*, os honorários devem ser necessariamente representados por pecúnia.

(D) Há expressa vedação a que o advogado tenha participação no patrimônio particular de clientes comprovadamente sem condições pecuniárias de pagá-lo.

A: incorreta, pois os honorários de sucumbência não excluem os contratuais, conforme se depreende do art. 51, *caput*, do CED; **B:** incorreta, pois o advogado, na fixação dos honorários, levará em consideração a condição econômica do cliente (art. 49, IV, do CED); **C:** correta, consoante dispõe o art. 50, *caput*, do CED. Porém, é bom advertir, tolera-se, excepcionalmente, a participação do advogado em bens particulares do cliente, desde que este, comprovadamente, não disponha de recursos financeiros para pagar os honorários ajustados em pecúnia (art. 50, § 1º, do CED); **D:** incorreta, pois em caráter excepcional, a participação no patrimônio poderá ocorrer (art. 50, §1º, do CED), conforme analisado no comentário à alternativa anterior.

Gabarito "C".

(EXAME DE ORDEM) O acordo feito pelo cliente do advogado e a parte contrária

(A) torna sem efeito o contrato de honorários estabelecido.

(B) determina o término do patrocínio e revogação do mandato.

(C) não lhe prejudica os honorários convencionados ou fixados por sentença.

(D) só autoriza a execução dos honorários concedidos por sentença.

Conforme preceitua o art. 24, § 4.º, do EAOAB, o acordo feito pelo cliente do advogado e a parte contrária, salvo se houver aquiescência do profissional, não lhe prejudica os honorários, quer os convencionados, quer os concedidos por sentença.

Gabarito "C".

(EXAME DE ORDEM) A revogação do mandato judicial, após o trânsito em julgado da ação:

(A) impede o advogado de cobrar os honorários de sucumbência, senão através de ação própria.

(B) somente será possível com a prévia concordância do advogado.

(C) somente será possível após a quitação dos honorários do advogado.

(D) permite ao advogado prosseguir com a cobrança dos honorários de sucumbência no mesmo feito.

Os honorários são a remuneração pecuniária de serviços prestados por profissional liberal. Para a sua fixação o advogado deve sempre atuar com moderação, levando-se em conta a importância e a complexidade da causa, a sua experiência e o conceito gozado pelo profissional na comunidade. Para a resolução da presente questão, devemos nos voltar para o art. 17 do Código de Ética e Disciplina da OAB, que estabelece que a revogação do mandato judicial por vontade do cliente não o desobriga do pagamento das verbas honorárias contratadas, bem como não retira o direito do advogado de receber o quanto lhe seja devido em eventual verba honorária de sucumbência, calculada proporcionalmente, em face do serviço efetivamente prestado.

Gabarito "D".

(EXAME DE ORDEM) A adoção da cláusula quota litis:

(A) não pode exceder ao percentual estabelecido por lei.

(B) não exige contrato escrito.

(C) exige contrato escrito.

(D) será compensada com os honorários de sucumbência.

A cláusula *quota litis* é aquela por meio da qual o advogado, além dos serviços profissionais, assume o custeio integral da demanda, perdendo tudo, inclusive o trabalho, se a demanda foi infrutífera e recebendo se obtiver ganho de causa. O art. 50 do Código de Ética e Disciplina da OAB determina que, nos casos em que for adotada a cláusula em questão, os honorários devem ser necessariamente representados por pecúnia e, quando acrescidos dos honorários da sucumbência, não podem ser superiores às vantagens advindas em favor do constituinte ou do cliente.

Gabarito "C".

(EXAME DE ORDEM) A decisão judicial que fixa ou arbitra os honorários do advogado:

(A) será obrigatoriamente reduzida se houver acordo entre as partes, e desde que as partes transacionem sobre o valor a ser pago, quando será observada a proporção da redução transacionada.

(B) constitui título executivo e somente poderá ser exigido em conjunto com a condenação principal.

1. ÉTICA PROFISSIONAL

(C) constitui título executivo e direito autônomo do advogado, que poderá exigi-lo independentemente da condenação principal.

(D) constitui crédito quirografário se, antes da execução da sentença, for decretada a falência do executado.

De acordo com o art. 23 do EAOAB, os honorários incluídos na condenação, por arbitramento ou sucumbência, pertencem ao advogado, o qual tem direito autônomo para executar a sentença nesta parte, podendo requerer que o precatório, quando necessário, seja expedido em seu favor.
Gabarito "C".

(EXAME DE ORDEM) Prescreve a ação de cobrança de honorários do advogado em:

(A) 05 (cinco) anos.

(B) 04 (quatro) anos.

(C) 03 (três) anos.

(D) 02 (dois) anos.

Os honorários advocatícios consistem na retribuição pelos serviços prestados pelo advogado, podendo ser: a) convencionados (pactuados entre advogado e cliente); b) arbitrados judicialmente (na falta de estipulação ou de acordo entre cliente e advogado) e; c) sucumbenciais (pagos pela parte vencida no processo – art. 85 do NCPC). Nos termos do art. 25 do Estatuto da Advocacia e Ordem dos Advogados do Brasil (EAOAB – Lei 8.906/1994), prescreve em 5 (cinco) anos a ação de cobrança de honorários de advogado.
Gabarito "A".

(EXAME DE ORDEM) O substabelecimento de procuração, com reservas de poderes, para agir em Juízo:

(A) não permite ao substabelecido a cobrança de honorários sem a intervenção daquele que lhe conferiu o substabelecimento.

(B) não permite ao substabelecido a cobrança de honorários, sendo tal iniciativa reservada unicamente àquele que lhe conferiu o substabelecimento.

(C) permite ao substabelecido a cobrança de honorários, independentemente da intervenção daquele que lhe conferiu o substabelecimento.

(D) permite ao substabelecido a cobrança de honorários, independentemente da intervenção daquele que lhe conferiu o substabelecimento, desde que lhe reserve a metade dos honorários que venha a receber.

A prestação de serviço profissional assegura aos inscritos na OAB o direito aos honorários convencionados, aos fixados por arbitramento judicial e aos de sucumbência. Nos termos do art. 26 do Estatuto da Advocacia e da OAB (EAOAB), o advogado substabelecido com reserva de poderes não pode cobrar honorários sem a intervenção daquele que lhe conferiu o substabelecimento.
Gabarito "A".

(EXAME DE ORDEM) Os honorários de sucumbência são

(A) integralmente devidos à sociedade de advogados, qualquer que seja o vínculo desta com os advogados.

(B) integralmente devidos à sociedade empregadora, que não seja sociedade de advogados, desde que os advogados tenham sido contratados para atuarem em regime de dedicação exclusiva.

(C) integralmente devidos aos advogados empregados, salvo quando se tratar de vínculo empregatício com sociedade de advogados.

(D) partilhados entre os advogados empregados e a sociedade empregadora, desde que não seja uma sociedade de advogados.

Os honorários de sucumbência (espécie de honorários advocatícios, que também podem decorrer de convenção pelas partes ou por arbitramento judicial – art. 22 do EAOAB) serão devidos integralmente aos advogados empregados, salvo se percebidos por advogado empregado de sociedade de advogados, caso em que serão partilhados entre ele e a empregadora, nos termos do art. 21, parágrafo único, do EAOAB. Perceba que a Lei 8.906/1994 (EAOAB) deixa claro que os honorários de sucumbência pertencem ao advogado, como forma de remuneração pelo seu trabalho. Porém, se o advogado for empregado de sociedade de advogados, os honorários de sucumbência não serão integralmente dele, mas partilhados com a sociedade empregadora, nos termos de acordo prévio estipulado nesse sentido.
Gabarito "C".

(EXAME DE ORDEM) A ação de cobrança de honorários do advogado prescreve em 5 anos, contados:

(A) da data da assinatura do instrumento de mandato.

(B) da data da assinatura do contrato de honorários.

(C) do vencimento do contrato de honorários.

(D) da data em que o advogado apresenta a nota de seus honorários.

Os honorários advocatícios consistem na retribuição pelos serviços prestados pelo advogado, podendo ser: a) convencionados (pactuados entre advogado e cliente); b) arbitrados judicialmente (na falta de estipulação ou de acordo entre cliente e advogado) e c) sucumbenciais (pagos pela parte vencida no processo, nos termos do art. 85 do NCPC). Nos termos do art. 25 do EAOAB, prescreve em 5 (cinco) anos a ação de cobrança de honorários de advogado, contando o prazo: I – do vencimento do contrato, se houver; II – do trânsito em julgado da decisão que os fixar; III – da ultimação do serviço extrajudicial; IV – da desistência ou transação; V – da renúncia ou revogação do mandato.
Gabarito "C".

(EXAME DE ORDEM) O crédito por honorários advocatícios:

(A) pode ser objeto de emissão de fatura, independentemente da exigência ou autorização do cliente, hipótese em que será permitida a tiragem do protesto.

(B) pode ser objeto de emissão de fatura, desde que constitua exigência do cliente, hipótese em que será permitida a tiragem de protesto.

(C) não pode ser objeto de emissão de qualquer título de crédito de natureza mercantil.

(D) pode ser objeto de emissão de qualquer título de crédito de natureza mercantil.

O art. 52 do Código de Ética e Disciplina da OAB expressamente afirma que o crédito por honorários advocatícios, seja de advogado autônomo, seja de sociedade de advogados, não autoriza o saque de duplicatas ou qualquer outro título de crédito de natureza mercantil, podendo apenas ser emitida fatura, quando o cliente assim pretender, com fundamento no contrato de prestação de serviços, a qual, porém, não poderá ser levada a protesto. Contudo, é bom destacar, será admissível o protesto de cheque ou nota promissória emitidos em favor do advogado, depois de frustrada e tentativa de recebimento amigável.
Gabarito "C".

(EXAME DE ORDEM) Dra. Cristina, advogada, recebeu procuração de sua cliente para propor ação de separação judicial, o que foi feito, após prolongada fase probatória, audiências e recurso a instância superior. Após o trânsito em julgado, com as expedições e registros de mandado de averbação competente e formal de partilha de bens, os autos foram arquivados. Após 15 meses, Dra. Cristina foi procurada por essa mesma cliente, que lhe solicitou a propositura de ação de divórcio, entendendo esta que a contratação anterior se estenderia também a essa causa, apesar de nada constar na procuração e no contrato de honorários, restritos à separação judicial. Considerando essa situação hipotética, assinale a opção correta de acordo com a norma em vigor:

(A) Por se tratar de direito de família, o acessório (divórcio) acompanha o principal, a separação, sem necessidade de nova procuração.

(B) Não é necessária nova procuração, mas devem ser cobrados novos honorários.

(C) Uma vez concluída a causa ou arquivado o processo, presumem-se o cumprimento e a cessação do mandato, sendo necessários nova procuração para o pedido de divórcio e novo contrato de honorários.

(D) Não é necessária nova procuração desde que se proponha conversão da separação em divórcio, de forma consensual.

A advogada Cristina cumpriu fielmente o mandato que lhe foi conferido pela sua cliente para o ajuizamento de ação de separação, conduzindo o processo até o seu encerramento. Assim, a contratação para a propositura da nova ação (divórcio) implica a necessidade de outorga de novo mandato e de novo contrato de honorários, uma vez que o objeto da segunda ação é diverso do da primeira, além do que não constava do primeiro contrato e nem mesmo da procuração.
Gabarito "C".

(EXAME DE ORDEM) No que se refere a honorários advocatícios, assinale a opção correta:

(A) No sistema de *quota litis*, não é possível a cumulação desta com os honorários de sucumbência.

(B) Inexistindo contrato escrito de honorários, está implícito que o advogado receberá, apenas, os honorários de sucumbência.

(C) O advogado substabelecido com reserva pode cobrar os honorários diretamente do cliente, sem intervenção daquele que lhe substabeleceu.

(D) A ação de cobrança de honorários prescreve em cinco anos, a contar do trânsito em julgado da decisão que o fixar, entre outras hipóteses previstas no Estatuto da Advocacia.

Os honorários advocatícios consistem na retribuição pelos serviços prestados pelo advogado, podendo ser: a) convencionados (pactuados entre advogado e cliente); b) arbitrados judicialmente (na falta de estipulação ou de acordo entre cliente e advogado) e c) sucumbenciais (pagos pela parte vencida no processo, nos termos do art. 85 do NCPC). Nos termos do art. 25 do Estatuto da Advocacia e Ordem dos Advogados do Brasil (EAOAB – Lei 8.906/1994), prescreve em 05 (cinco) anos a ação de cobrança de honorários de advogado, contando o prazo: I – do vencimento do contrato, se houver; II – do trânsito em julgado da decisão que os fixar; III – da ultimação do serviço extrajudicial; IV – da desistência ou transação; V – da renúncia ou revogação do mandato. A cláusula *quota litis* é aquela por meio da qual o advogado, além dos serviços profissionais, assume o custeio integral da demanda, perdendo tudo, inclusive o trabalho, se a demanda foi infrutífera e recebendo, se obtiver ganho de causa. O art. 50 do Código de Ética e Disciplina da OAB, determina que nos casos em que for adotada a cláusula em questão, os honorários devem ser necessariamente representados por pecúnia

e, quando acrescidos dos honorários da sucumbência, não podem ser superiores às vantagens advindas em favor do constituinte ou do cliente. Ocorre o substabelecimento quando um advogado transfere para outro os poderes que seu cliente lhe havia outorgado. Nesse caso, o advogado substabelecido ajusta os honorários com o seu colega substabelecente e não com o cliente, razão pela qual não poderá cobrar do cliente sem a intervenção do substabelecente (art. 26 do EAOAB).
Gabarito "D".

(EXAME DE ORDEM) Assinale a afirmativa incorreta.

(A) Os honorários sucumbenciais são cumulativos com os honorários contratados.

(B) Os honorários sucumbenciais constituem direito autônomo, podendo o advogado executar a sentença nessa parte.

(C) Tratando-se de advogado empregado de sociedade de advogados, a regra geral determina que os honorários de sucumbência sejam partilhados na forma do acordo estabelecido entre ela e seus advogados empregados.

(D) Revogando o cliente o mandato judicial por sua exclusiva vontade e pagando ao advogado a verba honorária contratada, fica afastado o direito do profissional a receber, ao término da ação, eventual verba honorária, calculada proporcionalmente ao serviço prestado, pois ela será destinada exclusivamente ao patrono que o substituiu.

Os honorários advocatícios são de três espécies: a) contratados, convencionais ou pactuados (são os que se estabelecem entre o cliente e o advogado, mediante ajuste escrito, o que é o ideal, ou verbal); b) arbitrados judicialmente (em caso de inadimplemento do cliente, exige-se que o advogado ajuíze demanda para a cobrança dos honorários, cabendo ao juiz fixá-los com base no art. 49 do Código de Ética e Disciplina, observado o mínimo estabelecido nas tabelas editadas pelos Conselhos Seccionais); e c) sucumbenciais ou de sucumbência (são os arbitrados pelo magistrado ao decidir a lide, condenando a parte vencida a pagar ao advogado da parte vencedora determinado valor, conforme estipula o art. 85 do NCPC). Assim, perfeitamente cumuláveis os honorários contratados (devidos pelo cliente ao advogado) com os sucumbenciais (devidos pela parte vencida ao advogado da parte vencedora, e não pelo cliente). No tocante aos honorários de sucumbência, o art. 23 do EAOAB dispõe que constituem parte autônoma da sentença, podendo o advogado, nesta parte, executá-los nos próprios autos (não se exige demanda autônoma). Correta, pois, a alternativa "B". Quando o advogado que houver patrocinado a causa for empregado de sociedade de advogados, o art. 21, parágrafo único, do EAOAB, permite que os honorários sucumbenciais sejam partilhados entre o causídico e a sociedade nos termos de acordo entre eles avençado. Logo, incorreta a alternativa "D", na medida em que, em caso de revogação do mandato (extinção) pelo cliente, sem prejuízo dos honorários convencionados que serão devidos ao profissional (ou seja, o cliente não se exonera de pagá-los ao causídico, ainda que extinga o contrato de mandato) fará ele jus à percepção de honorários sucumbenciais, fixados proporcionalmente entre o advogado que atuou no processo até a revogação e o profissional que o substituiu, conforme disposto no art. 17 do Código de Ética e Disciplina (CED).
Gabarito "D".

7. INCOMPATIBILIDADES E IMPEDIMENTOS

(OAB/Exame Unificado – 2019.3) João Pedro, advogado conhecido no Município Alfa, foi eleito para mandato na Câmara Municipal, na legislatura de 2012 a 2015. Após a posse e o exercício do cargo de vereador em 2012 e 2013, João Pedro licenciou-se do mandato em 2014

1. ÉTICA PROFISSIONAL

e 2015 a convite do Prefeito, para exercer o cargo de Procurador-Geral do Município Alfa.

Diante desses fatos, João Pedro,

(A) em 2012 e 2013, poderia exercer a advocacia a favor de entidades paraestatais.

(B) em 2012 e 2013, não poderia exercer a advocacia contra empresa concessionária de serviço público estadual.

(C) em 2014 e 2015, poderia exercer a advocacia privada, desde que não atuasse contra o Município Alfa ou entidade que lhe seja vinculada.

(D) em 2014 e 2015, não poderia exercer a advocacia a favor de autarquia vinculada ao Município Alfa.

O exercício de mandato eletivo (no caso, vereador) acarreta ao advogado o impedimento (proibição parcial para advogar) de que trata o art. 30, II, do EAOAB, ficando impossibilitado de exercer a advocacia contra ou a favor de todo o Poder Público. Já a assunção do cargo de Procurador-Geral de um Município impõe ao advogado o exercício exclusivo – e limitado – da advocacia vinculada às funções que exercer, durante o período da investidura (art. 29 do EAOAB). Assim, no caso relatado no enunciado, João Pedro, nos anos de 2012 e 2013, por ser vereador, sofreria apenas as restrições trazidas no art. 30, II, do EAOAB, qual seja, o impedimento de advogar contra ou a favor do Poder Público em geral, em todos os níveis. Já nos anos de 2014 e 2015, enquanto ocupou o cargo de Procurador-Geral do Município Alfa, somente poderia advogar de forma limitada, ou seja, no exclusivo interesse do Município, conforme prevê o já citado art. 29 do EAOAB. Vamos, assim, às alternativas! **A:** incorreta, pois no período em que João Pedro exercia mandato de vereador, ficou impedido de advogar contra ou a favor do Poder Público em geral, inclusive entidades paraestatais (art. 30, II, EAOAB); **B:** correta. O impedimento de João Pedro, enquanto foi vereador, englobava o exercício da advocacia contra ou a favor de entes da Administração Pública direta, indireta, entidades paraestatais ou empresas concessionárias ou permissionárias de serviços públicos (art. 30, II, EAOAB); **C:** incorreta. Enquanto João Pedro ocupou o cargo de Procurador-Geral do Município, somente estaria autorizado a exercer a advocacia vinculada às funções públicas inerentes ao referido cargo, sendo vedada, portanto, a advocacia privada; **D:** incorreta, pois, na condição de Procurador-Geral do Município Alfa, advogar a favor de autarquia vinculada ao próprio Município seria parte integrante de suas atribuições de Procurador-Geral, em consonância com o art. 29 do EAOAB.
Gabarito "B".

(OAB/Exame Unificado – 2017.1) Carolina, Júlia, Bianca e Maria são advogadas. Carolina é servidora estadual não enquadrada em hipótese de incompatibilidade; Júlia está cumprindo suspensão por infração disciplinar; Bianca está licenciada por requerimento próprio justificado; e Maria é servidora federal não enquadrada em hipótese de incompatibilidade. As quatro peticionam, como advogadas, isoladamente e em atos distintos, em ação judicial proposta em face da União. Diante da situação narrada, de acordo com o Estatuto da OAB, são válidos os atos praticados:

(A) por Carolina, apenas.

(B) por Carolina e Bianca, apenas.

(C) por Carolina, Bianca e Maria, apenas.

(D) por Carolina, Julia, Bianca e Maria.

Antes de analisarmos cada uma das alternativas, indispensável que entendamos a situação jurídica de cada uma das advogadas. Com relação a Carolina, que é servidora estadual não enquadrada em hipótese de incompatibilidade, cujo rol consta no art. 28 do Estatuto da OAB, aplicável apenas a vedação de demandar contra a Fazenda Pública que a remunera (art. 30, I, do EAOAB). Júlia, por estar cumprindo suspensão por infração disciplinar, fica interditada para o exercício profissional durante a execução de sua penalidade, nos termos do art. 37, § 1º, do EAOAB, sendo certo que qualquer ato privativo de advocacia praticado por advogado suspenso é nulo (art. 4º, parágrafo único, do EAOAB). Bianca está em gozo de licenciamento da profissão (art. 12, I, do EAOAB), razão por que não pode praticar atos privativos de advocacia, sob pena de nulidade (art. 4º, parágrafo único, do EAOAB). Finalmente, Maria, servidora federal não enquadrada em hipótese de incompatibilidade (art. 28, EAOAB), somente é impedida de advogar contra a Fazenda Pública que a remunera (art. 30, I, do EAOAB). Logo, das quatro advogadas, de plano verificamos que Júlia e Bianca não podem praticar quaisquer atos privativos de advocacia, sob pena de nulidade, já que, respectivamente, a primeira cumpre pena de suspensão e a segunda está licenciada. Quanto à advogada Carolina, que é servidora estadual, somente ficará impedida de advogar contra o Estado que a remunera, ao passo que Maria, servidora federal, é impedida de advogar contra a União. Assim, vamos às alternativas! **A:** correta. Carolina é a única advogada que poderá atuar em processo em face da União, eis que seu impedimento (art. 30, I, EAOAB) não alcança referido ente público, já que ela é servidora estadual; **B:** incorreta, pois Bianca, durante o período de licenciamento (art. 12, EAOAB), não poderá exercer a advocacia (art. 4º, parágrafo único, EAOAB); **C:** incorreta, seja com relação à Bianca (licenciada), seja quanto à advogada Maria, que, por ser servidora federal, é impedida de advogar contra a União, que é a Fazenda Pública que a remunera (art. 30, I, EAOAB); **D:** incorreta, acrescentando-se que Júlia, por estar cumprindo pena de suspensão, fica interditada para exercer a profissão em todo o território nacional (art. 37, §1º, EAOAB).
Gabarito "A".

(OAB/Exame Unificado – 2016.1) Formaram-se em uma Faculdade de Direito, na mesma turma, Luana, Leonardo e Bruno. Luana, 35 anos, já exercia função de gerência em um banco quando se graduou. Leonardo, 30 anos, é prefeito do município de Pontal. Bruno, 28 anos, é policial militar no mesmo município. Os três pretendem praticar atividades privativas de advocacia.

Considerando as incompatibilidades e impedimentos ao exercício da advocacia, assinale a opção correta.

(A) Luana não está proibida de exercer a advocacia, pois é empregada de instituição privada, inexistindo impedimentos ou incompatibilidades.

(B) Bruno, como os servidores públicos, apenas é impedido de exercer a advocacia contra a Fazenda Pública que o remunera.

(C) Os três graduados, Luana, Leonardo e Bruno, exercem funções incompatíveis com a advocacia, sendo determinada a proibição total de exercício das atividades privativas de advogado.

(D) Leonardo é impedido de exercer a advocacia apenas contra ou em favor de pessoas jurídicas de direito público, empresas públicas, sociedades de economia mista, fundações públicas, entidades paraestatais ou empresas concessionárias ou permissionárias de serviço público.

Luana, pelo fato de exercer função de gerência em um banco, seja este público ou privado, é incompatível com o exercício da advocacia, nos termos do art. 28, VIII, do EAOAB, sendo totalmente proibida de advogar. Com relação a Leonardo, também se constata a incompatibilidade, eis que é prefeito municipal, sendo, pois, chefe do Poder Executivo local (art. 28, I, do EAOAB). Finalmente, Bruno, por ser policial militar, é, igualmente, incompatível com o exercício da advocacia, nos termos do art. 28, V, do EAOAB. Ciente disso, vamos à análise das alternativas. **A:** incorreta. As funções de direção ou gerência em instituições financeiras, inclusive privadas, geram incompatibilidade (art. 28, VIII, do EAOAB); **B:** incorreta. É verdade que Bruno é servidor público (no caso, policial militar). Contudo, a atividade por ele desempenhada encontra-se prevista no rol das incompatibilidades (art. 28, V, do EAOAB), o que o torna absolutamente proibido de exercer a advocacia. Não se encontrassem as atividades policiais no art. 28 do EAOAB, aí sim seria possível afirmar o impedimento (proibição parcial de advogar) previsto no art. 30, I, do EAOAB, que atinge os servidores públicos em geral; **C:** correta. De fato, Leonardo, Bruno e Luana, como visto, exercem atividades incompatíveis com a advocacia, o que lhes acarreta a proibição total para o exercício de atividades privativas de advogado; **D:** incorreta, pois Leonardo, por ser prefeito (Chefe do poder executivo), é incompatível (art. 28, I, do EAOAB). Logo, será totalmente proibido de advogar.

Gabarito "C".

(OAB/Exame Unificado – 2016.1) Carlos integrou a chapa de candidatos ao Conselho Seccional que obteve a maioria dos votos válidos e tomou posse em 1º de janeiro do ano seguinte ao de sua eleição. Um ano após o início do mandato, Carlos passou a ocupar um cargo de direção no Conselho de Administração de uma empresa, controlada pela Administração Pública, sediada em outro estado da Federação.

Nesse caso, de acordo com o Estatuto da OAB, assinale a afirmativa correta.

(A) Não se extingue o mandato de Carlos, pois a ocupação de cargo de direção em empresa controlada pela Administração Pública, em estado da Federação distinto do abrangido pelo Conselho Seccional, não configura incompatibilidade a ensejar o cancelamento de sua inscrição.

(B) Extingue-se automaticamente o mandato de Carlos, pois a ocupação de cargo de direção em empresa controlada pela Administração Pública, em qualquer circunstância, configura incompatibilidade a ensejar o cancelamento de sua inscrição.

(C) Extingue-se o mandato de Carlos mediante deliberação de dois terços dos membros do Conselho Seccional, pois a ocupação de cargo de direção em empresa controlada pela Administração Pública pode configurar incompatibilidade a ensejar o cancelamento de sua inscrição.

(D) Não se extingue o mandato de Carlos, pois a ocupação de cargo de direção em empresa controlada pela Administração Pública, em qualquer circunstância, não configura incompatibilidade a ensejar o cancelamento de sua inscrição.

Nos termos do art. 66 do EAOAB, extingue-se automaticamente o mandato quando, dentre outras hipóteses, ocorrer o cancelamento da inscrição ou o licenciamento do profissional (inc. I). No caso relatado no enunciado, Carlos, após um ano do início de seu mandato, passou a ocupar cargo de direção no Conselho de Administração de uma empresa controlada pela Administração Pública. Referida atividade (cargo de direção em empresa controlada pelo poder público) caracteriza-se como incompatível com o exercício da advocacia, nos moldes do art. 28, III, do EAOAB. Posto isto, vamos à análise das alternativas. A e **D:** incorretas, pois a ocupação de cargo de direção em empresa controlada pela Administração Pública é hipótese de incompatibilidade (art. 28, III, do EAOAB); **B:** correta, nos termos dos arts. 66, I e 28, III, ambos do EAOAB; **C:** incorreta, pois a extinção do mandato não exigirá, como dito na alternativa, deliberação de dois terços dos membros do Conselho Seccional, tratando-se de causa automática de extinção.

Gabarito "B".

(OAB/Exame Unificado – 2015.2) Deise é uma próspera advogada e passou a buscar novos desafios, sendo eleita Deputada Estadual. Por força de suas raras habilidades políticas, foi eleita integrante da Mesa Diretora da Assembleia Legislativa do Estado Z. Ao ocupar esse honroso cargo procurou conciliar sua atividade parlamentar com o exercício da advocacia, sendo seu escritório agora administrado pela filha. Nos termos do Estatuto da Advocacia, assinale a afirmativa correta.

(A) A atividade parlamentar de Deise é incompatível com o exercício da advocacia.

(B) A participação de Deise na Mesa Diretora a torna incompatível com o exercício da advocacia.

(C) A função de Deise como integrante da Mesa Diretora do Parlamento Estadual é conciliável com o exercício da advocacia.

(D) A atividade parlamentar de Deise na Mesa Diretora pode ser conciliada com o exercício da advocacia em prol dos necessitados.

Nos termos do art. 28, I, do EAOAB, são incompatíveis com a advocacia os membros das Mesas do Poder Legislativos, e seus substitutos legais. Considerando que as incompatibilidades geram proibição total para o exercício da advocacia (art. 27 do EAOAB), Deise, ao se tornar integrante da Mesa Diretora da Assembleia Legislativa do Estado Z, como dito, tornou-se incompatível, não mais podendo exercer a advocacia. Correta, portanto, a alternativa B, estando as demais em descompasso com os aludidos arts. 27 e 28, I, do EAOAB.

Gabarito "B".

(OAB/Exame Unificado – 2014.3) Abelardo é magistrado vinculado ao Tribunal de Justiça do Estado K e requer licença para tratamento de questões particulares, pelo prazo de três anos, o que foi deferido.

Como, antes de assumir o referido cargo, era advogado regularmente inscrito nos quadros da OAB, requer o seu reingresso, comprovando o afastamento das funções judicantes.

Nos termos do Estatuto da Advocacia, assinale a afirmativa correta.

(A) A incompatibilidade com a advocacia persiste mesmo após aposentadoria do cargo efetivo.

(B) O afastamento temporário do cargo que gera a incompatibilidade permite inscrição provisória.

(C) A incompatibilidade permanece mesmo que ocorra o afastamento temporário do cargo.

(D) O afastamento do cargo incompatível permite a inscrição após um período de três anos.

A: incorreta, pois a incompatibilidade (proibição total para advogar – vide art. 28 do EAOAB) não persiste se o agente se aposentar do cargo que inviabilizava o exercício profissional. Por exemplo, se um juiz – incompatível por força do art. 28, II, do EAOAB – aposentar-se, poderá exercer a advocacia; **B:** incorreta, pois o afastamento temporário do cargo gerador da incompatibilidade, nos termos do art. 28, § 1.º, do EAOAB, não altera a situação da pessoa: persiste a incompatibilidade! Assim, por exemplo, se um juiz afastar-se do cargo para tratamento de saúde, tal afastamento – que é temporário – não fará com que ele possa, nesse período, advogar. É que, repita-se, a incompatibilidade permanece ainda que a pessoa esteja temporariamente afastada do cargo ou função; **C:** correta. Abelardo, magistrado, licenciado para tratamento de assuntos particulares, durante o prazo da licença, continuará incompatível (proibido totalmente de advogar – art. 28, § 1º, do EAOAB); **D:** incorreta. É que o afastamento temporário do cargo

1. ÉTICA PROFISSIONAL

incompatível – não importa o prazo desse afastamento, desde que temporário! – não permite o exercício da advocacia.

Gabarito "C".

(OAB/Exame Unificado – 2014.2) Cláudia, advogada, inicialmente transitou pelo direito privado, com assunção de causas individuais e coletivas. Ao ser contratada por uma associação civil, deparou com questões mais pertinentes ao direito público e, por força disso, realizou novos estudos e contatou colegas mais experientes na matéria. Ao aprofundar suas relações jurídicas, também iniciou participação política na defesa de temas essenciais à cidadania. Por força disso, Cláudia foi eleita prefeita do município X em eleição bastante disputada, tendo vencido seu oponente, o também advogado Pradel, por apenas cem votos. Eleita e empossada, motivada pelo sentido conciliatório, convidou seu antigo oponente para ocupar cargo em comissão na Secretaria Municipal de Fazenda. A partir da hipótese apresentada, observadas as regras do Estatuto da OAB, assinale a opção correta.

(A) A prefeita exerce função incompatível com a advocacia.

(B) O secretário municipal pode atuar em ações contra o município.

(C) A prefeita deve pedir autorização para exercer a advocacia.

(D) O secretário municipal pode atuar em pleitos contra o Estado federado.

A: correta. De fato, considera-se atividade incompatível com a advocacia, gerando, portanto, proibição total para advogar, mesmo em causa própria, ocupar carga de Chefe do Poder Executivo (art. 28, I, do EAOAB). Assim, a partir da posse, Cláudia tornou-se incompatível, não mais podendo exercer a advocacia (até que desocupe definitivamente o cargo eletivo); **B:** incorreta. O secretário municipal, segundo entendemos, ocupa cargo de direção na Administração Pública, razão pela qual é, também, incompatível com a advocacia (art. 28, III, do EAOAB), não podendo exercê-la em hipótese alguma; **C:** incorreta, pois as incompatibilidades, como visto, geram proibição total para advogar (art. 28 do EAOAB), não sendo admissível autorização para fazê-lo; **D:** incorreta, pelas mesmas razões apresentadas no comentário à alternativa B. É que o secretário municipal exerce cargo incompatível com a advocacia (art. 28, III, do EAOAB), sendo totalmente proibido de advogar. Não se confunde com a situação descrita no art. 30, I, do EAOAB (servidores públicos), que trata do impedimento (proibição parcial de advogar – apenas contra a Fazenda Pública que os remunere ou a qual se vincule a entidade empregadora). É que o secretário municipal não é um "servidor público comum", ocupando cargo de direção na Administração Pública. Daí enquadrar-se, como dito, no art. 28, III, do EAOAB, e não no art. 30, I, do EAOAB.

Gabarito "A".

(OAB/Exame Unificado – 2014.1) Juarez da Silva, advogado, professor adjunto de Direito Administrativo em determinada Universidade Federal, foi procurado, na qualidade de advogado, por um grupo de funcionários públicos federais que desejavam ajuizar determinada ação contra a União.

Pode Juarez aceitar a causa, advogando contra a União?

(A) Não. Juarez não pode aceitar a causa, pois está impedido de exercer a advocacia contra a Fazenda Pública que o remunera.

(B) Sim. Juarez poderá aceitar a causa, pois o impedimento de exercício da advocacia contra a Fazenda Pública que remunera os advogados que são servi-

dores públicos não inclui a hipótese de docentes de cursos jurídicos.

(C) Sim. Juarez poderá aceitar a causa, pois não há nenhum tipo de impedimento para o exercício da advocacia por servidores públicos.

(D) Não. Juarez não poderá aceitar a causa, pois exerce o cargo de professor universitário, que é incompatível com o exercício da advocacia.

A: incorreta. Embora Juarez da Silva possa ser considerado um funcionário público, já que é professor em Universidade Federal, a ele não se aplica o disposto no art. 30, I, do EAOAB (impedimento de exercer a advocacia contra a Fazenda Pública que o remunere ou a qual esteja vinculada a entidade empregadora). É que aos docentes de cursos jurídicos públicos aplica-se o art. 30, parágrafo único, do EAOAB, que, em suma, os autoriza a demandar mesmo contra a Fazenda Pública a que se vincule a universidade em que trabalhe; **B:** correta, tal como explicitado no comentário antecedente, que se funda, repita-se, no art. 30, parágrafo único, do EAOAB; **C:** incorreta. Embora Juarez não esteja abrangido pelo impedimento de que trata o art. 30, I, do EAOAB, a assertiva é incorreta ao referir que "não há nenhum tipo de impedimento para o exercício da advocacia por servidores públicos". Há, sim, impedimento de o servidor público advogar contra a Fazenda Pública que o remunere ou a que esteja vinculada a entidade empregadora. Contudo, esse impedimento, por expressa disposição legal (art. 30, parágrafo único, do EAOAB), apenas não alcança os docentes de cursos jurídicos; **D:** incorreta, pois o cargo de professor universitário não se enquadra em qualquer das hipóteses de incompatibilidade previstas no art. 28 do EAOAB. Ainda que se tratasse de Diretor ou Coordenador da Faculdade pública de Direito, não seria alcançado pela incompatibilidade do art. 28, III, do EAOAB, por força da parte final do § 2°, do mesmo dispositivo.

Gabarito "B".

(OAB/Exame Unificado – 2013.3) Joel é Conselheiro do Tribunal de Contas do Município J, sendo proprietário de diversos imóveis. Em um deles, por força de contrato de locação residencial, verifica a falta de pagamentos dos aluguéres devidos. O Conselheiro é Bacharel em Direito, tendo exercido a advocacia por vários anos na área imobiliária.

Nesse caso, nos termos do Estatuto da Advocacia, o Conselheiro

(A) poderia atuar como advogado em causa própria.

(B) deverá contratar advogado para a causa diante da situação de incompatibilidade.

(C) poderia advogar; recomenda-se, contudo, a contratação de advogado.

(D) está com a sua inscrição como advogado suspensa.

A: incorreta, pois sendo Joel um Conselheiro do Tribunal de Contas do Município J, não poderá exercer a advocacia, nem mesmo em causa própria. Isto porque, nos termos do art. 28, II, do Estatuto da OAB (EAOAB), são incompatíveis com a advocacia, e, portanto, totalmente proibidos de advogar, inclusive em causa própria, os membros dos Tribunais e Conselhos de Contas; **B:** correta, pois, como visto, sendo Joel integrante do Tribunal de Contas de determinado município, é considerado incompatível com a advocacia (art. 28, II, EAOAB), sendo totalmente proibido de advogar, até mesmo em causa própria. Por tal razão, não poderá ajuizar ação em face do locatário inadimplente, devendo contratar advogado para tanto; **C:** incorreta, pois, como já afirmado anteriormente, Joel é incompatível com a advocacia (art. 28, II, EAOAB), não podendo exercer a advocacia; **D:** incorreta, pois o fato de Joel ser Conselheiro do Tribunal de Contas municipal não é causa de "suspensão", que é expressão a ser tomada tecnicamente, tratando-se de penalidade por infração disciplinar (art. 37 do EAOAB). Também não se trata de hipótese de licenciamento – art. 12 do EAOAB.

Gabarito "B".

(OAB/Exame Unificado – 2012.3.B) Paulo, advogado inscrito na seccional de seu Estado há 10 anos, toma posse no cargo de Auditor-Fiscal da Receita Federal do Brasil.

Considerando a hipótese de Paulo continuar a exercer a função de advogado, assinale a afirmativa correta.

(A) Paulo não poderá continuar a exercer a função de advogado, tendo em vista que passou a exercer função incompatível com a advocacia.

(B) Paulo poderá continuar a exercer a advocacia, desde que não advogue contra a União, que o remunera.

(C) Paulo poderá continuar a exercer a advocacia, desde que não atue em causas envolvendo matéria tributária.

(D) Paulo poderá continuar a exercer a advocacia, não havendo qualquer tipo de impedimento.

A: correta. De fato, um advogado que toma posse no cargo de Auditor--Fiscal da Receita Federal do Brasil, por passar a ter competência para fiscalização, arrecadação ou lançamento de tributos, torna-se incompatível para o exercício da advocacia (art. 28, VII, do Estatuto da OAB), sendo o caso de cancelamento de sua inscrição (art. 11, IV, do Estatuto); **B:** incorreta. Paulo, ao tomar posse no cargo de Auditor-Fiscal, como visto, passará a exercer atividade incompatível com a advocacia, sendo totalmente proibido de advogar, mesmo em causa própria (art. 28, *caput*, do Estatuto). Tal situação não se confunde com o art. 30, I, do Estatuto, que trata do impedimento (proibição parcial) de servidores públicos em geral (ou seja, que não exerçam as atividades previstas no art. 28 do Estatuto), advogarem contra a Fazenda Pública que os remunere ou à qual seja vinculada a entidade empregadora; **C:** incorreta. Como visto, a assunção do cargo de Auditor-Fiscal pelo advogado Paulo o tornou incompatível com a advocacia. Ou seja, a partir de então, será totalmente proibido de advogar, inclusive em causa própria; **D:** incorreta. Paulo, nos termos do art. 28, VII, do Estatuto, passará a ocupar cargo incompatível com a advocacia, sendo totalmente proibido de exercê-la. Gabarito "A".

(OAB/Exame Unificado – 2012.1) Tício é advogado prestando serviços à Junta Comercial do Estado Y. Exerce a atividade concomitantemente em escritório próprio, onde atua em causas civis e empresariais. Um dos seus clientes postula o seu visto em atos constitutivos de pessoa jurídica que pretende criar. Diante do narrado, à luz das normas do Regulamento Geral do Estatuto da Advocacia e da OAB, assinale a alternativa correta:

(A) Sendo um cliente do escritório, é inerente à atividade da advocacia o visto em atos constitutivos de pessoa jurídica.

(B) Ao prestar serviços para Junta Comercial, surge impedimento previsto no Regulamento Geral.

(C) A análise do conteúdo dos atos constitutivos pode ser realizada pelo advogado tanto no escritório quanto na Junta Comercial.

(D) A atuação na Junta Comercial gera impedimento para ações judiciais, mas não para vistos em atos constitutivos.

De acordo com o art. 2º, *caput*, do Regulamento Geral, o visto do advogado em atos constitutivos de pessoas jurídicas é providência indispensável ao registro e arquivamento nos órgãos competentes, devendo resultar da efetiva constatação, pelo profissional que os examinar, de que os respectivos instrumentos preenchem as exigências legais pertinentes. No entanto, por evidente, estarão impedidos de exercer o referido ato de advocacia (visar ato constitutivo de pessoa jurídica) os advogados que prestem serviços a órgãos ou entidades da Administração Pública direta ou indireta, da unidade federativa a que se vincule a Junta Comercial, ou

a quaisquer repartições administrativas competentes para o mencionado registro (art. 2º, parágrafo único, do Regulamento Geral). Em outras palavras, se um advogado prestar serviços na Junta Comercial de determinado Estado, não poderá, evidentemente, visar atos constitutivos de futuras sociedades empresariais com necessidade de registro perante aquela mesma Junta. Observe-se que o impedimento ficará restrito à atuação do advogado perante a Junta Comercial em que presta serviços, mas não perante outras Juntas Comerciais de outros Estados, ou mesmo para a postulação judicial. Como visto, o impedimento será restrito àquela Junta Comercial em que preste serviços. Gabarito "B".

(OAB/Exame Unificado – 2012.2) Além de advogado, João é professor da Universidade pública "M", com natureza de autarquia, onde exerce as funções de coordenador acadêmico da graduação do Curso de Direito. Diante do prestígio acumulado, o seu escritório de advocacia vem a ter renome, atuando em diversas causas nas comarcas de influência da universidade.

Essas circunstâncias indicam que o cargo ocupado pelo advogado seria um caso

(A) abrangido pelas normas que criam regras de incompatibilidade para administradores públicos.

(B) não previsto, vez que a atuação como dirigente de entidade pública é irrelevante para o sistema de incompatibilidades.

(C) excepcionado diante da característica que o vincularia ao magistério jurídico.

(D) incluído no rol de incompatibilidades por não permitir que o advogado exerça cargo administrativo nas universidades públicas.

De fato, de acordo com o art. 28, § 2º, do EAOAB, não são abrangidos pela incompatibilidade tratada no inciso III, do mesmo dispositivo legal (ocupantes de cargos ou funções de direção na Administração Pública direta ou indireta) aqueles que ocupem cargo ou função de administração acadêmica vinculada ao magistério jurídico (leia-se: Coordenadores ou Diretores de Faculdades públicas de Direito!). É exatamente o caso de João, professor e Coordenador do Curso de Direito da Universidade pública "M". Gabarito "C".

(OAB/Exame Unificado – 2012.2) Osvaldo é vereador do município "K" e ocupa cargo vinculado à Mesa da Câmara de Vereadores. Necessitando propor ação cominatória em face do seu vizinho Marcos, e sendo advogado, apresenta--se em Juízo postulando em causa própria.

Nos termos das normas estatutárias, assinale a afirmativa correta.

(A) A função de membro do Poder Legislativo impede o advogado de atuar, mesmo em causa própria.

(B) A eleição para a Mesa Diretora do Poder Legislativo impede o advogado de atuar, gerando uma incompatibilidade.

(C) O mandato de vereador não se inclui dentre as situações de incompatibilidade, ocupe ou não cargo na Mesa Diretora.

(D) As incompatibilidades dos membros do Poder Legislativo estão circunscritas aos integrantes do Senado e da Câmara dos Deputados Federal.

A: incorreta, pois o fato de um advogado ser parlamentar não o torna impedido para advogar em causa própria, mas, sim, contra ou a favor do Poder Público em todos os níveis (art. 30, II, do EAOAB). A incom-

1. ÉTICA PROFISSIONAL 67

patibilidade somente surgirá se o parlamentar passar a ocupar a Mesa de sua Casa Legislativa (art. 28, I, do EAOAB); **B:** correta. De fato, de acordo com o art. 28, I, do EAOAB, os parlamentares ocupantes das Mesas do Poder Legislativo são considerados incompatíveis com a advocacia, sendo totalmente proibidos de advogar mesmo em causa própria (art. 28, *caput*, do EAOAB); **C:** incorreta, pois se o vereador fizer parte da mesa diretora, haverá incompatibilidade (art. 28, I, do EAOAB); **D:** incorreta, pois as incompatibilidades dos membros do Poder Legislativo, quando ocupantes das Mesas de suas respectivas Casas Legislativas, abrangem todos os parlamentares (deputados federais e estaduais, senadores e vereadores).
Gabarito "B".

(OAB/Exame Unificado – 2012.2) José, general de brigada, entusiasmado com a opção do seu filho pelo curso de Direito, resolve acompanhá-lo nos estudos. Presta exame vestibular e matricula-se em outra instituição de ensino, também no curso de Direito. Ambos alcançam o período letivo em que há necessidade de realizar o estágio forense. José, desejando acompanhar seu filho nas atividades forenses nas horas de folga, vez que continua na ativa, agora como General de Divisão, requer o seu ingresso no quadro de estagiários da OAB.

A partir do caso apresentado, assinale a afirmativa correta.

(A) Militar não pode, enquanto permanecer na ativa, inscrever-se no quadro de advogados, mas se permite a ele a inscrição no quadro de estagiários.

(B) Militar não pode, enquanto na ativa, obter inscrição no quadro de advogados nem no quadro de estagiários.

(C) Militar da ativa pode atuar na Justiça Militar especializada, porque se inscreve no quadro especial de estagiários.

(D) Militar de alta patente pode obter inscrição tanto no quadro de estagiários como no de advogados, mediante permissão especial do Presidente da OAB.

A: incorreta, pois a pessoa considerada incompatível, tal como ocorre com os militares na ativa (art. 28, VI, do EAOAB), não poderá inscrever--se tanto no quadro de advogados (art. 8º, V, do EAOAB), quanto no de estagiários (art. 9º, I, do EAOAB); **B:** correta (arts. 8º, V, 28, VI e 9º, I, todos do EAOAB); **C:** incorreta (art. 9º, I, do EAOAB); **D:** incorreta (arts. 8º, V, 28, VI e 9º, I, todos do EAOAB).
Gabarito "B".

(OAB/Exame Unificado – 2012.2) João, advogado inscrito há muitos anos na OAB, decide candidatar-se, pelo quinto constitucional, ao cargo de Juiz do Tribunal Regional Federal. Em razão dessa iniciativa, é submetido a exame curricular e sabatina perante o Conselho Federal da OAB. Após longo processo avaliatório, vem a ser escolhido para integrar a lista sêxtupla a ser remetida ao Tribunal Regional Federal.

Diante dessa narrativa, à luz da legislação aplicável aos advogados, assinale a afirmativa correta.

(A) O advogado, ao ser incluído em lista sêxtupla para integrar os quadros de tribunal, deve requerer licença para tratamento de questões particulares.

(B) O advogado que integra lista sêxtupla ou tríplice para ingresso pelo quinto constitucional pode continuar exercendo livremente suas atividades.

(C) O advogado que integra lista sêxtupla ou tríplice passa a ser considerado incompatibilizado para o exercício da advocacia.

(D) O advogado que pretende ingressar na magistratura pelo quinto constitucional passa a ser considerado impedido ao compor lista sêxtupla.

De acordo com o art. 28, II, do EAOAB, considera-se incompatível para o exercício da advocacia, sendo totalmente proibido de advogar até mesmo em causa própria, o advogado que passar a compor o Poder Judiciário como seu membro. É o caso, por exemplo, do advogado escolhido para ocupar vaga de Tribunal pelo quinto constitucional. Perceba, porém, o candidato, que a incompatibilidade, por evidente, somente se concretiza com a posse no cargo de Desembargador do Tribunal, e não com a simples menção de seu nome em lista sêxtupla promovida pelo Conselho Federal da OAB. Logo, se João simplesmente integrar referida lista, poderá continuar exercendo normalmente a advocacia. Frise-se que a incompatibilidade de que trata o já citado art. 28, II, do EAOAB, decorre da posse no cargo. Integrar a lista sêxtupla traduz mera expectativa de eventual escolha para a vaga do quinto constitucional. Não haverá, na espécie, qualquer exigência de licença, ou caracterização de incompatibilidade ou impedimento (alternativas A, C e D).
Gabarito "B".

(OAB/Exame Unificado – 2011.1) Caio, professor vinculado à Universidade Federal, ministrando aulas no curso de Direito, resolve atuar, em causa própria, pleiteando benefícios tributários em face da União Federal. Nos termos do Estatuto, é correto afirmar que

(A) o docente em cursos de Direito não pode exercer a advocacia, sendo circunstância de incompatibilidade.

(B) enquanto durar o exercício do magistério, a inscrição na OAB permanecerá suspensa.

(C) é situação peculiar que permite o exercício da advocacia mesmo contra entidade vinculada.

(D) a situação caracteriza impedimento, uma vez que há vínculo da Universidade com a União Federal.

A: incorreta, pois os docentes em cursos de Direito, desde que em faculdades públicas (geralmente autarquias), sequer sofrem as consequências dos impedimentos (não exercer a advocacia contra a Fazenda Pública que o remunere ou a qual se vincule sua entidade empregadora – art. 30, I, do EAOAB – Lei 8.906/1994), aos quais não se submetem por força do art. 30, parágrafo único, do EAOAB; **B:** incorreta, pois, como visto, os professores de cursos jurídicos em instituições públicas de ensino não sofrerão óbices ao exercício da advocacia (art. 30, parágrafo único, do EAOAB); **C:** correta. Como visto, embora os servidores públicos sejam impedidos de exercer a advocacia contra a Fazenda Pública que os remunere ou a qual seja vinculada a entidade empregadora (art. 30, I, do EAOAB), com relação aos docentes de cursos jurídicos (desde que estejamos falando em instituições públicas de ensino), o EAOAB não impõe referidas vedações, tratando-se, de fato, de situação peculiar que permite o exercício da advocacia mesmo contra a entidade pública a que se vincular a instituição de ensino (art. 30, parágrafo único, do EAOAB); **D:** incorreta. Como visto no comentário à alternativa anterior, o art. 30, parágrafo único, do EAOAB, afasta o impedimento previsto no inciso I, do mesmo dispositivo legal, no tocante aos docentes de cursos jurídicos. Portanto, embora Caio seja professor vinculado a Universidade Federal, não sofrerá impedimento (proibição parcial de advogar contra a Fazenda Pública a que se vincule a instituição de ensino em que é funcionário).
Gabarito "C".

(OAB/Exame Unificado – 2011.1) Caio é eleito Senador da República e escolhido para compor a mesa do referido órgão legislativo. Como advogado regularmente inscrito nos quadros da OAB, pretende atuar em causa própria e realiza consulta nesse sentido à OAB. Quanto ao tema em foco, de acordo com as regras estatutárias, é correto afirmar que a atuação de Caio

(A) poderá ocorrer, nessa situação, mediante autorização especial.

(B) não é possível, sendo o caso de incompatibilidade mesmo em causa própria.

(C) é possível, pois a função exercida caracteriza mero impedimento.

(D) em causa própria constitui uma exceção aplicável ao caso.

A: incorreta, pois Caio, Senador, ao passar a compor a mesa do referido órgão legislativo, tornar-se-á incompatível (art. 28, I, parte final, do EAOAB – Lei 8.906/1994), não sendo possível qualquer autorização para que possa desempenhar as atividades privativas de advocacia; **B:** correta, já que de acordo com o art. 28, I, parte final, do EAOAB; **C:** incorreta, pois se Caio simplesmente fosse Senador, de fato a função exercitada caracterizaria mero impedimento (art. 30, II, do EAOAB). Porém, sendo membro da Mesa do Senado Federal, como dito, será incompatível com a advocacia, não podendo postular nem mesmo em causa própria, sob pena de nulidade (art. 4º, parágrafo único, do EAOAB); **D:** incorreta, pois, como dito, a incompatibilidade permanece mesmo em se tratando de postulação em causa própria (art. 28, *caput*, do EAOAB).
Gabarito "B".

(OAB/Exame Unificado – 2010.3) Xisto, advogado, é convidado a ocupar o prestigiado cargo de Procurador-Geral de um município, cargo de confiança do Prefeito Municipal passível de exoneração *ad nutum*. O cargo é privativo de advogado. No entanto, ao assumir o referido cargo, ocorrerá o (a)

(A) cancelamento da sua inscrição.

(B) suspensão do exercício da atividade advocatícia.

(C) anotação de impedimento.

(D) exercício limitado da advocacia.

A: incorreta, pois as hipóteses de cancelamento da inscrição do advogado vêm previstas no art. 11 do Estatuto da OAB (EAOAB – Lei 8.906/1994), dentre elas a de o advogado passar a *exercer função incompatível em caráter definitivo*, o que não é o caso de Xisto; **B:** incorreta, visto que Xisto, na qualidade de Procurador-Geral do Município, deverá *obrigatoriamente estar inscrito nos quadros da OAB*, tratando-se de *advogado público*, nos termos do art. 3º, § 1º, do EAOAB e art. 9º do Regulamento Geral; **C:** incorreta, visto que o exercício da advocacia pública, composta pelos integrantes da *Advocacia-Geral da União*, da *Procuradoria da Fazenda Nacional*, da *Defensoria Pública* e das *Procuradorias e Consultorias Jurídicas* dos Estados, do Distrito Federal, dos Municípios e das respectivas entidades de administração indireta e fundacional, por evidente, não enseja o reconhecimento de qualquer das hipóteses de impedimento descritas no art. 28 do EAOAB; **D:** correta, pois, de acordo com o art. 29 do EAOAB, "*os Procuradores Gerais, Advogados Gerais, Defensores Gerais e dirigentes de órgãos jurídicos da Administração Pública direta, indireta e fundacional* são exclusivamente legitimados para o exercício da advocacia vinculada à função que exerçam, *durante o período da investidura*." (g.n.). Não se trata aqui de incompatibilidade (proibição total para advogar – art. 28 do EAOAB) ou de impedimento (proibição parcial para advogar – art. 30 do EAOAB), mas de *exercício limitado da advocacia*.
Gabarito "D".

(OAB/Exame Unificado – 2009.3) Considere que Salvador, advogado regularmente inscrito na OAB, tenha sido eleito deputado estadual e tomado posse. Considere, ainda, que, durante o mandato parlamentar, Salvador tenha sido constituído por Manoel e ingressado em juízo com uma ação trabalhista contra a empresa privada XYZ.

Nessa situação, de acordo com o Estatuto da Advocacia e da OAB, o ato processual praticado por Salvador é considerado

(A) anulável, pois qualquer parlamentar está impedido de advogar.

(B) nulo, visto que o advogado está no exercício de atividade incompatível com a advocacia.

(C) anulável, devendo o advogado ser punido pela OAB.

(D) plenamente válido.

O art. 4º, parágrafo único, da Lei 8.906/1994 (Estatuto) estabelece que são nulos os atos praticados por advogado impedido, suspenso, licenciado ou que exerça atividade incompatível com a advocacia. Porém, os deputados estaduais não estão impedidos ou em situação de incompatibilidade com a advocacia. Apenas os membros das Mesas do Poder Legislativo estão em situação de incompatibilidade (art. 28, I, da Lei 8.906/1994).
Gabarito "D".

(OAB/Exame Unificado – 2008.3.SP) Quanto à incompatibilidade e ao impedimento do advogado, assinale a opção correta.

(A) Auditor-fiscal de secretaria estadual da fazenda que desempenhe função de lançamento, arrecadação ou fiscalização de tributos está impedido de exercer a advocacia contra a União.

(B) Bacharel em direito que exerce as funções de assessor de gabinete de desembargador está em situação de impedimento para o exercício da advocacia.

(C) Servidor da justiça do trabalho não possui capacidade postulatória, por exercer função incompatível com a advocacia.

(D) Militares, de qualquer natureza, que estejam na reserva são impedidos do exercício da advocacia.

A: incorreta, trata-se de incompatibilidade (art. 28, VII, da Lei 8.906/1994); **B:** incorreta, trata-se de incompatibilidade (art. 28, IV, da Lei 8.906/1994); **C:** correta, pois, de fato, trata-se de incompatibilidade (art. 28, IV, da Lei 8.906/1994); **D:** incorreta, visto que a incompatibilidade não existe para quem esteja em reserva (portanto, somente os militares na ativa são incompatíveis!), nos termos do art. 28, VI, da Lei 8.906/1994. Também não se cogita em impedimento do militar na reserva, não se aplicando o art. 30, I, do EAOAB.
Gabarito "C".

(OAB/Exame Unificado – 2007.3.SP) Advogados que venham a ocupar, em nível estadual ou municipal, cargo de presidente ou de diretores no Sistema Nacional de Defesa do Consumidor (PROCON), quanto ao exercício concomitante da advocacia, estão

(A) impedidos de advogar contra a fazenda pública, órgão que os remunera.

(B) incompatibilizados para o exercício da advocacia.

(C) incompatibilizados para o exercício da advocacia, podendo, entretanto, patrocinar os interesses do PROCON ao qual estejam subordinados.

(D) impedidos de advogar contra a União, Estados e Municípios.

Nos termos do art. 28, III, da Lei 8.906/1994, são incompatíveis com a advocacia os detentores de cargos de direção na Administração Pública direta, indireta ou fundacional. Assim, se o PROCON guarda vinculação com o Poder Público (natureza de fundação pública), seu diretor ou presidente será incompatível.
Gabarito "B".

1. ÉTICA PROFISSIONAL

(FGV – 2008) Entre as hipóteses abaixo, qualifica-se como de impedimento o exercício da advocacia:

(A) por militares de qualquer natureza, na ativa.

(B) por ocupantes de cargos ou funções de direção em órgãos da Administração Pública.

(C) por ocupantes de cargos ou funções que tenham competência para a fiscalização de tributos.

(D) pelos membros do Poder Legislativo, contra ou a favor das pessoas jurídicas de direito público.

(E) pelos membros do Ministério Público e dos Conselhos de Contas.

A: incorreta, pois os militares na ativa têm *incompatibilidade* (art. 28, VI, da Lei 8.906/1994), e não *impedimento*; **B:** incorreta, pois tais agentes públicos têm *incompatibilidade* (art. 28, III, da Lei 8.906/1994), e não *impedimento*; **C:** incorreta, pois os fiscais de tributos têm *incompatibilidade* (art. 28, VII, da Lei 8.906/1994), e não *impedimento*; **D:** correta, pois os membros do Poder Legislativo não têm *incompatibilidade*, que importa na total impossibilidade de exercer a advocacia, mas sim *impedimento*, que, no caso, impede que advoguem apenas contra ou favor das pessoas jurídicas de direito público e das demais pessoas mencionadas no art. 30, II, da Lei 8.906/1994; **E:** incorreta, pois tais agentes públicos têm *incompatibilidade* (art. 28, II, da Lei 8.906/1994), e não *impedimento*.
Gabarito "D".

(EXAME DE ORDEM) O advogado, enquanto vereador, está impedido de patrocinar causas contra

(A) o poder público que o remunera, podendo fazê-lo a favor.

(B) pessoas jurídicas de direito público em nível municipal e estadual, podendo fazê-lo a favor.

(C) as pessoas jurídicas de direito público, empresas públicas, sociedades de economia mista, fundações públicas, entidades paraestatais, ou empresas concessionárias ou permissionárias de serviços públicos em todos os níveis, podendo fazê-lo a favor.

(D) as pessoas jurídicas de direito público, empresas públicas, sociedades de economia mista, fundações públicas, entidades paraestatais ou empresas concessionárias ou permissionárias de serviços públicos em todos os níveis, não podendo fazê-lo, também, a favor.

O advogado vereador, por ser membro do Poder Legislativo Municipal, está impedido de exercer a advocacia contra ou a favor das pessoas jurídicas de direito público, empresas públicas, sociedades de economia mista, fundações públicas, entidades paraestatais ou empresas concessionárias ou permissionárias de serviço público, conforme consta do inciso II do art. 30 do EAOAB. Importante frisar que o impedimento determina a proibição parcial do exercício da advocacia. No caso do advogado vereador, somente não poderá exercitar seu mister em face ou a favor das entidades ora declinadas.
Gabarito "D".

(EXAME DE ORDEM) A incompatibilidade determina a proibição total, e o impedimento, a proibição parcial do exercício da advocacia. Por disposição estatutária, são impedidos de exercer a advocacia:

(A) os militares de qualquer natureza, na ativa.

(B) os ocupantes de funções de direção e gerência em instituições financeiras, inclusive privadas.

(C) os membros do Poder Legislativo, em seus diferentes níveis, contra ou a favor das pessoas jurídicas de direito público, empresas públicas, sociedade

---

de economia mista, fundações públicas, entidades paraestatais ou empresas concessionárias ou permissionárias de serviço público.

(D) os ocupantes de cargos ou funções que tenham competência de lançamento, arrecadação ou fiscalização de tributos e contribuições parafiscais.

De acordo com o art. 27 do Estatuto da Advocacia e da Ordem dos Advogados do Brasil, o impedimento do advogado representa a proibição parcial do exercício da advocacia. Estão impedidos de exercer a advocacia (art. 30 do mesmo diploma legal): a) os servidores da administração direta, indireta e fundacional, contra a Fazenda Pública que os remunere ou à qual seja vinculada a entidade empregadora; b) os membros do Poder Legislativo, em seus diferentes níveis, contra ou a favor das pessoas jurídicas de direito público, empresas públicas, sociedades de economia mista, fundações públicas, entidades paraestatais ou empresas concessionárias ou permissionárias de serviço público.
Gabarito "C".

(EXAME DE ORDEM) A incompatibilidade determina a proibição total e o impedimento, a proibição parcial do exercício da advocacia (art. 27 do EAOAB). Ocorre impedimento para o exercício da profissão de advogado, no caso de

(A) ocupantes de funções de direção e gerência em instituições financeiras, inclusive privadas.

(B) servidores da administração direta, indireta ou fundacional, contra a Fazenda Pública que os remunere ou à qual seja vinculada a entidade empregadora.

(C) militares de qualquer natureza.

(D) exercentes de cargos ou funções vinculados direta ou indiretamente a atividade policial de qualquer natureza.

À exceção da alternativa "B", que é causa de impedimento para o exercício da advocacia, conforme preleciona o art. 30, I, do EAOAB, as demais alternativas configuram causas de incompatibilidade (art. 28), que determinam a proibição total do advogado para o exercício de seu mister. Insta frisar que a incompatibilidade somente cessará quando o ocupante do cargo ou função deixar de exercê-lo definitivamente.
Gabarito "B".

(EXAME DE ORDEM) A incompatibilidade para o exercício da advocacia é:

(A) parcial, pois se aplica apenas em face ao órgão com o qual o advogado mantenha vínculo funcional.

(B) temporária e vigora apenas durante o cumprimento da pena de suspensão aplicada em processo disciplinar.

(C) total enquanto o advogado exercer cargo ou função expressamente previstos em lei.

(D) definitiva, ainda que cessada a causa.

A incompatibilidade determina a proibição total do exercício da advocacia. A advocacia é incompatível, mesmo em causa própria, com as seguintes atividades (art. 28 do Estatuto da Advocacia e da Ordem dos Advogados do Brasil): a) chefe do Poder Executivo e membros da Mesa do Poder Legislativo e seus substitutos legais; b) membros do Poder Judiciário e do Ministério Público; c) ocupantes de cargos ou funções de direção em órgãos da Administração Pública direta ou indireta; d) ocupantes de cargos ou funções vinculados direta ou indiretamente a qualquer órgão do Poder Judiciário e os que exercem serviços notariais e de registro; e) ocupantes de cargos ou funções vinculados direta ou indiretamente à atividade policial; f) militares na ativa; g) ocupantes de cargos ou funções que tenham competência de lançamento, arrecadação ou fiscalização de tributos; h) ocupantes de funções de direção e gerência em instituições financeiras, inclusive privadas.

Gabarito "C".

(EXAME DE ORDEM) Os dirigentes de órgãos jurídicos da Administração Pública são

(A) exclusivamente legitimados para o exercício da advocacia vinculada à função que exerçam, durante o período da investidura.

(B) legitimados para o exercício da advocacia em causa própria.

(C) impedidos do exercício da advocacia apenas em questões contra o órgão da Administração Pública do qual são dirigentes.

(D) impedidos do exercício da advocacia apenas em questões contra a Administração Pública integrada pelo órgão do qual são dirigentes.

Nos termos do art. 29 do EAOAB, os Procuradores-Gerais, Advogados-Gerais, Defensores-Gerais e dirigentes de órgãos jurídicos da Administração Pública direta, indireta e fundacional são exclusivamente legitimados para o exercício da advocacia vinculada à função que exerçam, durante o período da investidura. Logo, não poderão, ao menos no período da investidura (exercício do cargo), exercer a advocacia sob qualquer outro prisma que não a função institucional.

Gabarito "A".

(EXAME DE ORDEM) O Presidente da Junta Comercial

(A) está impedido de exercer a advocacia contra a Fazenda Pública.

(B) está incompatibilizado para o exercício da advocacia, salvo em causa própria.

(C) está incompatibilizado para o exercício da advocacia, mesmo em causa própria.

(D) não sofre qualquer impedimento para o exercício da advocacia.

A incompatibilidade determina a *proibição total* para o exercício da advocacia, mesmo em causa própria (art. 28 do EAOAB). Logo, o cargo de Presidente da Junta Comercial, eis que se trata de função vinculada direta ou indiretamente a serviços de registro (art. 28, IV, do EAOAB), é *incompatível* com o exercício da advocacia.

Gabarito "C".

(EXAME DE ORDEM) Assinale a afirmativa correta.

(A) Não é incompatível o exercício da advocacia pelos militares da ativa.

(B) Os docentes de cursos jurídicos, vinculados à Faculdade de Direito da Universidade de São Paulo, não estão impedidos de advogar contra a Fazenda Pública.

(C) Apenas em causa própria pode ser exercida a advocacia pelos profissionais que ocupem a função de direção ou gerência de instituições financeiras.

(D) Os dirigentes de órgãos jurídicos da Administração Pública estão impedidos para o exercício da advocacia apenas contra a Fazenda Pública que os remunere ou à qual seja vinculada a entidade empregadora.

Em primeiro lugar, impõe-se estabelecer a diferença entre incompatibilidade e impedimento: a primeira acarreta a proibição total de ser exercida a advocacia, ao passo que o segundo implica sua proibição parcial (art. 27 do EAOAB – Lei 8.906/1994). Os militares de qualquer natureza, na ativa, estão absolutamente proibidos (incompatibilidade absoluta) de exercerem a advocacia (art. 28, VI, do EAOAB). O mesmo

ocorre com relação aos ocupantes de funções de direção e gerência em instituições financeiras, inclusive privadas, ainda que em causa própria (art. 28, VIII, do EAOAB). Os dirigentes de órgãos jurídicos da Administração Pública e os Procuradores-Gerais, Advogados-Gerais e Defensores-Gerais são exclusivamente legitimados para o exercício da advocacia vinculada à função que exerçam, durante o período da investidura (art. 29 do EAOAB), não podendo, portanto, praticar o exercício da advocacia fora do âmbito de suas atuações funcionais. Resta apenas como correta a alternativa "B", já que não são impedidos de exercer a advocacia os docentes de cursos jurídicos, tais como os professores da Faculdade de Direito da Universidade de São Paulo – USP, excepcionando a regra geral de que os servidores da administração direta, indireta e fundacional (a USP tem natureza jurídica de ente da administração indireta) são impedidos de exercer a advocacia contra a Fazenda Pública que os remunera ou à qual seja vinculada a entidade empregadora (art. 30, I e parágrafo único, do EAOAB).

Gabarito "B".

(EXAME DE ORDEM) O advogado que é eleito Prefeito

(A) fica incompatibilizado, porém, não impedido para o exercício da advocacia.

(B) fica impedido para o exercício da advocacia contra todos os órgãos que integram a Municipalidade.

(C) fica incompatibilizado para o exercício da advocacia, salvo no período em que se licenciar temporariamente do cargo.

(D) fica incompatibilizado para o exercício da advocacia mesmo que deixe de exercer temporariamente o cargo.

Considera-se *incompatível* (proibição total) com o exercício da advocacia a ocupação do advogado na Chefia do Poder Executivo, nos termos do art. 28, I, do Estatuto da Advocacia e da Ordem dos Advogados do Brasil. A *incompatibilidade permanece* mesmo que o ocupante do cargo ou função deixe de exercê-lo *temporariamente* (§ 1.º do art. 28 do EAOAB). Ora, se ao Prefeito é determinada a proibição total (incompatibilidade) de exercer a advocacia, por evidente que também será impedido (proibição parcial) de tal mister.

Gabarito "D".

(EXAME DE ORDEM) Assinale a afirmativa incorreta.

(A) O Vereador, Presidente da Câmara Municipal, sofre impedimento para o exercício da advocacia.

(B) Os Deputados Federais e Estaduais sofrem impedimentos no exercício da advocacia.

(C) Os fiscais de trânsito, com atribuição inclusive de aplicar multas, estão incompatibilizados com o exercício da advocacia.

(D) O Procurador-Geral do Estado está exclusivamente legitimado para o exercício da advocacia vinculada à função que exerce.

Em primeiro lugar, deve o candidato saber diferenciar incompatibilidade de impedimento. Da primeira decorre a *proibição total* para o exercício da advocacia, ao passo que da segunda apenas a sua *proibição parcial*. Dito isso, verifica-se que o art. 28 do EAOAB (Estatuto da Advocacia e da Ordem dos Advogados do Brasil) apresenta as situações de incompatibilidade, enquanto que o art. 30, do mesmo diploma, arrola situações de impedimento para a atividade da advocacia. Das alternativas constantes na questão ora analisada, constata-se que a letra "B" está correta, uma vez que Deputados federais e estaduais, por pertencerem ao Poder Legislativo, são impedidos de advogar (art. 30, II, do EAOAB). Os fiscais de trânsito, de alguma forma, estão ligados à atividade policial (poder de polícia administrativa), razão pela qual sofrem os efeitos da incompatibilidade (art. 28, V, do EAOAB), estando correta a

1. ÉTICA PROFISSIONAL

alternativa "C". Por fim, a letra "D" igualmente é correta, uma vez que o PGE (Procurador-Geral do Estado) é exclusivamente legitimado para o exercício da advocacia vinculado à função que exerce (representação e defesa dos Estados). Resta apenas a alternativa "A", que é a incorreta, uma vez que o Vereador, Presidente da Câmara Municipal, não sofre impedimento (proibição parcial) para o exercício da advocacia, mas é *incompatível* com tal mister, nos termos do art. 28, I, do EAOAB (a advocacia é incompatível para pessoas que pertençam a Mesa do Poder Legislativo – no caso, a presidência de Câmara Municipal).
Gabarito "A".

(EXAME DE ORDEM) Advogados que venham a ocupar, em nível estadual ou municipal, cargo de presidente ou de diretores no Sistema Nacional de Defesa do Consumidor (PROCON), quanto ao exercício concomitante da advocacia, estão

(A) impedidos de advogar contra a fazenda pública, órgão que os remunera.

(B) incompatibilizados para o exercício da advocacia.

(C) incompatibilizados para o exercício da advocacia, podendo, entretanto, patrocinar os interesses do PROCON ao qual estejam subordinados.

(D) impedidos de advogar contra a União, estados e municípios.

O exercício da advocacia pode ser limitado, em algumas hipóteses, dependendo da função/cargo de determinadas pessoas. Assim, prevê o Estatuto da Advocacia (EAOAB) situações que geram a absoluta impossibilidade de advogar, ainda que em causa própria (incompatibilidade – art. 28), ao passo que outras atividades gerarão apenas proibição parcial (impedimentos – art. 30). Uma das hipóteses de incompatibilidade é a situação de ocupantes de cargos ou funções de direção em órgãos da Administração Pública direta ou indireta, em suas fundações (PROCON, no caso em tela) e em suas empresas controladas ou concessionárias de serviço público, nos termos do art. 28, III, do EAOAB. No caso ora analisado, se um advogado ocupar o cargo de presidente ou de diretor no Sistema Nacional de Defesa do Consumidor (PROCON), será considerado incompatibilizado, já que referido órgão é dotado de personalidade jurídica de direito público, tratando-se de fundação pública, forma de descentralização da Administração Pública.
Gabarito "B".

8. PROCESSO ADMINISTRATIVO DISCIPLINAR

(OAB/Exame XXXVI) A diretoria de certa subseção da OAB emitiu decisão no âmbito de suas atribuições. Irresignados, os interessados desejavam manejar recurso em face de tal decisão.

Sobre a hipótese, assinale a afirmativa correta.

(A) A competência privativa para julgar, em grau de recurso, questão decidida pela diretoria da subseção é do Conselho Federal da OAB.

(B) A competência privativa para julgar, em grau de recurso, questão decidida pela diretoria da subseção é do Presidente do Conselho Seccional respectivo da OAB.

(C) A competência privativa para julgar, em grau de recurso, questão decidida pela diretoria da subseção é do Conselho Seccional respectivo da OAB.

(D) A decisão proferida pela diretoria da subseção é irrecorrível.

De acordo com o art. 76 do EAOAB, cabe recurso ao Conselho Seccional de todas as decisões proferidas por seu Presidente, pelo Tribunal de Ética e Disciplina, ou pela diretoria da Subseção ou da Caixa de Assistência dos Advogados. Correta, portanto, a alternativa C, estamos as demais em descompasso com o referido dispositivo legal.
Gabarito "C".

(OAB/Exame XXXV) Vitor deseja se candidatar ao Cargo de Conselheiro Seccional da OAB. Ao estudar a legislação aplicável, Vitor concluiu que poderia concorrer ao cargo em questão, ainda que

(A) estivesse em atraso com o pagamento da anuidade.

(B) exercesse efetivamente a profissão há menos de 3 (três) anos.

(C) ocupasse cargo de provimento efetivo em órgão da Administração Pública indireta.

(D) tivesse sido condenado por infração disciplinar resultante da prática de crime há mais de um ano, mesmo sem ter obtido a reabilitação criminal.

A: incorreta, pois o art. 63, § 2º, do EAOAB, exige, como uma das condições de elegibilidade, que o candidato comprove situação regular perante a OAB. Assim, em caso de inadimplência de anuidade (contribuição anual), o advogado não estará apto a disputar eleições para os órgãos da OAB; **B:** incorreta, pois uma das condições de elegibilidade é o candidato exercer a profissão há mais de 3 (três) anos, para os cargos de Conselheiro Seccional e das Subseções, e mais de 5 (cinco) anos nas eleições para os demais cargos; **C:** correta. O que impede um advogado de candidatar-se a eleição em órgãos da OAB é ocupar cargo exonerável *ad nutum* (livre nomeação e exoneração), e não cargos efetivos, conforme se infere do art. 63, § 2º, do EAOAB; **D:** incorreta, pois mesmo candidatos com condenação por infração ética poderão disputar eleições, desde que já tenham se reabilitado (art. 63, § 2º, EAOAB).
Gabarito "C".

(OAB/Exame XXXIV) Beatriz, advogada, oferece representação perante a OAB em razão de Isabela, outra advogada que atua na mesma área e na mesma cidade, ter supostamente praticado atos de captação de causas.

Preocupada com as consequências dessa representação, Isabela decidiu estudar as normas que regem possível processo disciplinar a ser instaurado perante a OAB.

Ao fazê-lo, Isabela concluiu que

(A) o processo disciplinar pode ser instaurado de ofício, não dependendo de representação de autoridade ou da pessoa interessada.

(B) o processo disciplinar tramita em sigilo até o seu término, permitindo-se o acesso às suas informações somente às partes e a seus defensores por ordem da autoridade judiciária competente.

(C) ao representado deve ser assegurado amplo direito de defesa, cabendo ao Tribunal de Ética e Disciplina, por ocasião do julgamento, avaliar a necessidade de defesa oral.

(D) se, após a defesa prévia, o relator se manifestar pelo indeferimento liminar da representação, o processo deverá ser levado a julgamento pelo Tribunal de Ética e Disciplina, que poderá determinar seu arquivamento.

A: correta, nos termos do art. 55, *caput*, do CED e art. 72, caput, do EAOAB; **B:** incorreta, pois o sigilo nos processos disciplinares decorre de imperativo legal (art. 72, § 2º, do EAOAB), e o acesso às suas informações pelas partes e seus defensores é direta, ou seja, não depende

de autorização judicial; **C:** incorreta. Durante o julgamento do processo disciplinar, é direito do advogado acusado realizar sustentação oral, conforme prevê o art. 60, § 4º, do CED, não havendo qualquer avaliação de sua "necessidade" pelo Tribunal. Ou seja, cabe ao advogado ponderar se quer, ou não, realizar sustentação oral; **D:** incorreta. Se o relator se manifestar pelo indeferimento liminar da representação, caberá ao Presidente do Conselho competente, ou, conforme o caso, ao do Tribunal de Ética e Disciplina, decidir se declara instaurado o processo ou se já o arquiva de plano. Em outras palavras, não será o processo submetido a julgamento, mas, sim, haverá decisão no sentido de ser instaurado efetivamente ou já arquivado de plano (art. 58, § 4º, do CED).
Gabarito "A".

(OAB/Exame XXXIV) O advogado Pedro praticou infração disciplinar punível com censura, a qual gerou repercussão bastante negativa à advocacia, uma vez que ganhou grande destaque na mídia nacional. Por sua vez, o advogado Hélio praticou infração disciplinar punível com suspensão, a qual não gerou maiores repercussões públicas, uma vez que não houve divulgação do caso para além dos atores processuais envolvidos.

Considerando a situação hipotética narrada, assinale a afirmativa correta.

(A) É admissível a celebração de termo de ajustamento de conduta tanto por Pedro como por Hélio.

(B) Não é admissível a celebração de termo de ajustamento de conduta por Pedro nem por Hélio.

(C) É admissível a celebração de termo de ajustamento de conduta por Pedro, mas não é admissível a celebração de termo de ajustamento de conduta por Hélio.

(D) É admissível a celebração de termo de ajustamento de conduta por Hélio, mas não é admissível a celebração de termo de ajustamento de conduta por Pedro.

A: incorreta. Nos termos do art. 58-A do CED, nos casos de infração ético-disciplinar punível com censura, será admissível a celebração de termo de ajustamento de conduta, se o fato apurado não tiver gerado repercussão negativa à advocacia. Assim, somente o advogado Pedro, que cometeu infração ética punível com censura, poderia celebrar o TAC, eis que Hélio cometeu infração punível com suspensão. Nada obstante, como a infração praticada por Pedro causou repercussão bastante negativa à advocacia, igualmente não poderia se beneficiar do TAC; **B:** correta, nos termos do art. 58-A do CED; **C e D:** incorretas, pois, como visto, Pedro, a despeito de haver cometido infração punível com censura, o que, em tese, autoriza a celebração de TAC, teve, como consequência de seu comportamento, a geração de repercussão negativa à advocacia, o que impossibilita, conforme art. 58-A do CED, a celebração de termo de ajustamento de conduta. Já com relação a Hélio, a infração punível com suspensão não admite TAC.
Gabarito "B".

(OAB/Exame Unificado – 2020.2) O advogado Gerson responde a processo disciplinar perante a OAB pela prática de infração prevista na Lei 8.906/94. No curso do feito, dá-se a apreciação, pelo órgão julgador, de matéria processual sobre a qual se entendeu cabível decisão de ofício. Não é conferida oportunidade de manifestação sobre tal matéria à defesa de Gerson.

Considerando o caso narrado, assinale a afirmativa correta.

(A) Em grau recursal, é vedada decisão com base em fundamento sobre o qual não foi dada oportunidade de manifestação à defesa de Gerson, ainda que se trate de matéria que se deva decidir de ofício.

Excepcionam-se, dessa regra, as medidas de urgência previstas na Lei 8.906/94. Por sua vez, em primeiro grau, cuidando-se de matéria de ordem pública, passível de decisão de ofício, ou tratando-se de medidas de urgência previstas na Lei 8.906/94, autoriza-se a apreciação sem que seja facultada prévia manifestação às partes.

(B) Em qualquer grau de julgamento, é vedada decisão com base em fundamento sobre o qual não foi dada oportunidade de manifestação à defesa de Gerson, ainda que se trate de matéria sobre a qual se deva decidir de ofício. Excepcionam-se dessa regra as medidas de urgência previstas na Lei 8.906/94.

(C) Em grau recursal, é vedada decisão com base em fundamento sobre o qual não foi dada oportunidade de manifestação à defesa de Gerson, ainda que se trate de matéria que se deva decidir de ofício. Tal vedação abrange, inclusive, as medidas de urgência previstas na Lei 8.906/94. Por sua vez, em primeiro grau, tratando-se de matéria de ordem pública, passível de decisão de ofício, ou em caso de medidas de urgência, autoriza-se a apreciação sem que seja facultada prévia manifestação às partes.

(D) Em qualquer grau de julgamento, é vedada decisão com base em fundamento sobre o qual não foi dada oportunidade de manifestação à defesa de Gerson, ainda que se cuide de matéria sobre a qual se deva decidir de ofício, ou que se trate de medidas de urgência previstas na Lei 8.906/94.

De acordo com o art. 144-B do Regulamento Geral (RGOAB), não se pode decidir, em grau algum de julgamento, com base em fundamento a respeito do qual não se tenha dado às partes oportunidade de se manifestar anteriormente, ainda que se trate de matéria sobre a qual se deva decidir de ofício, salvo quanto às medidas de urgência previstas no Estatuto. Assim, as alternativas "A" e "C", de plano, estão incorretas, pois tratam apenas de "grau recursal", como se somente nessa etapa do processo houvesse proibição de prolação de decisão com fundamento sobre o qual não se oportunizou às partes manifestação a respeito. A alternativa "D" também é incorreta, pois o já citado art. 144-B do RGOAB excepciona as medidas urgentes previstas no EAOAB, sendo, nesses casos, possível que se decida mesmo sem prévia oitiva das partes. Por fim, correta a alternativa "B", que vai ao encontro do art. 144-B do RGOAB.
Gabarito "B".

(OAB/Exame Unificado – 2020.1) Havendo indícios de que Sara obteve inscrição na Ordem dos Advogados do Brasil mediante prova falsa, foi instaurado contra ela processo disciplinar.

Sobre o tema, assinale a afirmativa correta.

(A) O processo disciplinar contra Sara pode ser instaurado de ofício ou mediante representação, que pode ser anônima.

(B) Em caso de revelia de Sara, o processo disciplinar seguirá, independentemente de designação de defensor dativo.

(C) O processo disciplinar instaurado contra Sara será, em regra, público.

(D) O recurso contra eventual decisão que determine o cancelamento da inscrição de Sara não terá efeito suspensivo.

A: incorreta, pois o processo disciplinar não pode ser instaurado mediante representação anônima, conforme dispõe o art. 55, § 2º,

1. ÉTICA PROFISSIONAL

do CED; **B:** incorreta. Em caso de revelia, será nomeado ao advogado acusado da prática de infração ética um defensor dativo (art. 59, § 2º, do CED); **C:** incorreta. No processo disciplinar, até o seu término, vigora a regra do sigilo, vale dizer, às suas informações somente terão acesso as partes, seus procuradores ou a autoridade judiciária competente (art. 72, § 2º, do EAOAB); **D:** correta. A regra no processo disciplinar é que os recursos são dotados de duplo efeito (devolutivo e suspensivo), nos termos do que dispõe o art. 77, *caput*, do EAOAB. No entanto, há apenas três hipóteses em que os recursos não terão efeito suspensivo, vale dizer, a decisão já produzirá efeitos desde logo, independentemente da interposição e pendência de julgamento do recurso. Referidas exceções estão previstas no já citado art. 77, *caput*, do EAOAB, quais sejam, eleições, suspensão preventiva decidida pelo TED e cancelamento de inscrição obtida com prova falsa. Considerando que Sara teria obtido inscrição na OAB mediante prova falsa, eventual recurso contra a decisão que reconhecesse a prática de referida infração seria recebido somente no efeito devolutivo (ou seja, não teria efeito suspensivo).
Gabarito "D".

(OAB/Exame Unificado – 2019.2) O Conselho Seccional X da OAB proferiu duas decisões, ambas unânimes e definitivas, em dois processos distintos. Acerca da matéria que é objeto do processo 1, há diversos julgados, em sentido diametralmente oposto, proferidos pelo Conselho Seccional Y da OAB. Quanto ao processo 2, há apenas uma decisão contrária, outrora proferida pelo Conselho Federal da OAB. De acordo com a situação narrada, assinale a afirmativa correta.

(A) Cabe recurso da decisão proferida no processo 1 ao Conselho Federal da OAB, com fundamento na divergência com as decisões emanadas do Conselho Seccional Y. Também cabe recurso da decisão proferida no processo 2 ao Conselho Federal da OAB, com base na divergência com a decisão anterior do Conselho Federal.

(B) Não cabe recurso da decisão proferida no processo 1 ao Conselho Federal da OAB, com fundamento na divergência com as decisões emanadas do Conselho Seccional Y. No entanto, cabe recurso da decisão proferida no processo 2 ao Conselho Federal da OAB, com base na divergência com a decisão anterior do Conselho Federal.

(C) Cabe recurso da decisão proferida no processo 1 ao Conselho Federal da OAB, com fundamento na divergência com as decisões emanadas do Conselho Seccional Y. No entanto, não cabe recurso da decisão proferida no processo 2 ao Conselho Federal da OAB, com base na divergência com a decisão anterior do Conselho Federal.

(D) Não cabem recursos das decisões proferidas no processo 1 e no processo 2, tendo em vista a definitividade das decisões emanadas do Conselho Seccional.

Nos termos do art. 75 do EAOAB, cabe recurso ao Conselho Federal de todas as decisões definitivas proferidas pelo Conselho Seccional, quando não tenham sido unânimes ou, sendo unânimes, contrariem esta lei, decisão do Conselho Federal ou de outro Conselho Seccional e, ainda, o regulamento geral, o Código de Ética e Disciplina e os Provimentos. Partindo de referido dispositivo legal, analisemos as assertivas a seguir. **A:** correta. Se o Conselho Seccional X proferiu duas decisões em dois processos distintos, sendo que, em ambos os casos, as referidas decisões conflitam com decisões de outro Conselho Seccional (no caso do processo 1) e do Conselho Federal (no caso do processo 2), abre-se caminho para a interposição de recurso para o Conselho Federal, nos moldes trazidos no art. 75 do EAOAB; **B:** incorreta, pois

a divergência entre decisões de Conselhos Seccionais desafia recurso para o Conselho Federal da OAB, assim como quando a divergência for com relação a decisões do próprio Conselho Federal; **C:** incorreta, pois em ambos os processos há divergência entre a decisão do Conselho Seccional X com decisões do Conselho Seccional Y e o Conselho Federal, fato suficiente a ensejar recurso para o Conselho Federal; **D:** incorreta, pois é cabível recurso para o Conselho Federal da OAB de decisões proferidas por Conselhos Seccionais, desde que presentes as hipóteses do art. 75 do EAOAB.
Gabarito "A".

(OAB/Exame Unificado – 2019.1) Maria teve processo disciplinar recém instaurado contra si pelo Conselho Seccional da OAB, no qual está inscrita. No dia seguinte à sua notificação por meio de edital, encontra-se no fórum com Tânia, sua ex-colega de faculdade, que veio comentar com Maria sobre o conteúdo do referido processo.

De acordo com o Estatuto da OAB, Tânia poderia conhecer o conteúdo do processo disciplinar instaurado, em face de Maria,

(A) por qualquer meio, dada a natureza pública de sua tramitação.

(B) se fosse parte, defensora de parte ou autoridade judiciária competente, dada a natureza sigilosa de sua tramitação.

(C) caso tivesse tido acesso à notificação inicial, feita por meio de edital, dada a natureza pública de sua tramitação.

(D) em nenhuma hipótese, dada a natureza sigilosa de sua tramitação.

O art. 72, § 2º, do EAOAB, estabelece a regra geral segundo a qual o processo disciplinar tramita em sigilo, só tendo acesso às suas informações as partes, seus defensores e a autoridade judiciária competente. Diversamente do que se tem nos processos judiciais, nos quais a publicidade é a regra, nos processos ético-disciplinares o sigilo é a regra. Correta, portanto, a alternativa "B", que espelha exatamente o que dispõe o referido dispositivo legal.
Gabarito "B".

(OAB/Exame Unificado – 2018.2) Júlio Silva sofreu sanção de censura por infração disciplinar não resultante da prática de crime; Tatiana sofreu sanção de suspensão por infração disciplinar não resultante da prática de crime; e Rodrigo sofreu sanção de suspensão por infração disciplinar resultante da prática de crime ao qual foi condenado. Transcorrido um ano após a aplicação e o cumprimento das sanções, os três pretendem obter a reabilitação, mediante provas efetivas de seu bom comportamento.

De acordo com o EOAB, assinale a afirmativa correta.

(A) Júlio e Tatiana fazem jus à reabilitação, que pode ser concedida após um ano mediante provas efetivas de bom comportamento, nos casos de qualquer sanção disciplinar. O pedido de Rodrigo, porém, depende também da reabilitação criminal.

(B) Apenas Júlio faz jus à reabilitação, que pode ser concedida após um ano mediante provas efetivas de bom comportamento, somente nos casos de sanção disciplinar de censura.

(C) Todos fazem jus à reabilitação, que pode ser concedida após um ano mediante provas efetivas de bom comportamento, nos casos de qualquer sanção disciplinar, independentemente se resultantes da prática de crime, tendo em vista que são esferas distintas de responsabilidade.

(D) Ninguém faz jus à reabilitação, que só pode ser concedida após dois anos mediante provas efetivas de bom comportamento, nos casos de sanção disciplinar de censura, e após três anos nos casos de sanção disciplinar de suspensão.

Nos termos do art. 41 do EAOAB, é permitido ao advogado que tenha sofrido qualquer sanção disciplinar requerer, um ano após seu cumprimento, a reabilitação, em face de provas efetivas de bom comportamento. Porém, quando a sanção disciplinar resultar da prática de crime, o pedido de reabilitação depende também da correspondente reabilitação criminal (art. 41, parágrafo único, do EAOAB). Assim, analisemos as alternativas. **A:** correta. Considerando que Júlio e Tatiana sofreram sanção disciplinar não decorrente da prática de crime, a reabilitação poderá ser requerida após um ano do cumprimento da penalidade imposta, desde que haja provas efetivas de bom comportamento. Com relação ao advogado Rodrigo, além de referidos requisitos, ainda deverá, antes de pleitear sua reabilitação perante a OAB, ter alcançado sua reabilitação criminal, visto que a sanção disciplinar que lhe foi imposta em processo ético-disciplinar resultou da prática de crime. Trata-se, é bom repetir, de exigência contida no art. 41, parágrafo único, do EAOAB; **B:** incorreta, pois todos os três advogados farão jus à reabilitação, desde que satisfeitos os requisitos do art. 41 do EAOAB; **C:** incorreta, pois a reabilitação, quando a infração ética decorrer da prática de crime, exigirá, também, prévia reabilitação criminal; **D:** incorreta, pois a reabilitação poderá ser concedida a todos os advogados, desde que preencham os requisitos do art. 41 do EAOAB. Destaque-se que o prazo para pedir reabilitação é de um ano após o cumprimento da sanção disciplinar, exigindo-se, ainda, provas efetivas de bom comportamento. Há requisito adicional (prévia reabilitação criminal) apenas quando a infração ética decorrer da prática de crime.

Gabarito "A"

(OAB/Exame Unificado – 2018.1) Lina, cidadã que não exerce a advocacia, deseja endereçar à presidência de certa Subseção da OAB representação pela instauração de processo disciplinar em face de determinado advogado, pelo cometimento de infrações éticas. Assim, ela busca se informar sobre como pode oferecer tal representação e qual a forma adequada para tanto.

De acordo com o disposto no Código de Ética e Disciplina da OAB, Lina poderá oferecer representação pela instauração de processo disciplinar em face do advogado, mas

(A) deve endereçá-la ao presidente do respectivo Conselho Seccional, uma vez que receber e processar representações com tal conteúdo não se inclui entre as atribuições das Subseções. A representação poderá ser realizada por escrito ou verbalmente, com ou sem identificação do representante.

(B) deve formulá-la ao presidente do Conselho Seccional ou ao presidente da Subseção. A representação poderá ser realizada por escrito ou verbalmente, mas é necessária a identificação do representante, sob pena de não ser considerada fonte idônea.

(C) deve endereçá-la ao presidente do respectivo Conselho Seccional, uma vez que não se inclui entre as atribuições das Subseções receber e processar representações com tal conteúdo. A representação deverá ser realizada por escrito, não sendo consideradas fontes idôneas as representações verbais ou sem identificação do representante.

(D) deve formulá-la ao presidente do Conselho Seccional ou ao presidente da Subseção. A representação poderá

ser realizada por escrito ou verbalmente, com ou sem identificação do representante. Será considerada fonte idônea ainda que oferecida sem a identificação do representante.

Nos termos do que dispõe o art. 56 do CED, a representação será formulada ao Presidente do Conselho Seccional ou ao Presidente da Subseção, por escrito ou verbalmente, devendo, neste último caso, ser reduzida a termo. Determina o CED, ainda, que não se considera fonte idônea, para fins de instauração de processo disciplinar, a que consistir em denúncia anônima (art. 55, §2º). Assim, analisemos as alternativas. **A** e **C:** incorretas. Também constitui atribuição das Subseções, por intermédio de seus Presidentes, o recebimento de representações para instauração de processos ético-disciplinares, conforme se extrai do art. 56 do CED; **B:** correta, nos termos, respectivamente, dos arts. 56, *caput*, e 55, §§ 1º e 2º, do CED; **D:** incorreta, pois a representação somente será admitida como uma das formas de instauração de processo disciplinar quando o representante estiver devidamente identificado, sob pena de se caracterizar verdadeira denúncia anônima, que não se constitui como fonte idônea.

Gabarito "B"

(OAB/Exame Unificado – 2018.1) O Tribunal de Ética e Disciplina de certo Conselho Seccional da OAB decidiu pela suspensão preventiva do advogado Hélio, acusado em processo disciplinar. Hélio, todavia, interpôs o recurso cabível contra tal decisão.

Considerando as regras sobre os recursos em processos que tramitam perante a OAB, bem como a situação descrita, assinale a afirmativa correta.

(A) Em regra, os recursos em processos que tramitam perante a OAB têm efeito suspensivo. Assim, no caso narrado, o recurso interposto por Hélio será dotado do aludido efeito.

(B) Em regra, os recursos em processos que tramitam perante a OAB não têm efeito suspensivo. Todavia, nesse caso, excepcionalmente, pode ser atribuído o efeito, se demonstrada a probabilidade de provimento ou se, sendo relevante a fundamentação, o recorrente indicar risco de dano grave ou de difícil reparação.

(C) Em regra, os recursos em processos que tramitam perante a OAB têm efeito suspensivo. Todavia, o recurso manejado por Hélio se inclui em hipótese excepcional, na qual é vedado o efeito suspensivo.

(D) Em regra, os recursos em processos que tramitam perante a OAB não têm efeito suspensivo, não sendo permitida a concessão de tal efeito por decisão da autoridade julgadora. Assim, no caso narrado, o recurso interposto por Hélio não será dotado de efeito suspensivo.

De acordo com o art. 77, *caput*, do EAOAB, todos os recursos têm efeito suspensivo, exceto quando tratarem de eleições (arts. 63 e seguintes), de suspensão preventiva decidida pelo Tribunal de Ética e Disciplina, e de cancelamento da inscrição obtida com prova falsa. Assim, a regra é a de que os recursos na OAB são dotados de duplo efeito (devolutivo e suspensivo). Somente não terão efetivo suspensivo os recursos interpostos contra decisões acerca de eleições, suspensão preventiva e cancelamento de inscrição obtida com prova falsa. No enunciado da questão, vê-se que Hélio teve contra si decretada suspensão preventiva, que é uma das três hipóteses em que o recurso não será dotado de efeito suspensivo. Vejamos as alternativas. **A:** incorreta, pois o recurso interposto por Hélio não será alcançado pela regra geral (duplo efeito). É que a decisão decretada pelo TED de suspensão preventiva do advogado desafia recurso sem efeito suspensivo; **B** e **D:** incorretas, pois as assertivas falam exatamente o oposto acerca da regra geral para

1. ÉTICA PROFISSIONAL

75

os recursos, qual seja, a de que são dotados de efeitos devolutivo e suspensivo; **C:** correta, nos exatos termos do art. 77, *caput*, do EAOAB.

Gabarito "C".

(OAB/Exame Unificado – 2017.3) Severino, advogado, é notório conhecedor das normas procedimentais e disciplinares do Estatuto da Advocacia e da OAB, bem como de seu regulamento, atuando na defesa de colegas advogados em processos disciplinares. Recentemente, Severino foi eleito conselheiro, passando a exercer essa função em certo Conselho Seccional da OAB.

Considerando o caso descrito, assinale a afirmativa correta.

(A) Severino não poderá, enquanto exercer a função de conselheiro, atuar em processos disciplinares que tramitem perante qualquer órgão da OAB, sequer em causa própria.

(B) Severino não poderá, enquanto for conselheiro, atuar em processos disciplinares que tramitem perante o Conselho Seccional onde exerce sua função. Porém, perante os demais conselhos, não há vedação à sua atuação, em causa própria ou alheia.

(C) Severino não poderá, enquanto for conselheiro, atuar em processos disciplinares que tramitem perante o Conselho Seccional onde exerce sua função e o Conselho Federal da OAB. Porém, perante os demais conselhos, não há vedação à sua atuação, em causa própria ou alheia.

(D) Severino não poderá, enquanto exercer a função, atuar em processos disciplinares que tramitem perante qualquer órgão da OAB, salvo em causa própria.

Nos exatos termos do art. 33 do CED, *salvo em causa própria*, não poderá o advogado, enquanto exercer cargos ou funções em órgãos da OAB ou tiver assento, em qualquer condição, nos seus Conselhos, atuar em processos que tramitem perante a entidade nem oferecer pareceres destinados a instruí-los. A vedação estabelecida no referido artigo não se aplica aos dirigentes de Seccionais quando atuem, nessa qualidade, como legitimados a recorrer nos processos em trâmite perante os órgãos da OAB. Em suma, no caso apresentado no enunciado, considerando que Severino foi eleito conselheiro em determinado Conselho Seccional da OAB, não poderá atuar em processos disciplinares, salvo em causa própria, conforme autoriza o referido art. 33 do CED. Correta, portanto, a alternativa "D", estando as demais em descompasso com o precitado dispositivo normativo.

Gabarito "D".

(OAB/Exame Unificado – 2017.2) Nilza, advogada, responde a processo disciplinar perante certo Conselho Seccional da OAB, em razão da suposta prática de infração disciplinar que, se comprovada, poderá sujeitá-la à sanção de exclusão.

Sobre o tema, assinale a afirmativa correta.

(A) O processo disciplinar instaurado em face de Nilza tramita em sigilo, até o seu término, só tendo acesso às suas informações as partes, seus defensores e a autoridade competente.

(B) O processo disciplinar instaurado em face de Nilza é público, sendo facultado o acesso aos autos a qualquer advogado regularmente inscrito, para exercício do controle externo.

(C) O processo disciplinar instaurado em face de Nilza é, em regra, público, sendo facultado o acesso aos

autos a qualquer cidadão. Porém, excepcionalmente, pode ser decretado o sigilo, a critério da autoridade processante, quando justificada a necessidade de preservação do direito à intimidade.

(D) O processo disciplinar instaurado em face de Nilza tramita, em regra, em sigilo, só tendo acesso às suas informações as partes, seus defensores e a autoridade competente. Torna-se, porém, público se o Tribunal de Ética e Disciplina do Conselho decidir suspender Nilza preventivamente.

Nos termos do art. 72, § 2º, do Estatuto da OAB (EAOAB), o processo disciplinar tramita em sigilo, até o seu término, só tendo acesso às suas informações as partes, seus defensores e a autoridade judiciária competente. Assim, a regra, durante o trâmite processual, é o sigilo, que somente não será oponível às partes do processo, aos seus respectivos defensores (advogados) e à autoridade judiciária competente (em caso de eventual impugnação judicial do processo disciplinar). Assim, vamos aos comentários! **A:** correta, nada obstante a banca examinadora tenha pecado ao mencionar apenas "autoridade competente", sendo certo que o EAOAB permite o acesso à autoridade "judiciária" competente (e não a qualquer "autoridade competente", como constou); **B:** incorreta, pois o processo disciplinar, durante seu trâmite, é sigiloso, somente tendo acesso às suas informações as partes, seus defensores e a autoridade judiciária competente. Especificamente quanto aos advogados, apenas os que assistirem às partes, repita-se, terão acesso aos autos do processo disciplinar, não bastando a condição pura e simples de advogado para que se afaste o sigilo; **C:** incorreta, pois, como visto, o sigilo do processo disciplinar decorre da lei (art. 72, § 2º, do EAOAB), não dependendo da vontade da autoridade processante; **D:** incorreta, pois a suspensão preventiva de advogado, prevista no art. 70, § 3º, do Estatuto da OAB, não relativiza a regra prevista no art. 72, § 2º, também do mesmo diploma legal. Ou seja, o processo disciplinar, havendo ou não suspensão preventiva do advogado, continua sigiloso durante seu trâmite.

Gabarito "A".

(OAB/Exame Unificado – 2017.1) Cláudio, advogado inscrito na Seccional da OAB do Estado do Rio de Janeiro, praticou infração disciplinar em território abrangido pela Seccional da OAB do Estado da São Paulo. Após representação do interessado, o Conselho de Ética e Disciplina da Seccional da OAB do Estado do Rio de Janeiro instaurou processo disciplinar para apuração da infração. Sobre o caso, de acordo com o Estatuto da OAB, o Conselho de Ética e Disciplina da Seccional da OAB do Estado do Rio de Janeiro:

(A) não tem competência para punir disciplinarmente Cláudio, pois a competência é exclusivamente do Conselho Seccional em cuja base territorial tenha ocorrido a infração, salvo se a falta for cometida perante o Conselho Federal.

(B) tem competência para punir disciplinarmente Cláudio, pois a competência é exclusivamente do Conselho Seccional em que o advogado se encontra inscrito, salvo se a falta for cometida perante o Conselho Federal.

(C) tem competência para punir disciplinarmente Cláudio, pois a competência é concorrente entre o Conselho Seccional em que o advogado se encontra inscrito e o Conselho Seccional em cuja base territorial tenha ocorrido a infração, salvo se a falta for cometida perante o Conselho Federal.

(D) não tem competência para punir disciplinarmente Cláudio, pois a competência é exclusivamente do

Conselho Federal, ainda que a falta não tenha sido cometida perante este, quando o advogado for inscrito em uma Seccional e a infração tiver ocorrido na base territorial de outra.

A: correta. De acordo com o art. 70, "caput", do Estatuto da OAB (EAOAB), o poder de punir disciplinarmente os inscritos na OAB compete exclusivamente ao Conselho Seccional em cuja base territorial tenha ocorrido a infração, salvo se a falta for cometida perante o Conselho Federal; **B:** incorreta, pois a competência para a punição disciplinar pertence, em regra, ao Conselho Seccional em cuja base territorial tenha sido cometida a infração disciplinar, e não ao Conselho Seccional em que o infrator mantenha sua inscrição; **C:** incorreta, pois inexiste, no sistema punitivo disciplinar da OAB, competência concorrente para a aplicação de sanção. Como visto, a competência é exclusiva do Conselho Seccional do local da infração, salvo se a falta for cometida perante o Conselho Federal; **D:** incorreta. A competência disciplinar pertence ao Conselho Federal quando a falta tenha sido cometida perante referido órgão, ou, ainda, quando o infrator for membro do Conselho Federal ou Presidente de Conselho Seccional.
Gabarito "A"

(OAB/Exame Unificado – 2016.3) Lúcia, advogada, foi processada disciplinarmente e, após a interposição de recurso, o Conselho Seccional do Estado de Pernambuco confirmou, por unanimidade, a sanção de suspensão pelo prazo de trinta dias, nos termos do art. 37, § 1°, do Estatuto da OAB. Lúcia verificou, contudo, existir decisão em sentido contrário, em caso idêntico ao seu, no Conselho Seccional do Estado de Minas Gerais.

De acordo com o Estatuto da OAB, contra a decisão definitiva unânime proferida pelo Conselho Seccional do Estado de Pernambuco,

(A) não cabe recurso ao Conselho Federal, em qualquer hipótese.

(B) cabe recurso ao Conselho Federal, por contrariar decisão do Conselho Seccional de Minas Gerais.

(C) cabe recurso ao Conselho Federal, se a decisão contrariar também decisão do Conselho Federal, e não apenas decisão do Conselho Seccional de Minas Gerais.

(D) cabe recurso ao Conselho Federal, em qualquer hipótese, ainda que não existisse decisão em sentido contrário do Conselho Seccional de Minas Gerais.

De acordo com o art. 75 do Estatuto da OAB (EAOAB), cabe recurso ao Conselho Federal de todas as decisões definitivas proferidas pelo Conselho Seccional, quando não tenham sido unânimes ou, sendo unânimes, contrariem esta lei, decisão do Conselho Federal ou de outro Conselho Seccional e, ainda, o regulamento geral, o Código de Ética e Disciplina e os Provimentos. Assim, tendo Lúcia, advogada, sido condenada por infração disciplinar à pena de suspensão, com recurso interposto perante o Conselho Seccional de Pernambuco, existindo, porém, decisão em sentido contrário, em caso idêntico ao seu, no Conselho Seccional de Minas Gerais, caracterizada está hipótese de cabimento de recurso ao Conselho Federal. Ora, constatou-se que a decisão do Conselho Seccional de Pernambuco conflita com decisão de outro Conselho Seccional (MG). Correta, portanto, a alternativa "B", estando as demais em descompasso com o quanto prescrito pelo art. 75 do EAOAB.
Gabarito "B"

(OAB/Exame Unificado – 2015.3) O Presidente de determinada Seccional da OAB recebeu representação contra advogado que nela era inscrito por meio de missiva anônima, que narrava grave infração disciplinar. Considerando a via eleita para a apresentação da representação, foi determinado o arquivamento do expediente, sem instauração de processo disciplinar. Pouco tempo depois, foi publicada matéria jornalística sobre investigação realizada pela Polícia Federal que tinha como objeto a mesma infração disciplinar que havia sido narrada na missiva anônima e indicando o nome do investigado naquele procedimento inquisitorial. Com base na reportagem, foi determinada, pelo Presidente da Seccional, a instauração de processo disciplinar.

Sobre o procedimento adotado pelo Presidente da Seccional em questão, assinale a afirmativa correta.

(A) Deveria ter instaurado processo disciplinar quando recebeu a missiva anônima.

(B) Não poderia ter instaurado processo disciplinar em nenhuma das oportunidades.

(C) Deveria ter instaurado processo disciplinar em qualquer uma das oportunidades.

(D) Poderia ter instaurado processo disciplinar a partir da publicação da matéria jornalística.

Nos termos do art. 72, caput, do EAOAB, o processo disciplinar instaura-se de ofício ou mediante representação de qualquer autoridade ou pessoa interessada. Por sua vez, corroborando o dispositivo legal citado, o art. 55, §2°, do CED, além de reiterar as duas formas de instauração do processo disciplinar (de ofício ou mediante representação), afirma não ser considerada como fonte idônea, para fins de instauração de ofício, a denúncia anônima. Assim, vamos à análise das alternativas. A e **C:** incorretas, pois representação anônima não é meio adequado de instauração de processo ético-disciplinar; **B:** incorreta, haja vista que, a despeito de o processo disciplinar não poder ser instaurado por missiva (carta) anônima, o mesmo não se pode dizer com relação à reportagem jornalística, que serviu de base (fonte idônea) à instauração, de ofício, pelo Presidente do Conselho Seccional; **D:** correta, pois, como dito, a publicação da matéria jornalística dando conta das investigações perpetradas pela Polícia Federal acerca da infração disciplinar cometida por advogado, pode embasar, perfeitamente, a deflagração do competente processo disciplinar. Neste caso, repita-se, estaremos diante de instauração de ofício.
Gabarito "D"

(OAB/Exame Unificado – 2014.3) O advogado João, inscrito na Seccional do estado X, cometeu grave infração ética ao atuar em determinada causa no estado Y. Assinale a opção que indica o Conselho Seccional com poder de punir disciplinarmente o advogado infrator.

(A) Apenas o Conselho Seccional do estado X terá poder para punir João disciplinarmente.

(B) Apenas o Conselho Seccional do estado Y terá poder para punir João disciplinarmente.

(C) Apenas o Conselho Federal terá poder para punir João disciplinarmente.

(D) Os Conselhos Seccionais dos estados X e Y terão poderes concorrentes para punir João disciplinarmente.

Nos termos do art. 70, *caput*, do Estatuto da OAB, o poder de punir disciplinarmente os inscritos na OAB compete exclusivamente ao Conselho Seccional em cuja base territorial tenha ocorrido a infração, salvo se a falta for cometida perante o Conselho Federal. Portanto, cabe ao Conselho Seccional do lugar da infração, e não ao lugar em que o advogado é inscrito, puni-lo disciplinarmente pelo cometimento de infrações disciplinares. Assim, sendo João inscrito na Seccional X, mas tendo cometido a infração ética no estado Y, competente para a punição será o Conselho Seccional deste último. Correta, portanto, a alternativa B.
Gabarito "B"

(OAB/Exame Unificado – 2012.3.A) Caio é advogado que atua em três estados da federação, possuindo uma inscrição principal e duas suplementares, tendo em vista o número elevado de causas que possui. Em decorrência de conflitos ocorridos em função dos processos em que atua, foram instaurados três processos disciplinares, um em cada seccional onde atua. De acordo com as normas do Estatuto da Advocacia, a competência para julgamento desses processos cabe ao

(A) Conselho Federal da Ordem dos Advogados do Brasil.

(B) Conselho Seccional em que o advogado possui inscrição principal.

(C) Conselho Seccional de cada infração disciplinar.

(D) Conselho Nacional de Justiça.

A: incorreta. Em matéria de competência para julgar processos disciplinares, o Conselho Federal somente o será quando a falta (infração ética) for praticada perante ele (art. 70, *caput*, do Estatuto da OAB), ou quando o infrator for Presidente de Conselho Seccional ou membro do próprio Conselho Federal (art. 58, § 5º, do CED); **B:** incorreta. Como se verá no comentário a seguir, a competência para o julgamento de processo disciplinar não se prende ao local, necessariamente, em que o advogado tenha inscrição (principal ou suplementar). O critério básico é o do "lugar da infração"; **C:** correta. Considerando que o enunciado deixou claro que Caio teve contra si instaurados três processos disciplinares, um em cada seccional onde atua, a competência para julgá-los será, nos termos do já citado art. 70, *caput*, do Estatuto da OAB, do Conselho Seccional em cuja base territorial tenha ocorrido a infração disciplinar (portanto, local de cada infração). Assim, exemplificando, se Caio cometer uma infração ética no Estado do Paraná, outra em Santa Catarina e a última no Rio Grande do Sul, cada um dos Conselhos Seccionais instaurará e julgará os respectivos processos. **D:** incorreta, pois não é competência do CNJ.
„Ɔ„ oʇıɹɐqɐפ

(OAB/Exame Unificado – 2011.3.A) Após recebida representação disciplinar sem fundamentos, cabe ao relator designado pelo presidente do Conselho Seccional da OAB, à luz das normas aplicáveis,

(A) arquivar o processo ato contínuo.

(B) propor ao presidente o arquivamento do processo.

(C) designar data para a defesa oral pelo advogado.

(D) julgar improcedente a representação.

A: incorreta, pois o relator do processo disciplinar não poderá, diretamente, arquivar o processo disciplinar destituído de fundamentos, mas, sim, propor o arquivamento ao Presidente da Subseção ou do Conselho Seccional competente (art. 120, § 1º, do Regulamento Geral); **B:** correta (art. 58, § 3º, do Código de Ética e art. 120, § 1º, do Regulamento Geral); **C:** incorreta, pois não se compreende nas competências do relator de processo disciplinar designar data para a defesa oral pelo advogado. Em verdade, o advogado será notificado para apresentar defesa prévia, por escrito (art. 59, *caput*, do Código de Ética); **D:** incorreta, pois não é competência do relator do processo disciplinar julgá-lo, mas, apenas, instruí-lo, emitindo parecer preliminar quando do fim da instrução (art. 120, § 1º, do Regulamento Geral; art. 59, § 7º, do Código de Ética e art. 73, *caput*, do EAOAB).
„B„ oʇıɹɐqɐפ

(OAB/Exame Unificado – 2011.2) José foi condenado criminalmente, com sentença transitada em julgado, e, paralelamente, punido também em processo disciplinar perante a OAB em função dos mesmos atos que resultaram naquela condenação criminal. Nos termos das normas estatutárias, é correto afirmar que

(A) a reabilitação administrativa é pressuposto da criminal.

(B) é pressuposto da reabilitação à OAB o deferimento da criminal.

(C) ambas as reabilitações podem tramitar paralelamente.

(D) a reabilitação administrativa independe da criminal.

Nos termos do art. 41, parágrafo único, do Estatuto da OAB (Lei 8.906/1994 – EAOAB), quando a sanção disciplinar resultar da prática de crime, o pedido de reabilitação (art. 69 do CED) depende também da correspondente reabilitação criminal. Assim, ao que se vê, a reabilitação perante a OAB, apenas em caso de sanção disciplinar que resulte da prática de crime (ex.: crime infamante – art. 34, XXVIII, do EAOAB), exige a prévia reabilitação criminal.
„B„ oʇıɹɐqɐפ

(OAB/Exame Unificado – 2011.1) Em termos de processo disciplinar perante a OAB, é correto dizer que, havendo representação contra presidente de seccional, o órgão competente será o

(A) Conselho Federal da OAB.

(B) Conselho Federal da OAB, quando houver impedimento de dois terços do Conselho Seccional de origem para o julgamento.

(C) Conselho Seccional que for escolhido pelo Conselho Federal da OAB, por maioria absoluta.

(D) próprio Conselho Seccional, impedido o presidente.

A: correta, visto que a representação contra presidente de Conselho Seccional, ou mesmo Conselheiro Federal, determinará a competência do Conselho Federal da OAB (art. 58, § 5º, do CED), não se aplicando a regra geral segundo a qual competirá ao Conselho Seccional em cuja base territorial ocorrer a infração o poder (e dever) de punir o infrator (art. 70, *caput*, do EAOAB); **B, C e D:** incorretas, pois, como dito, competirá sempre ao Conselho Federal da OAB processar e julgar infração ético-disciplinar praticada por Presidentes de Conselhos Seccionais e membros do próprio Conselho Federal (art. 58, § 5º, do CED).
„A„ oʇıɹɐqɐפ

(OAB/Exame Unificado – 2010.3) O advogado Rodrigo é surpreendido com notificação do Conselho de Ética da OAB para esclarecer determinados fatos que foram comunicados ao órgão mediante denúncia anônima. Apresenta sua defesa e, desde logo, postula a extinção do processo, que não poderia ser instaurado por ter sido a denúncia anônima. Em tal hipótese, à luz das normas do Código de Ética, é correto afirmar que

(A) é instaurado exclusivamente por representação do interessado.

(B) há necessidade de identificação do representante.

(C) não pode ocorrer a instauração, de ofício, do processo disciplinar.

(D) se admite a instauração do processo disciplinar por denúncia anônima.

A: incorreta, pois, de acordo com o art. 55 do CED e art. 72 do Estatuto da OAB (EAOAB – Lei 8.906/1994), o processo disciplinar *instaura-se de ofício ou mediante representação* de qualquer autoridade ou pessoa interessada; **B:** correta, pois, conforme determina o Código de Ética e Disciplina da OAB (CED), especificamente em seu art. 55, §§ 1º e 2º,, é vedada expressamente, como fonte idônea à instauração de processo disciplinar, a *denúncia anônima* (também chamada de *apócrifa*); **C:** incorreta, na medida em que, como visto na alternativa "A", o processo disciplinar inicia-se *de ofício* ou *mediante representação* (art.

78 ARTHUR TRIGUEIROS E SAVIO CHALITA

72 do EAOAB e *55*, caput, do CED); **D:** incorreta, pelas mesmas razões referidas na alternativa "B" (art. 55, § 2º, do CED). Gabarito "B".

(OAB/Exame Unificado – 2010.1) De acordo com o Estatuto da Advocacia e da OAB, tem efeito suspensivo recurso contra

(A) decisão não unânime proferida por conselho seccional.

(B) decisão que trate de eleições de membros dos órgãos da OAB.

(C) suspensão preventiva decidida pelo Tribunal de Ética e Disciplina.

(D) cancelamento da inscrição obtida com falsa prova.

A: correta. Todos os recursos têm efeito suspensivo, exceto quando tratam de eleições, suspensão preventiva do TED e cancelamento de inscrição obtida com falsa prova (art. 77, *caput*, do Estatuto da OAB); **B, C e D:** incorretas. *Vide* justificativa apresentada na opção A. Gabarito "A".

(OAB/Exame Unificado – 2009.3) A punição disciplinar dos advogados compete ao

(A) conselho seccional do estado onde a infração for cometida, ainda que não seja o local onde o advogado tenha a inscrição principal ou suplementar, desde que a infração não seja praticada perante o Conselho Federal.

(B) conselho seccional do estado onde o advogado tenha inscrição principal ou onde tenha inscrição suplementar, indistintamente.

(C) conselho seccional do estado onde o advogado tenha sua inscrição principal.

(D) conselho seccional do estado onde se tome, primeiramente, conhecimento da infração.

De fato, nos termos do art. 70, *caput*, da Lei 8.906/1994 (Estatuto), compete ao conselho seccional do lugar da infração (e não do lugar em que o advogado tenha inscrição), punir o inscrito que tenha cometido infração disciplinar. Gabarito "A".

(OAB/Exame Unificado – 2009.3) Assinale a opção correta acerca do processo disciplinar a que se sujeitam os advogados inscritos na OAB.

(A) No processo disciplinar, a pena de suspensão só pode ser imposta após decisão irrecorrível, não se mostrando lícita qualquer espécie de suspensão preventiva.

(B) De acordo com o Estatuto da OAB, o processo disciplinar contra advogado deve tramitar, de regra, com a publicidade devida a qualquer feito.

(C) É possível a revisão do processo disciplinar caso haja erro de julgamento ou condenação baseada em falsa prova.

(D) Apenas o Conselho Federal pode punir disciplinarmente o advogado inscrito na OAB.

A: incorreta, visto que o art. 70, § 3º, da Lei 8.906/1994, admite a suspensão preventiva do advogado caso venha a praticar um grave ato com repercussão prejudicial à dignidade da advocacia, cabendo ao Tribunal de Ética e Disciplina (TED) do local de inscrição (e não do local da infração, nesse caso!) suspender o advogado, pelo prazo de até 90 dias; **B:** incorreta (art. 72, § 2º, da Lei 8.906/1994 – os processos disciplinares tramitam em sigilo, somente tendo acesso a ele as partes, seus procuradores e, em

caso de impugnação judicial, o juiz competente); **C:** correta, corresponde ao disposto no art. 73, § 5º, da Lei 8.906/1994; **D:** incorreta (art. 70 da Lei 8.906/1994 – o Conselho Seccional é, em regra, o órgão com poder punitivo, mas caberá ao Conselho Federal punir o advogado em caso de a infração ter sido praticada perante referido órgão, ou, ainda, caso o infrator seja Presidente de Conselho Seccional ou membro do próprio Conselho Federal, consoante dispõe o art. 58, § 5º, do CED). Gabarito "C".

(OAB/Exame Unificado – 2009.1) Acerca do processo disciplinar regulamentado no Código de Ética e Disciplina da OAB, assinale a opção correta.

(A) Ao relator do processo compete determinar a notificação do representado para a defesa prévia, no prazo de 10 dias, devendo ser designada a defensoria pública em caso de revelia ou quando o representado não for encontrado.

(B) O interessado e o representado deverão incumbir-se do comparecimento das respectivas testemunhas, a não ser que prefiram intimações pessoais, o que deverá ser requerido na representação e na defesa prévia.

(C) Apresentadas as razões finais, o relator profere parecer preliminar e o voto, a ser submetido ao tribunal, a cujo presidente cabe, após o recebimento do processo instruído, inserir o processo na pauta de julgamento.

(D) Caracteriza-se a litigância de má-fé caso se comprove que os interessados no processo tenham nele intervindo de modo temerário, com intuito de emulação ou procrastinação.

A: incorreta, pois o prazo para apresentar defesa prévia é de 15 dias, conforme dispõe o art. art. 59, *caput*, do CED, sendo possível a prorrogação do prazo, por motivo relevante, a juízo do relator (art. 73, § 3º, do EAOAB); **B:** correta, conforme art. 59, § 4º, do CED; **C:** incorreta (arts. 59, §§ 7º e 8º e 69, ambos do CED – concluída a instrução, o relator profere parecer preliminar, a ser submetido ao TED, dando o enquadramento legal aos fatos imputados ao representado; ato seguinte, abre-se o prazo comum de 15 dias para apresentação de razões finais; o Presidente do TED, após o recebimento do processo, devidamente instruído, designará, por sorteio, relator para proferir voto); **D:** incorreta. Nos termos do art. 66 do CED, a conduta dos interessados, no processo disciplinar, que se revele temerária ou caracterize a intenção de alterar a verdade dos fatos, assim como a interposição de recursos com intuito manifestamente protelatório, contrariam os princípios deste Código, sujeitando os responsáveis à correspondente sanção. Não há uma "litigância de má-fé" na acepção técnico-processual do termo, mas, sim, uma falta de ética passível de punição. Gabarito "B".

(OAB/Exame Unificado – 2008.3) Acerca dos procedimentos relativos ao processo disciplinar, previstos no Código de Ética e Disciplina da OAB, assinale a opção correta.

(A) No processo disciplinar, a representação contra advogados poderá ser anônima a fim de se evitar qualquer perseguição.

(B) O processo disciplinar deverá ser arquivado pelo presidente do conselho seccional caso o representado seja revel ou seja impossível encontrá-lo.

(C) A representação contra presidente de conselho seccional é processada e julgada pelo Conselho Federal da OAB.

(D) O arquivamento das representações feitas perante os conselhos seccionais deverá ser precedido de autorização do presidente do Conselho Federal da OAB.

1. ÉTICA PROFISSIONAL

A: incorreta (art. 55, *§ 2º*, do CED – é vedada a denúncia anônima ou apócrifa, vale dizer, sem assinatura, como fonte idônea a amparar a instauração de processo disciplinar); **B:** incorreta (art. 59, § 2º, do CED – em caso de revelia, caberá ao presidente do Conselho Seccional ou, conforme o caso, do TED, indicar ao advogado acusado um defensor dativo); **C:** correta, em consonância com o disposto no art. 58, § 5º, do CED; **D:** incorreta (art. 58, § 4º, do CED – trata-se de medida que deverá ser tomada pelo presidente do Conselho Seccional ou, conforme o caso, o do TED).
Gabarito "C".

(OAB/Exame Unificado – 2008.3.SP) Assinale a opção correta em relação ao processo disciplinar na OAB.

(A) Na omissão do Regulamento Geral e do Código de Ética e Disciplina, o Estatuto da OAB determina a aplicação subsidiária das regras do direito processual civil nas hipóteses de processo disciplinar.

(B) Os prazos ficam suspensos durante os recessos do Conselho, reiniciando-se sua contagem no primeiro dia útil seguinte ao seu término.

(C) Notificado o advogado para manifestação, a contagem do prazo se iniciará 48 horas após a juntada do aviso de recebimento dos correios.

(D) Os prazos do Estatuto são unificados e, em qualquer caso, são de 15 dias, seja para defesa, razões finais, recursos, seja para juntada do original das peças interpostas via fac-símile.

A: incorreta (art. 68 da Lei 8.906/1994 – ao processo disciplinar, em caso de omissão da legislação específica, aplicar-se-á a legislação processual penal comum, sendo que, para os demais processos, aplicar-se-ão, nessa ordem, as regras de processo administrativo e processo civil); **B:** correta, pois de acordo com o art. 139, § 3º, do Regulamento Geral; **C:** incorreta (art. 69, §§ 1º e 2º, da Lei 8.906/1994). A contagem do prazo irá se iniciar no primeiro dia útil seguinte, a partir da notificação do recebimento, em se tratando de comunicação por ofício reservado ou notificação pessoal. Em se tratando de publicação na imprensa oficial, o prazo fluirá a partir do primeiro dia útil seguinte; **D:** os prazos para manifestações e recursos, de fato, são de 15 dias (art. 69 da Lei 8.906/1994); todavia, quando o recurso é interposto via fac-símile ou similar, o original deve ser entregue até 10 (dez!) dias da data da interposição. *Vide* também o art. 139, § 1º, do Regulamento Geral.
Gabarito "B".

(OAB/Exame Unificado – 2008.3.SP) Ainda no que tange ao processo disciplinar, assinale a opção correta.

(A) Uma vez aplicada sanção no âmbito da OAB, exclui-se qualquer comunicação às autoridades competentes caso o fato constitua crime.

(B) Todos os processos disciplinares dos advogados inscritos na OAB em todo o território nacional serão recebidos no conselho seccional em cuja base territorial tenha ocorrido a infração e encaminhados ao Conselho Federal para imediato julgamento.

(C) O prazo para defesa prévia é improrrogável.

(D) O processo disciplinar na OAB tramita em sigilo até o seu término, contudo terão acesso às informações dos autos as partes, seus defensores e a autoridade judiciária competente.

A: incorreta, pois "A jurisdição disciplinar *não* exclui a comum e, quando o fato constituir crime ou contravenção, deve ser comunicado às autoridades competentes" (art. 71 da Lei 8.906/1994); **B:** incorreta. O julgamento também é feito no Conselho Seccional, exceto se a infração tiver sido cometida perante o Conselho Federal, que será por este

julgada (art. 70 da Lei 8.906/1994; art. 58, § 5º, do CED); **C:** incorreta. Esse prazo pode ser prorrogável por motivo relevante, a juízo do relator (art. 73, § 3º, da Lei 8.906/1994); **D:** correta. É o que prevê o art. 72, § 2º, da Lei 8.906/1994.
Gabarito "D".

(OAB/Exame Unificado – 2008.2) Ainda com relação ao tribunal de ética e disciplina da OAB, assinale a opção correta.

(A) Cabe ao tribunal de ética e disciplina da OAB suspender preventivamente o advogado que, por mais de três anos consecutivos, não regularizar suas pendências com a Receita Federal.

(B) O processo disciplinar instaura-se somente por representação do ofendido, não sendo possível fazê-lo de ofício.

(C) Quando, além da infração disciplinar, configurar como crime ou contravenção o fato de que o advogado seja acusado, o julgamento do infrator na justiça comum dependerá de comunicação de tal fato pelo tribunal de ética e disciplina da OAB.

(D) O processo disciplinar perante a OAB tramita em sigilo até que se encerre, só tendo acesso às suas informações as partes, seus defensores e a autoridade judiciária competente.

A: incorreta, visto que não existe essa previsão (art. 70, § 3º, da Lei 8.906/1994). A suspensão preventiva será decretada pelo TED quando o advogado praticar um ato com repercussão prejudicial à dignidade da advocacia; **B:** incorreta (art. 72 da Lei 8.906/1994 e art. 55 do Código de Ética – o processo disciplinar pode ser instaurado de ofício, ou mediante representação, que não poderá ser anônima); **C:** incorreta (art. 71 da Lei 8.906/1994 – as instâncias administrativa e comum são independentes); **D:** correta, consoante disposição do art. 72, § 2º, da Lei 8.906/1994.
Gabarito "D".

(OAB/Exame Unificado – 2008.1) Com relação ao trâmite do processo disciplinar previsto no Estatuto da Advocacia e da OAB, assinale a opção correta.

(A) O processo somente pode ser instaurado mediante representação da pessoa interessada.

(B) O processo tramita em sigilo até o seu término, tendo acesso às suas informações apenas as partes, seus defensores e a autoridade judiciária competente.

(C) Apenas o relator tem acesso às informações do processo.

(D) O prazo para a defesa prévia no processo é improrrogável.

A: incorreta (art. 72 da Lei 8.906/1994 – o processo também pode ser instaurado de ofício); **B:** correta, conforme o art. 72, § 2º, do Estatuto; **C:** incorreta (art. 72, § 2º, da Lei 8.906/1994 – durante o processo disciplinar, apenas as partes, procuradores e autoridade judiciária competente têm acesso, tramitando, no mais, em sigilo, o qual, evidentemente, não existirá ao relator); **D:** incorreta (art. 73, § 3º, da Lei 8.906/1994 – a critério do relator, se houver situação de relevância, o prazo de defesa prévia poderá ser prorrogado).
Gabarito "B".

(OAB/Exame Unificado – 2008.1.SP) Assinale a opção correta no tocante ao Código de Ética e Disciplina da OAB.

(A) O processo disciplinar perante aos conselhos seccionais pode ser instaurado de ofício por qualquer de seus conselheiros ou mediante representação anônima dos clientes que se sintam prejudicados por seus advogados constituídos.

(B) Ao Tribunal de Ética e Disciplina da OAB compete julgar os processos disciplinares dos advogados inscritos nas Seccionais. As consultas, em tese, sobre ética profissional devem ser processadas e respondidas pelo presidente da Seccional.

(C) Representação contra presidente de Conselho Seccional deve ser processada e julgada pelo Conselho Federal da OAB e, não, pelo plenário do tribunal de Ética e Disciplina da sede local.

(D) A representação em face de conselheiro federal deve ser processada e julgada pelo Pleno do Conselho Seccional em que esteja inscrito o conselheiro.

A: incorreta, visto que, consoante preconiza o art. 72, *caput*, da Lei 8.906/1994 e art. 55, § 2º, do CED, não se admite a instauração de processo disciplinar por representação anônima (ou apócrifa, leia-se, sem assinatura); **B:** incorreta (art. 64 do CED – as consultas submetidas ao Tribunal de Ética e Disciplina receberão autuação própria, sendo designado relator, por sorteio, para o seu exame, podendo o Presidente, em face da complexidade da questão, designar, subsequentemente, revisor); **C:** correta (art. 58, § 5º, do CED – trata-se de verdadeiro "foro privilegiado"); **D:** incorreta (art. 58, § 5º, do CED – caberá ao Conselho Federal processar e julgar representações em face de Presidentes de Conselhos Seccionais e membros do próprio Conselho Federal).
Gabarito "C".

(OAB/Exame Unificado – 2008.1.SP) Assinale a opção correta de acordo com a norma em vigor.

(A) A punição disciplinar dos inscritos na OAB compete exclusivamente ao Tribunal de Ética e Disciplina do Conselho Federal da OAB.

(B) Os processos disciplinares contra advogados inscritos na OAB são públicos e não tramitam em sigilo, em respeito ao princípio da publicidade.

(C) As decisões do Tribunal de Ética e Disciplina são soberanas, não estando sujeitas a revisão.

(D) Recebido o processo disciplinar, o Tribunal de Ética e Disciplina deve determinar a notificação do advogado representado para apresentar defesa prévia no prazo de 15 dias.

A: incorreta (art. 70, § 1º, da Lei 8.906/1994 – competirá, em regra, aos Conselhos Seccionais em que forem praticadas as infrações disciplinares a punição aos infratores, com exceção àqueles casos em que caberá ao Conselho Federal o processo e julgamento); **B:** incorreta (art. 72, § 2º, da Lei 8.906/1994 – durante o trâmite dos processos disciplinares, somente as partes, procuradores e juiz competente, em caso de impugnação judicial, terão acesso aos seus termos); **C:** incorreta (arts. 73, § 5º, 75 e 76 da Lei 8.906/1994 – as decisões do TED não são soberanas, desafiando os recursos competentes); **D:** correta, segundo previsão contida no art. 59, *caput*, do CED.
Gabarito "D".

(OAB/Exame Unificado – 2007.3.PR) À luz do Código de Ética e Disciplina da Ordem dos Advogados do Brasil (OAB), assinale a opção correta quanto aos procedimentos do processo disciplinar.

(A) A representação contra membros do Conselho Federal e presidentes dos Conselhos Seccionais é processada e julgada pelo Supremo Tribunal Federal (STF).

(B) Extinto o prazo das razões finais, o relator profere sentença cominatória, a ser submetida ao tribunal.

(C) Em respeito aos direitos e garantias individuais consagrados na CF, os processos disciplinares, instaurados

mediante representação dos interessados, devem preservá-los no anonimato. Em tais casos, recebida a representação, o presidente do Conselho Seccional designa como relator um membro da sociedade civil organizada para presidir a instrução processual.

(D) O relator pode propor ao presidente do Conselho Seccional ou da subseção o arquivamento da representação, quando esta estiver desconstituída dos pressupostos de admissibilidade.

A: incorreta (art. 58, § 5º, do CED – caberá ao Conselho Federal processar e julgar as representações contra membros do Conselho Federal e presidentes de Conselhos Seccionais, sendo competente a Segunda Câmara reunida em sessão plenária. A representação contra membros da diretoria do Conselho Federal, Membros Honorários Vitalícios e detentores da Medalha Rui Barbosa será processada e julgada pelo Conselho Federal, sendo competente o Conselho Pleno); **B:** incorreta (arts. 59, § 8º, e 60, ambos do CED – findo o prazo de razões finais, O Presidente do Tribunal de Ética e Disciplina, após o recebimento do processo, devidamente instruído, designa, por sorteio, relator para proferir voto; **C:** incorreta, pois o art. 55, § 2º, do CED, veda a instauração de processos disciplinares por denúncia anônima (ou apócrifa); **D:** correta. Nos termos do art. 58, § 3º, do CED, o Presidente do Conselho competente ou, conforme o caso, o do Tribunal de Ética e Disciplina, proferirá despacho declarando instaurado o processo disciplinar ou determinando o arquivamento da representação, nos termos do parecer do relator ou segundo os fundamentos que adotar.
Gabarito "D".

(OAB/Exame Unificado – 2007.2) Uma empresa brasileira de ônibus, com sede em São Paulo, transportava, da cidade de Campinas – SP para Buenos Aires, na Argentina, passageiros de nacionalidade argentina. Em território brasileiro, houve acidente em que faleceram todos os passageiros e o motorista. João da Silva, advogado inscrito na OAB/SP, colocou anúncios nos principais jornais argentinos, oferecendo seus serviços para o ajuizamento de ação de indenização perante a justiça estadual de São Paulo, com a afirmação de que garantia o êxito da demanda. Para alguns dos familiares dos falecidos, houve, inclusive, o envio de carta com o mesmo teor da propaganda. Em relação à situação acima descrita, assinale a opção correta, de acordo com o Estatuto da OAB.

(A) Ao tomar conhecimento do fato, o tribunal de ética e disciplina da seccional de São Paulo pode suspender o advogado preventivamente, desde que respeitado o contraditório prévio.

(B) A Ordem dos Advogados da Argentina pode instaurar processo ético-disciplinar contra o advogado.

(C) O Conselho Federal é originariamente competente para dar início ao processo disciplinar contra o advogado, visto que a infração de ostensiva propaganda com garantia de êxito na atuação em juízo ocorreu fora do território nacional.

(D) A OAB não poderá aplicar penalidade ao advogado em razão de a publicidade ter ocorrido fora do território nacional.

De acordo com o art. 70, § 3º, da Lei 8.906/1994, praticado um grave ato pelo advogado, com repercussão prejudicial à dignidade da advocacia, poderá o Tribunal de Ética e Disciplina do Conselho Seccional em que o advogado for inscrito suspendê-lo preventivamente, assegurado o contraditório prévio; referida suspensão não poderá superar 90 dias.
Gabarito "A".

9. DEVERES DOS ADVOGADOS, INFRAÇÕES E SANÇÕES

(OAB/Exame XXXVIII) Marcelo, advogado, é acusado de usar atestado médico falso para libertar seu cliente da prisão. O fato alcança grande repercussão, a ponto de um jornal local publicar matéria em que afirma que Marcelo deve ser suspenso preventivamente pela OAB, até que se conclua a apuração disciplinar da conduta.

Sobre esse tema, assinale a afirmativa correta.

(A) Cabe ao Tribunal de Ética e Disciplina do Conselho Seccional perante o qual a infração tenha ocorrido, suspendê-lo preventivamente.

(B) A suspensão preventiva pressupõe a demonstração de que o fato tenha gerado repercussão prejudicial à dignidade da advocacia.

(C) Antes de aplicada a suspensão preventiva, o acusado deve ser ouvido em sessão especial, salvo se não for possível notificá-lo para comparecer.

(D) Caso aplicada a suspensão preventiva, o processo disciplinar deve ser concluído no prazo máximo de sessenta dias.

A: Incorreta. A competência do TED para proceder com a suspensão preventiva é aquele pertencente ao Conselho Seccional onde o acusado possua sua inscrição principal, e não onde o fato tenha ocorrido (que por sua vez, será o local de competência para eventual processo disciplinar – art. 70, EOAB), em conformidade com o que dispõe o §3º, art. 70, EOAB; **B:** Correta. O § 3º, art. 70, EOAB, estabelece a possibilidade da suspensão preventiva do advogado quando houver caso de repercussão prejudicial à dignidade da advocacia; **C:** Incorreta. A única situação em que será possível decretar a suspensão preventiva sem a oitiva do profissional será na hipótese em que ele não atender à notificação (§ 3º, art. 70, EOAB); **D:** Incorreta. Em caso de suspensão preventiva o processo disciplinar deverá ser concluído no prazo máximo de 90 dias (§ 3º, art. 70, EOAB). SC
Gabarito "B".

(OAB/Exame XXXVII) Foi instaurado processo disciplinar em face do advogado Nino, tendo em vista possível prática de infração disciplinar. No que se refere às notificações de Nino no mencionado feito, assinale a afirmativa correta.

(A) A notificação inicial de Nino para apresentação de defesa prévia deverá ser feita pessoalmente, de forma preferencial, admitindo-se a notificação por correspondência com aviso de recebimento apenas em hipóteses excepcionais, previstas no Regulamento Geral do Estatuto da Advocacia e da OAB .

(B) Na hipótese de a notificação inicial para apresentação de defesa prévia ser realizada por edital, deve constar do edital apenas o nome completo de Nino, o seu número de inscrição e a menção de que a notificação destina-se à apresentação da defesa prévia no feito disciplinar no prazo legal.

(C) As notificações realizadas no referido processo disciplinar que forem feitas através de edital, com exceção da notificação inicial, deverão indicar o nome completo de Nino e o do advogado constituído para sua defesa, salvo na hipótese de atuação em causa própria.

(D) Há presunção de recebimento das notificações enviadas por correspondência com aviso de recebimento ao endereço residencial ou ao endereço profissional que constam no cadastro de Nino junto ao Conselho Seccional.

A: Incorreta. O art. 137-D, RGOAB, estabelece que a notificação inicial para a apresentação de defesa prévia ou manifestação em processo administrativo perante a OAB deverá ser feita através de correspondência, com aviso de recebimento, enviado para o endereço profissional ou residencial constante do cadastro do Conselho Seccional; **B:** Incorreta. O § 3º, art. 137-D, RGOAB, dispõe que a notificação inicial feita através de edital deverá respeitar o sigilo de que trata o artigo 72, § 2º, da Lei 8.906/94, dele não podendo constar qualquer referência de que se trate de matéria disciplinar, constando apenas o nome completo do advogado, o seu número de inscrição e a observação de que ele deverá comparecer à sede do Conselho Seccional ou da Subseção para tratar de assunto de seu interesse; **C:** Incorreta, uma vez que o § 3º, art. 137-D, RGOAB estabelece a possibilidade de notificação inicial através de edital; **D:** Correta, vez que trata-se da literalidade do § 1º, art. 137-D, RGOAB, que dispõe ser presumível o recebimento da correspondência enviada para o endereço constante no cadastro do Conselho Seccional, sendo obrigação do profissional manter sempre atualizado seu endereço profissional e residencial. SC
Gabarito "D".

(OAB/Exame XXXVII) Laura, advogada inscrita na OAB, atua na defesa de Amanda em processo criminal. Pessoalmente convicta da inocência de Amanda, Laura elaborou recurso em que transcreveu seletivamente partes de julgados de tribunais superiores, deturpando o seu teor com o objetivo de iludir o juiz da causa.

Verificada tal infração disciplinar, instaura-se o processo administrativo para apurá-la. Laura não é reincidente nem recebeu punição disciplinar anterior. Também não está presente qualquer circunstância agravante.

Dadas essas circunstâncias, Laura estará sujeita

(A) à interdição do exercício profissional, em todo o território nacional, pelo prazo de trinta dias a doze meses.

(B) à censura, que poderá ser convertida em advertência, em ofício reservado, sem registro em seus assentamentos.

(C) à multa, variável entre o mínimo correspondente ao valor de uma anuidade e o máximo de seu sêxtuplo.

(D) ao impedimento de exercer o mandato profissional.

Considerando a forma como as alternativas apresentam as respostas, os comentários serão feitos de modo global. A única alternativa correta consta na letra B. Isto porque a infração descrita pelo enunciado está disposto no art. 34, XIV, EOAB, que dispõe "deturpar o teor de dispositivo de lei, de citação doutrinária ou de julgado, bem como de depoimentos, documentos e alegações da parte contrária, para confundir o adversário ou iludir o juiz da causa". Considerando que o art. 36, I, EOAB, estabelece que as infrações definidas nos incisos I a XVI, art. 34, EOAB, terão como consequência a sanção da censura, as alternativas A, C e D estão, por si só, incorretas. SC
Gabarito "B".

(OAB/Exame XXXVI) O advogado João ajuizou uma lide temerária em favor de seu cliente Flávio. Sobre a responsabilização de João, assinale a afirmativa correta.

(A) João será solidariamente responsável com Flávio apenas se provado conluio para lesar a parte contrária.

(B) João será solidariamente responsável com Flávio independentemente de prova de conluio para lesar a parte contrária.

(C) João será responsável subsidiariamente a Flávio apenas se provado conluio para lesar a parte contrária.

(D) Flávio será responsabilizado subsidiariamente a João independentemente de prova de conluio para lesar a parte contrária.

Nos termos do art. 32, parágrafo único, do EAOAB, em caso de lide temerária, o advogado será solidariamente responsável com seu cliente, desde que coligado com este para lesar a parte contrária, o que será apurado em ação própria. Assim, vejamos cada uma das alternativas. **A:** correta, nos exatos termos do parágrafo único, do art. 32 do EAOAB; **B:** incorreta, pois a responsabilidade solidária do advogado depende de demonstração de conluio dele com seu cliente, visando a lesar a parte contrária; **C** e **D:** incorretas, pois a responsabilidade do advogado não é subsidiária, mas solidária à do cliente, quando com este conluiado para lesar a parte contrária, o que deverá ser apurado em ação própria. Gabarito "A".

(OAB/Exame Unificado – 2019.3) O advogado Carlos não adimpliu suas obrigações relativas às anuidades devidas à OAB. Assinale a opção que, corretamente, trata das consequências de tal inadimplemento.

(A) Carlos deverá quitar o débito em 15 dias contados da notificação para tanto, sob pena de suspensão, independentemente de processo disciplinar. Na terceira suspensão por não pagamento de anuidade, seja a mesma ou anuidades distintas, será cancelada sua inscrição.

(B) Carlos deverá quitar o débito no prazo fixado em notificação, sob pena de suspensão mediante processo disciplinar. Após 15 dias de suspensão, caso não realizado o pagamento da mesma anuidade, será cancelada sua inscrição.

(C) Carlos deverá quitar o débito em 15 dias contados da notificação para tanto, sob pena de suspensão, mediante processo disciplinar. Na terceira suspensão por não pagamento de anuidades, será cancelada sua inscrição.

(D) Carlos deverá quitar o débito em 15 dias contados da notificação para tanto, sob pena de suspensão, independentemente de processo disciplinar. Na segunda suspensão por não pagamento de anuidades distintas, será cancelada sua inscrição, após o transcurso de processo disciplinar.

De acordo com o art. 34, XXIII, do EAOAB, constitui infração disciplinar o fato de o advogado deixar de pagar as contribuições (anuidades), multas e preços de serviços devidos à OAB, depois de regularmente notificado a fazê-lo. A consequência pela prática de referida infração é, conforme dispõe o art. 37, § 2º, do EAOAB, a suspensão do advogado inadimplente do exercício profissional até que satisfaça integralmente a dívida, com correção monetária. Assim, correta a alternativa "C". Todavia, o STF, no julgamento do **Recurso Extraordinário 647.885**, com repercussão geral reconhecida, decidiu pela *inconstitucionalidade da suspensão do advogado em caso de inadimplência de anuidades* (art. 34, XXIII, EAOAB) ao argumento de que tal sanção acarreta ofensa à liberdade constitucional de exercício profissional. Confira-se, pela relevância, a ementa adiante transcrita, extraída do sítio eletrônico do STF: *O Tribunal, por maioria, apreciando o tema 732 da repercussão geral, conheceu do recurso extraordinário e deu-lhe provimento, declarando a inconstitucionalidade da Lei 8.906/1994, no tocante ao art. 34, XXIII, e ao excerto do art. 37, § 2º, que faz referência ao dispositivo anterior, ficando as despesas processuais às custas da parte vencida e invertida a condenação de honorários advocatícios sucumbenciais fixados no acórdão recorrido, nos termos do voto do Relator, vencido*

o *Ministro Marco Aurélio. Foi fixada a seguinte tese: "É inconstitucional a suspensão realizada por conselho de fiscalização profissional do exercício laboral de seus inscritos por inadimplência de anuidades, pois a medida consiste em sanção política em matéria tributária". Plenário, Sessão Virtual de 17.4.2020 a 24.4.2020.* Gabarito "C".

(OAB/Exame Unificado – 2019.2) Milton, advogado, exerceu fielmente os deveres decorrentes de mandato outorgado para defesa do cliente Tomás, em juízo. Todavia, Tomás deixou, injustificadamente, de efetuar o pagamento dos valores acordados a título de honorários.

Em 08/04/19, após negar-se ao pagamento devido, Tomás solicitou a Milton que agendasse uma reunião para que este esclarecesse, de forma pormenorizada, questões que entendia pertinentes e necessárias sobre o processo. Contudo, Milton informou que não prestaria nenhum tipo de informação judicial sem pagamento, a fim de evitar o aviltamento da atuação profissional.

Em 10/05/19, Tomás solicitou que Milton lhe devolvesse alguns bens móveis que haviam sido confiados ao advogado durante o processo, relativos ao objeto da demanda. Milton também se recusou, pois pretendia alienar os bens para compensar os honorários devidos.

Considerando o caso narrado, assinale a afirmativa correta.

(A) Apenas a conduta de Milton praticada em 08/04/19 configura infração ética.

(B) Ambas as condutas de Milton, praticadas em 08/04/19 e em 10/05/19, configuram infrações éticas.

(C) Nenhuma das condutas de Milton, praticadas em 08/04/19 e em 10/05/19, configura infração ética.

(D) Apenas a conduta de Milton praticada em 10/05/19 configura infração ética.

Segundo dispõe o art. 12 do Código de Ética e Disciplina (CED), a conclusão ou desistência da causa, tenha havido, ou não, extinção do mandato, obriga o advogado a devolver ao cliente bens, valores e documentos que lhe hajam sido confiados e ainda estejam em seu poder, bem como a prestar-lhe contas, pormenorizadamente, sem prejuízo de esclarecimentos complementares que se mostrem pertinentes e necessários. O parágrafo único do citado dispositivo ainda dispõe que a parcela dos honorários paga pelos serviços até então prestados não se inclui entre os valores a serem devolvidos. Portanto, correta a alternativa "B", pois a despeito de o cliente do advogado Milton não ter efetuado o pagamento de seus honorários, não desaparecem os deveres éticos do patrono, notadamente o de prestar contas acerca de aspectos processuais da causa por ele acompanhada, bem como a devolução de bens móveis relacionados ao objeto da demanda. Gabarito "B".

(OAB/Exame Unificado – 2019.1) Gabriel, advogado, teve aplicada contra si penalidade de suspensão, em razão da prática das seguintes condutas: atuar junto a cliente para a realização de ato destinado a fraudar a lei; recusar-se a prestar contas ao cliente de quantias recebidas dele e incidir em erros reiterados que evidenciaram inépcia profissional.

Antes de decorrido o prazo para que pudesse requerer a reabilitação quanto à aplicação dessas sanções e após o trânsito em julgado das decisões administrativas, instaurou-se contra ele, em razão dessas punições prévias, novo processo disciplinar.

1. ÉTICA PROFISSIONAL

Com base no caso narrado, assinale a opção que indica a penalidade disciplinar a ser aplicada.

(A) De exclusão, para a qual é necessária a manifestação da maioria absoluta dos membros do Conselho Seccional competente.

(B) De suspensão, que o impedirá de exercer o mandato e implicará o cancelamento de sua inscrição na OAB.

(C) De exclusão, ficando o pedido de nova inscrição na OAB condicionado à prova de reabilitação.

(D) De suspensão, que o impedirá de exercer o mandato e o impedirá de exercer a advocacia em todo o território nacional, pelo prazo de doze a trinta meses.

O art. 38, I, do Estatuto da OAB (EAOAB) dispõe que a pena de exclusão será aplicável no caso de o advogado ter sido, por três vezes, punido com suspensão. No caso relatado no enunciado, o advogado Gabriel foi condenado à pena de suspensão por três vezes, razão por que caberá a instauração de processo para a aplicação de exclusão, que, conforme exige o parágrafo único do precitado art. 38 do EAOAB, necessitará da manifestação favorável de 2/3 (dois terços) dos membros do Conselho Seccional competente, tratando-se, pois, de maioria qualificada. Analisemos, assim, as alternativas! **A:** incorreta, pois, como visto, a exclusão necessitará quórum de maioria qualificada (dois terços), e não maioria absoluta (50% + 1); **B** e **D:** incorretas, pois advogado condenado, por três vezes, à pena de suspensão, deverá ser excluído, consoante dispõe o art. 38, I, do EAOAB; **C:** correta. Importante anotar que o retorno de advogado excluído exigirá a satisfação dos requisitos do art. 8º, I, V, VI e VII do EAOAB (capacidade civil; não exercer atividade incompatível com a advocacia; idoneidade moral; prestar compromisso perante o Conselho), além da prova da reabilitação de que trata o art. 41 do EAOAB (art. 11, § 3º, do EAOAB).
Gabarito "C".

(OAB/Exame Unificado – 2018.1) Carlos praticou infração disciplinar, oficialmente constatada em 09 de fevereiro de 2010. Em 11 de abril de 2013, foi instaurado processo disciplinar para apuração da infração, e Carlos foi notificado em 15 de novembro do mesmo ano. Em 20 de fevereiro de 2015, o processo ficou pendente de julgamento, que só veio a ocorrer em 1º de março de 2018. De acordo com o Estatuto da OAB, a pretensão à punibilidade da infração disciplinar praticada por Carlos

(A) está prescrita, tendo em vista o decurso de mais de três anos entre a constatação oficial da falta e a instauração do processo disciplinar.

(B) está prescrita, tendo em vista o decurso de mais de seis meses entre a instauração do processo disciplinar e a notificação de Carlos.

(C) está prescrita, tendo em vista o decurso de mais de três anos de paralisação para aguardar julgamento.

(D) não está prescrita, tendo em vista que não decorreram cinco anos entre cada uma das etapas de constatação, instauração, notificação e julgamento.

O enunciado revela hipótese em que se deve reconhecer a prescrição da pretensão punitiva da OAB. É que, de acordo com o art. 43, *caput*, do EAOAB, a prescrição tem início a partir da constatação oficial do fato pela OAB. Também, reconhecer-se-á a prescrição, denominada de intercorrente, quando, uma vez instaurado o processo disciplinar, este ficar paralisado por mais de três anos, pendente de despacho ou julgamento (art. 43, § 1º, do EAOAB). Na questão, verifica-se que o advogado Carlos cometeu infração ética oficialmente constatada pela OAB em 08/02/2010, que é o termo inicial do prazo prescricional. Em 11/04/2013, ou seja, menos de cinco anos após a constatação oficial do fato, o processo

disciplinar foi instaurado, tratando-se, é bom dizer, de causa interruptiva da prescrição (art. 43, § 2º, I, do EAOAB). Nesse intervalo de tempo (08/02/2010 a 11/04/2013) não se verifica ter havido prescrição, que, frise-se, é de cinco anos a contar da constatação oficial do fato. Porém, de 20/02/2015 a 1º/03/2018, o processo disciplinar ficou paralisado, pendente de julgamento, consumando-se, pois, a prescrição intercorrente de que trata o art. 43, §1º, do EAOAB. Correta a alternativa "C".
Gabarito "C".

(OAB/Exame Unificado – 2017.3) Em determinada edição de um jornal de grande circulação, foram publicadas duas matérias subscritas, cada qual, pelos advogados Lúcio e Frederico. Lúcio assina, com habitualidade, uma coluna no referido jornal, em que responde, semanalmente, a consultas sobre matéria jurídica. Frederico apenas subscreveu matéria jornalística naquela edição, debatendo certa causa, de natureza criminal, bastante repercutida na mídia, tendo analisado a estratégia empregada pela defesa do réu no processo.

Considerando o caso narrado e o disposto no Código de Ética e Disciplina da OAB, assinale a afirmativa correta.

(A) Lúcio e Frederico cometeram infração ética.

(B) Apenas Lúcio cometeu infração ética.

(C) Apenas Frederico cometeu infração ética.

(D) Nenhum dos advogados cometeu infração ética.

Com fundamento no art. 42, I e II, do CED, é vedado ao advogado responder com habitualidade a consulta sobre matéria jurídica, nos meios de comunicação social, bem como debater, em qualquer meio de comunicação, causa sob o patrocínio de outro advogado. Portanto, Lúcio, ao responder, semanalmente, a consultas sobre matéria jurídica, visto assinar uma coluna em jornal de grande circulação, incidiu na vedação contida no art. 42, I, do CED. Quanto a Frederico, ao debater causa criminal sob o patrocínio de outro advogado, bastante repercutida na mídia, incorreu em violação ao art. 42, II, do CED. Portanto, correta a alternativa "A", que aponta terem ambos os advogados cometido infração ética.
Gabarito "A".

(OAB/Exame Unificado – 2017.2) O Dr. Silvestre, advogado, é procurado por um cliente para patrociná-lo em duas demandas em curso, nas quais o aludido cliente figura como autor. Ao verificar o andamento processual dos feitos, Silvestre observa que o primeiro processo tramita perante a juíza Dra. Isabel, sua tia. Já o segundo processo tramita perante o juiz Dr. Zacarias, que, coincidentemente, é o locador do imóvel onde o Dr. Silvestre reside.

Considerando o disposto no Código de Ética e Disciplina da OAB, assinale a afirmativa correta.

(A) O Dr. Silvestre cometerá infração ética se atuar em qualquer dos processos, tendo em vista o grau de parentesco com a primeira magistrada e a existência de relação negocial com o segundo juiz.

(B) O Dr. Silvestre cometerá infração ética apenas se atuar no processo que tramita perante a juíza Dra. Isabel, tendo em vista o grau de parentesco com a magistrada. Quanto ao segundo processo, não há vedação ética ao patrocínio na demanda.

(C) O Dr. Silvestre cometerá infração ética apenas se atuar no processo que tramita perante o juiz Dr. Zacarias, tendo em vista a existência de relação negocial com o magistrado. Quanto ao primeiro processo, não há vedação ética ao patrocínio na demanda.

(D) O Dr. Zacarias não cometerá infração ética se atuar em ambos os feitos, pois as hipóteses de suspeição e impedimento dos juízes versam sobre seu relacionamento com as partes, e não com os advogados.

De acordo com o que dispõe o art. 2º, VIII, *e*, do Novo Código de Ética e Disciplina (CED), são deveres do advogado, dentre outros, o de abster-se de ingressar ou atuar em pleitos administrativos ou judiciais perante autoridades com as quais tenha vínculos negociais ou familiares. No enunciado, vemos que o advogado Silvestre se depara com demandas em que um dos magistrados (Dra. Isabel) é seu parente (tia) e o outro (Dr. Zacarias) é o locador do imóvel em que reside. Portanto, o advogado não poderá atuar em qualquer um dos processos, eis que tem vínculo negocial com o juiz Zacarias e é parente (colateral em terceiro grau) da juíza Isabel. Correta, portanto, a alternativa A. As demais alternativas estão em descompasso com o quanto dispõe o precitado art. 2º, VIII, *e*, do CED.
Gabarito "A".

(OAB/Exame Unificado – 2017.1) Juliana, advogada, foi empregada da sociedade empresária OPQ Cosméticos e, em razão da sua atuação na área tributária, tomou conhecimento de informações estratégicas da empresa. Muitos anos depois de ter deixado de trabalhar na empresa, foi procurada por Cristina, consumidora que pretendia ajuizar ação cível em face da OPQ Cosméticos por danos causados pelo uso de um de seus produtos. Juliana, aceitando a causa, utiliza-se das informações estratégicas que adquirira como argumento de reforço, com a finalidade de aumentar a probabilidade de êxito da demanda. Considerando essa situação, segundo o Estatuto da OAB e o Código de Ética e Disciplina da OAB, assinale a afirmativa correta.

(A) Juliana não pode advogar contra a sociedade empresária OPQ Cosméticos, tampouco se utilizar das informações estratégicas a que teve acesso quando foi empregada da empresa.

(B) Juliana pode advogar contra a sociedade empresária OPQ Cosméticos, mas não pode se utilizar das informações estratégicas a que teve acesso quando foi empregada da empresa.

(C) Juliana pode advogar contra a sociedade empresária OPQ Cosméticos e pode se utilizar das informações estratégicas a que teve acesso quando foi empregada da empresa.

(D) Juliana não pode advogar contra a sociedade empresária OPQ Cosméticos, mas pode repassar as informações estratégicas a que teve acesso quando foi empregada da empresa, a fim de que sejam utilizadas por terceiro que patrocine a causa de Cristina.

A e **D**: incorretas. Não existe qualquer vedação de um advogado atuar contra ex-cliente ou ex-empregador. Contudo, é entendimento da OAB que deverá ser respeitada a abstenção bienal, ou seja, o advogado deverá aguardar o decurso de, pelo menos, dois anos, para advogar contra ex-cliente ou ex-empregador, a contar do fim da relação contratual. Ultrapassado referido período, nada de ilícito haverá no fato de o profissional advogar contra ex-cliente ou ex-empregador, mas desde que respeitado o sigilo profissional; **B**: correta. Nos termos do art. 21 do Novo Código de Ética e Disciplina (CED), o advogado, ao postular em nome de terceiro, contra ex-cliente ou ex-empregador, judicial e extrajudicialmente, deve resguardar o sigilo profissional. Portanto, Juliana não poderá se utilizar de informações estratégicas a que teve acesso durante sua relação de emprego com a empresa OPQ Cosméticos; **C**: incorreta, pois a despeito de Juliana poder advogar contra a empresa na

qual foi empregada, não poderá violar o sigilo profissional, utilizando-se de informações estratégicas a que teve acesso.
Gabarito "B".

(OAB/Exame Unificado – 2016.3) Pedro é advogado empregado da sociedade empresária FJ. Em reclamação trabalhista proposta por Tiago em face da FJ, é designada audiência para data na qual os demais empregados da empresa estarão em outro Estado, participando de um congresso. Assim, no dia da audiência designada, Pedro se apresenta como preposto da reclamada, na condição de empregado da empresa, e advogado com procuração para patrocinar a causa.

Nesse contexto,

(A) Pedro pode funcionar no mesmo processo, simultaneamente, como patrono e preposto do empregador, em qualquer hipótese.

(B) Pedro pode funcionar no mesmo processo, simultaneamente, como patrono e preposto do empregador, pois não há outro empregado disponível na data da audiência.

(C) Pedro pode funcionar no mesmo processo, simultaneamente, como patrono e preposto do empregador, em qualquer hipótese, desde que essa circunstância seja previamente comunicada ao juízo e ao reclamante.

(D) Pedro não pode funcionar no mesmo processo, simultaneamente, como patrono e preposto do empregador ou cliente.

A, **B** e **C**: incorretas, pois o art. 25 do Código de Ética e Disciplina (CED) e o art. 3º do Regulamento Geral do Estatuto da OAB (RGOAB) afirmam ser defeso (proibido) ao advogado funcionar simultaneamente no mesmo processo como patrono e preposto do empregador ou do cliente; **D**: correta. De fato, tal como afirmado anteriormente, ao advogado é proibido atuar, simultaneamente, no mesmo processo, como patrono e preposto. Portanto, Pedro, em audiência trabalhista, somente poderá assumir um dos papéis, ou seja, atuar como preposto da empresa (representante) ou como patrono (advogado) do reclamado.
Gabarito "D".

(OAB/Exame Unificado – 2016.3) José, bacharel em Direito, constitui Cesar, advogado, como seu procurador para atuar em demanda a ser proposta em face de Natália. Ajuizada a demanda, após o pedido de tutela provisória ter sido indeferido, José orienta César a opor Embargos de Declaração, embora não vislumbre omissão, contradição ou obscuridade na decisão, tampouco erro material a corrigir. César, porém, acredita que a medida mais adequada é a interposição de Agravo de Instrumento, pois entende que a decisão poderá ser revista pelo tribunal, facultando-se, ainda, ao juízo de primeira instância reformar sua decisão.

Diante da divergência, assinale a opção que indica o posicionamento correto.

(A) César deverá, em qualquer hipótese, seguir a orientação de José, que é parte na demanda e possui formação jurídica.

(B) César deverá esclarecer José quanto à sua estratégia, mas subordinar-se, ao final, à orientação deste, pois no exercício do mandato atua como patrono da parte.

(C) César deverá imprimir a orientação que lhe pareça mais adequada à causa, sem se subordinar à orientação de José, mas procurando esclarecê-lo quanto à sua estratégia.

1. ÉTICA PROFISSIONAL

(D) César deverá imprimir a orientação que lhe pareça mais adequada à causa, sem se subordinar à orientação de José, e sem procurar esclarecê-lo quanto à sua estratégia, pois, no seu ministério privado, presta serviço público.

A e B: incorretas. Nos termos do art. 11 do Novo Código de Ética e Disciplina (CED), o advogado, no exercício do mandato, atua como patrono da parte, cumprindo-lhe, por isso, imprimir à causa orientação que lhe pareça mais adequada, sem se subordinar a intenções contrárias do cliente, mas, antes, procurando esclarecê-lo quanto à estratégia traçada. Assim, o advogado César não terá que seguir a orientação de seu cliente, sob pena de a independência profissional ficar prejudicada; **C:** correta. De fato, caberá ao advogado César, a despeito de seu cliente ser bacharel em Direito, esclarecer quanto à estratégia que lhe pareça mais adequada (no caso do enunciado, a interposição de agravo de instrumento perante o Tribunal), sem se subordinar à orientação do seu constituinte; **D:** incorreta, pois ao advogado incumbe esclarecer seu constituinte acerca das estratégias jurídicas que lhe pareçam mais adequadas, conforme dispõe o art. 11 do CED.
<small>Gabarito "C".</small>

(OAB/Exame Unificado – 2016.2) Michael foi réu em um processo criminal, denunciado pela prática do delito de corrupção passiva. Sua defesa técnica no feito foi realizada pela advogada Maria, que, para tanto, teve acesso a comprovantes de rendimentos e extratos da conta bancária de Michael. Tempos após o término do processo penal, a ex-mulher de Michael ajuizou demanda, postulando, em face dele, a prestação de alimentos. Ciente de que Maria conhecia os rendimentos de Michael, a autora arrolou a advogada como testemunha.

Considerando o caso narrado e o disposto no Código de Ética e Disciplina da OAB, assinale a afirmativa correta.

(A) Maria deverá depor como testemunha, prestando compromisso de dizer a verdade, e revelar tudo o que souber, mesmo que isto prejudique Michael, uma vez que não é advogada dele no processo de natureza cível.

(B) Maria deverá depor como testemunha, mesmo que isto prejudique Michael, uma vez que não é advogada dele no processo de natureza cível, mas terá o direito e o dever de se calar apenas quanto às informações acobertadas pelo sigilo bancário de Michael.

(C) Maria deverá recursar-se a depor como testemunha, exceto se Michael expressamente autorizá-la, caso em que deverá informar o que souber, mesmo que isto prejudique Michael.

(D) Maria deverá recursar-se a depor como testemunha, ainda que Michael expressamente lhe autorize ou solicite que revele o que sabe.

Nos termos do art. 38 do CED, o advogado não é obrigado a depor, em processo ou procedimento judicial, administrativo ou arbitral, sobre fatos a cujo respeito deva guardar sigilo profissional. No CED "antigo", o art. 26, com redação semelhante àquela prevista no precitado art. 38 do Novo CED, previa expressamente que o advogado poderia recusar o depoimento ainda que autorizado ou solicitado pelo constituinte. Embora tal previsão não mais conste expressamente no Novo Código de Ética, que entrou em vigor em 1º de setembro de 2016, é fato que a prerrogativa em comento (direito de não depor, como testemunha, em processos cujos fatos envolvam o sigilo profissional), prevista no art. 7º, XIX, do EAOAB, já dispunha que o advogado poderia recusar-se a depor "mesmo quando autorizado ou solicitado pelo constituinte", razão por que não houve alteração no tema em enfoque. Em outras palavras, e em reforço, poderá o advogado recusar-se a depor como testemunha em processos ou procedimentos cujos fatos discutidos estejam acobertados pelo sigilo profissional, ainda que o cliente autorize ou solicite o depoimento (art. 38 do Novo CED c.c. art. 7º, XIX, do EAOAB). Correta, pois, a alternativa "D", estando as demais em descompasso com o CED e EAOAB.
<small>Gabarito "D".</small>

(OAB/Exame Unificado – 2016.2) A advogada Dolores cometeu infração disciplinar sujeita à sanção de suspensão em 12/07/2004. Em 13/07/2008 o fato foi oficialmente constatado, tendo sido encaminhada notícia a certo Conselho Seccional da OAB. Em 14/07/2010 foi instaurado processo disciplinar. Em 15/07/2012 foi aplicada definitivamente a sanção disciplinar de suspensão.

Sobre o tema, assinale a afirmativa correta.

(A) A pretensão à punibilidade das infrações disciplinares prescreve em oito anos. No caso narrado, não se operou o fenômeno prescritivo.

(B) A pretensão à punibilidade das infrações disciplinares prescreve em cinco anos. No caso narrado, operou-se o fenômeno prescritivo, pois decorridos mais de cinco anos entre a data do fato e a instauração do processo disciplinar.

(C) A pretensão à punibilidade das infrações disciplinares prescreve em oito anos. No caso narrado, operou-se o fenômeno prescritivo, pois decorridos mais de oito anos entre a data do fato e a aplicação definitiva da sanção disciplinar.

(D) A pretensão à punibilidade das infrações disciplinares prescreve em cinco anos. No caso narrado, não se operou o fenômeno prescritivo.

Nos termos do art. 43 do EAOAB, temos que a prescrição da pretensão punitiva da OAB, no tocante às infrações disciplinares, opera-se no prazo de 5 (cinco) anos, contados da constatação oficial do fato. Assim, importante assinalar que o termo inicial de contagem do prazo prescricional não é o do cometimento da infração disciplinar, mas, sim, da data em que a OAB toma conhecimento do fato. Demais disso, o §2º, do referido dispositivo legal, enuncia as causas interruptivas da prescrição, a saber: instauração do processo disciplinar, notificação válida feita diretamente ao representado e decisão condenatória recorrível de qualquer órgão julgador da OAB. Assim, vamos às alternativas. A e **C:** incorretas, pois a prescrição da pretensão punitiva da OAB verifica-se em cinco anos, e não em oito anos, como afirma a assertiva; **B:** incorreta, visto que o fator de fluência do prazo prescricional é a constatação oficial do fato (no caso, o dia 13/07/2008, data em que o fato foi oficialmente constatado pelo Conselho Seccional; **D:** correta. De fato, no caso narrado, não se operou a prescrição. A partir de 13/07/2008, data da constatação oficial do fato, teve início o curso do prazo prescricional. Contudo, em 14/07/2010 foi instaurado o processo disciplinar, o que interrompeu a prescrição (lembre-se: a instauração do processo é causa interruptiva da prescrição!). Assim, tendo a condenação sido proferida em 15/07/2012, não se cogita ter havido prescrição. Importante anotar que se o processo, a partir de sua instauração, tivesse permanecido paralisado por mais de três anos, pendente de despacho ou julgamento, teria se operado a chamada prescrição intercorrente, prevista no art. 43, §1º, do EAOAB.
<small>Gabarito "D".</small>

(OAB/Exame Unificado – 2016.2) Guilherme é advogado de José em ação promovida por este em face de Bruno, cujo advogado é Gabriel. Na audiência de conciliação, ao deparar-se com Bruno, Guilherme o reconhece como antigo amigo da época de colégio, com o qual havia perdido contato. Dias após a realização da audiência, na qual foi frustrada a tentativa de conciliação, Guilherme se reaproxima de Bruno, e com vistas a solucionar o litígio, estabelece entendimento sobre a causa diretamente com ele, sem autorização de José e sem ciência de Gabriel.

Na situação narrada,

(A) Guilherme cometeu infração disciplinar ao estabelecer entendimento com Bruno, tanto pelo fato de não haver ciência de Gabriel, como por não haver autorização de José.

(B) Guilherme cometeu infração disciplinar ao estabelecer entendimento com Bruno, pelo fato de não haver ciência de Gabriel, mas não por não haver autorização de José.

(C) Guilherme cometeu infração disciplinar ao estabelecer entendimento com Bruno, pelo fato de não haver autorização de José, mas não por não haver ciência de Gabriel.

(D) Guilherme não cometeu infração disciplinar ao estabelecer entendimento com Bruno, sem ciência de Gabriel ou autorização de José.

Nos termos do art. 34, VIII, do EAOAB, constitui infração disciplinar estabelecer entendimento com a parte adversa sem autorização do cliente ou ciência do advogado contrário. No caso relatado no enunciado, o advogado Guilherme, sem autorização de seu cliente José, e sem a ciência de Gabriel, advogado de Bruno, com este estabeleceu, diretamente, entendimento sobre a causa. Assim, Guilherme, de fato, incorreu na infração disciplinar tipificada pelo referido art. 34, VIII, do EAOAB. Correta, pois, a alternativa "A". Frise-se que um advogado não poderá estabelecer entendimento sobre causa em curso diretamente com a parte adversa sem que o advogado desta tenha ciência, ou mesmo sem autorização do cliente.
Gabarito "A".

(OAB/Exame Unificado – 2016.1) Os advogados Ivan e Dimitri foram nomeados, por determinado magistrado, para prestarem assistência jurídica a certo jurisdicionado, em razão da impossibilidade da Defensoria Pública. As questões jurídicas debatidas no processo relacionavam-se à interpretação dada a um dispositivo legal. Ivan recusou-se ao patrocínio da causa, alegando que a norma discutida também lhe é aplicável, não sendo, por isso, possível que ele sustente em juízo a interpretação legal benéfica à parte assistida e prejudicial aos seus próprios interesses. Dimitri também se recusou ao patrocínio, pois já defendeu interpretação diversa da mesma norma em outro processo. Sobre a hipótese apresentada, é correto afirmar que

(A) Ivan e Dimitri cometeram infração disciplinar, pois é vedado ao advogado recusar-se a prestar assistência jurídica, sem justo motivo, quando nomeado em virtude de impossibilidade da Defensoria Pública.

(B) apenas Dimitri cometeu infração disciplinar, pois não se configura legítima a recusa por ele apresentada ao patrocínio da causa, sendo vedado ao advogado, sem justo motivo, recusar-se a prestar assistência jurídica, quando nomeado em virtude de impossibilidade da Defensoria Pública.

(C) apenas Ivan cometeu infração disciplinar, pois não se configura legítima a recusa por ele apresentada ao patrocínio da causa, sendo vedado ao advogado, sem justo motivo, recusar-se a prestar assistência jurídica, quando nomeado.

(D) nenhum dos advogados cometeu infração disciplinar, pois se afiguram legítimas as recusas apresentadas ao patrocínio da causa.

Nos termos do art. 4º, parágrafo único, do Código de Ética e Disciplina (CED), é legítima a recusa, pelo advogado, do patrocínio de causa e de manifestação, no âmbito consultivo, de pretensão concernente a direito que também lhe seja aplicável ou contrarie orientação que tenha manifestado anteriormente. No caso relatado no enunciado, o advogado Ivan recusou-se a patrocinar a causa para a qual fora indicada pelo magistrado em razão de afirmar que as questões jurídicas debatidas no processo se relacionavam a dispositivo legal que também lhe é aplicável. Assim, sua recusa foi justa. O mesmo se pode dizer com relação a Dimitri, que em outro processo defendeu interpretação diversa da mesma norma objeto de discussão no processo. Portanto, para ambos os advogados não se pode cogitar de cometimento da infração disciplinar prevista no art. 34, XII, do EAOAB, que dispõe constituir infração a recusa, sem justo motivo, à prestação de assistência jurídica em caso de nomeação em virtude de impossibilidade da Defensoria Pública. Na espécie, a recusa apresentada pelos advogados Ivan e Dimitri, como visto, o foi com justo motivo, afastando, pois, a infração ético-disciplinar. Correta a alternativa D, estando as demais em descompasso com o que dispõem o CED e o EAOAB.
Gabarito "D".

(OAB/Exame Unificado – 2015.2) O advogado F recebe do seu cliente WW determinada soma em dinheiro para aplicação em instrumentos necessários à exploração de jogo não autorizado por lei. Nos termos do Estatuto da Advocacia, a infração disciplinar

(A) decorre somente se o advogado exige o valor para aplicação ilícita.

(B) surge diante do recebimento para aplicação ilícita.

(C) inocorre, pois se trata de mero ilícito moral.

(D) é descaracterizada por ausência de previsão legal.

Nos termos do art. 34, XVIII, do EAOAB, constitui infração disciplinar solicitar ou receber de constituinte qualquer importância para aplicação ilícita ou desonesta. No caso relatado no enunciado, o advogado receber de seu cliente determinada quantia em dinheiro para aplicação em instrumentos necessários à exploração de jogo não autorizado por lei, portanto, para aplicação ilícita. Correta, portanto, a alternativa B. Apenas por curiosidade, referida infração disciplinar enseja a aplicação da pena de suspensão (art. 37, I, do EAOAB).
Gabarito "B".

(OAB/Exame Unificado – 2015.1) O advogado Felício é contatado pelo seu cliente Paulo que pretende promover ação de responsabilidade civil em face de Rosa, por danos causados à sua honra e ao seu patrimônio material. Nas tratativas, o cliente cientifica o advogado que presenciara diversos atos criminosos praticados por Rosa e por seus familiares Marta e Fábio. Contratado para realizar os seus serviços profissionais, apresenta diversas ações contra o réu Rosa em que descreve seus crimes e os praticados por Marta e Fábio, seus filhos. A petição é subscrita somente pelo advogado e a procuração tem os poderes gerais para o foro. Nos termos do Estatuto da Advocacia,

(A) é inerente à atividade postulatória a menção a crimes praticados pelas partes ou terceiros.

(B) é decorrente do processo a indicação dos fatos essenciais ao deslinde da causa, inclusive os criminosos, que somente demandam ciência do advogado.

(C) é essencial a autorização escrita para imputação a terceiro de fato definido como crime.

1. ÉTICA PROFISSIONAL

(D) é possível a descrição de fatos criminosos atribuídos a partes ou a terceiros por autorização verbal.

Nos termos do art. 34, XV, do Estatuto da OAB, constitui infração disciplinar o fato de o advogado fazer, em nome do constituinte, *sem autorização escrita deste*, imputação a terceiro de fato definido como crime. Assim, vamos às alternativas. **A:** incorreta, pois não é verdade ser inerente à atividade postulatória a menção a crimes cometidos pelas partes ou terceiros. Como se diz usualmente, "cada caso é um caso". A menção a crimes praticados por partes ou terceiros poderá ser relevante, e até necessária como linha de defesa dos interesses da parte, mas sempre à luz do caso concreto; **B:** incorreta, pois, como visto, a indicação de fatos criminosos pelo advogado, que "fala" em nome do cliente, será possível desde que este concorde, e por escrito; **C:** correta, sendo imprescindível a autorização escrita do cliente para que o advogado impute a alguém um fato definido como crime. Lembre-se que a falsa imputação de fato definido como crime caracteriza calúnia (art. 138, CP); **D:** incorreta, pois, como visto, a autorização deve ser por escrito.
Gabarito "C"

(OAB/Exame Unificado – 2015.1) Ao final de audiência de instrução e julgamento realizada em determinada vara criminal, o juiz solicita que o advogado não deixe o recinto, bem como que ele atue em outras duas audiências que ali seriam realizadas em seguida. O advogado recusa-se a participar das outras duas audiências mencionadas, até mesmo por haver Defensor Público disponível. Com base no caso exposto, assinale a afirmativa correta.

(A) O advogado não cometeu infração ética, porque apenas resta configurada infração disciplinar na recusa do advogado a prestar assistência jurídica quando há impossibilidade da Defensoria Pública.

(B) O advogado cometeu infração ética, porque ele já estava na sala de audiências.

(C) O advogado não cometeu infração ética, porque é vedado ao advogado participar de duas audiências sucessivas.

(D) O advogado cometeu infração ética, porque ele tem o dever de contribuir para a boa administração da justiça.

Nos termos do art. 34, XII, do Estatuto da OAB, constitui infração disciplinar o fato de o advogado recusar-se a prestar, sem justo motivo, assistência jurídica, quando nomeado em virtude de impossibilidade da Defensoria Pública. Baseando-se no dispositivo citado, passemos às alternativas. **A:** correta, pois, no caso relatado no enunciado, havia defensor público disponível, razão suficiente a motivar a recusa do advogado em atuar nas audiências; **B:** incorreta, pois o fato de um advogado encontrar-se na sala de audiências não constitui motivo para que seja obrigado a atuar nas audiências subsequentes em prol das partes, ainda mais, repita-se, quando houver Defensoria Pública no local; **C:** incorreta, por falta de previsão legal. Não há qualquer proibição em um advogado participar de audiências sucessivas; **D:** incorreta. Nada obstante o advogado seja figura indispensável à administração da justiça (art. 133, CF), não incorrerá em ilícito disciplinar quando se recusar a patrocinar causas quando, na Comarca, houver Defensoria Pública
Gabarito "A"

(OAB/Exame Unificado – 2015.1) Pedro, em determinado momento, recebeu uma proposta de Antônio, colega de colégio, que se propôs a agenciar a indicação de novos clientes, mediante pagamento de comissão, a ser retirada dos honorários cobrados aos clientes, nos moldes da prática desenvolvida entre vendedores da área comercial.

Com base no caso relatado, observadas as regras do Estatuto da OAB, assinale a afirmativa correta.

(A) O advogado pode aceitar a sugestão, tendo em vista a moderna visão mercantil da profissão.

(B) Caso a Seccional da OAB autorize, registrando avença escrita entre o advogado e o agenciador, é possível.

(C) Sendo publicizada a relação entre o advogado e o agenciador, está preenchido o requisito legal.

(D) Há vedação quanto ao agenciamento de clientela, sem exceções.

Nos termos do art. 34, incisos III e IV, do Estatuto da OAB, constitui infração disciplinar o fato de o advogado valer-se de agenciador de causas, mediante participação nos honorários a receber, bem como angariar ou captar causas, com ou sem a intervenção de terceiros. Portanto, correta a alternativa D, sendo vedado o agenciamento de clientela, seja mediante pagamento de parte dos honorários, seja valendo-se de terceiros para a angariação ou captação de causas.
Gabarito "D"

(OAB/Exame Unificado – 2014.3) Antônio recebe Paulo, um antigo cliente do escritório de advocacia onde presta serviços. Após a entrevista, o preenchimento de relatório com os dados pessoais do cliente e a requisição dos documentos necessários, Antônio realiza a análise final dois dias depois da entrevista com o cliente e verifica que existe norma legal que contraria, expressamente, a pretensão apresentada.

Sobre o caso, observadas as regras do Estatuto da OAB, assinale a afirmativa correta.

(A) O advogado pode postular contra texto expresso de lei.

(B) O advogado deve aconselhar o cliente a procurar o Ministério Público para propor ação contra a lei.

(C) O advogado pode se opor à norma expressa, aduzindo a sua inconstitucionalidade.

(D) O advogado deve indicar ao cliente a desistência da ação, por não portar solução para o problema.

Nos termos do art. 34, VI, do Estatuto da OAB, constitui infração disciplinar advogar contra literal disposição de lei, presumindo-se a boa-fé quando fundamentado na inconstitucionalidade, na injustiça da lei ou em pronunciamento judicial anterior. Em outras palavras, não é lícito ao advogado propor ações que contrariem literalmente a disposição de uma lei, pois, como sabemos, há uma presunção de que as leis sejam legítimas e constitucionais. Contudo, não haverá má-fé do advogado que atuar contra literal disposição de lei em três casos: 1º – se alegar a sua inconstitucionalidade; 2º – se alegar sua injustiça; ou 3º – se se basear em pronunciamento judicial anterior (jurisprudência, por exemplo). Assim, vamos às alternativas. **A:** incorreta, pois vimos que poderá o advogado Antônio, após constatar que uma norma legal contraria a pretensão apresentada por seu cliente, postular contra o texto expresso de lei, desde que invoque uma das três situações anteriormente descritas (inconstitucionalidade, injustiça ou pronunciamento judicial anterior); **B:** incorreta, pois o Estatuto da OAB permite ao advogado atuar na defesa de determinada pretensão mesmo quando haja lei em sentido contrário, desde que, repita-se, seja invocada sua inconstitucionalidade, injustiça ou existência de pronunciamento judicial anterior; **C:** correta, estando em consonância com o precitado art. 34, VI, do EAOAB; **D:** incorreta, pois o advogado, mesmo tendo constatado que a pretensão do cliente esbarra em texto legal, poderá prosseguir com a causa, desde que se valha de uma das três situações em que haverá boa-fé em postulação contra literal disposição de lei.
Gabarito "C"

(OAB/Exame Unificado – 2014.3) Sobre a prescrição da pretensão punitiva das infrações disciplinares, assinale a afirmativa correta.

(A) A pretensão punitiva quanto às infrações disciplinares prescreve em cinco anos, contados da data da constatação oficial do fato, interrompendo-se pela instauração de processo disciplinar ou pela notificação válida do representado.

(B) A pretensão punitiva das infrações disciplinares prescreve em três anos, contados da data da constatação oficial do fato, interrompendo-se pela instauração de processo disciplinar ou pela notificação válida do representado.

(C) A pretensão punitiva das infrações disciplinares é imprescritível.

(D) A pretensão punitiva das infrações disciplinares prescreve em cinco anos, contados da data da constatação oficial do fato, não havendo previsão legal de marco interruptivo de tal prazo prescricional.

A: correta a assertiva, estando em consonância com o art. 43, *caput*, e § 2º, I, do EAOAB, conforme será melhor explicitado nos comentários às demais alternativas; **B** e **C:** incorretas. Nos termos do art. 43, *caput*, do EAOAB, a pretensão à punibilidade das infrações disciplinares prescreve em cinco anos, contados da data da constatação oficial do fato; **D:** incorreta. Nos termos do § 2º, do referido dispositivo legal, haverá a interrupção do prazo prescricional (ou seja, seu reinício) com a instauração do processo disciplinar ou pela notificação válida feita diretamente ao representado (inc. I), bem como pela decisão condenatória recorrível de qualquer órgão julgador da OAB (inc. II). Gabarito "A".

(OAB/Exame Unificado – 2014.2) Ao requerer sua inscrição nos quadros da OAB, Maria assinou e apresentou declaração em que afirmava não exercer cargo incompatível com a advocacia. No entanto, exercia ela ainda o cargo de Oficial de Justiça no Tribunal de Justiça do seu Estado. Pouco tempo depois, já bem-sucedida como advogada, pediu exoneração do referido cargo. No entanto, um desafeto seu, tendo descoberto que Maria, ao ingressar nos quadros da OAB, ainda exercia o cargo de Oficial de Justiça, comunicou o fato à entidade, que abriu processo disciplinar para apuração da conduta de Maria, tendo ela sido punida por ter feito falsa prova de um dos requisitos para a inscrição na OAB. De acordo com o EAOAB, assinale a opção que indica a penalidade que deve ser aplicada a Maria.

(A) Maria não deve ser punida porque, ao tempo em que os fatos foram levados ao conhecimento da OAB, ela já não mais exercia cargo incompatível com a advocacia.

(B) Maria não deve ser punida porque o cargo de Oficial de Justiça não é incompatível com o exercício da advocacia, não tendo Maria, portanto, feito prova falsa de requisito para inscrição na OAB.

(C) Maria deve ser punida com a pena de suspensão, pelo prazo de trinta dias.

(D) Maria deve ser punida com a pena de exclusão dos quadros da OAB.

A: incorreta, pois Maria, à época em que requereu sua inscrição nos quadros da OAB como advogada, já exercia atividade incompatível (Oficial de Justiça), nos termos do art. 28, IV, do EAOAB. Assim, somente obteve referida inscrição fazendo falsa prova de um dos requisitos exigidos para tanto (art. 8º, V, do EAOAB), qual seja, o de não exercer atividade incompatível com a advocacia. Logo, deverá, sim, ser punida; **B:** incorreta, pois o cargo de Oficial de Justiça é incompatível (gera proibição total) com a advocacia, nos termos do art. 28, IV, do EAOAB; **C:** incorreta, pois a conduta praticada por Maria não se amolda às hipóteses de suspensão (art. 37 c.c. art. 34, XVII a XXV, do EAOAB); **D:** correta. De fato, como Maria somente obteve a inscrição na OAB fazendo uma falsa prova de um dos requisitos para a inscrição, qual seja, o de não exercer atividade incompatível com a advocacia (art. 8º, V, do EAOAB), deverá ser punida com exclusão (art. 38 c.c. art. 34, XXVI, do EAOAB). Gabarito "D".

(OAB/Exame Unificado – 2013.3) O advogado João foi contratado por José para atuar em determinada ação indenizatória. Ao ter vista dos autos em cartório, percebeu que José já estava representado por outro advogado na causa. Mesmo assim, considerando que já havia celebrado contrato com José, mas sem contatar o advogado que se encontrava até então constituído, apresentou petição requerendo juntada da procuração pela qual José lhe outorgara poderes para atuar na causa, bem como a retirada dos autos em carga, para que pudesse examiná-los com profundidade em seu escritório.

Com base no caso apresentado, assinale a afirmativa correta.

(A) O advogado João não cometeu infração disciplinar, pois apenas requereu a juntada de procuração e realizou carga dos autos do processo, sem apresentar petição com conteúdo relevante para o deslinde da controvérsia.

(B) O advogado João cometeu infração disciplinar, não por ter requerido a juntada de procuração nos autos, mas sim por ter realizado carga dos autos do processo em que já havia advogado constituído.

(C) O advogado João não cometeu infração disciplinar, pois, ao requerer a juntada da procuração nos autos, já havia celebrado contrato com José.

(D) O advogado João cometeu infração disciplinar prevista no Código de Ética e Disciplina da OAB, pois não pode aceitar procuração de quem já tenha patrono constituído, sem prévio conhecimento do mesmo.

A e **C:** incorretas, pois o advogado João, ciente de que José tinha advogado constituído nos autos no momento em que deles teve vista em cartório, ainda assim optou por ingressar no feito, peticionando pela juntada de procuração outorgada pelo cliente. Assim, até por bom senso, o candidato-leitor deveria, pelo menos, desconfiar, que a postura do advogado fora antiética; **B:** incorreta, pois o advogado João cometeria infração disciplinar não pelo só fato de ter realizado carga dos autos, mas, sim, por haver ingressado em processo com outro advogado já constituído, conforme será melhor explicado no comentário à próxima alternativa; **D:** correta, pois, nos termos do art. 14 do Código de Ética e Disciplina (CED), o advogado não deve aceitar procuração de quem já tenha patrono constituído, sem prévio conhecimento deste, salvo por motivo plenamente justificável ou para adoção de medidas judiciais urgentes e inadiáveis. No caso trazido no enunciado, ficou claro que João, ciente do fato de José já ter advogado constituído nos autos, insistiu em prosseguir com o mandato, inclusive peticionando e requerendo a juntada de procuração. Destarte, nos termos do art. 36, II, do Estatuto da OAB (EAOAB), João cometeu infração disciplinar punível com censura, visto que violou preceito do Código de Ética e Disciplina, qual seja, o já citado art. 14 de referido diploma normativo. Gabarito "D".

(OAB/Exame Unificado – 2013.3) Fernanda, advogada regularmente inscrita nos quadros da OAB, atua, individualmente, sem sócios, em seu escritório situado no centro da cidade "Z", onde recebe os seus clientes para atividades de assessoria e consultoria, atuando também no contencioso cível, administrativo e trabalhista.

Em visita de cortesia, recebe sua prima Giselda que, estudando Economia, tem acesso a várias pessoas de prestígio social, econômico e financeiro, em razão da sua atividade como assessora da diretoria de associação empresarial. Por força desses vínculos, sua prima começa a indicar clientes para a advogada, que amplia o seu escritório e passa a realizar parcerias com outros colegas, diante do aumento das causas a defender. Não existe qualquer acordo financeiro entre a advogada e a economista.

Com base na situação descrita, nos termos do Estatuto da Advocacia, assinale a afirmativa correta.

(A) Constitui atividade infracional disciplinar receber clientes de pessoa com relação de parentesco e prestígio social.

(B) Constitui atividade corriqueira, não infracional, o relacionamento social com parentes ou não.

(C) Constitui atividade ilícita por valer-se de parentes para obtenção de clientela, mesmo gratuitamente.

(D) Constitui atividade vedada, uma vez que a clientela deve ser formada espontaneamente pelo advogado.

A banca examinadora (FGV) assinalou como correta a alternativa B, concluindo que a situação relatada no enunciado é corriqueira, não infracional. Todavia, à época em que a questão foi formulada, divulgamos nas redes sociais, em nosso entendimento, o desacerto da conclusão indicada como adequada na prova. Assim, entendemos que a advogada Fernanda, prima de Giselda, ao passar a recepcionar e conseguir clientes indicados rotineiramente por sua parente e, em razão disso, de acordo com a própria questão, "*amplia seu escritório e passa a realizar parcerias com outros colegas, diante do aumento das causas a defender*", incorreu na infração descrita no art. 34, IV, do Estatuto da OAB (EAOAB), qual seja, a de "*angariar ou captar causas, com ou sem a intervenção de terceiros*". Por esse motivo, acreditamos que a resposta assinalada como correta pela FGV não coaduna com o texto legal. Afinal, da forma como consta no enunciado, Giselda tornou-se uma "indicadora profissional e habitual de clientela" à advogada Fernanda, que, com a intervenção de sua prima, passou a captar causas, conduta considerada infracional. Assim, embora não estejam perfeitas do ponto de vista técnico, as alternativas A, C e D, por indicarem ter havido prática de atividade vedada, ilícita ou infracional pela advogada, estão mais consentâneas com o art. 34, IV, do EAOAB. Porém, como não se pode admitir pergunta com mais de uma alternativa correta, a solução mais justa seria a anulação da questão, o que inocorreu, infelizmente.

Gabarito "B".

(OAB/Exame Unificado – 2013.2) O advogado Mário celebrou contrato de honorários com seu cliente, para atuar em reclamação trabalhista. No contrato restou estabelecido que, em caso de êxito, ele receberia, a título de honorários contratuais, o valor de 60% do que fosse recebido pelo cliente, que havia sido dispensado pelo empregador e encontra-se em situação econômica desfavorável.

A respeito do caso apresentado, assinale a afirmativa correta.

(A) Mário não cometeu infração disciplinar, uma vez que tendo celebrado contrato de honorários, ele pode cobrar de seu cliente o valor que entender compatível com o trabalho desenvolvido.

(B) Mário não cometeu infração disciplinar, pois causas trabalhistas são muito complexas, justificando-se, assim, a cobrança de honorários elevados.

(C) Mário violou dispositivo do Código de Ética e Disciplina da OAB, segundo o qual os honorários profissionais devem ser fixados com moderação.

(D) Mário violou dispositivo do Código de Ética e Disciplina da OAB, que veda a cobrança de honorários profissionais com base em percentual do valor a ser recebido pela parte.

A e B: incorretas. Não é verdade que um advogado, a despeito de entabular com seu cliente contrato de honorários, possa cobrar o valor que entender compatível com seu trabalho. É que o art. 49 do Código de Ética e Disciplina (CED) consagra o "princípio da moderação", ou seja, os honorários devem ser fixados com moderação. E, no caso relatado no enunciado, a cobrança de 60% (sessenta por cento) de todo o proveito econômico da causa, evidentemente, se afigura imoderada; **C:** correta. Como visto, o advogado, na cobrança de seus honorários, deve pautar-se pela moderação (art. 49 do CED). O percentual cobrado pelo advogado, como visto, não é moderado, já que receberia valor superior àquele percebido pelo cliente. Aqui, o advogado seria verdadeiro "sócio majoritário" na causa, o que não se poderia admitir. Deve-se ponderar, ainda, que a forma de honorários com pacto ou cláusula *quota litis* (cláusula de sucesso), segundo a qual o advogado somente receberá os honorários em caso de êxito na demanda, não admite que os ganhos do profissional superem aqueles alcançados pelo cliente (art. 50 do CED); **D:** incorreta. O CED, no art. 50, admite a adoção de cláusula *quota litis*, que corresponderá a um percentual que o advogado fará jus do proveito econômico da causa para o seu cliente. Assim, não há vedação de estipulação dos honorários em percentual a ser recebido pela parte, desde que haja moderação (art. 49 do CED), e que o montante percebido pelo causídico não supere os ganhos do cliente.

Gabarito "C".

(OAB/Exame Unificado – 2013.1) João, além de advogado, é próspero fazendeiro no Estado W. Após fiscalização regular, é comunicado que seus trabalhadores estão em situação irregular, análoga à de escravidão.

Nos termos do Código de Ética, o advogado deve

(A) ignorar a comunicação porque são separadas as atividades de advogado e fazendeiro.

(B) deixar de prestar concurso a atos que atentem contra a dignidade da pessoa humana.

(C) atuar como advogado na defesa da situação considerada irregular, ignorando as acusações.

(D) defender sua atuação como fazendeiro que obedece a regras peculiares e costumeiras.

Nos termos do art. 2º, parágrafo único, VIII, "c", do Código de Ética e Disciplina, é dever do advogado abster-se de emprestar concurso (leia-se: auxiliar) aos que atentem contra a ética, a moral, a honestidade e a *dignidade da pessoa humana*. Ora, tomando conhecimento de que trabalhadores de sua fazenda estão em situação irregular, análoga à de escravidão, é dever de João fazer cessar referida situação, deixando de auxiliar ou de concorrer para a prática de atos atentatórios à dignidade da pessoa humana. O fato de o advogado ser, também, fazendeiro, não induz pensar que seus atos devam ser pautados por esta ou aquela atividade. Um advogado deve, sempre, ter conduta reta e ética.

Gabarito "B".

(OAB/Exame Unificado – 2013.1) O advogado Mário, para ilustrar a tese que desenvolvia, fez inserir, em petição por ele apresentada, citação de julgado inexistente. Inseriu, ainda, citação doutrinária, cujo teor foi completamente deturpado.

A respeito da hipótese, assinale a afirmativa correta.

(A) Mário não cometeu infração disciplinar, pois o advogado, amparado no princípio da ampla defesa, deve ter liberdade para defender os interesses de seus clientes da forma que achar conveniente.

(B) Mário cometeu infração disciplinar punível com pena de censura, nos termos do EAOAB, e violou dispositivo do Código de Ética e Disciplina da OAB.

(C) Mário cometeu infração disciplinar punível com pena de exclusão, nos termos do EAOAB, e violou dispositivo do Código de Ética e Disciplina da OAB.

(D) Mário não cometeu infração disciplinar prevista no EAOAB, tendo apenas violado dispositivo do Código de Ética e Disciplina da OAB.

A: incorreta. Mesmo que o candidato desconhecesse a existência de infração ética específica para o caso, deveria, no mínimo, desconfiar a irregularidade de um advogado fazer citação de julgado inexistente em peça processual, bem como deturpar citação doutrinária, causas, sem dúvida, de infração disciplinar; **B:** correta. O art. 34, XIV, do Estatuto da OAB, diz ser infração disciplinar deturpar o teor de dispositivo de lei, de citação doutrinária, bem como de depoimentos, documentos e alegações da parte contrária, para confundir o adversário ou iludir o juiz da causa. Para referida infração disciplinar, Mário deverá ser punido com censura (art. 36, I, do Estatuto). Frise-se que a conduta do advogado de deturpar dispositivo legal e jurisprudencial colide com seu dever ético de atuar com honestidade e decoro (art. 2º, parágrafo único, II, do CED); **C:** incorreta, pois a conduta de Mário não se amolda às infrações éticas passíveis de exclusão (arts. 34, XXVI a XXVIII, e 38 do Estatuto). Como visto, sua conduta amolda-se à infração disciplinar passível de censura; **D:** incorreta, pois a conduta de Mário amolda-se à infração disciplinar descrita no art. 34, XIV, do Estatuto da OAB.
Gabarito "B".

(OAB/Exame Unificado – 2013.1) O advogado João, que também é formado em Comunicação Social, atua nas duas profissões, possuindo uma coluna onde apresenta notícias jurídicas, com informações sobre atividades policiais, forenses ou vinculadas ao Ministério Público. Semanalmente inclui, nos seus comentários, alguns em forma de poesia, suas alegações forenses e os resultados dos processos sob sua responsabilidade, divulgando, com isso, seu trabalho como advogado.

À luz das normas estatutárias, assinale a afirmativa correta.

(A) A divulgação de notícias, como aventado no enunciado, constitui um direito do advogado em dar publicidade aos seus processos

(B) Nos termos das regras que caracterizam as infrações disciplinares está delineada a de publicação desnecessária e habitual de alegações forenses ou causas pendentes.

(C) Diante das novas mídias que também atingem a advocacia, o advogado pode utilizar-se dos meios ofertados para a divulgação de seu trabalho.

(D) A situação caracteriza o chamado desvio da função de advogado, com o prejuízo à imagem dos clientes pela divulgação.

A: incorreta. O Estatuto da OAB, em momento algum, autoriza o advogado a divulgar notícias de seus arrazoados forenses e os resultados dos processos sob sua responsabilidade; **B:** correta. De fato, nos termos do art. 34, XIII, do Estatuto da OAB, constitui infração disciplinar fazer publicar na imprensa, desnecessária e habitualmente, alegações forenses ou relativas a causas pendentes; **C:** incorreta. Ainda que se admita a publicidade na advocacia (arts. 39 a 47 do CED), esta deve sempre ser discreta e moderada, de caráter informativo, não se admitindo que o advogado divulgue lista de clientes e demandas (art. 42, IV, do CED); **D:** incorreta. O Estatuto da OAB não trata de "desvio de função de advogado". É, sim, possível, que um advogado também atue na área da comunicação social, mas desde que não desborde para a prática de infrações éticas, tal como a publicidade irregular (art. 34, XIII, do Estatuto).
Gabarito "B".

(OAB/Exame Unificado – 2012.3.B) João, após aprovação em Exame de Ordem, apresenta os documentos exigidos para inscrição nos quadros da Ordem dos Advogados do Brasil. Após sua regular inscrição, a instituição universitária que João informou ter cursado, comunicou à OAB que não havia, nos seus registros, qualquer referência a ele. Em razão disso, foi instaurado processo administrativo para apurar se o advogado havia efetivamente colado grau. Após o devido processo legal, ficou confirmado que João, efetivamente, não lograra êxito no curso de Direito. Diante dessa narrativa, à luz da legislação aplicável aos advogados, assinale a afirmativa correta.

(A) O advogado será apenado com a suspensão do exercício das atividades até apresentar certidão de colação de grau.

(B) O advogado será advertido e não poderá exercer a profissão até regularizar sua situação.

(C) O advogado terá cancelada sua inscrição na Ordem dos Advogados do Brasil.

(D) O advogado não será apenado porque o curso do tempo convalidou os seus atos sendo considerado rábula.

A: incorreta. Não consta no art. 37 do Estatuto da OAB, que trata da pena de suspensão da atividade profissional, hipótese que se amolde ao enunciado. Em outras palavras, o fato de João ter obtido inscrição na OAB sem ser, de fato, bacharel em Direito, constitui infração ética passível de exclusão, como será visto mais à frente; **B:** incorreta, pois a mera advertência ao advogado não faria cessar a irregularidade, qual seja, a de se permitir o exercício da atividade profissional a despeito de não preencher requisito legalmente imposto, qual seja, o bacharelado em Direito (art. 8º, II, do Estatuto da OAB); **C:** correta. De fato, nos termos do art. 11, V, do Estatuto da OAB, cancela-se a inscrição do advogado que não preencher quaisquer dos requisitos para obtê-la (rol do art. 8º do Estatuto da OAB). Ora, entre referidos requisitos consta o diploma ou certidão de graduação em Direito (art. 8º, II). Logo, não preenchendo o advogado os requisitos legais, sua inscrição deverá ser cancelada. Ademais disso, sua conduta (obter a inscrição sem o preenchimento dos requisitos legais) caracteriza infração ética punida com exclusão (art. 34, XXVI, do Estatuto da OAB), conforme determina o art. 38 do Estatuto; **D:** incorreta. A assertiva é absurda. É claro que o tempo não pode convalidar tamanha ilegalidade (inscrição na OAB obtida com prova falsa).
Gabarito "C".

(OAB/Exame Unificado – 2012.3.A) O advogado Cândido, conhecido pelas soluções criativas para resolver os problemas dos seus clientes, aduz, como tese defensiva, em ação de despejo por falta de pagamento, que a norma que auto-

1. ÉTICA PROFISSIONAL

riza tal desocupação forçada seria inconstitucional, pois caberia ao Estado fornecer habitação gratuita ou a preços módicos aos necessitados e, em caso de impossibilidade financeira, custear a moradia, pagando ao locador os valores devidos, a título de aluguel social. Essa defesa foi considerada como contrária à disposição de lei que determina, como consequência do não pagamento dos alugueres, o despejo por falta de pagamento. Em razão disso, foi proferida sentença determinando a desocupação do imóvel e condenando o cliente do advogado Cândido ao pagamento dos alugueres devidos, bem como as demais verbas decorrentes da sucumbência. Além disso, determinou o magistrado a expedição de ofício à Ordem dos Advogados do Brasil para abertura de processo disciplinar. Consoante as regras do Estatuto da Advocacia, assinale a afirmativa correta.

(A) O fato de advogar contra literal disposição de lei sem exceções, não constitui infração disciplinar.

(B) A alegação de inconstitucionalidade descaracteriza a infração disciplinar invocada.

(C) A infração disciplinar não está prevista no sistema por caracterizar delito de hermenêutica.

(D) A referida infração somente pode ser considerada quando causar prejuízo ao cliente o que não foi o caso.

A: incorreta. Como se verá no comentário a seguir, a atuação do advogado contra a literal disposição de lei constitui infração disciplinar, admitindo, porém, algumas exceções; **B:** correta. Nos termos do art. 34, VI, do Estatuto da OAB, considera-se infração ético-disciplinar o fato de advogar contra literal disposição de lei, presumindo-se, porém, a boa-fé quando fundamentada na inconstitucionalidade, na injustiça da lei ou em pronunciamento judicial anterior. Assim, em simples palavras, o advogado que atuar contra literal disposição de lei (que se presume constitucional e legítima) incorrerá em infração disciplinar. No entanto, se a tese arguida pelo causídico, a despeito de ser frontalmente contrária à lei, tiver como fundamento a inconstitucionalidade, a injustiça da norma ou a jurisprudência, presumir-se-á sua boa-fé, inexistindo, aqui, infração ética; **C:** incorreta. Como visto no comentário anterior, constitui infração disciplinar advogar contra a literalidade de disposição legal (salvo quando fundada em inconstitucionalidade, injustiça da lei ou pronunciamento judicial anterior); **D:** incorreta. O art. 34, VI, do Estatuto da OAB, não exige a causação de prejuízo ao cliente como condição para a caracterização de infração disciplinar quando o advogado atuar contra literal disposição da lei.
Gabarito "B".

(OAB/Exame Unificado – 2011.3.A) Mévio, advogado recém-formado com dificuldades de iniciar sua atividade profissional, propõe a colegas de bairro e de escola a participação percentual nos honorários dos clientes que receber para consultas ou que pretendam ajuizar ações judiciais. Consoante as normas aplicáveis, assinale a alternativa correta em relação à conduta de Mévio.

(A) Caracteriza agenciamento de causas com participação dos honorários.

(B) É possível, desde que conste em contrato escrito entre as partes.

(C) O agenciamento de clientela é admitido em situações peculiares como essa.

(D) Desde que os serviços advocatícios sejam prestados por Mévio, inexiste infração disciplinar.

A: correta (art. 34, III, do EAOAB); **B, C** e **D:** incorretas, pois constitui infração ética o fato de um advogado se valer de terceiros para a captação de clientela e/ou o agenciamento de causas (art. 34, III e IV, do EAOAB).
Gabarito "A".

(OAB/Exame Unificado – 2011.3.A) Raul, advogado, é acusado, em processo disciplinar, de ter perdido prazos em diversos processos, de ter atuado contra os interesses dos seus clientes e de ter um número exagerado de indeferimento de petições iniciais, por ineptas, desconexas, com representações sucessivas à OAB. Em relação a tais circunstâncias, à luz das normas estatutárias, é correto afirmar que as condutas imputadas a Raul

(A) não caracterizam infração disciplinar.

(B) são consideradas desvios processuais exclusivamente.

(C) demandam atuação da OAB no sentido educativo.

(D) caracterizam inépcia da atuação profissional.

De fato, configura inépcia profissional a prática de erros reiterados pelo advogado (art. 34, XXIV, do EAOAB). Referidos erros podem ser tanto de vernáculo (português), quanto jurídicos. Impor-se-á ao advogado inepto a pena de suspensão, que variará de 30 (trinta) dias a 12 (doze) meses, condicionado o seu término até que preste novas provas de habilitação (art. 37, §3º, do EAOAB).
Gabarito "D".

(OAB/Exame Unificado – 2011.3.B) Esculápio, advogado militante, fica comovido com a dificuldade de Astrolábio, bacharel em Direito, em lograr aprovação no Exame de Ordem. Com o intuito de auxiliá-lo, aceita subscrever petições realizadas pelo referido graduado em Direito, bem como permitir que ele receba os seus clientes no seu escritório, como se advogado fosse, não percebendo Esculápio qualquer vantagem pecuniária por isso. Consoante as normas estatutárias, é correto afirmar que

(A) Esculápio está cometendo infração disciplinar por manter sociedade profissional fora dos limites legais.

(B) Esculápio estaria praticando a conduta de facilitação do exercício da profissão aos não inscritos.

(C) havendo motivo de força maior, o advogado pode propiciar acesso profissional aos não inscritos.

(D) o advogado estaria apenas angariando causas para o seu escritório de advocacia.

De fato, a conduta do advogado de facilitar a pessoa não inscrita na OAB o exercício da advocacia amolda-se ao disposto no art. 34, I, do EAOAB. Trata-se de infração ética punível com a pena de censura (art. 36, I, do EAOAB).
Gabarito "B".

(OAB/Exame Unificado – 2012.1) Determinado advogado, valendo-se dos poderes para receber, que lhe foram outorgados pelo autor de certa demanda, promove o levantamento da quantia depositada pelo réu e não presta contas ao seu cliente, apropriando-se dos valores recebidos. Por tal infração disciplinar, qual a sanção prevista no Estatuto da Advocacia e da OAB?

(A) Censura, com possibilidade de conversão em advertência, caso o advogado infrator preste contas ao seu cliente antes do fim do processo disciplinar instaurado na OAB.

(B) Suspensão pelo prazo de 30 (trinta) dias a 12 (doze) meses, perdurando a suspensão até que o advogado satisfaça integralmente a dívida.

(C) Suspensão pelo prazo máximo de 30 (trinta) dias.

(D) Exclusão.

De fato, sempre que um advogado apropriar-se de valores recebidos para repasse ao seu cliente, deixando de cumprir com o seu dever de prestação de contas, incorrerá na infração disciplinar prevista no art. 34, XXI, do EAOAB (*recusar-se, injustificadamente, a prestar contas ao cliente de quantias recebidas dele ou de terceiros por conta dele*). Referida infração, nos termos do art. 37, I, do EAOAB, é punível com a pena de suspensão, que durará de 30 (trinta) dias a 12 (doze) meses, podendo, porém, ser prorrogada, até que o advogado infrator satisfaça sua dívida com o cliente, corrigida monetariamente (art. 37, § 2º, do EAOAB).

Gabarito "B".

(OAB/Exame Unificado – 2012.2) O advogado Rubem, em causa em que patrocina os interesses da sociedade Só Fácil Ltda., cita fatos delituosos, por escrito, contra a honra do réu, sem autorização do seu cliente. Dias depois, é surpreendido com ação criminal em virtude dos fatos apresentados no processo judicial.

A descrição acima amolda-se à seguinte infração disciplinar:

(A) locupletar-se, por qualquer forma, à custa do cliente ou da parte adversa, por si ou interposta pessoa.

(B) incidir em erros reiterados que evidenciem inépcia profissional.

(C) prestar concurso a cliente ou a terceiro para realização de ato contrário à lei ou destinado a fraudá-la.

(D) fazer, em nome do constituinte, sem autorização escrita deste, imputação a terceiro de fato definido como crime.

De fato, incorrerá na infração ética descrita no art. 34, XV, do EAOAB, o advogado que, sem autorização de seu constituinte, imputar a terceiro fato definido como crime. Frise-se que referida conduta caracteriza, inclusive, o crime de calúnia (art. 138 do CP). Apenas para a melhor informação do candidato, a infração ética em comento acarretará ao advogado a pena de censura (art. 36, I, do EAOAB).

Gabarito "D".

(OAB/Exame Unificado – 2012.2) O advogado "X", regularmente constituído pelo seu cliente "Z", retira os autos de cartório para realizar peça defensiva dos interesses do seu cliente. Os autos permanecem no escritório profissional de "X". Um incêndio no prédio em que se localiza o escritório destruiu numerosos documentos, inclusive os autos referidos. Com base no ocorrido, "X" comunica o fato ao Juízo e ao seu cliente.

Diante dessa narrativa, à luz da legislação aplicável aos advogados, assinale a afirmativa correta.

(A) O extravio de autos é caracterizado como infração, com pena de suspensão.

(B) O advogado deverá receber pena de advertência, por não prever o incêndio.

(C) O extravio de autos deve ser doloso ou culposo, para ser punível disciplinarmente.

(D) O extravio de autos seria punível, caso fosse recebido em confiança.

A: incorreta, pois, muito embora, de fato, o extravio de autos constitua infração ética punida com a pena de suspensão (art. 34, XXII c/c art. 37, I, ambos do EAOAB), é certo que a parte final do enunciado da questão é claro ao dizer que "diante dessa narrativa", ou seja, de um extravio de autos decorrente de incêndio no prédio em que se localizava o escritório de advocacia. Ora, o extravio dos autos só deve gerar a pena de suspensão se praticado dolosa ou culposamente pelo advogado; **B:** incorreta, pois a advertência somente é cabível em substituição à pena de censura, e desde que exista circunstância atenuante em prol do advogado (art. 36, parágrafo único, do EAOAB); **C:** correta, pois, à evidência, o extravio dos autos pelo advogado "X" ocorreu por "força maior" (evento inesperado – incêndio), vale dizer, sem que tenha agido dolosa ou culposamente, motivo pelo qual não deverá ser suspenso; **D:** incorreta, pois o extravio de autos recebidos em confiança ou com vista somente gerará a pena de suspensão se o advogado agir com dolo ou culpa, o que não se verificou no enunciado da questão.

Gabarito "C".

(OAB Unificada – Exame 2011.2) Tício é advogado regularmente inscrito nos quadros da OAB e conhecido pela energia e vivacidade com que defende a pretensão dos seus clientes. Atuando em defesa de um dos seus clientes, exalta-se em audiência, mas mantém, apesar disso, a cortesia com o magistrado presidente do ato e com o advogado da parte contrária. Mesmo assim, sofreu representação perante o órgão disciplinar da OAB. Em relação a tais fatos, é correto afirmar que

(A) no processo judicial, os atos do advogado constituem múnus privado.

(B) a defesa do cliente deve ser pautada pelo dirigente da audiência, o magistrado.

(C) a atuação de Tício desborda os limites normais do exercício da advocacia.

(D) inexistindo atividade injuriosa, os atos do advogado são imunes ao controle disciplinar.

A: incorreta, visto que os atos praticados pelo advogado nos processos judiciais constituem um múnus público, consoante dispõe o art. 2º, § 2º, do Estatuto da OAB (Lei 8.906/1994 – EAOAB). Em outras palavras, a atuação do advogado é tão relevante para a correta administração da justiça que configura verdadeiro "encargo público" (múnus público), muito embora não seja considerado um agente estatal; **B:** incorreta, pois a defesa do cliente, por evidente, compete ao advogado, a quem incumbirá traçar as estratégias técnico-jurídicas para tal mister; **C:** incorreta, pois a mera exaltação do advogado na defesa de seu cliente, desde que não falte com o seu dever de urbanidade (tratamento respeitoso) para com os colegas e autoridades, consoante determina o art. 27 do Código de Ética e Disciplina (CED), não caracteriza infração disciplinar; **D:** correta. Nos termos do art. 2º, § 3º, do EAOAB, o advogado é inviolável por seus atos e manifestações, nos limites legais. Referidos limites estão previstos no art. 7º, § 2º, também do EAOAB, segundo o qual o advogado tem imunidade profissional, não constituindo injúria ou difamação puníveis qualquer manifestação de sua parte, no exercício de sua atividade, em juízo ou fora dele, sem prejuízo das sanções disciplinares perante a OAB, pelos excessos que cometer. Ressalte-se que a imunidade referente ao desacato foi declarada inconstitucional pelo STF no julgamento da ADIn n. 1.127-8.

Gabarito "D".

(OAB/Exame Unificado – 2011.1) Esculápio, advogado, inscrito, há longos anos, na OAB, após aprovação em Exame de Ordem, é surpreendido com a notícia de que o advogado Sófocles, que atua no seu escritório em algumas causas, fora entrevistado por jornalista profissional, tendo afirmado ser usuário habitual de drogas. A entrevista foi divulgada amplamente. Após conversas reservadas entre

1. ÉTICA PROFISSIONAL

os advogados, os termos da entrevista são confirmados, bem como o vício portado. Não há acordo quanto a eventual tratamento de saúde, afirmando o advogado Sófocles que continuaria a praticar os atos referidos. Diante dessa narrativa, à luz da legislação aplicável aos advogados, é correto afirmar que

(A) o advogado pode ser excluído dos quadros da OAB.

(B) no caso em tela, há sanção disciplinar aplicável.

(C) a sanção disciplinar se aplica ao eventual uso de drogas.

(D) não há penalidade prevista, uma vez que se trata de questão circunscrita à Saúde Pública.

A: incorreta. As hipóteses de exclusão vêm taxativamente previstas no art. 34, XXVI a XXVIII, do Estatuto da OAB (fazer falsa prova de qualquer dos requisitos exigidos para a inscrição nos quadros da OAB; tornar-se moralmente inidôneo; prática de crime infamante), nelas não se inserindo a conduta do advogado de fazer uso habitual de drogas, que caracteriza infração disciplinar passível de suspensão (art. 34, XXV e parágrafo único, do Estatuto); **B:** correta. A toxicomania (uso de drogas) ou embriaguez, desde que habituais, configuram conduta incompatível com a advocacia (art. 34, XXV, e parágrafo único, alínea "c", do Estatuto da OAB – EAOAB – Lei 8.906/1994), sendo o caso de aplicação da pena de suspensão ao advogado (art. 37, I, do EAOAB); **C:** incorreta. Como ressaltado na alternativa anterior, apenas o uso habitual de drogas é que é capaz de caracterizar conduta incompatível com a advocacia. O uso eventual de substâncias entorpecentes, como relata a alternativa, não é passível de sanção disciplinar; **D:** incorreta. Como visto, a toxicomania habitual, embora, de fato, configure problema de saúde pública, ingressa na esfera ético-disciplinar como conduta incompatível com a advocacia.

Gabarito "B".

(OAB/Exame Unificado – 2010.3) Heitor, advogado regularmente inscrito na OAB, é surpreendido com a notícia de que seu *ex adverso* havia sido suspenso em processo disciplinar regular, mas que não havia devolvido os documentos oficiais nem comunicado a punição ao juiz dirigente do processo. Em relação à atuação de profissional suspenso das atividades, à luz do Estatuto, é correto afirmar que

(A) gera a exclusão da OAB.

(B) viola o sigilo profissional.

(C) caracteriza infração disciplinar.

(D) constitui mera irregularidade.

A: incorreta, visto que as hipóteses de exclusão do advogado estão expressamente previstas no art. 34, XXVI a XXVIII, do Estatuto da OAB (EAOAB – Lei 8.906/1994); **B:** incorreta, pois o fato de um advogado suspenso em processo disciplinar prosseguir no exercício da advocacia não significa que esteja violando sigilo profissional; **C:** correta, pois, ao profissional suspenso de suas atividades aplicar-se-á o disposto no art. 42 do Estatuto da OAB (EAOAB – Lei 8.906/1994), vale dizer, ficará *impedido de exercer o mandato*, o que, em caso de descumprimento, ensejará o reconhecimento da *infração disciplinar* tipificada no art. 34, I, do EAOAB; **D:** incorreta, pois, como visto na alternativa anterior, o prosseguimento, pelo advogado, do exercício do mandato, mesmo após ter sido suspenso ou excluído da OAB, mais do que irregularidade, constitui *infração disciplinar*, punível, diga-se de passagem, com a pena de *censura*, consoante determina o art. 36, I, do EAOAB.

Gabarito "C".

(OAB/Exame Unificado – 2010.3) Terência, jovem advogada, conhecida pela energia com que defende os seus clientes, obtém sucesso em ação indenizatória, com proveito econômico correspondente a R$ 3.000.000,00 (três milhões de reais). Buscando adequação dos seus honorários, marca reunião com seu cliente, e este exige detalhada prestação de contas, o que é negado pela advogada. Nesse momento, há amplo desentendimento. O valor da indenização fora levantado pela advogada e depositado em caderneta de poupança, no aguardo do desfecho da discussão sobre os valores que deveriam ser repassados. Terência não apresentou as contas ao cliente nem direta, nem judicialmente. Analisando-se a solução para o caso concreto acima, é correto afirmar que

(A) enquanto o cliente não apresentar postulação judicial, a prestação de contas é inexigível.

(B) o advogado, exercendo mandato, não necessita prestar contas.

(C) a prestação de contas é um dos deveres do advogado.

(D) essa questão é dirimida pelo juiz da causa em que ocorreu a condenação.

A: incorreta, pois, em simples palavras, é dever do advogado *prestar ao cliente as contas* das quantias recebidas em nome dele, conforme estabelece o art. 12 do Código de Ética e Disciplina (CED), o que poderá ser solicitado a qualquer tempo, independentemente de postulação judicial; **B:** incorreta, pois, como visto na alternativa anterior, é *direito do cliente* e *dever do advogado* prestar contas ao cliente, tão logo seja solicitado (art. 12 do CED), sob pena de se configurar infração disciplinar (art. 34, XXI, da Lei 8.906/1994 – EAOAB); **C:** correta, pois, como já visto nas alternativas anteriores, a conclusão ou desistência da causa, tenha havido, ou não, extinção do mandato, obriga o advogado a devolver ao cliente bens, valores e documentos que lhe hajam sido confiados e ainda estejam em seu poder, bem como a prestar-lhe contas, pormenorizadamente, sem prejuízo de esclarecimentos complementares que se mostrem pertinentes e necessários (art. 12 do CED). Outrossim, como já ressaltado anteriormente, configura infração disciplinar a *recusa injustificada de prestação de contas ao cliente pelo advogado* (art. 34, XXI, do EAOAB); **D:** incorreta, pois a prestação de contas não cabe ao magistrado sentenciante, mas, como afirmado diversas vezes, pelo advogado da parte (art. 12 do CED art. 34, XXI, do EAOAB).

Gabarito "C".

(OAB/Exame Unificado – 2010.3) Marcelo promove ação de procedimento ordinário em face de Paus e Cupins Ltda. com o fito de compelir a ré à prestação de determinado fato, diante de contrato anteriormente estabelecido pelas partes e descumprido pela ré. Houve regular citação, com a apresentação de defesa, tendo o processo permanecido paralisado por oito anos por inércia das partes. Dez anos após a paralisação, o réu ingressa no processo requerendo a declaração de prescrição intercorrente, que é declarada, não tendo havido recurso do autor. Após consultas processuais, o autor descobre a real situação do processo e apresenta representação disciplinar à OAB contra o seu advogado. Nos termos da legislação estatutária e do Código de Ética, é correto afirmar que

(A) está perfeitamente caracterizado o abandono da causa.

(B) os atos referidos se esgotam no processo judicial.

(C) a inércia das partes não pode atingir os advogados, como no enunciado.

(D) o advogado não pode ser sancionado pela demora do processo, mesmo que tenha sido inerte.

A: correta, visto que, de acordo com o Código de Ética e Disciplina (CED), o advogado não deve deixar ao abandono ou ao desamparo as causas sob seu patrocínio, sendo recomendável que, em face de dificuldades insuperáveis ou inércia do cliente quanto a providências que lhe tenham sido solicitadas, renuncie ao mandato (art. 15 do CED). Ora, se o processo ficou paralisado por mais de dez anos, tudo indica que o advogado do autor deixou de dar o regular andamento ao feito, *abandonando a causa*, o que ensejou o reconhecimento da prescrição intercorrente alegada pelo réu e reconhecida pelo juízo. Embora tenha sido nesse sentido o gabarito fornecido pela OAB, é certo que o enunciado da questão é incompleto, deixando margem para dúvidas sobre de quem foi a inércia (se das partes ou do advogado); **B:** incorreta, pois o abandono da causa configura *infração disciplinar*, passível de punição com a pena de *censura* (arts. 34, XII e 36, I, ambos do EAOAB – Lei 8.906/1994); **C:** incorreta, visto que, pelo entendimento da OAB (banca examinadora), a inércia foi do advogado, caracterizando *abandono da causa*. Contudo, como dito, o enunciado não deixa claro se a inércia foi das partes, assim consideradas em sua acepção técnica (autor e réu) ou se das partes representadas por seus advogados, que são os que detêm capacidade postulatória; **D:** incorreta, pois a inércia do advogado, como dito, pode caracterizar abandono da causa (art. 15 do CED e arts. 34, XII e 36, I, do EAOAB).

Gabarito "A".

(OAB/Exame Unificado – 2010.2) Caio, advogado, inscrito na OAB-SP, após aprovação em concorrido Exame de Ordem, atua em diversos ramos do Direito. Um dos seus clientes possui causa em curso perante a Comarca de Tombos/MG, tendo o profissional comparecido à sede do Juízo para praticar ato em prol do seu constituinte. Estando no local, foi surpreendido por designação do Juiz Titular da Comarca para representar Tício, pessoa de parcos recursos financeiros, diante da ausência de Defensor Público designado para prestar serviços no local, por falta de efetivo suficiente de profissionais. Não tendo argumentos para recusar o encargo, Caio participou do ato. Diante desse quadro

(A) o ato deveria ter sido adiado diante da exclusividade da atuação da Defensoria Pública.

(B) o advogado deveria ter recusado o encargo, mesmo sem justificativa plausível.

(C) a recusa nesses casos poderá ocorrer, com justo motivo.

(D) a recusa poderia ocorrer diante da ausência de sanção disciplinar.

Nos termos do art. 34, XII, da Lei 8.906/1994, constitui infração disciplinar "recusar-se a prestar, **sem justo motivo**, assistência jurídica, quando nomeado em virtude de impossibilidade da Defensoria Pública" (g.n.). Assim, se houver justo motivo, é possível a recusa, nos termos da alternativa "C", que está correta, portanto.

Gabarito "C".

(OAB/Exame Unificado – 2010.2) Dentre as sanções cabíveis no processo disciplinar realizado pela OAB no concernente aos advogados estão a censura, a suspensão, a exclusão e a multa. Dentre as circunstâncias atenuantes para a aplicação do ato sancionatório, encontra-se, consoante o Estatuto,

(A) exercício assíduo e proficiente em mandato realizado na OAB.

(B) ser reincidente em faltas da mesma natureza.

(C) prestação de serviços à advocacia, mesmo irrelevantes.

(D) ter sido o ato cometido contra outro integrante de carreira jurídica.

A: correta, pois o "exercício assíduo e proficiente de mandato ou cargo em qualquer órgão da OAB" é circunstância atenuante (art. 40, III, da Lei 8.906/1994); **B:** incorreta, pois a reincidência em faltas é circunstância não prevista como atenuante no art. 40 da Lei 8.906/1994. Ao contrário, trata-se, ainda que sem previsão expressa, de circunstância agravante; **C:** incorreta, pois somente a prestação de serviços *relevantes* à advocacia ou à causa pública é circunstância atenuante (art. 40, IV, da Lei 8.906/1994); **D:** incorreta, pois o cometimento de ato contra outro integrante da carreira jurídica é circunstância não prevista como atenuante no art. 40 da Lei 8.906/1994.

Gabarito "A".

(OAB/Exame Unificado – 2010.1) Acerca das infrações e sanções disciplinares, assinale a opção correta.

(A) Considere que uma advogada inscrita na OAB receba, adiantadamente, honorários contratuais de seu cliente, mas não preste o serviço jurídico contratado. Nessa situação hipotética, a advogada tem direito à quantia recebida, visto que sua conduta não configura locupletamento à custa do cliente.

(B) Cometerá infração disciplinar o advogado que receber dinheiro de cliente para pagar parcelas de financiamento e proceder, sem autorização, à compensação com honorários que ele alegue devidos.

(C) Considere que um advogado, após ser notificado pelo juiz para devolver os autos que retenha além do prazo, não atenda ao mandado, tampouco ao de busca e apreensão. Nessa situação hipotética, embora não incida em nenhuma infração disciplinar perante a OAB, deverá o advogado arcar com o ônus processual de sua conduta.

(D) O advogado que esteja em débito com plurais contribuições e multas perante a OAB e que, mesmo regularmente intimado, mantenha-se inadimplente, deverá responder por infração disciplinar e pelo crime de charlatanismo.

A: incorreta. O Conselho Federal da OAB, inclusive, já reproduziu ementa esclarecedora da questão: "Advogado que recebe honorários advocatícios contratados adiantadamente, mas não presta serviços jurídicos a que se obrigou e nem devolve a quantia recebida para a prestação daqueles serviços, comete a infração prevista no art. 34, inciso XX, do Estatuto da Advocacia da OAB. Tal atitude configura locupletamento às custas do cliente" (Recurso n. 2007.08.05780-05/3.ª Turma-SCA); **B:** correta. *Vide* art. 48, § 2.º, do CED, enquadrando-se a tipificação da sanção no art. 36, inciso II, ou, até mesmo, no inciso XX do art. 34, ambos do Estatuto; **C:** incorreta. O advogado comete a infração tipificada no inciso XXII do art. 34 da Lei 8.906/1994; **D:** incorreta. Nesse caso, o advogado deve responder, tão só, pela infração tipificada no inciso XXIII do art. 34 da Lei 8.906/1994.

Gabarito "B".

(OAB/Exame Unificado – 2010.1) Mário, advogado regularmente inscrito na OAB, foi condenado pela prática de crime hediondo e, após a sentença penal transitada em julgado, respondeu a processo disciplinar, tendo sofrido, como consequência, penalidade de exclusão da Ordem. Considerando a situação hipotética apresentada e o Estatuto da Advocacia e da OAB, assinale a opção correta.

(A) Ainda que se reabilite criminalmente, Mário não poderá mais se inscrever na OAB, visto que não preenche o requisito de idoneidade moral.

(B) Serão considerados inexistentes os atos privativos de advogado praticados por Mário após a exclusão, dado

1. ÉTICA PROFISSIONAL · 95

o impedimento do exercício do mandato em razão da sanção disciplinar aplicada.

(C) A penalidade de exclusão somente poderia ter sido aplicada caso Mário tivesse recebido três suspensões.

(D) Supondo-se que o processo disciplinar tenha ficado paralisado por mais de três anos, aguardando o julgamento, a pretensão à punibilidade de Mário estaria prescrita e ele não poderia ser excluído da Ordem.

A: incorreta. Após um ano de bom comportamento, o advogado poderá requerer a reabilitação, que, nesse caso, depende também da reabilitação criminal (arts. 11, § 3º, e 41 do Estatuto); **B:** incorreta. São nulos os atos praticados (arts. 4º e 42 do Estatuto); **C:** incorreta. Independentemente da suspensão, com a condenação por crime infamante, o advogado já poderia ser excluído (art. 38, II, do Estatuto); **D:** correta. É o que estabelece o art. 43, § 1º, do Estatuto, tratando-se da chamada "prescrição intercorrente".
Gabarito "D".

(OAB/Exame Unificado – 2009.2) Antônio, advogado que nunca fora punido disciplinarmente, está respondendo, na OAB, a processo disciplinar sob a acusação de violação de sigilo profissional. Nessa situação hipotética, se for condenado, Antônio deverá ser punido com a pena de

(A) exclusão.

(B) suspensão.

(C) censura.

(D) multa.

De acordo com o art. 36, I, c/c art. 34, VII, da Lei 8.906/1994, Antonio deverá ser punido com a pena de censura.
Gabarito "C".

(OAB/Exame Unificado – 2009.2) Com relação a infrações cometidas por advogados e às sanções disciplinares a eles aplicadas, assinale a opção correta.

(A) O Tribunal de Ética e Disciplina não pode instaurar, de ofício, processo sobre ato considerado passível de configurar, em tese, infração a princípio ou a norma de ética profissional.

(B) É possível a instauração, perante o Tribunal de Ética e Disciplina, de processo disciplinar, mediante representação apócrifa, contra advogado.

(C) Não constitui infração disciplinar a recusa, sem justo motivo, do advogado a prestar assistência jurídica, quando nomeado por decisão judicial diante da impossibilidade da defensoria pública, visto que ninguém pode ser compelido a trabalhar sem remuneração.

(D) São consideradas condutas incompatíveis com a advocacia a prática reiterada de jogo de azar não autorizado por lei e a embriaguez habitual sem justo motivo.

A e B: incorretas, pois, nos termos do art. 72 da Lei 8.906/1994 e art. 55, § 2º, do Código de Ética, admite-se a instauração de processo disciplinar de ofício, não sendo admitida, em nenhuma hipótese, a instauração mediante denúncia anônima; **C:** incorreta, pois tal recusa constitui infração disciplinar (art. 34, XII, da Lei 8.906/1994); **D:** correta (art. 34, parágrafo único, *a*, da Lei 8.906/1994, muito embora a lei não mencione que a embriaguez habitual deva ocorrer sem "justo motivo". Qual seria um justo motivo para beber desbragadamente?).
Gabarito "D".

(OAB/Exame Unificado – 2009.1) Mário, advogado, foi contratado por Túlio para patrocinar sua defesa em uma ação trabalhista. O pagamento dos honorários advocatícios ocorreu na data da assinatura do contrato de prestação de serviços. No dia da audiência, Mário não compareceu nem justificou sua ausência e, desde então, recusa-se a atender e retornar as ligações de Túlio. Com relação a essa situação hipotética, assinale a opção correta.

(A) A conduta de Mário caracteriza infração disciplinar punível com suspensão, o que acarreta ao infrator a interdição do exercício profissional em todo o território nacional, pelo prazo de trinta dias a doze meses.

(B) A conduta de Mário caracteriza infração disciplinar de locupletamento à custa do cliente, cuja sanção legal é a suspensão até que a quantia seja devolvida ao cliente lesado.

(C) Mário, que descumpriu compromisso profissional, manteve conduta incompatível com a advocacia, desprestigiando toda a ordem de advogados, razão pela qual pode receber a sanção de advertência.

(D) Mário abandonou a causa trabalhista sem motivo justo, conduta que caracteriza infração disciplinar grave, iniciando-se o processo disciplinar, necessariamente, com a representação do juiz da causa, que deve certificar o abandono.

O advogado deverá ser suspenso do exercício da advocacia, nos termos do art. 37, I, c/c art. 34, XX, ambos do Estatuto. A suspensão, em regra, varia de trinta dias a doze meses, podendo, contudo, nas hipóteses do art. 34, XXI e XXIII, do Estatuto, perdurar até que o advogado quite sua dívida, que deverá ser corrigida monetariamente (art. 37, § 1º, da Lei 8.906/1994).
Gabarito "A".

(OAB/Exame Unificado – 2009.1) Acerca das infrações e sanções disciplinares, segundo o Estatuto da OAB, assinale a opção correta.

(A) A sanção disciplinar de suspensão não impede o exercício do mandato profissional, mas veda a participação nas eleições da OAB.

(B) O pedido de reabilitação de sanção disciplinar resultante da prática de crime independe da reabilitação criminal, visto que a instância administrativa independe da penal.

(C) A multa, variável entre o mínimo correspondente ao valor de uma anuidade e o máximo de seu décuplo, é aplicável cumulativamente com a censura ou suspensão, em caso de circunstâncias agravantes.

(D) A pretensão à punibilidade das infrações disciplinares prescreve em cinco anos, contados da data de ocorrência dos fatos.

A: incorreta (art. 37, § 1º, da Lei 8.906/1994 – a pena de suspensão impede o exercício da advocacia em todo o território nacional); **B:** incorreta, visto que o art. 41, parágrafo único, da Lei 8.906/1994, exige a prévia reabilitação criminal como condição para o deferimento da reabilitação perante a OAB, desde que a sanção disciplinar tenha decorrido da prática de crime; **C:** correta (art. 39 da Lei 8.906/1994 – a pena de multa é considerada acessória, visto que será aplicada cumulativamente com a censura ou suspensão, desde que existente circunstância agravante, tal como a reincidência); **D:** incorreta (art. 43 da Lei 8.906/1994 – a prescrição "geral" de cinco anos começa a fluir a partir da constatação oficial do fato pela OAB, e não a partir do cometimento ou da ocorrência da infração disciplinar).
Gabarito "C".

(OAB/Exame Unificado – 2008.3.SP) Assinale a opção correta relativamente ao Estatuto da Advocacia e da OAB.

(A) A aplicação da sanção disciplinar de exclusão a um advogado necessita da manifestação favorável de dois terços dos membros do conselho seccional competente.

(B) Os advogados aos quais forem aplicadas as sanções disciplinares de exclusão poderão exercer a advocacia em outros estados da Federação, desde que façam a inscrição suplementar e que obtenham autorização condicional do presidente do respectivo conselho seccional.

(C) A multa a um advogado é aplicável exclusivamente nos casos de sanções disciplinares mais graves, como a exclusão.

(D) Em nenhum caso de aplicação da sanção disciplinar de censura ocorrerá registro nos assentamentos do advogado inscrito na OAB.

A: correta (art. 38, parágrafo único, da Lei 8.906/1994 – a pena de exclusão, por ser a mais grave de todas, exige um quórum qualificado, diversamente das demais sanções disciplinares, que poderão ser impostas por maioria); **B:** incorreta (art. 42 da Lei 8.906/1994 – uma vez imposta a pena de exclusão, o advogado ficará impossibilitado de exercer a advocacia em todo o território nacional); **C:** incorreta (art. 39 da Lei 8.906/1994 – a multa será acessória à censura ou suspensão, desde que exista circunstância agravante); **D:** incorreta, nos termos do art. 35, parágrafo único, da Lei 8.906/1994 (repare que o registro no assentamento existirá; o que não acontecerá é a publicidade disso).
Gabarito "A".

(OAB/Exame Unificado – 2008.1) Um advogado regularmente inscrito na OAB percebeu que os conflitos existentes entre uma cliente que representa e o esposo dela devem-se à dificuldade deste em expressar a ela o seu afeto. Tendo profunda convicção religiosa quanto à indissolubilidade dos laços conjugais, o causídico resolveu, por livre e espontânea vontade, intervir no conflito do casal, convidando o esposo de sua cliente para tomar uma cerveja em sua companhia, ocasião em que estabeleceu entendimento, em relação à causa, com este, sem que sua cliente o tivesse autorizado a fazê-lo. Na situação acima descrita, a conduta do referido advogado

(A) constituiu infração disciplinar tão somente pelo fato de o advogado utilizar-se de meio impróprio – a ingestão de bebida alcoólica – para a obtenção do entendimento com a parte adversa.

(B) foi perfeitamente regular, pois fundamenta-se na utilização de métodos alternativos para a resolução de conflitos.

(C) não constituiu infração disciplinar, posto que o advogado agiu em defesa dos interesses de sua cliente.

(D) constituiu infração disciplinar, visto que o advogado estabeleceu entendimento com a parte adversa sem autorização de sua cliente.

De acordo com o art. 34, VIII, da Lei 8.906/1994, comete infração ético-disciplinar o advogado que, estabelecer entendimento com a parte adversa sem autorização do cliente ou ciência do advogado adverso. Ressalte-se que referida infração será punida com a pena de censura (art. 36, I, do Estatuto).
Gabarito "D".

(OAB/Exame Unificado – 2008.1) João, advogado, dotado de reconhecida inteligência e fluente oratória, ao substituir um colega de escritório acometido por mal súbito, teve apenas alguns minutos antes da audiência para tomar ciência do pleito. Lançando mão de informações colhidas no corredor do fórum acerca das preferências doutrinárias do juiz da causa, resolveu improvisar sua defesa, fantasiando sobre determinado manuscrito que teria sido elaborado por Hans Kelsen em seu leito de morte, em que este teria defendido tese inédita sobre a aplicabilidade da norma em questão, conseguindo, com isso, impressionar o referido magistrado e intimidar o adversário com a profundidade de seus conhecimentos jurídico-filosóficos. Na situação hipotética apresentada, de acordo com o Estatuto da Advocacia e da OAB, João

(A) não incorreu em infração disciplinar, visto que não deturpou o teor de nenhum dispositivo legal ou documento, tendo, apenas, inventado uma estória fantasiosa sobre Kelsen.

(B) incorreu em infração disciplinar, posto que o Estatuto da OAB proíbe o uso do argumento *pacta non sunt servanda*.

(C) incorreu em infração disciplinar, visto que deturpou o teor de citação doutrinária para confundir o adversário e (ou) iludir o juiz da causa.

(D) não incorreu em infração disciplinar, pois agiu amparado pelo princípio da ampla defesa.

Conforme dispõe o art. 34, XIV, da Lei 8.906/1994, incorre em infração ético-disciplinar o advogado que deturpar o teor de dispositivo de lei, de citação doutrinária ou de julgado, bem como de depoimentos, documentos e alegações da parte contrária, para confundir o adversário ou iludir o juiz da causa. Trata-se de infração que será punida com a pena de censura (art. 36, I, do Estatuto).
Gabarito "C".

(OAB/Exame Unificado – 2008.1) Considere que uma advogada regularmente inscrita na OAB e que tem como cliente uma vidente recolhida à prisão em função da prática reiterada do crime de estelionato, acreditando no dom premonitório de sua cliente, tenha solicitado e recebido desta considerável quantia em dinheiro para que pudesse apostar no jogo do bicho, cujo resultado havia sido supostamente antecipado pela vidente. Quanto à conduta da advogada em questão, assinale a opção correta.

(A) A advogada não incorreu em infração disciplinar, pois o jogo em questão consiste em contravenção que vem sendo historicamente tolerada pelas autoridades constituídas.

(B) Como o Estatuto da Advocacia e da OAB só prevê punição para o advogado que frequentar cassinos clandestinos, onde, além da prática da contravenção, há, com frequência, o concurso de crimes, tais como a exploração do lenocínio e o tráfico de drogas, a advogada não incorreu em infração disciplinar.

(C) A advogada incorreu em infração disciplinar, pois feriu dispositivo do Estatuto da Advocacia e da OAB, que proíbe ao advogado o recebimento de qualquer importância de seu constituído sem emitir recibo e informar à Seccional sobre o valor recebido.

(D) Por ter solicitado e recebido de sua cliente importância para aplicação ilícita ou desonesta, já que o chamado

1. ÉTICA PROFISSIONAL   97

jogo do bicho é uma contravenção penal, a advogada incorreu em infração disciplinar.

De acordo com o art. 34, XVIII, da Lei 8.906/1994, praticará infração ético-disciplinar o advogado que solicitar ou receber de constituinte qualquer importância para aplicação ilícita ou desonesta. Sendo o jogo do bicho uma contravenção penal, portanto, um ato ilícito, terá a advogada incorrido na infração referida, a qual será punida com a pena de suspensão (art. 37, I, do Estatuto).
Gabarito "D".

(OAB/Exame Unificado – 2008.1) Considere que um advogado que nunca tenha sido punido disciplinarmente seja processado pela OAB, sob a acusação de violação de sigilo profissional, e venha a ser condenado. Nessa situação, deve-se aplicar pena de

(A) censura.

(B) exclusão, com retenção de honorários.

(C) suspensão.

(D) multa progressiva.

De acordo com o art. 36, I, c/c art. 34, VII, ambos da Lei 8.906/1994, o advogado que violar o sigilo profissional (*vide* arts. 35 a 38 do CED) será punido com a pena de censura.
Gabarito "A".

(OAB/Exame Unificado – 2007.3) No que se refere ao exercício da atividade profissional do advogado, assinale a opção incorreta.

(A) O advogado sempre deve atuar com honestidade e boa-fé, sendo-lhe vedado expor fatos em juízo falseando deliberadamente a verdade.

(B) O advogado deve estimular a conciliação entre os litigantes, prevenindo, sempre que possível, a instauração de litígios.

(C) O advogado sempre deve informar o cliente dos eventuais riscos de sua pretensão e aconselhá-lo a não ingressar em aventura judicial.

(D) O advogado deve defender com zelo e dedicação os interesses de seu cliente, tendo o dever de recorrer de todas as decisões em que seus representados sejam sucumbentes.

A: correta, pois "é defeso ao advogado expor os fatos em Juízo ou na via administrativa falseando deliberadamente a verdade e utilizando de má-fé" (art. 6º do CED); **B:** correta, consoante disposição do art. 2º, parágrafo único, VI, do CED; **C:** correta, conforme preceitua o art. 9º do CED; **D:** incorreta, devendo ser assinalada (art. 11 do CED – o advogado, no exercício do mandato, atua como patrono da parte, cumprindo-lhe, por isso, imprimir à causa orientação que lhe pareça mais adequada, sem se subordinar a intenções contrárias do cliente, mas, antes, procurando esclarecê-lo quanto à estratégia traçada).
Gabarito "D".

(OAB/Exame Unificado – 2007.3.SP) Considere-se que determinado advogado tenha sido representado perante uma das turmas disciplinares por não ter prestado a um cliente seu contas de quantia recebida ao término da causa deste. Nessa situação, após o devido processo legal, o advogado poderá

(A) ser suspenso, indefinidamente, até que satisfaça, integralmente, a dívida, inclusive, com correção monetária.

(B) não ser punido, desde que alegue situação de penúria, devidamente comprovada nos autos.

(C) sofrer pena de censura, desde que restitua, de pronto, ao cliente a quantia indevidamente recebida.

(D) ser suspenso pelo prazo máximo de 12 meses, além de ter de quitar seu débito para com o cliente.

De acordo com o art. 37, § 2º, da Lei 8.906/1994, o advogado que deixar de prestar contas ao cliente de quantias recebidas dele ou de terceiros por conta dele deverá permanecer suspenso até que quite sua dívida integralmente, com correção monetária. Aqui, não será aplicado o prazo geral da suspensão, que varia de trinta dias a doze meses (art. 37, § 1º, do Estatuto).
Gabarito "A".

(OAB/Exame Unificado – 2007.3.PR) O advogado Paulo de Sousa é casado com conhecida e renomada psicóloga de Curitiba, que se dedica a terapia de casais em crise. Mensalmente, a referida psicóloga realiza sessões de análise em grupo em um hotel-fazenda da região. O advogado Paulo sempre participa de tais eventos, ministrando, ao final das sessões, palestras sobre questões relativas ao direito de família, para os casais que não obtiveram êxito na terapia, e se vale de tal oportunidade para distribuir cartões com o endereço de seu escritório. Considerando essa situação hipotética, é correto afirmar, à luz do Estatuto da OAB, que

(A) a conduta do advogado não configura infração disciplinar, pois angariar ou captar causas só é passível de censura ou advertência quando tais procedimentos são veiculados pela mídia.

(B) o advogado em questão incorreu na conduta típica prevista, no Estatuto da OAB, como instigação ao litígio, por isso deve ser excluído da Ordem.

(C) a conduta do advogado constitui infração disciplinar visto que objetiva angariar ou captar causas com ou sem a intervenção de terceiros.

(D) a conduta do advogado é totalmente adequada e conforme com o que dispõe o Estatuto, visto que as infrações por este arroladas não abarcam a captação de causas e, sim, a cooptação de clientes.

A conduta do advogado Paulo se subsume integralmente ao art. 34, IV, da Lei 8.906/1994, que considera infração ético-disciplinar a captação de clientela. Tal infração será punida com a pena de censura (art. 36, I, do Estatuto).
Gabarito "C".

(OAB/Exame Unificado – 2007.2) Em relação às infrações disciplinares aplicáveis aos advogados, assinale a opção correta de acordo com o Estatuto do Advogado.

(A) A violação ao Código de Ética e Disciplina do Advogado é punível com suspensão do exercício da advocacia por, no mínimo, 15 dias.

(B) A deturpação de transcrição de dispositivo de lei ou de citação doutrinária em petição é falta punível, em regra, com censura.

(C) A prescrição de aplicação de penalidade de censura ocorre em um ano, a partir da data da ciência do fato pela OAB.

(D) O exercício assíduo e proficiente de mandato na OAB é cláusula excludente de aplicação de penalidade.

A: incorreta (art. 37, § 1º, da Lei 8.906/1994 – a suspensão varia de trinta dias a doze meses, em regra). Ademais, a violação a preceito do

CED acarretará a aplicação da pena de censura (art. 36, II, do Estatuto da OAB); **B:** correta (art. 34, XIV, c/c art. 36, I, ambos da Lei 8.906/1994); **C:** incorreta (art. 43 da Lei 8.906/1994 – a prescrição "geral" verifica-se após o decurso de cinco anos, contados da constatação oficial do fato pela OAB); **D:** incorreta, pois se trata de atenuante e não excludente da penalidade, conforme consta do art. 40, III, da Lei 8.906/1994.

Gabarito "B".

(EXAME DE ORDEM) Constituem infração disciplinar: deturpar o teor de dispositivo de lei, de citação doutrinária ou de julgado, bem como de depoimentos, documentos e alegações da parte contrária, para confundir o adversário ou iludir o juiz da causa e recusar-se, injustificadamente, a prestar contas ao cliente de quantias recebidas dele ou de terceiros por conta dele. As penas correspondentes a tais atos, são, respectivamente:

(A) as de suspensão e censura.

(B) as de suspensão e exclusão.

(C) as de suspensão e multa.

(D) as de censura e suspensão.

A deturpação do teor de dispositivo de lei, de citação doutrinária ou de julgado, bem como de depoimentos, documentos e alegações da parte contrária, para confundir o adversário ou iludir o juiz da causa, é infração ética prevista no art. 34, XIV, do EAOAB, passível de aplicação da sanção disciplinar de censura (art. 36, I). Já na hipótese em que o advogado recusar-se, injustificadamente, a prestar contas ao cliente das quantias recebidas dele ou de terceiros por conta dele (art. 34, XXI), estaremos diante de infração ética ensejadora de aplicação de suspensão (art. 37, I).

Gabarito "D".

(EXAME DE ORDEM) Estagiário de Direito, admitido por Sociedade de Advogados, que pratica atos dolosos de ocultação de informações, troca de documentos, ocultação de andamento processual e outras situações de abuso na atividade está sujeito:

(A) apenas ao Código de Ética e Disciplina dos Advogados.

(B) ao Estatuto da Advocacia e da Ordem dos Advogados do Brasil, ao Código de Ética e Disciplina e demais regramentos da profissão de advogado, sem prejuízo de responder por eventuais danos civis e criminais pelos atos praticados.

(C) apenas às regras do Código Civil, pelos danos causados.

(D) aos regramentos contidos na legislação trabalhista.

O estagiário de advocacia, regularmente inscrito, pode praticar os atos privativos da advocacia, em conjunto com advogado e sob responsabilidade deste (§ 2.º do art. 3.º do Estatuto da Advocacia e da Ordem dos Advogados do Brasil). Ademais, o art. 34, XXIX, do mesmo diploma legal estabelece que constitui infração disciplinar do estagiário a prática de ato excedente de sua habilitação, sendo que, nesse caso, a penalidade cabível será a de censura, a qual poderá ser convertida em advertência, em ofício reservado, sem registro nos assentamentos do inscrito e quando estiver presente alguma circunstância atenuante (falta cometida na defesa da prerrogativa da função; ausência de punição disciplinar anterior; exercício assíduo e proficiente de mandato ou cargo em qualquer órgão da OAB; prestação de serviço relevante à advocacia ou à causa pública).

Gabarito "B".

(EXAME DE ORDEM) Para a aplicação da sanção disciplinar de exclusão ao advogado faltoso, é necessária a manifestação favorável de:

(A) dois terços dos membros do Conselho Seccional competente.

(B) da maioria dos membros do Conselho Seccional competente.

(C) dois terços dos membros do Tribunal de Ética e Disciplina competente.

(D) da maioria dos membros do Tribunal de Ética e Disciplina competente.

A sanção de exclusão é aplicada nos casos de: a) aplicação por três vezes de suspensão; b) fazer prova falsa de qualquer dos requisitos para a inscrição na OAB; c) tornar-se moralmente inidôneo para o exercício da advocacia; d) praticar crime infamante. Para a aplicação da sanção de exclusão é necessária a manifestação favorável de dois terços dos membros do Conselho Seccional competente (parágrafo único do art. 38 do Estatuto da Advocacia e da Ordem dos Advogados do Brasil).

Gabarito "A".

(EXAME DE ORDEM) O advogado que vier a ser declarado por sentença judicial insolvente e, consequentemente, impedido de administrar os seus bens e dele dispor:

(A) estará parcialmente impedido de exercer as atividades da advocacia.

(B) estará totalmente impedido de exercer as atividades da advocacia.

(C) poderá exercer normalmente as atividades da advocacia.

(D) fica incompatibilizado para o exercício da advocacia.

O Estatuto da Advocacia e da Ordem dos Advogados do Brasil, bem como o Código de Ética e Disciplina, não mencionam em nenhum dispositivo que a declaração judicial de insolvência do advogado seja uma falta disciplinar, uma vez que tal circunstância não está ligada ao exercício da advocacia, mas sim à realização de atividades da vida civil.

Gabarito "C".

(EXAME DE ORDEM) Denuncie a assertiva falsa, relativa às ações imputáveis ao advogado, capazes de acarretar-lhe a pena de suspensão.

(A) Prestar concurso a cliente ou a terceiro para a realização de ato contrário à lei.

(B) Recusar-se injustificadamente a dar contas ao cliente de quantias recebidas dele.

(C) Solicitar de constituinte qualquer importância para aplicação desonesta.

(D) Prejudicar, por culpa grave, interesse confiado ao seu patrocínio.

A sanção disciplinar de suspensão vem disciplinada no art. 37 do EAOAB, sendo cabível quando se verificar qualquer das infrações constantes dos incisos XVII a XXV do art. 34 do referido diploma, bem como no caso de reincidência em infração disciplinar. Prejudicar, por culpa grave, interesse confiado ao seu patrocínio é conduta ensejadora de censura (arts. 34, IX, e 36, I, ambos do EAOAB). As demais alternativas trazem hipóteses que determinam, efetivamente, a aplicação da pena de suspensão.

Gabarito "D".

(EXAME DE ORDEM) Por cometimento de crime infamante, em território sob a jurisdição da Subsecção de Sorocaba, onde se encontrava inscrito, o advogado Tertuliano sofre a pena de exclusão prevista no EAOAB. Desejando postular pedido de revisão da sanção, dirigir-se-á

(A) ao Pleno do Conselho Federal.

1. ÉTICA PROFISSIONAL | **99**

(B) à segunda Câmara do Conselho Federal.

(C) ao Conselho Seccional.

(D) ao Tribunal de Ética e Disciplina com competência *ratione loci.*

Das decisões, por infrações disciplinares, prolatadas pelo TED, competente para o pedido de revisão da sanção será o Conselho Seccional, conforme o art. 58, III, do EAOAB, dispositivo este que prevê ser referido órgão o competente para julgar, em grau de recurso, as questões decididas por seu Presidente, por sua diretoria, pelo Tribunal de Ética e Disciplina, pelas diretorias das Subseções e da Caixa de Assistência dos Advogados.
Gabarito "C".

(EXAME DE ORDEM) O processo disciplinar é instaurado:

(A) no ato da representação.

(B) após a realização das provas.

(C) após a oitiva do representado em defesa prévia.

(D) quando do despacho que determina que o representado seja ouvido em defesa prévia.

Em que pese o fato de a OAB ter indicado a alternativa "C" como a correta, entendemos que na verdade a resposta deve ser a alternativa "A", para tanto nos reportamos ao art. 72 do Estatuto da Advocacia e da Ordem dos Advogados do Brasil, segundo o qual o processo disciplinar instaura-se de ofício ou mediante representação de qualquer autoridade ou pessoa interessada. Nesses mesmos termos é o art. 55 do Código de Ética e Disciplina da OAB.
Gabarito "A".

(EXAME DE ORDEM) Além das partes interessadas, é legitimado para interpor recurso ao Conselho Federal, contra decisão proferida em processo disciplinar:

(A) o relator que teve seu voto vencido.

(B) o Presidente do Conselho Seccional.

(C) o Presidente do Conselho Federal.

(D) o Presidente do Tribunal de Ética e Disciplina.

Cabe recurso ao Conselho Federal de todas as decisões definitivas proferidas pelo Conselho Seccional, quando não tenham sido unânimes, ou, sendo unânimes, contrariem o Estatuto da Advocacia e da Ordem dos Advogados do Brasil, decisão do Conselho Federal ou de outro Conselho Seccional e, ainda, o Regulamento Geral, o Código de Ética e Disciplina e os Provimentos. Ressalte-se que, além dos interessados, o Presidente do Conselho Seccional é legitimado a interpor recurso dessas decisões (art. 75, parágrafo único, do Estatuto da Advocacia e da Ordem dos Advogados do Brasil).
Gabarito "B".

(EXAME DE ORDEM) O crime infamante, que justifica a exclusão do advogado do quadro de inscritos na OAB, será assim considerado:

(A) em virtude da gravidade da condenação penal.

(B) quando se tratar de crimes contra a vida.

(C) quando se tratar de crimes hediondos legalmente tipificados.

(D) quando acarreta para o seu autor a desonra, a indignidade e a má fama.

O art. 34, XXVIII, do Estatuto da Advocacia e da Ordem dos Advogados do Brasil estabelece que constitui infração disciplinar punida com a exclusão do advogado, a prática de crime infamante, sendo que a definição de crime infamante é dada pela doutrina, que assim considera os crimes que acarretam a desonra, a indignidade e a má fama do seu autor.
Gabarito "D".

(EXAME DE ORDEM) Após ter transitado em julgado decisão proferida em processo disciplinar que aplicou ao advogado uma pena de suspensão por 30 dias, prorrogável enquanto não fizesse uma prestação de contas, que até então não lograra demonstrar que tinha sido feita, acaba ele, entretanto, recuperando o documento que comprova que tal prestação se deu efetivamente e que antes não era disponível por se encontrar no interior de um veículo de sua propriedade, que havia sido furtado. Deverá, então o advogado, com o objetivo de solucionar a pendência, recorrer:

(A) ao órgão recursal superior, pedindo a anulação da decisão transitada em julgado.

(B) ao órgão julgador, pedindo a revisão da decisão, apontando erro no julgamento, agora esclarecido com o documento que finalmente veio para os autos do processo disciplinar.

(C) ao órgão recursal superior, pedindo a reforma da decisão.

(D) ao Presidente do Conselho Seccional, pedindo urgente providência no sentido de cancelar a pena de suspensão.

Em que pese o fato de a OAB ter apontado como correta a alternativa "B", entendemos que o problema não possui solução, uma vez que a decisão do Tribunal de Ética e Disciplina já transitou em julgado, razão pela qual não comporta recurso.
Gabarito "B".

(EXAME DE ORDEM) A aplicação da pena de suspensão ao advogado que comete infração disciplinar ocorre

(A) apenas se for reincidente em infração que deu causa à aplicação da pena de censura.

(B) pelo prazo nunca superior a 6 meses.

(C) pelo prazo nunca inferior a 30 dias.

(D) sempre cumulativamente com a pena pecuniária.

A suspensão, sanção disciplinar prevista no art. 37 do EAOAB, será imposta pelo prazo de 30 dias a 12 meses (§ 1.º). A reincidência em infração disciplinar (qualquer uma que seja, e não apenas aquelas passíveis de censura) é motivo para a suspensão do advogado. A multa, variável entre o mínimo correspondente ao valor de uma anuidade e o máximo de seu décuplo, é aplicável cumulativamente com a censura ou suspensão somente se houver circunstâncias agravantes (arts. 39 e 40 do EAOAB).
Gabarito "C".

(EXAME DE ORDEM) Aplicam-se subsidiariamente ao processo disciplinar:

(A) as regras da legislação processual civil.

(B) as regras da legislação processual penal comum.

(C) as regras gerais do procedimento administrativo.

(D) todas as regras acima relacionadas.

Nos termos do art. 68 do EAOAB, aplicam-se subsidiariamente ao processo disciplinar as regras da legislação processual comum. Quanto aos demais processos, aí sim são aplicáveis as regras gerais do procedimento administrativo e da legislação processual civil, nessa ordem.
Gabarito "B".

(EXAME DE ORDEM) A exclusão do advogado do quadro de inscritos da OAB

(A) é deliberada pelo Conselho Seccional, por manifestação de 2/3 de seus membros.

(B) é deliberada pelo Conselho Seccional, por manifestação da maioria de seus membros.

(C) é deliberada pelo Tribunal de Ética.

(D) é deliberada pelo Conselho Federal.

A exclusão, espécie de sanção disciplinar, será aplicada mediante manifestação favorável de dois terços dos membros do Conselho Seccional competente. Essa é a regra prevista no art. 38, parágrafo único, do EAOAB.

Gabarito "A".

(EXAME DE ORDEM) A reabilitação do advogado que tenha sofrido sanção disciplinar

(A) poderá ser requerida de imediato ao cumprimento da pena de suspensão.

(B) somente poderá ser requerida quando se tratar de pena de censura.

(C) poderá ser requerida 3 anos após o cumprimento da sanção disciplinar.

(D) poderá ser requerida 1 ano após o cumprimento da sanção disciplinar.

É permitido ao advogado que tenha sofrido sanção disciplinar requerer, após um ano de seu cumprimento, a reabilitação, em face de provas efetivas de bom comportamento. Contudo, se a sanção disciplinar resultar da prática de crime, o pedido de reabilitação depende também da correspondente reabilitação criminal (art. 41, *caput* e parágrafo único, do EAOAB).

Gabarito "D".

(EXAME DE ORDEM) A suspensão preventiva do advogado é da competência exclusiva do:

(A) Tribunal de Ética.

(B) Presidente do Tribunal de Ética.

(C) Conselho Seccional.

(D) Presidente do Conselho Seccional.

O poder de punir disciplinarmente os inscritos na OAB compete exclusivamente ao Conselho Seccional em cuja base territorial tenha ocorrido a infração, cabendo ao Tribunal de Ética e Disciplina julgar os processos disciplinares. Tais processos instauram-se de ofício ou mediante representação de qualquer autoridade ou pessoa interessada, sendo que deverão tramitar em sigilo, até o seu término, só tendo acesso às suas informações as partes, seus defensores e a autoridade judiciária competente (art. 72, § 2.º, do Estatuto da Advocacia e da Ordem dos Advogados do Brasil). O Tribunal de Ética e Disciplina do Conselho onde o acusado tenha inscrição principal pode suspendê-lo preventivamente, em caso de repercussão prejudicial à dignidade da advocacia, depois de ouvi-lo em sessão especial para a qual deve ser notificado a comparecer (art. 70, § 3.º, do mesmo diploma legal).

Gabarito "A".

(EXAME DE ORDEM) Serão processados, com efeito suspensivo, os recursos interpostos em processos disciplinares contra as decisões proferidas pelo Tribunal de Ética:

(A) inclusive quando se tratar de cancelamento de inscrição obtida com falsa prova.

(B) inclusive quando se tratar de suspensão preventiva.

(C) que apliquem a pena de censura ou de suspensão.

(D) desde que aplicada apenas a pena de censura.

Cabe recurso ao Conselho Federal de todas as decisões definitivas proferidas pelo Conselho Seccional, quando não tenham sido unânimes, ou, sendo unânimes, contrariem o Estatuto da Advocacia e da Ordem dos Advogados do Brasil, decisão do Conselho Federal ou de outro Conselho Seccional e, ainda, o Regulamento Geral, o Código de Ética e Disciplina e os Provimentos. Ressalte-se que, além dos interessados, o Presidente do Conselho Seccional é legitimado a interpor recurso dessas decisões (parágrafo único do art. 75 do Estatuto da Advocacia e da Ordem dos Advogados do Brasil). Todos os recursos têm efeito suspensivo, exceto quando tratarem de eleições, de suspensão preventiva decidida pelo Tribunal de Ética e Disciplina e de cancelamento da inscrição obtida com falsa prova (art. 77 do Estatuto da Advocacia e da Ordem dos Advogados do Brasil).

Gabarito "C".

(EXAME DE ORDEM) A aplicação da pena de suspensão preventiva:

(A) não pode exceder o prazo de 90 dias.

(B) perdura até o julgamento do processo disciplinar, qualquer que seja o prazo decorrido.

(C) será feita sem a oitiva do advogado, que poderá recorrer ao Conselho Seccional para revogá-la.

(D) ocorre apenas quando o advogado se associa à atividade criminosa.

O poder de punir disciplinarmente os inscritos na OAB compete exclusivamente ao Conselho Seccional em cuja base territorial tenha ocorrido a infração, cabendo ao Tribunal de Ética e Disciplina julgar os processos disciplinares. Tais processos instauram-se de ofício ou mediante representação de qualquer autoridade ou pessoa interessada, sendo que deverão tramitar em sigilo, até o seu término, só tendo acesso às suas informações as partes, seus defensores e a autoridade judiciária competente (art. 72, § 2.º, do Estatuto da Advocacia e da Ordem dos Advogados do Brasil). O Tribunal de Ética e Disciplina do Conselho onde o acusado tenha inscrição principal pode suspendê-lo preventivamente, em caso de repercussão prejudicial à dignidade da advocacia, depois de ouvi-lo em sessão especial para a qual deve ser notificado a comparecer. Neste caso, o processo disciplinar deve ser concluído no prazo máximo de 90 dias (art. 70, § 3.º, do mesmo diploma legal).

Gabarito "A".

(EXAME DE ORDEM) O Advogado será excluído do quadro de inscritos da OAB:

(A) automaticamente, após a aplicação de três suspensões.

(B) se deixar de pagar três anuidades consecutivas.

(C) pela manifestação favorável de 2/3 (dois terços) dos membros do Conselho Seccional competente.

(D) por deliberação do Conselho Federal.

Exclusão é a sanção disciplinar pela qual o advogado fica impedido de exercer a advocacia. Nos termos do art. 38, parágrafo único, do EAOAB, para a aplicação da exclusão é necessária a manifestação favorável de dois terços dos membros do Conselho Seccional competente. Trata-se de cláusula de garantia ao advogado, visto que referida sanção lhe será de extrema gravidade.

Gabarito "C".

(EXAME DE ORDEM) Aplica-se a censura ao advogado que

(A) reteve autos por prazo superior àquele deferido pelo Juiz.

(B) deixar de pagar a anuidade devida à OAB.

(C) deixar de prestar contas ao cliente.

(D) violar, sem justa causa, sigilo profissional.

O advogado que violar, sem justa causa, sigilo profissional, comete a infração disciplinar prevista no art. 34, VII, do EAOAB, sofrendo como consequência a censura (art. 36, I). Aquele que deixar de pagar anuidade

1. ÉTICA PROFISSIONAL

101

devida à OAB (art. 34, XXIII), retiver autos abusivamente (art. 34, XXII) e deixar de prestar contas, injustificadamente, ao cliente (art. 34, XXI) poderá sofrer pena de suspensão (art. 37, EAOAB).
Gabarito "D".

(EXAME DE ORDEM) Aplicam-se subsidiariamente ao processo disciplinar as regras

(A) da legislação processual penal comum.

(B) da legislação processual civil.

(C) gerais do procedimento administrativo comum.

(D) da legislação processual penal comum apenas para a hipótese de reabilitação.

Salvo disposição em contrário, aplicam-se subsidiariamente ao processo disciplinar as regras da legislação processual penal comum e, aos demais processos, as regras gerais do procedimento administrativo comum e da legislação processual civil, nessa ordem (art. 68 do EAOAB).
Gabarito "A".

(EXAME DE ORDEM) A captação de clientela

(A) constitui prática que tipifica infração disciplinar punida com suspensão.

(B) constitui prática que tipifica infração disciplinar punida com censura.

(C) justifica a aplicação da suspensão preventiva do advogado que a promove.

(D) constitui prática que tipifica infração disciplinar punida com exclusão.

A inculca, ou captação de clientela, é infração disciplinar prevista no art. 34, IV, do EAOAB, punível com censura (art. 36, I).
Gabarito "B".

(EXAME DE ORDEM) Os prazos de manifestação em processo disciplinar são

(A) os mesmos estabelecidos no processo penal.

(B) os mesmos estabelecidos no processo civil.

(C) os mesmos estabelecidos no procedimento administrativo comum.

(D) de 15 (quinze) dias, inclusive para a interposição de recurso.

Segundo o art. 69 do EAOAB, todos os prazos necessários à manifestação de advogados, estagiários e terceiros, nos processos em geral da OAB, são de quinze dias, inclusive para a interposição de recursos.
Gabarito "D".

(EXAME DE ORDEM) O decreto da revelia no processo disciplinar

(A) implica o imediato julgamento.

(B) impede a manifestação da parte representada.

(C) implica a nomeação de defensor dativo, que atuará na defesa da parte representada.

(D) dispensa a intimação da parte representada para os atos do processo.

A revelia, ao contrário do que se poderia pensar, não gera os efeitos da confissão ficta. Se o advogado representado não for encontrado, uma vez instaurado processo disciplinar contra ele, ou for revel, o Presidente do Conselho ou da Subseção deve designar-lhe defensor dativo. Isso porque ao representado deve ser assegurado o amplo direito de defesa (art. 73, §§ 1.º e 4.º, do EAOAB).
Gabarito "C".

(EXAME DE ORDEM) A revisão do processo disciplinar

(A) será admitida em caso de erro de julgamento.

(B) é modalidade de recurso, cujo conhecimento e julgamento competem ao Conselho Federal.

(C) não será admitida após transitar em julgado a decisão prolatada.

(D) compete ao órgão julgador, para corrigir ponto contraditório de decisão por ele proferida.

Quando houver erro no julgamento do processo disciplinar, ou condenação baseada em falsa prova, será admitida a revisão (art. 73, § 5.º, do EAOAB). Trata-se de regra salutar, análoga à revisão criminal do processo penal findo.
Gabarito "A".

(EXAME DE ORDEM) A suspensão preventiva do advogado é aplicada

(A) apenas quando referendada pelo Conselho Seccional.

(B) pelo prazo de conclusão do processo disciplinar.

(C) pelo prazo máximo de 90 (noventa) dias, quando o processo disciplinar deverá estar concluído.

(D) apenas após a condenação em processo disciplinar e enquanto estiver pendente recurso para o órgão superior.

O art. 70, § 3.º, do EAOAB (Estatuto da OAB – Lei 8.906/1994) permite ao TED (Tribunal de Ética e Disciplina) do local onde o advogado (acusado) tenha inscrição principal suspendê-lo preventivamente (trata-se de verdadeira medida cautelar) diante da gravidade da infração (em caso de repercussão prejudicial à dignidade da advocacia). É certo que o acusado deverá ser ouvido previamente, em sessão especial para a qual deverá ser notificado. Caso seja decretada a suspensão preventiva, o processo disciplinar deverá ser concluído no prazo máximo de 90 (noventa) dias.
Gabarito "C".

(EXAME DE ORDEM) A pena pecuniária aplicada ao advogado infrator

(A) é repassada para o cliente que o representou.

(B) é recolhida em favor do Conselho Federal.

(C) é recolhida em favor do Conselho Seccional.

(D) constitui receita da Caixa de Assistência dos Advogados.

A multa (pena pecuniária) aplicada ao advogado infrator consiste no pagamento de importâncias que variam desde o valor de uma anuidade até o máximo de seu décuplo (art. 39 do EAOAB). Será aplicada de forma cumulativa com as sanções disciplinares de censura ou suspensão, em havendo circunstâncias agravantes. Conforme prevê o art. 58 do EAOAB, compete privativamente ao Conselho Seccional fixar, alterar e receber contribuições obrigatórias, preços de serviços e multas (inc. IX).
Gabarito "C".

(EXAME DE ORDEM) O processo disciplinar é instaurado perante o Conselho Seccional

(A) em cuja base territorial esteja inscrito o advogado apontado como infrator.

(B) em cuja base territorial tenha ocorrido a infração.

(C) em cuja base territorial resida o reclamante.

(D) da base territorial eleita pelo reclamante, quando o local da infração for diverso do local da inscrição do advogado apontado como infrator.

Nos termos do art. 70 do EAOAB (Lei 8.906/1994), o poder de punir disciplinarmente os inscritos na OAB compete exclusivamente ao

Conselho Seccional em cuja base territorial tenha ocorrido a infração, salvo se a falta for cometida perante o Conselho Federal. O julgamento do processo disciplinar far-se-á junto ao respectivo Tribunal de Ética e Disciplina (TED).

Gabarito "B".

(EXAME DE ORDEM) O termo inicial do prazo prescricional para o processo disciplinar é a data da

(A) ocorrência do fato apontado como infrator.

(B) constatação oficial do fato, assim considerado o momento em que é apresentada a reclamação ao Tribunal de Ética e Disciplina.

(C) constatação oficial do fato, assim considerado o momento em que se dá a instauração do processo disciplinar.

(D) intimação do advogado para apresentar defesa preliminar em relação à reclamação contra ele apresentada.

A prescrição, enquanto causa extintiva do direito de punir, por parte da OAB, um advogado que tenha praticado uma infração disciplinar, opera-se no prazo de cinco anos, contados da data da constatação oficial do ato, nos termos do art. 43 do EAOAB. Desta feita, o termo inicial da prescrição para o processo disciplinar não é a data do fato infracional, mas sim a data em que a OAB, por intermédio de um TED (Tribunal de Ética e Disciplina) ou Conselho Seccional, tomar conhecimento da infração.

Gabarito "C".

(EXAME DE ORDEM) Assinale a afirmativa INCORRETA:

(A) A instauração do processo disciplinar está subordinada ao juízo de admissibilidade.

(B) A instauração do processo disciplinar pode se dar de ofício ou mediante representação do interessado.

(C) A instauração do processo disciplinar pode se dar mediante representação dos interessados, admitido o anonimato da autoria.

(D) A representação contra Presidente do Conselho Seccional é processada e julgada pelo Conselho Federal.

O art. 55 do Código de Ética é expresso ao afirmar que o processo disciplinar instaura-se de ofício ou mediante representação do interessado, *que não pode ser anônima (§2º)*, razão pela qual a alternativa "C" está incorreta.

Gabarito "C".

(EXAME DE ORDEM) O processo disciplinar

(A) não pode ser instaurado em razão de denúncia anônima.

(B) será obrigatoriamente instaurado, em razão de denúncia anônima, desde que acompanhado da prova dos fatos alegados.

(C) será obrigatoriamente instaurado, em razão de denúncia anônima, desde que se trate de infração disciplinar apenável com suspensão.

(D) será obrigatoriamente instaurado, em razão de denúncia anônima, desde que se trate de infração disciplinar apenável com exclusão.

A apuração de faltas disciplinares praticadas por advogados é de competência da OAB. Qualquer pessoa ou autoridade poderá oferecer representação, ou seja, comunicar à OAB a prática de uma infração disciplinar por um advogado (art. 72 do EAOAB – Estatuto da OAB – Lei 8.906/1994). Assim, a própria lei exige que uma autoridade ou pessoa

formule a representação, a fim de que seja instaurado o processo disciplinar. Não se admite, pois, a "denúncia anônima", ou denúncia apócrifa, nos termos do que se depreende do art. 55, *§2º*, do Código de Ética e Disciplina (CED).

Gabarito "A".

(EXAME DE ORDEM) O pedido de reabilitação:

(A) não é permitido.

(B) é permitido ao advogado que tenha sofrido censura ou advertência, que venha a requerer 1 ano após o seu cumprimento, fazendo a prova efetiva de bom comportamento.

(C) é permitido ao advogado que tenha sofrido qualquer sanção disciplinar, que venha a requerer 3 anos após o seu cumprimento, fazendo a prova efetiva de bom comportamento.

(D) é permitido ao advogado que tenha sofrido qualquer sanção disciplinar, que venha a requerer 1 ano após o seu cumprimento, fazendo prova efetiva de bom comportamento.

Nos exatos termos do art. 41 do Estatuto da OAB, é permitido ao advogado que tenha sofrido qualquer sanção disciplinar requerer, um ano após seu cumprimento, a reabilitação, em face de provas efetivas de bom comportamento.

Gabarito "D".

(EXAME DE ORDEM) Assinale a afirmativa incorreta.

(A) É permitida a revisão do processo disciplinar, perante o próprio órgão julgador, por erro de julgamento ou por condenação baseada em falsa prova.

(B) É designado defensor dativo ao advogado que é declarado revel em processo disciplinar.

(C) O processo disciplinar tramita em sigilo, só tendo acesso às suas informações as partes, seus defensores e a autoridade judiciária competente.

(D) É de 30 dias o prazo para interposição de recurso nos processos disciplinares.

O processo disciplinar, que poderá ensejar punição ao advogado faltoso pelo Conselho Seccional em cuja base territorial tenha ocorrido a infração (art. 70 do EAOAB), será julgado pelo Tribunal de Ética e Disciplina (TED). Será cabível recurso contra a decisão do TED no prazo de 15 (quinze) dias, contados do primeiro dia útil seguinte, seja da publicação da decisão na imprensa oficial, seja da data do recebimento da notificação, nos termos do art. 139 do Regulamento Geral da Ordem dos Advogados do Brasil e do art. 69 do EAOAB. Portanto, incorreta (e é isso que a questão quer saber do candidato!) a alternativa "D". As demais alternativas estão corretas: a) nos termos do § 5.º do art. 73 do EAOAB, será permitida a revisão do processo disciplinar quando houver erro de julgamento ou condenação fundada em falsa prova; b) o § 4.º do art. 73 do EAOAB assegura ao advogado revel a nomeação de um defensor dativo pelo Presidente do Conselho ou da Subseção; c) o § 2.º do art. 72 do EAOAB prevê a regra de que o processo disciplinar tramita em sigilo, até o seu término, somente tendo acesso às informações nele contidas as partes, seus defensores e a autoridade judiciária competente.

Gabarito "D".

(EXAME DE ORDEM) A representação para se dar início a um processo disciplinar poderá ser feita pelo:

(A) interessado, que não precisará se identificar.

(B) interessado, obrigatoriamente assistido por advogado.

1. ÉTICA PROFISSIONAL   103

(C) próprio interessado, bastando que a apresente por escrito, ou seja, tomada por termo.

(D) interessado, que será assistido por advogado dativo quando não tiver constituído advogado.

O poder de punir disciplinarmente os inscritos na OAB compete exclusivamente ao Conselho Seccional em cuja base territorial tenha ocorrido a infração, cabendo ao Tribunal de Ética e Disciplina julgar os processos disciplinares. Tais processos instauram-se de ofício ou mediante representação de qualquer autoridade ou pessoa interessada, sendo que deverão tramitar em sigilo, até o seu término, só tendo acesso às suas informações as partes, seus defensores e a autoridade judiciária competente (art. 72, § 2.º, do EAOAB).

Gabarito "C".

(EXAME DE ORDEM) Após regularmente intimado, e não apresentando o advogado a defesa prévia,

(A) será considerado revel e será designado defensor dativo.

(B) não será considerado revel e será designado defensor dativo.

(C) será considerado revel e imediatamente julgado o processo disciplinar.

(D) será considerado revel e julgado o processo disciplinar apenas após a ratificação da representação.

Ao advogado que figurar no polo passivo de um processo disciplinar, se devidamente intimado deixar de apresentar defesa prévia, será considerado *revel*, sendo-lhe nomeado *defensor dativo*, ao qual será incumbida sua defesa (art. 73, § 4.º, do EAOAB – Lei 8.906/1994). Verifica-se que o legislador quis garantir ao advogado que supostamente praticou infração ético-disciplinar o amplo direito de defesa, do contraditório e do devido processo legal (§ 1.º do art. 73 do EAOAB), não devendo prosseguir o processo disciplinar em razão da revelia sem defesa técnica.

Gabarito "A".

(EXAME DE ORDEM) Todos os recursos contra decisões proferidas em processos disciplinares

(A) têm efeito suspensivo, exceto quando tratarem de suspensão preventiva decretada pelo Tribunal de Ética e de cancelamento da inscrição obtida com falsa prova.

(B) não têm efeito suspensivo, exceto quando tratarem de suspensão definitiva para o exercício da profissão.

(C) têm efeito suspensivo, exceto quando tratarem de aplicação de censura.

(D) têm efeito suspensivo, sem exceção.

Em regra, no âmbito do processo disciplinar, os recursos terão efeito suspensivo, exceto quando tratarem de *eleições, suspensão preventiva decidida pelo Tribunal de Ética e Disciplina* (TED) e de *cancelamento de inscrição obtida com falsa prova* (art. 77 do EAOAB – Lei 8.906/1994). Vê-se, portanto, a regra geral da *suspensividade dos efeitos da decisão proferida nos processos disciplinares se interposto recurso*, excetuados apenas as três situações acima mencionadas.

Gabarito "A".

(EXAME DE ORDEM) A retenção de autos enseja a aplicação de

(A) pena de censura.

(B) pena de suspensão, desde que fique demonstrado que foi abusiva.

(C) multa pecuniária.

(D) pena de suspensão, independentemente de qualquer circunstância.

Constitui infração disciplinar *reter, abusivamente,* ou extraviar *autos recebidos com vista ou em confiança* (art. 34, XXII, do EAOAB – Lei 8.906/1994). Instaurado processo disciplinar contra o advogado faltoso, será ele punido com pena de suspensão, nos termos do art. 37, I, do EAOAB. A multa pecuniária não é penalidade aplicada isoladamente como sanção decorrente de um processo disciplinar, mas sim cumulativamente com as penas de censura ou suspensão, e desde que presentes circunstâncias agravantes (art. 39 do EAOAB). Deve o candidato atentar para a redação da alternativa "D". É verdade que a retenção de autos enseja a aplicação da pena de suspensão, mas não independentemente de qualquer circunstância, e sim se tiver sido *abusiva*.

Gabarito "B".

(EXAME DE ORDEM) O advogado que é condenado em processo disciplinar, em razão da falta de prestação de contas para seu cliente:

(A) será suspenso pelo prazo mínimo de trinta dias a doze meses, pena que será revogada antes de fluir integralmente tal prazo, se comprovar a satisfação integral da dívida, inclusive com a correção monetária.

(B) será suspenso pelo prazo mínimo de trinta dias a doze meses, sem qualquer prorrogação.

(C) será suspenso pelo prazo mínimo de trinta dias a doze meses, período durante o qual deverá satisfazer da dívida, sob pena de exclusão.

(D) será suspenso pelo prazo mínimo de trinta dias a doze meses, perdurando até a satisfação integral da dívida, inclusive com a correção monetária.

A sanção disciplinar de suspensão vem disciplinada no art. 37 do EAOAB, sendo cabível quando se verificar qualquer das infrações constantes dos incisos XVII a XXV do art. 34 do referido diploma, bem como no caso de reincidência em infração disciplinar. Recusar-se, injustificadamente, a prestar contas ao cliente de quantias recebidas dele ou de terceiros por conta dele, constitui infração disciplinar punível com suspensão de trinta dias a doze meses, sendo que na hipótese do problema, a suspensão perdurará até que o advogado satisfaça integralmente a dívida, inclusive com correção monetária (§ 2.º do art. 37 da Lei 8.906/1994).

Gabarito "D".

(EXAME DE ORDEM) O Tribunal de Ética e Disciplina do Conselho Seccional, em que o advogado acusado tenha a inscrição principal, pode

(A) em defesa da advocacia, face enorme repercussão frente à opinião pública, julgá-lo sumariamente.

(B) suspender de imediato o advogado acusado em casos de grande repercussão, nomeando-se defensor dativo para defendê-lo, se necessário.

(C) em casos de grande repercussão perante a opinião pública, uma vez formalizada a acusação, retirar-lhe preventivamente a identificação profissional, enquanto não julgado definitivamente.

(D) em caso de repercussão prejudicial à dignidade da advocacia, depois de ouvi-lo em sessão especial, suspendê-lo preventivamente, devendo o processo disciplinar ser concluído no prazo máximo de noventa dias.

Conforme enuncia o art. 70, § 3.º, do EAOAB (Estatuto da Advocacia e da Ordem dos Advogados do Brasil), o TED (Tribunal de Ética e Disciplina) do Conselho onde o acusado (advogado infrator) tenha inscrição principal pode suspendê-lo preventivamente, em caso de repercussão prejudicial à dignidade da advocacia, "depois de ouvi-lo em sessão especial para a qual deve ser notificado a comparecer" (daí estarem erradas as alternativas "A", "B" e "C"). De ver-se que a medida "cautelar" decidida pelo TED independerá da prévia oitiva do acusado se não atender à notificação que lhe for expedida, sob pena de ser suspenso preventivamente *inaudita altera parte*. Uma vez suspenso, considerando o gravame ao profissional, que ficará impossibilitado de exercer a advocacia, o dispositivo legal inicialmente citado prevê que o processo disciplinar deve ser concluído no prazo máximo de 90 (noventa) dias.

Gabarito "D".

(EXAME DE ORDEM) Considere-se que determinado advogado tenha sido representado perante uma das turmas disciplinares por não ter prestado a um cliente seu contas de quantia recebida ao término da causa deste. Nessa situação, após o devido processo legal, o advogado poderá

(A) ser suspenso, indefinidamente, até que satisfaça, integralmente, a dívida, inclusive, com correção monetária.

(B) não ser punido, desde que alegue situação de penúria, devidamente comprovada nos autos.

(C) sofrer pena de censura, desde que restitua, de pronto, ao cliente a quantia indevidamente recebida.

(D) ser suspenso pelo prazo máximo de 12 meses, além de ter de quitar seu débito para com o cliente.

Ao advogado que se recusar, injustificadamente, a prestar contas ao cliente de quantias recebidas dele ou de terceiros por conta dele, aplicar-se-á, após regular processo disciplinar, a penalidade de suspensão, nos termos do art. 34, XXI, c/c art. 37, I e § 2.º, do Estatuto da Advocacia (EAOAB). Em regra, tal penalidade varia de 30 dias a 12 meses, conforme o art. 37, § 1.º, do EAOAB. Contudo, nos casos de recusa de prestação de contas ao cliente (art. 34, inc. XXI) e inadimplência referente a contribuições, multas e preços devidos à OAB (art. 34, inc. XXIII), o prazo de suspensão pode superar 12 meses, já que o término da penalidade dependerá da satisfação da dívida do advogado com o cliente ou OAB, inclusive com correção monetária (art. 37, § 2.º, do EAOAB). Portanto, poderá ser suspenso indefinidamente, já que dependerá de conduta sua a cessação da suspensão.

Gabarito "A".

(EXAME DE ORDEM) Justus cometeu infração disciplinar em 20 de junho de 2002, mas a comunicação oficial do fato ao Tribunal de Ética e Disciplina somente se deu em maio de 2003.

A pretensão à punibilidade das infrações disciplinares prescreve em

(A) três anos, contados da data da constatação oficial do fato.

(B) três anos, contados da data do fato.

(C) cinco anos, contados da data do fato.

(D) cinco anos, contados da data da constatação oficial do fato.

As infrações disciplinares, em boa parte previstas no art. 34 do Estatuto da OAB (EAOAB), devem ser apuradas e ensejar a punição do advogado ou estagiário faltoso em um lapso temporal razoável, a saber: a) cinco anos, contados da constatação oficial do fato (prescrição "comum"); b) três anos, se já instaurado o processo disciplinar e este ficar paralisado por mais de três anos, pendente de despacho ou de julgamento (prescrição intercorrente). De ver-se, pois, que existem dois prazos prescricionais distintos, sendo que o primeiro (de cinco anos) verifica-se da data da constatação oficial do fato (infração disciplinar) pela OAB até a instauração do processo disciplinar ou notificação válida feita

ao representado (causa interruptiva da prescrição – art. 43, § 2.º, I, do EAOAB), e o segundo lapso pode iniciar a partir da instauração do processo disciplinar ou da notificação ao representado, reconhecendo-a em caso de desídia da OAB em encerrar a análise do feito.

Gabarito "D".

10. ESTRUTURA E ORGANIZAÇÃO DA OAB E ELEIÇÕES

(OAB/Exame XXXVII) A advogada Maria integra a Comissão de Defesa do Consumidor de certa Seccional da OAB, promovendo debates e a qualificação profissional de colegas sobre temas específicos de Direito do Consumidor.

Sobre a atuação de Maria, enquanto integrar a comissão, assinale a afirmativa correta.

(A) Maria poderá firmar contrato gratuito de prestação de serviços com entidades da OAB.

(B) Maria é impedida de adquirir bens móveis fungíveis de entidades da OAB.

(C) Maria poderá alienar bens móveis infungíveis para entidades da OAB.

(D) Maria poderá adquirir bens imóveis de entidades da OAB.

A: Correta. Duas abordagens são importantes de serem feitas. A primeira, relaciona-se à vedação expressa do art. 32, CED, que estabelece que o advogado, enquanto exercer cargos ou funções em órgãos da OAB ou representar a classe junto à qualquer instituições, órgãos ou comissões, públicos ou privados, não poderá firmar contrato oneroso de prestação de serviço. Assim, não estão incluídas nestas vedações contratos não onerosos (gratuitos), como é o caso do enunciado. Por outro lado, o art. 109, RGOAB, dispõe que o Conselho Seccional poderá dividir-se em órgão deliberativos e instituir comissões especializadas para melhor desempenho de suas atividades. No § 1º do dispositivo mencionado, consta que os órgãos do conselho poderão receber a colaboração gratuita de advogados não conselheiros. Tal colaboração configurará função relevante em benefício da advocacia. **B:** Incorreta. A vedação, constante da parte final do art. 32, CED, é no sentido de vedar a aquisição de bens móveis ou imóveis infungíveis de qualquer órgão da OAB. Assim, a aquisição de bens móveis fungíveis, não possui impedimento; **C:** Incorreta. A alienação de bens móveis infungíveis encontra vedação expressa na parte final do art. 32, CED; **D:** Incorreta. Somente seria correta a assertiva se houvesse menção expressa de que tais imóveis seriam fungíveis. SC

Gabarito "A".

(OAB/Exame XXXVI) O Conselho Seccional X da OAB encontra-se em dificuldades financeiras. Assim, o Conselho Seccional Y pretende socorrê-lo, a fim de preservar a atuação daquele nas defesas dos direitos e prerrogativas dos advogados, por meio da transferência de certos valores em dinheiro e bens móveis, como computadores e impressoras.

Diante do caso hipotético narrado, assinale a afirmativa correta.

(A) É vedada a transferência dos bens móveis e dos recursos em dinheiro do Conselho Seccional Y para o Conselho Seccional X.

(B) A transferência dos bens móveis e dos recursos em dinheiro é permitida mediante autorização do Conselho Federal da OAB.

(C) A transferência dos bens móveis e dos recursos em dinheiro é permitida mediante aprovação por ambos os Conselhos Seccionais.

1. ÉTICA PROFISSIONAL

(D) A transferência dos bens móveis é permitida mediante autorização do Conselho Federal da OAB, e a dos recursos em dinheiro, vedada.

De acordo com o art. 56, § 5°, do Regulamento Geral (RGOAB), qualquer transferência de bens ou recursos de um Conselho Seccional a outro depende de autorização do Conselho Federal. Assim, temos as seguintes observações acerca das alternativas. **A:** incorreta, pois não há proibição de transferência de bens e recursos entre Conselhos Seccionais, dependendo, porém, de autorização do CFOAB; **B:** correta, nos exatos termos do art. 56, § 5°, do RGOAB; **C:** incorreta, pois a autorização para a transferência de bens e recursos entre Conselhos Seccionais, como visto, deve emanar do CFOAB; **D:** incorreta, pois não há vedação de transferência de dinheiro entre Conselhos Seccionais.
Gabarito "B".

(OAB/Exame XXXV) O advogado Cauã Silva foi presidente de certo Conselho Seccional da OAB, tendo seu mandato se encerrado há mais de uma década. Desde então, embora tenha permanecido como aguerrido defensor das prerrogativas e dos direitos dos advogados, Cauã não mais concorreu a nenhum cargo na OAB.

Considerando a situação hipotética narrada, assinale a afirmativa correta.

(A) Cauã, quando cessado seu mandato, deixou de integrar o Conselho Seccional da OAB.

(B) Cauã permanece como membro honorário do Conselho Seccional da OAB, mas não tem direito de voto ou de voz nas sessões.

(C) Cauã é ainda membro honorário do Conselho Seccional da OAB e o será de forma vitalícia, tendo, contudo, apenas direito de voz nas sessões.

(D) Cauã permanece como membro honorário do Conselho Seccional da OAB, a quem são conferidos os direitos a voz e voto nas sessões do Conselho.

Nos termos do art. 56, § 1°, do EAOAB, são membros honorários vitalícios os ex-presidentes dos Conselhos Seccionais, somente com direito a voz em suas sessões. Assim, vejamos as alternativas. **A:** incorreta, pois Cauã prossegue sendo membro do Conselho Seccional do qual foi ex-presidente, na condição de membro honorário vitalício; **B** e **D:** incorretas, pois os ex-presidentes dos Conselhos Seccionais, embora membros honorários vitalícios, somente terão direito a voz nas sessões de referidos órgãos, mas, não, direito a voto; **C:** correta, nos exatos termos do art. 56, § 1°, do EAOAB.
Gabarito "C".

(OAB/Exame Unificado – 2020.1) Os advogados Diego, Willian e Pablo, todos em situação regular perante a OAB, desejam candidatar-se ao cargo de conselheiro de um Conselho Seccional da OAB.

Diego é advogado há dois anos e um dia, sendo sócio de uma sociedade simples de prestação de serviços de advocacia e nunca foi condenado por infração disciplinar.

Willian, por sua vez, exerce a advocacia há exatos quatro anos e constituiu sociedade unipessoal de advocacia, por meio da qual advoga atualmente. Willian já foi condenado pela prática de infração disciplinar, tendo obtido reabilitação um ano e três meses após o cumprimento da sanção imposta.

Já Pablo é advogado há cinco anos e um dia e nunca respondeu por prática de qualquer infração disciplinar. Atualmente, Pablo exerce certo cargo em comissão,

exonerável *ad nutum*, cumprindo atividades exclusivas da advocacia.

Considerando as informações acima e o disposto na Lei 8.906/94, assinale a afirmativa correta.

(A) Apenas Diego e Willian cumprem os requisitos para serem eleitos para o cargo pretendido.

(B) Apenas Willian cumpre os requisitos para ser eleito para o cargo pretendido.

(C) Apenas Diego e Pablo cumprem os requisitos para serem eleitos para o cargo pretendido.

(D) Apenas Pablo cumpre os requisitos para ser eleito para o cargo pretendido.

Nos termos do art. 63, § 2°, do EAOAB, com a nova redação que lhe foi dada pela Lei 13.875/2019, para concorrer às eleições aos cargos nos órgãos da OAB, o candidato deve comprovar situação regular perante a entidade, não ocupar cargo exonerável **ad nutum**, não ter sido condenado por infração disciplinar, salvo reabilitação, e exercer efetivamente a profissão há mais de 3 (três) anos, nas eleições para os cargos de Conselheiro Seccional e das Subseções, quando houver, e há mais de 5 (cinco) anos, nas eleições para os demais cargos. Os advogados Pablo, Willian e Diego pretendem se candidatar ao cargo de conselheiro de um Conselho Seccional da OAB, razão por que devem preencher todos os requisitos citados, com destaque para o tempo de efetivo exercício da advocacia, que deve ser superior a 3 (três) anos, vale dizer, três anos e um dia. De plano, já vemos que Diego não preenche referido requisito. Com relação a Willian, preenche o requisito de tempo de efetivo exercício da advocacia. Embora apresente condenação por infração disciplinar, já se reabilitou, o que satisfaz a condição subjetiva prevista no art. 63, § 2°, do EAOAB. Já Pablo, embora exerça a profissão há mais de cinco anos, tempo suficiente para sua candidatura ao cargo de conselheiro de Conselho Seccional, exerce cargo exonerável **ad nutum**, o que é proibido (trata-se de condição de elegibilidade não preenchida por ele). Portanto, apenas Willian cumpre os requisitos para ser eleito para o cargo pretendido, estando correta a alternativa "B".
Gabarito "B".

(OAB/Exame Unificado – 2020.1) O advogado João era conselheiro de certo Conselho Seccional da OAB. Todavia, por problemas pessoais, João decidiu renunciar ao mandato. Considerando o caso narrado, assinale a afirmativa correta.

(A) Compete ao plenário do Conselho Seccional respectivo declarar extinto o mandato, sendo exigido que previamente ouça João no prazo de dez dias, após notificação deste mediante ofício com aviso de recebimento.

(B) Compete à Diretoria do Conselho Seccional respectivo declarar extinto o mandato, independentemente de exigência de prévia notificação para oitiva de João.

(C) Compete ao plenário do Conselho Seccional respectivo declarar extinto o mandato, sendo exigido que previamente ouça João no prazo de quinze dias, após notificação pessoal deste.

(D) Compete à Segunda Câmara do Conselho Federal da OAB declarar extinto o mandato, independentemente de exigência de prévia notificação para oitiva de João.

Nos termos do art. 54, § 1°, do RGOAB (Regulamento Geral do Estatuto da OAB), a Diretoria do Conselhos Federal e Seccionais, da Subseção ou da Caixa de Assistência, antes de declarar extinto o mandato, salvo no caso de morte ou renúncia, ouvirá o interessado no prazo de 15 (quinze) dias, notificando-o mediante ofício com aviso de recebimento. Considerando que João, conselheiro de determinado Conselho Seccional da OAB, decidiu renunciar ao mandato, caberá à Diretoria de referido Conselho declarar extinto o mandato, não sendo o caso de prévia oitiva do advogado. Correta, portanto, a alternativa "B", estando as demais em descompasso com referido dispositivo regulamentar.

Gabarito "B".

(OAB/Exame Unificado – 2019.3) Beatriz, advogada regularmente inscrita na OAB, deseja organizar uma chapa para concorrer à diretoria de Subseção. Ao estudar os pressupostos para a formação da chapa, a realização das eleições e o futuro exercício do cargo, Beatriz concluiu corretamente que

(A) a chapa deverá ser integrada por advogados em situação regular junto à OAB, que exerçam cargos em comissão, desde que atuem, efetivamente, na profissão há mais de cinco anos.

(B) a eleição será realizada na segunda quinzena do mês de novembro, do último ano do mandato, sendo o comparecimento obrigatório para todos os advogados inscritos na OAB.

(C) o mandato é de três anos, iniciando-se em primeiro de fevereiro do ano seguinte ao da eleição.

(D) o mandato extingue-se automaticamente, antes do seu término, sempre que o titular faltar, sem motivo justificado, a mais de três reuniões ordinárias.

A: incorreta. Para disputar as eleições aos cargos de Subseção, devem os candidatos satisfazer os requisitos previstos no art. 63, § 2º, do EAOAB, com a redação que lhe foi dada pela Lei 13.875/2019, ou seja, comprovar situação regular perante a OAB, não ocupar cargo exonerável **ad nutum**, não ter sido condenado por infração disciplinar, salvo reabilitação, e exercer efetivamente a profissão há mais de 3 (três) anos, nas eleições para os cargos de Conselheiro Seccional e das Subseções, quando houver, e há mais de 5 (cinco) anos, nas eleições para os demais cargos; **B:** correta. Prevê o art. 63, *caput*, e § 1º, do EAOAB, que a eleição dos membros de todos os órgãos da OAB será realizada na segunda quinzena do mês de novembro, do último ano do mandato, mediante cédula única e votação direta dos advogados regularmente inscritos. A eleição, na forma e segundo os critérios e procedimentos estabelecidos no regulamento geral, é de comparecimento obrigatório para todos os advogados inscritos na OAB; **C:** incorreta. O mandato é, de fato, de três anos, iniciando-se, porém, em primeiro de janeiro do ano seguinte ao da eleição, salvo o Conselho Federal (art. 65, *caput*, EAOAB); **D:** incorreta. De acordo com o art. 66 do EAOAB, extingue-se automaticamente o mandato, antes de seu término, se o titular faltar, sem motivo justificado, a três reuniões ordinárias consecutivas (e não a mais de três reuniões, como consta na alternativa!) de cada órgão deliberativo do conselho ou da diretoria da Subseção ou da Caixa de Assistência dos Advogados, não podendo ser reconduzido no mesmo período de mandato.

Gabarito "B".

(OAB/Exame Unificado – 2019.2) Os sócios de certa sociedade de advogados divergiram intensamente quanto à solução de questões relativas a conduta disciplinar, relação com clientes e honorários. Em razão disso, passaram a pesquisar quais as atribuições do Tribunal de Ética e Disciplina, do Conselho Seccional da OAB respectivo, que poderiam ajudar a solver suas dificuldades.

Considerando o caso narrado, bem como os limites de competência do Tribunal de Ética e Disciplina do Conselho Seccional, previstos no Código de Ética e Disciplina da OAB, assinale a afirmativa correta.

(A) Não compete ao Tribunal de Ética e Disciplina responder a consultas realizadas em tese por provocação dos advogados, atuando apenas diante de situações concretas.

(B) Compete ao Tribunal de Ética e Disciplina atuar como um conciliador em pendências concretas relativas à partilha de honorários entre advogados contratados conjuntamente.

(C) Não compete ao Tribunal de Ética e Disciplina ministrar cursos destinados a solver dúvidas usuais dos advogados no que se refere à conduta ética que deles é esperada.

(D) Compete ao Tribunal de Ética e Disciplina coordenar as ações do Conselho Seccional respectivo e dos demais Conselhos Seccionais, com o objetivo de reduzir a ocorrência das infrações disciplinares mais frequentes.

A: incorreta, pois o art. 71, II, do CED, dispõe ser competência dos Tribunais de Ética e Disciplina responder a consultas formuladas, em tese, sobre matéria ético-disciplinar. Ou seja, o TED responde a consultas hipotéticas, e não sobre casos concretos; **B:** correta. De fato, compete ao TED atuar como órgão mediador ou conciliador nas questões que envolvam, dentre outros casos, partilha de honorários contratados em conjunto ou decorrentes de substabelecimento, bem como os que resultem de sucumbência, nas mesmas hipóteses (art. 71, VI, "b", do CED); **C:** incorreta, pois o art. 71, V, do CED, dispõe competir ao TED organizar, promover e ministrar cursos, palestras, seminários e outros eventos da mesma natureza acerca da ética profissional do advogado ou estabelecer parcerias com as Escolas de Advocacia, com o mesmo objetivo; **D:** incorreta. Não se trata de competência do TED coordenar as ações do Conselho Federal e dos demais Conselhos Seccionais voltadas para o objetivo de reduzir a ocorrência das infrações disciplinares mais frequentes, mas, sim, à Corregedoria-Geral do Processo Disciplinar (art. 72, § 3º, do CED).

Gabarito "B".

(OAB/Exame Unificado – 2019.1) Em certo Estado da Federação X, há notícias fundadas acerca de irregularidades na Caixa de Assistência dos Advogados, em razão de malversação de receitas, gerando hipótese de intervenção.

Considerando a situação hipotética, assinale a afirmativa correta.

(A) Quanto à receita destinada à Caixa de Assistência dos Advogados, cabe-lhe metade da receita das anuidades recebidas pelo Conselho Seccional. Diante da notícia de malversação dos valores, a intervenção na Caixa de Assistência dos advogados é atribuição do Conselho Seccional do estado X.

(B) Quanto à receita destinada à Caixa de Assistência dos Advogados, não lhe podem ser destinados valores decorrentes das anuidades recebidas pelo Conselho Seccional, mas apenas contribuições específicas. Diante da notícia de malversação dos valores, a intervenção na Caixa de Assistência dos advogados é atribuição do Conselho Federal da OAB.

(C) Quanto à receita destinada à Caixa de Assistência dos Advogados, cabe-lhe metade da receita das anuidades recebidas pelo Conselho Seccional. Diante da notícia de malversação dos valores, a intervenção na Caixa de Assistência dos advogados é atribuição do Conselho Federal da OAB.

(D) Quanto à receita destinada à Caixa de Assistência dos Advogados, não lhe podem ser destinados valores decorrentes das anuidades recebidas pelo Conselho

1. ÉTICA PROFISSIONAL — 107

Seccional, mas apenas contribuições específicas. Diante da notícia de malversação dos valores, a intervenção na Caixa de Assistência dos advogados é atribuição do Conselho Seccional do estado X.

O art. 57 do Regulamento Geral do Estatuto da OAB (RGOAB) prevê que cabe à Caixa de Assistência dos Advogados metade da receita das anuidades, considerado o valor resultante após as deduções obrigatórias tratadas no art. 56 do mesmo diploma normativo. Já o art. 58 do Estatuto da OAB, tratando das competências do Conselho Seccional, prevê em seu inciso IV, competir-lhe fiscalizar a aplicação da receita das Subseções e Caixas de Assistência, motivo por que poderá intervir, parcial ou totalmente, em referidos órgãos da OAB quando constatar grave violação ao Estatuto da OAB, ao Regulamento Geral e ao seu Regimento Interno (art. 105, III, do RGOAB). A banca examinadora considerou como correta a alternativa "A", que, em nosso sentir, contém impropriedade técnica ao afirmar caber às Caixas de Assistência a metade da receita das anuidades recebidas pelo Conselho Seccional. Na verdade, como previsto no art. 57 do RGOAB, às Caixas de Assistência dos Advogados cabe metade da receita líquida das anuidades, eis que o repasse pelo Conselho Seccional de referido percentual ocorrerá após as deduções obrigatórias contidas no art. 56 do mesmo diploma. E este artigo determina o repasse de 60% das receitas brutas das anuidades a diversos órgãos nele referidos. Em outras palavras, caberá às Caixas de Assistência dos Advogados apenas 20% da receita obtida com as anuidades, ou seja, metade do valor líquido das anuidades, eis que, após as deduções obrigatórios de 60%, restarão apenas 40%, cabendo a metade às Caixas. Incorreta, tecnicamente, a alternativa "A", nada obstante tenha sido mantido o gabarito pela FGV. As demais alternativas estão incorretas, notadamente por afirmarem que a intervenção das Caixas de Assistência dos Advogados seria competência do Conselho Federal (alternativas "B" e "C"), bem como que não caberia àquele órgão o recebimento de valores decorrentes das anuidades recebidas pelo Conselho Seccional (alternativas "B" e "D").
Gabarito "A".

(OAB/Exame Unificado – 2019.1) Em certo local, pretende-se a aquisição de um imóvel pelo Conselho Seccional respectivo da OAB, para funcionar como centro de apoio em informática aos advogados inscritos. Também se negocia a constituição de hipoteca sobre outro bem imóvel que já integra o patrimônio deste Conselho Seccional.

De acordo com o caso narrado, com fulcro no disposto no Regulamento Geral do Estatuto da Advocacia e da OAB, assinale a afirmativa correta.

(A) A aquisição do imóvel dependerá de autorização da maioria dos membros efetivos do Conselho Seccional; já a constituição da hipoteca é decisão que compete à Diretoria do Conselho Seccional.

(B) Tanto a aquisição do imóvel como a constituição da hipoteca dependerão de autorização da maioria dos membros efetivos do Conselho Seccional.

(C) Tanto a aquisição do imóvel como a constituição da hipoteca são decisões que competem à Diretoria do Conselho Seccional, dispensada autorização dos membros efetivos do Conselho Seccional.

(D) A aquisição do imóvel é decisão que compete à Diretoria do Conselho Seccional; já a constituição da hipoteca dependerá de autorização da maioria dos membros efetivos do Conselho Seccional.

Nos termos do art. 48, *caput*, e parágrafo único, do Regulamento Geral do Estatuto da OAB, a alienação ou oneração de bens imóveis depende de aprovação do Conselho Federal ou do Conselho Seccional, competindo à Diretoria do órgão decidir pela aquisição de qualquer

bem e dispor sobre os bens móveis. A alienação ou oneração de bens imóveis depende de autorização da maioria das delegações, no Conselho Federal, e da maioria dos membros efetivos, no Conselho Seccional. Assim, alienações (ex.: venda, locação, comodato etc.) e onerações (constituição de qualquer gravame ao bem, como hipoteca, penhor etc.) de bens imóveis dependem de autorização da maioria dos membros efetivos nos Conselhos Seccionais (art. 48, parágrafo único, do RGOAB). Já a aquisição (ex.: compra) de bens imóveis compete diretamente à Diretoria do Conselho Seccional, não se fazendo a exigência de que tal assunto seja analisados pelos membros efetivos de referido órgão. Correta, portanto, a alternativa "D".
Gabarito "D".

(OAB/Exame Unificado – 2018.2) O Conselho Seccional X pretende criar a subseção Z, que abrange três municípios. Estima-se que, na área territorial pretendida para a subseção Z, haveria cerca de cinquenta advogados profissionalmente domiciliados. O mesmo Conselho Seccional também pretende criar as subseções W e Y, de modo que W abrangeria a região norte e Y abrangeria a região sul de um mesmo município.

Considerando o caso narrado, de acordo com o Estatuto da Advocacia e da OAB, assinale a afirmativa correta.

(A) Não é autorizada, pelo Estatuto da Advocacia e da OAB, a criação da subseção Z com a área territorial pretendida. Quanto às subseções W e Y, poderão ser criadas se contarem, cada qual, com um número mínimo de cem advogados nela profissionalmente domiciliados.

(B) Não é autorizada, pelo Estatuto da Advocacia e da OAB, a criação da subseção Z, em razão da área territorial pretendida. Quanto às subseções W e Y, poderão ser criadas se contarem, cada qual, com um número mínimo de quinze advogados nela profissionalmente domiciliados.

(C) A criação da subseção Z, com a área territorial pretendida, é autorizada pelo Estatuto da Advocacia e da OAB. Da mesma forma, as subseções W e Y poderão ser criadas se contarem, cada qual, com um número mínimo de quinze advogados nelas profissionalmente domiciliados.

(D) A criação da subseção Z, com a área territorial pretendida, é autorizada pelo Estatuto da Advocacia e da OAB. Já a criação das subseções W e Y, em razão da área territorial pretendida, não é autorizada pelo Estatuto da Advocacia e da OAB, independentemente do número de advogados nela profissionalmente domiciliados.

Nos termos do art. 60, *caput*, e § 1º, do EAOAB, a Subseção pode ser criada pelo Conselho Seccional, que fixa sua área territorial e seus limites de competência e autonomia. A área territorial da Subseção pode abranger um ou mais municípios, ou parte de município, inclusive da capital do Estado, contando com um mínimo de 15 (quinze) advogados, nela profissionalmente domiciliados. Assim, passamos aos comentários de cada alternativa. **A:** incorreta, pois o Conselho Seccional poderá criar subseção com abrangência territorial correspondente a mais de um município. Além disso, para a criação da subseção, necessária que conte com, pelo menos, 15 (quinze) advogados nela profissionalmente domiciliados. Portanto, poderiam ser criadas duas subseções em um mesmo município, desde que respeitado o limite numérico trazido pelo art. 60 do EAOAB; **B:** incorreta, pois se admite a criação de subseção que abranja o território de um único município, ou parte de um município ou mais de um município; **C:** correta, nos exatos termos do art. 60, *caput* e § 1º, do EAOAB; **D:** incorreta, pois seria possível a criação das subseções W e Y, embora no território de um mesmo município, sendo necessário, porém, que em cada uma delas houvesse, pelo menos, quinze advogados profissionalmente domiciliados.

Gabarito "C".

(OAB/Exame Unificado – 2018.1) Em determinada sessão do Conselho Seccional da OAB do Estado da Bahia, compareceram Arthur, Presidente do Conselho Federal da OAB; Daniel, Conselheiro Federal da OAB, integrante da delegação da Bahia, e Carlos, ex-Presidente do Conselho Seccional da OAB do Estado da Bahia.

De acordo com o Estatuto da OAB, para as deliberações nessa sessão,

(A) Arthur tem direito a voz e voto. Daniel e Carlos têm direito somente a voz.

(B) Daniel tem direito a voz e voto. Arthur e Carlos têm direito somente a voz.

(C) Daniel e Carlos têm direito a voz e voto. Arthur tem direito somente a voz.

(D) Arthur, Daniel e Carlos têm direito somente a voz.

Para uma fácil compreensão do candidato acerca da participação de integrantes dos órgãos da OAB em sessões e deliberações, raciocine-se da seguinte maneira: terão direto a voto os membros do órgão em que se estiver realizando a sessão. Portanto, por exemplo, nas sessões dos Conselhos Seccionais, terão direto a voto, obviamente, os Conselheiros Seccionais. Demais participantes terão direito a voz, ou seja, poderão se manifestar, mas não decidir (direito a voto) o que estiver sendo deliberado/discutido. O art. 56, § 3º, do EAOAB, nessa mesma linha de raciocínio, dispõe que quando presentes às sessões do Conselho Seccional, o Presidente do Conselho Federal, os Conselheiros Federais integrantes da respectiva delegação, o Presidente da Caixa de Assistência dos Advogados e os Presidentes das Subseções têm direito a voz. Nesse sentido, analisemos as alternativas. **A:** incorreta. Arthur, na condição de Presidente do Conselho Federal da OAB, terá apenas direto a voz nas sessões dos Conselhos Seccionais, conforme se extrai do art. 56, § 3º, do EAOAB. O mesmo se pode dizer com relação a Daniel, Conselheiro Federal integrante da delegação da OAB/BA e Carlos, ex-presidente da OAB/BA. Registre-se que os ex-presidentes dos Conselhos Seccionais são considerados membros honorários vitalícios, somente com direito à voz (art. 56, § 1º, do EAOAB); **B:** incorreta, pois Daniel, Conselheiro Federal, terá somente direito a voz nas sessões do Conselho Seccional que representar (art. 56, § 3º, do EAOAB). Arthur terá, também, somente direito a voz, na condição de Presidente do Conselho Federal, bem como Carlos, ex-presidente do Conselho Seccional da Bahia, somente com direito a voz, por se tratar de membro honorário vitalício (art. 56, §§ 1º e 3º, EAOAB); **C:** incorreta. Arthur, Daniel e Carlos terão somente direito a voz, conforme art. 56, §§ 1º e 3º, EAOAB; **D:** correta, conforme já assinalado nas alternativas anteriores.

Gabarito "D".

(OAB/Exame Unificado – 2017.3) O Conselho Seccional Y da OAB, entendendo pela inconstitucionalidade de certa norma em face da Constituição da República, subscreve indicação de ajuizamento de ação direta de inconstitucionalidade, endereçando-a ao Conselho Federal da OAB.

Considerando o caso apresentado, de acordo com o Regulamento Geral do Estatuto da Advocacia e da OAB, assinale a afirmativa correta.

(A) A mencionada indicação de ajuizamento de ação direta de inconstitucionalidade submete-se a obrigatório juízo prévio de admissibilidade realizado pela Diretoria do Conselho Federal para aferição da relevância da defesa dos princípios e das normas constitucionais. Caso seja admitida, o relator, designado pelo Presidente, independentemente da decisão da Diretoria, pode levantar preliminar de inadmissibilidade perante o Conselho Pleno, quando não encontrar norma ou princípio constitucionais violados pelo ato normativo. Após, se aprovado o ajuizamento da ação, esta será proposta pelo Presidente do Conselho Federal.

(B) A mencionada indicação de ajuizamento de ação direta de inconstitucionalidade submete-se a obrigatório juízo prévio de admissibilidade realizado pela Segunda Câmara do Conselho Federal para aferição da relevância da defesa dos princípios e das normas constitucionais. Caso seja admitida, o relator designado pelo Presidente, independentemente da decisão da Segunda Câmara, pode levantar preliminar de inadmissibilidade perante o Conselho Pleno, quando não encontrar norma ou princípio constitucionais violados pelo ato normativo. Após, se aprovado o ajuizamento da ação, esta será proposta pelo Presidente do Conselho Federal.

(C) A mencionada indicação de ajuizamento de ação direta de inconstitucionalidade não se sujeita a juízo prévio obrigatório de admissibilidade, seja pela Diretoria ou qualquer Câmara do Conselho Federal. Porém, o relator, designado pelo Presidente, pode levantar preliminar de inadmissibilidade perante o Conselho Pleno, quando não encontrar norma ou princípio constitucionais violados pelo ato normativo. Após, se aprovado o ajuizamento da ação, esta será proposta pelo Presidente do Conselho Federal.

(D) A mencionada indicação de ajuizamento de ação direta de inconstitucionalidade não se sujeita a juízo prévio obrigatório de admissibilidade seja pela Diretoria ou qualquer Câmara do Conselho Federal. Porém, o relator designado pelo Presidente, pode levantar preliminar de inadmissibilidade perante o Conselho Pleno, quando não encontrar norma ou princípio constitucionais violados pelo ato normativo. Após, se aprovado o ajuizamento da ação, esta será proposta pelo relator designado.

Nos termos do art. 82, *caput*, do RGOAB, as indicações de ajuizamento de ação direta de inconstitucionalidade submetem-se ao *juízo prévio de admissibilidade* da Diretoria para aferição da relevância da defesa dos princípios e normas constitucionais. Se admitida a indicação, o relator, designado pelo Presidente, independentemente da decisão da Diretoria, pode levantar preliminar de inadmissibilidade perante o Conselho Pleno, quando não encontrar norma ou princípio constitucional violados pelo ato normativo (art. 82, I, do RGOAB). Se aprovado o ajuizamento da ação, esta será proposta pelo Presidente do Conselho Federal (art. 82, II, do RGOAB). Portanto, a alternativa "C" é a única que está em consonância com o Regulamento Geral.

Gabarito "C".

(OAB/Exame Unificado – 2017.1) Em determinada subseção da OAB, constatou-se grave violação à disciplina prevista na Lei nº 8.906/94, no que diz respeito ao exercício de suas atribuições de representar a OAB perante os poderes constituídos e de fazer valer as prerrogativas do advogado. Considerando a situação hipotética narrada, assinale a afirmativa correta.

(A) Compete ao Conselho Federal da OAB intervir na aludida subseção mediante voto de dois terços de seus membros.

(B) Compete ao Conselho Federal da OAB intervir na aludida subseção mediante decisão por maioria do Órgão Especial do Conselho Pleno.

(C) Compete ao Conselho Seccional respectivo da OAB intervir na aludida subseção mediante decisão unânime de sua diretoria.

(D) Compete ao Conselho Seccional respectivo da OAB intervir na aludida subseção mediante voto de dois terços de seus membros.

A e B: incorretas. O Conselho Federal não tem competência para intervir diretamente nas subseções, mas, sim, nos Conselhos Seccionais (art. 54, VII, do EAOAB); **C:** incorreta, pois a intervenção do Conselho Seccional nas subseções exige deliberação não de sua diretoria, mas, sim, de seus membros, cujo quórum será de, pelo menos, dois terços (art. 60, § 6º, do EAOAB); **D:** correta. Nos termos do art. 60, § 6º, do Estatuto da OAB (EAOAB), o Conselho Seccional, mediante o voto de dois terços de seus membros, pode intervir nas Subseções, onde constatar grave violação desta lei ou do regimento interno daquele.

Gabarito "D".

(OAB/Exame Unificado – 2017.1) O Conselho Seccional X da OAB criou dez subseções e uma Caixa de Assistência dos Advogados. Dentre as subseções, inclui-se a Subseção Y, cuja área territorial abrange um município. Considerando a hipótese narrada, analise as afirmativas a seguir e assinale a única correta.

(A) O Conselho Seccional X é dotado de personalidade jurídica própria; já a Caixa de Assistência dos Advogados e a Subseção Y não possuem personalidade jurídica própria, caracterizando-se como partes autônomas do Conselho Seccional X.

(B) O Conselho Seccional X e a Caixa de Assistência dos Advogados são dotados de personalidade jurídica própria; já a Subseção Y não possui personalidade jurídica própria, caracterizando-se como parte autônoma do Conselho Seccional X.

(C) O Conselho Seccional X, a Caixa de Assistência dos Advogados e a Subseção Y não possuem personalidade jurídica própria. Trata-se de órgãos da Ordem dos Advogados do Brasil (OAB), a qual é dotada de personalidade jurídica.

(D) O Conselho Seccional X, a Caixa de Assistência dos Advogados e a Subseção Y possuem, cada qual, personalidade jurídica própria.

Dos quatro órgãos que compõem a OAB (Conselho Federal, Conselhos Seccionais, Subseções e Caixas de Assistência dos Advogados), três deles têm personalidade jurídica própria, excetuadas, apenas, as Subseções. Confira-se o quanto dispõe o art. 45, §§ 1º a 4º, do EAOAB: § 1º O Conselho Federal, dotado de personalidade jurídica própria, com sede na capital da República, é o órgão supremo da OAB; § 2º Os Conselhos Seccionais, dotados de personalidade jurídica própria, têm jurisdição sobre os respectivos territórios dos Estados-membros, do Distrito Federal e dos Territórios; § 3º As Subseções são partes autônomas do Conselho Seccional, na forma desta lei e de seu ato constitutivo; § 4º As Caixas de Assistência dos Advogados, dotadas de personalidade jurídica própria, são criadas pelos Conselhos Seccionais, quando estes contarem com mais de mil e quinhentos inscritos. Portanto, correta apenas a alternativa "B".

Gabarito "B".

(OAB/Exame Unificado – 2017.1) No ano de 2017, deverá se realizar a Conferência Nacional da Advocacia Brasileira, órgão consultivo máximo do Conselho Federal, que se reúne trienalmente. Cientes do evento, Raul, Francisco e Caetano decidem participar como membros efetivos da Conferência. Raul, advogado, é conselheiro de certo Conselho Seccional da OAB. Francisco é advogado, regularmente inscrito na OAB, e não exerce previamente função junto a qualquer órgão da instituição. Caetano é estagiário, regularmente inscrito como tal junto à OAB, e também não exerce previamente função em nenhum de seus órgãos. Considerando o disposto no Regulamento Geral do Estatuto da Advocacia e da OAB, assinale a afirmativa correta.

(A) Raul participará como membro efetivo da Conferência Nacional da Advocacia Brasileira, caso em que terá direito a voto. Os demais, mesmo inscritos na Conferência, poderão participar apenas como convidados ou ouvintes, sem direito a voto.

(B) Francisco, se inscrito, e Raul participarão como membros efetivos da Conferência Nacional da Advocacia Brasileira. Porém, o direito a voto é conferido apenas a Raul. Caetano, ainda que inscrito na conferência, somente poderá participar como ouvinte.

(C) Francisco e Caetano, se inscritos na Conferência Nacional da Advocacia Brasileira, dela participarão como membros efetivos, mas o direito a voto é conferido apenas a Francisco. Raul fica impedido de participar como membro efetivo da conferência, tendo em vista que já exerce função em órgão da OAB.

(D) Raul participará como membro efetivo da Conferência Nacional da Advocacia Brasileira. Do mesmo modo, Francisco e Caetano, se inscritos na conferência, poderão participar como membros efetivos, permitindo-se, aos três, o direito a voto.

Nos termos do art. 145 do Regulamento Geral do Estatuto da OAB (RGOAB), a Conferência Nacional da Advocacia Brasileira (CNA) é órgão consultivo máximo do Conselho Federal, reunindo-se trienalmente, no segundo ano do mandato, tendo por objetivo o estudo e o debate das questões e problemas que digam respeito às finalidades da OAB e ao congraçamento dos advogados. Os membros da CNA podem ser subdivididos em três grupos, a saber: (a) efetivos: os Conselheiros e Presidentes dos órgãos da OAB presentes, os advogados e estagiários inscritos na Conferência, todos com direito a voto (art. 146, I, RGOAB); (b) convidados: as pessoas a quem a Comissão Organizadora conceder tal qualidade, sem direito a voto, salvo se for advogado (art. 146, II, RGOAB); e (c) ouvintes: estudantes de direito, mesmo inscritos como estagiários na OAB, escolhendo um porta-voz entre os presentes em cada sessão da Conferência. Em análise ao enunciado, observamos que Raul, por ser conselheiro de certo Conselho Seccional da OAB, participará da Conferência como membro efetivo. Francisco, advogado, será admitido à Conferência também como membro efetivo, desde que devidamente inscrito na CNA, o mesmo se dizendo com relação a Caetano, que, embora estagiário, se inscrito, também participará como membro efetivo. Correta, portanto, a alternativa "D", estando as demais em descompasso com o art. 146, I e II, do RGOAB.

Gabarito "D".

(OAB/Exame Unificado – 2016.3) O advogado Roni foi presidente do Conselho Federal da OAB em mandato exercido por certo triênio, na década entre 2000 e 2010. Sobre a participação de Roni, na condição de ex- presidente do Conselho Federal, nas sessões do referido Conselho, assinale a afirmativa correta.

(A) Não integra a atual composição do Conselho Federal da OAB. Logo, apenas pode participar das sessões na condição de ouvinte, não lhe sendo facultado direito a voto ou direito a voz.

(B) Integra a atual composição do Conselho Federal da OAB, na qualidade de membro honorário vitalício, sendo-lhe conferido direito a voto e direito a voz nas sessões.

(C) Não integra a atual composição do Conselho Federal da OAB. Logo, apenas pode participar das sessões na condição de convidado honorário, não lhe sendo facultado direito a voto, mas, sim, direito a voz.

(D) Integra a atual composição do Conselho Federal da OAB, na qualidade de membro honorário vitalício, sendo-lhe conferido apenas direito a voz nas sessões e não direito a voto.

A e C: incorretas, pois Roni, por ter sido presidente do Conselho Federal da OAB, tratando-se, portanto, de um ex-presidente, pode participar das sessões do referido Conselho na condição de membro honorário vitalício, com fundamento no art. 51, II, do EAOAB e art. 62, § 1º, do Regulamento Geral (RGOAB); **B:** incorreta. A despeito de Roni ser considerado membro honorário vitalício do Conselho Federal, já que se trata de um ex-presidente do referido órgão, somente terá direito a voto nas sessões aqueles que exerceram mandato antes de 05 de julho de 1994 (data da entrada em vigor do EAOAB) ou em seu exercício se encontravam naquela data, nos termos do art. 62, § 1º, do RGOAB; **D:** correta. De fato, Roni, por ser ex-presidente do Conselho Federal, é considerado seu membro honorário vitalício, sendo-lhe conferido apenas direito a voz nas sessões de referido órgão, eis que foi presidente na década de 2000 e 2010, portanto, posteriormente a 5 de julho de 1994.
,, Gabarito "D."

(OAB/Exame Unificado – 2016.2) Fabiano é conselheiro eleito de certo Conselho Seccional da OAB. No curso do mandato, Fabiano pratica infração disciplinar e sofre condenação, em definitivo, à pena de censura.

Considerando a situação descrita e o disposto no Estatuto da OAB, o mandato de Fabiano no Conselho Seccional

(A) será extinto, apenas se a sanção disciplinar aplicada for de exclusão.

(B) será extinto, apenas se a sanção por infração disciplinar aplicada for de exclusão ou de suspensão.

(C) será extinto, independentemente da natureza da sanção disciplinar aplicada.

(D) será extinto, apenas se a sanção aplicada for de suspensão ou se for reincidente em infração disciplinar.

Nos termos do art. 66, II, do EAOAB, extingue-se automaticamente o mandato se o seu titular sofrer condenação disciplinar. Dado que o Estatuto da OAB não faz qualquer distinção acerca da espécie de sanção disciplinar imposta ao advogado, limitando-se a prescrever que haverá a extinção do mandato em caso de "condenação disciplinar", correta apenas a alternativa "C", estando as demais incorretas, eis que nelas há previsão de que haveria extinção do mandato apenas se aplicadas determinadas sanções, o que é incorreto.
,, Gabarito "C."

(OAB/Exame Unificado – 2016.2) Charles é presidente de certo Conselho Seccional da OAB. Não obstante, no curso do mandato, Charles vê-se envolvido em dificuldades no seu casamento com Emma, e decide renunciar ao mandato, para dedicar-se às suas questões pessoais.

Sobre o caso, assinale a afirmativa correta.

(A) O sucessor de Charles deverá ser eleito pelo Conselho Federal da OAB, dentre os membros do Conselho Seccional respectivo.

(B) O sucessor de Charles deverá ser eleito pelo Conselho Seccional respectivo, dentre seus membros.

(C) O sucessor de Charles deverá ser eleito pela Subseção respectiva, dentre seus membros.

(D) O sucessor de Charles deverá ser eleito por votação direta dos advogados regularmente inscritos perante o Conselho Seccional respectivo.

Nos termos do art. 50 do Regulamento Geral, ocorrendo vaga de cargo de diretoria do Conselho Federal ou do Conselho Seccional, inclusive do Presidente, em virtude de perda do mandato (art. 66 do Estatuto), morte ou renúncia, o substituto é eleito pelo Conselho a que se vincule, dentre os seus membros. Portanto, sendo Charles o Presidente de determinado Conselho Seccional, seu sucessor, em caso de renúncia, será eleito pelo próprio Conselho Seccional, dentre seus membros. Correta, portanto, a alternativa "B". Interessante anotar que se se tratasse de membro da Diretoria do Conselho Federal, seu sucessor, em virtude de perda do mandato, morte ou renúncia, seria eleito pelo Conselho Pleno, nos moldes preconizados pelo art. 98, § 3º, do Regulamento Geral.
,, Gabarito "B."

(OAB/Exame Unificado – 2016.2) As advogadas Tereza, Gabriela e Esmeralda desejam integrar a lista a ser encaminhada ao Tribunal de Justiça de determinado estado da federação, para preenchimento de vaga constitucional destinada aos advogados na composição do Tribunal. Tereza exerce regular e efetivamente a atividade de advocacia há 15 anos. Possui reputação ilibada e saber jurídico tão notório que a permitiu ser eleita conselheira suplente, para a atual gestão, de determinada subseção da OAB. Gabriela, embora nunca tenha integrado órgão da OAB, exerce, regular e efetivamente, a advocacia há 06 anos e é conhecida por sua conduta ética e seu profundo conhecimento do Direito. Por sua vez, Esmeralda pratica regularmente a advocacia há 10 anos. Também é inconteste seu extenso conhecimento jurídico. A reputação ilibada de Esmeralda é comprovada diariamente no corretíssimo exercício de sua função de tesoureira da Caixa de Assistência de Advogados da Seccional da OAB na qual inscrita.

Sobre o caso narrado, assinale a afirmativa correta.

(A) Nenhuma das advogadas deverá compor a lista a ser encaminhada ao Tribunal de Justiça.

(B) Apenas Tereza e Esmeralda deverão compor a lista a ser encaminhada ao Tribunal de Justiça.

(C) Apenas Gabriela deverá compor a lista a ser encaminhada ao Tribunal de Justiça.

(D) Apenas Tereza deverá compor a lista a ser encaminhada ao Tribunal de Justiça.

Nos termos do art. 94, *caput*, da Constituição Federal, um quinto dos lugares dos Tribunais Regionais Federais, dos Tribunais dos Estados, e do Distrito Federal e Territórios será composto de membros, do Ministério Público, com mais de dez anos de carreira, e de advogados de notório saber jurídico e de reputação ilibada, com mais de dez anos de efetiva atividade profissional, indicados em lista sêxtupla pelos órgãos de representação das respectivas classes. Ainda, o art. 131, §5º, "i", do Regulamento Geral, tratando das condições de elegibilidade de candidatos a cargos eletivos na OAB, dispõe que somente integra chapa o candidato que não integrar listas, com processo em tramitação, para provimento de cargos nos tribunais judiciais ou administrativos.

1. ÉTICA PROFISSIONAL

Finalmente, nos termos do art. 7º do Provimento 102/2004, do Conselho Federal da OAB, os membros de órgãos da OAB (art. 45, Lei n. 8.906/94), titulares ou suplentes, no decurso do triênio para o qual foram eleitos, não poderão inscrever-se no processo seletivo de escolha das listas sêxtuplas, ainda que tenham se licenciado ou declinado do mandato, por renúncia. Analisando-se, pois, de forma conjugada, a CF, o Regulamento Geral e o precitado Provimento do Conselho Federal da OAB, chegamos à conclusão de que nenhuma das advogadas deverá compor a lista a ser encaminhada ao Tribunal de Justiça. Com relação a Tereza e Esmeralda, ambas ocupam cargos em órgãos da OAB, o que as proíbe de candidatar-se a processo seletivo para escolha das listas sêxtuplas. Quanto a Gabriela, não conta com o tempo mínimo de efetivo exercício da advocacia, não preenchendo o requisito previsto no art. 94 da CF. Correta, portanto, a alternativa "A".

Gabarito "A".

(OAB/Exame Unificado – 2016.1) As Subseções X e Y da OAB, ambas criadas pelo Conselho Seccional Z, reivindicam a competência para desempenhar certa atribuição. Não obstante, o Conselho Seccional Z defende que tal atribuição é de sua competência. Caso instaurado um conflito de competência envolvendo as Subseções X e Y e outro envolvendo a Subseção X e o Conselho Seccional Z, assinale a opção que relaciona, respectivamente, os órgãos competentes para decidir os conflitos.

(A) O conflito de competência entre as subseções deve ser decidido pelo Conselho Seccional Z, cabendo recurso ao Conselho Federal da OAB. Do mesmo modo, o conflito entre a Subseção X e o Conselho Seccional Z será decidido pelo Conselho Seccional Z, cabendo recurso ao Conselho Federal da OAB.

(B) O conflito de competência entre as subseções deve ser decidido pelo Conselho Seccional Z, cabendo recurso ao Conselho Federal da OAB. Já o conflito entre a Subseção X e o Conselho Seccional Z será decidido, em única instância, pelo Conselho Federal da OAB.

(C) Ambos os conflitos de competência serão decididos, em única instância, pelo Conselho Federal da OAB.

(D) O conflito de competência entre as subseções deve ser decidido, em única instância, pelo Conselho Seccional Z. O conflito entre a Subseção X e o Conselho Seccional Z será decidido, em única instância, pelo Conselho Federal da OAB.

Nos termos do art. 119 do Regulamento Geral, os conflitos de competência entre subseções e entre estas e o Conselho Seccional são por este decididos, com recurso voluntário ao Conselho Federal. Em suma, conflitos entre subseções ou entre subseções e Conselhos Seccionais serão resolvidos pelo próprio Conselho Seccional, cabendo recurso ao Conselho Federal. No caso relatado no enunciado, verifica-se a existência de conflito entre subseções (X e Y) e entre estas e o Conselho Seccional (Z), que alega ser sua a competência para exercer a atribuição controvertida. Assim, caberá ao Conselho Seccional Z decidir ambos os conflitos, sendo cabível recurso ao CFOAB. Correta, portanto, a alternativa A, estando as demais em descompasso com o precitado art. 119 do Regulamento Geral.

Gabarito "A".

(OAB/Exame Unificado – 2016.1) Tício, presidente de determinada Subseção da OAB, valendo-se da disciplina do Art. 50 da Lei Federal nº 8.906/94 (Estatuto da OAB), pretende requisitar, ao cartório de certa Vara de Fazenda Pública, cópias de peças dos autos de um processo judicial que não estão cobertas pelo sigilo. Assim, analisou o entendimento jurisprudencial consolidado no Supremo Tribunal Federal sobre o tema, a fim de apurar a possibilidade da requisição, bem como, caso positivo, a necessidade de motivação e pagamento dos custos respectivos.

Diante da situação narrada, Tício estará correto ao concluir que

(A) Não dispõe de tal prerrogativa, pois o citado dispositivo legal foi declarado inconstitucional pelo Supremo Tribunal Federal, uma vez que compete privativamente aos tribunais organizar as secretarias e cartórios judiciais, não se sujeitando a requisições da OAB, por expressa disciplina constitucional.

(B) Pode realizar tal requisição, pois o citado dispositivo legal foi declarado constitucional pelo Supremo Tribunal Federal, independentemente de motivação e pagamento dos respectivos custos.

(C) Pode realizar tal requisição, pois o Supremo Tribunal Federal, em sede de controle de constitucionalidade, assegurou-a, desde que acompanhada de motivação compatível com as finalidades da Lei nº 8.906/94 e o pagamento dos respectivos custos.

(D) Não dispõe de tal prerrogativa, pois ao citado dispositivo legal foi conferida, pelo Supremo Tribunal Federal, interpretação conforme a Constituição Federal para excluir os presidentes de Subseções, garantindo a requisição apenas aos Presidentes do Conselho Federal da OAB e dos Conselhos Seccionais, desde que motivada.

Dispõe o art. 50 do EAOAB que os Presidentes dos Conselhos da OAB e das Subseções podem requisitar cópias de peças de autos e documentos a qualquer tribunal, magistrado, cartório e órgão da Administração Pública direta, indireta e fundacional. Contudo, o STF, no julgamento da ADI 1.127-8, deu interpretação conforme à CF ao referido dispositivo do EAOAB, de modo a fazer compreender a palavra "requisitar" como dependente de motivação, compatibilização com as finalidades da lei e atendimento de custos desta requisição, ficando ressalvados os documentos cobertos por sigilo. Assim, correta a alternativa "C", estando as demais em descompasso com o Estatuto da OAB e o posicionamento adotado pelo STF acerca da prerrogativa em questão.

Gabarito "C".

(OAB/Exame Unificado – 2015.1) Compete ao Conselho Seccional ajuizar, após deliberação,

(A) ação direta de inconstitucionalidade em face de leis ou atos normativos federais.

(B) queixa-crime contra quem tenha ofendido os advogados inscritos na respectiva Seccional.

(C) mandado de segurança individual em favor dos advogados inscritos na respectiva Seccional, independentemente de vinculação com o exercício da profissão.

(D) mandado de segurança coletivo, em defesa de seus inscritos, independentemente de autorização pessoal dos interessados.

A: incorreta, pois compete ao Conselho Seccional ajuizar, após deliberação, ação direta de inconstitucionalidade de leis ou atos normativos *estaduais e municipais*, em face da Constituição Estadual ou da Lei Orgânica do Distrito Federal (art. 105, V, "a", do Regulamento Geral); **B:** incorreta, por falta de previsão legal. Ressalte-se que a queixa-crime é a petição inicial que deflagra a ação nos crimes de ação penal privada. A OAB, ou um órgão seu, não teria legitimidade ativa para iniciar a ação penal, cabendo à vítima, ou seu representante legal, fazê-lo. **C:** incorreta, pois ao Conselho Seccional compete ajuizar, após deliberação, mandado de segurança coletivo em defesa de seus inscritos, independentemente de autorização pessoal dos interessados (art. 105, V, "c", do Regulamento Geral); **D**: correta. Nos termos do art. 105, V, "c", do Regulamento Geral, compete ao Conselho Seccional, além do previsto nos arts. 57 e 58 do Estatuto, ajuizar, após deliberação, mandado de segurança coletivo, em defesa de seus inscritos, independentemente de autorização pessoal dos interessados.

Gabarito "D".

(OAB/Exame Unificado – 2014.3) Messias é advogado com mais de trinta anos de atuação profissional e deseja colaborar para o aperfeiçoamento da advocacia. O Presidente da Seccional onde possui inscrição principal sugere que ele participe da política associativa e lance sua candidatura a Conselheiro Federal.

Observadas as regras do Estatuto da OAB, assinale a afirmativa correta.

(A) A eleição de Conselheiro Federal da OAB é indireta e secreta.

(B) O Conselheiro Federal da OAB integra uma das chapas concorrentes para as eleições seccionais.

(C) A indicação para o Conselho Federal é realizada pelo Colégio de Presidentes da OAB.

(D) O Conselheiro Federal é indicado livremente pelas Seccionais da OAB

A: incorreta, pois a eleição de Conselheiro Federal da OAB é direta, cabendo à chapa do Conselho Seccional contemplar os nomes de cada um dos conselheiros federais, que integrarão a delegação, composta de 3 Conselheiros Federais (art. 64, § 1°, do Estatuto da OAB); **B**: correta, estando de acordo com o precitado art. 64, § 1°, do EAOAB. Confira-se: "*a chapa para o Conselho Seccional deve ser composta dos candidatos ao Conselho e à sua Diretoria e, ainda, à delegação ao Conselho Federal e à Diretoria da Caixa de Assistência dos Advogados para eleição conjunta.*"; **C** e **D**: incorretas. A indicação para o Conselho Federal ocorrerá na própria chapa para o Conselho Seccional.

Gabarito "B".

(OAB/Exame Unificado – 2014.1) A respeito da competência do Conselho Federal da OAB, assinale a opção *incorreta*.

(A) Compete ao Conselho Federal da OAB representar, em juízo ou fora dele, os interesses coletivos ou individuais dos advogados.

(B) Compete ao Conselho Federal da OAB editar seu regimento interno e o regimento interno das Seccionais da OAB.

(C) Compete ao Conselho Federal da OAB julgar, em grau de recurso, as questões decididas pelos Conselhos Seccionais, nos casos previstos no EAOAB e no regulamento geral.

(D) Compete ao Conselho Federal da OAB velar pela dignidade, independência, prerrogativas e valorização da advocacia.

A: correta (art. 54, II, do EAOAB); **B**: incorreta, devendo ser assinalada. Obviamente, editar o regimento interno das Seccionais da OAB compete à própria Seccional, nos termos do art. 58, I, do EAOAB; **C**: correta (art. 54, IX, do EAOAB); **D**: correta (art. 54, III, do EAOAB).

Gabarito "B".

(OAB/Exame Unificado – 2014.1) Maria da Silva, advogada, apresenta requerimento ao Presidente da Seccional da OAB tendo o seu pleito sido indeferido. Nos termos do Estatuto da Advocacia, cabe recurso ao

(A) Conselho Seccional da OAB.

(B) Conselho Federal da OAB.

(C) Presidente do Conselho Federal da OAB.

(D) Presidente do Tribunal de Ética da OAB.

A: correta. Nos termos do art. 58, III, do EAOAB, compete privativamente ao Conselho Seccional julgar, em grau de recurso, as questões decididas por seu Presidente, por sua diretoria, pelo Tribunal de Ética e Disciplina, pelas diretorias das Subseções e da Caixa de Assistência dos Advogados; **B**, **C** e **D**: incorretas, pois, por expressa disposição legal, a competência para julgar recurso contra decisão do Presidente do Conselho Seccional é do próprio Conselho Seccional. A "pegadinha" reside exatamente aqui: o Conselho Seccional julgando recurso de decisão tomada pelo próprio Presidente! Geralmente pensamos que a "instância superior" é que deve julgar decisões da inferior. Contudo, ao Conselho Federal cabe julgar, em grau de recurso, as questões decididas pelos Conselhos Seccionais (art. 54, IX, do EAOAB), mas não as decisões dos Presidentes de referidos Conselhos. Cuidado!!!

Gabarito "A".

(OAB/Exame Unificado – 2013.3) Sobre as competências dos Conselhos Seccionais da OAB, assinale a afirmativa correta.

(A) Ajuizar, após deliberação, ação direta de inconstitucionalidade de leis estaduais em face da Constituição Estadual e ação direta de inconstitucionalidade de leis federais em face da Constituição Federal.

(B) Ajuizar, após deliberação, mandado de segurança coletivo em defesa de seus inscritos, independentemente de autorização pessoal dos interessados.

(C) Ajuizar, independentemente de deliberação, ações de indenização contra todos aqueles que ofenderem seus inscritos, em razão do exercício da profissão.

(D) Ajuizar, após deliberação, mandado de injunção, em face da Constituição Estadual ou em face da Constituição Federal.

A: incorreta, pois, obviamente, um Conselho Seccional, que é órgão estadual da OAB, jamais poderia ter competência para propor ação direta de inconstitucionalidade de *leis federais* em face da *Constituição federal*, competência esta conferida constitucionalmente ao Conselho Federal (art. 103, VII, da CF). Todavia, compete ao Conselho Seccional ajuizar ação direta de inconstitucionalidade de *leis estaduais* em face da *Constituição Estadual* (art. 105, V, "a", do Regulamento Geral); **B**: correta, estando de acordo com o art. 105, V, "c", do Regulamento Geral. Trata-se, de fato, de competência dos Conselhos Seccionais o ajuizamento, após deliberação, de mandado de segurança coletivo em defesa de seus inscritos, não se exigindo autorização dos interessados; **C**: incorreta, pois inexiste base normativa para que um Conselho Seccional ajuíze ação indenizatória contra pessoas que ofendam seus inscritos, em razão do exercício da profissão. Tratar-se-ia de hipótese de substituição processual (legitimação extraordinária), sem base legal; **D**: incorreta a alternativa D, pois um Conselho Seccional somente pode propor mandado de injunção, após deliberação, em face da Constituição Estadual ou da Lei Orgânica do Distrito Federal, e não em face da Constituição Federal, caso em que a competência seria, evidentemente, do Conselho Federal (órgão federal da OAB).

Gabarito "B".

(OAB/Exame Unificado – 2012.3.B) O cargo de Presidente da Caixa dos Advogados é dos mais relevantes para a OAB. Um advogado eleito para tal cargo, não tendo como concluir o seu mandato, de acordo com as normas do Regulamento Geral do Estatuto da Advocacia e da OAB, deve prestar contas

(A) ao presidente do Conselho Federal titular.

(B) ao secretário do Conselho Seccional em exercício.

(C) ao coordenador do Conselho Fiscal ou Deliberativo.

(D) ao presidente da Caixa dos Advogados sucessor.

Nos exatos termos do art. 59 do Regulamento Geral, deixando o cargo, por qualquer motivo, no curso do mandato, os Presidentes do Conselho Federal, do Conselho Seccional, da Caixa de Assistência e da Subseção apresentam, de forma sucinta, relatório e contas ao seu sucessor.

Gabarito "D".

(OAB/Exame Unificado – 2012.3.A) Assinale a afirmativa que indica como ocorrerá, em havendo necessidade, a criação de novos Conselhos Seccionais, de acordo com as normas do Regulamento Geral do Estatuto da Advocacia e da OAB.

(A) Por meio de Lei aprovada pelo Congresso Nacional.

(B) Por meio de Medida Provisória Federal.

(C) Por Provimento do Conselho Federal.

(D) Por meio de Resolução do Conselho Federal

Nos termos do art. 46 do Regulamento Geral, havendo necessidade da criação de novos Conselhos Seccionais (órgãos estaduais da OAB), tal se fará por meio de Resolução do Conselho Federal.

Gabarito "D".

(OAB/Exame Unificado – 2011.3.B) Entre as competências do Tribunal de Ética e Disciplina da OAB, NÃO se inclui, à luz das normas aplicáveis do Estatuto da Advocacia e do Código de Ética,

(A) instaurar de ofício processo sobre ato que considere em tese infração à norma de ética profissional.

(B) mediar pendências entre advogados, bem como conciliar questões sobre partilha de honorários.

(C) responder a consultas "em tese", aconselhando e orientando sobre ética profissional.

(D) elaborar seu orçamento financeiro a ser submetido ao Conselho Seccional.

A: correta (art. 71, I e III, do CED); **B:** correta (art. 71, VI, "a", do CED); **C:** correta (art. 71, II, do CED); **D:** incorreta, devendo ser assinalada, pois não se encontra dentro das competências do Tribunal de Ética e Disciplina elaborar seu orçamento financeiro.

Gabarito "D".

(OAB/Exame Unificado – 2012.1) Nos termos do Regulamento Geral do Estatuto da Advocacia e da OAB quanto à aquisição de patrimônio pela Ordem dos Advogados do Brasil, revela-se correto afirmar que

(A) a alienação de bens é ato privativo do Presidente da Seccional da OAB.

(B) a aquisição de bens depende de aprovação da Diretoria da OAB.

(C) a oneração de bens é ato do Presidente do Conselho Federal.

(D) a disposição sobre os bens móveis é atribuição do Presidente da Seccional.

De acordo com o art. 48 do Regulamento Geral, a *alienação* ou *oneração* de *bens imóveis* depende de aprovação do Conselho Federal ou do Conselho Seccional, competindo à Diretoria do órgão decidir pela *aquisição* de qualquer bem e *dispor* sobre os bens móveis. Frise-se que se a alienação ou oneração de bens imóveis

ocorrer no âmbito do Conselho Federal, tais medidas dependerão de autorização da maioria das delegações, ao passo que no âmbito dos Conselhos Seccionais, dependerão de autorização da maioria dos membros efetivos.

Gabarito "B".

(OAB/Exame Unificado – 2012.2) As alternativas a seguir apresentam algumas das competências do Conselho Federal da Ordem dos Advogados do Brasil, **à exceção de uma**. Assinale-a.

(A) Representar, em juízo ou fora dele, os interesses coletivos dos advogados.

(B) Velar pela dignidade, independência, prerrogativas e valorização da advocacia.

(C) Representar, sem exclusividade, os advogados brasileiros nos órgãos e eventos internacionais da advocacia.

(D) Editar e alterar o Regulamento Geral, o Código de Ética e Disciplina, e os Provimentos que julgar necessários.

A: correta (art. 54, II, do EAOAB); **B:** correta (art. 54, III, do EAOAB); **C:** incorreta (art. 54, IV, do EAOAB), pois o Conselho Federal da OAB representa, *com exclusividade*, os advogados brasileiros nos órgãos e eventos internacionais da advocacia; **D:** correta (art. 54, V, do EAOAB). Para a alteração do Regulamento Geral e do Código de Ética, ou de Provimentos, o Conselho Federal precisará de votos favoráveis de 2/3 (dois terços) das delegações, conforme prevê o art. 78, *caput*, do Regulamento Geral.

Gabarito "C".

(OAB/Exame Unificado – 2009.3) Assinale a opção correta acerca das caixas de assistência dos advogados.

(A) As caixas de assistência dos advogados, no âmbito dos Estados, têm personalidade jurídica própria, não podendo sofrer intervenção dos respectivos conselhos seccionais.

(B) O estatuto da Caixa de Assistência dos Advogados deve ser aprovado pela diretoria dessa entidade e registrado pelo presidente na secretaria estadual da fazenda.

(C) A coordenação nacional das caixas de assistência é o órgão de assessoramento do Conselho Federal da OAB para a política nacional de assistência e seguridade dos advogados.

(D) A Caixa de Assistência dos Advogados tem caráter nacional e é administrada pelo presidente do Conselho Federal da OAB.

A: incorreta (art. 62, § 7º, da Lei 8.906/1994 – as Caixas de Assistência podem sofrer intervenção dos respectivos Conselhos Seccionais em caso de descumprimento de suas finalidades); **B:** incorreta (art. 62, § 1º, da Lei 8.906/1994 – o estatuto da Caixa de Assistência deve ser registrado perante o Conselho Seccional); **C:** correta, conforme dispõe o art. 126 do Regulamento Geral; **D:** incorreta, pois a Caixa de Assistência tem caráter regional, sendo criada e administrada pelos Conselhos Seccionais (art. 62 da Lei 8.906/1994).

Gabarito "C".

(OAB/Exame Unificado – 2009.3) Compete ao presidente do Conselho Federal da OAB

(A) aplicar penas disciplinares, no caso de infração cometida no âmbito do Conselho Federal.

(B) alienar ou onerar bens móveis.

(C) presidir o Órgão Especial, com direito a voto de qualidade, no caso de empate.

(D) definir os critérios para despesas com transporte e hospedagem dos conselheiros, membros das comissões e convidados.

Nos termos do art. 100, V, do Regulamento Geral, compete ao presidente do Conselho Federal aplicar as sanções disciplinares no caso de infração cometida no âmbito do Conselho Federal.

Gabarito „A".

(OAB/Exame Unificado – 2008.3) Acerca da CNA, assinale a opção correta à luz do Regulamento Geral e do Estatuto da Advocacia e da OAB.

(A) Os advogados inscritos na CNA, são considerados seus membros efetivos, com direito a voto.

(B) A CNA é órgão consultivo máximo do Conselho Federal da OAB, tendo por objetivo a eleição do presidente e da diretoria desse Conselho.

(C) A comissão organizadora da CNA é designada pelo secretário-geral da OAB e integrada por professores renomados no cenário jurídico nacional.

(D) As conclusões da CNA são compiladas em atos normativos de cumprimento obrigatório pelos conselhos seccionais da OAB.

A: correta, pois, de fato, os advogados inscritos na Conferência Nacional da Advocacia Brasileira – CNA são considerados membros efetivos, com direito a voto (art. 146, I, do Regulamento Geral); **B:** incorreta, pois o objetivo da CNA é "o estudo e o debate das questões e problemas que digam respeito às finalidades da OAB e ao congraçamento dos advogados" (art. 145 do Regulamento Geral); **C:** incorreta. A comissão é "designada pelo Presidente do Conselho, por ele presidida e integrada pelos membros da Diretoria e outros convidados" (art. 147 do Regulamento Geral); **D:** incorreta (art. 145, § 3º, do Regulamento Geral) – as conclusões da CNA são *recomendações*.

Gabarito „A".

(OAB/Exame Unificado – 2008.3.SP) Assinale a opção correta a respeito dos fins e da organização da OAB.

(A) A competência para processar e julgar ações do interesse ativo ou passivo da OAB é da justiça federal.

(B) O Instituto dos Advogados Brasileiros inspirou a criação da OAB, que se consolidou a partir da CF.

(C) Os conselhos seccionais da OAB são autarquias especializadas vinculadas aos respectivos estados membros em que estiverem sediadas.

(D) A criação das subseções da OAB requer autorização do presidente nacional da OAB, que definirá a abrangência de atuação em um ou mais municípios.

A: correta. De fato, a competência é da justiça federal (*vide*, p. ex., o CC 44.304/SP, *DJ* 26.03.2007, do STJ); **B:** incorreta. O Instituto dos Advogados Brasileiros foi criado em 1843 com o objetivo de "organizar a Ordem dos advogados, em proveito geral da ciência e da jurisprudência"; no entanto, a Ordem se consolidou muito antes da CF de 1988; só para se ter ideia, o antigo estatuto da advocacia é de 1963 (Lei 4.215/1963); sobre a história da OAB *vide* o seguinte *link*: http://www.oab.org.br/hist_oab/index_menu.htm; **C:** incorreta. Os conselhos seccionais são órgãos da OAB (art. 45, II, da Lei 8.906/1994), não tendo vinculação alguma com os estados membros em que estiverem sediados; para fins operacionais, esses conselhos têm personalidade jurídica (art. 45, § 2º, da Lei 8.906/1994); **D:** incorreta, pois a criação e a área de abrangência de subseções são de competência privativa do Conselho Seccional (arts. 58, II, e 60, ambos da Lei 8.906/1994).

Gabarito „A".

(OAB/Exame Unificado – 2008.3.SP) Assinale a opção correta relativamente ao Regulamento Geral do Estatuto da OAB.

(A) Presidente de conselho seccional da OAB tem direito a voto nas sessões das câmaras do Conselho Federal da OAB.

(B) Suponha que Bernardo tenha sido agraciado com a medalha Rui Barbosa em agosto de 2005. Nessa situação, a partir dessa data, Bernardo poderá participar das sessões do Conselho Pleno, com direito a voz.

(C) Presidente do Instituto dos Advogados Brasileiros tem direito a voto nas sessões das câmaras e do Conselho Pleno do Conselho Federal da OAB.

(D) As comissões permanentes do Conselho Federal serão integradas exclusivamente por conselheiros federais.

A: incorreta. Embora o Presidente de conselho seccional da OAB possa comparecer às sessões do Conselho Federal, terá apenas direto a voz, mas não a voto (art. 52, *caput*, do EAOAB e art. 62, § 3º, do Regulamento Geral); **B:** correta, consoante disposição contida no art. 63 do Regulamento Geral; **C:** incorreta, pois tem apenas direito a voz (art. 63 do Regulamento Geral); **D:** incorreta. As comissões podem ter integrantes que não sejam conselheiros federais (art. 64, parágrafo único, do Regulamento Geral).

Gabarito „B".

(OAB/Exame Unificado – 2008.3.SP) Com relação às subseções da OAB, assinale a opção correta.

(A) Conflitos de competência entre duas ou mais subseções serão dirimidos pelo conselho seccional, com recurso ao Tribunal de Ética e Disciplina da OAB.

(B) Subseção com 300 advogados efetivamente domiciliados na sua base territorial poderá instituir conselho, cujo número de membros e cuja competência serão fixados pelo conselho seccional.

(C) A área territorial das subseções não poderá abranger mais de 5 municípios e deverá contar com o número mínimo de 20 advogados nela profissionalmente domiciliados.

(D) Dada a característica da autonomia administrativa, os conselhos seccionais jamais poderão intervir nas subseções.

A: incorreta. O recurso será dirigido ao Conselho Federal (art. 119 do Regulamento Geral); **B:** correta. Havendo mais de 100 advogados já é possível a criação do conselho (art. 60, §§ 3º e 4º, da Lei 8.906/1994); **C:** incorreta, pois não há limitação ao número de municípios e a quantidade de advogados domiciliados em cada base territorial é 15, e não 20 (art. 60, § 1º, da Lei 8.906/1994); **D:** incorreta. Se houver violação do Estatuto da OAB e de seu Regimento, mediante o voto de 2/3 dos membros, os Conselhos Seccionais poderão intervir nas subseções (art. 60, § 6º, da Lei 8.906/1994).

Gabarito „B".

(OAB/Exame Unificado – 2008.2) No que se refere à CNA, assinale a opção correta.

(A) A CNA é dirigida por uma comissão organizadora, designada pelo presidente do Conselho Federal, por ele presidida e integrada pelos membros da diretoria e por outros convidados.

(B) Cabe ao Conselho Federal definir a distribuição do temário, os nomes dos expositores, a programação dos trabalhos, os serviços de apoio e infraestrutura e o regimento interno da CNA.

(C) As sessões da CNA são dirigidas por um presidente e um relator, escolhidos pelo Conselho Federal.

(D) Durante o funcionamento da conferência, a comissão organizadora é representada pelo relator, que tem poderes para cumprir a programação estabelecida e decidir as questões ocorrentes e os casos omissos.

A: correta. A Conferência Nacional da Advocacia Brasileira é órgão consultivo máximo do Conselho Federal da OAB e, de fato, tem a característica apontada na alternativa (art. 147 do Regulamento Geral); **B:** incorreta. Cabe à comissão organizadora, não ao Conselho Federal (art. 147, § 2º, do Regulamento Geral); **C:** incorreta. A escolha é feita pela comissão organizadora, não pelo Conselho Federal (art. 149, § 1º, do Regulamento Geral); **D:** incorreta. A comissão é representada pelo presidente, não pelo relator (art. 148 do Regulamento Geral).
Gabarito "A".

(OAB/Exame Unificado – 2008.2) Com relação ao Conselho Federal da OAB, assinale a opção correta.

(A) As delegações de cada unidade federativa são compostas por seis conselheiros federais e dois suplentes.

(B) Os presidentes dos Conselhos Seccionais participam do plenário do Conselho Federal, podendo votar em desacordo com os respectivos conselheiros federais quando abordadas questões referentes às garantias do exercício da advocacia.

(C) O Conselho Federal compõe-se dos conselheiros federais, integrantes das delegações de cada unidade federativa, e dos seus ex-presidentes, na qualidade de membros honorários vitalícios.

(D) O Conselho Federal atua por meio da diretoria, da presidência, do plenário, de quatro câmaras técnicas e do órgão especial recursal.

A: incorreta, "cada delegação é formada por *3* conselheiros federais" (art. 51, § 1º, da Lei 8.906/1994); **B:** incorreta. Os presidentes dos Conselhos Seccionais não podem votar, pois só possuem direito a voz (art. 52, da Lei 8.906/1994); **C:** correta, segundo prevê o art. 51, I e II, da Lei 8.906/1994; **D:** incorreta, pois o Conselho Federal atua por meio da diretoria, presidência, Conselho Pleno, Órgão Especial do Conselho Pleno, primeira, segunda e terceira Câmaras, bem como pelas comissões permanentes e temporárias (art. 64 do Regulamento Geral.
Gabarito "C".

(OAB/Exame Unificado – 2008.2) Entre as competências do Conselho Federal, inclui-se a de

(A) autorizar a criação, o reconhecimento e(ou) credenciamento dos cursos jurídicos no Brasil.

(B) instaurar, de ofício, processo de cassação dos presidentes vitalícios acusados de enriquecimento ilícito.

(C) autorizar, por maioria simples das delegações, a oneração ou alienação de seus bens imóveis por meio de seu presidente.

(D) dispor sobre a identificação dos inscritos na OAB e sobre os respectivos símbolos privativos.

A: incorreta, pois cabe ao Conselho Federal "*colaborar* com o aperfeiçoamento dos cursos jurídicos, e *opinar*, previamente, nos pedidos apresentados aos órgãos competentes para criação, reconhecimento ou credenciamento desses cursos" (art. 54, XV, da Lei 8.906/1994); **B:** incorreta. Não existe essa competência; **C:** incorreta, a autorização é por maioria absoluta e não há previsão que seja feita pelo seu presidente (art. 54, XVI, da Lei 8.906/1994); **D:** correta, corresponde ao art. 54, X, da Lei 8.906/1994.
Gabarito "D".

(OAB/Exame Unificado – 2008.2) As competências do órgão especial do Conselho Pleno incluem a deliberação sobre

I. recurso contra decisões das câmaras, apenas quando não tenham sido unânimes ou contrariem o estatuto, o regulamento geral, o código de ética e disciplina e os provimentos.

II. recurso contra decisões do presidente da República ou do ministro chefe da Casa Civil.

III. consultas escritas, formuladas em tese, relativas às matérias de competência das câmaras especializadas ou à interpretação do estatuto, do regulamento geral, do código de ética e disciplina e dos provimentos, devendo todos os conselhos seccionais serem cientificados do conteúdo das respostas.

IV. conflitos ou divergências entre órgãos da OAB.

V. determinação ao conselho seccional competente para instaurar processo, quando, em autos ou peças submetidos ao conhecimento do Conselho Federal, encontrar fato que constitua infração disciplinar.

Estão certos apenas os itens

(A) I, II e III.

(B) I, III e IV.

(C) II, IV e V.

(D) III, IV e V.

I: incorreto, pois também caberá recurso de decisão *unânime* que contrarie a Constituição, as leis, o Estatuto, decisões do Conselho Federal, o Regulamento Geral, o Código de Ética e Disciplina ou os Provimentos (art. 85, I, do Regulamento Geral); **II:** incorreto. Não existe essa previsão; **III:** correto, conforme previsão do art. 85, IV, do Regulamento Geral; **IV:** correto. É o que dispõe o art. 85, V, do Regulamento Geral; **V:** correto: Corresponde ao disposto no art. 85, VI, do Regulamento Geral.
Gabarito "D".

(OAB/Exame Unificado – 2008.2) Acerca da composição e do funcionamento dos tribunais de ética e disciplina da OAB, assinale a opção correta.

(A) Compete privativamente a cada conselho seccional definir a composição e o funcionamento dos tribunais de ética e disciplina, bem como a escolha dos membros desses tribunais.

(B) Os membros dos tribunais de ética e disciplina são eleitos a cada triênio, por votação direta, excluindo-se desta os estagiários.

(C) A composição desses tribunais depende de parecer expedido pela plenária do Conselho Federal.

(D) O presidente do tribunal de ética e disciplina é escolhido pelo colegiado do Conselho Federal, em votação secreta.

Segundo o art. 58, XIII, da Lei 8.906/1994, que dispõe competir privativamente ao Conselho Seccional definir a composição e o funcionamento do Tribunal de Ética e Disciplina, e escolher seus membros.
Gabarito "A".

(OAB/Exame Unificado – 2008.2.SP) Assinale a opção correta em relação ao Estatuto da Advocacia e da OAB.

(A) A tabela de honorários advocatícios é fixada pelo Conselho Seccional e tem validade em todo o território do respectivo estado da Federação.

(B) O julgamento dos recursos interpostos em face de questões decididas pelo presidente do Conselho

Seccional da OAB de São Paulo é da competência privativa do Conselho Federal da OAB.

(C) É da competência do presidente de cada Conselho Seccional a eleição de lista de advogados para preenchimento dos cargos de desembargadores estaduais, a ser encaminhada ao tribunal de justiça do estado, para preenchimento de vaga reservada pelo quinto constitucional.

(D) Os conselheiros seccionais têm prioridade perante os demais advogados inscritos na Seccional para figurar nas listas de composição de escolha de desembargador estadual, para preenchimento de vaga reservada pelo quinto constitucional.

A: correta, conforme art. 58, V, da Lei 8.906/1994; **B** e **C:** incorretas, pois nas hipóteses versadas nas alternativas, a competência é do Conselho Seccional (arts. 76 e 58, XIV, da Lei 8.906/1994); **D:** incorreta, pois é "vedada a inclusão de membros do próprio Conselho e de qualquer órgão da OAB" nas listas de composição de cargos nos tribunais judiciários (art. 58, XIV, da Lei 8.906/1994).
Gabarito "A".

(OAB/Exame Unificado – 2008.2.SP) Assinale a opção correta acerca do Conselho Federal da OAB.

(A) O Órgão Especial do Conselho Pleno do Conselho Federal da OAB é presidido pelo seu vice-presidente.

(B) O Conselho Pleno do Conselho Federal da OAB é composto pelos conselheiros federais mais antigos de cada delegação.

(C) O Órgão Especial do Conselho Pleno do Conselho Federal é composto por três conselheiros federais de cada unidade da Federação.

(D) O conselheiro federal de cada delegação que participar do Órgão Especial do Conselho Pleno não poderá integrar o Conselho Pleno.

De acordo com o art. 84 do Regulamento Geral: "O Órgão Especial é composto por um Conselheiro Federal integrante de cada delegação, sem prejuízo de sua participação no Conselho Pleno, e pelos ex-presidentes, *sendo presidido pelo Vice-Presidente* e secretariado pelo Secretário-Geral Adjunto".
Gabarito "A".

(OAB/Exame Unificado – 2008.2.SP) Assinale a opção correta acerca das disposições do Conselho Federal, previstas no Regulamento Geral da OAB.

(A) As câmaras do Conselho Federal têm a mesma competência para julgamento e são presididas pelos conselheiros federais mais antigos do Órgão Especial do Conselho Pleno.

(B) À Primeira Câmara compete decidir o recurso de advogado impedido do exercício da advocacia.

(C) Os recursos dos advogados que respondem a processo disciplinar serão julgados pela vice-presidência do Conselho Federal.

(D) Compete à Segunda Câmara do Conselho Federal decidir os recursos relativos ao processo eleitoral da OAB.

A: incorreta. As Câmaras não possuem a mesma competência para julgamento e são assim presididas: o Secretário-Geral preside a primeira; o Secretário-Geral Adjunto preside a segunda e o Tesoureiro preside a terceira (arts. 87 a 89 do Regulamento Geral); **B:** correta, consoante art. 88, I, *c*, do Regulamento Geral; **C:** incorreta, pois são julgados

pela segunda câmara (art. 89, I, do Regulamento Geral); **D:** incorreta, a competência é da terceira câmara (90, I, do Regulamento Geral).
Gabarito "B".

(OAB/Exame Unificado – 2008.2.SP) Assinale a opção correta com relação às subseções da OAB.

(A) Conflito de competência entre subseções do estado de São Paulo deverá ser decidido pelo Conselho Federal da OAB.

(B) As áreas territoriais das subseções deverão abranger, no máximo, um município.

(C) As subseções são órgãos da OAB vinculados ao respectivo Conselho Seccional, que fixa a sua competência territorial.

(D) As subseções não têm autonomia administrativa.

A: incorreta, pois será decidido pelo Conselho Seccional. O recurso voluntário é que será decidido pelo Conselho Federal (art. 119 do Regulamento Geral); **B:** incorreta, poderá abranger um ou mais municípios (art. 60, § 1º, da Lei 8.906/1994); **C:** correta, de acordo com previsão contida no art. 60, *caput*, da Lei 8.906/1994; **D:** incorreta. As subseções possuem autonomia (art. 60, *caput*, da Lei 8.906/1994), embora não detenham personalidade jurídica própria. Apenas para complementação dos estudos de nossos leitores, todos os órgãos da OAB detêm personalidade jurídica própria (Conselho Federal, Conselhos Seccionais e Caixas de Assistência – vide art. 45, §§ 1º, 2º e 4º, do EAOAB), exceto das Subseções. Estas, como visto, são consideradas partes autônomas dos Conselhos Seccionais (art. 45, § 3º, do EAOAB).
Gabarito "C".

(OAB/Exame Unificado – 2008.2.SP) No que diz respeito às eleições na OAB, assinale a opção correta.

(A) É obrigatório o comparecimento de todos os advogados inscritos e licenciados da OAB às eleições dos conselhos seccionais.

(B) Advogado com inscrição suplementar deverá votar obrigatoriamente na sede da inscrição principal.

(C) Para concorrerem às eleições, os atuais ocupantes de cargos de diretoria, presidência e vice-presidência deverão se licenciar dos seus mandatos três meses antes das eleições.

(D) Advogado inscrito na OAB e com três anos de exercício de advocacia não pode integrar chapa para concorrer a cargo eletivo no Conselho Seccional.

A: incorreta. O § 1º do art. art. 63 da Lei 8.906/1994 não indica os advogados licenciados; **B:** incorreta, "o advogado com inscrição suplementar *pode* exercer opção de voto, *comunicando ao Conselho onde tenha inscrição principal*" (art. 134, § 4º, do Regulamento Geral); **C:** incorreta, pois não é necessária a licença (art. 131, § 7º, do Regulamento Geral); **D:** correta, pois, para integrar a chapa, o advogado deve exercer há mais de 5 anos a profissão, excluído, dessa contagem, o período de estágio (art. 131, § 5º, *f*, do Regulamento Geral).
Gabarito "D".

(OAB/Exame Unificado – 2008.1.SP) Acerca da competência do Conselho Seccional e das Subseções, assinale a opção correta.

(A) As Subseções dos Conselhos Seccionais têm competência para ajuizar ação direta de inconstitucionalidade de lei estadual em face da Constituição Estadual perante o tribunal de justiça do estado.

(B) Um Conselho Seccional da OAB pode ajuizar mandado de segurança coletivo em defesa de seus inscri-

1. ÉTICA PROFISSIONAL

tos, independentemente de autorização pessoal dos interessados.

(C) Um Conselho Seccional da OAB pode ajuizar ação direta de inconstitucionalidade de lei federal em face da Constituição Federal perante o STF.

(D) O presidente do Instituto dos Advogados de cada unidade da federação terá direito a voto nas sessões dos Conselhos Seccionais que deliberarem sobre o ajuizamento de ação direta de inconstitucionalidade de lei estadual em face da Constituição Federal.

A: incorreta, pois a competência é do Conselho Seccional, não das Subseções (art. 105, V, *a*, do Regulamento Geral); **B:** correta, em conformidade com o art. 105, V, *c*, do Regulamento Geral; **C:** incorreta. Pode ajuizar "ação direta de inconstitucionalidade de *leis* ou *atos normativos estaduais* e *municipais, em face da Constituição Estadual ou da Lei Orgânica do Distrito Federal*" (art. 105, V, *a*, do Regulamento Geral); **D:** incorreta. Não existe essa previsão.
Gabarito "B".

(OAB/Exame Unificado – 2008.1.SP) Considerando o Regulamento Geral do Estatuto da Advocacia e da OAB, assinale a opção correta.

(A) A participação de Conselho Seccional da OAB em evento internacional de interesse da advocacia depende de expressa autorização do presidente da respectiva Seccional.

(B) O Conselho Pleno do Conselho Federal da OAB é integrado pelos conselheiros federais das delegações e conselheiros seccionais de cada unidade da Federação.

(C) O pedido de criação de um curso de direito depende de parecer opinativo da Comissão de Ensino Jurídico do Conselho Federal da OAB.

(D) O conselheiro federal que integrar o Órgão Especial do Conselho Pleno não terá assento nas sessões do Conselho Pleno.

A: incorreta. A autorização deve ser dada pelo Presidente Nacional (art. 80 do Regulamento Geral); **B:** incorreta, o Conselho é integrado pelos conselheiros federais e ex-presidentes (art. 74 do Regulamento Geral); **C:** correta, é o que prevê o art. 83 do Regulamento Geral; **D:** incorreta, pois o conselheiro, nessa hipótese, *terá* assento nas sessões do Conselho Pleno (art. 84, *caput*, do Regulamento Geral).
Gabarito "C".

(OAB/Exame Unificado – 2008.1.SP) Assinale a opção correta em relação ao Estatuto da OAB.

(A) Cidadão norte-americano que seja graduado em direito por universidade nos Estados Unidos da América pode inscrever-se diretamente como advogado na OAB/SP, independentemente de aprovação no exame de ordem.

(B) Um ex-presidente do Conselho Federal da OAB tem direito a voz nas sessões do Conselho Federal.

(C) Presidente de Conselho Seccional de estado da Federação tem lugar reservado nas sessões do Conselho Federal, juntamente com a delegação de seu estado e com direito a voto.

(D) As Seccionais da OAB têm imunidade tributária para o IPTU, mas devem declarar e pagar anualmente o imposto de renda.

A: incorreta, pois deverá prestar o exame de ordem no Brasil (art. 8°, IV, da Lei 8.906/1994); **B:** correta, é um direito previsto no art. 51, § 2°, da Lei 8.906/1994 e art. 62, § 1°, do Regulamento Geral; **C:** incorreta, só tem direito a voz (art. 52 da Lei 8.906/1994); **D:** incorreta, pois há também a imunidade tributária no tocante ao imposto de renda (art. 45, § 5°, da Lei 8.906/1994).
Gabarito "B".

(OAB/Exame Unificado – 2007.3) Em relação à organização dos Conselhos Seccionais e das Subseções, assinale a opção correta.

(A) O Conselho Seccional, por voto da maioria absoluta de seus membros, pode intervir nas Subseções.

(B) O Conselho Seccional comunica aos seus advogados inscritos a tabela de honorários estipulada pelo Conselho Federal.

(C) Os Conselhos Seccionais elegem a lista sêxtupla para o provimento de cargos de desembargador, exceto o Conselho do Distrito Federal, em razão de essa unidade da Federação não ter Poder Judiciário próprio.

(D) A área territorial da Subseção pode abranger um ou mais municípios, ou parte de município, desde que haja pelo menos quinze advogados profissionalmente domiciliados.

A: incorreta, o quórum para a intervenção é de *2/3* dos membros (art. 60, § 6°, da Lei 8.906/1994); **B:** incorreta, a tabela de honorários é estipulada pelo Conselho Seccional (art. 58, V, da Lei 8.906/1994); **C:** incorreta, o DF tem Poder Judiciário próprio, por óbvio; **D:** correta, conforme o art. 60, § 1°, da Lei 8.906/1994.
Gabarito "D".

(OAB/Exame Unificado – 2007.3) Em relação à organização da Ordem dos Advogados do Brasil (OAB), assinale a opção correta.

(A) Somente é possível a criação de Caixa de Assistência dos Advogados quando a seccional contar com mais de 1.500 inscritos.

(B) A OAB está ligada ao Ministério da Justiça para fins de dotação orçamentária.

(C) O presidente de Seccional pode, a critério do Pleno, receber remuneração pelo exercício do cargo.

(D) O Conselho Seccional é órgão do Conselho Federal.

A: correta, corresponde ao disposto no art. 45, § 4°, da Lei 8.906/1994; **B:** incorreta. Não existe essa ligação. Ao contrário, a OAB não se vincula ao Poder Público, conforme decidido, inclusive, na ADI 3026, julgada pelo STF, tratando-se de instituição "sui generis", sem vinculação alguma com a Administração Pública; **C:** incorreta. Não existe essa previsão. O art. 48 do Estatuto da OAB é claro ao prescrever a gratuidade para o exercício de cargo de conselheiro ou membro da diretoria de qualquer órgão da OAB; **D:** incorreta. É órgão autônomo da OAB, inclusive com personalidade jurídica própria (art. 45, § 2°, da Lei 8.906/1994).
Gabarito "A".

(OAB/Exame Unificado – 2007.3.SP) Assinale a opção correta de acordo com o Estatuto da OAB.

(A) O pagamento da anuidade da OAB não isenta os advogados de recolherem contribuição sindical.

(B) A anuidade da OAB é fixada pelo conselho federal da entidade.

(C) Débito relativo à contribuição dos advogados para a OAB constitui título executivo extrajudicial.

(D) A prescrição para pretensão de cobrança das contribuições é de cinco anos, a contar da exigibilidade.

A: incorreta, pois há isenção (art. 47 da Lei 8.906/1994); **B:** incorreta. A anuidade é fixada pelo Conselho Seccional (art. 55, § 1º, do Regulamento Geral); **C:** correta, segundo o art. 46, parágrafo único, da Lei 8.906/1994; **D:** incorreta, pois conta-se a partir da constatação oficial do fato (art. 43 da Lei 8.906/1994).
Gabarito "C".

(OAB/Exame Unificado – 2007.3.SP) Assinale a opção correta em relação ao Estatuto da OAB.

(A) Juntamente com a eleição do Conselho Seccional e da Subseção, os advogados elegem diretamente o Conselho Federal da OAB.

(B) Uma subseção pode abranger um ou mais municípios e, ainda, partes de município.

(C) Uma seccional pode abranger um ou mais estados da Federação.

(D) Uma Caixa de Assistência aos Advogados não tem personalidade própria, mas o Conselho Seccional a que ela se vincula, sim.

A: incorreta. Os arts. 63 a 68 da Lei 8.906/1994, bem como os arts. 128 a 137-C do Regulamento Geral e o Provimento 146/2011 do Conselho Federal da OAB, tratam das eleições na OAB. Elas ocorrerão na segunda quinzena do mês de novembro do último ano do mandato (que é trienal), ocasião em que serão eleitos os membros das Subseções, Conselhos Seccionais e Caixas de Assistência dos advogados. A diretoria do Conselho Federal será eleita apenas em 31/01 do ano seguinte às eleições, em votação realizada pelos membros do Conselho Federal. Trata-se de verdadeira "eleição indireta", ou seja, os advogados "comuns" não elegerão a Diretoria do Conselho Federal, mas, sim, os Conselheiros Federais, estes integrantes das chapas dos Conselhos Seccionais; **B:** correta, pode abranger até mesmo parte da capital do Estado (art. 60, § 1º, da Lei 8.906/1994); **C:** incorreta, a seccional abrange apenas o território de *um* Estado da Federação (art. 45, § 2º, da Lei 8.906/1994); **D:** incorreta, pois a Caixa de Assistência *possui* personalidade própria (art. 62, *caput*, da Lei 8.906/1994).
Gabarito "B".

(OAB/Exame Unificado – 2007.3.PR) Assinale a opção correta no que se refere à estrutura e funcionamento do Conselho Federal da OAB.

(A) As indicações e propostas são oferecidas oralmente, devendo o presidente designar relator para apresentar relatório e voto escrito na sessão seguinte, acompanhado, obrigatoriamente, da ementa do acórdão.

(B) Todas as propostas, ainda que previstas no orçamento, devem ser apreciadas apenas depois de ouvido o diretor-tesoureiro quanto às disponibilidades financeiras para a sua execução.

(C) O conselho pleno pode decidir sobre todas as matérias privativas de seu órgão especial, quando o presidente atribuir-lhes caráter de urgência e grande relevância.

(D) Ao conselho pleno compete deliberar, em caráter nacional, sobre propostas e indicações relacionadas às finalidades institucionais da OAB bem como instituir, mediante resolução, comissões permanentes para assessorar o Conselho Federal e a diretoria; eleger o sucessor dos membros da diretoria do Conselho Federal, em caso de vacância por morte e regular, mediante provimento, matérias de sua competência que não exijam edição de resolução normativa.

A: incorreta. "As proposições e os requerimentos deverão ser oferecidos por escrito, cabendo ao relator apresentar relatório e voto na sessão seguinte, acompanhados de ementa do acórdão" (art. 76 do Regulamento Geral); **B:** incorreta. As propostas previstas no orçamento não necessitam de oitiva do diretor-tesoureiro (art. 76, § 2º, do Regulamento Geral); **C:** correta, é o que descreve o art. 75, parágrafo único, do Regulamento Geral; **D:** incorreta, pois as comissões permanentes são instituídas mediante Provimento (e não resolução, como consta na alternativa!), nos termos do art. 75 do Regulamento Geral.
Gabarito "C".

(OAB/Exame Unificado – 2007.3.PR) Acerca do Conselho Federal da OAB, com sede na capital da República, assinale a opção correta.

(A) No exercício de seu mandato, o conselheiro federal atua no interesse de seus representantes diretos, cabendo ao presidente do Conselho Federal atuar no interesse da advocacia nacional.

(B) O Conselho Federal da OAB compõe-se de um presidente, dos conselheiros federais integrantes das delegações de cada unidade federativa e de seus ex-presidentes, tendo estes direito a voz nas sessões do Conselho.

(C) Ao presidente do Conselho Seccional é reservado lugar junto à delegação respectiva, não tendo ele, porém, direito a voz nas sessões do Conselho Federal e de suas câmaras.

(D) O presidente nacional da OAB e o presidente do Conselho Federal reúnem-se, mensalmente, em sessão plenária para deliberarem em conjunto sobre os assuntos relativos ao desempenho de suas atividades.

A: incorreta, pois o conselheiro federal atua somente no interesse de seus representantes diretos. Atua, também, no interesse da advocacia nacional (art. 65 do Regulamento Geral); **B:** correta, de acordo com o art. 51 da Lei 8.906/1994; **C:** incorreta, pois tem direito a voz (art. 52 da Lei 8.906/1994); **D:** incorreta. O Presidente do Conselho Federal é o presidente nacional da OAB, conforme se vê no art. 62, § 2º, do Regulamento Geral. A alternativa em análise quis fazer distinção entre o presidente nacional da OAB e o presidente do Conselho Federal, que, como visto, são a mesma pessoa.
Gabarito "B".

(OAB/Exame Unificado – 2007.2) Em relação à organização e ao funcionamento da OAB, assinale a opção correta, de acordo com o Estatuto dos Advogados.

(A) Em razão da personalidade jurídica própria da Caixa de Assistência dos Advogados, contra ato de sua diretoria não cabe recurso ao respectivo conselho seccional.

(B) Uma subseção da OAB tem diretoria eleita, mas não pode ter conselho de subseção.

(C) O conselho federal é competente para a criação de subseções com mais de 5 mil advogados.

(D) Os conselheiros federais de São Paulo, quando presentes às sessões de seu respectivo conselho seccional, têm direito a voz, mas não podem votar nessas sessões.

A: incorreta, pois cabe recurso ao Conselho Seccional (art. 76 da Lei 8.906/1994); **B:** incorreta, pois, caso haja mais de 100 advogados, poderá ter um conselho de subseção (60, § 3º, da Lei 8.906/1994); **C:** incorreta, não existe essa previsão. A competência para a criação de subseção é do Conselho Seccional (art. 60 da Lei 8.906/1994); **D:** correta, consoante o art. 56, § 3º, da Lei 8.906/1994.
Gabarito "D".

1. ÉTICA PROFISSIONAL 119

(OAB/Exame Unificado – 2007.2) Em relação ao Conselho Federal da OAB, assinale a opção correta de acordo com o Regulamento Geral da OAB.

(A) Na hipótese de renúncia de conselheiro federal de um estado da Federação, cabe ao Conselho Federal, na inexistência de suplente, eleger outro que o substitua.

(B) O voto da delegação de conselheiros federais de um estado da Federação é o de sua maioria.

(C) Os ex-presidentes do Conselho Federal não têm direito a voto nas sessões desse conselho.

(D) Para a edição de provimentos, exige-se o *quórum* de maioria absoluta dos conselheiros federais.

A: incorreta, compete ao Conselho Seccional a eleição (art. 54, § 3°, do Regulamento Geral); **B:** correta, é o previsto no art. 77 do Regulamento Geral; **C:** incorreta. Se os ex-presidentes tiverem exercido o mandato antes de 05.07.1994 ou em exercício nesta data, terão direito a voto (art. 62, § 1°, do Regulamento Geral); **D:** incorreta, pois o quórum é de *2/3* (art. 78 do Regulamento Geral).
Gabarito "B".

(OAB/Exame Unificado – 2007.2) De acordo com o Regulamento Geral da Advocacia, assinale a opção correta em relação à organização e atuação dos conselhos seccionais da OAB.

(A) O ajuizamento de ação civil pública pela OAB pode ser decidido pela diretoria da seccional.

(B) O cargo de conselheiro seccional não tem suplentes eleitos, uma vez que a suplência somente está prevista para membros do Conselho Federal.

(C) Os conselhos seccionais são integrados por um número mínimo de 30 membros.

(D) Não cabe intervenção do conselho seccional nas suas subseções, visto que os integrantes das subseções são eleitos pelo voto direto dos advogados que as integram.

A: correta, conforme dispõe o art. 105, V, *b*, do Regulamento Geral; **B:** incorreta, a suplência está prevista para Conselho Seccional, a delegação do Conselho Federal, a diretoria da Caixa de Assistência dos Advogados, a diretoria e o conselho da Subseção (art. 106, § 2°, do Regulamento Geral); **C:** incorreta, pois *até 30* membros é o *máximo* que se pode ter para a proporção de 3.000 inscritos (art. 106, I, do Regulamento Geral); **D:** incorreta, pois cabe a intervenção do Conselho Seccional nas suas Subseções (art. 113 do Regulamento Geral).
Gabarito "A".

(OAB/Exame Unificado – 2007.1) Em relação ao Conselho Federal da Ordem dos Advogados do Brasil, assinale a opção correta.

(A) O Conselho Federal é o órgão competente para autorizar a instalação de cursos jurídicos no Brasil, inclusive promovendo a recomendação das instituições com melhor aproveitamento nos exames de ordem.

(B) Compete ao Conselho Federal elaborar a lista sêxtupla para indicação dos advogados que concorrerão à vaga de desembargador do Tribunal de Justiça do Distrito Federal e dos Territórios porque é a União que organiza e mantém o Poder Judiciário daquela unidade da Federação.

(C) O presidente do Conselho Federal tem direito apenas a voz nas deliberações do conselho.

(D) O voto nas deliberações do Conselho Federal é tomado por cada delegação estadual.

A: incorreta, o Conselho Federal *colabora* "com o aperfeiçoamento dos cursos jurídicos" e "opina previamente, nos pedidos apresentados aos órgãos competentes para criação, reconhecimento ou credenciamento desses cursos" (art. 54, XV, da Lei 8.906/1994); **B:** incorreta. Não existe essa previsão; **C:** incorreta, pois tem direito a voto de qualidade (art. 53, § 1°, da Lei 8.906/1994); **D:** correta; é o que dispõe o art. 53, § 2°, da Lei 8.906/1994.
Gabarito "D".

11. ÉTICA DO ADVOGADO E PUBLICIDADE PROFISSIONAL

(OAB/Exame XXXVI) A advogada Carolina e a estagiária de Direito Beatriz, que com ela atua, com o intuito de promover sua atuação profissional, valeram-se, ambas, de meios de publicidade vedados no Código de Ética e Disciplina da OAB.

Após a verificação da irregularidade, indagaram sobre a possibilidade de celebração de termo de ajustamento de conduta tendo, como objeto, a adequação da publicidade.

Considerando o caso narrado, assinale a afirmativa correta.

(A) É admitida a celebração do termo de ajustamento de conduta apenas no âmbito do Conselho Federal da OAB, para fazer cessar a publicidade praticada pela advogada Carolina e pela estagiária Beatriz.

(B) É admitida a celebração do termo de ajustamento de conduta, no âmbito do Conselho Federal da OAB ou dos Conselhos Seccionais, para fazer cessar a publicidade praticada pela advogada Carolina, mas é vedado que o termo de ajustamento de conduta abranja a estagiária Beatriz.

(C) É vedada pelo Código de Ética e Disciplina da OAB a possibilidade de celebração de termo de ajustamento de conduta no caso narrado, uma vez que se trata de infração ética.

(D) É admitida a celebração do termo de ajustamento de conduta no âmbito do Conselho Federal da OAB ou dos Conselhos Seccionais, para fazer cessar a publicidade praticada pela advogada Carolina e também pela estagiária Beatriz.

Nos termos do art. 47-A do CED, será admitida a celebração de Termo de Ajustamento de Conduta (TAC) no âmbito dos Conselhos Seccionais e do Conselho Federal para fazer cessar a publicidade irregular praticada por advogados e estagiários. Assim, vejamos. **A:** incorreta, pois a celebração de TAC é admitida, também, no âmbito dos Conselhos Seccionais; **B:** incorreta, pois o TAC pode ser celebrado, em caso de publicidade irregular, entre a OAB e advogados ou entre a OAB e estagiários, conforme autoriza o art. 47-A do CED; **C:** incorreta, pois o TAC se presta, exatamente, diante de infração ética relacionada à publicidade irregular, a evitar a instauração de processo administrativo disciplinar; **D:** correta, nos exatos termos do art. 47-A do CED.
Gabarito "D".

(OAB/Exame XXXV) O estagiário de Direito Jefferson Santos, com o objetivo de divulgar a qualidade de seus serviços, realizou publicidade considerada irregular por meio da Internet, por resultar em captação de clientela, nos termos do Código de Ética e Disciplina da OAB.

Quanto aos instrumentos admitidos no caso em análise, assinale a afirmativa correta.

(A) É admitida a celebração de termo de ajustamento de conduta, tanto no âmbito dos Conselhos Seccionais quanto do Conselho Federal, para fazer cessar a publicidade irregular praticada.

(B) Não é permitida a celebração de termo de ajustamento de conduta, tendo em vista tratar-se de estagiário.

(C) É admitida a celebração de termo de ajustamento de conduta para fazer cessar a publicidade irregular praticada, que deverá seguir regulamentação constante em provimentos de cada Conselho Seccional, quanto aos seus requisitos e condições.

(D) Não é permitida a celebração de termo de ajustamento de conduta, tendo em vista a natureza da infração resultante da publicidade irregular narrada.

Nos termos do art. 47-A do CED, será admitida a celebração de Termo de Ajustamento de Conduta (TAC) no âmbito dos Conselhos Seccionais e do Conselho Federal para fazer cessar a publicidade irregular praticada por advogados e estagiários. Assim, vejamos as alternativas. **B** e **D**: incorretas, pois afirmam não ser permitida a celebração de TAC quando estivermos diante de infração relacionada à publicidade irregular, o que contraria o art. 47-A do CED; **A**: correta, nos termos do já referido art. 47-A do CED; **C**: incorreta, pois a celebração de TAC vem regulamentada em Provimento do Conselho Federal da OAB, consoante afirma o art. 47-A, parágrafo único, do CED.

Gabarito "A"

(OAB/Exame XXXIII – 2020.3) Antônio, residente no Município do Rio de Janeiro, ajuizou em tal foro, assistido pelo advogado Bernardo, ação ordinária em face do Banco Legal, com pedido de pagamento de indenização por danos morais supostamente sofridos por ter sido ofendido por segurança quando tentava ingressar em agência bancária localizada em Niterói.

Ao despachar a petição inicial, o juiz verificou que Antônio ocultou a circunstância de que já havia proposto, perante um dos juizados especiais cíveis da comarca de Niterói, outra ação em face do Banco Legal em razão dos mesmos fatos, na qual o pedido indenizatório foi julgado improcedente, em decisão que já havia transitado em julgado quando ajuizada a ação no Rio de Janeiro.

Em tal situação, caso se comprove que Bernardo agiu de forma coligada com Antônio para lesar o Banco Legal, Bernardo será responsabilizado

(A) solidariamente com Antônio, conforme apurado em ação própria.

(B) solidariamente com Antônio, conforme apurado nos próprios autos.

(C) subsidiariamente com Antônio, conforme apurado em ação própria.

(D) subsidiariamente em relação a Antônio, conforme apurado nos próprios autos.

Nos termos do art. 32, *caput*, do EAOAB, o advogado é responsável pelos atos que, no exercício profissional, praticar com dolo ou culpa. E, prosseguindo, o parágrafo único do citado dispositivo legal, dispõe que em caso de lide temerária, o advogado será solidariamente responsável com seu cliente, desde que coligado com este para lesar a parte contrária, o que será apurado em ação própria. Assim, de plano, tendo em vista a expressa previsão de responsabilidade solidária do advogado, incorretas as alternativas "C" e "D". Incorreta, ainda, a alternativa "B", eis que a apuração da responsabilidade solidária do advogado por ter patrocinado lide temerária de seu cliente, com ele estando coligado

para lesar a parte adversa, deverá ocorrer em ação própria, e não nos próprios autos. Correta, assim, a alternativa "A".

Gabarito "A"

(OAB/Exame XXXIII – 2020.3) O renomado advogado José deseja editar, para fins de publicidade, cartões de apresentação de suas atividades profissionais como advogado.

José, especialista em arbitragem e conciliação, já exerceu a função de conciliador junto a órgãos do Poder Judiciário. Além disso, José, atualmente, é conselheiro em certo Conselho Seccional da OAB e é professor aposentado do curso de Direito de certa universidade federal.

Considerando as informações dadas, assinale a afirmativa correta.

(A) É vedada menção, nos cartões de apresentação de José, à sua condição de conselheiro do Conselho Seccional, bem como à pregressa atuação de José como conciliador e à de professor universitário.

(B) É vedada menção, nos cartões de apresentação de José, à sua condição de conselheiro do Conselho Seccional. Todavia, autoriza-se a referência nos cartões à pregressa atuação de José como conciliador e à atividade de professor universitário.

(C) É vedada menção, nos cartões de apresentação de José, à sua pregressa atuação como conciliador. Todavia, autoriza- se a referência nos cartões à condição de conselheiro do Conselho Seccional, bem como, à atividade de professor universitário.

(D) É vedada menção, nos cartões de apresentação de José, à sua condição de conselheiro do Conselho Seccional, bem como à pregressa atuação de José como conciliador. Todavia, autoriza-se a referência nos cartões à atividade de professor universitário.

Nos termos do art. 44, § 2º, do CED, é vedada a inclusão de fotografias pessoais ou de terceiros nos cartões de visitas do advogado, bem como menção a qualquer emprego, cargo ou função ocupado, atual ou pretérito, em qualquer órgão ou instituição, salvo o de professor universitário. Portanto, José não poderá, em seus cartões de visita, fazer constar sua condição de Conselheiro Seccional, nem a de conciliador em órgãos do Judiciário. Incorretas, assim, as alternativas "B" e "C". Incorreta, também, a alternativa "A", pois é permitida a referência à condição de professor universitário, ainda que aposentado. Por fim, correta a alternativa "D", conforme redação do já citado art. 44, § 2º, do CED.

Gabarito "D"

(OAB/Exame XXXIII – 2020.3) Luiz Felipe, advogado, mantém uma coluna semanal em portal na internet destinado ao público jurídico. Para que a conduta de Luiz Felipe esteja de acordo com as normas relativas à publicidade da profissão de advogado, ele poderá

(A) debater causa sob o patrocínio de outro advogado.

(B) externar posicionamento que induza o leitor a litigar.

(C) responder à consulta sobre matéria jurídica de forma esporádica.

(D) fazer referência ao seu telefone e e-mail de contato ao final da coluna.

A: incorreta. De acordo com o art. 42 do CED, é vedado ao advogado: I – responder com habitualidade a consulta sobre matéria jurídica, nos meios de comunicação social; II – debater, em qualquer meio de comunicação, causa sob o patrocínio de outro advogado; III – abordar tema de modo a comprometer a dignidade da profissão e da instituição que o congrega; IV – divulgar ou deixar que sejam divulgadas listas de clientes

1. ÉTICA PROFISSIONAL 121

e demandas; V – insinuar-se para reportagens e declarações públicas; **B:** incorreta. Conforme art. 41 do CED, as colunas que o advogado mantiver nos meios de comunicação social ou os textos que por meio deles divulgar não deverão induzir o leitor a litigar nem promover, dessa forma, captação de clientela; **C:** correta. Há vedação do advogado em responder com habitualidade a consulta sobre matéria jurídica (art. 42, I, CED). Porém, de forma esporádica, não há proibição; **D:** incorreta. Nos termos do art. 40, V, do CED, é proibido ao advogado, o fornecimento de dados de contato, como endereço e telefone, em colunas ou artigos literários, culturais, acadêmicos ou jurídicos, publicados na imprensa, bem assim quando de eventual participação em programas de rádio ou televisão, ou em veiculação de matérias pela internet, sendo permitida a referência a e-mail. Veja: somente o e-mail pode ser informado na coluna, mas, não, o telefone do advogado.

Gabarito "C".

(OAB/Exame Unificado – 2020.1) Em certo município, os advogados André e Helena são os únicos especialistas em determinado assunto jurídico. Por isso, André foi convidado a participar de entrevista na imprensa escrita sobre as repercussões de medidas tomadas pelo Poder Executivo local, relacionadas à sua área de especialidade. Durante a entrevista, André convidou os leitores a litigarem em face da Administração Pública, conclamando-os a procurarem advogados especializados para ajuizarem, desde logo, as demandas que considerava tecnicamente cabíveis.

Porém, quando indagado sobre os meios de contato de seu escritório, para os leitores interessados, André disse que, por obrigação ética, não poderia divulgá-los por meio daquele veículo. Por sua vez, a advogada Helena, irresignada com as mesmas medidas tomadas pelo Executivo, procurou um programa de rádio, oferecendo-se para uma reportagem sobre o assunto. No programa, Helena manifestou-se de forma técnica, educativa e geral, evitando sensacionalismo.

Considerando as situações acima narradas e o disposto no Código de Ética e Disciplina da OAB, assinale a afirmativa correta.

(A) André e Helena agiram de forma ética, observando as normas previstas no Código de Ética e Disciplina da OAB.

(B) Nenhum dos dois advogados agiu de forma ética, tendo ambos inobservado as normas previstas no Código de Ética e Disciplina da OAB.

(C) Apenas André agiu de forma ética, observando as normas previstas no Código de Ética e Disciplina da OAB.

(D) Apenas Helena agiu de forma ética, observando as normas previstas no Código de Ética e Disciplina da OAB.

Antes de comentarmos cada uma das alternativas, relevante mencionarmos que os arts. 39 a 47 do Código de Ética e Disciplina da OAB (CED) tratam da publicidade profissional na advocacia. No tocante ao histórico trazido no enunciado, com relação ao advogado André, não se vê qualquer irregularidade no fato de ele ter sido convidado a participar de entrevista na imprensa escrita, conforme admite o art. 43, *caput*, do CED. Porém, durante a entrevista, ao convidar os leitores a litigarem em face da Administração Pública, violou frontalmente tal proibição, constante no art. 41 do CED. Errou o advogado André, também, ao dizer que não poderia fornecer qualquer meio de contato de seu escritório, pois o art. 40, V, do CED, admite, como única referência para contato, o e-mail do profissional. Quanto à advogada Helena, errou ao insinuar-se para um programa de rádio para participar de reportagem,

em frontal violação ao art. 42, V, do CED, que veda expressamente que o advogado se insinue para reportagens e declarações públicas. Em resumo, violaram as disposições do CED os dois advogados. Vamos, agora, às alternativas! **A, C e D**: incorretas, pois André e Helena, como explicado anteriormente, violaram as disposições do CED; **B:** correta. Como visto, os advogados André e Helena violaram regras do CED em matéria de publicidade profissional.

Gabarito "B".

(OAB/Exame Unificado – 2019.3) Antônio e José são advogados e atuam em matéria trabalhista. Antônio tomou conhecimento de certos fatos relativos à vida pessoal de seu cliente, que respondia a processo considerado de interesse acadêmico. Após o encerramento do feito judicial, Antônio resolveu abordar os fatos que deram origem ao processo em sua dissertação pública de mestrado. Então, a fim de se resguardar, Antônio notificou o cliente, indagando se este solicitava sigilo sobre os fatos pessoais ou se estes podiam ser tratados na aludida dissertação. Tendo obtido resposta favorável do cliente, Antônio abordou o assunto na dissertação.

Por sua vez, o advogado José também soube de fatos pessoais de seu cliente, em razão de sua atuação em outro processo. Entretanto, José foi difamado em público, gravemente, por uma das partes da demanda. Por ser necessário à defesa de sua honra, José divulgou o conteúdo particular de que teve conhecimento.

Considerando os dois casos narrados, assinale a afirmativa correta.

(A) Antônio infringiu o disposto no Código de Ética e Disciplina da OAB, violando o dever de sigilo profissional. Por outro lado, José não cometeu infração ética, já que o dever de sigilo profissional cede na situação descrita.

(B) Antônio e José infringiram, ambos, o disposto no Código de Ética e Disciplina da OAB, violando seus deveres de sigilo profissional.

(C) José infringiu o disposto no Código de Ética e Disciplina da OAB, violando o dever de sigilo profissional. Por outro lado, Antônio não cometeu infração ética, já que o dever de sigilo profissional cede na situação descrita.

(D) Antônio e José não cometeram infração ética, já que o dever de sigilo profissional, em ambos os casos, cede nas situações descritas.

A: correta. De acordo com o art. 36 do CED, o sigilo profissional é de ordem pública, independendo de solicitação de reserva que lhe seja feita pelo cliente. Em outras palavras, ainda que Antônio tenha consultado seu cliente sobre a possibilidade de relatar os fatos relativos à sua vida pessoal e que foram tratados em processo judicial, o sigilo, como visto, é de ordem pública, vale dizer, tem que ser respeitado pelo advogado por se tratar de um dever ético, pouco importando eventual anuência de seu constituinte com sua revelação em trabalho acadêmico. Com relação ao advogado José, a revelação do sigilo por ele foi lícita, estando autorizada pelo art. 37 do CED, segundo o qual o sigilo profissional cederá em face de circunstâncias excepcionais que configurem justa causa, como nos casos de grave ameaça à honra; **B:** incorreta, pois, como visto, José não infringiu o disposto no CED no que toca ao sigilo profissional; **C:** incorreta, pois José, baseado no art. 37 do CED, para a defesa de sua honra, poderia violar o dever de sigilo profissional. Já Antônio, ao revelar em sua dissertação de mestrado fatos relacionados à vida pessoal de seu cliente, cujo conhecimento ocorreu em razão do exercício profissional, violou o art. 36 do CED; **D:** incorreta, pois, como visto, Antônio cometeu infração ética por violação, sem justa causa, de sigilo profissional.

Gabarito "A".

(OAB/Exame Unificado – 2019.1) A advogada Leia Santos confeccionou cartões de visita para sua apresentação e de seu escritório. Nos cartões, constava seu nome, número de inscrição na OAB, bem como o site do escritório na Internet e um QR code para que o cliente possa obter informações sobre o escritório. Já o advogado Lucas Souza elaborou cartões de visita que, além do seu nome e número de inscrição na OAB, apresentam um logotipo discreto e a fotografia do escritório.

Considerando as situações descritas e o disposto no Código de Ética e Disciplina da OAB, assinale a afirmativa correta.

(A) Leia e Lucas cometeram infrações éticas, pois inseriram elementos vedados pelo Código de Ética e Disciplina da OAB nos cartões de apresentação.

(B) Nenhum dos advogados cometeu infração ética, pois os elementos inseridos por ambos nos cartões de apresentação são autorizados.

(C) Apenas Leia cometeu infração ética, pois inseriu elementos vedados pelo Código de Ética e Disciplina da OAB nos cartões de apresentação. Os elementos empregados por Lucas são autorizados.

(D) Apenas Lucas cometeu infração ética, pois inseriu elementos vedados pelo Código de Ética e Disciplina da OAB nos cartões de apresentação. Os elementos empregados por Leia são autorizados.

Nos termos do art. 44 do CED, na publicidade profissional que promover ou nos cartões e material de escritório de que se utilizar, o advogado fará constar seu nome ou o da sociedade de advogados, o número ou os números de inscrição na OAB. Poderão ser referidos apenas os títulos acadêmicos do advogado e as distinções honoríficas relacionadas à vida profissional, bem como as instituições jurídicas de que faça parte, e as especialidades a que se dedicar, o endereço, e-mail, site, página eletrônica, QR code, logotipo e a fotografia do escritório, o horário de atendimento e os idiomas em que o cliente poderá ser atendido. Especificamente nos cartões de visita, é vedada a inclusão de fotografias pessoais ou de terceiros, bem como menção a qualquer emprego, cargo ou função ocupado, atual ou pretérito, em qualquer órgão ou instituição, salvo o de professor universitário. Portanto, nenhum dos advogados referidos no enunciado cometeu qualquer infração ética, eis que os elementos inseridos nos seus cartões de visita são permitidos pelo Código de Ética. Correta, portanto, a alternativa "B".

Gabarito "B".

(OAB/Exame Unificado – 2018.2) Juan e Pablo, ambos advogados, atuaram conjuntamente patrocinando uma demanda trabalhista em favor de certo trabalhador empregado. Tiveram bastante sucesso no exercício dessa função, tendo se valido de teses jurídicas notórias. Em razão disso, após o fim desse processo, duas pessoas jurídicas contrataram, respectivamente, Juan e Pablo, como integrantes de seus departamentos jurídicos, em relação empregatícia.

A sociedade que empregou Juan determinou que ele atue de forma consultiva, emitindo parecer sobre a mesma questão jurídica tratada naquele primeiro processo, embora adotando orientação diversa, desta feita favorável aos empregadores. A pessoa jurídica que emprega Pablo pretende que ele realize sua defesa, em juízo, em processos nos quais ela é ré, sobre a mesma questão,

também sustentando o posicionamento favorável aos empregadores.

Considerando o caso narrado, assinale a afirmativa correta.

(A) Juan e Pablo podem, de maneira legítima, recusar a atuação consultiva e o patrocínio das demandas judiciais, respectivamente, sem que isso implique violação aos seus deveres profissionais.

(B) Apenas Juan pode, de maneira legítima, recusar a atuação consultiva sem que isso implique violação aos seus deveres profissionais.

(C) Apenas Pablo pode, de maneira legítima, recusar o patrocínio das demandas judiciais sem que isso implique violação aos seus deveres profissionais.

(D) As recusas quanto à atuação consultiva e ao patrocínio das demandas judiciais, por Juan e Pablo, respectivamente, implicam violações aos seus deveres profissionais.

Nos termos do art. 4º do CED, o advogado, ainda que vinculado ao cliente ou constituinte, mediante relação empregatícia ou por contrato de prestação permanente de serviços, ou como integrante de departamento jurídico, ou de órgão de assessoria jurídica, público ou privado, deve zelar pela sua liberdade e independência. O parágrafo único do dispositivo em comento prevê ser legítima a recusa, pelo advogado, do patrocínio de causa e de manifestação, no âmbito consultivo, de pretensão concernente a direito que também lhe seja aplicável ou que contrarie orientação que tenha manifestado anteriormente. Assim, correta a alternativa "A", eis que Juan e Pablo, por já terem, em demanda trabalhista, sustentado determinada tese jurídica, não poderão ser compelidos, ainda que haja relação empregatícia, a defender tese contrária àquela anteriormente defendida, sendo, portanto, legítima a recusa ao patrocínio de causas nesse sentido, bem como atuação consultiva. As alternativas "B", "C" e "D" violam o art. 4º do CED.

Gabarito "A".

(OAB/Exame Unificado – 2018.2) Rafaela, advogada, atua como árbitra em certa lide. Lena, também regularmente inscrita como advogada perante a OAB, exerce atualmente a função de mediadora. Ambas, no exercício de suas atividades, tomaram conhecimento de fatos relativos às partes envolvidas. Todavia, apenas foi solicitado a Rafaela que guardasse sigilo sobre tais fatos.

Considerando o caso narrado, assinale a afirmativa correta.

(A) Apenas Rafaela, no exercício da profissão, submete-se ao dever de guardar sigilo dos fatos de que tomou conhecimento. O dever de sigilo cederá em face de circunstâncias excepcionais que configurem justa causa, como nos casos de grave ameaça aos direitos à vida e à honra, bem como em caso de defesa própria.

(B) Apenas Lena, no exercício da profissão, submete-se ao dever de guardar sigilo dos fatos de que tomou conhecimento. O dever de sigilo cederá em face de circunstâncias excepcionais que configurem justa causa, como nos casos de grave ameaça aos direitos à vida e à honra, bem como em caso de defesa própria.

(C) Ambas as advogadas, no exercício da profissão, submetem-se ao dever de guardar sigilo dos fatos de que tomaram conhecimento. O dever de sigilo cederá em face de circunstâncias excepcionais que configurem justa causa, como nos casos de grave

1. ÉTICA PROFISSIONAL — 123

ameaça aos direitos à vida e à honra, bem como em caso de defesa própria.

(D) Apenas Rafaela, no exercício da profissão, submete-se ao dever de guardar sigilo dos fatos de que tomou conhecimento. O dever de sigilo cederá em face de circunstâncias excepcionais que configurem justa causa, como nos casos de grave ameaça aos direitos à vida e à honra. Porém, não se admite a relativização do dever de sigilo para exercício de defesa própria.

De acordo com o art. 35, *caput* e parágrafo único, do CED, o advogado tem o dever de guardar sigilo dos fatos de que tome conhecimento no exercício da profissão, abrangendo, também, os fatos de que tenha tido conhecimento em virtude de funções desempenhadas na Ordem dos Advogados do Brasil. Ademais, o art. 36, § 2º, do CED, dispõe que o advogado, quando no exercício das funções de mediador, conciliador e árbitro, se submete às regras de sigilo profissional. Portanto, as advogadas Rafaela e Lena, respectivamente, árbitra em determinada lide e mediadora, submetem-se, por imperativo ético, ao dever de guardar sigilo dos fatos que tenham tomado conhecimento em razão do exercício de referidas funções. Assim, incorretas as alternativas "A", "B" e "D", que restringem o dever de sigilo apenas a uma das advogadas. Correta, porém, a alternativa "C". Destaque-se que somente se houver justa causa será admitida a quebra do sigilo profissional, conforme preconiza o art. 37 do CED: o sigilo profissional cederá em face de circunstâncias excepcionais que configurem justa causa, como nos casos de grave ameaça ao direito à vida e à honra ou que envolvam defesa própria.
Gabarito "C".

(OAB/Exame Unificado – 2018.1) O advogado Valter instalou, na fachada do seu escritório, um discreto painel luminoso com os dizeres "Advocacia Trabalhista". A sociedade de advogados X contratou a instalação de um sóbrio painel luminoso em um dos pontos de ônibus da cidade, onde constava apenas o nome da sociedade, dos advogados associados e o endereço da sua sede. Já a advogada Helena fixou, em todos os elevadores do prédio comercial onde se situa seu escritório, cartazes pequenos contendo inscrições sobre seu nome, o ramo do Direito em que atua e o andar no qual funciona o escritório.

Considerando as situações descritas e o disposto no Código de Ética e Disciplina da OAB, assinale a afirmativa correta.

(A) Apenas Valter e a sociedade de advogados X violaram a disciplina quanto à ética na publicidade profissional.

(B) Apenas Helena violou a disciplina quanto à ética na publicidade profissional.

(C) Valter, Helena e a sociedade de advogados X violaram a disciplina quanto à ética na publicidade profissional.

(D) Apenas a sociedade de advogados X e Helena violaram a disciplina quanto à ética na publicidade profissional.

Acerca da publicidade profissional, o CED, em seus arts. 39 a 47, dispõe sobre as diretrizes gerais e limites impostos à classe dos advogados para a divulgação de suas atividades profissionais. Com relação ao enunciado proposto, vê-se o comportamento de cada um dos advogados: (i) Valter instalou na fachada de seu escritório um painel luminoso discreto com os dizeres "Advocacia Trabalhista"; (ii) a sociedade de advogados X contratou a instalação de painéis luminosos sóbrios em ponto de ônibus da cidade, fazendo constar apenas o nome da sociedade e respectivo endereço; (iii) Helena fixou pequenos cartazes com seu nome, especialidade e endereço profissional em todos os elevadores do prédio comercial onde se situa seu escritório. Do narrado, vê-se que a sociedade de advogados X violou o disposto

no art. 40, III, do CED, que veda como meios de publicidade profissional as inscrições em qualquer espaço público (no caso, um ponto de ônibus). Também afrontou as regras éticas a advogada Helena, que divulgou seu nome, especialidade e endereço em elevadores, incidindo na vedação expressamente contida, nesse sentido, no já referido art. 40, III, do CED. Somente não violou regras de publicidade profissional o advogado Valter, a quem é permitida a identificação do escritório por meio de placas, painéis luminosos ou formas assemelhadas, desde que observadas as diretrizes da publicidade (art. 40, parágrafo único, do CED). Correta, portanto, a alternativa D.
Gabarito "D".

(OAB/Exame Unificado – 2017.1) Marcelo, renomado advogado, foi convidado para participar de matéria veiculada pela Internet, por meio de portal de notícias, com a finalidade de informar os leitores sobre direitos do consumidor. Ao final da matéria, mediante sua autorização, foi divulgado o *e-mail* de Marcelo, bem como o número de telefone do seu escritório. Sobre essa situação, de acordo com o Código de Ética e Disciplina da OAB, assinale a afirmativa correta.

(A) Marcelo não pode participar de matéria veiculada pela Internet, pois esse fato, por si só, configura captação de clientela.

(B) Marcelo pode participar de matéria veiculada pela Internet, mas são vedadas a referência ao *e-mail* e ao número de telefone do seu escritório ao final da matéria.

(C) Marcelo pode participar de matéria veiculada pela Internet e são permitidas a referência ao *e-mail* e ao número de telefone do seu escritório ao final da matéria.

(D) Marcelo pode participar de matéria veiculada pela Internet, mas é vedada a referência ao número de telefone do seu escritório ao final da matéria, sendo permitida a referência ao seu *e-mail*.

Nos termos do art. 40 do Novo Código de Ética e Disciplina (CED), os meios utilizados para a publicidade profissional hão de ser compatíveis com a diretriz estabelecida no artigo anterior (caráter informativo, discrição e sobriedade), sendo vedados, dentre outros, o fornecimento de dados de contato, como endereço e telefone, em colunas ou artigos literários, culturais, acadêmicos ou jurídicos, publicados na imprensa, bem assim quando de eventual participação em programas de rádio ou televisão, ou em veiculação de matérias pela internet, sendo permitida a referência a e-mail. Assim, vamos às alternativas. **A:** incorreta, pois, como visto, o art. 40, V, do CED, permite a participação de advogado em programas de rádio ou televisão, desde que eventualmente, bem como em matérias pela internet; **B:** incorreta, pois é permitida a disponibilização de e-mail pelo advogado ao participar de matérias pela internet; **C:** incorreta, pois é vedada expressamente a referência de dados de contato, como endereço e telefone, sendo permitida apenas a divulgação de e-mail; **D:** correta, conforme já anotado nas alternativas anteriores. De acordo com o enunciado, o advogado Marcelo foi convidado a participar de matéria veiculada pela Internet, ocasião em que divulgou seu e-mail, bem como telefone do escritório. Ao fazer referência ao seu e-mail, não praticou conduta antiética, mas ao informar seu telefone, violou expressamente o art. 40, V, do CED.
Gabarito "D".

(OAB/Exame Unificado – 2016.3) Janaína é procuradora do município de Oceanópolis e atua, fora da carga horária demandada pela função, como advogada na sociedade de advogados Alfa, especializada em Direito Tributário. A profissional já foi professora na universidade estadual

Beta, situada na localidade, tendo deixado o magistério há um ano, quando tomou posse como procuradora municipal. Atualmente, Janaína deseja imprimir cartões de visitas para divulgação profissional de seu endereço e telefones. Assim, dirigiu-se a uma gráfica e elaborou o seguinte modelo: no centro do cartão, consta o nome e o número de inscrição de Janaína na OAB. Logo abaixo, o endereço e os telefones do escritório. No canto superior direito, há uma pequena fotografia da advogada, com vestimenta adequada. Na parte inferior do cartão, estão as seguintes inscrições "procuradora do município de Oceanópolis", "advogada – Sociedade de Advogados Alfa" e "ex-professora da Universidade Beta". A impressão será feita em papel branco com proporções usuais e grafia discreta na cor preta.

Considerando a situação descrita, assinale a afirmativa correta.

(A) Os cartões de visitas pretendidos por Janaína não são adequados às regras referentes à publicidade profissional. São vedados: o emprego de fotografia pessoal e a referência ao cargo de procurador municipal. Os demais elementos poderão ser mantidos.

(B) Os cartões de visitas pretendidos por Janaína, pautados pela discrição e sobriedade, são adequados às regras referentes à publicidade profissional.

(C) Os cartões de visitas pretendidos por Janaína não são adequados às regras referentes à publicidade profissional. São vedados: o emprego de fotografia e a referência ao cargo de magistério que Janaína não mais exerce. Os demais elementos poderão ser mantidos.

(D) Os cartões de visitas pretendidos por Janaína não são adequados às regras referentes à publicidade profissional. São vedados: a referência ao cargo de magistério que Janaína não mais exerce e a referência ao cargo de procurador municipal. Os demais elementos poderão ser mantidos.

O Novo Código de Ética e Disciplina (CED), tratando especificamente da publicidade profissional realizada por advogados por meio de cartões de visita, prevê, expressamente, em seu art. 44, § 2°, ser vedada a inclusão de fotografias pessoais ou de terceiros, bem como menção a qualquer emprego, cargo ou função ocupado, atual ou pretérito, em qualquer órgão ou instituição, salvo o de professor universitário. Partindo de referidas regras éticas, temos que a advogada e procuradora do município Janaína, ao pretender imprimir os cartões de visita para divulgação profissional de seu endereço e telefones, encontrará os seguintes obstáculos: (i) não poderá fazer menção ao cargo de "procuradora do município de Oceanópolis", eis que a menção a cargos atuais ou pretéritos, como visto, é proibida; (ii) não poderá incluir sua fotografia pessoal, o que também é proibido pelo precitado art. 44, § 2°, do CED. Oportuno esclarecer que a menção à carreira docente que teve na Universidade Beta é possível, tratando-se da única atividade "externa" à advocacia que pode ser inserida no cartão de visita. Também é perfeitamente lícita a inclusão de dados de contato (endereço e telefones), bem como seu nome e número de inscrição, os quais, diga-se de passagem, são obrigatórios na publicidade profissional (art. 44, "caput", do CED). Correta, portanto, a alternativa "A", estando incorretas as demais. Confira-se: **B**: incorreta, pois, como já apontamos, os cartões de visita pretendidos por Janaína, no tocante à fotografia e menção ao cargo de procuradora, são inadequados; **C e D**: incorretas, pois a referência a cargo de magistério (seja atual, seja pretérito), é permitida. Gabarito "A".

(OAB/Exame Unificado – 2016.1) Alexandre, advogado que exerce a profissão há muitos anos, é conhecido por suas atitudes corajosas, sendo respeitado pelos seus clientes e pelas autoridades com quem se relaciona por questões profissionais. Comentando sua atuação profissional, ele foi inquirido, por um dos seus filhos, se não deveria recusar a defesa de um indivíduo considerado impopular, bem como se não deveria ser mais obediente às autoridades, diante da possibilidade de retaliação.

Sobre o caso apresentado, observadas as regras do Estatuto da OAB, assinale a opção correta indicada ao filho do advogado citado.

(A) O advogado Alexandre deve recusar a defesa de cliente cuja atividade seja impopular.

(B) O temor à autoridade pode levar à negativa de prestação do serviço advocatício por Alexandre.

(C) As causas impopulares aceitas por Alexandre devem vir sempre acompanhadas de apoio da Seccional da OAB.

(D) Nenhum receio de desagradar uma autoridade deterá o advogado Alexandre.

Nos termos do art. 31, §2°, do EAOAB, nenhum receio de desagradar a magistrado ou qualquer autoridade, nem de incorrer em impopularidade, deve deter o advogado no exercício da profissão. Trata-se de verdadeiro imperativo a ser observado por todos os advogados, que devem atuar de acordo com os preceitos éticos. Assim, vamos às alternativas. A e **C**: incorretas, pois, como visto, ainda que a defesa assumida por Alexandre fosse de indivíduo impopular, tal não seria suficiente a impedi-lo de exercer a profissão; **B**: incorreta, eis que o precitado art. 31, §2°, do EAOAB, é claro ao prever que o advogado não terá obstaculizado o exercício da profissão pelo fato de sua atuação poder causar impopularidade ou desagradar qualquer autoridade; **D**: correta, estando a assertiva em perfeita consonância com o quanto prescrito pelo EAOAB. Gabarito "D".

(OAB/Exame Unificado – 2015.2) O advogado Nelson, após estabelecer seu escritório em local estratégico nas proximidades dos prédios que abrigam os órgãos judiciários representantes de todas as esferas da Justiça, resolve publicar anúncio em que, além dos seus títulos acadêmicos, expõe a sua vasta experiência profissional, indicando os vários cargos governamentais ocupados, inclusive o de Ministro de prestigiada área social. Nos termos do Código de Ética da Advocacia, assinale a afirmativa correta.

(A) O anúncio está adequado aos termos do Código, pois indica os títulos acadêmicos e a experiência profissional.

(B) O anúncio está adequado aos termos do Código, por não conter adjetivações ou referências elogiosas ao profissional.

(C) O anúncio colide com as normas do Código, pois a referência a títulos acadêmicos é vedada por indicar a possibilidade de captação de clientela.

(D) O anúncio colide com as normas do Código, que proíbem a referência a cargos públicos capazes de gerar captação de clientela.

Nos termos do art. 44, § 1°, do CED, o anúncio do advogado poderá fazer referência a títulos acadêmicos e especialidades em que atue. Todavia, nos termos do § 2° do referido dispositivo, o anúncio do advogado não deve mencionar qualquer emprego, cargo ou função

1. ÉTICA PROFISSIONAL   125

ocupados no presente ou passado, salvo o de professor universitário. A intenção aqui é clara: impedir a captação de clientela. Assim, no caso relatado no enunciado, Nelson, no anúncio de seu escritório, além dos títulos acadêmicos – cuja menção, como visto, é possível! –, indicou os vários cargos governamentais que já ocupou, inclusive o de Ministro. Tais referências são vedadas, estando correta, portanto, a alternativa D. As demais, pelo que já explicitamos, estão corretas.

Gabarito "D".

(OAB/Exame Unificado – 2014.3) Fred, jovem advogado, é contratado para prestar serviços na empresa BBO Ltda., que possui uma assessoria jurídica composta por cinco profissionais do Direito, orientados por uma gerência jurídica. Após cinco meses de intensa atividade, é concitado a formular parecer sobre determinado tema jurídico de interesse da empresa, tarefa que realiza, sendo seu entendimento subscrito pela gerência.

Após dez meses do referido evento, o tema é reapresentado por um dos diretores da empresa, que, em viagem realizada para outro estado, havia consultado um outro advogado.

Diante dos novos argumentos, o gerente determina que Fred, o advogado parecerista, mesmo sem ter mudado de opinião, apresente petição inicial em confronto com o entendimento anteriormente preconizado.

No caso, nos termos do Código de Ética da Advocacia, o advogado

(A) deve submeter-se à determinação da gerência jurídica.

(B) deve apresentar seu parecer ao conjunto de advogados para decisão.

(C) pode recusar-se a propor a ação diante do parecer anterior.

(D) pode opor-se e postular assessoria da OAB.

Nos termos do art. 4º, parágrafo único, do Código de Ética e Disciplina, é legítima a recusa, pelo advogado, do patrocínio de pretensão concernente a direito que também lhe seja aplicável, ou *contrarie orientação que tenha manifestado anteriormente.* Portanto, Fred poderá recusar-se a elaborar petição inicial que contrarie sua anterior manifestação, apresentada em parecer. Correta, portanto, a alternativa C, estando as demais em confronto com o quanto dita o Código de Ética.

Gabarito "C".

(OAB/Exame Unificado – 2014.3) Bernardo recebe comunicação do seu cliente Eduardo de que este havia desistido da causa que apresentara anteriormente, por motivo de viagem a trabalho, no exterior, em decorrência de transferência e promoção na sua empresa. Houve elaboração da petição inicial, contrato de prestação de serviços e recebimento adiantado de custas e honorários advocatícios.

Nesse caso, nos termos do Código de Ética da Advocacia, deve o advogado

(A) devolver os honorários antecipados sem abater os custos do escritório.

(B) prestar contas ao cliente de forma pormenorizada.

(C) arquivar os documentos no escritório como forma de garantia.

(D) realizar contrato vinculando o cliente ao escritório.

A: incorreta, pois tendo o advogado iniciado a prestação dos serviços, com a elaboração de petição inicial, fará jus, pelo menos, aos custos que tiverem existido até então; **B:** correta. Nos termos do art. 12 do Código de Ética e Disciplina, a conclusão ou desistência da causa, tenha havido, ou não, extinção do mandato, obriga o advogado a devolver ao cliente bens, valores e documentos que lhe hajam sido confiados e ainda estejam em seu poder, bem como a prestar-lhe contas, pormenorizadamente, sem prejuízo de esclarecimentos complementares que se mostrem pertinentes e necessários; **C:** incorreta, pois, com a desistência da causa, o referido art. 12 do CED determina a devolução dos documentos ao cliente; **D:** incorreta, visto que não há qualquer dispositivo do CED que imponha, em caso de desistência da causa, a entabulação de contrato vinculando o cliente ao escritório. Ao contrário: se o advogado, em razão da desistência da causa, não mais for atuar em nome do cliente, a relação contratual terá fim.

Gabarito "B".

(OAB/Exame Unificado – 2014.2) Andrea e Luciano trocam missivas intermitentes, cujo conteúdo diz respeito a processo judicial em que a primeira é autora, e o segundo, seu advogado. A parte contrária, ciente da troca de informações entre eles, requer ao Juízo que esses documentos sejam anexados aos autos do processo em que litigam. Sob a perspectiva do Código de Ética e Disciplina da Advocacia, as comunicações epistolares trocadas entre advogado e cliente

(A) constituem documentos públicos a servirem como prova em Juízo.

(B) são presumidas confidenciais, não podendo ser reveladas a terceiros.

(C) podem ser publicizadas, de acordo com a prudência do advogado.

(D) devem ser mantidas em sigilo até o perecimento do advogado.

A: incorreta, pois as comunicações epistolares (por cartas/correspondências) feitas ao advogado pelo cliente, assim como, de maneira geral, as comunicações de qualquer natureza entre cliente e advogado, presumem-se confidenciais, nos termos do art. 36, § 1º, do Código de Ética e Disciplina (CED). Logo, não constituem documentos públicos, os quais, como o próprio nome sugere, são aqueles que ganham contornos de ampla publicidade, tais como as escrituras públicas; **B:** correta. Como dito, as comunicações de qualquer natureza entre cliente e advogado, tais como as missivas (cartas) trocadas entre eles, são presumidas confidenciais, não podendo ser reveladas a terceiros (art. 36, § 1º, do CED). Contudo, é bom que se diga que, à luz do art. 27, caput, do "antigo" CED, as confidências feitas ao advogado pelo cliente poderiam ser utilizadas nos limites da necessidade da defesa, desde que autorizado pelo constituinte. Embora referida disposição não tenha sido repetida no Novo CED, entendemos que continua sendo possível o uso de correspondências, pelo advogado, inclusive com sua juntada nos autos do processo, que lhe tenham sido dirigidas pelo cliente, desde que nos limites, repita-se, da necessidade da defesa, e desde que o cliente autorize. Essa situação é muito diferente daquela expressa no enunciado, no qual quem pediu a apresentação das cartas foi a parte contrária; **C:** incorreta, pois as cartas enviadas pelo cliente ao advogado, como visto, somente poderão ser por este utilizadas nos limites da necessidade da defesa, e desde que o constituinte autorize. Portanto, não se trata de decisão unilateral do advogado (dar publicidade às comunicações epistolares com seu cliente); **D:** incorreta, pois, como visto, as missivas (cartas) trocadas entre cliente-advogado podem ser anexadas aos autos do processo, desde que observado o disposto no já referido art. 27 do antigo CED, cujo conteúdo entendemos ser passível de aplicação mesmo diante do Novo CED, que não previu regra nesse sentido. É que se o próprio cliente anuir com a apresentação, em juízo, de correspondências que tenha enviado ao seu advogado, nenhuma violação ao sigilo profissional será realizada pelo causídico.

Gabarito "B".

(OAB/Exame Unificado – 2014.1) Valdir representa os interesses de André em ação de divórcio em que estão em discussão diversas questões relevantes, inclusive de cunho financeiro, como, por exemplo, o pensionamento e a partilha de bens. Irritado com as exigências de sua ex-esposa, André revela a Valdir que pretende contratar alguém para assassiná-la.

Deve Valdir comunicar o segredo revelado por seu cliente às autoridades competentes?

(A) Valdir não pode revelar o segredo que lhe foi confiado por André, pois o advogado deve sempre guardar sigilo sobre o que saiba em razão do seu ofício.

(B) Valdir poderia revelar o segredo que lhe foi confiado por André, mas apenas no caso de ser intimado como testemunha em ação penal eventualmente deflagrada para a apuração do homicídio que viesse a ser efetivamente praticado.

(C) Valdir pode revelar o segredo que lhe foi confiado por André, em razão de estar a vida da ex-esposa deste último em risco.

(D) Valdir não pode revelar o segredo que lhe foi confiado por André, mas tem obrigação legal de impedir que o homicídio seja praticado, sob pena de se tornar partícipe do crime.

A: incorreta. Embora o segredo, no tocante às confidências que o cliente faz ao advogado, seja a regra (art. 35 do CED), é certo que não se trata de cláusula absoluta. Em situações extremas, poderá o advogar romper com o seu dever de sigilo, como será melhor visto a seguir; **B:** incorreta, pois, como é sabido e ressabido, o art. 7º, XIX, do EAOAB, bem como o art. 38 do CED, permitem ao advogado que se recuse a depor como testemunha em processo que envolva cliente ou ex-cliente. Porém, no caso relatado no enunciado, veremos que Valdir poderá revelar o segredo que lhe foi confidenciado por André; **C:** correta. Como dito, embora o segredo seja a regra, o advogado poderá rompê-lo nos casos previstos no art. 37 do CED, que consagra, segundo entendemos, a excepcionalidade do rompimento do sigilo profissional, que cederá em face de circunstâncias excepcionais que configurem justa causa, como nos casos de grave ameaça ao direito à vida e à honra ou que envolvam defesa própria. No caso relatado, o advogado Valdir, diante de grave ameaça à vida da ex-esposa de André, poderá comunicar o segredo às autoridades, valendo-se, para tanto, do precitado art. 37 do CED; **D:** incorreta, seja pelo fato de Valdir poder revelar o segredo que lhe foi confiado por André, seja em razão de não ter, sob a ótica da omissão penalmente relevante (art. 13, § 2º, do CP), o dever jurídico de agir para impedir o homicídio. Afinal, o advogado não tem, seja por imposição legal ou contratual, o dever jurídico de agir para impedir a morte da ex-esposa de seu cliente. Logo, não poderia ser considerado partícipe, ainda que a morte ocorresse e ele não tivesse levado ao conhecimento das autoridades a revelação que lhe foi feita pelo cliente.
Gabarito "C".

(OAB/Exame Unificado – 2013.3) Isabela é advogada prestigiada, tendo organizado, com o correr dos anos, um escritório de advocacia especializado em Direito Ambiental, com vários advogados associados. Por sugestão de um deles, edita um atualizado boletim de notícias, com informações jurisprudenciais, doutrinárias, legais e internacionais sobre o tema, considerado uma publicação de altíssima qualidade, que é distribuído somente aos profissionais do escritório. Sabedor da publicação, Eusébio, jovem estudante de Direito, que busca direcionar seus estudos para a área ambiental, solicita acesso ao referido boletim.

Nos termos do Código de Ética da Advocacia, o boletim de notícias

(A) deve circular restritivamente entre os profissionais do escritório.

(B) pode ser enviado a qualquer pessoa como forma de propaganda.

(C) pode ser remetido a quem o requerer.

(D) é considerado como publicidade abusiva e vedado ao advogado.

A: incorreta. Nos termos do art. 45, do Código de Ética e Disciplina (CED), são admissíveis como formas de publicidade o patrocínio de eventos ou publicações de caráter científico ou cultural, assim como a divulgação de boletins, por meio físico ou eletrônico, sobre matéria cultural de interesse dos advogados, desde que sua circulação fique adstrita a clientes e a interessados do meio jurídico. Assim, o boletim de notícias distribuído por Isabela poderá circular não apenas entre os profissionais do escritório, mas, nos termos do dispositivo normativo citado, também, entre clientes ou outras pessoas interessadas do meio jurídico; **B:** incorreta, pois a publicidade na advocacia, regida pelos arts. 39 a 47 do CED, é limitada pelos princípios da discrição e sobriedade, além da finalidade informativa, não sendo viável o encaminhamento de boletim informativo como forma de propaganda do escritório. Como visto, os boletins podem ser enviados a colegas, clientes e, de maneira geral, a interessados do meio jurídico; **C:** correta, estando em consonância com o já referido art. 45 do CED, que não exige o prévio requerimento do envio do boletim. Porém, obviamente, se alguém requerer o envio, e desde que se certifique que se trate de cliente ou pessoa interessada do meio jurídico, não haverá qualquer irregularidade; **D:** incorreta, eis que o boletim de notícias não constitui publicidade abusiva da advocacia, desde que observados os parâmetros éticos ditados pelo CED.
Gabarito "C".

(OAB/Exame Unificado – 2013.2) José é advogado de João em processo judicial que este promove contra Matheus. Encantado com as sucessivas campanhas de conciliação, busca obter o apoio do réu para um acordo, sem consultar previamente o patrono da parte contrária, Valter.

Nos termos do Código de Ética, deve o advogado

(A) buscar a conciliação a qualquer preço por ser um objetivo da moderna Jurisdição.

(B) abster-se de entender-se diretamente com a parte adversa que tenha patrono constituído, sem o assentimento deste.

(C) entender-se com as partes na presença de autoridade sem necessidade de comunicação ao *ex adverso*.

(D) participar de campanhas de conciliação e, caso infrutíferas, tentar o acordo extrajudicial diretamente com a parte contrária.

Nos exatos termos do art. 2º, parágrafo único, VIII, alínea "d", do Código de Ética, deve o advogado abster-se de entender-se diretamente com a parte adversa que tenha patrono constituído, sem o assentimento deste. Logo, José, advogado de João, ao manter contato direto com o réu para um acordo, sem consultar previamente o advogado da parte adversa, violou referido dispositivo ético.
Gabarito "B".

(OAB/Exame Unificado – 2012.3.B) João é assessor jurídico da empresa "Z" Ltda., onde exerce suas funções com proficiência. Em determinado momento, é consultado por inúmeros colegas de trabalho que pretendem ingressar com ação judicial para postular o reconhecimento de direitos em face da empresa empregadora. A pretensão dos seus colegas também beneficiaria o advogado. Nos termos do Código de Ética e Disciplina da OAB, João deve

(A) recusar o patrocínio da causa.

(B) aceitar, sem qualquer reserva pessoal.

(C) renunciar ao direito para patrocinar a causa.

(D) indicar os clientes para escritório de amigos, com participação.

Nos termos do art. 4º, *caput*, e parágrafo único, do Código de Ética e Disciplina, o advogado, ainda que vinculado ao cliente ou constituinte, mediante relação empregatícia ou por contrato de prestação permanente de serviços, ou como integrante de departamento jurídico, ou de órgão de assessoria jurídica, público ou privado, deve zelar pela sua liberdade e independência, legítima a recusa, pelo advogado, do patrocínio de causa e de manifestação, no âmbito consultivo, de pretensão concernente a direito que também lhe seja aplicável ou contrarie orientação que tenha manifestado anteriormente. Ora, sendo João assessor jurídico da empresa "Z" Ltda., deverá recusar o patrocínio da pretensão de seus colegas de trabalho, seja pelo fato de ser empregado de referida entidade, bem como em razão de os interesses deles também lhe serem aplicáveis.

Gabarito "A".

(OAB/Exame Unificado – 2012.3.B) O Conselho Nacional de Justiça tem, invariavelmente, patrocinado semanas de conciliação buscando resolver o grave problema de demora da prestação jurisdicional, que se reflete na existência de inúmeros processos sem solução. Esse movimento de cunho nacional tem angariado a atuação de magistrados e membros do Ministério Público. Sobre o tema conciliação, o Código de Ética e Disciplina da OAB dispõe como dever do advogado

(A) realizá-la eventualmente, caso seja do interesse do cliente.

(B) descartá-la, por não ser inerente à atividade advocatícia.

(C) estimular a conciliação entre os litigantes.

(D) determinar sempre a instauração de litígios.

Nos termos do art. 2º, parágrafo único, VI, do Código de Ética e Disciplina, é dever do advogado, dentre outros, *estimular, a qualquer tempo, a conciliação e a mediação entre os litigantes, prevenindo, sempre que possível, a instauração de litígios.*

Gabarito "C".

(OAB/Exame Unificado – 2012.3.A) Mério advogou, por muitos anos, para a empresa "X", especializada no ramo de cosméticos. Por problemas pessoais, afastou-se da advocacia empresarial por um período de dois anos. No retorno, passou a representar os interesses da empresa "Y", também do ramo de cosméticos, e concorrente direta da empresa para quem anteriormente prestara serviços. Quando da prestação de seus serviços à empresa "X", Mério atuou em vários contratos em que constavam informações submetidas a segredo industrial, a que teve acesso exclusivamente em decorrência da sua atuação como advogado. Observado tal relato, em consonância com as normas do Código de Ética da Advocacia, assinale a afirmativa correta.

(A) Os segredos advindos da prática profissional, após determinado período de recesso, podem ser livremente utilizados pelo advogado.

(B) O advogado, ao atuar contra antigos clientes, não pode lançar mão de informações reservadas que lhe tenham sido confiadas.

(C) O advogado não pode ser contratado por concorrentes de antigos clientes, pois o impedimento de com eles contratar não tem prazo.

(D) O advogado, diante do conflito de interesses entre o antigo e o novo cliente, deve renunciar ao mandato.

A: incorreta. O Código de Ética e Disciplina, em seus arts. 35 a 38, trata do sigilo profissional do advogado, não dispondo sobre "período de validade" de referido dever ético. Portanto, não é verdade que segredos advindos da prática profissional possam ser revelados pelo advogado após determinado recesso. Ao contrário, o sigilo, para o causídico, será eterno. Seu desrespeito caracteriza infração disciplinar (art. 34, VII, do Estatuto da OAB); **B:** correta. Nos termos do art. 21 do Código de Ética e Disciplina, o advogado, ao postular em nome e terceiros, contra ex-clientes ou ex-empregador, judicial e extrajudicialmente, deve resguardar o sigilo profissional; **C:** incorreta. A despeito de inexistir previsão legal expressa, vigora a chamada "abstenção bienal", criada pela própria OAB. Assim, um advogado não poderá, pelo período de dois anos, atuar, em nome de terceiros, contra ex-cliente ou ex-empregador. Superado o biênio, poderá fazê-lo, mas, sempre, resguardando o sigilo profissional; **D:** incorreta. Como visto, o advogado poderá atuar contra seu ex-cliente (desde que respeitada a abstenção bienal), mas sem poder utilizar os segredos ou informações privilegiadas de que tivesse conhecimento em razão de sua atividade profissional.

Gabarito "B".

(OAB/Exame Unificado – 2012.3.A) O advogado Carlos é Presidente da empresa XYZ, com sede no Município Q. Em determinada data, a empresa é notificada para apresentar defesa em processo trabalhista ajuizado por antigo empregado da empresa. No dia da audiência designada, Carlos apresenta-se como preposto, vez que dirigente da empresa e advogado, por possuir habilitação profissional regular. Observados tais fatos, de acordo com as normas do Regulamento Geral do Estatuto da Advocacia e da OAB, assinale a afirmativa correta.

(A) Por economia processual admite-se a atuação do advogado como preposto e advogado no mesmo processo.

(B) Essa é uma situação excepcional que permite a atuação do advogado como preposto da empresa e seu representante judicial.

(C) É vedada a atuação como preposto e como advogado da empresa ao mesmo tempo.

(D) Não havendo oposição da parte adversa, pode ocorrer a atuação do advogado nas duas funções: preposto e representante judicial.

A, B e D: incorretas. Nos termos do art. 3º do Regulamento Geral, é defeso (vedado) ao advogado funcionar, simultaneamente, no mesmo processo, como preposto e patrono do empregador ou cliente, regra repetida no art. 25 do Código de Ética e Disciplina; **C:** correta. Como visto no comentário às alternativas anteriores, não pode um advogado "acumular" duas funções, simultaneamente, no mesmo processo. Assim, por exemplo, se Carlos comparecer a uma audiência trabalhista, na condição de preposto (representante) da empresa reclamada, não poderá, a despeito de ser advogado, atuar nessa condição no processo.

Gabarito "C".

(OAB/Exame Unificado – 2011.3.A) Daniel, advogado, resolve divulgar seus trabalhos contratando empresa de propaganda e marketing. Esta lhe apresenta um plano de ação, que inclui a contratação de jovens, homens e mulheres, para a distribuição de prospectos de propaganda do escritório, coloridos, indicando as especialidades de atuação e apresentando determinados temas que seriam considerados acessíveis à multidão de interessados. O projeto é realizado. Em relação a tal projeto, consoante as normas aplicáveis aos advogados, é correto afirmar que

(A) a moderna advocacia assume características empresariais e permite publicidade como a apresentada.

(B) atividades moderadas como as sugeridas são admissíveis.

(C) desde que autorizada pela OAB, a propaganda pode ser realizada.

(D) existem restrições éticas à propaganda da advocacia, entre as quais as referidas no texto.

A: incorreta, pois a atividade da advocacia não pode ter qualquer conotação mercantil (art. 5º do CED): **B:** incorreta, pois na publicidade informada no enunciado da questão, não há nada de moderação. Ao contrário, a distribuição de prospectos de propaganda do escritório (panfletos), constando as áreas de atuação do advogado e os temas dos serviços oferecidos, viola o disposto no art. 40, VI, do CED; **C:** incorreta, pois a OAB jamais autorizaria – ou teria poderes para tanto – publicidade imoderada como a narrada no enunciado, sob pena de ofensa ao art. 39 do CED; **D:** correta. A propaganda na advocacia deve ser discreta, *sóbria* e informativa (art. 39 do CED).

Gabarito "D".

(OAB/Exame Unificado – 2012.2) O advogado "Y", recém-formado, diante da dificuldade em conseguir clientes, passa a distribuir panfletos em locais próximos aos fóruns da cidade onde reside, oferecendo seus serviços profissionais. Nos panfletos distribuídos por "Y" constam informações acerca da sua especialização técnico-científica, localização e telefones do seu escritório. Por outro lado, "Y" instalou placa na porta de seu escritório, na qual fez constar os valores cobrados por seus serviços profissionais, fixados, aliás, em patamares inferiores àqueles estipulados pela tabela de honorários da OAB.

Quanto à conduta de "Y", assinale a afirmativa incorreta.

(A) "Y" incorre em infração disciplinar, consistente na captação irregular de causas, ao distribuir panfletos ao público oferecendo seus serviços como advogado.

(B) "Y" viola dispositivo do Código de Ética e Disciplina da OAB, ao fixar honorários em valores inferiores aos estipulados na tabela de honorários da OAB.

(C) "Y" pode distribuir panfletos ao público, oferecendo seus serviços profissionais, desde que neles não conste sua especialização técnico-científica.

(D) "Y" viola dispositivo do Código de Ética e Disciplina da OAB, ao fazer constar de sua placa referências aos valores cobrados por seus serviços profissionais.

As alternativas A, B e D estão corretas, visto que, de fato, é vedada a distribuição de panfletos ao público oferecendo serviços advocatícios, pois isso é forma de captação de clientela (art. 40, VI, do CED), bem como a menção a valores de honorários para a prestação de serviços, o que não é autorizado pelo CED nos anúncios feitos pelos advogados, ainda mais em valores inferiores aos estipulados nas tabelas de honorários, o que caracterizaria, inclusive, infração disciplinar (art. 48, § 6º, do CED). Incorreta, portanto, apenas a alternativa C, uma vez que o advogado, em sua publicidade, deve ser discreto e sóbrio, primando pela finalidade informativa, não podendo oferecer seus serviços mediante distribuição irrestrita de panfletos. Tal medida, nitidamente, é imoderada, com alta capacidade de captação de clientela.

Gabarito "C".

(OAB/Exame Unificado – 2011.2) Ademir, formado em Jornalismo e Direito e exercendo ambas as profissões, publica, em seu espaço jornalístico, alegações forenses por ele apresentadas em juízo. Instado por outros profissionais do Direito a também apresentar os trabalhos dos colegas, Ademir alega que o espaço é exclusivamente dedicado à divulgação dos seus próprios trabalhos forenses.

Com base no relatado, à luz das normas estatutárias, é correto afirmar que a divulgação promovida por Ademir é

(A) justificada pelo interesse jornalístico dos trabalhos forenses.

(B) punível, por caracterizar infração disciplinar.

(C) é equiparada a ato educacional permitido.

(D) perfeitamente justificável, por ser pertinente a outra profissão.

De acordo com o art. 34, XIII, do Estatuto da OAB (Lei 8.906/1994 – EAOAB), constitui infração disciplinar fazer publicar na imprensa, desnecessária e habitualmente, alegações forenses ou relativas a causas pendentes. Assim, não é dado ao advogado publicar, sem qualquer motivo, ainda mais habitualmente, seus arrazoados forenses, sob pena de tal prática configurar uma autopromoção indevida, em violação às regras éticas acerca da publicidade na advocacia (arts. 39 a 47 do Código de Ética e Disciplina – CED). A publicidade do advogado deve pautar-se por três grandes critérios: discrição, sobriedade e informação (art. 39 do CED). A aparição do advogado em meios de comunicação deve ter finalidade educacional, ilustrativa e informativa (art. 43 do CED), não podendo ter característica de autopromoção (e, consequentemente, gerando captação de clientela). O fato de o advogado também ser jornalista não o habilita a utilizar sua outra profissão para fazer publicidade imoderada do exercício da advocacia.

Gabarito "B".

(OAB/Exame Unificado – 2011.2) Crésio é procurado por cliente que já possui advogado constituído nos autos. Prontamente recusa a atuação até que seu cliente apresente a quitação dos honorários acordados e proceda à revogação dos poderes que foram conferidos para o exercício do mandato. Após cumpridas essas formalidades, comprovadas documentalmente, Crésio apresenta sua procuração nos autos e requer o prosseguimento do processo. À luz das normas aplicáveis, é correto afirmar que

(A) a revogação do mandato exime o cliente do pagamento de honorários acordados.

(B) permite-se o ingresso do advogado no processo mesmo que atuando outro, sem sua ciência.

(C) a verba de sucumbência deixa de ser devida após a revogação do mandato pelo cliente.

(D) o advogado deve, antes de assumir mandato, procurar a ciência e autorização do antecessor.

A: incorreta, visto que a revogação do mandato, considerada uma de suas causas de extinção (ao lado da renúncia e do substabelecimento sem reserva de poderes), conforme preconiza o art. 17 do Código de Ética e Disciplina (CED), não desobriga o cliente do pagamento das verbas honorárias contratadas, assim como não retira o direito do advogado de receber o quanto lhe seja devido em eventual verba honorária de sucumbência, calculada proporcionalmente, em face do serviço efetivamente prestado; **B:** incorreta, pois, de acordo com o art. 14 do CED, o advogado não deve aceitar procuração de quem já tenha patrono constituído, sem prévio conhecimento deste, salvo por motivo plenamente justificável ou para adoção de medidas judiciais urgentes e inadiáveis; **C:** incorreta, visto que, mesmo após a extinção do mandato pela sua revogação pelo cliente, o advogado continua a

1. ÉTICA PROFISSIONAL · 129

ter o direito de eventual verba honorária de sucumbência, que será calculada proporcionalmente (art. 17 do CED); **D:** correta. Como visto, o art. 14 do CED traz a regra segundo a qual o advogado não deverá aceitar procuração se o cliente já tiver patrono constituído. No entanto, poderá fazê-lo se der prévio conhecimento ao advogado constituído, salvo se houver urgência.

Gabarito "D".

(OAB/Exame Unificado – 2011.1) Mévio aceita defender um cliente. Após ampla pesquisa, verifica que a legislação ordinária não acolhe a pretensão dele. Elabora, pois, a tese de que a legislação que não permite o acolhimento da pretensão do seu constituído padeceria do vício de inconstitucionalidade e recomenda que não haja o cumprimento da referida norma. À luz das normas estatutárias, é correto afirmar que

(A) ao pleitear contra expressa disposição de lei no caso referido, presume-se a má-fé.

(B) mesmo sendo a lei eivada de vício, não seria possível presumir boa-fé.

(C) se caracteriza a hipótese de postulação com má-fé contra literal disposição de lei.

(D) a situação é permitida, diante do possível vício alegado pelo advogado.

A: incorreta, visto que nem sempre pleitear contra expressa disposição legal gerará a presunção de má-fé do advogado, conforme se verá nos comentários à alternativa D; **B:** incorreta, pois se uma lei for eivada de vício (inconstitucionalidade, por exemplo), não se poderá presumir a má-fé do advogado; **C:** incorreta, pois, como dito, nem sempre advogar contra o texto expresso da lei caracterizará postulação de má-fé; **D:** correta. De fato, configurará infração ética a conduta do advogado de patrocinar pretensão contra literal disposição de lei, presumindo-se a boa-fé quando fundamentado na inconstitucionalidade, na injustiça da lei ou em pronunciamento judicial anterior (art. 34, VI, do EAOAB – Lei 8.906/1994).

Gabarito "D".

(OAB/Exame Unificado – 2010.2) Mauro, advogado com larga experiência profissional, resolve contratar com emissora de televisão, um novo programa, incluído na grade normal de horários da empresa, cujo título é "o Advogado na TV", com o fito de proporcionar informações sobre a carreira, os seus percalços, suas angústias, alegrias e comprovar a possibilidade de sucesso profissional. No curso do programa, inclui referência às causas ganhas, bem como àquelas ainda em curso e que podem ter repercussão no meio jurídico, todas essas vinculadas ao seu escritório de advocacia.

Consoante as normas aplicáveis, é correto afirmar que:

(A) a participação em programa televisivo está vedada aos advogados.

(B) a publicidade, como narrada, é compatível com as normas do Código de Ética.

(C) o advogado, no caso, deveria se limitar ao aspecto educacional e instrutivo da atividade profissional.

(D) programas televisivos são franqueados aos advogados, inclusive para realizar propaganda dos seus escritórios.

A: incorreta, pois os advogados podem eventualmente participar de programa de televisão ou de rádio, de entrevista na imprensa, de reportagem televisionada ou de qualquer outro meio, para manifestação profissional, devendo visar a objetivos exclusivamente ilustrativos, educacionais e instrutivos, sem propósito de promoção pessoal ou profissional, vedados pronunciamentos sobre métodos de trabalho usados por seus colegas de profissão (art. 43 do CED); **B:** incorreta, pois quando convidado para manifestação pública, por qualquer modo e forma, visando ao esclarecimento de tema jurídico de interesse geral, deve o advogado **evitar insinuações com o sentido de promoção pessoal ou profissional** (art. 43, parágrafo único, do CED); **C:** correta, pois, nos termos do citado art. 43, o advogado deve se limitar aos aspecto ilustrativo, educacional e instrutivo da atividade profissional; **D:** incorreta, nos termos do já citado art. 43, *caput* e parágrafo único, do CED.

Gabarito "C".

(OAB/Exame Unificado – 2010.1) Júlio e Lauro constituíram o mesmo advogado para, juntos, ajuizarem ação de interesse comum. No curso do processo, sobrevieram conflitos de interesse entre os constituintes, tendo Júlio deixado de concordar com Lauro com relação aos pedidos. Nessa situação hipotética, deve o advogado

(A) optar, com prudência e discernimento, por um dos mandatos, e renunciar ao outro, resguardando o sigilo profissional.

(B) manter com os constituintes contrato de prestação de serviços jurídicos no interesse da causa, resguardando o sigilo profissional.

(C) assumir, com a cautela que lhe é peculiar, o patrocínio de ambos, em ações individuais.

(D) designar, com prudência e cautela, por substabelecimento com reservas, um advogado de sua confiança.

Conforme preceitua o art. 20 do CED: "Sobrevindo conflitos de interesse entre seus constituintes e não conseguindo o advogado harmonizá-los, caber-lhe-á optar, com prudência e discrição, por um dos mandatos, renunciando aos demais, resguardado sempre o sigilo profissional". Assim, a alternativa correta é a "A".

Gabarito "A".

(OAB/Exame Unificado – 2009.3) Considerando o disposto no Estatuto da Advocacia e da OAB e no Código de Ética e Disciplina da OAB, assinale a opção correta.

(A) A lei prevê, expressamente, o termo prescricional para a ação de prestação de contas pelas quantias que o advogado recebe de seu cliente ou de terceiros por conta deste.

(B) De acordo com o Código de Ética, o advogado deve recusar-se a depor como testemunha em processo no qual tenha atuado, salvo quando autorizado pelo cliente.

(C) Os prazos recursais no processo disciplinar seguem as disposições do CPP.

(D) Em nenhuma hipótese, o Código de Ética permite a participação de advogado em bens particulares de clientes comprovadamente sem condições pecuniárias.

A: correta, corresponde ao disposto no art. 25-A da Lei 8.906/1994; **B:** incorreta. Nos termos do art. 36 do CED, o sigilo profissional é de ordem pública, independendo de solicitação de reserva que lhe seja feita pelo cliente. Ainda, o art. 38, do mesmo diploma, aduz que o advogado não é obrigado a depor, em processo ou procedimento judicial, administrativo ou arbitral, sobre fatos a cujo respeito deva guardar sigilo profissional.; **C:** incorreta (art. 69 da Lei 8.906/1994 – o prazo é de quinze dias); **D:** incorreta (art. 50, § 1º, do CED – admite-se excepcionalmente a participação do advogado em bens particulares do cliente, desde que este comprovadamente não disponha de recursos financeiros, e, ainda, se houver ajuste, em instrumento contratual, de referida forma de pagamento).

Gabarito "A".

(OAB/Exame Unificado – 2008.3) Acerca do que dispõe o Código de Ética e Disciplina da OAB a respeito das relações do advogado com seus clientes, julgue os itens a seguir.

I. Sobrevindo conflitos de interesse entre constituintes e não estando acordes os interessados, deve o advogado, com a devida prudência e discernimento, optar por um dos mandatos, renunciando aos demais, resguardado o sigilo profissional.

II. O advogado, ao postular, judicial e extrajudicialmente, em nome de terceiros, contra ex-cliente ou ex-empregador, deve resguardar o segredo profissional e as informações reservadas ou privilegiadas que lhe tenham sido confiadas.

III. Os advogados integrantes da mesma sociedade profissional ou reunidos em caráter permanente para cooperação recíproca podem representar em juízo clientes com interesses opostos quando houver compatibilidade de interesses.

IV. O advogado deve abster-se de patrocinar causa contrária à ética, à moral e aos bons costumes, bem como atuar em demandas coletivas que questionem as autoridades constituídas ou a validade de ato jurídico em que tenha colaborado, orientado ou conhecido em consulta; da mesma forma, deve declinar seu impedimento ético quando tenha sido convidado pela outra parte, se esta lhe houver revelado segredos ou obtido seu parecer.

Estão certos apenas os itens

(A) I e II.

(B) I e IV.

(C) II e III.

(D) III e IV.

I: correto, segundo disposição do art. 20 do CED; II: correto, corresponde à previsão contida no art. 21 do CED; III: incorreto, pois os advogados não podem representar clientes que tenham interesses opostos (art. 19 do CED); IV: incorreto (art. 22 do CED). Referido dispositivo não menciona deva o advogado abster-se de patrocinar causa contrária aos *bons costumes*, tal como consta na assertiva, mas, sim, contrária à validade ou legitimidade de ato jurídico em cuja formação haja colaborado ou intervindo de qualquer maneira; da mesma forma, deve declinar seu impedimento ou o da sociedade que integre quando houver conflito de interesses motivado por intervenção anterior no trato de assunto que se prenda ao patrocínio solicitado..

Gabarito "A".

(OAB/Exame Unificado – 2008.2) Paulo, advogado regularmente inscrito na OAB/PR, descobriu que seu potencial cliente João omitira-lhe o fato de já ter constituído o advogado Anderson para a mesma causa. Na situação apresentada, supondo-se que não se trate de medida judicial urgente e inadiável nem haja motivo justo que desabone Anderson, Paulo deve

(A) denunciar João ao Conselho Federal por litigância de má-fé.

(B) notificar Anderson por intermédio da Comissão de Ética e Disciplina da OAB para que este se manifeste no prazo de quinze dias corridos e, caso Anderson não se manifeste, continuar defendendo os interesses

de João em consonância com os preceitos éticos da advocacia.

(C) denunciar Anderson ao Tribunal de Ética da OAB por omissão culposa, estando este sujeito a censura.

(D) recusar o mandato, de acordo com imposições éticas, haja vista a existência de outro advogado já constituído.

De acordo com o art. 14 do CED, salvo situação de urgência, o advogado não poderá aceitar procuração caso já exista advogado constituído nos autos.

Gabarito "D".

(OAB/Exame Unificado – 2008.1) Antônio, advogado inscrito na OAB, participa semanalmente de um programa de televisão, esclarecendo dúvidas dos telespectadores a respeito de relações de consumo. Nessas oportunidades, além de divulgar os telefones de um instituto de defesa do consumidor que oferece assistência jurídica aos seus associados a preços módicos, fundado e dirigido por ele mesmo, Antônio aconselha os telespectadores a comparecer ao referido instituto. Considerando a situação hipotética apresentada, assinale a opção correta com base no Código de Ética e Disciplina da OAB.

(A) Antônio deve deixar de participar do programa de televisão, visto que o Código de Ética e Disciplina da OAB proíbe essa participação aos advogados regularmente inscritos na Ordem, salvo em noticiários e, exclusivamente, para fins informativos, sendo vedados pronunciamentos ilustrativos, educacionais ou instrutivos.

(B) Antônio deve continuar a divulgar os telefones do referido instituto de defesa do consumidor, pois o Código de Ética e Disciplina da OAB impõe ao advogado o dever da transparência, de acordo com o princípio da publicidade e da livre expressão, sendo, portanto, permitidas todas as formas de manifestação pública do profissional regularmente inscrito na Ordem.

(C) Antônio deve abster-se de responder com habitualidade consulta sobre matéria jurídica, nos meios de comunicação social, com o intuito de promover-se profissionalmente.

(D) Antônio deve, tão somente, abster-se de debates sensacionalistas.

A aparição do advogado em meios de comunicação de massa (ex.: rádio e televisão) deve ser eventual, com finalidade ilustrativa, educacional e informativa, nos termos do art. 43 do CED, não podendo, pois, fazer verdadeira captação de clientela por meio de autopromoção. O tripé da publicidade na advocacia é: discrição, sobriedade e informação!

Gabarito "C".

(OAB/Exame Unificado – 2008.1.SP) No que se refere ao sigilo profissional e às relações com o cliente previstos no Código de Ética e Disciplina da OAB, assinale a opção correta.

(A) Considere que o advogado A assine contrato de honorários advocatícios com seu cliente. Nessa situação, caso este indique o advogado B para trabalhar no mesmo processo, deverá o advogado A aceitar a indicação, conforme previsão do Código de Ética.

(B) Prolatada a sentença, presume-se a cessação do mandato constituído ao advogado.

1. ÉTICA PROFISSIONAL

(C) Caso um advogado receba um mandado de intimação para prestar depoimento em processo judicial no qual tenha atuado como procurador, ele poderá recusar-se a depor, dado o dever de guardar sigilo sobre fatos relativos ao seu ofício.

(D) As confidências feitas pelo cliente não podem ser utilizadas pelo advogado na defesa, visto que tal utilização constitui violação do direito à intimidade do cliente.

A: incorreta, uma vez que "o advogado não se sujeita à imposição do cliente que pretenda ver com ele atuando outros advogados, nem fica na contingência de aceitar a indicação de outro profissional para com ele trabalhar no processo" (art. 24 do CED); **B:** incorreta (art. 13 do CED). Em verdade, há presunção de cessação do mandato quando *concluída a causa ou arquivado o processo*, e não com a prolação da sentença, tal como afirmado na assertiva; **C:** correta, pois em conformidade com os arts. 36 e 38 do CED; **D:** incorreta. Nada obstante a regra prevista no art. 27 do "antigo" CED, que permitia que confidências *pudessem* ser utilizadas/reveladas pelo advogado, desde que o cliente autorizasse e nos limites da necessidade da defesa, não tenha sido repetida no Novo CED, entendemos perfeitamente aplicável. Ora, se o cliente autoriza que o advogado utilize, para a sua própria defesa, as confidências que lhe tenha feito, não se enxerga violação ao sigilo profissional.
Gabarito "C".

(OAB/Exame Unificado – 2008.1.SP) Assinale a opção correta com relação ao Código de Ética e Disciplina da OAB.

(A) Com a criação da Rádio e TV Justiça, os anúncios dos serviços profissionais dos advogados passaram a ser veiculados exclusivamente por esses canais.

(B) Um ministro aposentado de tribunal superior pode mencionar, em seu anúncio de serviços profissionais de advocacia, para captar clientes, o cargo que ocupou, uma vez que não mais exerce função pública.

(C) Um advogado que mudar a sede profissional de seu escritório para sua residência poderá anunciar seus serviços utilizando-se de outdoor.

(D) Um advogado regularmente inscrito na OAB pode anunciar seus serviços profissionais indicando, juntamente com seu nome e número de inscrição na OAB, os títulos de mestrado e doutorado conferidos por instituição de ensino superior reconhecida.

A: incorreta (art. 40, I, do CED – é vedada a veiculação de anúncios em rádio, cinema e TV); **B:** incorreta. Não deve mencionar qualquer cargo ou função pública que ocupe ou tenha ocupado, salvo o de professor universitário (art. 44, § 2º, do CED); **C:** incorreta (arts. 39 e 40, II, do CED – a publicidade do advogado deve ser discreta e sóbria, sendo *vedada* a utilização de *outdoor*); **D:** correta, segundo dispõe o art. 44, *caput* e § 1º, do CED.
Gabarito "D".

(OAB/Exame Unificado – 2007.3.SP) Assinale a opção correta quanto à publicidade na advocacia.

(A) O advogado em entrevista à imprensa pode mencionar seus clientes e demandas sob seu patrocínio.

(B) É permitida a divulgação de informações sobre as dimensões, qualidade ou estrutura do escritório de advocacia.

(C) É permitida a ampla divulgação de valores dos serviços advocatícios.

(D) É permitido o anúncio em forma de placa de identificação do escritório apenas no local onde este esteja instalado.

A: incorreta, uma vez que "o advogado que eventualmente participar de programa de televisão ou de rádio, de entrevista na imprensa, de reportagem televisionada ou veiculada por qualquer outro meio, para manifestação profissional, deve visar a objetivos exclusivamente ilustrativos, educacionais e instrutivos, sem propósito de promoção pessoal ou profissional, vedados pronunciamentos sobre métodos de trabalho usados por seus colegas de profissão" (art. 43, *caput*, do CED); **B** e **C:** incorretas, pois o advogado, nos anúncios de sua atividade profissional, não poderá se utilizar de expedientes capazes de gerar captação de clientela (arts. 39 e 40 do CED); **D:** correta, nos termos do disposto no art. 40, parágrafo único, do CED.
Gabarito "D".

(OAB/Exame Unificado – 2007.2) José da Silva foi denunciado pela prática de homicídio. Para defendê-lo, foi contratado o advogado Antônio Macedo, respeitável criminalista da cidade e, por coincidência, inimigo do *de cujus*. O denunciado confessou o crime no escritório de seu patrono, ocasião em que estavam presentes a esposa e os pais do réu. Durante o julgamento, porém, o réu, ao ser interrogado perante o juiz e os jurados, afirmou ter sido o advogado Antônio Macedo o verdadeiro autor do crime. Diante dos fatos acima narrados, assinale a opção correta de acordo com o Código de Ética e Disciplina dos Advogados.

(A) O advogado deverá substabelecer o mandato outorgado com reservas de iguais poderes a outro patrono.

(B) O advogado poderá revelar as confidências feitas em seu escritório desde que autorizado pelo réu.

(C) O sigilo profissional impede o advogado de revelar a confissão do cliente, cabendo à esposa e aos pais do réu desmentir a acusação ocorrida no interrogatório.

(D) O advogado, nesse caso, pode revelar o segredo a ele confiado, visto que ele, vendo-se afrontado pelo próprio cliente, tem de agir em defesa própria.

Conforme disposição do art. 37 do CED, "o sigilo profissional cederá em face de circunstâncias excepcionais que configurem justa causa, como nos casos de grave ameaça ao direito à vida e à honra ou que envolvam defesa própria". A alternativa correta é a "D".
Gabarito "D".

(EXAME DE ORDEM) Dentro do regramento ético da profissão de advogado, a cessação do mandato judicial é presumida

(A) após o pagamento dos honorários advocatícios pelo cliente.

(B) após o arquivamento do processo.

(C) com o trânsito em julgado da decisão judicial.

(D) após a decisão judicial favorável às pretensões do cliente.

Conforme o Capítulo III do Código de Ética e Disciplina da OAB, que trata das relações do advogado com o cliente, concluída a causa ou arquivado o processo, presume-se cumprido e extinto o mandato (art. 13). É importante lembrar que é pelo mandato, materializado no instrumento procuratório, que o cliente outorga ao advogado poderes para representá-lo, em juízo ou fora dele.
Gabarito "B".

(EXAME DE ORDEM) Advogado que, patrocinando interesses de litisconsortes, verificar conflito de interesses entre seus constituintes, e não estando acordes os patrocinados, deve:

(A) renunciar a todos os mandatos para que não ocorra tergiversação.

(B) com a devida prudência e discernimento, optar por um dos mandatos, renunciando aos demais.

(C) optar pelo mandato do cliente mais antigo, renunciando aos demais.

(D) optar por um dos mandatos e substabelecer os demais, com reserva de poderes.

É possível que sobrevenham conflitos de interesses entre os clientes de um advogado que patrocina, por exemplo, dois litisconsortes. Nesse caso, não havendo acordo entre os interessados e não conseguindo harmonizá-los, o advogado deverá optar, com prudência e discrição, por um dos mandatos, renunciando aos demais, resguardado sempre o sigilo profissional (art. 20 do Código de Ética e Disciplina da OAB).
Gabarito "B".

(EXAME DE ORDEM) O debate, em qualquer veículo de divulgação, de causa sob patrocínio do próprio advogado ou patrocínio de colega, à luz dos regramentos éticos,

(A) caracteriza infração passível de punição.

(B) constitui exercício regular de direito.

(C) é permitido em caráter excepcional.

(D) estimula o debate para formação da opinião pública.

Nos termos do art. 42, II do CED (Código de Ética e Disciplina), ao advogado é vedado debater, em qualquer meio de comunicação, causa sob o patrocínio de colega. Tal conduta constitui infração ética, passível de censura (art. 36, II, do EAOAB). Trata-se de regra restritiva da publicidade das atividades advocatícias, mormente para impedir autopromoção do advogado ou inculcação.
Gabarito "A".

(EXAME DE ORDEM) Dá-se a responsabilidade do advogado de ressarcir os prejuízos ocasionados a terceiros, solidariamente com seu cliente, quando:

(A) promove lide temerária.

(B) promove lide temerária, desde que associado ao cliente para lesar a parte contrária.

(C) lesar a parte contrária, apenas após ser apurado o prejuízo em ação própria, decorrente de lide temerária em que fique provada a associação do advogado com o cliente.

(D) é vencido na ação por litigância de má-fé.

O advogado, por dever proceder de forma que o torne merecedor de respeito, é responsável pelos atos que, no exercício profissional, praticar com dolo ou com culpa. Em casos de lide temerária, o advogado será solidariamente responsável com seu cliente desde que esteja coligado com este para lesar a parte contrária, fato que será apurado em ação própria (art. 32 e seu parágrafo único do Estatuto da Advocacia e da Ordem dos Advogados do Brasil).
Gabarito "C".

(EXAME DE ORDEM) O sigilo profissional

(A) não pode ser preservado em depoimento judicial.

(B) pode ser utilizado em favor do cliente, nos limites da necessidade da defesa, independentemente da autorização do mesmo.

(C) poderá ser violado pelo advogado quando se vê gravemente ameaçado em sua honra.

(D) por ser inerente à profissão, nunca poderá ser violado pelo advogado.

O sigilo profissional cederá em face de circunstâncias excepcionais que configurem justa causa, como nos casos de grave ameaça à vida e à honra, ou que envolvam defesa própria (art. 37 do CED).
Gabarito "C".

(EXAME DE ORDEM) Assinale a afirmativa incorreta.

(A) O advogado não pode aceitar procuração de quem já tenha patrono constituído, sem prévio conhecimento deste, salvo por motivo justo ou para adoção de medidas judiciais urgentes e inadiáveis.

(B) O substabelecimento do mandato sem reserva de poderes não exige o prévio e inequívoco conhecimento do cliente.

(C) A renúncia ao patrocínio pelo patrono constituído, independentemente do pagamento da verba honorária pendente, desobriga o novo advogado a solicitar autorização do colega para receber procuração daquele cliente inadimplente.

(D) Ao advogado substabelecido com reserva de poderes é vedada a cobrança de honorários do cliente sem a intervenção do colega substabelecente.

O substabelecimento do mandato outorgado pelo cliente ao advogado, quando *sem reserva de poderes*, implica a sua extinção. Nesse caso, somente o patrono poderá fazê-lo se houver o prévio e inequívoco conhecimento do cliente. Afinal, tal atitude do advogado substabelecente, como já se disse, acarretará a extinção do mandato judicial, que pressupõe, antes de tudo, relação de confiança entre o profissional e o cliente. Daí a razão de estar incorreta a alternativa "B". Perceba que a palavra "NÃO", que precede o verbo "exigir" altera completamente o sentido da assertiva. A atenção do candidato nas palavras é imprescindível. Basta ver que um simples "não" poderá definir sua aprovação no certame! Por exclusão, as demais alternativas estão absolutamente corretas.
Gabarito "B".

(EXAME DE ORDEM) Assinale a afirmativa incorreta.

(A) Considera-se efetivo exercício da atividade da advocacia a participação mínima em cinco atos privativos, em causas ou questões distintas.

(B) A indicação dos representantes dos advogados nos juizados especiais deverá ser promovida pela subseção ou, na ausência, pelo Conselho Seccional.

(C) Havendo conflito de interesses entre seus constituintes, é facultado ao advogado optar por um dos mandatos, renunciando aos demais, resguardando o sigilo.

(D) O advogado, sentindo falta de confiança do cliente, pode renunciar ao patrocínio ou substabelecer sem reserva, comunicando, após, o fato ao cliente.

O art. 5.º do Regulamento Geral (editado pelo Conselho Federal da OAB) define que se considera efetivo exercício da atividade de advocacia a participação anual mínima em cinco atos privativos previstos no art. 1.º do Estatuto, em causas ou questões distintas. Logo, correta a alternativa "A". A alternativa "B" também está correta, na medida em que a indicação de advogados nos juizados especiais deve ser promovida pela subseção (órgão municipal da OAB) e, à falta desta (nas comarcas onde não houver subseção), caberá ao Conselho Seccional (órgão estadual da OAB) fazê-lo. Ainda, em caso de um mesmo advogado patrocinar os interesses de duas ou mais pessoas (o que, inicialmente, é possível, desde que haja convergência de interesses – ex.: divórcio consensual), se sobrevier conflito entre os constituintes, poderá o profissional escolher por um dos mandatos e renunciar aos demais, sendo obrigatório, em qualquer caso, que resguarde o sigilo, nos ter-

1. ÉTICA PROFISSIONAL

mos do art. 20 do Código de Ética e Disciplina (CED). Correta, pois, a alternativa "C". Resta-nos, portanto, como incorreta, a alternativa "D", tendo em vista que, em caso de falta de confiança do cliente (e a relação cliente-advogado deve ser pautada pela confiança mútua), poderá o advogado renunciar ao mandato, extinguindo-se este. Todavia, no caso de substabelecimento sem reserva (verdadeira renúncia ao mandato, já que o advogado o "transfere" totalmente a outro advogado), deverá haver prévio conhecimento e concordância do cliente, nos termos do art. 26, § 1.º, do CED. Assim, incorreta a alternativa "D", já que a comunicação do substabelecimento sem reserva de poderes pelo advogado deve ser anterior ao ato, exigindo-se, ainda, inequívoco conhecimento do constituinte. Caso se tratasse de substabelecimento com reserva de poderes, impõe-se salientar que não seria exigido prévio e inequívoco conhecimento do cliente, já que se trata de ato pessoal do advogado da causa (art. 26, *caput*, do CED).

Gabarito "D".

(EXAME DE ORDEM) Assinale a alternativa incorreta.

O advogado que, em depoimento prestado, ao ser inquirido pelo magistrado,

(A) com receio de praticar falso testemunho, revela informação obtida pelo cliente, não pratica crime de violação do segredo, pela existência de justa causa.

(B) revela segredo profissional, quando devidamente autorizado pela parte, não pratica crime de violação de segredo profissional.

(C) revela a idade de seu cliente, sem autorização do mesmo, tendo obtido tal informação pela imprensa, não pratica crime de violação do segredo.

(D) revela sua opinião pessoal quanto à idoneidade de seu cliente, não pratica crime de violação do segredo.

O sigilo profissional é inerente à profissão, impondo-se o seu respeito, salvo em caso de grave ameaça à vida, à honra, ou quando o advogado seja afrontado pelo seu próprio cliente e, em defesa própria, tenha que revelar segredos, porém sempre restrito ao interesse da causa. Ressalte-se que as confidências feitas ao advogado pelo cliente podem ser utilizadas nos limites da necessidade da defesa, desde que autorizado pelo constituinte. Dessa forma, o advogado, ao revelar informação obtida pelo seu cliente, ao ser inquirido judicialmente, pratica o crime de violação do segredo profissional previsto no art. 154 do Código Penal (revelar alguém, sem justa causa, segredo, de que tem ciência em razão de função, ministério, ofício ou profissão, e cuja revelação possa produzir dano a outrem).

Gabarito "A".

(EXAME DE ORDEM) A participação do advogado em programa de televisão, respondendo sobre temas jurídicos,

(A) é irrestrita.

(B) é proibida.

(C) deve ser limitada a esclarecimentos sobre questão jurídica, sem propósito de promoção pessoal ou profissional, podendo versar sobre métodos de trabalho usados por outros profissionais, desde que se abstenha de criticá-los.

(D) deve ser limitada a esclarecimento sobre questão jurídica, sem propósito de promoção pessoal ou profissional, abstendo-se de versar sobre métodos de trabalho usados por outros profissionais.

O Código de Ética e Disciplina da OAB (CED) prescreve que o advogado, quando convidado a participar de programa de televisão ou de rádio, de entrevista na imprensa, de reportagem televisionada ou veiculada por qualquer outro meio, para manifestação profissional, deve visar a objetivos exclusivamente ilustrativos, educacionais e instrutivos, sem propósito de promoção pessoal ou profissional, vedados pronunciamentos sobre métodos de trabalho usados por seus colegas de profissão (art. 43, *caput*). Quando convidado para manifestação pública sobre temas jurídicos, deverá o profissional evitar insinuações a promoção pessoal ou profissional, bem como o debate de caráter sensacionalista (parágrafo único do mesmo dispositivo).

Gabarito "D".

(EXAME DE ORDEM) A participação do advogado em bens particulares do cliente

(A) é permitida, desde que comprovadamente demonstrado que o cliente não tem condições pecuniárias para arcar com os honorários devidos.

(B) é vedada em qualquer circunstância.

(C) é permitida em qualquer circunstância.

(D) é permitida apenas quando se tratar de inventário ou arrolamento de bens.

O art. 50, §1º, do CED, enuncia que a participação do advogado em bens particulares do cliente, comprovadamente sem condições financeiras, só será tolerada em caráter excepcional, e desde que ajustada em instrumento contratual.

Gabarito "A".

(EXAME DE ORDEM) O advogado que atuou profissionalmente em favor de um cliente:

(A) estará sempre impedido de patrocinar causa contra o cliente.

(B) deverá observar o prazo de dois anos para poder atuar contra o ex-cliente, desde que se trate de questão que não envolva informações privilegiadas que lhe foram confiadas ao tempo em que atuou em seu favor.

(C) não terá qualquer impedimento para atuar contra o ex-cliente, desde que tenham transitado em julgado as sentenças proferidas em todas as causas patrocinadas em seu favor.

(D) estará desimpedido para atuar contra o ex-cliente, desde que se trate de questão que não envolva informações privilegiadas que foram confiadas ao tempo em que atuou em seu favor.

Ao advogado cumpre abster-se de patrocinar causa contrária à validade ou legitimidade de ato jurídico em cuja formação haja colaborado ou intervindo de qualquer maneira. Da mesma forma, deve declinar seu impedimento ou da sociedade que integre quando houver conflito de interesses motivado por intervenção anterior no trato de assunto que se prenda ao patrocínio solicitado (art. 22 do Código de Ética e Disciplina da OAB). Ademais, reza o art. 21 do mesmo Código que o advogado, ao postular em nome de terceiros, contra ex-cliente ou ex-empregador, judicial ou extrajudicialmente, deve resguardar o sigilo profissional. Nesse caso (atuação contra ex-cliente ou ex-empregador), terá o advogado que observar o interstício de dois anos contados do fim de sua relação contratual, o que se denomina de abstenção bienal, respeitado, porém, o sigilo profissional. Não há expressa previsão desse prazo nas normas de regência da ética profissional. Trata-se de uma construção da própria OAB e da jurisprudência dos Tribunais de Ética.

Gabarito "B".

(EXAME DE ORDEM) O depoimento testemunhal de um advogado

(A) é permitido, se versar sobre fatos por ele conhecidos, em razão de sua profissão, desde que em favor de pessoa a qual se vinculou profissionalmente.

(B) é permitido, se necessário ao desvendamento de fato tipificado como criminoso e dele tomou conhecimento quando consultado para o patrocínio de defesa que veio a recusar.

(C) é permitido, quando em defesa de outro advogado.

(D) deverá ser recusado quando versar sobre fato relacionado com pessoa de quem seja ou foi advogado, mesmo quando autorizado pelo constituinte.

O Código de Ética e Disciplina (CED), em seu art. 38, prevê que o advogado não é obrigado a depor, em processo ou procedimento judicial, administrativo ou arbitral, sobre fatos a cujo respeito deva guardar sigilo profissional. No mesmo sentido, o art. 7º, XIX, do EAOAB.
Gabarito "D".

(EXAME DE ORDEM) É dever do advogado:

(A) não assumir a defesa criminal se não tiver formado a sua própria opinião sobre a culpa ou inocência do acusado.

(B) assumir a defesa criminal, desde que tenha formado a sua própria opinião sobre a inocência do acusado.

(C) não assumir a defesa criminal, desde que tenha formado a sua própria opinião sobre a culpa do acusado.

(D) assumir a defesa criminal, sem considerar sua própria opinião sobre a culpa do acusado.

Na esfera criminal todos os acusados têm direito à defesa técnica a ser exercida por profissional inscrito nos quadros da OAB. Tal direito decorre diretamente dos princípios constitucionais do contraditório e da ampla defesa. Dessa maneira, o advogado tem o dever de atuar na defesa criminal de seu cliente, não importando qual seja sua opinião particular sobre a culpa do acusado.
Gabarito "D".

(EXAME DE ORDEM) É incorreto afirmar que o sigilo profissional:

(A) é direito e dever do advogado, sendo desnecessário que o cliente o solicite.

(B) somente principia o dever/direito do sigilo após outorga da procuração pelo cliente.

(C) não cessa, mesmo após a conclusão dos serviços advocatícios prestados.

(D) não pode ser rompido, salvo grave ameaça ao direito à vida, à honra ou quando o advogado se veja afrontado pelo próprio cliente e em defesa própria, sempre restrito ao interesse da causa.

O sigilo profissional é inerente à profissão (é um direito – art. 7º, II da Lei 8.906/1994 – e um dever, cuja violação configura infração disciplinar – art. 34, VII do mesmo diploma legal), impondo-se o seu respeito mesmo antes da outorga da procuração e depois de encerrado os serviços advocatícios, salvo em caso de grave ameaça à vida, à honra, ou para defesa própria (art. 37 do CED). O advogado deve guardar sigilo, mesmo em depoimento judicial, sobre o que saiba em razão do seu ofício, cabendo-lhe recusar-se a depor como testemunha no processo no qual funcionou ou deva funcionar, ou sobre fato de pessoa de quem seja ou tenha sido advogado, mesmo que autorizado ou solicitado pelo constituinte (art. 38 do CED e art. 7º, XIX, do EAOAB).
Gabarito "B".

(EXAME DE ORDEM) Considere-se que João, procurador municipal, concursado, tenha recebido determinação de seu superior hierárquico para adotar determinada tese jurídica da qual ele, João, discordasse por atentar contra a legislação vigente e jurisprudência consolidada,

inclusive, tendo João emitido sua opinião, anteriormente, em processos e artigos doutrinários de sua lavra, sobre o mesmo tema. Nessa situação, João poderia ter recusado tal determinação?

(A) Sim, lastreado em sua liberdade e independência e, também, porque a adoção da mencionada tese jurídica afrontaria posicionamento anterior seu.

(B) Não, porque, sendo detentor de cargo público, ele teria o dever de atender aos interesses maiores da administração pública.

(C) Não, pois o conceito de liberdade e independência é exclusivo aos advogados particulares, que podem, ou não, aceitar uma causa.

(D) Sim, visto que inexiste hierarquia entre procuradores municipais concursados.

O Estatuto da Advocacia (EAOAB), em seu art. 18, deixa claro que, embora empregado, o advogado não tem retirada sua isenção técnica ou mesmo sua independência profissional, qualidades inerentes à advocacia. Ademais, o Código de Ética e Disciplina (CED) prescreve que é dever do advogado, dentre outros, atuar com destemor, independência, lealdade e boa-fé (art. 2.º, parágrafo único, inciso II). Por fim, o art. 4.º, de referido diploma normativo, preleciona que o advogado, ainda que vinculado a cliente ou constituinte, mediante relação empregatícia ou por contrato de prestação de serviços, ou como integrante de departamento jurídico, ou de órgão de assessoria jurídica, público ou privado, deve zelar pela sua liberdade e independência, sendo legítima a recusa, por parte do profissional, de patrocinar causa de manifestação, no âmbito consultivo, de pretensão concernente a lei ou direito que também lhe seja aplicável, ou contrarie orientação que tenha manifestado anteriormente (art. 4º, parágrafo único, do CED). Dos dispositivos mencionados, verifica-se que João, procurador municipal, embora deva atentar para o cumprimento de determinações superiores (poder hierárquico do Direito Administrativo), em se tratando de advogado público, deve manter-se independente e isento para o desenvolvimento de seu mister. Ainda, se é dever do advogado pautar-se pela boa-fé, sustentar tese jurídica contrária à lei (desde que não haja mais de um entendimento cabível) poderia violar tal regra deontológica. Ademais, absolutamente legítima sua recusa em sustentar tese que contraria anterior manifestação sua, nos termos do precitado art. 4.º, parágrafo único, do CED.
Gabarito "A".

12. QUESTÕES DE CONTEÚDO VARIADO

(OAB/Exame Unificado – 2009.1) Acerca da advocacia, assinale a opção incorreta.

(A) O advogado é indispensável à administração da justiça, razão pela qual qualquer postulação perante órgãos do Poder Judiciário é atividade privativa de advogado, sem exceção.

(B) No processo judicial, ao postular decisão favorável ao seu constituinte, o advogado contribui para o convencimento do julgador, constituindo seus atos múnus público.

(C) O advogado estrangeiro somente poderá exercer atividade de advocacia no território brasileiro se estiver inscrito na OAB.

(D) Para a inscrição como advogado, é necessário, entre outros requisitos, prestar compromisso perante o Conselho.

A: incorreta, devendo ser assinalada, pois há uma série de exceções a essa regra; por exemplo, o Ministério Público tem capacidade postula-

1. ÉTICA PROFISSIONAL

tória, assim como qualquer pessoa, em se tratando de *habeas corpus*, e o interessado, na reclamação trabalhista e no juizado especial cível; **B:** correta (art. 2º, § 2º, da Lei 8.906/1994); **C:** correta (art. 3º da Lei 8.906/1994); **D:** correta (art. 8º, VII, da Lei 8.906/1994).

Gabarito "A".

(OAB/Exame Unificado – 2009.1) Acerca do exercício da advocacia, assinale a opção correta.

(A) O advogado que passar a sofrer de doença mental incurável deve licenciar-se por prazo indeterminado.

(B) O advogado que passar a exercer, em caráter definitivo, atividade incompatível com a advocacia terá sua inscrição suspensa até desincompatibilizar-se.

(C) Todos os membros dos Poderes Legislativo e Judiciário exercem atividade incompatível com a advocacia.

(D) O advogado é responsável pelos atos que, no exercício profissional, praticar com dolo ou culpa, respondendo ilimitadamente pelos danos causados aos clientes em decorrência da ação ou omissão.

A: incorreta: art. 12, III, da Lei 8.906/1994 ("curável"); **B:** incorreta: art. 11, IV, da Lei 8.906/1994 ("cancela-se"); **C:** incorreta. A alternativa não é adequada para todos os membros do Poder Legislativo (art. 28, I, da Lei 8.906/1994). Neste caso, apenas os membros das Mesas é que são incompatíveis; **D:** correta: art. 32 da Lei 8.906/1994; a responsabilidade pessoal do advogado é ilimitada inclusive quando este atua por meio de pessoa jurídica, hipótese em que o patrimônio da pessoa jurídica deve ser esgotado em primeiro lugar (art. 17 da Lei 8.906/1994 e art. 40 do Regulamento Geral).

Gabarito "D".

(OAB/Exame Unificado – 2008.3.SP) Ministro aposentado do STJ propôs, na qualidade de parte e advogado, ação de cobrança contra Maria das Graças. Em 19.09.2008, Maria das Graças, procuradora do estado do Rio de Janeiro, foi citada por intermédio de oficial de justiça para apresentar contestação. O advogado de Maria das Graças, João das Neves, é defensor público aposentado e pretende candidatar-se ao cargo de presidente de seccional da OAB. Considerando a situação hipotética apresentada, assinale a opção correta referente à legislação da OAB.

(A) Defensores públicos estão sujeitos à inscrição na OAB para o exercício de suas funções, entretanto estão dispensados do pagamento das anuidades fixadas.

(B) Defensores públicos da União exercem a advocacia pública, mas não os procuradores de Estado, que podem advogar em causas particulares.

(C) João das Neves, como ex-integrante da advocacia pública, é elegível e pode integrar qualquer órgão da OAB.

(D) Ministro aposentado do STJ pode advogar nas primeiras e segundas instâncias das justiças estadual e federal, mas é impedido de exercer a advocacia no TST.

A: incorreta, pois não estão dispensados do pagamento das anuidades fixadas (art. 3º, § 1º, da Lei 8.906/1994), bem como arts. 55, *caput*, e 10, ambos do Regulamento Geral; **B:** incorreta. Os procuradores do Estado também exercem advocacia pública; há Estados que admitem que seus procuradores *também* exerçam advocacia privada, mas, por força do art. 30, I, do EAOAB, jamais poderiam advogar contra a Fazenda Pública que os remunere (impedimento); **C:** correta. De fato, o art. 131, § 2º, do Regulamento Geral não traz restrições para a elegibilidade de ex-integrante da advocacia pública. Ao contrário, o art. 9º,

parágrafo único, do Regulamento Geral, deixa claro que os integrantes da advocacia pública são elegíveis, podendo integrar qualquer órgão da OAB. Assim, ainda que João das Neves integrasse qualquer carreira de advocacia pública, ainda assim poderia candidatar-se a cargo na OAB (ex.: Conselheiro Seccional); **D:** incorreta. Não há esse tipo de limitação; a CF somente impede que o juiz exerça a advocacia no juízo ou no tribunal do qual se afastou, antes de decorridos três anos do afastamento do cargo (art. 95, parágrafo único, V).

Gabarito "C".

(EXAME DE ORDEM) A competência para determinar, com exclusividade, critérios no que se relaciona ao traje dos advogados, no exercício profissional é atribuída ao

(A) Conselho Superior de Magistratura.

(B) Conselho Federal da OAB.

(C) Conselho Seccional da OAB.

(D) Juiz Diretor do Fórum onde o advogado vai atuar.

Compete privativamente ao Conselho Seccional, órgão da OAB existente em cada Estado-membro da federação e Distrito Federal, determinar o traje dos advogados, no exercício profissional (art. 58, XI, do EAOAB).

Gabarito "C".

(EXAME DE ORDEM) O advogado regularmente inscrito nos quadros da Ordem dos Advogados do Brasil, que efetue o pagamento da contribuição anual,

(A) está obrigado ao pagamento da contribuição sindical.

(B) está obrigado ao pagamento da contribuição confederativa e isento da contribuição sindical.

(C) está desobrigado do pagamento da contribuição confederativa e obrigado ao pagamento da contribuição sindical.

(D) está isento da contribuição sindical.

Compete à OAB fixar e cobrar de seus inscritos contribuições, preços de serviços e multas. Nos precisos termos do art. 47 do EAOAB, o pagamento da contribuição anual à OAB isenta os inscritos nos seus quadros do pagamento obrigatório da contribuição sindical.

Gabarito "D".

(EXAME DE ORDEM) As questões que envolvam dúvidas e pendências entre advogados serão mediadas e conciliadas

(A) pela Comissão de Prerrogativas do exercício profissional.

(B) pelas Comissões de Ética e Disciplina das Subsecções.

(C) pelo Tribunal de Ética e Disciplina.

(D) pelas Câmaras Recursais de Ética e Disciplina do Conselho Seccional.

O Tribunal de Ética e Disciplina (TED) é competente para orientar e aconselhar sobre ética profissional, respondendo às consultas em tese, e julgar os processos disciplinares. Dentre outras atribuições, tem a de mediar e conciliar questões que envolvam dúvidas e pendências entre advogados, conforme o art. 71, VI, *a*, do Código de Ética e Disciplina (CED).

Gabarito "C".

(EXAME DE ORDEM) As expressões que impõem ao advogado: "ser fiel à verdade", "aprimorar-se no culto dos princípios e no domínio da ciência jurídica" e "lutar sem receio pelo primado da Justiça" estão contidas

(A) no Estatuto da Advocacia e seu Regulamento Geral.

(B) nos Códigos de Processo Civil e Processo Penal.

(C) na Portaria 1.886/94 do MEC, ao estabelecer a grade curricular para os Cursos Jurídicos no Brasil.

(D) no preâmbulo do Código de Ética e Disciplina.

As expressões constantes do enunciado da questão constavam no preâmbulo do CED "antigo" (de 13 de fevereiro de 1995), repetidas no "Novo" CED (Resolução 02/2015 do CFOAB).
Gabarito "D".

(EXAME DE ORDEM) O Tribunal de Ética e Disciplina é:

(A) instância original do processo disciplinar.

(B) instância recursal do processo disciplinar.

(C) a última instância recursal do processo disciplinar.

(D) competente para fazer tramitar apenas os processos de exclusão de advogados.

O poder de punir disciplinarmente os inscritos na OAB compete exclusivamente ao Conselho Seccional em cuja base territorial tenha ocorrido a infração, cabendo ao Tribunal de Ética e Disciplina julgar os processos disciplinares (§ 1.º do art. 70 do Estatuto da Advocacia e da Ordem dos Advogados do Brasil). Tais processos instauram-se de ofício ou mediante representação de qualquer autoridade ou pessoa interessada, sendo que deverão tramitar em sigilo até o seu término, só tendo acesso às suas informações as partes, seus defensores e a autoridade judiciária competente (art. 72, § 2.º, do Estatuto da Advocacia e da Ordem dos Advogados do Brasil).
Gabarito "A".

(EXAME DE ORDEM) O licenciamento do profissional advogado ocorre

(A) enquanto estiver impedido do exercício profissional.

(B) enquanto persistir a incompatibilidade para o exercício da profissão.

(C) mediante simples requerimento.

(D) por motivo de doença.

O licenciamento do profissional advogado consiste em seu afastamento das atividades privativas da advocacia, em caráter transitório, cujas hipóteses, previstas no art. 12 do EAOAB, são: I – por requerimento justificado; II – quando passar a exercer, em caráter temporário, atividade incompatível com o exercício da advocacia; III – quando sofrer doença mental considerada curável.
Gabarito "B".

(EXAME DE ORDEM) O profissional advogado licenciado:

(A) não tem prazo limite para restabelecer sua inscrição.

(B) terá sua inscrição automaticamente cancelada se não a restabelecer no prazo de 05 (cinco) anos após a concessão da licença.

(C) estará sujeito a novo exame de ordem para o restabelecimento de sua inscrição.

(D) estará sujeito a novo exame de ordem para o restabelecimento de sua inscrição, apenas se o motivo da licença decorrer de atividade incompatível com a advocacia.

O art. 12 do Estatuto da Advocacia e da Ordem dos Advogados do Brasil estabelece que o advogado licencia-se quando: a) assim o requerer, por motivo justificado; b) passar a exercer, em caráter temporário, atividade incompatível com o exercício da advocacia; c) sofrer doença mental considerada curável. Porém, tal dispositivo em nenhum momento aponta um prazo limite para que o profissional restabeleça sua inscrição, razão pela qual a alternativa "A" é a correta.
Gabarito "A".

(EXAME DE ORDEM) O mandato, em qualquer órgão da OAB, é de:

(A) 04 (quatro) anos.

(B) 03 (três) anos.

(C) 02 (dois) anos.

(D) 01 (um) ano.

O mandato em qualquer órgão da OAB é de três anos, iniciando-se em primeiro de janeiro do ano seguinte ao da eleição, salvo o do Conselho Federal, cujos membros iniciam seus mandatos em fevereiro do ano seguinte ao da eleição (art. 65 da Lei 8.906/1994).
Gabarito "B".

(EXAME DE ORDEM) O pagamento da contribuição anual à OAB:

(A) isenta os inscritos nos seus quadros do pagamento obrigatório da contribuição sindical, desde que se trate de profissional liberal.

(B) não isenta os inscritos nos seus quadros do pagamento obrigatório da contribuição sindical.

(C) isenta os inscritos nos seus quadros do pagamento obrigatório da contribuição sindical.

(D) isenta os inscritos nos seus quadros do pagamento obrigatório da contribuição sindical, desde que se trate de profissional empregado.

De acordo com o art. 46 do Estatuto da OAB, compete à OAB fixar e cobrar, de seus inscritos, contribuições, preços de serviços e multas. Já o art. 47 do mesmo diploma legal determina que o pagamento da contribuição anual à OAB isenta os inscritos nos seus quadros do pagamento obrigatório da contribuição sindical.
Gabarito "C".

(EXAME DE ORDEM) A eleição dos integrantes da lista, constitucionalmente prevista, para preenchimento dos cargos nos Tribunais Judiciários, é da competência do:

(A) Conselho Seccional da Ordem dos Advogados do Brasil, na forma do provimento do Conselho Federal, nos Tribunais instalados no âmbito de sua jurisdição.

(B) Conselho Seccional da Ordem dos Advogados do Brasil, na forma do provimento do próprio Conselho, nos Tribunais instalados no âmbito de sua jurisdição.

(C) Conselho Federal da Ordem dos Advogados do Brasil, na forma do Provimento do próprio Conselho, ainda que se trate de Tribunal Estadual ou Regional.

(D) órgão especial do Conselho Federal da Ordem dos Advogados do Brasil, na forma do Provimento do próprio Conselho, ainda que se trate de Tribunal Estadual ou Regional.

Nos termos do art. 58, XIV da Lei 8.906/1994, compete privativamente ao Conselho Seccional eleger as listas, constitucionalmente previstas, para preenchimento dos cargos nos tribunais judiciários, no âmbito de sua competência e na forma do Provimento do Conselho Federal, vedada a inclusão de membros do próprio Conselho e de qualquer órgão da OAB.
Gabarito "A".

(EXAME DE ORDEM) A intervenção nas Subseções do Conselho Seccional da Ordem dos Advogados do Brasil poderá ocorrer por deliberação:

(A) da maioria dos membros do Conselho Federal.

(B) da maioria dos membros do Conselho Seccional, referendada pelo Conselho Federal.

(C) de 2/3 dos membros do Conselho Federal.

(D) de 2/3 dos membros do Conselho Seccional.

Compete privativamente ao Conselho Seccional da Ordem dos Advogados do Brasil intervir nas Subsecções (art. 58, XV da Lei 8.906/1994), sendo que, de acordo com o art. 60, § 6.º, o Conselho Seccional, mediante o voto de dois terços de seus membros, pode intervir nas Subseções, onde constatar grave violação dessa lei ou do regimento interno daquele.

Gabarito "D".

(EXAME DE ORDEM) Os recursos ao Conselho Federal são admitidos:

(A) apenas contra decisões dos Conselhos Seccionais que contrariem a Lei n. 8.906/1994, contra decisão do Conselho Federal, ou de outro Conselho Seccional e, ainda, contra o Regulamento Geral, o Código de Ética e Disciplina e os Provimentos.

(B) contra decisões dos Conselhos Seccionais, quando não tenham sido unânimes, ou, sendo unânimes, contrariem a Lei n. 8.906/1994, contra decisão do Conselho Federal, ou de outro Conselho Seccional e, ainda, contra o Regulamento Geral, o Código de Ética e Disciplina e os Provimentos.

(C) apenas contra decisões dos Conselhos Seccionais que contrariem a Lei n. 8.906/1994.

(D) em qualquer circunstância.

Segundo o art. 75 da Lei 8.906/1994, cabe recurso ao Conselho Federal de todas as decisões definitivas proferidas pelo Conselho Seccional, quando não tenham sido unânimes ou, sendo unânimes, contrariem esta lei, decisão do Conselho Federal ou de outro Conselho Seccional e, ainda, o Regulamento Geral, o Código de Ética e Disciplina e os Provimentos.

Gabarito "B".

(EXAME DE ORDEM) O pagamento da contribuição anual para a OAB:

(A) não isenta o advogado do pagamento obrigatório da contribuição sindical.

(B) isenta o advogado do pagamento obrigatório da contribuição sindical.

(C) isenta o advogado do pagamento obrigatório da contribuição sindical, salvo quando se tratar de advogado empregado.

(D) isenta o advogado do pagamento obrigatório da contribuição sindical, salvo quando se tratar de contribuição sindical patronal.

O art. 47 do Estatuto da OAB determina que o pagamento da contribuição anual à OAB isenta os inscritos nos seus quadros do pagamento obrigatório da contribuição sindical.

Gabarito "B".

(EXAME DE ORDEM) Assinale a alternativa correta:

(A) Para que determinada matéria seja considerada orientação dominante da OAB, a decisão do Órgão Especial deverá estar consolidada em súmula publicada na imprensa oficial.

(B) Descabe no processo disciplinar da OAB pedido de revisão do mesmo.

(C) Havendo falta de previsão legal ou orientação quanto à questão de ética profissional, o advogado deverá consultar o Conselho Seccional.

(D) Os recursos dos processos disciplinares, sem exceção, não têm efeito suspensivo.

Nos termos do art. 86 do Regulamento Geral da OAB, a decisão do Órgão Especial constitui orientação dominante da OAB sobre a matéria, quando consolidada em súmula publicada na imprensa oficial. Das decisões, por infrações disciplinares, prolatadas pelo TED, competente para o pedido de revisão da sanção será o Conselho Seccional, conforme o art. 58, III, do EAOAB. O Tribunal de Ética e Disciplina (TED) é competente para orientar e aconselhar sobre ética profissional, respondendo às consultas em tese, e julgar os processos disciplinares. Todos os recursos têm efeito suspensivo, exceto quando envolver matéria concernente a eleições, suspensão preventiva decidida pelo TED e cancelamento de inscrição obtida com falsa prova (art. 77 do EAOAB).

Gabarito "A".

(EXAME DE ORDEM) Assinale a opção correta em relação ao Estatuto da OAB:

(A) Juntamente com a eleição do Conselho Seccional e da Subseção, os advogados elegem diretamente o Conselho Federal da OAB.

(B) Uma subseção pode abranger um ou mais municípios e, ainda, partes de município.

(C) Uma seccional pode abranger um ou mais estados da Federação.

(D) Uma Caixa de Assistência aos Advogados não tem personalidade própria, mas o Conselho Seccional a que ela se vincula, sim.

O art. 60, § 1.º, do Estatuto prevê que a área territorial da Subseção pode abranger um ou mais municípios, ou parte de município, inclusive da capital do Estado, contando com um mínimo de 15 advogados, nela profissionalmente domiciliados. A Caixa de Assistência aos Advogados conta com personalidade jurídica própria, nos termos do art. 62 do Estatuto. A eleição dos membros de todos os órgãos da OAB será realizada na segunda quinzena do mês de novembro, do último ano do mandato, mediante cédula única e votação direta dos advogados regularmente inscritos. Por fim, os Conselhos Seccionais têm jurisdição sobre o território do respectivo Estado.

Gabarito "B".

(EXAME DE ORDEM) Assinale a opção correta de acordo com o Estatuto da OAB.

(A) O pagamento da anuidade da OAB não isenta os advogados de recolherem contribuição sindical.

(B) A anuidade da OAB é fixada pelo conselho federal da entidade.

(C) Débito relativo à contribuição dos advogados para a OAB constitui título executivo extrajudicial.

(D) A prescrição para pretensão de cobrança das contribuições é de cinco anos, a contar da exigibilidade.

De acordo com o art. 47 do Estatuto da Advocacia (EAOAB), o pagamento da contribuição anual à OAB isenta os inscritos nos seus quadros do pagamento obrigatório da contribuição sindical. Logo, a alternativa "A" está incorreta. No tocante ao órgão da OAB competente para fixar as anuidades, caberão aos Conselhos Seccionais (órgãos estaduais) a fixação, a alteração e o recebimento das contribuições obrigatórias (anuidades, por exemplo), dos preços de serviços e das multas (art. 58, IX, do EAOAB e art. 55 do Regulamento Geral). Portanto, errada a alternativa "B". Quanto à prescrição para a pretensão de cobrança das contribuições pela OAB, dar-se-á em cinco anos, a contar da notificação para pagamento (errada, pois, a alternativa "D"). Resta-nos analisar a alternativa "C", que está correta ao afiançar que o débito relativo à contribuição dos advogados para a OAB constitui título executivo extrajudicial, nos termos do art. 46, parágrafo único, do EAOAB. Importante relembrar ao candidato que o inadimplemento da anuidade à OAB gerará a suspensão do inscrito (art. 37, do EAOAB), após regular processo disciplinar, configurando, portanto, infração disciplinar, nos termos do art. 34, XXIII, do EAOAB.

Gabarito "C".

(EXAME DE ORDEM) Dr. Caio Túlio, experiente e culto advogado, conselheiro de Seccional da OAB, incentivado por seus alunos e ex-alunos da Faculdade de Direito e também por seus pares, optou por candidatar-se à vaga de Desembargador do Tribunal de Justiça do Estado, pelo quinto constitucional (art. 94 da CF). Assinale a alternativa incorreta aplicada ao caso.

(A) Caberá ao Conselho Federal da OAB indicar a lista sêxtupla dos candidatos.

(B) Caberá ao Conselho Seccional da OAB indicar a lista sêxtupla dos candidatos.

(C) É vedada aos membros de órgãos da OAB a inscrição no processo seletivo de escolha das listas sêxtuplas.

(D) É condição obrigatória para inscrever-se estar o advogado em pleno exercício da profissão.

Nos termos do art. 58, XIV, do Estatuto da OAB (EAOAB), compete ao Conselho Seccional (órgão estadual) a indicação de listas para a composição dos tribunais estaduais pelo quinto constitucional. Ao Conselho Federal (órgão federal) cabe a indicação de listas para a composição de Tribunais Superiores, conforme o art. 54, XIII, do EAOAB. Portanto, incorreta a alternativa "A", que é o que a questão quer seja assinalado. De fato, é vedado aos membros de órgãos da OAB a inscrição no processo seletivo de escolha de listas sêxtuplas (para composição dos tribunais pela via do quinto constitucional), conforme art. 54, XIII, do EAOAB. Por fim, é condição evidente para que um advogado se inscreva no processo seletivo de escolha das listas sêxtuplas pela OAB que esteja em pleno exercício da profissão, de acordo com o disposto no já mencionado dispositivo legal.

Gabarito "A".

13. QUESTÕES SOBRE COVID

(QUESTÃO 1) João, advogado, em razão da pandemia decorrente da disseminação da COVID-19, passou a divulgar na página eletrônica de seu escritório que promoveria, diariamente, o atendimento gratuito de pessoas contaminadas pelo novo coronavírus que necessitassem ajuizar ações contra o Poder Público para o alcance de vagas de UTI. Em razão de tal publicidade, recebeu centenas de mensagens de familiares de pessoas que contraíram a COVID-19, daí resultando o ajuizamento de 180 (cento e oitenta) ações em desfavor de entes estaduais e municipais. Para o ajuizamento das referidas ações, João não cobrou honorários, atuando, portanto, gratuitamente.

Considerando as disposições acerca da advocacia *pro bono*, disciplinada no Código de Ética e Disciplina, assinale a alternativa correta:

(A) João não violou qualquer disposição do Código de Ética e Disciplina, eis que a divulgação de atuação *pro bono* não é proibida, sendo, ao contrário, forma lícita de captação de clientela.

(B) João violou as disposições do Código de Ética e Disciplina, eis que a advocacia *pro bono* somente pode ser prestada para pessoas físicas que comprovadamente não disponham de recursos financeiros para a contratação de advogado. Além disso, a divulgação de atuação gratuita na página eletrônica do escritório configura uma forma de publicidade, com potencial captação de clientela, o que é proibido pelo CED.

(C) João não terá violado qualquer disposição do Código de Ética e Disciplina, desde que tenha contado com a autorização do Conselho Seccional da OAB para a propositura das ações referidas no enunciado.

(D) João violou as disposições do Código de Ética e Disciplina ao ajuizar as ações em favor das pessoas contaminadas pela COVID-19 sem promover a cobrança dos respectivos honorários, sendo proibida a advocacia *pro bono* em território nacional.

Alternativas A e C: incorretas. O art. 30, § 3º, do CED, tratando da advocacia *pro bono*, dispõe que esta consiste na prestação de serviços jurídicos em caráter voluntário, eventual e gratuito, não podendo caracterizar forma de publicidade para captação de clientela. Portanto, o advogado João, ao atuar gratuitamente para centenas de pessoas, violou a vedações atinente à eventualidade da advocacia *pro bono*, bem como promoveu publicidade irregular capaz de causar captação de clientela, o que, de fato, ocorreu. Além disso, ao ajuizar 180 (cento e oitenta) ações judiciais, sem analisar se se tratavam, os autores, de pessoas sem recursos financeiros para a contratação de advogado, igualmente violou o disposto no § 2º, do art. 30, do CED; Alternativa D: incorreta, pois a advocacia *pro bono*, desde que respeitadas as diretrizes contidas no art. 30 do CED, é permitida; Alternativa B: correta. De fato, como visto, ao atuar em prol de centenas de pessoas, o advogado João violou as disposições do Código de Ética, eis que a advocacia *pro bono* somente é permitida quando prestada, no caso de pessoas naturais, em favor daqueles que não têm recursos financeiros para a contratação de advogado sem que isso lhes cause prejuízo ao próprio sustento. Além disso, ao divulgar que prestaria advocacia gratuita em sua página eletrônica, o advogado violou o art. 30, § 3º, do CED, que proíbe a utilização do instituto para a captação de clientela quando empregada como instrumento de publicidade.

Gabarito "B".

(QUESTÃO 2) Maria, advogada, ciente de que sua cliente Neusa se encontrava acometida pela COVID-19, entabulou contrato de honorários com cláusula *quota litis*, prevendo que, em caso de vitória na demanda judicial trabalhista que patrocinava, receberia o equivalente a 60% de todas as verbas eventualmente pagas pelo antigo empregador. Em razão do estado de saúde de Neusa e da situação de penúria econômica que se encontrava, eis que desempregada e acometida pelo coronavírus, assinou o contrato com sua advogada. Ao final da ação trabalhista, de fato, a advogada Maria, mesmo sem expressa autorização de sua cliente, reteve 60% dos valores depositados pela empresa reclamada em sua conta-corrente, repassando apenas os 40% restantes a Neusa.

De acordo com o que dispõe o Código de Ética e Disciplina:

(A) É lícito ao advogado reter, a título de compensação de crédito de honorários, valores a serem repassados ao cliente, independentemente de autorização deste ou de disposição no contrato de honorários.

(B) O Código de Ética permite o recebimento de honorários com cláusula *quota litis*, ou seja, vinculados ao êxito na demanda judicial. No entanto, os ganhos do advogado, já considerados eventuais honorários de sucumbência, não poderão ser superiores aos ganhos do cliente. Por tal motivo, a advogada Maria cometeu infração ética de locupletamento ilícito.

(C) O Código de Ética não permite o recebimento de honorários com cláusula *quota litis,* ou seja, vinculados ao êxito na demanda judicial. Os honorários devem ser cobrados em valor fixo, sem possibilidade de se atrelar o pagamento ao desfecho de uma ação judicial.

(D) O Código de Ética e Disciplina permite ao advogado, em caso de estipulação de honorários com cláusula *quota litis,* receber valores superiores ao cliente, desde que haja expressa concordância deste no contrato escrito.

Alternativa A: incorreta, pois a retenção de valores do cliente, a título de compensação de crédito de honorários, somente é lícita nos termos do art. 48, § 2º, do CED, segundo o qual a *compensação de créditos, pelo advogado, de importâncias devidas ao cliente, somente será admissível quando o contrato de prestação de serviços a autorizar ou quando houver autorização especial do cliente para esse fim, por este firmada;* Alternativa B: correta. De fato, o CED, em seu art. 50, permite que haja o estabelecimento de cláusula *quota litis* (cláusula de sucesso ou de êxito). No entanto, estabelece que os ganhos do advogado, já considerados os honorários sucumbenciais, não podem ser superiores aos do cliente (art. 50, *caput*, parte final, CED); Alternativa C: incorreta, pois, como visto, o CED (art. 50) admite o estabelecimento de cláusula *quota litis*, vale dizer, os honorários do advogado serão cobrados com base no êxito que a demanda trouxer ao cliente; Alternativa D: incorreta, pois os ganhos do advogado não podem ser superiores aos do cliente (art. 50, *caput*, parte final, CED).

Gabarito "B".

2. DIREITO CONSTITUCIONAL

Adolfo Mamoru Nishiyama, Bruna Vieira e Teresa Melo[1-2]

1. PODER CONSTITUINTE

(OAB/Exame XXXV) No Preâmbulo da Constituição do Estado Alfa consta:

"Nós, Deputados Estaduais Constituintes, no pleno exercício dos poderes outorgados pelo artigo 11 do Ato das Disposições Transitórias da Constituição da República Federativa do Brasil, promulgada em 5 de outubro de 1988, reunidos em Assembleia, no pleno exercício do mandato, de acordo com a vontade política dos cidadãos deste Estado, dentro dos limites autorizados pelos princípios constitucionais que disciplinam a Federação Brasileira, promulgamos, sob a proteção de Deus, a presente Constituição do Estado Alfa."

Diante de tal fragmento e de acordo com a teoria do poder constituinte, o ato em tela deve ser corretamente enquadrado como forma de expressão legítima do poder constituinte

(A) originário.

(B) derivado difuso.

(C) derivado decorrente.

(D) derivado reformador.

A: incorreta. O poder constituinte originário, genuíno, ou de primeiro grau, é aquele que cria a primeira constituição de um Estado ou a nova constituição de um Estado. No primeiro caso, é conhecido como poder constituinte histórico. Tem a função de instaurar e estruturar, pela primeira vez, o Estado. No segundo, é conhecido como poder constituinte revolucionário, porque ele rompe a antiga e existente ordem jurídica de forma integral, instaurando uma nova. Em ambos os casos, o poder constituinte impõe uma nova ordem jurídica para o Estado. Ao contrário, o poder que cria as Constituições Estaduais (e que estabelece o seu preâmbulo) decorre do originário e a ele é subordinado, de modo que é denominado de **derivado; B:** incorreta. O termo "poder difuso" é utilizado como sinônimo da mutação constitucional que é o processo informal de alteração da Constituição; **C:** correta. o ato em tela deve ser corretamente enquadrado como forma de expressão legítima do poder constituinte **derivado decorrente.** Tal poder é limitado, condicionado e subordinado ao originário que foi quem o criou; **D:** incorreta. O **poder derivado reformador** tem por finalidade a reforma, **a alteração formal do texto constitucional.** Para tanto, dever ser observado o procedimento para a elaboração de emendas constitucionais, previsto no art. 60 da CF. *Gabarito "C".*

(OAB/Exame Unificado – 2018.2) José leu, em artigo jornalístico veiculado em meio de comunicação de abrangência nacional, que o Supremo Tribunal Federal poderia, em sede de ADI, reconhecer a ocorrência de mutação constitucional em matéria relacionada ao meio ambiente. Em razão disso, ele procurou obter maiores esclarecimentos

sobre o tema. No entanto, a ausência de uma definição mais clara do que seria "mutação constitucional" o impediu de obter um melhor entendimento sobre o tema.

Com o objetivo de superar essa dificuldade, procurou Jonas, advogado atuante na área pública, que lhe respondeu, corretamente, que a expressão "mutação constitucional", no âmbito do sistema jurídico-constitucional brasileiro, refere-se a um fenômeno

(A) concernente à atuação do poder constituinte derivado reformador, no processo de alteração do texto constitucional.

(B) referente à mudança promovida no significado normativo constitucional, por meio da utilização de emenda à Constituição.

(C) relacionado à alteração de significado de norma constitucional sem que haja qualquer mudança no texto da Constituição Federal.

(D) de alteração do texto constitucional antigo por um novo, em virtude de manifestação de uma Assembleia Nacional Constituinte.

A: incorreta. A atuação do poder constituinte derivado reformador, manifestado por meio de emendas constitucional, é meio de alteração formal da CF. O próprio texto constitucional é modificado. Por outro lado, na mutação constitucional o texto permanece intacto, apenas sua interpretação é modificada; **B:** incorreta. Mais uma vez a alternativa fez menção à alteração formal do texto da CF, que ocorre por meio do processo legislativo das emendas constitucionais (art. 60 da CF); **C:**correta. A mutação tem relação não com o aspecto formal do texto constitucional, mas com a interpretação dada à Constituição, como mencionado na alternativa. Não são necessárias técnicas de revisão ou reforma constitucional para que o fenômeno se opere; **D:** incorreta. A alteração do texto constitucional antigo por um novo não configura mutação constitucional, mas atuação do poder constituinte originário. **BV** *Gabarito "C".*

(OAB/Exame Unificado – 2018.1) Por entender que o voto é um direito, e não um dever, um terço dos membros da Câmara dos Deputados articula proposição de emenda à Constituição de 1988, no sentido de tornar facultativo a todos os cidadãos o voto nas eleições a serem realizadas no país.

Sabendo que a proposta gerará grande polêmica, o grupo de parlamentares resolve consultar um advogado especialista na matéria.

De acordo com o sistema jurídico-constitucional brasileiro, assinale a opção que indica a orientação correta a ser dada pelo advogado.

(A) Não é possível sua supressão por meio de Emenda Constitucional, porque o voto obrigatório é considerado cláusula pétrea da Constituição da República, de 1988.

---

1. Os comentários das questões do Exame Unificado 2010.1 foram feitos pela própria organizadora da prova.

2. **Bruna Vieira** e **Teresa Melo** comentaram as questões FGV. **BV** questões comentadas por: **Bruna Vieira**.

(B) Não há óbice para que venha a ser objeto de alteração por via de Emenda Constitucional, embora o voto obrigatório tenha estatura constitucional.

(C) Para que a proposta de Emenda Constitucional seja analisada pelo Congresso Nacional, é necessária manifestação de um terço de ambas as Casas.

(D) A emenda, sendo aprovada pelo Congresso Nacional, somente será promulgada após a devida sanção presidencial.

A: incorreta. O voto obrigatório não é considerado cláusula pétrea pela CF. Determina o art. 60, § 4º, II, da CF que não será objeto de deliberação a proposta de emenda tendente a abolir o voto **direto, secreto, universal e periódico; B:** correta. De fato, como a característica da obrigatoriedade do voto não consta do rol das cláusulas pétreas, nada impede que isso seja alterado por meio da observância, é claro, das regras relacionadas ao processo legislativo das emendas constitucionais; **C:** incorreta. **Basta um terço dos membros da Câmara OU do Senado.** A iniciativa das PECs (Propostas de Emendas Constitucionais) vem prevista no art. 60, I, II e III, da CF. Sendo assim, a Constituição poderá ser emendada mediante proposta: I – de um terço, no mínimo, dos membros da Câmara dos Deputados ou do Senado Federal, II – do Presidente da República e III – de mais da metade das Assembleias Legislativas das unidades da Federação, manifestando-se, cada uma delas, pela maioria relativa de seus membros; **D:** incorreta. **Não existe sanção ou veto (deliberação executiva) em proposta de emenda constitucional.** `BV`
Gabarito "B".

(OAB/Exame Unificado – 2015.2) Pedro, reconhecido advogado na área do direito público, é contratado para produzir um parecer sobre situação que envolve o pacto federativo entre Estados brasileiros. Ao estudar mais detidamente a questão, conclui que, para atingir seu objetivo, é necessário analisar o alcance das chamadas cláusulas pétreas. Com base na ordem constitucional brasileira vigente, assinale, dentre as opções abaixo, a única que expressa uma premissa correta sobre o tema e que pode ser usada pelo referido advogado no desenvolvimento de seu parecer.

(A) As cláusulas pétreas podem ser invocadas para sustentar a existência de normas constitucionais superiores em face de normas constitucionais inferiores, o que possibilita a existência de normas constitucionais inconstitucionais.

(B) Norma introduzida por emenda à constituição se integra plenamente ao texto constitucional, não podendo, portanto, ser submetida a controle de constitucionalidade, ainda que sob alegação de violação à cláusula pétrea.

(C) Mudanças propostas por constituinte derivado reformador estão sujeitas ao controle de constitucionalidade, sendo que as normas ali propostas não podem afrontar cláusulas pétreas estabelecidas na Constituição da República.

(D) Os direitos e as garantias individuais considerados como cláusulas pétreas estão localizados exclusivamente nos dispositivos do Art. 5º, de modo que é inconstitucional atribuir essa qualidade (cláusula pétrea) a normas fundadas em outros dispositivos constitucionais.

A: incorreta. Não há hierarquia entre normas constitucionais, portanto as cláusulas pétreas não podem ser invocadas para sustentar a existência de normas constitucionais superiores em face de normas constitucio-

nais inferiores. Por outro lado, é possível a existência de normas constitucionais inconstitucionais se elas forem criadas pelo poder constituinte derivado e não observarem os preceitos trazidos pelo poder constituinte originário; **B:** incorreta. As emendas constitucionais estão sujeitas ao controle de constitucionalidade, pois foram criadas pelo poder derivado reformador, o qual deve respeitar as normas trazidas pelo constituinte originário; **C:** correta. De fato, as mudanças advindas das emendas constitucionais (fruto do poder constituinte derivado reformador) se submetem ao controle de constitucionalidade, pois devem respeitar os limites (materiais, formais, circunstanciais etc.) impostos pelo poder constituinte originário. O respeito às cláusulas pétreas decorre da observância dos limites materiais; **D:** incorreta. Há direitos e garantias espalhados por todo ordenamento jurídico brasileiro e em tratados dos quais o Brasil seja signatário. De acordo com o art. 5º, § 2º, da CF, os direitos e garantias expressos na CF não excluem outros decorrentes do regime e dos princípios por ela adotados, ou dos tratados internacionais em que a República Federativa do Brasil seja parte.
Gabarito "C".

(OAB/Exame Unificado – 2013.1) A Constituição brasileira **não** pode ser emendada

(A) na implantação do estado de emergência e durante a intervenção da União nos Estados.

(B) na vigência do estado de sítio e na implantação do estado de emergência.

(C) quando em estado de sítio e durante a intervenção da União nos Municípios.

(D) na vigência de estado de defesa, de estado de sítio e de intervenção federal.

A: incorreta. A implantação do estado de emergência, que tem relação com desastres naturais e não com a segurança nacional, não é considerada limite ao poder de reforma. Sendo assim, a Constituição Federal pode ser alterada por emenda constitucional, ainda que o estado seja implantado. Durante a intervenção federal (art. 34, da CF), de fato, a Constituição Federal não pode ser emendada (art. 60, § 1º, da CF); **B:** incorreta. Durante a vigência de estado de sítio a Constituição Federal não pode ser emendada (art. 60, § 1º, da CF), mas no segundo caso pode, como já mencionado; **C:** incorreta. Apenas a intervenção federal faz com que a Constituição Federal não possa ser emendada. A intervenção da União em um Município, em regra, não é possível. Somente se for criado um território federal (art. 18, § 2º, da CF) e dividido em Municípios é possível cogitar a intervenção da União em um destes Municípios (art. 35, da CF); **D:** correta. De acordo com o art. 60, § 1º, da CF, a Constituição Federal não pode ser emendada na vigência de *interven*ção federal, de *estado de defesa* ou de *estado de* sítio. São os chamados limites circunstanciais, ou seja, nessas situações de crise, em que o país está vivendo um estado de exceção, a Constituição Federal não pode ser emendada.
Gabarito "D".

(OAB/Exame Unificado – 2012.1) As Emendas Constitucionais possuem um peculiar sistema de iniciativa. Assim, revela-se correto afirmar que poderá surgir projeto dessa espécie normativa por proposta de:

(A) mais de dois terços das Assembleias Legislativas das unidades da Federação, sendo que, em cada uma delas, deve ocorrer a unanimidade de votos.

(B) mais de um terço das Assembleias Legislativas das unidades da Federação, sendo que, em cada uma delas, deve ocorrer a maioria simples de votos.

(C) mais da metade das Assembleias Legislativas das unidades da Federação, sendo que, em cada uma delas, deve ocorrer a maioria relativa de votos.

2. DIREITO CONSTITUCIONAL   143

(D) mais de um terço das Assembleias Legislativas das unidades da Federação, sendo que, em cada uma delas, deve ocorrer a unanimidade de votos.

A: incorreta. O art. 60, III, da CF exige *mais da metade* das Assembleias Legislativas e, em cada uma delas, deve ocorrer o voto da *maioria relativa* de seus membros; **B:** incorreta. Como mencionado, a Constituição Federal exige mais da metade das Assembleias Legislativas e não mais de um terço; **C:** correta: de acordo com o art. 60 da Carta Magna, a Constituição só poderá ser emendada mediante proposta: I – de um terço, no mínimo, dos membros da Câmara dos Deputados ou do Senado Federal, II – do Presidente da República, III – de *mais da metade* das Assembleias Legislativas das unidades da Federação, manifestando-se, cada uma delas, pela *maioria relativa* de seus membros; **D:** incorreta. Mais uma vez, não é mais de um terço das Assembleias Legislativas e sim mais da metade. Além disso, cada uma delas deve manifestar-se pelo voto da maioria relativa de seus membros e não pela unanimidade.
Gabarito "C"

(FGV – 2014) O poder constituinte originário estabeleceu a possibilidade de reforma da Constituição estabelecendo, no entanto, limites inafastáveis.

As alternativas a seguir apresentam matérias que podem ser veiculadas por emendas à Constituição, à exceção de uma. Assinale-a.

(A) A extinção dos Tribunais de Alçada vinculados aos estados da federação.

(B) O estabelecimento de mandato vitalício para o Presidente da República.

(C) A aprovação da escolha dos Ministros do Supremo Tribunal Federal pelo Senado Federal.

(D) A indicação dos Ministros de Estado dentre integrantes do Congresso Nacional.

(E) A reserva de cargos para integrantes de minorias étnicas ou sociais.

A: incorreta. A extinção de Tribunais de Alçada vinculada aos estados da federação é matéria que pode ser tratada por emenda constitucional. Aliás, a EC 45/2004, em seu art. 4º, determinou a extinção dos tribunais de Alçada, onde houvesse, passando os seus membros a integrar os Tribunais de Justiça dos respectivos Estados, respeitadas a antiguidade e classe de origem; **B:** correta. O estabelecimento de mandato vitalício para o Presidente da República viola cláusula pétrea. De acordo com o art. 60, § 4º, II, da CF, não será objeto de deliberação a proposta de emenda tendente a abolir o voto direto, secreto, universal e **periódico**; **C:** incorreta. Tal aprovação não consta do rol dos assuntos que não podem ser objeto de emenda tendente a aboli-los. Desse modo, pode ser tratado por emenda constitucional. Conforme determina o art. 84, XIV, da CF, a nomeação, após aprovação pelo Senado Federal, dos Ministros do Supremo Tribunal é da competência privativa do Presidente da República; **D:** incorreta. A nomeação e a exoneração dos Ministros de Estado competem, de forma privativa, ao Presidente da República, conforme art. 84, I, da CF. É assunto que pode ser veiculado por emenda; **E:** incorreta. Tal assunto não consta do rol das cláusulas pétreas. De acordo com o art. 60, § 4º, da CF, não será objeto de deliberação a proposta de emenda tendente a abolir: I – a forma federativa de Estado; II – o voto direto, secreto, universal e periódico; III – a separação dos Poderes e IV – os direitos e garantias individuais da CF.
Gabarito "B"

(FGV – 2013) Quanto aos limites e formas de modificação da Constituição, assinale a afirmativa **incorreta**.

(A) Caso o poder constituinte reformador estabeleça um novo direito ou uma nova garantia individual, terá garantido a proteção do seu núcleo essencial, com base na cláusula pétrea que veda a abolição de direitos e garantias individuais.

(B) A tese de que há hierarquia entre normas constitucionais originárias, dando azo à declaração de inconstitucionalidade de uma em face de outras, é incompatível com o sistema de Constituição rígida

(C) A mutação constitucional consiste em uma alteração do significado de determinada norma da Constituição, sem observância do mecanismo previsto para as emendas e sem que tenha havido qualquer modificação de seu texto.

(D) As cláusulas pétreas implícitas são: as normas concernentes ao titular do poder constituinte, as normas referentes ao titular do poder reformador e as normas que disciplinam o próprio procedimento de emenda.

(E) A norma superveniente do poder constituinte originário, a não ser quando diz o contrário, tem aplicação sobre situações constituídas antes da sua vigência, exatamente sobre os efeitos que o ato praticado no passado tenderia a produzir sob a vigência da nova norma constitucional.

A: incorreta, devendo ser assinalada. De acordo com o art. 60, § 4º, da CF, **não será objeto de deliberação** a proposta de emenda **tendente a abolir**: I – a forma federativa de Estado; II – o voto direto, secreto, universal e periódico; III – a separação dos Poderes; IV – **os direitos e garantias individuais**. É importante ressaltar que tal vedação se refere apenas à supressão de direito. Desse modo, a inclusão de novos direitos individuais é plenamente cabível. Conforme preleciona Paulo Gustavo Gonet Branco, em **Curso de Direito Constitucional**, 8. ed. São Paulo: Saraiva, 2013. p.129, "A questão que pode ser posta, no entanto, é a de saber se os novos direitos criados serão também eles cláusulas pétreas. Para enfrentá-la é útil ter presente o que se disse sobre a índole geral das cláusulas pétreas. Lembre-se que elas se fundamentam na superioridade do poder constituinte originário sobre o de reforma. Por isso, aquele pode limitar o conteúdo das deliberações deste. Não faz sentido, porém, que o poder constituinte de reforma limite-se a si próprio. Como ele é o mesmo agora ou no futuro, nada impedirá que o que hoje proibiu, amanhã permita. Enfim, não é cabível que o poder de reforma crie cláusulas pétreas. Apenas o poder constituinte originário pode fazê-lo". Com base nesse entendimento, o **novo direito ou a nova garantia não será considerado cláusula pétrea**; **B:** correta. Não há hierarquia entre normas constitucionais, portanto tal tese é incompatível com o sistema constitucional rígido; **C:** correta. Também conhecida como interpretação constitucional evolutiva, a mutação constitucional tem relação não com o aspecto formal do texto constitucional, mas sim com a interpretação dada à Constituição. Não são necessárias técnicas de revisão ou reforma constitucional para que o fenômeno se opere. A mudança social, que se dá com o passar do tempo, já faz com que a interpretação seja modificada; **D:** correta. Paulo Gustavo Gonet Branco, em **Curso de Direito Constitucional**, 8. ed. São Paulo: Saraiva, 2013. p.133, ao tratar do tema cláusulas pétreas implícitas, nos ensina que: "A natureza do poder constituinte de reforma impõe-lhe restrições de conteúdo. É usual, nesse aspecto, a referência aos exemplos concebidos por Nélson de Souza Sampaio, que arrola como intangíveis à ação do revisor constitucional: a) as normas concernentes ao titular do poder constituinte, porque esta se acha em posição transcendente à Constituição, além de a soberania popular ser inalienável; b) as normas referentes ao titular do poder reformador, porque não pode ele mesmo fazer a delegação dos poderes que recebeu, sem cláusula expressa que o autorize; e c) as normas que disciplinam o próprio procedimento de emenda, já que o poder delegado não pode alterar as condições da delegação que recebeu. As limitações implícitas decorrem do próprio sistema constitucional. Assim, as normas concernentes ao titular do poder constituinte, as normas referentes ao titular do poder reformador e as normas que disciplinam o próprio procedimento de emenda, são também protegidas; **E**: correta. Tal situação configura a eficácia retroativa mínima das regras trazidas pelo novo texto constitucional. Gabarito "A".

2. TEORIA DA CONSTITUIÇÃO E PRINCÍPIOS FUNDAMENTAIS

(OAB/Exame Unificado – 2018.2) Uma nova Constituição é promulgada, sendo que um grupo de parlamentares mantém dúvidas acerca do destino a ser concedido a várias normas da Constituição antiga, cujas temáticas não foram tratadas pela nova Constituição.

Como a nova Constituição ficou silente quanto a essa situação, o grupo de parlamentares, preocupado com possível lacuna normativa, resolve procurar competentes advogados a fim de sanar a referida dúvida.

Os advogados informaram que, segundo o sistema jurídico-constitucional brasileiro,

(A) as normas da Constituição pretérita que guardarem congruência material com a nova Constituição serão convertidas em normas ordinárias.

(B) as matérias tratadas pela Constituição pretérita e não reguladas pela nova Constituição serão por esta recepcionadas.

(C) as matérias tratadas pela Constituição pretérita e não reguladas pela nova Constituição receberão, na nova ordem, status supralegal, mas infraconstitucional.

(D) a revogação tácita da ordem constitucional pretérita pela nova Constituição se dará de forma completa e integral, ocasionando a perda de sua validade.

A: incorreta. A nova Constituição revoga, por completo, o texto da Constituição antiga. Se a nova Constituição desejar manter algum conteúdo previsto na antiga Constituição, ela terá de fazer isso expressamente; **B**: incorreta. Mais uma vez, com a entrada em vigor de uma nova Constituição, o texto da antiga, em regra, é totalmente revogado. O fenômeno da recepção opera em relação às normas infraconstitucionais antigas, desde que tais regras sejam materialmente compatíveis com a nova Constituição, ou seja, possuam conteúdo que não violam o Texto Maior; **C**: incorreta. No Brasil, em regra, como já mencionado, as normas da Constituição pretérita são revogadas pela nova Constituição; **D**: correta. De fato, a entrada em vigor de uma nova Constituição, tacitamente, revoga por completo o texto da Constituição pretérita. BV Gabarito "D".

(OAB/Exame Unificado – 2018.1) Todos os dispositivos da Lei Y, promulgada no ano de 1985, possuem total consonância material e formal com a Constituição de 1967, com a redação dada pela Emenda Constitucional nº 1/1969.

No entanto, o Supremo Tribunal Federal, em sede de recurso extraordinário, constatou que, após a atuação do Poder Constituinte originário, que deu origem à Constituição de 1988, o Art. X da mencionada Lei Y deixou de encontrar suporte material na atual ordem constitucional.

Sobre esse caso, segundo a posição reconhecida pela ordem jurídico-constitucional brasileira, assinale a afirmativa correta.

(A) Ocorreu o fenômeno conhecido como "não recepção", que tem por consequência a revogação do ato normativo que não se compatibiliza materialmente com o novo parâmetro constitucional.

(B) Ao declarar a inconstitucionalidade do Art. X à luz do novo parâmetro constitucional, devem ser reconhecidos os naturais efeitos retroativos (*ex tunc*) atribuídos a tais decisões.

(C) Na ausência de enunciado expresso, dá-se a ocorrência do fenômeno denominado "desconstitucionalização", sendo que o Art. X é tido como inválido perante a nova Constituição.

(D) Terá ocorrido o fenômeno da inconstitucionalidade formal superveniente, pois o Art. X, constitucional perante a Constituição de 1967, tornou-se inválido com o advento da Constituição de 1988.

A: correta. As normas infraconstitucionais que forem materialmente incompatíveis com uma nova Constituição não serão por ela recepcionadas. A "não recepção", de fato, equivale à revogação; **B**: incorreta. O art. X não precisará ser declarado inconstitucional, pois não foi sequer recepcionado pela nova Constituição; **C**: incorreta. A desconstitucionalização não é aplicada no Brasil. É um fenômeno que opera entre Constituições. Não o utilizamos porque a edição de uma nova Constituição no Brasil produz o efeito de revogar por inteiro a antiga. Por outro lado, se o fenômeno da desconstitucionalização existisse no Brasil, ele faria com que a Constituição antiga fosse recebida pela nova Constituição, com status de legislação infraconstitucional (seria recebida como se fosse lei); **D**: incorreta. Como já mencionado, a art. X será revogado (ou não recepcionado). Além disso, o STF não admite a inconstitucionalidade superveniente, que seria a invalidade da norma decorrente da sua incompatibilidade com texto constitucional criado após ela. BV Gabarito "A".

(OAB/Exame Unificado – 2017.1) Parlamentar brasileiro, em viagem oficial, visita o Tribunal Constitucional Federal da Alemanha, recebendo numerosas informações acerca do seu funcionamento e de sua área de atuação. Uma, todavia, chamou especialmente sua atenção: a referida Corte Constitucional reconhecia a possibilidade de alteração da Constituição material – ou seja, de suas normas – sem qualquer mudança no texto formal.

Surpreendido com essa possibilidade, procura sua assessoria jurídica a fim de saber se o Supremo Tribunal Federal fazia uso de técnica semelhante no âmbito da ordem jurídica brasileira.

A partir da hipótese apresentada, assinale a opção que apresenta a informação dada pela assessoria jurídica.

(A) Não. O Supremo Tribunal Federal somente pode reconhecer nova norma no sistema jurídico constitucional a partir de emenda à constituição produzida pelo poder constituinte derivado reformador.

(B) Sim. O Supremo Tribunal Federal, reconhecendo o fenômeno da mutação constitucional, pode atribuir ao texto inalterado uma nova interpretação, que expressa, assim, uma nova norma.

(C) Não. O surgimento de novas normas constitucionais somente pode ser admitido por intermédio das vias formais de alteração, todas expressamente previstas no próprio texto da Constituição.

(D) Sim. O sistema jurídico-constitucional brasileiro, seguindo linhas interpretativas contemporâneas, admite, como regra, a interpretação da Constituição independentemente de limites semânticos concedidos pelo texto.

2. DIREITO CONSTITUCIONAL   145

A: incorreta. A alteração formal da CF ocorre por meio do processo legislativo das emendas constitucionais. Ocorre que **é possível a alteração informal**, por meio da denominada mutação constitucional (ou poder constituinte difuso). A relação na mutação não se refere ao aspecto de alteração formal do texto constitucional, mas à interpretação dada à Constituição e o Supremo pode fazer isso. Não são necessárias técnicas de revisão ou reforma constitucional para que o fenômeno se opere. A mudança social, que se dá com o passar do tempo, já faz com que a interpretação seja modificada. Desse modo, o STF, ao reconhecer a mutação constitucional, atribuirá ao texto, não modificado formalmente, uma nova interpretação, expressando, portanto, uma nova norma; **B:** correta. Conforme explicado, **é possível que o Supremo se valha da mutação constitucional.** Um exemplo se deu quando o STF, se valendo do princípio da dignidade da pessoa humana e outros, admitiu união homoafetiva, ainda que o art. 226, § 3º, da CF trate apenas da união entre o "homem e a mulher"; **C:** incorreta. Como mencionado, **alterações informais são admitidas e utilizadas pelo STF; D:** incorreta. Os **limites semânticos devem ser respeitados.**
Gabarito "B".

(OAB/Exame Unificado – 2016.3) A Constituição de determinado país veiculou os seguintes artigos:

Art. X. As normas desta Constituição poderão ser alteradas mediante processo legislativo próprio, com a aprovação da maioria qualificada de três quintos dos membros das respectivas Casas Legislativas, em dois turnos de votação, exceto as normas constitucionais que não versarem sobre a estrutura do Estado ou sobre os direitos e garantias fundamentais, que poderão ser alteradas por intermédio de lei infraconstitucional.

Art. Y. A presente Constituição, concebida diretamente pelo Exmo. Sr. Presidente da República, deverá ser submetida à consulta popular, por meio de plebiscito, visando à sua aprovação definitiva.

Art. Z. A ordem econômica será fundada na livre iniciativa e na valorização do trabalho humano, devendo seguir os princípios reitores da democracia liberal e da social democracia, bem como o respeito aos direitos fundamentais de primeira dimensão (direitos civis e políticos) e de segunda dimensão (direitos sociais, econômicos, culturais e trabalhistas). Com base no fragmento acima, é certo afirmar que a classificação da Constituição do referido país seria

(A) semirrígida, promulgada, heterodoxa.

(B) flexível, outorgada, compromissória.

(C) rígida, bonapartista e ortodoxa.

(D) semiflexível, cesarista e compromissória.

A: incorreta. Constituição **semirrígida (ou semiflexível)** é aquela que possui uma parte rígida e outra flexível. A parte rígida será alterável por um processo mais dificultoso que o das demais normas jurídicas e a parte flexível, alterável pelo mesmo processo de elaboração e modificação das leis. O modelo de Constituição citado na questão se enquadra nessa classificação. Por outro lado, não encaixa no conceito de Constituição **promulgada**, pois esta advém de um processo democrático, com participação popular e criada por Assembleia Nacional Constituinte. Por fim, a Constituição **heterodoxa** é aquela que adota diversas ideologias, também conhecida como eclética ou compromissária; **B**: incorreta. A Constituição **flexível** é aquela modificável livremente pelo legislador, observando-se o mesmo processo de elaboração e modificação das leis. A **outorgada** é aquela elaborada e imposta por uma pessoa ou por um grupo sem a participação do povo. E a **compromissária** é aquela que adota diversas ideologias; **C:** incorreta. Constituição **rígida** é aquela alterável somente por um processo mais solene, mais dificultoso que

o processo de alteração das demais normas jurídicas. A **bonapartista ou cesarista** é aquela que, embora elaborada de maneira unilateral, imposta, após sua criação é submetida a um referendo popular. Essa participação do povo não pode ser considerada democrática, pois apenas tem a finalidade de confirmar a vontade daquele que a impôs. E a **ortodoxa** é pautada por apenas uma ideologia; **D:** correta. De fato, da Constituição do referido país teria de ser classificada como semiflexível, cesarista e compromissória. A primeira, **semiflexível (ou semirrígida)** é aquela que possui uma parte rígida e outra flexível, conforme já explicado. É **cesarista** ou bonapartista porque imposta de maneira unilateral pelo Presidente da República e, após, submetida à consulta popular. E **compromissória**, pois baseada em múltiplas ideologias como demonstrada no art. Z citado na questão.
Gabarito "D".

(OAB/Exame Unificado – 2016.3) Carlos pleiteia determinado direito, que fora regulado de forma mais genérica no corpo principal da CRFB/88 e de forma mais específica no Ato das Disposições Constitucionais Transitórias – o ADCT. O problema é que o corpo principal da Constituição da República e o ADCT estabelecem soluções jurídicas diversas, sendo que ambas as normas poderiam incidir na situação concreta.

Carlos, diante do problema, consulta um(a) advogado(a) para saber se a solução do seu caso deve ser regida pela norma genérica oferecida pelo corpo principal da Constituição da República ou pela norma específica oferecida pelo ADCT.

Com base na CRFB/88, assinale a opção que apresenta a proposta correta dada pelo(a) advogado(a).

(A) Como o corpo principal da CRFB/88 possui hierarquia superior a todas as demais normas do sistema jurídico, deve ser aplicável, afastada a aplicação das normas do ADCT.

(B) Como o ADCT possui o mesmo status jurídico das demais normas do corpo principal da CRFB/88, a norma específica do ADCT deve ser aplicada no caso concreto.

(C) Como o ADCT possui hierarquia legal, não pode afastar a solução normativa presente na CRFB/88.

(D) Como o ADCT possui caráter temporário, não é possível que venha a reger qualquer caso concreto, posto que sua eficácia está exaurida.

A: incorreta. **Não há hierarquia** entre normas constitucionais. Sendo assim, não deve ser afastada a aplicação das normas do ADCT. Pelo contrário, como o direito vem regulamentado de forma mais específica no ADCT, e **o especial prevalece sobre o geral**, a solução lá prevista é que deve ser aplicada ao caso concreto; **B:**correta. De fato, o **ADCT possui a mesmo status jurídico das demais normas constitucionais.** Todas são dotadas de supremacia. Sendo assim, a norma específica deve ser aplicada na hipótese trazida pela questão; **C:** incorreta. Como afirmado, **o ADCT é norma constitucional**, dotado de supremacia e não há hierarquia entre as suas normas e as do corpo principal da CF; **D:** incorreta. **O ADCT pode solucionar casos concretos**. Suas normas foram criadas para regulamentarem situações específicas, portanto, ao cumprirem a finalidade para qual foram criadas, a eficácia de tais regras estará exaurida ou esgotada.
Gabarito "B".

(OAB/Exame Unificado – 2016.1) O constitucionalismo brasileiro, desde 1824, foi construído a partir de vertentes teóricas que estabeleceram continuidades e clivagens históricas no que se refere à essência e à inter-relação das funções estatais, tanto no plano vertical como no horizontal, bem como à proteção dos direitos fundamentais. A partir dessa constatação, assinale a afirmativa correta.

(A) A Constituição de 1824 adotou, de maneira rígida, a tripartição das funções estatais, que seriam repartidas entre o Executivo, o Legislativo e o Judiciário.

(B) A Constituição de 1891 dispôs sobre o federalismo de cooperação e delineou um Estado Social e Democrático de Direito.

(C) A Constituição de 1937 considerou o Supremo Tribunal Federal o guardião da Constituição, detendo a última palavra no controle concentrado de constitucionalidade.

(D) A Constituição de 1946 foi promulgada e reinaugurou o período democrático no Brasil, tendo contemplado um rol de direitos e garantias individuais.

A: incorreta. A tripartição das funções estatais **não** foi acolhida na Constituição de 1824. Além do executivo, legislativo e judiciário, existia o poder moderador (sistema quadripartite) que tinha por finalidade assegurar a independência e harmonia dos outros três. Ocorre que esse poder ficava totalmente nas mãos do chefe supremo da nação que, naquele momento, era o Imperador; **B:** incorreta. A Constituição que fez isso foi a de 1934, primeira Constituição Social do Brasil que possuía como principais características: a forma federativa de governo, a não existência de religião oficial, a tripartição dos poderes e as mais marcantes – a admissão do voto pela mulher e a introdução, no texto constitucional, de direitos trabalhistas; **C:** incorreta. Quem instituiu o controle concentrado de constitucionalidade no Brasil foi a EC nº 16/1965. Nessa época, a Constituição vigente era a de 1946, não a de 1937. Vale lembrar que a Constituição de 1891 foi a que instituiu o Supremo Tribunal Federal e, pela primeira vez no Brasil, o sistema judicial de controle de constitucionalidade, que foi o controle difuso; **D:** correta. Fruto da redemocratização do Brasil, em 18.09.1946, foi promulgada a quinta Constituição do país, Constituição de 1946. Seu texto mostrou claramente uma reação contra a ditadura e os regimes centralizadores. E, de fato, contemplou um rol de direitos e garantias individuais.
„Gabarito „D".

(OAB/Exame Unificado – 2015.2) Dois advogados, com grande experiência profissional e com a justa preocupação de se manterem atualizados, concluem que algumas ideias vêm influenciando mais profundamente a percepção dos operadores do direito a respeito da ordem jurídica. Um deles lembra que a Constituição brasileira vem funcionando como verdadeiro "filtro", de forma a influenciar todas as normas do ordenamento pátrio com os seus valores. O segundo, concordando, adiciona que o crescente reconhecimento da natureza normativo-jurídica dos princípios pelos tribunais, especialmente pelo Supremo Tribunal Federal, tem aproximado as concepções de direito e justiça (buscada no diálogo racional) e oferecido um papel de maior destaque aos magistrados. As posições apresentadas pelos advogados mantêm relação com uma concepção teórico-jurídica que, no Brasil e em outros países, vem sendo denominada de

(A) neoconstitucionalismo.

(B) positivismo-normativista.

(C) neopositivismo.

(D) jusnaturalismo.

A: correta. As posições apresentadas pelos advogados mantêm relação com uma concepção teórico-jurídica que, no Brasil e em outros países, vem sendo denominada de neoconstitucionalismo. Essa concepção toma por base a necessidade de se incorporar o denominado Estado Constitucional de Direito. A Constituição, portanto, deve efetivamente influenciar todo o ordenamento jurídico. Tudo deve ser analisado à luz da CF. Ela é o filtro que valida, ou não, as demais normas. Os valores constitucionais são priorizados, além das regras relacionadas à organização do Estado e do Poder. Princípios, como a dignidade da pessoa humana, passam a ter maior relevância. Há uma aproximação das ideias de direito e justiça. O Poder Judiciário, ao validar princípios e aos valores constitucionais, atribui a eles força normativa. Além disso, sobre o Neoconstitucionalismo, é importante mencionar o conteúdo axiológico referente à promoção da dignidade humana e dos direitos fundamentais de Ana Paula de Barcellos: "Do ponto de vista material, ao menos dois elementos caracterizam o neoconstitucionalismo e merecem nota: (i) a incorporação explícita de valores e opções políticas nos textos constitucionais, sobretudo no que diz respeito à promoção da dignidade humana e dos direitos fundamentais; e (ii) a expansão de conflitos específicos e gerais entre as opções normativas e filosóficas existentes dentro do próprio sistema constitucional.";
B: incorreta. O **positivismo-normativista** baseia-se na inteireza do ordenamento jurídico, de modo que não necessitaria observar princípios e influências advindas de fora. Os Tribunais não acolheriam os princípios com base nessa ideia. Hans Kelsen, defensor dessa concepção, obteve reconhecimento mundial com a elaboração da obra "Teoria Pura do Direito", doutrina que propugna o conteúdo puro do direito, sem interferências de cunhos sociológico, político, valorativo ou econômico. A Constituição, conforme Kelsen, apresenta o aspecto lógico-jurídico, segundo o qual é a 'norma fundamental hipotética', ou seja, traz um comando que impõe obediência obrigatória e é tida como o verdadeiro sentido de justiça, e o aspecto jurídico-positivo, em que a Constituição é a norma positiva superior em que as demais regras jurídicas encontram os seus fundamentos de validade. Sua modificação deve observar um procedimento específico e solene; **C:** incorreta. O **neopositivismo** ainda dá muita atenção às regras positivadas, mas começa a abrir para possíveis interpretações baseadas em princípios. **D:** incorreta. O **jusnaturalismo**, resumidamente, leva em conta aquilo que é considerado natural aos seres humanos, ainda que não positivado no ordenamento jurídico.
„Gabarito „A".

(FGV – 2013) Acerca de democracia, da participação e da soberania popular, assinale a afirmativa correta.

(A) A Constituição Federal de 1988 possui previsão que permite sua alteração por meio de plebiscitos e referendos, havendo, ainda, previsão de iniciativa popular para projetos de emendas.

(B) A Constituição da República estabelece que a soberania popular será exercida pelo sufrágio universal e pelo voto direto e secreto. Logo, sendo o voto obrigatório as hipóteses de voto facultativo são *numerus clausus* e não admitem interpretação extensiva.

(C) O Supremo Tribunal Federal tem posicionamento no sentido de ser possível nova assembleia constituinte revisora, desde que editada emenda constitucional convocando a revisão da constituição.

(D) A iniciativa popular pode ser exercida pela apresentação à Câmara dos Deputados de projeto de lei subscrito por, no mínimo, um por cento do eleitorado nacional, distribuído pelo menos por nove Estados, com não menos de três décimos por cento dos eleitores de cada um deles.

(E) O plebiscito e o referendo, consultas formuladas ao povo para que delibere sobre matéria de acentuada

2. DIREITO CONSTITUCIONAL   147

relevância, devem ser convocados mediante decreto legislativo, por proposta de um terço, no mínimo, dos membros que compõem qualquer das Casas do Congresso Nacional.

A: incorreta. Não há essa previsão na CF/1988. De acordo com o art. 60, I, II e III, da CF, a Constituição poderá ser emendada mediante proposta: I – de um terço, no mínimo, dos membros da Câmara dos Deputados ou do Senado Federal; II – do Presidente da República e III – de mais da metade das Assembleias Legislativas das unidades da Federação, manifestando-se, cada uma delas, pela maioria relativa de seus membros; **B:** incorreta. A obrigatoriedade do voto não é considerada cláusula pétrea. Portanto, é possível o estabelecimento, por emenda, de voto facultativo em outras situações. Atualmente os analfabetos, os maiores de 16 e menores de 18 anos e os maiores de 70 anos, votam de forma facultativa. É o que determina o art. 14, § 1º, II, "a", da CF; **C:** incorreta. O posicionamento do Supremo é no sentido contrário. Vejamos: "Emenda ou revisão, como processos de mudança na Constituição, são manifestações do poder constituinte instituído e, por sua natureza, limitado. Está **a 'revisão' prevista no art. 3º do ADCT de 1988 sujeita aos limites** estabelecidos no § 4º e seus incisos do art. 60 da Constituição. O resultado do plebiscito de 21 de abril de 1933 não tornou sem objeto a revisão a que se refere o art. 3º do ADCT. Após 5 de outubro de 1993, cabia ao Congresso Nacional deliberar no sentido da oportunidade ou necessidade de proceder à aludida **revisão constitucional, a ser feita 'uma só vez'.** As mudanças na Constituição, decorrentes da 'revisão' do art. 3º do ADCT, estão sujeitas ao controle judicial, diante das 'cláusulas pétreas' consignadas no art. 60, § 4º e seus incisos, da Lei Magna de 1988" (ADI 981-MC, Rel. Min. Néri da Silveira, julgamento em 17-3-1993, Plenário, DJ de 05.08.1994.); **D:** incorreta. De acordo com o art. 61, § 2º, da CF, a iniciativa popular pode ser exercida pela apresentação à Câmara dos Deputados de projeto de lei subscrito por, no mínimo, um por cento do eleitorado nacional, distribuído **pelo menos por cinco Estados**, com não menos de três décimos por cento dos eleitores de cada um deles. **E:** correta. Conforme determina o art. 3º da Lei 9.709/1998, nas questões **de relevância nacional**, de competência do Poder Legislativo ou do Poder Executivo, e no caso do § 3º do art. 18 da Constituição Federal, o plebiscito e o referendo **são convocados mediante decreto legislativo**, **por proposta de um terço**, no mínimo, **dos membros** que compõem **qualquer das Casas do Congresso Nacional**, de conformidade com esta Lei.
Gabarito "E".

(OAB/Exame Unificado – 2009.3) De acordo com a classificação das constituições, denomina-se dogmática a constituição que

(A) é elaborada, necessariamente, por um órgão com atribuições constituintes e, somente existindo na forma escrita, sistematiza as ideias fundamentais contemporâneas da teoria política e do direito.

(B) somente pode ser alterada mediante decisão do poder constituinte derivado, sendo também conhecida como histórica.

(C) contém uma parte rígida e outra flexível e sistematiza os dogmas aceitos pelo direito positivo internacional.

(D) sistematiza os dogmas sedimentados pelos costumes sociais e, também conhecida como costumeira, é modificável por normas de hierarquia infraconstitucional, dada a rápida evolução da sociedade.

A: correta. *Dogmática* é a constituição elaborada por um órgão constituinte, que sistematiza os valores políticos e ideológicos dominantes em uma determinada época histórica. É necessário ser escrita; **B** e **D:** incorretas. As constituições históricas ou costumeiras, diferentemente das dogmáticas que sempre são escritas, devem ser não escritas e resultam da formação histórica, dos fatos sociais e da evolução das

tradições. Exemplo: Constituição Inglesa; **C:** incorreta. A constituição que contém uma parte rígida e outra flexível é classificada como semirrígida. Tal classificação toma por base o processo de alteração das normas constitucionais e não o seu modo de elaboração.
Gabarito "A".

(OAB/Exame Unificado – 2009.2) Com relação ao preâmbulo da CF e às disposições constitucionais transitórias, assinale a opção correta.

(A) Por traçar as diretrizes políticas, filosóficas e ideológicas da CF, o preâmbulo constitucional impõe limitações de ordem material ao poder reformador do Congresso Nacional, podendo servir de paradigma para a declaração de inconstitucionalidade.

(B) Considerando-se que o conteúdo do Ato das Disposições Constitucionais Transitórias é de direito intertemporal, não é possível afirmar que suas normas ostentam o mesmo grau de eficácia e de autoridade jurídica em relação aos preceitos constantes do texto constitucional.

(C) A doutrina constitucional majoritária e a jurisprudência do STF consideram que o preâmbulo constitucional não tem força cogente, não valendo, pois, como norma jurídica. Nesse sentido, seus princípios não prevalecem diante de eventual conflito com o texto expresso da CF.

(D) As disposições constitucionais transitórias são normas aplicáveis a situações certas e passageiras; complementares, portanto, à obra do poder constituinte originário e, situando-se fora da CF, não podem ser consideradas parte integrante desta.

A: incorreta. O preâmbulo serve tão somente como critério interpretativo das normas constitucionais, não tendo, portanto, o condão de gerar direitos e obrigações. Dessa forma, *não* pode ser empregado como *paradigma* ou padrão para *declaração de inconstitucionalidade*; **B:** incorreta. O conteúdo do ADCT (arts. 1º ao 114), de fato, tem por finalidade tratar de assuntos de direito intertemporal. É composto de normas criadas para executarem um determinado papel que, em sendo cumprido, passam a não ter mais utilidade. É por esse motivo que tais normas são conhecidas como de eficácia esgotada ou exaurida. Cumprido o encargo para o qual foram criadas, não possuem mais utilidade alguma. Mas isso não faz com que as normas constantes do ADCT não ostentem o mesmo grau de eficácia e de autoridade jurídica em relação aos preceitos constantes do texto constitucional. Tais normas integram a Constituição Federal, para serem alteradas dependem pelo processo da emenda constitucional e, além disso, estão *no mesmo patamar* das normas constantes do corpo das disposições permanentes ou duráveis (arts. 1º ao 250 da CF); **C:** correta. O *preâmbulo* da CF traz diversos *princípios*, como o da igualdade, da liberdade, da solução pacífica das controvérsias, dentre outros, que servem como diretrizes ideológicas, políticas e filosóficas a serem observados pelo intérprete das normas constitucionais. Ocorre que, embora o preâmbulo tenha de ser utilizado como alicerce, segundo o Supremo Tribunal Federal, ele *não tem força normativa*, não cria direitos e obrigações e não pode ser utilizado como parâmetro para eventual declaração de inconstitucionalidade. Por exemplo: uma lei que fira tão somente o preâmbulo constitucional não poderá ser objeto de ação direta de inconstitucionalidade no STF e nem de outro mecanismo de controle de constitucionalidade; **D:** incorreta. As normas constantes do ADCT, de fato, são aplicáveis a situações certas e passageiras, têm natureza de norma constitucional, mas, diferente do que consta da alternativa, elas *integram* a Constituição Federal.
Gabarito "C".

3. HERMENÊUTICA CONSTITUCIONAL E EFICÁCIA DAS NORMAS CONSTITUCIONAIS

(OAB/Exame Unificado – 2017.3) Edinaldo, estudante de Direito, realizou intensas reflexões a respeito da eficácia e da aplicabilidade do art. 14, § 4º, da Constituição da República, segundo o qual "os inalistáveis e os analfabetos são inelegíveis".

A respeito da norma obtida a partir desse comando, à luz da sistemática constitucional, assinale a afirmativa correta.

(A) Ela veicula programa a ser implementado pelos cidadãos, sem interferência estatal, visando à realização de fins sociais e políticos.

(B) Ela tem eficácia plena e aplicabilidade direta, imediata e integral, pois, desde que a CRFB/88 entrou em vigor, já está apta a produzir todos os seus efeitos.

(C) Ela apresenta contornos programáticos, dependendo sempre de regulamentação infraconstitucional para alcançar plenamente sua eficácia.

(D) Ela tem aplicabilidade indireta e imediata, não integral, produzindo efeitos restritos e limitados em normas infraconstitucionais quando da promulgação da Constituição da República.

A: incorreta. As normas que veiculam programas a serem implementados pelo Poder Público são conhecidas como normas programáticas, espécies do gênero normas limitadas. Tais normas dependem da atuação governamental para produzir efeitos, não é o caso do citado art. 14, § 4º, da CF que possui eficácia plena; **B:** correta. De fato, o art. 14, § 4º, da CF é um exemplo de norma de eficácia plena e aplicabilidade direta, imediata e integral, pois não depende de regulamentação para produzir seus efeitos. Desde a sua entrada em vigor, já pode ser aplicada plenamente. Ela, por si só, produz a plenitude de seus efeitos, não traz a possibilidade do legislador contê-la; **C:** incorreta. Como mencionado, não é classificada como norma limitada programática, mas como plena; **D:** incorreta. As normas que possuem aplicabilidade indireta são as de eficácia limitada, mas as que possuem aplicabilidade imediata podem ser plenas ou contidas e as que podem ter aplicabilidade não integral são as de natureza contida (ou restringível). A norma apresentada na questão, como já mencionado, é classificada como plena. **BV**

Gabarito "B."

(OAB/Exame Unificado – 2015.1) O diretor de RH de uma multinacional da área de telecomunicações, em reunião corporativa, afirmou que o mundo globalizado vem produzindo grandes inovações, exigindo o reconhecimento de novas profissões desconhecidas até então. Feitas essas considerações, solicitou à diretoria que alterasse o quadro de cargos e funções da empresa, incluindo as seguintes profissões: gestor de mídias sociais, gerente de marketing digital e desenvolvedor de aplicativos móveis. O presidente da sociedade empresária, posicionando-se contra o pedido formulado, alegou que o exercício de qualquer atividade laborativa pressupõe a sua devida regulamentação em lei, o que ainda não havia ocorrido em relação às referidas profissões. Com base na teoria da eficácia das normas constitucionais, é correto afirmar que o presidente da sociedade empresária

(A) argumentou em harmonia com a ordem constitucional, pois o dispositivo da Constituição Federal que afirma ser livre o exercício de qualquer trabalho, ofício ou profissão, atendidas as qualificações profissionais que a lei estabelecer, possui eficácia limitada, exigindo regulamentação legal para que possa produzir efeitos.

(B) apresentou argumentos contrários à ordem constitucional, pois o dispositivo da Constituição Federal que afirma ser livre o exercício de qualquer trabalho, ofício ou profissão, atendidas as qualificações profissionais que a lei estabelecer, possui eficácia contida, de modo que, inexistindo lei que regulamente o exercício da atividade profissional, é livre o seu exercício.

(C) apresentou argumentos contrários à ordem constitucional, pois o dispositivo da Constituição Federal que afirma ser livre o exercício de qualquer trabalho, ofício ou profissão, atendidas as qualificações profissionais que a lei estabelecer, possui eficácia plena, já que a liberdade do exercício profissional não pode ser restringida, mas apenas ampliada.

(D) argumentou em harmonia com a ordem constitucional, pois o dispositivo da Constituição Federal que afirma ser livre o exercício de qualquer trabalho, ofício ou profissão, atendidas as qualificações profissionais que a lei estabelecer, não possui nenhuma eficácia, devendo ser objeto de mandado de injunção para a sua devida regulamentação.

A: incorreta. O presidente da sociedade empresária não argumentou em harmonia com a CF, pois prevalece o entendimento de que a norma prevista no art. 5º, XIII, da CF (liberdade de profissão) é considerada de eficácia **contida** ou restringível; **B:** correta. De fato, a norma prevista no art. 5º, XIII, da CF, a qual dispõe ser livre o exercício de qualquer trabalho, ofício ou profissão, atendidas as qualificações profissionais que a lei estabelecer, é considerada majoritariamente pela doutrina como de eficácia contida. Sendo assim, enquanto não sobrevier lei que a restrinja, o seu exercício é pleno e livre. Um exemplo de atividade profissional que tem o seu exercício restringido por lei é a advocacia. O Estatuto da OAB (EOAB – Lei 8.906/94) exige, para o exercício da advocacia, dentre outros requisitos, a aprovação prévia em exame da Ordem dos Advogados do Brasil (OAB). Tal regra já foi considerada constitucional pelo Plenário do STF (RE n. 603.583); **C:** incorreta. Como mencionado, o exercício da atividade profissional pode ser restringindo por lei, pois a norma possui eficácia contida e não plena, como afirmado na alternativa; **D:** incorreta. O dispositivo possui eficácia contida.

Gabarito "B."

(FGV – 2013) Quanto às normas e princípios constitucionais, assinale V para a afirmativa verdadeira e F para a falsa.

( ) A tradicional classificação tricotômica das normas constitucionais afirma que, no tocante à sua eficácia e aplicabilidade, existem normas constitucionais de eficácia plena e aplicabilidade imediata, normas constitucionais de eficácia contida e aplicabilidade imediata, mas passíveis de restrição e normas constituidoras de eficácia limitada ou reduzida.

( ) O princípio da eficácia integradora orienta o aplicador da Constituição no sentido de dar preferência àqueles critérios ou pontos de vista que favoreçam a integração social e a unidade política.

( ) O princípio da razoabilidade ou da proporcionalidade permite ao Judiciário invalidar os atos legislativos ou administrativos.

As afirmativas são, respectivamente,

(A) V, V e V.

(B) F, F e V.

(C) F, V e F.

(D) V, F e V.

(E) F, F e F.

I: verdadeira. A teoria clássica, de fato, determina que as normas constitucionais podem ser classificadas em plena, contida e limitada. As de eficácia plena são aquelas que, por si só, produzem todos os seus efeitos no mundo jurídico e de forma imediata. Não dependem da interposição do legislador para que possam efetivamente produzir efeitos. Já as normas de eficácia contida são aquelas que produzem a integralidade de seus efeitos, mas que dão a possibilidade de outra norma restringi-los. Desse modo, até que outra norma sobrevenha e limite a produção de efeitos, a norma de eficácia contida é semelhante à norma de eficácia plena. Por fim, as de eficácia limitada são aquelas que, para produzirem seus efeitos, dependem da atuação do legislador infraconstitucional, necessitam de regulamentação. Tais normas possuem aplicabilidade postergada, diferida ou mediata; II: verdadeira. O princípio da eficácia integradora nos ensina que a análise dos conflitos jurídico-constitucionais deve se dar à luz dos critérios que beneficiam a integração política e social. A eficácia integradora reforça o princípio da unidade da Constituição; III: verdadeira. O princípio da proporcionalidade ou razoabilidade admite que o Judiciário atue no sentido de invalidar os atos legislativos ou administrativos quando eles não estiverem alinhados a sua finalidade.

Gabarito "A"

4. CONTROLE DE CONSTITUCIONALIDADE

4.1. Controle de constitucionalidade em geral

(OAB/Exame Unificado – 2018.3) O Supremo Tribunal Federal (STF), em decisão definitiva de mérito proferida em sede de Ação Direta de Inconstitucionalidade, declarou inconstitucional determinada lei do Estado Alfa.

Meses após a referida decisão, o Estado Sigma, após regular processo legislativo e sanção do Governador, promulga uma lei estadual com teor idêntico àquele da lei federal que fora declarada inconstitucional pelo STF.

Com base no ordenamento jurídico-constitucional vigente, assinale a afirmativa correta.

(A) As decisões proferidas em sede de controle concentrado, como no caso da Ação Direta de Inconstitucionalidade, gozam de efeitos *erga omnes* e vinculam o Poder Legislativo e o Poder Executivo; logo, a inconstitucionalidade da lei do Estado Sigma pode ser arguida em reclamação ao STF.

(B) A norma editada pelo Estado Sigma, ao contrariar decisão definitiva de mérito proferida pela Suprema Corte, órgão de cúpula do Poder Judiciário ao qual compete, precipuamente, a guarda da Constituição, já nasce nula de pleno direito e não produz quaisquer efeitos.

(C) A decisão definitiva de mérito proferida pelo STF em sede de Ação Direta de Inconstitucionalidade não possui efeito vinculante, razão pela qual inexiste óbice à edição de lei estadual com teor idêntico àquele de outra lei estadual que fora declarada inconstitucional pela Suprema Corte.

(D) A referida decisão proferida pelo STF, declarando a inconstitucionalidade da lei do Estado Alfa, apenas vincula os demais órgãos do Poder Judiciário e a administração pública direta e indireta, não o Poder Legislativo em sua função típica de legislar; logo, pode ser proposta nova ADI.

A: incorreta. De acordo com o § 2º do art. 102 da CF, as decisões definitivas de mérito, proferidas pelo STF nas ações de controle concentrado, como no caso da ADI, produzem eficácia contra todos (*erga omnes*) e efeito vinculante relativamente aos demais órgãos do Poder Judiciário e à administração pública direta e indireta, nas esferas federal, estadual e municipal. Não obrigam, portanto, a função legislativa, ainda que exercida de forma atípica por outro poder. Logo, a inconstitucionalidade da lei do Estado Sigma **não** pode ser arguida em reclamação ao STF; **B:** incorreta. A norma não nasce nula, pois a função legislativa, como já mencionado, não é atingida pelo efeito vinculante advindo das decisões definitivas dadas pelo STF nas ações do controle concentrado. Sendo assim, o judiciário terá de ser provocado para que a norma seja declarada inconstitucional; **C:** incorreta. Ao contrário do mencionado, a decisão definitiva de mérito proferida pelo STF em sede de ADI possui efeito vinculante, conforme determina o § 2º do art. 102 da CF. A não existência de óbice à edição de lei estadual com teor idêntico àquele de outra lei estadual que fora declarada inconstitucional pela Suprema Corte tem por fundamento a abrangência do efeito vinculante. A função de produzir normas abstratas e genéricas (função legislativa ou atividade legiferante) não é atingida pelo efeito vinculante das decisões definitivas de mérito dadas pelo Supremo nas ações do controle concentrado de constitucionalidade; **D:** correta. De fato, de acordo com o citado art. 102, § 2º, da CF, a referida decisão proferida pelo STF vincula apenas os demais órgãos do Poder Judiciário e a administração pública direta e indireta, não o Poder Legislativo em sua função típica de legislar. Sendo assim, pode ser proposta nova ADI. **BV**

Gabarito "D"

(OAB/Exame Unificado – 2017.3) Considere a seguinte situação hipotética: Decreto Legislativo do Congresso Nacional susta Ato Normativo do Presidente da República que exorbita dos limites da delegação legislativa concedida.

Insatisfeito com tal Iniciativa do Congresso Nacional e levando em consideração o sistema brasileiro de controle de constitucionalidade, o Presidente da República pode

(A) deflagrar o controle repressivo concentrado mediante uma Arguição de Descumprimento de Preceito Fundamental (ADPF), pois não cabe Ação Direta de Inconstitucionalidade de decreto legislativo.

(B) recorrer ao controle preventivo jurisdicional mediante o ajuizamento de um Mandado de Segurança perante o Supremo Tribunal Federal.

(C) deflagrar o controle repressivo político mediante uma representação de inconstitucionalidade, pois se trata de um ato do Poder Legislativo.

(D) deflagrar o controle repressivo concentrado mediante uma Ação Direta de Inconstitucionalidade (ADI), uma vez que o decreto legislativo é ato normativo primário.

A: incorreta. É cabível Ação Direita de Inconstitucionalidade nessa hipótese (ADI 748-3/RS; ADI 1.553-2/DF); **B:** incorreta. Como o decreto já existe, não há o que se falar em controle preventivo. A inconstitucionalidade existente será combatida por meio do controle repressivo; **C:** incorreta. O STF já afirmou que nessa hipótese o controle repressivo será feito por meio de Ação Direita de Inconstitucionalidade – ADI. A representação de inconstitucionalidade de leis ou atos normativos estaduais ou municipais em face da Constituição Estadual vem prevista no § 2º do art. 125 da CF. Tal dispositivo delega aos Estados a competência para definir os legitimados, a única limitação é proibição da atribuição para agir a um único órgão; **D:** correta. O entendimento é dado pelo STF e, de fato, o decreto legislativo, cuja competência é do Congresso

Nacional, é considerado ato normativo primário, pois encontra o seu fundamento de validade direto na CF. Vale lembrar, que o decreto regulamentar, criado pelo Executivo, por regulamentar a lei, não a própria Constituição, é considerado ato normativo secundário, portanto, não pode ser objeto de Ação Direita de Inconstitucionalidade. **BV**

Gabarito "D".

(OAB/Exame Unificado – 2017.2) A Lei Orgânica do Município "Z", com 70.000 habitantes, dispõe que o Poder Legislativo deverá fixar o número de vereadores para a composição da Câmara Municipal. Resolução da Câmara Municipal de "Z" fixou em 13 o número de vereadores para a próxima legislatura.

Considerando a situação narrada e o sistema constitucional brasileiro, assinale a afirmativa correta.

(A) A Lei Orgânica e a Resolução são inconstitucionais por afrontarem a Constituição da República.

(B) Como ato normativo secundário, a Resolução não pode ser objeto de controle de constitucionalidade.

(C) A resolução é inconstitucional, em razão do número de vereadores estabelecido.

(D) A Lei Orgânica do Município "Z" é inconstitucional, pois viola o princípio da separação dos poderes.

A: correta. **A resolução deve ser declarada inconstitucional**, pois **quem fixa o número de vereadores do Município é a lei orgânica** (art. 29, IV, da CF). Além disso, a lei orgânica também deve ser considerada inconstitucional, pois ela **não poderia delegar tal competência** para a resolução; **B:** incorreta. As **resoluções** que possuem caráter normativo são dotadas de abstração e generalidade e são consideradas atos primários, portanto, **podem ser objeto de controle de constitucionalidade; C:** incorreta. **A inconstitucionalidade não advém do número de vereadores estipulado pela resolução, mas da espécie legislativa utilizada para tanto.** A lei orgânica (não a resolução) poderia fixar o número de 13 (quinze) vereadores, pois, de acordo com o art. 29, IV, "c", da CF, para a composição das Câmaras Municipais, o **limite máximo** que deve ser observado é de **15** (quinze) Vereadores, nos Municípios de mais de 50.000 (cinquenta mil) habitantes e de até 80.000 (oitenta mil) habitantes; **D:** incorreta. **Não há violação ao princípio da separação dos poderes. BV**

Gabarito "A".

(OAB/Exame Unificado – 2015.3) Muitos Estados ocidentais, a partir do processo revolucionário franco-americano do final do século XVIII, atribuíram aos juízes a função de interpretar a Constituição, daí surgindo a denominada jurisdição constitucional.

A respeito do controle de constitucionalidade exercido por esse tipo de estrutura orgânica, assinale a afirmativa correta.

(A) A supremacia da Constituição e a hierarquia das fontes normativas destacam-se entre os pressupostos do controle de constitucionalidade.

(B) A denominada mutação constitucional é uma modalidade de controle de constitucionalidade realizado pela jurisdição constitucional.

(C) O controle concentrado de constitucionalidade consiste na análise da compatibilidade de qualquer norma infraconstitucional com a Constituição.

(D) O controle de constitucionalidade de qualquer decreto regulamentar deve ser realizado pela via difusa.

A: correta. O fundamento da existência do controle de constitucionalidade é assegurar a supremacia do Texto Constitucional. Sendo assim, se podemos validar controle de constitucionalidade no Brasil, pois a Constituição figura no ápice do ordenamento jurídico e existe a hierarquia das fontes normativas; **B:** incorreta. A mutação constitucional tem relação não com o aspecto formal do texto constitucional, mas com a interpretação dada à Constituição. Não são necessárias técnicas de revisão ou reforma constitucional para que o fenômeno se opere. A mudança social, que se dá com o passar do tempo, já faz com que a interpretação seja modificada. Em suma, a mutação é considerada o processo informal de alteração do Texto Constitucional, não uma modalidade de controle de constitucionalidade realizado pela jurisdição constitucional; **C:** incorreta. Não é qualquer norma infraconstitucional que pode ser objeto de análise por meio do controle concentrado. As que se sujeitam, são aquelas que encontram fundamento de validade direto na Constituição. Além disso, o controle é concentrado porque realizado apenas por um ou alguns órgãos específicos do poder judiciário. No Brasil, há apenas dois órgãos que realizam controle concentrado: no âmbito federal, cujo padrão de confronto é a CF/1988, o controle é feito pelo STF e no âmbito estadual, em que o paradigma é a Constituição Estadual, pelo Tribunal de Justiça do respectivo estado; **D:** incorreta. Não é qualquer decreto regulamentar que está sujeito ao controle difuso de constitucionalidade. É necessário que o decreto tenha autonomia e seja considerado um ato normativo primário, ou seja, aquele que decorre diretamente da CF/1988.

Gabarito "A".

(OAB/Exame Unificado – 2014.2) No que tange às disposições legais regulamentadoras da ação direta de inconstitucionalidade, da ação direta de inconstitucionalidade por omissão e da ação declaratória de constitucionalidade, assinale a opção correta.

(A) A medida cautelar em ação direta de inconstitucionalidade por omissão poderá consistir na suspensão de procedimentos administrativos.

(B) O ajuizamento de ação direta de inconstitucionalidade e de ação direta de inconstitucionalidade por omissão não admite desistência. Em razão da presunção de constitucionalidade do ordenamento jurídico, a legislação específica da ação declaratória de constitucionalidade admite desistência.

(C) Existindo norma federal objeto, ao mesmo tempo, de ação declaratória de constitucionalidade e de ação direta de inconstitucionalidade, em homenagem ao caráter ambivalente destas ações, será uma delas extinta sem resolução do mérito por litispendência e a outra terá julgamento de mérito.

(D) Da decisão proferida na ação declaratória de constitucionalidade caberá, tão somente, a oposição de embargos de declaração e o ajuizamento posterior de ação rescisória.

A: correta. De fato, conforme o art. 12-F, § 1º, da Lei 9.868/1999, a medida cautelar poderá consistir na suspensão da aplicação da lei ou do ato normativo questionado, no caso de omissão parcial, bem como na **suspensão** de processos judiciais ou **de procedimentos administrativos**, ou ainda em outra providência a ser fixada pelo Tribunal; **B:** incorreta. As três ações não admitem desistência: ação direta de inconstitucionalidade genérica (art. 5º da Lei 9.868/1999), ação direta de inconstitucionalidade por omissão (art. 12-D da Lei 9.868/1999) e ação declaratória de constitucionalidade (art. 16 da Lei 9.868/1999); **C:** incorreta. O art. 24 da Lei 9.868/1999 determina que proclamada a constitucionalidade, julgar-se-á improcedente a ação direta ou procedente eventual ação declaratória; e, proclamada a inconstitucionalidade, julgar-se-á procedente a ação direta ou improcedente eventual ação

2. DIREITO CONSTITUCIONAL   151

declaratória. De fato, esse dispositivo trata do caráter ambivalente da ADI e ADC, mas isso não significa que uma delas terá de ser extinta; **D**: incorreta. O art. 26 da Lei 9.868/1999 determina que **a decisão que declara a constitucionalidade** ou a inconstitucionalidade da lei ou do ato normativo em ação direta ou em ação declaratória **é irrecorrível, ressalvada a interposição de embargos declaratórios, não podendo,** igualmente, **ser objeto de ação rescisória.**
Gabarito "A".

(OAB/Exame Unificado – 2013.3) Acerca do controle de constitucionalidade, assinale a alternativa incorreta.

(A) É impossível o esclarecimento de matéria de fato em sede de Ação Direta de Inconstitucionalidade.

(B) A União Nacional dos Estudantes não tem legitimidade para propor Ação Direta de Inconstitucionalidade.

(C) Não se admite a desistência após a propositura da Ação Declaratória de Constitucionalidade.

(D) Os efeitos da decisão que afirma a inconstitucionalidade da norma em sede de Ação Direta de Inconstitucionalidade, em regra, são *ex tunc*.

A: incorreta, devendo ser assinalada. De acordo com o art. 9º, § 1º, da Lei 9.868/1999, em caso de **necessidade de esclarecimento de matéria ou circunstância de fato** ou de notória insuficiência das informações existentes nos autos, poderá o relator requisitar informações adicionais, designar perito ou comissão de peritos para que emita parecer sobre a questão, ou fixar data para, em audiência pública, ouvir depoimentos de pessoas com experiência e autoridade na matéria; **B**: correta. De acordo com o art. 103, I a IX, da CF, podem propor a ação direta de inconstitucionalidade e a ação declaratória de constitucionalidade: I – o Presidente da República; II – a Mesa do Senado Federal; III – a Mesa da Câmara dos Deputados; IV – a Mesa de Assembleia Legislativa ou da Câmara Legislativa do Distrito Federal; V – o Governador de Estado ou do Distrito Federal; VI – o Procurador-Geral da República; VII – o Conselho Federal da Ordem dos Advogados do Brasil; VIII – partido político com representação no Congresso Nacional; e IX – a confederação sindical ou **entidade de classe de âmbito nacional**. Vale lembrar que o STF entende que a União Nacional dos Estudantes – UNE não tem legitimidade para propor ação direta de inconstitucionalidade, pois não se enquadra no conceito "entidade de classe". Segue o julgado: "AÇÃO DIRETA DE INCONSTITUCIONALIDADE. LEGITIMIDADE ATIVA *AD CAUSAM*. **UNIÃO NACIONAL DOS ESTUDANTES – UNE. CONSTITUIÇÃO**, ART.103, IX. 2. A União Nacional dos Estudantes, como entidade associativa dos estudantes universitários brasileiros, tem participado, ativamente, ao longo do tempo, de movimentos cívicos nacionais na defesa às liberdades públicas, ao lado de outras organizações da sociedade; e insuscetível de dúvida sua posição de entidade de âmbito nacional na defesa de interesses estudantis, e mais particularmente, da juventude universitária. **Não se reveste, entretanto, da condição de "entidade de classe de âmbito nacional", para os fins previstos no inciso IX, segunda parte, do art. 103, da constituição.** 3. Enquanto se empresta a cláusula constitucional em exame, ao lado da cláusula "confederação sindical", constante da primeira parte do dispositivo maior em referência, conteúdo imediatamente dirigido a ideia de "profissão", **entendendo-se "classe" no sentido não de simples segmento social, de "classe social", mas de "categoria profissional"**, não cabe reconhecer a UNE enquadramento na regra constitucional aludida. As "confederações sindicais" são entidades do nível mais elevado na hierarquia dos entes sindicais, assim como definida na consolidação das leis do trabalho, sempre de âmbito nacional e com representação máxima das categorias econômicas ou profissionais que lhes correspondem. No que concerne as "entidades de classe de âmbito nacional" (2. Parte do inciso IX do art. 103 da constituição), vem o STF conferindo-lhes compreensão sempre a partir da representação nacional efetiva de interesses profissionais definidos. Ora, os membros

da denominada "classe estudantil" ou, mais limitadamente, da "classe estudantil universitária", frequentando os estabelecimentos de ensino público ou privado, na busca do aprimoramento de sua educação na escola, visam, sem dúvida, tanto ao pleno desenvolvimento da pessoa, ao preparo para o exercício da cidadania, como a qualificação para o trabalho. Não se cuida, entretanto, nessa situação, do exercício de uma profissão, no sentido do art. 5º, XIII, da Lei Fundamental de 1988. 4. Ação direta de inconstitucionalidade não conhecida, por ilegitimidade ativa da autora, devendo os autos, entretanto, ser apensados aos da ADIN n. 818-8/600 (grifos nossos); **C**: correta. De acordo com o art. 16 da Lei 9.868/1999, proposta a ação declaratória, **não se admitirá desistência; D**: correta. De fato, os efeitos da decisão final dada em sede de ADI, em regra, são retroativos (*ex tunc*), pois a lei é inconstitucional desde a sua origem. Vale Lembrar que há possibilidade de modulação desses efeitos, conforme disposto no art. 27 da Lei 9.868/1999.
Gabarito "A".

(OAB/Exame Unificado – 2013.2) A Ação Direta de Inconstitucionalidade, a Ação Declaratória de Constitucionalidade e a Ação Direta de Inconstitucionalidade por Omissão estão regulamentadas no âmbito infraconstitucional pela Lei 9.868/1999, que dispõe sobre o processo e julgamento destas ações perante o Supremo Tribunal Federal.

Tomando por base o constante na referida lei, assinale a alternativa **incorreta**.

(A) Podem propor a Ação Direta de Inconstitucionalidade por Omissão os mesmos legitimados para propositura da Ação Direta de Inconstitucionalidade e da Ação Declaratória de Constitucionalidade.

(B) Cabe no âmbito da Ação Declaratória de Constitucionalidade a concessão de medida cautelar.

(C) As decisões proferidas em Ação Direta de Inconstitucionalidade e em Ação Declaratória de Constitucionalidade possuem o chamado efeito dúplice.

(D) Enquanto a Ação Direta de Inconstitucionalidade e a Ação Declaratória de Constitucionalidade não admitem desistência, a Ação Direta de Inconstitucionalidade por Omissão admite a desistência a qualquer tempo.

A: correta. De acordo com o art. 12-A da Lei 9.868/1999, podem propor a ação direta de inconstitucionalidade por omissão (ADI por omissão ou ADO) os legitimados à propositura da ação direta de inconstitucionalidade (ADI) e da ação declaratória de constitucionalidade (ADC); **B**: correta. Há possibilidade de concessão de medida cautelar no âmbito da ação declaratória de constitucionalidade. Conforme o art. 21 da Lei 9.868/1999, o STF, por decisão da maioria absoluta de seus membros, poderá deferir pedido de medida cautelar na ação declaratória de constitucionalidade, consistente na determinação de que os juízes e os Tribunais suspendam o julgamento dos processos que envolvam a aplicação da lei ou do ato normativo objeto da ação até seu julgamento definitivo; **C**: correta. A ADI e a ADC conhecidas como são ações de natureza dúplice, ambivalentes ou de sinais trocados, porque a procedência em qualquer delas equivale à improcedência da outra. Corroborando tal entendimento, o art. 24 da Lei 9.868/1999 menciona que, proclamada a constitucionalidade, julgar-se-á improcedente a ação direta ou procedente eventual ação declaratória; e, proclamada a inconstitucionalidade, julgar-se-á procedente a ação direta ou improcedente eventual ação declaratória; **D**: incorreta, devendo ser assinalada. Nas três ações não há possibilidade de desistência. Os fundamentos estão na Lei 9.868/1999 nos seguintes dispositivos: ADI (art. 5º da Lei 9.868/1999), ADI por omissão ou ADO (art. 12-D da Lei 9.868/1999) e ADC (art. 16 da Lei 9.868/1999).
Gabarito "D".

(OAB/Exame Unificado – 2012.1) De acordo com entendimento consolidado do STF e da doutrina, qual, dentre os órgãos e entidades listados abaixo, NÃO precisa demonstrar pertinência temática como condição para ajuizar Ação Direta de Inconstitucionalidade?

(A) Mesa de Assembleia Legislativa ou Câmara Legislativa (DF).

(B) Conselho Federal da OAB.

(C) Entidade de Classe de âmbito nacional.

(D) Confederação Sindical.

O Conselho Federal da OAB *não* precisa demonstrar pertinência temática, pois, segundo o STF, ele é considerado um legitimado universal. O art. 103 da CF trata do rol de legitimados à propositura das ações do controle concentrado (ADI, ADC e ADPF) e o STF classifica tais legitimados em *universais ou genéricos* (Presidente da República, Mesa do Senado Federal, Mesa da Câmara dos Deputados, Procurador-Geral da República, Conselho Federal da Ordem dos Advogados do Brasil e partido político com representação no Congresso Nacional) e em *temáticos ou especiais* (confederações sindicais e as entidades de classe de âmbito nacional, a mesa da Assembleia Legislativa ou da Câmara Distrital do DF e o Governador de Estado ou do DF) (*vide* ADI 1096-4/RS, Pleno, j. 16.03.1995, rel. Min. Celso de Mello, *DJ* 22.09.1995). Apenas os últimos é que devem demonstrar que a pretensão deduzida guarda relação de pertinência com os objetivos institucionais, ou seja, devem demonstrar a pertinência temática.
Gabarito "B".

(OAB/Exame Unificado – 2011.1) As alternativas a seguir apontam diferenças entre a ADI e a ADC, **À EXCEÇÃO DE UMA**. Assinale-a.

(A) Objeto da ação.

(B) Manifestação do Advogado-Geral da União.

(C) Rol de legitimados para a propositura da ação.

(D) Exigência de controvérsia judicial relevante.

A: incorreta. O objeto da ADI é mais amplo que o da ADC, contempla lei ou ato normativo federal ou estadual que afronte a Constituição Federal. Na ADC apenas lei ou ato normativo federal é que pode ser objeto (art. 102, I, "a", da CF). Portanto, o objeto das ações é considerado uma diferença entre a ADI e a ADC; **B:** incorreta. Diferente do que ocorre na ADI, na ADC não há manifestação do Advogado-Geral da União; **C:** correta. De fato o rol de legitimados para a propositura das ações não é uma diferença entre a ADI e a ADC, pois a EC 45/2004, alterando a redação do art. 103 da CF, equiparou os legitimados. Desse modo, os mesmos órgãos e pessoas que podem propor ADI, podem propor ADC; **D:** incorreta. A exigência de controvérsia judicial relevante é requisito para a propositura de ADC e não de ADI (art. 14, III, da Lei 9.868/1999). Desse modo, também é uma diferença entre a ADI e a ADC.
Gabarito "C".

(OAB/Exame Unificado – 2011.1) Em relação ao controle de constitucionalidade em face da Constituição Estadual, assinale a alternativa correta.

(A) Não é possível o controle de constitucionalidade no plano estadual, no modo concentrado, se a norma constitucional estadual tomada como parâmetro reproduzir idêntico conteúdo de norma constitucional federal.

(B) A decisão do Tribunal de Justiça que declara a inconstitucionalidade de lei local em face da Constituição Estadual é irrecorrível, ressalvada a oposição de embargos declaratórios.

(C) Compete aos Estados a instituição de representação de inconstitucionalidade de leis ou atos normativos estaduais ou municipais em face da Constituição Estadual, reconhecida a legitimação para agir aos mesmos órgãos e entidades legitimados a propositura de ação direta de inconstitucionalidade.

(D) Não ofende a Constituição da República norma de Constituição Estadual que atribui legitimidade para a propositura de representação de inconstitucionalidade aos Deputados Estaduais e ao Procurador-Geral do Estado.

A: incorreta. As normas previstas nas Constituições Estaduais, ainda que sejam apenas reprodução do texto da Constituição Federal, servem de parâmetro para o controle de constitucionalidade concentrado na esfera estadual. Vale lembrar que o STF já decidiu que: "Os Tribunais de justiça podem exercer controle abstrato de constitucionalidade de leis municipais utilizando como parâmetro normas da CF, desde que se trate de normas de reprodução obrigatória pelos Estados. [RE 650.898, rel. p/ o ac. min. Roberto Barroso, j. 1º-2-2017, P, DJE de 24-8-2017, Tema 484.]. Com essa decisão, ainda que as normas de reprodução obrigatória não estejam reproduzidas na Constituição Estadual, podem ser utilizadas como parâmetro para a declaração de inconstitucionalidade no âmbito estadual; **B:** incorreta. De fato, a regra é que a decisão do Tribunal de Justiça que declara a inconstitucionalidade de lei local em face de Constituição Estadual é irrecorrível. Ocorre que, excepcionalmente, pode haver recurso. Se o artigo da Constituição Estadual, que serviu de parâmetro para a declaração da inconstitucionalidade, tratar de uma norma de reprodução obrigatória, ou seja, a mesma regra consta também da Constituição Federal, significa que a lei estadual ou municipal, objeto do controle, também viola a Constituição Federal. Nesse caso, como o Tribunal de Justiça não tem competência para dizer se a lei está ou não de acordo com a Constituição Federal, há possibilidade da interposição de recurso extraordinário ao STF. E um detalhe importante: segundo o Supremo, a decisão a ser dada nesse recurso produzirá os mesmos efeitos de uma decisão dada em sede de controle concentrado, em regra, *erga omnes*, *ex tunc* e vinculante. Nessa hipótese, o STF também pode se valer do mecanismo chamado modulação dos efeitos (art. 27 da Lei 9.868/1999). Vale lembrar que como os efeitos serão os mesmos dados em sede de controle abstrato, não é necessário que o Supremo comunique ao Senado a decisão, não se aplica o mandamento previsto no art. 52, X, da CF; **C:** incorreta. A primeira parte da alternativa está correta. No tocante à legitimação, o art. 125, § 2º, da CF apenas veda a atribuição a um único órgão, não dispõe, portanto, que será dada aos mesmos órgãos e entidades legitimados a propositura de ação direta de inconstitucionalidade; **D:** correta. Segundo o STF, no julgamento do RE 261.677, rel. Min. Sepúlveda Pertence, não ofende a Constituição Federal, a atribuição de legitimidade ativa ao Deputado Estadual na hipótese de ação direta de inconstitucionalidade no âmbito estadual.
Gabarito "D".

(OAB/Exame Unificado – 2010.3) O Governador de um Estado membro da Federação pretende se insurgir contra lei de seu Estado editada em 1984 que vincula a remuneração de servidores públicos estaduais ao salário mínimo. Os fundamentos de índole material a serem invocados são a ofensa ao princípio federativo e a vedação constitucional de vinculação do salário mínimo para qualquer fim. A ação constitucional a ser ajuizada pelo Governador do Estado perante o Supremo Tribunal Federal, cuja decisão terá eficácia contra todos e efeito vinculante relativamente aos demais órgãos do Poder Público, é a(o)

(A) ação direta de inconstitucionalidade.

2. DIREITO CONSTITUCIONAL · 153

(B) mandado de segurança coletivo.

(C) mandado de injunção.

(D) arguição de descumprimento de preceito fundamental.

A: incorreta. Não pode ser objeto de ADI+ norma editada antes da Constituição Federal de 1988; **B** e **C:** incorretas. O mandado de segurança coletivo e o mandado de injunção são remédios constitucionais. O primeiro é utilizado para proteger direito líquido e certo, não amparado por *habeas-corpus* ou *habeas-data*, quando o responsável pela ilegalidade ou abuso de poder for autoridade pública ou agente de pessoa jurídica no exercício de atribuições do Poder Público (art. 5º, LXIX e LXX, da CF). O segundo, mandado de injunção, é utilizado sempre que a falta de norma regulamentadora torne inviável o exercício dos direitos e liberdades constitucionais e das prerrogativas inerentes à nacionalidade, à soberania e à cidadania (art. 5º, LXXI, da CF). Tais remédios não possuem eficácia contra todos e efeito vinculante em relação aos demais órgãos do Poder Público; **D:** correta. De fato, se o ato normativo é anterior à Constituição de 1988 e a questão exige o ajuizamento de medida de controle concentrado (diretamente no STF), só pode se tratar de arguição de descumprimento de preceito fundamental – ADPF (art. 102, § 1º, da CF e art. 1º, parágrafo único, I, da Lei 9.882/1999). A decisão definitiva de mérito nas ações de controle concentrado produz, em regra, três efeitos: *erga omnes* (eficácia contra todos), *ex tunc* (retroativos) e vinculante em relação aos demais órgãos do Poder Judiciário e a Administração Pública direta e indireta, nas esferas federal, estadual e um municipal.

Gabarito "D".

(OAB/Exame Unificado – 2010.2) A obrigatoriedade ou necessidade de deliberação plenária dos tribunais, no sistema de controle de constitucionalidade brasileiro, significa que:

(A) somente pelo voto da maioria absoluta de seus membros ou dos membros do respectivo órgão especial poderão os tribunais declarar a inconstitucionalidade de lei ou ato normativo do Poder Público.

(B) a parte legitimamente interessada pode recorrer ao respectivo Tribunal Pleno das decisões dos órgãos fracionários dos Tribunais Federais ou Estaduais que, em decisão definitiva, tenha declarado a inconstitucionalidade de lei ou ato normativo.

(C) somente nas sessões plenárias de julgamento dos Tribunais Superiores é que a matéria relativa a eventual inconstitucionalidade da lei ou ato normativo pode ser decidida.

(D) a competência do Supremo Tribunal Federal para processar e julgar toda e qualquer ação que pretenda invalidar lei ou ato normativo do Poder Público pode ser delegada a qualquer tribunal, condicionada a delegação a que a decisão seja proferida por este órgão jurisdicional delegado em sessão plenária.

Dispõe o art. 97 da CF que somente pelo voto da maioria absoluta de seus membros ou dos membros do respectivo órgão especial poderão os tribunais declarar a inconstitucionalidade de lei ou ato normativo do Poder Público. Trata-se da denominada cláusula de plenário. Ainda sobre o tema, o STF editou Súmula vinculante nº 10 determinando que a decisão de órgão fracionário de tribunal que, embora não declare expressamente a inconstitucionalidade de lei ou ato normativo do poder público, afasta sua incidência, no todo ou em parte, viola a cláusula de reserva de plenário (CF, art. 97). Além disso, sobre o tema, vejam também os arts. 948 e 949 do NCPC.

Gabarito "A".

(OAB/Exame Unificado – 2010.1) Assinale a opção correta a respeito da medida cautelar em sede de ação direta de inconstitucionalidade, de acordo com o que dispõe a Lei 9.868/1999.

(A) Tal medida não poderá ser apreciada em período de recesso ou férias, visto que é imperioso que seja concedida por decisão da maioria absoluta dos membros do STF, após a audiência dos órgãos ou autoridades dos quais emanou a lei ou ato normativo impugnado.

(B) Essa medida cautelar só poderá ser concedida se ouvidos, previamente, o advogado-geral da União e o procurador-geral da República.

(C) A decisão proferida em sede de cautelar, seja ela concessiva ou não, será dotada de eficácia contra todos, com efeito *ex nunc*, salvo se o STF entender que deva conceder-lhe eficácia retroativa.

(D) O relator, em face da relevância da matéria e de seu especial significado para a ordem social e a segurança jurídica, poderá, após a prestação das informações e a manifestação do advogado-geral da União e do procurador-geral da República, sucessivamente, submeter o processo diretamente ao STF, que terá a faculdade de julgar definitivamente a ação.

A: incorreta. Poderá ser concedida, no período de recesso, *ad referendum* do plenário (art. 10 da Lei 9.868/1999). O referido artigo assim dispõe: "Salvo no período de recesso, a medida cautelar na ação direta será concedida por decisão da maioria absoluta dos membros do Tribunal, observado o disposto no art. 22, após a audiência dos órgãos ou autoridades dos quais emanou a lei ou ato normativo impugnado, que deverão pronunciar-se no prazo de cinco dias. § 1º O relator, julgando indispensável, ouvirá o Advogado-Geral da União e o Procurador-Geral da República, no prazo de três dias. § 2º No julgamento do pedido de medida cautelar, será facultada sustentação oral aos representantes judiciais do requerente e das autoridades ou órgãos responsáveis pela expedição do ato, na forma estabelecida no Regimento do Tribunal. § 3º Em caso de excepcional urgência, o Tribunal poderá deferir a medida cautelar sem a audiência dos órgãos ou das autoridades das quais emanou a lei ou o ato normativo impugnado"; **B:** incorreta. Somente serão ouvidos o Advogado-Geral da União e o Procurador-Geral da República se assim entender como indispensável o Relator (Lei 9.868/1999, art. 10, já transcrito); **C:** incorreta. Somente as decisões que concedem a medida cautelar terão eficácia *erga omnes* e efeito vinculante (Lei 9.868/1999, art. 11: "§ 1º A medida cautelar, dotada de eficácia contra todos, será concedida com efeito *ex nunc*, salvo se o Tribunal entender que deva conceder-lhe eficácia retroativa. § 2º A concessão da medida cautelar torna aplicável a legislação anterior acaso existente, salvo expressa manifestação em sentido contrário"). A jurisprudência do STF se posiciona da seguinte maneira: "Agravo Regimental. Decisão que negou seguimento à reclamação. §§ 1º e 2º do art. 84 do CPP, com a redação dada pela Lei nº 10.628/2002. Alegada violação aos pronunciamentos do Supremo Tribunal Federal na ADI 2.797-MC e na Rcl 2.381-AgR. 1. No julgamento da Rcl 2.381-AgR, o STF determinou a aplicação dos §§ 1º e 2º do art. 84 do CPP (redação dada pela Lei nº 10.628/2002, até que sobreviesse o julgamento final da ADI 2.797. Julgamento em que declarou a inconstitucionalidade dos §§ 1º e 2º do art. 84 do CPP. Logo, as decisões que o reclamante aponta como desrespeitadas não mais fazem parte do mundo jurídico. 2. Esta colenda Corte indeferiu a medida liminar postulada na ADI 2.797, sendo certo que *somente as decisões concessivas das liminares em ADIs e ADCs é que se dotam de efeito vinculante. Não as denegatórias*. 3. Ante a natureza subjetiva do processo, as decisões proferidas em reclamação não têm eficácia *erga omnes* (contra todos). 4. Agravo regimental a que se nega provimento. (AgRg na Rcl 3.424-1/SP, Pleno, j. 11.10.2007, rel. Min. Carlos Britto, *DJe* 01.08.2008, Ement.

Vol. 2326-2, p. 329); **D:** correta. A Lei 9.868/1999, em seu art. 12, determina: "Havendo pedido de medida cautelar, o relator, em face da relevância da matéria e de seu especial significado para a ordem social e a segurança jurídica, poderá, após a prestação das informações, no prazo de dez dias, e a manifestação do Advogado-Geral da União e do Procurador-Geral da República, sucessivamente, no prazo de cinco dias, submeter o processo diretamente ao Tribunal, que terá a faculdade de julgar definitivamente a ação."

Gabarito "D".

(OAB/Exame Unificado – 2008.3) Acerca do controle de constitucionalidade, assinale a opção correta.

(A) Tanto na ação direta de inconstitucionalidade como na ação declaratória de constitucionalidade, as decisões do STF possuem força vinculante em relação aos demais tribunais e à administração pública federal, independentemente de a decisão ter sido sumulada.

(B) Os tribunais de justiça nos estados podem desempenhar o controle abstrato e concentrado de leis estaduais e municipais diretamente em face da CF.

(C) O STF é o único órgão competente para desempenhar o controle incidental de constitucionalidade no Brasil.

(D) Na ação direta de inconstitucionalidade, quando o relator indefere, sob qualquer fundamento, pedido de liminar, é admissível a utilização da reclamação contra essa decisão.

A: correta. Art. 102, § 2º, da CF; **B:** incorreta. Em consonância com o disposto no art. 125, § 2º, da CF, os TJs nos Estados estão credenciados a exercer o controle abstrato e concentrado de leis estaduais e municipais em face tão somente da *Constituição Estadual*; **C:** incorreta. No controle incidental (*incidenter tantum*), a avaliação da constitucionalidade constitui uma questão prejudicial em relação ao mérito, ou seja, a alegação de inconstitucionalidade representa a *causa de pedir processual*. É o chamado *controle difuso*, a ser exercido por qualquer juízo ou tribunal do Poder Judiciário, ao contrário do que ocorre com o *controle concentrado*, reservado ao órgão de cúpula, o STF; **D:** incorreta. Art. 10 da Lei 9.868/1999.

Gabarito "A".

(OAB/Exame Unificado – 2008.2) Acerca do controle de constitucionalidade concentrado, julgue os itens a seguir.

I. A administração pública indireta, assim como a direta, nas esferas federal, estadual e municipal, fica vinculada às decisões definitivas de mérito proferidas pelo STF nas ações diretas de inconstitucionalidade e nas ações declaratórias de constitucionalidade.

II. Em razão do princípio da subsidiariedade, a ação direta de inconstitucionalidade por omissão somente será cabível se ficar provada a inexistência de qualquer meio eficaz para afastar a lesão no âmbito judicial.

III. É possível controle de constitucionalidade do direito estadual e do direito municipal no processo de arguição de descumprimento de preceito fundamental.

IV. São legitimados para propor ação direta de inconstitucionalidade interventiva os mesmos que têm legitimação para propor ação direta de inconstitucionalidade genérica.

Estão certos apenas os itens

(A) I e II.

(B) I e III.

(C) II e IV.

(D) III e IV.

I: correta. É o que dispõe o art. 102, § 2º, da CF; **II:** incorreta. O princípio da subsidiariedade não é requisito da ação direta por omissão, mas sim da arguição de descumprimento de preceito fundamental (ADPF); **III:** correta. A única ação do controle concentrado que admite como objeto norma municipal que viole a Constituição Federal é a ADPF. Desse modo, tal ação pode ter como objeto lei ou ato normativo federal, estadual, distrital, municipal e normas editadas antes da Constituição Federal de 1988 (art. 102, § 1º, da CF e art. 1º, parágrafo único, I, da Lei 9.882/1999; **IV:** incorreta. Está legitimado para a propositura da ação direta interventiva federal o Procurador-Geral da República (arts. 34, VII, e 36, III, da CF).

Gabarito "B".

(OAB/Exame Unificado – 2008.1) Com relação ao controle de constitucionalidade no direito brasileiro, assinale a opção incorreta.

(A) Pode ser objeto da ação direta de inconstitucionalidade o decreto legislativo aprovado pelo Congresso Nacional com o escopo de sustar os atos normativos do Poder Executivo que exorbitem do poder regulamentar ou dos limites de delegação legislativa.

(B) O governador de um Estado ou a Assembleia Legislativa que impugna ato normativo de outro estado não tem necessidade de demonstrar a relação de pertinência da pretendida declaração de inconstitucionalidade da lei.

(C) A jurisprudência do STF entende que, nas ações diretas de inconstitucionalidade, o Advogado-Geral da União não está obrigado a fazer defesa do ato questionado, especialmente se o STF já tiver se manifestado pela inconstitucionalidade.

(D) A ação declaratória de constitucionalidade só é cabível quando ficar demonstrada a existência de controvérsia judicial relevante sobre a aplicação da disposição objeto da ação.

A: correta. Art. 102, I, "*a*", da CF; **B:** incorreta, devendo ser assinalada. O STF classifica os legitimados do art. 103 da CF em universais ou genéricos – Presidente da República, Mesa do Senado Federal, Mesa da Câmara dos Deputados, Procurador-Geral da República, Conselho Federal da Ordem dos Advogados do Brasil e partido político com representação no Congresso Nacional – e em temáticos ou específicos – Confederações sindicais e as entidades de classe de âmbito nacional, a mesa da Assembleia Legislativa ou da Câmara Distrital do DF e o Governador de Estado ou do DF (*vide*: STF, ADI 1096-4/RS, Pleno, j. 16.03.1995, rel. Min. Celso de Mello, *DJ* 22.09.1995). Estes devem demonstrar que a pretensão deduzida guarda relação de pertinência com os objetivos institucionais. É o que o Supremo convencionou chamar de vínculo de pertinência temática; **C:** correta. A despeito do comando contido no art. 103, § 3º, da CF, de fato o STF vem entendendo que o Advogado-Geral da União não está obrigado a fazer a defesa do ato questionado, sobretudo quando o Supremo já houver se manifestado pela inconstitucionalidade. A esse respeito: ADI 2.101-0/MS, Pleno, j. 18.04.2001, rel. Min. Maurício Corrêa, *DJ* 05.10.2001; **D:** correta. Art. 14, III, da Lei 9.868/1999.

Gabarito "B".

(OAB/Exame Unificado – 2008.1) A concessão de medida cautelar pelo STF, nas ações diretas de inconstitucionalidade,

(A) tem o mesmo efeito da revogação da lei ou ato normativo impugnado.

(B) torna aplicável a legislação anterior acaso existente, salvo expressa manifestação em sentido contrário.

(C) é sempre dotada de efeito *ex tunc*.

2. DIREITO CONSTITUCIONAL

(D) será dotada de eficácia *erga omnes* se houver expressa manifestação do Tribunal nesse sentido.

A: incorreta. Presentes os requisitos comuns a todas as cautelares (*periculum in mora* e *fumus boni iuris*), a medida será concedida para o fim de *suspender* a eficácia da lei ou do ato normativo (caráter provisório); **B:** correta. É o que dispõe o art. 11, § 2º, da Lei 9.868/1999; **C** e **D:** incorretas. Em regra, a medida cautelar, concedida em sede de ação direta de inconstitucionalidade, produz efeitos *ex nunc* (não retroativos), conforme determina o art. 11, § 1º, da Lei 9.868/1999. O mesmo dispositivo autoriza o Tribunal a modular os efeitos, tornando-os retroativos. Quanto à eficácia *erga omnes*, não há necessidade de manifestação expressa do Tribunal, pois se trata de controle concentrado de constitucionalidade.
Gabarito "B".

(FGV – 2013) Um partido político, com representação no Congresso Nacional, pretende propor ADIn contra lei de iniciativa do Deputado Federal Y. A lei em referência, que dispõe sobre Processo Civil, teve trâmite regular no Congresso Nacional, foi sancionada pelo Presidente da República e já está em vigor.

Nesse caso, assinale a alternativa que indica o polo passivo da ADIn.

(A) Somente o Congresso Nacional.

(B) O Congresso Nacional e o Advogado-Geral da União.

(C) O Congresso Nacional e o Deputado Federal Y.

(D) A lei questionada e o Advogado-Geral da União.

(E) Somente o Deputado Federal Y.

Deve figurar no polo passivo da ação direta de inconstitucionalidade – ADI **o órgão ou a entidade responsável pela edição do ato normativo** que está sendo impugnado. Desse modo, como a lei é de natureza federal, elaborada pelo **Congresso Nacional**, órgão de detém a função típica de legislar, é ele que deve constar como legitimado passivo na ação.
Gabarito "A".

(FGV – 2013) Quanto às ações constitucionais, assinale a afirmativa **incorreta**.

(A) A Arguição de Descumprimento de Preceito Fundamental pode ser utilizada para resolver controvérsia acerca da legitimidade do direito ordinário pré-constitucional.

(B) A exclusão de benefício incompatível com o princípio da igualdade, a um determinado grupo de pessoas, pode caracterizar caso de omissão parcial do dever de legislar.

(C) A suspensão pelo Senado Federal da execução da lei inconstitucional se aplica à declaração de não recepção da lei pré-constitucional levada a efeito pelo Supremo Tribunal Federal.

(D) É dominante, no âmbito do Supremo Tribunal Federal, entendimento segundo o qual, na Ação Direta de Inconstitucionalidade e na Ação Declaratória de Constitucionalidade, prevalece o pedido da *causa petendi* aberta.

(E) O constituinte de 1988 fixou como princípios básicos, cuja lesão pelo Estado-membro poderá dar ensejo à intervenção federal, entre outros, a forma republicana, o sistema representativo e o regime democrático.

A: correta. O objeto da arguição de descumprimento de preceito fundamental é abrange e, de fato, comporta a análise de direitos previstos em normas editadas antes da CF/1988. De acordo com o art. 1º, parágrafo único, I, da Lei 9.882/1999, caberá também arguição de descumprimento de preceito fundamental quando for relevante o fundamento da controvérsia constitucional sobre lei ou ato normativo federal, estadual ou municipal, **incluídos os anteriores à Constituição; B:** correta. De acordo com Gilmar Ferreira Mendes, em **Curso de Direito Constitucional**, 8. ed. São Paulo: Saraiva, 2013. p.1030, "Caso clássico de inconstitucionalidade por omissão é a chamada 'exclusão de benefício incompatível com o princípio da igualdade' se a norma afronta o princípio da isonomia, concedendo vantagens ou benefícios a determinados segmentos ou grupos sem contemplar outros que se encontram em condições idênticas"; **C:** incorreta, devendo ser assinalada. O STF entende de forma contrária ao mencionado na alternativa. "Na dicção da ilustrada maioria, vencido o relator, **o conflito de norma com preceito constitucional superveniente resolve-se no campo da não recepção**, não cabendo a comunicação ao Senado prevista no inciso X do art. 52 da Constituição Federal" (RE 387.271, Rel. Min. Marco Aurélio, julgamento em 8-8-2007, Plenário, *DJE* de 1º-2-2008.); **D:** correta. Gilmar Ferreira Mendes, em **Curso de Direito Constitucional**, 8. ed. São Paulo: Saraiva, 2013. p.1133, "É interessante notar que, a despeito da necessidade legal da indicação dos fundamentos jurídicos na petição inicial, não fica o STF adstrito a eles na apreciação que faz da constitucionalidade dos dispositivos questionados. É dominante no âmbito do Tribunal que na ADI (e na ADC) prevalece a *causa petendi* aberta (ADI 259, Rel. Min. Moreira Alves, DJ de 19-2-1992, p.2030); **E:** correta. Conforme determina o art. 34, VII, da CF, a União não intervirá nos Estados nem no Distrito Federal, exceto para assegurar a observância dos seguintes princípios constitucionais: a) **forma republicana**, **sistema representativo** e **regime democrático**; b) direitos da pessoa humana; c) autonomia municipal; d) prestação de contas da administração pública, direta e indireta; e) aplicação do mínimo exigido da receita resultante de impostos estaduais, compreendida a proveniente de transferências, na manutenção e desenvolvimento do ensino e nas ações e serviços públicos de saúde. Tais princípios são conhecidos pela doutrina como princípios constitucionais sensíveis.
Gabarito "C".

(FGV – 2013) São parâmetros para o reconhecimento da inconstitucionalidade de uma *Norma*:

(A) apenas as normas do corpo permanente da Constituição.

(B) apenas as normas do corpo permanente da Constituição e as Disposições Constitucionais Transitórias.

(C) as normas do corpo permanente da Constituição, as disposições Constitucionais Transitórias e o Preâmbulo.

(D) o Preâmbulo e as normas do corpo permanente da Constituição.

(E) as normas do corpo permanente da Constituição, as Disposições Constitucionais Transitórias e o texto das Emendas Constitucionais.

A CF/1988 é composta das seguintes partes: preâmbulo, corpo das disposições permanentes, disposições constitucionais transitórias e emendas constitucionais (de revisão e propriamente ditas). O preâmbulo deve ser utilizado pelo intérprete das normas constitucionais como diretriz ideológica, política e filosófica. Todavia, embora o preâmbulo tenha de ser utilizado como alicerce, segundo o Supremo, ele não tem força cogente, não cria direitos e obrigações e não pode ser utilizado como parâmetro para eventual declaração de inconstitucionalidade. Desse modo, uma lei que fira tão somente o preâmbulo constitucional não pode ser objeto de ação direta de inconstitucionalidade no STF, nem de outro mecanismo de controle de constitucionalidade. As demais partes da Constituição (corpo das disposições permanentes, disposições constitucionais transitórias e as emendas constitucionais) podem ser utilizadas como parâmetros para o reconhecimento da inconstitucionalidade de uma norma.
Gabarito "E".

4.2. Controle difuso de constitucionalidade

(OAB/Exame Unificado – 2016.3) A parte autora em um processo judicial, inconformada com a sentença de primeiro grau de jurisdição que se embasou no ato normativo X, apela da decisão porque, no seu entender, esse ato normativo seria inconstitucional.

A 3ª Câmara Cível do Tribunal de Justiça do Estado Alfa, ao analisar a apelação interposta, reconhece que assiste razão à recorrente, mais especificamente no que se refere à inconstitucionalidade do referido ato normativo X. Ciente da existência de cláusula de reserva de plenário, a referida Turma dá provimento ao recurso sem declarar expressamente a inconstitucionalidade do ato normativo X, embora tenha afastado a sua incidência no caso concreto.

De acordo com o sistema jurídico-constitucional brasileiro, o acórdão proferido pela 3ª Turma Cível:

(A) está juridicamente perfeito, posto que, nestas circunstâncias, a solução constitucionalmente expressa é o afastamento da incidência, no caso concreto, do ato normativo inconstitucional.

(B) não segue os parâmetros constitucionais, pois deveria ter declarado, expressamente, a inconstitucionalidade do ato normativo que fundamentou a sentença proferida pelo juízo a quo.

(C) está correto, posto que a 3ª Turma Cível, como órgão especial que é, pode arrogar para si a competência do Órgão Pleno do Tribunal de Justiça do Estado Alfa.

(D) está incorreto, posto que violou a cláusula de reserva de plenário, ainda que não tenha declarado expressamente a inconstitucionalidade do ato normativo.

A: incorreta. Ao contrário do mencionado, a Turma não poderia afastar a incidência do ato normativo inconstitucional. Determina a Súmula Vinculante 10 (STF) que **viola a cláusula de reserva de plenário** (CF, art.97) a **decisão de órgão fracionário** de tribunal que, **embora não declare** expressamente **a inconstitucionalidade** de lei ou ato normativo do Poder Público, **afasta sua incidência**, no todo ou em parte; **B:** incorreta. O acórdão proferido pela 3ª Turma Cível, de fato, não segue parâmetros constitucionais, mas não pelo fundamento apresentado na alternativa, pois, **ainda que a declaração de inconstitucionalidade do ato tivesse sido dada de forma expressa, ela só poderia ocorrer pelo voto da maioria absoluta** dos membros do Tribunal ou dos membros do respectivo órgão especial. É o que determina o art. 97 da CF; **C:** incorreta. Como mencionado, é necessária a observância da chamada cláusula de reserva de plenário para a declaração da inconstitucionalidade ou para o afastamento da incidência da lei ou ato normativo do Poder Público; **D:** correta. É o que determina a citada Súmula Vinculante 10 (STF). **BV**
Gabarito "D".

(OAB/Exame Unificado – 2015.2) Determinado Tribunal de Justiça vem tendo dificuldades para harmonizar os procedimentos de suas câmaras, órgãos fracionários, em relação à análise, em caráter incidental, da inconstitucionalidade de certas normas como pressuposto para o enfrentamento do mérito propriamente dito. A Presidência do referido Tribunal manifestou preocupação com o fato de o procedimento adotado por três dos órgãos fracionários estar conflitando com aquele tido como correto pela ordem constitucional brasileira. Apenas uma das câmaras adotou procedimento referendado pelo sistema jurídico-constitucional brasileiro. Assinale a opção que o apresenta.

(A) A 1ª Câmara, ao reformar a decisão de 1° grau em sede recursal, reconheceu, incidentalmente, a inconstitucionalidade da norma que dava suporte ao direito pleiteado, entendendo que, se o sistema jurídico reconhece essa possibilidade ao juízo monocrático, por razões lógicas, deve estendê-la aos órgãos recursais.

(B) A 2ª Câmara, ao analisar o recurso interposto, reconheceu, incidentalmente, a inconstitucionalidade da norma que concedia suporte ao direito pleiteado, fundamentando-se em cristalizada jurisprudência do Superior Tribunal de Justiça sobre o tema.

(C) A 3ª Câmara, ao analisar o recurso interposto, reconheceu, incidentalmente, a inconstitucionalidade da norma que concedia suporte ao direito pleiteado, fundamentando-se em pronunciamentos anteriores do Órgão Especial do próprio Tribunal.

(D) A 4ª Câmara, embora não tenha declarado a inconstitucionalidade da norma que conferia suporte ao direito pleiteado, solucionou a questão de mérito afastando a aplicação da referida norma, apesar de estarem presentes os seus pressupostos de incidência.

A: incorreta. Embora um juiz possa reconhecer a inconstitucionalidade de uma norma quando estiver analisando uma situação em sede de controle difuso (caso concreto), quando a decisão tiver de ser dada por um Tribunal, a CF determina que seja feita pelo voto da maioria absoluta dos membros (art. 97 da CF e Súmula Vinculante 10 – STF). É a chamada cláusula de reserva de plenário. Sendo assim, para que o órgão fracionário do Tribunal decida sobre algo que envolve questão de inconstitucionalidade, ele terá de primeiro, afetar a matéria ao pleno do Tribunal ou do respectivo órgão especial (art. 93, XI, da CF). Desse modo, a 1ª Câmara não poderia ter reformado a decisão. Vale lembrar que se já houvesse pronunciamento anterior do órgão especial do próprio Tribunal, a Câmara poderia reconhecer incidentalmente a inconstitucionalidade da norma, conforme determina o art. 949, parágrafo único, do NCPC; **B:** incorreta. O STJ não tem competência para apreciar questões sobre a constitucionalidade de leis; **C:** correta. De fato a 3ª Câmara poderia ter reconhecido, incidentalmente, a inconstitucionalidade da norma, fundamentando-se em pronunciamentos anteriores do órgão especial do próprio Tribunal, pois o art. 949, parágrafo único, do NCPC autoriza. Determina tal norma que os órgãos fracionários dos Tribunais não submeterão ao plenário ou ao órgão especial a arguição de inconstitucionalidade quando já houver pronunciamento destes ou do plenário do STF; **D:** incorreta. De acordo com a Súmula Vinculante n° 10 – STF, viola a cláusula de reserva de plenário (CF, art. 97) a decisão de órgão fracionário de tribunal que, embora não declare expressamente a inconstitucionalidade de lei ou ato normativo do Poder Público, afasta sua incidência, no todo ou em parte.
Gabarito "C".

(OAB/Exame Unificado – 2012.3.A) João ingressa com ação individual buscando a repetição de indébito tributário, tendo como causa de pedir a inconstitucionalidade da Lei Federal "X", que criou o tributo.

Sobre a demanda, assinale a afirmativa correta.

(A) João não possui legitimidade para ingressar com a demanda, questionando a constitucionalidade da Lei Federal "X", atribuída exclusivamente às pessoas e entidades previstas no art. 103 da Constituição.

(B) Caso a questão seja levada ao Supremo Tribunal Federal, em sede de recurso extraordinário, e este declarar a inconstitucionalidade da Lei Federal "X" pela maioria absoluta dos seus membros, a decisão terá eficácia contra todos e efeitos vinculantes.

2. DIREITO CONSTITUCIONAL   157

(C) O órgão colegiado, em sede de apelação, não pode declarar a inconstitucionalidade da norma, devendo submeter a questão ao Pleno do Tribunal ou ao órgão especial (quando houver), salvo se já houver prévio pronunciamento deste ou do plenário do STF sobre a sua inconstitucionalidade.

(D) O juiz de primeiro grau não detém competência para a declaração de inconstitucionalidade de lei ou ato normativo, mas somente o Tribunal de segundo grau e desde que haja prévio pronunciamento do plenário do Supremo Tribunal Federal sobre a questão.

A: incorreta. João possui legitimidade para ingressar com a demanda, pois está alegando a inconstitucionalidade da lei em sede de controle difuso. A atribuição exclusiva às pessoas e autoridades previstas no art. 103 da CF é aplicada ao controle concentrado, realizado por meio das seguintes ações: ação direta de inconstitucionalidade (ADI), ação declaratória de constitucionalidade (ADC) e arguição de descumprimento de preceito fundamental (ADPF); **B:** incorreta. Ainda que a decisão seja proferida pelo STF, como foi dada em um caso concreto (controle difuso) os efeitos, em regra, são *inter partes* (para as partes) e *ex tunc* (retroativos). Há possibilidade de ampliação desses efeitos caso o STF comunique ao Senado Federal que a norma foi declarada inconstitucional de forma definitiva e este determine que seja suspensa a execução da lei no todo ou em parte (art. 52, X, da CF). Vale lembrar que o STF tem caminhado para a abstrativização do controle difuso. Vejamos: "o STF declarou, por maioria e incidentalmente, a inconstitucionalidade do art. 2º da Lei federal 9.055/1995, com efeito vinculante e erga omnes. O dispositivo já havia sido declarado inconstitucional, incidentalmente, no julgamento da ADI 3.937/SP (rel. orig. min. Marco Aurélio, red. p/ o ac. min. Dias Toffoli, julgamento em 24-8-2017). A partir da manifestação do ministro Gilmar Mendes, o Colegiado entendeu ser necessário, a fim de evitar anomias e fragmentação da unidade, equalizar a decisão que se toma tanto em sede de controle abstrato quanto em sede de controle incidental. O ministro Gilmar Mendes observou que o art. 535 do CPC reforça esse entendimento. Asseverou se estar fazendo uma **releitura do disposto no art. 52, X,** da CF, no sentido de que **a Corte comunica ao Senado a decisão de declaração de inconstitucionalidade, para que ele faça a publicação, intensifique a publicidade.** O ministro Celso de Mello considerou se estar diante de **verdadeira mutação constitucional que expande os poderes do STF em tema de jurisdição constitucional.** Para ele, o que se **propõe é uma interpretação que confira ao Senado Federal a possibilidade de simplesmente, mediante publicação, divulgar a decisão do STF. Mas a eficácia vinculante resulta da decisão da Corte.** Daí se estaria a reconhecer a inconstitucionalidade da própria matéria que foi objeto deste processo de controle abstrato, prevalecendo o entendimento de que a utilização do amianto, tipo crisólita e outro, ofende postulados constitucionais e, por isso, não pode ser objeto de normas autorizativas. A ministra Cármen Lúcia, na mesma linha, afirmou que a Corte está caminhando para uma inovação da jurisprudência no sentido de não ser mais declarado inconstitucional cada ato normativo, mas a própria matéria que nele se contém. O ministro Edson Fachin concluiu que a declaração de inconstitucionalidade, ainda que incidental, opera uma preclusão consumativa da matéria. Isso evita que se caia numa dimensão semicircular progressiva e sem fim. E essa afirmação não incide em contradição no sentido de reconhecer a constitucionalidade da lei estadual que também é proibitiva, o que significa, por uma simetria, que todas as legislações que são permissivas – dada a preclusão consumativa da matéria, reconhecida a inconstitucionalidade do art. 2º da lei federal – são também inconstitucionais. [ADI 3.406 e ADI 3.470, rel. min. Rosa Weber, j. 29-11-2017, P, Informativo 886.] ; **C:** correta. De fato, quando a declaração de inconstitucionalidade tiver de ser dada por um tribunal, a Constituição Federal exige que seja feita pelo voto na maioria absoluta dos seus membros ou dos membros

do respectivo órgão especial (art. 97 da CF e Súmula Vinculante nº 10 do STF). É a chamada cláusula de reserva de plenário; **D:** incorreta. O juiz de primeiro grau pode declarar a inconstitucionalidade de lei ou ato normativo, em sede de controle difuso de constitucionalidade. A cláusula de reserva de plenário apenas se aplica quando a decisão tiver de ser dada por um Tribunal.

Gabarito "C"

(OAB/Exame Unificado – 2011.3.A) Suponha que o STF, no exame de um caso concreto (controle difuso), tenha reconhecido a incompatibilidade entre uma lei em vigor desde 1987 e a Constituição de 1988. Nesse caso, é correto afirmar que

(A) após reiteradas decisões no mesmo sentido, o STF poderá editar súmula vinculante.

(B) o STF deverá encaminhar a decisão ao Senado.

(C) os órgãos fracionários dos tribunais, a partir de então, ficam dispensados de encaminhar a questão ao pleno.

(D) a eficácia da decisão é *erga omnes*.

A: correta. Conforme o art. 103-A da CF há possibilidade de o STF, "de ofício ou por provocação, mediante decisão de dois terços dos seus membros, *após reiteradas decisões sobre matéria constitucional*, aprovar súmula que, a partir de sua publicação na imprensa oficial, terá efeito vinculante em relação aos demais órgãos do Poder Judiciário e à Administração Pública direta e indireta, nas esferas federal, estadual e municipal, bem como proceder à sua revisão ou cancelamento, na forma estabelecida em lei"; **B:** incorreta. A questão não trata de declaração de inconstitucionalidade no controle difuso, pois a norma impugnada foi editada antes da Constituição Federal de 1988. A discussão gira em torno de a norma ter sido ou não recepcionada. Desse modo, como não se trata de crise de inconstitucionalidade, não há que se cogitar da aplicação do art. 52, X, da CF; **C:** incorreta. Novamente a alternativa afirma uma situação que ocorre quando há crise de inconstitucionalidade, o que não é o caso. O art. 949, parágrafo único, do NCPC trata de uma exceção ao princípio da cláusula de reserva de plenário, algo que tem a ver quando se discute a inconstitucionalidade de uma norma e não incompatibilidade; **D:** incorreta. A decisão adveio de um caso concreto, de modo que, ainda que fosse crise de inconstitucionalidade, os efeitos atingiriam apenas as partes.

Gabarito "A"

(OAB/Exame Unificado – 2010.2) Declarando o Supremo Tribunal Federal, incidentalmente, a inconstitucionalidade de lei ou ato normativo federal em face da Constituição do Brasil, caberá

(A) ao Procurador-Geral da República, como chefe do Ministério Público da União, expedir atos para o cumprimento da decisão pelos membros do Ministério Público Federal e dos Estados.

(B) ao Presidente da República editar decreto para tornar inválida a lei no âmbito da administração pública.

(C) ao Senado Federal suspender a execução da lei, total ou parcialmente, conforme o caso, desde que a decisão do Supremo Tribunal Federal seja definitiva.

(D) ao Advogado-Geral da União interpor o recurso cabível para impedir que a União seja compelida a cumprir a referida decisão.

O art. 52, X, da CF. A competência atribuída ao Senado Federal pelo art. 52, X, da CF, limita-se ao controle difuso ou incidental de constitucionalidade. No controle concentrado, a decisão do STF, por si só, produz efeitos contra todos (ou *erga omnes*) e vinculantes, por força do art. 102, § 2º, da CF, reproduzido no art. 28, parágrafo único, da Lei 9.868/1999.

Gabarito "C"

4.3. Ação direta de inconstitucionalidade

(OAB/Exame XXXIX) O Presidente da República promulgou a Lei Federal XX/2022, versando sobre certa matéria, que também poderia ser objeto de medida provisória. Tal lei vem sendo aplicada normalmente por diversos órgãos judiciais e administrativos do País.

No entanto, convicto da inconstitucionalidade da Lei Federal XX/2022, um legitimado resolveu ajuizar ação direta de inconstitucionalidade (ADI) perante o Supremo Tribunal Federal (STF) contra o referido diploma legal. No julgamento da ADI, o Plenário do STF resolve, por maioria absoluta de seis Ministros, julgar procedente o pedido e declarar a inconstitucionalidade da Lei Federal XX/2022.

Com base na situação hipotética apresentada, assinale a opção que está de acordo com o sistema brasileiro de controle de constitucionalidade.

(A) A decisão final de mérito do STF no julgamento da ADI em tela vincula todo o Poder Judiciário, incluindo o próprio Pleno do Tribunal.

(B) O Presidente da República poderá editar medida provisória sobre a matéria, porque, ao exercer função legislativa, não está vinculado à decisão definitiva de mérito do STF, proferida em sede de ADI.

(C) A decisão definitiva de mérito proferida pelo STF no julgamento da referida ADI produz eficácia *erga omnes*, porque vincula plenamente todos os três Poderes do Estado (Executivo, Legislativo e Judiciário).

(D) Apenas a Administração Pública direta, nas esferas federal, estadual e municipal, está vinculada à decisão definitiva de mérito proferida pelo STF em sede de ADI.

A: incorreta. A decisão final de mérito do STF na ADI não vincula o STF, uma vez que o efeito vinculante ocorre apenas em relação "aos demais órgãos do Poder Judiciário", conforme dispõe o art. 102, § 2º, da CF (MENDES, Gilmar Ferreira; BRANCO, Paulo Gustavo Gonet. *Curso de direito constitucional.* 8. ed. São Paulo: Saraiva, 2013, p. 1301). **B:** correta. A decisão proferida pelo STF em ADI não vincula o legislador. O Presidente da República quando edita medida provisória está exercendo função atípica de legislar. Portanto, ele poderá editar medida provisória sobre a mesma matéria declarada inconstitucional pelo STF. A doutrina aponta que: "Também o STF tem entendido que a declaração de inconstitucionalidade não impede o legislador de promulgar lei de conteúdo idêntico ao do texto anteriormente censurado" (MENDES, Gilmar Ferreira; BRANCO, Paulo Gustavo Gonet. *Curso de direito constitucional.* 8. ed. São Paulo: Saraiva, 2013, p. 1295). **C:** incorreta. Verificar os comentários anteriores. **D:** incorreta. Produz eficácia contra todos e efeito vinculante, relativamente aos demais órgãos do Poder Judiciário e à administração pública direta e indireta, nas esferas federal, estadual e municipal (CF, art. 102, § 2º). **AMN**
Gabarito "B".

(OAB/Exame XXXVI) O atual governador do Estado *Delta* entende que, de acordo com a CRFB/88, a matéria enfrentada pela **Lei X**, de 15 de agosto de 2017, aprovada pela Assembleia Legislativa de *Delta*, seria de iniciativa privativa do Chefe do Poder Executivo estadual. Porém, na oportunidade, o projeto de lei foi proposto por um deputado estadual.

Sem saber como proceder, o atual Chefe do Poder Executivo buscou auxílio junto ao Procurador-geral do Estado *Delta*, que, com base no sistema jurídico-constitucional brasileiro, afirmou que o Governador

(A) poderá tão somente ajuizar uma ação pela via difusa de controle de constitucionalidade, pois, no caso em tela, não possui legitimidade para propor ação pela via concentrada.

(B) poderá, pela via política, requisitar ao Poder Legislativo do Estado *Delta* que suspenda a eficácia da referida Lei X, porque, no âmbito jurídico, nada pode ser feito.

(C) poderá propor uma ação direta de inconstitucionalidade perante o Supremo Tribunal Federal, alegando vício de iniciativa, já que possui legitimidade para tanto.

(D) não poderá ajuizar qualquer ação pela via concentrada, já que apenas a Mesa da Assembleia Legislativa de *Delta* possuiria legitimidade constitucional para tanto.

A: incorreta. Ao contrário do mencionado, o governador, desde que demonstre a existência de pertinência temática, é legitimado ativo para propositura de ação pela via concentrada, conforme determina o art. 103, V, da CF; **B:** incorreta. No âmbito jurídico, o governador poderá propor uma ação direta de inconstitucionalidade alegando o vício de iniciativa que configura inconstitucionalidade formal subjetivo; **C:** correta. É o que determina o art. 103, V, da CF; **D:** incorreta. O governador poderá propor a ação direta de inconstitucionalidade. Os legitimados à propositura das ações do controle concentrado estão previstos no art. 103 da CF e são os seguintes: I - o Presidente da República; II - a Mesa do Senado Federal; III - a Mesa da Câmara dos Deputados; IV a Mesa de Assembleia Legislativa ou da Câmara Legislativa do Distrito Federal; **V o Governador de Estado ou do Distrito Federal**; VI - o Procurador-Geral da República; VII - o Conselho Federal da Ordem dos Advogados do Brasil; VIII - partido político com representação no Congresso Nacional; IX - confederação sindical ou entidade de classe de âmbito nacional.
Gabarito "C".

(OAB/Exame XXXV) Em decisão de mérito proferida em sede de ação direta de inconstitucionalidade (ADI), os Ministros do Supremo Tribunal Federal declararam inconstitucional o Art. 3º da Lei X. Na oportunidade, não houve discussão acerca da possibilidade de modulação dos efeitos temporais da referida decisão.

Sobre a hipótese, segundo o sistema jurídico-constitucional brasileiro, assinale a afirmativa correta.

(A) A decisão está eivada de vício, pois é obrigatória a discussão acerca da extensão dos efeitos temporais concedidos à decisão que declara a inconstitucionalidade.

(B) A decisão possui eficácia temporal *ex tunc*, já que, no caso apresentado, esse é o natural efeito a ela concedido.

(C) Nesta específica ação de controle concentrado, é terminantemente proibida a modulação dos efeitos temporais da decisão.

(D) A decisão em tela possui eficácia temporal *ex nunc*, já que, no caso acima apresentado, esse é o efeito obrigatório.

A: incorreta. Ao contrário do mencionado, a discussão acerca da modulação dos efeitos não é obrigatória. Determina o art. 27 da Lei 9.868/99 que o STF, ao declarar a inconstitucionalidade de lei ou ato normativo, e tendo em vista razões de segurança jurídica ou de excepcional interesse social, **poderá**, por maioria de dois terços de seus membros, restringir os efeitos daquela declaração ou decidir que ela só tenha eficácia a partir de seu trânsito em julgado ou de outro momento que venha a ser fixado;

2. DIREITO CONSTITUCIONAL

B: correta. Em regra, as decisões de mérito proferidas nas ações do controle concentrado (e a ADI é uma delas) **possuem eficácia temporal *ex tunc* (retroativos)**, efeitos *erga omnes* (para todos) e vinculante; **C:** incorreta. A **modulação é permitida**, conforme disposto no mencionado art. art. 27 da Lei 9.868/99; **D:** incorreta. A decisão em tela possui, ao contrário do mencionado, eficácia temporal ex tunc.
Gabarito "B".

(OAB/Exame Unificado – 2019.2) O Estado Alfa promulgou, em 2018, a Lei Estadual X, concedendo unilateralmente isenção sobre o tributo incidente em operações relativas à circulação interestadual de mercadorias (ICMS) usadas como insumo pela indústria automobilística.

O Estado Alfa, com isso, atraiu o interesse de diversas montadoras em ali se instalarem. A Lei Estadual X, no entanto, contraria norma da Constituição da República que dispõe caber a lei complementar regular a forma de concessão de incentivos, isenções e benefícios fiscais relativos ao ICMS, mediante deliberação dos Estados e do Distrito Federal. Em razão da Lei Estadual X, o Estado Beta, conhecido polo automobilístico, sofrerá drásticas perdas em razão da redução na arrecadação tributária, com a evasão de indústrias e fábricas para o Estado Alfa.

Diante do caso narrado, com base na ordem jurídico--constitucional vigente, assinale a afirmativa correta.

(A) O Governador do Estado Beta não detém legitimidade ativa para a propositura da Ação Direta de Inconstitucionalidade em face da Lei Estadual X, uma vez que, em âmbito estadual, apenas a Mesa da Assembleia Legislativa do respectivo ente está no rol taxativo de legitimados previsto na Constituição.

(B) A legitimidade do Governador do Estado Beta restringe- se à possibilidade de propor, perante o respectivo Tribunal de Justiça, representação de inconstitucionalidade de leis ou atos normativos estaduais ou municipais em face da Constituição Estadual.

(C) A legitimidade ativa do Governador para a Ação Direta de Inconstitucionalidade vincula-se ao objeto da ação, pelo que deve haver pertinência da norma impugnada com os objetivos do autor da ação; logo, não podem impugnar ato normativo oriundo de outro Estado da Federação.

(D) O Governador do Estado Beta é legitimado ativo para propor Ação Direta de Inconstitucionalidade em face da Lei Estadual X, a qual, mesmo sendo oriunda de ente federativo diverso, provoca evidentes reflexos na economia do Estado Beta.

A: incorreta. Ao contrário do mencionado, o governador do estado Beta é legitimado ativo para a propositura de ação direta de inconstitucionalidade (ADI) no STF, conforme determina o art. 103, V, da CF. **B:** incorreta. O mencionado art. 103, V, da CF legitima os governadores, tanto dos Estados como do Distrito Federal, a proporem ADI no STF. Quanto à legitimidade para as ações do controle concentrado no âmbito dos Estados, as regras vêm previstas nas Constituições Estaduais dos respectivos estados, conforme determina o § 2º do art. 125 da CF. Esse dispositivo proíbe apenas que a atribuição da legitimação para agir seja dada pelo texto estadual a um único órgão; **C:** incorreta. De fato, a legitimidade ativa do governador para a ADI vincula-se ao objeto da ação, de modo que deve haver pertinência da norma impugnada com os objetivos do autor da ação, mas isso **não** impede o governador de impugnar ato normativo oriundo de outro Estado da Federação. Se ele demonstrar que a lei do outro Estado impacta economicamente ou de alguma outra maneira o estado que ele representa, ele poderá impugnar

a norma por meio de ADI; **D:** correta. Conforme determina o art. 103, V, da CF, o governador do Estado Beta, de fato, é legitimado ativo para propor ADI no STF em face da Lei Estadual X, a qual, mesmo advinda de ente federativo diverso, provoca evidentes reflexos na economia do Estado Beta.
Gabarito "D".

(OAB/Exame Unificado – 2017.2) A lei federal nº 123, sancionada em 2012, é objeto de Ação Direta de Inconstitucionalidade proposta por partido político com representação no Congresso Nacional. O referido diploma legal é declarado materialmente inconstitucional pelo Supremo Tribunal Federal (STF), em março de 2014.

Em outubro de 2016, membro da Câmara dos Deputados apresenta novo projeto de lei ordinária contendo regras idênticas àquelas declaradas materialmente inconstitucionais.

Tomando por base o caso apresentado acima, assinale a afirmativa correta.

(A) A decisão proferida pelo STF produz eficácia contra todos e efeito vinculante relativamente aos órgãos dos Poderes Executivo, Legislativo e Judiciário, inclusive nas suas funções típicas; logo, o novo projeto de lei ordinária, uma vez aprovado pelo Congresso Nacional, será nulo por ofensa à coisa julgada.

(B) Em observância ao precedente firmado na referida Ação Direta de Inconstitucionalidade, o plenário do STF pode, em sede de controle preventivo, obstar a votação do novo projeto de lei por conter regras idênticas àquelas já declaradas inconstitucionais.

(C) A decisão proferida pelo STF não vincula o Poder Legislativo ou o plenário do próprio Tribunal em relação a apreciações futuras da temática; logo, caso o novo projeto de lei venha a ser aprovado e sancionado, a Corte pode vir a declarar a constitucionalidade da nova lei.

(D) A decisão proferida pelo STF é ineficaz em relação a terceiros, porque o partido político com representação no Congresso Nacional não está elencado no rol constitucional de legitimados aptos a instaurar o processo objetivo de controle normativo abstrato.

A: incorreta. A decisão proferida pelo STF **não vincula a função legislativa**, de modo que pode ser aprovado novo projeto de lei ordinária, contendo regras idênticas àquelas que foram declaradas materialmente inconstitucionais. Vale lembrar que esse projeto (ou lei, se já aprovado) também poderá ser objeto de controle de constitucionalidade. De acordo com o art. 102, § 2º, da CF, as decisões definitivas de mérito, proferidas pelo Supremo Tribunal Federal, nas ações diretas de inconstitucionalidade e nas ações declaratórias de constitucionalidade produzirão eficácia contra todos e **efeito vinculante, relativamente aos demais órgãos do Poder Judiciário e à administração pública** direta e indireta, nas esferas federal, estadual e municipal; **B:** incorreta. O plenário do STF **não pode obstar a votação** do novo projeto de lei, pois, como mencionado, o efeito vinculante "não vincula" a função legislativa; **C:** correta. De fato, é possível a realização do controle de constitucionalidade dessa nova lei; **D:** incorreta. Ao contrário do mencionado, **a decisão é eficaz em relação a terceiros**, pois tem eficácia contra todos. Além disso, **o partido político** com representação no Congresso Nacional **tem legitimidade** para a propositura de ações do controle concentrado (ADI –Ação Direta de Inconstitucionalidade, ADC – Ação Declaratória de Constitucionalidade, e ADPF –Arguição de Descumprimento do Preceito Fundamental).
Gabarito "C".

(OAB/Exame Unificado – 2015.1) A Medida Provisória Z, embora tendo causado polêmica na data de sua edição, foi convertida, em julho de 2014, na Lei Y. Inconformado com o posicionamento do Congresso Nacional, o principal partido de oposição, no mês seguinte, ajuizou Ação Direta de Inconstitucionalidade (ADI) atacando vários dispositivos normativos da referida Lei. Todavia, no início do mês de fevereiro de 2015, o Presidente da República promulgou a Lei X, revogando integralmente a Lei Y, momento em que esta última deixou de produzir os seus efeitos concretos.

Nesse caso, segundo entendimento cristalizado no âmbito do Supremo Tribunal Federal,

(A) deverá a ADI seguir a sua regular tramitação, de modo que se possam discutir os efeitos produzidos no intervalo de tempo entre a promulgação e a revogação da Lei Y.

(B) deverá a ADI seguir a sua regular tramitação, de modo que se possam discutir os efeitos produzidos no intervalo de tempo entre a edição da Medida Provisória Z e a revogação da Lei Y.

(C) deverá ser reconhecido que a ADI perdeu o seu objeto, daí resultando a sua extinção, independentemente de terem ocorrido, ou não, efeitos residuais concretos.

(D) em razão da separação de poderes, deverá ser reconhecida a impossibilidade de o Supremo Tribunal Federal avaliar as matérias debatidas, sob a ótica política, pelo Poder Legislativo.

A e B: incorretas. A ADI não deverá seguir a sua regular tramitação, pois ela perdeu o seu objeto, tendo em vista que a lei, objeto de questionamento, foi revogada por outra. De acordo com Pedro Lenza, em **Direito Constitucional Esquematizado**, 19ª Ed., 2015, p. 359, Editora Saraiva, "...estando em curso a ação e sobrevindo a revogação (total ou parcial) da lei ou ato normativo, assim como a perda de sua vigência (o que acontece com a medida provisória), ocorrerá, por regra, a prejudicialidade da ação, por "perda do objeto". Isso porque, segundo o STF, a declaração em tese de lei ou ato normativo não mais existente transformaria a ADI em instrumento de proteção de situações jurídicas pessoais e concretas (STF, Pleno, ADI 737/DF, Rel. Min. Moreira Alves). Esses questionamentos deverão ser alegados na via ordinária, ou seja, pelo intermédio do controle difuso de constitucionalidade". Vale lembrar que há posicionamento diverso, mas o que prevalece ainda é essa primeira explicação; **C: correta.** De fato deverá ser reconhecido que a ADI perdeu o seu objeto, daí resultando a sua extinção, independentemente de terem ocorrido, ou não, efeitos residuais concretos, haja vista que a ADI não é instrumento de proteção de situações jurídicas pessoais e concretas; **D: incorreta.** A impossibilidade de o Supremo Tribunal Federal prosseguir o julgamento da ADI advém da perda do objeto da ação e não pelo fundamento mencionado na alternativa.
Gabarito "C".

(OAB/Exame Unificado – 2013.1) Ajuizada uma Ação Direta de Inconstitucionalidade (ADI) requerendo expressamente que se declare inconstitucional o art. 2º da Lei X, o Supremo Tribunal Federal (STF), ao apreciar o pedido, apenas declarou inconstitucional uma interpretação possível da norma impugnada, sem declarar sua invalidade, e determinou que sua decisão só acarretasse efeitos a partir do seu trânsito em julgado.

Com base na situação acima, assinale a afirmativa correta.

(A) O STF como órgão do Poder Judiciário, por força do princípio da correlação, não poderia julgar de forma distinta daquela requerida pela parte autora.

(B) O STF, no controle abstrato de constitucionalidade, não está adstrito ao pedido formulado na inicial, podendo, inclusive, fazer uma interpretação conforme a Constituição, a despeito de expresso requerimento pela declaração de invalidade da norma.

(C) A modulação dos efeitos das decisões do STF em Ação Direta de Inconstitucionalidade (ADI) é possível, desde que com a aprovação da maioria absoluta dos seus membros.

(D) O STF não pode fixar os efeitos da decisão a partir do seu trânsito em julgado, pois, em conformidade com o princípio da supremacia da Constituição, a pecha da inconstitucionalidade contamina a lei desde a sua gênese.

A: incorreta. No controle concentrado de constitucionalidade não há necessidade do STF atender ao princípio da congruência, correlação ou adstrição, podendo, por exemplo, declarar a inconstitucionalidade de interpretações dadas ao texto e ainda de dispositivos não impugnados, mas relacionados aos que foram objeto da ação; **B: correta.** A interpretação conforme a Constituição é uma técnica utilizada pelo STF que visa preservar o dispositivo. Nesse caso, o texto constitucional permanece intacto, apenas é fixada uma interpretação que esteja conforme a Constituição Federal. Essa técnica é utilizada quando estamos diante de normas que possuem mais de um significado. As conhecidas normas polissêmicas ou plurissignificativas. Desse modo, se determinado dispositivo possui dois significados, o sentido que terá de ser atribuído à norma é o que encontra respaldo constitucional, devendo ser descartado aquele que vai de encontro ao Texto Maior. Vale lembrar que tal método não dá ao intérprete a possibilidade de atuar como legislador, criando normas gerais e abstratas; **C: incorreta.** De acordo com o art. 27 da Lei 9.868/1999, o quórum para que o STF module os efeitos da decisão dada em sede de controle concentrado é de dois terços dos membros e não maioria absoluta; **D: incorreta.** Há possibilidade do STF fixar que os efeitos da decisão valham a partir do seu trânsito em julgado ou de outro momento, desde que faça isso pelo voto da maioria de dois terços dos seus membros e ainda que haja razões de segurança jurídica ou de excepcional interesse social. Essa possibilidade vem prevista no mencionado art. 27 da Lei 9.868/1999.
Gabarito "B".

(OAB/Exame Unificado – 2012.3.A) O Estado "X" possui Lei Ordinária, que dispõe sobre regras de trânsito e transporte. Determina essa lei a instalação de cinto de segurança em veículos de transporte coletivo de passageiros, impondo penalidades em caso de descumprimento. Inconformado com este diploma legal, o Governador do Estado deseja propor ação direta de inconstitucionalidade. Neste caso, assinale a afirmativa correta.

(A) A ação não poderá ser ajuizada pelo Governador sem prévia autorização da Assembleia Legislativa do Estado X, já que se trata de ação contra lei do próprio Estado.

(B) O Governador não poderá propor a ADI, como pretende, pois a lei não possui vício de inconstitucionalidade.

(C) A lei é inconstitucional, pois viola a competência privativa da União para legislar sobre trânsito.

(D) Não haveria vício de inconstitucionalidade, caso a lei estadual tivesse status de lei complementar, ao invés de lei ordinária.

A: incorreta. O Governador do Estado é legitimado ativo para propor ADI (Ação Direta de Inconstitucionalidade) contra a norma (art. 103, V, da CF). Para ajuizar a ação não é necessária a prévia autorização

2. DIREITO CONSTITUCIONAL

da Assembleia Legislativa do seu Estado, basta que o Governador demonstre a pertinência temática, ou seja, que a pretensão deduzida possui relação de pertinência com os objetivos institucionais; **B:** incorreta. A lei é inconstitucional, pelo fato do Estado ter usurpado da competência legislativa da União. Conforme o art. 22, XI, da CF, a legislação sobre trânsito e transporte é da competência privativa da União; **C:** correta. É o que se extrai do art. 22, XI, da CF; **D:** incorreta. O vício de inconstitucionalidade permaneceria, ainda que a norma tivesse *status* de lei complementar.

Gabarito "C".

(OAB/Exame Unificado – 2012.3.B) O Prefeito do Município "X" criou, por decreto, uma parcela denominada "verba indenizatória", correspondente a 100% da remuneração, e a concedeu, indiscriminadamente, a todos os servidores lotados em seu gabinete.

A medida, divulgada na imprensa local, causou enorme revolta na população, porque diversos servidores passaram a receber acima do teto constitucional. Passados dois anos, o Ministério Público estadual ajuizou uma Representação de Inconstitucionalidade junto ao Tribunal de Justiça.

A respeito desse caso, assinale a afirmativa correta.

(A) Ainda que a norma seja declarada inconstitucional, aquela verba não pode mais ser cortada, em razão do princípio da segurança jurídica.

(B) A Representação de Inconstitucionalidade não existe no direito brasileiro desde a criação da Ação Direta de Inconstitucionalidade, e, portanto, não poderia ser ajuizada.

(C) A eventual declaração de inconstitucionalidade da norma municipal autorizará, como consequência, a interrupção do pagamento da parcela.

(D) A norma municipal não pode ser objeto de controle concentrado de constitucionalidade perante o Tribunal de Justiça.

A: incorreta. Caso a norma seja declarada inconstitucional será interrompido o pagamento da verba. De acordo com o STF (RE 122.202-6/MG, 2ª T., j. 10.08.1993, rel. Min. Francisco Rezek, *DJ* 08.04.1994), as verbas pagas com base em lei declarada inconstitucional não precisam ser devolvidas, mas "tampouco pagas após a declaração de inconstitucionalidade"; **B:** incorreta. De acordo com o art. 125, § 2º, da CF, cabe aos Estados a instituição de *representação de inconstitucionalidade* de leis ou atos normativos estaduais ou municipais em face da Constituição Estadual, vedada a atribuição da legitimação para agir a um único órgão; **C:** correta. De fato, a decisão determinará a interrupção do pagamento da verba declarada inconstitucional; **D:** incorreta. Se a norma municipal violar a Constituição do respectivo Estado ela poderá ser objeto de controle de constitucionalidade no respectivo Tribunal de Justiça.

Gabarito "C".

(OAB/Exame Unificado – 2012.2) Lei estadual de iniciativa do Deputado "X" previu a criação de 300 cargos de fiscal de rendas e determinou o seu preenchimento no mesmo ano, sem indicar a previsão da receita necessária para fazer frente a tal despesa. Realizado o concurso público e depois da posse e exercício dos 100 primeiros aprovados, o Governador ajuíza ação direta de inconstitucionalidade perante o Supremo Tribunal Federal, arguindo a invalidade do diploma legal, por vício de iniciativa e por não indicar a fonte de receita necessária.

Considerando as normas existentes a respeito do controle de constitucionalidade, assinale a alternativa que indica o correto posicionamento do STF.

(A) Não terá alternativa senão declarar a inconstitucionalidade da lei, por vício de iniciativa, com efeitos ex *tunc*, e julgar de plano inválido o concurso público, determinando a exoneração de todos os fiscais aprovados e a anulação dos atos por eles praticados.

(B) Não poderá acatar os argumentos da ação direta, uma vez que o Governador foi quem autorizou a realização do concurso e deu posse aos candidatos, de modo que a ação proposta por ele mesmo viola a segurança jurídica, denotando conduta contraditória.

(C) Deverá realizar uma ponderação de princípios e poderá, ao final, decidir pela constitucionalidade da lei e pela sua manutenção no ordenamento jurídico, apesar da afronta à Constituição, caso em que julgará improcedente a ação.

(D) Poderá, ao declarar a inconstitucionalidade, e pelo voto de dois terços dos ministros, restringir os efeitos da decisão ou decidir que ela só tenha eficácia a partir de seu trânsito em julgado ou de outro momento que venha a ser fixado, preservando os atos já praticados pelos fiscais.

A: incorreta. Caso o STF decidisse por tornar inválido o concurso, determinando a exoneração de todos os aprovados e a anulação dos atos praticados haveria flagrante violação aos princípios da segurança jurídica e da supremacia do interesse público; **B:** incorreta. Diante da inconstitucionalidade em razão dos vícios ocorridos no processo de elaboração da lei, como, por exemplo, a violação ao art. 61, § 1º, II, "a", da CF, o Supremo pode acatar os argumentos da ação direta. O artigo mencionado determina que a iniciativa das leis que disponham sobre a criação de cargos, funções ou empregos públicos na administração direta e autárquica ou aumento de sua remuneração é privativa do Presidente da República; **C:** incorreta. Se há afronta à Constituição, a decisão deve ser pela inconstitucionalidade da norma e não pela constitucionalidade; **D:** correta. De fato há possibilidade de o Supremo, ao declarar a inconstitucionalidade, pelo voto de dois terços dos ministros, modular os efeitos da decisão. É o que se extrai da leitura do art. 27 da Lei 9.868/1999.

Gabarito "D".

(OAB/Exame Unificado – 2011.3.A) NÃO pode ser objeto de ação direta de inconstitucionalidade

(A) decreto que promulga tratado.

(B) decreto legislativo que aprova tratado.

(C) resolução.

(D) súmula vinculante.

A e B: incorretas. O decreto que promulga o tratado, expedido pelo Presidente da República, e o decreto legislativo que aprova o tratado, expedido pelo Congresso Nacional, são tidos como atos normativos de incorporação dos tratados e encontram fundamento de validade direto na Constituição Federal. Segundo o STF tais atos *estão sujeitos ao controle de constitucionalidade* por meio de ADI; **C:** incorreta. De acordo com o art. 102, I, "a", da CF é da competência do STF o processo e julgamento, originário, da ação direta de inconstitucionalidade de lei *ou ato normativo* federal ou estadual. A *resolução*, considerada ato normativo, traz comando geral e abstrato, portanto, está sujeita ao controle de constitucionalidade por meio de ADI; **D:** correta. A *súmula vinculante*, prevista no art. 103-A da CF, possui *procedimento próprio* de revisão e cancelamento (Lei 11.417/2006). Sendo assim, não pode ser objeto da ADI. Há na doutrina e na jurisprudência quem entenda de forma diversa.

Gabarito "D".

4.4. Ação direta de inconstitucionalidade por omissão

(OAB/Exame XXXVI) O governador do Estado *Alfa* pretendia criar um novo município no âmbito do seu estado. No entanto, tinha conhecimento de que o Art. 18, § 4°, da CRFB/88, que trata dessa temática, é classificado como norma de eficácia limitada, que ainda está pendente de regulamentação por lei complementar a ser editada pela União.

Em razão dessa constatação, resolve ajuizar Ação Direta de Inconstitucionalidade por Omissão (ADO), perante o Supremo Tribunal Federal (STF), com o intuito de sanar a omissão legislativa. Ao analisar a referida ADO, o STF, por maioria absoluta de seus membros, reconhece a omissão legislativa.

Diante dessa narrativa, assinale a opção que está de acordo com o sistema brasileiro de controle de constitucionalidade.

(A) O STF, com o objetivo de combater a síndrome da ineficácia das normas constitucionais, deverá dar ciência ao Poder Legislativo para a adoção das providências necessárias à concretização do texto constitucional, obrigando-o a editar a norma faltante em trinta dias.

(B) O STF, em atenção ao princípio da separação de poderes, deverá dar ciência ao Poder Legislativo para a adoção das providências necessárias à concretização da norma constitucional.

(C) O STF, a exemplo do que se verifica no mandado de injunção, atuando como legislador positivo, deverá suprir a omissão inconstitucional do legislador democrático, criando a norma inexistente que regula a constituição de novos municípios, o que obsta a atuação legislativa superveniente.

(D) A referida ação deveria ter sido julgada inepta, na medida em que somente as normas constitucionais de eficácia contida podem ser objeto de Ação Direta de Inconstitucionalidade por Omissão.

A: incorreta. O STF **não poderá obrigar o Poder Legislativo** a editar a norma faltante em trinta dias, pois dessa forma **estaria ferindo o princípio da separação dos poderes**. Determina o art. 12-H da Lei 9.868/99 que declarada a inconstitucionalidade por omissão, será dada ciência ao Poder competente para a adoção das providências necessárias. O § 1° do mesmo artigo ensina que em caso de **omissão imputável a órgão administrativo** (que não é o caso do Poder Legislativo), **as providências deverão ser adotadas no prazo de 30 (trinta) dias**, ou em prazo razoável a ser estipulado excepcionalmente pelo Tribunal, tendo em vista as circunstâncias específicas do caso e o interesse público envolvido; B: correta. É o que determina o citado § 1° do art. 12-H da Lei 9.868/99; C: incorreta. **O STF não pode atuar como legislador positivo** e ainda que fizesse isso, a sua atuação jamais obstaria a legislativa superveniente, tendo em vista que é o Poder Legislativo quem detém a função típica de legislar, ou seja, de criar normas abstratas e genéricas. D: incorreta. **As normas de eficácia limitada é que podem ser objeto** de Ação Direta de Inconstitucionalidade por Omissão.
Gabarito "B".

(OAB/Exame Unificado – 2009.2) Assinale a opção correta no que diz respeito ao controle das omissões inconstitucionais.

(A) A ação direta de inconstitucionalidade por omissão que objetive a regulamentação de norma da CF somente pode ser ajuizada pelos sujeitos enumerados no artigo 103 da CF, sendo a competência para o seu julgamento privativa do STF.

(B) Na omissão inconstitucional total ou absoluta, o legislador deixa de proceder à completa integração constitucional, regulamentando deficientemente a norma da CF.

(C) A omissão inconstitucional pode ser sanada mediante dois instrumentos: o mandado de injunção, ação própria do controle de constitucionalidade concentrado; e a ação direta de inconstitucionalidade por omissão, instrumento do controle difuso de constitucionalidade.

(D) O mandado de injunção destina-se à proteção de qualquer direito previsto constitucionalmente, mas inviabilizado pela ausência de norma integradora.

A: correta. Art. 12-A da Lei 9.868/1999; B: incorreta. Na chamada *omissão inconstitucional total ou absoluta*, há ausência de legislação integrativa infraconstitucional; na omissão parcial, a lei existe, mas é insuficiente; C: incorreta. No mandado de injunção, o controle é difuso (exercido pela via de exceção ou defesa); na ação direta de inconstitucionalidade por omissão, por seu turno, o controle é concentrado (art. 103, § 2°, da CF e Capítulo II-A da Lei 9.868/1999); D: incorreta. O art. 5°, LXXI, da CF faz menção a direitos, liberdades constitucionais e prerrogativas inerentes à nacionalidade, à soberania e à cidadania.
Gabarito "A".

(FGV – 2014) O Governador do Estado W apresenta Ação Direta de Inconstitucionalidade por omissão, sendo constatado que sua petição inicial possui defeitos. Outorgado prazo para regularização, o mesmo transcorre *in albis*, gerando decisão indeferitória da exordial.

Nos termos da legislação de regência, tal decisão é

(A) impassível de recurso.

(B) atacável por apelação.

(C) passível de agravo.

(D) enfrentável por recurso ordinário.

(E) cabível para recurso especial.

De acordo com o art. 4° da Lei 9.868/99, a petição **inicial inepta**, não fundamentada e a manifestamente improcedente serão liminarmente **indeferidas pelo relator**. O parágrafo único do mesmo dispositivo determina que o recurso cabível quando a decisão indeferir a petição inicial é o **agravo**.
Gabarito "C".

4.5. Ação declaratória de constitucionalidade

(OAB/Exame XXXIX) Vários municípios, pertencentes a diferentes estados-membros da Federação, vêm reproduzindo o teor da Lei XXX/2019, do Município *Alfa*. Esses diplomas vêm causando grande polêmica no mundo jurídico, já que diversos Tribunais de Justiça têm se dividido quanto à constitucionalidade ou inconstitucionalidade das referidas leis municipais.

Os componentes da Mesa do Senado Federal, cientes da insegurança que tal divergência gera ao ambiente jurídico, analisam a possibilidade de, diante da grande disparidade das posições assumidas pelos diversos Tribunais de Justiça, ajuizar uma Ação Declaratória de Constitucionalidade (ADC).

Em consonância com o sistema jurídico-constitucional brasileiro, assinale a opção que deve ser apresentada aos componentes da Mesa do Senado Federal.

2. DIREITO CONSTITUCIONAL · 163

(A) A ação prevista não geraria os resultados esperados quanto à segurança jurídica, pois uma decisão nesta espécie de ação não produz efeitos *erga omnes*.

(B) A Mesa do Senado Federal não possui legitimidade ativa para a proposição de ação de controle concentrado do tipo apresentado.

(C) Embora a decisão proferida na ação produza efeitos *erga omnes*, as normas municipais não poderiam ser objeto de avaliação por esta ação específica.

(D) A Lei XXX/2019, em razão da natureza do ente federativo que a produziu, somente pode ser objeto de análise pela via do controle difuso de constitucionalidade.

A: incorreta. A ADC produz efeito *erga omnes*, mas neste caso não será cabível essa ação, uma vez que a Lei XXX/2019 é municipal e a ADC é cabível quando houver controvérsia judicial sobre lei ou ato normativo federal (CF, art. 102, I, *a*). B: incorreta. A Mesa do Senado Federal possui legitimidade ativa para o ajuizamento de ação de controle concentrado (CF, art. 103, II). C: correta. Ver a resposta do item A, retro. D: incorreta. Uma lei municipal também pode ser objeto de controle concentrado por meio da ação de Arguição de Descumprimento de Preceito Fundamental – ADPF (Art. 1º, parágrafo único, I, da Lei nº 9.882, de 3 de dezembro de 1999). AMN
Gabarito "C".

(OAB/Exame XXXVII) Determinada lei federal de 2020 gerou intensa controvérsia em vários órgãos do Poder Judiciário, bem como suscitou severas críticas de importantes juristas que questionaram a constitucionalidade de diversos dos seus dispositivos. Afinal, cerca de metade dos juízes e tribunais do País inclinou-se por sua inconstitucionalidade.

A existência de pronunciamentos judiciais antagônicos vem gerando grande insegurança jurídica no País, daí a preocupação de um legitimado à deflagração do controle concentrado de constitucionalidade em estabelecer uma orientação homogênea na matéria regulada pela lei federal em tela, sem, entretanto, retirá-la do mundo jurídico.

Sem saber como proceder para afastar a incerteza jurídica a partir da mitigação de decisões judiciais conflitantes, esse legitimado solicitou que você, como advogado(a), se manifestasse.

Assinale a opção que indica a ação cabível para atingir esse objetivo.

(A) Ação Direta de Inconstitucionalidade (ADI).

(B) Representação de Inconstitucionalidade (RI).

(C) Arguição de Descumprimento de Preceito Fundamental (ADPF).

(D) Ação Declaratória de Constitucionalidade (ADC).

A alternativa correta é a D. A ADC é um controle concentrado de constitucionalidade e será cabível quando houver uma lei ou ato normativo federal e existência de controvérsia judicial relevante sobre a aplicação da disposição objeto da ação declaratória (art. 13 e art. 14, III, da Lei nº 9.868, de 10 de novembro de 1999). AMN
Gabarito "D".

(OAB/Exame XXXIV) O governador do Estado Alfa propôs, perante o Supremo Tribunal Federal, Ação Declaratória de Constitucionalidade (ADC), com pedido de tutela cautelar de urgência, para ver confirmada a legitimidade jurídico-constitucional de dispositivos da Constituição estadual, isto em razão da recalcitrância de alguns

órgãos jurisdicionais na sua observância. Foi requerida medida cautelar.

A partir do caso narrado, assinale a afirmativa correta.

(A) A ADC pode ser conhecida e provida pelo STF, para que venha a ser declarada a constitucionalidade dos dispositivos da Constituição do Estado Alfa indicados pelo governador.

(B) Embora a ADC proposta pelo governador do Estado Alfa possa ser conhecida e julgada pelo STF, revela-se incabível o deferimento de tutela cautelar de urgência nessa modalidade de ação de controle abstrato de constitucionalidade.

(C) A admissibilidade da ADC prescinde da existência do requisito da controvérsia judicial relevante, uma vez que a norma sobre a qual se funda o pedido de declaração de constitucionalidade tem natureza supralegal.

(D) A ADC não consubstancia a via adequada à análise da pretensão formulada, uma vez que a Constituição do Estado Alfa não pode ser objeto de controle em tal modalidade de ação abstrata de constitucionalidade;

A: incorreta. A ADC não pode ser conhecida e provida pelo STF, pois a Constituição do Estado Alfa não é objeto possível de controle em tal modalidade de ação abstrata de constitucionalidade. De acordo com o art. 102, I, "a", da CF, compete ao Supremo Tribunal Federal o processo e julgamento originário da ação direta de inconstitucionalidade de lei ou ato normativo federal ou estadual e da **ação declaratória de constitucionalidade de lei ou ato normativo federal; B:** incorreta. A ADC proposta pelo governador do Estado Alf, como mencionado, **não pode ser conhecida e julgada pelo STF**. Por outro lado, caso fosse possível o seu ajuizamento, haveria a possibilidade do deferimento de tutela cautelar de urgência, pois o art. 21 da Lei 9.868/99 autoriza; **C:** incorreta. Ao contrário do mencionado, a admissibilidade da ADC **depende da existência do requisito da controvérsia judicial** relevante, conforme determina o art. 14, III, da Lei 9.868/99; **D:** correta. A ADC não consubstancia a via adequada à análise da pretensão formulada, pois a Constituição do Estado Alfa não pode ser objeto de ADC, o fundamento para tanto se encontra no citado art. art. 102, I, "a", da CF.
Gabarito "D".

(OAB/Exame Unificado – 2019.3) Em março de 2017, o Supremo Tribunal Federal, em decisão definitiva de mérito proferida no âmbito de uma Ação Declaratória de Constitucionalidade, com eficácia contra todos (*erga omnes*) e efeito vinculante, declarou que a lei federal, que autoriza o uso de determinado agrotóxico no cultivo de soja, é constitucional, desde que respeitados os limites e os parâmetros técnicos estabelecidos pela Agência Nacional de Vigilância Sanitária (ANVISA).

Inconformados com tal decisão, os congressistas do partido Y apresentaram um projeto de lei perante a Câmara dos Deputados visando proibir, em todo o território nacional, o uso do referido agrotóxico e, com isso, "derrubar" a decisão da Suprema Corte. Em outubro de 2017, o projeto de lei é apresentado para ser votado.

Diante da hipótese narrada, assinale a afirmativa correta.

(A) A superação legislativa das decisões definitivas de mérito do Supremo Tribunal Federal, no âmbito de uma ação declaratória de constitucionalidade, deve ser feita pela via da emenda constitucional, ou seja, como fruto da atuação do poder constituinte derivado reformador; logo, o projeto de lei proposto deve ser impugnado por mandado de segurança em controle prévio de constitucionalidade.

(B) Embora as decisões definitivas de mérito proferidas pelo Supremo Tribunal Federal nas ações declaratórias de constitucionalidade não vinculem o Poder Legislativo em sua função típica de legislar, a Constituição de 1988 veda a rediscussão de temática já analisada pela Suprema Corte na mesma sessão legislativa, de modo que o projeto de lei apresenta vício formal de inconstitucionalidade.

(C) Como as decisões definitivas de mérito proferidas pelo Supremo Tribunal Federal em sede de controle concentrado de constitucionalidade gozam de eficácia contra todos e efeito vinculante, não poderia ser apresentado projeto de lei que contrariasse questão já pacificada pela Suprema Corte, cabendo sua impugnação pela via da reclamação constitucional.

(D) O Poder Legislativo, em sua função típica de legislar, não fica vinculado às decisões definitivas de mérito proferidas pelo Supremo Tribunal Federal no controle de constitucionalidade, de modo que o projeto de lei apresentado em data posterior ao julgamento poderá ser regularmente votado e, se aprovado, implicará a superação ou reação legislativa da jurisprudência.

A: incorreta. É possível que haja a superação legislativa das decisões definitivas de mérito do STF, no âmbito de uma ação declaratória de constitucionalidade. O projeto de lei, aprovado no Congresso Nacional, que disponha de forma contrária a decisão do Supremo, passará a valer e, eventualmente, poderá ser declarado inconstitucional pelo STF por meio do julgamento de nova ação. Isto é assim, pois a função legislativa não é atingida pelo efeito vinculante advindo das decisões proferidas em sede de controle concentrado de constitucionalidade, nem pelo efeito que uma súmula vinculante produz (art. 103-A, *caput*, da CF). Determina o § 2º do art. 102 da CF que as decisões definitivas de mérito, proferidas pelo STF, nas ações diretas de inconstitucionalidade e nas ações declaratórias de constitucionalidade, **produzirão eficácia contra todos e efeito vinculante, relativamente aos demais órgãos do Poder Judiciário e à administração pública** direta e indireta, nas esferas federal, estadual e municipal; **B:** incorreta. A primeira parte está correta. Por outro lado, a afirmação de que a Constituição de 1988 veda a rediscussão de temática já analisada pela Suprema Corte na mesma sessão legislativa está equivocada. O projeto de lei **não** apresenta vício formal de inconstitucionalidade. Essa vedação tem relação com a proposta de emenda constitucional (art. 60, §5º, da CF), não com as decisões do Supremo; **C:** incorreta. Como já afirmado, as decisões definitivas de mérito proferidas pelo Supremo Tribunal Federal em sede de controle concentrado de constitucionalidade, embora gozem de eficácia contra todos e efeito vinculante, não "vincula" a função legislativa (mesmo quando ela for exercida de forma atípica). Sendo assim, não cabe impugnação pela via da reclamação constitucional; **D:** correta. É o que se extrai do citado § 2º do art. 102 da CF. **BV**
Gabarito "D".

(FGV – 2013) O partido PKK pretende apresentar ação perante o Supremo Tribunal Federal por entender que determinada norma estadual tem interpretação quanto à sua constitucionalidade controvertida, tanto em órgãos da administração pública, como em órgãos do Poder Judiciário.

Nesse sentido, consoante a normativa em vigor,

(A) a Ação Declaratória de Constitucionalidade prescinde de interpretação controvertida.

(B) a norma estadual e municipal não podem ser confrontadas com a Constituição Federal.

(C) a controvérsia entre órgãos julgadores é requisito para a Ação Declaratória de Constitucionalidade mas não para a de Inconstitucionalidade.

(D) o partido político não tem legitimidade para propor ação de controle concentrado de constitucionalidade.

(E) o controle concentrado de constitucionalidade é realizado pelo Superior Tribunal de Justiça.

A: incorreta. A ação declaratória de constitucionalidade – ADC, ao contrário do mencionado, **depende da comprovação da existência de controvérsia judicial relevante** sobre a aplicação da disposição objeto da ação declaratória (art. 14, III, da Lei 9.868/989); **B:** incorreta. Normas estaduais e municipais **podem** se confrontadas com a CF, tanto em sede de controle difuso (caso concreto) como em controle concentrado, desde que por ações específicas. Sendo assim, se estivermos tratando de controle concentrado (ou abstrato), as normas estaduais que colidam com a CF podem ser questionadas por meio de ação direta de inconstitucionalidade – ADI e por arguição de descumprimento de preceito fundamental – ADPF. Em relação às normas municipais, que não estiverem de acordo com a CF, o controle concentrado deve ser feito apenas por arguição de descumprimento de preceito fundamental – ADPF; **C:** correta. Entendemos, s.m.j., que essa questão deveria ter sido anulada. É certo que a controvérsia entre órgãos julgadores é requisito para a ADC, conforme dispõe o art. 14, III, da Lei 9.868/1999. No entanto, o enunciado se refere à norma estadual que tem interpretação quanto à sua constitucionalidade controvertida, mas para ser cabível a ADC essa controvérsia deve ser em relação à lei ou ato normativo federal (CF, art. 102, I, *a*); **D:** incorreta. O **partido político** com representação no Congresso Nacional, ao contrário do mencionado, **tem legitimidade** para propor as ações do controle concentrado (ADI, ADC e ADPF). De acordo com o art. 103, I a IX, da CF, podem propor a ação direta de inconstitucionalidade e a ação declaratória de constitucionalidade: I – o Presidente da República; II – a Mesa do Senado Federal; III – a Mesa da Câmara dos Deputados; IV a Mesa de Assembleia Legislativa ou da Câmara Legislativa do Distrito Federal; V – o Governador de Estado ou do Distrito Federal; VI – o Procurador-Geral da República; VII – o Conselho Federal da Ordem dos Advogados do Brasil; VIII – **partido político com representação no Congresso Nacional** e IX – a confederação sindical ou entidade de classe de âmbito nacional; **E:** incorreta. O controle concentrado de constitucionalidade só pode ser realizado por dois órgãos: Supremo Tribunal Federal, quando o padrão de confronto for a CF (art. 102, I, "a", da CF) e os Tribunais de Justiça dos Estados, quando a norma utilizada como paradigma for a Constituição Estadual do respectivo Estado (art. 125, § 2º, da CF). **AMN**
Gabarito "C".

(OAB/Exame Unificado – 2008.1) A ação declaratória de constitucionalidade

(A) foi instituída pelo constituinte originário na Constituição de 1988.

(B) pode ser proposta por qualquer cidadão, perante o STF.

(C) somente será julgada se existir controvérsia judicial relevante sobre a aplicação da lei ou do ato normativo de que trata a ação.

(D) não admite pedido de medida cautelar, haja vista a presunção de constitucionalidade das leis e atos normativos.

A: incorreta. A ação declaratória de constitucionalidade foi introduzida na ordem jurídica brasileira pela EC 3, de 17.03.1993; **B:** incorreta. Os legitimados para a propositura dessa ação são os mesmos para a propositura da ação direta de inconstitucionalidade (art. 103, I a IX, da

CF); **C:** correta. Constitui pressuposto desta ação a controvérsia acerca da constitucionalidade da lei ou ato normativo, o que é mensurado por meio da existência de um número considerável de ações nas quais é questionada a constitucionalidade da lei ou do ato normativo, *ex vi* do art. 14, III, da Lei 9.868/1999; **D:** incorreta. Art. 21 da Lei 9.868/1999.

Gabarito "C".

4.6. Arguição de descumprimento de preceito fundamental

(OAB/Exame Unificado – 2019.1) Numerosas decisões judiciais, contrariando portarias de órgãos ambientais e de comércio exterior, concederam autorização para que sociedades empresárias pudessem importar pneus usados.

Diante disso, o Presidente da República ingressa com Arguição de Descumprimento de Preceito Fundamental (ADPF), sustentando que tais decisões judiciais autorizativas da importação de pneus usados teriam afrontado preceito fundamental, representado pelo direito à saúde e a um meio ambiente ecologicamente equilibrado.

A partir do caso narrado, assinale a afirmativa correta.

(A) A ADPF não se presta para impugnar decisões judiciais, pois seu objeto está adstrito às leis ou a atos normativos federais e estaduais de caráter geral e abstrato, assim entendidos aqueles provenientes do Poder Legislativo em sua função legislativa.

(B) A ADPF tem por objetivo evitar ou reparar lesão a preceito fundamental resultante de ato do Poder Público, ainda que de efeitos concretos ou singulares; logo, pode impugnar decisões judiciais que violem preceitos fundamentais da Constituição, desde que observada a subsidiariedade no seu uso.

(C) Embora as decisões judiciais possam ser impugnadas por ADPF, a alegada violação do direito à saúde e a um meio ambiente ecologicamente equilibrado não se insere no conceito de preceito fundamental, conforme rol taxativo constante na Lei Federal nº 9.882/99.

(D) A ADPF não pode ser admitida, pois o Presidente da República, na qualidade de chefe do Poder Executivo, não detém legitimidade ativa para suscitar a inconstitucionalidade de ato proferido por membros do Poder Judiciário, sob pena de vulneração ao princípio da separação dos poderes.

A: incorreta. Ao contrário do mencionado, a ADPF pode ser utilizada para impugnar decisões judiciais. Seu objeto não está adstrito às leis ou a atos normativos produzidos pelo Legislativo. Decisões judiciais e atos administrativos que atentem preceitos fundamentais da CF também podem ser impugnados por essa ação; **B:** correta. De acordo com o *caput* do art. 1º da Lei nº 9.882/99, a ADPF visa evitar ou reparar lesão a preceito fundamental, resultante de ato do Poder Público. Podem ser incluídos no conceito de "atos do Poder Público" os normativos produzidos pelo Legislativo, as decisões judiciais, os atos administrativos que atentem preceitos fundamentais da CF, dentre outros. Vale lembrar que a ação é subsidiária e, portanto, só pode ser ajuizada quando não houver outro meio eficaz para sanar a lesividade, conforme determina o art. 4º, §1º, da Lei nº 9.882/99; **C:** incorreta. A Lei nº 9.882/99 não conceitua preceito fundamental, de modo que não existe um rol taxativo nesse sentido. Ao contrário, deixa em aberto para que o Supremo, ao conhecer das ações, defina. A Corte Maior já mencionou, por exemplo, que os direitos fundamentais, as cláusulas pétreas e o sistema constitucional tributário são considerados preceitos fundamentais; **D:** incorreta. Como mencionado, decisões judiciais podem ser impugnadas por meio de ADPF. O Presidente da República

é legitimado ativo, conforme determina a CF, em seu art. 103, I. Não há violação ao princípio da separação dos poderes.

Gabarito "B".

(OAB/Exame Unificado – 2015.3) A Lei Z, elaborada recentemente pelo Poder Legislativo do Município M, foi promulgada e passou a produzir seus efeitos regulares após a Câmara Municipal ter derrubado o veto aposto pelo Prefeito. A peculiaridade é que o conteúdo da lei é praticamente idêntico ao de outras leis que foram editadas em milhares de outros Municípios, o que lhe atribui inegável relevância. Inconformado com a derrubada do veto, o Prefeito do Município M, partindo da premissa de que a Lei Z possui diversas normas violadoras da ordem constitucional federal, pretende que sua inconstitucionalidade seja submetida à apreciação do Supremo Tribunal Federal.

A partir das informações acima, assinale a opção que se encontra em consonância com o sistema de controle de constitucionalidade adotado no Brasil.

(A) O Prefeito do Município M, como agente legitimado pela Constituição Federal, está habilitado a propor arguição de descumprimento de preceito fundamental questionando a constitucionalidade dos dispositivos que entende violadores da ordem constitucional federal.

(B) A temática pode ser objeto de ação direta de inconstitucionalidade ou de arguição de descumprimento de preceito fundamental, se proposta por qualquer um dos legitimados pelo Art. 103 da Constituição Federal.

(C) A Lei Z não poderá ser objeto de ação, pela via concentrada, perante o Supremo Tribunal Federal, já que, de acordo com o sistema de controle de constitucionalidade adotado no Brasil, atos normativos municipais só podem ser objeto de controle, caso se utilize como paradigma de confronto a Constituição Federal, pela via difusa.

(D) Os dispositivos normativos da Lei Z, sem desconsiderar a possibilidade de ser realizado o controle incidental pela via difusa, podem ser objeto de controle por via de arguição de descumprimento de preceito fundamental, se proposta por qualquer um dos legitimados pelo Art. 103 da Constituição Federal.

A: incorreta. O prefeito do Município M, pelo contrário, não está habilitado para propor arguição de descumprimento de preceito fundamental – ADPF, pois ele não consta no rol de legitimados. De acordo com o art. 103 da CF e o art. 2º, I, da Lei 9.882/1999, a propositura das ações do controle concentrado de constitucionalidade (ADI, ADC e ADPF) pode ser feita pelos seguintes legitimados: I – o Presidente da República, II – a Mesa do Senado Federal, III – a Mesa da Câmara dos Deputados, IV – a Mesa de Assembleia Legislativa ou da Câmara Legislativa do Distrito Federal, V – o Governador de Estado ou do Distrito Federal, VI – o Procurador-Geral da República, VII – o Conselho Federal da Ordem dos Advogados do Brasil, VIII – partido político com representação no Congresso Nacional e IX – confederação sindical ou entidade de classe de âmbito nacional; **B:** incorreta. O problema não pode ser levado ao Supremo Tribunal Federal pela via da ação direta de constitucionalidade – ADI, porque a lei é de natureza municipal e a ADI só admite a discussão da constitucionalidade de normas de natureza federal, estadual ou distrital, produzida no exercício da competência estadual. A segunda parte da alternativa está correta, pois a arguição de descumprimento de preceito fundamental, proposta por um dos legitimados previstos no art. 103 da CF, de fato, é o veículo correto para que o controle concentrado de constitucionalidade dessa norma seja feito; **C:** incorreta. Diversamente do mencionado, a Lei Z poderá ser objeto de ação, pela via concentrada, perante o Supremo Tribunal Federal, desde que a ação seja a ADPF. Além disso, os atos normativos municipais também podem ser objeto de controle pela via difusa, caso o paradigma de confronto seja a Constituição Federal; **D:** correta. De acordo com o parágrafo único, I, do art. 1º da Lei nº. 9.882/1999, caberá também arguição de descumprimento de preceito fundamental quando for relevante o fundamento da **controvérsia constitucional sobre lei ou ato normativo** federal, estadual ou **municipal,** incluídos os anteriores à Constituição.

Gabarito "D".

(OAB/Exame Unificado – 2014.1) A arguição de descumprimento de preceito fundamental (ADPF), regulada pela Lei nº 9.882/1999, tem por objeto evitar ou reparar lesão a preceito fundamental, resultante de ato do Poder Público.

Com base no legalmente disposto sobre a ADPF, assinale a opção correta.

(A) Face à extraordinariedade da ADPF, a decisão de indeferimento liminar da petição inicial é irrecorrível.

(B) De acordo com a Lei nº 9.882/99, vige o princípio da subsidiariedade quanto ao cabimento da ADPF.

(C) A decisão proferida em ADPF produzirá somente efeitos erga omnes e ex tunc.

(D) O prefeito de qualquer município pode propor ADPF contra lei local perante o STF.

A: incorreta. De acordo com o art. 4º, § 2º, da Lei 9.882/1999, da decisão de indeferimento da petição inicial **caberá agravo**, no prazo de cinco dias; **B:** correta. De fato o § 1º do art. 4º da Lei 9.882/1999 consagra o princípio da **subsidiariedade.** Por tal norma, não será admitida arguição de descumprimento de preceito fundamental quando houver qualquer outro meio eficaz de sanar a lesividade; **C:** incorreta. Além dos efeitos *erga omnes* (contra todos) e *ex tunc* (retroativos), conforme o art. 10, § 3º, da Lei 9.868/1999, a decisão produzirá **efeito vinculante** relativamente aos demais órgãos do Poder Público; **D:** incorreta. O art. 2º, I, da Lei 9.882/1999 determina que os legitimados para a ação direta de inconstitucionalidade também podem propor arguição de descumprimento de preceito fundamental. Sendo assim, de acordo com o art. 103, I a IX, da CF, os legitimados para tanto são: I – o Presidente da República; II – a Mesa do Senado Federal; III – a Mesa da Câmara dos Deputados; IV – a Mesa de Assembleia Legislativa ou da Câmara Legislativa do Distrito Federal; V – o Governador de Estado ou do Distrito Federal; VI – o Procurador-Geral da República; VII – o Conselho Federal da Ordem dos Advogados do Brasil; VIII – partido político com representação no Congresso Nacional; e IX – confederação sindical ou entidade de classe de âmbito nacional.

Gabarito "B".

(OAB/Exame Unificado – 2009.1) A respeito da arguição de descumprimento de preceito fundamental (ADPF), assinale a opção correta.

(A) O conceito de preceito fundamental foi introduzido no ordenamento jurídico brasileiro pela Lei nº 9.882/1999, segundo a qual apenas as normas constitucionais que protejam direitos e garantias fundamentais podem ser consideradas preceito fundamental.

(B) Na ADPF, não se admite a figura do *amicus curiae.*

(C) A ADPF, criada com o objetivo de complementar o sistema de proteção da CF, constitui instrumento de controle concentrado de constitucionalidade a ser ajuizado unicamente no STF.

(D) A ADPF pode ser ajuizada mesmo quando houver outra ação judicial ou recurso administrativo eficaz para sanar a lesividade que se pretende atacar, em observância ao princípio da indeclinabilidade da prestação judicial.

A: incorreta. Deixaram a Constituição Federal e a Lei 9.882/1999 de definir o que vem a ser preceito fundamental, o que caberá, por certo, à doutrina e ao STF. O Supremo já mencionou que o sistema constitucional tributário é um exemplo de preceito fundamental, além de temas como os direitos e garantias individuais; **B:** incorreta. É possível a participação do *amicus curiae* (amigo da corte) na ADPF (art. 6º, § 2º, da Lei 9.882/1999); **C:** correta. Art. 102, § 1º, da CF, e Lei 9.882/1999; **D:** incorreta. A ADPF é regida pelo princípio da subsidiariedade, ou seja, só cabe quando não houver outro meio eficaz para sanar a lesividade (art. 4º, § 1º, da Lei 9.882/1999).

Gabarito "C".

(OAB/Exame Unificado – 2008.1) Assinale a opção incorreta com relação à arguição de descumprimento de preceito fundamental.

(A) Cabe reclamação ao STF quando for descumprida uma decisão tomada em arguição de descumprimento de preceito fundamental.

(B) Qualquer cidadão pode propor arguição de descumprimento de preceito fundamental.

(C) As decisões de mérito, em arguição de descumprimento de preceito fundamental, possuem efeito vinculante.

(D) A arguição de descumprimento de preceito fundamental não será admitida quando houver outro meio eficaz para sanar a lesividade.

A: correta (art. 13 da Lei 9.882/1999); **B:** incorreta, devendo ser assinalada. Podem propor ADPF os mesmos legitimados à propositura de ADI (art. 2º, I, da Lei 9.882/1999); **C:** correta (art. 10, § 3º, da Lei 9.882/1999); **D:** correta. A ADPF é uma ação subsidiária, desse modo, só pode ser proposta se não houver outro meio eficaz para sanar a lesividade (art. 4º, § 1º, da Lei 9.882/1999). Vale lembrar que o instituto da *arguição de descumprimento de preceito fundamental* está previsto no § 1º do art. 102 da CF e a Lei 9.882/1999 é quem disciplina o seu processo e julgamento.

Gabarito "B".

(FGV – 2014) O partido político XYZ propõe Arguição de Descumprimento de Preceito Fundamental perante o Supremo Tribunal Federal que decide pelo seu não acolhimento, tendo em vista que o pleito poderia ser solvido por outras vias.

Nesse caso, houve a aplicação do Princípio da

(A) Legalidade.

(B) Igualdade.

(C) Subsidiariedade.

(D) Uniformidade.

(E) Declaratividade.

A: incorreta. O princípio da legalidade, previsto no art. 5º, II, da CF, determina que ninguém será obrigado a fazer ou deixar de fazer alguma coisa senão em virtude de lei. Tal regra pressupõe que o Poder Público não imponha qualquer exigência às pessoas, sem que haja previsão legal para tanto; **B:** incorreta. O princípio da igualdade ou isonomia, previsto no art. 5º, I, da CF, determina que todos são iguais perante a lei, sem distinção de qualquer natureza. A realização efetiva da justiça busca o tratamento igual para os iguais, mas para tanto é preciso dar tratamento desigual aos desiguais, na exata medida da desigualdade. O objetivo é a superação da igualdade meramente formal (perante a lei) e o alcance da igualdade material (real); **C:** correta. O princípio aplicável à hipótese é do da **subsidiariedade**. De acordo com o § 1º do art. 4º da Lei 9.882/99, só será cabível a arguição de descumprimento de preceito fundamental quando não houver outro meio eficaz para sanar a lesividade. Havendo a possibilidade de solucionar o problema da violação da constituição por outro meio, inclusive com o ajuizamento de ADI ou ADC, será este outro meio que deverá ser utilizado; **D:** incorreta. No direito tributário existe o princípio da uniformidade tributária, previsto no art. 151, I, da CF, o qual veda União a instituição de tributo que não seja uniforme em todo o território nacional ou que implique distinção ou preferência em relação a Estado, ao Distrito Federal ou a Município, em detrimento de outro, admitida a concessão de incentivos fiscais destinados a promover o equilíbrio do desenvolvimento socioeconômico entre as diferentes regiões do País; **E:** incorreta. Declaratividade não diz respeito a princípio constitucional.

Gabarito "C".

(FGV – 2013) Pérola pretende apresentar Ação de Descumprimento de Preceito Fundamental para defender uma pretensão individual.

Após consultas, verifica que não possui a legitimidade para a ação. Nos termos da Constituição Federal, assinale a alternativa que indica o órgão julgador da ADPF.

(A) Superior Tribunal de Justiça.

(B) Superior Tribunal Militar.

(C) Supremo Tribunal Federal.

(D) Tribunal Superior do Trabalho.

(E) Tribunal Superior Eleitoral.

Conforme determina o art. 102, § 1º, da CF, a **arguição de descumprimento de preceito fundamental**, decorrente desta Constituição, será **apreciada pelo Supremo Tribunal Federal**, na forma da lei.

Gabarito "C".

5. DIREITOS E DEVERES INDIVIDUAIS E COLETIVOS

5.1. Direitos e deveres em espécie

(OAB/Exame XXXVIII) A Lei nº YYY do Município *Alfa* revogou o adicional por tempo de serviços (ATS), abolindo-o por inteiro com efeitos retroativos absolutos. Além disso, estabeleceu as regras para que os servidores não só deixassem de receber o referido adicional, como também para que devolvessem todas as quantias por eles recebidas a título de ATS.

A medida foi justificada sob o argumento de que haveria significativa economia das despesas públicas e, por isso, seria possível o aumento nos investimentos em saúde e em educação. Os servidores, por sua vez, alegaram clara violação ao direito adquirido e ao ato jurídico perfeito em relação à determinação de devolução dos valores já recebidos.

Sobre a questão em discussão, segundo o sistema jurídico-constitucional, assinale a afirmativa correta.

(A) A Lei nº YYY apresenta indiscutível interesse público, portanto, a retroatividade absoluta é válida, encontrando-se de acordo com o que determina o sistema jurídico-constitucional.

(B) A garantia ao direito adquirido não se aplica às normas municipais, que podem, por razões econômicas, produzir efeitos retroativos.

(C) A retroatividade absoluta da Lei nº YYY fere o texto constitucional, pois afeta situações já constituídas e exauridas em momento pretérito.

(D) O direito adquirido, por determinação constitucional expressa, pode ser desconsiderado nas situações em que o seu reconhecimento inviabilize políticas públicas nas áreas de educação e saúde.

A alternativa C é a correta, pois o art. 5º, inciso XXXVI, da CF, prevê como direito fundamental que a lei não poderá prejudicar o direito adquirido, o ato jurídico perfeito e a coisa julgada. **AMN**

Gabarito "C".

(OAB/Exame XXXVII) Carlos, praticante de religião politeísta, é internado em hospital de orientação cristã e solicita assistência espiritual a ser conduzida por um líder religioso de sua crença.

Os parentes de Carlos, mesmo cientes de que a assistência solicitada se resumiria a uma discreta conversa, estão temerosos de que a presença do referido líder coloque em risco a permanência de Carlos no hospital, em virtude de representar uma vertente religiosa não aderente à fé adotada pela instituição hospitalar.

Os parentes de Carlos o procuram, como advogado(a), para conhecer os procedimentos adequados à situação narrada.

Você os informou que, segundo o sistema jurídico-constitucional brasileiro, o hospital

(A) pode negar a autorização para a assistência espiritual em religião diversa daquela preconizada pela instituição, embora não fosse o caso de Carlos perder a vaga.

(B) não pode negar o apoio espiritual solicitado, mesmo que a assistência seja prestada em bases religiosas diversas daquela oficialmente preconizada pelo hospital.

(C) somente está obrigado a autorizar a assistência religiosa caso já tivesse permitido que sacerdote de outra religião exercesse atividades religiosas em suas instalações.

(D) tem, como instituição privada, total autonomia para estabelecer regras para situações como esta, podendo permitir ou negar o pedido, de acordo com seu regulamento interno.

A alternativa B é a correta. O art. 5º, VI, da CF, prevê a inviolabilidade da liberdade de consciência e de crença, sendo assegurado o livre exercício dos cultos religiosos e garantida, na forma da lei, a proteção aos locais de culto e a suas liturgias. **AMN**

Gabarito "B".

(OAB/Exame XXXVI) Antônio foi condenado em definitivo pela prática de diversos crimes em concurso material. Além da privação da liberdade, também foi condenado, cumulativamente, à pena de multa e à obrigação de ressarcir os danos causados às vítimas das práticas criminosas.

Em caso de falecimento de Antônio, com base no texto constitucional, é correto afirmar que,

(A) à exceção das penas privativas de liberdade, todas as demais podem ser estendidas aos sucessores de Antônio até o limite do valor do patrimônio transferido.

(B) pelo princípio da intransmissibilidade da pena, nenhuma das obrigações ou penas decorrentes da prática criminosa pode ser transferida aos sucessores de Antônio.

(C) apenas a pena de multa e obrigações de cunho patrimonial podem ser estendidas aos sucessores de Antônio até o limite do valor do patrimônio transferido.

(D) a obrigação de reparar os danos causados às vítimas pode ser estendida aos sucessores de Antônio e contra eles executada até o limite do valor do patrimônio transferido.

A: incorreta. Ao contrário do mencionado, de acordo com o inciso XLV do art. 5º da CF, **nenhuma pena passará da pessoa do condenado**, podendo a obrigação de reparar o dano e a decretação do perdimento de bens ser, nos termos da lei, estendidas aos sucessores e contra eles executadas, até o limite do valor do patrimônio transferido; B: incorreta. Como mencionado, **a obrigação de reparar o dano e a decretação do perdimento de bens podem ser transferidas aos sucessores** de Antônio até o limite do patrimônio transferido; C: incorreta. **As penas não poderão ser transferidas** (nem a de multa), pois devem respeitar o princípio da pessoalidade. O que a Constituição autoriza, como explicado anteriormente, é a transferência da obrigação de reparar o dano e a decretação do perdimento de bens ser, desde que seja respeitado o limite do valor do patrimônio transferido; D: correta. É o que determina o citado art. 5º, XLV, da CF.
„D„ otiɹɐqɐƆ

(OAB/Exame XXXV) O Juízo da 10ª Vara Criminal do Estado Alfa, com base nos elementos probatórios dos autos, defere medida de busca e apreensão a ser realizada na residência de João. Devido à intensa movimentação de pessoas durante o período diurno, bem como para evitar a destruição deliberada de provas, o delegado de polícia determina que as diligências necessárias ao cumprimento da ordem sejam realizadas à noite, quando João estaria dormindo, aumentando as chances de sucesso da incursão.

Sobre o caso hipotético narrado, com base no texto constitucional, assinale a afirmativa correta.

(A) A inviolabilidade de domicílio, embora possa ser relativizada em casos pontuais, não autoriza que as diligências necessárias ao cumprimento do mandado de busca e apreensão na residência de João sejam efetivadas durante o período noturno.

(B) A incursão policial na residência de João se justificaria apenas em caso de flagrante delito, mas, inexistindo a situação de flagrância, o mandado de busca e apreensão expedido pelo Juízo da 10ª Vara Criminal do Estado Alfa é nulo.

(C) O cumprimento da medida de busca e apreensão durante o período noturno é justificado pelas razões invocadas pelo Delegado, de modo que a inviolabilidade de domicílio cede espaço à efetividade e à imperatividade dos atos estatais.

(D) A inviolabilidade de domicílio não é uma garantia absoluta e, estando a ordem expedida pelo Juízo da 10ª Vara Criminal devidamente fundamentada, o seu cumprimento pode ser realizado a qualquer hora do dia ou da noite.

A: correta. A inviolabilidade de domicílio, embora possa ser relativizada em casos pontuais (flagrante delito, prestar socorro, desastre ou ordem judicial cumprida durante o dia – art. 5º, XI, da CF), **não autoriza** que as **diligências** necessárias ao cumprimento do mandado de busca e apreensão na residência de João sejam efetivadas **durante o período noturno**; B: incorreta. A incursão policial na residência de João **se justificaria nas hipóteses excepcionais** admitidas pelo Texto Constitucional, conforme já mencionado; C: incorreta. O cumprimento da medida de busca e apreensão durante o período noturno é inconstitucional. Apenas nas hipóteses de flagrante delito, desastre e para prestar socorro que a Constituição autoriza a entrada (sem o consentimento do morador) durante o período noturno. Determina o art. 5º, XI, da CF XI que a casa é asilo inviolável do indivíduo, ninguém nela podendo penetrar sem consentimento do morador, salvo em caso de flagrante delito ou desastre, ou para prestar socorro, ou, **durante o dia, por determinação judicial**; D: incorreta. A **ordem judicial só** poderá ser cumprida **durante o dia**, conforme já fundamentado.
„A„ otiɹɐqɐƆ

(OAB/Exame XXXIII – 2020.3) O parlamentar José, em apresentação na Câmara dos Deputados, afirmou que os direitos à informação e à liberdade jornalística possuem normatividade absoluta e, por esta razão, não podem ceder quando em colisão com os direitos à privacidade e à intimidade, já que estes últimos apenas tutelam interesses meramente individuais.

Preocupado com o que reputou "um discurso radical", o deputado Pedro recorreu a um advogado constitucionalista, a fim de que este lhe esclarecesse sobre quais direitos devem prevalecer quando os direitos à intimidade e à privacidade colidem com os direitos à liberdade jornalística e à informação.

O advogado afirmou que, segundo o sistema jurídico-constitucional brasileiro, o parlamentar José

(A) está correto, pois, em razão do patamar atingido pelo Estado Democrático de Direito contemporâneo, os direitos à liberdade jornalística e à informação possuem valor absoluto em confronto com qualquer outro direito fundamental.

(B) está equivocado, pois os tribunais entendem que os direitos à intimidade e à privacidade têm prevalência apriorística sobre os direitos à liberdade jornalística e à informação.

(C) está equivocado, pois, tratando-se de uma colisão entre direitos fundamentais, se deve buscar a conciliação entre eles, aplicando-se cada um em extensão variável, conforme a relevância que apresentem no caso concreto específico.

(D) está correto, pois a questão envolve tão somente um conflito aparente de normas, que poderá ser adequadamente solucionado se corretamente utilizados os critérios da hierarquia, da temporalidade e da especialidade.

A: incorreta. **Não** há **direito absoluto**. Na crise advinda do confronto entre dois ou mais direitos fundamentais, ambos terão de ceder. Nas hipóteses o STF terá de ponderar valores e verificar no caso concreto o direito que deve prevalecer; **B**: incorreta. Não há hierarquia entre direitos fundamentais. Sendo assim, **não** é possível afirmar que os direitos à intimidade e à privacidade têm prevalência apriorística sobre os direitos à liberdade jornalística e à informação; **C**: correta. Na colisão entre dois ou mais direitos fundamentais, o intérprete buscará a conciliação entre eles, evitando sacrifício total de algum deles. O STF, portanto, **reduzirá equilibradamente o âmbito de alcance de cada direito** questionado, conforme a relevância que eles apresentem no caso concreto. **D:** incorreta. Na colisão entre direitos fundamentais, o intérprete não utilizará hierarquia, temporalidade e especialidade, mas **ponderação de valores,** aplicando o princípio da **harmonização ou concordância prática**. BV

Gabarito "C".

(OAB/Exame XXXIII – 2020.3) João, considerado suspeito de ter comercializado drogas ilícitas em festa realizada há duas semanas em badalada praia do Município Delta, após investigação policial, teve localizado seu endereço. Os policiais, sem perda de tempo, resolvem se dirigir para o referido endereço, e lá chegando, às 22h, mesmo sem permissão, entram na casa de João e realizam uma busca por provas e evidências.

Segundo o sistema jurídico-constitucional brasileiro, a ação policial

(A) respeitou o direito à inviolabilidade domiciliar, já que a Constituição da República dispensa a necessidade de mandado judicial em situações nas quais esteja em questão a possibilidade de obtenção de provas para investigação criminal em curso.

(B) desrespeitou o direito à inviolabilidade domiciliar, já que, como a Constituição da República não prevê explicitamente qualquer exceção a este direito, o ingresso na casa alheia, contra a vontade do morador, sempre exige ordem judicial.

(C) respeitou o direito à inviolabilidade domiciliar, já que o sistema jurídico brasileiro considera que a plena fruição desse direito somente pode ser relativizada em situações nas quais o seu exercício venha a conceder proteção a alguma ação criminosa.

(D) desrespeitou o direito à inviolabilidade domiciliar, já que, embora esse direito não seja absoluto e possua restrições expressas no próprio texto constitucional, a atuação dos agentes estatais não se deu no âmbito destas exceções.

A: incorreta. Os policiais não poderiam ter entrado com a finalidade de fazer busca por provas e evidências, pois essa hipótese não se enquadra nas exceções previstas constitucionalmente. De acordo com o art. 5º, XI, da CF, a casa é asilo inviolável do indivíduo, ninguém nela podendo penetrar sem consentimento do morador, salvo em caso de **flagrante delito** ou **desastre**, ou para **prestar socorro**, ou, durante o dia, **por determinação judicial**; **B:** incorreta. Como mencionado, há quatro exceções previstas constitucionalmente em que poderá haver a entrada sem o consentimento do morador e isso não será considerado quebra da inviolabilidade domiciliar (**desastre, flagrante delito, prestação de socorro e ordem judicial, durante o dia**); **C:** incorreta. A atuação dos policiais, ao contrário do mencionado, desrespeitou o texto constitucional; **D:** correta. De fato, a atuação dos policiais de entrar na casa de João, sem o seu consentimento, com a finalidade de fazer busca por provas e evidências, desrespeitou o direito à inviolabilidade domiciliar, garantido constitucionalmente pelo inciso XI do art. 5º. BV

Gabarito "D".

(OAB/Exame XXXIII – 2020.3) A União, com o objetivo de recrudescer o combate aos crimes contra o patrimônio, insere, por meio da Lei Ordinária federal X, um novo artigo no Título II da Parte Especial do Código Penal, dispondo que *"as penas de prestação de serviços à comunidade, se não forem cumpridas em até 10 (dez) dias após o trânsito em julgado da condenação, comunicam-se, desde que*

maiores de 18 (dezoito) e menores de 60 (sessenta) anos, aos parentes em linha reta dos condenados."

Sobre a hipotética situação narrada, com base no ordenamento constitucional vigente, assinale a afirmativa correta.

(A) A Lei X é formal e materialmente constitucional, pois compete à União legislar privativamente sobre direito penal e processual.

(B) A Lei X é inconstitucional, porque, apesar de a edição de normas com conteúdo penal estar inserida no rol de competências privativas da União, normas que impliquem em situação mais gravosa aos apenados demandam lei complementar.

(C) A Lei X é formal e materialmente constitucional, pois o princípio da intransmissibilidade da pena, inserido no rol de direitos e garantias fundamentais, restringe-se às sanções que impliquem em privação ou restrição à liberdade.

(D) A Lei X é materialmente inconstitucional, pois as penas de prestação de serviços não podem transcender a pessoa do condenado, sob pena de ofensa ao princípio da pessoalidade ou intransmissibilidade da pena.

A: incorreta. A inconstitucionalidade não está atrelada à competência, não há vício formal na norma, mas no conteúdo. De acordo com o art. 5º, XLV, da CF, **nenhuma pena passará da pessoa do condenado,** podendo a obrigação de reparar o dano e a decretação do perdimento de bens ser, nos termos da lei, estendidas aos sucessores e contra eles executadas, até o limite do valor do patrimônio transferido. Ou seja: **apenas** as obrigações patrimoniais é que podem ser estendidas aos sucessores e dentro do limite do patrimônio transferido. A pena de prestação de serviço à comunidade não pode ser transferida, como afirmado na alternativa; **B:** incorreta. Como mencionado, o vício da norma é material, não formal. A instituição por lei complementar não resolveria o problema, pois o conteúdo da norma viola a CF; **C:** incorreta. O vício é formal e o princípio da intransmissibilidade da pena, inserido no rol de direitos e garantias fundamentais, determina que nenhuma **pena** passe da pessoa do condenado; **D:** correta. O conteúdo da Lei X é inconstitucional, pois afronta o princípio da pessoalidade ou intransmissibilidade da pena. BV

Gabarito "D".

(OAB/Exame Unificado – 2019.2) Durval, cidadão brasileiro e engenheiro civil, desempenha trabalho voluntário na ONG Transparência, cujo principal objetivo é apurar a conformidade das contas públicas e expor eventuais irregularidades, apresentando reclamações e denúncias aos órgãos e entidades competentes.

Ocorre que, durante o ano de 2018, a Secretaria de Obras do Estado Alfa deixou de divulgar em sua página da Internet informações referentes aos repasses de recursos financeiros, bem como foram omitidos os registros das despesas realizadas. Por essa razão, Durval compareceu ao referido órgão e protocolizou pedido de acesso a tais informações, devidamente especificadas.

Em resposta à solicitação, foi comunicado que os dados requeridos são de natureza sigilosa, somente podendo ser disponibilizados mediante requisição do Ministério Público ou do Tribunal de Contas.

A partir do enunciado proposto, com base na legislação vigente, assinale a afirmativa correta.

(A) A decisão está em desacordo com a ordem jurídica, pois os órgãos e entidades públicas têm o dever legal de promover, mesmo sem requerimento, a divulgação, em local de fácil acesso, no âmbito de suas competências, de informações de interesse coletivo ou geral que produzam ou custodiem.

(B) Assiste razão ao órgão público no que concerne tão somente ao sigilo das informações relativas aos repasses de recursos financeiros, sendo imprescindível a requisição do Ministério Público ou do Tribunal de Contas para acessar tais dados.

(C) Assiste razão ao órgão público no que concerne tão somente ao sigilo das informações relativas aos registros das despesas realizadas, sendo imprescindível a requisição do Ministério Público ou do Tribunal de Contas para acessar tais dados.

(D) Assiste razão ao órgão público no que concerne ao sigilo das informações postuladas, pois tais dados apenas poderiam ser pessoalmente postulados por Durval caso estivesse devidamente assistido por advogado regularmente inscrito na Ordem dos Advogados do Brasil.

A: correta. Determina o art. 8º da Lei 12.527/11 (lei do acesso a informações) que é dever dos órgãos e entidades públicas promover, **independentemente de requerimentos**, a **divulgação** em local de fácil acesso, no âmbito de suas competências, de informações de interesse coletivo ou geral por eles produzidas ou custodiadas; **B** e **C:** incorretas. A lei além de não exigir requisição para acessar tais dados determina, como mencionado, que é dever dos órgãos e entidades públicas promover, independentemente de requerimentos, a divulgação em local de fácil acesso; **D:** incorreta. O acesso a informações deve ser garantido independentemente da assistência por advogado regularmente inscrito na Ordem dos Advogados do Brasil. BV

Gabarito "A".

(OAB/Exame Unificado – 2019.1) Alisson, cidadão brasileiro, ingressa com requerimento administrativo, perante a Secretaria Fazendária do Município Y, pleiteando a revisão do valor do Imposto sobre a Propriedade Predial e Territorial Urbana (IPTU), uma vez que não concorda com os cálculos empregados pela autoridade fazendária.

Alisson, decorridos 90 dias sem qualquer atualização no andamento do feito, retorna à repartição administrativa indagando o porquê da demora. Ele obtém como resposta que o trâmite do procedimento é sigiloso, mas que seria possível obter uma certidão com as informações postuladas mediante o pagamento de determinada quantia, a título de "taxa".

Diante da situação hipotética apresentada, com base no texto constitucional, assinale a afirmativa correta.

(A) A atuação da Secretaria Fazendária revela-se inconstitucional, pois a obtenção de certidões em repartições públicas, contendo informações de interesse particular ou de interesse coletivo ou geral, é direito de todos, sem o pagamento de taxa, ressalvadas aquelas cujo sigilo seja imprescindível à segurança da sociedade e do Estado.

(B) Para a obtenção de certidão com informações de direito pessoal, como manifestação do direito de petição aos órgãos e poderes públicos, pode ser exigido o pagamento de taxas caso Alisson não demonstre ser hipossuficiente econômico.

(C) Embora inexista óbice à cobrança de taxas para cobrir as despesas com a emissão de certidões em

repartições públicas, ainda que destinadas à defesa e ao esclarecimento de situações de interesse pessoal, Alisson poderá utilizar o *habeas data* para obter as informações relativas ao procedimento administrativo instaurado.

(D) Alisson não pode ter acesso ao feito, porque os procedimentos administrativos que versem sobre matéria tributária são de natureza sigilosa, somente podendo ser acessados, sem autorização judicial, por advogado regularmente constituído pelo contribuinte, bem como por órgãos da administração pública direta e indireta.

A: correta. Determina o art. 5º, XXXIII, da CF que todos têm direito a receber dos órgãos públicos informações de seu interesse particular, ou de interesse coletivo ou geral, que serão prestadas no prazo da lei, sob pena de responsabilidade, ressalvadas aquelas cujo sigilo seja imprescindível à segurança da sociedade e do Estado; **B:** incorreta. Não há necessidade de Alisson demonstrar a hipossuficiência econômica, tendo em vista que o art. 5º, XXXIV, da CF assegura a todos, independentemente do pagamento de taxas, o direito de petição aos Poderes Públicos em defesa de direitos ou contra ilegalidade ou abuso de poder e a obtenção de certidões em repartições públicas, para defesa de direitos e esclarecimento de situações de interesse pessoal; **C:** incorreta. O objeto do *habeas data* diz respeito a informações relativas à pessoa do impetrante, constantes de registros ou bancos de dados de entidades governamentais ou de caráter público, conforme determina o art. 5º, LXXII, "a", da CF. Além disso, o remédio só poderá ser utilizado para obter essas informações após a recusa por parte da autoridade administrativa (Súmula 2 do STJ); **D:** incorreta. Conforme explicado, Alisson pode ter acesso ao feito e não há necessidade de constituição de advogado para tanto. BV

Gabarito "A".

(OAB/Exame Unificado – 2018.3) Os produtores rurais do Município X organizaram uma associação civil sem fins lucrativos para dinamizar a exploração de atividade econômica pelos associados, bem como para fins de representá-los nas demandas de caráter administrativo e judicial.

Anderson, proprietário de uma fazenda na região, passa a receber, mensalmente, carnê contendo a cobrança de uma taxa associativa, embora nunca tivesse manifestado qualquer interesse em ingressar na referida entidade associativa.

Em consulta junto aos órgãos municipais, Anderson descobre que a associação de produtores rurais, embora tenha sido criada na forma da lei, jamais obteve autorização estatal para funcionar. Diante disso, procura um escritório de advocacia especializado, para pleitear, judicialmente, a interrupção da cobrança e a suspensão das atividades associativas.

Sobre a questão em comento, assinale a afirmativa correta.

(A) Anderson pode pleitear judicialmente a interrupção da cobrança, a qual revela-se indevida, pois ninguém pode ser compelido a associar-se ou a permanecer associado, ressaltando-se que a falta de autorização estatal não configura motivo idôneo para a suspensão das atividades da associação.

(B) As associações representativas de classes gozam de proteção absoluta na ordem constitucional, de modo que podem ser instituídas independentemente de autorização estatal e apenas terão suas atividades sus-

2. DIREITO CONSTITUCIONAL   171

pensas quando houver decisão judicial com trânsito em julgado.

(C) A Constituição de 1988 assegura a plena liberdade de associação para fins lícitos, vedando apenas aquelas de caráter paramilitar, de modo que Anderson não pode insurgir-se contra a cobrança, vez que desempenha atividade de produção e deve associar-se compulsoriamente.

(D) A liberdade associativa, tendo em vista sua natureza de direito fundamental, não pode ser objeto de qualquer intervenção do Poder Judiciário, de modo que Anderson apenas poderia pleitear administrativamente a interrupção da cobrança dos valores que entende indevidos.

A: correta. De acordo com o inciso XX do art. 5º da CF ninguém poderá ser compelido a associar-se ou a permanecer associado. Portanto, Anderson poderá pleitear judicialmente a interrupção da cobrança indevida. Além disso, a Constituição garante a plena liberdade de associação e determina no inciso XVIII do art. 5º que a sua criação **não depende de autorização**, sendo vedada, inclusive, a interferência estatal em seu funcionamento; **B:** incorreta. As associações podem ser instituídas independentemente de autorização estatal, como já mencionado, mas a **suspensão das suas atividades** não depende do trânsito em julgado, **apenas de decisão judicial**. Para que as associações sejam **dissolvidas** é que a Constituição exige a decisão judicial **transitada em julgado**, conforme determina o inciso XIX do art. 5º; **C:** incorreta. A primeira parte está correta, pois, de fato, a Constituição assegura a plena liberdade de associação para fins lícitos e proíbe as de caráter paramilitar. Ocorre que Anderson, ao contrário do mencionado, pode insurgir-se contra a cobrança, pois **não pode ser compelido a associar-se ou a permanecer associado**. É o que determina o inciso XX do art. 5º da CF/88; **D:** incorreta. A natureza de direito fundamental não impede que haja intervenção do Poder Judiciário. É necessário, de acordo com o inciso XIX do art. 5º da CF, que o **Judiciário intervenha** nas hipóteses de suspensão das atividades e para dissolver as associações. Na suspensão será imprescindível a decisão judicial e na dissolução a decisão judicial terá de ter transitado em julgado, conforme explicado anteriormente. **BV**
Gabarito "A".

(OAB/Exame Unificado – 2018.2) Antônio, líder ativista que defende a proibição do uso de quaisquer drogas, cientifica as autoridades sobre a realização de manifestação contra projeto de lei sobre a liberação do uso de entorpecentes.

Marina, líder ativista do movimento pela liberação do uso de toda e qualquer droga, ao tomar conhecimento de tal evento, resolve, então, sem solicitar autorização à autoridade competente, marcar, para o mesmo dia e local, manifestação favorável ao citado projeto de lei, de forma a impedir a propagação das ideias defendidas por Antônio.

Nesse sentido, segundo o sistema jurídico-constitucional brasileiro, assinale a afirmativa correta.

(A) Marina pode dar continuidade à sua iniciativa, pois, com fundamento no princípio do Estado Democrático, está amplamente livre para expressar suas ideias.

(B) Marina não poderia dar continuidade à sua iniciativa, pois o direito de reunião depende de prévia autorização por parte da autoridade competente.

(C) Marina não poderia dar continuidade à sua iniciativa, já que sua reunião frustraria a reunião de Antônio, anteriormente convocada para o mesmo local.

(D) Marina pode dar continuidade à sua iniciativa, pois é livre o direito de reunião quando o país não se encontra em estado de sítio ou em estado de defesa.

A: incorreta. Ao contrário do mencionado, Marina não poderia dar continuidade à sua iniciativa, pois o exercício do direito de reunião, embora não exija autorização do Poder Público, depende de previa comunicação justamente para que não seja frustrada outra reunião já agendada para o mesmo dia e local. É o que determina o art. 5º, XVI, da CF; **B:** incorreta. Como afirmado, não há necessidade de prévia autorização, apenas prévia comunicação; **C:** correta. Determina o citado art. 5º, XVI, da CF que todos podem reunir-se pacificamente, sem armas, em locais abertos ao público, independentemente de autorização, desde que não frustrem outra reunião anteriormente convocada para o mesmo local, sendo apenas exigido prévio aviso à autoridade competente; **D:** incorreta. O exercício do direito de reunião é garantido constitucionalmente, desde que preenchidos os requisitos do inciso XVI do art. 5º da CF (reunião pacífica, sem armas, em local aberto ao público, prévia comunicação e não frustração de outra reunião agendada para o mesmo dia e local). **BV**
Gabarito "C".

(OAB/Exame Unificado – 2017.3) Atos generalizados de violência e vandalismo foram praticados nas capitais de alguns estados do país, com ações orquestradas pelo crime organizado. Identificados e presos alguns dos líderes desses movimentos, numerosos políticos, com apoio popular, propuseram a criação, pela forma juridicamente correta, de um juízo especial para apreciação desses fatos, em caráter temporário, a fim de que o julgamento dos líderes presos se revele exemplar.

Ao submeterem essa ideia a um advogado constitucionalista, este afirma que, segundo a ordem jurídico-constitucional brasileira, a criação de tal juízo

(A) é constitucional, pois o apoio popular tem o condão de legitimar a atuação do poder público, ainda que esta seja contrária ao ordenamento jurídico vigente.

(B) é inconstitucional, em razão de vedação expressa da Constituição da República de 1988 à criação de juízo ou tribunal de exceção.

(C) necessita de previsão legislativa ordinária, já que a criação de juízos é competência do Poder Legislativo, após iniciativa do Poder Judiciário.

(D) pressupõe a necessária alteração da Constituição da República de 1988, por via de emenda, de maneira a suprimir a vedação ali existente.

A: incorreta. O apoio popular, ao contrário do mencionado na alternativa, não tem o condão de legitimar a criação de um juízo ou tribunal de exceção. A vedação decorre do Texto Constitucional (art. 5º, XXXVII); **B:** correta. A criação de tribunal de exceção, que seria aquele constituído após um fato e para julgá-lo, é proibida (art. 5º, XXXVII, da CF); **C:** incorreta. Ainda que houvesse previsão legislativa ordinária, a criação não seria viável, por conta da proibição constitucional; **D:** incorreta. A alteração da CF, ainda que por meio de emenda, que visasse a suprimir a vedação, seria considerada inconstitucional, já que essa regra faz parte do rol das cláusulas pétreas (art. 60 § 4º, IV, da CF). Determina tal dispositivo que não será objeto de deliberação a proposta de emenda tendente a abolir, dentre outros, os direitos e garantias individuais. **BV**
Gabarito "B".

(OAB/Exame Unificado – 2016.1) José, internado em um hospital público para tratamento de saúde, solicita a presença de um pastor para lhe conceder assistência religiosa. O pedido, porém, é negado pela direção do hospital, sob a alegação de que, por se tratar de instituição pública, a assistência não seria possível em face da laicidade do Estado. Inconformado, José consulta um advogado.

Após a análise da situação, o advogado esclarece, com correto embasamento constitucional, que

(A) a negativa emanada pelo hospital foi correta, tendo em vista que a Constituição Federal de 1988, ao consagrar a laicidade do Estado brasileiro, rejeita a expressão religiosa em espaços públicos.

(B) a direção do hospital não tem razão, pois, embora a Constituição Federal de 1988 reconheça a laicidade do Estado, a assistência religiosa é um direito garantido pela mesma ordem constitucional.

(C) a correção ou incorreção da negativa da direção do hospital depende de sua consonância, ou não, com o regulamento da própria instituição, já que se está perante direito disponível.

(D) a decisão sobre a possibilidade, ou não, de haver assistência religiosa em entidades públicas de saúde depende exclusivamente de comando normativo legal, já que a temática não é de estatura constitucional.

A: incorreta. O fato de o Estado ser laico, ou seja, aquele que não professa uma religião oficial, não impede que a assistência religiosa seja prestada em um hospital público. Pelo contrário, a Constituição, em seu art. 5º, VII, assegura, nos termos da lei, a prestação de assistência religiosa nas entidades civis e militares de internação coletiva; **B:** correta. É o que determina o mencionado art. 5º, VII, da CF; **C:** incorreta. O direito à prestação de assistência religiosa é constitucionalmente garantido, cabendo a lei apenas regulamentá-lo. O regulamento do hospital não pode proibir o exercício de um direito assegurado pelo Texto Constitucional, no rol de direitos e garantias fundamentais; **D:** incorreta. A decisão não depende exclusivamente de comando normativo legal. Ao contrário do mencionado, a garantia da prestação de assistência religiosa nas entidades civis e militares de internação coletiva liberdade **possui** estatura constitucional, vem prevista no rol de direitos e garantias fundamentais (art. 5º, VII).
Gabarito "B".

(OAB/Exame Unificado – 2015.3) Um grupo autodenominado "Sangue Puro" passou a se organizar sob a forma de associação. No seu estatuto, é possível identificar claros propósitos de incitação à violência contra indivíduos pertencentes a determinadas minorias sociais. Diversas organizações não governamentais voltadas à defesa dos direitos humanos, bem como o Ministério Público, ajuizaram medidas judiciais solicitando a sua imediata dissolução.

Segundo a Constituição Federal, a respeito da hipótese formulada, assinale a afirmativa correta.

(A) A associação não poderá sofrer qualquer intervenção do Poder Judiciário, pois é vedada a interferência estatal no funcionamento das associações.

(B) Caso o pedido de dissolução seja acolhido, a associação poderá ser compulsoriamente dissolvida, independentemente do trânsito em julgado da sentença judicial.

(C) A associação poderá ter suas atividades imediatamente suspensas por decisão judicial, independentemente do seu trânsito em julgado.

(D) Apenas se justificaria a intervenção estatal se caracterizada a natureza paramilitar da associação em comento.

A: incorreta. Ao contrário do mencionado, o art. 5º, XIX, da CF determina a possibilidade de dissolução compulsória das associações ou da suspensão de suas atividades **por decisão judicial**, exigindo-se, no primeiro caso, o trânsito em julgado. Por outro lado, o art. 5º, XVIII, da CF determina que a criação de associações e, na forma da lei, a de cooperativas independem de autorização, **sendo vedada a interferência estatal em seu funcionamento.** Ocorre que isso não significa que o Judiciário não poderá intervir. Como já demonstrado, havendo decisão judicial, é possível que o Judiciário intervenha; **B:** incorreta. A dissolução da associação depende do trânsito em julgado, conforme dispõe o art. 5º, XIX, da CF; **C:** correta. É o que determina o citado art. 5º, XIX, da CF; **D:** incorreta. São vedadas tanto a existência de associação de caráter paramilitar, conforme o art. 5º, XVII, da CF, como a intervenção estatal no funcionamento das associações, art. 5º, XVIII, da CF.
Gabarito "C".

(OAB/Exame Unificado – 2014.3) Pedro promoveu ação em face da União Federal e seu pedido foi julgado procedente, com efeitos patrimoniais vencidos e vincendos, não havendo mais recurso a ser interposto.

Posteriormente, o Congresso Nacional aprovou lei, que foi sancionada, extinguindo o direito reconhecido a Pedro. Após a publicação da referida lei, a Administração Pública federal notificou Pedro para devolver os valores recebidos, comunicando que não mais ocorreriam os pagamentos futuros, em decorrência da norma em foco.

Nos termos da Constituição Federal, assinale a opção correta.

(A) A lei não pode retroagir, porque a situação versa sobre direitos indisponíveis de Pedro.

(B) A lei não pode retroagir para prejudicar a coisa julgada formada em favor de Pedro.

(C) A lei pode retroagir, pois não há direito adquirido de Pedro diante de nova legislação.

(D) A lei pode retroagir, porque não há ato jurídico perfeito em favor de Pedro diante de pagamentos pendentes.

A: incorreta. A lei de fato não pode retroagir, mas não por esse fundamento, pois os efeitos patrimoniais decorrentes da procedência do pedido não são indisponíveis. O que impede a retroatividade da lei nessa hipótese é a incidência da coisa julgada; **B:** correta. De acordo com o art. 5º, XXXVI, da CF, **a lei não prejudicará** o direito adquirido, o ato jurídico perfeito e **a coisa julgada**; **C** e **D:** incorretas. Ao contrário do afirmado nessas alternativas, a lei **não poderá retroagir**, pois já houve a incidência da coisa julgada.
Gabarito "B".

(OAB/Exame Unificado – 2014.2) Deise pretende ter acesso a informações pertinentes à atividade estatal que estão em poder de específico órgão público, aduzindo que todos os dados de interesse coletivo ou geral devem ser públicos. Nos termos da Constituição Federal, o direito de acesso às informações estatais

(A) é absoluto, em decorrência da publicidade dos atos.

(B) tem, como limite, o sigilo imprescindível à segurança do Estado.

(C) depende de autorização excepcional do Executivo.

(D) está limitado aos dados constantes nos sítios de informações estatais.

A: incorreta. Não há direito absoluto. A própria Constituição, em seu art. 5º, XXXIII, traz uma situação em que o direito à informação não prevalece. De acordo com esse dispositivo, todos têm direito a receber

2. DIREITO CONSTITUCIONAL

dos órgãos públicos informações de seu interesse particular, ou de interesse coletivo ou geral, que serão prestadas no prazo da lei (Lei 12.527/11), sob pena de responsabilidade, **ressalvadas aquelas cujo sigilo seja imprescindível à segurança da sociedade e do Estado.** Vale lembrar que o inciso XIV do art. 5º também assegura a todos o acesso à informação, resguardado o sigilo da fonte, quando necessário ao exercício profissional; **B:** correta. De fato, o art. 5º, XXXIII, da CF determina que o sigilo será aplicado quando for imprescindível à segurança da sociedade e do Estado. Além disso, a Lei 12.527/2011, norma que regulamentou o acesso a informações previsto no dispositivo mencionado, em seu art. 4º, III, conceitua informação sigilosa como sendo aquela submetida temporariamente à restrição de acesso público em razão de sua imprescindibilidade para a segurança da sociedade e do Estado; **C:** incorreta. Não há necessidade de autorização excepcional por parte do Poder Executivo para o exercício do direito à informação; **D:** incorreta. De acordo com o art. 2º da Lei 12.527/2011, o acesso às informações não está limitado aos dados constantes nos sítios de informações estatais. O dispositivo mencionado indica que as disposições desta Lei, aplicam-se, no que couber, às **entidades privadas** sem fins lucrativos que recebam, para realização de ações de interesse público, recursos públicos diretamente do orçamento ou mediante subvenções sociais, contrato de gestão, termo de parceria, convênios, acordo, ajustes ou outros instrumentos congêneres. Além disso, o art. Art. 7º da mesma lei informa que o acesso à informação compreende, entre outros, os direitos de obter: I – orientação sobre os procedimentos para a consecução de acesso, bem como **sobre o local onde poderá ser encontrada** ou obtida **a informação almejada;** II – informação contida em registros ou documentos, produzidos ou acumulados por seus órgãos ou entidades, **recolhidos ou não a arquivos públicos;** III – **informação produzida ou custodiada por pessoa física ou entidade privada** decorrente de qualquer vínculo com seus órgãos ou entidades, mesmo que esse vínculo já tenha cessado; IV – informação primária, íntegra, autêntica e atualizada; V – informação sobre atividades exercidas pelos órgãos e entidades, inclusive as relativas à sua política, organização e serviços; VI – informação pertinente à administração do patrimônio público, utilização de recursos públicos, licitação, contratos administrativos; e VII – informação relativa: a) à implementação, acompanhamento e resultados dos programas, projetos e ações dos órgãos e entidades públicas, bem como metas e indicadores propostos; b) ao resultado de inspeções, auditorias, prestações e tomadas de contas realizadas pelos órgãos de controle interno e externo, incluindo prestações de contas relativas a exercícios anteriores.
Gabarito "B"

(OAB/Exame Unificado – 2014.2) A Sra. Maria da Silva é participante ativa da AMA-X (Associação de Moradores e Amigos do bairro X). Todos os dias, no fim da tarde, a Sra. Maria da Silva e um grupo de associados reuniam-se na praça da cidade, distribuindo material sobre os problemas do bairro. A associação convocava os moradores para esses encontros por meio da rádio da cidade e comunicava, previamente, o local e a hora das reuniões às autoridades competentes. Certa tarde, um grupo da Associação de Moradores do bairro Y ocupou o local que os participantes da AMA-X habitualmente utilizavam. O grupo do bairro Y não havia avisado, previamente, a autoridade competente sobre o evento, organizado em espaço público. A Sra. Maria da Silva, indignada com a utilização do mesmo espaço, e tendo sido frustrada a reunião de seu grupo, solicitou aos policiais militares, presentes no local, que tomassem as medidas necessárias para permitir a realização do encontro da AMA-X. Em relação à liberdade de associação e manifestação, assinale a afirmativa correta.

(A) A AMA-X deve buscar novo local de manifestação, tendo em vista que o local de reunião é público e que

a associação do bairro Y possui os mesmos direitos de reunião e manifestação.

(B) A associação do bairro Y deve buscar novo local de manifestação, pois não tem o direito de frustrar reunião anteriormente convocada para o mesmo local, já que houve prévio aviso à autoridade competente sobre o uso do espaço público pela AMA-X.

(C) A AMA-X deve dividir o espaço com a associação do bairro Y, tendo em vista que o local de reunião é público e que o direito à livre manifestação de ideias é garantido.

(D) A associação do bairro Y poderá ser dissolvida por ato da autoridade pública municipal em razão de não ter comunicado previamente à Prefeitura a realização de suas reuniões em espaço público.

A: incorreta. A associação do bairro Y é que deve procurar outro local para manifestação, pois a associação AMA-X já havia avisado previamente o local e a hora da reunião à autoridade competente; **B:** correta. De acordo com o art. 5º, XVI, da CF, todos podem reunir-se pacificamente, sem armas, em locais abertos ao público, independentemente de autorização, **desde que não frustrem outra reunião anteriormente convocada para o mesmo local,** sendo **apenas exigido prévio aviso** à autoridade competente; **C:** incorreta. O dispositivo mencionado na alternativa anterior também fundamenta esta. O local realmente é público e a manifestação de ideias garantida, mas a Constituição exige o prévio aviso à autoridade competente justamente para evitar que seja frustrada outra reunião anteriormente convocada para o mesmo local; **D:** incorreta. Conforme dispõe o art. 5º, XIX, da CF, as associações **só poderão ser compulsoriamente dissolvidas** ou ter suas atividades suspensas **por decisão judicial,** exigindo-se, no primeiro caso, o **trânsito em julgado.**
Gabarito "B"

(OAB/Exame Unificado – 2013.3) A Constituição declara que todos podem reunir-se em local aberto ao público. Algumas condições para que as reuniões se realizem são apresentadas nas alternativas a seguir, *à exceção de uma.* Assinale-a.

(A) Os participantes não portem armas.

(B) A reunião seja autorizada pela autoridade competente.

(C) A reunião não frustre outra reunião anteriormente convocada para o mesmo local.

(D) Os participantes reúnam-se pacificamente.

De acordo com o art. 5º, XVI, da CF, todos podem reunir-se **pacificamente, sem armas,** em locais abertos ao público, independentemente de autorização, desde que **não frustrem outra reunião anteriormente convocada para o mesmo local,** sendo apenas exigido prévio aviso à autoridade competente. Desse modo, para o exercício do direito de reunião, **não é necessária autorização por parte da autoridade competente,** apenas a prévia comunicação.
Gabarito "B"

(OAB/Exame Unificado – 2011.3.A) A Constituição assegura, entre os direitos e garantias individuais, a inviolabilidade do domicílio, afirmando que "a casa é asilo inviolável do indivíduo, ninguém nela podendo penetrar sem o consentimento do morador" (art. 5º, XI, CRFB).

A esse respeito, assinale a alternativa correta.

(A) O conceito de "casa" é abrangente e inclui quarto de hotel.

(B) O conceito de casa é abrangente, mas não inclui escritório de advocacia.

(C) A prisão em flagrante durante o dia é um limite a essa garantia, mas apenas quando houver mandado judicial.

(D) A prisão em quarto de hotel obedecendo a mandado judicial pode se dar no período noturno.

A: correta. De acordo com o STF (RO em HC 90.376-2/RJ, 2ª T., j. 03.04.2007, rel. Min. |Celso de Mello, *DJ* 18.05.2007), o conceito de "casa" deve ser interpretado de forma abrangente e, por estender-se a qualquer aposento de habitação coletiva, desde que ocupado (art. 150, § 4º, II, do CP), compreende-se, observada essa específica limitação espacial, os *quartos de hotel*; **B:** incorreta. O STF também já entendeu que o escritório de advocacia, ou outro compartimento privado não aberto ao público, onde um profissional exerce o seu trabalho ou atividade, como consultórios e escritórios, são protegidos pela regra da inviolabilidade domiciliar; **C:** incorreta. Conforme o art. 5º, XI, da CF, a casa é asilo inviolável do indivíduo, ninguém nela podendo penetrar sem consentimento do morador. O mesmo dispositivo ressalta que em quatro situações excepcionais pode haver violação. São as seguintes: flagrante delito, desastre, para prestar socorro, ou, durante o dia, por determinação judicial. Desse modo, é possível concluir que apenas a violação decorrente de ordem judicial é que tem de ser realizada durante o dia; **D:** incorreta. O mandado judicial deve ser cumprido durante o dia e não no período noturno, como afirmado pela alternativa.

Gabarito "A"

(OAB/Exame Unificado – 2010.3) A Constituição garante a plena liberdade de associação para fins lícitos, vedada a de caráter paramilitar (art. 5º, XVII). A respeito desse direito fundamental, é correto afirmar que a criação de uma associação

(A) não depende de autorização do poder público, mas só pode ter suas atividades suspensas por decisão judicial.

(B) depende de autorização do poder público e pode ter suas atividades suspensas por decisão administrativa.

(C) não depende de autorização do poder público, mas pode ter suas atividades suspensas por decisão administrativa.

(D) depende de autorização do poder público, mas só pode ter suas atividades suspensas por decisão judicial transitada em julgado.

A: correta (art. 5º, XVIII e XIX, da CF); **B e C:** incorretas. A criação de uma associação *não* depende de autorização judicial, mas a suspensão de suas atividades só pode ser determinada por ordem *judicial* (art. 5º, XVIII e XIX, da CF); **D:** incorreta. Primeiro porque, conforme mencionado, a criação de uma associação não depende de autorização; segundo porque não se exige o trânsito em julgado da sentença para que haja a suspensão das atividades da associação (art. 5º, XVIII e XIX, da CF). Detalhe: a Constituição Federal determina que tanto as suspensões das atividades como a dissolução das associações dependem de decisão judicial, mas apenas a dissolução exige o trânsito em julgado (art. 5º, XIX, da CF).

Gabarito "A"

(OAB/Exame Unificado – 2010.1) Assinale a opção correta com relação ao sigilo bancário.

(A) A quebra do sigilo bancário está submetida à chamada reserva de jurisdição, podendo somente os juízes determiná-la e, ainda assim, de forma fundamentada.

(B) Conforme a lei complementar que rege a matéria, constitui quebra ilegal de sigilo bancário a comunicação, às autoridades competentes, da prática de ilícitos administrativos, mesmo quando do fornecimento de

informações sobre operações que envolvam recursos provenientes de qualquer prática criminosa.

(C) As comissões parlamentares de inquérito poderão determinar a quebra de sigilo bancário sem a interferência do Poder Judiciário, desde que o façam de forma fundamentada.

(D) A quebra do sigilo bancário pode ser determinada diretamente pelo Tribunal de Contas da União.

A: incorreta. "EMENTA: 1. Recurso Extraordinário. Inadmissibilidade. Instituições financeiras. Sigilo bancário. Quebra. Requisição. Necessidade de autorização judicial ou decisão de Comissão Parlamentar de Inquérito, ambas devidamente fundamentadas. Jurisprudência assentada. Ausência de razões novas. Decisão mantida. Agravo regimental improvido. Nega-se provimento a agravo regimental tendente a impugnar, sem razões novas, decisão fundada em jurisprudência assente na Corte. 2. Recurso. Agravo Regimental. Jurisprudência assentada sobre a matéria. Caráter meramente abusivo. Litigância de má-fé. Imposição de multa. Aplicação do art. 557, § 2º, c/c arts. 14, II e III, e 17, VII, do CPC [art. 1.021, § 4º, c/c arts. 5º, 77, II, e 80, VII, do NCPC]. Quando abusiva a interposição de agravo, manifestamente inadmissível ou infundado, deve o Tribunal condenar a agravante a pagar multa ao agravado." (STF, AgRg no RE 243.157-2/MG, 2ª T., j. 06.11.2007, rel. Min. Cezar Peluso, *DJe* 01.02.2008, Ement. nº 2305-4, p. 766, *LEXSTF* v. 30, nº 353, 2008, p. 195-199); **B:** incorreta. Segundo a LC 105/2001, art. 1º, § 3º: "Não constitui violação do dever de sigilo: (...) IV – a comunicação, às autoridades competentes, da prática de ilícitos penais ou administrativos, abrangendo o fornecimento de informações sobre operações que envolvam recursos provenientes de qualquer prática criminosa."; **C:** correta. *Vide* justificativa apresentada na alternativa "A"; **D:** incorreta. "EMENTA: Mandado de Segurança. Tribunal de Contas da União. Banco Central do Brasil. Operações financeiras. Sigilo. 1. A Lei Complementar nº 105, de 10.01.2001, não conferiu ao Tribunal de Contas da União poderes para determinar a quebra do sigilo bancário de dados constantes do Banco Central do Brasil. O legislador conferiu esses poderes ao Poder Judiciário (art. 3º), ao Poder Legislativo Federal (art. 4º), bem como às Comissões Parlamentares de Inquérito, após prévia aprovação do pedido pelo Plenário da Câmara dos Deputados, do Senado Federal ou do plenário de suas respectivas comissões parlamentares de inquérito. 2. Embora as atividades do TCU, por sua natureza, verificação de contas e até mesmo o julgamento das contas das pessoas enumeradas no art. 71, II, da Constituição Federal, justifiquem a eventual quebra de sigilo, não houve essa determinação na lei específica que tratou do tema, não cabendo a interpretação extensiva, mormente porque há princípio constitucional que protege a intimidade e a vida privada, art. 5º, X, da Constituição Federal, no qual está inserida a garantia ao sigilo bancário. 3. Ordem concedida para afastar as determinações do acórdão nº 72/96 – TCU – 2ª Câmara (fl. 31), bem como as penalidades impostas ao impetrante no Acórdão nº 54/97 – TCU – Plenário." (STF, MS 22.801-6/DF, Pleno, j. 17.12.2007, rel. Min. Menezes Direito, *DJe* 14.03.2008, Ement. nº 2311-1, p. 167, *LEXSTF* v. 30, nº 356, 2008, p. 488-517).

Gabarito "C"

(OAB/Exame Unificado – 2009.3) No que se refere aos direitos e garantias fundamentais, assinale a opção correta.

(A) O direito de propriedade intelectual abrange tanto a propriedade industrial quanto os direitos do autor.

(B) Às representações sindicais não é assegurado o direito de fiscalização do aproveitamento econômico de obras criadas por artistas a elas associados.

(C) A proteção à reprodução da imagem não abrange as atividades desportivas.

(D) Aos autores pertence o direito exclusivo de utilização de suas obras, mas não o de reprodução delas.

2. DIREITO CONSTITUCIONAL   175

A: correta. (art. 5º, XXVII e XXIX, da CF); vale ressaltar que a Convenção da OMPI (Organização Mundial da Propriedade Intelectual) define como Propriedade Intelectual a soma dos direitos relativos às obras literárias, artísticas e científicas, às interpretações dos artistas intérpretes e às execuções dos artistas executantes, aos fonogramas e às emissões de radiodifusão, às invenções em todos os domínios da atividade humana, às descobertas científicas, aos desenhos e modelos industriais, às marcas industriais, comerciais e de serviço, bem como às firmas comerciais e denominações comerciais, à proteção contra a concorrência desleal e todos os outros direitos inerentes à atividade intelectual nos domínios industrial, científico, literário e artístico; **B:** incorreta. Tal direito é assegurado aos criadores, aos intérpretes e às respectivas representações sindicais e associativas (art. 5º, XXVIII, *b*, da CF); **C:** incorreta. (art. 5º, XXVIII, *a*, da CF); **D:** incorreta. (art. 5º, XXVII, da CF).

Gabarito "A".

(OAB/Exame Unificado – 2009.1) De acordo com a CF, todos são iguais perante a lei, sem distinção de qualquer natureza, garantindo-se aos brasileiros e estrangeiros residentes no país a inviolabilidade do direito à vida, à liberdade, à igualdade, à segurança e à propriedade. No que diz respeito aos direitos e garantias fundamentais previstos na CF, assinale a opção correta.

(A) Os direitos fundamentais não são assegurados ao estrangeiro em trânsito no território nacional.

(B) Como decorrência da inviolabilidade do direito à liberdade, a CF assegura o direito à escusa de consciência, desde que adstrito ao serviço militar obrigatório.

(C) É admitida a interceptação telefônica por ordem judicial ou administrativa, para fins de investigação criminal ou de instrução processual penal.

(D) O duplo grau de jurisdição, no âmbito da recorribilidade ordinária, não consubstancia garantia constitucional.

A: incorreta. Embora o *caput* do art. 5º da CF faça referência tão somente a brasileiros e estrangeiros residentes no País, a jurisprudência do STF já firmou entendimento segundo o qual as garantias fundamentais devem ser estendidas aos estrangeiros não residentes no País; **B:** incorreta (arts. 5º, VIII, e 143, § 1º, da CF); **C:** incorreta. A interceptação telefônica só pode ser determinada por ordem *judicial* (art. 5º, XII, da CF); **D:** correta. Vale lembrar, a despeito de o duplo grau de jurisdição não constituir garantia constitucional expressa, há diversos dispositivos no texto constitucional dos quais se infere tal princípio: arts. 5º, LV, 92, 93, III, e 108, II, da CF.

Gabarito "D".

(OAB/Exame Unificado – 2008.1) Acerca da proteção e da perda do direito de propriedade, julgue os itens seguintes.

I. A Constituição assegura a proteção às participações individuais em obras coletivas e à reprodução da imagem e voz humanas, inclusive em atividades desportivas.

II. A obrigação de reparar o dano e a decretação do perdimento de bens podem ser integralmente estendidas aos sucessores e contra eles executadas.

III. Na desapropriação de imóvel rural de interesse para a reforma agrária e de imóvel urbano não edificado, subutilizado ou não utilizado, o pagamento ocorrerá mediante títulos públicos e, não, mediante indenização em dinheiro.

IV. Aos autores pertence o direito exclusivo de utilização, publicação ou reprodução de suas obras, transmissível aos herdeiros em caráter permanente.

Estão certos apenas os itens

(A) I e III.

(B) I e IV.

(C) II e III.

(D) II e IV.

I: correta (art. 5º, XXVIII, *a*, da CF); **II:** incorreta. A obrigação de reparar o dano e a decretação do perdimento de bens só podem ser estendidas aos sucessores e contra eles executadas até o limite do valor do patrimônio transferido (até as forças da herança). É o que se extrai do art. 5º, XLV, parte final, da CF; **III:** correta (arts. 182, § 4º, III, e 184, ambos da CF); **IV:** incorreta. Dispõe a Constituição Federal que o direito é transmissível aos herdeiros pelo tempo que a lei fixar (art. 5º, XXVII, da CF).

Gabarito "A".

(FGV – 2013) Com relação às liberdades de expressão e de comunicação, definidas na Constituição, analise as afirmativas a seguir.

I. A publicação de matéria jornalística, cujo conteúdo divulgue observações em caráter mordaz ou irônico ou veicule opiniões em tom de crítica severa dirigida contra uma figura pública, caracteriza, na jurisprudência do Supremo Tribunal Federal, violação de direito da personalidade, apta a ensejar a reparação por dano moral.

II. O Supremo Tribunal Federal já decidiu que a exigência de diploma de curso superior para o exercício da profissão de jornalista não foi recepcionada pela Constituição de 1988.

III. O Supremo Tribunal Federal já decidiu que a criação de uma ordem ou conselho profissional para a fiscalização do exercício da atividade jornalística configura controle prévio e censura às liberdades de expressão e de informação.

Assinale:

(A) se todas as afirmativas estiverem corretas.

(B) se as afirmativas I e II estiverem corretas.

(C) se as afirmativas I e III estiverem corretas.

(D) se as afirmativas II e III estiverem corretas.

(E) se apenas a afirmativa II estiver correta.

I: incorreta. De acordo com o STF: **"Não induz responsabilidade civil** a publicação de matéria jornalística cujo conteúdo divulgue observações em caráter mordaz ou irônico ou, então, veicule opiniões em tom de crítica severa, dura ou, até, impiedosa, ainda mais se a pessoa a quem tais observações forem dirigidas ostentar a condição de figura pública, investida, ou não, de autoridade governamental pois, em tal contexto, a liberdade de crítica qualifica-se como verdadeira excludente anímica, apta a afastar o intuito doloso de ofender. AI 705630 AgR/SC AG.REG. No Agravo de Instrumento, rel. Min. Celso de Mello, Julgamento 22/03/2011 Órgão Julgador: Segunda Turma **II:** correta. Em nota, a Corte Maior menciona que: "O Plenário do STF, no julgamento do RE 511.961, declarou com **não recepcionado** pela Constituição de 1988 o art. 4º, V, do DL 972/1969, **que exigia diploma de curso superior para o exercício da profissão de jornalista**; **III:** correta. Segundo o Supremo; **"O jornalismo** é uma profissão diferenciada por sua estreita **vinculação ao pleno exercício das liberdades de expressão** e de informação. O jornalismo é a própria manifestação e difusão do pensamento e da informação de forma contínua, profissional e remunerada. Os jornalistas são aquelas pessoas que se dedicam profissionalmente ao exercício pleno da liberdade de expressão. O jornalismo e a liberdade de expressão, portanto, são atividades que estão imbricadas por sua própria natureza e não podem ser pensadas e tratadas de forma separada. Isso implica, logicamente, que a interpretação do art. 5º, XIII, da Constituição, na hipótese da profissão de jornalista, se faça, impreterivelmente, em conjunto com os preceitos do art. 5º, IV, IX, XIV, e do art. 220, da Constituição, que asseguram as liberdades de expressão, de informação e de comunicação em geral. (...) No campo da profissão de jornalista, não há espaço para a regulação estatal quanto às qualificações profissionais. O art. 5º, IV, IX, XIV, e o art. 220 não autorizam o controle, por parte do Estado, quanto ao acesso e exercício da profissão de jornalista. Qualquer tipo de controle desse tipo, que interfira na liberdade profissional no momento do próprio acesso à atividade jornalística, configura, ao fim e ao cabo, controle prévio que, em verdade, caracteriza censura prévia das liberdades de expressão e de informação, expressamente vedada pelo art. 5º, IX, da Constituição. A impossibilidade do estabelecimento de controles estatais sobre a profissão jornalística leva à conclusão de que **não pode o Estado criar uma ordem ou um conselho profissional (autarquia) para a fiscalização desse tipo de profissão**. O exercício do poder de polícia do Estado é vedado nesse campo em que imperam as liberdades de expressão e de informação. Jurisprudência do STF: Representação 930, Rel. p/ o ac. Min. Rodrigues Alckmin, DJ de 2-9-1977" (RE 511.961, Rel. Min. Gilmar Mendes, julgamento em 17-6-2009, Plenário, DJE de 13-11-2009.) (grifos nossos).

Gabarito "D".

(FGV – 2013) Acerca dos direitos fundamentais inscritos na Constituição de 1988, assinale a afirmativa correta.

(A) A Constituição, em garantia ao princípio da igualdade, prescreveu qualquer forma de discriminação, positiva ou negativa, entre cidadãos brasileiros.

(B) A previsão de exame psicotécnico em edital de concurso público supre a exigência de previsão em lei.

(C) O exercício de qualquer ofício ou profissão está condicionado ao cumprimento de condições legais para o seu exercício.

(D) O uso de algemas só é lícito nos casos de prisão em flagrante.

(E) A publicação não consentida da imagem de um indivíduo, utilizada com fins comerciais, gera dano moral reparável, ainda que não reste configurada situação vexatória.

A: incorreta. O princípio da igualdade ou isonomia, previsto no art. 5º, I, da CF indica que todos são iguais perante a lei, sem distinção de qualquer natureza. A realização efetiva da justiça **busca o tratamento igual para os iguais, mas para tanto é preciso dar tratamento desigual aos desiguais**, na exata medida da desigualdade; isso tem como objetivo a superação da igualdade meramente formal (perante a lei) e o alcance da igualdade material (real); **B:** incorreta. Conforme determina a súmula 686 do STF: **só por lei se pode sujeitar a exame psicotécnico** a habilitação de candidato a cargo público. Desse modo, a previsão no edital do concurso não supre essa exigência legal; **C:** incorreta. O exercício da profissão é livre, mas pode ser condicionado a exigências, caso haja lei nesse sentido. De acordo o art. 5º, XIII, da CF, **é livre** o exercício de qualquer trabalho, ofício ou profissão, atendidas as qualificações profissionais que a lei estabelecer. Tal norma é classificada como de eficácia contida ou restringível, ou seja, produz a integralidade de seus efeitos, mas que dá possibilidade de outra norma restringi-los; **D:** incorreta. Conforme determina a súmula vinculante nº 11: só é lícito o **uso de algemas** em caso de resistência e de fundado receio de fuga ou de perigo à integridade física própria ou alheia, por parte do preso ou de terceiros, justificada a excepcionalidade por escrito, sob pena de responsabilidade disciplinar civil e penal do agente ou da autoridade e de nulidade da prisão ou do ato processual a que se refere, sem prejuízo da responsabilidade civil do

Estado; **E:** correta. Determina a súmula 403 do STJ que independe de prova do prejuízo a indenização pela publicação não autorizada de imagem de pessoa com fins econômicos ou comerciais.

Gabarito "E".

5.2. Remédios constitucionais

(OAB/Exame XXXIX) Emenda à Constituição inseriu novo direito social na Constituição Federal de 1988. Da análise do dispositivo normativo extraiu-se que a fruição do direito ali previsto somente seria possível com sua devida disciplina legal.

Passados sete anos sem que o Congresso Nacional tivesse elaborado a referida regulamentação, mesmo após decisões do Supremo Tribunal Federal que reconheciam a mora e determinavam prazo razoável para a edição da norma regulamentadora, Fernando, que entende fazer jus a tal direito, procurou você, como advogado(a), a fim de saber se há alguma providência judicial a ser tomada para que possa usufruir do direito constitucionalmente previsto.

Sobre a hipótese, de acordo com o sistema jurídico-constitucional vigente, assinale a afirmativa que apresenta, corretamente, sua orientação.

(A) A via judicial não é cabível, posto que, com base no princípio da separação de poderes, somente a produção de lei regulamentadora pelo Congresso Nacional viabilizará a fruição do referido direito social.

(B) Fernando poderá ingressar com mandado de injunção perante o Superior Tribunal de Justiça, o qual, reconhecendo a existência de mora por parte do Congresso Nacional, poderá determinar que este Tribunal edite a lei regulamentadora imediatamente.

(C) O mandado de injunção, a ser impetrado por Fernando perante o Supremo Tribunal Federal, pode ser utilizado para requerer que o Tribunal estabeleça as condições em que se dará o exercício do referido direito social, de modo a permitir a sua fruição.

(D) Fernando tem a possibilidade de ajuizar uma ação direta de inconstitucionalidade por omissão perante o Supremo Tribunal Federal, requerendo que o Tribunal promova sua implementação imediata para todos que façam jus ao direito social.

A: incorreta. É cabível o mandado de injunção sempre que a falta de norma regulamentadora torne inviável o exercício dos direitos e liberdades constitucionais e das prerrogativas inerentes à nacionalidade, à soberania e à cidadania (CF, art. 5º, LXXI). **B:** incorreta. O STJ não tem competência originária para processar e julgar mandado de injunção (CF, art. 105, I). **C:** correta. O STF tem competência originária para processar e julgar mandado de injunção quando a elaboração da norma regulamentadora for atribuição do Presidente da República, do Congresso Nacional, da Câmara dos Deputados, do Senado Federal, das Mesas de uma dessas Casas Legislativas, do Tribunal de Contas da União, de um dos Tribunais Superiores ou do próprio STF (CF, art. 102, I, *q*). Além disso, o mandado de injunção tem efeito *inter partes* para que aquela Corte estabeleça as condições em que se dará o exercício do referido direito social, de modo a permitir a sua fruição ao impetrante. **D:** incorreta. Ele não tem legitimidade ativa para o ajuizamento da ação direta de inconstitucionalidade por omissão (CF, art. 103, I a IX). AMN

Gabarito "C".

(OAB/Exame XXXVII) O poder constituinte derivado reformador promulgou emenda à Constituição, inserindo um novo direito fundamental na CRFB/88. No caso, trata-se de norma de eficácia limitada, necessitando, portanto, de lei regulamentadora a ser produzida pelo Congresso Nacional.

Em razão da total inércia do Poder Legislativo, tendo decorrido quatro anos desde a referida emenda, uma associação de classe legalmente constituída e em funcionamento há mais de 10 anos, cujo estatuto prevê a possibilidade de atuar judicial e extrajudicialmente no interesse de seus associados, que não estariam sendo contemplados em razão da referida inércia, procura você, como advogado(a).

Com base no sistema jurídico-constitucional brasileiro, você, como advogado(a), informa, corretamente, que a fruição dos direitos pelos associados

(A) somente poderá ser alcançada com a impetração de Mandado de Injunção por iniciativa individual de cada um dos associados, em seus próprios nomes, junto ao Supremo Tribunal Federal.

(B) poderá ser alcançada com a impetração de Mandado de Injunção Coletivo pela referida Associação, em seu próprio nome, junto ao Supremo Tribunal Federal.

(C) somente será alcançada após o Congresso Nacional produzir a lei regulamentadora referente à norma constitucional de eficácia limitada.

(D) será possível com o ajuizamento de uma Ação Civil Pública, que tenha como pedido a exigência de que o Congresso Nacional produza, imediatamente, a lei regulamentadora.

A alternativa B é a correta. Nesse caso é cabível o mandado de injunção coletivo. Essa ação pode ser impetrada por associação legalmente constituída e em funcionamento há pelo menos um ano, para assegurar o exercício de direitos, liberdades e prerrogativas em favor da totalidade ou de parte de seus membros ou associados, na forma de seus estatutos e desde que pertinentes a suas finalidades, dispensada, para tanto, autorização especial (art. 12, III, da Lei nº 13.300, de 23 de junho de 2016). A competência para processar e julgar esse mandado de injunção coletivo é do STF (CF, art. 102, I, q). **AMN**

Gabarito "B".

(OAB/Exame XXXVI) Um órgão público, detentor de banco de dados com informações passíveis de serem transmitidas a terceiros, possuía informações inexatas a respeito de João. Em razão disso, ele dirige petição ao referido órgão solicitando que providenciasse a devida retificação. A petição seguiu acompanhada dos documentos que informavam os dados corretos sobre a pessoa de João.

Como o órgão público indeferiu tanto o pedido inicial quanto o recurso administrativo interposto, João contratou você, como advogado(a), para ajuizar a medida judicial cabível.

Agindo em conformidade com o sistema jurídico-constitucional brasileiro, você

(A) ajuizou um *Habeas Data*, esclarecendo que o Mandado de Segurança, por ser um remédio de caráter residual, não seria o instrumento adequado para aquela situação específica, em que se almejava retificar informações pessoais.

(B) ajuizou uma Ação Ordinária, informando a João ser esta a única solução processual passível de atingir os objetivos pretendidos, já que a comprovação do direito líquido e certo pressupõe a dilação probatória.

(C) impetrou Mandado de Segurança, tendo o cuidado de observar que a impetração se desse dentro do prazo decadencial de 120 dias do conhecimento, por João, do improvimento do recurso.

(D) informou a João que a situação em tela é uma exceção à possibilidade de resolução no âmbito da esfera judicial, sendo que sua solução obrigatoriamente se esgota na esfera administrativa.

A: correta. De fato, o mandado de segurança é um remédio residual, conforme determina o art. 5º, LXIX, da CF. Apenas quando o direito líquido e certo **não for amparado por *habeas corpus* ou *habeas data*** e quando o responsável pela ilegalidade ou abuso de poder for autoridade pública ou agente de pessoa jurídica no exercício de atribuições do Poder Público é que será cabível a impetração do mandado de segurança. Por outro lado, a hipótese trazida preenche os requisitos para impetração do *habeas data*, previstos no art. 5º, LXXII, "b", da CF; **B:** incorreta. O **documento que consta as informações** inexatas a respeito de João e passível de ser transmitido a terceiros **comprova** a existência do direito líquido e certo, de modo que não se faz necessária a dilação probatória. O *habeas data* é, portanto, a medida judicial correta a ser utilizada; **C:** incorreta. Como já mencionado, o mandado de segurança é um remédio residual e **somente** poderia ser impetrado s**e o direito tutelado não fosse amparado por** *habeas corpus* ou *habeas data*. Além disso, o prazo decadencial de 120 dias diz respeito ao mandado de segurança (art. 23 da Lei 12.016/09), não ao habeas data; **D:** incorreta. Determina o art. 5º, XXXV, da CF que a lei **não excluirá da apreciação do Poder Judiciário lesão ou ameaça a direito.**

Gabarito "A".

(OAB/Exame XXXVI) Roberto, cidadão brasileiro, toma conhecimento que um órgão público federal está contratando uma conhecida empreiteira do Estado *Delta* para a realização de obras sem promover o regular procedimento licitatório.

A fim de proteger o interesse público, busca obter maiores informações junto aos setores competentes do próprio órgão. Sem sucesso, passa a considerar a hipótese de ajuizar uma Ação Popular a fim de anular os atos de contratação, bem como buscar o ressarcimento dos cofres públicos por eventuais danos patrimoniais. Antes de fazê-lo, no entanto, quer saber as consequências referentes ao pagamento de custas judiciais e do ônus de sucumbência, caso não obtenha sucesso na causa.

Você, como advogado(a), então, explica-lhe que, segundo o sistema jurídico-constitucional brasileiro, caso não obtenha sucesso na causa,

(A) não terá que arcar com as custas judiciais e com o ônus de sucumbência, posto que o interesse que o move na causa é revestido de inequívoca boa-fé, em defesa do interesse público.

(B) somente terá que arcar com as custas judiciais, mas não com os ônus sucumbenciais, posto se tratar de um processo de natureza constitucional que visa a salvaguardar o interesse social.

(C) terá que arcar com as custas judiciais e com o ônus de sucumbência, como ocorre ordinariamente no âmbito do sistema processual brasileiro.

(D) não terá que arcar com qualquer custo, considerando que a Constituição Federal de 1988 concede aos brasileiros isenção de custas em todos os chamados remédios constitucionais.

A: correta. De acordo com o art. 5º, LXXIII, da CF, qualquer cidadão é parte legítima para **propor ação popular que vise a anular ato lesivo ao patrimônio público** ou de entidade de que o Estado participe, à moralidade administrativa, ao meio ambiente e ao patrimônio histórico e cultural, **ficando o autor, salvo comprovada má-fé, isento de custas judiciais e do ônus da sucumbência; B e C:** incorretas. Como não há má-fé, Roberto **não terá de arcar** com as custas judiciais, nem com os ônus sucumbenciais. Por outro lado, se o autor popular (Roberto) ganhar a ação ele receberá os ônus sucumbenciais a título de reembolso de despesas; **D:** incorreta. Não são todos os remédios constitucionais que são ações gratuitas. De acordo com o art. 5º, LXXVII, da CF, são **gratuitas as ações de "habeas-corpus" e "habeas-data"**, e, na forma da lei, os atos necessários ao exercício da cidadania. Sobre a ação popular, a isenção está condicionada a ausência de má-fé, como já mencionado.

Gabarito "A".

(OAB/Exame Unificado – 2020.2) Ante a ausência de norma regulamentadora de direito social na Constituição da República, cuja edição é de competência da União, ao que se soma a constatação de que a mora legislativa já fora reconhecida em diversas decisões do tribunal competente, o Sindicato dos Radiologistas do Estado Alfa, organização sindical regularmente constituída e em funcionamento há mais de 1 (um) ano, ingressa com Mandado de Injunção Coletivo perante o Supremo Tribunal Federal, pugnando pelo estabelecimento das condições necessárias à fruição do referido direito, de interesse de todos os servidores públicos lotados no Hospital de Diagnóstico por Imagem do respectivo ente, uma fundação pública estadual.

A partir do caso apresentado, com base na Constituição vigente e na Lei nº 13.300/16, assinale a afirmativa correta.

(A) A petição inicial do Mandado de Injunção Coletivo deverá ser indeferida desde logo, eis que manifestamente incabível, pois o autor não tem legitimidade ativa para a sua propositura.

(B) Ainda que reconhecido o estado de mora legislativa, o Supremo Tribunal Federal não pode estabelecer as condições para o exercício de um direito social.

(C) O Mandado de Injunção Coletivo deveria ter sido proposto perante o Tribunal de Justiça do Estado Alfa, pois a decisão abrangerá apenas os servidores da fundação pública estadual do respectivo ente.

(D) Com o trânsito em julgado da decisão do Supremo Tribunal Federal, julgando procedente o pedido formulado, seus efeitos podem ser estendidos a casos análogos por decisão monocrática do relator.

A: incorreta. Ao contrário do mencionado, **o Sindicato** dos Radiologistas do Estado Alfa, organização sindical regularmente constituída e em funcionamento há mais de 1 (um) ano, **é legitimado ativo** para ingressar com Mandado de Injunção Coletivo perante o STF, conforme determina o art. 12, III, da lei 13.300/16 (Mandado de Injunção); **B:** incorreta. Diversamente disso, **o STF poderá estabelecer as condições em que se dará o exercício do direito**. Determina o art. 8º da citada lei que reconhecido o estado de mora legislativa, será deferida a injunção para: I – determinar prazo razoável para que o impetrado promova a edição da norma regulamentadora, II – **estabelecer as condições em que se dará o exercício dos direitos**, das liberdades ou das prerrogativas reclamados ou, se for o caso, as condições em que poderá o

interessado promover ação própria visando a exercê-los, caso não seja suprida a mora legislativa no prazo determinado; **C:** incorreta. De acordo com o art. 102, I, "q", da CF, compete ao STF processar e julgar, de forma originária, o mandado de injunção, quando a elaboração da norma regulamentadora for atribuição do Presidente da República, **do Congresso Nacional**, da Câmara dos Deputados, do Senado Federal, das Mesas de uma dessas Casas Legislativas, do Tribunal de Contas da União, de um dos Tribunais Superiores, ou do próprio Supremo Tribunal Federal; **D:** correta. É o que determina o § 2º do art. 9º da Lei 13.300/16. De acordo com o citado dispositivo, transitada em julgado a decisão, seus efeitos poderão ser estendidos aos casos análogos por decisão monocrática do relator. **BV**

Gabarito "D".

(OAB/Exame Unificado – 2020.1) Alfa, entidade de classe de abrangência regional, legalmente constituída e em funcionamento há mais de 1 ano, ingressa, perante o Supremo Tribunal Federal, com mandado de segurança coletivo para tutelar os interesses jurídicos de seus representados. Considerando a urgência do caso, Alfa não colheu autorização dos seus associados para a impetração da medida.

Com base na narrativa acima, assinale a afirmativa correta.

(A) Alfa não tem legitimidade para impetrar mandado de segurança coletivo, de modo que a defesa dos seus associados em juízo deve ser feita pelo Ministério Público ou, caso evidenciada situação de vulnerabilidade, pela Defensoria Pública.

(B) Alfa goza de ampla legitimidade para impetrar mandado de segurança coletivo, inclusive para tutelar direitos e interesses titularizados por pessoas estranhas à classe por ela representada.

(C) Alfa possui legitimidade para impetrar mandado de segurança coletivo em defesa dos interesses jurídicos dos seus associados, sendo, todavia, imprescindível a prévia autorização nominal e individualizada dos representados, em assembleia especialmente convocada para esse fim.

(D) Alfa possui legitimidade para impetrar mandado de segurança coletivo em defesa dos interesses jurídicos da totalidade ou mesmo de parte dos seus associados, independentemente de autorização.

A: incorreta. Ao contrário do mencionado, a entidade de classe tem legitimidade para impetrar o mandado de segurança coletivo. Determina o inciso LXX do art. 5º da CF que o mandado de segurança coletivo pode ser impetrado por: a) partido político com representação no Congresso Nacional, b) organização sindical, **entidade de classe** ou associação legalmente constituída e em funcionamento há pelo menos um ano, em defesa dos interesses de seus membros ou associados; **B:** incorreta. **Pessoas estranhas** à classe **não podem ser representadas** pela entidade na impetração do mandado de segurança coletivo. Por outro lado, se a pretensão veiculada no remédio for de interesse de apenas uma parte da categoria, o STF admite a impetração (Súmula 630). Tal permissão também advém do art. 21 da Lei 12.016/09; **C:** incorreta. Mais uma vez o fundamento advém da jurisprudência do STF (Súmula 629). De acordo com essa orientação, a impetração do mandado de segurança coletivo por entidade de classe em favor dos associados **independe** da autorização destes; **D:** correta. De fato, é possível que a entidade de classe impetre mandado de segurança coletivo em defesa dos interesses jurídicos da totalidade ou de parte dos seus associados (Súmula 630 do CF e art. 21 da Lei 12.016/09) e não precisa de autorização dos associados para impetrar o remédio (Súmula 629 do STF). **BV**

Gabarito "D".

2. DIREITO CONSTITUCIONAL

(OAB/Exame Unificado – 2019.3) O Supremo Tribunal Federal reconheceu a periculosidade inerente ao ofício desempenhado pelos agentes penitenciários, por tratar-se de atividade de risco. Contudo, ante a ausência de norma que regulamente a concessão da aposentadoria especial no Estado Alfa, os agentes penitenciários dessa unidade federativa encontram-se privados da concessão do referido direito constitucional.

Diante disso, assinale a opção que apresenta a medida judicial adequada a ser adotada pelo Sindicato dos Agentes Penitenciários do Estado Alfa, organização sindical legalmente constituída e em funcionamento há mais de 1 (um) ano, em defesa da respectiva categoria profissional.

(A) Ele pode ingressar com mandado de injunção coletivo para sanar a falta da norma regulamentadora, dispensada autorização especial dos seus membros.

(B) Ele não possui legitimidade ativa para ingressar com mandado de injunção coletivo, mas pode pleitear aplicação do direito constitucional via ação civil pública.

(C) Ele tem legitimidade para ingressar com mandado de injunção coletivo, cuja decisão pode vir a ter eficácia ultra partes, desde que apresente autorização especial dos seus membros.

(D) Ele pode ingressar com mandado de injunção coletivo, mas, uma vez reconhecida a mora legislativa, a decisão não pode estabelecer as condições em que se dará o exercício do direito à aposentadoria especial, sob pena de ofensa à separação dos Poderes.

A: correta. De fato, o remédio correto para combater a inconstitucionalidade por omissão em um caso concreto é o mandado de injunção. Determina o LXXI do art. 5º da CF o cabimento do mandado de injunção sempre que a falta de norma regulamentadora tornar inviável o exercício dos direitos e liberdades constitucionais e das prerrogativas inerentes à nacionalidade, à soberania e à cidadania. O caso trazido se enquadra na previsão constitucional. Vale lembrar que a CF não menciona expressamente o cabimento do mandado de injunção coletivo. Embora diversas vezes admitido pela jurisprudência, com a edição da Lei 13.300/16, a via coletiva passou a ter previsão legal. Conforme determina o art. 12, III, da Lei, o mandado de injunção coletivo pode ser promovido, dentre outros legitimados, III – por **organização sindical**, entidade de classe ou associação legalmente constituída e em funcionamento há pelo menos 1 (um) ano, para assegurar o exercício de direitos, liberdades e prerrogativas em favor da totalidade ou de parte de seus membros ou associados, na forma de seus estatutos e desde que pertinentes a suas finalidades, dispensada, para tanto, autorização especial; **B:** incorreta. Como mencionado, **a organização tem legitimidade** para impetração do mandado de injunção coletivo; **C:** incorreta. Não há regra nesse sentido. Determina o do art. 9º, *caput* e § 1º, da Lei do MI que a decisão terá eficácia subjetiva limitada às partes e produzirá efeitos até o advento da norma regulamentadora, salvo se **poderá ser conferida eficácia *ultra partes* ou *erga omnes* à** decisão, **quando isso for inerente ou indispensável ao exercício do direito, da liberdade ou da prerrogativa objeto da impetração.** Não há necessidade de autorização especial dos seus membros para tanto; **D:** incorreta. Se a mora for reconhecida a decisão **poderá estabelecer as condições** em que se dará o exercício do direito à aposentadoria especial, conforme dispõe o art. 8º, II, da citada Lei. **BV**

Gabarito "A"

(OAB/Exame Unificado – 2019.3) Giuseppe, italiano, veio ainda criança para o Brasil, juntamente com seus pais. Desde então, nunca sofreu qualquer tipo de condenação penal, constituiu família, sendo pai de um casal de filhos nascidos no país, possui título de eleitor e nunca deixou de participar dos pleitos eleitorais. Embora tenha se naturalizado brasileiro na década de 1990, não se sente brasileiro. Nesse sentido, Giuseppe afirma que é muito grato ao Brasil, mas que, apesar do longo tempo aqui vivido, não partilha dos mesmos valores espirituais e culturais dos brasileiros.

Giuseppe mora em Vitória/ES e descobriu o envolvimento do Ministro de Estado Alfa em fraude em uma licitação cujo resultado beneficiou, indevidamente, a empresa de propriedade de seus irmãos. Indignado com tal atitude, Giuseppe resolveu, em nome da intangibilidade do patrimônio público e do princípio da moralidade administrativa, propor ação popular contra o Ministro de Estado Alfa, ingressando no juízo de primeira instância da justiça comum, não no Supremo Tribunal Federal.

Sobre o caso, com base no Direito Constitucional e na jurisprudência do Supremo Tribunal Federal, assinale a afirmativa correta.

(A) A ação não deve prosperar, uma vez que a competência para processá-la e julgá-la é do Supremo Tribunal Federal, e falta legitimidade ativa para o autor da ação, porque não possui a nacionalidade brasileira, não sendo, portanto, classificado como cidadão brasileiro.

(B) A ação deve prosperar, porque a competência para julgar a ação popular em tela é do juiz de primeira instância da justiça comum, e o autor da ação tem legitimidade ativa porque é cidadão no pleno gozo de seus direitos políticos, muito embora não faça parte da nação brasileira.

(C) A ação não deve prosperar, uma vez que a competência para julgar a mencionada ação popular é do Supremo Tribunal Federal, muito embora não falte legitimidade *ad causam* para o autor da ação, que é cidadão brasileiro, detentor da nacionalidade brasileira e no pleno gozo dos seus direitos políticos.

(D) A ação deve prosperar, porque a competência para julgar a ação popular em tela tanto pode ser do juiz de primeira instância da justiça comum quanto do Supremo Tribunal Federal, e não falta legitimidade *ad causam* para o autor da ação, já que integra o povo brasileiro.

A: incorreta. A competência para processar e julgar a ação popular, conforme determina o art. 5º da Lei 4.717/65 (Ação Popular), é dada conforme a origem do ato impugnado. É competente, portanto, para conhecer da ação, processá-la e julgá-la o juiz que, de acordo com a organização judiciária de cada Estado, o for para as causas que interessem à União, ao Distrito Federal, ao Estado ou ao Município. (juízo de 1º grau). Não se enquadra nas hipóteses do art. 102, I, *f* ou *n*, da CF em que poderia a ação ser de competência do STF; **B:** correta. De fato, a ação deve prosperar, não apenas porque a competência para julgar a ação popular é do juiz de primeira instância da justiça comum, mas também Giuseppe é brasileiro naturalizado, tem o título de eleitor e está no exercício dos seus direitos políticos. Determina o § 3º do art. 1º da Lei da Ação Popular que a prova da cidadania, para ingresso em juízo, será feita com o título eleitoral, ou com documento que a ele corresponda. Não é necessário que Giuseppe faça parte da nação brasileira para propor a ação popular. Vale lembrar que tecnicamente o termo "nação" diz respeito ao conjunto de pessoas ligadas por semelhanças, afinidades de etnia, costumes, idioma. Os nacionais se enquadram na definição de nação. Os estrangeiros não, pois cada país tem seus hábitos, costumes, cultura, tradição etc.; **C:** incorreta. A primeira parte da alternativa está errada, pois, como já mencionado, a competência será do juiz de 1º grau, conforme a origem do ato impugnado. Não se enquadra nas hipóteses do art. 102, I, *f* ou *n*, da CF em que poderia a ação ser de competência do STF; **D:** incorreta. O autor tem legitimidade para propor a demanda, mas ação não é de competência do STF, como já mencionado.

Gabarito "B".

(OAB/Exame Unificado – 2019.2) O Município X, visando à interligação de duas importantes zonas da cidade, após o regular procedimento licitatório, efetua a contratação de uma concessionária que ficaria responsável pela construção e administração da via.

Ocorre que, em análise do projeto básico do empreendimento, constatou-se que a rodovia passaria em área de preservação ambiental e ensejaria graves danos ao ecossistema local. Com isso, antes mesmo de se iniciarem as obras, Arnaldo, cidadão brasileiro e vereador no exercício do mandato no Município X, constitui advogado e ingressa com Ação Popular postulando a anulação da concessão.

Com base na legislação vigente, assinale a afirmativa correta.

(A) A Ação Popular proposta por Arnaldo não se revela adequada ao fim de impedir a obra potencialmente lesiva ao meio ambiente.

(B) A atuação de Arnaldo, na qualidade de cidadão, é subsidiária, sendo necessária a demonstração de inércia por parte do Ministério Público.

(C) A ação popular, ao lado dos demais instrumentos de tutela coletiva, é adequada à anulação de atos lesivos ao meio ambiente, mas Arnaldo não precisaria constituir advogado para ajuizá-la.

(D) Caso Arnaldo desista da Ação Popular, o Ministério Público ou qualquer cidadão que esteja no gozo de seus direitos políticos poderá prosseguir com a demanda.

A: incorreta. Ao contrário, a ação se revela adequada à finalidade de impedir a obra potencialmente lesiva ao meio ambiente, pois essa proteção é um dos objetivos da ação popular. De acordo com o art. 5º, LXXIII, da CF qualquer cidadão é parte legítima para propor ação popular que vise a anular ato lesivo ao patrimônio público ou de entidade de que o Estado participe, à moralidade administrativa, ao meio ambiente e ao patrimônio histórico e cultural, ficando o autor, salvo comprovada má-fé, isento de custas judiciais e do ônus da sucumbência; **B:** incorreta. A atuação subsidiária do Ministério Público ocorrerá caso o autor desista da ação ou dê motivo à absolvição da instância, conforme determina o *caput* do art. 9º da Lei 4.717/65 (Lei da Ação Popular). Nessas hipóteses serão publicados editais com o prazo de 30 (trinta) dias, afixado na sede do juízo e publicado três vezes no jornal oficial do Distrito Federal, ou da Capital do Estado ou Território em que seja ajuizada a ação. A publicação será gratuita e deverá iniciar-se no máximo 3 (três) dias após a entrega, na repartição competente, sob protocolo, de uma via autenticada do mandado, de acordo com o art. 7º, II, da Lei 4.717/65; **C:** incorreta. A constituição de advogado se faz necessária; **D:** correta. É o que determina o citado *caput* do art. 9º da Lei 4.717/65. Sendo assim, caso Arnaldo desista da Ação Popular, o Ministério Público ou qualquer cidadão que esteja no gozo de seus direitos políticos poderá prosseguir com a demanda.

Gabarito "D".

(OAB/Exame Unificado – 2017.1) A Lei nº 13.300/16, que disciplina o processo e o julgamento dos mandados de injunção individual e coletivo, surgiu para combater o mal da síndrome da inefetividade das normas constitucionais. Nesse sentido, o seu art. 8º, inciso II, inovou a ordem jurídica positivada ao estabelecer que, reconhecido o estado de mora legislativa, será deferida a injunção para estabelecer as condições em que se dará o exercício dos direitos, das liberdades ou das prerrogativas reclamados, ou, se for o caso, as condições em que o interessado poderá promover ação própria visando a exercê-los, caso não seja suprida a mora legislativa no prazo determinado.

Considerando o conteúdo normativo do art. 8º, inciso II, da Lei nº 13.300/16 e a teoria acerca da efetividade das normas constitucionais, assinale a afirmativa correta.

(A) Foi adotada a posição neoconstitucionalista, na qual cabe ao Poder Judiciário apenas declarar formalmente a mora legislativa, atuando como legislador negativo e garantindo a observância do princípio da separação dos poderes, sem invadir a esfera discricionária do legislador democrático.

(B) Foi consolidada a teoria concretista, em prol da efetividade das normas constitucionais, estabelecendo as condições para o ativismo judicial, revestindo-o de legitimidade democrática, sem ferir a separação de Poderes e, ao mesmo tempo, garantindo a força normativa da Constituição.

(C) Foi promovida a posição não concretista dentro do escopo de um Estado Democrático de Direito, na qual cabe ao Poder Judiciário criar direito para sanar omissão legiferante dos Poderes constituídos, geradores da chamada "síndrome da inefetividade das normas constitucionais", em típico processo objetivo de controle de constitucionalidade.

(D) Foi retomada a posição positivista normativista, concedendo poderes normativos momentâneos aos juízes e tribunais, de modo a igualar os efeitos da ação direta de inconstitucionalidade por omissão (modalidade do controle abstrato) e do mandado de injunção (remédio constitucional).

A: incorreta. A teoria que determina que o Poder Judiciário deva apenas atestar formalmente a mora legislativa e respeita o princípio da separação dos poderes é a **não concretista**. Não foi a adotada pela lei que regulamentou o mandado de injunção; **B:** correta. A **Lei 13.300/2016** (Mandado de Injunção) **adotou a chamada teoria concretista intermediária**, prestigiando a efetividade das normas constitucionais. Além disso, respeitando o princípio da separação dos poderes e buscando proteger a força normativa da Constituição, a nova norma estabeleceu condições para o ativismo judicial, dando a ele legitimidade democrática; **C:** incorreta. A teoria não concretista, além de não ter sido adotada, **não dá ao Judiciário o poder de sanar omissões**. A chamada "síndrome da inefetividade das normas constitucionais" que possuem eficácia limitada é o que mandado de injunção visa a combater. O objetivo do remédio é concretizar direitos fundamentais, com base no comando trazido pelo § 1º do art. 5º da CF que determina a aplicação imediata dos direitos e garantias fundamentais; **D:** incorreta. Como mencionado, a teoria adotada pela lei foi a **concretista intermediária**. **Não há poderes momentâneos concedidos aos juízes e continuam existindo diferenças** entre o mandado de injunção e a ação direta de inconstitucionalidade por omissão. **Ambos combatem a omissão** inconstitucional que inviabilize o exercício de direitos e suas **decisões** possuem **caráter mandamental**. Ocorre que há diferenças, como a proteção buscada nos institutos. **No mandado de injunção há direito subjetivo** de quem impetra o remédio em questão. **Na ação direta de inconstitucionalidade por omissão o processo é objetivo**, pois se trata de controle abstrato de constitucionalidade. Quanto aos **legitimados, no**

2. DIREITO CONSTITUCIONAL — 181

mandado de injunção o impetrante será aquele que se vê prejudicado **pela ausência de norma** regulamentadora que viabilize o exercício do direito; **na ação direta de inconstitucionalidade por omissão, somente aqueles previstos no art. 103 da CF** é que poderão propor a ação. Por fim, a **competência** também será diferente. **O mandado de injunção será processado e julgado por diversos órgãos do Poder Judiciário,** a depender do órgão responsável pela elaboração da norma pendente de regulamentação. **Já a ação direita de inconstitucionalidade por omissão,** por ser exemplo de ação do controle concentrado de constitucionalidade em âmbito federal, será julgada **apenas pelo Supremo Tribunal Federal.**

Gabarito "B".

(OAB/Exame Unificado – 2015.1) J.G., empresário do ramo imobiliário, surpreendeu-se ao tomar conhecimento de que seu nome constava de um banco de dados de caráter público como inadimplente de uma dívida no valor de R$ 500.000,00 (quinhentos mil reais). Embora reconheça a existência da dívida, entende que o não pagamento encontra justificativa no fato de o valor a que foi condenado em primeira instância ainda estar sob discussão em grau recursal. Com o objetivo de fazer com que essa informação complementar passe a constar juntamente com a informação principal a respeito da existência do débito, consulta um advogado, que sugere a impetração de um *habeas data.*

Sobre a resposta à consulta, assinale a afirmativa correta.

(A) O *habeas data* não é o meio adequado, já que a ordem jurídica não prevê a possibilidade de sua utilização para complementar dados, mas apenas para garantir o direito de acessá-los ou retificá-los.

(B) Deveria ser impetrado, em vez de *habeas data*, mandado de segurança, ação constitucional adequada para os casos em que se faça necessária a proteção de direito líquido e certo, não amparado por habeas corpus ou *habeas data.*

(C) Deve ser impetrado *habeas data*, pois, embora o texto constitucional não contemple a hipótese específica do caso concreto, a lei ordinária o faz, de modo a ampliar o âmbito de incidência do *habeas data* como ação constitucional.

(D) O *habeas data* não deve ser impetrado, pois a lei ordinária não pode ampliar uma garantia fundamental prevista no texto constitucional, já que tal configuraria violação ao regime de imutabilidade que acompanha os direitos e as garantias fundamentais.

A: incorreta. Ao contrário do mencionado, a Lei 9.507/1997, que regulamenta o *habeas data*, prevê a possibilidade de sua utilização para complementar dados, conforme determina o seu art. 7º, III. Segundo tal dispositivo, o *habeas data* pode ser concedido para a anotação nos assentamentos do interessado, de contestação ou explicação sobre dado verdadeiro, mas justificável e que esteja sob pendência judicial ou amigável; **B:** incorreta. Como o problema comporta a impetração do *habeas data*, não há que se falar na impetração de mandado de segurança que apenas terá cabimento quando o direito não estiver amparado por *habeas corpus* ou *habeas data*. É o que determina o art. 5º, LXIX, da CF; **C:** correta. O cabimento do *habeas data* nessa hipótese é extraído do art. 7º, III, da Lei 9.507/1997; **D:** incorreta. A lei ordinária não só pode como ampliou as hipóteses de cabimento do *habeas data*. As cláusulas pétreas não podem ser abolidas, mas a sua ampliação é possível.

Gabarito "C".

(OAB/Exame Unificado – 2014.2) Isabella promove ação popular em face do Município X, por entender que determinados gastos realizados estariam causando graves prejuízos ao patrimônio público. O pedido veio a ser julgado improcedente, por total carência de provas. Inconformada, Isabella apresenta a mesma ação com fundamento em novos elementos, e, mais uma vez, o pedido vem a ser julgado improcedente por carência de provas. Nos termos da Constituição Federal e da legislação de regência, assinale a opção correta.

(A) Sendo o pedido julgado improcedente, haverá condenação em honorários advocatícios.

(B) A improcedência por ausência de provas caracteriza a má-fé do autor popular.

(C) A reiteração na propositura da mesma ação acarreta o pagamento de custas pelo autor popular.

(D) As custas serão devidas se declarada, expressamente, a má-fé do autor popular.

A: incorreta. Não haverá condenação em honorários. De acordo com o art. 5º, LXXIII, da CF, qualquer cidadão é parte legítima para propor ação popular que vise a anular ato lesivo ao patrimônio público ou de entidade de que o Estado participe, à moralidade administrativa, ao meio ambiente e ao patrimônio histórico e cultural, **ficando o autor, salvo comprovada má-fé, isento de custas judiciais e do ônus da sucumbência**. O autor popular, embora tenha direito ao recebimento de honorário caso obtenha êxito na ação popular, não é obrigado a pagá-lo caso perca a ação; **B:** incorreta. A improcedência por ausência de provas **não** caracteriza a má-fé do autor popular. Conforme o art. 18 da Lei 4.717/1965 (Ação Popular), a sentença terá eficácia de coisa julgada oponível *erga omnes*, exceto no caso de haver sido a ação **julgada improcedente por deficiência de prova; neste caso, qualquer cidadão poderá intentar outra ação com idêntico fundamento, valendo-se de nova prova**; **C:** incorreta. As custas **só serão devidas se houver comprovação da má-fé** por parte do autor popular. É o que se extrai do art. 5º, LXXIII, da CF; **D:** correta. Além do dispositivo constitucional mencionado, o STF entende que: "A não ser quando há comprovação de má-fé do autor da ação popular, não pode ele ser condenado nos ônus das custas e da sucumbência" (RE 221.291, Rel. Min. Moreira Alves, julgamento em 11-4-2000, Primeira Turma, DJ de 9-6-2000.) No mesmo sentido: AI 582.683-AgR, Rel. Min. Ayres Britto, julgamento em 17-8-2010, Segunda Turma, DJE de 17-9-2010. Vide: AR 1.178, Rel. Min. Marco Aurélio, julgamento em 3-5-1995, Plenário, DJ de 6-9-1996.

Gabarito "D".

(OAB/Exame Unificado – 2014.1) A ação de *habeas data*, como instrumento de proteção de dimensão do direito de personalidade, destina-se a garantir o acesso de uma pessoa a informações sobre ela que façam parte de arquivos ou banco de dados de entidades governamentais ou públicas, bem como a garantir a correção de dados incorretos.

A partir do fragmento acima, assinale a opção correta.

(A) Conceder-se-á *habeas data* para assegurar o conhecimento de informações relativas à pessoa do impetrante ou de parente deste até o segundo grau, constantes de registro ou banco de dados de entidades governamentais ou privadas.

(B) Além dos requisitos previstos no Código de Processo Civil para petição inicial, a ação de *habeas data* deverá vir instruída com prova da recusa ao acesso às informações ou o simples decurso de dez dias sem decisão.

(C) Do despacho de indeferimento da inicial de *habeas data* por falta de algum requisito legal para o ajuizamento caberá agravo de instrumento.

(D) A ação de *habeas data* terá prioridade sobre todos os atos judiciais, com exceção ao habeas corpus e ao mandado de segurança.

A: incorreta. O *habeas data* protege apenas o direito relativo à pessoa do impetrante. Informações de terceiros não são protegidas por esse remédio. De acordo com o art. 5º, LXXII, conceder-se-á *habeas data*: a) para assegurar o conhecimento de **informações relativas à pessoa do impetrante**, constantes de registros ou bancos de dados de entidades governamentais ou de caráter público; **B:** incorreta. De acordo com o art. 8º, parágrafo único, I, da Lei 9.507/1997 (*Habeas Data*), a petição inicial, além de preencher os requisitos dos arts. 319 a 321 e 334 do NCPC, deve ser instruída com prova da recusa ao acesso às informações ou do **decurso de mais de dez dias** sem decisão; **C:** incorreta. Dispõe o parágrafo único do art. 10 da Lei 9.507/1997 que do despacho de indeferimento caberá recurso previsto no art. 15, qual seja: **apelação**; **D:** correta. O art. 19 da Lei 9.507/1997 determina que os **processos de** *habeas data* **tenham prioridade sobre todos os atos judiciais, exceto** *habeas corpus* **e mandado de segurança**. Na instância superior, deverão ser levados a julgamento na primeira sessão que se seguir à data em que, feita a distribuição, forem conclusos ao relator.
Gabarito "D"

(OAB/Exame Unificado – 2013.2) Em atenção às recentes manifestações populares, fora noticiado na TV que determinados deputados estaduais de dado Estado da Federação estavam utilizando a verba do orçamento destinada à saúde para proveito próprio. Marcos, cidadão brasileiro, insatisfeito com a notícia e de posse de documentação que denota indícios de lesão ao patrimônio de seu Estado, ajuíza Ação Popular no Juízo competente em face dos aludidos deputados e do Estado.

Em atenção ao disciplinado na Lei nº 4.717/1965, que trata da Ação Popular, assinale a alternativa incorreta.

(A) Marta, cidadã brasileira, residente e domiciliada no mesmo Estado, pode habilitar-se como litisconsorte de Marcos.

(B) Na mesma linha da ação de Mandado de Segurança, o direito de ajuizá-la decai em 5 (cinco) anos.

(C) O Estado, a juízo de seu representante legal, em se afigurando útil ao interesse público, poderá atuar ao lado de Marcos na condução da ação.

(D) Sendo julgada improcedente a ação movida por Marcos, poderá este recorrer, além do Ministério Público e qualquer outro cidadão.

A: correta. De acordo com o art. 6º, § 5º, da Lei 4.717/1965, é facultado a *qualquer cidadão habilitar-se como litisconsorte* ou assistente do autor da ação popular; **B:** incorreta, devendo ser assinalada. Conforme o art. 23 da Lei 12.016/2009, o direito de requerer mandado de segurança extinguir-se-á decorridos *120 (cento e vinte)* dias, contados da ciência, pelo interessado, do ato impugnado; **C:** correta. De acordo com o art. 6º, § 3º, da Lei 4.717/1965, a *pessoa jurídica de direito público* ou de direito privado, cujo ato seja objeto de impugnação, poderá abster--se de contestar o pedido, ou *poderá atuar ao lado do autor, desde que isso se afigure útil ao interesse público*, a juízo do respectivo *representante legal* ou dirigente; **D:** correta. Conforme o art. 19, § 2º, da Lei 4.717/1965, das sentenças e decisões proferidas *contra o autor* da ação e suscetíveis de recurso, *poderá recorrer qualquer cidadão e também o Ministério Público*.
Gabarito "B"

(OAB/Exame Unificado – 2013.1) Em relação aos remédios constitucionais, assinale a afirmativa correta.

(A) O *habeas data* pode ser impetrado ainda que não haja negativa administrativa em relação ao acesso a informações pessoais.

(B) A ação popular pode ser impetrada por pessoa jurídica.

(C) O particular pode figurar no polo passivo da ação de *habeas corpus*.

(D) O mandado de segurança somente pode ser impetrado quando as questões jurídicas forem incontroversas.

A: incorreta. A Súmula 2 do STJ determina o *não cabimento de "habeas data"* (art. 5º, LXXII, "a", da CF) *quando não há recusa ao acesso a informações* por parte da autoridade administrativa; **B:** incorreta. De acordo com a Súmula 365 do STF, a *pessoa jurídica não tem legitimidade* para propor ação popular. Vale lembrar que essa ação só pode ser proposta pelo cidadão, que é aquele que tem título de eleitor e está no exercício de seus direitos políticos (art. 5º, LXXIII, da CF e art. 1º, § 3º, da Lei 4.717/1965); **C:** correta. A *autoridade coatora ou impetrado pode ser tanto pessoa pública como privada*. O exemplo clássico de impetração desse remédio, em que figure no polo passivo um particular, ocorre quando um hospital psiquiátrico priva o paciente de sua liberdade de locomoção, por exemplo, a pedido da própria família que tem a intenção de abandoná-lo. Outra situação seria a de uma clínica de recuperação para dependentes químicos que não autoriza a saída do paciente, ainda que a família tenha solicitado, pelo fato de haver atraso no pagamento das despesas. A saída do doente é condicionada ao pagamento; **D:** incorreta. De acordo com a Súmula 625 do STF, a "*controvérsia sobre matéria de direito não impede a concessão* do mandado de segurança". O que deve ser demonstrado nesse remédio é a comprovação do direito líquido e certo, ou seja, deve haver *prova documental* pré-constituída, demonstrando a certeza e a liquidez do direito.
Gabarito "C"

(OAB/Exame Unificado – 2012.3.A) A respeito da ação de *habeas corpus*, assinale a afirmativa incorreta.

(A) Pode ser impetrado por estrangeiro residente no país.

(B) É cabível contra punição disciplinar militar imposta por autoridade incompetente.

(C) Não é meio hábil para controle concreto de constitucionalidade.

(D) A Constituição assegura a gratuidade para seu ajuizamento.

A: correta. O *habeas corpus* pode ser impetrado por *qualquer pessoa*, independentemente de nacionalidade e capacidade civil. Sendo assim, o brasileiro (nato ou naturalizado), o estrangeiro e até mesmo o apátrida podem impetrá-lo. A principal característica desse remédio é a informalidade. Fundamento constitucional: art. 5º, XV e LXVIII, da CF; **B:** correta. Embora o art. 142, § 2º, da CF, determine a não possibilidade de impetração de *habeas corpus* em relação a punições disciplinares militares, o STF, reiteradas vezes, já decidiu que *para discutir questões de legalidade*, como, por exemplo, a incompetência da autoridade que determinou a prisão, *o remédio é cabível*. Seguem dois julgados: "A legalidade da imposição de punição constritiva da liberdade, em procedimento administrativo castrense, pode ser discutida por meio de *habeas corpus*. Precedentes." (RHC 88.543-8/SP, 1ª T., j. 03.04.2007, rel. Min. Ricardo Lewandowski, *DJ* 27.04.2007) e "Não há que se falar em violação ao art. 142, § 2º, da CF, se a concessão de *habeas corpus*, impetrado contra punição disciplinar militar, volta-se tão somente para os pressupostos de sua legalidade, excluindo a apreciação de questões referentes ao mérito." (RE 338.840-1/RS, 2ª T., j. 19.08.2003, rel. Min. Ellen Gracie, *DJ* 12.09.2003); **C:** incorreta, devendo ser assinalada. Por meio da impetração de *habeas corpus* é possível fazer controle concreto

2. DIREITO CONSTITUCIONAL

(ou difuso) de constitucionalidade. Um exemplo seria a impetração do remédio para proteger a liberdade de locomoção de alguém que está preso, em virtude de ter sido aplicada uma lei inconstitucional; **D:** correta. De acordo com o art. 5º, LXXVII, da CF, são *gratuitas* as ações de *habeas corpus* e *habeas data*, e, na forma da lei, os atos necessários ao exercício da cidadania.
Gabarito "C".

(OAB/Exame Unificado – 2012.3.B) Em caso de militar da Marinha de Guerra, preso disciplinarmente por autoridade incompetente, é cabível

(A) *habeas corpus*, a ser julgado pela Justiça Federal.

(B) *habeas corpus*, a ser julgado pela Justiça Militar.

(C) mandado de segurança, a ser julgado pela Justiça Federal.

(D) mandado de segurança, a ser julgado pela Justiça Militar.

A: correta. Embora o art. 142, § 2º, da CF, determine a não possibilidade de impetração de *habeas corpus* em relação a punições disciplinares militares, o STF, reiteradas vezes, já decidiu que *para discutir questões de legalidade*, como, por exemplo, a incompetência da autoridade que determinou a prisão, *o remédio é cabível*. Nesse caso, a competência para julgamento é da *Justiça Federal*. Segue julgado: "RECURSO ORDINÁRIO EM *HABEAS CORPUS*. PROCESSUAL PENAL. INFRAÇÃO DISCIPLINAR. PUNIÇÃO IMPOSTA A MEMBRO DAS FORÇAS ARMADAS. CONSTRIÇÃO DA LIBERDADE. *HABEAS CORPUS* CONTRA O ATO. JULGAMENTO PELA JUSTIÇA MILITAR DA UNIÃO. IMPOSSIBILIDADE. INCOMPETÊNCIA. *MATÉRIA AFETA À JURISDIÇÃO DA JUSTIÇA FEDERAL COMUM*. INTERPRETAÇÃO DOS ARTS. 109, VII, e 124, § 2º. I – À Justiça Militar da União compete, apenas, processar e julgar os crimes militares definidos em lei, não se incluindo em sua jurisdição as ações contra punições relativas a infrações (art. 124, § 2º, da CF). II – A legalidade da imposição de punição constritiva da liberdade, em procedimento administrativo castrense, pode ser discutida por meio de *habeas corpus*. Precedentes. III – Não estando o ato sujeito à jurisdição militar, sobressai a competência da Justiça Federal para o julgamento de ação que busca desconstituí-lo (art. 109, VII, CF). IV – Reprimenda, todavia, já cumprida na integralidade. V – HC prejudicado." (STF; RHC 88.543-8/SP, 1ª T., j. 03.04.2007, rel. Min. Ricardo Lewandowski, *DJ* 27.04.2007); **B:** incorreta. O remédio é o *habeas corpus*, mas a competência, conforme já demonstrado, é da Justiça Federal e não da Militar; **C e D:** incorretas. O mandado de segurança não é mecanismo hábil para proteger a liberdade de locomoção.
Gabarito "A".

(OAB/Exame Unificado – 2012.3.B) Assinale a alternativa que indica quem pode impetrar um Mandado de Segurança Coletivo.

(A) Uma associação, desde que legalmente constituída e em funcionamento há pelo menos um ano.

(B) Uma associação, desde que expressamente autorizada pelos seus associados.

(C) Uma entidade de classe, desde que legalmente constituída e em funcionamento há pelo menos um ano.

(D) Uma organização sindical, desde que legalmente constituída e em funcionamento há pelo menos um ano.

A: correta. Conforme dispõe o art. 5º, LXX, da CF, o mandado de segurança coletivo pode ser impetrado por: a) partido político com representação no Congresso Nacional, b) organização sindical, *entidade de classe ou associação legalmente constituída e em funcionamento há pelo menos um ano*, em defesa dos interesses de seus membros ou associados; **B:** incorreta. De acordo com a Súmula 629 do STF, a

impetração de mandado de segurança coletivo por entidade de classe em favor dos associados *não depende de autorização* destes; **C:** incorreta. O requisito da pré-constituição há pelo menos um ano se aplica apenas às associações; **D:** incorreta. A organização sindical também não precisa demonstrar que está em funcionamento há pelo menos um ano.
Gabarito "A".

(OAB/Exame Unificado – 2012.1) O mandado de segurança coletivo NÃO pode ser impetrado por

(A) organização sindical.

(B) partido político com representação no Congresso Nacional.

(C) entidade de classe de âmbito nacional.

(D) associações paramilitares.

De acordo com o art. 5º, LXX, da CF, o mandado de segurança coletivo pode ser impetrado por: a) partido político com representação no Congresso Nacional, b) organização sindical, entidade de classe ou associação legalmente constituída e em funcionamento há pelo menos um ano, em defesa dos interesses de seus membros ou associados. Desse modo, como não constam no rol de legitimados previstos na Constituição Federal, as associações paramilitares *não* podem impetrar mandado de segurança coletivo.
Gabarito "D".

(OAB/Exame Unificado – 2011.2) *O habeas data* não pode ser impetrado em favor de terceiro PORQUE visa tutelar direito à informação relativa à pessoa do impetrante. A respeito do enunciado acima é correto afirmar que

(A) ambas as afirmativas são falsas.

(B) a primeira afirmativa é falsa, e a segunda é verdadeira.

(C) a primeira afirmativa é verdadeira, e a segunda é falsa.

(D) ambas as afirmativas são verdadeiras, e a primeira justifica a segunda.

Dispõe o art. 5º, LXXII, da CF que o *habeas data* é concedido: a) para assegurar o conhecimento de *informações relativas à pessoa do impetrante*, constantes de registros ou bancos de dados de entidades governamentais ou de caráter público e b) para a retificação de dados, quando não se prefira fazê-lo por processo sigiloso, judicial ou administrativo. Desse modo, embora haja decisão do STJ admitindo a impetração de *habeas data* em favor de terceiro, prevalece o entendimento de que não pode ser impetrado em favor de terceiros por proteger o direito de informações relativas à pessoa do impetrante.
Gabarito "D".

(OAB/Exame Unificado – 2010.3) O mandado de segurança é um importante instrumento de proteção a direitos líquidos e certos, individuais ou coletivos, que não estejam amparados por *habeas corpus* ou *habeas data*, sempre que, ilegalmente ou com abuso de poder, qualquer pessoa física ou jurídica sofrer violação ou tiver justo receio de sofrê-la por parte de autoridade. Acerca do mandado de segurança coletivo, é correto afirmar que

(A) a sentença de procedência produz efeitos *erga omnes*, não limitando seus efeitos aos membros da categoria substituídos pelo impetrante.

(B) não induz litispendência para as ações individuais, de forma que os efeitos da coisa julgada beneficiam o impetrante individual, ainda que não requeira a desistência de seu mandado de segurança.

(C) a interposição de embargos infringentes é admitida para fins de exercício da ampla defesa.

(D) pode ser impetrado em defesa de direitos líquidos e certos que pertençam a apenas parte dos membros de uma categoria ou associação, substituídos pelo impetrante.

A: incorreta. A sentença proferida no mandado de segurança coletivo produz efeitos para os substituídos, não possui eficácia *erga omnes* (contra todos). V. art. 22 da Lei 12.016/2009; **B:** incorreta. Art. 22, § 1º, da Lei 12.016/2009: "O mandado de segurança coletivo não induz litispendência para as ações individuais, mas os efeitos da coisa julgada não beneficiarão o impetrante a título individual se não requerer a desistência de seu mandado de segurança no prazo de 30 (trinta) dias a contar da ciência comprovada da impetração da segurança coletiva"; **C:** incorreta. Não cabem embargos infringentes no procedimento do mandado de segurança. V. art. 25 da Lei 12.016/2009; **D:** correta. Art. 21 da Lei 12.016/2009 e Súmula 630 do STF.

Gabarito "D".

(OAB/Exame Unificado – 2010.1) Assinale a opção correta com relação à garantia constitucional do *habeas corpus*.

(A) Caso uma decisão de turma recursal de juizados especiais criminais constitua ato coator da liberdade de locomoção de um acusado, será cabível *habeas corpus* dirigido ao STJ.

(B) Caso a sentença penal condenatória emanada de juiz militar imponha pena de exclusão de militar ou de perda de patente, será cabível a utilização do *habeas corpus*.

(C) Caso ocorra, ao fim de um processo penal, a fixação de pena de multa em sentença penal condenatória, ficará prejudicada a utilização do *habeas corpus*, haja vista a sua destinação exclusiva à tutela do direito de ir e vir.

(D) Ainda que já extinta a pena privativa de liberdade, é cabível a utilização de *habeas corpus* para pedido de reabilitação de paciente.

A: incorreta. "Compete originariamente ao Supremo Tribunal Federal o julgamento de *habeas corpus* contra decisão de Turma recursal de juizados especiais criminais" (Súmula 690 do STF); **B:** incorreta. "Não cabe *habeas corpus* contra a imposição da pena de exclusão de militar ou de perda de patente ou de função pública" (Súmula 694 do STF); **C:** correta. "Não cabe *habeas corpus* contra decisão condenatória a pena de multa, ou relativo a processo em curso por infração penal a que a pena pecuniária seja a única cominada" (Súmula 693 do STF); **D:** incorreta. "Não cabe *habeas corpus* quando já extinta a pena privativa de liberdade" (Súmula 695 do STF). Nesse sentido, já decidiu o STF que: "A via do *habeas corpus* não é a adequada para o fim pretendido pela Impetrante – pedido de reabilitação do Paciente. 2. Extinta a punibilidade ou encerrada a sua execução, não há que se falar em constrangimento à liberdade de locomoção do Paciente a ser protegido via *habeas corpus*" (HC 90.554, 1ª T., j. 06.03.2007, rel. Min. Cármen Lúcia, *DJ* 23.03.2007).

Gabarito "C".

(OAB/Exame Unificado – 2010.1) Considerando as repercussões processuais das garantias constitucionais, assinale a opção correta.

(A) Impõe-se, por ser norma de processo civil, de aplicação imediata, a legislação superveniente à impetração do mandado de segurança.

(B) A ausência de decisão administrativa em prazo razoável não enseja mandado de segurança, pois o Poder Judiciário não pode fixar prazo para decisões do Poder Executivo.

(C) Estrangeiro residente no exterior não pode impetrar mandado de segurança no Brasil.

(D) Mandado de segurança coletivo impetrado pela OAB deve ser ajuizado perante a Justiça Federal, ainda que não se trate de postulação de direito próprio.

A: incorreta. Aplica-se a legislação da época da impetração (STF, AgRg no RE 457.508-6/PI, 2ª T., j. 14.08.2007, rel. Min. Eros Grau, *DJ* 21.09.2007); **B:** incorreta. Enseja a fixação de prazo razoável. Dever de decidir dos administradores públicos (STF, MS 24.167-5/RJ, Pleno, j. 05.10.2006, rel. Min. Joaquim Barbosa, *DJ* 02.02.2007); **C:** incorreta. Poderá impetrar, dado o caráter universal dos direitos fundamentais, mesmo aos turistas em passeio pelo Brasil (STF, RE 215.267-6/SP, j. 24.04.2001, rel. Min. Ellen Gracie, *DJ* 25.05.2001); **D:** correta. "Presente a Ordem dos Advogados do Brasil – autarquia federal de regime especial – no polo ativo de mandado de segurança coletivo impetrado em favor de seus membros, a competência para julgá-lo é da Justiça Federal, mesmo a despeito de a autora não postular direito próprio" (STF, AgRg no RE 266.689-1/MG, 2ª T., j. 17.08.2004, rel. Min. Ellen Gracie, *DJ* 03.09.2004).

Gabarito "D".

(OAB/Exame Unificado – 2009.1) No que se refere aos remédios constitucionais, assinale a opção correta.

(A) A doutrina brasileira do *habeas corpus*, cujo principal expoente foi Rui Barbosa, conferiu grande amplitude a esse *writ*, que podia ser utilizado, inclusive, para situações em que não houvesse risco à liberdade de locomoção.

(B) O *habeas data* pode ser impetrado ao Poder Judiciário, independentemente de prévio requerimento na esfera administrativa.

(C) A ação popular pode ser ajuizada por qualquer pessoa para a proteção do patrimônio público estatal, da moralidade administrativa, do meio ambiente e do patrimônio histórico e cultural.

(D) A ação civil pública somente pode ser ajuizada pelo MP, segundo determina a CF.

A: correta. Art. 5º, LXVIII, da CF; **B:** incorreta. Art. 8º da Lei 9.507/1997 (lei que disciplina o rito processual do *habeas data*); **C:** incorreta. Art. 5º, LXXIII, da CF. Somente está legitimado a ajuizar a ação popular o cidadão, assim entendido, o brasileiro nato ou naturalizado em gozo de seus direitos políticos. Dessa forma, foram excluídos os brasileiros que não estejam no gozo de seus direitos políticos, os estrangeiros e as pessoas jurídicas (Súmula 365 do STF); **D:** incorreta. A ação civil pública (Lei 7.347/1985) pode ser proposta pelo Ministério Público, pela União, pelos Estados, pelos Municípios, pelas associações civis e por outros legitimados relacionados na lei.

Gabarito "A".

(OAB/Exame Unificado – 2008.2) Assinale a opção incorreta acerca dos remédios constitucionais.

(A) A ação popular só pode ser proposta de forma repressiva, sendo incabível, assim, sua proposição antes da consumação dos efeitos lesivos de ato contra o patrimônio público.

(B) No *habeas data*, o direito do impetrante de receber informações constantes de registros de entidades governamentais ou de caráter público é incondicionado, não se admitindo que lhe sejam negadas informações sobre sua própria pessoa.

(C) O mandado de segurança pode ser proposto tanto contra autoridade pública quanto contra agente de

2. DIREITO CONSTITUCIONAL · 185

pessoas jurídicas privadas no exercício de atribuições do poder público.

(D) Organização sindical, entidade de classe ou associação legalmente constituída e em funcionamento há pelo menos um ano têm legitimação ativa para impetrar mandado de segurança coletivo em defesa dos interesses de seus membros ou associados.

A: incorreta, devendo ser assinalada. Art. 5º, LXXIII, da CF; Lei 4.717/1965 (Lei da Ação Popular); **B:** correta. Art. 5º, LXXII, da CF; Lei 9.507/1997 (estabelece o rito processual aplicável ao *habeas data*); **C:** correta. Art. 5º, LXIX, da CF; **D:** correta. Art. 5º, LXX, *b*, da CF.
Gabarito "A".

(OAB/Exame Unificado – 2008.2) De acordo com a CF, nas ações populares,

(A) em nenhuma hipótese, será devido o pagamento de custas.

(B) somente será devido o pagamento de custas se houver comprovada má-fé do autor da ação.

(C) nunca haverá condenação em honorários de sucumbência.

(D) somente será devido o pagamento de custas se houver comprovada má-fé da parte ré.

Conforme determina o art. 5º, LXXIII, da CF.
Gabarito "B".

(OAB/Exame Unificado – 2008.1) No que diz respeito aos direitos fundamentais, assinale a opção correta.

(A) O Estado deve prestar assistência jurídica integral e gratuita a todos.

(B) O direito de qualquer cidadão propor ação popular é previsto constitucionalmente.

(C) São gratuitas as ações de *habeas corpus*, *habeas data* e o mandado de injunção.

(D) O mandado de segurança coletivo pode ser impetrado por qualquer partido político.

A: incorreta. O art. 5º, LXXIV, da CF dispõe que a assistência jurídica gratuita vale somente àqueles que comprovarem insuficiência de recursos; **B:** correta. De fato, tal direito está previsto no art. 5º, LXXIII, da CF; **C:** incorreta. São gratuitas apenas as ações de *habeas corpus* e *habeas data* (art. 5º, LXXVII, da CF); **D:** incorreta. O art. 5º, LXX, *a*, da CF determina que o partido político *tenha representação no Congresso Nacional*.
Gabarito "B".

(FGV – 2013) Thaís propõe Mandado de Injunção de Competência no Supremo Tribunal Federal, tendo o seu pedido acolhido pela unanimidade daquela Corte de Justiça.

Com base nessa decisão apresenta requerimento na repartição pública, onde ocupa cargo público efetivo, postulando o deferimento de pretensão que encontra arrimo na decisão referida do STF.

Em se tratando de Mandado de Injunção, com decisão de procedência, a mesma possui efeitos

(A) gerais e extra partes.

(B) particulares inter partes.

(C) genéricos e ultra partes.

(D) especiais e intra partes.

(E) negociais e citra partes.

Os efeitos serão especiais e *intra partes*. De acordo com Hely Lopes Meirelles, Arnoldo Wald e Gilmar F. Mendes, em **Mandado de Segurança e Ações Constitucionais**. 35. ed. São Paulo: Malheiros, 2013. p.336: "O mandado de injunção é executado por meio de comunicação ao poder, órgão ou autoridade competente para cumpri-la, nos termos indicados na decisão judicial. Essa comunicação equivale a ordem de execução do julgado, que é mandamental e poderá ser feita por ofício, com transcrição completa da decisão a ser cumprida nos termos e condições do julgado. Vale lembrar é possível fazer isso por meios eletrônicos no processo judicial. Na execução, portanto, o impetrado deverá atender ao decidido, expedindo a norma regulamentadora conforme fixado pela Justiça ou possibilitando ao impetrante exercer seu direito ou liberdade constitucional ou, ainda, usufruir dos direitos inerentes à nacionalidade, soberania popular ou cidadania, nos termos estabelecidos pelo julgado. A decisão da Justiça faz coisa julgada apenas para as partes, não se estendendo a casos análogos porque o Judiciário não pode legislar, mas tão somente decidir o caso concreto que lhe é submetido a julgamento, para dar efetividade ao preceito constitucional a ser assegurado pelo mandado de injunção.
Gabarito "D".

(FGV – 2013) A respeito do *mandado de segurança coletivo*, assinale a afirmativa correta.

(A) O mandado de segurança coletivo, por ser instrumento jurídico de defesa de direitos transindividuais, pode ser utilizado para questionar a validade de lei em tese.

(B) As associações, quando impetram mandado de segurança coletivo em favor de seus filiados, dependem, para legitimar sua atuação em juízo, de autorização expressa de seus associados.

(C) A petição inicial do mandado de segurança deve ser instruída com a relação nominal dos associados da impetrante, mas não é necessária a autorização dos associados para a impetração.

(D) O partido político com representação no Congresso Nacional tem legitimidade para a propositura de mandado de segurança coletivo.

(E) A entidade de classe não tem legitimação para o mandado de segurança quando a pretensão veiculada interessa apenas a uma parte da respectiva categoria.

A: incorreta. Conforme determina a súmula nº 266 do STF: **não** cabe **mandado de segurança** contra **lei em tese**; **B:** incorreta. De acordo com a súmula 629 do STF: a impetração de **mandado de segurança coletivo** por entidade **de classe em favor dos associados independe da autorização** destes; **C:** incorreta. Não é necessária a relação nominal dos associados; **D:** correta. Conforme determina o art. 5º, LXX, da CF, o mandado de segurança coletivo pode ser impetrado por: a) **partido político com representação no Congresso Nacional**; b) organização sindical, entidade de classe ou associação legalmente constituída e em funcionamento há pelo menos um ano, em defesa dos interesses de seus membros ou associados; **E:** incorreta. De acordo com a súmula 630 do STF: a entidade de classe tem legitimação para o mandado de segurança ainda que a pretensão veiculada interesse apenas a uma parte da respectiva categoria.
Gabarito "D".

(FGV – 2013) Everaldo pretende obter o acesso de dados pessoais que estão sob a guarda do Ministério da Justiça. Não possuindo haveres apresenta o seu requerimento perante a representação do referido órgão que é localizada no Estado onde é domiciliado.

Após os trâmites burocráticos recebe, por carta subscrita pelo próprio Ministro da Justiça, resposta ao seu requerimento, tendo a Administração indeferido o acesso aos dados postulados.

Observada tal narrativa, cabe a Everaldo impetrar

(A) Mandado de Segurança de competência do Supremo Tribunal Federal.

(B) *Habeas Data* de competência do Superior Tribunal de Justiça.

(C) Mandado de Injunção de competência do Supremo Tribunal Federal.

(D) Ação Popular de competência do Superior Tribunal de Justiça.

(E) *Habeas Corpus* de competência do Supremo Tribunal Federal.

De acordo com o art. 105, I, "b", da CF, compete ao **Superior Tribunal de Justiça** processar e julgar, originariamente os mandados de segurança e os *habeas data* contra ato de Ministro de Estado, dos Comandantes da Marinha, do Exército e da Aeronáutica ou do próprio Tribunal.

Gabarito "B".

(FGV – 2013) Pedro participa de competição esportiva amadora tendo desentendimento com outro competidor, recebendo ameaça de morte do mesmo. Temeroso da ameaça realiza o registro da ocorrência em órgão policial competente. Após o registro, o indivíduo que realizou a ameaça é convocado para prestar depoimento e permanece detido no órgão policial, sem formação de culpa, sem ordem judicial. Nesse caso, caberia a impetração de

(A) Agravo Interno.

(B) Recurso Ordinário.

(C) Reclamação.

(D) *Habeas Corpus*.

(E) Ação Civil Pública.

Conforme determina o art. 5°, LXVIII, da CF, conceder-se-á *habeas corpus* sempre que alguém sofrer ou se achar ameaçado de **sofrer violência ou coação em sua liberdade de locomoção**, por ilegalidade ou abuso de poder.

Gabarito "D".

5.3. Teoria geral dos direitos fundamentais

(OAB/Exame Unificado – 2019.2) O diretor da unidade prisional de segurança máxima ABC expede uma portaria vedando, no âmbito da referida entidade de internação coletiva, quaisquer práticas de cunho religioso direcionadas aos presos, apresentando, como motivo para tal ato, a necessidade de a Administração Pública ser laica.

A partir da situação hipotética narrada, assinale a afirmativa correta.

(A) A motivação do ato administrativo encontra-se equivocada, uma vez que o preâmbulo da Constituição da República de 1988 faz expressa menção à "proteção de Deus", também assegurando aos entes federados ampla liberdade para estabelecer e subvencionar os cultos religiosos e igrejas.

(B) O ato expedido pelo diretor encontra plena correspondência com a ordem constitucional brasileira, a qual veda, aos entes federados, estabelecer cultos religiosos ou igrejas, subvencioná-los ou firmar qualquer espécie de colaboração de interesse público.

(C) A Constituição da República de 1988 dispõe que, nos termos da lei, é assegurada assistência religiosa nas entidades civis e militares de internação coletiva, de modo que a portaria expedida pelo diretor viola um direito fundamental dos internos.

(D) Inexiste incompatibilidade entre a portaria e a Constituição da República de 1988, uma vez que a liberdade religiosa apenas se apresenta no ensino confessional, ministrado, em caráter facultativo, nos estabelecimentos públicos e privados de ensino, não sendo tal direito extensível aos presos.

A: incorreta. O STF (ADI 2076) entende que o **preâmbulo** não cria direitos e deveres **nem tem força normativa**, apenas reflete a posição ideológica do constituinte. Vale lembrar que o Brasil é um país laico, ou seja, não professa uma religião oficial. Sendo assim, o art. 19, I, da CF, **veda** aos entes federativos o **estabelecimento de cultos religiosos** ou igrejas, a concessão de subsídios, o embaraço ao funcionamento ou a manutenção, com eles ou seus representantes, de relações de dependência ou aliança, ressalvada, na forma da lei, a colaboração de interesse público; **B:** incorreta. A proibição existe, conforme já demonstrada pelo art. 19, I, da CF, mas isso não significa que o ato expedido pelo diretor encontre respaldo constitucional. Pelo contrário, o art. 5°, VII, da CF **assegura**, nos termos da lei, a **prestação de assistência religiosa nas entidades civis e militares de internação coletiva**; **C:** correta. A portaria expedida pelo diretor viola o citado art. 5°, VII, da CF que, de fato, trata de um dos direitos fundamentais dos internos; **D:** incorreta. Ao contrário, **existe** incompatibilidade entre a portaria e a CF/88. A liberdade religiosa se apresenta de diversas maneiras no texto constitucional e o seu exercício deve ser garantido, inclusive, às pessoas que estão em estabelecimentos prisionais. Sobre o ensino religioso, o § 1° do art. 210 da CF/88 determina ser de matrícula facultativa e disciplina dos horários normais das escolas públicas de ensino fundamental. BV

Gabarito "C".

(OAB/Exame Unificado – 2017.1) A teoria dimensional dos direitos fundamentais examina os diferentes regimes jurídicos de proteção desses direitos ao longo do constitucionalismo democrático, desde as primeiras Constituições liberais até os dias de hoje. Nesse sentido, a teoria dimensional tem o mérito de mostrar o perfil de evolução da proteção jurídica dos direitos fundamentais ao longo dos diferentes paradigmas do Estado de Direito, notadamente do Estado Liberal de Direito e do Estado Democrático Social de Direito. Essa perspectiva, calcada nas dimensões ou gerações de direitos, não apenas projeta o caráter cumulativo da evolução protetiva, mas também demonstra o contexto de unidade e indivisibilidade do catálogo de direitos fundamentais do cidadão comum.

A partir dos conceitos da teoria dimensional dos direitos fundamentais, assinale a afirmativa correta.

(A) Os direitos estatais prestacionais, ligados ao Estado Liberal de Direito, nasceram atrelados ao princípio da igualdade formal perante a lei, perfazendo a primeira dimensão de direitos.

(B) A chamada reserva do possível fática, relacionada à escassez de recursos econômicos e financeiros do Estado, não tem nenhuma influência na efetividade dos direitos fundamentais de segunda dimensão do Estado Democrático Social de Direito.

(C) O conceito de direitos coletivos de terceira dimensão se relaciona aos direitos transindividuais de natureza indivisível de que sejam titulares pessoas indeterminadas e ligadas por circunstâncias de fato, como ocorre com o direito ao meio ambiente.

(D) Sob a égide da estatalidade mínima do Estado Liberal, os direitos negativos de defesa dotados de natureza absenteísta são corretamente classificados como direitos de primeira dimensão.

A: incorreta. Ao contrário do mencionado, os **direitos prestacionais** não estão relacionados ao Estado Liberal de Direito (primeira geração, direitos de defesa, liberdades públicas etc.), mas **ao Estado Social**, fazendo parte, portanto, da segunda geração dos direitos fundamentais. Essa dimensão exigiu uma conduta positiva do Estado (direitos positivos) com a finalidade de promover igualdade. Encontram-se assegurados, aqui, os chamados direitos sociais, ou seja, aqueles relacionados ao trabalho, à educação e à saúde; **B:** incorreta. **A cláusula de reserva do possível tem relação com a segunda dimensão dos direitos fundamentais** do Estado Democrático Social de Direito. Tais direitos, sociais, **dependem de prestações positivas** do Estado, geram **custos**, de modo que a reserva do possível deve ser utilizada quando da efetivação desses direitos; **C:** incorreta. O direito ao **meio ambiente** ecologicamente equilibrado é um exemplo de direito fundamental de terceira geração, possui natureza indivisível, os titulares são pessoas indeterminadas, mas **não há necessidade de circunstâncias de fato** que liguem essas pessoas e, portanto, são considerados direitos difusos; **D:** correta. De fato, os direitos negativos de defesa, relacionados ao Estado Liberal, são de primeira geração e impõem ao Estado um **dever de abstenção**. Por conta disso, tais direitos também são conhecidos pela doutrina como direitos negativos ou liberdades negativas. BV

Gabarito "D".

(OAB/Exame Unificado – 2008.2) Os tratados e convenções internacionais sobre direitos humanos que forem aprovados, em cada Casa do Congresso Nacional, em dois turnos, por três quintos dos votos dos respectivos membros, serão equivalentes

(A) às leis complementares.

(B) às leis ordinárias.

(C) às emendas constitucionais.

(D) aos decretos legislativos.

Todas as alternativas encontram fundamento no art. 5º, § 3º, da CF. Vale lembrar que tal parágrafo foi acrescentado ao art. 5º pela EC 45/2004. Além disso, em 2010, o Congresso Nacional aprovou por Decreto Legislativo (Decreto nº 6.049/2009), observando a forma prevista no §3º do art. 5º da CF, a Convenção Internacional sobre os Direitos das *Pessoas com Deficiência*. Essa convenção, portanto, possui hierarquia normativa de emenda constitucional.

Gabarito "C".

6. DIREITOS SOCIAIS

(OAB/Exame XXXIV) O perfil de proteção jurídica dos direitos fundamentais já passou e vem passando por momentos de avanços e involuções atrelados aos diferentes paradigmas constitucionais. Formam uma categoria aberta e dinâmica, que se encontra em constante mutação, em razão do Art. 5º, § 2º, da CRFB/88. Nessa perspectiva, em 2017, foi editada a Lei X que regulamentou diversos direitos sociais do rol constante do seu Art. 6º. Com isso, incorporou vários direitos sociais ao patrimônio jurídico do povo. No entanto, em 2019, foi aprovada a Lei Y, que revogou completamente a Lei X, desconstituindo pura e simplesmente o grau de concretização que o legislador democrático já havia dado ao Art. 6º da CRFB/88, sem

apresentar nenhum outro instrumento protetivo no seu lugar.

Diante de tal situação e de acordo com o direito constitucional contemporâneo, a Lei Y deve ser considerada

(A) inconstitucional, pois a revogação total da Lei X, sem apresentação de lei regulamentadora alternativa, viola o princípio da "reserva do possível".

(B) inconstitucional, pois a revogação total da Lei X, sem apresentação de lei regulamentadora alternativa, viola o princípio da "proibição de retrocesso social".

(C) constitucional, pois predomina no direito brasileiro o princípio da "reserva do possível", cuja interpretação garante a onipotência do Poder Legislativo na concretização dos direitos sociais.

(D) constitucional, pois predomina no direito brasileiro o princípio da "proibição do retrocesso social", de modo que os direitos sociais não têm imperatividade, podendo ser livremente regulamentados.

A: incorreta. A revogação total da Lei X, sem apresentação de lei regulamentadora alternativa, viola o princípio da proibição de retrocesso social", **não o da "reserva do possível".** Vale lembrar que a reserva do possível pode ser fática ou jurídica. A primeira diz respeito à impossibilidade concreta, por exemplo, quando o Estado não possui dinheiro para implementar uma política pública que vise concretizar um direito constitucionalmente assegurado. Em diversas situações isso ocorre, mas não basta que o Estado alegue que não tem dinheiro para deixar de aplicar uma norma constitucional, é necessário que ele comprove. Enfim, a efetividade dos direitos prestacionais de segunda dimensão precisa levar em conta a disponibilidade financeira estatal. Por outro lado, a reserva do possível jurídica tem relação com o princípio da razoabilidade. O Poder Público não pode, por exemplo, gastar todo o seu recurso financeiro custeando o tratamento médico especializado e de alto custo de uma única pessoa e, com isso, inviabilizar o atendimento básico que qualquer pronto socorro deve efetivar; **B:** correta. A revogação total da Lei X, sem apresentação de lei regulamentadora alternativa, violou o princípio da "proibição de retrocesso social", pois, sem criar qualquer medida compensatória, suprimiu diversos direitos sociais. Vale lembrar que a **vedação ao retrocesso social proíbe que o legislador suprima, reduza ou diminua algum direito social que já tenha sido legalmente materializado** e é também conhecida como efeito *cliquet*; **C:** incorreta. **Não há onipotência** do Poder Legislativo na concretização dos direitos sociais; **D:** incorreta. Os direitos sociais têm imperatividade e precisam ser regulamentados.

Gabarito "B".

(OAB/Exame Unificado – 2020.1) Preocupado com o grande número de ações judiciais referentes a possíveis omissões inconstitucionais sobre direitos sociais e, em especial, sobre o direito à saúde, o Procurador-Geral do Estado Beta (PGE) procurou traçar sua estratégia hermenêutica de defesa a partir de dois grandes argumentos jurídicos: em primeiro lugar, destacou que a efetividade dos direitos prestacionais de segunda dimensão, promovida pelo Poder Judiciário, deve levar em consideração a disponibilidade financeira estatal; um segundo argumento é o relativo à falta de legitimidade democrática de juízes e tribunais para fixar políticas públicas no lugar do legislador eleito pelo povo.

Diante de tal situação, assinale a opção que apresenta os conceitos jurídicos que correspondem aos argumentos usados pelo PGE do Estado Beta.

(A) Dificuldade contraparlamentar e reserva do impossível.

(B) Reserva do possível fática e separação dos Poderes.

(C) Reserva do possível jurídica e reserva de jurisdição do Poder Judiciário.

(D) Reserva do possível fática e reserva de plenário.

Em relação à reserva do possível, vale a observação de que ela pode ser fática ou jurídica. A primeira diz respeito a impossibilidade concreta, por exemplo, quando o Estado não possui dinheiro para implementar uma política pública que vise concretizar um direito constitucionalmente assegurado. Em diversas situações isso ocorre, mas não basta que o Estado alegue que não tem dinheiro para deixar de aplicar uma norma constitucional, é necessário que ele comprove. Enfim, a efetividade dos direitos prestacionais de segunda dimensão precisa levar em conta a disponibilidade financeira estatal. Por outro lado, a reserva do possível jurídica tem relação com o princípio da razoabilidade. O Poder Público não pode, por exemplo, gastar todo o seu recurso financeiro custeando o tratamento médico especializado e de alto custo de uma única pessoa e, com isso, inviabilizar o atendimento básico que qualquer pronto socorro deve efetivar. O primeiro grande argumento utilizado pelo Procurador-Geral do Estado Beta (PGE) foi, de fato, a reserva do possível fática, pois diz respeito a efetividade dos direitos prestacionais de segunda dimensão e que ela deve levar em consideração a disponibilidade financeira estatal. O segundo, relacionado à falta de legitimidade democrática de juízes e tribunais para fixar políticas públicas no lugar do legislador eleito pelo povo, diz respeito ao princípio da separação dos poderes, protegido constitucionalmente pelo inciso III do § 4º do art. 60 da CF (cláusulas pétreas). **BV**

Gabarito "C".

(OAB/Exame Unificado – 2017.1) Carlos, contando com 59 (cinquenta e nove) anos de idade, resolve se inscrever em concurso público para o cargo de Agente de Polícia, dos quadros da Policia Civil do Estado Beta. Todavia, sua inscrição é negada com base no edital, que reproduz a Lei Estadual X, segundo a qual o candidato, no momento da inscrição, deve ter entre 18 (dezoito) e 32 (trinta e dois) anos de idade. Inconformado, Carlos consulta um advogado a respeito de possível violação do direito fundamental à igualdade.

Diante do caso concreto, assinale a opção que se harmoniza com a ordem jurídico-constitucional brasileira.

(A) Houve violação ao princípio da igualdade, pois o sistema jurídico-constitucional brasileiro veda, em caráter absoluto, que a lei estabeleça requisitos de ordem etária para o provimento de cargos públicos.

(B) Não houve violação ao princípio da igualdade, pois o sistema jurídico-constitucional brasileiro permite que a lei estabeleça limite de idade para inscrição em concurso público quando tal medida se justificar pela natureza das atribuições do cargo a ser preenchido.

(C) Houve violação ao princípio da razoabilidade, pois as atividades inerentes ao cargo a ser ocupado não justificam a previsão do critério etário como requisito para inscrição no concurso público que visa ao seu provimento.

(D) Não houve violação ao princípio da igualdade, pois o sistema jurídico-constitucional brasileiro concede aos administradores públicos poder discricionário para definir, por via editalícia, independentemente da lei, os limites etários para a participação em concursos.

A: incorreta. Não há essa vedação em caráter absoluto. Assim, ao contrário do mencionado, o sistema jurídico brasileiro **admite a distinção** de ordem etária, **desde que a natureza das atribuições do**

cargo possa justificá-la. É o que determina a Súmula 683 do STF. De acordo com a mencionada Súmula, o limite de idade para a inscrição em concurso público só se legitima em face do art. 7º, XXX, da Constituição, quando possa ser justificado pela natureza das atribuições do cargo a ser preenchido; **B:** correta. De fato, não houve violação ao princípio da igualdade, pois, conforme mencionado, a Súmula 683 do STF permite que a lei estabeleça limite de idade para inscrição em concurso público quando tal medida se justificar pela natureza das atribuições do cargo a ser preenchido. Vale lembrar que há decisão do STF (ARE 678112 RG/MG) tratando de um caso semelhante ao enunciado da questão. No julgado, a Suprema Corte definiu que a exceção à proibição da distinção de ordem etária em concursos públicos pode ocorrer, quando, "em razão das especificidades do cargo e das atribuições conferidas ao servidor, a discriminação seja justificável e, por óbvio razoável (Súmula 683 STF)". Prosseguiu afirmando que: "a Lei estadual n. 5.406, de 1969, em sua redação vigente à época da publicação e realização do certame, portanto, anterior à Lei Complementar n. 113, de 2010, dispunha em seu artigo 80, II, que o aspirante deveria ter entre **18 (dezoito) e 32 (trinta e dois) anos** para efetuar a matrícula em curso oferecido pela Academia de **Polícia Civil** de Minas Gerais. O **limite etário** estabelecido pela legislação mineira **afigura-se razoável**, tendo em vista a natureza do cargo de Agente de Polícia, cujas atribuições estão definidas no artigo 4º da Lei Complementar estadual n 84, de 2005"; **C:** incorreta. Diversamente do mencionado, as atividades inerentes ao cargo de Agente da Polícia **justificam a previsão de critério etário como requisito para inscrição no concurso público** que visa ao seu provimento; **D:** incorreta. É necessário que exista **lei** estabelecendo os limites de idade para inscrição em concurso público. Sendo assim, não basta apenas a previsão no edital do concurso. Por fim, é importante frisar que o art. 7º, XXX, da CF, citado algumas vezes, tem aplicação em relação aos servidores públicos, pois o § 3º do art. 39 da CF, ao mencionar os incisos do art. 7º que valem para os servidores ocupantes de cargo público, faz menção ao XXX. **BV**

Gabarito "B".

7. NACIONALIDADE

(OAB/Exame XXXV) Doralice, brasileira, funcionária de uma empresa italiana situada em Roma (Itália), conheceu Rocco, italiano, e com ele se casa. Em Milão, em 1998, nasceu Giuseppe, filho do casal, sendo registrado unicamente em repartição pública italiana. Porém, recentemente, Giuseppe, que sempre demonstrou grande afinidade com a cultura brasileira, externou a seus pais e amigos duas ambições: adquirir a nacionalidade brasileira e integrar os quadros do Itamarati, na condição de diplomata brasileiro. Ele procura, então, um escritório de advocacia no Brasil para conhecer as condições necessárias para atingir seus objetivos.

De acordo com o sistema jurídico-constitucional brasileiro, Giuseppe

(A) poderá exercer qualquer cargo público no âmbito da República Federativa do Brasil, uma vez que, por ser filho de pessoa detentora da nacionalidade brasileira, já possui a condição de brasileiro nato.

(B) poderá atingir o seu objetivo de ser um diplomata brasileiro caso lhe seja reconhecida a condição de brasileiro nato, status que somente será alcançado se vier a residir no Brasil e optar pela nacionalidade brasileira.

(C) poderá adquirir a nacionalidade brasileira na condição de brasileiro naturalizado e, assim, seguir a carreira diplomática, pois a Constituição veda qualquer distinção entre brasileiros natos e naturalizados.

(D) não poderá seguir a carreira diplomática pela República Federativa do Brasil, já que sua situação concreta apenas lhe oferece a possibilidade de adquirir a nacionalidade brasileira pela via da naturalização.

A: incorreta. Giuseppe **só poderá** exercer qualquer cargo público no âmbito da República Federativa do Brasil **se lhe for reconhecida a condição de brasileiro nato**, *status* que somente será alcançada se ele vier a residir no Brasil e optar pela nacionalidade brasileira (art. 12, I, "c", da CF). O fato de Giuseppe ser filho de pessoa detentora da nacionalidade brasileira não faz com que, automaticamente ele possua a condição de brasileiro nato; B: correta. **Giuseppe poderá atingir o seu objetivo** de ser um diplomata brasileiro **caso cumpra os requisitos** previstos no art. 12, I, "c", da CF, ou seja, venha a residir no Brasil e opte pela nacionalidade brasileira; C: incorreta. A carreira diplomática só pode ser preenchida por brasileiros natos, conforme determina o inciso V do parágrafo 3º do art. 12 da CF. A Constituição **proíbe que a lei faça distinção** entre brasileiros natos e naturalizados, mas admite que o seu próprio traga algumas distinções como, por exemplo, a existência de cargos privativos de brasileiros natos. Determina o art. 12, §3º, da CF que são privativos de brasileiro nato os cargos: I - de Presidente e Vice-Presidente da República; II - de Presidente da Câmara dos Deputados; III - de Presidente do Senado Federal; IV - de Ministro do Supremo Tribunal Federal e **V - da carreira diplomática**; D: incorreta. Ao contrário do mencionado, **é possível que Giuseppe siga a carreira diplomática** pela República Federativa do Brasil se ele obtiver a condição de brasileiro nato, após cumprir as exigências trazidas pelo art. 12, I, "c", da CF.

Gabarito "B".

(OAB/Exame XXXIV) Klaus, nascido na Alemanha, é filho de Ângela, também alemã, e de Afonso, brasileiro, que estava no país germânico porque fora contratado por empresa privada local, como engenheiro mecânico. Klaus, com 18 anos, resolve seguir os passos do pai, e vem para o Brasil cursar engenharia mecânica em conceituada universidade federal. Para tanto, e para concorrer às vagas comuns, deseja ter reconhecida a nacionalidade brasileira.

Acerca do caso narrado, e com base no que dispõe a Constituição da República, assinale a afirmativa correta.

(A) Klaus não poderá optar pela nacionalidade brasileira, pois Afonso, ainda que brasileiro, não estava na Alemanha a serviço do Brasil.

(B) Klaus poderá ter reconhecida a condição de brasileiro nato se fixar residência no Brasil e optar pela nacionalidade brasileira, ainda que não tenha sido registrado em repartição brasileira competente na Alemanha.

(C) Tendo em vista que Klaus já atingiu a maioridade, poderá requerer a nacionalidade brasileira apenas na condição de naturalizado.

(D) A comunicação em língua portuguesa mostra-se como condição para a obtenção da nacionalidade brasileira por Klaus.

A: incorreta. Não é necessário que Afonso, seu pai, esteja na Alemanha a serviço do Brasil para que Klaus seja considerado brasileiro nato. **Klaus preenche os requisitos** previstos na segunda parte do art. 12, I, "c", da CF **(filho de pai brasileiro, residência no Brasil e atingimento da maioridade)**, portanto, **pode optar pela nacionalidade brasileira originária**. B: correta. Klaus de fato poderá ter reconhecida a condição de brasileiro nato caso venha a fixar residência no Brasil e opte pela nacionalidade brasileira, ainda que não tenha sido registrado em repartição brasileira competente na Alemanha, pois, como já mencionado, ele se enquadra na segunda hipótese prevista no art. 12, I, "c", da

CF. Determina o dispositivo que são considerados brasileiros natos **os nascidos no estrangeiro de pai brasileiro ou** de mãe brasileira, desde que sejam registrados em repartição brasileira competente **ou venham a residir na República Federativa do Brasil e optem**, em qualquer tempo, depois de atingida a maioridade, **pela nacionalidade brasileira**; C: incorreta. Ao contrário, **após atingir a maioridade ele poderá, a qualquer tempo, requerer a nacionalidade brasileira na condição de nato**, conforme já fundamentado; D: incorreta. **Não há esse requisito** previsto no Texto Constitucional.

Gabarito "B".

(OAB/Exame Unificado – 2018.2) Afonso, nascido em Portugal e filho de pais portugueses, mudou-se para o Brasil ao completar 25 anos, com a intenção de advogar no estado da Bahia, local onde moram seus avós paternos.

Após cumprir todos os requisitos exigidos e ser regularmente inscrito nos quadros da OAB local, Afonso permanece, por 13 (treze) anos ininterruptos, laborando e residindo em Salvador. Com base na hipótese narrada, sobre os direitos políticos e de nacionalidade de Afonso, assinale a afirmativa correta.

(A) Afonso somente poderá se tornar cidadão brasileiro quando completar 15 (quinze) anos ininterruptos de residência na República Federativa do Brasil, devendo, ainda, demonstrar que não sofreu qualquer condenação penal e requerer a nacionalidade brasileira.

(B) Uma vez comprovada sua idoneidade moral, Afonso poderá, na forma da lei, adquirir a qualidade de brasileiro naturalizado e, nessa condição, desde que preenchidos os demais pressupostos legais, candidatar-se ao cargo de prefeito da cidade de Salvador.

(C) Afonso poderá se naturalizar brasileiro caso demonstre ser moralmente idôneo, mas não poderá alistar-se como eleitor ou exercer quaisquer dos direitos políticos elencados na Constituição da República Federativa do Brasil.

(D) Afonso, por ser originário de país de língua portuguesa, adquirirá a qualidade de brasileiro nato ao demonstrar, na forma da lei, residência ininterrupta por 1 (um) ano em solo pátrio e idoneidade moral.

A: incorreta. O fato de Afonso ser originário de país de língua portuguesa, nascido em Portugal, como mencionado na questão, faz com que ele se enquadre na hipótese de naturalização trazida pelo art. 12, II, "a", da CF. Os requisitos, portanto, são muito mais simples, ou seja, apenas residência por um ano ininterrupto e idoneidade moral. Os quinze anos ininterruptos de residência na República Federativa do Brasil e a não condenação penal são requisitos da nacionalidade extraordinária, previstos no art. 12, II, "b", da **CF**; B: correta. Afonso, por ser originário de Portugal, país de língua portuguesa, e já residir de forma ininterrupta há mais de um ano no Brasil, de fato, precisa apenas comprovar sua idoneidade moral para adquirir a qualidade de brasileiro naturalizado. Fora isso, Afonso possui a idade mínima para concorrer ao cargo de Prefeito, e, desde que preenchidos os demais pressupostos legais, pode candidatar-se ao cargo de prefeito da cidade de Salvador; **C:** incorreta. Com a comprovação da idoneidade moral e desde que preenchidos os demais pressupostos legais, Afonso poderá, além de se naturalizar, alistar-se como eleitor e exercer os direitos políticos elencados na CF, exceto as situações em que a própria Constituição exige a nacionalidade originária (brasileiro nato); **D:** incorreta. Afonso não será considerado brasileiro nato. Preenchidos os requisitos mencionados, Afonso adquirirá a nacionalidade derivada, ou seja, será considerado brasileiro naturalizado. BV

Gabarito "B".

(OAB/Exame Unificado – 2018.1) Jean Oliver, nascido em Paris, na França, naturalizou-se brasileiro no ano de 2003. Entretanto, no ano de 2016, foi condenado, na França, por comprovado envolvimento com tráfico ilícito de drogas (cocaína), no território francês, entre os anos de 2010 e 2014. Antes da condenação, em 2015, Jean passou a residir no Brasil.

A França, com quem o Brasil possui tratado de extradição, requer a imediata extradição de Jean, a fim de que cumpra, naquele país, a pena de oito anos à qual foi condenado.

Apreensivo, Jean procura um advogado e o questiona acerca da possibilidade de o Brasil extraditá-lo. O advogado, então, responde que, segundo o sistema jurídico--constitucional brasileiro, a extradição

(A) não é possível, já que, a Constituição Federal, por não fazer distinção entre o brasileiro nato e o brasileiro naturalizado, não pode autorizar tal procedimento.

(B) não é possível, pois o Brasil não extradita seus cidadãos nacionais naturalizados, por crime comum praticado após a oficialização do processo de naturalização.

(C) é possível, pois a Constituição Federal prevê a possibilidade de extradição em caso de comprovado envolvimento com tráfico ilícito de drogas, ainda que praticado após a naturalização.

(D) é possível, pois a Constituição Federal autoriza que o Brasil extradite qualquer brasileiro quando comprovado o seu envolvimento na prática de crime hediondo em outro país.

A: incorreta. A CF proíbe que a lei diferencie brasileiros natos de naturalizados, mas ela própria faz algumas distinções como, por exemplo, a questão da extradição. De acordo com o § 2º do art. 12, a lei não poderá estabelecer distinção entre brasileiros natos e naturalizados, **salvo nos casos previstos nesta Constituição**; **B:** incorreta. A prática de crime comum que autoriza a extradição do brasileiro naturalizado, conforme determina LI do art. 5º da CF, é aquela praticada **antes** da naturalização; **C:** correta. Apenas em relação à prática de crime comum é que a CF exige que seja cometido antes da naturalização. No tocante ao comprovado envolvimento em tráfico ilícito de entorpecentes e drogas afins **não há essa exigência**. Determina o inciso LI do art. 5º da CF que o brasileiro nato não será extraditado, mas que o naturalizado poderá ser nas hipóteses de crime comum, praticado antes da naturalização, ou de comprovado envolvimento em tráfico ilícito de entorpecentes e drogas afins, na forma da lei; **D:** incorreta. Apenas o brasileiro naturalizado pode ser extraditado e nas hipóteses previstas no Texto Constitucional, quais sejam: **crime comum praticado antes da naturalização** e **envolvimento com tráfico ilícito de entorpecentes** e drogas afins. **BV**
Gabarito "C".

(OAB/Exame Unificado – 2017.1) Enzo, brasileiro naturalizado há três anos, apaixonado por ópera, ao saber que a sociedade empresária de radiodifusão, Rádio WXZ, situada na capital do Estado Alfa, encontra-se em dificuldade econômica, apresenta uma proposta para ingressar na sociedade. Nessa proposta, compromete-se a adquirir 25% do capital total da sociedade empresária, com a condição inafastável de que o controle total sobre o conteúdo da programação veiculada pela rádio seja de sua inteira responsabilidade, de forma a garantir a inclusão de um programa diário, com duração de uma hora, sobre ópera. A proposta foi aceita pelos atuais sócios, mas Enzo, preocupado com a licitude do negócio, dada a sua condição de brasileiro naturalizado, procura a

consultoria de um advogado. Considerando a hipótese apresentada, segundo o sistema jurídico-constitucional brasileiro, assinale a afirmativa correta.

(A) Não será possível a concretização do negócio nos termos apresentados, tendo em vista que a Constituição da República não permite que os meios de comunicação divulguem manifestações culturais estrangeiras.

(B) Será possível a concretização do negócio nos termos apresentados, posto que Enzo é brasileiro naturalizado e a Constituição da República veda qualquer distinção entre brasileiro nato e brasileiro naturalizado.

(C) Não será possível a concretização do negócio nos termos acima apresentados, pois a Constituição da República veda que brasileiro naturalizado há menos de dez anos possa estabelecer o conteúdo da programação da rádio.

(D) Será possível a concretização do negócio nos termos acima apresentados, pois a Constituição da República, em respeito aos princípios liberais que sustenta, não interfere no conteúdo pactuado entre contratantes privados.

A: incorreta. **Não há essa vedação** prevista no Texto Constitucional; **B:** incorreta. A CF **veda a distinção feita por lei**, mas informa que há diferenças trazidas pelo próprio Texto Constitucional como, por exemplo, os denominados cargos privativos de nato (art. 12, § 3º, da CF), a não possibilidade de extradição de brasileiro nato, as hipóteses em que se admite a extradição de naturalizado (art. 5º, LI, da CF) etc. Assim, determina o § 2º do art. 121 da CF que **a lei não poderá estabelecer distinção** entre brasileiros natos e naturalizados, **salvo** nos casos previstos nesta Constituição. Por fim, não será viável a concretização do negócio nos moldes apresentados, pois o § 1º do art. 222 da CF determina que o conteúdo da programação será estabelecido por brasileiros natos ou **naturalizados há mais de 10 (dez) anos**; **C:** correta. De acordo com o citado art. 222, § 1º, da CF, em qualquer caso, pelo menos setenta por cento do capital total e do capital votante das empresas jornalísticas e de radiodifusão sonora e de sons e imagens deverá pertencer, direta ou indiretamente, a **brasileiros natos ou naturalizados há mais de dez anos**, que exercerão obrigatoriamente a gestão das atividades e **estabelecerão o conteúdo da programação**; **D:** incorreta. O negócio **não poderá ser concretizado** por expressa previsão constitucional em sentido contrário. O conteúdo pactuado entre contratantes privados não se sobrepõe ao Texto Constitucional. **BV**
Gabarito "C".

(OAB/Exame Unificado – 2015.2) Carlos, brasileiro naturalizado, tendo renunciado à sua anterior nacionalidade, casou--se com Tatiana, de nacionalidade alemã. Em razão do trabalho na iniciativa privada, Carlos foi transferido para o Chile, indo residir lá com sua mulher. Em 15/07/2011, em território chileno, nasceu a primeira filha do casal, Cláudia, que foi registrada na Repartição Consular do Brasil. A teor das regras contidas na Constituição Brasileira de 1988, assinale qual a situação de Cláudia quanto à sua nacionalidade.

(A) Cláudia não pode ser considerada brasileira nata, em virtude de a nacionalidade brasileira de seu pai ter sido adquirida de modo derivado e pelo fato de sua mãe ser estrangeira.

(B) Cláudia é brasileira nata, pelo simples fato de o seu pai, brasileiro, ter se mudado por motivo de trabalho.

(C) Cláudia somente será brasileira nata se vier a residir no Brasil e fizer a opção pela nacionalidade brasileira após atingir a maioridade.

2. DIREITO CONSTITUCIONAL 191

(D) Cláudia é brasileira nata, não constituindo óbice o fato de o seu pai ser brasileiro naturalizado e sua mãe, estrangeira.

A: incorreta. Como o pai, Carlos, era brasileiro, Cláudia, sua filha, após ser registrada na repartição brasileira competente, será considerada brasileira nata. É o que determina o art. 12, I, "c", da CF. De acordo com o mencionado dispositivo, são considerados brasileiros natos, dentre outras hipóteses, os **nascidos no estrangeiro de pai brasileiro ou de mãe brasileira, desde que sejam registrados em repartição brasileira competente** ou venham a residir na República Federativa do Brasil e optem, em qualquer tempo, depois de atingida a maioridade, pela nacionalidade brasileira; **B:** incorreta. Cláudia é considerada brasileira nata, por conta de ser filha de pai brasileiro e ter sido registrada na repartição brasileira competente; **C:** incorreta. Não é necessário que a Cláudia venha morar no Brasil e faça a opção pela nacionalidade brasileira, pois ela já foi devidamente registrada na repartição brasileira competente; **D:** correta. Cláudia é brasileira nata, pois preenche os requisitos previstos no art. 12, I, "c", primeira parte, da CF, quais sejam: filha de pai brasileiro e foi devidamente registrada na repartição consular brasileira.
Gabarito "D".

(OAB/Exame Unificado – 2015.1) Alessandro Bilancia, italiano, com 55 anos de idade, ao completar 15 anos de residência ininterrupta no Brasil, decide assumir a nacionalidade *"brasileira"*, naturalizando-se. Trata-se de renomado professor, cuja elevada densidade intelectual e capacidade de liderança são muito bem vistas por um dos maiores partidos políticos brasileiros. Na certeza de que Alessandro poderá fortalecer os quadros do governo caso o partido em questão seja vencedor nas eleições presidenciais, a cúpula partidária já ventila a possibilidade de contar com o auxílio do referido professor na complexa tarefa de governar o País.

Analise as situações abaixo e assinale a única possibilidade idealizada pela cúpula partidária que encontra respaldo na Constituição Federal.

(A) Alessandro Bilancia, graças ao seu reconhecido saber jurídico e à sua ilibada reputação, poderá ser indicado para compor o quadro de ministros do Supremo Tribunal Federal.

(B) Alessandro Bilancia, na hipótese de concorrer ao cargo de deputado federal e ser eleito, poderá ser indicado para exercer a Presidência da Câmara dos Deputados.

(C) Alessandro Bilancia, na hipótese de concorrer ao cargo de senador e ser eleito, pode ser o líder do partido na Casa, embora não possa presidir o Senado Federal.

(D) Alessandro Bilancia, dada a sua ampla e sólida condição intelectual, pode ser nomeado para assumir qualquer ministério do governo.

A: incorreta. A questão exige conhecimento do art. 12, § 3º, da CF, o qual trata dos cargos privativos de brasileiro nato. De acordo com o mencionado dispositivo, os Ministros do STF devem ser brasileiros natos (art. 12, § 3º, IV, da CF). Sendo assim, Alessandro Bilancia não poderá ser indicado para compor o quadro de ministros do STF; **B:** incorreta. Alessandro Bilancia pode concorrer ao cargo de deputado federal, pois não é necessário que o sujeito seja nato para ocupá-lo. Por outro lado, não poderá ser indicado para exercer a Presidência da Câmara, pois nessa hipótese é exigida a nacionalidade originária, ou seja, o deputado precisa ser brasileiro nato para presidir a Câmara dos Deputados (art. 12, § 3º, II, da CF); **C:** correta. De fato, Alessandro Bilancia pode concorrer ao cargo de senador e, se eleito, pode ser líder do partido na Casa, pois para tais atribuições não é necessário que o sujeito seja brasileiro nato. Por outro lado, não poderá presidir

o Senado Federal, pois tal cargo só pode ser preenchido por brasileiro nato (art. 12, § 3º, III, da CF); **D:** incorreta. Não é qualquer ministério do governo que pode ser ocupado por brasileiro naturalizado. De acordo com a CF, o Ministro de Estado da Defesa necessariamente deve ser nato (art. 12, § 3º, IV, da CF).
Gabarito "C".

(OAB/Exame Unificado – 2014.3) A CRFB/88 identifica as hipóteses de caracterização da nacionalidade para brasileiros natos e os brasileiros naturalizados.

Com base no previsto na Constituição, assinale a alternativa que indica um caso constitucionalmente válido de naturalização requerida para obtenção de nacionalidade brasileira.

(A) Juan, cidadão espanhol, casado com Beatriz, brasileira, ambos residentes em Barcelona.

(B) Anderson, cidadão português, domiciliado no Brasil há 36 dias.

(C) Louis, cidadão francês, domiciliado em Brasília há 14 anos, que está em liberdade condicional, após condenação pelo crime de exploração sexual de vulnerável.

(D) Maria, 45 anos, cidadã russa, residente e domiciliada no Brasil desde seus 25 anos de idade, processada criminalmente por injúria, mas absolvida por sentença transitada em julgado.

A: incorreta. De acordo com o art. 12, II, "a" e "b", da CF, são considerados brasileiros naturalizados: a) os que, na forma da lei, adquiram a nacionalidade brasileira, exigidas aos originários de países de língua portuguesa apenas residência por um ano ininterrupto e idoneidade moral; b) os estrangeiros de qualquer nacionalidade, residentes na República Federativa do Brasil há mais de quinze anos ininterruptos e sem condenação penal, desde que requeiram a nacionalidade brasileira. Juan não se enquadra nas modalidades constitucionalmente admitidas; **B:** incorreta. Para se naturalizar, João precisará comprovar residência por um ano ininterrupto no Brasil e idoneidade moral. Vale lembrar que o § 1º do art. 12 da CF determina que aos portugueses com residência permanente no País, se houver reciprocidade em favor de brasileiros, sejam atribuídos os direitos inerentes ao brasileiro naturalizado; **C:** incorreta. Um dos requisitos para Louis se naturalizar é não ter condenação criminal. Sendo assim, como há condenação criminal em seu nome, a sua naturalização fica vedada; **D:** correta. Maria preenche os requisitos para a naturalização, pois não tem condenação criminal e reside no Brasil há mais de quinze anos ininterruptos (art. 12, II, "b", da CF).
Gabarito "D".

(OAB/Exame Unificado – 2012.1) A Constituição de 1988 proíbe qualquer discriminação, por lei, entre brasileiros natos e naturalizados, exceto os casos previstos pelo próprio texto constitucional. Nesse sentido, é correto afirmar que somente brasileiro nato pode exercer cargo de

(A) Ministro do STF ou do STJ.

(B) Diplomata.

(C) Ministro da Justiça.

(D) Senador.

A: incorreta. De fato os Ministros do STF precisam ser brasileiros natos, mas, aos Ministros de STJ não há essa exigência (art. 12, § 3º, IV, da CF); **B:** correta. Os *cargos* privativos de brasileiro nato são: os de Presidente e Vice-Presidente da República, o de Presidente da Câmara dos Deputados, o de Presidente do Senado Federal, o de Ministro do Supremo Tribunal Federal, o da *carreira diplomática*, o de oficial das Forças Armadas e o de Ministro de Estado da Defesa. O diplomata,

portanto, tem de ser brasileiro nato. Além desse rol, o art. 89, VII, da CF determina que dentre a composição do Conselho da República, seis cadeiras devam ser destinadas a brasileiros natos, com mais de trinta e cinco anos de idade, sendo dois nomeados pelo Presidente da República, dois eleitos pelo Senado Federal e dois eleitos pela Câmara dos Deputados, todos com mandato de três anos, vedada a recondução; **C:** incorreta. O cargo de Ministro da Justiça *não* consta do rol do art. 12, § 3º, da CF; **D:** incorreta. Apenas o *Presidente do Senado* é que deve ser nato e não qualquer Senador.
Gabarito "B".

(OAB/Exame Unificado – 2011.3.A) João, residente no Brasil há cinco anos, é acusado em outro país de ter cometido crime político. Nesse caso, o Brasil

(A) pode conceder a extradição se João for estrangeiro.

(B) pode conceder a extradição se João for brasileiro naturalizado e tiver cometido o crime antes da naturalização.

(C) não pode conceder a extradição, independentemente da nacionalidade de João.

(D) não pode conceder a extradição apenas se João for brasileiro nato.

De acordo com o art. 5º, LII, da CF, o Brasil *não pode conceder* a extradição de estrangeiro *por crime político* ou de opinião. Assim, João, que é acusado da prática de crime político, não poderá ser extraditado, independentemente de sua nacionalidade.
Gabarito "C".

(OAB/Exame Unificado – 2011.2) No que tange ao direito de nacionalidade, assinale a alternativa correta.

(A) O brasileiro nato não pode perder a nacionalidade.

(B) O brasileiro nato somente poderá ser extraditado no caso de envolvimento com o tráfico de entorpecentes.

(C) O filho de pais alemães que estão no Brasil a serviço de empresa privada alemã será brasileiro nato caso venha a nascer no Brasil.

(D) O brasileiro naturalizado pode ser extraditado pela prática de crime comum após a naturalização.

A: incorreta. Conforme o art. 12, § 4º, II, da CF, é declarada a perda da nacionalidade do brasileiro que fizer pedido expresso de perda da nacionalidade brasileira perante autoridade brasileira competente, ressalvadas situações que acarretem apatridia (Redação dada pela EC nº 131/2023). **B:** incorreta. O brasileiro *nato não pode ser extraditado*. Conforme dispõe o inciso LI do art. 5º da CF apenas o naturalizado poderá ser extraditado e nas seguintes hipóteses: crime comum, praticado antes da naturalização, ou de comprovado envolvimento em tráfico ilícito de entorpecentes e drogas afins, na forma da lei; **C:** correta. O art. 12, I, "a", da CF ao tratar dos brasileiros natos determina que os nascidos na República Federativa do Brasil, ainda que de pais estrangeiros, desde que estes não estejam a serviço de seu país, são considerados brasileiros natos. Os pais alemães estavam no Brasil a serviço de empresa de natureza privada, portanto, isso não configura hipótese de estarem "a serviço da Alemanha". E, o filho que nasce no Brasil, ainda que de pais estrangeiros, mas que não estão a serviço de seu país, é considerado brasileiro nato. Portanto, a alternativa está correta; **D:** incorreta. O inciso LI do art. 5º menciona crime comum praticado *antes* da naturalização e não após, como mencionado na alternativa. **AMN**
Gabarito "C".

(FGV – 2011) A Constituição de 1988, em relação à nacionalidade, determina que

(A) são privativos de brasileiro nato os cargos de Presidente e Vice-Presidente da República, Presidente da Câmara dos Deputados e Presidente do Senado Federal, assim como os Ministros do STF e do STJ.

(B) perde a nacionalidade brasileira aquele que adquirir outra nacionalidade, sem exceções.

(C) é considerada brasileiro nato a pessoa nascida na República Federativa do Brasil, ainda que de pais estrangeiros a serviço de seu país.

(D) os estrangeiros aqui residentes há mais de 10 (dez) anos ininterruptos, sem condenação penal, podem requerer a cidadania brasileira, tornando-se brasileiros naturalizados.

(E) é brasileiro nato aquele nascido no estrangeiro de pai ou mãe brasileira, desde que qualquer deles esteja a serviço da República Federativa do Brasil.

A: incorreta. Não reflete o disposto no art. 12, § 3º, da CF; **B:** incorreta. A nova redação do art. 12, § 4º, II, *a e b*, da CF, dada pela EC nº 131/2023 dispõe que será declarada a perda da nacionalidade do brasileiro que: "fizer pedido expresso de perda da nacionalidade brasileira perante autoridade brasileira competente, ressalvadas situações que acarretem apatridia" r; **C:** incorreta. Se os pais estrangeiros estiverem a serviço de seu país a pessoa nascida em solo brasileiro não será brasileira (art. 12, I, "a", da CF); **D:** incorreta, pois, de acordo com o art. 12, II, "b", da CF, serão brasileiros naturalizados "os estrangeiros de qualquer nacionalidade, residentes na República Federativa do Brasil há mais de quinze anos ininterruptos e sem condenação penal, desde que requeiram a nacionalidade brasileira"; **E:** correta. Art. 12, I, "b", da CF. **AMN**
Gabarito "E".

(OAB/Exame Unificado – 2008.1) São brasileiros natos

(A) os nascidos na República Federativa do Brasil, ainda que de pais estrangeiros que estejam a serviço de seu país.

(B) os nascidos, no estrangeiro, de pai brasileiro ou de mãe brasileira, desde que sejam registrados em repartição brasileira competente.

(C) os nascidos, no estrangeiro, de pai e mãe brasileiros, desde que ambos estejam a serviço da República Federativa do Brasil.

(D) os nascidos, no estrangeiro, de pai brasileiro ou de mãe brasileira, desde que venham a residir na República Federativa do Brasil e optem, em qualquer tempo, antes de atingida a maioridade, pela nacionalidade brasileira.

A: incorreta. Se os pais estrangeiros estiverem no Brasil a serviço do país de origem, seu filho, nascido em território nacional, não será considerado brasileiro nato (art. 12, I, "a", da CF); **B:** correta. Essa possibilidade do registro em repartição brasileira competente foi acrescentada ao art. 12, I, *c*, da CF pela EC 54/2007); **C:** incorreta. A Constituição Federal menciona que basta um, se o pai ou a mãe, do nascido no estrangeiro, estiver a serviço do Brasil, o sujeito será brasileiro nato (art. 12, I, "b", da CF); **D:** incorreta. A Constituição exige, nessa situação, a maioridade do sujeito (art. 12, I, "c", segunda parte, da CF).
Gabarito "B".

8. DIREITOS POLÍTICOS

(OAB/Exame XXXIV) Faltando um ano e meio para a eleição dos cargos políticos federais e estaduais, é promulgada pelo Presidente da República uma lei que estabelece diversas alterações no processo eleitoral. Alguns partidos políticos se insurgem, alegando ser inconstitucional que essa lei produza efeitos já na próxima eleição. Afirmam que uma nova lei eleitoral não pode ser aplicada na

2. DIREITO CONSTITUCIONAL 193

eleição imediata, pois isso contrariaria o princípio da anterioridade.

No que tange à discussão referida, a possibilidade de a referida lei produzir efeitos já nas próximas eleições é

(A) constitucional, já que o lapso temporal, entre a data de entrada em vigor da lei e a data da realização da próxima eleição, não afronta a regra temporal imposta pela Constituição Federal.

(B) inconstitucional, por violação expressa ao princípio da anterioridade da legislação eleitoral, nos limites que a Constituição Federal de 1988 a ele concedeu.

(C) inconstitucional, porque qualquer alteração do processo eleitoral somente poderia vir a ocorrer por via do poder constituinte derivado reformador.

(D) constitucional, pois a Constituição Federal não impõe ao legislador qualquer limite temporal para a realização de alteração no processo eleitoral.

A: correta. Determina o art. 16 da CF (princípio da anualidade/anterioridade eleitoral) que a lei que alterar o processo eleitoral entrará em vigor na data de sua publicação, **não se aplicando à eleição que ocorra até um ano da data de sua vigência**; B: incorreta. Ao contrário do mencionado, a lei é constitucional, pois **não** viola o princípio da anterioridade da legislação eleitoral; C: incorreta. A alteração poder ser feita por lei e esta lei entrará em vigor na data de sua publicação, mas só se aplicará à eleição que ocorra **após um ano** da data de sua vigência; D: incorreta. Como já mencionado, a Constituição Federal **impõe** ao legislador limite temporal para a vigência da lei que altere o processo eleitoral.
Gabarito "A".

(OAB/Exame Unificado – 2020.1) José Maria, no ano de 2016, foi eleito para exercer o seu primeiro mandato como Prefeito da Cidade Delta, situada no Estado Alfa. Nesse mesmo ano, a filha mais jovem de José Maria, Janaína (22 anos), elegeu-se vereadora e já se organiza para um segundo mandato como vereadora.

Rosária (26 anos), a outra filha de José Maria, animada com o sucesso da irmã mais nova e com a popularidade do pai, que pretende concorrer à reeleição, faz planos para ingressar na política, disputando uma das cadeiras da Assembleia Legislativa do Estado Alfa.

Diante desse quadro, a família contrata um advogado para orientá-la. Após analisar a situação, seguindo o sistema jurídico-constitucional brasileiro, o advogado afirma que

(A) as filhas não poderão concorrer aos cargos almejados, a menos que José Maria desista de concorrer à reeleição para o cargo de chefe do Poder Executivo do Município Delta.

(B) Rosária pode se candidatar ao cargo de deputada estadual, mas Janaína não poderá se candidatar ao cargo de vereadora em Delta, pois seu pai ocupa o cargo de chefe do Poder Executivo do referido município.

(C) as candidaturas de Janaína, para reeleição ao cargo de vereadora, e de Rosária, para o cargo de deputada estadual, não encontram obstáculo no fato de José Maria ser prefeito de Delta.

(D) Janaína pode se candidatar ao cargo de vereadora, mas sua irmã Rosária não poderá se candidatar ao cargo de deputada estadual, tendo em vista o fato de seu pai exercer a chefia do Poder Executivo do município.

A: incorreta. Ao contrário do mencionado, não há obstáculo para as candidaturas das filhas de José Maria, portanto ele não precisa desistir da reeleição para que elas concorram aos cargos almejados. Determina o § 7º do art. 14 da CF que são **inelegíveis, no território de jurisdição do titular**, o cônjuge e os **parentes consanguíneos** ou afins, **até o segundo grau** ou por adoção, do Presidente da República, de Governador de Estado ou Território, do Distrito Federal, **de Prefeito** ou de quem os haja substituído dentro dos seis meses anteriores ao pleito, **salvo se já titular de mandato eletivo** e candidato à reeleição. Como José Maria ainda não era prefeito no ano em que Janaína foi eleita, não houve impedimento para que ela se candidatasse e não há para a próxima candidatura como vereadora. Aliás, não há limites para Janaína se candidatar ao cargo de vereadora. Quanto à Rosária, também não há impedimento para que ela concorra ao cargo de deputada estadual, pois a abrangência da inelegibilidade de seu pai se restringe ao município Delta. São os eleitores do estado que a elegem, não apenas os do município em que seu pai, José Maria, é prefeito; **B:** incorreta. Como mencionado, ambas podem se candidatar. Janaína já possui mandato eletivo, não sendo atingida pela regra da inelegibilidade prevista no § 7º do art. 14 da CF. Pode se candidatar ao cargo de vereadora quantas vezes desejar; **C:** correta. De fato, as candidaturas de ambas não encontram obstáculo no ordenamento jurídico brasileiro; **D:** incorreta. Rosária poderá se candidatar ao cargo de deputada estadual. Apenas na circunscrição do município de seu pai é que ela seria inelegível.
Gabarito "C".

(OAB/Exame Unificado – 2018.3) Você, como advogado(a), representa um Fórum de Organizações Não Governamentais que atua na defesa da cidadania plena para as mulheres. Segundo informações do Tribunal Superior Eleitoral, existe, para a próxima eleição, um percentual bastante reduzido de candidatas à Câmara dos Deputados, na maioria esmagadora dos partidos políticos.

Sabendo que isso é a expressão de uma cultura machista, em que os partidos não estimulam a candidatura de mulheres, cabe a você explicar às organizações do Fórum que representa que a legislação brasileira determina que

(A) todos os partidos e coligações devem reservar ao menos 50% de suas vagas para candidaturas parlamentares para mulheres, sendo que, desse percentual, 30% devem ser destinadas a mulheres negras.

(B) cada partido ou coligação deverá reservar, das vagas para candidaturas parlamentares que devem ser preenchidas pelos partidos políticos, o mínimo de 30% e o máximo de 70% para candidaturas de cada sexo.

(C) os partidos devem registrar, no TSE, planos decenais em que são estabelecidas as estratégias para o aumento gradativo da participação de mulheres tanto nas vagas para candidaturas parlamentares quanto nas próprias instâncias partidárias.

(D) tanto os partidos quanto as coligações são livres para preencher a lista de candidaturas às eleições parlamentares, não havendo nenhum tipo de obrigação relativamente a uma eventual distribuição percentual das vagas conforme o sexo.

A e C: incorretas. Não há previsão dessas regras no ordenamento jurídico brasileiro; **B:** correta. De fato, determina o art. 10, § 3º, da Lei 9.504/97 (lei que trata das normas sobre as eleições) que cada partido ou coligação preencherá o mínimo de 30% (trinta por cento) e o máximo de 70% (setenta por cento) para candidaturas de cada sexo; **D:** incorreta. Existe obrigação quanto à distribuição de percentual de vagas no art. 10, § 3º, da Lei 9.504/97, conforme explicado. Vale acrescentar que em 5 de abril de 2022 foi publicada a **EC 117/22** que **alterou o art. 17 da CF** para impor aos partidos políticos a aplicação de recursos do fundo partidário na promoção e **difusão da participação política das mulheres**, bem como a aplicação de recursos desse fundo e do Fundo Especial de Financiamento de Campanha e a divisão do tempo de propaganda gratuita no rádio e na televisão no percentual mínimo de 30% (trinta por cento) para candidaturas femininas.

Gabarito "B".

(OAB/Exame Unificado – 2018.2) Juliano, governador do estado X, casa-se com Mariana, deputada federal eleita pelo estado Y, a qual já possuía uma filha chamada Letícia, advinda de outro relacionamento pretérito.

Na vigência do vínculo conjugal, enquanto Juliano e Mariana estão no exercício de seus mandatos, Letícia manifesta interesse em também ingressar na vida política, candidatando- se ao cargo de deputada estadual, cujas eleições estão marcadas para o mesmo ano em que completa 23 (vinte e três) anos de idade.

A partir das informações fornecidas e com base no texto constitucional, assinale a afirmativa correta.

(A) Letícia preenche a idade mínima para concorrer ao cargo de deputada estadual, mas não poderá concorrer no estado X, por expressa vedação constitucional, enquanto durar o mandato de Juliano.

(B) Uma vez que Letícia está ligada a Juliano, seu padrasto, por laços de mera afinidade, inexiste vedação constitucional para que concorra ao cargo de deputada estadual no estado X.

(C) Letícia não poderá concorrer por não ter atingido a idade mínima exigida pela Constituição como condição de elegibilidade para o exercício do mandato de deputada estadual.

(D) Letícia não poderá concorrer nos estados X e Y, uma vez que a Constituição dispõe sobre a inelegibilidade reflexa ou indireta para os parentes consanguíneos ou afins até o 2º grau nos territórios de jurisdição dos titulares de mandato eletivo.

A: correta. Determina o art. 14, § 7º, da CF a inelegibilidade, no território de jurisdição do titular, do cônjuge e dos parentes consanguíneos ou afins, até o segundo grau ou por adoção, do Presidente da República, de Governador de Estado ou Território, do Distrito Federal, de Prefeito ou de quem os haja substituído dentro dos seis meses anteriores ao pleito, salvo se já titular de mandato eletivo e candidato à reeleição. Além disso, o art. 1.595, *caput*, do CC ensina que cada cônjuge ou companheiro é aliado aos parentes do outro pelo vínculo da afinidade. O § 1º do mesmo dispositivo, ao tratar do parentesco por afinidade, informa que ele limita-se aos ascendentes, aos descendentes e aos irmãos do cônjuge ou companheiro. Sendo assim, Letícia, filha de Mariana que é casada com Juliano, Governador do estado X, embora possua a idade mínima, não pode concorrer ao cargo de Deputada estadual no estado x. É inelegível para se candidatar no estado em que o seu "padrasto" governa, enquanto o mandato dele perdurar; **B**: incorreta. Ao contrário, como mencionado nos fundamentos da alternativa anterior, a vedação constitucional abrange o parentesco por afinidade; **C**: incorreta. A idade mínima foi preenchida, conforme dispõe o art. 14, § 3º, III, "c", da CF. O problema repousa na inelegibilidade relacionada ao parentesco, prevista no art. 14, § 7º, da CF; **D**: incorreta. A inelegibilidade reflexa (ou por parentesco), prevista no citado art. 14, § 7º, da CF, abrange os familiares dos Chefes dos executivos (Presidente da República, Governadores e Prefeitos). Essa inelegibilidade não se aplica aos demais cargos eletivos. **BV**

Gabarito "A".

(OAB/Exame Unificado – 2017.3) Numerosos partidos políticos de oposição ao governo federal iniciaram tratativas a fim de se fundirem, criando um novo partido, o Partido Delta. Almejam, com isso, criar uma força política de maior relevância no contexto nacional. Preocupados com a repercussão da iniciativa no âmbito das políticas regionais e percebendo que as tratativas políticas estão avançadas, alguns deputados federais buscam argumentos jurídico-constitucionais que impeçam a criação desse novo partido.

Em reunião, concluem que, embora o quadro jurídico-constitucional brasileiro não vede a fusão de partidos políticos, estes, como pessoas jurídicas de direito público, somente poderão ser criados mediante lei aprovada no Congresso Nacional.

Ao submeterem essas conclusões a um competente advogado, este, alicerçado na Constituição da República, afirma que os deputados federais

(A) estão corretos quanto à possibilidade de fusão entre partidos políticos, mas equivocados quanto à necessidade de criação de partido por via de lei, já que, no Brasil, os partidos políticos possuem personalidade jurídica de direito privado.

(B) estão equivocados quanto à possibilidade de fusão entre partidos políticos no Brasil, embora estejam corretos quanto à necessidade de que a criação de partidos políticos se dê pela via legal, por serem pessoas jurídicas de direito público.

(C) estão equivocados, pois a Constituição da República não só proibiu a fusão entre partidos políticos como também deixou a critério do novo partido político escolher a personalidade jurídica de direito que irá assumir, pública ou privada.

(D) estão corretos, pois a Constituição da República, ao exigir que a criação ou a fusão de partidos políticos se dê pela via legislativa, concedeu ao Congresso Nacional amplos poderes de fiscalização para sua criação ou fusão.

A: correta. De fato, os partidos têm liberdade para se incorporarem, desde que observem as regras constitucionais. O art. 17, *caput*, da CF determina que é livre a criação, fusão, incorporação e extinção de partidos políticos, resguardados a soberania nacional, o regime democrático, o pluripartidarismo, os direitos fundamentais da pessoa humana e observados os seguintes preceitos: I – caráter nacional, II – proibição de recebimento de recursos financeiros de entidade ou governo estrangeiros ou de subordinação a estes, III – prestação de contas à Justiça Eleitoral e IV – funcionamento parlamentar de acordo com a lei. Além disso, a natureza jurídica dos partidos políticos é de pessoa jurídica de direito privado. Os fundamentos estão nos artigos 17, § 2º, da CF e 44, V, do Código Civil; **B**: incorreta. Ao contrário, há possibilidade de fusão e a natureza jurídica dos partidos políticos é de direito privado; **C**: incorreta. A fusão é garantida constitucionalmente pelo art. 17, *caput*, como já mencionado e não há possibilidade de escolha, pelos partidos políticos, da natureza jurídica que terão. De acordo com o art. 17, § 2º, da CF, os partidos políticos, após adquirirem personalidade jurídica, na forma da lei civil, registrarão seus estatutos no Tribunal Superior Eleitoral. Além disso, o art. 44, V, do Código Civil determina que a natureza jurídica dos partidos políticos é de pessoa jurídica de direito privado; **D**: incorreta. A criação dos partidos políticos, como afirmado, não é feita por meio de lei, e o Congresso Nacional não tem competência para fiscalizar os partidos políticos. **BV**

Gabarito "A".

2. DIREITO CONSTITUCIONAL

(OAB/Exame Unificado – 2017.2) João, rico comerciante, é eleito vereador do Município "X" pelo partido Alfa. Contudo, passados dez dias após sua diplomação, o partido político Pi, adversário de Alfa, ajuíza ação de impugnação de mandato eletivo, perante a Justiça Eleitoral, requerendo a anulação da diplomação de João. Alegou o referido partido político ter havido abuso do poder econômico por parte de João na eleição em que logrou ser eleito, anexando, inclusive, provas que considerou irrefutáveis.

João, sentindo-se injustiçado, já que, em momento algum no decorrer da campanha ou mesmo após a divulgação do resultado, teve conhecimento desses fatos, busca aconselhamento com um advogado acerca da juridicidade do ajuizamento de tal ação.

Com base no caso narrado, assinale a opção que apresenta a orientação dada pelo advogado.

(A) O Partido Pi não poderia ter ingressado com a ação, pois abuso de poder econômico não configura fundamento que tenha o condão de viabilizar a impugnação de mandato eletivo conquistado pelo voto.

(B) O Partido Pi respeitou os requisitos impostos pela CRFB/88, tanto no que se refere ao fundamento (abuso do poder econômico) para o ajuizamento da ação como também em relação à sua tempestividade.

(C) O Partido Pi, nos termos do que dispõe a CRFB/88, não poderia ter ingressado com a ação, pois, ocorrida a diplomação, precluso encontrava-se o direito de impugnar o mandato eletivo de João.

(D) O Partido Pi só poderia impugnar o mandato eletivo que João conquistou pelo voto popular em momento anterior à diplomação, sob pena de afronta ao regime democrático.

A: incorreta. Ao contrário do mencionado, **o abuso do poder econômico configura fundamento para a ação de impugnação do mandato eletivo**, sendo assim, o Partido Pi poderia ter ingressado com a ação. De acordo com o art. 14, § 10, da CF, o mandato eletivo poderá ser impugnado ante a Justiça Eleitoral no prazo de quinze dias contados da diplomação, **instruída a ação com provas de abuso do poder econômico**, corrupção ou fraude; **B:** correta. É o que determina o mencionado § 10 do art. 14 da CF; **C:** incorreta. Não houve preclusão. O prazo para a impugnação é de **15 (quinze) dias contados da diplomação; D:** incorreta. Não há afronta ao regime democrático, pois, conforme mencionado, a CF **garante que a impugnação** ocorra em **até 15 dias, contados da diplomação.** [BV]
Gabarito "B".

(OAB/Exame Unificado – 2016.1) André, jovem de 25 anos, é Vereador pelo Município M, do Estado E. Portanto, com domicílio eleitoral nesse Estado. Suas perspectivas políticas se alteram quando, ao liderar um grande movimento de combate à corrupção, o seu nome ganha notoriedade em âmbito nacional. A partir de então, passa a receber inúmeras propostas para concorrer a diversos cargos eletivos, advindas, inclusive, de outros Estados da Federação, a exemplo do Estado X. Nessas condições, seduzido pelas propostas, analisa algumas possibilidades.

De acordo com a Constituição Federal, assinale a opção que indica o cargo eletivo ao qual André pode concorrer.

(A) Deputado Estadual pelo Estado X.

(B) Deputado Federal pelo Estado E.

(C) Senador da República pelo Estado E.

(D) Governador pelo Estado E.

A: incorreta. De acordo com o art. 14, § 3º, IV, da CF, o domicílio eleitoral na circunscrição é uma das condições de elegibilidade. Sendo assim, como o domicílio eleitoral de André fica no Estado E, não é possível que ele se candidate ao cargo de Deputado Estadual por outro Estado; **B:** correta. De fato, é possível que André concorra ao cargo de Deputado Federal pelo Estado E, pois o seu domicílio eleitoral (art. 14, § 3º, IV, da CF) fica nesse Estado. Além disso, como André tem 25 anos, ele já possui a idade mínima exigida para o cargo, qual seja, 21 anos, (art. 14, § 3º, VI, "c" da CF); **C:** incorreta. André não poderá concorrer ao cargo de Senador da República, pois a idade mínima exigida para tal cargo é de 35 anos, conforme determina o art. 14, § 3º, VI, "a" da CF; **D:** incorreta. André também não poderá concorrer ao cargo de Governador, pois a idade mínima exigida para tanto é de 30 anos, conforme determina o art. 14, § 3º, VI, "b" da CF.
Gabarito "B".

(OAB/Exame Unificado – 2014.1) No que concerne às condições de elegibilidade para o cargo de prefeito previstas na CRFB/88, assinale a opção correta.

(A) José, ex-prefeito, que renunciou ao cargo 120 dias antes da eleição poderá candidatar-se à reeleição ao cargo de prefeito.

(B) João, brasileiro, solteiro, 22 anos, poderá candidatar-se, pela primeira vez, ao cargo de prefeito.

(C) Marcos, brasileiro, 35 anos e analfabeto, poderá candidatar-se ao cargo de prefeito.

(D) Luís, capitão do exército com 5 anos de serviço, mas que não pretende e nem irá afastar-se das atividades militares, poderá candidatar-se ao cargo de prefeito.

A: incorreta. Somente se o Prefeito quisesse se candidatar a outros cargos é que haveria necessidade de renúncia prévia. De acordo com o § 6º do art. 14 da CF, para **concorrerem a outros cargos**, o Presidente da República, os Governadores de Estado e do Distrito Federal e **os Prefeitos devem renunciar aos respectivos mandatos até seis meses antes do pleito.** A candidatura à reeleição é admitida sem prévia renúncia. O art. 14, § 5º, da CF determina que o Presidente da República, os Governadores de Estado e do Distrito Federal, **os Prefeitos** e quem os houver sucedido, ou substituído no curso dos mandatos **poderão ser reeleitos para um único período subsequente**; **B:** correta. A idade mínima é uma das chamadas condição de elegibilidade. O art., 14, § 5º, VI, "c", da CF determina que para ser Deputado Federal, Deputado Estadual ou Distrital, **Prefeito**, Vice-Prefeito e juiz de paz, o sujeito possua, ao menos, **vinte e um** anos de idade. Portanto, como João possui 22 anos, ele já pode disputar o cargo de prefeito; **C:** incorreta. O **analfabeto**, embora possa votar facultativamente, **não pode candidatar-se** a cargo eletivo. De acordo com o art. 14, § 4º, da CF, são **inelegíveis** os inalistáveis e **os analfabetos; D:** incorreta. O § 8º do art. 15 da CF determina a elegibilidade do militar alistável, desde que atenda algumas condições, por exemplo, **se contar menos de dez anos** de serviço, **afaste-se da atividade**. Sendo assim, como Luís não pretende e não vai se afastar das atividades militares ele não pode candidatar-se ao cargo de prefeito.
Gabarito "B".

(OAB/Exame Unificado – 2013.3) João, 29 anos de idade, brasileiro naturalizado desde 1992, decidiu se candidatar, nas eleições de 2010, ao cargo de Deputado Federal, em determinado ente federativo. Eleito, e após ter tomado posse, foi escolhido para Presidir a Câmara dos Deputados.

Com base na hipótese acima, assinale a afirmativa correta.

(A) João não poderia ter-se candidatado ao cargo de Deputado Federal, uma vez que esse é um cargo privativo de brasileiro nato.

(B) João não poderia ser Deputado Federal, mas poderia ingressar na carreira diplomática em que não é exigido o requisito de ser brasileiro nato.

(C) João poderia ter-se candidatado ao cargo de Deputado Federal, bem como ser eleito, entretanto, não poderia ter sido escolhido Presidente da Câmara dos Deputados, eis que esse cargo deve ser exercido por brasileiro nato.

(D) João não poderia ter-se candidatado ao cargo de Deputado Federal, mas poderia ter se candidatado ao cargo de Senador da República, mesmo sendo brasileiro naturalizado.

A: incorreta. O cargo de Deputado Federal não é privativo de nato. Apenas para presidir a Câmara dos Deputados é que a Constituição exige, em seu art. 12, § 3º, II, da CF, que o sujeito seja brasileiro nato; **B:** incorreta. Ao contrário, João poderia ter se candidatado ao cargo de Deputado Federal, mas **não poderia ingressar na carreira diplomática**. De acordo com o art. 12, § 3º, V, da CF o cargo da carreira diplomática é privativo de brasileiro nato; **C:** correta. De fato, João poderia ter se candidatado ao cargo de Deputado Federal, pois, além de ser brasileiro, possui a idade mínima exigida para o cargo, qual seja: 21 anos. É o que se extrai do art. 14, § 3º, VI, "c", da CF; **D:** incorreta. Como mencionado, João poderia ter se candidatado ao cargo de Deputado Federal, mas **não poderia ter se candidatado ao cargo de Senador da Pública**, pois não possui a idade mínima exigida para o cargo que é 35 anos. A condição de ser naturalizado não impede a candidatura ao cargo de Senador. Apenas para presidir o Senado Federal é que há necessidade do sujeito ser brasileiro nato, conforme determina o art. 12, § 3º, III, da CF.

Gabarito "C"

(OAB/Exame Unificado – 2013.1) Apesar da existência de vários partidos políticos por força de questões regionais, conjunturais e do vínculo da fidelidade partidária, é comum a cada ano o surgimento de novas agremiações no cenário nacional.

Quanto ao funcionamento dos partidos políticos, à luz das normas constitucionais, assinale a afirmativa correta.

(A) Podem receber recursos financeiros de governo estrangeiro.

(B) Devem prestar as contas partidárias perante Conselho Especial.

(C) Podem ter caráter regional, representando pelo menos duas regiões.

(D) Têm acesso gratuito ao rádio e à televisão nos limites legais.

A: incorreta. De acordo com o art. 17, II, da CF, os partidos políticos *não podem receber recursos financeiros de entidade ou governo estrangeiros* ou de subordinação a estes; **B:** incorreta. Os partidos políticos, conforme o art. 17, III, da CF, prestam contas à *Justiça Eleitoral*; **C:** incorreta. O art. 17, I, da CF determina que os partidos tenham *caráter nacional*; **D:** na época, de fato, a questão estava correta. Ocorre que atualmente a alternativa também está incorreta, pois a EC 97/2017 alterou o § 3º do art. 17 da CF. A regra atual é a de que somente terão direito a recursos do fundo partidário e acesso gratuito ao rádio e à televisão, na forma da lei, os partidos políticos que alternativamente: I – obtiverem, nas eleições para a Câmara dos Deputados, no mínimo, 3% (três por cento) dos votos válidos, distribuídos em pelo menos um terço das unidades da Federação, com um mínimo de 2% (dois por cento) dos votos válidos em cada uma delas; ou II – tiverem elegido pelo menos quinze Deputados Federais distribuídos em pelo menos um terço das unidades da Federação. Vale lembrar que art. 3º da EC 97/17 determina essa regra aplicar-se-á a

partir das eleições de 2030. Até lá, devem ser observadas as normas de transição previstas no parágrafo único do mencionado dispositivo. Assim, não há alternativa correta.

Gabarito "D"

(OAB/Exame Unificado – 2012.3.A) José da Silva, prefeito do Município "X", integrante do Estado "Y", possui familiares que pretendem concorrer a cargos elegíveis nas próximas eleições.

Sobre essa situação, assinale a afirmativa correta.

(A) José da Silva Junior, filho de José da Silva, que terá 18 anos completos na época da eleição, poderá se candidatar ao cargo de deputado estadual de "Y", desde que José da Silva tenha se desincompatibilizado seis meses antes do pleito.

(B) Maria da Silva, esposa de José da Silva, vereadora do município "X", só poderá concorrer novamente ao cargo de vereadora, se José da Silva se desincompatibilizar seis meses antes do pleito.

(C) José da Silva poderá concorrer ao cargo de governador do estado "Z", não sendo necessário que renuncie ao mandato até seis meses antes do pleito.

(D) Pedro Costa, sobrinho de José da Silva, poderá concorrer ao cargo de Vereador do Município "X" mesmo que José da Silva não tenha se desincompatibilizado seis meses antes do pleito.

A: incorreta. A idade mínima exigida para o cargo de deputado estadual é *vinte e um anos* (art. 14, § 3º, VI, "c"), portanto, ainda que José da Silva tenha se desincompatibilizado seis meses antes do pleito, José da Silva Júnior não poderá se candidatar ao cargo de deputado estadual; **B:** incorreta. *Não há necessidade de desincompatibilização* nesse caso, pois Maria da Silva já é titular de mandato eletivo e candidata à reeleição (art. 14, § 7º, parte final, da CF); **C:** incorreta. Para concorrer a outro cargo, José da Silva (Prefeito) deve renunciar ao respectivo mandato até seis meses antes do pleito (art. 14, § 6º, da CF); **D:** correta. Como o sobrinho é parente apenas em *3º grau*, de fato, não é necessária a desincompatibilização de José da Silva, seis meses antes do pleito, para que ele concorra ao cargo (art. 14, § 7º, da CF).

Gabarito "D"

(OAB/Exame Unificado – 2011.3.A) A respeito dos direitos políticos, assinale a alternativa correta.

(A) O cancelamento de naturalização por decisão do Ministério da Justiça é caso de perda de direitos políticos.

(B) A condenação criminal transitada em julgado, enquanto durarem seus efeitos, é caso de cassação de direitos políticos.

(C) A improbidade administrativa é caso de suspensão de direitos políticos.

(D) A incapacidade civil relativa é caso de perda de direitos políticos.

A: incorreta. De acordo com o art. 15, I, da CF, o cancelamento da naturalização *por sentença transitada em julgado* é que pode gerar perda dos direitos políticos; **B:** incorreta. A condenação criminal transitada em julgado, enquanto durarem os seus efeitos, é caso de *suspensão* dos direitos políticos e não de perda; **C:** correta (art. 15, V e 37, § 4º, ambos da CF, e a Lei 8.429/1992); **D:** incorreta. A incapacidade civil *absoluta* gera *suspensão* dos direitos políticos (art. 15, II, da CF).

Gabarito "C"

2. DIREITO CONSTITUCIONAL 197

(OAB/Exame Unificado – 2011.3.A) Assinale a alternativa que relacione corretamente o cargo político e o sistema eleitoral adotado.

(A) Governador: sistema proporcional de dois turnos.

(B) Prefeito: sistema majoritário de maioria simples para municípios com menos de 200 mil eleitores.

(C) Congressista: sistema proporcional.

(D) Vereador: sistema distrital.

A: incorreta. O *governador* e os demais chefes dos executivos são eleitos pelo sistema *majoritário* e não pelo proporcional; **B:** correta. De fato o Prefeito é eleito pelo sistema majoritário de maioria simples na hipótese de municípios com até 200 mil eleitores. Se for um município com mais de 200 mil eleitores, as regras aplicáveis são as previstas nos parágrafos do art. 77 da CF, ou seja, o sistema será o majoritário absoluto; **C:** incorreta. No Congresso Nacional há Deputados Federais e Senadores e os sistemas de eleição são diferenciados, portanto, é equivocado afirmar que o gênero congressista é eleito pelo sistema proporcional. Simplificando, o Senado, representante dos Estados-membros, possui senadores que são eleitos pelo sistema majoritário. Já a Câmara, representante do povo, é composta de deputados federais, eleitos pelo sistema proporcional; **D:** incorreta. O vereador é eleito pelo sistema proporcional.
Gabarito "B".

(OAB/Exame Unificado – 2011.1) Os direitos políticos não podem ser cassados. Podem, no entanto, sofrer perda ou suspensão à luz das normas constitucionais pelo seguinte fundamento:

(A) cancelamento de naturalização por decisão administrativa.

(B) improbidade administrativa.

(C) condenação cível sem trânsito em julgado.

(D) incapacidade civil relativa, declarada judicialmente.

A: incorreta. O cancelamento da naturalização pode até influir nos direitos políticos, mas só se tal ato se der por sentença judicial transitada em julgado (art. 15, I, da CF); **B:** correta. A condenação por improbidade administrativa é uma hipótese em que há suspensão dos direitos políticos (art. 15, V, e 37, § 4º, ambos da CF); **C:** incorreta. Apenas a condenação criminal transitada em julgado, enquanto durarem seus efeitos, é que terá influência nos direitos políticos (art. 15, III, da CF); **D:** incorreta. O que pode refletir nos direitos políticos é a incapacidade civil absoluta e não a relativa (art. 15, II, da CF).
Gabarito "B".

(OAB/Exame Unificado – 2010.3) De acordo com a Constituição da República, são inalistáveis e inelegíveis

(A) somente os analfabetos e os conscritos.

(B) somente os estrangeiros e os analfabetos.

(C) somente os estrangeiros e os conscritos.

(D) os estrangeiros, os analfabetos e os conscritos.

Os analfabetos são apenas inelegíveis (art. 14, § 1º, II, "a" e § 2º, da CF); os estrangeiros e os conscritos são inalistáveis *e* inelegíveis (art. 14, § 2º, da CF).
Gabarito "C".

(OAB/Exame Unificado – 2009.2) Assinale a opção correta a respeito dos partidos políticos.

(A) Como sujeitos de direitos, os partidos políticos têm legitimidade para atuar em juízo, e, se tiverem representação no Congresso Nacional, podem ajuizar mandado de segurança coletivo.

(B) Somente os partidos com representação no Congresso Nacional podem usufruir dos recursos do fundo partidário e ter acesso gratuito ao rádio e à televisão, na forma da lei.

(C) A CF consagra o princípio da liberdade partidária de modo ilimitado e irrestrito, não admitindo condicionantes para a criação, fusão, incorporação e extinção dos partidos políticos.

(D) Os partidos políticos somente adquirem personalidade jurídica após duplo registro: no registro civil das pessoas jurídicas e no tribunal regional eleitoral do estado em que estão sediados.

A: correta. (Art. 5º, LXX, "a", da CF); **B:** incorreta. de acordo com o art. 17, § 3º, da CF, com redação dada pela EC 97/17, somente terão direito a recursos do fundo partidário e acesso gratuito ao rádio e à televisão, na forma da lei, os partidos políticos que alternativamente: I – obtiverem, nas eleições para a Câmara dos Deputados, no mínimo, 3% (três por cento) dos votos válidos, distribuídos em pelo menos um terço das unidades da Federação, com um mínimo de 2% (dois por cento) dos votos válidos em cada uma delas; ou II – tiverem elegido pelo menos quinze Deputados Federais distribuídos em pelo menos um terço das unidades da Federação. Vale lembrar que art. 3º da EC 97/17 determina essa regra aplicar-se-á a partir das eleições de 2030. Até lá, devem ser observadas as normas de transição previstas no parágrafo único do mencionado dispositivo. **C:** incorreta. O art. 17, *caput*, da CF, trata da liberdade partidária, mas traz alguns preceitos que devem ser observados, como o caráter nacional, a prestação de contas à Justiça Eleitoral etc. Portanto, o princípio mencionado não tem caráter absoluto; **D:** incorreta. O art. 17, § 2º, da CF dispõe que a aquisição da personalidade jurídica se dá na forma da lei civil. Conforme o art. 8º da Lei 9.096/1995, isso ocorre com o registro do partido político no cartório competente do Registro Civil de Pessoas Jurídicas, da Capital Federal. Nesse momento já adquiriram personalidade jurídica, após isso é que devem registrar seus estatutos no TSE.
Gabarito "A".

(OAB/Exame Unificado – 2008.2) Conforme dispõe a CF, os prefeitos municipais

(A) podem ser reeleitos para até dois períodos subsequentes ao do primeiro mandato.

(B) devem renunciar aos respectivos mandatos até seis meses antes do pleito, caso desejem se candidatar à reeleição.

(C) somente devem renunciar aos respectivos mandatos até seis meses antes do pleito, se forem concorrer a outros cargos eletivos.

(D) não poderão ser reeleitos.

A: incorreta. O art. 14, § 5º, da CF determina que os chefes do executivo, federal, estadual, distrital ou municipal, podem ser eleitos para um único período subsequente; **B:** incorreta. O art. 14, § 6º, da CF dispõe que apenas quando forem concorrer a *outros cargos* é que devem renunciar aos respectivos mandatos até seis meses antes do pleito; **C:** correta. É o que se extrai do art. 14, § 6º, da CF; **D:** incorreta. Conforme já mencionado, os prefeitos *podem* ser reeleitos para um único período subsequente (art. 14, § 5º, da CF).
Gabarito "C".

(OAB/Exame Unificado – 2008.1) No que diz respeito aos direitos políticos, assinale a opção incorreta.

(A) O conceito de domicílio eleitoral não se confunde com o de domicílio da pessoa natural regulado no Código Civil, pois, naquele, leva-se em conta o lugar onde o interessado tem vínculos políticos e sociais e, não, o lugar onde ele reside com *animus* definitivo.

(B) A Constituição Federal determina que as eleições dos deputados federais, dos deputados estaduais e dos vereadores devam efetivar-se pelo critério proporcional.

(C) O plebiscito e o referendo podem ser convocados tanto pelo Congresso Nacional, por meio de decreto legislativo, quanto mediante lei de iniciativa popular.

(D) Reconhecida a incapacidade civil absoluta, mediante sentença que decrete a interdição, ocorre a suspensão dos direitos políticos, mas, não, a perda de tais direitos.

A: correta. O texto da alternativa foi extraído exatamente do livro: "Curso de Direito Constitucional", Gilmar Ferreira Mendes, Inocêncio Coelho e Paulo Gonet Branco, 8. ed. São Paulo: Saraiva, p. 704. De fato, a conceito de domicílio eleitoral, por ser mais flexível, é diferente do adotado pelo Código Civil, em seu art. 70; **B:** correta. As eleições dos deputados federais, estaduais, distritais e dos vereadores devem observar o sistema proporcional (art. 45, *caput*, e 27, § 1º, ambos da CF e art. 84 do Código Eleitoral – Lei n. 4737/65); **C:** incorreta, devendo ser assinalada. O art. 49, XV, da CF dispõe que é competência *exclusiva* do Congresso Nacional *autorizar referendo* e *convocar plebiscito*. Tal atribuição é exercida por meio de *decreto legislativo*. De fato, a sentença que reconhece a incapacidade civil absoluta e decreta *interdição* faz com que os *direitos políticos* fiquem *suspensos*, enquanto durarem os seus efeitos (art. 15, II, da CF e arts. 1.767 e 1.779 do CC). "Gabarito "C"

9. ORGANIZAÇÃO DO ESTADO

9.1. Organização político-administrativa. União, Estados, DF, Municípios e Territórios

(OAB/Exame XXXIX) Bento de Souza, governador do Estado *Alfa*, reconhecido como grande gestor público, foi indicado para assumir a presidência da Petrobras pelo Presidente da República. Honrado com o convite e inclinado a aceitá-lo, busca orientação com seu advogado(a) a respeito da possibilidade de cumular os dois cargos.

Com base no ordenamento jurídico-constitucional brasileiro, assinale a opção que indica a orientação dada pelo(a) advogado(a).

(A) Na eventualidade de Bento aceitar o convite para assumir a presidência da Petrobras, perderá o mandato de governador do Estado *Alfa*.

(B) Bento pode assumir o cargo na Petrobras, caso peça licença do cargo para o qual foi eleito, a ele podendo retornar, caso se exonere do cargo na sociedade de economia mista.

(C) Bento pode acumular os dois cargos públicos, devendo optar pela remuneração de Governador ou pela remuneração de presidente da Petrobras.

(D) Bento, após sua diplomação, mesmo que renunciasse ao cargo de governador, está proibido de assumir, no período para o qual foi eleito, o cargo de presidente da Petrobras.

A alternativa A está correta. O art. 28, § 1º, da CF, dispõe que o Governador perderá o mandato que assumir outro cargo ou função na administração pública direta ou indireta, ressalvada a posse em virtude de concurso público e observado o disposto no art. 38, I, IV e V da CF. **AMN**
"Gabarito "A"

(OAB/Exame XXXIX) O Governador do Estado *Alfa*, recém-empossado, apresentou projeto de lei à Assembleia Legislativa no qual propôs políticas de proteção específicas, direcionadas às pessoas com deficiência no âmbito do seu Estado, visto ser esta uma de suas pautas durante a campanha eleitoral.

Com base na situação hipotética narrada e no sistema jurídico-constitucional brasileiro, em relação ao projeto de lei, assinale a opção correta.

(A) A competência para legislar sobre a proteção das pessoas com deficiência é matéria de interesse local, de competência dos Municípios.

(B) Os Estados podem legislar concorrentemente com a União sobre a matéria.

(C) À União compete, privativamente, legislar sobre a proteção das pessoas com deficiência.

(D) O projeto de lei está de acordo com a CRFB/88, visto que trata de matéria que o texto constitucional dispõe, expressamente, ser afeta à competência residual dos Estados.

A alternativa B é a correta. Essa competência concorrente entre a União, os Estados e o Distrito Federal está prevista expressamente no art. 24, XIV, da CF. **AMN**
"Gabarito "B"

(OAB/Exame XXXVII) Márcio, deputado estadual do Estado-membro Alfa e líder do governo na Assembleia, vem demonstrando grande preocupação com o excessivo número de projetos de lei que chegam à Casa Legislativa do Estado e que, segundo ele, se aprovados, trarão muitas inovações e, em consequência, elevado grau de insegurança jurídica aos cidadãos.

Por isso, ele sugere que o governador proponha uma emenda à Constituição do Estado (PEC estadual), no sentido de tornar mais dificultoso o processo legislativo para aprovação de lei ordinária. Sua ideia é a de que, ao invés de maioria relativa, a aprovação de lei ordinária apenas se configure caso atingido o quórum de maioria absoluta dos membros da Assembleia legislativa de Alfa.

Avaliada pelos Procuradores do Estado Alfa, estes informam, acertadamente, que, segundo o sistema jurídico constitucional brasileiro, a sugestão de Márcio, acerca da alteração no processo legislativo de Alfa,

(A) pode ser levada adiante, já que, no caso, com base no princípio federativo, há total autonomia do Estado-membro para a elaboração de suas próprias regras quanto ao processo legislativo.

(B) pode ser levada adiante, já que apenas não seria possível a proposta de emenda que viesse a facilitar o processo legislativo para a alteração de leis ordinárias.

(C) é inconstitucional, pois, com base no princípio da simetria, o tema objeto da suposta emenda tem de ser disciplinado com observância das regras estabelecidas pela Constituição Federal de 1988.

(D) é inválida, pois a Constituição Federal de 1988 veda aos detentores do cargo de Chefe do Poder Executivo

2. DIREITO CONSTITUCIONAL   199

o poder de iniciativa para propor a alteração no texto constitucional estadual.

A alternativa C é a correta. Aplica-se o princípio da simetria por força do art. 25, *caput*, da CF, ou seja, os Estados-membros se organizam e se regem pelas Constituições e leis que adotarem, observados os princípios da Constituição Federal. As leis ordinárias no âmbito federal são aprovadas por maioria simples dos votos, presente a maioria absoluta de seus membros (CF, art. 47). Dessa forma, a PEC estadual não poderá aumentar esse quórum para maioria absoluta, em relação à aprovação de lei ordinária. AMN

Gabarito "C".

(OAB/Exame XXXVII) Em projeto de lei apresentado pelos próprios Vereadores, a Câmara de Vereadores do Município Alfa votou e aprovou a fixação dos subsídios dos referidos agentes, daí resultando a Lei municipal nº XX. O padrão remuneratório assim fixado gerou muitos debates em relação à higidez do processo legislativo e à necessidade de serem observados certos parâmetros em sua fixação, sendo sustentada uma necessária correspondência percentual em relação ao subsídio dos Deputados Estaduais.

Sobre o caso narrado, com base no texto constitucional, assinale a afirmativa correta.

(A) A fixação dos subsídios dos Vereadores é de competência da Câmara Municipal, não podendo ultrapassar determinado percentual do subsídio dos Deputados Estaduais, percentual este que varia conforme a população do Município;

(B) A referida lei padece de vício de iniciativa, eis que compete privativamente ao Prefeito do Município Alfa dispor sobre os subsídios dos membros dos Poderes Executivo e Legislativo.

(C) Diante do princípio da separação dos poderes, inexiste vedação para que os subsídios dos integrantes do Poder Legislativo local superem aqueles recebidos pelo Deputados Estaduais, desde que respeitado o teto constitucional.

(D) É de competência comum da Câmara Municipal e do Prefeito Municipal a fixação dos subsídios dos Vereadores, os quais não podem ultrapassar o subsídio mensal, em espécie, dos Ministros do Supremo Tribunal Federal, excetuadas vantagens pessoais, não tendo vinculação com os Deputados Estaduais.

A alternativa A é a correta, conforme dispõe o art. 29, VI, da CF. AMN

Gabarito "A".

(OAB/Exame XXXV) Diante do desafio de promover maior proteção às florestas, à fauna e à flora, reiteradamente atingidas por incêndios e desmatamentos, organizações não-governamentais resolvem provocar o Poder Público, a fim de que sejam adotadas providências concretas para manutenção do equilíbrio climático. Porém, sem saber quais os entes federativos que seriam constitucionalmente competentes para agir na direção almejada, buscam maiores esclarecimentos com competente advogado(a).

No âmbito da competência comum estabelecida pela Constituição Federal de 1988, assinale a opção que apresenta a orientação recebida.

(A) A União deve atuar legislando privativamente a respeito da referida proteção, sendo que, aos demais entes federativos, restará tão somente cumprir as normas editadas pela União, sem que possam suplementá-la.

(B) A União, os Estados, o Distrito Federal e os Municípios são todos competentes para promover a referida proteção, sendo os termos dessa cooperação fixados em legislação primária produzida pelo Congresso Nacional, com quórum de aprovação de maioria absoluta.

(C) A União e os Estados dividirão, com exclusividade, as responsabilidades inerentes à produção das normas e à atuação administrativa, tendo por pressuposto o fato de ter o constituinte originário brasileiro, na Constituição de 1988, adotado uma típica federação de 2º grau.

(D) A referida proteção é uma tarefa precípua da União, podendo o Presidente da República, no uso de suas atribuições constitucionais, se considerar conveniente, delegar tarefas específicas aos Estados, ao Distrito Federal e aos Municípios.

A: incorreta. A União **não** legislará de forma privativa, pois tais assuntos não fazem parte do rol previsto no art. 22 da CF. A **competência** para legislar sobre as florestas, caça, pesca, fauna, conservação da natureza, defesa do solo e dos recursos naturais, proteção do meio ambiente e controle da poluição é **concorrente**, conforme determina o art. 24, VI, da CF; B: correta. De fato, conforme determina o parágrafo único do art. 23 da CF, todos os entes federativos são competentes para promover a mencionada proteção e a cooperação entre eles será regulamentada por leis complementares federais (leis aprovadas pelo Congresso Nacional, pelo quórum de maioria absoluta, conforme art. 69 da CF). Além disso, a finalidade dessa a cooperação é o equilíbrio do desenvolvimento e do bem-estar em âmbito nacional; C: incorreta. A questão aborda assunto que a Constituição aloca na competência administrativa comum. De acordo com o art. 23, VI e VII, da CF, a **competência para proteger o meio ambiente** (inciso VI) e **para preservar as florestas, a fauna e a flora** (inciso VII) é **comum** entre a União, os Estados, o Distrito Federal e os Municípios. Sendo assim, as **responsabilidades** inerentes à produção das normas e atuação administrativa são **divididas** entre os mencionados entes federativos. Vale lembrar que a Lei Complementar 140/11 foi responsável pela fixação dos termos dessa cooperação. Por fim, o constituinte originário brasileiro, na Constituição de 1988, diferente do mencionado, **adotou o federalismo** de **terceiro grau**, tendo em vista que reconheceu, além das esferas federal e estadual, os Municípios como integrantes da federação; D: incorreta. Como mencionado, a referida proteção **não é tarefa precípua da União**, mas de todos os entes federativos.

Gabarito "B".

(OAB/Exame XXXV) Um agente público federal, em entrevista a jornal de grande circulação, expressou sua insatisfação com o baixo índice de desenvolvimento econômico e social de aproximadamente 25 por cento do amplo território ocupado pelo Estado Alfa, mais precisamente da parte sul do Estado. Por entender que a autoridade estadual não possui os recursos necessários para implementar políticas que desenvolvam essa região, afirma que faz parte da agenda do governo federal transformar a referida área em território federal. O Governador de Alfa, preocupado com o teor do pronunciamento, solicita que os procuradores do Estado informem se tal medida é possível, segundos os parâmetros estabelecidos na Constituição Federal de 1988.

O corpo jurídico, então, responde que

(A) embora na atual configuração da República Federativa do Brasil não conste nenhum território federal, caso venha a ser criado, constituirá um ente dotado de autonomia política plena.

(B) embora não exista território federal na atual configuração da República Federativa do Brasil, a Constituição Federal de 1988 prevê, expressamente, a possibilidade de sua criação.

(C) em respeito ao princípio da autonomia estadual, somente seria possível a criação de território pelo Governador de Alfa, a quem caberia a responsabilidade pela gestão.

(D) ainda que o Brasil já tenha tido territórios federais, a Constituição Federal não prevê tal modalidade, o que afasta a possibilidade de sua criação.

A: incorreta. Na atual configuração da República Federativa do Brasil de fato não há nenhum território federal, os últimos que existiram foram extintos pelos arts. 14 e 15 do ADCT. Os territórios de Roraima e Amapá foram transformados em Estados (art. 14 do ADCT) e o de Fernando de Noronha teve sua área incorporada ao Estado de Pernambuco (art. 15 do ADCT). Por outro lado, caso venha a ser criado (a Constituição admite a sua criação), ele **não será dotado de autonomia política plena**. De acordo com o parágrafo 2º do art. 18 da CF, os territórios (se e quando criados) pertencerão à União e não possuirão autonomia política, apenas administrativa; B: correta. Como já mencionado, a CF/88 **admite expressamente a sua criação** no parágrafo 2º do art. 18; C: incorreta. O Governador de Alfa **não tem competência** para criação e gestão de um território. Determina o parágrafo 2º do art. 18 da CF que os **Territórios Federais integram a União**, e sua criação, transformação em Estado ou reintegração ao Estado de origem serão **reguladas em lei complementar**; D: incorreta. Mais uma vez, ao contrário do mencionado, a Constituição Federal **prevê a possibilidade de criação de territórios** federais em seu art. 18, §2º. Vale lembrar que os territórios, embora pertencentes à União, podem ser divididos em municípios. Se forem criados, possuirão governador, nomeado pelo Presidente da República, após aprovação do Senado Federal, conforme dispõe o art. 84, XIV, da CF, e também poderão eleger quatro deputados federais, conforme determinação do § 2º do art. 45 da CF.
Gabarito "B".

(OAB/Exame XXXIII – 2020.3) Ao apreciar as contas anuais do chefe do Poder Executivo do Município Y, o Tribunal de Contas emitiu parecer técnico contrário à sua aprovação, por entender que diversos dispositivos da Lei de Responsabilidade Fiscal teriam sido violados. Ainda assim, em contrariedade a tal entendimento, a Câmara Municipal, por decisão dos seus membros, com apenas um voto vencido, julgou e aprovou tais contas.

À luz da hipótese narrada, com fundamento no texto constitucional, assinale a afirmativa correta.

(A) A aprovação das contas do Prefeito do Município Y se deu em conformidade com o disposto no texto constitucional, já que parecer prévio do Tribunal de Contas não possui caráter vinculante, deixando de prevalecer por voto de, ao menos, dois terços dos membros da Câmara Municipal.

(B) O parecer técnico emitido pelo Tribunal de Contas possui, excepcionalmente, caráter vinculante, de modo que, no caso em análise, as contas anuais apresentadas pelo Chefe do Executivo não poderiam ter sido aprovadas pela Câmara Municipal.

(C) O Tribunal de Contas, órgão de controle externo auxiliar do Poder Legislativo, tem competência para

analisar, julgar e rejeitar, em caráter definitivo, as contas anuais apresentadas pelo Chefe do Executivo local; portanto, é desnecessária a submissão do seu parecer à Câmara Municipal.

(D) Como corolário da autonomia financeira e orçamentária inerente aos três poderes, as contas anuais do Chefe do Executivo municipal não se submetem à aprovação da Câmara local, eis que tal situação implica em indevida ingerência do Poder Legislativo sobre o Poder Executivo.

A: correta. De fato, a aprovação das contas do Prefeito do Município Y se deu em conformidade com o disposto no texto constitucional. Determina o § 2º do art. 31 da CF que o parecer prévio, emitido pelo órgão competente sobre as contas que o Prefeito deve anualmente prestar, **só deixará de prevalecer por decisão de dois terços** dos membros da Câmara Municipal; B: incorreta. As contas anuais apresentadas pelo Chefe do Executivo, ao contrário do mencionado, **poderiam ter sido aprovadas** pela Câmara Municipal e essa aprovação só deixaria de prevalecer se os membros, por dois terços, decidissem dessa maneira, o que não ocorreu; C: incorreta. A decisão do Tribunal de Contas **não possui caráter definitivo**, é um **parecer prévio** que pode ser derrubado por dois terços da Câmara, caso eles decidam dessa maneira o que, como já mencionado, não ocorreu; D: incorreta. Ao contrário do mencionado, as contas são fiscalizadas pelo legislativo, com base no sistema de freios e contrapesos. De acordo com o § 2º do art. 31 da CF o parecer prévio, emitido pelo órgão competente sobre as contas que o Prefeito deve anualmente prestar, só deixará de prevalecer por decisão de dois terços dos membros da Câmara Municipal. BV
Gabarito "A".

(OAB/Exame XXXIII – 2020.3) A Lei Y do Estado Beta obriga pessoas físicas ou jurídicas, independentemente da atividade que exerçam, a oferecer estacionamento ao público, a cercar o respectivo local e a manter funcionários próprios para garantia da segurança, sob pena de pagamento de indenização em caso de prejuízos causados ao dono do veículo.

A Confederação Nacional do Comércio procurou seus serviços, como advogado(a), visando obter esclarecimentos quanto à constitucionalidade da referida lei estadual.

Sobre a Lei Y, com base na ordem jurídico-constitucional vigente, assinale a afirmativa correta.

(A) É inconstitucional, pois viola a competência privativa da União de legislar sobre matéria concernente ao Direito Civil.

(B) É inconstitucional, pois, conforme a Constituição Federal, compete ao ente municipal legislar sobre Direito do Consumidor.

(C) É constitucional, pois versa sobre matéria afeta ao Direito do Consumidor, cuja competência legislativa privativa pertence ao Estado Beta.

(D) É constitucional, pois, tratando a Lei de temática afeta ao Direito Civil, a competência legislativa concorrente entre a União e os Estados permite que Beta legisle sobre a matéria.

A: correta. De acordo com o art. 22, I, da CF, a competência para legislar sobre Direito Civil é privativa da União. Assim, como houve usurpação de competência, a Lei Y do Estado Beta é inconstitucional; B: incorreta. Como mencionado, o assunto é considerado de Direito Civil, portanto de **competência privativa da União**. Além disso, a lei viola o princípio constitucional da livre-iniciativa, previsto no art. 170 da CF. O STF já enfrentou o tema: "Lei estadual que impõe a prestação de

2. DIREITO CONSTITUCIONAL

serviço segurança em estacionamento a toda pessoa física ou jurídica que disponibilize local para estacionamento é inconstitucional, quer por violação à competência privativa da União para legislar sobre direito civil, quer por violar a livre-iniciativa."[ADI 451, rel. min. Roberto Barroso, j. 1º-8-2017, P, DJE de 9-3-2018.]. Em relação à legislação sobre o Direito do Consumidor, vale lembrar que a competência é concorrente entre a União, aos Estados e ao Distrito Federal, conforme determina o art. 24, V, da CF; **C:** incorreta. Como mencionado, compete à União, aos Estados e ao DF legislar **concorrentemente** sobre produção e **consumo**; **D:** incorreta. A competência para legislar sobre Direito Civil é privativa da União, conforme art. 22, I, da CF. BV

Gabarito "A".

(OAB/Exame XXXIII – 2020.3) No Município X, foi editada lei proibindo a queima da palha de cana-de-açúcar e o uso do fogo em atividades agrícolas. Tal diploma legal foi, então, impugnado pelo sindicato patronal representante dos produtores de álcool da região, ao argumento de que a municipalidade não detém competência para dispor sobre o assunto.

A partir do caso enunciado, com base no texto constitucional, assinale a afirmativa correta.

(A) Os Municípios apenas detêm competência para legislar sobre assuntos de interesse local; logo, como a proteção do meio ambiente engloba interesse federal e estadual, a lei municipal é inconstitucional.

(B) A lei municipal é constitucional, eis que os Municípios possuem competência para dispor sobre a proteção do meio ambiente e o controle da poluição, no limite de seu interesse local e em harmonia com a disciplina estabelecida pelos demais entes federados.

(C) Os Municípios têm competência para legislar sobre assuntos de interesse local; mas como o direito ao meio ambiente equilibrado demanda tratamento uniforme por todas as unidades da Federação, a lei municipal é inconstitucional.

(D) Os Municípios possuem competência exclusiva para legislar sobre assuntos de interesse local e a preservação do meio ambiente, de modo que a lei municipal em questão é constitucional.

A: incorreta. O STF já enfrentou o tema no julgamento do RE 586.224, São Paulo, e definiu que "o **Município é competente para legislar sobre meio ambiente com União e Estado, no limite de seu interesse local** e desde que tal **regramento** seja o **harmônico** com a disciplina estabelecida pelos demais entes federados (art. 24, VI c/c 30, I e II da CRFB)"; **B:** correta. A alternativa foi criada com base no julgamento citado e, de fato, **a lei é constitucional**. Embora o Município não conste do art. 24 da CF, que trata da competência concorrente, a decisão do STF o incluiu nesta hipótese. A Suprema Corte também se valeu do art. 30, I e II, da CF os qual traz a competência municipal para legislar sobre assunto de interesse local e para suplementar a legislação federal e estadual, no que couber; **C:** incorreta. **Não há previsão constitucional** sobre tratamento uniforme ao meio ambiente equilibrado por todas as unidades da Federação; **D:** incorreta. Os Municípios, de fato, legislam sobre assuntos de **interesse local**, conforme determina o art. 30, I, da CF. Por outro lado, a preservação do meio ambiente é assunto da competência **concorrente**, conforme determina o art. 24, VI, da CF. BV

Gabarito "B".

(OAB/Exame Unificado – 2020.2) A Constituição do Estado Alfa, em seu Art. 32, dispõe que "os vencimentos dos servidores públicos municipais da administração direta e indireta são pagos até o último dia de cada mês, corrigindo-se

monetariamente seus valores se o pagamento se der além desse prazo".

Considerando os termos do preceito mencionado, assinale a afirmativa correta.

(A) Embora a CRFB/88 preconize ser de competência dos Municípios dispor sobre assuntos de interesse local, incumbe à União legislar, privativamente, sobre a organização administrativa e financeira dos entes federados; logo, o Art. 32 da Constituição do Estado Alfa é inconstitucional.

(B) Apesar de o Art. 32 da Constituição do Estado Alfa não apresentar vício formal de inconstitucionalidade, ele apresenta vício de ordem material, pois a CRFB/88 dispõe que os vencimentos dos servidores públicos devem ser pagos até o quinto dia útil do mês subsequente.

(C) O Art. 32 da Constituição do Estado Alfa não padece de vício de inconstitucionalidade, pois a CRFB/88 autoriza os Estados a dispor sobre a organização administrativa dos entes municipais que se encontram em sua circunscrição territorial.

(D) O referido dispositivo da Constituição do Estado Alfa é inconstitucional porque, ao estabelecer regra afeta aos servidores municipais, viola, com isso, a autonomia municipal para disciplinar a matéria.

A: incorreta. Há **violação ao princípio da autonomia municipal**. Determina o STF [...] No entanto, como bem apontado no acórdão que julgou a medida liminar, a Constituição do Rio Grande do Norte estende a obrigação aos servidores municipais e aos empregados celetistas de empresas públicas e sociedades de economia mista. Nesse ponto, a discussão transfere-se para a preservação de dois importantes valores constitucionais: a autonomia municipal e a competência da União para legislar em matéria de direito do trabalho. Especificamente quanto à imposição aos servidores municipais, caracteriza-se disposição de flagrante violação à autonomia administrativa e financeira municipal, disposta nos arts. 29; 30, I; e 34, VII, c, da CF. [ADI 144, voto do rel. min. Gilmar Mendes, j. 19-2-2014, P, DJE de 3-4-2014]; **B:** incorreta. **Não há essa previsão** no Texto Constitucional de 1988. O vício de inconstitucionalidade existente, como mencionado, diz respeito à autonomia municipal, tratada pela CF como um dos princípios constitucionais sensíveis (art. 34, VII, "c", da CF). Vale reforçar que quando houver violação a um dos princípios, previstos no inciso VII do art. 34 da CF, caberá intervenção federal; **C:** incorreta. O Art. 32 da Constituição do Estado Alfa **padece de vício de inconstitucionalidade**, pois a CRFB/88 garante autonomia aos entes federativos. **D:** correta. De fato, a Constituição do Estado, ao adentrar em tema dos servidores municipais, viola a autonomia municipal para disciplinar a matéria (arts. 29, 30 e 34, VII, "c", todos da CF). BV

Gabarito "D".

(OAB/Exame Unificado – 2019.1) A população do Estado X, insatisfeita com os rumos da política nacional e os sucessivos escândalos de corrupção que assolam todas as esferas do governo, inicia uma intensa campanha pleiteando sua separação do restante da Federação brasileira. Um plebiscito é então organizado e 92% dos votantes opinaram favoravelmente à independência do Estado.

Sobre a hipótese, com base no texto constitucional, assinale a afirmativa correta.

(A) Diante do expressivo quórum favorável à separação do Estado X, a Assembleia Legislativa do referido ente deverá encaminhar ao Congresso Nacional proposta de Emenda Constitucional que, se aprovada, viabilizará a secessão do Estado X.

(B) Para o exercício do direito de secessão, exige-se lei estadual do ente separatista, dentro do período determinado por Lei Complementar federal, dependendo ainda de consulta prévia, mediante plebiscito, às populações dos demais Estados, após divulgação dos estudos de viabilidade, apresentados e publicados na forma da lei.

(C) Diante da autonomia dos entes federados, admite-se a dissolução do vínculo existente entre eles, de modo que o Estado X poderia formar um novo país, mas, além da aprovação da população local por meio de plebiscito ou referendo, seria necessária a edição de Lei Complementar federal autorizando a separação.

(D) A forma federativa de Estado é uma das cláusulas pétreas que norteiam a ordem constitucional brasileira, o que conduz à conclusão de que se revela inviável o exercício do direito de secessão por parte de qualquer dos entes federados, o que pode motivar a intervenção federal.

A: incorreta. A forma federativa de estado adotada pelo Brasil é incompatível com o exercício do direito de separação (ou direito de secessão), pois é considerada **cláusula pétrea** (art. 60, § 4º, I, da CF/88). Assim, ainda que haja expressivo quórum favorável à separação do Estado X, não será possível a dissolução do vínculo federativo. Determina o *caput* do art. 1º da CF/88 que a República Federativa do Brasil, formada pela **união indissolúvel** dos Estados e Municípios e do Distrito Federal, constitui-se em Estado Democrático de Direito. Além disso, por conta de o estado federal fazer parte do rol de cláusulas pétreas, ainda que houvesse emenda constitucional autorizando a separação, ela seria considerada inconstitucional; **B:** incorreta. Como mencionado, é **vedado o exercício do direito de secessão**. Os requisitos citados dizem respeito à criação de Municípios. De acordo com § 4º do art. 18 da CF/88, a criação, a incorporação, a fusão e o desmembramento de Municípios, far-se-ão por lei estadual, dentro do período determinado por Lei Complementar Federal, e dependerá de consulta prévia, mediante plebiscito, às populações dos Municípios envolvidos, após divulgação dos Estudos de Viabilidade Municipal, apresentados e publicados na forma da lei; **C:** incorreta. O **vínculo é indissolúvel** e a forma federativa de estado é protegida pelo manto das cláusulas pétreas, conforme já mencionado; **D:** correta. De fato, a forma federativa de Estado é uma das cláusulas pétreas que norteiam a ordem constitucional brasileira. Determina o art. 60, § 4º, I, da CF que não será objeto de deliberação a proposta de emenda tendente a abolir a forma federativa de Estado. Sendo assim, o exercício do direito de secessão por parte de qualquer dos entes federados se revela inviável, podendo, inclusive, ensejar a intervenção federal. BV
Gabarito "D."

(OAB/Exame Unificado – 2018.3) Após cumprimento de todas as formalidades constitucionais e legais exigíveis, o Estado Alfa se desmembra (desmembramento por formação), ocasionando o surgimento de um novo Estado-membro: o Estado Beta. Preocupados com a possibilidade de isso influenciar nas grandes decisões políticas regionais, um grupo de cidadãos inicia um movimento exigindo a imediata elaboração de uma Constituição para o novo Estado Beta.

Os líderes políticos locais, sem maiores conhecimentos sobre a temática, buscam assessoramento jurídico junto a advogados constitucionalistas, sendo-lhes corretamente informado que, segundo a inteligência do sistema jurídico-constitucional brasileiro,

(A) com a criação do Estado Beta no âmbito da República Federativa do Brasil, passou este a fazer parte do pacto federativo, subordinando-se tão somente à Constituição Federal, e não a qualquer outra constituição.

(B) tendo passado o Estado Beta a ser reconhecido como um ente autônomo, adquiriu poderes para se estruturar por meio de uma Constituição, sem a necessidade desta se vincular a padrões de simetria impostos pela Constituição Federal.

(C) pelo fato de o Estado Beta ter sido reconhecido como um ente federado autônomo, passa a ter poderes para se estruturar por meio de uma Constituição, que deverá observar o princípio da simetria, conforme os padrões fixados na Constituição Federal.

(D) o reconhecimento do Estado Beta como um ente federado autônomo assegurou-lhe poderes para se estruturar por meio de uma Constituição, cujo texto, porém, não poderá se diferenciar daquele fixado pela Constituição Federal.

A: incorreta. Determina o art. 25 da CF/88 que os **Estados** organizam-se e **regem-se pelas Constituições e leis que adotarem**, observados os princípios desta Constituição; **B:** incorreta. O Estado Beta tem poderes para se estruturar por meio de uma Constituição, mas ao fazer isso terá de respeitar a relação de paralelismo que deve existir entre a Constituição Federal de 1988 e as Constituições Estaduais, ou seja, deverá respeitar o princípio da simetria. O art. 25 da CF/88 após mencionar que os Estados organizam-se e regem-se pelas Constituições e leis que adotarem, afirma que isso será feito desde que **observados os princípios desta Constituição (CF/88)**; **C:** correta. É exatamente o que determina o citado *caput* do art. 25 da CF/88; **D:** incorreta. **Os textos constitucionais podem ser diferentes**, e normalmente são, desde que os princípios previstos na CF/88 (texto federal) sejam respeitados. BV
Gabarito "C."

(OAB/Exame Unificado – 2018.3) O Estado Y, bastante conhecido pela exuberância de suas praias, que atraem milhares de turistas todos os anos, edita lei estadual impedindo a pesca de peixes regionais típicos, ameaçados de extinção, e limitando o transporte marítimo de passageiros.

A partir da hipótese narrada, nos termos da Constituição da República Federativa do Brasil, assinale a afirmativa correta.

(A) O Estado Y possui competência legislativa concorrente com a União para dispor sobre pesca, mas poderá legislar sobre transporte e navegação marítima, caso Lei Complementar federal o autorize.

(B) O Estado Y tem competência comum com os demais entes federados para legislar sobre a matéria; logo, a lei estadual é constitucional.

(C) A lei editada pelo Estado Y é inconstitucional, porque compete privativamente à União legislar sobre a proteção do meio ambiente e o controle da poluição.

(D) A lei editada pelo Estado Y é inconstitucional, porque trata de pesca e navegação marítima, que são de competência exclusiva da União, apesar de o Estado Y ter competência privativa para legislar sobre meio ambiente.

A: correta. De fato, a competência para legislar sobre pesca é concorrente (entre a União, os Estados e o Distrito Federal, conforme determina art. 24, VI, da CF/88. Por outro lado, a competência para legislar sobre navegação marítima e transporte é privativa da União, de acordo com o art. 22, X e XI, da CF. Essa competência é delegável, sendo assim,

2. DIREITO CONSTITUCIONAL   203

pode a União autorizar, por meio de lei complementar federal, que o Estado Y legisle sobre transporte e navegação marítima; **B:** incorreta. O Estado tem competência concorrente para legislar sobre pesca como mencionado. Para tratar do transporte marítimo de passageiros dependerá de autorização da União por meio de lei complementar federal; **C:** incorreta. A legislação sobre o meio ambiente e o controle da poluição é da competência concorrente entre a União, os Estados e o Distrito Federal, de acordo com o art. 24, VI, da CF. Ocorre que o problema apresentado envolve outros assuntos, conforme explicado nos fundamentos anteriores; **D:** incorreta. Como mencionado, a legislação sobre pesca é concorrente entre a União, os Estados e o Distrito Federal e sobre navegação marítima privativa da União, podendo ser delegada. **BV** „A„ oʇᴉɹɐqꓝ

(OAB/Exame Unificado – 2018.3) A Lei X do Município Sigma estabelece que, em certo bairro, considerado área residencial, fica vedada a instalação de mais de um centro empresarial de grandes proporções, com área superior a 5.000 m² (cinco mil metros quadrados) e que reúna, em suas dependências, mais de 10 (dez) lojas distintas.

Ante a existência de um estabelecimento comercial com tais características no bairro "Y", a administradora Alfa, visando abrir um shopping center no mesmo bairro, procura você, na qualidade de advogado(a), para obter esclarecimentos quanto à viabilidade deste empreendimento.

Diante da situação narrada, com base na ordem jurídico-constitucional vigente e na jurisprudência dos Tribunais Superiores, assinale a afirmativa correta.

(A) Apenas a União tem competência para, por meio de lei e outros atos normativos, organizar o uso e a ocupação do solo; logo, apenas por esse motivo, a Lei X do Município Sigma é manifestamente inconstitucional.

(B) A Constituição da República de 1988 atribui aos Municípios competência para promover o zoneamento urbano, mas a Lei X do Município Sigma, ao impedir a instalação de estabelecimentos comerciais do mesmo ramo em determinada área, ofende o princípio da livre concorrência.

(C) A Constituição da República de 1988 dispõe ser competência estadual e distrital promover, no que couber, o adequado ordenamento territorial, mediante planejamento e controle do uso, do parcelamento e da ocupação do solo, não podendo a lei do Município Sigma dispor sobre a matéria.

(D) Compete privativamente à União dispor sobre o zoneamento urbano e legislar sobre Direito Civil e Comercial; logo, somente os Estados e o Distrito Federal poderiam ser autorizados, mediante lei complementar, a legislar sobre a matéria.

A: incorreta. A inconstitucionalidade não decorre da competência para tratar do uso e organização do solo, pois os Municípios têm competência para tanto (art. 30, VIII, da CF/88), mas do fato da norma violar o princípio da livre concorrência. Determina a súmula vinculante nº 49 que ofende o princípio da livre concorrência lei municipal que impede a instalação de estabelecimentos comerciais do mesmo ramo em determinada área; **B:** correta. De fato, o art. 30, VIII, da CF/88 atribui aos Municípios essa competência, mas a proibição de instalação de estabelecimentos comerciais do mesmo ramo em determinada área, ofende o princípio da livre concorrência, conforme determina a mencionada súmula vinculante nº 49; **C:** incorreta. De acordo com o art. 30, VIII, da CF que compete aos Municípios a promoção, no que couber, do adequado ordenamento territorial, mediante planejamento e controle do uso, do parcelamento e da ocupação do solo urbano; **D:** incorreta.

A União legisla, de forma privativa, sobre Direito Civil e Comercial, conforme determina o art. 22, I, da CF. Por outro lado, em relação ao zoneamento urbano, a competência é dos Municípios, segundo o citado art. 30, VIII, da CF/88. **BV** „ꓭ„ oʇᴉɹɐqꓝ

(OAB/Exame Unificado – 2016.1) O Governador do Distrito Federal, ao tomar conhecimento de que existe jurisprudência pacífica do Supremo Tribunal Federal a respeito da competência do Município para legislar sobre os requisitos de segurança das agências bancárias, solicita à Procuradoria Geral do Distrito Federal que se manifeste acerca da possibilidade de lei distrital tratar da matéria.

Sobre a hipótese apresentada, de acordo com a Constituição Federal de 1988, assinale a afirmativa correta.

(A) Haveria tal possibilidade, pois o Distrito Federal possui competências legislativas reservadas aos Estados e aos Municípios.

(B) Haveria tal possibilidade, pois a competência legislativa do Distrito Federal, como sede da União, abarca as competências legislativas da União, dos Estados e dos Municípios.

(C) Não seria possível, pois o Distrito Federal tem competências taxativamente expressas, que não podem abarcar aquelas concedidas aos Municípios.

(D) Não seria possível, pois as competências legislativas do Distrito Federal seriam apenas aquelas reservadas aos Estados-membros da União.

A: correta. De acordo com o art. 32, § 1º, da CF, ao Distrito Federal são atribuídas as competências legislativas reservadas aos Estados **e Municípios; B:** incorreta. O Distrito Federal não pode legislar sobre matéria da competência legislativa da União; **C** e **D:** incorretas. Como mencionado, o art. 32, § 1º, da CF, o Distrito Federal cumula duas competências: pode legislar tanto sobre matérias reservadas aos Estados, como as atribuídas aos Municípios. „A„ oʇᴉɹɐqꓝ

(OAB/Exame Unificado – 2015.3) A parte da população do Estado V situada ao sul do seu território, insatisfeita com a pouca atenção que vem recebendo dos últimos governos, organiza-se e dá início a uma campanha para promover a criação de um novo Estado-membro da República Federativa do Brasil – o Estado N, que passaria a ocupar o território situado na parte sul do Estado V. O tema desperta muita discussão em todo o Estado, sendo que alguns argumentos favoráveis e outros contrários ao desmembramento começam a ganhar publicidade na mídia.

Reconhecido constitucionalista analisa os argumentos listados a seguir e afirma que apenas um deles pode ser referendado pelo sistema jurídico-constitucional brasileiro. Assinale-o.

(A) O desmembramento não poderia ocorrer, pois uma das características fundamentais do Estado Federal é a impossibilidade de ocorrência do chamado direito de secessão.

(B) O desmembramento poderá ocorrer, contanto que haja aprovação, por via plebiscitária, exclusivamente por parte da população que atualmente habita o território que formaria o Estado N.

(C) Além de aprovação pela população interessada, o desmembramento também pressupõe a edição de lei complementar pelo Congresso Nacional com esse objeto.

(D) Além de manifestação da população interessada, o sistema constitucional brasileiro exige que o desmembramento dos Estados seja precedido de divulgação de estudos de viabilidade.

A: incorreta. É possível ocorrer o desmembramento. De acordo com o art. 18, § 3º, da CF, **os Estados podem** incorporar-se entre si, subdividir-se ou **desmembrar-se** para se anexarem a outros, ou formarem novos Estados ou Territórios Federais, mediante aprovação da população diretamente interessada, através de plebiscito, e do Congresso Nacional, por lei complementar; **B:** incorreta. Os requisitos para que haja o desmembramento são: aprovação da população diretamente interessada, através de plebiscito, **e aprovação do Congresso Nacional, por lei complementar**, conforme dispõe o § 3º do art. 18 da CF; **C:** correta. É o que determina o art. 18, § 3º, da CF; **D:** incorreta. Os **estudos de viabilidade** são exigidos apenas nas hipóteses de criação, incorporação, fusão e desmembramento de **Municípios**, de acordo com o § 4º do art. 18 da CF.
Gabarito "C".

(OAB/Exame Unificado – 2015.3) A Assembleia Legislativa do Estado M, ao constatar a ausência de normas gerais sobre matéria em que a União, os Estados e o Distrito Federal possuem competência legislativa concorrente, resolve tomar providências no sentido de legislar sobre o tema, preenchendo os vazios normativos decorrentes dessa lacuna. Assim, dois anos após a Lei E/2013 ter sido promulgada pelo Estado M, o Congresso Nacional promulga a Lei F/2015, estabelecendo normas gerais sobre a matéria. Sobre esse caso, assinale a afirmativa correta.

(A) A Lei E/2013 foi devidamente revogada pela Lei F/2015, posto não ser admissível, no caso, que norma estadual pudesse preservar a sua eficácia diante da promulgação de norma federal a respeito da mesma temática.

(B) A Lei E/2013 perde a sua eficácia somente naquilo que contrariar as normas gerais introduzidas pela Lei F/2015, mantendo eficácia a parte que, compatível com a Lei F/2015, seja suplementar a ela.

(C) A Lei F/2015 não poderá viger no território do Estado M, já que a edição anterior da Lei E/2013, veiculando normas específicas, afasta a eficácia das normas gerais editadas pela União em momento posterior.

(D) A competência legislativa concorrente, por ser uma espécie de competência comum entre todos os entes federativos, pode ser usada indistintamente por qualquer deles, prevalecendo, no caso de conflito, a lei posterior, editada pelo Estado ou pela União.

A: incorreta. Apenas uma norma estadual poderia revogar outra norma estadual. A norma federal, que estabeleceu regras gerais sobre a matéria, apenas **suspenderá** a eficácia da estadual, no que lhe for contrária. É o que determina o art. 24, § 4º, da CF; **B:** correta. De acordo com o art. 24, § 4º, da CF, a superveniência de lei federal sobre normas gerais **suspende a eficácia da lei estadual, no que lhe for contrário**; **C:** incorreta. Ao contrário do mencionado, a **edição de lei estadual anterior a norma geral editada pela União não afasta a aplicação desta última**; **D:** incorreta. A competência concorrente **não pode ser usada indistintamente** por todos os entes federativos. Os parágrafos do art. 24 da CF trazem os padrões para o exercício dessa competência. O § 1º do art. 24 da CF determina que no âmbito da legislação concorrente, a competência da União limitar-se-á a estabelecer normas gerais. O § 2º do mesmo dispositivo informa que a competência da União para

legislar sobre normas gerais não exclui a competência suplementar dos Estados. O § 3º indica que não existindo lei federal sobre normas gerais, os Estados exercerão a competência legislativa plena, para atender a suas peculiaridades. Por fim, o § 4º do citado art. 24 da CF menciona que a superveniência de lei federal sobre normas gerais suspende a eficácia da lei estadual, no que lhe for contrário.
Gabarito "B".

(OAB/Exame Unificado – 2014.3) No município de São José dos Cavaleiros, 87% dos atendimentos médicos nas emergências hospitalares são decorrências de acidentes automobilísticos ocasionados pelo consumo de bebidas alcoólicas. Uma vereadora do município, Sra. X, ciente das estatísticas expostas, apresenta projeto de lei propondo que os cidadãos proprietários de veículos automotores, residentes no município, municiem seus veículos com equipamento que impeça a partida do carro no caso de o condutor ter consumido álcool. A Câmara Municipal, por voto de 2/3 dos vereadores, aprova a lei.

Esta legislação deve ser considerada

(A) constitucional, por tratar de proteção de direito fundamental.

(B) inconstitucional, por tratar de matéria de competência privativa da União.

(C) inconstitucional, por vício formal relacionado ao quórum mínimo para votação.

(D) constitucional, por tratar de assunto de interesse local e ter sido aprovada por processo legislativo idôneo.

A: incorreta. Ao contrário do mencionado, a lei do município São José dos Cavaleiros viola a CF. A inconstitucionalidade de tal norma decorre da usurpação de competência legislativa. A matéria trânsito só pode ser veiculada em norma de natureza federal, pois é da competência privativa da União; **B:** correta. É o que decorre do art. 22, XI, da CF; **C:** incorreta. Como mencionado, o problema não está no *quorum* de aprovação da lei, mas na matéria disciplinada pela lei municipal. É a União, de forma privativa, quem legisla sobre trânsito (art. 22, XI, da CF); **D:** incorreta. A norma é inconstitucional. Os assuntos de interesse local, ou seja, aqueles que tenham relação com as necessidades específicas do município, de fato, pode ser tratados por lei municipal. Ocorre que, sob esse argumento, predominância do interesse municipal, não pode o Município usurpar competência legislativa da União. Quem legisla sobre trânsito é a União (art. 22, XI, da CF) e de forma privativa.
Gabarito "B".

(OAB/Exame Unificado – 2015.2) Determinado Estado da Federação vivencia sérios problemas de segurança pública, sendo frequentes as fugas dos presos transportados para participar de atos processuais realizados no âmbito do Poder Judiciário. Para remediar essa situação, foi editada uma lei estadual estabelecendo a possibilidade de utilização do sistema de videoconferência no âmbito do Estado. Diante de tal quadro, assinale a afirmativa que se ajusta à ordem constitucional.

(A) A lei estadual é constitucional, pois a matéria se insere na competência local dos Estados-membros, versando sobre assunto de interesse local.

(B) A lei estadual é inconstitucional, pois afrontou a competência privativa da União de legislar sobre Direito Processual Penal.

(C) A lei estadual é constitucional, pois a matéria se insere no âmbito da competência delegada da União, versando sobre direito processual.

(D) A lei estadual é inconstitucional, pois comando normativo dessa natureza, por força do princípio da simetria, deveria estar previsto na Constituição Estadual.

A: incorreta. A lei estadual é inconstitucional, pois não poderia tratar desse assunto. A legislação sobre Direito Processual Penal é da competência privativa da União, conforme determina o art. 22, I, da CF; **B:** correta. Conforme determina o art. 22, I, da CF, **compete privativamente à União legislar** sobre direito civil, comercial, penal, **processual**, eleitoral, agrário, marítimo, aeronáutico, espacial e do trabalho; **C:** incorreta. As matérias da competência privativa da União podem ser delegadas por meio de lei complementar. De acordo com o parágrafo único do art. 22 da CF, lei complementar poderá autorizar os Estados a legislar sobre questões específicas das matérias relacionadas neste artigo. Ocorre que no problema não há menção da existência de lei complementar autorizando o Estado a tratar do assunto; **D:** incorreta. Quem reparte as competências legislativas é a CF. O estado federal, aquele em que há repartição de competências e as capacidades estão divididas em vários centros, é resguardado justamente pelo fato das competências estarem previamente definidas no texto constitucional. Sendo assim, não há necessidade do comando normativo estar previsto nas Constituições Estaduais.

Gabarito "B".

(OAB/Exame Unificado – 2014.1) José é cidadão do município W, onde está localizado o distrito de B. Após consultas informais, José verifica o desejo da população distrital de obter a emancipação do distrito em relação ao município de origem.

De acordo com as normas constitucionais federais, dentre outros requisitos para legitimar a criação de um novo Município, são indispensáveis:

(A) lei estadual e referendo.

(B) lei municipal e plebiscito.

(C) lei municipal e referendo.

(D) lei estadual e plebiscito.

De acordo com o § 4º do art. 18 da CF, a **criação**, a incorporação, a fusão e o desmembramento **de Municípios**, far-se-ão por **lei estadual**, dentro do período determinado por Lei Complementar Federal, e dependerão de consulta prévia, mediante **plebiscito**, às populações dos Municípios envolvidos, após divulgação dos Estudos de Viabilidade Municipal, apresentados e publicados na forma da lei. Vale lembrar que a jurisprudência do STF determina que "a redação original do art. 18, § 4º, da CF/1988 condicionava a criação de municípios à edição de lei estadual, obedecidos os requisitos previstos em Lei Complementar estadual, e a uma consulta prévia, mediante plebiscito, às populações diretamente interessadas. Esse procedimento simplificado, que delegou exclusivamente à esfera estadual a regulamentação dos parâmetros para a emancipação, propiciou a proliferação de entes municipais no Brasil após a promulgação da Constituição de 1988. Atento a essa realidade, o constituinte derivado alterou o texto constitucional e dificultou a criação de municípios, restringindo a fragmentação da federação. O art. 18, § 4º, da CF/1988, com redação dada pela EC 15/1996, passou a exigir, além dos requisitos anteriormente previstos, a edição de lei complementar federal e a divulgação prévia dos Estudos de Viabilidade Municipal, apresentados e publicados na forma da lei. (...) A atual dicção desse dispositivo constitucional impõe a aprovação prévia de leis federais para que os Estados sejam autorizados a iniciar novos processos de emancipação municipal. Até que isso ocorra, leis estaduais que versem sobre o tema são inconstitucionais. [ADI 4.711, rel. min. Roberto Barroso, j. 8-9-2021, P, DJE de 16-9-2021.]

Gabarito "D".

(OAB/Exame Unificado – 2013.3) A Constituição da República de 1988 adotou elementos de federalismo cooperativo e de federalismo dual na repartição de competências entre os entes federados, distribuindo competências exclusivas, privativas, comuns e concorrentes.

Assim sendo, a respeito da organização do Estado estabelecida na Constituição, assinale a afirmativa correta.

(A) É competência comum da União, dos Estados, do Distrito Federal e dos Municípios proteger o meio ambiente e combater a poluição em qualquer de suas formas, competindo à lei complementar fixar normas de cooperação entre os entes.

(B) É vedado aos Estados criar códigos tributários próprios, uma vez que compete privativamente à União legislar sobre direito financeiro e tributário.

(C) É vedado à União decretar intervenção federal em Município localizado em território federal quando este não tiver aplicado o mínimo exigido de sua receita na manutenção e desenvolvimento do ensino.

(D) Em relação às competências legislativas concorrentes da União e dos Estados, havendo norma federal e estadual divergentes, deve prevalecer a norma federal, que serve de fundamento de validade à norma estadual.

A: correta. De acordo com o art. 23, VI, da CF, a competência para proteger o meio ambiente e combater a poluição em qualquer de suas formas, é comum aos entes federativos. O parágrafo único do mesmo dispositivo determina que leis complementares devam fixar normas para a cooperação entre a União e os Estados, o Distrito Federal e os Municípios, tendo em vista o equilíbrio do desenvolvimento e do bem-estar em âmbito nacional; **B:** incorreta. A competência para legislar sobre o direito tributário é concorrente. Sendo assim, o art. 24, I, da CF determina a competência da União, dos Estados e ao Distrito Federal para legislar concorrentemente sobre **direito tributário**, **financeiro**, penitenciário, econômico e urbanístico. Para aprofundamento, vale a leitura da Lei 13.874/19 que instituiu a declaração de direitos de liberdade econômica e estabeleceu garantias de mercado livre; **C:** incorreta. Ao contrário, **é possível a intervenção nessa hipótese**, conforme o art. 35, III, da CF; **D:** incorreta. De acordo com o art. 24, § 1º, da CF, no âmbito da legislação concorrente, a **competência da União limitar-se-á a estabelecer normas gerais**. O § 4º do mesmo dispositivo determina que a superveniência de lei federal sobre normas gerais **suspende a eficácia da lei estadual**, no que lhe for contrário.

Gabarito "A".

(OAB/Exame Unificado – 2013.1) Na ausência de lei federal estabelecendo normas gerais sobre proteção de ecossistemas ameaçados, determinado estado da Federação editou, no passado, a sua própria lei sobre o assunto, estabelecendo desde princípios e valores a serem observados até regras específicas sobre a exploração econômica de tais áreas. Criou, ainda, fiscalização efetiva em seu território e multou empresas e produtores que desrespeitaram a lei.

Anos depois, a União edita lei contendo normas gerais sobre o tema e muitas de suas disposições conflitavam com a anterior lei estadual.

Com relação a este caso, assinale a afirmativa correta.

(A) A União não poderia legislar, uma vez que o assunto é matéria de interesse local, não havendo justificativa para lei nacional sobre o tema. Houve invasão de competência privativa dos estados.

(B) No campo das competências legislativas concorrentes, a União deve legislar sobre normas gerais e o estado pode editar normas suplementares, mas enquanto inexistir lei federal, a competência do estado é plena. A superveniência de lei geral nacional suspende a eficácia das disposições contrárias da lei dos estados.

(C) A lei aplicável, no caso concreto, será aquela que estabelecer padrões mais restritivos, em atenção à proteção do meio ambiente, não importando se tal norma é a federal ou se a editada pelos estados-membros.

(D) O estado não poderia ter estabelecido normas próprias na ausência de lei nacional com disposições gerais que definissem marcos a serem seguidos pelos estados. Em consequência, são nulas todas as multas aplicadas anteriormente à publicação da lei editada pela União.

A: incorreta. De acordo com o art. 24, VI, da CF, compete à União, aos Estados e ao Distrito Federal legislar *concorrentemente* sobre florestas, caça, pesca, fauna, conservação da natureza, defesa do solo e dos recursos naturais, proteção do meio ambiente e controle da poluição. Desse modo, não há invasão de competência; **B:** correta (art. 24, §§ 1º a 4º, da CF); **C:** incorreta. Não há essa regra prevista na Constituição Federal. **D:** incorreta. Na *ausência de lei federal* sobre normas gerais, os *Estados* exercem competência legislativa *plena*, para atender as suas peculiaridades. Portanto, os Estados poderiam sim ter regulamentado a matéria e aplicado as multas.
Gabarito "B".

(OAB/Exame Unificado – 2012.3.A) O Estado W, governado por dirigente progressista, pretende realizar uma ampla reforma agrária no seu território para melhor dividir a terra, incluindo diversos desempregados na vida produtiva, apresentando, ainda, amplo programa de financiamento das atividades agrícolas. Com essa proposta política, resolve apresentar projeto de lei, criando formas de desapropriação e inovando nos procedimentos, dando característica sumária e permitindo o ingresso nos imóveis sem pagar indenização.

Quanto ao tema em foco, legislação sobre desapropriação, nos termos da Constituição Federal, assinale a afirmativa correta.

(A) Trata-se de competência privativa da União

(B) Trata-se de competência da União em comum com os Estados.

(C) Trata-se de competência privativa dos Estados

(D) Trata-se de competência dos Estados em comum com os Municípios.

De acordo com o art. 22, II, da CF, a competência para legislar sobre *desapropriação é privativa da União*.
Gabarito "A".

(OAB/Exame Unificado – 2012.3.B) As competências municipais são fixadas na Constituição Federal. À luz das normas constitucionais, é **incorreto** afirmar que o município é competente para

(A) legislar sobre assuntos de interesse local.

(B) criar distritos, observada a legislação estadual.

(C) prestar, sob regime de concessão, serviços públicos locais.

(D) legislar sobre Imposto de Renda retido na Fonte.

A: correta (art. 30, I, da CF); **B:** correta (art. 30, IV, da CF); **C:** correta (art. 30, V, da CF); **D:** incorreta, devendo ser assinalada. A competência

---

para instituir o imposto sobre a renda e proventos de qualquer natureza é da *União* (art. 153, III, da CF).
Gabarito "D".

(OAB/Exame Unificado – 2012.3.B) O Estado "W" pretende reorganizar os serviços da Junta Comercial que atua em seu território. Para isso, apresenta projeto de lei à Assembleia Legislativa estadual.

Em relação à competência legislativa do tema, assinale a afirmativa correta.

(A) É privativa da União.

(B) É concorrente com a União.

(C) É privativa dos Estados.

(D) É concorrente com os Municípios.

Conforme dispõe o art. 24, III, da CF, a legislação sobre *juntas comerciais* é da competência *concorrente*, ou seja, todos os federados tratam do assunto. Vale lembrar que nessas situações a competência da União limitar-se-á a estabelecer normas gerais (art. 24, § 1º, da CF).
Gabarito "B".

(OAB/Exame Unificado – 2012.2) Sabendo-se que o Município integra a Federação, assinale a afirmativa correta, à luz das normas constitucionais.

(A) O município será regido por Lei Orgânica própria, votada pela Assembleia Estadual.

(B) A organização municipal conterá previsão de eleições para mandato de cinco anos, sem reeleição.

(C) Um projeto de lei de iniciativa popular, baseado em interesse local, depende de, pelo menos, cinco por cento do eleitorado.

(D) O limite máximo de dez vereadores deverá ser observado para localidades com até 15.000 (quinze mil) habitantes.

A: incorreta. De acordo com o *caput* do art. 29 da CF, "o Município reger-se-á por lei orgânica, votada em dois turnos, com o interstício mínimo de dez dias, e *aprovada por dois terços dos membros da Câmara Municipal*"; **B:** incorreta. Não há no ordenamento jurídico brasileiro essa previsão; **C:** correta. De fato, conforme o art. 29, XIII, da CF, "a *iniciativa popular* de projetos de lei de interesse específico do *Município*, da cidade ou de bairros, através de manifestação de, pelo menos, *cinco por cento do eleitorado*"; **D:** incorreta. Até 15.000 (quinze mil) habitantes o limite é de 9 (nove) e não 10 (dez) vereadores (art. 29, IV, "a", da CF).
Gabarito "C".

(OAB/Exame Unificado – 2012.1) O Governador do Estado K, preocupado com o resultado da balança comercial do seu Estado, conhecido pelo setor exportador, pretende regular a importação de bens de determinados países, apresentando, nesse sentido, projeto de lei à Assembleia Legislativa. Em termos de competência legislativa, esse tema é, nos termos da Constituição Federal,

(A) dos Estados

(B) da União.

(C) do Distrito Federal

(D) dos Municípios.

A competência legislativa para regular a importação de bens de determinados países, por tratar de comércio exterior e de importação de produtos estrangeiros, é da *União*, conforme os arts. 22, VIII, e 153, I, ambos da CF.
Gabarito "B".

2. DIREITO CONSTITUCIONAL

(OAB/Exame Unificado – 2011.3.B) O Estado X edita norma que determina a gratuidade de pagamento em estacionamentos privados sob administração de entidades empresariais. Tal lei, à luz das normas constitucionais, está sob a égide das competências do(a)

(A) Estado.

(B) Município.

(C) Distrito Federal.

(D) União.

De acordo com o STF, a competência para legislar sobre a *gratuidade dos estacionamentos em estabelecimentos privados*, como em instituições de ensino, *shopping*, mercados etc. é da *União*. O assunto se enquadra no art. 22, I, da CF, pois diz respeito ao *direito civil*, especificamente sobre o direito de *propriedade e suas limitações* (ADI 3.710-2/ GO, Pleno, j. 09.02.2007, rel. Min. Joaquim Barbosa, *DJ* 27.04.2007). Gabarito "D".

(OAB/Exame Unificado – 2011.2) Os Estados são autônomos e compõem a Federação com a União, os Municípios e o Distrito Federal. À luz das normas constitucionais, quanto aos Estados, é correto afirmar que

(A) se requer lei complementar federal aprovando a criação de novos entes estaduais.

(B) a subdivisão não pode gerar a formação de novos territórios.

(C) o desmembramento deve ser precedido de autorização por lei ordinária.

(D) podem incorporar-se entre si mediante aprovação em referendo.

Todas as alternativas encontram fundamento no § 3º do art. 18 da CF que determina que "os Estados podem incorporar-se entre si, subdividir-se ou desmembrar-se para se anexarem a outros, ou formarem novos Estados ou Territórios Federais, mediante aprovação da população diretamente interessada, através de plebiscito, e do Congresso Nacional, por *lei complementar*". Gabarito "A".

(OAB/Exame Unificado – 2011.2) Lei estadual que regulamenta o serviço de mototáxi é

(A) inconstitucional porque se trata de competência legislativa dos Municípios.

(B) constitucional porque se trata de competência legislativa remanescente dos Estados.

(C) inconstitucional porque se trata de competência legislativa privativa da União.

(D) constitucional porque se trata de competência legislativa reservada aos Estados.

O art. 22 da CF traz os assuntos que são da competência privativa da União, dentre os quais se encontra a legislação sobre trânsito (art. 22, XI, CF). Desse modo, a lei estadual que regulamenta o serviço de mototáxi, por ter usurpado da competência legislativa da União, é considerada inconstitucional. Gabarito "C".

(FGV – 2011) Analise as afirmativas a seguir:

I. A competência para legislar sobre direito tributário é privativa da União, mas pode ser delegada aos Estados.

II. Lei estadual sobre política de crédito é inconstitucional, porque se trata de matéria de competência da União.

III. A competência para editar normas gerais de licitação é da União, mas, na ausência de lei federal, os Estados poderão legislar sobre a matéria.

Assinale

(A) se apenas a afirmativa I estiver correta.

(B) se apenas a afirmativa II estiver correta.

(C) se apenas a afirmativa III estiver correta.

(D) se apenas as afirmativas I e II estiverem corretas.

(E) se apenas as afirmativas I e III estiverem corretas.

I: incorreta. A competência para legislar sobre direito tributário, conforme o art. 24, I, da CF, é concorrente. Desse como, cabe à União, aos Estados e ao Distrito Federal legislar sobre o assunto. **II:** correta. De fato, é da competência privativa da União a legislação sobre política de crédito. Se o Estado legislar sobre tal disciplina, estará usurpando da competência legislativa da União e a lei será tida como inconstitucional. **III:** incorreta. Conforme o inc. XXVII do art. 22 da CF as normas gerais de licitação e contratação, em todas as modalidades, para as administrações públicas diretas, autárquicas e fundacionais da União, Estados, Distrito Federal e Municípios, é de competência privativa da União. Gabarito "B".

(OAB/Exame Unificado – 2011.1) A respeito da distribuição de competências adotada pela Constituição brasileira, assinale a alternativa correta.

(A) A competência para legislar sobre direito urbanístico é privativa dos Municípios, pois é matéria de interesse local.

(B) A competência para legislar sobre defesa dos recursos naturais é privativa da União, pois é matéria de interesse nacional.

(C) A competência material da União pode ser delegada aos Estados, por lei complementar.

(D) À União compete legislar sobre direito processual e normas gerais de procedimentos.

A: incorreta. A competência para legislar sobre direito urbanístico é *concorrente*, conforme dispõe o art. 24, II, da CF. Desse modo, cabe à União, aos Estados e ao Distrito federal legislarem sobre o assunto; **B:** incorreta. A competência para legislar sobre defesa dos recursos naturais também é concorrente (art. 24, VI, da CF); **C:** incorreta. A *competência material*, também chamada de *administrativa ou não legislativa*, em regra, é *indelegável*, ou seja, as atribuições dadas por essa competência não podem ser objeto de delegação; **D:** correta. O art. 22, I, da CF dispõe que direito processual é da competência privativa da União. Já o art. 24, XI, da CF determina que é competência concorrente entre a União, os Estados e o Distrito Federal a legislação sobre procedimentos em matéria processual. O § 1º do mesmo dispositivo determina que no âmbito da legislação concorrente, a competência da União limitar-se-á a estabelecer *normas gerais*. Assim, cabe à União legislar tanto sobre direito processual como sobre normas *gerais* de procedimento. Gabarito "D".

(OAB/Exame Unificado – 2010.2) Um determinado Estado-membro editou lei estabelecendo disciplina uniforme para a data de vencimento das mensalidades das instituições de ensino sediadas no seu território. Examinada a questão à luz da partilha de competência entre os entes federativos, é correto afirmar que:

(A) mensalidade escolar versa sobre direito obrigacional, portanto, de natureza contratual, logo cabe à União legislar sobre o assunto.

(B) a matéria legislada tem por objeto prestação de serviço educacional, devendo ser considerada como de interesse típico municipal.

(C) por versar o conteúdo da lei sobre educação, a competência do Estado membro é concorrente com a da União.

(D) somente competirá aos Estados membros legislar sobre o assunto quando se tratar de mensalidades cobradas por instituições particulares de Ensino Médio.

A: correta. Cabe privativamente à União legislar sobre Direito Civil (art. 22, I, da CF); **B:** incorreta. A questão não se refere ao direito à educação, mas à data de vencimento de mensalidade escolar, daí tratar-se de direito contratual. Além disso, deve-se lembrar que também é competência privativa da União legislar sobre diretrizes e bases da educação nacional (art. 22, XXIV, da CF). Por fim, "educação" é matéria de competência legislativa concorrente (art. 24, IX, da CF); **C:** incorreta. A competência é concorrente da União, dos Estados e do Distrito Federal (art. 24, IX, da CF); **D:** incorreta. Não cabe aos Estados legislar sobre Direito Civil (art. 22, I, da CF).
Gabarito "A".

(OAB/Exame Unificado – 2010.1) Acerca da distribuição de competências dos entes federativos prevista na CF, assinale a opção correta.

(A) Compete à União explorar, diretamente ou mediante autorização, concessão ou permissão, o aproveitamento energético dos cursos de água, em articulação com os Estados onde se situem os potenciais hidroenergéticos.

(B) No âmbito da legislação concorrente, compete à União legislar sobre normas gerais ou especiais, sem prejuízo da competência suplementar dos Estados, do DF e dos Municípios.

(C) A competência residual, ainda que em matéria tributária, como a instituição de novos impostos, é dos Estados e do DF.

(D) A competência privada da União para legislar sobre certos temas, como os de direito penal, por exemplo, impede que os Estados legislem sobre questões específicas, ainda que, para isso, haja, prevista em lei complementar, autorização da União.

A: correta. De acordo com o art. 21, XII, "b", da CF, compete à União explorar, diretamente ou mediante autorização, concessão ou permissão os serviços e instalações de energia elétrica e o aproveitamento energético dos cursos de água, em articulação com os Estados onde se situam os potenciais hidroenergéticos; **B:** incorreta. Conforme art. 24, § 1º, da CF, a competência da União, no âmbito da legislação concorrente, limitar-se-á a estabelecer **normas gerais**. Já o § 2º do mesmo dispositivo determina que a competência da União para legislar sobre normas gerais não exclui a competência **suplementar dos Estados**; **C:** incorreta. A competência residual em matéria tributária é da **União**. O art. 154 da CF determina que a União poderá instituir: I – mediante lei complementar, impostos não previstos no artigo anterior, desde que sejam não cumulativos e não tenham fato gerador ou base de cálculo próprios dos discriminados nesta Constituição; II – na iminência ou no caso de guerra externa, impostos extraordinários, compreendidos ou não em sua competência tributária, os quais serão suprimidos, gradativamente, cessadas as causas de sua criação; **D:** incorreta. Poderá haver essa autorização por meio de lei complementar. Conforme dispõe o art. 22 da CF, compete privativamente à União legislar sobre: I – direito civil, comercial, **penal**, processual, eleitoral, agrário, marítimo, aeronáutico, espacial e do trabalho. O parágrafo único do mesmo dispositivo normativo determina que lei complementar poderá

autorizar os Estados a legislar sobre questões específicas das matérias relacionadas neste artigo.
Gabarito "A".

(FGV – 2013) O Governador do Estado P deseja incorporar aglomerações urbanas comuns com o Estado Y, para integrar a organização, o planejamento e a execução de funções públicas de interesse comum.

Para obter tal mister busca apoio no Congresso Nacional para a edição de ato normativo adequado ao tema, obediente aos preceitos da Constituição Federal.

Nesse caso, deverá ocorrer a edição de

(A) Lei Complementar.

(B) Emenda à Constituição.

(C) Lei Ordinária.

(D) Medida Provisória.

(E) Decreto Legislativo.

De acordo com o art. 25, § 3º, da CF, os Estados poderão, **mediante lei complementar**, instituir regiões metropolitanas, aglomerações urbanas e microrregiões, constituídas por agrupamentos de municípios limítrofes, para integrar a organização, o planejamento e a execução de funções públicas de interesse comum.
Gabarito "A".

(FGV – 2013) O Estado Y editou, no ano de 2013, Lei Ordinária concedendo porte de arma ao Procurador da Assembleia Legislativa do Estado, independente de qualquer ato formal de licença ou autorização.

Acerca desse dispositivo legal, assinale a afirmativa correta.

(A) A norma é constitucional porque o Estado Y tem competência para determinar as prerrogativas e garantias de seus servidores.

(B) A norma é inconstitucional por violar competência privativa da União para autorizar e fiscalizar a produção e o comércio de material bélico.

(C) A norma é constitucional por tratar de tema afeto ao Direito Penal, que é de competência concorrente entre a União, os estados e os municípios.

(D) A norma é constitucional, uma vez que a Constituição institui que a segurança pública é dever do Estado.

(E) A norma é inconstitucional, pois deveria ser veiculada através de Lei Complementar Estadual.

De acordo com o art. 21, VI, da CF, é da competência da União a autorização e a fiscalização da produção e do comércio de material bélico. Sendo assim, a lei ordinária do Estado Y, que concedeu porte de arma ao Procurador da Assembleia Legislativa do Estado, é inconstitucional. Apenas a título de atualização, vale acrescentar que a EC 104/19 alterou o inciso XIV do citado art. 21 da CF, pois criou as polícias **penais** federal, estaduais e distrital. Sendo assim, a organização e manutenção das polícias: civil, penal, militar e o corpo de bombeiros militar do Distrito Federal, bem como a prestação de assistência financeira ao Distrito Federal para a execução de serviços públicos, por meio de fundo próprio, também é competência da União.
Gabarito "B".

(FGV – 2013) Lei Complementar do Estado X, de iniciativa de um Deputado Estadual, determinou que as empresas de transporte coletivo que operam no território do Estado, devem instalar cinto de segurança para todos os passageiros nos veículos de suas frotas, estabelecendo um prazo

2. DIREITO CONSTITUCIONAL · 209

de 180 dias para adequação à norma. A referida lei foi devidamente sancionada pelo Governador do Estado.

A lei citada no fragmento acima é inconstitucional. Assinale a alternativa que justifica sua inconstitucionalidade.

(A) Representa imposição de despesa sem a correspondente fonte de custeio.

(B) Representa invasão de competência dos Municípios.

(C) Representa invasão de competência da União.

(D) A matéria em comento é de iniciativa reservada do chefe do Poder Executivo estadual.

(E) A sanção do chefe do Poder Executivo estadual supre o vício de iniciativa, conforme atual entendimento jurisprudencial.

A: incorreta. O vício de inconstitucionalidade é formal, pois o Estado invadiu competência legislativa privativa da União. De acordo com o art. 22, XI, compete privativamente à **União legislar sobre trânsito e transporte**; **B:** incorreta. A competência, como mencionado, é da União e não do Município; **C:** correta. É o que determina o art. 22, XI, da CF; **D:** incorreta. As matérias de iniciativa privativa do Presidente da República vêm previstas no art. 61, § 1°, da CF. Por simetria, tais matérias, na esfera estadual, são da competência privativa dos Governadores. Ocorre que o assunto **trânsito não consta do rol do art. 61, § 1°, da CF**, de modo que não é esse o fundamento da inconstitucionalidade da lei; **E:** incorreta. A **sanção por parte do executivo**, ao contrário do mencionado, **não convalida vício de iniciativa**. Segundo o STF: "A sanção do projeto de lei não convalida o vício de inconstitucionalidade resultante da usurpação do poder de iniciativa. A ulterior aquiescência do chefe do Poder Executivo, mediante sanção do projeto de lei, ainda quando dele seja a prerrogativa usurpada, não tem o condão de sanar o vício radical da inconstitucionalidade. Insubsistência da Súmula 5/STF. Doutrina. Precedentes" (ADI 2.867, Rel. Min. Celso de Mello, julgamento em 3-12-2003, Plenário, DJ de 9-2-2007.) No mesmo sentido: ADI 2.305, Rel. Min. Cezar Peluso, julgamento em 30-6-2011, Plenário, DJE de 5-8-2011; AI 348.800, Rel. Min. Celso de Mello, decisão monocrática, julgamento em 5-10-2009, DJE de 20-10-2009; ADI 2.113, Rel. Min. Cármen Lúcia, julgamento em 4-3-2009, Plenário, DJE de 21-8-2009; ADI 1.963-MC, Rel. Min. Maurício Corrêa, julgamento em 18-3-1999, Plenário, DJ de 7-5-1999; ADI 1.070, Rel. Min. Sepúlveda Pertence, julgamento em 29-3-2001, Plenário, DJ de 25-5-2001.
Gabarito "C".

(OAB/Exame Unificado – 2009.3) No tocante às hipóteses de criação de Estados membros, previstas na CF, assinale a opção correta.

(A) No desmembramento para a anexação de outro Estado, a parte desmembrada constituirá novo Estado, com identidade própria.

(B) Na fusão, dois ou mais Estados unem-se, geograficamente, para a formação de um novo Estado, o que implica perda da personalidade primitiva.

(C) Na cisão, o Estado subdivide-se em dois ou mais Estados membros, com personalidades distintas, mantendo o Estado originário sua personalidade jurídica.

(D) No desmembramento para a formação de novo Estado, o Estado originário perde sua identidade, para formar um novo Estado com personalidade jurídica própria.

A: incorreta. Nos termos do art. 18, § 3°, da CF, a parte desmembrada do Estado-membro poderá tanto constituir um novo Estado quanto anexar-se a outro ente federativo. Há ainda a hipótese de a parte desmembrada dar origem a um novo Território Federal; **B:** correta. Art. 18, § 3°, da CF – incorporação entre si; **C:** incorreta. Na cisão (subdivisão), a que alude o art. 18, § 3°, da CF, o Estado de fato se subdivide em dois ou

mais Estados-membros, com personalidades distintas, desaparecendo, no entanto, o Estado originário; **D:** incorreta. No desmembramento, seja para a formação de novo Estado, seja para a anexação da parte desmembrada a Estado já existente, o Estado membro original preserva sua identidade.
Gabarito "B".

(OAB/Exame Unificado – 2009.2) Considerando o sistema de repartição de competências entre os entes federativos, assinale a opção correta.

(A) É da responsabilidade da União organizar e manter o Poder Judiciário, o MP e a Defensoria Pública do Distrito Federal e dos Territórios.

(B) Aos Estados e Municípios cabe exercer os poderes enumerados no texto constitucional, restando à União a competência dita remanescente.

(C) Compete privativamente à União legislar sobre direito tributário, financeiro, penitenciário, econômico e urbanístico.

(D) No exercício de sua autonomia político-administrativa, cabe aos Municípios criar, organizar e suprimir distritos, independentemente de qualquer disciplina legal, de âmbito estadual, sobre o tema.

A: correta. Art. 21, XIII, da CF; **B:** incorreta. A competência dita remanescente, em consonância com o disposto no art. 25, § 1°, da CF, cabe aos Estados-membros. Considera-se remanescente a competência que não for expressa dos outros entes; **C:** incorreta. Art. 24, I, da CF; **D:** Incorreta. Art. 30, IV, da CF.
Gabarito "A".

(OAB/Exame Unificado – 2009.1) Acerca do federalismo nacional, assinale a opção correta.

(A) Segundo preceitua a CF, são entes federativos os Estados membros, o DF, os Municípios e os territórios federais.

(B) O DF não possui capacidade de autoadministração visto que não organiza nem mantém suas próprias polícias.

(C) A CF, ao extinguir os territórios federais até então existentes, vedou a criação de novos territórios.

(D) A CF não atribuiu ao território a chamada tríplice capacidade.

A: incorreta. Arts. 1°, *caput*, e 18, *caput* e § 2°, da CF. São entes que compõem a Federação: União, Estados, Distrito Federal e Municípios. O território constitui uma autarquia que integra a União (art. 18, § 2°); **B:** incorreta. O Distrito Federal, unidade federativa autônoma, possui capacidade de autoadministração (art. 32, CF); **C:** incorreta. Conforme determina o art. 18, § 2°, da CF, é possível a criação de novos territórios, o que deverá ser feito por meio de lei complementar; **D:** correta. O território não é dotado de autonomia política.
Gabarito "D".

(OAB/Exame Unificado – 2008.2) Assinale a opção correta acerca da disciplina constitucional dos Municípios.

(A) Os Municípios, que são dotados de autonomia, podem editar constituição própria.

(B) Compete privativamente aos Municípios legislar sobre trânsito e transporte.

(C) É vedada a criação de tribunais de contas municipais.

(D) A posse de prefeitos e vice-prefeitos ocorrerá no dia 15 de fevereiro do ano subsequente ao da eleição.

A: incorreta. Os Municípios são considerados entes políticos, ao lado da União, Estados membros e Distrito Federal, fazem parte, portanto, da organização-política do Brasil e *possuem autonomia*. Ocorre que *não* são organizados por Constituições próprias e sim por leis orgânicas, conforme art. 29 da CF; **B:** incorreta. A competência para legislar sobre *trânsito e transporte* é privativa da União, conforme art. 22, XI, da CF; **C:** correta. Antes da Constituição Federal de 1988 havia a possibilidade da criação de tribunais de contas municipais, mas a nova Constituição, no seu art. 31, § 4º, proibiu essa criação, reconhecendo como válidos apenas os que já existiam na data de sua promulgação (05.10.1988) que são os tribunais de contas dos Municípios de São Paulo e do Rio de Janeiro; **D:** incorreta. O art. 29, III, da CF dispõe que a posse ocorrerá em *1º de janeiro* do ano subsequente ao da eleição.

Gabarito "C".

(FGV – 2011) Acerca do regime federativo, consagrado na Constituição de 1988, de modo a distribuir as funções, receitas e responsabilidades entre um poder central e diversos poderes locais, analise as afirmativas a seguir:

I. A aprovação superveniente de lei federal suspende, em qualquer âmbito, a eficácia da lei estadual em vigor no que lhe for contrária.

II. A Federação brasileira inclui os Estados, os Municípios, o Distrito Federal e a União.

III. Inexiste divisão de competências na federação brasileira, uma vez que a Constituição determina competências comuns aos Estados e à União.

IV. O sistema federativo implica a divisão de receitas e competências entre os entes da Federação, nos termos da Constituição.

Assinale

(A) se apenas as afirmativas II e IV estiverem corretas.

(B) se apenas as afirmativas I e IV estiverem corretas.

(C) se apenas as afirmativas I e III estiverem corretas.

(D) se apenas as afirmativas II e III estiverem corretas.

(E) se apenas as afirmativas I e II estiverem corretas.

I: incorreta. A superveniência de lei federal sobre normas gerais suspende a eficácia da lei estadual apenas no que lhe for contrário (art. 24, § 4º, da CF); **II:** correta. Art. 18, *caput*, da CF; **III:** incorreta; **IV:** correta. Tomando por base a divisão de competências entre *administrativas, legislativas e tributárias*, pode-se dizer, em linhas gerais, que o sistema de repartição de competências adotado pela Constituição Federal de 1988 abrange: a) competências administrativas exclusivas da União (art. 21, da CF); b) competências administrativas comuns da União, Estados, Distrito Federal e Municípios (art. 23, da CF); c) competências legislativas concorrentes da União, Estados, Distrito Federal (e, no que couber, dos Municípios) (art. 24, da CF); e) competências legislativas e administrativas remanescentes dos Estados (art. 25, § 1º, da CF); f) competência tributária expressa da União (art. 153, da CF); g) competência tributária residual da União (art. 154, I, da CF); h) competência tributária extraordinária da União (art. 154, II, da CF); i) competência tributária expressa dos Estados (art. 155, da CF); j) competências tributárias expressas dos Municípios (art. 156, da CF) e k) competências privativas dos Municípios (art. 30, III a IX, da CF). Importante notar que as competências *administrativas e legislativas* residuais são conferidas aos Estados, mas a competência *tributária* residual é da União.

Gabarito "A".

9.2. Intervenção

(OAB/Exame XXXVIII) Com grande adesão da população, o prefeito do Município Delta, situado no Estado-membro Alfa, declarou a independência do território municipal, criando um novo país.

Assustado com a rapidez do processo, o Presidente da República, após ouvir o Conselho de Defesa Nacional, sem perda de tempo, decidiu decretar a intervenção federal no Município. Ato contínuo, submeteu o decreto ao Congresso Nacional, que o aprovou, também de forma célere, por unanimidade.

Sobre o decreto interventivo federal, segundo o sistema jurídico-constitucional brasileiro, assinale a afirmativa correta.

(A) A Constituição da República de 1988 veda, de forma cabal, o direito de secessão, sendo o decreto constitucional.

(B) O ato de insurreição traz consigo grave comprometimento à ordem pública, o que aponta para a constitucionalidade do decreto.

(C) Como Delta está situado em um Estado-membro, não há previsão constitucional para a decretação de intervenção federal.

(D) O fato de a decisão presidencial não ter sido antecedida de requisição pelo Supremo Tribunal Federal indica a invalidade do decreto.

A alternativa C é a correta. A regra geral é a autonomia dos entes federados, sendo que a intervenção é exceção à regra. A União só poderá intervir nos Estados-membros e no Distrito Federal, ou em Municípios localizados em Territórios Federal, nas hipóteses taxativas dos arts. 34 e 35 da CF. AMN

Gabarito "C".

(OAB/Exame XXXIII – 2020.3) O Município Alfa, situado no Estado Beta, negou-se a apresentar contas anuais de numerosos exercícios ao Tribunal de Contas do referido Estado. Convencido de não se tratar de meros equívocos, mas sim de tentativa de dissimular uma série de irregularidades administrativas, o Governador do Estado Beta encaminhou a questão à Procuradoria do Estado, a fim de saber se a situação ensejaria uma intervenção.

A Procuradoria de Beta, após análise da Constituição Federal, informou corretamente que o caso

(A) não admite intervenção em Alfa, pois o fato de os Municípios brasileiros serem entes federativos autônomos lhes garante total independência no trato de seus recursos, impossibilitando a ingerência de outros entes.

(B) pode ensejar intervenção federal no Município Alfa, sendo que o Presidente da República somente poderá vir a decretá-la após solicitação formal por parte do Governador de Beta e o devido controle político pelo Congresso Nacional.

(C) enseja a intervenção estadual por decreto do próprio Governador de Beta, sendo o referido ato necessariamente dirigido, posteriormente, à Assembleia Legislativa de Beta, para que realize o devido controle político.

(D) admite a intervenção estadual no Município Alfa, mas o Governador somente poderá decretá-la após a devida e formal solicitação por parte da Câmara Municipal de Alfa, que deverá, em seguida, exercer o controle político do ato.

A: incorreta. A regra é a não intervenção. Excepcionalmente pode um Estado intervir em um Município localizado no seu território, conforme determina o art. 35 da CF. A hipótese apresentada se enquadra no

2. DIREITO CONSTITUCIONAL

inciso II do art. 35 que menciona que o Estado não intervirá em seus Municípios exceto quando **não forem prestadas contas devidas**, na forma da lei; **B:** incorreta. A intervenção estadual **será decretada pelo Governador**, não pelo Presidente da República, como mencionado na questão; **C:** correta. É o que determina o art. 35, II e art. 36, §1º, ambos da CF. Vale lembrar que o decreto de intervenção deverá especificar a amplitude, o prazo e as condições de execução, além de ser submetido da Assembleia Legislativa do Estado, no prazo de (24) vinte e quatro horas; **D:** incorreta. Trata-se de hipótese de **intervenção espontânea**, ou seja, o Governador, de ofício, declara a intervenção, após, submete o decreto à Assembleia Legislativa dentro (24) vinte e quatro horas. **BV**
Gabarito "C".

(OAB/Exame Unificado – 2018.3) O Procurador-Geral de Justiça resolve representar perante o Tribunal de Justiça, solicitando intervenção estadual no Município Alfa, sob a alegação de que esse ente federado tem violado frontalmente diversos princípios, de reprodução obrigatória, indicados na Constituição Estadual.

Com base na hipótese narrada, assinale a afirmativa correta.

(A) A intervenção estadual no Município Alfa pode ser decretada, *ex officio*, pelo Governador de Estado, independentemente da representação.

(B) A intervenção estadual no Município Alfa dependerá de provimento do Tribunal de Justiça requisitando ao Governador de Estado que decrete a referida medida.

(C) A intervenção estadual não é possível, pois, devido à sua natureza excepcional, o rol previsto na Constituição da República não contempla a violação a princípios.

(D) A intervenção estadual no Município Alfa, após o acolhimento da representação pelo Tribunal de Justiça, ainda dependerá do controle político da Assembleia Legislativa Estadual.

A: incorreta. Na hipótese de desrespeito aos princípios indicados na Constituição Estadual, a intervenção estadual no Município Alfa **dependerá de provimento do Tribunal de Justiça**, conforme determina o art. 35, IV, da CF/88; **B:** correta. É o que determina o mencionado art. 35, IV, da CF/88; **C:** incorreta. A intervenção, ainda que considerada medida excepcional, é possível nessa hipótese, pois a violação a princípios **encontra-se dentro rol taxativo** previsto na CF/88. **D:** incorreta. Nessa hipótese de intervenção é dispensado o controle pela Assembleia Legislativa. De acordo com o § 3º do art. 36 da CF, nos casos do art. 34, VI e VII, ou do art. 35, IV (hipótese trazida pelo problema), **dispensada a apreciação** pelo Congresso Nacional ou **pela Assembleia Legislativa**, o decreto limitar-se-á a suspender a execução do ato impugnado, se essa medida bastar ao restabelecimento da normalidade. **BV**
Gabarito "B".

(OAB/Exame Unificado – 2018.1) O Estado Alfa deixou de aplicar, na manutenção e no desenvolvimento do ensino, o mínimo exigido da receita resultante de impostos estaduais, compreendida a proveniente de transferências.

À luz desse quadro, algumas associações de estudantes procuram um advogado e o questionam se, nessa hipótese, seria possível decretar a intervenção federal no Estado Alfa.

Com base na hipótese narrada, assinale a afirmativa correta.

(A) A intervenção federal da União no Estado Alfa pode ser decretada, *ex officio*, pelo Presidente da República.

(B) A intervenção federal não é possível, pois, por ser um mecanismo excepcional, o rol previsto na Constituição que a autoriza é taxativo, não contemplando a situação narrada.

(C) A intervenção da União no Estado Alfa dependerá de requerimento do Procurador-Geral da República perante o Supremo Tribunal Federal.

(D) A intervenção federal não seria possível, pois a norma constitucional que exige a aplicação de percentual mínimo de receita na educação nunca foi regulamentada.

A: incorreta. Nessa situação a intervenção não pode ser decretada de ofício, pois a CF exige o provimento, pelo STF, de representação proposta pelo Procurador-Geral da República (art. 36, III, da CF); **B:** incorreta. A intervenção, de fato, é um mecanismo excepcional, mas a hipótese trazida na questão se enquadra nas situações previstas no Texto Constitucional (art. 34, VII, "e", CF); **C:** correta, conforme dispõe o citado art. 36, III, CF; **D:** incorreta. A CF trata do assunto no seu art. 212. O dispositivo determina que a União deve aplicar, anualmente, nunca menos de dezoito, e os Estados, o Distrito Federal e os Municípios vinte e cinco por cento, no mínimo, da receita resultante de impostos, compreendida a proveniente de transferências, na manutenção e desenvolvimento do ensino. **BV**
Gabarito "C".

(OAB/Exame Unificado – 2015.1) Determinado Governador de Estado, inconformado com decisões proferidas pelo Poder Judiciário local, que determinaram o fechamento de diversos estabelecimentos comprovadamente envolvidos com ilícitos, decidiu que os órgãos estaduais a ele subordinados não cumpririam as decisões judiciais. Alegou que os negócios desenvolvidos nesses estabelecimentos, mesmo sendo ilícitos, geravam empregos e aumentavam a arrecadação do Estado, e que o não cumprimento das ordens emanadas do Poder Judiciário se justificava em razão da repercussão econômica que o seu cumprimento teria. Das opções a seguir, assinale a que se mostra consentânea com a Constituição Federal.

(A) O Presidente da República, após a requisição do Supremo Tribunal Federal, decretará a intervenção federal, dispensado, nesse caso, o controle pelo Congresso Nacional.

(B) O Governador de Estado, tendo por base a inafastável autonomia concedida aos Estados em uma organização federativa, está juridicamente autorizado a adotar o indicado posicionamento.

(C) O Presidente da República poderá decretar a intervenção federal, se provocado pelo Procurador Geral da República e com autorização prévia do Congresso Nacional, que exercerá um controle político.

(D) O Supremo Tribunal Federal, prescindindo de qualquer atuação por parte do Presidente da República, determinará, ele próprio, a intervenção federal, que será posteriormente apreciada pelo Congresso Nacional.

A: correta. De acordo com o art. 34, VI, da CF, a União não intervirá nos Estados nem no Distrito Federal, exceto para **prover a execução de ordem ou decisão judicial**. Nessa hipótese de intervenção a CF determina que haja **requisição do Supremo Tribunal Federal**, conforme determina o art. 36, II, da CF. Além disso, o § 3º do mesmo art. 36 informa que nessa situação fica **dispensada a apreciação pelo Congresso Nacional** ou pela Assembleia Legislativa e o decreto limitar-se-á

a suspender a execução do ato impugnado, se essa medida bastar ao restabelecimento da normalidade; **B:** incorreta. De fato, a regra é a não intervenção, pois os entes federativos são autônomos e independentes. Ocorre que, excepcionalmente, a intervenção pode ser decretada. O problema apresentado se enquadra numa dessas situações excepcionais; **C:** incorreta. Não é necessária a autorização prévia do Congresso Nacional, conforme disposto no art. 36, § 3º, da CF; **D:** incorreta. A intervenção não é decretada pelo Judiciário. Quem a decreta é o Chefe do Executivo. Se estivermos diante de intervenção da União em um Estado o no DF, quem a efetivará será o Presidente da República. Se a hipótese for de intervenção estadual, de um Estado em um Município, quem a concretizará será o Governador do respectivo Estado.
Gabarito "A".

(OAB/Exame Unificado – 2014.2) O instituto da intervenção é de extrema excepcionalidade, razão pela qual restam minuciosamente delineadas as hipóteses na CRFB/88. Assinale a opção que contempla, à luz da CRFB/88, hipótese correta de intervenção.

(A) O Estado X, sob o pretexto de celeridade e efetividade, vem realizando somente contratações diretas, sem a aplicação da Lei Federal de Licitações e Contratos Administrativos – Lei n. 8.666/93. Nessa situação, poderá a União intervir no Estado X para prover a execução de lei federal.

(B) O Município Y, localizado no Estado Z, não vem destinando nos últimos seis meses o mínimo exigido da receita municipal na manutenção das escolas públicas municipais, sob o fundamento de que a iniciativa privada realiza melhor ensino. Nesta hipótese, tanto a União quanto o Estado Z, à luz da CRFB/88, poderão intervir no Município Y para garantir a aplicação do mínimo exigido da receita municipal na aludida manutenção.

(C) Nos casos de desobediência à ordem ou decisão judiciária, a decretação de intervenção independe de requisição judicial.

(D) O Município Z, em razão de problemas orçamentários, em 2013, decidiu, excepcionalmente, pela primeira vez na sua história, não realizar o pagamento da sua dívida fundada. À luz da CRFB/88, poderá o Estado W, onde está localizado o referido Município, intervir no ente menor para garantir o pagamento da dívida fundada.

A: correta. O art. 34 da CF trata das situações excepcionais em que a União poderá intervir nos Estados e no Distrito Federal. Uma das hipóteses em que a intervenção é admitida é para **prover a execução de lei federal**, ordem ou decisão judicial (inciso VI). Sendo assim, como o Estado X não vem aplicando a Lei Federal n. 8.666/1993 (Lei Federal de Licitações e Contratos Administrativos), é possível que a União intervenha; **B:** incorreta. De acordo com o art. 35, III, da CF, para garantir a aplicação do mínimo exigido da receita **municipal** na manutenção das escolas públicas municipais é cabível a **intervenção do Estado no Município** que estiver localizado em seu território. A União não pode intervir nessa hipótese. Ademais, a União, em regra, não intervém em Municípios. A única possibilidade de isso ocorrer se dá na hipótese de Município localizado em Território Federal (que atualmente não existe). Além da localização, para que a União intervenha no Município localizado em seu Território Federal, se faz necessário o enquadramento em uma das situações previstas no art. 35 da CF; **C:** incorreta. Nos casos de desobediência à ordem ou decisão judiciária, a decretação de intervenção **depende** de requisição judicial. De acordo com o art. 36, II, da CF, a decretação da intervenção dependerá no caso de desobediência a ordem ou decisão judiciária, de **requisição**

do Supremo Tribunal Federal, do Superior Tribunal de Justiça ou do Tribunal Superior Eleitoral; **D:** incorreta. Para que fosse possível a intervenção nessa hipótese, a inadimplência teria de ter ocorrido, sem motivo de força maior, e por dois anos consecutivos, conforme determina o art. 35, I, da CF. Portanto, como o Município Z, em razão de problemas orçamentários, em 2013, **decidiu, excepcionalmente, pela primeira vez na sua história**, não realizar o pagamento da sua dívida fundada, a intervenção estadual ainda não é possível.
Gabarito "A".

(OAB/Exame Unificado – 2009.3) Assinale a opção correta quanto à disciplina sobre a intervenção federal.

(A) No caso de descumprimento, por algum Estado-membro, dos princípios constitucionais sensíveis, a decretação de intervenção dependerá de provimento, pelo STF, de representação do procurador-geral da República.

(B) Se houver, por parte de Estado-membro, ameaça ao livre exercício de qualquer dos poderes, o pedido de intervenção federal dependerá de requisição do STF.

(C) A União só poderá intervir nos Estados após prévia anuência do Congresso Nacional.

(D) O Estado só poderá intervir em seus Municípios se a assembleia legislativa, por maioria absoluta, aprovar a decretação da intervenção.

A: correta. Conforme art. 36, III, da CF; **B:** incorreta. O art. 36, I, da CF determina que somente quando a coação for exercida contra o Poder Judiciário é que a decretação da intervenção depende de requisição do STF. Nas demais hipóteses de ameaça ao livre exercício dos poderes, basta a solicitação do Poder Legislativo ou do Poder Executivo coacto ou impedido; **C e D:** incorretas. A intervenção torna-se eficaz e começa a produzir efeitos a partir do decreto do Presidente da República (na hipótese de intervenção federal) ou governador de Estado (no caso de intervenção estadual).
Gabarito "A".

(OAB/Exame Unificado – 2009.1) De acordo com a CF e com a doutrina, a intervenção federal

(A) dispensa, quando espontânea, a autorização prévia do Congresso Nacional.

(B) exige, em qualquer hipótese, o controle político.

(C) exige do presidente da República, quando provocada por requisição, a submissão do ato ao Conselho da República e ao Conselho de Defesa Nacional, para posterior exame quanto à conveniência e oportunidade da decretação.

(D) é provocada por solicitação quando a coação ou o impedimento recaem sobre cada um dos três Poderes do Estado.

A: correta. Espontânea é a intervenção em que o chefe do Poder Executivo atua de ofício; **B:** incorreta. Art. 36, § 3º, da CF; **C:** incorreta. Em se tratando de requisição do Poder Judiciário, o Presidente da República deverá decretar a intervenção federal, estando, pois, vinculado; **D:** incorreta. É provocada por solicitação quando a coação ou o impedimento recaem sobre o Poder Legislativo ou o Poder Executivo, impedindo o exercício desses poderes. Nesse caso, o Presidente da República, para decretar a intervenção, dependerá de solicitação desses poderes.
Gabarito "A".

(OAB/Exame Unificado – 2008.2) Não constitui causa de intervenção da União nos Estados e no DF a necessidade de

(A) manter a integridade nacional.

(B) prover a execução de ordem judicial.

(C) assegurar o princípio da autonomia municipal.

(D) garantir a aplicação do mínimo exigido da receita na segurança pública.

Todas as alternativas encontram fundamento no art. 34 da CF. Dentre as hipóteses excepcionais e taxativas de intervenção da União nos Estados ou Distrito Federal, *não* há a que visa garantir a aplicação do mínimo exigido da receita na *segurança pública*. O mesmo dispositivo trata da *aplicação do mínimo exigido* da receita de impostos na manutenção e desenvolvimento do *ensino* e nas ações e serviços públicos de *saúde* (art. 34, VII, *e*, da CF). Se essa aplicação não estiver sendo garantida, cabe intervenção federal.

Gabarito "D".

9.3. Administração Pública

(OAB/Exame Unificado – 2020.1) O governo federal, visando ao desenvolvimento e à redução das desigualdades no sertão nordestino do Brasil, editou a Lei Complementar Y, que dispôs sobre a concessão de isenções e reduções temporárias de tributos federais devidos por pessoas físicas e jurídicas situadas na referida região.

Sobre a Lei Complementar Y, assinale a afirmativa correta.

(A) É formalmente inconstitucional, eis que a Constituição da República de 1988 proíbe expressamente a criação de regiões, para efeitos administrativos, pela União.

(B) É materialmente inconstitucional, sendo vedada a concessão de incentivos regionais de tributos federais, sob pena de violação ao princípio da isonomia federativa.

(C) É formal e materialmente constitucional, sendo possível que a União conceda incentivos visando ao desenvolvimento econômico e à redução das desigualdades no sertão nordestino.

(D) Apresenta inconstitucionalidade formal subjetiva, eis que cabe aos Estados e ao Distrito Federal, privativamente, criar regiões administrativas visando ao seu desenvolvimento e à redução das desigualdades.

A e B: incorretas. Não há inconstitucionalidade (formal ou material) na norma. Determina o *caput* art. 43 da CF que a União poderá articular sua ação em um mesmo complexo geoeconômico e social, visando a seu desenvolvimento e à **redução das desigualdades regionais**. O § 1º, I e II, do mesmo dispositivo autoriza a União, por meio de lei complementar, a dispor sobre as condições para integração de regiões em desenvolvimento e a composição dos organismos regionais que executarão, na forma da lei, os planos regionais, integrantes dos planos nacionais de desenvolvimento econômico e social, aprovados juntamente com estes. Por fim, o § 2º também do art. 43, ao tratar dos incentivos regionais, informa que eles compreenderão, além de outros, a concessão de isenções, reduções ou diferimento temporário de tributos federais devidos por pessoas físicas ou jurídicas; **C:** correta. É o que determina o mencionado art. 43, §§ 1º e 2º, III, da CF; **D:** incorreta. Como mencionado, não há inconstitucionalidade na Lei Complementar Y editada pelo governo federal. **BV**

Gabarito "C".

(OAB/Exame Unificado – 2010.3) A respeito da disciplina constitucional da Administração Pública, é correto afirmar que

(A) o direito de greve é assegurado ao servidor público civil, devendo ser exercido nos termos e nos limites definidos em lei complementar.

(B) a vinculação de espécies remuneratórias no serviço público é vedada, mas admite-se a equiparação salarial entre carreiras públicas.

(C) os atos de improbidade administrativa importarão a cassação de direitos políticos, a perda da função pública, a indisponibilidade de bens e o ressarcimento ao erário, na forma e gradação previstas em lei, sem prejuízo da ação penal cabível.

(D) as funções de confiança e os cargos em comissão se destinam apenas às atribuições de direção, chefia e assessoramento.

A: incorreta. A Constituição Federal garante o direito de greve ao servidor público, nos limites definidos em lei específica (art. 37, VII, da CF); **B:** incorreta. O art. 37, XIII, da CF veda tanto a vinculação quanto a equiparação salarial entre carreiras públicas; **C:** incorreta. O art. 37, § 4º, da CF fala em "suspensão", não em "cassação" de direitos políticos; **D:** correta. Art. 37, V, da CF.

Gabarito "D".

(OAB/Exame Unificado – 2009.3) Com relação aos servidores públicos, assinale a opção correta.

(A) Pode-se estabelecer forma de contagem de tempo de contribuição fictício, desde que mediante lei complementar.

(B) Servidor público que exerça atividade de risco pode ter requisitos e critérios diferenciados para a concessão de aposentadoria.

(C) O servidor portador de deficiência não pode ter requisitos e critérios diferenciados para a concessão de aposentadoria.

(D) Ao servidor ocupante, exclusivamente, de cargo em comissão declarado em lei de livre nomeação e exoneração, bem como de outro cargo temporário ou de emprego público não se aplica o regime geral de previdência social.

A: incorreta. O art. 40, § 10, da CF proíbe qualquer forma de contagem de tempo de contribuição fictício; **B:** correta. Essa alternativa estava correta antes do advento da EC nº 103/2019, pois a redação anterior do art. 40, § 4º, II, da CF estabelecia a possibilidade de o servidor público que exercesse atividade de risco pudesse ter requisitos e critérios diferenciados para a concessão de aposentadoria. A referida emenda constitucional revogou os incisos I a III do § 4º do art. 40 da CF e acrescentou os §§ 4ºA a 4ºC no mesmo dispositivo legal. Em relação à atividade de risco, a Constituição passou a ser mais específica ao determinar que: "Poderão ser estabelecidos por lei complementar do respectivo ente federativo idade e tempo de contribuição diferenciados para aposentadoria de ocupantes do cargo de agente penitenciário, de agente socioeducativo ou de policial dos órgãos de que tratam o inciso IV do *caput* do art. 51, o inciso XIII do *caput* do art. 52 e os incisos I a IV do *caput* do art. 144." (CF, art. 40, § 4º-B); **C:** incorreta. A regra é a proibição de requisitos e critérios diferenciados para a concessão de aposentadoria, mas há exceções, por exemplo, na hipótese dos servidores com deficiência (art. 40, § 4ºA, , da CF, acrescido pela EC nº 103/2019); **D:** incorreta. O art. 40, § 13, da CF (com nova redação dada pela EC nº 103/2019) trata do assunto justamente de forma contrária, mencionando que a esses servidores se aplica o regime geral de previdência, se aposentando, portanto, pelo Instituto Nacional de Seguridade Social – INSS. **AMN**

Gabarito "B".

(OAB/Exame Unificado – 2008.3) O art. 37, VII, da CF, dispõe que "a administração pública direta e indireta de qualquer dos Poderes da União, dos Estados, do Distrito Federal e dos Municípios obedecerá aos princípios de legalidade, impessoalidade, moralidade, publicidade e eficiência e, também, ao seguinte: (...) o direito de greve será exercido nos termos e nos limites definidos em lei específica." Acerca da interpretação e da aplicação dessas disposições constitucionais, assinale a opção correta.

(A) O direito de greve dos servidores públicos é norma de eficácia plena.

(B) A lei específica pode conter matéria estranha à disciplina do direito de greve dos servidores públicos.

(C) Na ausência de lei específica, é cabível a impetração de mandado de injunção.

(D) Compete à justiça do trabalho julgar os dissídios relativos ao direito de greve dos servidores públicos estatutários da administração direta, dos das autarquias e dos das fundações da União.

A: incorreta. O direito de greve dos servidores públicos sempre foi considerado norma de eficácia limitada, porque depende, para que a plenitude de seus efeitos seja atingida, de uma norma integrativa infraconstitucional; é bom lembrar que o STF, nos Mandados de Injunção 670-9/SP, Pleno, j. 25.10.2007, rel. para acórdão Min. Gilmar Mendes, *DJe* 31.10.2008; 708-0/DF, Pleno, j. 25.10.2007, rel. Min. Gilmar Mendes, *DJe* 31.10.2008 e 712-8/PA, Pleno, j. 25.10.2007, rel. Min. Eros Grau, *DJe* 31.10.2008, reconheceu a mora legislativa e determinou a integração da lacuna na legislação, com a aplicação, na greve dos servidores públicos, da lei de greve do setor privado (Lei 7.783/1989); B: incorreta. Ao contrário, deve versar tão só acerca de matéria relacionada ao direito de greve; C: correta. Arts. 5°, LXXI, e 102, I, *q*, da CF, além da Lei 13.300/16; D: incorreta. Art. 114 da CF.
Gabarito "C".

(FGV – 2013) Noemia é servidora pública da União, tendo sido aprovada em concurso público de provas e títulos, possuindo nível superior.

Nos termos da Constituição Federal, para a promoção na carreira do servidor público, um dos requisitos consiste em realização de

(A) cursos de aperfeiçoamento efetuados em escolas de governo.

(B) cursos de graduação em áreas afins ao cargo ocupado.

(C) cursos de mestrado e doutorado na área de trabalho do servidor.

(D) cursos de livre escolha pelo servidor público, desde que no interesse do serviço.

(E) cursos de grau especial ministrados por universidades conveniadas.

De acordo com o art. 39, § 2°, da CF, a União, os Estados e o Distrito Federal manterão **escolas de governo** para a **formação e o aperfeiçoamento dos servidores públicos**, constituindo-se a participação nos **cursos** um dos **requisitos para a promoção na carreira**, facultada, para isso, a celebração de convênios ou contratos entre os entes federados.
Gabarito "A".

10. PODER LEGISLATIVO

10.1. Organização e competências do Congresso Nacional

(OAB/Exame Unificado – 2019.2) O senador João fora eleito Presidente do Senado Federal. Ao aproximar-se o fim do exercício integral do seu mandato bienal, começa a planejar seu futuro na referida casa legislativa.

Ciente do prestígio que goza entre seus pares, discursa no plenário, anunciando a intenção de permanecer na função até o fim de seu mandato como senador, o que

ocorrerá em quatro anos. Assim, para que tal desejo se materialize, será necessário que seja reeleito nos dois próximos pleitos (dois mandatos bienais).

Sobre a intenção do senador, segundo o sistema jurídico-constitucional brasileiro, assinale a afirmativa correta.

(A) Será possível, já que não há limites temporais para o exercício da presidência nas casas legislativas do Congresso Nacional.

(B) Não será possível, pois a Constituição proíbe a reeleição para esse mesmo cargo no período bienal imediatamente subsequente.

(C) É parcialmente possível, pois, nos moldes da reeleição ao cargo de Presidente da República, ele poderá concorrer à reeleição uma única vez.

(D) Não é possível, pois o exercício da referida presidência inviabiliza a possibilidade de, no futuro, vir a exercê-la novamente.

A: incorreta. Ao contrário, há limite temporal para o exercício da presidência nas casas legislativas do Congresso Nacional. O mandato é de dois anos e é proibida a recondução para o mesmo cargo na eleição imediatamente subsequente, conforme determina o § 4° do art. 57 da CF/88; B: correta. Como mencionado, a Constituição, em seu art. 57, § 4°, proíbe a recondução para esse mesmo cargo no período bienal imediatamente subsequente. De acordo com o citado dispositivo, cada uma das Casas reunir-se-á em sessões preparatórias, a partir de 1° de fevereiro, no primeiro ano da legislatura, para a posse de seus membros e eleição das respectivas Mesas, para **mandato de 2 (dois) anos, vedada a recondução para o mesmo cargo na eleição imediatamente subsequente**; C: incorreta. Mais uma vez, é proibida a recondução para o mesmo cargo na eleição imediatamente subsequente; D: incorreta. É possível que o exercício da referida presidência ocorra novamente no futuro. O que o texto constitucional proíbe é a recondução para o mesmo cargo na eleição imediatamente subsequente. **BV**
Gabarito "B".

(OAB/Exame Unificado – 2012.3.A) O Congresso Nacional aprova tratados internacionais por meio de:

(A) Decreto.

(B) Resolução.

(C) Decreto-Lei.

(D) Decreto Legislativo

De acordo com o art. 49, I, da CF, é da competência exclusiva do Congresso Nacional a resolução definitiva sobre tratados, acordos ou atos internacionais que acarretem encargos ou compromissos gravosos ao patrimônio nacional. Tal atribuição é feita por meio decreto legislativo.
Gabarito "D".

(OAB/Exame Unificado – 2011.3.B) Os órgãos legislativos possuem competências definidas no texto constitucional. Sobre o tema, à luz das normas constitucionais, é correto afirmar que

(A) é competência exclusiva do Congresso Nacional resolver definitivamente sobre tratados de qualquer natureza.

(B) o Presidente da República pode ausentar-se do país por período indefinido sem autorização do Congresso.

(C) cabe ao Presidente do Senado aprovar o estado de defesa e o estado de sítio.

(D) cabe ao Congresso exclusivamente sustar os atos normativos do Executivo que exorbitem de delegação legislativa.

2. DIREITO CONSTITUCIONAL

A: incorreta. De acordo com o art. 49, I, da CF, é da competência exclusiva do Congresso Nacional resolver definitivamente sobre tratados, acordos ou atos internacionais *que acarretem encargos ou compromissos gravosos ao patrimônio nacional*; **B:** incorreta. Conforme o art. 83 da CF, o Presidente e o Vice-Presidente da República não poderão, sem licença do Congresso Nacional, ausentar-se do País *por período superior a quinze dias*, sob pena de perda do cargo; **C:** incorreta. De acordo com o art. 49, IV, da CF, é da *competência exclusiva do Congresso Nacional*, e não do Presidente do Senado, a *aprovação do estado de defesa* e a intervenção federal, a *autorização para o estado de sítio*, ou suspensão de qualquer uma dessas medidas; **D:** correta. É o que se extrai da leitura do art. 49, V, da CF.

Gabarito "D"

(OAB/Exame Unificado – 2011.3.B) Suponha que a Comissão de Assuntos Econômicos do Senado tenha convocado o Ministro da Fazenda para prestar pessoalmente informações sobre assunto relativo à política econômica adotada pelo governo federal. Nesse caso,

(A) a convocação só poderia ser feita pelo Senado, e não por uma de suas comissões.

(B) a convocação é inconstitucional, pois a Comissão só poderia encaminhar pedido escrito de informações ao Ministro, mas não sua presença pessoal.

(C) a convocação é constitucional, e a ausência injustificada do Ministro importaria crime de responsabilidade.

(D) a convocação é constitucional, mas a ausência (mesmo que injustificada) do Ministro não importa crime de responsabilidade.

De acordo com o art. 50 da CF, a "Câmara dos Deputados e o Senado Federal, ou qualquer de suas Comissões, *poderão convocar Ministro de Estado ou quaisquer titulares de órgãos diretamente subordinados à Presidência da República para prestarem, pessoalmente, informações sobre assunto previamente determinado*, importando crime de responsabilidade a ausência sem justificação adequada."

Gabarito "C"

(OAB/Exame Unificado – 2010.2) O Congresso Nacional e suas respectivas Casas se reúnem anualmente para a atividade legislativa. Com relação ao sistema constitucional brasileiro, assinale a alternativa correta.

(A) Legislatura: o período compreendido entre 2 de fevereiro a 17 de julho e 19 de agosto a 22 de dezembro.

(B) Sessão legislativa: os quatro anos equivalentes ao mandato dos parlamentares.

(C) Sessão conjunta: a reunião da Câmara dos Deputados e do Senado Federal destinada, por exemplo, a conhecer do veto presidencial e sobre ele deliberar.

(D) Sessão extraordinária: a que ocorre por convocação ou do Presidente do Senado Federal ou do Presidente da Câmara dos Deputados ou do Presidente da República e mesmo por requerimento da maioria dos membros de ambas as Casas para, excepcionalmente, inaugurar a sessão legislativa e eleger as respectivas mesas diretoras.

A: incorreta. Cada legislatura terá a duração de quatro anos (art. 44, parágrafo único, da CF); **B:** incorreta. De acordo com o art. 57 da CF, a sessão legislativa corresponde ao intervalo de tempo compreendido entre 2 de fevereiro e 17 de julho (1º período legislativo) e entre 1º de agosto a 22 de dezembro (2º período legislativo), ou seja, é o período *anual* de reuniões do Congresso Nacional. Assim, uma legislatura tem

4 sessões legislativas e 8 períodos legislativos; **C:** correta (art. 66, § 4º, da CF); **D:** incorreta. Não reflete o disposto no art. 57, § 3º, I e § 6º, I e II, da CF.

Gabarito "C"

(OAB/Exame Unificado – 2009.2) Assinale a opção correta acerca da organização do Congresso Nacional.

(A) A convocação extraordinária do Congresso Nacional pode ser feita pelos presidentes da Câmara dos Deputados e do Senado Federal e pelo Presidente da República, nos casos taxativamente previstos na CF. Os membros de ambas as casas não têm competência para propor esse tipo de convocação.

(B) Além de outros casos previstos na CF, a Câmara dos Deputados e o Senado Federal reunir-se-ão, em sessão conjunta, para a apreciação de veto presidencial a projeto de lei e sobre ele deliberar.

(C) Na constituição das mesas da Câmara dos Deputados e do Senado Federal e na montagem das comissões permanentes e temporárias, há de se assegurar, obrigatoriamente, a representação proporcional, de modo que nenhum partido ou bloco parlamentar deixe de ser contemplado.

(D) O deputado ou senador licenciado para exercer o cargo de ministro de Estado, governador ou secretário estadual, ou que estiver licenciado para tratar de interesse particular, poderá optar pela remuneração do mandato, desde que, neste último caso, o afastamento não ultrapasse cento e vinte dias.

A: incorreta. O art. 57, § 6º, II, da CF autoriza a convocação extraordinária pelo requerimento da maioria dos membros de ambas as casas, em caso de urgência ou interesse público relevante; **B:** correta (art. 57, § 3º, IV, da CF) **C:** incorreta. O art. 58, § 1º, da CF diz que deve ser assegurada a representação proporcional, *tanto quanto possível* e não de forma absoluta; **D:** incorreta (art. 56, I e § 3º, da CF) A licença para tratar de interesse particular é obtida *sem* remuneração.

Gabarito "B"

(OAB/Exame Unificado – 2008.1) Assinale a opção correta quanto às competências dispostas na Constituição Federal acerca das relações internacionais.

(A) Compete ao Presidente da República, sem necessidade de autorização do Congresso Nacional, permitir que tropas estrangeiras transitem pelo país nos casos previstos em lei complementar.

(B) Compete ao Superior Tribunal de Justiça (STJ) julgar o litígio entre Estado estrangeiro e o Distrito Federal.

(C) Compete ao Congresso Nacional resolver definitivamente, por maioria absoluta, sobre tratados, acordos ou atos internacionais que acarretem encargos ou compromissos gravosos ao patrimônio nacional.

(D) Compete ao Congresso Nacional autorizar o Presidente da República a denunciar tratados, acordos ou atos internacionais que acarretem encargos ou compromissos gravosos ao patrimônio nacional.

A: correta. O Congresso Nacional só precisará autorizar o Presidente da República a permitir que forças estrangeiras transitem pelo país quando não houver lei complementar nesse sentido, conforme o art. 49, II, da CF. Além disso, o art. 84, XXII, da CF determina que compete privativamente ao Presidente permitir, nos casos previstos em lei complementar, que forças estrangeiras transitem pelo território nacional ou nele permaneçam temporariamente. Por fim, a LC 90/1997 estabelece as hipóteses nas quais forças estrangeiras podem transitar pelo território nacional; **B:** incorreta. A competência para julgar litígio entre Estado estrangeiro e o Distrito Federal é do Supremo Tribunal Federal (art. 102, I, "e", da CF) e não do Superior Tribunal de Justiça **C:** incorreta. É verdade que é da competência exclusiva do Congresso Nacional resolver definitivamente sobre tratados, acordos ou atos internacionais que acarretem encargos ou compromissos gravosos ao patrimônio nacional (art. 49, I, da CF), mas o dispositivo não exige o quórum de maioria absoluta. Assim, essa resolução ocorre pelo voto da maioria simples; **D:** incorreta. O Presidente não precisa de autorização do Congresso para denunciar tratados, acordos ou atos internacionais. Gabarito "A".

(FGV – 2014) A Câmara dos Deputados e o Senado Federal gozam de autonomia na organização dos seus serviços, na criação e transformação dos cargos públicos que lhe são afetos, bem como ao exercício do poder de polícia interno. Para organizar tal atividade esses órgãos legislativos editam, consoante à Constituição Federal,

(A) Regimentos Internos.

(B) Portarias Gerais.

(C) Decretos Legislativos.

(D) Leis Delegadas.

(E) Medidas Provisórias.

A: correta. De fato, a Câmara dos Deputados e o Senado Federal organizam as suas atividades por meio de seus **regimentos internos** (arts. 51, III, e 52, XII, ambos da CF); **B:** incorreta. As portarias gerais são documentos (natureza administrativa) de autoridades públicas que possuem instruções, recomendações gerais sobre a aplicação de normas, serviços e outros; **C:** incorreta. Os decretos legislativos tratam das matérias de competência exclusiva do Congresso Nacional, ou seja, aquelas previstas no art. 49 da CF; **D:** incorreta. As leis delegadas são elaboradas pelo Presidente da República, quando ele exerce, atipicamente, a função legislativa. Segundo o art. 68 da CF, para que o Presidente elabore essa lei deve solicitar a delegação ao Congresso Nacional. O ato que formaliza a autorização dada pelo Legislativo é uma resolução que deve especificar o conteúdo e os termos de seu exercício; **E:** incorreta. De acordo com o art. 62 da CF, a edição de medidas provisórias é feita pelo Chefe do Executivo, nos casos de relevância e urgência. Tal norma terá força de lei e deverá ser submetida imediatamente ao Congresso Nacional. Gabarito "A".

(FGV – 2013) As alternativas a seguir apresentam atribuições do Congresso Nacional, à **exceção de uma**. Assinale-a.

(A) Julgar anualmente as contas prestadas pelo Presidente da República.

(B) Decretar o estado de sítio.

(C) Convocar plebiscito.

(D) Resolver definitivamente sobre tratados internacionais que acarretem encargos ao patrimônio nacional.

(E) Escolher dois terços dos membros do Tribunal de Contas da União.

A: incorreta. O **julgamento anual das contas** prestadas pelo Presidente da República **é atribuição do Congresso Nacional**, conforme determina o art. 49, IX, da CF; **B:** correta. De fato **quem decreta o estado de sítio** não é o Congresso Nacional, mas sim **o Presidente da República**, conforme determina o art. 84, IX, da CF; **C:** incorreta. Compete ao Congresso Nacional, de forma exclusiva, a autorização do referendo e a **convocação do plebiscito**. É o que se extrai do art. 49, XV, da CF; **D:** incorreta. **A escolha dois terços dos membros do Tribunal de Contas da União** também **compete ao Congresso Nacional**, conforme determina o art. 49, XIII, da CF. Gabarito "B".

(FGV – 2014) O Senado é responsável, nos termos da Constituição Federal, através de voto secreto, pela aprovação de determinadas autoridades indicadas para cargos públicos federais.

Isso ocorre com relação à indicação

(A) do Presidente do Conselho Nacional de Justiça.

(B) do Presidente do BNDES.

(C) de Ministro do Tribunal de Contas da União.

(D) do Cônsul-Geral do Brasil nos Estados Unidos da América.

(E) do Vice-Procurador Geral da República.

De acordo com o art. 52, III, "b", da CF, compete privativamente ao Senado Federal **aprovar** previamente, **por voto secreto**, após arguição pública, **a escolha de Ministros do Tribunal de Contas da União** indicados pelo Presidente da República. Gabarito "C".

(FGV – 2011) Assinale a alternativa que apresente competência exclusiva do Congresso Nacional.

(A) Autorizar o Presidente da República e cônjuge a se ausentarem do País.

(B) Autorizar o estado de sítio ou suspendê-lo.

(C) Aprovar iniciativas do Poder Executivo referentes à matriz energética do país.

(D) Aprovar tratados e acordos internacionais na área da educação.

(E) Julgar mensalmente as contas apresentadas pelo Presidente da República.

A: incorreta. Não reflete o disposto no art. 49, III, da CF; **B:** correta. Art. 49, IV, da CF; **C:** incorreta. Não existe previsão no art. 49 da CF; **D:** incorreta. Não reflete o disposto no art. 49, I, da CF; **E:** incorreta. Não reflete o disposto no art. 49, IX, da CF. Gabarito "B".

10.2. Prerrogativas e imunidades parlamentares

(OAB/Exame XXXVIII) José foi eleito deputado estadual por determinado Estado da Federação. Uma semana após a sua posse e fora do recinto da Assembleia Legislativa do seu respectivo Estado, o deputado encontra João, candidato não eleito e seu principal opositor durante a campanha eleitoral, vindo a agredi-lo, causando-lhe lesões corporais gravíssimas, cuja persecução em juízo é iniciada mediante denúncia oferecida pelo Ministério Público.

Diante de tal contexto, levando em consideração as imunidades do parlamentar estadual, de acordo com o Direito Constitucional brasileiro, assinale a opção correta.

(A) Em relação à imunidade formal de processo, recebida a denúncia oferecida contra o deputado estadual José, por crime cometido após a posse, a Casa legislativa a que pertence o parlamentar denunciado poderá apenas sustar a tramitação da ação penal.

(B) Por gozar da mesma imunidade material (inviolabilidade parlamentar) de deputados federais e senadores, o deputado estadual José não poderá ser responsabilizado por qualquer tipo de crime praticado durante o seu mandato eletivo.

(C) Em relação à imunidade formal de processo, o deputado estadual José está sujeito a julgamento judicial

2. DIREITO CONSTITUCIONAL 217

pelo crime comum cometido, desde que a análise da denúncia oferecida contra ele seja autorizada pela respectiva casa legislativa.

(D) Por não possuir as mesmas imunidades formais de deputados federais e senadores, mas apenas a imunidade material relativa aos atos praticados em razão do seu mandato, o deputado estadual José será julgado pelo crime comum cometido, não sendo possível que seja sustada a tramitação da ação penal.

A: correta. O art. 27, § 1º, da CF, determina que se aplica aos Deputados Estaduais as regras da CF sobre sistema das imunidades e o art. 25, *caput*, prevê que os Estados-membros se organizam e se regem pelas Constituições e leis que adotarem, observados os princípios da Constituição Federal, ou seja, aplica-se a simetria em relação às imunidades. Dessa forma, em relação à imunidade formal de processo, recebida a denúncia oferecida contra o deputado estadual, por crime cometido após a diplomação (a alternativa fala em posse, o que está equivocada), a Casa legislativa a que pertence o parlamentar denunciado poderá apenas sustar a tramitação da ação penal, assim como ocorre em relação aos Deputados Federais e Senadores da República (CF, art. 53, § 3º). **B:** incorreta. A imunidade material está restrita à inviolabilidade, civil e penal, por quaisquer opiniões, palavras e votos (CF, art. 53). **C:** incorreta. Desde o advento da EC nº 35/2001 não há mais a necessidade de autorização da respectiva casa legislativa. **D:** incorreta. Ver o comentário ao item A, retro. **AMN**

"A", Gabarito

(OAB/Exame Unificado – 2020.1) Josué, deputado federal no regular exercício do mandato, em entrevista dada, em sua residência, à revista Pensamento, acusa sua adversária política Aline de envolvimento com escândalos de desvio de verbas públicas, o que é objeto de investigação em Comissão Parlamentar de Inquérito instaurada poucos dias antes.

Não obstante, após ser indagado sobre os motivos que nutriam as acaloradas disputas entre ambos, Josué emite opinião com ofensas de cunho pessoal, sem qualquer relação com o exercício do mandato parlamentar.

Diante do caso hipotético narrado, conforme reiterada jurisprudência do Supremo Tribunal Federal sobre o tema, assinale a afirmativa correta.

(A) Josué poderá ser responsabilizado penal e civilmente, inclusive por danos morais, pelas ofensas proferidas em desfavor de Aline que não guardem qualquer relação com o exercício do mandato parlamentar.

(B) Josué encontra-se protegido pela imunidade material ou inviolabilidade por suas opiniões, palavras e votos, o que, considerado o caráter absoluto dessa prerrogativa, impede a sua responsabilização por quaisquer das declarações prestadas à revista.

(C) Josué poderá ter sua imunidade material afastada em virtude de as declarações terem sido prestadas fora da respectiva casa legislativa, independentemente de estarem, ou não, relacionadas ao exercício do mandato.

(D) A imunidade material, consagrada constitucionalmente, foi declarada inconstitucional pelo Supremo Tribunal Federal, de modo que Josué não poderá valer-se de tal prerrogativa para se isentar de eventual responsabilidade pelas ofensas dirigidas a Aline.

A: correta. As imunidades parlamentares são prerrogativas públicas dadas aos parlamentares para que exerçam a função com liberdade.

Elas não têm caráter pessoal, estão relacionadas ao exercício da função. Desse modo, ofensas que não tenham relação com o exercício do mandato parlamentar não são protegidas pelas imunidades parlamentares; **B:** incorreta. Somente as declarações prestadas à revista que tenham relação com o exercício do mandato parlamentar é que são protegidas pela imunidade material, prevista no *caput* do art. 53 da CF/88. Vale acrescentar que quando a relação com o exercício da função existir, as imunidades terão caráter absoluto. Isso significa que os parlamentares não responderão pelas palavras, opiniões e votos proferidos no exercício do mandato, nem durante nem após a extinção do mandato; **C:** incorreta. O local em que as ofensas foram proferidas não importa, o que se exige, como já mencionado, é que essas ofensas tenham relação com o exercício do mandato; **D:** incorreta. Ao contrário do mencionado, a imunidade material **não** foi declarada inconstitucional pelo STF. Julgado recente traz parâmetros e reforça o entendimento que ela valerá sempre que o ato praticado tiver relação com o exercício do mandato. Vale a leitura do julgado (STF): "(...) o fato de o parlamentar estar na Casa legislativa no momento em que proferiu as declarações não afasta a possibilidade de cometimento de crimes contra a honra, nos casos em que as ofensas são divulgadas pelo próprio parlamentar na Internet. (...) a inviolabilidade material somente abarca as declarações que apresentem nexo direto e evidente com o exercício das funções parlamentares. (...) O Parlamento é o local por excelência para o livre mercado de ideias – não para o livre mercado de ofensas. A liberdade de expressão política dos parlamentares, ainda que vigorosa, deve se manter nos limites da civilidade. Ninguém pode se escudar na inviolabilidade parlamentar para, sem vinculação com a função, agredir a dignidade alheia ou difundir discursos de ódio, violência e discriminação. [PET 7.174, rel. p/ o ac. min. Marco Aurélio, j. 10-3-2020, 1ª T, Informativo 969]. **BV**

"A", Gabarito

(OAB/Exame Unificado – 2016.1) Após ampla investigação, os órgãos competentes concluíram que o deputado federal X praticara um crime de homicídio, figurando como vítima o também deputado federal Y, seu desafeto político. Esse fato, ocorrido dentro das dependências da respectiva Casa Legislativa, despertou intenso debate a respeito de qual seria o órgão competente para julgá-lo.

À luz da sistemática constitucional, é correto afirmar que X deve ser julgado

(A) pelo Supremo Tribunal Federal, órgão competente para processar e julgar os Deputados Federais em qualquer infração penal comum.

(B) pelo Tribunal do Júri, órgão competente para julgar qualquer pessoa pela prática de crime doloso contra a vida.

(C) pelo Superior Tribunal de Justiça, órgão competente para processar e julgar os Deputados Federais no caso de crime doloso contra a vida.

(D) pela Câmara dos Deputados, órgão competente para julgar os Deputados Federais por crimes de responsabilidade, considerados como tais aqueles que tenham relação com o exercício do mandato.

A: correta. De acordo com o art. 53, § 1º, da CF – Os Deputados e Senadores, desde a expedição do diploma, serão submetidos a julgamento perante o Supremo Tribunal Federal; **B:** incorreta. O Tribunal do Júri, de fato, detém a competência para o julgamento dos crimes dolosos contra a vida, de acordo com o art. 5º, XXXVIII, "d", da CF. Ocorre que tal competência não é absoluta, de modo que não abrange aqueles que possuem o denominado foro por prerrogativa de função. O deputado federal faz parte desse grupo que detém o foro especial por prerrogativa de função, conforme dispõe o art. 53, § 1º, da CF; **C:** incorreta. **Não é o Superior Tribunal de Justiça** o órgão competente para processar e julgar os Deputados Federais no caso de crime doloso contra a vida. De acordo com o art. 53, § 1º, da CF, o **Supremo Tribunal Federal** é quem detém competência para tal julgamento; **D:** incorreta. O crime praticado pelo Deputado Federal X é de natureza comum, de modo que a competência para o seu julgamento, conforme já mencionado, é do Supremo Tribunal Federal.

Gabarito "A".

(OAB/Exame Unificado – 2015.1) Caio da Silva, Senador da República pelo Estado "Z", no decorrer do recesso parlamentar, viaja de férias com a família para um *resort* situado no Estado "X", a fim de descansar. Todavia, em meio aos hóspedes que ali se encontravam, deparou-se com Tício dos Santos, um ferrenho adversário político, com quem acabou por travar áspera discussão em torno de temas políticos já discutidos anteriormente no Senado. Caio da Silva, durante a discussão, atribuiu ao seu adversário a responsabilidade pela prática de fatos definidos como crimes, além de injuriá-lo com vários adjetivos ofensivos. Tício dos Santos, inconformado com as agressões públicas a ele desferidas, decidiu ajuizar queixa-crime em face de Caio da Silva.

Tendo em vista as particularidades da narrativa acima e considerando o que dispõe a Constituição Federal, assinale a afirmativa correta.

(A) Caio da Silva, por estar fora do espaço físico do Congresso Nacional, não é alcançado pela garantia da imunidade material, respondendo pelos crimes contra a honra que praticou.

(B) Caio da Silva, mesmo fora do espaço físico do Congresso Nacional, é alcançado pela garantia da imunidade material, tendo em vista que as ofensas proferidas estão relacionadas ao exercício da atividade parlamentar.

(C) Caio da Silva não está coberto pela garantia da imunidade material, tendo em vista que as ofensas foram proferidas em um momento de recesso parlamentar, o que afasta qualquer relação com a atividade de Senador.

(D) Caio da Silva não está coberto pela garantia da imunidade material, visto que, durante o recesso parlamentar, sequer estava no território do Estado que representa na condição de Senador.

A: incorreta. Caio da Silva, ao contrário do mencionado, é alcançado pela imunidade material, pois o que importa não é o local em que a discussão ocorreu, mas se elas estavam ou não relacionadas ao exercício da função. No problema apresentado, a conflito girou em torno de temas políticos já discutidos anteriormente no Senado, de modo que tinha relação com o exercício da função; **B:** correta. Como mencionado, o que importa é a relação das ofensas com o exercício da função. As prerrogativas dadas aos parlamentares têm por finalidade resguardar a liberdade e a independência durante o exercício do mandato eletivo; **C:** incorreta. O período de recesso não faz com o que o parlamentar perca as imunidades. O que interessa para a verificação de sua incidência é a relação do ato com o exercício da função; **D:** incorreta. O Senador tem imunidade em todo território nacional.

Gabarito "B".

(OAB/Exame Unificado – 2014.3) O senador "X" ausentou-se das atividades do Senado Federal para tratar de assunto de interesse particular por cento e cinquenta dias ininterruptos e, diante desse fato, enfrenta representação para a perda do seu mandato, por não ter comparecido à terça parte das sessões ordinárias da Casa, que foram realizadas no período em que esteve ausente.

Nessa hipótese, assinale a afirmativa correta.

(A) A perda do mandato do referido senador será decidida pelo Senado Federal, por maioria absoluta, mediante provocação da respectiva mesa ou de partido político representado no Congresso Nacional, assegurada a ampla defesa.

(B) Não poderá o referido parlamentar perder o mandato, já que o afastamento não ultrapassou cento e oitenta dias dentro da mesma sessão legislativa.

(C) A perda do mandato do referido senador poderá ser declarada pela Mesa da Casa Legislativa de ofício ou mediante provocação de qualquer dos seus membros, ou de partido político representado no Congresso Nacional, assegurada a ampla defesa.

(D) Caso o referido senador venha a renunciar após submetido ao processo que vise ou possa levar à perda do seu mandato, haverá o arquivamento do processo pela perda do seu objeto.

A: incorreta. A perda do mandado do senador "X" **não será decidida pelo Senador**. De acordo com o art. 55, III, da CF, perderá o mandato o Deputado ou Senador que deixar de comparecer, em cada sessão legislativa, à terça parte das sessões ordinárias da Casa a que pertencer, salvo licença ou missão por esta autorizada. O § 3º do mesmo art. determina que nos casos previstos nos incisos **III** a V, **a perda será declarada pela Mesa da Casa respectiva**, de ofício ou mediante provocação de qualquer de seus membros, ou de partido político representado no Congresso Nacional, assegurada ampla defesa; **B:** incorreta. A hipótese é de perda do mandato, pois já ficou demonstrada a ausência do Senador "X" em mais de um terço das sessões ordinárias da Casa; **C:** correta. É o que decorre da leitura do art. 55, III, da CF c/c o § 3º do mesmo dispositivo; **D:** incorreta. A renúncia não gera o arquivamento processo. O § 4º do art. 55 da CF determina que **a renúncia de parlamentar** submetido a processo que vise ou possa levar à perda do mandato, nos termos deste artigo, **terá seus efeitos suspensos** até as deliberações finais de que tratam os §§ 2º e 3º.

Gabarito "C".

(OAB/Exame Unificado – 2013.3) O Deputado Federal "Y" foi objeto de extensa investigação, e diversas reportagens jornalísticas indicaram sua participação em fraudes contra a previdência social. Além disso, inquéritos da polícia chegaram a fortes indícios de diversas práticas criminosas por uma quadrilha por ele liderada. O Ministério Público ofereceu denúncia contra sete acusados, incluindo o parlamentar.

Com relação ao caso apresentado, assinale a afirmativa correta.

(A) Os deputados federais não podem ser presos em hipótese alguma, pois são invioláveis, na forma prevista na Constituição da República.

(B) O processo criminal contra o deputado federal deverá tramitar perante o Superior Tribunal de Justiça e tem procedimento especial previsto em lei.

(C) O tribunal competente, recebida denúncia contra o deputado federal por crime ocorrido após a diplomação, dará ciência à Câmara dos Deputados, que poderá sustar o andamento da ação por iniciativa de partido político nela representado e pelo voto da maioria de seus membros, até a decisão final.

(D) Os membros do Congresso Nacional, desde a expedição do diploma, não poderão ser processados crimi-

2. DIREITO CONSTITUCIONAL

nalmente sem prévia licença de sua Casa; não sendo concedida a licença, ficará suspensa a prescrição, até o fim do mandato.

A: incorreta. A regra segundo a qual os deputados federais não poderão ser presos desde a expedição do diploma **não é absoluta**. O § 2º do art. 53 da CF determina que em caso de flagrante de crime inafiançável a prisão é possível. Nesse caso, os autos serão remetidos dentro de vinte e quatro horas à Casa respectiva, para que, pelo voto da maioria de seus membros, resolva sobre a prisão; **B:** incorreta. De acordo com o art. 53, § 1º, da CF, os Deputados e Senadores, desde a expedição do diploma, serão submetidos a **julgamento perante o Supremo Tribunal Federal**. Não há procedimento especial para tanto; **C:** correta. É o que determina o § 3º do art. 53 da CF; **D:** incorreta. A CF não exige licença da Casa respectiva para que os membros do Congresso Nacional sejam processados. O que pode ocorrer, como já mencionado, é a suspensão do andamento do processo.
Gabarito "C"

(OAB/Exame Unificado – 2011.3.B) A imunidade formal e a imunidade material consistem em prerrogativas conferidas aos ocupantes de determinados cargos públicos. Em relação às referidas imunidades, é correto afirmar que

(A) a imunidade formal se aplica inclusive aos Vereadores.

(B) o Governador de Estado goza de imunidade formal e de imunidade material na mesma extensão que o Presidente da República.

(C) os Vereadores gozam de imunidade material relativa às suas opiniões, palavras e votos, nos limites territoriais do Município a que estejam vinculados.

(D) a imunidade relativa à proibição de prisão impede inclusive a prisão em flagrante por crime inafiançável.

A: incorreta. Aos vereadores *não* se aplicam as chamadas *imunidades formais* (relativas à prisão e ao processo criminal). De acordo com o art. 29, VIII, da CF, os vereadores possuem imunidade material, sendo invioláveis por suas opiniões, palavras e votos no exercício do mandato e na circunscrição do Município; **B:** incorreta. Os Chefes dos Executivos Estaduais *não* possuem as mesmas imunidades do Chefe do Executivo Federal. Conforme o art. 86, § 3º, da CF, enquanto não sobrevier sentença condenatória, nas infrações comuns, o Presidente da República não estará sujeito a prisão. Segundo o STF (ADI 1.028-0/PE, Pleno, j. 19.10.1995, rel. p/ acórdão Min. Celso de Mello, *DJ* 17.11.1995), a imunidade do Presidente relativa à impossibilidade de prisão cautelar é insuscetível de estender-se aos Governadores. Também entende o Supremo que os Estados-membros *não podem* reproduzir em suas próprias Constituições o conteúdo previsto nos §§ 3º e 4º do art. 86 da CF, pois essas prerrogativas são unicamente compatíveis com a condição institucional de Chefe de Estado (ADI 978-8/PB, Pleno, j. 19.10.1995, rel. p/ acórdão Min. Celso de Mello, *DJ* 24.11.1995); **C:** correta. É o que se extrai da leitura do art. 29, VIII, da CF; **D:** incorreta. Na hipótese da prática de crime inafiançável não se aplica a imunidade parlamentar formal relativa à prisão. Nesse caso, de acordo o art. 53, § 2º, da CF, após a prisão do acusado, os autos serão remetidos à Casa que o parlamentar está vinculado, dentro de vinte e quatro horas, para que, pelo voto da maioria de seus membros, resolva sobre a prisão.
Gabarito "C"

(OAB/Exame Unificado – 2011.1) Considere a hipótese de Deputado Federal que cometeu crime (comum) após a diplomação. Nesse caso, é correto afirmar que

(A) o Congresso Nacional pode sustar o andamento da ação penal.

(B) a Câmara dos Deputados pode sustar o andamento da ação penal.

(C) o STF só pode receber a denúncia após a licença da Câmara dos Deputados.

(D) o STF só pode receber a denúncia após a licença do Congresso Nacional.

A: incorreta. Não é o Congresso Nacional quem tem competência para tanto (art. 53, § 3º, da CF). **B:** correta. De fato é a Câmara de Deputados quem pode sustar o andamento da ação penal, pois o art. 53, § 3º, da CF determina que recebida a denúncia contra o Senador ou Deputado, por crime ocorrido após a diplomação, o STF dará ciência à Casa respectiva, que, por iniciativa de partido político nela representado e pelo voto da maioria de seus membros, poderá, até a decisão final, sustar o andamento da ação. A "Casa respectiva" de um Deputado Federal é justamente a Câmara de Deputados; **C** e **D:** incorretas. A EC 35/2001 retirou do texto constitucional a exigência de licença por parte das respectivas casas, nas hipóteses de prisão e processo criminal em face de Deputado Federal e Senador.
Gabarito "B"

(OAB/Exame Unificado – 2009.3) Segundo a CF, aos membros do Poder Legislativo municipal

(A) não são asseguradas imunidades formais nem materiais.

(B) são asseguradas, em observância ao princípio da simetria, as mesmas prerrogativas formais e materiais garantidas aos membros do Poder Legislativo federal.

(C) são asseguradas apenas as imunidades materiais, visto que lhes é garantida a inviolabilidade por suas opiniões, palavras e votos, no exercício do mandato e na circunscrição do município.

(D) é assegurada imunidade formal, não podendo eles sofrer persecução penal pela prática de delitos, sem prévia licença da respectiva câmara municipal.

A: incorreta. Ao vereador é assegurada apenas a imunidade material, que é aquela que o torna inviolável civil e penalmente por palavras, opiniões e votos que proferir no curso do mandato. O art. 29, VIII, da CF determina que tal imunidade é válida na circunscrição do Município; **B:** incorreta. O vereador possui apenas imunidade material. **C:** correta. É o que dispõe o art. 29, VIII, da CF; **D:** incorreta. O vereador não possui imunidade formal ou processual que são aquelas relativas à prisão e ao processo criminal (art. 53, §§ 2º e 3º, da CF).
Gabarito "C"

(OAB/Exame Unificado – 2009.1) No que se refere às prerrogativas conferidas aos parlamentares federais, assinale a opção correta.

(A) Os delitos de opinião praticados por congressistas, no exercício formal de suas funções, somente poderão ser submetidos ao Poder Judiciário após o término do mandato do parlamentar.

(B) Recebida a denúncia contra senador ou deputado, por crime ocorrido após a diplomação, o STF dará ciência à Casa respectiva, que, por iniciativa do parlamentar réu ou do partido político a que é filiado, pode sustar o andamento da ação.

(C) A imunidade parlamentar formal não obsta, observado o devido processo legal, a execução de pena privativa de liberdade decorrente de decisão judicial transitada em julgado.

(D) As imunidades de deputados e senadores não subsistirão durante o estado de sítio dada a gravidade da situação de crise e da excepcionalidade da medida.

A: incorreta. Os parlamentares possuem certas garantias em razão da função que exercem. Dentre elas há a imunidade material que o torna inviolável civil e penalmente por palavras, opiniões e votos que proferir no curso dos mandatos (art. 53, § 1°, da CF). Desse modo, não serão responsabilizados por opiniões proferidas no curso dos mandatos; **B:** incorreta. Não é por iniciativa do parlamentar réu ou do partido a que é filiado. O art. 53, § 3°, da CF dispõe que o andamento da ação poderá ser sustado por iniciativa do partido político representado na Casa respectiva do Senador ou Deputado acusados ou pelo voto da maioria de seus membros; **C:** correta. De fato não obsta, pois nesse caso o parlamentar perderá o mandato (art. 55, VI, da CF); **D:** incorreta. A regra é que as imunidades persistem durante o estado de sítio (art. 53, § 8°, da CF).

Gabarito "C".

10.3. Comissões Parlamentares de Inquérito – CPI

(OAB/Exame Unificado – 2020.2) Deputados Federais da oposição articularam-se na Câmara dos Deputados e obtiveram apoio de 1/3 (um terço) dos respectivos membros para instaurarem Comissão Parlamentar de Inquérito (CPI), visando a apurar supostos ilícitos praticados pelo Presidente da República. Para evitar que integrantes da base governista se imiscuíssem e atrapalhassem as investigações, foi deliberado que somente integrantes dos partidos oposicionistas comporiam a Comissão.

Diante do caso hipotético narrado, com base na ordem constitucional vigente, assinale a afirmativa correta.

(A) O procedimento está viciado porque não foi atingido o quórum mínimo de maioria simples, exigido pela Constituição de 1988, para a instauração da Comissão Parlamentar de Inquérito.

(B) O procedimento encontra-se viciado porque não assegurou a representação proporcional dos partidos ou blocos parlamentares que participam da Casa Legislativa.

(C) O procedimento encontra-se viciado em razão da inobservância do quórum mínimo exigido, de maioria absoluta.

(D) O procedimento narrado não apresenta quaisquer vícios de ordem material e formal, estando de acordo com os preceitos da Constituição de 1988.

A: incorreta. O quórum para instalação das CPIs está correto e respeita o denominado "direito das minorias de investigar". Determina o § 3° do art. 58 da CF que as comissões parlamentares de inquérito, que terão poderes de investigação próprios das autoridades judiciais, além de outros previstos nos regimentos das respectivas Casas, serão criadas pela Câmara dos Deputados e pelo Senado Federal, em conjunto ou separadamente, **mediante requerimento de um terço de seus membros**, para a apuração de fato determinado e por prazo certo, sendo suas conclusões, se for o caso, encaminhadas ao Ministério Público, para que promova a responsabilidade civil ou criminal dos infratores.; **B:** correta. Determina o § 1° do art. 58 da CF que **na constituição** das Mesas e **de cada Comissão, é assegurada**, tanto quanto possível, **a representação proporcional dos partidos ou dos blocos parlamentares** que participam da respectiva Casa; **C:** incorreta. O quórum para instalação da CPI, como mencionado, é de 1/3 dos membros, não de maioria absoluta; **D:** incorreta. Há vício formal no procedimento, pois a representação proporcional dos partidos ou blocos parlamentares que participam da Casa Legislativa não foi respeitada quando da criação da comissão. BV

Gabarito "B".

(OAB/Exame Unificado – 2015.2) Ocorreu um grande escândalo de desvio de verbas públicas na administração pública federal, o que ensejou a instauração de uma Comissão Parlamentar de Inquérito (CPI), requerida pelos deputados federais de oposição. Surpreendentemente, os oponentes da CPI conseguem que o inexperiente deputado M seja alçado à condição de Presidente da Comissão. Por não possuir formação jurídica e desconhecer o trâmite das atividades parlamentares, o referido Presidente, sem consultar os assessores jurídicos da Casa, toma uma série de iniciativas, expedindo ofícios e requisitando informações a diversos órgãos. Posteriormente, veio à tona que apenas uma de suas providências prescindiria de efetivo mandado judicial. Assinale a opção que indica a única providência que o deputado M poderia ter tomado, prescindindo de ordem judicial.

(A) Determinação de prisão preventiva de pessoas por condutas que, embora sem flagrância, configuram crime e há comprovado risco de que voltem a ser praticadas.

(B) Autorização, ao setor de inteligência da Polícia Judiciária, para que realize a interceptação das comunicações telefônicas ("escuta") de prováveis envolvidos.

(C) Quebra de sigilo fiscal dos servidores públicos que, sem aparente motivo, apresentaram público e notório aumento do seu padrão de consumo.

(D) Busca e apreensão de documentos nas residências de sete pessoas supostamente envolvidas no esquema de desvio de verba.

A: incorreta. A CPI **não pode decretar a prisão**, ressalvadas as hipóteses de flagrante delito, conforme inciso LXI da art. 5° da CF, pois nesses casos não só a CPI, mas qualquer um do povo pode prender. Dispõe o art. 301 do Código de Processo Penal que qualquer pessoa do povo poderá e as autoridades policiais e seus agentes deverão prender quem quer que seja encontrado em flagrante delito; **B:** incorreta. A CPI não pode determinar a quebra do sigilo das comunicações telefônicas, ou seja, a **CPI não pode determinar a interceptação telefônica**, pois, segundo o art. 5°, XII, da CF, somente para fins de investigação criminal ou instrução processual penal é que poderá haver tal diligência. Ressalta-se que o acesso às contas telefônicas (dados telefônicos) não se confunde com quebra de comunicação telefônica (que é a interceptação ou escuta). A primeira se inclui nos poderes da CPI, já a segunda é acobertada pela cláusula de reserva de jurisdição e, portanto, não cabe à CPI determiná-la. Por outro lado, o STF já afirmou que, embora haja a vedação mencionada, se a interceptação foi realizada num processo criminal e a CPI quer emprestar a prova lá produzida, para ajudar nas suas investigações, isso poderá ser feito; **C:** correta. É possível que a CPI determine a quebra do sigilo fiscal desses servidores e, nesse caso, não há necessidade de ordem judicial. Dentre os poderes da CPI, encontra-se o de quebrar o sigilo fiscal, bancário e financeiro. É imprescindível, segundo o Supremo, que o ato seja devidamente fundamentado e que haja efetiva necessidade para a da adoção da medida; **D:** incorreta. As CPIs não podem determinar e efetivar a busca domiciliar, pois tais atos dependem de ordem judicial, conforme dispõe o inciso XI do artigo art. 5° da CF;

Gabarito "C".

(OAB/Exame Unificado – 2009.1) De acordo com a doutrina e jurisprudência, as comissões parlamentares de inquérito instituídas no âmbito do Poder Legislativo federal

(A) têm a missão constitucional de investigar autoridades públicas e de promover a responsabilidade civil ou criminal dos infratores.

(B) não podem determinar a quebra do sigilo bancário ou dos registros telefônicos da pessoa que esteja sendo investigada, dada a submissão de tais condutas à cláusula de reserva de jurisdição.

(C) devem obediência ao princípio federativo, razão pela qual não podem investigar questões relacionadas à gestão da coisa pública estadual, distrital ou municipal.

(D) podem anular atos do Poder Executivo quando, no resultado das investigações, ficar evidente a ilegalidade do ato.

A: incorreta. As comissões parlamentares de inquérito não promovem responsabilidades, apenas investigam o fato determinado e encaminham seus relatórios ao Ministério Público para que ele promova as responsabilidades dos infratores (art. 58, § 3º, da CF); **B:** incorreta. No âmbito federal, a CPI tem poder para determinar a quebra do sigilo bancário, fiscal e de dados telefônicos (acesso às contas, registros telefônicos). O que está reservado à cláusula de reserva jurisdicional, portanto só por ordem judicial e para fins de investigação criminal ou instrução processual penal é a quebra do sigilo das comunicações telefônicas (escuta ou interceptação telefônica) (art. 5º, XII, da CF); **C:** correta (art. 58, § 3º, c.c. os arts. 1º e 18, todos da CF); **D:** incorreta. Como mencionado, a CPI não promove responsabilizações (art. 58, § 3º, da CF).

Gabarito "C".

(FGV – 2014) O Deputado Fábio, após várias articulações políticas, consegue reunir as assinaturas necessárias para a constituição de Comissão Parlamentar de Inquérito que vem a ser presidida pelo seu colega de mandato, Virgílio.

Após a instalação, os membros da referida comissão convocaram o cidadão Antero para prestar informações de interesse das investigações que estão sendo efetuadas. Após ser regularmente intimado, Antero realiza consulta jurídica aventando a possibilidade de não comparecer à Comissão, tendo em vista que as perguntas formuladas poderiam gerar processos judiciais em seu prejuízo.

Observados tais lineamentos, assinale a afirmativa correta.

(A) Qualquer pessoa pode escusar-se a comparecer às Comissões Parlamentares de Inquérito.

(B) Os poderes das Comissões Parlamentares de Inquérito são de natureza jurisdicional.

(C) Os depoimentos prestados nas Comissões Parlamentares de inquérito são a elas circunscritos.

(D) O dever de comparecer perante Comissão Parlamentar de Inquérito surge naturalmente do seu poder investigativo.

(E) O direito ao silêncio do depoente não se aplica perante uma Comissão Parlamentar de Inquérito.

A: incorreta. De acordo com o art. 58, § 2º, V, da CF, às comissões, em razão da matéria de sua competência, cabe **solicitar depoimento de qualquer** autoridade ou **cidadão**. Sendo assim, a regra é que a pessoa deva comparecer para prestar esclarecimentos especificamente a respeito do fato que está sendo investigado; **B:** incorreta. Embora as comissões parlamentares de inquérito – CPI's, conforme dispõe o art. 58, § 3º, da CF, possuam poderes de investigação próprio das autoridades judiciais, os atos de **natureza jurisdicional**, ou seja, os **julgamentos em si, não podem ser realizados** por essas comissões. O fundamento para tanto é o de que os juízes não poderiam ser convocados pelas CPI's para prestarem esclarecimentos sobre decisões tomadas, pois isso violaria frontalmente a separação dos poderes; **C:** incorreta. Os **depoimentos** prestados **não ficam limitados à CPI**, pois, ao final das

investigações, caso ela entenda pela responsabilidade dos investigados, fará um relatório e encaminhará ao Ministério Público para que ele promova a responsabilidade dos infratores. Conforme menciona o art. 58, § 3º, da CF, as comissões parlamentares de inquérito, que terão poderes de investigação próprios das autoridades judiciais, além de outros previstos nos regimentos das respectivas Casas, serão criadas pela Câmara dos Deputados e pelo Senado Federal, em conjunto ou separadamente, mediante requerimento de um terço de seus membros, para a apuração de fato determinado e por prazo certo, sendo suas conclusões, se for o caso, encaminhadas ao Ministério Público, para que promova a responsabilidade civil ou criminal dos infratores; **D:** correta. O dever de comparecer perante CPI, de fato, surge naturalmente do seu poder investigativo, conforme previsto no art. 58, § 2º, V, da CF; **E:** incorreta. O direito ao silêncio pode ser utilizado como mecanismo de defesa. O STF entende que: "O fato de o paciente já ter prestado declarações à CPI não acarreta prejudicialidade do writ quando ainda existir a possibilidade de futuras convocações para prestação de novos depoimentos. **É jurisprudência pacífica desta Corte a possibilidade de o investigado, convocado para depor perante CPI, permanecer em silêncio, evitando-se a autoincriminação**, além de ter assegurado o direito de ser assistido por advogado e de comunicar-se com este durante a sua inquirição. Precedentes. Considerando a qualidade de investigado convocado por CPI para prestar depoimento, é imperiosa a dispensa do compromisso legal inerente às testemunhas. Direitos e garantias inerentes ao privilégio contra a autoincriminação podem ser previamente assegurados para exercício em eventuais reconvocações. Precedentes." (HC 100.200, Rel. Min. Joaquim Barbosa, julgamento em 8-4-2010, Plenário, DJE de 27-8-2010.)

Gabarito "D".

10.4. Processo legislativo

(OAB/Exame XXXVII) O Presidente da República, ao finalizar projeto de lei de sua iniciativa privativa, é aconselhado por um assessor que encaminhe o texto ao Senado Federal, de forma a ali dar início à discussão e à votação do referido projeto. A justificativa para que o Senado Federal fosse definido como a casa iniciadora do projeto de lei era a de que a matéria teria recebido grande apoio no âmbito do Senado Federal. O Presidente da República, então, solicita que sua assessoria analise a possibilidade ventilada.

Estes, após cuidadosa avaliação, informam ao Presidente da República que, segundo a ordem jurídico-constitucional brasileira, a discussão e a votação dos projetos de lei de iniciativa do Presidente da República terão início

(A) na Câmara dos Deputados ou no Senado Federal, conforme escolha discricionária de sua parte.

(B) na Câmara dos Deputados, necessariamente, sendo que ao Senado Federal restará o papel de casa revisora.

(C) por vezes na Câmara dos Deputados, por vezes no Senado Federal, devendo apenas ser respeitada a regra de alternância entre elas.

(D) por regra, no Senado Federal, salvo exceções estabelecidas na Constituição Federal de 1988.

A alternativa B é a correta. O art. 64, *caput*, da CF, dispõe que a discussão e votação dos projetos de lei de iniciativa do Presidente da República terão início na Câmara dos Deputados. O Senado Federal, nesse caso, será a casa revisora (CF, art. 65, *caput*). AMN

Gabarito "B".

(OAB/Exame XXXVII) Um terço dos membros do Senado Federal apresentou proposta de emenda à Constituição da República (PEC), propondo o acréscimo de um inciso ao Art. 5º. Segundo a PEC, o novo inciso teria a seguinte redação: "LXXX – é garantida a inclusão digital e o acesso amplo e irrestrito à Internet, nos termos da lei."

A proposta foi aprovada pelo plenário da Câmara dos Deputados e do Senado Federal por mais de três quintos dos membros em um único turno de votação. Ato contínuo, a PEC foi promulgada pelas Mesas da Câmara dos Deputados e do Senado Federal.

Sobre a PEC descrita na narrativa, segundo o sistema jurídico-constitucional brasileiro, assinale a afirmativa correta.

(A) Apresenta uma inconstitucionalidade material, que vem a ser a violação de cláusula pétrea, haja vista a impossibilidade de qualquer alteração no Art. 5º da Constituição da República.

(B) É formalmente inconstitucional, pois o procedimento a ser seguido pelas casas do Congresso Nacional, que funcionam como poder constituinte derivado reformador, não foi corretamente observado.

(C) Ostenta um vício de iniciativa, visto que é da competência exclusiva do chefe do Poder Executivo a apresentação do projeto de emenda à Constituição.

(D) Apresenta vício formal, pois, em qualquer ato de produção normativa, especialmente no caso de emenda à constituição, a competência para o ato de promulgação é do Presidente da República.

A: incorreta. O art. 5º da CF é uma cláusula pétrea. Ela pode ser ampliada (alteração), mas não pode ser abolida por meio de emenda constitucional (CF, art. 60, § 4º, IV). **B:** correta. A PEC deve passar por dois turnos de votação em cada Casa do Congresso Nacional e não em um só turno (CF, art. 60, § 2º). **C:** incorreta. A iniciativa de uma PEC pode ocorrer mediante proposta não só do Presidente da República, mas também de um terço, no mínimo, dos membros da Câmara dos Deputados ou do Senado Federal ou de mais da metade das Assembleias Legislativas das unidades da Federação, manifestando-se, cada uma delas, pela maioria relativa de seus membros (CF, art. 60, I a III). **D:** incorreta. A promulgação de uma emenda à Constituição é realizada pelas Mesas da Câmara dos Deputados e do Senado Federal. AMN

Gabarito "B".

(OAB/Exame Unificado – 2020.1) Diante das intensas chuvas que atingiram o Estado Alfa, que se encontra em situação de calamidade pública, o Presidente da República, ante a relevância e urgência latentes, edita a Medida Provisória XX/19, determinando a abertura de crédito extraordinário para atender às despesas imprevisíveis a serem realizadas pela União, em decorrência do referido desastre natural.

A partir da situação hipotética narrada, com base no texto constitucional vigente, assinale a afirmativa correta.

(A) A Constituição de 1988 veda, em absoluto, a edição de ato normativo dessa natureza sobre matéria orçamentária, de modo que a abertura de crédito extraordinário deve ser feita por meio de lei ordinária de iniciativa do Chefe do Executivo.

(B) A Constituição de 1988 veda a edição de ato normativo dessa natureza em matéria de orçamento e créditos adicionais e suplementares, mas ressalva a possibilidade de abertura de crédito extraordinário para atender a despesas imprevisíveis e urgentes, como as decorrentes de calamidade pública.

(C) O ato normativo editado afronta o princípio constitucional da anterioridade orçamentária, o qual impede quaisquer modificações nas leis orçamentárias após sua aprovação pelo Congresso Nacional e consequente promulgação presidencial.

(D) O ato normativo editado é harmônico com a ordem constitucional, que autoriza a edição de medidas provisórias que versem sobre planos plurianuais, diretrizes orçamentárias, orçamento e créditos adicionais, suplementares e extraordinários, desde que haja motivação razoável.

A: incorreta. A vedação existe, mas não de maneira absoluta, como afirmado na alternativa. Determina o art. 62, § 1º, "d", da CF/88 que é proibida a edição de medidas provisórias sobre planos plurianuais, diretrizes orçamentárias, **orçamento** e créditos adicionais e suplementares, ressalvado o previsto no art. 167, § 3º. Este último dispositivo **excepciona** justamente **a abertura de crédito extraordinário para atender a despesas imprevisíveis e urgentes**, como as decorrentes de guerra, comoção interna ou **calamidade pública**; **B:** correta. É o que determina os citados artigos 62, § 1º, "d", e, 167, § 3º, ambos da CF/88; **C:** incorreta. Não há afronta ao princípio, pois a exceção decorre do próprio Texto Constitucional; **D:** incorreta. Como mencionado, em **regra**, é **vedada** a edição de medidas provisórias nessas hipóteses. O fundamento da harmonia com o Texto Constitucional decorre da garantia da sua excepcionalidade **para atender a despesas imprevisíveis e urgentes**, não do fato de ser permitida (o que não é) a criação de medidas provisórias que versem sobre planos plurianuais, diretrizes orçamentárias, orçamento e créditos adicionais, suplementares, ainda que haja motivação razoável. A título de atualização, vale mencionar que **EC 109/21** acrescentou o inciso XVIII ao art. 49 da CF determinando a competência exclusiva do Congresso para **a decretação do estado de calamidade pública de âmbito nacional,** previsto nos arts. 167-B a 167-G da CF. BV

Gabarito "B".

(OAB/Exame Unificado – 2019.2) Em 2005, visando a conferir maior estabilidade e segurança jurídica à fiscalização das entidades dedicadas à pesquisa e à manipulação de material genético, o Congresso Nacional decidiu discipliná-las por meio da Lei Complementar X, embora a Constituição Federal não reserve a matéria a essa espécie normativa. Posteriormente, durante o ano de 2017, com os avanços tecnológicos e científicos na área, entrou em vigor a Lei Ordinária Y prevendo novos mecanismos fiscalizatórios a par dos anteriormente estabelecidos, bem como derrogando alguns artigos da Lei Complementar X.

Diante da situação narrada, assinale a afirmativa correta.

(A) A Lei Ordinária Y é formalmente inconstitucional, não podendo dispor sobre matéria já tratada por Lei Complementar, em razão da superioridade hierárquica desta em relação àquela.

(B) Embora admissível a edição da Lei Ordinária Y tratando de novos mecanismos a par dos já existentes, a revogação de dispositivos da Lei Complementar X exigiria idêntica espécie normativa.

(C) A Lei Complementar X está inquinada de vício formal, já que a edição dessa espécie normativa encontra-se vinculada às hipóteses taxativamente elencadas pela Constituição Federal de 1988.

(D) A Lei Complementar X, por tratar de matéria a respeito da qual não se exige a referida espécie normativa, pode vir a ser revogada por Lei Ordinária posterior que verse sobre a mesma temática.

2. DIREITO CONSTITUCIONAL

A: incorreta. Como o tratamento do assunto (pesquisa e manipulação de material genético) não está reservado à lei complementar, a lei ordinária pode regulamentá-lo. Portanto, a Lei Ordinária Y é constitucional. Além disso, não há superioridade hierárquica entre a lei complementar e a lei ordinária. Elas tratam de conteúdos diversos e são aprovadas por quóruns diferenciados (art. 69 da CF/88); **B:** incorreta. A revogação de dispositivos da Lei Complementar X apenas exigiria idêntica espécie normativa se o assunto por ela disciplinado fosse reservado à lei complementar; **C:** incorreta. Não há vício formal na Lei Complementar X, pois o quórum para aprovação dessa espécie legislativa é superior (art. 69 da CF/88) ao da aprovação das leis ordinárias. Assim, se o tema pode ser disciplinado por lei ordinária que é aprovada por maioria simples, poderá também ser disciplinado por lei complementar que é aprovada pelo quórum fortificado de maioria absoluta; **D:** correta. De fato, a Lei Complementar X, por tratar de matéria a respeito não reservada à lei complementar, pode vir a ser revogada por Lei Ordinária posterior que verse sobre a mesma temática. BV

Gabarito "D".

(OAB/Exame Unificado – 2019.1) Ante o iminente vencimento do prazo para adimplemento de compromissos internacionais assumidos pelo Brasil perante o Fundo Monetário Internacional, bem como diante da grave crise econômica enfrentada pelo Estado, o Presidente da República, no regular exercício do mandato, edita a Medida Provisória X. A medida dispõe sobre a possibilidade de detenção e sequestro, pelo governo federal, de bens imóveis com área superior a 250 m² situados em zonas urbanas, desde que não se trate de bem de família e que o imóvel esteja desocupado há mais de dois anos.

Sobre a Medida Provisória X, com base na CRFB/88, assinale a afirmativa correta.

(A) É inconstitucional, uma vez que a Constituição Federal de 1988 veda, expressamente, que tal espécie normativa disponha sobre matéria que vise a detenção ou o sequestro de bens.

(B) É inconstitucional, pois trata de matéria já regulamentada pelo legislador ordinário, qual seja, a possibilidade de desapropriação de bens imóveis urbanos por necessidade ou utilidade pública.

(C) Ela não se revela adequada ao cumprimento do requisito de urgência porque só produzirá efeitos no exercício financeiro seguinte, caso venha a ser convertida em lei até o último dia daquele em que foi editada.

(D) É constitucional, pois foram respeitados os requisitos de relevância e urgência, desde que seja submetida de imediato ao Congresso Nacional, perdendo eficácia se não for convertida em lei no prazo de 60 (sessenta) dias, prorrogável uma única vez por igual período.

A: correta. De acordo com o art. 62, § 1º, da CF há assuntos que não podem ser disciplinados por medida provisória, dentre os quais, a matéria que vise a detenção ou sequestro de bens (inciso II); **B:** incorreta. A inconstitucionalidade não decorre de o fato da matéria ser ou não disciplinada por lei, mas da proibição constitucional prevista no citado §1º do art. 62 da CF; **C:** incorreta. O requisito da urgência não será verificado quando a própria matéria não puder ser disciplinada por medida provisória; **D:** incorreta. Como é vedada a edição de medida provisória sobre essa matéria, ainda que haja respeito aos requisitos da relevância e urgência, ela será considerada inconstitucional. Por outro lado, o prazo de vigência de uma medida provisória que esteja de acordo com o texto constitucional, de fato, é de 60 (sessenta) dias, prorrogável uma única vez por igual período, conforme determina o art. 62, § 3º, da CF/88. BV

Gabarito "A".

(OAB/Exame Unificado – 2018.2) O deputado federal Alberto propôs, no exercício de suas atribuições, projeto de lei de grande interesse para o Poder Executivo federal.

Ao perceber que o momento político é favorável à sua aprovação, a bancada do governo pede ao Presidente da República que, utilizando-se de suas prerrogativas, solicite urgência (regime de urgência constitucional) para a apreciação da matéria pelo Congresso Nacional.

Em dúvida, o Presidente da República recorre ao seu corpo jurídico, que, atendendo à sua solicitação, informa que, de acordo com o sistema jurídico-constitucional brasileiro, o pleito da base governista

(A) é viável, pois é prerrogativa do chefe do Poder Executivo solicitar o regime de urgência constitucional em todos os projetos de lei que tramitem no Congresso Nacional.

(B) não pode ser atendido, pois o regime de urgência constitucional somente pode ser solicitado pelo presidente da mesa de uma das casas do Congresso Nacional.

(C) viola a CRFB/88, pois o regime de urgência constitucional somente pode ser requerido pelo Presidente da República em projetos de lei de sua própria iniciativa.

(D) não pode ser atendido, pois, nos casos urgentes, o Presidente da República deve veicular a matéria por meio de medida provisória e não solicitar que o Legislativo aprecie a matéria em regime de urgência.

A: incorreta. A solicitação de urgência para a apreciação de matéria pelo Congresso Nacional é prerrogativa do Presidente da República e ele só pode fazer isso nos projetos de sua iniciativa (não necessariamente os de iniciativa privativa, mas todos que tenha apresentado), conforme determina o art. 64, § 1º, da CF; **B:** incorreta. Como mencionado, a prerrogativa para solicitar o regime de urgência constitucional é dada ao Presidente da República e em relação aos projetos de lei de sua iniciativa; **C:** correta, o fundamento é encontrado no mencionado art. 64, § 1º, da CF; **D:** incorreta. Ao contrário do mencionado, a solicitação de urgência pelo Presidente da República é admitida constitucionalmente. BV

Gabarito "C".

(OAB/Exame Unificado – 2017.1) O Presidente da República, objetivando adotar medidas urgentes para melhorar o desempenho da máquina burocrática pública, solicita delegação ao Congresso Nacional a fim de normatizar, por meio de lei delegada, a tramitação mais eficiente de processos no âmbito da Administração Pública.

O Congresso Nacional, embora tenha concordado com o pedido formulado, especifica, por meio de resolução, que o projeto de lei delegada proposto pelo Presidente da República, antes de adentrar o sistema jurídico vigente pela via legal, deverá ser por ele avaliado.

O Presidente da República, tendo dúvidas sobre se a condição imposta pelo Poder Legislativo é violadora da ordem jurídico-constitucional brasileira, solicita esclarecimentos à sua assessoria jurídica.

Sobre a exigência do Congresso Nacional, assinale a afirmativa correta.

(A) A exigência é constitucional, posto que a CRFB/88 prevê a possibilidade de controle prévio sobre o conteúdo normativo da delegação, quando a resolução assim o previr.

(B) A exigência é inconstitucional, posto que a autorização para a edição de lei delegada, quando concedido pelo Congresso Nacional, retira desse órgão qualquer possibilidade de controle sobre o seu conteúdo.

(C) A exigência é constitucional, podendo o Parlamento arrogar-se o direito de propor emendas ao conteúdo normativo do projeto de lei proposto pelo Presidente da República.

(D) A exigência é inconstitucional, pois a lei delegada é espécie normativa cujo fundamento encontra-se alicerçado no princípio da total independência de um Poder nos assuntos de outro.

A: correta. As leis delegadas são elaboradas pelo Presidente da República, quando ele exerce, atipicamente, a função legislativa. Segundo o art. 68 da CF, para que o Presidente elabore essa lei deve solicitar a delegação ao Congresso Nacional. O ato que formaliza a autorização dada pelo Legislativo é uma **resolução que deve especificar o conteúdo e os termos de seu exercício**. Vale lembrar que **a resolução do Congresso** também pode **mencionar que o projeto de lei, elaborado pelo Presidente, passe por sua apreciação**; nessa hipótese, conforme o § 3° do art. 68 da CF, a verificação se dará em votação única e o Congresso não poderá fazer emendas ao texto; **B:** incorreta. A resolução do Senado que autoriza o Presidente a criar a lei delegada, ao contrário do mencionado, **não retira do Congresso Nacional a possibilidade de controle** sobre o seu conteúdo, pois ele pode estabelecer que o projeto de lei delegada passe por sua apreciação antes de ser convertido em lei. É o que se denomina delegação **atípica**; **C:** incorreta. A exigência é constitucional, mas isso não autoriza que sejam feitas emendas ao projeto. Determina o art. 68, § 3°, da CF que se a resolução determinar a apreciação do projeto pelo Congresso Nacional, este a fará em votação única, **vedada qualquer emenda; D:** incorreta. A **exigência é constitucional**, conforme já mencionado. Além disso, é importante lembrar que delegação dada pelo Congresso Nacional pode ser de natureza **típica**, ou seja, sem qualquer interferência. Nessa hipótese, o Presidente da República terá autonomia para criar, promulgar e mandar publicar a lei delegada. Por fim, o § 1° do art. 68 da CF traz algumas **vedações**, mencionando que não poderão ser objetos de delegação os atos de competência exclusiva do Congresso Nacional, os de competência privativa da Câmara dos Deputados ou do Senado Federal, a matéria reservada à lei complementar, nem a legislação sobre: I – organização do Poder Judiciário e do Ministério Público, a carreira e a garantia de seus membros; II – nacionalidade, cidadania, direitos individuais, políticos e eleitorais; III – planos plurianuais, diretrizes orçamentárias e orçamentos. **BV**

Gabarito "A".

(OAB/Exame Unificado – 2016.3) W, deputado federal pelo Estado Beta, proferindo discurso no Congresso Nacional, fez contundentes críticas ao que denominou de "abuso midiático contra a classe política". Na oportunidade, acrescentou estar elaborando um projeto de lei ordinária que tem por objetivo criar regras de licenciamento (por autoridades do poder público), a que deverão se submeter os veículos de comunicação, principalmente jornais e revistas. Segundo o referido deputado, a vida privada dos políticos deve ser preservada, devendo, por isso, ser estabelecidos limites à mídia jornalística.

Com relação ao projeto de lei ordinária idealizado pelo deputado federal W, de acordo com a ordem jurídico-constitucional brasileira, assinale a afirmativa correta.

(A) É constitucional, pois a preservação da intimidade e da privacidade não pode estar sujeita à influência das mídias e deve ser garantida, na máxima extensão possível, pela ordem jurídica.

(B) É inconstitucional, pois matéria referente a controle de informação somente pode ser objeto de iniciativa legislativa com o assentimento de dois terços dos membros de qualquer das Casas legislativas.

(C) É constitucional, pois se trata de aplicação de tratamento análogo àquele atualmente concedido às mídias jornalísticas que adotam o sistema de radiodifusão e de sons e imagens.

(D) É inconstitucional, pois a Constituição da República garante expressamente que a publicação de veículo impresso de comunicação independe de licença de autoridade.

A: incorreta. **Não há direito absoluto**, da mesma maneira que a Constituição protege a intimidade e a privacidade, em seu art. 220, § 1°, assegura a manifestação do pensamento, a criação, a expressão e a informação, mencionando que nenhuma lei conterá dispositivo que possa constituir embaraço à plena liberdade de informação jornalística em qualquer veículo de comunicação social, observado o disposto no art. 5°, IV, V, X, XIII e XIV; **B:** incorreta. A iniciativa das leis complementares e ordinárias vem prevista no art. 61 da CF. Tal dispositivo determina que podem iniciar tais projetos: **qualquer membro ou Comissão da Câmara dos Deputados, do Senado Federal ou do Congresso Nacional**, ao Presidente da República, ao Supremo Tribunal Federal, aos Tribunais Superiores, ao Procurador-Geral da República e aos cidadãos, na forma e nos casos previstos nesta Constituição; **C:** incorreta. Ao contrário do mencionado, **é inconstitucional** e não há esse citado tratamento; **D:** correta. A Constituição da República garante expressamente que a publicação de veículo impresso de comunicação **independe de licença de autoridade**, conforme determina o seu art. 220, § 6°. **BV**

Gabarito "D".

(OAB/Exame Unificado – 2016.2) O deputado federal João da Silva, em seu primeiro mandato, propõe um projeto de lei sobre regulamentação de aplicativos de mensagens. As discussões em plenário se mostram acirradas, sendo o projeto de lei rejeitado. Inconformado, o deputado, por entender que a rejeição do projeto se deveu a fatores circunstanciais e passageiros, quer voltar a tê-lo reavaliado, ainda na mesma sessão legislativa.

Em dúvida se poderia vir a fazê-lo, consulta sua assessoria que, em consonância com a CRFB/88, presta a seguinte informação:

(A) A matéria constante do referido projeto de lei somente poderá constituir objeto de novo projeto na próxima sessão legislativa, em deferência ao princípio da oportunidade.

(B) A matéria objeto do projeto de Lei rejeitado ainda poderá ser apreciada na mesma sessão legislativa, desde que proposta pela maioria absoluta dos membros de qualquer uma das casas do Congresso Nacional.

(C) A matéria, objeto do projeto de lei rejeitado, somente poderá ser apreciada na mesma sessão legislativa se comprovadamente tratar de direito que aumente o grau de dignidade e proteção da pessoa humana.

(D) A matéria, discutida em projeto de lei rejeitado pelo Congresso Nacional, não pode ser apreciada na mesma sessão legislativa, exceto se o Presidente da República, alegando interesse nacional, assim o determinar.

A: incorreta. Determina o art. 67 da CF que a matéria constante **de projeto de lei rejeitado somente poderá constituir objeto de novo**

2. DIREITO CONSTITUCIONAL | 225

projeto, na mesma sessão legislativa, **mediante proposta da maioria absoluta dos membros de qualquer das Casas do Congresso Nacional**. O princípio aplicado aqui é o da irrepetibilidade, não o da oportunidade. De acordo com o STF, "A norma inscrita no art. 67 da Constituição – que consagra o postulado da **irrepetibilidade dos projetos rejeitados na mesma sessão legislativa** – não impede o presidente da República de submeter, à apreciação do Congresso Nacional, reunido em convocação extraordinária (CF, art. 57, § 6º, II), projeto de lei versando, total ou parcialmente, a mesma matéria que constitui objeto de medida provisória rejeitada pelo Parlamento, em sessão legislativa realizada no ano anterior. O presidente da República, no entanto, sob pena de ofensa ao princípio da separação de poderes e de transgressão à integridade da ordem democrática, não pode valer-se de medida provisória para disciplinar matéria que já tenha sido objeto de projeto de lei anteriormente rejeitado na mesma sessão legislativa (RTJ 166/890, Rel. Min. Octavio Gallotti). Também pelas mesmas razões, o chefe do Poder Executivo da União não pode reeditar medida provisória que veicule matéria constante de outra medida provisória anteriormente rejeitada pelo Congresso Nacional (RTJ 146/707-708, Rel. Min. Celso de Mello)." (ADI 2.010-MC, rel. Min. Celso de Mello, julgamento em 30.-10.-1999, Plenário, DJ de 12.0-4.-2002.) **B:** correta. É o que determina o mencionado art. 67 da CF; **C:** incorreta. Não há essa exigência prevista na CF; **D:** incorreta. Ao contrário, a matéria discutida em projeto de lei rejeitado pode ser objeto de novo projeto na mesma sessão legislativa, desde que **mediante proposta da maioria absoluta dos membros de qualquer das Casas do Congresso Nacional**.
_Gabarito "B".

(OAB/Exame Unificado – 2016.2) Um Senador da República apresentou projeto de lei visando determinar à União que sejam adotadas as providências necessárias para que toda a população brasileira seja vacinada contra determinada doença causadora de pandemia transmitida por mosquito. O Senado Federal, no entanto, preocupado com o fato de que os servidores da saúde poderiam descumprir o que determinaria a futura lei, isso em razão de seus baixos salários, acabou por emendar o projeto de lei, determinando, igualmente, a majoração da remuneração dos servidores públicos federais da área de saúde pública.

Aprovado em ambas as Casas do Congresso Nacional, o projeto foi encaminhado ao Presidente da República. Com base na hipótese apresentada, assinale a afirmativa correta.

(A) O Presidente da República não terá motivos para vetar o projeto de lei por vício de inconstitucionalidade formal, ainda que possa vetá-lo por entendê-lo contrário ao interesse público, devendo fazer isso no prazo de quinze dias úteis.

(B) O Presidente da República, ainda que tenha motivos para vetar o projeto de lei por vício de inconstitucionalidade formal, poderá, no curso do prazo para a sanção ou o veto presidencial, editar medida provisória com igual conteúdo ao do projeto de lei aprovado pelo Congresso Nacional, tendo em vista o princípio da separação dos poderes.

(C) O Presidente da República poderá vetá-lo, por motivo de inconstitucionalidade material e não por inconstitucionalidade formal, uma vez que os projetos de lei que acarretem despesas para o Poder Executivo são de iniciativa privativa do Presidente da República.

(D) O Presidente da República poderá vetá-lo, por motivo de inconstitucionalidade formal, na parte que majorou a remuneração dos servidores públicos, uma vez que a iniciativa legislativa nessa matéria é privativa do Chefe

do Poder Executivo, devendo o veto ser exercido no prazo de quinze dias úteis.

A: incorreta. Ao contrário do mencionado, o Presidente da República tem motivos para vetar o projeto de lei por vício de inconstitucionalidade formal, pois a iniciativa legislativa, para a edição de norma sobre a majoração da remuneração dos servidores públicos federais, é de sua competência privativa, conforme determina o art. 61, § 1º, II, 'a', parte final, da CF; **B:** incorreta. É vedada a edição de medidas provisórias nessa hipótese. Determina o art. 62, § 1º, IV, que é proibida a edição de medida provisória de matéria já disciplinada em projeto de lei aprovado pelo Congresso Nacional e pendente de sanção ou veto do Presidente da República; **C:** incorreta. Como mencionado, a inconstitucionalidade é de natureza formal, por vício de iniciativa; **D:** correta. É o que determina os arts. 66, § 1º e o 61, § 1º, II, 'a', parte final, ambos da CF.
_Gabarito "D".

(OAB/Exame Unificado – 2016.1) O Presidente da República tem dúvidas sobre como proceder em determinado projeto de lei que vem gerando muitas críticas na imprensa. No décimo quarto dia útil do prazo para sancionar ou vetar o referido projeto de lei, o Chefe do Executivo consulta o Advogado-Geral da União para saber os efeitos jurídicos que adviriam do transcurso do prazo de quinze dias úteis sem a adoção de nenhuma providência expressa, simplesmente permanecendo silente.

De acordo com a sistemática constitucional, essa situação implicaria

(A) veto total, que ainda será apreciado em sessão conjunta das casas do Congresso Nacional.

(B) sanção tácita, o que não exclui a possibilidade de o Chefe do Poder Executivo promulgar a lei.

(C) sanção tácita, o que convalida eventual vício de iniciativa, ainda que da lei decorra aumento de despesa.

(D) veto parcial, que ainda será apreciado em sessão separada, pelo plenário de cada uma das Casas do Congresso Nacional.

A e D: incorretas. Determina o art. 66, § 3º, da CF que decorrido o prazo de quinze dias, **o silêncio do Presidente da República importará sanção**; **B:** correta. De fato, ocorre a sanção tácita e isso não exclui a possibilidade de o Chefe do Poder Executivo promulgar a lei. De acordo com § 7º do art. 66 da CF, o Presidente terá quarenta e oito horas para promulgar a lei. Caso não faça, o Presidente do Senado a promulgará, e, se este não o fizer em igual prazo, caberá ao Vice-Presidente do Senado fazê-lo; **C:** incorreta. A sanção tácita de fato ocorre, mas ela **não** convalida eventual vício de iniciativa.
_Gabarito "B".

(OAB/Exame Unificado – 2015.1) Determinado projeto de lei aprovado pela Câmara dos Deputados foi devidamente encaminhado ao Senado Federal. Na Casa revisora, o texto foi aprovado com pequena modificação, sendo suprimida certa expressão sem, contudo, alterar o sentido normativo do texto aprovado na Câmara. Assim, o projeto foi enviado ao Presidente da República, que promoveu a sua sanção, dando origem à Lei "L". Neste caso, segundo a jurisprudência do Supremo Tribunal Federal,

(A) não houve irregularidade no processo legislativo, porque não há necessidade de reapreciação, pela Câmara dos Deputados, do projeto de lei que tenha expressão suprimida pelo Senado Federal, quando sentido o normativo da redação remanescente não foi alterado.

(B) não houve irregularidade no processo legislativo, porque é função precípua da Casa revisora estabelecer as mudanças que lhe parecerem adequadas, sendo desnecessário o retorno à Casa iniciadora, mesmo nas situações em que a alteração modifique o sentido normativo inicial.

(C) houve irregularidade no processo legislativo, pois qualquer alteração realizada, pela Casa revisora, no texto do projeto de lei implica a necessária devolução à Casa iniciadora, a fim de que aprecie tal alteração.

(D) houve irregularidade no processo legislativo, mas, por tratar-se de problema de natureza *interna corporis* do Congresso Nacional, somente uma ADI proposta pela Mesa da Câmara dos Deputados teria o condão de suscitar a inconstitucionalidade da Lei "L".

A: correta. De fato não houve irregularidade no processo legislativo, porque não há necessidade de reapreciação pela Casa iniciadora quando não houver alteração no sentido jurídico da norma. De acordo com o STF: "O parágrafo único do art. 65 da CF **só determina o retorno do projeto de lei à Casa iniciadora se a emenda parlamentar introduzida acarretar modificação no sentido da proposição jurídica.**" (ADI 2.238-MC, rel. p/ o ac. min. Ayres Britto, julgamento em 9-8-2007, Plenário, DJE de 12-9-2008.) Vide: ADI 2.182, rel. p/ o ac. Min. Cármen Lúcia, julgamento em 12-5-2010, Plenário, DJE de 10-9-2010. Outra decisão do STF sobre o tema: "Inconstitucionalidade formal da Lei 8.429/1992 (Lei de Improbidade Administrativa): inexistência. (...) Iniciado o projeto de lei na Câmara de Deputados, cabia a esta o encaminhamento à sanção do presidente da República depois de examinada a emenda apresentada pelo Senado da República. **O substitutivo aprovado no Senado da República, atuando como Casa revisora, não caracterizou novo projeto de lei a exigir uma segunda revisão.**" (ADI 2.182, rel. p/ o ac. min. Cármen Lúcia, julgamento em 12-5-2010, Plenário, DJE de 10-9-2010.) Vide: ADI 2.238-MC, rel. p/ o ac. min. Ayres Britto, julgamento em 9-8-2007, Plenário, DJE de 12-9-2008. Assim, se uma emenda que visar apenas a correção de uma impropriedade técnica ou aprimoramento da redação do projeto de lei, por exemplo, não precisará voltar à casa iniciadora; **B:** incorreta. Quando há alteração substancial, quando o sentido jurídico da norma é modificado, o projeto precisa voltar para a Casa iniciadora para que ela aprecie, de forma pontual, a alteração feita pela Casa revisora; **C:** incorreta. Não é qualquer alteração que implica a necessária devolução à Casa iniciadora, mas apenas a que implique mudança no sentido jurídico da norma, conforme já demonstrado. **D:** incorreta. As matérias de natureza interna *corporis*, ou seja, aquelas que devem ser decididas por cada poder internamente, em regra, não podem ser objeto de ADI. Vale lembrar que o art. 18 do Regimento Interno da Câmara dos Deputados trata das emendas que podem ser feitas em relação aos projetos de lei. De acordo com o § 1º do mencionado dispositivo, as emendas podem ser supressivas, aglutinativas, substitutivas, modificativas ou aditivas. A **supressiva** é a que manda erradicar qualquer parte de outra proposição (§ 2º do art. 18 do RICD). A **aglutinativa** é a que resulta da fusão de outras emendas, ou destas com o texto, por transação tendente à aproximação dos respectivos objetos (§ 3º do art. 18 do RICD). A **substitutiva** é a apresentada como sucedânea a parte de outra proposição, denominando-se "substitutivo" quando a alterar, substancial ou formalmente, em seu conjunto; considera-se formal a alteração que vise exclusivamente ao aperfeiçoamento da técnica legislativa (§ 4º do art. 18 do RICD). A **modificativa** é a que altera a proposição sem a modificar substancialmente (§ 5º do art. 18 do RICD). A **aditiva** é a que se acrescenta a outra proposição (§ 6º do art. 18 do RICD). Além disso, denomina-se **subemenda** a emenda apresentada em Comissão a outra emenda e que pode ser, por sua vez, supressiva, substitutiva ou aditiva, desde que não incida, a supressiva, sobre emenda com a mesma finalidade (§ 7º do art. 18 do RICD). Por fim, denomina-se **emenda de redação** a modificativa que visa a sanar

vício de linguagem, incorreção de técnica legislativa ou lapso manifesto (§ 8º do art. 18 do RICD).

Gabarito "A".

(OAB/Exame Unificado – 2014.3) O Presidente da República edita Medida Provisória que dispõe sobre a injeção extraordinária de verbas para o Fundo de Financiamento Estudantil (FIES). O tema, porém, já havia sido objeto de projeto de lei anteriormente aprovado pelo Congresso Nacional e remetido ao próprio Presidente da República para sanção.

Nessa linha, observado o regramento estabelecido pela Constituição Federal, assinale a afirmativa correta.

(A) É vedada a edição da Medida Provisória, pois a matéria já havia sido disciplinada em projeto de lei aprovado pelo Congresso Nacional e pendente de sanção ou veto pelo Presidente da República.

(B) A Medida Provisória narrada na questão não poderia ser editada, visto que é vedado pela Constituição Federal dispor sobre matéria orçamentária por meio dessa espécie legislativa.

(C) A Medida Provisória é juridicamente viável, mas, se não for apreciada em até sessenta dias contados da sua publicação, entrará em regime de urgência, subsequentemente, em cada uma das Casas, ficando sobrestadas todas as demais deliberações legislativas da Casa em que estiver tramitando, até que se ultime a votação.

(D) A Medida Provisória é juridicamente viável e prorrogará por duas vezes, por igual período, a sua vigência se, no prazo de 45 dias contados de sua publicação, não tiver a sua votação encerrada nas duas Casas do Congresso Nacional.

A: correta. De acordo com o art. 62, § 1º, IV, é proibida a edição de medidas provisórias sobre matéria já disciplinada em projeto de lei aprovado pelo Congresso Nacional e pendente de sanção ou veto do Presidente da República; **B:** incorreta. De fato, em regra é proibida a edição de medida provisória sobre matéria orçamentária. Ocorre que no problema apresentado o que está em foco é a utilização dos recursos e não a sua previsão; **C:** incorreta. Ao contrário do mencionado, a medida provisória não é viável, pois já existe projeto de lei sobre o assunto, bastando apenas que o Presidente da República o sancione. Além disso, o prazo para uma medida provisória ser votada, sob pena de entrar em regime de urgência, é de 45 (quarenta e cinco) dias, conforme determina o § 6º do art. 62 da CF; **D:** incorreta. Como mencionado, a medida provisória é inviável. Se fosse válida, poderia valer por até sessenta dias e ser prorrogada uma única vez, por igual período, conforme disposto no art. 62, § 3º, da CF.

Gabarito "A".

(OAB/Exame Unificado – 2014.2) Maria da Silva, deputada federal integrante do partido Alfa, vem a ter projeto de sua iniciativa aprovado, com apoio de outros partidos políticos. Para sua surpresa, o texto do seu projeto veio a ser vetado na integralidade por decisão do Presidente da República. Após tomar ciência do veto presidencial, a deputada, com o intuito de derrubá-lo, procura as lideranças dos partidos que apoiaram seu projeto. Nos termos da Constituição Federal, assinale a opção que apresenta o procedimento correto.

(A) Vetado o projeto de lei, ocorrerá o seu arquivamento.

(B) Após o veto, a matéria somente poderá ser reapreciada no ano subsequente.

2. DIREITO CONSTITUCIONAL

(C) O veto poderá ser rejeitado, o que acarretará o envio do projeto para promulgação pelo Presidente da República.

(D) A apreciação do veto deverá ocorrer, em separado, por cada Casa Legislativa, podendo ser rejeitado pela maioria absoluta de cada uma delas.

A: incorreta. Há possibilidade do **veto presidencial ser derrubado pelo Legislativo**. Para que isso ocorra, de acordo com o art. 66, § 4º, da CF (alterado pela EC 76/2013), será necessária a apreciação do veto em sessão conjunta, dentro de trinta dias a contar de seu recebimento, só podendo ser rejeitado pelo voto da maioria absoluta dos Deputados e Senadores; **B:** incorreta. Conforme mencionado, **o próprio projeto de lei pode ser aprovado, caso o veto seja rejeitado** pelo Legislativo; **C:** correta. De acordo com o art. 66, § 5º, da CF, **se o veto não for mantido, será o projeto enviado, para promulgação, ao Presidente da República; D:** incorreta. Ao contrário, o veto será apreciado em **sessão conjunta**, dentro de trinta dias a contar de seu recebimento, só podendo ser rejeitado pelo **voto da maioria absoluta dos Deputados e Senadores** (art. 66, § 4º, da CF).
Gabarito "C".

(OAB/Exame Unificado – 2013.1) Preocupado com a concorrência de eletrodomésticos produzidos na China e com o saldo da balança comercial, o Presidente da República, no dia 1º de abril, editou medida provisória determinando o aumento da alíquota do imposto sobre produtos industrializados (IPI) para os produtos provenientes daquele país. Entretanto, passados 30 (trinta) dias, o Congresso Nacional rejeitou a medida provisória, não a convertendo em lei.

Com base no caso acima, assinale a afirmativa correta.

(A) A medida provisória terá eficácia por mais 30 (trinta) dias, perfazendo o total de 60 (sessenta) dias.

(B) A medida provisória terá eficácia por mais 30 (trinta) dias, período no qual poderá haver nova tentativa de conversão em lei.

(C) A medida provisória perderá sua eficácia, cabendo ao Presidente da República, caso haja interesse, reeditá-la imediatamente.

(D) A medida provisória perderá sua eficácia, devendo o Congresso Nacional disciplinar, por decreto legislativo, as relações jurídicas dela decorrentes.

A e B: incorretas. Se o Congresso Nacional rejeitou a medida provisória não há mais que se falar em prorrogação de prazo. **C:** incorreta. A medida provisória perderá sua eficácia, mas o Presidente da República *não poderá reeditá-la*, pois o art. 62, § 10 da CF impede que isso seja feito na mesma sessão legislativa. **D:** correta (art. 62, § 3º, da CF).
Gabarito "D".

(OAB/Exame Unificado – 2012.3.B) A respeito do processo legislativo de emenda constitucional, assinale a afirmativa **incorreta**.

(A) A proposta de emenda pode ser apresentada pelo Presidente da República.

(B) A discussão e a votação da proposta de emenda devem ser realizadas em dois turnos.

(C) A proposta de emenda aprovada é encaminhada ao Presidente da República para promulgação.

(D) A aprovação exige *quorum* de maioria qualificada.

A: correta. De acordo com o art. 60, I, II e III, da CF, a proposta de emenda constitucional pode ser apresentada por um terço, no mínimo,

dos membros da Câmara dos Deputados ou do Senado Federal, pelo *Presidente da República* ou por mais da metade das Assembleias Legislativas das unidades da Federação, manifestando-se, cada uma delas, pela maioria relativa de seus membros; **B:** correta. De fato, conforme o art. 60, § 2º da CF, a proposta será discutida e votada em cada Casa do Congresso Nacional, em *dois turnos*, considerando-se aprovada se obtiver, em ambos, três quintos dos votos dos respectivos membros; **C:** incorreta, devendo ser assinalada. A proposta de emenda *não é* encaminhada ao Presidente da República para promulgação. Conforme o art. 60, § 3º, da CF, a emenda à Constituição será *promulgada pelas Mesas da Câmara dos Deputados e do Senado Federal*, com o respectivo número de ordem; **D:** correta. De fato, a aprovação exige o *quorum* de maioria qualificada, pois o art. 60, § 2º, da CF, menciona que a emenda seja aprovada em cada Casa do Congresso Nacional por três quintos dos votos dos respectivos membros e em dois turnos de votação.
Gabarito "C".

(OAB/Exame Unificado – 2012.3.B) A respeito de uma lei delegada e de uma medida provisória que dispõem sobre matéria reservada a lei complementar, assinale a afirmativa correta.

(A) São materialmente inconstitucionais.

(B) São formalmente inconstitucionais.

(C) A lei delegada é constitucional e a medida provisória é inconstitucional.

(D) A lei delegada é inconstitucional e a medida provisória é constitucional.

A lei delegada e a medida provisória que tratam de assunto reservado à lei complementar são consideradas *formalmente inconstitucionais*, pois violam regras de processo legislativo. De acordo com o art. 62, § 1º, III, da CF, é proibida a edição de medida provisória sobre matéria reservada à lei complementar. A mesma vedação é encontrada no art. 68, § 1º, da CF e se aplica às leis delegadas.
Gabarito "B".

(OAB/Exame Unificado – 2012.2) O Presidente da República encaminhou ao Senado Federal projeto de Lei Ordinária para provimento de cargos de servidores da União. Após os debates, o projeto foi aprovado pelo plenário do Senado Federal e, em seguida, encaminhado para a Câmara dos Deputados que, em apenas um turno de discussão e votação, o aprovou e o enviou ao Presidente da República, que o sancionou.

Sobre o fato acima, assinale a afirmativa correta.

(A) A lei é inconstitucional, pois a iniciativa de projetos de lei para provimento de cargos de servidores da União é da Câmara dos Deputados.

(B) A discussão e a votação do projeto deveriam ter se iniciado na Câmara dos Deputados, havendo, por isso, vício no processo legislativo.

(C) A ocorrência de dois turnos de discussão e votação do projeto de lei ordinária, pressuposta no adequado processo legislativo, não ocorreu no caso narrado.

(D) A lei é constitucional, pois o processo legislativo foi hígido.

De acordo com o art. 64 da CF, a discussão e votação dos projetos de lei de *iniciativa do Presidente da República*, do Supremo Tribunal Federal e dos Tribunais Superiores terão *início na Câmara dos Deputados*, ou seja, os projetos de iniciativa extraparlamentar devem iniciar na Câmara de Deputados. Assim, como o projeto de lei foi encaminhado ao Senado e não à Câmara, há vício de inconstitucionalidade no processo legislativo.
Gabarito "B".

(OAB/Exame Unificado – 2012.2) A Assembleia Legislativa do Estado "M", verificando que o Estado jamais regulamentou a aposentadoria especial dos servidores públicos cujas atividades sejam exercidas sob condições especiais que prejudiquem a saúde ou a integridade física (art. 40, § 4º, III da Constituição da República), edita lei complementar, de iniciativa do deputado "X", que determina a aplicação dos mesmos critérios aplicados aos trabalhadores da iniciativa privada (previstos na Lei nº 8.213/1991). O Governador do Estado sanciona a lei, que é publicada dias depois.

Sobre o caso concreto apresentado, assinale a afirmativa correta.

(A) Há vício de iniciativa, devendo a regulamentação do regime dos servidores públicos ser estabelecida em lei de iniciativa do Chefe do Poder Executivo – no caso, o Governador do Estado.

(B) Ainda que houvesse vício de iniciativa, a sanção pelo Governador do Estado supre tal vício, uma vez que se considera que a autoridade originalmente atribuída do poder de iniciativa ratificou as disposições da lei.

(C) Não há vício de iniciativa, pois as matérias com reserva de iniciativa são somente aquelas que devem ser tratadas por meio de lei ordinária; as leis complementares, pela exigência de *quorum* qualificado, podem ser encaminhadas pelo Poder Executivo ou pelo Legislativo.

(D) Somente existe vício de iniciativa se não tiver havido tempo razoável para o Poder Executivo encaminhar à Assembleia Legislativa o projeto de lei. Diante da inércia do Governador por diversos anos, pode a Assembleia suprir a mora, elaborando o projeto.

A: correta. Observe-se que a EC nº 103/2019 revogou os incisos I a III do § 4º do art. 40 da CF e incluiu os § 4º-A a 4º-C ao art. 40 da CF. O § 4ºC do art. 40 passou a ser mais específico em relação ao inciso III do art. 40 da CF ao determinar que: "Poderão ser estabelecidos por lei complementar do respectivo ente federativo idade e tempo de contribuição diferenciados para aposentadoria de servidores cujas atividades sejam exercidas com efetiva exposição a agentes químicos, físicos e biológicos prejudiciais à saúde, ou associação desses agentes, vedada a caracterização por categoria profissional ou ocupação". Mesmo com a alteração legislativa é possível responder a essa questão. De acordo com o art. 61 da CF, "*a iniciativa das leis complementares e ordinárias* cabe a qualquer membro ou Comissão da Câmara dos Deputados, do Senado Federal ou do Congresso Nacional, ao Presidente da República, ao Supremo Tribunal Federal, aos Tribunais Superiores, ao Procurador-Geral da República e aos cidadãos, na forma e nos casos previstos nesta Constituição". Ocorre que o § 1º do mesmo artigo traz assuntos que são de iniciativa privativa do Presidente da República, por exemplo, leis que disponham sobre servidores públicos da União e Territórios, seu regime jurídico, provimento de cargos, estabilidade e *aposentadoria*. Tal regra é aplicada, por simetria, aos Governadores. Desse modo, como a lei foi de iniciativa do deputado "X", há vício de inconstitucionalidade já no começo do processo legislativo; **B:** incorreta. A posterior sanção do Governador *não convalida vício de iniciativa*; **C:** incorreta. O art. 61 da CF menciona lei complementar *e* lei ordinária; **D:** incorreta. Não há essa previsão no ordenamento jurídico brasileiro. AMN
Gabarito "A".

(OAB/Exame Unificado – 2011.3.B) Em relação ao processo legislativo, é correto afirmar que

(A) a emenda a um projeto de lei ordinária torna necessário o retorno à casa iniciadora ainda que se trate de correção redacional.

(B) o vício de iniciativa pode ser sanado pela sanção presidencial nos projetos de lei de iniciativa privativa do presidente.

(C) rejeitada a medida provisória pelo Congresso Nacional, esse deverá disciplinar as situações jurídicas constituídas durante a vigência da MP por meio de decreto legislativo.

(D) a Constituição da República Federativa do Brasil veda expressamente a abertura de créditos extraordinários por meio de medida provisória.

A: incorreta. Segundo o STF, o *retorno* do projeto de lei à casa iniciadora deve se dar *apenas quando houver alteração no sentido jurídico da norma*. Uma emenda que visa apenas corrigir uma impropriedade técnica ou aprimorar a redação do projeto de lei não precisa voltar à casa iniciadora; **B:** incorreta. *O vício de iniciativa não é convalidado por posterior sanção presidencial*, ainda que o projeto seja de iniciativa do próprio Presidente da República; **C:** correta. Conforme o art. 62, § 3º, da CF cabe ao Congresso Nacional disciplinar, por decreto legislativo as relações jurídicas constituídas durante a vigência da medida provisória; **D:** incorreta. De acordo com o § 3º do art. 167 da CF, a abertura de crédito extraordinário somente será admitida para atender a despesas imprevisíveis e urgentes, como as decorrentes de guerra, comoção interna ou calamidade pública, observado o disposto no art. 62. Ou seja, *há possibilidade, ainda que excepcional, de abertura de créditos extraordinários por meio de medida provisória*.
Gabarito "C".

(OAB/Exame Unificado – 2011.2) A iniciativa popular é uma das formas de exercício da soberania previstas na Constituição da República. O projeto de lei resultante de iniciativa popular deve

(A) ser dirigido à Mesa do Congresso Nacional.

(B) dispor sobre matéria de lei ordinária.

(C) ser subscrito por, no mínimo, 2% do eleitorado nacional.

(D) ser subscrito por eleitores de cinco Estados da Federação.

A iniciativa popular de leis vem prevista no § 2º do art. 61 da CF. Segundo tal dispositivo, é exercida pela apresentação à Câmara dos Deputados de projeto de lei subscrito por, no mínimo, *um por cento* do eleitorado nacional, distribuído pelo menos por *cinco Estados*, com não menos de três décimos por cento dos eleitores de cada um deles. Essa iniciativa vale tanto para projetos de lei ordinária como para projetos de lei complementar.
Gabarito "D".

(FGV – 2014) O processo legislativo alberga diversas espécies normativas, com diferentes procedimentos. Caso o Deputado Federal "Y" queira apresentar projeto de emenda à Constituição deverá incorporar à iniciativa, de acordo com os termos impostos pela Constituição de 1988, no mínimo

(A) um quinto dos membros da Câmara dos Deputados.

(B) metade dos membros da Câmara dos Deputados.

(C) um terço dos membros da Câmara dos Deputados.

(D) dois terços dos membros da Câmara dos Deputados.

(E) três quintos dos membros da Câmara dos Deputados.

De acordo com o art. 60, I, II e III, da CF, a Constituição poderá ser emendada mediante proposta: I – de **um terço, no mínimo, dos membros da Câmara dos Deputados** ou do Senado Federal; II – do Presidente da República e III – de mais da metade das Assembleias

2. DIREITO CONSTITUCIONAL   229

Legislativas das unidades da Federação, manifestando-se, cada uma delas, pela maioria relativa de seus membros.

Gabarito "C".

(FGV – 2014) O Deputado Federal "X" apresenta projeto de lei regulamentando a doação, alienação e demais atividades relacionadas ao corpo humano, matéria considerada de Direito Civil. Tal disciplina pode ser veiculada por meio de lei ordinária.

Essa espécie normativa, prevê a Constituição Federal da República Federativa do Brasil, é de iniciativa

(A) exclusiva do Presidente da República.

(B) privativa do Presidente do Supremo Tribunal Federal.

(C) de qualquer parlamentar do Congresso Nacional.

(D) privativa do Procurador-Geral da República.

(E) de qualquer parlamentar de Assembleia Legislativa.

De acordo com o art. 61 da CF, a iniciativa das **leis** complementares e **ordinárias cabe a qualquer membro** ou Comissão da Câmara dos Deputados, do Senado Federal ou **do Congresso Nacional**, ao Presidente da República, ao Supremo Tribunal Federal, aos Tribunais Superiores, ao Procurador-Geral da República e aos cidadãos, na forma e nos casos previstos nesta Constituição.

Gabarito "C".

(FGV – 2011) A emenda constitucional, por definição, visa a modificar a Constituição. Contudo, a própria Constituição brasileira impõe limites e condições à aprovação de emendas constitucionais. Nesse sentido, é correto afirmar que uma proposta de emenda constitucional

(A) deve ser aprovada pela maioria absoluta dos membros do Congresso Nacional.

(B) deve ser discutida e votada em dois turnos, com quórum de maioria relativa.

(C) está sujeita a veto ou sanção presidencial.

(D) não pode abolir a forma federativa de Estado.

(E) não pode ser aprovada em ano eleitoral.

A e B: incorretas. O quórum para a aprovação das emendas constitucionais é de três quintos dos votos, conforme dispõe o § 2º do art. 60 da CF; **C:** incorreta. Não existe deliberação executiva em projeto de emenda constitucional, ou seja, não há sanção ou veto. As emendas, conforme art. 60, § 3º, da CF são promulgadas pelas Mesas da Câmara dos Deputados e do Senado Federal, com o respectivo número de ordem; **D:** correta. De fato, a emenda constitucional não pode abolir a forma federativa de Estado, pois isso é cláusula pétrea (art. 60, § 4º, I, da CF); **E:** incorreta. Não há essa vedação dentre os limites e condições à aprovação de emendas constitucionais.

Gabarito "D".

(OAB/Exame Unificado – 2010.3) A Constituição da República de 1988 reclama lei complementar para dispor sobre

(A) o estatuto jurídico das empresas públicas e sociedades de economia mista.

(B) contratação por tempo determinado na administração pública.

(C) as formas de participação do usuário na administração pública.

(D) finanças públicas.

A: incorreta. O art. 173, § 1º, da CF dispõe que a "lei" estabelecerá o estatuto jurídico das empresas públicas e sociedades de economia mista. Quando a Constituição não menciona expressamente "lei complementar", deve-se entender que a lei exigida é a lei comum, portanto,

lei ordinária. **B:** incorreta. O art. 37, IX, da CF traz apenas a expressão "lei", portanto a lei exigida é a ordinária. **C:** incorreta. O art. 37, § 3º, da CF, da mesma maneira que os dois primeiros, se vale apenas do termo "lei", assim, mais uma vez, trata-se de assunto a ser disciplinado por lei ordinária; **D:** correta. O art. 163, I, da CF, de fato, exige que as finanças públicas sejam disciplinadas por lei complementar.

Gabarito "D".

(OAB/Exame Unificado – 2010.3) Assinale a alternativa que contemple matéria para cuja disciplina é vedada a edição de medida provisória.

(A) Abertura de crédito extraordinário, ainda que para atendimento a despesas imprevisíveis e urgentes.

(B) Normas gerais de licitações e contratos administrativos.

(C) Partidos políticos e direito eleitoral.

(D) Instituição ou majoração de impostos.

A: incorreta. Em regra não pode ser adotada medida provisória para a abertura de crédito extraordinário, mas a Constituição Federal expressamente excepciona o caso de despesas imprevisíveis e urgentes (art. 62, § 1º, I, "d", da CF); **B:** incorreta. Não há vedação para a adoção de medida provisória sobre direito administrativo (art. 62, § 1º, I, da CF); **C:** correta. Art. 62, § 1º, I, "a", da CF; **D:** incorreta. É permitida a adoção de medida provisória sobre direito tributário, desde que observada a regra do art. 62, § 2º, da CF.

Gabarito "C".

(OAB/Exame Unificado – 2010.3) Projeto de lei estadual de iniciativa parlamentar concede aumento de remuneração a servidores públicos estaduais da área da saúde e vem a ser convertido em lei após a sanção do Governador do Estado. A referida lei é

(A) compatível com a Constituição da República, desde que a Constituição do Estado-membro não reserve à Chefia do Poder Executivo a iniciativa de leis que disponham sobre aumento de remuneração de servidores públicos estaduais.

(B) inconstitucional, uma vez que são de iniciativa privativa do Governador do Estado as leis que disponham sobre aumento de remuneração de servidores públicos da administração direta e autárquica estadual.

(C) constitucional, em que pese o vício de iniciativa, pois a sanção do Governador do Estado ao projeto de lei teve o condão de sanar o defeito de iniciativa.

(D) inconstitucional, uma vez que os projetos de lei de iniciativa dos Deputados Estaduais não se submetem à sanção do Governador do Estado, sob pena de ofensa à separação de poderes.

Art. 61, § 1º, II, "a", da CF, aplicado por simetria federativa aos Estados-membros. A sanção do governador não supre o vício de iniciativa, conforme jurisprudência do STF (V. ADI 2.867-7/ES, j. 03.12.2003, rel. Min. Celso de Mello, *DJ* 09.02.2007; ADI 2.113-3/MG, j. 04.03.2009, rel. Min. Cármen Lúcia, *DJe* 21.08.2009 e ADI 1.070-1/MG, j. 29.03.2001, rel. Min. Sepúlveda Pertence, *DJ* 25.05.2001).

Gabarito "B".

(OAB/Exame Unificado – 2010.2) Sobre o instrumento jurídico denominado Medida Provisória que não é lei, mas tem força de lei, assinale a afirmativa correta.

(A) Sua eficácia dura sessenta dias contados da publicação, podendo a medida ser prorrogada apenas duas vezes, ambas por igual período.

(B) Se a Medida Provisória perder eficácia por decurso de prazo ou, em caráter expresso, for rejeitada pelo Congresso Nacional, vedada será sua reedição na mesma sessão legislativa.

(C) A não apreciação pela Câmara dos Deputados e, após, pelo Senado Federal, no prazo de 45 dias contados da publicação, tem como consequência apenas o sobrestamento da deliberação dos projetos de emenda à Constituição.

(D) A edição de Medida Provisória torna prejudicado o projeto de lei que disciplina o mesmo assunto e que, a par de já aprovado pelo Congresso Nacional, está pendente de sanção ou veto do Presidente da República.

A: incorreta. As medidas provisórias têm eficácia por sessenta dias e podem ser prorrogadas uma única vez, por igual período (art. 62, § 3º, da CF); **B:** correta. Art. 62, § 10, da CF; **C:** incorreta. Não reflete o disposto no art. 62, § 6º, da CF, que também prevê o regime de urgência; **D:** incorreta. É vedada a adoção de medida provisória nessa hipótese (art. 62, § 1º, IV, da CF).

Gabarito "B"

(OAB/Exame Unificado – 2010.2) Sabe-se a polêmica ainda existente na doutrina constitucionalista pátria no que se refere à eventual hierarquia da Lei Complementar sobre a Lei Ordinária. Todavia, há diferenças entre essas duas espécies normativas que podem até gerar vícios de inconstitucionalidade caso não respeitadas durante o processo legislativo. A partir do fragmento acima, assinale a afirmativa incorreta.

(A) A Lei Complementar exige aprovação por maioria absoluta, enquanto a lei ordinária é aprovada por maioria simples dos membros presentes à sessão, desde que presente a maioria absoluta dos membros de cada Casa ou de suas Comissões.

(B) As matérias que devem ser regradas por Lei Complementar encontram-se taxativamente indicadas no texto constitucional e, desde que não seja assunto específico de normatização por decreto legislativo ou resolução, o regramento de todo o resíduo competirá à lei ordinária.

(C) As matérias reservadas à Lei Complementar não serão objeto de delegação do Congresso ao Presidente da República.

(D) A discussão e votação dos projetos de lei ordinária devem, obrigatoriamente, ter início na Câmara dos Deputados.

A: correta. Art. 47 (lei ordinária) e art. 69 (lei complementar), ambos da CF; **B:** correta. O constituinte originário designou categoricamente as matérias que deveriam ser reguladas por lei complementar, fazendo expressa menção à "lei complementar" quando assim entendeu necessário. Ao contrário, as matérias reguladas "na forma da lei", o serão por lei ordinária; **C:** correta. Art. 68, § 1º, da CF. Medidas provisórias tampouco podem tratar de matérias reservadas às leis complementares (art. 62, § 1º, III, da CF); **D:** incorreta, devendo ser assinalada. Terão início na Câmara dos Deputados os projetos de lei da iniciativa extraparlamentar, ou seja, propostos pelo Presidente da República, pelo STF, pelos Tribunais Superiores, pela iniciativa popular e pelo Procurador-Geral da República) além dos projetos iniciados por membros ou comissão da Câmara dos Deputados. Mas os projetos iniciados por membros ou comissão do *Senado Federal* começam a tramitar no próprio Senado. Sendo assim, a discussão e

votação dos projetos de lei ordinária *não iniciam, obrigatoriamente, na Câmara dos Deputados*.

Gabarito "D"

(OAB/Exame Unificado – 2009.2) Considerando as normas constitucionais sobre processo legislativo, assinale a opção correta.

(A) São de iniciativa privativa do Presidente da República as leis que disponham sobre o aumento de remuneração dos cargos, funções e empregos na administração direta e autárquica.

(B) A iniciativa popular de lei pode ser exercida pela apresentação, à Câmara dos Deputados ou ao Senado Federal, de projeto de lei subscrito por, no mínimo, 1% do eleitorado nacional, distribuído, pelo menos, por cinco Estados.

(C) A iniciativa das leis complementares e ordinárias cabe a qualquer membro da Câmara dos Deputados ou do Senado Federal. As comissões permanentes de ambas as Casas podem discutir e votar projetos de lei que dispensarem a competência do plenário, mas não têm o poder de apresentar tais projetos para dar início ao processo legislativo.

(D) A emenda à CF será promulgada, com o respectivo número de ordem, pelo presidente do Senado Federal, na condição de presidente do Congresso Nacional. Se a promulgação não ocorrer dentro do prazo de quarenta e oito horas após a sua aprovação, as mesas da Câmara dos Deputados e do Senado Federal deverão fazê-lo.

A: correta. É o que determina o art. 61, II, "a", da CF; **B:** incorreta. Os projetos de iniciativa popular iniciam-se na Câmara de Deputados e não no Senado Federal, assim como os demais projetos de iniciativa extraparlamentar (ex. projeto iniciado pelo Presidente da República, pelo Procurador-Geral da República etc.). É o que dispõe o art. 61, § 2º, da CF. A Câmara, por representar o povo, é conhecida como "porta de entrada" para os projetos de iniciativa fora do parlamento; **C:** incorreta. As comissões, além de discutir e votar podem, sim, iniciar projetos de lei ordinária e lei complementar (arts. 58 e 61, *caput*, da CF); **D:** incorreta. A emenda é promulgada pelas Mesas da Câmara e do Senado, com o respectivo número de ordem (art. 60, § 3º, da CF).

Gabarito "A"

(OAB/Exame Unificado – 2008.1) No que diz respeito à disciplina constitucional relativa ao processo legislativo, assinale a opção correta.

(A) A delegação legislativa é instituto de índole excepcional, devendo ser solicitada pelo Presidente da República ao Congresso Nacional.

(B) O Presidente da República poderá solicitar urgência para votação de projetos de lei da iniciativa tanto de deputados federais quanto de senadores.

(C) É da iniciativa reservada do STJ a lei complementar sobre o Estatuto da Magistratura.

(D) O Presidente da República dispõe de 48 horas para vetar um projeto de lei, contadas da data de seu recebimento, devendo, dentro de 24 horas, comunicar os motivos do veto ao presidente do Senado Federal.

A: correta. A função típica de legislar é do Poder Legislativo. Desse modo, o Poder Executivo, quando legisla, atua de modo excepcional, devendo solicitar ao Congresso tal autorização (art. 68, *caput* e parágrafos, da CF); **B:** incorreta. O Presidente somente poderá solicitar urgência

2. DIREITO CONSTITUCIONAL   231

nos projetos de sua iniciativa (art. 64, § 1º, da CF); **C:** incorreta. É de iniciativa do STF e não do STJ (art. 93 da CF); **D:** incorreta. O Presidente tem (15) quinze dias úteis para vetar o projeto e (48) quarenta e oito horas para comunicar os motivos do veto ao Presidente do Senado (art. 66, § 1º, da CF).
Gabarito "A".

10.5. Fiscalização Contábil, Financeira e Orçamentária. Tribunais de Contas

(OAB/Exame Unificado – 2017.3) Em observância aos princípios da transparência, publicidade e responsabilidade fiscal, o prefeito do Município Alfa elabora detalhado relatório contendo a prestação de contas anual, ficando tal documento disponível, para consulta e apreciação, no respectivo Poder Legislativo e no órgão técnico responsável pela sua elaboração.

Carlos, morador do Município Alfa, contribuinte em dia com suas obrigações civis e políticas, constata diversas irregularidades nos demonstrativos apresentados, apontando indícios de superfaturamento e desvios de verbas em obras públicas.

Em função do exposto e com base na Constituição da República, você, como advogado de Carlos, deve esclarecer que

(A) a fiscalização das referidas informações, concernentes ao Município Alfa, conforme previsto na Constituição brasileira, é de responsabilidade exclusiva dos Tribunais de Contas do Estado ou do Município, onde houver.

(B) Carlos tem legitimidade para questionar as contas do Município Alfa, já que, todos os anos, as contas permanecem à disposição dos contribuintes durante sessenta dias para exame e apreciação.

(C) a impugnação das contas apresentadas pelo Chefe do Executivo local exige a adesão mínima de um terço dos eleitores do Município Alfa.

(D) a CRFB/88 não prevê qualquer forma de participação popular no controle das contas públicas, razão pela qual Carlos deve recorrer ao Ministério Público Estadual para que seja apresentada ação civil pública impugnando os atos lesivos ao patrimônio público praticados pelo prefeito do Município Alfa.

A: incorreta. A responsabilidade não é exclusiva dos Tribunais de Contas do Estado ou do Município, onde houver. De acordo com o art. 31 da CF, a fiscalização do Município será exercida pelo Poder Legislativo Municipal, mediante controle externo, e pelos sistemas de controle interno do Poder Executivo Municipal, na forma da lei. O § 1º do mesmo dispositivo ensina que o controle externo da Câmara Municipal será exercido com o auxílio dos Tribunais de Contas dos Estados ou do Município ou dos Conselhos ou Tribunais de Contas dos Municípios, onde houver; **B:** correta. De fato, Carlos tem legitimidade para questionar, pois o art. 31, § 3º, da CF determina que as contas dos Municípios fiquem, durante sessenta dias, anualmente, à disposição de qualquer contribuinte, para exame e apreciação, o qual poderá questionar-lhes a legitimidade, nos termos da lei; **C:** incorreta. Não há essa exigência mínima de um terço dos eleitores do Município para que as contas sejam questionadas; **D:** incorreta. Pelo contrário, o § 3º do art. 31 da CF possibilita que qualquer contribuinte questione a legitimidade das contas. *Gabarito "B".*

(OAB/Exame Unificado – 2017.2) As contas do Município Alfa referentes ao exercício financeiro de 2014, apresentadas pelo prefeito em 2015, receberam parecer desfavorável do Tribunal de Contas do referido Município, o qual foi criado antes da promulgação da Constituição da República Federativa do Brasil de 1988.

O Presidente da Câmara, após o regular trâmite interno, editou resolução e aprovou as referidas contas públicas municipais, uma vez que as demonstrações contábeis de exercícios financeiros anteriores deveriam ter sido analisadas em consonância com o plano plurianual.

Diante da narrativa exposta, assinale a afirmativa correta.

(A) A competência para julgar as contas é do Tribunal de Contas do Município, órgão do Poder Judiciário, não podendo, em nenhuma hipótese, o Legislativo local afastá-la, sob pena de violação ao princípio da separação e harmonia entre os Poderes.

(B) O parecer do Tribunal de Contas do Município a respeito da rejeição das contas somente não será acatado pela Câmara Municipal por decisão de 2/3 (dois terços) dos membros deste órgão.

(C) Considerando que o Tribunal de Contas do Município é órgão do Poder Legislativo e o Presidente da Câmara é a autoridade máxima de sua estrutura, é constitucional o afastamento, pelo Chefe do Poder Legislativo local, do entendimento de órgão a ele subordinado.

(D) O Presidente da Câmara agiu corretamente, pois a periodicidade para análise das contas públicas do Município deve ser de 5 (cinco) anos, e tal disposição não foi observada pelo Tribunal de Contas do Município.

A: incorreta. O Tribunal de Contas do Município, embora seja chamado de "Tribunal", **não é órgão do Poder Judiciário, mas do Poder Legislativo** e tem por finalidade auxílio no controle externo da Câmara Municipal. Além disso, o parecer desse tribunal pode ser afastado por decisão de dois terços dos membros da Câmara Municipal. É o que determina o art. 31, § 2º, da CF;**B:** correta. De acordo com o art. 31, § 2º, da CF, o parecer prévio, emitido pelo órgão competente sobre as contas que o Prefeito (Tribunal de Contas do Município, nesta hipótese) deve anualmente prestar, só **deixará de prevalecer por decisão de dois terços dos membros da Câmara Municipal**; **C:** incorreta. O Presidente da Câmara não tem competência para, sozinho, afastar o parecer emitido pelo Tribunal de Contas do Município. Como mencionado, isso só pode ocorrer por decisão de, pelo menos, dois terços dos membros da Câmara Municipal; **D:** incorreta. Não há essa regra prevista no Texto Constitucional. Determina o art. 31, § 3º, da CF que **as contas dos Municípios ficarão, durante sessenta dias, anualmente, à disposição de qualquer contribuinte, para exame e apreciação, o qual poderá questionar-lhes a legitimidade**, nos termos da lei. Por fim, vale lembrar que a Constituição, em seu art. 32, § 4º, proíbe a criação de novos Tribunais de Contas Municipais. Por outro lado, reconhece como válidos aqueles que já existiam quando da sua feitura (criados até 5 de outubro de 1988). *Gabarito "B".*

(OAB/Exame Unificado – 2016.3) Ricardo é o diretor geral do órgão da administração direta federal responsável pela ordenação de despesas. Inconformado com o fato de o Tribunal de Contas da União (TCU) ter apreciado e julgado as contas do órgão que dirige e, por fim, lhe aplicando sanções com fundamento em irregularidades apontadas por auditoria realizada pelo próprio TCU, procura um(a) advogado(a). Seu objetivo é saber se o referido Tribunal possui, ou não, tais competências.

Neste sentido, o(a) advogado(a) responde que, segundo a ordem jurídico-constitucional vigente, as competências do TCU:

(A) abrangem a tarefa referida, já que até mesmo as contas do Presidente da República estão sujeitas ao julgamento do referido Tribunal.

(B) não abarcam a tarefa de julgar tais contas, competindo ao Tribunal tão somente apreciá-las, para que, posteriormente, os Tribunais Federais venham a julgá-las.

(C) abrangem o julgamento das contas, devendo o TCU aplicar as sanções previstas na ordem jurídica em conformidade com os ilícitos que venha a identificar.

(D) não abrangem essa atividade, pois o TCU é órgão responsável pelo controle externo, não podendo, por força do princípio hierárquico, julgar contas de órgão da administração direta.

A: incorreta. De acordo com o art. 49, IX, da CF **compete ao Congresso Nacional**, de forma exclusiva, **julgar anualmente as contas prestadas pelo Presidente da República** e apreciar os relatórios sobre a execução dos planos de governo; **B:** incorreta. Ao contrário do mencionado, o TCU tem competência para julgar tais contas. Determina o art. 71, II, da CF que o controle externo, a cargo do Congresso Nacional, será exercido com o auxílio do Tribunal de Contas da União, dentre outras coisas atribuições, **julgar as contas dos administradores** e demais responsáveis por dinheiros, bens e valores públicos da administração direta e indireta, incluídas as fundações e sociedades instituídas e mantidas pelo Poder Público federal, e as contas daqueles que derem causa a perda, extravio ou outra irregularidade de que resulte prejuízo ao erário público; **C:** correta. Como mencionado, as competências do TCU **abrangem o julgamento das contas dos administradores**. Além disso, **é possível**, de acordo com o art. 71, VIII, da CF, **que o TCU aplique aos responsáveis**, em caso de ilegalidade de despesa ou irregularidade de contas, **as sanções** previstas em lei; **D:** incorreta. Ao contrário, o mencionado art. 71, II, da CF dispõe em sentido diverso. **BV**
Gabarito "C"

(OAB/Exame Unificado – 2016.2) Jovem governador do Estado Alfa, vencedor das eleições com o slogan "A vez dos jovens", propõe projeto de emenda à constituição do Estado a fim de alterar os requisitos para escolha de conselheiros no Tribunal de Contas do Estado. A idade mínima, que antes seguia o padrão constitucional federal, sendo fixada em 35 anos, passaria a ser de 30 anos. Segundo a ordem jurídico-constitucional brasileira, tal norma deveria ser considerada

(A) inconstitucional, pois o padrão estabelecido pela CRFB/88, para o caso, configura típica cláusula de imposição de simetria.

(B) constitucional, pois a organização dos Tribunais de Contas estaduais está exclusivamente submetida ao poder constituinte derivado decorrente.

(C) constitucional, pois está baseada na autonomia dos Estados-Membros, princípio basilar e inflexível que sustenta o Pacto Federativo.

(D) inconstitucional, pois a estrutura do Poder Judiciário somente pode ser disciplinada pela Constituição da República, não pela Constituição Estadual.

A: correta. De fato, a proposta de emenda teria de ser considerada inconstitucional, pois a idade mínima de 35 anos, requisito para a escolha de conselheiros no Tribunal de Contas do Estado, deve seguir, por simetria, a regra prevista na norma federal. Algumas decisões do Supremo corroboram esse posicionamento. Vejamos: "Elaboração de lista singular para preenchimento de cargo de ministro do TCU. Pedido de elaboração de nova lista tríplice. **Limite objetivo de idade não admite exceções, CF, art. 73, § 1º.** A lista deve ser tríplice quando houver candidatos aptos, Regimento Interno do TCU, art. 281, § 5º.

Lista singular elaborada em conformidade com o Regimento Interno do TCU. Prejuízo do mandado de segurança em virtude do fato de o impetrante já ter completado setenta anos." (**MS 23.968**, rel. Min. **Gilmar Mendes**, julgamento em 14-.04.-2008, Plenário, *DJE* de 13.0-6.-2008.) e "O preceito veiculado pelo art. 73 da CB aplica-se, no que couber, à organização, **composição** e fiscalização **dos tribunais de contas dos Estados e do Distrito Federal**, bem como dos tribunais e conselhos de contas dos Municípios. **Imposição do modelo federal nos termos do art. 75.** A inércia da Assembleia Legislativa cearense relativamente à criação de cargos e carreiras do Ministério Público Especial e de auditores que devam atuar junto ao tribunal de contas estadual consubstancia omissão inconstitucional." (**ADI 3.276**, rel. Min. **Eros Grau,** julgamento em 02-.06-.2005, Plenário, *DJ* de 01º-.02-.2008.) **No mesmo sentido:** ADI 374, rel. Min. **Dias Toffoli**, julgamento em 22-.03-.2012, Plenário, *DJE* de 21-.08-.2014; **B** e **C:** incorretas. Conforme mencionado, as regras sobre a composição dos Tribunais de Contas Estaduais necessariamente devem seguir o modelo federal; **D:** incorreta. Os Tribunais de Contas embora levem o nome de "Tribunal", são órgãos do Poder Legislativo.
Gabarito "A".

(OAB/Exame Unificado – 2010.3) O controle externo financeiro da União e das entidades da administração federal direta e indireta é atribuição do Congresso Nacional, que o exerce com o auxílio do Tribunal de Contas da União. É competência do Tribunal de Contas da União

(A) apreciar as contas prestadas anualmente pelo Presidente da República, mediante a emissão de parecer prévio, que só deixará de prevalecer por decisão de dois terços dos membros do Congresso Nacional.

(B) fiscalizar a aplicação de quaisquer recursos repassados pela União, mediante convênio, ajuste ou outros instrumentos congêneres, a Estado, ao Distrito Federal ou a Município.

(C) sustar contratos administrativos em que seja identificado superfaturamento ou ilegalidade e promover a respectiva ação visando ao ressarcimento do dano causado ao erário.

(D) aplicar aos responsáveis por ilegalidade de despesa ou irregularidade de contas multa sancionatória, em decisão dotada de eficácia de título executivo judicial.

A: incorreta. O quórum de aprovação do decreto legislativo previsto no art. 49, IX, da CF é de maioria simples, conforme prevê o art. 47 da CF; **B:** correta. Art. 71, VI, da CF; **C:** incorreta. Primeiro comunica a autoridade responsável (art. 71, IX, da CF). Só em caso de não atendimento o TCU procede à sustação da execução do ato (art. 71, X, da CF). A ação de ressarcimento é proposta pela Advocacia-Geral da União (art. 131 da CF); **D:** incorreta. Possui a atribuição prevista no art. 71, VIII, da CF, mas suas decisões têm força de título executivo extrajudicial (art. 71, § 3º, da CF) porque o Tribunal de Contas da União não integra o Poder Judiciário, sendo órgão auxiliar do Poder Legislativo.
Gabarito "B"

(OAB/Exame Unificado – 2008.2) Com relação às fiscalizações contábil, financeira e orçamentária previstas na CF, assinale a opção correta.

(A) Os ministros do TCU serão nomeados entre brasileiros natos.

(B) Uma das finalidades do controle interno é exercer o controle de operações de crédito, avais e garantias, bem como dos direitos e haveres da União.

(C) No âmbito da União, o controle externo é exercido exclusivamente pelo TCU.

(D) Os ministros do TCU têm as mesmas garantias, prerrogativas, impedimentos, vencimentos e vantagens dos ministros do STF.

A: incorreta. O art. 73, § 1º, da CF menciona apenas "brasileiros". Dessa maneira, é possível que tanto o nato como o naturalizado seja nomeado para o cargo de Ministro do Tribunal de Contas; **B:** correta. É o que dispõe o art. 74, III, da CF; **C:** incorreta. O controle externo é exercido pelo Congresso Nacional com auxílio do TCU (art. 71, *caput*, da CF); **D:** incorreta. O art. 73, § 3º, da CF determina as mesmas garantias, prerrogativas, impedimentos, vencimentos e vantagens dos ministros do *STJ*.
Gabarito "B".

(FGV – 2014) Após constatar irregularidades na execução de um determinado contrato administrativo, o Tribunal de Contas da União determina que o Executivo deve sustar a execução, até que as irregularidades sejam sanadas.

Nos termos da Constituição Federal

(A) a suspensão dos contratos administrativos é competência do Tribunal de Contas da União.

(B) a competência para a sustação é do Congresso Nacional, comunicado pelo Tribunal de Contas.

(C) o ato de sustação de contratos está no âmbito da fiscalização contábil.

(D) a sustação dos contratos administrativos é atribuição privativa do Executivo.

(E) a sustação dos contratos, quando irregulares, deve ser sugerida pelo Congresso Nacional.

De acordo com o art. 71, § 1º, da CF, no caso de **contrato**, o **ato de sustação será adotado diretamente pelo Congresso Nacional**, que solicitará, de imediato, ao Poder Executivo as medidas cabíveis. O § 2º do mesmo dispositivo determina que se o Congresso Nacional ou o Poder Executivo, no prazo de noventa dias, não efetivar as medidas previstas no parágrafo anterior, o Tribunal de Contas decidirá a respeito.
Gabarito "B".

(FGV – 2013) Petrus é administrador público, chefe do executivo, tendo sido comunicado pelo Congresso Nacional que deveria sustar a execução de determinado contrato administrativo, por força da constatação de irregularidades pelo Tribunal de Contas da União.

Nos termos da Constituição Federal, cabe ao Tribunal de Contas, ao exercer o controle externo,

(A) imputar multa, sendo a decisão título executivo extrajudicial.

(B) impor sanções pessoais aos administradores relapsos, equiparadas à prisão civil.

(C) estabelecer a quebra dos sigilos bancários e telefônicos dos administradores.

(D) determinar a sustação imediata de contratos, quando aferir irregularidades.

(E) aguardar autorização do Ministério Público para realizar auditorias.

Conforme determina o art. 71, VIII, da CF, o controle externo, a cargo do Congresso Nacional, é exercido com o auxílio do Tribunal de Contas da União, ao qual compete **aplicar aos responsáveis**, em caso de ilegalidade de despesa ou **irregularidade** de contas, as sanções previstas em lei, que estabelecerá, entre outras cominações, **multa** proporcional ao dano causado ao erário. O § 3º do mesmo dispositivo determina que as **decisões** do Tribunal de **que resulte imputação de** débito ou **multa terão eficácia de título executivo.**
Gabarito "A".

11. PODER EXECUTIVO

(OAB/Exame Unificado – 2020.2) No dia 1º de janeiro de 2015, foi eleito o Presidente da República Alfa, para um mandato de quatro anos. Pouco depois, já no exercício do cargo, foi denunciado pelo Ministério Público de Alfa por ter sido flagrado cometendo o crime (comum) de lesão corporal contra um parente. Embora o referido crime não guarde nenhuma relação com o exercício da função, o Presidente da República Alfa mostra-se temeroso com a possibilidade de ser imediatamente afastado do exercício da presidência e preso.

Se a situação ocorrida na República Alfa acontecesse no Brasil, segundo o sistema jurídico-constitucional brasileiro, dar-se-ia

(A) o afastamento do Presidente da República se o Senado Federal deliberasse dessa maneira por maioria absoluta.

(B) a permanência do Presidente da República no exercício da função, embora tenha que responder pelo crime cometido após a finalização do seu mandato.

(C) o afastamento do Presidente da República se, após autorização da Câmara dos Deputados, houvesse sua condenação pelo Supremo Tribunal Federal.

(D) a autorização para que o Presidente da República finalizasse o seu mandato, caso o Senado Federal assim decidisse, após manifestação da Câmara dos Deputados.

A: incorreta. **Ainda que houvesse deliberação** pela maioria absoluta do Senado Federal, o Presidente da República **não poderia ser afastado** do exercício das suas funções, pois ele não pode ser responsabilizado por atos estranhos ao exercício de suas funções, **durante a vigência** de seu mandato. É o que determina o § 4º do art. 86 da CF; **B:** correta. De fato, o Presidente da República permaneceria no exercício da função, pois, como mencionado, **não pode ser responsabilizado por atos estranhos ao exercício de suas funções, durante a vigência de seu mandato**; C e **D:** incorretas. Como o crime praticado pelo Presidente da República não teve relação com o exercício das suas funções, não haverá responsabilização durante a vigência do mandato, **apenas após o término do mandato** (relativa irresponsabilidade penal). Vale acrescentar a jurisprudência do STF sobre o assunto: "O que o art. 86, § 4º, confere ao presidente da República não é imunidade penal, mas **imunidade temporária à persecução penal**: nele não se prescreve que o presidente é irresponsável por crimes não funcionais praticados no curso do mandato, mas apenas que, por tais crimes, não poderá ser responsabilizado, enquanto não cesse a investidura na presidência. Da impossibilidade, segundo o art. 86, § 4º, de que, enquanto dure o mandato, tenha curso ou se instaure processo penal contra o presidente da República por crimes não funcionais, decorre que, se o fato é anterior à sua investidura, o Supremo Tribunal não será originariamente competente para a ação penal, nem consequentemente para o *habeas corpus* por falta de justa causa para o curso futuro do processo. Na questão similar do impedimento temporário à persecução penal do congressista, quando não concedida a licença para o processo, o STF já extraíra, antes que a Constituição o tornasse expresso, a suspensão do curso da prescrição, até a extinção do mandato parlamentar: deixa-se, no entanto, de dar força de decisão à aplicabilidade, no caso, da mesma solução, à falta de competência do Tribunal para, neste momento, decidir a respeito. [HC 83.154, rel. min. Sepúlveda Pertence]" BV
Gabarito "B".

(OAB/Exame Unificado – 2019.1) A Mesa da Câmara dos Deputados encaminhou ao Ministro de Estado da Saúde pedido escrito de informações acerca da sua participação na formulação da política pública e na execução das ações de saneamento básico no território nacional.

Passados trinta dias do recebimento do documento, não há qualquer resposta por parte do ministério, sendo que o ministro da referida pasta entende que as questões suscitadas não demandam resposta ministerial, por não possuírem caráter técnico, mas apenas político.

Indignado, o Presidente da Mesa da Câmara dos Deputados submete a questão à apreciação de sua assessoria jurídica.

Sobre o caso narrado, assinale a opção que apresenta, de acordo com o sistema jurídico-constitucional brasileiro, a resposta correta.

(A) O Ministro de Estado da Saúde, em exercício no âmbito do Poder Executivo, somente está obrigado a responder aos pedidos oriundos do Presidente da República, a quem hierarquicamente se submete.

(B) Em razão do princípio da independência entre os poderes da República, a ausência da resposta por parte do Poder Executivo não poderá acarretar sanções jurídicas, embora possa gerar uma crise entre os poderes.

(C) A ausência de resposta poderá fazer com que o Ministro responsável pela pasta venha a responder por crime, perante o Superior Tribunal de Justiça, caso seja denunciado pelo Ministério Público.

(D) O Ministro de Estado da Saúde poderá vir a responder por crime de responsabilidade, não lhe sendo assegurada discricionariedade para deixar de responder ao pedido de informações formulado pela Mesa da Câmara dos Deputados.

A: incorreta. O texto constitucional dispõe de forma diversa. O Ministro de Estado da Saúde também tem o dever de responder pedidos advindos de outros órgãos. De acordo com o § 2º do art. 50 da CF/88 as Mesas da Câmara dos Deputados e do Senado Federal poderão encaminhar pedidos escritos de informações a Ministros de Estado ou a qualquer das pessoas referidas no *caput* deste artigo, **importando em crime de responsabilidade a recusa**, ou o não atendimento, no prazo de trinta dias, bem como a prestação de informações falsa; **B:** incorreta. Os poderes são independentes, mas **devem conviver de forma harmônica**, de acordo com o art. 2º da CF/88. Além disso, a ausência da resposta por parte do Poder Executivo poderá acarretar crime de responsabilidade, conforme o mencionado § 2º do art. 50 da CF/88; **C:** incorreta. A ausência de resposta gerará crime de responsabilidade (infração político-administrativa e crimes funcionais), não crime comum; **D:** correta. É o que determina o citado § 2º do art. 50 da CF/88. BV *Gabarito "D".*

(OAB/Exame Unificado – 2018.3) Em determinado órgão integrante da administração pública federal, vinculado ao Ministério da Fazenda, foi apurado que aproximadamente 100 (cem) cargos estavam vagos. O Presidente da República, mediante decreto, delegou ao Ministro da Fazenda amplos poderes para promover a reestruturação do aludido órgão público, inclusive com a possibilidade de extinção dos cargos vagos.

Sobre a hipótese, com fundamento na ordem jurídico-constitucional vigente, assinale a afirmativa correta.

(A) Somente mediante lei em sentido formal é admitida a criação e extinção de funções e cargos públicos, ainda que vagos; logo, o decreto presidencial é inconstitucional por ofensa ao princípio da reserva legal.

(B) A Constituição de 1988 atribui exclusivamente ao Presidente da República a possibilidade de, mediante decreto, dispor sobre a extinção de funções ou cargos públicos, não admitindo que tal competência seja delegada aos Ministros de Estado.

(C) O referido decreto presidencial se harmoniza com o texto constitucional, uma vez que o Presidente da República pode dispor, mediante decreto, sobre a extinção de funções ou cargos públicos, quando vagos, sendo permitida a delegação dessa competência aos Ministros de Estado.

(D) A Constituição de 1988 não permite que cargos públicos legalmente criados, ainda que vagos, sejam extintos, ressalvada a excepcional hipótese de excesso de gastos orçamentários com pessoal; portanto, o Decreto presidencial é inconstitucional.

A: incorreta. É possível que o Presidente da República, mediante decreto, extinga funções ou cargos públicos, quando vagos, conforme determina o art. 84, VI, "a", da CF/88; **B:** incorreta. A delegação aos Ministros de Estado é permitida pelo parágrafo único do art. 84 da CF/88; **C:** correta. É o que determina o citado art. 84, VI, "a" e parágrafo único, da CF/88; **D:** incorreta. Os cargos podem ser extintos. O decreto está de acordo com o texto constitucional, conforme demonstrado. BV *Gabarito "C".*

(OAB/Exame Unificado – 2017.1) O Presidente da República descumpriu ordem judicial, emanada de autoridade competente, impondo à União o pagamento de vantagens atrasadas, devidas aos servidores públicos federais ativos e inativos. A Advocacia Geral da União argumentava que a mora era justificável por conta da ausência de previsão de recursos públicos em lei orçamentária específica.

Apesar disso, um grupo de parlamentares, interessado em provocar a atuação do Ministério Público, entendeu ter ocorrido crime comum de desobediência, procurando você para que, como advogado(a), informe que órgão seria competente para julgar ilícito dessa natureza.

Dito isto e a par da conduta descrita, é correto afirmar que o Presidente da República deve ser julgado:

(A) pela Câmara dos Deputados, após autorização do Senado Federal.

(B) pelo Senado Federal, após autorização da Câmara dos Deputados.

(C) pelo Supremo Tribunal Federal, após autorização da Câmara dos Deputados.

(D) pelo Supremo Tribunal Federal, após autorização do Congresso Nacional.

A: incorreta. Quem **autoriza o início do processo e julgamento** contra o Presidente da República é a **Câmara dos Deputados por dois terços** dos membros (2/3), ou seja, pelo voto de, no mínimo, 342 deputados federais. Após esse juízo de admissibilidade, se o **crime praticado for comum**, o julgamento será realizado pelo STF; se for **de responsabilidade**, o julgamento será feito pelo **Senado Federal**. Determina o art. 51, I, da CF que compete privativamente à Câmara dos Deputados autorizar, por dois terços de seus membros, a instauração de processo contra o Presidente e o Vice-Presidente da República e os Ministros de Estado; **B:** incorreta. Como o crime praticado foi comum, o julgamento **não será feito pelo Senado Federal, mas pelo STF**; **C:**

2. DIREITO CONSTITUCIONAL — 235

correta. De fato, o julgamento será feito pelo STF, após a autorização da Câmara dos Deputados. É o que determina os arts. 51, I, e 86, "caput", ambos da CF; **D:** incorreta. Conforme já mencionado, **quem autoriza é a Câmara** dos Deputados, por dois terços dos membros (não o Congresso Nacional).

Gabarito "C".

(OAB/Exame Unificado – 2016.2) O Presidente da República, após manter áspera discussão com um de seus primos, que teve por motivação assuntos relacionados à herança familiar, efetua um disparo de arma de fogo e mata o referido parente. Abalado com o grave fato e preocupado com as repercussões políticas em razão de sua condição de Presidente da República, consulta seu corpo jurídico, indagando quais as consequências do referido ato no exercício da presidência.

Seus advogados, corretamente, respondem que a solução extraída do sistema jurídico-constitucional brasileiro é a de que

(A) será imediatamente suspenso de suas funções pelo prazo de até 180 dias, se recebida a denúncia pelo Supremo Tribunal Federal.

(B) será imediatamente suspenso de suas funções pelo prazo de até 180 dias, se recebida a denúncia pelo Senado Federal.

(C) será imediatamente suspenso de suas funções, se a acusação for autorizada por dois terços da Câmara dos Deputados e a denúncia recebida pelo Supremo Tribunal Federal.

(D) será criminalmente processado somente após o término do mandato, tendo imunidade temporária à persecução penal.

A, B e C: incorretas. De acordo o com o art. 86, § 4º, da CF, o Presidente da República, na vigência de seu mandato, não pode ser responsabilizado por atos estranhos ao exercício de suas funções. É a chamada cláusula de irresponsabilidade penal relativa. Desse modo, o Presidente da República, durante a vigência de seu mandato, só responderá por atos que tiverem relação com o exercício da função. Obviamente que após o termino do mandato presidencial, ele será criminalmente responsabilizado; **D:** correta. O art. 86, § 4º, da CF determina que o Presidente da República, na vigência de seu mandato, não pode ser responsabilizado por atos estranhos ao exercício de suas funções.

Gabarito "D".

(OAB/Exame Unificado – 2015.3) Ao proferir um discurso em sua cidade natal, José, deputado federal pelo Estado E, afirma, de forma contundente, que um país democrático tem por regra inviolável escolher o chefe do Poder Executivo por meio de eleições diretas. Complementa sua fala afirmando que o Brasil poderia ser considerado um país democrático, já que a Constituição Cidadã de 1988 não prevê eleição de Presidente pela via indireta.

Segundo a Constituição da República, o deputado está

(A) equivocado, pois há previsão de eleição indireta somente na eventualidade de vacância do cargo de Presidente da República nos últimos seis meses do seu mandato.

(B) correto, pois, sendo o voto direto cláusula pétrea prevista na Constituição, não pode haver situação constitucional que possibilite o uso do voto indireto.

(C) equivocado, pois há previsão de eleição indireta no caso de vacância dos cargos de Presidente e Vice-

-presidente da República nos últimos dois anos do mandato.

(D) correto, pois não há previsão de eleição indireta em caso de vacância, já que o cargo de Presidente da República viria a ser ocupado pelo Presidente da Câmara dos Deputados.

A: incorreta. De acordo com o art. 81, § 1º, da CF, ocorrendo a **vacância nos últimos dois anos do período presidencial, a eleição** para ambos os cargos **será feita trinta** dias depois da última vaga, **pelo Congresso Nacional**, na forma da lei. Sendo assim, a eleição indireta pode ocorrer não apenas no caso de vacância do cargo da Presidência da República ocorrer nos últimos seis meses do seu mandato, mas nos dois últimos anos do período do mandato presidencial. Além disso, a vacância tem de ser dupla: do Presidente e do Vice-Presidente da República; **B:** incorreta. Conforme mencionado, **há um caso de eleição indireta** admitida no Brasil que se dá na hipótese de dupla vacância (ausência definitiva do Presidente e Vice- Presidente da República) nos dois últimos anos do período presidencial; **C:** correta, conforme determina o citado art. 81, § 1º, da CF; D: incorreta. O **Presidente da Câmara dos Deputados só ocupará o cargo provisoriamente**, até que sejam feitas novas eleições ou na hipótese de ausência temporária do Presidente e Vice Presidente da República.

Gabarito "C".

(OAB/Exame Unificado – 2015.2) Um representante da sociedade civil, apresentando indícios de que o Presidente da República teria ultrapassado os gastos autorizados pela lei orçamentária e, portanto, cometido crime de responsabilidade, denuncia o Chefe do Poder Executivo Federal à Câmara dos Deputados. Protocolizada a denúncia na Câmara, foram observados os trâmites legais e regimentais de modo que o Plenário pudesse ou não autorizar a instauração de processo contra o Presidente da República. Do total de 513 deputados da Câmara, apenas 400 estiveram presentes à sessão, sendo que 260 votaram a favor da instauração do processo. Diante desse fato,

(A) o processo será enviado ao Senado Federal para que este, sob a presidência do Presidente do STF, proceda ao julgamento do Presidente da República.

(B) o processo será enviado ao Supremo Tribunal Federal, a fim de que a Corte Maior proceda ao julgamento do Presidente da República.

(C) o processo deverá ser arquivado, tendo em vista o fato de a decisão da Câmara dos Deputados não ter contado com a manifestação favorável de dois terços dos seus membros.

(D) dá-se o *impeachment* do Presidente da República, que perde o cargo e fica inabilitado para o exercício de outra função pública por oito anos.

A: incorreta. O processo não será enviado ao Senado Federal, pois a Câmara dos Deputados não contou com a manifestação favorável de dois terços dos membros. De acordo com o art. 51, I, da CF, compete privativamente à Câmara dos Deputados autorizar, **por dois terços de seus membros**, a instauração de processo contra o Presidente e o Vice--Presidente da República e os Ministros de Estado. O procedimento para apuração e julgamento dos crimes praticados pelo Presidente, tanto os comuns como os crimes de responsabilidade, obedece a um sistema bifásico no qual, em um primeiro momento, é necessária a autorização da Câmara dos Deputados (juízo de admissibilidade do processo), pelo voto de dois terços dos membros. Somente se a Câmara autorizar o julgamento é que haverá a segunda fase do procedimento bifásico, o julgamento propriamente dito; **B:** incorreta. O processo **não será enviado ao STF**, primeiro porque não houve a manifestação favorável de dois terços dos membros da Câmara dos Deputados, segundo porque se os dois terços dos Deputados Federais tivessem votado a favor da instauração do processo, o julgamento seria feito pelo Senado Federal, presidido pelo Presidente do STF, haja vista que o ato praticado pelo Presidente da República configura crime de responsabilidade – art. 85 da CF; **C:** correta. De fato, o processo deve ser arquivado, pois não passou pela primeira fase do procedimento bifásico, qual seja, a autorização por parte da Câmara dos Deputados, por dois terços dos membros; **D:** incorreta. A condenação pelo Senado Federal, que também deve se dar pelo voto de dois terços dos membros, somente pode ocorrer se o processo tiver sido instaurado e os trâmites legais observados. Para isso, a Câmara dos Deputados teria de ter autorizado por dois terços dos membros, o que não ocorreu. De acordo com o parágrafo único do art. 52 da CF, nos casos de crimes de responsabilidade, funcionará como Presidente o do Supremo Tribunal Federal, limitando-se **a condenação**, que **somente será proferida por dois terços dos votos do Senado Federal**, à perda do cargo, com inabilitação, por oito anos, para o exercício de função pública, sem prejuízo das demais sanções judiciais cabíveis.

Gabarito "C"

(OAB/Exame Unificado – 2014.3) O Presidente da República, à luz da CRFB/88, dispõe de dois órgãos de cúpula para consulta em determinados assuntos.

Assinale a opção que elenca corretamente esses órgãos e suas atribuições constitucionalmente definidas.

(A) Ao Conselho de Defesa Nacional compete opinar sobre a decretação do estado de defesa, do estado de sítio e da intervenção federal. Ao Conselho Nacional de Justiça compete o controle da atuação administrativa e financeira do Poder Judiciário, do Poder Legislativo e do Poder Executivo.

(B) Ao Conselho de Defesa Nacional compete opinar sobre as questões relevantes para a estabilidade das instituições democráticas. Ao Conselho da República compete opinar sobre as hipóteses de declaração de guerra e de celebração de paz.

(C) Ao Conselho Nacional de Justiça compete o controle da atuação administrativa e financeira do Poder Judiciário, do Poder Legislativo e do Poder Executivo. Ao Conselho da República compete opinar sobre as hipóteses de declaração de guerra e de celebração de paz.

(D) Ao Conselho de Defesa Nacional compete opinar sobre as hipóteses de declaração de guerra e de celebração de paz. Ao Conselho da República compete pronunciar-se sobre intervenção federal, estado de defesa e estado de sítio.

A: incorreta. A primeira parte da alternativa está correta, conforme determina o art. 91, § 1º, II, da CF. O erro é verificado na segunda parte. O Conselho Nacional de Justiça não controla a atuação administrativa e financeira do Legislativo e do Executivo, apenas do Judiciário, conforme determina a primeira parte do art. 103-B, § 4º, da CF; **B:** incorreta. As atribuições estão invertidas. A de pronunciar-se sobre as questões relevantes para a estabilidade das instituições democráticas compete ao Conselho da República, conforme determina o art. 90, II, da CF. Por outro lado, a atribuição de opinar nas hipóteses de declaração de guerra e de celebração da paz compete ao Conselho de Defesa Nacional. É o que determina o Art. 91, § 1º, I, da CF; **C:** incorreta. Como mencionado, O Conselho Nacional de Justiça não controla a atuação administrativa e financeira do Legislativo e do Executivo, apenas do Judiciário, conforme determina a primeira parte do art. 103-B, § 4º, da CF; **D:** correta. De acordo com o art. 91, § 1º, I, da CF, a atribuição de opinar nas hipóteses de declaração de guerra e de celebração da paz compete ao Conselho

de Defesa Nacional. Além disso, de fato, compete ao Conselho da República, conforme determina o art. 90, I, da CF, pronunciar-se sobre intervenção federal, estado de defesa e estado de sítio.

Gabarito "D"

(OAB/Exame Unificado – 2014.1) Imagine a hipótese na qual o avião presidencial sofre um acidente, vindo a vitimar o Presidente da República e seu Vice, após a conclusão do terceiro ano de mandato.

A partir da hipótese apresentada, assinale a afirmativa correta.

(A) O Presidente do Senado Federal assume o cargo e completa o mandato.

(B) O Presidente da Câmara dos Deputados assume o cargo e convoca eleições que realizar-se-ão noventa dias depois de abertas as vagas.

(C) O Presidente do Congresso Nacional assume o cargo e completa o mandato.

(D) O Presidente da Câmara dos Deputados assume o cargo e convoca eleições que serão realizadas trinta dias após a abertura das vagas, pelo Congresso Nacional, na forma da lei.

A: incorreta. O **Presidente do Senado só pode assumir o cargo de forma provisória**. O único que poderia assumir o cargo e completar o mandado seria o Vice-Presidente. Portanto, havendo dupla vacância nos cargos da Presidência, por exemplo, morte do Presidente e do Vice, novas eleições terão de ser feitas. Como o fato ocorreu nos dois últimos anos do mandato (após a conclusão do terceiro mandato) **a nova eleição será realizada pelo Congresso Nacional** (eleição indireta), **trinta dias** depois da última vaga. É o que determina o § 1º do art. 81 da CF; **B:** incorreta. O Presidente da Câmara assume o cargo e convoca novas eleições, mas estas terão de ser realizadas **trinta dias** depois da última vaga; **C:** incorreta. A ordem de sucessão presidencial vem prevista no art. 80 da CF e não contempla o Presidente do Congresso Nacional. Segundo tal dispositivo, em caso de impedimento do Presidente e do Vice-Presidente, ou vacância dos respectivos cargos, serão sucessivamente chamados ao exercício da Presidência **o Presidente da Câmara dos Deputados, o do Senado Federal e o do Supremo Tribunal Federal**; **D:** correta. O Presidente da Câmara dos Deputados assume o cargo e convoca eleições que serão realizadas trinta dias após a abertura das vagas, pelo Congresso Nacional, na forma da lei. É justamente o que determina a redação dos arts. 80 e 81, § 1º, ambos da CF.

Gabarito "D"

(OAB/Exame Unificado – 2014.1) O Presidente da República possui uma série de competências privativas, que lhe são atribuídas diretamente pela Constituição. Admite-se que algumas delas possam ser delegadas ao Ministro de Estado da pasta relacionada ao tema. Dentre as competências delegáveis, inclui-se

(A) editar medidas provisórias com força de lei, nos termos do artigo 62 da Constituição.

(B) nomear, observado o disposto no artigo 73, os Ministros do Tribunal de Contas da União.

(C) prover e extinguir os cargos públicos federais, na forma da lei.

(D) iniciar o processo legislativo, na forma e nos casos previstos na Constituição.

A: incorreta. As atribuições do Presidente da República vêm previstas no art. 84 da CF. De fato, algumas delas podem ser delegadas, conforme determina o parágrafo único do mesmo dispositivo. A edição de medidas provisórias com força de lei (art. 84, XXVI, da CF) não faz parte desse

2. DIREITO CONSTITUCIONAL

rol de atribuições delegáveis, portanto, **é indelegável**; **B:** incorreta. A nomeação dos Ministros do Tribunal de Contas da União (art. 84, XV, da CF) também é uma atribuição indelegável; **C:** correta. De acordo com o parágrafo único do art. 84 da CF, o Presidente da República poderá delegar as atribuições mencionadas nos incisos VI, XII e XXV, primeira parte, aos Ministros de Estado, ao Procurador-Geral da República ou ao Advogado-Geral da União, que observarão os limites traçados nas respectivas delegações. A atribuição de prover e extinguir os cargos públicos federais, na forma da lei, vem prevista no inciso XXV do art. 84 da CF, portanto, **é possível a sua delegação**; **D:** incorreta. Iniciar o processo legislativo, na forma e nos casos previstos nesta Constituição, é atribuição do Presidente da República, conforme o art. 84, III, da CF, e não pode ser delegada, pois não vem contemplada no parágrafo único do mesmo dispositivo.
„Ɔ„ oʇᴉɹɐqꓱ

(OAB/Exame Unificado – 2012.2) A competência para processar e julgar originariamente Governador de Estado por crime comum é do

(A) Supremo Tribunal Federal.

(B) Superior Tribunal de Justiça.

(C) Órgão Especial do Tribunal de Justiça.

(D) Juízo Criminal da capital onde se situa o Tribunal de Justiça do Estado respectivo.

Conforme dispõe o art. 105, I, "a", da CF, compete ao STJ processar e julgar, de forma originária, os *Governadores dos Estados e do Distrito Federal* quando da prática de *crime comum*. A mesma alínea indica que também é da competência do STJ o processo e julgamento dos crimes comuns e de responsabilidade praticados por desembargadores dos Tribunais de Justiça dos Estados e do Distrito Federal, por membros dos Tribunais de Contas dos Estados e do Distrito Federal, dos Tribunais Regionais Federais, dos Tribunais Regionais Eleitorais e do Trabalho, por membros dos Conselhos ou Tribunais de Contas dos Municípios e dos do Ministério Público da União que oficiem perante tribunais.
„ᗺ„ oʇᴉɹɐqꓱ

(OAB/Exame Unificado – 2012.1) Em caso de vacância dos cargos de Presidente da República e Vice-Presidente da República no penúltimo ano de mandato,

(A) o Presidente da Câmara dos Deputados assume definitivamente o cargo.

(B) o Presidente do Senado Federal assume definitivamente o cargo.

(C) far-se-á nova eleição direta.

(D) far-se-á eleição indireta, pelo Congresso Nacional.

A e B: incorretas. Os Presidentes da Câmara dos Deputados e do Senado Federal não assumem definitivamente o cargo, pois são apenas *substitutos* do Presidente, ou seja, *atuam em caráter provisório*; **C:** incorreta. A eleição direta ocorre quando a dupla vacância dos cargos da Presidência e Vice-Presidência se dá nos dois primeiros anos do mandato. A questão menciona que o fato ocorreu no penúltimo ano do mandato; **D:** correta. De acordo com o art. 81, § 1º, da CF, "a *vacância* nos dois últimos anos do período presidencial, a eleição para ambos os cargos será feita trinta dias depois da última vaga, *pelo Congresso Nacional*, na forma da lei". É a chamada eleição indireta.
„ᗡ„ oʇᴉɹɐqꓱ

(OAB/Exame Unificado – 2011.2) No processo de impedimento do Presidente da República, ocorre a necessidade de preenchimento de alguns requisitos.

Com base nas normas constitucionais, é correto afirmar que

(A) no julgamento ocorrido no Senado, funcionará como Presidente o do Supremo Tribunal Federal.

(B) condenado o Presidente, cumprirá sua pena privativa de liberdade em regime semiaberto.

(C) a Câmara autoriza a instauração do processo pelo voto da maioria absoluta dos seus membros.

(D) o julgamento ocorre pelo Senado Federal, cuja decisão deverá ocorrer pela maioria simples.

A: correta. De acordo com o art. 52, parágrafo único, da CF, é o Presidente do Supremo Tribunal Federal quem preside o processo e julgamento do Presidente da República, quando a responsabilização decorre da prática de crime de responsabilidade. É o denominado processo de *impeachment*; **B:** incorreta. A condenação do Presidente da República, *por crime de responsabilidade*, implica perda do cargo e inabilitação para o exercício de função pública por oito anos (art. 52, parágrafo único, da CF). Se a responsabilidade se desse pela prática de crime comum, enquanto não sobreviesse sentença condenatória, o Presidente da República também não estaria sujeito à prisão. É o que se extrai do § 3º do art. 86 da CF; **C:** incorreta. De fato a Câmara de Deputados tem de autorizar o processo e julgamento contra o Presidente da República, mas, conforme o art. 86 da CF, essa autorização, também chamada de juízo de admissibilidade, se dá pelo voto de dois terços dos membros e não pela maioria absoluta, como mencionado na alternativa. **D:** incorreta. É o Senado Federal quem julga, mas a decisão deve ocorrer por dois terços dos votos e não pela maioria simples.
„∀„ oʇᴉɹɐqꓱ

(FGV – 2011) No chamado crime de responsabilidade ou crime político praticado por aquele que ocupa a Vice-Presidência da República, surge um órgão com competência constitucionalmente estabelecida. Esse órgão é o(a)

(A) Supremo Tribunal Federal.

(B) Senado Federal.

(C) Câmara dos Deputados.

(D) Câmara Distrital.

(E) Senado Estadual.

De acordo com o art. 52, I, da CF é da competência privativa do Senado Federal, processar e julgar o Presidente e o Vice-Presidente da República nos crimes de responsabilidade e os Ministros de Estado nos crimes da mesma natureza conexos com aqueles.
„ᗺ„ oʇᴉɹɐqꓱ

(FGV – 2011) O Presidente da República possui competência privativa para praticar determinados atos. A maior parte não depende de autorização ou referendo do Poder Legislativo. Dentre as seguintes alternativas, a que depende de autorização ou referendo do Congresso consiste em

(A) declarar guerra.

(B) decretar a intervenção federal.

(C) exercer a Chefia da Administração

(D) presidir o Conselho da República.

(E) nomear os membros do Conselho da República.

Art. 84, XIX, da CF.
„∀„ oʇᴉɹɐqꓱ

(OAB/Exame Unificado – 2011.1) A respeito do regime de responsabilidade do Presidente da República, assinale a alternativa correta.

(A) Compete ao Congresso Nacional processar e julgar o Presidente da República nos crimes de responsabilidade.

(B) Só se admite acusação contra o Presidente da República por três quintos da Câmara dos Deputados.

(C) O ato do Presidente da República que atenta contra o livre exercício do Poder Legislativo, do Poder Judiciário, do Ministério Público e dos Poderes constitucionais das unidades da Federação é considerado crime de responsabilidade.

(D) O Presidente ficará suspenso de suas funções nos crimes de responsabilidade somente após a condenação pelo órgão competente.

A: incorreta. Compete ao Senado Federal, e não ao Congresso, processar e julgar o Presidente da República nos crimes de responsabilidade (art. 86, *caput*, da CF); **B:** incorreta. A Câmara dos Deputados, de fato, tem de autorizar a instauração do processo contra o Presidente. É o chamado juízo de admissibilidade da Câmara. Ocorre que o quórum exigido para essa autorização é de dois terços e não três quintos, conforme mencionado na alternativa (art. 51, I, e art. 86, *caput*, ambos da CF); **C:** correta. O art. 85 da CF trata dos crimes de responsabilidade praticados pelo Presidente, dentre os quais se encontra o ato que atenta contra o livre exercício do Poder Legislativo, do Poder Judiciário, do Ministério Público e dos Poderes constitucionais das unidades da federação (art. 85, II, da CF); **D:** incorreta. O art. 86, § 1º, I e II, da CF determina dois momentos para o início da suspensão das funções do Presidente. Se o crime for comum, após o recebimento da denúncia ou queixa-crime pelo STF. Se o crime for de responsabilidade, após a instauração do processo pelo Senado Federal.
Gabarito "C".

(OAB/Exame Unificado – 2010.2) Em relação aos Ministros de Estado, a Constituição do Brasil estabelece que:

(A) como delegatários do Presidente da República, podem, desde que autorizados, extinguir cargos públicos.

(B) podem expedir instruções para a execução de leis e editarem medidas provisórias.

(C) somente os brasileiros natos poderão exercer a função.

(D) respondem, qualquer que seja a infração cometida, perante o Superior Tribunal de Justiça.

A: correta (art. 84, VI, "b" e parágrafo único, da CF); **B:** incorreta. A primeira parte está correta (art. 87, II, da CF), mas os Ministros de Estado não podem receber delegação para a adoção de medidas provisórias (art. 84, XXVI e parágrafo único, da CF); **C:** incorreta. Somente o cargo de Ministro de Estado da Defesa é privativo de brasileiro nato (art. 12, § 3º, VII, da CF); **D:** incorreta. É competência do Supremo Tribunal Federal processar e julgar os Ministros de Estado por crimes comuns e de responsabilidade (art. 102, I, "c", da CF).
Gabarito "A".

(OAB/Exame Unificado – 2010.1) Assinale a opção correta no que se refere às limitações estabelecidas no texto constitucional ao cargo de Presidente da República.

(A) O Presidente da República pode escolher e nomear livremente os ministros de Estado, com exceção do ministro das Relações Exteriores, cuja indicação deve ser aprovada pelo Senado Federal, assim como ocorre com os candidatos ao cargo de embaixador.

(B) A nomeação, pelo Presidente da República, do Advogado-Geral da União depende da prévia aprovação do Senado Federal, que o fará em escrutínio secreto.

(C) Embora nomeado pelo Presidente da República para um mandato de dois anos, o Procurador-Geral da República poderá ser destituído do cargo, de ofício,

antes do término do mandato, por decisão da maioria absoluta dos senadores.

(D) Os ministros de Estado são nomeados livremente pelo Presidente da República, podendo o Congresso Nacional, por deliberação da maioria absoluta de seus membros, exonerá-los a qualquer tempo.

A: incorreta. Vale apenas para embaixadores (CF, art. 52, IV); **B:** incorreta. O Advogado-Geral da União é *nomeado livremente* pelo *Presidente*, desde que seja cidadão maior de trinta e cinco anos, possua notável saber jurídico e reputação ilibada (art. 131, § 1º, da CF); **C:** correta. Assim está disposto no art. 52, XI, da CF; **D:** incorreta. É da competência *privativa do Presidente* a nomeação *e exoneração* dos Ministros de Estado (art. 84, I, da CF).
Gabarito "C".

(OAB/Exame Unificado – 2009.2) Assinale a opção correta acerca do Poder Executivo.

(A) O presidente e o Vice-Presidente da República não podem ausentar-se do país, por qualquer período de tempo, sem licença do Senado Federal, sob pena de perda do cargo.

(B) Será considerado eleito Presidente da República o candidato que, registrado por partido político, obtiver a maioria absoluta de votos, não computados os votos em branco e os nulos.

(C) Em casos de vacância ou de impedimento do Presidente e do Vice-Presidente da República, serão chamados ao exercício da Presidência da República, sucessivamente, o presidente do Senado Federal, o presidente da Câmara dos Deputados e o presidente do STF.

(D) O Presidente da República somente poderá ser processado e julgado, nas infrações penais comuns, perante o STF, com a prévia anuência do Senado Federal.

A: incorreta. A regra existe e está expressa no art. 83 da CF, mas a ausência não é por qualquer tempo e sim por período *superior a quinze dias*; **B:** correta. Trata-se da redação do art. 77, § 2º, da CF; **C:** incorreta. Em primeiro lugar chama-se o *Presidente da Câmara*, que é o representante do povo (detentor do poder), depois o Presidente do Senado, representante dos Estados e, por fim, o Presidente do STF, conforme art. 80 da CF; **D:** incorreta. De fato, é o STF quem julga o Presidente na hipótese de crime comum, mas a *anuência* ou juízo de admissibilidade para o processo e julgamento quem faz é a *Câmara de Deputados*, por dois terços dos votos (art. 86 da CF).
Gabarito "B".

(OAB/Exame Unificado – 2009.1) No tocante à responsabilização do Presidente da República, assinale a opção correta.

(A) Na CF, é assegurada ao Presidente da República a prerrogativa de somente ser processado, seja por crime comum, seja por crime de responsabilidade, após o juízo de admissibilidade da Câmara dos Deputados.

(B) Compete ao STF processar e julgar originariamente o Presidente da República nas infrações penais comuns e nas ações populares.

(C) Tratando-se de crime de responsabilidade, a decisão proferida pelo Senado Federal pode ser alterada pelo STF.

(D) São alternativas as sanções de perda do cargo de presidente e de inabilitação, por oito anos, para o exercício de função pública.

2. DIREITO CONSTITUCIONAL   239

A: correta (art. 86, *caput*, da CF); **B:** incorreta. Compete ao STF processar e julgar, originalmente, o Presidente da República nas infrações penais *comuns* (arts. 86, *caput*, e 102, I, "b", da CF); **C:** incorreta. A decisão proferida pelo Senado Federal *não* pode ser revista pelo STF; **D:** incorreta. As sanções são cumulativas, pois o art. 52, parágrafo único, da CF menciona perda do cargo *com* inabilitação, por oito anos, para o exercício de função pública, sem prejuízo das demais sanções judiciais cabíveis.
Gabarito "A".

(OAB/Exame Unificado – 2008.3) Acerca do Poder Executivo, assinale a opção correta.

(A) O Presidente da República é julgado pelo STF pelos crimes de responsabilidade.

(B) Se o Presidente da República deixar de cumprir uma decisão judicial, mesmo que a considere inconstitucional, deverá ser julgado por crime de responsabilidade.

(C) O Presidente da República só pode ser preso em flagrante por crime inafiançável.

(D) Nos crimes de responsabilidade, o Presidente da República ficará suspenso de suas atribuições desde o momento em que a acusação for recebida pela Câmara dos Deputados.

A: incorreta. O Presidente da República, nos crimes de responsabilidade, é julgado pelo Senado Federal, nos termos dos arts. 52, I, e 86 da CF. É reservada ao STF a competência para julgá-lo nas infrações penais comuns, *ex vi* dos art. 86 e 102, I, "b", da CF; **B:** correta. Art. 85, VII, segunda parte, da CF e a Lei 1.079/1950 (define os crimes de responsabilidade e disciplina o respectivo processo); **C:** incorreta. Art. 86, § 3º, da CF; **D:** incorreta. Art. 86, § 1º, II, da CF.
Gabarito "B".

(OAB/Exame Unificado – 2008.3) O Presidente da República pode adotar medidas provisórias, com força de lei, sobre

(A) prazos processuais.

(B) instituição e majoração de impostos.

(C) definição de crime ou majoração de sanção penal.

(D) prazos eleitorais.

A: incorreta (art. 62, § 1º, I, "*b*", da CF); **B:** correta (art. 62, § 2º, da CF); **C:** incorreta (art. 62, § 1º, I, "*b*", da CF); **D:** incorreta (art. 62, § 1º, I, "a", da CF).
Gabarito "B".

(OAB/Exame Unificado – 2008.1) No que concerne à disciplina constitucional relativa ao Poder Executivo, assinale a opção correta.

(A) Se, decorridos 10 dias da data fixada para a posse presidencial, o Presidente ou o Vice-Presidente, salvo motivo de força maior, não tiver assumido o cargo, deverá ser convocado, para assumir o cargo, o segundo mais votado no pleito eleitoral.

(B) Em caso de vacância dos cargos de Presidente e Vice-Presidente da República ocorrida nos últimos dois anos do mandato presidencial, deverá ser realizada eleição direta após 90 dias contados da abertura da última vaga.

(C) Se, antes do segundo turno da votação, houver morte, desistência ou impedimento de candidato à chefia do Poder Executivo federal, deverá ser convocado, entre os remanescentes, o de maior votação.

(D) Será considerado eleito Presidente da República, em primeiro turno, o candidato que obtiver a maioria absoluta de votos, computados os votos em branco e os nulos.

A: incorreta. Nessa hipótese, conforme o parágrafo único do art. 78 da CF, o cargo será declarado *vago* e o Vice-Presidente assumirá. **B:** incorreta. A eleição a ser realizada ocorrerá de forma *indireta*, ou seja, o Congresso Nacional é quem escolherá o novo Presidente e Vice-Presidente da República, por meio de uma eleição que se dará dentro do prazo de *30 dias* depois de aberta a última vaga (art. 81, § 1º, da CF). É indireta e não direta, pois não será o povo, detentor do poder, quem escolherá o novo governante, mas sim, seus representantes: Deputados Federais e Senadores; **C:** correta (art. 77, § 4º, da CF); **D:** incorreta. Os votos brancos e nulos *não* são computados (art. 77, § 2º, da CF).
Gabarito "C".

(FGV – 2011) É atribuição constitucional do Presidente da República

(A) dispor, mediante portaria, sobre a organização e funcionamento da administração federal, quando não implicar aumento de despesa nem criação ou extinção de órgãos públicos.

(B) suspender a execução, no todo ou em parte, de lei declarada inconstitucional por decisão definitiva do Supremo Tribunal Federal.

(C) nomear, em caráter privativo e sem a aprovação dos demais Poderes da República, os Ministros do Supremo Tribunal Federal.

(D) autorizar operações externas de natureza financeira, de interesse da União, dos Estados, do Distrito Federal, dos Territórios e dos Municípios.

(E) decretar e executar a intervenção federal.

A: incorreta. O Presidente da República exerce essa atribuição mediante decreto, não portaria (art. 84, VI, "a", da CF); **B:** incorreta. Atribuição privativa do Senado Federal (art. 52, X, da CF); **C:** incorreta. O Presidente nomeia os Ministros do STF após aprovação do Senado Federal (art. 84, XIV, da CF); **D:** incorreta. Atribuição privativa do Senado Federal (art. 52, V, da CF); **E:** correta. Art. 84, X, da CF.
Gabarito "E".

12. PODER JUDICIÁRIO

(OAB/Exame XXXIX) À luz de um caso concreto, que envolvia um cliente do escritório, dois advogados iniciaram um debate sobre a relevância do instituto da Súmula Vinculante como instrumento de interpretação.

O primeiro advogado ressaltou que a importância destas súmulas é justificada por vincularem todas as estruturas estatais de poder, com exceção do Supremo Tribunal Federal (STF), criando, assim, uma estabilidade jurídica dos significados da Constituição. O segundo advogado disse que achava que o colega estava equivocado, pois o STF também estaria vinculado ao seu entendimento.

Sobre o impasse surgido, de acordo com o sistema jurídico-constitucional brasileiro, assinale a afirmativa correta.

(A) Os dois advogados estão equivocados, pois as súmulas vinculantes não vinculam o STF, que as edita e revê, nem tampouco o Poder Legislativo, que possui plena autonomia para legislar, mesmo em sentido contrário ao das súmulas vinculantes.

(B) Os dois advogados estão equivocados, pois as súmulas vinculantes não vinculam o STF, que as edita e revê, nem tampouco o Superior Tribunal de Justiça, por ser o intérprete da legislação federal.

(C) O primeiro advogado está certo e o segundo errado, pois as súmulas vinculantes, de acordo com a Constituição, vinculam todas as estruturas estatais de poder, com exceção apenas do STF, que zela pela adaptabilidade da Constituição à realidade.

(D) O segundo advogado está certo e o primeiro equivocado, pois as súmulas vinculantes, de acordo com a Constituição, vinculam todas as estruturas estatais de poder, sem exceção, em razão da rigidez constitucional.

A alternativa A está correta. Segundo a doutrina: "... a vinculação repercute somente em relação ao **Poder Executivo** e aos **demais órgãos do Poder Judiciário**, não atingindo o Legislativo, sob pena de se configurar o '**inconcebível fenômeno da fossilização da Constituição**', conforme anotado pelo Ministro Peluso na análise dos efeitos da ADI (**Rcl 2617, Inf. 386/STF**), nem mesmo em relação ao próprio STF, sob pena de se inviabilizar, como visto, a possibilidade de revisão e cancelamento de ofício pelo STF e, assim, a adequação da súmula à evolução social" (LENZA, Pedro. *Direito constitucional*. 12. ed. São Paulo: Saraiva, 2008, p. 512, grifos no original). AMN

Gabarito "A".

(OAB/Exame XXXVIII) O Procurador-Geral da República, preocupado com o grande número de decisões judiciais divergentes, em âmbito nacional, referentes à possível inconstitucionalidade da Lei Federal nº XX/2021, ajuizou, perante o Supremo Tribunal Federal (STF), uma Ação Declaratória de Constitucionalidade (ADC) visando a elidir a controvérsia judicial. Em março de 2022, no julgamento do mérito, o STF decidiu pela improcedência da ADC referente à Lei Federal nº XX/2021.

No entanto, você, na qualidade de advogado de uma determinada causa, deparou-se com a seguinte situação: em desfavor do seu cliente, o Tribunal Regional Federal (TRF) competente, mantendo decisão proferida pelo Juiz Federal responsável pelo caso, deu aplicação à Lei Federal nº XX/21 que já fora objeto de ADC, apreciada pelo STF em março de 2022.

Diante de tal contexto, assinale a opção que apresenta a medida judicial a ser utilizada para preservar, de forma eficiente e célere, o interesse do seu cliente na causa.

(A) Formular representação ao Procurador-Geral da República, para que seja deflagrado um novo processo objetivo perante o STF para retirar a Lei Federal nº XX/21 do mundo jurídico.

(B) Interpor recurso especial perante o STF, com fundamento em violação de dispositivo constitucional.

(C) Ajuizar reclamação perante o STF em relação à decisão proferida pelo TRF.

(D) Formular representação ao Conselho Nacional de Justiça (CNJ), para que seja deflagrado um processo administrativo disciplinar contra os magistrados do TRF.

A alternativa C é a correta, uma vez que o art. 102, I, *l*, da CF, prevê que compete ao STF processar e julgar, originariamente a reclamação para a preservação de sua competência e garantia da autoridade de suas decisões. AMN

Gabarito "C".

(OAB/Exame Unificado – 2018.1) O chefe do Poder Executivo do município Ômega, mediante decisão administrativa, resolve estender aos servidores inativos do município o direito ao auxílio-alimentação, contrariando a Súmula Vinculante nº 55 do Supremo Tribunal Federal.

Para se insurgir contra a situação apresentada, assinale a opção que indica a medida judicial que deve ser adotada.

(A) Ação Direta de Inconstitucionalidade, perante o Supremo Tribunal Federal, com o objetivo de questionar o decreto.

(B) Mandado de injunção, com o objetivo de exigir que o Poder Legislativo municipal edite lei regulamentando a matéria.

(C) Reclamação constitucional, com o objetivo de assegurar a autoridade da súmula vinculante.

(D) Habeas data, com o objetivo de solicitar explicações à administração pública municipal.

A: incorreta. Não cabe Ação Direta de Inconstitucionalidade contra decisão administrativa municipal. O objeto da ADI é mais restrito, abrange a lei ou o ato normativo de natureza federal, estadual ou distrital, quando a norma tiver sido criada no exercício da competência estadual. De acordo com o art. 103-A, § 3º, da CF, do ato administrativo ou decisão judicial que contrariar a súmula aplicável ou que indevidamente a aplicar, caberá reclamação ao STF que, julgando-a procedente, anulará o ato administrativo ou cassará a decisão judicial reclamada, e determinará que outra seja proferida com ou sem a aplicação da súmula, conforme o caso; **B:** incorreta. Como mencionado, a reclamação é o instrumento apropriado nessa hipótese. O mandado de injunção, por outro lado, tem cabimento sempre que a falta de norma regulamentadora torne inviável o exercício dos direitos e liberdades constitucionais e das prerrogativas inerentes à nacionalidade, à soberania e à cidadania. É o que determina o inciso LXXI do art. 5º da CF;**C:** correta. De fato, a reclamação constitucional tem por objetivo assegurar a autoridade da súmula vinculante. Os fundamentos são os seguintes: art. 103-A, § 3º, da CF, art. 7º da Lei 11.417/2016 (Súmula Vinculante) e art. 988, III, do CPC; **D:** incorreta. O *habeas data* tem outros objetivos: a) assegura o conhecimento de informações relativas à pessoa do impetrante, constantes de registros ou bancos de dados de entidades governamentais ou de caráter público, b) a retificação de dados, quando não se prefira fazê-lo por processo sigiloso, judicial ou administrativo e c) a anotação nos assentamentos do interessado, de contestação ou explicação sobre dado verdadeiro, mas justificável e que esteja sob pendência judicial ou amigável. Fundamentos: art. 5º, LXXII, da CF e art. 7º, I, II e III, da Lei 9.507/1997 (*Habeas Data*). BV

Gabarito "C".

(OAB/Exame Unificado – 2016.2) Como determinado minério vem obtendo alto preço no mercado mundial devido às grandes quantidades compradas pela China, o Estado-membro Alfa recorre ao governo chinês para obter um empréstimo, com vistas à construção da infraestrutura necessária à sua extração. Sabedor do fato, o prefeito do Município Beta, onde se localiza o principal porto do Estado Alfa, também solicita um empréstimo à China, para viabilizar o melhor escoamento do minério. Concedidos os empréstimos, com estrita observância da sistemática constitucional e gastos os recursos, a crise no setor público acaba por inviabilizar o pagamento da dívida contraída pelos entes federativos. Insatisfeita, a China ajuíza ação, no Brasil, contra o Estado Alfa e o Município Beta.

Assinale a opção que indica a competência para processar e julgar as matérias.

2. DIREITO CONSTITUCIONAL 241

(A) Supremo Tribunal Federal nos dois processos, posto que a presença da China no polo ativo da relação processual obriga que a Corte Suprema seja responsável pela solução dos dois litígios.

(B) Supremo Tribunal Federal na relação jurídica entre a China e o Estado Alfa, e Superior Tribunal de Justiça na relação entre a China e o Município Beta, por expressa determinação constitucional.

(C) Supremo Tribunal Federal na relação jurídica entre a China e o Estado Alfa, e juiz federal, na relação entre a China e o Município Beta, por expressa determinação constitucional.

(D) Tribunal de Justiça do Estado Alfa, posto que, não havendo interesse da União nos negócios jurídicos firmados, os órgãos da Justiça Federal não podem solucionar as lides.

A: incorreta. A ação que a China ajuizou contra o Município Beta deverá ser processada e julgada pelo juiz federal, conforme determina o art. 109, II, da CF; **B:** incorreta. A primeira parte da alternativa está correta. A segunda não, pois o julgamento nessa hipótese é da competência do juiz federal, conforme já citado; **C:** correta. Determina o art. 102, I, "e", da CF que **compete ao STF** processar e julgar, originariamente, **o litígio entre Estado estrangeiro** ou organismo internacional **e** a União, **o Estado**, o Distrito Federal ou o Território. Em relação ao processo em que as partes são a China e o Município Beta, a competência já demonstrada é do juiz federal, art. 109, II, da CF; **D:** incorreta. O Tribunal de Justiça do Estado Alfa não tem competência para analisar esses processos.

Gabarito "C"

(OAB/Exame Unificado – 2016.1) O instituto da súmula vinculante aos poucos vai tendo suas características cristalizadas a partir da interpretação dos seus contornos constitucionais pela jurisprudência do Supremo Tribunal Federal. Considerando a importância assumida pelo instituto, determinada associação de classe procura seu advogado e solicita esclarecimentos a respeito dos legitimados a requerer a edição da súmula vinculante, dos seus efeitos e do órgão que pode editá-la.

Com base no fragmento acima, assinale a opção que se apresenta em consonância com os delineamentos desse instituto.

(A) Pode ser editada pelos tribunais superiores quando houver reiteradas decisões, proferidas na sua esfera de competência, que recomendem a uniformização de entendimento junto aos órgãos jurisdicionais inferiores.

(B) Estão legitimados a propor a sua edição, exclusivamente, os legitimados para o ajuizamento da ação direta de inconstitucionalidade e da ação declaratória de constitucionalidade, estabelecidos no Art. 103 da Constituição Federal.

(C) Pode dizer respeito a qualquer situação jurídica constituída sob a égide das normas brasileiras, de natureza constitucional ou infraconstitucional, e ser especificamente direcionada à resolução de um caso concreto, nele exaurindo a sua eficácia.

(D) A vinculação sumular incide sobre a administração pública direta e indireta e os demais órgãos do Poder Judiciário, não podendo, porém, atingir o Poder Legislativo.

A: incorreta. A súmula vinculante só pode ser editada pelo **Supremo Tribunal Federal**. Conforme determina o art. 103-A da CF, o Supremo

Tribunal Federal poderá, de ofício ou por provocação, mediante decisão de dois terços dos seus membros, após reiteradas decisões sobre matéria constitucional, aprovar súmula que, a partir de sua publicação na imprensa oficial, terá efeito vinculante em relação aos demais órgãos do Poder Judiciário e à administração pública direta e indireta, nas esferas federal, estadual e municipal, bem como proceder à sua revisão ou cancelamento, na forma estabelecida em lei; **B:** incorreta. Há outros legitimados para propor a edição de súmula vinculante, além dos que podem ajuizar as ações do controle concentrado de constitucionalidade. De acordo com o art. 3º da Lei nº 11.417/2006 (Lei da Súmula Vinculante), os legitimados a propor a edição, a revisão ou o cancelamento de enunciado de súmula vinculante são os seguintes: I – o Presidente da República; II – a Mesa do Senado Federal; III – a Mesa da Câmara dos Deputados; IV – o Procurador-Geral da República; V – o Conselho Federal da Ordem dos Advogados do Brasil; VI – o **Defensor Público-Geral da União;** VII – partido político com representação no Congresso Nacional; VIII – confederação sindical ou entidade de classe de âmbito nacional; IX – a Mesa de Assembleia Legislativa ou da Câmara Legislativa do Distrito Federal; X – o Governador de Estado ou do Distrito Federal; **XI – os Tribunais Superiores, os Tribunais de Justiça de Estados ou do Distrito Federal e Territórios, os Tribunais Regionais Federais, os Tribunais Regionais do Trabalho, os Tribunais Regionais Eleitorais e os Tribunais Militares.** Além disso, o § 1º do mesmo dispositivo legal informa que o **Município** poderá propor, incidentalmente ao curso de processo em que seja parte, a edição, a revisão ou o cancelamento de enunciado de súmula vinculante, o que não autoriza a suspensão do processo; **C:** incorreta. A súmula vinculante só poderá tratar de **matéria constitucional**. Além disso, deve haver divergência sobre a questão e que isso esteja contribuindo para multiplicação de processos e insegurança jurídica grave. De acordo com o § 1º do art. 103-A da CF, a súmula terá por objetivo a validade, a interpretação e a eficácia de normas determinadas, acerca das quais **haja controvérsia atual entre órgãos judiciários ou entre esses e a administração pública** que acarrete grave insegurança jurídica e relevante multiplicação de processos sobre questão idêntica; **D:** correta. De fato, a súmula não vincula a função legislativa, ainda que exercida de forma atípica. Conforme determina o art. 103-A, *caput*, da CF, a partir da publicação na imprensa oficial, a súmula vinculante terá efeito vinculante em relação aos demais órgãos do Poder Judiciário e à administração pública direta e indireta, nas esferas federal, estadual e municipal.

Gabarito "D"

(OAB/Exame Unificado – 2015.2) A discussão a respeito das funções executiva, legislativa e judiciária parece se acirrar em torno dos limites do seu exercício pelos três tradicionais Poderes. Nesse sentido, sobre a estrutura adotada pela Constituição brasileira de 1988, assinale a afirmativa correta.

(A) O exercício da função legislativa é uma atribuição concedida exclusivamente ao Poder Legislativo, como decorrência natural de ser considerado o Poder que mais claramente representa o regime democrático.

(B) O exercício da função jurisdicional é atribuição privativa do Poder Judiciário, embora se possa dizer que o Poder Executivo, no uso do seu poder disciplinar, também faça uso da função jurisdicional.

(C) O exercício de funções administrativas, judiciárias e legislativas deve respeitar a mais estrita divisão de funções, não existindo possibilidade de que um Poder venha a exercer, atipicamente, funções afetas a outro Poder.

(D) A produção de efeitos pelas normas elaboradas pelos Poderes Legislativo e Executivo pode ser limitada pela atuação do Poder Judiciário, no âmbito de sua atuação típica de controlar a constitucionalidade ou a legalidade das normas do sistema.

A: incorreta. A função legislativa não é atribuição exclusiva do Poder Legislativo. Os demais poderes podem exercê-la de forma atípica, por exemplo, o Judiciário quando elabora os seus regimentos internos (art. 96, I, "a", da CF) e o Executivo quando edita medida provisória (art. 62 da CF); **B:** incorreta. A função jurisdicional também pode ser exercida pelos demais poderes de forma atípica. Quando o Senado Federal julga o Presidente da República nas hipóteses de crime de responsabilidade (art. 85 da CF) está exercendo função jurisdicional, de forma atípica. Também, o Executivo quando julga e aprecia os recursos administrativos exerce função jurisdicional, de forma atípica. A polêmica que existe é a seguinte: como as decisões do contencioso administrativo não estão acobertadas pela coisa julgada material, ou seja, podem ser revistas pelo Judiciário (art. 5°, XXXV, da CF), há quem entenda que a verificação de defesas e recursos administrativos pelo Executivo não teria caráter jurisdicional. O examinador não deu atenção a esse entendimento e a questão não foi anulada; **C:** incorreta. Conforme já mencionamos é possível o exercício de funções típicas e atípicas pelos poderes. De fato, adotamos a tripartição de poderes sugerida por Montesquieu, mas de forma moderada, ou seja, admitindo o exercício atípico das funções, desde que autorizado pela Constituição; **D:** correta. De fato, o Judiciário pode limitar a produção de efeitos das normas elaboradas pelos Poderes Legislativo Executivo por meio do controle de constitucionalidade. Tal controle pode ser realizado pela via difusa (caso concreto) e concentrada (abstrato).
Gabarito "D".

(OAB/Exame Unificado – 2014.3) O Supremo Tribunal Federal editou súmula com efeito vinculante. Pedro, advogado, deseja pleitear o cancelamento da referida súmula. Nos termos da Constituição Federal, considerando a legitimação para propor aprovação ou cancelamento de súmula junto ao Supremo Tribunal Federal,

Pedro poderá provocar o seguinte legitimado:

(A) o interessado que tenha tido a repercussão geral de seu recurso extraordinário reconhecida pelo STF.

(B) a seccional da Ordem dos Advogados do Brasil de qualquer estado da Federação.

(C) a Mesa de Câmara dos Vereadores de município que tenha interesse direto na súmula.

(D) o Partido Político com representação no Congresso Nacional.

A: incorreta. O interessado que tenha tido a repercussão geral de seu recurso extraordinário reconhecida pelo STF **não** tem legitimidade para propor aprovação ou cancelamento de súmula vinculante. De acordo com o art. 3° da Lei 11.417/2006 (Lei da Súmula Vinculante), são legitimados a propor a edição, a revisão ou o cancelamento de enunciado de súmula vinculante: I. o Presidente da República; II. a Mesa do Senado Federal; III. a Mesa da Câmara dos Deputados; IV. o Procurador-Geral da República; V. Conselho Federal da Ordem dos Advogados do Brasil; VI. o Defensor Público-Geral da União; VII o partido político com representação no Congresso Nacional; VIII. A confederação sindical ou a entidade de classe de âmbito nacional; IX. a Mesa de Assembleia Legislativa ou da Câmara Legislativa do Distrito Federal; X. Governador de Estado ou do Distrito Federal; XI. os Tribunais Superiores, os Tribunais de Justiça de Estados ou do Distrito Federal e Territórios, os Tribunais Regionais Federais, os Tribunais Regionais do Trabalho, os Tribunais Regionais Eleitorais e os Tribunais Militares. O § 1° do mesmo dispositivo indica que o Município poderá propor a edição, a revisão ou o cancelamento de enunciado de súmula vinculante, mas incidentalmente ao curso de processo em que seja parte, o que não autorizará a suspensão do processo; **B:** incorreta. Apenas o Conselho **Federal** da Ordem dos Advogados do Brasil é que legitimidade para propor aprovação ou cancelamento de súmula vinculante; **C:** incorreta. A Mesa de Câmara dos Vereadores de município que tenha interesse direto na súmula não STF **não** tem legitimidade para propor aprovação

ou cancelamento de súmula vinculante. Conforme determina o § 1° do art. 103-A da CF, **o Município** poderá propor a edição, a revisão ou o cancelamento de enunciado de súmula vinculante, mas incidentalmente ao curso de processo em que seja parte, o que não autorizará a suspensão do processo; **D:** correta. De fato, o partido político com representação no Congresso Nacional tem legitimidade para propor aprovação ou cancelamento de súmula vinculante, conforme dispõe o art. 3°, VII, da Lei 11.417/2006.
Gabarito "D".

(OAB/Exame Unificado – 2014.1) Ângela, segurada da Previdência Social, residente e domiciliada na comarca X, pretende ajuizar uma demanda contra o Instituto Nacional do Seguro Social (INSS), pleiteando uma revisão de seus benefícios previdenciários.

A comarca X possui vara única da Justiça estadual, mas não é sede de vara federal. Contudo, a comarca vizinha Y é sede de vara da justiça federal, com competência sobre as comarcas X, Y e Z.

Considerando a situação exposta, assinale a afirmativa correta.

(A) A ação poderá ser ajuizada na Justiça estadual, perante a vara única da comarca X, cabendo eventual recurso ao Tribunal Regional Federal na área de jurisdição do juiz de primeiro grau.

(B) A ação deverá ser ajuizada na Vara Federal da comarca vizinha Y, que é sede de vara federal com jurisdição sobre a comarca X.

(C) A ação poderá ser ajuizada na Justiça estadual, perante a vara única da comarca X, cabendo eventual recurso ao Tribunal de Justiça do Estado.

(D) A ação deverá ser proposta diretamente no Tribunal Regional Federal que abrange o estado onde se localiza a comarca X, em razão da matéria ser competência originária desse Tribunal.

A: correta. De acordo com o art. 109, § 3°, da CF, serão processadas e julgadas na justiça estadual, no foro do domicílio dos segurados ou beneficiários, **as causas em que forem parte instituição de previdência social** e segurado, **sempre que a comarca não seja sede de vara do juízo federal**, e, se verificada essa condição, a lei poderá permitir que outras causas sejam também processadas e julgadas pela justiça estadual; **B:** incorreta. Como mencionado, **não há necessidade da ação ser ajuizada na comarca vizinha** por ser a sede da vara federal que abarca a comarca do segurado. A ação será proposta no foro do domicílio do segurado ou beneficiário. Nesse caso a justiça estadual fará às vezes da federal; **C:** incorreta. **O recurso será destinado ao Tribunal Regional Federal** na área de jurisdição do juiz de primeiro grau. É o que determina o § 4° do art. 109 da CF; **D:** incorreta. A matéria **não é da competência originária do TRF**, pois não se enquadra nas situações previstas no art. 108 da CF.
Gabarito "A".

(OAB/Exame Unificado – 2013.3) Nos termos da Constituição Federal, assinale a alternativa que apresenta competência(s) do Superior Tribunal de Justiça.

(A) Processar e julgar, originariamente, os mandados de segurança contra ato do Comandante da Marinha.

(B) Julgar as ações contra o Conselho Nacional do Ministério Público.

(C) Julgar e processar, originariamente, litígio entre Estado estrangeiro ou organismo internacional e a União, os Estados, o Distrito Federal ou os Territórios.

2. DIREITO CONSTITUCIONAL — 243

(D) Julgar, mediante recurso, as causas decididas em única ou última instância, quando a decisão recorrida julgar válida lei local contestada em face de lei federal.

A: correta. O art. 105, I, "b", da CF determina a competência originária do Superior Tribunal de Justiça para processar e julgar **os mandados de segurança** e os *habeas data* **contra ato** de Ministro de Estado, **dos Comandantes da Marinha**, do Exército e da Aeronáutica ou do próprio Tribunal; **B:** incorreta. A competência para o processo e julgamento originário das ações contra o Conselho Nacional do Ministério Público é do **Supremo Tribunal Federal**, conforme determina o art. 102, I, "r", da CF; **C:** incorreta. O processo e julgamento, de forma originária, do litígio entre Estado estrangeiro ou organismo internacional e a União, o Estado, o Distrito Federal ou o Território competem ao Supremo Tribunal Federal, de acordo com o art. 102, I, "e", da CF; **D:** incorreta. O art. 102, III, "d", da CF determina a competência do Supremo Tribunal Federal para o julgamento, mediante recurso extraordinário, das causas decididas em única ou última instância, quando a decisão recorrida julgar válida lei local contestada em face de lei federal.

Gabarito "A".

(OAB/Exame Unificado – 2013.2) Após reiteradas decisões sobre determinada matéria, o Supremo Tribunal Federal (STF) aprovou enunciado de Súmula Vinculante determinando que *"é inconstitucional lei ou ato normativo estadual ou distrital que disponha sobre sistemas de consórcios e sorteios, inclusive bingos e loterias"*. O Estado X, contudo, não concordando com a posição do Supremo Tribunal Federal (STF), edita lei dispondo exatamente sobre os sistemas de consórcios e sorteios em seu território.

A partir da situação apresentada, assinale a afirmativa correta.

(A) O Supremo Tribunal Federal (STF) poderá, de ofício, declarar a inconstitucionalidade da norma estadual produzida em desconformidade com a Súmula.

(B) Qualquer cidadão poderá propor a revisão ou o cancelamento de súmula vinculante que, nesse caso, será declarada mediante a decisão de dois terços dos membros do Supremo Tribunal Federal (STF).

(C) É cabível reclamação perante o Supremo Tribunal Federal (STF) para questionar a validade da lei do Estado X que dispõe sobre os sistemas de consórcios e sorteios em seu território.

(D) A súmula possui efeitos vinculantes em relação aos órgãos do Poder Judiciário e à Administração Pública direta e indireta, nas esferas federal, estadual e municipal, mas não vincula o Poder Legislativo na sua atividade legiferante.

A: incorreta. O STF, órgão do Poder Judiciário e que atua, em regra, mediante provocação, não pode, de ofício, declarar a inconstitucionalidade da norma estadual produzida em desconformidade com a súmula. Nesse caso, a lei deve ser impugnada por meio do controle de constitucionalidade (difuso ou concentrado). Vale lembrar que a súmula não vincula a função legislativa, de modo que há possibilidade do Estado editar uma lei que traga preceitos contrários a ela. É claro que tal lei, por violar a Constituição, será objetivo de impugnação no Judiciário. Por fim, não é cabível o ajuizamento de reclamação, pois a Constituição determina o seu cabimento apenas quando um *ato administrativo* ou uma *decisão judicial* contrariar a súmula ou indevidamente a aplicar (art. 103-A, § 3º, da CF); **B:** incorreta. A revisão ou o cancelamento do enunciado de súmula vinculante não pode ser proposto por qualquer cidadão, apenas pelos seguintes legitimados: I – o Presidente da República, II – a Mesa do Senado Federal, III – a Mesa da Câmara dos Deputados, IV – o Procurador-Geral da República, V – o Conselho Fede-

ral da Ordem dos Advogados do Brasil, VI – o Defensor Público-Geral da União, VII – partido político com representação no Congresso Nacional, VIII – confederação sindical ou entidade de classe de âmbito nacional, IX – a Mesa de Assembleia Legislativa ou da Câmara Legislativa do Distrito Federal, X – o Governador de Estado ou do Distrito Federal, XI – os Tribunais Superiores, os Tribunais de Justiça de Estados ou do Distrito Federal e Territórios, os Tribunais Regionais Federais, os Tribunais Regionais do Trabalho, os Tribunais Regionais Eleitorais e os Tribunais Militares e o Município incidentalmente ao curso de processo em que seja parte (art. 3º e § 1º, da Lei 11.417/2006); **C:** incorreta. Como mencionado, não é cabível o ajuizamento de reclamação, pois a Constituição determina o seu cabimento apenas quando um *ato administrativo* ou uma *decisão judicial* contrariar a súmula ou indevidamente a aplicar (art. 103-A, § 3º, da CF). No problema apresentado, o que contrariou a súmula foi uma lei; **D:** correta. De fato, a súmula produz efeitos apenas em relação aos demais órgãos do Poder Judiciário e à Administração Pública direta e indireta, nas esferas federal, estadual e municipal (art. 103-A, *caput*, da CF).

Gabarito "D".

(OAB/Exame Unificado – 2013.2) No que concerne à reclamação constitucional, assinale a afirmativa correta.

(A) A reclamação pode ser utilizada como sucedâneo de recurso, segundo a jurisprudência pacífica do Supremo Tribunal Federal.

(B) A Súmula do Supremo Tribunal Federal despida de eficácia vinculante é paradigma apto a dar ensejo ao conhecimento da reclamação.

(C) A reclamação é cabível, ainda que já tenha ocorrido o trânsito em julgado do ato judicial que se alega tenha desrespeitado decisão do Supremo Tribunal Federal.

(D) A reclamação pode ser utilizada tanto para a preservação da competência do Supremo Tribunal Federal quanto do Superior Tribunal de Justiça.

A: incorreta. Ao contrário, de acordo com o STF: "A reclamação *não é sucedâneo ou substitutivo de recurso próprio* para conferir eficácia à jurisdição invocada nos autos de recursos interpostos da decisão de mérito e da decisão em execução provisória." (AgRg na Rcl 6.327/RN, Pleno, j. 02.03.2011, rel. Min. Ricardo Lewandowski, *DJe* de 1º.04.2011); **B:** incorreta. No âmbito do STF, a reclamação é utilizada para a preservação de sua competência, para garantia da autoridade de suas decisões (art. 102, I, "l", da CF) e quando o ato administrativo ou decisão judicial contrariar o enunciado de *súmula vinculante* (art. 103-A, § 3º, da CF); **C:** incorreta. De acordo com a Súmula 734 do STF: "*Não cabe* reclamação quando já houver transitado em julgado o ato judicial que se alega tenha desrespeitado decisão do STF"; **D:** correta. É o que decorre da leitura dos arts. 102, I, "l", e 105, I, "f", ambos da CF.

Gabarito "D".

(OAB/Exame Unificado – 2013.1) Compete ao STF processar e julgar originariamente os litígios listados a seguir, **à exceção de um.** Assinale-o.

(A) Entre Estado estrangeiro e Estado membro da federação.

(B) Entre Estado estrangeiro e município.

(C) Entre organismo internacional e a União.

(D) Entre organismo internacional e Estado membro da federação.

A: incorreta. O processo e julgamento, originário, de litígios entre Estado estrangeiro e Estado membro da federação, de fato, competem ao STF (art. 102, I, "e", da CF); **B:** correta. O *litígio entre Estado estrangeiro e município* é processado e julgado, originariamente, pelo *juiz federal* (art. 109, II, da CF); **C:** incorreta. A competência é do STF (art. 102,

I, "e", da CF); **D:** incorreta. O litígio entre organismo internacional e Estado membro da federação é processado e julgado pelo STF (art. 102, I, "e", da CF).
Gabarito "B".

(OAB/Exame Unificado – 2012.2) No intuito de garantir o regular exercício da prestação jurisdicional, a Constituição da República conferiu aos magistrados algumas prerrogativas.

A respeito dessas prerrogativas, assinale a afirmativa correta.

(A) A inamovibilidade pode ser excepcionada no caso de relevante interesse público e desde que a remoção seja aprovada pela maioria absoluta do tribunal ou do CNJ.

(B) A irredutibilidade de subsídios consiste na impossibilidade de redução do poder aquisitivo do subsídio do magistrado e não somente do seu valor nominal.

(C) O magistrado, apesar da vitaliciedade, pode perder o cargo por decisão administrativa da maioria absoluta do tribunal ou do CNJ.

(D) A aposentadoria dos magistrados seguirá regime jurídico diverso daquele aplicável aos servidores públicos em geral.

A: correta. De acordo com os arts. 95, II, e 93, VIII, da CF, de fato, a inamovibilidade, garantia dada ao juiz de não ser removido de um lugar para outro sem o seu, consentimento, pode ser excepcionada em caso de interesse público e desde que a remoção seja aprovada pela *maioria absoluta* do tribunal ou do Conselho Nacional de Justiça, sendo assegurada ampla defesa. Destaque-se, apenas para fins de conhecimento, que a EC nº 130/2023, acrescentou o inciso VIII-A ao art. 93 prevendo que a remoção a pedido de magistrado de comarca de igual entrância atenderá, no que couber, ao disposto nas alíneas "a", "b", "c" e "e" do inciso II do *caput* do art. 93 e no art. 94 da CF; **B:** incorreta. A garantia da *irredutibilidade de subsídio*, prevista no art. 95, III, da CF, segundo o STF, *toma por base o valor nominal* e não o real, de modo que o poder aquisitivo do subsídio do magistrado pode sim sofrer alteração; **C:** incorreta. O magistrado, que já adquiriu a vitaliciedade, *só pode perder o cargo em razão de sentença judicial transitada em julgado.* A ele deve ser assegurado o devido processo legal com todas as suas garantias como o contraditório e a ampla defesa; **D:** incorreta. Conforme o art. 93, VI, da CF, a aposentadoria dos magistrados e a pensão de seus dependentes devem observar o disposto no art. 40 da CF. Tal artigo trata da regra geral de aposentadoria aplicável aos servidores públicos. Desse modo, ao contrário do afirmado, a aposentadoria dos magistrados segue o mesmo regime aplicável aos servidores públicos em geral. **AMN**
Gabarito "A".

(OAB/Exame Unificado – 2012.1) Esculápio da Silva, advogado, candidata-se à vaga destinada ao Quinto Constitucional no Tribunal de Justiça do Estado W, logrando obter aprovação, é nomeado pelo Governador do Estado. Um ano após, candidata-se à vaga surgida pela aposentadoria de Desembargador estadual no Superior Tribunal de Justiça, vindo a ser escolhido. Diante de tal enunciado, revela-se correto afirmar:

(A) No Superior Tribunal de Justiça existem vagas destinadas a Desembargador oriundo dos Tribunais de Justiça, desde que magistrados de carreira.

(B) A divisão de vagas no Superior Tribunal de Justiça permite o ingresso através de três origens: Desembargadores estaduais, Juízes dos Tribunais Regionais Federais e Advogados.

(C) O Advogado oriundo do Quinto Constitucional nos Tribunais de Justiça concorre como magistrado para ocupar vagas no Superior Tribunal de Justiça.

(D) O ocupante do Quinto Constitucional poderá concorrer à vaga existente no Superior Tribunal de Justiça na vaga destinada aos advogados.

A: incorreta. De acordo com o art. 104, parágrafo único, I e II, da CF, o STJ é composto de, no mínimo, trinta e três Ministros. Tais Ministros são nomeados pelo Presidente da República, dentre brasileiros com mais de trinta e cinco e **menos de setenta anos de idade** (Atenção! A EC 122/**22 elevou para setenta a idade máxima** para a escolha e nomeação de **membros do STF, do STJ, dos TRF, do TST, dos TRTs, do Tribunal de Contas da União e dos Ministros civis do STM**), de notável saber jurídico e reputação ilibada, depois de aprovada a escolha pela maioria absoluta do Senado Federal, sendo: I – um terço dentre juízes dos Tribunais Regionais Federais e um terço dentre desembargadores dos Tribunais de Justiça, indicados em lista tríplice elaborada pelo próprio Tribunal e II – um terço, em partes iguais, dentre advogados e membros do Ministério Público Federal, Estadual, do Distrito Federal e Territórios, alternadamente, indicados na forma do art. 94. Desse modo, como a Constituição menciona apenas: "desembargadores dos Tribunais de Justiça, indicados em lista tríplice elaborada pelo próprio Tribunal", *não há* necessidade de esses juízes serem magistrados de carreira (aqueles que ingressaram na magistratura por meio de aprovação em concurso público); **B:** incorreta. Conforme mencionado acima, a divisão de vagas no STJ permite o ingresso não só de juízes dos TRFs, desembargadores estaduais e advogados, mas também de membros do Ministério Público; **C:** correta. De fato, o advogado oriundo do Quinto Constitucional nos TJs concorre como magistrado na disputa por uma vaga no STJ; **D:** incorreta. Quem já é ocupante do quinto constitucional pode concorrer à vaga existente no STJ como desembargador e não como advogado.
Gabarito "C".

(OAB/Exame Unificado – 2012.2) Pode o Presidente da República editar medida provisória contrária à súmula vinculante editada pelo STF?

(A) Não, pois o STF é o guardião da Constituição.

(B) Não, pois a súmula vincula todos os Poderes (Executivo, Legislativo e Judiciário).

(C) Sim, pois a súmula vincula a Administração Pública, mas não o chefe do Poder Executivo.

(D) Sim, pois o Presidente da República estaria, nesse caso, exercendo função legislativa.

De acordo com o art. 103-A da CF, o STF pode, de ofício ou por provocação, mediante decisão de dois terços dos seus membros, após reiteradas decisões sobre matéria constitucional, aprovar *súmula* que, a partir de sua publicação na imprensa oficial, terá *efeito vinculante em relação aos demais órgãos do Poder Judiciário e à administração pública direta e indireta, nas esferas federal, estadual e municipal*, bem como proceder à sua revisão ou cancelamento, na forma estabelecida em lei (Lei 11.417/2006). Diante dessa previsão constitucional, verifica-se que a súmula vincula o judiciário e o executivo e não o legislativo. Quando o *Chefe do Executivo* edita uma medida provisória ele está exercendo função atípica de *legislar*, desse modo, é possível afirmar que o Presidente pode editar medida provisória contrária à súmula vinculante. Há polêmica sobre o assunto.
Gabarito "D".

(OAB/Exame Unificado – 2011.3.B) Contra a decisão judicial que contrariar súmula vinculante ou que indevidamente a aplicar cabe, perante o Supremo Tribunal Federal,

(A) ação direta de inconstitucionalidade.

2. DIREITO CONSTITUCIONAL

(B) reclamação.

(C) arguição de descumprimento de preceito fundamental.

(D) mandado de segurança.

De acordo com o art. 103-A, § 3º, da CF, do ato administrativo ou decisão judicial que *contrariar a súmula* vinculante aplicável ou que indevidamente a aplicar, *caberá reclamação ao Supremo Tribunal Federal* que, julgando-a procedente, anulará o ato administrativo ou cassará a decisão judicial reclamada, e determinará que outra seja proferida com ou sem a aplicação da súmula, conforme o caso. Além disso, o art. 7º da Lei 11.417/2006 (lei que regulamenta a súmula vinculante) também determina o cabimento da reclamação contra a decisão judicial que contrariar a súmula vinculante ou que a indevidamente aplicar.
Gabarito "B".

(OAB/Exame Unificado – 2011.2) Se Governador de Estado desejar se insurgir contra súmula vinculante que, a seu juízo, foi formulada com enunciado normativo que extrapolou os limites dos precedentes que a originaram, poderá, dentro dos instrumentos processuais constitucionais existentes,

(A) interpor reclamação contra a súmula vinculante.

(B) requerer o cancelamento da súmula vinculante.

(C) ajuizar ADPF contra a súmula vinculante.

(D) ajuizar ADI contra a súmula vinculante.

Determina o § 3º do art. 103-A da CF que do ato administrativo ou decisão judicial que contrariar a súmula vinculante ou que indevidamente a aplicar, cabe reclamação ao Supremo Tribunal Federal. Ocorre que na presente hipótese o que está sendo discutido é o próprio enunciado da súmula vinculante e não o descumprimento do efeito por ela produzido. Desse modo, cabe ao Governador do Estado requerer o cancelamento da súmula vinculante. O § 2º do art. 103-A dispõe que sem prejuízo do que vier a ser estabelecido em lei, a aprovação, revisão ou cancelamento de súmula poderá ser provocada por aqueles que podem propor a ação direta de inconstitucionalidade. O Governador de Estado ou DF, por ser legitimado ativo à propositura de ação direta de inconstitucionalidade, conforme art. 103, V, da CF, pode requerer não só a aprovação, mas a revisão e o *cancelamento* da súmula vinculante.
Gabarito "B".

(OAB/Exame Unificado – 2011.1) A respeito da garantia constitucional do acesso ao Poder Judiciário, assinale a alternativa correta.

(A) De acordo com posição consolidada do Supremo Tribunal Federal, não ofende a garantia de acesso ao Poder Judiciário a exigência de depósito prévio como requisito de admissibilidade de ação judicial na qual se pretenda discutir a exigibilidade de crédito tributário.

(B) É assegurado a todos, mediante pagamento de taxas, o direito de petição aos Poderes Públicos em defesa de direitos ou contra ilegalidade ou abuso de poder.

(C) O Poder Judiciário admitirá ações relativas à disciplina e às competições desportivas paralelamente às ações movidas nas instâncias da justiça desportiva.

(D) A todos, no âmbito judicial e administrativo, são assegurados a razoável duração do processo e os meios que garantam a celeridade de sua tramitação.

A: incorreta. A Súmula vinculante ºC28 (STF) diz exatamente o contrário, mencionado que "é inconstitucional a exigência de depósito prévio como requisito de admissibilidade de ação judicial na qual se pretenda discutir a exigibilidade do crédito tributário"; **B:** incorreta. O direito

de peticionar aos órgãos públicos em defesa de direitos ou contra ilegalidade ou abuso de poder pode ser exercido *independentemente* do pagamento de taxas, conforme dispõe o art. 5º, XXXIV, "a", da CF; **C:** incorreta. O art. 217, § 1º, da CF exige o esgotamento das instâncias da justiça desportiva para que a ação seja apreciada pelo Poder Judiciário; **D:** correta. O princípio da razoável duração do processo ou celeridade processual está previsto no art. 5º, LXXVIII, da CF. Tal dispositivo foi acrescentado pela EC 45/2004 e é, portanto, um exemplo clássico de ampliação dos direitos individuais. Assim, é possível concluir que as cláusulas pétreas não podem ser objeto de emenda tendente a aboli-las, mas podem ser objeto de emendas que visam ampliá-las. Outro exemplo recente foi a inserção, pela EC 115/22, do inciso LXXIX ao art. 5º da CF para incluir a **proteção de dados pessoais entre os direitos e garantias fundamentais**. Além disso, a emenda fixou a competência privativa da União para legislar sobre proteção e tratamento de dados pessoais.
Gabarito "D".

(OAB/Exame Unificado – 2010.3) Um juiz federal proferiu uma sentença em processo relativo a crime político e outra sentença em processo movido por Estado estrangeiro contra pessoa residente no Brasil. Os recursos interpostos contra essas duas sentenças serão julgados pelo

(A) STF, no primeiro caso, e pelo TRF, no segundo caso.

(B) TRF, no primeiro caso, e pelo STF, no segundo caso.

(C) STF, no primeiro caso, e pelo STJ, no segundo caso.

(D) TRF em ambos os casos.

1º caso: STF – art. 109, IV e art. 102, II, "b", da CF. V., tb., STF, RCR 1.468-5/RJ, Pleno, j. 23.03.2000, rel. para acórdão Min. Maurício Corrêa, *DJ* 16.08.2002; **2º caso:** STJ – art. 109, II e art. 105, II, "c", ambos da CF.
Gabarito "C".

(OAB/Exame Unificado – 2010.2) Em relação à inovação da ordem constitucional que instituiu a nominada Súmula Vinculante, é correto afirmar que:

(A) somente os Tribunais Superiores podem editá-la.

(B) podem ser canceladas, mas vedada a mera revisão.

(C) a proposta para edição da Súmula pode ser provocada pelos legitimados para a propositura da ação direta de inconstitucionalidade.

(D) desde que haja reiteradas decisões sobre matéria constitucional, o Supremo Tribunal Federal poderá, de ofício ou por provocação, aprovar a Súmula mediante decisão da maioria absoluta de seus membros.

A resposta está no confronto entre a redação do art. 103 da CF e do art. 3º da Lei 11.417/2006, que regula a edição, a revisão e o cancelamento de enunciado de Súmula vinculante pelo Supremo Tribunal Federal. A legitimação para a proposta de Súmula vinculante é conferida a todos legitimados da ADI/ADC sendo, porém, mais ampla (já que também pode ser apresentada pelo Defensor Público Geral da União e pelos Tribunais Superiores, Tribunais de Justiça de Estados ou do Distrito Federal e Territórios, Tribunais Regionais Federais, Tribunais Regionais do Trabalho, Tribunais Regionais Eleitorais e Tribunais Militares). A legitimação refere-se tanto à apresentação da proposta, quanto à sua revisão ou cancelamento. Importante ressaltar que o art. 3º, § 2º, da Lei 11.417/2006, prevê a possibilidade de o relator da proposta de Súmula vinculante admitir a manifestação de terceiros sobre a questão, cujo prazo é de cinco dias de acordo com o art. 1º da Resolução 388/2008 do STF. De acordo com o art. 2º, § 2º, da mesma lei, o Procurador-Geral da República deverá ser previamente ouvido sobre as propostas de Súmula vinculante, exceto nas que houver formulado (já que também é legitimado ativo para o processo – art. 3º, IV, da Lei 11.417/2006). As Súmulas vinculantes podem ser editadas pelo STF depois de reiteradas decisões em matéria constitucional e a aprovação da proposta depende do voto de dois terços dos membros do Supremo Tribunal Federal, *ex vi* do art. 103-A da CF e do art. 2º, § 3º, da Lei 11.417/2006.

Gabarito "C".

(OAB/Exame Unificado – 2010.1) Acerca da edição de Súmulas vinculantes pelo STF, assinale a opção correta.

(A) Ainda que inexistam reiteradas decisões sobre determinada matéria constitucional, o STF poderá criar Súmula vinculante acerca do tema caso o julgue relevante.

(B) O enunciado da Súmula deve versar sobre normas determinadas, quando exista, com relação a elas, controvérsia atual, entre órgãos judiciários ou entre esses e a administração pública, que acarrete grave insegurança jurídica e relevante multiplicação de processos.

(C) O procurador-geral da República manifestar-se-á acerca da edição de enunciado de Súmula vinculante apenas nos casos em que o propuser.

(D) O Conselho Federal da OAB e os conselhos seccionais são legitimados a propor a edição de enunciado de Súmula vinculante.

A: incorreta. O art. 103-A da Constituição Federal exige, para a edição de súmula vinculante, a existência de reiteradas decisões sobre a matéria constitucional; **B:** correta. Segundo a Lei° 11.417/2006, o enunciado da Súmula terá por objeto a validade, a interpretação e a eficácia de normas determinadas, **acerca das quais haja**, entre órgãos judiciários ou entre esses e a administração pública, **controvérsia atual** que acarrete grave **insegurança jurídica e relevante multiplicação de processos** sobre idêntica questão; **C:** incorreta. Segundo a Lei °11.417/2006, o Procurador-Geral da República, nas propostas que não houver formulado, manifestar-se-á previamente à edição, revisão ou cancelamento de enunciado de Súmula vinculante; **D:** incorreta. Segundo a Lei °11.417/2006, são legitimados a propor a edição, a revisão ou o cancelamento de enunciado de Súmula vinculante: I – o Presidente da República; II – a Mesa do Senado Federal; III – a Mesa da Câmara dos Deputados; IV – o Procurador-Geral da República; V – o Conselho Federal da Ordem dos Advogados do Brasil; VI – o Defensor Público-Geral da União; VII – partido político com representação no Congresso Nacional; VIII – confederação sindical ou entidade de classe de âmbito nacional; IX – a Mesa de Assembleia Legislativa ou da Câmara Legislativa do Distrito Federal; X – o Governador de Estado ou do Distrito Federal; XI – os Tribunais Superiores, os Tribunais de Justiça de Estados ou do Distrito Federal e Territórios, os Tribunais Regionais Federais, os Tribunais Regionais do Trabalho, os Tribunais Regionais Eleitorais e os Tribunais Militares.

Gabarito "B".

(OAB/Exame Unificado – 2009.2) Relativamente à organização e às competências do Poder Judiciário, assinale a opção correta.

(A) A edição de Súmula vinculante pelo STF poderá ocorrer de ofício ou por provocação de pessoas ou entes autorizados em lei, entre estes, os legitimados para a ação direta de inconstitucionalidade. O cancelamento ou revisão de Súmula somente poderá ocorrer por iniciativa do próprio STF.

(B) Cabe reclamação constitucional dirigida ao STF contra decisão judicial que contrarie Súmula vinculante ou que indevidamente a aplique. O modelo adotado na CF não admite reclamação contra ato que, provindo da administração, esteja em desconformidade com a referida Súmula.

(C) O Conselho Nacional de Justiça, órgão interno de controle administrativo, financeiro e disciplinar da magistratura, é composto por membros do Poder Judiciário, do MP, da advocacia e da sociedade civil.

(D) As causas em que entidade autárquica, empresa pública federal ou sociedade de economia mista seja interessada na condição de autora, ré, assistente ou oponente são de competência da Justiça Federal.

A: incorreta. A segunda parte da alternativa está errada, pois o art. 103-A, § 2º, da CF dispõe que não só a edição, mas a *revisão e o cancelamento* da Súmula vinculante pode ocorrer de ofício *ou por provocação* de pessoas ou entes autorizados em lei, entre estes, os legitimados para a ação direta de inconstitucionalidade; **B:** incorreta. Ato que provenha da Administração Pública e que contrarie uma Súmula vinculante também pode ser objeto de reclamação ao STF (art. 103-A, § 3º, da CF); **C:** correta. É o que dispõe o art. 103-B da CF; **D:** incorreta. A *sociedade de economia mista* não entra nesse rol de competência da Justiça Federal (art. 109, I, da CF) As causas em que essa sociedade seja parte é de competência da *Justiça Estadual*.

Gabarito "C".

(OAB/Exame Unificado – 2008.3) Acerca da edição de Súmulas Vinculantes pelo STF, assinale a opção correta.

(A) Ainda que inexistam decisões sobre determinada matéria constitucional, o STF poderá criar Súmula Vinculante acerca de tal matéria, caso a julgue relevante.

(B) O enunciado da Súmula deve versar sobre normas determinadas apenas quando exista controvérsia atual quanto a elas, entre órgãos judiciários ou entre esses e a administração pública, que acarrete grave insegurança jurídica e relevante multiplicação de processos.

(C) O Procurador-Geral da República deverá se manifestar acerca da edição de enunciado de Súmula vinculante apenas nos casos em que o propuser.

(D) O Conselho Federal da OAB e seus órgãos seccionais são legitimados a propor a edição de enunciado de Súmula Vinculante.

A: incorreta. Art. 103-A, *caput*, da CF. O dispositivo faz alusão a *reiteradas* decisões sobre matéria constitucional; **B:** correta. Art. 103-A, § 1º, da CF; **C:** incorreta. Art. 2º, § 2º, da Lei 11.417/2006 (regulamenta o art. 103-A da CF); **D:** incorreta. O Conselho Federal da OAB dispõe de legitimidade para propor a edição, a revisão e o cancelamento de enunciado de Súmula vinculante, conforme art. 103-A, § 2º, da CF, e art. 3º, V, da Lei 11.417/2006; seus órgãos seccionais, no entanto, não contam com tal legitimidade.

Gabarito "B".

(OAB/Exame Unificado – 2008.3) Acerca do Poder Judiciário, assinale a opção correta.

(A) Compete ao STJ julgar os conflitos de competência entre o TST e o TRF.

(B) Supondo-se que Fernando fosse condenado por crime político por meio de sentença proferida por Juiz Federal da Seção Judiciária de São Paulo, o recurso interposto contra essa sentença seria julgado pelo respectivo TRF.

(C) Supondo-se que João, servidor público federal regido pela Lei 8.112/1990, pretendesse ingressar com ação contra a União buscando o pagamento de verbas salariais a que tivesse direito, a ação deveria ser proposta perante a Justiça Federal e não perante a Justiça do Trabalho.

2. DIREITO CONSTITUCIONAL · 247

(D) Supondo-se que Marcos, após ter sofrido dano por ação de empregado de empresa pública federal, pretendesse ingressar com ação de reparação de danos materiais e morais contra a empresa pública, deveria fazê-lo na Justiça Comum Estadual.

A: incorreta. Conforme o art. 102, I, "o", da CF a competência é do *STF* e não do STJ; **B:** incorreta. O recurso seria julgado pelo STF (art. 102, II, "b", da CF); **C:** correta (art. 109, I, da CF); **D:** incorreta. Nesse caso a competência é da Justiça Federal (art. 109, I, da CF).
Gabarito "C".

(OAB/Exame Unificado – 2008.3) De acordo com dispositivo constitucional vigente, a Súmula com efeito vinculante

(A) será editada pelo Superior Tribunal de Justiça (STJ), para a correta interpretação de lei federal.

(B) será editada por qualquer tribunal, quando houver reiteradas decisões que recomendem a uniformização do entendimento pelos juízes de primeiro grau.

(C) será editada pelo Supremo Tribunal Federal (STF), após reiteradas decisões sobre matéria constitucional.

(D) será editada pelo Conselho Nacional de Justiça (CNJ), para o aprimoramento das rotinas administrativas dos órgãos do Poder Judiciário.

Todas as alternativas encontram fundamento no art. 103-A da CF. Esse dispositivo, introduzido pela EC 45/2004, confere competência exclusiva ao *Supremo Tribunal Federal* para a edição da chamada *Súmula Vinculante.*
Gabarito "C".

(OAB/Exame Unificado – 2008.3) A chamada quarentena para juízes, introduzida na CF pela Emenda Constitucional nº 45/2004,

(A) veda ao juiz aposentado o exercício da advocacia no juízo ou tribunal do qual se afastou, antes de decorridos três anos do afastamento do cargo por aposentadoria.

(B) veda ao desembargador aposentado o exercício da advocacia, enquanto estiverem em atividade no tribunal do qual se afastou os magistrados que lhe foram contemporâneos.

(C) veda ao juiz afastado em processo administrativo disciplinar o exercício da advocacia no juízo ou tribunal do qual foi afastado.

(D) veda ao juiz exonerado o exercício da advocacia no juízo ou tribunal do qual se afastou, antes de decorridos dois anos da exoneração.

A: correta (art. 95, parágrafo único, V, da CF); **B:** incorreta. A vedação é imposta exclusivamente ao magistrado que se aposentou e não está condicionada a outro; **C:** incorreta. O magistrado, por possuir a garantia da vitaliciedade (em primeiro grau, adquirida após dois anos de exercício), não poderá ser afastado do cargo por processo administrativo disciplinar, apenas por sentença judicial transitada em julgado (art. 95, I, da CF) **D:** incorreta (art. 95, parágrafo único, V, da CF).
Gabarito "A".

(OAB/Exame Unificado – 2008.3) Compete ao STJ processar e julgar originalmente

(A) os mandados de segurança contra ato dos comandantes da Marinha, do Exército e da Aeronáutica ou do próprio tribunal.

(B) a ação em que todos os membros da magistratura sejam direta ou indiretamente interessados.

(C) o mandado de injunção, quando a elaboração da norma regulamentadora for do Congresso Nacional.

(D) a extradição solicitada por estado estrangeiro.

A: correta (art. 105, I, "b", da CF); **B:** incorreta. Nessa hipótese a competência é do STF (art. 102, I, "n", da CF); **C:** incorreta. Nessa hipótese a competência também é do STF (art. 102, I, "q", da CF); **D:** incorreta. Mais uma vez trata-se de competência do STF e não do STJ (art. 102, I, "g", da CF).
Gabarito "A".

(OAB/Exame Unificado – 2008.2) Com relação às regras pertinentes ao Poder Judiciário constantes da CF, assinale a opção correta.

(A) O ingresso na carreira da magistratura deve ser feito por concurso público de provas ou de provas e títulos, e o cargo inicial será o de juiz substituto.

(B) Os TRTs não se submetem à regra do quinto constitucional, diferentemente dos tribunais regionais federais e dos tribunais dos estados e do DF.

(C) Compete à Justiça do Trabalho processar e julgar as ações oriundas da relação de trabalho, abrangidos os entes de direito público externo e da administração pública direta e indireta da União, dos estados, do DF e dos Municípios.

(D) Cabe ao STF o processo e o julgamento dos mandados de segurança e dos *habeas data* contra ato de ministro de Estado, dos comandantes da Marinha, do Exército e da Aeronáutica.

A: incorreta. O art. 93, I, da CF exige concurso de *provas e títulos*; **B:** incorreta. Os TRTs também se submetem à regra do quinto constitucional (arts. 94 e 111-A, I, da CF); **C:** correta (art. 114, I, da CF); **D:** incorreta. A competência é do *STJ* e não do STF (art.105, I, "b", da CF).
Gabarito "C".

(OAB/Exame Unificado – 2008.2) A homologação de sentenças estrangeiras é de competência

(A) da Justiça Federal do local onde tem domicílio o interessado.

(B) do TRF da região onde tem domicílio o interessado.

(C) do STF.

(D) do Superior Tribunal de Justiça (STJ).

A competência para a *homologação de sentença estrangeira* é do *STJ*. Vale lembrar que antes da EC 45/2004 tal competência era dada ao STF (art. 105, I, "i", da CF).
Gabarito "D".

(OAB/Exame Unificado – 2008.2) Será competente para julgar originariamente *habeas corpus* em que figure como paciente desembargador de Tribunal de Justiça Estadual

(A) o TRF da respectiva região.

(B) o STF.

(C) o próprio tribunal de Justiça Estadual ao qual esteja vinculado o desembargador.

(D) o STJ.

Todas as alternativas encontram fundamento no art. 105, I, "c", da CF. Desse modo, é competente para julgar originariamente *habeas corpus* em que figure como *paciente desembargador* de Tribunal de Justiça Estadual o *STJ*.
Gabarito "D".

(OAB/Exame Unificado – 2008.2) Contra decisão judicial que tenha contrariado Súmula vinculante aplicável a caso concreto cabe

(A) mandado de segurança ao STJ, se o ato provier de juiz de direito.

(B) reclamação ao STF.

(C) reclamação ao Tribunal de Justiça.

(D) reclamação ao CNJ.

O art. 103-A, § 3º, da CF é expresso no sentido de que cabe *reclamação ao STF.*
Gabarito "B".

(OAB/Exame Unificado – 2008.2) De acordo com dispositivo constitucional, a Súmula do STF com efeito vinculante

(A) será aprovada após reiteradas decisões sobre matéria constitucional.

(B) somente poderá ser revista ou cancelada mediante provocação devidamente motivada.

(C) é de observância obrigatória pelos demais órgãos do Poder Judiciário caso seja aprovada pela maioria simples dos membros do tribunal.

(D) não poderá ser cancelada ou revista.

A: correta (art. 103-A, *caput*, da CF); **B:** incorreta. A Súmula vinculante poderá ser revista ou cancelada *de ofício ou por provocação*, por exemplo, dos legitimados à propositura de ação direta de inconstitucionalidade (art. 103-A, *caput*, e § 2º, da CF); **C:** incorreta. Para que produza efeito vinculante, a súmula tem de ser aprovada por *dois terços* dos membros do STF (art. 103-A, *caput*, da CF); **D:** incorreta. É claro que a súmula *pode ser cancelada ou revisada* (art. 103-A, *caput*, e § 2º, da CF).
Gabarito "A".

(OAB/Exame Unificado – 2008.1) A Súmula do STF com efeito vinculante

(A) pode ser aprovada mediante decisão da maioria absoluta dos seus membros.

(B) não pode ser revista ou cancelada de ofício pelo próprio STF.

(C) não é de observância obrigatória para a administração pública estadual e municipal.

(D) pode ter seu cancelamento provocado por aqueles legitimados à propositura da ação direta de inconstitucionalidade.

A: incorreta. A Constituição exige a aprovação por *dois terços* dos membros do STF (art. 103-A, *caput*, da CF); **B:** incorreta. A Súmula vinculante *pode* ser revista ou cancelada *de ofício, pelo próprio STF*, ou por provocação, por exemplo, dos legitimados à propositura de ação direta de inconstitucionalidade (art. 103-A, *caput*, e § 2º, da CF); **C:** incorreta. Não só o Poder Judiciário, mas a Administração Pública direta ou indireta, nas esferas federal, estadual e municipal, são atingidos pelo efeito produzido pela Súmula vinculante (art. 103-A, *caput*, da CF); **D:** correta (art. 103-A, § 2º, da CF e art. 3º da Lei 11.417/2006).
Gabarito "D".

(OAB/Exame Unificado – 2008.1) Compete ao Superior Tribunal de Justiça (STJ) julgar, originariamente,

(A) o mandado de segurança contra ato de Ministro de Estado.

(B) a extradição solicitada por Estado estrangeiro.

(C) a arguição de descumprimento de preceito fundamental decorrente da Constituição.

(D) a ação declaratória de constitucionalidade de lei ou ato normativo estadual.

A: correta (art. 105, I, "*b*", da CF); **B:** incorreta. A competência é do STF (art. 102, I, "*g*", da CF) **C:** incorreta. Cabe ao STF o julgamento de ADPF (art. 102, § 1º, da CF); **D:** incorreta. A ação declaratória de constitucionalidade é julgada pelo STF, mas *não cabe* contra lei ou ato normativo *estadual* (art. 102, I, "*a*", da CF).
Gabarito "A".

(FGV – 2013) O Tribunal de Justiça do Estado "X" decide, mediante acórdão, que a Lei Federal n. 10 deve ser interpretada de determinada forma. Em época próxima, o Tribunal de Justiça do Estado "W" decide, interpretando a mesma lei, em sentido oposto. Célia, advogada, pesquisando sobre o tema para defender os interesses de um cliente, apresenta ação em que defende que a melhor tese é aquela defendida pelo Tribunal de Justiça do Estado "X". Seu pedido é julgado improcedente, decisão que é mantida por acórdão proferido pelo Tribunal de Justiça do Estado "W".

Diante desse quadro, deverá o cliente de Célia apresentar

(A) Recurso Extraordinário endereçado ao Supremo Tribunal Federal.

(B) Recurso Ordinário endereçado ao Superior Tribunal de Justiça.

(C) Recurso Especial endereçado ao Superior Tribunal de Justiça.

(D) Recurso Ordinário endereçado ao Supremo Tribunal Federal.

(E) Recurso de Revista endereçado ao Tribunal Superior do Trabalho.

De acordo com o art. 105, III, "c", da CF, é da competência do **Superior Tribunal de Justiça**, o julgamento, em sede de **recurso especial, quando a decisão recorrida der a lei federal interpretação divergente da que lhe haja atribuído outro tribunal.**
Gabarito "C".

(FGV – 2013) O Tribunal de Justiça do Estado Y, composto por doze desembargadores, resolve, por ato próprio, estabelecer a criação de órgão especial composto pelo Presidente, Vice-Presidente e Corregedor, para realizar julgamentos que não necessitem de *quorum* especial.

Essa norma, à luz do sistema previsto na Constituição Federal,

(A) revela-se possível pela autonomia do ente federativo.

(B) é adequada diante do princípio da simetria.

(C) realizar o princípio da duração razoável do processo.

(D) destoa da normativa por suficiente previsão de tribunal pleno.

(E) colide com o sistema por não possuir tribunal vinte integrantes.

De acordo com o art. 93, XI, da CF, **nos tribunais com número superior a vinte e cinco julgadores, poderá ser constituído órgão especial,** com o mínimo de onze e o máximo de vinte e cinco membros, para o exercício das atribuições administrativas e jurisdicionais delegadas da competência do tribunal pleno, provendo-se metade das vagas por antiguidade e a outra metade por eleição pelo tribunal pleno. Desse modo, o STF, confirmando o disposto na norma constitucional, determinou que: **"Só pode criar órgão especial o tribunal integrado por mais de 25 juízes** (CF, art. 93, XI): para esse fim, considera-se a composição já implementada da Corte, não bastando a existência de vagas recém-

2. DIREITO CONSTITUCIONAL · 249

-criadas, mas ainda não preenchidas" (AO 232, Rel. Min. Sepúlveda Pertence, julgamento em 3-5-1995, Plenário, DJ de 20-4-2001.)

Gabarito "D".

13. CONSELHOS NACIONAIS DE JUSTIÇA E DO MINISTÉRIO PÚBLICO

(OAB/Exame Unificado – 2016.2) Ao ouvir, em matéria telejornalística, referência ao Conselho Nacional de Justiça (CNJ), João, estudante do primeiro ano de curso jurídico, interessado em melhor compreender a estrutura e as atribuições dos órgãos estatais, procura o seu professor de Direito Constitucional para obter maiores informações sobre o tema. Narra o conteúdo da matéria, informando-lhe não ter conseguido entender adequadamente o papel desempenhado pelo referido Conselho na estrutura do Estado. O referido professor, então, plenamente alicerçado na ordem constitucional, esclarece que o Conselho Nacional de Justiça

(A) é um órgão atípico, que não se encontra na estrutura de nenhum dos Poderes da República, mas que, sem prejuízo das suas atribuições administrativas, excepcionalmente possui atribuições jurisdicionais.

(B) é um órgão pertencente à estrutura do Poder Judiciário e, como tal, possui todas as atribuições jurisdicionais recursais, sem prejuízo das atribuições administrativas de sua competência.

(C) embora seja um órgão pertencente à estrutura do Poder Judiciário, possui atribuições exclusivamente administrativas, não sendo, portanto, órgão com competência jurisdicional.

(D) é um órgão auxiliar da Presidência da República, com atribuições de controle da atividade administrativa, financeira e disciplinar de toda a magistratura, incluído neste rol o Supremo Tribunal Federal.

A: incorreta. O Conselho Nacional de Justiça (CNJ) é um órgão do Poder Judiciário, conforme determina o art. 92, I-A, da CF, mas que **não detém função jurisdicional**. O art. 103-B, com redação dada pela EC 45/2004 e alterada pela EC 61/2009, instituiu o CNJ, que tem por função basicamente a fiscalização do Poder Judiciário quanto ao cumprimento dos deveres funcionais dos juízes e à administração financeira desse poder, além das previstas no § 4º do mesmo art. 103-B da CF. Tal órgão exerce uma espécie de controle interno. De acordo com o STF: "(...) esta Suprema Corte em distintas ocasiões já afirmou que o **CNJ não é dotado de competência jurisdicional, sendo mero órgão administrativo**. Assim sendo, a Resolução 135, ao classificar o CNJ e o Conselho da Justiça Federal de 'tribunal', ela simplesmente disse – até porque mais não poderia dizer – que as normas que nela se contém aplicam-se também aos referidos órgãos." (ADI 4.638-MC-REF, rel. min. **Marco Aurélio**, voto do min. **Ricardo Lewandowski**, julgamento em 08.0-2.-2012, Plenário, *DJE* de 30.-10.-2014.)."; **C: B:** incorreta. O CNJ é um órgão do Poder Judiciário, mas, como mencionado, não possui funções jurisdicionais; **C:** correta. As funções do CNJ vêm previstas no § 4º do art. 103-B da CF e são de natureza exclusivamente administrativas; **D:** incorreta. O CNJ **não** é órgão auxiliar da Presidência da República. Conforme determina o citado art. 92, I-A, da CF, o Conselho integra a estrutura do Poder Judiciário. Além disso, o próprio Supremo já decidiu que o CNJ não tem nenhuma competência sobre o STF e encontra-se hierarquicamente abaixo dele0.. (ADI 3.367, rel. min. **Cezar Peluso**, julgamento em 13.0-4.-2005, Plenário, *DJ* de 22.0-9.-2006.).

Gabarito "C".

(OAB/Exame Unificado – 2011.3.A) A respeito dos Procuradores--Gerais de Justiça nos Estados e no Distrito Federal, é INCORRETO afirmar que

(A) podem ser destituídos pela Assembleia Legislativa (nos Estados) e pela Câmara Legislativa (no Distrito Federal).

(B) podem ser reconduzidos somente uma vez.

(C) devem ser integrantes da carreira e exercem o cargo por mandato de dois anos.

(D) são nomeados pelo Governador (nos Estados) e pelo Presidente da República (no Distrito Federal).

A: incorreta, devendo ser assinalada. O Procurador-Geral do Distrito Federal, nomeado pelo Presidente da República, é o chefe do Ministério Público do DF. Tal instituição é organizada e mantida pela União. Conforme o art. 128, § 4º, da CF e a Lei Complementar 75/1993, a destituição desse Procurador, antes do término do mandato, deve ser dar por deliberação da maioria absoluta do Senado Federal e não como afirmado pela alternativa; **B** e **C:** corretas. É o que se extrai da leitura do art. 128, § 3º, da CF; **D:** correta, de acordo com o art. 128, § 3º, da CF e do art. 156, *caput*, da Lei Complementar 75/1993.

Gabarito "A".

(OAB/Exame Unificado – 2010.3) Leia com atenção a afirmação a seguir, que apresenta uma INCORREÇÃO.

O Conselho Nacional de Justiça (CNJ) tem competência, entre outras, para rever, de ofício ou mediante provocação, os processos disciplinares de juízes e membros de tribunais (se tiverem sido julgados há menos de um ano), zelar pela observância dos princípios que regem a administração pública e julgar os magistrados em caso de crime de abuso de autoridade. Assinale a alternativa em que se indique o ERRO na afirmação acima.

(A) O CNJ não pode julgar magistrados por crime de abuso de autoridade.

(B) O CNJ pode rever processos disciplinares de juízes julgados a qualquer tempo.

(C) Não cabe ao CNJ, órgão que integra o Poder Judiciário, zelar por princípios relativos à Administração Pública.

(D) O CNJ, sendo órgão do Poder Judiciário, atua apenas mediante provocação, não podendo atuar de ofício.

A: correta. Art. 103-B, § 4º, IV, da CF; **B:** incorreta, pois somente podem ser revistos os processos disciplinares de juízes julgados há menos de um ano (art. 103-B, § 4º, V, da CF); **C:** incorreta. O CNJ integra o Poder Judiciário (art. 92, I-A, da CF) e a ele cabe zelar pelos princípios da Administração Pública (art. 103-B, § 4º, II, da CF); **D:** incorreta, pois atua de ofício nos casos previstos na CF (por exemplo, art. 103-B, § 4º, II e V, da CF).

Gabarito "A".

(OAB/Exame Unificado – 2010.2) A respeito do Conselho Nacional de Justiça é correto afirmar que:

(A) é órgão integrante do Poder Judiciário com competência administrativa e jurisdicional.

(B) pode rever, de ofício ou mediante provocação, os processos disciplinares de juízes e membros de Tribunais julgados há menos de um ano.

(C) seus atos sujeitam-se ao controle do Supremo Tribunal Federal e do Superior Tribunal de Justiça.

(D) a presidência é exercida pelo Ministro do Supremo Tribunal Federal que o integra e que exerce o direito de voto em todas as deliberações submetidas aquele órgão.

A: incorreta. O CNJ não tem competência jurisdicional, apenas administrativa (art. 103-B, § 4º, I a VII, da CF); **B:** correta. Art. 103-B, § 4º,

V, da CF; **C:** incorreta. Competência do STF (art. 102, I, "r", da CF); **D:** incorreta. O CNJ é presidido pelo *Presidente* do STF (art. 103-B, § 1º, da CF).

Gabarito "B".

(OAB/Exame Unificado – 2008.3) As ações contra o CNJ e contra o Conselho Nacional do Ministério Público serão julgadas

(A) na Justiça Federal do domicílio do autor.

(B) no STJ, quando se tratar de mandado de segurança.

(C) no STF, em qualquer hipótese.

(D) no Tribunal Superior do Trabalho, se houver matéria trabalhista.

As ações contra o CNJ e o CNMP são sempre julgadas pelo STF, conforme dispõe o art. 102, I, "r", da CF.

Gabarito "C".

(OAB/Exame Unificado – 2008.3) O CNJ

(A) compõe-se integralmente de magistrados.

(B) terá seus membros nomeados pelo presidente do STF, depois de aprovados por maioria absoluta no Senado Federal.

(C) poderá rever, de ofício ou mediante provocação, os processos disciplinares de juízes e membros de tribunal julgados há menos de um ano.

(D) poderá apreciar, de ofício, a legalidade dos atos administrativos praticados por membros ou órgãos do Poder Judiciário, mas não poderá desconstituí-los.

A: incorreta. O CNJ é integrado por membros da Magistratura, do Ministério Público, da Advocacia e Cidadãos (art. 103-B, *caput* e incisos, da CF); **B:** incorreta. Quem *nomeia* os membros do CNJ, após aprovação do Senado, é o *Presidente da República* e não o do STF (art. 103-B, § 2º, da CF); **C:** correta. (Art. 103-B, § 4º, V, da CF); **D:** incorreta. O CNJ pode, não só apreciar a legalidade dos atos administrativos praticados por membros ou Órgãos do Poder Judiciário, mas também *desconstituir*, rever ou fixar prazo para se que adotem as providências necessárias (art. 103-B, § 4º, II, da CF).

Gabarito "C".

(OAB/Exame Unificado – 2008.2) Assinale a opção correta acerca do CNJ.

(A) O mandato de seus membros dura quatro anos, admitida uma recondução.

(B) Seus membros são nomeados pelo Presidente da República, depois de aprovada a escolha pela maioria absoluta da Câmara dos Deputados e do Senado Federal.

(C) Nenhum de seus membros pode ser indicado pelo Conselho Federal da OAB, cujos representantes podem, porém, falar e ser ouvidos em quaisquer sessões do CNJ.

(D) São suas funções receber e conhecer reclamações contra membro ou órgão do Poder Judiciário, inclusive contra seus serviços auxiliares.

A: incorreta. É admitida uma recondução, mas o *mandato é de dois anos* e não quatro (art. 103-B da CF); **B:** incorreta. Os membros são nomeados pelo Presidente, depois de aprovada a maioria absoluta do *Senado Federal* (art. 103-B, § 2º, da CF); **C:** incorreta. Dois advogados serão indicados pelo Conselho Federal da OAB (art. 103-B, XII, da CF); **D:** correta (art. 103-B, § 4º, III, da CF).

Gabarito "D".

(OAB/Exame Unificado – 2008.2) O Conselho Nacional de Justiça (CNJ)

(A) somente poderá apreciar a legalidade dos atos administrativos praticados por membros ou órgãos do Poder Judiciário mediante provocação devidamente fundamentada.

(B) poderá apreciar, de ofício, a legalidade dos atos administrativos praticados por membros ou órgãos do Poder Judiciário, mas não poderá desconstituí-los.

(C) poderá desconstituir os atos administrativos praticados por membros ou órgãos do Poder Judiciário, em caso de ilegalidade.

(D) poderá apreciar, de ofício ou mediante provocação, a conveniência e oportunidade dos atos administrativos praticados por membros ou órgãos do Poder Judiciário.

A e B: incorretas. O CNJ age de ofício ou por provocação e pode, não só apreciar a legalidade dos atos administrativos praticados por membros ou órgãos do Poder Judiciário, mas também *desconstituir*, rever ou fixar prazo para se que adotem as providências necessárias (art. 103-B, § 4º, II, da CF); **C:** correta. Conforme o dispositivo constitucional já mencionado; **D:** incorreta. A Constituição menciona apenas apreciação da **"ilegalidade"** (art. 103-B, § 4º, II, da CF). Por razões de conveniência e oportunidade (*mérito* do ato administrativo), só a própria Administração Pública é quem pode revogar um ato administrativo. O Poder Judiciário não adentra ao mérito do ato administrativo e o CNJ, como já mencionado, integra esse poder.

Gabarito "C".

(OAB/Exame Unificado – 2008.1) O Conselho Nacional de Justiça

(A) não integra o Poder Judiciário.

(B) tem seus atos sujeitos a controle apenas no STF.

(C) ainda não teve a constitucionalidade da sua instituição apreciada pelo STF.

(D) exerce função jurisdicional em todo o território nacional.

A: incorreta. O CNJ integra o Poder Judiciário (art. 92, I-A, da CF); **B:** correta. (art. 102, I, "r", da CF); **C:** incorreta. A constitucionalidade do CNJ já foi questionada perante o STF e a decisão foi no sentido de que o órgão é constitucional. Os fundamentos do Supremo são os seguintes: o CNJ faz parte de Poder Judiciário; a maioria de seus membros advém desse poder; o órgão não constitui instrumento de controle externo e, portanto, não fere a separação dos poderes, nem o pacto federativo (ADI 3.367-1/DF, Pleno, j. 13.04.2005, rel. Cezar Peluso, *DJ* 17.03.2006); **D:** incorreta. *O CNJ não tem função jurisdicional* (STF, AgRg no MS 27.148/DF, Decisão monocrática, j. 20.05.2010, rel. Min. Celso de Mello, *DJ* 26.05.2010.) No mesmo sentido: STF, MC em MS 28.611/MS, Decisão monocrática, j. 08.06.2010, rel. Min. Celso de Mello, *DJ* 14.06.2010.

Gabarito "B".

14. FUNÇÕES ESSENCIAIS À JUSTIÇA

(OAB/Exame XXXIV) João Santos, eleito para o cargo de governador do Estado Delta, em cumprimento de uma promessa de campanha, resolve realizar severa reforma administrativa, de modo a melhorar as condições econômico-financeiras do Estado Delta. Para tanto, entre várias propostas, sugere a extinção da Defensoria Pública do Estado, sendo que a Procuradoria Geral do Estado passaria a ter, então, a incumbência de exercer as atribuições da instituição a ser extinta.

2. DIREITO CONSTITUCIONAL 251

Segundo a ordem jurídico-constitucional brasileira, o governador está

(A) correto, pois os interesses público primários e secundários são coincidentes, não havendo motivos para que mais de um órgão venha a ter a competência concorrente de tutelar a ambos.

(B) equivocado, pois a extinção da Defensoria Pública teria, por consequência automática, o repasse das atribuições do órgão a ser extinto para o Ministério Público do Estado Delta.

(C) correto, pois a organização da estrutura administrativa do Estado Delta é atribuição do Governador do Estado, como decorrência natural do princípio federativo.

(D) equivocado, sendo que sua proposta viola a Constituição Federal, já que a Defensoria Pública, como instituição permanente, é essencial à função jurisdicional do Estado.

A: incorreta. **Ainda que os interesses** público primários e secundários **fossem coincidentes** (não são), **o governador do Estado Delta não poderia extinguir** a Defensoria Pública do Estado, tendo em vista o seu caráter de instituição permanente e essencial à função jurisdicional do Estado; B: incorreta. Como já mencionado, a Defensoria Pública não pode ser extinta; C: incorreta. De acordo com os §§2º e 4º do art. 134 da CF, às Defensorias Públicas Estaduais **são asseguradas autonomia funcional e administrativa e a iniciativa de sua proposta orçamentária** e os seus princípios institucionais são: a unidade, a indivisibilidade e a **independência funcional**; D: correta. Determina o *caput* do art. 134 da CF que a Defensoria Pública é **instituição permanente, essencial à função jurisdicional do Estado**, incumbindo-lhe, como expressão e instrumento do regime democrático, fundamentalmente, a orientação jurídica, a promoção dos direitos humanos e a defesa, em todos os graus, judicial e extrajudicial, dos direitos individuais e coletivos, de forma integral e gratuita, aos necessitados, na forma do inciso LXXIV do art. 5º desta Constituição Federal.
Gabarito "D".

(OAB/Exame Unificado – 2011.3.B) A respeito da Advocacia Pública, assinale a alternativa correta.

(A) São princípios institucionais das Procuradorias dos Estados a unidade e a indivisibilidade. Como consequência, é inconstitucional lei estadual que crie Procuradoria-Geral para consultoria, assessoramento jurídico e representação judicial da Assembleia Legislativa.

(B) A Advocacia-Geral da União tem por chefe o Advogado-Geral da União, nomeado pelo Presidente da República dentre integrantes da carreira, maiores de trinta e cinco anos, após a aprovação de seu nome pela maioria absoluta do Senado Federal.

(C) Aos Procuradores dos Estados e do Distrito Federal, que ingressarem na carreira mediante concurso público, é assegurada estabilidade após três anos de efetivo exercício, mediante avaliação periódica de desempenho perante os órgãos próprios, após relatório circunstanciado das corregedorias.

(D) Na execução da dívida ativa de natureza tributária, a representação da União não caberá à Procuradoria-Geral da Fazenda Nacional.

A: incorreta. Os princípios mencionados são aplicáveis aos membros do Ministério Público (art. 127, § 1º, da CF); B: incorreta. De acordo com § 1º do art. 131 da C, a Advocacia-Geral da União, de

fato, tem por chefe o Advogado-Geral da União, mas a nomeação, feita pelo Presidente da República, é livre, desde que seja dentre cidadãos maiores de trinta e cinco anos, de notável saber jurídico e reputação ilibada; **C:** correta (art. 132, *caput* e parágrafo único, da CF); **D:** incorreta. Conforme o art. 131, § 3º, da CF, na execução da dívida ativa de natureza tributária, a representação da União *cabe* à Procuradoria-Geral da Fazenda Nacional.
Gabarito "C".

(OAB/Exame Unificado – 2010.2) Considerando que nos termos dispostos no art. 133 da Constituição do Brasil, o advogado é indispensável à administração da justiça, sendo até mesmo inviolável por seus atos e manifestações no exercício da profissão é correto afirmar que:

(A) a imunidade profissional não pode sofrer restrições de qualquer natureza.

(B) nenhuma demanda judicial, qualquer que seja o órgão do Poder Judiciário pelo qual tramite, independentemente de sua natureza, objeto e partes envolvidas, pode receber a prestação jurisdicional se não houver atuação de advogado.

(C) a inviolabilidade do escritório ou local de trabalho é assegurada nos termos da lei, não sendo vedadas, contudo, a busca e a apreensão judicialmente decretadas, por decisão motivada, desde que realizada na presença de representante da OAB, salvo se esta, devidamente notificada ou solicitada, não proceder a indicação.

(D) a prisão do advogado, por motivo de exercício da profissão, somente poderá ocorrer em flagrante, mesmo em caso de crime afiançável.

A: incorreta. A imunidade profissional do advogado é reconhecida, desde que nos limites da lei (art. 2º, § 3º, da Lei 8.906/1994). V., tb., art. 7º, § 2º, da mesma lei; **B:** incorreta. O STF, ao julgar a ADI 1.127-8, declarou a inconstitucionalidade da expressão "qualquer" prevista no art. 1º, I, da Lei 8.906/1994. O questionamento em relação à constitucionalidade da parte final do art. 1º, I, da mesma lei foi superada pelo advento do art. 9º da Lei 9.099/1995, que dispensa a atuação do advogado nas causas de até 20 salários-mínimos perante os Juizados Especiais. Além disso, há atos que podem ser praticados sem a presença de advogados, como a impetração de *habeas corpus*, além do reconhecimento do *ius postulandi* na Justiça do Trabalho; **C:** correta. Art. 7º, II e § 6º, da Lei 8.906/1994; **D:** incorreta. Não reflete o disposto no art. 7º, § 3º, da Lei 8.906/1994.
Gabarito "C".

(OAB/Exame Unificado – 2008.3) Acerca das funções essenciais à justiça, assinale a opção correta.

(A) A Advocacia-Geral da União é a instituição que representa judicial e extrajudicialmente a União, as autarquias e as fundações públicas federais, cabendo-lhe, nos termos da lei complementar que disponha sobre sua organização e funcionamento, as atividades de consultoria e assessoramento jurídico do Poder Executivo.

(B) Às defensorias públicas da União e dos Estados são asseguradas a autonomia funcional e administrativa e a iniciativa de sua proposta orçamentária dentro dos limites estabelecidos na lei de diretrizes orçamentárias.

(C) O Procurador-Geral da República poderá ser destituído do cargo pelo Presidente da República, independentemente de prévia aprovação do Senado.

(D) Compete ao Conselho Nacional do Ministério Público receber e conhecer das reclamações contra membros ou órgãos do MPU ou dos Estados.

A: incorreta. O art. 131, *caput*, da CF trata da Advocacia-Geral da União e não inclui, dentre suas atribuições, a de representar judicial e extrajudicialmente as autarquias e fundações públicas federais; **B:** incorreta. A alternativa está *incompleta*, pois o § 2º do art. 134 da CF determina que, além dos limites estabelecidos na lei de diretrizes orçamentárias, deve ser observado o disposto no art. 99, § 2º, da CF. Além disso, é importante ressaltar que o art. 134, § 2º, da CF teve a sua redação alterada pela EC 74/2013, de modo que as regras mencionadas passaram a ser aplicadas também às Defensorias Públicas da União e do Distrito Federal; **C:** incorreta. O art. 128, § 2º, da CF exige que a destituição do Procurador-Geral da República seja *precedida de autorização* da maioria absoluta do *Senado* Federal; **D:** correta, conforme dispõe o art. 130-A, § 2º, III, da CF.

Gabarito "D".

(FGV – 2013) O Ministério Público exerce função essencial à Justiça. Nos termos da Constituição Federal, o Chefe do Ministério Público da União é escolhido, dentre integrantes da carreira,

(A) pela maioria absoluta da Câmara dos Deputados com sanção do Presidente da República.

(B) por votação direta e secreta dos membros do Ministério Público, com aprovação do Senado Federal.

(C) por indicação dos órgãos de classe do Ministério Público, com nomeação do Presidente da República.

(D) por indicação do plenário do Senado, com aprovação do Presidente da República.

(E) pela Presidência da República, após aprovação do Senado Federal.

De acordo com o art. 128, § 1º, da CF, o Ministério Público da União tem por chefe o Procurador-Geral da República, **nomeado pelo Presidente da República** dentre integrantes da carreira, maiores de trinta e cinco anos, após a **aprovação de seu nome pela maioria absoluta dos membros do Senado Federal**, para mandato de dois anos, permitida a recondução.

Gabarito "E".

(FGV – 2013) Nos termos da legislação que regula a Advocacia Geral da União, função essencial da Justiça, compõem o Conselho Superior da AGU:

(A) o Procurador-Geral da União, o Procurador-Regional da União e o Advogado-Geral da União.

(B) o Consultor-Geral da União, o Procurador-Geral da Fazenda Nacional e o Advogado-Geral da União.

(C) o Corregedor-Geral da AGU, o Procurador-Regional da União e o Advogado-Geral da União.

(D) o Procurador-Geral da Fazenda Nacional, o Procurador- Regional da Fazenda Nacional e o Advogado- -Geral da União.

(E) o Procurador-Geral das Autarquias, o Procurador- -Geral Federal e o Advogado Geral da União.

Conforme determina o art. 8º, I a III, da LC 73/1993, integram o Conselho Superior da Advocacia-Geral da União: I – o **Advogado-Geral da União**, que o preside; II – o Procurador-Geral da União, o **Procurador-Geral da Fazenda Nacional**, o **Consultor-Geral da União**, e o Corregedor-Geral da Advocacia da União; III – um representante, eleito, de cada carreira da Advocacia-Geral da União, e respectivo suplente.

Gabarito "B".

15. DEFESA DO ESTADO

(OAB/Exame XXXVIII) O Presidente da República Federativa do Brasil, após ouvir os Conselhos da República e de Defesa Nacional, decretou estado de defesa em parte da Região Centro-Oeste do país, que fora atingida por calamidade natural de grandes proporções.

O Congresso Nacional, 12 horas após a veiculação do decreto presidencial, tomou ciência da justificativa que levou o Presidente a decretar o estado de defesa.

Sobre a hipótese, segundo o sistema jurídico-constitucional brasileiro, assinale a afirmativa correta.

(A) O procedimento apresenta uma inconstitucionalidade formal, pois a decretação do estado de defesa exige aprovação prévia das razões do ato pelo Congresso Nacional.

(B) O decreto presidencial encontra-se formalmente correto, pois, diferentemente do estado de sítio, o estado de defesa dispensa qualquer manifestação, prévia ou *a posteriori*, do Congresso Nacional.

(C) O ato de decretação somente poderia passar a vigorar na região apontada após prévia normatização por meio de decreto legislativo elaborado exclusivamente pelo Congresso Nacional.

(D) O procedimento utilizado pelo Presidente da República converge com aquele que é constitucionalmente exigido, já que a decretação do estado de defesa não exige aprovação prévia do Congresso Nacional.

A: incorreta. O procedimento da decretação do estado de defesa não exige aprovação prévia das razões do ato pelo Congresso Nacional (CF, art. 136). **B:** incorreta. É competência exclusiva do Congresso Nacional aprovar o estado de defesa ou suspender a medida (CF, art. 49, IV). **C:** incorreta. A decretação do estado de defesa é ato do Presidente da República (CF, art. 84, IX e art. 136). **D:** correta. O procedimento está previsto no art. 136 da CF. **AMN**

Gabarito "D".

(OAB/Exame XXXVI) Dois Estados de determinada região do Brasil foram atingidos por chuvas de tal magnitude que o fenômeno foi identificado como calamidade de grandes proporções na natureza. A ocorrência gerou graves ameaças à ordem pública, e o Presidente da República, após ouvir o Conselho da República e o de Defesa Nacional, decretou o estado de defesa, a fim de reestabelecer a paz social.

No decreto instituidor, indicou, como medida coercitiva, a ocupação e o uso temporário de bens e serviços públicos dos Estados atingidos, sem direito a qualquer ressarcimento ou indenização por danos e custos decorrentes.

Segundo o sistema jurídico-constitucional brasileiro, no caso em análise,

(A) houve violação ao princípio federativo, já que o uso e a ocupação em tela importam em violação à autonomia dos Estados atingidos pela calamidade natural de grandes proporções.

(B) a medida coercitiva é constitucional, pois a decretação de estado de defesa confere à União poderes amplos para combater, durante um prazo máximo de noventa dias, as causas geradoras da crise.

2. DIREITO CONSTITUCIONAL   253

(C) a medida coercitiva em tela viola a ordem constitucional, pois a União deve ser responsabilizada pelos danos e custos decorrentes da ocupação e uso temporário de bens e serviços de outros entes.

(D) a medida coercitiva, nos termos acima apresentados, somente será constitucional se houver prévia e expressa autorização de ambas as casas do Congresso Nacional.

A: incorreta. O uso temporário de bens e a ocupação são constitucionalmente admitidos na hipótese da decretação do estado de defesa, conforme previsão no art. 136, § 1º, II, da CF. Não há, portanto, violação ao princípio federativo; B: incorreta. A medida coercitiva é constitucional, mas o tempo de duração do estado de defesa não será superior a **trinta dias**, podendo ser **prorrogado uma vez, por igual período**, se persistirem as razões que justificaram a sua decretação, conforme determina o art. no art. 136, § 2º, da CF; C: correta. De fato, a medida coercitiva (a ocupação e o uso temporário de bens e serviços públicos dos Estados atingidos) **viola a ordem constitucional**, pois a União, ao contrário do mencionado, deve ser responsabilizada pelos danos e custos decorrentes, conforme determina o art. 136, § 1º, II, da CF; D: incorreta. Não há necessidade de prévia e expressa autorização das casas do Congresso Nacional para a aplicação da medida coercitiva. De acordo com o art. 136, § 1º, II, da CF, **o decreto que instituir o estado de defesa** determinará o tempo de sua duração, especificará as áreas a serem abrangidas e **indicará, nos termos e limites da lei, as medidas coercitivas** a vigorarem, como, por exemplo, a ocupação e uso temporário de bens e serviços públicos, na hipótese de calamidade pública, **respondendo a União pelos danos e custos decorrentes.**

Gabarito "C"

(OAB/Exame XXXIV) A zona oeste do Estado Delta foi atingida por chuvas de grande intensidade por duas semanas, levando os especialistas a classificar tal situação como de calamidade de grandes proporções na natureza, em virtude dos estragos observados. O governador de Delta, ao decidir pela decretação do estado de defesa, convoca os procuradores do Estado para que estes se manifestem acerca da constitucionalidade da medida.

Os procuradores informam ao governador que, segundo o sistema jurídico-constitucional brasileiro, a decretação do estado de defesa

(A) é um meio institucional adequado para o enfrentamento da crise, mas depende de prévia consulta à Assembleia Legislativa do Estado Delta.

(B) pode ser promovida pelo governador do Estado Delta, caso o Presidente da República delegue tais poderes ao Chefe do Poder Executivo estadual.

(C) não pode se concretizar, pois a ocorrência de calamidade de grandes proporções na natureza não configura hipótese justificadora da referida medida.

(D) é competência indelegável do Presidente da República, não sendo constitucionalmente prevista sua extensão aos chefes do poder executivo estadual.

A: incorreta. O **governador não pode decidir pela decretação** do estado de defesa, pois a competência para tanto é do Presidente da República. Determina o art. 21, V, da CF que compete à União decretar o estado de sítio, o estado de defesa e a intervenção federal. Complementando, o art. 84, IX, da CF dispõe que compete privativamente ao Presidente da República decretar o estado de defesa e o estado de sítio. Por fim, o art. 49, IV, da CF determina a competência **exclusiva** do Congresso Nacional (não da Assembleia Legislativa do Estado Delta) para aprovar o estado de defesa e a intervenção federal, autorizar o estado de sítio, ou suspender qualquer uma dessas medidas; B: incorreta. **Não há possibilidade**

de delegação. As atribuições do Presidente passíveis de delegação vêm listadas no parágrafo único do art. 84 da CF e a decretação do estado de defesa não faz parte desse rol; C: incorreta. A hipótese (calamidade de grandes proporções na natureza) configura hipótese justificadora da referida medida, porém só pode ser decreta pelo Presidente da República, conforme já mencionado. De acordo com o *caput* do art. 136 da CF, **o Presidente da República pode**, ouvidos o Conselho da República e o Conselho de Defesa Nacional, **decretar estado de defesa para preservar ou prontamente restabelecer**, em locais restritos e determinados, a ordem pública ou a paz social ameaçadas por grave e iminente instabilidade institucional ou **atingidas por calamidades de grandes proporções na natureza**; D: correta. **A competência é do Presidente da República**, não sendo constitucionalmente prevista sua extensão aos chefes do poder executivo estadual. Determina o art. 84, IX, da CF que compete privativamente ao Presidente da República decretar o estado de defesa e o estado de sítio.

Gabarito "D"

(OAB/Exame Unificado – 2020.2) Durante pronunciamento em rede nacional, o Presidente da República é alertado por seus assessores sobre a ocorrência de um ataque balístico, em solo pátrio, oriundo de país fronteiriço ao Brasil. Imediatamente, anuncia que tal agressão armada não ficará sem resposta.

Após reunir-se com o Conselho da República e o Conselho de Defesa Nacional, solicita autorização ao Congresso Nacional para decretar o estado de sítio e adotar as seguintes medidas: I – a população que reside nas proximidades da área atacada deve permanecer dentro de suas casas ou em abrigos indicados pelo governo; II – imposição de restrições relativas à inviolabilidade da correspondência e ao sigilo das comunicações.

A partir do enunciado proposto, com base na ordem constitucional vigente, assinale a afirmativa correta.

(A) Cabe ao Congresso Nacional decidir, por maioria absoluta, sobre a decretação do estado de sítio, visto que as medidas propostas pelo Presidente da República revelam-se compatíveis com a ordem constitucional.

(B) Além de as medidas a serem adotadas serem incompatíveis com a ordem constitucional, a resposta à agressão armada estrangeira é causa de decretação do estado de defesa, mas não do estado de sítio.

(C) Embora as medidas a serem adotadas guardem compatibilidade com a ordem constitucional, a decretação do estado de sítio prescinde de prévia aprovação pelo Congresso Nacional.

(D) Cabe ao Congresso Nacional decidir, por maioria simples, sobre a instituição do estado de sítio, mas as medidas propostas pelo Presidente apresentam flagrante inconstitucionalidade.

B: incorreta. A **resposta a agressão armada estrangeira** é **hipótese de decretação do estado de sítio**, conforme determina o inciso II do art. 137 da CF. Em relação às **medidas coercitivas** adotadas nesta modalidade de decretação do estado de sítio (art. 137, II, da CF), a CF/88 não as traz expressamente. Vicente Paulo e Marcelo Alexandrino, em Direito Constitucional Descomplicado, 20ª Ed., p. 904, ensinam que: "... em tese, as restrições poderão ser mais amplas, atingindo outras garantias fundamentais além daquelas autorizadas pelo art. 139 para o caso de decretação de estado de sítio com fundamento no inciso I do art. 137 da CF. Mas, para que sejam adotadas tais medidas coercitivas contra as pessoas, será indispensável o cumprimento dos seguintes requisitos: (a) justificação quanto à necessidade de adoção das medidas pelo Presidente da República; (b) aprovação das medidas coercitivas pelo Congresso Nacional, por maioria de seus membros; (c) previsão expressa da adoção das medidas no decreto que instituir o estado de sítio; **C:** incorreta. A decretação do estado de sítio, ao contrário do mencionado, **depende de prévia aprovação pelo Congresso Nacional.** Determina o *caput* do art. 137 da CF que o **Presidente da República pode,** ouvidos o Conselho da República e o Conselho de Defesa Nacional, **solicitar ao Congresso Nacional autorização para decretar o estado de sítio**; **D:** incorreta. O Congresso Nacional deve autorizar, por **maioria absoluta,** sobre a instituição do estado de sítio. Determina o parágrafo único do art. 137 da CF que o Presidente da República, ao solicitar autorização para decretar o estado de sítio ou sua prorrogação, relatará os motivos determinantes do pedido, **devendo o Congresso Nacional decidir por maioria absoluta.** Em relação às medidas coercitivas propostas pelo Presidente, como a CF não as traz expressamente, deverá ser observado se os requisitos (justificação quanto à necessidade, aprovação pelo Congresso Nacional e previsão expressa das medidas no decreto que instituir o estado de sítio) foram cumpridos. **BV**

Gabarito "A".

(OAB/Exame Unificado – 2020.1) João dos Santos foi selecionado para atuar como praça prestadora de serviço militar inicial, fato que lhe permitirá ser o principal responsável pelos meios de subsistência de sua família. No entanto, ficou indignado ao saber que sua remuneração será inferior ao salário mínimo, contrariando o texto constitucional, insculpido no Art. 7º, inciso IV, da CRFB/88.

Desesperado com tal situação, João entrou no gabinete do seu comandante e o questionou, de forma ríspida e descortês, acerca dessa remuneração supostamente inconstitucional, sofrendo, em consequência dessa conduta, punição administrativo-disciplinar de prisão por 5 dias, nos termos da legislação pertinente. Desolada, a família de João procurou um advogado para saber sobre a constitucionalidade da remuneração inferior ao salário mínimo, bem como da possibilidade de a prisão ser relaxada por ordem judicial.

Nessas circunstâncias, nos termos do direito constitucional brasileiro e da jurisprudência do STF, assinale a opção que apresenta a resposta do advogado.

(A) A remuneração inferior ao salário mínimo para as praças prestadoras de serviço militar inicial não viola a Constituição de 1988, bem como não cabe *habeas corpus* em relação às punições disciplinares militares, exceto para análise de pressupostos de legalidade, excluída a apreciação de questões referentes ao mérito.

(B) A remuneração inferior ao salário mínimo contraria o Art. 7º, inciso IV, da Constituição de 1988, bem como se reconhece o cabimento de *habeas corpus* para as punições disciplinares militares, qualquer que seja a circunstância.

(C) O estabelecimento de remuneração inferior ao salário mínimo para as praças prestadoras de serviço militar inicial não viola a Constituição da República, mas é cabível o *habeas corpus* para as punições disciplinares militares, até mesmo em relação a questões de mérito da sanção administrativa.

(D) A remuneração inferior ao salário mínimo contraria a ordem constitucional, mais especificamente o texto constitucional inserido no Art. 7º, inciso IV, da Constituição de 1988, bem como não se reconhece

o cabimento de *habeas corpus* em relação às punições disciplinares militares, exceto para análise dos pressupostos de legalidade, excluídas as questões de mérito da sanção administrativa.

A: correta. Determina a Súmula Vinculante 6 que não viola a Constituição o estabelecimento de remuneração inferior ao salário mínimo para as praças prestadoras de serviço militar inicial. Além disso, a CF/88, em seu art. 142, § 2º, dispõe que não cabe *habeas corpus* em relação a punições disciplinares militares. Com isso, permite-se a existência de regras especiais de conduta, por vezes mais rígidas no âmbito militar, quando comparadas ao âmbito civil. Por outro lado, se a discussão referente à punição disciplinar militar for sobre a legalidade do procedimento aplicado e ou sobre a competência da autoridade responsável pela expedição da ordem, é possível a impetração do remédio, conforme determina o STF; **B:** incorreta. O art. 7º, IV, da CF/88 não se aplica aos militares. De acordo com o art. 142, VIII, da CF/88 – aplica-se aos militares o disposto no art. 7º, incisos VIII, XII, XVII, XVIII, XIX e XXV, e no art. 37, incisos XI, XIII, XIV e XV, bem como, na forma da lei e com prevalência da atividade militar, no art. 37, inciso XVI, alínea "c". Além disso, como já mencionado, é possível a impetração do *habeas corpus* em relação à punição disciplinar militar se a discussão for sobre os pressupostos de legalidade, não sobre o mérito da sanção administrativa; **C:** incorreta. Questões relacionadas ao mérito da sanção administrativa decorrente de infração disciplinar militar não são passíveis de *habeas corpus*, conforme determina o § 2º do art. 142 da CF/88; **D:** incorreta. Conforme já explicado, o art. 7º, IV, da CF/88 não se aplica aos militares. **BV**

Gabarito "A".

(OAB/Exame Unificado – 2019.3) As chuvas torrenciais que assolaram as regiões Norte e Nordeste do país resultaram na paralisação de serviços públicos essenciais ligados às áreas de saúde, educação e segurança. Além disso, diversos moradores foram desalojados de suas residências, e o suprimento de alimentos e remédios ficou prejudicado em decorrência dos alagamentos.

O Presidente da República, uma vez constatado o estado de calamidade pública de grande proporção, decretou estado de defesa. Dentre as medidas coercitivas adotadas com o propósito de restabelecer a ordem pública estava o uso temporário de ambulâncias e viaturas pertencentes ao Município Alfa.

Diante do caso hipotético narrado, assinale a afirmativa correta.

(A) A fundamentação empregada pelo Presidente da República para decretar o estado de defesa viola a Constituição de 1988, porque esta exige, para tal finalidade, a declaração de estado de guerra ou resposta a agressão armada estrangeira.

(B) Embora seja admitida a decretação do estado de defesa para restabelecer a ordem pública em locais atingidos por calamidades de grandes proporções da natureza, não pode o Presidente da República, durante a vigência do período de exceção, determinar o uso temporário de bens pertencentes a outros entes da federação.

(C) O estado de defesa, no caso em comento, viola o texto constitucional, porque apenas poderia vir a ser decretado pelo Presidente da República caso constatada a ineficácia de medidas adotadas durante o estado de sítio.

(D) A União pode determinar a ocupação e o uso temporário de bens e serviços públicos, respondendo pelos danos e custos decorrentes, porque a necessidade de

2. DIREITO CONSTITUCIONAL — 255

restabelecer a ordem pública em locais atingidos por calamidades de grandes proporções da natureza é fundamento idôneo para o estado de defesa.

A: incorreta. **A fundamentação** empregada pelo Presidente da República para decretar o estado de defesa **está de acordo** com o Texto Constitucional. Determina o *caput* do art. 136 da CF que o estado de defesa pode ser decretado, dentre outras hipóteses, para preservar ou prontamente restabelecer locais restritos e determinados atingidos por calamidades de grandes proporções na natureza; **B:** incorreta. A primeira parte está correta. Por outro lado, **a afirmação** de que, durante a vigência do período de exceção, o Presidente não poder determinar o uso temporário de bens pertencentes a outros entes da federação **viola** o inciso II do § 1º do art. 136 da CF que autoriza a aplicação dessa medida coercitiva, desde que a União responda pelos danos e custos decorrentes da ocupação ou uso; **C:** incorreta. São várias as hipóteses de cabimento do estado de defesa, mas a apresentada pela alternativa não integra o rol. De acordo com o citado *caput* do art. 136 da CF, o estado de defesa poderá ser decretado para preservar ou prontamente restabelecer, em locais restritos e determinados, a ordem pública ou a paz social ameaçadas por grave e iminente instabilidade institucional ou atingidas por calamidades de grandes proporções na natureza. A **ineficácia** de medidas adotadas **durante o estado de defesa enseja a decretação do estado de sítio**, conforme determina o art. 137, I, da CF; **D:** correta. É o que determina o art. 136, *caput*, e§1º, II, da CF. **BV**

Gabarito "D".

(OAB/Exame Unificado – 2018.2) Durante ato de protesto político, realizado na praça central do Município Alfa, os manifestantes, inflamados por grupos oposicionistas, começam a depredar órgãos públicos locais, bem como invadem e saqueiam estabelecimentos comerciais, situação que foge do controle das forças de segurança.

Diante do quadro de evidente instabilidade social, o Presidente da República, por Decreto, institui o estado de defesa no Município Alfa por prazo indeterminado, até que seja restaurada a ordem pública e a paz social. No Decreto, ainda são fixadas restrições aos direitos de reunião e ao sigilo de correspondência e comunicação telefônica.

Acerca do caso apresentado, assinale a afirmativa correta.

(A) Durante o estado de defesa, podem ser estabelecidas restrições aos direitos de reunião e ao sigilo de correspondência e comunicação telefônica, mas o referido decreto não poderia estender-se por prazo indeterminado, estando em desconformidade com a ordem constitucional.

(B) Ao decretar a medida, o Chefe do Poder Executivo não poderia adotar medidas de restrição ao sigilo de correspondência e comunicação telefônica, o que denota que o decreto é materialmente inconstitucional.

(C) O decreto é formalmente inconstitucional, porque o Presidente da República somente poderia decretar medida tão drástica mediante lei previamente aprovada em ambas as casas do Congresso Nacional.

(D) O decreto presidencial, na forma enunciada, não apresenta qualquer vício de inconstitucionalidade, sendo assegurada, pelo texto constitucional, a possibilidade de o Presidente da República determinar, por prazo indeterminado, restrições aos referidos direitos.

A: correta. De fato as restrições mencionadas podem ser estabelecidas durante o estado de defesa (art. 136, § 1º, I, "a", "b" e "c", da CF).Além disso, o tempo de duração da medida não poderá ser superior a 30

dias, prorrogável uma vez por igual período (art. 136, § 2º, da CF). Por fim, vale lembrar que o estado de defesa é decretado para preservar ou prontamente restabelecer, em locais restritos e determinados, a ordem pública ou a paz social ameaçada por grave e iminente instabilidade institucional ou atingida por calamidades de grandes proporções na natureza (art. 136, *caput*, da CF); **B:** incorreta. Como mencionado, as medidas restritivas relacionadas ao sigilo de correspondência e comunicação telefônica, além de outras, podem ser estabelecidas durante o estado de defesa; **C:** incorreta. É a CF quem determina que medida deva ser efetivada por decreto presidencial (art. 136, § 1º, da CF). Portanto, não há inconstitucionalidade a ser apontada; **D:** incorreta. A primeira parte da alternativa está correta. Ocorre que a segunda parte menciona que as restrições aos direitos podem ser estabelecidas por prazo indeterminado, o que não é verdade. Dispõe a CF que decreto que instituir o estado de defesa determinará o tempo de sua duração, especificará as áreas a serem abrangidas e indicará, nos termos e limites da lei, as medidas coercitivas a vigorarem (art. 136, § 1º, da CF). Além disso, nas disposições gerais relacionadas aos estados de exceção, o Texto Maior determina que cessado o estado de defesa ou o estado de sítio, cessarão também seus efeitos, sem prejuízo da responsabilidade pelos ilícitos cometidos por seus executores ou agentes (art. 141 da CF). Por fim, o parágrafo único do último dispositivo mencionado informa que logo que cesse o estado de defesa ou o estado de sítio, as medidas aplicadas em sua vigência serão relatadas pelo Presidente da República, em mensagem ao Congresso Nacional, com especificação e justificação das providências adotadas, com relação nominal dos atingidos e indicação das restrições aplicadas. **BV**

Gabarito "A".

(OAB/Exame Unificado – 2018.1) Policiais militares do estado Y decidiram entrar em greve em razão dos atrasos salariais e por considerarem inadequadas as condições de trabalho. Em razão desse quadro, a Associação de Esposas e Viúvas dos Policiais Militares procura um advogado para saber da constitucionalidade dessa decisão dos policiais militares.

Sobre a hipótese apresentada, assinale a afirmativa correta.

(A) Compete aos referidos policiais militares decidir sobre a oportunidade de exercer o direito de greve, que lhes é assegurado pela CRFB/88.

(B) O direito de greve pode ser livremente exercido pelos policiais militares estáveis, mas aqueles que estiverem em estágio probatório podem ser demitidos por falta injustificada ao serviço.

(C) O exercício do direito de greve, sob qualquer forma ou modalidade, é-lhes vedado, pois sua atividade é essencial à segurança da sociedade, tal qual ocorre com os militares das Forças Armadas.

(D) O direito de greve dos servidores públicos ainda não foi regulamentado por lei específica, o que torna a decisão constitucional incorreta.

A:incorreta. Os policiais militares não podem decidir sobre a oportunidade de exercer o direito de greve, pois a CF, em seu art. 142, § 3º, IV, proíbe que o militar faça greve; **B:** incorreta. Como mencionado, militares não podem fazer greve por expressa vedação constitucional; **C:** correta. É o que determina o art. 142, § 3º, IV, da CF; **D:** incorreta. A lei não pode regulamentar algo que a Constituição proíbe. **BV**

Gabarito "C".

(OAB/Exame Unificado – 2016.2) O Presidente da República, cumprido todos os pressupostos constitucionais exigíveis, decreta estado de defesa no Estado-membro Alfa, que foi atingido por calamidades naturais de grandes proporções, o que causou tumulto e invasões a supermercados, farmácias e outros estabelecimentos, com atingimento à ordem pública e à paz social. Mesmo após o prazo inicial de 30 dias ter sido prorrogado por igual período (mais 30 dias), ainda restava evidente a ineficácia das medidas tomadas no decorrer do citado estado de defesa.

Sem saber como proceder, a Presidência da República recorre ao seu corpo de assessoramento jurídico que, de acordo com a CRFB/88, informa que

(A) será possível, cumpridas as exigências formais, uma nova prorrogação de, no máximo, 30 dias do estado de defesa.

(B) será possível, cumpridas as exigências formais, prorrogar o estado de defesa até que seja a crise completamente debelada.

(C) será possível, cumpridas as exigências formais, decretar o estado de sítio, já que vedada nova prorrogação do estado de defesa.

(D) será obrigatoriamente decretada a intervenção federal no Estado Alfa, que possibilita a utilização de meios de ação mais contundentes do que os previstos no estado de defesa.

A e B: incorretas. O estado de defesa **só pode ser prorrogado uma única vez**. De acordo com o art. 136, § 2º, da CF, o tempo de duração do estado de defesa não será superior a trinta dias, podendo ser prorrogado **uma vez**, por igual período, se persistirem as razões que justificaram a sua decretação; **C**: correta. De fato, o estado de sítio pode ser decretado, pois um dos casos previstos na Constituição, art. 137, I, parte final, da CF, que admite a decretação do estado de sítio é a ocorrência de fatos que comprovem a ineficácia de medida tomada durante o estado defesa. Claro que as exigências formais para essa decretação devem ser cumpridas; **D**: incorreta. Não se trata de hipótese de decretação de intervenção federal. Como mencionado, a solução viável é a decretação do estado de sítio.
Gabarito "C".

(OAB/Exame Unificado – 2014.2) O estado de defesa e o estado de sítio são tidos como legalidades extraordinárias, verdadeiras excepcionalidades que possibilitam inclusive a suspensão de determinas garantias constitucionais. As hipóteses de incidência e o procedimento são exaustivamente tratados pela CRFB/1988. Com base na previsão constitucional dos referidos institutos, assinale a opção correta.

(A) O estado de defesa e o estado de sítio podem ser decretados pelo Presidente da República, bastando a oitiva prévia do Conselho da República, do Conselho de Defesa Nacional e do Procurador-Geral da República.

(B) No estado de defesa, a oitiva do Congresso Nacional é posterior à sua decretação. Por sua vez, no estado de sítio, o Congresso Nacional deve ser ouvido previamente à decretação.

(C) Poderá o Presidente da República, à luz da CRFB/1988, decretar estado de defesa em resposta a agressão armada de país vizinho.

(D) Em sendo hipótese de estado de sítio, o Congresso Nacional deverá ser fechado até o término das medidas coercitivas, para sua salvaguarda.

A: incorreta. O estado de defesa pode ser decretado pelo Presidente da República após terem sido ouvidos o Conselho da República e o Conselho de Defesa Nacional, conforme dispõe o *caput* do art. 136 da

CF. O **estado de sítio**, cabível em hipóteses mais graves que o estado de defesa, **deve ser precedido de autorização do Congresso Nacional** para ser decretado, conforme determina o art. 137, *caput*, da CF; **B**: correta. A **oitiva do Congresso Nacional no estado de defesa é posterior** à sua decretação. De acordo com o art. 136, § 6º, da CF, o Congresso Nacional apreciará o decreto dentro de dez dias contados de seu recebimento, devendo continuar funcionando enquanto vigorar o estado de defesa. **Em relação ao estado de sítio, o Congresso Nacional deve ser ouvido previamente à decretação**, pois o Presidente da República terá de pedir autorização ao Congresso para decretar esse estado. O art. 137, parágrafo único, da CF determina que o Congresso decida sobre a decretação pelo voto da maioria absoluta de seus membros; **C**: incorreta. A resposta a agressão armada estrangeira, conforme o art. 137, II, da CF, é **situação que admite a decretação do estado de sítio** e não do de defesa; **D**: incorreta. Ao contrário, no estado de sítio o Congresso Nacional **permanecerá em funcionamento** até o término das medidas coercitivas, conforme determina o art. 138, § 3º, da CF.
Gabarito "B".

(OAB/Exame Unificado – 2009.3) Assinale a opção correta com base no que dispõe a CF acerca do estado de defesa.

(A) Quando cessar o estado de defesa, cessarão também seus efeitos, não sendo os seus executores responsabilizados pelos ilícitos cometidos.

(B) Haverá supressão do direito de reunião durante a vigência do estado de defesa.

(C) O preso ficará incomunicável durante a vigência do estado de defesa.

(D) O tempo de duração do estado de defesa não será superior a trinta dias, podendo ser prorrogado uma vez, por igual período, se persistirem as razões que justificaram a sua decretação.

A: incorreta. O art. 141, *caput*, da CF menciona que embora cessado o estado de defesa, *haverá responsabilização* dos executores ou agentes *pelos ilícitos cometidos*; **B**: incorreta. O art. 136, § 1º, I, "a", da CF não fala em "supressão", mas apenas restrição ao direito de reunião; **C**: incorreta. Diversamente do afirmado, na vigência do estado de defesa é *proibida a incomunicabilidade do preso* (art. 136, § 3º, IV, da CF); **D**: correta (art. 136, § 2º, da CF).
Gabarito "D".

(OAB/Exame Unificado – 2008.3) Acerca da defesa do Estado e das instituições democráticas, assinale a opção correta.

(A) Se o estado de sítio for decretado durante o recesso parlamentar, caberá ao Presidente da República convocar extraordinariamente o Congresso Nacional.

(B) O estado de defesa deve ser decretado quando houver declaração de estado de guerra ou resposta à agressão armada estrangeira.

(C) Tanto no estado de defesa quanto no estado de guerra, as atividades dos parlamentares no Congresso Nacional devem permanecer suspensas.

(D) A decretação do estado de defesa é autorizada para preservar ou prontamente restabelecer, em locais restritos e determinados, a ordem pública ou a paz social ameaçadas por grave e iminente instabilidade institucional ou atingidas por calamidades de grandes proporções na natureza.

A: incorreta. Não é o Presidente da República quem faz essa convocação, mas sim o *Presidente do Senado Federal* (art. 138, § 2º, da CF); **B**: incorreta. Trata-se de hipótese de cabimento da decretação do *estado de sítio* e não do estado de defesa (art. 136, *caput*, e 137, II, ambos da CF; **C**: incorreta. Os arts. 136, § 6º, e 138, § 3º, da CF tratam do assunto

2. DIREITO CONSTITUCIONAL

justamente de forma contrária, exigindo o funcionamento do Congresso Nacional; **D:** correta, conforme dispõe o art. 136, *caput*, da CF.

Gabarito "D".

(OAB/Exame Unificado – 2008.2) Com relação ao que dispõe a CF acerca da disciplina das forças armadas, assinale a opção incorreta.

(A) A sindicalização é proibida ao militar.

(B) Ao militar que esteja em serviço ativo é proibida a filiação a partido político.

(C) Os eclesiásticos são isentos do serviço militar obrigatório em tempo de paz.

(D) É garantida ao militar a remuneração do trabalho noturno superior à do diurno.

A: correta (art. 142, § 3º, IV, da CF); **B:** correta (art. 142, § 3º, V, da CF); **C:** correta (art. 143, § 2º, da CF); **D:** incorreta, devendo ser assinalada (art. 142, § 3º, VIII, da CF).

Gabarito "D".

(FGV – 2013) No que se refere ao *Estado de Exceção* (Estado de Defesa e Estado de Sítio), assinale V para a afirmativa verdadeira e F para a falsa.

I. ( ) Estado de Exceção é a situação de fato que, estabelecida, implica o esvaziamento do direito e sua substituição por uma espécie de anomia transitória, sob cuja vigência, de maior ou menor duração – a depender das circunstâncias –, são afastadas ou suprimidas as restrições que, em situação normal, as leis impõem às autoridades e aos detentores do poder em geral.

II. ( ) Na vigência do Estado de Defesa é vedado que se estabeleçam restrições aos direitos de reunião, desde que tais ocorram no seio das associações.

III. ( ) Uma das hipóteses de decretação de Estado de Sítio é a comoção grave de repercussão nacional ou ocorrência de fatos que comprovem a ineficácia de medida tomada durante o Estado de Defesa. Em tal hipótese não há necessidade de estabelecimento de prazo para duração, permanecendo o Estado de Sítio vigente durante todo o tempo de ocorrência da situação anteriormente descrita.

As afirmativas são, respectivamente,

(A) V, V e V.

(B) F, F e F.

(C) V, V e F.

(D) V, F e F.

(E) F, V e F.

I: verdadeira. De fato, os estados de exceção (estado de sítio e de defesa) configuram situações de anormalidade institucional, momentos de crise em que o próprio texto constitucional autoriza que o Estado adote medidas de repressão, limitando algumas garantias fundamentais. Tanto no estado da defesa como no estado de sítio é necessária a existência de uma comissão que tem por função o acompanhamento e a fiscalização das medidas tomadas durante este período de anormalidade; **II:** falsa. De acordo com o art. 136, § 1º, I, "a", da CF, o decreto que instituir o estado de defesa determinará o tempo de sua duração, especificará as áreas a serem abrangidas e indicará, nos termos e limites da lei, as **medidas coercitivas** a vigorarem, **dentre elas, a restrição ao direito de reunião**, ainda que exercida no seio das associações; **III:** falsa. Conforme determina o art. 138 da CF, o **decreto do estado de sítio indicará sua duração**, as normas necessárias a sua execução e as garantias constitucionais que ficarão suspensas, e, depois de publicado,

o Presidente da República designará o executor das medidas específicas e as áreas abrangidas.

Gabarito "D".

16. ORDEM ECONÔMICA E FINANCEIRA

(OAB/Exame Unificado – 2020.2) Em razão de profunda crise fiscal vivenciada pela República Delta, que teve como consequência a diminuição drástica de suas receitas tributárias, o governo do país resolveu recorrer a um empréstimo, de forma a obter os recursos financeiros necessários para que o Tesouro Nacional pudesse honrar os compromissos assumidos.

Neste sentido, o Presidente da República, seguindo os trâmites institucionais exigidos, recorre ao Banco Central, a fim de obter os referidos recursos a juros mais baixos que os praticados pelos bancos privados nacionais ou internacionais.

Se situação similar viesse a ocorrer na República Federativa do Brasil, segundo o nosso sistema jurídico-constitucional, o Banco Central

(A) teria que conceder o empréstimo, como instituição integrante do Poder Executivo, mas observando o limite máximo de cinquenta por cento de suas reservas.

(B) não poderia conceder o referido empréstimo para o Tesouro Nacional brasileiro, com base em expressa disposição constante na Constituição Federal de 1988.

(C) avaliaria as condições concretas do caso, podendo, ou não, conceder o empréstimo, atuando em bases semelhantes às utilizadas pela iniciativa privada.

(D) não poderia fazê-lo em termos que viessem a colocar em risco a saúde financeira da instituição, embora esteja obrigado a realizar o empréstimo.

A: incorreta. De acordo com o § 1º do art. 164 da CF, é **vedado ao banco central conceder**, direta ou indiretamente, **empréstimos ao Tesouro** Nacional e a qualquer órgão ou entidade que não seja instituição financeira; **B:** correta. Conforme mencionado, o § 1º do art. 164 da CF proíbe esse tipo de empréstimo; **C:** incorreta. **Não há faculdade em relação à concessão do empréstimo**, de modo que avaliar as condições concretas do caso não interfere na decisão do Banco Central; **D:** incorreta. Mais uma vez, o § 1º do art. 164 da CF proíbe que o banco central conceda esse empréstimo. Além disso, o texto dessa alternativa é contraditório, inviável a sua concretização. BV

Gabarito "B".

(OAB/Exame Unificado – 2019.3) Bento ficou surpreso ao ler, em um jornal de grande circulação, que um cidadão americano adquiriu fortuna ao encontrar petróleo em sua propriedade, situada no Estado do Texas. Acresça-se que um amigo, com formação na área de Geologia, tinha informado que as imensas propriedades de Bento possuíam rochas sedimentares normalmente presentes em regiões petrolíferas.

Antes de pedir um aprofundado estudo geológico do terreno, Bento buscou um advogado especialista na matéria, a fim de saber sobre possíveis direitos econômicos que lhe caberiam como resultado da extração do petróleo em sua propriedade. O advogado respondeu que, segundo o sistema jurídico-constitucional brasileiro, caso seja encontrado petróleo na propriedade, Bento

(A) poderá, por ser proprietário do solo e, por extensão, do subsolo de sua propriedade, explorar, per se, a atividade, auferindo para si os bônus e ônus econômicos advindos da exploração.

(B) receberá indenização justa e prévia pela desapropriação do terreno em que se encontra a jazida, mas não terá direito a qualquer participação nos resultados econômicos provenientes da atividade.

(C) terá assegurada, nos termos estabelecidos pela via legislativa ordinária, participação nos resultados econômicos decorrentes da exploração da referida atividade em sua propriedade.

(D) não terá direito a qualquer participação no resultado econômico da atividade, pois, embora seja proprietário do solo, as riquezas extraídas do subsolo são de propriedade exclusiva da União.

A: incorreta. Bento não será proprietário, por extensão, do subsolo de sua propriedade, mas **participará nos resultados econômicos** decorrentes da exploração da referida atividade em sua propriedade. Determina o § 2º do art. 176 da CF que é assegurada participação ao proprietário do solo nos resultados da lavra, na forma e no valor que dispuser a lei; B: incorreta. Não haverá indenização, mas **direito a participação nos resultados** econômicos provenientes da atividade, de acordo com a lei; C: correta, conforme determina o citado § 2º do art. 176 da CF; D: incorreta. É garantida a participação nos resultados econômicos, conforme já mencionado. Vale lembrar que o art. 177 da CF determina que constituem **monopólio da União**: I – a pesquisa e a **lavra das jazidas de petróleo** e gás natural e outros hidrocarbonetos fluidos; II – a refinação do petróleo nacional ou estrangeiro; III – a importação e exportação dos produtos e derivados básicos resultantes das atividades previstas nos incisos anteriores; IV – o transporte marítimo do petróleo bruto de origem nacional ou de derivados básicos de petróleo produzidos no País, bem assim o transporte, por meio de conduto, de petróleo bruto, seus derivados e gás natural de qualquer origem; V – a pesquisa, a lavra, o enriquecimento, o reprocessamento, a industrialização e o comércio de minérios e minerais nucleares e seus derivados, com exceção dos radioisótopos cuja produção, comercialização e utilização poderão ser autorizadas sob regime de permissão, conforme as alíneas b e c do inciso XXIII do caput do art. 21 desta Constituição Federal. Por fim, e a título de atualização, determina o § 1º do art. 20 da CF, com redação dada pela **EC 102/19** que **é assegurada**, nos termos da lei, **à União, aos Estados, ao Distrito Federal e aos Municípios a participação no resultado da exploração de petróleo** ou gás natural, de recursos hídricos para fins de geração de energia elétrica e de outros recursos minerais no respectivo território, plataforma continental, mar territorial ou zona econômica exclusiva, ou compensação financeira por essa exploração. (Redação dada pela Emenda Constitucional 102, de 2019). BV
Gabarito "C."

(OAB/Exame Unificado – 2019.2) O Deputado Federal X, defensor de posições políticas estatizantes, convencido de que seria muito lucrativo o fato de o Estado passar a explorar, ele próprio, atividades econômicas, pretende propor projeto de lei que viabilize a criação de diversas empresas públicas. Esses entes teriam, como único pressuposto para sua criação, a possibilidade de alcançar alto grau de rentabilidade. Com isso, seria legalmente inviável a criação de empresas públicas deficitárias.

Antes de submeter o projeto de lei à Câmara, o Deputado Federal X consulta seus assistentes jurídicos, que, analisando a proposta, informam, corretamente, que seu projeto é

(A) inconstitucional, pois a criação de empresas públicas, sendo ato estratégico da política nacional, é atribuição exclusiva do Presidente da República, que poderá concretizá-la por meio de decreto.

(B) constitucional, muito embora deva o projeto de lei seguir o rito complementar, o que demandará a obtenção de um quórum de maioria absoluta em ambas as casas do Congresso Nacional.

(C) inconstitucional, pois a exploração direta da atividade econômica pelo Estado só será permitida quando necessária à segurança nacional ou caracterizado relevante interesse nacional.

(D) constitucional, pois a Constituição Federal, ao estabelecer a livre concorrência entre seus princípios econômicos, não criou obstáculos à participação do Estado na exploração da atividade econômica.

A: incorreta. De acordo com o art. 37, XIX, da CF somente por lei específica poderá ser criada autarquia e autorizada a instituição de empresa pública, de sociedade de economia mista e de fundação, cabendo à lei complementar, neste último caso, definir as áreas de sua atuação; B: incorreta. O projeto, ainda que aprovado por maioria absoluta, será considerado inconstitucional. O objetivo de alcançar o alto grau de rentabilidade é insuficiente para que a Constituição autorize a exploração direta de atividade econômica pelo Estado; C: correta. Determina o art. 173 da CF/88 que ressalvados os casos previstos nesta Constituição, a exploração direta de atividade econômica pelo Estado só será permitida quando **necessária aos imperativos da segurança nacional ou a relevante interesse coletivo**, conforme definidos em lei; D: incorreta. A atividade econômica, conforme já apresentado pela descrição do art. 173 da CF/88, só poderá ser exercida pelo Estado se ela for necessária aos imperativos da segurança nacional ou a relevante interesse coletivo. BV
Gabarito "C."

(OAB/Exame Unificado – 2017.3) Marcos recebeu, por herança, grande propriedade rural no estado Sigma. Dedicado à medicina e não possuindo maior interesse pelas atividades agropecuárias desenvolvidas por sua família, Marcos deixou, nos últimos anos, de dar continuidade a qualquer atividade produtiva nas referidas terras.

Ciente de que sua propriedade não está cumprindo uma função social, Marcos procura um advogado para saber se existe alguma possibilidade jurídica de vir a perdê-la.

Segundo o que dispõe o sistema jurídico-constitucional vigente no Brasil, assinale a opção que apresenta a resposta correta.

(A) O direito de Marcos a manter suas terras deverá ser respeitado, tendo em vista que tem título jurídico reconhecidamente hábil para caracterizar o seu direito adquirido.

(B) A propriedade que não cumpre sua função social poderá ser objeto de expropriação, sem qualquer indenização ao proprietário que deu azo a tal descumprimento; no caso, Marcos.

(C) A propriedade, por interesse social, poderá vir a ser objeto de desapropriação, devendo ser, no entanto, respeitado o direito de Marcos à indenização.

(D) O direito de propriedade de Marcos está cabalmente garantido, já que a desapropriação é instituto cabível somente nos casos de cultura ilegal de plantas psicotrópicas.

2. DIREITO CONSTITUCIONAL   259

A: incorreta. Ainda que Marcos possua título jurídico reconhecidamente hábil para caracterizar o seu direito, se a propriedade não atender à sua função social, poderá ser desapropriada. A CF garante o direito de propriedade, desde que ela atenda à sua função social (art. 5º, XXII e XXIII); **B:** incorreta. A indenização será paga em títulos da dívida pública, mas existirá. De acordo com o art. 184, *caput*, da CF, compete à União desapropriar por interesse social, para fins de reforma agrária, o imóvel rural que não esteja cumprindo sua função social, mediante prévia e justa indenização em títulos da dívida agrária, com cláusula de preservação do valor real, resgatáveis no prazo de até vinte anos, a partir do segundo ano de sua emissão, e cuja utilização será definida em lei; **C:** correta. É o que determina o mencionado art. 184, *caput*, da CF; **D:** incorreta. Há várias modalidades de desapropriação, uma delas, de fato, tem relação com a cultura ilegal de plantas psicotrópicas, art. 243 da CF, mas há outras. A que será aplicada ao Marcos, por exemplo, é a desapropriação por interesse social, prevista no art. 184, *caput*, da CF. 🔲
Gabarito "C".

(OAB/Exame Unificado – 2013.2) Assinale a alternativa que completa corretamente o fragmento a seguir.

A desapropriação para fins de reforma agrária ocorre mediante prévia e justa indenização

(A) em dinheiro, incluindo-se as benfeitorias úteis e necessárias.

(B) em dinheiro, mas as benfeitorias não são passíveis de indenização.

(C) em títulos da dívida agrária, incluindo-se as benfeitorias úteis e necessárias.

(D) em títulos da dívida agrária, mas as benfeitorias úteis e necessárias serão indenizadas em dinheiro.

A: incorreta. A desapropriação para fins de reforma agrária não é indenizada em dinheiro, mas em *títulos da dívida agrária* (art. 184, *caput*, da CF). Por outro lado, as *benfeitorias úteis e necessárias* são indenizadas *em dinheiro* (art. 184, § 1º, da CF); **B:** incorreta. Conforme mencionado, a desapropriação para fins de reforma agrária não é indenizada em dinheiro, mas em títulos da dívida agrária (art. 184, *caput*, da CF). Além disso, as benfeitorias úteis e necessárias são passíveis de indenização em dinheiro (art. 184, § 1º, da CF); **C:** incorreta. A prévia e justa indenização no caso de desapropriação para fins de reforma agrária, de fato, será paga em títulos da dívida pública. Mas, as benfeitorias úteis e necessárias, como já afirmado, devem ser indenizadas em dinheiro; **D:** correta. É da competência da União a desapropriação por interesse social, para fins de reforma agrária, de imóvel rural que não esteja cumprindo sua função social, mediante prévia e justa indenização em títulos da dívida agrária, com cláusula de preservação do valor real, resgatáveis no prazo de até vinte anos, a partir do segundo ano de sua emissão, e cuja utilização será definida em lei. (art. 184, *caput*, da CF).
Gabarito "D".

(OAB/Exame Unificado – 2013.2) "M" vem desrespeitando o zoneamento estipulado pelo Município X em seu plano diretor, uma vez que mantém, com nítido caráter de especulação, terreno não utilizado em área residencial. Assinale a alternativa que indica medida que o Município X pode tomar para que "M" utilize adequadamente seu terreno.

(A) Desapropriar o terreno, sem que haja pagamento de indenização.

(B) Desapropriar o terreno, mediante pagamento de indenização justa, prévia e em dinheiro.

(C) Determinar edificação compulsória naquele terreno.

(D) Instituir multa administrativa no patamar de até 100% do valor no IPTU do imóvel.

A: incorreta. A desapropriação só será aplicada se as penalidades previstas nos incisos I (parcelamento ou edificação compulsórios) e II (imposto sobre a propriedade predial e territorial urbana progressivo no tempo) do § 4º do art. 182 da CF não resolverem o problema. Caso o imóvel tenha de ser desapropriado, haverá pagamento de indenização mediante títulos da dívida pública; **B:** incorreta. Na situação trazida não há que se falar em desapropriação, mas, se houvesse tal possibilidade, o pagamento da indenização seria feito mediante títulos da dívida pública de emissão previamente aprovada pelo Senado Federal, com prazo de resgate de até dez anos, em parcelas anuais, iguais e sucessivas, assegurados o valor real da indenização e os juros legais (art. 182, § 4º, III, da CF); **C:** correta. Para que o Município "M" utilize adequadamente o seu terreno, o Município X determinará a *edificação compulsória do terreno* (art. 182, § 4º, I, da CF); **D:** incorreta. Não há essa previsão no ordenamento jurídico brasileiro.
Gabarito "C".

(OAB/Exame Unificado – 2010.1) A respeito dos princípios gerais da atividade econômica, assinale a opção correta com base na CF.

(A) Como agente normativo e regulador da atividade econômica, o Estado exerce, na forma da lei, as funções de fiscalização, incentivo e planejamento, que são determinantes tanto para o setor público quanto para o privado.

(B) Para todos os efeitos, os potenciais de energia hidráulica constituem propriedade do solo e, por isso, consideram-se pertencentes ao respectivo Estado da Federação.

(C) O aproveitamento do potencial de energia renovável de capacidade reduzida depende de autorização do Estado.

(D) Constitui monopólio da União o transporte, por meio de conduto, de gás natural, qualquer que seja a sua origem.

A: incorreta. O *caput* do art. 174 da CF prevê que o planejamento é determinante para o setor público, mas apenas indicativo em relação ao setor privado; **B:** incorreta. O art. 176 da CF dispõe que os potenciais de energia hidráulica constituem propriedade distinta do solo, para efeito de exploração ou aproveitamento, e pertencem à União; **C:** incorreta. O § 4º do art. 176 da CF dispõe que o aproveitamento desse potencial não depende de autorização ou concessão; **D:** correta. Assim está previsto no inciso IV do art. 177 da CF.
Gabarito "D".

(OAB/Exame Unificado – 2009.3) A respeito da política agrícola e fundiária e da reforma agrária, assinale a opção correta.

(A) A alienação, a qualquer título, de terras públicas com área de mil e quinhentos hectares a pessoa jurídica depende de prévia aprovação do Congresso Nacional.

(B) A política agrícola será planejada e executada na forma da lei, sem a participação do setor de produção.

(C) Os beneficiários da distribuição de imóveis rurais por reforma agrária receberão títulos de domínio ou de concessão de uso, inegociáveis pelo prazo de dez anos.

(D) Propriedade produtiva pode ser desapropriada para fins de reforma agrária, dada a imperiosa necessidade de se observar o interesse coletivo.

A: incorreta. O art. 188, § 1º, da CF determina área *superior a dois mil e quinhentos* hectares; **B:** incorreta. O art. 187, *caput*, da CF *exige a participação* efetiva do *setor de produção* na política agrícola; **C:** correta. A alternativa corresponde ao texto do art. 189, *caput*, da CF; **D:** incorreta.

O art. 185, II, da CF dispõe que a *propriedade produtiva é insuscetível* de desapropriação para fins de reforma agrária.

Gabarito "C".

(OAB/Exame Unificado – 2009.2) No que se refere à política urbana e a de reforma agrária, assinale a opção correta.

(A) É insuscetível de reforma agrária a pequena e média propriedade rural, assim definida em lei, desde que seu proprietário não possua outra.

(B) O imóvel público situado na área urbana só pode ser adquirido por usucapião se estiver sendo ocupado há cinco anos, ininterruptamente e sem oposição, como moradia familiar, desde que os membros da família não sejam proprietários de outro imóvel urbano ou rural.

(C) Compete à União desapropriar, por interesse social, para fins de reforma agrária, o imóvel rural que não esteja cumprindo sua função social, mediante prévia e justa indenização em dinheiro.

(D) O plano diretor, aprovado pela câmara municipal, é obrigatório para cidades que tenham mais de vinte mil eleitores, nos termos do que dispõe o Estatuto das Cidades.

A: correta. (art. 185, I, da CF); **B:** incorreta. O bem público é imprescritível, portanto não pode ser adquirido por usucapião (art. 183, § 3º, da CF); **C:** incorreta. Essa modalidade de desapropriação *não* será paga mediante *indenização justa, prévia e em dinheiro, mas por meio de títulos da dívida agrária*, resgatáveis no prazo de até vinte anos (art. 184, *caput*, da CF); **D:** incorreta. A Constituição menciona *vinte mil habitantes e não eleitores* (art. 182, § 1º, da CF).

Gabarito "A".

(OAB/Exame Unificado – 2008.2) Assinale a opção correta a respeito da atuação do Estado no domínio econômico.

(A) A CF proíbe a formação de monopólios, inclusive os estatais.

(B) O Estado promove a exploração direta de atividade econômica por meio de empresas públicas e sociedades de economia mista.

(C) As atividades monopolizadas pela União são impassíveis de delegação.

(D) O Estado pode estabelecer o controle de abastecimento e o tabelamento de preços.

A: incorreta. O art. 177 da CF enumera uma série de atividades que constituem *monopólio da União*, por exemplo, a refinação do petróleo nacional ou estrangeiro; **B:** incorreta. Em regra, a exploração direta de atividade econômica pelo Estado só será permitida quando necessária aos imperativos da *segurança nacional* ou a *relevante interesse coletivo* (art. 173 da CF); **C:** incorreta. Observadas as condições previstas constitucional e legalmente, *poderá haver delegação* (art. 177, § 1º, da CF); **D:** correta. É o que se verifica no art. 174 da CF.

Gabarito "D".

17. ORDEM SOCIAL

(OAB/Exame XXXVIII) Preocupado com a qualidade da educação básica ofertada pela rede de ensino municipal do Município Teta, o prefeito da cidade pretende apresentar projeto de lei à Câmara Municipal, no qual uma série de melhorias está prevista. No entanto, ciente da ausência de recursos orçamentários e financeiros para efetivar o que está previsto no projeto, o Prefeito levantou a hipótese de criar uma taxa de serviço, que seria paga por aqueles que viessem a se utilizar dos serviços municipais de educação básica (ensinos fundamental e médio) em seus estabelecimentos oficiais.

Antes de enviar o projeto de lei, o Prefeito consultou sua assessoria sobre a conformidade constitucional do projeto, sendo-lhe corretamente informado que a cobrança da referida taxa

(A) caracterizaria efetiva violação à ordem constitucional, posto ser o acesso gratuito à educação básica um direito subjetivo de todos.

(B) poderia ser exigida, contanto que o valor cobrado como contraprestação pelo serviço de educação não afrontasse o princípio da proporcionalidade.

(C) apenas poderia ser exigida daqueles que não conseguissem comprovar, nos termos legalmente estabelecidos, a hipossuficiência econômica.

(D) poderia ser exigida dos estudantes do ensino médio, mas não dos estudantes do ensino fundamental, aos quais a ordem constitucional assegura a gratuidade.

A alternativa A é a correta, pois o art. 206, inciso IV, da CF prevê como um dos princípios do ensino a sua gratuidade em estabelecimentos oficiais. AMN

Gabarito "A".

(OAB/Exame XXXVI) Martinez, cidadão espanhol, foi convidado por XYZ, universidade privada de Direito, situada no Brasil, para ministrar a disciplina Direito Constitucional. Para tanto, ele estabeleceu residência em solo brasileiro.

Após 2 (dois) anos lecionando na referida instituição de ensino, apesar de possuir qualificação adequada para o exercício do magistério, Martinez é surpreendido em suas redes sociais com graves alegações de exercício ilegal da profissão.

Sobre a questão em comento, com base no texto constitucional, assinale a afirmativa correta.

(A) Martinez, na condição de estrangeiro residente no Brasil, goza de todos os direitos fundamentais e políticos assegurados pela Constituição de 1988 aos brasileiros natos e naturalizados, podendo, em consequência, lecionar na universidade de Direito XYZ.

(B) Apesar de restringir o exercício de determinados direitos por parte dos estrangeiros, a Constituição de 1988 assegura a Martinez o livre exercício de sua profissão, desde que preencha os requisitos legais exigidos.

(C) A Constituição de 1988, ainda que assegure a autonomia didático-científica das universidades, exige prévia naturalização do estrangeiro Martinez para que possa atuar no ensino superior de ensino.

(D) A ordem constitucional permite que Martinez, na condição de estrangeiro residente no Brasil, desempenhe livremente sua profissão, mas condiciona tal direito à prova de residência em solo brasileiro por, no mínimo, 04 (quatro) anos.

A: incorreta. Ao contrário do mencionado, Martinez, na condição de estrangeiro residente no Brasil, **não** goza de todos os direitos fundamentais e políticos assegurados pela Constituição de 1988 aos brasileiros natos e naturalizados, não pode, por exemplo, votar. Por outro lado, o livre exercício da profissão, desde que preenchidos os requisitos legais exigidos, é garantido ao Martinez; **B:** correta. De fato,

2. DIREITO CONSTITUCIONAL   261

apesar do Texto Constitucional restringir o exercício de determinados direitos por parte dos estrangeiros, o exercício da profissão é livre, desde que o brasileiro ou o estrangeiro preencha os requisitos que a lei exigir. É o que determina o art. 5º, XIII, da CF. **C:** incorreta. A prévia naturalização do estrangeiro **não é requisito** para atuação no ensino superior; **D:** incorreta. A prova de residência em solo brasileiro por, no mínimo, 04 (quatro) anos também **não é exigida** para que o estrangeiro lecione em Universidade privada brasileira. Determina o art. 207, § 1º, da CF que é facultado às universidades admitir **professores**, técnicos e cientistas **estrangeiros**, na forma da lei.

Gabarito "B".

(OAB/Exame XXXVI) O prefeito de *Caápuera* determinou que a escola municipal que atende as crianças das comunidades indígenas da região realize o processo educacional exclusivamente em Língua Portuguesa. Uma organização não governamental contrata você, como advogado(a), para atuar na proteção dos direitos dos povos indígenas.

Assim, com base no que dispõe a CRFB/88, cabe a você esclarecer que

(A) a Constituição Federal de 88 determina que o ensino fundamental regular seja ministrado apenas em Língua Portuguesa, mesmo para as tribos ou comunidades indígenas.

(B) apenas por determinação da Fundação Nacional do Índio, órgão do governo federal, a escola que presta ensino fundamental regular às comunidades indígenas será obrigada a utilizar suas línguas maternas.

(C) o Estado tem o dever de ministrar o ensino fundamental regular em Língua Portuguesa, mas nada impede que uma organização não governamental ofereça reforço escolar na língua materna dos índios.

(D) o ensino fundamental regular deve ser ministrado em Língua Portuguesa, mas é assegurado às comunidades indígenas também a utilização de suas línguas maternas e de seus processos próprios de aprendizagem.

A: incorreta. Determina o art. 210, § 2º, da CF que o ensino fundamental regular será ministrado em língua portuguesa, **assegurada às comunidades indígenas também a utilização de suas línguas maternas** e processos próprios de aprendizagem; **B:** incorreta. A determinação advém do Texto Constitucional; **C:** incorreta. O Estado tem o dever de ministrar o ensino fundamental regular em Língua Portuguesa e de **assegurar** às comunidades indígenas também a utilização de suas línguas maternas e processos próprios de aprendizagem; **D:** correta. É o que determina o já citado art. 210, § 2º, da CF.

Gabarito "D".

(OAB/Exame XXXV) Lei ordinária do município Alfa dispôs que os benefícios de assistência social voltados à reabilitação das pessoas com deficiência passariam a ser condicionados ao pagamento de contribuição à seguridade social pelos beneficiários.

Sobre a questão em comento, com base no texto constitucional, assinale a afirmativa correta.

(A) Embora a lei seja materialmente compatível com o texto da Constituição de 1988, a competência legislativa para dispor sobre a defesa e reabilitação de pessoas com deficiência é privativa do Estado.

(B) A lei ordinária do município Alfa apresenta vício material, já que a reabilitação das pessoas com deficiência é matéria estranha à assistência social.

(C) A lei em comento, embora materialmente adequada ao texto constitucional, apresenta vício de forma, já que apenas lei complementar pode dispor sobre matérias afetas à assistência social.

(D) Trata-se de lei inconstitucional, uma vez que a Constituição de 1988 estabelece que os benefícios da assistência social serão prestados a quem deles necessitar, independentemente de contribuição à seguridade social.

A: incorreta. A lei é materialmente compatível com a CF e a **competência** para legislar sobre o assunto é **concorrente**. Determina o art. 24, XIV, da CF que compete à União, aos Estados e ao Distrito Federal legislar concorrentemente sobre a proteção e integração social (atualmente a expressão correta é *inclusão social*) das pessoas com deficiência; **B:** incorreta. A lei ordinária do município Alfa **não apresenta vício material**, pois a reabilitação das pessoas com deficiência integra a assistência social. De acordo com o art. 203, IV, da CF, a **assistência social** será prestada a quem dela necessitar, independentemente de contribuição à seguridade social, e tem por objetivos a habilitação **e reabilitação das pessoas com deficiência e a promoção de sua integração à vida comunitária; C:** incorreta. A lei em comento, como já mencionado, é materialmente adequada ao texto constitucional e **não apresenta vício de forma**, pois não há exigência constitucional de que as matérias afetas à assistência social sejam disciplinadas por lei complementar; **D:** correta. É o que determina o citado art. 203 da CF. **AMN**

Gabarito "D".

(OAB/Exame XXXIV) O governador do Estado Alfa, como represália às críticas oriundas dos professores das redes públicas de ensino, determinou cortes na educação básica do referido ente, bem como instituiu a necessidade de pagamento de mensalidades pelos alunos de estabelecimentos oficiais de ensino que não comprovassem ser oriundos de famílias de baixa renda.

Sobre a conduta do governador, com base na CRFB/88, assinale a afirmativa correta.

(A) Está errada, pois a gratuidade do ensino público em estabelecimentos oficiais está prevista na ordem constitucional, em seu art. de modo que o seu não oferecimento ou o oferecimento irregular pode ensejar, inclusive, a responsabilização do governador do Estado Alfa.

(B) Está errada, pois o Estado deve garantir a educação básica obrigatória e gratuita dos 4 aos 17 anos de idade, de modo que ele apenas poderia restringir sua oferta gratuita em relação àqueles que a ela não tiveram acesso na idade própria.

(C) Está certa, pois a gratuidade do ensino público, com a promulgação da Constituição de 1988, deixou de ser obrigatória, sendo facultado o exercício das atividades de ensino pela iniciativa privada.

(D) Está errada, pois os Estados e o Distrito Federal devem atuar, exclusivamente, no ensino médio e fundamental, de sorte que o governador do Estado Alfa não poderia adotar medida que viesse a atingir, indistintamente, todos os alunos da educação básica.

A: correta. A gratuidade do ensino público em estabelecimentos oficiais, de fato, está prevista na ordem constitucional, em seu **art. 206, IV**, e o não oferecimento ou oferecimento irregular pode gerar responsabilização. Determina o citado art. 206, IV, da CF que o ensino será ministrado com base em alguns princípios, dentre os quais, a **gratuidade do ensino público em estabelecimentos oficiais; B:** incorreta. Ao contrário do mencionado, determina o art. 208, I, da CF que o dever do Estado com a educação será efetivado mediante a garantia de educação básica obrigatória e gratuita dos 4 (quatro) aos 17 (dezessete) anos de idade, **assegurada inclusive sua oferta gratuita para todos os que a ela não tiveram acesso na idade própria**; C: incorreta. Ao contrário do mencionado, **a gratuidade do ensino público continua sendo obrigatória**, D: incorreta. A atuação não é exclusiva. Determina o art. 211, §3º, os Estados e o Distrito Federal atuarão **prioritariamente** no ensino fundamental e médio.

Gabarito "A".

(OAB/Exame XXXIV) Clarisse, em razão da deficiência severa, não possui quaisquer meios de prover sua própria manutenção. Como sua deficiência foi adquirida ainda na infância, jamais exerceu qualquer atividade laborativa, e por essa razão não contribuiu para a previdência social no decorrer de sua vida. Alguns vizinhos, consternados com o quadro de grandes dificuldades por que passa Clarisse e interessados em auxiliá-la, procuram aconselhamento jurídico junto a competente advogado.

Este, ao tomar ciência detalhada da situação, informa que, segundo o sistema jurídico-constitucional brasileiro, comprovada sua deficiência, Clarisse

(A) possuirá a garantia de receber um salário-mínimo de benefício mensal, independentemente de qualquer contribuição à seguridade social, nos termos da lei.

(B) poderá acessar o sistema previdenciário para que este lhe conceda uma pensão por invalidez, cujo valor, nos termos da lei, não ultrapassará dois salários-mínimos.

(C) possuirá direito a um benefício de metade do salário-mínimo vigente, mensalmente, se vier a comprovar, nos termos da lei, sua filiação ao sistema previdenciário.

(D) terá que contribuir com ao menos uma parcela, a fim de ser considerada filiada ao sistema previdenciário e, só assim, terá direito a benefício no valor estabelecido em lei.

A: correta. Determina o art. 203, V, da CF que a assistência social será prestada a quem dela necessitar, independentemente de contribuição à seguridade social, e tem por objetivos a **garantia de um salário mínimo de benefício mensal à pessoa com deficiência** e ao idoso que comprovem não possuir meios de prover à própria manutenção ou de tê-la provida por sua família, conforme dispuser a lei; **B**: incorreta. Não receberá pensão, o benefício é assistencial e o valor é de um salário mínimo; **C**: incorreta. Como mencionado, o valor do benefício é de um salário mínimo e não depende de filiação ao sistema previdenciário (independentemente de contribuição à seguridade social); **D**: incorreta. Mais uma vez, benefícios assistenciais são concedidos aos que preenchem os seus requisitos e não dependem de contribuição. AMN

Gabarito "A".

(OAB/Exame Unificado – 2020.2) No Município Alfa, 20% (vinte por cento) da população pertence a uma comunidade indígena. Hoje, o Município vive uma grande polêmica, porque alguns líderes da referida comunidade têm protestado contra a política educacional do Município, segundo a qual o ensino fundamental deve ser ofertado exclusivamente em língua portuguesa, rejeitando a possibilidade de a língua materna da comunidade indígena ser também utilizada no referido processo educacional.

Sobre a posição defendida pelos referidos líderes da comunidade indígena, segundo o sistema jurídico-constitucional brasileiro, assinale a afirmativa correta.

(A) Encontra base na Constituição de 1988, que, respeitando uma posição multiculturalista, abdica de definir uma língua específica como idioma oficial no território brasileiro.

(B) Não encontra fundamento na Constituição da República, que estabelece a língua portuguesa como a única língua passível de ser utilizada no ensino fundamental.

(C) Alicerça-se na Constituição de 1988, que assegura aos membros da comunidade indígena o direito de, no processo de aprendizagem do ensino fundamental, utilizar sua língua materna.

(D) Não se alicerça na Constituição de 1988, principalmente porque o reconhecimento da nacionalidade brasileira ao indígena tem por condição a capacidade deste último de se comunicar em língua portuguesa.

A: incorreta. A Constituição de 1988, embora respeite a posição multiculturalista (art. 210, *caput*, da CF), **não** abdica de definir uma língua específica como idioma oficial no território brasileiro. De acordo com o § 2º do art. 210, o ensino fundamental regular será ministrado em **língua portuguesa, assegurada às comunidades indígenas também a utilização de suas línguas maternas** e processos próprios de aprendizagem; **B**: incorreta. Ao contrário do mencionado, **a posição defendida pelos referidos líderes da comunidade indígena encontra fundamento** no Texto Constitucional. Embora no ensino fundamental regular seja ministrado língua portuguesa, é garantida às comunidades indígenas também a utilização de suas línguas maternas e processos próprios de aprendizagem (art. 210, § 2º, da CF). Sendo assim, a língua portuguesa não é única passível de ser utilizada no ensino fundamental. Além disso, o *caput* do art. 210 da CF determina que sejam fixados conteúdos mínimos para o ensino fundamental, de maneira a assegurar formação básica comum e o respeito aos valores culturais e artísticos, nacionais e regionais; **C**: correta. É o que determina o citado § 2º do art. 210 da CF; **D**: incorreta. **Não há a exigência dessa condição** no Texto constitucional. BV

Gabarito "C".

(OAB/Exame Unificado – 2019.3) Em decorrência de um surto de dengue, o Município Alfa, após regular procedimento licitatório, firmou ajuste com a sociedade empresária *Mata Mosquitos Ltda.*, pessoa jurídica de direito privado com fins lucrativos, visando à prestação de serviços relacionados ao combate à proliferação de mosquitos e à realização de campanhas de conscientização da população local. Nos termos do ajuste celebrado, a sociedade empresarial passaria a integrar, de forma complementar, o Sistema Único de Saúde (SUS).

Diante da situação narrada, com base no texto constitucional, assinale a afirmativa correta.

(A) O ajuste firmado entre o ente municipal e a sociedade empresária é inconstitucional, eis que a Constituição de 1988 veda a participação de entidades privadas com fins lucrativos no Sistema Único de Saúde, ainda que de forma complementar.

(B) A participação complementar de entidades privadas com fins lucrativos no Sistema Único de Saúde é admitida, sendo apenas vedada a destinação de recursos públicos para fins de auxílio ou subvenção às atividades que desempenhem.

(C) O ajuste firmado entre o Município Alfa e a sociedade empresária Mata Mosquito Ltda. encontra-se em perfeita consonância com o texto constitucional, que autoriza a participação de entidades privadas com fins

2. DIREITO CONSTITUCIONAL · 263

lucrativos no Sistema Único de Saúde e o posterior repasse de recursos públicos.

(D) As ações de vigilância sanitária e epidemiológica, conforme explicita a Constituição de 1988, não se encontram no âmbito de atribuições do Sistema Único de Saúde, razão pela qual devem ser prestadas exclusivamente pelo poder público.

A: incorreta. O ajuste firmado entre o ente municipal e a sociedade empresária é, ao contrário do mencionado, **constitucional**. De acordo com o § 1º do art. 199 da CF, as **instituições privadas poderão participar de forma complementar** do sistema único de saúde, segundo diretrizes deste, mediante contrato de direito público ou convênio, tendo preferência as entidades filantrópicas e as sem fins lucrativos; **B:** correta. É o que determina o § 2º do art. 199 da CF. Tal dispositivo **veda a destinação de recursos públicos** para auxílios ou subvenções às **instituições privadas com fins lucrativos**; **C:** incorreta. O repasse de recursos públicos às instituições privadas com fins lucrativos, como mencionado, é proibido pelo Texto Constitucional. **D:** incorreta. A execução das ações de vigilância sanitária e epidemiológica **fazem parte das atribuições do SUS**, conforme determina o inciso II do art. 200 da CF. BV
Gabarito "B".

(OAB/Exame Unificado – 2019.3) Durante campeonato oficial de judô promovido pela Federação de Judô do Estado Alfa, Fernando, um dos atletas inscritos, foi eliminado da competição esportiva em decorrência de uma decisão contestável da arbitragem que dirigiu a luta.

Na qualidade de advogado(a) contratado(a) por Fernando, assinale a opção que apresenta a medida juridicamente adequada para o caso narrado.

(A) Fernando poderá ingressar com processo perante a justiça desportiva para contestar o resultado da luta e, uma vez esgotadas as instâncias desportivas e proferida decisão final sobre o caso, não poderá recorrer ao Poder Judiciário.

(B) Fernando poderá impugnar o resultado da luta perante o Poder Judiciário, independentemente de esgotamento das instâncias da justiça desportiva, em virtude do princípio da inafastabilidade da jurisdição.

(C) Fernando, uma vez esgotadas as instâncias da justiça desportiva (que terá o prazo máximo de 60 dias, contados da instauração do processo, para proferir decisão final), poderá impugnar o teor da decisão perante o Poder Judiciário.

(D) A ordem jurídica, que adotou o princípio da unidade de jurisdição a partir da Constituição de 1988, passou a prever a exclusividade do Poder Judiciário para dirimir todas as questões que venham a ser judicializadas em território nacional, deslegitimando a atuação da justiça desportiva.

A: incorreta. É possível que Fernando busque a solução por meio do Poder Judiciário, após esgotadas as instâncias da justiça desportiva, conforme determina o § 1º do art. 217 da CF; **B:** incorreta. Como mencionado, o próprio Texto Constitucional exige o esgotamento da via administrativa (justiça desportiva) para a propositura de eventual ação no Poder Judiciário. Determina o STF: "No inciso XXXV do art. 5º, previu-se que "a lei não excluirá da apreciação do Poder Judiciário lesão ou ameaça a direito". (...) O próprio legislador constituinte de 1988 limitou a condição de ter-se o exaurimento da fase administrativa, para chegar-se à formalização de pleito no Judiciário. Fê-lo no tocante ao desporto, (...) no § 1º do art. 217 (...). Vale dizer que, sob o ângulo

constitucional, o livre acesso ao Judiciário sofre uma mitigação e, aí, consubstanciando o preceito respectivo exceção, cabe tão só o empréstimo de interpretação estrita. Destarte, a necessidade de esgotamento da fase administrativa está jungida ao desporto e, mesmo assim, tratando-se de controvérsia a envolver disciplina e competições, sendo que a chamada Justiça desportiva há de atuar dentro do prazo máximo de sessenta dias, contados da formalização do processo, proferindo, então, decisão final – § 2º do art. 217 da CF [ADI 2.139 MC e ADI 2.160 MC, voto do rel. p/ o ac. min. Marco Aurélio, j. 13-5-2009, P, DJE de 23-10-2009.]; **C:** correta. Os §§ 1º e 2º do art. 217 da CF determinam exatamente o que está descrito na alternativa; **D:** incorreta. A CF/88, pelo contrário, prestigiou a justiça desportiva, conforme já abordado. BV
Gabarito "C".

(OAB/Exame Unificado – 2019.1) Pablo, cidadão espanhol, decide passar férias no litoral do Nordeste brasileiro. Durante sua estadia, de modo acidental, corta-se gravemente com o facão que manuseava para abrir um coco verde, necessitando de imediato e urgente atendimento hospitalar. Ocorre que o hospital de emergência da localidade se recusa a atender Pablo, ao argumento de que, por ser estrangeiro, ele não faria jus aos serviços do Sistema Único de Saúde, devendo procurar um hospital particular.

Com base na situação fictícia narrada, assinale a afirmativa correta.

(A) A Constituição da República, no *caput* do Art. 5º, assegura a igualdade de todos os brasileiros natos e naturalizados perante a lei, sem distinções de qualquer natureza, de modo que Pablo, por ser estrangeiro, não faz jus ao direito social à saúde.

(B) A saúde, na qualidade de direito social, apenas pode ser prestada àqueles que contribuem para a manutenção da seguridade social; diante da impossibilidade de Pablo fazê-lo, por ser estrangeiro, não pode ser atendido pelos hospitais que integram o Sistema Único de Saúde.

(C) O Sistema Único de Saúde rege-se pelo princípio da universalidade da tutela à saúde, direito fundamental do ser humano; logo, ao ingressar no território brasileiro, Pablo, mesmo sendo cidadão espanhol, tem direito ao atendimento médico público e gratuito em caso de urgência.

(D) Pablo apenas pode ser atendido em hospital público que integre o Sistema Único de Saúde caso se comprometa a custear todas as despesas com seu tratamento, salvo comprovação de ser hipossuficiente econômico, circunstância excepcional na qual terá direito ao atendimento gratuito.

A: incorreta. A interpretação literal do *caput* do Art. 5º da CF/88 poderia levar à interpretação de que Pablo, por ser estrangeiro, apenas teria direito se residisse no Brasil, mas o STF já afirmou que deve ser dada interpretação sistemática a esse dispositivo. Os direitos fundamentais, por serem universais, são aplicáveis aos brasileiros (natos e naturalizados) e aos estrangeiros que residam no Brasil. Além disso, o *caput* do art. 196 da CF determina que a saúde é **direito de todos** e dever do Estado, garantido mediante políticas sociais e econômicas que visem à redução do risco de doença e de outros agravos e ao **acesso universal** e igualitário às ações e serviços para sua promoção, proteção e recuperação. Desse modo, Pablo faz jus ao direito social à saúde. **B:** incorreta. Como mencionado, o *caput* do art. 196 da CF protege a saúde como **direito de todos** e dever do Estado. Determina ainda o **acesso universal** e igualitário às ações e serviços para sua promoção, proteção e recuperação. Sendo assim, a saúde deve ser prestada a todos e independentemente de contribuição para a manutenção da seguridade social; **C:** correta. O acesso universal é garantido pelo citado *caput* do art. 196 da CF/88; **D:** incorreta. Como mencionado, o **princípio da universalidade** rege o Sistema Único de Saúde de modo que não há necessidade de Pablo comprovar a sua condição de hipossuficiência econômica para ser atendido. Além disso, ele não precisará custear todas as despesas com seu tratamento. **BV**

Gabarito "C".

(OAB/Exame Unificado – 2018.1) Após uma vida dura de trabalho, Geraldo, que tem 80 anos, encontra-se doente em razão de um problema crônico nos rins e não possui meios de prover a própria manutenção.

Morando sozinho e não possuindo parentes vivos, sempre trabalhou, ao longo da vida, fazendo pequenos biscates, jamais contribuindo com a previdência social.

Instruído por amigos, procura um advogado para saber se o sistema jurídico-constitucional prevê algum meio assistencial para pessoas em suas condições.

O advogado informa a Geraldo que, segundo a Constituição Federal,

(A) é garantido o amparo à velhice somente àqueles que contribuíram com a seguridade social no decorrer de uma vida dedicada ao trabalho.

(B) é assegurado o auxílio de um salário mínimo apenas àqueles que comprovem, concomitantemente, ser idosos e possuir deficiência física impeditiva para o trabalho.

(C) seria garantida a prestação de assistência social a Geraldo caso ele comprovasse, por intermédio de laudos médicos, ser portador de deficiência física.

(D) há previsão, no âmbito da seguridade social, de prestação de assistência social a idosos na situação em que Geraldo se encontra.

A: incorreta. De acordo com o art. 203, V, da CF, a assistência social será prestada a quem dela necessitar, independentemente de contribuição à seguridade social, e tem por objetivo, dentre outros, a garantia de um salário mínimo de benefício mensal à pessoa com deficiência e ao idoso que comprovem não possuir meios de prover à própria manutenção ou de tê-la provida por sua família, conforme dispuser a lei; **B:** incorreta. Os requisitos não são concomitantes. A garantia de um salário mínimo de benefício mensal é dada ao idoso *ou* à pessoa com deficiência que comprovem não possuir meios de prover à própria manutenção ou de tê-la provida por sua família; **C:** incorreta. O idoso que comprove não possuir meios de prover à própria manutenção ou de tê-la provida por sua família também faz jus ao benefício assistencial; **D:** correta. É o que determina o art. 203, V, da CF. **AMN**

Gabarito "D".

(OAB/Exame Unificado – 2017.3) Maria, maior e capaz, reside no Município Sigma e tem um filho, Lucas, pessoa com deficiência, com 8 (oito) anos de idade. Por ser uma pessoa humilde, sem dispor de recursos financeiros para arcar com os custos de um colégio particular, Maria procura a Secretaria de Educação do Município Sigma para matricular seu filho na rede pública. Seu requerimento é encaminhado à assessoria jurídica do órgão municipal, para que seja emitido o respectivo parecer para a autoridade executiva competente.

A partir dos fatos narrados, considerando a ordem jurídico-constitucional vigente, assinale a afirmativa correta.

(A) O pedido formulado por Maria deve ser indeferido, uma vez que incumbe ao Município atuar apenas na

educação infantil, a qual é prestada até os 5 (cinco) anos de idade por meio de creches e pré-escolas. Logo, pelo sistema constitucional de repartição de competências, Lucas, pela sua idade, deve cursar o Ensino Fundamental em instituição estadual de ensino.

(B) O parecer da assessoria jurídica deve ser favorável ao pleito formulado por Maria, garantindo ao menor uma vaga na rede de ensino municipal. Pode, ainda, alertar que a Constituição da República prevê expressamente a possibilidade de a autoridade competente ser responsabilizada pelo não oferecimento do ensino obrigatório ou mesmo pela sua oferta irregular.

(C) O pleito de Maria deve ser deferido, ressalvando-se que Lucas, por ser pessoa com deficiência, necessita de atendimento educacional especializado, não podendo ser incluído na rede regular de ensino do Município Sigma.

(D) A assessoria jurídica da Secretaria de Educação do Município Sigma deve opinar pela rejeição do pedido formulado por Maria, pois incumbe privativamente à União, por meio do Ministério da Educação e Cultura (MEC), organizar e prestar a educação básica obrigatória e gratuita dos 4 (quatro) aos 17 (dezessete) anos de idade.

A: incorreta. Ao contrário do mencionado, o Município não atua **apenas** na educação infantil. De acordo com o § 2º do art. 211 da CF, os Municípios atuarão **prioritariamente** no ensino fundamental e na educação infantil; **B:** correta. Vale lembrar que o não oferecimento do ensino obrigatório pelo Poder Público, ou sua oferta irregular, importa responsabilidade da autoridade competente, de acordo com o § 2º do art. 208 da CF; **C:** incorreta. De acordo com o art. 208, III, da CF, o dever do Estado com a educação será efetivado mediante, dentre outras garantias, o atendimento educacional especializado aos portadores de deficiência, preferencialmente na rede regular de ensino; **D:** incorreta. A competência é comum, não privativa. Determina o art. 23, V, da CF, que compete à União, aos Estados, ao Distrito Federal e aos Municípios, de forma comum, **proporcionar os meios de acesso** à cultura, **à educação**, à ciência, à tecnologia, à pesquisa e à inovação. **BV**

Gabarito "B".

(OAB/Exame Unificado – 2017.2) Leonardo matriculou seus dois filhos em uma escola pública municipal, mas foi surpreendido ao tomar conhecimento de que ambos estão tendo aulas regulares, como disciplina obrigatória, de uma específica religião de orientação cristã. Indignado, ele procura você para, como advogado(a), orientá-lo sobre a regularidade de tal situação.

Sobre tal prática, com base no que dispõe o sistema jurídico – constitucional brasileiro, assinale a afirmativa correta.

(A) É constitucional, pois a força normativa do preâmbulo constitucional auxilia uma interpretação que autoriza o ensino de religião, contanto que com viés cristão.

(B) É inconstitucional, pois a laicidade estatal deve garantir que nenhuma religião possa ser preferida a outra no âmbito do espaço público-estatal, sendo o ensino religioso facultativo.

(C) É constitucional, posto que o ensino religioso deve ser ministrado, segundo a Constituição de 1988, como disciplina obrigatória nas escolas públicas de ensino fundamental.

(D) É inconstitucional, pois a laicidade estabelecida pela Constituição de 1988 pressupõe a vedação a qualquer espécie de orientação de ordem religiosa em instituições públicas.

A: incorreta. O Brasil é considerado um Estado laico ou leigo (sem religião oficial), de modo que deve atuar de maneira neutra no tocante às religiões. O **preâmbulo** do Texto Constitucional faz menção ao nome de Deus, todavia, embora seja utilizado como alicerce para a interpretação, segundo o STF, ele **não tem força normativa**, não cria direitos e obrigações e não pode ser utilizado como parâmetro para eventual declaração de inconstitucionalidade. Além disso, o § 1º do art. 210 da CF deixa claro que o ensino religioso, embora constitua disciplina dos horários normais das escolas públicas de ensino fundamental, é de **matrícula facultativa; B:** correta. Como mencionado, o Brasil **não professa uma religião oficial**, é um Estado Laico, portanto nenhuma religião pode ser preferida a outra no âmbito do espaço público-estatal. Por fim, o art. 210, § 1º, da CF, também já mencionado, não obriga a matrícula no ensino religioso, ou seja, ele deve ser cursado de maneira facultativa; **C:** incorreta. Mais uma vez a alternativa exige o conhecimento do § 1º do art. 210 da CF, o qual determina a **facultatividade da matrícula** na disciplina, ensino religioso, nas escolas públicas de ensino fundamental; **D:** incorreta. A **laicidade impõe apenas neutralidade**, não a proibição de orientação de ordem religiosa em instituições públicas. Gabarito "B".

(OAB/Exame Unificado – 2017.2) O prefeito do Município Ômega, ante a carência de estabelecimentos públicos de saúde capazes de atender satisfatoriamente às necessidades da população local, celebra diversos convênios com hospitais privados para que passem a integrar a rede de credenciados junto ao Sistema Único de Saúde (SUS).

Considerando o disposto na Constituição da República de 1988, sobre os convênios firmados pelo prefeito do Município Ômega, assinale a afirmativa correta.

(A) São válidos, uma vez que as instituições privadas podem participar de forma complementar do SUS, tendo preferência as entidades filantrópicas e as sem fins lucrativos.

(B) São nulos, pois a CRFB/88 apenas autoriza, no âmbito da assistência à saúde, a participação de entidades públicas, não de instituições privadas, com ou sem fins lucrativos.

(C) São válidos, porque a destinação de recursos públicos para auxílio ou subvenção às instituições privadas com fins lucrativos está, inclusive, autorizada pela CRFB/88.

(D) São nulos, porque, conforme previsão constitucional expressa, compete privativamente à União, mediante convênio ou contrato de direito público, autorizar a participação de instituições privadas no SUS.

A: correta. De fato, as instituições privadas podem participar de forma complementar do SUS. Determina o art. 199, § 1º, da CF que as instituições privadas **poderão** participar **de forma complementar** do sistema único de saúde, segundo diretrizes deste, mediante contrato de direito público ou convênio, **tendo preferência as entidades filantrópicas e as sem fins lucrativos; B:** incorreta. Os **convênios são válidos**. O dispositivo mencionado na alternativa anterior, ao contrário do mencionado, garante a participação de entidades privadas, de forma complementar ao SUS; **C:** incorreta. Ao contrário do mencionado, o § 2º do art. 199 da CF **proíbe a destinação de recursos públicos** para auxílios ou subvenções **às instituições privadas com fins lucrativos; D:** incorreta. Conforme mencionado, os convênios são válidos. Além disso,

a competência para legislar sobre a defesa da saúde é **concorrente**, conforme determina o art. 24, XII, da CF. Gabarito "A".

(OAB/Exame Unificado – 2017.2) Ao constatar que numerosas tribos indígenas, que ocupam determinadas áreas em caráter permanente, estão sendo fortemente atingidas por uma epidemia de febre amarela, o Governador do Estado Alfa remove-as da localidade de maneira forçada. Dada a repercussão do caso, logo após a efetivação da remoção, submete suas justificativas à Assembleia Legislativa do Estado Alfa, informando que o deslocamento das tribos será temporário e que ocorreu em defesa dos interesses das populações indígenas da região. A Assembleia Legislativa do Estado Alfa termina por referendar a ação do Chefe do Poder Executivo estadual.

Sobre o ato do Governador, com base no quadro acima apresentado, assinale a afirmativa correta.

(A) Agiu em consonância com o sistema jurídico-constitucional brasileiro, pois é de competência exclusiva do Chefe do Poder Executivo decidir quais as medidas a serem tomadas nos casos que envolvam perigo de epidemia.

(B) Não agiu em consonância com o sistema jurídico – constitucional brasileiro, pois o princípio da irremovibilidade dos índios de suas terras é absoluto e, por essa razão, torna ilegítima a ação de remoção das tribos.

(C) Agiu em consonância com a CRFB/88, pois, como o seu ato foi referendado pelo Poder Legislativo do Estado Alfa, respeitou os ditames estabelecidos pelo sistema jurídico – constitucional brasileiro.

(D) Não agiu em consonância com o sistema jurídico – constitucional brasileiro, posto que, no caso concreto, as autoridades estaduais não poderiam ter decidido, de modo conclusivo, pela remoção das tribos.

A: incorreta. Ao contrário do mencionado, o Governador não agiu em consonância com o sistema jurídico-constitucional brasileiro, pois não há competência exclusiva do Chefe do Executivo nessa hipótese. Determina o art. 231, § 5º, da CF que é proibida a remoção dos grupos indígenas de suas terras, **salvo, "ad referendum" do Congresso Nacional**, em caso de catástrofe ou epidemia que ponha em risco sua população, **ou** no interesse da soberania do País, **após deliberação do Congresso Nacional**, garantido, em qualquer hipótese, o retorno imediato logo que cesse o risco; **B:** incorreta. A irremovibilidade não é absoluta. O citado art. 231, § 5º, da CF traz hipóteses excepcionais em que a remoção das tribos é constitucionalmente admitida (**catástrofe ou epidemia que ponha em risco sua população e no interesse da soberania do País**); **C:** incorreta. A competência para deliberar e referendar o ato de remoção dos grupos indígenas de suas terras é do Congresso Nacional, de acordo com o art. 231, § 5º, da CF; **D:** correta. De fato, as **autoridades estaduais não poderiam ter decidido pela remoção dos grupos indígenas** de forma exclusiva, pois não possuem competência para isso. Vale acrescentar que: "No § 5º do art. 231 da CF, a possibilidade de remoção é tratada em duas hipóteses, em caso de catástrofe ou epidemia que ponha em risco sua população, ou no interesse da soberania do País. No primeiro caso, o que está sendo garantido, além dos direitos individuais de cada um, são os direitos coletivos da humanidade em manter viva uma cultura e um povo e também o direito do próprio povo de manter sua existência, a despeito de eventuais danos momentâneos. No segundo caso, a Constituição está valorando a soberania nacional acima dos direitos referidos, mesmo porque, ao perder a soberania deixará de proteger estes mesmos direitos. É claro que a ameaça aqui deve ser real e concreta, deve ser uma ameaça de invasão, guerra ou ataque de outra potência. Esta situação faz sentido se lembrarmos que há uma grande quantidade de povos indígenas cujas terras se situam ao longo das fronteiras do Brasil com os seus vizinhos e, em alguns casos, o povo indígena convive na fronteira sendo parte habitante de um país e parte de outro. Há casos, ainda, em que o povo não sabe da existência da fronteira e tratam igualmente os dois Estados Nacionais. Isto quer dizer que para haver remoção, o Poder Público tem o dever de motivar o seu ato com uma das razões excepcionais estabelecidas na Constituição, demonstrando a atualidade, possibilidade e realidade da ameaça. Sempre dependendo do referendum do Congresso Nacional" (Comentários à Constituição do Brasil, p. 2155, Ed. Saraiva, 2013, Mendes, Gilmar Ferreira / Streck, Lenio Luiz / Sarlet, Ingo Wolfgang / Leoncy,Léo Ferreira / Canotilho, J. J. Gomes). **BV**

Gabarito "D".

(OAB/Exame Unificado – 2016.3)O Governador do Estado E, diante da informação de que poderia dispor de um lastro orçamentário mais amplo para a execução de despesas com a seguridade social, convocou seu secretariado a fim de planejar o encaminhamento a ser dado a tais recursos. Na reunião foram apresentadas quatro propostas, mas o governador, consultando sua equipe de assessoramento jurídico, foi informado de que apenas uma das propostas era adequada para assegurar diretamente direitos relativos à seguridade social, segundo a definição que lhe dá a CRFB/88.

Dentre as opções a seguir, assinale-a.

(A) Ampliação da rede escolar do ensino fundamental e do ensino médio.

(B) Ampliação da rede hospitalar de atendimento à população da região.

(C) Desenvolvimento de programa de preservação da diversidade cultural da população.

(D) Aprimoramento da atuação da guarda municipal na segurança do patrimônio público.

A: incorreta. O direito à educação não faz parte da seguridade social. De acordo com o "caput" do art. 194 da CF, a seguridade social compreende um conjunto integrado de ações de iniciativa dos Poderes Públicos e da sociedade, destinadas a assegurar os **direitos relativos à saúde, à previdência e à assistência social**; **B:** correta. De fato, a ampliação da rede hospitalar de atendimento à população da região, por tratar de direito à saúde, está acobertada pela seguridade social, conforme disposto no art. 194 da CF; **C** e **D:** incorretas. Diversidade cultural e segurança do patrimônio público não são temas acobertados pela seguridade social.

Gabarito "B".

(OAB/Exame Unificado – 2016.3) Finalizadas as Olimpíadas no Brasil, certo deputado federal pelo Estado Beta, ex--desportista conhecido nacionalmente, resolve elaborar projeto de lei visando a melhorar a *performance* do Brasil nos Jogos Olímpicos de 2020.

Para realizar esse objetivo, o projeto dispõe que os recursos públicos devem buscar promover, prioritariamente, o esporte de alto rendimento. Submetida a ideia à sua assessoria jurídica, esta exteriorizou o único posicionamento que se mostra harmônico com o sistema jurídico--constitucional brasileiro, afirmando que o projeto:

(A) é constitucional, contanto que o desporto educacional também seja contemplado com uma parcela, mesmo que minoritária, dos recursos.

(B) é inconstitucional, pois, segundo a Constituição da República, a destinação de recursos públicos deve priorizar o desporto educacional.

(C) é constitucional, pois, não havendo tratamento explícito da questão pela Constituição da República, o poder público tem discricionariedade para definir a destinação da verba.

(D) é inconstitucional, pois a Constituição da República prevê que a destinação de recursos públicos para o desporto contemplará exclusivamente o desporto educacional.

A: incorreta. O desporto educacional **não pode ser contemplado com uma parcela minoritária** de recursos. De acordo com o art. 217, II, da CF constitui dever do Estado fomentar práticas desportivas formais e não formais, como direito de cada um, observados alguns preceitos, dentre os quais, a **destinação de recursos públicos para a promoção prioritária do desporto educacional** e, em casos específicos, para a do desporto de alto rendimento; **B:** correta. É o que determina o mencionado art. 217, II, da CF; **C:** incorreta. Há tratamento explícito na CF/88, em seu art. 217, II; **D:** incorreta. **Não exclusividade, apenas destinação prioritária** de recursos públicos **ao desporto educacional. BV**

Gabarito "B".

(OAB/Exame Unificado – 2013.3) Ana Beatriz procura um escritório de advocacia, informando que a Universidade Pública do Estado XYZ instituiu, mediante decreto do Governador, uma taxa da matrícula no valor de R$ 100,00 (cem) reais, para estudantes que possuam renda familiar superior a 10 (dez) salários mínimos, com a finalidade de utilizar esse recurso para subsidiar a moradia de alunos de baixa renda, procedentes de Municípios distantes.

Diante da indagação de Ana Beatriz sobre a constitucionalidade da cobrança, assinale a afirmativa correta.

(A) A cobrança é constitucional, pois se trata de uma política pública de redução das desigualdades.

(B) A cobrança é constitucional em razão do princípio da autonomia universitária, previsto na Constituição da República.

(C) A cobrança é inconstitucional, uma vez que a taxa de matrícula deveria ser instituída por lei.

(D) A cobrança é inconstitucional, uma vez que viola o imperativo de gratuidade do ensino público em estabelecimentos oficiais.

A cobrança é inconstitucional, uma vez que viola o imperativo de gratuidade do ensino público em estabelecimentos oficiais. De acordo com o art. 216, I a IV, o ensino será ministrado com base nos seguintes princípios: I – igualdade de condições para o acesso e permanência na escola; II – liberdade de aprender, ensinar, pesquisar e divulgar o pensamento, a arte e o saber; III – pluralismo de ideias e de concepções pedagógicas, e coexistência de instituições públicas e privadas de ensino e IV – gratuidade do ensino público em estabelecimentos oficiais.

Gabarito "D".

(OAB/Exame Unificado – 2013.2) Acerca da disciplina constitucional do direito à educação, assinale a afirmativa correta.

(A) Os municípios atuarão prioritariamente na prestação do ensino fundamental e médio.

(B) Na prestação do ensino fundamental, além da utilização obrigatória da língua portuguesa, é assegurada às comunidades indígenas a utilização de suas línguas maternas.

2. DIREITO CONSTITUCIONAL 267

(C) É permitido às universidades admitir professores estrangeiros, na forma da lei, mas é expressamente vedada a admissão de técnicos e de pesquisadores estrangeiros.

(D) O ensino é livre à iniciativa privada, independente de autorização e da avaliação de sua qualidade pelo Poder Público.

A: incorreta. De acordo com o art. 211, § 2º, da CF, os Municípios atuarão prioritariamente no ensino fundamental *e na educação infantil*; **B:** correta. Conforme dispõe o art. 210, § 2º, da CF, o ensino fundamental regular deve ser ministrado em língua portuguesa, assegurada às comunidades indígenas também a utilização de suas línguas maternas e *processos próprios de aprendizagem*; **C:** incorreta. De acordo com o art. 207, § 1º, da CF, é *facultado* às universidades *admitir professores, técnicos e cientistas estrangeiros*, na forma da lei; **D:** incorreta. O ensino é livre à iniciativa privada, mas desde que atendidas as seguintes condições: I – cumprimento das normas gerais da educação nacional e II – *autorização e avaliação de qualidade pelo Poder Público*. É o que se extrai da leitura do art. 209, I e II, da CF.
Gabarito "B".

(OAB/Exame Unificado – 2012.3.A) Com relação às diretrizes e normas constitucionais referentes à prestação da saúde, assinale a afirmativa correta.

(A) É permitida a destinação de recursos públicos para auxílios ou subvenções às instituições privadas com fins lucrativos.

(B) Ao sistema único de saúde compete, dentre outras atribuições, colaborar na proteção do meio ambiente, nele compreendido o do trabalho.

(C) É admitida a participação indireta de empresas ou capitais estrangeiros na assistência à saúde no País, independentemente de previsão legal.

(D) As instituições privadas poderão participar de forma complementar do sistema único de saúde, segundo diretrizes deste, mediante contrato de direito privado, vedada qualquer preferência ou distinção entre elas.

A: incorreta. Conforme o art. 199, § 2º, da CF, é *vedada* a destinação de recursos públicos para auxílios ou subvenções às instituições privadas com fins lucrativos; **B:** correta (art. 200, VIII, da CF); **C:** incorreta. De acordo com o art. 199, § 3º, da CF, é *vedada* a participação direta *ou indireta* de empresas ou capitais estrangeiros na assistência à saúde no País, *salvo nos casos previstos em lei*. **D:** incorreta. O art. 199, § 1º da CF determina que as instituições privadas possam participar de forma complementar do sistema único de saúde, segundo diretrizes deste, *mediante contrato de direito público* ou convênio, *tendo preferência as entidades filantrópicas e as sem fins lucrativos*.
Gabarito "B".

(FGV –2013) Acerca das disposições concernentes à ordem social na Constituição, analise as afirmativas a seguir.

I. Os conjuntos urbanos e sítios de valor histórico, paisagístico, artístico, arqueológico, paleontológico, ecológico e científico, constituem patrimônio cultural brasileiro.

II. Ao Estado impõe-se garantir a educação básica gratuita, mas, em relação ao ensino médio, impõe-se apenas a sua progressiva universalização

III. A Constituição veda a prática de tratamento diferenciado para o desporto profissional e o não profissional

Assinale:

(A) se somente a afirmativa I estiver correta.

(B) se somente a afirmativa III estiver correta.

(C) se somente as afirmativas II e III estiverem corretas.

(D) se somente as afirmativas I e II estiverem corretas.

(E) se todas as afirmativas estiverem corretas.

I: correta. De acordo com o art. 216, V, da CF, constituem patrimônio cultural brasileiro os bens de natureza material e imaterial, tomados individualmente ou em conjunto, portadores de referência à identidade, à ação, à memória dos diferentes grupos formadores da sociedade brasileira, nos quais se incluem: os conjuntos urbanos e sítios de valor histórico, paisagístico, artístico, arqueológico, paleontológico, ecológico e científico; **II:** correta. Conforme determina o art. 208, I e II, da CF, o dever do Estado com a educação será efetivado mediante a garantia de: I – **educação básica obrigatória** e gratuita dos 4 (quatro) aos 17 (dezessete) anos de idade, assegurada inclusive sua oferta gratuita para todos os que a ela não tiveram acesso na idade própria e II – **progressiva universalização do ensino médio gratuito**; **III:** incorreta. Ao contrário, de acordo com o art. 217, III, da CF o tratamento diferenciado para o desporto profissional e o não profissional é regra constitucional.
Gabarito "D".

18. DISPOSIÇÕES CONSTITUCIONAIS GERAIS

(OAB/Exame Unificado – 2019.1) Agentes do Ministério do Trabalho, em inspeção realizada em carvoaria situada na zona rural do Estado K, constataram que os trabalhadores locais encontravam-se sob exploração de trabalho escravo, sujeitando-se a jornadas de 16 horas consecutivas de labor, sem carteira assinada ou qualquer outro direito social ou trabalhista, em condições desumanas e insalubres, percebendo, como contraprestação, valor muito inferior ao salário mínimo nacional.

Diante da situação narrada, com base na ordem constitucional vigente, assinale a afirmativa correta.

(A) Diante da vedação ao confisco consagrada na Constituição de 1988, o descumprimento da função social, agravado pela situação de grave violação aos direitos humanos dos trabalhadores, enseja responsabilização administrativa, cível e criminal do proprietário, mas não autoriza a expropriação da propriedade rural.

(B) O uso de mão de obra escrava autoriza a progressividade das alíquotas do imposto sobre a propriedade territorial rural e, caso tal medida não se revele suficiente, será possível que a União promova a expropriação e destinação das terras à reforma agrária e a programas de habitação popular, mediante prévia e justa indenização do proprietário.

(C) A hipótese narrada enseja a desapropriação por interesse social para fins de reforma agrária, uma vez que o imóvel rural não cumpre a sua função social, mediante prévia e justa indenização em títulos da dívida agrária.

(D) A exploração de trabalho escravo na referida propriedade rural autoriza sua expropriação pelo Poder Público, sem qualquer indenização ao proprietário e sem prejuízo de outras sanções previstas em lei, admitindo-se, até mesmo, o confisco de todo e qualquer bem de valor econômico apreendido na carvoaria.

A: incorreta. Ao contrário do mencionado, a CF/88 autoriza a expropriação de propriedades em que haja exploração de trabalho escravo.

Determina o art. 243 da CF/88 que as **propriedades rurais e urbanas** de qualquer região do País onde forem localizadas culturas ilegais de plantas psicotrópicas ou a **exploração de trabalho escravo** na forma da lei **serão expropriadas** e destinadas à reforma agrária e a programas de habitação popular, sem qualquer indenização ao proprietário e sem prejuízo de outras sanções previstas em lei, observado, no que couber, o disposto no art. 5º. Vale lembrar que o parágrafo único do art. 243 determina que **todo e qualquer bem de valor econômico** apreendido em decorrência do tráfico ilícito de entorpecentes e drogas afins e **da exploração de trabalho escravo será confiscado** e reverterá a fundo especial com destinação específica, na forma da lei; **B:** incorreta. A expropriação na hipótese de exploração de mão de obra não é medida subsidiária. Será aplicada, inclusive, **sem qualquer indenização ao proprietário** e sem prejuízo de outras sanções previstas em lei; **C:** incorreta. Como mencionado, não há indenização nessa hipótese de expropriação; **D:** correta. É o que determina o art. 243, *caput* e parágrafo único, da CF/88. BV

Gabarito "D".

(OAB/Exame Unificado – 2015.3) Luiz é proprietário de uma grande fazenda localizada na zona rural do Estado X. Lá, cultiva café de excelente qualidade – e com grande produtividade – para fins de exportação. Porém, uma fiscalização realizada por agentes do Ministério do Trabalho e do Emprego constatou a exploração de mão de obra escrava.

Independentemente das sanções previstas em lei, caso tal prática seja devidamente comprovada, de forma definitiva, pelos órgãos jurisdicionais competentes, a Constituição Federal dispõe que

(A) a propriedade deve ser objeto de desapropriação, respeitado o direito à justa e prévia indenização a que faz jus o proprietário.

(B) a propriedade deve ser objeto de expropriação, sem qualquer indenização, e, no caso em tela, destinada à reforma agrária.

(C) o direito de propriedade de Luiz deve ser respeitado, tendo em vista serem as terras em comento produtivas.

(D) o direito da propriedade de Luiz deve ser respeitado, pois a expropriação é instituto cabível somente nos casos de cultura ilegal de plantas psicotrópicas.

A: incorreta. Quando for verificada a exploração de trabalho escravo, a desapropriação **não trará direito à justa e prévia indenização**. De acordo com o art. 243 da CF, com redação dada pela EC 81/2014, **as propriedades rurais e urbanas de qualquer região do País onde forem localizadas** culturas ilegais de plantas psicotrópicas ou **a exploração de trabalho escravo** na forma da lei serão expropriadas e **destinadas à reforma agrária** e a programas de habitação popular, **sem qualquer indenização ao proprietário** e sem prejuízo de outras sanções previstas em lei, observado, no que couber, o disposto no art. 5º; **B:** correta, conforme determina o citado art. 243 da CF; **C** e **D:** incorretas. O direito de propriedade de Luiz , por ter sido constatada a exploração de mão de obra escrava, não será respeitado.

Gabarito "B".

3. DIREITO INTERNACIONAL

Renan Flumian

1. DIREITO INTERNACIONAL PÚBLICO – TEORIA E FUNDAMENTOS

(OAB/Exame Unificado – 2011.1) Com relação à chamada "norma imperativa de Direito Internacional geral", ou *jus cogens*, é correto afirmar que é a norma

(A) de direito humanitário, expressamente reconhecida pela Corte Internacional de Justiça, aplicável a todo e qualquer Estado em situação de conflito.

(B) prevista no corpo de um tratado que tenha sido ratificado por todos os signatários, segundo o direito interno de cada um.

(C) aprovada pela Assembleia Geral das Nações Unidas e aplicável a todos os Estados membros, salvo os que apresentarem reserva expressa.

(D) reconhecida pela comunidade internacional como aplicável a todos os Estados, da qual nenhuma derrogação é permitida.

A: incorreta. O Direito Humanitário é composto de princípios e regras – positivadas ou costumeiras – que têm como função, por questões humanitárias, limitar os efeitos do conflito armado. Mais especifica-mente, o Direito Humanitário protege as pessoas que não participam ou não mais participam das hostilidades e restringe os meios e os métodos de guerra. Tal conceito permite-nos encará-lo como Direito Internacional dos Conflitos Armados ou Direito da Guerra. É consi-derado por muitos a primeira limitação internacional que os Estados sofreram na sua soberania[1], pois, na hipótese de conflito armado, estes teriam de respeitar certas regras que visam proteger as vítimas civis e os militares fora de combate. Assim, teve-se início o processo de internacionalização dos direitos humanos. O Direito Internacional Humanitário é principalmente fruto das quatro Convenções de Genebra de 1949 (em 1949 foram revistas as três Convenções anteriores – 1864, 1906 e 1929 – e criada uma quarta, relativa à proteção dos civis em período de guerra) e seus Protocolos Adicionais, os quais formam o conjunto de leis para reger os conflitos armados e buscar limitar seus efeitos (Direito de Genebra). A proteção recai sobre as pessoas que não participam diretamente dos conflitos (civis, profissionais da saúde e de socorro) e os que não mais participam das hostilidades (soldados feridos, doentes, náufragos e prisioneiros de guerra). As Convenções e seus Protocolos apelam para que sejam tomadas medidas para evitar ou para encerrar todas as violações. Eles contêm regras rigorosas para lidar com as chamadas "violações graves", devendo seus responsáveis serem julgados ou extraditados, independentemente de sua nacionalidade. A outra parte das regras do Direito Internacional Humanitário provém do Direito de Haia (Convenções de Haia de 1899 e de 1907), as quais regulam especificamente o meio e os métodos utilizados na guerra, ou, em outras palavras, a condução das hostilidades pelos beligerantes e as Regras de Nova Iorque[2], que cuidam da proteção dos direitos humanos

em período de conflito armado. Pode-se apontar ainda o Tribunal Penal Internacional como um dos destaques na tutela do Direito Internacional Humanitário; **B:** incorreta. A condição de *jus cogens* que uma norma pode ter não é determinada necessariamente por um tratado, mas sim pelo reconhecimento da norma pela comunidade internacional como um todo, isto é, sua existência tem por fundamento razões objetivas, as quais se encontram situadas acima do caráter volitivo dos Estados. Por questão lógica, nada impede que uma norma *jus cogens* também faça parte de um tratado, mas, como dito, não é necessariamente o tratado que lhe vai conferir tal natureza; **C:** incorreta. Consoante dito na assertiva "B", a norma imperativa de Direito internacional geral é determinada por razões objetivas, as quais se encontram situadas acima do caráter volitivo dos Estados; **D:** correta. O art. 53 da Convenção de Viena sobre o Direito dos Tratados dispõe que uma norma imperativa de Direito Internacional geral é uma norma aceita e reconhecida pela comunidade internacional dos Estados como um todo, como norma da qual nenhuma derrogação é permitida e que só pode ser modificada por norma ulterior de Direito Internacional geral da mesma natureza.

Gabarito "D".

2. DIREITO INTERNACIONAL PÚBLICO – FONTES

(OAB/Exame Unificado – 2007.3) Em razão de sua natureza des-centralizada, o direito internacional público desenvolveu--se no sentido de admitir fontes de direito diferentes daquelas admitidas no direito interno. Que fonte, entre as listadas a seguir, não pode ser considerada fonte de direito internacional?

(A) Tratado.

(B) Decisões de tribunais constitucionais dos estados.

(C) Costume.

(D) Princípios gerais de direito.

O art. 38 do Estatuto da Corte Internacional de Justiça (CIJ) determina que a função da Corte é decidir as controvérsias que lhe forem subme-tidas com base no Direito Internacional. Ademais, indica as fontes que serão utilizadas pelos juízes na confecção de suas decisões, a saber: **a)** as convenções internacionais; **b)** o costume internacional; **c)** os princípios gerais do Direito; **d)** as decisões judiciárias e a doutrina dos juristas mais qualificados das diferentes nações. Por fim, ainda aponta a possibilidade da Corte decidir por equidade[3] (*ex aequo et bono*), desde que convenha às partes. Mesmo não constando do rol do artigo 38, pode-se indicar também como fonte do direito internacional tanto as resoluções emanadas das organizações internacionais como os atos unilaterais dos Estados. Pelo dito percebe-se que as assertivas "A", "C" e "D" estão corretas porque estão previstas expressamente no art. 38 do Estatuto da Corte Internacional de Justiça. Pela leitura fria do art. 38 poderíamos indicar a assertiva "B" como não sendo fonte do direito internacional, todavia, as ditas decisões judiciárias comportam tanto as decisões dos tribunais internacionais, dos tribunais arbitrais internacionais e dos tribunais de algumas Organizações Internacionais quanto dos **tribunais nacionais** (no caso do Brasil, o STF), existindo

---

1. A Liga das Nações e a Organização Internacional do Trabalho são os outros exemplos dessa primeira limitação, oriunda da comunidade internacional, que os Estados sofreram em sua inabalável soberania.

2. Resolução 2.444 (XXIII) adotada em 1968 pela Assembleia Geral das Nações Unidas.

3. Até a presente data (22 de julho de 2013), não há registro de decisão por equidade.

270 RENAN FLUMIAN

entre tais decisões uma hierarquia material. Portanto, uma análise mais profunda das alternativas nos leva a afirmar que essa questão deve ser anulada por não comportar resposta correta.

Gabarito oficial "B"./ Gabarito nosso "ANULADA".

3. TRATADO

(OAB/Exame Unificado – 2018.3) Em 14 de dezembro de 2009, o Brasil promulgou a Convenção de Viena sobre o Direito dos Tratados de 1969, por meio do Decreto nº 7.030. A Convenção codificou as principais regras a respeito da conclusão, entrada em vigor, interpretação e extinção de tratados internacionais.

Tendo por base os dispositivos da Convenção, assinale a afirmativa correta.

(A) Para os fins da Convenção, "tratado" significa qualquer acordo internacional concluído por escrito entre Estados e/ou organizações internacionais.

(B) Os Estados são soberanos para formular reservas, independentemente do que disponha o tratado.

(C) Um Estado não poderá invocar o seu direito interno para justificar o descumprimento de obrigações assumidas em um tratado internacional devidamente internalizado.

(D) Os tratados que conflitem com uma norma imperativa de Direito Internacional geral têm sua execução suspensa até que norma ulterior de Direito Internacional geral da mesma natureza derrogue a norma imperativa com eles conflitante.

A: incorreta, tratado é todo acordo formal concluído entre pessoas jurídicas do Direito Internacional Público que tenha por escopo a produção de efeitos jurídicos. Ou consoante o art. 2, ponto 1, *a*, da Convenção de Viena sobre Direito dos Tratados, tratado é um acordo internacional concluído por escrito entre Estados e regido pelo Direito Internacional, quer conste de um instrumento único, quer de dois ou mais instrumentos conexos, qualquer que seja sua denominação específica; **B:** incorreta. De acordo com a Convenção de Viena sobre Direito dos Tratados, um tratado pode proibir expressamente a formulação de reservas[4] (art. 19, *a*, da Convenção de Viena sobre o Direito dos Tratados) e que, se ele nada dispuser sobre o assunto, entende-se que as reservas a um tratado internacional são possíveis, a não ser que sejam incompatíveis com seu objeto e sua finalidade (art. 19, *c*, da Convenção de Viena sobre o Direito dos Tratados); **C:** correta (art. 27 da Convenção de Viena sobre Direito dos Tratados); **D:** incorreta. o *jus cogens* não é exatamente uma fonte de direito internacional, mas sim uma norma jurídica. De acordo com o segundo relatório de Dire Tladi, relator especial da Comissão de Direito Internacional para o tema, divulgado em 2017, o costume é a fonte mais comum de produção de normas de *jus cogens*. Isso ocorre porque uma mera abstenção durante a formação de norma costumeira vincula os estados, diferentemente dos tratados, que exigem conduta positiva, no sentido de aderir ao texto convencional. De toda forma, reconhece Tladi que os princípios gerais de direito podem servir de base para a criação de normas de *jus cogens*, e que os tratados internacionais podem refletir normas de direito cogente. De toda forma, o direito cogente não diz respeito propriamente a uma fonte de direito internacional (meio apto a produzir norma), mas a uma norma jurídica propriamente dita, que, por resguardar valores fundamentais da comunidade internacional, apresenta as qualidades especiais de (i) criar obrigações *erga omnes*;

e de (ii) prevalecer sobre as demais normas de direito internacional. A própria definição de *jus cogens*, codificada no tipificado no art. 53 da Convenção de Viena sobre Direito dos Tratados é a definição de um tipo especial de norma; não de uma fonte: "É nulo um tratado que, no momento de sua conclusão, conflite com uma norma imperativa de Direito Internacional Geral. Para os fins da presente Convenção, uma norma imperativa de Direito Internacional Geral é uma norma aceita e reconhecida pela comunidade internacional dos Estados como um todo, como norma da qual nenhuma derrogação é permitida e que só pode ser modificada por norma ulterior de Direito Internacional Geral da mesma natureza". A proibição da agressão, da escravidão, da tortura, de crimes contra a humanidade e de genocídio são exemplos de normas imperativas de Direito Internacional geral.

Gabarito "C".

3.1. Tratados no Brasil

(OAB/Exame Unificado – 2008.3) Tratados são, por excelência, normas de direito internacional público. No modelo jurídico brasileiro, como nas demais democracias modernas, tratados passam a integrar o direito interno estatal, após a verificação de seu *iter* de incorporação. A respeito dessa temática, assinale a opção correta, de acordo com o ordenamento jurídico brasileiro.

(A) Uma vez ratificados pelo Congresso Nacional, os tratados passam, de imediato, a compor o direito brasileiro.

(B) Aprovados por decreto legislativo no Congresso Nacional, os tratados podem ser promulgados pelo presidente da República.

(C) Uma vez firmados, os tratados relativos ao MERCOSUL, ainda que criem compromissos gravosos à União, são automaticamente incorporados visto que são aprovados por parlamento comunitário.

(D) Após firmados, os tratados passam a gerar obrigações imediatas, não podendo os Estados se eximir de suas responsabilidades por razões de direito interno.

No Brasil é necessário um procedimento complexo para proceder à ratificação de tratados. O Congresso Nacional deve aprovar o texto do tratado, e o fará por meio de um decreto legislativo[5] promulgado pelo presidente do Senado e publicado no Diário Oficial da União. Em seguida, cabe ao presidente da República ratificá-lo ou não – lembrando que a aprovação do Congresso não obriga a ulterior ratificação do tratado pelo presidente da República. Por fim, o tratado regularmente concluído depende da promulgação e da publicidade levada a efeito pelo presidente da República para integrar o Direito interno Nacional. No Brasil, a promulgação ocorre por meio de decreto presidencial e a publicidade perfaz-se com a publicação no Diário Oficial.

Gabarito "B".

4. ESTADO – SOBERANIA E TERRITÓRIO

(OAB/Exame Unificado – 2012.1) Após assaltar uma embarcação turística a 5 milhas náuticas da costa do Maranhão, um bando de piratas consegue fugir com joias e dinheiro em duas embarcações leves motorizadas. Comunicadas rapidamente do ocorrido, duas lanchas da Marinha que patrulhavam a área perseguiram e alcançaram uma das embarcações a 10 milhas náuticas das linhas de base

---

4. O Tribunal Penal Internacional (TPI) foi constituído na Conferência de Roma, em 17.07.1998, onde se aprovou o Estatuto de Roma – tratado que não admite a apresentação de reservas.

5. Lembrando que as matérias de competência exclusiva do Congresso Nacional (artigo 49 da CF) devem ser normatizadas via decreto legislativo.

a partir das quais se mede o mar territorial. A segunda embarcação, no entanto, só foi alcançada a 14 milhas náuticas das linhas de base. Ao final, todos os assaltantes foram presos e, já em terra, entregues à Polícia Federal. Com base no caso hipotético acima, é correto afirmar que

(A) a prisão da primeira embarcação é legal, mas não a da segunda, pois a jurisdição brasileira se esgota nos limites de seu mar territorial, que é de 12 milhas náuticas contadas das linhas de base.

(B) as duas prisões são ilegais, pois a competência para reprimir crimes em águas jurisdicionais brasileiras pertence exclusivamente à Divisão de Polícia Aérea, Marítima e de Fronteira do Departamento de Polícia Federal.

(C) as duas prisões são legais, pois a primeira embarcação foi interceptada dentro dos limites do mar territorial e a segunda dentro dos limites da zona contígua, onde os Estados podem tomar medidas para reprimir as infrações às leis de seu território.

(D) a primeira prisão é ilegal, pois ocorreu em mar territorial, área de competência exclusiva da Polícia Federal, e a segunda prisão é legal, pois ocorreu em zona contígua, onde a competência para reprimir qualquer ato que afete a segurança nacional passa a ser da Marinha.

A assertiva correta é a "C". O mar territorial é a parte do mar compreendida entre a linha de base e o limite de 12 milhas marítimas na direção do mar aberto. Cabe sublinhar que os baixios a descoberto que se encontrem, parcialmente, a uma distância do continente que não exceda a largura do mar territorial podem ser utilizados como parâmetro para medir a largura do mar territorial (art. 13, ponto 1, da Convenção das Nações Unidas sobre Direito do Mar). No âmbito do mar territorial, o Estado exerce soberania com algumas limitações. Essa soberania alcança não apenas as águas, mas também o leito do mar, seu respectivo subsolo e o espaço aéreo sobrejacente. Como adendo, sublinho que a doutrina é uniforme em defender que não existem limitações à soberania referente ao espaço atmosférico acima do mar territorial. A soberania sobre o mar territorial é mitigada pelo direito de passagem inocente, reconhecido em favor dos navios de qualquer Estado. Mas deve-se atentar que esse direito deve ser exercido de maneira contínua, rápida e ordeira, sob pena de configurar ato ilícito. Já os submarinos devem navegar na superfície e com o pavilhão arvorado. Ainda, tal soberania pode ser limitada em função da proteção ambiental. Por exercer soberania sobre o mar territorial, o Estado costeiro poderá exercer poder de polícia, para proceder à fiscalização aduaneira e sanitária, como também à regulamentação dos portos e do trânsito[6] pelas águas territoriais, inclusive tomar medidas para reprimir as infrações às leis de seu território. E a zona contígua trata-se de uma segunda faixa, a qual é adjacente ao mar territorial, e, em princípio, também de 12 milhas de largura. No âmbito da zona contígua, o Estado costeiro também exerce soberania e, destarte, poderá exercer seu poder de polícia e, assim, proceder à fiscalização no que concerne à alfândega, à imigração, à saúde e, ainda, à regulamentação dos portos e do trânsito pelas águas territoriais, como também tomar medidas para reprimir as infrações às leis de seu território. Gabarito "C".

(OAB/Exame Unificado – 2009.3) No âmbito do direito internacional, a soberania, importante característica do palco internacional, significa a possibilidade de

(A) celebração de tratados sobre direitos humanos com o consentimento do Tribunal Penal Permanente.

(B) igualdade entre os países, independentemente de sua dimensão ou importância econômica mundial.

(C) um Estado impor-se sobre outro.

(D) a Organização da Nações Unidas dominar a legislação dos Estados participantes.

Soberania é o poder exclusivo que o Estado, representado geralmente pelo governo, detém de constituir direitos e impor deveres sobre um grupo de pessoas conjugadas num espaço terrestre delimitado pela jurisdição deste mesmo Estado. Este seria o âmbito interno da soberania, e como **âmbito externo pode-se indicar a condição de igualdade que todos os Estados possuem na comunidade internacional.** Gabarito "B".

4.1. Imunidades

(OAB/Exame XXXVII) O veículo de serviço do Consulado de um Estado estrangeiro transgrediu as leis de trânsito brasileiras e causou avarias em uma viatura da Polícia Militar de Estado da Federação brasileira.

A competência para processar e julgar uma eventual ação indenizatória é, originariamente,

(A) do Supremo Tribunal Federal.

(B) do Superior Tribunal de Justiça.

(C) da Justiça Federal de 1ª Instância.

(D) da Justiça Estadual de 1ª Instância.

A competência é do STF (art. 102,I , *e*, da CF). Gabarito "A".

(OAB/Exame Unificado – 2018.2) Maria Olímpia é demitida pela Embaixada de um país estrangeiro, em Brasília, por ter se recusado a usar véu como parte do seu uniforme de serviço. Obteve ganho de causa na reclamação trabalhista que moveu, mas, como o Estado não cumpriu espontaneamente a sentença, foi solicitada a penhora de bens da Embaixada.

Nesse caso, a penhora de bens do Estado estrangeiro

(A) somente irá prosperar se o Estado estrangeiro tiver bens que não estejam diretamente vinculados ao funcionamento da sua representação diplomática.

(B) não poderá ser autorizada, face à imunidade absoluta de jurisdição do Estado estrangeiro.

(C) dependerá de um pedido de auxílio direto via Autoridade Central, nos termos dos tratados em vigor.

(D) poderá ser deferida, porque, sendo os contratos de trabalho atos de gestão, os bens que são objeto da penhora autorizam, de imediato, a execução.

Os Estados possuem imunidade de execução, o que significa que não poderá ser decretada execução forçada – como o sequestro, o arresto e o embargo – contra os bens de um Estado estrangeiro. Essa imunidade é considerada absoluta por grande parcela da doutrina[7] e prevalece no STF a orientação de que, "salvo renúncia, é absoluta a imunidade do Estado estrangeiro à jurisdição executória".[8] Logo, se a

---

6. A passagem de trânsito também se aplica às aeronaves.

7. Para parte da doutrina, a imunidade de execução foi relativizada na medida em que bens de uso comercial sem função pública podem ser objeto de penhora. É a visão, por exemplo, de Antenor Madruga. Na mesma linha é o RO 348201101910008, TRT-10ª Região, DF.

8. Vide ACO 543 AgR, Tribunal Pleno, e RE-AgR 222.368/PE, ambos do STF. E mais recentemente a ACO 709 (2013), STF, em que a União, representada pela Caixa Econômica Federal (CEF), promovia a execução fiscal de dívida ativa do Fundo de Garantia do Tempo de Serviço (FGTS) contra o Consulado Geral da França em São Paulo.

existência da demanda for comunicada ao Estado estrangeiro e esse não renunciar expressamente à imunidade de jurisdição, o processo deve ser extinto sem resolução de mérito.[9] Por conclusão, temos que a imunidade de execução pode ser renunciada pelo próprio Estado[10] ou relativizada quando a execução for de bens não afetos aos serviços diplomáticos e consulares do Estado estrangeiro – por exemplo, recursos financeiros vinculados a atividades empresariais disponíveis em contas bancárias.[11] E caso este não possua bens estranhos à sua representação diplomática nos limites da jurisdição brasileira, deve ser expedida carta rogatória, acompanhada de gestões diplomáticas, para se proceder à cobrança do crédito.

Gabarito "A".

(OAB/Exame Unificado – 2016.3) Aurélio, diplomata brasileiro, casado e pai de dois filhos menores, está em vias de ser nomeado chefe de missão do Brasil na capital de importante Estado europeu.

À luz do disposto na Convenção de Viena sobre Relações Diplomáticas, promulgada no Brasil por meio do Decreto nº 56.435/65, assinale a afirmativa correta.

(A) A nomeação de Aurélio pelo Brasil não depende da anuência do Estado acreditado, visto se tratar de uma decisão soberana do Estado acreditante.

(B) Mesmo se nomeado, o Estado acreditado poderá considerar Aurélio *persona non grata*, desde que, para tanto, apresente suas razões ao Estado acreditante, em decisão fundamentada. Se acolhidas as razões apresentadas pelo Estado acreditado, Aurélio poderá ser retirado da missão ou deixar de ser reconhecido como membro da missão.

(C) Os privilégios e as imunidades previstos estendidos à mulher e aos filhos de Aurélio cessam de imediato, na hipótese de falecimento de Aurélio.

(D) Se nomeado, a residência de Aurélio gozará da mesma inviolabilidade estendida ao local em que baseada a missão do Brasil no Estado acreditado.

A: incorreta. *Agrément* é o ato por meio do qual o Estado acreditado manifesta sua concordância com a nomeação de um agente diplomático por parte do Estado acreditante. Ademais, o Estado acreditado não precisa dar os motivos da recusa do *agrément* (art. 4º, ponto 2, da Convenção de Viena sobre Relações Diplomáticas);[12] **B:** incorreta. Em que pesem as imunidades diplomáticas, o Estado acreditado poderá a qualquer momento, e sem ser obrigado a justificar sua decisão, notificar o Estado acreditante de que o chefe da missão ou qualquer membro do pessoal diplomático da missão é *persona non grata* ou que outro membro do pessoal da missão não é aceitável. O Estado acreditante, conforme o caso, retirará a pessoa em questão ou dará por terminadas suas funções na missão. Uma pessoa pode ser declarada *non grata* ou não aceitável mesmo antes de chegar ao território do Estado acreditado (art. 9º, ponto 1, da Convenção de Viena sobre Relações Diplomáticas); **C:** incorreta (art. 39, ponto 3, da Convenção de Viena sobre Relações

Diplomáticas); **D:** correta (art. 30 da Convenção de Viena sobre Relações Diplomáticas).

Gabarito "D".

(OAB/Exame Unificado – 2013.3) Um agente diplomático comete um crime de homicídio no Estado acreditado. A respeito desse caso, assinale a afirmativa correta.

(A) Será julgado no Estado acreditado, pois deve cumprir as leis desse Estado.

(B) Poderá ser julgado pelo Estado acreditado desde que o agente renuncie a imunidade de jurisdição.

(C) Em nenhuma circunstância pode ser julgado pelo Estado acreditado.

(D) Poderá ser julgado pelo Estado acreditado, desde que o Estado acreditante renuncie expressamente à imunidade de jurisdição.

A: incorreta, pois os membros do quadro diplomático de carreira gozam de ampla imunidade de jurisdição penal (como civil e administrativo também); **B:** incorreta. Em caso algum o próprio beneficiário da imunidade (agente) pode renunciar; **C:** incorreta, pois o agente pode ser julgado desde que o Estado acreditante (o que envia o agente diplomático ou consular) renunciar às imunidades de índole penal, civil e administrativa de que gozam seus representantes diplomáticos e consulares (32 da Convenção da Convenção de Viena de 1961); **D:** correta (reler o comentário sobre a assertiva "C").

Gabarito "D".

4.2. Asilo

(OAB/Exame Unificado – 2018.2) Um ex-funcionário de uma agência de inteligência israelense está de passagem pelo Brasil e toma conhecimento de que chegou ao Supremo Tribunal Federal um pedido de extradição solicitado pelo governo de Israel, país com o qual o Brasil não possui tratado de extradição. Receoso de ser preso, por estar respondendo em Israel por crime de extorsão, ele pula o muro do consulado da Venezuela no Rio de Janeiro e solicita proteção diplomática a esse país.

Nesse caso,

(A) pode pedir asilo diplomático e terá direito a salvo--conduto para o país que o acolheu.

(B) é cabível o asilo territorial, porque o consulado é território do Estado estrangeiro.

(C) não se pode pedir asilo, e o STF não autorizará a extradição, por ausência de tratado.

(D) o asilo diplomático não pode ser concedido, pois não é cabível em consulado.

O asilo diplomático (espécie de asilo político) é o acolhimento, pelo Estado, em sua representação diplomática, do estrangeiro que busca proteção. Os locais onde esse asilo pode ocorrer são as missões diplomáticas – **não as repartições consulares** – e, por extensão, os imóveis residenciais cobertos pela inviolabilidade nos termos da Convenção de Viena sobre Relações Diplomáticas; e, ainda, consoante o costume, os navios de guerra porventura acostados ao litoral. O Regulamento da Lei de Migração define que esse asilo pode ser solicitado no exterior em legações,[13] navios de guerra e acampamentos ou aeronaves militares

---

9.   STF, ACO 645 AgR, Tribunal Pleno, DJ 17.08.2007.

10. Importante esclarecer que a renúncia à imunidade de jurisdição no referente às ações civis e administrativas não abrange as medidas de execução de sentença, para as quais é necessária nova renúncia.

11. Vide TST, SBDI-2 ROMS 282/2003-000-10-00-1. Relator: Renato de Lacerda Paiva. Brasília, DF, 28.06.2005. *DJ* 26.08.2005.

12. O mesmo ocorre com os agentes consulares (art. 12, ponto 2, da Convenção de Viena sobre Relações Consulares).

---

13. Considera-se legação a sede de toda missão diplomática ordinária e, quando o número de solicitantes de asilo exceder a capacidade normal dos edifícios, a residência dos chefes de missão e os locais por eles destinados para esse fim (art. 109, § 1º, do Dec. 9.199/2017).

brasileiros (art. 109, I, do Dec. 9.199/2017). Portanto, a assertiva correta á "D".
Gabarito "D".

4.3. Exclusão do Estrangeiro e Vistos

4.3.1. Condição Jurídica do Estrangeiro

(OAB/Exame XXXIII – 2020.3) John, de nacionalidade americana, possui interesse em visitar seu filho Mário, brasileiro nato, de 18 anos, que reside no Brasil com sua mãe. Em sua visita, John pretende permanecer no país por apenas 10 (dez) dias.

Diante do interesse manifestado por John em visitar o filho no Brasil, à luz da atual Lei de Migração (Lei nº 13.445/17), assinale a afirmativa correta.

(A) Uma vez obtido o visto de visita, é direito subjetivo de John ingressar no Brasil.

(B) John tem direito subjetivo ao visto de visita, em razão de a política migratória brasileira estabelecer a garantia do direito à reunião familiar, independentemente de outros requisitos previstos na atual Lei de Migração.

(C) John, mesmo após obter o visto de visita, poderá ser impedido de ingressar no Brasil, caso tenha sido condenado ou esteja respondendo a processo em outro país por crime doloso passível de extradição segundo a lei brasileira.

(D) Se John tiver o intuito de estabelecer residência por tempo determinado no Brasil, deverá obrigatoriamente solicitar visto para trabalho, uma vez que a Lei de Migração não possui a previsão de concessão de visto temporário para reunião familiar.

A única assertiva correta conforme a Lei de Migração é a "C". O art. 45 da Lei de Migração que cuida das situações impeditivas de ingresso do estrangeiro no Brasil, prevê especificamente isso no seu inciso III.
Gabarito "C".

(OAB/Exame Unificado – 2018.3) A Lei de Migração, Lei nº 13.445/17, dispõe sobre os direitos do estrangeiro em território nacional de uma forma mais ampla e abrangente do que a legislação anterior, revogada.

A normativa em vigor dispõe que o estrangeiro no Brasil terá acesso ao sistema público de saúde e direito à educação pública, vedada a discriminação em razão da nacionalidade e da sua condição migratória.

Isso significa que o acesso à educação pública no Brasil é assegurado

(A) somente aos estrangeiros portadores de visto de estudante ou permanente.

(B) a todos os migrantes, exceto os refugiados, que são regidos por legislação especial.

(C) apenas aos estrangeiros cujos países assegurem reciprocidade aos brasileiros.

(D) a todos os migrantes, inclusive os apátridas e os refugiados.

Consoante o art. 5º da CF/1988, o estrangeiro tem aqui proteção da ordem jurídica como qualquer nacional, apenas com a diferença de não se beneficiar dos direitos políticos. O acesso à educação pública no Brasil é assegurado a todos os migrantes, inclusive os apátridas e os refugiados (art. 4º, VIII e X, da Lei de Migração).
Gabarito "D".

4.3.2. Deportação

(OAB/Exame XXXVI) A medida de retirada compulsória de pessoa nacional de outro país, que ingressou em território nacional com visto de visita e está exercendo atividade remunerada, será

(A) a repatriação, que é a medida administrativa de devolução de pessoa em situação de impedimento ao país de procedência ou de nacionalidade.

(B) a deportação, que é a medida decorrente de procedimento administrativo que consiste na retirada compulsória de pessoa que se encontra em situação migratória irregular em território nacional.

(C) a expulsão, que é medida administrativa de retirada compulsória de migrante ou visitante do território nacional, conjugada com o impedimento de reingresso por prazo determinado.

(D) a extradição, que é a medida de cooperação internacional entre o Estado brasileiro e outro Estado pela qual se concede ou solicita a entrega de pessoa sobre quem recaia condenação criminal definitiva ou para fins de instrução de processo penal em curso.

A deportação é medida decorrente de procedimento administrativo que consiste na retirada compulsória de pessoa que se encontre em situação migratória irregular em território nacional – quase sempre por expiração do prazo de permanência ou por exercício de atividade não permitida, como trabalho remunerado no caso do turista (redação dada pelo art. 50 da Lei de Migração – 13.445/2017).
Gabarito "B".

(OAB/Exame Unificado – 2014.3) Violento torcedor estrangeiro, integrante de torcida organizada e arrolado como impedido de entrar em estádios de futebol durante a Copa do Mundo, por figurar na lista da Interpol, após ter ingressado irregularmente em território nacional e ser capturado dentro de um dos estádios, tem a sua deportação promovida, por não se retirar voluntariamente.

Sobre o caso apresentado, assinale a afirmativa correta.

(A) Nunca mais poderá o torcedor estrangeiro deportado reingressar no território nacional.

(B) O torcedor estrangeiro deportado só poderá reingressar no território nacional se ressarcir o Tesouro Nacional, com correção monetária, das despesas com a sua deportação e efetuar, se for o caso, o pagamento da multa devida à época, também corrigida.

(C) O torcedor estrangeiro deportado só poderá reingressar no território nacional após o transcurso do lapso prescricional quinquenal para ressarcimento do Tesouro Nacional.

(D) O torcedor estrangeiro deportado poderá retornar se comprovadamente não tiver condições de arcar com o pagamento da quantia devida, sem prejuízo de sua própria subsistência.

Essa questão ficou prejudicada porque a legislação sobre o tema foi alterada. Compartilho novo entendimento sobre a medida.
A deportação é medida decorrente de procedimento administrativo que consiste na retirada compulsória de pessoa que se encontre em situação migratória irregular em território nacional – quase sempre por expiração do prazo de permanência ou por exercício de atividade não permitida, como trabalho remunerado no caso do turista (nova redação dada pelo art. 50 da Lei de Migração – 13.445/2017). E a deportação

será precedida de notificação pessoal ao deportando, da qual constem, expressamente, as irregularidades verificadas e prazo para a regularização não inferior a 60 (sessenta) dias, podendo ser prorrogado, por igual período, por despacho fundamentado e mediante compromisso de a pessoa manter atualizadas suas informações domiciliares (art. 50, § 1º, da Lei de Migração). Essa notificação não impede a livre circulação em território nacional, devendo o deportando informar seu domicílio e suas atividades (art. 50, § 2º, da Lei de Migração). E caso o prazo estipulado vencer sem que se regularize a situação migratória, a deportação poderá ser executada (art. 50, § 3º, da Lei de Migração);

Gabarito "B".

4.3.3. Expulsão

(OAB/Exame Unificado – 2018.1) Você foi procurado, como advogado(a), por representantes de um Centro de Defesa dos Direitos Humanos, que lhe informaram que o governador do estado, juntamente com o ministro da justiça do país, estavam articulando a expulsão coletiva de um grupo de haitianos, que vive legalmente na sua cidade.

Na iminência de tal situação e sabendo que o Brasil é signatário da Convenção Americana sobre os Direitos Humanos, assinale a opção que indica, em conformidade com essa convenção, o argumento jurídico a ser usado.

(A) Um decreto do governador combinado a uma portaria do ministro da justiça constituem fundamento jurídico suficiente para a expulsão coletiva, segundo a Convenção acima citada. Portanto, a única solução é política, ou seja, fazer manifestações para demover as autoridades desse propósito.

(B) A Convenção Americana sobre os Direitos Humanos é omissa quanto a esse ponto. Portanto, a única alternativa é buscar apoio em outros tratados internacionais, como a Convenção das Nações Unidas, relativa ao Estatuto dos Refugiados, também conhecida como Convenção de Genebra, de 1951.

(C) A expulsão coletiva de estrangeiros é permitida, segundo a Convenção Americana sobre os Direitos Humanos, apenas no caso daqueles que tenham tido condenação penal com trânsito em julgado, o que não foi o caso dos haitianos visados pelos propósitos do governador e do ministro, uma vez que eles vivem legalmente na cidade.

(D) A pessoa que se ache legalmente no território de um Estado tem direito de circular nele e de nele residir em conformidade com as disposições legais. Além disso, é proibida a expulsão coletiva de estrangeiros.

No Brasil, qualquer pessoa, brasileiro, estrangeiro residente ou não residente, goza dos direitos individuais previstos na CF, dentre eles, o da livre circulação (art. 5º, XV, da CF). No mais, a repatriação, a deportação e a expulsão coletivas estão proibidas (art. 61, *caput*, da Nova Lei de Migração). Entende-se por repatriação, deportação ou expulsão coletiva aquela que não individualiza a situação migratória irregular de cada pessoa (art. 61, parágrafo único, da Nova Lei de Migração).

Gabarito "D".

(OAB/Exame Unificado – 2012.2) Jean Pierre, cidadão estrangeiro, foi preso em flagrante em razão de suposta prática de crime de falsificação de passaporte com o objetivo de viabilizar sua permanência no Brasil.

Diante dessa situação hipotética, assinale a afirmativa correta.

(A) A fraude para obter a entrada e permanência no território brasileiro constitui motivo suficiente para a expulsão do estrangeiro, cabendo, exclusivamente, ao Presidente da República, de forma discricionária, resolver sobre a conveniência e oportunidade da sua retirada compulsória do País.

(B) O ilícito deverá ser apurado no âmbito do Ministério da Relações Exteriores, tornando desnecessária a instauração de processo administrativo ou inquérito para fins de apuração dos fatos que ensejam a expulsão.

(C) O mérito do ato de expulsão é analisado mediante juízo de conveniência e oportunidade (discricionariedade), sendo descabido o ajuizamento de ação judicial para impugnar suposta lesão ou ameaça de lesão a direito, devendo, nesse caso, o juiz rejeitar a petição inicial por impossibilidade jurídica do pedido.

(D) A fraude para obter entrada e permanência no território brasileiro não é motivo para fundamentar ato de expulsão de estrangeiro.

Essa questão ficou prejudicada porque a legislação sobre o tema foi alterada. Compartilho novo entendimento sobre a medida.

A expulsão consiste em medida administrativa de retirada compulsória de migrante ou visitante do território nacional, conjugada com o impedimento de reingresso por prazo determinado (art. 54 da Lei de Migração). Poderá dar causa à expulsão a condenação com sentença transitada em julgado relativa à prática de: **a)** crime de genocídio, crime contra a humanidade, crime de guerra ou crime de agressão, nos termos definidos pelo Estatuto de Roma do Tribunal Penal Internacional, de 1998; **b)** crime comum doloso passível de pena privativa de liberdade, consideradas a gravidade e as possibilidades de ressocialização em território nacional (art. 54, § 1º, da Lei de Migração).

O art. 55 da Lei de Migração dispõe que não se procederá à expulsão "quando: **a)** a medida configurar extradição inadmitida pela legislação brasileira; ou **b)** o expulsando tiver filho brasileiro que esteja sob sua guarda ou dependência econômica ou socioafetiva ou tiver pessoa brasileira sob sua tutela; tiver cônjuge ou companheiro residente no Brasil, sem discriminação alguma, reconhecido judicial ou legalmente; tiver ingressado no Brasil até os 12 (doze) anos de idade, residindo desde então no País; e for pessoa com mais de 70 (setenta) anos que resida no País há mais de 10 (dez) anos, considerados a gravidade e o fundamento da expulsão. Tratam-se das chamadas *condições de inexpulsabilidade*. Importante destacar que essas condições de inexpulsabilidade não interferem na entrega (para o TPI).

No processo de expulsão serão garantidos o contraditório e a ampla defesa (art. 58, *caput*, da Lei de Migração) e a Defensoria Pública da União será notificada da instauração de processo de expulsão, se não houver defensor constituído (art. 58, § 1º, da Lei de Migração). Na prática, o procedimento de expulsão será iniciado por meio de Inquérito Policial de Expulsão e esse inquérito será instaurado pela Polícia Federal, de ofício ou por determinação do Ministro de Estado da Justiça e Segurança Pública, de requisição ou de requerimento fundamentado em sentença, e terá como objetivo produzir relatório final sobre a pertinência ou não da medida de expulsão, com o levantamento de subsídios para a decisão, realizada pelo Ministro de Estado da Justiça e Segurança Pública, acerca: da existência de condição de inexpulsabilidade; da existência de medidas de ressocialização, se houver execução de pena; e da gravidade do ilícito penal cometido (art. 195 do Dec. 9.199/2017, que regulamenta a Lei de Migração).

Gabarito "A".

4.3.4. Extradição

(OAB/Exame Unificado – 2020.2) Michel, francês residente em Salvador há 12 anos, possui um filho brasileiro de 11 anos que vive às suas expensas, chamado Fernando, embora

3. DIREITO INTERNACIONAL

o menor resida exclusivamente com sua genitora, Sofia, brasileira, na cidade de São Paulo.

Sofia, ex-companheira de Michel, possui a guarda unilateral de Fernando. Por sentença transitada em julgado, Michel, que possui 47 anos, foi condenado por homicídio culposo a três anos de detenção.

Com relação ao caso narrado, segundo o que dispõe a Lei de Migração (Lei nº 13.445/17), assinale a afirmativa correta.

(A) Michel não poderá ser expulso do Brasil pelo fato de que sua condenação, ainda que transitada em julgado, decorre do cometimento de crime culposo.

(B) A dependência econômica de Fernando em relação a Michel não é suficiente para garantir a permanência do último no país, sendo necessário, ainda, que o filho esteja sob a guarda de Michel.

(C) O tempo de residência de Michel no Brasil, por ser superior há 10 anos, impossibilita que se proceda à sua expulsão.

(D) É desnecessário garantir o contraditório no processo de expulsão de Michel, porquanto se presume que a referida garantia constitucional já fora observada durante o processo penal.

A: correta (art. 54, § 1º, II, da Lei de Migração); **B:** incorreta (art. 55, II *a*, da Lei de Migração); **C:** incorreta (art. 55, II *d*, da Lei de Migração); **D:** incorreta (art. 58, da Lei de Migração)

Gabarito "A".

(OAB/Exame Unificado – 2017.1) Walter, estrangeiro, casou-se com Lúcia, por quem se apaixonou quando passou as férias em Florianópolis. O casal tem um filho, Ricardo, de 2 anos.

Residente no Brasil há mais de cinco anos, Walter é acusado de ter cometido um crime em outro país. Como o Brasil possui promessa de reciprocidade com o referido país, este encaminha ao governo brasileiro o pedido de extradição de Walter.

Nesse caso, o governo brasileiro:

(A) não pode conceder a extradição, porque Walter tem um filho brasileiro.

(B) pode conceder a extradição, por meio de ordem expedida por um juiz federal.

(C) pode conceder a extradição, desde que cumpridos os requisitos legais do Estatuto do Estrangeiro.

(D) não pode conceder a extradição, pois esta só seria possível se houvesse tratado com o país de origem de Walter.

O Estatuto do Estrangeiro foi revogado e substituído pela Nova Lei de Migração (Lei 13.345/17).

O fato descrito na questão não cuida de situação que impossibilita a realização da extradição (art. 82 da Lei de Migração), portanto, Walter poderá ser extraditado, desde que cumpridos os requisitos legais da Lei de Imigração e os direitos humanos do extraditando serem respeitados (chamada limitação humanística). Essa limitação está disciplinada na nova Lei de Migração, mais especificamente no seu art. 96, III. E as condições para a concessão de extradição ocorrer estão insculpidas no art. 263 do Regulamento da Lei de Migração: **a)** o crime ter sido cometido no território do Estado requerente ou serem aplicáveis ao extraditando as leis penais desse Estado; e **b)** o extraditando estar respondendo a processo investigatório ou a processo penal ou ter sido condenado pelas autoridades judiciárias do Estado requerente à pena

privativa de liberdade superior a dois anos. Por fim, caso o STF decida pela extradição, o governo, pela via diplomática, colocará o indivíduo à disposição do Estado requerente, que dispõe de um prazo improrrogável de 60 dias, salvo disposição diversa em tratado bilateral, para retirá-lo do território nacional (art. 92 da Lei de Migração).

Gabarito "C".

(OAB/Exame Unificado – 2016.1) Ex-dirigente de federação sul-americana de futebol, após deixar o cargo que exercia em seu país de origem, sabedor de que existe uma investigação em curso na Colômbia, opta por fixar residência no Brasil, pelo fato de ser estrangeiro casado com brasileira, com a qual tem dois filhos pequenos. Anos depois, já tendo se naturalizado brasileiro, o governo da Colômbia pede a sua extradição em razão de sentença que o condenou por crime praticado quando ocupava cargo na federação sul-americana de futebol.

Essa extradição

(A) não poderá ser concedida, porque o Brasil não extradita seus nacionais.

(B) não poderá ser concedida, porque o extraditando tem filhos menores sob sua dependência econômica.

(C) poderá ser concedida, porque o extraditando não é brasileiro nato.

(D) poderá ser concedida se o país de origem do extraditando tiver tratado de extradição com a França.

A: incorreta. O art. 82 da Lei de Migração cuida das situações em que a extradição não será concedida e uma delas define que o Brasil não extradita brasileiros, salvo se a aquisição dessa nacionalidade verificar-se após o fato que motivar o pedido (ler o art. 5º, LI, da CF/1988) – que é exatamente o caso apresentado na questão. E para determinação da incidência do disposto nesta situação passível de extradição, será observada, nos casos de aquisição de outra nacionalidade por naturalização, a anterioridade do fato gerador da extradição; **B:** incorreta, pois não existe previsão nesse sentido; **C:** correta. O brasileiro nato nunca será extraditado e o naturalizado será em caso de crime comum, praticado antes da naturalização, ou de comprovado envolvimento em tráfico ilícito de entorpecentes e drogas afins (art. 5º, LI, da CF/1988); **D:** incorreta, pois o caso não apresenta qualquer relação com a França.

Gabarito "C".

4.3.5. Vistos

(OAB/Exame Unificado – 2020.1) Em razão da profunda crise econômica e da grave instabilidade institucional que assola seu país, Pablo resolve migrar para o Brasil, uma vez que, neste último, há melhores oportunidades para exercer seu trabalho e sustentar sua família. Em que pese Pablo possuir a finalidade de trabalhar, acabou por omitir tal informação, obtendo visto de visita, na modalidade turismo, para o Brasil.

Considerando-se o enunciado acima, à luz da Lei de Migração em vigor (Lei 13.445/17), assinale a afirmativa correta.

(A) Se Pablo, com o visto de visita, vier a exercer atividade remunerada no Brasil, poderá ser expulso do país.

(B) Se Pablo, com o visto de visita, vier a exercer atividade remunerada no Brasil, poderá ser extraditado do país.

(C) Pablo poderia solicitar, bem como obter, visto temporário para acolhida humanitária, diante da grave instabilidade institucional que assola seu país.

(D) Pablo poderá obter asilo, em razão da profunda crise econômica que assola seu país.

Pablo poderia ter solicitado visto temporário para acolhida humanitária, conforme define o artigo 14, c e § 3º, da Lei de Migração.
Gabarito "C".

4.3.6. Questões combinadas

(OAB/Exame Unificado – 2019.3) Em uma cidade brasileira de fronteira, foi detectado um intenso movimento de entrada de pessoas de outro país para trabalhar, residir e se estabelecer temporária ou definitivamente no Brasil. Após algum tempo, houve uma reação de moradores da cidade que começaram a hostilizar essas pessoas, exigindo que as autoridades brasileiras proibissem sua entrada e a regularização documental.

Você foi procurado(a), como advogado(a), por instituições humanitárias, para redigir um parecer jurídico sobre a situação. Nesse sentido, com base na Lei 13.445/17 (Lei da Migração), assinale a afirmativa correta.

(A) A admissão de imigrantes por meio de entrada e regularização documental não caracteriza uma diretriz específica da política migratória brasileira, e sim um ato discricionário do chefe do Poder Executivo.

(B) A promoção de entrada e a regularização documental de imigrantes são coisas distintas. A política migratória brasileira adota o princípio da regularização documental dos imigrantes, mas não dispõe sobre promoção de entrada regular de imigrantes.

(C) A política migratória brasileira rege-se pelos princípios da promoção de entrada regular e de regularização documental, bem como da acolhida humanitária e da não criminalização da migração.

(D) O imigrante, de acordo com a Lei da Migração, é a pessoa nacional de outro país que vem ao Brasil para estadas de curta duração, sem pretensão de se estabelecer temporária ou definitivamente no território nacional.

O artigo 3º da Lei de Migração define os princípios que regem a política migratória brasileira, e a assertiva "C" lista alguns princípios previstos no referido artigo (incisos III, V e VI).
Gabarito "C".

(OAB/Exame Unificado – 2014.2) A respeito da condição jurídica do estrangeiro, disciplinada pela Lei n. 6.815/1980, assinale a afirmativa correta.

(A) Nos casos de entrada ou estada irregular de estrangeiro, se este não se retirar voluntariamente do território nacional no prazo fixado em Regulamento, será promovida a sua expulsão.

(B) Quando mais de um Estado requerer a extradição da mesma pessoa pelo mesmo fato, terá preferência o pedido daquele em cujo território a infração foi cometida.

(C) A República Federativa do Brasil não extradita os seus nacionais, salvo em caso de reciprocidade.

(D) Conceder-se-á extradição mesmo quando o fato constituir crime político e o extraditando houver de responder, no Estado requerente, perante tribunal ou juízo de exceção.

O Estatuto do Estrangeiro foi revogado e substituído pela Nova Lei de Migração (Lei 13.345/17).

A: incorreta. O caso narrado na assertiva torna o estrangeiro passível de deportação. A deportação é medida decorrente de procedimento administrativo que consiste na retirada compulsória de pessoa que se encontre em situação migratória irregular em território nacional – quase sempre por expiração do prazo de permanência ou por exercício de atividade não permitida, como trabalho remunerado no caso do turista (nova redação dada pelo art. 50 da Lei de Migração – 13.445/2017); **B:** correta, pois de fato existe a citada preferência (art. 85 da Lei de Migração); **C:** incorreta. O art. 5º, LI, da CF assim determina: "nenhum brasileiro será extraditado, **salvo o naturalizado**, em caso de crime comum, praticado antes da naturalização, ou de comprovado envolvimento em tráfico ilícito de entorpecentes e drogas afins, na forma da lei". Portanto, percebe-se que o brasileiro naturalizado poderá sim ser extraditado e não necessariamente dependerá de declaração de reciprocidade, pois a extradição pode ser regulada por um tratado; **D:** incorreta. A extradição não é permitida quando o fato constituir crime político ou de opinião (art. 82, VII, da Lei de Migração). Ademais, também não será concedida quando o extraditando houver de responder, no Estado requerente, perante tribunal ou juízo de exceção (art. 82, VIII, da Lei de Migração).
Gabarito "B".

(OAB/Exame Unificado – 2014.1) A respeito da extradição e/ou expulsão de estrangeiro do Brasil, assinale a afirmativa correta.

(A) É passível de extradição o estrangeiro que, de qualquer forma, atentar contra a segurança nacional, a ordem pública ou social, a tranquilidade ou a moralidade pública e a economia popular, ou cujo procedimento o torne nocivo à conveniência e aos interesses nacionais.

(B) É passível de extradição o estrangeiro que praticar fraude a fim de obter a sua entrada ou permanência no Brasil.

(C) Caberá exclusivamente ao Presidente da República resolver sobre a conveniência e a oportunidade de expulsão do estrangeiro ou de sua revogação.

(D) A expulsão do estrangeiro não poderá efetivar-se se houver processo ou ocorrido condenação.

A: incorreta, porque a extradição é uma medida de cooperação internacional que consiste na entrega de um Estado para outro Estado, a pedido deste, de indivíduo que em seu território deva responder a processo penal ou cumprir pena por prática de crime de certa gravidade (art. 81 da Lei de Migração); **B:** incorreta, reler o comentário sobre a assertiva anterior; **C:** essa resposta indicada como certa precisa ser atualizada. No conhecido julgamento da Extradição 1.085 (caso Cesare Battisti), o STF decidiu que é possível declarar a ilegalidade do ato, do Executivo, de concessão de refúgio e que o acatamento da extradição pela Corte tem o condão de *autorizar* o presidente da República a efetivar tal medida, isto é, cabe ao chefe do Executivo decidir sobre a conveniência de tal medida. Configura-se uma mudança de posicionamento, pois ao STF sempre coube *determinar* a extradição quando entendesse presentes seus pressupostos, e agora o acolhimento da demanda de extradição pela Corte gera apenas uma autorização. A partir dessa decisão, pode-se defender que, no Brasil, quem decide, em última instância, sobre a extradição ou não, é o presidente da República (sistema "belga" ou da contenciosidade limitada[14]), com a ressalva de que este deva acatar

---

14. Art. 90 da Lei de Migração: "nenhuma extradição será concedida sem prévio pronunciamento do Supremo Tribunal Federal sobre sua legalidade e procedência, não cabendo recurso da decisão".

3. DIREITO INTERNACIONAL

decisão do STF que reconheça alguma irregularidade no processo de extradição, ou seja, "indeferido o pedido, deixa-se de constituir o título jurídico sem o qual o Presidente da República não pode efetivar a extradição; se deferida, a entrega do súdito ao Estado requerente fica a critério discricionário do Presidente da República[15]". Posteriormente a tal julgamento, foi impetrada pela República Italiana a Reclamação 11.243, ocasião em que o STF decidiu ser procedente a preliminar de não cabimento da reclamação em função de ser irrecorrível o ato do presidente da República, pois se trata de ato de soberania nacional que está ancorado nos arts. 1º, 4º, I, e 84 da CF/1988. Portanto, cabe ao STF analisar a legalidade e a procedência do pedido de extradição, e inscreve-se na competência do presidente da República a decisão sobre a sorte do extraditando. A Corte entendeu nesse julgamento que a soberania nacional, no plano transnacional, funda-se no princípio da independência nacional, efetivada pelo presidente da República, consoante suas atribuições previstas no art. 84, VII e VIII, da Constituição brasileira; **D:** essa resposta indicada como certa precisa ser atualizada. O art. 59 da Lei de Migração assim dispõe: "Será considerada regular a situação migratória do expulsando cujo processo esteja pendente de decisão, nas condições previstas no art. 55."

Gabarito "C".

5. ORGANIZAÇÕES INTERNACIONAIS – TEORIA GERAL

(Magistratura Federal/1ª Região – 2009 – CESPE) Assinale a opção correta acerca das organizações internacionais.

(A) Podem ser membros dessas organizações apenas Estados.

(B) Suas imunidades de jurisdição e execução têm base no direito costumeiro.

(C) Sua capacidade para celebrar tratados é inerente a sua personalidade no direito internacional.

(D) Não podem ser responsabilizadas diretamente por seus atos.

(E) Estados que não sejam membros de determinada organização internacional podem opor-se à personalidade internacional dessa organização.

A: incorreta. As organizações internacionais são constituídas, de forma permanente, pela vontade coletiva dos Estados ou por outras organizações internacionais, entre elas ou com Estados, e possuem personalidade jurídica de direito internacional. Esta personalidade é derivada e distinta da personalidade de seus membros; **B:** incorreta. As OIs também gozam de privilégios e imunidades, tal como os Estados. Todavia, enquanto os Estados (e seus agentes diplomáticos e consulares) possuem tais privilégios com fundamento no princípio da reciprocidade, as OIs e seus funcionários os têm como condição para o desempenho, com plena liberdade, das funções determinadas no seu estatuto. Geralmente, os privilégios e as imunidades são disciplinados no denominado *acordo de sede*, concluído com o Estado ou Estados-hospedeiros. Neste(s) Estado(s) funcionará a sede da OI e seus centros de atividade. Um acordo de sede conhecido foi o firmado entre os EUA e a ONU em 1947. Sobre a matéria, é importante apontar que os privilégios e as imunidades das OIs e dos seus agentes somente são válidas nos Estados membros. Todavia, os privilégios e as imunidades da ONU são válidas perante qualquer país, mesmo os não membros. Os privilégios e as imunidades de que as OIs podem beneficiar revestem-se de natureza e extensão diversas e isto em função da natureza de cada OI e de suas correlatas competências. Mas, de um modo geral, podemos listar como imunidades e privilégios das OIs e seus agentes, os seguintes: **a)** imunidade de jurisdição; **b)** inviolabilidade dos locais de atividade da organização internacional e o correspondente direito

de assegurar a proteção desses locais; **c)** inviolabilidade de todos os bens da OI (não passíveis de requisição, confisco ou expropriação); **d)** garantia de livre comunicação com o exterior; **e)** inviolabilidade dos arquivos em qualquer circunstância e onde quer que se encontrem; e **f)** imunidades fiscais; **C:** incorreta. Tratando da personalidade jurídica internacional das OIs, é de importância indiscutível mencionar o art. 6º da Convenção de Viena sobre o Direito dos Tratados entre Estados e Organizações Internacionais ou entre Organizações Internacionais: "**a capacidade de uma organização internacional para celebrar tratados rege-se pelas regras dessa organização**". Isto é, cada OI vai regular as características de sua personalidade jurídica. Todavia, cabe apontar que se o ato constitutivo de uma OI for omisso a esse respeito, isso não possibilitaria a contestação de sua personalidade jurídica (interna e internacional), pois a personalidade jurídica é um atributo de toda organização social (como a OI o é), pois sem ela não é possível agir em nome próprio no mundo do direito; **D:** incorreta, pois todo sujeito de direito internacional (Estado, organização internacional e pessoa humana) pode ser responsabilizado diretamente, em âmbito internacional, por seus atos; **E:** correta. As OIs possuem personalidade jurídica e esta pode ser dividida em interna e internacional. A interna aparece em relação aos seus Estados membros e aos Estados hospedeiros. Já a internacional está relacionada aos direitos, obrigações e prerrogativas em relação aos outros sujeitos de direito internacional. **A questão que suscita mais dúvidas é aquela referente a oponibilidade da personalidade jurídica internacional da OI em relação aos outros sujeitos de direito internacional.** Ainda não existe um consenso em relação a todas as OIs, mas pode-se afirmar, por exemplo, que a ONU e suas organizações especializadas ("constelação onusiana") têm personalidade jurídica internacional *erga omnes*, ou seja, extensível à todos os sujeitos de direito internacional, inclusive os Estados não membros.

Gabarito "E".

5.1. Organização das Nações Unidas

(OAB/Exame Unificado – 2012.3.A) Com base na Carta das Nações Unidas, assinale a afirmativa correta.

(A) A Assembleia Geral pode expulsar um Estado membro que tenha persistentemente violado os princípios da Carta das Nações Unidas, ouvido o Conselho de Segurança.

(B) Os principais órgãos das Nações Unidas são a Assembleia Geral, o Conselho de Segurança, a Organização Mundial do Comércio e a Corte Internacional de Justiça.

(C) As principais atribuições do Conselho de Segurança são a manutenção da paz internacional e a liberalização dos fluxos internacionais de comércio.

(D) Um Estado não pode se tornar membro da Corte Internacional de Justiça sem antes se tornar membro nas Nações Unidas.

A: correta. A ONU reúne quase a totalidade dos Estados existentes hoje no planeta. Entre estes, existem os membros originários e os eleitos. Estes últimos são admitidos pela Assembleia Geral mediante recomendação do Conselho de Segurança. E só podem ser admitidos os Estados "amantes da paz" que aceitarem as obrigações impostas pela Carta e forem aceitos como capazes de cumprir tais obrigações. Os membros podem ser suspensos quando o Conselho de Segurança instalar uma ação preventiva ou coercitiva contra eles, como também expulsos quando violarem insistentemente os princípios da Carta. A expulsão é processada pela Assembleia Geral mediante recomendação do Conselho de Segurança (artigo 6º da Carta das Nações Unidas); **B:** incorreta, pois a OMC (Organização Mundial do Comércio) não é um órgão das Nações Unidas. Pode-se citar ainda outros órgãos da ONU, como o Secretariado e o Conselho Econômico e Social; **C:** incorreta. O

---

15. Trecho da Extradição 1.114/STF.

Conselho de Segurança é o maior responsável pela manutenção da paz e da segurança internacionais. Por sua vez, a OMC é uma organização para liberalização do comércio, um fórum para que os governos negociem acordos comerciais e um lugar para que os governos resolvam suas diferenças comerciais; **D**: incorreta. A Corte só pode receber postulações de Estados, sejam ou não membros da ONU (art. 34, ponto 1, do Estatuto da CIJ). Não é técnico afirmar que um Estado possa ser parte da Corte Internacional de Justiça, mas sim sobre a possibilidade de postular demandas perante à Corte.

Gabarito "A"

(OAB/Exame Unificado – 2010.1) Com relação à ONU, assinale a opção correta.

(A) Poderão ser admitidos como membros da ONU todos os Estados que o desejarem, independentemente de condições de natureza política ou de qualquer outro teor.

(B) Principal órgão da ONU, a Assembleia Geral é composta de todos os membros da organização, tendo cada Estado membro direito a apenas um representante e um voto.

(C) O Secretário-geral da ONU, eleito pelo Conselho de Segurança mediante recomendação dos seus membros permanentes, tem o dever de atuar em todas as reuniões da Assembleia Geral, do Conselho de Segurança, do Conselho Econômico e Social e do Conselho de Tutela, além de desempenhar outras funções que lhe forem atribuídas por esses órgãos.

(D) O Conselho de Segurança da ONU compõe-se de cinco membros permanentes e de dez membros não permanentes, todos indicados pelo próprio Conselho, devendo estes últimos cumprir mandato de dois anos.

A: incorreta. A ONU reúne quase a totalidade dos Estados existentes. Entre estes, existem os membros originários e os eleitos. Estes últimos são admitidos pela Assembleia Geral mediante recomendação do Conselho de Segurança. E só podem ser admitidos os Estados "amantes da paz" que aceitarem as obrigações impostas pela Carta e forem aceitos como capazes de cumprir tais obrigações; **B**: incorreta. A Assembleia Geral é composta de todos os membros da ONU, cabendo a cada Estado-membro apenas um voto. Ela reúne-se em sessões ordinárias, uma vez por ano, e em sessões extraordinárias sempre que preciso for. As decisões da Assembleia Geral são tomadas pela maioria simples dos membros presentes e votantes. Mas pode-se definir que o quórum será de dois terços quando tratar de questões consideradas importantes. Entre algumas de suas funções, podemos citar: **a)** aprovação do orçamento; **b)** eleição dos membros não permanentes do Conselho de Segurança e dos membros do Conselho Econômico e Social; **c)** nomeação do secretário-geral da Nações Unidas; e **d)** eleição, em conjunto com o Conselho de Segurança, dos juízes da Corte Internacional de Justiça; **C**: correta. O Secretariado é o órgão executivo da ONU. No ápice desse órgão encontra-se o secretário-geral da ONU[16], eleito pela Assembleia Geral mediante recomendação do Conselho de Segurança. O secretário-geral atua como o principal funcionário administrativo da Organização, devendo, conforme o art. 98 da Carta da ONU, estar presente em todas as reuniões da Assembleia Geral, do Conselho de Segurança e do Conselho Econômico e Social, além de desempenhar outras funções que lhe forem atribuídas por esses órgãos; **D**: incorreta.

16. Segue para informação a lista de todos os secretários-gerais da ONU: Trygve Lie (Noruega) – 1946-1953; Dag Hammarskjold (Suécia) – 1953-1961; U Thant (Mianmar, antiga Birmânia) – 1961-1971; Kurt Waldheim (Áustria) – 1972-1981; Javier Pérez de Cuellar (Peru) – 1982-1991; Boutros Boutros-Ghali (Egito) – 1992-1996; Kofi Annan (Gana) – 1997-2006; Ban Ki-moon (Coreia do Sul) – 2007-atualidade.

No início, o Conselho de Segurança era composto de cinco membros permanentes (China, EUA, França, Reino Unido e URSS) e seis membros não permanentes, totalizando 11 membros, os quais eram eleitos pela Assembleia Geral para exercer mandato de dois anos, vedada a reeleição para o período seguinte. Depois de modificado em 1963, o Conselho de Segurança passou a ser composto dos mesmos cinco membros permanentes (China, EUA, França, Reino Unido e Rússia) e dez membros não permanentes, totalizando 15 membros, os quais continuam sendo eleitos pela Assembleia Geral para exercer mandato de dois anos, vedada a reeleição para o período seguinte. Cada membro do Conselho tem apenas um voto. As decisões, quando processuais, dependem do voto afirmativo de nove membros. No restante das matérias, o mesmo quórum é necessário, mas com o acréscimo de que todos os membros permanentes devem votar afirmativamente – é o chamado *direito de veto*. Em que pese a Carta da ONU prever a unanimidade dos membros permanentes, a prática tem permitido que estes se abstenham da votação, o que configura a consensualidade, e não a unanimidade. O Conselho de Segurança é o maior responsável pela manutenção da paz e da segurança internacionais.

Gabarito "C"

5.2. Organização Mundial do Comércio

(OAB/Exame Unificado – 2017.2) O mecanismo de solução de controvérsias atualmente em vigor no âmbito da Organização Mundial do Comércio (OMC) foi instituído em 1994 por meio do Entendimento Relativo às Normas e Procedimentos sobre Solução de Controvérsias, constantes do Tratado de Marrakesh, e vincula todos os membros da organização.

A respeito do funcionamento desse mecanismo, assinale a afirmativa correta.

(A) Uma vez acionado o mecanismo de solução de controvérsias, os Estados em disputa ficam impedidos de recorrer a formas pacíficas de solução de seus litígios, tais como bons ofícios, conciliação e mediação.

(B) A decisão, por consenso, acerca da adoção de um relatório produzido pelo grupo especial, integra o rol de competências do Órgão de Solução de Controvérsias, ainda que as partes em controvérsia escolham não apelar ao Órgão Permanente de Apelação.

(C) As recomendações e decisões do Órgão de Solução de Controvérsias poderão implicar a diminuição ou o aumento dos direitos e das obrigações dos Estados, conforme estabelecido nos acordos firmados no âmbito da OMC.

(D) As partes em controvérsia e os terceiros interessados que tenham sido ouvidos pelo grupo especial poderão recorrer do relatório do grupo especial ao Órgão Permanente de Apelação.

A: incorreta, pois os bons ofícios, conciliação ou mediação poderão ser solicitados a qualquer tempo por qualquer das partes envolvidas na controvérsia. Poderão iniciar-se ou encerrar-se a qualquer tempo (art. 5º, ponto 3, do Entendimento Relativo às Normas e Procedimentos sobre Solução de Controvérsias da OMC); **B**: correta (art. 16, ponto 4, do Entendimento Relativo às Normas e Procedimentos sobre Solução de Controvérsias da OMC); **C**: incorreta (art. 3º, ponto 2, do Entendimento Relativo às Normas e Procedimentos sobre Solução de Controvérsias da OMC); **D**: incorreta. Apenas as partes em controvérsia, excluindo-se terceiros interessados, poderão recorrer do relatório do grupo especial (art. 17, ponto 4, do Entendimento Relativo às Normas e Procedimentos sobre Solução de Controvérsias da OMC). RF

Gabarito "B"

6. SER HUMANO

6.1. Nacionalidade

(OAB/Exame XXXIV) Ao imigrar para o Brasil, uma família de venezuelanos procura um advogado a fim de obter orientação jurídica acerca dos direitos relativos à moradia, educação para os filhos e abertura de conta-corrente perante instituição financeira brasileira, tendo em vista ser assegurado aos imigrantes determinados direitos, em condições de igualdade com os nacionais, em todo o território nacional.

Em relação a esses direitos, assinale a afirmativa correta.

(A) É assegurado o direito à liberdade de circulação em território nacional, restrita à área fronteiriça por onde ingressou.

(B) É assegurado o direito à educação pública, vedada a discriminação em razão da nacionalidade e da condição migratória.

(C) É vedado o direito de transferir recursos decorrentes de sua renda e economias pessoais para outro país.

(D) É vedada a abertura de conta-corrente em instituições financeiras nacionais.

No Brasil, qualquer pessoa, brasileiro, estrangeiro residente ou não residente, goza dos direitos individuais previstos na CF (art. 5º). A assertiva "B" está correta por apresentar o estipulado no inciso X do art. 4º da Lei de Migração.
Gabarito "B".

(OAB/Exame Unificado – 2017.1) Luca nasceu em Nápoles, na Itália, em 1997. É filho de Marta, uma ilustre pintora italiana, e Jorge, um escritor brasileiro. Quando de seu nascimento, seus pais o registraram apenas perante o registro civil italiano.

Luca nunca procurou se informar sobre seu direito à nacionalidade brasileira, mas, agora, vislumbrando seu futuro, ele entra em contato com um escritório especializado, a fim de saber se e como poderia obter a nacionalidade brasileira.

Assinale a opção que apresenta, em conformidade com a legislação brasileira, o procedimento indicado pelo escritório.

(A) Luca não tem direito à nacionalidade brasileira, eis que seu pai não estava ou está a serviço do Brasil.

(B) Luca não poderá mais obter a nacionalidade brasileira, tendo em vista que já é maior de idade.

(C) Luca tem direito à nacionalidade brasileira, mas, ainda que a obtenha, não será considerado brasileiro nato.

(D) Luca deverá ir residir no Brasil e fazer a opção pela nacionalidade brasileira.

O procedimento correto para Luca lograr seu objetivo é seguir o disposto na assertiva "D", isto é, residir no Brasil e fazer a opção pela nacionalidade brasileira (art. 12, I, *c*, da CF). RF
Gabarito "D".

(OAB/Exame Unificado – 2013.1) Rafael é brasileiro naturalizado e casado com Letícia, de nacionalidade italiana. Rafael foi transferido pela empresa onde trabalha para a filial na Argentina, estabelecendo-se com sua esposa em Córdoba. Em 02/03/2009, lá nasceu Valentina, filha do casal, que foi registrada na repartição consular do Brasil.

De acordo com as normas constitucionais vigentes, assinale a afirmativa correta.

(A) Valentina não pode ser considerada brasileira nata, em virtude de a nacionalidade brasileira de seu pai ter sido adquirida de modo derivado e pelo fato de sua mãe ser estrangeira.

(B) Valentina é brasileira nata, pelo simples fato de seu pai, brasileiro, se ter deslocado por motivo de trabalho, em nada influenciando o modo como Rafael adquiriu a nacionalidade.

(C) Valentina somente será brasileira nata se vier a residir no Brasil e fizer a opção pela nacionalidade brasileira após atingir a maioridade.

(D) Valentina é brasileira nata, não constituindo óbice o fato de seu pai ser brasileiro naturalizado e sua mãe, estrangeira.

A nacionalidade será originária ou primária quando provier do nascimento – logo, involuntária –, e adquirida ou secundária quando resultar de alteração de nacionalidade por meio da naturalização ou em virtude de casamento – logo, voluntária. A nacionalidade originária pode ser a do Estado de nascimento (*jus soli*) ou a de seus pais (*jus sanguinis*). No Brasil, o critério adotado para determinar quem é brasileiro nato é o *jus soli*, todavia, existem exceções que utilizam o critério *jus sanguinis* (artigo 12, I, b e c, da CF), logo, pode-se afirmar que o Brasil usa um critério misto para a fixação da nacionalidade. Segundo o inciso I do artigo 12 da CF, são brasileiros natos: **a)** os nascidos em território brasileiro, embora de pais estrangeiros, desde que estes não estejam a serviço de seu país; **b)** os nascidos no estrangeiro, de pai ou mãe brasileiros, desde que qualquer deles esteja a serviço do Brasil; e **c) os nascidos no estrangeiro, de pai ou mãe brasileiros, desvinculados do serviço público, desde que sejam registrados em repartição brasileira competente** ou venham a residir no território nacional e optem, a qualquer tempo, depois de atingida a maioridade, pela nacionalidade brasileira. Deve-se comentar que a terceira hipótese exposta acima foi disciplinada pela EC nº 54/2007, que ainda criou o art. 95 do ADCT: "Os nascidos no estrangeiro entre 7 de junho de 1994 e a data da promulgação desta Emenda Constitucional, filhos de pai brasileiro ou mãe brasileira, poderão ser registrados em repartição diplomática ou consular brasileira competente ou em ofício de registro, se vierem a residir na República Federativa do Brasil".
Gabarito "D".

6.2. Proteção Diplomática ou Endosso

(Procurador da Fazenda Nacional – 2007 – ESAF) A empresa brasileira XYZ tem investimentos de grande vulto no país ABC. De forma arbitrária, o novo Governo de ABC, ao tomar posse, apropria-se do patrimônio que XYZ detinha em ABC. Inconformada, a empresa XYZ recorre ao Governo brasileiro para que lhe conceda proteção diplomática, encampando o problema da empresa e recorrendo à Corte Internacional de Justiça em sua defesa. Indique como se denomina o ato por meio do qual o Estado brasileiro assume a reclamação da empresa XYZ, fazendo-a sua, e dispondo-se a tratar da matéria junto ao Estado autor do ilícito.

(A) Reserva

(B) Imunidade

(C) Denúncia

(D) Endosso

(E) Ratificação

A proteção diplomática é a assunção de defesa de nacional por seu Estado. A concessão de proteção diplomática é denominada endosso e exige alguns requisitos para ocorrer: **a)** a condição de nacional do indivíduo prejudicado (pessoa física ou jurídica); **b)** o esgotamento dos recursos internos (não só a existência de tais vias, como também sua acessibilidade, eficácia e imparcialidade); e **c)** a conduta escorreita do indivíduo reclamante (leia-se não ter violado o ordenamento jurídico interno ou internacional). Em outras palavras, o nacional – pessoa física ou jurídica – que for vítima de um procedimento estatal arbitrário no exterior e restar impossibilitado de fazer valer seus direitos pede ao seu país que lhe represente, isto é, pede a proteção diplomática. Deve-se dizer que tal direito do indivíduo nacional não significa obrigação de seu Estado em conceder a proteção, o qual ficará livre para aquiescer ou não. Discussões surgem quando aparece a dupla nacionalidade ou a múltipla nacionalidade. Neste caso, qualquer dos Estados patriais pode proteger o indivíduo contra terceiro Estado. Contudo, o endosso não poderá tomar corpo se a reclamação for contra um dos Estados patriais; tal impossibilidade tem por fundamento o princípio da igualdade soberana dos Estados. Outro ponto importante sobre a matéria é a possibilidade das organizações internacionais protegerem seus agentes, quando estes a seu serviço forem vítimas de ato ilícito. Tal possibilidade foi aventada no parecer consultivo da Corte Internacional de Justiça no caso Folke de Bernadotte[17]. A tal modalidade de endosso dá-se o nome de proteção funcional. Nesse sentido são as palavras de Francisco Rezek: "no parecer consultivo referente ao caso Bernadotte, a Corte da Haia revelou que não apenas os Estados podem proteger seus nacionais no plano internacional, mas também as organizações internacionais encontram-se habilitadas a semelhante exercício, quando um agente a seu serviço é vítima de ato ilícito. Não há entre o agente e a organização um vínculo de nacionalidade, mas um substitutivo deste para efeito de legitimar o endosso, qual seja o vínculo resultante da função exercida pelo indivíduo no quadro da pessoa jurídica em causa. A essa moderna variante da proteção diplomática dá-se o nome de proteção funcional[18]". A consequência jurídica do endosso é transformar o Estado em *dominus litis*, ou seja, daí para a frente o Estado vai agir em nome próprio, sendo livre para escolher os meios para materializar a proteção, como também para transigir ou desistir no curso da proteção. Por fim, sobre o tema cabe mencionar a doutrina ou "cláusula Calvo". Segundo Francisco Rezek, essa cláusula fundou-se na ideia de que não deve o Direito Internacional prestigiar teorias aparentemente justas e neutras, cujo efeito prático é no entanto acobertar privilégios em favor de um reduzido número de Estados. Ministro das Relações Exteriores da Argentina, Carlos Calvo estatuiu, em 1868, que para os estrangeiros, assim como para os nacionais, as cortes locais haveriam de ser as únicas vias de recurso contra atos da administração. Dessa forma, o endosso deveria ser recusado pelas potências estrangeiras a seus nacionais inconformados. Desde o aparecimento dessa doutrina, uma cláusula se fez com frequência incorporar aos contratos de concessão e ajustes análogos, celebrados entre governos latino-americanos e pessoas físicas ou jurídicas estrangeiras, segundo cujos termos as últimas renunciam desde logo, e para todos os efeitos, à proteção diplomática de seus países de origem em caso de litígio relacionado ao contrato. Trata-se da chamada *renúncia prévia à proteção diplomática*.

Gabarito "D".

6.3. Residente Fronteiriço

(OAB/Exame XXXV) Pablo acaba de chegar do Uruguai e pretende se fixar em Uruguaiana (RS) como residente fronteiriço. Desconhecendo seus direitos como residente fronteiriço, ele procura você, como advogado(a), para receber a orientação jurídica adequada.

Em relação aos direitos de Pablo, como residente fronteiriço, assinale a opção que apresenta, corretamente, a orientação recebida.

(A) A abrangência do espaço geográfico, autorizada pelo documento de residente fronteiriço de Pablo, será o território nacional.

(B) A obtenção de outra condição migratória implica a renovação automática, por prazo indeterminado, do documento de Pablo, como residente fronteiriço.

(C) A autorização para a realização de atos da vida civil poderá ser concedida a Pablo, mediante requerimento, a fim de facilitar sua livre circulação.

(D) A fim de facilitar a sua livre circulação, poderá ser concedido a Pablo, mediante requerimento, visto temporário em seu passaporte para a realização de atos da vida civil.

A assertiva correta é a "C", consoante art. 23 da Lei de Migração.

Gabarito "C".

7. RESPONSABILIDADE INTERNACIONAL

(Advogado da União/AGU – CESPE – 2012) No que se refere à responsabilidade internacional dos Estados e às fontes do direito internacional e sua relação com o direito interno brasileiro, julgue os itens a seguir.

(1) Na Convenção de Viena sobre Direito dos Tratados, o dispositivo que versa sobre a aplicação provisória de tratados foi objeto de reserva por parte do Estado brasileiro.

(2) Por decisão do STF, os costumes e tratados de direitos humanos adotados pelo Brasil antes da edição da Emenda Constitucional n.º 45/2003 adquiriram, no direito brasileiro, estatuto de normas supralegais.

(3) O texto final do projeto sobre responsabilidade internacional dos Estados, aprovado pela Comissão de Direito Internacional da ONU, prevê um sistema agravado de responsabilidade, por violação de normas peremptórias de direito internacional geral.

(4) De acordo com o projeto da Comissão de Direito Internacional da ONU sobre responsabilidade internacional dos Estados, as garantias de não repetição são consequências possíveis de um ilícito internacional.

1: correta. A Convenção de Viena sobre Direito dos Tratados entrou em vigor internacional em 27 de janeiro de 1980 e só foi promulgada no Brasil pelo Decreto n. 7.030 de 14 de dezembro de 2009. A ratificação não só demorou, mas veio com reserva aos arts. 25 e 66. O art. 25 cuida da aplicação provisória de um tratado e determina que, se for assim disposto ou acordado pelas partes, o tratado pode obter uma vigência provisória mesmo sem ter sido objeto de ratificação – o Brasil não aceita esta prática, já que, em regra, a ratificação dos tratados depende de um procedimento complexo, onde o Congresso Nacional tem que aprovar o texto do tratado, e o fará por meio de um decreto legislativo promulgado pelo Presidente do Senado e publicado no Diário Oficial da União. Assim, a regra é que os tratados celebrados pelo Presidente da República sejam apreciados pelo Congresso Nacional (art. 84, VIII, da CF). Já o art. 66 discorre sobre o processo de solução judicial, de arbitragem e de conciliação e determina a competência obrigatória da Corte Internacional de Justiça quando houver conflito ou superveniência de norma imperativa de direito internacional (*jus cogens*) – este artigo

---

17. Conde sueco e mediador da ONU na Palestina que, no exercício de suas funções, foi assassinado por extremistas israelenses em Jerusalém, em 1948.

18. **Direito Internacional Público**. 11. ed. São Paulo: Saraiva, 2008. p. 281.

3. DIREITO INTERNACIONAL

não foi aceito pelo Brasil, lembrando que o país não está vinculado ao art. 36 do Estatuto da Corte Internacional de Justiça que disciplina a "cláusula facultativa de jurisdição obrigatória"; **2:** errado, pois apenas os tratados de direitos humanos adotados antes da edição da Emenda Constitucional n.º 45/2003 adquiriram *status* de normas supralegais (*RE* 466.343-SP STF); **3:** certo, pois os arts. 40 e 41 do Projeto sobre Responsabilidade Internacional dos Estados cuidam das *violações graves de obrigações decorrentes de normas imperativas de direito internacional geral;* **4:** certo, pois em consonância com a redação do art. 30 do Projeto sobre Responsabilidade Internacional dos Estados.

Gabarito 1C, 2E, 3C, 4C

8. MECANISMOS DE SOLUÇÃO PACÍFICA DE CONTROVÉRSIAS INTERNACIONAIS

(OAB/Exame Unificado – 2019.1) Existem disputas sobre parcelas de territórios entre países da América Latina. O Brasil e o Uruguai, por exemplo, possuem uma disputa em torno da chamada "ilha brasileira", na foz do Rio Uruguai. Na hipótese de o Uruguai vir a reivindicar formalmente esse território, questionando a divisa estabelecida no tratado internacional de 1851, assinale a opção que indica o tribunal internacional ao qual ele deveria endereçar o pleito.

(A) Tribunal Permanente de Revisão do Mercosul.

(B) Corte Internacional de Justiça.

(C) Tribunal Penal Internacional.

(D) Tribunal Internacional do Direito do Mar.

O tribunal internacional com competência para julgar essa disputa sobre territórios é a Corte Internacional de Justiça. O Tribunal Permanente de Revisão do Mercosul é encarregado de julgar, em grau de recurso, as decisões proferidas pelos tribunais arbitrais ad hoc do Mercosul. E o Mercosul é uma união aduaneira que trata de questões comerciais. O Tribunal Penal Internacional é um tribunal permanente para julgar indivíduos acusados da prática de crimes de genocídio, de crimes de guerra, de crimes de agressão e de crimes contra a humanidade. Por fim, o Tribunal Internacional do Direito do Mar soluciona controvérsias marítimas.

Gabarito "B"

(OAB/Exame Unificado – 2015.1) O litígio que envolve Estados e organizações internacionais, podendo ser de natureza econômica, política ou meramente jurídica, é conceituado como controvérsia internacional. Acerca dos meios diplomáticos para soluções pacíficas de controvérsias internacionais, assinale a afirmativa correta.

(A) A negociação é um mecanismo que conta com o envolvimento de um terceiro, cuja função é propor uma solução pacífica para o conflito entre as partes.

(B) Os bons ofícios caracterizam-se pela oferta espontânea de um terceiro que colabora com a solução de controvérsias, podendo ser um Estado, um organismo internacional ou uma autoridade.

(C) A mediação caracteriza-se pelo envolvimento de um terceiro, que somente pode ser pessoa natural.

(D) A conciliação é muito semelhante à mediação. Entretanto, caracteriza-se pela possibilidade de atuar como mediador pessoa natural, Estado ou organismo internacional.

A: incorreta. Trata-se de método de solução de controvérsias amistosa que envolve negociação programada entre os adversários, sem a pre-

sença de terceiros. *As consultas não ocorrem de maneira* improvisada, mas por estarem previamente programadas; **B:** correta. Trata-se de método de solução de controvérsias amistosa que envolve negociação entre os adversários, facilitada pela ação instrumental de um terceiro interessado. *Instrumental porque este terceiro interessado, o prestador de bons ofícios, não propõe solução para a controvérsia, apenas a facilita mediante a aproximação das partes.* Fundamental saber que o prestador de bons ofícios pode ser um estado, uma organização internacional ou até mesmo uma pessoa, desde que reúna prestígio e reputação, e depende da aquiescência dos contendores para atuar, sob pena de caracterizar intromissão indevida nos assuntos de outros estados. Por fim, deve-se frisar que a prestação de bons ofícios se enquadra nas atribuições do Secretário-Geral da ONU. Um exemplo conhecido foi a oferta de bons ofícios do Secretário-Geral da ONU na crise dos mísseis em Cuba, em 1962; **C:** incorreta. Trata-se de método de solução de controvérsias amistosa que envolve negociação entre os adversários, facilitada pela ação decisiva de um terceiro interessado (não necessariamente pessoa natural). Decisiva porque o terceiro interessado propõe solução para a controvérsia. A escolha do mediador é geralmente feita em conjunto e por concordância dos adversários, mas não é sempre facultativa, podendo ser determinada por um tribunal ou mesmo imposta pelo Direito de determinado Estado. O mediador recolhe informações sobre a disputa e os argumentos de cada parte para ao final confeccionar uma solução, a qual não obriga as partes; **D:** incorreta. Trata-se de método de solução de controvérsias amistosa que envolve negociação entre os adversários, facilitada pela ação decisiva de um terceiro interessado. A conciliação é uma mistura de inquérito e mediação, pois engloba uma etapa de esclarecimento de fatos e outra de apresentação de solução para a controvérsia. Outra diferença com a mediação é o seu caráter mais formal. A conciliação toma corpo com a constituição da comissão de conciliadores, geralmente formada por três ou cinco pessoas, dentre as quais figuram representantes dos estados em conflito e elementos neutros. A Comissão estabelecerá as regras que orientaram o procedimento de conciliação. Percebe-se que seu exercício é coletivo, ou seja, não existe conciliador singular e as deliberações geralmente ocorrem por maioria. O relatório da comissão de conciliadores não é de todo obrigatório para as partes, mas existe certa expectativa sobre a sua aceitação. Por fim, é de suma importância apontar o Anexo Único da Convenção de Viena sobre Direito dos Tratados, isto porque este traz a figura da conciliação obrigatória. Tal previsão já aparece em inúmeros tratados internacionais.

Gabarito "B"

(OAB/Exame Unificado – 2013.2) A respeito dos mecanismos de solução pacífica de controvérsias no sistema internacional, assinale a afirmativa correta.

(A) O Tribunal Permanente de Revisão do MERCOSUL tem como base jurídica o Protocolo de Olivos e tem como competência resolver litígios dentro do sistema regional de integração, proferir pareceres consultivos e editar medidas excepcionais e de urgência.

(B) Os Estados possuem capacidade postulatória para solicitar pareceres consultivos perante a Corte Internacional de Justiça (CIJ).

(C) A Organização Mundial do Comércio (OMC) não abre à possibilidade de participação de atores privados no contencioso, como *amici curiae*.

(D) Apenas os Estados que fazem parte da ONU e ratificaram o Estatuto da Corte Internacional de Justiça (CIJ) podem apresentar seus contenciosos à mesma.

As Convenções da Haia de 1899 e 1907 regularam a solução de controvérsias entre Estados e marcaram o início de uma fase do direito internacional marcada pela institucionalização dos mecanismos de solução pacífica de disputas internacionais. Esta fase se consolidou com a criação do Tribunal Permanente de Justiça Internacional em

1921 e se intensificou no pós Segunda Guerra Mundial. A partir de então, pode-se identificar inúmeros mecanismos de solução pacífica de controvérsias internacionais, tais como: meios diplomáticos e políticos, arbitragem, cortes judiciárias de âmbito regional e universal etc. Outra classificação é aquela que separa a solução pacífica em *amistosa* (meios diplomáticos, políticos e jurídicos) e *não amistosa* (meios coercitivos). Antes de adentrarmos ao estudo de cada modalidade de solução pacífica de disputas internacionais, é fundamental buscarmos uma definição de *controvérsia internacional*. Desde a decisão do TPJI no caso Mavromatis, pode-se afirmar que controvérsia internacional é um desacordo, entre dois sujeitos de direito, sobre uma questão de fato ou de direito. A controvérsia internacional tem origem no desacordo entre dois ou mais estados, um estado e uma organização internacional ou duas organizações internacionais. Diante deste quadro, uma definição útil de controvérsia internacional pode ser essa: desacordo, entre dois sujeitos de direito, sobre uma questão de fato ou de direito que seja regulada pelo direito internacional público. Por fim, é importante comentar a importância da solução pacífica de conflitos internacionais no sistema onusiano. A solução pacífica de controvérsias internacionais figura como um dos propósitos da ONU (art. 1º da Carta da ONU). Neste sentido importante conhecer a redação do art. 33, § 1º, da Carta da ONU: "As partes em uma controvérsia, que possa vir a constituir uma ameaça à paz e à segurança internacionais, procurarão, antes de tudo, chegar a uma solução por negociação, inquérito, mediação, conciliação, arbitragem, solução judicial, recurso a entidades ou acordos regionais, ou a qualquer outro meio pacífico à sua escolha".

A: correta. O Protocolo de Olivos[19] reorganizou o sistema de solução de controvérsias do Mercosul. Sua maior inovação foi a criação de um Tribunal Permanente de Revisão, o qual é encarregado de julgar, em grau de recurso, as decisões proferidas pelos tribunais arbitrais *ad hoc*, isto é, foi instituído o duplo grau de jurisdição para solução de controvérsias no Mercosul. Lembrando que o recurso é limitado a questões de direito tratadas na controvérsia e às interpretações jurídicas desenvolvidas no laudo do Tribunal Arbitral *Ad Hoc* (art. 17, ponto 2, do Protocolo de Olivos). A título de sistematização, quando surgir alguma contenda envolvendo os países do bloco, o primeiro passo é aplicar as negociações diretas. Com o fracasso destas, passa-se ao Tribunal Arbitral *Ad Hoc*, que funciona como primeira instância. Lembramos que, antes de as partes submeterem o caso ao Tribunal Arbitral *Ad Hoc*, podem escolher (ou seja, é facultativa) a etapa intermediária, que toma corpo com o envio da contenda para o Grupo Mercado Comum, que promoverá estudos sobre a disputa e formulará recomendações não cogentes. Depois, com a provocação das partes, exerce-se o duplo grau de jurisdição mediante a análise da decisão do Tribunal Arbitral Ad Hoc pelo Tribunal Permanente de Revisão. Entretanto, pode-se passar diretamente das negociações diretas malsucedidas para o Tribunal Permanente de Revisão. Nesse último caso, o tribunal vai julgar a demanda de forma definitiva. Assim, o procedimento compreende duas etapas: a fase diplomática e a jurisdicional. A primeira poderá começar por iniciativa dos Estados ou dos particulares, já a segunda somente toma curso por iniciativa dos Estados. E o Tribunal Permanente de Revisão é composto de cinco árbitros e tem sede permanente em Assunção, no Paraguai. Cada Estado-membro envia um titular e um suplente por um período de dois anos, renovável por no máximo dois períodos consecutivos. Já o quinto árbitro é designado por um período de três anos não renovável e escolhido, por unanimidade ou por critério definido por unanimidade, numa lista de oito nomes. Esse árbitro tem

que ter a nacionalidade de algum dos Estados-membros. Diante de controvérsia entre dois Estados-partes, o tribunal funcionará com três árbitros, sendo dois destes nacionais dos Estados em litígio e o terceiro, que será o presidente, designado por sorteio, organizado pelo diretor da Secretaria Administrativa, entre os outros árbitros do tribunal. Se a controvérsia envolver três ou mais Estados, o tribunal funcionará com todos os seus cinco membros. Entre suas funções, podem-se destacar: **a)** rever as decisões dos tribunais arbitrais *ad hoc* do Mercosul (os laudos emitidos *ex aequo et bono* não são suscetíveis de revisão); **b)** decidir como instância única quando as partes assim decidirem; e **c)** pronunciar-se como instância única consultiva[20]. Por fim, os laudos do Tribunal *Ad Hoc* ou os do Tribunal Permanente de Revisão, conforme o caso, deverão ser cumpridos no prazo que os respectivos tribunais estabelecerem. Se não for estabelecido um prazo, os laudos deverão ser cumpridos no prazo de 30 dias seguintes à data de sua notificação. Se um Estado-parte na controvérsia não cumprir total ou parcialmente o laudo do Tribunal Arbitral, a outra parte terá a faculdade, dentro do prazo de um ano, contado a partir do dia seguinte ao término do prazo de 30 dias ou de outro que o tribunal estabelecer, de iniciar a aplicação de medidas compensatórias temporárias, como a suspensão de concessões ou outras obrigações equivalentes, com vistas a obter o cumprimento do laudo; **B:** incorreta. O artigo 96 da Carta da ONU prevê uma função consultiva para a Corte. Assim, qualquer organização internacional intergovernamental – especialmente os órgãos das Nações Unidas – pode requerer parecer consultivo à Corte. Percebe-se que os Estados-membros não podem solicitar, diretamente, parecer consultivo à CIJ; **C:** incorreta. O sistema de solução de controvérsias da OMC tem a função de dirimir as disputas comerciais entre os Estados-membros e é basicamente dividido em cinco fases: consultas, painéis, apelação, implementação e retaliação. Cabe dizer que o sistema é fruto das normas, procedimentos e práticas elaborados desde o surgimento do GATT em 1947[21]. O sistema de solução de controvérsias tem uma grande limitação *ratione personae*, pois apenas os Estados podem iniciar uma disputa na OMC, nunca os atores privados; **D:** incorreta. A Corte só pode receber postulações de Estados, sejam ou não membros da ONU (art. 34, ponto 1, do Estatuto da CIJ).

Gabarito "A".

9. DIREITO COMUNITÁRIO

9.1. Mercosul

(**OAB/Exame Unificado – 2016.3**) O Acordo de Cooperação e Assistência Jurisdicional em Matéria Civil, Comercial, Trabalhista e Administrativa entre os Estados Partes do Mercosul, a República da Bolívia e a República do Chile, foi promulgado no Brasil por meio do Decreto nº 6.891/09, tendo por finalidade estabelecer as bases em que a cooperação e a assistência jurisdicional entre os Estados membros será realizada.

A respeito desse instrumento, assinale a afirmativa correta.

(A) A indicação das autoridades centrais responsáveis pelo recebimento e andamento de pedidos de assistência jurisdicional é realizada pelo Grupo Mercado Comum.

---

19. O art. 1º do Protocolo de Olivos cuida do âmbito de aplicação do Protocolo: "As controvérsias que surjam entre os Estados-partes sobre a interpretação, a aplicação ou o não cumprimento do Tratado de Assunção, do Protocolo de Ouro Preto, dos protocolos e acordos celebrados no marco do Tratado de Assunção, das Decisões do Conselho do Mercado Comum, das Resoluções do Grupo Mercado Comum e das Diretrizes da Comissão de Comércio do Mercosul serão submetidas aos procedimentos estabelecidos no presente Protocolo".

20. A Emenda Regimental nº 48 do STF disciplinou o acesso dos magistrados brasileiros, e também das partes nos processos, às opiniões consultivas do Tribunal Permanente de Revisão, que funcionam como pareceres sobre casos concretos e situações específicas em causas que envolvem direito internacional do bloco.

21. Cabe recordar que o sistema de solução de controvérsias do antigo Gatt possuía apenas uma etapa de painéis, de cujas decisões não cabia recurso.

3. DIREITO INTERNACIONAL 283

(B) Os nacionais ou residentes permanentes de outro Estado membro, para que possam se beneficiar do mecanismo de cooperação jurisdicional em determinado Estado membro, deverão prestar caução.

(C) Os procedimentos para cumprimento de uma carta rogatória recebida sob a guarida do Acordo são determinados pela lei interna do Estado em que a carta deverá ser cumprida, não sendo admitida, em qualquer hipótese, a observação de procedimentos diversos solicitados pelo Estado de onde provenha a carta.

(D) Uma sentença ou um laudo arbitral proveniente de um determinado Estado, cujo reconhecimento e execução seja solicitado a outro Estado membro, pode ter sua eficácia admitida pela autoridade jurisdicional do Estado requerido apenas parcialmente.

A única assertiva correta sobre o Acordo de Cooperação e Assistência Jurisdicional em Matéria Civil, Comercial, Trabalhista e Administrativa entre os Estados Partes do Mercosul é a "D" (art. 23).

Gabarito "D".

(OAB/Exame Unificado – 2015.1) O MERCOSUL é um organismo internacional que visa à integração econômica de países que se localizam geograficamente no eixo conhecido como Cone Sul, nos termos do Tratado de Assunção (1991) e do Protocolo de Ouro Preto (1994). Sobre o sistema de solução de controvérsias do MERCOSUL, assinale a afirmativa correta.

(A) O MERCOSUL não possui um sistema próprio de solução de controvérsias, adotando, nos termos do Tratado de Assunção, o sistema estabelecido no Anexo II do Tratado de Marrakesh para a Organização Mundial do Comércio.

(B) Provisoriamente estabelecido no Protocolo de Brasília (1993), o sistema de solução de controvérsias do MERCOSUL encontra-se, atualmente, normatizado pelo Protocolo de Ouro Preto (1994), que estabeleceu a estrutura orgânica definitiva do bloco.

(C) O sistema de solução de controvérsias do MERCOSUL, atualmente normatizado nos termos do Protocolo de Olivos (2002), estabeleceu como instância final judicante o Tribunal Permanente de Revisão.

(D) O sistema de soluções de controvérsias do MERCOSUL somente foi normatizado pelo Protocolo de Las Lerias (1996), que estabeleceu os procedimentos de cooperação e assistência jurisdicional em matéria civil, comercial, trabalhista e administrativa.

O Protocolo de Olivos[22] reorganizou o sistema de solução de controvérsias do Mercosul. Sua maior inovação foi a criação de um Tribunal Permanente de Revisão, o qual é encarregado de julgar, em grau de recurso, as decisões proferidas pelos tribunais arbitrais *ad hoc*, isto é, foi instituído o duplo grau de jurisdição para solução de controvérsias no Mercosul. Lembrando que o recurso é limitado a questões de direito

22. O art. 1º, ponto 1, do Protocolo de Olivos cuida do âmbito de aplicação do Protocolo: "As controvérsias que surjam entre os Estados-Partes sobre a interpretação, a aplicação ou o não cumprimento do Tratado de Assunção, do Protocolo de Ouro Preto, dos protocolos e acordos celebrados no marco do Tratado de Assunção, das Decisões do Conselho do Mercado Comum, das Resoluções do Grupo Mercado Comum e das Diretrizes da Comissão de Comércio do Mercosul serão submetidas aos procedimentos estabelecidos no presente Protocolo".

tratadas na controvérsia e às interpretações jurídicas desenvolvidas no laudo do Tribunal Arbitral *Ad Hoc* (art. 17, ponto 2, do Protocolo de Olivos). A título de sistematização, quando surgir alguma contenda envolvendo os países do bloco, o primeiro passo é aplicar as negociações diretas. Com o fracasso destas, passa-se ao Tribunal Arbitral *Ad Hoc* – funciona como primeira instância. Lembrando que, antes de as partes submeterem o caso ao Tribunal Arbitral *Ad Hoc*, podem escolher (ou seja, é facultativa) a etapa intermediária, que toma corpo com o envio da contenda para o Grupo Mercado Comum, que promoverá estudos sobre a disputa e formulará recomendações não cogentes. Depois, com a provocação das partes, exerce-se o duplo grau de jurisdição mediante a análise da decisão do Tribunal Arbitral *Ad Hoc* pelo Tribunal Permanente de Revisão. Entretanto, pode-se passar diretamente das negociações diretas malsucedidas para o Tribunal Permanente de Revisão. Nesse último caso, o tribunal vai julgar a demanda de forma definitiva. Assim, o procedimento compreende duas etapas: a fase diplomática e a jurisdicional. A primeira poderá começar por iniciativa dos Estados ou dos particulares, já a segunda somente toma curso por iniciativa dos Estados.[23]

Gabarito "C".

10. TRIBUNAL PENAL INTERNACIONAL

(OAB/Exame Unificado – 2008.1) Acerca de tribunais internacionais e de sua repercussão, assinale a opção correta.

(A) O Estatuto de Roma não permite reservas nem a retirada dos Estados membros do tratado.

(B) O Estatuto de Roma, que criou o Tribunal Penal Internacional, estabelece uma diferença entre entrega e extradição, operando a primeira entre um Estado e o mencionado tribunal e a segunda, entre Estados.

(C) O Tribunal Penal Internacional prevê a possibilidade de aplicação da pena de morte, ao passo que a Constituição brasileira proíbe tal aplicação.

(D) O § 4º do art. 5º da Constituição Federal prevê a submissão do Brasil à jurisdição de tribunais penais internacionais e tribunais de direitos humanos.

A: incorreta. O Tribunal Penal Internacional (TPI) foi constituído na Conferência de Roma, em 17 de julho de 1998, onde se aprovou o Estatuto de Roma (**tratado que não admite a apresentação de reservas**), que só entrou em vigor internacional em 1º de julho de 2002, e passou a vigorar, para o Brasil, em 1º de setembro de 2002. A partir de então tem-se um tribunal permanente para julgar **indivíduos** acusados da prática de crimes de genocídio, de crimes de guerra, de crimes de agressão e de crimes contra a humanidade. Deve-se apontar que *indivíduos* diz respeito a quaisquer indivíduos, independentemente de exercerem funções governamentais ou cargos públicos (art. 27 do Estatuto de Roma), desde que, à data da alegada prática do crime, tenham completado 18 anos de idade. E o art.

23. O sistema de solução de controvérsias do Mercosul refere-se aos Estados-Partes (art. 1º, ponto 1, do Protocolo de Olivos). É interessante lembrar, entretanto, que é possível a formulação de reclamação por particulares em razão da sanção ou aplicação, por qualquer dos Estados-Partes, de medidas legais ou administrativas de efeito restritivo, discriminatórias ou de concorrência desleal, em violação do Tratado de Assunção, do Protocolo de Ouro Preto, dos protocolos e acordos celebrados no marco do Tratado de Assunção, das Decisões do Conselho do Mercado Comum, das Resoluções do Grupo Mercado Comum e das Diretrizes da Comissão de Comércio do Mercosul (art. 39 do Protocolo de Olivos). E os particulares afetados formalizarão as reclamações perante a Seção Nacional do Grupo Mercado Comum do Estado-Parte onde tenham sua residência habitual ou a sede de seus negócios (art. 40 do Protocolo de Olivos).

127, I, do Estatuto de Roma é expresso ao permitir a retirada: "Qualquer Estado Parte poderá, mediante notificação escrita e dirigida ao Secretário-Geral da Organização das Nações Unidas, retirar-se do presente Estatuto. A retirada produzirá efeitos um ano após a data de recepção da notificação, salvo se esta indicar uma data ulterior"; **B:** correta. A grande inovação do Estatuto foi a criação do instituto da *entrega* ou *surrender*. A entrega é a entrega de um Estado para o TPI, a pedido deste, de indivíduo que deva cumprir pena por prática de algum dos crimes tipificados no artigo 5º do Estatuto de Roma. A título comparativo, a extradição é a entrega de um Estado para outro Estado, à pedido deste, de indivíduo que em seu território deva responder a processo penal ou cumprir pena por prática de crime de certa gravidade. A grande finalidade do instituto da *entrega* é driblar o princípio da não extradição de nacionais e, logicamente, garantir o julgamento do acusado, pois o TPI não julga indivíduos à revelia. Ou seja, criou-se tal figura para permitir que o Estado entregue indivíduo que seja nacional seu ao TPI. Em outras palavras, a *entrega* nada mais é do que o cumprimento de ordem emanada do Tribunal Penal Internacional. A legitimidade de tal autoridade reside no fato do tribunal realizar os anseios de justiça de toda a comunidade internacional julgando e condenando autores de crimes tão nefastos para a humanidade. Assim, o Estado, como signatário do estatuto de Roma, deve cooperar e entregar seu nacional para ser julgado pelo TPI. A título comparativo, a *entrega* é de interesse de toda a comunidade internacional, ao passo que a *extradição* é de interesse do país requerente. O Brasil, com fundamento no artigo 5º, LI e § 4º, da CF, permite a entrega de nacional seu ao TPI, mas proíbe a extradição de nacional seu ao Estado requerente. Lembrando, com base no inciso LI supracitado, que existe uma exceção ao princípio da não extradição de nacionais no Brasil, tratando-se do caso de brasileiro naturalizado que tiver comprovado envolvimento em tráfico ilícito de entorpecentes e drogas afins. E, a título de curiosidade, cabe lembrar que os EUA não reconhecem a jurisdição do TPI; **C:** incorreta. Se a acusação for devidamente processada e aceita pela Câmara Preliminar, o TPI poderá julgar o caso. E, caso condene o indiciado culpado, a pena imposta terá que respeitar o limite máximo de 30 anos. Todavia, caso o crime seja de extrema gravidade, poderá ser aplicada a pena de prisão perpétua. Concomitantemente, poderá ser aplicada a pena de multa e de confisco, caso restar comprovado que o culpado adquiriu bens de forma ilícita (art. 77 do Estatuto de Roma). Além de sanções de natureza penal, o TPI pode determinar a reparação às vítimas de crimes e respectivos familiares, principalmente por meio da restituição, da indenização ou da reabilitação. Ainda, o Tribunal poderá, de ofício ou por requerimento, em circunstâncias excepcionais, determinar a extensão e o nível dos danos, da perda ou do prejuízo causados às vítimas ou aos titulares do direito à reparação, com a indicação dos princípios nos quais fundamentou a sua decisão (art. 75 do Estatuto de Roma); **D:** incorreta, pois a redação correta do § 4º do art. 5º da CF é a seguinte: "O Brasil se submete à jurisdição de Tribunal Penal Internacional a cuja criação tenha manifestado adesão".
Gabarito "B".

11. DIREITO INTERNACIONAL PRIVADO – REGRAS DE CONEXÃO DA LEI DE INTRODUÇÃO ÀS NORMAS DO DIREITO BRASILEIRO

11.1. Art. 7º da LINDB

(OAB/Exame Unificado – 2018.1) Paulo, brasileiro, celebra no Brasil um contrato de prestação de serviços de consultoria no Brasil a uma empresa pertencente a François, francês residente em Paris, para a realização de investimentos no mercado imobiliário brasileiro. O contrato possui uma cláusula indicando a aplicação da lei francesa.

Em ação proposta por Paulo no Brasil, surge uma questão envolvendo a capacidade de François para assumir e cumprir as obrigações previstas no contrato.

Com relação a essa questão, a Justiça brasileira deverá aplicar

(A) a lei brasileira, porque o contrato foi celebrado no Brasil.

(B) a lei francesa, porque François é residente da França.

(C) a lei brasileira, país onde os serviços serão prestados.

(D) a lei francesa, escolhida pelas partes mediante cláusula contratual expressa.

O art. 7º da LINDB assim estatui: a lei do país em que domiciliada a pessoa determina as regras sobre o começo e o fim da personalidade, o nome, a **capacidade** e os direitos de família. O critério atual gira em torno do domicílio da pessoa, ou seja, a regra de conexão é a *lex domicilii*. Desta forma, a lei do domicílio da pessoa determina as regras sobre o começo e o fim da personalidade, o nome, a capacidade e os direitos de família. Assim, a justiça brasileira deverá aplicar a lei francesa porque François é residente na França.
Gabarito "B".

(OAB/Exame Unificado – 2015.3) Ricardo, brasileiro naturalizado, mora na cidade do Rio de Janeiro há 9 (nove) anos. Em visita a parentes italianos, conhece Giulia, residente em Roma, com quem passa a ter um relacionamento amoroso. Após 3 (três) anos de namoro a distância, ficam noivos e celebram matrimônio em território italiano. De comum acordo, o casal estabelece seu primeiro domicílio em São Paulo, onde ambos possuem oportunidades de trabalho.

À luz das regras de Direito Internacional Privado, veiculadas na Lei de Introdução às Normas do Direito Brasileiro (LINDB), não havendo pacto antenupcial, assinale a opção que indica a legislação que irá reger o regime de bens entre os cônjuges.

(A) Aplicável a Lei italiana, haja vista que nenhum dos cônjuges é brasileiro nato.

(B) Aplicável a Lei italiana, em razão do local em que foi realizado o casamento.

(C) Aplicável a Lei brasileira, em razão do domicílio do cônjuge varão.

(D) Aplicável a Lei brasileira, porque aqui constituído o primeiro domicílio do casal.

Caso o domicílio dos nubentes for diverso, aplicar-se-á, ao regime de bens, a lei do país do primeiro domicílio conjugal (regra de conexão subsidiária). Primeiro domicílio conjugal, como visto, não é necessariamente o do país em que foi realizado o casamento, pois os nubentes podem contratar matrimônio em um país e estabelecer-se em outro (§ 4º do art. 7º da LINDB).
Gabarito "D".

(OAB/Exame Unificado – 2011.2) Em janeiro de 2003, Martin e Clarisse Green, cidadãos britânicos domiciliados no Rio de Janeiro, casam-se no Consulado-Geral britânico, localizado na Praia do Flamengo. Em meados de 2010, decidem se divorciar. Na ausência de um pacto antenupcial, Clarisse requer, em petição à Vara de Família do Rio de Janeiro, metade dos bens adquiridos pelo casal desde a celebração do matrimônio, alegando que o regime legal vigente no Brasil é o da comunhão parcial de bens. Martin, no entanto, contesta a pretensão de Clarisse, argumentando que o casamento foi realizado no consulado britânico e que, portanto, deve ser aplicado o regime legal de bens vigente no Reino Unido, que lhe é mais favorável.

Com base no caso hipotético acima e nos termos da Lei de Introdução às Normas do Direito Brasileiro, assinale a alternativa correta.

(A) O regime de bens obedecerá à *lex domicilli* dos cônjuges quanto aos bens móveis e à *lex rei sitae* (ou seja, a lei do lugar onde estão) quanto aos bens imóveis, se houver.

(B) O juiz brasileiro não poderá conhecer e julgar a lide, pois o casamento não foi realizado perante a autoridade competente.

(C) Clarisse tem razão em sua demanda, pois o regime de bens é regido pela *lex domicilli* dos nubentes e, ao tempo do casamento, ambos eram domiciliados no Brasil.

(D) Martin tem razão em sua contestação, pois o regime de bens se rege pela lei do local da celebração (*lex loci celebrationis*), e o casamento foi celebrado no consulado britânico.

O art. 7º, *caput*, da Lei de Introdução às Normas do Direito Brasileiro (a antiga LICC) define que a lei do domicílio ou *lex domicilii* da pessoa é que vai determinar as regras sobre o começo e o fim da personalidade, o nome, a capacidade e os direitos de família. E o § 1º do art. 7º da Lei de Introdução às Normas do Direito Brasileiro traz a regra de conexão *lex loci celebrationis*, isto é, o casamento é regido, no que tange às suas formalidades, pela lei do local de sua celebração. Mas o § 2º do art. 7º da Lei de Introdução às Normas do Direito Brasileiro traz uma exceção à regra de conexão *lex loci celebrationis*, pois determina que os nubentes estrangeiros podem no Brasil casar com base na sua lei da nacionalidade, desde que perante autoridades diplomáticas ou consulares do país de **ambos** os nubentes. Desta forma, o § 2º do art. 7º consagra indiretamente a lei da nacionalidade dos nubentes como regra de conexão. Assim, **o casamento é regido, no que tange às suas formalidades, pela lei da nacionalidade dos nubentes, mas o regime de bens continua sendo regulado pela lei do domicílio dos nubentes**, consoante determina o art. 7º, *caput*, da Lei de Introdução às Normas do Direito Brasileiro. Por todo o dito, podemos afirmar que a assertiva "C" é a correta. Ademais, o consulado britânico faz parte do território brasileiro, pois os consulados apenas gozam de certas imunidades no território estrangeiro e nunca poderão ser consideradas como "territórios internacionais".
Gabarito "C".

11.2. Art. 9º da LINDB

(OAB/Exame XXXIX) Um jato privado, de propriedade de empresa inglesa, causou um acidente ao colidir com uma aeronave comercial brasileira em território nacional, provocando várias mortes, entre passageiros e tripulantes. A família de uma das vítimas brasileiras propõe uma ação contra a empresa inglesa no Brasil, formulando pedido de reparação por danos materiais e morais. A empresa ré alega que a competência para julgar o caso é da justiça inglesa.

Sobre a hipótese apresentada, segundo o direito brasileiro, assinale a afirmativa correta.

(A) O acidente ocorreu no Brasil e, assim, a justiça brasileira é competente para julgá-lo.

(B) A ré é uma empresa estrangeira que não opera no Brasil, o que impede a justiça brasileira de julgar o caso.

(C) A justiça brasileira é competente para julgar o caso, porque a vítima é brasileira.

(D) O caso deve ser remetido por carta rogatória à justiça inglesa, a quem cabe julgá-lo.

Conforme o art. 9º da LINDB, a assertiva "A" é a correta. Trata-se da regra de conexão *locus regit actum* sobre a qualificação e a regulação das obrigações (leia-se: seus aspectos extrínsecos). Ou seja, é a lei do local em que as obrigações foram constituídas que vai regulá-las. É importante apontar que as obrigações surgem dos contratos, dos delitos e dos quase delitos (crimes praticados com culpa – negligência, imprudência e imperícia).
Gabarito "A".

(OAB/Exame XXXVII) Em Londres, uma sociedade empresária chinesa contratou, com uma sociedade empresária alemã, a entrega de 20.000 toneladas de minério de ferro no Porto de Santos, São Paulo.

Por problemas relacionados ao desembarque da mercadoria, a sociedade empresária chinesa resolveu demandar em face da alemã. De acordo com as normas de Direito Internacional Privado brasileiro, assinale a afirmativa correta.

(A) A competência para processar e julgar a demanda é exclusivamente da autoridade judiciária inglesa.

(B) A competência para processar e julgar a demanda é concorrentemente das autoridades judiciárias alemã e chinesa.

(C) A Justiça brasileira é concorrentemente competente para processar e julgar a demanda.

(D) A Justiça alemã é exclusivamente competente para processar e julgar a demanda.

A única assertiva correta é a "C", pois a justiça brasileira é também competente para processar e julgar a demanda, pois se trata de uma obrigação a ser executada no Brasil (art. 9º, § 1º, da Lei de Introdução às normas do Direito Brasileiro).
Gabarito "C".

(OAB/Exame Unificado – 2019.2) A cláusula arbitral de um contrato de fornecimento de óleo cru, entre uma empresa brasileira e uma empresa norueguesa, estabelece que todas as controvérsias entre as partes serão resolvidas por arbitragem, segundo as regras da Câmara de Comércio Internacional – CCI.

Na negociação, a empresa norueguesa concordou que a sede da arbitragem fosse o Brasil, muito embora o idioma escolhido fosse o inglês. Como contrapartida, incluiu, entre as controvérsias a serem decididas por arbitragem, a determinação da responsabilidade por danos ambientais resultantes do manuseio e descarga no terminal.

Na eventualidade de ser instaurada uma arbitragem solicitando indenização por danos de um acidente ambiental, o Tribunal Arbitral a ser constituído no Brasil

(A) tem competência para determinar a responsabilidade pelo dano, em respeito à autonomia da vontade consagrada na Lei Brasileira de Arbitragem.

(B) deverá declinar de sua competência, por não ser matéria arbitrável.

(C) deverá proferir o laudo em português, para que seja passível de execução no Brasil.

(D) não poderá decidir a questão, porque a cláusula arbitral é nula.

O Tribunal Arbitral deve declinar de sua competência porque danos ambientais não é matéria arbitrável. A opção por arbitragem só pode se dar quando se tratar de direitos patrimoniais disponíveis, que não é o caso do direito ambiental (art. 1º da Lei 9.307/96).

Gabarito "B".

(OAB/Exame Unificado – 2016.2) Em 2013, uma empresa de consultoria brasileira assina, na cidade de Londres, Reino Unido, contrato de prestação de serviços com uma empresa local. As contratantes elegem o foro da comarca do Rio de Janeiro para dirimir eventuais dúvidas, com a exclusão de qualquer outro. Dois anos depois, as partes se desentendem quanto aos critérios técnicos previstos no contrato e não conseguem chegar a uma solução amigável. A empresa de consultoria brasileira decide, então, ajuizar uma ação no Tribunal de Justiça do Estado do Rio de Janeiro para rescindir o contrato.

Com relação ao caso narrado acima, assinale a afirmativa correta.

(A) O juiz brasileiro poderá conhecer e julgar a lide, mas deverá basear sua decisão na legislação brasileira, pois um juiz brasileiro não pode ser obrigado a aplicar leis estrangeiras.

(B) O Poder Judiciário brasileiro não é competente para conhecer e julgar a lide, pois o foro para dirimir questões em matéria contratual é necessariamente o do local em que o contrato foi assinado.

(C) O juiz brasileiro poderá conhecer e julgar a lide, mas deverá basear sua decisão na legislação do Reino Unido, pois os contratos se regem pela lei do local de sua assinatura.

(D) O juiz brasileiro poderá conhecer e julgar a lide, mas deverá se basear na legislação brasileira, pois, a litígios envolvendo brasileiros e estrangeiros, aplica-se a *lex fori*.

A única assertiva correta é a "C". Primeiro porque o art. 22, III, do Novo CPC define que compete à autoridade judiciária brasileira processar e julgar as ações em que as partes, expressa ou tacitamente, se submeterem à jurisdição nacional. E no presente caso, as contratantes elegeram o foro da comarca do Rio de Janeiro para dirimir eventuais dúvidas, com exclusão de qualquer outro, portanto a assertiva "B" está incorreta. No mais, a questão diz respeito à regra de conexão *locus regit actum*, disciplinada no art. 9º, *caput*, da Lei de Introdução às Normas do Direito Brasileiro. O art. 9º da LINDB funciona como um limitador da autonomia da vontade, na medida em que determina que as obrigações serão reguladas pela lei do país onde forem constituídas. Ora, em tal quadro as partes não podem escolher a lei aplicável ao contrato constituído. Portanto, o juiz brasileiro poderá conhecer e julgar a lide, mas deverá basear sua decisão na legislação do Reino Unido.

Gabarito "C".

(OAB/Exame Unificado – 2015.2) A sociedade empresária brasileira do ramo de comunicação, *Personalidades*, celebrou contrato internacional de prestação de serviços de informática, no Brasil, com a sociedade empresária uruguaia *Sacramento*. O contrato foi celebrado em Caracas, capital venezuelana, tendo sido estabelecido pelas partes, como foro de eleição, Montevidéu. Diante da situação exposta, à luz das regras do Direito Internacional Privado veiculadas na Lei de Introdução às Normas do Direito Brasileiro (LINDB) e no Código de Processo Civil, assinale a afirmativa correta.

(A) No tocante à regência das obrigações previstas no contrato, aplica-se a legislação uruguaia, já que Mon-

tevidéu foi eleito o foro competente para se dirimir eventual controvérsia.

(B) Para qualificar e reger as obrigações do presente contrato, aplicar-se-á a lei venezuelana.

(C) Como a execução da obrigação avençada entre as partes se dará no Brasil, aplica-se, obrigatoriamente, no tocante ao cumprimento do contrato, a legislação brasileira.

(D) A Lei de Introdução às Normas do Direito Brasileiro veda expressamente o foro de eleição, razão pela qual é nula *ipse jure* a cláusula estabelecida pelas partes nesse sentido.

A: incorreta, pois o art. 9º da LINDB estatui que é a lei do local em que as obrigações foram constituídas que vai regulá-las. Trata-se da regra de conexão *locus regit actum* sobre a qualificação e a regulação das obrigações (leia-se: seus aspectos extrínsecos). Logo, a lei aplicável é a venezuelana; **B:** correta. Reler o comentário sobre a assertiva anterior; **C:** incorreta. Existe a possibilidade de aplicação da lei brasileira nestes termos, mas não existe obrigatoriedade. A regra do art. 9º, *caput*, tem por pressuposto que o local onde a obrigação foi constituída também será a sede da relação jurídica. Isso porque o DIPr tem por prática aplicar a lei do país-sede da relação jurídica, o que permite aplicar a lei do local onde a relação jurídica está produzindo efeitos. Dito isso, pode-se afirmar que o juiz brasileiro poderá aplicar a lei nacional (*lex fori*), sem afrontar o art. 9º, quando um contrato constituído no estrangeiro for executado majoritariamente no Brasil. É um exemplo comum desse caso é a aplicação da *lex loci executionis* aos contratos de trabalho celebrados no exterior, mas com a execução das atividades laborais tomando corpo inteiramente em solo brasileiro; **D:** incorreta, pois não existe essa vedação expressa.

Gabarito "B".

(OAB/Exame Unificado – 2011.3.B) Uma sociedade brasileira, sediada no Rio de Janeiro, resolveu contratar uma sociedade americana, sediada em Nova York, para realizar um estudo que lhe permitisse expandir suas atividades no exterior, para poder vender seus produtos no mercado americano. Depois de várias negociações, o representante da sociedade americana veio ao Brasil, e o contrato de prestação de serviços foi assinado no Rio de Janeiro. Não há no contrato uma cláusula de lei aplicável, mas alguns princípios do UNIDROIT foram incorporados ao texto final. Por esse contrato, o estudo deveria ser entregue em seis meses. No entanto, apesar da intensa troca de informações, passados 10 meses, o contrato não foi cumprido. A sociedade brasileira ajuizou uma ação no Brasil, invocando a cláusula penal do contrato, que previa um desconto de 10% no preço total do serviço por cada mês de atraso. A sociedade americana, na sua contestação, alegou que a cláusula era inválida segundo o direito americano.

Conforme a Lei de Introdução às Normas do Direito Brasileiro, qual é a lei material que o juiz deverá aplicar para solucionar a causa?

(A) A lei brasileira, pois o contrato foi firmado no Brasil.

(B) A lei americana, pois o réu é domiciliado nos Estados Unidos.

(C) Os princípios do UNIDROIT, porque muitas cláusulas foram inspiradas nessa legislação.

(D) A *Lex Mercatoria*, porque o que rege o contrato internacional é a prática internacional.

O art. 9º da LINDB traz a regra de conexão *locus regit actum* no que tange à qualificação e a regulação das obrigações (leia-se seus aspec-

3. DIREITO INTERNACIONAL   287

tos extrínsecos). Ou seja, é a lei do local em que as obrigações foram constituídas que vai regulá-las. É importante apontar que as obrigações surgem dos contratos, dos delitos e dos quase-delitos (crimes praticados com culpa – negligência, imprudência e imperícia). Mas em função do comércio internacional, os contratos adquirem grande destaque nas discussões do Direito Internacional Privado.

Gabarito "A".

11.3. Art. 10 da LINDB

(OAB/Exame XXXVI) Um brasileiro, casado com uma espanhola, faleceu durante uma viagem de negócios a Paris. O casal tinha dois filhos nascidos na Espanha e era domiciliado em Portugal. Ele deixou bens no Brasil.

Assinale a opção que indica a lei que regulará a sucessão por morte.

(A) A brasileira.

(B) A espanhola.

(C) A francesa.

(D) A portuguesa.

O art. 10 da LINDB traz como regra de conexão a lei do país de último domicílio do defunto ou do desaparecido (*lex domicilii* do defunto ou do desaparecido) no que tange à regulação da sucessão por morte ou por ausência, qualquer que seja a natureza e a situação dos bens.

Gabarito "D".

(OAB/Exame Unificado – 2019.3) Victor, após divorciar-se no Brasil, transferiu seu domicílio para os Estados Unidos. Os dois filhos brasileiros de sua primeira união continuaram vivendo no Brasil. Victor contraiu novo matrimônio nos Estados Unidos com uma cidadã norte-americana e, alguns anos depois, vem a falecer nos Estados Unidos, deixando um imóvel e aplicações financeiras nesse país.

A regra de conexão do direito brasileiro estabelece que a sucessão de Victor será regida

(A) pela lei brasileira, em razão da nacionalidade brasileira do *de cujus*.

(B) pela lei brasileira, porque o *de cujus* tem dois filhos brasileiros.

(C) pela lei norte-americana, em razão do último domicílio do *de cujus*.

(D) pela lei norte-americana, em razão do local da situação dos bens a serem partilhados.

O artigo 10 da LINDB assim dispõe: "A sucessão por morte ou por ausência obedece à lei do país em que domiciliado o defunto ou o desaparecido, qualquer que seja a natureza e a situação dos bens". Logo, a assertiva correta é a "C".

Gabarito "C".

(OAB/Exame Unificado – 2017.3) Roger, suíço radicado no Brasil há muitos anos, faleceu em sua casa no Rio Grande do Sul, deixando duas filhas e um filho, todos maiores de idade. Suas filhas residem no Brasil, mas o filho se mudara para a Suíça antes mesmo do falecimento de Roger, lá residindo. Roger possuía diversos bens espalhados pelo sul do Brasil e uma propriedade no norte da Suíça.

Com referência à sucessão de Roger, assinale a afirmativa correta.

(A) Se o inventário de Roger for processado no Brasil, sua sucessão deverá ser regulada pela lei suíça, que é a lei de nacionalidade de Roger.

(B) A capacidade do filho de Roger para sucedê-lo será regulada pela lei suíça.

(C) Se Roger tivesse deixado testamento, seria aplicada, quanto à sua forma, a lei da nacionalidade dele, independentemente de onde houvesse sido lavrado.

(D) O inventário de Roger não poderá ser processado no Brasil, em razão de existirem bens no estrangeiro a partilhar.

A: incorreta, pois o art. 10 da LINDB assim dispõe: a sucessão por morte ou por ausência obedece à lei do país em que domiciliado o defunto ou o desaparecido, qualquer que seja a natureza e a situação dos bens. Portanto, a sucessão deverá ser regulada pela lei brasileira já que Roger tinha domicílio no Brasil; **B:** correta (art. 10, § 2º da LINDB); **C:** incorreta. A regra de conexão *lex domicilii* do defunto ou do desaparecido diz respeito aos aspectos intrínsecos do testamento, como, por exemplo, o conteúdo das disposições de última vontade, sua admissibilidade e os efeitos dela decorrentes. Por outro lado, os aspectos extrínsecos do testamento teriam como regra de conexão o *locus regit actum* (lei do local onde o negócio jurídico tenha se constituído). Como exemplos de aspectos extrínsecos, pode-se apontar o respeito à forma legal e se o ato foi lavrado pela autoridade competente; **D:** incorreta, conforme comentário sobre a assertiva "A".

Gabarito "B".

(OAB/Exame Unificado – 2012.3.A) José, de nacionalidade brasileira, era casado com Maria, de nacionalidade sueca, encontrando-se o casal domiciliado no Brasil. Durante a viagem de "lua de mel", na França, Maria, após o jantar, veio a falecer, em razão de uma intoxicação alimentar. Maria, quando ainda era noiva de José, havia realizado testamento em Londres, dispondo sobre os seus bens, entre eles dois imóveis situados no Rio de Janeiro.

À luz das regras de Direito Internacional Privado, assinale a afirmativa correta.

(A) Se houver discussão acerca da validade do testamento, no que diz respeito à observância das formalidades, deverá ser aplicada a legislação brasileira, pois Maria encontrava-se domiciliada no Brasil.

(B) Se houver discussão acerca da validade do testamento, no que diz respeito à observância das formalidades, deverá ser aplicada a legislação inglesa, local em que foi realizado o ato de disposição de última vontade de Maria.

(C) A autoridade judiciária brasileira não é competente para proceder ao inventário e à partilha de bens, porquanto Maria faleceu na França, e não no Brasil.

(D) Se houver discussão acerca do regime sucessório, deverá ser aplicada a legislação sueca, em razão da nacionalidade do *de cujus*.

A e B: a regra de conexão *lex domicilii* do defunto ou do desaparecido (art. 10 da LINDB) diz respeito aos aspectos intrínsecos do testamento, como, por exemplo, o conteúdo das disposições de última vontade, sua admissibilidade e os efeitos dela decorrentes. Por outro lado, os aspectos extrínsecos do testamento teriam como regra de conexão o *locus regit actum* (lei do local onde o negócio jurídico tenha se constituído, no presente caso, Londres). Como exemplos de aspectos extrínsecos podem-se apontar o respeito à forma legal e a obrigatoriedade do ato ser lavrado pela autoridade competente. Por todo o dito, pode-se apontar a assertiva "B" como correta; **C:** incorreta. O juiz brasileiro terá competência exclusiva para conhecer das ações relativas a imóveis situados no Brasil. Essa competência exclusiva significa que nenhuma outra jurisdição poderá conhecer de ação que envolva bem imóvel situado no Brasil. Assim, por exemplo, sentença estrangeira sobre bem imóvel situado no Brasil nunca será reconhecida no Brasil, isto é, nunca irradiará efeitos em território nacional. A regra *forum rei sitae* aparece no art. 12, § 1º, da Lei de Introdução e no art. 23, I, no NCPC. O art. 23, II, no NCPC, traz outra hipótese de competência exclusiva: ao juiz brasileiro compete proceder a inventário e partilha de bens, situados no Brasil, de titularidade de casal estrangeiro que tenha se divorciado no estrangeiro; **D:** incorreta. O art. 10 da LINDB traz como regra de conexão a lei do país de último domicílio do defunto ou do desaparecido (*lex domicilii* do defunto ou do desaparecido) no que tange à regulação da sucessão por morte ou por ausência, qualquer que sejam a natureza e a situação dos bens. A regra da nacionalidade não é adotada. Gabarito "B".

11.4. Questões combinadas

(OAB/Exame Unificado – 2013.1) A respeito dos elementos de conexão no Brasil, assinale a afirmativa correta.

(A) A lei da nacionalidade da pessoa determina as regras sobre o começo e o fim da personalidade.

(B) A *Lex loci executionis* é aplicável aos contratos de trabalho, os quais, ainda que tenham sido celebrados no exterior, são regidos pela norma do local da execução das atividades laborais.

(C) A norma do país em que é domiciliada a vítima aplica-se aos casos de responsabilidade por ato ilícito extracontratual.

(D) O elemento de conexão *Lex loci executionis* ou Lex loci *solutionis* é o critério aplicável, como regra geral, para qualificar e reger as obrigações.

A: incorreta. O art. 7º da LINDB assim dispõe: "A lei do país em que domiciliada a pessoa determina as regras sobre o começo e o fim da personalidade, o nome, a capacidade e os direitos de família." A regra de conexão antiga era a da nacionalidade. Assim, aplicava-se ao estatuto pessoal a lei da nacionalidade do interessado. Esse critério era muito criticado, pois não resolvia o problema dos apátridas e fazia com que um estrangeiro havia muito tempo residente aqui continuasse a ter seu estatuto pessoal determinado pelas leis de sua nacionalidade. O critério atual gira em torno do domicílio da pessoa, ou seja, a regra de conexão é a *lex domicilii*. Assim, a lei do domicílio da pessoa determina as regras sobre o começo e o fim da personalidade, o nome, a capacidade e os direitos de família. A configuração do domicílio só é regulada pela Convenção Interamericana sobre Domicílio das Pessoas Físicas no Direito Internacional Privado. Em que pese a Convenção não estar ratificada no Brasil, nada impede que o juiz brasileiro a utilize como uma fonte de *soft law*. O art. 2º da Convenção dispõe que o domicílio será determinado em tais circunstâncias e ordem: **a)** pelo lugar da residência habitual; **b)** pelo lugar do centro principal de seus negócios; **c)** na ausência dessas circunstâncias, considerar-se-á como domicílio o lugar da simples residência; **d)** em sua falta, se não houver simples residência, o lugar onde se encontrar. No art. 6º, a Convenção determina: "quando uma pessoa tiver domicílio em dois Estados-partes, será considerada domiciliada naquele em que tiver a simples residência e, se tiver em ambos, preferir-se-á o lugar onde se encontrar"; **B:** correta. O art. 9º da LINDB assim estatui: "Para qualificar e reger as obrigações, aplicar-se-á a lei do país em que se constituírem." Trata-se da regra de conexão *locus regit actum* sobre a qualificação e a regulação das obrigações (leia-se seus aspectos extrínsecos). Ou seja, é a lei do local em que que as obrigações foram constituídas que vai regulá-las. É importante apontar que as obrigações surgem dos contratos, dos delitos e dos quase delitos (crimes praticados com culpa – negligência, imprudência e imperícia). Mas, em função do comércio internacional, os contratos adquirem grande destaque nas discussões do Direito Internacional Privado. A regra do art. 9º, *caput*, tem por pressuposto que o local onde a obrigação foi constituída também será a sede da relação jurídica. Isso porque o

Direito Internacional Privado tem por prática aplicar a lei do país-sede da relação jurídica, o que permite aplicar a lei do local onde a relação jurídica está produzindo efeitos. Dito isso, pode-se afirmar que o juiz brasileiro poderá aplicar a lei nacional (*lex fori*), sem afrontar o art. 9º, quando um contrato constituído no estrangeiro for executado majoritariamente no Brasil (é o caso descrito na assertiva ora comentada); **C:** incorreta, pois não existe normativa nesse sentido; **D:** incorreta, pois o critério aplicado para qualificar e reger as obrigações é o da lei do país em que se constituírem (art. 9º da LINDB). Gabarito "B".

(OAB/Exame Unificado – 2011.3.B) Tício, espanhol, era casado com Tácita, brasileira. Os cônjuges eram domiciliados no Brasil. Tício possuía uma filha adotiva espanhola, cujo nome é Mévia, e que residia com o pai. Em razão de um grave acidente na Argentina, Tício faleceu. O de cujus era proprietário de dois bens imóveis em Barcelona e um bem imóvel no Rio de Janeiro. Diante da situação exposta, à luz das regras de Direito Internacional Privado veiculadas na Lei de Introdução às Normas do Direito Brasileiro (LINDB) e do Código de Processo Civil Brasileiro (CPC), assinale a assertiva correta.

(A) Ainda que a lei espanhola não conceda direitos sucessórios à filha adotiva, poderá ela habilitar-se na ação de inventário ajuizada pelo cônjuge supérstite, no Brasil, regendo-se a sucessão pela lei brasileira, que não faz qualquer distinção entre filhos naturais e adotivos.

(B) A capacidade de suceder da filha é regulada pela legislação espanhola.

(C) A ação de inventário e partilha de todos os bens é de competência exclusiva do Poder Judiciário Brasileiro, já que o de cujus era domiciliado no Brasil.

(D) Se o de cujus houvesse deixado bens imóveis somente na Espanha, a sucessão seria regida pela lei espanhola.

A: correta. O art. 10 da LINDB traz como regra de conexão a lei do país de último domicílio do defunto ou do desaparecido (*lex domicilii* do defunto ou do desaparecido) no que tange à regulação da sucessão por morte ou por ausência, qualquer que seja a natureza e a situação dos bens. Resta clara a concepção unitarista da sucessão, tal qual adotada nos países de tradição jurídica romano-germânica. O contraponto seria a concepção pluralista da sucessão, a qual é adotada nos países de tradição jurídica *common law*. **A título explicativo, a pluralidade sucessória prega que cada bem, individualmente considerado, deve ser regulado pela lei de sua localização** (*lex rei sitae*). A regra de conexão *lex domicilii* do defunto ou do desaparecido diz respeito aos aspectos intrínsecos do testamento, como, por exemplo, o conteúdo das disposições de última vontade, sua admissibilidade e os efeitos dela decorrentes. Por outro lado, os aspectos extrínsecos do testamento teriam como regra de conexão a *locus regit actum* (lei do local onde o negócio jurídico tenha se constituído). Como exemplo de aspectos extrínsecos podem-se apontar o respeito à forma legal e se o ato foi lavrado pela autoridade competente. No presente caso tanto os aspectos intrínsecos quanto os extrínsecos serão regulados pela lei brasileira, assim a sucessão abre-se no lugar do ultimo domicílio do falecido (art. 1.785 do CC). Por fim, cabe confirmar que, de fato, a legislação brasileira não faz qualquer distinção entre filhos naturais e adotivos (art. 227, § 6º, da CF); **B:** incorreta, pois a filha tem domicílio no Brasil e a capacidade para suceder é regulada pela lei do domicílio do herdeiro ou do legatário (*lex domicilii* do herdeiro ou do legatário). Percebe-se que é a lei do último domicílio do *de cujus* que definirá quem é herdeiro ou não. Após a definição dos herdeiros, cabe verificar a capacidade para suceder de cada um e tal verificação é balizada pela lei do domicílio do herdeiro; **C:** incorreta. O juiz brasileiro terá competência exclusiva

3. DIREITO INTERNACIONAL   289

para conhecer das ações relativas a imóveis situados no Brasil. Essa competência exclusiva significa que nenhuma outra jurisdição poderá conhecer de ação que envolva bem imóvel situado no Brasil. Assim, por exemplo, sentença estrangeira sobre bem imóvel situado no Brasil nunca será reconhecida no Brasil, isto é, nunca irradiará efeitos em território nacional. A regra *forum rei sitae* aparece no art. 12, § 1º, da LINDB e no art. 23, I, do NCPC. O art. art. 23, II, do NCPC. traz outra hipótese de competência exclusiva: "em matéria de sucessão hereditária, proceder à confirmação de testamento particular e ao inventário e à partilha de bens situados no Brasil, ainda que o autor da herança seja de nacionalidade estrangeira ou tenha domicílio fora do território nacional". O Novo CPC ainda disciplina uma outra hipótese configuradora de competência exclusiva do juiz brasileiro. O inciso III do artigo 23 do NCPC dispõe que compete à autoridade judiciária brasileira, com exclusão de qualquer outra, em divórcio, separação judicial ou dissolução de união estável, proceder à partilha de bens situados no Brasil, ainda que o titular seja de nacionalidade estrangeira ou tenha domicílio fora do território nacional. Por fim, o Novo CPC de maneira expressa definiu que não será homologada a decisão estrangeira na hipótese de competência exclusiva da autoridade judiciária brasileira (art. 964 do NCPC).; **D:** incorreta. Reler o comentário sobre a assertiva "A".

Gabarito "A".

12. APLICAÇÃO DO DIREITO ESTRANGEIRO – REENVIO OU DEVOLUÇÃO, PROVA DO DIREITO ESTRANGEIRO E PROVA DOS FATOS OCORRIDOS NO ESTRANGEIRO

(OAB/Exame XXXIX) Em uma disputa judicial estabelecida no Brasil referente a um contrato de compra e venda internacional de mercadorias, regido por lei estrangeira, uma sociedade empresária a invocou para fundamentar a sua pretensão perante a outra parte. Você, como advogado(a) especializado(a) em Direito Internacional, foi procurado(a) pela sociedade para avaliar a validade de invocar a lei estrangeira no caso em tela.

Sobre a hipótese apresentada, assinale a afirmativa correta.

(A) A alegação de lei estrangeira pelos litigantes viola a ordem pública.

(B) A parte que invocar a lei estrangeira provar-lhe-á o texto e a vigência, se assim o juiz determinar diante do seu desconhecimento daquela.

(C) A alegação de lei estrangeira pelos litigantes depende da concordância da parte contrária.

(D) Ao juiz é vedado transferir o encargo de comprovar o teor e a vigência da lei estrangeira à parte.

A única assertiva correta em relação à invocação de lei estrangeira é a "B" (art. 14 da Lei de Introdução às normas do Direito Brasileiro).

Gabarito "B".

13. COMPETÊNCIA INTERNACIONAL

(OAB/Exame XXXIII – 2020.3) Carlyle Schneider, engenheiro suíço, morava em Madison, Wisconsin, Estados Unidos da América, há 12 anos.

Em meados de 2015, participou da construção de dois edifícios em Florianópolis, Brasil, dos quais se afeiçoou de tal modo, que decidiu adquirir uma unidade residencial em cada prédio. Portanto, apesar de bem estabelecido em Madison, era o Sr. Schneider proprietário de dois imóveis no Brasil.

Em 10/12/2017, viajou à Alemanha e, ao visitar um antigo casarão a ser restaurado, foi surpreendido pelo desabamento da construção sobre si, falecendo logo em seguida. Carlyle Schneider deixou 3 (três) filhos, que moravam na Suíça.

A respeito dos limites da jurisdição nacional e da cooperação internacional, com base nas normas constantes do Código de Processo Civil, assinale a afirmativa correta.

(A) Em matéria de sucessão hereditária, compete exclusivamente à autoridade judiciária da Suíça, país de nacionalidade do autor da herança e de nacionalidade e residência dos herdeiros legítimos, proceder à partilha dos dois bens imóveis situados no Brasil.

(B) Em matéria de sucessão hereditária, compete concorrentemente à autoridade judiciária da Alemanha, local de óbito do autor da herança, proceder à partilha dos dois bens imóveis situados no Brasil.

(C) Em matéria de sucessão hereditária, compete exclusivamente ao Estado brasileiro, local de situação dos imóveis, proceder ao inventário e à partilha dos dois bens imóveis.

(D) Em matéria de sucessão hereditária, compete concorrentemente à autoridade judiciária dos Estados Unidos da América, país de residência do autor da herança, proceder à partilha dos dois bens imóveis situados no Brasil.

O art. 23, I, do CPC dispõe que compete à autoridade judiciária brasileira, com exclusão de qualquer outra, conhecer de ações relativas a imóveis situados no Brasil. No mesmo sentido, o art. 8º da LINDB.

Gabarito "C".

(OAB/Exame Unificado – 2019.2) João da Silva prestou serviços de consultoria diretamente ao Comitê Olímpico Internacional (COI), entidade com sede na Suíça, por ocasião dos Jogos Olímpicos realizados no Rio de Janeiro, em 2016. Até o presente momento, João não recebeu integralmente os valores devidos.

Na hipótese de recorrer a uma cobrança judicial, o pedido deve ser feito

(A) na justiça federal, pois o COI é uma organização internacional estatal.

(B) na justiça estadual, pois o COI não é um organismo de direito público externo.

(C) por auxílio direto, intermediado pelo Ministério Público, nos termos do tratado Brasil-Suíça.

(D) na justiça federal, por se tratar de uma organização internacional com sede no exterior.

Na justiça estadual, pois o COI é uma organização não governamental e não uma organização internacional estatal.

Gabarito "B".

(OAB/Exame Unificado – 2016.2) Lúcia, brasileira, casou-se com Mauro, argentino, há 10 anos, em elegante cerimônia realizada no Nordeste brasileiro. O casal vive atualmente em Buenos Aires com seus três filhos menores. Por diferenças inconciliáveis, Lúcia pretende se divorciar de Mauro, ajuizando, para tanto, a competente ação de divórcio, a fim de partilhar os bens do casal: um apartamento em Buenos Aires/Argentina e uma casa de praia em Trancoso/Bahia. Mauro não se opõe à ação.

RENAN FLUMIAN

Com relação à ação de divórcio, assinale a afirmativa correta.

(A) Ação de divórcio só poderá ser ajuizada no Brasil, eis que o casamento foi realizado em território brasileiro.

(B) Caso Lúcia ingresse com a ação perante a Justiça argentina, não poderá partilhar a casa de praia.

(C) Eventual sentença argentina de divórcio, para produzir efeitos no Brasil, deverá ser primeiramente homologada pelo Superior Tribunal de Justiça.

(D) Ação de divórcio, se consensual, poderá ser ajuizada tanto no Brasil quanto na Argentina, sendo ambos os países competentes para decidir acerca da guarda das crianças e da partilha dos bens.

A: incorreta, pois a ação de divórcio também pode ser ajuizada na Justiça Argentina. A Justiça Brasileira possui apenas competência concorrente ou relativa sobre esse caso – regulada pelo art. 21, III, do NCPC, que dispõe acerca da competência concorrente sobre ação originada de fato ocorrido ou de ato praticado no Brasil; **B:** correta. Conforme o art. 23, III, NCPC, compete à autoridade judiciária brasileira, com exclusão de qualquer outra, "em divórcio, separação judicial ou dissolução de união estável, proceder à partilha de bens situados no Brasil, ainda que o titular seja de nacionalidade estrangeira ou tenha domicílio fora do território nacional". Assim, caso Lúcia ingresse com ação de divórcio na Argentina, *não poderá partilhar a casa de praia que está situada em Trancoso* (Bahia). Isso porque é competência exclusive ou absoluta da autoridade judiciária brasileira, em ação de divórcio, proceder à partilha de bens situados no Brasil; **C:** incorreta. Se a sentença cuidar da casa de praia ela não poderá ser homologada, visto que o Novo CPC de maneira expressa definiu que não será homologada a decisão estrangeira na hipótese de competência exclusiva da autoridade judiciária brasileira (art. 964 do NCPC). No mais, se a sentença não cuidar da casa de praia, ela não precisa ser necessariamente homologada pelo STJ, visto que o Protocolo de Las Leñas criou um procedimento mais célere e simples para que as sentenças e os laudos arbitrais prolatados em um país-membro do Mercosul irradiem seus efeitos nos outros países-membros. O procedimento regional encontra-se disciplinado nos arts. 18 a 24 do Protocolo, sendo sua grande característica o fato de as sentenças irradiarem seus efeitos nos outros Estados-membros após seguirem o procedimento adotado para o *exequatur* das cartas rogatórias. Ou seja, não é necessária a homologação da sentença prolatada por um Estado-membro do Mercosul; **D:** incorreta (reler o comentário sobre a assertiva B).
Gabarito "B".

(OAB/Exame Unificado – 2012.1) Um jato privado, pertencente a uma empresa norte-americana, se envolve em um incidente que resulta na queda de uma aeronave comercial brasileira em território brasileiro, provocando dezenas de mortes. A família de uma das vítimas brasileiras inicia uma ação no Brasil contra a empresa norte-americana, pedindo danos materiais e morais. A empresa norte-americana alega que a competência para julgar o caso é da justiça americana. Segundo o direito brasileiro, o juiz brasileiro

(A) tem competência concorrente porque o acidente ocorreu em território brasileiro.

(B) não tem competência concorrente porque o réu é empresa estrangeira que não opera no Brasil.

(C) não tem competência, absoluta ou relativa, e deverá remeter o caso, por carta rogatória, à justiça americana.

(D) tem competência concorrente porque a vítima tinha nacionalidade brasileira.

A: correta. Uma das hipóteses de competência concorrente é a regulada pelo art. 21 do NCPC, que dispõe acerca da competência concorrente sobre ação originada de fato ocorrido ou de ato praticado no Brasil. As outras hipóteses são: **ação ajuizada contra réu domiciliado no Brasil e obrigações, contratuais ou extracontratuais, que devam ser cumpridas no Brasil; B e C:** incorretas. Reler o comentário sobre a assertiva anterior; **D:** incorreta. Conforme dito no comentário sobre a assertiva "A", uma das hipóteses de competência concorrente é ação ajuizada contra réu domiciliado no Brasil e não de nacionalidade brasileira.
Gabarito "A".

14. COOPERAÇÃO JUDICIÁRIA INTERNACIONAL

(OAB/Exame Unificado – 2019.1) Uma das funções da cooperação jurídica internacional diz respeito à obtenção de provas em outra jurisdição, nos termos das disposições dos tratados em vigor e das normas processuais brasileiras.

Para instruir processo a ser iniciado ou já em curso, no Brasil ou no exterior, não é admitida, no entanto, a solicitação de colheita de provas

(A) por carta rogatória ativa.

(B) por carta rogatória passiva.

(C) a representantes diplomáticos ou agentes consulares.

(D) pela via do auxílio direto.

A solicitação de colheita de provas em outra jurisdição pode ser feita por carta rogatória ativa e passiva, bem como pela via do auxílio direto. E não pode ser feita via representantes diplomáticos ou agentes consulares. Para fins de esclarecimento, o juiz que pede é denominado rogante (carta rogatória ativa) e o que recebe, rogado (carta rogatória passiva).
Gabarito "C".

(OAB/Exame Unificado – 2016.1) Para a aplicação da Convenção sobre os Aspectos Civis do Sequestro Internacional de Crianças, Lígia recorre à autoridade central brasileira, quando Arnaldo, seu marido, que tem dupla-nacionalidade, viaja para os Estados Unidos com a filha de 17 anos do casal e não retorna na data prometida. Arnaldo alega que entrará com pedido de divórcio e passará a viver com a filha menor no exterior.

Com base no caso apresentado, a autoridade central brasileira

(A) deverá acionar diretamente a autoridade central estadunidense para que tome as medidas necessárias para o retorno da filha ao Brasil.

(B) deverá ingressar na Justiça Federal brasileira, em nome de Lígia, para que a Justiça Federal mande acionar a autoridade central estadunidense para que tome as medidas necessárias para o retorno da filha ao Brasil.

(C) não deverá apreciar o pleito de Lígia, eis que a filha é maior de 16 anos.

(D) não deverá apreciar o pleito de Lígia, eis que o pai também possui direito de guarda sobre a filha, já que o divórcio ainda não foi realizado.

A Autoridade Central brasileira é a Secretaria Nacional de Direitos Humanos, da Presidência da República. Uma vez recebido o pedido relativo ao sequestro internacional de uma criança, a Autoridade Central brasileira deverá encaminhá-lo diretamente à Autoridade Central do Estado onde a criança se encontre. Havendo dificuldades para o retorno amigável da criança, caberá à Advocacia-Geral da União (AGU) ajuizar ação judicial na Justiça Federal. Entretanto, a Convenção de Haia sobre os Aspectos Civis do Sequestro Internacional de Crianças não se aplica a partir do momento em que a criança completar 16 anos de idade. No caso apresentado pelo enunciado da questão, a filha do casal Lígia e Arnaldo tem 17 anos e, desta forma, a Autoridade Central brasileira não irá apreciar o pedido.

Gabarito "C".

(OAB/Exame Unificado – 2015.3) Uma carta rogatória foi encaminhada, nos termos da Convenção Interamericana sobre Cartas Rogatórias, para citação de pessoa física domiciliada em São Paulo, para responder a processo de divórcio nos Estados Unidos.

A esse respeito, assinale a opção correta.

(A) Não será necessário obter exequatur em função do tratado multilateral ratificado por ambos os países.

(B) O STJ deverá conceder o exequatur, cabendo à justiça estadual cumprir a ordem de citação.

(C) A concessão de exequatur caberá ao STJ e seu posterior cumprimento à justiça federal.

(D) A concessão de exequatur e seu posterior cumprimento caberão à autoridade central indicada na Convenção Interamericana sobre Cartas Rogatórias.

A Convenção Interamericana sobre Cartas Rogatórias foi adotada no âmbito da OEA e ratificada pelo Brasil em 1995. O *exequatur* só será concedido se forem preenchidos dois requisitos: *a)* que a carta rogatória esteja *legalizada*; e *b)* que a carta rogatória e a documentação anexa estejam devidamente traduzidas para o idioma oficial do Estado requerido (art. 5º). Todavia, o primeiro é flexibilizado pelo art. 6º da Convenção Interamericana: "Quando as cartas rogatórias forem transmitidas por via consular ou diplomática, ou por intermédio da autoridade central, será desnecessário o requisito da legalização". Por fim, é o direito interno de cada país que vai definir a competência e a tramitação das cartas rogatórias recebidas (primeira parte do art. 10). E no Brasil, a competência para conceder *exequatur* às cartas rogatórias é do STJ e seu posterior cumprimento à justiça federal.

Gabarito "C".

15. HOMOLOGAÇÃO DE SENTENÇA E LAUDO ARBITRAL ESTRANGEIROS

(OAB/Exame XXXV) Thomas, inglês, e Marta, brasileira, que se conheceram na Inglaterra, são grandes admiradores das praias brasileiras, motivo pelo qual resolvem se casar em Natal, cidade de domicílio de Marta. Em seguida, constituem como seu primeiro domicílio conjugal a capital inglesa.

O casal, que havia se mudado para Portugal passados cinco anos do início do vínculo conjugal, resolve lá se divorciar. Os consortes não tiveram filhos e, durante o matrimônio, adquiriram bens em Portugal, bem como um imóvel em Natal, onde passavam férias.

Acerca do caso narrado, e com base no que dispõem o Código de Processo Civil e a Lei de Introdução às Normas do Direito Brasileiro, assinale a afirmativa correta.

(A) O casal poderia buscar as autoridades consulares brasileiras em Portugal para a realização do divórcio, sendo consensual.

(B) Se consensual o divórcio, a sentença estrangeira que o decreta produz efeitos no Brasil, independentemente de homologação pelo Superior Tribunal de Justiça.

(C) Se o casal não fez opção expressa pelo regime de comunhão parcial de bens, deverá ser observado o

regime legal previsto no Código Civil brasileiro, haja vista que o casamento fora celebrado no país.

(D) Inexistindo acordo entre os cônjuges a respeito da partilha do imóvel situado no Brasil, é possível a homologação da sentença proferida pelo Poder Judiciário português que decretou o divórcio, inclusive no ponto em que determina a partilha do referido bem.

A sentença estrangeira de divórcio consensual deve ser averbada diretamente em cartório de Registro Civil das Pessoas Naturais, sem a necessidade de homologação judicial do Superior Tribunal de Justiça (STJ), conforme Provimento n. 53, de 2016, editado pela Corregedoria Nacional de Justiça. Essa decisão regulamenta a averbação direta de sentença estrangeira de divórcio. O art. 961, § 5º, do CPC assim dispõe: "a sentença estrangeira de divórcio consensual produz efeitos no Brasil, independentemente de homologação pelo Superior Tribunal de Justiça (STJ)". A averbação direta da sentença estrangeira de divórcio consensual não precisa de prévia manifestação de nenhuma autoridade judicial brasileira e dispensa a assistência de advogado ou defensor público. A nova regra vale apenas para divórcio consensual simples ou puro, que consiste exclusivamente na dissolução do matrimônio. Havendo disposição sobre guarda de filhos, alimentos e/ou partilha de bens – o que configura divórcio consensual qualificado –, continua sendo necessária a prévia homologação pelo STJ.

Gabarito "B".

(OAB/Exame Unificado – 2020.2) Pedro, cidadão de nacionalidade argentina e nesse país residente, ajuizou ação em face de sociedade empresária de origem canadense, a qual, ao final do processo, foi condenada ao pagamento de determinada indenização. Pedro, então, ingressou com pedido de homologação dessa sentença estrangeira no Brasil. Sobre a hipótese apresentada, assinale a afirmativa correta.

(A) Para que a sentença estrangeira seja homologada no Brasil, é necessário que ela tenha transitado em julgado no exterior.

(B) A sentença condenatória argentina não poderá ser homologada no Brasil por falta de tratado bilateral específico para esse tema entre os dois países.

(C) A sentença poderá ser regularmente homologada no Brasil, ainda que não tenha imposto qualquer obrigação a ser cumprida em território nacional, não envolva partes brasileiras ou domiciliadas no país e não se refira a fatos ocorridos no Brasil.

(D) De acordo com o princípio da efetividade, todo pedido de homologação de sentença alienígena, por apresentar elementos transfronteiriços, exige que haja algum ponto de conexão entre o exercício da jurisdição pelo Estado brasileiro e o caso concreto a ele submetido.

A sentença judicial é um ato soberano, confeccionada pela autoridade judicial de um determinado Estado. Por ser um ato de soberania, a sentença, como todo ato soberano, incide apenas no território nacional e, destarte, é endereçada à população desse Estado.
Todavia, alguns fatos ou relações jurídicas interessam a mais de um país. Assim, o juiz de um desses Estados exercerá sua competência e aplicará o direito material indicado por seu DIPr, mas, como dito, a decisão só valerá no território nacional do juiz prolator, apesar do interesse de outras jurisdições. É nesse contexto que surge a figura da homologação de sentença estrangeira.

292 RENAN FLUMIAN

Após a homologação pela autoridade competente, a sentença, já apta a produzir efeitos no país prolator, passa a produzir efeitos em outra jurisdição também.[24]

Porém, de acordo com o princípio da efetividade, todo pedido de homologação de sentença estrangeira exige que haja algum ponto de conexão entre o exercício da jurisdição pelo Estado brasileiro e o caso concreto a ele submetido. Tem que ter pertinência.

Gabarito "D".

(OAB/Exame Unificado – 2019.3) Uma arbitragem, conduzida na Argentina segundo as regras da Câmara de Comércio Internacional – CCI, condenou uma empresa com sede no Brasil ao pagamento de uma indenização à sua ex--sócia argentina.

Para ser executável no Brasil, esse laudo arbitral

(A) dispensa homologação pelo STJ, nos termos da Convenção de Nova York.

(B) precisa ser homologado pelo Judiciário argentino e depois, pelo STJ.

(C) precisa ser homologado pelo STJ, por ser laudo arbitral estrangeiro.

(D) dispensa homologação, por ser laudo arbitral proveniente de país do Mercosul.

O Protocolo de Las Leñas criou um procedimento mais célere e simples para que as sentenças e os laudos arbitrais prolatados em um país-membro do Mercosul irradiem seus efeitos nos outros países--membros.

O procedimento regional encontra-se disciplinado nos arts. 18 a 24 do Protocolo, sendo sua grande característica o fato de as sentenças irradiarem seus efeitos nos outros Estados-membros após seguirem o procedimento adotado para o *exequatur* das cartas rogatórias. Ou seja, não é necessária a homologação da sentença prolatada por um Estado-membro do Mercosul.

A questão foi anulada porque a homologação nesses casos não está dispensada, apenas segue um outro rito, conforme apontado acima no Protocolo de Las Leñas.

Gabarito Anulada

(OAB/Exame Unificado – 2017.3) Henrique e Ruth se casaram no Brasil e se mudaram para a Holanda, onde permaneceram por quase 4 anos. Após um período difícil, o casal, que não tem filhos, nem bens, decide, de comum acordo, se divorciar e Ruth pretende retornar ao Brasil.

Com relação à dissolução do casamento, assinale a afirmativa correta.

(A) O divórcio só poderá ser requerido no Brasil, eis que o casamento foi realizado no Brasil.

(B) O divórcio, se efetivado na Holanda, precisa ser reconhecido e homologado perante o STJ para que tenha validade no Brasil.

(C) O divórcio consensual pode ser reconhecido no Brasil sem que seja necessário proceder à homologação.

(D) Para requerer o divórcio no Brasil, o casal deverá, primeiramente, voltar a residir no país.

A sentença estrangeira de divórcio consensual deve ser averbada diretamente em cartório de Registro Civil das Pessoas Naturais, sem a

necessidade de homologação judicial do Superior Tribunal de Justiça (STJ), conforme Provimento 53, de 2016, editado pela Corregedoria Nacional de Justiça. Essa decisão regulamenta a averbação direta de sentença estrangeira de divórcio. O art. 961, § 5º, do NCPC assim dispõe: "a sentença estrangeira de divórcio consensual produz efeitos no Brasil, independentemente de homologação pelo Superior Tribunal de Justiça (STJ)". A averbação direta da sentença estrangeira de divórcio consensual não precisa de prévia manifestação de nenhuma autoridade judicial brasileira e dispensa a assistência de advogado ou defensor público.

Gabarito "C".

16. QUESTÕES COMBINADAS E OUTROS TEMAS DE DIREITO INTERNACIONAL PRIVADO

(OAB/Exame Unificado – 2018.1) Ernesto concluiu o doutorado em Direito em prestigiosa universidade situada em Nova York, nos Estados Unidos, e pretende fazer concurso para o cargo de professor em uma universidade brasileira. Uma das exigências para a revalidação do seu diploma estrangeiro é que este esteja devidamente legalizado. Essa legalização de documento estrangeiro deverá ser feita mediante

(A) o apostilamento pela Convenção da Apostila de Haia, da qual Brasil e Estados Unidos fazem parte.

(B) a consularização no consulado brasileiro em Nova York.

(C) a notarização em consulado norte-americano no Brasil.

(D) o apostilamento pela Convenção da Apostila de Haia, no consulado brasileiro.

A assertiva correta é "A"(arts. 3º, 4º, 5º, 6º e 7º da Convenção da Apostila de Haia).

Gabarito "A".

(OAB/Exame Unificado – 2014.3) Túlio, brasileiro, é casado com Alexia, de nacionalidade sueca, estando o casal domiciliado no Brasil. Durante um cruzeiro marítimo, na Grécia, ela, após a ceia, veio a falecer em razão de uma intoxicação alimentar. Alexia, quando ainda era noiva de Túlio, havia realizado um testamento em Lisboa, dispondo sobre os seus bens, entre eles, três apartamentos situados no Rio de Janeiro.

À luz das regras de Direito Internacional Privado, assinale a afirmativa correta.

(A) Se houver discussão acerca da validade do testamento, no que diz respeito à observância das formalidades, deverá ser aplicada a legislação brasileira, pois Alexia encontrava-se domiciliada no Brasil.

(B) Se houver discussão acerca da validade do testamento, no que diz respeito à observância das formalidades, deverá ser aplicada a legislação portuguesa, local em que foi realizado o ato de disposição da última vontade de Alexia.

(C) A autoridade judiciária brasileira não é competente para proceder ao inventário e à partilha de bens, porquanto Alexia faleceu na Grécia, e não no Brasil.

(D) Se houver discussão acerca do regime sucessório, deverá ser aplicada a legislação sueca, em razão da nacionalidade do do *cujus*.

---

24. Art. 961 do CPC: "A decisão estrangeira somente terá eficácia no Brasil após a homologação de sentença estrangeira ou a concessão do *exequatur* às cartas rogatórias, salvo disposição em sentido contrário de lei ou tratado".. A sentença estrangeira homologada pelo STJ é título executivo judicial.

3. DIREITO INTERNACIONAL

A: incorreta. Os aspectos extrínsecos do testamento teriam como regra de conexão o *locus regit actum* (lei do local onde o negócio jurídico tenha se constituído). Como exemplos de aspectos extrínsecos, podem-se apontar o respeito à forma legal e se o ato foi lavrado pela autoridade competente. Portanto, a lei a ser aplicada é a portuguesa; **B:** correta. Reler o comentário sobre a assertiva anterior; **C:** incorreta. O art. 23, inc. II, do NCPC traz uma hipótese de competência exclusiva do juiz brasileiro: "Compete à autoridade judiciária brasileira, com exclusão de qualquer outra – em matéria de sucessão hereditária, proceder à confirmação de testamento particular e ao inventário e à partilha de bens situados no Brasil, ainda que o autor da herança seja de nacionalidade estrangeira ou tenha domicílio fora do território nacional"; **D:** incorreta. O art. 10 da LINDB traz como regra de conexão a lei do país de último domicílio do defunto ou do desaparecido (*lex domicilii* do defunto ou do desaparecido) no que tange à regulação da sucessão por morte ou por ausência, qualquer que seja a natureza e a situação dos bens. Portanto, a lei a ser aplicada é a brasileira.

Gabarito "B".

(OAB/Exame Unificado – 2014.1) Sobre o sistema de regulação de investimentos e fluxo de capital estrangeiro no atual ordenamento jurídico da República Federativa do Brasil, assinale a afirmativa **incorreta**.

(A) É vedada a participação de capital estrangeiro nas empresas jornalísticas e de radiodifusão sonora e de sons e imagens, uma vez que sua propriedade é privativa de brasileiros natos.

(B) É vedada a participação direta ou indireta de empresas ou capitais estrangeiros na assistência à saúde no país, salvo nos casos previstos em lei.

(C) O sistema financeiro nacional será regulado por leis complementares que disporão, inclusive, sobre a participação do capital estrangeiro nas instituições que o integram.

(D) Os investimentos de capital estrangeiro, o incentivo aos reinvestimentos e a regulação à remessa de lucros serão disciplinados em lei, tendo por base o interesse nacional.

A: incorreta, devendo ser assinalada. A redação do art. 2º da Lei 10.610/2002 é a seguinte: "A participação de estrangeiros ou de brasileiros naturalizados há menos de dez anos no capital social de empresas jornalísticas e de radiodifusão não poderá exceder a trinta por cento do capital total e do capital votante dessas empresas e somente se dará de forma indireta, por intermédio de pessoa jurídica constituída sob as leis brasileiras e que tenha sede no País"; **B:** correta (art. 199, § 3º, da CF); **C:** correta (art. 192 da CF); **D:** correta (art. 172 da CF).

Gabarito "A".

4. DIREITO EMPRESARIAL

Henrique Subi e Robinson Barreirinhas[1,2]

1. TEORIA GERAL DO DIREITO EMPRESARIAL

1.1. Empresa, empresário, caracterização e capacidade

(OAB/Exame XXXIX) O empresário individual Valério Pavão deseja alterar a forma de exercício da sociedade empresária, passando a admitir como sócios Jerônimo e Atílio, e mantendo a mesma atividade e localização de seu estabelecimento.

Sobre a mudança pretendida, assinale a opção que apresenta as ações que Valério Pavão deverá executar.

(A) Dissolver sua empresa individual e, após o encerramento da liquidação, constituir uma sociedade com os sócios Jerônimo e Atílio.

(B) Solicitar ao Registro Público de Empresas Mercantis a transformação de seu registro de empresário para registro de sociedade empresária.

(C) Solicitar ao Registro Público de Empresas Mercantis o enquadramento de sua empresa como microempresa para, em seguida, requerer a transformação do registro para sociedade empresária.

(D) Dissolver sua empresa individual e, no curso da liquidação e após o levantamento do balanço patrimonial, constituir uma sociedade com os sócios Jerônimo e Atílio.

Não é necessário extinguir a empresa para alterar sua forma de exercício. O art. 968, §3º, do CC autoriza o pedido de transformação elaborado diretamente para a Junta Comercial. HS
Gabarito "B".

(OAB/Exame XXXIX) Quatro professores, que dão aulas particulares, decidiram constituir uma sociedade simples e chamaram para integrar a sociedade Belfort Pereira, empresário individual, inscrito na Junta Comercial do Estado do Rio de Janeiro, sob a condição dele investir na sociedade como sócio minoritário.

Sobre as condições para o enquadramento de uma sociedade simples como microempresa, assinale a afirmativa correta.

(A) É lícito o enquadramento como microempresa apenas em razão da participação do sócio Belfort Pereira no capital ser minoritária.

(B) O enquadramento como microempresa é exclusivo para as sociedades empresárias, de modo que a sociedade simples está impedida.

(C) É facultado o enquadramento como microempresa porque todos os sócios são pessoas naturais, independentemente da condição de empresário de um deles.

(D) É vedada a participação de pessoa física inscrita como empresário no capital de uma sociedade enquadrada como microempresa.

A questão merece críticas, porque, apesar da alternativa "D" ser a "mais correta", ainda assim não poderia ter sido validada pelo gabarito oficial. Isso porque o art. 3º, §4º, III, da Lei Complementar nº 123/2006 estabelece que está impedida de se beneficiar do tratamento favorecido as pessoas jurídicas que tenham como sócio pessoa física inscrita como empresário, **desde que** o faturamento global ultrapasse o limite de R$4.800.000,00. Ou seja, não é a condição de empresário do sócio que impede seu registro como microempresa, mas sim a soma dos faturamentos das duas atividades. HS
Gabarito "D".

(OAB/Exame XXXV) A fisioterapeuta Alhandra Mogeiro tem um consultório em que realiza seus atendimentos mas atende, também, em domicílio. Doutora Alhandra não conta com auxiliares ou colaboradores, mas tem uma página na Internet exclusivamente para marcação de consultas e comunicação com seus clientes.

Com base nessas informações, assinale a afirmativa correta.

(A) Não se trata de empresária individual em razão do exercício de profissão intelectual de natureza científica, haja ou não a atuação de colaboradores.

(B) Trata-se de empresária individual em razão do exercício de profissão liberal e prestação de serviços com finalidade lucrativa.

(C) Não se trata de empresária individual em razão de o exercício de profissão intelectual só configurar empresa com o concurso de colaboradores.

(D) Trata-se de empresária individual em razão do exercício de profissão intelectual com emprego de elemento de empresa pela manutenção da página na Internet.

Nos termos do art. 966, parágrafo único, do CC, as atividades intelectuais, aí inseridas as científicas como a fisioterapia, não são consideradas empresárias, haja ou não o concurso de colaboradores, salvo se constituírem elemento de empresa – entendido este como a estruturação empresarial de maneira que desapareça a pessoalidade do serviço. Em outras palavras, não se pode considerar "elemento de empresa" uma simples página na internet para agendamento de consultas. HS
Gabarito "A".

(OAB/Exame Unificado – 2019.2) Álvares Florence tem um filho relativamente incapaz e consulta você, como advogado(a), para saber da possibilidade de transferir para o filho parte das quotas que possui na sociedade empresária Redenção da Serra Alimentos Ltda., cujo capital social se encontra integralizado.

---

1. Os comentários das questões do Exame Unificado 2010.1 foram feitos pela própria organizadora da prova.

2. **Henrique Subi** comentou as questões dos Exames Unificados 2014.3, 2015.1, 2015.2, 2015.3, 2016.1, 2016.2, 2016.3, 2017.1 e 2017.2. **Henrique Subi e Robinson Barreirinhas** comentaram as demais questões.

HS questões comentadas por: **Henrique Subi**

Apoiado na disposição do Código Civil sobre o assunto, você respondeu que

(A) é permitido o ingresso do relativamente incapaz na sociedade, bastando que esteja assistido por seu pai no instrumento de alteração contratual.

(B) não é permitida a participação de menor, absoluta ou relativamente incapaz, em sociedade, exceto nos tipos de sociedades por ações.

(C) não é permitida a participação de incapaz em sociedade, mesmo que esteja representado ou assistido, salvo se a transmissão das quotas se der em razão de sucessão causa mortis.

(D) é permitido o ingresso do relativamente incapaz na sociedade, desde que esteja assistido no instrumento de alteração contratual, devendo constar a vedação do exercício da administração da sociedade por ele.

A participação do incapaz em sociedade empresária é permitida e regulada pelo art. 974, §3°, do Código Civil, que estabelece as seguintes condições para a entrada de pessoa incapaz no quadro social: (i) o capital social deve estar totalmente integralizado; (ii) o sócio incapaz não pode ter poderes de administração; e (iii) deve estar devidamente representado ou assistido. RB

Gabarito "D".

(OAB/Exame Unificado – 2018.3) Roberto desligou-se de seu emprego e decidiu investir na construção de uma hospedagem do tipo pousada no terreno que possuía em Matinhos. Roberto contratou um arquiteto para mobiliar a pousada, fez cursos de hotelaria e, com os ensinamentos recebidos, contratou empregados e os treinou. Ele também contratou um desenvolvedor de sites de Internet e um profissional de marketing para divulgar sua pousada.

Desde então, Roberto dedica-se exclusivamente à pousada, e os resultados são promissores. A pousada está sempre cheia de hóspedes, renovando suas estratégias de fidelização; em breve, será ampliada em sua capacidade.

Considerando a descrição da atividade econômica explorada por Roberto, assinale a afirmativa correta.

(A) A atividade não pode ser considerada empresa em razão da falta tanto de profissionalismo de seu titular quanto de produção de bens.

(B) A atividade não pode ser considerada empresa em razão de a prestação de serviços não ser um ato de empresa.

(C) A atividade pode ser considerada empresa, mas seu titular somente será empresário a partir do registro na Junta Comercial.

(D) A atividade pode ser considerada empresa e seu titular, empresário, independentemente de registro na Junta Comercial.

A: incorreta. Roberto é profissional porque: (i) exerce a atividade com habitualidade; (ii) exerce a atividade em nome próprio; e (iii) possui monopólio de informações sobre a atividade em relação aos clientes, isto é, conhece o negócio em detalhes que não são acessíveis às pessoas que não se dedicam ao mesmo ramo. Além disso, a atividade empresária não se resume à produção de bens, estando a prestação de serviços abrangida pela parte final do art. 966 do CC; B: incorreta, conforme mencionado na parte final do comentário anterior; C: incorreta. Ainda que ausente o registro, a atividade é empresária. O registro é condição de sua regularidade, não da caracterização do empresário; D: correta, conforme comentário à alternativa anterior. HS

Gabarito "D".

(OAB/Exame Unificado – 2016.2) Maria, empresária individual, teve sua interdição decretada pelo juiz a pedido de seu pai, José, em razão de causa permanente que a impede de exprimir sua vontade para os atos da vida civil.

Sabendo-se que José, servidor público federal na ativa, foi nomeado curador de Maria, assinale a afirmativa correta.

(A) É possível a concessão de autorização judicial para o prosseguimento da empresa de Maria; porém, diante do impedimento de José para exercer atividade de empresário, este nomeará, com a aprovação do juiz, um ou mais gerentes.

(B) A interdição de Maria por incapacidade traz como efeito imediato a extinção da empresa, cabendo a José, na condição de pai e curador, promover a liquidação do estabelecimento.

(C) É possível a concessão de autorização judicial para o prosseguimento da empresa de Maria antes exercida por ela enquanto capaz, devendo seu pai, José, como curador e representante, assumir o exercício da empresa.

(D) Poderá ser concedida autorização judicial para o prosseguimento da empresa de Maria, porém ficam sujeitos ao resultado da empresa os bens que Maria já possuía ao tempo da interdição, tanto os afetados quanto os estranhos ao acervo daquela.

A, B e C: O empresário acometido de incapacidade poderá continuar a empresa com autorização judicial, devendo ser representado ou assistido. Contudo, se o seu representante ou assistente for pessoa impedida de exercer empresa, deverá nomear gerente *ad referendum* do juiz que concedeu a autorização (art. 974 do CC). Correta, portanto, a alternativa "A"; **D:** incorreta. Os bens estranhos ao acervo da empresa não ficam sujeitos ao seu resultado (art. 974, §2°, do CC).

Gabarito "A".

(OAB/Exame Unificado – 2015.2) Paulo, casado no regime de comunhão parcial com Jacobina, é empresário enquadrado como microempreendedor individual (MEI). O varão pretende gravar com hipoteca o imóvel onde está situado seu estabelecimento, que serve exclusivamente aos fins da empresa. De acordo com o Código Civil, assinale a opção correta.

(A) Paulo pode, sem necessidade de outorga conjugal, qualquer que seja o regime de bens, gravar com hipoteca os imóveis que integram o seu estabelecimento.

(B) Paulo não pode, sem a outorga conjugal, gravar com hipoteca os imóveis que integram o seu estabelecimento, salvo no regime de separação de bens.

(C) Paulo, qualquer que seja o regime de bens, depende de outorga conjugal para gravar com hipoteca os imóveis que integram o seu estabelecimento.

(D) Paulo pode, sem necessidade de outorga conjugal, gravar com hipoteca os imóveis que integram o seu estabelecimento, salvo no regime da comunhão universal.

O empresário casado pode alienar e gravar com ônus real (como a hipoteca) o patrimônio da empresa sem a necessidade de outorga uxória ou marital qualquer que seja o regime de bens de seu casamento (art. 978 do Código Civil).

Gabarito "A".

(OAB/Exame Unificado – 2015.2) Assinale a alternativa correta em relação aos conceitos de empresa e empresário no Direito Empresarial.

4. DIREITO EMPRESARIAL — 297

(A) Empresa é a sociedade com ou sem personalidade jurídica; empresário é o sócio da empresa, pessoa natural ou jurídica com responsabilidade limitada ao valor das quotas integralizadas.

(B) Empresa é qualquer atividade econômica destinada à produção de bens; empresário é a pessoa natural que exerce profissionalmente a empresa e tenha receita bruta anual de até R$ 100.000,00 (cem mil reais).

(C) Empresa é a atividade econômica organizada para a produção e/ou a circulação de bens e de serviços; empresário é o titular da empresa, quem a exerce em caráter profissional.

(D) Empresa é a repetição profissional dos atos de comércio ou mercancia; empresário é a pessoa natural ou jurídica que pratica de modo habitual tais atos de comércio.

Empresa é a atividade econômica organizada para produção ou circulação de bens ou serviços. Empresário é quem exerce profissionalmente tal atividade (art. 966 do Código Civil).
Gabarito "C".

(OAB/Exame Unificado – 2014.3) Alfredo Chaves exerce, em caráter profissional, atividade intelectual de natureza literária, com a colaboração de auxiliares. O exercício da profissão constitui elemento de empresa. Não há registro da atividade por parte de Alfredo Chaves em nenhum órgão público.

Com base nessas informações e nas disposições do Código Civil, assinale a afirmativa correta.

(A) Alfredo Chaves não é empresário, porque exerce atividade intelectual de natureza literária.

(B) Alfredo Chaves não é empresário, porque não possui registro em nenhum órgão público.

(C) Alfredo Chaves é empresário, independentemente da falta de inscrição na Junta Comercial.

(D) Alfredo Chaves é empresário, porque exerce atividade não organizada em caráter profissional.

Dispõe o parágrafo único do art. 966 do Código Civil que a atividade de natureza científica, literária ou artística não é considerada empresária, salvo se constituir elemento de empresa. Como o enunciado nos dá expressamente esse dado, é certo que Alfredo é empresário independentemente de sua inscrição na Junta Comercial. Enquanto não o fizer será considerado empresário irregular, mas ainda assim empresário, pois sua classificação decorre do exercício da atividade.
Gabarito "C".

(OAB/Exame Unificado – 2014.1) Olímpio Noronha é servidor público militar ativo e, concomitantemente, exerce pessoalmente atividade econômica organizada sem ter sua firma inscrita na Junta Comercial.

Em relação às obrigações assumidas por Olímpio Noronha, assinale a alternativa correta.

(A) São válidas tanto as obrigações assumidas no exercício da empresa quanto estranhas a essa atividade e por elas Olímpio Noronha responderá ilimitadamente.

(B) São nulas todas as obrigações assumidas, porque Olímpio Noronha não pode ser empresário concomitantemente com o serviço público militar.

(C) São válidas apenas as obrigações estranhas ao exercício da empresa, pelas quais Olímpio Noronha responderá ilimitadamente; as demais são nulas.

(D) São válidas apenas as obrigações relacionadas ao exercício da empresa e por elas Olímpio Noronha responderá limitadamente; as demais são anuláveis.

Olímpio é um empresário irregular, porque não poderia exercer sua atividade econômica diante da proibição incidente sobre os servidores públicos militares ativos (art. 22 do Decreto-lei 667/1969). Isso, porém, não afasta sua responsabilidade **ilimitada** pelas obrigações que contrair, sejam elas realizadas no exercício da empresa ou estranhas a essa atividade (art. 973 do CC).
Gabarito "A".

1.2. Desconsideração da personalidade jurídica

(OAB/Exame Unificado – 2020.2) Moema, Madalena e Carmen são sócias em uma sociedade empresária administrada por Antônio Cardoso. O objeto social é a distribuição de artigos de limpeza e asseio. Moema tem 90% do capital, Madalena tem 9% e Carmen, 1%.

Ficando caracterizada confusão patrimonial pelo cumprimento repetitivo pela sociedade de obrigações pessoais das sócias por ação do administrador e a mando delas, o juiz poderá desconsiderar a personalidade jurídica da sociedade, para atingir os bens particulares

(A) de Moema, somente.

(B) de Antônio, somente.

(C) de Moema, Madalena, Carmen e Antônio.

(D) de Moema e Madalena, somente.

A desconsideração da personalidade jurídica atinge indistintamente sócios e administrador da empresa, nos termos do art. 50 do CC.
Gabarito "C".

(OAB/Exame Unificado – 2017.1) A instauração do incidente de desconsideração da personalidade jurídica foi requerida em um processo de execução por título extrajudicial.

O advogado do executado manifestou-se contrariamente ao pedido, sob a alegação de cerceamento de defesa de seu cliente, somente cabendo a desconsideração se requerida em ação de conhecimento ajuizada especificamente contra o sócio da sociedade empresária devedora.

Sobre a argumentação acima, assinale a afirmativa correta.

(A) Procede, porque o pressuposto para a aplicação da desconsideração da personalidade jurídica é sempre a conduta ilícita do sócio perpetrada por meio da personalidade da pessoa jurídica; portanto, é imprescindível a demonstração cabal da culpa em ação de conhecimento.

(B) Procede, porque o requerimento de instauração do incidente de desconsideração deve demonstrar o preenchimento dos pressupostos legais específicos, dentre eles o desvio de finalidade da pessoa jurídica, que só pode ser feito em ação de conhecimento, onde estarão preservados o contraditório e a ampla defesa.

(C) Não procede, porque, ao contrário do afirmado pelo advogado, o incidente de desconsideração só é cabível no cumprimento de sentença e na execução de título executivo extrajudicial, pois, no processo de conhecimento, a desconsideração só pode ser decretada na sentença de mérito.

(D) Não procede, porque o incidente de desconsideração é cabível em todas as fases do processo de conhecimento, no cumprimento de sentença e na execução fundada em título executivo extrajudicial.

O Código de Processo Civil de 2015, atendendo a uma antiga sugestão da doutrina, criou o **incidente de desconsideração da personalidade jurídica**, de forma a sistematizar o procedimento e os critérios de decisão sobre o tema. A partir de sua vigência, dispensa-se a decretação da desconsideração em processo de conhecimento, porque seu art. 134 estabelece que o incidente é cabível em todas as fases do processo de conhecimento, no cumprimento de sentença e na execução fundada em título extrajudicial, garantido o contraditório e ampla defesa (art. 135 do CPC). **RB**
„Gabarito "D".

(OAB/Exame Unificado – 2009.2) Os sócios da Frente e Verso Tecidos Ltda. praticaram atos desvirtuados da função da pessoa jurídica, constatando-se fraude relativa à sua autonomia patrimonial. Os credores propuseram a ação judicial competente e o juízo *a quo* decretou a desconsideração da personalidade jurídica da referida sociedade. Considerando a situação hipotética apresentada e a disciplina normativa da desconsideração da personalidade jurídica, assinale a opção correta.

(A) O juízo *a quo* não tem competência para decretar a desconsideração da personalidade jurídica da Frente e Verso Tecidos Ltda., mas apenas para decidir por sua dissolução, total ou parcial, nos casos de fraude relativa à autonomia patrimonial.

(B) A decretação da desconsideração da personalidade jurídica da Frente e Verso Tecidos Ltda. acarreta sua liquidação.

(C) A decisão judicial importará na extinção da Frente e Verso Tecidos Ltda., com a posterior liquidação de seus bens materiais e imateriais.

(D) A desconsideração da personalidade jurídica importará na retirada momentânea da autonomia patrimonial da Frente e Verso Tecidos Ltda., para estender os efeitos de suas obrigações aos bens particulares de seus sócios.

A: incorreta, porque o art. 50 do CC entrega justamente ao juiz o poder de desconsiderar a personalidade jurídica da sociedade, atendidos os requisitos legais (desvio de finalidade ou confusão patrimonial). **B** e **C:** incorretas, porque a desconsideração da personalidade não gera a "dissolução" ou a "liquidação" da pessoa jurídica. A desconsideração da personalidade consiste na declaração de ineficácia da personalidade, para o fim específico de estender os efeitos de determinada obrigação aos bens particulares de seus sócios. Essa declaração não extingue a sociedade, que continua a existir e a funcionar normalmente em relação aos demais negócios jurídicos que tenha praticado ou venha a praticar; **D:** correta. Estes são o conceito e o alcance definidos pela teoria da desconsideração da personalidade jurídica.
„Gabarito "D".

1.3. Nome empresarial

(OAB/Exame XXXVIII) Marco Araripe pretende iniciar uma empresa em nome próprio e mediante responsabilidade ilimitada pelas obrigações. Antes de realizar sua inscrição na Junta Comercial, Marco Araripe precisa indicar o nome que adotará para o exercício de empresa.

Consoante a determinação contida no Código Civil quanto à formação de firma individual, ela deve ser constituída

(A) pelo nome do empresário, completo ou abreviado, aditando-lhe, se quiser, designação mais precisa da sua pessoa ou do gênero de atividade.

(B) pelo nome de fantasia livremente escolhido, aditando--lhe, se quiser, designação do gênero de atividade.

(C) pelo nome abreviado do empresário ou pelo nome de fantasia, aditando-lhe, se quiser, designação mais precisa da sua pessoa.

(D) em duas partes: a primeira, o nome completo do empresário e, a segunda, o nome de fantasia, sendo vedada a indicação do gênero de atividade.

A: correta, nos termos do art. 1.156 do CC; **B**, **C** e **D:** incorretas, porque a firma social não pode conter nome fantasia. Ela é obrigatoriamente constituída sempre a partir do nome civil do empresário ou dos sócios da sociedade empresária. **HS**
„Gabarito "A".

(OAB/Exame XXXVII) Três médicos decidiram constituir uma sociedade do tipo limitada cujo objeto é simples, consoante a classificação das sociedades no Código Civil.

Acerca da designação a ser adotada pela sociedade e sua qualificação jurídica, assinale a afirmativa correta.

(A) Por não ter a futura sociedade natureza empresária, não poderá adotar nome empresarial, sendo livre a formação de sua designação, sem incidência das regras de formação do nome da sociedade limitada.

(B) A futura sociedade terá nome empresarial, pois tanto as regras de formação quanto de proteção ao nome empresarial se aplicam indistintamente às sociedades simples e empresárias.

(C) Embora a futura sociedade não tenha nome empresarial, por não exercer empresa, a formação de sua designação obedecerá às regras para a formação do nome empresarial do tipo limitada.

(D) Independentemente da natureza da futura sociedade, ela terá nome empresarial, pois exercerá atividade econômica, devendo adotar denominação, mas é facultativo a palavra "limitada" ou sua abreviatura ao final.

Se a sociedade é simples, não é empresária, portanto tecnicamente não pode ter um nome **empresarial**. Sem prejuízo, ela naturalmente precisa de uma denominação que a identifique nas suas relações de fundo econômico, por isso o art. 1.155, parágrafo único, do CC equipara o nome empresarial a essas denominações das sociedades simples. Como se trata de sociedade simples do tipo limitada, ela deve obedecer aos ditames legais para a criação do nome empresarial dessa forma societária. **HS**
„Gabarito "C".

(OAB/Exame XXXVI) Pedro Laurentino deseja constituir uma sociedade limitada unipessoal cuja denominação será *Padaria São Félix do Piauí Ltda.*, sediada em Teresina. A inscrição dos atos constitutivos da pessoa jurídica, ou as respectivas averbações de atos posteriores no registro empresarial, assegura o uso exclusivo do nome empresarial

(A) nos limites do estado do Piauí.

(B) nos limites do município de Teresina.

(C) em todo o território nacional.

(D) em toda a Região Nordeste.

4. DIREITO EMPRESARIAL
299

O registro da empresa confere proteção ao nome empresarial limitada ao território do Estado da Junta Comercial onde foi efetivada a medida (art. 1.166 do CC).

Gabarito "A".

(OAB/Exame Unificado – 2018.2) Cruz Machado pretende iniciar o exercício individual de empresa e adotar como firma, exclusivamente, o nome pelo qual é conhecido pela população de sua cidade – "Monsenhor".

De acordo com as informações acima e as regras legais de formação de nome empresarial para o empresário individual, assinale a afirmativa correta.

(A) A pretensão de Cruz Machado é possível, pois o empresário individual pode escolher livremente a formação de sua firma.

(B) A pretensão de Cruz Machado não é possível, pois o empresário individual deve adotar denominação indicativa do objeto social como espécie de nome empresarial.

(C) A pretensão de Cruz Machado não é possível, pois o empresário individual opera sob firma constituída por seu nome, completo ou abreviado.

(D) A pretensão de Cruz Machado é possível, pois o empresário individual pode substituir seu nome civil por uma designação mais precisa de sua pessoa.

Nos termos do art. 1.156 do CC, o nome do empresário será necessariamente firma constituída por seu nome, completo ou abreviado, podendo adicionar o ramo de atividade. Trata-se de aplicação do princípio da veracidade do nome empresarial, que veda o uso de apelidos (como "Monsenhor") ou hipocorísticos ("Zé" em vez de "José", "Chico" no lugar de "Francisco" etc.) na composição da firma.

Gabarito "C".

1.4. Inscrição, registros, escrituração e livros

(OAB/Exame XXXVIII) Ainda que o Registro Público de Empresas Mercantis, a cargo das Juntas Comerciais, não possa examinar o mérito dos atos dos empresários, sociedades empresárias e cooperativas, limitando-se sua análise aos requisitos formais, existe proibição de arquivamento de documentos em razão de expressa disposição legal.

Assinale a opção que indica o documento que incorre na proibição legal de arquivamento.

(A) Os atos de empresas mercantis com nome idêntico a outro já existente.

(B) A prorrogação do contrato social depois de findo o prazo nele fixado.

(C) A alteração contratual, por deliberação majoritária do capital social, quando não houver cláusula restritiva.

(D) Os atos constitutivos de empresas mercantis que não designarem o nome do liquidante e a forma de liquidação.

Dentre as alternativas apresentadas, a única que representa uma proibição legal ao registro é o nome idêntico de outro empresário já registrado, conforme previsto no art. 1.163 do Código Civil. HS

Gabarito "A".

(OAB/Exame Unificado – 2019.2) Luzia Betim pretende iniciar uma sociedade empresária em nome próprio. Para tanto, procura assessoria jurídica quanto à necessidade de inscrição no Registro Empresarial para regularidade de exercício da empresa.

Na condição de consultor(a), você responderá que a inscrição do empresário individual é

(A) dispensada até o primeiro ano de início da atividade, sendo obrigatória a partir de então.

(B) obrigatória antes do início da atividade.

(C) dispensada, caso haja opção pelo enquadramento como microempreendedor individual.

(D) obrigatória, se não houver enquadramento como microempresa ou empresa de pequeno porte.

A inscrição do empresário é obrigatória antes do início de sua atividade, nos termos do art. 967 do Código Civil, sem qualquer exceção em relação às microempresas e empresas de pequeno porte. HS

Gabarito "B".

(OAB/Exame Unificado – 2017.1) Fagundes e Pilar são noivos e pretendem se casar adotando o regime de separação de bens mediante celebração de pacto antenupcial. Fagundes é empresário individual e titular do estabelecimento Borracharia Dona Inês Ltda. ME.

Celebrado o pacto antenupcial entre os nubentes, o advogado contratado por Fagundes providenciará o arquivamento e a averbação do documento:

(A) no Registro Público de Empresas Mercantis e a publicação na imprensa oficial.

(B) no Registro Público de Empresas Mercantis e no Registro Civil de Pessoas Naturais.

(C) no Registro Civil de Pessoas Naturais e a publicação na imprensa oficial.

(D) no Registro Público de Empresas Mercantis e no Registro Civil de Títulos e Documentos.

O pacto antenupcial do empresário deve ser levado a registro no Registro Público de Empresas Mercantis, a cargo da Junta Comercial do Estado e no Registro Civil de Pessoas Naturais (o cartório onde registrado o nascimento de cada cônjuge), nos termos do art. 979 do Código Civil. RB

Gabarito "B".

(OAB/Exame Unificado – 2016.1) Servidor da Junta Comercial verificou que o requerimento de alteração contratual de uma sociedade limitada com vinte e dois sócios e sede no município de Solidão não foi assinado pelo administrador, mas por mandatário da sociedade, com poderes específicos. O requerimento foi instruído com uma nova versão do contrato social desacompanhada da ata da deliberação que a aprovou. O referido servidor determinou que fosse sanada a pretensa irregularidade.

Com base nessas informações, assinale a afirmativa correta.

(A) O servidor não agiu corretamente porque cumpre à autoridade competente, antes de efetivar o registro, fiscalizar apenas a observância das formalidades extrínsecas ao ato, e não formalidades intrínsecas relativas aos documentos apresentados; portanto, a alteração deveria ser arquivada.

(B) O servidor agiu corretamente porque cumpre à autoridade competente, antes de efetivar o registro, fiscalizar a observância das prescrições legais concernentes ao ato ou aos documentos apresentados; havendo irregularidades, deve ser notificado o requerente para saná-las.

(C) O servidor não agiu corretamente porque as irregularidades apresentadas no enunciado são insanáveis por se referirem a requisitos substanciais e de validade do documento, bem como de representação da pessoa jurídica.

(D) O servidor agiu corretamente porque somente o administrador, como órgão da pessoa jurídica, tem legitimidade para pleitear o arquivamento da alteração contratual; havendo irregularidades, deve ser notificado o requerente para saná-las.

Nos termos do art. 1.153 do CC, cabe à autoridade competente verificar a legitimidade do signatário do requerimento. No caso em tela, tal legitimidade decorre da procuração, que, como não foi juntada, era caso mesmo de se negar o registro do ato.
Gabarito "B".

(OAB/Exame Unificado – 2015.1) Uma das obrigações da sociedade empresária é seguir um sistema de contabilidade, mecanizado ou não, com base na escrituração uniforme de seus livros, em correspondência com a documentação respectiva, e levantar anualmente o balanço patrimonial e o de resultado econômico.

A partir do exposto, assinale a afirmativa correta.

(A) A ausência de autenticação dos instrumentos de escrituração na Junta Comercial não impede que os livros da sociedade empresária sejam utilizados em juízo como prova documental a seu favor.

(B) Em razão da evolução tecnológica, passou a ser vedada a escrituração manual do Livro Diário, devendo a sociedade empresária adotar livros digitais para a escrituração de suas operações.

(C) O balanço patrimonial deverá exprimir, com fidelidade e clareza, a situação real da empresa e indicará o ativo e o passivo distintamente.

(D) Os assentos lançados nos livros da sociedade empresária, por qualquer dos contabilistas encarregados de sua escrituração, não obrigam a pessoa jurídica, se tais livros não estiverem autenticados na Junta Comercial.

A: incorreta. Os livros empresariais fazem prova contra o empresário em qualquer caso, mas para ser usado a seu favor é essencial que preencham os requisitos intrínsecos e extrínsecos, entre eles a autenticação pela Junta Comercial (art. 1.181 do Código Civil e arts. 417 e 418 do CPC); B: incorreta. A escrituração manual ainda é autorizada pelo art. 1.180 do Código Civil; C: correta, nos termos do art. 1.188 do Código Civil; D: incorreta, nos termos do comentário à alternativa "A".
Gabarito "C".

1.5. Locação

(OAB/Exame XXXIII – 2020.3) *Farmácias Mundo Novo Ltda.* é locatária de um imóvel não residencial onde funciona uma de suas filiais. No curso da vigência do contrato, que se encontra sob a égide do direito à renovação, faleceu um dos sócios, Sr. Deodato. Diante deste acontecimento, os sócios remanescentes deliberaram dissolver a sociedade. A sócia Angélica, prima de Deodato, gostaria de continuar a locação, aproveitando a localização excelente do ponto e a manutenção do aviamento objetivo da empresa.

Angélica consulta um advogado especializado para saber se teria direito à renovação, mesmo não sendo a locatária do imóvel. Assinale a afirmativa que apresenta a resposta dada.

(A) Angélica tem direito à renovação da locação como sub-rogatória da sociedade dissolvida, mas deve informar ao locador sua condição no prazo de 30 (trinta) dias do arquivamento da ata de encerramento da liquidação, sob pena de decadência.

(B) Angélica não tem direito à renovação da locação, pois somente a sociedade dissolvida poderia exercer tal direito, por ter sido a parte contratante, incidindo o princípio da relatividade dos contratos.

(C) Angélica tem direito à renovação da locação como sub-rogatória da sociedade dissolvida, mas deve continuar a explorar o mesmo ramo de atividade que a sociedade dissolvida.

(D) Angélica não tem direito à renovação da locação, pois tal direito somente é conferido ao(s) sócio(s) remanescente(s) quando a sociedade sofre resolução por morte de sócio, e não dissolução.

Em caso de dissolução da sociedade locatária por força do falecimento de um dos sócios, qualquer sócio sobrevivente ficará sub-rogado no direito à renovação do aluguel, desde que continue no mesmo ramo de atividade – requisito que foi reconhecido no enunciado (art. 51, § 3º, da Lei nº 8.245/1991).
Gabarito "C".

(OAB/Exame Unificado – 2017.1) Matheus, empresário individual, pretende alugar um imóvel para instalar seu estabelecimento e nele localizar seu ponto empresarial. Antes de celebrar o contrato, ele procura você para, como advogado(a), informar-lhe sobre aspectos concernentes à locação não residencial.

Sobre a locação não residencial, assinale a afirmativa correta.

(A) Na ação de despejo que tiver por fundamento exclusivo o término do prazo contratual, tendo sido proposta a ação em até 30 dias do cumprimento de notificação ao locatário comunicando o intento de retomada, será concedida liminar para desocupação em quinze dias, ouvida a parte contrária e se prestada caução pelo autor no valor equivalente a dois meses de aluguel.

(B) Na locação não residencial de imóvel urbano, na qual o locador procede à prévia aquisição do imóvel especificado pelo pretendente à locação, a fim de que seja a este locado por prazo determinado, poderá ser convencionado no contrato a renúncia ao direito de revisão do valor dos aluguéis durante o prazo de vigência do contrato.

(C) Nas locações de espaço em shopping centers, o locador poderá recusar a renovação do contrato pleiteada pelo locatário se o imóvel vier a ser utilizado pelo locador, que não poderá ser destinado ao uso no mesmo ramo da atividade do locatário.

(D) Nas locações por prazo determinado de imóveis utilizados por estabelecimentos de ensino autorizados e fiscalizados pelo Poder Público, o contrato poderá ser rescindido por denúncia do locador, a qualquer tempo, independentemente de notificação ou aviso.

A: incorreta. Não é necessária a oitiva da parte contrária e a caução deve equivaler a três meses de aluguel (art. 59, § 1º, da Lei 8.245/1991; **B:** correta, nos termos do art. 54-A, § 1º, da Lei 8.245/1991; **C:** incorreta. Não há

4. DIREITO EMPRESARIAL

direito a recusa de renovação para uso próprio nas locações em *shopping centers* (art. 52, § 2º, da Lei 8.245/1991); **D:** incorreta. Caso o locatário exerça no imóvel atividades de hospitais, unidades sanitárias oficiais, asilos, estabelecimento de saúde ou de ensino autorizados pelo Poder Público, não é cabível a denúncia vazia (art. 53 da Lei 8.245/1991). **RB**
Gabarito "B".

(OAB/Exame Unificado – 2013.1) Heliodora Moda Feminina Ltda. é locatária de uma loja situada no *shopping center* Mateus Leme. Sobre o contrato de locação de uma unidade comercial em *shopping center*, assinale a afirmativa correta.

(A) O locador poderá recusar a renovação do contrato com fundamento na necessidade de ele próprio utilizar o imóvel.

(B) As despesas cobradas do locatário não precisam estar previstas em orçamento, desde que devidamente demonstradas.

(C) O empreendedor poderá cobrar do locatário as despesas com obras de reformas que interessem à estrutura do *shopping*.

(D) As condições livremente pactuadas no contrato respectivo prevalecerão nas relações entre os lojistas e o empreendedor.

A: incorreta. Tal hipótese está vedada pelo art. 52, § 2.º, da Lei 8.245/1991; **B:** incorreta. A previsão em orçamento é necessária, exceto em caso de urgência ou força maior (art. 54, § 2.º, da Lei 8.245/1991); **C:** incorreta. Tal despesa cabe ao locador, nos termos do art. 54, § 1.º, *a*, c.c. art. 22, parágrafo único, *a*, da Lei 8.245/1991; **D:** correta, nos termos do art. 54, *caput*, da Lei 8.245/1991.
Gabarito "D".

1.6. Estabelecimento

(OAB/Exame XXXVI) Aspásia e Parisi, únicas sócias da sociedade *Santa Salete Modas Ltda.*, decidiram que a sociedade arrendará seu estabelecimento à sociedade *Monções Empreendimentos Imobiliários Ltda.*, pelo prazo de quatro anos. Em relação ao contrato de arrendamento, mesmo sendo reconhecida a autonomia da vontade às partes contratantes, existem normas legais relativas ao estabelecimento arrendado.

Assinale a opção que apresenta, corretamente, uma dessas obrigações legais.

(A) A sub-rogação do arrendatário nos contratos estipulados para exploração do estabelecimento, exceto aqueles de caráter pessoal.

(B) A obrigação de averbação do contrato de arrendamento no Registro de Imóveis e sua publicação em jornal de grande circulação.

(C) A proibição de o arrendatário do estabelecimento fazer concorrência ao arrendador durante o prazo do contrato, salvo disposição contratual diversa.

(D) A obrigação de o arrendatário do estabelecimento responder pelo pagamento dos débitos anteriores ao arrendamento, desde que regularmente contabilizados, pelo prazo de um ano.

A única alternativa que traz norma específica ao contrato de arrendamento é a letra "C", que deve ser assinalada, conforme consta do art. 1.147, parágrafo único, do CC. Todas as demais são comuns ao contrato de trespasse (alienação do estabelecimento).
Gabarito "C".

(OAB/Exame Unificado – 2020.1) As sociedades empresárias Y e J celebraram contrato tendo por objeto a alienação do estabelecimento da primeira, situado em Antônio Dias/MG. Na data da assinatura do contrato, dentre outros débitos regularmente contabilizados, constava uma nota promissória vencida havia três meses no valor de R$ 25.000,00 (vinte e cinco mil reais). O contrato não tem nenhuma cláusula quanto à existência de solidariedade entre as partes, tanto pelos débitos vencidos quanto pelos vincendos.

Sabendo-se que, em 15/10/2018, após averbação na Junta Comercial competente, houve publicação do contrato na imprensa oficial e, tomando por base comparativa o dia 15/01/2020, o alienante

(A) responderá pelo débito vencido com o adquirente por não terem decorrido cinco anos da publicação do contrato na imprensa oficial.

(B) não responderá pelo débito vencido com o adquirente em razão de não ter sido estipulada tal solidariedade no contrato.

(C) responderá pelo débito vencido com o adquirente até a ocorrência da prescrição relativa à cobrança da nota promissória.

(D) não responderá pelo débito vencido com o adquirente diante do decurso de mais de 1 (um) ano da publicação do contrato na imprensa oficial.

No caso descrito, o alienante não tem mais obrigação de pagar o débito vencido. Nos termos do art. 1.146 do CC, o alienante é solidariamente responsável pelos débitos anteriores à transferência, regularmente contabilizados, pelo prazo de um ano contado da publicação do trespasse. Sendo assim, na data de 15/01/2020, o prazo já havia se esvaído.
Gabarito "D".

(OAB/Exame Unificado – 2018.1) O empresário individual José de Freitas alienou seu estabelecimento a outro empresário mediante os termos de um contrato escrito, averbado à margem de sua inscrição no Registro Público de Empresas Mercantis, publicado na imprensa oficial, mas não lhe restaram bens suficientes para solver o seu passivo.

Em relação à alienação do estabelecimento empresarial nessas condições, sua eficácia depende

(A) da quitação prévia dos créditos trabalhistas e fiscais vencidos no ano anterior ao da alienação do estabelecimento.

(B) do pagamento a todos os credores, ou do consentimento destes, de modo expresso ou tácito, em trinta dias a partir de sua notificação.

(C) da quitação ou anuência prévia dos credores com garantia real e, quanto aos demais credores, da notificação da transferência com antecedência de, no mínimo, sessenta dias.

(D) do consentimento expresso de todos os credores quirografários ou da consignação prévia das importâncias que lhes são devidas.

No caso descrito no enunciado, a eficácia perante terceiros do contrato de trespasse depende do pagamento ou da concordância expressa ou tácita de todos os credores no prazo de 30 dias a partir da notificação (art. 1.145 do CC).
Gabarito "B".

(OAB/Exame Unificado – 2016.2) P. Industrial S.A., companhia fechada, passa momentaneamente por dificuldades financeiras que se agravaram com a crise na atividade industrial do país. A assembleia geral autorizou os administradores a alienar bens do ativo permanente, dentre eles uma unidade produtiva situada no município de Mirante da Serra, avaliada em R$ 495.000.000,00 (quatrocentos e noventa e cinco milhões de reais).

Considerando-se que a unidade produtiva da companhia integra seu estabelecimento, assinale a afirmativa correta.

(A) A assembleia geral não pode autorizar a alienação da unidade produtiva. Por ser o estabelecimento uma universalidade de direito, seus elementos devem ser mantidos indivisíveis e unitariamente agregados para o exercício da empresa.

(B) A assembleia geral pode autorizar a alienação da unidade produtiva. Por ser o estabelecimento uma universalidade de fato, seus elementos podem ser objeto de negócios jurídicos próprios, translativos ou constitutivos, separadamente dos demais.

(C) A assembleia geral pode autorizar a alienação da unidade produtiva. Por ser o estabelecimento um patrimônio de afetação, cabe exclusivamente à companhia a decisão de desagregá-lo e, com isso, limitar sua responsabilidade perante os credores ao valor da unidade produtiva alienada.

(D) A assembleia geral não pode autorizar a alienação da unidade produtiva. Por ser o estabelecimento elemento de exercício da empresa, a alienação de qualquer de seus elementos (corpóreos ou incorpóreos) implica a impossibilidade de manutenção da atividade da companhia, operando-se sua dissolução de pleno direito.

O estabelecimento é uma universalidade de fato, ou seja, os bens que o compõem possuem destinação unitária e podem ser objeto de relações jurídicas próprias (art. 90 do CC). Não bastasse essa autorização geral, também o art. 1.143 do CC autoriza negócios jurídicos translativos ou constitutivos sobre os elementos do estabelecimento que sejam compatíveis com sua natureza, como é o caso proposto no enunciado. Correta, portanto, a alternativa "B".
Gabarito "B".

(OAB/Exame Unificado – 2013.3) No contrato de alienação do estabelecimento da sociedade empresária Chaves & Cia Ltda., com sede em Theobroma, ficou pactuado que não haveria sub-rogação do adquirente nos contratos celebrados pelo alienante, em vigor na data da transferência, relativos ao fornecimento de matéria-prima para o exercício da empresa. Um dos sócios da sociedade empresária consulta sua advogada para saber se a estipulação é válida. Consoante as disposições legais sobre o estabelecimento, assinale a afirmativa correta.

(A) A estipulação é nula, pois o contrato de alienação do estabelecimento não pode afastar a sub-rogação do adquirente nos contratos celebrados anteriormente para sua exploração.

(B) A estipulação é válida, pois o contrato de alienação do estabelecimento pode afastar a sub-rogação do adquirente nos contratos celebrados anteriormente para sua exploração.

(C) A estipulação é anulável, podendo os terceiros rescindir seus contratos com a sociedade empresária

em até 90 (noventa) dias a contar da publicação da transferência.

(D) A estipulação é considerada não escrita, por desrespeitar norma de ordem pública que impõe a solidariedade entre alienante e adquirente pelas obrigações referentes ao estabelecimento.

Conforme prevê o art. 1.148, primeira parte, do CC, é lícito que o contrato de trespasse afaste a sub-rogação do adquirente nos contratos celebrados anteriormente. Cumpre ressaltar que, no silêncio do contrato, a sub-rogação ocorrerá por força do mesmo dispositivo legal.
Gabarito "B".

(OAB/Exame Unificado – 2013.1) Lavanderias Roupa Limpa Ltda. ("Roupa Limpa") alienou um de seus estabelecimentos comerciais, uma lavanderia no bairro do Jacintinho, na cidade de Maceió, para Caio da Silva, empresário individual. O contrato de trespasse foi omisso quanto à possibilidade de restabelecimento da "Roupa Limpa", bem como nada dispôs a respeito da responsabilidade de Caio da Silva por débitos anteriores à transferência do estabelecimento.

Nesse cenário, assinale a afirmativa correta.

(A) O contrato de trespasse será oponível a terceiros, independentemente de qualquer registro na Junta Comercial ou publicação.

(B) Caio da Silva não responderá por qualquer débito anterior transferência, exceto os que não estiverem devidamente escriturados.

(C) Na omissão do contrato de trespasse, Roupa Limpa poderá se restabelecer no bairro do Jacintinho e fazer concorrência a Caio da Silva.

(D) Não havendo autorização expressa, "Roupa Limpa" não poderá fazer concorrência a Caio da Silva, nos cinco anos subsequentes à transferência.

A: incorreta. Para ser oponível a terceiros, o contrato de trespasse deve ser registrado na Junta Comercial (art. 1.144 do CC); **B:** incorreta. O adquirente responderá, no silêncio do contrato, somente pelos débitos anteriores que estiverem regularmente contabilizados (art. 1.146 do CC); **C:** incorreta. A cláusula de não restabelecimento é implícita no contrato de trespasse, ou seja, no silêncio do contrato é proibido o exercício da mesma atividade pelo alienante na mesma localidade pelo prazo de cinco anos (art. 1.147 do CC); **D:** correta, nos termos do art. 1.147 do CC.
Gabarito "D".

2. SOCIEDADES

2.1. Sociedades simples e empresária e temas gerais

(OAB/Exame XXXVI) João Paulo, Thiago, Ana e Tereza, amigos de infância, consultam um advogado sobre a melhor forma de, conjuntamente, desenvolverem atividade com o propósito de auxiliar na educação formal de jovens de uma comunidade da cidade ABC.

Os amigos questionam se deveriam constituir uma pessoa jurídica para tal fim e informam ao advogado que gostariam de participar ativamente da administração e do desenvolvimento das atividades de educação. Além disso, os amigos concordam que a referida pessoa jurídica a ser constituída não deve ter finalidade lucrativa.

Diante do cenário hipotético narrado, o advogado(a) deverá indicar

4. DIREITO EMPRESARIAL   303

(A) a necessidade de constituição de uma associação e alertar aos amigos que o custeio da referida associação deverá ser arcado por eles, tendo em vista a ausência de finalidade lucrativa.

(B) a necessidade de constituição de uma associação que poderá desenvolver atividade econômica, desde que a totalidade dos valores auferidos seja revertida para a própria associação.

(C) a constituição de uma fundação, porque é a modalidade mais adequada para que os amigos possam participar ativamente da administração e das atividades de educação.

(D) a constituição de uma fundação e alertar aos amigos que o custeio da referida fundação deverá ser arcado por eles, tendo em vista a ausência de finalidade lucrativa e a impossibilidade de aportes financeiros por outras pessoas que não pertencem à fundação.

O enunciado descreve situação a ser explorada por associação, nos termos do art. 53 do CC. Não há óbice para a realização de atividades econômicas com fins de arrecadação de recursos, desde que estes sejam integralmente revertidos para a atividade – a finalidade não lucrativa decorre da ausência de distribuição do superávit financeiro entre os diretores ou associados. Por fim, a fundação não se amolda ao caso proposto porque ela é composta por um patrimônio dotado especialmente para esse fim pelo instituidor, figura que não está presente na hipótese em análise.
Gabarito "B".

(OAB/Exame Unificado – 2020.2) Andropoulos Inc. é uma sociedade constituída na Grécia, com sede em Atenas e sócios de nacionalidade grega, exceto a sócia Querência, brasileira nata, que detém participação de 80% do capital, dividido em quotas.

Se essa sociedade quiser atuar no Brasil por meio de uma sucursal em São Paulo/SP, será necessário

(A) ter, permanentemente, representante no Brasil, com poderes para resolver quaisquer questões, exceto receber citação judicial pela sociedade.

(B) transferir sua sede para o Brasil, na hipótese de nacionalizar-se, mediante deliberação unânime de seus sócios, independentemente de autorização do Poder Executivo.

(C) obter autorização do Poder Executivo e, em até seis meses do início de sua atividade, realizar sua inscrição na Junta Comercial do Estado de São Paulo, lugar em que deve se estabelecer.

(D) sujeitar-se às leis e aos tribunais brasileiros quanto às operações praticadas no Brasil, e qualquer modificação no contrato dependerá da aprovação do Poder Executivo para produzir efeitos no país.

A: incorreta. O representante no Brasil deve ter poderes para receber citações (art. 1.138 do CC); **B:** incorreta. Não é obrigatória a nacionalização da sociedade estrangeira, mas, se o fizer, dependerá de autorização do Poder Executivo (art. 1.141 do CC); **C:** incorreta. O registro deve se dar antes do início de suas atividades (art. 1.136 do CC); **D:** correta, nos termos dos arts. 1.137 e 1.139 do CC.
Gabarito "D".

(OAB/Exame Unificado – 2019.3) Determinadas pessoas naturais, em razão de sua atividade profissional, e certas espécies de pessoas jurídicas, todas devidamente registradas no órgão competente, gozam de tratamento simplificado,

favorecido e diferenciado em relação aos demais agentes econômicos – microempresas e empresas de pequeno porte.

De acordo com a Lei Complementar 123, de 14 de dezembro de 2006, as microempresas e as empresas de pequeno porte, quanto à forma jurídica, são

(A) cooperativa de produção, empresário individual, empresa pública e sociedade limitada.

(B) empresário individual, empresa individual de responsabilidade limitada, sociedade simples e sociedade empresária, exceto por ações.

(C) cooperativa de crédito, empresário individual, empresa individual de responsabilidade limitada e sociedade simples.

(D) empresário individual, profissional liberal, empresa Individual de responsabilidade limitada e sociedade por ações.

Considera-se microempresa ou empresa de pequeno porte, para fins do tratamento simplificado e favorecido criado pela Lei Complementar 123/2006, o empresário individual, a empresa individual de responsabilidade limitada e as sociedades empresárias ou simples (art. 3º, *caput*, da LC 123/2006), desde que não sejam constituídas na forma de cooperativas (art. 3º, § 4º, VI, da LC 123/2006) ou sociedade por ações (art. 3º, § 4º, X, da LC 123/2006).
Gabarito "B".

(OAB/Exame Unificado – 2017.2) Em 11 de setembro de 2016, ocorreu o falecimento de Pedro, sócio de uma sociedade simples. Nessa situação, o contrato prevê a resolução da sociedade em relação a um sócio. Na alteração contratual ficou estabelecida a redução do capital no valor das quotas titularizadas pelo ex-sócio, sendo o documento arquivado no Registro Civil de Pessoas Jurídicas, em 22 de outubro de 2016.

Diante da narrativa, os herdeiros de Pedro são responsáveis pelas obrigações sociais anteriores à data do falecimento, até dois anos após:

(A) a data da resolução da sociedade e pelas posteriores e em igual prazo, a partir de 11 de setembro de 2016.

(B) a data do arquivamento da resolução da sociedade (22 de outubro de 2016).

(C) a data da resolução da sociedade em relação ao sócio Pedro (11 de setembro de 2016).

(D) a data do arquivamento da resolução da sociedade e pelas posteriores e em igual prazo, a partir de 22 de outubro de 2016.

Nos termos do art. 1.032 do CC, os herdeiros ficam responsáveis pelas obrigações sociais por dois anos contados da data da averbação da resolução da sociedade. As alternativas "A" e "D" estão incorretas porque a responsabilidade pelas obrigações posteriores não se aplica em caso de morte de sócio, ou seja, não é transmitida aos herdeiros.
Gabarito "B".

(OAB/Exame Unificado – 2016.2) Na sociedade Apuí Veículos Ltda., a sócia Eva foi eleita administradora, pela unanimidade dos sócios, para um mandato de três anos. Em razão de insuperáveis divergências com os demais administradores sobre a condução dos negócios, Eva renunciou ao cargo após um ano de sua investidura.

A eficácia da renúncia de Eva se dará, em relação à sociedade, desde o momento em que

(A) a assembleia de sócios ratifica o ato de Eva; e, em relação a terceiros, após a averbação da renúncia.

(B) é designado novo administrador para substituir Eva; e, em relação a terceiros, após a averbação ou publicação da renúncia.

(C) esta toma conhecimento da comunicação escrita de Eva; e, em relação a terceiros, após a averbação e publicação da renúncia.

(D) o termo de renúncia de Eva é lavrado no livro de atas da administração; e, em relação a terceiros, após a publicação da renúncia.

A questão cobra conhecimento sobre a eficácia do ato de renúncia do administrador. A alternativa "C" é cópia literal do art. 1.063, §3º, do CC.

Gabarito "C".

(OAB/Exame Unificado – 2015.3) O contrato da sociedade do tipo simples Angélica Médicos Associados é omisso quanto à possibilidade de sucessão por morte de sócio. Inocência, uma das sócias, consulta você para saber qual a regra prevista no Código Civil para esse caso. Você respondeu corretamente que, com a morte de sócio,

(A) opera-se a dissolução da sociedade de pleno direito. Caberá a liquidação da quota do sócio falecido, cujo valor, considerado pelo montante efetivamente realizado, será apurado, com base no último balanço aprovado, salvo disposição contratual em contrário.

(B) opera-se a sucessão dos herdeiros do sócio falecido na sociedade. Os herdeiros poderão pleitear o levantamento de balanço de resultado econômico para verificação da situação patrimonial da sociedade à data do óbito, salvo disposição contratual em contrário.

(C) opera-se a resolução da sociedade em relação ao sócio falecido. Caberá a liquidação da quota do falecido, cujo valor, considerado pelo montante efetivamente realizado, será apurado, com base na situação patrimonial da sociedade à data do óbito, verificada em balanço especialmente levantado, salvo disposição contratual em contrário.

(D) opera-se a substituição do sócio falecido mediante acordo dos sócios remanescentes com os herdeiros. Os herdeiros poderão pleitear a liquidação da quota com base no valor econômico da sociedade, a ser apurado em avaliação por três peritos ou por sociedade especializada, mediante laudo fundamentado, salvo disposição contratual em contrário.

Na omissão do contrato, a sociedade simples é considerada como "sociedade de pessoas", ou seja, o laço entre os sócios se constitui na confiança e conhecimento do trabalho do outro (*affectio societatis*), o que permite que os sócios impeçam a entrada de terceiro no quadro social em caso de falecimento de um deles ou aquisição de quotas em leilão, por exemplo. Logo, no caso proposto, haverá resolução da sociedade em relação a um sócio (resolução parcial), liquidando-se suas quotas por meio de balanço especialmente levantado para este fim (arts. 1.028 e 1.031 do CC).

Gabarito "C".

(OAB/Exame Unificado – 2015.2) Perseu, em 2012, ingressa numa sociedade simples, constituída em 2008, formada por cinco pessoas naturais e com sede na cidade de Primeira Cruz. De acordo com as disposições do Código Civil sobre a sociedade simples, assinale a afirmativa correta.

(A) Perseu é responsável por todas as dívidas sociais anteriores à admissão.

(B) Perseu responde apenas pelas dívidas sociais posteriores à admissão.

(C) Perseu responde apenas pelas dívidas sociais contraídas no ano anterior à admissão.

(D) Perseu não responde pelas dívidas sociais anteriores e posteriores à admissão.

Nos termos do art. 1.025 do Código Civil, o sócio admitido em sociedade já constituída não se exime das dívidas sociais anteriores à admissão. Logo, Perseu será também responsável, junto com os demais sócios, por todas elas.

Gabarito "A".

2.2. Sociedades em comum, em conta de participação, em nome coletivo e em comandita

(OAB/Exame XXXVII) Lauro e Moysés constituem, por contrato escrito, uma sociedade para prestação de serviços de informática, mas não levam o contrato a arquivamento na Junta Comercial e iniciam a atividade econômica em comum.

Lauro, em seu nome, mas agindo no interesse dele e de Moysés, celebra contrato com Agnes para instalação e manutenção de rede sem fio. Agnes desconhecia a existência da sociedade. Inadimplido o contrato, Agnes tomou conhecimento da existência de sociedade por confissão de Lauro na ação de cobrança que ela intentou em face dele.

Com base nessas informações, Agnes poderá ter seu crédito satisfeito com o produto da alienação judicial dos

(A) bens sociais de titularidade comum dos sócios Lauro e Moysés e de seus bens particulares, devendo exaurir primeiro os bens sociais para, posteriormente e se necessário, atingir os bens dos sócios, sendo que Lauro está excluído do benefício de ordem por ter contratado no interesse da sociedade.

(B) bens particulares de Lauro, por desconhecer a existência da sociedade, sem possibilidade de excussão dos bens sociais ou os de Moysés, por esse não ter contratado no interesse da sociedade.

(C) bens sociais de titularidade comum dos sócios Lauro e Moysés e dos bens particulares de Lauro, mas não há possibilidade de atingir os bens particulares de Moysés, já que este não contratou no interesse da sociedade.

(D) bens sociais de titularidade comum dos sócios Lauro e Moysés, considerando a existência de autonomia patrimonial da sociedade, sem possibilidade de excussão dos bens particulares dos sócios Lauro e Moysés.

Na sociedade em comum, mesmo não tendo ela personalidade jurídica, a lei estabelece a distinção entre os bens afetados ao exercício da empresa e aqueles que são destinados exclusivamente aos interesses particulares dos sócios. Então existe o benefício de ordem destes em relação à sociedade, com exceção daquele que por ela contratou (art. 990 do CC). Correta, portanto, a alternativa "A". **HS**

Gabarito "A".

(OAB/Exame Unificado – 2014.2) Mariana, Januária e Cristina decidiram constituir uma sociedade em conta de participação, sendo a primeira sócia ostensiva e as demais sócias participantes. Sobre o caso apresentado, de acordo com as disposições do Código Civil, assinale a opção correta.

(A) É vedada a participação de mais de um sócio ostensivo na sociedade em conta de participação; logo, as demais sócias não poderão ter a qualidade de sócio ostensivo.

(B) As sócias participantes Januária e Cristina poderão fiscalizar a gestão dos negócios sociais pela sócia ostensiva Mariana.

(C) A sociedade em conta de participação deverá adotar como nome empresarial firma social, da qual deverá fazer parte a sócia ostensiva.

(D) A sociedade somente poderá existir se o contrato não estiver inscrito em qualquer registro, pois é uma sociedade não personificada.

A: incorreta. Não há limite numérico para os sócios ostensivos. O parágrafo único do art. 996 do CC prevê, inclusive, a hipótese de sua pluralidade; **B:** correta, nos termos do art. 993, parágrafo único, primeira parte, do CC; **C:** incorreta. A sociedade em conta de participação não adota nome empresarial porque sua existência não se divulga (art. 1.162 do CC); vale lembrar que tal espécie societária é dispensada até mesmo do registro de seus atos constitutivos, sendo um dos tipos de sociedade não personificada; **D:** incorreta. É possível o registro dos atos constitutivos da sociedade em conta de participação, mas o ato não gerará qualquer efeito jurídico (art. 993, *caput*, do CC).
Gabarito "B"

2.3. Dissolução e reestruturação das sociedades em geral

(OAB/Exame Unificado – 2010.3) Com relação à exclusão do sócio da sociedade por justa causa, assinale a alternativa correta.

(A) Se for ajuizada ação para se efetivar a expulsão do sócio, o juiz somente poderá verificar os aspectos formais que levaram à exclusão, como, por exemplo, se se respeitou o quórum necessário, não podendo examinar o mérito do ato expulsório.

(B) A justa causa é a violação ou falta de cumprimento das obrigações sociais, sendo que o sócio excluído não perde o valor patrimonial de sua participação societária.

(C) Como o sócio majoritário possui a maioria do capital social, ele não poderá ser expulso em razão da vontade dos demais sócios, ainda que haja justo motivo para tal expulsão.

(D) A deliberação para exclusão do sócio majoritário não remisso deve ocorrer por assembleia convocada especificamente para tal fim, sendo a deliberação comunicada ao sócio que se visa excluir, e este deverá, em 48 horas, deixar a sociedade, podendo após esse prazo ser feita a devida alteração contratual.

A: incorreta, pois, pelo princípio da inafastabilidade da tutela jurisdicional, o juiz poderá analisar o mérito da expulsão, verificando se houve justa causa; **B:** correta, pois a assertiva define adequadamente a justa causa; **C:** incorreta, pois os demais sócios podem excluir judicialmente o majoritário, por falta grave no cumprimento de suas obrigações, ou, ainda, por incapacidade superveniente – art. 1.030 do CC; **D:** incorreta, pois somente o sócio minoritário pode ser excluído por deliberação dos demais sócios, nos termos do art. 1.085 do CC.

O sócio majoritário só pode ser excluído judicialmente, conforme comentário à alternativa anterior.
Gabarito "B"

(OAB/Exame Unificado – 2010.2) Antônio e Joana casaram-se pelo regime da comunhão parcial de bens. Após o casamento, Antônio tornou-se sócio de sociedade simples com 1.000 quotas representativas de 20% do capital da sociedade. Passados alguns anos, o casal veio a se separar judicialmente. Assinale a alternativa que indique o que Joana pode fazer em relação às quotas de seu ex-cônjuge.

(A) Solicitar judicialmente a partilha das quotas de Antônio, ingressando na sociedade com 500 quotas ou 10% do capital social.

(B) Requerer a dissolução parcial da sociedade de modo a receber o valor de metade das quotas de Antônio calculado com base em balanço especialmente levantado, tomando-se como base a data da separação.

(C) Participar da divisão de lucros até que se liquide a sociedade, ainda que não possa nela ingressar.

(D) Requerer a dissolução da sociedade e a liquidação dos bens sociais para que, apurados os haveres dos sócios, possa receber a parte que lhe pertence das quotas de seu ex-cônjuge.

A: incorreta, pois Joana não tem direito de ingressar na sociedade sem consentimento dos demais sócios – arts. 1.002 e 1.003 do CC; **B:** incorreta. É possível, em tese, a dissolução parcial da sociedade de modo a atender o direito de Joana à metade do patrimônio construído na constância do casamento – arts. 1.031 e 1.658 do CC. Há precedente do STJ nesse sentido, admitindo a legitimidade ativa processual da ex-cônjuge, apesar da literalidade do art. 1.027 do CC – ver REsp 114.708/MG. A assertiva não é correta, entretanto, porque o balanço especial a ser levantado levará em consideração a situação patrimonial da sociedade à data de sua resolução em relação à titular da quota, e não à data da separação – art. 1.031 do CC; **C:** correta, pois isso é expressamente admitido pelo art. 1.027 do CC; **D:** incorreta, pois Joana não tem o direito de exigir a dissolução total da sociedade e sua liquidação, até porque isso é desnecessário para a satisfação de seu direito – arts. 1.033 e 1.034 do CC.
Gabarito "C"

(FGV – 2014) A dissolução da pessoa jurídica, também conhecida como dissolução de procedimento, é composta de três fases: o ato de dissolução, a liquidação e a partilha.

A esse respeito, analise as afirmativas a seguir.

I. Na fase do ato de dissolução, há extinção da personalidade jurídica.

II. Na fase da liquidação, apuram-se os débitos sociais e liquida-se o patrimônio para pagamento dos credores.

III. Após o encerramento da liquidação, promover-se-á o cancelamento da inscrição da pessoa jurídica.

Assinale:

(A) se somente a afirmativa III estiver correta.

(B) se somente as afirmativas I e III estiverem corretas.

(C) se somente a afirmativa II estiver correta.

(D) se somente as afirmativas II e III estiverem corretas.

(E) se somente a afirmativa I estiver correta.

I: incorreta. A extinção da personalidade jurídica ocorre somente com a aprovação das contas do liquidante e consequente encerramento da liquidação (art. 1.109 do CC); **II:** correta, nos termos do art. 1.103, IV, do CC; **III:** correta, nos termos do art. 1.109 do CC.
Gabarito "D"

(FGV – 2009) A respeito das *operações de reestruturação societária*, assinale a afirmativa incorreta.

(A) Na operação de incorporação, uma sociedade é absorvida por outra, que lhe sucede em todos os seus direitos e obrigações.

(B) Na operação de incorporação de ações, uma sociedade incorpora todas as ações do capital social de outra sociedade transformando-a em sociedade unipessoal, denominada no direito brasileiro de subsidiária integral.

(C) Na operação de fusão, duas companhias fundem os seus patrimônios, formando uma nova sociedade que lhes sucederá em todos os direitos e obrigações.

(D) Na operação de cisão parcial, a companhia transfere parcela do seu patrimônio para outra sociedade, constituída ou já existente, dividindo-se o seu capital social.

(E) Na operação de aquisição do poder de controle acionário, uma pessoa, física ou jurídica, adquire ações representativas de 50% ou mais do capital votante de uma companhia.

A: correta, conforme o art. 1.116 do CC e o art. 227 da LSA; B: correta, pois é caso específico de companhia com único sócio – art. 251 da LSA; C: correta, nos termos do art. 1.119 e do art. 228 da LSA; D: correta, conforme o art. 229 da LSA; E: incorreta, devendo ser assinalada, pois o acionista não precisa, necessariamente, ter ações representativas de 50% ou mais do capital votante para qualificar-se como controlador. Basta (i) ser titular de direitos de sócio que lhe assegurem, de modo permanente, a maioria dos votos nas deliberações da Assembleia Geral e o poder de eleger a maioria dos administradores da companhia e (ii) usar efetivamente seu poder para dirigir as atividades sociais e orientar o funcionamento dos órgãos da companhia – art. 116 da LSA.
Gabarito "E".

2.4. Sociedade limitada

(OAB/Exame XXXVIII) Cambira e Mallet adquiriram 1 (uma) quota da sociedade limitada *Imbaú Ensino Superior Ltda.* no valor de R$ 250.000,00 (duzentos e cinquenta mil reais), sendo, portanto, condôminos desta quota.

Considerando a situação de copropriedade da quota, assinale a afirmativa correta.

(A) Cambira não poderá ceder sua parte ideal no condomínio a outro sócio ou a terceiro em razão da indivisibilidade da quota em relação à sociedade.

(B) Cambira e Mallet respondem solidariamente perante a sociedade pelas prestações necessárias à integralização da quota.

(C) Os direitos inerentes à quota poderão ser exercidos separadamente por cada condômino, não se aplicando a indivisilidade da quota neste caso.

(D) Cambira poderá ceder sua parte ideal tanto para outro sócio quanto para terceiro independente de audiência dos demais sócios, ainda que omisso o contrato.

A: incorreta. O fato da cota ser indivisível perante a sociedade não impede negócios jurídicos entre os condôminos titulares de suas partes ideais – fato é que, perante a sociedade, ainda que essas transações aconteçam, continua sendo uma única cota; B: correta, nos termos do art. 1.056, §2º, do CC; C: incorreta. Os direitos inerentes à cota somente podem ser exercidos pelo condômino representante ou pelo inventariante do espólio de sócios falecido (art. 1.056, §1º, do CC); D: incorreta. Em caso de omissão do contrato, o sócio somente pode ceder sua cota, total ou parcialmente, a quem não seja sócio se não houver oposição de titulares de mais de um quarto do capital social (art. 1.057 do CC). HS
Gabarito "B".

(OAB/Exame XXXVI) A *sociedade Corinto & Curvelo Ltda.* é composta apenas por dois sócios, sendo o sócio Corinto titular de 40% do capital e o sócio Curvelo titular do restante. Nesta situação, a exclusão extrajudicial motivada do sócio minoritário de sociedade limitada poderá ser realizada pelo sócio Curvelo, independentemente de ter havido

(A) justa causa, ou seja, de modo discricionário.

(B) previsão no contrato de exclusão por justa causa.

(C) alteração do contrato social.

(D) reunião ou assembleia especial para esse fim.

O art. 1.085 do CC prevê como requisitos para a exclusão extrajudicial de sócio a justa causa (chamada de "atos de inegável gravidade"), a previsão expressa em contrato, a alteração deste após a decisão e a realização de assembleia ou reunião específica. Apenas esta última é dispensada quando há dois sócios na sociedade (parágrafo único do art. 1.085).
Gabarito "D".

(OAB/Exame XXXIII – 2020.3) Em razão das medidas de isolamento social propagadas nos anos de 2020 e 2021, muitos administradores precisaram de orientação quanto à licitude da realização de reuniões ou assembleias de sócios nas sociedades limitadas, de forma digital, ou à possibilidade do modelo híbrido, ou seja, o conclave é presencial, mas com a possibilidade de participação remota de sócio, inclusive proferindo voto.

Assinale a afirmativa que apresenta a orientação correta.

(A) Na sociedade limitada é vedada tanto a reunião ou assembleia de sócios, de forma digital, quanto a participação do sócio e o voto à distância.

(B) Na sociedade limitada é vedada a reunião ou assembleia de sócios, de forma digital, mas é possível a participação de sócio e o voto à distância.

(C) Na sociedade limitada é vedada a participação e voto à distância nas reuniões e assembleias, mas é possível a reunião ou assembleia de forma digital.

(D) Na sociedade limitada é possível tanto a reunião ou a assembleia de sócios, de forma digital, quanto a participação do sócio e o voto à distância.

A Lei nº 14.030/2020 inseriu o art. 1.080-A no Código Civil, que garante tanto o direito do sócio participar e votar à distância em assembleia ou reunião, quanto a possibilidade destas se realizarem de forma digital no âmbito das sociedades limitadas.
Gabarito "D".

(OAB/Exame Unificado – 2020.2) Alexandre Larocque pretende constituir sociedade do tipo limitada sem se reunir a nenhuma outra pessoa e consulta sua advogada para saber a possibilidade de efetivar sua pretensão.

Assinale a opção que apresenta a resposta dada pela advogada ao seu cliente.

(A) É possível. A sociedade limitada pode ser constituída por uma pessoa, hipótese em que se aplicarão ao ato de instituição, no que couberem, as disposições sobre o contrato social.

4. DIREITO EMPRESARIAL

(B) Não é possível. A sociedade limitada só pode ser unipessoal acidentalmente e pelo prazo máximo de 180 dias, nos casos em que remanescer apenas um sócio pessoa natural.

(C) Não é possível. Apenas a empresa pública e a subsidiária integral podem ser sociedades unipessoais e constituídas com apenas sócio pessoa jurídica.

(D) É possível, desde que o capital mínimo da sociedade limitada seja igual ou superior a 100 (cem) salários mínimos e esteja totalmente integralizado.

Desde a edição da Lei nº 13.874/2019, é possível a constituição de sociedade limitada unipessoal, aplicando-se-lhe, no que couber, as disposições sobre o contrato social (art. 1.052, §§ 1º e 2º, do Código Civil). Correta, portanto, a alternativa "A". Deve-se ter cuidado com a redação da letra "E", pois ela trata de exigência relativa à EIRELI, espécie de pessoa jurídica que não mais subsiste no Direito brasileiro. **HS**

Gabarito "A".

(OAB/Exame Unificado – 2020.1) No contrato da sociedade empresária Arealva Calçados Finos Ltda., não consta cláusula de regência supletiva pelas disposições de outro tipo societário. Ademais, tanto no contrato social quanto nas disposições legais relativas ao tipo adotado pela sociedade não há norma regulando a sucessão por morte de sócio.

Diante da situação narrada, assinale a afirmativa correta.

(A) Haverá resolução da sociedade em relação ao sócio em caso de morte.

(B) Haverá transmissão *causa mortis* da quota social.

(C) Caberá aos sócios remanescentes regular a substituição do sócio falecido.

(D) Os sócios serão obrigados a incluir, no contrato, cláusula dispondo sobre a sucessão por morte de sócio.

Considerando que não há qualquer menção no contrato social à regência supletiva de suas disposições, aplicar-se-ão as regras atinentes à sociedade simples (art. 1.053, parágrafo único, do CC). Sendo assim, no silêncio do contrato sobre a regulamentação da sucessão por morte de sócio, opera-se a resolução da sociedade em relação ao sócio falecido (ou dissolução parcial da sociedade), nos termos do art. 1.028 do CC.

Gabarito "A".

(OAB/Exame Unificado – 2020.1) Anadia e Deodoro são condôminos de uma quota de sociedade limitada no valor de R$ 13.000,00 (treze mil reais). Nem a quota nem o capital da sociedade – fixado em R$ 50.000,00 (cinquenta mil reais) – se encontram integralizados.

Você é consultado(a), como advogado(a), sobre a possibilidade de a sociedade demandar os condôminos para que integralizem a referida quota. Assinale a opção que apresenta a resposta correta.

(A) Eles são obrigados à integralização apenas a partir da decretação de falência da sociedade.

(B) Eles não são obrigados à integralização, pelo fato de serem condôminos de quota indivisa.

(C) Eles são obrigados à integralização, porque todos os sócios, mesmo os condôminos, devem integralizar o capital.

(D) Eles não são obrigados à integralização, porque o capital da sociedade é inferior a 100 salários mínimos.

Para responder à questão, o candidato precisa reconhecer no enunciado que estamos diante de quota indivisa de sociedade limitada,

isto é, uma quota que não se considera divisível. Isso se denota pelo fato de que se trata de **uma única quota** do capital no valor de R$ 13.000,00 – logo, mesmo tendo seu valor expresso em moeda, que em tese é divisível, não existe "meia quota" de capital, demonstrando sua indivisibilidade. Sendo assim, aplica-se o art. 1.056, § 2º, do CC, que estabelece a responsabilidade solidária dos condôminos da quota pela integralização do capital.

Gabarito "C".

(OAB/Exame Unificado – 2017.3) Miguel e Paulo pretendem constituir uma sociedade do tipo limitada porque não pretendem responder subsidiariamente pelas obrigações sociais.

Na consulta a um advogado previamente à elaboração do contrato, foram informados de que, nesse tipo societário, todos os sócios respondem

(A) solidariamente pela integralização do capital social.

(B) até o valor da quota de cada um, sem solidariedade entre si e em relação à sociedade.

(C) até o valor da quota de cada um, após cinco anos da data do arquivamento do contrato.

(D) solidariamente pelas obrigações sociais.

Nos termos do art. 1.052 do CC, os sócios da limitada respondem por obrigações sociais somente até o valor das suas quotas, porém solidariamente pela integralização do capital.

Gabarito "A".

(OAB/Exame Unificado – 2015.1) Terezinha, sócia minoritária e administradora da sociedade Z & Cia. Ltda., com participação de 23% no capital social, foi excluída da sociedade por ter se apropriado de bens sociais e alienando-os de forma fraudulenta. A exclusão extrajudicial observou todos os requisitos legais, tendo sido inclusive, aprovada em assembleia própria, com quórum superior à metade do capital social. Após a deliberação, foi alterado o contrato social com a nova composição societária e realizado o arquivamento na Junta Comercial. Efetuado o registro da alteração contratual, Z & Cia. Ltda. Deverá

(A) realizar a liquidação das quotas de Terezinha, com base no último balanço aprovado; a ex-sócia não responderá pelas obrigações sociais anteriores porque, na sociedade limitada, sua responsabilidade é restrita ao valor do capital social.

(B) ser dissolvida, cabendo aos sócios remanescentes investir o liquidante em suas funções; a ex-sócia receberá o valor de suas quotas, apurado com base em balanço especial, no curso da liquidação, após o pagamento aos credores.

(C) reduzir compulsoriamente o capital, sendo vedado aos demais sócios suprir o valor da quota de Terezinha; esta responderá subsidiariamente pelas obrigações sociais até dois anos contados da data da deliberação que a excluiu da sociedade.

(D) realizar a liquidação das quotas de Terezinha, com base em balanço especial; a ex-sócia responderá pelas obrigações sociais anteriores, até dois anos após a averbação da resolução da sociedade na Junta Comercial.

A questão trata da resolução da sociedade limitada em relação a um sócio, também conhecida como dissolução parcial. Nesses casos, dispõe o art. 1.031 do Código Civil que a liquidação das quotas do sócio excluído se dará com base na situação patrimonial da sociedade na data da dissolução parcial, verificada em balanço especialmente levantado para esse fim. No que toca à responsabilidade pelas dívidas sociais, o ex-sócio permanece a elas vinculado por até dois anos contados da averbação da resolução da sociedade no Registro Público de Empresas Mercantis (art. 1.032 do CC).

Gabarito "D".

(OAB/Exame Unificado – 2014.3) Na cláusula décima do contrato social de Populina Comércio de Brinquedos Ltda., ficou estabelecido que: *"A cessão a qualquer título da quota de qualquer dos sócios depende da oferta prévia aos demais sócios (direito de preferência) nas mesmas condições da oferta a não sócio. Caso, após o decurso de 30 (trinta) dias, não haja interessado, o cedente poderá livremente realizar a cessão da quota a não sócio"*

Tendo em vista as disposições do Código Civil acerca de cessão de quotas na sociedade limitada, assinale a afirmativa correta.

(A) A cláusula é integralmente válida, tendo em vista ser lícito aos sócios dispor no contrato sobre as regras a serem observadas na cessão de quotas.

(B) A cláusula é nula, porque não é lícito aos sócios dispor no contrato sobre a cessão de quotas, eis que ela depende sempre do consentimento dos demais sócios.

(C) A cláusula é ineficaz em relação à sociedade e a terceiros, porque o sócio pode ceder sua quota, total ou parcialmente, a outro sócio, independentemente da audiência dos demais.

(D) A cláusula é válida parcialmente, sendo nula na parte em que autoriza a cessão a não sócio, eis que ela depende sempre do consentimento de três quartos do capital social.

O art. 1.057 do Código Civil estabelece a regra para cessão das quotas "na omissão do contrato", isto é, trata-se de norma supletiva: se o contrato social nada disser sobre o direito de cessão das quotas, aplica-se a regra ali prevista (liberdade na cessão para sócios ou cessão para pessoas estranhas ao quadro societário desde que não haja oposição de sócios que representem mais de um quarto do capital social). Logo, forçoso concluir que os sócios são livres para estipular o que quiserem quanto à cessão das quotas do capital social.

Gabarito "A".

2.5. Sociedade anônima

(OAB/Exame XXXIV) Na companhia fechada Gráfica Redenção da Serra S/A, o estatuto prevê a criação de classes de ações ordinárias em função de (I) conversibilidade em ações preferenciais e (II) atribuição de voto plural na razão de 5 (cinco) votos por 1 (uma) ação ordinária.

Ao analisar a cláusula estatutária você conclui que ela é

(A) parcialmente válida, pois é nula a atribuição de voto plural a qualquer classe de ação ordinária, porém é possível a conversibilidade em ações preferenciais.

(B) parcialmente nula, pois é válida no tocante a atribuição de voto plural, já que não excede o limite de 10 (dez) votos por ação, e nula no tocante à conversibilidade em ações preferenciais.

(C) plenamente válida, pois ambos os parâmetros adotados pelo estatuto (voto plural e conversão em ações preferenciais) são possíveis e lícitos nas companhias fechadas.

(D) totalmente nula, pois são vedadas tanto a conversibilidade de ações ordinárias em preferenciais quanto a atribuição de voto plural nas companhias fechadas.

Ambas as condições estão corretas, tanto a conversibilidade em ações preferenciais, quanto a atribuição de voto plural (art. 16, I e IV, da Lei das S.A.).

Gabarito "C".

(OAB/Exame Unificado – 2018.2) Leandro, Alcides e Inácio pretendem investir recursos oriundos de investimentos no mercado de capitais para constituir uma companhia fechada por subscrição particular do capital. A sociedade será administrada por Inácio e sua irmã, que não será sócia.

Considerando-se o tipo societário e a responsabilidade legal dos sócios a ele inerente, assinale a afirmativa correta.

(A) Leandro, Alcides e Inácio responderão limitadamente até o preço de emissão das ações por eles subscritas.

(B) Leandro, Alcides e Inácio responderão limitadamente até o valor das quotas por eles subscritas, mas solidariamente pela integralização do capital.

(C) Leandro, Alcides e Inácio responderão ilimitada, solidária e subsidiariamente pelas obrigações sociais.

(D) Leandro e Alcides responderão limitadamente até o preço de emissão das ações por eles subscritas, e Inácio, como administrador, ilimitada e subsidiariamente, pelas obrigações sociais.

A responsabilidade dos acionistas é limitada ao preço de emissão das ações subscritas (art. 1º da Lei 6.404/1976), independentemente de se tratar de companhia aberta ou fechada. A responsabilidade do administrador, por sua vez, não é responsável pelas obrigações sociais em virtude de ato regular de gestão (art. 158 da LSA).

Gabarito "A".

(OAB/Exame Unificado – 2016.3) Bernardino adquiriu de Lorena ações preferenciais escriturais da companhia Campos Logística S/A e recebeu do(a) advogado(a) orientação de como se dará a formalização da transferência da propriedade.

A resposta do(a) advogado(a) é a de que a transferência das ações se opera:

(A) pelo extrato a ser fornecido pela instituição custodiante, na qualidade de proprietária fiduciária das ações.

(B) pela inscrição do nome de Bernardino no livro de Registro de Ações Nominativas em poder da companhia.

(C) pelo lançamento efetuado pela instituição depositária em seus livros, a débito da conta de ações de Lorena e a crédito da conta de ações de Bernardino.

(D) por termo lavrado no livro de Transferência de Ações Nominativas, datado e assinado por Lorena e por Bernardino ou por seus legítimos representantes.

Nos termos do art. 35, § 1º, da LSA, a transferência de ações escriturais opera-se pelo lançamento efetuado pela instituição depositária em seus livros, a débito na conta de ações do alienante (no caso, Lorena) e a crédito na conta de ações do adquirente (no caso, Bernardino). RB

Gabarito "C".

4. DIREITO EMPRESARIAL

(OAB/Exame Unificado – 2013.3) Com relação às sociedades anônimas, assinale a opção correta.

(A) As ações preferenciais são sempre ações sem direito de voto e com prioridade no recebimento de dividendos fixos e cumulativos.

(B) A vantagem das ações preferenciais de companhia fechada pode consistir exclusivamente em prioridade no reembolso do capital.

(C) A primeira convocação de assembleia geral de companhia fechada deverá ser feita no prazo de 15 (quinze) dias antes de sua realização.

(D) O conselho de administração é órgão obrigatório em todas as sociedades anônimas fechadas, com capital autorizado e de economia mista.

A: incorreta. Tais características são as mais comumente encontradas nas ações preferenciais, porém não é obrigatória a supressão do direito de voto e há outras vantagens que podem ser concedidas, nos termos do art. 17, *caput* e § 1º, da LSA; **B:** correta, nos termos do art. 17, II, da LSA; **C:** incorreta. O prazo de antecedência para as companhias fechadas é de 8 dias (art. 124, § 1º, I, da LSA); **D:** incorreta. Nas sociedades anônimas fechadas o conselho de administração é facultativo (art. 138, § 2º, da LSA).
Gabarito "B".

(OAB/Exame Unificado – 2013.2) A respeito do *capital autorizado*, assinale a afirmativa correta.

(A) O estatuto pode prever os casos ou as condições em que os acionistas não terão direito de preferência para subscrição.

(B) A autorização para aumento do capital social pode ser conferida à diretoria da companhia, que pode ser competente para deliberar sobre as emissões.

(C) O estatuto pode prever a emissão de partes beneficiárias ou bônus de subscrição, dentro do limite do capital autorizado.

(D) Somente os estatutos de companhias fechadas podem conter autorização para aumento de capital social, independentemente de reforma estatutária.

A: correta. Chama-se "capital autorizado" a situação na qual o estatuto social da companhia traz previsão expressa sobre a possibilidade de aumento do capital social independentemente de alteração do próprio ato constitutivo (art. 168 da Lei 6.404/1976). Normalmente, os acionistas têm direito de preferência à subscrição do novo capital majorado com base nessa prévia autorização estatutária, porém ela mesma pode limitar ou mesmo excluir essa preempção dos sócios (art. 172 da Lei 6.404/1976); **B:** incorreta. Nos termos do art. 168, § 1.º, *b*, da Lei 6.404/1976, somente a Assembleia Geral ou o Conselho de Administração podem ser indicados pelo estatuto como órgãos competentes para deliberar sobre o aumento com base no capital autorizado; **C:** incorreta. O limite do capital autorizado aplica-se somente aos bônus de subscrição (art. 75 da Lei 6.404/1976) e às debêntures conversíveis em ações (art. 59, § 2.º, da Lei 6.404/1976); **D:** incorreta. O capital autorizado é totalmente viável nas companhias abertas (art. 172 da Lei 6.404/1976).
Gabarito "A".

(OAB/Exame Unificado – 2013.1) A respeito das diferenças existentes entre as sociedades anônimas abertas e fechadas, assinale a afirmativa correta.

(A) A companhia será aberta ou fechada conforme os valores mobiliários de sua emissão sejam admitidos ou não à negociação no mercado de bolsa ou de balcão.

(B) As companhias abertas poderão emitir partes beneficiárias, opções de compra de ações e bônus de subscrição.

(C) O estatuto social de uma companhia fechada nunca poderá impor limitações à circulação das ações ordinárias, mas poderá fazê-lo em relação às ações preferenciais.

(D) As ações ordinárias e preferenciais de uma companhia aberta poderão ser de uma ou mais classes.

A: correta, nos termos do art. 4.º da LSA; **B:** incorreta. As partes beneficiárias são títulos emitidos exclusivamente pelas companhias fechadas (art. 47, parágrafo único, da LSA); **C:** incorreta. As limitações podem ser impostas somente para as ações nominativas, independentemente de sua classe (art. 36 da LSA); **D:** incorreta. Apenas as ações preferenciais das companhias abertas poderão ser de classes diferentes (art. 15, § 1.º, da LSA).
Gabarito "A".

2.6. Sociedade cooperativa

(OAB/Exame XXXIV) A sociedade cooperativa é dotada de características próprias que lhe atribuem singularidade em relação a outros tipos societários, dentre elas o critério de distribuição de resultados. Das alternativas abaixo, assinale a única que indica corretamente tal critério.

(A) A distribuição dos resultados é realizada proporcionalmente ao valor da quota-parte de cada sócio, salvo disposição diversa do estatuto.

(B) A distribuição dos resultados é realizada proporcionalmente ao valor dos bens conferidos por cada cooperado, para formação do capital social.

(C) A distribuição dos resultados é realizada proporcionalmente ao valor das operações efetuadas pelo sócio com a sociedade, podendo ser atribuído juro fixo ao capital realizado.

(D) A distribuição dos resultados é realizada proporcionalmente à contribuição de cada cooperado, para formação dos Fundos de Reserva e de Assistência Técnica Educacional e Social.

Correta a letra "C", nos termos do art. 1.094, VII, do CC.
Gabarito "C".

(OAB/Exame Unificado – 2013.2) Cinco pessoas naturais residentes no município X decidiram constituir uma sociedade cooperativa e procuraram uma advogada para a elaboração do estatuto social. Com base nas disposições para esta espécie societária previstas no Código Civil, é correto afirmar que:

(A) o estatuto deverá conter cláusula indicativa do valor do capital social, que será fixo durante toda a existência da sociedade.

(B) aplicam-se às cooperativas as disposições do Código Civil referentes às sociedades anônimas, na omissão da legislação especial.

(C) os sócios responderão sempre de forma solidária, ilimitada e subsidiária pelas obrigações sociais, por ser a cooperativa uma sociedade de pessoas.

(D) se a cooperativa possuir capital social, as quotas serão intransferíveis a terceiros estranhos à sociedade, ainda que por direito hereditário.

A: incorreta. Nos termos do art. 1.094, I, do CC, é característica da sociedade cooperativa a variabilidade ou mesmo a dispensa do capital social, ou seja, não se trata de uma cláusula obrigatória do estatuto; **B:** incorreta. As cooperativas são regidas supletivamente pelas normas da sociedade simples (art. 1.096 do CC). E não poderia ser diferente, considerando que a cooperativa, independentemente de seu objeto, é sociedade simples por força de lei (art. 982, parágrafo único, do CC); **C:** incorreta. Cabe ao estatuto social estabelecer a responsabilidade dos sócios, se limitada ou ilimitada (art. 1.095 do CC); **D:** correta, nos termos do art. 1.094, IV, do CC. A cooperativa é sociedade "de pessoas" à qual não se aplica a possibilidade de autorização dos demais para a transferência do capital.

Gabarito "D".

2.7. Questões combinadas de sociedade e outros temas

(OAB/Exame Unificado – 2011.3.B) A respeito da definição de responsabilidade dos sócios nos diferentes tipos societários, é correto afirmar que:

(A) nas sociedades anônimas, os sócios podem ser responsabilizados no limite do capital social, não estando sua responsabilidade limitada ao preço de emissão das ações que subscreveram ou adquiriram.

(B) nas sociedades em comandita simples, os sócios comanditários são responsáveis solidária e ilimitadamente pelas obrigações sociais.

(C) nas sociedades limitadas, a responsabilidade de cada quotista é limitada ao valor de suas quotas, mas todos respondem solidariamente pela integralização do capital social.

(D) nas sociedades em comum, os sócios respondem ilimitadamente pelas obrigações da sociedade, mas não haverá solidariedade entre eles.

A: incorreta. Nas sociedades anônimas, a responsabilidade do sócio é limitada justamente ao preço de emissão das ações que subscreveu ou adquiriu (art. 1.º da Lei 6.404/1976); **B:** incorreta. São os sócios comanditados que detêm responsabilidade ilimitada pelas obrigações sociais (art. 1.045 do CC); **C:** correta, nos termos do art. 1.052 do CC; **D:** incorreta. Na sociedade em comum, os sócios são devedores solidários entre si pelas dívidas sociais, sendo ainda excluído do benefício de ordem aquele que contratou pela sociedade (art. 990 do CC).

Gabarito "C".

(OAB/Exame Unificado – 2009.1) Considerando os vários tipos de sociedades descritos no Código Civil e com base na teoria geral do direito empresarial, assinale a opção correta.

(A) A sociedade simples não possui personalidade jurídica, sendo desnecessária a inscrição de seu contrato social no Registro Civil das Pessoas Jurídicas do local de sua sede.

(B) Na sociedade em comum, todos os sócios respondem limitadamente pelas obrigações da sociedade; assim, todos os sócios podem valer-se do benefício de ordem a que os sócios da sociedade simples fazem jus.

(C) As cooperativas, independentemente do objeto social, são sempre sociedades simples.

(D) A sociedade anônima pode adotar a forma simples, desde que o seu objeto social compreenda atividades tipicamente civis.

A: incorreta. As sociedades simples possuem personalidade jurídica, adquirida com a inscrição de seu contrato social no Cartório Registro Civil de Pessoas Jurídicas (art. 998 do CC). O que lhe falta é natureza

empresária; **B:** incorreta. A responsabilidade dos sócios da sociedade em comum é ilimitada, ou seja, responderão com seu patrimônio pessoal até a quitação plena das dívidas sociais. Ademais, o sócio que contratou pela sociedade (quem firmou o negócio em seu nome) não tem direito ao benefício de ordem (art. 990 do CC); **C:** correta, conforme art. 982, parágrafo único, do CC; **D:** incorreta. As sociedades anônimas são sempre empresárias, independentemente de seu objeto social (art. 982, parágrafo único, do CC).

Gabarito "C".

3. TÍTULOS DE CRÉDITO

3.1. Teoria geral

(OAB/Exame Unificado – 2019.1) Filadélfia emitiu nota promissória à vista em favor de Palmas. Antes da apresentação a pagamento, Palmas realizou endosso-mandato da cártula para Sampaio.

De posse do título, é correto afirmar que Sampaio

(A) poderá exercer todos os direitos inerentes ao título, inclusive realizar novo endosso sem as restrições daquele realizado em cobrança.

(B) poderá transferir o título na condição de procurador da endossante ou realizar endosso em garantia (endosso pignoratício).

(C) somente poderá transferir a nota promissória, por meio de novo endosso, na condição de procurador da endossante.

(D) não poderá realizar qualquer endosso do título, pois caso o faça será considerado como parcial, logo nulo.

O endosso-mandato é espécie de endosso impróprio, porque não transmite todos os direitos decorrentes do título (uma vez que o endossatário não se torna titular do crédito). Não obstante, quem recebe a letra com endosso-mandato pode exercer todos os direitos como se credor fosse, exceto o de novo endosso (afinal, não é dono do crédito), que fica limitado à constituição de novo procurador (art. 18 da Lei Uniforme de Genebra). **HS**

Gabarito "C".

(OAB/Exame Unificado – 2018.2) Três Coroas Comércio de Artigos Eletrônicos Ltda. subscreveu nota promissória em favor do Banco Dois Irmãos S.A. com vencimento a dia certo. Após o vencimento, foi aceita uma proposta de moratória feita pelo devedor por 120 (cento e vinte) dias, sem alteração da data de vencimento indicada no título. O beneficiário exigiu dois avalistas simultâneos, e o devedor apresentou Montenegro e Bento, que firmaram avais em preto no título.

Sobre esses avais e a responsabilidade dos avalistas simultâneos, assinale a afirmativa correta.

(A) Por ser vedado, no direito brasileiro, o aval póstumo, os avais simultâneos são considerados não escritos, inexistindo responsabilidade cambial dos avalistas.

(B) O aval lançado na nota promissória após o vencimento ou o protesto tem efeito de fiança, respondendo os avalistas subsidiariamente perante o portador.

(C) O aval póstumo produz os mesmos efeitos do anteriormente dado, respondendo os avalistas solidariamente e autonomamente perante o portador.

(D) O aval póstumo é nulo, mas sua nulidade não se estende à obrigação firmada pelo subscritor (avalizado), em razão do princípio da autonomia.

4. DIREITO EMPRESARIAL   311

A questão pretende confundir o candidato sobre as regras do aval póstumo e do endosso póstumo, assim considerados aqueles realizados após o vencimento do título. Enquanto o endosso póstumo tem mero efeito de cessão civil de crédito, não valendo como ato cambial, o aval póstumo é totalmente válido e produz os mesmos efeitos daquele dado antes do fim do prazo (art. 900 do CC).

Gabarito "C".

(OAB/Exame Unificado – 2015.1) Uma letra de câmbio no valor de R$ 13.000,00 (treze mil reais) foi endossada por Pilar com cláusula de mandato para o Banco Poxim S/A. Não tendo havido pagamento no vencimento, a cambial foi apresentada a protesto pelo endossatário-mandatário, tendo sido lavrado e registrado o protesto pelo tabelião. Dez dias após o protesto, Rui Palmeira, aceitante da letra de câmbio, compareceu ao tabelionato e apresentou declaração de anuência firmada apenas pelo endossante da letra de câmbio, com identificação do título e firma reconhecida. Não houve apresentação do título no original ou em sua cópia. À luz das disposições da Lei nº 9.492/97 sobre o cancelamento do protesto, é correto afirmar que o tabelião

(A) não poderá realizar o cancelamento do protesto por faltar no documento apresentado a anuência do endossatário-mandatário.

(B) não poderá realizar o cancelamento do protesto, porque esse ato é privativo do juiz, diferentemente da sustação do protesto.

(C) poderá realizar o cancelamento do protesto, porque é suficiente a declaração de anuência firmada pelo endossante-mandante.

(D) poderá realizar o cancelamento do protesto, porque o pedido foi feito no prazo legal (30 dias) e pelo aceitante, obrigado principal.

Endosso-mandato é espécie de endosso impróprio, porque não transfere a propriedade do crédito. O mandatário recebe apenas poderes para cobrar a dívida em nome do mandante. Por tal razão, o art. 26, § 2º, da Lei nº 9.492/97 estabelece que, para cancelamento de protesto de título que sido apresentado com cláusula de endosso-mandato, é suficiente a anuência do endossante – afinal, é ele o titular do crédito.

Gabarito "C".

(OAB/Exame Unificado – 2014.3) Sobre a distinção entre endosso e cessão de crédito, assinale a afirmativa correta.

(A) A cessão de crédito é a forma de transmissão dos títulos à ordem, enquanto o endosso é a forma de transmissão dos títulos não à ordem.

(B) A cessão de crédito ao cessionário pode ser parcial ou total, enquanto o endosso deve ser feito pelo valor integral do título, sob pena de nulidade.

(C) A eficácia do endosso em relação aos devedores do título depende de sua notificação; na cessão de crédito, a eficácia decorre da simples assinatura do cedente no anverso do título.

(D) O direito de crédito do endossatário é dependente das relações do devedor com portadores anteriores; o direito do cessionário é literal e autônomo em relação aos portadores anteriores.

A: incorreta. Os conceitos estão invertidos (art. 910 e seguintes do Código Civil); B: correta, nos termos dos arts. 286 e seguintes e 912, parágrafo único, do Código Civil; C: incorreta. Novamente os conceitos estão invertidos (art. 290 do Código Civil); D: incorreta. O princípio da autonomia das relações cambiais aplica-se ao endosso e não à cessão de crédito, razão pela qual, uma vez mais, os conceitos estão invertidos (arts. 294 e 915 do Código Civil).

Gabarito "B".

(OAB/Exame Unificado – 2012.1) Com relação ao instituto do aval, é correto afirmar que:

(A) é necessário o protesto para a cobrança dos avalistas do emitente e dos endossantes de notas promissórias.

(B) o avalista, quando executado, pode exigir que o credor execute primeiro o avalizado.

(C) o aval pode ser lançado em documento separado do título de crédito.

(D) a obrigação do avalista se mantém, mesmo no caso de a obrigação que ele garantiu ser nula, exceto se essa nulidade for decorrente de vício de forma.

A: incorreta. O emitente da nota promissória é seu devedor principal, condição que se estende ao seu avalista. Portanto, contra ele o protesto é dispensável para a cobrança do título; B: incorreta. Não há benefício de ordem no aval; C: incorreta. Por força do princípio da literalidade, o aval, para ser assim considerado, deve ser lançado diretamente sobre o título; D: correta, nos termos do art. 899, § 2.º, do CC, em consagração ao princípio da autonomia das relações cambiais.

Gabarito "D".

3.2. Títulos em espécie

(OAB/Exame XXXVIII) Para honrar um empréstimo que lhe foi concedido, o empresário Ruy Barbosa subscreveu nota promissória em favor de Medeiros Neto, com vencimento para o dia 30 de março de 2023.

O primeiro endossante transferiu o título em preto para Wagner Desidério e proibiu novo endosso.

Considerando o efeito legal da cláusula de proibição de novo endosso, assinale a afirmativa correta.

(A) para o endossante Medeiros Neto, a cláusula de proibição de novo endosso tem efeito de cessão de crédito perante o endossatário direto e de endosso perante os endossatários posteriores.

(B) Wagner Desidério não poderá realizar novo endosso no título sob pena de desoneração de responsabilidade cambial dos coobrigados.

(C) a cláusula de proibição de novo endosso é nula, tal qual a de endosso parcial, por restringir a responsabilidade cambiária do endossante a seu endossatário imediato.

(D) Medeiros Neto, embora coobrigado, não responde pelo pagamento da nota promissória perante os endossatários posteriores a Wagner Desidério.

Conforme estabelece o art. 15 da Lei Uniforme de Genebra, o endossante que proibir novo endosso, caso este seja realizado, não garante o pagamento do título contra o novo endossatário e os eventuais endossatários posteriores. Correta, portanto, a alternativa "D", que deve ser assinalada. HS

Gabarito "D".

(OAB/Exame XXXVI) Tamandaré emitiu nota promissória no valor de R$ 7.300,00 (sete mil e trezentos reais) em favor de Altamira. Esta endossou o título em branco para *Ângulo Comércio de Tecidos Ltda.*

Sendo inequívoco que a nota promissória em branco circula ao portador, em caso de desapossamento é correto afirmar que

(A) Tamandaré ficará desonerado da responsabilidade cambial se provar que o desapossamento do título por parte de *Ângulo Comércio de Tecidos Ltda.* não pode lhe ser imputado.

(B) *Ângulo Comércio de Tecidos Ltda.* poderá obter novo título em Juízo bem como impedir que seu valor seja pago a outrem.

(C) Altamira não poderá opor ao novo portador exceção fundada em direito pessoal ou em nulidade de sua obrigação.

(D) A pessoa que se apoderar da nota promissória poderá exigir o pagamento de todos os obrigados, à exceção de Altamira.

Quanto aos títulos de crédito, o Brasil adota a teoria da criação abrandada, ou seja, o título é válido ainda que não tenha sido posto em circulação pelo emitente (art. 905, parágrafo único, do CC), porém é dado ao credor obter novo título em juízo em caso de desapossamento injusto, assim inclusive impedindo seu pagamento a terceiros (art. 909 do CC).
„B„ oʇᴉɹɐqɐפ

(OAB/Exame XXXV) *Riqueza Comércio de Artigos Eletrônicos Ltda.* sacou duplicata na modalidade cartular em face de *Papelaria Sul Brasil Ltda.*, que foi devidamente aceita, com vencimento no dia 25 de março de 2022.

Antes do vencimento, a duplicata foi endossada para *Saudades Fomento Mercantil S/A.* No dia do vencimento, a duplicata não foi paga, porém, no dia seguinte, foi prestado aval em branco datado pelo avalista Antônio Carlos.

Acerca da validade e do cabimento do aval dado na duplicata após o vencimento, assinale a afirmativa correta.

(A) É nulo o aval após o vencimento na duplicata, por vedação expressa no Código Civil, diante da omissão da Lei nº 5.474/68 (Lei de Duplicatas).

(B) É válido o aval na duplicata após o vencimento, desde que o título ainda não tenha sido endossado na data da prestação do aval.

(C) É nulo o aval na duplicata cartular, sendo permitido apenas na duplicata escritural e mediante registro do título perante o agente escriturador.

(D) É válido o aval dado na duplicata antes ou após o vencimento, por previsão expressa na Lei de Duplicatas (Lei nº 5.474/68).

Tanto o Código Civil quanto a Lei das Duplicatas dão como válido o "aval póstumo", aquele dado após o vencimento da cártula (art. 900 e art. 12, parágrafo único, respectivamente).
„D„ oʇᴉɹɐqɐפ

(OAB/Exame XXXIII – 2020.3) Antenor subscreveu nota promissória no valor de R$ 12.000,00 (doze mil reais) pagável em 16 de setembro de 2021. A obrigação do subscritor foi avalizada por Belizário, que tem como avalista Miguel, e esse tem, como avalista, Antônio.

Após o vencimento, caso o avalista Miguel venha a pagar o valor da nota promissória ao credor, assinale a opção que indica a(s) pessoa(s) que poderá(ão) ser demandada(s) em ação de regresso.

(A) Antenor e Belizário, podendo Miguel cobrar de ambos o valor integral do título.

(B) Belizário e Antônio, podendo Miguel cobrar de ambos apenas a quota-parte do valor do título.

(C) Antenor e Antônio, podendo Miguel cobrar do primeiro o valor integral e, do segundo, apenas a quota-parte do valor do título.

(D) Antenor, podendo Miguel cobrar dele o valor integral, eis que os demais avalistas ficaram desonerados com o pagamento.

Podem ser cobrados Antenor e Belizário, considerando que os avais são sucessivos (Miguel é avalista do avalista), de modo que o pagamento realizado por Miguel não desobriga Belizário – o que ocorreria se os avais fossem simultâneos (ambos fossem avalistas de Antenor).
„A„ oʇᴉɹɐqɐפ

(OAB/Exame XXXIII – 2020.3) Socorro, empresária individual, sacou duplicata de venda na forma cartular, em face de *Laticínios Aguaí Ltda.* com vencimento para o dia 11 de setembro de 2020. Antes do vencimento, no dia 31 de agosto de 2020, a duplicata, já aceita, foi endossada para a sociedade *Bariri & Piraju Ltda.*

Considerando-se que, no dia 9 de outubro de 2020, a duplicata foi apresentada ao tabelionato de protestos para ser protestada por falta de pagamento, é correto afirmar que o endossatário

(A) não poderá promover a execução em face de nenhum dos signatários diante da perda do prazo para a apresentação da duplicata a protesto por falta de pagamento.

(B) poderá promover a execução da duplicata em face do aceitante e do endossante, por ser facultativo o protesto por falta de pagamento da duplicata, caso tenha sido aceita pelo sacado.

(C) poderá promover a execução da duplicata em face do aceitante e do endossante, pelo fato de o título ter sido apresentado a protesto em tempo hábil e por ser o aceitante o obrigado principal.

(D) não poderá promover a execução em face do endossante, diante da perda do prazo para a apresentação da duplicata a protesto por falta de pagamento, mas poderá intentá-la em face do aceitante, por ser ele o obrigado principal.

Dispõe o art. 13, § 4º, da Lei nº 5.474/1968, que o protesto por falta de pagamento deve ser tirado no prazo de 30 dias a contar do vencimento, sob pena do credor perder o direito de regresso contra os coobrigados e respectivos avalistas. No caso, como o protesto foi feito antes de completados os 30 dias, está garantida tal possibilidade de cobrança dos endossantes. Além disso, poderá cobrar também do aceitante, vez que este é o devedor principal da cártula.
„C„ oʇᴉɹɐqɐפ

(OAB/Exame Unificado – 2020.2) Bonfim emitiu nota promissória à ordem em favor de Normandia, com vencimento em 15 de março de 2020 e pagamento na cidade de Alto Alegre/RR. O título de crédito passou por três endossos antes de seu vencimento. O primeiro endosso foi em favor de Iracema, com proibição de novo endosso; o segundo endosso, sem garantia, se deu em favor de Moura; no terceiro e último endosso, o endossante indicou Cantá como endossatário.

Vencido o título sem pagamento, o portador poderá promover a ação de cobrança em face de

(A) Bonfim, o emitente e coobrigado, e dos obrigados principais Iracema e Moura, observado o aponte

4. DIREITO EMPRESARIAL **313**

tempestivo do título a protesto por falta de pagamento para o exercício do direito de ação somente em face do coobrigado.

(B) Bonfim, o emitente e obrigado principal, e do endossante e coobrigado Moura, observado o aponte tempestivo do título a protesto por falta de pagamento para o exercício do direito de ação em face do coobrigado.

(C) Normandia, primeira endossante e obrigado principal, e do endossante Moura, observado o aponte tempestivo do título a protesto por falta de pagamento para o exercício do direito de ação em face de ambos.

(D) Iracema, Normandia e Cantá, endossantes e coobrigados da nota promissória, dispensado o aponte do título a protesto por falta de pagamento para o exercício do direito de ação em face deles.

A questão parece complexa, mas é simples: basta identificar quem é o devedor principal e coobrigados na nota promissória. **A:** incorreta. Bonfim é o devedor principal da nota, por ser seu emitente, e não coobrigado; **B:** correta. Normandia e Iracema não respondem pelo pagamento da cártula, vez que nela apuseram a cláusula "sem garantia", que equivale à proibição de novo endosso (art. 15 da Lei Uniforme de Genebra); **C:** incorreta. Normandia é coobrigada ao pagamento, e não devedora principal; **D:** incorreta. Cantá é o último endossatário, portanto é o credor do título.
„Gabarito "B".

(OAB/Exame Unificado – 2019.2) André de Barros foi desapossado de nota promissória com vencimento à vista no valor de R$ 34.000,00 (trinta e quatro mil reais), pagável em Lagoa Vermelha/RS, que lhe foi endossada em branco pela sociedade empresária Arvorezinha Materiais de Limpeza Ltda.

Em relação aos direitos cambiários decorrentes da nota promissória, assinale a afirmativa correta.

(A) A sociedade empresária endossante ficará desonerada se o título não for restituído a André de Barros no prazo de 30 (trinta) dias da data do desapossamento.

(B) André de Barros poderá obter a anulação do título desapossado e um novo título em juízo, bem como impedir que seu valor seja pago a outrem.

(C) A sociedade empresária endossante não poderá opor ao portador atual exceção fundada em direito pessoal ou em nulidade de sua obrigação.

(D) O subscritor da nota promissória ficará desonerado perante o portador atual se provar que o título foi desapossado de André de Barros involuntariamente.

A: incorreta. Não há qualquer previsão legal nesse sentido. Ao contrário, como se trata de endosso em branco, o título se caracteriza como "ao portador", cabendo à endossante pagá-lo, em tese, a quem o apresente; **B:** correta, nos termos do art. 909 do CC; **C:** incorreta. O art. 906 do CC autoriza a oposição de exceções pessoais e de nulidade da obrigação; **D:** incorreta. O art. 905, parágrafo único, do CC, aplicável por analogia, afirma que a obrigação é devida ainda que o título tenha entrado em circulação contra a vontade do emitente. HS
„Gabarito "B".

(OAB/Exame Unificado – 2019.1) Inocência adquiriu um aparelho de jantar para sua nova residência em uma loja de artigos domésticos. A vendedora, sociedade limitada empresária, recebeu um cheque cruzado emitido pela compradora e, se comprometeu, a não o apresentar ao sacado antes de 10 de janeiro de 2019.

Em 13 de dezembro de 2018, exatamente uma semana após a compra, Inocência verificou, no extrato de sua conta-corrente bancária, que o cheque em referência havia sido apresentado a pagamento e devolvido por insuficiência de fundos, em decorrência da apresentação antecipada ao sacado.

Sobre a apresentação de cheque pós-datado antes da data indicada como sendo a de emissão, com base na jurisprudência pacificada, assinale a afirmativa correta.

(A) Caracteriza dano moral.

(B) Não pode ensejar qualquer indenização ao emitente.

(C) Pode ensejar apenas dano material.

(D) Pode ensejar indenização apenas se o cheque não estiver cruzado.

Nos termos da Súmula 370 do STJ, a apresentação antecipada de cheque pré-datado caracteriza dano moral. HS
„Gabarito "A".

(OAB/Exame Unificado – 2018.3) Resende & Piraí Ltda. sacou duplicata de serviço em face de Italva Louças e Metais S/A, que a aceitou. Antes do vencimento, o título foi endossado para Walter. Há um aval em preto no título dado por Casimiro Cantagalo em favor do sacador. Após o vencimento, ocorrido em 11 de setembro de 2018, a duplicata foi levada a protesto por falta de pagamento, em 28 de setembro do mesmo ano.

Com base nas informações dadas, assinale a opção que indica contra quem Walter, endossatário da duplicata, poderá promover a ação de execução.

(A) Italva Louças e Metais S/A, exclusivamente, em razão da perda do direito de ação em face dos coobrigados pela apresentação da duplicata a protesto por falta de pagamento além do prazo de 1 (um) dia útil após o vencimento.

(B) Resende & Piraí Ltda. e Casimiro Cantagalo, somente, pois a duplicata foi apresentada a protesto tempestivamente, assegurando o portador seu direito de ação em face dos coobrigados, mas não em face do aceitante.

(C) Resende & Piraí Ltda. e Italva Louças e Metais S/A, somente, em razão da perda do direito de ação em face do avalista pela apresentação da duplicata a protesto por falta de pagamento além do prazo de 1 (um) dia útil após o vencimento.

(D) Resende & Piraí Ltda., Italva Louças e Metais S/A e Casimiro Cantagalo, pois a duplicata foi apresentada a protesto tempestivamente, assegurando o portador seu direito de ação em face dos coobrigados e do aceitante.

A: incorreta. A duplicata goza de prazo diferenciado para protesto, de 30 dias após o vencimento, nos termos do art. 13, § 4º, da Lei 5.474/1968; **B:** incorreta. O aceitante é o devedor principal da duplicata, de forma que o pagamento pode sempre ser dele exigido; **C:** incorreta, nos termos do comentário à alternativa "A"; **D:** correta, nos termos do art. 13, § 4º, da Lei das Duplicatas. HS
„Gabarito "D".

(OAB/Exame Unificado – 2018.1) Para realizar o pagamento de uma dívida contraída pelo sócio M. Paraguaçu em favor da sociedade Iguape, Cananeia & Cia Ltda., o primeiro emitiu uma nota promissória à vista, com cláusula à ordem no valor de R$ 50.000,00 (cinquenta mil reais).

De acordo com essas informações e a respeito da cláusula à ordem, é correto afirmar que

(A) a nota promissória, na omissão dessa cláusula, somente poderia ser transferida pela forma e com os efeitos de cessão de crédito.

(B) a cláusula implica a possibilidade de transferência do título por endosso, sendo o endossante responsável pelo pagamento, salvo cláusula sem garantia.

(C) a cláusula implica a possibilidade de transferência do título por endosso, porque a modalidade de vencimento da nota promissória é à vista.

(D) tal cláusula implica a possibilidade de transferência do título por cessão de crédito, não respondendo o cedente pela solvência do emitente, salvo cláusula de garantia.

A: incorreta. A cláusula à ordem é presumida na nota promissória, podendo circular por endosso no silêncio do título (art. 77 c. c. art. 11 da Lei Uniforme de Genebra); **B:** correta, nos termos dos arts. 77, 11 e 15 da Lei Uniforme de Genebra; **C:** incorreta. A modalidade de vencimento da nota promissória não influencia em nada as regras do endosso; **D:** incorreta, conforme comentário à alternativa "A".
Gabarito "B".

(OAB/Exame Unificado – 2018.1) Borba Eletrônicos Ltda. celebrou contrato de abertura de crédito em conta corrente com o Banco Humaitá S/A, lastreado em nota promissória emitida em garantia da dívida.

Sobre a nota promissória e o contrato de abertura de crédito em conta corrente, diante do inadimplemento do mutuário, assinale a afirmativa correta.

(A) O contrato, ainda que acompanhado de extrato da conta corrente e assinado por duas testemunhas, não é título executivo extrajudicial, e a nota promissória a ele vinculada não goza de autonomia, em razão da iliquidez do título que a originou.

(B) O contrato, desde que acompanhado de extrato da conta corrente e assinado por duas testemunhas, é título executivo extrajudicial, porém a nota promissória a ele vinculada não goza de autonomia, em razão da abusividade da cláusula de mandato.

(C) O contrato, ainda que acompanhado de extrato da conta corrente e assinado por duas testemunhas, não é título executivo extrajudicial, porém a nota promissória a ele vinculada goza de autonomia, em razão de sua independência.

(D) O contrato, mesmo não acompanhado de extrato da conta corrente ou assinado por duas testemunhas, é título executivo extrajudicial, e a nota promissória a ele vinculada goza de executividade autônoma.

A questão cobra do candidato o conhecimento literal das Súmulas 233 e 258 do STJ, replicadas na alternativa "A", que deve ser assinalada. A jurisprudência do STJ se consolidou no sentido de que o contrato de abertura de conta corrente não goza de liquidez, porque no ato de sua assinatura não há como se estabelecer qual valor será depositado. Logo, não pode ser considerado título executivo e, consequentemente, a nota promissória também fica prejudicada, porque não detém valor certo.
Gabarito "A".

(OAB/Exame Unificado – 2017.3) Um cliente apresenta a você um cheque nominal à ordem com as assinaturas do emitente no anverso e do endossante no verso. No verso da cártula, também consta uma terceira assinatura, identificada apenas como aval pelo signatário.

Com base nessas informações, assinale a afirmativa correta.

(A) O aval dado no título foi irregular, pois, para a sua validade, deveria ter sido lançado no anverso.

(B) A falta de indicação do avalizado permite concluir que ele pode ser qualquer dos signatários (emitente ou endossante).

(C) O aval dado no título foi na modalidade em branco, sendo avalizado o emitente.

(D) O aval somente é cabível no cheque não à ordem, sendo considerado não escrito se a emissão for à ordem.

A: incorreta. Como o ato foi identificado, pode ser dado no verso do título; **B:** incorreta. O aval em branco no cheque é considerado dado ao sacador (art. 30, parágrafo único, da Lei 7.357/1985); **C:** correta, nos termos do art. 30 da Lei 7.357/1985; **D:** incorreta. Não há qualquer relação do aval com a cláusula "não à ordem".
Gabarito "C".

(OAB/Exame Unificado – 2017.2) Pedrinho emitiu quatro cheques em 26 de março de 2017, mas esqueceu de depositar um deles. Tendo um débito a honrar com Kennedy e sendo beneficiário desse quarto cheque, Pedrinho o endossou em preto, datando no verso "dia 20 de maio de 2017". Sabe-se que o lugar de emissão do quarto cheque é o mesmo do de pagamento.

Sobre esse endosso, assinale a afirmativa correta.

(A) O endosso produz seus efeitos legais porque a transmissão do cheque se deu dentro do prazo de apresentação.

(B) No endosso em preto, o endossatário fica dispensado da apresentação em tempo hábil do cheque ao sacado.

(C) O endosso do cheque tem efeito de cessão de crédito por ter sido realizado após o decurso do prazo de apresentação.

(D) Pedrinho ficou exonerado de responsabilidade pelo pagamento do cheque em razão do caráter póstumo do endosso.

Chama-se endosso póstumo o ato praticado após o vencimento do título de crédito – no caso do cheque, como o vencimento é à vista, considera-se o fim do prazo de apresentação. Como o enunciado afirma que o local de pagamento é o mesmo da emissão, o prazo de apresentação é de 30 dias (art. 33 da Lei 7.357/1985), ou seja, temos um endosso póstumo. A única consequência é que o ato não vale como endosso, e sim como cessão civil de crédito (art. 27 da Lei 7.357/1985). **RB**
Gabarito "C".

(OAB/Exame Unificado – 2017.1) Luiz emitiu uma nota promissória em favor de Jerônimo. No momento da emissão, ele não inseriu a quantia nem o lugar de pagamento. Na data do vencimento, o subscritor foi procurado por um procurador do beneficiário, que lhe exibiu a cártula com endosso-mandato e exigiu o pagamento.

Luiz verificou, então, que o título havia sido preenchido abusivamente, pois constava o valor de R$ 15.000,00 (quinze mil reais), quando o correto seria R$ 1.500,00 (mil e quinhentos reais), e o lugar de pagamento era diverso de seu domicílio, em Cachoeiro de Itapemirim, ES.

Procurado pelo devedor para analisar o caso e ciente de que o pagamento não foi realizado por ele, você, como advogado(a), responde que:

4. DIREITO EMPRESARIAL   315

(A) é possível alegar em juízo, com êxito, a nulidade do título, em razão de o lugar de pagamento ser domicílio diverso do subscritor, caracterizando má-fé do portador atual.

(B) não é possível ao subscritor se recusar validamente ao pagamento diante da autonomia das obrigações cambiárias e do endosso-mandato realizado na cártula.

(C) é possível ao subscritor da nota promissória opor exceção pessoal ao beneficiário Jerônimo quanto ao conteúdo literal do título, diante do preenchimento abusivo.

(D) não é possível a oposição de exceção ao pagamento, porque o subscritor da nota promissória é equiparado ao aceitante da letra de câmbio e, como tal, obriga-se a pagar na data do vencimento.

O preenchimento posterior do título em desacordo com os ajustes realizados não configura razão para se opor ao pagamento, exceto se o portador o fez de má-fé (art. 891, parágrafo único, do CC). No caso em exame, o enunciado deixa claro que houve preenchimento **abusivo**, ou seja, de má-fé, o que autoriza a exceção pessoal em juízo. Correta, portanto, a letra "C". RB

Gabarito "C".

(OAB/Exame Unificado – 2016.3) Humaitá Comércio e Distribuição de Defensivos Agrícolas Ltda. sacou 4 (quatro) duplicatas de compra e venda em face de Cooperativa dos Produtores Rurais de Coari Ltda., em razão da venda de insumos para as plantações dos cooperados.

Com base nestas informações, assinale a afirmativa correta.

(A) É facultado ao sacador inserir cláusula não à ordem no momento do saque, caso em que a forma de transferência dos títulos se dará por meio de cessão civil de crédito.

(B) Por se tratar de sacado cooperativa, sociedade simples independentemente de seu objeto, é proibido o saque de duplicatas em face dessa espécie de sociedade.

(C) Lançada eventualmente a cláusula mandato no endosso das duplicatas, o endossatário poderá exercer todos os direitos emergentes dos títulos, inclusive efetuar endosso próprio a terceiro.

(D) Sendo o pagamento das duplicatas garantido por aval, o avalista é equiparado àquele cujo nome indicar; na falta da indicação, àquele abaixo de cuja firma lançar a sua; fora desses casos, ao sacado.

A: incorreta. A cláusula "à ordem" é requisito obrigatório da duplicata (art. 2º, § 1º, VII, da Lei 5.474/1968); **B:** incorreta. Nada obsta o saque de duplicatas em face de sociedades simples; **C:** incorreta. O possuidor da cártula a título de endosso-mandato não recebe a titularidade do crédito, somente os poderes para proceder a sua cobrança. Logo, não sendo titular do crédito, não tem legitimidade para transferi-lo a terceiro por meio de endosso próprio; **D:** correta, nos termos do art. 12 da Lei 5.474/1968. RB

Gabarito "D".

(OAB/Exame Unificado – 2016.2) Cícero sacou uma letra de câmbio em favor de Amélia, tendo designado como sacado Elísio, que acatou a ordem de pagamento. A primeira endossante realizou um endosso em preto para Dario, com proibição de novo endosso.

Diante do efeito legal da cláusula de proibição de novo endosso, assinale a afirmativa correta.

(A) Caso Dario realize um novo endosso, tal transferência terá efeito de cessão de crédito perante os coobrigados e efeito de endosso perante o aceitante.

(B) Dario não poderá realizar novo endosso no título sob pena de desoneração de responsabilidade cambial dos coobrigados.

(C) Tal qual o endosso parcial, a proibição de novo endosso é nula por restringir a responsabilidade cambiária do endossante e do sacador.

(D) Amélia, embora coobrigada, não responde pelo pagamento da letra de câmbio perante os endossatários posteriores a Dario.

A: incorreta. A transmissão do crédito representado por letra de câmbio na qual foi inserida a proibição de endosso é considerada cessão civil de crédito perante todos os envolvidos (art. 11 da Lei Uniforme de Genebra); B: incorreta. A cessão civil não desonera os coobrigados, apenas afasta torna oponível exceções pessoais que eles tenham contra o beneficiário (art. 294 do CC); C: incorreta. É válida a cláusula "não à ordem", que proíbe endossos na letra (art. 11 da Lei Uniforme de Genebra); D: correta. Como Amélia proibiu novos endossos, não está ela vinculada a esses atos e não responde por eles.

Gabarito "D".

(OAB/Exame Unificado – 2016.1) Nanci, empresária individual, contraiu empréstimo com instituição financeira, formalizado em contrato de abertura de crédito. A esse contrato foi vinculada nota promissória avalizada, emitida pela mutuária em favor da mutuante.

Em relação à obrigação firmada pelo avalista, assinale a afirmativa correta.

(A) A nota promissória vinculada ao contrato de abertura de crédito não goza de autonomia em razão da iliquidez do título que a originou.

(B) A nota promissória vinculada ao contrato de abertura de crédito goza de autonomia em razão do contrato de abertura de crédito ser título executivo extrajudicial.

(C) O avalista poderá arguir exceção de pré-executividade em razão da iliquidez do título que originou a nota promissória, mesmo que esta tenha força executiva e autonomia.

(D) A nota promissória gozará de autonomia somente com a anuência do avalista no contrato de abertura de crédito, além da sua assinatura no título.

A questão cobra do candidato conhecimento da Súmula do STJ. A alternativa "A" transcreve literalmente o Verbete nº 258.

Gabarito "A".

(OAB/Exame Unificado – 2015.3) Feijó recebeu de Moura um cheque com cruzamento especial no valor de R$ 2.300,00 (dois mil e trezentos reais).

Acerca das disposições legais que disciplinam tal espécie de cheque, assinale a afirmativa correta.

(A) O cheque com cruzamento especial pode ser pago em dinheiro no estabelecimento contra o qual foi sacado ou mediante apresentação a uma câmara de compensação.

(B) O cruzamento especial não pode ser convertido em geral e a inutilização do cruzamento ou a do nome do banco é reputada como não existente.

(C) A aposição de vários cruzamentos especiais invalida o cheque, exceto se o portador, no primeiro cruzamento, indicar o mesmo banco que o sacado.

(D) O cheque com cruzamento especial obriga o sacado a debitar a quantia indicada no título da conta do emitente e a reservá-la em benefício do portador legitimado, durante o prazo de apresentação.

A: incorreta. Cheque com cruzamento especial ou cruzamento em preto é espécie de cheque cruzado na qual se indica na cártula a qual banco deve pertencer a conta na qual será depositado – ou seja, além de obrigar o tomador a depositá-lo em conta corrente, indica em qual banco deve fazê-lo. Ele não pode ser pago em dinheiro (art. 45 da Lei nº 7.357/1985); B: correta, nos termos do art. 44, §§2º e 3º, da Lei nº 7.357/1985; C: incorreta. É possível haver dois cruzamentos especiais, desde que um deles seja para a câmara de compensação (art. 45, §2º, da Lei nº 7.357/1985); D: incorreta. A alternativa define o cheque visado (art. 7º, §1º, da Lei nº 7.357/1985).

Gabarito "B".

(OAB/Exame Unificado – 2015.2) Lauro emitiu uma nota promissória com vencimento a dia certo em favor da sociedade empresária W Corretora de Imóveis Ltda. Embora o título esteja assinado pelo emitente, nele não constam a data e o lugar de emissão. Há cláusula de juros remuneratórios, com fixação de taxa anual de 12%. Antes do vencimento, o título recebeu aval em branco prestado por Pedro, irmão de Lauro. Sendo certo que os dados omitidos na nota promissória não foram preenchidos pela sociedade empresária antes da cobrança judicial, assinale a afirmativa correta.

(A) Por se tratar de nota promissória com vencimento a dia certo, é válida a cláusula de juros remuneratórios.

(B) O avalista em branco poderá alegar vício de forma como exceção ao pagamento perante a sociedade empresária.

(C) A ausência do lugar de emissão na nota promissória acarreta sua nulidade, em razão da autonomia das obrigações cambiais.

(D) Todos os dados omitidos na nota promissória deveriam ter sido preenchidos pela sociedade empresária até o dia do vencimento. Portanto, a ação de cobrança deverá observar o procedimento da ação monitória.

A: incorreta. A estipulação de juros só é válida nas notas promissórias pagáveis à vista ou a certo termo da vista (arts. 77 e 5º da Lei Uniforme de Genebra); B: correta, não tendo sido a nota promissória completada antes da cobrança, contém ela vício de forma que a desnatura como nota promissória (arts. 77 e 2º da Lei Uniforme de Genebra). Exceções relativas ao título podem ser opostas pelo avalista para evitar o pagamento; C: incorreta. Na ausência do local da emissão, considera-se como tal o lugar ao lado do nome do subscritor (art. 76 da Lei Uniforme de Genebra); D: incorreta. Não é necessário preencher o lugar de emissão, porque para ele há norma subsidiária (art. 76 da Lei Uniforme de Genebra), bem como pode o título ser completado até que seja apresentado para cobrança, desde que de boa-fé.

Gabarito "B".

(OAB/Exame Unificado – 2014.2) Na duplicata de compra e venda, entende-se por protesto por indicações do portador aquele que é lavrado pelo tabelião de protestos

(A) em caso de recusa ao aceite e devolução do título ao apresentante pelo sacado, dentro do prazo legal.

(B) quando o sacado retiver a duplicata enviada para aceite e não proceder à devolução dentro do prazo legal.

(C) na falta de pagamento do título pelo aceitante ou pelo endossante dentro do prazo legal.

(D) em caso de revogação da decisão judicial que determinou a sustação do protesto.

O protesto por indicações do portador é uma espécie de protesto por falta de aceite da duplicata, cabível quando o devedor, tendo recebido o título para aceite, não o devolve ao credor com a aposição do ato na cártula. Como a duplicata é título de crédito de aceite obrigatório (art. 8º da Lei 5.474/1968), o credor pode lavrar o protesto pela sua falta junto ao tabelião indicando-lhe as características do negócio celebrado e representado pela duplicata.

Gabarito "B".

(OAB/Exame Unificado – 2014.1) Glória vendeu um automóvel a prazo para Valente. O pagamento foi realizado em quatro notas promissórias, com vencimentos em 30, 60, 90 e 120 dias da data de emissão. Os títulos foram endossados em branco para Paulo Afonso, mas foram extraviados antes dos respectivos vencimentos.

Sobre a responsabilidade do emitente e do endossante das notas promissórias, assinale a afirmativa correta.

(A) Apenas o emitente responde pelo pagamento dos títulos porque o endossante não é coobrigado, salvo cláusula em contrário inserida na nota promissória.

(B) A responsabilidade do emitente e do endossante perante o portador subsiste ainda que os títulos tenham sido perdidos ou extraviados involuntariamente.

(C) O endossante e o emitente não respondem perante o portador pelo pagamento das notas promissórias em razão do desapossamento involuntário.

(D) O emitente e o endossante não respondem pelo pagamento dos títulos porque só é permitido ao vendedor sacar duplicata em uma compra e venda.

A: incorreta. O endossante é coobrigado pelo pagamento da nota promissória, nos termos dos arts. 15 e 77 da Lei Uniforme de Genebra; B: correta, nos termos do art. 909 do CC; C: incorreta, por ofensa ao disposto no art. 909 do CC; D: incorreta. A duplicata é o título de crédito a ser sacado pelo empresário em caso de uma compra e venda **mercantil** a prazo. Na hipótese do enunciado, não há indicação de que o negócio jurídico foi realizado profissionalmente no âmbito de uma atividade econômica organizada. Logo, é totalmente possível a emissão de notas promissórias para garantir o pagamento das parcelas.

Gabarito "B".

(OAB/Exame Unificado – 2013.3) Fontoura Xavier sacou letra de câmbio à ordem no valor de R$ 20.000,00 (vinte mil reais) em face de Sales Oliveira, pagável à vista na praça de Itaocara, indicando como beneficiário Rezende Costa. Com base nos dados apresentados e na legislação sobre letra de câmbio, assinale a afirmativa **INCORRETA**.

(A) O vencimento da letra de câmbio ocorrerá na data de sua apresentação pelo beneficiário ao sacado, Sales Oliveira.

(B) Se o sacador, Fontoura Xavier, inserir a cláusula "sem despesas" será facultativo o protesto por falta de pagamento.

(C) O beneficiário e portador, Rezende Costa, pode inserir no título a cláusula "não à ordem" antes de transferi-lo a terceiro.

(D) Se o sacador, Fontoura Xavier, inserir na letra de câmbio cláusula de juros e sua taxa, essa estipulação será considerada válida.

4. DIREITO EMPRESARIAL

A: correta, nos termos do art. 34 da Lei Uniforme de Genebra; **B**: correta. Em regra, o protesto por falta de pagamento é obrigatório para a cobrança dos coobrigados. Qualquer deles poderá, contudo, dispensar essa formalidade inserindo no título a cláusula "sem despesas" (art. 46 da Lei Uniforme de Genebra); **C**: incorreta, devendo ser assinalada. A liberalidade de inserção da cláusula "não à ordem" é do sacador (art. 11 da Lei Uniforme de Genebra). Além do mais, se o beneficiário pretende endossar a letra a terceiro, não faz nenhum sentido ele inserir a cláusula "não à ordem", cujo efeito é justamente proibir o endosso e fazer com que eventual transmissão dos direitos tenha efeito apenas de cessão civil de créditos; **D**: correta, nos termos do art. 5º da Lei Uniforme de Genebra.

Gabarito "C".

(OAB/Exame Unificado – 2013.2) Um cheque no valor de R$ 3.000,00 (três mil reais) foi sacado em 15 de agosto de 2012, na praça de Santana, Estado do Amapá, para pagamento no mesmo local de emissão. Dez dias após o saque, o beneficiário endossou o título para Ferreira Gomes. Este, no mesmo dia, apresentou o cheque ao sacado para pagamento, mas houve devolução ao apresentante por insuficiência de fundos, mediante declaração do sacado no verso do cheque.

Com base nas informações contidas no enunciado e nas disposições da Lei 7.357/85 (Lei do Cheque), assinale a afirmativa **incorreta.**

(A) O apresentante, diante da devolução do cheque, deverá levar o título a protesto por falta de pagamento, requisito essencial à propositura da ação executiva em face do endossante.

(B) O emitente do cheque, durante ou após o prazo de apresentação, poderá fazer sustar seu pagamento mediante aviso escrito dirigido ao sacado, fundado em relevante razão de direito.

(C) O prazo de apresentação do cheque ao sacado para pagamento é de 30 (trinta) dias, contados da data de emissão, quando o lugar de emissão for o mesmo do de pagamento.

(D) O portador, apresentado o cheque e não realizado seu pagamento, deverá promover a ação executiva em face do emitente em até 6 (seis) meses após a expiração do prazo de apresentação.

A: incorreta, devendo ser assinalada. A aposição da declaração de insuficiência de fundos pelo sacado no verso do cheque substitui o protesto por falta de pagamento, sendo suficiente para a propositura de ação cambial contra os endossantes (art. 47, II, da Lei 7.357/1985); **B**: correta, nos termos do art. 36 da Lei 7.357/1985; **C**: correta, nos termos do art. 33 da Lei 7.357/1985; **D**: correta, nos termos do art. 59 da Lei 7.357/1985. O prazo prescricional do cheque não faz diferença entre devedor principal, coobrigados, seus respectivos avalistas ou em caso de ação de regresso. Em todos os casos, o prazo é de 06 meses.

Gabarito "A".

(OAB/Exame Unificado – 2013.1) Laurentino recebeu um cheque nominal sacado na praça de "Z" no valor de R$ 20.000,00 (vinte mil reais) e pagável na praça de "A". Vinte dias após a emissão e antes da apresentação ao sacado foram furtados vários documentos da residência do tomador, dentre eles o referido cheque. Com base nestas informações, assinale a afirmativa correta.

(A) A medida judicial cabível para impedir o pagamento do cheque pelo sacado é a contraordem ou oposição, que produz efeito durante o prazo de apresentação.

(B) A medida extrajudicial cabível para impedir o pagamento do cheque pelo sacado é a sustação ou oposição, que depende da prova da existência de fundos disponíveis.

(C) A medida judicial cabível para impedir o pagamento do cheque pelo sacado é a sustação ou oposição, que produz efeito apenas após o prazo de apresentação.

(D) A medida extrajudicial cabível para impedir o pagamento do cheque pelo sacado é a sustação ou oposição, que está fundada em relevante razão de direito.

A: incorreta. A contraordem de pagamento não depende de manifestação judicial, sendo realizada diretamente junto ao banco sacado (art. 36 da Lei 7.357/1985); **B**: incorreta. A contraordem independe da comprovação da existência de fundos ou de qualquer julgamento sobre as razões do emitente (art. 36, § 2.º, da Lei 7.357/1985); **C**: incorreta. A sustação do cheque produz efeitos mesmo durante o prazo de apresentação (art. 36, *caput*, da Lei 7.357/1985); **D**: correta, nos termos do art. 36, *caput*, da Lei 7.357/1985.

Gabarito "D".

(OAB/Exame Unificado – 2012.3.B) A sociedade empresária Congelados da Vovó Ltda., com sede na cidade de Montanha, realizou o pagamento a um fornecedor por meio de cheque administrativo. Sobre esta espécie de cheque, assinale a afirmativa correta.

(A) é aquele sacado para ser creditado em conta, podendo ser emitido ao portador até o valor de R$ 100,00 (cem reais).

(B) é aquele que contém visto em seu verso, atestando a existência de fundos durante o prazo de apresentação.

(C) é aquele sacado contra o próprio banco sacador, sendo necessariamente nominal qualquer que seja seu valor.

(D) é aquele sacado em favor de órgão ou entidade da administração pública para pagamento de taxa ou emolumento.

A: incorreta. A alternativa traz o conceito de cheque para ser creditado em conta, não de cheque administrativo (art. 46 da Lei 7.357/1985); **B**: incorreta. A alternativa traz o conceito de cheque visado, não de cheque administrativo (art. 7º da Lei 7.357/1985); **C**: correta, nos termos do art. 9º, III, da Lei 7.357/1985; **D**: incorreta. A alternativa tenta confundir o candidato sobre o que seria um cheque administrativo, vinculando-o à Administração Pública. Não há qualquer previsão legal nesse sentido. A alternativa trata de um cheque comum.

Gabarito "C".

(OAB/Exame Unificado – 2012.3.A) Com relação aos títulos de crédito, assinale a afirmativa correta.

(A) No endosso de letra de câmbio após o protesto por falta de pagamento, o portador tem ação cambiária contra o seu endossante.

(B) A cláusula não à ordem inserida no cheque impede sua circulação tanto por endosso quanto por cessão de crédito.

(C) O endosso de cheque poderá ser realizado pelo sacado ou por mandatário deste com poderes especiais.

(D) A duplicata pode ser apresentada para aceite do sacado pelo próprio sacador ou por instituição financeira.

A: incorreta. A alternativa trata do chamado "endosso póstumo", que tem efeito apenas de cessão civil de crédito. Portanto, após sua realização, o portador da letra não tem mais ação cambial contra os endossantes e respectivos avalistas (art. 20 da Lei Uniforme de Genebra); **B:** incorreta. A cláusula "não à ordem" aposta no cheque impede apenas sua circulação por endosso, sendo ainda possível a cessão civil (art. 11 da Lei Uniforme de Genebra); **C:** incorreta. É vedado o endosso realizado pelo sacado, porque ele não pode assumir nenhuma obrigação cambial (art. 18, § 1.º, *in fine*, da Lei 7.357/1985); **D:** correta, nos termos do art. 6.º da Lei 5.474/1968.

Gabarito "D".

(OAB/Exame Unificado – 2012.2) Com relação ao instituto do cheque, assinale a afirmativa correta.

(A) O cheque pode ser sacado contra pessoa jurídica, instituições financeiras e instituições equiparadas.

(B) O portador não pode recusar o pagamento parcial do cheque.

(C) O cheque pode consubstanciar ordem de pagamento à vista ou a prazo.

(D) A ação de execução do cheque contra o sacador prescreve em 1 (um) ano contado do prazo final para sua apresentação.

A: incorreta. Pode figurar como sacado no cheque apenas bancos ou instituição financeira equiparada (art. 3.º da Lei 7.357/1985); **B:** correta, nos termos do art. 38, parágrafo único, da Lei 7.357/1985; **C:** incorreta. Cheque é ordem de pagamento a vista, considerando-se não escrita qualquer cláusula em sentido contrário (art. 32 da Lei 7.357/1985); **D:** incorreta. O prazo prescricional do cheque, em qualquer hipótese, é de 06 meses (art. 59 da Lei 7.357/1985).

Gabarito "B".

(OAB/Exame Unificado – 2011.1) Em relação ao Direito Cambiário, é correto afirmar que:

(A) a duplicata, quando de prestação de serviços, pode ser emitida com vencimento a tempo certo da vista.

(B) o aval dado em uma nota promissória pode ser parcial, ainda que sucessivo.

(C) o protesto é necessário para garantir o direito de regresso contra o(s) endossante(s) e o(s) avalista(s) do aceitante de uma letra de câmbio.

(D) o aceite no cheque é dado pelo banco ou instituição financeira a ele equivalente, devendo ser firmado no verso do título.

A: incorreta porque a duplicata, nos termos do art. 2.º, § 1.º, III, da Lei 5.474/1968, somente pode ser sacada com vencimento à vista ou em data certa, não havendo qualquer exceção tocante à duplicata de prestação de serviços; **B:** correta. É permitido o aval parcial (aquele no qual o avalista garante o pagamento apenas de parte da dívida), mesmo que sucessivo (aval sucessivo ocorre quando alguém avaliza a garantia dada por outrem, é o "avalista do avalista"); **C:** incorreta. O protesto é necessário somente para garantir o direito de cobrança do título junto aos coobrigados (sacador, endossantes e respectivos avalistas). Não se olvide que o avalista ingressa na relação cambial com a mesma natureza do avalizado, isto é, se o aceitante é devedor principal, seu avalista também assim será considerado, sendo o protesto contra ele sempre facultativo; **D:** incorreta. O cheque não admite aceite, considerando-se não escrita qualquer declaração com este sentido (art. 6.º da Lei 7.357/1985).

Gabarito "B".

(OAB/Exame Unificado – 2010.3) Em relação aos Títulos de Crédito, é correto afirmar que, quando:

(A) insuficientes os fundos disponíveis, o portador de um cheque pode requerer a responsabilidade cambiária do banco sacado pelo seu não pagamento.

(B) presente na letra de câmbio, a cláusula "não à ordem" impede a circulação do crédito.

(C) não aceita a duplicata, o protesto do título é a providência suficiente para o ajuizamento da ação de execução contra o sacado.

(D) firmado em branco, o aval na nota promissória é entendido como dado em favor do sacador.

A: incorreta, pois, apesar de figurar como sacado, o banco não assume nenhuma responsabilidade cambiária. A emissão de cheque sem fundo não implica responsabilidade do banco sacado em nenhuma hipótese, conforme art. 47 da Lei 7.357/1985 – LC (Lei 7.357/1985); **B:** incorreta, pois a aposição da cláusula "não à ordem" impede apenas a circulação do título como cambial, mas não obsta sua transmissão através da cessão civil de crédito, nos termos do art. 11 da Lei Uniforme de Genebra (promulgada pelo Decreto 57.663/1966); **C:** incorreta, pois a duplicata não aceita, para ser executada, deve ser acompanhada de documento hábil comprobatório da entrega e recebimento da mercadoria, conforme determinação expressa do art. 15, II, *b*, da Lei das Duplicatas – LD (Lei 5.474/1968); **D:** correta. Vale lembrar que o aval em branco sempre se presume dado ao sacador, com exceção da duplicata (afinal, nela o sacador é o próprio beneficiário do título).

Gabarito "D".

(OAB/Exame Unificado – 2010.1) Acerca da disciplina normativa do cheque, assinale a opção correta.

(A) A lei admite a emissão de cheque contra banco, instituição financeira ou cooperativa de crédito.

(B) Assim como os demais títulos de crédito, o cheque deve ser apresentado para aceite.

(C) A lei veda ao banco sacado a prestação de aval para garantir o pagamento do cheque.

(D) Admite-se, excepcionalmente, a estipulação de cláusula de juros inserida no cheque.

A: incorreta. A Lei 7.357/1985 não admite o saque de cheque contra cooperativa de crédito (art. 3.º da Lei 7.357/1985); **B:** incorreta. O cheque não admite aceite, pois o banco sacado não assume obrigação cambial de qualquer natureza. Veja-se, a propósito, o art. 6.º da Lei 7.357/1985; **C:** correta. O banco sacado está expressamente proibido de ingressar no cheque como avalista de quem quer que seja, nos termos do art. 29 da Lei 7.357/1985; **D:** incorreta. A alternativa contraria formalmente o disposto na Lei 7.357/1985: "Art. 10. Considera-se não escrita a estipulação de juros inserida no cheque."

Gabarito "C".

4. FALÊNCIA, RECUPERAÇÃO DE EMPRESAS E LIQUIDAÇÃO EXTRAJUDICIAL

4.1. Falência

(OAB/Exame XXXVII) Aral adquiriu bens de consumo de uma sociedade empresária, ficando esta de lhe entregar as mercadorias em até 10 (dez) dias úteis. Entretanto, a entrega não se realizou em razão da decretação de falência da vendedora e o consequente encerramento das atividades com o lacre dos estabelecimentos.

O administrador judicial recebeu interpelação de Aral sobre a posição da massa falida quanto a entrega das mercadorias que comprou ou a devolução das parcelas já pagas. O administrador judicial se manifestou no sentido de não entregar a mercadoria ao comprador justificando a ausência de redução do passivo da massa falida e a extinção do contrato. Não há comitê de credores em funcionamento no processo falimentar.

4. DIREITO EMPRESARIAL

Considerando os fatos narrados e as disposições da Lei nº 11.101/2005, assinale a afirmativa que indica a atitude a ser tomada por Aral.

(A) Pedir ao juiz da falência a indisponibilidade de bens da massa até o valor de seu crédito para fins de futuro pagamento.

(B) Pedir a restituição em dinheiro das parcelas pagas pela aquisição dos bens.

(C) Habilitar o crédito relativo ao valor pago na classe dos credores quirografários.

(D) Ajuizar ação de execução por quantia certa em face da massa falida para recebimento das parcelas pagas.

O candidato deve ter cuidado para não confundir a situação proposta no enunciado com aquela regulamentada pelo art. 85, parágrafo único, da Lei de Falências – que trata da restituição da coisa **vendida** ao falido para pagamento futuro e entregue a ele nos 15 dias anteriores à decretação da quebra. Na hipótese aqui ventilada, o credor **comprou** mercadorias do falido, logo aplica-se a regra dos contratos bilaterais – o Administrador Judicial pode fundamentadamente recusar o seu cumprimento no interesse da massa. Cabe ao credor, nessa hipótese, habilitar seu crédito como quirografário. **HS**
„Gabarito "C".

(OAB/Exame XXXVI) *Cerâmica Água Doce do Norte* teve sua falência requerida pelo *Banco Boa Esperança S/A*, em razão do não pagamento de cinco duplicatas que lhe foram endossadas por *Castelo, Vivacqua & Cia.* Os títulos estão protestados para fins falimentares e não se verificou pagamento até a data da citação.

Ao ser citada, a sociedade devedora apresentou tempestivamente a contestação e, no mesmo prazo, em peça processual própria, requereu recuperação judicial, sem, contudo, se manifestar sobre a efetivação de depósito elisivo.

Com base nas informações acima, a sociedade empresária

(A) tinha a faculdade de pleitear sua recuperação judicial no prazo de contestação, ainda que não tivesse se manifestado pela efetivação de depósito elisivo.

(B) não deveria ter requerido sua recuperação judicial e sim ter efetuado o depósito elisivo, eliminando a presunção de insolvência para, somente após esse ato, pleitear recuperação judicial.

(C) deveria ter pleiteado sua recuperação judicial, pois o devedor pode se utilizar do benefício até o trânsito em julgado da sentença de falência, portanto, o pedido foi tempestivo e correto.

(D) estava impedida de requerer recuperação judicial, pois já havia, na data do pedido de recuperação, requerimento de falência contra si, ajuizado pelo credor das duplicatas.

Correta a alternativa "A". O art. 96, VII, da Lei de Falências estabelece o direito do devedor pleitear sua recuperação judicial no prazo da contestação, servindo tal medida como inibitória da decretação da quebra – ou seja, o depósito elisivo se torna desnecessário.
„Gabarito "A".

(OAB/Exame XXXV) A empresa de viagens *Balneário Gaivota Ltda.* teve sua falência decretada com fundamento na impontualidade no pagamento de crédito no valor de R$ 610.000,00 (seiscentos e dez mil reais). Na relação de credores apresentada pela falida para efeito de publica-

ção consta o crédito em favor do *Banco Princesa S/A.* no valor, atualizado até a data da falência, de R$ 90.002, 50 (noventa mil e dois reais e cinquenta centavos), garantido por constituição de propriedade fiduciária.

Ao ler a relação de credores e constatar tal crédito, é correto afirmar que

(A) o crédito do *Banco Princesa S/A.* não se submeterá aos efeitos da falência, e prevalecerão as condições contratuais originais assumidas pela devedora antes da falência perante o fiduciário.

(B) o crédito do *Banco Princesa S/A.* submeter-se-á aos efeitos da falência, porém o bem garantido pela propriedade fiduciária será alienado de imediato para pagamento aos credores extraconcursais.

(C) o crédito do *Banco Princesa S/A.* não se submeterá aos efeitos da falência, permitindo ao falido permanecer na posse do imóvel até o encerramento da falência.

(D) o crédito do *Banco Princesa S/A.* submeter-se-á aos efeitos da falência e será pago na ordem dos créditos concursais, ressalvado o direito de o credor pleitear a restituição do bem.

Trata-se de crédito concursal, porque, a despeito de ser possível o pedido de restituição nos termos do art. 86 da Lei de Falências (lembre-se que pelo contrato de alienação fiduciária, o credor fica com a propriedade do bem e o devedor com sua posse direta), não é passível de restituição em dinheiro para atrair o privilégio disposto no art. 84, I-C, da mesma lei.
„Gabarito "D".

(OAB/Exame XXXIII – 2020.3) Na Comarca de Imperatriz/MA funcionam 4 (quatro) Varas Cíveis, com competência concorrente para o julgamento de causas de falência e recuperação judicial. Em 22 de agosto de 2019, foi apresentado requerimento de falência de uma sociedade empresária enquadrada como empresa de pequeno porte, com principal estabelecimento naquele município. O requerimento foi distribuído para a 3ª Vara Cível.

Tendo sido determinada a citação do devedor, no prazo da contestação, Coelho Dutra, administrador e representante legal da sociedade, requereu sua recuperação judicial, devidamente autorizado por deliberação dos sócios.

Com base nestas informações, assinale a afirmativa correta.

(A) O requerimento de recuperação judicial não está sujeito à distribuição por dependência, podendo ser apreciado por qualquer um dos quatro juízos cíveis da comarca.

(B) A distribuição do pedido de falência previne a jurisdição para o pedido de recuperação judicial formulado pelo devedor, de modo que será competente o juízo da 3ª Vara Cível.

(C) Por se tratar de devedor enquadrado como empresa de pequeno porte, há tratamento diferenciado para o pedido de recuperação judicial, estando prevento o juízo que conheceu do pedido de falência.

(D) Como o devedor não se enquadra na definição legal de microempresa (incluído o microempreendedor individual), o requerimento de recuperação judicial não está sujeito à distribuição por dependência.

Nos termos do art. 78, parágrafo único, da Lei de Falências, as ações que devam ser propostas no juízo falimentar estão sujeitas à distribuição por dependência, independentemente do devedor se tratar ou não de microempresa ou empresa de pequeno porte. No caso, o pedido de recuperação judicial foi elaborado exclusivamente como contraponto ao pedido de falência, de maneira que está a este adstrito. Correta, portanto, a alternativa "B", que deve ser assinalada.

Gabarito "B".

(OAB/Exame Unificado – 2019.3) Além da impontualidade, a falência pode ser decretada pela prática de atos de falência por parte do devedor empresário individual ou dos administradores da sociedade empresária.

Assinale a opção que constitui um ato de falência por parte do devedor.

(A) Deixar de pagar, no vencimento, obrigação líquida materializada em título executivo protestado por falta de pagamento, cuja soma ultrapasse o equivalente a 40 (quarenta) salários mínimos na data do pedido de falência.

(B) Transferir, durante a recuperação judicial, estabelecimento a terceiro sem o consentimento de todos os credores e sem ficar com bens suficientes para solver seu passivo, em cumprimento à disposição de plano de recuperação.

(C) Não pagar, depositar ou nomear à penhora, no prazo de 3 (três) dias, contados da citação, bens suficientes para garantir a execução.

(D) Deixar de cumprir, no prazo estabelecido, obrigação assumida no plano de recuperação judicial, após o cumprimento de todas as obrigações previstas no plano que vencerem até dois anos depois da concessão da recuperação judicial.

A única alternativa que traz ato de falência previsto na legislação é a letra "D", que deve ser assinalada. É a hipótese estampada no art. 94, III, "g", da Lei 11.101/2005. Vale lembrar que os atos de falência são previstos em rol exaustivo, de forma que a tipicidade do fato à norma deve ser perfeita, sob pena de improcedência do pedido de quebra realizado com este fundamento.

Gabarito "D".

(OAB/Exame Unificado – 2019.2) Ribamar é sócio da sociedade empresária Junco, Fiquene & Cia. Ltda. Após uma infrutífera negociação de plano de recuperação judicial, a assembleia de credores rejeitou o plano, acarretando a decretação de falência da sociedade. O desgaste, que já existia entre Ribamar e os demais sócios, intensificou-se com a decretação da falência, ensejando pedido de retirada da sociedade, com base nas disposições reguladoras da sociedade limitada.

Diante dos fatos narrados, assinale a afirmativa correta.

(A) A decretação da falência suspende o exercício do direito de retirada do sócio Ribamar.

(B) A sociedade deverá apurar os haveres do sócio dissidente Ribamar, que serão pagos como créditos extraconcursais.

(C) O juiz da falência deverá avaliar o pedido de retirada do sócio Ribamar e, eventualmente, deferi-lo na ação de dissolução parcial.

(D) A decretação de falência não suspende o direito de retirada do sócio Ribamar, mas o pagamento de seus haveres deverá ser incluído como crédito subordinado.

Com a falência, o valor do ativo deve ser utilizado para pagamento dos créditos na ordem prevista nos arts. 83 e 84 da Lei de Falências. A retirada de sócio implicaria a apuração de seus haveres e pagamento para ele de valores que deveriam ser destinados aos credores. Por tal razão, o art. 116, II, da Lei de Falências estabelece que o direito de retirada fica suspenso com a decretação da quebra. HS

Gabarito "A".

(OAB/Exame Unificado – 2018.2) Antes da decretação de falência da sociedade Talismã & Sandolândia Ltda., foi ajuizada ação de execução por título extrajudicial por Frigorífico Rio Sono Ltda., esta enquadrada como empresa de pequeno porte.

Com a notícia da decretação da falência pela publicação da sentença no Diário da Justiça, o advogado da exequente tomará ciência de que a execução do título extrajudicial

(A) não será suspensa, em razão do enquadramento da credora como empresa de pequeno porte.

(B) está suspensa pelo prazo improrrogável de 180 (cento e oitenta) dias, contados da publicação da sentença.

(C) não será suspensa, em razão de ter sido ajuizada pelo credor antes da decretação da falência.

(D) está suspensa, devendo o credor se submeter às regras do processo falimentar e ter seu crédito verificado e classificado.

A: incorreta. A proteção constitucional às microempresas e empresas de pequeno porte não traz nenhum benefício específico em relação à suspensão das ações individuais em trâmite contra o devedor falido; **B:** incorreta. O prazo é improrrogável somente na recuperação judicial (art. 6º, §4º, da Lei 11.101/2005); **C:** incorreta. A suspensão está prevista no *caput* do art. 6º da LF; **D:** correta, conforme os arts. 6º a 20 da Lei de Falências.

Gabarito "D".

(OAB/Exame Unificado – 2017.3) O empresário individual Ives Diniz, em conluio com seus dois primos, realizou empréstimos simulados a fim de obter crédito para si; por esse e outros motivos, foi decretada sua falência. No curso do processo falimentar, o administrador judicial verificou a prática de outros atos praticados pelo devedor e seus primos, antes da falência; entre eles, a transferência de bens do estabelecimento a terceiros lastreados em pagamentos de dívidas fictícias, com nítido prejuízo à massa. De acordo com o enunciado e as disposições da Lei de Falência e Recuperação de Empresas, o advogado contratado pelo administrador judicial para defender os direitos e interesses da massa deverá

(A) requerer, no juízo da falência, a instauração do incidente de desconsideração da personalidade jurídica.

(B) ajuizar ação revocatória em nome da massa falida no juízo da falência.

(C) ajuizar ação pauliana em nome do administrador judicial no juízo cível.

(D) requerer, no juízo da falência, o sequestro dos bens dos primos do empresário como medida antecedente à ação de responsabilidade civil.

Os atos relacionados enquadram-se na fraude contra credores, que, no processo falimentar, é comprovada por meio da ação revocatória prevista no art. 130 da LF.

Gabarito "B".

4. DIREITO EMPRESARIAL

(OAB/Exame Unificado – 2017.1) Mauriti & Cia Ltda. celebrou contrato de alienação fiduciária em garantia com a sociedade empresária Gama.

Com a decretação de falência da fiduciante, o advogado da fiduciária pleiteou a restituição do bem alienado, sendo informado pelo administrador judicial que o bem se encontrava na posse do falido na época da decretação da falência, porém não foi encontrado para ser arrecadado.

Considerando os fatos narrados, o credor fiduciário terá direito à restituição em dinheiro do valor da avaliação do bem atualizado?

(A) Não, em razão de este não ter sido encontrado para arrecadação.

(B) Sim, devendo, para tanto, habilitar seu crédito na falência como quirografário.

(C) Sim, mesmo que o bem alienado não mais exista ao tempo do pedido de restituição ou que não tenha sido arrecadado.

(D) Não, por não ter a propriedade plena do bem alienado fiduciariamente, e sim resolúvel.

Há, no caso, direito à restituição em dinheiro, porquanto o art. 85 da Lei de Falências o garante quanto aos bens arrecadados **ou** que se encontrem em poder do devedor, caso do enunciado. A restituição se fará em dinheiro porque o bem "não mais existe" ao tempo do pedido, uma vez que não foi encontrado pelo administrador judicial (art. 86, I, da Lei de Falências). RB
„Gabarito "C".

(OAB/Exame Unificado – 2016.1) Eugênio de Castro é sócio e administrador designado no contrato da sociedade empresária Vale do Taquari Empreendimentos Hoteleiros Ltda. De acordo com cláusula contratual, o referido administrador faz jus à percepção de pró-labore bimestral no valor fixo de R$ 4.000,00 (quatro mil reais). Com a decretação da falência da referida sociedade, sua advogada verificou que não consta o crédito do cliente na relação de credores publicada no Diário Oficial.

Assinale a opção que indica a classificação correta na habilitação de crédito a ser apresentada ao Juízo da falência.

(A) Crédito subordinado.

(B) Crédito quirografário.

(C) Crédito subquirografário.

(D) Crédito equiparado ao trabalhista, até o limite de 150 salários mínimos.

Os créditos dos sócios são classificados como subordinados (art. 83, VIII, "b", da Lei nº 11.101/2005).
„Gabarito "A".

(OAB/Exame Unificado – 2015.2) José adquiriu dois refrigeradores a prazo numa das filiais de Comércio de Eletrodomésticos Ltda., tendo efetuado pagamento de entrada no valor de 50% do preço. Foi decretada a falência da vendedora e esta não entregou a mercadoria. Interpelado o administrador judicial, este resolveu não executar o contrato. De acordo com as informações do enunciado e as disposições da Lei nº 11.101/2005 (Lei de Falências e Recuperação de Empresas), assinale a afirmativa correta.

(A) O comprador poderá pedir ao juiz da falência a reserva do valor de seu crédito.

(B) O comprador poderá pedir a restituição em dinheiro do valor pago a título de entrada.

(C) O comprador poderá ajuizar ação em face da massa para o cumprimento compulsório do contrato.

(D) O comprador terá seu crédito relativo ao valor pago habilitado como quirografário na falência.

Como regra, a decretação da falência não resolve os contratos bilaterais do falido (art. 117 da Lei nº 11.101/2005). Contudo, há regras específicas para alguns contratos, entre eles o de compra e venda de coisa móvel: se o ajuste prever o pagamento em prestações e o devedor ainda não tiver entregue a coisa, se o administrador judicial resolver não executar o contrato, deverá o credor habilitar seu crédito na classe própria – no caso, como quirografário, dada a ausência de qualquer garantia ou privilégio (art. 119, III, da Lei de Falências).
„Gabarito "D".

(OAB/Exame Unificado – 2014.3) João Lima Artigos Esportivos Ltda. celebrou contrato de locação de imóvel comercial, localizado na Galeria Madureira, para a instalação do estabelecimento comercial da sociedade. Atingida por forte crise setorial, a sociedade acumulou dívidas vultosas e não conseguiu honrá-las.

Com a decretação da falência, o contrato de locação comercial firmado pelo locatário

(A) ficará extinto de pleno direito, sendo obrigado o locatário a entregar ao locador o imóvel onde se localiza o ponto.

(B) poderá ser mantido, desde que o locador interpele o administrador judicial no prazo de até 90 (noventa) dias.

(C) será mantido, mas poderá ser denunciado, a qualquer tempo, pelo administrador judicial da massa falida.

(D) ficará extinto, salvo se o Comitê de Credores autorizar o administrador judicial da massa falida a mantê-lo.

O destino do contrato de locação empresarial em caso de falência de uma das partes é regido pelo art. 119, VII, da LF, que prevê que, na falência do locatário, o contrato continua válido, mas poderá ser denunciado a qualquer tempo pelo administrador judicial.
„Gabarito "C".

(OAB/Exame Unificado – 2014.1) A assembleia geral de credores da sociedade falida "Concessionária de Veículos Pereiro Ltda." aprovou, com o voto favorável de credores que representam 3/4 (três quartos) dos créditos presentes à assembleia, a constituição de sociedade formada pelos empregados do próprio devedor.

Sobre esta modalidade de realização do ativo, assinale a afirmativa incorreta.

(A) Os empregados que vierem a integrar a futura sociedade poderão utilizar créditos derivados da legislação do trabalho para a aquisição da empresa.

(B) A constituição da sociedade formada pelos empregados do devedor depende da apresentação, pela massa falida, das certidões negativas de débitos tributários.

(C) Os bens objeto de alienação estarão livres de quaisquer ônus e não haverá sucessão da sociedade formada pelos empregados nas obrigações do devedor.

(D) A constituição de sociedade dos empregados do próprio devedor pode contar com a participação, se necessária, dos atuais sócios da falida ou de terceiros.

A: correta, nos termos do art. 145, § 2º, da Lei de Falências; **B**: incorreta, devendo ser assinalada. O art. 146 da Lei de Falências dispensa a apresentação de certidões negativas para qualquer modalidade de realização do ativo da sociedade falida; **C**: correta, nos termos do art. 145, § 1º, da Lei de Falências; **D**: correta, nos termos do art. 145, *caput*, da Lei de Falências.

Gabarito "B".

(OAB/Exame Unificado – 2012.3.B) Com relação ao efeito que a decretação da falência de um empresário ou de uma sociedade empresária produz sobre os credores, assinale a afirmativa correta.

(A) Impede a exigibilidade da massa falida do pagamento dos juros vencidos após a decretação da falência, previstos em lei ou em contrato, se o ativo apurado não bastar para o pagamento dos credores subordinados.

(B) Suspende, até o término da arrecadação dos bens do devedor, o curso da prescrição de todas as ações e execuções em face do devedor, inclusive aquelas dos credores particulares do sócio de responsabilidade ilimitada.

(C) Acarreta o vencimento antecipado dos créditos do devedor e dos sócios ilimitada e solidariamente responsáveis, e converte todos os débitos em real para dólar norte-americano, pelo câmbio do dia da decisão judicial.

(D) Extingue, em relação à massa falida, o exercício do direito de retenção sobre os bens móveis ou semoventes sujeitos à arrecadação, os quais dever o ser imediatamente entregues ao credor com privilégio especial.

A: correta, nos termos do art. 124 da LF; **B**: incorreta. Diz o art. 6.º da LF: "a decretação da falência (...) suspende o curso da prescrição e de todas as ações e execuções em face do devedor, inclusive aquelas dos credores particulares do sócio solidário"; **C**: incorreta. Os créditos em moeda estrangeira é que devem ser convertidos para real na data da decisão judicial (art. 77 da LF); **D**: incorreta. Ao contrário, a decretação da falência determina a arrecadação dos bens que estejam na posse do falido (art. 108 da LF).

Gabarito "A".

(OAB/Exame Unificado – 2010.3) A sociedade empresária denominada KLM Fábrica de Móveis Ltda. teve a sua falência decretada. No curso do processo, restou apurado que a sociedade, pouco antes do ajuizamento do requerimento que resultou na decretação de sua quebra, havia promovido a venda de seu estabelecimento, independentemente do pagamento de todos os credores ao tempo existentes, ou do consentimento destes, de modo expresso ou tácito, e sem que lhe restassem bens suficientes para solver o seu passivo.

Diante desse quadro, é correto afirmar que a alienação é:

(A) revogável por iniciativa do administrador judicial.

(B) ineficaz em relação à massa falida.

(C) anulável por iniciativa do administrador judicial.

(D) nula de pleno direito.

O trespasse, na hipótese de não restarem ao alienante do estabelecimento bens suficientes para solver o seu passivo, depende da concordância, expressa ou tácita, de todos os credores. A ausência desta diligência é considerada ato de falência. Além disso, dispõe expressamente o art. 129, VI, da Lei 11.101/2005, que é ineficaz em relação à massa falida, ao lado de outros atos do devedor. Vale anotar

que, nesta hipótese, não se exige que o trespasse seja realizado dentro do termo legal da falência.

Gabarito "B".

(OAB/Exame Unificado – 2010.1) Suponha que Maria tenha ajuizado ação de cobrança contra a pessoa jurídica Y, a qual, no curso da referida ação de conhecimento, teve sua falência decretada pelo juízo competente. Considerando essa situação hipotética, assinale a opção correta com base na legislação de regência.

(A) A decretação da falência de Y não pode suspender o curso da ação proposta por Maria.

(B) Caso a sede de Y esteja localizada fora do país, o juízo competente para a decretação da falência será o do local de sua filial no Brasil.

(C) O juízo competente para processar a ação proposta por Maria, poderá determinar, de imediato, a reserva da importância que estimar devida na falência.

(D) Se a habilitação do crédito de Maria ocorrer após a homologação do quadro geral de credores e for recebida como retardatária, Maria perderá o direito aos rateios eventualmente realizados, mas o valor de seu crédito será acrescido de juros e atualizado monetariamente até a data de sua integral satisfação.

A: incorreta, pois a *vis atractiva* do juízo falimentar determina que sejam suspensas as ações e execuções do devedor, exceto as que demandem quantia ilíquida ou que tenham competência absoluta determinada em razão da matéria (trabalhistas e tributárias, por exemplo), a partir da decretação da quebra; **B**: correta, nos exatos termos do art. 3.º da Lei 11.101/2005. Para empresas sediadas no país, a competência é determinada pelo principal estabelecimento do devedor. Já quando se tratar de empresa com sede no estrangeiro, fixar-se-á a competência pelo local da filial aqui instalada; **C**: incorreta. A Lei de Falência autoriza a reserva do numerário determinada apenas pelo juiz competente para julgar ação que demande quantia ilíquida ou do juiz trabalhista, nos termos do art. 6.º, § 3.º, da Lei 11.101/2005; **D**: incorreta, vez que as habilitações retardatárias (aquelas apresentadas após o transcurso do prazo de 15 dias contados da publicação do edital com a primeira relação de credores) não fazem jus ao cálculo de juros e demais acessórios sobre o crédito (art. 10, § 3.º, da Lei 11.101/2005).

Gabarito "B".

4.2. Recuperação judicial e extrajudicial

(OAB/Exame XXXIX) *Pedreira Anitápolis Ltda.* está passando por sérias dificuldades de fluxo de caixa a curto e médio prazo e não está conseguindo crédito no mercado financeiro para honrar seus compromissos urgentes, em especial com credores trabalhistas e por acidentes de trabalho. A sociedade empresária pretende elaborar um plano de recuperação extrajudicial para apresentar a seus credores e negociar com eles sua aprovação.

Sobre a pretensão de submeter créditos trabalhistas e por acidentes de trabalho aos efeitos da recuperação extrajudicial, assinale a afirmativa correta.

(A) Os créditos de natureza trabalhista e por acidentes de trabalho podem ser incluídos no plano de recuperação extrajudicial, mas, para a homologação, é necessária prévia negociação coletiva com o sindicato da respectiva categoria funcional.

(B) Os créditos de natureza trabalhista e por acidentes de trabalho, à semelhança do que ocorre com os créditos de natureza tributária, não podem ser incluídos

4. DIREITO EMPRESARIAL

no plano de recuperação extrajudicial, por não se sujeitarem aos efeitos da recuperação extrajudicial.

(C) Os créditos decorrentes de acidentes de trabalho, no limite máximo de 150 (cento e cinquenta) salários mínimos por empregado, podem ser incluídos no plano de recuperação extrajudicial, mas os créditos de natureza trabalhista não se sujeitam aos efeitos da recuperação extrajudicial.

(D) Os créditos de natureza trabalhista podem ser incluídos no plano de recuperação extrajudicial, mediante negociação coletiva prévia com o sindicato da respectiva categoria funcional, mas os créditos decorrentes de acidentes de trabalho não se sujeitam aos efeitos da recuperação extrajudicial.

Nos termos do art. 161, §1º, da Lei de Falências, os créditos de natureza trabalhista e de acidentes de trabalho somente integram a recuperação extrajudicial se forem objeto de negociação coletiva com o sindicato da respectiva categoria profissional. HS

Gabarito "A".

(OAB/Exame XXXV) Júlio de Castilhos, credor com garantia real da *Companhia Cruz Alta*, em recuperação judicial, após instalada a assembleia de credores em segunda convocação, propôs a suspensão da deliberação sobre a votação do plano para que três cláusulas do documento fossem ajustadas. A proposta obteve aceitação dos credores presentes e o apoio da recuperanda.

Considerando os fatos narrados, deve-se considerar a deliberação sobre a suspensão da assembleia

(A) válida, eis que é permitido aos credores decidir pela suspensão da assembleia-geral, que deverá ser encerrada no prazo de até 15 (quinze) dias, contados da data da deliberação.

(B) inválida, eis que a assembleia não pode ser suspensa diante de ter sido instalada em segunda convocação e deverá o juiz convocar nova assembleia no prazo de até 5 (cinco) dias.

(C) válida, eis que é permitido aos credores decidir pela suspensão da assembleia-geral, que deverá ser encerrada no prazo de até 90 (noventa) dias, contados da data de sua instalação.

(D) inválida, eis que a suspensão de assembleia é uma característica do procedimento de aprovação do plano especial para micro e pequenas empresas, e a recuperanda não pode utilizá-lo por ser companhia.

Nos termos do art. 56, § 9º, da Lei de Falências, a suspensão é válida se perdurar por no máximo 90 dias, contados da data da instalação da assembleia.

Gabarito "C".

(OAB/Exame XXXIV) Tibagi Verduras e Legumes Ltda. requereu sua recuperação judicial no juízo do seu principal estabelecimento, localizado em Apucarana/PR. Na petição inicial informou sua condição de microempresa, comprovando na documentação acostada seu enquadramento legal e que apresentará, oportunamente, plano especial de recuperação. Considerando as informações prestadas e as disposições da legislação sobre o plano especial de recuperação, assinale a única afirmativa correta.

(A) A sociedade devedora poderá oferecer aos credores quirografários, inclusive àqueles decorrentes de repasse de recursos oficiais, o pagamento em até 36 (trinta e seis) parcelas mensais, iguais e sucessivas, acrescidas de juros equivalentes à taxa SELIC, podendo propor o abatimento do valor das dívidas.

(B) O plano especial de recuperação deverá prever que o devedor realize o pagamento da primeira parcela aos credores sujeitos à recuperação, no prazo máximo de 360 (trezentos e sessenta) dias, contados da data da concessão da recuperação judicial.

(C) A sociedade limitada não poderá incluir no plano especial os credores titulares de propriedade fiduciária de bens móveis ou imóveis, proprietários em contrato de compra e venda com reserva de domínio, que terão preservadas as condições contratuais e as disposições legais.

(D) Por se tratar de devedora microempresa e em razão do tratamento favorecido que lhe é dispensado, o plano especial de recuperação poderá ser apresentado em até 60 (sessenta) dias, contados da data do pedido de recuperação, admitida uma única prorrogação e por igual prazo.

A: incorreta. O plano especial abrange todos os créditos, ainda que não vencidos, e não prevê os repasses de recursos oficiais (art. 71, I, da Lei de Falências); B: incorreta. O prazo máximo é de 180 dias (art. 71, III, da Lei de Falências); C: correta, nos termos do art. 49, § 3º, da Lei de Falências; D: incorreta. Mesmo para as microempresas não há previsão de extensão de prazo.

Gabarito "C".

(OAB/Exame Unificado – 2020.2) A sociedade Nerópolis Fretamentos de Cargas Ltda. está passando por grave crise financeira e precisa, com a máxima urgência, pleitear recuperação judicial. A pedido de um dos administradores, o sócio Irapuan Pinheiro, titular de 70% do capital social, autorizou o pedido de recuperação judicial por esse administrador, o que foi feito.

Acerca da situação narrada, assinale a afirmativa correta.

(A) A conduta do sócio Irapuan Pinheiro foi ilícita, pois somente por decisão unânime dos sócios é possível pleitear a recuperação judicial de sociedade limitada.

(B) A conduta do administrador foi lícita, pois é dispensável, em qualquer caso, a manifestação da assembleia de sócios para o pedido de recuperação judicial de sociedade limitada.

(C) A conduta do sócio Irapuan Pinheiro foi lícita, pois, em caso de urgência, é possível a qualquer sócio titular de mais da metade do capital social autorizar os administradores a requerer recuperação judicial.

(D) A conduta do administrador foi ilícita, pois deveria ter sido convocada assembleia de sócios para deliberar sobre a matéria com quórum de, no mínimo, 3/4 (três quartos) do capital social.

O caso concreto descrito no enunciado se amolda ao art. 1.072, § 4º, do Código Civil, que autoriza o administrador a "requerer concordata preventiva" em caso de urgência, desde que esteja autorizado por sócios que representem mais da metade do capital social. Vale destacar que o citado dispositivo legal demanda interpretação histórica, considerando que ainda não foi atualizado – então, onde está escrito "concordata preventiva", devemos ler "recuperação judicial", vez que aquela foi substituída por esta desde a Lei nº 11.101/2005.

Gabarito "C".

(OAB/Exame Unificado – 2020.1) José da Silva, credor de sociedade empresária, consulta você, como advogado(a), para obter orientação quanto aos efeitos de uma provável convolação de recuperação judicial em falência.

Em relação à hipótese apresentada, analise as afirmativas a seguir e assinale a única correta.

(A) Os créditos remanescentes da recuperação judicial serão considerados habilitados quando definitivamente incluídos no quadro-geral de credores, tendo prosseguimento as habilitações que estiverem em curso.

(B) As ações que devam ser propostas no juízo da falência estão sujeitas à distribuição por dependência, exceto a ação revocatória e a ação revisional de crédito admitido ao quadro geral de credores.

(C) A decretação da falência determina o vencimento antecipado das dívidas do devedor quanto aos créditos excluídos dos efeitos da recuperação judicial; quanto aos créditos submetidos ao plano de recuperação, são mantidos os prazos nele estabelecidos e homologados pelo juiz.

(D) As ações intentadas pelo devedor durante a recuperação judicial serão encerradas, devendo ser intimado o administrador judicial da extinção dos feitos, sob pena de nulidade do processo.

A: correta, nos termos do art. 80 da Lei 11.101/2005; **B:** incorreta. Também a ação revocatória e a ação revisional de crédito são atraídas ao juízo universal da falência e devem ser distribuídas por dependência a este; **C:** incorreta. A Lei de Falências não faz qualquer distinção entre as dívidas em caso de convolação da recuperação judicial em falência: a todas elas será aplicado o art. 77 da LF, que impõe o vencimento antecipado; **D:** incorreta. As ações nas quais a massa falida seja autora prosseguirão, sendo esta representada pelo Administrador Judicial (art. 22 III, "n", da Lei de Falências), dado o interesse dos credores no eventual crédito decorrente da procedência dos pedidos.
Gabarito "A".

(OAB/Exame Unificado – 2019.1) Indústria de Celulose Três Rios Ltda. requereu homologação de plano de recuperação extrajudicial no lugar do seu principal estabelecimento.

No plano de recuperação apresentado há um crédito quirografário em moeda estrangeira, com pagamento segundo a variação cambial do euro. Foi prevista ainda pelo devedor a supressão da variação cambial pela substituição da moeda euro pelo real.

O plano foi aprovado por credores que titularizam mais de três quintos dos créditos de cada classe, mas Licínio, o credor titular deste crédito, não o assinou.

De acordo com as disposições legais para homologação da recuperação extrajudicial, assinale a afirmativa correta.

(A) O plano pode ser homologado porque, mesmo sem a assinatura de Licínio, houve aprovação por credores que titularizam mais de três quintos dos créditos de cada classe.

(B) O plano não pode ser homologado porque, diante da supressão da variação cambial, o credor Licínio pode vetar sua aprovação, qualquer que seja o quórum de aprovação.

(C) O plano pode ser homologado porque o consentimento expresso de Licínio só é exigido para os créditos com garantia real, não se aplicando a exigência aos créditos quirografários.

(D) O plano não pode ser homologado por não ter atingido o quórum mínimo de aprovação, independentemente da supressão da cláusula de variação cambial.

Titulares de alguns créditos específicos possuem poderes de vetar o plano de recuperação extrajudicial se este contrariar frontalmente as garantias que detêm. É o caso dos créditos em moeda estrangeira, nos quais a variação cambial só pode ser afastada se o credor titular do respectivo crédito aprovar expressamente tal previsão (art. 163, §5°, da Lei 11.101/2005).
Gabarito "B".

(OAB/Exame Unificado – 2018.3) A Fazenda Pública do Estado de Pernambuco ajuizou ação de execução fiscal em face de sociedade empresária. No curso da demanda, houve o processamento da recuperação judicial da sociedade.

Em relação à execução fiscal em curso, assinale a afirmativa correta.

(A) Fica suspensa com o processamento da recuperação até seu encerramento.

(B) Não é suspensa com o processamento da recuperação judicial.

(C) Fica suspensa com o processamento da recuperação judicial até o máximo de 180 (cento e oitenta) dias.

(D) É extinta com o processamento da recuperação judicial.

A execução fiscal está entre as exceções relacionadas à suspensão das ações individuais em face do devedor em caso de recuperação judicial (art. 6°, § 7°-B, da Lei 11.101/2005), seguindo seu curso normal até o trânsito em julgado da decisão, ressalvada a possibilidade do juízo da recuperação judicial determinar a suspensão de atos de constrição sobre bens de capital essenciais à manutenção da atividade.
Gabarito "B".

(OAB/Exame Unificado – 2018.1) Concessionária de Veículos Primeira Cruz Ltda. obteve concessão de sua recuperação judicial. Diante da necessidade de alienação de bens do ativo permanente, não relacionados previamente no plano de recuperação, foi convocada assembleia geral de credores.

A proposta de alienação foi aprovada em razão do voto decisivo da credora Dutra & Corda Representações Ltda., cujo sócio majoritário P. Dutra tem participação de 32% (trinta e dois por cento) no capital da sociedade recuperanda.

Com base nesses dados, é correto afirmar que

(A) a decisão é nula de pleno direito, pois a pretensão de alienação de bens do ativo permanente, não relacionados no plano, enseja a convolação da recuperação judicial em falência.

(B) o voto da sociedade Dutra & Corda Representações Ltda. não poderia ter sido considerado para fins de verificação do quórum de instalação e de deliberação da assembleia geral.

(C) a decisão assemblear é anulável, pois a sociedade Dutra & Corda Representações Ltda., como credora, não poderia ter participado nem proferido voto na assembleia geral.

(D) a assembleia é nula, pois a autorização para a alienação de bens do ativo permanente, não relacionados no plano de recuperação judicial, é prerrogativa exclusiva do administrador judicial.

4. DIREITO EMPRESARIAL 325

A situação narrada se enquadra no art. 43 da Lei de Falências, que estabelece que o credor que tiver como sócio pessoa física que detenha mais de 10% do capital social da devedora poderá participar da assembleia, mas não terá direito a voto e não será computado para cálculo dos quóruns de instalação e deliberação.
Gabarito "B".

(OAB/Exame Unificado – 2017.3) A sociedade empresária Pará de Minas Veículos Ltda. pretende requerer sua recuperação judicial. Ao analisar a minuta de petição inicial, o gerente administrativo listou os impedimentos ao pedido de recuperação.

Assinale a opção que apresenta um desses impedimentos.

(A) O devedor ter, há menos de 5 (cinco) anos, obtido concessão de recuperação judicial.

(B) O devedor possuir ativo que não corresponda a, pelo menos, 50% (cinquenta por cento) do passivo quirografário.

(C) O devedor deixar de requerer sua autofalência nos 30 (trinta) dias seguintes ao vencimento de qualquer obrigação líquida.

(D) A sociedade ter como administrador pessoa condenada por crime contra o patrimônio ou contra a fé pública.

A: correta, nos termos do art. 48, II, da Lei de Falências; B: incorreta, não há qualquer requisito relacionado à proporção entre ativo e passivo; C: incorreta. A autofalência, a despeito de ser tratada pelo art. 105 da LF como uma obrigação do empresário, não gera qualquer penalidade caso não seja requerida; D: incorreta. Os crimes que impedem a concessão de recuperação judicial são apenas os crimes falimentares (art. 48, IV, da Lei de Falências).
Gabarito "A".

(OAB/Exame Unificado – 2017.2) Você participou da elaboração, apresentação e negociação do plano de recuperação extrajudicial de devedor sociedade empresária. Tendo sido o plano assinado por todos os credores por ele atingidos, seu cliente o contratou para requerer a homologação judicial.

Assinale a opção que indica o juízo em que deverá ser apresentado o pedido de homologação do plano de recuperação extrajudicial.

(A) O juízo da sede do devedor.

(B) O juízo do principal estabelecimento do devedor.

(C) O juízo da sede ou de qualquer filial do devedor.

(D) O juízo do principal estabelecimento ou da sede do devedor.

Nos termos do art. 3º da Lei de Falências, é competente para homologação do plano de recuperação extrajudicial o juízo do principal estabelecimento do devedor. Ainda paira alguma divergência na doutrina sobre a definição do principal estabelecimento – para alguns, seria onde se localiza a diretoria, o centro de tomada de decisões sobre a atividade; para outros, o local do maior volume de negócios. RB
Gabarito "B".

(OAB/Exame Unificado – 2016.2) Mostardas, Tavares & Cia Ltda. EPP requereu sua recuperação judicial tendo o pedido sido despachado pelo juiz com a nomeação de Frederico Portela como administrador judicial. Em relação à remuneração do administrador judicial, será observada a seguinte regra:

(A) a remuneração não excederá 5% (cinco por cento) do valor devido aos credores submetidos à recuperação judicial.

(B) caberá ao devedor arcar com as despesas relativas à remuneração do administrador judicial e das pessoas eventualmente contratadas para auxiliá-lo.

(C) a remuneração deverá ser paga até o final do encerramento da verificação dos créditos e publicação do quadro de credores.

(D) será devida remuneração proporcional ao trabalho realizado quando o administrador judicial for destituído por descumprimento de deveres legais.

A: incorreta. O limite da remuneração do administrador judicial, caso a recuperação seja deferida a microempresa ou empresa de pequeno porte, será de 2% (art. 24, §5º, da Lei nº 11.101/2005; B: correta, nos termos do art. 25 da Lei nº 11.101/2005; C: incorreta. A remuneração do administrador judicial será feita em duas partes: 60% junto com o pagamento dos credores e os outros 40% somente após o encerramento da recuperação judicial (art. 24, §2º, da Lei nº 11.101/2005); D: incorreta. Nesse caso, o administrador judicial não terá direito a qualquer remuneração (art. 24, §3º, da Lei nº 11.101/2005).
Gabarito "B".

(OAB/Exame Unificado – 2015.3) Calçados Machadinho Ltda. requereu sua recuperação judicial e o pedido foi devidamente processado. O devedor não alterou, no plano de recuperação, o valor ou as condições originais de pagamento do crédito de Curtume Arroio do Sal Ltda. EPP, referentes ao contrato de fornecimento de couro sintético, no valor de R$ 288.000,00 (duzentos e oitenta e oito mil reais). Com base nessas informações e nas disposições da Lei nº 11.101/2005, assinale a afirmativa correta.

(A) A credora não terá direito a voto nas assembleias de credores realizadas durante a recuperação judicial e o crédito não será considerado para fins de verificação de quórum de deliberação.

(B) O crédito será novado com a concessão da recuperação judicial, após a aprovação do plano pela assembleia de credores, como todos os demais créditos sujeitos à recuperação.

(C) A credora poderá votar nas assembleias de credores realizadas durante a recuperação, com base no valor de seu crédito, na classe dos credores microempresários e empresários de pequeno porte (Classe 4).

(D) A partir do processamento da recuperação judicial, é permitido à credora ajuizar ação de cobrança em face do devedor pela manutenção das condições originais de pagamento do crédito no plano de recuperação.

A, B e C: o credor que não tiver alterada qualquer condição de seu crédito junto ao devedor em recuperação judicial não terá direito a voto nem terá seu crédito considerado para fins de deliberação na assembleia de credores. Logo, correta a alternativa "A" (art. 45, §3º, da Lei nº 11.101/2005); D: incorreta. Todos os créditos se sujeitam à recuperação judicial, mesmo que não tenham suas condições alteradas pelo plano (art. 49 da Lei nº 11.101/2005), de sorte que o deferimento do pedido de processamento suspende as ações e execuções em face do devedor (art. 6º, §4º, da Lei nº 11.101/2005).
Gabarito "A".

(OAB/Exame Unificado – 2014.2) Passa Sete Serviços Médicos S/A apresentou a seus credores plano de recuperação extrajudicial, que obteve a aprovação de mais de quatro quintos dos créditos de todas as classes por ele abrangidas. O plano estabeleceu a produção de efeitos anteriores à homologação judicial, exclusivamente, em relação à forma de pagamento dos credores signatários que a ele aderiram, alterando o valor dos créditos com deságio de 30% (trinta por cento). A companhia consultou seu advogado, que se pronunciou corretamente sobre o caso, da seguinte forma:

(A) o plano não pode estabelecer a produção de efeitos anteriores à homologação, devendo o juiz indeferir sua homologação, permitindo, contudo, novo pedido, desde que sanada a irregularidade.

(B) o plano não pode estabelecer a produção de efeitos anteriores à homologação, devendo o juiz negar liminarmente sua homologação e decretar a falência.

(C) é lícito que o plano estabeleça a produção de efeitos anteriores à homologação, desde que exclusivamente em relação à modificação do valor ou da forma de pagamento dos credores signatários.

(D) é lícito que o plano estabeleça a produção de efeitos anteriores à homologação, desde que exclusivamente em relação à supressão da garantia ou sua substituição de bem objeto de garantia real.

Nos termos do previsto no art. 165, *caput* e § 1º, da Lei nº 11.101/2005, o plano de recuperação extrajudicial produz efeitos, em regra, somente após sua homologação judicial. Poderá, porém, prever a produção de efeitos a ela anteriores, desde que se restrinjam à modificação do valor ou da forma de pagamento dos credores signatários.
Gabarito "C".

(OAB/Exame Unificado – 2013.3) Laranja da Terra Comércio de Frutas Ltda. requereu sua recuperação judicial e o pedido foi distribuído para a 2ª Vara Cível.

A distribuição do pedido de recuperação produziu como efeito

(A) a nomeação pelo juiz do administrador judicial dentre os maiores credores da sociedade em recuperação judicial.

(B) a suspensão das ações e execuções ajuizadas anteriormente ao pedido em face do devedor por até 180 (cento e oitenta) dias.

(C) a proibição de alienação ou oneração de bens ou direitos do ativo permanente, salvo evidente utilidade reconhecida pelo juiz, ouvido o Comitê.

(D) o afastamento imediato dos administradores e sócios controladores da sociedade até a deliberação dos credores sobre o plano de recuperação.

A: incorreta. A indicação do administrador judicial ocorrerá somente após o deferimento do processamento da recuperação judicial pelo juiz (art. 52, I, da Lei de Falências); **B:** incorreta. Tal medida somente se dá *após* o deferimento do processamento da recuperação judicial pelo juiz (art. 52, III, da Lei de Falências); **C:** correta, nos termos do art. 66 da Lei de Falências; **D:** incorreta. O afastamento dos administradores e sócios controladores é medida excepcional no campo da recuperação judicial, a qual só ocorrerá nas hipóteses do art. 64 da Lei de Falências.
Gabarito "C".

(OAB/Exame Unificado – 2013.2) Uma sociedade empresária atuante no mercado imobiliário, com sede e principal estabelecimento na cidade de Pedro Afonso, obteve concessão de sua recuperação judicial. Diante da necessidade de alienação de bens do ativo permanente, não relacionados previamente no plano de recuperação, foi

convocada assembleia geral de credores. A proposta de alienação foi aprovada em razão do voto decisivo da credora Tuntum Imperatriz Representações Ltda., cujo sócio majoritário tem participação de 25% no capital da sociedade recuperanda.

Com base nas disposições da Lei 11.101/2005 (Lei de Falências e Recuperação Judicial de Empresas), assinale a afirmativa correta.

(A) A decisão é nula de pleno direito, pois a pretensão de alienação de bens do ativo permanente, não relacionados no plano, enseja a convolação da recuperação judicial em falência.

(B) A autorização para a alienação de bens do ativo permanente, não relacionados no plano de recuperação judicial, é uma prerrogativa exclusiva do administrador judicial.

(C) O voto de Tuntum Imperatriz Representações Ltda. não poderia ter sido considerado para fins de verificação do *quorum* de instalação e de deliberação da assembleia geral.

(D) A decisão assemblear é anulável, pois a sociedade Tuntum Imperatriz Representações Ltda. como credora, não poderia ter participado da assembleia geral.

A e B: incorretas. É possível a venda de bens do ativo permanente, mesmo não relacionados no plano de recuperação, mediante autorização do juiz; **C:** correta, nos termos do art. 43 da Lei 11.101/2005, que proíbe a contagem do crédito titulado por pessoa jurídica da qual o sócio da empresa devedora participa com mais de 10% do capital social; **D:** incorreta. A participação da credora é permitida, porém ela não possui direito a voto e não deve seu crédito ser computado no *quorum* de deliberação (art. 43 da Lei 11.101/2005).
Gabarito "C".

(OAB/Exame Unificado – 2013.1) Com relação às atribuições do Comitê de Credores, quando constituído no âmbito da recuperação judicial, assinale a afirmativa correta.

(A) Fiscalizar a execução do plano de recuperação judicial.

(B) Fornecer, com presteza, todas as informações exigidas pelos credores interessados.

(C) Consolidar o quadro geral de credores e providenciar sua publicação.

(D) Apresentar ao juiz, para juntada aos autos, relatório mensal das atividades do devedor.

A única alternativa que apresenta uma atribuição do Comitê de Credores é a letra "A" (art. 27, II, *b*, da Lei 11.101/2005). Todas as demais referem-se a obrigações do administrador judicial (art. 22 da Lei 11.101/2005).
Gabarito "A".

(OAB/Exame Unificado – 2011.2) A respeito do Administrador Judicial, no âmbito da recuperação judicial, é correto afirmar que:

(A) o Administrador Judicial, pessoa física, pode ser formado em Engenharia.

(B) perceberá remuneração fixada pelo Comitê de Credores.

(C) será escolhido pela Assembleia Geral de Credores.

(D) somente pode ser destituído pelo Juízo da Falência na hipótese de, após intimado, não apresentar, no prazo de 5 (cinco) dias, suas contas ou os relatórios previstos na Lei 11.101/2005.

4. DIREITO EMPRESARIAL

Administrador judicial é pessoa nomeada pelo juiz na sentença declaratória de falência ou no deferimento da recuperação judicial para cumprir as atribuições constantes do art. 22 da Lei 11.101/2005. Exige a lei que seja profissional idôneo, *preferencialmente* advogado economista, administrador de empresas ou contador, ou ainda pessoa jurídica especializada (art. 21 da Lei 11.101/2005). Nada obsta, portanto, que seja engenheiro. Sua remuneração é fixada pelo juiz (art. 24 da Lei 11.101/2005). O administrador judicial pode ser destituído pelo juiz sempre que sua atuação se pautar em desobediência aos preceitos legais, descumprimento de deveres, omissão, negligência ou prática de ato lesivo às atividades do devedor ou a terceiros (art. 31 da Lei 11.101/2005). A alternativa "E" traz uma dessas hipóteses, mas está errada ao dizer que "somente pode ser destituído" nesse caso.
Gabarito "A".

5. CONTRATOS EMPRESARIAIS

(OAB/Exame XXXIX) *Pastifício Ponte Serrada S/A* celebrou contrato de comissão com Eloi Mendes para aquisição de cereais. O negócio foi efetuado pelo comissário conforme as instruções recebidas, mas a vendedora, *Cerealista Campos Novos Ltda.*, ficou inadimplente na entrega do produto.

Considerando-se que o contrato de comissão celebrado entre *Pastifício Ponte Serrada S/A* e Eloi Mendes não contém cláusula *del credere*, assinale a afirmativa correta.

(A) O comissário não responde perante o comitente pelo inadimplemento do vendedor *Cerealista Campos Novos Ltda.*, devendo o segundo suportar os prejuízos advindos.

(B) Tanto o comissário quanto o vendedor *Cerealista Campos Novos Ltda.* respondem solidariamente perante o comitente pelos prejuízos advindos.

(C) Apenas o comissário responde perante o comitente pelos prejuízos advindos do inadimplemento do vendedor *Cerealista Campos Novos Ltda.*

(D) O comissário e o vendedor *Cerealista Campos Novos Ltda.* respondem solidariamente perante o comitente pelos prejuízos advindos, mas o primeiro apenas em caráter subsidiário.

Nos contratos de comissão, como regra, o comissário não responde pelo inadimplemento das pessoas com quem tratar, exceto se houver expressa a cláusula *del credere*, quando ele (comissário) terá direito a remuneração maior. Como o enunciado traz a informação de que tal cláusula não foi convencionada no caso em exame, correta a alternativa "A" (arts. 697 e 698 do CC). HS
Gabarito "A".

(OAB/Exame XXXIV) Em 2019 foram estabelecidas, inicialmente por medida provisória posteriormente convertida na Lei nº 13.874, normas de proteção à livre-iniciativa e ao livre exercício de atividade econômica e disposições sobre a atuação do Estado como agente normativo e regulador.

Em relação aos contratos empresariais, assinale a afirmativa correta.

(A) Os contratos empresariais são presumidos paritários e simétricos, exceto diante da presença na relação jurídica de um empresário individual ou empresa individual de responsabilidade limitada.

(B) As partes negociantes poderão estabelecer parâmetros objetivos para a interpretação das cláusulas negociais e de seus pressupostos de revisão ou de resolução.

(C) A alocação de riscos definida pelas partes deverá ser respeitada e observada, porém até o ponto em que o Estado julgue, discricionariamente, que deve intervir no exercício da atividade econômica.

(D) A revisão contratual ocorrerá de maneira excepcional e ilimitada sempre que uma das partes for vulnerável, sendo que, no caso de microempresas e empresas de pequeno porte, essa presunção é absoluta.

A: incorreta, não há qualquer ressalva na presunção de paridade e simetria (art. 421-A do CC); **B:** correta, nos termos do art. 421-A, I, do CC; **C:** incorreta, igualmente pela inexistência de qualquer ressalva (art. 421-A, II, do CC); **D:** incorreta. A revisão é limitada e não há proteção específica às micro e pequenas empresas (art. 421-A, III, do CC).
Gabarito "B".

(OAB/Exame Unificado – 2020.1) Duas sociedades empresárias celebraram contrato de agência com uma terceira sociedade empresária, que assumiu a obrigação de, em caráter não eventual e sem vínculos de dependência com as proponentes, promover, à conta das primeiras, mediante retribuição, a realização de certos negócios com exclusividade, nos municípios integrantes da região metropolitana de Curitiba/PR.

Ficou pactuado que as proponentes conferirão poderes à agente para que esta as represente, como mandatária, na conclusão dos contratos. Antônio Prado, sócio de uma das sociedades empresárias contratantes, consulta seu advogado quanto à legalidade do contrato, notadamente da delimitação de zona geográfica e da concessão de mandato ao agente.

Sobre a hipótese apresentada, considerando as disposições legais relativas ao contrato de agência, assinale a afirmativa correta.

(A) Não há ilegalidade quanto à delimitação de zona geográfica para atuação exclusiva do agente, bem como em relação à possibilidade de ser o agente mandatário das proponentes, por serem características do contrato de agência.

(B) Há ilegalidade na fixação de zona determinada para atuação exclusiva do agente, por ferir a livre concorrência entre agentes, mas não há ilegalidade na outorga de mandato ao agente para representação das proponentes.

(C) Há ilegalidade tanto na outorga de mandato ao agente para representação dos proponentes, por ser vedada qualquer relação de dependência entre agente e proponente, e também quanto à fixação de zona determinada para atuação exclusiva do agente.

(D) Não há ilegalidade quanto à fixação de zona determinada para atuação exclusiva do agente, mas há ilegalidade quanto à concessão de mandato do agente, porque é obrigatório por lei que o agente apenas faça a mediação dos negócios no interesse do proponente.

A outorga de mandato e a exclusividade de zona são permitidos no contrato de agência desde que expressamente pactuados, nos termos dos arts. 710, parágrafo único, e 711, primeira parte, do CC. Logo, não há qualquer ilegalidade no caso em exame.
Gabarito "A".

(OAB/Exame Unificado – 2019.3) Nos contratos de comissão, corretagem e agência, é dever do corretor, do comissário e do agente atuar com toda diligência, atendo-se às instruções recebidas da parte interessada. Apesar dessa característica comum, cada contrato conserva sua tipicidade em razão de seu *modus operandi*.

A esse respeito, assinale a afirmativa correta.

(A) O agente pratica, em nome próprio, os atos a ele incumbidos à conta do proponente; o comissário não pode tomar parte – sequer como mandatário – nos negócios que vierem a ser celebrados em razão de sua intermediação; o corretor pode receber poderes do cliente para representá-lo na conclusão dos contratos.

(B) O comissário pratica, em nome próprio, os atos a ele incumbidos à conta do comitente; o corretor não pode tomar parte – sequer como mandatário – nos negócios que vierem a ser celebrados em razão de sua mediação; o agente pode receber poderes do proponente para representá-lo na conclusão dos contratos.

(C) O corretor pratica, em nome próprio, os atos a ele incumbidos à conta do cliente; o agente não pode tomar parte – sequer como mandatário – nos negócios que vierem a ser celebrados no interesse do proponente; o comissário pode receber poderes do comitente para representá-lo na conclusão dos contratos.

(D) Tanto o comissário quanto o corretor praticam, em nome próprio, os atos a eles incumbidos pelo comitente ou cliente, mas o primeiro tem sua atuação restrita à zona geográfica fixada no contrato; o agente deve atuar com exclusividade tão somente na mediação para realização de negócios em favor do proponente.

A questão trata das semelhanças e diferenças nos contratos de colaboração, especificamente sobre a questão da possibilidade do empresário contratado poder agir em nome do contratante. No caso do contrato de comissão, tal atuação é inerente ao negócio jurídico: o comissário pratica, em nome próprio, os negócios jurídicos de interesse do comitente, à conta deste (art. 693 do CC); já na corretagem, é proibido ao corretor tomar parte nos contratos, ainda que sob o manto de um mandato (art. 722 do CC); por fim, na agência, é possível a outorga de mandato ao agente, desde que expressamente pactuado (art. 710, parágrafo único, do CC).
Gabarito "B".

(OAB/Exame Unificado – 2018.1) Paulo precisa de um veículo automotor para entregar os produtos de seu estabelecimento aos clientes, mas não tem numerário para adquiri-lo. Ele foi aconselhado por sua advogada a celebrar um contrato de arrendamento mercantil.

Assinale a opção que indica as faculdades do arrendatário ao final desse contrato.

(A) Devolver o bem ao arrendador, renovar o contrato ou exercer opção de compra.

(B) Subarrendar o bem a terceiro ou exercer opção de compra.

(C) Subarrendar o bem a terceiro, renovar o contrato ou exercer opção de compra.

(D) Devolver o bem ao arrendador ou renovar o contrato.

O contrato de arrendamento mercantil (*leasing*) caracteriza-se pela possibilidade de escolha do arrendatário em comprar o bem, devolvê-lo ou renovar o contrato ao final do prazo estipulado (art. 5º da Lei 6.099/1974).
Gabarito "A".

(OAB/Exame Unificado – 2017.3) O administrador da sociedade empresária Dutra & Filhos Comércio de Alimentos Ltda. consulta seu advogado para orientá-lo sobre o contrato apropriado para o aumento de sua capacidade de distribuição.

A intenção da pessoa jurídica é celebrar um contrato pelo qual possa receber a posse direta de veículos, que serão indicados por ela ao proprietário, para utilizá-los por prazo determinado, mediante o pagamento de prestações mensais durante a vigência do contrato. Ao termo final, a cliente deseja ter a possibilidade de adquirir os veículos ao invés de ser obrigada a devolvê-los ao proprietário ou renovar o contrato.

Assinale a opção que indica o contrato apropriado para a sociedade empresária.

(A) Locação a prazo determinado.

(B) Cessão de uso a título oneroso.

(C) Compra e venda a prazo.

(D) Arrendamento mercantil.

O enunciado descreve com precisão o conceito de arrendamento mercantil (arts. 1º e 5º da Lei 6.099/1974).
Gabarito "D".

(OAB/Exame Unificado – 2017.2) Brito contratou os serviços da corretora Geru para mediar a venda de um imóvel em Estância. O cliente ajustou com a corretora verbalmente que lhe daria exclusividade, fato presenciado por cinco testemunhas.

A corretora, durante o tempo de vigência do contrato (seis meses), anunciou o imóvel em veículos de comunicação de Estância, mas não conseguiu concretizar a venda, realizada diretamente por Brito com o comprador, sem a mediação da corretora.

Considerando as informações e as regras do Código Civil quanto ao pagamento de comissão, assinale a afirmativa correta.

(A) A corretora não faz jus ao pagamento da comissão, porque o contrato de corretagem foi celebrado por prazo determinado.

(B) A corretora faz jus ao pagamento da comissão, porque a corretagem foi ajustada com exclusividade, ainda que verbalmente.

(C) A corretora não faz jus ao pagamento da comissão, porque o negócio foi iniciado e concluído diretamente entre as partes, sem a sua mediação.

(D) A corretora faz jus ao pagamento da comissão, porque envidou todos os esforços para o êxito da mediação, que não se concluiu por causa alheia à sua vontade.

Correta a letra "C", nos termos do art. 726 do CC, que dispõe que, no caso do negócio ser concluído diretamente entre as partes, o corretor somente terá direito à remuneração se houver cláusula de exclusividade ajustada **por escrito**. RB
Gabarito "C".

(OAB/Exame Unificado – 2012.3.A) Primavera do Leste Arrendamento Mercantil S.A. ajuizou ação de reintegração de posse de bem arrendado à sociedade empresária Vila Bela Distribuidora de Jornais e Revistas Ltda., em face do não pagamento das prestações nos vencimentos. O contrato de arrendamento mercantil prevê resolução de pleno direito em caso de qualquer inadimplemento da arrendatária.

O juiz extinguiu o processo sem resolução de mérito porque:

(A) no contrato de arrendamento mercantil, ainda que haja cláusula resolutiva expressa, é necessária a notificação prévia do arrendatário para constituí-lo em mora.

(B) nos contratos de arrendamento mercantil celebrados entre a arrendadora e as sociedades empresárias é vedada a aposição de cláusula resolutiva expressa.

(C) a ação cabível para a retomada do bem em poder do arrendatário pela arrendadora é a ação de depósito, com pedido de liminar de reintegração de posse.

(D) como no contrato de arrendamento mercantil há opção de compra pela arrendatária, a propriedade da arrendadora é resolúvel, sendo incabível ação possessória.

A: correta, nos termos da Súmula 369 do STJ; **B:** incorreta. A cláusula resolutiva expressa é permitida se livremente pactuada pelas partes; **C:** incorreta. No *leasing*, o arrendatário exerce somente a posse direta da coisa arrendada. Com a resolução do contrato, é direito do credor, proprietário do bem, reaver sua posse e o instrumento para tanto é justamente a ação possessória; **D:** incorreta. A opção de compra pela arrendatária realmente é inerente ao contrato de *leasing*, mas não torna resolúvel a propriedade da arrendadora na medida em que a arrendatária apenas exerce a posse direta do bem.
Gabarito "A".

(OAB/Exame Unificado – 2011.1) É uma cláusula acessória ao contrato de comissão, no qual o comissário assume o gravame de responder solidariamente pela insolvência das pessoas com quem contratar em nome do comitente. Essa cláusula é denominada:

(A) pacto comissório.

(B) *hedge*.

(C) *del credere*.

(D) venda com reserva de domínio.

O enunciado descreve corretamente o conceito da cláusula *del credere*. Pacto comissório era cláusula inserida no contrato de compra e venda permitindo a resolução do contrato, caso o comprador não adimplisse suas obrigações em certo prazo, a qual estava prevista no art. 1.163 do CC/1916 e não foi repetida no CC/2002. *Hedge* é termo do mercado financeiro, representando uma operação que visa a proteger outra contra o risco de grandes variações de preço. Venda com reserva de domínio, por sua vez, está prevista no art. 521 do CC e permite ao vendedor continuar sendo o proprietário da coisa vendida até que o comprador pague integralmente o respectivo preço.
Gabarito "C".

(OAB/Exame Unificado – 2011.1) Contrato oneroso, em que alguém assume, em caráter profissional e sem vínculo de dependência, a obrigação de promover, em nome de outrem, mediante retribuição, a efetivação de certos negócios, em determinado território ou zona de mercado. A definição acima corresponde a que tipo de contrato empresarial?

(A) Comissão mercantil.

(B) Agência.

(C) Corretagem.

(D) Mandato.

A alternativa dada como correta é a agência. Com efeito, é a que mais se aproxima do conceito exposto, conforme a leitura do art. 710 do CC. Entretanto, melhor seria dizer que, no contrato de agência, o agente promove "à conta de outrem" a realização de certos negócios, e não "em nome de outrem". Isto porque as expressões não são sinônimas: contratar "em nome de alguém" significa dizer que este contratante está representando um terceiro e assina o contrato em seu lugar, como ocorre no mandato; já promover negócios "à conta de outrem" indica que é o próprio terceiro que irá figurar no contrato, assumindo os riscos do negócio. O agente, que promove negócios à conta de outrem, não participa nem aparece no contrato, nem mesmo assinando em nome do agenciado.
Gabarito "B".

6. PROPRIEDADE INDUSTRIAL

(OAB/Exame XXXVII) A proteção dos direitos relativos à propriedade industrial, por meio da concessão do direito de exclusividade para exploração da criação pelo seu titular, considerado seu interesse social e o desenvolvimento tecnológico e econômico do país, efetua-se mediante concessão de registro

(A) de marca.

(B) para o nome empresarial.

(C) para o título de estabelecimento.

(D) de obras literárias, arquitetônicas, artísticas.

A questão merece críticas, porque não traz os dois institutos voltados à garantia da propriedade intelectual: a patente e o registro (que pode ser de marca ou de desenho industrial). Ainda assim, as alternativas "B", "C" e "D" são manifestamente erradas, pois tais criações não se sujeitam à proteção registrária da Lei nº 9.279/96, razão pela qual a questão não foi anulada e o gabarito oficial confirma a alternativa "A". HS
Gabarito "A".

(OAB/Exame Unificado – 2019.3) Amambaí Inovação e Engenharia S/A obteve, junto ao Instituto Nacional da Propriedade Industrial (INPI), patente de invenção no ano de 2013. Dois anos após, chegou ao conhecimento dos administradores a prática de atos violadores de direitos de patente. No entanto, a ação para reparação de dano causado ao direito de propriedade industrial só foi intentada no ano de 2019.

Você é consultado(a), como advogado(a), sobre o caso. Assinale a opção que apresenta seu parecer.

(A) A reparação do dano causado pode ser pleiteada, porque o direito de patente é protegido por 20 (vinte) anos, a contar da data do depósito.

(B) A pretensão indenizatória, na data da proposição da ação, encontrava-se prescrita, em razão do decurso de mais de 3 (três) anos.

(C) A pretensão indenizatória, na data da proposição da ação, não se encontrava prescrita porque o prazo de 5 (cinco) anos não havia se esgotado.

(D) A reparação do dano causado não pode ser pleiteada, porque a patente concedida não foi objeto de licenciamento pelo seu titular.

Nos termos do art. 225 da Lei 9.279/1996, a pretensão indenizatória em caso de ofensa a direito de propriedade intelectual prescreve em 5 anos. Como o enunciado não traz informações sobre a data em que o ato ilícito ocorreu, podemos presumir que este se deu "dois anos após" a concessão da patente, ou seja, em 2015. Logo, em 2019 o lustro prescricional ainda não tinha se esgotado.

Gabarito "C".

(OAB/Exame Unificado – 2015.1) A respeito dos legitimados, assinale a opção que indica as pessoas que podem requerer patente de invenção ou modelo de utilidade, de acordo com a Lei 9.279/96.

(A) O próprio autor, se maior de 18 anos, os herdeiros ou sucessores do autor, o cessionário ou o empregador ou tomador de serviços, no caso de patente desenvolvida por empregado ou prestador de serviço.

(B) O próprio autor, os herdeiros ou sucessores do autor, o cessionário ou aquele a quem a lei ou o contrato de trabalho ou de prestação de serviços determinar que pertença a titularidade da patente ou do modelo de utilidade.

(C) O próprio autor, pessoa natural ou sociedade empresária, o cessionário da patente ou aquele a quem a lei ou o contrato de trabalho ou de prestação de serviços determinar que pertença a titularidade da patente ou do modelo de utilidade.

(D) O próprio autor, os herdeiros ou sucessores do autor até 5 (cinco) anos da data do óbito, o cessionário ou o empregador ou tomador de serviços, no caso de patente desenvolvida por empregado ou prestador de serviço.

Os legitimados para o requerimento de patente estão dispostos no art. 6º, § 2º, da Lei 9.279/1996: o autor do invento ou do modelo de utilidade, seus herdeiros ou sucessores, pelo cessionário ou por aquele que a quem a lei ou o contrato de trabalho ou de prestação de serviços determinar que pertença a titularidade da invenção ou do modelo de utilidade.

Gabarito "B".

(OAB/Exame Unificado – 2014.1) Sobre o desenho industrial e seu registro no Instituto Nacional da Propriedade Industrial (INPI), assinale a afirmativa correta.

(A) É registrável como desenho industrial qualquer obra ornamental de caráter puramente artístico, ou o conjunto ornamental de linhas e cores que pode ser aplicado a um produto, proporcionando resultado visual novo e original na sua configuração externa.

(B) O registro de desenho industrial vigorará pelo prazo de 20 (vinte) anos contados da data do depósito, prorrogável por até 2 (dois) períodos sucessivos de 10 (anos) anos cada, desde que seja requerida a prorrogação durante o último ano de vigência do registro.

(C) A ação de nulidade de registro de desenho industrial será ajuizada no foro da Justiça Estadual do domicílio do titular do registro, devendo o INPI ser notificado da propositura da ação para avaliar se tem interesse ou não em intervir no feito, quando não for autor.

(D) O pedido de registro que não atender às condições estabelecidas pelo INPI, mas contiver dados suficientes relativos ao depositante, ao desenho industrial e ao autor, poderá ser recebido, desde que sejam cumpridas, em 5 (cinco) dias, as exigências do INPI.

A: incorreta. Não se considera desenho industrial e, portanto, não é registrável, qualquer obra de caráter puramente artístico (art. 98 da Lei 9.279/1996), ainda que detenha os demais requisitos de registrabilidade; **B**: incorreta. O registro do *design* será concedido pelo

prazo de 10 anos contados da data do depósito, prorrogável por três períodos de cinco anos cada (art. 108 da Lei 9.279/1996); **C**: incorreta. A competência para julgamento das ações de nulidade é da Justiça Federal (arts. 57 e 118 da Lei 9.279/1996), porque a presença do INPI, autarquia federal, é obrigatória na lide; **D**: correta, nos termos do art. 103 da Lei 9.279/1996.

Gabarito "D".

(OAB/Exame Unificado – 2012.1) Sobre as marcas, é correto afirmar que:

(A) a marca de alto renome é sinônimo de marca notoriamente conhecida.

(B) a vigência do registro da marca é de 5 (cinco) anos, sendo prorrogável por períodos iguais e sucessivos.

(C) é permitida a cessão do pedido de registro de marca, caso o cessionário atenda aos requisitos legais.

(D) a marca de produto ou serviço é aquela usada para identificar produtos ou serviços provindos de membros de uma determinada entidade.

A: incorreta. A qualificação de uma marca como alto renome decorre de sua reputação no território nacional, sendo protegida em todos os ramos de atividade. Já a marca notoriamente conhecida tem sua proteção prevista na União de Paris e presume um reconhecimento internacional da marca; **B**: incorreta. O registro da marca vigorará por 10 anos, prorrogáveis sucessivas vezes por iguais períodos (art. 133 da Lei 9.279/1996); **C**: correta, nos termos do art. 134 da Lei 9.279/1996; **D**: incorreta. Marcas de produto ou serviço são os sinais tendentes a distinguir produtos ou serviços idênticos, mas de origem diversa (art. 123, I, da Lei 9.279/1996).

Gabarito "C".

(OAB/Exame Unificado – 2011.3.A) A respeito das invenções ou modelos de utilidade, é correto afirmar que:

(A) podem incluir os programas de computador em si.

(B) podem consistir em técnicas e métodos operatórios ou cirúrgicos.

(C) bastam atender aos requisitos de novidade e atividade inventiva para serem patenteáveis.

(D) são considerados novos quando não compreendidos no estado da técnica.

A: incorreta, por contrariar o disposto no art. 10, V, da Lei 9.279/1996; **B**: incorreta, por afrontar a proibição expressa no art. 10, VIII, da Lei 9.279/1996; **C**: incorreta, porque, além desses requisitos, a patenteabilidade exige a inocorrência dos impedimentos constantes do art. 18 da Lei 9.279/1996; **D**: correta, nos exatos termos do art. 11 da Lei 9.279/1996.

Gabarito "D".

7. OUTROS TEMAS

(OAB/Exame XXXVII) A empresária individual Marília da Rocha, inscrita há mais de dez anos na Junta Comercial do Estado de São Paulo, sempre exerceu empresa sem designação de prepostos. Todavia, em razão do aumento de trabalho e necessidades de múltiplas viagens, tornou-se necessário nomear Jandira Franco como gerente na sede de sua empresa. Antes de efetuar a nomeação, Marília da Rocha consulta seu advogado para que este lhe esclareça sobre as prerrogativas do gerente e sua atuação como preposto.

Assinale a opção que está de acordo com a disposição legal e pode ser dada como orientação a Marília da Rocha.

4. DIREITO EMPRESARIAL 331

(A) O gerente não está autorizado a praticar os atos necessários ao exercício dos poderes que lhe foram outorgados, pois tais atos sempre exigem poderes especiais.

(B) Se o empresário nomear dois ou mais gerentes, na falta de estipulação diversa, os poderes conferidos a eles presumem-se para atuação individual, sem solidariedade.

(C) O gerente nunca poderá estar em juízo em nome do preponente pelas obrigações resultantes do exercício da sua função porque tal prerrogativa é exclusiva do administrador.

(D) A alteração ou revogação do mandato conferido pelo empresário ao gerente, para ser oposta a terceiros, deve ser arquivada e averbada no Registro Público de Empresas Mercantis.

A: incorreta. O gerente pode praticar todos os atos necessários ao exercício dos seus poderes, exceto quando a lei exigir expressamente poderes especiais (art. 1.173 do CC); **B:** incorreta. No silêncio, consideram-se solidários os poderes conferidos a dois ou mais gerentes (art. 1.173, parágrafo único do CC); **C:** incorreta. O gerente pode estar em juízo em nome do preponente pelas obrigações resultantes do exercício de suas funções (art. 1.176 do CC); **D:** correta, nos termos do art. 1.174 do CC. HS

Gabarito "D".

(OAB/Exame Unificado – 2019.3) Rolim Crespo, administrador da sociedade Indústrias Reunidas Novo Horizonte do Oeste Ltda., consultou sua advogada para lhe prestar orientação quanto à inserção de cláusula compromissória em um contrato que a pessoa jurídica pretende celebrar com uma operadora de planos de saúde empresariais. Pela leitura da proposta, verifica-se que não há margem para a negociação das cláusulas, por tratar-se de contrato padronizado, aplicado a todos os aderentes.

Quanto à cláusula compromissória inserida nesse contrato, assinale a opção que apresenta a orientação dada pela advogada.

(A) É necessária a concordância expressa e por escrito do aderente com a sua instituição, em documento anexo ou em negrito, com a assinatura ou o visto para essa cláusula.

(B) É nula de pleno direito, por subtrair do aderente o direito fundamental de acesso à justiça, e o contrato não deve ser assinado.

(C) Somente será eficaz se o aderente tomar a iniciativa de instituir a arbitragem, e, como a iniciativa foi do preponente e unilateral, ela é nula.

(D) Somente será eficaz se houver a assinatura do aderente no contrato, vedada qualquer forma de manifestação da vontade em documento anexo ou, simplesmente, com o visto para essa cláusula.

O art. 4º, § 2º, da Lei 9.307/1996 (Lei de Arbitragem) estabelece como condição de eficácia da cláusula compromissória inserida em contrato de adesão a concordância expressa do aderente, desde que por escrito em documento anexo ou em negrito, com assinatura ou visto para esta cláusula.

Gabarito "A".

5. Direito do Consumidor

Wander Garcia e Roberta Densa[1]

1. CONCEITO DE CONSUMIDOR. RELAÇÃO DE CONSUMO

(OAB/Exame Unificado – 2019.2) A concessionária de veículo X adquiriu, da montadora, trinta unidades de veículo do mesmo modelo e de cores diversificadas, a fim de guarnecer seu estoque, e direcionou três veículos desse total para uso da própria pessoa jurídica. Ocorre que cinco veículos apresentaram problemas mecânicos decorrentes de falha na fabricação, que comprometiam a segurança dos passageiros. Desses automóveis, um pertencia à concessionária e os outros quatro, a particulares que adquiriram o bem na concessionária.

Nesse caso, com base no Código de Defesa do Consumidor (CDC), assinale a afirmativa correta.

(A) Entre os consumidores particulares e a montadora inexiste relação jurídica, posto que a aquisição dos veículos se deu na concessionária.

(B) Entre os consumidores particulares e a montadora, por se tratar de falha na fabricação, há relação jurídica protegida pelo CDC; a relação jurídica entre a concessionária e a montadora, no que se refere à unidade adquirida pela pessoa jurídica para uso próprio, é de direito comum civil.

(C) Existe, entre a concessionária e a montadora, relação jurídica regida pelo CDC, mesmo que ambas sejam pessoas jurídicas, no que diz respeito ao veículo adquirido pela concessionária para uso próprio, e não para venda.

(D) Somente há relação jurídica protegida pelo CDC entre o consumidor e a concessionária, que deverá ingressar com ação de regresso contra a montadora, caso seja condenada em ação judicial, não sendo possível aos consumidores demandarem diretamente contra a montadora.

A: incorreta. Aplica-se o Código de Defesa do Consumidor ao destinatário final de produto ou serviço, nos termos do art. 2º da lei consumerista (consumidor é pessoa física ou jurídica que adquire ou utiliza produto ou serviço como destinatário final). Ademais, para o caso em estudo, a concessionária e a montadora teriam responsabilidade civil solidária (art. 25 do CDC). Note-se que a jurisprudência do STJ segue no sentido de que é solidária a responsabilidade do fabricante e da concessionária por vício do produto, em veículos automotores, podendo o consumidor acionar qualquer um dos coobrigados. Veja: STJ, 4ª Turma, Rel. Min. Raul Araújo, REsp 2018/0209842-3, DJe 15/04/2019. B: incorreta. Vide comentários à alternativa "C". C: correta. A teoria finalista mitigada, adotada pelo Superior Tribunal de Justiça, admite a incidência da lei consumerista quando o destinatário final do produto, ainda que para com a finalidade de lucro, seja vulnerável. (Veja: REsp 1.599.535-RS, Rel. Min. Nancy Andrighi, por unanimidade, julgado em 14/3/2017, DJe 21/3/2017). Assim, o Código de Defesa do Consumidor é aplicável ao adquirente final (consumidores particulares) e a concessionária para o veículo que adquiriu com a finalidade de uso próprio, excluindo os automóveis por essa revendidos. D: incorreta. Vide nota da alternativa "A". RD

Gabarito "C".

(OAB/Exame Unificado – 2017.1) Alvina, condômina de um edifício residencial, ingressou com ação para reparação de danos, aduzindo falha na prestação dos serviços de modernização dos elevadores. Narrou ser moradora do 10º andar e que hospedou parentes durante o período dos festejos de fim de ano. Alegou que o serviço nos elevadores estava previsto para ser concluído em duas semanas, mas atrasou mais de seis semanas, o que implicou falta de elevadores durante o período em que recebeu seus hóspedes, fazendo com que seus convidados, todos idosos, tivessem que utilizar as escadas, o que gerou transtornos e dificuldades, já que os hóspedes deixaram de fazer passeios e outras atividades turísticas diante das dificuldades de acesso. Sentindo-se constrangida e tendo que alterar todo o planejamento de atividades para o período, Alvina afirmou ter sofrido danos extrapatrimoniais decorrentes da mora do fornecedor de serviço, que, ainda que regularmente notificado pelo condomínio, quedou-se inerte e não apresentou qualquer justificativa que impedisse o cumprimento da obrigação de forma tempestiva.

Diante da situação apresentada, assinale a afirmativa correta.

(A) Existe relação de consumo apenas entre o condomínio e o fornecedor de serviço, não tendo Alvina legitimidade para ingressar com ação indenizatória, por estar excluída da cadeia da relação consumerista.

(B) Inexiste relação consumerista na hipótese, e sim relação contratual regida pelo Código Civil, tendo a multa contratual pelo atraso na execução do serviço cunho indenizatório, que deve servir a todos os condôminos e não a Alvina, individualmente.

(C) Existe relação de consumo, mas não cabe ação individual, e sim a perpetrada por todos os condôminos, em litisconsórcio, tendo como objeto apenas a cobrança de multa contratual e indenização coletiva.

(D) Existe relação de consumo entre a condômina e o fornecedor, com base da teoria finalista, podendo Alvina ingressar individualmente com a ação indenizatória, já que é destinatária final e quem sofreu os danos narrados.

A: incorreta. A hipótese apresentada é de aplicação do CDC (vide alternativa "D"), razão pela qual Alvina tem legitimidade para ingressar com ação requerendo indenização por danos materiais e morais; B: incorreta. A hipótese é de aplicação do CDC (vide justificativa da alternativa "D"); C: incorreta. Tendo em vista que Alvina é consumidora, por ser quem utiliza o serviço como destinatária final, cabe ação individual para reclamar indenização; D: correta. Embora a contratação tenha ocorrido por meio do condomínio Alvina é considerada consumidora por utilizar

---

1. RD questões comentadas por: **Roberta Densa**.
   Wander Garcia comentou as demais questões.

o serviço como destinatária final (art. 2º, *caput*, do CDC). Por outro lado, a empresa de elevadores é fornecedora nos termos do art. 3º do CDC, estando configurada a relação jurídica de consumo e a integral aplicação do CDC. Nos termos do art. 6º, VI, do Código de Defesa do Consumidor, a consumidora pode requerer reparação dos danos materiais e morais sofridos em razão da ausência de cumprimento do contrato. **RD**

Gabarito "D".

(OAB/Exame Unificado – 2016.1) Amadeu, aposentado, aderiu ao plano de saúde coletivo ofertado pelo sindicato ao qual esteve vinculado por força de sua atividade laborativa por mais de 30 anos. Ao completar 60 anos, o valor da mensalidade sofreu aumento significativo (cerca de 400%), o que foi questionado por Amadeu, a quem os funcionários do sindicato explicaram que o aumento decorreu da mudança de faixa etária do aposentado. A respeito do tema, assinale a afirmativa correta.

(A) O aumento do preço é abusivo e a norma consumerista deve ser aplicada ao caso, mesmo em se tratando de plano de saúde coletivo e, principalmente, que envolva interessado com amparo legal no Estatuto do Idoso.

(B) O aumento do preço é legítimo, tendo em vista que o idoso faz maior uso dos serviços cobertos e o equilíbrio contratual exige que não haja onerosidade excessiva para qualquer das partes, não se aplicando o CDC à hipótese, por se tratar de contrato de plano de saúde coletivo envolvendo pessoas idosas.

(C) O aumento do valor da mensalidade é legítimo, uma vez que a majoração de preço é natural e periodicamente aplicada aos contratos de trato continuado, motivo pelo qual o CDC autoriza que o critério faixa etária sirva como parâmetro para os reajustes econômicos.

(D) O aumento do preço é abusivo, mas o microssistema consumerista não deve ser utilizado na hipótese, sob pena de incorrer em colisão de normas, uma vez que o Estatuto do Idoso estabelece a disciplina aplicável às relações jurídicas que envolvam pessoa idosa.

A: correta, pois o CDC também se aplica às relações securitárias (vide o art. 3º, § 2º, do CDC), impedindo cláusulas abusivas como essa (art. 51, XV e § 1º, III, do CDC); ademais esse tipo de aumento é expressamente proibido pelo Estatuto do Idoso (Lei 10.741/2003), que no seu art. 15, § 3º, estabelece ser "vedada a discriminação do idoso nos planos de saúde pela cobrança de valores diferenciados em razão da idade"; **B, C** e **D:** incorretas, pois o CDC também se aplica às relações securitárias (vide o art. 3º, § 2º, do CDC), impedindo cláusulas abusivas como essa (art. 51, XV e § 1º, III, do CDC); ademais esse tipo de aumento é expressamente proibido pelo Estatuto do Idoso (Lei 10.741/2003), que no seu art. 15, § 3º, estabelece ser "vedada a discriminação do idoso nos planos de saúde pela cobrança de valores diferenciados em razão da idade".

Gabarito "A".

(OAB/Exame Unificado – 2015.2) Saulo e Bianca são casados há quinze anos e, há dez, decidiram ingressar no ramo das festas de casamento, produzindo os chamados *"bem--casados"*, deliciosos doces recheados oferecidos aos convidados ao final da festa. Saulo e Bianca não possuem registro da atividade empresarial desenvolvida, sendo essa a fonte única de renda da família. No mês passado, os noivos Carla e Jair encomendaram ao casal uma centena de *"bem-casados"* no sabor doce de leite. A encomenda foi entregue conforme contratado, no dia do casamento.

Contudo, diversos convidados que ingeriram os quitutes sofreram infecção gastrointestinal, já que o produto estava estragado. A impropriedade do produto para o consumo foi comprovada por perícia técnica. Com base no caso narrado, assinale a alternativa correta.

(A) O casal Saulo e Bianca se enquadra no conceito de fornecedor do Código do Consumidor, pois fornecem produtos com habitualidade e onerosidade, sendo que apenas Carla e Jair, na qualidade de consumidores indiretos, poderão pleitear indenização.

(B) Embora a empresa do casal Saulo e Bianca não esteja devidamente registrada na Junta Comercial, pode ser considerada fornecedora à luz do Código do Consumidor, e os convidados do casamento, na qualidade de consumidores por equiparação, poderão pedir indenização diretamente àqueles.

(C) O Código de Defesa do Consumidor é aplicável ao caso, sendo certo que tanto Carla e Jair quanto seus convidados intoxicados são consumidores por equiparação e poderão pedir indenização, porém a inversão do ônus da prova só se aplica em favor de Carla e Jair, contratantes diretos.

(D) A atividade desenvolvida pelo casal Saulo e Bianca não está oficialmente registrada na Junta Comercial e, portanto, por ser ente despersonalizado, não se enquadra no conceito legal de fornecedor da lei do consumidor, aplicando-se ao caso as regras atinentes aos vícios redibitórios do Código Civil.

De acordo com o art. 3º, *caput*, do CDC os *entes despersonalizados* (que é o caso de uma sociedade que não está devidamente constituída) também são considerados fornecedores, para efeito de aplicação desse diploma. Assim, Saulo e Bianca respondem nos termos do CDC, ficando afastada a alternativas "D". Os noivos Carla e Jair são consumidor típicos (diretos), por terem *adquirido* esse produto (art. 2º, *caput*, do CDC), de modo que ficam afastadas as alternativas "a" e "c", já que a primeira assegura que os noivos são meros consumidores indiretos e a segunda os trata como meros consumidores equiparados. Quanto aos convidados da festa são consumidores também, seja porque utilizaram o produto (art. 2º, *caput*, do CDC), seja por equiparação, já que interviram na relação de consumo (art. 2º, parágrafo único, do CDC). A alternativa "B", portanto, está correta.

Gabarito "B".

2. PRINCÍPIOS E DIREITOS BÁSICOS

(OAB/Exame Unificado – 2019.2) Antônio é deficiente visual e precisa do auxílio de amigos ou familiares para compreender diversas questões da vida cotidiana, como as contas de despesas da casa e outras questões de rotina. Pensando nessa dificuldade, Antônio procura você, como advogado(a), para orientá-lo a respeito dos direitos dos deficientes visuais nas relações de consumo.

Nesse sentido, assinale a afirmativa correta.

(A) O consumidor poderá solicitar às fornecedoras de serviços, em razão de sua deficiência visual, o envio das faturas das contas detalhadas em Braille.

(B) As informações sobre os riscos que o produto apresenta, por sua própria natureza, devem ser prestadas em formatos acessíveis somente às pessoas que apresentem deficiência visual.

(C) A impossibilidade operacional impede que a informação de serviços seja ofertada em formatos acessíveis,

5. DIREITO DO CONSUMIDOR

considerando a diversidade de deficiências, o que justifica a dispensa de tal obrigatoriedade por expressa determinação legal.

(D) O consumidor poderá solicitar as faturas em Braille, mas bastará ser indicado o preço, dispensando-se outras informações, por expressa disposição legal.

A: correta. O Estatuto da Pessoa com Deficiência (Lei 13.146/2015) incluiu ao Código de Defesa do Consumidor, parágrafo único do art. 6º, que garante às pessoas com deficiência o direito básico à informação. **B:** incorreta. Na forma do art. 6º, inciso III, do CDC, todo consumidor tem o direito básico "a informação adequada e clara sobre os diferentes produtos e serviços, com especificação correta de quantidade, características, composição, qualidade, tributos incidentes e preço, bem como sobre os riscos que apresentem". **C** e **D:** incorretas. Ver justificativa da alternativa "A". **RD**

Gabarito "A".

(OAB/Exame Unificado – 2013.3) Maria e Manoel, casados, pais dos gêmeos Gabriel e Thiago que têm apenas três meses de vida, residem há seis meses no Condomínio Vila Feliz. O fornecimento do serviço de energia elétrica na cidade onde moram é prestado por uma única concessionária, a Companhia de Eletricidade Luz S.A. Há uma semana, o casal vem sofrendo com as contínuas e injustificadas interrupções na prestação do serviço pela concessionária, o que já acarretou a queima do aparelho de televisão e da geladeira, com a perda de todos os alimentos nela contidos. O casal pretende ser indenizado. Nesse caso, à luz do princípio da vulnerabilidade previsto no Código de Proteção e Defesa do Consumidor, assinale a afirmativa correta.

(A) Prevalece o entendimento jurisprudencial no sentido de que a vulnerabilidade no Código do Consumidor é sempre presumida, tanto para o consumidor pessoa física, Maria e Manoel, quanto para a pessoa jurídica, no caso, o Condomínio Vila Feliz, tendo ambos direitos básicos à indenização e à inversão judicial automática do ônus da prova.

(B) A doutrina consumerista dominante considera a vulnerabilidade um conceito jurídico indeterminado, plurissignificativo, sendo correto afirmar que, no caso em questão, está configurada a vulnerabilidade fática do casal diante da concessionária, havendo direito básico à indenização pela interrupção imotivada do serviço público essencial.

(C) É dominante o entendimento no sentido de que a vulnerabilidade nas relações de consumo é sinônimo exato de hipossuficiência econômica do consumidor. Logo, basta ao casal Maria e Manoel demonstrá-la para receber a integral proteção das normas consumeristas e o consequente direito básico à inversão automática do ônus da prova e a ampla indenização pelos danos sofridos.

(D) A vulnerabilidade nas relações de consumo se divide em apenas duas espécies: a jurídica ou científica e a técnica. Aquela representa a falta de conhecimentos jurídicos ou outros pertinentes à contabilidade e à economia, e esta, à ausência de conhecimentos específicos sobre o serviço oferecido, sendo que sua verificação é requisito legal para inversão do ônus da prova a favor do casal e do consequente direito à indenização.

A e C: incorretas; de fato, a vulnerabilidade do consumidor (ligada ao direito material) é presumida no CDC; já a hipossuficiência (ligada ao direito processual), que é causa da inversão do ônus da prova, não; dessa forma, é incorreto dizer que o CDC prevê inversão automática do ônus da prova, sendo necessário que o juiz verifique se é o caso, o que depende de haver ou hipossuficiência do consumidor ou verossimilhança da alegação (art. 6º, VIII, do CDC); **B:** correta, pois o consumidor é presumidamente vulnerável (art. 4º, I, do CDC) e a situação narrada no enunciado narra, ainda, um consumidor ainda mais desamparado dada as características do serviço que lhe é prestado, face à total impossibilidade de se defender do consumidor, o que provavelmente fará com que o juiz também o considere hipossuficiente e inverta o ônus da prova em seu favor; **D:** incorreta, pois onde consta da alternativa a palavra "vulnerabilidade" deveria constar "hipossuficiência", sendo que esse sim é que deve ser analisada se existe no caso concreto (já que a vulnerabilidade já é presumida), e, se existir no caso concreto, aí sim é que o juiz inverterá o ônus da prova.

Gabarito "B".

(OAB/Exame Unificado – 2012.3.A) A sociedade empresária XYZ Ltda. oferta e celebra, com vários estudantes universitários, contratos individuais de fornecimento de material didático, nos quais garante a entrega, com 25% de desconto sobre o valor indicado pela editora, dos livros didáticos escolhidos pelos contratantes (de lista de editoras de antemão definidas). Os contratos têm duração de 24 meses, e cada estudante compromete-se a pagar valor mensal, que fica como crédito, a ser abatido do valor dos livros escolhidos. Posteriormente, a capacidade de entrega da sociedade diminuiu, devido a dívidas e problemas judiciais. Em razão disso, ela pretende rever judicialmente os contratos, para obter aumento do valor mensal, ou então liberar-se do vínculo.

Acerca dessa situação, assinale a afirmativa correta.

(A) A empresa não pode se valer do Código de Defesa do Consumidor e não há base, à luz do indicado, para rever os contratos.

(B) Aplica-se o CDC, já que os estudantes são destinatários finais do serviço, mas o aumento só será concedido se provada a dificuldade financeira e que, ademais, ainda assim o contrato seja proveitoso para os compradores.

(C) Aplica-se o CDC, mas a pretendida revisão da cláusula contratual só poderá ser efetuada se provado que os problemas citados têm natureza imprevisível, característica indispensável, no sistema do consumidor, para autorizar a revisão.

(D) A revisão é cabível, assentada na teoria da imprevisão, pois existe o contrato de execução diferida, a superveniência de onerosidade excessiva da prestação, a extrema vantagem para a outra parte, e a ocorrência de acontecimento extraordinário e imprevisível.

A: correta, pois o pedido de revisão contratual requer a existência de um fato superveniente relacionado à prestação (ex: um contrato atrelado ao dólar pode ser objeto de revisão se a cotação do dólar aumentar de forma muito forte), não sendo possível que o devedor (no caso, a sociedade XYZ) alegue problema de sua responsabilidade e alheio à prestação que tem de cumprir (crise na empresa) para conseguir uma revisão contratual; vale lembrar que o direito de revisão contratual está no inciso V, do art. 6º, do CDC, que traz "direitos básicos do *consumidor*" e não "direitos básicos do *fornecedor*"; **B:** incorreta, pelas mesmas razões mencionadas no comentário à alternativa anterior; **C** e **D:** incorretas; em primeiro lugar, não é cabível a revisão, conforme se viu dos comentários às demais alternativas; ademais, a revisão contratual no caso é regida pelo CDC e este, como se sabe, traz como requisito à revisão apenas a existência de um fato novo que leve à uma excessiva onerosidade das prestações (art. 6º, V, do CDC), não sendo necessário "imprevisibilidade" (alternativa "c") ou "extrema vantagem para a outra parte, e a ocorrência de acontecimento extraordinário e imprevisível (alternativa "d").

Gabarito "A".

3. RESPONSABILIDADE DO FORNECEDOR

(OAB/Exame XXXIX) Em viagem realizada do Rio de Janeiro para os Estados Unidos, em janeiro de 2023, Luan e Vanessa tiveram uma de suas malas extraviada, tendo sofrido um prejuízo quantificado em cerca de R$ 15.000,00 (quinze mil reais).

Acionada, a empresa aérea alegou que sua responsabilidade estava limitada ao teto previsto na Convenção de Varsóvia e que o Código de Defesa do Consumidor (CDC) não era aplicável à hipótese, por se tratar de transporte internacional.

Considerando a jurisprudência predominante no Supremo Tribunal Federal, no que toca ao tema das indenizações por danos materiais decorrentes de extravio de bagagens de viajantes no transporte aéreo, assinale a afirmativa correta.

(A) O CDC é sempre aplicável, independentemente de se tratar de um voo internacional ou doméstico, não sendo possível que qualquer tratado ou convenção internacional limite o valor das indenizações cabíveis, pois tal fato configuraria violação à soberania nacional.

(B) Nos voos internacionais prevalecem integralmente as limitações contidas em normativas internacionais, como a Convenção de Varsóvia e a Convenção de Montreal, enquanto nos voos domésticos aplica-se unicamente o CDC, não sendo aplicáveis as limitações contidas naquelas convenções.

(C) Em se tratando de contrato de transporte aéreo, aplicam-se as limitações contidas nas convenções internacionais tanto aos voos domésticos quanto aos voos internacionais.

(D) As limitações contidas na Convenção de Varsóvia e na Convenção de Montreal somente são aplicáveis quando explicitadas no contrato assinado pelo consumidor, em obediência ao dever de informação exigido pelo CDC.

A questão aborda o julgamento do Tema 210 do Supremo Tribunal Federal (com Repercussão Geral) que assim definiu: "Nos termos do art. 178 da Constituição da República, as normas e os tratados internacionais limitadores da responsabilidade das transportadoras aéreas de passageiros, especialmente as Convenções de Varsóvia e Montreal, têm prevalência em relação ao Código de Defesa do Consumidor". (Leading Case: RE 636331, Rel. Min. Gilmar Mendes). Sendo assim, no caso de extravio de bagagens em voos internacionais, o valor da indenização deve seguir o valor tarifado pelas Convenções de Varsóvia e Montreal. No entanto, vale notar que a jurisprudência não tem afastado a aplicação do CDC nos voos internacionais, garantido o ressarcimento dos valores tarifados para ressarcimento das bagagens conforme as convenções internacionais, e também tem aplicado o CDC para os casos relativos ao pedido de dano moral. Ademais, não se aplicam as convenções internacionais citadas para os voos nacionais. Nestes casos, aplica-se integralmente o CDC e a Resolução ANAC 400. **RD**

Gabarito "B".

(OAB/Exame XXXVI) A sociedade empresária *Cimento Montanha Ltda.* integra, com outras cinco sociedades empresárias, um consórcio que atua na realização de obras de construção civil.

Estruturas e Fundações Pinheiro Ltda., uma das sociedades consorciadas, foi responsabilizada em ação de responsabilidade civil por danos causados aos consumidores em razão de falhas estruturais em imóveis construídos no âmbito das atividades do consórcio, que apresentaram rachaduras, um dos quais desabou.

Considerando as normas sobre a responsabilidade de sociedades integrantes de grupo econômico perante o consumidor, segundo o Código de Defesa do Consumidor, assinale a afirmativa correta.

(A) Apenas a sociedade *Estruturas e Fundações Pinheiro Ltda.* poderá ser responsabilizada pelos danos aos consumidores, pois as demais consorciadas somente se obrigam nas condições previstas no respectivo contrato, respondendo cada uma por suas obrigações, sem solidariedade entre si.

(B) As sociedades integrantes do consórcio são solidariamente responsáveis pelas obrigações da sociedade *Estruturas e Fundações Pinheiro Ltda.*, porém a responsabilidade delas perante o consumidor é sempre em caráter subsidiário.

(C) As sociedades integrantes do consórcio são solidariamente responsáveis, sem benefício de ordem entre elas, pelas obrigações da sociedade *Estruturas e Fundações Pinheiro Ltda.* perante os consumidores prejudicados, haja ou não previsão diversa no contrato respectivo.

(D) Apenas a sociedade *Estruturas e Fundações Pinheiro Ltda.* poderá ser responsabilizada pelos danos aos consumidores, pois as demais consorciadas só responderão solidariamente com a primeira se ficar comprovado a culpa de cada uma delas.

De acordo com o § 3º do art. 28 do CDC, as sociedades consorciadas são solidariamente responsáveis pelas obrigações estabelecidas pelo Código de Defesa do Consumidor. Dessa forma, como bem enunciado pela alternativa C, todas as empresas envolvidas no consórcio respondem, solidariamente, pelos danos causados pela *Estruturas e Fundações Pinheiro Ltda.* **RD**

Gabarito "C".

(OAB/Exame XXXV) José havia comprado um *notebook* para sua filha, mas ficou desempregado, não tendo como arcar com o pagamento das parcelas do financiamento. Foi então que vendeu para a amiga Margarida o notebook ainda na caixa lacrada, acompanhado de nota fiscal e contrato de venda, que indicavam a compra realizada cinco dias antes.

Cerca de dez meses depois, o produto apresentou problemas de funcionamento. Ao receber o bem da assistência técnica que havia sido procurada imediatamente, Margarida foi informada do conserto referente à "placa-mãe".

Na semana seguinte, houve recorrência de mau funcionamento da máquina. Indignada, Margarida ajuizou ação em face da fabricante, buscando a devolução do produto e a restituição do valor desembolsado para a compra, além de reparação por danos extrapatrimoniais.

A então ré, por sua vez, alegou, em juízo, a ilegitimidade passiva, a prescrição e, subsidiariamente, a decadência.

5. DIREITO DO CONSUMIDOR 337

A respeito disso, assinale a afirmativa correta.

(A) O fabricante é parte ilegítima, uma vez que o defeito relativo ao vício do produto afasta a responsabilidade do fabricante, sendo do comerciante a responsabilidade para melhor garantir os direitos dos consumidores adquirentes.

(B) Ocorreu a prescrição, uma vez que o produto havia sido adquirido há mais de noventa dias e a contagem do prazo se iniciou partir da entrega efetiva do produto, não sendo possível reclamar a devolução do produto e a restituição do valor.

(C) Somente José possui relação de consumo com a fornecedora, por ter sido o adquirente do produto, conforme consta na nota fiscal e no contrato de venda, implicando ilegitimidade ativa de Margarida para invocar a proteção da norma consumerista.

(D) A decadência alegada deve ser afastada, uma vez que o prazo correspondente se iniciou quando se evidenciou o defeito e, posteriormente, a partir do prazo decadencial de garantia pelo serviço da assistência técnica, e não na data da compra do produto.

A: Incorreta. Conforme art. 18 do CDC, todos os fornecedores respondem solidariamente pelo vício do produto inserido no mercado de consumo, incluindo o fabricante e o comerciante. **B:** Incorreta. O vício em questão é oculto, razão pela qual o prazo decadencial para buscar solução junto ao fornecedor inicia-se quando ficar evidenciado o problema (art. 26, § 3º, do CDC). **C:** Incorreta. Conforme o art. 2º, *caput*, do CDC, consumidor é toda pessoa física ou jurídica que adquire ou utiliza produto ou serviço como destinatário final. Dessa forma, fica claro que Margarida, destinatária final do produto, é consumidora nos termos da lei e pode demandar seu direito perante o judiciário. **D:** Correta. Conforme art. 26, § 3º, do CDC. Frize-se que, embora o caso seja relacionado ao vício do produto, a própria lei equivoca-se nos termos e usa a expressão "evidenciou o defeito". `RD`
Gabarito "D".

(OAB/Exame XXXIV) Eleonora passeava de motocicleta por uma rodovia federal quando foi surpreendida por um buraco na estrada, em um trecho sob exploração por concessionária. Não tendo tempo de desviar, ainda que atenta ao limite de velocidade, passou pelo buraco do asfalto, desequilibrou-se e caiu, vindo a sofrer várias escoriações e danos materiais na moto. Os danos físicos exigiram longo período de internação, diversas cirurgias e revelaram reflexos de ordem estética.

Você, como advogado(a), foi procurado(a) por Eleonora para ingressar com a medida judicial cabível diante do evento. À luz do Código de Defesa do Consumidor, você afirmou, corretamente, que

(A) compete à Eleonora comprovar o nexo de causalidade entre a má conservação da via e o acidente sofrido, bem como a culpa da concessionária.

(B) aplica-se a teoria da responsabilidade civil subjetiva à concessionária.

(C) há relação de consumo entre Eleonora e a concessionária, cuja responsabilidade é objetiva.

(D) pela teoria do risco administrativo, afasta-se a incidência do CDC, aplicando-se a responsabilidade civil da Constituição Federal.

A: Incorreta. A responsabilidade civil por defeito nas relações de consumo é objetiva, ou seja, o consumidor deve fazer a comprovação do nexo de causalidade e dos danos. De fato, conforme o art. 14 do CDC, o fornecedor de serviços responde, independentemente da existência de culpa, pela reparação dos danos causados aos consumidores por defeitos relativos à prestação dos serviços, bem como por informações insuficientes ou inadequadas sobre sua fruição e riscos. Assim, Eleonora deve comprovar apenas o nexo de causalidade entre a má conservação da via e o acidente sofrido. **B:** Incorreta. Conforme justificativa da alternativa "A", aplica-se a teoria da responsabilidade objetiva à concessionária, conforme já mencionado art. 14 do CDC. **C:** Correta. É entendimento pacificado pelo STJ que as concessionárias de serviços rodoviários estão subordinadas ao Código de Defesa do Consumidor, pela própria natureza de seu serviço (vide REsp 467883 RJ). **D:** Incorreta. Conforme justificativa da alternativa "C", não é aplicada a teoria do risco administrativo, incidindo o Código de Defesa do Consumidor na sua integralidade. `RD`
Gabarito "C".

(OAB/Exame Unificado – 2020.2) Maria compareceu à loja Bela, que integra rede de franquias de produtos de beleza e cuidados com a pele. A vendedora ofereceu a Maria a possibilidade de experimentar gratuitamente o produto na própria loja, sendo questionada pela cliente se esta poderia fazer uso com quadro de acne em erupção e inflamada, oportunidade em que a funcionária afirmou que sim. Porém, imediatamente após a aplicação do produto, Maria sentiu ardência e vermelhidão intensas, não o comprando. Logo após sair da loja, a situação agravou-se, e Maria buscou imediato atendimento médico de emergência, onde se constataram graves lesões na pele. Da leitura do rótulo obtido através do site da loja, evidenciou-se erro da vendedora, que utilizou no rosto da cliente produto contraindicado para o seu caso.

Nessa situação, à luz do Código de Defesa do Consumidor e do entendimento do Superior Tribunal de Justiça, é correto afirmar que

(A) é objetiva a responsabilidade civil da vendedora que aplicou o produto em Maria sem observar as contraindicações, afastando- se a responsabilidade da empresa por culpa de terceiro.

(B) a responsabilidade civil objetiva recai exclusivamente sobre a franqueadora, a quem faculta-se ingressar com ação de regresso em face da franqueada.

(C) se a franqueadora for demandada judicialmente, não poderá invocar denunciação da lide à franqueada, por se tratar de acidente de consumo.

(D) não há relação de consumo, uma vez que se tratou de hipótese de amostra grátis, sem que tenha se materializado a relação de consumo, em razão de o produto não ter sido comprado por Maria.

A: Incorreta. Tratando-se de fato do produto, a responsabilidade civil objetiva e solidária do fabricante e do franqueador está definida no art. 12 do CDC. De fato, entende o Superior Tribunal de Justiça que "1. Os contratos de franquia caracterizam-se por um vínculo associativo em que empresas distintas acordam quanto à exploração de bens intelectuais do franqueador e têm pertinência estritamente *inter partes*. 2. Aos olhos do consumidor, trata-se de mera intermediação ou revenda de bens ou serviços do franqueador – fornecedor no mercado de consumo, ainda que de bens imateriais. 3. Extrai-se dos arts. 14 e 18 do CDC a responsabilização solidária de todos que participem da introdução do produto ou serviço no mercado, inclusive daqueles que organizam a cadeia de fornecimento, pelos eventuais defeitos ou vícios apresentados. (REsp 1426578/SP, Rel. Ministro Marco Aurélio Bellizze, Terceira Turma, julgado em 23/06/2015, DJe 22/09/2015). Assim, as hipóteses de excludentes de responsabilidade definidas no art. 12, § 3º, do CDC, não são aplicáveis ao caso. **B:** Incorreta. Trata-se de responsabilidade civil objetiva e solidária. **C:** Correta. O Código de Defesa do Consumidor, no seu art. 88, veda a denunciação da lide, o que é corroborado pela jurisprudência do STJ, que entende que a "denunciação da lide em processos de consumo é vedada porque poderia implicar maior dilação probatória, gerando a produção de provas talvez inúteis para o deslinde da questão principal, de interesse do consumidor". Vide REsp 917.687; REsp 1.165.279 e Ag 1.333.671. **D:** Incorreta. Para ser considerado fornecedor basta colocar o produto ou o serviço no mercado de consumo. Nesse caso, a amostra grátis deve ser vista como forma de publicidade do produto, configurando-se a relação de consumo. RD

Gabarito "C".

(OAB/Exame Unificado – 2020.1) Adriano, por meio de um *site* especializado, efetuou reserva de hotel para estada com sua família em praia caribenha. A reserva foi imediatamente confirmada pelo *site*, um mês antes das suas férias, quando fariam a viagem.

Ocorre que, dez dias antes do embarque, o site especializado comunicou a Adriano que o hotel havia informado o cancelamento da contratação por erro no parcelamento com o cartão de crédito. Adriano, então, buscou nova compra do serviço, mas os valores estavam cerca de 30% mais caros do que na contratação inicial, com o qual anuiu por não ser mais possível alterar a data de suas férias.

Ao retornar de viagem, Adriano procurou você, como advogado(a), a fim de saber se seria possível a restituição dessa diferença de valores.

Neste caso, é correto afirmar que o ressarcimento da diferença arcada pelo consumidor

(A) poderá ser buscado em face exclusivamente do hotel, fornecedor que cancelou a contratação.

(B) poderá ser buscado em face do site de viagens e do hotel, que respondem solidariamente, por comporem a cadeia de fornecimento do serviço.

(C) não poderá ser revisto, porque o consumidor tinha o dever de confirmar a compra em sua fatura de cartão de crédito.

(D) poderá ser revisto, sendo a responsabilidade exclusiva do site de viagens, com base na teoria da aparência, respondendo o hotel apenas subsidiariamente.

Trata-se de vício de serviço previsto no art. 20 do Código de Defesa do Consumidor. Há, na doutrina, quem defenda a ideia de tratar-se de defeito de serviço, nos termos do art. 14 do CDC. No entanto, tendo em vista que a saúde e segurança dos consumidores (art. 14) não foram colocadas em risco, melhor entendimento é aquele que enquadra a situação exposta como sendo vício de serviço (art. 20). De um modo ou de outro, trata-se de responsabilidade solidária do site que vendeu as reservas e do hotel, com fundamento no *caput* do art. 20, no art. 7º e no art. 25 do Código de Defesa do Consumidor. RD

Gabarito "B".

(OAB/Exame Unificado – 2019.3) Durante período de intenso calor, o Condomínio do Edifício X, por seu representante, adquiriu, junto à sociedade empresária Equipamentos Aquáticos, peças plásticas recreativas próprias para uso em piscinas, produzidas com material atóxico. Na primeira semana de uso, os produtos soltaram gradualmente sua tinta na vestimenta dos usuários, o que gerou apenas problema estético, na medida em que a pigmentação era atóxica e podia ser removida facilmente das roupas dos usuários por meio de uso de sabão.

O Condomínio do Edifício X, por seu representante, procurou você, como advogado(a), buscando orientação para receber de volta o valor pago e ser indenizado pelos danos morais suportados.

Nesse caso, cuida-se de

(A) fato do produto, sendo excluída a responsabilidade civil da sociedade empresária, respondendo pelo evento o fabricante das peças; não cabe indenização por danos extrapatrimoniais, por ser o Condomínio pessoa jurídica, que não sofre essa modalidade de dano.

(B) inaplicabilidade do CDC, haja vista a natureza da relação jurídica estabelecida entre o Condomínio e a sociedade empresária, cabendo a responsabilização civil com base nas regras gerais de Direito Civil, e incabível pleitear indenização por danos morais, por ter o Condomínio a qualidade de pessoa jurídica.

(C) aplicabilidade do CDC somente por meio de medida de defesa coletiva dos condôminos, cuja legitimidade será exercida pelo Condomínio, na defesa dos interesses a título coletivo.

(D) vício do produto, sendo solidária a responsabilidade da sociedade empresária e do fabricante das peças; o Condomínio do Edifício X é parte legítima para ingressar individualmente com a medida judicial por ser consumidor, segundo a teoria finalista mitigada.

A: incorreta. O caso não pode ser tratado como fato do produto (ou acidente de consumo) tendo em vista que não colocou em risco a saúde e a segurança dos consumidores. O caso deve ser estudado como sendo vício de produto, nos termos do art. 18 do CDC. Por outro lado, o Superior Tribunal de Justiça já emitiu a súmula 227, que garante indenização à pessoa jurídica: "A pessoa jurídica pode sofrer dano moral". **B:** incorreta. Trata-se de relação jurídica de consumo, sendo o condomínio considerado um consumidor final nos termos do art. 2º do CDC. Ademais, os condôminos também são considerados consumidores por serem os usuários finais do produto. **C:** incorreta. Não é cabível, na espécie, a aplicação da defesa dos direitos difusos e coletivos nos termos do art. 81 do CDC. Para que haja direitos transindividuais, deveria ter a configuração de um direito difuso, coletivo ou individual homogêneo, o que não se configura na espécie. **D:** correta. Trata-se de vício de produto nos termos do art. 18 do CDC, trazendo responsabilidade civil solidária entre todos os envolvidos na cadeia produtiva (vide também o art. 7º e o art. 25 do CDC). Ademais, a teoria finalista mitigada, adotada pelo STJ, entende que consumidor é a pessoa física ou jurídica que adquire ou utiliza produto ou serviço como destinatário final, para uso próprio ou fins profissionais, desde que haja vulnerabilidade. No caso em estudo, o condomínio adquiriu produto para utilização dos seus condôminos, sendo considerado destinatário final do produto. RD

Gabarito "D".

(OAB/Exame Unificado – 2019.1) Mara adquiriu, diretamente pelo site da fabricante, o creme depilatório Belle et Belle, da empresa Bela Cosméticos Ltda. Antes de iniciar o uso, Mara leu atentamente o rótulo e as instruções, essas unicamente voltadas para a forma de aplicação do produto.

Assim que iniciou a aplicação, Mara sentiu queimação na pele e removeu imediatamente o produto, mas, ainda assim, sofreu lesões nos locais de aplicação. A adquirente entrou em contato com a central de atendimento da fornecedora, que lhe explicou ter sido a reação alérgica provocada por uma característica do organismo da consumidora, o que poderia acontecer pela própria natureza química do produto.

5. DIREITO DO CONSUMIDOR   339

Não se dando por satisfeita, Mara procurou você, como advogado(a), a fim de saber se é possível buscar a compensação pelos danos sofridos.

Nesse caso de clara relação de consumo, assinale a opção que apresenta a orientação a ser dada a Mara.

(A) Poderá ser afastada a responsabilidade civil da fabricante, se esta comprovar que o dano decorreu exclusivamente de reação alérgica da consumidora, fator característico daquela destinatária final, não havendo, assim, qualquer ilícito praticado pela ré.

(B) Existe a hipótese de culpa exclusiva da vítima, na medida em que o CDC descreve que os produtos não colocarão em risco a saúde e a segurança do consumidor, excetuando aqueles de cuja natureza e fruição sejam extraídas a previsibilidade e a possibilidade de riscos perceptíveis pelo homem médio.

(C) O fornecedor está obrigado, necessariamente, a retirá-lo de circulação, por estar presente defeito no produto, sob pena de prática de crime contra o consumidor.

(D) Cuida-se da hipótese de violação ao dever de oferecer informações claras ao consumidor, na medida em que a periculosidade do uso de produto químico, quando composto por substâncias com potenciais alergênicos, deve ser apresentada em destaque ao consumidor.

A: incorreta. Trata-se de defeito de produto, nos termos do art. 12 do Código de Defesa do Consumidor, em razão da falta de informação na rotulagem sobre eventuais reações alérgicas dos consumidores. **B:** incorreta. A culpa exclusiva do consumidor pode ser alegada nas relações de consumo (art. 12, § 3º, III), no entanto, a falta de informação tornou o produto defeituoso e obriga o fornecedor a indenizar. **C:** incorreta. O *recall* de produtos está definido no art. 10, § 1º, do CDC. Mencionado dispositivo legal obriga aos fornecedores de produtos e serviços a comunicar o defeito do produto caso seja descoberto depois da colocação do produto no mercado. Nesse caso, o fornecedor deveria fazer o *recall* avisando aos consumidores sobre os riscos do produto. Sendo assim, não seria o caso de, *necessariamente*, retirar o produto do mercado de consumo. **D:** correta. Trata-se de periculosidade inerente (ou latente do produto) nos termos do art. 9º do CDC. Deveria o fornecedor avisar sobre os riscos que os consumidores estão expostos pelo uso do produto, sob pena de incorrer nas penas do art. 63 do mesmo diploma legal. Ademais, art. 12 do CDC define o defeito de produto como sendo o problema por ele apresentado que coloque em risco a saúde e a segurança do consumidor, incluindo as hipóteses de informações insuficientes ou inadequadas sobre sua utilização e riscos. Sendo assim, a falta de informação torna do produto defeituoso e obriga o fornecedor a indenizar pelos danos causados aos consumidores. **RD**

Gabarito "D".

(OAB/Exame Unificado – 2018.2) Dora levou seu cavalo de raça para banho, escovação e cuidados específicos nos cascos, a ser realizado pelos profissionais da Hípica X. Algumas horas depois de o animal ter sido deixado no local, a fornecedora do serviço entrou em contato com Dora para informar-lhe que, durante o tratamento, o cavalo apresentou sinais de doença cardíaca. Já era sabido por Dora que os equipamentos utilizados poderiam causar estresse no animal. Foi chamado o médico veterinário da própria Hípica X, mas o cavalo faleceu no dia seguinte.

Dora, que conhecia a pré-existência da doença do animal, ingressou com ação judicial em face da Hípica X pleiteando reparação pelos danos morais suportados, em decorrência do ocorrido durante o tratamento de higiene.

Nesse caso, à luz do Código de Defesa do Consumidor (CDC), é correto afirmar que a Hípica X

(A) não poderá ser responsabilizada se provar que a conduta no procedimento de higiene foi adequada, seguindo padrões fixados pelos órgãos competentes, e que a doença do animal que o levou a óbito era pré-existente ao procedimento de higienização do animal.

(B) poderá ser responsabilizada em razão de o evento deflagrador da identificação da doença do animal ter ocorrido durante a sua higienização, ainda que se comprove ser pré-existente a doença e que tenham sido seguidos os padrões fixados por órgãos competentes para o procedimento de higienização, pois o nexo causal resta presumido na hipótese.

(C) não poderá ser responsabilizada somente se provar que prestou os primeiros 'socorros, pois a pré-existência da doença não inibiria a responsabilidade civil objetiva dos fornecedores do serviço; somente a conduta de chamar atendimento médico foi capaz de desconstruir o nexo causal entre o procedimento de higiene e o evento do óbito.

(D) poderá ser responsabilizada em solidariedade com o profissional veterinário, pois os serviços foram prestados por ambos os fornecedores, em responsabilidade objetiva, mesmo que Dora comprove que o procedimento de higienização do cavalo tenha potencializado o evento que levou ao óbito do animal, ainda que seguidos os padrões estipulados pelos órgãos competentes.

O examinador entendeu haver responsabilidade civil pelo fato do serviço, embora tenha colocado a saúde do animal em risco, não a saúde do próprio consumidor. Para que haja a caracterização do defeito de serviço deve ocorrer o chamado acidente de consumo nos termos do art. 14 do CDC "o serviço é defeituoso quando não fornece a segurança que o consumidor dele pode esperar, levando-se em consideração as circunstâncias relevantes, entre as quais: I – o modo de seu fornecimento; II – o resultado e os riscos que razoavelmente dele se esperam; III – a época em que foi fornecido". Entendemos que nesse caso houve vício de serviço, o que não altera o gabarito oficial, mas o fundamento estaria no art. 20 do Código de Defesa do Consumidor. No entanto, nossos comentários serão feitos com fundamento no art. 14, já que esse parece ter sido o entendimento da banca examinadora. **A:** correta. Trata-se de excludente de responsabilidade. Nos termos do art. 14, § 3º, o fornecedor de serviços só não será responsabilizado quando provar a culpa exclusiva do consumidor ou de terceiro. Tendo em vista que a consumidora não avisou sobre a doença do animal, o fornecedor não responde pelos danos, havendo quebra de nexo de causalidade; **B:** incorreta. O nexo de causalidade é o elo entre a conduta praticada e o resultado da ação. Houve culpa exclusiva da consumidora por ter deixado de avisar sobre os riscos, não havendo, portanto, responsabilidade do fornecedor; **C:** incorreta. Vide resposta da alternativa anterior. A desconstituição do nexo de causalidade ocorreu por culpa exclusiva do consumidor. Ademais, a responsabilidade civil do profissional liberal (médico veterinário) é subjetiva, nos termos do art. 14, § 4º, do CDC; **D:** incorreta. Vide resposta da alternativa anterior. **RD**

Gabarito "A".

(OAB/Exame Unificado – 2018.1) Eloá procurou o renomado Estúdio Max para tratamento de restauração dos fios do cabelo, que entendia muito danificados pelo uso de químicas capilares. A proposta do profissional empregado do estabelecimento foi a aplicação de determinado produto que acabara de chegar ao mercado, da marca mundialmente conhecida OPS, que promovia uma amostragem inaugural do produto em questão no próprio Estúdio Max.

Eloá ficou satisfeita com o resultado da aplicação pelo profissional no estabelecimento, mas, nos dias que se seguiram, observou a queda e a quebra de muitos fios de cabelo, o que foi aumentando progressivamente. Retornando ao Estúdio, o funcionário que a havia atendido informou-lhe que poderia ter ocorrido reação química com outro produto utilizado por Eloá anteriormente ao tratamento, levando aos efeitos descritos pela consumidora, embora o produto da marca OPS não apontasse contraindicações.

Eloá procurou você como advogado(a), narrando essa situação.

Neste caso, assinale a opção que apresenta sua orientação.

(A) Há evidente fato do serviço executado pelo profissional, cabendo ao Estúdio Max e ao fabricante do produto da marca OPS, em responsabilidade solidária, responderem pelos danos suportados pela consumidora.

(B) Há evidente fato do produto; por esse motivo, a ação judicial poderá ser proposta apenas em face da fabricante do produto da marca OPS, não havendo responsabilidade solidária do comerciante Estúdio Max.

(C) Há evidente fato do serviço, o que vincula a responsabilidade civil subjetiva exclusiva do profissional que sugeriu e aplicou o produto, com base na teoria do risco da atividade, excluindo-se a responsabilidade do Estúdio Max.

(D) Há evidente vício do produto, sendo a responsabilidade objetiva decorrente do acidente de consumo atribuída ao fabricante do produto da marca OPS e, em caráter subsidiário, ao Estúdio Max e ao profissional, e não do profissional que aplicou o produto.

A: correta. O Estúdio Max reponde pelos danos causados à consumidora por ter utilizado o produto que sabia poder causar reação química se em interação com outro produto, colocando em risco a saúde e a segurança da consumidora. Por ter sido utilizado sem os cuidados necessários pelo salão de beleza estamos diante de um defeito de serviço (art. 14 do CDC). Por outro lado, a fabricante OPS responde solidariamente pelos danos causados, pela falta de informações em relação ao uso do produto (art. 12 o CDC); **B:** incorreta. Trata-se de responsabilidade solidária pelo defeito de produto e defeito de serviço; **C:** incorreta. A responsabilidade civil prevista no CDC é objetiva, exceto para os profissionais liberais, para quem a responsabilidade civil é subjetiva; **D:** incorreta. Trata-se de defeito de produto e serviço, uma vez que colocou em risco a saúde e a segurança da consumidora. **RD**

Gabarito "A."

(OAB/Exame Unificado – 2017.3) Os arquitetos Everton e Joana adquiriram pacote de viagens para passar a lua de mel na Europa, primeira viagem internacional do casal. Ocorre que o trajeto do voo previa conexão em um país que exigia visto de trânsito, tendo havido impedimento do embarque dos noivos, ainda no Brasil, por não terem o visto exigido. O casal questionou a agência de turismo por não ter dado qualquer explicação prévia nesse sentido, e a fornecedora informou que não se responsabilizava pela informação de necessidade de visto para a realização da viagem.

Diante do caso apresentado, assinale a afirmativa correta.

(A) Cabe ação de reparação por danos extrapatrimoniais, em razão da insuficiência de informação clara e precisa, que deveria ter sido prestada pela agência de turismo, no tocante à necessidade de visto de trânsito para a conexão internacional prevista no trajeto.

(B) Não houve danos materiais a serem ressarcidos, já que os consumidores sequer embarcaram, situação muito diferente de terem de retornar, às próprias expensas, diretamente do país de conexão, interrompendo a viagem durante o percurso.

(C) Não ocorreram danos extrapatrimoniais por se tratar de pessoas que tinham capacidade de leitura e compreensão do contrato, sendo culpa exclusiva das próprias vítimas a interrupção da viagem por desconhecerem a necessidade de visto de trânsito para realizarem a conexão internacional.

(D) Houve culpa exclusiva da empresa aérea que emitiu os bilhetes de viagem, não podendo a agência de viagem ser culpabilizada, por ser o comerciante responsável subsidiariamente e não responder diretamente pelo fato do serviço.

A: correta. Trata-se de vício de serviço (art. 20 do CDC) e a agência de turismo (fornecedora) responde pelos danos morais e materiais causados em relação aos vícios na prestação de serviços em razão da falta de informação (art. 6, VIII, do CDC); **B:** incorreta. Evidentes os danos materiais causados pela falta de informação uma vez que os consumidores não conseguiram embarcar, perdendo o valor relativo às passagens aéreas pagas; **C:** incorreta. Vide justificativa da alternativa A. Além disso, estão presentes as vulnerabilidades técnica, informacional e jurídica dos consumidores; **D:** incorreta. Sendo um vício de serviço, a agência de turismo (comerciante), é solidariamente responsável pelos danos causados aos consumidores. **RD**

Gabarito "A."

(OAB/Exame Unificado – 2017.3) Osvaldo adquiriu um veículo zero quilômetro e, ao chegar a casa, verificou que, no painel do veículo, foi acionada a indicação de problema no nível de óleo. Ao abrir o capô, constatou sujeira de óleo em toda a área. Osvaldo voltou imediatamente à concessionária, que realizou uma rigorosa avaliação do veículo e constatou que havia uma rachadura na estrutura do motor, que, por isso, deveria ser trocado. Osvaldo solicitou um novo veículo, aduzindo que optou pela aquisição de um zero quilômetro por buscar um carro que tivesse toda a sua estrutura "de fábrica".

A concessionária se negou a efetuar a troca ou devolver o dinheiro, alegando que isso não descaracterizaria o veículo como novo e que o custo financeiro de faturamento e outras medidas administrativas eram altas, não justificando, por aquele motivo, o desfazimento do negócio.

No mesmo dia, Osvaldo procura você, como advogado, para orientá-lo. Assinale a opção que apresenta a orientação dada.

(A) Cuida-se de vício do produto, e a concessionária dispõe de até trinta dias para providenciar o reparo, fase que, ordinariamente, deve preceder o direito do consumidor de pleitear a troca do veículo.

(B) Trata-se de fato do produto, e o consumidor sempre pode exigir a imediata restituição da quantia paga, sem prejuízo de pleitear perdas e danos em juízo.

(C) Há evidente vício do produto, sendo subsidiária a responsabilidade da concessionária, devendo o

5. DIREITO DO CONSUMIDOR

consumidor ajuizar a ação de indenização por danos materiais em face do fabricante.

(D) Trata-se de fato do produto, e o consumidor não tem interesse de agir, pois está no curso do prazo para o fornecedor sanar o defeito.

A: correta. Trata-se de vício de produto e, nos termos do art. 18 do Código de Defesa do Consumidor, o fornecedor tem o direito de consertar do produto em até trinta dias. Se não consertar dentro desse prazo, poderá o consumidor optar pela troca do produto, devolução dos valores ou abatimento proporcional do preço; **B:** incorreta. A caracterização de fato do produto exige o acidente de consumo, ou seja, que o produto coloque em risco a vida e a saúde do consumidor, o que não foi mencionado pelo problema; **C:** incorreta. Trata-se de vício do produto sendo, portanto, solidária (não subsidiária) a responsabilidade do fornecedor; **D:** incorreta. O defeito do produto, tratado no art. 12 do CDC, não permite que o fornecedor conserte o produto, devendo ser o consumidor imediatamente indenizado. **RD**
Gabarito "A."

(OAB/Exame Unificado – 2016.1) Antônio desenvolve há mais de 40 anos atividade de comércio no ramo de hortifrúti. Seus clientes chegam cedo para adquirir verduras frescas entregues pelos produtores rurais da região. Antônio também vende no varejo, com pesagem na hora, grãos e cereais adquiridos em sacas de 30 quilos, de uma marca muito conhecida e respeitada no mercado. Determinado dia, a cliente Maria desconfiou da pesagem e fez a conferência na sua balança caseira, que apontou suposta divergência de peso. Procedeu com a imediata denúncia junto ao Órgão Oficial de Fiscalização, que confirmou que o instrumento de medição do comerciante estava com problemas de calibragem e que não estava aferido segundo padrões oficiais, gerando prejuízo aos consumidores. A cliente denunciante buscou ser ressarcida pelo vício de quantidade dos produtos. Com base na hipótese sugerida, assinale a afirmativa correta.

(A) Trata-se de responsabilidade civil solidária, podendo Maria acionar tanto o comerciante quanto os produtores.

(B) Trata-se de responsabilidade civil subsidiária, pois o comerciante só responde se os demais fornecedores não forem identificados.

(C) Trata-se de responsabilidade civil exclusiva do comerciante, na qualidade de fornecedor imediato.

(D) Trata-se de responsabilidade civil objetiva, motivo pelo qual inexistem excludentes de responsabilidade.

A e B: incorretas, pois, no caso do fornecimento de produto mediante pesagem ou mediação no momento da compra, responderá perante o consumidor apenas o fornecedor imediato, nos termos do art. 19, § 2º, do CDC; **C:** correta, pois, de fato, no caso do fornecimento de produto mediante pesagem ou mediação no momento da compra, responderá perante o consumidor apenas o fornecedor imediato, nos termos do art. 19, § 2º, do CDC; **D:** incorreta, pois o CDC reconhece a existência de excludentes de responsabilidade, como a culpa exclusiva da vítima ou de terceiro; no caso em tela dificilmente será reconhecida uma excludente; porém, não é possível dizer que a alternativa traz informação correta.
Gabarito "C."

(OAB/Exame Unificado – 2015.3) Dulce, cinquenta e oito anos de idade, fumante há três décadas, foi diagnosticada como portadora de enfisema pulmonar. Trata-se de uma doença pulmonar obstrutiva crônica caracterizada pela dilatação excessiva dos alvéolos pulmonares, que causa a perda da capacidade respiratória e uma consequente oxigenação insuficiente. Em razão do avançado estágio da doença, foi prescrito como essencial o tratamento de suplementação de oxigênio. Para tanto, Joana, filha de Dulce, adquiriu para sua mãe um aparelho respiratório na loja Saúde e Bem-Estar. Porém, com uma semana de uso, o produto parou de funcionar. Joana procurou imediatamente a loja para substituição do aparelho, oportunidade na qual foi informada pela gerente que deveria aguardar o prazo legal de trinta dias para conserto do produto pelo fabricante. Com base no caso narrado, em relação ao Código de Proteção e Defesa do Consumidor, assinale a afirmativa correta.

(A) Está correta a orientação da vendedora. Joana deverá aguardar o prazo legal de trinta dias para conserto e, caso não seja sanado o vício, exigir a substituição do produto, a devolução do dinheiro corrigido monetariamente ou o abatimento proporcional do preço.

(B) Joana não é consumidora destinatária final do produto, logo tem apenas direito ao conserto do produto durável no prazo de noventa dias, mas não à devolução da quantia paga.

(C) Joana não precisa aguardar o prazo legal de trinta dias para conserto, pois tem direito de exigir a substituição imediata do produto, em razão de sua essencialidade.

(D) Na impossibilidade de substituição do produto por outro da mesma espécie, Joana poderá optar por um modelo diverso, sem direito à restituição de eventual diferença de preço, e, se este for de valor maior, não será devida por Joana qualquer complementação.

A: incorreta, pois, em se tratando de produto essencial para a destinatária final dele (Dulce), a lei estabelece que não é necessário aguardar o prazo legal de 30 dias para o concerto, podendo a adquirente do produto (Joana) ou a usuária do produto (Dulce) requerer a substituição imediata do produto ou qualquer outra alternativa prevista no art. 18, § 1º, do CDC, tudo nos termos do art. 18, § 3º, do CDC; **B:** incorreta, pois tanto que adquire o produto (Joana), como quem usa o produto (Dulce) são considerados consumidores (art. 2º, *caput*, do CDC); **C:** correta, pois, em se tratando de produto essencial para a destinatária final dele (Dulce), a lei estabelece que não é necessário aguardar o prazo legal de 30 dias para o concerto, podendo a adquirente do produto (Joana) ou a usuária do produto (Dulce) requerer a substituição imediata do produto ou qualquer outra alternativa prevista no art. 18, § 1º, do CDC, tudo nos termos do art. 18, § 3º, do CDC; **D:** incorreto, pois, não sendo possível a substituição do bem, poderá haver substituição por outro de espécie, marca ou modelo diversos, mediante complementação ou restituição de eventual diferença de preço (art. 18, § 4º, do CDC).
Gabarito "C."

(OAB/Exame Unificado – 2015.1) A responsabilidade civil dos fornecedores de serviços e produtos, estabelecida pelo Código do Consumidor, reconheceu a relação jurídica qualificada pela presença de uma parte vulnerável, devendo ser observados os princípios da boa-fé, lealdade contratual, dignidade da pessoa humana e equidade. A respeito da temática, assinale a afirmativa correta.

(A) A responsabilidade civil subjetiva dos fabricantes impõe ao consumidor a comprovação da existência de nexo de causalidade que o vincule ao fornecedor, mediante comprovação da culpa, invertendo-se o ônus da prova no que tange ao resultado danoso suportado.

(B) A responsabilidade civil do fabricante é subjetiva e subsidiária quando o comerciante é identificado e encontrado para responder pelo vício ou fato do produto, cabendo ao segundo a responsabilidade civil objetiva.

(C) A responsabilidade civil objetiva do fabricante somente poderá ser imputada se houver demonstração dos elementos mínimos que comprovem o nexo de causalidade que justifique a ação proposta, ônus esse do consumidor.

(D) A inversão do ônus da prova nas relações de consumo é questão de ordem pública e de imputação imediata, cabendo ao fabricante a carga probatória frente ao consumidor, em razão da responsabilidade civil objetiva.

A: incorreta, pois a responsabilidade dos fabricantes não é subjetiva, mas sim objetiva, não sendo necessário que haja conduto culposa do fabricante (arts. 12, *caput*, e 18, *caput*, ambos do CDC); **B:** incorreta, pois a responsabilidade do fabricante é *objetiva* (e não *subjetiva*) e *direta* (e não *subsidiária*), podendo o fabricante ser acionado diretamente, independentemente de o comerciante ser identificado ou encontrado; **C:** correta, pois, de fato, a responsabilidade do fabricante é objetiva, cabendo ao autor da ação, o consumidor, a demonstração dos elementos mínimos para a configuração dessa responsabilidade, ressalvado, é claro, os casos em que cabe a inversão do ônus da prova, que, como se sabe, não é automática; **D:** incorreta, pois a inversão do ônus da prova não é automática no regime do CDC, já que depende do preenchimento de um dos seguintes requisitos pelo consumidor, a critério do juiz: verossimilhança de sua alegação ou que este seja hipossuficiente (art. 6º, VIII, do CDC).

Gabarito "C".

(OAB/Exame Unificado – 2014.3) Carmen adquiriu veículo zero quilômetro com dispositivo de segurança denominado *airbag* do motorista, apenas para o caso de colisões frontais. Cerca de dois meses após a aquisição do bem, o veículo de Carmen sofreu colisão traseira, e a motorista teve seu rosto arremessado contra o volante, causando-lhe escoriações leves. A consumidora ingressou com medida judicial em face do fabricante, buscando a reparação pelos danos materiais e morais que sofrera, alegando ser o produto defeituoso, já que o *airbag* não foi acionado quando da ocorrência da colisão. A perícia constatou colisão traseira e em velocidade inferior à necessária para o acionamento do dispositivo de segurança. Carmen invocou a inversão do ônus da prova contra o fabricante, o que foi indeferido pelo juiz.

Analise o caso à luz da Lei nº 8.078/90 e assinale a afirmativa correta.

(A) Cabe inversão do ônus da prova em favor da consumidora, por expressa determinação legal, não podendo, em qualquer hipótese, o julgador negar tal pleito.

(B) Falta legitimação, merecendo a extinção do processo sem resolução do mérito, uma vez que o responsável civil pela reparação é o comerciante, no caso, a concessionária de veículos.

(C) A responsabilidade civil do fabricante é objetiva e independe de culpa; por isso, será cabível indenização à vítima consumidora, mesmo que esta não tenha conseguido comprovar a colisão dianteira.

(D) O produto não poderá ser caracterizado como defeituoso, inexistindo obrigação do fabricante de indenizar a consumidora, já que, nos autos, há apenas provas de colisão traseira.

A: incorreta, pois, apesar de caber inversão do ônus da prova no caso, esta depende do preenchimento de um dos seguintes requisitos pelo consumidor, a critério do juiz: verossimilhança de sua alegação ou que este seja hipossuficiente (art. 6º, VIII, do CDC); **B:** incorreta, pois o consumidor alega a chamada responsabilidade por *fato do produto* (ou por *defeito do produto*), que é aquela em que se alega efetivo dano à saúde ou a segurança do consumidor; assim sendo, incide o regime do art. 12, *caput*, do CDC, que não permite como regra o acionamento do comerciante que vendeu o produto, devendo-se acionar o fabricante; esse regime difere do regime da responsabilidade pelo *vício do produto* (quando este simplesmente tem problema de qualidade ou quantidade, mas que não houve efetivo dano à saúde ou a segurança do consumidor), quando se pode acionar todos os fornecedores da cadeia, ou seja, tanto o comerciante, como o fabricante do produto (art. 18, *caput*, do CDC); **C:** incorreta; de fato, a responsabilidade do fabricante é objetiva e independe de culpa (art. 12, *caput*, do CDC); porém, essa responsabilidade depende de se ter um efetivo *defeito* no produto; segundo a lei, um produto é considerado defeituoso quando não oferece a segurança que dele legitimamente se espera (art. 12, § 1º, do CDC); e o produto em questão era uma *airbag* apenas para colisões frontais, e não para colisões traseiras, de modo que não é possível dizer que o produto não ofereceu a segurança que dele legitimamente se esperava; **D:** correta; o veículo só poderia ser considerado defeituoso se não dispusesse da segurança que legitimamente se espera dele (art. 12, § 1º, do CDC); e no caso, o produto não fora fabricado para colisões traseiras, mas sim para colisões frontais, o que afasta o pressuposto básico para a responsabilidade pelo fato do produto, que é a existência de produto defeituoso.

Gabarito "D".

(OAB/Exame Unificado – 2014.2) Um homem foi submetido à cirurgia para remoção de cálculos renais em hospital privado. A intervenção foi realizada por equipe médica não integrante dos quadros de funcionários do referido hospital, apesar de ter sido indicada por esse mesmo hospital. Durante o procedimento, houve perfuração do fígado do paciente, verificada somente três dias após a cirurgia, motivo pelo qual o homem teve que se submeter a novo procedimento cirúrgico, que lhe deixou uma grande cicatriz na região abdominal. O paciente ingressou com ação judicial em face do hospital, visando a indenização por danos morais e estéticos. Partindo dessa narrativa, assinale a opção correta.

(A) O hospital responde objetivamente pelos danos morais e estéticos decorrentes do erro médico, tendo em vista que ele indicou a equipe médica.

(B) O hospital responderá pelos danos, mas de forma alternativa, não se acumulando os danos morais e estéticos, sob pena de enriquecimento ilícito do autor.

(C) O hospital não responderá pelos danos, uma vez que se trata de responsabilidade objetiva da equipe médica, sendo o hospital parte ilegítima na ação porque apenas prestou serviço de instalações e hospedagem do paciente.

(D) O hospital não responderá pelos danos, tendo em vista que não se aplica a norma consumerista à relação entre médico e paciente, mas, sim, o Código Civil, embora a responsabilidade civil dos profissionais liberais seja objetiva.

A: correta, pois, uma vez que o médico foi indicado pelo hospital, há responsabilidade solidária do médico que cometeu o erro e do hospital; da mesma forma, se o médico também fosse daqueles indicados ou credenciados por um plano de saúde, este também responderia de forma solidária com o médico que cometesse o erro (STJ REsp 866.371/RS,

5. DIREITO DO CONSUMIDOR

j. 27/03/12); quanto ao médico, este responde subjetivamente por ser profissional liberal (art. 14, § 4º, do CDC), ao passo que o hospital responde objetivamente nos termos do art. 14, *caput*, do CDC; **B:** incorreta, pois a responsabilidade do hospital, como se viu, não é alternativa, mas solidária (arts. 7º, parágrafo único, e 25, § 1º, do CDC); **C:** incorreta, pois, conforme se viu o hospital indicou o médico e, assim, responde solidariamente (arts. 7º, parágrafo único, e 25, § 1º, do CDC); **D:** incorreta, pois o CDC se aplica sim à relação entre médico e paciente, lembrando que o médico responde subjetivamente, por ser profissional liberal (art. 14, § 4º, do CDC), ao passo que o hospital, objetivamente (art. 14, *caput*, do CDC).
Gabarito "A"

4. PRÁTICAS COMERCIAIS

(OAB/Exame XXXVII) Mota solicitou orçamento para a instalação de persianas na sua casa e, ao receber o documento, leu que a compra das persianas escolhidas somente poderia ser realizada com a compra dos tapetes da mesma coleção. Além disso, juntamente com o orçamento, Mota recebeu proposta para aquisição de seguro residencial.

O consumidor ficou em dúvida a respeito da conduta da loja de decoração e procurou você, como advogado(a), para receber orientação jurídica.

A esse respeito, você informou, corretamente, ao cliente que se trata de

(A) prática abusiva em relação às persianas e ao tapete, por condicionar o fornecimento de um produto à aquisição do outro; igualmente abusiva a prática de enviar oferta de serviço mediante proposta do seguro residencial ao consumidor, sem prévia solicitação.

(B) prática lícita em relação às persianas e ao tapete, uma vez que se trata de produtos da mesma coleção; o seguro residencial foi meramente sugerido, não importando em venda casada.

(C) prática abusiva em relação às persianas e ao tapete, por condicionar o fornecimento de um produto à aquisição do outro; o seguro residencial foi oferecido sem condicionamento, sendo lícita a prática.

(D) prática lícita em relação às persianas e ao tapete, uma vez que são produtos da mesma coleção; a proposta do seguro residencial foi enviada ao consumidor sem solicitação prévia, o que torna a prática abusiva.

O caso refere-se à prática comercial abusiva denominada *venda casada*. Ao exigir a compra das persianas junto com o tapete da mesma colação, o fornecedor infringiu o art. 39, inciso I, do CDC: "condicionar o fornecimento de produto ou de serviço ao fornecimento de outro produto ou serviço, bem como, sem justa causa, a limites quantitativos". Por outro lado, o oferecimento de seguro residencial sem qualquer vinculação à compra dos produtos não configura prática comercial, já que a oferta não foi condicionada à compra de produto ou serviço. RD
Gabarito "C"

(OAB/Exame XXXIX) Adônis procurou você, como advogado(a), queixando-se de lhe ter sido negado crédito. Informou que a recusa se baseou em uma pontuação baixa atribuída por meio do uso do método para avaliação do risco de concessão de crédito, conhecido como sistema "escore de crédito". Disse que o método foi aplicado sem o seu consentimento prévio, bem como explicou que não foram prestados esclarecimentos a respeito das fontes dos dados considerados e nem das informações pessoais valoradas.

A respeito desse assunto, à luz das disposições do Código de Defesa do Consumidor sobre banco de dados e cadastro de consumidores, assinale a afirmativa correta.

(A) A realização de qualquer avaliação de risco para a concessão de crédito, com o objetivo de criar sistema de escore do consumidor, deve ser sempre precedida do consentimento do interessado no prazo de 5 (cinco) dias úteis.

(B) A indicação ao consumidor das fontes dos dados considerados pelo fornecedor para o cálculo do escore de crédito fica dispensada.

(C) O consentimento prévio do consumidor consultado é desnecessário, mas a ele deve ser garantido o acesso às informações pessoais valoradas e às fontes dos dados considerados no cálculo do escore de crédito.

(D) As informações pessoais valoradas são de autonomia do fornecedor e não precisam ser conhecidas pelo consumidor, pois são confidenciais.

De fato, o sistema de pontuação de crédito é amplamente utilizado pelos bancos de dados e cadastros de consumidores. É referendado pela Súmula 550 do STJ, pela Lei do Cadastro Positivo (Lei 12.414/2011 e LC 166/2019) razão pela qual pode o consumidor ter o seu nome incluído automaticamente em banco de dados positivo, podendo requerer, se o caso a sua exclusão. No entanto, mesmo que o consumidor não queria ter os seus dados divulgados em banco de dados positivo (com histórico de crédito), o escore de crédito será mantido por força do entendimento do STJ externado na Súmula 550: "A utilização de escore de crédito, método estatístico de avaliação de risco que não constitui banco de dados, dispensa o consentimento do consumidor, que terá o direito de solicitar esclarecimentos sobre as informações pessoais valoradas e as fontes dos dados considerados no respectivo cálculo". Nesse caso, poderá o consumidor requerer informações e esclarecimentos sobre sua pontuação em banco de dados a respeito das fontes dos dados considerados bem como das informações pessoais valoradas. RD
Gabarito "C"

(OAB/Exame XXXIII – 2020.3) A era digital vem revolucionando o Direito, que busca se adequar aos mais diversos canais de realização da vida inserida ou tangenciada por elementos virtuais. Nesse cenário, consagram-se avanços normativos a fim de atender às situações jurídicas que se apresentam, sendo ponto importante a recorrência dos chamados *youtubers*, atividade não rara realizada por crianças e destinada ao público infantil. Nesse contexto, os *youtubers* mirins vêm desenvolvendo atividades que necessitam de intervenção jurídica, notadamente quando se mostram portadores de prática publicitária.

A esse respeito, instrumentos normativos que visam a salvaguardar interesses na publicidade infantil estão em vigor e outros previstos em projetos de lei.

Sobre o fato narrado, de acordo com o CDC, assinale a afirmativa correta.

(A) A comunicação mercadológica realizada por *youtubers* mirins para o público infantil não pode ser considerada abusiva em razão da deficiência de julgamento e experiência das crianças, porque é realizada igualmente por crianças.

(B) A publicidade que se aproveita da deficiência de julgamento e experiência da criança ou se prevaleça da sua idade e conhecimento imaturo para lhe impingir produtos ou serviços é considerada abusiva.

(C) A publicidade não pode ser considerada abusiva ou enganosa se o público para a qual foi destinado, de forma fácil e imediata, identifica a mensagem mercadológica como tal.

(D) A publicidade dirigida às crianças, que se aproveite da sua deficiência de julgamento para lhe impingir produtos ou serviços, é considerada enganosa.

A: incorreta. Na forma do art. 37 do Código de Defesa do Consumidor, é considerada abusiva, entre outras, a publicidade "que se aproveite da deficiência de julgamento e experiência da criança". No caso da publicidade destinada ao público infantil, o Código de Ética do CONAR, no seu art. 37, determina que: "Nos conteúdos segmentados, criados, produzidos ou programados especificamente para o público infantil, qualquer que seja o veículo utilizado, a publicidade de produtos e serviços destinados exclusivamente a esse público estará restrita aos intervalos e espaços comerciais" (inciso IV) e "para a avaliação da conformidade das ações de merchandising ou publicidade indireta contratada ao disposto nesta Seção, levar-se-á em consideração que: a: o público-alvo a que elas são dirigidas seja adulto; b: o produto ou serviço não seja anunciado objetivando seu consumo por crianças; c: a linguagem, imagens, sons e outros artifícios nelas presentes sejam destituídos da finalidade de despertar a curiosidade ou a atenção das crianças" (inciso V). **B:** correta. Vide justificativa anterior. **C:** incorreta. Em razão do princípio da identificação publicitária estampado no art. 36 do Código de Defesa do Consumidor, a publicidade não pode ser indireta, ou seja, qualquer pessoa que se depare com uma publicidade deve entendê-la como tal. A alternativa correlaciona apenas ao fato de a publicidade ser abusiva ou enganosa, não se configurando nem uma nem a outra. **D:** incorreta. Como visto, não se trata de publicidade enganosa. RD

Gabarito "B".

(OAB/Exame Unificado – 2020.1) O médico de João indicou a necessidade de realizar a cirurgia de gastroplastia (bariátrica) como tratamento de obesidade mórbida, com a finalidade de reduzir peso. Posteriormente, o profissional de saúde explicou a necessidade de realizar a cirurgia plástica pós-gastroplastia, visando à remoção de excesso epitelial que comumente acomete os pacientes nessas condições, impactando a qualidade de vida daquele que deixou de ser obeso mórbido.

Nesse caso, nos termos do Código de Defesa do Consumidor e do entendimento do STJ, o plano de saúde de João

(A) terá que custear ambas as cirurgias, porque configuram tratamentos, sendo a cirurgia plástica medida reparadora; portanto, terapêutica.

(B) terá que custear apenas a cirurgia de gastroplastia, e não a plástica, considerada estética e excluída da cobertura dos planos de saúde.

(C) não terá que custear as cirurgias, exceto mediante previsão contratual expressa para esses tipos de procedimentos.

(D) não terá que custear qualquer das cirurgias até que passem a integrar o rol de procedimentos da ANS, competente para a regulação das coberturas contratuais.

O Superior Tribunal de Justiça já externou entendimento no sentido de que as despesas com a cirurgia bariátrica devem ser custeadas pelo plano de saúde (Resoluções CFM 1.766/2005 e 1.942/2010). Apesar de estarem excluídos da cobertura dos planos de saúde os tratamentos puramente estéticos (art. 10, II, da Lei 9.656/1998), a cirurgia plástica para retirada de pele após a cirurgia bariátrica não tem finalidade estética, tendo característica de cirurgia reparadora e funcional, devendo

ser custeada pelo plano de saúde (Veja, STJ REsp 1.757.938/DF). Vale notar que o Superior Tribunal de Justiça, através do REsp 1.870.834/RJ (Tema 1.069), suspendeu todos os casos que versem sobre assunto em 17/10/2020. RD

Gabarito "A".

(OAB/Exame Unificado – 2017.2) Heitor foi surpreendido pelo recebimento de informação de anotação de seu nome no cadastro restritivo de crédito, em decorrência de suposta contratação de serviços de telefonia e Internet. Heitor não havia celebrado tal contrato, sendo o mesmo fruto de fraude, e busca orientação a respeito de como proceder para rescindir o contrato, cancelar o débito e ter seu nome fora do cadastro negativo, bem como o recebimento de reparação por danos extrapatrimoniais, já que nunca havia tido o seu nome inscrito em tal cadastro.

Com base na hipótese apresentada, na qualidade de advogado(a) de Heitor, assinale a opção que apresenta o procedimento a ser adotado.

(A) Cabe o pedido de cancelamento do serviço, declaração de inexistência da dívida e exclusão da anotação indevida, inexistindo qualquer dever de reparação, já que à operadora não foi atribuído defeito ou falha do serviço digital, que seria a motivação para tal pleito.

(B) Trata-se de cobrança devida pelo serviço prestado, restando a Heitor pagar imediatamente e, somente assim, excluir a anotação de seu nome em cadastro negativo, e então, ingressar com uma medida judicial, comprovando que não procedeu com a contratação e buscando a rescisão do contrato irregular com devolução em dobro do valor pago.

(C) Heitor não pode ser considerado consumidor em razão da ausência de vinculação contratual verídica e válida que consagre a relação consumerista, afastando-se os elementos principiológicos e fazendo surgir a responsabilidade civil subjetiva da operadora de telefonia e Internet.

(D) Heitor é consumidor por equiparação, aplicando-se a teoria do risco da atividade e devendo a operadora suportar os riscos do contrato fruto de fraude, caso não consiga comprovar a regularidade da contratação e a consequente reparação pelos danos extrapatrimoniais *in re ipsa*, além da declaração de inexistência da dívida e da exclusão da anotação indevida.

A: incorreta. Tendo em vista a fraude da qual Heitor foi vítima, com a inclusão indevida do seu nome no banco de dados e cadastro de consumidores, é possível o pedido de indenização por danos morais em razão do abalo da sua honra, além do pedido de cancelamento do serviço e exclusão da anotação indevida; **B:** incorreta. A contratação foi originada de uma fraude e o fornecedor responde pelo fortuito interno, não podendo alegar exclusão de responsabilidade. É nesse sentido a súmula 479 do STJ: "As instituições financeiras respondem objetivamente pelos danos gerados por fortuito interno relativo a fraudes e delitos praticados por terceiros no âmbito de operações bancárias". Dessa forma, Heitor não deve pagar a dívida para ter o seu nome excluído do banco de dados e cadastro negativo; **C:** incorreta. Heitor é considerado consumidor por equiparação (veja justificativa da alternativa "D"); **D:** correta. Heitor deve ser considerado um consumidor por equiparação, na forma do art. 2º, parágrafo único, e art. 29 da lei consumerista, por estar exposto à prática comercial relacionada aos bancos de dados e cadastros de consumidores (art. 43 do CDC). O fornecedor responde pelo fortuito interno, devendo reparar os danos morais em razão da

5. DIREITO DO CONSUMIDOR   345

fraude (veja súmula 479 do STJ), sem necessidade de prova dos danos, sendo apenas necessária a prova dos fatos (*in re ipsa*). RD

Gabarito "D".

(OAB/Exame Unificado – 2016.3) A Pizzaria X fez publicidade comparando a qualidade da sua pizza de mozarela com a da Pizzaria Y, descrevendo a quantidade de queijo e o crocante das bordas, detalhes que a tornariam mais saborosa do que a oferecida pela concorrente. Além disso, disponibiliza para os consumidores o bônus da entrega de pizza pelo motociclista, em até 30 minutos, ou a dispensa do pagamento pelo produto.

A respeito do narrado, assinale a afirmativa correta.

(A) A publicidade comparativa é expressamente vedada pelo Código de Defesa do Consumidor, que, entretanto, nada disciplina a respeito da entrega do produto por motociclista em período de tempo ou dispensa do pagamento.

(B) A promessa de dispensa do pagamento pelo consumidor como forma de estímulo à prática de aumento da velocidade pelo motociclista é vedada por lei especial, enquanto a publicidade comparativa é admitida, respeitados os critérios do CDC e as proteções dispostas em normas especiais que tutelam marca e concorrência.

(C) A dispensa de pagamento, em caso de atraso na entrega do produto por motociclista, é lícita, mas a publicidade comparativa é expressamente vedada pelo Código de Defesa do Consumidor e pela legislação especial.

(D) A publicidade comparativa e a entrega de produto por motociclista em determinado prazo ou a dispensa de pagamento, por serem em benefício do consumidor, embora não previstos em lei, são atos lícitos, conforme entendimento pacífico da jurisprudência.

A: incorreta. A publicidade comparativa não está regulamentada pelo Código de Defesa do Consumidor, estando prevista apenas pelo Código Brasileiro de Autorregulação Publicitária. Por outro lado, o CDC de fato não disciplina a respeito da entrega de produtos por motociclista; **B:** correta. A Lei 12.436/2011 proíbe aos fornecedores "prometer dispensa de pagamento ao consumidor, no caso de fornecimento de produto ou prestação de serviço fora do prazo ofertado para a sua entrega ou realização" (art. 1, III). Além disso, a publicidade comparativa, embora não regulada pelo CDC, não é proibida pela norma, de modo que pode ser veiculada desde que respeitado o direito de marca e demais regras sobre a publicidade abusiva e enganosa no CDC (sobre o tema, vide no STJ o REsp 1.668.550); **C:** incorreta. Conforme justificativa das alternativas anteriores; **D:** incorreta. Conforme justificativa das alternativas anteriores. RD

Gabarito "B".

(OAB/Exame Unificado – 2016.3) O Banco X enviou um cartão de crédito para Jeremias, com limite de R$ 10.000,00 (dez mil reais), para uso em território nacional e no exterior, incluindo seguro de vida e acidentes pessoais, bem como seguro contra roubo e furto, no importe total de R$ 5,00 (cinco reais) na fatura mensal, além da anuidade de R$ 400,00 (quatrocentos reais), parcelada em cinco vezes.

Jeremias recebeu a correspondência contendo um cartão bloqueado, o contrato e o informativo de benefícios e ônus. Ocorre que Jeremias não é cliente do Banco X e sequer solicitou o cartão de crédito.

Sobre a conduta da instituição bancária, considerando a situação narrada e o entendimento do STJ expresso em Súmula, assinale a afirmativa correta.

(A) Foi abusiva, sujeitando-se à aplicação de multa administrativa, que não se destina ao consumidor, mas não há ilícito civil indenizável, tratando-se de mero aborrecimento, sob pena de se permitir o enriquecimento ilícito de Jeremias.

(B) Foi abusiva, sujeita à advertência e não à multa administrativa, salvo caso de reincidência, bem como não gera ilícito indenizável, por não ter havido dano moral in re ipsa na hipótese, salvo se houvesse extravio do cartão antes de ser entregue a Jeremias.

(C) Foi abusiva e constitui ilícito indenizável em favor de Jeremias, mesmo sem prejuízo comprovado, em razão da configuração de dano moral in re ipsa na hipótese, que pode ser cumulada com a aplicação de multa administrativa, que não será fixada em favor do consumidor.

(D) Não foi abusiva, pois não houve prejuízo ao consumidor a justificar multa administrativa e nem constituí ilícito indenizável, na medida em que o destinatário pode desconsiderar a correspondência, não desbloquear o cartão e não aderir ao contrato.

A: incorreta. O envio de cartão de crédito sem solicitação configura prática comercial abusiva (art. 39, III, do CDC), sendo possível a aplicação de sanção administrativa (art. 55 e seguintes do CDC) e, por ser configurado o ato ilícito, cabe indenização por danos materiais e morais; **B:** incorreta. Cabe aplicação de sanção administrativa por infração em razão da prática comercial abusiva tendo em vista que qualquer infração às normas de defesa do consumidor fica sujeita às sanções administrativas previstas no art. 55 do CDC. Da mesma forma, o envio do cartão de crédito sem solicitação gera indenização por danos morais em razão do próprio fato (*in re ipsa*), sem haver necessidade de extravio do cartão de crédito; **C:** correta. Conforme justificativa das alternativas anteriores e súmula 532 do STJ, "Constituí prática comercial abusiva o envio de cartão de crédito sem prévia e expressa solicitação do consumidor, configurando-se ato ilícito indenizável e sujeito à aplicação de multa administrativa". Vale notar que as sanções administrativas nunca são fixadas em favor do consumidor, mas destinadas ao fundo previsto na Lei de Ação Civil Pública, sendo que a verba deve ser aplicada em prol da defesa do consumidor (art. 57 do CDC); **D:** incorreta. Veja justificativa das alternativas anteriores. RD

Gabarito "C".

(OAB/Exame Unificado – 2016.2) Marieta firmou contrato com determinada sociedade empresária de gêneros alimentícios para o fornecimento de produtos para a festa de 15 anos de sua filha. O pagamento deveria ter sido feito por meio de boleto, mas a obrigação foi inadimplida e a sociedade empresária fornecedora de alimentos, observando todas as regras positivas e sumulares cabíveis, procedeu com a anotação legítima e regular do nome de Marieta no cadastro negativo de crédito. Passados alguns dias, Marieta tentou adquirir um produto numa loja de departamentos mediante financiamento, mas o crédito lhe foi negado, motivo pelo qual a devedora providenciou o imediato pagamento dos valores devidos à sociedade empresária de gêneros alimentícios. Superada a condição de inadimplente, Marieta quer saber como deve proceder a fim de que seu nome seja excluído do cadastro negativo. A respeito do fato apresentado, assinale a afirmativa correta.

(A) A consumidora deve enviar notificação à sociedade empresária de gêneros alimentícios informando o pagamento integral do débito e requerer que a mesma providencie a exclusão da negativação, o que deve ser feito em até vinte e quatro horas.

(B) A consumidora deve se dirigir diretamente ao órgão de cadastro negativo, o que pode ser feito por meio de procuração constituindo advogado, e solicitar a exclusão da negativação, ônus que compete ao consumidor.

(C) Após a quitação do débito, compete à sociedade empresária de gêneros alimentícios solicitar a exclusão do nome de Marieta do cadastro negativo, no prazo de cinco dias a contar do primeiro dia útil seguinte à disponibilização do valor necessário para a quitação do débito.

(D) Marieta deverá comunicar a quitação diretamente ao órgão de cadastro negativo e, caso não seja feita a exclusão imediata, a consumidora poderá ingressar em juízo pleiteando indenização apenas, pois a hipótese comporta exclusivamente sanção civil.

A: incorreta, pois o prazo para a exclusão da negativação é de 5 dias úteis e não de 24 horas (art. 43, § 3º, do CDC); **B:** incorreta, pois o consumidor não precisa constituir advogado para tanto, já que não obrigação legal nesse sentido, bem como pode buscar a exclusão de sua negativação junto à própria empresa que solicitou a referida negativação, que terá de informar o fato ao órgão de cadastro negativo, sendo que em 5 dias úteis não poderá haver mais qualquer menção à negativação efetuada (art. 43, § 3º, do CDC); **C:** correta, nos termos do art. 43, § 3º, do CDC, já que o dispositivo também admite que seja buscada diretamente a empresa que solicitou a negativação do nome do consumidor, sendo que tanto ela como o órgão de cadastro negativo mantém dados e cadastro do consumidor nesse tipo de situação. Vide Súmula 548 do STJ: "Incumbe ao credor a exclusão do registro da dívida em nome do devedor no cadastro de inadimplentes no prazo de cinco dias úteis, a partir do integral e efetivo pagamento do débito."; **D:** incorreta, já que o art. 43, § 3º, do CDC também admite que seja buscada diretamente a empresa que solicitou a negativação do nome do consumidor, sendo que tanto ela como o órgão de cadastro negativo mantém dados e cadastro do consumidor nesse tipo de situação; ademais, o caso não gera apenas sanções civis, já que sanções penais também podem ser aplicadas no caso, em virtude do tipo penal previsto no art. 73 do CDC.
`Gabarito "C".`

(OAB/Exame Unificado – 2015.3) Hugo colidiu com seu veículo e necessitou de reparos na lataria e na pintura. Para tanto, procurou, por indicação de um amigo, os serviços da Oficina Mecânica M, oportunidade na qual lhe foi ofertado orçamento escrito, válido por 15 (quinze) dias, com o valor da mão de obra e dos materiais a serem utilizados na realização do conserto do automóvel. Hugo, na certeza da boa indicação, contratou pela primeira vez com a Oficina. Considerando as regras do Código de Proteção e Defesa do Consumidor, assinale a afirmativa correta.

(A) Segundo a lei do consumidor, o orçamento tem prazo de validade obrigatório de 10 (dez) dias, contados do seu recebimento pelo consumidor Hugo. Logo, no caso, somente durante esse período a Oficina Mecânica M estará vinculada ao valor orçado.

(B) Uma vez aprovado o orçamento pelo consumidor, os contraentes estarão vinculados, sendo correto afirmar que Hugo não responderá por quaisquer ônus ou acréscimos no valor dos materiais orçados; contudo,

ele poderá vir a responder pela necessidade de contratação de terceiros não previstos no orçamento prévio.

(C) Se o serviço de pintura contratado por Hugo apresentar vícios de qualidade, é correto afirmar que ele terá tríplice opção, à sua escolha, de exigir da oficina mecânica: a reexecução do serviço sem custo adicional; a devolução de eventual quantia já paga, corrigida monetariamente, ou o abatimento do preço de forma proporcional.

(D) A lei consumerista considera prática abusiva a execução de serviços sem a prévia elaboração de orçamento, o que pode ser feito por qualquer meio, oral ou escrito, exigindo-se, para sua validade, o consentimento expresso ou tácito do consumidor.

A: incorreta, pois, apesar de a lei estipular como prazo de validade do orçamento o prazo de 10 dias, caso o fornecedor prometa um prazo de validade maior, como acontece no caso (em que o fornecedor estipulou em contrário, ao dizer que o orçamento tinha validade de 15 dias), o último prazo prevalece, nos termos do art. 40, § 1º, do CDC; **B:** incorreto, pois o consumidor não responde por quaisquer ônus ou acréscimos não previstos no orçamento prévio, inclusive quanto à necessidade de contratar terceiros não previstos no orçamento (art. 40, § 3º, do CDC); **C:** correto, nos termos do disposto no art. 20, *caput*, do CDC; **D:** incorreta, pois para que se configure a prática abusiva é necessário que a execução do serviço se dê sem prévia elaboração de orçamento e também sem prévia autorização expressa do consumidor, de modo que o primeiro erro da alternativa é dar ideia de que basta a falta de prévio orçamento para a caracterização da prática abusiva; a alternativa também acrescenta a ideia de consentimento tácito, instituto não previsto de forma geral no regramento do CDC sobre essa prática abusiva (vide texto do art. 39, VI, do CDC), havendo em tal regramento uma exceção para apenas uma das hipóteses de consentimento tácito, que as chamadas "práticas anteriores entre as partes".
`Gabarito "C".`

(OAB/Exame Unificado – 2014.3) Roberto, atraído pela propaganda de veículos zero quilômetro, compareceu até uma concessionária a fim de conhecer as condições de financiamento. Verificando que o valor das prestações cabia no seu orçamento mensal e que as taxas e os custos lhe pareciam justos, Roberto iniciou junto ao vendedor os procedimentos para a compra do veículo. Para sua surpresa, entretanto, a financeira negou-lhe o crédito, ao argumento de que havia negativação do nome de Roberto nos cadastros de proteção ao crédito. Indignado e buscando esclarecimentos, Roberto procurou o Banco de Dados e Cadastro que havia informado à concessionária acerca da suposta existência de negativação, sendo informado por um dos empregados que as informações que Roberto buscava somente poderiam ser dadas mediante ordem judicial.

Sobre o procedimento do empregado do Banco, assinale a afirmativa correta.

(A) O empregado do Banco de Dados e Cadastros agiu no legítimo exercício de direito ao negar a prestação das informações, já que o solicitado pelo consumidor somente deve ser dado pelo fornecedor que solicitou a negativação, cabendo a Roberto buscar uma ordem judicial mandamental, autorizando a divulgação dos dados para ele diretamente.

(B) O procedimento do empregado, ao negar as informações que constam no Banco de Dados e Cadastros sobre o consumidor, configura infração penal punível

5. DIREITO DO CONSUMIDOR

com pena de detenção ou multa, nos termos tipificados no Código de Defesa do Consumidor.

(C) A negativa no fornecimento das informações foi indevida, mas configura mera infração administrativa punível com advertência e, em caso de reincidência, pena de multa a ser aplicada ao órgão, não ao empregado que negou a prestação de informações.

(D) Cuida-se de infração administrativa e, somente se cometido em operações que envolvessem alimentos, medicamentos ou serviços essenciais, configuraria infração penal, para fins de incidência da norma consumerista em seu aspecto penal.

A: incorreta, pois, segundo o art. 43, *caput*, do CDC, o consumidor tem direito de acesso às informações existentes em cadastros, fichas, registros e dados pessoais e de consumo arquivado sobre ele, e o serviço de proteção ao crédito não é o único destinatário da norma, sendo tão destinatário como o fornecedor que mantém a relação contratual com o consumidor, conforme se verifica da menção a essas entidades nos parágrafos 4º e 5º do mesmo art. 43; **B:** correta (art. 72 do CDC); **C:** incorreta, pois o fato também é infração penal (art. 72 do CDC) e, causando dano ao consumidor, também enseja responsabilidade civil do serviço de proteção ao crédito; **D:** incorreta, pois o art. 72 do CDC prevê que o caso importa em infração penal, sem a restrição mencionada na assertiva (de que é necessário que se esteja diante de operações que envolvam alimentos, medicamentos ou serviços essenciais).
Gabarito "B".

(OAB/Exame Unificado – 2014.1) Eliane trabalha em determinada empresa para a qual uma seguradora apresentou proposta de seguro de vida e acidentes pessoais aos empregados. Eliane preencheu o formulário entregue pela seguradora e, dias depois, recebeu comunicado escrito informando, sem motivo justificado, a recusa da seguradora para a contratação por Eliane. Partindo da situação fática narrada, à luz da legislação vigente, assinale a afirmativa correta.

(A) Eliane pode exigir o cumprimento forçado da obrigação nos termos do serviço apresentado, já que a oferta obriga a seguradora e a negativa constituiu prática abusiva pela recusa infundada de prestação de serviço.

(B) Trata-se de hipótese de aplicação da legislação consumerista, mas, a despeito das garantias conferidas ao consumidor, em hipóteses como a narrada no caso, é facultado à seguradora recusar a contratação antes da assinatura do contrato.

(C) Por se tratar de contrato bilateral, a seguradora poderia ter se recusado a ser contratada por Eliane nos termos do Código Civil, norma aplicável ao caso, que assegura que a proposta não obriga o proponente.

(D) A seguradora não está obrigada a se vincular a Eliane, já que a proposta de seguro e acidentes pessoais dos empregados não configura oferta, nos termos do Código do Consumidor.

A: correta, nos termos do art. 35, I, do CDC (direito de exigir o cumprimento forçado de oferta) e do art. 39, IX, do CDC (prática abusiva quando se recusa atender a prestação de serviço); **B:** incorreta, pois a oferta suficientemente precisa feita por fornecedor vincula este (art. 30 do CDC); **C:** incorreta; primeiro porque o diploma de regência no caso é o CDC, vez que Eliane é destinatária final de um serviço securitário (art. 2º, *caput*, e 3º, § 2º, do CDC); segundo porque no Código Civil a oferta também obriga, como regra, o proponente (art. 427 do CC); **D:** incorreta, pois como se presume que se trata de uma oferta suficiente precisa (com dados sobre o produto e seu preço), que é o que normalmente se dá na prática, tal oferta vincula (art. 30, caput, do CDC).
Gabarito "A".

(OAB/Exame Unificado – 2014.1) Mauro adquiriu um veículo zero quilômetro da fabricante brasileira Surreal, na concessionária Possante Ltda., revendedora de automóveis que comercializa habitualmente diversas marcas nacionais e estrangeiras. Na época em que Mauro efetuou a compra, o modelo adquirido ainda não era produzido com o opcional de freio ABS, o que só veio a ocorrer seis meses após a aquisição feita por Mauro. Tal sistema de frenagem (travagem) evita que a roda do veículo bloqueie quando o pedal do freio é pisado fortemente, impedindo com isso o descontrole e a derrapagem do veículo. Mauro, inconformado, aciona a concessionária postulando a substituição do seu veículo, pelo novo modelo com freio ABS.

Diante do caso narrado e das regras atinentes ao Direito do Consumidor, assinale a afirmativa correta.

(A) Mauro tem direito à substituição, pois o fato de o novo modelo ter sido oferecido com o opcional do freio ABS, de melhor qualidade, configura defeito do modelo anterior por ele adquirido.

(B) Se o veículo adquirido por Mauro apresentar futuro defeito no freio dentro do prazo de garantia, a concessionária Possante Ltda. é obrigada a assegurar a oferta de peças de reposição originais enquanto não cessar a fabricação do veículo.

(C) Somente quando cessada a produção no país do veículo adquirido por Mauro, a fabricante Surreal ficará exonerada do dever legal de assegurar o oferecimento de componentes e peças de reposição para o automóvel.

(D) Havendo necessidade de reposição de peças ou componentes no veículo de Mauro, a fabricante Surreal deverá, ainda que cessada a fabricação no país, efetuar o reparo com peças originais por um período razoável de tempo, fixado por lei. A reposição com peças usadas só é admitida pelo Código do Consumidor quando houver autorização do consumidor.

A: incorreta, pois, segundo o art. 12, § 2º, do CDC, um produto não pode ser considerado defeituoso se outro de melhor qualidade tiver sido colocado no mercado; **B e C:** incorretas, pois, os fabricantes e importadores devem assegurar a oferta de peças de reposição não só enquanto não cessar a fabricação ou importação do produto, como também por período razoável após a produção ou importação, nos termos de lei (art. 32 do CDC); **D:** correta (art. 32 c/c com art. 21, ambos do CDC).
Gabarito "D".

5. PROTEÇÃO CONTRATUAL

(OAB/Exame XXXVIII) Carlos foi internado para tratamento de saúde. Apresentava estado grave, sendo seus familiares informados sobre a limitação do tempo de internação.

Junto à assinatura dos documentos de internação, o hospital exigiu dos familiares um depósito caução para assegurar a internação do paciente, caso extrapolado o dia-limite custeado pelo plano de saúde, o que fizeram prontamente.

Os familiares de Carlos procuraram você, como advogado(a), informando o ocorrido e que, de fato, o contrato do seguro-saúde apresentava essa cláusula limitadora.

Assinale a opção que apresenta a orientação correta dada para o caso.

(A) A cláusula contratual que limita, no tempo, a internação hospitalar do segurado, é abusiva.

(B) O fato de o hospital ter exigido a prestação da caução não configura conduta abusiva, apesar da evidente vulnerabilidade, por força do princípio do equilíbrio contratual.

(C) A cláusula contratual que limita o tempo de internação não se mostra abusiva, por ter sido redigida de forma clara e compreensível.

(D) A cláusula contratual que limita o tempo de internação, embora abusiva, não é nula e, sim, anulável, por se tratar de contrato de adesão celebrado em situação de lesão ao consumidor.

A: correta. Conforme orientação da Súmula 302 do STJ, "É abusiva a cláusula contratual de plano de saúde que limita no tempo a internação hospitalar do segurado". Sendo abusiva, a cláusula é nula, nos termos do art. 51 do CDC. **B:** incorreta. A exigência de caução (ou mesmo de termo de responsabilidade) por parte do hospital configura prática comercial abusiva, nos termos do art. 39, incisos IV e V, do CDC. Também configura crime, nos termos do art. 135-A do CP "Exigir cheque-caução, nota promissória ou qualquer garantia, bem como o preenchimento prévio de formulários administrativos, como condição para o atendimento médico-hospitalar emergencial". **C:** incorreta. Vide justificativa da alternativa "a". **D:** incorreta. Sendo abusiva, a cláusula é nula e não surte efeitos. Vide justificativa da alternativa "a". RD

Gabarito "A".

(OAB/Exame XXXVII) No instrumento de oferta de crédito pessoal em favor do microempreendedor individual Eugênio Barros, dentre outras informações, constou o montante dos juros de mora e a taxa efetiva anual dos juros.

Ao indagar o intermediário sobre a omissão da taxa efetiva mensal de juros, do Custo Efetivo Total da operação (CET) e do prazo de validade da oferta, o microempreendedor recebeu as seguintes explicações:

I. a taxa efetiva mensal de juros estava indicada em documento apartado, apresentado ao interessado no ato;

II. o CET deveria ser consultado no aplicativo da instituição financeira ofertante, através do uso da fórmula fornecida no próprio aplicativo;

III. a oferta era válida apenas no dia de hoje, sem qualquer documento comprobatório que amparasse a informação.

Considerando as explicações do intermediário em cotejo com as normas do Código de Defesa do Consumidor (CDC) quanto às informações prévias no fornecimento de serviços que envolva outorga de crédito, assinale a afirmativa correta.

(A) Todas as explicações prestadas estão corretas e em conformidade com as prescrições do CDC, não havendo necessidade de comprovação do prazo de oferta caso o beneficiário seja pessoa jurídica, como o microempreendedor individual.

(B) A única explicação equivocada prestada é em relação à taxa efetiva mensal de juros, que deve ser neces-

sariamente indicada no instrumento da oferta, e não em documento apartado.

(C) Todas as explicações prestadas são equivocados e violam as prescrições do CDC, eis que a taxa efetiva mensal de juros e o CET devem ser indicados no instrumento da oferta e essa deve ser de, no mínimo, 7 (sete) dias.

(D) São equivocados os esclarecimentos prestados quanto ao CET, pois ele deve constar do instrumento da oferta ou em documento apartado e ser de fácil acesso ao consumidor; quanto ao prazo de validade da oferta, ele deve ser de, no mínimo, 2 (dois) dias.

A questão abordou o tema da oferta na Lei do Superendividamento (que alterou o Código de Defesa do Consumidor). Mesmo em se tratando de consumidor pessoa jurídica (microempreendedor) há aplicação integral do Código de Defesa do Consumidor. Assim, o art. 54-B deixa de forma clara e taxativa os elementos que devem contar da oferta. Vejamos: "Art. 54-B. No fornecimento de crédito e na venda a prazo, além das informações obrigatórias previstas no art. 52 deste Código e na legislação aplicável à matéria, o fornecedor ou o intermediário deverá informar o consumidor, prévia e adequadamente, no momento da oferta, sobre: I – o custo efetivo total e a descrição dos elementos que o compõem; II – a taxa efetiva mensal de juros, bem como a taxa dos juros de mora e o total de encargos, de qualquer natureza, previstos para o atraso no pagamento; III – o montante das prestações e o prazo de validade da oferta, que deve ser, no mínimo, de 2 (dois) dias; IV – o nome e o endereço, inclusive o eletrônico, do fornecedor; V – o direito do consumidor à liquidação antecipada e não onerosa do débito, nos termos do § 2º do art. 52 deste Código e da regulamentação em vigor. Logo: **i:** Correta. Nos termos do § 1º do mencionado artigo, as informações devem constar de forma clara e resumida do próprio contrato, da fatura ou de instrumento apartado, de fácil acesso ao consumidor. **ii:** Incorreta. O CET deve estar disponível no próprio contrato, fatura ou instrumento apartado. **iii:** Incorreta. A oferta deve ter validade de, no mínimo, dois dias. RD

Gabarito "D".

(OAB/Exame XXXV) *Pratice Ltda.* configura-se como um clube de pontos que se realiza mediante a aquisição de título. Os pontos são convertidos em bônus para uso nas redes de restaurantes, hotéis e diversos outros segmentos de consumo regularmente conveniados. Nas redes sociais, a empresa destaca que os convênios são precedidos de rigoroso controle e aferição do padrão de atendimento e de qualidade dos serviços prestados.

Tomás havia aderido à *Pratice Ltda.* e, nas férias, viajou com sua família para uma pousada da rede conveniada. Ao chegar ao local, ele verificou que as acomodações cheiravam a mofo e a limpeza era precária. Sem poder sair do local em razão do horário avançado, viu-se obrigado a pernoitar naquele ambiente insalubre e sair somente no dia seguinte.

Aborrecido com a desagradável situação vivenciada e com o prejuízo financeiro por ter que arcar com outro serviço de hotelaria na cidade, Tomás procurou você, como advogado(a), para ingressar com a medida judicial cabível.

Diante disso, assinale a única opção correta.

(A) *Pratice Ltda.* funciona como mera intermediadora entre os hotéis e os adquirentes do título do clube de pontos, não respondendo pelo evento danoso.

(B) Há legitimidade passiva da *Pratice Ltda.* para responder pela inadequada prestação de serviço do hotel

5. DIREITO DO CONSUMIDOR

conveniado que gerou dano ao consumidor, por integrar a cadeia de consumo referente ao serviço que introduziu no mercado.

(C) Trata-se de culpa exclusiva de terceiro, não podendo a intermediária *Pratice Ltda.* responder pelos danos suportados pelo portador título do clube de pontos.

(D) Cuida-se de hipótese de responsabilidade subjetiva e subsidiária da *Pratice Ltda.* em relação ao hotel conveniado.

O caso insere-se na hipótese do art. 18 do CDC. Trata-se, portanto, de vício de serviço e, sendo assim, todos os envolvidos na cadeia produtiva respondem pela reparação dos danos causados aos consumidores. Além disso, conforme inteligência do art. 25, § 1°, havendo mais de um responsável pela causação do dano, todos responderão solidariamente pela sua reparação. Assim, a *Pratice Ltda.* oferta aos seus consumidores convênios com serviços de qualidade e deve ser responsabilizada pelo seu descumprimento junto ao hotel em questão. **RD**

Gabarito "B".

(OAB/Exame XXXIV) José procurou a instituição financeira Banco Bom com o objetivo de firmar contrato de penhor. Para tanto, depositou um colar de pérolas raras, adquirido por seus ascendentes e que passara por gerações até tornar-se sua pertença através de herança. O negócio deu-se na modalidade contrato de adesão, contendo cláusulas claras a respeito das obrigações pactuadas, inclusive com redação em destaque quanto à limitação do valor da indenização em caso de furto ou roubo, o que foi compreendido por José.

Posteriormente, José procurou você, como advogado(a), apresentando dúvidas a respeito de diferentes pontos.

Sobre os temas indagados, de acordo com o Código de Defesa do Consumidor, assinale a afirmativa correta.

(A) A cláusula que limita o valor da indenização pelo furto ou roubo do bem empenhado é abusiva e nula, ainda que redigida com redação clara e compreensível por José e em destaque no texto, pois o que a vicia não é a compreensão redacional e sim o direito material indevidamente limitado.

(B) A cláusula que limita os direitos de José em caso de furto ou roubo é lícita, uma vez que redigida em destaque e com termos compreensíveis pelo consumidor, impondo-se a responsabilidade subjetiva da instituição financeira em caso de roubo ou furto por se tratar de ato praticado por terceiro, revelando fortuito externo.

(C) O negócio realizado não configura relação consumerista devendo ser afastada a incidência do Código de Defesa do Consumidor e aplicado o Código Civil em matéria de contratos de mútuo e de depósito, uma vez que inquestionável o dever de guarda e restituição do bem mediante pagamento do valor acordado no empréstimo.

(D) A cláusula que limita o valor da indenização pelo furto ou roubo do bem empenhado é lícita, desde que redigida com redação clara e compreensível e, em caso de furto ou roubo do colar, isso será considerado inadimplemento contratual e não falha na prestação do serviço, incidindo o prazo prescricional de 2 (dois) anos, caso seja necessário ajuizar eventual pleito indenizatório.

Na forma do art. 51, I, do CDC, são nulas as cláusulas contratuais que "impossibilitem, exonerem ou atenuem a responsabilidade do fornecedor por vícios de qualquer natureza dos produtos e serviços ou impliquem renúncia ou disposição de direitos". Ademais, conforme entendimento do STJ externado na Súmula 297, o CDC é aplicável às instituições financeiras, o que implica em relação consumerista o caso em comento. No mesmo sentido, a Súmula 638 do STJ reforça a abusividade da cláusula contratual que restringe a responsabilidade de instituição financeira pelos danos decorrentes de roubo, furto ou extravio de bem entregue em garantia no âmbito de contrato de penhor civil. **RD**

Gabarito "A".

(OAB/Exame XXXVI) Bernardo adquiriu, mediante uso de cartão de crédito, equipamento de som conhecido como *home theater*. A compra, por meio do aplicativo do *Magazin Novas Colinas S/A*, conhecido como "loja virtual do Colinas", foi realizada na sexta-feira e o produto entregue na terça-feira da semana seguinte.

Na quarta-feira, dia seguinte ao do recebimento, Bernardo entrou em contato com o serviço de atendimento ao cliente para exercer seu direito de arrependimento. A atendente lhe comunicou que deveria ser apresentada uma justificativa para o arrependimento dentre aquelas elaboradas pelo fornecedor. Essa foi a condição imposta ao consumidor para a devolução do valor referente à 1ª parcela do preço, já lançado na fatura do seu cartão de crédito.

Com base nesta narrativa, em conformidade com a legislação consumerista, assinale a afirmativa correta.

(A) O direito de arrependimento precisa ser motivado diante da comunicação de cancelamento da compra feita pelo consumidor ao fornecedor após o decurso de 48 (quarenta e oito) horas da realização da transação pelo aplicativo.

(B) Embora o direito de arrependimento não precise de motivação por ser potestativo, o fornecedor pode exigir do consumidor que lhe apresente uma justificativa, como condição para a realização da devolução do valor faturado.

(C) Em observância ao princípio da boa-fé objetiva, aplicável tanto ao fornecedor quanto ao consumidor, aquele não pode se opor ao direito de arrependimento, mas, em contrapartida, pode exigir do consumidor a motivação para tal ato.

(D) O direito de arrependimento não precisa ser motivado e foi exercido tempestivamente, devendo o fornecedor providenciar o cancelamento da compra e comunicar à administradora do cartão de crédito para que seja efetivado o estorno do valor.

De acordo com o art. 49 do CDC, o consumidor pode desistir dos contratos realizados fora do estabelecimento comercial, no prazo de 7 dias, a contar da sua assinatura ou do ato de recebimento do produto ou serviço, sem que haja qualquer motivação por parte do consumidor. Nesse sentido, ainda conforme inteligência do parágrafo único do referido artigo, em caso de desistência, os valores eventualmente pagos, a qualquer título, durante o prazo de reflexão, serão devolvidos de imediato, monetariamente atualizados. Além disso, o art. 54-F, incluído com a Lei do Superendividamento, determina: "São conexos, coligados ou interdependentes, entre outros, o contrato principal de fornecimento de produto ou serviço e os contratos acessórios de crédito que lhe garantam o financiamento quando o fornecedor de crédito: (...) § 1° O exercício do direito de arrependimento nas hipóteses previstas neste Código, no contrato principal ou no contrato de crédito, implica a resolução de pleno direito do contrato que lhe seja conexo. **RD**

Gabarito "D".

(OAB/Exame Unificado – 2019.1) João da Silva, idoso, ingressou com ação judicial para revisão de valores de reajuste do plano de saúde, contratado na modalidade individual. Alega que houve alteração do valor em decorrência da mudança de faixa etária, o que entende abusivo. Ao entrar em contato com a fornecedora, foi informado que o reajuste atendeu ao disposto pela agência reguladora, que é um órgão governamental, e que o reajuste seria adequado.

Sobre o reajuste da mensalidade do plano de saúde de João, de acordo com entendimento do STJ firmado em Tema de Recurso Repetitivo, bem como à luz do Código do Consumidor, assinale a afirmativa correta.

(A) Somente seria possível se o plano fosse coletivo, mesmo que isso não estivesse previsto em contrato, mas se encontrasse em acordo com percentual que não seja desarrazoado ou aleatório, portanto, não sendo abusivo.

(B) Poderia ser alterado por se tratar de plano individual, mesmo que em razão da faixa etária, desde que previsto em contrato, observasse as normas dos órgãos governamentais reguladores e o percentual não fosse desarrazoado, o que tornaria a prática abusiva.

(C) É possível o reajuste, ainda que em razão da faixa etária, sendo coletivo ou individual, mesmo que não previsto em contrato e em percentual que não onere excessivamente o consumidor ou discrimine o idoso.

(D) Não poderia ter sido realizado em razão de mudança de faixa etária, mesmo se tratando de plano individual, sendo correto o reajuste apenas com base na inflação, não havendo interferência do órgão governamental regulador nesse tema.

A: incorreta. Os planos coletivos podem conter previsão de aumento por faixa etária, desde que não seja abusivo e que expressamente previsto em contrato e que esteja em acordo com as regras da ANS. **B:** correta. Eis os temas da decisão do STJ em sede de IRDR (tema 952): "o reajuste de mensalidade de plano de saúde individual ou familiar fundado na mudança de faixa etária do beneficiário é válido desde que (i) haja previsão contratual, (ii) sejam observadas as normas expedidas pelos órgãos governamentais reguladores e (iii) não sejam aplicados percentuais desarrazoados ou aleatórios que, concretamente e sem base atuarial idônea, onerem excessivamente o consumidor ou discriminem o idoso". **C** e **D:** incorretas. Vide justificativa da alternativa "B". **RD**

Gabarito "B".

(OAB/Exame Unificado – 2018.3) Dias atrás, Elisa, portadora de doença grave e sob risco imediato de morte, foi levada para atendimento na emergência do hospital X, onde necessitou realizar exame de imagem e fazer uso de medicamentos. Ocorre que o seu plano de saúde, contratado dois meses antes, negou a cobertura de alguns desses fármacos e do exame de imagem, pelo fato de o plano de Elisa ainda estar no período de carência, obrigando a consumidora a custear parcela dos medicamentos e o valor integral do exame de imagem.

Nesse caso, à luz do Código de Defesa do Consumidor (CDC) e da Lei nº 9.656/98, que dispõe sobre os planos e seguros privados de assistência à saúde, assinale a afirmativa correta.

(A) As cláusulas que limitam os direitos da consumidora são nulas de pleno direito, sendo qualquer período de carência imposto por contrato de adesão reversível pela via judiciária, por caracterizar-se como cláusula abusiva.

(B) As cláusulas que limitam os direitos da consumidora, como a que fixou a carência do plano de saúde em relação ao uso de medicamentos e exame de imagem, são lícitas, e devem ser observadas no caso de Elisa, em respeito ao equilíbrio da relação contratual.

(C) As cláusulas que preveem o período de carência estão previstas em norma especial que contradiz o disposto no CDC, uma vez que não podem excetuar a proteção integral e presunção de vulnerabilidade existente na relação jurídica de consumo.

(D) O plano de saúde deve cobrir integralmente o atendimento de Elisa, por se tratar de situação de emergência e por, pelo tempo de contratação do plano, não poder haver carência para esse tipo de atendimento, ainda que lícitas as cláusulas que limitem o direito da consumidora.

A: incorreta. A carência está expressamente prevista no art. 12 da Lei 9.659/98 , e constitui o período previsto em contrato no qual o consumidor arca com o pagamento das prestações mensais sem ter o direito de acesso a determinadas coberturas. Para que a carência possa ser levantada pelo plano de saúde, deve haver cláusula contratual expressa de forma clara e de modo que o consumidor compreenda as restrições ali estabelecidas (art. 54 do CDC). **B:** incorreta. (vide justificativa da alternativa "D"). **C:** incorreta. A Lei 9.656/98 é lei especial que deve ser interpretada em conjunto com o Código de Defesa do Consumidor e não contradiz as normas principiológicas do CDC. **D:** correta. As cláusulas que definem as carências são lícitas e devem ser observadas pela consumidora. No entanto, a carência para procedimentos de urgência e emergências somente podem ser limitadas ao prazo máximo de vinte e quatro horas (art. 12, V, alínea *c*, da Lei 9.656/98). Nesse caso, após 24 horas da contratação do plano, a cobertura deve ser integral e absoluta. Demais, disso, já entendeu o STJ que "é possível que o plano de saúde estabeleça as doenças que terão cobertura, mas não o tipo de tratamento utilizado, sendo abusiva a negativa de cobertura do procedimento, tratamento, medicamento ou material considerado essencial para sua realização de acordo com o proposto pelo médico (REsp 2019/0070457-2). **RD**

Gabarito "D".

(OAB/Exame Unificado – 2018.1) Petrônio, servidor público estadual aposentado, firmou, em um intervalo de seis meses, três contratos de empréstimo consignado com duas instituições bancárias diferentes, comprometendo 70% (setenta por cento) do valor de aposentadoria recebido mensalmente, o que está prejudicando seu sustento, já que não possui outra fonte de renda. Petrônio procura orientação de um advogado para saber se há possibilidade de corrigir o que alega ter sido um engano de contratação de empréstimos sucessivos.

Partindo dessa situação, à luz do entendimento do Superior Tribunal de Justiça, assinale a afirmativa correta.

(A) Não há abusividade na realização de descontos superiores a 50% (cinquenta por cento) dos rendimentos do consumidor para fins de pagamento de prestação dos empréstimos quando se tratar de contratos firmados com fornecedores diferentes, como no caso narrado.

(B) O consumidor não pode ser submetido à condição de desequilíbrio na relação jurídica, sendo nulas de

5. DIREITO DO CONSUMIDOR

pleno direito as cláusulas contratuais do contrato no momento em que os descontos ultrapassam metade da aposentadoria do consumidor.

(C) Os descontos a título de crédito consignado, incidentes sobre os proventos de servidores, como é o caso de Petrônio, devem ser limitados a 30% (trinta por cento) da remuneração, em razão da sua natureza alimentar e do mínimo existencial.

(D) Tratando-se de consumidor hipervulnerável pelo fator etário, os contratos dependem de anuência de familiar, que deve assinar conjuntamente ao idoso, não podendo comprometer mais do que 20% (vinte por cento) do valor recebido a título de aposentadoria.

A questão foi analisada pelo Superior Tribunal de Justiça em sede de Recurso Repetitivo, tendo sido firmada a seguinte tese: "A limitação de desconto ao empréstimo consignado, em percentual estabelecido pelos arts. 45 da Lei n. 8.112/1990 e 1º da Lei n. 10.820/2003, não se aplica aos contratos de mútuo bancário em que o cliente autoriza o débito das prestações em conta corrente (STJ, REsp 1.586.910-SP, Rel. Min. Luis Felipe Salomão, por maioria, julgado em 29/08/2017, DJe 03/10/2017). Vale notar que a Lei 8.112/1990 e Lei 10.820/2003 estabelecem percentual de 30% para os empréstimos consignados debitados no salário ou aposentadoria do consumidor, o que deve ser observado pelas Instituições Financeiras (exceto nos casos de valores debitados em conta corrente, já que não se configura, nesse caso, empréstimo consignado na forma da lei). **A:** incorreta. O limite é de 30% dos rendimentos do consumidor; **B:** incorreta. A cláusula de desconto em salário ou aposentadoria será abusiva se exceder o percentual estabelecido em lei; **C:** correta. O desconto a título de consignado não pode ultrapassar o percentual assinalado em lei; **D:** incorreta. A hipervulnerabilidade do idoso não o torna incapaz de contratar. Já entendeu o STJ que não se deve confundir vulnerabilidade agravada com falta de capacidade civil, sendo claro que o idoso tem o direito de contratar e pode adquirir produtos e serviços no mercado de consumo sem quaisquer restrições. (STJ, REsp 1.358.057/PR, 3ª Turma, Rel. Min. Moura Ribeiro, DJ 22/05/2018, DJe 25/06/2018). RD
Gabarito "C".

(OAB/Exame Unificado – 2017.1) Mário firmou contrato de seguro de vida e acidentes pessoais, apontando como beneficiários sua esposa e seu filho. O negócio foi feito via *telemarketing*, com áudio gravado, recebendo informações superficiais a respeito da cobertura completa a partir do momento da contratação, atendido pequeno prazo de carência em caso de morte ou invalidez parcial e total, além do envio de brindes em caso de contratação imediata. Mário contratou o serviço na mesma oportunidade por via telefônica, com posterior envio de contrato escrito para a residência do segurado. Mário veio a óbito noventa dias após a contratação. Os beneficiários de Mário, ao entrarem em contato com a seguradora, foram informados de que não poderiam receber a indenização securitária contratada, que ainda estaria no período de carência, ainda que a operadora de *telemarketing*, que vendeu o seguro para Mário, garantisse a cobertura. Verificando o contrato, os beneficiários perceberam o engano de compreensão da informação, já que estava descrito haver período de carência para o evento morte *"nos termos da lei civil"*.

Com base na hipótese apresentada, assinale a afirmativa correta.

(A) A informação foi clara por estar escrita, embora mencionada superficialmente pela operadora de *telemarketing*, e o período de carência é lícito, mesmo nas relações de consumo.

(B) A fixação do período de carência é lícita, mesmo nas relações de consumo. Todavia, a informação prestada quanto ao prazo de carência, embora descrita no contrato, não foi clara o suficiente, evidenciando, portanto, a vulnerabilidade do consumidor.

(C) A falta de informação e o equívoco na imposição de prazo de carência não são admitidas nas relações de consumo, e sim nas relações genuinamente civilistas.

(D) O dever de informação do consumidor foi respeitado, na medida em que estava descrito no contrato, sendo o período de carência instituto ilícito, por se tratar de relação de consumo.

A: incorreta. As informações a respeito do prazo de carência não foram claras, razão pela qual a oferta não atendeu os requisitos do art. 31 do CDC. Ademais, tendo sido o contrato enviado posteriormente e não tendo o consumidor acesso prévio ao seu integral conteúdo, este não fica obrigada a cumprir as regras impostas pelo fornecedor (art. 46 do CDC); **B:** correta. O período de carência pode ser instituído no contrato de seguro de vida para o caso de morte, nos termos do art. 797 do Código Civil. Ademais, nas relações jurídicas de consumo, aplica-se subsidiariamente o Código Civil, desde que não seja incompatível com as regras e princípios do Código de Defesa do Consumidor. No caso examinado, em razão da ausência de prévia informação a respeito das restrições estabelecidas no contrato, o consumidor não fica obrigado a cumprir os seus termos (art. 46 do CDC); **C:** incorreta. Direito Civil também está pautado na boa-fé objetiva, razão pela qual a informação também deve ser observada nas relações civis; **D:** incorreta. O dever de informação não foi respeitado e é lícita a inclusão de período de carência. RD
Gabarito "B".

(OAB/Exame Unificado – 2017.2) Vera sofreu acidente doméstico e, sentindo fortes dores nas costas e redução da força dos membros inferiores, procurou atendimento médico-hospitalar. A equipe médica prescreveu uma análise neurológica que, a partir dos exames de imagem, evidenciaram uma lesão na coluna. O plano de saúde, entretanto, negou o procedimento e o material, aduzindo negativa de cobertura, embora a moléstia estivesse prevista em contrato.

Vera o(a) procura como advogado(a) a fim de saber se o plano de saúde poderia negar, sob a justificativa de falta de cobertura contratual, algo que os médicos informaram ser essencial para a diagnose correta da extensão da lesão da coluna.

Neste caso, à luz da norma consumerista e do entendimento do STJ, assinale a afirmativa correta.

(A) O contrato de plano de saúde não é regido pelo Código do Consumidor e sim, exclusivamente, pelas normas da Agência Nacional de Saúde, o que impede a interpretação ampliativa, sob pena de comprometer a higidez econômica dos planos de saúde, respaldada no princípio da solidariedade.

(B) O plano de saúde pode se negar a cobrir o procedimento médico-hospitalar, desde que possibilite o reembolso de material indicado pelos profissionais de medicina, ainda que imponha limitação de valores e o reembolso se dê de forma parcial.

(C) O contrato de plano de saúde é regido pelo Código do Consumidor e os planos de saúde apenas podem estabelecer para quais moléstias oferecerão cobertura, não lhes cabendo limitar o tipo de tratamento que será prescrito, incumbência essa que pertence ao profissional da medicina que assiste ao paciente.

(D) O contrato de plano de saúde é regido pelo Código do Consumidor e, resguardados os direitos básicos do consumidor, os planos de saúde podem estabelecer para quais moléstias e para que tipo de tratamento oferecerão cobertura, de acordo com a categoria de cada nível contratado, sem que isso viole o CDC.

A: incorreta. O Código de Defesa do Consumidor é aplicável aos planos de saúde, salvo os administrados por entidades de autogestão. (Súmula 608 do STJ); **B:** incorreta. A negativa de procedimento é considerada abusiva (veja justificativa da alternativa "C"); **C:** correta. A Lei 9.656/1998 e o Código de Defesa do Consumidor são aplicáveis aos contratos de plano de saúde (Súmula 608 do STJ). A referida lei especial enumera as coberturas mínimas que devem ser garantidas aos usuários de planos de saúde, podendo o fornecedor excluir coberturas para algumas moléstias, desde que estejam expressamente previstas em contratos. No entanto, é considerada abusiva a cláusula contratual que limita o tipo de tratamento que será prescrito pelo profissional da área médica (nesse sentido, veja REsp 735.750-SP), por força do art. 51, IV, § 1º, do CDC: **D:** incorreta. Veja justificativa da alternativa "C". 🔲 Gabarito "C".

(OAB/Exame Unificado – 2015.2) Tommy adquiriu determinado veículo junto a um revendedor de automóveis usados. Para tanto, fez o pagamento de 60% do valor do bem e financiou os 40% restantes com garantia de alienação fiduciária, junto ao banco com o qual mantém vínculo de conta-corrente. A negociação transcorreu normalmente e o veículo foi entregue. Ocorre que Tommy, alguns meses depois, achou que a obrigação assumida estava lhe sendo excessivamente onerosa. Procurou então você como advogado(a) a fim de saber se ainda assim seria possível questionar o negócio jurídico realizado e pedir revisão do contrato que Tommy sequer possuía. A esse respeito, assinale a afirmativa correta.

(A) A questão versa sobre alienação fiduciária em garantia que transfere ao credor o domínio resolúvel e a posse indireta do bem alienado, não havendo aplicabilidade do Código de Defesa do Consumidor e, portanto, nem o pedido de revisão na hipótese, haja vista que a questão jurídica está submetida unicamente à leitura da norma geral civil, sem a inversão do ônus da prova.

(B) A questão comporta aplicação do CDC, mas para propor ação revisional, a parte deve ingressar com medida cautelar preparatória de exibição de documentos, sob pena de extinção da medida cognitiva revisional por falta de interesse de agir.

(C) A questão versa sobre alienação fiduciária em garantia, que transfere para o devedor a posse direta do bem, tornando-o depositário, motivo pelo qual a questão jurídica rege-se exclusivamente pelas regras impostas pelo Decreto-lei nº 911, de 1969, que estabelece normas de processo sobre alienação fiduciária.

(D) A questão comporta aplicação do CDC, e a ação revisional pode ser proposta independentemente de medida cautelar preparatória de exibição de documentos, já que o pleito de exibição do contrato poderá ser formulado incidentalmente e nos próprios autos.

A e C: incorretas, pois o art. 53 do CDC é expresso no sentido de que também incide sobre os contratos de alienação fiduciária; quando há

possibilidade de revisão contratual o CDC também admite, nos casos em que fatos supervenientes tornem as prestações excessivamente onerosas (art. 6º, V, do CDC); **B:** incorreta, pois a lei não exige, como requisito para ação de revisão contratual, o ajuizamento prévio da cautelar mencionada; **D:** correta, pois o art. 53 do CDC é expresso no sentido de que também incide sobre os contratos de alienação fiduciária, podendo a cautelar mencionada ser objeto de pedido incidentalmente nos mesmos autos da ação principal. Gabarito "D".

(OAB/Exame Unificado – 2014.2) O fornecimento de serviços e de produtos é atividade desenvolvida nas mais diversas modalidades, como ocorre nos serviços de crédito e financiamento, regidos pela norma especial consumerista, que atribuiu disciplina específica para a temática. A respeito do crédito ao consumidor, nos estritos termos do Código de Defesa do Consumidor, assinale a opção correta.

(A) A informação prévia ao consumidor, a respeito de taxa efetiva de juros, é obrigatória, facultando-se a discriminação dos acréscimos legais, como os tributos e taxas de expediente.

(B) A liquidação antecipada do débito financiado comporta a devolução ou a redução proporcional de encargos, mas só terá cabimento se assim optar o consumidor no momento da contratação do serviço.

(C) As informações sobre o preço e a apresentação do serviço de crédito devem ser, obrigatoriamente, apresentadas em moeda corrente nacional.

(D) A pena moratória decorrente do inadimplemento da obrigação deve respeitar teto do valor da prestação inadimplida, não se podendo exigir do consumidor que suporte cumulativamente a incidência dos juros de mora.

A: incorreta, pois a informação prévia é obrigatória não só em relação à *taxa efetiva de juros*, como também em relação aos acréscimos legais (art. 52, III, do CDC), valendo salientar que também é obrigatória a informação prévia sobre o preço do produto em moeda nacional, o número e periodicidade de prestações e também a soma total a pagar, com e sem financiamento (art. 52, I, IV e V, do CDC); **B:** incorreta, pois o CDC garante a liquidação antecipada do débito como direito do consumidor, sem exigir que este tenha optado por isso já no momento em que celebra o contrato; **C:** correta (art. 52, I, do CDC); **D:** incorreta, pois, conforme o art. 52, § 1º, do CDC, a multa máxima é de 2% da prestação (e não de 100% da prestação, que seria o equivalente ao "teto" dela, diferentemente do Código Civil, em que a multa máxima é de 100% da prestação, conforme o art. 412 do CC, lembrando que no Código Civil a multa pode ser diminuída pelo juiz de acordo o caso concreto e nos termos do seu art. 413). Gabarito "C".

(OAB/Exame Unificado – 2012.3.B) Sobre a proteção contratual e a validade de regras contratuais no mercado de consumo, assinale a afirmativa correta.

(A) Nas relações de consumo, a indenização pode ser contratualmente limitada, mas apenas em situações previstas em negrito, no contrato.

(B) Apenas é possível ao contrato estipular a inversão do ônus da prova, em favor da fornecedora, se direitos equivalentes, em termos processuais, forem concedidos aos consumidores.

(C) É perfeitamente possível e vinculante a cláusula de arbitragem prevista em contrato de adesão.

5. DIREITO DO CONSUMIDOR

(D) Não vale a cláusula que estipula, de antemão, representante para concluir outro contrato pelo consumidor.

A: incorreta, pois a única hipótese em que cabe limitação de indenização é na relação entre fornecedor e um consumidor pessoa jurídica (circunstância não mencionada no enunciado) e, mesmo assim, desde que em situações justificáveis (circunstância que também não foi mencionada no enunciado); **B:** incorreta, pois são nulas quaisquer cláusulas contratuais que estabeleçam inversão do ônus da prova em prejuízo do consumidor (art. 51, VI, do CDC), de maneira que a afirmação trazida na alternativa não faz sentido; **C:** incorreta, pois é nula a cláusula contratual que estabeleça a utilização compulsória de arbitragem (art. 51, VII, do CDC); **D:** correta (art. 51, VIII, do CDC).
Gabarito "D".

(OAB/Exame Unificado – 2012.2) João celebrou contrato de seguro de vida e invalidez, aderindo a plano oferecido por conhecida rede particular. O contrato de adesão, válido por cinco anos, prevê a possibilidade de cancelamento, em favor da seguradora, antes de ocorrer o sinistro, por alegação de desequilíbrio econômico-financeiro. A esse respeito, assinale a afirmativa correta.

(A) Os contratos de seguro ofertados no mercado de consumo, apesar de serem de adesão, são regidos pelo Código Civil, e a eles se aplica o Código de Defesa do Consumidor apenas subsidiariamente e em casos estritos.

(B) A cláusula prevista, que estipula a possibilidade de cancelamento unilateral do contrato em caso de desequilíbrio econômico, seria viável desde que exercida na primeira metade do contrato.

(C) O Ministério Público tem legitimidade para ajuizar demanda contra a seguradora, buscando ser declarada a nulidade da cláusula contratual celebrada com os consumidores, e que seja proibido à seguradora continuar a ofertá-la no mercado de consumo.

(D) A cláusula prevista no contrato celebrado por João não é abusiva, pois o seguro deve atentar para a equação financeira atuarial, necessária ao equilíbrio econômico da avença e à própria higidez e continuidade do contrato.

A: incorreta, pois o CDC se aplica aos serviços securitários, ou seja, aos seguros, conforme disposição expressa no art. 3º, § 2º, desse Diploma; havendo uma relação de consumo, como é o caso, aplica-se o CDC diretamente, e, quanto ao Código Civil, este se aplica subsidiariamente apenas; **B:** incorreta, pois o contrato de seguro é, por natureza, aleatório, ou seja, de risco; uma vez contratado o seguro, a seguradora tem, como regra, de cumprir suas obrigações até o final do contrato; no Código Civil (não aplicável ao caso) há até uma regra que permite que a seguradora resolva o contrato, caso o faça em até 15 dias da ciência da agravação do risco, sendo que essa resolução só será eficaz 30 (trinta) dias após a notificação do segurado, devendo ser restituída pelo segurador a diferença do prêmio (art. 769 do CC); porém, o CDC, que trata o consumidor de maneira diferenciada, tendo em vista a presunção absoluta de sua vulnerabilidade no mercado de consumo (art. 4º, I, do CDC), não traz disposição nesse sentido; aliás, em se tratando de contrato de adesão, a cláusula resolutória deve ser sempre alternativa, cabendo a escolha quanto à manutenção ou não do contrato, ao consumidor, e não ao fornecedor (art. 54, § 2º, do CDC); **C:** correta (art. 51, § 4º, do CDC); **D:** incorreta, nos termos do fundamento apresentado para a alternativa "b".
Gabarito "C".

(OAB/Exame Unificado – 2012.1) Martins celebrou negócio jurídico com a empresa Zoop Z para o fornecimento de dez volumes de determinada mercadoria para entretenimento infantil. No contrato restava estabelecido que Martins vistoriara toda mercadoria antes da aquisição e que o consumidor retiraria os produtos no depósito da empresa. Considerando tal situação fictícia, assinale a alternativa correta à luz do disposto na Lei nº. 8.078/90, de acordo com cada hipótese abaixo apresentada:

(A) A garantia legal do produto independe de termo expresso no contrato, bem como é lícito ao fornecedor estipular que se exime de responsabilidade na hipótese de vício de qualidade por inadequação do produto, desde que fundada em ignorância sobre o vício.

(B) É nula de pleno direito a cláusula contratual que exonere a contratada de qualquer obrigação de indenizar por vício do produto em razão de ter sido a mercadoria vistoriada previamente pelo consumidor.

(C) O contrato poderia prever a impossibilidade de reembolso da quantia por Martins, bem como ter transferido previamente a responsabilidade por eventual vício do produto, com exclusividade, ao fabricante.

(D) A Zoop Z tem liberdade para estabelecer compulsoriamente a utilização de arbitragem, bem como exigir o ressarcimento dos custos de cobrança da obrigação de Martins, sem que o mesmo seja conferido contra o fornecedor.

A: incorreta; de fato, a garantia legal independe de termo expresso (art. 24 do CDC); porém, NÃO é lícito ao fornecedor estipular que se exime de responsabilidade em caso de vício de qualquer natureza, sob o argumento de que desconhece o vício (art. 23 do CDC); **B:** correta (arts. 24, 25 e 51, I, do CDC); **C:** incorreta, pois, segundo o art. 51 do CDC são nulas as cláusulas que subtraiam ao consumidor a opção de reembolso da quantia paga (inciso II) e que transfiram responsabilidades a terceiros (inciso III); **D:** incorreta, pois as duas cláusulas citadas são nulas de pleno direito (art. 51, VII e XII, respectivamente, do CDC).
Gabarito "B".

(OAB/Exame Unificado – 2012.1) A telespectadora Maria, após assistir ao anúncio de certa máquina fotográfica, ligou e comprou o produto via telefone. No dia 19 de março, a câmera chegou ao seu endereço. Acerca dessa situação, assinale a alternativa correta.

(A) A contar do recebimento do produto, a consumidora pode exercer o direito de arrependimento no prazo prescricional de quinze dias.

(B) Mesmo que o produto não tenha defeito, se Maria se arrepender da aquisição e desistir do contrato no dia 25 de março do mesmo ano, os valores eventualmente pagos, a qualquer título, deverão ser devolvidos, monetariamente atualizados.

(C) Se, no dia 26 de março do mesmo ano, a consumidora pretender desistir do contrato, não poderá fazê-lo, pois, além de o prazo decadencial já ter fluído, os contratos são regidos pelo brocardo *pacta sunt servanda*.

(D) Após o prazo de desistência, que é decadencial, Maria não poderá reclamar de vícios do produto ou de desconformidades entre a oferta apresentada e as características do bem adquirido, a não ser que exista garantia contratual.

A: incorreta, pois o prazo para exercer o direito de arrependimento é decadencial e de 7 dias (art. 49 do CDC); **B**: correta, pois o dia 25 de março está dentro do prazo de 7 dias para a desistência, com ressarcimento integral dos valores pagos, monetariamente atualizados (art. 49, *caput* e parágrafo único, do CDC); **C**: incorreta, pois o dia 25 de março está dentro do prazo de 7 dias em que a lei autoriza a desistência (art. 49, *caput* e parágrafo único, do CDC); **D**: incorreta, pois um direito é independente do outro; desde que o faça dentro do prazo decadencial para reclamar dos vícios, prazo esse estabelecido no art. 26 do CDC, sem prejuízo de tal prazo se somar ao prazo de garantia contratual (art. 50 do CDC), Maria tem direito de reclamar de problemas no produto.

Gabarito "B".

(OAB/Exame Unificado – 2011.3.B) Josefa celebrou contrato de prestação de serviço com a transportadora X, cujo teor do documento assinado seguia o formato "de adesão". Considerando tal instrumento de negócio jurídico nas relações de consumo, é correto afirmar que

(A) tal modalidade contratual, por ter sido deliberada de forma unilateral, é considerada prática abusiva, devendo ser imposta pena pecuniária ao fornecedor do serviço.

(B) Josefa poderá inserir cláusulas no formulário apresentado pela Transportadora X, o que desfigurará a natureza de adesão do referido contrato.

(C) o contrato de adesão é permitido nos termos da norma consumerista, mas desde que não disponha de cláusula resolutória, expressamente inadmitida.

(D) serão redigidos com caracteres ostensivos, cujo tamanho da fonte não seja inferior ao corpo doze, e as cláusulas que limitem direito do consumidor deverão ser redigidas com destaque.

A: incorreta, pois o CDC não só admite, como também regulamenta os contratos de adesão (art. 54 do CDC); **B**: incorreta, pois a simples inserção de cláusula no formulário não desfigura a natureza de adesão do contrato (art. 54, § 1º, do CDC); o contrato só deixa de ser de adesão (passando a se chamar contrato paritário) quando o consumidor consegue discutir substancialmente o teor das cláusulas contratuais; **C**: incorreta, pois se admite cláusula resolutória nos contratos de adesão, ou seja, aquela cláusula que permite a resolução do contrato caso a outra parte não cumpra com suas obrigações; porém, o CDC estabelece um direito interessante para o consumidor quando há cláusula resolutória num contrato de adesão, qual seja, o direito de o consumidor optar se aceita a resolução do contrato ou se irá purgar a mora (pagar o que estiver devendo), mantendo, assim, o contrato; é por isso que o CDC dispõe que a cláusula resolutória num contrato de adesão é uma alternativa a benefício do consumidor (art. 54, § 2º, do CDC); **D**: correta (art. 54, §§ 3º e 4º, do CDC).

Gabarito "D".

(OAB/Exame Unificado – 2011.2) Quando a contratação ocorre por site da internet, o consumidor pode desistir da compra?

(A) Não. O direito de arrependimento só existe para as compras feitas na própria loja, e não pela internet.

(B) Sim. Quando a compra é feita fora do estabelecimento comercial, o consumidor pode desistir do contrato no prazo de sete dias, mesmo sem apresentar seus motivos para a desistência.

(C) Sim. Quando a compra é feita pela internet, o consumidor pode desistir da compra em até 30 dias depois que recebe o produto.

(D) Não. Quando a compra é feita pela internet, o consumidor é obrigado a ficar com o produto, a menos que ele apresente vício. Só nessa hipótese o consumidor pode desistir.

Segundo o art. 49 do CDC, o consumidor pode desistir de contrato, independentemente de motivação, nas compras feitas fora do estabelecimento comercial (por telefone, internet etc.), desde que o faça no prazo máximo de 7 dias da assinatura do contrato ou do ato do recebimento do produto ou serviço.

Gabarito "B".

(OAB/Exame Unificado – 2010.1) Acerca da disciplina jurídica da proteção contratual do consumidor, assinale a opção correta.

(A) A lei confere ao consumidor a possibilidade de desistir do contrato, no prazo máximo de quinze dias a contar do recebimento do produto, no caso de contratação de fornecimento de produtos ocorrida fora do estabelecimento empresarial.

(B) Reputam-se nulas de pleno direito as cláusulas contratuais relativas ao fornecimento de produtos e serviços que infrinjam normas ambientais ou possibilitem a violação dessas normas.

(C) A garantia contratual exclui a garantia legal, desde que conferida mediante termo escrito que discipline, de maneira adequada, a constituição daquela garantia, bem como a forma, o prazo e o lugar para o seu exercício.

(D) A lei limita a 10% do valor da prestação as multas de mora decorrentes do inadimplemento de obrigações no seu termo, no caso de fornecimento de produtos que envolva concessão de financiamento ao consumidor.

A: incorreta. De acordo com o art. 49 do CDC, "O consumidor pode desistir do contrato, no prazo de 7 dias a contar de sua assinatura ou do ato de recebimento do produto ou serviço, sempre que a contratação de fornecimento de produtos e serviços ocorrer fora do estabelecimento comercial, especialmente por telefone ou a domicílio"; **B**: correta. De acordo com o art. 51, "São nulas de pleno direito, entre outras, as cláusulas contratuais relativas ao fornecimento de produtos e serviços que: (...) XIV – infrinjam ou possibilitem a violação de normas ambientais;"; **C**: incorreta. De acordo com o art. 50, "A garantia contratual é complementar à legal e será conferida mediante termo escrito. Parágrafo único. O termo de garantia ou equivalente deve ser padronizado e esclarecer, de maneira adequada, em que consiste a mesma garantia, bem como a forma, o prazo e o lugar em que pode ser exercitada e os ônus a cargo do consumidor, devendo ser-lhe entregue, devidamente preenchido pelo fornecedor, no ato do fornecimento, acompanhado de manual de instrução, de instalação e uso do produto em linguagem didática, com ilustrações"; **D**: incorreta. De acordo com o art. 52, "No fornecimento de produtos ou serviços que envolva outorga de crédito ou concessão de financiamento ao consumidor, o fornecedor deverá, entre outros requisitos, informá-lo prévia e adequadamente sobre: (...) § 1º As multas de mora decorrentes do inadimplemento de obrigações no seu termo não poderão ser superiores a dois por cento do valor da prestação".

Gabarito "B".

6. DEFESA DO CONSUMIDOR EM JUÍZO

(OAB/Exame XXXIII – 2020.3) Godofredo procurou a Seguradora X para contratar seguro residencial, mas a venda direta foi-lhe negada, ao argumento de que o proponente possuía restrição financeira junto aos órgãos de proteção ao crédito. Godofredo explicou que pagaria o seguro à

5. DIREITO DO CONSUMIDOR

355

vista, mas, ainda assim, a Seguradora negou a contratação. Indignado, Godofredo registrou sua reclamação no Ministério Público, que verificou significativo número de pessoas na mesma situação, merecendo melhor análise quanto ao cabimento ou não de medida para a defesa de interesses e direitos de consumidores a título coletivo.

Sobre a hipótese apresentada, à luz do Código de Defesa do Consumidor, assinale a afirmativa correta.

(A) A questão versa sobre interesses heterogêneos, não cabendo ação coletiva, bem como casos de restrição creditícia possibilitam a recusa de contratação do seguro mesmo quando o pagamento do prêmio for à vista.

(B) A matéria consagra hipótese de direito individual homogêneo, podendo ser objeto de ação coletiva para a defesa dos interesses e direitos dos consumidores, e a recusa à contratação somente pode ser posta se o pagamento do prêmio for parcelado.

(C) A Seguradora não pode recusar a proposta nem mesmo após análise de risco, quando a contratação se der mediante pronto pagamento do prêmio, conforme expressamente disposto na norma consumerista e cuida-se da hipótese de direito difuso, justificando a ação coletiva.

(D) A Seguradora pode recusar a contratação, mesmo mediante pronto pagamento, sob a justificativa de que o proponente possui anotação de restrição financeira junto aos órgãos de proteção ao crédito; quanto à defesa coletiva essa é incabível pela natureza da demanda, sendo possível apenas a formação de litisconsórcio ativo.

A: incorreta. A questão versa sobre direitos metaindividuais, e a recusa da contratação de seguros na hipótese configura prática comercial abusiva (vide justificativa da alternativa "B"). **B:** correta. O Superior Tribunal de Justiça já entendeu que a seguradora não pode recusar contratação por pessoa com restrição de crédito disposta a pagar o seguro à vista, sob pena de configurar prática comercial abusiva, nos termos do art. 39, IX, do CDC. (Vide REsp 1.594.024). Ademais, trata-se de direito metaindividual, nos termos o art. 81 do Código de Defesa do Consumidor. No caso, trata-se de direito individual homogêneo (art. 81, parágrafo único, III, do CDC: tendo em vista ser possível identificar o sujeito de direitos, ser suscetível de apropriação, ter origem comum e ser acidentalmente coletivo. **C:** incorreta. O interesse/direito difuso é caracterizado pela impossibilidade de identificar o sujeito de direitos, não é suscetível de apropriação, tem origem em circunstância de fato e é essencialmente coletivo. Tendo em vista a possibilidade de identificar os indivíduos que tiveram a recusa pela seguradora, não pode ser caracterizado o direito difuso no caso. **D:** incorreta. Vide justificativa da alternativa "B". RD

Gabarito "B".

(OAB/Exame Unificado – 2019.3) O Ministério Público ajuizou ação coletiva em face de *Vaquinha Laticínios*, em função do descumprimento de normas para o transporte de alimentos lácteos.

A sentença condenou a ré ao pagamento de indenização a ser revertida em favor de um fundo específico, bem como a indenizar os consumidores genericamente considerados, além de determinar a publicação da parte dispositiva da sentença em jornais de grande circulação, a fim de que os consumidores tomassem ciência do ato judicial.

João, leitor de um dos jornais, procurou você como advogado(a) para saber de seus direitos, uma vez que era consumidor daqueles produtos.

Nesse caso, à luz do Código do Consumidor, trata-se de hipótese

(A) de interesse difuso; por esse motivo, as indenizações pelos prejuízos individuais de João perderão preferência no concurso de crédito frente às condenações decorrentes das ações civis públicas derivadas do mesmo evento danoso.

(B) de interesses individuais homogêneos; nesses casos, tem-se, por inviável, a liquidação e execução individual, devendo João aguardar que o Ministério Público, autor da ação, receba a verba indenizatória genérica para, então, habilitar-se como interessado junto ao referido órgão.

(C) de interesses coletivos; em razão disso, João poderá liquidar e executar a sentença individualmente, mas o mesmo direito não poderia ser exercido por seus sucessores, sendo inviável a sucessão processual na hipótese.

(D) de interesses individuais homogêneos; João pode, em legitimidade originária ou por seus sucessores, por meio de processo de liquidação, provar a existência do seu dano pessoal e do nexo causal, a fim de quantificá-lo e promover a execução.

São interesses ou direitos difusos "os transindividuais, de natureza indivisível, de que sejam titulares pessoas indeterminadas e ligadas por circunstâncias de fato" (art. 81, parágrafo único, I, do CDC). São direitos ou interesses coletivos "os transindividuais, de natureza indivisível de que seja titular grupo, categoria ou classe de pessoas ligadas entre si ou com a parte contrária por uma relação jurídica base" (art. 81, parágrafo único, II, do CDC). São direitos ou interesses individuais homogêneos, assim entendidos os decorrentes de origem comum (art. 81, III, parágrafo único, do CDC). **A:** incorreta. Há um pedido difuso que corresponde ao valor de indenização a ser convertido em favor de um fundo específico, no entanto, há também pedido individual homogêneo que beneficia o consumidor que foi atingido pelo evento danoso. **B:** incorreta. Tendo em vista o pedido individual homogêneo formulado pelo Ministério Público em ação coletiva, pode o consumidor fazer o pedido de liquidação e a execução da sentença, nos termos o art. 97 do CDC. Por outro lado, pode a execução ser coletiva, promovida pelos legitimados da ação coletiva, nos termos do art. 98 do CDC. **C:** incorreta. Não se trata de direito ou interesse coletivo, posto que entre os interessados, não há uma "relação jurídica base". **D:** correta. Nos termos do art. 97 do CDC. RD

Gabarito "D".

(OAB/Exame Unificado – 2019.2) Em virtude do rompimento de uma represa, o Ministério Público do Estado do Acre ajuizou ação em face da empresa responsável pela sua construção, buscando a condenação pelos danos materiais e morais sofridos pelos habitantes da região atingida pelo incidente. O pedido foi julgado procedente, tendo sido fixada a responsabilidade da ré pelos danos causados, mas sem a especificação dos valores indenizatórios. Em virtude dos fatos narrados, Ana Clara teve sua casa destruída, de modo que possui interesse em buscar a indenização pelos prejuízos sofridos. Na qualidade de advogado(a) de Ana Clara, assinale a orientação correta a ser dada à sua cliente.

(A) Considerando que Ana Clara não constou do polo ativo da ação indenizatória, não poderá se valer de seus efeitos.

(B) Ana Clara e seus sucessores poderão promover a liquidação e a execução da sentença condenatória.

(C) A sentença padece de nulidade, pois o Ministério Público não detém legitimidade para ajuizar ação no lugar das vítimas.

(D) A prolatação de condenação genérica, sem especificar vítimas ou valores, contraria disposição legal.

A: incorreta. A legitimidade da ação coletiva é defina pelo art. 5º da LACP e pelo art. 82 do CDC. Trata-se de legitimação extraordinária, em que a parte postula em nome próprio, direito alheio. **B:** correta. Trata-se de Ação Civil Pública que defende Direito Individual Homogêneo (art. 81, parágrafo único, III, do CDC), que se caracteriza por ser um direito transindividual, divisível, em que pode ser identificado o sujeito de direito e que tem como origem uma circunstância de fato. Nesse caso, nos termos do art. 95 da lei consumerista, tendo ocorrido a procedência do pedido, a condenação deverá ser genérica, fixando a responsabilidade dos réus e determinando, no seu art. 97, que a liquidação e execução de sentença podem ser promovidas pela vítima e seus sucessores, bem como pelos legitimados da ação coletiva. **C:** incorreta. A legitimidade do Ministério Público para as ações coletivas está definida pelo art. 5º da LACP e pelo art. 82 do CDC. **D:** incorreta. O art. 95 do CDC determina, expressamente, que a condenação deve ser genérica, fixando a responsabilidade dos réus. RD

Gabarito "B".

(OAB/Exame Unificado – 2018.3) O posto de gasolina X foi demandado pelo Ministério Público devido à venda de óleo diesel com adulterações em sua fórmula, em desacordo com as especificações da Agência Nacional de Petróleo (ANP). Trata-se de relação de consumo e de dano coletivo, que gerou sentença condenatória.

Você foi procurado(a), como advogado(a), por um consumidor que adquiriu óleo diesel adulterado no posto de gasolina X, para orientá-lo.

Assinale a opção que contém a correta orientação a ser prestada ao cliente.

(A) Cuida-se de interesse individual homogêneo, bastando que, diante da sentença condenatória genérica, o consumidor liquide e execute individualmente, ou, ainda, habilite-se em execução coletiva, para definir o *quantum debeatur*.

(B) Deverá o consumidor se habilitar no processo de conhecimento nessa qualidade, sendo esse requisito indispensável para fazer jus ao recebimento de indenização, de caráter condenatória a decisão judicial.

(C) Cuida-se de interesse difuso, afastando a possibilidade de o consumidor ter atuado como litisconsorte e sendo permitida apenas a execução coletiva.

(D) Deverão os consumidores individuais ingressar com medidas autônomas, distribuídas por conexão à ação civil pública originária, na medida em que o montante indenizatório da sentença condenatória da ação coletiva será integralmente revertido em favor do Fundo de Reconstituição de Bens Lesados.

A: correta. Trata-se de Ação Civil Pública que defende Direito Individual Homogêneo (art. 81, parágrafo único, III, do CDC), que se caracteriza por ser um direito transindividual, divisível, em que pode ser identificado o sujeito de direito e que tem como origem uma circunstância de fato.

Nesse caso, nos termos do art. 95 da lei consumerista, tendo ocorrido a procedência do pedido, a condenação deverá ser genérica, fixando a responsabilidade dos réus e determinando, no seu art. 97, que a liquidação e execução de sentença podem ser promovidas pela vítima e seus sucessores, bem como pelos legitimados da ação coletiva. **B:** incorreta. O consumidor poderá executar individualmente os valores a dele devidos. **C:** incorreta. O interesse difuso é o direito transindividual, indivisível, em que não se pode identificar o sujeito de direito, sendo que os titulares estão ligados por uma circunstância de fato (art.81, parágrafo único, I, do CDC). Nesse caso, tendo em vista a possibilidade de identificar os prejudicados pelos distribuidores de petróleo para a indenização, trata-se de direito individual homogêneo. **D:** incorreta. Veja justificativa da alternativa "A". RD

Gabarito "A".

(OAB/Exame Unificado – 2018.2) A Construtora X instalou um estande de vendas em um shopping center da cidade, apresentando folder de empreendimento imobiliário de dez edifícios residenciais com área comum que incluía churrasqueira, espaço gourmet, salão de festas, parquinho infantil, academia e piscina. A proposta fez tanto sucesso que, em apenas um mês, foram firmados contratos de compra e venda da integralidade das unidades.

A Construtora X somente realizou a entrega dois anos após o prazo originário de entrega dos imóveis e sem pagamento de qualquer verba pela mora, visto que o contrato previa exclusão de cláusula penal, e também deixou de entregar a área comum de lazer que constava do folder.

Nesse caso, à luz do Código de Defesa do Consumidor, cabe

(A) ação individual ou coletiva, em razão da propaganda enganosa evidenciada pela ausência da entrega da parte comum indicada no folder de venda.

(B) ação individual ou coletiva, em busca de ressarcimento decorrente da demora na entrega; contudo, não se configura, na hipótese, propaganda enganosa, mas apenas inadimplemento contratual, sendo viável a exclusão da cláusula penal.

(C) ação coletiva, somente, haja vista que cada adquirente, individualmente, não possui interesse processual decorrente da propaganda enganosa.

(D) ação individual ou coletiva, a fim de buscar tutela declaratória de nulidade do contrato, inválido de pleno direito por conter cláusula abusiva que fixou impedimento de qualquer cláusula penal.

Trata-se de descumprimento de oferta e publicidade enganosa, respectivamente nos termos do art. 30 e 37, § 1º, do Código de Defesa do Consumidor.

A: correta. A publicidade enganosa justifica a tutela coletiva, por configurar um direito difuso (art. 1º da LACP). Vale dizer: a publicidade enganosa atingiu a coletividade de pessoas, sendo impossível identificar os sujeitos de direito (art. 81, I, do CDC). Da mesma forma, perfeitamente cabível a ação individual, nos termos do art. 6º, VII, do CDC; **B:** incorreta. Trata-se de publicidade enganosa; **C:** incorreta. Vide justificativa da alternativa A; **D:** incorreta. É cabível, nesse caso, o ressarcimento de danos e pedido de nulidade de cláusula, nos termos do art. 51 do CDC. A nulidade de uma cláusula contratual abusiva não invalida o contrato, exceto quando de sua ausência, apesar dos esforços de integração, decorrer ônus excessivo a qualquer das partes (art. 51, § 2º, do CDC). RD

Gabarito "A".

5. DIREITO DO CONSUMIDOR

(OAB/Exame Unificado – 2013.1) Aurora contratou com determinada empresa de telefonia fixa um pacote de serviços de valor preestabelecido que incluía ligações locais de até 100 minutos e isenção total dos valores pelo período de três meses, exceto os minutos que ultrapassassem os contratados, ligações interurbanas e para telefone móvel. Para sua surpresa, logo no primeiro mês recebeu cobrança pelo pacote de serviços no importe três vezes superior ao contratado, mesmo que tivesse utilizado apenas 32 minutos em ligações locais.

A consumidora fez diversos contatos com a fornecedora do serviço para reclamar o ocorrido, mas não obteve solução. De posse dos números dos protocolos de reclamações, ingressou com medida judicial, obtendo liminar favorável para abstenção de cobrança e de negativação do nome.

Considerando o caso acima descrito, assinale a afirmativa correta.

(A) A conversão da obrigação em perdas e danos faz-se independentemente de eventual aplicação de multa.

(B) A multa diária ao réu pode ser fixada na sentença, mas desde que o autor tenha requerido expressamente.

(C) A conversão da obrigação em perdas e danos independe de pedido do autor, em qualquer hipótese.

(D) A tutela liminar será concedida, desde que não implique em ordem de busca e apreensão, que requer medida cautelar própria e justificação prévia.

A: correta, pois a aplicação de multa pelo descumprimento da liminar (art. 84, § 4º, do CDC) é independente da conversão da obrigação em perdas danos, que pode ser pedida pelo autor da ação (art. 84, § 1º, do CDC); **B**: incorreta, pois a fixação de multa diária independe de pedido do autor (art. 84, § 4º, do CDC); **C**: incorreta, pois conversão da obrigação em perdas e danos depende de opção do autor (art. 84, § 1º, do CDC); **D**: incorreta, pois a tutela liminar pode, sim, implicar em busca e apreensão (art. 84, § 5º, do CDC).
Gabarito "A"

(OAB/Exame Unificado – 2012.3.B) Determinada associação, legalmente constituída há três anos, ingressa com medida judicial buscando a defesa coletiva dos interesses de seus associados no tocante à infração na relação de consumo pelo fornecedor T, pessoa jurídica de direito privado.

A partir do fato narrado acima, assinale a afirmativa correta.

(A) A associação somente teria legitimidade para propor a ação coletiva se houvesse sido constituída há mais de cinco anos.

(B) A associação necessita de autorização assemblear para ajuizar a demanda, mesmo que inclua entre seus fins institucionais a defesa dos interesses e direitos do consumidor.

(C) A propositura da ação coletiva não impede a que qualquer interessado ingresse com nova ação judicial apontando o mesmo réu, causa de pedir e pedido.

(D) As ações individuais apontando o mesmo réu, causa de pedir e pedido, ajuizadas depois da demanda coletiva, importarão em litispendência merecendo os processos ser extintos.

A: incorreta, pois basta que tenha sido constituída há 1 ano (art. 82, IV, do CDC); **B**: incorreta, pois a lei dispensa a autorização assemblear (art. 82, IV, do CDC); **C**: correta (art. 103, § 3º, do CDC); **D**: incorreta,

pois a lei é expressa ao dizer que não há litispendência no caso (art. 104 do CDC).
Gabarito "C"

(OAB/Exame Unificado – 2010.2) Nas ações coletivas, o efeito da coisa julgada material será:

(A) tratando-se de direitos individuais homogêneos, efeito *erga omnes*, se procedente, mas só aproveita aquele que se habilitou até o trânsito em julgado.

(B) tratando-se de direitos individuais homogêneos, julgados improcedentes, o consumidor, que não tiver conhecimento da ação, não poderá intentar ação individual.

(C) tratando-se de direitos difusos, no caso de improcedência por insuficiência de provas, não faz coisa julgada material, podendo, qualquer prejudicado, intentar nova ação com os mesmos fundamentos, valendo-se de novas provas.

(D) Tratando-se de direitos coletivos, no caso de improcedência do pedido de nulidade de cláusula contratual, o efeito é *ultra partes* e impede a propositura de ação individual.

A: incorreta, pois a sentença fará coisa julgada *erga omnes* para beneficiar **todas** as vítimas e seus sucessores (art. 103, III, do CDC), independentemente de habilitação no processo até o trânsito em julgado; assim, caso uma associação ingresse com ação civil pública para fixar uma condenação genérica de uma empresa aérea, em virtude de acidente aéreo, mesmo que as vítimas ou seus familiares não participem dessa demanda coletiva, receberão os benefícios da coisa julgada desta; a questão não entra no pormenor do que deve ser feito quando há, ao mesmo tempo, uma ação coletiva (a da associação) e uma ação individual (a da vítima); mas vale a pena escrever um pouco sobre isso, pois o tema pode ser perguntado em outra prova; nesse caso, o CDC estabelece que não há litispendência, podendo as duas ações prosseguir normalmente; porém caso o consumidor, na ação individual, seja cientificado da ação coletiva, este terá o prazo de 30 dias para fazer uma escolha; ou continua com a sua ação individual, mas não recebe os benefícios da ação coletiva, caso esta seja procedente, ficando na dependência da ação individual dar certo; ou pede a suspensão da ação individual, no aguardo da decisão na ação coletiva; nesse caso, na hipótese de a ação coletiva ser procedente, ótimo, bastando que o consumidor peça a extinção da ação individual que promoveu; já se a ação coletiva não der certo, o consumidor pode dar continuidade à sua ação individual, tendo uma nova chance de ver reconhecido o seu direito (art. 104 do CDC); **B**: incorreta, pois a coisa julgada, quando o pedido é para defender interesses individuais homogêneos, somente se faz *erga omnes* na hipótese de procedência do pedido, ou seja, para beneficiar todas as vítimas e seus sucessores (art. 103, III, do CDC); assim, o consumidor, individualmente, continua podendo ingressar com ação (individual) para fazer valer seus direitos; **C**: correta, pois o art. 103, I, do CDC estabelece que a sentença, no caso da defesa de interesses difusos, fará coisa julgada *erga omnes*, "exceto se o pedido for julgado improcedente por insuficiência de provas, hipótese em que qualquer legitimado poderá intentar outra ação, com idêntico fundamento valendo-se de nova prova"; **D**: incorreta, pois quando a ação é promovida para defender interesses coletivos, o art. 103 do CDC traz três soluções, quais sejam, I em caso de *procedência* ou *improcedência*, a coisa julgada é *erga omnes*, mas limitadamente ao grupo; II) em caso de *improcedência por falta de provas*, qualquer legitimado continuará podendo ingressar com ação valendo-se de prova nova; III) e, em qualquer caso, interesses individuais continuam podendo ser exercidos em ações individuais. Para efeito de fixação da matéria, segue abaixo dois quadros, um sobre as características dos interesses difusos, coletivos e individuais homogêneos e outro com a questão da coisa julgada nesse tema.
Gabarito "C"

Interesses	Grupo	Objeto	Origem	Disposição	Exemplos
Difusos	indeterminável	indivisível	situação de fato	indisponível	interesse das pessoas na despoluição de um rio
Coletivos	determinável	indivisível	relação jurídica	disponível apenas pelo grupo	interesse dos condôminos de edifício na troca de um elevador com problema
Individ. Homog.	determinável	divisível	origem comum	disponível individualmente	interesse de vítimas de acidente rodoviário em receber indenização

	Procedência	Improcedência	Improcedência por falta de provas	Observação
Difusos	erga omnes	erga omnes	sem eficácia erga omnes	Interesses individuais não ficam prejudicados pela improcedência
Coletivos	ultra partes, limitada ao grupo categoria ou classe	ultra partes	sem eficácia ultra partes	Interesses individuais não ficam prejudicados pela improcedência
Individuais homogêneos	erga omnes, para beneficiar vítimas e sucessores, salvo se a vítima, ciente da ação coletiva, preferiu continuar com a ação individual	sem eficácia erga omnes	sem eficácia erga omnes	Interesses individuais não ficam prejudicados pela improcedência

(OAB/Exame Unificado – 2010.1) Assinale a opção correta a respeito da disciplina normativa da defesa, em juízo, do consumidor.

(A) É lícita às associações legalmente constituídas há mais de um ano a propositura de ação coletiva para a defesa dos direitos de seus associados, desde que haja prévia autorização em assembleia.

(B) Na hipótese de ação coletiva para a defesa de interesses individuais homogêneos, é exclusivamente competente para a execução coletiva o juízo da liquidação da sentença ou o da ação condenatória.

(C) Tratando-se de ações coletivas para a defesa de direitos individuais homogêneos, a sentença fará coisa julgada *erga omnes*, no caso de procedência ou improcedência do pedido, para beneficiar todas as vítimas.

(D) De acordo com o Código de Defesa do Consumidor, as ações coletivas para a defesa de interesses ou de direitos coletivos não induzem litispendência para as ações individuais.

A: incorreta. De acordo com o art. 81 do CDC, "A defesa dos interesses e direitos dos consumidores e das vítimas poderá ser exercida em juízo individualmente, ou a título coletivo. Parágrafo único. A defesa coletiva será exercida quando se tratar de: I – interesses ou direitos difusos, assim entendidos, para efeitos deste código, os transindividuais, de natureza indivisível, de que sejam titulares pessoas indeterminadas e ligadas por circunstâncias de fato; II – interesses ou direitos coletivos, assim entendidos, para efeitos deste código, os transindividuais, de natureza indivisível de que seja titular grupo, categoria ou classe de pessoas ligadas entre si ou com a parte contrária por uma relação jurídica base; III – interesses ou direitos individuais homogêneos, assim entendidos os decorrentes de origem comum". De acordo com o art. 82, "Para os fins do art. 81, parágrafo único, são legitimados concorrentemente: (...) IV – as associações legalmente constituídas há pelo menos um ano e que incluam entre seus fins institucionais a defesa dos interesses e direitos protegidos por este código, dispensada a autorização assemblear" (sem grifo no original); **B**: incorreta. "Das Ações Coletivas Para a Defesa de Interesses Individuais Homogêneos". De acordo com o art. 91 do CDC, "Os legitimados de que trata o art. 82 poderão propor, em nome próprio e no interesse das vítimas ou seus sucessores, ação civil coletiva de responsabilidade pelos

danos individualmente sofridos, de acordo com o disposto nos artigos seguintes." De acordo com o art. 98, "A execução poderá ser coletiva, sendo promovida pelos legitimados de que trata o art. 82, abrangendo as vítimas cujas indenizações já tiveram sido fixadas em sentença de liquidação, sem prejuízo do ajuizamento de outras execuções. (...) § 2º. É competente para a execução o juízo: (...) II – da ação condenatória, quando coletiva a execução" [sem grifo no original]; **C**: incorreta. *Vide* art. 81, III, do CDC, transcrito na justificativa da opção A. Leia-se, ainda, o que dispõe o CDC, art. 103: "Nas ações coletivas de que trata este código, a sentença fará coisa julgada: (...) III – *erga omnes*, apenas no caso de procedência do pedido, para beneficiar todas as vítimas e seus sucessores, na hipótese do inciso III do parágrafo único do art. 81" (sem grifo no original); **D**: correta. *Vide* art. 81, I e III, do CDC, transcrito na justificativa da opção A. Leia-se, ainda, o que dispõe o CDC, no art. 104: "As ações coletivas, previstas nos incisos I e II e do parágrafo único do art. 81, não induzem litispendência para as ações individuais, mas os efeitos da coisa julgada *erga omnes* ou *ultra partes* a que aludem os incisos II e III do artigo anterior não beneficiarão os autores das ações individuais se não for requerida sua suspensão no prazo de trinta dias, a contar da ciência nos autos do ajuizamento da ação coletiva" (sem grifo no original). Gabarito "D".

7. SNDC E CONVENÇÃO COLETIVA

(OAB/Exame Unificado – 2015.1) As negociações mercantis adotaram uma nova ordem quando o Código de Defesa do Consumidor foi implementado no sistema jurídico nacional. A norma visa a proteger a parte mais frágil economicamente e tecnicamente de práticas abusivas, conferindo-lhe a tutela do Art. 42, I, do CDC, que consagra a presunção de vulnerabilidade absoluta geral inerente a todos os consumidores. Essa nova ordem ainda conferiu especial atenção à Convenção Coletiva adotada em outros ramos do Direito, passando também a constituir forma de equacionamento de conflitos nas relações de consumo antes mesmo da judicialização das questões, ou mesmo se antecipando à instalação dos litígios. A respeito da Convenção Coletiva de Consumo, prevista no microssistema do Código de Defesa do Consumidor, assinale a afirmativa correta.

(A) A Convenção regularmente constituída torna-se obrigatória a partir da assinatura dos legitimados, dispensando-se o registro do instrumento em cartório de títulos e documentos.

(B) A Convenção não poderá regulamentar as relações de consumo no que diz respeito ao preço e às garantias de produtos e serviços, atribuições do Departamento de Proteção e Defesa do Consumidor.

(C) A Convenção regularmente constituída vincula os signatários, mas, caso o fornecedor se desligue da entidade celebrante à qual estava vinculado, eximir-se-á do cumprimento do estabelecido.

(D) A Convenção firmada por entidades civis de consumidores e associações de fornecedores somente obrigará os filiados às entidades signatárias.

A: incorreta, pois a convenção só passa a ser obrigatória a partir do registro do instrumento no cartório de títulos e documentos (art. 107, § 1º, do CDC); **B:** incorreta, pois a convenção pode sim tratar de preços e garantias de produtos o serviços (podendo também tratar da qualidade, quantidade e características desses itens), nos termos do art. 107, *caput*, do CDC; **C:** incorreta, pois, de acordo com o § 3º do art. 107 do CDC, "não se exime de cumprir a convenção o fornecedor que se desligar da entidade em data posterior ao registro do instrumento"; **D:** correta (art. 107, § 2º, do CDC).

Gabarito "D"

6. DIREITO CIVIL

Wander Garcia, Ana Paula Dompieri, Gabriela R. Pinheiro e Gustavo Nicolau[1]

1. LINDB – LEI DE INTRODUÇÃO ÀS NORMAS DO DIREITO BRASILEIRO

(OAB/Exame Unificado – 2011.1) Suponha que tenha sido publicada no *Diário Oficial da União*, do dia 26 de abril de 2011 (terça-feira), uma lei federal, com o seguinte teor:

"Lei GTI, de 25 de abril de 2011.

Define o alcance dos direitos da personalidade previstos no Código Civil. O Presidente da República Faço saber que o Congresso Nacional decreta e eu sanciono a seguinte Lei: Art. 1.º: Os direitos da personalidade previstos no Código Civil aplicáveis aos nascituros são estendidos aos embriões laboratoriais (in vitro), ainda não implantados no corpo humano. Art. 2.º: Esta lei entra em vigor no prazo de 45 dias. Brasília, 25 de abril 2011, 190.º da Independência da República e 123.º da República."

Ante a situação hipotética descrita e considerando as regras sobre a forma de contagem do período de vacância e a data em que a lei entrará em vigor, é correto afirmar que a contagem do prazo para entrada em vigor de lei que contenha período de vacância se dá:

(A) pela exclusão da data de publicação e do último dia do prazo, entrando em vigor no dia 11/06/2011.

(B) pela inclusão da data de publicação e exclusão do último dia do prazo, entrando em vigor no dia 09/06/2011.

(C) pela inclusão da data de publicação e do último dia do prazo, entrando em vigor no dia subsequente à sua consumação integral, passando a vigorar no dia 10/06/2011.

(D) pela exclusão da data de publicação da lei e a inclusão do último dia do prazo, entrando em vigor no dia subsequente à sua consumação integral, que na situação descrita será o dia 13/06/2011.

A alternativa "C" está correta, pois o art. 8.º, § 1.º, da Lei Complementar 95/1998 estabelece que "a contagem do prazo para entrada em vigor das leis que estabeleçam período de vacância far-se-á com a inclusão da data da publicação e do último dia do prazo, entrando em vigor no dia subsequente à sua consumação integral".

Gabarito "C".

(OAB/Exame Unificado – 2020.1) Em função do incremento nas atividades de transporte aéreo no Brasil, a sociedade empresária Fast Plane, sediada no país, resolveu adquirir helicópteros de última geração da pessoa jurídica holan-

desa *Nederland Air Transport*, que ficou responsável pela fabricação, montagem e envio da mercadoria. O contrato de compra e venda restou celebrado, presencialmente, nos Estados Unidos da América, restando ajustado que o cumprimento da obrigação se dará no Brasil.

No momento de receber as aeronaves, contudo, a adquirente verificou que o produto enviado era diverso do apontado no instrumento contratual. Decidiu a sociedade empresária *Fast Plane*, então, buscar auxílio jurídico para resolver a questão, inclusive para a propositura de eventual ação, caso não haja solução consensual.

Considerando-se o enunciado acima, aplicando-se a Lei de Introdução às Normas do Direito Brasileiro (Decreto--lei 4.657/42) e o Código de Processo Civil, assinale a afirmativa correta.

(A) A lei aplicável na solução da questão é a holandesa, em razão do local de fabricação e montagem das aeronaves adquiridas.

(B) A autoridade judiciária brasileira será competente para processar e julgar eventual ação proposta pela *Fast Plane*, mesmo se estabelecida cláusula de eleição de foro exclusivo estrangeiro, em razão do princípio da inafastabilidade da jurisdição.

(C) A autoridade judiciária brasileira tem competência exclusiva para processar e julgar eventual ação a ser proposta pela *Fast Plane* para resolver a questão.

(D) A autoridade judiciária brasileira tem competência concorrente para processar e julgar eventual ação a ser proposta pela *Fast Plane* para resolver a questão.

A: incorreta, pois a lei aplicável para qualificar e reger as obrigações, é a lei do país em que se constituírem (art. 9º, *caput* da LINDB). Como o contrato foi fechado presencialmente nos Estados Unidos, a lei que rege a obrigação é a lei americana; **B:** incorreta, pois a cláusula de eleição de foro prevalece neste caso, logo, torna a autoridade judiciária incompetente (art. 63 CPC); **C:** incorreta, pois a competência judiciária brasileira é concorrente (art. 21, II CPC e art. 12, *caput* LINDB); **D:** correta, pois trata-se de obrigação a ser executada no Brasil, logo, a competência pé concorrente (art. 21, II CPC e art. 12, *caput* LINDB).

Gabarito "D".

(OAB/Exame XXXVIII) Um brasileiro teve seu pedido de visto de trabalho negado por uma representação consular de um Estado estrangeiro. Inconformado, consultou você, como advogado(a), para a adoção das providências cabíveis no Brasil.

Após a avaliação do caso, você concluiu que

(A) nenhuma medida judicial é cabível.

(B) deve ser proposto mandado de segurança perante a Justiça Federal.

(C) cabe reclamação trabalhista perante a Justiça do Trabalho.

(D) deve ser proposta ação condenatória por obrigação de fazer, perante o Tribunal de Justiça competente.

---

1. **Wander Garcia** comentou as questões dos Exames Unificados 2014.3, 2015.1, 2015.2, 2015.3, 2016.1 e 2016.2. **Gustavo Nicolau** comentou as questões dos Exames Unificados 2016.3, 2017.1 e 2017.2. **Wander Garcia, Ana Paula Dompieri e Gabriela R. Pinheiro** comentaram as demais questões.

GN questões comentadas por **Gustavo Nicolau**.

GR questões comentadas por **Gabriela Rodrigues**

A: correta, pois a concessão de visto é ato discricionário da autoridade consular. O funcionário consular, no exercício de sua função (no que se inclui a concessão ou não de um visto de trabalho), goza de imunidade de jurisdição, conforme previsto na Convenção de Viena sobre relações consulares (1963): Art. 43.1. Os funcionários consulares e os empregados consulares não estão sujeitos à Jurisdição das autoridades judiciárias e administrativas do Estado receptor pelos atos realizados no exercício das funções consulares"; **B**, **C**, **D** estão incorretas, pois a autoridade consular no exercício de sua função não se submete à legislação brasileira e, portanto, aos seus mecanismos processuais, principalmente no que diz respeito à concessão de visto, que é ato discricionário. GR

Gabarito "A".

(OAB/Exame XXXVIII) O cidadão francês Pierre Renoir, residente e domiciliado em Portugal, foi casado com uma espanhola, com quem teve dois filhos nascidos na Alemanha. Pierre faleceu em 2022 e deixou como herança um apartamento no Brasil, onde viveu durante a fase universitária.

Nesta hipótese, à sucessão do bem será aplicada a lei

(A) francesa.

(B) portuguesa.

(C) brasileira.

(D) alemã.

A: incorreta, pois ao caso em tela aplica-se a lei do último domicílio do defunto. Logo, será aplicada a lei portuguesa (art. 10, *caput* LINDB); **B:** correta (art. 10, *caput* LINDB); **C:** incorreta, pois aplica-se da lei do último domicílio do defunto qualquer que seja a natureza e a situação dos bens (art. 10, *caput* LINDB); **D:** incorreta, pois embora os filhos tenham nascido na Alemanha, neste contexto aplica-se a lei do último domicílio do defunto. Logo, será aplicada a lei portuguesa (art. 10, *caput* LINDB). GR

Gabarito "B".

2. GERAL

2.1. Pessoas naturais

(OAB/Exame Unificado – 2016.2) Cristiano, piloto comercial, está casado com Rebeca. Em um dia de forte neblina, ele não consegue controlar o avião que pilotava e a aeronave, com 200 pessoas a bordo, desaparece dos radares da torre de controle pouco antes do tempo previsto para a sua aterrissagem. Depois de vários dias de busca, apenas 10 passageiros foram resgatados, todos em estado crítico. Findas as buscas, como Cristiano não estava no rol de sobreviventes e seu corpo não fora encontrado, Rebeca decide procurar um advogado para saber como deverá proceder a partir de agora. Com base no relato apresentado, assinale a afirmativa correta.

(A) A esposa deverá ingressar com uma demanda judicial pedindo a decretação de ausência de Cristiano, a fim de que o juiz, em um momento posterior do processo, possa declarar a sua morte presumida.

(B) A esposa não poderá requerer a declaração de morte presumida de Cristiano, uma vez que apenas o Ministério Público detém legitimidade para tal pedido.

(C) A declaração da morte presumida de Cristiano poderá ser requerida independentemente de prévia decretação de ausência, uma vez que esgotadas as buscas e averiguações por parte das autoridades competentes.

(D) A sentença que declarar a morte presumida de Cristiano não deverá fixar a data provável de seu falecimento, contando-se, como data da morte, a data da publicação da sentença no meio oficial.

A: incorreta, pois no caso pode ser pedida a declaração de morte presumida de Cristiano, sem decretação de ausência, pois é extremamente provável a sua morte face ao perigo de vida em que se encontrava, podendo a declaração em questão ser requerida depois de esgotadas as buscas e averiguações (art. 7º, I e parágrafo único, do CC); **B:** incorreta, pois a esposa é pessoa interessada e a questão tem reflexos diretos em seus direitos; **C:** correta (art. 7º, I e parágrafo único, do CC); **D:** incorreta, pois a lei prevê nesse caso que a sentença que declarar a morte presumida fixe a data provável do falecimento (art. 7º, parágrafo único, do CC).

Gabarito "C".

(OAB/Exame Unificado – 2014.2) Raul, cidadão brasileiro, no meio de uma semana comum, desaparece sem deixar qualquer notícia para sua ex-esposa e filhos, sem deixar cartas ou qualquer indicação sobre seu paradeiro. Raul, que sempre fora um trabalhador exemplar, acumulara em seus anos de labor um patrimônio relevante. Como Raul morava sozinho, já que seus filhos tinham suas próprias famílias e ele havia se separado de sua esposa 4 (quatro) anos antes, somente após uma semana seus parentes e amigos deram por sua falta e passaram a se preocupar com o seu desaparecimento. Sobre a situação apresentada, assinale a opção correta.

(A) Para ser decretada a ausência, é necessário que a pessoa tenha desaparecido há mais de 10 (dez) dias. Como faz apenas uma semana que Raul desapareceu, não pode ser declarada sua ausência, com a consequente nomeação de curador.

(B) Em sendo declarada a ausência, o curador a ser nomeado será a ex-esposa de Raul.

(C) A abertura da sucessão provisória somente se dará ultrapassados três anos da arrecadação dos bens de Raul.

(D) Se Raul contasse com 85 (oitenta e cinco) anos e os parentes e amigos já não soubessem dele há 8 (oito) anos, poderia ser feita de forma direta a abertura da sucessão definitiva.

A: incorreta, pois a lei não fixa prazo mínimo de desaparecimento para que se entre com o requerimento de ausência. No caso, basta que qualquer interessado ou do Ministério Público ingresse em juízo, que o juiz declarará a ausência e nomeará curador (art. 22 do CC); **B:** incorreta, pois Raul já estava separado de sua esposa há 4 anos quando desapareceu, por tal razão algum descendente é que deverá ser nomeado curador (art. 25, *caput*, e § 1º do CC); **C:** incorreta, pois a sucessão provisória se dará decorrido um ano da arrecadação dos bens do ausente. Seriam três anos se o Raul tivesse deixado representante ou procurador (art. 26 do CC); **D:** correta (art. 38 do CC).

Gabarito "D".

(OAB/Exame Unificado – 2013.3) José, brasileiro, casado no regime da separação absoluta de bens, professor universitário e plenamente capaz para os atos da vida civil, desapareceu de seu domicílio, estando em local incerto e não sabido, não havendo indícios ou notícias das razões de seu desaparecimento, não existindo, também, outorga de poderes a nenhum mandatário, nem feitura de testamento. Vera (esposa) e Cássia (filha de José e Vera, maior e

6. DIREITO CIVIL

capaz) pretendem a declaração de sua morte presumida, ajuizando ação pertinente, diante do juízo competente.

De acordo com as regras concernentes ao instituto jurídico da morte presumida com declaração de ausência, assinale a opção correta.

(A) Na fase de curadoria dos bens do ausente, diante da ausência de representante ou mandatário, o juiz nomeará como sua curadora legítima Cássia, pois apenas na falta de descendentes, tal curadoria caberá ao cônjuge supérstite, casado no regime da separação absoluta de bens.

(B) Na fase de sucessão provisória, mesmo que comprovada a qualidade de herdeiras de Vera e Cássia, estas, para se imitirem na posse dos bens do ausente, terão que dar garantias da restituição deles, mediante penhores ou hipotecas equivalentes aos quinhões respectivos.

(C) Na fase de sucessão definitiva, regressando José dentro dos dez anos seguintes à abertura da sucessão definitiva, terá ele direito aos bens ainda existentes, no estado em que se encontrarem, mas não aos bens que foram comprados com a venda dos bens que lhe pertenciam.

(D) Quanto ao casamento de José e Vera, o Código Civil atual reconhece efeitos pessoais e não apenas patrimoniais ao instituto da ausência, possibilitando que a sociedade conjugal seja dissolvida como decorrência da morte presumida do ausente.

A: incorreta, pois a prioridade quando se trata de curadoria é do cônjuge, sendo que em sua falta será ela exercida pelos pais ou descendentes, nesta ordem (art. 25, *caput*, e § 1º do CC); **B:** incorreta, pois a lei dispensa a caução quando se tratar de cônjuge e descendente (art. 30, § 2º do CC); **C:** incorreta, pois neste caso o ausente que regressa possui o direito de exigir os bens sub-rogados, ou o preço que os herdeiros e demais interessados houverem recebido pelos bens alienados depois daquele tempo (art. 39, *caput*, do CC); **D:** correta, pois uma das causas da dissolução do casamento é a morte, seja ela real ou presumida (art. 1.571, § 1º do CC).
Gabarito "D".

(OAB/Exame Unificado – 2013.3) Tiago, com 17 anos de idade e relativamente incapaz, sob autoridade de seus pais Mário e Fabiana, recebeu, por doação de seu tio, um imóvel localizado na rua Sete de Setembro, com dois pavimentos, contendo três lojas comerciais no primeiro piso e dois apartamentos no segundo piso. Tiago trabalha como cantor nos finais de semana, tendo uma renda mensal de R$ 3.000,00 (três mil reais).

Face aos fatos narrados e considerando as regras de Direito Civil, assinale a opção correta.

(A) Mário e Fabiana exercem sobre os bens imóveis de Tiago o direito de usufruto convencional, inerente à relação de parentesco que perdurará até a maioridade civil ou emancipação de Tiago.

(B) Mário e Fabiana poderão alienar ou onerar o bem imóvel de Tiago, desde que haja prévia autorização do Ministério Público e seja demonstrado o evidente interesse da prole.

(C) Mário e Fabiana não poderão administrar os valores auferidos por Tiago no exercício de atividade de cantor, bem como os bens com tais recursos adquiridos.

(D) Mario e Fabiana, entrando em colisão de interesses com Tiago sobre a administração dos bens, facultam ao juiz, de ofício, nomear curador especial.

A: incorreta, pois Mário e Fabiana exercem o usufruto legal sobre os bens de Tiago, e não convencional (art. 1.689, I do CC); **B:** incorreta, pois não podem os pais alienar, ou gravar de ônus real os imóveis dos filhos, nem contrair, em nome deles, obrigações que ultrapassem os limites da simples administração, salvo por necessidade ou evidente interesse da prole, mediante prévia autorização do juiz (art. 1.691 "*caput*" do CC); **C:** correta (art. 1.693, II do CC); **D:** incorreta, pois o juiz apenas pode nomear curador especial a requerimento de Tiago ou do Ministério Público (art. 1.692 do CC).
Gabarito "C".

(OAB/Exame Unificado – 2013.3) João Marcos, renomado escritor, adota, em suas publicações literárias, o pseudônimo Hilton Carrillo, pelo qual é nacionalmente conhecido. Vítor, editor da Revista "Z", empregou o pseudônimo Hilton Carrillo em vários artigos publicados nesse periódico, de sorte a expô-lo ao ridículo e ao desprezo público.

Em face dessas considerações, assinale a afirmativa correta.

(A) A legislação civil, com o intuito de evitar o anonimato, não protege o pseudônimo e, em razão disso, não há de se cogitar em ofensa a direito da personalidade, no caso em exame.

(B) A Revista "Z" pode utilizar o referido pseudônimo em uma propaganda comercial, associado a um pequeno trecho da obra do referido escritor sem expô-lo ao ridículo ou ao desprezo público, independente da sua autorização.

(C) O uso indevido do pseudônimo sujeita quem comete o abuso às sanções legais pertinentes, como interrupção de sua utilização e perdas e danos.

(D) O pseudônimo da pessoa pode ser empregado por outrem em publicações ou representações que a exponham ao desprezo público, quando não há intenção difamatória.

A: incorreta, pois o pseudônimo adotado para atividades lícitas goza da proteção que se dá ao nome (art. 19 do CC). Logo, é possível se cogitar ofensa a direito da personalidade no caso em exame; **B:** incorreta, pois a utilização do pseudônimo em uma propaganda comercial independentemente da forma como for utilizado, bem como a utilização de escritos somente podem ser usados com autorização expressa de seu titular ou se necessárias à administração da justiça ou à manutenção da ordem pública (arts. 18 e 20 do CC); **C:** correta (arts. 19 e 12 do CC); **D:** incorreta, pois tanto o nome como o pseudônimo da pessoa não podem ser empregados por outrem em publicações ou representações que a exponham ao desprezo público, ainda quando não haja intenção difamatória (art. 19 e 17 do CC).
Gabarito "C".

(OAB/Exame Unificado – 2013.1) Gustavo completou 17 anos de idade em janeiro de 2010. Em março de 2010 colou grau em curso de ensino médio. Em julho de 2010 contraiu matrimônio com Beatriz. Em setembro de 2010, foi aprovado em concurso público e iniciou o exercício de emprego público efetivo. Por fim, em novembro de 2010, estabeleceu-se no comércio, abrindo um restaurante.

Assinale a alternativa que indica o momento em que se deu a cessação da incapacidade civil de Gustavo.

(A) No momento em que iniciou o exercício de emprego público efetivo.

(B) No momento em que colou grau em curso de ensino médio.

(C) No momento em que contraiu matrimônio.

(D) No momento em que se estabeleceu no comércio, abrindo um restaurante.

A: incorreta, pois antes de ingressar no serviço público Gustavo contraiu matrimônio e, consequentemente, teve cessada a sua incapacidade (art. 5.º, parágrafo único, II, do CC); **B:** incorreta, pois somente a colação de grau em ensino superior faz cessar a incapacidade para os menores (art. 5.º, parágrafo único, IV, do CC); **C:** correta (art. 5.º, parágrafo único, II, do CC); **D:** incorreta, pois antes de se estabelecer no comércio contraiu matrimônio e, consequentemente, teve cessada a sua incapacidade (art. 5.º, parágrafo único, II, do CC).
Gabarito "C".

(OAB/Exame Unificado – 2012.3.B) Alexandre e Berenice, casados pelo regime da separação convencional de bens, foram passar a lua de mel em Petrópolis, no Estado do Rio de Janeiro. Ao descerem a serra, Alexandre perdeu o controle do veículo vindo a cair em uma ribanceira. Com a colisão, houve a explosão do veículo e a morte de ambos não se sabendo precisar qual deles teria morrido primeiro. Ambos possuíam vasto patrimônio e faleceram sem deixar descendentes ou ascendentes. Alexandre deixou um irmão, Daniel, e Berenice deixou uma irmã, Eleonora.

A respeito da situação apresentada, assinale a afirmativa correta.

(A) Não há comoriência, visto que tal instituto somente se aplica às hipóteses de morte simultânea entre parentes.

(B) Não há comoriência, uma vez que se exige prova cabal para sua ocorrência, devendo a simultaneidade das mortes ser declarada por decisão judicial.

(C) Há comoriência, transmitindo-se a Daniel a herança de Alexandre e à Eleonora a herança de Berenice.

(D) Há comoriência, transmitindo-se a Daniel a metade dos bens deixados pelo casal, ficando igual cota-parte para Eleonora.

A: incorreta, pois quando duas pessoas morrem na mesma ocasião, não se podendo averiguar se algum dos comorientes precedeu ao outro, aplica-se a regra da comoriência prevista no art. 8.º do CC, pouco importando se se tratam ou não de parentes; **B:** incorreta, pois o art. 8.º do CC não exige decisão judicial, aplicando-se automaticamente a regra pela qual se presume os comorientes simultaneamente mortos; **C:** correta; havendo comoriência (art. 8.º do CC) um falecido não herda do outro e vice-versa, de maneira que a herança de Alexandre será transmitida diretamente para Daniel e a de Berenice, diretamente para Eleonora; **D:** incorreta, pois, não havendo outros herdeiros, os sucessores de Alexandre e Berenice receberão por inteiro a herança deixada por cada um de seus irmãos.
Gabarito "C".

(OAB/Exame Unificado – 2012.1) A proteção da pessoa é uma tendência marcante do atual direito privado, o que leva alguns autores a conceberem a existência de uma verdadeira cláusula geral de tutela da personalidade. Nesse sentido, uma das mudanças mais celebradas do novo Código Civil foi a introdução de um capítulo próprio sobre os chamados direitos da personalidade. Em relação à disciplina legal dos direitos da personalidade no Código Civil, é correto afirmar que:

(A) havendo lesão a direito da personalidade, em se tratando de morto, não é mais possível que se reclamem perdas e danos, visto que a morte põe fim à existência da pessoa natural, e os direitos personalíssimos são intransmissíveis.

(B) como regra geral, os direitos da personalidade são intransmissíveis e irrenunciáveis, mas o seu exercício poderá sofrer irrestrita limitação voluntária.

(C) é permitida a disposição gratuita do próprio corpo, no todo ou em parte, com objetivo altruístico ou científico, para depois da morte, sendo que tal ato de disposição poderá ser revogado a qualquer tempo.

(D) em razão de sua maior visibilidade social, a proteção dos direitos da personalidade das celebridades e das chamadas pessoas públicas é mais flexível, sendo permitido utilizar o seu nome para finalidade comercial, ainda que sem prévia autorização.

A: incorreta, pois, em se tratando de morto, terá legitimação para requerer a cessação da ameaça/lesão e as perdas e danos, o cônjuge sobrevivente, ou qualquer parente em linha reta, ou colateral até o quarto grau (art. 12, parágrafo único, do CC); **B:** incorreta, pois, além de intransmissíveis e irrenunciáveis, o exercício dos direitos da personalidade NÃO podem sofrer limitação voluntária, ressalvadas as exceções previstas em lei (art. 11 do CC); isso significa que, salvo as exceções legais, nem mesmo com a autorização do titular do direito da personalidade é possível limitar o exercício dos direitos da personalidade; **C:** correta (art. 14 do CC); **D:** incorreta, pois, sem autorização, não se pode usar o nome alheio em propaganda comercial (art. 18 do CC); não se deve confundir essa regra a que permite a exposição da palavra ou da imagem de alguém em caso em interesse público genuíno (regra decorrente do art. 20, *caput*, do CC), como é o caso de expor a imagem de um político acusado de corrupção.
Gabarito "C".

(OAB/Exame Unificado – 2011.3.A) Francis, brasileira, empresária, ao se deslocar do Rio de Janeiro para São Paulo em seu helicóptero particular, sofreu terrível acidente que culminou com a queda do aparelho em alto-mar. Após sucessivas e exaustivas buscas, feitas pelas autoridades e por empresas privadas contratadas pela família da vítima, infelizmente não foram encontrados os corpos de Francis e de Adilson, piloto da aeronave. Tendo sido esgotados os procedimentos de buscas e averiguações, de acordo com os artigos do Código Civil que regulam a situação supramencionada, é correto afirmar que o assento de óbito em registro público:

(A) independe de qualquer medida administrativa ou judicial, desde que seja constatada a notória probabilidade de morte de pessoa que estava em perigo de vida.

(B) depende exclusivamente de procedimento administrativo quanto à morte presumida junto ao Registro Civil das Pessoas Naturais.

(C) depende de prévia ação declaratória judicial quanto à morte presumida, sem necessidade de decretação judicial de ausência.

(D) depende de prévia declaração judicial de ausência, por se tratar de desaparecimento de uma pessoa sem dela haver notícia.

Há dois casos de morte presumida. A primeira, com declaração de ausência (art. 6.º do CC). A segunda, sem declaração de ausência (art. 7.º

6. DIREITO CIVIL — 365

do CC). Nesse segundo caso, a declaração de morte presumida também depende de *sentença* (art. 7.º, parágrafo único, do CC), sendo possível se for extremamente provável a morte de quem estava em perigo de vida ou se alguém, desaparecido em campanha ou feito prisioneiro, não for encontrado até dois anos após o término da guerra. No caso em tela, as alternativas "A" e "B" estão incorretas, pois a declaração de morte presumida depende de *decisão judicial*. A alternativa "D" está incorreta, pois não é necessária prévia declaração judicial de ausência, pois esse tipo de morte presumida não requer declaração de ausência, mas apenas o reconhecimento judicial de que ocorreu uma das hipóteses do art. 7.º do CC. Por fim, a alternativa "C" está correta, pois está de acordo com o *caput* e o parágrafo único do art. 7.º do CC.

Gabarito "C".

(OAB/Exame Unificado – 2011.1) Rodolfo, brasileiro, engenheiro, solteiro, sem ascendentes ou descendentes, desapareceu de seu domicílio há 11 (onze) meses e até então não houve qualquer notícia sobre seu paradeiro. Embora tenha desaparecido, deixou Lisa, uma amiga, como mandatária para a finalidade de administrar-lhe os bens. Todavia, por motivos de ordem pessoal, Lisa não quis exercer os poderes outorgados por Rodolfo em seu favor, renunciando expressamente ao mandato. De acordo com os dispositivos que regem o instituto da ausência, assinale a alternativa correta.

(A) A renúncia ao mandato, por parte de Lisa, era possível e, neste caso, o juiz determinará ao Ministério Público que nomeie um curador encarregado de gerir os bens do ausente, observando, no que for aplicável, o disposto a respeito dos tutores e curadores.

(B) Poderá ser declarada a sucessão definitiva de Rodolfo 10 (dez) anos depois de passada em julgado a sentença que concedeu a sucessão provisória, mas, se nenhum interessado promover a sucessão definitiva, nesse prazo, os bens porventura arrecadados deverão ser doados a entidades filantrópicas localizadas no município do último domicílio de Rodolfo.

(C) O juiz não poderá declarar a ausência e nomear curador para Rodolfo, pois Lisa não poderia ter renunciado o mandato outorgado em seu favor, já que só estaria autorizada a fazê-lo em caso de justificada impossibilidade ou de constatada insuficiência de poderes.

(D) Os credores de obrigações vencidas e não pagas de Rodolfo, decorrido 1 (um) ano da arrecadação dos bens do ausente, poderão requerer que se determine a abertura de sua sucessão provisória.

A: incorreta, pois não há tal previsão nos arts. 22 a 39 do CC; **B:** incorreta, pois apenas 10 anos após a abertura da *sucessão definitiva* é que se coloca a possibilidade dos bens irem para terceiros; ademais, o destinatário desses bens, nesse caso, não seria uma entidade filantrópica, mas o Município ou Distrito Federal, ou, se os bens estivessem em território federal, a União; **C:** incorreta, pois o art. 23 admite que o mandatário (no caso, Lisa) não queira exercer o mandato; **D:** correta, vez que os credores são considerados "interessados" e estes tem o direito de requerer que se determine a abertura da sucessão provisória (art. 26 do CC).

Gabarito "D".

(OAB/Exame Unificado – 2019.2) Gumercindo, 77 anos de idade, vinha sofrendo os efeitos do Mal de Alzheimer, que, embora não atingissem sua saúde física, perturbavam sua memória. Durante uma distração de seu enfermeiro, conseguiu evadir-se da casa em que residia. A despeito dos esforços de seus familiares, ele nunca foi encontrado, e já se passaram nove anos do seu desaparecimento. Agora, seus parentes lidam com as dificuldades relativas à administração e disposição do seu patrimônio.

Assinale a opção que indica o que os parentes devem fazer para receberem a propriedade dos bens de Gumercindo.

(A) Somente com a localização do corpo de Gumercindo será possível a decretação de sua morte e a transferência da propriedade dos bens para os herdeiros.

(B) Eles devem requerer a declaração de ausência, com nomeação de curador dos bens, e, após um ano, a sucessão provisória; a sucessão definitiva, com transferência da propriedade dos bens, só poderá ocorrer depois de dez anos de passada em julgado a sentença que concede a abertura da sucessão provisória.

(C) Eles devem requerer a sucessão definitiva do ausente, pois ele já teria mais de oitenta anos de idade, e as últimas notícias dele datam de mais de cinco anos.

(D) Eles devem requerer que seja declarada a morte presumida, sem decretação de ausência, por ele se encontrar desaparecido há mais de dois anos, abrindo-se, assim, a sucessão.

A: incorreta, pois nesse caso é possível iniciar um procedimento judicial de declaração de ausência, a fim de arrecadar os seus bens e dar andamento à transferência de propriedade aos herdeiros (art. 22 CC); **B:** incorreta, pois neste caso não é necessário aguardar 10 anos para requerer a sucessão definitiva, mas apenas 5 anos, pois Gumercindo conta oitenta anos de idade e de cinco datam as últimas notícias dele (art. 38 CC); **C:** correta, nos termos do art. 38 CC, uma vez que devido a sua idade a Lei concede uma prazo menor para a abertura da sucessão definitiva; **D:** incorreta, pois a morte presumida sem decretação de ausência apenas se dá nos casos do art. 7º CC, e a hipótese em tela não se encaixa em nenhuma delas. Poder-se-ia pensar que se encaixa no inciso II, art. 7º, porém o caso ali tratado é de pessoas que sumiram em campanha ou foram feitas prisioneiras e nunca mais apareceram. **GR**

Gabarito "C".

(OAB/Exame Unificado – 2020.1) Márcia, adolescente com 17 anos de idade, sempre demonstrou uma maturidade muito superior à sua faixa etária. Seu maior objetivo profissional é o de tornar-se professora de História e, por isso, decidiu criar um canal em uma plataforma *on-line*, na qual publica vídeos com aulas por ela própria elaboradas sobre conteúdos históricos.

O canal tornou-se um sucesso, atraindo multidões de jovens seguidores e despertando o interesse de vários patrocinadores, que começaram a procurar a jovem, propondo contratos de publicidade. Embora ainda não tenha obtido nenhum lucro com o canal, Márcia está animada com a perspectiva de conseguir custear seus estudos na Faculdade de História se conseguir firmar alguns desses contratos. Para facilitar as atividades da jovem, seus pais decidiram emancipá-la, o que permitirá que celebre negócios com futuros patrocinadores com mais agilidade.

Sobre o ato de emancipação de Márcia por seus pais, assinale a afirmativa correta.

(A) Depende de homologação judicial, tendo em vista o alto grau de exposição que a adolescente tem na internet.

(B) Não tem requisitos formais específicos, podendo ser concedida por instrumento particular.

(C) Deve, necessariamente, ser levado a registro no cartório competente do Registro Civil de Pessoas Naturais.

(D) É nulo, pois ela apenas poderia ser emancipada caso já contasse com economia própria, o que ainda não aconteceu.

A: incorreta, pois considerando ser emancipação voluntária dos pais, não é necessário homologação judicial (art. 5º, parágrafo único, I CC). O fato de haver exposição na internet não afeta em nada; **B:** incorreta, pois a emancipação precisa ser feita em cartório por instrumento público (art. 5º, parágrafo único, I CC); **C:** correta, pois a emancipação será feita por instrumento público no cartório competente do Registro Civil de Pessoas Naturais (art. 5º, parágrafo único, I CC); **D:** incorreta, pois os pais têm o poder de emancipar o filho maior de 16 anos, ainda que ele não tenha economia própria (art. 5º, parágrafo único, I CC). A emancipação é uma das causas de cessação da incapacidade. Mas também cessa a incapacidade pelo estabelecimento civil ou comercial, ou pela existência de relação de emprego, desde que, em função deles, o menor com dezesseis anos completos tenha economia própria (art. 5º, parágrafo único, V CC). Logo, como se vê, ter economia própria não está ligado à emancipação (está ligado na verdade à essa questão de relação de emprego).
Gabarito "C".

(OAB/Exame XXXVIII) Joana, conhecida durante toda a sua vida em sua cidade natal pelo prenome Giovanna, começa a enfrentar uma série de embaraços e constrangimentos ao ser chamada em órgãos públicos por seu prenome registral, constante de seus documentos de identificação civil.

Diante disso, Joana, de 19 anos de idade, consulta você, como advogado(a), buscando descobrir a viabilidade jurídica de alterar o seu prenome e os eventuais requisitos jurídicos que deveriam ser observados caso seja possível a mudança.

Sobre a pretensão de Joana, assinale a afirmativa correta.

(A) Poderá alterar seu prenome para Giovanna, bastando realizar solicitação, por escrito e fundamentada, diante do oficial do Registro Civil, dependendo, no entanto, de sentença judicial.

(B) Não poderá alterar seu prenome para Giovanna, pois vigora no Direito Brasileiro o princípio da imutabilidade do nome.

(C) Poderá alterar seu prenome para Giovanna, mediante requerimento pessoal e imotivadamente, independentemente de decisão judicial.

(D) Não poderá alterar seu prenome registral, mas poderá incluir o nome Giovanna, por ser este apelido público e notório.

A: incorreta, pois o pedido é feito em cartório e não depende de fundamentação ou sentença judicial para ser concedido (art. 56 Lei 6.015/73); **B:** incorreta, pois o prenome pode ser mudado atendendo os requisitos do art. 56 e seguintes da Lei 6.015/73; **C:** correta (art. 56 Lei 6.015/73); **D:** incorreta, pois é possível a alteração (art. 56 Lei 6.015/73). **GR**
Gabarito "C".

2.2. Pessoas jurídicas

(OAB/Exame Unificado – 2014.3) Paulo foi casado, por muitos anos, no regime da comunhão parcial com Luana, até que um desentendimento deu início a um divórcio litigioso. Temendo que Luana exigisse judicialmente metade do seu vasto patrimônio, Paulo começou a comprar bens com capital próprio em nome de sociedade da qual é sócio e passou os demais também para o nome da sociedade, restando, em seu nome, apenas a casa em que morava com ela.

Acerca do assunto, marque a opção correta.

(A) A atitude de Paulo encontra respaldo na legislação, pois a lei faculta a todo cidadão defender sua propriedade, em especial de terceiros de má-fé.

(B) É permitido ao juiz afastar os efeitos da personificação da sociedade nos casos de desvio de finalidade ou confusão patrimonial, mas não o contrário, de modo que não há nada que Luana possa fazer para retomar os bens comunicáveis.

(C) Sabendo-se que a *"teoria da desconsideração da personalidade jurídica"* encontra aplicação em outros ramos do direito e da legislação, é correto afirmar que os parâmetros adotados pelo Código Civil constituem a Teoria Menor, que exige menos requisitos.

(D) No caso de confusão patrimonial, gerado pela compra de bens com patrimônio particular em nome da sociedade, é possível atingir o patrimônio da sociedade, ao que se dá o nome de *"desconsideração inversa ou invertida"*, de modo a se desconsiderar o negócio jurídico, havendo esses bens como matrimoniais e comunicáveis.

A: incorreta, pois Paulo não tem o direito de fraudar a lei civil, tomando atitudes abusivas para fugir da divisão patrimonial a que tem direito sua ex-esposa; ele age de má-fé e viola a lei civil cogente que regula a divisão patrimonial entre cônjuges que terminam sua sociedade conjugal, que no caso impõe a divisão do patrimônio adquirido após o casamento (regime de comunhão parcial de bens); **B:** incorreta, pois, atualmente, é tranquilo o entendimento doutrinário e jurisprudencial acerca do cabimento da desconsideração inversa da personalidade, pois tanto a desconsideração tradicional (da personalidade da pessoa jurídica para atingir bens de seus membros), como a desconsideração inversa (da personalidade da pessoa física que é membro de uma pessoa jurídica, para atingir bens dessa pessoa jurídica) tem origem objetivo legal comum, evitar fraudes e confusões patrimoniais abusivas; **C:** incorreta, pois a teoria adotada no Código Civil é a Teoria Maior, que exige "maior" requisito para a desconsideração, no caso, não só o prejuízo para a vítima do ato que enseja a desconsideração, como também que esse ato se caracterize por um abuso da personalidade jurídica; **D:** correta, pois, como se viu, hoje é tranquilo o entendimento de que é cabível a desconsideração inversa da personalidade, sendo possível, assim, a desconsideração da personalidade da pessoa física que é membro de uma pessoa jurídica, para atingir bens dessa pessoa jurídica, em caso de abuso da personalidade, o que no caso existiu face à confusão patrimonial ocorrida (art. 50 do CC), impondo-se a desconsideração para o fim de determinar que os bens indevidamente repassados à pessoa jurídica de Paulo seja considerados bens do casal e, assim, possam ser corretamente divididos.
Gabarito "D".

(OAB/Exame Unificado – 2011.3.B) Roberto, por meio de testamento, realiza dotação especial de bens livres para a finalidade de constituir uma fundação com a finalidade de promover assistência a idosos no Município do Rio de Janeiro. Todavia, os bens destinados foram insuficientes para constituir a fundação pretendida pelo instituidor. Em razão de Roberto nada ter disposto sobre o que fazer nessa hipótese, é correto afirmar que:

(A) os bens dotados deverão ser convertidos em títulos da dívida pública até que, aumentados com os rendimentos, consigam perfazer a finalidade pretendida.

(B) os bens destinados à fundação serão, nesse caso, incorporados em outra fundação que se proponha a fim igual ou semelhante.

(C) a Defensoria Pública do estado respectivo, responsável por velar pelas fundações, destinará os bens dotados para o fundo assistencial mantido pelo Estado para defesa dos hipossuficientes.

(D) os bens serão arrecadados e passarão ao domínio do Município, se localizados na respectiva circunscrição.

Segundo o art. 69 do CC, tornando-se impossível a finalidade à que visa a fundação – o que ocorreu no caso, pois os bens destinados à constituição da fundação foram insuficientes – o seu patrimônio será incorporado em outra fundação, designada pelo juiz, que se proponha a fim igual ou semelhante. Dessa forma, apenas a alternativa "B" está correta.

Gabarito "B".

(OAB/Exame XXXV) Paulo é pai de Olívia, que tem três anos. Paulo é separado de Letícia, mãe de Olívia, e não detém a guarda da criança. Por sentença judicial, ficou fixado o valor de R$3.000,00 a título de pensão alimentícia em favor de Olívia.

Paulo deixou de pagar a pensão alimentícia nos últimos cinco meses e, ajuizada uma ação de execução contra ele, não foi possível encontrar patrimônio suficiente para fazer frente às obrigações inadimplidas. Entretanto, Paulo é também sócio da sociedade *Paulo Compra e Venda de Joias Ltda.*, sociedade que tem patrimônio considerável.

Diante desse cenário, assinale a afirmativa correta.

(A) Tendo em vista a absoluta autonomia da pessoa jurídica em relação aos seus sócios, não é possível, em nenhuma hipótese, que, na ação de execução, Olívia atinja o patrimônio da pessoa jurídica *Paulo Compra e Venda de Joias Ltda.*

(B) É possível a desconsideração inversa da personalidade jurídica, a fim de se atingir o patrimônio da sociedade *Paulo Compra e Venda de Joias Ltda.*, independentemente de restar configurada a situação de abuso da personalidade jurídica.

(C) Ainda que se comprove o abuso da personalidade jurídica, a legislação apenas reconhece a hipótese de desconsideração direta da personalidade jurídica, não se admitindo a desconsideração inversa, razão pela qual não é possível que Olívia atinja o patrimônio da sociedade *Paulo Compra e Venda de Joias Ltda.*

(D) É possível a desconsideração inversa da personalidade jurídica, a fim de que Olívia atinja o patrimônio da sociedade *Paulo Compra e Venda de Joias Ltda.*, caso se considere que Paulo praticou desvio de finalidade ou confusão patrimonial.

A: incorreta, pois a autonomia da pessoa jurídica é relativa. A lei permite a desconsideração da personalidade jurídica inversa para atingir o patrimônio da pessoa jurídica para saldar dívida do sócio se restar comprovado o abuso da personalidade jurídica. Neste caso esse abuso ocorreu por meio do desvio de finalidade, onde a pessoa jurídica foi usada com o propósito de lesar credores (art. 50 *caput* e §§1º e 3º CC); B: incorreta, pois deve estar comprovado o abuso da personalidade jurídica para que ela seja desconsiderada (art. 50 *caput* CC); C: incorreta, pois a lei admite a desconsideração da personalidade jurídica inversa, onde os bens da pessoa jurídica serão atingidos para saldar obrigações dos sócios (art. 50, § 3º CC); D: correta (art. 50 *caput* e § 3º CC).

Gabarito "D".

(OAB/Exame XXXVII) A Associação Atlética de uma renomada instituição de ensino jurídico brasileira, que possui mais de seiscentos associados, publica edital em seu site e, também, nas redes sociais, de convocação para uma Assembleia Geral, a ser realizada por meio eletrônico, trinta dias após a publicação, tendo como pauta a aprovação das contas dos diretores relativas ao exercício financeiro anterior e a alteração do estatuto.

Diante da situação narrada, assinale a afirmativa correta.

(A) A convocação de Assembleia Geral feita pela Associação Atlética apresenta um vício formal que conduz à nulidade absoluta, haja vista a impossibilidade da realização de Assembleia Geral por meio eletrônico.

(B) A realização de Assembleia Geral por meio eletrônico é possível juridicamente, desde que respeitada a participação e a manifestação dos associados, salvo para alteração estatutária, que deverá ser feita por reunião presencial, de modo que o edital da Associação Atlética é nulo, admitindo-se a conversão.

(C) A realização de Assembleia Geral por meio eletrônico é válida, desde que garantida a participação e a manifestação dos associados, além do respeito às normas estatutárias, inclusive, para a finalidade de alteração dos estatutos.

(D) A realização de Assembleia Geral por meio eletrônico é anulável, por falta de previsão legal, admitindo-se, por conseguinte, a convalidação.

A: incorreta, pois as pessoas jurídicas de direito privado, sem prejuízo do previsto em legislação especial e em seus atos constitutivos, poderão realizar suas assembleias gerais por meio eletrônico (art. 48-A, 1ª parte CC); B: incorreta, pois é possível assembleia por meio eletrônico para alteração estatutária (art. 48-A, 2ª parte CC). Logo, o edital é plenamente válido; C: correta (art. 48-A CC); D: incorreta, pois a realização de assembleia eletrônica é válida, conforme expressa determinação legal do art. 48-A CC.

Gabarito "C".

2.3. Bens

(OAB/Exame Unificado – 2017.1) Ricardo realizou diversas obras no imóvel que Cláudia lhe emprestou: reparou um vazamento existente na cozinha; levantou uma divisória na área de serviço para formar um novo cômodo, destinado a servir de despensa; ampliou o número de tomadas disponíveis; e trocou o portão manual da garagem por um eletrônico.

Quando Cláudia pediu o imóvel de volta, Ricardo exigiu o ressarcimento por todas as benfeitorias realizadas, embora sequer a tenha consultado previamente sobre as obras.

Somente pode-se considerar benfeitoria necessária, a justificar o direito ao ressarcimento,

(A) o reparo do vazamento na cozinha.

(B) a formação de novo cômodo, destinado a servir de despensa, pelo levantamento de divisória na área de serviço.

(C) a ampliação do número de tomadas.

(D) a troca do portão manual da garagem por um eletrônico.

A: correta, pois tal reparo é considerado essencial para a manutenção da integridade do bem, caracterizando-se pois como benfeitoria necessária;

B: incorreta, pois tal formação é uma benfeitoria útil, a qual aumenta a utilidade do bem principal; **C:** incorreta, pois a ampliação do número de tomadas também é considerada benfeitoria útil; **D:** incorreta, pois tal alteração também não configura uma benfeitoria necessária. **GN**

Gabarito "A".

(OAB/Exame Unificado – 2013.1) Os vitrais do Mercado Municipal de São de Paulo, durante a reforma feita em 2004, foram retirados para limpeza e restauração da pintura. Considerando a hipótese e as regras sobre bens jurídicos, assinale a afirmativa correta.

(A) Os vitrais, enquanto separados do prédio do Mercado Municipal durante as obras, são classificados como bens móveis.

(B) Os vitrais retirados na qualidade de material de demolição, considerando que o Mercado Municipal resolva descartar-se deles, serão considerados bens móveis.

(C) Os vitrais do Mercado Municipal, considerando que foram feitos por grandes artistas europeus, são classificados como bens fungíveis.

(D) Os vitrais retirados para restauração, por sua natureza, são classificados como bens móveis.

A: incorreta, pois são considerados imóveis (art. 81, II, do CC); **B:** correta (art. 84, segunda parte, do CC); **C:** incorreta, pois fungíveis são os bens móveis que podem ser substituídos por outros da mesma espécie, qualidade e quantidade (art. 85 do CC), o que não é o caso de obras únicas, singulares feitas pelos grandes artistas europeus, que, assim, criaram bens considerados *infungíveis*; **D:** incorreta, pois são considerados bens imóveis (art. 81, II, do CC).

Gabarito "B".

(OAB/Exame XXXIII – 2020.3) Bruna visitou a mansão neoclássica que André herdara de seu tio e cuja venda estava anunciando. Bruna ficou fascinada com a sala principal, decorada com um piano do século XIX e dois quadros do conhecido pintor Monet, e com os banheiros, ornados com torneiras desenhadas pelos melhores profissionais da época. Diante disso, decidiu comprá-la.

Na ausência de acordo específico entre Bruna e André, por ocasião da transferência da propriedade, Bruna receberá

(A) a mansão com os quadros, o piano e as torneiras, pois todos esses bens são classificados como benfeitorias, que seguem o destino do bem principal vendido.

(B) apenas a mansão, eis que o princípio da gravitação jurídica não é aplicável aos demais bens citados no caso.

(C) a mansão juntamente com as torneiras dos banheiros, consideradas partes integrantes, mas não os quadros e o piano, considerados pertenças.

(D) a mansão e os quadros, pois, sendo considerados pertenças, impõe-se a regra de que o acessório deve seguir o destino do principal, mas o piano e as torneiras poderão ser removidos por André antes da transferência.

A: incorreta, pois os quadros e o piano são consideradas pertenças, se destinando ao aformoseamento do bem principal (art. 93 CC). Os negócios jurídicos que dizem respeito ao bem principal não abrangem as pertenças, salvo se o contrário resultar da lei, da manifestação de vontade, ou das circunstâncias do caso (art. 94 CC). Como não houve manifestação expressa do vendedor quando a estes objetos, logo eles não integram o contrato; **B:** incorreta, pois as torneiras constituem parte

integrante da mansão, logo, a acompanham (art. 93 CC); **C:** correta, pois as torneiras são parte integrante, logo, acompanham o bem principal. Os quadros e o piano são pertenças, sendo assim, só acompanhariam o bem principal se houvesse manifestação expressa, determinação legal ou se as circunstâncias do caso assim determinassem, porém, no caso não houve essas hipóteses (art. 94 CC); **D:** incorreta, pois tanto os quadros como o piano são considerados pertenças e só acompanhariam o bem principal se houvesse os mesmos fatores mencionados na alternativa C. **GR**

Gabarito "C".

2.4. Fatos jurídicos

2.4.1. *Espécies, formação, classificação e temas gerais*

(OAB/Exame Unificado – 2017.2) Em ação judicial na qual Paulo é réu, levantou-se controvérsia acerca de seu domicílio, relevante para a determinação do juízo competente. Paulo alega que seu domicílio é a capital do Estado do Rio de Janeiro, mas o autor sustenta que não há provas de manifestação de vontade de Paulo no sentido de fixar seu domicílio naquela cidade.

Sobre o papel da vontade nesse caso, assinale a afirmativa correta.

(A) Por se tratar de um fato jurídico em sentido estrito, a vontade de Paulo na fixação de domicílio é irrelevante, uma vez que não é necessário levar em consideração a conduta humana para a determinação dos efeitos jurídicos desse fato.

(B) Por se tratar de um ato-fato jurídico, a vontade de Paulo na fixação de domicílio é irrelevante, uma vez que, embora se leve em consideração a conduta humana para a determinação dos efeitos jurídicos, não é exigível manifestação de vontade.

(C) Por se tratar de um ato jurídico em sentido estrito, embora os seus efeitos sejam predeterminados pela lei, a vontade de Paulo na fixação de domicílio é relevante, no sentido de verificar a existência de um ânimo de permanecer naquele local.

(D) Por se tratar de um negócio jurídico, a vontade de Paulo na fixação de domicílio é relevante, já que é a manifestação de vontade que determina quais efeitos jurídicos o negócio irá produzir.

A: incorreta, pois a fixação do domicílio não é um fato jurídico em sentido estrito, mas sim um ato jurídico em sentido estrito, no qual o elemento vontade guarda certo relevo, a despeito de o papel da lei ser preponderante nos efeitos; **B:** incorreta, pois a fixação de domicílio não é hipótese de ato-fato jurídico, no qual a manifestação de vontade é praticamente descartada; **C:** correta, pois a fixação de domicílio é típico exemplo de ato jurídico em sentido estrito. A vontade da parte é levada em conta, embora os efeitos daí decorrentes já estejam todos previstos na lei. Interrupção de prescrição, casamento, reconhecimento voluntário de filho são outros bons exemplos; **D:** incorreta, pois no negócio jurídico as partes podem – com sua vontade – estipular, criar e prever efeitos jurídicos, como ocorre na celebração de um contrato, por exemplo. **GN**

Gabarito "C".

(OAB/Exame Unificado – 2012.1) Mauro, entristecido com a fuga das cadelinhas Lila e Gopi de sua residência, às quais dedicava grande carinho e afeição, promete uma vultosa recompensa para quem eventualmente viesse a encontrá-las. Ocorre que, no mesmo dia em que coloca os avisos públicos da recompensa, ao conversar priva-

6. DIREITO CIVIL — 369

damente com seu vizinho João, afirma que não irá, na realidade, dar a recompensa anunciada, embora assim o tenha prometido. Por coincidência, no dia seguinte, João encontra as cadelinhas passeando tranquilamente em seu quintal e as devolve imediatamente a Mauro. Neste caso, é correto afirmar que:

(A) a manifestação de vontade no sentido da recompensa subsiste em relação a João ainda que Mauro tenha feito a reserva mental de não querer o que manifestou originariamente.

(B) a manifestação de vontade no sentido da recompensa não subsiste em relação a João, pois este tomou conhecimento da alteração da vontade original de Mauro.

(C) a manifestação de vontade no sentido da recompensa não mais terá validade em relação a qualquer pessoa, pois ela foi alterada a partir do momento em que foi feita a reserva mental por parte de Mauro.

(D) a manifestação de vontade no sentido da recompensa subsiste em relação a toda e qualquer pessoa, pois a reserva mental não tem o condão de modificar a vontade originalmente tornada pública.

Segundo o art. 110 do CC, "a manifestação de vontade subsiste ainda que o seu autor haja feito a reserva mental de não querer o que manifestou, *salvo se dela o destinatário tinha conhecimento*" (g.n.). Mauro, apesar de ter prometido recompensa a quem achasse suas cadelinhas, deixou claro para João que não cumpriria a recompensa anunciada. Ou seja, deixou claro para o destinatário de sua conversa privada sua "reserva mental de não querer o que manifestou". Assim, como quem achou as cadelinhas foi justamente o destinatário (João) da informação de que o promitente (Mauro) não cumpriria sua vontade, João NÃO terá direito à recompensa, já que a vontade de Mauro não subsistirá. Dessa forma, as alternativas "A" e "D" estão incorretas, pois a manifestação de Mauro não subsistirá. A alternativa "C" está incorreta, pois apenas em relação ao destinatário da informação sobre a reserva mental é que a vontade não subsistirá. E a alternativa "B" está correta, pois está de acordo com a conclusão que alcançamos a partir da interpretação do art. 110 do CC.

Gabarito "B".

2.4.2. Condição, termo e encargo

(OAB/Exame Unificado – 2017.3) Eduardo comprometeu-se a transferir para Daniela um imóvel que possui no litoral, mas uma cláusula especial no contrato previa que a transferência somente ocorreria caso a cidade em que o imóvel se localiza viesse a sediar, nos próximos dez anos, um campeonato mundial de surfe. Depois de realizado o negócio, todavia, o advento de nova legislação ambiental impôs regras impeditivas para a realização do campeonato naquele local.

Sobre a incidência de tais regras, assinale a afirmativa correta.

(A) Daniela tem direito adquirido à aquisição do imóvel, pois a cláusula especial configura um termo.

(B) Prevista uma condição na cláusula especial, Daniela tem direito adquirido à aquisição do imóvel.

(C) Há mera expectativa de direito à aquisição do imóvel por parte de Daniela, pois a cláusula especial tem natureza jurídica de termo.

(D) Daniela tem somente expectativa de direito à aquisição do imóvel, uma vez que há uma condição na cláusula especial.

A transferência do imóvel foi claramente estabelecida com uma condição suspensiva, ou seja, os efeitos do contrato ficam suspensos até que ocorra um evento futuro e incerto, no caso o campeonato mundial de surfe. Nessa hipótese, Daniela não tem direito adquirido ao imóvel, mas mera expectativa de direito. Nesse sentido é a redação da lei: "*Subordinando-se a eficácia do negócio jurídico à condição suspensiva, enquanto esta se não verificar, não se terá adquirido o direito, a que ele visa*" (CC, art. 125). Assim, a superveniência de uma lei que impossibilita a ocorrência do evento futuro e incerto impede a transferência do imóvel a Daniela. **GN**

Gabarito "D".

(OAB/Exame Unificado – 2012.3.B) João prometeu doar seu imóvel em Búzios a José se o seu time de futebol do coração, o América/RJ, for campeão carioca em 2013. Assim sendo, sobre a condição imposta para a doação, assinale a afirmativa correta.

(A) Trata-se de condição puramente potestativa, sendo lícita por depender de manifestação da vontade de uma das partes.

(B) Subordinando-se a eficácia do negócio jurídico à condição suspensiva, enquanto esta não se verificar, não terá Roberto adquirido o direito nele previsto.

(C) É defeso a Roberto, titular do direito eventual, praticar atos destinados à sua conservação.

(D) Trata-se de condição meramente potestativa, sendo, pois, ilícita, uma vez que sujeita ao puro arbítrio de uma das partes.

A: incorreta, pois a condição puramente potestativa é aquele que depende exclusivamente da vontade de alguém, o que não acontece no caso, pois se o time vai ou não ganhar o campeonato é algo que não depende da vontade de João; **B:** correta; trata-se de *condição* (e não de *termo*), pois a eficácia do negócio depende de um evento futuro em incerto (o time de futebol ganhar o campeonato), nos termos do art. 121 do CC; quanto ao tipo de condição, tem-se no caso a condição *suspensiva*, pois os efeitos do negócio ficam suspensos enquanto a condição (time ganhar o campeonato) não se verificar (art. 125 do CC); **C:** incorreta, pois esse direito existe (art. 130 do CC); **D:** incorreta, pois é a condição *puramente potestativa* (e não *meramente potestativa*) que se sujeita ao puro arbítrio de uma das partes.

Gabarito "B".

(OAB/Exame Unificado – 2011.3.A) A condição, o termo e o encargo são considerados elementos acidentais, facultativos ou acessórios do negócio jurídico, e têm o condão de modificar as consequências naturais deles esperadas. A esse respeito, é correto afirmar que:

(A) se considera condição a cláusula que, derivando da vontade das partes ou de terceiros, subordina o efeito do negócio jurídico a evento futuro e incerto.

(B) se for resolutiva a condição, enquanto esta se não realizar, não vigorará o negócio jurídico, não se podendo exercer desde a conclusão deste o direito por ele estabelecido.

(C) o termo inicial suspende o exercício, mas não a aquisição do direito e, salvo disposição legal ou convencional em contrário, computam-se os prazos, incluindo o dia do começo e excluindo o do vencimento.

(D) se considera não escrito o encargo ilícito ou impossível, salvo se constituir o motivo determinante da liberalidade, caso em que se invalida o negócio jurídico.

A: incorreta, pois a condição deriva apenas da vontade das partes, e não de terceiros (art. 121 do CC); **B:** incorreta, pois, pendente a

condição resolutiva, o negócio vigorará sim, ou seja, produzirá efeitos normalmente, até que a condição resolutiva aconteça (art. 127 do CC), ocasião em que o negócio se resolve, ou seja, deixa de produzir efeitos; **C:** incorreta, pois, apesar de correta a primeira frase da alternativa (art. 131 do CC), é incorreta a informação de que, na contagem dos prazos, inclui-se o dia do começo e exclui-se o dia do vencimento, já que o Código Civil dispõe justamente no sentido contrário, ou seja, computam-se os prazos, excluído o dia do começo, e incluído o do vencimento; **D:** correta (art. 137 do CC).
Gabarito "D".

(OAB/Exame Unificado – 2019.2) Eva celebrou com sua neta Adriana um negócio jurídico, por meio do qual doava sua casa de praia para a neta caso esta viesse a se casar antes da morte da doadora. O ato foi levado a registro no cartório do Registro de Imóveis da circunscrição do bem. Pouco tempo depois, Adriana tem notícia de que Eva não utilizava a casa de praia há muitos anos e que o imóvel estava completamente abandonado, deteriorando-se a cada dia. Adriana fica preocupada com o risco de ruína completa da casa, mas não tem, por enquanto, nenhuma perspectiva de casar-se.

De acordo com o caso narrado, assinale a afirmativa correta.

(A) Adriana pode exigir que Eva autorize a realização de obras urgentes no imóvel, de modo a evitar a ruína da casa.

(B) Adriana nada pode fazer para evitar a ruína da casa, pois, nos termos do contrato, é titular de mera expectativa de fato.

(C) Adriana pode exigir que Eva lhe transfira desde logo a propriedade da casa, mas perderá esse direito se Eva vier a falecer sem que Adriana tenha se casado.

(D) Adriana pode apressar-se para casar antes da morte de Eva mas, se esta já tiver vendido a casa de praia para uma terceira pessoa ao tempo do casamento, a doação feita para Adriana não produzirá efeito.

A: correta, pois se verifica-se que a doação de Eva a Adriana foi feita mediante condição suspensiva, isto é, a ocorrência do casamento. Portanto, até este momento tem apenas um direito eventual sobre o bem. Neste passo, nos termos do art. 130 CC "ao titular do direito eventual, nos casos de condição suspensiva ou resolutiva, é permitido praticar os atos destinados a conservá-lo". Logo, ela pode exigir que a avó autorize a realização de obras urgentes no imóvel, de modo a evitar a ruína da casa; **B:** incorreta, pois ela pode exigir atos de conservação nos termos do art. 130 CC, uma vez que ela possui expectativa de direito sobre o bem (art. 125 CC); **C:** incorreta, pois Adriana não pode exigir a transferência da propriedade, uma vez que a doação é um ato de liberalidade (art. 538 CC), logo fica ao inteiro arbítrio do proprietário; **D:** incorreta. Enquanto Eva for viva o bem não pode ser disposto de nenhuma forma, pois Adriana possui expectativa de direito sobre ele. Isso significa que se à época do casamento o bem tiver sido vendido essa venda poderá ser anulada. O fundamento está no art. 126 CC: "Se alguém dispuser de uma coisa sob condição suspensiva, e, pendente esta, fizer quanto àquelas novas disposições, estas não terão valor, realizada a condição, se com ela forem incompatíveis". GR
Gabarito "A".

2.4.3. Defeitos do negócio jurídico

(OAB/Exame Unificado – 2018.2) A cidade de Asa Branca foi atingida por uma tempestade de grandes proporções. As ruas ficaram alagadas e a população sofreu com a inundação de suas casas e seus locais de trabalho. Antônio, que tinha uma pequena barcaça, aproveitou a ocasião para realizar o transporte dos moradores pelo triplo do preço que normalmente seria cobrado, tendo em vista a premente necessidade dos moradores de recorrer a esse tipo de transporte.

Nesse caso, em relação ao citado negócio jurídico, ocorreu

(A) estado de perigo.

(B) dolo.

(C) lesão.

(D) erro.

A: incorreta, pois a necessidade dos moradores era apenas o transporte. Não havia, portanto, a *"necessidade de salvar-se ou a pessoa de sua família"*, elemento essencial para caracterizar o vício do estado de perigo (CC, art. 156); **B:** incorreta, pois o dolo é um artifício malicioso utilizado para enganar a outra parte (CC, art. 145); **C:** correta, pois a hipótese enquadra-se perfeitamente na previsão do art. 157 do Código Civil, que estabelece o vício do consentimento denominado lesão. Verifica-se quando uma pessoa *"sob premente necessidade ou por inexperiência, se obriga a prestação manifestamente desproporcional ao valor da prestação oposta"*. GN
Gabarito "C".

(OAB/Exame Unificado – 2016.3) Durante uma viagem aérea, Eliseu foi acometido de um mal súbito, que demandava atendimento imediato. O piloto dirigiu o avião para o aeroporto mais próximo, mas a aterrissagem não ocorreria a tempo de salvar Eliseu. Um passageiro ofereceu seus conhecimentos médicos para atender Eliseu, mas demandou pagamento bastante superior ao valor de mercado, sob a alegação de que se encontrava de férias.

Os termos do passageiro foram prontamente aceitos por Eliseu. Recuperado do mal que o atingiu, para evitar a cobrança dos valores avençados, Eliseu pode pretender a anulação do acordo firmado com o outro passageiro, alegando:

(A) erro.

(B) dolo.

(C) coação.

(D) estado de perigo.

A: incorreta, pois o erro (CC, art. 138) é a "falsa percepção da realidade", o que certamente não ocorreu no caso em tela; **B:** incorreta, pois o dolo (CC, art. 145) é o artifício malicioso que conduz a vítima ao engano, o que tampouco ocorreu; **C:** incorreta, pois não houve ameaça de mal grave e injusto à vítima, necessário para caracterizar a coação (CC, art. 151); **D:** correta, pois a hipótese do enunciado encaixa-se exatamente na previsão legal do estado de perigo, o qual se verifica quando alguém, "premido da necessidade de salvar-se, ou a pessoa de sua família, de grave dano conhecido pela outra parte, assume obrigação excessivamente onerosa" (CC, art. 156). GN
Gabarito "D".

(OAB/Exame Unificado – 2017.2) Em um bazar beneficente, promovido por Júlia, Marta adquiriu um antigo faqueiro, praticamente sem uso. Acreditando que o faqueiro era feito de prata, Marta ofereceu um preço elevado sem nada perguntar sobre o produto. Júlia, acreditando no espírito benevolente de sua vizinha, prontamente aceitou o preço oferecido.

Após dois anos de uso constante, Marta percebeu que os talheres começaram a ficar manchados e a se dobrarem com facilidade. Consultando um especialista, ela descobre que o faqueiro era feito de uma liga metálica

6. DIREITO CIVIL

barata, de vida útil curta, e que, com o uso reiterado, ele se deterioraria.

De acordo com o caso narrado, assinale a afirmativa correta.

(A) A compra e venda firmada entre Marta e Júlia é nula, por conter vício em seu objeto, um dos elementos essenciais do negócio jurídico.

(B) O negócio foi plenamente válido, considerando ter restado comprovado que Júlia não tinha qualquer motivo para suspeitar do engano de Marta.

(C) O prazo decadencial a ser observado para que Marta pretenda judicialmente o desfazimento do negócio deve ser contado da data de descoberta do vício.

(D) De acordo com a disciplina do Código Civil, Júlia poderá evitar que o negócio seja desfeito se oferecer um abatimento no preço de venda proporcional à baixa qualidade do faqueiro.

A: incorreta, pois ainda que houvesse vício do consentimento, o negócio não seria nulo, mas apenas anulável (CC, art. 171); **B:** correta. Prevaleceu na doutrina o entendimento de que o vício do consentimento "Erro" exige como requisito que a outra parte saiba do engano da vítima. De fato, o art. 138 do CC diz que – para configurar o vício do consentimento – o erro precisa ser do tipo que "*poderia ser percebido por pessoa de diligência normal, em face das circunstâncias do negócio*". No caso descrito, Julia não sabia que Marta imaginava ser o faqueiro de prata. Logo, o negócio é válido; **C:** incorreta, pois o prazo começa na data da conclusão do negócio (CC, art. 178); **D:** incorreta, pois essa hipótese de manutenção do negócio jurídico é restrita ao caso de lesão, por expressa disposição de lei (CC, art. 157, § 2°) e ao estado de perigo, por analogia. **GN**
Gabarito "B".

(OAB/Exame Unificado – 2013.1) João, credor quirografário de Marcos em R$ 150.000,00, ingressou com Ação Pauliana, com a finalidade de anular ato praticado por Marcos, que o reduziu à insolvência. João alega que Marcos transmitiu gratuitamente para seu filho, por contrato de doação, propriedade rural avaliada em R$ 200.000,00.

Considerando a hipótese acima, assinale a afirmativa correta.

(A) Caso o pedido da Ação Pauliana seja julgado procedente e seja anulado o contrato de doação, o benefício da anulação aproveitará somente a João, cabendo aos demais credores, caso existam, ingressarem com ação individual própria.

(B) O caso narrado traz hipótese de fraude de execução, que constitui defeito no negócio jurídico por vício de consentimento.

(C) Na hipótese de João receber de Marcos, já insolvente, o pagamento da dívida ainda não vencida, ficará João obrigado a repor, em proveito do acervo sobre que se tenha de efetuar o concurso de credores, aquilo que recebeu.

(D) João tem o prazo prescricional de dois anos para pleitear a anulação do negócio jurídico fraudulento, contado do dia em que tomar conhecimento da doação feita por Marcos.

A: incorreta, pois, julgada procedente a ação, o negócio é anulado (art. 171, II, do CC), retornando ao patrimônio do devedor (no caso, Marcos), permitindo que os demais credores também se beneficiem disso; **B:** incorreta, pois a fraude de execução acontece quando o credor já ingressou com ação de cobrança e, no bojo desta, o devedor vem a se

desfazer de modo fraudulento de seu patrimônio; **C:** correta (art. 162 do CC); **D:** incorreta, pois é de 4 anos o prazo para pleitear-se a anulação do negócio jurídico com fraude contra credores, contados do dia em que se realizou o negócio jurídico (art. 178, II, do CC).
Gabarito "C".

(OAB/Exame Unificado – 2012.2) Em relação aos defeitos dos negócios jurídicos, assinale a afirmativa **incorreta**.

(A) A emissão de vontade livre e consciente, que corresponda efetivamente ao que almeja o agente, é requisito de validade dos negócios jurídicos.

(B) O erro acidental é o que recai sobre características secundárias do objeto, não sendo passível de levar à anulação do negócio.

(C) A simulação é causa de anulação do negócio, e só poderá ocorrer se a parte prejudicada demonstrar cabalmente ter sido prejudicada por essa prática.

(D) O objetivo da ação pauliana é anular o negócio praticado em fraude contra credores.

A: correta; de fato, é requisito de validade do negócio jurídico a emissão de vontade livre e consciente, ou seja, sem coação, erro ou dolo; **B:** correta, pois, de fato, somente o erro substancial configura o defeito previsto no art. 138 do CC, defeito esse que gera a anulabilidade do negócio jurídico; **C:** incorreta, devendo ser assinalada; a simulação é causa de nulidade, e não de anulabilidade do negócio (art. 167 do CC); **D:** correta; de fato, a ação pauliana é ação prevista para anular negócio praticado em fraude contra credores (arts. 158 a 165 do CC).
Gabarito "C".

(OAB/Exame Unificado – 2011.3.B) Considerando o instituto da lesão, é correto afirmar que:

(A) a desproporção entre as prestações deve se configurar somente no curso de contrato.

(B) os efeitos da lesão podem se manifestar no curso do contrato, desde que sejam provenientes de desproporção entre as prestações existente no momento da celebração do contrato.

(C) a desproporção entre as prestações surge em razão de fato superveniente à celebração do contrato.

(D) os efeitos da lesão decorrem de um fato imprevisto.

A e C: incorretas, pois a desproporção entre as prestações deve se configurar no momento da celebração do contrato; ou seja, o contrato já deve nascer manifestamente desproporcional; desproporções que ocorrem no curso do contrato dão ensejo à aplicação da regra da onerosidade excessiva (art. 478 do CC), e não do instituto da lesão (art. 157 do CC); **B:** correta, pois, apesar de a desproporção das obrigações ter de ocorrer no momento da celebração do contrato, pode ser que os efeitos da lesão só ocorram no curso do contrato; um exemplo é um contrato manifestamente desproporcional, em que a parte prejudicada tenha que entregar a sua prestação apenas alguns meses após a celebração do contrato; **D:** incorreta, pois os efeitos da lesão decorrem diretamente da celebração de um contrato já com uma manifesta desproporção entre as prestações das partes, não sendo necessário que ocorra, depois, um fato imprevisto, para a configuração do instituto.
Gabarito "B".

(OAB/Exame Unificado – 2011.1) O negócio jurídico depende da regular manifestação de vontade do agente envolvido. Nesse sentido, o art. 138 do Código Civil dispõe que "são anuláveis os negócios jurídicos quando as declarações de vontade emanarem de erro substancial que poderia ser percebido por pessoa de diligência normal, em face das circunstâncias do negócio".

Relativamente aos defeitos dos negócios jurídicos, assinale a alternativa correta.

(A) O erro não prejudica a validade do negócio jurídico quando a pessoa, a quem a manifestação de vontade se dirige, se oferecer para executá-la na conformidade da vontade real do manifestante.

(B) O falso motivo, por sua gravidade, viciará a declaração de vontade em todas as situações e, por consequência, gerará a anulação do negócio jurídico.

(C) O erro de cálculo gera a anulação do negócio jurídico, uma vez que restou viciada a declaração de vontade nele baseada.

(D) O erro é substancial quando concerne à identidade ou à qualidade essencial da pessoa a quem se refira a declaração de vontade, ainda que tenha influído nesta de modo superficial.

A: correta (art. 144 do CC); B: incorreta, pois o falso motivo só vicia a declaração de vontade quando expresso como razão determinante (art. 140 do CC); C: incorreta, pois o erro de cálculo apenas autoriza a retificação da declaração de vontade (art. 143 do CC); D: incorreta, pois o erro substancial, nesse caso, deve influir na vontade de modo relevante (art. 139, II, do CC), e não de modo superficial.
Gabarito "A".

(OAB/Exame Unificado – 2020.1) João, único herdeiro de seu avô Leonardo, recebeu, por ocasião da abertura da sucessão deste último, todos os seus bens, inclusive uma casa repleta de antiguidades.

Necessitando de dinheiro para quitar suas dívidas, uma das primeiras providências de João foi alienar uma pintura antiga que sempre estivera exposta na sala da casa, por um valor módico, ao primeiro comprador que encontrou.

João, semanas depois, leu nos jornais a notícia de que reaparecera no mercado de arte uma pintura valiosíssima de um célebre artista plástico. Sua surpresa foi enorme ao descobrir que se tratava da pintura que ele alienara, com valor milhares de vezes maior do que o por ela cobrado. Por isso, pretende pleitear a invalidação da alienação.

A respeito do caso narrado, assinale a afirmativa correta.

(A) O negócio jurídico de alienação da pintura celebrado por João está viciado por lesão e chegou a produzir seus efeitos regulares, no momento de sua celebração.

(B) O direito de João a obter a invalidação do negócio jurídico, por erro, de alienação da pintura, não se sujeita a nenhum prazo prescricional

(C) A validade do negócio jurídico de alienação da pintura subordina-se necessariamente à prova de que o comprador desejava se aproveitar de sua necessidade de obter dinheiro rapidamente.

(D) Se o comprador da pintura oferecer suplemento do preço pago de acordo com o valor de mercado da obra, João poderá optar entre aceitar a oferta ou invalidar o negócio.

A: correta, pois o vício da lesão é aquele que em que uma pessoa, sob premente necessidade, ou por inexperiência, se obriga a prestação manifestamente desproporcional ao valor da prestação oposta (art. 157, *caput* CC). Neste caso, João era inexperiente e o comprador se aproveitou disso para fazer o negócio. O negócio produz efeitos até que seja declarada sua invalidade; B: incorreta, pois não se trata de erro, pois o erro se configura quando a declaração de vontade emanar de um engano substancial que poderia ser percebido por pessoa de

diligência normal, em face das circunstâncias do negócio (art. 138 CC). O prazo para pedir anulação é decadencial de 4 anos (art. 178, II CC); C: incorreta, pois, a Lei não exige prova de que o comprador tinha intenção de se aproveitar do devedor. A simples realização do negócio jurídico já faz presumir isso pelo instituto da lesão (art. 157, *caput* CC); D: incorreta, pois neste caso não de decretará a anulação do negócio (art. 157, §2º CC).
Gabarito "A".

2.4.4. Validade e invalidade do negócio jurídico

(OAB/Exame Unificado – 2014.2) Maria Clara, então com dezoito anos, animada com a conquista da carteira de habilitação, decide retirar suas economias da poupança para adquirir um automóvel. Por saber que estava no início da sua carreira de motorista, resolveu comprar um carro usado e pesquisou nos jornais até encontrar um modelo adequado. Durante a visita de Maria Clara para verificar o estado de conservação do carro, o proprietário, ao perceber que Maria Clara não era conhecedora de automóveis, informou que o preço que constava no jornal não era o que ele estava pedindo, pois o carro havia sofrido manutenção recentemente, além de melhorias que faziam com que o preço fosse aumentado em setenta por cento. Com esse aumento, o valor do carro passou a ser maior do que um modelo novo, zero quilômetro. Contudo, após as explicações do proprietário, Maria Clara fechou o negócio. Sobre a situação apresentada no enunciado, assinale a opção correta.

(A) Maria Clara sofreu coação para fechar o negócio, diante da insistência do antigo proprietário e, por isso, pode ser proposta a anulação do negócio jurídico no prazo máximo de três anos.

(B) O negócio efetuado por Maria Clara não poderá ser anulado porque decorreu de manifestação de vontade por parte da adquirente. Dessa forma, como não se trata de relação de consumo, Maria Clara não possui essa garantia.

(C) O pai de Maria Clara, inconformado com a situação, pretende anular o negócio efetuado pela filha, porém, como já se passaram três anos, isso não será mais possível, pois já decaiu seu direito.

(D) O negócio jurídico efetuado por Maria Clara pode ser anulado; porém, se o antigo proprietário concordar com a diminuição no preço, o vício no contrato estará sanado.

A: incorreta, pois não houve coação afinal em nenhum momento foi incutido em Maria Clara fundado temor de dano iminente e considerável à ela, à sua família, ou aos seus bens (art. 151, *caput*, do CC); B: incorreta, pois o negócio jurídico por ser anulado por estar eivado de um vício de consentimento, haja vista que a desproporção do preço pago pelo veículo. O vício presente é a lesão (art. 157, *caput*, do CC); C: incorreta, pois o prazo decadencial para se requerer a anulação do negócio jurídico é de 4 anos (art. 178, II do CC); D: correta, pois por tratar-se da hipótese de lesão, o negócio jurídico não será anulado se for oferecido suplemento suficiente, ou se a parte favorecida concordar com a redução do proveito (art. 157, § 2º, do CC).
Gabarito "D".

(OAB/Exame Unificado – 2014.1) Lúcia, pessoa doente, idosa, com baixo grau de escolaridade, foi obrigada a celebrar contrato particular de assunção de dívida com o Banco FDC S.A., reconhecendo e confessando dívidas firmadas pelo seu marido, esse já falecido, e que não deixara bens ou patrimônio a inventariar. O gerente do banco ameaçou

Lúcia de não efetuar o pagamento da pensão deixada pelo seu falecido marido, caso não fosse assinado o contrato de assunção de dívida.

Considerando a hipótese acima e as regras de Direito Civil, assinale a afirmativa correta.

(A) O contrato particular de assunção de dívida assinado por Lúcia é anulável por erro substancial, pois Lúcia manifestou sua vontade de forma distorcida da realidade, por entendimento equivocado do negócio praticado.

(B) O ato negocial celebrado entre Lúcia e o Banco FDC S.A. é anulável por vício de consentimento, em razão de conduta dolosa praticada pelo banco, que ardilosamente falseou a realidade e forjou uma situação inexistente, induzindo Lúcia à prática do ato.

(C) O instrumento particular firmado entre Lúcia e o Banco FDC S.A. pode ser anulado sob fundamento de lesão, uma vez que Lúcia assumiu obrigação excessiva sobre premente necessidade.

(D) O negócio jurídico celebrado entre Lúcia e o Banco FDC S.A. é anulável pelo vício da coação, uma vez que a ameaça praticada pelo banco foi iminente e atual, grave, séria e determinante para a celebração da avença.

A: incorreta, pois o erro é o engano cometido pelo próprio agente, sem a indução da parte contrária (art. 138 do CC). O caso em tela não retrata a hipótese de erro, pois Lucia fez tudo de maneira consciente; **B:** incorreta, pois o dolo é o erro induzido pela outra parte, de modo que se a parte tivesse conhecimento daquela causa não realizaria o negócio (art. 145 do CC). No caso, Lúcia tinha pleno conhecimento de tudo o que estava se passando; **C:** incorreta, pois no caso em tela foi incutido o temor em Lúcia para que assinasse a confissão de dívida. O instituto da lesão se dá apenas quando alguém em premente necessidade, ou por inexperiência, se obriga a prestação manifestamente desproporcional ao valor da prestação oposta (art. 157, *caput*, do CC); **D:** correta (art. 151, *caput*, do CC).
Gabarito "D".

(OAB/Exame Unificado – 2019.1) Mônica, casada pelo regime da comunhão total de bens, descobre que seu marido, Geraldo, alienou um imóvel pertencente ao patrimônio comum do casal, sem a devida vênia conjugal. A descoberta agrava a crise conjugal entre ambos e acaba conduzindo ao divórcio do casal.

Tempos depois, Mônica ajuíza ação em face de seu ex-marido, objetivando a invalidação da alienação do imóvel.

Sobre o caso narrado, assinale a afirmativa correta.

(A) O juiz pode conhecer de ofício do vício decorrente do fato de Mônica não ter anuído com a alienação do bem.

(B) O fato de Mônica não ter anuído com a alienação do bem representa um vício que convalesce com o decurso do tempo.

(C) O vício decorrente da ausência de vênia conjugal não pode ser sanado pela posterior confirmação do ato por Mônica.

(D) Para que a pretensão de Mônica seja acolhida, ela deveria ter observado o prazo prescricional de dois anos, a contar da data do divórcio.

A: incorreta, pois trata-se de negócio jurídico anulável e não nulo (art. 1.649 CC). Sendo assim, o juiz não pode conhecer de ofício o vício

decorrente do fato de Mônica não ter anuído com a alienação do bem (art. 177 CC); **B:** correta, pois por se tratar de negócio jurídico anulável, o fato de não ter sido impugnado dentro do prazo legal faz com que ele convalesça com o decurso do tempo. Neste passo, o art. 1.649 CC prevê o prazo. Não sendo respeitado, perde-se a oportunidade de anulação; **C:** incorreta, pois o vício pode ser sanado pela confirmação de Mônica (art. 173 CC e art. 1.649, parágrafo único CC); **D:** incorreta, pois trata-se de prazo decadencial e não prescricional (art. 1.649, 178 e 179 CC).
Gabarito "B".

(OAB/Exame Unificado – 2018.3) Arnaldo foi procurado por sua irmã Zulmira, que lhe ofereceu R\$ 1 milhão para adquirir o apartamento que ele possui na orla da praia. Receoso, no entanto, que João, o locatário que atualmente ocupa o imóvel e por quem Arnaldo nutre profunda antipatia, viesse a cobrir a oferta, exercendo seu direito de preferência, propôs a Zulmira que constasse da escritura o valor de R\$ 2 milhões, ainda que a totalidade do preço não fosse totalmente paga.

Realizado nesses termos, o negócio

(A) pode ser anulado no prazo decadencial de dois anos, em virtude de dolo.

(B) é viciado por erro, que somente pode ser alegado por João.

(C) é nulo em virtude de simulação, o que pode ser suscitado por qualquer interessado.

(D) é ineficaz, em razão de fraude contra credores, inoponíveis seus efeitos perante João.

A: incorreta, pois o dolo ocorre quando alguém maliciosamente induz outrem à prática de um ato que, se soubesse das reais circunstâncias não o praticaria (art. 145 CC). Neste caso, o locatário não está sendo induzido a praticar nada. E ainda que fosse dolo, o prazo para anulação é de 4 anos (art. 178, II CC); **B:** incorreta, pois o erro ocorre quando alguém, sem indução nenhuma possui uma noção falsa sobre determinado objeto ou situação (art. 138 e 139 CC). O erro que enseja a anulação do negócio é o erro substancial. Neste caso fica nítido que João não incidiu em erro; **C:** correta, pois trata-se de negócio jurídico simulado, uma vez que existe declaração não verdadeira (art. 167, §1º, II CC). Trata-se de caso de nulidade (art. 167 *caput* CC), que pode ser alegado por qualquer interessado (art. 168, *caput* CC); **D:** incorreta, pois o vício não está no campo da eficácia (condição termo e encargo), mas sim da validade dos negócios jurídicos (art. 167 CC).
Gabarito "C".

(OAB/Exame Unificado – 2019.3) Alberto, adolescente, obteve autorização de seus pais para casar-se aos dezesseis anos de idade com sua namorada Gabriela. O casal viveu feliz nos primeiros meses de casamento, mas, após certo tempo de convivência, começaram a ter constantes desavenças. Assim, a despeito dos esforços de ambos para que o relacionamento progredisse, os dois se divorciaram pouco mais de um ano após o casamento. Muito frustrado, Alberto decidiu reunir algumas economias e adquiriu um pacote turístico para viajar pelo mundo e tentar esquecer o ocorrido.

Considerando que Alberto tinha dezessete anos quando celebrou o contrato com a agência de turismo e que o fez sem qualquer participação de seus pais, o contrato é

(A) válido, pois Alberto é plenamente capaz.

(B) nulo, pois Alberto é absolutamente incapaz.

(C) anulável, pois Alberto é relativamente incapaz.

(D) ineficaz, pois Alberto não pediu a anuência de Gabriela.

A: correta, pois com o casamento foi extinta a menoridade de Alberto, logo, ele é plenamente capaz (art. 5º, parágrafo único II CC). Portanto, o contrato é plenamente válido; **B:** incorreta, pois Alberto é plenamente capaz, pois sua menoridade foi extinta com o casamento (art. 5º, parágrafo único II CC); **C:** incorreta, pois Alberto é plenamente capaz, pois apesar de ter 17 anos sua menoridade foi extinta quando contraiu casamento (art. 5º, parágrafo único II CC); **D:** incorreta, pois a anuência de Gabriela é completamente dispensada, logo, a eficácia do contrato não depende disso. O contrato é válido, pois possui partes maiores, capazes, objeto lícito, possível e determinável, forma adequada, motivo lícito, enfim, preenche todos os requisitos do art. 166 CC.
Gabarito "A".

2.5. Prescrição e decadência

(OAB/Exame Unificado – 2011.2) O decurso do tempo exerce efeitos sobre as relações jurídicas. Com o propósito de suprir uma deficiência apontada pela doutrina em relação ao Código velho, o novo Código Civil, a exemplo do Código Civil italiano e português, define o que é prescrição e institui disciplina específica para a decadência. Tendo em vista os preceitos do Código Civil a respeito da matéria, assinale a alternativa correta.

(A) Quando uma ação se originar de fato que deva ser apurado no juízo criminal, não correrá a prescrição até o despacho do juiz que tenha recebido ou rejeitado a denúncia ou a queixa-crime.

(B) Se a decadência resultar de convenção entre as partes, o interessado poderá alegá-la, em qualquer grau de jurisdição, mas o juiz não poderá suprir a alegação de quem a aproveite.

(C) O novo Código Civil optou por conceituar o instituto da prescrição como a extinção da pretensão e estabelece que a prescrição, em razão da sua relevância, pode ser arguida, mesmo entre os cônjuges enquanto casados pelo regime de separação obrigatória de bens.

(D) Se um dos credores solidários constituir judicialmente o devedor em mora, tal iniciativa não aproveitará aos demais quanto à interrupção da prescrição, nem a interrupção produzida em face do principal devedor prejudica o fiador dele.

A: incorreta, pois, nesse caso, não correrá a prescrição antes da respectiva sentença criminal definitiva; **B:** correta (art. 211 do CC); **C:** incorreta, pois não corre a prescrição (e, portanto, esta não pode ser arguida) na constância da sociedade conjugal (art. 197, I, do CC); **D:** incorreta, pois a interrupção da prescrição por um dos credores solidários aproveita aos outros (art. 204, § 1.º, do CC). Ademais, "a interrupção produzida contra o principal devedor prejudica o fiador" (art. 204, § 3.º, do CC).
Gabarito "B".

(OAB/Exame XXXIV) Jorge foi atropelado por Vitor, em 02/02/2016. Em razão desse evento, Jorge sofreu danos morais, materiais e estéticos, os quais surgiram e foram percebidos por ele imediatamente após o acidente. Tempos depois, em 31/01/2021, Jorge procurou você, como advogado(a), e disse que pretendia ajuizar uma ação de reparação contra Vitor.

Sobre a hipótese apresentada, você deverá informar para Jorge que

(A) o prazo prescricional da pretensão de reparação civil extracontratual é de 10 (dez) anos.

(B) a pretensão está prescrita, tendo em vista o prazo de 3 (três) anos ao qual se vincula a pretensão de reparação civil extracontratual.

(C) a pretensão está prestes a ser fulminada pela prescrição, uma vez que a pretensão de reparação civil extracontratual prescreve em 5 (cinco) anos.

(D) houve prescrição apenas da pretensão de demandar a seguradora da qual Vitor é segurado, mas que permanece viável a pretensão de reparação civil extracontratual, por seu prazo de 10 (dez) anos.

A: incorreta, pois o prazo para reparação civil é de 3 anos, uma vez que a Lei traz essa disposição expressa (art. 206, § 3º, V CC); **B:** correta (art. 206, § 3º, V CC); **C:** incorreta, pois a pretensão por reparação civil prescreve em 3 anos (art. 206, § 3º, V CC); **D:** incorreta, pois tanto a pretensão contra a seguradora está prescrita (art. 206, § 1º, II, a CC) como a pretensão à reparação civil (art. 206, §3º, V CC).
Gabarito "B".

(OAB/Exame XXXIX) Luan, conduzindo seu automóvel em velocidade acima da permitida, colidiu violentamente contra o veículo em que estavam Felipe, com 10 anos de idade, e seus pais, Paulo, com 45 anos de idade, e Juliana, com 38 anos. Em razão do acidente, Felipe sofreu ferimentos graves, só recebendo alta hospitalar após seis meses. Paulo e Juliana faleceram no acidente. Pedro, tio de Felipe, foi nomeado seu tutor, função que exerceu até a maioridade de Felipe.

Ao completar 18 anos de idade, Felipe ajuizou ação indenizatória em face de Luan, buscando reparação pelos danos morais sofridos em razão do acidente, bem como o ressarcimento de despesas médicas.

A respeito do caso acima narrado, assinale a afirmativa correta.

(A) A pretensão ressarcitória de Felipe não está prescrita, eis que exercida no prazo quinquenal, cujo termo inicial é a data em que Felipe alcançou a maioridade civil.

(B) A pretensão de Felipe não está prescrita, pois o termo inicial do prazo trienal é a data em que Felipe completou 16 anos.

(C) Luan e Felipe poderão convencionar que o prazo prescricional aplicável à pretensão de Luan é de dez anos.

(D) É vedado a Luan renunciar à eventual prescrição que lhe beneficie.

A: incorreta, pois o prazo é trienal (art. 206, § 3º, V, CC) e o seu termo inicial passou a contar quando ele completou 16 anos (art. 198, I CC); **B:** correta (arts. 198, I e 206, § 3º, V, CC); **C:** incorreta, pois os prazos de prescrição não podem ser alterados por acordo das partes (art. 192 do CC); **D:** incorreta, pois após a prescrição se consumar Luan poderá renunciar à prescrição de forma expressa ou tácita, caso deseje (art. 191 CC). **GR**
Gabarito "B".

2.6. Provas

(OAB/Exame Unificado – 2013.2) A escritura pública, lavrada em notas de tabelião, é documento dotado de fé pública, notadamente no que tange ao fato de o ato de declaração ter sido praticado na presença do tabelião e ter sido feita sua regular anotação em assentos próprios, o que não importa na veracidade quanto ao conteúdo declarado.

A respeito desse tema, assinale a afirmativa correta.

(A) Aos cônjuges ou à entidade familiar é vedado destinar parte do seu patrimônio para instituir bem de família por escritura pública, cuja forma legal exige testamento.

(B) A escritura pública é essencial para a validade do pacto antenupcial, devendo ser declarado nulo se não atender à forma exigida por lei.

(C) A partilha amigável entre herdeiros capazes será feita por termo nos autos do inventário ou por escritura pública, não se admitindo escrito particular, ainda que homologado pelo Juiz.

(D) A doação será realizada por meio de escritura pública ou instrumento particular, não tendo validade a doação verbal, tendo em vista ser expressamente vedada pela norma.

A: incorreta, pois é possível instituir bem de família por escritura pública (art. 1.711, *caput*, do CC); **B:** correta (art. 1.653 do CC); **C:** incorreta, pois tal partilha também pode ser feita por escrito particular, homologado pelo juiz (art. 2.015 do CC); **D:** incorreta, pois a doação verbal será válida, se, versando sobre bens móveis e de pequeno valor, se lhe seguir *incontinenti* a tradição (art. 541, parágrafo único, do CC). „Gabarito "B".

3. OBRIGAÇÕES

3.1. Introdução, classificação e modalidades das obrigações

(OAB/Exame Unificado – 2017.3) André, Mariana e Renata pegaram um automóvel emprestado com Flávio, comprometendo-se solidariamente a devolvê-lo em quinze dias. Ocorre que Renata, dirigindo acima do limite de velocidade, causou um acidente que levou à destruição total do veículo.

Assinale a opção que apresenta os direitos que Flávio tem diante dos três.

(A) Pode exigir, de qualquer dos três, o equivalente pecuniário do carro, mais perdas e danos.

(B) Pode exigir, de qualquer dos três, o equivalente pecuniário do carro, mas só pode exigir perdas e danos de Renata.

(C) Pode exigir, de cada um dos três, um terço do equivalente pecuniário do carro e das perdas e danos.

(D) Pode exigir, de cada um dos três, um terço do equivalente pecuniário do carro, mas só pode exigir perdas e danos de Renata.

A questão é interessante, pois demonstra como a solidariedade é um vínculo entre as pessoas de um mesmo polo obrigacional, não importando o objeto devido. A perda do carro (objeto devido) não afeta em nada a solidariedade passiva entre os diversos devedores, os quais continuam responsáveis pela totalidade do débito. Contudo, pelas perdas e danos adicionais (para além do valor do carro), somente o culpado responderá. É o que se depreende da regra estabelecida pelo art. 279 do Código Civil, segundo o qual: "*Impossibilitando-se a prestação por culpa de um dos devedores solidários, subsiste para todos o encargo de pagar o equivalente; mas pelas perdas e danos só responde o culpado*".GN

Gabarito "B".

(OAB/Exame Unificado – 2018.1) Arlindo, proprietário da vaca Malhada, vendeu-a a seu vizinho, Lauro. Celebraram, em 10 de janeiro de 2018, um contrato de compra e venda, pelo qual Arlindo deveria receber do comprador a quantia de R$ 2.500,00, no momento da entrega do animal, agendada para um mês após a celebração do contrato. Nesse interregno, contudo, para surpresa de Arlindo, Malhada pariu dois bezerros.

Sobre os fatos narrados, assinale a afirmativa correta.

(A) Os bezerros pertencem a Arlindo.

(B) Os bezerros pertencem a Lauro.

(C) Um bezerro pertence a Arlindo e o outro, a Lauro.

(D) Deverá ser feito um sorteio para definir a quem pertencem os bezerros.

A: correta, pois, até à tradição, "*pertence ao devedor a coisa, com os seus melhoramentos e acrescidos*" (CC, art. 237); **B:** incorreta, pois Lauro ainda não era proprietário do bem, sendo a entrega do bem a linha fronteiriça que marca a transferência da propriedade móvel (CC, art. 1.267); **C:** incorreta, pois tal divisão não encontra respaldo legal; **D:** incorreta, pois tal sorteio não tem previsão legal.GN

Gabarito "A".

(OAB/Exame Unificado – 2018.2) Paula é credora de uma dívida de R$ 900.000,00 assumida solidariamente por Marcos, Vera, Teresa, Mirna, Júlio, Simone, Úrsula, Nestor e Pedro, em razão de mútuo que a todos aproveita.

Antes do vencimento da dívida, Paula exonera Vera e Mirna da solidariedade, por serem amigas de longa data. Dois meses antes da data de vencimento, Júlio, em razão da perda de seu emprego, de onde provinha todo o sustento de sua família, cai em insolvência. Ultrapassada a data de vencimento, Paula decide cobrar a dívida.

Sobre a hipótese apresentada, assinale a afirmativa correta.

(A) Vera e Mirna não podem ser exoneradas da solidariedade, eis que o nosso ordenamento jurídico não permite renunciar a solidariedade de somente alguns dos devedores.

(B) Se Marcos for cobrado por Paula, deverá efetuar o pagamento integral da dívida e, posteriormente, poderá cobrar dos demais as suas quotas-partes. A parte de Júlio será rateada entre todos os devedores solidários, inclusive Vera e Mirna.

(C) Se Simone for cobrada por Paula deverá efetuar o pagamento integral da dívida e, posteriormente, poderá cobrar dos demais as suas quotas-partes, inclusive Júlio.

(D) Se Mirna for cobrada por Paula, deverá efetuar o pagamento integral da dívida e, posteriormente, poderá cobrar as quotas-partes dos demais. A parte de Júlio será rateada entre todos os devedores solidários, com exceção de Vera.

A: incorreta, pois "O credor pode renunciar à solidariedade em favor de um, de alguns ou de todos os devedores" (CC, art. 282); **B:** correta, pois Paula tem o direito de cobrar a integralidade do débito de Marcos, o qual terá regresso contra os demais codevedores solidários. A parte de eventual insolvente (Júlio) será dividida entre todos os devedores solidários, inclusive aqueles anteriormente exonerados pelo credor (CC, art. 283); **C:** incorreta no que se refere ao regresso, pois Júlio é insolvente e sua quota será dividida entre todos os codevedores (CC, art. 283); **D:** incorreta no que se refere à cobrança integral de Mirna, a qual foi exonerada da solidariedade e, como consequência lógica, só pode ser cobrada pela sua quota-parte. **GN**

Gabarito "B".

(OAB/Exame Unificado – 2018.2) Lúcio, comodante, celebrou contrato de comodato com Pedro, comodatário, no dia 1º de outubro de 2016, pelo prazo de dois meses. O objeto era um carro da marca Y no valor de R$ 30.000,00. A devolução do bem deveria ser feita na cidade Alfa, domicílio do comodante, em 1º de dezembro de 2016.

Pedro, no entanto, não devolveu o bem na data marcada e resolveu viajar com amigos para o litoral até a virada do ano. Em 1º de janeiro de 2017, desabou um violento temporal sobre a cidade Alfa, e Pedro, ao voltar da viagem, encontra o carro destruído.

Com base nos fatos narrados, sobre a posição de Lúcio, assinale a afirmativa correta.

(A) Fará jus a perdas e danos, visto que Pedro não devolveu o carro na data prevista.

(B) Nada receberá, pois o perecimento se deu em razão de fato fortuito ou de força maior.

(C) Não terá direito a perdas e danos, pois cedeu o uso do bem a Pedro.

(D) Receberá 50% do valor do bem, pois, por fato inimputável a Pedro, o bem não foi devolvido.

A questão envolve a obrigação de "*restituir coisa certa*", na hipótese, o carro da marca Y. Se ainda estivéssemos dentro do prazo do empréstimo (por exemplo: no dia 1º de novembro), a perda da coisa sem culpa de Pedro extinguiria a obrigação, ou seja, Pedro não iria ter que pagar nada a Lúcio (CC, art. 238). Contudo, existe um elemento adicional na questão. Pedro estava em mora, pois não devolveu o bem na data, lugar e forma combinada. Com isso, amplia-se a responsabilidade do devedor e uma das consequências é justamente torná-lo responsável pela perda da coisa, mesmo na hipótese de fortuito ou força maior (CC, art. 399). Com isso, a única alternativa que obedece aos termos da lei é a alternativa A. **GN**

Gabarito "A".

(OAB/Exame Unificado – 2016.3) Felipe e Ana, casal de namorados, celebraram contrato de compra e venda com Armando, vendedor, cujo objeto era um carro no valor de R$ 30.000,00, a ser pago em 10 parcelas de R$ 3.000,00, a partir de 1º de agosto de 2016.

Em outubro de 2016, Felipe terminou o namoro com Ana. Em novembro, nem Felipe nem Ana realizaram o pagamento da parcela do carro adquirido de Armando. Felipe achava que a responsabilidade era de Ana, pois o carro tinha sido presente pelo seu aniversário. Ana, por sua vez, acreditava que, como Felipe ficou com o carro, não estava mais obrigada a pagar nada, já que ele terminara o relacionamento.

Armando procura seu(sua) advogado(a), que o orienta a cobrar:

(A) a totalidade da dívida de Ana.

(B) a integralidade do débito de Felipe.

(C) metade de cada comprador.

(D) a dívida de Felipe ou de Ana, pois há solidariedade passiva.

A: incorreta, pois não é possível cobrar a totalidade da dívida de Ana, tendo em vista que não se pactuou a solidariedade passiva entre os devedores (CC, art. 265); **B:** incorreta, pois Felipe é apenas devedor de metade do valor (CC, art. 257); **C:** correta, pois trata-se de típica obrigação divisível. Segundo o art. 257 do Código Civil: "*Havendo mais de um devedor ou mais de um credor em obrigação divisível, esta presume-se dividida em tantas obrigações, iguais e distintas, quantos os credores ou devedores*"; **D:** incorreta, pois não foi estabelecida tal solidariedade e no nosso sistema ela só incidirá caso haja previsão legal ou contratual nesse sentido. **GN**

Gabarito "C".

(OAB/Exame Unificado – 2017.1) Antônio, vendedor, celebrou contrato de compra e venda com Joaquim, comprador, no dia 1º de setembro de 2016, cujo objeto era um carro da marca X no valor de R$ 20.000,00, sendo o pagamento efetuado à vista na data de assinatura do contrato. Ficou estabelecido ainda que a entrega do bem seria feita 30 dias depois, em 1º de outubro de 2016, na cidade do Rio de Janeiro, domicílio do vendedor. Contudo, no dia 25 de setembro, uma chuva torrencial inundou diversos bairros da cidade e o carro foi destruído pela enchente, com perda total.

Considerando a descrição dos fatos, Joaquim:

(A) não faz jus à devolução do pagamento de R$ 20.000,00.

(B) terá direito à devolução de 50% do valor, tendo em vista que Antônio, vendedor, não teve culpa.

(C) terá direito à devolução de 50% do valor, tendo em vista que Antônio, vendedor, teve culpa.

(D) terá direito à devolução de 100% do valor, pois ainda não havia ocorrido a tradição no momento do perecimento do bem.

A: incorreta, pois o dono do bem ainda era Antônio, tendo em vista que a tradição não havia ocorrido (CC, art. 1.267). Logo, é o dono que sofre o prejuízo pela perda e Joaquim terá direito de ressarcimento integral; **B:** incorreta, pois não existe tal previsão no ordenamento jurídico; **C:** incorreta, pois tal solução legal não encontra amparo na lei civil brasileira; **D:** correta, pois é a tradição que transfere a propriedade. Como ela não havia ocorrido, o dono ainda é Antônio, que responderá pela perda. **GN**

Gabarito "D".

(OAB/Exame Unificado – 2016.2) Paulo, João e Pedro, mutuários, contraíram empréstimo com Fernando, mutuante, tornando-se, assim, devedores solidários do valor total de R$ 6.000,00 (seis mil reais). Fernando, muito amigo de Paulo, exonerou-o da solidariedade. João, por sua vez, tornou-se insolvente. No dia do vencimento da dívida, Pedro pagou integralmente o empréstimo. Considerando a hipótese narrada, assinale a afirmativa correta.

(A) Pedro não poderá regredir contra Paulo para que participe do rateio do quinhão de João, pois Fernando o exonerou da solidariedade.

(B) Apesar da exoneração da solidariedade, Pedro pode cobrar de Paulo o valor de R$ 3.000,00 (três mil reais).

(C) Ao pagar integralmente a dívida, Pedro se sub-roga nos direitos de Fernando, permitindo-se que cobre a integralidade da dívida dos demais devedores.

(D) Pedro deveria ter pago a Fernando apenas R$ 2.000,00 (dois mil reais), pois a exoneração da solidariedade em relação a Paulo importa, necessariamente, a exoneração da solidariedade em relação a todos os codevedores.

A: incorreta, pois a exoneração da solidariedade de Paulo apenas impede que Fernando cobre a dívida por inteiro somente de Paulo, não fazendo com que Paulo deixe de ser responsável pela dívida, nem fazendo com que este tenha que ressarcir o devedor que tenha pago a dívida, no que lhe couber; **B:** correta, pois a exoneração da solidariedade de Paulo apenas impede que Fernando cobre a dívida por inteiro somente de Paulo, não fazendo com que Paulo deixe de ser responsável pela dívida, nem fazendo com que este tenha que ressarcir o devedor que tenha pago a dívida, no que lhe couber, sendo que, no caso, por ter um dos devedores ter se tornado insolvente, a dívida fica rateada apenas entre Paulo e Pedro, de modo que Paulo tem que ressarcir Pedro em metade do valor da dívida, no caso em R$ 3 mil (arts. 283 e 284 do CC); **C e D:** incorretas, pois, por haver um devedor insolvente, a dívida fica rateada apenas entre Paulo e Pedro, de modo que Paulo tem que ressarcir Pedro em metade do valor da dívida, no caso em R$ 3 mil, sendo que a exoneração da solidariedade de Paulo apenas impede que Fernando cobre a dívida por inteiro somente de Paulo, não fazendo com que Paulo deixe de ser responsável pela dívida, nem fazendo com que este tenha que ressarcir o devedor que tenha pago a dívida, no que lhe couber (arts. 283 e 284 do CC).

Gabarito "B".

(OAB/Exame Unificado – 2016.1) No dia 2 de agosto de 2014, Teresa celebrou contrato de compra e venda com Carla, com quem se obrigou a entregar 50 computadores ou 50 impressoras, no dia 20 de setembro de 2015. O contrato foi silente sobre quem deveria realizar a escolha do bem a ser entregue. Sobre os fatos narrados, assinale a afirmativa correta.

(A) Trata-se de obrigação facultativa, uma vez que Carla tem a faculdade de escolher qual das prestações entregará a Teresa.

(B) Como se trata de obrigação alternativa, Teresa pode se liberar da obrigação entregando 50 computadores ou 50 impressoras, à sua escolha, uma vez que o contrato não atribuiu a escolha ao credor.

(C) Se a escolha da prestação a ser entregue cabe a Teresa, ela poderá optar por entregar a Carla 25 computadores e 25 impressoras.

(D) Se, por culpa de Teresa, não se puder cumprir nenhuma das prestações, não competindo a Carla a escolha, ficará aquela obrigada a pagar somente os lucros cessantes.

A: incorreta, pois o instituto no caso é o da "obrigação alternativa" (art. 252, *caput*, do CC); **B:** correta (art. 252, *caput*, do CC); **C:** incorreta, pois se o contrato está claro a estabelece a quantidade de 50 unidades de cada uma das coisas, esse número obviamente tem que ser respeitado pelo devedor; **D:** incorreta, pois nesse caso Teresa ficará obrigada a pagar o valor da coisa que por último se impossibilitou, mais as perdas e danos que o caso determinar (art. 254 do CC).

Gabarito "B".

(OAB/Exame Unificado – 2016.1) A peça Liberdade, do famoso escultor Lúcio, foi vendida para a Galeria da Vinci pela importância de R$ 100.000,00 (cem mil reais). Ele se comprometeu a entregar a obra dez dias após o recebimento da quantia estabelecida, que foi paga à vista. A galeria organizou, então, uma grande exposição, na qual a principal atração seria a escultura Liberdade. No dia ajustado, quando dirigia seu carro para fazer a entrega, Lúcio avançou o sinal, colidiu com outro veículo, e a obra foi completamente destruída. O anúncio pela galeria de que a peça não seria mais exposta fez com que diversas pessoas exercessem o direito de restituição dos valores

pagos a título de ingresso. Sobre os fatos narrados, assinale a afirmativa correta.

(A) Lúcio deverá entregar outra obra de seu acervo à escolha da Galeria da Vinci, em substituição à escultura Liberdade.

(B) A Galeria da Vinci poderá cobrar de Lúcio o equivalente pecuniário da escultura Liberdade mais o prejuízo decorrente da devolução do valor dos ingressos relativos à exposição.

(C) Por se tratar de obrigação de fazer infungível, a Galeria da Vinci não poderá mandar executar a prestação às expensas de Lúcio, restando-lhe pleitear perdas e danos.

(D) Com o pagamento do preço, transferiu-se a propriedade da escultura para a Galeria da Vinci, razão pela qual ela deve suportar o prejuízo pela perda do bem.

A: incorreta, pois a obrigação é de entregar coisa certa, que não pode, assim, ser substituída por outra, ficando resolvida a obrigação (art. 234 do CC); **B:** correta, pois, como a coisa certa se perdeu por culpa do devedor e este ainda não havia feito a sua entrega (tradição), o devedor responderá pelo valor da coisa (R$ 100 mil), mais perdas e danos, que no caso consiste ao menos na devolução do valor dos ingressos relativos à exposição, tudo na forma do art. 234 do CC; **C:** incorreta, pois a obrigação em questão é de "dar coisa certa" (art. 233 do CC); **D:** incorreta, pois na obrigação de dar coisa certa enquanto não houver a tradição o risco pela perda da coisa é do vendedor (art. 234 do CC).

Gabarito "B".

(OAB/Exame Unificado – 2015.3) Joana e suas quatro irmãs, para comemorar as bodas de ouro de seus pais, contrataram Ricardo para organizar a festa. No contrato ficou acordado que as cinco irmãs arcariam solidariamente com todos os gastos. Ricardo, ao requerer o sinal de pagamento, previamente estipulado no contrato, não obteve sucesso, pois cada uma das irmãs informava que a outra tinha ficado responsável pelo pagamento. Ainda assim, Ricardo cumpriu sua parte do acordado. Ao final da festa, Ricardo foi até Joana para cobrar pelo serviço, sem sucesso. Sobre a situação apresentada, assinale a afirmativa correta.

(A) Se Ricardo resolver ajuizar demanda em face somente de Joana, as outras irmãs, ainda assim, permanecerão responsáveis pelo débito.

(B) Se Joana pagar o preço total do serviço sozinha, poderá cobrar das outras, ficando sem receber se uma delas se tornar insolvente.

(C) Se uma das irmãs de Joana falecer deixando dois filhos, qualquer um deles deverá arcar com o total da parte de sua mãe.

(D) Ricardo deve cobrar de cada irmã a sua quota-parte para receber o total do serviço, uma vez que se trata de obrigação divisível.

A: correta; o fato de haver obrigação solidária das irmãs permite que Ricardo cobre a totalidade da dívida apenas de uma das devedoras (no caso, Joana), mas as demais devedoras continuarão responsáveis pela dívida; a consequência prática disso é que se Ricardo somente conseguir que Joana pague uma parte da dívida, nada impede que acione as demais irmãs para cobrar o restante (art. 275, *caput*, do CC); **B:** incorreta, pois em relação à cota da irmã insolvente, esta será dividida igualmente por todas as devedoras, na forma do art. 283 do CC; **C:** incorreta, pois nesse caso nenhum dos dois herdeiros da devedora solidária falecida será obrigado a pagar senão a quota que corresponder ao seu quinhão hereditário, salvo se a obrigação for indivisível, mas esses dois herdeiros reunidos serão considerados como um devedor solidário em relação às demais irmãs devedoras (art. 276 do CC); **D:** incorreta, pois havendo solidariedade passiva o credor tem direito a exigir e receber de um ou de alguns dos devedores, parcial ou totalmente, a dívida comum (art. 275, *caput*, do CC).

Gabarito "A"

(OAB/Exame Unificado – 2015.2) Gilvan (devedor) contrai empréstimo com Haroldo (credor) para o pagamento com juros do valor do mútuo no montante de R$ 10.000,00. Para facilitar a percepção do crédito, a parte do polo ativo obrigacional ainda facultou, no instrumento contratual firmado, o pagamento do montante no termo avençado ou a entrega do único cavalo da raça manga larga marchador da fazenda, conforme escolha a ser feita pelo devedor. Ante os fatos narrados, assinale a afirmativa correta.

(A) Trata-se de obrigação alternativa.

(B) Cuida-se de obrigação de solidariedade em que ambas as prestações são infungíveis.

(C) Acaso o animal morra antes da concentração, extingue-se a obrigação.

(D) O contrato é eivado de nulidade, eis que a escolha da prestação cabe ao credor.

A: correta, pois quando o devedor poder escolher, entre opções previstas no contrato, qual obrigação deseja cumprir, no âmbito das opções contratuais, tem-se a chamada obrigação alternativa (art. 252, *caput*, do CC); **B:** incorreta, pois a questão não trata da solidariedade, pois não há referência à pluralidade de credores ou devedores solidários no enunciado; **C:** incorreta, pois nesse caso subsiste a outra obrigação que é alternativa (art. 253 do CC); **D:** incorreta, pois na obrigação alternativa, regulamentada na lei (art. 252 do CC) a escolha caberá ao devedor.

Gabarito "A"

(OAB/Exame Unificado – 2014.1) Ary celebrou contrato de compra e venda de imóvel com Laurindo e, mesmo sem a devida declaração negativa de débitos condominiais, conseguiu registrar o bem em seu nome. Ocorre que, no mês seguinte à sua mudança, Ary foi surpreendido com a cobrança de três meses de cotas condominiais em atraso. Inconformado com a situação, Ary tentou, sem sucesso, entrar em contato com o vendedor, para que este arcasse com os mencionados valores.

De acordo com as regras concernentes ao direito obrigacional, assinale a opção correta.

(A) Perante o condomínio, Laurindo deverá arcar com o pagamento das cotas em atraso, pois cabe ao vendedor solver todos os débitos que gravem o imóvel até o momento da tradição, entregando-o livre e desembargado.

(B) Perante o condomínio, Ary deverá arcar com o pagamento das cotas em atraso, pois se trata de obrigação subsidiária, já que o vendedor não foi encontrado, cabendo ação *in rem verso*, quando este for localizado.

(C) Perante o condomínio, Laurindo deverá arcar com o pagamento das cotas em atraso, pois se trata de obrigação com eficácia real, uma vez que Ary ainda não possui direito real sobre a coisa.

(D) Perante o condomínio, Ary deverá arcar com o pagamento das cotas em atraso, pois se trata de obrigação *propter rem*, entendida como aquela que está a cargo

daquele que possui o direito real sobre a coisa e, comprovadamente, imitido na posse do imóvel adquirido.

A: incorreta, pois por tratar-se de obrigação *propter rem* o débito acompanha a coisa, de modo que a responsabilidade pela pagamento é de Ary, e não mais de Laurindo (art. 1.315 do CC); **B:** incorreta, pois Ary é o responsável direto pelo pagamento da dívida frente ao condomínio, ficando sujeito ao seu pagamento, não havendo que se falar em ação in rem verso contra Laurindo (art. 1.325 do CC); **C:** incorreta, pois Ary deverá arcar com o pagamento das cotas, uma vez que já possui direito real sobre a coisa, pois o bem já está registrado em seu nome (art. 1.245, *caput*, do CC); **D:** correta, pois de fato trata-se de uma obrigação *propter rem*, a qual sujeita o seu titular a arcar com todas as pendências que recaírem sobre a coisa.

Gabarito "D"

(OAB/Exame Unificado – 2010.3) João deverá entregar quatro cavalos da raça X ou quatro éguas da raça X a José. O credor, no momento do adimplemento da obrigação, exige a entrega de dois cavalos da raça X e de duas éguas da raça X. Nesse caso, é correto afirmar que as prestações:

(A) facultativas são inconciliáveis, quando a escolha couber ao credor.

(B) facultativas são conciliáveis, quando a escolha couber ao credor.

(C) alternativas são inconciliáveis, havendo indivisibilidade quanto à escolha.

(D) alternativas são conciliáveis, havendo divisibilidade quanto à escolha.

O caso envolve o instituto das obrigações alternativas, regulamentado nos arts. 252 e seguintes do CC. Isso porque João (o devedor) poderia cumprir a obrigação de duas maneiras: a) entregando 4 cavalos da raça X; b) entregando 4 éguas da raça X. O enunciado deixa claro que João deve escolher entre apenas duas possibilidades. Ou cumpre do jeito "a" ou cumpre do jeito "b". José (o credor) não poderia exigir que João cumprisse parte do jeito "a" e parte do jeito "b". O art. 252, *caput*, do CC é claro ao dispor que compete ao devedor escolher qual das duas possibilidades de prestação pretende cumprir. E as duas possibilidades de prestação possíveis foram estipuladas de modo inconciliável (ou 4 cavalos ou 4 éguas), havendo indivisibilidade quanto à escolha, ou seja, não sendo possível dividir as prestações, executando parte de uma e parte de outra, como deseja o credor José.

Gabarito "C"

(OAB/Exame Unificado – 2010.2) Com relação ao regime da solidariedade passiva, é correto afirmar que:

(A) cada herdeiro pode ser demandado pela dívida toda do devedor solidário falecido.

(B) com a perda do objeto por culpa de um dos devedores solidários, a solidariedade subsiste no pagamento do equivalente pecuniário, mas pelas perdas e danos somente poderá ser demandado o culpado.

(C) se houver atraso injustificado no cumprimento da obrigação por culpa de um dos devedores solidários, a solidariedade subsiste no pagamento do valor principal, mas pelos juros da mora somente poderá ser demandado o culpado.

(D) as exceções podem ser aproveitadas por qualquer dos devedores solidários, ainda que sejam pessoais apenas a um deles.

A: incorreta, pois, neste caso, nenhum dos herdeiros "será obrigado a pagar senão a quota que corresponder ao seu quinhão hereditário, salvo se a obrigação for indivisível" (art. 276 do CC); **B:** correta, nos

6. DIREITO CIVIL   379

termos do art. 279 do CC ("impossibilitando-se a prestação por culpa de um dos devedores solidários, subsiste para todos o encargo de pagar o equivalente; mas pelas perdas e danos só responde o culpado"); **C:** incorreta, pois todos os devedores irão responder pelos juros da mora, podendo, depois, os inocentes, cobrar tais juros do devedor culpado (art. 280 do CC); **D:** incorreta, pois, segundo o art. 281 do CC, "o devedor demandado pode opor ao credor as exceções que lhe forem pessoais e as comuns a todos; não lhe aproveitando as exceções pessoais a outro codevedor"
Gabarito "B".

(OAB/Exame Unificado – 2010.1) Acerca das obrigações de dar, fazer e não fazer, assinale a opção correta.

(A) No caso de entrega de coisa incerta, se houver, antes da escolha, perda ou deterioração do bem, ainda que decorrente de caso fortuito ou força maior, a obrigação ficará resolvida para ambas as partes.

(B) Em caso de obrigação facultativa, o perecimento da coisa devida não implica a liberação do devedor do vínculo obrigacional, podendo-se dele exigir a realização da obrigação devida.

(C) É divisível a obrigação de prestação de coisa indeterminada.

(D) Tratando-se de obrigação de entrega de coisa certa, a obrigação será extinta caso a coisa se perca sem culpa do devedor, antes da tradição ou mediante condição suspensiva.

A: incorreta. *Vide* art. 246 do Código Civil. A respeito, assevera Senise que, tratando-se de entrega de coisa incerta, aplica-se "a regra *genus non perit*, ou seja, o gênero jamais perece, quando houver ilimitação de sua quantidade para que o devedor dele disponha em prol do credor (*gennus ilimitatum*). (...) antes da escolha, o devedor não poderá alegar a perda ou a deterioração do bem, mesmo sob o fundamento da ocorrência de força maior ou de caso fortuito, porque, como lembra Sílvio Rodrigues, não se pode cogitar de riscos sobre uma coisa indicada tão somente pelo gênero (*gennus non perit*), porém ainda não indicada mediante a concentração" (Roberto Senise Lisboa. **Manual de direito civil**. V. 2: direito das obrigações e responsabilidade civil. 4. ed., São Paulo: Saraiva, 2009, p. 90); **B:** incorreta. Assevera Senise que "obrigação facultativa, também denominada *obrigação com faculdade alternativa*, é aquela conferida por lei ao devedor, caso ele não tenha condições de cumprir a obrigação pactuada com o credor. (...) As principais regras da obrigação facultativa são:(...) c) o perecimento da coisa devida importa na liberação do devedor do vínculo obrigacional, não se podendo dele exigir a realização da obrigação facultativa" (*Idem, ibidem*, p. 102); **C:** incorreta. Proclama Senise que "obrigação divisível é aquela que pode ser cumprida parcialmente, pois se torna possível o fracionamento da prestação até a completa satisfação dos interesses do credor". Por outro lado, esclarece que obrigação indivisível é aquela que somente pode ser cumprida na sua integralidade, ante a impossibilidade de fracionamento da prestação. "São indivisíveis por lei, entre outras, as dívidas: (...) e) de *coisa indeterminada*, por faltar-lhe a indicação precisa pela parte interessada" (*Idem, ibidem*, p. 106); **D:** correta. *Vide* art. 234 do Código Civil. A respeito, assinala Senise que "as principais regras da obrigação de dar coisa certa são: (...) f) Se a coisa se perder, sem culpa do devedor, antes da tradição ou mediante condição suspensiva, a obrigação será extinta" (*Idem, ibidem*, p. 88).
Gabarito "D".

(OAB/Exame Unificado – 2020.1) Jacira mora em um apartamento alugado, sendo a locação garantida por fiança prestada por seu pai, José. Certa vez, Jacira conversava com sua irmã Laura acerca de suas dificuldades financeiras, e declarou que temia não ser capaz de pagar o próximo aluguel do imóvel. Compadecida da situação da irmã,

Laura procurou o locador do imóvel e, na data de vencimento do aluguel, pagou, em nome próprio, o valor devido por Jacira, sem oposição desta.

Nesse cenário, em relação ao débito do aluguel daquele mês, assinale a afirmativa correta.

(A) Laura, como terceira interessada, sub-rogou-se em todos os direitos que o locador tinha em face de Jacira, inclusive a garantia fidejussória.

(B) Laura, como terceira não interessada, tem apenas direito de regresso em face de Jacira.

(C) Laura, como devedora solidária, sub-rogou-se nos direitos que o locador tinha em face de Jacira, mas não quanto à garantia fidejussória.

(D) Laura, tendo realizado mera liberalidade, não tem qualquer direito em face de Jacira.

A: incorreta, pois Laura é terceira não interessada. Pagou por mera liberalidade, logo não se sub-roga nos direitos do credor (art. 305, *caput* CC); **B:** correta (art. 305, *caput* CC); **C:** incorreta, pois Laura não é devedora solidária, mas sim terceira não interessada, afinal, não tinha nenhum vínculo contratual de locação com o locador. Ao pagar a dívida de Jacira, Laura não se sub-roga em nenhum dos direitos do credor, mas apenas tem direito de regresso contra Jacira (art. 305, *caput* CC); **D:** incorreta, pois Laura tem direto de regresso contra Jacira (art. 305, *caput* CC).
Gabarito "B".

(OAB/Exame Unificado – 2020.2) Érico é amigo de Astolfo, famoso colecionador de obras de arte. Érico, que está abrindo uma galeria de arte, perguntou se Astolfo aceitaria locar uma das pinturas de seu acervo para ser exibida na grande noite de abertura, como forma de atrair mais visitantes. Astolfo prontamente aceitou a proposta, e ambos celebraram o contrato de locação da obra, tendo Érico se obrigado a restituí-la já no dia seguinte ao da inauguração. O aluguel, fixado em parcela única, foi pago imediatamente na data de celebração do contrato.

A abertura da galeria foi um grande sucesso, e Érico, assoberbado de trabalho nos dias que se seguiram, não providenciou a devolução da obra de arte para Astolfo. Embora a galeria dispusesse de moderna estrutura de segurança, cerca de uma semana após a inauguração, Diego, estudante universitário, invadiu o local e vandalizou todas as obras de arte ali expostas, destruindo por completo a pintura que fora cedida por Astolfo. As câmeras de segurança possibilitaram a pronta identificação do vândalo.

De acordo com o caso narrado, assinale a afirmativa correta.

(A) Érico tem o dever de indenizar Astolfo, integralmente, pelos prejuízos sofridos em decorrência da destruição da pintura.

(B) Érico não pode ser obrigado a indenizar Astolfo pelos prejuízos decorrentes da destruição da pintura porque Diego, o causador do dano, foi prontamente identificado.

(C) Érico não pode ser obrigado a indenizar Astolfo pelos prejuízos decorrentes da destruição da pintura porque adotou todas as medidas de segurança necessárias para proteger a obra de arte.

(D) Érico somente estará obrigado a indenizar Astolfo se restar comprovado que colaborou, em alguma medida, para que Diego realizasse os atos de vandalismo.

A: correta (art. 239 CC). Trata-se de obrigação de restituir coisa certa, que pereceu por culpa do devedor, afinal, Érico não devolveu a pintura no prazo, logo, a responsabilidade pelo dano é sua; **B:** incorreta, pois Érico estava inadimplente no contrato de locação da pintura, uma vez que o prazo de restituição não foi respeitado. Logo, ele é quem deve arcar com os ônus de sua demora (art. 239 CC). Diego também poderá sofrer sanções, mas elas não excluem a responsabilidade de Érico; **C:** incorreta, pois ainda que Érico tenha adotado todas as medidas necessárias sua obrigação se dá por motivo diverso, isto é, a não restituição da coisa no prazo contratado. Logo, ele assume o ônus dos danos da coisa (art. 239 CC). **D:** incorreta, pois o dever de indenizar neste caso é um dever legal que independe a comprovação de culpa. Em decorrência do descumprimento contratual a própria lei já fixa as consequências no caso de dano da coisa (art. 239 CC). **GR**
Gabarito "A".

(OAB/Exame XXXVIII) Os irmãos Eduardo e Letícia herdaram um apartamento de sua mãe. Concluído o inventário, decidiram vender o apartamento ao casal Pedro e Mariana. Para tanto, as partes celebraram contrato de compra e venda. Pedro e Mariana se obrigaram, solidariamente, a pagar o preço pactuado (R$ 600.000,00) no prazo de trinta dias. Não foi avençada cláusula de solidariedade ativa. Alcançado o prazo contratual, Pedro e Mariana não pagaram o preço.

Tendo em vista a situação hipotética apresentada, assinale a afirmativa correta.

(A) Eduardo, sozinho, tem direito de cobrar a integralidade do preço pactuado, R$ 600.000,00, de Mariana, sozinha.

(B) Letícia, sozinha, tem direito de cobrar apenas a metade do preço pactuado, R$ 300.000,00, de Pedro, sozinho.

(C) Letícia, sozinha, tem direito de cobrar apenas um quarto do preço pactuado, R$ 150.000,00, de Mariana, sozinha.

(D) Eduardo e Letícia não podem pleitear sozinhos o pagamento do preço, ainda que parcial.

A: incorreta, pois trata-se de obrigação divisível sem cláusula de solidariedade ativa. Por ser divisível a obrigação presume-se dividida em tantas obrigações, iguais e distintas, quantos os credores (art. 257 CC). Considerando que não há cláusula expressa de solidariedade ativa, não é possível dizer que há solidariedade entre os credores, pois a solidariedade não se presume; resulta da lei ou da vontade das partes (art. 265 CC). Sendo assim, não é possível ao credor exigir o cumprimento da obrigação por inteiro (interpretação contrária do art. 267 CC). Portanto, Eduardo apenas pede exigir 50% da obrigação sozinho de Mariana, o que corresponde a R$300.000,00; **B:** correta, como não há cláusula de solidariedade ativa, a credora Letícia apenas pode cobrar metade do preço pactuado de Pedro sozinho (arts. 257, 267 CC); **C:** incorreta, pois, por ser obrigação divisível, a obrigação presume-se dividida em tantas obrigações, iguais e distintas, quantos os credores (art. 257 CC). Como são dois credores, a obrigação se divide em dois. Logo, Letícia sozinha tem o direito de cobrar metade de Mariana; **D:** incorreta, pois eles podem pleitear sozinhos metade do pagamento do preço (art. 257 CC). **GR**
Gabarito "B".

(OAB/Exame XXXIX) Marcelo alugou um cavalo do haras *Galopante* para, com ele, disputar uma corrida no dia 15, comprometendo-se a devolvê-lo no dia seguinte à corrida (dia 16). Entretanto, Marcelo se afeiçoou pelo animal e não o devolveu no prazo estipulado, usando-o para passeios em sua fazenda.

O haras, com isso, deixou de alugar o animal para outro jóquei que pretendia correr com ele no dia 18 e já o havia reservado. Para completar, no dia 20, em um dos passeios com Marcelo, o cavalo se assustou com uma cobra e sofreu uma queda. No acidente, fraturou a perna e teve que ser sacrificado.

Diante disso, assinale a opção que indica os prejuízos que o haras *Galopante* pode exigir de Marcelo devido à falta do cavalo.

(A) Deve ser incluído o aluguel que deixou de receber do outro jóquei, mas não o equivalente do animal, porque Marcelo ficou liberado da responsabilidade pela impossibilidade da prestação a partir do dia 20, eis que decorrente de caso fortuito.

(B) Devem ser excluídos tanto o aluguel que receberia do outro jóquei, por se tratar de dano hipotético, como o equivalente do animal, pois Marcelo ficou liberado da responsabilidade pela impossibilidade da prestação a partir do dia 20, eis que decorrente de caso fortuito.

(C) Deve ser incluído o equivalente pecuniário do cavalo, tendo em vista a responsabilidade de Marcelo pela impossibilidade da prestação enquanto estava em mora, mas excluído o aluguel que receberia do outro jóquei, por se tratar de dano hipotético.

(D) Devem ser incluídos tanto o aluguel que deixou de receber do outro jóquei como o equivalente pecuniário do cavalo, tendo em vista a responsabilidade de Marcelo pela impossibilidade da prestação, enquanto estava em mora.

A: incorreta, pois deverá ser incluído também o equivalente ao animal. Trata-se de uma obrigação de restituir, onde a coisa se perdeu por culpa do devedor. Neste caso, ele responde pelo equivalente, mais perdas e danos (art. 239 CC). Ademais, o devedor em mora responde pela impossibilidade da prestação, embora essa impossibilidade resulte de caso fortuito ou de força maior, se estes ocorrerem durante o atraso (art. 399, 1ª parte CC); **B:** incorreta, pois deve ser incluído o aluguel que receberia do outro jóquei, bem como o equivalente do animal. Em regra, as perdas e danos devidas ao credor abrangem, além do que ele efetivamente perdeu, o que razoavelmente deixou de lucrar, daí a justificativa de inserir o aluguel do outro jóquei (art. 402 CC). Quanto ao valor equivalente do animal, se justifica pelo art. 239 CC; **C:** incorreta, pois deve ser incluído o valor do aluguel do outro jóquei nos termos do art. 402 CC; **D:** correta (arts. 239, 399 e 402 CC). **GR**
Gabarito "D".

(OAB/Exame XXXVII) Rodrigo e Juliana celebraram contrato de compra e venda com Márcia, visando à aquisição de 20 (vinte) cavalos da raça manga-larga, de propriedade desta última. O contrato possui cláusula prevendo a solidariedade ativa de Rodrigo e Juliana, e que a entrega será feita de uma única vez.

Dez dias antes da data pactuada para entrega dos animais, Márcia, culposamente, esqueceu aberta a porta do curral os animais estavam, o que ocasionou a fuga dos equinos. No dia combinado, Márcia dispunha de apenas cinco cavalos, os quais foram oferecidos a Rodrigo e Juliana como parte do pagamento.

Acerca do caso apresentado, assinale a afirmativa correta.

(A) Por se tratar de obrigação de entrega de coisa a dois credores, a previsão de solidariedade ativa contratual é desnecessária, eis que decorrente de disposição expressa do Código Civil.

6. DIREITO CIVIL — 381

(B) Rodrigo e Juliana poderão optar por receber os cinco cavalos, com abatimento do preço, ou considerar resolvida a obrigação e, tanto num como noutro caso, exigir indenização das perdas e danos.

(C) Caso Rodrigo e Juliana optem pela conversão da obrigação em perdas e danos, a solidariedade não subsistirá.

(D) Márcia poderá compelir Rodrigo e Juliana a receberem cinco cavalos, posto se tratar de obrigação divisível.

A: incorreta, pois a solidariedade não se presume. Resulta de lei ou da vontade das partes (art. 265 CC); **B:** correta (art. 234 CC); **C:** incorreta, pois convertendo-se a prestação em perdas e danos, subsiste, para todos os efeitos, a solidariedade (art. 271 CC); **D:** incorreta, pois ainda que a obrigação tenha por objeto prestação divisível, não pode o credor ser obrigado a receber, nem o devedor a pagar, por partes, se assim não se ajustou (art. 314 CC). 🔲
„B". oʇueqeⅮ

3.2. Transmissão, adimplementos e extinção das obrigações

(OAB/Exame Unificado – 2018.1) Em 05 de dezembro de 2016, Sérgio, mediante contrato de compra e venda, adquiriu de Fernando um computador seminovo (ano 2014) da marca Massa pelo valor de R$ 5.000,00. O pagamento foi integralizado à vista, no mesmo dia, e foi previsto no contrato que o bem seria entregue em até um mês, devendo Fernando contatar Sérgio, por telefone, para que este buscasse o computador em sua casa. No contrato, também foi prevista multa de R$ 500,00 caso o bem não fosse entregue no prazo combinado.

Em 06 de janeiro de 2017, Sérgio, muito ansioso, ligou para Fernando perguntando pelo computador, mas teve como resposta que o atraso na entrega se deu porque a irmã de Fernando, Ana, que iria trazer um computador novo para ele do exterior, tinha perdido o voo e só chegaria após uma semana. Por tal razão, Fernando ainda dependia do computador antigo para trabalhar e não poderia entregá-lo de imediato a Sérgio.

Acerca dos fatos narrados, assinale a afirmativa correta.

(A) Sérgio poderá exigir de Fernando a execução específica da obrigação (entrega do bem) ou a cláusula penal de R$ 500,00, não podendo ser cumulada a multa com a obrigação principal.

(B) Sérgio poderá exigir de Fernando a execução específica da obrigação (entrega do bem) simultaneamente à multa de R$ 500,00, tendo em vista ser cláusula penal moratória.

(C) Sérgio somente poderá exigir de Fernando a execução específica da obrigação (entrega do bem), não a multa, pois o atraso foi por culpa de terceiro (Ana), e não de Fernando.

(D) Sérgio somente poderá exigir de Fernando a cláusula penal de R$ 500,00, não a execução específica da obrigação (entrega do bem), que depende de terceiro (Ana).

A multa de R$ 500 convencionada pelas partes é uma típica cláusula penal moratória, a qual tem como objetivo estimular a execução pontual e correta da obrigação contratual. Geralmente de valor bem inferior à obrigação principal, ela refere-se à inexecução *"de alguma cláusula especial ou simplesmente à mora"* (CC, art. 409); nesse caso, *"terá o*

credor o arbítrio de exigir a satisfação da pena cominada, juntamente com o desempenho da obrigação principal" (CC, art. 411). 🔲
„B". oʇueqeⅮ

(OAB/Exame Unificado – 2013.3) Bruno cedeu a Fábio um crédito representado em título, no valor de R$ 20.000,00 (vinte mil reais), que possuía com Caio.

Considerando a hipótese acima e as regras sobre cessão de crédito, assinale a afirmativa correta.

(A) Caio não poderá opor a Fábio a exceção de dívida prescrita que, no momento em que veio a ter conhecimento da cessão, tinha contra Bruno, em virtude da preclusão.

(B) Caso Fábio tenha cedido o crédito recebido de Bruno a Mário e este, posteriormente, ceda o crédito a Júlio, prevalecerá a cessão de crédito que se completar com a tradição do título cedido.

(C) Bruno, ao ceder a Fábio crédito a título oneroso, não ficará responsável pela existência do crédito ao tempo em que cedeu, salvo por expressa garantia.

(D) Conforme regra geral disposta no Código Civil, Bruno será obrigado a pagar a Fábio o valor correspondente ao crédito, caso Caio torne-se insolvente.

A: incorreta, pois Caio poderá opor a Fábio a exceção de dívida prescrita que, no momento em que veio a ter conhecimento da cessão, tinha contra Bruno (art. 294 do CC). Logo, não há que se falar em preclusão; **B:** correta (art. 291 do CC); **C:** incorreta, pois pelo fato da cessão ser onerosa, Bruno, ainda que não se responsabilize ficará responsável pela existência do crédito com relação à Fábio ao tempo em que lhe cedeu (art. 295 do CC); **D:** incorreta, pois em regra o cedente não responde pela solvência do devedor. Apenas será responsável se houver estipulação em contrário (art. 296 do CC).
„B". oʇueqeⅮ

(OAB/Exame Unificado – 2014.1) A transmissibilidade de obrigações pode ser realizada por meio do ato denominado cessão, por meio da qual o credor transfere seus direitos na relação obrigacional a outrem, fazendo surgir as figuras jurídicas do cedente e do cessionário.

Constituída essa nova relação obrigacional, é correto afirmar que

(A) os acessórios da obrigação principal são abrangidos na cessão de crédito, salvo disposição em contrário.

(B) o cedente responde pela solvência do devedor, não se admitindo disposição em contrário.

(C) a transmissão de um crédito que não tenha sido celebrada única e exclusivamente por instrumento público é ineficaz em relação a terceiros.

(D) o devedor não pode opor ao cessionário as exceções que tinha contra o cedente no momento em que veio a ter conhecimento da cessão.

A: correta (art. 287 do CC); **B:** incorreta, pois, em regra, o cedente não responde pela solvência do devedor. Tal ocorrerá apenas se houver disposição em sentido contrário (art. 296 do CC); **C:** incorreta, pois também é ineficaz a perante terceiros a transmissão de um crédito realizada por instrumento particular sem as devidas solenidades do art. 654, § 1º do CC (art. 288 do CC); **D:** incorreta, pois o devedor pode opor ao cessionário as exceções que lhe competirem, bem como as que, no momento em que veio a ter conhecimento da cessão, tinha contra o cedente (art. 294 do CC)
„A". oʇueqeⅮ

(OAB/Exame Unificado – 2014.2) João é locatário de um imóvel residencial de propriedade de Marcela, pagando mensalmente o aluguel por meio da entrega pessoal da quantia ajustada. O locatário tomou ciência do recente falecimento de Marcela ao ler "comunicação de falecimento" publicada pelos filhos maiores e capazes de Marcela, em jornal de grande circulação. Marcela, à época do falecimento, era viúva. Aproximando-se o dia de vencimento da obrigação contratual, João pretende quitar o valor ajustado. Todavia, não sabe a quem pagar e sequer tem conhecimento sobre a existência de inventário. De acordo com os dispositivos que regem as regras de pagamento, assinale a afirmativa correta.

(A) João estará desobrigado do pagamento do aluguel desde a data do falecimento de Marcela.

(B) João deverá proceder à imputação do pagamento, em sua integralidade, a qualquer dos filhos de Marcela, visto que são seus herdeiros.

(C) João estará autorizado a consignar em pagamento o valor do aluguel aos filhos de Marcela.

(D) João deverá utilizar-se da dação em pagamento para adimplir a obrigação junto aos filhos maiores de Marcela, estando estes obrigados a aceitar.

A: incorreta, pois falecendo o locador, a obrigação se transmite aos herdeiros (art. 10 da Lei 8.245/1991). Logo, a obrigação de pagar não será extinta; **B:** incorreta, pois apenas fala-se em imputação ao pagamento na hipótese de haver dois ou mais débitos de mesma natureza com o mesmo credor e o devedor indica qual débito pretende quitar (art. 352 do CC). No caso em tela não temos duas dívidas, mas apenas uma; **C:** correta, pois uma vez que o credor é desconhecido, João pode consignar o pagamento em juízo (art. 335, III do CC); **D:** incorreta, pois a dação em pagamento é utilizada quando o devedor paga a dívida com prestação diversa da que é devida e o credor concede anuência para tanto (art. 356 do CC), de modo que essa hipótese não se aplica ao caso em tela. *Gabarito "C".*

(OAB/Exame Unificado – 2012.3.B) José devia a Paulo a quantia de R$ 50 mil reais com vencimento em 05 de dezembro de 2012. Na data do pagamento, José, devido à falta de dinheiro, ofereceu um lote de sua propriedade, de igual valor da dívida, como substituição da prestação originária.

Considerando a hipótese acima, assinale a afirmativa correta.

(A) Caso Paulo aceite o lote dado por José como forma de pagamento, ocorrerá extinção da obrigação primitiva pelo adimplemento indireto na modalidade novação real.

(B) Se José oferecesse um título de crédito ao invés do lote, essa transferência importaria em pagamento com sub-rogação.

(C) Se Paulo for evicto do lote recebido em pagamento, a obrigação primitiva será restabelecida, ficando sem efeito a quitação dada, ressalvados os direitos de terceiros de boa-fé.

(D) Caso Paulo aceite o bem imóvel oferecido por José, a transferência do lote poderá ser formalizada por escritura pública ou instrumento particular.

A: incorreta, pois haverá extinção da obrigação por *dação em pagamento* (art. 356 do CC); **B:** incorreta, pois a transferência, nesse caso, importa em *cessão* e não em *sub-rogação* (art. 358 do CC); **C:** correta (art. 359

do CC); **D:** incorreta, pois negócios envolvendo direitos reais sobre imóveis com valor superior a 30 salários-mínimos devem ser feitos necessariamente por escritura pública, não cabendo escrito particular (art. 108 do CC). *Gabarito "C".*

(OAB/Exame Unificado – 2012.3.A) Tiago celebrou com Ronaldo contrato de compra e venda de dez máquinas de costura importadas da China. Restou acordado que o pagamento se daria em trinta e seis prestações mensais e consecutivas com reajuste a cada doze meses conforme taxa Selic, a ser efetuado no domicílio do credor. O contrato estabeleceu, ainda, a incidência de juros moratórios, no importe de 2% (dois por cento) do valor da parcela em atraso, e cláusula penal, fixada em 10% (dez por cento) do valor do contrato, em caso de inadimplência. Após o pagamento de nove parcelas, Tiago foi surpreendido com a notificação extrajudicial enviada por Ronaldo, em que se comunicava um reajuste de 30% (trinta por cento) sobre o valor da última parcela paga sob o argumento de que ocorreu elevada desvalorização no câmbio. Tiago não concordou com o reajuste e ao tentar efetuar o pagamento da décima parcela com base no valor inicialmente ajustado teve o pagamento recusado por Ronaldo.

Considerando o caso acima e as regras previstas no Código Civil, assinale a afirmativa correta.

(A) Caso Tiago consigne o valor da décima parcela por meio de depósito judicial, poderá levantá-lo enquanto Ronaldo não informar o aceite ou não o impugnar, desde que pague todas as despesas.

(B) Na hipótese de Tiago consignar judicialmente duas máquinas de costura com a finalidade de afastar a incidência dos encargos moratórios e da cláusula penal, este depósito será apto a liberá-lo da obrigação assumida.

(C) O depósito consignatório realizado por Tiago em seu domicílio terá o poder liberatório do vínculo obrigacional, isentando-o do pagamento dos juros moratórios e da cláusula penal.

(D) Tiago poderá depositar o valor referente à décima parcela sob o fundamento de injusta recusa, porém não poderá discutir, no âmbito da ação consignatória, a abusividade ou ilegalidade das cláusulas contratuais.

A: correta (art. 338 do CC); **B:** incorreta, pois, para a consignação ter força de pagamento, deverá preencher todos os requisitos da obrigação, inclusive, o objeto do pagamento (art. 336 do CC), que, no caso, é o dinheiro e não as máquinas de costura; **C:** incorreta, pois o depósito deve se dar no lugar do pagamento e não no lugar do domicílio do devedor (art. 337 do CC); **D:** incorreta, pois, na ação consignatória, é possível, sim, fazer essa discussão, sendo, inclusive, comum a análise da abusividade ou ilegalidade de cláusulas contratuais quando há recusa do credor em receber o pagamento e o juiz precisa decidir se há ou não justa causa nessa recusa (art. 335, I, do CC). *Gabarito "A".*

(OAB/Exame Unificado – 2012.2) Utilizando-se das regras afetas ao direito das obrigações, assinale a alternativa correta.

(A) Quando o pagamento de boa-fé for efetuado ao credor putativo, somente será inválido se, em seguida, ficar demonstrado que não era credor.

(B) Levando em consideração os elementos contidos na lei para o reconhecimento da onerosidade excessiva, é admissível assegurar que a regra se aplica às relações obrigacionais de execução diferida ou continuada.

(C) Possui a quitação determinados requisitos que devem ser obrigatoriamente observados, tais como o valor da dívida, o nome do pagador, o tempo e o lugar do adimplemento, além da assinatura da parte credora, exigindo-se também que a forma da quitação seja igual à forma do contrato.

(D) O terceiro, interessado ou não, poderá efetuar o pagamento da dívida em seu próprio nome, ficando sempre sub-rogado nos direitos da parte credora.

A: incorreta, pois o pagamento feito de boa-fé ao credor putativo é válido AINDA que provado depois que não era credor (art. 309 do CC); **B:** correta, nos termos expressos previstos no art. 478 do CC; **C:** incorreta, pois a quitação poderá se dar por instrumento particular, mesmo que se trate de contrato firmado por instrumento público (art. 320, *caput*, do CC); no mais, deve constar da quitação o nome do devedor, ou quem por este pagou (art. 320, *caput*, do CC), e não necessariamente o nome do pagador; **D:** incorreta, pois o terceiro não interessado, que paga a dívida em nome próprio, tem direito de reembolsar-se do que pagar, MAS não se sub-roga nos direitos do credor (art. 305, *caput*, do CC). Gabarito "B".

(OAB/Exame Unificado – 2011.2) A dação em pagamento é:

(A) modalidade de obrigação alternativa, na qual o credor consente em receber objeto diverso ao da prestação originariamente pactuada.

(B) causa extintiva da obrigação, na qual o credor consente em receber objeto diverso ao da prestação originariamente pactuada.

(C) modalidade de obrigação facultativa, na qual o credor consente em receber objeto diverso ao da prestação originariamente pactuada.

(D) modalidade de adimplemento direto, na qual o credor consente em receber objeto diverso ao da prestação originariamente pactuada.

Art. 356 do Código Civil. Gabarito "B".

(OAB/Exame Unificado – 2010.1) Assinale a opção correta de acordo com o Código Civil brasileiro.

(A) A sub-rogação objetiva ou real ocorre pela substituição de uma das partes, sem a extinção do vínculo obrigacional.

(B) Caso o sub-rogado não consiga receber a importância devida, ele poderá cobrá-la do credor original.

(C) Aplica-se à dação em pagamento o regime jurídico dos vícios redibitórios.

(D) Opera-se novação quando o devedor oferece nova garantia ao credor.

A: incorreta. Assevera Senise Lisboa que "A sub-rogação pode ser objetiva e subjetiva. Sub-rogação objetiva ou real é aquela que se dá pela substituição do objeto da obrigação, sem a extinção do vínculo obrigacional. (...). Sub-rogação subjetiva ou pessoal é aquela que se dá pela substituição de uma das partes, sem a extinção do vínculo obrigacional" (Roberto Senise Lisboa. **Manual de direito civil**. V. 2: direito das obrigações e responsabilidade civil. 4. ed. São Paulo: Saraiva, 2009, p. 138); **B:** incorreta. Observa Senise Lisboa que "(...) caso o sub-rogado não consiga receber a importância devida, não poderá cobrá-la do credor original" (Roberto Senise Lisboa. *Op. cit.*, p. 141); **C:** correta. Segundo Senise Lisboa, "aplica-se à dação em pagamento

o regime jurídico do instituto dos vícios redibitórios (defeito oculto existente na coisa à época de sua aquisição) e o da evicção (perda da coisa em virtude de sentença judicial)" (Roberto Senise Lisboa. *Op. cit.*, p. 149); **D:** incorreta. Assinala Senise que "não há novação no oferecimento de nova garantia ao credor. A simples constituição de uma garantia ao credor constitui elemento acessório ou secundário do negócio jurídico. Como a regra impede que o principal, que é o negócio jurídico, seja modificado pela garantia, que é elemento acessório, não há como se conceber a novação" (Roberto Senise Lisboa. *Op. cit.*, p. 154). Gabarito "C".

(OAB/Exame XXXIII – 2020.3) Valdeir e Max assinaram contrato particular de promessa de compra e venda com direito de arrependimento, no qual Valdeir prometeu vender o apartamento 901 de sua propriedade por R$ 500.000,00 (quinhentos mil reais). Max, por sua vez, se comprometeu a comprar o imóvel e, no mesmo ato de assinatura do contrato, pagou arras penitenciais de R$ 50.000,00 (cinquenta mil reais). A escritura definitiva de compra e venda seria outorgada em 90 (noventa) dias a contar da assinatura da promessa de compra e venda, com o consequente pagamento do saldo do preço. Contudo, 10 (dez) dias antes da assinatura da escritura de compra e venda, Valdeir celebrou escritura definitiva de compra e venda, alienando o imóvel à Ana Lúcia que pagou a importância de R$ 750.000,00 (setecentos e cinquenta mil reais) pelo mesmo imóvel. Max, surpreendido e indignado, procura você, como advogado(a), para defesa de seus interesses.

Sobre a hipótese apresentada, assinale a afirmativa correta.

(A) Max poderá exigir de Valdeir a importância paga a título de arras mais o equivalente, com atualização monetária segundo índices oficiais regularmente estabelecidos, juros e honorários de advogado.

(B) Por se tratar de arras penitenciais, Max poderá exigir de Valdeir apenas R$ 50.000,00 (cinquenta mil reais), e exigir a reparação pelas perdas e danos que conseguir comprovar.

(C) Max poderá exigir de Valdeir até o triplo pago a título de arras penitencias.

(D) Max não poderá exigir nada além do que pagou a título de arras penitenciais.

A: correta. Trata-se de arras penitenciais, isto é, aquelas que garantem o direito ao arrependimento, porém não indenização suplementar. Logo, aquele que recebeu as arras deverá devolvê-la mais o equivalente, com atualização monetária segundo índices oficiais regularmente estabelecidos, juros e honorários de advogado (art. 420 CC); **B:** incorreta, pois ele pode cobrar o valor dado como arras mais o equivalente, logo, daria R$ 100.000,00. Não pode, porém, pedir indenização suplementar (art. 420 CC); **C:** incorreta, pois pode exigir apenas o valor equivalente, e não o triplo (art. 420 CC); **D:** incorreta, pois poderá exigir o equivalente, com atualização monetária segundo índices oficiais regularmente estabelecidos, juros e honorários de advogado (art. 420 CC). Apenas o que não pode exigir é indenização suplementar. GR Gabarito "A".

(OAB/Exame XXXVI) João, Cláudia e Maria celebraram contrato de compra e venda de um carro com Carlos e Paula. Pelo respectivo contrato, Carlos e Paula se comprometeram, como devedores solidários, ao pagamento de R$ 50.000,00. Ficou estabelecido, ainda, solidariedade entre os credores João, Cláudia e Maria.

Diante do enunciado, assinale a afirmativa correta.

(A) O pagamento feito por Carlos ou por Paula não extingue a dívida, ainda que parcialmente.

(B) Qualquer dos credores tem direito a exigir e a receber de Carlos ou de Paula, parcial ou totalmente, a dívida comum.

(C) Impossibilitando-se a prestação por culpa de Carlos, extingue-se a solidariedade, e apenas este responde pelo equivalente.

(D) Carlos e Paula só se desonerarão pagando a todos os credores conjuntamente.

A: incorreta, pois o pagamento feito a um dos credores solidários extingue a dívida até o montante do que foi pago (art. 269 CC); **B:** correta (art. 267 CC); **C:** incorreta, pois neste caso subsiste para todos o encargo de pagar o equivalente; mas pelas perdas e danos só responde Carlos (art. 279 CC); **D:** incorreta, pois enquanto os credores solidários não demandarem o devedor comum, a qualquer dos credores poderá o devedor pagar (art. 268 CC).
Gabarito "B".

3.3. Inadimplemento das obrigações

(OAB/Exame Unificado – 2017.1) Festas Ltda., compradora, celebrou, após negociações paritárias, contrato de compra e venda com Chocolates S/A, vendedora. O objeto do contrato eram 100 caixas de chocolate, pelo preço total de R$ 1.000,00, a serem entregues no dia 1º de novembro de 2016, data em que se comemorou o aniversário de 50 anos de existência da sociedade. No contrato, estava prevista uma multa de R$ 1.000,00 caso houvesse atraso na entrega. Chocolates S/A, devido ao excesso de encomendas, não conseguiu entregar as caixas na data combinada, mas somente dois dias depois. Festas Ltda., dizendo que a comemoração já havia acontecido, recusou-se a receber e ainda cobrou a multa. Por sua vez, Chocolates S/A não aceitou pagar a multa, afirmando que o atraso de dois dias não justificava sua cobrança e que o produto vendido era o melhor do mercado.

Sobre os fatos narrados, assinale a afirmativa correta.

(A) Festas Ltda. tem razão, pois houve o inadimplemento absoluto por perda da utilidade da prestação e a multa é uma cláusula penal compensatória.

(B) Chocolates S/A não deve pagar a multa, pois a cláusula penal, quantificada em valor idêntico ao valor da prestação principal, é abusiva.

(C) Chocolates S/A adimpliu sua prestação, ainda que dois dias depois, razão pela qual nada deve a título de multa.

(D) Festas Ltda. só pode exigir 2% de multa (R$ 20,00), teto da cláusula penal, segundo o Código de Defesa do Consumidor.

A: correta, pois a característica principal do inadimplemento absoluto é justamente a não utilidade da prestação ao credor, em virtude do cumprimento defeituoso. Logo, cabe a aplicação da cláusula penal compensatória prevista no contrato; **B:** incorreta, pois não há abusividade, uma vez que a cláusula penal não excede o valor da prestação (CC, art. 412); **C:** incorreta, pois a entrega fora do prazo fez a prestação tornar-se sem utilidade ao credor, razão pela qual configurou-se o inadimplemento absoluto; **D:** incorreta, pois esse teto refere-se à clausula penal para a hipótese de mora (CDC, art. 52 § 1°) e não para o caso de inadimplemento absoluto.GN
Gabarito "A".

(OAB/Exame Unificado – 2016.1) Joaquim celebrou, por instrumento particular, contrato de mútuo com Ronaldo, pelo qual lhe emprestou R$ 50.000,00 (cinquenta mil reais), a serem pagos 30 dias depois. No dia do vencimento do empréstimo, Ronaldo não adimpliu a prestação. O tempo passou, Joaquim se manteve inerte, e a dívida prescreveu. Inconformado, Joaquim pretende ajuizar ação de enriquecimento sem causa contra Ronaldo. Sobre os fatos narrados, assinale a afirmativa correta.

(A) A ação de enriquecimento sem causa é cabível, uma vez que Ronaldo se enriqueceu indevidamente à custa de Joaquim.

(B) Como a ação de enriquecimento sem causa é subsidiária, é cabível seu ajuizamento por não haver, na hipótese, outro meio de recuperar o empréstimo concedido.

(C) Não cabe o ajuizamento da ação de enriquecimento sem causa, pois há título jurídico a justificar o enriquecimento de Ronaldo.

(D) A pretensão de ressarcimento do enriquecimento sem causa prescreve simultaneamente à pretensão relativa à cobrança do valor mutuado.

A, B e D: incorretas, pois não há enriquecimento sem causa no caso, já que há título jurídico a justificar o enriquecimento de Ronaldo; o ilícito no caso é outro, qual seja, o falta do cumprimento da obrigação contratual de pagamento; **C:** correta, pois há no caso título jurídico a justificar o enriquecimento de Ronaldo (art. 885 do CC).
Gabarito "C".

(OAB/Exame Unificado – 2015.3) Renato é proprietário de um imóvel e o coloca à venda, atraindo o interesse de Mário. Depois de algumas visitas ao imóvel e conversas sobre o seu valor, Renato e Mário, acompanhados de corretor, realizam negócio por preço certo, que deveria ser pago em três parcelas: a primeira, paga naquele ato a título de sinal e princípio de pagamento, mediante recibo que dava o negócio por concluído de forma irretratável; a segunda deveria ser paga em até trinta dias, contra a exibição das certidões negativas do vendedor; a terceira seria paga na data da lavratura da escritura definitiva, em até noventa dias a contar do fechamento do negócio. Antes do pagamento da segunda parcela, Mário celebra, com terceiros, contratos de promessa de locação do imóvel por temporada, recebendo a metade de cada aluguel antecipadamente. Renato, ao tomar conhecimento de que Mário havia celebrado as promessas de locação por temporada, percebeu que o imóvel possuía esse potencial de exploração. Em virtude disso, Renato arrependeu-se do negócio e, antes do vencimento da segunda parcela do preço, notificou o comprador e o corretor, dando o negócio por desfeito. Com base na hipótese formulada, assinale a afirmativa correta.

(A) O vendedor perde o sinal pago para o comprador, porém nada mais lhe pode ser exigido, não sendo devida a comissão do corretor, já que o negócio foi desfeito antes de aperfeiçoar-se.

(B) O vendedor perde o sinal pago para o comprador, porém nada mais lhe pode ser exigido pelo comprador. Contudo, é devida a comissão do corretor, não obstante o desfazimento do negócio antes de aperfeiçoar-se.

6. DIREITO CIVIL   385

(C) O vendedor perde o sinal pago e o comprador pode exigir uma indenização pelos prejuízos a que a desistência deu causa, se o seu valor superar o do sinal dado, não sendo devida a comissão do corretor, já que o negócio foi desfeito antes de aperfeiçoar-se.

(D) O vendedor perde o sinal pago e o comprador pode exigir uma indenização pelos prejuízos a que a desistência deu causa, se o seu valor superar o do sinal dado, sendo devida a comissão do corretor, não obstante o desfazimento do negócio antes de aperfeiçoar-se.

A a **D:** somente a alternativa "D" está correta pois, como havia cláusula de irretratabilidade (ou seja, não havia o direito de arrependimento), não incide a proibição de indenização suplementar prevista no art. 420 do CC, prevalecendo a regra do art. 419 do CC, que admite que a parte inocente peça indenização suplementar; e, quanto à questão do corretor, este tem direito de ser remunerado pelo trabalho de aproximação e fechamento do negócio que fez, pouco importando seu desfazimento posterior.
Gabarito "D".

(OAB/Exame Unificado – 2015.2) Carlos Pacheco e Marco Araújo, advogados recém-formados, constituem a sociedade P e A Advogados. Para fornecer e instalar todo o equipamento de informática, a sociedade contrata José Antônio, que, apesar de não realizar essa atividade de forma habitual e profissional, comprometeu-se a adimplir sua obrigação até o dia 20/02/2015, mediante o pagamento do valor de R$ 50.000,00 (cinquenta mil reais) no ato da celebração do contrato. O contrato celebrado é de natureza paritária, não sendo formado por adesão. A cláusula oitava do referido contrato estava assim redigida: "O total inadimplemento deste contrato por qualquer das partes ensejará o pagamento, pelo infrator, do valor de R$ 50.000,00 (cinquenta mil reais)". Não havia, no contrato, qualquer outra cláusula que se referisse ao inadimplemento ou suas consequências. No dia 20/02/2015, José Antônio telefona para Carlos Pacheco e lhe comunica que não vai cumprir o avençado, pois celebrou com outro escritório de advocacia contrato por valor superior, a lhe render maiores lucros. Sobre os fatos narrados, assinale a afirmativa correta.

(A) Diante da recusa de José Antônio a cumprir o contrato, a sociedade poderá persistir na exigência do cumprimento obrigacional ou, alternativamente, satisfazer-se com a pena convencional.

(B) A sociedade pode pleitear o pagamento de indenização superior ao montante fixado na cláusula oitava, desde que prove, em juízo, que as perdas e os danos efetivamente sofridos foram superiores àquele valor.

(C) A sociedade pode exigir o cumprimento da cláusula oitava, classificada como cláusula penal moratória, juntamente com o desempenho da obrigação principal.

(D) Para exigir o pagamento do valor fixado na cláusula oitava, a sociedade deverá provar o prejuízo sofrido.

A: correta, pois essa é uma alternativa a benefício do credor (art. 410 do CC); **B:** incorreta; de acordo com o art. 416, parágrafo único, do CC não é possível se exigir indenização suplementar à cláusula pena fixada, caso não haja convenção expressa nesse sentido, sendo que o enunciado da questão deixou claro que não havia qualquer outra cláusula adicional quanto ao inadimplemento da obrigação; **C:** incorreta, pois ou se escolhe cobrar a multa pela inadimplemento absoluto ou se

escolhe exigir o cumprimento da obrigação, tratando-se de alternativa a benefício do credor (art. 410 do CC); **D:** incorreta; de acordo com o art. 416 do CC, "para exigir a pena convencional, não é necessário que o credor alegue prejuízo".
Gabarito "A".

(OAB/Exame Unificado – 2015.1) Joana deu seu carro a Lúcia, em comodato, pelo prazo de 5 dias, findo o qual Lúcia não devolveu o veículo. Dois dias depois, forte tempestade danificou a lanterna e o para-choque dianteiro do carro de Joana. Inconformada com o ocorrido, Joana exigiu que Lúcia a indenizasse pelos danos causados ao veículo.

Diante do fato narrado, assinale a afirmativa correta.

(A) Lúcia incorreu em inadimplemento absoluto, pois não cumpriu sua prestação no termo ajustado, o que inutilizou a prestação para Joana.

(B) Lúcia não está em mora, pois Joana não a interpelou, judicial ou extrajudicialmente.

(C) Lúcia deve indenizar Joana pelos danos causados ao veículo, salvo se provar que os mesmos ocorreriam ainda que tivesse adimplido sua prestação no termo ajustado.

(D) Lúcia não responde pelos danos causados ao veículo, pois foram decorrentes de força maior.

A: incorreta, pois a não devolução do veículo no prazo não torna a sua entrega futura imprestável, diferentemente por exemplo se se tratasse da obrigação de entrega de um bolo de casamento, que, não entregue no prazo, tornaria imprestável a entrega depois do casamento; **B:** incorreta, pois o comodato mencionado na questão é com prazo certo e, portanto, a mora incorre de pleno direito, independentemente, portanto, de interpelação judicial ou extrajudicial; **C:** correta, nos termos do art. 399 do CC; **D:** incorreta, pois, estando em mora, essa alegação não procede, nos termos do art. 399 do CC, só havendo isenção de responsabilidade do devedor se este conseguisse provar que o dano sobreviria ainda quando a obrigação fosse oportunamente desempenhada.
Gabarito "C".

(OAB/Exame Unificado – 2014.3) Donato, psiquiatra de renome, era dono de uma extensa e variada biblioteca, com obras de sua área profissional, importadas e raras. Com sua morte, seus três filhos, Hugo, José e Luiz resolvem alienar a biblioteca à Universidade do Estado, localizada na mesma cidade em que o falecido residia. Como Hugo vivia no exterior e José em outro estado, ambos incumbiram Luiz de fazer a entrega no prazo avençado. Luiz, porém, mais preocupado com seus próprios negócios, esqueceu-se de entregar a biblioteca à Universidade, que, diante da mora, notificou José para exigir-lhe o cumprimento integral em 48 horas, sob pena de resolução do contrato em perdas e danos.

Nesse contexto, assinale a afirmativa correta.

(A) José deve entregar a biblioteca no prazo designado pela Universidade, se quiser evitar a resolução do contrato em perdas e danos.

(B) Não tendo sido ajustada solidariedade, José não está obrigado a entregar todos os livros, respondendo, apenas, pela sua cota parte.

(C) Como Luiz foi incumbido da entrega, a Universidade não poderia ter notificado José, mas deveria ter interpelado Luiz.

(D) Tratando-se de três devedores, a Universidade não poderia exigir de um só o pagamento; logo, deveria ter notificado simultaneamente os três irmãos.

A: correta; tratando-se a biblioteca de bem indivisível, cada um dos devedores será obrigado pela dívida toda (art. 259, *caput*, do CC); **B, C e D:** incorretas, pois, conforme mencionado, por força de lei, os três são obrigados pela dívida toda (art. 259, *caput*, do CC).
Gabarito "A".

(OAB/Exame Unificado – 2013.1) Luis, produtor de soja, firmou contrato de empréstimo de um trator com seu vizinho João. No contrato, Luis se comprometeu a devolver o trator 10 dias após o término da colheita. Restou ainda acordado um valor para a hipótese de atraso na entrega.

Considerando o caso acima, assinale a afirmativa correta.

(A) Caracterizada a mora na devolução do trator, Luis responderá pelos prejuízos decorrentes de caso fortuito ou de força maior, salvo se comprovar que o dano ocorreria mesmo se houvesse cumprido sua obrigação na forma ajustada.

(B) Por se tratar de hipótese de mora pendente, é indispensável a interpelação judicial ou extrajudicial para que João constitua Luis em mora.

(C) Luis, ainda que agindo dolosamente, não terá responsabilidade pela conservação do trator na hipótese de João recusar-se a receber o bem na data ajustada.

(D) Não caracteriza mora a hipótese de João se recusar a receber o trator na data avençada para não comprometer o espaço físico de seu galpão, vez que é necessária a comprovação de sua culpa e a ausência de justo motivo.

A: correta (art. 399 do CC); **B:** incorreta, pois, não havendo termo (data certa), a mora pode se constituir mediante interpelação judicial ou extrajudicial (art. 397, parágrafo único, do CC); **C:** incorreta, pois somente o devedor isento de dolo ("sem dolo") fica livre de responder quando há mora do credor em receber a coisa na data ajustada (art. 400 do CC); **D:** incorreta, pois, combinada uma data avençada, o credor deve receber a coisa, não podendo alegar problemas próprios (no caso, ausência de espaço físico) para fugir de sua responsabilidade (art. 394 do CC).
Gabarito "A".

(OAB/Exame Unificado – 2010.2) João prometeu transferir a propriedade de uma coisa certa, mas antes disso, sem culpa sua, o bem foi deteriorado. Segundo o Código Civil, ao caso de João aplica-se o seguinte regime jurídico:

(A) a obrigação fica resolvida, com a devolução de valores eventualmente pagos.

(B) a obrigação subsiste, com a entrega da coisa no estado em que se encontra.

(C) a obrigação subsiste, com a entrega da coisa no estado em que se encontra e abatimento no preço proporcional à deterioração.

(D) a obrigação poderá ser resolvida, com a devolução de valores eventualmente pagos, ou subsistir, com a entrega da coisa no estado em que se encontra e abatimento no preço proporcional à deterioração, cabendo ao credor a escolha de uma dentre as duas soluções.

De acordo com o art. 235 do Código Civil "deteriorada a coisa, não sendo o devedor culpado, poderá o credor resolver a obrigação, ou aceitar a coisa, abatido de seu preço o valor que perdeu". Assim sendo, somente a alternativa "D" está correta, pois compete ao credor da obrigação escolher entre resolvê-la, recebendo o dinheiro que tiver pago de volta, ou pedir a entrega da coisa, com abatimento proporcional de seu preço.
Gabarito "D".

(OAB/Exame Unificado – 2019.3) Lucas, interessado na aquisição de um carro seminovo, procurou Leonardo, que revende veículos usados.

Ao final das tratativas, e para garantir que o negócio seria fechado, Lucas pagou a Leonardo um percentual do valor do veículo, a título de sinal. Após a celebração do contrato, porém, Leonardo informou a Lucas que, infelizmente, o carro que haviam negociado já havia sido prometido informalmente para um outro comprador, velho amigo de Leonardo, motivo pelo qual Leonardo não honraria a avença.

Frustrado, diante do inadimplemento de Leonardo, Lucas procurou você, como advogado(a), para orientá-lo.

Nesse caso, assinale a opção que apresenta a orientação dada.

(A) Leonardo terá de restituir a Lucas o valor pago a título de sinal, com atualização monetária, juros e honorários de advogado, mas não o seu equivalente.

(B) Leonardo terá de restituir a Lucas o valor pago a título de sinal, mais o seu equivalente, com atualização monetária, juros e honorários de advogado.

(C) Leonardo terá de restituir a Lucas apenas metade do valor pago a título de sinal, pois informou, tão logo quanto possível, que não cumpriria o contrato.

(D) Leonardo não terá de restituir a Lucas o valor pago a título de sinal, pois este é computado como início de pagamento, o qual se perde em caso de inadimplemento.

A: incorreta, pois além da atualização monetária, juros e honorários de advogado, Leonardo também terá de devolver o equivalente (art. 418 CC); **B:** correta (art. 418 CC); **C:** incorreta, pois não há que se falar em devolução de metade e o fato de ter comunicado tão logo quanto possível não tem relevância. Precisará devolver o equivalente mais atualização monetária segundo índices oficiais regularmente estabelecidos, juros e honorários de advogado (art. 418 CC); **D:** incorreta, pois terá de devolver as arras, pois elas apenas serão consideradas início de pagamento no caso do adimplemento do contrato. Como o contrato não foi concluído por culpa de quem recebeu as arras, elas terão de ser devolvidas mais o equivalente somado a atualização monetária segundo índices oficiais regularmente estabelecidos, juros e honorários de advogado (art. 418 CC).
Gabarito "B".

(OAB/Exame XXXVII) Joana contratou Maria para fotografar a festa infantil de sua filha, Laura. No momento do contrato, Maria exigiu um sinal equivalente a 20% do preço pactuado para o serviço. O restante do preço seria pago após a festa, quando entregues as fotografias do evento.

Acontece que Maria não compareceu à festa de Laura, deixando de tirar as fotografias contratadas. Joana contratou, às pressas, outro fotógrafo e conseguiu registrar o evento a seu gosto. Entretanto, teve de pagar valores mais altos ao novo fotógrafo, o que lhe gerou prejuízos de ordem material.

Diante desse cenário, considerando-se que os danos de Joana se limitaram aos prejuízos materiais, assinale a afirmativa correta.

(A) Joana pode pedir a devolução dos 20% adiantados mais o equivalente, com atualização monetária, juros e honorários de advogado, mas não pode pedir indenização suplementar em nenhuma hipótese.

6. DIREITO CIVIL   387

(B) Joana pode pedir apenas a devolução dos 20% adiantados e indenização suplementar, independentemente da prova do prejuízo.

(C) Joana pode pedir a devolução dos 20% adiantados mais o equivalente, com atualização monetária, juros e honorários de advogado, e, se provar maior prejuízo, pode pedir indenização suplementar.

(D) Joana pode pedir a devolução dos 20%, acrescidos de atualização monetária, juros e honorários de advogado, sendo esse o máximo de indenização possível.

A: incorreta, pois Joana pode pedir indenização suplementar se provar maior prejuízo, valendo as arras como taxa mínima (art. 419, 1ª parte CC); **B:** incorreta, pois além da devolução dos 20% que pagou adiantado pode exigir sua devolução mais o equivalente, com atualização monetária segundo índices oficiais regularmente estabelecidos, juros e honorários de advogado (art. 418 CC). A indenização suplementar, porém, depende de provas de maiores prejuízos; **C:** correta (arts. 418 e 419 CC); **D:** incorreta, pois pode pedir indenização suplementar, se provar maior prejuízo, valendo as arras como taxa mínima. Pode, também, a parte inocente exigir a execução do contrato, com as perdas e danos, valendo as arras como o mínimo da indenização (art. 419 CC) GR
Gabarito "C".

(OAB/Exame XXXIX) Ana comprou de Miguel um carro usado, por R$ 60.000,00, e combinou de fazer o pagamento à vista, por PIX. Ocorre que, na hora de digitar a chave PIX de Miguel – seu número de celular –, Ana errou um dígito, e acabou enviando o pagamento, por coincidência, para uma pessoa chamada José Miguel.

Ao receber o comprovante, Miguel alertou a compradora para o equívoco. Ana, então, entrou imediatamente em contato com José Miguel por telefone, pedindo a restituição do valor transferido. Em seguida, encaminhou notificação extrajudicial, requerendo a restituição do valor. José Miguel, todavia, esquivou-se de fazê-lo, o que levou Ana a procurar você, como advogado, para orientá-la sobre o problema.

Sobre a orientação dada, assinale a afirmativa correta.

(A) O fato narrado configura doação de Ana a José Miguel, que ela somente poderia discutir por meio de ação anulatória, provando algum dos defeitos dos negócios jurídicos.

(B) Em eventual ação de Ana contra José Miguel, provando a autora o erro no pagamento, deve o réu ser condenado a restituir à autora apenas a quantia nominal indevidamente recebida.

(C) Em eventual ação de Ana contra José Miguel, provando a autora o erro no pagamento, deve o réu ser condenado a restituir à autora a quantia indevidamente recebida, com os acréscimos da mora, desde a data do fato, cabendo a ele, todavia, eventuais rendimentos que tenha auferido por ter investido o montante.

(D) Em eventual ação de Ana contra José Miguel, provando a autora o erro no pagamento, deve o réu ser condenado a restituir a quantia indevidamente recebida, com os acréscimos da mora, desde a data do fato, bem como eventuais rendimentos que José Miguel tenha auferido por ter investido o montante, vez que se considera possuidor de má-fé.

A: incorreta, pois o ato não configura doação, mas sim pagamento indevido. Provando Ana que fez o pagamento por erro, José Miguel será obrigado a restituí-lo (arts. 877 e 876 CC); **B:** incorreta, pois deverá restituir a quantia recebida mais a atualização dos valores monetários (art. 884 *caput* CC); **C:** incorreta, pois os acréscimos da mora (frutos) caberão à Ana, uma vez que José Miguel é considerado possuidor de má-fé (art. 878 CC); **D:** correta (arts. 876, 878 e 395 *caput* CC). GR
Gabarito "D".

3.4. Atos unilaterais, preferências e privilégios creditórios

(OAB/Exame Unificado – 2013.2) Diante de chuva forte e inesperada, Márcio constatou a inundação parcial da residência de sua vizinha Bianca, fato este que o levou a contratar serviços de chaveiro, bombeamento d'água e vigilância, de modo a evitar maiores prejuízos materiais até a chegada de Bianca.

Utilizando-se do quadro fático fornecido pelo enunciado, assinale a afirmativa correta.

(A) A falta de autorização expressa de Bianca a Márcio para a prática dos atos de preservação dos bens autoriza aquela a exigir reparação civil deste.

(B) Bianca não estará obrigada a adimplir os serviços contratados por Márcio, cabendo a este a quitação dos contratados.

(C) Se Márcio se fizer substituir por terceiro até a chegada de Bianca, promoverá a cessação de sua responsabilidade transferindo-a ao terceiro substituto.

(D) Os atos de solidariedade e espontaneidade de Márcio na proteção dos bens de Bianca são capazes de gerar a responsabilidade desta em reembolsar as despesas necessárias efetivadas, acrescidas de juros legais.

A e B: incorretas, pois é justamente o contrário, ou seja, o gestor de negócios tem direito de ser reembolsado, com acréscimo de juros legais (arts. 869, *caput*, e 870 do CC); **C:** incorreta, pois se o gestor se fizer substituir por outrem, responderá sim pela falta do substituto (art. 867 do CC); **D:** correta (arts. 869, *caput*, e 870 do CC).
Gabarito "D".

(OAB/Exame Unificado – 2008.1) No que concerne aos atos unilaterais, às preferências e privilégios creditórios, assinale a opção correta.

(A) Aquele que estipula uma gratificação pela prestação de determinado serviço anunciado publicamente e dirigido a todos fica obrigado a cumprir a recompensa a todas as pessoas que executarem a ação recompensável da maneira por ele esperada.

(B) O pagamento indevido faz surgir, para aquele que recebeu indevidamente, a obrigação de restituir, seja espontaneamente ou por meio da ação de repetição de indébito.

(C) O gestor de negócios alheios age voluntariamente no interesse do dono do negócio e de acordo com a vontade declarada deste, que será obrigado a indenizar os prejuízos sofridos pelo gestor, além das despesas úteis e necessárias realizadas.

(D) A insolvência civil gera a declaração de insolvência e esta implica a execução dos bens do devedor não empresário por concurso universal de credores, sem qualquer preferência ou privilégio, ou seja, todos os credores devem concorrer em igualdade de condições, respeitada a proporcionalidade de seus créditos.

A: incorreta (art. 857 do CC); **B:** correta. De fato, aquele que recebeu o pagamento que não lhe era devido, com base no princípio de vedação ao enriquecimento ilícito, deverá restituir o que recebeu; **C:** incorreta (art. 861 do CC); **D:** incorreta (art. 956 do CC).
Gabarito "B".

4. CONTRATOS

4.1. Teoria geral dos contratos

(OAB/Exame Unificado – 2018.2) Jorge, engenheiro e construtor, firma, em seu escritório, contrato de empreitada com Maria, dona da obra. Na avença, foi acordado que Jorge forneceria os materiais da construção e concluiria a obra, nos termos do projeto, no prazo de seis meses. Acordou-se, também, que o pagamento da remuneração seria efetivado em duas parcelas: a primeira, correspondente à metade do preço, a ser depositada no prazo de 30 (trinta) dias da assinatura do contrato; e a segunda, correspondente à outra metade do preço, no ato de entrega da obra concluída.

Maria, cinco dias após a assinatura da avença, toma conhecimento de que sobreveio decisão em processo judicial que determinou a penhora sobre todo o patrimônio de Jorge, reconhecendo que este possui dívida substancial com um credor que acaba de realizar ato de constrição sobre todos os seus bens (em virtude do valor elevado da dívida).

Diante de tal situação, Maria pode

(A) recusar o pagamento do preço até que a obra seja concluída ou, pelo menos, até o momento em que o empreiteiro prestar garantia suficiente de que irá realizá-la.

(B) resolver o contrato por onerosidade excessiva, haja vista que o fato superveniente e imprevisível tornou o acordo desequilibrado, afetando o sinalagma contratual.

(C) exigir o cumprimento imediato da prestação (atividade de construção), em virtude do vencimento antecipado da obrigação de fazer, a cargo do empreiteiro.

(D) desistir do contrato, sem qualquer ônus, pelo exercício do direito de arrependimento, garantido em razão da natureza de contrato de consumo.

A questão não trata de Contrato de Empreitada. Trata, a rigor, da hipótese de fundada dúvida sobre a situação patrimonial da outra parte contratual. Assim, *"Se, depois de concluído o contrato, sobrevier a uma das partes contratantes diminuição em seu patrimônio capaz de comprometer ou tornar duvidosa a prestação pela qual se obrigou, pode a outra recusar-se à prestação que lhe incumbe, até que aquela satisfaça a que lhe compete ou dê garantia bastante de satisfazê-la"* (CC, art. 477).Percebe-se que Maria tem o direito de recusar o pagamento do preço até que a obra seja concluída ou, pelo menos, até o momento em que o empreiteiro prestar garantia suficiente de que irá realizá-la. GN
Gabarito "A".

(OAB/Exame Unificado – 2017.2) Juliana, por meio de contrato de compra e venda, adquiriu de Ricardo, profissional liberal, um carro seminovo (30.000 km) da marca Y pelo preço de R$ 24.000,00. Ficou acertado que Ricardo faria a revisão de 30.000 km no veículo antes de entregá-lo para Juliana no dia 23 de janeiro de 2017. Ricardo, porém, não realizou a revisão e omitiu tal fato de Juliana, pois acreditava que não haveria qualquer problema, já que, aparentemente, o carro funcionava bem.

No dia 23 de fevereiro de 2017, Juliana sofreu acidente em razão de defeito no freio do carro, com a perda total do veículo. A perícia demostrou que a causa do acidente foi falha na conservação do bem, tendo em vista que as pastilhas do freio não tinham sido trocadas na revisão de 30.000 km, o que era essencial para a manutenção do carro.

Considerando os fatos, assinale a afirmativa correta.

(A) Ricardo não tem nenhuma responsabilidade pelo dano sofrido por Juliana (perda total do carro), tendo em vista que o carro estava aparentemente funcionando bem no momento da tradição.

(B) Ricardo deverá ressarcir o valor das pastilhas de freio, nada tendo a ver com o acidente sofrido por Juliana.

(C) Ricardo é responsável por todo o dano sofrido por Juliana, com a perda total do carro, tendo em vista que o perecimento do bem foi devido a vício oculto já existente ao tempo da tradição.

(D) Ricardo deverá ressarcir o valor da revisão de 30.000 km do carro, tendo em vista que ela não foi realizada conforme previsto no contrato.

A: incorreta, pois o vício nas pastilhas do freio é um típico vício redibitório e a ignorância de Ricardo quanto a este problema não afasta sua responsabilidade (CC, art. 443); **B:** incorreta, pois a solução legal para tal problema é a devolução integral do valor da compra(CC, arts. 441 e 442); **C:** correta, pois *"a responsabilidade do alienante subsiste ainda que a coisa pereça em poder do alienatário, se perecer por vício oculto, já existente ao tempo da tradição"* (CC, art. 444); **D:** incorreta, pois Ricardo responde pelo valor integral do veículo e não apenas pelo valor da revisão. GN
Gabarito "C".

(OAB/Exame Unificado – 2013.3) José celebrou com Maria um contrato de compra e venda de imóvel, no valor de R$100.000,00, quantia paga à vista, ficando ajustada entre as partes a exclusão da responsabilidade do alienante pela evicção. A respeito desse caso, vindo a adquirente a perder o bem em decorrência de decisão judicial favorável a terceiro, assinale a afirmativa correta.

(A) Tal cláusula, que exonera o alienante da responsabilidade pela evicção, é vedada pelo ordenamento jurídico brasileiro.

(B) Não obstante a cláusula de exclusão da responsabilidade pela evicção, se Maria não sabia do risco, ou, dele informada, não o assumiu, deve José restituir o valor que recebeu pelo bem imóvel.

(C) Não obstante a cláusula de exclusão da responsabilidade pela evicção, Maria, desconhecendo o risco, terá direito à dobra do valor pago, a título de indenização pelos prejuízos dela resultantes.

(D) O valor a ser restituído para Maria será aquele ajustado quando da celebração do negócio jurídico, atualizado monetariamente, sendo irrelevante se tratar de evicção total ou parcial.

A: incorreta, pois as partes podem livremente excluir a responsabilidade pela evicção (art. 448 do CC); **B:** correta (art. 449 do CC). **C:** incorreta, pois caso Maria desconheça o risco ela apenas tem o direito de receber o preço que pagou pela coisa evicta, não havendo que se falar em dobro do valor a título de indenização (art. 449 do CC); **D:** incorreta, pois o

6. DIREITO CIVIL — 389

valor a ser restituído, seja a evicção total ou parcial, será o do valor da coisa, na época em que se venceu, e proporcional ao desfalque sofrido, no caso de evicção parcial (art. 450, parágrafo único do CC).

Gabarito "B".

(OAB/Exame Unificado – 2013.2) Visando ampliar sua linha de comércio, Mac Geral & Companhia adquiriu de AC Industrial S.A. mil unidades do equipamento destinado à fabricação de churros. Dentre as cláusulas contratuais firmadas pelas partes, fez-se inserir a obrigação de Mac Geral & Companhia realizar o transporte dos equipamentos, exclusivamente e ao preço de R$100,00 por equipamento, por meio de Rota Transportes Ltda., pessoa estranha ao instrumento contratual assinado.

Com relação aos contratos civis, assinale a afirmativa incorreta.

(A) AC Industrial S.A. poderá exigir de Mac Geral & Companhia o cumprimento da obrigação firmada em favor de Rota Transportes Ltda.

(B) Ao exigir o cumprimento da obrigação, Rota Transportes Ltda. deverá efetuar o transporte ao preço previamente ajustado pelas partes contratantes.

(C) Somente Rota Transportes Ltda. poderá exigir o cumprimento da obrigação.

(D) AC Industrial S/A poderá reservar-se o direito de substituir Rota Transportes Ltda., independentemente de sua anuência ou de Mac Geral & Companhia.

A: correta, pois o enunciado deixa claro que no contrato entre Mac Geral e AC há obrigação da primeira de realizar o transporte por meio da Rota Transportes; vale lembrar, também, que aquele (no caso, a AC) que estipula em favor de terceiro (no caso, a Rota) pode exigir o cumprimento da obrigação (art. 436, *caput*, do CC); **B:** correta, pois o terceiro em favor de quem se estipulou uma obrigação (no caso, a Rota) pode exigi-la, mas fica "sujeito às condições e normas do contrato" (art. 436, parágrafo único, do CC), o que inclui a questão do preço; **C:** incorreta, devendo a alternativa ser assinalada; isso porque, como se viu, aquele (no caso, a AC) que estipula em favor de terceiro pode exigir o cumprimento da obrigação (art. 436, *caput*, do CC); **D:** correta, nos termos do art. 438, *caput*, do CC.

Gabarito "C".

(OAB/Exame Unificado – 2012.3.A) Em 12.09.12, Sílvio adquiriu de Maurício, por contrato particular de compra e venda, um automóvel, ano 2011, por R$ 34.000,00 (trinta e quatro mil reais). Vinte dias após a celebração do negócio, Sílvio tomou conhecimento que o veículo apresenta avarias na suspensão dianteira, tornando seu uso impróprio pela ausência de segurança.

Considerando que o vício apontado existia ao tempo da contratação, de acordo com a hipótese acima e as regras de direito civil, assinale a afirmativa correta.

(A) Sílvio terá o prazo de doze meses, após o conhecimento do defeito, para reclamar a Maurício o abatimento do preço pago ou desfazimento do negócio jurídico em virtude do vício oculto.

(B) Maurício deverá restituir o valor recebido e as despesas decorrentes do contrato se, no momento da venda, desconhecesse o defeito na suspensão dianteira do veículo.

(C) Caso Silvio e Maurício estabeleçam no contrato cláusula de garantia pelo prazo de 90 dias, o prazo decadencial legal para reclamação do vício oculto

correrá independentemente do prazo da garantia estipulada.

(D) Caso Silvio e Maurício tenham inserido no contrato de compra e venda cláusula que exclui a responsabilidade de Maurício pelo vício oculto, persistirá a irresponsabilidade de Maurício mesmo que este tenha agido com dolo positivo.

A: incorreta; primeiro porque o prazo máximo para ter ciência do vício é de 180 dias (art. 445, § 1.º, do CC), prazo que já se findou; segundo porque, tomando conhecimento dentro do prazo de 180 dias, o adquirente, tratando-se de bem móvel tem 30 dias para reclamar (art. 445, *caput*, do CC); **B:** correta (art. 443 do CC); **C:** incorreta, pois o prazo de garantia legal (decadência legal) não corre (não se inicia) na constância do prazo de garantia voluntária (garantia contratual), nos termos do art. 446 do CC; **D:** incorreta, pois, havendo dolo positivo, caracterizado pela intenção de prejudicar, está-se diante de grave ato ilícito (arts. 186 e 443, primeira parte, do CC) e de impedimento de Maurício alegar a própria torpeza, podendo Silvio pleitear indenização por perdas e danos.

Gabarito "B".

(OAB/Exame Unificado – 2012.2) Embora sujeito às constantes mutações e às diferenças de contexto em que é aplicado, o conceito tradicional de contrato sugere que ele representa o acordo de vontades estabelecido com a finalidade de produzir efeitos jurídicos. Tomando por base a teoria geral dos contratos, assinale a afirmativa correta.

(A) A celebração de contrato atípico, fora do rol contido na legislação, não é lícita, pois as partes não dispõem da liberdade de celebrar negócios não expressamente regulamentados por lei.

(B) A atipicidade contratual é possível, mas, de outro lado, há regra específica prevendo não ser lícita a contratação que tenha por objeto a herança de pessoa viva, seja por meio de contrato típico ou não.

(C) A liberdade de contratar é limitada pela função social do contrato e os contratantes deverão guardar, assim na conclusão, como em sua execução, os princípios da probidade e da boa-fé subjetiva, princípios esses ligados ao voluntarismo e ao individualismo que informam o nosso Código Civil.

(D) Será obrigatoriamente declarado nulo o contrato de adesão que contiver cláusulas ambíguas ou contraditórias.

A: incorreta, pois é lícito às partes estipular contratos atípicos, observadas as normas gerais do Código Civil (art. 425 do CC); **B:** correta (arts. 425 e 426 do CC); **C:** incorreta, pois os princípios da função social dos contratos e da boa-fé estão ligados às diretrizes de sociabilidade do Código Civil, e não de individualidade; ademais, o princípio adequado é o princípio da boa-fé objetiva (art. 422 do CC), e não da boa-fé subjetiva; **D:** incorreta, pois, nesse caso, as cláusulas serão interpretadas de modo mais favorável ao aderente, não sendo consideradas nulas (art. 423 do CC).

Gabarito "B".

(OAB/Exame Unificado – 2010.2) Durante dez anos, empregados de uma fabricante de extrato de tomate distribuíram, gratuitamente, sementes de tomate entre agricultores de certa região. A cada ano, os empregados da fabricante procuravam os agricultores, na época da colheita, para adquirir a safra produzida. No ano de 2009, a fabricante distribuiu as sementes, como sempre fazia, mas não retornou para adquirir a safra. Procurada pelos agricultores, a fabricante recusou-se a efetuar a compra.

O tribunal competente entendeu que havia responsabilidade pré-contratual da fabricante. A responsabilidade pré-contratual é aquela que:

(A) deriva da violação à boa-fé objetiva na fase das negociações preliminares à formação do contrato.

(B) deriva da ruptura de um pré-contrato, também chamado contrato preliminar.

(C) surgiu, como instituto jurídico, em momento histórico anterior à responsabilidade contratual.

(D) segue o destino da responsabilidade contratual, como o acessório segue o principal.

Há de se separar bem três situações: a) fase de negociações preliminares à formação do contrato; b) contrato preliminar; c) contrato definitivo. O caso narrado no enunciado revela que os envolvidos, no ano de 2009, chegaram à fase de negociações preliminares. Não houve nem contrato preliminar (pois este depende de uma combinação de fazer contrato futuro, já se acertando todos os elementos do contrato futuro, inclusive o preço), nem, muito menos, contrato definitivo. Todavia, a doutrina e a jurisprudência evoluíram no sentido de dar mais responsabilidades aos envolvidos na fase de negociações preliminares. Com base no *princípio da boa-fé*, entendendo-se que, se na fase das negociações preliminares forem criadas *fortes expectativas* em um dos negociantes, gerando inclusive despesas de sua parte, o outro negociante deverá responder segundo a chamada *responsabilidade pré-contratual*, instituto jurídico que se aplica apenas à fase de negociações preliminares, daí o nome "pré-contratual". Assim, apenas a alternativa "A" está correta, valendo transcrever trecho da obra de Maria Helena Diniz sobre o assunto: *"Todavia, é preciso deixar bem claro que, apesar de faltar obrigatoriedade aos entendimentos preliminares, pode surgir, excepcionalmente, a responsabilidade civil para os que deles participam, não no campo da culpa contratual, mas no da aquiliana. Portanto, apenas na hipótese de um dos participantes criar no outro a expectativa de que o negócio será celebrado, levando-o a despesas, a não contratar com terceiro ou a alterar planos de sua atividade imediata, e depois desistir, injustificada e arbitrariamente, causando-lhe sérios prejuízos, terá, por isso, a obrigação de ressarcir todos os danos. Na verdade, há uma responsabilidade pré-contratual, que dá certa relevância jurídica aos acordos preparatórios, fundada não só no princípio de que os interessados deverão comportar-se de boa-fé, prestando informações claras e adequadas sobre as condições do negócio (...), mas também nos arts. 186 e 927 do Código Civil, que dispõem que todo aquele que, por ação ou omissão, dolosa ou culposa, causar prejuízo a outrem fica obrigado a reparar o dano"* (**Curso de Direito Civil Brasileiro**, vol. 3, 26. ed., São Paulo: Saraiva, p. 42, 2010).

Gabarito "A".

(OAB/Exame Unificado – 2010.1) No que diz respeito à extinção dos contratos, assinale a opção correta.

(A) Na resolução por onerosidade excessiva, não é necessária a existência de vantagem da outra parte, bastando que a prestação de uma das partes se torne excessivamente onerosa.

(B) A resolução por inexecução voluntária do contrato produz efeitos *ex tunc* se o contrato for de execução continuada.

(C) Ainda que a inexecução do contrato seja involuntária, a resolução ensejará o pagamento das perdas e danos para a parte prejudicada.

(D) A eficácia da resolução unilateral de determinado contrato independe de pronunciamento judicial e produz efeitos *ex nunc*.

A: incorreta. É necessária a vantagem da outra parte. "Art. 478. Nos contratos de execução continuada ou diferida, se a prestação de uma das

partes se tornar excessivamente onerosa, com extrema vantagem para a outra, em virtude de acontecimentos extraordinários e imprevisíveis, poderá o devedor pedir a resolução do contrato. Os efeitos da sentença que a decretar retroagirão à data da citação."; **B:** incorreta. Nesse caso, a resolução possui efeitos *ex nunc*. Ensina a doutrina: "Tal resolução por inexecução voluntária, que impossibilita a prestação por culpa do devedor, tanto na obrigação de dar como na de fazer ou de não fazer, produz os seguintes efeitos: 1.º extingue o contrato retroativamente, visto que opera *ex tunc*, se o contrato for de execução única, apagando todas as consequências jurídicas produzidas, restituindo-se as prestações cumpridas, e *ex nunc*, se o contrato for de duração ou execução continuada, caso em que não se restituirão as prestações já efetivadas, pois a resolução não terá efeito relativamente ao passado (...)" (Maria Helena Diniz. **Direito civil brasileiro**. vol. 3. 22. ed., São Paulo: Saraiva, 2006, p. 168); **C:** incorreta. A inexecução contratual involuntária exime das perdas e danos. Ensina a doutrina: "A total inexecução contratual pode advir, algumas vezes, de fatos alheios à vontade dos contratantes, que impossibilitam o cumprimento da obrigação que incumbe a um deles, operando-se de pleno direito, então, a resolução do contrato, sem ressarcimento das perdas e danos, por ser esta uma sanção aplicada a quem agiu culposamente, e sem intervenção judicial, exonerando-se o devedor do liame obrigacional" (*Idem, ibidem*, p. 169); **D:** correta. A resilição unilateral do contrato está prevista no art. 473 do CC e se opera mediante denúncia notificada à outra parte, com efeitos *ex nunc*. Os efeitos se produzem independentemente de pronunciamento judicial, como ensina a doutrina: "A resilição unilateral dos contratos não requer, para a sua eficácia, pronunciamento judicial. Produz tão somente efeitos *ex nunc*, não operando retroativamente, de sorte que não haverá restituição das prestações cumpridas, uma vez que as consequências jurídicas já produzidas permanecerão inalteráveis" (*Idem, ibidem*, p. 175).

Gabarito "D".

(OAB/Exame Unificado – 2018.3) Renata financiou a aquisição de seu veículo em 36 parcelas e vinha pagando pontualmente todas as prestações. Entretanto, a recente perda de seu emprego fez com que não conseguisse manter em dia a dívida, tendo deixado de pagar, justamente, as duas últimas prestações (35ª e 36ª).

O banco que financiou a aquisição, diante do inadimplemento, optou pela resolução do contrato.

Tendo em vista o pagamento das 34 parcelas anteriores, pode-se afirmar que a conduta da instituição financeira viola o princípio da boa-fé, em razão do(a)

(A) dever de mitigar os próprios danos.

(B) proibição de comportamento contraditório (venire contra factum proprium).

(C) adimplemento substancial.

(D) dever de informar.

A: incorreta, pois na responsabilidade contratual, diante do inadimplemento, impõe-se ao devedor o dever de indenizar os prejuízos ao credor (art. 389 CC). A teoria do dever de mitigar o próprio dano questiona se o devedor é responsável inclusive pelo prejuízo que poderia ser evitado pelo credor mediante esforço razoável. A história trazida não se encaixa em nada nessa hipótese; **B:** incorreta, pois quando falamos em *venire contra factum proprium* temos quatro elementos: comportamento, geração de expectativa, investimento na expectativa gerada e comportamento contraditório. Neste passo, Renata não apresentou comportamento contraditório, uma vez que sua intenção era de pagar o carro até o final. Apenas não o fez por circunstâncias alheias a sua vontade, isto é, a perda do emprego (art. 422 CC); **C:** correta, pois essa teoria sustenta que não se deve considerar resolvida a obrigação quando a atividade do devedor, embora não tenha sido perfeita ou não atingido plenamente o fim proposto, aproxima-se consideravelmente do seu resultado final. Decorre do princípio da boa-fé e da função social do contrato (art. 422 CC); **D:** incorreta, pois o problema da hipótese trazida não foi falta de informação e sim desproporção da conduta do banco frente ao adimplemento quase que completo de Renata. O dever de informação decorre do princípio da boa-fé objetiva previsto no art. 113 CC, que porém nada tem a ver com o caso em questão. **GR**

Gabarito "C".

(OAB/Exame Unificado – 2019.1) Maria decide vender sua mobília para Viviane, sua colega de trabalho. A alienante decidiu desfazer-se de seus móveis porque, após um serviço de dedetização, tomou conhecimento que vários já estavam consumidos internamente por cupins, mas preferiu omitir tal informação de Viviane. Firmado o acordo, 120 dias após a tradição, Viviane descobre o primeiro foco de cupim, pela erupção que se formou em um dos móveis adquiridos.

Poucos dias depois, Viviane, após investigar a fundo a condição de toda a mobília adquirida, descobriu que estava toda infectada. Assim, 25 dias após a descoberta, moveu ação com o objetivo de redibir o negócio, devolvendo os móveis adquiridos, reavendo o preço pago, mais perdas e danos.

Sobre o caso apresentado, assinale a afirmativa correta.

(A) A demanda redibitória é tempestiva, porque o vício era oculto e, por sua natureza, só podia ser conhecido mais tarde, iniciando o prazo de 30 (trinta) dias da ciência do vício.

(B) Em vez de rejeitar a coisa, redibindo o contrato, deveria a adquirente reclamar abatimento no preço, em sendo o vício sanável.

(C) O pedido de perdas e danos não pode prosperar, porque o efeito da sentença redibitória se limita à restituição do preço pago, mais as despesas do contrato.

(D) A demanda redibitória é intempestiva, pois quando o vício só puder ser conhecido mais tarde, o prazo de 30 (trinta) dias é contado a partir da ciência, desde que dentro de 90 (noventa) dias da tradição.

A: correta, pois em se tratando de vício oculto o prazo para o adquirente perceber o vício é de 180 dias a contar da tradição. No caso, ela percebeu com 120 dias, então está dentro do limite. Percebido o vício, ela tem 30 dias para reclamar contados da data em que notou o problema. Como reclamou com 25 dias, a ação também é tempestiva (art. 445 caput e §1º CC); **B:** incorreta, pois a Lei dá a opção à adquirente sobre o que fazer, isto é, ela escolhe se quer rejeitar a coisa ou pedir o abatimento do preço. Não importa se o vício é sanável ou não (art. 442 CC); **C:** incorreta, pois o pedido de perdas e danos é válido, uma vez que a alienante sabia do vício. Logo, a alienante deve devolver o valor que recebeu, despesas de contrato mais perdas e danos (art. 443 CC); **D:** incorreta, pois a demanda é tempestiva, porque quando o vício só puder ser conhecido mais tarde, o prazo de 30 dias é contado a partir da ciência, desde que dentro de 180 dias da tradição (art. 445, §1º CC). **GR**

Gabarito "A".

4.2. Compra e venda

(OAB/Exame Unificado – 2015.2) Flávia vendeu para Quitéria seu apartamento e incluiu, no contrato de compra e venda, cláusula pela qual se reservava o direito de recomprá-lo no prazo máximo de 2 (dois) anos. Antes de expirado o referido prazo, Flávia pretendeu exercer seu direito, mas Quitéria se recusou a receber o preço. Sobre o fato narrado, assinale a afirmativa correta.

(A) A cláusula pela qual Flávia se reservava o direito de recomprar o imóvel é ilícita e abusiva, uma vez que Quitéria, ao se tornar proprietária do bem, passa a ter total e irrestrito poder de disposição sobre ele.

(B) A cláusula pela qual Flávia se reservava o direito de recomprar o imóvel é válida, mas se torna ineficaz diante da justa recusa de Quitéria em receber o preço devido.

(C) A disposição incluída no contrato é uma cláusula de preferência, a impor ao comprador a obrigação de oferecer ao vendedor a coisa, mas somente quando decidir vende-la.

(D) A disposição incluída no contrato é uma cláusula de retrovenda, entendida como o ajuste por meio do qual o vendedor se reserva o direito de resolver o contrato de compra e venda mediante pagamento do preço recebido e das despesas, recuperando a coisa imóvel.

A: incorreta, pois tem-se no caso instituto previsto expressamente no Código Civil – o instituto da retrovenda (art. 505 do CC), tratando-se de cláusula lícita portanto; **B:** incorreta, pois na retrovenda o comprador da coisa fica obrigado a aceitar que o vendedor dela a receba de volta, bastando que o vendedor pague ao comprador o preço de venda da coisa mais as despesas que o comprador teve, mesmo que este não esteja de acordo com a devolução da coisa (art. 505 do CC), podendo o vendedor ir a juízo para fazer valer essa cláusula caso o comprador se recuse a cumpri-la (art. 506 do CC); **C:** incorreta, pois aqui o vendedor tem direito de reaver a coisa a qualquer, no prazo previsto na cláusula de retrovenda, mesmo que o comprador não queira vender a coisa para alguém, o que difere a cláusula retrovenda da cláusula de preferência; **D:** correta, nos termos do art. 505 do CC.

Gabarito "D".

(OAB/Exame Unificado – 2012.3.B) José, comerciante, com dificuldades para pagar dívidas junto aos fornecedores, firmou com Moacir contrato de empréstimo na quantia de R$ 200.000,00 (duzentos mil reais) a ser pago no prazo de 12 meses. Chegando a data avençada, José, sem condição de pagar o empréstimo feito, resolveu vender sua fazenda por R$ 250.000,00 (duzentos e cinquenta mil reais) a seu amigo Jonas. Como a venda da fazenda foi celebrada somente para levantar fundos para o pagamento do empréstimo, José reservou, por cláusula contratual, o direito de recobrá-la.

Considerando a hipótese acima e as regras de Direito Civil, assinale a afirmativa correta.

(A) José poderá reaver a fazenda alienada a Jonas, desde que restitua o preço recebido e reembolse as despesas contratuais e as benfeitorias necessárias.

(B) A cláusula especial prevista no contrato de compra e venda confere a José o direito de desfazer a venda, reavendo a fazenda no prazo de quatro anos, podendo este ser prorrogado por igual período.

(C) O direito de resgate contra terceiro adquirente poderá ser exercido somente por José, não admitindo a lei, a cessão nem a transmissão aos herdeiros e legatários.

(D) O pacto adjeto ao contrato de compra e venda firmado por José e Jonas, permite a José recobrar a fazenda após constituir em mora Jonas, mediante interpelação judicial.

A: correta, nos termos do instituto da retrovenda (art. 505 do CC); **B:** incorreta, pois o prazo máximo que poderá ser convencionado para o exercício desse direito é de três anos (art. 505 do CC); **C:** incorreta, pois esse direito pode ser cessível e transmissível a herdeiros e legatários (art. 507 do CC); **D:** incorreta, pois a lei não exige interpelação judicial no caso (arts. 505 a 508 do CC).

Gabarito "A".

(OAB/Exame Unificado – 2012.3.A) Marcelo firmou com Augusto contrato de compra e venda de imóvel, tendo sido instituindo no contrato o pacto de preempção.

Acerca do instituto da preempção, assinale a afirmativa correta.

(A) Trata-se de pacto adjeto ao contrato de compra e venda em que Marcelo se reserva ao direito de recobrar o imóvel vendido a Augusto no prazo máximo de 3 anos, restituindo o preço recebido e reembolsando as despesas do comprador.

(B) Trata-se de pacto adjeto ao contrato de compra e venda em que Marcelo impõe a Augusto a obrigação de oferecer a coisa quando vender, ou dar em pagamento, para que use de seu direito de prelação na compra, tanto por tanto.

(C) Trata-se de pacto adjeto ao contrato de compra e venda em que Marcelo reserva para si a propriedade do imóvel até o momento em que Augusto realize o pagamento integral do preço.

(D) Trata-se de pacto adjeto ao contrato de compra e venda em que Marcelo, enquanto constituir faculdade de exercício, poderá ceder ou transferir por ato inter vivos.

A: incorreta, pois a definição dada na alternativa corresponde ao instituto da retrovenda (art. 505 do CC); **B:** correta (art. 513 do CC); **C:** incorreta, pois a definição dada na alternativa corresponde ao instituto da venda com reserva de domínio (art. 521 do CC); **D:** incorreta, pois a definição dada na alternativa não corresponde ao instituto da preempção ou direito de preferência (art. 513 do CC).

Gabarito "B".

(OAB/Exame Unificado – 2020.1) Antônio, divorciado, proprietário de três imóveis devidamente registrados no RGI, de valores de mercado semelhantes, decidiu transferir onerosamente um de seus bens ao seu filho mais velho, Bruno, que mostrou interesse na aquisição por valor próximo ao de mercado.

No entanto, ao consultar seus dois outros filhos (irmãos do pretendente comprador), um deles, Carlos, opôs-se à venda. Diante disso, bastante chateado com a atitude de Carlos, seu filho que não concordou com a compra e venda do imóvel, decidiu realizar uma doação a favor de Bruno.

Em face do exposto, assinale a afirmativa correta.

(A) A compra e venda de ascendente para descendente só pode ser impedida pelos demais descendentes e pelo cônjuge, se a oposição for unânime.

(B) Não há, na ordem civil, qualquer impedimento à realização de contrato de compra e venda de pai para filho, motivo pelo qual a oposição feita por Carlos não poderia gerar a anulação do negócio.

(C) Antônio não poderia, como reação à legítima oposição de Carlos, promover a doação do bem para um de seus filhos (Bruno), sendo tal contrato nulo de pleno direito.

(D) É legítima a doação de ascendentes para descendente, independentemente da anuência dos demais, eis que o ato importa antecipação do que lhe cabe na herança.

A: incorreta, pois basta a oposição de um só para que a compra e venda fique impedida (art. 496, *caput* CC); **B:** incorreta, pois *há impedimento expresso* na ordem civil à realização de contrato de compra e venda de pai para filho, motivo pelo qual a oposição feita por Carlos *poderia* gerar a anulação do negócio (art. 496, *caput* CC); **C:** incorreta, pois Antônio é livre para promover a doação para o filho Bruno, sendo tal contrato plenamente válido (art. 544 CC); **D:** correta (art. 544 CC).

Gabarito "D".

(OAB/Exame Unificado – 2019.3) Joana doou a Renata um livro raro de Direito Civil, que constava da coleção de sua falecida avó, Marta. Esta, na condição de testadora, havia destinado a biblioteca como legado, em testamento, para sua neta, Joana (legatária). Renata se ofereceu para visitar a biblioteca, circunstância na qual se encantou com a coleção de clássicos franceses.

Renata, então, ofereceu-se para adquirir, ao preço de R$ 1.000,00 (mil reais), todos os livros da coleção, oportunidade em que foi informada, por Joana, acerca da existência de ação que corria na Vara de Sucessões, movida pelos herdeiros legítimos de Marta. A ação visava impugnar a validade do testamento e, por conseguinte, reconhecer a ineficácia do legado (da biblioteca) recebido por Joana. Mesmo assim, Renata decidiu adquirir a coleção, pagando o respectivo preço.

Diante de tais situações, assinale a afirmativa correta.

(A) Quanto aos livros adquiridos pelo contrato de compra e venda, Renata não pode demandar Joana pela evicção, pois sabia que a coisa era litigiosa.

(B) Com relação ao livro recebido em doação, Joana responde pela evicção, especialmente porque, na data da avença, Renata não sabia da existência de litígio.

(C) A informação prestada por Joana a Renata, acerca da existência de litígio sobre a biblioteca que recebeu em legado, deve ser interpretada como cláusula tácita de reforço da responsabilidade pela evicção.

(D) O contrato gratuito firmado entre Renata e Joana classifica-se como contrato de natureza aleatória, pois Marta soube posteriormente do risco da perda do bem pela evicção.

A: correta, pois não pode o adquirente demandar pela evicção, se sabia que a coisa era alheia ou litigiosa (art. 457 CC). Como Renata foi informada, assumiu risco quando decidiu levar o contrato de compra e venda adiante; **B:** incorreta, pois o instituto da evicção aplica-se apenas a contratos onerosos (art. 447 CC). No caso da doação foi um contrato gratuito. **C:** incorreta, pois a cláusula que reforça a evicção apenas pode ser expressa, nunca tácita (art. 448 CC); **D:** incorreta, pois trata-se de contrato de doação (art. 538 CC) de natureza comutativa e não sujeito a evicção, pois ela somente se aplica a contratos onerosos (art. 447 CC).

Gabarito "A".

(OAB/Exame Unificado – 2019.3) Vilmar, produtor rural, possui contratos de compra e venda de safra com diversos pequenos proprietários. Com o intuito de adquirir novos insumos, Vilmar procurou Geraldo, no intuito de adquirir sua safra, cuja expectativa de colheita era de cinco toneladas de milho, que, naquele momento, estava sendo plantado em sua fazenda. Como era a primeira vez que Geraldo contratava com Vilmar, ele ficou em dúvida quanto à estipulação do preço do contrato.

Considerando a natureza aleatória do contrato, bem como a dúvida das partes a respeito da estipulação do preço deste, assinale a afirmativa correta.

6. DIREITO CIVIL 393

(A) A estipulação do preço do contrato entre Vilmar e Geraldo pode ser deixada ao arbítrio exclusivo de uma das partes.

(B) Se Vilmar contratar com Geraldo a compra da colheita de milho, mas, por conta de uma praga inesperada, para cujo evento o agricultor não tiver concorrido com culpa, e este não conseguir colher nenhuma espiga, Vilmar não deverá lhe pagar nada, pois não recebeu o objeto contratado.

(C) Se Vilmar contratar com Geraldo a compra das cinco toneladas de milho, tendo sido plantado o exato número de sementes para cumprir tal quantidade, e se, apesar disso, somente forem colhidas três toneladas de milho, em virtude das poucas chuvas, Geraldo não receberá o valor total, em virtude da entrega em menor quantidade.

(D) A estipulação do preço do contrato entre Vilmar e Geraldo poderá ser deixada ao arbítrio de terceiro, que, desde logo, prometerem designar.

A: incorreta, pois nulo é o contrato de compra e venda, quando se deixa ao arbítrio exclusivo de uma das partes a fixação do preço (art. 489 CC); **B:** incorreta, pois Vilmar deverá pagar o valor integral a Geraldo, pois tratava-se de coisa futura cujo risco Vilmar assumiu de não vir a existir (art. 458 CC); **C:** incorreta, pois Vilmar terá de pagar o valor correspondente a cinco toneladas, afinal, tratava-se de coisa futura cujo risco assumiu de existir em qualquer quantidade (art. 459 CC); **D:** correta (art. 485, 1ª parte CC)

Gabarito "D".

(OAB/Exame XXXIV) Bento Albuquerque com o intuito de realizar o sonho de passar a aposentadoria na beira da praia, procura Inácio Monteiro, proprietário de uma quadra de lotes a 100 (cem) metros da famosa Praia dos Coqueiros, para comprar um lote sobre o qual seria construída sua sonhada casa de veraneio. Bento mostrou o projeto arquitetônico de sua futura casa na praia a Inácio e ressaltou que o lote para construção do projeto deveria contar com, no mínimo, 420 m² (quatrocentos e vinte metros quadrados), metragem necessária para construção da piscina, sauna e churrasqueira, além da casa projetada para ter quatro quartos.

Nas tratativas e na escritura de compra e venda do imóvel, restou consignado que o imóvel possui 420 m² (quatrocentos e vinte metros quadrados) e que o preço certo e ajustado para essa metragem era de R$ 180.000,00 (cento e oitenta mil reais). No entanto, Bento ao levar o arquiteto para medidas de praxe e conhecer o lote sobre o qual o projeto seria construído, foi surpreendido ao ser informado que o imóvel contava apenas com 365m² (trezentos e sessenta e cinco metros quadrados) e que o projeto idealizado não poderia ser construído naquele lote.

Sobre a hipótese narrada, assinale a afirmativa correta.

(A) Bento nada pode fazer em relação a metragem faltante, tendo em vista que era sua obrigação conferi-la antes de adquirir o imóvel.

(B) Bento tem o direito de exigir o complemento da área faltante, e, caso não seja possível, tem a faculdade de rescindir o contrato ou pedir pelo abatimento do preço de acordo com a metragem correta do imóvel.

(C) Não haverá complemento de área, pois o imóvel foi vendido como coisa certa e discriminada, tendo sido apenas enunciativa a referência às suas dimensões.

(D) Presume-se que a referência às dimensões do imóvel é enunciativa, pois a diferença de metragem não chega a 20%, (vinte por cento), logo, deverá ter, prioritariamente, abatimento do preço, mas não a complementação da metragem faltante.

A: incorreta, pois o preço da venda foi estipulado por medida. Logo, se a metragem não corresponder ao que foi acordado o comprador tem o direito de exigir o complemento da área, e, não sendo isso possível, o de reclamar a resolução do contrato ou abatimento proporcional ao preço (art. 500 *caput* CC). **B:** correta (art. 500 *caput* CC); **C:** incorreta, pois o preço do imóvel foi definido pela metragem (venda *ad mensuram*). O imóvel não foi vendido como coisa certa e determinada (venda *ad corpus*), logo a referência às medidas não é meramente enunciativa. Sendo assim deverá haver complemento da área (art. 500, § 3º CC); **D:** incorreta, pois ainda que a diferença da metragem não chegue a 20%, caso o comprador tenha como comprovar que não teria realizado o negócio se soubesse dessa diferença então ele tem o direito de exigir o complemento da área, e, não sendo isso possível, o de reclamar a resolução do contrato ou abatimento proporcional ao preço (art. 500, § 1º CC). Bento tem como provar que se soubesse que o terreno era menor não teria realizado a compra, afinal mostrou o projeto arquitetônico desde o início deixando inequívoca a necessidade de um terreno de 420 metros quadrados.

Gabarito "B".

(OAB/Exame XXXVII) Nicolas, servidor do Tribunal de Justiça do Estado de São Paulo, lotado na 3ª Vara Cível da Comarca da Capital, toma conhecimento de hasta pública a ser realizada sobre valioso bem na vara em que labora.

No intuito de colaborar com a rápida solução do processo, visando ao bom andamento da justiça e para saldar a dívida do devedor, decide comprar o bem objeto do litígio, pagando preço compatível com o mercado no âmbito da hasta pública realizada em sua vara.

A referida compra e venda, se efetivada, será

(A) nula, considerando que Nicolas é servidor na mesma vara em que foi realizada a hasta pública.

(B) válida, considerando ter sido realizada por hasta pública, procedimento que, dada a publicidade, convalida eventuais vícios porventura existentes.

(C) anulável, podendo ser realizada mas sujeita à anulação posterior se os interessados se manifestarem.

(D) nula, considerando que a hasta pública não poderá recair sobre bem litigioso.

A: correta (art. 497, III CC); **B:** incorreta, pois por ser servidor da vara, a compra e venda é nula (art. 497, III CC). E ainda que tenha sido feita em hasta pública, não há que se falar em convalidação, pois não existe essa previsão legal; **C:** incorreta, pois a compra e venda é nula de pleno direito por expressa previsão legal do art. 497, III CC; **D:** incorreta, pois o bem litigioso pode ser vendido seja por meio particular, seja por hasta pública (art. 447 CC). **GR**

Gabarito "A".

4.3. Doação

(OAB/Exame Unificado – 2011.3.A) Marcelo, brasileiro, solteiro, advogado, sem que tenha qualquer impedimento para doar a casa de campo de sua livre propriedade, resolve fazê-lo, sem quaisquer ônus ou encargos, em benefício de Marina, sua amiga, também absolutamente capaz. Todavia, no âmbito do contrato de doação, Marcelo estipula cláusula de reversão por meio da qual o bem doado deverá se destinar ao patrimônio de Rômulo, irmão de Marcelo, caso Rômulo sobreviva à donatária. A respeito dessa situação, é correto afirmar que:

(A) diante de expressa previsão legal, não prevalece a cláusula de reversão estipulada em favor de Rômulo.

(B) no caso, em razão de o contrato de doação, por ser gratuito, comportar interpretação extensiva, a cláusula de reversão em favor de terceiro é válida.

(C) a cláusula em exame não é válida em razão da relação de parentesco entre o doador, Marcelo, e o terceiro beneficiário, Rômulo.

(D) diante de expressa previsão legal, a cláusula de reversão pode ser estipulada em favor do próprio doador ou de terceiro beneficiário por aquele designado, caso qualquer deles, nessa ordem, sobreviva ao donatário.

Segundo o art. 547 do CC, o doador pode estipular que os bens doados voltem ao seu patrimônio, se sobreviver ao donatário. Porém, o doador NÃO pode estipular que, falecendo o donatário, o bem doado vá para um terceiro, ou seja, "não prevalece a cláusula de reversão em favor de terceiro" (art. 547, parágrafo único, do CC). Assim, a alternativa "A" está correta. A alternativa "B" está incorreta, pois não cabe cláusula de reversão em favor de terceiro, e também porque o contrato de doação não comporta interpretação extensiva, mas apenas interpretação estrita (art. 114 do CC). A alternativa "C" está incorreta, pois não há impedimento de doação de bens para parentes. Esse tipo de restrição só existe quando se está diante de fraude contra credores, que não é o caso. A alternativa "D" está incorreta, pois, como se viu, não cabe cláusula de reversão em favor de terceiro (art. 547, parágrafo único, do CC).
Gabarito "A".

(OAB/Exame Unificado – 2010.3) Sônia, maior e capaz, decide doar, por instrumento particular, certa quantia em dinheiro em favor de seu sobrinho, Fernando, maior e capaz, caso ele venha se casar com Leila. Sônia faz constar, ainda, cláusula de irrevogabilidade da doação por eventual ingratidão de seu sobrinho. Fernando, por sua vez, aceita formalmente a doação e, poucos meses depois, casa-se com Leila, conforme estipulado. No dia seguinte ao casamento, ao procurar sua tia para receber a quantia estabelecida, Fernando deflagra uma discussão com Sônia e lhe dirige grave ofensa física. A respeito da situação narrada, é correto afirmar que Fernando:

(A) deve receber a quantia em dinheiro, em razão de ter se casado com Leila e independentemente de ter dirigido grave ofensa física a Sônia.

(B) não deve receber a quantia em dinheiro, pois dirigiu grave ofensa física à sua tia Sônia.

(C) deve receber a quantia em dinheiro, em razão de o instrumento de doação prever cláusula de irrevogabilidade por eventual ingratidão.

(D) não deve receber a quantia em dinheiro, tendo em vista que a doação é nula, pois deveria ter sido realizada por escritura pública.

O caso envolve o instituto da revogação da doação por ingratidão, regulamentado no art. 555 e seguintes do CC. O problema é que, quando se faz uma doação para que se dê *determinado casamento*, está-se diante de hipótese em que a lei, expressamente, proíbe a revogação por ingratidão (art. 564, IV, do CC), de modo que a revogação da doação, no caso, não é cabível em tese, mesmo tendo Fernando dirigido grave ofensa física a Sônia.
Gabarito "A".

(OAB/Exame Unificado – 2019.3) Lucas, um grande industrial do ramo de couro, decidiu ajudar Pablo, seu amigo de infância, na abertura do seu primeiro negócio: uma pequena fábrica de sapatos. Lucas doou 50 prensas para a fábrica, mas Pablo achou pouco e passou a constantemente importunar o amigo com novas solicitações. Após sucessivos e infrutíferos pedidos de empréstimos de toda ordem, a relação entre os dois se desgasta a tal ponto que Pablo, totalmente fora de controle, atenta contra a vida de Lucas. Este, porém, sobrevive ao atentado e decide revogar a doação feita a Pablo. Ocorre que Pablo havia constituído penhor sobre as prensas, doadas por Lucas, para obter um empréstimo junto ao Banco XPTO, mas, para não interromper a produção, manteve as prensas em sua fábrica.

Diante do exposto, assinale a afirmativa correta.

(A) Para a constituição válida do penhor, é necessário que as coisas empenhadas estejam em poder do credor. Como isso não ocorreu, o penhor realizado por Pablo é nulo.

(B) Tendo em vista que o Banco XPTO figura como terceiro de má-fé, a realização do penhor é causa impeditiva da revogação da doação feita por Lucas.

(C) Como causa superveniente da resolução da propriedade de Pablo, a revogação da doação operada por Lucas não interfere no direito de garantia dado ao Banco XPTO.

(D) Em razão da tentativa de homicídio, a revogação da doação é automática, razão pela qual os direitos adquiridos pelo Banco XPTO resolvem-se junto com a propriedade de Pablo.

A: incorreta, pois trata-se de penhor industrial e neste caso é permitido que os bens empenhados fiquem na posse do devedor (art. 1.431, parágrafo único CC); **B:** incorreta, pois o Banco XPTO não é terceiro de má-fé (afinal, o penhor foi constituído com todos os requisitos legais do contrato e à época Lucas era proprietário do bem recebido por doação, podendo, assim, empenhá-lo normalmente – art. 1.420 CC), logo, a realização do penhor não é causa impeditiva da revogação da doação feita por Pablo. Pablo pode revogar a doação com fundamento no art. 557, I CC; **C:** correta, pois a revogação por ingratidão não prejudica os direitos adquiridos por terceiros (art. 563 CC); **D:** incorreta, pois a revogação da doação não é automática, devendo ser pleiteada judicialmente dentro de um ano, a contar de quando chegue ao conhecimento do doador o fato que a autorizar, e de ter sido o donatário o seu autor (art. 559 CC). Ademais, os direitos adquiridos pelo Banco XPTO não se resolvem junto com a propriedade de Pablo, pois a revogação por ingratidão não prejudica os direitos adquiridos por terceiros (art. 536 CC).
Gabarito "C".

(OAB/Exame Unificado – 2020.2) Leandro decide realizar uma doação com a finalidade exclusiva de remunerar serviços prestados voluntária e espontaneamente por Carmen em sua ONG (Organização Não Governamental). Oferece, então, um pequeno imóvel residencial, avaliado em R$ 100.000,00 (cem mil reais), por instrumento particular, oportunidade na qual o doador fez questão de estipular uma obrigação: Carmen teria que realizar benfeitorias específicas na casa, tais como a troca dos canos enferrujados, da fiação deteriorada, bem como a finalização do acabamento das paredes, com a devida pintura final.

A donatária aceita os termos da doação e assina o documento particular, imitindo-se na posse do bem e dando início às obras. Alguns dias depois, orientada por um vizinho, reúne-se com o doador e decide formalizar a doação pela via de escritura pública, no ofício competente, constando também cláusula de renúncia antecipada do doador a pleitear a revogação da doação por ingratidão.

Dois anos depois, após sérios desentendimentos e ofensas públicas desferidas por Carmen, esta é condenada, em processo cível, a indenizar Leandro ante a prática de ato ilícito, qualificado como injúria grave. Leandro, então, propõe uma ação de revogação da doação.

Diante desse fato, assinale a afirmativa correta.

(A) Mesmo diante da prática de injúria grave por parte de Carmen, Leandro não pode pretender revogar a doação, porque houve renúncia expressa no contrato.

(B) A doação para Carmen se qualifica como condicional, eis que depende do cumprimento da obrigação de realizar as obras para a sua confirmação.

(C) A doação para Carmen não pode ser revogada por ingratidão, porque o ato de liberalidade do doador teve motivação puramente remuneratória.

(D) O ordenamento admite que a doação para Carmen fosse realizada por instrumento particular, razão pela qual a realização da escritura pública foi um ato desnecessário.

A: incorreta, pois esta cláusula de renúncia é nula, vez que não se pode renunciar antecipadamente o direito de revogar a liberalidade por ingratidão do donatário (art. 556 CC); **B:** incorreta, pois trata-se de doação com encargo (aquela em que há uma obrigação a ser cumprida por parte do donatário quando receber a coisa – arts. 539 e 540 CC) e não condicional ("só doo se você fizer tal coisa"); **C:** correta (art. 564, I CC); **D:** incorreta, pois por se tratar de bem imóvel em valor superior a trinta vezes o maior salário mínimo vigente no país, este negócio jurídico apenas terá validade se feito por escritura pública (art. 108 CC). Gabarito "C".

(OAB/Exame XXXIV) Joana e Mário são pais de Ricardo, atualmente com 8 anos, e que se encontra no início de sua vida escolar. Tércio, irmão de Joana, decide doar, ao sobrinho Ricardo, certa quantia em dinheiro.

Para que esta doação seja válida, o contrato

(A) deve ser anuído pelo próprio sobrinho, Ricardo.

(B) precisa contar com o consentimento de Ricardo, expressado por Joana e Mário.

(C) dispensa a aceitação, por ser pura e realizada em favor de absolutamente incapaz.

(D) prescinde de consentimento de Ricardo, pois se trata de negócio jurídico unilateral.

A: incorreta, pois não é necessária a aceitação de Ricardo, pois ele é absolutamente incapaz e trata-se de doação pura (art. 543 CC); **B:** incorreta, pois também não é necessário o consentimento dos pais (art. 543 CC); **C:** correta (art. 543 CC); **D:** incorreta, pois o consentimento da criança é dispensável não porque se trata de negócio jurídico unilateral, mas sim porque é doação pura (art. 543 CC). Gabarito "C".

(OAB/Exame XXXVII) Waldo é titular de vultoso patrimônio e amigo de infância de Tadeu, que passa por sérias dificuldades econômicas. Frente às adversidades vividas pelo amigo, Waldo entrega as chaves de um imóvel de sua propriedade para Tadeu e diz a ele: "a partir de agora essa casa é de sua propriedade."

Sobre a hipótese apresentada, assinale a afirmativa correta.

(A) A declaração verbal de Waldo, junto da tradição do imóvel, é suficiente para considerar-se celebrado e realizado um contrato de doação válido e eficaz.

(B) Para que a doação de imóvel de Waldo a Tadeu se aperfeiçoe será imprescindível celebrar o contrato por meio de escritura pública, seja qual for o valor do imóvel.

(C) Para que Waldo realize a pretendida doação de imóvel a Tadeu de modo válido, será imprescindível celebrar o contrato de forma escrita, seja por meio de escritura pública ou de instrumento particular, a depender do valor do imóvel.

(D) Caso Waldo optasse por doar dinheiro para Tadeu adquirir um imóvel, a doação seria válida sem que se fizesse por escritura pública ou instrumento particular, independentemente do valor transferido ao donatário.

A: incorreta, pois a doação far-se-á por escritura pública ou instrumento particular. Apenas é válida a doação por declaração verbal e tradição quando se tratar de bem móvel e de pequeno valor, o que não ocorre no caso em tela, pois se trata de um imóvel (art. 541 CC); **B:** incorreta, pois se o imóvel for de valor inferior a trinta vezes o maior salário mínimo vigente no País, a transação pode ser feita por instrumento particular (art. 108 CC); **C:** correta (arts. 108 e 541 CC); **D:** incorreta, pois essa doação apenas é válida desta forma se for de pequeno valor (art. 541, parágrafo único CC). Logo, o valor transferido ao donatário tem relevância para determinar a forma como a doação deve ocorrer. Gabarito "C".

4.4. Depósito, mútuo e comodato

(OAB/Exame Unificado – 2017.2) Cássio, mutuante, celebrou contrato de mútuo gratuito com Felipe, mutuário, cujo objeto era a quantia de R$ 5.000,00, em 1º de outubro de 2016, pelo prazo de seis meses. Foi combinado que a entrega do dinheiro seria feita no parque da cidade. No entanto, Felipe, após receber o dinheiro, foi furtado no caminho de casa.

Em 1º de abril de 2017, Cássio telefonou para Felipe para combinar o pagamento da quantia emprestada, mas este respondeu que não seria possível, em razão da perda do bem por fato alheio à sua vontade.

Acerca dos fatos narrados, assinale a afirmativa correta.

(A) Cássio tem direito à devolução do dinheiro, ainda que a perda da coisa não tenha sido por culpa do devedor, Felipe.

(B) Cássio tem direito à devolução do dinheiro e ao pagamento de juros, ainda que a perda da coisa não tenha sido por culpa do devedor, Felipe.

(C) Cássio tem direito somente à devolução de metade do dinheiro, pois a perda da coisa não foi por culpa do devedor, Felipe.

(D) Cássio não tem direito à devolução do dinheiro, pois a perda da coisa não foi por culpa do devedor, Felipe.

A: correta, pois o dinheiro é coisa incerta e – como tal – não admite alegação de perda (CC, art. 246). Ademais, o mutuário é dono do dinheiro (CC, art. 587) e nessa qualidade responde pela perda, ainda que sem culpa; **B:** incorreta, pois o mútuo foi gratuito, ou seja, sem previsão de juros; **C:** incorreta, pois não existe tal previsão de devolução de metade no ordenamento; **D:** incorreta, pois não se discute a culpa de Felipe. Gabarito "A".

(OAB/Exame Unificado – 2014.1) Pedro, menor impúbere, e sem o consentimento de seu representante legal, celebrou contrato de mútuo com Marcos, tendo este lhe entregue a quantia de R$ 400,00, a fim de que pudesse comprar uma bicicleta.

A respeito desse caso, assinale a afirmativa incorreta.

(A) O mútuo poderá ser reavido somente se o representante legal de Pedro ratificar o contrato.

(B) Se o contrato tivesse por fim suprir despesas com a própria manutenção, o mútuo poderia ser reavido, ainda que ausente ao ato o representante legal de Pedro.

(C) Se Pedro tiver bens obtidos com o seu trabalho, o mútuo poderá ser reavido, ainda que contraído sem o consentimento do seu representante legal.

(D) O mútuo também poderia ser reavido caso Pedro tivesse obtido o empréstimo maliciosamente.

A: incorreta (devendo ser assinalada), pois o mútuo feito a pessoa menor, sem prévia autorização daquele sob cuja guarda estiver, não pode ser reavido nem do mutuário, nem de seus fiadores (art. 588 do CC); **B:** correta (art. 589, II do CC); **C:** correta (art. 589, III do CC); **D:** correta (art. 589, V do CC).

Gabarito "A".

(OAB/Exame Unificado – 2012.1) O policial militar Marco Antônio é proprietário de uma casa de praia, localizada no balneário de Guarapari/ES. Por ocasião de seu exercício profissional na cidade de Vitória/ES, a casa de praia foi emprestada ao seu primo Fabiano, que lá reside com sua família há mais de três anos. Ocorre que, por interesse da administração pública, Marco Antônio foi removido de ofício para a cidade de Guarapari/ES. Diante de tal situação, Marco Antônio decidiu notificar extrajudicialmente o primo para que este desocupe a referida casa no prazo improrrogável de 30 dias. Considerando a situação hipotética, assinale a alternativa correta.

(A) O contrato firmado verbalmente entre Marco Antônio e Fabiano é o comodato e a fixação do prazo mínimo de 30 dias para desocupação do imóvel encontra-se expressa em lei.

(B) Conforme entendimento pacífico do STJ, a notificação extrajudicial para desocupação de imóvel dado em comodato verbal por prazo indeterminado é imprescindível para a reintegração da posse.

(C) A espécie de empréstimo firmado entre Marco Antônio e Fabiano é o mútuo, pois recai sobre bem imóvel inconsumível. Nesta modalidade de contrato, a notificação extrajudicial para a restituição do bem, por si só, coloca o mutuário em mora e o obriga a pagar aluguel da coisa até sua efetiva devolução.

(D) Tratando-se de contrato firmado verbalmente e por prazo indeterminado, Marco Antônio pode colocar fim ao contrato a qualquer momento, sem ter que apresentar motivo, em decorrência da aplicação das regras da chamada denúncia vazia.

A: incorreta, pois, apesar de se tratar de um contrato de comodato, não há, na lei, previsão de prazo mínimo de 30 dias para desocupação de imóvel dado em comodato, quando o comodante reclama o imóvel de volta; **B:** incorreta, pois não há entendimento pacífico nesse sentido; todavia, há alguns acórdãos do STJ que entendem ser necessária essa notificação extrajudicial prévia; **C:** incorreta, pois um imóvel é um bem infungível, de maneira que o empréstimo deste é necessariamente um comodato (art. 579 do CC); **D:** correta, pois o art. 581 do CC só impõe que o comodante demonstre necessidade imprevista e urgente para a retomada do bem dado em comodato quando se tratar de comodato com prazo, seja este prazo expresso ou presumido. No caso em tela, tem-se um comodato verbal e por prazo indeterminado, permitindo, assim, a chamada denúncia vazia, nos termos do seguinte acórdão do STJ, que cita, em seu teor doutrina de Pontes de Miranda a respeito: "Agravo interno. Recurso especial. Comodato verbal sem prazo determinado. Pedido de desocupação. Notificação. Prescindibilidade da prova de urgência ou necessidade imprevista de retomada do bem. Súmula STJ/83. 1. Dado em comodato o imóvel, mediante contrato verbal sem prazo determinado, é suficiente para a sua extinção a notificação ao comodatário da pretensão de retomada do bem, sendo *prescindível* a prova de necessidade imprevista e urgente do bem. Precedentes. 2. Agravo Regimental improvido." (AgRg no REsp 1136200/PR, *DJe* 01.07.2011).

Gabarito "D".

(OAB/Exame XXXIII – 2020.3) Antônio decide ceder gratuitamente a posse de um de seus imóveis residenciais a Carlos, seu grande amigo que vem passando por dificuldades financeiras, sem fixar prazo para a devolução do bem.

Passados 5 (cinco) anos, Antônio decide notificar Carlos para que se retire do imóvel, após descobrir que estava deteriorado por pura desídia do possuidor, que não estava realizando os atos de conservação necessários. Carlos realiza uma contranotificação, informando que não vai devolver o imóvel, na medida em que ainda necessita dele para sua moradia. Em razão disso, Carlos decide arbitrar o aluguel pelo uso do bem imóvel.

Neste contexto, assinale a afirmativa correta.

(A) O contrato firmado é de depósito, motivo pelo qual tem Carlos o dever de guardá-lo e conservá-lo até que Antônio o reclame, sob pena de pagar aluguéis.

(B) O contrato firmado é de mútuo, que transfere o domínio da coisa emprestada ao mutuário, correndo por conta deste os riscos desde a tradição, sendo indevidos os aluguéis.

(C) O contrato celebrado é de comodato, sendo o comodatário obrigado a conservar a coisa emprestada e, uma vez constituído em mora, a pagar aluguéis.

(D) O contrato pactuado é de locação, que se iniciou com a renúncia à cobrança de aluguéis pelo locador e, após a notificação, tornou a exigi-los, como é da natureza do contrato.

A: incorreta, pois o contrato não é de depósito, uma vez que neste contrato o depositário recebe um objeto móvel, para guardar, até que o depositante o reclame (art. 627 CC). No caso em tela Carlos recebeu um bem imóvel; **B:** incorreta, pois no contrato de mútuo há o empréstimo de coisa fungível (art. 586 CC). O imóvel é coisa infungível; **C:** correta, pois o comodato é o empréstimo gratuito de coisas não fungíveis. O comodatário é obrigado a conservar a coisa e uma vez constituído em mora deve pagar aluguéis (art. 579 e 582 CC); **D:** incorreta, pois um dos elementos constitutivos do contrato de locação são os aluguéis. O art. 565 CC é expresso ao dizer que no contrato de locação de coisas deve haver certa retribuição e a Lei de Locação (Lei 8.245/91) também faz menção expressa aos aluguéis em seu artigo 17 em diante. Quando não há cobrança de aluguéis desconfigura a locação. **GR**

Gabarito "C".

4.5. Mandato

(OAB/Exame Unificado – 2013.1) De acordo com o Código Civil, opera-se o mandato quando alguém recebe de outrem poderes para, em nome deste, praticar atos ou administrar interesses. Daniel outorgou a Heron, por instrumento público, poderes especiais e expressos, por prazo indeterminado, para vender sua casa na Rua da Abolição, em Salvador, Bahia. Ocorre que, três dias depois de lavrada e assinada a procuração, em viagem para um congresso realizado no exterior, Daniel sofre um acidente automobilístico e vem a falecer, quando ainda fora do país. Heron, no mesmo dia da morte de Daniel, ignorando o óbito, vende a casa para Fábio, que a compra, estando ambos de boa-fé.

De acordo com a situação narrada, assinale a afirmativa correta.

(A) A compra e venda é nula, em razão de ter cessado o mandato automaticamente, com a morte do mandante.

(B) A compra e venda é válida, em relação aos contratantes.

(C) A compra e venda é inválida, em razão de ter o mandato sido celebrado por prazo indeterminado, quando deveria, no caso, ter termo certo.

(D) A compra e venda é anulável pelos herdeiros de Daniel, que podem escolher entre corroborar o negócio realiza doem nome do mandante falecido, revogá-lo, ou cobrar indenização do mandatário.

A, C e D: incorretas, por força da regra de exceção prevista no art. 689 do CC, pela qual "são válidos, a respeito dos contratantes de boa-fé, os atos com estes ajustados em nome do mandante pelo mandatário, enquanto este ignorar a morte daquele ou a extinção do mandato, por qualquer outra causa"; **B:** correta (art. 689 do CC).
Gabarito "B".

(OAB/Exame Unificado – 2008.3) A respeito do mandato, assinale a opção correta.

(A) Por ser contrato, a aceitação do mandato não poderá ser tácita.

(B) O mandato outorgado por instrumento público pode ser objeto de substabelecimento por instrumento particular.

(C) Apesar de a lei exigir forma escrita para a celebração de contrato, tal exigência não alcança o mandato, cuja outorga pode ser verbal.

(D) O poder de transigir estabelecido no mandato importará o de firmar compromisso.

A: incorreta (art. 659 do CC); **B:** correta (art. 655 do CC); **C:** incorreta (arts. 104 c.c. 656, ambos do CC); **D:** incorreta (art. 661, § 2.º, do CC).
Gabarito "B".

4.6. Transporte

(OAB/Exame Unificado – 2008.3) Supondo que Cláudio viaje de ônibus, para ir do interior de um estado à capital, assinale a opção correta.

(A) Caso a viagem tenha de ser interrompida em consequência de evento imprevisível, a empresa responsável pelo transporte não é obrigada a concluir o trajeto.

(B) Se Cláudio não tiver pago a passagem e se recusar a fazê-lo quando chegar ao destino, será lícito à empresa reter objetos pessoais pertencentes a ele como garantia do pagamento.

(C) Cláudio, sob pena de ferir a boa-fé objetiva, somente poderá rescindir o contrato com a empresa de transporte, antes de iniciada a viagem, caso demonstre justo motivo.

(D) Cláudio não poderá desistir do transporte após iniciada a viagem.

A: incorreta (art. 741 do CC); **B:** correta (art. 742 do CC); **C e D:** incorretas (art. 740, § 1.º, do CC).
Gabarito "B".

(OAB/Exame Unificado – 2008.2) A respeito do transporte de pessoas, assinale a opção correta, de acordo com o Código Civil vigente.

(A) O transportador responde pelos danos causados às pessoas transportadas, mas só responde pelo extravio das bagagens se o passageiro tiver declarado o valor a elas correspondente.

(B) É nula a cláusula de exclusão da responsabilidade no contrato de transporte de pessoas, ao qual também não se aplica a excludente da força maior.

(C) O transportador não poderá reter bagagem ou objetos pessoais de passageiros para garantir o pagamento da passagem que não tiver sido efetuado no início do percurso.

(D) Em regra, o transporte feito por cortesia não se subordina às normas estipuladas para o contrato de transporte de pessoas.

A: incorreta (art. 734, *caput* e parágrafo único, do CC); **B:** incorreta (art. 734 do CC); **C:** incorreta (art. 742 do CC); **D:** correta, (art. 736 do CC).
Gabarito "D".

4.7. Fiança

(OAB/Exame Unificado – 2017.1) João e Maria, casados e donos de extenso patrimônio, celebraram contrato de fiança em favor de seu filho, Carlos, contrato este acessório a contrato de locação residencial urbana, com duração de 30 meses, celebrado entre Carlos, locatário, e Marcelo, proprietário do apartamento e locador, com vigência a partir de 1º de setembro de 2015. Contudo, em novembro de 2016, Carlos não pagou o aluguel.

Considerando que não houve renúncia a nenhum benefício pelos fiadores, assinale a afirmativa correta.

(A) Marcelo poderá cobrar diretamente de João e Maria, fiadores, tendo em vista que eles são devedores solidários do afiançado, Carlos.

(B) Marcelo poderá cobrar somente de João, tendo em vista que Maria não é fiadora, mas somente deu a outorga uxória.

(C) Marcelo poderá cobrar de Carlos, locatário, mas não dos fiadores, pois não respondem pela dívida do contrato de locação.

(D) Marcelo poderá cobrar de João e Maria, fiadores, após tentar cobrar a dívida de Carlos, locatário, tendo em vista que os fiadores são devedores subsidiários.

A: incorreta, pois há ordem preferencial de cobrança, devendo antes ser cobrado o valor de Carlos, que é o verdadeiro devedor; **B:** incorreta, pois Maria assinou como fiadora e terá responsabilidade, após ter sido cobrado o locatário do imóvel; **C:** incorreta, pois – após cobrar Carlos – o locador do imóvel poderá cobrar os fiadores, responsáveis pelo débito alheio; **D:** correta, pois existe uma ordem de preferência na cobrança, direito que não foi renunciado pelos fiadores. De acordo com o art. 827 do Código Civil: "*O fiador demandado pelo pagamento da dívida tem direito a exigir, até a contestação da lide, que sejam primeiro executados os bens do devedor*".GN

Gabarito "D".

(OAB/Exame Unificado – 2013.2) A Lanchonete Mirim celebrou contrato de fornecimento de bebidas com a Distribuidora Céu Azul, ficando ajustada a entrega mensal de 200 latas de refrigerante, com pagamento em 30 dias após a entrega. Para tanto, Luciana, mãe de uma das sócias da lanchonete, sem o conhecimento das sócias da sociedade e de seu marido, celebrou contrato de fiança, por prazo indeterminado, com a distribuidora, a fim de garantir o cumprimento das obrigações assumidas pela lanchonete.

Diante desse quadro, assinale a afirmativa correta.

(A) Luciana não carece da autorização do cônjuge para celebrar o contrato de fiança com a sociedade Céu Azul, qualquer que seja o regime de bens.

(B) Pode-se estipular a fiança, ainda que sem o consentimento do devedor ou mesmo contra a sua vontade, sendo sempre por escrito e não se admitindo interpretação extensiva.

(C) Em caso de dação em pagamento, se a distribuidora vier a perder, por evicção, o bem dado pela lanchonete para pagar o débito, remanesce a obrigação do fiador.

(D) Luciana não poderá se exonerar, quando lhe convier, da fiança que tiver assinado, ficando obrigada por todos os efeitos da fiança até a extinção do contrato de fornecimento de bebidas.

A: incorreta, pois a autorização do cônjuge é necessária, como regra, para a celebração de contrato de fiança (art. 1.647, III, do CC); **B:** correta (art. 820 do CC); **C:** incorreta, pois, mesmo nesse caso, fica extinta a fiança (art. 838, III, do CC); **D:** incorreta, pois, segundo o art. 835 do CC, "o fiador poderá exonerar-se da fiança que tiver assinado sem limitação de tempo, sempre que lhe convier, ficando obrigado por todos os efeitos da fiança, durante sessenta dias após a notificação do credor".

Gabarito "B".

(OAB/Exame Unificado – 2011.1) Gustavo tornou-se fiador do seu amigo Henrique, em razão de operação de empréstimo bancário que este tomou com o Banco Pechincha. No entanto, Gustavo, apreensivo, descobriu que Henrique está desempregado há algum tempo e que deixou de pagar várias parcelas do referido empréstimo. Sem o consentimento de Gustavo, Henrique e o Banco Pechincha aditaram o contrato original, tendo sido concedida moratória a Henrique. Com base no relato acima e no regime legal do contrato de fiança, assinale a alternativa correta.

(A) Se o Banco Pechincha, sem justa causa, demorar a execução iniciada contra Henrique, poderá Gustavo promover-lhe o andamento.

(B) Gustavo não poderá exonerar-se da fiança que tiver assinado sem limitação de tempo, ficando obrigado por todos os efeitos da fiança até o efetivo pagamento do débito principal.

(C) A concessão da moratória pelo Banco Pechincha a Henrique, tal como narrado, não tem o condão de desobrigar o fiador.

(D) Por ter a fiança o objetivo de garantir o débito principal, sendo acessória a este, deve ela ser de valor igual ao da obrigação principal e ser contraída nas mesmas condições de onerosidade de tal obrigação.

A: correta, de acordo com o gabarito oficial; no entanto, apesar de afirmação ser mesmo correta (art. 834 do CC), o ideal, no caso concreto, é Gustavo pedir o reconhecimento judicial de que não está mais obrigado pelo contrato de fiança, por conta da moratória, conforme claramente determina o art. 838, I, do CC; **B** e **C:** incorretas, pois o fiador ficará exonerado da obrigação se o credor, sem consentimento dele, conceder moratória ao devedor (art. 838, I, do CC); **D:** incorreta, pois a fiança pode ser de valor inferior ao da obrigação principal, bem como pode ser contraída em condições menos onerosas que esta (art. 823 do CC).

Gabarito "A".

(OAB/Exame XXXVIII) Renata alugou um imóvel a Tadeu. Como garantia das obrigações de Tadeu, Luzia e Humberto prestaram fiança a Renata. Tadeu descumpriu suas obrigações contratuais, deixando de pagar as contraprestações ajustadas.

Diante desse quadro hipotético, assinale a afirmativa correta.

(A) Não havendo limitação contratual, Renata poderá cobrar de Luzia, sozinha, todos os acessórios da dívida principal, inclusive as despesas judiciais, desde a citação dos fiadores.

(B) Caso sejam demandados, Luzia e Humberto não têm direito de exigir que sejam primeiro executados os bens de Tadeu, pois, salvo disposição expressa em sentido contrário, não há benefício de ordem na fiança.

(C) Luzia e Humberto não respondem solidariamente pelas obrigações decorrentes do contrato de fiança, a não ser que haja disposição expressa.

(D) A fiança constitui contrato informal, entre Renata e os fiadores (Luzia e Humberto), e poderia ter sido celebrada ainda que contrariamente à vontade de Tadeu. Ademais, não admite interpretação extensiva.

A: correta (art. 822 CC); **B:** incorreta, pois caso sejam demandados, Luzia e Humberto têm direito de exigir que sejam primeiro executados os bens de Tadeu, invocando o benefício de ordem (art. 827 *caput* CC); **C:** incorreta, pois os fiadores respondem solidariamente, uma vez que não houve cláusula contrária expressa nesse sentido (art. 829 *caput* CC); **D:** incorreta, pois a fiança é um contrato formal (dá-se por escrito) e não admite interpretação extensiva (art. 819 CC). GR

Gabarito "A".

4.8. Demais contratos em espécie e contratos combinados

(OAB/Exame Unificado – 2017.3) Caio, locador, celebrou com Marcos, locatário, contrato de locação predial urbana pelo período de 30 meses, sendo o instrumento averbado junto à matrícula do imóvel no RGI. Contudo, após seis meses do início da vigência do contrato, Caio resolveu se mudar para Portugal e colocou o bem à venda, anunciando-o no jornal pelo valor de R$ 500.000,00.

Marcos tomou conhecimento do fato pelo anúncio e entrou em contato por telefone com Caio, afirmando estar interessado na aquisição do bem e que estaria disposto a pagar o preço anunciado. Caio, porém, disse que a venda do bem imóvel já tinha sido realizada pelo mesmo preço a Alexandre. Além disso, o adquirente do bem, Alexandre,

6. DIREITO CIVIL
399

iria denunciar o contrato de locação e Marcos teria que desocupar o imóvel em 90 dias.

Acerca dos fatos narrados, assinale a afirmativa correta.

(A) Marcos, tendo sido preterido na alienação do bem, poderá depositar o preço pago e as demais despesas do ato e haver para si a propriedade do imóvel.

(B) Marcos não tem direito de preferência na aquisição do imóvel, pois a locação é por prazo determinado.

(C) Marcos somente poderia exercer direito de preferência na aquisição do imóvel se fizesse oferta superior à de Alexandre.

(D) Marcos, tendo sido preterido na alienação do bem, poderá reclamar de Alexandre, adquirente, perdas e danos, e poderá permanecer no imóvel durante toda a vigência do contrato, mesmo se Alexandre denunciar o contrato de locação.

O direito de preferência concedido ao inquilino está presente em qualquer contrato de locação de imóvel urbano. O que pode diferir de uma situação para outra é a consequência da não concessão desta preferência ao inquilino. Se o contrato não estiver averbado perante a matrícula do imóvel o inquilino que foi preterido no seu direito de preferência terá apenas e tão somente direito a pleitear perdas e danos. Se, todavia, o contrato estiver averbado perante a matrícula do imóvel (como é o caso da questão mencionada) o inquilino poderá depositar o preço pago e as demais despesas do ato e haver para si a propriedade do imóvel. Nesse sentido é o artigo 33 da Lei 8.245/1991. **GN**
Gabarito "A".

(OAB/Exame Unificado – 2016.3) Tiago celebrou contrato de empreitada com a sociedade Obras Já Ltda. para a construção de piscina e duas quadras de esporte em sua casa de campo, pelo preço total de R$ 50.000,00. No contrato ficou estabelecido que a empreiteira seria responsável pelo fornecimento dos materiais necessários à execução da obra.

Durante a obra, ocorreu uma enchente que alagou a região e parte do material a ser usado na obra foi destruída. A empreiteira, em razão disso, entrou em contato com Tiago cobrando um adicional de R$ 10.000,00 para adquirir os novos materiais necessários para terminar a obra.

Diante dos fatos narrados, assinale a afirmativa correta.

(A) Tiago não terá que arcar com o adicional de R$ 10.000,00, ainda que a destruição do material não tenha ocorrido por culpa do devedor.

(B) Tiago não terá que arcar com o adicional de R$ 10.000,00, porém a empreiteira não está mais obrigada a terminar a obra, tendo em vista a ocorrência de um fato fortuito ou de força maior.

(C) Tiago terá que arcar com o adicional de R$ 10.000,00, tendo em vista que a destruição do material não foi causada por um fato fortuito ou de força maior.

(D) Tiago terá que arcar com o adicional de R$ 10.000,00 e a empreiteira não está mais obrigada a terminar a obra, ante a ocorrência de um caso fortuito ou de força maior.

A: correta, pois de pleno acordo com o art. 611 do Código Civil, o qual estabelece que "quando o empreiteiro fornece os materiais, correm por sua conta os riscos até o momento da entrega da obra"; B: incorreta, pois a empreiteira continua responsável pela entrega da obra; C: incorreta, pois tal responsabilidade não recai sobre o dono da obra; D:

incorreta, pois Tiago não deve pagar o adicional e a empreiteira continua obrigada a terminar a obra. **GN**
Gabarito "A".

(OAB/Exame Unificado – 2015.3) João Henrique residia com sua companheira Natália em imóvel alugado a ele por Frederico pelo prazo certo de trinta meses, tendo como fiador Waldemar, pai de João Henrique. A união do casal, porém, chegou ao fim, de forma que João Henrique deixou o lar quando faltavam seis meses para o fim do prazo da locação. O locador e o fiador foram comunicados a respeito da saída de João Henrique do imóvel. Sobre o caso apresentado, assinale a afirmativa correta.

(A) Como o locatário era João Henrique, sua saída do imóvel implica a extinção do contrato de locação, podendo Frederico exigir, imediatamente, que Natália o desocupe.

(B) Como João Henrique era o locatário, sua saída permite que Natália continue residindo no imóvel apenas até o término do prazo contratual, momento em que o contrato se extingue, sem possibilidade de renovação, salvo nova convenção entre Natália e Frederico.

(C) Com a saída do locatário do imóvel, a locação prossegue automaticamente tendo Natália como locatária, porém a fiança prestada por Waldemar caduca, permitindo a Frederico exigir de Natália o oferecimento de nova garantia, sob pena de resolução do contrato.

(D) Com a saída do locatário, a locação prossegue com Natália, permitido a Waldemar exonerar-se da fiança em até trinta dias da data em que for cientificado da saída do seu filho do imóvel; ainda assim, a exoneração só produzirá efeitos cento e vinte dias depois de notificado o locador.

A a D: somente a alternativa "D" está correta, pois, de acordo com o art. 12, *caput*, da Lei 8.245/1991, "em casos de separação de fato, separação judicial, divórcio ou dissolução da união estável, a locação residencial prosseguirá automaticamente com o cônjuge ou companheiro que permanecer no imóvel", de modo que Natália poderá prosseguir com a locação; quanto ao fiador, Waldemar poderá exonerar-se das suas responsabilidades no prazo de 30 (trinta) dias contado do recebimento da comunicação oferecida pelo sub-rogado, ficando responsável pelos efeitos da fiança durante 120 (cento e vinte) dias após a notificação ao locador" (art. 12, § 2º, da Lei 8.245/1991).
Gabarito "D".

(OAB/Exame Unificado – 2015.1) Maria entregou à sociedade empresária JL Veículos Usados um veículo Vectra, ano 2008, de sua propriedade, para ser vendido pelo valor de R$ 18.000,00. Restou acordado que o veículo ficaria exposto na loja pelo prazo máximo de 30 dias. Considerando a hipótese acima e as regras do contrato estimatório, assinale a afirmativa correta.

(A) O veículo pode ser objeto de penhora pelos credores da JL Veículos Usados, mesmo que não pago integralmente o preço.

(B) A sociedade empresária JL Veículos Usados suportará a perda ou deterioração do veículo, não se eximindo da obrigação de pagar o preço ajustado, ainda que a restituição se impossibilite sem sua culpa.

(C) Ainda que não pago integralmente o preço a Maria, o veículo consignado poderá ser objeto de penhora, caso a sociedade empresária JL Veículos Usados seja acionada judicialmente por seus credores.

(D) Maria poderá dispor do veículo enquanto perdurar o contrato estimatório, com fundamento na manutenção da reserva do domínio e da posse indireta da coisa.

A e C: incorretas, pois no contrato estimatório o bem é deixado com alguém em "consignação", não ficando este alguém (consignatário) proprietário do bem, o que impede que esse alguém dê o bem em garantia aos seus credores; há também proibição expressa nesse sentido no art. 536 do CC; **B:** correta, pois, de acordo com o art. 535 do CC, "o consignatário não se exonera da obrigação de pagar o preço, se a restituição da coisa, em sua integridade, se tornar impossível, ainda que por fato a ele não imputável"; **D:** incorreta, pois, de acordo com o art. 537 do CC, "o consignante não pode dispor da coisa antes de lhe ser restituída ou de lhe ser comunicada a restituição".
Gabarito "B".

(OAB/Exame Unificado – 2014.2) Marina comprometeu-se a obter para Mônica um negócio de compra e venda de um imóvel para que ela pudesse abrir seu curso de inglês. Marina encontrou uma grande sala em um prédio bem localizado e informou a Mônica que entraria em contato com o vendedor para saber detalhes do imóvel. A partir da hipótese apresentada, assinale a opção correta.

(A) Marina marca uma reunião entre o vendedor e Mônica, mas o negócio não se realiza por arrependimento das partes. Sem pagar a comissão, Mônica dispensa Marina, que reclama seu pagamento, explicando que conseguiu o negócio e que não importa se não ocorreu a compra da sala.

(B) Passado o prazo contratual para a obtenção do negócio, o próprio vendedor entra em contato com Mônica para celebrar o negócio, liberando-a, portanto, de pagar a comissão de Marina.

(C) Como a obrigação de Marina é apenas de obtenção do negócio, a responsabilidade pela segurança e pelo risco é apenas do vendedor, sendo desnecessário que Marina se preocupe com esses detalhes.

(D) A remuneração de Marina deve ser previamente ajustada entre as partes; caso contrário, Mônica pagará o valor que achar suficiente.

A: correta, pois Marina tem o direito de receber sua comissão ainda que o negócio não se efetive em virtude de arrependimento das partes (art. 725 do CC); **B:** incorreta, pois ainda que o prazo tenha se exaurido, Marina tem o direito de receber sua comissão, haja vista que o negócio apenas foi concretizado por efeito do seu trabalho (art. 727 do CC); **C:** incorreta, pois Marina possui responsabilidade de informar Mônica sobre todos os esclarecimentos acerca da segurança ou do risco do negócio, sob pena de responder por perdas e danos (art. 723, parágrafo único do CC); **D:** incorreta, pois a remuneração do corretor, se não estiver fixada em lei, nem ajustada entre as partes, será arbitrada segundo a natureza do negócio e os usos locais, e não conforme o que Mônica julgar suficiente (art. 724 do CC).
Gabarito "A".

(OAB/Exame Unificado – 2012.3.B) A sociedade ABC Engenharia Ltda. firmou contrato de seguro de veículo automotor com a Seguradora Gênesis. Considerando a hipótese em apreço, as regras atinentes ao contrato de seguro e de acordo com o Código Civil, assinale a afirmativa correta.

(A) O ordenamento jurídico estabelece que o contrato de seguro prova-se com a exibição da apólice ou do bilhete do seguro, sendo estes os únicos meios admitidos de prova.

(B) A apólice ou o bilhete de seguro de veículo automotor deverá ser, necessariamente, nominativa e mencionará os riscos assumidos, o início e o fim de sua validade, o limite da garantia e o prêmio devido.

(C) É proibido, em qualquer hipótese, à sociedade ABC Engenharia Ltda., na vigência do contrato de seguro com a Seguradora Gênesis, firmar seguro sobre o mesmo bem e contra o mesmo risco junto a outra seguradora.

(D) Sendo nominativa a apólice de seguro firmada entre a empresa ABC Engenharia e a Seguradora Gênesis, a transferência do contrato de seguro a terceiro só produzirá efeito em relação ao segurador mediante aviso escrito assinado pelos cedente e cessionário.

A: incorreta, pois, na falta desses documentos, o contrato de seguro prova-se por documento comprobatório do pagamento do respectivo prêmio (art. 758 do CC); **B:** incorreta, pois poderão ser também, além de nominativa, à ordem ou o portador (art. 760 do CC); **C:** incorreta, pois essa providência é possível, desde que se obedeça ao disposto no art. 782 do CC; **D:** correta (art. 785, § 1.º, do CC).
Gabarito "D".

(OAB/Exame Unificado – 2020.2) Hugo, corretor de imóveis, recebe oferta de contrato, por prazo indeterminado, para intermediar a realização de negócios sobre novo empreendimento imobiliário, cujo lançamento ocorrerá em data próxima, obtendo as seguintes informações: (i) as características gerais do empreendimento, com a descrição da planta, da área e do valor de cada unidade autônoma projetada, em condomínio edilício; (ii) o valor oferecido em remuneração pelos serviços de corretagem correspondente a 4% sobre o valor da venda.

Entusiasmado, Hugo entra em contato com diversos clientes (potenciais compradores), a fim de mediar a celebração de compromissos de compra e venda com o dono do negócio.

Nesse ínterim, consegue marcar uma reunião entre o incorporador (dono do negócio) e seu melhor cliente, sócio de uma grande rede de farmácias, pretendendo adquirir a loja principal do empreendimento. Após a reunião, em que as partes se mostraram interessadas em prosseguir com as negociações, nenhum dos futuros contratantes tornou a responder ao corretor, que não mais atuou nesse empreendimento, ante a sua dispensa. Soube, meses depois, que o negócio havia sido fechado entre o incorporador e o comprador, em negociação direta, ao valor de R$ 5.000.000,00 (cinco milhões de reais).

Diante do exposto, assinale a afirmativa correta.

(A) A dispensa do corretor não ilide o dever de pagar a remuneração que lhe era devida, pois o negócio se realizou posteriormente, como fruto de sua mediação.

(B) Ainda que tenha iniciado a negociação com a atuação do corretor, uma vez concluído o negócio diretamente entre as partes, nenhuma remuneração será devida.

(C) A ausência do corretor na negociação que resultou no acordo de venda evidencia o descumprimento do dever de diligência e prudência, motivo pelo qual perde o direito à remuneração.

(D) O corretor tem direito à remuneração parcial e proporcional, pois, apesar de dispensado, iniciou a intermediação, e o negócio ao final se concretizou.

A: correta (art. 727 CC). O corretor terá direito a sua remuneração, pois trata-se de contrato por prazo indeterminado e foi ele que deu início a negociação entre as partes; **B:** incorreta, pois o corretor tem direito a remuneração, pois foi ele que iniciou o negócio entre as partes (art. 727 CC). Ele não teria direito apenas se o negócio tivesse se iniciado e concluído sem a sua participação; **C:** incorreta, pois ele não foi negligente, inerte ou ocioso. O que houve foi a sua dispensa pelas partes. Neste caso ele tem direito a remuneração (arts. 726 e 727 CC); **D:** incorreta, pois ele tem direito a remuneração integral dos 4%, pois foi ele que iniciou as negociações com as partes (art. 727 CC). **GR**
Gabarito "A".

(OAB/Exame XXXV) Carlos alugou um imóvel de sua propriedade a Amanda para fins residenciais pelo prazo de 30 meses. Dez meses após a celebração do contrato de locação, Carlos vendeu o imóvel locado para Patrícia, que denunciou o contrato, concedendo a Amanda o prazo de 90 dias para a desocupação do imóvel.

Diante desse cenário, assinale a afirmativa correta.

(A) Carlos não poderia alienar o imóvel a Patrícia, pois ainda estava vigente o prazo de locação.

(B) A alienação é possível, mas, se o contrato contiver cláusula de vigência em caso de alienação e estiver averbado junto à matrícula do imóvel, Patrícia deve respeitar o prazo da locação.

(C) Não há nenhum óbice à alienação do imóvel por Carlos a Patrícia e, uma vez realizada, o contrato de locação com Amanda é automaticamente desfeito.

(D) Carlos tem o direito de vender o imóvel durante o prazo de locação, mas, nessa hipótese, a compradora Patrícia estará necessariamente vinculada ao contrato de locação celebrado anteriormente, devendo cumprir o prazo inicialmente pactuado por Carlos com Amanda.

A: incorreta, pois a locação não impede a venda do imóvel, porém a Lei coloca algumas regras para que ocorra a alienação, tais como observar se há cláusula de vigência averbada junto à matrícula do imóvel (art. 8º, *caput* da Lei 8.245/90) e dar direito de preferência do locatário (art. 27 da Lei 8.245/90); **B:** correta (art. 8º, *caput* da Lei 8.245/90); **C:** incorreta, pois apesar de a alienação ser permitida, antes de o imóvel ter sido oferecido a Patrícia ele deveria ter sido oferecido à Amanda, pois esta como locatária tem o direito de preferência (art. 27 da Lei 8.245/90). Caso Amanda não exercesse esse direito em 30 dias (art. 28 da Lei 8.245/90), então a alienação poderia ocorrer para Patrícia. Patricia como nova proprietária poderá denunciar o contrato para a saída de Amanda em noventa dias, uma vez que o enunciado não menciona que a locação tinha cláusula de vigência averbado junto à matrícula do imóvel (art. 8º, *caput* da Lei 8.245/90); **D:** incorreta, pois Patrícia não está vinculada ao prazo do contrato de locação uma vez que o enunciado não menciona que a locação tinha cláusula de vigência averbado junto à matrícula do imóvel (art. 8º, *caput* da Lei 8.245/90).
Gabarito "B".

(OAB/Exame XXXIV) Ivan, sócio da Soluções Inteligentes Ltda., celebra contrato de empreitada, na qualidade de dono da obra, com Demétrio, sócio da Construções Sólidas Ltda., tendo esta como a empresa empreiteira. A obra tem prazo de duração de 1 (um) ano, contratada a um custo de R$ 2.400.000,00 (dois milhões e quatrocentos mil reais), fracionados em 12 (doze) prestações mensais de R$ 200.000,00 (duzentos mil reais).

O contratante, Ivan, necessita da obra pronta no prazo acordado. Em razão disso, acordou com Demétrio uma cláusula resolutiva expressa, informando que o atraso superior a 30 (trinta) dias importaria em extinção automática do contrato. Para se resguardar, Ivan exigiu de Demétrio que expusesse seu acervo patrimonial, mostrando o balanço contábil da empresa, de modo a ter convicção em torno da capacidade econômica da empreiteira para levar a cabo uma obra importante, sem maiores riscos.

Transcorridos três meses de obra, que seguia em ritmo normal, em conformidade com o cronograma, Ivan teve conhecimento de que a empreiteira sofreu uma violenta execução judicial, impondo redução de mais de 90% (noventa por cento) de seu ativo patrimonial, fato que tornou ao menos duvidosa a capacidade da empreiteira de executar plenamente a obrigação pela qual se obrigou.

Diante deste fato, assinale a afirmativa correta.

(A) Ivan pode se recusar a pagar o restante das parcelas da remuneração da obra até que Demétrio dê garantia bastante de satisfazê-la.

(B) O dono da obra pode requerer a extinção do contrato, ao fundamento de que há inadimplemento anterior ao termo, pela posterior redução da capacidade financeira da empreiteira.

(C) A cláusula resolutiva expressa prevista no contrato é nula, pois o ordenamento não permite a resolução automática dos contratos, por inadimplemento, impondo-se a via judicial.

(D) A parte contratante tem direito de invocar a exceção de contrato não cumprido, em face do risco iminente de inadimplemento.

A: correta, pois na qualidade de credor da obra, havendo a insuficiência da garantia ele poderá exigir o vencimento antecipado da dívida. Como a dívida é a entrega da própria obra e isso não tem como antecipar, a solução é ele suspender os pagamentos até que a garantia seja reforçada (art. 333, III CC); **B:** incorreta, pois Ivan não deve requerer a extinção do contrato pela mera diminuição da garantia alegando inadimplemento anterior ao termo, pois isso não ocorreu. O correto solicitar que o devedor seja intimado a reforçar a garantia. Não o fazendo no prazo determinado a dívida considerar-se-á antecipadamente vencida (art. 333, III CC). E então se não for adimplida, Ivan pode pedir a resolução do contrato, cabendo, em qualquer dos casos, indenização por perdas e danos (art. 475 CC); **C:** incorreta, pois a cláusula resolutiva expressa opera de pleno direito; a tácita é a que depende de interpelação judicial (art. 474 CC); **D:** incorreta, pois nos contratos bilaterais, nenhum dos contratantes, antes de cumprida a sua obrigação, pode exigir o implemento da do outro (art. 476 CC). Ivan ainda não acabou de pagar suas parcelas, logo não tem como alegar exceção de contrato não cumprido. O risco de inadimplemento se resolve pelo reforço da garantia (art. 333, III CC).
Gabarito "A".

5. RESPONSABILIDADE CIVIL

5.1. Obrigação de indenizar

(OAB/Exame Unificado – 2018.1) Marcos caminhava na rua em frente ao Edifício Roma quando, da janela de um dos apartamentos da frente do edifício, caiu uma torradeira elétrica, que o atingiu quando passava. Marcos sofreu fratura do braço direito, que foi diretamente atingido pelo objeto, e permaneceu seis semanas com o membro imobilizado, impossibilitado de trabalhar, até se recuperar plenamente do acidente.

À luz do caso narrado, assinale a afirmativa correta.

(A) O condomínio do Edifício Roma poderá vir a ser responsabilizado pelos danos causados a Marcos, com base na teoria da causalidade alternativa.

(B) Marcos apenas poderá cobrar indenização por danos materiais e morais do morador do apartamento do qual caiu o objeto, tendo que comprovar tal fato.

(C) Marcos não poderá cobrar nenhuma indenização a título de danos materiais pelo acidente sofrido, pois não permaneceu com nenhuma incapacidade permanente.

(D) Caso Marcos consiga identificar de qual janela caiu o objeto, o respectivo morador poderá alegar ausência de culpa ou dolo para se eximir de pagar qualquer indenização a ele.

A teoria da causalidade alternativa é utilizada especialmente nas hipóteses de objetos caídos ou lançados de um prédio. Nessa hipótese, quando se ignora o verdadeiro autor do evento lesivo *"todos os autores possíveis – isto é, os que se encontravam no grupo – serão considerados, de forma solidária, responsáveis pelo evento, em face da ofensa perpetrada à vítima"* (CAVALIERI FILHO, Sergio. *Programa de responsabilidade civil.* 6ª edição. São Paulo: Malheiros, 2006, p. 246). A teoria encontra respaldo na legislação, mais especificamente no art. 938 do Código Civil, segundo o qual: *"Aquele que habitar prédio, ou parte dele, responde pelo dano proveniente das coisas que dele caírem ou forem lançadas em lugar indevido"*. A alternativa D não é correta, pois a responsabilidade dos objetos caídos de um prédio é objetiva, não se discutindo a culpa do morador da unidade mobiliária de onde caiu o objeto.GN
Gabarito "A".

(OAB/Exame Unificado – 2018.1) João, empresário individual, é titular de um estabelecimento comercial que funciona em loja alugada em um shopping-center movimentado. No estabelecimento, trabalham o próprio João, como gerente, sua esposa, como caixa, e Márcia, uma funcionária contratada para atuar como vendedora.

Certo dia, Miguel, um fornecedor de produtos da loja, quando da entrega de uma encomenda feita por João, foi recebido por Márcia e sentiu-se ofendido por comentários preconceituosos e discriminatórios realizados pela vendedora. Assim, Miguel ingressou com ação indenizatória por danos morais em face de João.

A respeito do caso narrado, assinale a afirmativa correta.

(A) João não deve responder pelo dano moral, uma vez que não foi causado direta e imediatamente por conduta sua.

(B) João pode responder apenas pelo dano moral, caso reste comprovada sua culpa in vigilando em relação à conduta de Márcia.

(C) João pode responder apenas por parte da compensação por danos morais diante da verificação de culpa concorrente de terceiro.

(D) João deve responder pelos danos causados, não lhe assistindo alegar culpa exclusiva de terceiro.

A hipótese narrada versa sobre a responsabilidade do empregador pelos atos do empregado, cuja previsão está no art. 932, III do Código Civil. Trata-se de uma responsabilidade civil objetiva (CC, art. 933), na qual não se discute a culpa do patrão, mas apenas a culpa do causador direto do dano (no caso, a funcionária Márcia). Vale ressaltar que – uma vez

satisfeita a vítima – o empregador terá direito de regresso em face da empregada, que causou o dano (CC, art. 934).GN
Gabarito "D".

(OAB/Exame Unificado – 2016.3) Tomás e Vinícius trabalham em uma empresa de assistência técnica de informática. Após diversas reclamações de seu chefe, Adilson, os dois funcionários decidem se vingar dele, criando um perfil falso em seu nome, em uma rede social.

Tomás cria o referido perfil, inserindo no sistema os dados pessoais, fotografias e informações diversas sobre Adilson. Vinícius, a seu turno, alimenta o perfil durante duas semanas com postagens ofensivas, até que os dois são descobertos por um terceiro colega, que os denuncia ao chefe. Ofendido, Adilson ajuíza ação indenizatória por danos morais em face de Tomás e Vinícius.

A respeito do caso narrado, assinale a afirmativa correta.

(A) Tomás e Vinícius são corresponsáveis pelo dano moral sofrido por Adilson e devem responder solidariamente pelo dever de indenizar.

(B) Tomás e Vinícius devem responder pelo dano moral sofrido por Adilson, sendo a obrigação de indenizar, nesse caso, fracionária, diante da pluralidade de causadores do dano.

(C) Tomás e Vinícius apenas poderão responder, cada um, por metade do valor fixado a título de indenização, pois cada um poderá alegar a culpa concorrente do outro para limitar sua responsabilidade.

(D) Adilson sofreu danos morais distintos: um causado por Tomás e outro por Vinícius, devendo, portanto, receber duas indenizações autônomas.

A: correta, pois "se a ofensa tiver mais de um autor, todos responderão solidariamente pela reparação" (CC, art. 942); B: incorreta, pois a solução legal é a solidariedade e não a fracionariedade; C: incorreta, pois não se admite tal alegação quando houve coautoria no ato ilícito; D: incorreta, pois ambos colaboraram para a prática da ofensa, resultando num dano moral indenizável.GN
Gabarito "A".

(OAB/Exame Unificado – 2017.1) André é motorista da transportadora Via Rápida Ltda. Certo dia, enquanto dirigia um ônibus da empresa, se distraiu ao tentar se comunicar com um colega, que dirigia outro coletivo ao seu lado, e precisou fazer uma freada brusca para evitar um acidente. Durante a manobra, Olívia, uma passageira do ônibus, sofreu uma queda no interior do veículo, fraturando o fêmur direito. Além do abalo moral, a passageira teve despesas médicas e permaneceu por semanas sem trabalhar para se recuperar da fratura. Olívia decide, então, ajuizar ação indenizatória pelos danos morais e materiais sofridos.

Em referência ao caso narrado, assinale a afirmativa correta.

(A) Olívia deve, primeiramente, ajuizar a ação em face da transportadora, e apenas demandar André se não obtiver a reparação pretendida, pois a responsabilidade do motorista é subsidiária.

(B) Olívia pode ajuizar ação em face da transportadora e de André, simultânea ou alternativamente, pois ambos são solidariamente responsáveis.

(C) Olívia apenas pode demandar, nesse caso, a transportadora, mas esta terá direito de regresso em face de André, se for condenada ao dever de indenizar.

6. DIREITO CIVIL

(D) André e a transportadora são solidariamente responsáveis e podem ser demandados diretamente por Olívia, mas aquele que vier a pagar a indenização não terá regresso em face do outro.

A: incorreta, pois a lei não aponta uma ordem de preferência a respeito do réu nesses casos (CC, art. 932). Ao contrário, há solidariedade passiva e a vítima pode escolher contra quem irá pleitear sua indenização; B: correta, pois a ideia da lei ao criar a responsabilidade do empregador pelo ato do empregado é exatamente possibilitar à vítima escolher contra quem pretende demandar, estabelecendo uma solidariedade legal passiva entre eles; C: incorreta, pois Olivia poderá também demandar o empregado; D: incorreta, pois caso a transportadora pague o valor da indenização, ela terá regressiva contra o causador direto do dano, que é André (CC, art. 934).GN

Gabarito "B".

(OAB/Exame Unificado – 2015.1) Daniel, morador do Condomínio Raio de Luz, após consultar a convenção do condomínio e constatar a permissão de animais de estimação, realizou um sonho antigo e adquiriu um cachorro da raça Beagle. Ocorre que o animal, muito travesso, precisou dos serviços de um adestrador, pois estava destruindo móveis e sapatos do dono. Assim, Daniel contratou Cleber, adestrador renomado, para um pacote de seis meses de sessões. Findo o período do treinamento, Daniel, satisfeito com o resultado, resolve levar o cachorro para se exercitar na área de lazer do condomínio e, encontrando-a vazia, solta a coleira e a guia para que o Beagle possa correr livremente. Minutos depois, a moradora Diana, com 80 (oitenta) anos de idade, chega à área de lazer com seu neto Theo. Ao perceber a presença da octogenária, o cachorro pula em suas pernas, Diana perde o equilíbrio, cai e fratura o fêmur. Diana pretende ser indenizada pelos danos materiais e compensada pelos danos estéticos.

Com base no caso narrado, assinale a opção correta.

(A) Há responsabilidade civil valorada pelo critério subjetivo e solidária de Daniel e Cleber, aquele por culpa na vigilância do animal e este por imperícia no adestramento do Beagle, pelo fato de não evitarem que o cachorro avançasse em terceiros.

(B) Há responsabilidade civil valorada pelo critério objetivo e extracontratual de Daniel, havendo obrigação de indenizar e compensar os danos causados, haja vista a ausência de prova de alguma das causas legais excludentes do nexo causal, quais sejam, força maior ou culpa exclusiva da vítima.

(C) Não há responsabilidade civil de Daniel valorada pelo critério subjetivo, em razão da ocorrência de força maior, isto é, da chegada inesperada da moradora Diana, caracterizando a inevitabilidade do ocorrido, com rompimento do nexo de causalidade.

(D) Há responsabilidade valorada pelo critério subjetivo e contratual apenas de Daniel em relação aos danos sofridos por Diana; subjetiva, em razão da evidente culpa na custódia do animal; e contratual, por serem ambos moradores do Condomínio Raio de Luz.

A, C e D: incorretas, pois o art. 936 do CC traz responsabilidade de ordem objetiva para esse caso, e todas as alternativas citadas fazem referência a uma responsabilidade subjetiva; B: correta; o art. 936 do CC estabelece que "o dono, ou detentor, do animal ressarcirá o dano por este causado, se não provar culpa da vítima ou força maior". Repare que a responsabilidade do dono é quase automática, utilizando-se o critério

objetivo, sendo que o dono só conseguirá se eximir da responsabilidade se provar a ruptura do nexo causal por culpa da vítima ou força maior.

Gabarito "B".

(OAB/Exame Unificado – 2014.3) Devido à indicação de luz vermelha do sinal de trânsito, Ricardo parou seu veículo pouco antes da faixa de pedestres.

Sandro, que vinha logo atrás de Ricardo, também parou, guardando razoável distância entre eles. Entretanto, Tatiana, que trafegava na mesma faixa de rolamento, mais atrás, distraiu-se ao redigir mensagem no celular enquanto conduzia seu veículo, vindo a colidir com o veículo de Sandro, o qual, em seguida, atingiu o carro de Ricardo.

Diante disso, à luz das normas que disciplinam a responsabilidade civil, assinale a afirmativa correta.

(A) Cada um arcará com seu próprio prejuízo, visto que a responsabilidade pelos danos causados deve ser repartida entre todos os envolvidos.

(B) Caberá a Tatiana indenizar os prejuízos causados ao veículo de Sandro, e este deverá indenizar os prejuízos causados ao veículo de Ricardo.

(C) Caberá a Tatiana indenizar os prejuízos causados aos veículos de Sandro e Ricardo.

(D) Tatiana e Sandro têm o dever de indenizar Ricardo, na medida de sua culpa.

A, B e D: incorretas, pois Tatiana é a única causadora e responsável por todo o ocorrido, sendo que o carro de Sandro foi mero instrumento que atingiu o carro de Ricardo, não havendo que se falar em responsabilidade de Sandro, que nada fez no caso, muito menos atuou com culpa ou dolo; C: correta, pois, ao dirigir redigindo mensagem de texto, Tatiana agiu com culpa em sentido em estrito, mais especificamente com negligência, impondo-se sua responsabilidade civil na forma do art. 186 do Código Civil.

Gabarito "C".

(OAB/Exame Unificado – 2014.1) Felipe, atrasado para um compromisso profissional, guia seu veículo particular de passeio acima da velocidade permitida e, falando ao celular, desatento, não observa a sinalização de trânsito para redução da velocidade em razão da proximidade da creche Arca de Noé. Pedro, divorciado, pai de Júlia e Bruno, com cinco e sete anos de idade respectivamente, alunos da creche, atravessava a faixa de pedestres para buscar os filhos, quando é atropelado pelo carro de Felipe. Pedro fica gravemente ferido e vem a falecer, em decorrência das lesões, um mês depois. Maria, mãe de Júlia e Bruno, agora privados do sustento antes pago pelo genitor falecido, ajuíza demanda reparatória em face de Felipe, que está sendo processado no âmbito criminal por homicídio culposo no trânsito.

Com base no caso em questão, assinale a opção correta.

(A) Felipe indenizará as despesas comprovadamente gastas com o mês de internação para tratamento de Pedro, alimentos indenizatórios a Júlia e Bruno tendo em conta a duração provável da vida do genitor, sem excluir outras reparações, a exemplo das despesas com sepultamento e luto da família.

(B) Felipe deverá indenizar as despesas efetuadas com a tentativa de restabelecimento da saúde de Pedro, sendo incabível a pretensão de alimentos para seus filhos, diante de ausência de previsão legal.

(C) Felipe fora absolvido por falta de provas do delito de trânsito na esfera criminal e, como a responsabilidade civil e a criminal não são independentes, essa sentença fará coisa julgada no cível, inviabilizando a pretensão reparatória proposta por Maria.

(D) Felipe, como a legislação civil prevê em caso de homicídio, deve arcar com as despesas do tratamento da vítima, seu funeral, luto da família, bem como dos alimentos aos dependentes enquanto viverem, excluindo-se quaisquer outras reparações.

A: correta (art. 948, I e II do CC); **B:** incorreta, pois a lei prevê expressamente o pagamento de alimentos aos filhos levando-se em conta a duração provável da vida da vítima (art. 948, II do CC); **C:** incorreta, pois a responsabilidade civil é independente da criminal. A via civil apenas ficará fechada se no juízo criminal ficar provada a inexistência do fato ou a negativa de autoria (art. 935 do CC), o que não é o caso em tela. Logo, Maria possui pretensão reparatória em face de Felipe; **D:** incorreta, pois a lei prevê expressamente que a indenização, além desses itens não exclui outras reparações (art. 948, *caput*, do CC). Gabarito "A".

(OAB/Exame Unificado – 2013.3) Pedro, dezessete anos de idade, mora com seus pais no edifício Clareira do Bosque e, certa manhã, se desentendeu com seu vizinho Manoel, dezoito anos. O desentendimento ocorreu logo após Manoel, por equívoco do porteiro, ter recebido e lido o jornal pertencente aos pais do adolescente. Manoel, percebido o equívoco, promoveu a imediata devolução do periódico, momento no qual foi surpreendido com atitude inesperada de Pedro que, revoltado com o desalinho das páginas, o agrediu com um soco no rosto, provocando a quebra de três dentes. Como Manoel é modelo profissional, pretende ser indenizado pelos custos com implantes dentários, bem como pelo cancelamento de sua participação em um comercial de televisão.

Tendo em conta o regramento da responsabilidade civil por fato de outrem, assinale a afirmativa correta.

(A) Pedro responderá solidariamente com seus pais pelos danos causados a Manoel, inclusive com indenização pela perda de uma chance, decorrente do cancelamento da participação da vítima no comercial de televisão.

(B) Somente os pais de Pedro terão responsabilidade objetiva pelos danos causados pelo filho, mas detêm o direito de reaver de Pedro, posteriormente, os danos indenizáveis a Manoel.

(C) Se os pais de Pedro não dispuserem de recursos suficientes para pagar a indenização, e Pedro tiver recursos, este responderá subsidiária e equitativamente pelos danos causados a Manoel.

(D) Os pais de Pedro terão responsabilidade subjetiva pelos danos causados pelo filho a Manoel, devendo, para tanto, ser comprovada a culpa *in vigilando* dos genitores.

A: incorreta, pois neste caso não haverá responsabilidade solidária, vez que a lei o isenta (art. 934 do CC); **B:** incorreta, pois os pais, embora tenham responsabilidade objetiva, não podem reaver de Pedro o que houverem pago, pois a lei traz impedimento para tal (art. 934 do CC); **C:** correta (art. 928 do CC); **D:** incorreta, pois trata-se de caso de responsabilidade objetiva, logo os pais de Pedro responderão independentemente da demonstração de culpa (art. 932, I, do CC). Gabarito "C".

(OAB/Exame Unificado – 2013.2) Pedro, engenheiro elétrico, mora na cidade do Rio de Janeiro e trabalha na Concessionária Iluminação S.A. Ele é viúvo e pai de Bruno, de sete anos de idade, que estuda no colégio particular Amarelinho. Há três meses, Pedro celebrou contrato de financiamento para aquisição de um veículo importado, o que comprometeu bastante seu orçamento e, a partir de então, deixou de arcar com o pagamento das mensalidades escolares de Bruno. Por razões de trabalho, Pedro será transferido para uma cidade serrana, no interior do Estado e solicitou ao estabelecimento de ensino o histórico escolar de seu filho, a fim de transferi-lo para outra escola. Contudo, teve seu pedido negado pelo Colégio Amarelinho, sendo a negativa justificada pelo colégio como consequência da sua inadimplência com o pagamento das mensalidades escolares. Para surpresa de Pedro, na mesma semana da negativa, é informado pela diretora do Colégio Amarelinho que seu filho não mais participaria das atividades recreativas diuturnas do colégio, enquanto Pedro não quitar o débito das mensalidades vencidas e não pagas.

Com base no caso narrado, assinale a afirmativa correta.

(A) O Colégio Amarelinho atua no exercício regular do seu direito de cobrança e, portanto, não age com abuso de direito ao reter o histórico escolar de Bruno, haja vista a comprovada e imotivada inadimplência de Pedro.

(B) As condutas adotadas pelo Colégio Amarelinho configuram abuso de direito, pois são eticamente reprováveis, mas não configuram atos ilícitos indenizáveis.

(C) Tanto a retenção do histórico escolar de Bruno, quanto a negativa de participação do aluno nas atividades recreativas do colégio, configuram atos ilícitos objetivos e abusivos, independente da necessidade de provar a intenção dolosa ou culposa na conduta adotada pela diretora do Colégio Amarelinho.

(D) Para existir obrigação de indenizar do Colégio Amarelinho, com fundamento no abuso de direito, é imprescindível a presença de dolo ou culpa, requisito necessário para caracterizar o comportamento abusivo e o ilícito indenizável.

A: incorreta, pois o caso revela abuso de direito, vedado pelo art. 187 do CC; há também violação ao art. 42, *caput*, do CDC, vez que a conduta da escola nada mais é que uma forma de constrangimento com vistas à cobrança de uma dívida; **B:** incorreta, pois o abuso de direito é um ato ilícito (art. 187 do CC), que, como tal enseja indenização (art. 927 do CC); **C:** correta, pois, de fato, temos um abuso de direito, tipo de ato ilícito que, diferentemente do previsto no art. 186 do CC, não requer culpa ou dolo para se configurar (art. 187 do CC); **D:** incorreta, pois, como se viu, o abuso de direito é um tipo de ato ilícito que, diferentemente do previsto no art. 186 do CC, não requer culpa ou dolo para se configurar (art. 187 do CC). Gabarito "C".

(OAB/Exame Unificado – 2012.3.B) Renato, menor com 17 anos, estava passeando com seu cachorro pelo parque da sua cidade, quando avistou José, com quem havia se desentendido, do outro lado do parque. Com a intenção de dar um susto em José, Renato solta a coleira do seu cachorro e o estimula a atacar José.

Diante dessa situação hipotética, assinale a afirmativa correta.

6. DIREITO CIVIL · 405

(A) Renato responderá pelos prejuízos que causar apenas se as pessoas por ele responsáveis não tiverem obrigação de fazê-lo ou não dispuserem de meios suficientes.

(B) Renato ficará isento de qualquer responsabilidade civil, mesmo que seu desafeto seja atacado por seu cachorro, em razão da sua idade.

(C) Caso Renato fosse maior de idade iria responder pelo dano causado pelo seu cachorro mesmo que tal dano fosse provocado por culpa exclusiva da vítima ou pela ocorrência de um evento de força maior.

(D) Os pais de Renato não podem ser responsabilizados civilmente pelos atos de Renato.

A: correta, pois o incapaz responde de maneira subsidiária, ou seja, apenas no caso de as pessoas por ele responsáveis não tiverem a obrigação de fazê-lo ou não dispuserem de meios suficientes (art. 928, *caput*, do CC); **B:** incorreta, pois, conforme comentário à alternativa anterior, o incapaz, no caso de as pessoas por ele responsáveis não tiverem a obrigação de fazê-lo ou não dispuserem de meios suficientes, responderá (art. 928, *caput*, do CC); **C:** incorreta, pois havendo culpa exclusiva da vítima ou força maior, o dono do animal não responde (art. 936 do CC); **D:** incorreta, pois, conforme se viu, a princípio, os responsáveis pelo incapaz (no caso, os pais) é que responderão (art. 928 do CC).
Gabarito "A"

(OAB/Exame Unificado – 2012.3.A) No dia 23 de junho de 2012, Alfredo, produtor rural, contratou a sociedade Simões Aviação Agrícola Ltda., com a finalidade de pulverizar, por via aérea, sua plantação de soja. Ocorre que a pulverização se deu de forma incorreta, ocasionando a perda integral da safra de abóbora pertencente a Nilson, vizinho lindeiro de Alfredo.

Considerando a situação hipotética e as regras de responsabilidade civil, assinale a afirmativa correta.

(A) Com base no direito brasileiro, Alfredo responderá subjetivamente pelos danos causados a Nilson e a sociedade Simões Aviação Agrícola Ltda. será responsabilizada de forma subsidiária.

(B) Alfredo e a sociedade Simões Aviação Agrícola Ltda. responderão objetiva e solidariamente pelos danos causados a Nilson.

(C) Não há lugar para a responsabilidade civil solidária entre Alfredo e a sociedade Simões Aviação Agrícola Ltda. pelos danos causados a Nilson, dada a inexistência da relação de preposição.

(D) Trata-se de responsabilidade civil objetiva, em que a sociedade Simões Aviação Agrícola Ltda. é o responsável principal pela reparação dos danos, enquanto Alfredo é responsável subsidiário.

A: incorreta, pois a atividade desenvolvida pela empresa de pulverização implica, por natureza, risco para os direitos de outrem, de modo que se tem responsabilidade objetiva, nos termos do art. 927, parágrafo único, do CC; o caso também pode ser enquadrado no art. 51 da Lei 12.305/2010; como patrocinador do serviço de pulverização, Alfredo também responderá da mesma forma, e de modo solidário (art. 942, *caput*, do CC); **B:** correta, nos termos do comentário à alternativa "A"; **C:** incorreta, pois, como tomador do serviço da empresa, Alfredo responde solidariamente (art. 942, *caput*, do CC); **D:** incorreta, pois há solidariedade entre a empresa e Alfredo (art. 942, *caput*, do CC).
Gabarito "B"

(OAB/Exame Unificado – 2012.2) João dirigia seu veículo respeitando todas as normas de trânsito, com velocidade inferior à permitida para o local, quando um bêbado atravessou a rua, sem observar as condições de tráfego. João não teve condições de frear o veículo ou desviar-se dele, atingindo-o e causando-lhe graves ferimentos. A partir do caso apresentado, assinale a afirmativa correta.

(A) Houve responsabilidade civil, devendo João ser considerado culpado por sua conduta.

(B) Faltou um dos elementos da responsabilidade civil, qual seja, a conduta humana, não ficando configurada a responsabilidade civil.

(C) Inexistiu um dos requisitos essenciais para caracterizar a responsabilidade civil: o dano indenizável e, por isso, não deve ser responsabilizado.

(D) Houve rompimento do nexo de causalidade, em razão da conduta da vítima, não restando configurada a responsabilidade civil.

A: incorreta, pois há excludente de responsabilidade consistente na culpa exclusiva da vítima; **B:** incorreta, pois, apesar de não configurada a responsabilidade civil, há sim conduta de João, consistente em dirigir seu veículo; porém, além da conduta e do dano, é necessário o nexo de causalidade, inexistente por conta da existência de culpa exclusiva da vítima; **C:** incorreta, pois há sim dano indenizável, tendo em vista os graves ferimentos; porém, conforme se viu, não basta haver conduta e dano indenizável, sendo necessário também nexo de causalidade entre a primeira e o segundo; **D:** correta, pois houve rompimento do nexo de causalidade em razão da culpa exclusiva da vítima, de modo a não configurar a responsabilidade civil.
Gabarito "D"

(OAB/Exame Unificado – 2012.1) Em relação à responsabilidade civil, assinale a alternativa correta.

(A) A responsabilidade civil objetiva indireta é aquela decorrente de ato praticado por animais.

(B) O Código Civil prevê expressamente como excludente do dever de indenizar os danos causados por animais, a culpa exclusiva da vítima e a força maior.

(C) Empresa locadora de veículos responde, civil e subsidiariamente, com o locatário, pelos danos por este causados a terceiro, no uso do carro alugado.

(D) Na ação de indenização por dano moral, a condenação em montante inferior ao postulado na inicial implica em sucumbência recíproca.

A: incorreta, pois é a responsabilidade pela reparação de dano de terceira *pessoa*, e não de um *animal*; um exemplo é a responsabilidade dos pais pelos atos de seus filhos menores; **B:** correta (art. 936, parte final, do CC); **C:** incorreta, pois a responsabilidade da locadora, no caso, não é subsidiária, mas solidária (Súmula STF 492); **D:** incorreta, pois, de acordo com a Súmula STJ 326, "na ação de indenização por dano moral, a condenação em montante inferior ao postulado na inicial NÃO implica sucumbência recíproca" 𝗚𝗡.
Gabarito "B"

(OAB/Exame Unificado – 2011.3.B) A sociedade de transporte de valores "Transporte Blindado Ltda.", na noite do dia 22/7/11, teve seu veículo atingido por tiros de fuzil disparados por um franco atirador. Em virtude da ação criminosa, o motorista do carro forte perdeu o controle da direção e atingiu frontalmente Rodrigo Cerdeira, estudante de Farmácia, que estava no abrigo do ponto de ônibus em frente à Universidade onde estuda. Devido ao atropelamento, Rodrigo permaneceu por sete dias na UTI, mas não resistiu aos ferimentos e veio a óbito. Com base no fato narrado, assinale a assertiva correta.

(A) Configura-se hipótese de responsabilidade civil objetiva da empresa proprietária do carro forte com base na teoria do risco proveito, decorrente do risco da atividade desenvolvida.

(B) Não há na hipótese em apreço a configuração da responsabilidade civil da empresa de transporte de valores, uma vez que presente a culpa exclusiva de terceiro, qual seja, do franco atirador.

(C) Não há na hipótese a configuração da responsabilidade civil da empresa proprietária do carro forte, uma vez que presente a ausência de culpa do motorista do carro forte.

(D) Configura-se hipótese de responsabilidade civil objetiva da empresa proprietária do carro forte com base na teoria do empreendimento.

A: correta; segundo o art. 927, parágrafo único, do CC, configura-se responsabilidade objetiva quando a atividade normalmente desenvolvida pelo autor do dano implicar, por sua natureza, risco para os direitos de outrem; repare que no texto legal o nexo de causalidade é mitigado pela expressão "implicar" (menos forte que a expressão "causar"); no caso em tela tem-se uma transportadora de valores, que, como é cediço, exerce atividade de risco, sendo certo que, no caso concreto, essa atividade de risco acabou por implicar em dano a terceiro, já que atraiu roubador, que, com seus tiros de fuzil, acabou por ser fator decisivo no atropelamento de Rodrigo Cerdeira, que não tinha nada a ver com a atividade de risco da empresa de transporte de valores; assim, aplica-se a teoria do risco proveito, de modo a configurar responsabilidade objetiva da empresa proprietária do carro forte; **B:** incorreta, pois, conforme se viu, aplica-se o art. 927, parágrafo único, do CC, em que há mitigação do nexo de causalidade, ocorrendo responsabilidade objetiva da pessoa que desenvolve atividade de risco mesmo quando há terceiros agindo com culpa no caso; nesse sentido, vale citar o Enunciado CJF 38, que demonstra a finalidade da norma: "A responsabilidade fundada no risco da atividade, como prevista na segunda parte do parágrafo único do art. 927 do novo Código Civil, configura-se quando a atividade normalmente desenvolvida pelo autor do dano causar a pessoa determinada um ônus maior do que aos demais membros da coletividade"; **C:** incorreta, por conta da aplicação do art. 927, parágrafo único, do CC, que não requer o elemento culpa para a configuração da responsabilidade; **D:** incorreta, pois a teoria que decorre do art. 927, parágrafo único, do CC é a teoria do risco proveito, e não a teoria do empreendimento.
Gabarito "A".

(OAB/Exame Unificado – 2011.3.A) Mirtes gosta de decorar a janela de sua sala com vasos de plantas. A síndica do prédio em que Mirtes mora já advertiu a moradora do risco de queda dos vasos e de possível dano aos transeuntes e moradores do prédio. Num dia de forte ventania, os vasos de Mirtes caíram sobre os carros estacionados na rua, causando sérios prejuízos. Nesse caso, é correto afirmar que Mirtes:

(A) poderá alegar motivo de força maior e não deverá indenizar os lesados.

(B) está isenta de responsabilidade, pois não teve a intenção de causar prejuízo.

(C) somente deverá indenizar os lesados se tiver agido dolosamente.

(D) deverá indenizar os lesados, pois é responsável pelo dano causado.

O art. 938 do CC dispõe que "aquele que habitar prédio, ou parte dele, responde pelo dano proveniente das coisas que dele caírem ou forem lançadas em lugar indevido". Repare que o dispositivo não requer o elemento culpa ou dolo para a configuração da responsabilidade. Assim, Mirtes, mesmo que demonstre que não agiu com intenção ou com culpa em sentido estrito responderá pelos danos causados. A alegação de força maior não calha, pois era possível evitar o dano, bastando que Mirtes tivesse retirado os vasos, conforme, inclusive, recomendação feita pela síndica. Danos causados por força maior são aqueles que não se consegue evitar (ex: um terremoto), o que efetivamente não foi o que aconteceu no caso em tela, em que se tinha um dano evitável. Assim, a alternativa "A" é falsa, pois não há que se falar em força maior. As alternativas "B" e "C" são falsas, pois não é necessário dolo (intenção) para a configuração da responsabilidade civil prevista no art. 938 do CC. E a alternativa "D" é verdadeira, pois essa responsabilidade está configurada nos termos do art. 938 do CC.
Gabarito "D".

(OAB/Exame Unificado – 2011.1) Jonas, maior e capaz, confiou em depósito a Silas, também maior e capaz, por instrumento particular, dois automóveis de sua propriedade para serem conservados por seis meses, estabelecendo, como remuneração, o pagamento de certa quantia em dinheiro a Silas. Findo o prazo, caberia a Silas restituir os automóveis na residência de Jonas. Na vigência do depósito, Silas decidiu, certo dia, utilizar um dos automóveis para ir ao trabalho e, quando já regressava, foi abalroado, sem culpa sua, por seu vizinho Francisco, em uma moto, amassando a porta lateral direita. Transcorrido o prazo ajustado, Silas providenciou a entrega dos dois automóveis no local estipulado. A respeito da situação narrada, é correto afirmar que Jonas:

(A) não deve pagar a Silas as despesas relativas à manutenção dos dois automóveis durante o período ajustado.

(B) deve arcar com as despesas referentes à restituição dos dois automóveis no local estipulado.

(C) poderá reter integralmente o valor da contraprestação em dinheiro devido a Silas, tendo em vista a ocorrência do acidente com um dos automóveis.

(D) deve cobrar diretamente de Francisco as despesas referentes ao conserto da porta lateral direita.

A: incorreta, pois o depositante (Jonas) é obrigado a pagar ao depositário (Silas) as despesas feitas com a coisa (art. 643 do CC); **B:** correta, pois as despesas de restituição correm por conta do depositante (Jonas); **C:** incorreta, pois não existe tal direito em favor do depositante (_vide_ arts. 627 a 646); **D:** incorreta, de acordo com o gabarito oficial, porém, entendemos que está correta, pois Jonas, como proprietário do veículo danificado culposamente por Francisco, tem legitimidade para a ação indenizatória respectiva.
Gabarito "B".

(OAB/Exame Unificado – 2010.1) Assinale a opção correta com relação à responsabilidade civil.

(A) O dano deve ser certo, por essa razão não é possível a indenização por dano eventual, decorrente da perda de uma chance.

(B) Tratando-se de responsabilidade subjetiva contratual, a responsabilidade do agente pode subsistir mesmo nos casos de força maior e de caso fortuito, desde que a lei não coíba a sua previsão.

(C) De acordo com o regime da responsabilidade civil traçado no Código Civil brasileiro, inexistem causas excludentes da responsabilidade civil objetiva.

6. DIREITO CIVIL

(D) A extinção da punibilidade criminal sempre obsta a propositura de ação civil indenizatória.

A: incorreta. Assinala Senise Lisboa que: "O dano deve ser certo, isto é, fundado em um fato determinado. É inviável a responsabilidade civil do agente por mero dano hipotético ou eventual, pois não há como se reparar algo que pode sequer vir acontecer. Contudo, a partir do desenvolvimento dado à matéria pela jurisprudência francesa, assentou-se o entendimento de que há a possibilidade de se proceder à reparação pela chance perdida, isto é, daquilo que a vítima poderia, dentro de um critério de probabilidade, vir a obter para si, caso tivesse sido influenciada pelo agente a se conduzir de forma diversa. É a teoria da perda de uma chance, que considera que excepcionalmente torna-se possível a indenização por dano eventual" (Roberto Senise Lisboa. **Manual de direito civil.** V. 2: obrigações e responsabilidade civil. 4 ed., São Paulo: Saraiva, 2009, p. 235); **B:** correta. Assevera Senise Lisboa que: "A responsabilidade subjetiva contratual pressupõe a existência de um negócio jurídico efetivamente celebrado entre as partes. (...), Assim, na responsabilidade subjetiva contratual, podem as partes fixar a assunção da obrigação, mesmo nos casos de força maior e de caso fortuito, desde que a lei não coíba a sua previsão" (Roberto Senise Lisboa. *Op. cit.*, p. 279); **C:** incorreta. Afirma Senise Lisboa que: "As excludentes da responsabilidade objetiva não correspondem às da responsabilidade subjetiva. Nem poderia ser assim entendido, uma vez que a construção da teoria objetiva desprezou o pressuposto culpa, historicamente forjado como o elemento subjetivo do tipo civil. (...) São excludentes da responsabilidade civil objetiva: a) a culpa exclusiva da vítima; b) a culpa exclusiva de terceiros; c) a força maior; e d) o caso fortuito" (Roberto Senise Lisboa. *Op. cit.*, p. 334-5); **D:** incorreta. Assevera Senise Lisboa que: "Pouco importando se o caso é, na esfera cível, de responsabilidade subjetiva ou objetiva, cumpre observar que a sentença judicial proferida em processo criminal pode gerar efeitos, ou não, sobre o processo civil. Vigora, entre nós, o princípio da independência entre a responsabilidade civil e criminal, segundo o qual a responsabilidade civil pode ser apurada em processo próprio e distinto daquele em que se procedeu à análise da responsabilidade penal. (...). Observam-se as seguintes regras, acerca do princípio da independência de instâncias: (...) e) a extinção da punibilidade criminal não obsta a ação civil" (Roberto Senise Lisboa. *Op. cit.*, p. 339-40).

Gabarito "B".

(OAB/Exame Unificado – 2019.2) Márcia transitava pela via pública, tarde da noite, utilizando uma bicicleta que lhe fora emprestada por sua amiga Lúcia. Em certo momento, Márcia ouviu gritos oriundos de uma rua transversal e, ao se aproximar, verificou que um casal discutia violentamente. Ricardo, em estado de fúria e munido de uma faca, desferia uma série de ofensas à sua esposa Janaína e a ameaçava de agressão física.

De modo a impedir a violência iminente, Márcia colidiu com a bicicleta contra Ricardo, o que foi suficiente para derrubá-lo e impedir a agressão, sem que ninguém saísse gravemente ferido. A bicicleta, porém, sofreu uma avaria significativa, de tal modo que o reparo seria mais caro do que adquirir uma nova, de modelo semelhante.

De acordo com o caso narrado, assinale a afirmativa correta.

(A) Lúcia não poderá ser indenizada pelo dano material causado à bicicleta.

(B) Márcia poderá ser obrigada a indenizar Lúcia pelo dano material causado à bicicleta, mas não terá qualquer direito de regresso.

(C) Apenas Ricardo poderá ser obrigado a indenizar Lúcia pelo dano material causado à bicicleta.

(D) Márcia poderá ser obrigada a indenizar Lúcia pelo dano material causado à bicicleta e terá direito de regresso em face de Janaína.

A: incorreta. Lúcia tem o direito de ser indenizada, com base no art. 929 CC, pois não foi culpada pela situação de perigo; **B:** incorreta, pois sendo obrigada a indenizar Lúcia, Márcia terá direito de regresso contra o terceiro causador do dano, no caso, Janaína (art. 930, *caput* CC); **C:** incorreta, pois Lúcia não tem nenhuma relação jurídica com Ricardo, mas sim com Márcia, afinal o empréstimo da bicicleta foi para ela. Logo, apenas dela poderá ser cobrada indenização (art. 929 CC); **D:** correta, pois considerando que houve uma relação de empréstimo entre Lúcia e Márcia e houve um dano ao bem causado por Márcia, Lúcia terá o direito de ser indenizada e Márcia poderá buscar ação de regresso contra o culpado pela lesão, isto é, Janaína (art. 929 e 930 CC).
Gabarito "D".

(OAB/Exame Unificado – 2020.2) Carlos, motorista de táxi, estava parado em um cruzamento devido ao sinal vermelho. De repente, de um prédio em péssimo estado de conservação, de propriedade da sociedade empresária XYZ e alugado para a sociedade ABC, caiu um bloco de mármore da fachada e atingiu seu carro.

Sobre o fato narrado, assinale a afirmativa correta.

(A) Carlos pode pleitear, da sociedade XYZ, indenização pelos danos sofridos.

(B) Carlos pode pleitear indenização pelos danos sofridos apenas da sociedade ABC.

(C) A sociedade XYZ pode se eximir de responsabilidade alegando culpa da sociedade ABC.

(D) A sociedade ABC pode se eximir de responsabilidade alegando culpa exclusiva da vítima.

A: correta (art. 937 CC); **B:** incorreta, pois a responsabilidade no caso de má conservação do prédio é do dono e não do locatário do prédio (art. 937 CC); **C:** incorreta, pois a sociedade XYZ não pode se eximir da responsabilidade, uma vez que por dever legal cabe a ela se responsabilizar pela conservação do imóvel, evitando sua ruína. Logo, os danos decorrentes da negligência de seu dever deverão ser por ela arcados (art. 937 CC); **D:** incorreta, pois a sociedade ABC pode eximir-se da responsabilidade alegando culpa da proprietária e não da vítima (art. 937 CC).
Gabarito "A".

(OAB/Exame XXXIII – 2020.3) Daniel, habilitado e dentro do limite de velocidade, dirigia seu carro na BR 101 quando uma criança atravessou a pista, à sua frente. Daniel, para evitar o atropelamento da criança, saiu de sua faixa de rolamento e colidiu com o carro de Mário, taxista, que estava a serviço e não teve nenhuma culpa no acidente.

Daniel se nega ao pagamento de qualquer valor a Mário por alegar que a responsabilidade, em verdade, seria de José, pai da criança.

A respeito da responsabilidade de Daniel pelos danos causados no acidente em análise, assinale a afirmativa correta.

(A) Ele não praticou ato ilícito mas, ainda assim, terá que indenizar Mário.

(B) Ele praticou ato ilícito ao causar danos a Mario, violando o princípio do *neminem laedere*.

(C) Ele não praticou ato ilícito e não terá que indenizar Mario por atuar em estado de necessidade.

(D) Ele praticou ato ilícito ao causar danos a Mário e responderá objetivamente pelos danos a que der causa.

A: correta, pois ele não praticou ato ilícito, pois agiu dentro dos limites legais para remover perigo iminente (art. 188, II e parágrafo único).

Contudo, considerando que Mário não foi culpado pelo perigo, ele tem o direito de ser indenizado por Daniel (art. 929 CC) e este tem o direito de mover ação regressiva contra o pai da criança (art. 930 *caput* CC); **B:** incorreta, pois ele não praticou ato ilícito, pois agiu amparado pelo art. 188, II CC visando remover perigo iminente; **C:** incorreta, pois ele terá de indenizar Mário, nos termos do art. 929 CC, pois de qualquer forma causou-lhe um dano. Contudo terá direito regressivo em face de José, pai da criança (art. 930, *caput* CC); **D:** incorreta, pois a lei exclui a ilicitude (art. 188, II CC) e responderá com base nos arts. 929 e 930 CC. **GR**

Gabarito "A".

(OAB/Exame XXXVI) Henrique, mecânico da oficina Carro Bom, durante a manutenção do veículo de Sofia, deixado aos seus cuidados, arranhou o veículo acidentalmente, causando danos materiais à mesma.

Ciente de que Henrique não tinha muitos bens materiais e que a execução em face de Henrique poderia ser frustrada, Sofia pretende ajuizar ação indenizatória em face da oficina Carro Bom.

A esse respeito, é correto afirmar que Carro Bom responderá

(A) pelos danos causados a Sofia, devendo-se perquirir se houve culpa em eligendo pela oficina de um preposto desqualificado.

(B) subsidiariamente pelos danos causados por Henrique, caso este não tenha bens suficientes para saldar a execução.

(C) objetivamente pelos danos, sendo vedado o regresso em face do mecânico que atuou culposamente, pois a oficina não poderá repassar o risco de seu negócio a terceiros.

(D) objetivamente pelos danos, sendo permitido o regresso em face do mecânico que atuou culposamente.

A: incorreta, pois não há que se falar na necessidade de averiguação de houve culpa *in eligendo* da oficina, uma vez que ela responde independentemente de culpa (art. 932, III CC c/c art. 933 CC); **B:** incorreta, pois o empregador responde diretamente pelos atos praticados por seus empregados. A Lei lhe assegura, porém, o direito de regresso (art. 932, III CC c/c art. 934 CC); **C:** incorreta, pois a lei assegura o direito de regresso à oficina nos termos do art. 934 CC primeira parte; **D:** correta (art. 932, III, CC c/c art. 934 CC).

Gabarito "D".

(OAB/Exame XXXVI) João dirigia seu carro, respeitando todas as regras de trânsito, quando foi surpreendido por uma criança que atravessava a pista. Sendo a única forma de evitar o atropelamento da criança, João desviou seu veículo e acabou por abalroar um outro carro, que estava regularmente estacionado.

Passado o susto e com a criança em segurança, João tomou conhecimento de que o carro com o qual ele havia colidido era dos pais daquela mesma criança. Diante das circunstâncias, João acreditou que não seria responsabilizado pelo dano material causado ao veículo dos pais. No entanto, para sua surpresa, os pais ingressaram com uma ação indenizatória, requerendo o ressarcimento pelos danos materiais.

Diante da situação hipotética narrada, nos termos da legislação civil vigente, assinale a opção correta.

(A) João cometeu um ato ilícito e, como consequência, deverá indenizar pelos danos materiais causados, visto inexistir causa excludente de ilicitude da sua conduta.

(B) A ação de João é lícita, pois agiu em estado de necessidade, evitando um mal maior e, sendo assim, não deverá indenizar os pais da criança.

(C) A ação de João é lícita, pois agiu em estado de necessidade, evitando um mal maior, porém subsiste o seu dever de indenizar os pais da criança.

(D) João cometeu um ato ilícito, porém o prejuízo deverá ser suportado pelos pais da criança.

A: incorreta, pois apesar de ter ocorrido um dano o ato de João é legítimo, uma vez que as circunstâncias tornaram seu ato absolutamente necessário para evitar um mal maior e não houve excesso em sua conduta. João agiu em estado de necessidade, uma excludente da ilicitude (art. 188, parágrafo único CC); **B:** correta (art. 188, parágrafo único CC); **C:** incorreta, pois João não tem o dever de indenizar os pais da criança. Isto porque as pessoas lesadas (os pais da criança) foram culpados pelo perigo, sendo assim não lhes assiste o direito a indenização por parte de João (art. 929 CC); **D:** incorreta, pois o ato é lícito amparado pela excludente de ilicitude estado de necessidade (art. 188, parágrafo único CC).

Gabarito "B".

(OAB/Exame XXXVII) Henrique, 50 anos, médico dermatologista, recebe em seu consultório Nicola, 70 anos, dentista, para a realização de um procedimento ambulatorial em sua mão.

Durante o procedimento, Henrique ministra erroneamente ácido na mão de Nicola, que era alérgico, fato conhecido por Henrique antes do início do procedimento. Henrique imediatamente adota as medidas preventivas necessárias à mitigação do dano, mas Nicola fica com sequelas permanentes na mão, inabilitando-o parcialmente para o exercício da profissão, porque impede que ele realize procedimentos ortodônticos que necessitam do uso de ambas as mãos.

A respeito da indenização a que Nicola faz jus, assinale a afirmativa correta.

(A) Deve abranger os danos emergentes correspondentes às despesas do tratamento e não abrangerá indenização por lucros cessantes considerando que Nicola ainda pode auferir renda, excluindo o nexo de causalidade entre possíveis danos decorrentes de lucros cessantes e a conduta ilícita de Henrique.

(B) Deve abranger as despesas do tratamento, os lucros cessantes até o fim da convalescença e a pensão correspondente à importância do trabalho para que se inabilitou, ou da depreciação que ele sofreu.

(C) Caso a hipótese enseje a reparação por danos estéticos, não se poderá cumular a indenização por danos morais, à luz do princípio da reparação integral, considerando que o dano estético já indeniza a violação da integridade física, tutelada pela cláusula geral de tutela da dignidade da pessoa humana.

(D) Henrique não pode ser condenado ao pagamento da indenização de lucros cessantes e danos materiais diretos de uma só vez, devendo o pensionamento ser fixado em pagamentos periódicos, tais quais seriam os lucros decorrentes do trabalho de Nicola, sob pena de enriquecimento ilícito.

A: incorreta, pois considerando que houve dano à saúde que trouxe sequelas permanentes na mão de Nicola, inabilitando-o parcialmente para o exercício da profissão, são cabíveis os lucros cessantes. A Lei é taxativa em dizer que se a capacidade laborativa for diminuída, os

6. DIREITO CIVIL — 409

lucros cessantes são admissíveis (art. 950 *caput* CC). Ademais, não há que se falar na exclusão do nexo de causalidade entre a conduta e o dano; **B:** correta (art. 950 CC); **C:** incorreta, pois é lícita a cumulação das indenizações de dano estético e dano moral (Súmula 387 STJ). Neste passo, é possível cumular as pretensões indenizatórias por danos morais e estéticos, provenientes de um mesmo ato ilícito, desde que, efetivada a produção de dano estético, seja possível apurar e quantificar autonomamente os valores. (Agravo Regimental no Agravo de Instrumento n. 769.719-DF (2006/0090632-7); **D:** incorreta, pois se for o desejo da vítima, ela pode exigir que a indenização seja arbitrada e paga de uma só vez (art. 950, parágrafo único CC). **GR**

Gabarito "B".

5.2. Dano

(OAB/Exame Unificado – 2016.2) Maria, trabalhadora autônoma, foi atropelada por um ônibus da Viação XYZ S.A. quando atravessava movimentada rua da cidade, sofrendo traumatismo craniano. No caminho do hospital, Maria veio a falecer, deixando o marido, João, e o filho, Daniel, menor impúbere, que dela dependiam economicamente. Sobre o caso, assinale a afirmativa correta.

(A) João não poderá cobrar compensação por danos morais, em nome próprio, da Viação XYZ S.A., porque o dano direto e imediato foi causado exclusivamente a Maria.

(B) Ainda que reste comprovado que Maria atravessou a rua fora da faixa e com o sinal de pedestres fechado, tal fato em nada influenciará a responsabilidade da Viação XYZ S.A..

(C) João poderá cobrar pensão alimentícia apenas em nome de Daniel, por se tratar de pessoa incapaz.

(D) Daniel poderá cobrar pensão alimentícia da Viação XYZ S.A., ainda que não reste comprovado que Maria exercia atividade laborativa, se preenchido o critério da necessidade.

A: incorreta, pois a indenização por dano moral é devida em favor dos parentes próximos da vítima fatal de um atropelamento de responsabilidade de alguém; **B:** incorreta, pois se a culpa for exclusiva de Maria, a empresa não responderá; e se a culpa da empresa for concorrente com a culpa de Maria a empresa pagará indenização em valor reduzido (art. 945 do CC); **C:** incorreta, pois a lei é clara no sentido de que todos os dependentes da vítima de um homicídio (art. 948 do CC); **D:** correta, nos termos do art. 948 do CC.

Gabarito "D".

(OAB/Exame Unificado – 2011.2) João trafegava com seu veículo com velocidade incompatível para o local e avançou o sinal vermelho. José, que atravessava normalmente na faixa de pedestre, foi atropelado por João, sofrendo vários ferimentos. Para se recuperar, José, trabalhador autônomo, teve que ficar internado por 10 dias, sem possibilidade de trabalhar, além de ter ficado com várias cicatrizes no corpo. Em virtude do ocorrido, José ajuizou ação, pleiteando danos morais, estéticos e materiais. Com base na situação acima, assinale a alternativa correta.

(A) José terá direito apenas ao dano moral, em razão do sofrimento, e ao dano estético, em razão das cicatrizes. Quanto ao tempo em que ficou sem trabalhar, isso se traduz em lucros cessantes, que não foram pedidos, não podendo ser concedidos.

(B) José não poderá receber a indenização na forma pleiteada, já que o dano moral e o dano estético são

inacumuláveis. Assim, terá direito apenas ao dano moral, em razão do sofrimento e das cicatrizes, e ao dano material, em razão do tempo que ficou sem trabalhar.

(C) José terá direito a receber a indenização na forma pleiteada: o dano moral em razão das lesões e do sofrimento por ele sentido, o dano material em virtude do tempo que ficou sem trabalhar e o dano estético em razão das cicatrizes com que ficou.

(D) José terá direito apenas ao dano moral, já que o tempo que ficou sem trabalhar é considerado lucros cessantes, os quais não foram expressamente requeridos, e não podem ser concedidos. Quanto ao dano estético, esse é inacumulável com o dano moral, já estando incluído neste.

O STJ é pacífico no sentido de que é plenamente possível cumular indenização por danos materiais, danos morais e danos estéticos. A Súmula 37 do STJ dispõe que é possível cumular indenização por dano material com indenização por dano moral. E a Súmula 387, do mesmo STJ, dispõe que é possível cumular indenização por dano moral com indenização por dano estético. No caso, houve danos materiais (impossibilidade de trabalhar), danos morais (sofrimento) e danos estéticos (cicatrizes no corpo), de maneira que a alternativa "C" é a única correta.

Gabarito "C".

6. COISAS

6.1. Posse

(OAB/Exame Unificado – 2015.1) Mediante o emprego de violência, Mélvio esbulhou a posse da Fazenda Vila Feliz. A vítima do esbulho, Cassandra, ajuizou ação de reintegração de posse em face de Mélvio após um ano e meio, o que impediu a concessão de medida liminar em seu favor. Passados dois anos desde a invasão, Mélvio teve que trocar o telhado da casa situada na fazenda, pois estava danificado. Passados cinco anos desde a referida obra, a ação de reintegração de posse transitou em julgado e, na ocasião, o telhado colocado por Mélvio já se encontrava severamente danificado. Diante de sua derrota, Mélvio argumentou que faria jus ao direito de retenção pelas benfeitorias erigidas, exigindo que Cassandra o reembolsasse. A respeito do pleito de Mélvio, assinale a afirmativa correta.

(A) Mélvio não faz jus ao direito de retenção por benfeitorias, pois sua posse é de má-fé e as benfeitorias, ainda que necessárias, não devem ser indenizadas, porque não mais existiam quando a ação de reintegração de posse transitou em julgado.

(B) Mélvio é possuidor de boa-fé, fazendo jus ao direito de retenção por benfeitorias e devendo ser indenizado por Cassandra com base no valor delas.

(C) Mélvio é possuidor de má-fé, não fazendo jus ao direito de retenção por benfeitorias, mas deve ser indenizado por Cassandra com base no valor delas.

(D) Mélvio é possuidor de má-fé, fazendo jus ao direito de retenção por benfeitorias e devendo ser indenizado pelo valor atual delas.

A: correta; Mélvio e possuidor de má-fé, e, assim, não tem direito a indenização por benfeitorias, salvo as necessárias, mas sem direito a retenção neste caso (art. 1.220 do CC); na hipótese narrada, tem-se benfeitoria necessária, porém, seja porque não existem mais, seja porque ainda que existissem não dão direito de retenção da coisa enquanto não paga a indenização, não há que se falar em direito de retenção no caso presente; **B**: incorreta; Melvio é possuidor de má-fé, pois sabia que não tinha direitos sobre a coisa quando a invadiu; **C** e **D**: incorretas; pois, como se viu, Melvio não terá direito a qualquer indenização no caso concreto.

Gabarito "A".

(OAB/Exame Unificado – 2014.3) Com a ajuda de homens armados, Francisco invade determinada fazenda e expulsa dali os funcionários de Gabriel, dono da propriedade. Uma vez na posse do imóvel, Francisco decide dar continuidade às atividades agrícolas que vinham sendo ali desenvolvidas (plantio de soja e de feijão). Três anos após a invasão, Gabriel consegue, pela via judicial, ser reintegrado na posse da fazenda.

Quanto aos frutos colhidos por Francisco durante o período em que permaneceu na posse da fazenda, assinale a afirmativa correta.

(A) Francisco deve restituir a Gabriel todos os frutos colhidos e percebidos, mas tem direito de ser ressarcido pelas despesas de produção e custeio.

(B) Francisco tem direito aos frutos percebidos durante o período em que permaneceu na fazenda.

(C) Francisco tem direito à metade dos frutos colhidos, devendo restituir a outra metade a Gabriel.

(D) Francisco deve restituir a Gabriel todos os frutos colhidos e percebidos, e não tem direito de ser ressarcido pelas despesas de produção e custeio.

A: correta; de acordo com o art. 1.216 do CC, o possuidor de má-fé (que é o que temos no caso presente, pois era alguém que sabia que não tinha direitos sobre a coisa) responde por todos os frutos colhidos e percebidos, bem como pelos que, por culpa sua, deixou de perceber, desde o momento em que se constituiu de má-fé; todavia, esse possuidor, ainda que de má-fé, tem, segundo a lei, direito às despesas da produção e custeio, de modo a não haver enriquecimento sem causa do legítimo possuidor da coisa; assim, a alternativa em questão está correta; **B** e **C**: incorretas, pois, de acordo com o art. 1.216 do CC o possuidor de má-fé não tem direito qualquer sobre os frutos percebidos e colhidos no período; **D**: incorreta, pois, de acordo com o art. 1.216 do CC, o possuidor de má-fé tem direito às despesas da produção e custeio, de modo a não haver enriquecimento sem causa do legítimo possuidor da coisa.

Gabarito "A".

(OAB/Exame Unificado – 2012.1) Acerca do instituto da posse é correto afirmar que:

(A) o Código Civil estabeleceu um rol taxativo de posses paralelas.

(B) é admissível o interdito proibitório para a proteção do direito autoral.

(C) fâmulos da posse são aqueles que exercitam atos de posse em nome próprio.

(D) a composse é uma situação que se verifica na comunhão *pro indiviso*, do qual cada possuidor conta com uma fração ideal sobre a posse.

A: incorreta; há posses paralelas quando coexistem posses indiretas (daqueles que cedem a posse – ex: proprietários) e diretas (daqueles que recebem a posse – ex: locatários); não há rol taxativo dessas possibilidades, que podem acontecer em relação a inúmeras pessoas ao mesmo tempo e também a inúmeros negócios decorrentes de direitos

reais (rol taxativo – ex: usufruto, uso e habitação) e de direitos pessoais, cujo rol não é taxativo (art. 1.197 do CC); **B**: incorreta, pois, segundo a Súmula STJ 228, "é inadmissível o interdito proibitório para a proteção do direito autoral"; **C**: incorreta, pois os fâmulos da posse são aqueles que exercem atos de posse em nome alheio, como é o caso dos caseiros; tem-se, no caso, a figura do *detentor*, e não do *possuidor* (art. 1.198, *caput*, do CC); **D**: correta (art. 1.199 do CC).

Gabarito "D".

(OAB/Exame Unificado – 2019.2) Em 05/05/2005, Aloísio adquiriu uma casa de 500 m2 registrada em nome de Bruno, que lhe vendeu o imóvel a preço de mercado. A escritura e o registro foram realizados de maneira usual. Em 05/09/2005, o imóvel foi alugado, e Aloísio passou a receber mensalmente o valor de R$ 3.000,00 pela locação, por um período de 6 anos. Em 10/10/2009, Aloísio é citado em uma ação reivindicatória movida por Elisabeth, que pleiteia a retomada do imóvel e a devolução de todos os valores recebidos por Aloísio a título de locação, desde o momento da sua celebração.

Uma vez que Elisabeth é judicialmente reconhecida como a verdadeira proprietária do imóvel em 10/10/2011, pergunta-se: é correta a pretensão da autora ao recebimento de todos os aluguéis recebidos por Aloísio?

(A) Sim. Independentemente da sentença de mérito, a própria contestação automaticamente transforma a posse de Aloísio em posse de má-fé desde o seu nascedouro, razão pela qual todos os valores recebidos pelo possuidor devem ser ressarcidos.

(B) Não. Sem a ocorrência de nenhum outro fato, somente após uma sentença favorável ao pedido de Elisabeth, na reivindicatória, é que seus argumentos poderiam ser considerados verdadeiros, o que caracterizaria a transformação da posse de boa-fé em posse de má-fé. Como o possuidor de má-fé tem direito aos frutos, Aloísio não é obrigado a devolver os valores que recebeu pela locação.

(C) Não. Sem a ocorrência de nenhum outro fato, e uma vez que Elisabeth foi vitoriosa em seu pleito, a posse de Aloísio passa a ser qualificada como de má-fé desde a sua citação no processo – momento em que Aloísio tomou conhecimento dos fatos ao final reputados como verdadeiros –, exigindo, em tais condições, a devolução dos frutos recebidos entre 10/10/2009 e a data de encerramento do contrato de locação.

(D) Não. Apesar de Elisabeth ter obtido o provimento judicial que pretendia, Aloísio não lhe deve qualquer valor, pois, sendo possuidor com justo título, tem, em seu favor, a presunção absoluta de veracidade quanto a sua boa-fé.

A: incorreta, pois até a citação na ação reivindicatória a posse era de boa-fé. Logo, os valores recebidos antes disso não podem ser requeridos de volta (art. 1.201, parágrafo único CC). A posse se transformará em posse de má-fé apenas após a citação (e não a contestação), logo é apenas após esse ato processual que os alugueres poderão ser cobrados (art. 1.202 CC); **B**: incorreta, pois prevê o art. 1.202 CC que "a posse de boa-fé só perde este caráter no caso e desde o momento em que as circunstâncias façam presumir que o possuidor não ignora que possui indevidamente". A citação é uma circunstância que dá ciência ao possuidor de que a posse pode vir a ser declarada indevida. No caso de procedência da ação da reivindicatória, o efeito da sentença retroagirá à data da citação e os alugueres deverão ser pagos desde então; **C**: correta, pois de fato os alugueres apenas poderão ser cobrados após

6. DIREITO CIVIL

a ciência inequívoca de Aluísio quanto à posse indevida, o que se dá com a citação. Nos termos art. 1.202, a citação se configura como a "circunstância que faz presumir que o possuidor não ignora que possui indevidamente a coisa"; **D:** incorreta, pois apesar de possuir justo título, a presunção de boa-fé não é absoluta, mas sim relativa. O art. 1.201 parágrafo único abre a possibilidade de se obter prova em contrário e a sentença judicial procedente em ação reivindicatória é prova mais do que válida. **GR**
Gabarito "C".

6.2. Propriedade

(OAB/Exame Unificado – 2017.3) Quincas adentra terreno vazio e, de forma pública, passa a construir ali a sua moradia. Após o exercício ininterrupto da posse por 17 (dezessete) anos, pleiteia judicialmente o reconhecimento da propriedade do bem pela usucapião.

Durante o processo, constatou-se que o imóvel estava hipotecado em favor de Jovelino, para o pagamento de numerários devidos por Adib, proprietário do imóvel.

Com base nos fatos apresentados, assinale a afirmativa correta.

(A) A hipoteca existente em benefício de Jovelino prevalece sobre eventual direito de Quincas, tendo em vista o princípio da prioridade no registro.

(B) A hipoteca é um impeditivo para o reconhecimento da usucapião, tendo em vista a função social do crédito garantido.

(C) Como a usucapião é modo originário de aquisição da propriedade, a hipoteca não é capaz de impedir a sua consumação.

(D) Quincas pode adquirir, pela usucapião, o imóvel em questão, porém ficará com o ônus de quitar o débito que a hipoteca garantia.

A aquisição da propriedade imóvel por usucapião é originária e, portanto, vem ao domínio do possuidor de forma livre de ônus e encargos, como é o caso da hipoteca anteriormente constituída para garantir obrigação pessoal do antigo proprietário do imóvel. Permanece a Jovelino, o credor, o direito de exercer seu crédito pelos meios regulares de cobrança em face do devedor. **GN**
Gabarito "C".

(OAB/Exame Unificado – 2017.3) Laurentino constituiu servidão de vista no registro competente, em favor de Januário, assumindo o compromisso de não realizar qualquer ato ou construção que embarace a paisagem de que Januário desfruta em sua janela. Após o falecimento de Laurentino, seu filho Lucrécio decide construir mais dois pavimentos na casa para ali passar a habitar com sua esposa.

Diante do exposto, assinale a afirmativa correta.

(A) Januário não pode ajuizar uma ação possessória, eis que a servidão é não aparente.

(B) Diante do falecimento de Laurentino, a servidão que havia sido instituída automaticamente se extinguiu.

(C) A servidão de vista pode ser considerada aparente quando houver algum tipo de aviso sobre sua existência.

(D) Januário pode ajuizar uma ação possessória, provando a existência da servidão com base no título.

A: incorreta, pois, em que pese a servidão de vista ser da espécie "não aparente", Januário continua protegido em seu direito real sobre coisa

alheia; **B:** incorreta, pois o falecimento do proprietário do prédio serviente não extingue a servidão, justamente por se tratar de um direito real, que se agrega à coisa e não a pessoas; **C:** incorreta, pois avisos não alteram a natureza da servidão; **D:** correta, pois Januário detém um direito real sobre coisa alheia, que poderá ser defendido na hipótese de violação (CC, art. 1.378). **GN**
Gabarito "D".

(OAB/Exame Unificado – 2018.1) Jonas trabalha como caseiro da casa de praia da família Magalhães, exercendo ainda a função de cuidador da matriarca Lena, já com 95 anos. Dez dias após o falecimento de Lena, Jonas tem seu contrato de trabalho extinto pelos herdeiros. Contudo, ele permanece morando na casa, apesar de não manter qualquer outra relação jurídica com os herdeiros, que também já não frequentam mais o imóvel e permanecem incomunicáveis.

Jonas decidiu, por sua própria conta, fazer diversas modificações na casa: alterou a pintura, cobriu a garagem (que passou a alugar para vizinhos) e ampliou a churrasqueira. Ele passou a dormir na suíte principal, assumiu as despesas de água, luz, gás e telefone, e apresentou-se, perante a comunidade, como "o novo proprietário do imóvel".

Doze anos após o falecimento de Lena, seu filho Adauto decide retomar o imóvel, mas Jonas se recusa a devolvê-lo.

A partir da hipótese narrada, assinale a afirmativa correta.

(A) Jonas não pode usucapir o bem, eis que é possuidor de má-fé.

(B) Adauto não tem direito à ação possessória, eis que o imóvel estava abandonado.

(C) Jonas não pode ser considerado possuidor, eis que é o caseiro do imóvel.

(D) Na hipótese indicada, a má-fé de Jonas não é um empecilho à usucapião.

É sempre muito importante ressaltar esse peculiar aspecto da usucapião. A má-fé do possuidor (que significa apenas e tão somente o conhecimento de um vício que macula sua posse) nunca é obstáculo à usucapião. Aliás, é extremamente comum que o possuidor de má-fé adquira a propriedade por meio da usucapião. É justamente para isso que existe a usucapião extraordinária, que ocorre "*independentemente de título e boa-fé*" (CC, art. 1.238) em que pese num prazo maior do que a ordinária (que, por sua vez, pressupõe a boa-fé do possuidor). **GN**
Gabarito "D".

(OAB/Exame Unificado – 2018.2) Diante da crise que se abateu sobre seus negócios, Eriberto contrai empréstimo junto ao seu amigo Jorge, no valor de R$ 200.000,00, constituindo, como garantia, hipoteca do seu sítio, com vencimento em 20 anos.

Esgotado o prazo estipulado e diante do não pagamento da dívida, Jorge decide executar a hipoteca, mas vem a saber que o imóvel foi judicialmente declarado usucapido por Jonathan, que o ocupava de forma mansa e pacífica para sua moradia durante o tempo necessário para ser reconhecido como o novo proprietário do bem.

Diante do exposto, assinale a opção correta.

(A) Como o objeto da hipoteca não pertence mais a Eriberto, a dívida que ele tinha com Jorge deve ser declarada extinta.

(B) Se a hipoteca tiver sido constituída após o início da posse ad usucapionem de Jonathan, o imóvel permanecerá hipotecado mesmo após a usucapião, em respeito ao princípio da ambulatoriedade.

(C) Diante da consumação da usucapião, Jorge tem direito de regresso contra Jonathan, haja vista que o bem usucapido era objeto de sua garantia.

(D) Sendo a usucapião um modo de aquisição originária da propriedade, Jonathan pode adquirir a propriedade do imóvel livre da hipoteca que Eriberto constituíra em favor de Jorge.

A aquisição da propriedade imóvel por usucapião é originária e, portanto, vem ao domínio do possuidor de forma livre de ônus e encargos, como é o caso da hipoteca anteriormente constituída para garantir obrigação pessoal do antigo proprietário do imóvel. Logo, não há direito de regresso em face de Jonathan, permanecendo ao credor Jorge os meios regulares de cobrança perante o devedor Eriberto. **GN**

Gabarito "D".

(OAB/Exame Unificado – 2018.2) Ronaldo é proprietário de um terreno que se encontra cercado de imóveis edificados e decide vender metade dele para Abílio.

Dois anos após o negócio feito com Abílio, Ronaldo, por dificuldades financeiras, descumpre o que havia sido acordado e constrói uma casa na parte da frente do terreno – sem deixar passagem aberta para Abílio – e a vende para José, que imediatamente passa a habitar o imóvel.

Diante do exposto, assinale a afirmativa correta.

(A) Abílio tem direito real de servidão de passagem pelo imóvel de José, mesmo contra a vontade deste, com base na usucapião.

(B) A venda realizada por Ronaldo é nula, tendo em vista que José não foi comunicado do direito real de servidão de passagem existente em favor de Abílio.

(C) Abílio tem direito a passagem forçada pelo imóvel de José, independentemente de registro, eis que seu imóvel ficou em situação de encravamento após a construção e venda feita por Ronaldo.

(D) Como não participou da avença entre Ronaldo e Abílio, José não está obrigado a conceder passagem ao segundo, em função do caráter personalíssimo da obrigação assumida.

Para atender plenamente à sua função social, um imóvel precisa ter livre acesso às vias públicas e a lei, atenta para tal necessidade, impõe o instituto da passagem forçada (CC, art. 1.285), a qual será fornecida pelo vizinho "*cujo imóvel mais natural e facilmente se prestar à passagem*" (CC, art. 1.285 parágrafo primeiro). Não se deve confundir o instituto com a servidão de passagem, na qual o imóvel dominante não está encravado, mas apenas ganhará mais comodidade com a interferência na propriedade do prédio serviente. **GN**

Gabarito "C".

(OAB/Exame Unificado – 2017.2) À vista de todos e sem o emprego de qualquer tipo de violência, o pequeno agricultor Joventino adentra terreno vazio, constrói ali sua moradia e uma pequena horta para seu sustento, mesmo sabendo que o terreno é de propriedade de terceiros.

Sem ser incomodado, exerce posse mansa e pacífica por 2 (dois) anos, quando é expulso por um grupo armado comandado por Clodoaldo, proprietário do terreno, que só tomou conhecimento da presença de Joventino no imóvel no dia anterior à retomada.

Diante do exposto, assinale a afirmativa correta.

(A) Como não houve emprego de violência, Joventino não pode ser considerado esbulhador.

(B) Clodoaldo tem o direito de retomar a posse do bem mediante o uso da força com base no desforço imediato, eis que agiu imediatamente após a ciência do ocorrido.

(C) Tendo em vista a ocorrência do esbulho, Joventino deve ajuizar uma ação possessória contra Clodoaldo, no intuito de recuperar a posse que exercia.

(D) Na condição de possuidor de boa-fé, Joventino tem direito aos frutos e ao ressarcimento das benfeitorias realizadas durante o período de exercício da posse.

A: incorreta, pois não há necessidade de violência para se configurar o esbulho; B: incorreta, pois a fluência do prazo de dois anos é suficiente para retirar o imediatismo exigido para tal legítima defesa da posse (CC, art. 1.210 § 1°); **C:** correta, pois, no presente cenário, a posse de Joventino é melhor do que a posse de Clodoaldo, não importando – para o bojo da possessória – quem é o proprietário do bem. A rigor, a discussão sobre propriedade é proibida na pendência de ação possessória (CPC, art. 557); **D:** incorreta, pois Joventino é possuidor de má-fé, ou seja, ele sabia que a posse dele apresentava algum vício (CC, art. 1.201). **GN**

Gabarito "C".

(OAB/Exame Unificado – 2015.3) Por meio de contrato verbal, João alugou sua bicicleta a José, que se comprometeu a pagar o aluguel mensal de R$ 100,00 (cem reais), bem como a restituir a coisa alugada ao final do sexto mês de locação. Antes de esgotado o prazo do contrato de locação, João deseja celebrar contrato de compra e venda com Otávio, de modo a transmitir imediatamente a propriedade da bicicleta. Não obstante a coisa permanecer na posse direta de José, entende-se que

(A) o adquirente Otávio, caso venda a bicicleta antes de encerrado o prazo da locação, deve obrigatoriamente depositar o preço em favor do locatário José.

(B) João não pode celebrar contrato de compra e venda da bicicleta antes de encerrado o prazo da locação celebrada com José.

(C) é possível transmitir imediatamente a propriedade para Otávio, por meio da estipulação, no contrato de compra e venda, da cessão do direito à restituição da coisa em favor de Otávio.

(D) é possível transmitir imediatamente a propriedade para Otávio, por meio da estipulação, no contrato de compra e venda, do constituto possessório em favor de Otávio.

A: incorreta, pois José não é proprietário da bicicleta, mas mero locatário desta; B: incorreta, pois um bem não se torna inalienável só pelo fato de estar locado a terceiro; **C:** correta; em geral, a propriedade de coisa móvel só se transfere com a tradição física da coisa; porém, a lei subentende a tradição quando o transmitente (João) cede ao adquirente (Otávio) o direito à restituição da coisa, que se encontra na posse de terceiro (José), nos termos do art. 1.267, *caput* e parágrafo único (segunda parte), do CC; **D:** incorreta, pois subentende-se a tradição no constituto possessório quando o transmitente (João) continua a possuir, o que não se coaduna com o texto da alternativa (art. 1.267, parágrafo único (primeira parte), do CC.

Gabarito "C".

(OAB/Exame Unificado – 2014.3) No regime da Alienação Fiduciária que recai sobre bens imóveis, uma vez consolidada a propriedade em seu nome no Registro de Imóveis, o fiduciário, no prazo de trinta dias, contados da data do referido registro, deverá

(A) adjudicar o bem.

(B) vender diretamente o bem para terceiros.

(C) promover leilão público para a alienação do imóvel; não havendo arremate pelo valor de sua avaliação, realizar um segundo leilão em quinze dias.

(D) promover leilão público para a alienação do imóvel; não havendo arremate, o fiduciário adjudicará o bem.

De acordo com o art. 27 da Lei 9.514/97, uma vez consolidada a propriedade em nome do fiduciário, este, no prazo de 30 dias mencionado, promoverá **leilão público** para a alienação do imóvel. Todavia, se no primeiro público leilão o maior lance oferecido for inferior ao valor do imóvel, será realizado o segundo leilão, nos 15 dias seguintes. Nesse segundo leilão será aceito o maior lance oferecido, desde que igual ou superior ao valor da dívida, das despesas, dos prêmios de seguro, dos encargos legais, inclusive tributos, e das contribuições condominiais. Assim, estão incorretas as alternativas que falam em adjudicação do imóvel pelo fiduciário e também a que prevê a venda direta do bem para terceiros, independentemente de leilão público. E está correta alternativa que assegura que haverá leilão público e, se o caso, um segundo leilão público.

„Gabarito "C".

(OAB/Exame Unificado – 2014.1) Jeremias e Antônio moram cada um em uma margem do rio Tatuapé. Com o passar do tempo, as chuvas, as estiagens e a erosão do rio alteraram a área da propriedade de cada um.

Dessa forma, Jeremias começou a se questionar sobre o tamanho atual de sua propriedade (se houve aquisição/diminuição), o que deixou Antônio enfurecido, pois nada havia feito para prejudicar Jeremias. Ao mesmo tempo, Antônio também começou a notar diferenças em seu terreno na margem do rio. Ambos questionam se não deveriam receber alguma indenização do outro.

Sobre a situação apresentada, assinale a afirmativa correta.

(A) Trata-se de aquisição por aluvião, uma vez que corresponde a acréscimos trazidos pelo rio de forma sucessiva e imperceptível, não gerando indenização a ninguém.

(B) Se for formada uma ilha no meio do rio Tatuapé, pertencerá ao proprietário do terreno de onde aquela porção de terra se deslocou.

(C) Trata-se de aquisição por avulsão e cada proprietário adquirirá a terra trazida pelo rio mediante indenização do outro ou, se ninguém tiver reclamado, após o período de um ano.

(D) Se o rio Tatuapé secar, adquirirá a propriedade da terra aquele que primeiro a tornar produtiva de alguma maneira, seja como moradia ou como área de trabalho.

A: correta (art. 1.250, *caput*, do CC); **B:** incorreta, pois se a ilha se formar no meio do rio aquela porção de terra considerar-se-á acréscimos sobrevindos aos terrenos ribeirinhos fronteiros de ambas as margens, na proporção de suas testadas, até a linha que dividir o álveo em duas partes iguais (art. 1.249, I do CC); **C:** incorreta, pois o acréscimo de terra por avulsão se dá através de forças violentas da natureza (art. 1.251, *caput*, do CC), o que não é a hipótese do caso em tela. **D:** incorreta, pois se o rio secar adquirirá a propriedade da terra os proprietários ribeirinhos das duas margens (art. 1.252 do CC), independentemente de torná-la produtiva ou usá-la para moradia.

„Gabarito "A".

(OAB/Exame Unificado – 2012.2) Em janeiro de 2010, Nádia, unida estavelmente com Rômulo, após dez anos de convivência e sem que houvesse entre eles contrato escrito que disciplinasse as relações entre companheiros, abandona definitivamente o lar. Nos dois anos seguintes, Rômulo, que não é proprietário de outro imóvel urbano ou rural, continuou, ininterruptamente, sem oposição de quem quer que fosse, na posse direta e exclusiva do imóvel urbano com 200 metros quadrados, cuja propriedade dividia com Nádia e que servia de moradia do casal. Em março de 2012, Rômulo – que nunca havia ajuizado ação de usucapião, de qualquer espécie, contra quem quer que fosse – ingressou com ação de usucapião, pretendendo o reconhecimento judicial para adquirir integralmente o domínio do referido imóvel. Diante dessa situação hipotética, assinale a afirmativa correta.

(A) A pretensão de aquisição do domínio integral do imóvel por Rômulo é infundada, pois o prazo assinalado pelo Código Civil é de 10 (dez) anos.

(B) A pretensão de aquisição do domínio integral do imóvel por Rômulo é infundada, pois a hipótese de abandono do lar, embora possa caracterizar a impossibilidade da comunhão de vida, não autoriza a propositura de ação de usucapião.

(C) A pretensão de aquisição do domínio integral do imóvel por Rômulo é infundada, pois tal direito só existe para as situações em que as pessoas foram casadas sob o regime da comunhão universal de bens.

(D) A pretensão de aquisição do domínio integral do imóvel por Rômulo preenche todos os requisitos previstos no Código Civil.

Segundo o art. 1.240-A do CC, introduzido pela Lei 12.424/2011, "aquele que exercer, por 2 (dois) anos ininterruptamente e sem oposição, posse direta, com exclusividade, sobre imóvel urbano de até 250m² (duzentos e cinquenta metros quadrados) cuja propriedade dividia com ex-cônjuge ou ex-companheiro que abandonou o lar, utilizando-o para sua moradia ou de sua família, adquirir-lhe-á o domínio integral, desde que não seja proprietário de outro imóvel urbano ou rural". Assim, a alternativa "A" está incorreta, pois bastam dois anos. A alternativa "B" está incorreta, pois o abandono do lar é requisito para usucapião em tela. A alternativa "C" está incorreta, pois o dispositivo citado não faz distinção de regime de casamento. E a alternativa "D" está correta, pois, de fato, Rômulo preencheu todos os requisitos da usucapião especial urbana familiar, nos termos do art. 1.240-A do CC.

„Gabarito "D".

(OAB/Exame Unificado – 2011.1) Acerca da servidão de aqueduto, assinale a alternativa correta.

(A) O proprietário do prédio serviente, ainda que devidamente indenizado pela passagem da servidão do aqueduto, poderá exigir que seja subterrânea a canalização que atravesse áreas edificadas, pátios, jardins ou quintais.

(B) Se o uso das águas não se destinar à satisfação das exigências primárias, o proprietário do aqueduto não deverá ser indenizado pela retirada das águas supérfluas aos seus interesses de consumo.

(C) O aqueduto deverá ser construído de maneira que cause o menor prejuízo aos proprietários dos imóveis vizinhos, e a expensas do seu dono, mas a quem não incumbem as despesas de conservação.

(D) Não se aplicam à servidão de aqueduto as regras pertinentes à passagem de cabos e tubulações.

A: correta (art. 1.293, § 2.º, do CC); **B:** incorreta (art. 1.296 do CC); **C:** incorreta, pois o dono deve arcar sim com as despesas de conservação (art. 1.293, § 3.º, do CC); **D:** incorreta, pois tais regras se aplicam, sim, à servidão de aqueduto (art. 1.294 do CC).

"A" otirabaG

(OAB/Exame Unificado – 2010.1) Assinale a opção correta com relação ao registro, exigido na transmissão da propriedade de bens imóveis.

(A) Realizado o registro do título translativo, este produzirá efeitos *ex tunc*, o que torna o adquirente proprietário desde a formalização do título.

(B) Sendo o registro, no âmbito do direito nacional, meio necessário para a transmissão da propriedade de bem imóvel, sua realização importa presunção absoluta de propriedade.

(C) Vendido o imóvel a duas pessoas diferentes, será válido o registro ainda que realizado pelo adquirente que possua o título de data mais recente.

(D) Se uma pessoa vender imóvel seu a outra e esta, por sua vez, o vender a terceiro, será possível, provada a regularidade dos negócios, o registro desse último título translativo sem que se registre o primeiro.

A: incorreta. "Como modo de aquisição, portanto, o registro produz efeitos *ex nunc*, jamais retroagindo à aquisição da propriedade imobiliária à época da formalização do título" (Cristiano Chaves de Farias e Nelson Rosenvald. **Direito civil e direitos reais**. Rio de Janeiro: Ed. Lumen Juris, 5. ed., 2008, p. 243); **B:** incorreta. "A força probante do registro induz presunção *juris tantum* de propriedade, produzindo todos os efeitos legais, enquanto não cancelado" (Cristiano Chaves de Farias e Nelson Rosenvald. *Op. cit.*, p. 245); **C:** correta. Quem primeiro registra é considerado o proprietário, regra que decorre do chamado princípio da preferência de registro. "Assim, se o alienante vender o imóvel a pessoas diferentes, adquiri-lo-á o primeiro que registrar, ainda que o título translativo prenotado seja de data posterior, restando ao outro adquirente tão somente ação indenizatória contra o alienante, em face do inadimplemento da obrigação de dar" (Cristiano Chaves de Farias e Nelson Rosenvald. *Op. cit.*, p. 245); **D:** incorreta. "Se o imóvel não se achar registrado em nome do alienante, não pode ser registrado em nome do adquirente, pois ninguém pode transmitir o que não lhe pertence" (Cristiano Chaves de Farias e Nelson Rosenvald. *Op. cit.*, p. 249).

"C" otirabaG

(OAB/Exame Unificado – 2019.1) Eduarda comprou um terreno não edificado, em um loteamento distante do centro, por R$ 50.000,00 (cinquenta mil reais). Como não tinha a intenção de construir de imediato, ela visitava o local esporadicamente. Em uma dessas ocasiões, Eduarda verificou que Laura, sem qualquer autorização, havia construído uma mansão com 10 quartos, sauna, piscina, cozinha gourmet etc., no seu terreno, em valor estimado em R$ 2.000.000,00 (dois milhões de reais).

Laura, ao ser notificada por Eduarda, antes de qualquer prazo de usucapião, verificou a documentação e percebeu que cometera um erro: construíra sua mansão no lote "A" da quadra "B", quando seu terreno, na verdade, é o lote "B" da quadra "A".

Diante do exposto, assinale a afirmativa correta.

(A) Eduarda tem o direito de exigir judicialmente a demolição da mansão construída por Laura, independentemente de qualquer indenização.

(B) Laura, apesar de ser possuidora de má-fé, tem direito de ser indenizada pelas benfeitorias necessárias realizadas no imóvel de Eduarda.

(C) Laura, como é possuidora de boa-fé, adquire o terreno de Eduarda e a indeniza, uma vez que construiu uma mansão em imóvel inicialmente não edificado.

(D) Eduarda, apesar de ser possuidora de boa-fé, adquire o imóvel construído por Laura, tendo em vista a incidência do princípio pelo qual a superfície adere ao solo.

A: incorreta, pois Eduarda não tem o direito de exigir a demolição da mansão de Laura, uma vez que Laura detém o direito de pagar indenização à Eduarda e ficar com a mansão, pois agiu de boa-fé (art. 1.255 parágrafo único CC); **B:** incorreta, pois Laura não é possuidora de má-fé, uma vez que seu erro se deu por uma confusão e não por um ato intencional de fraude. Sendo possuidora de boa-fé e considerando que o seu imóvel excede em muito o valor do terreno, ela adquire a propriedade de solo mediante pagamento de indenização à Eduarda (art. 1.255 parágrafo único CC); **C:** correta, pois nos termos do art. 1.255 CC aquele que de boa-fé edifica em terreno alheio em regra perde a construção para o proprietário do solo, mas tem o direito de ser indenizado. Porém, se o valor da construção exceder consideravelmente o valor do terreno, o dono da construção adquire também o solo, mediante pagamento indenização ao proprietário, sendo que o montante pode ser fixado judicialmente, se não houver acordo (art. 1.255 CC); **D:** incorreta, pois aquilo que está na superfície presumivelmente é do proprietário do terreno até que se prove em contrário (art. 1.253 CC). Logo, esse princípio de que o que está na superfície adere ao solo é relativo. Neste passo, ficou provada a boa-fé de Laura, logo aplica-se a ela o previsto no art. 1.255 parágrafo único CC. GR

"C" otirabaG

(OAB/Exame Unificado – 2019.1) Aline manteve união estável com Marcos durante 5 (cinco) anos, época em que adquiriram o apartamento de 80 m² onde residiam, único bem imóvel no patrimônio de ambos.

Influenciado por tormentosas discussões, Marcos abandonou o apartamento e a cidade, permanecendo Aline sozinha no imóvel, sustentando todas as despesas deste. Após 3 (três) anos sem notícias de seu paradeiro, Marcos retornou à cidade e exigiu sua meação no imóvel.

Sobre o caso concreto, assinale a afirmativa correta.

(A) Marcos faz jus à meação do imóvel em eventual dissolução de união estável.

(B) Aline poderá residir no imóvel em razão do direito real de habitação.

(C) Aline adquiriu o domínio integral, por meio de usucapião, já que Marcos abandonou o imóvel durante 2 (dois) anos.

(D) Aline e Marcos são condôminos sobre o bem, o que impede qualquer um deles de adquiri-lo por usucapião.

A: incorreta, pois Marcos não faz jus à meação. Por ter abandonado o lar a mais de 2 anos, Aline adquire a propriedade integral do bem pelo instituto da usucapião familiar (art. 1.240-A CC); **B:** incorreta, pois Aline pode residir no imóvel por direito de propriedade, e não por direito real de habitação. Isso porque ela preenche todos os requisitos para pleitear a usucapião familiar em face do ex-companheiro (art. 1.240-A CC); **C:** correta, pois o art. 1.240-A prevê que aquele que exercer, por 2 (dois) anos ininterruptamente e sem oposição, posse direta, com exclusividade, sobre imóvel urbano de até 250m² (duzentos e cinquenta metros quadrados) cuja propriedade divida com ex-cônjuge ou ex-companheiro que abandonou o lar, utilizando-o para sua moradia ou de sua família, adquirir-lhe-á o domínio integral, desde que não seja proprietário de outro imóvel urbano ou rural; **D:** incorreta, pois não há que se falar em condomínio no caso em tela, uma vez que a propriedade é exclusiva de Aline por meio da usucapião familiar (art. 1.240-A CC). GR

Gabarito "C".

(OAB/Exame Unificado – 2020.2) Joel e Simone se casaram em regime de comunhão total de bens em 2010. Em 2015, depois de vários períodos conturbados, Joel abandonou a primeira e única residência de 150 m2, em área urbana, que o casal havia adquirido mediante pagamento à vista, com recursos próprios de ambos, e não dá qualquer notícia sobre seu paradeiro ou intenções futuras.

Em 2018, após Simone ter iniciado um relacionamento com Roberto, Joel reaparece subitamente, notificando sua ex-mulher, que não é proprietária nem possuidora de outro imóvel, de que deseja retomar sua parte no bem, eis que não admitiria que ela passasse a morar com Roberto no apartamento que ele e ela haviam comprado juntos.

Sobre a hipótese narrada, assinale a afirmativa correta.

(A) Apesar de ser possuidora de boa-fé, Simone pode se considerar proprietária da totalidade do imóvel, tendo em vista a efetivação da usucapião extraordinária.

(B) Uma vez que a permanência de Simone no imóvel é decorrente de um negócio jurídico realizado entre ela e Joel, é correto indicar um desdobramento da posse no caso narrado.

(C) Como Joel deixou o imóvel há mais de dois anos, Simone pode alegar usucapião da fração do imóvel originalmente pertencente ao ex-cônjuge.

(D) A hipótese de usucapião é impossível, diante do condomínio sobre o imóvel entre Joel e Simone, eis que ambos são proprietários.

A: incorreta, pois neste caso não se configurou usucapião extraordinária, uma vez que para que esta se configure o prazo é de quinze anos de permanência no imóvel, fora os demais requisitos da usucapião (art. 1.238 CC); **B:** incorreta, pois a permanência de Simone no imóvel não é decorrente de um negócio jurídico realizado entre ela e Joel. Originalmente o negócio jurídico foi realizado entre o casal e o antigo proprietário do imóvel. Com a compra e venda e registro em cartório, o casal se tornou legítimo proprietário do imóvel. Simone terá direito a adquirir o imóvel em sua totalidade, pois exerceu a posse direta por mais de 2 anos ininterruptos sem oposição (art. 1.240-A CC); **C:** correta, pois trata-se de modalidade de usucapião familiar, cujos requisitos são: exercer, por 2 anos ininterruptamente e sem oposição, posse direta, com exclusividade, sobre imóvel urbano de até 250m² cuja propriedade divida com ex-cônjuge ou ex-companheiro que abandonou o lar, utilizando-o para sua moradia ou de sua família e não ser proprietário de outro imóvel urbano ou rural (art. 1.240-A CC). Simone preenche todos os itens; **D:** incorreta, pois embora sejam condôminos, existe previsão específica no Código Civil que supera a regra do condomínio e dá o direito de propriedade exclusiva a um dos cônjuges, preenchidos os requisitos do art. 1.240-A CC. GR

Gabarito "C".

(OAB/Exame Unificado – 2020.2) Liz e seu marido Hélio adquirem uma fração de tempo em regime de multipropriedade imobiliária no hotel-fazenda *Cidade Linda*, no estado de Goiás. Pelos termos do negócio, eles têm direito a ocupar uma das unidades do empreendimento durante os meses de dezembro e janeiro, em regime fixo.

No ano seguinte à realização do negócio, as filhas do casal, Samantha e Laura, ficam doentes exatamente em dezembro, o que os impede de viajar. Para contornar a situação, Liz oferece à sua mãe, Alda, o direito de ir para o *Cidade Linda* no lugar deles.

Ao chegar ao local, porém, Alda é barrada pela administração do hotel, sob o fundamento de que somente a família proprietária poderia ocupar as instalações da unidade.

Você, como advogado(a), deve esclarecer se o ato é legal, assinalando a opção que indica sua orientação.

(A) O ato é legal, pois o regime de multipropriedade, ao contrário do condominial, é personalíssimo.

(B) O ato é ilegal, pois, como hipótese de condomínio necessário, a multipropriedade admite o uso das unidades por terceiros.

(C) O ato é ilegal, pois a possibilidade de cessão da fração de tempo do multiproprietário em comodato é expressamente prevista no Código Civil.

(D) O ato é legal, pois o multiproprietário tem apenas o direito de doar ou vender a sua fração de tempo, mas nunca cedê-la em comodato.

A: incorreta, pois a recusa é ilegal, uma vez que o *time sharing* não é personalíssimo, pois a Lei permite que haja locação e comodato nesta modalidade de contrato, logo, não precisa apenas ser exercido pelo proprietário (art. 1.358-I, II, CC); **B:** incorreta, pois condomínio necessário trata-se de uma modalidade forçada ou compulsória de compartilhamento da propriedade, que tem por objeto a meação de paredes, cercas, muros e valas, aos quais se aplicam as normas dos arts. 1.297 e 1.298 e 1.304 a 1.307 CC; **C:** correta (art. art. 1.358-I, II, CC); **D:** incorreta, pois o ato é ilegal, pois além de doar e vender a fração de tempo, o proprietário também pode locar e dar em comodato (art. art. 1.358-I, II CC). GR

Gabarito "C".

(OAB/Exame XXXVI) Márcio vendeu um imóvel residencial, do qual era proprietário, para Sebastião. Animado com esse negócio, o comprador, músico, mencionou ao vendedor sua felicidade, pois passaria a residir em uma casa onde haveria espaço suficiente para colocar um piano. Porém, queixou-se de ainda não ter encontrado o instrumento ideal para comprar.

Neste momento, Márcio comentou que sua filha, Fabiana, trabalhava com instrumentos musicais e estava buscando alguém interessado em adquirir um de seus pianos. Após breve contato com Fabiana, Sebastião foi até a casa dela, analisou o instrumento e gostou muito. Por tais razões, manifestou vontade de comprá-lo.

Após as tratativas mencionadas, Márcio e Sebastião celebraram contrato de compra e venda de imóvel sob a forma de escritura pública lavrada em Cartório de Notas, com posterior pagamento integral do preço, devido ao vendedor, pelo comprador. De outro lado, Sebastião e Fabiana também celebraram contrato particular de compra e venda do piano, com posterior pagamento integral do valor pelo comprador e entrega por Fabiana do bem vendido.

A respeito da situação apresentada, segundo o Código Civil, Sebastião adquiriu a propriedade

(A) tanto do imóvel quanto a do piano, pela tradição dos referidos bens.

(B) do piano a partir da tradição desse bem, mas a do imóvel foi adquirida no momento em que se lavrou a escritura pública de compra e venda no Cartório de Notas.

(C) do piano a partir da tradição desse bem, mas a do imóvel será adquirida mediante registro do título translativo no Registro de Imóveis.

(D) tanto do imóvel quanto a do piano, a partir do momento em que assumiu a posse dos referidos bens.

A: incorreta, pois a propriedade do bem imóvel apenas se consolidará com o registro da escritura pública no cartório de imóveis competente (art. 1.245, *caput* e § 1º CC); B: incorreta, pois a escritura pública é uma mera manifestação de vontade de forma pública e exigência para que haja a transferência de bens imóveis com valor superior a 30 salários mínimos (art. 108 CC). Porém a propriedade apenas se consolida de fato com o registro do título translativo no Registro de Imóveis (art. 1.245, *caput* CC); C: correta (art. 1.267 *caput* CC c/c art. 1.245 *caput* CC); D: incorreta, pois quanto ao imóvel a propriedade apenas se consolidou com o registro do título translativo no Registro de Imóveis (art. 1.245 *caput* CC).
Gabarito "C".

(OAB/Exame XXXV) João da Silva, buscando acomodar os quatro filhos, conforme cada um ia se casando, construiu casas sucessivas em cima de seu imóvel, localizado no Morro Santa Marta, na cidade do Rio de Janeiro. Cada uma das casas é uma unidade distinta da original, construídas como unidades autônomas. Com o casamento de Carlos, seu filho mais novo, ele já havia erguido quatro unidades imobiliárias autônomas, constituídas em matrícula própria, além do pavimento original, onde João reside com sua esposa, Sirlene.

No entanto, pouco tempo depois, João assume que tivera uma filha fora do casamento e resolve construir mais uma casa, em cima do pavimento de Carlos, a fim de que sua filha possa residir com seu marido.

Sobre a hipótese apresentada, assinale a afirmativa correta.

(A) João poderá construir nova laje, desde que tal construção não seja feita no subsolo, pois o direito real de laje só abrange a cessão de superfícies superiores em relação à construção-base.

(B) João poderá construir a casa para sua filha, tendo em vista se tratar de direito real de superfície e por ser ele o proprietário da construção-base.

(C) João não poderá construir a casa para sua filha, uma vez que o direito real de laje se limita a apenas quatro pavimentos adicionais à construção-base.

(D) João só poderá construir a casa para sua filha mediante autorização expressa dos titulares das demais lajes, respeitadas as posturas edilícias e urbanísticas vigentes.

A: incorreta, pois é possível instituir direito de laje sobre o subsolo (art. 1.510-A *caput* CC e art. 1.510-E, I CC); B: incorreta, pois apesar de João ser o proprietário da construção-base, ele precisará da autorização dos outros titulares das lajes sobre a qual quer construir, no caso autorização de seus filhos (art. 1.510-A, § 6º CC); C: incorreta, pois a Lei não determina esse limite de quatro pavimentos. O que ela exige é o consenso expresso do titular a construção-base e dos titulares das lajes (art. 1.510-A, § 6º CC); D: correta (art. 1.510-A, § 6º CC).
Gabarito "D".

6.3. Direito de vizinhança

(OAB/Exame Unificado – 2010.3) Félix e Joaquim são proprietários de casas vizinhas há 5 (cinco) anos e, de comum acordo, haviam regularmente delimitado as suas propriedades pela instalação de uma singela cerca viva. Recentemente, Félix adquiriu um cachorro e, por essa razão, o seu vizinho, Joaquim, solicitou-lhe que substituísse a cerca viva por um tapume que impedisse a entrada do cachorro em sua propriedade. Surpreso, Félix negou-se a atender ao pedido do vizinho, argumentando que o seu cachorro era adestrado e inofensivo e, por isso, jamais lhe causaria qualquer dano. Com base na situação narrada, é correto afirmar que Joaquim:

(A) poderá exigir que Félix instale o tapume, a fim de evitar que o cachorro ingresse na sua propriedade, contanto que arque com metade das despesas de instalação, cabendo a Félix arcar com a outra parte das despesas.

(B) poderá exigir que Félix instale o tapume, a fim de evitar que o cachorro ingresse em sua propriedade, cabendo a Félix arcar com as despesas de instalação, deduzindo-se desse montante metade do valor, devidamente corrigido, correspondente à cerca viva inicialmente instalada por ambos os vizinhos.

(C) poderá exigir que Félix instale o tapume, a fim de evitar que o cachorro ingresse em sua propriedade, cabendo a Félix arcar integralmente com as despesas de instalação.

(D) não poderá exigir que Félix instale o tapume, uma vez que a cerca viva fora instalada de comum acordo e demarca corretamente os limites de ambas as propriedades, cumprindo, pois, com a sua função, bem como não há indícios de que o cachorro possa vir a lhe causar danos.

O caso envolve "direito de vizinhança". A situação narrada se enquadra no disposto no art. 1.297, § 3.º, do CC, pelo qual "a construção de tapumes especiais para impedir a passagem de animais de pequeno porte, ou para outro fim, pode ser exigida de quem provocou a necessidade deles, pelo proprietário, que não está obrigado a concorrer para as despesas". Ou seja, quem provocou a necessidade (Félix, dono do cachorro) deve arcar com as despesas. Já o proprietário vizinho (Joaquim), não está obrigado a concorrer com as despesas de instalação.
Gabarito "C".

(OAB/Exame XXXVIII) Antônio é proprietário de um prédio que não tem acesso à via pública. De um lado, Antônio tem Ricardo como vizinho, cuja propriedade alcança a via pública. Do outro lado, Antônio tem Luíza como vizinha, cuja propriedade também alcança a via pública. Todavia, no caso do imóvel de Luíza, o caminho até a via pública é menos natural e mais difícil. Ricardo e Luíza recusaram-se a oferecer voluntariamente a passagem.

Diante disso, Antônio pode exigir

(A) tanto a passagem de Ricardo quanto a de Luíza, a seu critério, mas só precisará pagar indenização cabal se escolher Luíza.

(B) tanto a passagem de Ricardo quanto a de Luíza, a seu critério, e deverá pagar indenização cabal a quem escolher.

(C) que Ricardo lhe dê a passagem, sem que seja obrigado a pagar qualquer indenização a ele.

(D) que Ricardo lhe dê a passagem, mediante pagamento de indenização cabal.

A: incorreta, pois poderá exigir passagem apenas de Ricardo, pois é a mais fácil e natural pagando-lhe indenização cabal (art. 1.285, § 1º CC); **B:** incorreta, pois não poderá exigir passagem de Luiza, mas apenas de Ricardo, pois é a mais fácil e natural pagando-lhe indenização cabal (art. 1.285, § 1º CC); **C:** incorreta, pois deve pagar indenização cabal para Ricardo pelo uso da passagem (art. 1.285 *caput* CC); **D:** correta (art. 1.285 *caput* e § 1º CC). GR

Gabarito "D".

6.4. Condomínio

(OAB/Exame Unificado – 2016.2) Vítor, Paulo e Márcia são coproprietários, em regime de condomínio pro indiviso, de uma casa, sendo cada um deles titular de parte ideal representativa de um terço (1/3) da coisa comum. Todos usam esporadicamente a casa nos finais de semana. Certo dia, ao visitar a casa, Márcia descobre um vazamento no encanamento de água. Sem perder tempo, contrata, em nome próprio, uma sociedade empreiteira para a realização da substituição do cano danificado. Pelo serviço, ficou ajustado contratualmente o pagamento de R$ 900,00 (novecentos reais). Tendo em vista os fatos expostos, assinale a afirmativa correta.

(A) A empreiteira pode cobrar a remuneração ajustada contratualmente de qualquer um dos condôminos.

(B) A empreiteira pode cobrar a remuneração ajustada contratualmente apenas de Márcia, que, por sua vez, tem direito de regresso contra os demais condôminos.

(C) A empreiteira não pode cobrar a remuneração contratualmente ajustada de Márcia ou de qualquer outro condômino, uma vez que o serviço foi contratado sem a prévia aprovação da totalidade dos condôminos.

(D) A empreiteira pode cobrar a remuneração ajustada contratualmente apenas de Márcia, que deverá suportar sozinha a despesa, sem direito de regresso contra os demais condôminos, uma vez que contratou a empreiteira sem o prévio consentimento dos demais condôminos.

A a D: somente a alternativa "B" está correta, pois, de acordo com o art. 1.318 do CC, as dívidas contraídas por um dos condôminos em proveito da comunhão, e durante ela, obrigam apenas o contratante, ou seja, a empreiteira somente poderá cobrar de Marcia; mas esta terá este ação regressiva contra os demais condôminos.

Gabarito "B".

(OAB/Exame Unificado – 2011.3.B) Timóteo e Leandro, cada qual proprietário de um apartamento no Edifício Maison, procuraram a síndica do condomínio, Leonor, a fim de solicitar que fossem deduzidas de suas contribuições condominiais as despesas referentes à manutenção do parque infantil situado no edifício. Argumentaram que, por serem os únicos condôminos sem crianças na família, não utilizam o aludido parque, cuja manutenção incrementa significativamente o valor da contribuição condominial, bem como que a convenção de condomínio nada dispõe a esse respeito. Na condição de advogado consultado por Leonor, assinale a avaliação correta do caso acima.

(A) Timóteo e Leandro podem ser temporariamente dispensados do pagamento das despesas referentes à manutenção do parque infantil, retomando-se imediatamente a cobrança caso venham a ter crianças em sua família.

(B) Timóteo e Leandro podem ser dispensados do pagamento das despesas referentes à manutenção do parque infantil, desde que declarem, por meio de escritura pública, que não utilizarão o parque infantil em caráter permanente.

(C) Leonor deverá dispensar tratamento isonômico a todos os condôminos, devendo as despesas de manutenção do parque infantil ser cobradas, ao final de cada mês, apenas daqueles condôminos que tenham efetivamente utilizado a área naquele período.

(D) Todos os condôminos, inclusive Timóteo e Leandro, devem arcar com as despesas referentes à manutenção do parque infantil, tendo em vista ser seu dever contribuir para as despesas condominiais proporcionalmente à fração ideal de seu imóvel.

Segundo o art. 1.340 do CC apenas as despesas relativas às partes comuns de uso exclusivo de um condômino ou de alguns condôminos é que podem ser atribuídas a estes. No caso em tela, Timóteo e Leandro, apesar de não usarem o parque, não estão impedidos de fazê-lo, de modo que não poderão se valer da regra do dispositivo legal mencionado, sendo correta, assim, apenas a alternativa "D".

Gabarito "D".

(OAB/Exame Unificado – 2011.2) Durante assembleia realizada em condomínio edilício residencial, que conta com um apartamento por andar, Giovana, nova proprietária do apartamento situado no andar térreo, solicitou explicações sobre a cobrança condominial, por ter verificado que o valor dela cobrado era superior àquele exigido dos demais condôminos. O síndico prontamente esclareceu que a cobrança a ela dirigida é realmente superior à cobrança das demais unidades, tendo em vista que o apartamento de Giovana tem acesso exclusivo, por meio de uma porta situada em sua área de serviço, a um pequeno pátio localizado nos fundos do condomínio, conforme consta nas configurações originais do edifício devidamente registradas. Desse modo, segundo afirmado pelo síndico, podendo Giovana usar o pátio com exclusividade, apesar de constituir área comum do condomínio, caberia a ela arcar com as respectivas despesas de manutenção. Em relação à situação apresentada, assinale a alternativa correta.

(A) Poderão ser cobradas de Giovana as despesas relativas à manutenção do pátio, tendo em vista que ela dispõe de seu uso exclusivo, independentemente da frequência com que seja efetivamente exercido.

(B) Somente poderão ser cobradas de Giovana as despesas relativas à manutenção do pátio caso seja demonstrado que o uso por ela exercido impõe deterioração excessiva do local.

(C) Poderá ser cobrada de Giovana metade das despesas relativas à manutenção do pátio, devendo a outra metade ser repartida entre os demais condôminos, tendo em vista que a instalação da porta na área de serviço não foi de iniciativa da condômina, tampouco da atual administração do condomínio.

(D) Não poderão ser cobradas de Giovana as despesas relativas à manutenção do pátio, tendo em vista que este consiste em área comum do condomínio, e a porta de acesso exclusivo não fora instalada por iniciativa da referida condômina.

De acordo com o art. 1.340 do CC, as despesas relativas às partes comuns de uso exclusivo de um condômino, ou de alguns deles, incumbem a quem delas se serve. Dessa forma, como Giovana tem uso exclusivo da parte comum do prédio relativo à cobrança feita a maior, de rigor que ela seja cobrada em quantia superior àquela exigida dos demais condôminos.
Gabarito "A".

(OAB/Exame XXXVI) Otávio é proprietário e residente do apartamento 706, unidade imobiliária do condomínio edilício denominado União II, e é conhecido pelos vizinhos pelas festas realizadas durante a semana, que varam a madrugada.

Na última comemoração, Otávio e seus convivas fizeram uso de entorpecentes e, em trajes incompatíveis com as áreas comuns do prédio, ficaram na escada do edifício cantando até a intervenção do síndico, que acionou a polícia para conter o grupo, que voltou para o apartamento de Otávio.

No dia seguinte, o síndico convocou uma assembleia para avaliar as sanções a serem aplicadas ao condômino antissocial. Ficou decidido, pelo quórum de ¾, a aplicação de multa de cinco vezes o valor da contribuição mensal.

Sobre a hipótese apresentada, assinale a afirmativa correta.

(A) A multa aplicada é indevida, pois apesar do comportamento de Otávio, ele é proprietário de unidade imobiliária autônoma, assim como os demais condôminos que deliberaram a multa em seu desfavor.

(B) O síndico poderia ter aplicado a multa de até cinco contribuições mensais, sem a convocação da assembleia.

(C) A aplicação da multa em face de Otávio é ilegal, pois a sanção deveria ser precedida por ação judicial para sua aplicação.

(D) O síndico aplicou corretamente a multa. Caso o comportamento antissocial de Otávio persista, a multa poderá ser majorada para até dez vezes o valor da contribuição mensal do condomínio.

A: incorreta, pois apesar de ser proprietário de unidade imobiliária autônoma ele tem deveres a cumprir perante o condomínio e um deles é dar à sua parte a mesma destinação que tem a edificação, e não a utilizar de maneira prejudicial ao sossego, salubridade e segurança dos possuidores, ou aos bons costumes (art.1.336, IV CC); B: incorreta, pois essa multa apenas poderia ser aplicada com a convocação da assembleia por deliberação de três quartos do quórum (art. 1.337 *caput* CC); C: incorreta, pois a sanção pode ser aplicada pela via administrativa, uma vez que Lei assim o autoriza (art. 1.337 *caput* CC); D: correta (art. 1.337, parágrafo único CC).
Gabarito "D".

6.5. Direitos reais de fruição

(OAB/Exame Unificado – 2017.1) George vende para Marília um terreno não edificado de sua propriedade, enfatizando a existência de uma *"vista eterna para a praia"* que se encontra muito próxima do imóvel, mesmo sem qualquer documento comprovando o fato.

Marília adquire o bem, mas, dez anos após a compra, é surpreendida com a construção de um edifício de vinte andares exatamente entre o seu terreno e o mar, impossibilitando totalmente a vista que George havia prometido ser eterna.

Diante do exposto e considerando que a construção do edifício ocorreu em um terreno de terceiro, assinale a afirmativa correta.

(A) Uma vez transcorrido o prazo de 10 anos, Marília pode pleitear o reconhecimento da usucapião da servidão de vista.

(B) Mesmo sem registro, Marília pode ser considerada titular de uma servidão de vista por destinação de George, o antigo proprietário do terreno.

(C) Mesmo sendo uma servidão aparente, as circunstâncias do caso não permitem a usucapião de vista.

(D) Sem que tenha sido formalmente constituída, não é possível reconhecer servidão de vista em favor de Marília.

A: incorreta, pois a não construção do imóvel no terreno de terceiro não induz a posse à pretensa servidão de vista. Apenas as servidões aparentes ensejam proteção possessória; B: incorreta, pois não houve formal constituição de referida servidão; C: incorreta, pois não se trata de servidão aparente. A servidão aparente é a que se revela, a que se exterioriza, como a servidão de passagem; D: correta, pois há necessidade de formal constituição para se reconhecer tal direito real.**GN**
Gabarito "D".

(OAB/Exame Unificado – 2015.2) Mateus é proprietário de um terreno situado em área rural do estado de Minas Gerais. Por meio de escritura pública levada ao cartório do registro de imóveis, Mateus concede, pelo prazo de vinte anos, em favor de Francisco, direito real de superfície sobre o aludido terreno. A escritura prevê que Francisco deverá ali construir um edifício que servirá de escola para a população local. A escritura ainda prevê que, em contrapartida à concessão da superfície, Francisco deverá pagar a Mateus a quantia de R$ 30.000,00 (trinta mil reais). A escritura também prevê que, em caso de alienação do direito de superfície por Francisco, Mateus terá direito a receber quantia equivalente a 3% do valor da transação. Nesse caso, é correto afirmar que

(A) é nula a concessão de direito de superfície por prazo determinado, haja vista só se admitir, no direito brasileiro, a concessão perpétua.

(B) é nula a cláusula que prevê o pagamento de remuneração em contrapartida à concessão do direito de superfície, haja vista ser a concessão ato essencialmente gratuito.

(C) é nula a cláusula que estipula em favor de Mateus o pagamento de determinada quantia em caso de alienação do direito de superfície.

(D) é nula a cláusula que obriga Francisco a construir um edifício no terreno.

A: incorreta, pois o instituto do direito de superfície reclama, inclusive, que haja fixação de prazo determinado para a fruição (art. 1.369, *caput*, do CC); B: incorreta, pois a concessão de superfície pode ser gratuita ou onerosa, nos termos do art. 1.370 do CC; C: correta, nos termos do art. 1.372, parágrafo único, do CC; D: incorreta, pois o objetivo da concessão de superfície é justamente para a construção em um terreno, podendo ser também para a plantação neste (art. 1.369, *caput*, do CC).
Gabarito "C".

6. DIREITO CIVIL   419

(OAB/Exame Unificado – 2015.2) Angélica concede a Otávia, pelo prazo de vinte anos, direito real de usufruto sobre imóvel de que é proprietária. O direito real é constituído por meio de escritura pública, que é registrada no competente Cartório do Registro de Imóveis. Cinco anos depois da constituição do usufruto, Otávia falece, deixando como única herdeira sua filha Patrícia. Sobre esse caso, assinale a afirmativa correta.

(A) Patrícia herda o direito real de usufruto sobre o imóvel.

(B) Patrícia adquire somente o direito de uso sobre o imóvel.

(C) O direito real de usufruto extingue-se com o falecimento de Otávia.

(D) Patrícia deve ingressar em juízo para obter sentença constitutiva do seu direito real de usufruto sobre o imóvel.

A, **B** e **D**: incorretas, pois o usufruto fica extinto com a morte do usufrutuário (art. 1.410, I, do CC); **C**: correta, pois, como se viu, o usufruto fica extinto com a morte do usufrutuário (art. 1.410, I, do CC). Gabarito "C".

(OAB/Exame Unificado – 2015.1) A Companhia GAMA e o Banco RENDA celebraram entre si contrato de mútuo, por meio do qual a companhia recebeu do banco a quantia de R$ 500.000,00 (quinhentos mil reais), obrigando-se a restituí-la, acrescida dos juros convencionados, no prazo de três anos, contados da entrega do numerário. Em garantia do pagamento do débito, a Companhia GAMA constituiu, em favor do Banco RENDA, por meio de escritura pública levada ao cartório do registro de imóveis, direito real de hipoteca sobre determinado imóvel de sua propriedade. A Companhia GAMA, dois meses depois, celebrou outro contrato de mútuo com o Banco BETA, no valor de R$ 200.000,00 (duzentos mil reais), obrigando-se a restituir a quantia, acrescida dos juros convencionados, no prazo de dois anos, contados da entrega do numerário. Em garantia do pagamento do débito, a Companhia GAMA constituiu, em favor do Banco BETA, por meio de escritura pública levada ao cartório do registro de imóveis, uma segunda hipoteca sobre o mesmo imóvel gravado pela hipoteca do Banco RENDA. Chegado o dia do vencimento do mútuo celebrado com o Banco BETA, a Companhia GAMA não reembolsou a quantia devida ao banco, muito embora tivesse bens suficientes para honrar todas as suas dívidas. Nesse caso, é correto afirmar que

(A) o Banco BETA tem direito a promover imediatamente a execução judicial da hipoteca que lhe foi conferida.

(B) a hipoteca constituída pela companhia GAMA em favor do Banco BETA é nula, uma vez que o bem objeto da garantia já se encontrava gravado por outra hipoteca.

(C) a hipoteca constituída pela GAMA em favor do Banco BETA é nula, uma vez que tal hipoteca garante dívida cujo vencimento é inferior ao da dívida garantida pela primeira hipoteca, constituída em favor do Banco RENDA.

(D) o Banco BETA não poderá promover a execução judicial da hipoteca que lhe foi conferida antes de vencida a dívida contraída pela Companhia GAMA junto ao Banco RENDA.

A: incorreta, pois o credor da segunda hipoteca (Banco Beta) não pode executar o imóvel antes de vencida a dívida referente à primeira hipoteca

(em favor do Banco Renda), nos termos do art. 1.477 do CC; essa regra só cede quando o devedor está em estado de insolvência, que não é o caso da questão, já que o enunciado deixa claro que o devedor tem condições para pagar as dívidas; **B** e **C**: incorretas, pois, segundo o artigo 1.476 do CC, "o dono do imóvel hipotecado pode constituir outra hipoteca sobre ele, mediante novo título, em favor do mesmo ou de outro credor"; **D:** correta, nos termos do art. 1.477 do CC. Gabarito "D".

(OAB/Exame Unificado – 2013.3) Alexandre, pai de Bruno, celebrou contrato com Carlos, o qual lhe concedeu o direito de superfície para realizar construção de um albergue em seu terreno e explorá-lo por 10 anos, mediante o pagamento da quantia de R$100.000,00. Passados quatro anos, Alexandre veio a falecer. Diante do negócio jurídico celebrado, assinale a afirmativa incorreta.

(A) O superficiário pode realizar obra no subsolo, de modo a ampliar sua atividade.

(B) O superficiário responde pelos encargos e tributos que incidirem sobre o imóvel.

(C) O direito de superfície será transferido a Bruno, em razão da morte de Alexandre.

(D) O superficiário terá direito de preferência, caso Carlos decida vender o imóvel.

A: incorreta, devendo ser assinalada, pois o direito de superfície não autoriza obra no subsolo, salvo se for inerente ao objeto da concessão (art. 1.369, parágrafo único do CC); **B:** correta (art. 1.371 do CC); **C:** correta, pois o direito de superfície, por morte do superficiário transfere-se aos herdeiros (art. 1.372, *caput*, do CC); **D:** correta (art. 1.373 do CC) Gabarito "A".

(OAB/Exame Unificado – 2014.2) Sara e Bernardo doaram o imóvel que lhes pertencia a Miguel, ficando o imóvel gravado com usufruto em favor dos doadores. Dessa forma, quanto aos deveres dos usufrutuários, assinale a afirmativa incorreta.

(A) Não devem pagar as deteriorações resultantes do exercício regular do usufruto.

(B) Devem arcar com as despesas ordinárias de conservação do bem no estado em que o receberam.

(C) Devem arcar com os tributos inerentes à posse da coisa usufruída.

(D) Não devem comunicar ao dono a ocorrência de lesão produzida contra a posse da coisa.

A: correta (art. 1.402 do CC); **B:** correta (art. 1.403, I do CC); **C:** correta (art. 1.403, II do CC): **D:** incorreta (devendo ser assinalada), pois o usufrutuário é obrigado a dar ciência ao dono de qualquer lesão produzida contra a posse da coisa, ou os direitos deste (art. 1.406 do CC) Gabarito "D".

(OAB/Exame Unificado – 2011.1) Noêmia, proprietária de uma casa litorânea, regularmente constituiu usufruto sobre o aludido imóvel em favor de Luísa, mantendo, contudo, a sua propriedade. Inesperadamente, sobreveio uma severa ressaca marítima, que destruiu por completo o imóvel. Ciente do ocorrido, Noêmia decidiu reconstruir integralmente a casa às suas expensas, tendo em vista que o imóvel não se encontrava segurado. A respeito da situação narrada, assinale a alternativa correta.

(A) O usufruto será extinto, consolidando-se a propriedade em favor de Noêmia, independentemente do pagamento de indenização a Luísa, tendo em vista que Noêmia arcou com as despesas de reconstrução do imóvel.

(B) O usufruto será extinto, consolidando-se a propriedade em favor de Noêmia, desde que esta indenize Luísa em valor equivalente a um ano de aluguel do imóvel.

(C) O usufruto será mantido em favor de Luísa, independentemente do pagamento de qualquer quantia por ela, tendo em vista que Noêmia somente poderia ter reconstruído o imóvel mediante autorização expressa de Luísa, por escritura pública ou instrumento particular.

(D) O usufruto será mantido em favor de Luísa, tendo em vista que o imóvel não fora destruído por culpa sua.

A: correta, pois o usufruto fica extinto com a destruição da coisa (art. 1.410, V, do CC); tal extinção só não aconteceria se o imóvel tivesse seguro e, com o valor deste, tivesse sido reconstruído (art. 1.408 do CC); **B:** incorreta, pois, no caso, a extinção se dá sem que a lei preveja indenização em favor do usufrutuário (art. 1.410, V, do CC); **C** e **D:** incorretas, pois o usufruto será extinto, conforme visto. Gabarito "A".

(OAB/Exame Unificado – 2019.2) Arnaldo institui usufruto de uma casa em favor das irmãs Bruna e Cláudia, que, no intuito de garantir uma fonte de renda, alugam o imóvel. Dois anos depois da constituição do usufruto, Cláudia falece, e Bruna, mesmo sem "cláusula de acrescer" expressamente estipulada, passa a receber integralmente os valores decorrentes da locação.

Um ano após o falecimento de Cláudia, Arnaldo vem a falecer. Seus herdeiros pleiteiam judicialmente uma parcela dos valores integralmente recebidos por Bruna no intervalo entre o falecimento de Cláudia e de Arnaldo e, concomitantemente, a extinção do usufruto em função da morte de seu instituidor.

Diante do exposto, assinale a afirmativa correta.

(A) Na ausência da chamada "cláusula de acrescer", parte do usufruto teria se extinguido com a morte de Cláudia, mas o usufruto como um todo não se extingue com a morte de Arnaldo.

(B) Bruna tinha direito de receber a integralidade dos aluguéis independentemente de estipulação expressa, tendo em vista o grau de parentesco com Cláudia, mas o usufruto automaticamente se extingue com a morte de Arnaldo.

(C) A morte de Arnaldo só extingue a parte do usufruto que caberia a Bruna, mas permanece em vigor no que tange à parte que cabe a Cláudia, legitimando os herdeiros desta a receberem metade dos valores decorrentes da locação, caso esta permaneça em vigor.

(D) A morte de Cláudia extingue integralmente o usufruto, pois instituído em caráter simultâneo, razão pela qual os herdeiros de Arnaldo têm direito de receber a integralidade dos valores recebidos por Bruna, após o falecimento de sua irmã.

A: correta, pois a morte de um dos usufrutuários gera a extinção do usufruto com relação a ele. Porém o usufruto como um todo não se extingue com a morte do instituidor. Logo, o direito de Bruna permanece intacto (art. 1.411 CC); **B:** incorreta, pois Cláudia apenas teria direito de receber a integralidade dos aluguéis se houvesse estipulação expressa,

uma vez que o direito de acrescer nunca se dá de forma tácita (art. 1.411 CC). Nada tem a ver o grau de parentesco. Ademais, o usufruto não se extingue com a morte do instituidor, mas sim com o falecimento do usufrutuário (art. 1.410, I CC); **C:** incorreta, pois a morte de Arnaldo não extingue o usufruto. O usufruto perante Cláudia está extinto, pois ela faleceu, logo seus herdeiros não possuem nenhum direito (art. 1.410, I e 1.411 CC); **D:** incorreta, pois a morte de Cláudia apenas extingue o usufruto referente ao seu quinhão. Conforme art. 1.411 CC, extingue-se a parte em relação a quem faleceu. Destarte, os herdeiros de Arnaldo têm direito de receber os aluguéis da parte de Cláudia apenas entre o período entre sua morte e a morte de Arnaldo. Gabarito "A".

6.6. Direitos reais em garantia

(OAB/Exame Unificado – 2015.3) Vitor e Paula celebram entre si, por escritura particular levada a registro em cartório de títulos e documentos, contrato de mútuo por meio do qual Vitor toma emprestada de Paula a quantia de R$ 10.000,00, obrigando-se a restituir o montante no prazo de três meses. Em garantia da dívida, Vitor constitui em favor de Paula, por meio de instrumento particular, direito real de penhor sobre uma joia de que é proprietário. Vencido o prazo estabelecido para o pagamento da dívida, Vitor procura Paula e explica que não dispõe de dinheiro para quitar o débito. Propõe então que, em vez da quantia devida, Paula receba, em pagamento da dívida, a propriedade da coisa empenhada. Assinale a opção que indica a orientação correta a ser transmitida a Paula.

(A) Para ter validade, o acordo sugerido por Vitor deve ser celebrado mediante escritura pública.

(B) O acordo sugerido por Vitor não tem validade, uma vez que constitui espécie de pacto proibido pela lei.

(C) Para ter validade, o acordo sugerido deve ser homologado em juízo.

(D) O acordo sugerido por Vitor é válido, uma vez que constitui espécie de pacto cuja licitude é expressamente reconhecida pela lei.

A e C: incorretas, pois não existem tais exigências no Código Civil; **B:** incorreta, pois somente é inválida a cláusula que obriga o devedor aceitar previamente que, em caso de não pagamento da dívida, o credor fique com o bem empenhado (art. 1.428, *caput*, do CC); porém, se após o vencimento da dívida o devedor quiser espontaneamente dar a coisa empenhada em pagamento desta, a lei permite tal conduta de forma expressa (art. 1.428, parágrafo único, do CC); **D:** correta, pois, de acordo com o art. 1.428, parágrafo único, do CC, "após o vencimento, poderá o devedor dar a coisa em pagamento da dívida". Gabarito "D".

(OAB/Exame Unificado – 2014.1) Antônio, muito necessitado de dinheiro, decide empenhar uma vaca leiteira para iniciar um negócio, acreditando que, com o sucesso do empreendimento, terá o animal de volta o quanto antes. Sobre a hipótese de penhor apresentada, assinale a afirmativa correta.

(A) Se a vaca leiteira morrer, ainda que por descuido do credor, Antônio poderá ter a dívida executada judicialmente pelo credor pignoratício.

(B) As despesas advindas da alimentação e outras necessidades da vaca leiteira, devidamente justificadas, consistem em ônus do credor pignoratício, sendo vedada a retenção do animal para obrigar Antônio a indenizá-lo.

(C) Se Antônio não quitar sua dívida com o credor pignoratício, o penhor estará automaticamente extinto e, declarada sua extinção, poder-se-á proceder à adjudicação judicial da vaca leiteira.

(D) Caso o credor pignoratício perceba que, devido a uma doença que subitamente atingiu a vaca leiteira, sua morte está próxima, o CC/2002 permite a sua venda antecipada, mediante prévia autorização judicial, situação que pode ser impedida por Antônio por meio da sua substituição.

A: incorreta, pois o credor pignoratício tem o dever de zelar pela coisa empenhada como depositário e, em caso de perda ou deterioração por descuido próprio deve ressarcir o dono da coisa ou podendo, ser compensada na dívida, até a concorrente quantia (art. 1.433, I do CC). Logo, Antônio não poderá ter a dívida executada judicialmente; **B:** incorreta, pois referidas despesas com a coisa empenhada não configuram ônus do credor pignoratício, sendo permitida a retenção dela até que seja ressarcido (art. 1.433, II do CC); **C:** incorreta, pois caso a dívida não seja quitada o penhor não estará automaticamente extinto. Neste passo, a adjudicação judicial da coisa apenas pode ocorrer se autorizada pelo credor (art. 1.436, V do CC); **D:** correta (art. 1.433, VI do CC).
Gabarito "D".

(OAB/Exame Unificado – 2012.3.A) De acordo com as regras atinentes à hipoteca, assinale a afirmativa correta.

(A) O Código Civil não admite a divisibilidade da hipoteca em casos de loteamento do imóvel hipotecado.

(B) O ordenamento jurídico admite a instituição de nova hipoteca sobre imóvel hipotecado, desde que seja dada em favor do mesmo credor.

(C) Segundo o Código Civil, o adquirente de bem hipotecado não pode remir a hipoteca para que seja extinto o gravame pendente sobre o bem sem autorização expressa de todos credores hipotecários.

(D) A hipoteca pode ser constituída para garantia de dívida futura ou condicionada, desde que determinado o valor máximo do crédito a ser garantido.

A: incorreta, pois o Código Civil admite sim essa divisibilidade (art. 1.488, *caput*, do CC); **B:** incorreta, pois a nova hipoteca pode se dar em favor do mesmo ou de outro credor (art. 1.476 do CC); **C:** incorreta, pois o adquirente do bem hipotecado pode remir a hipoteca para que seja extinto o gravame pendente sem que seja necessária autorização expressa de todos os credores hipotecários, bastando que o adquirente cite os credores hipotecários e proponha importância não inferior ao preço porque o adquiriu e não haja impugnação pelos credores, independentemente de autorização expressa destes (art. 1.481, *caput* e § 2.º, do CC); **D:** correta (art. 1.487, *caput*, do CC).
Gabarito "D".

(OAB/Exame Unificado – 2010.2) Passando por dificuldades financeiras, Alexandre instituiu uma hipoteca sobre imóvel de sua propriedade, onde reside com sua família. Posteriormente, foi procurado por Amanda, que estaria disposta a adquirir o referido imóvel por um valor bem acima do mercado. Consultando seu advogado, Alexandre ouviu dele que não poderia alienar o imóvel, já que havia uma cláusula na escritura de instituição da hipoteca que o proibia de alienar o bem hipotecado. A opinião do advogado de Alexandre:

(A) está incorreta, porque a hipoteca instituída não produz efeitos, pois, na hipótese, o direito real em garantia a ser instituído deveria ser o penhor.

(B) está incorreta, porque Alexandre está livre para alienar o imóvel, pois a cláusula que proíbe o proprietário de alienar o bem hipotecado é nula.

(C) está incorreta, uma vez que a hipoteca é nula, pois não é possível instituir hipoteca sobre bem de família do devedor hipotecário.

(D) está correta, porque em virtude da proibição contratual, Alexandre não poderia alienar o imóvel enquanto recaísse sobre ele a garantia hipotecária.

De acordo com o art. 1.475 do Código Civil "é nula a cláusula que proíbe ao proprietário alienar imóvel hipotecado". Portanto, a alternativa "B" está correta. Vale salientar que não é correta a afirmação contida na alternativa "C", de que a hipoteca é nula, por ser o imóvel bem de família. Isso porque, segundo o art. 3.º, V, da Lei 8.009/1990, a impenhorabilidade não é oponível em processo movido "para execução de hipoteca sobre o imóvel oferecido como garantia real pelo casal ou pela entidade familiar".
Gabarito "B".

(OAB/Exame Unificado – 2019.1) Os negócios de Clésio vão de mal a pior, e, em razão disso, ele toma uma decisão difícil: tomar um empréstimo de R$ 50.000,00 (cinquenta mil reais) com Antônia, dando, como garantia de pagamento, o penhor do seu relógio de ouro e diamantes, avaliado em R$ 200.00,00 (duzentos mil reais).

Antônia, por sua vez, exige que, no instrumento de constituição do penhor, conste uma cláusula prevendo que, em caso de não pagamento da dívida, o relógio passará a ser de sua propriedade. Clésio aceita a inserção da cláusula, mas consulta seus serviços, como advogado(a), para saber da validade de tal medida.

Sobre a cláusula proposta por Antônia, assinale a afirmativa correta.

(A) É válida, tendo em vista o fato de que as partes podem, no exercício de sua autonomia privada, estipular esse tipo de acordo.

(B) É nula, tendo em vista o fato de que o Código Civil brasileiro proíbe o pacto comissório.

(C) É válida, uma vez que Clésio como proprietário do bem, não está impedido de realizar o negócio por um preço muito inferior ao de mercado, não se configurando a hipótese como pacto comissório.

(D) É válida, ainda que os valores entre o bem dado em garantia e o empréstimo sejam díspares, nada impede sua inserção, eis que não há qualquer vedação ao pacto comissório no direito brasileiro.

A: incorreta, pois o princípio da autonomia privada das partes se aplica até onde não haja vedação expressa de Lei. No caso em tela, o art. 1.428 CC proíbe que o credor fique com a coisa empenhada; **B:** correta, pois o Código Civil de fato proíbe o pacto comissório, isto é, é nula a cláusula que autoriza o credor pignoratício, anticrético ou hipotecário a ficar com o objeto da garantia, se a dívida não for paga no vencimento. Isso para evitar que haja abusos por parte do credor em ficar com o objeto da garantia, pois é possível que em muito exceda o valor da dívida; **C:** incorreta, pois apesar de Clésio não estar impedido por lei de realizar o negócio por um valor muito abaixo ao de mercado, está nítido que há uma situação desproporcional, onde por desespero ele acaba cedendo às exigências da credora. A Lei protege Clésio nesse caso. Na hipótese do negócio ser realizado, ele pode ser anulado pelo vício da lesão (art.157 CC). Se eventualmente a cláusula for inserida no contrato, ela é considerada nula por configurar pacto comissório (art. 1.428 CC); **D:** incorreta, pois o CC expressamente proíbe o pacto comissório no art. 1.428 CC, onde está previsto que o credor não pode pegar para si o objeto de garantia da dívida. A Lei visa principalmente a coibir situações como essa, em que o valor do objeto empenhado seja consideravelmente maior do que a dívida, pois assim haveria um enriquecimento sem causa por parte do credor. **GR**

Gabarito "B".

(OAB/Exame XXXIX) Vítor contraiu empréstimo perante uma instituição bancária e ofereceu, como garantia da dívida, a hipoteca sobre um bem imóvel dele.

Considerando essa situação hipotética, assinale a afirmativa correta.

(A) Vítor poderá alienar o imóvel hipotecado, salvo se o contrato de empréstimo vedar a alienação, cláusula que é considerada válida.

(B) Vítor poderá alienar o imóvel hipotecado, mas a alienação implicará o vencimento automático do empréstimo, independentemente de previsão no contrato.

(C) Vítor não poderá alienar o imóvel hipotecado, porque isso resultaria em conduta contrária à boa-fé objetiva.

(D) Caso Vítor realize melhoramentos no imóvel após a constituição da hipoteca, eles integrarão a garantia real em prol da instituição bancária.

A: incorreta, pois é nula a cláusula que proíbe ao proprietário alienar imóvel hipotecado (art. 1.475 *caput* CC); **B:** incorreta, pois o vencimento automático do empréstimo apenas pode ocorrer se isso houver sido previamente ajustado em contrato (art. 1.475, *caput* CC); **C:** incorreta, pois é permitida a venda do imóvel hipotecado (art. 1.475 *caput* CC); **D:** correta (art. 1.474 CC). **GR**

Gabarito "D".

7. FAMÍLIA

7.1. Casamento

(OAB/Exame Unificado – 2017.3) João e Carla foram casados por cinco anos, mas, com o passar dos anos, o casamento se desgastou e eles se divorciaram. As três filhas do casal, menores impúberes, ficaram sob a guarda exclusiva da mãe, que trabalha em uma escola como professora, mas que está com os salários atrasados há quatro meses, sem previsão de recebimento.

João vinha contribuindo para o sustento das crianças, mas, estranhamente, deixou de fazê-lo no último mês. Carla, ao procurá-lo, foi informada pelos pais de João que ele sofreu um atropelamento e está em estado grave na UTI do Hospital Boa Sorte. Como João é autônomo, não pode contribuir, justificadamente, com o sustento das filhas.

Sobre a possibilidade de os avós participarem do sustento das crianças, assinale a afirmativa correta.

(A) Em razão do divórcio, os sogros de Carla são ex--sogros, não são mais parentes, não podendo ser compelidos judicialmente a contribuir com o pagamento de alimentos para o sustento das netas.

(B) As filhas podem requerer alimentos avoengos, se comprovada a impossibilidade de Carla e de João garantirem o sustento das filhas.

(C) Os alimentos avoengos não podem ser requeridos, porque os avós só podem ser réus em ação de ali-

mentos no caso de falecimento dos responsáveis pelo sustento das filhas.

(D) Carla não pode representar as filhas em ação de alimentos avoengos, porque apenas os genitores são responsáveis pelo sustento dos filhos.

A regra da prestação de alimentos aos descendentes é a de que a obrigação deve recair nos ascendentes mais próximos e – na ausência ou impossibilidade destes – recair nos mais remotos. Assim, "se o parente, que deve alimentos em primeiro lugar, não estiver em condições de suportar totalmente o encargo, serão chamados a concorrer os de grau imediato" (CC, art. 1.696 e 1.698). Diante da impossibilidade do adimplemento por parte dos pais, as filhas de Carla poderão pleitear os alimentos perante os avós. **GN**

Gabarito "B".

(OAB/Exame Unificado – 2016.3) João e Maria casaram-se, no regime de comunhão parcial de bens, em 2004. Contudo, em 2008, João conheceu Vânia e eles passaram a ter um relacionamento amoroso. Separando- se de fato de Maria, João saiu da casa em que morava com Maria e foi viver com Vânia, apesar de continuar casado com Maria.

Em 2016, João, muito feliz em seu novo relacionamento, resolve dar de presente um carro 0 km da marca X para Vânia. Considerando a narrativa apresentada, sobre o contrato de doação celebrado entre João, doador, e Vânia, donatária, assinale a afirmativa correta.

(A) É nulo, pois é hipótese de doação de cônjuge adúltero ao seu cúmplice.

(B) Poderá ser anulado, desde que Maria pleiteie a anulação até dois anos depois da assinatura do contrato.

(C) É plenamente válido, porém João deverá pagar perdas e danos à Maria.

(D) É plenamente válido, pois João e Maria já estavam separados de fato no momento da doação.

A: incorreta, pois tal hipótese (CC, art. 550) somente se configuraria caso o casamento ainda estivesse em pleno vigor com pleno exercício dos direitos e deveres conjugais, o que não ocorre no caso em tela, em virtude do longo prazo de separação de fato; **B:** incorreta, pois já transcorreu prazo suficiente de separação de fato do casal, o que afasta a possibilidade de anulação da doação; **C:** incorreta, pois não há dever de pagamento de perdas e danos à Maria; **D:** correta, pois a separação de fato por tão prolongado prazo afasta qualquer mácula que pudesse haver em relação à doação. **GN**

Gabarito "D".

(OAB/Exame Unificado – 2017.2) Arlindo e Berta firmam pacto antenupcial, preenchendo todos os requisitos legais, no qual estabelecem o regime de separação absoluta de bens. No entanto, por motivo de saúde de um dos nubentes, a celebração civil do casamento não ocorreu na data estabelecida.

Diante disso, Arlindo e Berta decidem não se casar e passam a conviver maritalmente. Após cinco anos de união estável, Arlindo pretende dissolver a relação familiar e aplicar o pacto antenupcial, com o objetivo de não dividir os bens adquiridos na constância dessa união.

Nessas circunstâncias, o pacto antenupcial é:

(A) válido e ineficaz.

(B) válido e eficaz.

(C) inválido e ineficaz.

(D) inválido e eficaz.

A: correta, pois o pacto obedeceu a todos os requisitos de forma sendo, portanto, válido. Contudo, como todo pacto antenupcial, é necessário que ocorra o casamento (evento futuro e incerto) para que ele ganhe eficácia. É correto, portanto, dizer que todo pacto antenupcial é celebrado com condição suspensiva, pois os efeitos só ocorrerão caso ocorra o casamento (CC, art. 1.653); **B:** incorreta, pois para ganhar eficácia exige-se a ocorrência do casamento; **C:** incorreta, pois o pacto é válido, tendo obedecido às formalidades legais; **D:** incorreta, pois o pacto é válido, mas ineficaz em virtude da não celebração do casamento. **GN**

Gabarito "A"

(OAB/Exame Unificado – 2016.2) Em maio de 2005, Sérgio e Lúcia casaram-se pelo regime da comunhão parcial de bens. Antes de se casar, ele já era proprietário de dois imóveis. Em 2006, Sérgio alugou seus dois imóveis e os aluguéis auferidos, mês a mês, foram depositados em conta corrente aberta por ele, um mês depois da celebração dos contratos de locação. Em 2010, Sérgio recebeu o prêmio máximo da loteria, em dinheiro, que foi imediatamente aplicado em uma conta poupança aberta por ele naquele momento. Em 2013, Lúcia e Sérgio se separaram. Lúcia procurou um advogado para saber se tinha direito à partilha do prêmio que Sérgio recebeu na loteria, bem como aos valores oriundos dos aluguéis dos imóveis adquiridos por ele antes do casamento e, mensalmente, depositados na conta corrente de Sérgio. Com base na hipótese narrada, assinale a afirmativa correta.

(A) Ela não tem direito à partilha do prêmio e aos valores depositados na conta corrente de Sérgio, oriundos dos aluguéis de seus imóveis, uma vez que se constituem como bens particulares de Sérgio.

(B) Ela tem direito à partilha dos valores depositados na conta corrente de Sérgio, oriundos dos aluguéis de seus imóveis, mas não tem direito à partilha do prêmio obtido na loteria.

(C) Ela tem direito à partilha do prêmio, mas não poderá pleitear a partilha dos valores depositados na conta corrente de Sérgio, oriundos dos aluguéis de seus imóveis.

(D) Ela tem direito à partilha do prêmio e dos valores depositados na conta corrente de Sérgio, oriundos dos aluguéis dos imóveis de Sérgio, uma vez que ambos constituem-se bens comuns do casal.

A a D: somente a alternativa "D" está correta, pois, de acordo com o art. 1.660 do CC, entram na comunhão, no regime de comunhão parcial de bens, tanto "os bens adquiridos por fato eventual" (como é o caso da loteria), como "os frutos dos bens particulares de cada cônjuge" percebidos na constância do casamento (como é o caso dos aluguéis mencionados na alternativa).

Gabarito "D"

(OAB/Exame Unificado – 2016.2) Juliana é sócia de uma sociedade empresária que produz bens que exigem alto investimento, por meio de financiamento significativo. Casada com Mário pelo regime da comunhão universal de bens, desde 1998, e sem filhos, decide o casal alterar o regime de casamento para o de separação de bens, sem prejudicar direitos de terceiros, e com a intenção de evitar a colocação do patrimônio já adquirido em risco. Sobre a situação narrada, assinale a afirmativa correta.

(A) A alteração do regime de bens mediante escritura pública, realizada pelos cônjuges e averbada no Registro Civil, é possível.

(B) A alteração do regime de bens, tendo em vista que o casamento foi realizado antes da vigência do Código Civil de 2002, não é possível.

(C) A alteração do regime de bens mediante autorização judicial, com pedido motivado de ambos os cônjuges, apurada a procedência das razões invocadas e ressalvados os direitos de terceiros, é possível.

(D) Não é possível a alteração para o regime da separação de bens, tão somente para o regime de bens legal, qual seja, o da comunhão parcial de bens.

A: incorreta, pois a alteração do regime de bens depende de autorização judicial (art. 1.639, § 2º, do CC); **B:** incorreta, pois vem se admitindo a alteração do regime de bens mesmo em relação a casamentos celebrados antes do atual CC, por se tratar de tema afeto aos efeitos do casamento, e não à validade deste; **C:** correta (art. 1.639, § 2º, do CC); **D:** incorreta, pois a lei admite a alteração do regime de bens segundo certas regras, não havendo, porém, a limitação trazida na alternativa (art. 1.639, § 2º, do CC).

Gabarito "C"

(OAB/Exame Unificado – 2015.3) Roberto e Ana casaram-se, em 2005, pelo regime da comunhão parcial de bens. Em 2008, Roberto ganhou na loteria e, com os recursos auferidos, adquiriu um imóvel no Recreio dos Bandeirantes. Em 2014, Roberto foi agraciado com uma casa em Santa Teresa, fruto da herança de sua tia. Em 2015, Roberto e Ana se separaram. Tendo em vista o regime de bens do casamento, assinale a afirmativa correta.

(A) Os imóveis situados no Recreio dos Bandeirantes e em Santa Teresa são bens comuns e, por isso, deverão ser partilhados em virtude da separação do casal.

(B) Apenas o imóvel situado no Recreio dos Bandeirantes deve ser partilhado, sendo o imóvel situado em Santa Teresa bem particular de Roberto.

(C) Apenas o imóvel situado em Santa Teresa deve ser partilhado, sendo o imóvel situado no Recreio dos Bandeirantes excluído da comunhão, por ter sido adquirido com o produto de bem advindo de fato eventual.

(D) Nenhum dos dois imóveis deverá ser partilhado, tendo em vista que ambos são bens particulares de Roberto.

A a D: somente a alternativa "B" está correta, pois, no regime de comunhão parcial de bens, não se comunicam bens adquiridos por um dos cônjuges em virtude de sucessão (no caso, não se comunica a casa em Santa Teresa), em virtude do disposto no art. 1.659, I, do CC, mas há comunicação de bens adquiridos por fato eventual, como é o caso de se ganhar na loteria (no caso, o imóvel no Recreio dos Bandeirantes comunicará), em virtude do disposto no art. 1.660, II, do CC.

Gabarito "B"

(OAB/Exame Unificado – 2013.1) Amélia e Alberto são casados pelo regime de comunhão parcial de bens. Alfredo, amigo de Alberto, pede que ele seja seu fiador na compra de um imóvel.

Diante da situação apresentada, assinale a afirmativa correta.

(A) A garantia acessória poderá ser prestada exclusivamente por Alberto.

(B) A outorga de Amélia se fará indispensável, independente do regime de bens.

(C) A fiança, se prestada por Alberto sem o consentimento de Amélia, será anulável.

(D) A anulação do aval somente poderá ser pleiteada por Amélia durante o período em que estiver casada.

A: incorreta, pois, como regra (regra que inclui os casamentos pelo regime de comunhão parcial de bens), a fiança não pode ser prestada sem a autorização do cônjuge (art. 1.647, III, do CC); **B:** incorreta, pois no regime de separação absoluta não é necessária a autorização do cônjuge (art. 1.647, *caput* e III, do CC); **C:** correta (art. 1.649, *caput*, do CC); **D:** incorreta, pois o prazo decadencial para anulação só corre depois de terminada a sociedade conjugal (art. 1.649, *caput*, do CC).

Gabarito "C".

(OAB/Exame Unificado – 2011.3.A) Rejane, solteira, com 16 anos de idade, órfã de mãe e devidamente autorizada por seu pai, casa-se com Jarbas, filho de sua tia materna, sendo ele solteiro e capaz, com 23 anos de idade. A respeito do casamento realizado, é correto afirmar que é:

(A) nulo, tendo em vista o parentesco existente entre Rejane e Jarbas.

(B) é anulável, tendo em vista que, por ser órfã de mãe, Rejane deveria obter autorização judicial a fim de suprir o consentimento materno.

(C) válido.

(D) anulável, tendo em vista o parentesco existente entre Rejane e Jarbas.

A e D: incorretas, pois Rejane e Jarbas são primos, ou seja, são parentes em quarto grau; e só são considerados nulos os casamentos de parentes até o terceiro grau (arts. 1.521, IV, e 1.548, II, do CC); **B:** incorreta, pois, na falta de um dos pais, o pai ou a mãe que estiverem vivos darão o seu consentimento ao casamento sozinhos; **C:** correta, pois houve autorização do representante legal de Rejane e não há outras causas de nulidade ou de anulabilidade do casamento.

Gabarito "C".

(OAB/Exame Unificado – 2010.3) João foi registrado ao nascer com o gênero masculino. Em 2008, aos 18 anos, fez cirurgia para correção de anomalia genética e teve seu registro retificado para o gênero feminino, conforme sentença judicial. No registro não constou textualmente a indicação de retificação, apenas foi lavrado um novo termo, passando a adotar o nome de Joana. Em julho de 2010, casou-se com Antônio, homem religioso e de família tradicional interiorana, que conheceu em janeiro de 2010, por quem teve uma paixão fulminante e correspondida. Joana omitiu sua história registral por medo de não ser aceita e perdê-lo. Em dezembro de 2010, na noite de Natal, a tia de Joana revela a Antônio a verdade sobre o registro de Joana/João. Antônio, não suportando ter sido enganado, deseja a anulação do casamento.

Conforme a análise da hipótese formulada, é correto afirmar que o casamento de Antônio e Joana:

(A) poderá ser anulado pela identidade errônea de Joana/João perante Antônio e a insuportabilidade da vida em comum.

(B) só pode ser anulado até 90 (noventa) dias da sua celebração.

(C) é nulo; portanto, não há prazo para a sua arguição.

(D) é inexistente, pois não houve a aceitação adequada, visto que Antônio foi levado ao erro de pessoa, o que tornou insuportável a vida em comum do casal.

O casamento pode ser inexistente (quando não concorrem elementos especiais para sua formação, tais como diversidade de sexo e celebração), nulo (quando se fere questão de ordem pública) e anulável (quando se ferem valores de ordem privada dos envolvidos e interessados). No caso em tela, existe diversidade de sexo (homem e mulher), pois, com a retificação de registro, João passou a ser do sexo feminino perante a lei, de modo que não se está diante de hipótese de casamento inexistente. Também não incide no caso as hipóteses de casamento nulo (art. 1.548 do CC). O fato é que estamos, em tese, diante de um casamento anulável, caracterizando-se a hipótese prevista no art. 1.557, I, do CC. Antônio não sabia de fatos relevantes sobre a *identidade* original de Joana, fatos esses que, considerados os valores de João, podem tornar insuportável a vida em comum com Joana. Caracteriza-se, então, o instituto do erro essencial sobre a pessoa, que torna o casamento anulável. Feito o comentário, vale observar que a questão pode ser considerada um tanto polêmica, pois não se deixou claro que tipo de anomalia existia, podendo ser que Joana já se tratasse de alguém cujo sexo atribuído deveria ser, desde o início, feminino.

Gabarito "A".

(OAB/Exame Unificado – 2010.1) Acerca do direito de família, assinale a opção correta.

(A) O casamento religioso com efeitos civis passa a produzir efeitos somente a partir da data em que é efetivado o seu registro perante o oficial competente.

(B) A existência de impedimentos dirimentes absolutos acarreta a ineficácia do casamento.

(C) O casamento inexistente não pode ser declarado putativo.

(D) É inválido o casamento contraído por coação a qualquer dos cônjuges.

A: incorreta. *Vide* art. 1.515 do Código Civil. A respeito, assevera Maria Helena Diniz que "registrado o casamento religioso, irradiará efeitos civis a partir da data de sua celebração e não a partir do ato registrário. Feito o registro, o estado civil passará a ser o de casados, desde a data da solenidade religiosa. O registro não é, portanto, meramente probatório, por ser ato essencial para a atribuição de efeitos civis, pois sem ele ter-se-á somente um ato religioso e uma mera união estável" (Maria Helena Diniz. **Código Civil anotado**. 10. ed., São Paulo: Saraiva, 2004, p. 1.098); **B:** incorreta. *Vide* art. 1.521 do Código Civil. A respeito, assevera Senise Lisboa que "impedimento matrimonial é o fato jurídico que obsta a validade, a eficácia ou a regularidade do casamento. O novo Código estabelece que os impedimentos proíbem o casamento. E as causas suspensivas levam à ineficácia temporária dos efeitos matrimoniais. No modelo do atual Código, os impedimentos matrimoniais são: a) impedimentos dirimentes absolutos, que acarretam a nulidade do casamento, pelo reconhecimento de sua invalidade; b) impedimentos dirimentes relativos, que acarretam a anulação do casamento, pelo reconhecimento de sua ineficácia" (Roberto Senise Lisboa. **Manual de direito civil**. vol.. 5: direito de família e sucessões. 5. ed. São Paulo: Saraiva, 2009, p. 66); **C:** correta. *Vide* art. 1.540 do Código Civil. A respeito, assevera Senise Lisboa que "a teoria da inexistência deve ser adotada como fato social desprovido de repercussão jurídica. Todavia, um fato inexistente para o direito pode ter a aparência de existência jurídica. (...) No casamento inexistente, há a falta de um pressupostos indispensáveis para a sua existência no mundo jurídico, a saber: a diversidade de sexo, a celebração solene ou o consentimento dos interessados. O casamento inexistente não pode ser declarado putativo para beneficiar o cônjuge que teria agido de boa-fé, enquanto o casamento nulo e o anulável podem ter esse efeito" (Roberto Senise Lisboa. *Op. cit.*, p. 75); **D:** incorreta. *Vide* art. 1.558 do Código Civil. A respeito, assinala Senise Lisboa que "casamento inválido é aquele que não gera efeitos jurídicos desde a data de sua celebração, uma vez declarada a sua nulidade. (...) Por se tratar de hipótese de nulidade absoluta, a invalidade do casamento pode ser requerida a qualquer tempo. (...) Casamento ineficaz é aquele que gera efeitos jurídicos até a data da declaração judicial de sua anulabilidade, desconstituindo-se o vínculo matrimonial. Há ineficácia do casamento: (...) e) por coação" (Roberto Senise Lisboa. *Op. cit.*, p. 76-77).

Gabarito "C".

(OAB/Exame Unificado – 2020.1) Aldo e Mariane são casados sob o regime da comunhão parcial de bens, desde setembro de 2013. Em momento anterior ao casamento, Rubens, pai de Mariane, realizou a doação de um imóvel à filha. Desde então, a nova proprietária acumula os valores que lhe foram pagos pelos locatários do imóvel.

No ano corrente, alguns desentendimentos fizeram com que Mariane pretendesse se divorciar de Aldo. Para tal finalidade, procurou um advogado, informando que a soma dos aluguéis que lhe foram pagos desde a doação do imóvel totalizava R$ 150.000,00 (cento e cinquenta mil reais), sendo que R$ 50.000,00 (cinquenta mil reais) foram auferidos antes do casamento e o restante, após. Mariane relatou, ainda, que atualmente o imóvel se encontra vazio, sem locatários.

Sobre essa situação e diante de eventual divórcio, assinale a afirmativa correta.

(A) Quanto aos aluguéis, Aldo tem direito à meação sob o total dos valores.

(B) Tendo em vista que o imóvel locado por Mariane é seu bem particular, os aluguéis por ela auferidos não se comunicam com Aldo.

(C) Aldo tem direito à meação dos valores recebidos por Mariane, durante o casamento, a título de aluguel.

(D) Aldo faz jus à meação tanto sobre a propriedade do imóvel doado a Mariane por Rubens, quanto sobre os valores recebidos a título de aluguel desse imóvel na constância do casamento.

A: incorreta, pois a parcela de aluguéis que comunica é apenas aquela referente ao montante recebido na constância do casamento (art. 1.660, V CC); **B:** incorreta, pois apesar de o imóvel ser bem particular de Mariane, os frutos auferidos na constância do casamento comunicam com Aldo (art. 1.660, V CC); **C:** correta (art. 1.660, V CC); **D:** incorreta, pois ficam excluídos da comunhão os bens que sobrevierem ao cônjuge na constância do casamento por doação ou sucessão, logo Aldo não faz jus a meação do imóvel (art. 1.659, I CC). Referente aos valores do aluguel tem direito de meação apenas quanto ao montante recebido na constância do casamento (art. 1.660, V CC).

Gabarito "C".

(OAB/Exame Unificado – 2019.3) Arnaldo, publicitário, é casado com Silvana, advogada, sob o regime de comunhão parcial de bens. Silvana sempre considerou diversificar sua atividade profissional e pensa em se tornar sócia de uma sociedade empresária do ramo de tecnologia. Para realizar esse investimento, pretende vender um apartamento adquirido antes de seu casamento com Arnaldo; este, mais conservador na área negocial, não concorda com a venda do bem para empreender.

Sobre a situação descrita, assinale a afirmativa correta.

(A) Silvana não precisa de autorização de Arnaldo para alienar o apartamento, pois destina-se ao incremento da renda familiar.

(B) A autorização de Arnaldo para alienação por Silvana é necessária, por conta do regime da comunhão parcial de bens.

(C) Silvana não precisa de autorização de Arnaldo para alienar o apartamento, pois se trata de bem particular.

(D) A autorização de Arnaldo para alienação por Silvana é necessária e decorre do casamento, independentemente do regime de bens.

A: incorreta, pois exceto no regime da separação absoluta é necessário o consentimento do cônjuge quando houver alienação de bens imóveis (art. 1.647, I CC). A lei não dispensa essa autorização ainda que haja o incremento da renda familiar. **B:** correta, pois o art. 1.647 CC apenas dispensa a autorização quando se tratar de regime da separação absoluta de bens. Logo, sendo regime da comunhão parcial de bens, deve haver autorização do outro cônjuge, ainda que o bem seja particular; **C:** incorreta, pois mesmo sendo bem particular neste caso precisa de autorização (art. 1.647, I CC). Um cônjuge não terá ingerência nos bens particulares do outro nos casos do art. 1.659 CC; **D:** incorreta, pois o regime de bens é relevante para determinar se a autorização é necessária ou não, e não simplesmente o ato de casar-se. Apenas é dispensada a autorização se o casamento for no regime da separação absoluta (art. 1.647, I CC).

Gabarito "B".

(OAB/Exame XXXVII) Pedro e Joana casaram-se pelo regime da comunhão parcial de bens. Na constância do casamento, Pedro herdou ações e comprou um carro, enquanto Joana recebeu de doação um apartamento e ganhou um prêmio de loteria.

Com base nessas informações, assinale a opção que indica, em caso de divórcio, os bens que devem ser partilhados.

(A) As ações e o apartamento.

(B) O carro e o prêmio de loteria.

(C) O carro e o apartamento.

(D) As ações e o prêmio de loteria.

A: incorreta, pois bens que sobrevierem ao cônjuge por doação ou herança excluem-se da sucessão (art. 1.659, I CC). Considerando que as ações foram herdadas e o apartamento doado, eles não se comunicam ao outro cônjuge; **B:** correta, pois bens comprados na constância do casamento (ex: carro) e adquiridos por fato eventual (ex: loteria) entram na comunhão (art. 1.660, I e II CC); **C:** incorreta, pois o apartamento não entra, pois foi oriundo de doação (art. 1.659, I CC); **D:** incorreta, pois as ações não entram, pois oriundas de herança (art. 1.659, I CC). GR

Gabarito "B".

7.2. União estável

(OAB/Exame Unificado – 2014.3) Augusto, viúvo, pai de Gustavo e Fernanda, conheceu Rita e com ela manteve, por dez anos, um relacionamento amoroso contínuo, público, duradouro e com objetivo de constituir família. Nesse período, Augusto não se preocupou em fazer o inventário dos bens adquiridos quando casado e em realizar a partilha entre os herdeiros Gustavo e Fernanda. Em meados de setembro do corrente ano, Augusto resolveu romper o relacionamento com Rita.

Face aos fatos narrados e considerando as regras de Direito Civil, assinale a opção correta.

(A) A ausência de partilha dos bens de Augusto com seus herdeiros Gustavo e Fernanda caracteriza causa suspensiva do casamento, o que obsta o reconhecimento da união estável entre Rita e Augusto.

(B) Sendo reconhecida a união estável entre Augusto e Rita, aplicar-se-ão à relação patrimonial as regras do regime de comunhão universal de bens, salvo se houver contrato dispondo de forma diversa.

(C) Em razão do fim do relacionamento amoroso, Rita poderá pleitear alimentos em desfavor de Augusto, devendo, para tanto, comprovar o binômio necessidade-possibilidade.

(D) As dívidas contraídas por Augusto, na constância do relacionamento com Rita, em proveito da entidade familiar, serão suportadas por Rita de forma subsidiária.

A: incorreta, pois as causas suspensivas previstas no art. 1.523 do Código Civil (que incluem a mencionada na alternativa) não impedem a caracterização da união estável (art. 1.723, § 2º, do CC); ademais, de rigor mencionar que a sanção decorrente da existência dessa causa suspensiva não se aplica quando não há prejuízo, o que muitas vezes é possível provar no caso concreto; **B:** incorreta, pois, na união estável, salvo disposição escrita em contrário, aplica-se o regime da comunhão *parcial* de bens (art. 1.725 do CC); **C:** correta, pois há dever de alimentos entre companheiros numa união estável, configurado no caso concreto o binômio mencionado (art. 1.694, *caput*, do CC); **D:** incorreta, pois as dívidas serão suportadas diretamente pelos dois, na forma do art. 1.664 do CC.
Gabarito "C".

(OAB/Exame Unificado – 2011.2) Em relação à união estável, assinale a alternativa correta.

(A) O contrato de união estável é solene, rigorosamente formal e sempre público.

(B) Não há presunção legal de paternidade no caso de filho nascido na constância da união estável.

(C) Quem estiver separado apenas de fato não pode constituir união estável, sendo necessária, antes, a dissolução do anterior vínculo conjugal; nesse caso, haverá simples concubinato.

(D) Para que fique caracterizada a união estável, é necessário, entre outros requisitos, tempo de convivência mínima de cinco anos, desde que durante esse período a convivência tenha sido pública e duradoura.

A: incorreta, pois a lei só exige que o contrato seja escrito, não sendo necessário que se trate de escritura pública (art. 1.725 do CC); **B:** correta, pois a presunção prevista no art. 1.597 do CC depende da existência de "casamento"; **C:** incorreta, pois é possível que alguém ainda casado constitua uma união estável, desde que esteja separado de fato ou judicialmente da pessoa com que tenha casado (art. 1.723, § 1.º, do CC); **D:** incorreta, pois, para se constituir uma união estável, basta que haja a convivência pública, contínua e duradoura e estabelecida com o objetivo de constituição de família (art. 1.723, *caput*, do CC), não havendo tempo mínimo de união para a caracterização do instituto.
Gabarito "B".

(OAB/Exame Unificado – 2010.2) Jane e Carlos constituíram uma união estável em julho de 2003 e não celebraram contrato para regular as relações patrimoniais decorrentes da aludida entidade familiar. Em março de 2005, Jane recebeu R$ 100.000,00 (cem mil reais) a título de doação de seu tio Túlio. Com os R$ 100.000,00 (cem mil reais), Jane adquiriu em maio de 2005 um imóvel na Barra da Tijuca. Em 2010, Jane e Carlos se separaram. Carlos procura um advogado, indagando se tem direito a partilhar o imóvel adquirido por Jane na Barra da Tijuca em maio de 2005. Assinale a alternativa que indique a orientação correta a ser exposta a Carlos.

(A) Por se tratar de bem adquirido a título oneroso na vigência da união estável, Carlos tem direito a partilhar o imóvel adquirido por Jane na Barra da Tijuca em maio de 2005.

(B) Carlos não tem direito a partilhar o imóvel adquirido por Jane na Barra da Tijuca em maio de 2005 porque, salvo contrato escrito entre os companheiros, aplica-se às relações patrimoniais entre os mesmos o regime da separação total de bens.

(C) Carlos não tem direito a partilhar o imóvel adquirido por Jane na Barra da Tijuca em maio de 2005 porque, em virtude da ausência de contrato escrito entre os companheiros, aplica-se às relações patrimoniais entre os mesmos o regime da comunhão parcial de bens, que exclui dos bens comuns entre os consortes aqueles doados e os sub-rogados em seu lugar.

(D) Carlos tem direito a partilhar o imóvel adquirido por Jane na Barra da Tijuca em maio de 2005 porque, muito embora o referido bem tenha sido adquirido com o produto de uma doação, não se aplica a sub-rogação de bens na união estável.

A alternativa "C" está correta, pois, de acordo com o art. 1.725 do Código Civil, não havendo contrato escrito entre os companheiros, aplica-se às relações patrimoniais entre estes o regime de comunhão parcial. Esse regime, de fato, exclui da comunhão os bens que um companheiro tiver recebido em doação (no caso, os R$ 100 mil) e os sub-rogados em seu lugar (no caso, o imóvel), nos termos do art. 1.659, I, do Código Civil.
Gabarito "C".

7.3. Filiação e paternidade

(OAB/Exame Unificado – 2016.3) Augusto e Raquel casam-se bem jovens, ambos com 22 anos. Um ano depois, nascem os filhos do casal: dois meninos gêmeos. A despeito da ajuda dos avós das crianças, o casamento não resiste à dura rotina de criação dos dois recém-nascidos. Augusto e Raquel separam-se ainda com os filhos em tenra idade, indo as crianças residir com a mãe.

Raquel, em pouco tempo, contrai novas núpcias. Augusto, em busca de um melhor emprego, muda-se para uma cidade próxima.

A respeito da guarda dos filhos, com base na hipótese apresentada, assinale a afirmativa correta.

(A) A guarda dos filhos de tenra idade será atribuída preferencialmente, de forma unilateral, à mãe.

(B) Na guarda compartilhada, o tempo de convívio com os filhos será dividido de forma matemática entre o pai e a mãe.

(C) O pai ou a mãe que contrair novas núpcias perderá o direito de ter consigo os filhos.

(D) Na guarda compartilhada, a cidade considerada base de moradia dos filhos será a que melhor atender aos interesses dos filhos.

A: incorreta, pois não existe no ordenamento jurídico previsão de preferência à mãe na guarda dos filhos; **B:** incorreta, pois – mesmo na guarda compartilhada – não existe tal divisão matemática do tempo de convívio; **C:** incorreta, pois tal absurda hipótese não encontra respaldo no ordenamento jurídico; **D:** correta, pois a proteção do melhor interesse da criança decorre de princípio constitucional, o qual ilumina todo o ordenamento (CF, art. 227).**GN**
Gabarito "D".

6. DIREITO CIVIL

(OAB/Exame Unificado – 2016.1) Júlio, casado com Isabela durante 23 anos, com quem teve 3 filhos, durante audiência realizada em ação de divórcio cumulada com partilha de bens proposta por Isabela, reconhece, perante o Juízo de Família, um filho havido de relacionamento extraconjugal. Posteriormente, arrependido, Júlio deseja revogar tal reconhecimento. Sobre os fatos narrados, assinale a afirmativa correta.

(A) O reconhecimento de filho só é válido se for realizado por escritura pública ou testamento.

(B) O reconhecimento de filho realizado por Júlio perante o Juízo de Família é ato irrevogável.

(C) O reconhecimento de filho em Juízo só tem validade em ação própria com essa finalidade.

(D) Júlio só poderia revogar o ato se este tivesse sido realizado por testamento.

A e C: incorreta, pois o reconhecimento de filhos havidos fora do casamento também pode se dar no registro de nascimento, por escritura particular, por testamento e por manifestação direta e expressa perante o juiz, ainda que o reconhecimento não haja sido o objeto único e principal do ato que o contém (art. 1.609 do CC); **B:** correta, pois o reconhecimento de filhos havidos fora do casamento é, de fato, irrevogável (art. 1.609, *caput*, do CC), sem contar que pode se dar também por manifestação direta e expressa perante o juiz (inclusive de Família), ainda que o reconhecimento não haja sido o objeto único e principal do ato que o contém (art. 1.609 do CC); **D:** incorreta, pois o reconhecimento de filhos havidos fora do casamento é irrevogável em qualquer hipótese (art. 1.609, *caput*, do CC), mesmo quando feito em testamento (art. 1.610 do CC).

Gabarito "B".

(OAB/Exame Unificado – 2014.3) Mateus não tinha mais parentes, nunca tivera descendentes e jamais havia vivido em união estável ou em matrimônio. Há alguns anos, ele decidiu fazer um testamento e deixar todo o seu patrimônio para seus amigos da vida toda, Marcos e Lucas. Seis meses depois da lavratura do testamento, por força de um exame de DNA, Mateus descobriu que tinha um filho, Alberto, 29 anos, que não conhecia, fruto de um relacionamento fugaz ocorrido no início de sua faculdade.

Mateus reconheceu a paternidade de Alberto no Registro Civil e passou a conviver periodicamente com o filho. No mês passado, Mateus faleceu.

Sobre sua sucessão, assinale a afirmativa correta.

(A) Todo o patrimônio de Mateus caberá a Alberto.

(B) Todo o patrimônio de Mateus caberá a Marcos e Lucas, por força do testamento.

(C) Alberto terá direito à legítima, cabendo a Marcos e Lucas a divisão da quota disponível.

(D) A herança de Mateus caberá igualmente aos três herdeiros.

A: correta, pois, de acordo com o art. 1.973 do CC, "sobrevindo descendente sucessível ao testador, que não o tinha ou não o conhecia quando testou, rompe-se o testamento em todas as suas disposições, se esse descendente sobreviver ao testador"; assim, como aparecimento de Alberto, o testamento que favorecia os dois amigos de Mateus fica rompido, ficando apenas Alberto como herdeiro; **B, C e D:** incorretas, pois, com o aparecimento do herdeiro de Mateus, desconhecido à época do testamento deste, as disposições testamentárias ficam rompidas e somente Alberto receberá a herança de Mateus.

Gabarito "A".

(OAB/Exame Unificado – 2013.1) Rogério, solteiro, maior e capaz, estando acometido por grave enfermidade, descobre que é pai biológico de Mateus, de dez anos de idade, embora não conste a filiação paterna no registro de nascimento. Diante disso, Rogério decide lavrar testamento público, em que reconhece ser pai de Mateus e deixa para este a totalidade de seus bens. Sobrevindo a morte de Rogério, Renato, maior e capaz, até então o único filho reconhecido por Rogério, é surpreendido com as disposições testamentárias e resolve consultar um advogado a respeito da questão.

A partir do fato narrado, assinale a afirmativa correta.

(A) Todas as disposições testamentárias são inválidas, tendo em vista que, em seu testamento, Rogério deixou de observar a parte legítima legalmente reconhecida a Renato, o que inquina todo o testamento público, por ser este um ato único.

(B) A disposição testamentária que reconhece a paternidade de Mateus é válida, devendo ser incluída a filiação paterna no registro de nascimento; a disposição testamentária relativa aos bens deverá ser reduzida ao limite da parte disponível, razão pela qual Mateus receberá o quinhão equivalente a 75% da herança e Renato o quinhão equivalente a 25% da herança.

(C) Todas as disposições testamentárias são inválidas, uma vez que Rogério não poderia reconhecer a paternidade de Mateus em testamento e, ainda, foi desconsiderada a parte legítima de seu filho Renato.

(D) A disposição testamentária que reconhece a paternidade de Mateus é válida, devendo ser incluída a filiação paterna no registro de nascimento; é, contudo, inválida a disposição testamentária relativa aos bens, razão pela qual caberá a cada filho herdar metade da herança de Rogério.

A, C e D: incorretas, pois a parte de reconhecimento do filho pode ser feita por testamento (art. 1.609, III, do CC) e é irrevogável, devendo ser mantida, assim como a disposição, restrita ao equivalente a 50% do patrimônio, que é a parte disponível (art. 1.846 do CC); **B:** correta; quanto ao reconhecimento de filhos por testamento público, não há problema algum (art. 1.609, III, do CC); quanto ao direcionamento da totalidade dos bens em favor do filho reconhecido (Mateus), não é possível, pois há um herdeiro necessário no caso (o outro filho – Renato), hipótese em que metade da herança (a legítima) não pode ser objeto de disposição (art. 1.846 do CC).

Gabarito "B".

(OAB/Exame Unificado – 2012.1) A respeito da perfilhação é correto dizer que:

(A) constitui ato formal, de livre vontade, irretratável, incondicional e personalíssimo.

(B) se torna perfeita exclusivamente por escritura pública ou instrumento particular.

(C) não admite o reconhecimento de filhos já falecidos, quando estes hajam deixado descendentes.

(D) em se tratando de filhos maiores, dispensa-se o consentimento destes.

A: correta; a perfilhação, que significa o reconhecimento de um filho, é ato formal, pois deve obedecer a uma das formas previstas na lei (v. art. 1.609 do CC), de livre vontade (feito pela vontade dos pais), irretratável (não cabe revogação – art. 1.610 do CC), incondicional (são ineficazes a condição e o termo apostos ao ato de reconhecimento) e personalíssimo (devendo ser feita pelo próprio pai); **B**: incorreta, pois o reconhecimento de filho também pode ser feito no próprio registro público, por testamento e por manifestação direta e expressa perante o juiz (art. 1.609, I, III e IV, do CC); **C**: incorreta, pois o reconhecimento pode preceder o nascimento do filho ou ser posterior ao seu falecimento, se ele deixar antecedentes (art. 1.609, parágrafo único, do CC); **D**: incorreta, pois o filho maior não pode ser reconhecido sem o seu consentimento (art. 1.614 do CC).

Gabarito "A".

(OAB/Exame Unificado – 2009.2) Com base no Código Civil brasileiro, assinale a opção correta acerca do reconhecimento dos filhos.

(A) O filho havido fora do casamento não pode ser reconhecido, separadamente, pelos pais.

(B) O filho maior pode ser reconhecido, independentemente de seu consentimento, visto que o reconhecimento da paternidade constitui direito subjetivo do genitor.

(C) O filho havido fora do casamento e reconhecido por um dos cônjuges não poderá residir no lar conjugal sem o consentimento do outro cônjuge.

(D) É passível de revogação o reconhecimento dos filhos havidos fora do casamento.

A: incorreta (art. 1.607 do CC); **B**: incorreta (art. 1.614 do CC); **C**: correta (art. 1.611 do CC); **D**: incorreta (art. 1.610 do CC).

Gabarito "C".

7.4. Alimentos

(OAB/Exame Unificado – 2015.2) Maria, solteira, após a morte de seus pais em acidente automobilístico, propõe demanda por alimentos em face de Pedro, seu parente colateral de segundo grau. Diante dos fatos narrados e considerando as normas de Direito Civil, assinale a opção correta.

(A) Como Pedro é parente colateral de Maria, não tem obrigação de prestar alimentos a esta, ainda que haja necessidade por parte dela.

(B) Pedro só será obrigado a prestar alimentos caso Maria não possua ascendentes nem descendentes, ou, se os possuir, estes não tiverem condições de prestá-los ou complementá-los.

(C) A obrigação de prestar alimentos é solidária entre ascendentes, descendentes e colaterais, em havendo necessidade do alimentando e possibilidade do alimentante.

(D) Pedro não tem obrigação de prestar alimentos, pois não é irmão de Maria.

A: incorreta; se Pedro é parente em segundo grau de Maria, é porque é irmão desta; e irmãos devem alimentos para irmãos, desde que o necessitado não tenha ascendentes ou descendentes que possam arcar com alimentos para eles (arts. 1.697 e 1.698 do CC); **B**: correta, nos termos dos art. 1.697 e 1.698 do CC; **C**: incorreta; em primeiro lugar, a obrigação em questão não é exatamente solidária, pois há uma ordem a seguir: primeiro ascendentes, depois descendentes e por último os irmãos (art. 1.697 do CC); em segundo lugar, somente os parentes colaterais que forem irmãos tem o dever de prestar alimentos para o necessitado, sendo que os demais parente colaterais não têm esse dever (art. 1.697 do CC); **D**: incorreta, pois se Pedro é parente em segundo grau de Maria, é porque é irmão desta (art. 1.594 do CC).

Gabarito "B".

(OAB/Exame Unificado – 2013.2) Fernanda, mãe da menor Joana, celebrou um acordo na presença do Juiz de Direito para que Arnaldo, pai de Joana, pague, mensalmente, 20% (vinte por cento) de 01 (um) salário mínimo a título de alimentos para a menor. O Juiz homologou por sentença tal acordo, apesar de a necessidade de Joana ser maior do que a verba fixada, pois não existiam condições materiais para a majoração da pensão em face das possibilidades do devedor.

Após um mês, Fernanda tomou conhecimento que Arnaldo trocou seu emprego por outro com salário maior e procurou seu advogado para saber da possibilidade de rever o valor dos alimentos fixados em sentença transitada em julgado.

Analisando o caso concreto, assinale a afirmativa correta.

(A) Não é possível rever o valor dos alimentos fixados, pois o mesmo já foi decidido em sentença com trânsito em julgado formal.

(B) Não é possível rever o valor dos alimentos fixados, pois o mesmo é fruto de acordo celebrado entre as partes e homologado por juiz de direito.

(C) É possível rever o valor dos alimentos, pois no caso concreto houve mudança do binômio "necessidade x possibilidade".

(D) É possível rever o valor dos alimentos, pois o acordo celebrado entre as partes e homologado pelo juiz de direito está abaixo do limite mínimo de 30% (trinta por cento) de 01 (um) salário-mínimo, fixado em lei, como mínimo indispensável que uma pessoa deve receber de alimentos.

A e B: incorretas, pois o art. 1.699 do CC é claro ao dispor que, havendo posterior mudança na situação financeira do alimentante, poderá o alimentando reclamar ao juiz alteração dos alimentos; **C**: correta; de fato, havendo alteração para mais ou para menos da necessidade (do alimentando) ou da possibilidade (do alimentante), é possível a alteração nos alimentos fixados (art. 1.699 do CC); **D**: incorreta, pois não há previsão legal de limite mínimo de prestação alimentícia.

Gabarito "C".

(OAB/Exame Unificado – 2012.3.A) Henrique e Natália, casados sob o regime de comunhão parcial de bens, decidiram se divorciar após 10 anos de união conjugal. Do relacionamento nasceram Gabriela e Bruno, hoje, com 8 e 6 anos, respectivamente. Enquanto esteve casada, Natália, apesar de ter curso superior completo, ser pessoa jovem e capaz para o trabalho, não exerceu atividade profissional para se dedicar integralmente aos cuidados da casa e dos filhos.

Considerando a hipótese acima e as regras atinentes à prestação de alimentos, assinale a afirmativa correta.

(A) Uma vez homologado judicialmente o valor da prestação alimentícia devida por Henrique em favor de seus filhos Gabriela e Bruno, no percentual de um salário-mínimo para cada um, ocorrendo a constituição de nova família por parte de Henrique, automaticamente será minorado o valor dos alimentos devido aos filhos do primeiro casamento.

(B) Henrique poderá opor a impenhorabilidade de sua única casa, por ser bem de família, na hipótese de ser acionado judicialmente para pagar débito alimentar atual aos seus filhos Gabriela e Bruno.

(C) Natália poderá pleitear alimentos transitórios e por prazo razoável, se demonstrar sua dificuldade em

6. DIREITO CIVIL

ingressar no mercado de trabalho em razão do longo período que permaneceu afastada do desempenho de suas atividades profissionais para se dedicar integralmente aos cuidados do lar.

(D) Caso Natália descubra, após dois meses de separação de fato, que espera um filho de Henrique, serão devidos alimentos gravídicos até o nascimento da criança, pois após este fato a obrigação alimentar somente será exigida em ação judicial própria.

A: incorreta, pois, de acordo com o STJ, "a circunstância de o alimentante constituir nova família, com nascimento de filhos, por si só, não importa na redução da pensão alimentícia paga à filha havida de união anterior, sobretudo se não resta verificada a mudança para pior na situação econômica daquele" (STJ, REsp 703.308); **B:** incorreta, pois o art. 3.º, III, da Lei 8.009/1990, dispõe que a impenhorabilidade do bem família não pode ser oposta em se tratando de ação em face de credor de pensão alimentícia; **C:** correta; de um lado, Natália ficou muito tempo afastada do trabalho em prol da família; de outro, ainda é jovem e capaz para o trabalho; nesse sentido, o STJ entende que "a obrigação de prestar alimentos transitórios – a tempo certo – é cabível, em regra, quando o alimentando é pessoa com idade, condições e formação profissional compatíveis com uma provável inserção no mercado de trabalho, necessitando dos alimentos apenas até que atinja sua autonomia financeira, momento em que se emancipará da tutela do alimentante – outrora provedor do lar –, que será então liberado da obrigação, a qual se extinguirá automaticamente" (STJ, REsp 1.025.769, DJ 1º.09.2010); **D:** incorreta, pois, uma vez fixados os alimentos gravídicos, estes ficam convertidos em pensão alimentícia em favor do menor até que uma das partes solicite a sua revisão, após o nascimento com vida (art. 6.º, parágrafo único, da Lei 11.804/2008), tudo de forma automática, ou seja, sem que seja necessário ingressar com ação judicial própria.
„Ɔ„ oʇuɐqɐ⅁

(OAB/Exame Unificado – 2010.3) Em relação aos alimentos, assinale a alternativa correta.

(A) No atual Código Civil, o cônjuge eventualmente declarado culpado pela separação não sofre qualquer restrição em seu direito de pedir alimentos ao outro cônjuge.

(B) A obrigação alimentar possui como característica básica ser irrenunciável, não poder ser restituída ou compensável e ser intransmissível.

(C) Eles não servem apenas para garantir as necessidades básicas do alimentando, mas também para preservar a condição social de quem os pleiteia.

(D) A possibilidade de os filhos maiores pedirem alimentos aos pais continua a existir após se atingir a maioridade, em razão da continuação do poder familiar que esses exercem sobre os filhos necessitados.

A: incorreta, pois o art. 1.694, § 1.º, do CC estabelece que os alimentos serão apenas os indispensáveis à subsistência, quando a situação de necessidade resultar de culpa de quem os pleiteia; **B:** incorreta, pois há casos de transmissão da obrigação alimentar (art. 1.700 do CC); **C:** correta, bastando fazer a interpretação *a contrario sensu* do disposto no art. 1.694, § 1.º, do CC; **D:** incorreta, pois tal possibilidade decorre do vínculo de família, e não da continuação do poder familiar, pois tal poder cessa com a maioridade do filho.
„Ɔ„ oʇuɐqɐ⅁

(OAB/Exame Unificado – 2010.1) Assinale a opção correta acerca da prestação de alimentos.

(A) Somente os filhos têm o direito de pedir alimentos.

(B) O direito a alimentos é recíproco entre pais e filhos.

(C) Após a separação judicial do casal, mesmo que o cônjuge venha a necessitar de alimentos, ele não mais poderá pleitear ao outro cônjuge a prestação alimentícia.

(D) Os créditos alimentares prescrevem em 5 (cinco) anos.

A: incorreta. Segundo o art. 1.694 do CC, "podem os parentes, os cônjuges ou companheiros pedir uns aos outros os alimentos de que necessitem para viver de modo compatível com a sua condição social, inclusive para atender às necessidades de sua educação". E também o art. 1.696 do CC dispõe que: "O direito à prestação de alimento é recíproco entre pais e filhos e extensivo a todos os ascendentes, recaindo a obrigação nos mais próximos em grau, uns em falta de outros"; **B:** correta. De acordo com o art. 1.696 do CC, "o direito à prestação de alimento é recíproco entre pais e filhos e extensivo a todos os ascendentes, recaindo a obrigação nos mais próximos em grau, uns em falta de outros"; **C:** incorreta. De acordo com o art. 1.704 do CC, se um dos ex-cônjuges, já separado judicialmente, vier a necessitar de alimentos, o outro terá o dever de prestá-los, mediante o pagamento de pensão arbitrada pelo juiz, caso não tenha sido declarado culpado na separação judicial; **D:** incorreta. De acordo com o art. 206, § 2.º, do CC, "Prescreve em 2 (dois) anos a pretensão para haver prestações alimentares, a partir da data em que se vencerem".
„B„ oʇuɐqɐ⅁

(OAB/Exame Unificado – 2020.1) Salomão, solteiro, sem filhos, 65 anos, é filho de Lígia e Célio, que faleceram recentemente e eram divorciados. Ele é irmão de Bernardo, 35 anos, médico bem-sucedido, filho único do segundo casamento de Lígia. Salomão, por circunstâncias sociais, não mantinha contato com Bernardo.

Em razão de uma deficiência física, Salomão nunca exerceu atividade laborativa e sempre morou com o pai, Célio, até o falecimento deste. Com frequência, seu primo Marcos, comerciante e grande amigo, o visita.

Com base no caso apresentado, assinale a opção que indica quem tem obrigação de pagar alimento a Salomão.

(A) Marcos é obrigado a pagar alimentos a Salomão, no caso de necessidade deste.

(B) Por ser irmão unilateral, Bernardo não deve, em hipótese alguma, alimentos a Salomão.

(C) Bernardo, no caso de necessidade de Salomão, deve arcar com alimentos.

(D) Bernardo e Marcos deverão dividir alimentos, entre ambos, de forma igualitária.

A: incorreta, pois o vínculo de parentesco de Marcos é na linha colateral no quarto grau. Considerando que Salomão tem um irmão vivo, o qual ocupa a posição de parentesco na linha colateral no segundo grau e detém condições financeiras, logo, é este último que deve prestar os alimentos, nos termos do art. 1.697 CC, vez que os de grau mais próximos excluem os de grau mais remoto; **B:** incorreta, pois o art. 1.697 CC é claro ao dizer que na falta de ascendentes, descendentes a obrigação alimentar passa aos irmãos, sejam germanos como unilaterais; **C:** correta, apesar de ser irmão unilateral de Salomão, Bernardo tem a obrigação legal de prestar os alimentos a Salomão (art. 1.697 CC); **D:** incorreta, pois Bernardo tem condições financeiras de arcar com os alimentos por inteiro, logo, apenas ele deve pagar num primeiro momento. Marcos apenas seria chamado a complementar o valor se Bernardo não tivesse condições de pagar o valor integral (art. 1698 CC).
„Ɔ„ oʇuɐqɐ⅁

(OAB/Exame XXXIII – 2020.3) Antônio, advogado, passou a residir com sua namorada Lorena, em 2012, com objetivo declarado, pelo próprio casal, de constituir uma união estável, ainda que não guarnecida por escritura pública. A partir de então, Antônio começou a participar do cotidiano de Lucas, filho de Lorena, cuja identidade do pai biológico a própria mãe desconhecia. No início de 2018, Antônio procedeu ao reconhecimento voluntário de paternidade socioafetiva de Lucas, com base no Provimento nº 63/2017 CNJ.

Em meados de agosto de 2020, a convivência de Antônio e Lorena chegou ao fim. Diante deste cenário, Antônio comprometeu-se a pagar alimentos para Lucas, que estava com 13 anos de idade, até os 21 anos de idade do filho, no valor de R$ 2.500,00 (dois mil e quinhentos reais), mediante acordo homologado judicialmente. Porém, no final de 2020, Antônio recebeu a notícia de que o escritório de que ele é sócio perdeu um de seus principais clientes, fato cujo impacto financeiro gerou a redução de 30% dos seus rendimentos mensais.

Quando soube de tal notícia, Antônio procurou Lorena, como representante legal de Lucas, para fixar um valor mais baixo de pensão a ser pago, ao menos durante um período, mas ela recusou-se a estabelecer um novo acordo.

Conforme este contexto, assinale a afirmativa correta.

(A) A redução do encargo alimentar apenas poderá acontecer caso Lucas, por meio de sua representante legal, Lorena, concorde com ela.

(B) Os filhos socioafetivos não têm o direito de pleitear alimentos frente aos seus pais.

(C) Diante da mudança de sua situação financeira, Antônio poderá requerer ao juiz a redução do encargo alimentar.

(D) Caso eventual pedido de redução do valor pago a título de obrigação alimentar seja procedente, Lucas nunca mais poderá pleitear a majoração do encargo, nem mesmo se a situação financeira de Antônio melhorar.

A: incorreta, pois a redução do encargo alimentar independe da concordância da representante legal de Lucas. Neste caso, basta Antônio pleitear judicialmente a redução comprovando a mudança de sua situação fática (art. 1.699 CC); **B:** incorreta, pois os filhos socioafetivos têm os mesmos direitos de pleitear alimentos frente aos seus pais. Para fins de direitos não existe diferença entre filhos biológicos e socioafetivos e, uma vez reconhecido o vínculo, em regra esse ato é irrevogável, salvo se comprovada vício de vontade, fraude ou simulação (art. 10, § 1º Provimento 63/2017 CNJ). Sendo assim, na qualidade de filho possui o direito de pedir alimentos (art. 1.694 CC); **C:** correta (art. 1.699 CC); **D:** incorreta, pois se a situação financeira de Antônio mudar, Lucas poderá pedir a revisão em seu favor pleiteando a majoração dos alimentos, afinal o pai tem condições de pagar um valor mais alto (art. 1.699 CC). GR

Gabarito "C".

7.5. Poder familiar

(OAB/Exame Unificado – 2011.3.B) A respeito do poder familiar, assinale a alternativa correta.

(A) O filho que possua dezesseis anos de idade, ainda que tenha contraído casamento válido, permanece sujeito ao poder familiar de seus pais até que complete dezoito anos de idade.

(B) Na constância do casamento entre os pais, havendo falta ou impedimento de um deles, caberá ao outro obter autorização judicial, a fim de exercer com exclusividade o poder familiar sobre os filhos comuns do casal.

(C) Exorbita os limites do exercício do poder familiar exigir que os filhos prestem quaisquer serviços aos pais, ainda que sejam considerados próprios para a idade e condição daqueles.

(D) Não é autorizado ao novo cônjuge interferir no poder familiar exercido por sua esposa sobre os filhos por ela havidos na constância do primeiro casamento, mesmo em caso de falecimento do pai das crianças.

A: incorreta, pois, com o casamento, ocorre a emancipação, sendo que o poder familiar só se exerce enquanto os filhos estão na menoridade (art. 1.630 do CC); **B:** incorreta, pois na falta ou impedimento de um dos pais, o outro, por força direta da lei, exercerá o poder familiar com exclusividade (art. 1.631, *caput*, parte final, do CC); **C:** incorreta, pois compete aos pais, quanto à pessoa dos filhos menores, exigir que lhes prestem os serviços próprios de sua idade e condição (art. 1.634, VII, do CC); **D:** correta (arts. 1.632 e 1.636 do CC).

Gabarito "D".

(OAB/Exame Unificado – 2019.2) Asdrúbal praticou feminicídio contra sua esposa Ermingarda, com quem tinha três filhos, dois menores de 18 anos e um maior.

Nesse caso, quanto aos filhos, assinale a afirmativa correta.

(A) Asdrúbal terá suspenso o poder familiar sobre os três filhos, por ato de autoridade policial.

(B) Asdrúbal perderá o poder familiar sobre os filhos menores, por ato judicial.

(C) Asdrúbal terá suspenso o poder familiar sobre os filhos menores, por ato judicial.

(D) Asdrúbal perderá o poder familiar sobre os três filhos, por ato de autoridade policial.

A: incorreta, pois trata-se de caso de perda do poder familiar quanto aos filhos menores, e não de suspensão (art. 1.638, I, alínea *a* CC). Referente ao filho maior de 18 anos, o poder já estava extinto (art.1.635, III CC); **B:** correta, pois Asdrúbal perderá o poder familiar quanto aos filhos menores por decisão judicial, pois aquele que pratica feminicídio contra a mãe das crianças está sujeito a essa pena (art. 1.638, I, alínea *a* CC); **C:** incorreta, pois trata-se de caso de perda e não de suspensão do poder familiar quanto aos filhos menores (art. 1.638, I, alínea *a* CC); **D:** incorreta. Não há que se falar em perda do poder familiar quanto ao filho maior de 18 anos, pois ele já estava extinto (art.1.635, III CC). GR

Gabarito "B".

(OAB/Exame XXXIX) Júlio Cesar e Thayane foram casados por 8 anos e tiveram 2 filhos. Como a separação foi amigável, o casal achou melhor não realizar qualquer medida judicial, acordando verbalmente o valor da pensão alimentícia que seria paga em benefício dos menores, bem como o esquema de convivência parental.

Entretanto, 3 anos após a separação, Thayane resolveu reajustar o valor da pensão alimentícia. O que não foi aceito por Júlio Cesar. Como não conseguiram alcançar um acordo, já que Júlio Cesar não pagou os valores solicitados, Thayane decidiu suspender o contato do pai com os filhos.

Sem poder ter contato com os filhos, Júlio Cesar procura você, como advogado(a), a fim de receber sua orientação.

6. DIREITO CIVIL 431

Assinale a opção que indica, corretamente, sua orientação.

(A) A medida adotada por Thayane está correta, pois a mãe tem autonomia para suspender o contato do pai que não cumpre com seus deveres de prestar alimentos, resguardando, dessa forma, a proteção necessária ao desenvolvimento biopsíquico dos menores.

(B) Thayane pode impedir o contato de Júlio Cesar com o filho, já que, após a separação, o exercício da autoridade familiar é exclusivo da mãe, que tem o dever de garantir os direitos das crianças e dos adolescentes.

(C) Thayane não pode impedir a convivência de Júlio Cesar com os filhos em razão do não pagamento da pensão alimentícia nos valores que foram pleiteados, pois independentemente das questões pendentes com relação aos alimentos, a convivência dos filhos com os pais é um direito fundamental.

(D) Thayane não pode impedir o contato de Júlio Cesar com os filhos, já que, tanto os alimentos, quando a guarda e convivência parental jamais foram regularizadas judicialmente, limitando-se o casal a um acordo verbal.

A: incorreta, pois Thayane não pode suspender o contato dos filhos com o pai, ainda que este não tenha cumprido os seus deveres alimentares. Ambos os genitores têm o direito, independentemente de sua situação conjugal, do pleno exercício do poder familiar, que consiste em, quanto aos filhos, exercer a guarda unilateral ou compartilhada (art. 1.634, II CC). Se Thayane deseja o aumento da pensão, deve requerer isso judicialmente, pelas vias próprias para este fim; B: incorreta, pois ela não pode impedir o contato de Júlio Cesar com o filho. Neste passo, ainda que haja a separação, ambos os genitores ainda preservam o poder familiar sobre a prole, e uma das implicações disso é o direito de guarda unilateral (com direito a visitas) ou compartilhada (art. 1.634, II CC); C: correta (art. 1.634, II CC); D: incorreta, pois ainda que todos os fatores tenham sido regularizados judicialmente, ela não poderia impedir Júlio Cesar de ver os filhos pelo não pagamento da pensão, pois o direito do pai se mantém (art. 1.634, II CC). Como mencionado, o aumento da pensão deverá ser requerido em ação própria para este fim. **GR**
Gabarito "C".

7.6. Tutela e curatela

(OAB/Exame Unificado – 2015.3) Fabiana e Mauro são casados pelo regime da separação convencional de bens e possuem dois filhos: Amanda e Pedro, de 19 e 16 anos, respectivamente. Mauro é filho de José, que se encontra com 65 anos. Mauro sofreu um acidente automobilístico e, em razão da violência do acidente, está em estado de coma, impossibilitado de exercer os atos da vida civil, razão pela qual sua interdição tornou-se necessária. Diante dos fatos narrados, assinale a afirmativa correta.

(A) Fabiana, em razão do regime de bens que rege o casamento, não poderá ser nomeada curadora de Mauro.

(B) Como Mauro possui ascendente vivo e capaz, este será nomeado seu curador, na forma da lei.

(C) A filha de Mauro, por ser maior e capaz, será nomeada sua curadora, na forma da lei.

(D) Fabiana será nomeada curadora de Mauro, na forma da lei.

A a D: somente a "D" está correta, pois, de acordo com o art. 1.775, *caput*, do CC, o cônjuge ou companheiro, desde que não separado judicialmente ou de fato, é, de direito, curador do outro, quando interdito.
Gabarito "D".

(OAB/Exame Unificado – 2014.2) Marcos e Paula, casados, pais de Isabel e Marcelo, menores impúberes, faleceram em um grave acidente automobilístico. Em decorrência deste fato, Pedro, avô materno nomeado tutor dos menores, restou incumbido, nos termos do testamento, do dever de administrar o patrimônio dos netos, avaliado em dois milhões de reais. De acordo com o testamento, o tutor foi dispensado de prestar contas de sua administração. Diante dos fatos narrados e considerando as regras de Direito Civil sobre prestação de contas no exercício da tutela, assinale a opção correta.

(A) Pedro está dispensado de prestar contas do exercício da tutela, tendo em vista o disposto no testamento deixado pelos pais de Isabel e Marcelo, por ser um direito disponível.

(B) Caso Pedro falecesse no exercício da tutela, haveria dispensa de seus herdeiros prestarem contas da administração dos bens de Isabel e Marcelo.

(C) A responsabilidade de Pedro de prestar contas da administração da tutela cessará quando Isabel e Marcelo atingirem a maioridade e derem a devida quitação.

(D) Pedro tem a obrigação de prestar contas da administração da tutela de dois em dois anos e também quando deixar o exercício da tutela, ou sempre que for determinado judicialmente.

A: incorreta, pois ainda que haja disposição expressa no testamento dispensando a prestação de contas, Pedro está obrigado a prestá-las por disposição legal (art. 1.755 do CC); B: incorreta, pois nos casos de morte, ausência, ou interdição do tutor, as contas serão prestadas por seus herdeiros ou representantes (art. 1.759 do CC); C: incorreta, pois finda a tutela pela emancipação ou maioridade, a quitação do menor não produzirá efeito antes de aprovadas as contas pelo juiz, subsistindo inteira, até então, a responsabilidade do tutor (art. 1.758); D: correta (art. 1.757, *caput*, do CC).
Gabarito "D".

(OAB/Exame Unificado – 2012.2) Eduardo e Mônica, casados, tinham um filho menor chamado Renato. Por orientação de um advogado, Eduardo e Mônica, em 2005, fizeram os respectivos testamentos e nomearam Lúcio, irmão mais velho de Eduardo, como tutor do menor para o caso de alguma eventualidade. Pouco antes da nomeação por testamento, Lúcio fora definitivamente condenado pelo crime de dano (art. 163 do Código Penal), mas o casal manteve a nomeação, acreditando no arrependimento de Lúcio, que, desde então, mostrou conduta socialmente adequada. Em 2010, Eduardo e Mônica morreram em um acidente aéreo. Dois anos depois do acidente, pretendendo salvaguardar os interesses do menor colocado sob sua tutela, Lúcio, prevendo manifesta vantagem negocial em virtude do aumento dos preços dos imóveis, decide alienar a terceiros um dos bens imóveis do patrimônio de Renato, depositando, imediatamente, todo o dinheiro obtido na negociação em uma conta de poupança, aberta em nome do menor. Diante do caso narrado, assinale a afirmativa correta.

(A) A nomeação de Lúcio como tutor é inválida em razão de ter sido condenado criminalmente, independentemente do cumprimento da pena, mas a alienação do imóvel é lícita, pois atende ao princípio do melhor interesse do menor.

(B) A nomeação de Lúcio como tutor é válida, apesar da condenação criminal, e a alienação do imóvel é lícita, pois atende ao princípio do melhor interesse do menor.

(C) A nomeação de Lúcio como tutor é válida, apesar da condenação criminal, mas a alienação do imóvel, sem prévia avaliação e autorização judicial, é ilícita.

(D) A nomeação de Lúcio é inválida em razão de ter sido condenado criminalmente, mas a alienação do imóvel é lícita, pois somente bens móveis de alto valor necessitam de prévia avaliação e autorização judicial.

A condenação pelo crime cometido por Lúcio não é daquelas, que, por si só, impedem a sua nomeação como tutor, como são as condenações por crimes de furto, roubo, estelionato, falsidade, contra a família ou os costumes (art. 1.735, IV, do CC). Ademais, o fato de Lúcio ter passado a ter uma conduta socialmente adequada, afasta, também outras hipóteses que poderiam impedir a sua nomeação como tutor (ex: art. 1.735, V, do CC). Por outro lado, o tutor só poderia ter vendido o imóvel mediante autorização judicial (art. 1.748, IV, do CC). Assim, apenas a alternativa "C" está correta.
Gabarito "C".

(OAB/Exame XXXIX) Devido às consequências da pandemia, Gabriel Cervantes teve graves problemas financeiros e profissionais, levando ao consumo de álcool de forma excessiva diariamente, sendo considerado pelos médicos como ébrio habitual.

Rosa Torres, sua esposa, desesperada com a condição do marido e pela situação financeira da família, procura você, como advogado(a), desejando saber a respeito da possibilidade de curatela. Informa a esposa que o casal tem dois filhos absolutamente incapazes e os pais do marido encontram-se vivos. Comunica ainda que o casal não se encontra separado de fato.

Sobre a hipótese, segundo o sistema jurídico brasileiro, assinale a afirmativa correta.

(A) O alcoolismo por si só não conduz à curatela, devendo a esposa demonstrar a prodigalidade do marido.

(B) Em eventual curatela, os pais terão prioridade no exercício em relação à esposa, que só poderá ser designada curadora na desistência dos pais.

(C) A autoridade do curador estende-se à pessoa e aos bens dos filhos do curatelado, enquanto não houver a maioridade ou a emancipação.

(D) A interdição do ébrio habitual só o privará de, sem curador, emprestar, transigir, dar quitação, alienar ou hipotecar seu patrimônio, podendo praticar livremente os demais atos da vida civil.

A: incorreta, pois estão sujeitos à curatela os ébrios habituais (art. 1.767, III CC); B: incorreta, pois o cônjuge ou companheiro, não separado judicialmente ou de fato, é, de direito, curador do outro, quando interdito (art. 1.775, *caput*, CC); C: correta (art. 1.778 CC); D: incorreta, pois isso se aplica à interdição do pródigo (art. 1.782 CC) e não do ébrio habitual. GR
Gabarito "C".

7.7. Temas combinados e outros temas de direito de família

(OAB/Exame Unificado – 2012.3.B) Em julho de 2012, em razão de desavenças irreconciliáveis, Miguel e Letícia rompem a sociedade conjugal que mantinham e divorciam-se. A guarda do único filho do casal, Pedro, é compartilhada entre os pais. Ocorre que Edith, avó paterna de Pedro, sentindo o afastamento do neto em razão dos ressentimentos surgidos após a separação, pretende propor medida judicial visando garantir seu direito de visita a Pedro.

Considerando a hipótese, assinale a afirmativa correta.

(A) Os únicos titulares do direito de visita são os pais biológicos de Pedro, podendo Edith acompanhar o desenvolvimento do neto nos momentos em que a guarda estiver sendo exercitada por seu filho Miguel.

(B) As disposições relativas à guarda, visita e prestação de alimentos aos filhos menores estendem-se somente aos pais de Pedro e, somente na falta destes, poderá haver a participação dos demais ascendentes.

(C) Edith não poderá promover a medida judicial por ausência de previsão legal neste sentido.

(D) O direito de visita estende-se a qualquer dos avós, a critério do juiz, observados os interesses da criança ou do adolescente.

A, B e C: incorretas, pois, segundo o art. 1.589, parágrafo único, do CC, o direito de visita se estende a qualquer dos avós, a critério do juiz, observados os interesses das crianças ou do adolescente; D: correta, nos termos do art. 1.589, parágrafo único, do CC.
Gabarito "D".

(OAB/Exame Unificado – 2019.1) Flora e Carlos pretendem contrair matrimônio. Flora tem 65 anos e, Carlos, 66. Por se tratar de segundas núpcias do futuro casal e já terem filhos oriundos de relacionamentos anteriores, eles não pretendem se tornar herdeiros um do outro e tampouco comunicar seus patrimônios. Diante do desconhecimento dos efeitos sucessórios do casamento, Flora e Carlos buscam aconselhamento jurídico sobre a possibilidade de sua pretensão.

Assinale a opção que indica a resposta correta dada pelo(a) advogado(a) consultado(a).

(A) Em razão da idade de Carlos, o regime de bens será o da separação obrigatória, o qual afasta a possibilidade do futuro casal ser herdeiro um do outro.

(B) O futuro casal deverá optar pelo regime da separação convencional de bens, que permitirá a exclusão da qualidade de herdeiro de Flora e Carlos.

(C) O cônjuge, no ordenamento jurídico brasileiro, sempre será herdeiro necessário, independentemente do regime de bens.

(D) O ordenamento brasileiro não oferece alternativa para a pretensão do futuro casal.

A: incorreta, pois a idade de Carlos não impõe o regime da separação obrigatória, o que ocorre apenas para idosos acima de 70 anos (art. 1.641, II CC). Neste regime há o direito à meação, mas não à herança (Súmula 377 STF); B: incorreta, pois se o futuro casal escolher o regime da separação convencional de bens haverá concorrência do cônjuge sobrevivente com os descendentes do *de cujus* (art. 1.829, I CC); C: incorreta, pois o que define a qualidade do cônjuge em ser herdeiro é justamente o regime em que ele foi casado com o *de cujus*. Existem regimes em que o cônjuge sobrevivente não herda, mas apenas tem direito à meação (art. 1.829, I CC); D: correta, pois não existe no ordenamento jurídico brasileiro um regime em que não ocorre meação ou herança. Um ou outro sempre irá ocorrer. No caso da comunhão parcial, havendo bens particulares do *de cujus*, o cônjuge sobrevivente herda sobre eles (art. 1.829, I CC) e tem o direito de meação sobre os bens comuns. No regime da separação convencional, o cônjuge sobrevivente herda, mas não tem o direito a meação (art. 1.829, I CC) e no regime da comunhão universal, o cônjuge sobrevivente tem o direito à meação, mas não herda (art. 1.829, I CC). GR

Gabarito "D".

(OAB/Exame XXXV) Maurício, ator, 23 anos, e Fernanda, atriz, 25 anos, diagnosticados com *Síndrome de Down*, não curatelados, namoram há 3 anos.

Em 2019, enquanto procuravam uma atividade laborativa em sua área, tanto Maurício quanto Fernanda buscaram, em processos diferentes, a fixação de tomada de decisão apoiada para o auxílio nas decisões relativas à celebração de diversas espécies de contratos, a qual se processou seguindo todos os trâmites adequados deferidos pelo Poder Judiciário. Assim, os pais de Maurício tornaram-se seus apoiadores e os pais de Fernanda, os apoiadores dela.

Em 2021, Fernanda e Maurício assinaram contratos com uma emissora de TV, também assinados por seus respectivos apoiadores. Como precisarão morar próximo à emissora, o casal terá de mudar-se de sua cidade e, por isso, está buscando alugar um apartamento. Nesta conjuntura, Maurício e Fernanda conheceram Miguel, proprietário do imóvel que o casal pretende locar.

Sobre a situação apresentada, conforme a legislação brasileira, assinale a afirmativa correta.

(A) Maurício e Fernanda são incapazes em razão do diagnóstico de Síndrome de Down.

(B) Maurício e Fernanda são capazes por serem pessoas com deficiência apoiadas, ou seja, caso não fossem apoiados, seriam incapazes.

(C) Maurício e Fernanda são capazes, independentemente do apoio, mas Miguel poderá exigir que os apoiadores contra-assinem o contrato de locação, caso ele seja realmente celebrado.

(D) Miguel, em razão da capacidade civil de Maurício e de Fernanda, fica proibido de exigir que os apoiadores de ambos contra-assinem o contrato de locação, caso ele seja realmente celebrado.

A: incorreta, pois eles não são absolutamente incapazes, porque sua condição não consta no rol do art. 3º CC e também não são relativamente incapazes, pois sua condição não consta no rol do art. 4º CC. Sobre o assunto insta salientar que a Lei 13.146/15 revogou a hipótese de incapacidade relativa dos excepcionais sem desenvolvimento mental completo; B: incorreta, pois a falta de apoio não os torna incapazes, conforme justifica da alternativa A. O apoio é dado apenas para decisões específicas da vida civil, fornecendo-lhes os elementos e informações necessários para que possa exercer sua capacidade (art. 1.783-A *caput* CC); C: correta (art. 1.783-A, § 5º CC); D: incorreta, pois Miguel tem o direito de solicitar que os apoiadores contra-assinem o contrato, especificando, por escrito, sua função em relação ao apoiado (art. 1.783-A, § 5º CC).

Gabarito "C".

(OAB/Exame XXXVI) Rodolfo e Marília estão casados desde 2005. Em 2010, nasceu Lorenzo, único filho do casal. No ano de 2020, eles resolveram se divorciar, após um período turbulento de discussões e mútuas relações extraconjugais. A única divergência entre o casal envolvia a guarda do filho, Lorenzo.

Neste sentido, sublinhando-se que o pai e a mãe apresentam condições de exercício de tal função, relacionando-

-se bem com o filho e conseguindo separar seus problemas conjugais de seus deveres paternos e maternos – à luz do Código Civil, assinale a afirmativa correta.

(A) Segundo a lei, o juiz, diante do conflito, deverá aplicar a guarda alternada entre Rodolfo e Marília.

(B) Como os pais desejam a guarda do menor e estão aptos a exercer o poder familiar, a lei determina a aplicação da guarda compartilhada, mesmo que não haja acordo entre eles.

(C) A lei determina a fixação da guarda compartilhada, mas, tendo em vista cuidar-se de divergência sobre a guarda, ela deve ser atribuída a Rodolfo ou a Marília, mas, diante do conflito, a guarda não deve ser atribuída a eles, em nenhuma hipótese.

(D) Caso Rodolfo e Marília não consigam decidir de modo consensual a quem caberá a guarda de Lorenzo, o juiz será obrigado a atribuí-la ou a um genitor ou ao outro, uma vez que inexiste hipótese de guarda compartilhada na lei brasileira.

A: incorreta, pois diante do conflito o juiz deverá aplicar a guarda compartilhada e não a alternada (art. 1.584, § 2º CC); B: correta (art. 1.584, § 2º CC); C: incorreta, pois justamente porque há divergência sobre a guarda e ambos estão aptos a exercer o poder familiar é que o juiz deve aplicar a guarda compartilhada (art. 1.584, § 2º CC); D: incorreta, pois a lei brasileira prevê a possibilidade de guarda compartilhada (art. 1.583 *caput* CC).

Gabarito "B".

8. SUCESSÕES

8.1. Sucessão em geral e sucessão legítima

(OAB/Exame Unificado – 2017.3) Lúcia, sem ascendentes e sem descendentes, faleceu solteira e não deixou testamento. O pai de Lúcia tinha dois irmãos, que tiveram, cada qual, dois filhos, sendo, portanto, primos dela. Quando do falecimento de Lúcia, seus tios já haviam morrido. Ela deixou ainda um sobrinho, filho de seu único irmão, que também falecera antes dela.

Sobre a sucessão de Lúcia, de acordo com os fatos narrados, assinale a afirmativa correta.

(A) O sobrinho concorre com o tio na sucessão de Lúcia, partilhando-se por cabeça.

(B) O sobrinho representará seu pai, pré-morto, na sucessão de Lúcia.

(C) O filho do tio pré-morto será chamado à sucessão por direito de representação.

(D) O sobrinho é o único herdeiro chamado à sucessão e herda por direito próprio.

A questão trata da rara hipótese de sucessão colateral. Lúcia faleceu deixando dois primos, que são colaterais de quarto grau (o último grau de parentesco). Ela deixou ainda um sobrinho, que é colateral de terceiro grau. Nessa hipótese, o grau mais próximo afasta o mais remoto. Assim, a única solução possível é atribuir ao sobrinho a totalidade da sucessão por direito próprio. A alternativa B está errada, porque não existe nessa hipótese nenhum direito de representação. O direito de representação somente seria utilizado para solucionar uma disputa entre um irmão do morto e um sobrinho do morto (filho de outro irmão). Não é o caso da hipótese apresentada (CC, art. 1.840). GN

Gabarito "D".

(OAB/Exame Unificado – 2018.1) Ana, sem filhos, solteira e cujos pais são pré-mortos, tinha os dois avós paternos e a avó materna vivos, bem como dois irmãos: Bernardo (germano) e Carmem (unilateral). Ana falece sem testamento, deixando herança líquida no valor de R$ 60.000,00 (sessenta mil reais).

De acordo com os fatos narrados, assinale a afirmativa correta.

(A) Seus três avós receberão, cada um, R$ 20.000,00 (vinte mil reais), por direito de representação dos pais de Ana, pré-mortos.

(B) Seus avós paternos receberão, cada um, R$ 15.000,00 (quinze mil reais) e sua avó materna receberá R$ 30.000,00 (trinta mil reais), por direito próprio.

(C) Bernardo receberá R$ 40.000,00 (quarenta mil reais), por ser irmão germano, e Carmem receberá R$ 20.000,00 (vinte mil reais), por ser irmã unilateral.

(D) Bernardo e Carmem receberão, cada um, R$ 30.000,00 (trinta mil reais), por direito próprio.

Primeiramente, é importante explicar a razão pela qual os irmãos da falecida não herdam. Havendo descendentes ou ascendentes do falecido, os colaterais já estão desde logo afastados da sucessão legítima (é evidente que um testamento poderia beneficiar os colaterais dentro da parte disponível). Em segundo lugar, a questão trata de uma regra extremamente específica e de raríssima utilização na vida prática. A hipótese trata da existência de um número diferente de ascendentes paternos e maternos, como é justamente o caso da questão. Havia dois avós paternos e uma avó materna. Nesse caso, a lei não divide a herança por cabeça, mas atribui 50% da herança para cada "linha". É nesse sentido a redação do art. 1.836 § 2º, o qual estabelece: "havendo igualdade em grau e diversidade em linha, os ascendentes da linha paterna herdam a metade, cabendo a outra aos da linha materna". **GN**

„Gabarito "B".

(OAB/Exame Unificado – 2018.2) Lúcio, viúvo, tendo como únicos parentes um sobrinho, Paulo, e um tio, Fernando, fez testamento de acordo com todas as formalidades legais e deixou toda a sua herança ao seu amigo Carlos, que tinha uma filha, Juliana. O herdeiro instituído no ato de última vontade morreu antes do testador. Morto Lúcio, foi aberta a sucessão.

Assinale a opção que indica como será feita a partilha.

(A) Juliana receberá todos os bens de Lúcio.

(B) Juliana receberá a parte disponível e Paulo, a legítima.

(C) Paulo e Fernando receberão, cada um, metade dos bens de Lúcio.

(D) Paulo receberá todos os bens de Lúcio.

A: incorreta, pois não há direito de representação (CC, art. 1.851) no caso de sucessão testamentária. O testador poderia ter previsto a hipótese e redigido cláusula de substituição testamentária, estabelecendo Juliana como beneficiária substituta de Carlos. Como a questão não mencionou a ocorrência de tal cláusula, a deixa não subsiste e será destinada ao herdeiro legítimo do testador; **B:** incorreta, pois não houve tal disposição no testamento, nem tampouco há previsão legal para tanto; **C:** incorreta, pois o sobrinho do falecido prefere ao tio do falecido (CC, art. 1.843); **D:** correta, pois, como a deixa testamentária não prevalece, os bens serão destinados aos herdeiros legítimos e nessa categoria o sobrinho prefere ao tio. **GN**

„Gabarito "D".

(OAB/Exame Unificado – 2017.1) Clara e Sérgio são casados pelo regime da comunhão parcial de bens. Durante o casamento, o casal adquiriu onerosamente um apartamento e Sérgio herdou um sítio de seu pai. Sérgio morre deixando, além de Clara, Joaquim, filho do casal.

Sobre os direitos de Clara, segundo os fatos narrados, assinale a afirmativa correta.

(A) Clara é herdeira do apartamento, em concorrência com Joaquim.

(B) Clara é meeira no apartamento e herdeira do sítio, em concorrência com Joaquim.

(C) Clara é herdeira do apartamento e do sítio, em concorrência com Joaquim.

(D) Clara é meeira no sítio e herdeira do apartamento, em concorrência com Joaquim.

A: incorreta, pois Clara tem direito de meação sobre o apartamento que foi adquirido onerosamente durante o casamento, não herdando sobre esse bem (CC, art. 1.829); **B:** correta, pois Clara meia no apartamento (bem comum) e herda no bem particular de seu marido, concorrendo com seu filho; **C:** incorreta, pois Clara não é herdeira no apartamento, sendo apenas meeira; **D:** incorreta, pois Clara não é meeira do sítio, mas apenas herdeira. A ideia principal do direito de herdar da viúva casada sob comunhão parcial é: "*onde meia não herda, onde herda não meia*". **GN**

„Gabarito "B".

(OAB/Exame Unificado – 2017.2) Paulo, viúvo, tinha dois filhos: Mário e Roberta. Em 2016, Mário, que estava muito endividado, cedeu para seu amigo Francisco a quota-parte da herança a que fará jus quando seu pai falecer, pelo valor de R$ 1.000.000,00 (um milhão de reais), pago à vista.

Paulo falece, sem testamento, em 2017, deixando herança líquida no valor de R$ 3.000.000,00 (três milhões de reais).

Sobre a partilha da herança de Paulo, assinale a afirmativa correta.

(A) Francisco não será contemplado na partilha porque a cessão feita por Mário é nula, razão pela qual Mário e Roberta receberão, cada um, R$ 1.500.000,00 (um milhão e quinhentos mil reais).

(B) Francisco receberá, por força da partilha, R$ 1.000.000,00 (um milhão de reais), Mário ficará com R$ 500.000,00 (quinhentos mil reais) e Roberta com R$ 1.500.000,00 (um milhão e quinhentos mil reais).

(C) Francisco e Roberta receberão, cada um, por força da partilha, R$ 1.500.000,00 (um milhão e quinhentos mil reais) e Mário nada receberá.

(D) Francisco receberá, por força da partilha, R$ 1.000.000,00 (um milhão de reais), Roberta ficará com R$ 2.000.000,00 (dois milhões de reais) e Mário nada receberá.

A: correta, pois a venda de herança de pessoa viva (chamada de pacta corvina) é nula de pleno direito (CC, art. 426) e Francisco não poderá reivindicar nenhum direito; **B:** incorreta, pois o negócio jurídico nulo não pode surtir efeitos; **C:** incorreta, pois Francisco não terá direito a receber nenhum valor em decorrência do negócio jurídico nulo praticado; **D:** incorreta, pois Francisco não pode receber valor decorrente desse negócio nulo. **GN**

„Gabarito "A".

6. DIREITO CIVIL

(OAB/Exame Unificado – 2015.2) Ester, viúva, tinha duas filhas muito ricas, Marina e Carina. Como as filhas não necessitam de seus bens, Ester deseja beneficiar sua irmã, Ruth, por ocasião de sua morte, destinando-lhe toda a sua herança, bens que vieram de seus pais, também pais de Ruth. Ester o(a) procura como advogado(a), indagando se é possível deixar todos os seus bens para sua irmã. Deseja fazê-lo por meio de testamento público, devidamente lavrado em Cartório de Notas, porque suas filhas estão de acordo com esse seu desejo. Assinale a opção que indica a orientação correta a ser transmitida a Ester.

(A) Em virtude de ter descendentes, Ester não pode dispor de seus bens por testamento.

(B) Ester só pode dispor de 1/3 de seu patrimônio em favor de Ruth, cabendo o restante de sua herança às suas filhas Marina e Carina, dividindo-se igualmente o patrimônio.

(C) Ester pode dispor de todo o seu patrimônio em favor de Ruth, já que as filhas estão de acordo.

(D) Ester pode dispor de 50% de seu patrimônio em favor de Ruth, cabendo os outros 50% necessariamente às suas filhas, Marina e Carina, na proporção de 25% para cada uma.

A: incorreta, pois Ester pode dispor de apenas metade de seus bens (parte disponível da herança) nas hipóteses em que há herdeiros necessários (art. 1.846 do CC), como é o caso, já que Marina e Carina, por serem filhas de Ester, são herdeiras necessárias desta; de acordo com o art. 1.845 do CC são herdeiros necessários os descendentes, os ascendentes e o cônjuge; **B** e **C:** incorretas, pois é possível dispor de até metade do patrimônio quando há herdeiros necessários (art. 1.846 do CC); **D:** correta, nos termos do art. 1.846 do CC, que só admite disposição de metade dos bens quando há herdeiros necessários, sendo que, entre as filhas de Ester, que são herdeiras necessárias (art. 1.845 do CC), caberá metade para cada uma.
„Gabarito „D".

(OAB/Exame Unificado – 2015.1) Márcia era viúva e tinha três filhos: Hugo, Aurora e Fiona. Aurora, divorciada, vivia sozinha e tinha dois filhos, Rui e Júlia. Márcia faleceu e Aurora renunciou à herança da mãe. Sobre a divisão da herança de Márcia, assinale a afirmativa correta.

(A) Diante da renúncia de Aurora, a herança de Márcia deve ser dividida entre Hugo e Fiona, cabendo a cada um metade da herança.

(B) Diante da renúncia de Aurora, a herança de Márcia deve ser dividida entre Hugo, Fiona, Rui e Júlia, em partes iguais, cabendo a cada um 1/4 da herança.

(C) Diante da renúncia de Aurora, a herança de Márcia deve ser dividida entre Hugo, Fiona, Rui e Júlia, cabendo a Hugo e Fiona 1/3 da herança, e a Rui e Júlia 1/6 da herança para cada um.

(D) Aurora não pode renunciar à herança de sua mãe, uma vez que tal faculdade não é admitida quando se tem descendentes de primeiro grau.

Os herdeiros de quem renuncia a uma herança não podem representar o renunciante, na forma dos artigos 1.810 e 1.811 do CC; assim, somente os dois irmãos não renunciantes terão direito à herança, que será dividida igualmente entre eles, estando correta a alternativa "A" e incorretas as demais alternativas, lembrando que não há regra alguma no Código Civil que impeça um herdeiro que tenha herdeiros, que renuncie a herança a que tenha direito.
„Gabarito „A".

(OAB/Exame Unificado – 2014.2) Segundo o Código Civil de 2002, acerca do direito de representação, instituto do Direito das Sucessões, assinale a opção correta.

(A) É possível que o filho renuncie à herança do pai e, depois, represente-o na sucessão do avô.

(B) Na linha transversal, é permitido o direito de representação em favor dos sobrinhos, quando concorrerem com sobrinhos-netos.

(C) Em não havendo filhos para exercer o direito de representação, este será exercido pelos pais do representado.

(D) O direito de representação consiste no chamamento de determinados parentes do de cujus a suceder em todos os direitos a ele transmitidos, sendo permitido tanto na sucessão legítima quanto na testamentária.

A: correta (art. 1.856 do CC); **B:** incorreta, pois na linha transversal, somente se dá o direito de representação em favor dos filhos de irmãos do falecido, quando com irmãos deste concorrerem (art. 1.853 do CC); **C:** incorreta, pois o direito de representação dá-se na linha reta descendente, mas nunca na ascendente (art. 1.852 do CC); **D:** incorreta, pois o direito de representação apenas se dá na sucessão legítima (art. 1.851 a 1.856 do CC). Na sucessão testamentária temos a figura da substituição testamentária, que é a que mais se assemelha ao direito de representação.
„Gabarito „A".

(OAB/Exame Unificado – 2012.2) Com relação ao direito sucessório, assinale a afirmativa correta.

(A) O cônjuge sobrevivente, mesmo se constituir nova família, continuará a ter direito real de habitação sobre o imóvel em que residiu com seu finado cônjuge.

(B) A exclusão por indignidade pode ocorrer a partir da necessidade de que o herdeiro tenha agido sempre com dolo e por uma conduta comissiva.

(C) A deserdação é forma de afastar do processo sucessório tanto o herdeiro legítimo quanto o legatário.

(D) Os efeitos da indignidade não retroagem à data da abertura da sucessão, tendo, portanto, efeito *ex nunc*.

A: correta, pois o art. 1.831 prevê esse direito, sem estabelecer como causa de sua extinção a constituição de nova família; no Código Civil anterior, o dispositivo que tratava do assunto (art. 1.611) deixava claro que o direito real de habitação duraria enquanto o cônjuge sobrevivente permanecesse viúvo, ou seja, enquanto não constituísse nova família; **B:** incorreta, pois são excluídos por indignidade os herdeiros ou legatários que "houverem acusado caluniosamente em juízo o autor da herança", sendo que essa hipótese pode ser configurada por conduta dolosa ou culposa, já que se trata de um tipo civil que não exige dolo, diferentemente de outros tipos reclamados pelo art. 1.814 do Código Civil, que reclamam a configuração de crimes dolosos; **C:** incorreta, pois a deserdação é forma de afastar apenas herdeiros legítimos do tipo herdeiro necessário (art. 1.961 do CC); **D:** incorreta, pois os efeitos da indignidade são *ex tunc*, já que, uma vez reconhecida, o herdeiro excluído será considerado como se morto fosse ao tempo da abertura da sucessão (art. 1.816 do CC).
„Gabarito „A".

(OAB/Exame Unificado – 2012.1) Edgar, solteiro, maior e capaz, faleceu deixando bens, mas sem deixar testamento e contando com dois filhos maiores, capazes e também solteiros, Lúcio e Arthur. Lúcio foi regularmente excluído da sucessão de Edgar, por tê-lo acusado caluniosamente em juízo, conforme apurado na esfera criminal. Sabendo-

-se que Lúcio possui um filho menor, chamado Miguel, assinale a alternativa correta.

(A) O quinhão de Lúcio será acrescido à parte da herança a ser recebida por seu irmão, Arthur, tendo em vista que Lúcio é considerado como se morto fosse antes da abertura da sucessão.

(B) O quinhão de Lúcio será herdado por Miguel, seu filho, por representação, tendo em vista que Lúcio é considerado como se morto fosse antes da abertura da sucessão.

(C) O quinhão de Lúcio será acrescido à parte da herança a ser recebida por seu irmão, Arthur, tendo em vista que a exclusão do herdeiro produz os mesmos efeitos da renúncia à herança.

(D) O quinhão de Lúcio se equipara, para todos os efeitos legais, à herança jacente, ficando sob a guarda e administração de um curador, até a sua entrega ao sucessor devidamente habilitado ou à declaração de sua vacância.

Segundo o art. 1.816 do CC, "são pessoais os efeitos da exclusão; os descendentes do herdeiro excluído sucedem, como se ele morto fosse antes da abertura da sucessão". Nesse sentido, aplica-se o direito de representação, pelo qual a lei chama o filho do falecido a suceder em todos os seus direitos (art. 1.851 do CC), direito esse que se aplica na linha reta descendente (art. 1.852 do CC). Dessa forma, apenas a alternativa "B" está correta.

Gabarito "B".

(OAB/Exame Unificado – 2011.3.B) Cristóvão, casado com Carla pelo regime da comunhão universal de bens, tinha três filhos, Ricardo, Ronaldo e Roberto. Ricardo era pai de José e Jorge. José, pai de Marcos e Mateus. Ricardo falece na data de 15/5/2003. Cristóvão, muito triste com a perda do filho, faleceu em 30/1/2004. José faleceu em 17/7/2006. Sabendo que o valor da herança é de R$ 600.000,00, como ficaria o monte?

(A) Roberto e Ronaldo receberiam cada um R$ 300.000,00, pois, como Ricardo faleceu antes de Cristóvão, seus filhos nada receberiam em relação à herança.

(B) Roberto e Ronaldo receberiam R$ 200.000,00 cada um, e o filho de Ricardo de nome Jorge receberia os outros R$ 200.000,00.

(C) Carla receberia R$ 300.000,00. Roberto e Ronaldo receberiam R$ 100.000,00 cada um. Jorge receberia R$ 50.000,00, e Marcos e Mateus receberiam cada um R$ 25.000,00.

(D) A herança seria dividida em quatro partes: Carla, Roberto e Ronaldo receberiam cada um R$ 150.000,00. Os outros R$ 150.000,00 seriam partilhados entre Jorge e os filhos de José, cabendo ao primeiro R$ 75.000,00 e a Marcos e Mateus R$ 37.500,00 para cada um.

Pelo Direito de Família, metade dos R$ 600.000,00 pertence a Carla, que receberá, assim, R$ 300.000,00. A outra metade (a herança) será dividido entre os filhos, de modo que teríamos R$ 100.000,00 para Ricardo, R$ 100.000,00 para Roberto e R$ 100.000,00 para Ronaldo. Porém, como Ricardo faleceu, teríamos R$ 50.000,00 para José e R$ 50.000,00 para Jorge, por conta do direito de representação (art. 1.852 do CC). Porém, como José faleceu, temos que dividir esse valor e atribuir R$ 25.000,00 para Marcos e R$ 25.000,00 para Mateus, também como direito de representação. Assim, a resposta correta está na alternativa "C".

Gabarito "C".

(OAB/Exame Unificado – 2011.3.A) José, solteiro, possui três irmãos: Raul, Ralph e Randolph. Raul era pai de Mauro e Mário. Mário era pai de Augusto e Alberto. Faleceram, em virtude de acidente automobilístico, Raul e Mário, na data de 15/4/2005. Posteriormente, José veio a falecer em 1.º/5/2006. Sabendo-se que a herança de José é de R$ 90.000,00, como ficará a partilha de seus bens?

(A) Como José não possui descendente, a partilha deverá ser feita entre os irmãos. E, como não há direito de representação entre os filhos de irmão, Ralph e Randolph receberão cada um R$ 45.000,00.

(B) Ralph e Randolph devem receber R$ 30.000,00 cada. A parte que caberá a Raul deve ser repartida entre Mauro e Mário. Sendo Mário pré-morto, seus filhos Alberto e Augusto devem receber a quantia que lhe caberia. Assim, Mauro deve receber R$ 15.0000,00, e Alberto e Augusto devem receber R$ 7.500,00 cada um.

(C) Ralph e Randolph receberão R$ 30.000,00 cada um. O restante (R$ 30.000,00) será entregue a Mauro, por direito de representação de seu pai pré-morto.

(D) Ralph e Randolph receberão R$ 30.000,00 cada um. O restante, na falta de outro colateral vivo, será entregue ao Município, Distrito Federal ou União.

Com a morte de José, teríamos R$ 30.000,00 para Raul, R$ 30.000,00 para Ralph e R$ 30.000,00 para Randolph. Porém, como Raul faleceu, a sua parte (R$ 30.000,00) seria dividida entre seus dois filhos, Mauro e Mário. Mas como Mário faleceu no mesmo momento de Raul, não chegou a herdar deste, nem a falecer antes de Raul para configurar o direito de representação (não há pré-morte), de maneira que toda a parte de Raul será entregue a Mauro, por direito de representação de seu pai pré-morto, e nada será atribuído a Augusto e Alberto, de modo que apenas a alternativa "C" está correta.

Gabarito "C".

(OAB/Exame Unificado – 2011.2) Heitor, solteiro e pai de dois filhos também solteiros (Roberto, com trinta anos de idade, e Leonardo, com vinte e oito anos de idade), vem a falecer, sem deixar testamento. Roberto, não tendo interesse em receber a herança deixada pelo pai, a ela renuncia formalmente por meio de instrumento público. Leonardo, por sua vez, manifesta inequivocamente o seu interesse em receber a herança que lhe caiba. Sabendo-se que Margarida, mãe de Heitor, ainda é viva e que Roberto possui um filho, João, de dois anos de idade, assinale a alternativa correta.

(A) Roberto pode renunciar à herança, o que ocasionará a transferência de seu quinhão para João, seu filho.

(B) Roberto não pode renunciar à herança, pois acarretará prejuízos a seu filho, João, menor de idade.

(C) Roberto pode renunciar à herança, ocasionando a transferência de seu quinhão para Margarida, sua avó, desde que ela aceite receber a herança.

(D) Roberto pode renunciar à herança, e, com isso, seu quinhão será acrescido à parte da herança a ser recebida por Leonardo, seu irmão.

Segundo o art. 1.810 do Código Civil, quando alguém, na sucessão legítima, renuncia à herança, a parte do renunciante acresce à dos outros herdeiros da mesma classe. Assim, como Roberto renunciou à herança, a sua parte não vai para seu filho, nem para a sua mãe, mas para o seu irmão, Leonardo, que é o herdeiro que está na mesma classe de Roberto. Dessa forma, a alternativa "D" é a correta.

Gabarito "D".

6. DIREITO CIVIL — 437

(OAB/Exame Unificado – 2010.3) Josefina e José, casados pelo regime da comunhão universal de bens, tiveram três filhos: Mário, Mauro e Moacir. Mário teve dois filhos: Paulo e Pedro. Mauro teve três filhos: Breno, Bruno e Brian. Moacir teve duas filhas: Isolda e Isabel. Em um acidente automobilístico, morreram Mário e Mauro. José, muito triste com a perda dos filhos, faleceu logo em seguida, deixando um patrimônio de R$ 900.000,00. Nesse caso hipotético, como ficaria a divisão do monte?

(A) Paulo e Pedro receberiam cada um R$ 150.000,00. Breno, Bruno e Brian receberiam, cada um, R$ 100.000,00. E, por fim, Moacir receberia R$ 300.000,00.

(B) Josefina receberia R$ 450.000,00. Paulo e Pedro receberiam cada um R$ 75.000,00. Breno, Bruno e Brian receberiam cada um R$ 50.000,00. Moacir receberia R$ 150.000,00.

(C) A herança seria dividida em três partes de R$ 300.000,00. Paulo e Pedro receberiam cada um R$ 150.000,00. Breno, Bruno e Brian receberiam, cada um, R$ 100.000,00. E, por fim, Isabel e Isolda receberiam cada uma a importância de R$ 150.000,00.

(D) Josefina receberia R$ 450.000,00. Os filhos de Mário receberiam cada um R$ 75.000,00. Os filhos de Mauro receberiam R$ 50.000,00 cada um. E, por fim, as filhas de Moacir receberiam R$ 75.000,00 cada uma.

Como José e Josefina eram casados pelo regime de comunhão universal de bens, metade do patrimônio (R$ 450 mil) pertence a Josefina, em razão das regras do direito de família, independentemente das regras de direito das sucessões. Quanto à meação de José (os outros R$ 450 mil), Josefina não terá direito algum, vez que o regime de casamento entre os dois faz com que os descendentes de José sejam herdeiros sem a participação de sua esposa (art. 1.829 do CC). José tinha três filhos. Se todos estivessem vivos, cada filho ficaria com 1/3 do seu patrimônio. No entanto, como somente Moacir é vivo, somente ele receberá o 1/3 a que cada filho tem direito. Os filhos dos outros dois irmãos não herdam por cabeça, mas por estirpe (art. 1.835 do CC), de modo que o 1/3 que pertenceria a Mário será dividido entre seus dois filhos (R$ 75 mil para cada um, Paulo e Pedro) e o 1/3 que pertenceria a Mauro será dividido entre seus três filhos (R$ 50 mil para cada um, Breno, Bruno e Brian).
„B". Gabarito

(OAB/Exame Unificado – 2019.1) Matheus, sem filhos, casado com Jane, no regime de comunhão parcial de bens, falece após enfarto fulminante. De seu parentesco em linha reta são ainda vivos Carlos, seu pai, e Irene, sua avó materna.

A partir da situação acima, assinale a opção que indica a sucessão de Matheus.

(A) Serão herdeiros Carlos, Irene e Jane, a última em concorrência, atribuído quinhão de 1/3 do patrimônio para cada um deles.

(B) Serão herdeiros Carlos e Jane, atribuído quinhão de 2/3 ao pai e de 1/3 à Jane, cônjuge concorrente.

(C) Carlos será herdeiro sobre a totalidade dos bens, enquanto Jane apenas herda, em concorrência com este, os bens particulares do falecido.

(D) Serão herdeiros Carlos e Jane, esta herdeira concorrente, atribuído quinhão de metade do patrimônio para cada um destes.

A: incorreta, pois na falta de descendentes, são chamados à sucessão os ascendentes, em concorrência com o cônjuge sobrevivente (art. 1.836

caput CC). Logo, apenas herdam Carlos e Jane. A avó Irene não herda, pois na classe dos ascendentes o grau mais próximo exclui o mais remoto, sem distinção de linhas (art. 1.836, §1º CC); **B:** incorreta. A cada um cabe metade da herança, pois só há um descendente em primeiro grau (art. 1.837 CC); **C:** incorreta, pois na ausência de descendentes, o cônjuge herda em concorrência com o ascendente (art. 1.836 *caput* CC). Sendo apenas um ascendente a Lei define que o quinhão a ser herdado é metade para ambos (art. 1.837 CC). Logo não há que se falar que Carlos herda sobre a totalidade dos bens e Jane herdaria em concorrência com ele apenas sobre os bens particulares; **D:** correta, pois a resposta está exatamente de acordo com o que prevê os arts. 1.836 e 1.837 CC.
„D". Gabarito

(OAB/Exame Unificado – 2020.1) Arnaldo faleceu e deixou os filhos Roberto e Álvaro. No inventário judicial de Arnaldo, Roberto, devedor contumaz na praça, renunciou à herança, em 05/11/2019, conforme declaração nos autos. Considerando que o falecido não deixou testamento e nem dívidas a serem pagas, o valor líquido do monte a ser partilhado era de R$ 100.000,00 (cem mil reais). Bruno é primo de Roberto e também seu credor no valor de R$ 30.000,00 (trinta mil reais). No dia 09/11/2019, Bruno tomou conhecimento da manifestação de renúncia supracitada e, no dia 29/11/2019, procurou um advogado para tomar as medidas cabíveis.

Sobre esta situação, assinale a afirmativa correta.

(A) Em nenhuma hipótese Bruno poderá contestar a renúncia da herança feita por Roberto.

(B) Bruno poderá aceitar a herança em nome de Roberto, desde que o faça no prazo de quarenta dias seguintes ao conhecimento do fato.

(C) Bruno poderá, mediante autorização judicial, aceitar a herança em nome de Roberto, recebendo integralmente o quinhão do renunciante.

(D) Bruno poderá, mediante autorização judicial, aceitar a herança em nome de Roberto, no limite de seu crédito.

A: incorreta, pois como credor Bruno tem o direito de contestar a renúncia da herança feita por Roberto, a fim de receber o que lhe é devido (art. 1.813 CC); **B:** incorreta, pois o prazo é de trinta dias do conhecimento do fato (art. 1.813, § 1º CC); **C:** incorreta, pois Bruno apenas receberá o quinhão correspondente ao valor da dívida (art. 1.813, § 2º CC); **D:** correta (art. 1.813 *caput* e §2º CC).
„D". Gabarito

(OAB/Exame Unificado – 2019.3) Juliana, Lorena e Júlia são filhas de Hermes, casado com Dóris. Recentemente, em razão de uma doença degenerativa, Hermes tornou-se paraplégico e começou a exigir cuidados maiores para a manutenção de sua saúde.

Nesse cenário, Dóris e as filhas Juliana e Júlia se revezavam a fim de suprir as necessidades de Hermes, causadas pela enfermidade. Quanto a Lorena, esta deixou de visitar o pai após este perder o movimento das pernas, recusando-se a colaborar com a família, inclusive financeiramente.

Diante desse contexto, Hermes procura você, como advogado(a), para saber quais medidas ele poderá tomar para que, após sua morte, seu patrimônio não seja transmitido a Lorena.

Sobre o caso apresentado, assinale a afirmativa correta.

(A) A pretensão de Hermes não poderá ser concretizada segundo o Direito brasileiro, visto que o descendente, herdeiro necessário, não poderá ser privado de sua legítima pelo ascendente, em nenhuma hipótese.

(B) Não é necessário que Hermes realize qualquer disposição ainda em vida, pois o abandono pelos descendentes é causa legal de exclusão da sucessão do ascendente, por indignidade.

(C) Existe a possibilidade de deserdar o herdeiro necessário por meio de testamento, mas apenas em razão de ofensa física, injúria grave e relações ilícitas com madrasta ou padrasto atribuídas ao descendente.

(D) É possível que Hermes disponha sobre deserdação de Lorena em testamento, indicando, expressamente, o seu desamparo em momento de grave enfermidade como causa que justifica esse ato.

A: incorreta, pois o herdeiro necessário pode ser privado de sua legítima no caso de deserdação (art. 1.961 CC); **B**: incorreta, pois o abandono pelos descendentes *não* é causa legal de exclusão da sucessão do ascendente, por indignidade (art. 1.814 CC). O rol do art. 1.814 CC é taxativo e lá não conta a causa "abandono". Essa circunstância trata-se de hipótese de deserdação (art. 1.962, IV CC) e deverá ser manifestada em testamento (art. 1.964 CC); **C**: incorreta, pois além dessas causas também existe a hipótese de *desamparo do ascendente em alienação mental ou grave enfermidade* (art. 1.962, IV CC). **D**: correta (art. 1.962, IV CC e art. 1.964 CC)

Gabarito "D".

(OAB/Exame Unificado – 2020.2) Ao falecer em 2019, Januário deixa duas filhas vivas: Rosana, mãe de Luna, e Helena, mãe de Gabriel. O filho mais velho de Januário, Humberto, falecera em 2016, deixando-lhe dois netos: Lucas e João. Sobre a sucessão de Januário, assinale a afirmativa correta.

(A) Lucas, João, Luna, Gabriel e Vinícius são seus herdeiros.

(B) Helena, Rosana, Lucas e João são seus herdeiros, cada um herdando uma quota igual da herança deixada por Januário.

(C) Apenas Helena e Rosana são suas herdeiras.

(D) São seus herdeiros Helena, Rosana e os sobrinhos Lucas e João, que receberão, cada um, metade equivalente ao quinhão de uma das tias.

A: incorreta, pois embora Lucas, João e Luna sejam herdeiros (art. 1.845 CC), não existe nenhum Vinícius mencionado na história, logo ele não é herdeiro; **B**: incorreta, pois ainda que todos sejam herdeiros, Lucas e João não receberão cota igual a das tias, mas sim metade, pois eles herdam por representação do pai pré-morto Humberto (art. 1.855 CC); **C**: incorreta, pois Lucas e João também são herdeiros, porém herdam por representação e não por cabeça (art. 1.851 CC); **D**: correta, pois a herança deve ser dividida em três partes: Rosana, Helena e Humberto. Como Humberto pré-morto, sua cota passará aos seus filhos dividida na metade para cada um. Eles herdarão por representação metade da cota que as tias receberam (arts. 1.851 e 1.855 CC). **GR**

Gabarito "D".

(OAB/Exame XXXV) Sônia e Theodoro estavam casados há 7 anos, sobre o regime da comunhão parcial de bens, quando o último veio a óbito. Desde o casamento, o casal residia em uma belíssima cobertura na praia de Copacabana, que Theodoro havia comprado há mais de 20 anos, ou seja, muito antes do casamento.

Após o falecimento de Theodoro, seus filhos do primeiro casamento procuraram Sônia e pediram a ela que entregasse o imóvel, alegando que, como ele não foi adquirido na constância do casamento, a viúva não teria direito sucessório sobre o bem.

Diante do caso narrado, assinale a afirmativa correta.

(A) Como Sônia era casada com Theodoro pelo regime da comunhão parcial de bens, ela herda apenas os bens adquiridos na constância do casamento.

(B) Como Sônia era casada com Theodoro, ela possui o direito de preferência para alugar o imóvel, em valor de mercado, que será apurado pela média de 3 avaliações diferentes.

(C) Os filhos do Theodoro não têm razão, pois, ao cônjuge sobrevivente, é assegurado o direito real de habitação, desde que casado sobre o regime da comunhão parcial de bens, ou comunhão universal de bens, e inexistindo descendentes.

(D) Os filhos do Theodoro não têm razão, pois, ao cônjuge sobrevivente, qualquer que seja o regime de bens, será assegurado, sem prejuízo da participação que lhe caiba na herança, o direito real de habitação do imóvel destinado à residência da família, desde que seja o único daquela natureza a inventariar.

A: incorreta, pois referente aos bens adquiridos na constância do casamento ela não tem direito a herança, mas sim à meação (art. 1.658 CC); **B**: incorreta, pois a lei não garante o direito de preferência à Sônia para alugar o imóvel, mas sim o direito real de habitação (art. 1.831 CC); **C**: incorreta, pois o direito real de habitação aplica-se a qualquer regime de bens, independentemente da haver descendentes ou não (art. 1.831 CC); **D**: correta (art. 1.831 CC).

Gabarito "D".

(OAB/Exame XXXIV) Luiz, sem filhos, é casado com Aline sob o regime da comunhão universal. No ano de 2018, Luiz perdeu o pai, Mário. Como seu irmão, Rogério, morava em outra cidade e sua mãe, Catarina, precisava de cuidados diários, Luiz levou-a para morar junto dele e de Aline.

Durante à pandemia de Covid-19, tanto Luiz, quanto Catarina contraíram a doença e foram internados. Ambos não resistiram e no dia 30 de junho, Luiz faleceu, sem deixar testamento. Catarina morreu no dia 15 de agosto, também sem deixar testamento.

Tendo em vista a hipótese apresentada, assinale a afirmativa correta.

(A) A herança de Catarina deve dividir-se entre Luiz (seu herdeiro de direito receberá o quinhão) e Rogério.

(B) Rogério será herdeiro de Catarina e, na sucessão de Luiz, serão chamadas Aline e Catarina (seu herdeiro, Rogério, receberá o quinhão como parte da herança deixada pela mãe).

(C) Aline não será herdeira de Rogério, em razão do casamento reger-se pela comunhão universal de bens.

(D) Rogério será herdeiro de Catarina e apenas Aline será herdeira de Luiz.

A: incorreta, pois a herança de Catarina deverá ser direcionada apenas a Rogério. O direito de representação apenas se aplica na linha descendente (art. 1.852 CC). Se Luiz tivesse deixado descendente, ele teria direito a seu quinhão que seria recebido por seu representante. Como ele não deixou filhos/netos, logo a herança será inteiramente de Rogério; **B**: correta. Na sucessão de Catarina, Rogério é seu herdeiro, nos termos do art. 1.829, I CC. No momento da morte de Catarina ela já não tinha mais o cônjuge, e seu outro filho Luiz já havia falecido sem deixar descendentes. Logo, Rogério é seu herdeiro único. Na sucessão de Luiz serão chamadas Aline e Catarina, nos termos do art. 1.829, II CC. Como não deixou descendentes, na ordem de vocação hereditária são chamados a suceder os ascendentes em concorrência com o cônjuge, independentemente do regime de casamento; **C:** incorreta, pois quando Luiz morreu sua mãe ainda estava viva. Logo, aplica-se o art. 1.829, II CC onde é chamado a suceder o ascendente em concorrência com o cônjuge. Neste caso, a lei não traz exceção ao direito sucessório relacionado ao regime de bens do casamento. A hipótese em que ela traz a exceção é no 1.829, I quando o cônjuge concorre com descendentes, o que não é a ocasião; **D:** incorreta, pois tanto Catarina como Aline serão herdeiras de Luiz, nos termos do art. 1.829, II CC.

Gabarito "B".

(OAB/Exame XXXVIII) Maria Cristina era casada com Roberto, falecido no início de 2022, sem deixar testamento, sob o regime de separação convencional de bens. O casal sempre viveu em um imóvel de propriedade de Roberto com seus dois filhos, Alcino e Valério, que não moram mais com os pais. Roberto deixou, além do referido imóvel residencial, alguns investimentos e outro imóvel, de natureza comercial.

Sobre o direito real de habitação do cônjuge sobrevivente, assinale a afirmativa correta.

(A) Maria Cristina é titular do direito real de habitação, sem prejuízo de sua participação na herança de Roberto.

(B) Maria Cristina não é titular do direito real de habitação, uma vez que existe mais de um imóvel a inventariar dentre os bens que compõem a herança de Roberto.

(C) Maria Cristina receberá seu quinhão da herança, mas só tem o direito de permanecer morando no imóvel em que vivia com Roberto, caso Alcino e Valério autorizem.

(D) Maria não é titular do direito real de habitação, pois esse não se aplica aos casamentos sob a vigência do regime de separação convencional de bens.

A: correta, pois ao cônjuge sobrevivente, qualquer que seja o regime de bens, será assegurado, sem prejuízo da participação que lhe caiba na herança, o direito real de habitação relativamente ao imóvel destinado à residência da família, desde que seja o único daquela natureza a inventariar (art. 1.831 CC). Importante ressaltar que o outro imóvel que foi deixado é de natureza comercial, por isso o direito real de habitação existe com relação ao imóvel que Maria Cristina morava; **B:** incorreta, pois o direito real de habitação existe em relação ao imóvel destinado à residência da família, uma vez que é o único desta natureza a inventariar (art. 1.831 CC); **C:** incorreta, pois além de receber seu quinhão na herança, Maria Cristina ainda tem o direito real de habitação, podendo permanecer no imóvel independentemente da autorização de Alcino e Valério (art. 1.831 CC); **D:** incorreta, pois o direito real de habitação se aplica independentemente do regime de bens do casamento (art. 1.831 CC). GR

Gabarito "A".

8.2. Sucessão testamentária

(OAB/Exame Unificado – 2018.1) Mário, cego, viúvo, faleceu em 1º de junho de 2017, deixando 2 filhos: Clara, casada com Paulo, e Júlio, solteiro. Em seu testamento público, feito de acordo com as formalidades legais, em 02 de janeiro de 2017, Mário gravou a legítima de Clara com cláusula de incomunicabilidade; além disso, deixou toda a sua parte disponível para Júlio.

Sobre a situação narrada, assinale a afirmativa correta.

(A) O testamento é inválido, pois, como Mário é cego, deveria estar regularmente assistido para celebrar o testamento validamente.

(B) A cláusula de incomunicabilidade é inválida, pois Mário não declarou a justa causa no testamento, como exigido pela legislação civil.

(C) A cláusula que confere a Júlio toda a parte disponível é inválida, pois Mário não pode tratar seus filhos de forma diferente.

(D) O testamento é inválido, pois, como Mário é cego, a legislação apenas lhe permite celebrar testamento cerrado.

A: incorreta, pois o cego pode se valer do testamento público (CC, art. 1.867), o qual demandará formalidades adicionais de segurança em benefício deste peculiar testador; **B:** correta, pois o art. 1.848 do Código Civil permite que se grave a parte legítima do patrimônio com cláusulas de "inalienabilidade, impenhorabilidade, e de incomunicabilidade", desde que para tanto apresente justa causa declarada no testamento (CC, art. 1.848); **C:** incorreta, pois – dentro da parte disponível – a liberdade do testador é absoluta, podendo inclusive destiná-la integralmente a um de seus filhos. Nesse sentido: "*O herdeiro necessário, a quem o testador deixar a sua parte disponível, ou algum legado, não perderá o direito à legítima*" (CC, art. 1.849); **D:** incorreta, pois o cego pode realizar testamento público (CC, art. 1.867). GN

Gabarito "B".

(OAB/Exame Unificado – 2016.2) Antônio deseja lavrar um testamento e deixar toda a sua herança para uma instituição de caridade que cuida de animais abandonados. O único parente de Antônio é seu irmão João, com quem almoça todos os domingos. Antônio não possui outros parentes nem cônjuge ou companheiro. Antônio procura você na condição de advogado e indaga se a vontade dele é tutelada pela lei. Diante da indagação de Antônio, assinale a afirmativa correta.

(A) Antônio pode deixar toda a herança para a instituição de caridade, uma vez que seu irmão não é seu herdeiro necessário.

(B) Antônio não pode testar em favor da instituição de caridade que cuida de animais, uma vez que a herança cabe inteiramente a parente vivo mais próximo, no caso, seu irmão.

(C) Antônio pode deixar por testamento apenas metade da herança para a instituição de caridade, uma vez que a outra metade pertence por lei a seu irmão, a quem deve alimentos.

(D) Antônio pode deixar para a instituição de caridade 3/4 de seu patrimônio, uma vez que é preciso garantir no mínimo 1/4 da herança a seu irmão bilateral.

A a D: somente a alternativa "A" está correta, correta, pois o irmão de Antônio, apesar de herdeiro deste, não é herdeiro necessário, de modo que não tem a garantia de reserva para si de metade dos bens da herança em caso de testamento em favor de terceiros (arts. 1.845 e 1.846 do CC), sendo que não há impedimento legal algum que Antônio deixe sua herança para uma instituição de caridade.

Gabarito "A".

(OAB/Exame Unificado – 2016.1) Os pais de Raimundo já haviam falecido e, como ele não tinha filhos, seu sobrinho Otávio era seu único parente vivo. Seu melhor amigo era Alfredo. Em um determinado dia, Raimundo resolveu fazer sozinho uma trilha perigosa pela Floresta dos Urucuns e, ao se perder na mata, acidentou-se gravemente. Ao perceber que podia morrer, redigiu em um papel, datado e assinado por ele, declarando a circunstância excepcional em que se encontrava e que gostaria de deixar toda a sua fortuna para Alfredo. Em razão do acidente, Raimundo veio a falecer, sendo encontrado pelas equipes de resgate quatro dias depois do óbito. Ao seu lado, estava o papel com sua última declaração escrita em vida, que foi recolhido pela equipe de resgate e entregue à Polícia. Ao saber do ocorrido, Otávio consulta seu advogado para saber se a declaração escrita por Raimundo tinha validade. Com base na hipótese narrada, assinale a afirmativa correta.

(A) O testamento deixado por Raimundo não tem validade em virtude da ausência das formalidades legais para o ato de última vontade, em especial a presença de testemunhas.

(B) O testamento deixado por Raimundo tem validade, mas suas disposições terão que ser reduzidas em 50%, pelo fato de Otávio ser herdeiro de Raimundo.

(C) O testamento deixado por Raimundo poderá ser confirmado, a critério do juiz, uma vez que a lei admite o testamento particular sem a presença de testemunhas quando o testador estiver em circunstâncias excepcionais.

(D) O testamento deixado por Raimundo não tem validade porque a lei só admite o testamento público, lavrado na presença de um tabelião.

A e D: incorretas, pois o testamento particular sem testemunhas feito em circunstâncias excepcionais pode ser confirmado, a critério do juiz (art. 1.879 do CC); **B:** incorreta, pois o sobrinho de Raimundo, apesar de herdeiro deste, não é herdeiro necessário, de modo que não tem a garantia de reserva para si de metade dos bens da herança em caso de testamento em favor de terceiros (arts. 1.845 e 1.846 do CC); **C:** correta (art. 1.879 do CC).
Gabarito "C".

(OAB/Exame Unificado – 2016.1) Júlia, casada com José sob o regime da comunhão universal de bens e mãe de dois filhos, Ana e João, fez testamento no qual destinava metade da parte disponível de seus bens à constituição de uma fundação de amparo a mulheres vítimas de violência obstétrica. Aberta a sucessão, verificou-se que os bens destinados à constituição da fundação eram insuficientes para cumprir a finalidade pretendida por Júlia, que, por sua vez, nada estipulou em seu testamento caso se apresentasse a hipótese de insuficiência de bens. Diante da situação narrada, assinale a afirmativa correta.

(A) A disposição testamentária será nula e os bens serão distribuídos integralmente entre Ana e João.

(B) O testamento será nulo e os bens serão integralmente divididos entre José, Ana e João.

(C) Os bens de Júlia serão incorporados à outra fundação que tenha propósito igual ou semelhante ao amparo de mulheres vítimas de violência obstétrica.

(D) Os bens destinados serão incorporados à outra fundação determinada pelos herdeiros necessários de Júlia, após a aprovação do Ministério Público.

A a D: somente a alternativa "C" está correta, pois, de acordo com o art. 63 do CC, "Quando insuficientes para constituir a fundação, os bens a ela destinados serão, se de outro modo não dispuser o instituidor, incorporados em outra fundação que se proponha a fim igual ou semelhante".
Gabarito "C".

(OAB/Exame Unificado – 2012.3.A) José, viúvo, é pai de Mauro e Mário, possuindo um patrimônio de R$ 300.000,00. Casou-se com Roberta, que tinha um patrimônio de R$ 200.000,00, pelo regime da comunhão universal de bens. José e Roberta tiveram dois filhos, Bruno e Breno.

Falecendo Roberta, a divisão do monte seria a seguinte:

(A) José recebe R$ 250.000,00 e Mauro, Mário, Bruno e Breno recebem cada um R$ 62.500,00.

(B) O monte, no valor total de R$ 500.000,00, deve ser dividido em cinco partes, ou seja, José, Mauro, Mário, Breno e Bruno recebem, cada um, R$ 100.000,00.

(C) José recebe R$ 250.000,00 e Bruno e Breno recebem, cada um, a importância de R$ 125.000,00.

(D) A herança deve ser dividida em três partes, cabendo a José, Bruno e Breno 1/3 do monte, ou seja, R$ 166.666,66 para cada um.

José e Roberta tem patrimônio comum de R$ 500.000,00. Com o falecimento de Roberta, pelo Direito de Família, José tem direito a pegar a sua meação nesse patrimônio comum, ficando, assim, com R$ 250.000,00 somente para si. A outra meação consiste na herança deixada por Roberta. Mauro e Mário, por serem filhos apenas de José, não tem direito algum à herança de Roberta. Seus filhos (Bruno e Breno) certamente têm direito à herança, restando saber se José terá direito a alguma parte da herança deixada por Roberta, ou seja, a alguma quantia sobre os R$ 250.000,00 correspondentes à meação de Roberta. Segundo o art. 1.829, I, do CC, os descendentes estão na primeira classe de herdeiros junto com o cônjuge sobrevivente, desde que esse cônjuge não seja casado com o falecido pelo regime de *comunhão universal*, ou pelo regime de separação obrigatória de bens ou pelo regime de comunhão parcial, não tendo o autor da herança deixado bens particulares. Como José era casado com Roberta pelo regime de *comunhão universal*, ele não entra na primeira classe, fazendo com que os R$ 250.000,00 referentes à herança de Roberto sejam divididos entre Bruno e Breno, que ficarão, cada um, com R$ 125.000,00. Assim, José recebe R$ 250.000,00 referente à sua meação (Direito de Família), e Breno e Bruno recebem R$ 125.000,00 cada, referente à herança deixada por Roberta (Direito das Sucessões).
Gabarito "C".

(OAB/Exame Unificado – 2010.2) Em 2004, Joaquim, que não tinha herdeiros necessários, lavrou um testamento contemplando como sua herdeira universal Ana. Em 2006, arrependido, Joaquim revogou o testamento de 2004, nomeando como seu herdeiro universal Sérgio. Em 2008, Sérgio faleceu, deixando uma filha Catarina. No mês de julho de 2010, faleceu Joaquim. O único parente vivo de Joaquim era seu irmão, Rubens. Assinale a alternativa que indique a quem caberá a herança de Joaquim.

(A) Rubens.

(B) Catarina.

(C) Ana.

(D) A herança será vacante.

Com a morte de Sérgio (nomeado como herdeiro) antes da morte do testador (Joaquim), o testamento fica caduco, perdendo seus efeitos. Sobre o tema, vale citar a lição de Sílvio de Salvo Venosa (Código Civil Interpretado, SP: Ed. Atlas, p. 1.780, 2010), para quem o testamento caduca quando "o bem já não mais existe (pouco importando a causa, desaparecimento, alienação, perda), ou porque não existe o sujeito

6. DIREITO CIVIL   441

(herdeiro ou legatário) para suceder (em todos os casos em que o sucessor não mais existe, não quer, ou não pode receber)". Assim, a herança caberá a Rubens, considerando que, quando da morte de Joaquim, ele era seu único parente vivo, sendo o parentesco entre eles de segundo grau (art. 1.839 do Código Civil).
Gabarito "A".

(OAB/Exame Unificado – 2019.2) Mariana e Maurílio são filhos biológicos de Aldo. Este, por sua vez, nunca escondeu ser mais próximo de seu filho Maurílio, com quem diariamente trabalhava. Quando do falecimento de Aldo, divorciado na época, seus filhos constataram a existência de testamento, que destinou todos os bens do falecido exclusivamente para Maurílio.

Sobre a situação narrada, assinale a afirmativa correta.

(A) O testamento de Aldo deverá ser integralmente cumprido, e, por tal razão, todos os bens do autor da herança serão transmitidos a Maurílio.

(B) A disposição de última vontade é completamente nula, porque Mariana é herdeira necessária, devendo os bens ser divididos igualmente entre os dois irmãos.

(C) Deverá haver redução da disposição testamentária, respeitando-se, assim, a legítima de Mariana, herdeira necessária, que corresponde a um quinhão de 50% da totalidade herança.

(D) Deverá haver redução da disposição testamentária, respeitando a legítima de Mariana, herdeira necessária, que corresponde a um quinhão de 25% da totalidade da herança.

A: incorreta, pois considerando que Aldo tinha herdeiros necessários, ele apenas poderia dispor de metade da herança (art.1.789 CC). Daí dizer que o testamento não pode ser integralmente cumprido, mas algumas partes precisarão ser corrigidas por meio da redução de disposição testamentária (art. 1.967 CC); **B:** incorreta, pois o testamento é válido. Apenas a parte excedente da disposição é considerada nula. Neste sentido, Aldo poderia dispor de 50% do patrimônio, pois os outros 50% integram a legítima que é intocável direito dos herdeiros necessários (art.1.846 CC). Assim, os bens não serão divididos igualmente, pois da parte disponível Maurílio ficará com 50% e da parte legítima fica com 25%. Mariana, por sua vez, tem direito a 25% da legítima. Logo, no cálculo final Maurílio ficará com 75% da herança e Mariana com apenas 25%; **C:** incorreta, pois deverá haver redução das disposições testamentárias (art. 1.967 CC), porém a parcela de direito de Mariana é de apenas 25%, conforme explicado na alternativa C; **D:** correta, pois deverá haver redução das disposições testamentárias (art. 1.967 CC) e o quinhão que Mariana receberá é de 25%, como já explicado. GR
Gabarito "D".

(OAB/Exame Unificado – 2018.3) Em 2010, Juliana, sem herdeiros necessários, lavrou testamento público deixando todos os seus bens para sua prima, Roberta. Em 2016, Juliana realizou inseminação artificial heteróloga e, nove meses depois, nasceu Carolina. Em razão de complicações no parto, Juliana faleceu poucas horas após o procedimento.

Sobre a sucessão de Juliana, assinale a afirmativa correta.

(A) Carolina herdará todos os bens de Juliana.

(B) Roberta herdará a parte disponível e Carolina, a legítima.

(C) Roberta herdará todos os bens de Juliana.

(D) A herança de Juliana será declarada jacente.

A: correta, pois trata-se de caso de rompimento de testamento. Neste passo, sobrevindo descendente sucessível ao testador, que não o tinha ou não o conhecia quando testou, rompe-se o testamento em todas as suas disposições, se esse descendente sobreviver ao testador (art. 1.973 CC). Logo, Carolina herdará todos os bens; **B:** incorreta. Carolina herdará todos os bens e Roberta ficará excluída da sucessão, pois pela ordem de sucessão hereditária, o descendente tem prioridade sobre o colateral (art. 1829, I CC); **C:** incorreta. Roberta não herdará nenhum bem de Juliana, pois trata-se de hipótese de rompimento de testamento e o descendente tem prioridade ao colateral (art. 1.973 e art. 1.829, CC); **D:** incorreta. A herança de Juliana não será declarada jacente, pois ela tem herdeiros vivos e conhecidos. A herança jacente somente ocorre quando alguém morre sem deixar testamento nem herdeiro legítimo notoriamente conhecido (art. 1.819 CC). GR
Gabarito "A".

(OAB/Exame XXXIII – 2020.3) Marta, 75 anos, solteira, sem filhos, com todos os ascendentes falecidos, é irmã de Alberto e prima de Donizete. Proprietária de alguns imóveis, Marta procurou um cartório para lavrar testamento público em 2019. Ainda que seu contato com o irmão Alberto fosse ocasional, sendo muito mais próxima de Donizete, optou por dividir sua herança entre ambos.

Contudo, ao longo de 2020, durante a pandemia de Covid-19, Marta passou a residir junto de Donizete e sua família. Enquanto a convivência somente aumentou o afeto e a consideração entre os primos, o contato entre Marta e Alberto tornou-se ainda mais raro. Não por outro motivo, em agosto de 2020, Marta procurou o mesmo cartório e lavrou um novo testamento público, o qual nomeava Donizete como seu único herdeiro.

Em janeiro de 2021, Marta faleceu. Ao tomar conhecimento da disposição de última vontade da irmã, Alberto consulta você, como advogado(a), a respeito da situação.

Com efeito, é correto afirmar que

(A) o testamento feito por Marta em agosto de 2020 revoga o testamento feito pela mesma em 2019. Portanto, toda herança de Marta deverá ser transmitida a Donizete.

(B) no testamento, Marta deveria deixar ao menos metade de sua herança para Alberto, seu irmão e, assim, herdeiro necessário.

(C) Marta apenas poderia afastar o direito à herança de Alberto por meio de deserdação fundada no abandono afetivo.

(D) Marta encontrava-se proibida de testar novamente desde o momento em que testou pela primeira vez no ano de 2019, pois o testamento é sempre irrevogável.

A: correta, pois Marta é livre para testar a totalidade da herança, pois não tinha herdeiros necessários. Neste passo são herdeiros necessários o cônjuge, os ascendentes e os descendentes (art. 1.845 CC). Quando o testador os possui, apenas pode testar a metade da herança (art. 1.846 CC). Quando não os possui pode testar a totalidade. No caso em tela Alberto é parente na linha colateral, não se constituindo como herdeiro necessário; **B:** incorreta, pois Alberto não é herdeiro necessário, pois é irmão (art. 1.845 CC); **C:** incorreta, pois não é cabível ação de deserdação, pois esta apenas é cabível contra herdeiros necessários e ele não se configura como tal (art. 1.961 CC); **D:** incorreta, pois o testamento pode ser revogado pelo mesmo modo e forma como foi feito, podendo sua revogação ser total ou parcial (arts. 1.969 e 1.970 CC). GR
Gabarito "A".

(OAB/Exame XXXIV) Clóvis, funcionário público aposentado, divorciado, falecido em março de 2020 com 75 anos, era pai de Leonora, 40 anos, e Luciana, 16 anos. Faleceu sem deixar dívidas e sem realizar doações aos seus herdeiros necessários. Titular de um patrimônio razoável, foi vítima de um câncer descoberto no estágio terminal, 6 (seis) meses antes de sua morte. Desde o nascimento de Luciana, sempre foi uma preocupação de Clóvis proporcionar para ela as mesmas oportunidades desfrutadas por Leonora, quais sejam, cursar o ensino superior com auxílio paterno e, assim, conseguir o subsídio necessário para buscar uma carreira de sucesso profissional.

Por este motivo, Clóvis vendeu os 3 (três) imóveis – que compõem 70% do seu patrimônio – de que era proprietário quando Luciana ainda era criança e depositou este dinheiro em conta bancária, juntamente com todas as suas economias, no intuito de deixar, quando de sua morte, somente patrimônio em dinheiro.

No ano de 2019, ao saber de sua doença, Clóvis, em pleno exercício de suas faculdades mentais, elaborou um testamento público, destinando toda a parte disponível de sua herança à Luciana.

Diante de seu falecimento, é possível afirmar que

(A) Clóvis não poderia vender seus imóveis ao longo de sua vida, pois lhe era vedado determinar a conversão dos bens da legítima em outros de espécie diversa.

(B) caberá à Luciana 75% da herança de Clóvis. Já Leonora receberá 25% da mesma herança.

(C) Clóvis perdeu a capacidade de dispor do seu patrimônio por testamento a partir do momento em que descobriu o diagnóstico de câncer.

(D) a herança deve ser dividia em partes iguais entre as filhas de Clóvis, ou seja, 50% para Luciana e 50% para Leonora.

A: incorreta, pois ao longo da vida Clóvis era inteiramente livre para dispor de seu patrimônio como bem lhe aprouvesse. Trata-se de exercício de sua autonomia da vontade sobre seus bens, logo poderia mantê-los, vendê-los, hipotecá-los (art. 421 *caput* CC); **B:** correta. Considerando que Clóvis tem herdeiros necessários (art. 1.845 CC), estes têm direito da metade da herança (art. 1.846 CC). Logo, 50% da herança de Clóvis está comprometida com a parte legítima, sendo que dessa porcentagem Luciana tem direito a 25% e Leonora 25%. Os outros 50% que restaram Clóvis era livre para dispor como bem desejasse, o que o fez direcionando tudo para Luciana. Logo Luciana ficará com 75% da herança e Leonora com 25%; **C:** incorreta, pois ele ainda mantinha a capacidade para testar quando descobriu seu diagnóstico. Apenas perdem a capacidade para testar os incapazes (art. 3º e 4º CC) e os que no momento do ato não tinham o devido discernimento (art. 1.860 caput CC). Clóvis não se encaixava em nenhuma dessas hipóteses; **D:** incorreta, pois Clóvis deixou testamento manifestando expressamente sua vontade de deixar sua parte disponível para Luciana (art. 1.857 *caput* CC), logo essa parte disponível da herança cabe totalmente a ela, de modo que ela receberá 75 % (25% da legítima + 50% da parte disponível via testamento) e Leonora 25% (parte legítima).
Gabarito "B".

(OAB/Exame XXXV) Renatinho, conhecido *influencer* digital, conquistou, ao longo dos anos, muitos seguidores e amealhou vultoso patrimônio. Renatinho é o único filho de Carla e Júlio, que se divorciaram quando Renatinho tinha três anos de idade. Carla nunca concordou com as atividades de *influencer* digital desenvolvidas pelo filho, pois achava que ele deveria se dedicar aos estudos. Júlio, por outro lado, sempre incentivou bastante o filho e, inclusive, sempre atuou como gestor da carreira e do patrimônio de Renatinho.

Aos 15 de março de 2022, Renatinho completou 16 anos e, na semana seguinte, realizou seu testamento sob a forma pública, sem mencionar tal fato para nenhum dos seus pais. Em maio de 2022, Carla e Júlio, em comum acordo e atendendo ao pedido de Renatinho, emancipam seu único filho. E, para tristeza de todos, em julho de 2022, Renatinho vem a óbito em acidente de carro, que também levou o motorista à morte.

Com a abertura da sucessão, seus pais foram surpreendidos com a existência do testamento e, mais ainda, com o fato de Renatinho ter destinado toda a parte disponível para a constituição de uma fundação.

Diante da situação hipoteticamente narrada, assinale a afirmativa correta.

(A) O testamento de Renatinho é válido, pois em que pese a incapacidade civil relativa no momento da sua feitura, a emancipação concedida por seus pais retroage e tem o efeito de convalidar o ato.

(B) O testamento de Renatinho é válido em razão dos efeitos da emancipação concedida por seus pais, no entanto, a destinação patrimonial é ineficaz, visto que só podem ser chamadas a suceder na sucessão testamentária pessoas jurídicas já previamente constituídas.

(C) O testamento de Renatinho é válido, pois a lei civil assegura aos maiores de 16 anos a possibilidade de testar, bem como a possibilidade de serem chamados a suceder, na sucessão testamentária, as pessoas jurídicas cuja organização for determinada pelo testador sob a forma de fundação.

(D) A deixa testamentária para a constituição de uma fundação seria válida, no entanto, em razão de o testamento ter sido realizado quando Renatinho tinha apenas 16 anos e não emancipado, o testamento todo será invalidado.

A: incorreta, pois o testamento é válido porque a Lei prevê que têm capacidade para testar os maiores de 16 anos (art. 1.860, parágrafo único CC). Portanto sua validade não está ligada a emancipação posterior; **B:** incorreta, pois o testamento é válido porque a lei prevê que têm capacidade para testar os maiores de 16 anos (art. 1.860, parágrafo único CC). Portanto sua validade não está ligada a emancipação posterior. Ademais é possível constituir fundação por testamento (art. 62 *caput* CC), logo, a destinação patrimonial é eficaz; **C:** correta (arts. 1860, parágrafo único e 62 *caput* CC); **D:** incorreta, pois o testamento é válido, uma vez que sendo maior de 16 anos a lei atribui a Renatinho a capacidade de testar (art. 1.860, parágrafo único CC).
Gabarito "C".

9. LEIS ESPARSAS

(OAB/Exame XXXIII – 2020.3) Matheus, médico clínico-geral, recebe para atendimento em seu consultório o paciente Victor, mergulhador profissional. Realizando a anamnese, Victor relata que é alérgico à ácido acetilsalicílico.

Desatento, Matheus ministra justamente esta droga a Victor como parte de seu tratamento. Victor tem danos permanentes em razão do agravamento de sua asma pelo

6. DIREITO CIVIL   443

uso inadequado do medicamento, tendo que comprar novos medicamentos para seu tratamento e, ainda mais grave, fica impedido de trabalhar nos dois anos seguintes.

A respeito da responsabilidade civil de Matheus, assinale a afirmativa correta.

(A) Ele responderá pelo regime objetivo de responsabilidade civil, tendo em vista que a atividade de Matheus é arriscada.

(B) Ele deverá indenizar Victor independentemente de culpa, isto é, de imperícia de sua parte, considerando existir relação de consumo.

(C) Ele, sendo profissional liberal, terá apurada sua responsabilidade mediante a verificação de culpa, responsabilizando-se unicamente pelos danos diretos verificados no caso.

(D) Ele deverá indenizar Victor pelas despesas do tratamento e pelos lucros cessantes até o fim da convalescença, além da pensão correspondente à importância do trabalho para que se inabilitou.

A: incorreta, pois a responsabilidade civil do médico é subjetiva (art. 14, § 4° CDC), logo, não é suficiente que Victor apenas alegue o erro e o prejuízo, sem demonstrar que o profissional contribuiu culposamente para tanto; **B:** incorreta, pois é indispensável que fique verificada a culpa, pois ainda que ainda que exista relação de consumo, a culpa precisa ser comprovada (art. 14, § 4° CDC); **C:** incorreta, pois não responderá apenas pelos danos diretos, mas também pelos lucros cessantes até ao fim da convalescença, incluirá pensão correspondente à importância do trabalho para que se inabilitou, ou da depreciação que ele sofreu (art. 950 CC); **D:** correta (art. 950 CC). 🖼 „D". Gabarito

(OAB/Exame Unificado – 2018.3) Ao visitar a página de Internet de uma rede social, Samuel deparou-se com uma publicação, feita por Rafael, que dirigia uma série de ofensas graves contra ele.

Imediatamente, Samuel entrou em contato com o provedor de aplicações responsável pela rede social, solicitando que o conteúdo fosse retirado, mas o provedor quedou-se inerte por três meses, sequer respondendo ao pedido. Decorrido esse tempo, o próprio Rafael optou por retirar, espontaneamente, a publicação. Samuel decidiu, então, ajuizar ação indenizatória por danos morais em face de Rafael e do provedor.

Sobre a hipótese narrada, de acordo com a legislação civil brasileira, assinale a afirmativa correta.

(A) Rafael e o provedor podem ser responsabilizados solidariamente pelos danos causados a Samuel enquanto o conteúdo não foi retirado.

(B) O provedor não poderá ser obrigado a indenizar Samuel quanto ao fato de não ter retirado o conteúdo, tendo em vista não ter havido determinação judicial para que realizasse a retirada.

(C) Rafael não responderá pelo dever de indenizar, pois a difusão do conteúdo lesivo se deu por fato exclusivo de terceiro, isto é, do provedor.

(D) Rafael não responderá pelo dever de indenizar, pois o fato de Samuel não ter solicitado diretamente a ele a retirada da publicação configura fato exclusivo da vítima.

A: incorreta, pois o provedor apenas poderia ser responsabilizado se houvesse uma ordem judicial para retirada (art. 19 Lei 12.965/2014).

A responsabilidade não deriva, portanto, do descumprimento de uma notificação privada. Isso ocorre apenas em casos excepcionais (art. 19, §2° e art. 21); **B:** correta, pois nos termos do art. 19, *caput* da Lei 12.965/2014 o provedor de aplicações de internet somente poderá ser responsabilizado civilmente por danos decorrentes de conteúdo gerado por terceiros se, após ordem judicial específica, não tomar as providências cabíveis para a remoção do conteúdo; **C:** incorreta, pois Rafael foi o autor do dano, e todo aquele que violar direito e causar dano a outrem fica obrigado a repará-lo (art. 186 CC); **D:** incorreta. O fato de Rafael não ter sido diretamente notificado para retirar o conteúdo lesivo não o exime da responsabilidade, pois, como autor do dano, ele fica obrigado a repará-lo (art. 186 CC). Ademais não há que se falar em culpa exclusiva da vítima, uma vez que Samuel em nada contribuiu para que o dano ocorresse (art. 945 CC). 🖼 „B". Gabarito

(OAB/Exame XXXV) Raquel resolve sair para comemorar sua efetivação como advogada no escritório em que estagiava e se encontra com seus amigos em um bar. Logo ao entrar no local, o garçom a convida para realizar um breve cadastro a fim de lhe fornecer um cartão que a habilitaria a consumir no local.

Ao realizar o cadastro, Raquel se surpreende com as inúmeras informações requeridas pelo garçom, a saber: nome completo, data de nascimento, CPF, identidade, nome dos pais, endereço, e-mail e estado civil.

Inconformada, Raquel se recusa a fornecer os dados, alegando haver clara violação à Lei Geral de Proteção de Dados Pessoais, ao que o garçom responde que, sem o fornecimento de todas as informações, o cartão não seria gerado e, por consequência, ela não poderia consumir no local.

Com base nessas informações, assinale a afirmativa correta.

(A) É válida a coleta de tais dados pelo bar, haja vista que foi requerido o consentimento expresso e destacado da consumidora.

(B) A coleta de tais dados pelo bar é regular, uma vez que não constituem dados pessoais sensíveis, o que inviabilizaria o seu tratamento.

(C) É válida a exigência de tais dados, pois trata-se de política da empresa, no caso do bar, não cabendo à consumidora questionar a forma de utilização dos mesmos.

(D) A exigência de tais dados viola o princípio da necessidade, pois os dados requeridos não são proporcionais às finalidades do tratamento de dados relativos ao funcionamento de um bar.

A: incorreta, ainda pois ainda que tenha sido colhido o consentimento, a exigência de tais dados não é válida porque se mostra dispensável e impertinente à atividade realizada (consumo em um bar), ferindo assim a boa-fé e o princípio da necessidade (art. 6°, III da Lei 13.709/18); **B:** incorreta, pois apesar de não se tratar de dado pessoal sensível, cuja definição encontra-se no art. 5°, II da Lei 13.709/18, a coleta é irregular porque fere o princípio da necessidade (art. 6°, III da Lei 13.709/18). Ademais acrescenta-se que o art. 11 da Lei 13.709/18 prevê o tratamento de dados pessoais sensíveis, se fosse o caso; **C:** incorreta, pois a coleta dos dados não é válida, uma vez que existe Lei regulamentando o assunto. A consumidora tem todo o direito de contestar, uma vez que a exigência não é pertinente para a realização da atividade ferindo o princípio da necessidade (art. 6°, III da Lei 13.709/18); **D:** correta (art. 6°, III da Lei 13.709/18). „D". Gabarito

(OAB/Exame XXXIV) Júlia, 22 anos, com espectro autista, tem, em razão de sua deficiência, impedimento de longo prazo de natureza mental que pode, em algumas atividades cotidianas, obstruir sua participação plena e efetiva na sociedade em igualdade de condições com as demais pessoas.

Júlia, apaixona-se por Rodrigo, 19 anos, também com espectro autista, com quem quer se casar. Mas Rita, mãe de Júlia, temendo que Júlia não tenha o discernimento adequado para tomar as decisões certas em sua vida, e no intuito de proteger o melhor interesse de sua filha, impede o casamento.

Sobre a hipótese apresentada, assinale a afirmativa correta.

(A) Júlia é relativamente incapaz e, assim o sendo, precisará de anuência de sua mãe, Rita, para celebrar o ato, em prol da proteção de sua dignidade.

(B) A deficiência não afeta a plena capacidade civil da pessoa para casar-se, de modo que Rita não poderá impedir o casamento de Júlia.

(C) Júlia é plenamente capaz em razão de sua idade, mas, em razão da deficiência que a acomete, deverá confirmar sua vontade com o curador que deverá ser instituído.

(D) Rita, ainda que esteja atuando no melhor interesse de Júlia, na qualidade de mãe, não pode impedir o casamento podendo, contudo, impor à Júlia, sua curatela.

A: incorreta, pois a condição de Julia não se enquadra no rol do art. 4º CC que prevê os casos de incapacidade relativa. A hipótese que ela se enquadraria (excepcionais, sem desenvolvimento mental completo) foi revogada pela Lei 13.146/15. Julia não precisa da anuência da mãe para realizar o ato, pois ainda que a mãe fosse sua curadora, a curatela não abrange o direito ao matrimônio (art. 85, § 1º da Lei 13.146/15). Logo, Júlia é livre para se casar; **B:** correta, pois a deficiência de fato não afeta a capacidade civil. Sendo assim, Júlia é livre para casar-se pois é maior de 16 anos (art. 1.517 *caput* CC); **C:** incorreta, pois ainda que tenha deficiência sua vontade não precisará ser confirmada por curador, pois curatela não abrange o direito ao matrimônio (art. 85, § 1º da Lei 13.146/15); **D:** incorreta, pois Rita não pode impor a curatela sobre Julia. A curatela é medida excepcional e apenas será determinada quando indispensável para alcançar atos relacionados aos direitos de natureza patrimonial e negocial. O direito ao casamento é ato ne natureza pessoal, logo a curatela não o abrange (art. 84, § 1º e art. 85, *caput* CC).

Gabarito "B".

7. Direito Processual Civil

Luiz Dellore

1. PARTE GERAL

1.1. Princípios Processuais

(OAB/Exame Unificado – 2008.1) No que se refere às provas, adota-se, no CPC, o sistema

(A) Das ordálias.

(B) Da livre convicção (ou íntimo ou moral).

(C) Do livre convencimento motivado.

(D) Da prova legal.

A resposta está no CPC, art. 371 (princípio do convencimento motivado) e CF, art. 93, IX (motivação). Ou seja, o juiz é livre para apreciar a prova (deve levar em conta o conjunto probatório como um todo), mas deve fundamentar sua decisão. Assim, não há hierarquia entre as provas. *Atenção: cabe destacar que o CPC15 não faz mais menção ao termo *livre*, ao tratar do tema. Assim, se uma alternativa falar apenas em convencimento motivado e outra em livre convencimento motivado, no CPC15, deve-se optar apenas por "convencimento motivado". Mas muitos autores seguem falando em *livre convencimento motivado*.
Gabarito "C".

1.2. Jurisdição e Competência

(OAB/Exame Unificado – 2019.1) João Paulo faleceu em Atibaia (SP), vítima de um ataque cardíaco fulminante. Empresário de sucesso, domiciliado na cidade de São Paulo (SP), João Paulo possuía inúmeros bens, dentre os quais se incluem uma casa de praia em Búzios (RJ), uma fazenda em Lucas do Rio Verde (GO) e alguns veículos de luxo, atualmente estacionados em uma garagem em Salvador (BA).

Neste cenário, assinale a opção que indica o foro competente para o inventário e a partilha dos bens deixados por João Paulo.

(A) Os foros de Búzios (RJ) e de Lucas do Rio Verde (GO), concorrentemente.

(B) O foro de São Paulo (SP).

(C) O foro de Salvador (BA).

(D) O foro de Atibaia (SP).

A questão traz diversas informações de locais, mas em síntese indaga acerca da competência para o processamento do inventário. Sendo assim, a informação relevante é o local do foro do domicílio do falecido, ou seja, São Paulo (CPC, art. 48).
Gabarito "B".

(OAB/Exame Unificado – 2013.2) Os critérios relativos de fixação de competência podem ser alterados pela ocorrência de alguns fenômenos processuais. Uma das situações que pode levar à modificação da competência, quando fixada com base em critérios relativos, é a ocorrência da chamada continência.

Assinale a alternativa que descreve, corretamente, continência.

(A) Fenômeno que ocorre entre duas ou mais ações, quando lhes for comum o objeto ou a causa de pedir.

(B) Fenômeno que ocorre entre duas ou mais ações quando há identidade quanto às partes e à causa de pedir, mas o objeto de uma, por ser mais amplo, abrange o das outras.

(C) Fenômeno que ocorre entre duas ou mais ações quando há entre elas identidade de partes, de causa de pedir e de pedido e todas tramitam em diferentes juízos simultaneamente.

(D) Fenômeno que ocorre entre duas ou mais ações quando possuem pedidos que, somados, não ultrapassam o valor de sessenta salários mínimos.

A resposta está no art. 56 do CPC, que define a continência (dispositivo reproduzido na alternativa "B"). O exemplo típico de continência: empresas "X" e "Y" celebraram um contrato. "X" ingressa em juízo contra "Y" pleiteando a declaração de nulidade de UMA cláusula contratual; "Y" ingressa em juízo contra "X" pleiteando a nulidade de TODO o contrato. O pedido da demanda de "X" está contido na demanda proposta por "Y".
Gabarito "B".

(OAB/Exame Unificado – 2011.3.B) O juiz da 1ª Vara Cível da Comarca X declarou sua incompetência absoluta para o julgamento de uma causa e determinou a remessa dos autos para a Justiça do Trabalho. O processo foi distribuído para a 1ª Vara do Trabalho da mesma Comarca, que suscitou conflito de competência.

Qual é o órgão competente para resolver o conflito?

(A) Tribunal Superior do Trabalho.

(B) Tribunal de Justiça do Estado onde os juízos conflitantes estão localizados.

(C) Supremo Tribunal Federal.

(D) Superior Tribunal de Justiça.

Entre juízes do mesmo Tribunal, referido Tribunal é o competente para julgar o conflito. Entre juízes de Justiças distintas, a competência é do STJ (CF, art. 105, I, "d" e CPC, art. 953, I).
Gabarito "D".

1.3. Partes, procuradores, sucumbência, ministério público e juiz

(OAB / 38° Exame) Tatiana ingressou com ação de alimentos em face do seu ex-marido José, pleiteando pensão alimentícia no valor mensal de R$ 5.000,00 (cinco mil reais), e gratuidade de justiça que lhe foi concedida. No processo restou comprovado que José estava desempregado e com grave enfermidade, não tendo a possibilidade de prestar alimentos.

Dessa forma, o pedido de alimentos foi julgado improcedente, sendo Tatiana condenada em honorários de sucumbência equivalentes a 10% sobre o valor da causa. Contudo, por ser beneficiária da gratuidade de justiça, a exigibilidade dos honorários de sucumbência ficou suspensa.

Dois anos após o trânsito em julgado da sentença, Tatiana ganhou sorteio lotérico e recebeu um prêmio milionário. Sabendo da atual situação de Tatiana, o advogado de José a procurou para cobrar os honorários de sucumbência fixados na ação de alimentos.

Considerando o caso narrado, assinale a afirmativa correta.

(A) O advogado de José poderá cobrar os honorários de sucumbência se, no prazo de 5 anos após o trânsito em julgado da sentença, demonstrar que deixou de existir a situação de insuficiência de recursos que justificou a concessão de gratuidade de justiça para Tatiana.

(B) Uma vez concedida a gratuidade de justiça, essa não poderá ser revista, razão pela qual o advogado de José não poderá cobrar os honorários de sucumbência.

(C) Após o trânsito em julgado da sentença não é possível cobrar honorários de sucumbência, ficando o advogado de José impedido de cobrar tal verba.

(D) O advogado de José poderá cobrar os honorários de sucumbência se, no prazo de 1 ano após o trânsito em julgado da sentença, demonstrar que deixou de existir a situação de insuficiência de recursos que justificou a concessão de gratuidade de justiça para Tatiana.

A: Correta. Se houver mudança de condição financeira, poderá haver a cobrança da sucumbência em até 5 anos – após o qual haverá a prescrição. Assim, a situação concreta se enquadra na hipótese de que a insuficiência deixou de existir, permitindo a execução dos honorários (CPC, art. 98, § 3º). **B:** incorreta pois a gratuidade, uma vez deferida, pode ser revogada a qualquer tempo, durante o processo, conforme a situação concreta da parte (CPC, art. 100, p. u.). E vale lembrar que a concessão da justiça gratuita não afasta a responsabilidade do beneficiário pelas despesas processuais e honorários advocatícios, obrigações essas que ficarão sob condição suspensiva de exigibilidade (CPC, art. 98, §§ 2º e 3º). **C:** incorreta, visto que, caso o advogado de José comprove que a situação de insuficiência de recursos que justificou a concessão do benefício à parte contrária tenha deixado de existir, será possível, dentro do prazo de 5 anos contados do trânsito em julgado da decisão que fixou os honorários, promover a cobrança da verba (CPC, art. 98, § 3º). **D:** incorreta já que, conforme art. 98, § 3º do CPC, o prazo para assim proceder é de 5 anos, contados do trânsito em julgado da sentença que fixou os honorários.
„A". Gabarito

(OAB / 37º Exame) Marco Aurélio atuou como advogado em uma ação indenizatória movida em face de uma operadora de plano de saúde que foi condenada a pagar indenização por danos morais de R$ 100.000,00 (cem mil reais) ao seu cliente. Apesar de o processo ter corrido perante juízo cível, a sentença condenatória deixou de fixar honorários de sucumbência em favor de Marco Aurélio, tendo transitado em julgado sem que ele percebesse a omissão. Considerando o caso narrado, assinale a afirmativa correta.

(A) Após o trânsito em julgado da sentença, Marco Aurélio não poderá pleitear mais a condenação em honorários de sucumbência.

(B) Marco Aurélio poderá ajuizar ação autônoma para definir o valor dos honorários de sucumbência.

(C) Após o trânsito em julgado da sentença, apesar de omissa quanto à condenação em honorários

de sucumbência, Marco Aurélio poderá executar somente o valor mínimo de dez por cento sobre o valor da condenação.

(D) Marco Aurélio poderá opor embargos de declaração em face da sentença omissa, pois a matéria de honorários de sucumbência não transita em julgado.

A: incorreta, considerando a previsão do art. 85, § 18 do CPC, é cabível nova ação, com a finalidade exclusiva de fixar os honorários sucumbenciais que foram omitidos na sentença. **B:** correta, pois essa é a previsão legal do art. 85, § 18 do CPC: ajuizamento de ação autônoma diante da omissão e trânsito em julgado. A previsão legal prevista no CPC 2015 modifica entendimento jurisprudencial anterior. **C:** incorreta. Não será possível a execução / cumprimento de sentença pois os honorários não estão previstos no título executivo, e haveria violação à coisa julgada. Assim, diante do trânsito em julgado da sentença omissa acerca da condenação ao pagamento de honorários, será necessário a propositura de ação autônoma para fixar os honorários sucumbenciais (CPC, art. 85, § 18). **D:** incorreta, visto que não é possível a oposição de embargos de declaração após o trânsito em julgado da sentença, pois o processo terminou e já houve a formação de coisa julgada.
„B". Gabarito

(OAB/Exame XXXV) Paolo e Ana Sávia, casados há mais de 10 anos, sob o regime de comunhão parcial de bens, constituíram, ao longo do casamento, um enorme patrimônio que contava com carros de luxo, mansões, fazendas, dentre outros bens.

Certo dia, por conta de uma compra e venda realizada 5 anos após o casamento, Paolo é citado em uma ação que versa sobre direito real imobiliário.

Ana Sávia, ao saber do fato, vai até seu advogado e questiona se ela deveria ser citada, pois envolve patrimônio familiar.

Sobre o assunto, o advogado responde corretamente que, no caso em apreço,

(A) Ana Sávia deve ser citada, pois existe litisconsórcio passivo necessário entre os cônjuges em ação que verse sobre direito real imobiliário, mesmo que casados sob o regime de separação absoluta de bens.

(B) Ana Sávia não deve ser citada, pois existe litisconsórcio passivo facultativo entre os cônjuges em ação que verse sobre direito real imobiliário, salvo quando casados sob o regime de separação absoluta de bens.

(C) Ana Sávia não deve ser citada, pois não existe litisconsórcio passivo necessário entre os cônjuges em ação que verse sobre direito real imobiliário.

(D) Ana Sávia deve ser citada, pois existe litisconsórcio passivo necessário entre os cônjuges em ação que verse sobre direito real imobiliário, salvo quando casados sob o regime de separação absoluta de bens.

A participação do cônjuge em processos judiciais é regulada pelo art. 73 do CPC. Prevê o § 1º desse artigo o seguinte: "ambos os cônjuges serão necessariamente citados para a ação: I – que verse sobre direito real imobiliário, salvo quando casados sob o regime de separação absoluta de bens".

A: Incorreta, pois a previsão legal afasta a necessidade de citação na hipótese de separação absoluta de bens.
B: Incorreta, porque a hipótese é de litisconsórcio necessário. **C:** Incorreta, considerando que, nos casos de direito imobiliário, de modo a proteger o casal / família, há necessidade dessa citação. **D:** Correta, sendo a previsão do CPC, art. 73, § 1º, I.
„D". Gabarito

7. DIREITO PROCESSUAL CIVIL

(OAB/Exame Unificado – 2018.1) Alice, em razão de descumprimento contratual por parte de Lucas, constituiu Osvaldo como seu advogado para ajuizar uma ação de cobrança com pedido de condenação em R$ 300.000,00 (trezentos mil reais), valor atribuído à causa.

A ação foi julgada procedente, mas não houve a condenação em honorários sucumbenciais. Interposta apelação por Lucas, veio a ser desprovida, sendo certificado o trânsito em julgado. Considerando o exposto, assinale a afirmativa correta.

(A) Em razão do trânsito em julgado e da preclusão, não há mais possibilidade de fixação dos honorários sucumbenciais.

(B) Como não houve condenação, presume-se que há fixação implícita de honorários sucumbenciais na média entre o mínimo e o máximo, ou seja, 15% do valor da condenação.

(C) O trânsito em julgado não impede a discussão no mesmo processo, podendo ser requerida a fixação dos honorários sucumbenciais por meio de simples petição.

(D) Deve ser proposta ação autônoma para definição dos honorários sucumbenciais e de sua cobrança.

A: incorreta. Essa era a resposta correta à luz do sistema processual anterior, havendo inclusive súmula nesse sentido (Súmula 453/STJ, superada, mas ainda não formalmente revogada); **B:** incorreta, pois não existe presunção de fixação de honorários; **C:** incorreta, porque o trânsito em julgado impede que haja, no mesmo processo, qualquer outra discussão quanto à condenação, seja em relação ao principal ou aos acessórios; **D:** correta. O CPC15 permite que, se não houver a fixação de honorários na sentença transitada em julgado, será possível utilizar ação autônoma para esse fim (art. 85, § 18 que, como visto em "A", aponta a superação da Súmula 453/STJ).
Gabarito "D".

(OAB/Exame Unificado – 2016.2) A médica Carolina é devedora de R$ 100.000,00 (cem mil reais), débito esse originado de contrato particular de mútuo, vencido e não pago, no qual figura como credora a advogada Zélia. Diante do inadimplemento, Zélia ajuizou ação de cobrança que, após instrução probatória, culminou em sentença com resolução de mérito procedente. O juiz não se pronunciou quanto ao pagamento de honorários advocatícios de sucumbência à advogada porque esta atuou em causa própria. A omissa sentença proferida transitou em julgado recentemente.

Sobre o caso apresentado, segundo o CPC/15, assinale a afirmativa correta.

(A) O juiz agiu com acerto ao deixar de condenar Carolina ao pagamento de honorários.

(B) Os honorários advocatícios de sucumbência constituem direito do advogado sem natureza alimentar.

(C) A advogada Zélia não poderá requerer que o pagamento dos honorários seja efetuado em favor da sociedade de advogados no qual figura como sócia.

(D) O recente trânsito em julgado da omissa sentença não obsta o ajuizamento de ação autônoma para definição e cobrança dos honorários de sucumbência.

A: incorreta, pois os honorários são devidos mesmo quando o advogado atua em causa própria (CPC, art. 85, § 17); **B:** incorreta, tendo em vista que os honorários são direito do advogado e têm natureza alimentar

(CPC, art. 85, § 14); **C:** incorreta, por expressa previsão legal em sentido inverso (CPC, art. 85, § 15); **D:** correta, sendo essa a previsão legal (art. 85, § 18). Vale destacar que, antes do CPC15, havia firme entendimento do STJ em sentido inverso (Súmula 453/STJ, superada com a vigência do CPC15).
Gabarito "D".

(OAB/Exame Unificado – 2014.2) A respeito da participação do Ministério Público no Processo Civil, assinale a opção correta.

(A) O Ministério Público tem a faculdade de intervir nas causas em que há interesses de incapazes.

(B) O Ministério Público, intervindo como fiscal da lei, terá vista dos autos depois das partes, sendo intimado de todos os atos do processo.

(C) O Ministério Público, quando for parte, não gozará de prazos diferenciados para interposição de recursos.

(D) O Ministério Público, intervindo como fiscal da lei, não pode requerer diligências com intuito de comprovar a verdade de fatos relevantes para a causa.

A: incorreta, não se trata de faculdade, mas de obrigação (CPC, art. 178, II); **B:** correta, o MP, como fiscal da lei (*fiscal da ordem jurídica*, na nomenclatura do CPC), deve sempre ser intimado, sob pena de nulidade – e sua manifestação é realizada após a das partes (CPC, art. 179, I); **C:** incorreta, o MP terá prazo diferenciado quando parte (CPC, art. 180); **D:** incorreta, pode o MP, como fiscal da ordem jurídica, juntar documentos, produzir provas em audiência ou requerer diligências (CPC, art. 179, II).
Gabarito "B".

(OAB/Exame Unificado – 2009.2) Mariana ajuizou ação contra Raimundo, com o objetivo de ver declarada a titularidade que o réu afirmava possuir sobre um bem móvel. Após devidamente citado, Raimundo ofereceu contestação. Posteriormente, ele vendeu o bem a Jorge. Considerando essa situação hipotética, assinale a opção correta.

(A) Se Jorge quiser ingressar no processo como assistente de Raimundo, deverá fazê-lo, por exigência legal, antes de proferida a sentença.

(B) Raimundo poderá continuar no processo na condição de substituto processual.

(C) Proferida a sentença entre as partes originárias, esta não estenderá seus efeitos a Jorge.

(D) Jorge não poderá substituir Raimundo no processo.

A alienação de coisa litigiosa não altera a legitimidade para a causa; mas, a partir da venda, Raimundo passará a defender o direito de Jorge (substituição processual). Porém, se Mariana concordar, Jorge pode ingressar no processo, sucedendo Raimundo (CPC, art. 109).
Gabarito "B".

(OAB/Exame Unificado – 2013.2) *"Toda pessoa que se acha no exercício dos seus direitos tem capacidade para estar em juízo"*, estabelece o Código de Processo Civil, e os incapazes serão assistidos ou representados por seus pais, tutores ou curadores.

A respeito do tema estão corretas as afirmativas a seguir, **à exceção de uma**. Assinale-a.

(A) O curador especial, nomeado em caso de executado citado com hora certa revel, tem legitimidade para opor embargos à execução.

(B) Ao curador especial não se aplica o ônus da impugnação especificada dos fatos articulados pelo autor.

(C) O juiz dará curador especial ao réu revel citado por edital, mas não àquele citado com hora certa.

(D) O juiz dará curador especial ao incapaz, ainda que tenha representante legal, quando houver colisão de interesses entre este e o representado.

A: correta, pois o curador especial, responsável pela defesa do réu revel citado de forma ficta (hora certa e edital – CPC, art. 72, II), pode realizar todas as formas de defesa previstas no sistema; **B:** correta (CPC, art. 341, parágrafo único); **C:** incorreta, devendo esta ser assinalada (*vide* comentário à questão "A"); **D:** correta (CPC, art. 72, I).
Gabarito "C".

(OAB/Exame Unificado – 2013.1) A respeito da capacidade processual, assinale a afirmativa correta.

(A) Os municípios serão representados em juízo, ativa e passivamente, pelo Prefeito ou pelo procurador.

(B) O juiz, de plano, deverá extinguir o processo sem resolução do mérito, ao verificar a incapacidade processual ou a irregularidade da representação das partes.

(C) O juiz dará curador especial ao réu preso, bem como ao réu citado por hora certa, por edital ou por meio eletrônico.

(D) A citação dos cônjuges nas ações que versem sobre direitos reais imobiliários é prescindível.

A: correta (CPC, art. 75, III); **B:** incorreta, pois deve o juiz permitir a correção da incapacidade ou irregularidade (CPC, art. 76); **C:** incorreta, porque o juiz concederá curador ao réu citado de forma ficta, hora certa ou edital (CPC, art. 72, II); **D:** incorreta, pois no caso de direito real imobiliário a regra é a citação do cônjuge (CPC, art. 73, "caput", vide § 2º para exceções na possessória).
Gabarito "A".

(OAB/Exame Unificado – 2010.3) O Código de Processo Civil regulamenta como se dará a atuação das partes e dos procuradores em juízo. Além de dispor sobre a capacidade processual e dos deveres de cada um, disciplina sobre a constituição de representante processual e substituição das partes e dos procuradores. A respeito dessa temática, assinale a alternativa correta.

(A) O instituto da sucessão processual ocorrerá quando houver a morte de qualquer das partes, que será substituída pelo espólio ou por seus sucessores, suspendendo-se o processo e sendo defesa a prática de atos processuais, salvo atos urgentes a fim de evitar dano irreparável.

(B) Caso o advogado deixe de declarar na petição inicial o endereço em que receberá intimação, poderá fazê-lo até a fase de saneamento, mas as intimações somente informarão o nome do advogado quando tal dado estiver regularizado.

(C) O advogado poderá a qualquer tempo renunciar ao mandato, devendo, entretanto, assistir o mandante nos dez dias subsequentes a fim de lhe evitar prejuízo, salvo na hipótese de ter comprovado que cientificou o mandante para que nomeasse substituto.

(D) Ao advogado é admitido procurar em juízo sem instrumento de mandato a fim de praticar atos reputados urgentes. Mas, para tanto, deverá prestar caução e exibir o instrumento de mandato no prazo improrrogável de quinze dias.

A: correta, arts. 313, I, e 314 do CPC; **B:** incorreta, pois se tais dados não estiverem presentes na petição, a consequência é a determinação de emenda da inicial e não de ausência de nome na publicação (CPC, art. 106, I, e § 1º); **C:** incorreta, porque a renúncia depende de prévia ciência ao cliente e, mesmo assim, o advogado deve representar o mandante nos dez dias subsequentes (CPC, art. 112, § 1º); **D:** incorreta, porque não há necessidade de se prestar caução para postular sem procuração em caso de urgência (CPC, art. 104, § 1º) – tal obrigação violaria o acesso à justiça.
Gabarito "A".

(Magistratura/BA – 2012 – CESPE) O juiz está autorizado a, de ofício,

(A) determinar as provas necessárias à instrução do processo, em substituição às partes, desde que essas não o façam.

(B) determinar a citação de quem ele entenda que deva integrar a relação processual como réu.

(C) declarar a prescrição, salvo a que se refere a créditos da fazenda pública.

(D) reconhecer a ilegitimidade de parte quanto ao réu, não podendo, entretanto, fazê-lo com relação ao autor.

(E) corrigir erro material na sentença que submeteu ao reexame necessário por ser incabível, na hipótese, recurso de ofício.

A: incorreta, porque a atuação do juiz de ofício na instrução da causa não depende da inércia das partes (art. 370 do CPC); **B:** incorreta, porque, em razão do princípio da inércia da jurisdição, o juiz não pode, de ofício, determinar a citação de réu faltante. Cabe a ele provocar o autor a requerer a providência, sob pena de extinção do processo, sem resolução do mérito (art. 115, II, do CPC); **C:** incorreta, porque não existe na lei tal ressalva; **D:** incorreta, porque a falta de qualquer das condições da ação, por se tratar de matéria de ordem pública, pode ser reconhecida de ofício, em relação a qualquer das partes; **E:** correta, pois cabe ao juiz corrigir erro material de ofício (art. 494, I, CPC).
Gabarito "E".

1.4. Litisconsórcio e intervenção de terceiros

(OAB/Exame 39) Em determinada demanda judicial cível é proferida sentença de procedência do pedido autoral, com a condenação da sociedade empresária ré ao pagamento de determinado valor a título de reparação por dano material.

Com o trânsito em julgado, o autor inicia a fase de cumprimento de sentença e, após alguns meses e diversas tentativas, sem sucesso, de penhora de bens do réu, apresenta requerimento de instauração do incidente de desconsideração da personalidade jurídica.

Você, na condição de advogado(a), é procurado(a) pelo réu, buscando saber sobre o incidente em questão.

Assinale a opção que apresenta, corretamente, sua orientação.

(A) O referido incidente não é cabível no procedimento comum, sendo restrito ao âmbito da execução fiscal de débitos tributários.

(B) A instauração do mencionado incidente suspende o processo e sua resolução se dá por decisão interlocutória.

(C) O incidente apontado não é cabível na fase de cumprimento de sentença, por não haver título judicial

7. DIREITO PROCESSUAL CIVIL

formado em relação aos sócios cujo patrimônio se busca atingir.

(D) Instaurado o incidente no caso concreto, os sócios da sociedade ré devem ser intimados para exercício de seu direito de defesa.

A: incorreta, pois nos termos do art. 134 do CPC, é possível a instauração de IDPJ em qualquer fase do processo de *conhecimento* (portanto seja procedimento comum ou especial), além de ser possível também no cumprimento de sentença e na execução de título executivo extrajudicial. B: correta, visto que a instauração do IDPJ suspenderá o processo (CPC, art. 134, § 3º), sendo que a sua resolução, em regra, se dá por decisão interlocutória (CPC, art. 136). C: incorreta, já que o Código prevê o IDPJ é cabível no cumprimento de sentença (CPC, art. 134), sendo essa uma das hipóteses mais frequentes no cotidiano forense. D: incorreta, considerando que os sócios devem ser citados para exercer o direito de defesa (e não intimados), vez que não figuraram como réus na demanda originária e, portanto, não integram a relação processual (CPC, art. 135).

Gabarito "B".

(OAB/Exame XXXV) Proposta uma demanda judicial com a presença de 150 autores no polo ativo, a parte ré, regularmente citada, peticiona nos autos apenas e exclusivamente no sentido de que seja limitado o número de litigantes, informando, ainda, que sua contestação será apresentada no momento oportuno. A parte autora, então, se antecipando à conclusão dos autos ao magistrado competente, requer que o réu seja considerado revel, por não ter apresentado sua contestação no momento oportuno.

Com base no Código de Processo Civil, é correto afirmar que

(A) o juiz pode limitar o litisconsórcio facultativo quanto ao número de litigantes nas fases de conhecimento ou de liquidação de sentença, sendo vedada tal limitação na execução, por esta pressupor a formação de litisconsórcio necessário.

(B) o requerimento de limitação do litisconsórcio facultativo quanto ao número de litigantes interrompe o prazo para manifestação ou resposta, que recomeçará da intimação da decisão que solucionar a questão.

(C) o fato de o réu não ter apresentado sua contestação no prazo regular tem como consequência a incidência de pleno direito da revelia material, que pode ser revertida caso acolhido o requerimento de limitação do litisconsórcio.

(D) apresentado requerimento de limitação do número de litigantes com base apenas no potencial prejuízo ao direito de defesa do réu, deve o magistrado limitar sua análise a tal argumento, sendo vedado decidir com base em fundamento diverso, ainda que oportunizada a manifestação prévia das partes.

A questão trata do litisconsórcio multitudinário, múltiplo ou plúrimo (muitos autores em litisconsórcio ativo facultativo), expressamente previsto no CPC. A: Incorreta, pois a limitação do litisconsórcio múltiplo pode se dar inclusive na execução e cumprimento de sentença (CPC, art. 113, § 1º) B: Correta, considerando que o CPC prevê expressamente a interrupção do prazo quando houver esse requerimento de limitação e desmembramento (art. 113, § 2º). C: Incorreta, já que, como visto na alternativa anterior, existe a interrupção de prazo nesse caso, de modo que não há revelia. D: Incorreta, tendo em vista que a limitação do litisconsórcio

pode ocorrer quando "comprometer a rápida solução do litígio ou dificultar a defesa" (CPC, art. 113, § 1º, parte final).

Gabarito "B".

(OAB/Exame Unificado – 2019.3) Daniel, sensibilizado com a necessidade de Joana em alugar um apartamento, disponibiliza-se a ser seu fiador no contrato de locação, fazendo constar nele cláusula de benefício de ordem. Um ano e meio após a assinatura do contrato, Daniel é citado em ação judicial visando à cobrança de aluguéis atrasados.

Ciente de que Joana possui bens suficientes para fazer frente à dívida contraída, Daniel consulta você, como advogado(a), sobre a possibilidade de Joana também figurar no polo passivo da ação.

Diante do caso narrado, assinale a opção que apresenta a modalidade de intervenção de terceiros a ser arguida por Daniel em sua contestação.

(A) Assistência.

(B) Denunciação da lide.

(C) Chamamento ao processo.

(D) Nomeação à autoria.

O fiador, para acionar o devedor principal, deve utilizar o chamamento ao processo (CPC, art. 130, I). Assim, a alternativa correta é "C". No mais, vale lembrar que não há, no atual CPC, a figura da nomeação à autoria, que existia no CPC/1973.

Gabarito "C".

(OAB/Exame Unificado – 2019.1) Amauri ingressou com ação ordinária em face de Mercadinho dos Suínos Ltda., em decorrência do consumo de alimento inapropriado vendido pelo réu. O pedido foi julgado procedente em decisão transitada em julgado, condenando a pessoa jurídica ré a indenizar o autor em R$ 10.000,00 (dez mil reais). Na fase de cumprimento de sentença, não foram encontrados bens penhoráveis pertencentes à sociedade, razão pela qual o juízo competente decretou, de ofício, a desconsideração da personalidade jurídica, penhorando um automóvel pertencente a Flávio, sócio majoritário da sociedade ré.

Diante de tal cenário, assinale a afirmativa correta.

(A) A decisão está correta, pois o CPC admite a desconsideração da personalidade jurídica, independentemente de requerimento da parte interessada.

(B) A decisão está incorreta, diante da necessidade de requerimento da parte para que haja a desconsideração da personalidade jurídica, a qual possui natureza jurídica de processo autônomo.

(C) A decisão está incorreta, pois a desconsideração da personalidade jurídica exige, cumulativamente, o requerimento da parte interessada e a instauração do incidente, nos termos do CPC.

(D) Não é admissível a desconsideração da personalidade jurídica à luz do CPC.

A: incorreta, pois a desconsideração da personalidade jurídica não será realizada de ofício pelo juiz, mas necessita de requerimento da parte ou do MP (CPC, art. 133, *caput*); B: incorreta. Há necessidade de requerimento da parte (como visto acima), mas estamos diante de um incidente, não de processo autônomo (CPC, art. 133); C: correta, pois como já visto (i) não cabe desconsideração de ofício, sendo necessário requerimento da parte, e (ii) o IDPJ é um incidente, não processo autônomo; **D:** incorreta, considerando que o atual Código prevê o incidente de desconsideração da personalidade jurídica (CPC, art. 133).

Gabarito "C".

(OAB/Exame Unificado – 2019.1) As irmãs Odete e Nara celebraram contrato bancário, com cláusula de solidariedade, com uma pequena instituição financeira, com o objetivo de constituir uma empresa na cidade de Campos.

Depois de sete anos, a instituição financeira, sem receber o valor que lhe era devido, propôs ação judicial em face das duas irmãs. Ocorre que a empresa familiar teve suas atividades encerradas por má gestão e as irmãs, há alguns anos, não mais se falam e, por isso, contrataram advogados(as) de escritórios de advocacia distintos para realizar a defesa judicial.

Sobre a hipótese apresentada, assinale a afirmativa correta.

(A) Caso o(a) advogado(a) de Nara perca o prazo do recurso de apelação, a alegação de prescrição no apelo interposto pelo advogado(a) de Odete, se acolhida, beneficiará Nara.

(B) O litisconsórcio formado pelas irmãs pode ser classificado como litisconsórcio passivo, necessário e unitário.

(C) Caberá à parte interessada alegar a prescrição, sendo vedado ao magistrado reconhecer a prescrição de ofício.

(D) Os prazos para as manifestações dos litisconsortes com advogados(as) de diferentes escritórios de advocacia serão contados em dobro, ainda quando os autos do processo forem eletrônicos.

A: correta, pois tratando-se de litisconsórcio passivo, se uma das litisconsortes alega prescrição em sede recursal e essa tese é acolhida, isso beneficia a outra litisconsorte (CPC, art. 1.005: "o recurso interposto por um dos litisconsortes a todos aproveita, salvo se distintos ou opostos os seus interesses"); **B:** incorreta, considerando que se existir solidariedade, não se trata de um litisconsórcio necessário, já que cada uma das devedoras poderia pagar integralmente a dívida; **C:** incorreta, pois é possível ao juiz reconhecer de ofício a prescrição, tratando-se de improcedência liminar do pedido (CPC, art. 332, § 1º); **D:** incorreta, pois os prazos dos litisconsortes com advogados distintos serão contados em dobro somente quando se tratar de processo físico, não se aplicando no processo eletrônico (CPC, art. 229, § 2º).

Gabarito "A".

(OAB/Exame Unificado – 2019.1) Felipe, a fim de cobrar dívida proveniente de contrato de mútuo firmado com Aline, ajuizou demanda de conhecimento em face de João Alberto, fiador. Surpreendido pela citação, João Alberto procura, no mesmo dia, um(a) advogado(a).

Diante de tal quadro, assinale a opção que apresenta a medida mais adequada a ser adotada pelo(a) advogado(a) para obter a responsabilização de Aline.

(A) Realizar o chamamento ao processo de Aline.

(B) Efetuar a denunciação da lide de Aline.

(C) Sustentar a ilegitimidade passiva de João Alberto, na medida em que somente após eventual tentativa malsucedida de responsabilização de Aline, João Alberto poderia ser demandado.

(D) Não promover a intervenção de terceiros e aguardar a fase executiva, momento em que deverá ser requerido o benefício de ordem, de modo que os bens de Aline sejam executados antes dos de João Alberto.

A: correta, pois se o processo foi ajuizado apenas contra o fiador, cabe o chamamento ao processo para se colocar a devedora principal no polo passivo da demanda (CPC, art. 130, I); **B:** incorreta, pois no caso estamos diante de solidariedade, e não de ação de regresso, hipótese na qual seria possível utilizar a denunciação da lide; **C:** incorreta, pois como o fiador é efetivamente devedor, não há que se falar em ilegitimidade; **D:** incorreta, pois a definição de quem paga ocorre no processo de conhecimento, de modo que esse debate ocorre no conhecimento, e não na execução.

Gabarito "A".

(OAB/Exame Unificado – 2018.1) Tancredo ajuizou equivocadamente, em abril de 2017, demanda reivindicatória em face de Gilberto, caseiro do sítio Campos Verdes, porque Gilberto parecia ostentar a condição de proprietário.

Diante do narrado, assinale a afirmativa correta.

(A) Gilberto deverá realizar a nomeação à autoria no prazo de contestação.

(B) Gilberto poderá alegar ilegitimidade ad causam na contestação, indicando aquele que considera proprietário.

(C) Trata-se de vício sanável, podendo o magistrado corrigir o polo passivo de ofício, substituindo Gilberto da relação processual, ainda que este não tenha indicado alguém.

(D) Gilberto poderá promover o chamamento ao processo de seu patrão, a quem está subordinado.

A: incorreta Vale destacar que essa seria a resposta correta no CPC anterior, quando existia a intervenção de terceiro "nomeação à autoria", que deixou de existir no CPC15; **B:** correta. No lugar da nomeação à autoria, o CPC15 prevê que no caso de ilegitimidade passiva deverá o réu, na própria contestação, indicar quem deveria figurar no polo passivo, quando souber. Uma vez feito isso, o autor poderá pedir a substituição do polo passivo (CPC, arts. 338 e 339); **C:** incorreta, pois descabe ao juiz corrigir o polo passivo de ofício; a troca da parte depende de manifestação do autor. O que o juiz pode fazer é extinguir o processo sem mérito quanto à parte ilegítima (CPC, art. 485, VI), mas não há previsão legal para a substituição; **D:** incorreta, pois no caso não se está diante de chamamento ao processo, pois não há solidariedade entre Tancredo e Gilberto (CPC, art. 130).

Gabarito "B".

(OAB/Exame Unificado – 2017.1) Antônia contratou os arquitetos Nivaldo e Amanda para realizar o projeto de reforma de seu apartamento. No contrato celebrado entre os três, foi fixado o prazo de trinta dias para a prestação do serviço de arquitetura, o que não foi cumprido, embora tenha sido feito o pagamento dos valores devidos pela contratante.

Com o objetivo de rescindir o contrato celebrado e ser ressarcida do montante pago, Antônia procura um advogado, mas lhe informa que não gostaria de processar Amanda, por serem amigas de infância.

Sobre a hipótese apresentada, assinale a opção que indica o procedimento correto a ser adotado.

(A) Será possível o ajuizamento da ação unicamente em face de Nivaldo, na medida em que a hipótese tratada é de litisconsórcio simples. A sentença proferida contra Nivaldo será ineficaz em relação a Amanda.

(B) Não será possível o ajuizamento da ação unicamente em face de Nivaldo, uma vez que a hipótese tratada é de litisconsórcio necessário. Caso a ação não seja ajuizada em face de Amanda, o juiz deverá determinar

7. DIREITO PROCESSUAL CIVIL   451

que seja requerida sua citação, sob pena de extinção do processo.

(C) Será possível o ajuizamento da ação unicamente em face de Nivaldo, na medida em que a hipótese tratada é de litisconsórcio facultativo. A sentença proferida contra Nivaldo será eficaz em relação a Amanda, pois entre eles há comunhão de direitos ou de obrigações.

(D) Não será possível o ajuizamento da ação unicamente em face de Nivaldo, uma vez que a hipótese tratada é de litisconsórcio simples. A sentença proferida contra Nivaldo será ineficaz.

A: incorreta, pois o litisconsórcio simples se refere à possibilidade de prolação de decisões diferentes para os litisconsortes – e, conforme a alternativa, nem se formou o litisconsórcio; **B:** correta. Tendo em vista a obrigação celebrada e o pagamento realizado com dois profissionais, não há como falar em rescisão somente em relação a um deles (CPC, art. 114); **C:** incorreta, porque a hipótese não é de litisconsórcio facultativo, já que houve contratação e pagamento a dois profissionais; **D:** incorreta; conforme mencionado nas alternativas anteriores.
Gabarito "B".

(OAB/Exame Unificado – 2016.3) Lucas foi citado para apresentar defesa em ação de indenização por danos materiais, em razão de acidente de veículo. Contudo, o proprietário e condutor do veículo que causou o acidente era Cláudio, seu primo, com quem Lucas havia pego uma carona.

Lucas, em contestação, deverá:

(A) requerer a alteração do sujeito passivo, indicando Cláudio como réu.

(B) requerer que Cláudio seja admitido na condição de assistente litisconsorcial.

(C) denunciar Cláudio à lide.

(D) requerer o chamamento de Cláudio ao processo.

A: correta, pois no CPC15 a alegação de ilegitimidade passiva deve vir acompanhada da indicação de quem deveria figurar no polo passivo, caso o réu saiba quem efetivamente deve estar no processo, que é o que se tem na questão (arts. 338 e 339); **B:** incorreta, porque se Lucas entende ser parte ilegítima, ele não deve permanecer nos autos, mas ser excluído do processo por força de ilegitimidade, sendo que o assistido permanece nos autos; **C:** incorreta, tendo em vista que na denunciação o réu denunciante permanece no processo e é parte legítima; **D:** incorreta, pois no chamamento o réu denunciante permanece no processo e é parte legítima.
Gabarito "A".

(OAB/Exame Unificado – 2014.2) Os irmãos Rafael e Daniela são proprietários de um imóvel na Av. São Sebastião, n. 20. Eles realizaram um contrato de locação com Joana, estudante, por prazo indeterminado. Após três anos de vigência de contrato, devido aos grandes eventos internacionais na cidade, os irmãos propuseram uma ação revisional de aluguel, tendo em vista a valorização constatada na área em que fica o imóvel. A partir da hipótese sugerida, assinale a opção correta.

(A) Trata-se de litisconsórcio ativo facultativo unitário, uma vez que há solidariedade entre os irmãos, o que faz com que um deles, sozinho, possa ajuizar a ação, tendo a decisão efeito para ambos.

(B) Trata-se de litisconsórcio passivo multitudinário, pois a ação revisional, se procedente, alterará o valor da locação para todo e qualquer candidato à locação.

(C) Trata-se de litisconsórcio ativo facultativo simples, pois no lugar de uma única ação, cada irmão pode entrar com uma ação revisional diferente para atualizar o valor do imóvel, e as duas correrão normalmente, em separado.

(D) Trata-se de litisconsórcio ativo necessário unitário, uma vez que a lei assim o exige e a decisão do juiz será a mesma para os dois irmãos.

A: correta, pois (i) os irmãos estarão no polo ativo (litisconsórcio ativo), (ii) tendo em vista que a Lei 8.245/1991, art. 2º fala em solidariedade, o examinador entendeu que seria opção cada um dos locadores ingressar em juízo – o que não é pacífico (daí o litisconsórcio facultativo – CPC, art. 113) e (iii) a decisão terá de ser a mesma para todos, caso haja o litisconsórcio (por isso o litisconsórcio unitário – CPC, art. 116); **B:** incorreta, pois não se trata de litisconsórcio passivo e o litisconsórcio multitudinário (CPC, art. 113, §§ 1º e 2º) se refere ao polo ativo; **C:** incorreta, pois não é possível que as duas demandas (que têm o mesmo objeto e causa de pedir – e, por isso, conexas) tramitem em separado; **D:** incorreta, considerando o exposto em "A" (e a posição adotada pelo examinador).
Gabarito "A".

(OAB/Exame Unificado – 2013.2) A respeito do fenômeno processual do litisconsórcio, que consiste na pluralidade de sujeitos ocupando um ou ambos os polos da relação jurídica para litigar em conjunto no mesmo processo, assinale a afirmativa correta.

(A) Não constitui fundamento para a formação de litisconsórcio a ocorrência de afinidade de questões por um ponto em comum de fato ou de direito.

(B) O juiz poderá limitar o litisconsórcio necessário quanto ao número de litigantes quando este comprometer a rápida solução do litígio ou dificultar a defesa.

(C) Na sistemática dos Juizados Especiais Cíveis não se admitirá a formação de litisconsórcio como forma de prestigiar uma prestação jurisdicional mais célere e simplificada.

(D) Quando os litisconsortes tiverem diferentes procuradores, ser-lhes-ão contados em dobro os prazos para contestar, para recorrer e, de modo geral, para falar nos autos.

A: incorreta, pois essa é hipótese de formação de litisconsórcio (CPC, art. 113, III); **B:** incorreta, porque o juiz pode limitar o litisconsórcio multitudinário, que é o litisconsórcio ativo e facultativo (CPC, art. 113, § 1º); **C:** incorreta, considerando que o JEC admite litisconsórcio, mas não intervenção de terceiros (art. 10 da Lei 9.099/1995) – salvo IDPJ; **D:** correta (CPC, art. 229).
Gabarito "D".

(OAB/Exame Unificado – 2012.2) Vinícius foi demandado em uma ação de cobrança por ter sido fiador de sua sogra, Francisca. Assinale a alternativa que indica a medida a ser adotada por Vinícius para trazer Francisca para o polo passivo desse processo.

(A) Reconvenção.

(B) Denunciação à lide.

(C) Chamamento ao processo.

(D) Nomeação à autoria.

No caso, deve-se utilizar a intervenção de terceiro cabível quando há solidariedade entre o réu e o terceiro – ou seja, o chamamento (CPC, art. 130, I).
Gabarito "C".

(OAB/Exame Unificado – 2011.3.B) Como cediço, a intervenção de terceiros é um importante fenômeno processual capaz de permitir a pluralidade de partes em um processo.

Imagine a seguinte situação jurídica: Neves empresta R$ 500,00 para Sílvio e Sandro, sócios em uma empresa que fabrica sapatos, e a quantia deixa de ser paga a Neves na data estipulada no contrato de empréstimo, razão pela qual Neves opta por cobrar toda a quantia apenas de Sílvio, cujo patrimônio é maior.

Sandro resolve, então, requerer sua intervenção no processo por temer que Sílvio venha a sucumbir e que, ato contínuo, venha a agir regressivamente contra ele, após ter pagado toda a quantia devida a Neves, com a finalidade de obter de Sandro a sua quota-parte da dívida. Nessa situação, caracteriza-se a seguinte figura de intervenção de terceiros:

(A) assistência qualificada ou litisconsorcial.

(B) denunciação da lide.

(C) chamamento ao processo.

(D) assistência simples ou adesiva.

Se Sandro busca ajudar, a hipótese é de assistência. No caso, a relação jurídica em debate envolve Sandro e a parte contrária (o credor Neves). Nesse caso – e considerando que Sandro poderia ter sido parte desde o início – a hipótese é de assistência litisconsorcial (CPC, art. 124).
Gabarito "A".

(OAB/Exame Unificado – 2011.2) O Ministério Público ajuizou ação rescisória a fim de desconstituir sentença transitada em julgado, ao argumento de que teria havido colusão entre ambas as partes do processo originário no intuito de fraudar a lei. Diante disso, requereu o Ministério Público, na petição inicial da ação rescisória, a citação tanto da parte autora quanto da parte ré do processo originário.

Assinale a modalidade de litisconsórcio verificada na hipótese acima.

(A) Litisconsórcio passivo necessário e unitário.

(B) Litisconsórcio ativo facultativo e simples.

(C) Litisconsórcio passivo necessário e simples.

(D) Litisconsórcio ativo necessário e unitário.

Se o MP ingressa com a medida judicial e o autor e réu da ação originária são partes da rescisória, figuram no polo passivo na AR. Assim, tem-se um litisconsórcio passivo. É necessário, pois o litisconsórcio precisa existir (não há como se desconstituir uma sentença sem que todos os litigantes originários participem – CPC, art. 114). E é unitário, pois a decisão precisa ser a mesma para todos os litisconsortes (não há como desconstituir parte da sentença para um e não para o outro – CPC, art. 116).
Gabarito "A".

1.5. Pressupostos processuais, elementos da ação e condições da ação

(OAB/Exame Unificado – 2020.2) Patrícia aluga seu escritório profissional no edifício *Law Offices*, tendo ajuizado ação em face de sua locadora, a fim de rever o valor do aluguel. Aberto prazo para a apresentação de réplica, ficou silente a parte autora.

O juiz, ao examinar os autos para prolação da sentença, verificou não ter constado o nome do patrono da autora da publicação do despacho para oferta de réplica. Entretanto, não foi determinada a repetição do ato, e o pedido foi julgado procedente.

Sobre o processo em questão, assinale a afirmativa correta.

(A) Se a ré alegar, em sede de apelação, a irregularidade da intimação para apresentação de réplica, deverá ser pronunciada a nulidade.

(B) Não havia necessidade de repetição da intimação para apresentação de réplica, já que o mérito foi decidido em favor da parte autora.

(C) Caso tivesse sido reconhecida a irregularidade da intimação para apresentação de réplica, caberia ao juiz retomar o processo do seu início, determinando novamente a citação da ré.

(D) Independentemente de ter havido ou não prejuízo à parte autora, a intimação deveria ter sido repetida, sob pena de ofensa ao princípio do contraditório.

A: incorreta, tendo em vista que o ato somente será declarado nulo quando houver prejuízo à parte – e, no caso, como o pedido foi procedente, não houve prejuízo à parte autora (não há nulidade se não houver prejuízo, o que por vezes aparece no brocardo francês *"pas de nullité sans grief"* – CPC, art. 282, §§ 1º e 2º); **B:** correta, considerando o exposto em "A" (CPC, art. 282, § 2º); **C:** incorreta, pelo exposto em "A" e considerando que a declaração de nulidade afeta os atos *subsequentes* que dependam do ato nulo e não todo o processo (CPC, arts. 281 e 282); **D:** incorreta, pois, como já visto, a declaração de nulidade do ato depende da demonstração de prejuízo à parte (CPC, art. 282, §§ 1º e 2º).
Gabarito "B".

(OAB/Exame Unificado – 2010.2) A capacidade é um dos pressupostos processuais. Caso o juiz verifique que uma das partes é incapaz ou há irregularidade em sua representação, deverá suspender o processo e marcar prazo razoável para que o defeito seja sanado.

Assinale a alternativa que indique a providência correta a ser tomada pelo magistrado, na hipótese de persistência do vício.

(A) Se o vício se referir ao autor, deve o juiz aplicar-lhe multa por litigância de má-fé.

(B) Se o vício se referir ao autor, deve o juiz proferir o julgamento antecipado da lide.

(C) Se o vício se referir ao réu, deve o juiz reputá-lo revel.

(D) Se o vício se referir ao réu, deve o juiz julgar a causa em seu desfavor.

Se o vício for em relação ao autor, o processo será extinto. Se o vício for em relação ao réu, haverá revelia. Se o vício for em relação ao terceiro, ele será excluído do processo ou considerado revel, dependendo do polo em que se encontre. (CPC, art. 76, § 1º, e incisos).
Gabarito "C".

(OAB/Exame Unificado – 2010.2) Um advogado é procurado em seu escritório por um cliente que lhe narra que a empresa da qual ele é diretor foi citada pelo poder judiciário, em decorrência de um conflito surgido em razão de contrato de compra e venda no qual inseriram cláusula compromissória cheia, estabelecendo que em caso de eventual conflito entre as partes, ele será apreciado por um tribunal arbitral. O advogado, ao peticionar no referido processo, representando os interesses do seu cliente, no sentido de exigir cumprimento da cláusula compromissória cheia, deverá:

(A) requerer a designação de audiência de conciliação, pois o juiz pode conhecer de ofício da preexistência da convenção de arbitragem.

7. DIREITO PROCESSUAL CIVIL 453

(B) apresentar desde logo contestação, restringindo sua argumentação ao exame do mérito da causa.

(C) apresentar contestação e alegar expressamente, em preliminar, a existência de convenção de arbitragem, solicitando a extinção do feito.

(D) solicitar ao juiz o julgamento antecipado da lide.

Cláusula compromissória é aquela que prevê a solução da lide pela arbitragem (art. 4º, § 1º, da Lei 9.307/1996). Trata-se de um pressuposto processual negativo, ou seja, presente a cláusula, o Poder Judiciário não poderá julgar a lide, acarretando a extinção do processo, as questões envolvendo os pressupostos processuais são alegadas em preliminar de contestação (CPC, arts. 485, VII e 337, X). Contudo, não cabe ao juiz conhecer de ofício da convenção de arbitragem (CPC, art. 485, § 3º).
Gabarito "C".

(OAB/Exame Unificado – 2007.3) O interesse de agir é

(A) Faculdade da ação.

(B) Elemento da ação.

(C) Condição da ação.

(D) Pretensão.

O CPC, em seu art. 485, VI traz as DUAS condições da ação (legitimidade de partes e interesse de agir). *Atenção, pois no CPC anterior eram 3 condições da ação (possibilidade jurídica do pedido deixou de ser prevista no CPC15). Por sua vez, os elementos da ação são as partes, causa de pedir e pedido (CPC, art. 337, § 2º).
Gabarito "C".

1.6. Formação, suspensão e extinção do processo

(OAB/Exame XXXVI) Por mais de 10 anos, Leandro foi locatário de uma sala comercial de propriedade de Paula, na qual instalou o seu consultório para atendimentos médicos. Decidido a se aposentar, Leandro notificou Paula, informando a rescisão contratual e colocando-se à disposição para entregar o imóvel. Ultrapassados 4 (quatro) meses sem o retorno da locadora, Leandro ajuizou ação declaratória de rescisão contratual com pedido de consignação das chaves. Diante disso, Paula apresentou contestação e reconvenção, na qual pleiteia a cobrança de danos materiais por diversos problemas encontrados no imóvel. Diante desse imbróglio, e reconsiderando sua aposentadoria, Leandro consulta advogado(a) para avaliar a possibilidade de desistir da ação.

Sobre o caso narrado, assinale a afirmativa correta.

(A) Por ter sido apresentada contestação, Leandro poderá desistir da ação até a sentença, o que ficará sujeito à concordância de Paula.

(B) Como foi oferecida a contestação, Leandro não poderá mais desistir da ação.

(C) Caso apresentada desistência da ação por Leandro, sua conduta implicará a desistência implícita da reconvenção.

(D) Caso Leandro desista da ação, isso acarretará a extinção do processo sem resolução de mérito, obstando a propositura de nova ação com o mesmo objeto

---

A: correta, considerando que a desistência (hipótese de extinção sem mérito), pode ocorrer somente até a sentença (CPC, art. 485, § 5º). E, uma vez apresentada a contestação, a desistência depende da concordância do réu (CPC, art. 485, § 4º). **B:** incorreta, uma vez que já foi oferecida a contestação, Leandro poderá desistir desde que haja o consentimento do réu (CPC, art. 485, § 4º). **C:** incorreta, pois a desistência da ação não impede o prosseguimento do processo quanto à reconvenção (CPC, art. 343, 2º). **D:** incorreta, porque a extinção pela desistência é sem mérito (CPC, art. 485, VIII); sendo assim, não impede a repropositura da ação (CPC, art. 486).
Gabarito "A".

(OAB/Exame XXXIV) Adriana ajuizou ação de cobrança em face de Ricardo, para buscar o pagamento de diversos serviços de arquitetura por ela prestados e não pagos. Saneado o feito, o juízo de primeiro grau determinou a produção de prova testemunhal, requerida como indispensável pela autora, intimando-a para apresentar o seu rol de testemunhas, com nome e endereço. Transcorrido mais de 1 (um) mês, Adriana, embora regularmente intimada daquela decisão, manteve-se inerte, não tendo fornecido o rol contendo a identificação de suas testemunhas. Diante disso, o juízo determinou a derradeira intimação da autora para dar andamento ao feito, no prazo de 5 (cinco) dias, sob pena de extinção. Essa intimação foi feita pelo Diário da Justiça, na pessoa de seu advogado constituído nos autos. Findo o prazo sem manifestação, foi proferida, a requerimento de Ricardo, sentença de extinção do processo sem resolução de mérito, tendo em vista o abandono da causa pela autora por mais de 30 (trinta) dias, condenando Adriana ao pagamento das despesas processuais e dos honorários advocatícios.

Na qualidade de advogado de Adriana, sobre essa sentença assinale a afirmativa correta.

(A) Está incorreta, pois, para que o processo seja extinto por abandono, o CPC exige prévia intimação pessoal da parte autora para promover os atos e as diligências que lhe incumbir, no prazo de 5 (cinco) dias.

(B) Está correta, pois, para que o processo seja extinto por abandono, o CPC exige, como único requisito, o decurso de mais de 30 (trinta) dias sem que haja manifestação da parte autora.

(C) Está incorreta, pois, para que o processo seja extinto por abandono, o CPC exige, como único requisito, o decurso de mais de 60 (sessenta) dias sem que haja manifestação da parte autora.

(D) Está incorreta, pois o CPC não prevê hipótese de extinção do processo por abandono da causa pela parte autora.

A: Correta. A extinção por abandono depende de intimação prévia da *parte* (CPC, art. 485, § 1º) – e não só do advogado, pela imprensa. Isso porque pode ter acontecido algo com o advogado (como uma doença) e o cliente não está sabendo e não pode ser prejudicado por isso. **B:** Incorreta, pela necessidade de intimação da própria parte (vide alternativa "A"). **C:** Incorreta, pois o prazo para abandono é, de fato, 30 dias (CPC, art. 485, III) – mas depende de intimação pessoal (vide alternativa "A"). **D:** Incorreta, considerando que a extinção por abandono é expressamente prevista no Código (art. 485, III).
Gabarito "A".

(OAB/Exame Unificado – 2009.3) Assinale a opção correta no que se refere à extinção do processo.

(A) Havendo o reconhecimento da prescrição, o processo é extinto sem julgamento de mérito.

(B) A desistência da ação bem como a renúncia do direito acarretam a extinção do processo sem julgamento de mérito.

(C) A existência de coisa julgada anterior acarreta a extinção do processo com julgamento de mérito.

(D) A extinção do processo sem julgamento de mérito acarreta a coisa julgada formal.

A: incorreta, pois a prescrição importa em decisão de resolução do mérito (erro frequente dos candidatos em exames da OAB é pensar que a prescrição é matéria processual – CPC, art. 487, II); **B:** incorreta, porque a desistência é hipótese de extinção sem mérito (CPC, art. 485, VIII) e a renúncia, com mérito (CPC, art. 487, III, *c*); **C:** incorreta, pois a hipótese é de extinção sem mérito (CPC, art. 485, V); **D:** correta, a sentença de extinção do processo sem resolução de mérito permite a repropositura a ação (CPC, art. 486) e, assim, não é coberta pela coisa julgada material, mas apenas pela formal (ou seja, veda a discussão no *próprio processo*, mas não em outro).
„Gabarito "D".

1.7. Tutela provisória

(OAB/Exame 39) Ademir Leone, servidor público aposentado, atualmente obtém sua maior fonte de renda por meio da compra e venda de ações na bolsa de valores brasileira, tendo em vista a perda do poder econômico de sua aposentadoria.

Certo dia, ao tentar comprar ações na bolsa de valores, recebe a notificação de que seu nome havia sido inscrito nos órgãos de proteção ao crédito em razão do inadimplemento das parcelas de um empréstimo firmado com o Banco Prata, e por isso a transação não poderia ser completada, bem como soube que suas ações foram bloqueadas.

Incrédulo com tal situação, pois nunca contratou com tal banco, além de temer pelo sustento de sua família, Ademir procurou você, como advogado(a), para saber da possibilidade de limpar seu nome o quanto antes, ajuizando ação judicial, mas sem precisar esperar o fim do processo.

Assinale a afirmativa que apresenta, corretamente, a orientação que atende à pretensão do seu cliente,

(A) Não existe essa possibilidade no direito brasileiro, o qual pauta-se no contraditório e na ampla defesa, respeitando o devido processo legal, seguindo todas as fases processuais, para que, somente ao final, seja dada uma decisão justa e equânime.

(B) É possível que seja concedida a tutela de urgência, sendo desnecessário a demonstração de elementos que evidenciem a probabilidade do direito e o perigo de dano ou o risco ao resultado útil do processo.

(C) Existe a possibilidade de que seja concedida a tutela de evidência, desde que demonstrado o perigo de dano ou o risco ao resultado útil do processo.

(D) Há a possibilidade de que seja concedida a tutela de urgência, pois existem elementos que evidenciam a probabilidade do direito e o perigo de dano ou o risco ao resultado útil do processo.

A: incorreta, visto que o sistema processual prevê a possibilidade de tutela provisória; ou seja, uma decisão antes do final do processo. E, no caso, a hipótese é de tutela de urgência (CPC, art. 300).**B:** incorreta, porque os principais requisitos para a concessão da tutela de urgência (CPC, art. 300) são, exatamente: (i) a probabilidade do direito e (ii) o perigo de dano ou risco ao resultado útil do processo (CPC, art. 300). **C:** incorreta, pois para a tutela de evidência (CPC, art. 311) não há necessidade de perigo de dano (ou seja, a tutela de evidência é a

liminar sem urgência). **D:** correta. Na linha do exposto nas alternativas anteriores, os requisitos para a concessão da tutela de urgência são (i) a probabilidade do direito e (ii) o perigo de dano ou risco ao resultado útil do processo (CPC, art. 300).
„Gabarito "D".

(OAB / 37º Exame) A sociedade empresária Vesta Construções e Serviços Ltda. propôs tutela cautelar, requerida em caráter antecedente, contra a sociedade empresária Minerva Incorporações Ltda., fundada em contrato de construção civil e fornecimento de serviços, que contém cláusula arbitral para a resolução de quaisquer controvérsias advindas desse contrato. Vesta Construções e Serviços Ltda. figura como parte contratada e Minerva Incorporações Ltda. como parte contratante.

Vesta Construções e Serviços Ltda. alega que, embora tenha executado os serviços previstos no contrato, Minerva Incorporações Ltda. aplicou multas contratuais em razão de atraso no cronograma das obras, as quais alega que não seriam devidas. Por essa razão, Vesta Construções e Serviços Ltda. ingressou com a tutela cautelar em caráter antecedente e requereu que fosse concedida tutela de urgência para impedir que Minerva Incorporações Ltda. realize quaisquer atos de cobrança das multas aplicadas à Vesta Construções e Serviços Ltda.

A tutela de urgência foi totalmente deferida pelo magistrado em favor de Vesta Construções e Serviços Ltda. Na qualidade de advogado(a) de Vesta Construções e Serviços Ltda. assinale a opção que apresente a medida processual a ser adotada, em razão do deferimento da tutela cautelar.

(A) Formular o pedido principal nos mesmos autos da tutela cautelar requerida em caráter antecedente, dentro do prazo de 30 (trinta) dias a contar da data da efetivação da tutela cautelar.

(B) Requerer a instauração da arbitragem dentro do prazo de 30 (trinta) dias a contar da data da efetivação da tutela cautelar.

(C) Formular o pedido principal nos mesmos autos da tutela cautelar requerida em caráter antecedente, dentro do prazo de 15 (quinze) dias, ou em outro prazo maior que o juiz fixar, a contar da data da efetivação da tutela cautelar.

(D) Requerer a instauração da arbitragem dentro do prazo de 15 (quinze) dias, ou em outro prazo maior que o juiz fixar, a contar da data da efetivação da tutela cautelar.

A: incorreta. É possível, diante de um contrato que tenha cláusula de arbitragem, que uma questão de urgência seja inicialmente apreciada pelo Judiciário – com a concessão de uma tutela de urgência. Mas a solução do conflito, no mérito, deverá ser realizada perante o juízo arbitral, e não estatal (Lei nº 9.307/1996, art. 8º). Logo, o pedido principal não será feito perante o Judiciário. **B:** correta pois, nos termos do exposto em "A", considerando que o contrato contém cláusula compromissória, a competência para dirimir a controvérsia, no mérito, será do Juízo Arbitral (Lei. nº 9.307/1996, art. 8º). Assim, a complementação do pedido (o "pedido principal" – CPC, art. 308) será feito perante o árbitro, e não perante o juiz. **C:** incorreta, visto que o ponto já foi explicada na alternativa "A", sendo que o prazo para o pedido principal é de 30 dias (CPC, art. 308). **D:** incorreta, já que, nos termos do art. 308 do CPC, o prazo para formular o pedido principal é de 30 dias, contado da efetivação da tutela cautelar. Assim, após o deferimento da medida, esse prazo será observado.
„Gabarito "B".

7. DIREITO PROCESSUAL CIVIL   455

(OAB/Exame XXXV) Paulo Filho pretende ajuizar uma ação de cobrança em face de Arnaldo José, tendo em vista um contrato de compra e venda firmado entre ambos.

As alegações de fato propostas por Paulo podem ser comprovadas apenas documentalmente, e existe uma tese firmada em julgamento de casos repetitivos.

Ao questionar seu advogado sobre sua pretensão, Paulo Filho buscou saber se existia a possibilidade de que lhe fosse concedida uma tutela de evidência, com o intuito de sanar o problema da forma mais célere.

Como advogado(a) de Paulo, assinale a afirmativa correta.

(A) A tutela da evidência será concedida, caso seja demonstrado o perigo de dano ou o risco ao resultado útil do processo, quando as alegações de fato puderem ser comprovadas apenas documentalmente e houver tese firmada em julgamento de casos repetitivos ou em súmula vinculante.

(B) A tutela da evidência será concedida, independentemente da demonstração de perigo de dano ou de risco ao resultado útil do processo, somente quando ficar caracterizado o abuso do direito de defesa ou o manifesto propósito protelatório da parte.

(C) A tutela da evidência será concedida, independentemente da demonstração de perigo de dano ou de risco ao resultado útil do processo, quando as alegações de fato puderem ser comprovadas apenas documentalmente e houver tese firmada em julgamento de casos repetitivos ou em súmula vinculante.

(D) A tutela da evidência será concedida, independentemente da demonstração de perigo de dano ou de risco ao resultado útil do processo, somente quando a petição inicial for instruída com prova documental suficiente dos fatos constitutivos do direito do autor, a que o réu não oponha prova capaz de gerar dúvida razoável.

A: Incorreta, pois a tutela de evidência é a medida liminar sem o requisito da urgência (CPC, art. 311). Se houver uma situação de urgência, a medida a ser pleiteada é a tutela de urgência (CPC, art. 300). **B:** Incorreta, considerando que a concessão de tutela de evidência fundada no abuso do direito de defesa é apenas uma das hipóteses de tutela provisória (CPC, art. 311, I). **C:** Correta, pois a tutela de evidência não depende de situação de perigo (art. 311, *caput*) e pode ser concedida quando as alegações de fato puderem ser comprovadas por documento (sem dilação probatória) e houver tese repetitiva (CPC, art. 311, II). **D:** Incorreta, considerando que a concessão de tutela de evidência fundada na resposta genérica do réu é apenas uma das hipóteses de tutela provisória (CPC, art. 311, IV).
Gabarito "C".

(OAB/Exame XXXV) Com o objetivo de obter tratamento médico adequado e internação em hospital particular, Pedro propõe uma demanda judicial em face do Plano de Saúde X, com pedido de tutela provisória de urgência incidental. Concedida a tutela provisória, devidamente cumprida pelo réu, é proferida sentença pela improcedência do pedido apresentado por Pedro, a qual transita em julgado diante da ausência de interposição de qualquer recurso. O réu, então, apresenta, em juízo, requerimento para que Pedro repare os prejuízos decorrentes da efetivação da tutela provisória anteriormente deferida, com o pagamento de indenização referente a todo o tratamento médico dispensado. Diante de tal situação, é correto afirmar que, de acordo com o Código de Processo Civil,

(A) o autor responde pelo prejuízo que a efetivação da tutela provisória de urgência causar ao réu, dentre outras hipóteses, se a sentença lhe for desfavorável.

(B) por se contrapor aos princípios do acesso à justiça e da inafastabilidade do controle jurisdicional, não há previsão legal de indenização pelos prejuízos eventualmente causados pelo autor com a efetivação da tutela provisória.

(C) a liquidação e a cobrança da indenização referentes ao prejuízo sofrido pelo réu pela efetivação da tutela de urgência, seguindo a regra geral, devem ser objeto de ação própria, descabendo a apresentação do requerimento nos próprios autos em que a medida foi concedida.

(D) a indenização pretendida pelo réu afasta a possibilidade de reparação por eventual dano processual, sendo inacumuláveis os potenciais prejuízos alegados pelas partes.

A: Correta. O tema é expressamente regulado pelo CPC, no art. 302, I: "(...) a parte responde pelo prejuízo que a efetivação da tutela de urgência causar à parte adversa, se: I – a sentença lhe for desfavorável". **B:** Incorreta, pois ainda que exista princípio do acesso à justiça, existem consequências por se litigar – e previsão legal expressa de indenização, nesses casos (vide alternativa "A"). **C:** Incorreta, considerando ser possível pleitear essa indenização nos próprios autos em que foi deferida a tutela de urgência (CPC, art. 302, p.u.) **D:** Incorreta, pois a parte inicial do art. 302 do CPC aponta expressamente o seguinte: "Independentemente da reparação por dano processual, a parte responde pelo prejuízo (...)". Ou seja, além de ter de indenizar pela tutela de urgência revogada, a parte também arcará com eventual litigância de má-fé imposta pelo juiz no processo.
Gabarito "A".

(XXXIII Exame de Ordem Unificado / FGV) Thiago, empresário com renda mensal de R$ 1.000.000,00 (um milhão de reais), ajuizou ação pelo procedimento comum em face do plano de saúde X, com pedido de tutela provisória de urgência, para que o plano seja compelido a custear tratamento médico no valor de R$ 300.000,00 (trezentos mil reais). O juízo, embora entendendo estarem presentes a probabilidade de existência do direito alegado por Thiago e o risco à sua saúde, condicionou a concessão da tutela provisória de urgência à prestação de caução equivalente a R$ 100.000,00 (cem mil reais), de modo a ressarcir eventuais prejuízos que o plano de saúde X possa sofrer em havendo a cessação de eficácia da medida.

A este respeito, assinale a afirmativa correta.

(A) A exigência de caução para concessão de tutela provisória de urgência no caso em tela é desprovida de fundamento legal, razão pela qual é indevida.

(B) A decisão judicial que condicione a concessão de tutela provisória de urgência à prestação de caução é impugnável por meio de preliminar no recurso de apelação.

(C) A decisão está em desconformidade com o Código de Processo Civil, pois a caução para a concessão de tutela provisória deve ser de, no mínimo, 50% do valor econômico da pretensão.

(D) A exigência de caução, para concessão de tutela provisória de urgência, é admissível como forma de proteção ao ressarcimento de danos que o requerido possa sofrer em virtude da tutela.

A: incorreta, pois o juiz poderá, ao deferir a liminar, determinar a prestação de caução (CPC, art. 300, § 1º); **B:** incorreta, porque em se tratando de decisão interlocutória, o recurso cabível é o agravo de instrumento (CPC, art. 1.015, I); **C:** incorreta, pois não há previsão de qual o percentual da caução a ser determinada pelo juiz (CPC, art. 300, § 1º); **D:** correta, pois essa é a previsão legal (CPC, art. 300, § 1º).

Gabarito "D".

(OAB/Exame Unificado – 2019.2) Pedro, na qualidade de advogado, é procurado por Alfredo, para que seja proposta uma demanda em face de João, já que ambos não conseguiram se compor amigavelmente. A fim de embasar suas alegações de fato, Alfredo entrega a Pedro contundentes documentos, que efetivamente são juntados à petição inicial, pela qual, além da procedência dos pedidos, Pedro requer a concessão de liminar em favor de seu cliente.

Malgrado a existência de tese firmada em julgamento de recurso repetitivo favorável a Alfredo, o juiz indefere a liminar, sob o fundamento de que não existe urgência capaz de justificar o requerimento.

Posto isso, a decisão está

(A) correta, pois, ainda que o autor tenha razão, o devido processo legal impõe que seu direito seja reconhecido apenas na sentença, exceto na hipótese de urgência, o que não é o caso.

(B) incorreta, pois, se as alegações de fato puderem ser comprovadas apenas documentalmente e houver tese firmada em julgamento de casos repetitivos, como no caso, a liminar pode ser deferida.

(C) correta, pois a liminar só poderia ser deferida se, em vez de tese firmada em sede de recurso repetitivo, houvesse súmula vinculante favorável ao pleito do autor.

(D) incorreta, pois a tutela de evidência sempre pode ser concedida liminarmente.

A: incorreta, pois o CPC prevê "liminar" (tutela provisória) não só na urgência, mas também na evidência (art. 311); **B:** esta alternativa correta, pois o juiz errou ao indeferir a liminar, pois uma das hipóteses de tutela de evidência é, exatamente, a existência de documentos aliados à tese repetitiva firmada (CPC, art. 311, II e p.u.); **C:** incorreta, pois também tese repetitiva justifica a tutela de evidência; **D:** incorreta, pois das quatro hipóteses de tutela de evidência, em apenas duas é possível a concessão liminar, sem a prévia oitiva da parte contrária (art. 311, p.u.).

Gabarito "B".

(OAB/Exame Unificado – 2018.3) Márcia está muito doente e necessita fazer uso contínuo do medicamento XYZ para sobreviver. Embora, durante os últimos anos, tenha obtido os medicamentos no único hospital público da cidade em que reside, foi informada de que aquela era a última caixa e que, no mês seguinte, o medicamento não seria mais fornecido pela rede pública.

Diante de tal circunstância, desejando obter o fornecimento do medicamento, Márcia procura você, como advogado(a), para elaborar a petição inicial e ajuizar a demanda que obrigue o Poder Público ao fornecimento do medicamento XYZ. A petição inicial distribuída trouxe o pedido de medicamentos em caráter antecedente e tão somente a indicação do pedido de tutela final, expondo na lide o direito que busca realizar e o perigo de dano à saúde de Márcia.

A respeito do caso mencionado, assinale a afirmativa correta.

(A) O(A) advogado(a) de Márcia fez uso da denominada tutela da evidência, em que se requer a demonstração do perigo de dano ou de risco ao resultado útil do processo.

(B) O procedimento adotado está equivocado, pois a formulação completa da causa de pedir e do pedido final é requisito do requerimento de tutela antecedente.

(C) O(A) advogado(a) agiu corretamente, sendo possível a formulação de requerimento de tutela antecipada antecedente para o fornecimento de medicamento.

(D) Ocorrerá o indeferimento de plano da petição inicial, caso o juiz entenda que não há elementos para a concessão da tutela antecipada.

A: incorreta, considerando que na tutela de evidência (CPC, art. 311) não se fala em perigo de dano ou de risco ao resultado útil do processo; **B:** incorreta, pois para pleitear tutela antecipada antecedente, não é necessário apontar a causa de pedir e pedido na íntegra, mas tão somente indicar o que é urgente (CPC, art. 303, *caput* e § 1º, inc. I); **C:** correta, pois no Código atual é possível, ao se pleitear tutela de urgência, apenas formular o pedido da tutela antecipada antecedente (CPC, art. 303), com o posterior aditamento da causa de pedir e do pedido; **D:** incorreta, considerando que se não houver elementos para a concessão da tutela antecipada, o juiz determinará a emenda da inicial, no prazo de cinco dias (CPC, art. 303, § 6º).

Gabarito "C".

(OAB/Exame Unificado – 2018.3) Em virtude de acidente sofrido nas dependências da loja da operadora de celular Fale Mais S/A, Luana ajuizou ação em face da empresa em questão, buscando indenização por danos materiais e morais, com a concessão de tutela de urgência para o pagamento imediato de despesas médicas. Os aspectos fáticos de suas alegações foram comprovados por meio de documentos, sendo certo que sua tese jurídica encontra respaldo em julgamento de incidente de resolução de demandas repetitivas.

Sobre o caso, assinale a afirmativa correta.

(A) Será possível a concessão da tutela da evidência, podendo ser dispensada, para tanto, a prévia oitiva da ré.

(B) A concessão da tutela de urgência poderá ser liminar e independerá da demonstração de perigo de dano ou de risco ao resultado útil do processo.

(C) A tutela antecipada que for concedida em caráter incidental torna-se estável se, da decisão que a conceder, não for interposto o respectivo recurso, levando à extinção do processo.

(D) Concedida a tutela de urgência ou da evidência, somente poderá ser revogada até o fim da instrução processual.

A: correta. A situação narra na alternativa (existência de tese fixada em IRDR) é uma daquelas em que cabe tutela de evidência, inclusive sem a oitiva do réu| (CPC, art. 311, II e parágrafo único); **B:** incorreta, pois como exposto no item anterior, a existência de tese fixada em IRDR é requisito para concessão de tutela de evidência, e não de urgência; **C:** incorreta. Apesar de a afirmação sobre a estabilização da tutela antecipada ser correta (CPC, art. 304, *caput* e § 1º), a questão trata de tutela de evidência e não de urgência; **D:** incorreta, pois a tutela provisória, que se divide em tutela de evidência e de urgência, pode ser alterada a qualquer tempo (CPC, art. 302, III).

Gabarito "A".

7. DIREITO PROCESSUAL CIVIL

(OAB/Exame Unificado – 2018.2) Alexandre ajuizou ação em face da prestadora de serviço de iluminação pública de sua cidade, questionando os valores cobrados nas últimas contas, bem como pleiteando a condenação da Ré no pagamento de indenização por danos morais. A título de tutela provisória, requereu a retirada de seu nome dos cadastros de inadimplentes, tendo a juíza competente deferido liminarmente a tutela da evidência sob o fundamento de que a ré costuma apresentar contestações padronizadas em processos semelhantes, o que caracterizaria abuso de direito de defesa.

Sobre o procedimento adotado, assinale a afirmativa correta.

(A) O juiz errou ao conceder liminarmente a tutela da evidência, na medida em que esta somente é cabível quando há súmula vinculante sobre o tema.

(B) O juiz acertou ao conceder liminarmente a tutela da evidência, pois a apresentação de contestação padronizada em outro processo configura abuso de direito de defesa.

(C) O juiz acertou ao conceder liminarmente a tutela da evidência, uma vez que, assim como na tutela de urgência, é dever do juiz conceder a tutela independentemente da oitiva do réu.

(D) O juiz errou ao conceder liminarmente a tutela da evidência, pois é necessária a oitiva do réu antes de concedê-la com fundamento no abuso do direito de defesa.

A: incorreta, pois o Código traz duas situações em que cabe a tutela de evidência liminarmente (CPC, art. 311, parágrafo único); **B:** incorreta, considerando não ser critério para concessão de tutela de evidência o que se verifica em outro processo individual; não existe essa previsão no art. 311 do CPC; **C:** incorreta, pois existem quatro hipóteses de tutela de evidência, sendo que somente em duas dessas situações é que será possível a concessão da tutela de evidência liminarmente, conforme exposto em "A"; **D:** correta, devendo ser assinalada pois o juiz não agiu corretamente. Uma das hipóteses em que é possível a concessão de tutela de evidência liminar é diante do "abuso de direito de defesa" (CPC, art. 311, I). Ora, só se pode falar em abuse desse direito após a manifestação da parte, não sendo possível se levar em conta processo anterior. Logo, o juiz não poderia ter decidido liminarmente (CPC, art. 311, parágrafo único, que não faz menção à hipótese de direito de defesa, constante do inciso I).
Gabarito "D".

(OAB/Exame Unificado – 2017.3) O Sr. João, pessoa idosa e beneficiária de plano de saúde individual da sociedade "ABC Saúde Ltda.", começa a sentir fortes dores no peito durante a madrugada e, socorrido por seus familiares, é encaminhado para a unidade hospitalar mais próxima.

O médico responsável pelo atendimento inicial constata um quadro clínico grave, com risco de morte, sendo necessário o imediato encaminhamento do Sr. João para a Unidade de Terapia Intensiva (UTI) do hospital. Ao ser contatado, o plano de saúde informa que não autoriza a internação, uma vez que o Sr. João ainda não havia cumprido o período de carência exigido em contrato.

Imediatamente, um dos filhos do Sr. João, advogado, elabora a ação cabível e recorre ao plantão judicial do Tribunal de Justiça do estado em que reside.

A partir do caso narrado, assinale a alternativa correta.

(A) A tutela de urgência a ser requerida deve ser deferida, tendo em vista os princípios da cooperação e da não surpresa que regem a codificação processual vigente, após a prévia oitiva do representante legal do plano de saúde "ABC Saúde Ltda.", no prazo de 5 (cinco) dias úteis.

(B) Uma vez demonstrado o perigo de dano ou de risco ao resultado útil do processo, o magistrado poderá conceder tutela de evidência em favor do Sr. João, autorizando sua internação provisória na Unidade de Terapia Intensiva do hospital.

(C) Diante da urgência do caso, contemporânea à propositura da ação, a petição inicial redigida poderia limitar-se ao requerimento da tutela antecipada e à indicação do pedido final. Concedida a tutela antecipada, o autor deverá aditar a petição inicial em 15 (quinze) dias ou em outro prazo maior que o juiz fixar.

(D) Concedida a tutela provisória requerida em favor do Sr. João, ela conserva sua eficácia na pendência do processo, apenas podendo vir a ser revogada ou modificada com a prolação da sentença definitiva de mérito.

A: incorreta, pois é possível a concessão de tutela de urgência sem oitiva do réu, existindo expressa previsão legal nesse sentido (CPC, art. 9°, parágrafo único, I – dispositivo que prestigia o acesso à justiça); **B:** incorreta, porque o perigo de dano ou de risco ao resultado útil é requisito para a concessão de tutela de urgência, sendo que o que caracteriza a tutela de evidência é exatamente a desnecessidade de perigo para sua concessão (CPC, art. 300); **C:** correta. Se existe urgência desde o momento em que a parte ingressa com a petição inicial, o CPC permite que se formule apenas o pedido de urgência, sem que já tenha de apresentar o pedido principal; é o que o Código denomina de "tutela antecipada antecedente" (art. 303); **D:** incorreta, pois a tutela provisória pode ser revogada ou modificada a qualquer momento, exatamente por ser provisória (CPC, art. 296).
Gabarito "C".

(OAB/Exame Unificado – 2016.3) Cristina não foi autorizada por seu plano de saúde a realizar cirurgia de urgência indicada por seu médico. Tendo em vista a necessidade de pronta solução para seu caso, ela procura um(a) advogado(a), que afirma que a ação a ser ajuizada terá como pedido a realização da cirurgia, com pedido de tutela antecipada para sua efetivação imediata, sem a oitiva do Réu. O(A) advogado(a) ainda sustenta que não poderá propor a ação sem que Cristina apresente toda a documentação que possui para a instrução da inicial, sob pena de impossibilidade de juntada posterior.

A respeito do caso, assinale a afirmativa correta.

(A) O advogado equivocou-se. Trata-se de tutela cautelar e não antecipada, de modo que o pedido principal terá de ser formulado pela autora no prazo de 30 (trinta) dias nos mesmos autos.

(B) O advogado equivocou-se. A urgência é contemporânea à propositura da ação, pelo que a tutela antecipada pode ser requerida em caráter antecedente, com a possibilidade de posterior aditamento à petição inicial.

(C) O advogado agiu corretamente. A petição inicial é o momento correto para a apresentação de documentos.

(D) O advogado agiu corretamente. Somente a tutela cautelar e não a antecipada pode ser requerida em caráter antecedente.

A: incorreta. O que se pleiteia é a fruição da decisão final (a realização da cirurgia, ou seja, tutela satisfativa), de modo que a medida mais adequada é a antecipação de tutela (CPC, art. 294, parágrafo único). Porém, como há previsão legal (CPC, art. 305, parágrafo único) e debate doutrinário e jurisprudencial quanto à fungibilidade entre tutela cautelar e antecipada, a resposta poderia trazer dúvida ao candidato; **B:** correta. A hipótese mais adequada é de "tutela antecipada antecedente", sendo que nesse caso será admitido o aditamento da inicial para formular o pedido final, momento em que possível a juntada de documentos (CPC, art. 303, "caput" e § 1º); **C:** incorreta. Apesar de, em regra, a inicial ser o momento para juntada de documentos, há exceções, exatamente como no caso de tutela antecipada antecedente (vide alternativa "B"); **D:** incorreta, pois qualquer das tutelas de urgência poderá ser concedida de forma antecedente ou incidental (CPC, art. 294, parágrafo único).

Gabarito "B".

(OAB/Exame Unificado – 2016.1) Juliana ajuizou ação declaratória de inexistência de débito cumulada com indenização por danos morais, com pedido de antecipação dos efeitos da tutela para retirada de seu nome dos órgãos de proteção ao crédito, em face de BG Financeira S/A, com quem mantém contrato de empréstimo bancário. A autora instruiu a inicial com os comprovantes de pagamento das prestações que atestam a pontualidade no cumprimento das parcelas do empréstimo.

Considerando a hipótese narrada e as regras sobre a antecipação de tutela prevista no Código de Processo Civil, assinale a afirmativa correta.

(A) O juiz somente poderá conceder a antecipação dos efeitos da tutela após a BG Financeira S/A apresentar sua contestação.

(B) Tendo sido demonstrados o *fumus boni iuris* e o *periculum in mora*, deverá o juiz deferir a antecipação dos efeitos da tutela, *in limine*, para a retirada do nome de Juliana dos órgãos de restrição ao crédito.

(C) A concessão dos efeitos da tutela antecipada, uma vez deferida, somente perderá sua eficácia com o trânsito em julgado da sentença.

(D) O CPC veda expressamente a concessão dos efeitos da tutela antecipada no bojo da sentença que extingue o processo com resolução de mérito.

A: incorreta, pois o sistema permite a concessão de liminar em tutela de urgência sem a oitiva da parte contrária (CPC, art. 300, § 2º); **B:** correta, sendo que a terminologia prevista na lei é "probabilidade do direito e o perigo de dano ou o risco ao resultado útil do processo" (CPC, art. 300); **C:** incorreta, tendo em vista a possibilidade de a tutela de urgência ser revogada pelo juiz a qualquer momento (CPC, art. 296); **D:** incorreta, pois não existe vedação legal nesse sentido – e trata-se de postura admitida pela jurisprudência.

Gabarito "B".

(OAB/Exame Unificado – 2009.2) Uma limitação expressa à possibilidade de o autor de uma ação requerer a antecipação dos efeitos da tutela jurisdicional é que esta não importe em provimento irreversível, fazendo a doutrina e a jurisprudência, a respeito desse limite, referência ao fenômeno da irreversibilidade recíproca. Acerca desse tema, assinale a opção correta.

(A) A irreversibilidade recíproca deverá ser objeto de análise caso a caso, momento em que o juiz deve-se ater à proporcionalidade para determinar a solução possível.

(B) Em regra, é possível o deferimento da antecipação dos efeitos da tutela antes mesmo da oitiva do réu, no entanto a detecção da chamada irreversibilidade recíproca torna obrigatória a oitiva.

(C) Haverá irreversibilidade recíproca apenas nas situações em que for possível admitir-se reconvenção ou pedido contraposto, momento em que o réu também poderá pedir antecipação dos efeitos da tutela.

(D) Ocorrendo irreversibilidade recíproca, sempre prevalecerá a situação fática que já estiver constituída e cuja alteração dependa de provimento definitivo precedido de ampla dilação probatória.

A lei afirma que se houver risco de irreversibilidade, não deverá ser concedida a tutela provisória de urgência antecipada (CPC, art. 300, § 3º). Contudo, há casos em que, se a tutela antecipada NÃO for concedida, perecerá o objeto pleiteado. Daí o que alguns autores chamam de irreversibilidade recíproca. Nesses casos, deverá ser feita uma ponderação para conceder ou não a tutela (proporcionalidade – CPC, art. 8o). Se houver risco de falecimento da parte, por exemplo, é preferível a concessão à irreversibilidade do provimento.

Gabarito "A".

2. PROCESSO DE CONHECIMENTO

2.1. Petição inicial

(OAB / 38º Exame) Luíza ajuizou ação de cobrança contra Ricardo. Em sua petição inicial, informou que não possui interesse na realização de audiência de conciliação ou mediação. Ricardo, por sua vez, apresentou manifestação informando que possui interesse na realização da audiência de conciliação ou mediação. Diante do interesse formalizado pelo réu, o juiz competente da causa designou data e local para a realização da audiência. Considerando o caso narrado, Luiza

(A) não precisa comparecer à audiência de conciliação ou mediação, tendo em vista que já manifestou desinteresse em sua realização na petição inicial.

(B) não deve comparecer à audiência de conciliação ou mediação, sob pena de o seu comparecimento representar anuência tácita em compor, obrigando-a a firmar acordo com Ricardo.

(C) deve comparecer à audiência de conciliação ou mediação, sob pena de ter seu processo extinto sem resolução do mérito, por falta de interesse processual.

(D) deve comparecer à audiência de conciliação ou mediação, e, caso de forma injustificada não compareça, será sancionada com multa, tendo em vista que sua ausência será considerada ato atentatório à dignidade da justiça.

A: incorreta. Pelo CPC, só não haverá a audiência se ambas as partes manifestarem desinteresse na audiência (CPC, art. 334, § 4º, I). Assim, correta, pela lei processual, a designação da audiência. Logo, se o autor não comparecer (ou não apresentar justificativa pertinente acerca do não comparecimento), poderá haver a imposição de multa ao autor (CPC, art. 334, § 8º). **B:** incorreta, pois a audiência de conciliação ou mediação é método consensual para resolução de conflitos e, portanto, não há qualquer hipótese de "anuência tácita" a qualquer acordo. **C:** incorreta, visto que, o âmbito do CPC, o não comparecimento injustificado à audiência de conciliação ou mediação acarretará aplicação de multa de até dois por cento da vantagem econômica pretendida ou do valor da causa (CPC, art. 334, § 8º), de modo que não há se falar em extinção.

7. DIREITO PROCESSUAL CIVIL

Em outros procedimentos, desde que previsto em lei – como no JEC (L. 9.099/95, art. 51, I) – a ausência à audiência pode acarretar a extinção do processo sem resolução de mérito. **D:** correta considerando que, como visto nas alternativas anteriores, essa é a previsão legal: designada a audiência, se a parte não comparecer, de forma injustificada, haverá a imposição de multa (CPC, art. 334, § 8º).

Gabarito "D".

(OAB / 37º Exame) Marcela ajuizou ação de cobrança em face de Gabriel, seu vizinho, a fim de obter o pagamento de aluguéis vencidos no período de fevereiro a junho de determinado ano, relativos à locação da sua vaga de garagem. Uma vez citado, Gabriel apresentou contestação tempestivamente, invocando uma questão preliminar de falta de interesse processual. Instada a se manifestar em réplica, Marcela alegou que teria cometido um erro material na digitação da sua petição inicial, uma vez que nela deveria ter constado, como termo final da dívida, o mês de "julho" – e não de "junho".

Sem a oitiva de Gabriel, constatando não haver mais provas a serem produzidas, o juiz proferiu sentença, condenando o réu ao pagamento dos aluguéis relativos aos meses de fevereiro a julho. Surpreso com a sentença, Gabriel questionou o seu advogado sobre os termos da condenação.

Considerando o caso narrado, assinale a afirmativa correta.

(A) Por não se tratar de modificação, mas de simples retificação de erro material, Marcela poderia ter requerido a alteração do pedido a qualquer tempo, sendo dispensável a manifestação de Gabriel.

(B) Em se tratando de alteração do pedido posterior à citação, Marcela não poderia tê-lo feito sem o consentimento de Gabriel e sem que ele fosse ouvido.

(C) Marcela poderia ter alterado o pedido, independentemente do consentimento de Gabriel, desde que ele fosse ouvido.

(D) Por se tratar de alteração do pedido antes do saneamento do processo, o consentimento de Gabriel era desnecessário.

A: incorreta, considerando que, no caso, independentemente de se falar de erro material, o fato é que houve alteração do pedido (mudando os meses). Assim, sendo alteração do pedido, é necessária a concordância do réu (CPC, art. 329, II). **B:** correta, pois após a citação e até o saneamento do processo, o autor poderá aditar ou alterar o pedido com consentimento do réu, assegurando o contraditório (CPC, art. 329, I e II). **C:** incorreta, porque a alteração ou aditamento do pedido após a citação dependerá do consentimento do réu (CPC, art. 329, II). **D:** incorreta, pois, como já visto, após a citação, a alteração do pedido depende de concordância do réu (CPC, art. 329)

Gabarito "B".

(OAB/Exame XXXVI) Maria promoveu uma ação de divórcio em face de seu ex-marido João, sendo que o réu foi inicialmente dado como residente na casa de sua ex-mulher, embora ali já não mais residisse. Quando da tentativa de citação, foi lavrada certidão negativa esclarecendo que a autora informou que o réu tinha regressado a Portugal. Diante disso, João veio a ser citado por edital, a requerimento da autora. João, após transitada em julgada a sentença da ação de divórcio, teve conhecimento da ação. Diante do fato de que a autora necessariamente sabia o endereço dos familiares do requerido na cidade

onde por último residiu com ele em Portugal e de onde era contactada telefonicamente com frequência por ele, procurou você para esclarecê-lo sobre os aspectos e efeitos da citação no processo brasileiro.

Sobre o caso narrado, assinale a afirmativa correta.

(A) Maria não poderá ser apenada por requerer a citação por edital, uma vez que houve a ocorrência de uma das circunstâncias autorizadoras para sua realização.

(B) A citação de João é válida, porque, quando ignorado, incerto ou inacessível o lugar em que se encontrar o citando, é autorizada a citação por edital.

(C) A citação por edital é nula, porque não foram efetuadas as diligências necessárias, tendo em vista a existência de elementos sobre o paradeiro do réu.

(D) Já houve a sanatória do vício na citação de João, porque a sentença da ação de divórcio já transitou em julgado

A: Incorreta, considerando que o art. 258 do CPC prevê a aplicação de multa de 5 vezes o salário mínimo para parte que requerer a citação por edital, alegando dolosamente a ocorrência das circunstâncias autorizadoras para sua realização; **B:** Incorreta, pois a autora possuía informações acerca do paradeiro do réu e não houve tentativa de expedição de carta rogatória para citação do réu (CPC, art. 256, § 1º) – ou mesmo outros meios possíveis, como e-mail (CPC, art. 246). Sendo assim, não se trata de citação válida; **C:** Correta. Considerando que a autora possuía informações acerca do paradeiro do réu e não promoveu todas as tentativas possíveis para sua localização, é de se reconhecer a nulidade da citação (art. 256, § 3º); **D:** Incorreta, já que a citação é requisito fundamental para a validade (ou mesmo existência) do processo. Assim, considerando que a citação foi realizada sem observância das prescrições legais (CPC, art. 280), não há se falar em vício sanável.

Gabarito "C".

(OAB/Exame Unificado – 2019.3) Carolina foi citada para comparecer com seu advogado ao Centro Judiciário de Solução de Conflitos (CEJUSC) da comarca da capital, para Audiência de Mediação (Art. 334 do CPC), interessada em restabelecer o diálogo com Nestor, seu ex-marido.

O fato de o advogado de seu ex-cônjuge conversar intimamente com o mediador Teófilo, que asseverava ter celebrado cinco acordos na qualidade de mediador na última semana, retirou sua concentração e a deixou desconfiada da lisura daquela audiência. Não tendo sido possível o acordo nessa primeira oportunidade, foi marcada uma nova sessão de mediação para buscar a composição entre as partes, quinze dias mais tarde.

Sobre o caso narrado, assinale a afirmativa correta.

(A) Carolina pode comparecer sem seu advogado na próxima sessão de mediação.

(B) O advogado só pode atuar como mediador no CEJUSC se realizar concurso público específico para integrar quadro próprio do tribunal.

(C) Pode haver mais de uma sessão destinada à conciliação e à mediação, não podendo exceder 2 (dois) meses da data de realização da primeira sessão, desde que necessária(s) à composição das partes.

(D) O mediador judicial pode atuar como advogado da parte no CEJUSC, pois o CPC apenas impede o exercício da advocacia nos juízos em que desempenhe suas funções.

A: Incorreta, pois é necessária a presença de advogado na audiência de conciliação (CPC, art. 334, § 9º); **B:** Incorreta, porque mesmo que possível concurso público para mediador e conciliador, não é fundamental que essa função seja exercida por concursados, sendo possível realizar um curso e se cadastrar como tal (CPC, art. 167, § 1º); **C:** Correta, porque é possível mais de uma audiência, mas a legislação limita que seja nesse prazo de dois meses da primeira (CPC, art. 334, § 2º); **D:** Incorreta, porque não é possível advogar onde se exerce a função de mediador (CPC, art. 167, § 5º).

Gabarito "C".

(OAB/Exame Unificado – 2019.2) Maria ajuizou ação em face de José, sem mencionar, na inicial, se pretendia ou não realizar audiência de conciliação ou mediação. Assim, o juiz designou a referida audiência, dando ciência às partes. O réu informou ter interesse na realização de tal audiência, enquanto Maria, devidamente intimada, quedou-se silente. Chegado o dia da audiência de conciliação, apenas José, o réu, compareceu.

A respeito do caso narrado, assinale a opção que apresenta possível consequência a ser suportada por Maria.

(A) Não existem consequências previstas na legislação pela ausência da autora à audiência de conciliação ou mediação.

(B) Caso não compareça, nem apresente justificativa pela ausência, Maria será multada em até 2% da vantagem econômica pretendida ou do valor da causa.

(C) Diante da ausência da autora à audiência de conciliação ou mediação, o processo deverá ser extinto.

(D) Diante da ausência da autora à audiência de conciliação ou mediação, as alegações apresentadas pelo réu na contestação serão consideradas verdadeiras.

A: incorreta, pois a ausência injustificada de qualquer das partes acarreta a aplicação de multa (CPC, art. 334, § 8º); **B:** correta, como exposto em "A", sendo esse o valor da multa (CPC, art. 334, § 8º); **C:** incorreta, considerando que há multa e não extinção do processo (a extinção por ausência do autor ocorre nos Juizados); **D:** incorreta, pois o momento de apresentar contestação, cuja ausência acarreta revelia, é após a audiência.

Gabarito "B".

(OAB/Exame Unificado – 2018.3) Diego e Thaís, maiores e capazes, ambos sem filhos, são formalmente casados pelo regime legal da comunhão parcial de bens. Ocorre que, devido a problemas conjugais e divergências quanto à divisão do patrimônio comum do casal, o matrimônio teve fim de forma conturbada, o que motivou Thaís a ajuizar ação de divórcio litigioso cumulada com partilha de bens em face do ex-cônjuge.

Na petição inicial, a autora informa que tem interesse na realização de audiência de conciliação ou de mediação. Diego, regularmente citado, busca orientação jurídica sobre os possíveis desdobramentos da demanda ajuizada por sua ex-cônjuge.

Na qualidade de advogado(a) de Diego, assinale a opção que apresenta os esclarecimentos corretos que foram prestados.

(A) Diego, ainda que de forma injustificada, possui a faculdade de deixar de comparecer à audiência regularmente designada para fins de solução consensual do conflito, não sofrendo qualquer sanção processual em virtude da ausência.

(B) Descabe, no processo contencioso de divórcio ajuizado por Thaís, a solução consensual da controvérsia, uma vez que o direito em questão possui feição extrapatrimonial e, portanto, indisponível.

(C) Ante a existência de vínculo prévio entre as partes, a audiência a ser realizada para fins de autocomposição entre Diego e Thaís deverá ser conduzida por um conciliador, que poderá sugerir soluções para o litígio, vedada a utilização de qualquer tipo de constrangimento ou intimidação.

(D) A partir de requerimento que venha a ser formulado por Diego e Thaís, o juiz pode determinar a suspensão do processo enquanto os litigantes se submetem à mediação extrajudicial.

A: incorreta, pois a ausência injustificada à audiência pode acarretar a aplicação de multa (CPC, art. 334, § 8º); **B:** incorreta, considerando que é possível acordo em processos que tratem de direito de família (CPC, art. 694); **C:** incorreta, pois se existir vínculo entre as partes, o Código indica a solução via mediação (CPC, art. 165, § 3º); **D:** correta, por ser possível a suspensão do processo para tentativa de mediação, mesmo em causas de direito de família (CPC, 694, parágrafo único).

Gabarito "D".

(OAB/Exame Unificado – 2018.3) Em razão da realização de obras públicas de infraestrutura em sua rua, que envolveram o manejo de retroescavadeiras e britadeiras, a residência de Daiana acabou sofrendo algumas avarias. Daiana ingressou com ação judicial em face do ente que promoveu as obras, a fim de que este realizasse os reparos necessários em sua residência. Citado o réu, este apresentou a contestação.

Contudo, antes do saneamento do processo, diante do mal-estar que vivenciou, Daiana consultou seu advogado a respeito da possibilidade de, na mesma ação, adicionar pedido de condenação em danos morais.

Considerando o caso narrado, assinale a afirmativa correta.

(A) É possível o aditamento, uma vez que, até o saneamento do processo, é permitido alterar ou aditar o pedido sem o consentimento do réu.

(B) Não é possível o aditamento, uma vez que o réu foi citado e apresentou contestação.

(C) É possível o aditamento, eis que, até o saneamento do processo, é permitido aditar ou alterar o pedido, desde que com o consentimento do réu.

(D) É possível o aditamento, porquanto, até a prolação da sentença, é permitido alterar ou aditar o pedido, desde que não haja recusa do réu.

A: incorreta, pois o aditamento da inicial sem o consentimento do réu é admitido até a citação (CPC, art. 329, I); **B:** incorreta, considerando que o aditamento é proibido somente após o saneamento (CPC, art. 329, II); **C:** correta, pois o Código prevê que o aditamento pode ser feito até o saneamento, mas desde que o réu concorde (CPC, art. 329, II); **D:** incorreta, considerando que o aditamento pode ser feito até o saneamento (e não até a sentença) e, uma vez realizada a citação, desde que o réu concorde (conforme exposto em alternativas anteriores).

Gabarito "C".

(OAB/Exame Unificado – 2017.3) Leilane, autora da ação de indenização por danos morais, proposta em face de Carlindo na 5ª Vara Cível da comarca da capital, informou, em sua petição inicial, que não possuía interesse na audiência de conciliação prevista no Art. 334 do CPC/15. Mesmo assim, o magistrado marcou a audiência de conciliação e ordenou a citação do réu.

O réu, regularmente citado, manifestou interesse na realização da referida audiência, na qual apenas o réu compareceu. O juiz, então, aplicou à autora a multa de 2% sobre o valor da causa.

Sobre o procedimento do magistrado, a partir do caso apresentado, assinale a afirmativa correta.

(A) O magistrado não deveria ter marcado a audiência de conciliação, já que a autora informou, em sua petição inicial, que não possuía interesse.

(B) O magistrado agiu corretamente, tendo em vista que a conduta da autora se caracteriza como um ato atentatório à dignidade da justiça.

(C) O magistrado deveria ter declarado o processo extinto sem resolução do mérito, e a multa não possui fundamento legal.

(D) A manifestação de interesse do réu na realização da referida audiência pode ser feita em até 72 horas antes da sua realização.

A: incorreta, pois somente se autor e réu afirmarem não ter interesse é que a audiência não será realizada (CPC, art. 334, § 4º, I); **B:** correta (CPC, art. 334, § 8º); **C:** incorreta, porque não há previsão de extinção do processo no caso de ausência à audiência – que é algo que ocorre nos Juizados Especiais. Além disso, como visto em "B", a multa é devida; **D:** incorreta, pois o réu tem o prazo de 10 dias para informar que não tem interesse na audiência de conciliação (CPC, art. 334, § 5º)

Gabarito "B".

(OAB/Exame Unificado – 2018.2) Marina propôs ação de reconhecimento e extinção de união estável em face de Caio, que foi regularmente citado para comparecer à audiência de mediação.

Sobre a audiência de mediação, assinale a afirmativa correta.

(A) Se houver interesse de incapaz, o Ministério Público deverá ser intimado a comparecer à audiência de mediação.

(B) É faculdade da parte estar acompanhada de advogado ou defensor público à audiência.

(C) Em virtude do princípio da unidade da audiência, permite-se apenas uma única sessão de mediação que, se restar frustrada sem acordo, deverá ser observado o procedimento comum.

(D) É lícito que, para a realização de mediação extrajudicial, Marina e Caio peçam a suspensão do processo.

A: incorreta, pois não há previsão legal de participação do MP nessa audiência do art. 334 do CPC; **B:** incorreta, porque é obrigatória a participação de advogado (CPC, art. 334, § 9º); **C:** incorreta, pois é possível realizar mais de uma sessão de mediação, mas desde que em até dois meses da data de realização da primeira sessão (CPC, art. 334, § 2º); **D:** correta, pois é sempre possível que as partes, de comum acordo, requeiram a suspensão do processo (CPC, art. 313, II).

Gabarito "D".

(OAB/Exame Unificado – 2018.1) Almir ingressa com ação pelo procedimento comum em face de José, pleiteando obrigação de fazer consistente na restauração do sinteco aplicado no piso de seu apartamento, uma vez que, dias

após a realização do serviço ter sido concluída, o verniz começou a apresentar diversas manchas irregulares.

Em sua inicial, afirma ter interesse na autocomposição. O juiz da causa, verificando que a petição inicial preenche os requisitos essenciais, não sendo caso de improcedência liminar do pedido, designa audiência de conciliação a ser realizada dentro de 60 (sessenta) dias, promovendo, ainda, a citação do réu com 30 (trinta) dias de antecedência.

Com base na legislação processual aplicável ao caso apresentado, assinale a afirmativa correta.

(A) Caso Almir e José cheguem a um acordo durante a audiência de conciliação, a autocomposição obtida será reduzida a termo pelo conciliador e, independentemente da sua homologação pelo magistrado, já constitui título executivo judicial, bastando que o instrumento seja referendado pelos advogados dos transatores ou por conciliador credenciado junto ao tribunal.

(B) Agiu equivocadamente o magistrado, uma vez que o CPC/15 prevê a imprescindibilidade do prévio oferecimento de contestação por José, no prazo de 15 (quinze) dias úteis a serem contados de sua citação e antes da designação da audiência conciliatória, sob pena de vulnerar o princípio constitucional da ampla defesa e do contraditório, também reproduzido na legislação adjetiva.

(C) Caso Almir, autor da ação, deixe de comparecer injustificadamente à audiência de conciliação, tal ausência é considerada pelo CPC/15 como ato atentatório à dignidade da justiça, sendo sancionado com multa de até dois por cento da vantagem econômica pretendida ou do valor da causa, revertida em favor do Estado.

(D) Almir e José não precisam comparecer à audiência de conciliação acompanhados por seus advogados, uma vez que, nessa fase processual, a relação processual ainda não foi propriamente formada e não há propriamente uma lide, a qual apenas surgirá quando do oferecimento da contestação pelo réu.

A: incorreta, pois se houver acordo, será homologado por sentença, portanto pelo juiz e não pelo conciliador (CPC, art. 334, § 11); **B:** incorreta, considerando que a audiência de conciliação ocorre antes da apresentação de contestação (CPC, art. 334); **C:** correta. A audiência de conciliação ou mediação deve ter a presença das partes, sendo que se alguma das partes se ausentar de forma injustificada será penalizada com multa por ato atentatório à dignidade da justiça (CPC, art. 334, § 8º); **D:** incorreta, pois as partes devem comparecer acompanhadas de advogado à audiência de conciliação ou mediação (CPC, art. 334, § 9º).

Gabarito "C".

(OAB/Exame Unificado – 2016.2) Distribuída a ação, Antônia (autora) é intimada para a audiência de conciliação na pessoa de seu advogado. Explicado o objetivo desse ato pelo advogado, Antônia informa que se recusa a participar da audiência porque não tem qualquer possibilidade de conciliação com Romero (réu).

Acerca da audiência de conciliação ou de mediação, com base no CPC/15, assinale a afirmativa correta.

(A) Romero deverá ser citado para apresentar defesa com, pelo menos, 15 (quinze) dias de antecedência.

(B) A audiência não será realizada, uma vez que Antônia manifestou expressamente seu desinteresse pela conciliação.

(C) Ainda que ambas as partes manifestem desinteresse na conciliação, quando a matéria não admitir auto-composição, a audiência de conciliação ocorrerá normalmente.

(D) Antônia deve ser informada que o seu não comparecimento é considerado ato atentatório à dignidade da justiça, sob pena de multa.

Pelo Código, tratando-se de direitos disponíveis, em regra deve ocorrer a audiência de conciliação ou mediação (CPC, art. 334); apenas se ambas as partes não quiserem é que a audiência não será realizada (CPC, art. 334, § 4º), e o autor deverá informar seu interesse pela audiência na petição inicial (CPC, art. 319, VII). Se alguma parte não comparecer à audiência de forma injustificada, isso será considerado ato atentatório à dignidade da justiça e haverá aplicação de multa (CPC, art. 334, § 8º). Gabarito "D".

(OAB/Exame Unificado – 2011.2) Zélia e Joaquim são vizinhos há cerca de sete anos. Determinada parede foi construída por Joaquim, mas, por defeitos na execução da obra, está permitindo a infiltração da água da chuva, gerando danos à parede limítrofe construída por Zélia. Inconformada, Zélia procura você como advogado(a) a fim de ingressar com a medida judicial cabível. Analisando a hipótese e, estando Zélia de acordo com o seu parecer técnico, você afora ação judicial para o desfazimento da construção ou a reparação da obra defeituosa. Nessa hipótese, como será fixado o valor da causa?

(A) Deverá ser considerado o menor valor, por se tratar de pedido subsidiário.

(B) Por se tratar de pedidos alternativos, será considerado o de maior valor.

(C) Por se tratar de ação para cumprimento do negócio jurídico, será considerado o valor da soma do principal, da pena e dos juros vencidos.

(D) Será a soma dos valores de todos os pedidos, por se tratar da hipótese de cumulação de pedidos.

Considerando que é formulado um pedido com a partícula "ou", sem preferência entre as duas possibilidades, estamos diante de um pedido ALTERNATIVO (CPC, art. 325). O valor da causa no pedido alternativo, por expressa previsão legal (CPC, art. 292, VII), é o do pedido de maior valor. Gabarito "B".

(OAB/Exame Unificado – 2009.3) Cláudia ajuizou ação contra Eleonora, requerendo a condenação desta em danos materiais, morais e pensão alimentícia em decorrência da morte de João, marido da autora, em acidente de trânsito provocado pela ré. Nessa situação hipotética, caracteriza-se a cumulação de pedidos

(A) simples.

(B) alternativa.

(C) sucessiva.

(D) subsidiária.

A cumulação de pedidos é prevista no art. 327 do CPC. No pedido alternativo, não há preferência entre o pedido "A" ou "B" (mas apenas um deles será concedido – art. 325 do CPC). No pedido subsidiário, prefere-se o pedido "A"; mas, se não for possível, aceita-se o pedido "B" (CPC, art. 326). O pedido sucessivo é aquele em que há cumulação

de pedidos, mas o segundo pedido somente poderá ser acolhido se o primeiro for (exemplo de investigação de paternidade cumulada com alimentos). Gabarito "A".

(OAB/Exame Unificado – 2009.2) São modalidades de citação ficta

(A) a citação por oficial de justiça e a citação por meio eletrônico.

(B) a citação com hora certa e a citação por oficial de justiça.

(C) a citação por via postal e a citação por edital.

(D) a citação com hora certa e a citação por edital.

Citação ficta é aquela que se presume ter ocorrido (fictícia). Ou seja, é aquela na qual não houve efetivamente a entrega da citação para o réu (por isso, no caso de ausência de contestação, há necessidade de curador especial). As hipóteses são por hora certa e edital (CPC, art. 72, II). Gabarito "D".

2.2. Resposta do réu

(OAB/Exame 39) Martina ajuizou ação pelo procedimento comum contra Marcela visando à indenização milionária, oportunidade na qual informou na petição inicial que não tinha interesse na audiência de conciliação.

Após analisar a petição inicial, o MM. Juízo da 100ª Vara Cível da Comarca de Florianópolis/SC determinou a citação de Marcela para comparecer em audiência de conciliação, na forma do Art. 334 do Código de Processo Civil e, eventualmente, apresentar contestação na forma do Art. 335 do mesmo diploma legislativo.

Após tomar conhecimento da ação indenizatória de Martina, Marcela apresentou petição concordando com o pedido de cancelamento da audiência de conciliação e se reservando o direito de apresentar contestação no prazo legal.

Considerando que foram prestadas todas as informações e apresentados todos os documentos necessários para a elaboração da contestação, a ser apresentada no prazo de 15 dias, assinale a opção que indica o momento em que se inicia a contagem desse prazo.

(A) Da juntada nos autos do aviso de recebimento positivo do seu mandado de citação por correios.

(B) Da publicação da decisão do MM. Juízo da 100ª Vara Cível da Comarca de Florianópolis/SC que cancelar a audiência de conciliação agendada no despacho citatório.

(C) Do ato de protocolar o pedido de cancelamento da audiência de conciliação formulado por Marcela.

(D) Da audiência de conciliação, uma vez que o Código de Processo Civil obriga a realização desse ato processual, o qual não poderá ser cancelado por despacho do MM. Juízo da 100ª Vara Cível da Comarca de Florianópolis/SC.

A: incorreta, visto que a contagem da juntada da citação se dá quando o juiz não designar audiência (CPC, art. 335, III). **B:** incorreta, pois essa não é a previsão legal no caso de audiência designada e pedido de cancelamento (CPC, art. 335, II – vide alternativa "C"). **C:** correta. Quando designada audiência e não houver interesse dos autor nesse ato, poderá o réu também informar que não tem interesse na audiência e requerer seu cancelamento. Nesse caso, o prazo para o réu oferecer

7. DIREITO PROCESSUAL CIVIL

contestação terá como termo inicial a data do protocolo desse pedido de cancelamento (CPC, art. 335, II). **D:** incorreta, porque a audiência, no caso, não será realizada. Isso porque o CPC aponta que referida audiência não será realizada se ambas as partes manifestarem desinteresse no ato (CPC, art. 334, § 4º, I).

Gabarito "C".

(OAB/Exame Unificado – 2020.1) O arquiteto Fernando ajuizou ação exclusivamente em face de Daniela, sua cliente, buscando a cobrança de valores que não teriam sido pagos no âmbito de um contrato de reforma de apartamento.

Daniela, devidamente citada, deixou de oferecer contestação, mas, em litisconsórcio com seu marido José, apresentou reconvenção em peça autônoma, buscando indenização por danos morais em face de Fernando e sua empresa, sob o argumento de que estes, após a conclusão das obras de reforma, expuseram, em site próprio, fotos do interior do imóvel dos reconvintes sem que tivessem autorização para tanto.

Diante dessa situação hipotética, assinale a afirmativa correta.

(A) Como Daniela deixou de contestar a ação, ela e seu marido não poderiam ter apresentado reconvenção, devendo ter ajuizado ação autônoma para buscar a indenização pretendida.

(B) A reconvenção deverá ser processada, a despeito de Daniela não ter contestado a ação originária, na medida em que o réu pode propor reconvenção independentemente de oferecer contestação.

(C) A reconvenção não poderá ser processada, na medida em que não é lícito a Daniela propor reconvenção em litisconsórcio com seu marido, que é um terceiro que não faz parte da ação originária.

(D) A reconvenção não poderá ser processada, na medida em que não é lícito a Daniela incluir no polo passivo da reconvenção a empresa de Fernando, que é um terceiro que não faz parte da ação originária.

A: Incorreta, conforme explicação em "B"; **B:** Correta. Ainda que a reconvenção seja apresentada na própria contestação, é possível a apresentação de reconvenção mesmo que não haja contestação (CPC, art. 343, § 6º), não sendo obrigatório o uso de ação autônoma para isso; **C:** Incorreta, pois é possível a reconvenção em litisconsórcio ativo com terceiro (com quem não é réu na ação movida pelo autor – CPC, art. 343, § 4º); **D:** Incorreta, considerando ser possível a reconvenção em litisconsórcio passivo com terceiro (com quem não é autor na demanda originária – CPC, art. 343, § 3º).

Gabarito "B".

(OAB/Exame Unificado – 2019.3) João dirigia seu carro a caminho do trabalho quando, ao virar em uma esquina, foi atingido por Fernando, que seguia na faixa ao lado. Diante dos danos ocasionados a seu veículo, João ingressou com ação, junto a uma Vara Cível, em face de Fernando, alegando que este trafegava pela faixa que teria como caminho obrigatório a rua para onde aquele seguiria.

Realizada a citação, Fernando procurou seu advogado, alegando que, além de oferecer sua defesa nos autos daquele processo, gostaria de formular pedido contra João, uma vez que este teria invadido a faixa sem antes acionar a "seta", sendo, portanto, o verdadeiro culpado pelo acidente.

Considerando o caso narrado, o advogado de Fernando deve

(A) instruí-lo a ajuizar nova ação, uma vez que não é possível formular pedido contra quem deu origem ao processo.

(B) informar-lhe que poderá, na contestação, propor reconvenção para manifestar pretensão própria, sendo desnecessária a conexão com a ação principal ou com o fundamento da defesa, bastando a identidade das partes.

(C) informar-lhe sobre a possibilidade de propor a reconvenção, advertindo-o, porém, que, caso João desista da ação, a reconvenção restará prejudicada.

(D) informar-lhe que poderá, na contestação, propor reconvenção para manifestar pretensão própria, desde que conexa com a ação principal ou com o fundamento da defesa.

A: Incorreta, pois o CPC admite a formulação de pedido pelo réu, contra o autor, na mesma ação, pela via da reconvenção (CPC, art. 343); **B:** Incorreta, porque é possível a reconvenção desde que haja conexão com a ação ou a defesa (CPC, art. 343); **C:** Incorreta, considerando que, se houver a desistência da ação, a reconvenção prosseguirá, porque passa a ser uma ação autônoma (CPC, art. 343, § 2º); **D:** Correta. É possível a reconvenção, nos mesmos autos, mas desde que haja conexão com a ação principal ou defesa (CPC, art. 343, *caput*).

Gabarito "D".

(OAB/Exame Unificado – 2018.1) Alcebíades ajuizou demanda de obrigação de fazer pelo procedimento comum, com base em cláusula contratual, no foro da comarca de Petrópolis. Citada para integrar a relação processual, a ré Benedita lembrou-se de ter ajustado contratualmente que o foro para tratar judicialmente de qualquer desavença seria o da comarca de Niterói, e comunicou o fato ao seu advogado.

Sobre o procedimento a ser adotado pela defesa, segundo o caso narrado, assinale a afirmativa correta.

(A) A defesa poderá alegar a incompetência de foro antes da audiência de conciliação ou de mediação.

(B) A defesa poderá alegar a incompetência a qualquer tempo.

(C) A defesa só poderá alegar a incompetência de foro como preliminar da contestação, considerando tratar-se de regra de competência absoluta, sob pena de preclusão.

(D) A defesa tem o ônus de apresentar exceção de incompetência, em petição separada, no prazo de resposta.

A questão não tem nenhuma resposta que traga exatamente o que a lei prevê, de modo que, em meu entender, deveria ter sido anulada – mas a banca a manteve.

A: correta para a banca. Apesar de, por exclusão, ser a resposta mais adequada, não há, na lei, a previsão constante dessa alternativa. Pelo Código, é possível alegar incompetência relativa somente em preliminar de contestação (CPC, art. 64), sendo que a contestação somente é apresentada *após* a audiência de conciliação. Assim, ainda que na doutrina se admita uma apresentação de petição antes da contestação para alegar a incompetência, isso não está previsto no CPC – e a regra, em provas de 1ª fase, é a resposta com base na letra da lei; **B:** incorreta, pois no caso de competência relativa (territorial), se não houver a alegação em preliminar de contestação, haverá preclusão dessa matéria – que recebe o nome de prorrogação, na lei (CPC, art. 65); **C:** incorreta. Ainda que a primeira parte da alterativa esteja correta (como exposto em "A"), o caso narrado é de competência relativa (territorial) e não absoluta (CPC, art. 63); **D:** incorreta, porque não existe mais exceção de incompetência no

464 LUIZ DELLORE

CPC (essa figura existia no Código anterior), sendo que a incompetência relativa é alegada na própria contestação, em preliminar (CPC, art. 64).
Gabarito "A".

(OAB/Exame Unificado – 2017.1) João ajuizou ação indenizatória contra Maria, postulando a condenação ao pagamento de R$ 100.000,00 a título de reparação por danos materiais e R$ 50.000,00 por indenização de danos morais, em razão do descumprimento de um contrato firmado entre eles, referente à compra e venda de dois imóveis, cujos valores eram R$ 500.000,00 e R$ 200.000,00.

Maria, citada, apresentou contestação e reconvenção, pedindo a declaração de invalidade parcial do contrato relativo ao imóvel de R$ 200.000,00, bem como a condenação de João ao pagamento de indenização por danos morais, no valor de R$ 20.000,00.

Diante de tal situação, assinale a opção que apresenta o valor da causa da reconvenção.

(A) O valor deve ser o mesmo da ação principal, qual seja, R$ 150.000,00, por ser ação acessória.

(B) Não é necessário dar valor à causa na reconvenção.

(C) O valor deve ser de R$ 220.000,00, referente à soma do pedido de declaração de invalidade parcial do contrato e do pleito de indenização por danos morais.

(D) O valor deve ser de R$ 200.000,00, referente ao pedido de declaração de invalidade parcial do contrato, sendo o pleito de indenização por danos morais meramente estimado, dispensando a indicação como valor da causa.

A: incorreta, pois os pedidos são distintos; B: incorreta, pois a lei prevê expressamente que há valor da causa na reconvenção, ainda que a reconvenção seja feita na própria contestação (art. 292); C: correta. O valor da causa, quando há pedidos cumulados, deve ser a soma dos pedidos (CPC, art. 292, "caput" e VI); D: incorreta, considerando o exposto na alternativa anterior.
Gabarito "C".

(OAB/Exame Unificado – 2016.3) A sociedade Palavras Cruzadas Ltda. ajuizou ação de responsabilidade civil em face de Helena e requereu o benefício da gratuidade de justiça, na petição inicial. O juiz deferiu o requerimento de gratuidade e ordenou a citação da ré.

Como a autora não juntou qualquer documento comprobatório de sua hipossuficiência econômica, a ré pretende atacar o benefício deferido.

Com base na situação apresentada, assinale a afirmativa correta.

(A) O instrumento processual adequado para atacar a decisão judicial é o incidente de impugnação ao benefício de gratuidade, que será processado em autos apartados.

(B) A ré alegará na contestação que não estão presentes os requisitos para o deferimento do benefício de gratuidade.

(C) A ré alegará na contestação que o benefício deve ser indeferido, mas terá que apresentar documentos comprobatórios, pois a lei presume verdadeira a alegação de insuficiência deduzida.

(D) O instrumento processual previsto para atacar a decisão judicial de deferimento do benefício é o agravo de instrumento.

A: incorreta. A impugnação à justiça gratuita não é mais elaborada em peça apartada (como no CPC anterior), mas sim na própria contestação (CPC, art. 100); B: correta pois, como já dito, agora a discussão quanto à gratuidade deve ser feita na própria contestação; C: incorreta, porque a gratuidade é presumida somente para pessoa física, e não para pessoa jurídica (CPC, art. 99, § 3º); D: incorreta, porque antes de se recorrer da decisão que defere a gratuidade, é necessário discutir a concessão perante o próprio juízo que a concedeu (CPC, art. 100).
Gabarito "B".

(OAB/Exame Unificado – 2016.2) Durante uma ação de guarda a tramitar em uma vara de família, a ré, mãe da criança, descobriu que o advogado do pai (autor) é filho adotivo do irmão do promotor de justiça que atua no caso. Extremamente preocupada, informou o fato ao seu advogado.

Com base no CPC/15, como advogado da mãe, assinale a afirmativa correta.

(A) Por causa do impedimento para que o promotor de justiça exerça suas funções, o fato deverá ser informado ao juiz da causa em petição específica.

(B) O advogado da mãe deverá arguir, por meio de exceção, o impedimento do promotor de justiça.

(C) As causas de impedimento direcionadas ao magistrado, como é o caso, não se estendem aos membros do Ministério Público.

(D) Não se trata de causa de impedimento porque o advogado do pai é parente colateral de terceiro grau do promotor de justiça.

O enunciado trata de uma situação de impedimento (CPC, art. 144, IV – parentesco até o terceiro grau). A respeito do tema, importante destacar que (i) as hipóteses de impedimento do juiz aplicam-se ao MP e outros servidores (CPC, art. 148) e (ii) no CPC15, o impedimento não é mais alegado por exceção, mas sim no próprio processo, em "petição específica" (CPC, art. 146).
Gabarito "A".

(OAB/Exame Unificado – 2011.1) Júlia ingressou com ação de indenização por danos morais e materiais em face da Gráfica Bela Escrita, bem como do Ateliê Alta-Costura, sob a alegação de que o seu casamento não pôde ser realizado tendo em vista que a Gráfica escreveu o endereço errado do local da cerimônia em todos os convites confeccionados, e o Ateliê, por sua vez, não entregou o vestido de noiva no dia do casamento. Tendo sido ambos os réus regularmente citados, o Ateliê Alta-Costura apresentou contestação tempestiva, em que afirmou se isentar de responsabilidade, uma vez que o vestido de noiva já estava praticamente pronto, quando, na véspera da cerimônia, a noiva subitamente decidiu solicitar inúmeras alterações no modelo da roupa, o que inviabilizou a sua tempestiva entrega. A Gráfica Bela Escrita, por seu turno, não se manifestou nos autos. A respeito da situação descrita, é correto afirmar que a contestação apresentada pelo Ateliê Alta-Costura

(A) aproveita à Gráfica Bela Escrita, não se operando o efeito material da revelia contra este réu, desde que o Ateliê Alta-Costura, uma vez intimado, manifeste expressa concordância.

(B) não aproveita à Gráfica Bela Escrita, operando-se o efeito material da revelia contra este réu.

(C) automaticamente aproveita à Gráfica Bela Escrita, não se operando o efeito material da revelia contra este réu.

7. DIREITO PROCESSUAL CIVIL

(D) reabre automaticamente o prazo para a apresentação de contestação pela Gráfica Bela Escrita, operando-se o efeito material da revelia somente se este réu, mesmo assim, permanecer inerte.

A revelia é a ausência de contestação, sendo que dois são seus efeitos: presunção de veracidade e prazos correrem independentemente de intimação do réu revel (CPC, arts. 344 e 346). Pela lei, não há presunção de veracidade se, havendo litisconsórcio, um dos réus contestar (CPC, art. 345, I). Contudo, para a doutrina e jurisprudência, apenas se a defesa for COMUM aos réus é que isso ocorre. Portanto, no caso narrado, como a defesa do ateliê não é comum à gráfica, é de se reconhecer a presunção de veracidade dos fatos.
Gabarito "B".

(OAB/Exame Unificado – 2011.1) Em uma ação fundada na responsabilidade civil por suposto erro médico praticado por Cláudio, este foi regularmente citado e, no prazo legal, ofereceu contestação. Em razão do seu falecimento, no curso da lide, foi determinada a suspensão do processo e a habilitação de seus herdeiros ou sucessores no polo passivo. Sendo certo que tal irregularidade não foi sanada no prazo fixado pelo juízo, é correto afirmar, em relação ao processo, que

(A) deve prosseguir, com a declaração da revelia, cuja consequência ficará restrita à fluência de prazos independentemente de intimação.

(B) deve ser julgado extinto, sem resolução do mérito, por falta de pressupostos de constituição e de desenvolvimento válido e regular.

(C) deve ser julgado extinto, sem resolução do mérito, por falta de uma das condições da ação.

(D) deve ter regular prosseguimento, com a declaração da revelia e a consequente presunção de veracidade dos fatos alegados na inicial.

A morte da parte faz com que haja a necessidade de sucessão no polo processual (mediante procedimento denominado habilitação incidente – CPC, art. 687). Contudo, como no caso isso não ocorreu corretamente, tem-se um vício de representação, o qual acarreta a revelia (CPC, art. 76, § 1º, II). Porém, considerando que já houve a apresentação de contestação e os fatos foram controvertidos, não há mais que se falar em presunção de veracidade dos fatos. Assim, os prazos fluirão independentemente de intimação (CPC, art. 436). Esta questão e a anterior, no meu entender, não são próprias para um Exame de 1ª fase de OAB, por fugirem do texto legal e envolverem específicos conhecimentos doutrinários a respeito da revelia.
Gabarito "A".

2.3. Provas

(OAB / 38º Exame) Arthur e Felipe trabalham juntos na Transportadora Esporte S/A, que realiza campeonatos mensais de futebol entre suas diversas equipes. No último torneio, houve um grande desentendimento, durante o qual Felipe dirigiu numerosas ofensas contra Arthur. Indignado, Arthur ajuizou ação indenizatória em face de Felipe, por meio da qual busca a compensação pelos danos morais decorrentes das ofensas proferidas na presença dos demais colegas de trabalho.

Para comprovar a sua versão dos fatos, Arthur requereu o depoimento pessoal de Felipe, que foi deferido pelo juízo de primeiro grau, que o intimou pessoalmente, advertindo-o das consequências legais. Comparecendo

à audiência de instrução e julgamento, o réu se recusou a depor, embora intimado pessoalmente e advertido das eventuais consequências legais. Nesse contexto, considerando as normas processuais em vigor, o advogado de Arthur deve requerer

(A) a aplicação de multa de até 2% (dois por cento) da vantagem econômica pretendida ou do valor da causa ao réu, uma vez que a recusa caracteriza prática de ato atentatório à dignidade da justiça.

(B) o regular prosseguimento do feito, sem a imposição de penalidade específica ao réu, que só poderia ser penalizado caso não tivesse comparecido à audiência de instrução e julgamento.

(C) a condenação do réu por litigância de má-fé, com o pagamento de multa de até 10% (dez por cento) do valor corrigido da causa.

(D) a aplicação da pena de confesso ao réu, diante de sua recusa a depor.

A: incorreta, pois não há previsão expressa de multa na hipótese da parte se recusar a prestar depoimento pessoal (CPC, arts. 385 e 386). **B:** incorreta, visto que a penalidade que se aplica à parte que não comparece ou, comparecendo, se recusa a depor é a confissão (CPC, art. 385, § 1º). **C:** incorreta. A recusa em prestar depoimento pessoal não se enquadra, especificamente, nas hipóteses do art. 80 do CPC para aplicação de multa por litigância de má-fé. De qualquer forma, pode o juiz, no caso concreto – além de aplicar a pena de confesso, eventualmente aplicar pena por litigância de má-fé (por exemplo, com base na "resistência ao andamento do processo" – CPC, art. 80, IV), de modo que a alternativa poderia induzir o candidato em erro. **D:** correta, pois essa previsão específica prevista em lei para o silêncio da parte: aplica-se a pena de confissão para a parte que não comparece ou, comparecendo, se recusa a depor (CPC, art. 385, § 1º).
Gabarito "D".

(OAB/Exame XXXVI) O Condomínio do Edifício Residências, tendo observado o surgimento de diversos vícios ocultos nas áreas de uso comum do prédio construído pela Mestre de Obras Engenharia S/A, ajuizou ação de produção antecipada de provas, na qual requereu a produção de prova pericial. Para tanto, argumentou que o prévio conhecimento dos fatos, sob o ângulo técnico, poderá evitar ou justificar uma ação futura, a depender do resultado da perícia. Devidamente citada, a Mestre de Obras Engenharia S/A apresentou manifestação, na qual alega que não há qualquer risco de perecimento da prova, pois os vícios eventualmente constatados permaneceriam no local, sendo impertinente, portanto, o ajuizamento da produção antecipada de provas. Considerando o caso narrado, assinale a afirmativa correta.

(A) A pretensão de prévio conhecimento dos fatos para justificar ou evitar o ajuizamento de ação futura em face da Mestre de Obras Engenharia S/A, não é suficiente para a admissibilidade da produção antecipada de provas proposta pelo condomínio do Edifício Residências, faltando interesse de agir.

(B) A produção antecipada de provas proposta pelo Condomínio do Edifício Residências previne a competência para a ação principal, eventualmente proposta em face da Mestre de Obras Engenharia S/A.

(C) Na produção antecipada de provas, o juiz não se pronunciará sobre a ocorrência ou inocorrência dos fatos alegados pelo Condomínio do Edifício Residências, nem sobre suas respectivas consequências jurídicas.

(D) No procedimento de produção antecipada de provas, não se admitirá defesa ou recurso, salvo contra decisão que defira a produção da prova pleiteada pelo Condomínio do Edifício Residências.

A: Incorreta. Conforme art. 381, III do CPC, admite-se a produção antecipada da prova nos casos em que o prévio conhecimento dos fatos possa justificar ou evitar o ajuizamento de ação. B: Incorreta, pois o art. 381, § 3º do CPC estabelece que a produção antecipada de prova não previne a competência do juízo (ou seja, haverá a livre distribuição, podendo a causa principal ser julgada por outro juiz); C: Correta, já que não há, na produção antecipada de provas, análise de mérito pelo juiz – mas sim a produção de prova em contraditório, a ser eventualmente utilizada em futuro processo (CPC, art. 382, § 2º); D: Incorreta, considerando que, pela previsão da lei, "não se admitirá defesa ou recurso, salvo contra decisão que indeferir totalmente a produção da prova pleiteada pelo requerente originário" (CPC, art. 382, § 4º – dispositivo esse objeto de diversas polêmicas).
Gabarito "C".

(XXXIII Exame de Ordem Unificado / FGV) Joana, em decorrência de diversos problemas conjugais, decidiu se divorciar de Marcelo. Contudo, em razão da resistência do cônjuge em consentir com sua decisão, foi preciso propor ação de divórcio. Após distribuída a ação, o juiz determinou a emenda da petição inicial, tendo em vista a ausência de cópia da certidão do casamento celebrado entre as partes, dentre os documentos anexados à inicial. Considerando o caso narrado e as disposições legais a respeito da ausência de documentos indispensáveis à proposição da ação, assinale a afirmativa correta.

(A) Ausente documento indispensável à proposição da ação, a petição inicial deve ser indeferida de imediato.

(B) A certidão de casamento é documento indispensável à proposição de qualquer ação. Constatando-se sua ausência, deve o autor ser intimado para emendar ou completar a inicial no prazo de 5 (cinco) dias.

(C) Ausente documento indispensável à proposição da ação, o autor deve ser intimado para emendar ou completar a inicial no prazo de 15 (quinze) dias.

(D) A ausência de documento indispensável à proposição da ação configura hipótese de improcedência liminar.

A: Incorreta, pois o indeferimento de plano é uma solução extrema, apenas para casos de vício insanável (CPC, art. 330); B: incorreta pois a certidão é indispensável para ações relativas ao casamento, mas não em todos os processos; C: correta, porque se faltar documento essencial, deve ser determinada a emenda, que deve ser realizada no prazo de 15 dias (CPC, art. 321); D: incorreta, considerando que a improcedência liminar é para situações de mérito (CPC, art. 332), sendo que o problema relacionado ao documento é de ordem processual.
Gabarito "C".

(OAB/Exame Unificado – 2020.1) Julieta ajuizou demanda em face de Rafaela e, a fim de provar os fatos constitutivos de seu direito, arrolou como testemunhas Fernanda e Vicente. A demandada, por sua vez, arrolou as testemunhas Pedro e Mônica.

Durante a instrução, Fernanda e Vicente em nada contribuíram para o esclarecimento dos fatos, enquanto Pedro e Mônica confirmaram o alegado na petição inicial. Em razões finais, o advogado da autora requereu a procedência dos pedidos, ao que se contrapôs o patrono da ré,

sob o argumento de que as provas produzidas pela autora não confirmaram suas alegações e, ademais, as provas produzidas pela ré não podem prejudicá-la.

Consideradas as normas processuais em vigor, assinale a afirmativa correta.

(A) O advogado da demandada está correto, pois competia à demandante a prova dos fatos constitutivos do seu direito.

(B) O advogado da demandante está correto, porque a prova, uma vez produzida, pode beneficiar parte distinta da que a requereu.

(C) O advogado da demandante está incorreto, pois o princípio da aquisição da prova não é aplicável à hipótese.

(D) O advogado da demandada está incorreto, porque as provas só podem beneficiar a parte que as produziu, segundo o princípio da aquisição da prova.

A: Incorreta, pois a prova produzida nos autos não se presta apenas a quem produz, mas ao processo como o todo – assim, houve produção de prova dos fatos constitutivos; B: Correta. Considerando o princípio da comunhão da prova (ou da aquisição da prova), não importa quem produziu a prova, mas sim que ela foi produzida e pode influir na convicção do juiz (CPC, art. 371. O juiz apreciará a prova constante dos autos, *independentemente do sujeito que a tiver promovido (...)*.C: Incorreta pois, conforme mencionado no item anterior, o princípio da comunhão da prova é aplicado no processo civil brasileiro; D: Incorreta, conforme exposto em "B" e "C".
Gabarito "B".

(OAB/Exame Unificado – 2019.1) O fornecimento de energia elétrica à residência de Vicente foi interrompido em 2 de janeiro de 2018, porque, segundo a concessionária de serviço público, haveria um "gato" no local, ou seja, o medidor de energia teria sido indevidamente adulterado.

Indignado, Vicente, representado por um(a) advogado(a), propôs, aproximadamente um mês depois, demanda em face da fornecedora e pediu o restabelecimento do serviço, pois o medidor estaria hígido. A fim de provar os fatos alegados, o autor requereu a produção de prova pericial.

Citado poucos meses depois da propositura da demanda, a ré defendeu a correção de sua conduta, ratificou a existência de irregularidade no medidor de energia e, tal qual o autor, requereu a produção de perícia.

Em dezembro de 2018, após arbitrar o valor dos honorários periciais e antes da realização da perícia, o juiz atribuiu apenas ao autor, que efetivamente foi intimado para tanto, o pagamento de tal verba.

Sobre a hipótese apresentada, assinale a afirmativa correta.

(A) A decisão judicial está correta, uma vez que, se ambas as partes requererem a produção de perícia, apenas o autor deve adiantar o pagamento.

(B) O juiz decidiu de modo incorreto, pois se ambas as partes requererem a produção de perícia, autor e réu devem adiantar os honorários periciais.

(C) A decisão está equivocada, na medida em que os honorários periciais são pagos apenas ao final do processo.

(D) A decisão está correta, pois o magistrado tinha a faculdade de atribuir a apenas uma das partes o pagamento do montante.

7. DIREITO PROCESSUAL CIVIL   467

A questão envolve o ônus financeiro da prova, mais especificamente quem é o responsável pelo pagamento da perícia. Prevê o Código que se autor e réu requerem prova pericial, o custo deverá ser rateado entre as partes (CPC, art. 95).

Gabarito "B".

(OAB/Exame Unificado – 2018.3) Maria comprou um apartamento da empresa Moradia S/A e constatou, logo após sua mudança, que havia algumas infiltrações e problemas nas instalações elétricas.

Maria consultou seu advogado, que sugeriu o ajuizamento de ação de produção antecipada de prova, com o objetivo de realizar uma perícia no imóvel, inclusive com o objetivo de decidir se ajuizaria, posteriormente, ação para reparação dos prejuízos.

Diante desse contexto, assinale a afirmativa correta.

(A) A produção antecipada de provas é cabível, porque visa a obter prévio conhecimento dos fatos e da situação do imóvel, para justificar ou evitar o ajuizamento de ação de reparação dos prejuízos.

(B) A produção antecipada de provas é obrigatória, uma vez que Maria não poderia ingressar diretamente com ação para reparação dos prejuízos.

(C) A produção antecipada de provas é incabível, porque apenas pode ser ajuizada quando há urgência ou risco de que a verificação dos fatos venha a se tornar impossível posteriormente, o que não foi demonstrado na hipótese concreta.

(D) A produção antecipada de provas é incabível, vez que o seu ajuizamento apenas pode ocorrer mediante pedido conjunto de Maria e da empresa Moradia S/A.

A: correta, pois cabe a produção antecipada de provas para avaliar se o caso de depois se ajuizar ação de indenização (CPC, art. 381, III); **B:** incorreta, porque a lei nada dispõe a respeito de obrigatoriedade de produção prévia de provas, de modo que nada impede que se produza a prova durante a tramitação do processo; **C:** incorreta, considerando que é possível a produção antecipada de provas para situações em que há urgência (art. 381 I), como para situações em que não há urgência (art. 381, II e III); **D:** incorreta, pois apenas uma das partes pode ter interesse na produção prévia de provas, caso em que a outra parte será citada, de modo a existir o contraditório (CPC, art. 382, § 1º).

Gabarito "A".

(OAB/Exame Unificado – 2015.2) Aloísio ajuizou ação de anulação de casamento em face de Júlia. No curso do processo, o juiz designou audiência de instrução e julgamento para colheita dos depoimentos pessoais de Aloísio e Júlia e oitiva das testemunhas. Considerando as regras sobre depoimento pessoal previstas no Código de Processo Civil, assinale a afirmativa correta.

(A) O Código de Processo Civil admite que Júlia se valha da escusa do dever de depor sobre fatos torpes que lhe forem imputados por Aloísio.

(B) Aloísio e Júlia, apesar de devidamente intimados, poderão se recusar a depor, sem que seja aplicada a pena de confissão, por ser o depoimento pessoal mero meio de prova.

(C) Aloísio e Júlia deverão responder pessoalmente sobre os fatos articulados, podendo consultar notas breves, desde que objetivem completar os esclarecimentos.

(D) O Código de Processo Civil veda expressamente que o juiz, de ofício, determine o comparecimento pessoal

de Aloísio e Júlia, a fim de interrogá-los sobre os fatos da causa.

A: incorreta, pois o direito de escusa de depor não se aplica a causas de anulação de casamento (CPC, art. 388, parágrafo único, dispositivo legal que faz menção às ações de família, dentre as quais se incluem a anulação de casamento); **B:** incorreta, porque se a parte, intimada, não comparecer ao depoimento pessoal, haverá pena de confesso (CPC, art. 385, § 1º); **C:** correta (CPC, art. 387); **D:** incorreta, pois cabe a designação pelo juiz, de ofício, para depoimento da parte (CPC, art. 385).

Gabarito "C".

(OAB/Exame Unificado – 2011.3.B) Nas ações em que há necessidade de produção de prova pericial, cada parte deve pagar a remuneração do assistente técnico que houver indicado. No tocante aos honorários periciais, eles devem ser pagos pela parte que houver requerido a prova, ou pelo autor, nas hipóteses em que requerido por ambas as partes ou determinado de ofício pelo juiz. Em relação a essas despesas, é correto afirmar que

(A) somente os honorários periciais devem ser objeto de ressarcimento, pelo vencido, ao final da demanda.

(B) ambas devem integrar a condenação do vencido nos ônus sucumbenciais.

(C) nenhuma dessas verbas é passível de ressarcimento.

(D) somente os honorários do assistente técnico deverão ser restituídos, ao final, pela parte vencida.

As regras mencionadas no enunciado estão no art. 95 do CPC. A sucumbência engloba honorários e custas – incluindo todos os gastos realizados no processo (CPC, art. 84).

Gabarito "B".

(OAB/Exame Unificado – 2010.3) A inspeção judicial está prevista no Código de Processo Civil como uma das modalidades de produção de provas no processo de conhecimento. A respeito de tal medida, assinale a alternativa correta.

(A) O auto circunstanciado que será lavrado tão logo seja concluída a inspeção judicial terá valor de prova e, por isso, a inspeção somente poderá ser realizada na fase probatória do processo cognitivo.

(B) A inspeção judicial de coisa será realizada quando não puder ser apresentada em juízo sem consideráveis despesas ou graves dificuldades, não se admitindo, portanto, a inspeção de pessoas.

(C) O juiz poderá ser assistido de um ou de mais peritos quando realizar a inspeção direta, assim como as partes podem assistir ao ato, prestar esclarecimentos e fazer observações que reputem de interesse para a causa.

(D) A inspeção judicial poderá ser realizada em qualquer fase do processo a fim de esclarecer fato que interesse à decisão da causa, mas o juiz somente poderá agir a requerimento da parte.

A inspeção judicial é o meio de prova pelo qual o juiz sai de seu gabinete e vai até o local dos fatos. É pouco frequente no cotidiano forense. **A:** incorreta, pois cabe em qualquer fase do processo (CPC, art. 481); **B:** incorreta, porque cabe inspeção de pessoas e coisas (CPC, art. 481); **C:** correta (CPC, arts. 482 e 483, parágrafo único); **D:** incorreta, pois como é a regra em relação às provas, pode ser realizada de ofício (CPC, art. 481)

Gabarito "C".

(OAB/Exame Unificado – 2010.2) Se, durante a audiência de instrução e julgamento, um advogado, exercendo seu mister de bem defender os interesses de seu cliente, entende que a testemunha arrolada pela parte contrária mantém com essa vínculo estreito de amizade e que seu depoimento pode ser tendencioso, esse advogado deverá:

(A) contraditar a testemunha, devendo a audiência, nesse caso, ser necessária e imediatamente interrompida.

(B) contraditar a testemunha, que mesmo assim poderá ser ouvida como informante do juízo, desde que o magistrado fundamente sua decisão de ouvi-la.

(C) contraditar a testemunha, hipótese em que estará o juiz obrigado a dispensá-la.

(D) contraditar a testemunha, que será ouvida após a audiência, sem a presença das partes.

A impugnação da testemunha recebe o nome o nome de contradita, que pode ser acolhida ou rejeitada pelo juiz. Mesmo quando acolhida, pode o juiz ouvir o terceiro na condição de informante, sem prestar compromisso de dizer a verdade (CPC, art. 457, § 2º).
Gabarito "B".

2.4. Sentença, coisa julgada e ação rescisória

(XXXIII Exame de Ordem Unificado / FGV) João Carlos ajuizou ação em face do Shopping Sky Mall, objetivando a devolução dos valores que superem o limite máximo previsto em lei de seu município, pagos em virtude do estacionamento de seu automóvel. Julgado procedente o pedido e iniciado o cumprimento de sentença, o executado apresentou impugnação, alegando ser inexigível a obrigação. Sustentou que o Supremo Tribunal Federal, em controle difuso de constitucionalidade, reconheceu a inconstitucionalidade da referida lei municipal que ampara o título judicial. Considerando que a decisão do STF foi proferida após o trânsito em julgado da ação movida por João Carlos, assinale a afirmativa correta.

(A) É possível acolher a alegação do executado veiculada em sua impugnação, pois a decisão do STF sempre se sobrepõe ao título judicial.

(B) É possível acolher a alegação do executado apresentada em sua impugnação, pois não houve a modulação dos efeitos da decisão do STF.

(C) Não é possível acolher a alegação do executado veiculada por meio de impugnação, sendo necessário o ajuizamento de ação rescisória para desconstituir o título.

(D) Não é possível acolher a alegação do executado apresentada em sua impugnação, pois o reconhecimento da inconstitucionalidade se deu em controle difuso de inconstitucionalidade.

A: incorreta, pois para que prevaleça a decisão do STF, necessário que seja ajuizada ação rescisória (CPC, art. 525, § 15); B: incorreta, porque se houve o trânsito em julgado, há necessidade de AR para afastar a eficácia da decisão (CPC, art. 525, § 15); C: correta, sendo essa a previsão do Código, no sentido da necessidade de AR (CPC, art. 525, § 15); D: incorreta, considerando que a possibilidade de AR em virtude de decisão do STF, após o trânsito em julgado da decisão exequenda, pode ser feita a partir de controle concentrado *ou difuso* (CPC, art. 525, § 12, parte final).
Gabarito "C".

(OAB/Exame Unificado – 2020.1) Um advogado elabora uma petição inicial em observância aos requisitos legais. Da análise da peça postulatória, mesmo se deparando com controvérsia fática, o magistrado julga o pedido improcedente liminarmente. Diante dessa situação, o patrono do autor opta por recorrer contra o provimento do juiz, arguindo a nulidade da decisão por necessidade de dilação probatória.

Com base nessa situação hipotética, assinale a afirmativa correta.

(A) O advogado pode aduzir que, antes de proferir sentença extintiva, o juiz deve, necessariamente, determinar a emenda à inicial, em atenção ao princípio da primazia de mérito.

(B) Não existem hipóteses de improcedência liminar no atual sistema processual, por traduzirem restrição do princípio da inafastabilidade da prestação jurisdicional e ofensa ao princípio do devido processo legal.

(C) Somente a inépcia da petição inicial autoriza a improcedência liminar dos pedidos.

(D) Nas hipóteses em que há necessidade de dilação probatória, não cabe improcedência liminar do pedido.

A: Incorreta, pois ainda que exista o princípio da primazia do mérito no CPC (em diversos artigos), o sistema permite a improcedência liminar do pedido (CPC, art. 332); B: Incorreta, considerando que as hipóteses de improcedência liminar não violam princípios processuais, pois existe, no caso, o acesso à justiça e a resposta do Judiciário (porém, isso ocorre antes da citação do réu); C: Incorreta, porque a inépcia da inicial é hipótese de indeferimento liminar do pedido (CPC, art. 330, I), na qual há decisão sem resolução do mérito, e não caso de improcedência liminar (CPC, art. 332), em que se tem decisão com resolução do mérito. D: Correta, porque só cabe improcedência liminar do pedido "nas causas que dispensem a fase instrutória" (CPC, art. 332, *caput*).
Gabarito "D".

(OAB/Exame Unificado – 2020.1) Marcos foi contratado por Júlio para realizar obras de instalação elétrica no apartamento deste. Por negligência de Marcos, houve um incêndio que destruiu boa parte do imóvel e dos móveis que o guarneciam.

Como não conseguiu obter a reparação dos prejuízos amigavelmente, Júlio ajuizou ação em face de Marcos e obteve sua condenação ao pagamento da quantia de R$ 148.000,00 (cento e quarenta e oito mil reais).

Após a prolação da sentença, foi interposta apelação por Marcos, que ainda aguarda julgamento pelo Tribunal. Júlio, ato contínuo, apresentou cópia da sentença perante o cartório de registro imobiliário, para registro da hipoteca judiciária sob um imóvel de propriedade de Marcos, visando a garantir futuro pagamento do crédito.

Sobre o caso apresentado, assinale a afirmativa correta.

(A) Júlio não pode solicitar o registro da hipoteca judiciária, uma vez que ainda está pendente de julgamento o recurso de apelação de Marcos.

(B) Júlio, mesmo que seja registrada a hipoteca judiciária, não terá direito de preferência sobre o bem em relação a outros credores.

(C) A hipoteca judiciária apenas poderá ser constituída e registrada mediante decisão proferida no Tribunal, em caráter de tutela provisória, na pendência do recurso de apelação interposto por Marcos.

7. DIREITO PROCESSUAL CIVIL 469

(D) Júlio poderá levar a registro a sentença, e, uma vez constituída a hipoteca judiciária, esta conferirá a Júlio o direito de preferência em relação a outros credores, observada a prioridade do registro.

A: Incorreta, pois a hipoteca judiciária não depende do julgamento do recurso pelo tribunal (CPC, art. 495, § 1º, III); **B:** Incorreta, porque a hipoteca judiciária que foi registrada traz como consequência o direito de preferência para quem a registrou (CPC, art. 495, § 4º); **C:** Incorreta, considerando que a hipoteca judiciária independe "de ordem judicial, de declaração expressa do juiz ou de demonstração de urgência" (CPC, art. 495, § 2º); **D:** Correta. A hipoteca judiciária decorre da sentença de procedência, independe de ordem expressa do juiz, permite que haja o registro da sentença em cartório de imóvel para garantir ao credor "o direito de preferência, quanto ao pagamento, em relação a outros credores, observada a prioridade no registro". (CPC, art. 495, § 4º).

Gabarito "D".

(OAB/Exame Unificado – 2017.2) Luana, em litígio instaurado em face de Luciano, viu seu pedido ser julgado improcedente, o que veio a ser confirmado pelo tribunal local, transitando em julgado.

O advogado da autora a alerta no sentido de que, apesar de a decisão do tribunal local basear-se em acórdão proferido pelo Superior Tribunal de Justiça em regime repetitivo, o precedente não seria aplicável ao seu caso, pois se trata de hipótese fática distinta. Afirmou, assim, ser possível reverter a situação por meio do ajuizamento de ação rescisória.

Diante do exposto, assinale a afirmativa correta.

(A) Não cabe a ação rescisória, pois a previsão de cabimento de rescisão do julgado se destina às hipóteses de violação à lei e não de precedente.

(B) Cabe a ação rescisória, com base na aplicação equivocada do precedente mencionado.

(C) Cabe a ação rescisória, porque o erro sobre o precedente se equipara à situação da prova falsa.

(D) Não cabe ação rescisória com base em tal fundamento, eis que a hipótese é de ofensa à coisa julgada.

A: incorreta, pois há expressa previsão legal de AR contra precedente (CPC, art. 966, § 5º); **B:** correta, considerando que a violação a precedente é equiparada à violação à lei (CPC, art. 966, § 5º: "Cabe ação rescisória, com fundamento no inciso V do caput deste artigo, contra decisão baseada em enunciado de súmula ou acórdão proferido em julgamento de casos repetitivos que não tenha considerado a existência de distinção entre a questão discutida no processo e o padrão decisório que lhe deu fundamento"); **C:** incorreta, pois a hipótese não envolve prova; **D:** incorreta, pois a coisa julgada envolve as partes, sendo que a situação envolve precedente e não coisa julgada.

Gabarito "B".

(OAB/Exame Unificado – 2017.1) Gláucia ajuizou, em abril de 2016, ação de alimentos em face de Miguel com fundamento na paternidade. O réu, na contestação, alegou não ser pai de Gláucia.

Após a produção de provas e o efetivo contraditório, o magistrado decidiu favoravelmente ao réu. Inconformada com a sentença de improcedência que teve por base o exame de DNA negativo, Gláucia resolve agora propor ação de investigação de paternidade em face de Miguel.

Sobre a hipótese apresentada, assinale a afirmativa correta.

(A) O magistrado deve rejeitar a nova demanda com base na perempção.

(B) A demanda de paternidade deve ser admitida, já que apenas a questão relativa aos alimentos é que transitou em julgado no processo anterior.

(C) A questão prejudicial, relativa à paternidade, não é alcançada pela coisa julgada, pois a cognição judicial foi restrita a provas documentais e testemunhais.

(D) A questão prejudicial, relativa à paternidade, é atingida pela coisa julgada, e o novo processo deve ser extinto sem resolução do mérito.

A: incorreta, pois o fenômeno mencionado no enunciado não é perempção – figura prevista no CPC, art. 486, § 3º; **B:** incorreta, pois esse não é o tratamento dos limites objetivos da coisa julgada (CPC, art. 503, § 1º); **C:** incorreta, porque o próprio enunciado aponta que houve produção de prova pericial; **D:** correta. A regra do Código quanto aos limites da coisa julgada é a seguinte: desde que tenha havido contraditório prévio e efetivo, a questão prejudicial (no caso, a paternidade) é coberta pela coisa julgada (art. 503, § 1º).

Gabarito "D".

(OAB/Exame Unificado – 2016.1) Brenda, atualmente com 20 anos de idade, estudante do 2º período de direito, percebe mensalmente pensão decorrente da morte de seu pai. Sucede, contudo, que ela recebeu uma correspondência do fundo que lhe paga a pensão, notificando-a de que, no dia 20 do próximo mês, quando completará 21 anos, seu benefício será extinto. Inconformada, Brenda ajuizou ação judicial, requerendo em antecipação de tutela a continuidade dos pagamentos e, por sentença, a manutenção desse direito até, pelo menos, completar 24 anos de idade, quando deverá terminar a faculdade. Tal demanda, contudo, é rejeitada liminarmente pelo juiz da 3ª Vara, sob o argumento de que aquela matéria de direito já está pacificada de forma contrária aos interesses da Autora na jurisprudência dos Tribunais Superiores e, ainda, por ele já ter proferido, em outros casos com a mesma questão de direito, diversas sentenças de improcedência. Sobre os fatos descritos, assinale a afirmativa correta.

(A) A decisão acima mencionada, se transitada em julgado, não faz coisa julgada material, na medida em que a ausência de citação do Réu impede a formação regular do processo.

(B) No caso de eventual recurso de Brenda, o juízo que proferiu a sentença poderá, se assim entender, retratar-se.

(C) Se a matéria de mérito estivesse pacificada nos Tribunais Superiores em favor da autora, poderia o magistrado, ao receber a petição inicial, sentenciar o feito e julgar desde logo procedente o pedido.

(D) Mesmo que a demanda envolvesse necessidade de produção de prova pericial, o magistrado poderia se valer da improcedência liminar, tendo em vista a força dos precedentes dos Tribunais Superiores.

A: incorreta, pois na improcedência liminar existe sentença de mérito, portanto capaz de ser coberta pela coisa julgada (CPC, art. 332); **B:** correta (CPC, art. 332, § 3º); **C:** incorreta, pois o sistema somente permite a improcedência liminar, e não a procedência liminar – inclusive pois isso violaria os princípios do contraditório e ampla defesa; **D:** incorreta, pois somente cabe a improcedência liminar se não for o caso de instrução (CPC, art. 332).

Gabarito "B".

470 LUIZ DELLORE

(OAB/Exame Unificado – 2016.1) João, maior e capaz, correntista do Banco Grana Alta S/A, ao verificar o extrato da sua conta corrente, constata a realização de um saque indevido no valor de R$ 2.000,00 (dois mil reais), razão pela qual ingressa com ação de indenização por dano material em face da referida instituição financeira. Contudo, antes mesmo da citação da sociedade ré, João comunica ao juízo seu desinteresse no prosseguimento do feito.

A partir do caso apresentado, assinale a afirmativa correta.

(A) A desistência da ação produz, como um dos seus efeitos, o fenômeno da coisa julgada material, obstando que o autor intente nova demanda com conteúdo idêntico perante o Poder Judiciário.

(B) Tendo em vista que a causa versa sobre direito indisponível, poderá o juiz, de ofício, dar prosseguimento ao feito, determinando a citação da instituição financeira para que apresente, no prazo de 15 dias, sua resposta.

(C) A desistência somente produzirá efeitos, extinguindo o processo, se houver o prévio consentimento do Banco Grana Alta S/A.

(D) Diante da desistência unilateral do autor da ação, operar-se-á a extinção do processo sem resolução do mérito.

A: incorreta, pois só há coisa julgada em decisão de mérito, sendo que a desistência acarreta sentença sem mérito (CPC, arts. 485, VIII e 502); **B:** incorreta, tanto porque a causa envolve direito disponível (pedido de indenização) quanto porque, mesmo se fosse direito indisponível, existe o princípio da inércia (CPC, art. 2º); **C:** incorreta, pois a desistência depende de concordância do réu somente após a citação (CPC, art. 485, § 4º); **D:** correta (CPC, art. 485, VIII).
Gabarito "D".

(OAB/Exame Unificado – 2015.3) Márcia trafegava regularmente a 40 km/h em uma rua da cidade de Salvador/BA quando seu carro foi abalroado pelo veículo de Tânia que, ao atender a uma ligação do telefone celular enquanto dirigia, perdeu a direção e invadiu a pista contrária de rolamento, causando o acidente. Acalmados os ânimos, as partes não chegaram a um acordo, pelo que Márcia ajuizou, perante a 2ª Vara Cível de Salvador/BA, uma ação de reparação de danos materiais, danos morais e lucros cessantes contra Tânia, que, após ser regularmente citada, contestou todos os pedidos autorais, alegando não ter dado causa ao acidente. Em sentença, após o tramitar processual em que foram cumpridas todas as exigências procedimentais, o magistrado julga procedentes os pedidos de danos materiais e de danos morais, rejeitando, porém, o de pedido de lucros cessantes, por entender inexistirem provas desse dano alegado, tendo tal sentença transitada em julgado em 19/10/2012.

Sobre os fatos descritos, assinale a afirmativa correta.

(A) Márcia poderá propor uma nova demanda com o objetivo de obter os lucros cessantes, desde que apresente, nesse novo processo, as provas da ocorrência desse dano.

(B) Se Tânia quiser se valer de uma ação rescisória, terá somente até o dia 19/10/2013 para fazê-lo, sob pena de decadência.

(C) Admitindo-se a hipótese de que Tânia descobrisse que o juiz é irmão de Márcia, ela poderia se valer de uma ação anulatória para fazer cessar os efeitos

da sentença, haja vista a falta de imparcialidade do julgador.

(D) Eventual ação rescisória proposta por Tânia não impede a execução da decisão da sentença por parte de Márcia, ainda que Tânia demonstre que a sentença foi injusta.

A: incorreta, tendo em vista que a improcedência, mesmo por falta de provas, acarreta a formação da coisa julgada – qualquer decisão de mérito é coberta pela coisa julgada (CPC, art. 502 – só há exceção no âmbito do processo coletivo); **B:** incorreta, pois o prazo da rescisória é de 2 nãos contados do trânsito em julgado da última decisão proferida no processo (CPC, art. 975); **C:** incorreta, pois a hipótese de impedimento pode ser debatida via ação rescisória (CPC, art. 966, II); **D:** correta, pois a ação rescisória, por si só, não impede o cumprimento de sentença – salvo no caso de concessão de liminar em tutela provisória (CPC, art. 969).
Gabarito "D".

(OAB/Exame Unificado – 2013.1) Paula ajuizou ação de reconhecimento de união estável. Ainda antes da citação do réu, a autora desistiu da ação proposta. Dois meses depois do trânsito em julgado da sentença que extinguiu o processo, sem resolução do mérito nos termos do art. 267, inciso VIII, do CPC, Paula, arrependida, ingressou novamente com a ação. (*ATENÇÃO, a menção ao art. 267 se refere ao Código anterior; no CPC15, corresponde ao art. 485).

Com base na hipótese apresentada, assinale a afirmativa correta.

(A) O juiz deverá extinguir o processo sem resolução do mérito por existir coisa julgada, não podendo a autora ajuizar novamente a mesma ação.

(B) Paula pode ingressar novamente com a ação, mas a nova demanda deverá ser distribuída por dependência.

(C) Não pode a autora ingressar com a demanda novamente, pois a desistência da ação gera preclusão consumativa.

(D) Trata-se de clara hipótese de litispendência, existindo duas causas idênticas com as mesmas partes, o mesmo pedido e a mesma causa de pedir.

A: incorreta, tratando-se de sentença terminativa (sem resolução do mérito – CPC, art. 485, VIII), não se fala em coisa julgada material que impede a repropositura (art. 486 do CPC); **B:** correta, pois como exposto em "A", cabe a repropositura, que, no caso, deverá ser por dependência (CPC, art. 286, II), de modo a se evitar a busca por outro juiz (princípio do juiz natural); **C:** incorreta, _vide_ resposta "A"; **D:** incorreta, pois só há litispendência quando duas demandas idênticas estão em curso, ao mesmo tempo (CPC, art. 337, §§ 1º e 2º)
Gabarito "B".

(OAB/Exame Unificado – 2012.3.A) A respeito da Ação Rescisória, assinale a afirmativa correta.

(A) Uma vez ajuizada, impede o cumprimento da sentença ou acórdão rescindendo, ressalvada a concessão, em casos imprescindíveis e sob os pressupostos previstos em lei, de medidas de natureza cautelar ou antecipatória de tutela.

(B) Em caso de procedência, rescindindo-se a sentença e proferindo, se for o caso, novo julgamento, o tribunal determinará a restituição ao demandante do depósito de 5% sobre o valor da causa a que se refere o Art. 488, II, do CPC (*ATENÇÃO: a menção se refere ao

Código anterior; no CPC15, o artigo correspondente é o art. 968, II).

(C) O Ministério Público não tem legitimidade ativa, exceto e unicamente para propor a ação ao fundamento de não ter sido ouvido no processo, em que lhe era obrigatória a intervenção.

(D) É a medida aplicável a fim de rescindir a sentença homologatória e outros atos judiciais que não dependam de sentença, desde que respeitado o prazo de 2 (dois) anos para a sua propositura, contados do trânsito em julgado da decisão.

A: incorreta, porque a ação rescisória não impede o cumprimento da decisão rescindenda, salvo no caso de concessão de tutela de urgência (CPC, art. 969); **B:** correta (CPC, art. 974); **C:** incorreta, há previsão de legitimidade do MP também no caso de uso indevido do processo em acordo entre as partes (colusão) ou "outros casos" (CPC, art. 967, III); **D:** incorreta, nessa hipótese, o instrumento é a ação anulatória, por se tratar de decisão homologatória (CPC, art. 966, § 4º).

Gabarito "B".

2.5. Outros assuntos e temas combinados do processo de conhecimento

(OAB/Exame XXXVI) Olívia e José foram casados por 15 anos e tiveram duas filhas, Maria Eduarda, com 9 anos, e Maria Luiza, com 6. A manutenção do casamento não é mais da vontade do casal, razão pela qual decidiram se divorciar, propondo Olívia ação judicial para tanto. Porém, preocupados em manter a harmonia da família, o casal entendeu que o melhor caminho para resolver as questões legais atinentes à guarda, à visitação e aos alimentos das filhas seria a mediação. Sobre a mediação judicial a ser realizada no presente caso, assinale a afirmativa correta.

(A) Os mediadores que atuarão no caso deverão estar inscritos em cadastro de tribunal de justiça ou de tribunal regional federal, que manterá o registro dos profissionais habilitados.

(B) A mediação, meio de solução da controvérsia escolhido por Olívia e José, deverá seguir exclusivamente as regras procedimentais previstas em lei.

(C) O mediador que atuar no caso fica impedido pelo prazo de 2 anos, contados do término da última audiência em que atuou, de assessorar, representar ou patrocinar qualquer das partes.

(D) A escolha da mediação por Olívia e José é correta, pois o mediador atuará nos casos em que não houver vínculo anterior entre as partes.

A: Correta, pois o Código prevê a existência de cadastro de mediadores (CPC, art. 167).
B: Incorreta, considerando que o Código não prevê quais serão as regras procedimentais para a mediação, deixando isso para a livre autonomia dos interessados (CPC, art. 166, § 4º). **C:** incorreta, já que de fato o mediador ficará impedido de atuar, mas pelo prazo de *1 ano* (CPC, art. 172). **D:** Incorreta, pois o conciliador atua em casos nos quais não houver vínculo anterior; o mediador atua, preferencialmente, nos casos em que houver vínculo anterior entre as partes – como é a situação de direito de família (CPC, art.165, § 3º).

Gabarito "A".

(OAB/Exame XXXVI) Ainda no início da fase de conhecimento de determinado processo, as partes e o magistrado, de comum acordo, resolvem fixar calendário para a prática de atos processuais. Estipulado que a realização da audiência ocorreria em determinada data, a parte ré não comparece e alega que não foi devidamente intimada para o ato, requerendo a designação de nova data. Nesse contexto você, como advogado(a), é procurado(a) pela parte ré, que busca avaliar as consequências de seu não comparecimento. Nesse sentido, é correto afirmar que

(A) o calendário não vincula o juiz, apenas as partes, as quais só podem requerer a modificação de datas se apresentada justa causa.

(B) o calendário processual pode ser imposto pelo magistrado em casos excepcionais, sem a necessidade de prévio acordo com as partes, com fundamento na importância do objeto dos autos.

(C) com exceção da audiência, dispensa-se a intimação das partes para a prática dos demais atos processuais cujas datas tiverem sido designadas no calendário.

(D) a ré não poderia deixar de comparecer à audiência, pois a modificação do calendário pelo juiz ou pelas partes somente é possível em casos excepcionais, devidamente justificados.

A: Incorreta, já que a calendarização (espécie de negócio jurídico processual), ainda que não comum no cotidiano forense, vincula as partes e o juiz (CPC, art. 191, § 1º); **B:** Incorreta, pois conforme previsão do art. 191 do CPC o calendário processual deverá ser fixado de comum acordo; **C:** Incorreta, considerando que, realizado o calendário, dispensa-se a intimação das partes para os atos, inclusive para a audiência (CPC, art. 191, § 2º); **D:** Correta, uma vez que, realizado o calendário, só se altera em casos excepcionais – o que não é a situação narrada no enunciado (CPC, 191, § 1º).

Gabarito "D".

(OAB/Exame Unificado – 2019.3) Um advogado, com estudos apurados em torno das regras do CPC, resolve entrar em contato com o patrono da parte adversa de um processo em que atua. Sua intenção é tentar um saneamento compartilhado do processo.

Diante disso, acerca das situações que autorizam a prática de negócios jurídicos processuais, assinale a afirmativa correta.

(A) As partes poderão apresentar ao juiz a delimitação consensual das questões de fato e de direito da demanda litigiosa.

(B) As partes não poderão, na fase de saneamento, definir a inversão consensual do ônus probatório, uma vez que a regra sobre produção de provas é matéria de ordem pública.

(C) As partes poderão abrir mão do princípio do contraditório consensualmente de forma integral, em prol do princípio da duração razoável do processo.

(D) As partes poderão afastar a audiência de instrução e julgamento, mesmo se houver provas orais a serem produzidas no feito e que sejam essenciais à solução da controvérsia.

A: Correta. No que se refere aos negócios jurídicos processuais (NJP – CPC, art. 190), a lei expressamente prevê que "As partes podem apresentar ao juiz, para homologação, delimitação consensual das questões de fato e de direito (…)" (CPC, art. 357, § 2º); **B:** Incorreta, considerando que é possível NJP quanto às provas (CPC, art. 373, § 3º); **C:** Incorreta, pois não é possível NJP acerca do contraditório (princípio processual), considerando não haver previsão nesse sentido no art. 190, *caput*, do CPC; **D:** Incorreta, porque não é possível afastar provas essenciais à solução da controvérsia por NJP, pois isso envolve a atuação do juiz e não das partes (CPC, art. 190).

Gabarito "A".

(OAB/Exame Unificado – 2017.2) Roberta ingressou com ação de reparação de danos em face de Carlos Daniel, cirurgião plástico, devido à sua insatisfação com o resultado do procedimento estético por ele realizado. Antes da citação do réu, Roberta, já acostumada com sua nova feição e considerando a opinião dos seus amigos (de que estaria mais bonita), troca de ideia e desiste da demanda proposta. A desistência foi homologada em juízo por sentença. Após seis meses, quando da total recuperação da cirurgia, Roberta percebeu que o resultado ficara completamente diferente do prometido, razão pela qual resolve ingressar novamente com a demanda.

A demanda de Roberta deverá ser:

(A) extinta sem resolução do mérito, por ferir a coisa julgada.

(B) extinta sem resolução do mérito, em razão da litispendência.

(C) distribuída por dependência.

(D) submetida à livre distribuição, pois se trata de nova demanda.

A: incorreta, pois a decisão sem mérito não é coberta pela coisa julgada, de modo que não impede a repropositura (CPC, art. 486); **B:** incorreta, pelo mesmo motivo exposto em "A"; **C:** correta, pois (i) cabe a repropositura da demanda (como já exposto em "A") e (ii) no caso de repropositura, existe a prevenção por parte do juiz, de modo que deve haver distribuição por dependência (CPC, art. 286, II); **D:** incorreta, considerando a alternativa "C".

Gabarito "C".

3. PROCESSO DE EXECUÇÃO E CUMPRIMENTO DE SENTENÇA

3.1. Processo de execução

(OAB/Exame 39) Stefano Carneiro, após ganhar indenização de R$ 60.000,00 em processo judicial movido em face de Estevão Braga, inicia o cumprimento definitivo de sentença requerendo ao juízo competente que intime o devedor para o pagamento da condenação.

No prazo para pagar, Estevão Braga reconhece o débito e solicita ao seu advogado que realize o depósito de trinta por cento do valor da execução, acrescido de custas e de honorários do advogado, e que o restante seja parcelado em seis parcelas mensais, acrescidas de correção monetária e de juros de um por cento ao mês, pois soube que o Código de Processo Civil permite ao devedor o parcelamento nessas condições.

Na condição de advogado(a) de Estevão Braga, assinale a afirmativa correta.

(A) O parcelamento pretendido por Estevão é possível, independentemente da aceitação do exequente, pois é um direito do executado.

(B) O parcelamento pretendido por Estevão é possível, pois o reconhecimento do débito ocorreu dentro no prazo para pagar.

(C) O parcelamento pretendido por Estevão só é possível antes do início do cumprimento de sentença.

(D) O parcelamento pretendido por Estevão não se aplica ao cumprimento de sentença.

A: incorreta, porque o parcelamento depende da presença de seus requisitos previstos em lei, e o exequente terá de ser ouvido (CPC, art. 916, § 1º). Mas, no caso, não é cabível (vide alternativa "D"); **B:** incorreta, pois o parcelamento deve ser feito no prazo dos embargos, não no prazo para pagar (CPC, art. 916, *caput*). **C:** incorreta, considerando que o parcelamento, como exposto em "B", deve ocorrer no prazo para embargar. **D:** correta. Prevê o Código a possibilidade de parcelamento do débito objeto de processo de execução (CPC, art. 916), desde que haja o depósito de 30% da quantia, com o restante sendo pago em 6 parcelas mensais, com juros e correção. Porém, o art. 916, § 7º é expresso ao apontar que o parcelamento não se aplica ao cumprimento de sentença, mas somente à execução.

Gabarito "D".

(OAB / 38º Exame) Joaquim celebrou com a concessionária Fast Car Ltda. contrato de compra e venda de veículo, com força de título executivo, em que restou prevista a entrega do automóvel, com indicação de seu valor (R$ 50.000,00), trinta dias após a avença.

Não cumprido o contrato, Joaquim ajuizou execução para a entrega de coisa certa em face da referida loja. Citada, a ré não satisfez a obrigação, tendo a ordem de busca e apreensão restado infrutífera, uma vez que o bem não foi encontrado. Na qualidade de advogado(a) de Joaquim indique a providência a ser adotada para que Joaquim seja ressarcido dos danos sofridos.

(A) Propor ação de conhecimento para que a ré seja condenada ao pagamento da indenização pelos danos sofridos, na medida em que a ação proposta foi unicamente de execução para entrega de coisa certa.

(B) Pleitear, no mesmo processo, o recebimento tanto do valor da coisa como de perdas e danos, apurando-se em liquidação os prejuízos.

(C) Pleitear, no mesmo processo, o recebimento apenas do valor da coisa, sujeitando-se ao arbitramento judicial.

(D) Ajuizar outra execução, agora por quantia certa, uma vez que possui título executivo extrajudicial.

A: incorreta, visto que, conforme previsão do art. 809 do CPC, o exequente tem direito a receber, além de perdas e danos, o valor da coisa, quando essa não for entregue, no âmbito do próprio processo de execução. **B:** correta. Conforme previsão legal, é possível a conversão, no mesmo processo, da execução de entrega de coisa em execução de quantia – sendo que o próprio enunciado aponta que já se tem o valor, de modo que possível liquidar os prejuízos (CPC, art. 809). **C:** incorreta pois, no caso, como já se tem o valor do bem, não seria hipótese de arbitramento judicial, pois o contrato prevê o valor da coisa (CPC, art. 809, § 1º); **D:** incorreta, já que não há necessidade (interesse de agir) em nova execução, exatamente porque a legislação prevê a conversão. Além disso, se houvesse nova execução, haveria necessidade de novo pagamento de custas e nova citação, o que tornaria tudo muito mais lento.

Gabarito "B".

(OAB/ 37º Exame) A sociedade empresária Olímpia Limitada ("Olímpia") fabrica equipamentos de musculação para redes de academias, como a Vida Fitness Limitada ("Vida Fitness"). Em 2021, a Vida Fitness passou por problemas financeiros, motivo pelo qual não realizou o pagamento de R$ 500.000,00 (quinhentos mil reais) por 50 (cinquentas) esteiras adquiridas em 2020.

7. DIREITO PROCESSUAL CIVIL — 473

Em virtude desse inadimplemento, a Olímpia ajuizou execução de título extrajudicial perante o MM. Juízo da Vara Cível de São Paulo. No curso dessa demanda, a exequente obteve a penhora online de R$ 500.000,00 existentes nas contas bancárias da Vida Fitness.

Assim que tomou conhecimento da penhora, a Vida Fitness procurou você, como advogado(a), para informar que não pretendia questionar a decisão que determinou a penhora online, mas que gostaria de buscar a substituição do bem penhorado, de forma que os R$ 500.000,00 pudessem melhorar a situação do fluxo de caixa da sociedade empresária.

Diante dessa situação, assinale a afirmativa que apresenta a orientação correta prestada à Vida Fitness

(A) Não será possível requerer a substituição da penhora, uma vez que a penhora em dinheiro é prioritária.

(B) Será possível requerer a substituição da penhora por meio de fiança bancária ou seguro garantia judicial, desde que o valor dessas garantias não seja inferior ao valor do débito constante na petição inicial da execução de título extrajudicial movida pela Olímpia.

(C) Será possível requerer a substituição da penhora por meio de fiança bancária ou seguro garantia judicial, desde que o valor dessas garantias não seja inferior ao valor do débito constante na petição inicial da execução de título extrajudicial movida pela Olímpia, acrescido de 30% (trinta por cento).

(D) Será possível requerer a substituição da penhora somente por imóvel de valor superior ao montante exequendo.

A: Incorreta, pois ainda que a prioridade para a penhora seja o dinheiro, por expressa previsão legal, a fiança bancária e o seguro garantia judicial equiparam-se a dinheiro, para fins de substituição da penhora (CPC, art. 835, § 2º). **B:** Incorreta, visto que, para fins de substituição da penhora por fiança bancária ou seguro garantia judicial, exige-se que o valor das referidas garantias não seja inferior ao débito exequendo constante na inicial, acrescido de trinta por cento (CPC, arts. 835, § 2º e 848, p.u.). **C:** correta, considerando ser essa a previsão legal acerca do tema – além do principal, uma quantia adicional, para fazer frente à atualização monetária, juros, custas e honorários (CPC, arts. 835, § 2º e 848, p.u.). **D:** Incorreta. Como exposto nas alternativas anteriores, a prioridade é em relação a dinheiro – que pode ser substituído por fiança ou seguro.
Gabarito "C".

(OAB/Exame XXXVI) A livraria Sabedoria sofreu ação de execução por título extrajudicial movida pelo Banco Carvalho em virtude da inadimplência de contrato de empréstimo. Citada, a executada não realizou o pagamento da dívida, tendo sofrido o bloqueio de dinheiro depositado em instituição financeira. Com o objetivo de liberar o valor bloqueado, ofereceu, em substituição à penhora, fiança bancária ou o percentual de 10% de seu faturamento. Intimada, a exequente não concordou com a substituição, sob o fundamento de que a penhora em dinheiro é preferencial e não pode ser substituída por qualquer outra, fundamento que foi acolhido pela juíza da causa.

Diante desses fatos, assinale a afirmativa correta.

(A) A decisão judicial está errada, pois a penhora do faturamento é equivalente a dinheiro, sendo cabível a substituição.

(B) A decisão judicial está correta, pois a penhora em dinheiro é prioritária e somente poderia ser substituída com a concordância da exequente.

(C) A decisão judicial está errada, pois a fiança bancária equipara-se a dinheiro, desde que em valor não inferior ao débito constante da inicial, acrescido de trinta por cento.

(D) a decisão judicial está correta, pois dinheiro, fiança bancária e penhora do faturamento são substituíveis entre si para fins de penhora.

A: Incorreta, pois apenas a fiança bancária e o seguro garantia judicial equiparam-se a dinheiro para fins de substituição da penhora. O art. 835, § 2º do CPC não faz menção a penhora do faturamento como equivalente a dinheiro. **B:** Incorreta, porque poderá ocorrer a substituição da penhora, a pedido do executado, desde que comprove que lhe será menos onerosa e não trará prejuízo ao exequente (CPC, art. 847). **C:** Correta. Conforme previsão do art. 835, § 2º do CPC, para fins de substituição da penhora, a fiança bancária se equipara a dinheiro, desde que em valor não inferior ao débito constante da inicial, acrescido de trinta por cento. **D:** Incorreta, conforme justificativa exposta na alternativa "A".
Gabarito "C".

(OAB/Exame Unificado – 2020.2) Em virtude do inadimplemento do pagamento de uma nota promissória, o Banco Mais Dinheiro ajuizou ação de execução por título extrajudicial em face do Supermercado Baratão.

Citado o réu, não houve o pagamento da dívida, tampouco foram encontrados bens penhoráveis. Em consequência, o exequente requereu a penhora de 100% do faturamento do executado, o que foi deferido pela juíza responsável pelo processo, sob o fundamento de que se tratava de dívida muito elevada. O executado interpôs agravo de instrumento impugnando essa decisão.

Sobre tais fatos, assinale a afirmativa correta.

(A) O agravante tem razão, na medida em que a penhora da integralidade do faturamento tornaria inviável o exercício da atividade empresarial.

(B) O agravante não tem razão, uma vez que a penhora do faturamento equivale à penhora de dinheiro e é a primeira na ordem de preferência legal, o que autoriza a constrição da integralidade do faturamento.

(C) O agravo deve ser provido, pois o faturamento de empresa executada é impenhorável.

(D) O agravo deve ser desprovido, visto que não existe limite para o percentual do faturamento a ser objeto de penhora, cabendo ao juiz sua fixação no percentual necessário para a imediata satisfação da execução.

A: correta, já que o CPC possibilita a penhora de *parcela* do faturamento da empresa, de modo a não inviabilizar a continuidade da atividade empresarial (CPC, art. 866, § 1º). Na praxe forense, usualmente há penhora de cerca de 30% do faturamento; **B:** incorreta, pois a penhora de faturamento não é a primeira na ordem de preferência legal (e não há essa equiparação a dinheiro), e a lei busca garantir a viabilidade da atividade empresarial, como exposto acima (CPC, arts. 835, X e 866, § 1º); **C:** incorreta, tendo em vista a expressa previsão legal da possibilidade de penhora do faturamento da empresa (CPC, arts. 835, X e 866, § 1º); **D:** incorreta, considerando que, embora não haja um percentual máximo fixado em lei, a penhora da totalidade do faturamento inviabiliza a atividade empresarial, o que é vedado (CPC, art. 866, § 1º).
Gabarito "A".

(OAB/Exame Unificado – 2019.1) Pedro propõe execução de alimentos, fundada em título extrajudicial, em face de Augusto, seu pai, no valor de R$ 10.000,00 (dez mil reais). Regularmente citado, Augusto não efetuou o pagamento do débito, não justificou a impossibilidade de fazê-lo, não provou que efetuou o pagamento e nem ofertou embargos à execução.

Pedro, então, requereu a penhora do único bem pertencente a Augusto que fora encontrado, qual seja, R$ 10.000,00 (dez mil reais), que estavam depositados em caderneta de poupança. O juiz defere o pedido.

Sobre a decisão judicial, assinale a afirmativa correta.

(A) Ela foi equivocada, pois valores depositados em caderneta, em toda e qualquer hipótese, são impenhoráveis.

(B) Ela foi correta, pois o Código de Processo Civil permite a penhora de quaisquer valores depositados em aplicações financeiras.

(C) Ela foi equivocada, na medida em que o Código de Processo Civil assegura a impenhorabilidade da caderneta de poupança até o limite de cem salários-mínimos, independentemente da natureza do débito.

(D) Ela foi correta, pois o Código de Processo Civil admite a penhora de valores depositados em caderneta de poupança para o cumprimento de obrigações alimentícias.

A: incorreta, considerando que em regra a poupança é bem penhorável; **B:** incorreta, pois ainda que a regra seja a penhorabilidade, há situações em que a poupança é impenhorável; **C:** incorreta, pois a poupança é impenhorável até o limite de 40 salários mínimos (CPC, art. 833, X); **D:** correta. A regra é que a poupança é impenhorável até os 40 salários mínimos (CPC, art. 833, X); contudo, tratando-se de execução de alimentos, não há impenhorabilidade, de qualquer valor (CPC, art. 833, § 2°).
Gabarito "D".

(OAB/Exame Unificado – 2018.3) Amanda ajuizou execução por quantia certa em face de Carla, fundada em contrato de empréstimo inadimplido que havia sido firmado entre elas, pelo valor, atualizado na data-base de 20/3/2017, de R$ 50 mil.

Carla foi citada e não realizou o pagamento no prazo legal, tampouco apresentou embargos, limitando-se a indicar à penhora um imóvel de sua titularidade. Carla informou que o referido imóvel valeria R$ 80 mil. Amanda, após consultar três corretores de imóveis, verificou que o valor estaria bem próximo ao de mercado, de modo que pretende dar seguimento aos atos de leilão e recebimento do crédito.

Diante de tal situação, assinale a afirmativa que melhor atende aos interesses de Amanda.

(A) Ela deverá requerer ao juízo a avaliação do imóvel por oficial de justiça avaliador, ato indispensável para dar seguimento ao leilão.

(B) Deverá ser requerida ao juízo a avaliação do imóvel por especialista na área (perito); sem isso, o leilão não poderá prosseguir.

(C) Ela deverá requerer ao juízo que este faça inspeção judicial no imóvel, de modo a confirmar seu valor.

(D) Ela deverá requerer que seja realizado o leilão, com dispensa da avaliação judicial do bem, manifestando ao juízo concordância com a estimativa de valor feita por Carla.

A: incorreta, pois se houver concordância das partes acerca do valor, a realização de avaliação não é obrigatória (CPC, art. 871, I); **B:** incorreta, já que, se for realizada avaliação, em regra será feita pelo oficial de justiça (CPC, art. 829, § 1°), e só em alguns excepcionais a avaliação será feita por perito (CPC, art. 870, parágrafo único); **C:** incorreta, já que inspeção judicial, feita pelo juiz, não se presta a avaliar bens, mas a inspecionar pessoas e coisas (CPC, art. 481); **D:** correta, pois se o exequente concordar com o valor indicado pelo executado para o bem, o leilão será realizado sem a necessidade de avaliação (CPC, 871, I).
Gabarito "D".

(OAB/Exame Unificado – 2017.3) O Supermercado "X" firmou contrato com a pessoa jurídica "Excelência" – sociedade empresária de renome – para que esta lhe prestasse assessoria estratégica e planejamento empresarial no processo de expansão de suas unidades por todo o país.

Diante da discussão quanto ao cumprimento da prestação acordada, uma vez que o supermercado entendeu que o serviço fora prestado de forma deficiente, as partes se socorreram da arbitragem, em razão de expressa previsão do meio de solução de conflitos trazida no contrato.

Na arbitragem, restou decidido que assistia razão ao supermercado, sendo a sociedade empresária "Excelência" condenada ao pagamento de indenização, além de multa de 30%.

Considerando o exposto, assinale a afirmativa correta.

(A) Por se tratar de um título executivo extrajudicial, deve ser instaurado um processo de execução.

(B) Por se tratar de um título executivo judicial, será promovido segundo as regras do cumprimento de sentença.

(C) A sentença arbitral só poderá ser executada junto ao Poder Judiciário após ser confirmada em processo de conhecimento, quando adquire força de título executivo judicial.

(D) A sentença arbitral será executada segundo as regras do cumprimento de sentença, tendo em vista seu caráter de título executivo extrajudicial.

A: incorreta, pois sentença arbitral é título executivo *judicial*, por opção do legislador (CPC, art. 515, VII); **B:** correta. Trata-se de título judicial (como exposto em "A"), de modo que se não houver pagamento espontâneo, terá início a fase de cumprimento de sentença; **C:** incorreta, pois não a lei não prevê a necessidade de confirmação, pelo Judiciário, da sentença arbitral; **D:** incorreta, porque, além da sentença arbitral ser título executivo judicial (vide alternativa "A"), os títulos executivos extrajudiciais seguem o procedimento do processo de execução (CPC, arts. 783 e 784), e não do cumprimento de sentença.
Gabarito "B".

(OAB/Exame Unificado – 2016.3) Em execução por título extrajudicial, movida pela distribuidora de bebidas Geladão em face do Supermercado Preço Certo, o executado, citado, não realizou o pagamento da dívida.

O exequente requereu, então, a indisponibilidade da quantia em dinheiro existente em aplicação financeira titularizada pelo executado, o que foi deferido pelo juízo sem a oitiva do réu. Bloqueado valor superior à dívida, o juiz deu vista do processo ao exequente, que requereu a conversão da indisponibilidade em penhora.

Sobre o procedimento adotado, assinale a afirmativa correta.

7. DIREITO PROCESSUAL CIVIL

(A) A conversão da indisponibilidade em penhora deve ser deferida independentemente de ciência prévia do ato executado, visto que não houve o pagamento espontâneo da dívida.

(B) A indisponibilidade é nula, pois promovida sem a prévia oitiva do réu, o que viola o contraditório e a ampla defesa.

(C) O juiz, considerando o excesso do bloqueio, não deveria ter dado vista do processo ao exequente, mas promovido o cancelamento da indisponibilidade excessiva no prazo máximo de vinte e quatro horas.

(D) O juiz, independentemente do excesso da indisponibilidade, deveria ter dado vista do processo ao executado, a fim de que este comprovasse a impenhorabilidade da quantia bloqueada.

A: incorreta, pois somente haverá a conversão da indisponibilidade de quantia em penhora *após* a manifestação ou silêncio do executado (CPC, art. 854, § 5°); **B:** incorreta, pois a indisponibilidade é realizada *sem* manifestação do executado (CPC, art. 854, "caput") – apenas a conversão da indisponibilidade em penhora é que depende de oitiva do executado, como visto na alternativa "A"; **C:** correta, sendo essa a previsão da lei (CPC, art. 854, § 1°); **D:** incorreta, porque se houver excesso de constrição, o juiz deverá cancelá-lo, independentemente de manifestação do executado (CPC, art. 854, § 1°).
Gabarito "C".

(OAB/Exame Unificado – 2015.1) Daniel possui uma pequena mercearia e costuma aceitar cheques de seus clientes, como forma de pagamento. Ocorre que, no último mês, três dos cheques apresentados no prazo foram devolvidos por insuficiência de fundos. Daniel não obteve êxito na cobrança amigável, não lhe restando, portanto, outra alternativa senão recorrer ao Poder Judiciário. Com base nessa situação hipotética, assinale a afirmativa correta.

(A) Daniel pode cumular várias execuções, sendo o mesmo devedor, ainda que fundadas em títulos diferentes e diversa a forma do processo, desde que o juízo seja competente para todas.

(B) É vedado ao juiz examinar de ofício os requisitos que autorizam a cumulação de execuções.

(C) Daniel pode cumular várias execuções, fundadas em títulos diferentes, ainda que diversos os devedores, desde que para todas elas seja competente o juízo e idêntica a forma do processo.

(D) Daniel pode cumular várias execuções, sendo o mesmo devedor, ainda que fundadas em títulos diversos, desde que seja competente o juízo e haja identidade na forma do processo.

A: incorreta, pois a lei permite cumular várias execuções, sendo o mesmo devedor, ainda que fundadas em títulos diversos, desde que seja competente o juízo e haja identidade na forma do processo (ou seja, procedimento – inclusive, essa é a nomenclatura que consta do CPC, art. 780, ao invés de "forma do processo"); **B:** incorreta, pois se um dos requisitos não estiver presente, o juiz não poderá determinar a citação (CPC, arts. 780 e 783); **C:** incorreta, porque o art. 780 do CPC prevê a cumulação de execução quando se está diante do mesmo executado; **D:** correta (CPC, art. 780).
Gabarito "D".

(OAB/Exame Unificado – 2014.3) Ricardo ajuizou ação de execução por título extrajudicial em face de Fábio, objetivando o pagamento de cheque que fora devolvido por insuficiência de fundos, no valor de R$ 1.000,00. Após Fábio ser regularmente citado, Ricardo requereu ao juiz a desistência do processo.

Dessa forma, assinale a afirmativa correta.

(A) O juiz deverá homologar a desistência, independentemente da concordância do executado, caso não tenham sido apresentados embargos versando sobre questões de direito material.

(B) O juiz somente poderá homologar a desistência após a anuência do executado.

(C) O juiz não homologará a desistência, já que o credor tem a faculdade de desistir apenas de algumas medidas executivas.

(D) O juiz não homologará a desistência caso o devedor, citado, ofereça embargos que versem apenas sobre questões processuais.

A: correta, pois a execução é realizada no interesse do exequente, de modo que a permissão da desistência é ampla no processo executivo (CPC, art. 775, parágrafo único, I e II); **B:** incorreta, considerando o exposto na alternativa anterior; **C:** incorreta, considerando o exposto na alternativa "A"; **D:** incorreta, pois (i) sempre será possível a desistência da execução e (ii) somente se os embargos tratarem de questões de mérito (não de direito processual) é que haverá necessidade de concordância do executado/embargante para extinção dos *embargos* (CPC, art. 775, parágrafo único).
Gabarito "A".

(OAB/Exame Unificado – 2014.3) João vendeu para seu vizinho Pedro, por R$ 10.000,00 (dez mil reais), um automóvel usado, tendo as partes, para tanto, celebrado contrato de compra e venda assinado pelo devedor e por duas testemunhas. Na ocasião, ficou acordado que João entregaria o veículo a Pedro mediante o pagamento, no ato, de R$ 4.000,00 (quatro mil reais), sendo o restante da dívida pago em 3 (três) parcelas mensais de R$ 2.000,00 (dois mil reais) cada. Sucede, entretanto, que, depois de pagar R$ 4.000,00 (quatro mil reais) e receber o automóvel de João, Pedro não cumpriu sua obrigação quanto ao valor remanescente.

Tendo em vista essa situação hipotética e considerando os princípios e regras atinentes ao processo de execução, assinale a afirmativa correta.

(A) Não satisfeita a obrigação certa, líquida e exigível, consubstanciada em título executivo, a execução poderá ser instaurada por João, desde que notifique previamente Pedro.

(B) João não poderá prosseguir com a execução caso Pedro cumpra a obrigação no curso da demanda, hipótese em que caberá àquele arcar com as custas processuais e honorários.

(C) O adimplemento parcial da prestação não impede que João ajuíze a execução quanto à parcela da obrigação que não foi realizada.

(D) O inadimplemento relativo, assim como o inadimplemento absoluto, autoriza o ajuizamento da ação executiva para a entrega de coisa, desde que preenchidos os demais requisitos necessários.

A: incorreta, pois não há previsão legal de necessidade de prévia notificação extrajudicial como requisito para se executar; **B:** incorreta para a banca. Porém, essa alternativa não está de todo errada, pois a expressão "cumpra a obrigação" (na alternativa) não está clara se se refere a *todo* o pagamento da dívida (hipótese em que não seria possível a execução, por falta de interesse) ou a *alguma parcela* (caso em que seria possível prosseguir com a execução); por isso, melhor se buscar outra resposta; **C:** correta para a banca e a melhor escolha (considerando o exposto na alternativa B). O pagamento parcial não impede que se ingresse com a execução de quantia, pois há débito (CPC, art. 829); **D:** incorreta, pois a obrigação narrada na questão é de pagar (CPC, art. 829), e não de entrega de coisa (CPC, art. 806).

Gabarito "C".

(OAB/Exame Unificado – 2013.1) A respeito da penhora, assinale a afirmativa correta.

(A) A penhora não será realizada quando o bem estiver na posse, detenção ou guarda de terceiro.

(B) Havendo mais de uma penhora, lavrar-se-á um único auto de penhora.

(C) Se o devedor fechar as portas da casa, a fim de obstar a penhora dos bens, o oficial de justiça providenciará o arrombamento, independente de qualquer autorização judicial.

(D) O juiz autorizará a alienação antecipada dos bens penhorados quando houver manifesta vantagem.

A: incorreta, a penhora de bem do executado será realizada mesmo se o referido bem estiver com terceiros (CPC, art. 845); **B:** incorreta, para cada penhora, será lavrado um auto (interpretação decorrente do art. 838 do CPC); **C:** incorreta, para arrombamento pelo oficial de justiça, deve existir autorização do juiz (CPC, art. 846); **D:** correta, art. 852, II, do CPC.

Gabarito "D".

(OAB/Exame Unificado – 2012.1) A respeito do processo de execução, assinale a alternativa correta.

(A) A sentença arbitral, a letra de câmbio, a nota promissória e a duplicata são títulos executivos extrajudiciais.

(B) O exequente poderá, no ato da distribuição, obter certidão comprobatória do ajuizamento da execução, para fins de averbação no registro de imóveis, de veículos ou outros bens sujeitos a penhora ou arresto.

(C) O executado que, intimado, não indica ao juiz a localização de seus bens, não pratica ato atentatório à dignidade da justiça.

(D) A ausência de liquidez não impede a instauração do processo de execução.

A: incorreta. Sentença arbitral é título executivo judicial (CPC, art. 515, VII); **B:** correta, por expressa previsão legal (CPC, art. 828); **C:** incorreta, pois essa é uma das situações que se configura como de ato atentatório à dignidade da justiça (CPC, art. 774, V); **D:** incorreta, pois a execução se funda em título de obrigação *líquida*, certa e exigível (CPC, art. 783).

Gabarito "B".

(OAB/Exame Unificado – 2011.2) Considerando a ação de execução de título extrajudicial, é correto afirmar que

(A) cabe ao devedor provar que o credor não adimpliu a contraprestação, quando a satisfação da obrigação do executado estiver condicionada à realização daquela.

(B) deverá ser extinta se o título não corresponder a obrigação certa, líquida e exigível.

(C) caberá ao devedor indicar a espécie de execução que prefere, quando de mais de um modo puder ser efetuada.

(D) caso a petição inicial se ache desacompanhada do título executivo, deverá ser indeferida de plano, não

se admitindo prazo para correção, dada a natureza sumária das ações executivas.

A: incorreta, a existência de contraprestação pelo credor é tratada no art. 787, *caput*, e parágrafo único, do CPC; **B:** correta (CPC, art. 783); **C:** incorreta, pois quando se estiver diante de obrigações alternativas, é possível que a escolha da forma de execução seja do exequente ou do executado, conforme o previsto no título (CPC, art. 800); **D:** incorreta, pois há expressa previsão determinando a emenda da inicial, mesmo no processo de execução (CPC, art. 801).

Gabarito "B".

(OAB/Exame Unificado – 2009.2) Assinale a opção correta a respeito do processo de execução.

(A) Caracteriza-se a fraude de execução somente quando o devedor aliena bens durante o processo de execução.

(B) Caso o exequente proponha execução fundada em título extrajudicial sem que a petição inicial venha acompanhada dos documentos indispensáveis à sua propositura, o juiz deverá, de plano, indeferir o pedido, pois, no processo de execução, é incabível emenda à inicial.

(C) A legislação processual civil estabelece regime especial para a execução contra a fazenda pública, podendo o objeto ser o pagamento de quantia certa, o cumprimento de obrigação de fazer e não fazer ou a entrega de coisa.

(D) Constitui título executivo extrajudicial a certidão de dívida ativa da fazenda pública da União, dos estados, do DF, dos territórios e dos municípios correspondente a créditos devidamente inscritos na forma da lei.

A: incorreta, sendo essa uma questão que usualmente os candidatos erram. A fraude à execução pode ocorrer a partir da citação no processo de *conhecimento* (CPC, art. 792, IV); **B:** incorreta, pois cabe a emenda (CPC, art. 801); **C:** incorreta, porque a execução por quantia contra a fazenda pública é feita mediante precatório (CPC, art. 910, § 1º); **D:** correta, por expressa previsão legal (CPC, art. 784, IX).

Gabarito "D".

3.2. Embargos à execução

(OAB/Exame Unificado – 2020.1) Bruno ajuizou contra Flávio ação de execução de título executivo extrajudicial, com base em instrumento particular, firmado por duas testemunhas, para obter o pagamento forçado de R$ 10.000,00 (dez mil reais).

Devidamente citado, Flávio prestou, em juízo, garantia integral do valor executado e opôs embargos à execução dentro do prazo legal, alegando, preliminarmente, a incompetência relativa do juízo da execução e, no mérito, que o exequente pleiteia quantia superior à do título (excesso de execução). No entanto, em seus embargos à execução, embora tenha alegado excesso de execução, Flávio não apontou o valor que entendia ser correto, tampouco apresentou cálculo com o demonstrativo discriminado e atualizado do valor em questão.

Considerando essa situação hipotética, assinale a afirmativa correta.

(A) Os embargos à execução devem ser liminarmente rejeitados, sem resolução do mérito, porquanto Flávio não demonstrou adequadamente o excesso de

7. DIREITO PROCESSUAL CIVIL

execução, ao deixar de apontar o valor que entendia correto e de apresentar cálculo com o demonstrativo discriminado e atualizado do valor em questão.

(B) O juiz deverá rejeitar as alegações de incompetência relativa do juízo e de excesso de execução deduzidas por Flávio, por não constituírem matérias passíveis de alegação em sede de embargos à execução.

(C) Os embargos à execução serão processados para a apreciação da alegação de incompetência relativa do juízo, mas o juiz não examinará a alegação de excesso de execução, tendo em vista que Flávio não indicou o valor que entendia correto para a execução, não apresentando o cálculo discriminado e atualizado do valor em questão.

(D) O juiz deverá processar e julgar os embargos à execução em sua integralidade, não surtindo qualquer efeito a falta de indicação do valor alegado como excesso e a ausência de apresentação de cálculo discriminado e atualizado do valor em questão, uma vez que os embargos foram apresentados dentro do prazo legal.

A: Incorreta, pois se há existir, nos embargos, algum argumento além do excesso de execução, não há que se falar em indeferimento liminar, pois os embargos devem ser processados pelo outro fundamento, "mas o juiz não examinará a alegação de excesso de execução" (CPC, art. 917, § 4º, II).; **B:** Incorreta, porque as duas matérias podem ser alegadas nos embargos à execução (CPC, art. 917, III e V); **C:** Correta. Quando houver alegação de excesso de execução, deve necessariamente ser indicado o valor que se entende devido (CPC, art. 917, § 3º). Se isso não ocorrer e houver mais de um argumento, os embargos são apreciados pelo outro argumento, mas não pelo excesso – como visto na alternativa "A"; **D:** Incorreta, conforme os argumentos expostos em "A" e "C".
Gabarito "C".

(OAB/Exame Unificado – 2019.2) Maria, ao perceber que o seu bem imóvel foi arrematado por preço vil, em processo de execução de título extrajudicial, procurou você, como advogado(a), para saber que defesa poderá invalidar a arrematação. Você verifica que, no 28º dia após o aperfeiçoamento da arrematação, a carta de arrematação foi expedida. Uma semana depois, você prepara a peça processual.

Assinale a opção que indica a peça processual correta a ser proposta.

(A) Impugnação à execução.

(B) Petição simples nos próprios autos do processo de execução.

(C) Ação autônoma de invalidação da arrematação.

(D) Embargos do executado.

Todas as alternativas se referem a instrumentos processuais que, de alguma maneira, se prestam a impugnar decisões judiciais. No sistema anterior, existiam embargos específicos para a arrematação. Mas, no atual CPC, a expressa previsão, com base no art. 903, § 4º, é ação autônoma ("Após a expedição da carta de arrematação ou da ordem de entrega, a invalidação da arrematação poderá ser pleiteada por ação autônoma (...)").
Gabarito "C".

(OAB/Exame Unificado – 2015.2) Mário foi citado em processo de execução, em virtude do descumprimento de obrigação consubstanciada em nota promissória por ele emitida. Alegando excesso de execução, por ter efetuado o paga-

mento parcial da dívida, Mário opôs embargos à execução. Sobre esses embargos, assinale a afirmativa correta.

(A) Constituem-se em ação autônoma, razão pela qual serão autuados e distribuídos livremente, em homenagem ao princípio do juiz natural.

(B) São cabíveis tanto nas execuções autônomas quanto no cumprimento de sentença.

(C) Em regra, suspendem a execução.

(D) Seu oferecimento independe de efetivação da penhora, depósito ou caução.

A: incorreta. Os embargos são ação autônoma, mas distribuídos por dependência à execução, pois ligados a ela (CPC, art. 914, § 1º); **B:** incorreta, pois no cumprimento de sentença a defesa é pela impugnação (CPC, art. 525); **C:** incorreta, pois somente excepcionalmente há concessão de efeito suspensivo aos embargos (CPC, art. 919, *caput* e § 1º); **D:** correta, pois a apresentação dos embargos não depende de garantia do juízo (CPC, art. 914) – isso é necessário para o efeito suspensivo aos embargos.
Gabarito "D".

3.3. Cumprimento de sentença e impugnação

(OAB/Exame Unificado – 2020.2) Em determinada demanda indenizatória, houve a condenação do réu para pagar a quantia de R$ 10.000 (dez mil reais) em sentença transitada em julgada em prol do autor.

Na qualidade de patrono deste último, assinale a opção que representa a medida adequada a ser providenciada.

(A) Aguardar o depósito judicial da quantia referente à condenação, pois as sentenças que condenam a obrigação de pagar são instauradas de ofício, independentemente de requerimento do exequente, assim como as obrigações de fazer e não fazer.

(B) Peticionar a inclusão de multa legal e honorários advocatícios tão logo seja certificado o trânsito em julgado, independentemente de qualquer prazo para que o réu cumpra voluntariamente a obrigação, já que ela deveria ter sido cumprida logo após a publicação da sentença.

(C) Aguardar a iniciativa do juiz para instauração da fase executiva, para atender ao princípio da cooperação, consagrado no art. 6º do CPC.

(D) Peticionar para iniciar a fase executiva após a certificação do trânsito em julgado, requerendo a intimação do devedor para pagamento voluntário no prazo de 15 dias, sob pena de acréscimos de consectários legais.

A: incorreta, porque, tratando-se de obrigação de pagar quantia certa, o cumprimento se inicia por meio de requerimento da parte (CPC, arts. 523 e 536), e não de ofício; **B:** incorreta, tendo em vista que, antes da inclusão de multa e outros consectários, o executado é intimado para realizar o pagamento voluntário do débito, no prazo de 15 dias (CPC, art. 523, § 1º); **C:** incorreta, pois a fase de cumprimento de sentença depende de requerimento do exequente, conforme já exposto em "A" (CPC, arts. 513, § 1º e 523); **D:** correta, por ser essa a previsão legal (CPC, art. 523, *caput* e § 1º).
Gabarito "D".

(OAB/Exame Unificado – 2020.2) O Juízo da 1ª Vara de Fazenda Pública da Comarca da Capital do Estado do Rio de Janeiro, em ação ajuizada por Jorge, servidor público, condenou o Município do Rio de Janeiro ao pagamento de verbas remuneratórias atrasadas que não haviam sido pagas pelo ente municipal.

Após o trânsito em julgado, Jorge deu início ao cumprimento de sentença do valor de R$ 600.000 (seiscentos mil reais), tendo o Município apresentado impugnação no prazo de 25 dias úteis após sua intimação, alegando haver excesso de execução de R$ 200.000,00 (duzentos mil reais), na medida em que Jorge teria computado juros e correção monetária de forma equivocada ao calcular o valor exequendo.

Diante dessa situação hipotética, assinale a afirmativa correta.

(A) A impugnação do Município do Rio de Janeiro se afigura intempestiva, na medida em que o prazo previsto no Código de Processo Civil para a impugnação ao cumprimento de sentença é de 15 (quinze) dias úteis.

(B) O juiz, considerando que o Município do Rio de Janeiro não efetuou o pagamento voluntário do crédito exequendo no prazo de 15 dias úteis após sua intimação, deverá aplicar multa de 10% (dez por cento) sobre o valor da dívida.

(C) Jorge, tendo em vista que o Município do Rio de Janeiro impugnou apenas parcialmente o crédito ao alegar excesso, poderá prosseguir com a execução da parte que não foi questionada, requerendo a expedição do respectivo precatório judicial da parcela incontroversa da dívida.

(D) O Município do Rio de Janeiro, ao alegar o excesso de execução, não precisava declarar, de imediato, em sua impugnação, o valor que entende correto da dívida, podendo deixar para fazê-lo em momento posterior.

A: incorreta, porque o prazo da Fazenda Pública para apresentar impugnação ao cumprimento de sentença de pagar quantia certa é de 30 dias úteis (CPC, arts. 219 e 535); **B:** incorreta, pois não haverá incidência de multa contra a Fazenda Pública, já que os pagamentos pela Fazenda se sujeitam ao regime de precatório e, portanto, a Fazenda não é intimada para pagar sob pena de multa (CPC, art. 523), apenas para apresentar impugnação ao cumprimento de sentença (CPC, arts. 534, § 2º e 535); **C:** correta, por ser essa a previsão legal (CPC, art. 535, § 4º e, também, STF-ADI 5534); **D:** incorreta, já que a Fazenda deve declarar de imediato o valor que entende correto, sob pena de não conhecimento da arguição (CPC, art. 535, §2º).
Gabarito "C"

(OAB/Exame Unificado – 2018.2) Cláudia, intimada pelo juízo da Vara Z para pagar a Cleide o valor de R$ 20.000,00, com fundamento em cumprimento definitivo de sentença, realiza, no prazo de 15 dias, o pagamento de R$ 5.000,00.

De acordo com o que dispõe o CPC/2015, deve incidir

(A) multa de 10% e honorários advocatícios sobre R$15.000,00.

(B) multa de 10% sobre R$15.000,00 e honorários advocatícios sobre R$ 20.000,00.

(C) multa de 10% e honorários advocatícios sobre R$ 20.000,00.

(D) multa de 10% e honorários advocatícios sobre R$5.000,00.

A questão se refere à multa no caso do cumprimento de sentença, bem como os honorários advocatícios aí devidos. Como só houve pagamento parcial, há multa e honorários em relação à parte não paga

(CPC, art. 523, § 2º). Assim, a alternativa correta é a que fala de multa e honorários ao que não foi pago.
Gabarito "A"

(OAB/Exame Unificado – 2017.2) Pedro promove ação de cobrança em face de José, pelo descumprimento de contrato de prestação de serviços celebrado entre as partes.

O processo instaurado teve seu curso normal, e o pedido foi julgado procedente, com a condenação do réu a pagar o valor pleiteado. Não houve recurso e, na fase de cumprimento de sentença, o executado é intimado a efetuar o pagamento e pretende ofertar resistência.

Sobre a postura adequada para o executado tutelar seus interesses, assinale a afirmativa correta.

(A) Deve oferecer embargos à execução e, para tanto, deverá garantir o juízo com penhora, depósito ou caução.

(B) Deve oferecer impugnação à execução, devendo garantir o juízo com penhora, depósito ou caução.

(C) Deve oferecer embargos à execução, sem a necessidade de prévia garantia do juízo para ser admitido.

(D) Deve oferecer impugnação à execução, sem a necessidade de prévia garantia do juízo com penhora.

Uma vez existindo decisão judicial em processo de conhecimento e fase de cumprimento de sentença, a defesa do executado se dá pela impugnação, a qual independe de penhora para ser oferecida (CPC, art. 525, "caput"). Portanto, não é caso de embargos nem de realização de penhora, o que afasta 3 das alternativas.
Gabarito "D"

(OAB/Exame Unificado – 2017.1) Jair promove ação em face de Carlos para cobrar uma dívida proveniente de contrato (não escrito) de prestação de serviços celebrado pelas partes. Com o trânsito em julgado da sentença que condenou Carlos a pagar o valor devido, Jair requer o cumprimento de sentença.

O executado foi intimado regularmente na pessoa do seu advogado. No prazo da impugnação, deposita o correspondente a 30% do valor devido e requer o parcelamento do remanescente em até 6 (seis) prestações. O juiz defere o pedido do executado, fundamentando sua decisão no princípio da menor onerosidade, mas o exequente se insurge por intermédio de agravo de instrumento, alegando que o parcelamento legal não se aplica ao cumprimento de sentença.

Diante da situação hipotética, a decisão do juiz está:

(A) correta, pois o parcelamento legal pode ser aplicado no caso de cumprimento de sentença.

(B) equivocada, tendo em vista que só poderia deferir se fosse feito depósito de 50%.

(C) equivocada, pois há vedação expressa para a concessão do parcelamento legal no caso de cumprimento de sentença.

(D) correta, pois sempre se deve encontrar a forma mais efetiva para a execução.

A: incorreta, pois há expressa previsão legal em sentido inverso (CPC, art. 916, § 7º); **B:** incorreta, considerando que o depósito, quando permitido pela lei, é realmente de 30% (CPC, art. 916); **C:** correta. O Código é expresso ao *vedar* o parcelamento nesse caso (art. 916, § 7º); **D:** incorreta, considerando o exposto na alternativa anterior.
Gabarito "C"

7. DIREITO PROCESSUAL CIVIL 479

(OAB/Exame Unificado – 2015.3) Dominique, cidadão francês, foi parte em procedimento arbitral que teve como sede uma câmara localizada em Paris, na França, tendo este também sido o local onde a sentença foi proferida. Ele obteve êxito em sua pretensão, que foi julgada conforme a legislação francesa, e, agora, deseja receber da parte sucumbente os valores a que faz jus. A parte devedora é brasileira e possui patrimônio no Brasil, sendo a condenação de natureza cível. Ele procura você para, como advogado(a), orientá-lo.

Assinale a opção que indica o procedimento que Dominique deve adotar.

(A) Iniciar procedimento de cumprimento de sentença perante uma das varas cíveis da comarca onde está localizada a devedora, uma vez que a sentença arbitral, conforme legislação processual brasileira, é título executivo judicial.

(B) Ajuizar ação de execução perante uma das varas cíveis da comarca onde está localizada a devedora, uma vez que a sentença arbitral, conforme legislação processual brasileira, é título executivo extrajudicial.

(C) Dar início aos trâmites para recebimento dos valores perante os tribunais de Paris, na França, uma vez que esse foi o local onde foi conduzido o procedimento de arbitragem.

(D) Obter, preliminarmente, a homologação da sentença arbitral perante o Superior Tribunal de Justiça, uma vez que, pelas características narradas na questão, trata-se de sentença arbitral estrangeira.

A sentença arbitral é título executivo judicial (CPC, art. 515, VII), de modo que a forma executiva é o cumprimento de sentença. Porém, como foi proferida no exterior, inicialmente é necessário que haja a homologação dessa decisão, perante o STJ (CPC, art. 960). *Gabarito "D".*

(OAB/Exame Unificado – 2015.3) Henrique fora condenado pelo juízo da 10ª Vara Cível da Comarca da Capital do Rio de Janeiro ao pagamento de indenização por danos morais causados a Marlon, no valor de R$ 100.000,00, tendo tal decisão transitada em julgado. Na fase de cumprimento de sentença, não houve o pagamento voluntário da quantia, nem foram encontrados bens no foro da causa, razão pela qual procedeu-se à avaliação e penhora de imóvel de veraneio de Henrique, situado no Guarujá/SP, mediante carta precatória. O Oficial de Justiça, mesmo certificando em seu laudo não possuir o conhecimento especializado necessário para o ato, avaliou o imóvel em R$ 150.000,00.

Nesse caso, a impugnação ao cumprimento de sentença que verse unicamente o vício de avaliação

(A) poderá ser oferecida no juízo deprecante ou deprecado, sendo o juízo deprecante o competente para julgá-la.

(B) poderá ser oferecida no juízo deprecante ou deprecado, sendo o juízo deprecado o competente para julgá-la.

(C) deverá ser oferecida no juízo deprecado, sendo o juízo deprecante o competente para julgá-la.

(D) deverá ser oferecida no juízo deprecante, sendo o juízo deprecado o competente para julgá-la.

A legislação regula a competência para os embargos na execução por carta precatória (CPC, art. 914, § 2º Na execução por carta, os embargos serão oferecidos no juízo deprecante ou no juízo deprecado, mas a competência para julgá-los é do juízo deprecante, salvo se versarem unicamente sobre vícios ou defeitos da penhora, da avaliação ou da alienação dos bens efetuadas no juízo deprecado). Como não há previsão para o tema no cumprimento de sentença, aplica-se esse artigo de forma subsidiária (CPC, art. 771). A falta de conhecimento para avaliar o bem seria um vício relativo à penhora. *Gabarito "B".*

(OAB/Exame Unificado – 2014.3) Raul ajuizou ação de indenização por danos materiais, em face de Sérgio, pretendendo ressarcir-se dos prejuízos suportados com o conserto de seu táxi, decorrentes de uma colisão no trânsito causada por imprudência do réu. O pedido foi julgado procedente, mas a determinação do valor exato da condenação dependia de apuração do *quantum debeatur*, relativo às consequências do ato ilícito.

Diante da atual sistemática do Código de Processo Civil, é correto afirmar que a liquidação de sentença, na hipótese,

(A) é considerada simples incidente processual, devendo o juiz, de ofício, iniciá-la, determinando a citação do réu.

(B) constitui-se em processo autônomo, iniciado mediante requerimento da parte interessada, do qual será citado o réu.

(C) constitui-se em fase do processo de conhecimento, iniciada mediante requerimento da parte interessada, do qual será intimada a parte contrária na pessoa de seu advogado.

(D) constitui-se em procedimento autônomo, devendo o juiz, de ofício, iniciá-lo, mediante intimação das partes.

A: incorreta, pois não cabe ao juiz dar início de ofício à liquidação (CPC, art. 509, *caput* e § 2º); **B:** incorreta, porque a liquidação, apesar de ser requerida pelo exequente, não é um novo processo, mas uma fase no processo já existente, em que o executado será intimado (CPC, art. 509, § 2º e 513, § 2º); **C:** correta, sendo processo de conhecimento (transição entre conhecimento e cumprimento de sentença) e, como exposto antes, é incidente e acarreta a intimação (CPC, art. 509, § 2º e 513, § 2º); **D:** incorreta, considerando ser incidente e não ser possível seu início de ofício (CPC, art. 509, *caput* e § 2º). *Gabarito "C".*

(OAB/Exame Unificado – 2013.3) O sistema de execução de decisões modernamente utilizado está muito atrelado à ideia de sincretismo processual. Por essa sistemática, em regra, tornou-se a execução um prolongamento do processo de conhecimento. Passou-se a ter um processo misto que não é mais nem puramente cognitivo nem puramente executivo. O novo sistema permitiu que a obtenção da tutela jurisdicional plena fosse mais rapidamente alcançada. Entretanto, em hipóteses específicas, ainda tem cabimento o processo de execução autônomo. Assinale a alternativa que contém título executivo judicial a ensejar a execução sincrética.

(A) A certidão de dívida ativa da Fazenda Pública da União, dos Estados, do Distrito Federal, dos Territórios e dos Municípios, correspondente aos créditos inscritos na forma da lei.

(B) O instrumento de transação referendado pelo Ministério Público, pela Defensoria Pública ou pelos advogados dos transatores.

(C) A sentença proferida no processo civil que reconheça a existência de obrigação de fazer, não fazer, entregar coisa ou pagar quantia.

(D) O crédito, documentalmente comprovado, decorrente de aluguel de imóvel, bem como de encargos acessórios, tais como taxas e despesas de condomínio.

A: incorreta, pois a CDA é título executivo extrajudicial (CPC, art. 784, IX), que dá origem a uma execução fiscal (processo autônomo, não sendo caso de sincretismo processual); **B:** incorreta, pois esses documentos são títulos executivos extrajudiciais (CPC, art. 784), que dão origem a uma execução autônoma; **C:** correta, pois a sentença proferida no processo de conhecimento é título executivo judicial (CPC, art. 515, I), em que há o cumprimento de sentença (sincretismo processual); **D:** incorreta, pois esse crédito é título executivo extrajudicial (CPC, art. 784, VIII), que dá origem a uma execução autônoma.

Gabarito "C".

(OAB/Exame Unificado – 2012.3.A) A execução tem por finalidade precípua a adoção de medidas necessárias à satisfação da obrigação prevista em um título executivo judicial ou extrajudicial. Em um primeiro momento, vigia no ordenamento pátrio o princípio da autonomia, segundo o qual as atividades executivas e de conhecimento deveriam ser desenvolvidas necessariamente por meio de ações distintas. Contudo, tal sistemática foi alvo de uma série de reformas que buscaram prestigiar um desenvolvimento sincrético do processo, bem como a própria efetivação do título executivo.

Com base na legislação vigente, assinale a afirmativa correta:

(A) A sentença arbitral, de acordo com o CPC, possui natureza de título executivo extrajudicial e poderá ser liquidada ou executada, conforme o caso, perante o juízo cível competente, hipótese na qual o mandado inicial incluirá a ordem de citação do devedor.

(B) O executado, nas obrigações de pagar quantia certa ou já fixada em liquidação, poderá oferecer impugnação para rediscutir qualquer causa impeditiva, modificativa ou extintiva da obrigação, desde que superveniente à sentença.

(C) O CPC prevê que o juiz pode atribuir efeito suspensivo aos embargos quando ficar demonstrado que o prosseguimento da execução manifestamente pode causar ao executado grave dano de difícil ou incerta reparação o que não ocorre na impugnação, tendo em vista que nesta modalidade de defesa está prevista, expressamente, a impossibilidade de concessão de efeitos suspensivos em quaisquer hipóteses.

(D) A concessão de efeito suspensivo nos embargos do executado obsta o prosseguimento da execução principal, impedindo, inclusive, a efetivação dos atos de penhora e avaliação dos bens.

A: incorreta, porque a sentença arbitral, por opção legislativa (para limitar a matéria de defesa do executado) é título executivo *judicial* (CPC, art. 515, VII); **B:** correta, porque a defesa no cumprimento é a impugnação, sendo possível apenas alegar matérias previstas na lei (CPC, art. 525, § 1º, VII); **C:** incorreta, pois tanto nos embargos quanto na impugnação o efeito suspensivo depende de concessão do juiz, desde que presentes os requisitos (CPC, art. 525, § 6º); **D:** incorreta, pois mesmo que concedido o efeito suspensivo aos embargos, ocorrerá a penhora e avaliação (CPC, art. 919, § 5º)

Gabarito "B".

(OAB/Exame Unificado – 2012.2) Nos autos de ação indenizatória movida por Henrique em face de Paulo, ambos prósperos empresários, transitou em julgado sentença de procedência do pleito autoral, condenando o réu ao pagamento de indenização, no montante equivalente a 500 salários mínimos, na data da prolação da sentença, acrescidos de juros legais e correção monetária.

Assinale a alternativa que apresenta a providência a ser imediatamente adotada pelo advogado de Henrique.

(A) Instauração da fase de liquidação de sentença por arbitramento, a fim de apurar o valor da condenação em moeda corrente.

(B) Instauração da fase de cumprimento de sentença, com a apresentação da memória de cálculo contemplando o valor da condenação em moeda corrente.

(C) Instauração da fase de liquidação de sentença por cálculos do contador, a fim de que o magistrado remeta os autos ao contador judicial, para que seja apurado o valor da condenação em moeda corrente.

(D) Ajuizamento de ação rescisória, a fim de que o tribunal apure o valor da condenação em moeda corrente.

Trata-se de sentença com valor passível de liquidação por simples cálculo aritmético. Assim, já deverá ter início o cumprimento de sentença (CPC, art. 509, § 2º).

Gabarito "B".

4. RECURSOS

4.1. Teoria geral dos recursos

(OAB/Exame XXXIV) Diante da multiplicidade de recursos especiais fundados em idêntica questão de direito, o Desembargador 3º Vice-Presidente do Tribunal de Justiça do Estado do Rio de Janeiro seleciona dois dos recursos e os remete ao Superior Tribunal de Justiça para fins de afetação, determinando a suspensão de todos os processos pendentes que tramitam no respectivo Estado que versem sobre a mesma matéria.

Uma vez recebido o recurso representativo da controvérsia, o Ministro Relator resolve proferir decisão de afetação. Após seu trâmite, o recurso é julgado pela Corte Especial do Superior Tribunal de Justiça, que fixa a tese jurídica.

Diante da situação hipotética acima descrita, assinale a afirmativa correta.

(A) A tese jurídica fixada pelo Superior Tribunal de Justiça por ocasião do julgamento dos recursos especiais representativos da controvérsia não poderá ser alterada ou superada no futuro, em qualquer hipótese, nem mesmo pelo próprio Superior Tribunal de Justiça.

(B) Para a formação de seu convencimento acerca da controvérsia objeto dos recursos especiais repetitivos, o Ministro Relator não poderá admitir a participação de terceiros, na qualidade de *amicus curiae*, e tampouco realizar audiências públicas para a qualificação do contraditório.

(C) A controvérsia objeto dos recursos especiais submetidos ao rito dos repetitivos não poderá ter natureza de direito processual, mas apenas de direito material.

(D) A escolha dos recursos feita pelo 3º Vice-Presidente do Tribunal de Justiça do Estado do Rio de Janeiro

7. DIREITO PROCESSUAL CIVIL — 481

não possuía o efeito de vincular o Ministro Relator no Superior Tribunal de Justiça, que, se entendesse pertinente, poderia ter selecionado outros recursos representativos da controvérsia.

A: Incorreta, pois é possível a alteração ou superação da tese no futuro – devendo ser observados requisitos para garantir a segurança jurídica (CPC, art. 927, §§ 2º, 3º e 4º). **B:** Incorreta, pois é possível tanto a participação de pessoas ou entidades (como *amicus curiae*), quanto a realização de audiências públicas (CPC, art. 1.038, I e II). **C:** Incorreta, porque o art. 1.036 não faz essa restrição, de modo que cabe repetitivo em questões de direito material e processual. **D:** Correta, sendo essa a previsão legal – e o ministro relator, no STJ, poderá selecionar outros recursos representativos (CPC, art. 1.036, § 4º) ou mesmo não aceitar a afetação.

Gabarito "D".

(OAB/Exame Unificado – 2018.2) José ajuizou ação de indenização por danos morais, materiais e estéticos em face de Pedro. O juiz competente, ao analisar a petição inicial, considerou os pedidos incompatíveis entre si, razão pela qual a indeferiu, com fundamento na inépcia.

Nessa situação hipotética, assinale a opção que indica o recurso que José deverá interpor.

(A) Apelação, sendo facultado ao juiz, no prazo de cinco dias, retratar-se do pronunciamento que indeferiu a petição inicial.

(B) Apelação, sendo os autos diretamente remetidos ao Tribunal de Justiça após a citação de Pedro para a apresentação de contrarrazões.

(C) Apelação, sendo que o recurso será diretamente remetido ao Tribunal de Justiça, sem a necessidade de citação do réu para apresentação de contrarrazões.

(D) Agravo de Instrumento, inexistindo previsão legal de retratação por parte do magistrado.

A: correta. Se estamos diante de uma sentença, o recurso cabível é a apelação (CPC, art. 1.009), sendo que, nesse caso de indeferimento liminar da inicial, é possível ao juiz reconsiderar sua decisão (CPC, art. 331, *caput*); **B:** incorreta, pois nesse caso é possível ao juiz se retratar (em regra o juiz não pode se retratar, mas sendo indeferimento liminar, é possível – vide alternativa "A"); **C:** incorreta, pois no caso de apelação antes da citação, se o juiz não reconsiderar (vide alternativa "A"), o réu será citado para apresentar contrarrazões (CPC, art. 331, § 1º); **D:** incorreta, porque não cabe agravo de sentença (CPC, arts. 1009 e 1015).

Gabarito "A".

(OAB/Exame Unificado – 2017.3) Maria dirigia seu carro em direção ao trabalho, quando se envolveu em acidente com um veículo do Município de São Paulo, afetado à Secretaria de Saúde. Em razão da gravidade do acidente, Maria permaneceu 06 (seis) meses internada, sendo necessária a realização de 03 (três) cirurgias.

Quinze dias após a alta médica, a vítima ingressou com ação de reparação por danos morais e materiais em face do ente público. Na sentença, os pedidos foram julgados procedentes, com condenação do ente público ao pagamento de 200 (duzentos) salários mínimos, não tendo a ré interposto recurso.

Diante de tais considerações, assinale a afirmativa correta.

(A) Ainda que o Município de São Paulo não interponha qualquer recurso, a sentença está sujeita à remessa necessária, pois a condenação é superior a 100 (cem) salários mínimos, limite aplicável ao caso, o que

impede o cumprimento de sentença pelo advogado da autora.

(B) A sentença está sujeita à remessa necessária em qualquer condenação que envolva a Fazenda Pública.

(C) A sentença não está sujeita à remessa necessária, porquanto a sentença condenatória é ilíquida. Maria poderá, assim, propor a execução contra a Fazenda Pública tão logo a sentença transite em julgado.

(D) A sentença não está sujeita à remessa necessária, pois a condenação é inferior a 500 (quinhentos) salários mínimos, limite aplicável ao caso. Após o trânsito em julgado, Maria poderá promover o cumprimento de sentença em face do Município de São Paulo.

A: incorreta. Ainda que a regra seja que as decisões contra a Fazenda são passíveis de remessa necessária, com base no valor, pode ser dispensado que isso ocorra. Tratando-se de município capital de Estado, apenas para sentenças acima de o 500 salários-mínimos é que haverá a remessa necessária (CPC, art. 496, § 3º, II), sendo que pelo enunciado a condenação foi de 200 salários, de modo que não há remessa necessária. No caso de município que não é capital de Estado, não há remessa necessária para as condenações inferiores a 100 salários (CPC, art. 496, § 3º, III); **B:** incorreta, pois existem critérios de valor (CPC, art. 496, § 3º) e de matéria que afastam a remessa necessária (CPC, art. 496, § 4º), de modo que não é sempre que a sentença está sujeita à remessa; **C:** incorreta, porque a sentença não é ilíquida; além disso, no caso de sentença ilíquida existe remessa necessária (CPC, art. 496, § 3º, *caput*); **D:** correta. Como visto em "A", a regra é que as decisões contra a Fazenda são objeto de remessa necessária. Mas, considerando o valor da condenação (200 salários-mínimos), é dispensado o reexame necessário, pois se trata de município capital de Estado, caso em que – por força de previsão legal – apenas as condenações acima de 500 salários admitem a remessa necessária (CPC, art. 496, § 3º, II).

Gabarito "D".

(OAB/Exame Unificado – 2015.2) O Banco Financeiro S.A. ajuizou contra Marco Antônio ação de busca e apreensão de veículo, em razão do inadimplemento de contrato de financiamento garantido por cláusula de alienação fiduciária. A primeira tentativa de citação foi infrutífera, uma vez que o réu não mais residia no endereço constante da inicial. O Juízo, então, determinou a indicação de novo endereço para a realização da diligência, por decisão devidamente publicada na imprensa oficial. Considerando que o advogado do autor se manteve inerte por prazo superior a 30 dias, o processo foi julgado extinto, sem resolução do mérito, por abandono. Sabendo da impossibilidade de extinção do processo por abandono sem a prévia intimação pessoal da parte para dar regular andamento ao feito, o advogado do autor interpôs recurso de apelação. Assinale a opção que contém a correta natureza do vício apontado e o pedido adequado à pretensão recursal.

(A) Por se tratar de *error in procedendo* e a causa não estar madura para julgamento, o pedido recursal deve ser de anulação da sentença.

(B) Trata-se de erro material, que justifica o pedido de integração da sentença pelo Tribunal.

(C) Em se tratando de *error in judicando*, o pedido adequado, no caso sob exame, é de reforma da sentença.

(D) Trata-se de erro de procedimento, que justifica o pedido de julgamento do mérito da lide no estado em que se encontra.

O problema narra um erro de forma ou de processamento (*error in procedendo*). Isso porque a extinção por abandono somente pode ocorrer após a intimação do próprio autor – e não de seu advogado (CPC, art. 485, § 1º). **A:** correta. O erro de processamento (*error in procedendo*) acarreta a anulação da causa e devolução para julgamento em 1º grau. A teoria da causa madura não se aplica se não houve citação e o processo está em condições de julgamento (CPC, art. 1.013, § 3º); **B:** incorreta, pois não se trata de erro material (como um nome errado de parte); **C:** incorreta. O *error in judicando* (erro de julgamento) de fato acarreta o pedido de reforma – mas o problema narrado não envolve uma situação de erro de conteúdo, mas de forma; **D:** incorreta, porque o erro de forma acarreta a nulidade.
Gabarito "A".

(OAB/Exame Unificado – 2012.1) O duplo grau de jurisdição obrigatório, também conhecido como reexame necessário ou recurso de ofício, é instituto contemplado no art. 475 do CPC e visa a proteger a Fazenda Pública, constituindo uma de suas principais prerrogativas. Com relação a esse instituto, é correto afirmar que (*ATENÇÃO: a menção ao art. 475 se refere ao Código anterior; no CPC15, o artigo correspondente é o 496).

(A) se aplica o duplo grau de jurisdição obrigatório a toda decisão proferida contra Fazenda Pública.

(B) é pressuposto de admissibilidade do reexame necessário a interposição de apelação pela Fazenda.

(C) se aplica o duplo grau obrigatório à sentença que julga procedente, no todo ou em parte, embargos à execução de dívida ativa da Fazenda Pública, independentemente do valor do débito.

(D) não se aplica o duplo grau obrigatório se a sentença estiver fundada em jurisprudência do plenário do Supremo Tribunal Federal.

De início, cabe destacar que a remessa necessária (reexame necessário, no Código anterior) não é recurso, pois não há vontade da parte – assim, a terminologia "recurso de ofício" é tecnicamente inadequada. **A:** incorreta. A remessa não se verifica em toda causa – há exceções (CPC, art. 496, *caput* e parágrafos); **B:** incorreta. A remessa se presta principalmente a suprir a ausência de recurso da Fazenda (CPC, art. 496); mas, ainda que haja recurso, há a remessa, para incluir algum ponto eventualmente não impugnado pela Fazenda; **C:** incorreta. *Vide* exceção mencionada no item "A"; **D:** correta, É uma das exceções mencionadas (CPC, art. 496, § 4º, I e II).
Gabarito "D".

(OAB/Exame Unificado – 2009.1) Considerando o que dispõe o CPC a respeito de recursos, assinale a opção correta.

(A) O MP tem legitimidade para recorrer somente no processo em que é parte.

(B) A desistência do recurso interposto pelo recorrente depende da concordância do recorrido.

(C) Havendo sucumbência recíproca e sendo proposta apelação por uma parte, será cabível a interposição de recurso adesivo pela outra parte.

(D) A procuração geral para o foro, conferida por instrumento público, habilita o advogado a desistir do recurso.

A: incorreta, o MP tem legitimidade para recorrer quando é parte e fiscal da ordem jurídica (CPC, art. 996); **B:** incorreta, pois a desistência do recurso (diferentemente da desistência do processo) independe de concordância da parte contrária (CPC, art. 998); **C:** correta, art. 997, § 2º, do CPC; **D:** incorreta, pois para desistir há necessidade de poderes especiais (CPC, art. 105).
Gabarito "C".

(OAB/Exame Unificado – 2008.3) A respeito dos recursos, assinale a opção correta.

(A) O recebimento do recurso de apelação pelo juiz comporta a interposição de recurso de agravo de instrumento.

(B) Tratando-se de sentença *ultra* ou *extra petita*, o autor não detém interesse em recorrer.

(C) Cabe ação direta de inconstitucionalidade contra súmula vinculante, nas mesmas hipóteses relacionadas à lei em sentido formal.

(D) Ocorre o efeito expansivo subjetivo quando o julgamento do recurso atinge outras pessoas além do recorrente e do recorrido.

A: incorreta, pois no CPC15 *não há* admissão da apelação na origem; logo, não há como a alternativa ser correta (CPC, art. 1.010, § 3º); **B:** incorreta, considerando o vício/risco de nulidade, há também interesse recursal do autor; **C:** incorreta, pois cabe ADI de lei, e súmula vinculante não é lei (CF, art. 102, I, "a"); **D:** resposta correta de acordo com a posição da doutrina que se manifesta quanto ao "efeito expansivo" (vale destacar que não são todos os autores que enfrentam esse efeito). No caso, a forma mais fácil para se chegar à resposta correta seria por exclusão das demais alternativas.
Gabarito "D".

4.2. Recursos em espécie

(OAB / 38º Exame) Rafael ajuizou ação de despejo em face de Luiz, sob o fundamento de que Luiz não teria pago o aluguel do imóvel de sua propriedade nos últimos meses. Em primeira instância, foi proferida sentença que julgou improcedentes os pedidos formulados na petição inicial. Rafael, então, interpôs apelação, a qual foi desprovida pelo tribunal. Posteriormente, Rafael interpôs recurso extraordinário contra o acórdão, alegando violação a uma série de dispositivos constitucionais. Examinando o recurso extraordinário, a vice-presidência do tribunal negou-lhe seguimento, sob o fundamento de que o Supremo Tribunal Federal já havia reconhecido a inexistência de repercussão geral da questão constitucional discutida no referido recurso.

Diante do caso narrado, assinale a opção que indica a medida judicial a ser adotada por Rafael.

(A) interposição de agravo em recurso extraordinário, para que o Supremo Tribunal Federal examine se o recurso extraordinário preenche ou não seus requisitos de admissibilidade.

(B) interposição de recurso extraordinário, para que o Supremo Tribunal Federal reexamine a existência de repercussão geral da questão constitucional discutida no recurso.

(C) interposição de agravo interno, no intuito de demonstrar a distinção entre a questão constitucional discutida no recurso extraordinário e a discutida no recurso no qual o Supremo Tribunal Federal não reconheceu a existência de repercussão geral.

(D) ajuizamento de reclamação constitucional, tendo em vista que apenas a presidência do tribunal de segunda instância tem competência para examinar o preenchimento dos requisitos de admissibilidade do recurso extraordinário.

A: incorreta porque, apesar de, em regra, da decisão monocrática de não admissão do RE caber agravo em recurso extraordinário (ARE), há

7. DIREITO PROCESSUAL CIVIL — 483

casos em que dessa decisão cabe agravo interno – isso, por exemplo, quando envolver repetitivo ou repercussão geral (CPC, art. 1.030, § 2º). **B:** incorreta, visto que não cabe recurso extraordinário de decisão monocrática, mas somente de acórdão. Além disso, já houve a interposição do extraordinário anteriormente. **C:** correta. Conforme previsão do art. 1.030, § 2º do CPC, caberá agravo interno em face da decisão que negar seguimento ao Recurso Extraordinário sob o fundamento de que o STF já havia reconhecido a inexistência de repercussão geral da questão constitucional discutida. Essa uma das exceções em que não cabe ARE da decisão de não admissão. **D:** incorreta. O enunciado não traz hipótese de cabimento de reclamação (ação de impugnação prevista no art. 988 do CPC que busca, dentre outros, "preservar a competência do tribunal"). A hipótese é de uso de recurso.

Gabarito "C".

(OAB / 37º Exame) Devidamente intimado do acórdão proferido pela Câmara Cível do Tribunal de Justiça do Estado de Minas Gerais que desproveu seu recurso de apelação, Diego opõe embargos de declaração alegando que o acórdão teria deixado de se manifestar sobre tese firmada em julgamento em incidente de assunção de competência aplicável ao caso. Nos embargos de declaração, Diego também alegou, para fins de prequestionamento, que o acórdão teria se omitido a respeito de determinado dispositivo de lei federal.

Em paralelo, antes do julgamento dos embargos de declaração, José, então apelado, interpõe recurso especial alegando violação ao Art. 85, §11, do Código de Processo Civil, visto que a Câmara Cível do Tribunal de Justiça do Estado de Minas Gerais não fixou honorários de sucumbência recursais no acórdão que julgou a apelação de Diego.

Diante da situação hipotética descrita, assinale a afirmativa correta.

(A) Diego não poderia ter fundamentado seus embargos de declaração na ausência de manifestação, pelo acórdão que julgou a apelação, acerca de tese firmada em sede de incidente de assunção de competência aplicável ao caso, pois os embargos de declaração constituem recurso de fundamentação vinculada, cabível apenas nas hipóteses de omissão, contradição, obscuridade ou erro material.

(B) Ainda que os embargos de declaração opostos por Diego venham a ser rejeitados ou não alteram a conclusão do julgamento anterior da Câmara Cível do Tribunal de Justiça do Estado de Minas Gerais, o recurso especial interposto por José somente será processado ser for por ele ratificado após a apreciação dos embargos de declaração.

(C) Os embargos de declaração não possuem efeito suspensivo, mas interrompem o prazo para a interposição de outros recursos, de modo que Diego ainda poderá interpor recurso especial contra o acórdão após o julgamento dos embargos de declaração, se for o caso.

(D) Caso sejam desprovidos os embargos de declaração opostos por Diego, não será considerado como incluído no acórdão o dispositivo legal por ele invocado nos embargos de declaração, para fins de prequestionamento, ainda que tribunal superior posteriormente considere existente a omissão.

A: incorreta, porque a decisão que não se manifesta acerca de tese firmada em precedente vinculante (no qual se inclui o incidente de assunção de competência – IAC) é considerada omissa, por expressa

previsão legal (CPC, art. 1.022, p.u, I). **B:** incorreta. Se os embargos de declaração forem rejeitados ou não alterarem a conclusão do acórdão embargado, o recurso especial interposto por José será processado independentemente de ratificação (CPC, art. 1.024, § 5º). Havia súmula do STJ no sentido anterior (Súmula 418), revogada quando da vigência do CPC 2015, e substituída pela Súmula 579 ("Não é necessário ratificar o recurso especial interposto na pendência do julgamento dos embargos de declaração, quando inalterado o resultado anterior"). **C:** correta, pois essa é a previsão legal acerca dos declaratórios, no sentido de que, com sua oposição, há a interrupção do prazo para interposição dos demais recursos (CPC, art. 1.026). **D:** incorreta, considerando que, por força do chamado prequestionamento ficto ou virtual, haverá a inclusão dos argumentos suscitados no acórdão, mesmo que o Tribunal de origem rejeite os embargos de declaração por entender que não há vício na decisão, considerando-se prequestionada a matéria (CPC, art. 1.025).

Gabarito "C".

(OAB/Exame XXXV) João ajuizou ação de indenização por danos materiais e morais contra Carla. Ao examinar a petição inicial, o juiz competente entendeu que a causa dispensava fase instrutória e, independentemente da citação de Carla, julgou liminarmente improcedente o pedido de João, visto que contrário a enunciado de súmula do Superior Tribunal de Justiça. Nessa situação hipotética, assinale a opção que indica o recurso que João deverá interpor.

(A) Agravo de instrumento, uma vez que o julgamento de improcedência liminar do pedido ocorre por meio da prolação de decisão interlocutória agravável.

(B) Agravo de instrumento, tendo em vista há urgência decorrente da inutilidade do julgamento da questão em recurso de apelação.

(C) Apelação, sendo facultado ao juiz retratar-se, no prazo de cinco dias, do julgamento liminar de improcedente do pedido.

(D) Apelação, sendo o recurso distribuído diretamente a um relator do tribunal, que será responsável por intimar a parte contrária a apresentar resposta à apelação em quinze dias.

A: Incorreta, pois a decisão que julga liminarmente improcedente é sentença (CPC, art. 332), de modo que incabível agravo de instrumento, cabível de decisão interlocutória (CPC, art. 1.015). **B:** Incorreta, conforme exposto em "A". **C:** Correta. Trata-se de sentença, da qual cabível apelação (CPC, art. 332, § 2º). E, uma vez interposto o recurso, é possível ao juiz se retratar, em 5 dias (CPC, art. 332, § 3º) – e determinar a citação do réu. **D:** Incorreta. Ainda que o recurso seja a apelação (alternativa "C"), será interposto no 1º grau, perante juiz, e não perante o Tribunal.

Gabarito "C".

(OAB/Exame XXXIV) Em ação coletiva ajuizada pela Associação Brasileira XYZ, foi proferida sentença que julgou improcedentes os pedidos formulados na petição inicial. Em segunda instância, o tribunal negou provimento à apelação interposta pela Associação Brasileira XYZ e manteve a sentença proferida.

A Associação, contudo, notou que um outro tribunal do país, em específico, decidiu sobre questão de direito similar de forma distinta, tendo atribuído interpretação diversa à mesma norma infraconstitucional federal.

A respeito da hipótese narrada, assinale a opção que apresenta a medida judicial a ser adotada pela Associação Brasileira XYZ.

(A) Interposição de recurso especial fundado em dissídio jurisprudencial, devendo a Associação recorrente comprovar no recurso a divergência entre o acórdão recorrido e o julgado do outro tribunal, além de mencionar as circunstâncias que identifiquem ou assemelhem os casos confrontados.

(B) Interposição de embargos de divergência direcionados ao Superior Tribunal de Justiça, no intuito de uniformizar o entendimento divergente dos tribunais.

(C) Pedido de instauração de incidente de assunção de competência, ainda que se trate de divergência entre tribunais sobre questão de direito sem relevância e repercussão social.

(D) Pedido de instauração de incidente de resolução de demandas repetitivas direcionado a relator de turma do Superior Tribunal de Justiça, com o objetivo de uniformizar o entendimento divergente dos tribunais.

A: Correta. Uma das principais hipóteses de cabimento de REsp é na situação em que há divergência externa – ou seja, entre tribunais distintos (CF, art. 105, III, "c"), como na situação narrada no enunciado. **B:** Incorreta. Somente cabem embargos de divergência de acórdão proferido no STJ ou no STF (CPC, art. 1.043), sendo que nesse caso ainda estamos no 2º grau. **C:** Incorreta. Somente cabe IAC se houver "relevante questão de direito, com grande repercussão social" (CPC, art. 947). **D:** Incorreta, pois o IRDR cabe quando houver questão repetitiva (o que o enunciado não menciona) e seria endereçado ao 2º grau (pois o acórdão a se atacar foi lá proferido) e não ao STJ (CPC, arts. 976 e 977). Gabarito "A".

(XXXIII Exame de Ordem Unificado / FGV) A corretora de seguros XYZ ajuizou ação de cobrança em face da Alegria Assistência Médica, pugnando pelo pagamento da taxa de comissão de corretagem que a segunda se recusa a pagar, apesar de a autora estar prestando devidamente serviços de corretagem. O juízo de primeiro grau julgou pela procedência do pedido, na mesma oportunidade concedendo tutela antecipada, para que a Alegria faça os pagamentos da comissão devida mensalmente.

Nessa circunstância, o(a) advogado(a) da Alegria Assistência Médica, buscando imediatamente suspender os efeitos da sentença, deve

(A) interpor Recurso Extraordinário, no prazo de 15 dias úteis, para que o Supremo Tribunal Federal reforme a sentença e pleiteando efeito suspensivo.

(B) interpor Apelação Cível, no prazo de 15 dias úteis, objetivando a reforma da sentença, e pleitear efeito suspensivo diretamente ao tribunal, por pedido próprio, durante a tramitação da apelação em primeiro grau.

(C) impetrar Mandado de Segurança contra a decisão que reputa ilegal, tendo como autoridade coatora o juízo sentenciante, para sustar os efeitos da sentença.

(D) interpor Agravo de Instrumento, no prazo de 15 dias úteis, para reforma da tutela antecipada.

A: incorreta, pois se trata de decisão que não pode ser impugnada por RE, pois esse recurso só é cabível para impugnar acórdão (CPC, art. 1.029); **B:** correta, porque a decisão que conclui pela procedência é sentença, a qual pode trazer, em seu bojo, a concessão de antecipação de tutela. E, pelo princípio da unirrecorribilidade recursal, só cabe um recurso de cada decisão; no caso, a apelação (CPC, art. 1.009); **C:** incorreta, pois se cabe recurso (como visto em "B"), não cabe o MS (Súmula 267/STF: Não cabe mandado de segurança contra ato judicial

passível de recurso ou correição); **D:** incorreta, porque não se trata de decisão interlocutória (pois foi proferida em conjunto com ato que extinguiu o processo), de modo que não cabe agravo. Gabarito "B".

(XXXIII Exame de Ordem Unificado / FGV) O Tribunal de Justiça do Estado do Rio de Janeiro, se deparando com pedido de instauração de Incidente de Resolução de Demandas Repetitivas (IRDR) para solucionar as causas de um acidente aéreo com numerosas vítimas, que demandaria a realização de prova pericial para aferir se houve falha elétrica ou se algum outro fator causou a queda da aeronave, designou sessão de julgamento para análise colegiada a respeito do cabimento do incidente. A respeito da referida análise quanto ao cabimento e às consequências da instauração, assinale a afirmativa correta.

(A) O IRDR é cabível, e, uma vez admitida sua instauração, não haverá a suspensão dos processos ajuizados pelas múltiplas vítimas, e o entendimento firmado no IRDR apenas será aplicável aos processos que venham a ser ajuizados após a sua prolação.

(B) O IRDR não é cabível, uma vez que a técnica processual visa apenas a resolver controvérsia sobre questão unicamente de direito, seja processual ou material.

(C) A instauração do IRDR é possível, uma vez que visa a resolver controvérsia sobre questão de fato, com o objetivo de permitir a realização de prova pericial única, tal como na hipótese concreta.

(D) Não é possível instaurar o IRDR, que apenas é cabível em primeira instância e nos tribunais superiores.

A: incorreta, pois como a questão envolve prova e fato, não se admite o IRDR (CPC, art. 976, I, que aponta ser possível o incidente quando houver "repetição de processos que contenham controvérsia sobre a mesma questão *unicamente de direito*"); **B:** correta, por expressa previsão legal (CPC, art. 976, I); **C:** incorreta, porque a realização de perícia envolve matéria de fato, de modo que então descabe o IRDR – conforme já exposto em "A"; **D:** incorreta, pois não se admite IRDR em 1º grau (o art. 976 do CPC está inserido no capítulo que trata do trâmite dos processos *no tribunal*). Gabarito "B".

(XXXIII Exame de Ordem Unificado / FGV) Após anos de relacionamento conjugal, Adriana e Marcelo resolvem se divorciar. Diante da recusa do cônjuge ao pagamento de alimentos, Adriana, desempregada, resolve ingressar com ação a fim de exigir o pagamento. A ação teve regular processamento, tendo o juiz proferido sentença de procedência, condenando o réu ao pagamento de R$ 2.000,00 (dois mil reais) mensais à autora, sendo publicada no dia seguinte. Inconformado, o réu interpõe recurso de apelação, mas Adriana promove, imediatamente, o cumprimento provisório da decisão. Diante das informações expostas, assinale a afirmativa correta.

(A) A sentença não pode ser executada neste momento, pois o recurso de apelação possui efeito suspensivo.

(B) A sentença não pode ser executada, uma vez que a sentença declaratória não permite a execução provisória.

(C) Poderá ser iniciada a execução provisória, pois a sentença que condena a pagar alimentos começa a produzir efeitos imediatamente após a sua publicação.

(D) Pode ser iniciada execução provisória, pois os recursos de apelação nunca possuem efeito suspensivo.

7. DIREITO PROCESSUAL CIVIL — 485

A: incorreta, pois a apelação dessa sentença não tem efeito suspensivo (CPC, art. 1.012, § 1º, II), mas então é possível o cumprimento provisório de sentença (CPC, art. 520); **B:** incorreta, porque a sentença que determina o pagamento de alimentos é condenatória e permite o cumprimento, até mesmo sob pena de prisão (CPC, art. 528); **C:** Correta, sendo essa a previsão legal (CPC, art. 1.012, § 1º, III: a apelação não tem efeito suspensivo e CPC, art. 520: é possível o cumprimento provisório de sentença); **D:** incorreta, porque em regra os recursos de apelação têm efeito suspensivo (CPC, art. 1.012).
Gabarito "C".

(OAB/Exame Unificado – 2020.2) Em determinado Mandado de Segurança individual, contra ato de um dos Ministros de Estado, o Superior Tribunal de Justiça, em sua competência constitucional originária, denegou a segurança na primeira e única instância de jurisdição.

Diante do julgamento desse caso concreto, assinale a opção que apresenta a hipótese de cabimento para o Recurso Ordinário Constitucional dirigido ao STF.

(A) Os mandados de segurança, os *habeas data* e os mandados de injunção decididos em única instância pelos tribunais superiores, quando denegatória a decisão.

(B) Os mandados de segurança, os *habeas data* e os mandados de injunção decididos em última instância pelos tribunais superiores, quando concessiva a decisão.

(C) Os mandados de segurança decididos em única instância pelos tribunais regionais federais ou pelos tribunais de justiça dos Estados e do Distrito Federal e Territórios, quando denegatória a decisão.

(D) Os processos em que forem partes, de um lado, Estado estrangeiro ou organismo internacional e, de outro, Município ou pessoa residente ou domiciliada no país.

A: correta, por expressa previsão legal (CF, art. 102, II, "a" e CPC, art. 1.027, I); **B:** incorreta, já que o ROC é cabível em face de decisões *denegatórias* as ações constitucionais de competência originária (CF, art. 102, II, "a" e CPC, art. 1.027, I); **C:** incorreta, tendo em vista ser essa hipótese de cabimento de ROC dirigido *ao STJ* - e não ao STF, como aponta o enunciado (CF, art. 105, II, "b" e CPC, art. 1.027, II, "a"); **D:** incorreta, pois essa é hipótese de cabimento de ROC *dirigido ao STJ* - e não ao STF, como aponta o enunciado (CF, art. 105, II, "c" e CPC, art. 1.027, II, "b").
Gabarito "A".

(OAB/Exame Unificado – 2020.2) Guilherme, em 13/03/2019, ajuizou ação indenizatória contra Rodrigo, a qual tramita no Juízo da 5ª Vara Cível da Comarca de Belo Horizonte, em autos físicos. Em contestação, Rodrigo defendeu, preliminarmente, a incompetência do Poder Judiciário, pois as partes teriam pactuado convenção de arbitragem no contrato que fundamentava a demanda movida por Guilherme.

Rodrigo, no mérito de sua defesa, requereu a improcedência do pedido indenizatório, uma vez que teria cumprido o contrato celebrado entre as partes. Após a apresentação de réplica, o Juízo da 5ª Vara Cível da Comarca de Belo Horizonte proferiu decisão na qual rejeitou a preliminar arguida por Rodrigo e intimou as partes para informar as provas que pretendiam produzir.

Inconformado, Rodrigo interpôs agravo de instrumento contra a parcela da decisão que rejeitou a preliminar de convenção de arbitragem. No entanto, Rodrigo não cumpriu a obrigação de comunicação ao juízo de primeiro grau da interposição do agravo no prazo de 3 dias, deixando de apresentar a cópia da petição do agravo de instrumento e o comprovante de sua interposição para o Juízo da 5ª Vara Cível da Comarca de Belo Horizonte.

Para que o recurso de Rodrigo não seja conhecido com base nesse vício formal, assinale a opção que apresenta a medida a ser adotada por Guilherme.

(A) Ele não pode fazer nada, pois o vício formal é sanável, de ofício, pelo desembargador responsável por relatar o agravo de instrumento, o qual deve intimar Rodrigo para apresentar cópia da petição do agravo de instrumento e o comprovante de sua interposição.

(B) Ele poderá, em qualquer momento da tramitação do agravo de instrumento, apontar que Rodrigo descumpriu a exigência de comunicação ao primeiro grau.

(C) Ele deverá, em suas contrarrazões ao agravo de instrumento, apontar que Rodrigo descumpriu a exigência de comunicação em questão.

(D) Ele não precisará fazer nada, pois esse vício formal é insanável e poderá ser conhecido, de ofício, pelo desembargador responsável por relatar o agravo de instrumento.

A: incorreta, pois não há previsão legal no sentido de que o relator determine a correção dessa falha – que, inclusive, só o juiz de 1º grau a percebe (CPC, art. 1.018, §§ 2º e 3º); **B:** incorreta, já que as nulidades devem ser apontadas na primeira oportunidade, sob pena de preclusão (CPC, art. 278); **C:** correta, por expressa previsão legal nesse sentido – aplicável apenas quando se tratar de *processo físico* (CPC, art. 1.018, §§ 2º e 3º). E somente nesse caso (se o agravado alegar isso na resposta ao agravo) é o que o AI não será conhecido; **D:** incorreta, tendo em vista que o vício deve ser arguido e provado pela *parte contrária*, ou seja, o agravado (CPC, art. 1.018, §§ 2º e 3º).
Gabarito "C".

(OAB/Exame Unificado – 2019.3) Cláudio, em face da execução por título extrajudicial que lhe moveu Daniel, ajuizou embargos à execução, os quais foram julgados improcedentes. O advogado de Cláudio, inconformado, interpõe recurso de apelação. Uma semana após a interposição do referido recurso, o advogado de Daniel requer a penhora de um automóvel pertencente a Cláudio.

Diante do caso concreto e considerando que o juízo não concedeu efeito suspensivo aos embargos, assinale a afirmativa correta.

(A) A penhora foi indevida, tendo em vista que os embargos à execução possuem efeito suspensivo decorrente de lei.

(B) O recurso de apelação interposto por Cláudio é dotado de efeito suspensivo por força de lei, tornando a penhora incorreta.

(C) A apelação interposta em face de sentença que julga improcedentes os embargos à execução é dotada de efeito meramente devolutivo, o que não impede a prática de atos de constrição patrimonial, tal como a penhora.

(D) O recurso de apelação não deve ser conhecido, pois o pronunciamento judicial que julga os embargos do executado tem natureza jurídica de decisão interlocutória, devendo ser impugnada por meio de agravo de instrumento.

A: Incorreta, pois o efeito suspensivo não é automático nos embargos à execução, pois depende da presença de alguns requisitos (CPC, art.

919, *caput* e § 1º); **B:** Incorreta, porque apesar de em regra existir efeito suspensivo na apelação (CPC, art. 1.012, *caput*), há casos em que não há esse efeito – como nos embargos improcedentes (CPC, art. 1.012, § 1º, III); **C:** Correta. É possível a penhora no caso concreto, pois a apelação da sentença que julga improcedentes os embargos à execução não têm efeito suspensivo (CPC, art. 1.012, § 1º, III); **D:** Incorreta considerando que os embargos são julgados por sentença, de modo que cabível a apelação (CPC, art. 1.009).

Gabarito "C".

(OAB/Exame Unificado – 2019.2) O Tribunal de Justiça do Estado X, em mandado de segurança de sua competência originária, denegou a ordem em ação dessa natureza impetrada por Flávio. Este, por seu advogado, inconformado com a referida decisão, interpôs recurso especial.

Sobre a hipótese, assinale a afirmativa correta.

(A) O Superior Tribunal de Justiça poderá conhecer do recurso especial, por aplicação do princípio da fungibilidade recursal.

(B) O recurso especial não é cabível na hipótese, eis que as decisões denegatórias em mandados de segurança de competência originária de Tribunais de Justiça somente podem ser impugnadas por meio de recurso extraordinário.

(C) O recurso especial não deve ser conhecido, na medida em que o recurso ordinário é que se mostra cabível no caso em tela.

(D) As decisões denegatórias de mandados de segurança de competência originária de Tribunais são irrecorríveis, razão pela qual o recurso não deve ser conhecido.

Quando se está diante de (i) acórdão, (ii) que aprecia ação constitucional de competência originária de Tribunal, (iii) decididos em única instância, (iv) cuja decisão é denegatória, cabível o recurso ordinário constitucional (ROC: CPC, art. 1.027, II, "a"). **A:** incorreta, pois não há fungibilidade entre REsp e ROC, por ausência de previsão legal e por se tratar de erro grosseiro usar o recurso errado; **B:** incorreta, pois não cabe RE, mas ROC; **C:** correta, pois se houver o uso do recurso errado (requisito de admissibilidade cabimento), o recurso não será conhecido; **D:** incorreta, pois como já exposto, cabível o ROC.

Gabarito "C".

(OAB/Exame Unificado – 2019.1) Mariana ajuizou ação de cobrança em face do Banco Racional S/A, para buscar a restituição de valores pagos a título de "Tarifa de Manutenção de Conta", cobrados durante o período em que era titular de conta-corrente perante tal Banco.

O juízo de primeiro grau, após a apresentação de contestação pelo Banco Racional S/A, determinou que, em razão de o Superior Tribunal de Justiça ter afetado para julgamento, sob o rito de "Recursos Especiais Repetitivos", a questão concernente à legalidade da "Tarifa de Abertura de Conta", o processo ajuizado por Mariana deveria ficar suspenso até a publicação do acórdão paradigma.

Após ser intimado da decisão de suspensão, o(a) advogado(a) de Mariana analisou o processo afetado para julgamento pelo STJ, e entendeu que a questão debatida sob o rito de Recursos Repetitivos não era a mesma debatida no processo ajuizado por Mariana, porque discutia outra tarifa bancária. Diante disso, pretende insurgir-se contra a suspensão do processo, para que ele volte a tramitar regularmente.

Sobre o procedimento a ser adotado por Mariana, assinale a afirmativa correta.

(A) Deverá peticionar ao Superior Tribunal de Justiça, demonstrando a distinção de seu caso e requerendo o prosseguimento; caso seja negado o pedido, poderá interpor Agravo Interno.

(B) Deverá peticionar ao juízo de primeiro grau, demonstrando a distinção de seu caso e requerendo o prosseguimento; caso seja negado o pedido, poderá interpor Agravo de Instrumento.

(C) Deverá impetrar Mandado de Segurança em face da decisão de suspensão.

(D) Deverá peticionar ao juízo de primeiro grau, demonstrando a distinção de seu caso e requerendo o prosseguimento; caso seja negado o pedido, poderá interpor Agravo Interno.

A: incorreta, pois como o processo tramita em primeiro grau, a suspensão se deu nesse grau, de modo que eventual requerimento para que o processo volte a tramitar deve ser feito ao próprio juízo onde tramita a causa suspensa; **B:** correta, pois se houver distinção, a parte deve peticionar ao juiz de primeiro grau apontando isso, e caso o requerimento não seja acolhido, haverá uma decisão interlocutória, que é agravável de instrumento (CPC, art. 1.015 e art. 1.037, §§ 9º, 10 e 13); **C:** incorreta, considerando que havendo recurso específico previsto em lei, não é possível utilizar o mandado de segurança; **D:** incorreta. Ainda que a primeira parte esteja correta (conferir alternativa "B"), como estamos diante de uma decisão interlocutória, de modo que o recurso cabível é o agravo de instrumento (CPC, art. 1.015).

Gabarito "B".

(OAB/Exame Unificado – 2018.3) Pedro ajuizou ação indenizatória contra Diego, tendo o juiz de primeira instância julgado integralmente improcedentes os pedidos formulados na petição inicial, por meio de sentença que veio a ser mantida pelo Tribunal em sede de apelação.

Contra o acórdão, Pedro interpôs recurso especial, sob o argumento de que teria ocorrido violação de dispositivo da legislação federal. A Presidência do Tribunal, no entanto, inadmitiu o recurso especial, ao fundamento de que o acórdão recorrido se encontra em conformidade com entendimento do Superior Tribunal de Justiça exarado no regime de julgamento de recurso repetitivo.

Diante dessa situação hipotética, assinale a opção que indica o recurso que Pedro deverá interpor.

(A) Agravo em recurso especial, para que o Superior Tribunal de Justiça examine se o recurso especial preenche ou não os requisitos de admissibilidade.

(B) Agravo interno, para demonstrar ao Plenário do Tribunal, ou ao seu Órgão Especial, que o acórdão recorrido versa sobre matéria distinta daquela examinada pelo Superior Tribunal de Justiça no regime de julgamento do recurso repetitivo.

(C) Agravo interno, para demonstrar ao Superior Tribunal de Justiça que o acórdão recorrido versa sobre matéria distinta daquela examinada pelo mesmo Tribunal Superior no regime de julgamento do recurso repetitivo.

(D) Recurso Extraordinário, para demonstrar ao Supremo Tribunal Federal que o recurso especial deveria ter sido admitido pela Presidência do Tribunal de origem.

A: incorreta, pois apesar de algumas exceções, a regra é que da decisão de admissibilidade do recurso especial caiba agravo em recurso

7. DIREITO PROCESSUAL CIVIL · 487

especial (CPC, art. 1.030, §§ 1º e 2º); **B:** correta. Já que o REsp não foi admitido com base em repetitivo, cabível o agravo interno, a ser julgado pelo Tribunal de Justiça (CPC, art. 1.030, § 2º) – sendo essa uma das exceções mencionadas na alternativa anterior; **C:** incorreta, considerando que agravo interno será julgado pelo TJ, não pelo STJ; **D:** incorreta, pois só cabe recurso extraordinário de acórdão (CPC, art. 1.029), e a decisão mencionada é somente do Presidente de Tribunal, de modo que uma decisão monocrática.

Gabarito "B".

(OAB/Exame Unificado – 2018.1) Lucas, em litígio instaurado contra Alberto, viu seus pedidos serem julgados procedentes em primeira instância, o que veio a ser confirmado pelo tribunal local em sede de apelação.

Com a publicação do acórdão proferido em sede de apelação na imprensa oficial, Alberto interpôs recurso especial, alegando que o julgado teria negado vigência a dispositivo de lei federal. Simultaneamente, Lucas opôs embargos de declaração contra o mesmo acórdão, suscitando a existência de omissão.

Nessa situação hipotética,

(A) o recurso especial de Alberto deverá ser considerado extemporâneo, visto que interposto antes do julgamento dos embargos de declaração de Lucas.

(B) Alberto, após o julgamento dos embargos de declaração de Lucas, terá o direito de complementar ou alterar as razões de seu recurso especial, independentemente do resultado do julgamento dos embargos de declaração.

(C) Alberto não precisará ratificar as razões de seu recurso especial para que o recurso seja processado e julgado se os embargos de declaração de Lucas forem rejeitados, não alterando a decisão recorrida.

(D) Alberto deverá interpor novo recurso especial após o julgamento dos embargos de declaração.

A: incorreta, pois como a decisão supostamente causou prejuízo a ambas as partes (mesmo que apenas omissão em relação a uma das partes), cada uma delas pode interpor o seu recurso de forma independente (CPC, art. 997); **B:** incorreta, pois será possível complementar o recurso especial somente se os embargos de declaração da outra parte forem acolhidos (CPC, art. 1.024, § 4º); **C:** correta, pois se os embargos de Lucas não forem acolhidos, Alberto não precisará ratificar ou fazer qualquer outra coisa quanto ao recurso especial antes interposto (CPC, art. 1.024, § 5º). Vale destacar que no Código anterior havia súmula em sentido inverso (Súmula 418/STJ), a qual foi cancelada e substituída pela Súmula 579/STJ; **D:** incorreta, porque nos termos do Código, descabe novo recurso especial, mas sim complemento do recurso, se houver modificação parcial, ou nenhuma conduta necessária, se não houver alteração na decisão (CPC, art. 1.024, §§ 4º e 5º).

Gabarito "C".

(OAB/Exame Unificado – 2017.3) O advogado Jonas interpôs Recurso Especial contra acórdão do Tribunal de Justiça do Estado X.

Ocorre que, no corrente ano, a Vice-Presidência/Presidência do referido Tribunal negou seguimento ao recurso interposto, afirmando que o acórdão recorrido se encontra no mesmo sentido de precedente do STJ, julgado sob o rito dos recursos repetitivos.

Nessa hipótese, caso deseje impugnar a referida decisão, o advogado deverá interpor

(A) Agravo de Instrumento, direcionado ao Ministro Presidente do STJ.

(B) Agravo em Recurso Especial, direcionado ao Ministro Presidente do STJ.

(C) Agravo em Recurso Especial, direcionado ao Vice--Presidente do Tribunal de Justiça do Estado X.

(D) Agravo Interno, direcionado ao órgão colegiado competente para revisar as decisões do Presidente/Vice-Presidente do Tribunal de Justiça.

De decisão monocrática de relator, cabe agravo interno ou agravo em recurso especial. O AREsp (agravo em recurso especial) é em regra utilizado para impugnar decisão de não admissão do REsp (art. 1.042), sendo interposto perante o órgão prolator da decisão de inadmissão – ou seja, perante o juízo *a quo* (CPC, art. 1.042, § 2º). Como exceção, se a decisão de não admissão for proferida com base em tese firmada em repetitivo (art. 1.030, I, b), será cabível o agravo interno (art. 1.030, § 2º) e não o AREsp. O enunciado trata de não admissão com base em repetitivo, de modo que o recurso cabível é o agravo interno, previsto apenas em 1 alternativa.

Gabarito "D".

(OAB/Exame Unificado – 2017.2) Carolina, vítima de doença associada ao tabagismo, requereu, em processo de indenização por danos materiais e morais contra a indústria do tabaco, a inversão do ônus da prova, por considerar que a parte ré possuía melhores condições de produzir a prova.

O magistrado, por meio de decisão interlocutória, indeferiu o requerimento por considerar que a inversão poderia gerar situação em que a desincumbência do encargo seria excessivamente difícil.

Sobre a hipótese apresentada, assinale a afirmativa correta.

(A) A decisão é impugnável por agravo interno.

(B) A decisão é irrecorrível.

(C) A decisão é impugnável por agravo de instrumento.

(D) A parte autora deverá aguardar a sentença para suscitar a questão como preliminar de apelação ou nas contrarrazões do recurso de apelação.

A: incorreta, pois cabe agravo interno de decisão monocrática (CPC, art. 932), e a decisão indicada é interlocutória; **B:** incorreta, pois a decisão interlocutória em questão é passível de recurso (vide próxima alternativa); **C:** correta. No CPC, há um rol que indica quais decisões interlocutórias são recorríveis por agravo de instrumento (ainda que o STJ tenha mitigado isso) – e a decisão relativa ao ônus da prova é exatamente uma dessas (art. 1.015, XI); **D:** incorreta, pois essa solução de aguardar a apelação para impugnar a decisão interlocutória (prevista no art. 1.009, § 1º) só é cabível as situações em que *não se admitir* o agravo de instrumento.

Gabarito "C".

(OAB/Exame Unificado – 2017.2) Nos Juízos de Direito da capital do Estado X tramitavam centenas de demandas semelhantes, ajuizadas por servidores públicos vinculados ao Município Y discutindo a constitucionalidade de lei ordinária municipal que tratava do plano de cargos e salários da categoria.

Antevendo risco de ofensa à isonomia, com a possibilidade de decisões contraditórias, o advogado de uma das partes resolve adotar medida judicial para uniformizar o entendimento da questão jurídica.

Nessa hipótese, o advogado deve peticionar:

(A) ao Juízo de Direito no qual tramita a demanda por ele ajuizada, requerendo a instauração de incidente de assunção de competência.

(B) ao Presidente do Tribunal ao qual está vinculado o Juízo de Direito, requerendo a instauração de incidente de resolução de demandas repetitivas.

(C) ao Presidente do Tribunal ao qual está vinculado o Juízo de Direito, requerendo a instauração de incidente de arguição de inconstitucionalidade.

(D) ao Juízo de Direito no qual tramita a demanda por ele ajuizada, requerendo a intimação do Ministério Público para conversão da demanda individual em coletiva.

A e B: A questão trata do IRDR – incidente de resolução de demandas repetitivas (exatamente porque envolve demandas semelhantes – art. 976; sendo que o incidente de assunção de competência é utilizado para situações em que não haja repetição em múltiplos processos – art. 947). Quanto à competência, o IRDR é dirigido ao presidente do tribunal (art. 977). Vale esclarecer que o IRDR não é recurso, mas sim um incidente. **C:** incorreta, pois a hipótese não é de verificação de inconstitucionalidade no âmbito do tribunal (art. 948); **D:** incorreta, inclusive porque a conversão de ação individual em coletiva foi vetada no CPC (art. 333). *Gabarito "B".*

(OAB/Exame Unificado – 2017.1) Carlos ajuizou, em 18/03/2016, ação contra o Banco Sucesso, pelo procedimento comum, pretendendo a revisão de determinadas cláusulas de um contrato de abertura de crédito.

Após a apresentação de contestação e réplica, iniciou-se a fase de produção de provas, tendo o Banco Sucesso requerido a produção de prova pericial para demonstrar a ausência de abusividade dos juros remuneratórios. A prova foi indeferida e o pedido foi julgado procedente para revisar o contrato e limitar a cobrança de tais juros.

Sobre a posição do Banco Sucesso, assinale a afirmativa correta.

(A) Ele deve interpor recurso de agravo de instrumento contra a decisão que indeferiu a produção de prova. Não o tendo feito, a questão está preclusa e não admite rediscussão.

(B) Ele deve apresentar petição de protesto contra a decisão que indeferiu a produção de prova, evitando-se a preclusão, com o objetivo de rediscuti-la em apelação.

(C) Ele deve permanecer inerte em relação à decisão de indeferimento de produção de prova, mas poderá rediscutir a questão em preliminar de apelação.

(D) Ele deve interpor recurso de agravo retido contra a decisão que indeferiu a produção de prova, evitando-se a preclusão, com o objetivo de rediscuti-la em apelação.

A: incorreta, pois não há previsão de agravo de instrumento contra essa decisão no rol de decisões agraváveis de instrumento CPC (art. 1.015); **B:** incorreta, porque a lei não prevê que tenha de ser feito protesto para que não haja a preclusão; **C:** correta. No CPC, a decisão interlocutória não agravável de instrumento deve ser impugnada em preliminar de apelação (art. 1.009, § 1º); **D:** incorreta, pois o CPC suprimiu o recurso de agravo retido. *Gabarito "C".*

(OAB/Exame Unificado – 2017.1) Jorge ajuizou demanda contra Maria, requerendo sua condenação à realização de obrigação de fazer e ao pagamento de quantia certa. Fez requerimento de tutela provisória de urgência em relação à obrigação de fazer.

Após o transcurso da fase postulatória e probatória sem a análise do mencionado requerimento, sobreveio sentença de procedência de ambos os pedidos autorais, em que o juízo determina o imediato cumprimento da obrigação de fazer.

Diante de tal situação, Maria instruiu seu advogado a recorrer apenas da parte da sentença relativa à obrigação de fazer.

Nessa circunstância, o advogado de Maria deve:

(A) impetrar Mandado de Segurança contra a decisão que reputa ilegal, tendo como autoridade coatora o juízo sentenciante.

(B) interpor Agravo de Instrumento, impugnando o deferimento da tutela provisória, pois ausentes seus requisitos.

(C) interpor Apelação, impugnando o deferimento da tutela provisória e a condenação final à obrigação de fazer.

(D) interpor Agravo de Instrumento, impugnando a tutela provisória e a condenação final à obrigação de fazer.

A: incorreta, considerando que mandado de segurança contra decisão judicial só pode ser utilizado quando não há recurso cabível da decisão (Súmula 267/STF: Não cabe mandado de segurança contra ato judicial passível de recurso ou correição); **B:** incorreta, pois à luz do princípio da singularidade ou unirrecorribilidade, somente cabe um recurso para cada decisão; **C:** correta. Tendo em vista o princípio da unicidade e o fato de a tutela de urgência ser somente um capítulo da decisão, a solução é que para a antecipação de tutela concedida na sentença é cabível somente apelação (CPC, art. 1.009, § 3º); **D:** incorreta, pois como se trata de sentença, o recurso cabível é a apelação (CPC, art. 1.009). *Gabarito "C".*

(OAB/Exame Unificado – 2016.3) Mariana propôs ação com pedido condenatório contra Carla, julgado improcedente, o que a levou a interpor recurso de apelação ao Tribunal de Justiça, objetivando a reforma da decisão. Após a apresentação de contrarrazões por Carla, o juízo de primeira instância entendeu que o recurso não deveria ser conhecido, por ser intempestivo, tendo sido certificado o trânsito em julgado.

Intimada dessa decisão mediante Diário Oficial e tendo sido constatada a existência de um feriado no curso do prazo recursal, não levado em consideração pelo juízo de primeira instância, Mariana deverá:

(A) interpor Agravo de Instrumento ao Tribunal de Justiça, objetivando reverter o juízo de admissibilidade realizado em primeiro grau.

(B) ajuizar Reclamação ao Tribunal de Justiça, sob o fundamento de usurpação de competência quanto ao juízo de admissibilidade realizado em primeiro grau.

(C) interpor Agravo Interno para o Tribunal de Justiça, objetivando reverter o juízo de admissibilidade realizado em primeiro grau.

(D) interpor nova Apelação ao Tribunal de Justiça reiterando as razões de mérito já apresentadas, postulando, em preliminar de apelação, a reforma da decisão interlocutória, que versou sobre o juízo de admissibilidade.

A: incorreta, pois como, pela letra da lei, essa decisão não está no rol taxativo do art. 1.015 do CPC, não é cabível o agravo de instrumento (mas o STJ flexibilizou essa regra); **B:** correta para a banca. Como no

CPC não há a admissibilidade da apelação na origem (art. 1.010, § 3º), não cabe ao juiz – mas sim ao tribunal – realizar a admissibilidade. Logo, se o juiz não admitir o recurso, a reclamação seria a medida cabível para impugnar a decisão, pois o juiz de 1º grau usurpou a competência do Tribunal (CPC, art. 988, I); **C:** incorreta, pois somente cabe agravo interno de decisão monocrática de relator (CPC, art. 1.021), sendo que a decisão em análise é de 1º grau; **D:** incorreta, porque se já houve uma apelação, não é caso de interposição de nova apelação, especialmente considerando que a não admissão não se configura como sentença.
Gabarito "B".

(OAB/Exame Unificado – 2014.1) A atividade recursal do Supremo Tribunal Federal e do Superior Tribunal de Justiça encontra-se tradicionalmente associada aos recursos extraordinário e especial, respectivamente. Contudo, tal múnus também é desempenhado por meio do julgamento do denominado *recurso ordinário constitucional*.

Acerca dessa espécie recursal, assinale a afirmativa correta.

(A) Exigir-se-á a comprovação do requisito do prequestionamento para a admissão do recurso ordinário constitucional perante os Tribunais Superiores.

(B) Apenas será acolhido o recurso ordinário que versar sobre questões exclusivamente de direito, não se admitindo a rediscussão de matéria fática por meio desta via recursal.

(C) Compete ao Supremo Tribunal Federal julgar o recurso ordinário interposto contra mandado de segurança decidido em única instância pelos Tribunais Regionais Federais ou pelos Tribunais dos estados, do Distrito Federal e dos territórios, quando denegatória a decisão.

(D) Serão julgadas em recurso ordinário pelo Superior Tribunal de Justiça as causas em que forem partes, de um lado, Estado estrangeiro ou organismo internacional e, do outro, município ou pessoa residente ou domiciliada no país.

A: incorreta, pois somente se exige prequestionamento para os recursos excepcionais (Súmulas 282 do STF e 211 do STJ e CPC, art. 1,025); **B:** incorreta, porque a restrição à análise de matéria fática é exclusiva para os recursos excepcionais (Súmulas 279 do STF e 5 e 7 do STJ); **C:** incorreta, nesse caso a competência é do STJ; será do STF quando de julgado originário de Tribunal Superior (CF, arts. 102, II, *a* / 105, II, *b*); **D:** correta, tratando-se de ente estrangeiro, não há apelação para Tribunal intermediário, mas ROC para o STJ (CF, art. 105, II, *c*).
Gabarito "D".

(OAB/Exame Unificado – 2012.3.B) Os embargos de declaração no Código de Processo Civil são o remédio jurídico utilizado por qualquer das partes quando houver na sentença ou no acórdão obscuridade, contradição e/ou omissão.

A respeito de tais embargos, assinale a afirmativa correta.

(A) Os embargos serão opostos por meio de petição dirigida ao juiz ou relator com a indicação do ponto obscuro, contraditório ou omisso, no prazo de oito dias.

(B) Os embargos de declaração estão sujeitos a preparo e serão dirigidos ao órgão competente para apreciar o recurso de apelação, quando se tratar de sentença.

(C) A oposição de embargos de declaração suspende o prazo para a interposição de recurso por qualquer das partes.

(D) A interposição de qualquer recurso está condicionada ao pagamento da multa pela oposição reiterada de embargos protelatórios, multa essa que se reverterá em favor do embargado.

A: incorreta, o prazo é de 5 dias (CPC, art. 1.023); **B:** incorreta, não há preparo nos declaratórios (CPC, art. 1.023); **C:** incorreta, pois os declaratórios interrompem o prazo recursal (CPC, art. 1.026 – e, isso também se verifica no JEC, conforme art. 50 da Lei 9.099/1995); **D:** correta, se houver oposição de embargos protelatórios, haverá multa; na reiteração dos embargos protelatórios, a multa passa a ser requisito de admissibilidade para a interposição de outros recursos (CPC, art. 1.026, § 3º).
Gabarito "D".

(OAB/Exame Unificado – 2012.3.A) Como forma de prestigiar o princípio da razoável duração do processo e propiciar uma prestação jurisdicional mais célere e eficiente, um legislador promoveu uma série de alterações na sistemática recursal do Processo Civil brasileiro. Nesse sentido, destaca-se a Emenda Constitucional n. 45/2004 que introduziu em nosso ordenamento jurídico a figura da repercussão geral.

Acerca deste instituto, assinale a afirmativa correta.

(A) É um pressuposto processual de admissibilidade específico do Recurso Especial que permite que apenas sejam analisados os recursos que tratem de questões relevantes do ponto de vista econômico, político, social ou jurídico, e as que ultrapassem os interesses subjetivos da causa.

(B) Sempre que o recurso impugnar decisão contrária à súmula ou jurisprudência dominante do Supremo Tribunal Federal, haverá repercussão geral.

(C) Não se admite, quando da análise da existência de repercussão geral pelo Ministro Relator do recurso, a manifestação de terceiros interessados.

(D) A decisão que nega a existência da repercussão geral não tem o condão de atingir outros recursos que tratem de matéria idêntica, apenas gerando efeitos endoprocessuais.

A: incorreta, pois a repercussão geral, até o momento, existe somente para o recurso extraordinário (CPC, art. 1.035); **B:** correta, CPC, art. 1.035, § 3º, I; **C:** incorreta, porque na análise da existência de repercussão, cabe a oitiva de terceiros, chamados de "amigo da Corte" (*amicus curiae* – CPC, arts. 138 e 1.035, § 4º); **D:** incorreta, pois a decisão da repercussão atinge casos análogos (CPC, art. 1.036).
Gabarito "B".

(OAB/Exame Unificado – 2011.3.B) A respeito das decisões monocráticas proferidas pelo relator, assinale a alternativa correta.

(A) Caberá agravo no prazo de cinco dias ao órgão competente para o julgamento do recurso, não se admitindo juízo de retratação, devendo o relator proferir voto e apresentá-lo em mesa para julgamento.

(B) Interposto o agravo infundado contra decisão monocrática, poderá o tribunal condenar o agravante ao pagamento de multa em favor do agravado, desde que não condicione a interposição de qualquer outro recurso ao depósito do valor.

(C) Caso o agravante requeira a suspensão da decisão até o pronunciamento definitivo da turma ou câmara, ao argumento de iminente lesão grave, o relator não

490 LUIZ DELLORE

poderá se manifestar monocraticamente, devendo apresentar o processo em mesa.

(D) Poderá o relator dar provimento ao recurso, caso a decisão recorrida esteja em manifesto confronto com súmula ou jurisprudência dominante do Supremo Tribunal Federal ou de Tribunal Superior.

O art. 932 do CPC permite a prolação de decisões monocráticas ou unipessoais, ou seja, aquelas em que não há decisão colegiada (acórdão), mas somente do relator.
A: incorreta. Diante do agravo (interno ou regimental), pode o relator reconsiderar (CPC, art. 932, V, *a*, *b* e *c*); **B:** incorreta. Cabe a multa por recurso inadmissível ou infundado – cujo recolhimento é condição para a interposição de outro recurso (CPC, art. 1.021, §§ 4º, e 5º); **C:** incorreta. É possível ao relator conceder, liminarmente, o efeito suspensivo ou antecipação de tutela recursal (CPC, art. 1.019); **D:** correta. A legislação permite o julgamento monocrático não só para não conhecer, mas também para o juízo de mérito – seja o provimento ou o não provimento (CPC, art. 932, V, *a*, *b* e *c*).
Gabarito "D".

5. PROCEDIMENTOS ESPECIAIS

5.1. Possessórias

(OAB/Exame XXXIV) Pedro possui uma fazenda contígua à de Vitório. Certo dia, Pedro identificou que funcionários de Vitório estavam retirando parte da cerca divisória entre as fazendas, de modo a aumentar a área da fazenda de Vitório e reduzir a sua.

Inconformado, Pedro ajuizou ação de interdito proibitório, pelo procedimento especial das ações possessórias, com pedido para que Vitório se abstenha de ocupar a área de sua fazenda, bem como indenização pelos gastos com a colocação de nova cerca divisória, de modo a retomar a linha divisória antes existente entre as fazendas.

O juiz, entendendo que a pretensão de Pedro é de reintegração de posse, julga procedente o pedido, determinando que Vitório retire a cerca divisória que seus funcionários colocaram, bem como indenize Pedro em relação ao valor gasto com a colocação de nova cerca divisória.

Você, como advogada(o) de Vitório, analisou a sentença proferida. Assinale a opção que indica corretamente sua análise.

(A) O juiz violou o princípio da congruência, pois não é dado ao juiz conceder prestação diversa da pretendida pelo autor da demanda.

(B) O pedido de condenação do réu ao pagamento de indenização deveria ser extinto sem resolução do mérito, pois não é lícita a cumulação de pedidos em sede de ações possessórias.

(C) Na hipótese, houve aplicação da fungibilidade das ações possessórias.

(D) Houve inadequação da via eleita, pois a ação cabível seria a ação de demarcação de terras particulares.

A: Incorreta, pois no caso das possessórias, existe a previsão de fungibilidade entre as 3 possessórias (CPC, art. 554).
B: Incorreta, pois nas possessórias é possível cumular a proteção possessória com pedido de perdas e danos (CPC, art. 555, I). **C:** Correta, sendo essa a previsão legal (CPC, art. 554). **D:** Incorreta, pois a questão

envolve violação da posse do vizinho – o que justifica, exatamente, o uso das possessórias (CPC, arts. 560 e 567).
Gabarito "C".

(OAB/Exame Unificado – 2020.1) Gustavo procura você, como advogado(a), visando ao ajuizamento de uma ação em face de João, para a defesa da posse de um imóvel localizado em Minas Gerais.

Na defesa dos interesses do seu cliente, quanto à ação possessória a ser proposta, assinale a afirmativa correta.

(A) Não é lícito cumular o pedido possessório com condenação em perdas e danos a Gustavo, dada a especialidade do procedimento.

(B) Na pendência da ação possessória proposta por Gustavo, não é possível, nem a ele, nem a João, propor ação de reconhecimento de domínio, salvo em face de terceira pessoa.

(C) Se a proposta de ação de manutenção de posse por Gustavo for um esbulho, o juiz não pode receber a ação de manutenção de posse como reintegração de posse, por falta de interesse de adequação.

(D) Caso se entenda possuidor do imóvel e pretenda defender sua posse, o meio adequado a ser utilizado por João é a reconvenção em face de Gustavo.

A: Incorreta, pois o Código permite, nas ações possessórias, a cumulação de pedido possessório com perdas e danos (CPC, art. 555, I); **B:** Correta (CPC, art. 557, sendo que a finalidade do artigo é fazer com que se decida primeiro a questão da posse, e depois da propriedade); **C:** Incorreta, porque há a fungibilidade entre as ações possessórias (CPC, art. 554), de modo que possível que se receba a manutenção (usando em caso de turbação) como reintegração (utilizada quando há esbulho); **D:** Incorreta, considerando que se admite o pedido contraposto nas possessórias – ou seja, a formulação de pedido do réu contra o autor, na própria contestação, independentemente de reconvenção (CPC, art. 556).
Gabarito "B".

(OAB/Exame Unificado – 2013.1) A proteção possessória pode se desenvolver por meio de diversos tipos de ações. No que se refere às espécies de ações possessórias e suas características, assinale a afirmativa correta.

(A) Em virtude do princípio da adstrição, a propositura de uma ação possessória em vez de outra impede que o juiz conheça do pedido e outorgue a proteção correspondente àquela cujos requisitos estejam provados.

(B) É defeso ao autor cumular o pedido possessório com condenação em perdas e danos, devendo optar por um ou outro provimento, sob pena de enriquecimento sem causa.

(C) As ações possessórias não possuem natureza dúplice. Sendo assim, caso o réu queira fazer pedido contra o autor, não poderá se valer da contestação, devendo apresentar reconvenção.

(D) Apenas o possuidor figura-se como parte legítima para a propositura das ações possessórias, tanto na hipótese de posse direta quanto na hipótese de posse indireta.

A: incorreta. No caso das possessórias, tratando-se de situação fática que se altera com facilidade, aplica-se a fungibilidade entre as 3 medidas (CPC, art. 554); **B:** incorreta, pois cabe a cumulação de pedidos na possessória (CPC, art. 555); **C:** incorreta, considerando (i) que a possessória é típico exemplo de ação dúplice – causa em que o réu, na própria contestação, pode formular pedido em seu

7. DIREITO PROCESSUAL CIVIL

valor (CPC, art. 556) e (ii) vale lembrar que a reconvenção sempre é feita na própria contestação (CPC, art. 343); **D:** correta. Se a lei prevê que a posse é requisito para o uso das ações possessórias (CPC, art. 560), descabem essas medias por quem for, por exemplo, proprietário e não possuidor;

Gabarito "D".

(OAB/Exame Unificado – 2011.2) Numa ação de reintegração de posse em que o esbulho ocorreu há menos de 1 ano e 1 dia, ao examinar o pedido de liminar constante da petição inicial, o juiz

(A) deve sempre designar audiência prévia ou de justificação, citando o réu, para, então, avaliar o pedido liminar.

(B) deve deferir de plano, sem ouvir o réu, se a petição inicial estiver devidamente instruída e sendo a ação entre particulares.

(C) pode deferir a liminar de plano, sem ouvir o réu, desde que haja parecer favorável do Ministério Público.

(D) deve sempre realizar a inspeção judicial no local, sendo tal diligência requisito para a concessão da liminar.

A questão trata da liminar na possessória. Nos termos da legislação (CPC, art. 562), se estiverem presentes os requisitos (prova da posse e tempo da moléstia à posse), a liminar deve ser deferida. Por sua vez, se o juiz entender que não estão presentes, pela prova documental, os requisitos, deverá designar audiência de justificação. Em regra, não haverá a participação do MP na possessória (exceção: litígios que envolvam grande número de pessoas –CPC, art. 554, § 1º).

Gabarito "B".

(OAB/Exame Unificado – 2011.1) A respeito das ações possessórias, assinale a alternativa correta.

(A) O possuidor tem direito a ser mantido na posse em caso de esbulho e reintegrado no de turbação.

(B) É vedada a cumulação de pedidos com o pedido possessório.

(C) Quando for ordenada a justificação prévia, o prazo para contestar contar-se-á da intimação do despacho que deferir ou não a medida liminar.

(D) A propositura da ação de reintegração de posse, quando cabível manutenção de posse, torna impossível o acolhimento do pedido, impondo a extinção sem resolução do mérito.

A: incorreta, no tocante às possessórias, utiliza-se a reintegração para o esbulho (perda da posse); manutenção para o caso de turbação (perturbação da posse) e interdito proibitório para o caso de ameaça (CPC, arts. 560 e 567); **B:** incorreta, cabe cumular o pedido possessório com perdas e danos e indenização dos frutos (CPC, art. 555); **C:** correta, art. 564, parágrafo único, do CPC; **D:** incorreta, pois há fungibilidade entre as possessórias (CPC, art. 554).

Gabarito "C".

(OAB/Exame Unificado – 2007.3) Não é própria das ações possessórias a característica de

(A) Caráter dúplice.

(B) Infungibilidade.

(C) Fungibilidade.

(D) Jurisdição contenciosa.

Conforme já exposto em respostas anteriores, existe a fungibilidade entre as possessórias (CPC, art. 554) e trata-se de uma ação dúplice

(CPC, art. 556). No mais, nas possessórias há lide, portanto, trata-se de jurisdição contenciosa. De qualquer forma, como uma alternativa fala em fungibilidade e outra em infungibilidade (que se excluem), é certo que a resposta teria de ser uma delas.

Gabarito "B".

5.2. Monitória

(OAB / 37º Exame) Albieri, com base em prova escrita e sem eficácia de título executivo, afirma ter direito de exigir de Juliana o pagamento de R$ 10.000,00 (dez mil reais). Nesse sentido, Albieri procura você, como advogado(a), para ajuizar Ação Monitória em face de Juliana, exigindo o pagamento de R$ 10.000,00 (dez mil reais).

O juiz da causa observou que o direito do autor era evidente e deferiu a expedição de mandado de pagamento, concedendo ao réu prazo de 15 (quinze) dias para o cumprimento. Juliana alega que Albieri pleiteia quantia superior à devida, razão pela qual pretende, por meio de seu advogado, opor embargos à ação monitória.

Na qualidade de patrono de Juliana, assinale a opção que apresenta a medida adequada a ser providenciada.

(A) Juliana poderá opor, nos próprios autos, embargos à ação monitória caso garanta o valor em juízo previamente, bem como, quando alegar que Albieri pleiteia quantia superior à devida, deverá declarar de imediato o valor que entende correto, sem necessidade de apresentar o demonstrativo discriminado e atualizado da dívida.

(B) Se Juliana alegar que Albieri pleiteia quantia superior à devida, não precisa indicar o valor correto da dívida. Além disso, independentemente de prévia segurança do juízo, Juliana pode opor embargos à ação monitória.

(C) Juliana poderá opor, nos próprios autos, embargos à ação monitória caso garanta o valor em juízo previamente, bem como, quando alegar que Albieri pleiteia quantia superior à devida, não precisa indicar o valor correto da dívida.

(D) Juliana poderá opor embargos à ação monitória, independentemente de prévia segurança do juízo, bem como, quando alegar que Albieri pleiteia quantia superior à devida, deverá declarar de imediato o valor que entende correto, apresentando demonstrativo discriminado e atualizado da dívida.

A: incorreta, pois o réu poderá opor embargos monitórios, nos próprios autos, sem necessidade de "garantir o juízo" – ou seja, de depositar o valor discutido (CPC, art. 702). Além disso, para alegar que o autor pleiteia quantia superior à devida, o réu deverá indicar a quantia que entende correta e apresentar demonstrativo discriminado e atualizado da dívida (CPC, art. 702, § 2º). **B)** incorreta, visto que, havendo alegação de que o autor pleiteia quantia superior à devida, o réu deverá indicar a quantia que entende correta, bem como apresentar demonstrativo discriminado e atualizado da dívida (CPC, art. 702, § 2º). **C)** incorreta. Como exposto nas alternativas anteriores, há necessidade de, ao se alegar excesso de valor, apresentar demonstrativo da dívida (CPC, art. 702, § 2º). **D)** correta pois, conforme visto nas alternativas anteriores, essa é exatamente a previsão legal, quando (i) à desnecessidade de depositar o valor discutido e (ii) necessidade de indicar o valor devido e apresentar demonstrativo do débito (CPC, art. 702 "caput" e § 2º).

Gabarito "D".

(OAB/Exame Unificado – 2016.3) Pedro, munido de documento comprobatório de vínculo jurídico de prestação de serviço com Carlos e, esgotadas todas as possibilidades consensuais para tentar exigir o cumprimento da obrigação, promove ação observando o rito especial monitório.

Citado, Carlos oferece embargos, apontando em preliminar, que o rito da ação monitória não é adequado para pleitear cumprimento de obrigação de fazer e, no mérito, alega exceção de contrato não cumprido. Oferta, ainda, reconvenção, cobrando os valores supostamente devidos.

Diante da situação hipotética, sobre os posicionamentos adotados por Carlos, assinale a afirmativa correta.

(A) A preliminar apontada por Carlos nos embargos deve ser acolhida, pois é vedado pleitear cumprimento de obrigação de fazer por intermédio de ação monitória.

(B) A reconvenção deve ser rejeitada, em virtude do descabimento dessa forma de resposta em ação monitória.

(C) A preliminar indicada por Carlos não deve prosperar, tendo em vista que é possível veicular em ação monitória cumprimento de obrigação de fazer.

(D) A forma correta de oferecer defesa em ação monitória é via contestação, sendo assim, os embargos ofertados por Carlos devem ser rejeitados.

A: incorreta. A resposta seria correta no sistema anterior, pois no antigo Código não cabia monitória para obrigação de fazer, porém, atualmente isso é expressamente permitido (CPC, art. 700, III); **B:** incorreta, pois se admite reconvenção na monitória (CPC, art. 702, § 6º); **C:** correta, porque o Código permite a monitória para obrigação de fazer, como já exposto na alternativa "A"; **D:** incorreta, tendo em vista que a contestação na ação monitória recebe o nome de embargos – que não dependem de penhora (CPC, art. 702, "caput").
Gabarito "C".

(OAB/Exame Unificado – 2009.3) Daniela adquiriu, na Loja Z, um televisor e efetuou o pagamento por meio de cheque. Como o cheque foi devolvido pelo banco, a referida loja tentou obter o pagamento por tratativas extrajudiciais e o cheque terminou prescrevendo. A loja Z, então, não tendo logrado êxito em receber a dívida, ajuizou ação monitória em face de Daniela. Considerando a situação hipotética apresentada, assinale a opção correta.

(A) Se Daniela pretender opor-se por meio de embargos, deverá segurar o juízo.

(B) Os embargos porventura opostos por Daniela seguirão o procedimento da monitória.

(C) A Loja Z deverá deixar explícita a causa da dívida, sob pena de indeferimento da inicial.

(D) Sendo apta a petição inicial, o juiz deferirá a expedição do mandado de pagamento sem ouvir Daniela.

A: incorreta, pois os embargos monitórios – a defesa na monitória – são como uma contestação e independem de garantia do juízo (CPC, art. 702); **B:** incorreta, porque uma vez opostos os embargos, a monitória passa a seguir o procedimento comum (CPC, art. 702, § 1º); **C:** incorreta. Considerando que a monitória depende de documento escrito sem força de título, não há necessidade de se explicitar a causa da dívida; **D:** correta (CPC, art. 701).
Gabarito "D".

5.3. Procedimentos especiais relativos ao direito de família e sucessões

(OAB/Exame XXXIV) Fernando é inventariante do espólio de Marcos, seu irmão mais velho. A irmã de ambos, Maria, requereu a remoção de Fernando do cargo de inventariante ao juízo de sucessões, sustentando que Fernando está se apropriando de verbas pertencentes ao espólio, e instruiu seu pedido com extratos bancários de conta-corrente de titularidade de Fernando, com registro de vultosos depósitos.

O juiz, entendendo relevante a alegação de Maria, sem a oitiva de Fernando, nos próprios autos do processo de inventário, determinou sua remoção e nomeou Maria como nova inventariante.

A este respeito, assinale a afirmativa correta.

(A) O magistrado agiu corretamente, pois, comprovado o desvio de bens do espólio em favor do inventariante, cabe sua imediata remoção, independentemente de oitiva prévia.

(B) A remoção de Fernando depende, cumulativamente, da instauração de incidente de remoção, apenso aos autos do inventário, e da outorga do direito de defesa e produção de provas.

(C) Maria não pode requerer a remoção de Fernando do cargo de inventariante, pois somente o cônjuge supérstite possui legitimidade para requerer a remoção de inventariante.

(D) O desvio de bens em favor do inventariante não é causa que dê ensejo à sua remoção.

A: Incorreta. Ainda que seja possível a concessão de uma liminar – em situação de urgência – a regra é o exercício do contraditório. **B:** Correta, sendo essa a previsão legal. Para a remoção do inventariante – medida grave – fundamental o exercício do contraditório, princípio que permeia todo o sistema. E, acerca do tema, o CPC prevê o seguinte: "Art. 623. Requerida a remoção (...), será intimado o inventariante para, no prazo de 15 (quinze) dias, defender-se e produzir provas. Parágrafo único. O incidente da remoção correrá em apenso aos autos do inventário". **C:** Incorreta, pois Maria é herdeira e, portanto, interessada, de modo que pode pleitear a remoção – que é feita de ofício ou a requerimento (CPC, art. 622, *caput*). **D:** Incorreta, sendo essa uma das hipóteses de remoção do inventariante (CPC, art. 622, VI).
Gabarito "B".

(OAB/Exame Unificado – 2018.1) Aline e Alfredo, casados há 20 anos pelo regime da comunhão parcial de bens, possuem um filho maior de idade e plenamente capaz. Não obstante, Aline encontra-se grávida do segundo filho do casal, estando no sexto mês de gestação.

Ocorre que, por divergências pessoais, o casal decide se divorciar e se dirige a um escritório de advocacia, onde demonstram consenso quanto à partilha de bens comuns e ao pagamento de pensão alimentícia, inexistindo quaisquer outras questões de cunho pessoal ou patrimonial.

Assinale a opção que apresenta a orientação jurídica correta a ser prestada ao casal.

(A) Inexistindo conflito de interesses quanto à partilha de bens comuns, Aline e Alfredo poderão ingressar com o pedido de divórcio pela via extrajudicial, desde que estejam devidamente assistidos por advogado ou defensor público.

7. DIREITO PROCESSUAL CIVIL — 493

(B) Aline e Alfredo deverão ingressar com ação judicial de divórcio, uma vez que a existência de nascituro impede a realização de divórcio consensual pela via extrajudicial, ou seja, por escritura pública.

(C) O divórcio consensual de Aline e Alfredo somente poderá ser homologado após a partilha de bens do casal.

(D) A partilha deverá ser feita mediante ação judicial, embora o divórcio possa ser realizado extrajudicialmente.

A: incorreta. A inexistência de conflito entre os cônjuges e assistência de advogado são requisitos para o divórcio consensual; porém, no caso, há nascituro, o que impede o uso do divórcio extrajudicial (CPC, art. 733); **B:** correta (CPC, art. 733); **C:** incorreta, pois o divórcio consensual deve envolver todos os aspectos relativos às partes: partilha, alimentos (para cônjuge e filhos) e guarda dos filhos (CPC, art. 731); **D:** incorreta, porque não há previsão legal de divisão entre o que pode ser feito pela via judicial ou extrajudicial, devendo ser utilizado somente um desses mecanismos (CPC, art. 733).
Gabarito "B".

(OAB/Exame Unificado – 2015.3) Edgar pleiteou a remoção da inventariante Joana, nomeada nos autos do processo de inventário dos bens deixados por morte de sua genitora Maria, argumentando que a inventariante não prestou as primeiras declarações no prazo legal e não está defendendo os interesses do espólio.

Acerca do incidente de remoção de inventariante e as regras previstas no Código de Processo Civil, assinale a afirmativa correta.

(A) O incidente de remoção de inventariante, proposto por Edgar, deverá tramitar nos próprios autos da ação de inventário.

(B) O juiz, ao receber o requerimento de remoção de inventariante, deverá, conforme previsão expressa do CPC, afastar Joana de suas funções imediatamente e, em seguida, determinar a sua intimação para defender-se e produzir provas.

(C) Acolhido o pedido de remoção da inventariante Joana, o magistrado deverá nomear, prioritariamente, Edgar, em razão de ser o autor do requerimento.

(D) Removida a inventariante Joana, esta deverá entregar imediatamente ao substituto os bens do espólio de Maria e, se deixar de fazê-lo, será compelida mediante mandado de busca e apreensão ou imissão de posse, conforme se tratar de bem móvel ou imóvel.

As hipóteses de remoção do inventariante estão no art. 622 do CPC. E o que deve acontecer quando da remoção está previsto no art. 625. O inventariante removido entregará imediatamente ao substituto os bens do espólio e, caso deixe de fazê-lo, será compelido mediante mandado de busca e apreensão ou de imissão na posse, conforme se tratar de bem móvel ou imóvel, sem prejuízo da multa a ser fixada pelo juiz em montante não superior a três por cento do valor dos bens inventariados.
Gabarito "D".

(OAB/Exame Unificado – 2015.1) Márcio faleceu, deixando bens imóveis e móveis a inventariar, assim como filho capaz e Antonieta, viúva, então casada pelo regime de comunhão parcial de bens. Além dos bens, Márcio deixou dívidas tributárias e débito vencido e exigível em favor de Carlos.

Analisando os aspectos processuais do inventário, assinale a afirmativa correta.

(A) Carlos possui legitimidade para requerer a habilitação de seu crédito junto ao juízo do inventário a qualquer tempo no processo de inventário.

(B) É dado a Carlos requerer o recebimento de seu crédito por meio da adjudicação dos bens já reservados, mediante concordância dos herdeiros.

(C) O Ministério Público e a Fazenda Pública não possuem legitimidade concorrente para requerer a abertura do inventário judicial por ocasião do falecimento de Márcio.

(D) O credor de Antonieta não goza de legitimidade concorrente para requerer a abertura do inventário judicial.

A: incorreta. De fato cabe ao credor requerer a habilitação de seu crédito – porém, antes da partilha (CPC, art. 642); **B:** correta: "Se o credor requerer que, em vez de dinheiro, lhe sejam adjudicados, para o seu pagamento, os bens já reservados, o juiz deferir-lhe-á o pedido, concordando todas as partes" (CPC, art. 642, § 4º); **C:** incorreta, pois o MP somente tem legitimidade se houver herdeiro incapaz (CPC, art. 616, VII); porém, como a Fazenda é credora, haveria sua legitimidade (CPC, art. 616, VIII); **D:** incorreta, porque o credor do herdeiro também é legitimado para requerer o inventário (CPC, art. 616, VI).
Gabarito "B".

(OAB/Exame Unificado – 2009.2) Um homem e uma mulher casaram-se, em 1990, sob o regime da comunhão parcial de bens e não tiveram filhos. Após 18 anos de convivência matrimonial, o casal, que adquiriu bens móveis e imóveis durante esse período, separou-se. Considerando essa situação hipotética, assinale a opção correta acerca do procedimento da separação.

(A) Se o casal optar pela separação litigiosa, nada impede que esta seja feita extrajudicialmente por meio de escritura pública.

(B) Se optarem pela separação extrajudicial, os cônjuges terão de, imediatamente, cumprir a exigência de partilha somente dos bens imóveis comuns do casal, não se admitindo que ela seja feita posteriormente.

(C) A separação consensual do casal pode ser realizada extrajudicialmente por escritura pública.

(D) Optando pela separação extrajudicial, os cônjuges não poderão fazer-se representar por um único advogado, em razão da natureza dos direitos em discussão.

Não havendo litígio (ou seja, sendo consensual) nem filhos menores, é possível a separação via cartório, que pode ser realizada por um único advogado (CPC, art. 733).
Gabarito "C".

(OAB/Exame Unificado – 2008.3) Um casal ajuizou ação requerendo a separação judicial na forma consensual. Realizada audiência de ratificação do pedido, as partes se desentenderam apenas quanto à forma ajustada para a partilha dos bens comuns. Com relação à situação hipotética apresentada, assinale a opção correta.

(A) Diante do desentendimento quanto à partilha de bens, a única solução adequada ao caso é a extinção do feito por perda superveniente do interesse de agir, abrindo-se às partes a possibilidade de ajuizar ação de separação litigiosa.

(B) Havendo dissenso quanto à partilha, é permitido que esta seja feita à parte, sem prejuízo da separação consensual.

(C) Se as partes não alcançarem consenso quanto à forma diversa de partilhar os bens, o juiz deverá homologar exatamente aquilo que foi disposto na inicial da ação, cabendo a quem se julgar prejudicado o recurso devido.

(D) A inexistência de acordo quanto à partilha determina a suspensão do feito, a fim de que as partes apresentem, nos autos, os fundamentos de suas pretensões e o feito possa ser cindido em dois, sendo um relativo à parte do acordo de separação, e o outro, à lide estabelecida quanto à partilha de bens.

A questão é expressamente regulada no art. 731, parágrafo único do CPC: "Se os cônjuges não acordarem sobre a partilha dos bens, far-se-á esta depois de homologado o divórcio (...)".

Gabarito "B".

5.4. Juizados especiais

(OAB/Exame XXXIV) João Eustáquio, após passar por situação vexatória promovida por Lucia Helena, decide procurar um advogado. Após narrar os fatos, o advogado de João Eustáquio promove uma ação indenizatória em face de Lucia Helena, no Juizado Especial Cível de Sousa/PB.

Lucia Helena, devidamente representada por seu advogado, apresenta contestação de forma oral, bem como apresenta uma reconvenção contra João Eustáquio.

João Eustáquio, indignado com tal situação, questiona se é válida a defesa processual promovida por Lucia Helena.

Como advogado de João Eustáquio, nos termos da Lei nº 9.099/95, assinale a afirmativa correta.

(A) A contestação pode ser apresentada de forma oral, porém não se admitirá a apresentação de reconvenção.

(B) A contestação não pode ser apresentada de forma oral, sendo somente permitida de forma escrita. Além disso, não se admitirá a apresentação de reconvenção.

(C) A reconvenção pode ser apresentada, prezando pelo princípio da eventualidade, porém a contestação deve ser feita de forma escrita.

(D) A contestação pode ser apresentada de forma oral, bem como é cabível a apresentação de reconvenção.

Acerca da defesa do réu nos Juizados, a Lei 9.009 prevê o seguinte:
– "Art. 30. A contestação, que será *oral* ou escrita (...)"
– "Art. 31. Não se admitirá a reconvenção. É lícito ao réu, na contestação, formular pedido em seu favor (...)"
A: Correta, nos termos dos arts. 30 e 31 da Lei 9.099/95. **B:** Incorreta, pois é possível contestação de forma oral. **C:** Incorreta, pois não há previsão de reconvenção, mas de pedido contraposto (ainda que sejam situações semelhantes de o réu formular pedido contra o autor, a Lei 9.099 as trata de forma distinta). **D:** Incorreta, pois não é possível a reconvenção.

Gabarito "A".

(OAB/Exame Unificado – 2019.2) Raquel, servidora pública federal, pretende ajuizar ação em face da União, pleiteando a anulação de seu ato de demissão, bem como requerendo a condenação da ré ao pagamento de indenização por danos morais, no valor de R$ 50.000,00 (cinquenta mil reais), tendo em vista o sofrimento causado por ato que considera ilegal.

Na qualidade de advogado(a) de Raquel, a respeito do rito a ser seguido na hipótese, assinale a afirmativa correta.

(A) A ação deverá seguir o rito dos Juizados Especiais Federais (Lei nº 10.259/01), uma vez que o valor da causa é inferior a 60 (sessenta) salários mínimos.

(B) Tendo em vista que a ré é um ente público, aplica-se à hipótese o rito disposto na Lei nº 12.153/09, que regulamenta os Juizados Especiais da Fazenda Pública.

(C) Poderá ser utilizado tanto o rito comum como o dos Juizados Especiais, já que, no foro onde estiver instalada a Vara do Juizado Especial, sua competência é relativa.

(D) O rito a ser observado será o rito comum, pois não é de competência dos Juizados Especiais pretensão que impugna pena de demissão imposta a servidor público civil.

Em regra, deverá ser utilizado o JEF para causas com valor até 60 salários-mínimos, quando a União for ré (uso obrigatório e não facultativo). Porém, a Lei 10.259/2001 traz algumas exceções, situações nas quais não se pode utilizar esse Juizado, qualquer que seja o valor da causa. É o caso de anulação de demissão (art. 3º, § 1º, IV), de modo que a causa deverá ser proposta em Vara Federal tradicional, pelo procedimento comum.

Gabarito "D".

(OAB/Exame Unificado – 2018.2) Luciana, por meio de seu advogado, propôs demanda em face de Carlos, perante determinado Juizado Especial Cível, na qual pediu, a título de indenização por danos materiais, a condenação do réu ao pagamento de R$ 20.000,00. Ao julgar parcialmente procedente o pedido, o juízo a quo condenou o demandado ao pagamento de R$ 15.000,00. Luciana se conformou com a decisão, ao passo que Carlos recorreu, a fim de diminuir o valor da condenação para R$10.000,00 e, bem assim, requereu a condenação da recorrida ao pagamento de custas e honorários. Embora tenha diminuído o valor da condenação para R$ 10.000,00, conforme requerido no recurso, o órgão ad quem não condenou Luciana ao pagamento de custas e honorários.

Diante de tal quadro, é correto afirmar, especificamente no que se refere às custas e aos honorários, que

(A) o órgão recursal errou, pois a gratuidade prevista pela Lei nº 9.099/95 só abrange o primeiro grau de jurisdição.

(B) o órgão ad quem acertou, uma vez que, no âmbito do segundo grau, somente o recorrente vencido pode arcar com a sucumbência.

(C) o órgão ad quem acertou, uma vez que, no âmbito do segundo grau, somente é possível condenação em custas e honorários se houver litigância de má-fé.

(D) o órgão recursal agiu corretamente, pois os processos que tramitam sob o rito da Lei nº 9.099/95 são gratuitos, indistintamente, em qualquer grau de jurisdição.

A: incorreta Atenção: a segunda parte da alternativa – gratuidade só abrange o primeiro grau – está correta (Lei 9.099/95, art. 55), e pode induzir o candidato a entender essa resposta como correta. Porém, no caso concreto, o colégio recursal *não errou*, pois a fixação não deveria ocorrer no caso narrado, pois "Em segundo grau, o recorrente, vencido, pagará as custas e honorários de advogado" (Lei 9099/95, art. 55, parte final); **B:** correta. Como o recorrente foi vencedor no recurso (ainda que perdedor na causa), não paga honorários (vide alternativa "A"); **C:** incorreta, pois a fixação de honorários independe de má-fé, mas sim de recurso da parte e de esse recurso não ser provido; **D:** incorreta, pois a gratuidade só existe em 1º grau, nos Juizados (Lei 9.099/95, art. 55).

Gabarito "B".

7. DIREITO PROCESSUAL CIVIL

(OAB/Exame Unificado – 2017.3) Arthur ajuizou ação perante o Juizado Especial Cível da Comarca do Rio de Janeiro, com o objetivo de obter reparação por danos materiais, em razão de falha na prestação de serviços pela sociedade empresária Consultex.

A sentença de improcedência dos pedidos iniciais foi publicada, mas não apreciou juridicamente um argumento relevante suscitado na inicial, desconsiderando, em sua fundamentação, importante prova do nexo de causalidade. Arthur pretende opor embargos de declaração para ver sanada tal omissão.

Diante de tal cenário, assinale a afirmativa correta.

(A) Arthur poderá opor embargos de declaração, suspendendo o prazo para interposição de recurso para a Turma Recursal.

(B) Os embargos não interrompem ou suspendem o prazo para interposição de recurso para a Turma Recursal, de modo que Arthur deverá optar entre os embargos ou o recurso, sob pena de preclusão.

(C) Eventuais embargos de declaração interpostos por Arthur interromperão o prazo para interposição de recurso para a Turma Recursal.

(D) Arthur não deverá interpor embargos de declaração pois estes não são cabíveis no âmbito de Juizados Especiais.

Há previsão de declaratórios no JEC (Lei 9.099/95, art. 48). Quanto a seu efeito, antes os embargos no JEC *suspendiam* o prazo para a interposição do outro recurso. A partir do CPC15, os embargos de declaração *interrompem* o prazo recursal (Lei 9.099/95, art. 50, com a redação dada pelo atual CPC, art. 1.065). Portanto, correta a alternativa "C". Gabarito "C".

(OAB/Exame Unificado – 2010.2) A Lei n. 9.099/1995 disciplina os chamados Juizados Especiais Cíveis no âmbito Estadual. Nela é possível encontrar diversas regras especiais, que diferenciam o procedimento dos Juizados do procedimento comum do CPC.

Segundo a Lei n. 9.099/1995, assinale a alternativa que indique uma dessas regras específicas.

(A) Não é cabível nenhuma forma de intervenção de terceiros nem de assistência.

(B) É vedado o litisconsórcio.

(C) Nas ações propostas por microempresas, admite-se a reconvenção.

(D) Se o pedido formulado for genérico, admite-se, excepcionalmente, sentença ilíquida.

A: correta, art. 10 da Lei 9.099/1995; **B:** incorreta, a lei admite o litisconsórcio (art. 10 da Lei 9.099/1995); **C:** incorreta, não há reconvenção, mas admite-se o pedido contraposto (art. 31 da Lei 9.099/1995); **D:** incorreta, no JEC não se admite sentença ilíquida (art. 38, parágrafo único, da Lei 9.099/1995). Gabarito "A".

5.5. Mandado de segurança

(OAB/Exame Unificado – 2014.2) O Mandado de Segurança é a ferramenta jurídica hábil para proteger direito líquido e certo, não amparado por *habeas corpus* ou *habeas data*, quando, ilegalmente ou com abuso de poder, autoridade coatora praticar ato que viole ou cause justo receio de violação daquele direito. Com relação ao Mandado de Segurança, assinale a opção correta.

(A) Poderá ser impetrado somente por pessoa física, não sendo cabível para tutelar direito de pessoa jurídica de direito privado.

(B) Indeferida a petição inicial pelo juiz de primeiro grau, o impetrante poderá interpor recurso de apelação.

(C) Admite-se o ingresso de litisconsorte ativo até que se esgote o prazo para a autoridade coatora prestar informações.

(D) Não se admite, em qualquer hipótese, a impetração de Mandado de Segurança por telegrama, radiograma, fax ou qualquer outro meio eletrônico.

A: incorreta, pois há expressa previsão legal permitindo o uso de MS por pessoa jurídica (Lei 12.016/2009, art. 1º – e é muito comum, por exemplo, em questões tributárias); **B:** correta, tanto pelo CPC (art. 1.009) quanto pela legislação específica (Lei 12.016/2009, art. 10, § 1º); **C:** incorreta, pois não se admite o ingresso de litisconsorte após o despacho da inicial (Lei 12.016/2009, art. 10, § 2º); **D:** incorreta, considerando isso ser possível em caso de urgência (Lei 12.016/2009, art. 4º). Gabarito "B".

(OAB/Exame Unificado – 2012.3.A) Impetrado um mandado de segurança, já sob a égide da Lei n. 12.016/2009, assinale a afirmativa correta.

(A) A sentença não fixará honorários advocatícios, por serem eles incabíveis no Mandado de Segurança.

(B) A decisão do juiz que conceder ou denegar a Medida Liminar é irrecorrível, cabendo apenas o pedido de reconsideração.

(C) O juiz converterá o Mandado de Segurança no procedimento que entender cabível, quando não for o caso de Mandado de Segurança, ou lhe faltar um dos requisitos legais ou quando decorrido o prazo para impetração, em homenagem ao princípio da celeridade processual.

(D) A suspensão das medidas liminares concedidas em face do Poder Público sendo determinada, o pedido original não poderá ser aditado para abranger as medidas liminares supervenientes, cabendo, apenas, novo pedido de suspensão das liminares.

A: correta, Conforme entendimento jurisprudencial (Súmula 105 do STJ: "Na ação de mandado de segurança não se admite condenação em honorários advocatícios"), confirmado na legislação (art. 25 da Lei 12.016/2009), descabem honorários no MS; **B:** incorreta, a decisão é agravável (art. 7º, § 1º, da Lei 12.016/2009); **C:** incorreta, nesses casos, a hipótese é de extinção (art. 23 da Lei 12.016/2009 c/c art. 485 do CPC); **D:** incorreta, quanto à "suspensão de segurança", há expressa previsão legal em sentido inverso (art. 15, § 5º, da Lei 12.016/2009). Gabarito "A".

5.6. Processo coletivo

(OAB/Exame Unificado – 2019.3) A Associação "X", devidamente representada por seu advogado, visando à proteção de determinados interesses coletivos, propôs ação civil pública, cujos pedidos foram julgados improcedentes. Ademais, a associação foi condenada ao pagamento de honorários advocatícios no percentual de 20% (vinte por cento) sobre o valor da causa.

Diante de tal quadro, especificamente sobre os honorários advocatícios, a sentença está

(A) correta no que se refere à possibilidade de condenação ao pagamento de honorários e, incorreta, no que tange ao respectivo valor, porquanto fixado fora dos parâmetros estabelecidos pelo Art. 85 do CPC.

(B) incorreta, pois as associações não podem ser condenadas ao pagamento de honorários advocatícios, exceto no caso de litigância de má-fé, no âmbito da tutela individual e coletiva.

(C) correta, pois o juiz pode fixar os honorários de acordo com seu prudente arbítrio, observados os parâmetros do Art. 85 do CPC.

(D) incorreta, pois as associações são isentas do pagamento de honorários advocatícios em ações civis públicas, exceto no caso de má-fé, hipótese em que também serão condenadas ao pagamento do décuplo das custas.

A: Incorreta, pois a condenação em honorários advocatícios é indevida, porque só se admite a condenação em caso de má-fé (Lei n. 7.347/85, arts. 17 e 18); **B:** Incorreta, considerando que a previsão de condenação de associações em caso de má-fé só se refere a processo coletivo (Lei n. 7.347/85), e não individual. Assim, se uma associação ingressa em juízo para pleitear direito próprio, pagará honorários no caso de sucumbência; **C:** Incorreta, porque a condenação em honorários não deve existir (vide "A"); ademais, a fixação é feita conforme os critérios legais, e não arbítrio do juiz; **D:** Correta: só há, no processo coletivo, condenação em honorários e décuplo das custas em casos de má-fé (Lei n. 7.347/85, arts. 17 e 18).
Gabarito "D".

(OAB/Exame Unificado – 2019.2) Em virtude do rompimento de uma represa, o Ministério Público do Estado do Acre ajuizou ação em face da empresa responsável pela sua construção, buscando a condenação pelos danos materiais e morais sofridos pelos habitantes da região atingida pelo incidente. O pedido foi julgado procedente, tendo sido fixada a responsabilidade da ré pelos danos causados, mas sem a especificação dos valores indenizatórios. Em virtude dos fatos narrados, Ana Clara teve sua casa destruída, de modo que possui interesse em buscar a indenização pelos prejuízos sofridos.

Na qualidade de advogado(a) de Ana Clara, assinale a orientação correta a ser dada à sua cliente.

(A) Considerando que Ana Clara não constou do polo ativo da ação indenizatória, não poderá se valer de seus efeitos.

(B) Ana Clara e seus sucessores poderão promover a liquidação e a execução da sentença condenatória.

(C) A sentença padece de nulidade, pois o Ministério Público não detém legitimidade para ajuizar ação no lugar das vítimas.

(D) A prolatação de condenação genérica, sem especificar vítimas ou valores, contraria disposição legal.

O sistema do processo coletivo (ação civil pública, cuja legitimidade é do MP e de outros entidades) prevê a prolação de uma sentença genérica, a ser liquidada e executada por quem efetivamente sofreu o dano (CDC, arts. 95 e 97).
Gabarito "B".

(OAB/Exame Unificado – 2018.2) Uma fábrica da sociedade empresária Tratores Ltda. despejou 10 toneladas de lixo reciclável no rio Azul, que corta diversos municípios do estado do Paraná. Em decorrência de tal fato, constatou-se a redução da flora às margens do rio.

Sobre a medida cabível em tal cenário, assinale a afirmativa correta.

(A) É cabível ação popular, na qual deve figurar obrigatoriamente o Ministério Público como autor.

(B) É cabível ação civil pública, na qual deve figurar obrigatoriamente como autor um dos indivíduos afetados pelos danos.

(C) Não é cabível ação civil pública ou ação coletiva, considerando a natureza dos danos, mas o Ministério Público pode ajuizar ação pelo procedimento comum, com pedido de obrigação de não fazer.

(D) É cabível ação civil pública, na qual o Ministério Público, se não for autor, figurará como fiscal da lei.

A: incorreta, pois a ação popular tem como autor o cidadão (pessoa física que vota e pode ser votada), e não o MP (L. 4717/65, art. 1º); **B:** incorreta, porque na ACP a legitimidade ativa é de alguma pessoa jurídica (MP, Defensoria, associação, União, Estado e Município etc.) e não de pessoa física (L. 7.357/85, art. 5º); **C:** incorreta, considerando que o dano ambiental é passível de proteção por meio de ACP, por expressa previsão legal (L. 7.357/85, art. 1º, I); dano ambiental admite proteção via ACP (vide alternativa "C"), o MP é legitimado (vide alternativa "B") e, se não for autor, atua como fiscal da lei (L. 7.347/85, art. 5º, § 1º) – sendo que na terminologia do CPC, fala-se em "fiscal da ordem jurídica".
Gabarito "D".

(OAB/Exame Unificado – 2018.2) A associação "Amigos da Natureza", constituída há 2 anos, com a finalidade institucional de proteger o meio ambiente, tem interesse na propositura de uma ação civil pública, a fim de que determinado agente causador de dano ambiental seja impedido de continuar a praticar o ilícito.

Procurado pela associação, você, na qualidade de advogado, daria a orientação de

(A) não propor uma ação civil pública, visto que as associações não têm legitimidade para manejar tal instrumento, sem prejuízo de que outros legitimados, como o Ministério Público, o façam.

(B) propor uma ação civil pública, já que a associação está constituída há pelo menos 1 ano e tem, entre seus fins institucionais, a defesa do meio ambiente.

(C) apenas propor a ação civil pública quando a associação estiver constituída há pelo menos 3 anos.

(D) que a associação tem iniciativa subsidiária, de modo que só pode propor a ação civil pública após demonstração de inércia do Ministério Público.

A: incorreta, pois associações são legitimadas para ajuizar ACP, desde que observados alguns requisitos (Lei 7.347/1985, art. 5º, V); **B:** correta, porque esses são os requisitos previstos em lei para que a associação tenha legitimidade ativa (Lei 7.347/1985, art. 5º, V, alíneas); **C:** incorreta, pois o prazo é de pelo menos 1 ano de constituição (Lei 7.347/1985, art. 5º, V, alíneas); **D:** incorreta, considerando que a legitimidade ativa dos entes previstos em lei (Lei 7.347/1985, art. 5º) é concorrente, ou seja, qualquer um pode ajuizar, não havendo preferência.
Gabarito "B".

(OAB/Exame Unificado – 2018.1) A sociedade empresária Sucesso veiculou propaganda enganosa acerca de um determinado produto, com especificações distintas daquelas indicadas no material publicitário. Aproximadamente 500.000 consumidores, dentre os quais alguns hipossuficientes, compraram o produto. Diante disso, a

7. DIREITO PROCESSUAL CIVIL

Associação de Defesa do Consumidor, constituída há 10 anos, cogitou a possibilidade de ajuizar ação civil pública, com base na Lei nº 7.347/85, para obter indenização para tais consumidores.

Diante dessas informações, assinale a afirmativa correta.

(A) O Ministério Público é parte ilegítima para a propositura da ação civil pública.

(B) A Associação de Defesa do Consumidor pode propor a ação civil pública.

(C) Qualquer consumidor lesado pode propor a ação civil pública.

(D) A propositura da ação civil pública pela Defensoria dispensa a participação do Ministério Público no processo.

A: incorreta, pois o MP tem legitimidade para ajuizar ACP (Lei 7.347/1985, art. 5º, I); **B:** correta (Lei 7.347/1985, art. 5º, V); **C:** incorreta, pois a pessoa física não é legitimada para ingressar com ACP, mas somente determinadas pessoas jurídicas previstas em lei (Lei 7.347/1985, art. 5º); **D:** incorreta. A Defensoria de fato tem legitimidade para ACP (Lei 7.347/1985, art. 5º, II) mas, se a ACP não for ajuizada pelo MP, este sempre será ouvido, como fiscal da lei ou da ordem jurídica (Lei 7.347/1985, art. 5º, § 1º).
Gabarito "B"

5.7. Outros procedimentos especiais

(OAB/Exame 39) Samuel ajuizou ação de exigir contas contra Maria, requerendo sua citação para que as preste ou ofereça contestação, no prazo de 15 (quinze) dias úteis. Em sua petição inicial, Samuel alegou que, por força de contrato de mandato, teria confiado a administração de recursos próprios a Maria, que, no entanto, não prestou regularmente contas de forma extrajudicial, conforme entre si acordado. Em que pese Maria tenha oferecido contestação à ação, o juiz julgou procedente o pedido, condenando Maria a prestar as contas, no prazo de 15 (quinze) dias úteis.

Sobre a situação hipotética descrita, assinale a afirmativa correta.

(A) Caso Maria deixe de prestar as contas no prazo assinalado de 15 (quinze) dias úteis, Samuel será intimado a apresentá-las, não podendo o juiz determinar a realização de perícia para sua certificação.

(B) Ainda que Maria deixe de prestar as contas no prazo assinalado de 15 (quinze) dias úteis, lhe será lícito impugnar as contas que venham a ser apresentadas por Samuel.

(C) Maria poderá interpor recurso de apelação contra a sentença, ao fundamento de que o prazo previsto em lei para a prestação de contas é de 30 (trinta), e não 15 (quinze) dias úteis, como assinalado pelo juiz.

(D) Caso Maria venha a prestar as contas, deverá fazê-lo no prazo de 15 (quinze) dias úteis assinalado pelo juiz e de forma adequada, especificando-se as receitas, a aplicação das despesas e os investimentos, se houver.

A: incorreta, porque o juiz pode determinar a realização de exame pericial, se necessário (CPC, art. 550, § 6º – e, igualmente, com base no poder instrutório geral previsto no art. 370). **B:** incorreta, visto que o réu deverá prestar as contas no prazo de 15 dias, sob pena de não lhe ser lícito impugnar as que o autor apresentar (CPC, art. 550, § 5º). **C:** incorreta, pois o pronunciamento do juiz que determina a prestação

de contas é uma decisão interlocutória (CPC, art. 203, § 2º). Assim, o recurso cabível contra essa decisão será o agravo de instrumento (CPC, art. 1.015, II). Ainda, conforme previsão do art. 550, § 5º, a decisão que julgar procedente o pedido condenará o réu a prestar as contas no prazo de 15 dias (e não 30 dias, conforme exposto na alternativa). **D:** Correta. O réu deverá prestar as contas no prazo de 15 dias (CPC, art. 550, 5º), na forma adequada, especificando-se as receitas, a aplicação das despesas e os investimentos, se houver (CPC, art. 551).
Gabarito "D"

(OAB / 38º Exame) Humberto, em conjunto com seus amigos Paulo e Maria, eram os únicos sócios da Sociedade Incorporadora Ltda. Com o falecimento de Humberto e considerando que nenhum de seus sucessores integrava o quadro societário da Sociedade Incorporadora Ltda., seu espólio ajuizou ação de dissolução parcial da referida sociedade, requerendo a citação apenas de Paulo e Maria. Devidamente citados, Paulo e Maria concordaram com o pedido formulado na ação, pelo que o juiz proferiu sentença decretando a dissolução parcial da sociedade em relação ao espólio de Humberto e condenando Paulo e Maria ao pagamento de honorários advocatícios de sucumbência. Na sentença, o juiz relegou a apuração de haveres da sociedade para a fase subsequente e imediata de liquidação.

Diante da situação hipotética acima descrita, assinale a afirmativa correta.

(A) A sentença proferida pelo juiz está contaminada por vício de nulidade, tendo em vista que a Sociedade Incorporadora Ltda. não foi citada para integrar a lide, concordando com o pedido ou contestando a ação.

(B) Paulo e Maria poderão interpor recurso de apelação contra a sentença, sob o argumento de que, não tendo eles se oposto ao pedido de dissolução parcial da sociedade, descaberia ao juiz condená-los ao pagamento de honorários advocatícios de sucumbência.

(C) Ainda que não realizada a partilha dos bens de Humberto, seu espólio não possui legitimidade para ajuizar a ação, pois a legitimidade para requerer a dissolução parcial da Sociedade Incorporadora Ltda. é apenas dos sócios remanescentes, Paulo e Maria.

(D) O juiz não poderia ter determinado a apuração de haveres na fase subsequente e imediata de liquidação, visto ser necessário para a referida a apuração o ajuizamento de ação autônoma, distinta da ação de dissolução parcial de sociedade.

A: incorreta, pois não há vício na sentença, vez que nos termos do art. 601, p. u. do CPC, não haverá necessidade de citação da sociedade se todos os seus sócios forem citados. **B:** correta, porque conforme previsão do art. 603, § 1º do CPC, não haverá condenação em honorários sucumbenciais na hipótese de manifestação expressa e unânime pela concordância da dissolução. **C:** incorreta, visto que, nos termos do art. 600, inciso I do CPC, o espólio possui legitimidade para propor a ação de dissolução parcial de sociedade. **D:** incorreta já que a ação de dissolução parcial de sociedade poderá ter como objeto, cumulativamente, a resolução e a apuração de haveres (CPC art. 599, I e II).
A pergunta que trata de um procedimento especial bem específico (dissolução parcial de sociedade), com alternativas tratando de situações expressamente previstas no Código. É lamentável que se faça perguntas como essa em uma prova que não permite a consulta à legislação na 1ª fase. De qualquer forma, não é caso de anulação.
Gabarito "B"

(OAB / 37º Exame) Vitor, residente em Salvador/BA, precisou se mudar para Fortaleza/CE, por motivos profissionais. Para realizar sua mudança, propôs pagar uma quantia de R$ 10.000,00 (dez mil reais) para Danilo e Juarez, além de arcar com todos os custos da viagem.

Por não ter acompanhado o serviço, Vitor não sabe quem efetivamente o fez. Após o término da mudança, Vitor tentou quitar a dívida, mas não sabia a quem pagar, pois ambos afirmaram ser titulares do crédito. Sendo assim, procurou você, como advogado(a), pois queria fazer o pagamento de forma consignada para extinguir a obrigação.

Na qualidade de advogado de Vitor, assinale a opção que indica a posição acertada no tocante ao procedimento especial de ação de consignação em pagamento.

(A) Vitor requererá o depósito e a citação de Danilo, e, caso posteriormente se entenda não ser ele o titular, fará a citação de Juarez.

(B) Vitor não deve requerer o depósito, devendo no primeiro momento requerer a citação de todos os possíveis titulares do crédito, para que, após essa decisão, discuta-se o crédito devido.

(C) Vitor requererá o depósito e a citação dos possíveis titulares do crédito para provarem o seu direito.

(D) Vitor requererá o depósito e a citação de Juarez, e, caso posteriormente se entenda não ser ele o titular, fará o chamamento ao processo de Danilo.

A: incorreta, visto que na ação de consignação em pagamento (procedimento especial), o autor deverá requerer, desde logo (na petição inicial), a citação de todos os possíveis titulares do crédito (CPC, art. 542). **B:** incorreta, pois na inicial da consignação, já deverá ser requerido o depósito da quantia (CPC, art. 542). **C:** correta. Essa é a previsão legal da consignação em pagamento: depósito da quantia e citação dos réus – ou seja, aqueles que se entende como possíveis credores (CPC, art. 542). **D:** incorreta, considerando que, conforme já visto em "A", esse não é o procedimento da consignatória.
Gabarito "C".

(OAB/Exame XXXIV) Paulo é possuidor com *animus domini*, há 35 (trinta e cinco) anos, de apartamento situado no Município X. O referido imóvel foi adquirido da construtora do edifício mediante escritura pública, a qual não foi levada a registro, tendo havido pagamento integral do preço.

Em processo movido por credor da construtora do edifício, a qual é proprietária do bem perante o Registro de Imóveis, foi deferida a penhora do apartamento em fase de cumprimento de sentença, a qual foi averbada junto à matrícula do imóvel 6 (seis) meses após a publicação da decisão que determinou tal penhora no órgão oficial de publicações.

Na hipótese, assinale a opção que indica a medida processual cabível para a defesa dos interesses de Paulo.

(A) Propositura de ação de oposição, buscando se opor ao credor da construtora e à medida por ele requerida.

(B) Ajuizamento de embargos de terceiro, buscando atacar a medida constritiva em face do imóvel adquirido.

(C) Formular pedido de habilitação nos autos do processo movido pelo credor da construtora, para a defesa de seus interesses.

(D) Interposição de agravo de instrumento em face da decisão que determinou a penhora do bem, buscando reformá-la.

A: Incorreta. A oposição é utilizada quando há ação entre autor e réu, ambos se afirmando proprietários, e terceiro afirma ser ele o proprietário (CPC, art. 682). Não é a hipótese, pois a construtora não afirma ser a proprietária.
B: Correta. Cabem embargos de terceiro quando possuidor (e/ou proprietário), não sendo parte no processo, sofrer constrição sobre bens que possua (CPC, art. 674). **C:** Incorreta, não sendo hipótese de habilitação – utilizada para ingresso no processo quando a parte falece (CPC, art. 687). **D:** Incorreta, pois existe meio específico para essa defesa da posse – os embargos de terceiro, conforme exposto em "B".
Gabarito "B".

(XXXIII Exame de Ordem Unificado / FGV) Karine teve conhecimento de que Pedro propôs ação reivindicatória em face de Joana relativamente à Fazenda Felicidade, situada em Atibaia. Karine, furiosa, apresenta oposição, por entender que aquela fazenda lhe pertence, já que a recebeu em testamento pelo falecido tio de Joana. Sobre o caso narrado, assinale a afirmativa correta.

(A) Se a oposição foi proposta antes do início da audiência do processo originário, a oposição será apensada aos autos e tramitará simultaneamente à ação reivindicatória, sendo ambas julgadas pela mesma sentença.

(B) Se houver possibilidade de julgamento conjunto, o juiz deverá observar a relação de prejudicialidade existente entre a oposição apresentada por Karine e a ação reivindicatória proposta por Pedro, sendo que o pedido desta última deve ser julgado em primeiro lugar.

(C) Os opostos formam um litisconsórcio passivo unitário, devendo a sentença dividir de modo idêntico o mérito para ambos.

(D) Se Pedro reconhecer a procedência do pedido da opoente, Karine deverá ser reconhecida como legítima proprietária do imóvel.

A: correta, tendo em vista que a oposição – procedimento especial de jurisdição contenciosa – será julgada em conjunto com a ação originária (CPC, art. 685); **B:** incorreta, pois se for caso de julgamento conjunto, inicialmente será julgada a oposição (CPC, art. 686); **C:** incorreta, porque se o pedido do opoente for julgado procedente, fica prejudicada a ação principal. Contudo, se a oposição for julgada improcedente, então haverá o julgamento da ação originária, com resultado distinto entre os litigantes; **D:** incorreta, pois se um dos opostos reconhecer a procedência do pedido, o outro prosseguirá no processo (CPC, art. 684).
Gabarito "A".

(OAB/Exame Unificado – 2017.2) Jorge administra cinco apartamentos de Marina. Ele recebe os valores relativos à locação dos referidos bens, realiza os pagamentos inerentes aos imóveis (condomínio, IPTU), abate o valor pela prestação de serviços e repassa o saldo residual a Marina, mediante depósito em conta corrente, titularizada pela contratante.

Contudo, nos últimos dez meses, Jorge tem deixado de fornecer os relatórios mensais acerca da despesa e receita. Incomodada, Marina o questiona acerca da omissão, que nada faz.

Diante desse cenário, Marina procura um advogado, que, com o objetivo de obter os relatórios, deve ajuizar:

(A) Ação de Execução, fundada em título extrajudicial consubstanciado no acerto verbal havido entre as partes.

7. DIREITO PROCESSUAL CIVIL

(B) Ação de Reintegração de Posse dos imóveis administrados por Jorge.

(C) Ação de Exigir Contas, para que Jorge forneça os relatórios.

(D) Ação de Consignação de Pagamento, objetivando que Jorge consigne os relatórios em Juízo.

A: incorreta, pois o título executivo não pode ser verbal, mas sempre um documento escrito (CPC, art. 784); **B:** incorreta, pois o objetivo, segundo o enunciado, é obter os relatórios, não a posse; **C:** correta, sendo que os relatórios são, exatamente, a prestação de contas que se espera – sendo que, atualmente, o procedimento especial é apenas para *exigir contas* (art. 550), exatamente o que se busca no caso; **D:** incorreta, pois a obtenção de relatórios nada tem a ver com o pagamento de valores e alguém que não quer receber – e é isso que se faz na consignação em pagamento (CPC, art. 539).
Gabarito "C".

(OAB/Exame Unificado – 2011.3.B) A respeito do procedimento especial de consignação em pagamento, é correto afirmar que

(A) poderá o devedor ou terceiro optar pelo depósito da quantia devida, em estabelecimento bancário, oficial onde houver, situado no lugar do pagamento, em conta com correção monetária, cientificando-se o credor por carta com aviso de recepção, assinado o prazo de 10 (dez) dias para a manifestação de recusa.

(B) quando a consignação se fundar em dúvida sobre quem deva legitimamente receber, não comparecendo nenhum pretendente, o juiz julgará procedente o pedido, declarará extinta a obrigação e condenará o réu nas custas e honorários advocatícios.

(C) alegada insuficiência do depósito, o réu não poderá levantar a quantia ou a coisa depositada, até que seja proferida sentença.

(D) na hipótese de sentença que concluir pela insuficiência do depósito, ainda que seja determinado o montante devido, não poderá o credor promover a execução nos mesmos autos, devendo ajuizar nova demanda.

A: correta, art. 539, § 1º, do CPC; **B:** incorreta, art. 548 e incisos do CPC; **C:** incorreta, art. 545, § 1º, do CPC; **D:** incorreta, art. 545, § 2º, do CPC
Gabarito "A".

(OAB/Exame Unificado – 2008.3) Acerca dos procedimentos especiais, assinale a opção correta.

(A) Não é admissível a oposição de embargos de terceiro fundados em alegação de posse advinda do compromisso de compra e venda de imóvel.

(B) É imprescritível a ação de petição de herança.

(C) Não é admissível ação monitória fundada em cheque prescrito.

(D) A usucapião pode ser arguida em defesa.

A: incorreta, pois cabem embargos de terceiros para proteger a propriedade ou a posse (art. 674, § 1º, do CPC); **B:** incorreta, porque a petição de herança é demanda patrimonial e, portanto, prescritível (o que é imprescritível é a investigação de paternidade); **C:** incorreta, pois essa é umas das principais hipóteses de cabimento da monitória (Súmula 299 do STJ: "É admissível a ação monitória fundada em cheque prescrito"); **D:** correta, admite-se, na defesa, a alegação de usucapião (art. 336 do CPC e jurisprudência).
Gabarito "D".

6. TEMAS COMBINADOS

(OAB/Exame 39) A *General Food* é uma reconhecida sociedade empresária britânica do ramo de alimentos presidida, desde 2018, pelo brasileiro Rodrigo Bottas.

Em 2021, o jornal "Folha de Londres" publicou uma série de reportagens apontando irregularidades na gestão de Rodrigo Bottas, que foi imediatamente afastado da sociedade empresária. Ato contínuo, a *General Food* investigou as irregularidades suscitadas pelo jornal e, após confirmá-las, instaurou arbitragem na Inglaterra para obter indenização pelos prejuízos causados por seu antigo executivo.

Após regular participação de Rodrigo Bottas no referido procedimento, o Tribunal Arbitral proferiu sentença julgando procedente o pedido indenizatório da *General Food*.

Como Rodrigo Bottas não tinha bens na Inglaterra, a *General Food* procurou um(a) advogado(a) para buscar informações sobre a possibilidade de executar a sentença arbitral estrangeira no Brasil.

Na qualidade de advogado(a) da *General Food*, assinale a afirmativa correta.

(A) A *General Food* deverá ajuizar ação de execução contra Rodrigo Bottas, uma vez que a sentença arbitral estrangeira é título executivo judicial.

(B) A *General Food* deverá instaurar arbitragem contra Rodrigo Bottas, uma vez que não são admissíveis a homologação e a execução de sentença arbitral estrangeira no Brasil.

(C) A *General Food* deverá ajuizar ação indenizatória contra Rodrigo Bottas, uma vez que não são possíveis a homologação e a execução de sentença arbitral estrangeira no Brasil.

(D) A *General Food* deverá apresentar pedido de homologação da sentença arbitral estrangeira contra Rodrigo Bottas antes de executar a referida decisão no Brasil.

A: incorreta, pois a decisão estrangeira (inclusive a sentença arbitral) somente terá eficácia no Brasil após a sua homologação, perante o STJ (CPC, art. 961 e Lei nº 9.307/1996, art. 35). **B:** incorreta, visto que os arts. 960 e seguintes do CPC e os arts. 34 e 37 da Lei nº 9.307/1996 (Lei de Arbitragem) possibilitam a homologação da sentença arbitral estrangeira. **C:** incorreta, porque a *General Food* poderá requerer a homologação de decisão estrangeira, bem como seu cumprimento, no país (vide alternativa "B"). **D:** correta, pois, nos termos dos arts. 960 e seguintes do CPC, bem como arts. 34 e 37 da Lei nº 9.307/1996, a *General Food* deverá requerer a homologação de sentença arbitral estrangeira e, na sequência, partir para o cumprimento de sentença.
Gabarito "D".

(OAB/Exame XXXVI) Valdemar move, em face de Felício, ação de despejo, cujos pedidos são julgados procedentes. Considerando-se que o juiz sentenciante não determinou a expedição de mandado de despejo, seria correto afirmar, na qualidade de advogado(a) do autor, que

(A) o requerimento de expedição do correspondente mandado de despejo pode ser dirigido ao juízo a quo, pois o recurso cabível contra a sentença tem efeito meramente devolutivo.

(B) a fim de que a sentença seja executada, deve ser requerida a chamada "tutela antecipada recursal", tendo em vista que o recurso cabível tem duplo efeito, devolutivo e suspensivo.

(C) após a prolação da sentença, está exaurida a jurisdição do juízo a quo, razão pela qual apenas o Tribunal pode determinar a expedição do mandado de despejo.

(D) devem ser opostos embargos de declaração contra a sentença, a fim de que o magistrado antecipe os efeitos da tutela e, consequentemente, o despejo possa ser objeto de execução provisória.

A: Correta, pois a apelação do despejo não tem efeito suspensivo (Lei 8.245/1991, art. 58, V), de maneira que é possível o cumprimento de sentença na origem;

B: Incorreta, pois como só há efeito devolutivo, não há necessidade de liminar no recurso, para o despejo; **C:** Incorreta, já que o cumprimento de sentença é realizado perante a origem, e não no tribunal; **D:** Incorreta. Considerando o exposto em "A", não há necessidade de liminar para o cumprimento de sentença (despejo) ser realizado.

Gabarito "A"

(OAB/Exame XXXV) Pedro, representado por sua genitora, propõe ação de alimentos em face de João, seu genitor, que residia em Recife. Após desconstituir o advogado que atuou na fase de conhecimento, em Belo Horizonte, onde o autor morava quando do início da demanda, a genitora de Pedro procura você, na qualidade de advogado(a), indagando sobre a possibilidade de que o cumprimento de sentença tramite no município de São Paulo, onde, atualmente, ela e o filho residem, ressalvado que o genitor não mudou de endereço.

Diante de tal quadro, é correto afirmar que

(A) o cumprimento de sentença pode ser realizado em São Paulo, embora também pudesse ocorrer em Belo Horizonte, perante o juízo que decidiu a causa no primeiro grau de jurisdição.

(B) o cumprimento não pode ser realizado em São Paulo, tendo em vista que a competência é determinada no momento do registro ou da distribuição da petição inicial, razão pela qual são irrelevantes as modificações do estado de fato ou de direito ocorridas posteriormente.

(C) o cumprimento de sentença somente pode ser realizado São Paulo, uma vez que a mudança de endereço altera critério de natureza absoluta, de forma que não há opção.

(D) o cumprimento de sentença somente pode ocorrer em Recife, onde o genitor reside.

A: Correta, sendo essa a previsão a legal: em regra, o cumprimento é no mesmo local onde tramitou (CPC, art. 516, II); mas, nos casos de alimentos, é possível o cumprimento no novo domicílio do autor (CPC, art. 528, § 9º).

B: Incorreta, pois a *perpetuatio jurisdictionis* (não mudança da competência após a distribuição – CPC, art. 43) é a regra no processo de conhecimento, mas não no cumprimento de sentença (CPC, art. 516). **C:** Incorreta, pois a mudança de endereço não altera, em regra, a competência, por força da *perpetuatio jurisdictionis* (CPC, art. 43 e explicação acima). **D:** Incorreta, considerando que a regra de cumprimento de sentença não é apenas no domicílio atual do executado (CPC, art. 43 e art. 528, § 9º).

Gabarito "A"

(OAB/Exame XXXV) No âmbito de um contrato de prestação de serviços celebrado entre as sociedades empresárias *Infraestrutura S.A.* e *Campo Lindo S.A.*, foi prevista cláusula compromissória arbitral, na qual as partes acordaram que qualquer litígio de natureza patrimonial decorrente do contrato seria submetido a um tribunal arbitral.

Surgido o conflito, e havendo resistência de *Infraestrutura S.A.* quanto à instituição da arbitragem, assinale a opção que representa a conduta que pode ser adotada por Campo Lindo S.A.

(A) *Campo Lindo S.A.* pode adotar medida coercitiva, mediante autorização do tribunal arbitral, para que *Infraestrutura S.A.* se submeta forçosamente ao procedimento arbitral, em respeito à cláusula compromissória firmada no contrato de prestação de serviço.

(B) *Campo Lindo S.A.* pode submeter o conflito à jurisdição arbitral, ainda que sem participação de *Infraestrutura S.A.*, o qual será considerado revel e contra si presumir-se-ão verdadeiras todas as alegações de fato formuladas pelo requerente Campo Lindo S.A.

(C) *Campo Lindo S.A.* pode requerer a citação de *Infraestrutura S.A.* para comparecer em juízo no intuito de lavrar compromisso arbitral, designando o juiz audiência especial com esse fim.

(D) *Campo Lindo S.A.* pode ajuizar ação judicial contra *Infraestrutura S.A.*, para que o Poder Judiciário resolva o mérito do conflito decorrente do contrato de prestação de serviço celebrado entre as partes.

A questão envolve a lei de arbitragem, e uma situação em que, apesar da cláusula de arbitragem (ou cláusula compromissória), uma das partes não quer dar início à arbitragem. A solução está na Lei 9.307/96, art. 7º: Existindo cláusula compromissória e havendo resistência quanto à instituição da arbitragem, poderá a parte interessada requerer a citação da outra parte para comparecer em juízo a fim de lavrar-se o compromisso, designando o juiz audiência especial para tal fim". **A:** Incorreta, pois não é a previsão legal. **B:** Incorreta, pois a arbitragem terá início com as duas partes. **C:** Correta, sendo a previsão legal. **D:** Incorreta, pois se há a cláusula arbitral e interesse da parte usar a arbitragem, a solução não deve vir pela via judicial.

Gabarito "C"

(OAB/Exame Unificado – 2020.1) Em um processo em que Carla disputava a titularidade de um apartamento com Marcos, este obteve sentença favorável, por apresentar, em juízo, cópia de um contrato de compra e venda e termo de quitação, anteriores ao contrato firmado por Carla.

A sentença transitou em julgado sem que Carla apresentasse recurso. Alguns meses depois, Carla descobriu que Marcos era réu em um processo criminal no qual tinha sido comprovada a falsidade de vários documentos, dentre eles o contrato de compra e venda do apartamento disputado e o referido termo de quitação.

Carla pretende, com base em seu contrato, retornar a juízo para buscar o direito ao imóvel. Para isso, ela pode

(A) interpor recurso de apelação contra a sentença, ainda que já tenha ocorrido o trânsito em julgado, fundado em prova nova.

(B) propor reclamação, para garantir a autoridade da decisão prolatada no juízo criminal, e formular pedido que lhe reconheça o direito ao imóvel.

(C) ajuizar rescisória, demonstrando que a sentença foi fundada em prova cuja falsidade foi apurada em processo criminal.

(D) requerer cumprimento de sentença diretamente no juízo criminal, para que a decisão que reconheceu a falsidade do documento valha como título judicial para transferência da propriedade do imóvel para seu nome.

7. DIREITO PROCESSUAL CIVIL

A: Incorreta, pois transitada em julgado a sentença, não é mais possível interpor apelação. Somente cabe recurso antes do trânsito em julgado da decisão; **B:** Incorreta, porque descabe reclamação (que não é recurso) de decisão transitada em julgado (CPC, art. 988, § 5º, I); **C:** Correta. Com o trânsito em julgado, a forma de impugnar a decisão de mérito é a ação rescisória, cabível apenas em hipóteses expressamente previstas em lei – sendo que uma das hipóteses é, exatamente, a existência de prova falsa apurada em processo criminal (CPC, art. 966, VI); **D:** Incorreta, considerando que não existe cumprimento de sentença no crime, para impugnar decisão proferida no cível, pois não há previsão legal nesse sentido.

Gabarito "C".

(OAB/Exame Unificado – 2019.2) Na vigência do Código de Processo Civil de 2015, José ajuizou ação contra Luíza, postulando uma indenização de R$ 100.000,00 (cem mil reais), tendo o pedido formulado sido julgado integralmente procedente, por meio de sentença transitada em julgado.

Diante disso, José deu início ao procedimento de cumprimento de sentença, tendo Luíza (executada) apresentado impugnação, a qual, no entanto, foi rejeitada pelo respectivo juízo, por meio de decisão contra a qual não foi interposto recurso no prazo legal. Prosseguiu-se ao procedimento do cumprimento de sentença para satisfação do crédito reconhecido em favor de José.

Ocorre que, após o trânsito em julgado da sentença exequenda e a rejeição da impugnação, o Supremo Tribunal Federal proferiu acórdão, em sede de controle de constitucionalidade concentrado, reconhecendo a inconstitucionalidade da lei que fundamentou o título executivo judicial que havia condenado Luíza na fase de conhecimento.

Diante da decisão do Supremo Tribunal Federal sobre a situação hipotética, Luiza poderá

(A) interpor recurso de agravo de instrumento contra a decisão que rejeitou sua impugnação, mesmo já tendo se exaurido o prazo legal para tanto, uma vez que o Supremo Tribunal Federal reconheceu a inconstitucionalidade da lei que fundamentou a sentença exequenda.

(B) interpor recurso de apelação contra a decisão que rejeitou sua impugnação, mesmo já tendo se exaurido o prazo legal para tanto, uma vez que o Supremo Tribunal Federal reconheceu a inconstitucionalidade da lei que fundamentou a sentença exequenda.

(C) oferecer nova impugnação ao cumprimento de sentença, alegando a inexigibilidade da obrigação, tendo em vista que, após o julgamento de sua primeira impugnação, o Supremo Tribunal Federal reconheceu a inconstitucionalidade da lei que fundamentou a sentença proferida na fase de conhecimento, que serviu de título executivo judicial.

(D) ajuizar ação rescisória, em virtude de a sentença estar fundada em lei julgada inconstitucional pelo Supremo Tribunal Federal, em sede de controle concentrado de constitucionalidade.

A e B: incorretas; tendo em vista que já houve trânsito em julgado, não se mostra mais possível o uso de recurso; **C:** incorreta, pois o enunciado aponta que a impugnação já foi apresentada e rejeitada; **D:** correta, pois a previsão do Código é o uso da rescisória nessas situações em que, após o trânsito, sobrevém decisão do STF em sentido inverso ao que consta do título (CPC, art. 525, §§ 12 e 15).

Gabarito "D".

(OAB/Exame Unificado – 2017.2) A multinacional estrangeira *Computer Inc.*, com sede nos Estados Unidos, celebra contrato de prestação de serviços de informática com a sociedade empresarial Telecomunicações S/A, constituída de acordo com as leis brasileiras e com sede no Estado de Goiás.

Os serviços a serem prestados envolvem a instalação e a manutenção dos servidores localizados na sede da sociedade empresarial Telecomunicações S/A. Ainda consta, no contrato celebrado entre as referidas pessoas jurídicas que eventuais litígios serão dirimidos, com exclusividade, perante a Corte Arbitral Alfa, situada no Brasil.

Após discordâncias sobre o cumprimento de uma das cláusulas referentes à realização dos serviços, a multinacional Computer Inc. ingressa com demanda no foro arbitral contratualmente avençado.

Com base no caso concreto, assinale a afirmativa correta.

(A) A cláusula compromissória prevista no contrato é nula de pleno direito, uma vez que o princípio da inafastabilidade da jurisdição, previsto constitucionalmente, impede que ações que envolvam obrigações a serem cumpridas no Brasil sejam dirimidas por órgão que não integre o Poder Judiciário nacional.

(B) Caso a empresa Telecomunicações S/A ingresse com demanda perante a Vara Cível situada no Estado de Goiás, o juiz deverá resolver o mérito, ainda que a sociedade *Computer Inc.* alegue, em contestação, a existência de convenção de arbitragem prevista no instrumento contratual.

(C) Visando efetivar tutela provisória deferida em favor da multinacional *Computer Inc.*, poderá ser expedida carta arbitral pela Corte Arbitral Alfa para que órgão do Poder Judiciário, com competência perante o Estado de Goiás, pratique atos de cooperação que importem na constrição provisória de bens na sede da sociedade empresarial Telecomunicações S/A, a fim de garantir a efetividade do provimento final.

(D) A sentença arbitral proferida pela Corte Arbitral Alfa configura título executivo extrajudicial, cuja execução poderá ser proposta no foro do lugar onde deva ser cumprida a obrigação.

A: incorreta, pois a arbitragem é tranquilamente aceita no Brasil e, inclusive, expressamente mencionada no CPC, no artigo que trata do acesso à justiça (art. 3º, § 1º); **B:** incorreta, pois a existência de arbitragem acarreta a extinção do processo sem mérito (CPC, art. 485, VII); **C:** correta, pois o CPC prevê a carta arbitral como forma de cooperação entre judiciário e árbitro (art. 260, § 3º); **D:** incorreta, pois a sentença arbitral é título executivo judicial (CPC, art. 515, VII). Na verdade, para essa questão a resposta mais fácil era por exclusão, pois A, B e D estão claramente erradas.

Gabarito "C".

8. DIREITO ADMINISTRATIVO

Wander Garcia, Flávia Campos e Rodrigo Bordalo[1]

1. PRINCÍPIOS ADMINISTRATIVOS

(OAB/Exame XXXVIII) Ariquemes é servidor público federal e vem cumprindo diligentemente com as obrigações estabelecidas em lei para obter sua progressão funcional e assim aumentar sua remuneração. Os critérios para tanto estão estabelecidos em lei, são de caráter objetivo, mediante pontuação a ser adquirida pelo servidor, sendo certo que o provimento derivado em questão é ato vinculado.

O mencionado servidor acredita ter cumprido todos os requisitos estabelecidos na aludida lei, mas foi surpreendido com o indeferimento de sua progressão, sob o fundamento de que não alcançou a pontuação necessária.

Em razão disso, com fulcro na Lei nº 12.527/11, Ariquemes pleiteou acesso às informações que levaram a tal conclusão da Administração, que considera flagrantemente equivocada.

Contudo, o fornecimento dos dados foi negado sob o fundamento de que não há interesse público na respectiva divulgação.

Diante dessa situação hipotética, assinale a afirmativa correta.

(A) O preenchimento dos requisitos previstos em lei não confere a Ariquemes o direito subjetivo à progressão almejada.

(B) As informações pleiteadas constituem atos internos da Administração e, portanto, são informação reservada, protegida por sigilo.

(C) O fornecimento dos dados pessoais pretendido por Ariquemes submete-se à discricionariedade da Administração, que atuou nos limites da lei.

(D) Ariquemes tem direito ao acesso a tais dados, considerando que este direito compreende as atividades exercidas pelos órgãos, inclusive as relativas a sua organização e serviços.

A. Errada. Se os critérios são objetivos e estão previstos em lei, Ariquemes terá direito à progressão. "É ilegal o ato de não concessão de progressão funcional de servidor público, quando atendidos todos os requisitos legais (...)" (STJ, REsp 1878849). **B.** Errada, é considerada informação sigilosa "aquela submetida temporariamente à restrição de acesso público em razão de sua imprescindibilidade para a segurança da sociedade e do Estado", o que não é o caso da questão (art. 4º, III, Lei 12.527/11). **C.** Errada. A regra é que o Estado tem o dever de garantir o acesso à informação, salvo nas hipóteses de exceção previstas em lei (art. 5º, Lei 12.527/11). **D.** Certa. Art. 7º, V, Lei 12.527/11. FC
Gabarito "D".

(OAB/Exame Unificado – 2018.2) Maria solicitou ao Município Alfa licença de localização e funcionamento para exercer determinada atividade empresarial, apresentando todos os documentos necessários para tanto. Contudo, transcorrido mais de ano do mencionado pedido, não houve qualquer manifestação por parte da autoridade competente para sua apreciação. Diante dessa situação, na qualidade de advogado, assinale a afirmativa que indica o procedimento correto.

(A) Não se pode adotar qualquer medida contra a inércia da autoridade competente, considerando que o princípio da razoável duração do processo não se aplica à via administrativa.

(B) Deve-se ajuizar uma ação popular contra a omissão da autoridade competente, diante do preenchimento dos respectivos requisitos e da violação ao princípio da impessoalidade.

(C) Deve-se impetrar mandado de segurança, uma vez que a omissão da autoridade competente para a expedição do ato de licença constitui abuso de poder.

(D) Deve-se impetrar habeas data diante da inércia administrativa, considerando que a omissão da autoridade competente viola o direito à informação.

A: incorreta, pois a Constituição é expressa no sentido de que o princípio da razoável duração do processo também se aplica aos processos administrativos (art. 5º, LXXVIII); **B:** incorreta, pois a ação popular é uma ação coletiva em que o cidadão busca anular ato lesivo ao patrimônio público, ao meio ambiente, ao patrimônio histórico e cultural ou à moralidade administrativa (art. 5º, LXIII); no caso em tela Maria sofre lesão ao seu direito individual à razoável duração do processo, de modo que pode e se recomenda ingressar com uma ação individual (e não com uma ação coletiva), podendo ser um mandado de segurança; **C:** correta. No caso em tela tem-se lesão, por ato omissivo, a um direito constitucional, que é o direito à razoável duração do processo administrativo (art. 5º, LXXVIII, da CF); essa ilegalidade ou abuso de poder dá ensejo ao ajuizamento de um mandado de segurança individual (art. 5º, LXIX, da CF); **D:** incorreta, pois deve-se impetrar habeas data para conhecimento ou retificação de informação constante de bancos de dados públicos a respeito do impetrante (art. 5º, LXXII, da CF); no caso, não se quer isso, mas sim que a Administração aprecie um pedido de licença formulado e não apreciado ainda.
Gabarito "C".

(OAB/Exame Unificado – 2015.2) O Estado X publicou edital de concurso público de provas e títulos para o cargo de analista administrativo. O edital prevê a realização de uma primeira fase, com questões objetivas, e de uma segunda fase com questões discursivas, e que os 100 (cem) candidatos mais bem classificados na primeira fase avançariam para a realização da segunda fase. No entanto, após a divulgação dos resultados da primeira fase, é publicado um edital complementar estabelecendo que os 200 (duzentos) candidatos mais bem classificados avançariam à segunda fase e prevendo uma nova forma de composição da pontuação global. Nesse caso,

---

1. WG Wander Garcia.
   RB Rodrigo Bordalo

(A) a alteração não é válida, por ofensa ao princípio da impessoalidade, advindo da adoção de novos critérios de pontuação e da ampliação do número de candidatos na segunda fase.

(B) a alteração é válida, pois a aprovação de mais candidatos na primeira fase não gera prejuízo aos candidatos e ainda permite que mais interessados realizem a prova de segunda fase.

(C) a alteração não é válida, porque o edital de um concurso público não pode conter cláusulas ambíguas.

(D) a alteração é válida, pois foi observada a exigência de provimento dos cargos mediante concurso público de provas e títulos.

A: correta; de fato, viola-se o princípio da impessoalidade no caso, devendo ser anulado o edital complementar; assim, evita-se que a medida tenha sido tomada, por exemplo, para beneficiar amigos de autoridade, que tenham ficado entre a posição número 100 e a posição número 200, garantindo-se a impessoalidade necessária na Administração e também o princípio da moralidade (art. 37, *caput*, da CF); **B** e **D**: incorretas, pois há violação aos princípios da impessoalidade e da moralidade, como seu viu; aliás, o caso é tão absurdo que viola também o princípio da igualdade, já que algumas pessoas podem ter desistido de participar do certame por saberem que somente os cem primeiros seriam chamados para a segunda fase, ao passo que se soubessem que seria chamado o dobro de pessoas quem sabe teriam participado do concurso público; **C:** incorreta, pois a invalidade decorre da violação aos princípios da impessoalidade, da moralidade e da igualdade, e não da suposto ambiguidade, vez que nenhuma das cláusulas é ambíguas (duvidosas ou que geram margem a mais de uma interpretação), já que são cláusulas claras e cristalinas (100 ou 200 pessoas).
Gabarito "A".

(OAB/Exame Unificado – 2012.3.A) De acordo com o art. 2º, inciso XIII, da Lei n. 9.784/1998, a Administração deve buscar a interpretação da norma que melhor garanta o atendimento do fim público a que se dirige, vedada a aplicação retroativa da nova interpretação.

Assinale a alternativa que indica o princípio consagrado por esse dispositivo, em sua parte final.

(A) Legalidade.

(B) Eficiência.

(C) Moralidade.

(D) Segurança das relações jurídicas.

A vedação da aplicação retroativa de nova interpretação diz respeito ao princípio de segurança das relações jurídicas, até porque não haveria segurança jurídica aos administrados se a Administração interpretasse a lei de um modo "X" para um determinado caso concreto, tomando uma determinada decisão na sequência e, um tempo depois, mudasse a interpretação e consequentemente reapreciasse questão já decidida, aplicando a nova forma de interpretar uma dada norma e prejudicando um particular.
Gabarito "D".

(OAB/Exame Unificado – 2008.3) Acerca dos princípios de direito administrativo, assinale a opção incorreta.

(A) Tanto a administração direta quanto a indireta se submetem aos princípios constitucionais da administração pública.

(B) O rol dos princípios administrativos, estabelecido originariamente na CF, foi ampliado para contemplar a inserção do princípio da eficiência.

(C) O princípio da legalidade, por seu conteúdo generalizante, atinge, da mesma forma e na mesma extensão, os particulares e a administração pública.

(D) Embora vigente o princípio da publicidade para os atos administrativos, o sigilo é aplicável em casos em que este seja imprescindível à segurança da sociedade e do Estado.

A: correta, pois esse é o texto do *caput* do art. 37 da CF; **B:** correta, pois o princípio veio com a EC 19/1998; **C:** incorreta (devendo ser assinalada), pois a legalidade para Administração só permite que ela aja quando a lei permitir ou autorizar, ao passo que a legalidade para o particular permite que ele atue à vontade, salvo quando a lei proibir; **D:** correta, pois a publicidade tem exceções, como a narrada na alternativa.
Gabarito "C".

(OAB/Exame Unificado – 2008.2) Assinale a opção correta com relação aos princípios que regem a administração pública.

(A) Não ofende o princípio da moralidade administrativa a nomeação de servidora pública do Poder Executivo para cargo em comissão em tribunal de justiça no qual o vice-presidente seja parente da nomeada.

(B) A administração pública pode, sob a invocação do princípio da isonomia, estender benefício ilegalmente concedido a um grupo de servidores a outro grupo que esteja em situação idêntica.

(C) Ato administrativo não pode restringir, em razão da idade do candidato, inscrição em concurso para cargo público.

(D) O Poder Judiciário pode dispensar a realização de exame psicotécnico em concurso para investidura em cargo público, por ofensa ao princípio da razoabilidade, ainda quando tal exigência esteja prevista em lei.

A: incorreta. Fere a Súmula Vinculante nº 13 do STF: "A nomeação de cônjuge, companheiro ou parente em linha reta, colateral ou por afinidade, até o terceiro grau, inclusive, da autoridade nomeante ou de servidor da mesma pessoa jurídica investido em cargo de direção, chefia ou assessoramento, para o exercício de cargo em comissão ou de confiança ou, ainda, de função gratificada na administração pública direta e indireta em qualquer dos Poderes da União, dos Estados, do Distrito Federal e dos Municípios, compreendido o ajuste mediante designações recíprocas, viola a Constituição Federal"; **B:** incorreta. Benefício **ilegal** não pode ser estendido; **C:** correta. Somente a **lei** pode trazer limite de idade em concurso (art. 37, I, da CF); **D:** incorreta. A **lei** pode exigir exame psicotécnico (art. 37, I, da CF, e Súmula 686 do STF).
Gabarito "C".

(FGV – 2014) Acerca do princípio de confiança legítima (Proteção da Confiança) no Direito Administrativo, analise as afirmativas a seguir.

I. É o princípio que exige do administrador um agir conforme a lei, mesmo que isso implique em prejuízo da Administração.

II. É o princípio que deriva da ideia de segurança jurídica e boa-fé objetiva do administrado.

III. É o princípio segundo o qual a Administração Pública não pode mudar de conduta se isso prejudica o administrado, uma vez que é vedado um comportamento contraditório.

Assinale:

(A) se somente as afirmativas II e III estiverem corretas.

(B) se somente as afirmativas I e II estiverem corretas.

(C) se somente a afirmativa III estiver correta.

(D) se somente a afirmativa II estiver correta.

(E) se somente a afirmativa I estiver correta.

I: incorreta, pois o princípio que determinar o agir conforme a lei é o princípio da legalidade; **II:** correta, pois o princípio em questão é o aspecto subjetivo do princípio da segurança jurídica e é protegido também por incidência do princípio da boa-fé objetiva; **III:** incorreta, pois a violação do princípio em questão pode, em alguns casos, ensejar indenização ao prejudicado, quando o ato administrativo que o prejudica não puder ser mantido na ordem jurídica.
Gabarito "D".

(FGV – 2013) *"Princípios administrativos são os postulados fundamentais que inspiram todo o modo de agir da administração pública. Representam cânones pré-normativos, norteando a conduta do Estado quando no exercício de atividades administrativas."*

(Carvalho Filho, J. S., 2012).

Tendo em conta a existência de princípios expressos e também dos chamados princípios implícitos ou reconhecidos, assinale a alternativa que apresenta somente princípios implícitos ou reconhecidos.

(A) Razoabilidade, publicidade e autotutela.

(B) Continuidade do serviço público, supremacia do interesse público e segurança jurídica.

(C) Eficiência, indisponibilidade do interesse público e segurança jurídica.

(D) Moralidade, proporcionalidade e indisponibilidade do interesse público.

(E) Publicidade, autotutela e proporcionalidade.

A: incorreta, pois o princípio da publicidade está expresso no art. 37, *caput*, da CF e no art. 19 da Constituição do Estado do Maranhão; **B:** correta, pois nenhum dos princípios mencionados está expresso na CF, tratando-se de princípios implícitos na CF e reconhecidos pelo art. 2º, *caput*, da Lei 9.784/1999; **C:** incorreta, pois o princípio da eficiência está expresso no art. 37, *caput*, da CF; **D:** incorreta, pois o princípio da moralidade está expresso no art. 37, *caput*, da CF; **E:** incorreta, pois o princípio da publicidade está expresso no art. 37, *caput*, da CF.
Gabarito "B".

(FGV – 2013) A *doutrina administrativista* aponta a existência de uma diferença entre a função de governo e a função administrativa. Diante dessa diferenciação, analise as afirmativas a seguir.

I. As funções de governo estão mais próximas ao objeto do direito constitucional, enquanto a função administrativa é objeto do direito administrativo.

II. A função de governo tem como um de seus objetivos estabelecer diretrizes políticas, enquanto a função administrativa se volta para a tarefa de executar essas diretrizes.

III. A expressão administração pública, quando tomada em sentido amplo, engloba as funções administrativas e as funções de governo.

Assinale:

(A) se todas as afirmativas estiverem corretas.

(B) se somente as afirmativas II e III estiverem corretos.

(C) se somente as afirmativas I e II estiverem corretos.

(D) se somente a afirmativa II estiver correta.

(E) se somente a afirmativa III estiver correta.

I e II: corretas, valendo como exemplo de função de governo a iniciativa de um projeto de lei do Chefe do Executivo (regulada pela Constituição) e de função administrativa o cumprimento concreto de uma lei de trânsito, como se dá com a aplicação de uma multa, por exemplo. Nos dois casos temos agentes que atuam no interior da Administração Pública, sendo que, nos exemplos, o Chefe do Executivo pratica uma função de governo e o agente de trânsito, uma função administrativa. **III:** correta, conforme exposto nas assertivas anteriores.
Gabarito "A".

(FGV – 2011) De acordo com a Constituição Federal de 1988, a Administração Pública obedecerá aos seguintes princípios:

(A) legalidade, impessoalidade, moralidade, publicidade e eficiência.

(B) legalidade, impessoalidade, moralidade, probidade e externalidade.

(C) legitimidade, impessoalidade, moralidade, probidade e externalidade.

(D) razoabilidade, proporcionalidade, improbidade e personalismo.

(E) discricionariedade, ponderação, isenção e separação de poderes.

São princípios da administração pública expressamente elencados na Constituição Federal de 1988: legalidade, impessoalidade, moralidade, publicidade e eficiência (art. 37, *caput*, da CF/1988).
Gabarito "A".

(FGV – 2011) Mévio de Miranda, advogado, ao solicitar os autos do processo judicial que se encontrava em Vara de Justiça do Estado, envolvendo cliente seu, para fins de tirar fotocópias, teve o seu pleito condicionado à apresentação e retenção de sua carteira profissional enquanto estivesse na posse dos autos "como garantia", conforme foi informado pelo funcionário que realizava o atendimento ao público. À luz da legislação pertinente, é correto afirmar que a conduta do servidor público

(A) não implica qualquer ilícito, tendo em vista a tutela do interesse público e os princípios da eficiência e moralidade administrativa.

(B) é ilícita, já que é desnecessário exigir a apresentação de documento de identificação do advogado, que deve ter assegurada a ampla liberdade do exercício profissional.

(C) deve ser analisada com base no que dispõe o Regimento Interno do Tribunal de Justiça local, visto tratar-se de assunto de natureza eminentemente interna.

(D) a exigência contraria o disposto na legislação específica, pois, ainda que o documento de identidade seja indispensável para o atendimento à demanda do advogado, a lei prescreve que, para o caso em tela, os dados do interessado devem ser colhidos e anotados no ato, sendo devolvido o documento imediatamente ao profissional.

(E) é lícita, visto que, para a realização do ato pretendido, a apresentação de documento de identificação é imprescindível, gozando a administração do prazo de até 5 (cinco) dias para a obtenção dos dados de seu interesse, devolvendo o documento.

A conduta fere os princípios da legalidade e da moralidade, já que é terminantemente proibida pela Lei 5.553/1968.
Gabarito "D".

2. PODERES ADMINISTRATIVOS

Para resolver as questões deste item, vale citar as definições de cada poder administrativo apresentadas por Hely Lopes Meirelles, definições estas muito utilizadas em concursos públicos. Confira:

a) **poder vinculado** – "é aquele que o Direito Positivo – a lei – confere à Administração Pública para a prática de ato de sua competência, determinando os elementos e requisitos necessários à sua formalização"; **b) poder discricionário** – "é o que o Direito concede à Administração, de modo explícito, para a prática de atos administrativos com liberdade na escolha de sua conveniência, oportunidade e conteúdo"; **c) poder hierárquico** – "é o de que dispõe o Executivo para distribuir e escalonar as funções de seus órgãos, ordenar e rever a atuação de seus agentes, estabelecendo a relação de subordinação entre os servidores do seu quadro de pessoal"; **d) poder disciplinar** – "é a faculdade de punir internamente as infrações funcionais dos servidores e demais pessoas sujeitas à disciplina dos órgãos e serviços da Administração"; **e) poder regulamentar** – "é a faculdade de que dispõem os Chefes de Executivo (Presidente da República, Governadores e Prefeitos) de explicar a lei para sua correta execução, ou de expedir decretos autônomos sobre matéria de sua competência ainda não disciplinada por lei"; **f) poder de polícia** – "é a faculdade de que dispõe a Administração Pública para condicionar e restringir o uso e gozo de bens, atividades e direitos individuais, em benefício da coletividade ou do próprio Estado". (**Direito Administrativo Brasileiro**, 26. ed., São Paulo: Malheiros, p. 109 a 123)

(**OAB/Exame Unificado – 2019.3**) Após comprar um terreno, Roberto iniciou a construção de sua casa, sem prévia licença, avançando para além dos limites de sua propriedade e ocupando parcialmente a via pública, inclusive com possibilidade de desabamento de parte da obra e risco à integridade dos pedestres.

No regular exercício da fiscalização da ocupação do solo urbano, o poder público municipal, observadas as formalidades legais, valendo-se da prerrogativa de direito público que, calcada na lei, autoriza-o a restringir o uso e o gozo da liberdade e da propriedade privada em favor do interesse da coletividade, determinou que Roberto demolisse a parte irregular da obra.

O poder administrativo que fundamentou a determinação do Município é o poder

(A) de hierarquia, e, pelo seu atributo da coercibilidade, o particular é obrigado a obedecer às ordens emanadas pelos agentes públicos, que estão em nível de superioridade hierárquica e podem usar meios indiretos de coerção para fazer valer a supremacia do interesse público sobre o privado.

(B) disciplinar, e o particular está sujeito às sanções impostas pela Administração Pública, em razão do atributo da imperatividade, desde que haja a prévia e imprescindível chancela por parte do Poder Judiciário.

(C) regulamentar, e os agentes públicos estão autorizados a realizar atos concretos para aplicar a lei, ainda que tenham que se valer do atributo da autoexecu-

toriedade, a fim de concretizar suas determinações, independentemente de prévia ordem judicial.

(D) de polícia, e a fiscalização apresenta duplo aspecto: um preventivo, por meio do qual os agentes públicos procuram impedir um dano social, e um repressivo, que, face à transgressão da norma de polícia, redunda na aplicação de uma sanção.

A: incorreta, pois o poder hierárquico se dá de um agente público superior para um agente público inferior, e não de um agente público para um particular; **B:** incorreta, porque o poder disciplinar se dá de um agente público sobre outro agente público, no caso os agentes que julgam as faltas disciplinares de um servidor público em relação a este servidor; **C:** incorreta, pois o poder regulamentar é o poder de expedir regulamentos gerais para a fiel execução da lei (é, portanto, normativo e geral), não sendo o caso presente, em que se tem uma fiscalização pontual sobre uma dada pessoa (é, portanto, fiscalizatório e específico sobre uma pessoa); **D:** correta, pois se trata de uma fiscalização específica sobre uma pessoa que violou as posturas municipais, com os dois aspectos mencionados na alternativa.
Gabarito "D"

(**OAB/Exame Unificado – 2017.3**) Um fiscal de posturas públicas municipais verifica que um restaurante continua colocando, de forma irregular, mesas para os seus clientes na calçada. Depois de lavrar autos de infração com aplicação de multa por duas vezes, sem que a sociedade empresária tenha interposto recurso administrativo, o fiscal, ao verificar a situação, interdita o estabelecimento e apreende as mesas e cadeiras colocadas de forma irregular, com base na lei que regula o exercício do poder de polícia correspondente. A partir da situação acima, assinale a afirmativa correta.

(A) O fiscal atuou com desvio de poder, uma vez que o direito da sociedade empresária de continuar funcionando é emanação do direito de liberdade constitucional, que só pode ser contrastado a partir de um provimento jurisdicional.

(B) A prática irregular de ato autoexecutório pelo fiscal é clara, porque não homenageou o princípio do contraditório e da ampla defesa ao não permitir à sociedade empresária, antes da apreensão, a possibilidade de produzir, em processo administrativo específico, fatos e provas em seu favor.

(C) O ato praticado pelo fiscal está dentro da visão tradicional do exercício da polícia administrativa pelo Estado, que pode, em situações extremas, dentro dos limites da razoabilidade e da proporcionalidade, atuar de forma autoexecutória.

(D) A atuação do fiscal é ilícita, porque os atos administrativos autoexecutórios, como mencionado acima, exigem, necessariamente, autorização judicial prévia.

A: incorreta. No caso em tela, o próprio enunciado da questão disse que o fiscal fez a interdição com base na lei que regula o exercício do poder de polícia correspondente, de modo que se a lei admite o que fiscal fez, não há que se falar em desvio de poder. Há de se considerar ainda que o estabelecimento estava reiteradamente descumprindo a lei neste ponto e a autoexecutoriedade em questão nada mais fez do que preservar o comando legal que estava sendo desrespeitado; **B:** incorreta, pois o estabelecimento estava reiteradamente descumprindo a lei neste ponto e as multas aplicadas sequer foram questionadas administrativamente, não havendo que se falar agora em ausência de oportunidade de defesa. Vale lembrar ainda que a autoexecutoriedade em questão nada mais fez do que preservar o comando legal que estava sendo desrespeitado e

8. DIREITO ADMINISTRATIVO

nada impede que o particular se insurja administrativamente em face deste ato de interdição, com a ampla defesa e o contraditório característicos; **C:** correta. Vale destacar que próprio enunciado narra que o fiscal fez a interdição com base na lei que regula o exercício do poder de polícia correspondente, de modo que se a lei admite o que fiscal fez, não há que se falar em desvio de poder. Há de se considerar ainda que o estabelecimento estava reiteradamente descumprindo a lei neste ponto e a autoexecutoriedade em questão nada mais fez do que preservar o comando legal que estava sendo desrespeitado, situação limite essa que enseja o atuar de forma autoexecutória, dentro dos limites da razoabilidade e proporcionalidade; **D:** incorreta, pois havendo previsão legal (e o enunciado da questão diz que havia) ou em situações mais graves dessa natureza, de reiterado descumprimento e necessidade de intervenção administrativa para acautelar o cumprimento da lei, a autoexecutoriedade vem sendo admitida.

Gabarito "C".

(OAB/Exame Unificado – 2017.1) A Agência Nacional do Petróleo – ANP, no exercício do poder de polícia, promoveu diligência, no dia 05/01/2010, junto à sociedade _Petrolineous S/A_, que culminou na autuação desta por fatos ocorridos naquela mesma data. Encerrado o processo administrativo, foi aplicada multa nos limites estabelecidos na lei de regência. O respectivo crédito tributário resultou definitivamente constituído em 19/01/2011, e, em 15/10/2015, foi ajuizada a pertinente execução fiscal. Com base na situação hipotética descrita, acerca da prescrição no Direito Administrativo, assinale a afirmativa correta.

(A) Operou-se a prescrição para a execução do crédito, considerando o lapso de cinco anos transcorrido entre a data da autuação e a do ajuizamento da ação.

(B) Não se operou a prescrição para a execução do crédito, que pode ser cobrado pela administração federal a qualquer tempo.

(C) Operou-se a prescrição para a execução do crédito, considerando o lapso de três anos decorrido entre a data de sua constituição definitiva e a do ajuizamento da ação.

(D) Não se operou a prescrição para a execução do crédito, considerando o lapso de cinco anos entre a data de sua constituição definitiva e a do ajuizamento da ação.

A e C: incorretas; há dois prazos distintos: um para constituir a penalidade administrativa (prazo decadencial de 5 anos contados da prática do ato – art. 1º, "caput", da Lei 9.873/1999), e outro, depois de constituída a penalidade, para que o crédito em questão seja executado (prazo prescricional de 5 anos contados da constituição definitiva do crédito, após o término regular do processo administrativo – art. 1º-A da Lei 9.873/1999). Como o crédito foi constituído em 19/01/11 e a execução se deu em 15/10/15, não houve o transcurso do prazo prescricional, que é de 5 anos; **B:** incorreta, pois a Lei 9.873/1999 estabelece que há prazo prescricional de 5 anos para a cobrança do crédito tributário constituído (art. 1º-A da Lei 9.873/1999); **D:** correta, pois o crédito foi constituído em 19/01/11 e a execução se deu em 15/10/15, de modo que não houve o transcurso do prazo prescricional, que é de 5 anos (art. 1º-A da Lei 9.873/1999). **WG**

Gabarito "D".

(OAB/Exame Unificado – 2015.1) Determinado município resolve aumentar a eficiência na aplicação das multas de trânsito. Após procedimento licitatório, contrata a sociedade empresária Cobra Tudo para instalar câmeras do tipo _"radar"_, que fotografam infrações de trânsito, bem

como disponibilizar agentes de trânsito para orientar os cidadãos e aplicar multas. A mesma sociedade empresária ainda ficará encarregada de criar um Conselho de Apreciação das multas, com o objetivo de analisar todas as infrações e julgar os recursos administrativos. Sobre o caso apresentado, assinale a afirmativa correta.

(A) É possível a contratação de equipamentos eletrônicos de fiscalização, mas o poder decisório não pode ser transferido à empresa.

(B) Não é cabível a terceirização de qualquer dessas atividades, por se tratar de atividade-fim da Administração.

(C) A contratação é, a princípio, legal, mas somente permanecerá válida se o município comprovar que a terceirização aumentou a eficiência da atividade.

(D) Não é possível delegar a instalação e gestão de câmeras do tipo _"radar"_ à empresa contratada, mas é possível delegar a criação e gestão do Conselho de Apreciação de multas.

A: correta; no caso em tela tem-se a expressão do chamado "poder de polícia" ou "polícia administrativa"; esse poder só pode ser exercido por autoridade pública (autoridade estatal) e não por particulares; estes só podem contribuir com atividades materiais (instalação e operação de radares, por exemplo), mas não com atividades volitivas (aplicação de multas), já que estas só podem ser subscritas por autoridade pública; **B:** incorreta, pois cabe a terceirização das atividades meramente materiais, como são as atividades de instalação e operação dos radares; somente a parte do Conselho de Multas e da aplicação da multa em si é que não pode ser passada ao particular no caso narrado pela questão; **C:** incorreta, pois não é possível passar as atividade de conselho de multas e aplicação de multas aos particulares, por ser atividade própria de autoridade pública; **D:** incorreta, pois é justamente o contrário, ou seja, atividades de instalação e gestão podem ser passadas para o particular (são atividades meramente materiais) e as demais não, por serem privativas de autoridade pública.

Gabarito "A".

(OAB/Exame Unificado – 2014.2) A Secretaria de Defesa do Meio Ambiente do Estado X lavrou auto de infração, cominando multa no valor de R$ 15.000,00 (quinze mil reais) à empresa Explora, em razão da instalação de uma saída de esgoto clandestina em uma lagoa naquele Estado. A empresa não impugnou o auto de infração lavrado e não pagou a multa aplicada. Considerando o exposto, assinale a afirmativa correta.

(A) A aplicação de penalidade representa exercício do poder disciplinar e autoriza a apreensão de bens para a quitação da dívida, em razão da executoriedade do ato.

(B) A aplicação de penalidade representa exercício do poder de polícia e autoriza a apreensão de bens para a quitação da dívida, em razão da executoriedade do ato.

(C) A aplicação de penalidade representa exercício do poder disciplinar, mas não autoriza a apreensão de bens para a quitação da dívida.

(D) A aplicação de penalidade representa exercício do poder de polícia, mas não autoriza a apreensão de bens para a quitação da dívida.

A e C: incorretas, pois a aplicação de penalidades representa o exercício do _poder de polícia_, e não do _poder disciplinar_, valendo lembrar que o poder de polícia se dirige à coletividade em geral, condicionando as pessoas ao cumprimento da lei, ao passo que o poder disciplinar se dirige às pessoas que têm específico vínculo com o estado (e não à coletividade em geral), como são os agentes públicos, sujeitos a processos disciplinares nos quais o poder disciplinar atuará; **B**: incorreta, pois a Súmula STF n. 323 dispõe que "é inadmissível a apreensão de mercadorias como meio coercitivo para pagamento de tributos", interpretação que se estende à coerção para pagamento de multas; **D**: correta, pois, como se viu no comentário as alternativas anteriores, trata-se de poder de polícia e é vedada a apreensão de bens como meio coercitivo para cobrança de multas.

Gabarito "D".

(OAB/Exame Unificado – 2014.1) José da Silva é o chefe do Departamento de Pessoal de uma Secretaria de Estado. Recentemente, José da Silva avocou a análise de determinada matéria, constante de processo administrativo inicialmente distribuído a João de Souza, seu subordinado, ao perceber que a questão era por demais complexa e não vinha sendo tratada com prioridade por aquele servidor. Ao assim agir, José da Silva fez uso

(A) do poder hierárquico.

(B) do poder disciplinar.

(C) do poder discricionário.

(D) da teoria dos motivos determinantes.

Segundo o art. 15 da Lei 9.784/1999, "Será permitida, em caráter excepcional e por motivos relevantes devidamente justificados, a avocação temporária de competência atribuída a órgão **hierarquicamente** inferior" (g.n.). Dessa forma, tem-se uma expressão do poder hierárquico.

Gabarito "A".

(OAB/Exame Unificado – 2013.2) Atendendo a uma série de denúncias feitas por particulares, a Delegacia de Defesa do Consumidor (DECON) deflagra uma operação, visando a apurar as condições dos alimentos fornecidos em restaurantes da região central da capital. Logo na primeira inspeção, os fiscais constataram que o estoque de um restaurante tinha produtos com a validade vencida. Na inspeção das instalações da cozinha, apuraram que o espaço não tinha condições sanitárias mínimas para o manejo de alimentos e o preparo de refeições. Os produtos vencidos foram apreendidos e o estabelecimento foi interditado, sem qualquer decisão prévia do Poder Judiciário.

Assinale a alternativa que indica o atributo do poder de polícia que justifica as medidas tomadas pela DECON.

(A) Coercibilidade.

(B) Inexigibilidade.

(C) Autoexecutoriedade.

(D) Discricionariedade.

Trata-se de questão imprecisa. As alternativas que tratam da "inexigibilidade" e da "discricionariedade" podem ser descartadas com tranquilidade, pois não guardam relação com o enunciado. Este está a perguntar qual atributo se tem quando o Poder Público toma medidas de ordem material (no caso, apreensão de bens) sem prévia decisão do Judiciário. Em nossa opinião, tanto a alternativa que trata da *coercibilidade*, como a que trata da *autoexecutoriedade* poderiam ser assinaladas, pois estão presentes no enunciado. A coercibilidade diz respeito ao poder de a Administração usar a força para que sua decisão seja obedecida, o que é típico em apreensões e interdições. Há quem chame a coercibilidade de executoriedade e até de autoexecutoriedade. Já a expressão autoexecutoriedade também é utilizada para indicar aquele atributo que permite a Administração atuar em alguns casos mesmo sem prévia decisão do Judiciário. Como o enunciado da questão acabou

focando nesse ponto (atuação da Administração "sem qualquer decisão prévia do Poder Judiciário") a questão talvez pudesse ser acertada por exclusão. De qualquer forma, acreditamos que essa questão está bastante imprecisa e merecia anulação.

Gabarito "C".

(OAB/Exame Unificado – 2013.1) Oscar é titular da propriedade de um terreno adjacente a uma creche particular. Aproveitando a expansão econômica da localidade, decidiu construir em seu terreno um grande galpão. Oscar iniciou as obras, sem solicitar à prefeitura do município "X" a necessária licença para construir, usando material de baixa qualidade. Ainda durante a construção, a diretora da creche notou que a estrutura não apresentava solidez e corria o risco de desabar sobre as crianças. Ao tomar conhecimento do fato, a prefeitura do município "X" inspecionou o imóvel e constatou a gravidade da situação.

Após a devida notificação de Oscar, a estrutura foi demolida.

Assinale a afirmativa que indica o instituto do direito administrativo que autoriza a atitude do município "X".

(A) Tombamento.

(B) Poder de polícia.

(C) Ocupação temporária.

(D) Desapropriação.

A: incorreta, pois o tombamento é declaração de que um bem tem especial valor de natureza histórica ou cultural para fins de proteção, o que não é o caso do bem narrado no enunciado, consistente em construção de um imóvel qualquer, sem licença e com material de baixa qualidade; **B**: correta, pois a medida tomada se deu no âmbito do poder de polícia, ou seja, no poder de condicionar a liberdade e a propriedade aos interesses coletivos, no caso, ao interesse coletivo de que uma construção sem licença e com risco de ruína não prossiga; **C**: incorreta, pois a ocupação temporária consiste no direito de uso do Poder Público sobre um bem particular não edificado, de forma transitória, remunerada ou gratuita, com o objetivo de executar obras, serviços ou atividades públicas (art. 36 do Dec.-lei 3.365/1941), o que não é o caso narrado no enunciado; **D**: incorreta, pois na desapropriação o particular perde a propriedade para o Poder Público, o que não é o caso narrado no enunciado.

Gabarito "B".

(OAB/Exame Unificado – 2010.2) A doutrina costuma afirmar que certas prerrogativas postas à Administração encerram verdadeiros poderes, que são irrenunciáveis e devem ser exercidos sempre que o interesse público clamar. Por tal razão são chamados poder-dever. A esse respeito é correto afirmar que:

(A) o poder regulamentar é amplo, e permite, sem controvérsias, a edição de regulamentos autônomos e executórios.

(B) o poder disciplinar importa à administração o dever de apurar infrações e aplicar penalidades, mesmo não havendo legislação prévia.

(C) o poder de polícia se coloca discricionário, conferindo ao administrador ilimitada margem de opções quanto à sanção a ser, eventualmente, aplicada.

(D) o poder hierárquico é inerente à ideia de verticalização administrativa, e revela as possibilidades de controlar atividades, delegar competência, avocar competências delegáveis e invalidar atos, dentre outros.

8. DIREITO ADMINISTRATIVO — 509

A: incorreta, pois o poder regulamentar consiste no poder de *explicar* a lei, com vistas à sua fiel execução; assim, como regra, tal poder não permite a edição de decretos autônomos de lei (*decretos autônomos*), mas tão somente a edição de decretos de execução de lei (*decretos executórios*); apenas em situações excepcionais (art. 84, VI, da CF) é que é cabível decreto autônomo de lei; assim, está incorreto dizer que o poder regulamentar é *amplo* e admite, *sem controvérsias*, a edição de regulamentos *autônomos*; **B:** incorreta, pois esse poder implica no dever de apurar infrações e aplicar penalidades apenas no âmbito das relações internas da Administração (ex: demissão de um agente público), não sendo tão amplo como a alternativa faz parecer, devendo-se lembrar de que a aplicação externa de penalidades (ex: uma multa de trânsito) caracteriza outro poder, o poder de polícia; não bastasse, a alternativa também incorre em erro ao dizer que esse poder pode ser exercido mesmo não havendo legislação prévia, pois, de acordo com o princípio da legalidade, a Administração só pode agir se houver lei prévia autorizando ou determinando a sua atuação; **C:** incorreta, pois o poder de polícia pode ser tanto vinculado como discricionário, a depender de a lei conferir ou não margem de liberdade para o agente público; não bastasse, quando há discricionariedade, esta não confere ilimitada margem de opção para o agente, pois discricionariedade não é arbitrariedade, mas *margem* de liberdade; **D:** correta, pois o poder hierárquico, de fato, é vertical (ou seja, exerce-se de um órgão superior para um órgão subordinado) e possibilita o controle das atividades do subordinado, bem como a delegação de competências, a avocação e a invalidação de atos.
Gabarito "D".

(OAB/Exame Unificado – 2008.2) No que se refere aos poderes dos administradores públicos, assinale a opção correta.

(A) O poder disciplinar caracteriza-se pela discricionariedade, podendo a administração escolher entre punir e não punir a falta praticada pelo servidor.

(B) Uma autarquia ou uma empresa pública estadual está ligada a um Estado-membro por uma relação de subordinação decorrente da hierarquia.

(C) No exercício do poder regulamentar, a administração não pode criar direitos, obrigações, proibições, medidas punitivas, devendo limitar-se a estabelecer normas sobre a forma como a lei vai ser cumprida.

(D) O poder de polícia somente pode ser exercido de maneira discricionária.

A: incorreta. Os poderes públicos não são disponíveis, devendo ser exercidos pelo administrador público; **B:** incorreta. A relação entre um ente da administração indireta e o ente político que o criou é de **controle**, e não de hierarquia; **C:** correta. O poder regulamentar, de fato, é sublegal, ou seja, não pode inovar na ordem jurídica; **D:** incorreta. O poder de polícia pode ser discricionário ou vinculado, de acordo com a lei que estabelecer a competência para o exercício de dado poder de polícia.
Gabarito "C".

(OAB/Exame Unificado – 2008.1) Com relação aos poderes administrativos, assinale a opção correta.

(A) O poder de polícia não pode ser delegado a pessoas de direito privado, ainda que sejam integrantes da administração pública, pois elas não são dotadas do poder de império necessário ao desempenho da atividade de polícia administrativa.

(B) O poder disciplinar é exercido de modo vinculado, pois, diante de infrações funcionais praticadas por servidor, a administração não possui discricionariedade no ato de escolha da penalidade que deve ser aplicada, devendo ater-se aos rígidos comandos estabelecidos em lei.

(C) Mesmo cabendo ao Poder Executivo o controle dos recursos públicos, inexiste hierarquia entre os membros que compõem os Poderes Judiciário e Legislativo no exercício de suas funções jurisdicionais e legislativas, visto que o fazem sem relação de subordinação ou comando.

(D) No exercício do poder regulamentar, o chefe do Poder Executivo só pode disciplinar e alterar, mediante decreto, as leis que tenham sido originariamente propostas por ele.

A: À época que a questão foi aplicada (2008), entendia-se que essa alternativa estava correta. No entanto, o entendimento atual do Supremo Tribunal Federal é de que é possível a delegação do poder de polícia, por meio de lei, para pessoa jurídica de direito privado integrante da Administração Pública Indireta, cujo capital social seja majoritariamente público, e que preste exclusivamente serviço público próprio de Estado em regime não concorrencial (Informativo 996, STF). **B:** incorreta. A lei pode estabelecer competência discricionária ou vinculada para o exercício do poder disciplinar; **C:** correta. Trata-se do princípio da independência e da harmonia entre os poderes (art. 2º da CF); **D:** incorreta. O poder regulamentar existe sempre que a lei tiver de ser regulamentada (art. 84, IV, da CF). Em razão de existirem duas alternativas corretas para a questão, a banca examinadora decidiu pela anulação da questão.
Gabarito "C".

(OAB/Exame Unificado – 2010.2) O poder de polícia, conferindo a possibilidade de o Estado limitar o exercício da liberdade ou das faculdades de proprietário, em prol do interesse público

(A) gera a possibilidade de cobrança, como contrapartida, de preço público.

(B) se instrumentaliza sempre por meio de alvará de autorização.

(C) afasta a razoabilidade, para atingir os seus objetivos maiores, em prol da predominância do interesse público.

(D) deve ser exercido nos limites da lei, gerando a possibilidade de cobrança de taxa.

A: incorreta, pois, segundo o art. 145, II, da CF, o exercício do poder de polícia dá ensejo à cobrança de *taxa*, e não de *preço público*; **B:** incorreta, pois o poder de polícia pode resultar em alvará de autorização ou em alvará de licença; no primeiro caso, quando a Administração atua com discricionariedade (ex: alvará de porte de arma); no segundo, quando a Administração atua com vinculação (ex: alvará de construção de uma casa); **C:** incorreta, pois a razoabilidade é princípio da Administração Pública (art. 2º, *caput*, da Lei 9.784/1999), e, como tal, não pode ser afastada; **D:** correta, pois o poder de polícia deve atuar nos limites da lei, em virtude do princípio da legalidade, e, conforme já escrito, dá ensejo à cobrança de taxa (art. 145, II, da CF).
Gabarito "D".

(FGV – 2014) Dentre as prerrogativas da Administração Pública encontram-se os poderes administrativos. Assinale a alternativa que indica um exemplo de exercício do poder disciplinar.

(A) Aplicação de multa a uma empresa concessionária de serviço público decorrente do contrato.

(B) Aplicação de multa a um motorista que avança o sinal.

(C) Aplicação de multa, em inspeção da ANVISA, a uma farmácia.

(D) Proibição de funcionamento de estabelecimento de *shows* devido a não satisfação de condições de segurança.

(E) Aplicação de multa por violação da legislação ambiental por particular sem vínculo com a administração.

A: correta; trata-se de poder disciplinar, pois diz respeito a uma sanção aplicada junto a uma pessoa que detém um específico vínculo jurídico com a Administração, no caso, um contrato de concessão de serviço público; **B, C, D** e **E** : incorretas, pois aqui se tem poder de polícia, pois diz respeito a uma sanção aplicada a pessoas em geral, que não têm vínculos específicos com a Administração.
Gabarito "A".

(FGV – 2013 -ADAPTADA) Sobre o *Poder de Polícia*, avalie as afirmativas a seguir.

I. São características do poder de polícia a autoexecutoriedade e a coercibilidade.

II. O poder de polícia somente pode ser exercido por pessoa jurídica de direito público integrante da Administração Pública.

III. A Polícia Administrativa incide sobre pessoas, enquanto a Polícia Judiciária sobre atividades.

Assinale:

(A) se somente a afirmativa I estiver correta.

(B) se somente a afirmativa II estiver correta.

(C) se somente a afirmativa III estiver correta.

(D) se somente as afirmativas I e II estiverem corretas.

(E) se todas as afirmativas estiverem corretas.

I: correta, pois esses são dois atributos típicos do poder de polícia, que possibilitam que o Estado, sem ter que buscar o Judiciário, possa atuar concretamente para impedir a violação da lei, como ocorre no caso da polícia de trânsito, que pode inclusive fazer a retenção do veículo nos casos mencionados na lei; **II:** incorreta, de acordo com o STF, é possível a delegação do poder de polícia, por meio de lei, para pessoa jurídica de direito privado integrante da Administração Indireta, cujo capital social seja majoritariamente público, que preste exclusivamente serviço público próprio de Estado em regime não concorrência; **III:** incorreta, pois é o oposto, ou seja, a polícia judiciária incide sobre pessoas, ao passo que a polícia administrativa incide sobre atividades. FC
Gabarito "A".

ADMINISTRATIVO. RECURSO ESPECIAL. MANDADO DE SEGURANÇA. AUTORIZAÇÃO PARA FUNCIONAMENTO DE RÁDIO COMUNITÁRIA. INÉRCIA DA ADMINISTRAÇÃO PÚBLICA. ABUSO DO PODER DISCRICIONÁRIO. RECURSO ESPECIAL NÃO PROVIDO.

1. É entendimento pacífico nesta Corte que a autorização do Poder Executivo é indispensável para o regular funcionamento de emissora de radiodifusão, consoante o disposto nas Leis 4.117/62 e 9.612/98 e no Decreto 2.615/98. 2. Entretanto, em obediência aos princípios da eficiência e razoabilidade, merece confirmação o acórdão que julga procedente pedido para que a Anatel se abstenha de impedir o funcionamento provisório dos serviços de radiodifusão, até que seja decidido o pleito administrativo da recorrida que, tendo cumprido as formalidades legais exigidas, espera há mais de 2 (dois) anos e meio, sem que tenha obtido uma simples resposta da Administração. 3. Recurso especial não provido. REsp 1062390 / RS. Relator Ministro BENEDITO GONÇALVES (1142) Órgão Julgador T1 – PRIMEIRA TURMA. Data do Julgamento 18/11/2008. Data da Publicação/Fonte. DJe 26/11/2008.

(FGV – 2010) Do texto acima descrito, é correto concluir que

(A) a discricionariedade é uma garantia que tem o agente público para atuar à margem da lei na escolha dos critérios de conveniência e oportunidade.

(B) a discricionariedade é uma atuação legítima e em nenhuma hipótese pode ser passível de controle pelo Poder Judiciário.

(C) o controle do poder discricionário no caso se deu com visível violação ao princípio da separação dos Poderes.

(D) o poder discricionário da Administração Pública não inviabiliza o controle do Poder Judiciário, principalmente quando existe expressa violação ao princípio da razoabilidade.

(E) o controle de legalidade, exercido, no caso concreto, pelo Poder Judiciário, viola o princípio da autonomia administrativa porque examinou o mérito do ato administrativo.

A: incorreta, pois a discricionariedade é a margem de liberdade ditada pela lei, e não a atuação à margem da lei; **B:** incorreta, pois os atos discricionários podem ser controlados pelo Judiciário quanto aos aspectos de legalidade, razoabilidade e moralidade; não se deve esquecer que todo ato discricionário é parcialmente regrado, ou seja, tem um mínimo de amarras legais; Hely Lopes Meirelles entende que o ato discricionário é vinculado pelo menos nos aspectos de competência, forma e finalidade; **C e D:** A alternativa "C" está incorreta e a "D" correta, pois, como se viu, margem de liberdade não é arbitrariedade, podendo o Judiciário controlar os aspectos de legalidade, razoabilidade e moralidade; no caso, como o caso narrado envolve conduta não razoável por parte da Administração, o Judiciário fez um controle correto (da razoabilidade), não havendo violação à separação dos poderes; **E:** incorreta, pois o Judiciário não analisou o mérito, mas se ateve à falta de razoabilidade da conduta da Administração.
Gabarito "D".

3. ATO ADMINISTRATIVO

3.1. Conceitos, requisitos e atributos

Para resolver as questões sobre os requisitos e atributos do ato administrativo, vale a pena trazer alguns elementos doutrinários. Confira:

Requisitos do ato administrativo (são requisitos para que o ato seja válido)

– Competência: é a atribuição legal de cargos, órgãos e entidades. São vícios de competência os seguintes: a1) usurpação de função: alguém se faz passar por agente público sem o ser, ocasião em que o ato será inexistente; a2) excesso de poder: alguém que é agente público acaba por exceder os limites de sua competência (ex.: fiscal do sossego que multa um bar que visita por falta de higiene); o excesso de poder torna nulo ato, salvo em caso de incompetência relativa, em que o ato é considerado anulável; a3) função de fato: exercida por agente que está irregularmente investido em cargo público, apesar de a situação ter aparência de legalidade; nesse caso, os praticados serão considerados válidos, se houver boa-fé.

– Objeto: é o conteúdo do ato, aquilo que o ato dispõe, decide, enuncia, opina ou modifica na ordem jurídica. O objeto deve ser lícito, possível e determinável, sob pena

8. DIREITO ADMINISTRATIVO

de nulidade. Ex.: o objeto de um alvará para construir é a licença.

– Forma: são as formalidades necessárias para a seriedade do ato. A seriedade do ato impõe a) respeito à forma propriamente dita; b) motivação.

– Motivo: fundamento de fato e de direito que autoriza a expedição do ato. Ex.: o motivo da interdição de estabelecimento consiste no fato de este não ter licença (motivo de fato) e de a lei proibir o funcionamento sem licença (motivo de direito). Pela *Teoria dos Motivos Determinantes, o motivo invocado para a prática do ato condiciona sua validade.* Provando-se que o motivo é inexistente, falso ou mal qualificado, o ato será considerado nulo.

– Finalidade: é o bem jurídico objetivado pelo ato. Ex.: proteger a paz pública, a salubridade, a ordem pública. Cada ato administrativo tem uma finalidade. Desvio de poder (ou de finalidade): *ocorre quando um agente exerce uma competência que possuía, mas para alcançar finalidade diversa daquela para a qual foi criada.* Não confunda o *excesso de poder* (vício de sujeito) com o *desvio de poder* (vício de finalidade), espécies do *gênero abuso de autoridade.*

Atributos do ato administrativo (são as qualidades, as prerrogativas dos atos)

– Presunção de legitimidade é a qualidade do ato pela qual este se presume verdadeiro e legal até prova em contrário; ex.: uma multa aplicada pelo Fisco presume-se verdadeira quanto aos fatos narrados para a sua aplicação e se presume legal quanto ao direito aplicado, a pessoa tida como infratora e o valor aplicado.

– Imperatividade é a qualidade do ato pela qual este pode se impor a terceiros, independentemente de sua concordância; ex.: uma notificação da fiscalização municipal para que alguém limpe um terreno ainda não objeto de construção, que esteja cheio de mato.

– Exigibilidade é a qualidade do ato pela qual, imposta a obrigação, esta pode ser exigida mediante coação indireta; ex.: no exemplo anterior, não sendo atendida a notificação, cabe a aplicação de uma multa pela fiscalização, sendo a multa uma forma de coação indireta.

– Autoexecutoriedade é a qualidade pela qual, imposta e exigida a obrigação, esta pode ser implementada mediante coação direta, ou seja, mediante o uso da coação material, da força; ex.: no exemplo anterior, já tendo sido aplicada a multa, mais uma vez sem êxito, pode a fiscalização municipal ingressar à força no terreno particular, fazer a limpeza e mandar a conta, o que se traduz numa coação direta. A autoexecutoriedade não é a regra. Ela existe quando a lei expressamente autorizar ou quando não houver tempo hábil para requerer a apreciação jurisdicional.

Obs. 1: a expressão autoexecutoriedade também é usada no sentido da qualidade do ato que enseja sua imediata e direta execução pela própria Administração, independentemente de ordem judicial.

Obs. 2: repare que esses atributos não existem normalmente no direito privado; um particular não pode, unilateralmente, valer-se desses atributos; há exceções, em que o particular tem algum desses poderes; mas essas exceções, por serem exceções, confirmam a regra

de que os atos administrativos se diferenciam dos atos privados pela ausência nestes, como regra, dos atributos acima mencionados.

(OAB/Exame Unificado – 2016.1) A associação de moradores do Município F solicitou ao Poder Público municipal autorização para o fechamento da "rua de trás", por uma noite, para a realização de uma festa junina aberta ao público. O Município, entretanto, negou o pedido, ao fundamento de que aquela rua seria utilizada para sediar o encontro anual dos produtores de abóbora, a ser realizado no mesmo dia. Considerando que tal fundamentação não está correta, pois, antes da negativa do pedido da associação de moradores, o encontro dos produtores de abóbora havia sido transferido para o mês seguinte, conforme publicado na imprensa oficial, assinale a afirmativa correta.

(A) Mesmo diante do erro na fundamentação, o ato é válido, pois a autorização pleiteada é ato discricionário da Administração.

(B) Independentemente do erro na fundamentação, o ato é inválido, pois a autorização pleiteada é ato vinculado, não podendo a Administração indeferi-lo.

(C) Diante do erro na fundamentação, o ato é inválido, uma vez que, pela teoria dos motivos determinantes, a validade do ato está ligada aos motivos indicados como seu fundamento.

(D) A despeito do erro na fundamentação, o ato é válido, pois a autorização pleiteada é ato vinculado, não tendo a associação de moradores demonstrado o preenchimento dos requisitos.

A e D: incorretas, pois os atos discricionários devem obedecer ao requisitos de validade do ato administrativo, dentre eles o *motivo*, que estabelece, por meio da Teoria dos Motivos Determinantes, que a validade de um ato está condicionada à existência e adequação dos motivos alegados para a prática do ato; no caso em tela, demonstrado que o motivo invocado para a prática do ato era falso, o ato praticado será considerado inválido; **B:** incorreta: apesar do ato ser inválido, a alternativa está incorreta, pois a autorização de uso de bem público é *ato discricionário* e não *ato vinculado*; **C:** correta, pois os atos discricionários devem obedecer ao requisitos de validade do ato administrativo, dentre eles o *motivo*, que estabelece, por meio da Teoria dos Motivos Determinantes, que a validade de um ato está condicionada à existência e adequação dos motivos alegados para a prática do ato; no caso em tela, demonstrado que o motivo invocado para a prática do ato era falso, o ato praticado será considerado inválido.

Gabarito "C."

(OAB/Exame Unificado – 2016.1) Fulano, servidor público federal lotado em órgão da administração pública federal no Estado de São Paulo, contesta ordens do seu chefe imediato, alegando que são proibidas pela legislação. A chefia, indignada com o que entende ser um ato de insubordinação, remove Fulano, contra a sua vontade, para órgão da administração pública federal no Distrito Federal, para exercer as mesmas funções, sendo certo que havia insuficiência de servidores em São Paulo, mas não no Distrito Federal. Considerando as normas de Direito Administrativo, assinale a afirmativa correta.

(A) A remoção de Fulano para o Distrito Federal é válida, porque configura ato arbitrário da Administração.

(B) Não é cabível a remoção do servidor com finalidades punitivas, por se ter, em tal hipótese, desvio de finalidade.

(C) A remoção pode ser feita, uma vez que Fulano não pautou sua conduta com base nos princípios e regras aplicáveis aos servidores públicos.

(D) O ato de insubordinação deveria ter sido constatado por meio de regular processo administrativo, ao fim do qual poderia ser aplicada a penalidade de remoção.

A: incorreta; todo ato administrativo depende de prévia autorização legal (*vinculada* ou *discricionária*) para que possa ser praticado; dessa forma, qualquer ato praticado sem autorização legal (*arbitrário*) é inválido; B: correta; o instituto da *remoção*, aplicado no caso em tela, tem por finalidade atender pedido de agente público de mudar seu local de trabalho ou real necessidade administrativa de que um servidor mude seu local de trabalho, não tendo em hipótese alguma finalidade punitiva; assim, caso um servidor público seja removido com intuito punitivo essa remoção estará inquinada de vício de desvio de finalidade ou desvio de poder; C e D: incorretas, pois a remoção não pode ser utilizada com a finalidade de punir agente público por não pautar sua conduta nos princípios e regras aplicáveis aos servidores, sob pena de se configurar desvio de finalidade ou desvio de poder, sendo inócuo haver processo administrativo com ampla defesa, já que mesmo com esse processo a remoção não é ato cabível para punir agente público por ato de insubordinação ou por má conduta profissional.
Gabarito "B".

(OAB/Exame Unificado – 2013.3) O Estado X concedeu a Fulano autorização para a prática de determinada atividade. Posteriormente, é editada lei vedando a realização daquela atividade. Diante do exposto, e considerando as formas de extinção dos atos administrativos, assinale a afirmativa correta.

(A) Deve ser declarada a nulidade do ato em questão.

(B) Deve ser declarada a caducidade do ato em questão.

(C) O ato em questão deve ser cassado.

(D) O ato em questão deve ser revogado.

A: incorreta, pois a anulação (ou declaração de nulidade) recai sobre ato que já nasceu ilegal, que não é o caso da questão; B: correta, pois os casos de ilegalidade superveniente à edição do ato dizem respeito ao instituto da caducidade ou decaimento (ex: o particular tem permissão para circular com transporte coletivo por van e uma lei posterior elimina esse tipo de transporte coletivo; nesse caso, tem-se caducidade); C: incorreta, pois a cassação recai sobre atos administrativos válidos na origem e que continuam válidos, mas que determinam, para que continuem beneficiando particulares, que o particular cumpra certos requisitos para dele continuar gozando; nesses casos, quando o particular descumpre esses requisitos, o ato administrativo respectivo deve ser cassado (ex: imagine que o particular tenha direito a uma permissão de serviço público mediante o pagamento de retribuições e outras obrigações e que venha a não mais pagar a retribuição e a não mais cumprir as obrigações; nesse caso terá o ato administrativo de permissão que o beneficia devidamente cassado pela Administração); D: incorreta, pois a revogação recai sobre ato que se tornou, por fato novo, inconveniente ou inoportuno no caso concreto, mas ainda permitido pela lei, o que não se dá no caso narrado no enunciado da questão.
Gabarito "B".

(OAB/Exame Unificado – 2012.3.B) Autarquia competente para a fiscalização de estabelecimentos comerciais que vendam gêneros alimentícios verifica que o maior supermercado do município estava com o funcionamento irregular, bem como vendia produtos com o prazo de validade vencido. Além de todas as outras sanções cabíveis na

espécie, a Autarquia aplicou multa ao estabelecimento. Com o objetivo de assegurar que a multa fosse paga, a Autarquia apreendeu produtos (dentro do prazo de validade) cujo valor somasse exatamente o valor da multa, e que tivessem proveito para a autarquia, como água mineral, café e açúcar.

Com base na situação descrita, assinale a afirmativa correta.

(A) A apreensão de bens com o objetivo de quitação de multa regularmente aplicada pela fiscalização é manifestação da autoexecutoriedade do poder de polícia, sendo legitimamente exercida pela Autarquia.

(B) Não é cabível a apreensão de bens, neste caso, pois ela somente seria viável se a Administração tivesse feito pesquisa e constatado que os preços correspondem à média de mercado.

(C) A Administração goza da prerrogativa da autoexecutoriedade, mas a cobrança das multas aplicadas não pode se dar de maneira forçada, *manu militari*, devendo ser feita por meio de processo judicial, caso não ocorra o pagamento administrativamente.

(D) A apreensão de bens para quitação de multa pode se dar sobre produtos cuja validade está vencida ou, como no caso, sobre produtos bons para consumo, e não pode ser questionado por se inserir no mérito do ato administrativo.

A, B e D: incorretas, pois, segundo a Súmula STF n. 323, "é inadmissível a apreensão de mercadorias como meio coercitivo para pagamento de tributos"; C: correta, pois, apesar da Administração poder executar as leis sem ter de buscar o Judiciário, a cobrança de multas de maneira forçada só pode se dar no âmbito de um processo judicial.
Gabarito "C".

(OAB/Exame Unificado – 2008.2) Não configura, segundo a doutrina dominante, elemento ou requisito do ato administrativo

(A) a forma.

(B) o objeto.

(C) a finalidade.

(D) a discricionariedade.

Os requisitos dos atos administrativos são: competência, objeto, forma, motivo e finalidade.
Gabarito "D".

(OAB/Exame Unificado – 2008.1) Com relação aos diversos aspectos que regem os atos administrativos, assinale a opção correta.

(A) Segundo a teoria dos motivos determinantes do ato administrativo, o motivo do ato deve sempre guardar compatibilidade com a situação de fato que gerou a manifestação de vontade, pois, se o interessado comprovar que inexiste a realidade fática mencionada no ato como determinante da vontade, estará ele irremediavelmente inquinado de vício de legalidade.

(B) Motivo e motivação do ato administrativo são conceitos equivalentes no direito administrativo.

(C) Nos atos administrativos discricionários, todos os requisitos são vinculados.

(D) A presunção de legitimidade dos atos administrativos é uma presunção *jure et de jure*, ou seja, uma presunção absoluta.

8. DIREITO ADMINISTRATIVO — 513

A: correta. De fato, pela teoria dos motivos determinantes, a inexistência do fato invocado como motivo do ato torna este inválido; **B:** incorreta. Motivo é o *fato* que autoriza a prática do ato; já motivação é a *demonstração* de que o ato é legal; a inexistência do fato utilizado para praticar o ato é um problema no requisito "motivo"; a inexistência de demonstração da legalidade (de uma motivação) é um problema no requisito "forma"; **C:** incorreta. Nos atos discricionários há sempre duas partes: a vinculada (ou de legalidade) e a de mérito (consistente na margem de liberdade do administrador público); **D:** incorreta. Trata-se de uma presunção relativa (*juris tantum*).
Gabarito "A"

(OAB/Exame Unificado – 2007.3) Considerando que há evidentes elementos de identidade entre ato jurídico e ato administrativo, e que este é espécie do gênero ato jurídico, assinale a opção correta.

(A) Existem atos praticados pelos administradores públicos que não se enquadram como atos administrativos típicos, como é o caso dos contratos disciplinados pelo direito privado.

(B) Atos administrativos, atos da administração e atos de gestão administrativa são expressões sinônimas.

(C) O exercício de cargo público em caráter efetivo é *conditio sine quae non* para prática do ato administrativo.

(D) Mesmo nos casos em que o administrador público contrata com o particular em igualdade de condições, está caracterizado o ato administrativo, pois a administração pública está sendo representada por seu agente.

A: correta. Não são atos administrativos típicos os atos praticados pela administração com regência da lei privada (ex.: contrato de locação), os atos políticos (ex.: um veto a uma lei) e os fatos materiais (ex.: a pavimentação de uma rua); **B:** incorreta. Como se viu na resposta à letra "a", nem todos os atos da administração são atos administrativos; **C:** incorreta. Exercentes de cargo em comissão podem expedir atos administrativos, nos termos da lei que rege a competência daquele cargo; **D:** incorreta. Nos poucos casos em que a administração está em pé de igualdade com o particular (ex.: contrato em que a administração é locatária), não se fala em ato administrativo, mas em ato jurídico regido pelo direito privado.
Gabarito "A"

(OAB/Exame Unificado – 2007.3) O conselho diretor de uma autarquia federal baixou resolução disciplinando que todas as compras de material permanente acima de cinquenta mil reais só poderiam ser feitas pela própria sede. Ainda assim, um dos superintendentes estaduais abriu licitação para compra de microcomputadores no valor de trezentos mil reais. A licitação acabou sendo feita sem incidentes, e o citado superintendente homologou o resultado e adjudicou o objeto da licitação à empresa vencedora. Nessa situação, o superintendente

(A) agiu com excesso de poder.

(B) agiu com desvio de poder.

(C) cometeu mera irregularidade administrativa, haja vista a necessidade da compra e o atendimento aos requisitos de validez expressos na Lei de Licitações.

(D) cometeu o crime de prevaricação, que consiste em praticar ato de ofício (a licitação) contra expressa ordem de superior hierárquico (a resolução do conselho diretor).

O problema é de excesso de poder, pois houve descumprimento ao requisito "competência" do ato administrativo; o desvio de poder é um descumprimento ao requisito "finalidade" do ato administrativo.
Gabarito "A"

(OAB/Exame Unificado – 2007.3) É a qualidade pela qual os atos administrativos se impõem a terceiros, independentemente de sua concordância. Decorre do que Renato Alessi chama de "poder extroverso", que permite ao Poder Público editar provimentos que vão além da esfera jurídica do sujeito emitente, ou seja, que interferem na esfera jurídica de outras pessoas, constituindo-as unilateralmente em obrigações. Celso Antônio Bandeira de Mello. *Curso de Direito Administrativo*. 13. ed. São Paulo: Malheiros, 2000, p. 373 (com adaptações). O texto acima descreve o seguinte atributo do ato administrativo:

(A) Exigibilidade.

(B) Executoriedade.

(C) Presunção de legitimidade.

(D) Imperatividade.

De fato, o texto trata da imperatividade; a exigibilidade é um *plus* em relação à imperatividade, pois permite uma coação indireta para que o particular cumpra o determinado; e a autoexecutoriedade é um *plus* ainda maior, pois permite a coação direta (o uso da força) para obrigar o particular a cumprir o determinado.
Gabarito "D"

(FGV – 2014) Com relação ao ato administrativo, analise as afirmativas a seguir.

I. Ato administrativo e ato da administração pública são sinônimos.

II. O ato administrativo, necessariamente, é disciplinado pelo regime jurídico de direito público.

III. O ato administrativo poderá ser típico ou atípico.

Assinale:

(A) se somente a afirmativa I estiver correta.

(B) se somente a afirmativa III estiver correta.

(C) se somente a afirmativa II estiver correta.

(D) se somente as afirmativas I e II estiverem corretas.

(E) se todas as afirmativas estiverem corretas.

I: incorreta, pois os atos da administração são o gênero, que tem por espécies os atos administrativos (que tem prerrogativas públicas) e os demais atos, que não tem tais prerrogativas, como é o caso de um ato material da Administração ou de um ato regido pelo direito privado; **II:** correta, pois, em se tratando de ato administrativo (aquele em que a Administração atua com prerrogativas públicas com a finalidade de executar direta e concretamente lei), necessariamente se está diante de um regime de direito público, consagrador dessas prerrogativas e finalidades; **III:** incorreta, pois, em sendo mesmo um *ato administrativo*, aplica-se o regime de direito público; o que pode ser típico ou atípico é o *ato da administração*, pois este pode ser do tipo ato administrativo (típico) ou regido pelo direito privado (atípico).
Gabarito "C"

(FGV – 2011) Assinale a alternativa que contempla os elementos do ato administrativo.

(A) habilitação, motivação, finalidade pública, legalidade e conteúdo

(B) competência, tutela, motivo, forma e vinculação

(C) forma, finalidade, vinculação e decisão

(D) competência, finalidade, forma, motivo e objeto

(E) habilitação, forma, tutela, motivo e decisão

Os elementos ou requisitos do ato administrativo são: competência, objeto, forma, motivo e finalidade. Dessa forma, a alternativa "d" é a única correta.
Gabarito "D"

(FGV – 2010) Constituem-se como elementos ou requisitos do ato administrativo, EXCETO:

(A) Forma.
(B) Objeto.
(C) Discricionariedade.
(D) Motivo.
(E) Finalidade.

Os elementos ou requisitos do ato administrativo são: competência, objetivo, forma, motivo e finalidade. A discricionariedade não é, portanto, elemento ou requisito do ato administrativo.
Gabarito "C".

(FGV – 2010) O *atributo* pelo qual atos administrativos se impõem a terceiros, ainda que de forma contrária a sua concordância, é denominado:

(A) competência.
(B) veracidade.
(C) vinculação.
(D) imperatividade.
(E) autoexecutoriedade.

Confira o resumo feito no início deste item, que traz o conceito da imperatividade e dos demais atributos do ato administrativo.
Gabarito "D".

(FGV – 2010) Quanto à finalidade, é caracterizado como vício do ato administrativo:

(A) a função de fato.
(B) a inexistência de motivos.
(C) o desvio de poder.
(D) o excesso de poder.
(E) o objeto impossível.

A: incorreta, pois a função de fato é um vício no requisito competência; **B:** incorreta, pois a inexistência de motivos é um vício no requisito motivo; **C:** correta, pois o desvio de poder (ou desvio de finalidade) é um vício no requisito finalidade; **D:** incorreta, pois a excesso de poder é um vício no requisito competência; **E:** incorreta, pois o objeto impossível é um vício no requisito objeto (ou conteúdo do ato).
Gabarito "C".

(FGV – 2010) De acordo com a disciplina dos atos administrativos, assinale a alternativa correta.

(A) Será inválido o ato de remoção praticado como meio de punição ao servidor, ainda que haja necessidade de pessoal no local para onde ele foi removido.
(B) O mérito é aspecto do ato administrativo que, particularmente, diz respeito à sua forma legal, sempre prevista em lei, e à sua motivação fática, que deverá ser analisada concretamente.
(C) Há vício nos elementos finalidade e forma quando a matéria, de fato ou de direito, em que se fundamenta o ato administrativo é materialmente inexistente ou juridicamente inadequada ao resultado obtido.
(D) Tratando-se de vício relativo ao sujeito, quando o agente público extrapola os limites de sua competência, ocorre o desvio de poder, que é espécie do gênero abuso de poder.
(E) Os atos administrativos podem ser discricionários ou vinculados. Quando discricionários, têm como limite as razões de conveniência e oportunidade que são reveladas na motivação do ato.

A: correta, pois há desvio de finalidade; a finalidade do ato administrativo de remoção não é punir o servidor (para punir há outros atos, como advertência, multa, suspensão, demissão etc.), de modo que a sua utilização com finalidade diversa da estabelecida na lei configura o desvio mencionado, que torna inválido o ato; **B:** incorreta, pois o mérito, que consiste na margem de liberdade do agente público, não existe normalmente nos requisitos competência, forma e finalidade; o mérito normalmente diz respeito aos requisitos motivo ou objeto; **C:** incorreta, pois, nesse caso, o vício é no requisito motivo; **D:** incorreta, pois quando se extrapola a competência tem-se excesso de poder (vício na competência) e não desvio de poder (vício na finalidade); no mais, o abuso de poder, de fato, é gênero que tem duas espécies o excesso de poder e o desvio de poder; **E:** incorreta. Os atos discricionários têm como limite o que dispuser a lei (incluindo o dever de razoabilidade e o respeito à moralidade), e não as justificativas do administrador público.
Gabarito "A".

3.2. Classificação e espécies de ato administrativo

Antes de verificarmos as questões deste item, vale trazer um resumo das principais espécies de atos administrativos.

Espécies de atos administrativos segundo Hely Lopes Meirelles:

– Atos normativos são aqueles que contêm comando geral da Administração Pública, com o objetivo de executar a lei. Exs.: regulamentos (da alçada do chefe do Executivo), instruções normativas (da alçada dos Ministros de Estado), regimentos, resoluções etc.

– Atos ordinatórios são aqueles que disciplinam o funcionamento da Administração e a conduta funcional de seus agentes. Ex.: instruções (são escritas e gerais, destinadas a determinado serviço público), circulares (escritas e de caráter uniforme, direcionadas a determinados servidores), avisos, portarias (expedidas por chefes de órgãos – trazem determinações gerais ou especiais aos subordinados, designam alguns servidores, instauram sindicâncias e processos administrativos etc.), ordens de serviço (determinações especiais ao responsável pelo ato), ofícios (destinados às comunicações escritas entre autoridades) e despacho (contém decisões administrativas).

– Atos negociais são declarações de vontade coincidentes com a pretensão do particular. Ex.: licença, autorização e protocolo administrativo.

– Atos enunciativos são aqueles que apenas atestam, enunciam situações existentes. Não há prescrição de conduta por parte da Administração. Ex.: certidões, atestados, apostilas e pareceres.

– Atos punitivos são as sanções aplicadas pela Administração aos servidores públicos e aos particulares. Ex.: advertência, suspensão e demissão; multa de trânsito.

Confira mais classificações dos atos administrativos:

– Quanto à liberdade de atuação do agente

Ato vinculado é aquele em que a lei tipifica objetiva e claramente a situação em que o agente deve agir e o único comportamento que poderá tomar. Tanto a situação em que o agente deve agir, como o comportamento que vai tomar são únicos e estão clara e objetivamente definidos na lei, de forma a inexistir qualquer margem de liberdade ou apreciação subjetiva por parte do agente público. Exs.: licença para construir e concessão de aposentadoria.

8. DIREITO ADMINISTRATIVO

Ato discricionário é aquele em que a lei confere margem de liberdade para avaliação da situação em que o agente deve agir ou para escolha do melhor comportamento a ser tomado.

Seja na situação em que o agente deve agir, seja no comportamento que vai tomar, o agente público terá uma margem de liberdade na escolha do que mais atende ao interesse público. Neste ponto fala-se em mérito administrativo, ou seja, na valoração dos motivos e escolha do comportamento a ser tomado pelo agente.

Vale dizer, o agente público fará apreciação subjetiva, agindo segundo o que entender mais conveniente e oportuno ao interesse público. Reconhece-se a discricionariedade, por exemplo, quando a regra que traz a competência do agente traz conceitos fluídos, como bem comum, moralidade, ordem pública etc. Ou ainda quando a lei não traz um motivo que enseja a prática do ato, como, por exemplo, a que permite nomeação para cargo em comissão, de livre provimento e exoneração. Também se está diante de ato discricionário quando há mais de uma opção para o agente quanto ao momento de atuar, à forma do ato (ex.: verbal, gestual ou escrita), sua finalidade ou conteúdo (ex: advertência, multa ou apreensão).

A discricionariedade sofre alguns temperamentos. Em primeiro lugar é bom lembrar que todo ato discricionário é parcialmente regrado ou vinculado. A competência, por exemplo, é sempre vinculada (Hely Lopes Meirelles entende que competência, forma e finalidade são sempre vinculadas, conforme vimos). Ademais, só há discricionariedade nas situações marginais, nas zonas cinzentas. Assim, se algo for patente, como quando, por exemplo, uma dada conduta fira veementemente a moralidade pública (ex: pessoas fazendo sexo no meio de uma rua), o agente, em que pese estar diante de um conceito fluído, deverá agir reconhecendo a existência de uma situação de imoralidade. Deve-se deixar claro, portanto, que a situação concreta diminui o espectro da discricionariedade (a margem de liberdade) conferida ao agente.

Assim, o Judiciário até pode apreciar um ato discricionário, mas apenas quanto aos aspectos de legalidade, razoabilidade e moralidade, não sendo possível a revisão dos critérios adotados pelo administrador (mérito administrativo), se tirados de dentro da margem de liberdade a ele conferida pelo sistema normativo.

– Quanto às prerrogativas da administração

Atos de império são os praticados no gozo de prerrogativas de autoridade. Ex.: interdição de um estabelecimento.

Atos de gestão são os praticados sem uso de prerrogativas públicas, em igualdade com o particular, na administração de bens e serviços. Ex.: contrato de compra e venda ou de locação de um bem imóvel.

Atos de expediente são os destinados a dar andamentos aos processos e papéis que tramitam pelas repartições, preparando-os para decisão de mérito a ser proferida pela autoridade. Ex: remessa dos autos à autoridade para julgá-lo.

A distinção entre ato de gestão e de império está em desuso, pois era feita para excluir a responsabilidade do Estado pela prática de atos de império, de soberania.

Melhor é distingui-los em atos regidos pelo direito público e pelo direito privado.

– Quanto aos destinatários

Atos individuais são os dirigidos a destinatários certos, criando-lhes situação jurídica particular. Ex: decreto de desapropriação, nomeação, exoneração, licença, autorização, tombamento.

Atos gerais são os dirigidos a todas as pessoas que se encontram na mesma situação, tendo finalidade normativa.

São diferenças entre um e outro as seguintes:

– só ato individual pode ser impugnado individualmente; atos normativos, só por ADIN ou após providência concreta.

– ato normativo prevalece sobre o ato individual

– ato normativo é revogável em qualquer situação; ato individual deve respeitar direito adquirido.

– ato normativo não pode ser impugnado administrativamente, mas só após providência concreta; ato individual pode ser impugnado desde que praticado.

– Quanto à formação da vontade

Atos simples: decorrem de um órgão, seja ele singular ou colegiado. Ex.: nomeação feita pelo Prefeito; deliberação de um conselho ou de uma comissão.

Atos complexos: decorrem de dois ou mais órgãos, em que as vontades se fundem para formar um único ato. Ex.: decreto do Presidente, com referendo de Ministros.

Atos compostos: decorrem de dois ou mais órgãos, em que vontade de um é instrumental à vontade de outro, que edita o ato principal. Aqui existem dois atos pelo menos: um principal e um acessório.

Exs: nomeação do Procurador Geral da República, que depende de prévia aprovação pelo Senado; e atos que dependem de aprovação ou homologação. Não se deve confundir atos compostos com atos de um procedimento, vez que este é composto de vários atos acessórios, com vistas à produção de um ato principal, a decisão.

– Quanto aos efeitos

Ato constitutivo é aquele em que a Administração cria, modifica ou extingue direito ou situação jurídica do administrado. Ex: permissão, penalidade, revogação e autorização.

Ato declaratório é aquele em que a Administração reconhece um direito que já existia. Ex: admissão, licença, homologação, isenção e anulação.

Ato enunciativo é aquele em que a Administração apenas atesta dada situação de fato ou de direito. Não produz efeitos jurídicos diretos. São juízos de conhecimento ou de opinião. Ex: certidões, atestados, informações e pareceres.

– Quanto à situação de terceiros

Atos internos são aqueles que produzem efeitos apenas no interior da Administração. Ex.: pareceres, informações.

Atos externos são aqueles que produzem efeitos sobre terceiros. Nesse caso, dependerão de publicidade para terem eficácia. Ex.: admissão, licença.

– Quanto à estrutura.

Atos concretos são aqueles que dispõem para uma única situação, para um caso concreto. Ex.: exoneração de um agente público.

Atos abstratos são aqueles que dispõem para reiteradas e infinitas situações, de forma abstrata. Ex.: regulamento.

Confira outros atos administrativos, em espécie:

– Quanto ao conteúdo: a) **autorização**: *ato unilateral, discricionário e precário pelo qual se faculta ao particular, em proveito deste, o uso privativo de bem público ou o desempenho de uma atividade, os quais, sem esse consentimento, seriam legalmente proibidos.* Exs.: autorização de uso de praça para festa beneficente; autorização para porte de arma; b) **licença**: *ato administrativo unilateral e vinculado pelo qual a Administração faculta àquele que preencha requisitos legais o exercício de uma atividade.* Ex.: licença para construir; c) **admissão**: *ato unilateral e vinculado pelo qual se reconhece ao particular que preencha requisitos legais o direito de receber serviço público.* Ex.: aluno de escola; paciente em hospital; programa de assistência social; d) **permissão**: *ato administrativo unilateral, discricionário e precário, pelo qual a Administração faculta ao particular a execução de serviço público ou a utilização privativa de bem público, mediante licitação.* Exs.: permissão para perueiro; permissão para uma banca de jornal. Vale lembrar que, por ser precária, pode ser revogada a qualquer momento, sem direito à indenização; e) **concessão**: *ato bilateral e não precário, pelo qual a Administração faculta ao particular a execução de serviço público ou a utilização privativa de bem público, mediante licitação.* Ex.: concessão para empresa de ônibus efetuar transporte remunerado de passageiros. Quanto aos bens públicos, há também a *concessão de direito real de uso*, oponível até ao poder concedente, e a *cessão de uso*, em que se transfere o uso para entes ou órgãos públicos; f) **aprovação**: *ato de controle discricionário.* Vê-se a conveniência do ato controlado. Ex.: aprovação pelo Senado de indicação para Ministro do STF; g) **homologação**: *ato de controle vinculado.* Ex.: homologação de licitação ou de concurso público; h) **parecer**: *ato pelo qual órgãos consultivos da Administração emitem opinião técnica sobre assunto de sua competência.* Podem ser das seguintes espécies: *facultativo* (parecer solicitado se a autoridade quiser); *obrigatório* (autoridade é obrigada a solicitar o parecer, mas não a acatá-lo) e *vinculante* (a autoridade é obrigada a solicitar o parecer e a acatar o seu conteúdo; ex.: parecer médico). Quando um parecer tem o poder de *decidir* um caso, ou seja, quando o parecer é, na verdade, uma decisão, a autoridade que emite esse parecer responde por eventual ilegalidade do ato (ex.: parecer jurídico sobre edital de licitação e minutas de contratos, convênios e ajustes – art. 38, parágrafo único, da Lei 8.666/1993).

– Quanto à forma: a) **decreto**: *é a forma de que se revestem os atos individuais ou gerais, emanados do Chefe do Poder Executivo.* Exs.: nomeação e exoneração (atos individuais); regulamentos (atos gerais que têm por objeto proporcionar a fiel execução da lei – art. 84, IV, da CF); b) **resolução e portaria**: *são as formas de que se revestem os atos, gerais ou individuais, emanados de autoridades que não sejam o Chefe do Executivo*; c) **alvará**: *forma pela qual a Administração confere licença ou autorização para a prática de ato ou exercício de atividade sujeita ao poderes de polícia do Estado.* Exs.: alvará de construção (instrumento da licença); alvará de porte de arma (instrumento da autorização).

(OAB/Exame Unificado – 2012.3.B) Determinada área de proteção ambiental, situada em encosta de morro, vinha sendo ocupada, há muitos anos, sem qualquer ato de autorização pelo Poder Público, por alguns particulares, que lá construíram suas residências. José, que desde jovem sofre de problemas respiratórios, agravados pela poluição dos grandes centros urbanos, postula, junto à Administração, licença para construir sua casa nessa área protegida, cercada de verde, na esperança de uma melhor qualidade de vida. A licença não é concedida.

Sobre o caso concreto, assinale a afirmativa correta.

(A) A administração não pode ter comportamentos contraditórios, devendo conceder a licença a José, em nome da segurança jurídica e da confiança legítima, uma vez que há anos tolera ocupação na mesma área por outros particulares.

(B) Ainda que não caiba falar em proibição de comportamento contraditório, o caso apresenta uma ponderação de valores, devendo ser priorizada a proteção a condições dignas de vida em detrimento da proteção ambiental.

(C) O indeferimento por parte do Poder Público foi correto, considerando que a mera tolerância de condutas ilegais por parte da Administração não assegura que outro particular, invocando a isonomia, cometa as mesmas ilegalidades.

(D) Os particulares que já tiverem construído suas casas na encosta protegida possuem direito subjetivo à obtenção de licença para a legalização de suas construções, já que a inação da Administração gerou legítima expectativa de habitação na localidade.

A, B e D: incorretas; o fato de a Administração estar se omitindo em relação à fiscalização de outros particulares não justifica que essa própria Administração, diante de um pedido ilegal feito por outro particular, haja de forma contrária à lei; o princípio da legalidade não convive com esse tipo de situação; o correto é a Administração indeferir o pedido do interessado e tomar medidas em relação aos outros particulares, cabendo representação ao Ministério Público caso a Administração continue se omitindo. Vale mencionar que há ilegalidades, como a mencionada no enunciado da questão, que são permanentes, renovando-se a cada dia, não havendo que se falar em segurança jurídica, mormente em situação grave como é a de lesão a bens ambientais, cuja pretensão de reparação ambiental vem, inclusive, sendo considerada imprescritível pela jurisprudência; **C:** correta, pois, conforme mencionado no comentário às demais alternativas, a omissão da Administração na fiscalização de outros particulares não justifica que aquela, diante de um pedido ilegal feito por outro particular, haja de forma contrária à lei, vez que o princípio da legalidade não convive com esse tipo de situação.

Gabarito "C".

(OAB/Exame Unificado – 2011.3.A) A autorização de uso de bem público por particular caracteriza-se como ato administrativo

(A) discricionário e bilateral, ensejando indenização ao particular no caso de revogação pela administração.

(B) unilateral, discricionário e precário, para atender interesse predominantemente particular.

8. DIREITO ADMINISTRATIVO

(C) bilateral e vinculado, efetivado mediante a celebração de um contrato com a administração pública, de forma a atender interesse eminentemente público.

(D) discricionário e unilateral, empregado para atender a interesse predominantemente público, formalizado após a realização de licitação.

A: incorreta, pois a autorização é ato *unilateral*, e não *bilateral*, além disso, a autorização é ato *precário*, que, assim, não enseja indenização em caso de revogação pela administração; **B:** correta, pois traz elementos adequados do conceito de autorização, que pode ser definida como o *ato unilateral, discricionário e precário, para atender interesse predominante particular, que faculta a este o uso de bem público*; **C:** incorreta, pois a autorização é ato *unilateral* (e não bilateral) e *discricionário* (e não vinculado); ademais, por não se ato bilateral, não é um contrato; **D:** incorreta, pois a autorização, diferentemente da permissão e da concessão, visa atender a interesse predominantemente *privado* e *não* requer licitação.
Gabarito "B".

(OAB/Exame Unificado – 2011.3.B) A decisão tomada por uma das Câmaras do Conselho de Contribuintes de determinada Administração Estadual é considerada ato

(A) composto, pois resulta da manifestação de mais de um agente público.

(B) complexo, pois depende da manifestação de aprovação, com o relator, de outros agentes.

(C) qualificado, pois importa na constituição da vontade da Administração quanto a matéria específica.

(D) simples, pois resulta da manifestação de vontade de um órgão dotado de personalidade administrativa.

O Conselho de Contribuintes, apesar de ser um órgão colegiado (composto por mais de um agente público), é um órgão só. Portanto, por envolver um órgão só, não é ato *composto*, nem ato *complexo*. Trata-se de um ato *simples*.
Gabarito "D".

(OAB/Exame Unificado – 2009.3) A autorização de uso de bem público por particular caracteriza-se como ato administrativo

(A) unilateral, discricionário e precário, para atender interesse predominantemente particular.

(B) vinculado e bilateral, ensejando indenização ao particular no caso de revogação pela administração.

(C) bilateral, efetivado mediante a celebração de contrato com a administração, de forma a atender interesse eminentemente público.

(D) discricionário e precário, empregado para atender interesse predominantemente público, formalizado após a realização de licitação.

A autorização de uso de bem público, tem, de fato, a definição dada na alternativa "a". A permissão de uso de bem público, por sua vez, também é um ato unilateral, discricionário e precário, porém depende de licitação e é feita no interesse da coletividade também. E a concessão de uso de bem público é ato bilateral (é um contrato), de modo que não é precário, e também depende de licitação.
Gabarito "A".

(OAB/Exame Unificado – 2009.3) De acordo com a classificação dos atos administrativos, constitui ato de gestão

(A) o decreto de regulamentação.

(B) o embargo de obra.

(C) a apreensão de bens.

(D) o negócio contratual.

Atos de gestão são os praticados sem uso de prerrogativas públicas, em igualdade com o particular, na administração de bens e serviços. O único ato que se encaixa nessas características é o mencionado na alternativa "d". Nos demais casos, temos atos de império, em que a administração age no gozo de prerrogativas de autoridade.
Gabarito "D".

(OAB/Exame Unificado – 2009.1) Um ministro de Estado, após o recebimento de parecer opinativo da consultoria jurídica do Ministério que chefia, baixou portaria demitindo determinado servidor público federal. Considerando essa situação hipotética e o conceito de ato administrativo, assinale a opção correta.

(A) O ato opinativo, como o parecer da referida consultoria jurídica, por não produzir efeitos jurídicos imediatos, não é considerado ato administrativo propriamente dito. Dessa forma, será ato administrativo o ato decisório que o acolha ou rejeite, mas não o parecer, que é considerado ato da administração.

(B) O ato de demissão é ilegal por ter sido proferido por autoridade incompetente, haja vista que a delegação de poderes, nessa hipótese, é vedada.

(C) O motivo, na hipótese, é o parecer da consultoria jurídica do Ministério.

(D) O ato de demissão do servidor não é passível de anulação pelo Poder Judiciário, visto que a valoração acerca da existência, ou não, da infração é tema que compete exclusivamente ao Poder Executivo.

O enunciado deixa claro que se trata de um mero parecer opinativo. Assim, não tem caráter decisório, de prescrição de conduta, não se tratando, portanto, de ato administrativo. Caso se tratasse de parecer vinculante, aí, sim, estaríamos diante de ato administrativo, dado o caráter decisório deste.
Gabarito "A".

(OAB/Exame Unificado – 2007.3) Uma indústria farmacêutica pleiteou perante o Instituto Nacional de Propriedade Industrial (INPI) a obtenção de patente de um produto farmacêutico. Após deferimento do pedido de concessão da patente, o procedimento foi encaminhado à Agência Nacional de Vigilância Sanitária (ANVISA) para análise de eventuais riscos à saúde decorrentes da circulação do produto. Com a anuência da ANVISA, ocorreu a exequibilidade da patente. Nessa situação, o ato de concessão da patente é tipicamente um ato administrativo

(A) complexo, uma vez que foi necessária a integração de duas autoridades para sua emissão.

(B) composto, visto que, embora tenha sido expedido pelo INPI, foi condicionado à anuência da ANVISA.

(C) informal, pendente de termo ou condição.

(D) discricionário na emissão, mas vinculado às razões da ANVISA.

Ato composto é aquele em que dois ou mais órgãos praticam dois ou mais atos, sendo que o segundo normalmente é indispensável à exequibilidade do primeiro, justamente a situação que ocorreu no caso em tela.
Gabarito "B".

(OAB/Exame Unificado – 2007.3) Ato ou contrato formal pelo qual a administração pública confere a um particular (pessoa física ou jurídica), normalmente sem prévia licitação, a prerrogativa de exercer certas atividades materiais ou técnicas, em caráter instrumental ou de colaboração com o Poder Público, a título oneroso, remuneradas, na maioria das vezes, diretamente pelos interessados, configura, tipicamente,

(A) autorização não precária.

(B) parceria público-privada.

(C) credenciamento.

(D) licença remunerada.

Um exemplo de credenciamento é o ato que ocorre com as empresas de autoescola, que recebem credenciamento do Poder Público para a prática de certas atividades em colaboração com este (aulas, exames etc.), sem licitação e com cobrança dos interessados.
Gabarito "C".

(FGV – 2010) Os atos administrativos, quanto à intervenção da vontade administrativa, podem ser classificados como atos:

(A) simples.

(B) perfeitos.

(C) consumados.

(D) constitutivos.

(E) gerais.

Quanto à formação da vontade ou à vontade administrativa, os atos podem ser simples, complexos e compostos, daí porque apenas a alternativa "a" traz uma das espécies dessa classificação.
Gabarito "A".

(FGV – 2010) Assinale a alternativa que corresponda a uma característica das resoluções.

(A) As resoluções podem contrariar regimentos.

(B) As resoluções são expedidas somente pelos Chefes do Poder Executivo.

(C) As resoluções podem ser emanadas de órgãos colegiados.

(D) As resoluções individuais não são admitidas, sem exceção.

(E) As resoluções podem produzir efeitos internos ou externos.

As resoluções são as formas de que se revestem os atos, gerais ou individuais, emanados de autoridades que não sejam o Chefe do Executivo. Assim, são exemplos de resoluções atos expedidos por Secretários Estaduais. Tais atos podem ser tanto de efeito interno, como de efeito externo, atingindo terceiros.
Gabarito "E".

(FGV – 2010) Os atos administrativos podem ser objeto de diversas formas de classificação segundo a doutrina, conforme o critério em função do qual sejam agrupados. Assinale a seguir a alternativa que corresponda às espécies em que podem ser classificados os atos, no que concerne ao grau de liberdade da Administração em sua prática:

(A) Constitutivos ou declaratórios.

(B) Ampliativos ou restritivos.

(C) Negociais ou puros.

(D) Concretos ou abstratos.

(E) Discricionários ou vinculados.

A e B: incorretas, pois as espécies mencionadas nas duas alternativas se referem à classificação dos atos administrativos quanto aos seus efeitos; **C:** incorreta, pois as espécies mencionadas se referem à classificação dos atos administrativos quanto à existência ou não de declarações de vontade coincidentes da Administração e do particular; **D:** incorreta, pois as espécies mencionadas se referem à classificação dos atos administrativos quanto à estrutura do ato; **E:** correta, pois as espécies mencionadas se contrapõem justamente pela existência ou não de margem de liberdade por parte da Administração.
Gabarito "E".

(FGV – 2010) Em relação aos atos administrativos assinale a afirmativa incorreta.

(A) Atos administrativos gerais têm finalidade normativa.

(B) Atos administrativos individuais abrangem somente um indivíduo.

(C) Atos administrativos de império expressam o poder de coerção do Estado.

(D) Atos administrativos de gestão são os que a Administração pratica sem usar sua supremacia sobre os destinatários.

(E) Atos regrados são aqueles para os quais a lei estabelece os requisitos e condições de sua realização.

A única alternativa que traz afirmação incorreta é "b", pois atos individuais são aqueles que atingem pessoas determinadas, o que não significa que atinge uma só pessoa. Por exemplo, a demissão de dois servidores processados administrativamente por infração disciplinar é ato individual, mesmo envolvendo dois indivíduos.
Gabarito "B".

(FGV – 2010) A licença é um ato administrativo da espécie:

(A) normativa.

(B) negocial.

(C) ordinatória.

(D) enunciativa.

(E) punitiva.

A: incorreta, pois a licença é um ato concreto, e não abstrato; **B:** correta, pois o ato negocial é a declaração de vontade estatal coincidente com pretensão do particular; no caso, o particular pede a licença e a Administração a concede, preenchidos os requisitos legais, daí porque temos ato negocial; um exemplo de licença é a *licença para construir*; **C:** incorreta, pois atos ordinatórios são aqueles que disciplinam o funcionamento da Administração e a conduta funcional de seus agentes, situação que não guarda relação com a licença; **D:** incorreta, pois atos enunciativos são aqueles que apenas atestam situações já existentes; no caso, a licença é ato constitutivo de direitos, e não enunciativo de direitos; **E:** incorreta, pois a licença não é um ato de punição, como claramente se verifica do exemplo dado, em que o próprio particular pede autorização para construir.
Gabarito "B".

3.3. Discricionariedade e vinculação

(OAB/Exame Unificado – 2010.2) No âmbito do Poder discricionário da Administração Pública, não se admite que o agente público administrativo exerça o Poder discricionário

(A) quando estiver diante de conceitos legais e jurídicos parcialmente indeterminados, que se tornam determinados à luz do caso concreto e à luz das circunstâncias de fato.

8. DIREITO ADMINISTRATIVO

(B) quando estiver diante de conceitos legais e jurídicos técnico científicos, sendo, neste caso, limitado às escolhas técnicas, por óbvio possíveis.

(C) quando estiver diante de conceitos valorativos estabelecidos pela lei, que dependem de concretização pelas escolhas do agente, considerados o momento histórico e social.

(D) em situações em que a redação da Lei se encontra insatisfatória ou ultrapassada.

A: A examinadora considerou incorreta esta alternativa, entendendo que, mesmo nesse caso, poder-se-ia falar em discricionariedade, por haver conceito legal parcialmente indeterminado; todavia, em nossa opinião, essa alternativa está correta, pois a discricionariedade "é a margem de liberdade que *remanescer* ao agente público depois de verificados os aspectos de legalidade e os *contornos do caso concreto*"; na situação narrada, o colorido do caso concreto retirou totalmente a margem de liberdade do agente público, de modo que não haverá discricionariedade no caso; por exemplo, um Prefeito tem margem de liberdade para decidir se vai ou não investir no combate à dengue, pois há outras prioridades de saúde pública igualmente relevantes; todavia, caso haja uma epidemia de grandes proporções na cidade, essa circunstância *fática* retira a discricionariedade do Prefeito em investir ou não no combate à dengue, determinando que o Chefe do Executivo haja nesse sentido; Celso Antônio Bandeira de Mello assevera que "haverá casos em que pessoas sensatas, equilibradas, normais, serão todas concordes em que só um dado ato – e não outro – atenderia à finalidade da lei invocada; ou, então, assentirão apenas em que, de todo modo, determinado ato, com certeza objetiva, não a atenderia. Segue-se que, em hipóteses deste jaez, se a Administração agir de maneira diversa, evidentemente terá descumprido a finalidade legal. Por isso não lhe aproveitará invocar a norma atributiva da discrição, pois, consoante se viu, a discrição na regra de Direito é condição necessária, mas não suficiente para configurá-la quando da prática do ato. A discricionariedade do ato só existe in concreto, ou seja, perante o quadro da realidade fática com suas feições polifacéticas, pois foi em função disto que a lei se compôs de maneira a obrigá-la" (*Curso de Direito Administrativo*, 24. ed., p. 424); **B:** incorreta, pois os conceitos técnicos enunciados na lei podem ter conteúdo vago e fluído, podendo o agente público estar diante de discricionariedade; **C:** incorreta, pois *conceitos valorativos*, por definição, são vagos e fluídos (ex: conceito de moralidade administrativa), ensejando, então, discricionariedade; **D:** A examinadora considerou correta esta alternativa, entendendo que, mesmo que a lei esteja ultrapassada, o agente público deve aplicá-la; no entanto, entendemos que a alternativa está incorreta, pois, nessas situações, o agente público deverá fazer a interpretação da lei visando aplicá-la segundo as exigências do bem comum (art. 5º da Lei de Introdução às normas do Direito Brasileiro – LINDB, conceito esse (de "bem comum") vago e que gera discricionariedade; além disso, caso o agente público esteja diante de lacunas *axiológica* ou *ontológica* (lacunas típicas das situações de norma injusta e norma ultrapassada), este deverá integrar a lei, nos termos do art. 4º da LINDB, sendo certo que, nos dois casos, o agente atuará com discricionariedade, pois a utilização da analogia, dos costumes e dos princípios gerais do direito envolve apreciação de elementos de ordem subjetiva, não se tratando de competência matemática, vinculada.

Gabarito "D"

(OAB/Exame Unificado – 2007.3) Encontra-se sedimentado o entendimento de que ao Poder Judiciário é defeso apreciar o mérito dos atos administrativos, limitando sua atuação quanto à aferição dos aspectos relativos à sua legalidade. A esse respeito, assinale a opção correta.

(A) A garantia constitucional de que ninguém será obrigado a deixar de fazer algo senão em virtude de lei assegura ao administrador público ilimitada discricio-

nariedade na escolha dos critérios de conveniência e oportunidade nos casos de anomia.

(B) Embora discricionariedade e arbitrariedade sejam espécies do mesmo gênero e, portanto, legítimas, apenas a segunda é passível de controle de legalidade em sentido estrito.

(C) O abuso de poder e a arbitrariedade têm como traço de distinção o fato de que aquele se sujeita ao controle judicial e esta, somente à revisão administrativa.

(D) Não há discricionariedade *contra legem*.

A: incorreta. O administrador público só pode fazer o que a lei determinar ou permitir; a garantia de que trata a primeira parte da afirmativa vale para os particulares (art. 5º, II, da CF), e não para o agente público (art. 37, *caput*, da CF); **B:** incorreta. A arbitrariedade não é legítima num Estado de Direito (art. 1º, *caput*, da CF); **C:** incorreta. Tanto o abuso de poder como a arbitrariedade estão sujeitos ao controle jurisdicional; **D:** correta. De fato, a discricionariedade é sempre dentro da lei, é sempre uma margem de liberdade ditada pela lei, e não contra a lei.

Gabarito "D"

3.4. Extinção do ato administrativo

Segue resumo acerca das formas de extinção dos atos administrativos

– Cumprimento de seus efeitos: como exemplo, temos a autorização da Prefeitura para que seja feita uma festa na praça de uma cidade. Este ato administrativo se extingue no momento em que a festa termina, uma vez que seus efeitos foram cumpridos.

– Desaparecimento do sujeito ou do objeto sobre o qual recai o ato: morte de um servidor público, por exemplo.

– Contraposição: extinção de um ato administrativo pela prática de outro antagônico em relação ao primeiro. Ex.: com o ato de exoneração do servidor público, o ato de nomeação fica automaticamente extinto.

– Renúncia: extinção do ato por vontade do beneficiário deste.

– Cassação: extinção de um ato que beneficia um particular por este não ter cumprido os deveres para dele continuar gozando. Não se confunde com a revogação – que é a extinção do ato por não ser mais conveniente ao interesse público. Também difere da anulação – que é a extinção do ato por ser nulo. Como exemplo desse tipo de extinção tem-se a permissão para banca de jornal se instalar numa praça, cassada porque seu dono não paga o preço público devido; ou a autorização de porte de arma de fogo, cassada porque o beneficiário é detido ou abordado em estado de embriaguez ou sob efeito de entorpecentes (art. 10, § 2º, do Estatuto do Desarmamento – Lei 10.826/2003).

– Caducidade. Extinção de um ato porque a lei não mais o permite. Trata-se de extinção por invalidade ou ilegalidade superveniente. Exs.: autorização para condutor de perua praticar sua atividade que se torna caduca por conta de lei posterior não mais permitir tal transporte na cidade; autorizações de porte de arma que caducaram 90 dias após a publicação do Estatuto do Desarmamento, conforme reza seu art. 29.

– Revogação. Extinção de um ato administrativo legal ou de seus efeitos por outro ato administrativo, efetuada somente pela Administração, dada a existência de fato novo que o torne inconveniente ou inoportuno, respeitando-se os efeitos precedentes (efeito "ex nunc"). Ex.: permissão para a mesma banca de jornal se instalar numa praça, revogada por estar atrapalhando o trânsito de pedestres, dado o aumento populacional, não havendo mais conveniência na sua manutenção.

O sujeito ativo da revogação é a Administração Pública, por meio da autoridade administrativa competente para o ato, podendo ser seu superior hierárquico. O Poder Judiciário nunca poderá revogar um ato administrativo, já que se limita a apreciar aspectos de legalidade (o que gera a anulação), e não de conveniência, salvo se tratar de um ato administrativo da Administração Pública dele, como na hipótese em que um provimento do próprio Tribunal é revogado.

Quanto ao tema objeto da revogação, tem-se que este recai sobre o ato administrativo ou relação jurídica deste decorrente, saliente-se que o ato administrativo deve ser válido, pois, caso seja inválido, estaremos diante de hipótese que enseja anulação. Importante ressaltar que não é possível revogar um ato administrativo já extinto, dada a falta de utilidade em tal proceder, diferente do que se dá com a anulação de um ato extinto, que, por envolver a retroação de seus efeitos (a invalidação tem efeitos "ex tunc"), é útil e, portanto, possível.

O fundamento da revogação é a mesma regra de competência que habilitou o administrador à prática do ato que está sendo revogado, devendo-se lembrar que só há que se falar em revogação nas hipóteses de ato discricionário.

Já o motivo da revogação é a inconveniência ou inoportunidade da manutenção do ato ou da relação jurídica gerada por este. Isto é, o administrador público faz apreciação ulterior e conclui pela necessidade da revogação do ato para atender ao interesse público.

Quanto aos efeitos da revogação, esta suprime o ato ou seus efeitos, mas respeita os efeitos que já transcorreram. Trata-se, portanto, de eficácia "ex nunc".

Há limites ao poder de revogar. São atos irrevogáveis os seguintes atos: os que a lei assim declarar; os atos já exauridos, ou seja, que cumpriram seus efeitos; os atos vinculados, já que não se fala em conveniência ou oportunidade neste tipo de ato, em que o agente só tem uma opção; os meros ou puros atos administrativos (exs.: certidão, voto dentro de uma comissão de servidores); os atos de controle; os atos complexos (praticados por mais de um órgão em conjunto); e atos que geram direitos adquiridos. Os atos gerais ou regulamentares são, por sua natureza, revogáveis a qualquer tempo e em quaisquer circunstâncias, respeitando-se os efeitos produzidos.

– Anulação (invalidação): *extinção do ato administrativo ou de seus efeitos por outro ato administrativo ou por decisão judicial, por motivo de ilegalidade, com efeito retroativo ("ex tunc")*. Ex.: anulação da permissão para instalação de banca de jornal em bem público por ter sido conferida sem licitação.

O sujeito ativo da invalidação pode ser tanto o administrador público como o juiz. A Administração Pública poderá invalidar de ofício ou a requerimento do interessado. O Poder Judiciário, por sua vez, só poderá invalidar por provocação ou no bojo de uma lide. A possibilidade de o Poder Judiciário anular atos administrativos decorre do fato de estarmos num Estado de Direito (art. 1º, CF), em que a lei deve ser obedecida por todos, e também por conta do princípio da inafastabilidade da jurisdição ("a lei não poderá excluir da apreciação do Poder Judiciário lesão ou ameaça de lesão a direito" – art. 5º, XXXV) e da previsão constitucional do mandado de segurança, do "habeas data" e da ação popular.

O objeto da invalidação é o ato administrativo inválido ou os efeitos de tal ato (relação jurídica).

Seu fundamento é o dever de obediência ao princípio da legalidade. Não se pode conviver com a ilegalidade. Portanto, o ato nulo deve ser invalidado.

O motivo da invalidação é a ilegalidade do ato e da eventual relação jurídica por ele gerada. Hely Lopes Meirelles diz que o motivo da anulação é a ilegalidade ou ilegitimidade do ato, diferente do motivo da revogação, que é a inconveniência ou inoportunidade.

Quanto ao prazo para se efetivar a invalidação, o art. 54 da Lei 9.784/1999 dispõe "O direito da Administração de anular os atos administrativos de que decorram efeitos favoráveis para os destinatários decai em 5 (cinco) *anos, contados da data em que foram praticados, salvo comprovada má-fé"*. Perceba-se que tal disposição só vale para atos administrativos em geral de que decorram efeitos favoráveis ao agente (ex.: permissão, licença) e que tal decadência só aproveita ao particular se este estiver de boa-fé. A regra do art. 54 contém ainda os seguintes parágrafos: § 1º: *"No caso de efeitos patrimoniais contínuos, o prazo de decadência contar-se-á da percepção do primeiro pagamento"*; § 2º: *"Considera-se exercício do direito de anular qualquer medida de autoridade administrativa que importe impugnação à validade do ato"*.

No que concerne aos efeitos da invalidação, como o ato nulo já nasce com a sanção de nulidade, a declaração se dá retroativamente, ou seja, com efeito "ex tunc". Invalidam-se as consequências passadas, presentes e futuras do ato. Do ato ilegal não nascem direitos. A anulação importa no desfazimento do vínculo e no retorno das partes ao estado anterior. Tal regra é atenuada em face dos terceiros de boa-fé. Assim, a anulação de uma nomeação de um agente público surte efeitos em relação a este (que é parte da relação jurídica anulada), mas não em relação aos terceiros que sofreram consequências dos atos por este praticados, desde que tais atos respeitem a lei quanto aos demais aspectos.

(OAB/Exame XXXVI) Túlio era servidor público federal e falsificou documentos para, de má-fé, obter a sua aposentadoria por tempo de contribuição junto ao Regime Próprio de Previdência Social – RPPS. Por não ter sido verificado o problema dos documentos, o pedido foi deferido pelo órgão competente de origem e, pouco depois, registrado perante o Tribunal de Contas da União – TCU, que não verificou o embuste e não conferiu oportunidade de manifestação para Túlio. Ocorre que, seis anos após o aludido registro, a Corte de Contas tomou conhecimento do ardil de Túlio e da nulidade dos documentos apresentados, razão pela qual instaurou processo administrativo para fins de anular o registro promovido em dissonância com o ordenamento jurídico.

Diante dessa situação hipotética, aponte a assertiva correta.

8. DIREITO ADMINISTRATIVO 521

(A) A conduta do TCU foi irregular, na medida em que a aposentadoria de Túlio é ato administrativo simples, que não deveria ter sido submetido a registro perante a Corte de Contas.

(B) O exercício da autotutela, para fins de anular a aposentadoria de Túlio, não está fulminado pela decadência, diante de sua má-fé.

(C) O registro da aposentadoria de Túlio foi irregular, pois dependia da garantia da ampla defesa e contraditório perante o TCU.

(D) A anulação da aposentadoria não é mais viável, considerando que transcorrido o prazo prescricional de cinco anos para o exercício da pretensão.

A: incorreta, pois a aposentadoria depende sim de registro perante a Corte de Contas, que analisará a sua legalidade (art. 71, III, da CF), tratando-se, assim, de um ato complexo e não de um ato simples; **B:** correta, pois em geral o Poder Público tem 5 anos para anular atos ilegais (art. 54, *caput*, da Lei 9.784/99). Porém, havendo má-fé, esse prazo máximo não se aplica (vide novamente o mesmo dispositivo citado); vale ressaltar que, no caso, houve má-fé por parte do beneficiário do ato, de modo que não há que se falar em decadência no caso; **C:** incorreta, pois não é necessário ampla defesa e contraditório num ato que concede um direito a alguém; seria necessário apenas para atos que retirassem o direito de uma pessoa (art. 5º, LIV e LV, da CF); **D:** incorreta, pois, havendo má-fé, não se aplica o limite de 5 anos para a anulação do ato (art. 54, *caput*, da Lei 9.784/99).
„Gabarito „B".

(OAB/Exame XXXIV) O Parque de Diversões Alegrias ABC obteve legalmente autorização do Município Alfa para uso de bem público, de maneira a montar suas instalações e exercer suas atividades em determinada praça pública, pelo período de três meses. Um mês após a edição do ato de autorização de uso, sobreveio legislação municipal, alterando o plano diretor da cidade, tornando aquela área residencial e proibindo expressamente sua autorização de uso para fins recreativos, como a instalação de parques de diversão.

No caso em tela, houve extinção do ato administrativo de autorização de uso inicialmente válido por meio da

(A) cassação, devendo a autoridade municipal que emitiu o ato revogá-lo expressamente para o fiel cumprimento da lei e o Parque de Diversões Alegrias ABC não tem direito à indenização.

(B) caducidade, por força de ilegalidade superveniente causada pela alteração legislativa, sem culpa do beneficiário do ato Parque de Diversões Alegrias ABC.

(C) anulação, que ocorre de forma tácita, em razão de fato do príncipe superveniente, consistente na alteração do plano diretor da cidade, com direito de indenização ao Parque de Diversões Alegrias ABC.

(D) contraposição, por força de ilegalidade superveniente decorrente da nova lei municipal editada, devendo ser perquirida eventual culpa do Parque de Diversões Alegrias ABC.

A: incorreta, pois a cassação é o ato cabível quando um particular descumpre requisitos para continuar se beneficiando do ato; por exemplo, quando o particular deixa de pagar o preço público devido para usar um bem público; no caso em tela, a extinção da autorização de uso do bem público se deu por outra razão, no caso, a incompatibilidade do ato com a nova legislação municipal; **B:** correta, pois, de fato, a caducidade é a extinção de um ato administrativo pela superveniência de uma lei que não mais admite o ato que fora praticado em favor de um particular;

o particular não tem culpa nenhuma, nem há ilegalidade originária na concessão do primeiro ato; o que há é apenas uma legislação nova que está em contrariedade com o ato de autorização de uso que fora concedido ao particular; **C:** incorreta, pois a anulação é o ato cabível quando o ato administrativo já nasceu ilegal e merece ser anulado; por exemplo, quando o particular recebe uma autorização de bem público mediante o pagamento de propina para o Prefeito municipal; no caso em tela, a extinção da autorização de uso do bem público não se deu por ilegalidade originária, mas sim por outra razão, no caso, a incompatibilidade do ato com a nova legislação municipal; **D:** incorreta, pois a contraposição é a extinção de um ato quando o poder público expede um novo ato administrativo incompatível com o primeiro; por exemplo, quando o poder público, que havia dado a autorização de uso para um particular, depois vem a dar essa mesma autorização de uso para um outro particular, ficando a primeira extinta por contraposição; no caso em tela, a extinção da autorização de uso do bem público se deu por outra razão, no caso, a incompatibilidade do ato com a nova legislação municipal e não um novo ato administrativo.
„Gabarito „B".

(OAB/Exame Unificado – 2020.1) Otacílio, novo prefeito do Município Kappa, acredita que o controle interno é uma das principais ferramentas da função administrativa, razão pela qual determinou o levantamento de dados nos mais diversos setores da Administração local, a fim de apurar se os atos administrativos até então praticados continham vícios, bem como se ainda atendiam ao interesse público. Diante dos resultados de tal apuração, Otacílio deverá

(A) revogar os atos administrativos que contenham vícios insanáveis, ainda que com base em valores jurídicos abstratos.

(B) convalidar os atos administrativos que apresentem vícios sanáveis, mesmo que acarretem lesão ao interesse público.

(C) desconsiderar as circunstâncias jurídicas e administrativas que houvessem imposto, limitado ou condicionado a conduta do agente nas decisões sobre a regularidade de ato administrativo.

(D) indicar, de modo expresso, as consequências jurídicas e administrativas da invalidação de ato administrativo.

A: incorreta, pois atos que contêm vícios insanáveis são atos nulos e, assim, devem ser anulados, e não revogados; **B:** incorreta, pois atos que contenham vícios sanáveis podem sim ser convalidados, mas desde que não acarretem lesão ao interesse público (art. 55 da Lei 9.784/99); vale adicionar que eles também não poderiam ser convalidados se houver prejuízo a terceiros; **C:** incorreta, pois a Lei de Introdução às Normas do Direito Brasileiro estabelece agora que, na análise da regularidade de um ato administrativo, é necessário levar em conta as circunstâncias que houverem imposto, limitado ou condicionado a ação do agente público (art. 22, § 1º); **D:** correta, nos termos do art. 21, *caput*, da Lei de Introdução às Normas do Direito Brasileiro.
„Gabarito „D".

(OAB/Exame Unificado – 2019.3) José, servidor público federal ocupante exclusivamente de cargo em comissão, foi exonerado, tendo a autoridade competente motivado o ato em reiterado descumprimento da carga horária de trabalho pelo servidor. José obteve, junto ao departamento de recursos humanos, documento oficial com extrato de seu ponto eletrônico, comprovando o regular cumprimento de sua jornada de trabalho.

Assim, o servidor buscou assistência jurídica junto a um advogado, que lhe informou corretamente, à luz do ordenamento jurídico, que

(A) não é viável o ajuizamento de ação judicial visando a invalidar o ato de exoneração, eis que o próprio texto constitucional estabelece que cargo em comissão é de livre nomeação e exoneração pela autoridade competente, que não está vinculada ou limitada aos motivos expostos para a prática do ato administrativo.

(B) não é viável o ajuizamento de ação judicial visando a invalidar o ato de exoneração, eis que tal ato é classificado como vinculado, no que tange à liberdade de ação do administrador público, razão pela qual o Poder Judiciário não pode se imiscuir no controle do mérito administrativo, sob pena de violação à separação dos Poderes.

(C) é viável o ajuizamento de ação judicial visando a invalidar o ato de exoneração, eis que, apesar de ser dispensável a motivação para o ato administrativo discricionário de exoneração, uma vez expostos os motivos que conduziram à prática do ato, estes passam a vincular a Administração Pública, em razão da teoria dos motivos determinantes.

(D) é viável o ajuizamento de ação judicial visando a invalidar o ato de exoneração, eis que, por se tratar de um ato administrativo vinculado, pode o Poder Judiciário proceder ao exame do mérito administrativo, a fim de aferir a conveniência e a oportunidade de manutenção do ato, em razão do princípio da inafastabilidade do controle jurisdicional.

A e B: incorretas, pela aplicação da teoria dos motivos determinantes, conforme exposto no comentário à alternativa correta; **C:** correta; a questão traz a aplicação prática da teoria dos motivos determinantes; de acordo com essa teoria, quando o agente que expede um ato administrativo explicita o motivo fático que o está levando a expedir aquele ato, a existência ou não desses motivos determinam a validade do ato; assim, se houver prova de que os motivos eram falsos, o ato administrativo será considerado nulo; no caso em tela, a autoridade competente não tinha o deve de motivar (já que os cargos em comissão são de livre provimento e livre exoneração – art. 37, II, da CF), mas, uma vez que resolveu fazê-lo, passou a ficar vinculada aos motivos fáticos levantados; **D:** incorreta; primeiro porque o ato de exonerar alguém de um cargo em comissão não é vinculado, mas sim discricionário, já que a autoridade competente não precisa se explicar (livre nomeação e livre exoneração – art. 37, II, da CF); segundo porque, se fosse um ato discricionário, o Judiciário não poderia analisar o mérito em si desse ato; é errado afirmar que essa análise é possível; no caso o Judiciário só pode analisar porque se aplica a teoria dos motivos determinantes.

Gabarito "C".

(OAB/Exame Unificado – 2019.2) Luciana, imbuída de má-fé, falsificou documentos com a finalidade de se passar por filha de Astolfo (recentemente falecido, com quem ela não tinha qualquer parentesco), movida pela intenção de obter pensão por morte do pretenso pai, que era servidor público federal. Para tanto, apresentou os aludidos documentos forjados e logrou a concessão do benefício junto ao órgão de origem, em março de 2011, com registro no Tribunal de Contas da União, em julho de 2014. Contudo, em setembro de 2018, a administração verificou a fraude, por meio de processo administrativo em que ficou comprovada a má-fé de Luciana, após o devido processo legal. Sobre essa situação hipotética, no que concerne ao exercício da autotutela, assinale a afirmativa correta.

(A) A administração tem o poder-dever de anular a concessão do benefício diante da má-fé de Luciana, pois não ocorreu a decadência.

(B) O transcurso do prazo de mais de cinco anos da concessão da pensão junto ao órgão de origem importa na decadência do poder-dever da administração de anular a concessão do benefício.

(C) O controle realizado pelo Tribunal de Contas por meio do registro sana o vício do ato administrativo, de modo que a administração não mais pode exercer a autotutela.

(D) Ocorreu a prescrição do poder-dever da administração de anular a concessão do benefício, na medida em que transcorrido o prazo de três anos do registro perante o Tribunal de Contas.

A: correta; o art. 54, *caput*, da Lei 9.784/99 confere à Administração o direito de anular atos benéficos aos particulares, desde que esta o faça no prazo máximo de 5 anos da data da prática do ato, salvo comprovada má-fé. No caso em tela, o ato de concessão da pensão foi praticado em março de 2011 e se aperfeiçoou, por ser um ato complexo, em julho de 2014, sendo que a sua anulação se deu em setembro de 2018; dessa forma, entre 2014 (data do aperfeiçoamento do ato) e 2018 (data da anulação do ato) não houve decadência, visto que esta se dá em 5 anos; e mesmo que se considere como data da prática do ato o ano de 2011 (quando houve a percepção do primeiro pagamento), também não há decadência, pois, como ficou comprovada a *má-fé* da interessada, nesse caso a decadência não opera nem mesmo após passados os 5 anos previstos em lei; é importante considerar o ano de 2011 como início do prazo para anular, pois o § 1º do art. 54 da Lei 9.784/99 estabelece que, quanto aos atos que geram efeitos patrimoniais contínuos (como é o caso da pensão), o prazo de decadência contar-se-á da percepção do primeiro pagamento; de qualquer maneira, como houve má-fé da interessada, a decadência não se operou; **B:** incorreta, pois, de acordo com o art. 54 da Lei 9.784/99 essa é sim a regra, mas, em caso de comprovada má-fé do beneficiário do ato, a decadência não se opera nem após o transcurso do prazo de 5 anos; **C:** incorreta; o controle realizado pelo Tribunal de Contas apenas aperfeiçoa o ato, que é um ato do tipo *complexo*; ele não tem o condão de tornar um ato inválido em um ato válido agora; **D:** incorreta, pois o prazo decadencial é de 5 anos, e não de 3 anos (art. 54, *caput*, da Lei 9.784/99); ademais, como o beneficiário do ato estava de má-fé, nem mesmo em 5 anos a decadência terá se operado.

Gabarito "A".

(OAB/Exame Unificado – 2017.2) Ao realizar uma auditoria interna, certa entidade administrativa federal, no exercício da autotutela, verificou a existência de um ato administrativo portador de vício insanável, que produz efeitos favoráveis para a sociedade Tudobeleza S/A, a qual estava de boa-fé. O ato foi praticado em 10 de fevereiro de 2012. Em razão disso, em 17 de setembro de 2016, a entidade instaurou processo administrativo, que, após o exercício da ampla defesa e do contraditório, culminou na anulação do ato em 05 de junho de 2017. Com relação ao transcurso do tempo na mencionada situação hipotética, assinale a afirmativa correta.

(A) Não há decadência do direito de anular o ato eivado de vício, considerando que o processo que resultou na invalidação foi instaurado dentro do prazo de 5 (cinco) anos.

(B) Consumou-se o prazo prescricional de 5 (cinco) anos para o exercício do poder de polícia por parte da Administração Pública federal.

8. DIREITO ADMINISTRATIVO

(C) O transcurso do tempo não surte efeitos no caso em questão, considerando que a Administração pode anular seus atos viciados a qualquer tempo.

(D) Consumou-se a decadência para o exercício da autotutela, pois, entre a prática do ato e a anulação, transcorreram mais de 5 (cinco) anos.

A: correta. O prazo decadencial para a Administração exercer o direito de anular atos nulos que beneficiam pessoas de boa-fé é de 5 anos (art. 54, "caput", da Lei 9.784/1999); porém o § 2º do art. 54 considera exercício do direito de anular da Administração qualquer medida da autoridade administrativa que importe em impugnação à validade do ato, de forma que, como o processo que resultou na invalidação do ato foi instaurado em 17/09/16, ou seja, antes de 5 anos da prática do ato (10/02/12), não há que se falar em decadência no caso; **B:** incorreta; primeiro porque no caso não se fala em "prescrição", mas sim em "decadência"; e também porque, como o processo que resultou na invalidação do ato foi instaurado em 17/09/16, ou seja, antes de 5 anos da prática do ato (10/02/12), não há que se falar em decadência no caso (art. 54, "caput", c/c o § 2º, da Lei 9.784/1999); **C:** incorreta, pois a lei estabelece prazo decadencial de 5 anos para a Administração anular atos que gerem efeitos favoráveis a terceiros de boa-fé (art. 54, "caput", da Lei 9.784/1999); **D:** incorreta, pois, como o processo que resultou na invalidação do ato foi instaurado em 17/09/16, ou seja, antes de 5 anos da prática do ato (10/02/12), não há que se falar em decadência no caso (art. 54, caput, c/c o § 2º, da Lei 9.784/1999). WG

Gabarito "A"

(OAB/Exame Unificado – 2015.2) Manoel da Silva é comerciante, proprietário de uma padaria e confeitaria de grande movimento na cidade ABCD. A fim de oferecer ao público um serviço diferenciado, Manoel formulou pedido administrativo de autorização de uso de bem público (calçada), para a colocação de mesas e cadeiras. Com a autorização concedida pelo Município, Manoel comprou mobiliário de alto padrão para colocá-lo na calçada, em frente ao seu estabelecimento. Uma semana depois, entretanto, a Prefeitura revogou a autorização, sem apresentar fundamentação. A respeito do ato da prefeitura, que revogou a autorização, assinale a afirmativa correta.

(A) Por se tratar de ato administrativo discricionário, a autorização e sua revogação não podem ser investigadas na via judicial.

(B) A despeito de se tratar de ato administrativo discricionário, é admissível o controle judicial do ato.

(C) A autorização de uso de bem público é ato vinculado, de modo que, uma vez preenchidos os pressupostos, não poderia ser negado ao particular o direito ao seu uso, por meio da revogação do ato.

(D) A autorização de uso de bem público é ato discricionário, mas, uma vez deferido o uso ao particular, passa-se a estar diante de ato vinculado, que não admite revogação.

A: incorreta, pois os atos discricionários podem sim ser objeto de controle jurisdicional, que se dá quanto aos aspectos de legalidade, razoabilidade e moralidade do ato administrativo; **B:** correta, pois, como mencionado, os atos discricionários podem ser objeto de controle do Judiciário quanto aos seus aspectos de legalidade, razoabilidade e moralidade; **C** e **D:** incorretas, pois a autorização de uso de bem público é ato *discricionário* (portanto, não vinculado) e *precário* (portanto, passível de revogação a qualquer tempo).

Gabarito "B"

(OAB/Exame Unificado – 2011.2) A revogação representa uma das formas de extinção de um ato administrativo. Quanto a esse instituto, é correto afirmar que

(A) pode se dar em relação aos atos vinculados ou discricionários, produzindo ora efeito *ex tunc*, ora efeito *ex nunc*.

(B) pode se dar tanto em relação a atos viciados de ilegalidade ou não, desde que praticados dentro de uma competência discricionária.

(C) produz efeitos retroativos, retirando o ato do mundo, de forma a nunca ter existido.

(D) apenas pode se dar em relação aos atos válidos, praticados dentro de uma competência discricionária, produzindo efeitos *ex nunc*.

A: incorreta, pois a revogação só incide sobre atos discricionários, não atingindo atos vinculados; ademais, a revogação tem sempre efeito *ex nunc*, e não *ex tunc*; **B:** incorreta, pois quando um ato é viciado de ilegalidade, deve-se anular, e não revogar o ato; ou seja, a anulação é prejudicial em relação à revogação; se couber a primeira, não se fala na segunda; **C:** incorreta, pois a revogação tem efeito *ex nunc*, ou seja, não retroativo, ao contrário da anulação, que tem efeito *ex tunc*, ou seja, retroativo; **D:** correta, pois a revogação incide sobre atos válidos (= a não ilegais) e discricionários, e tem efeito *ex nunc*.

Gabarito "D"

(OAB/Exame Unificado – 2011.1) Em âmbito federal, o direito de a Administração Pública anular atos administrativos eivados de vício de ilegalidade, dos quais decorram efeitos favoráveis para destinatários de boa-fé

(A) decai em 5 (cinco) anos, contados da data em que praticado o ato.

(B) não se submete a prazo prescricional.

(C) prescreve em 10 (dez) anos, contados da data em que praticado o ato.

(D) não se submete a prazo decadencial.

De fato, o art. 54, *caput*, da Lei 9.784/1999 dispõe que o prazo decadencial para anular atos que beneficiam alguém de boa-fé é de 5 anos, contados da data em que praticado o ato. Apesar se a alternativa "a" ser a "mais correta", a afirmativa está incompleta, pois, no caso de atos com efeitos patrimoniais contínuos, o prazo decadencial contar-se-á da percepção do primeiro pagamento (art. 54, § 1º, da Lei 9.784/1999).

Gabarito "A"

(OAB/Exame Unificado – 2010.3) O prefeito de um determinado município resolve, por decreto municipal, alterar unilateralmente as vias de transporte de ônibus municipais, modificando o que estava previsto nos contratos de concessão pública de transportes municipais válidos por vinte anos. O objetivo do prefeito foi favorecer duas empresas concessionárias específicas, com que mantém ligações políticas e familiares, ao lhes conceder os trajetos e linhas mais rentáveis. As demais três empresas concessionárias que também exploram os serviços de transporte de ônibus no município por meio de contratos de concessão sentem-se prejudicadas. Na qualidade de advogado dessas últimas três empresas, qual deve ser a providência tomada?

(A) Ingressar com ação judicial, com pedido para que os benefícios concedidos às duas primeiras empresas também sejam extensivos às três empresas clientes.

(B) Ingressar com ação judicial, com pedido de indenização em face do Município pelos prejuízos de ordem financeira causados.

(C) Nenhuma medida merece ser tomada na hipótese, tendo em vista que um dos poderes conferidos à Administração Pública nos contratos de concessão é a modificação unilateral das suas cláusulas.

(D) Ingressar com ação judicial, com pedido de liminar para que o Poder Judiciário exerça o controle do ato administrativo expedido pelo prefeito e decrete a sua nulidade ou suspensão imediata, já que eivado de vício e nulidade, por configurar ato fraudulento e atentatório aos princípios que regem a Administração Pública.

Numa concessão de serviço público há dois elementos marcantes, quais sejam: a) cláusulas regulamentares, consistentes no regulamento do serviço (ex: linhas dos ônibus, horário de prestação de serviço etc.); b) cláusulas contratuais, consistentes nos valores que serão recebidos pelas empresas concessionárias de serviço público. A Administração Pública não pode alterar o equilíbrio das cláusulas contratuais. Porém, pode alterar as cláusulas regulamentares, pois estas devem ser alteradas de acordo com as exigências do interesse público. O problema é que o enunciado da questão revela que as alterações feitas tiveram motivação diversa das exigências do interesse público. As alterações foram feitas com o intuito de favorecer empresas concessionárias específicas. Assim sendo, violaram, no mínimo, os princípios da legalidade, da moralidade e da impessoalidade, tratando-se de alterações nulas. Diante de atos ilegais, é cabível, tão somente, o pedido judicial de anulação de tais atos, pedido esse que deve ser acompanhado de requerimento de liminar, para a suspensão imediata dos efeitos do ato impugnado.
Gabarito "D".

(OAB/Exame Unificado – 2010.1) Assinale a opção correta no que se refere à revogação dos atos administrativos.

(A) A revogação do ato administrativo produz efeitos *ex tunc*.

(B) Atos vinculados não podem ser objeto de revogação.

(C) A revogação pode atingir certidões e atestados.

(D) Atos que gerarem direitos adquiridos poderão ser revogados.

A: incorreta. A revogação do ato administrativo produz efeitos *ex nunc*. Doutrina: Maria Sylvia Zanella Di Pietro. **Direito administrativo.** 22. ed., p. 249; **B:** correta. Os atos vinculados não podem ser objeto de revogação porque não possuem margem de discricionariedade, ou seja, não há aspectos relativos à oportunidade e conveniência. Doutrina: *Idem, ibidem*; **C:** incorreta. A revogação não pode atingir tais atos (certidões, atestados etc.), já que os efeitos deles decorrentes são oriundos de lei e dizem respeito a situações fáticas imodificáveis pela vontade da Administração Pública. Doutrina: *Idem, ibidem*, p. 250; **D:** incorreta. Tais atos não podem ser revogados (o juízo de conveniência e oportunidade da administração não pode atingir os direitos adquiridos). Doutrina: *Idem, ibidem*.
Gabarito "B".

(OAB/Exame Unificado – 2009.3) Acerca das modalidades de extinção dos atos administrativos, assinale a opção correta.

(A) A revogação configura modalidade de extinção cuja retirada ocorre por motivos de conveniência, oportunidade e ilegalidade.

(B) A renúncia é modalidade de extinção por meio da qual são extintos os efeitos do ato por motivos de interesse público.

(C) A cassação configura modalidade de extinção em que a retirada decorre de razões de oportunidade e de conveniência.

(D) A caducidade configura modalidade de extinção em que ocorre a retirada por ter sobrevindo norma jurídica que tornou inadmissível situação antes permitida pelo direito e outorgada pelo ato precedente.

A: incorreta. A revogação se dá por motivo de conveniência e oportunidade, e não por motivo de ilegalidade; esta é motivo para a *anulação* do ato administrativo, e não para a *revogação* deste; **B:** incorreta. A renúncia é a extinção do ato administrativo feita a pedido do beneficiário do ato; **C:** incorreta. A cassação é a extinção do ato administrativo pelo descumprimento, pelo particular, dos requisitos para continuar se beneficiando do ato; **D:** correta. O conceito de caducidade está correto; outro conceito possível é aquele pelo qual a caducidade é a extinção de um ato administrativo pela ilegalidade superveniente que atinge este.
Gabarito "D".

(OAB/Exame Unificado – 2008.3) Maria, servidora pública aposentada há 15 anos, teve suspenso o pagamento de seus proventos por decisão da administração pública, que não a notificou previamente para se defender. A servidora, por meio de seu advogado, requereu, administrativamente, o pagamento de seus proventos, tendo em vista a ilegalidade da suspensão, ante a evidente ausência de contraditório e ampla defesa. A administração pública negou o pedido e manteve a suspensão do pagamento da aposentadoria de Maria, que, então, ajuizou uma ação com pedido liminar perante o Poder Judiciário, pleiteando a anulação do ato administrativo e o restabelecimento do seu direito. No Poder Judiciário, a liminar requerida pela servidora foi negada, e o processo judicial teve seguimento normal. Antes que o processo judicial chegasse a seu término, e antes mesmo de proferida a sentença final, a administração anulou o ato administrativo que suspendera o pagamento dos proventos a Maria, restabelecendo-o.

Com base nessa situação hipotética, assinale a opção correta.

(A) O ato de anulação praticado pela administração pública foi inadequado, pois cabível seria a revogação do ato de suspensão dos proventos de Maria.

(B) A possibilidade de apreciação judicial do ato denota a perda do poder de autotutela da administração pública.

(C) A conduta da administração pública não afronta o princípio da separação dos poderes, pois, mesmo diante da não concessão da liminar – o que trazia à administração pública uma situação processual favorável –, é possível a ela rever seus próprios atos quando eivados de vícios, ainda que estejam sendo discutidos judicialmente.

(D) Ainda que houvesse decisão, transitada em julgado, declarando a legalidade do ato de suspensão do pagamento dos proventos de Maria, poderia a administração pública, de acordo com o princípio da independência das instâncias, anular ou revogar o ato administrativo que suspendera o pagamento da aposentadoria da servidora.

A: incorreta. A falta de contraditório e ampla defesa, por si só, tornava o ato ilegal; diante de atos *ilegais*, deve-se proceder à anulação, e não à revogação, pois esta é própria dos atos *inconvenientes*; **B:** incorreta.

8. DIREITO ADMINISTRATIVO

O poder de autotutela é o poder de a própria Administração anular e revogar os seus atos, *independentemente* de apreciação judicial; **C** e **D**: De fato, pelo princípio da autotutela, a Administração pode rever os seus atos a qualquer tempo, a não ser que já haja coisa julgada sobre o assunto.
Gabarito "C".

(OAB/Exame Unificado – 2008.2) Assinale a opção incorreta no que se refere à revogação de atos administrativos.

(A) Os atos discricionários são, via de regra, suscetíveis de revogação.

(B) Os atos que exauriram seus efeitos podem ser revogados, desde que motivadamente.

(C) Ao Poder Judiciário é vedado revogar atos administrativos emanados do Poder Executivo.

(D) Os atos que geram direitos adquiridos não podem ser revogados.

A: correta. Só atos discricionários podem ser revogados, pois os atos vinculados são aqueles em que somente há uma opção para o agente público; **B:** incorreta (devendo ser assinalada). Quando um ato exaure (cumpre) seus efeitos, ele fica extinto, de modo que não mais é passível de revogação; **C:** correta. O Poder Judiciário só pode anular atos do Executivo, e não revogar, pois a revogação importa em análise de conveniência e oportunidade administrativas; **D:** correta. Atos que geram direitos adquiridos não podem ser revogados (art. 5º, XXXVI, da CF).
Gabarito "B".

(OAB/Exame Unificado – 2008.2) Acerca da competência revogatória da administração pública, assinale a opção correta.

(A) Na ausência de dispositivo legal que regule a matéria, no exercício das funções administrativas, a competência para revogar um ato administrativo é sempre da autoridade que o tenha praticado.

(B) Ao Poder Judiciário não se reconhece competência para revogar atos administrativos.

(C) O exercício da competência revogatória é decorrência do princípio da publicidade dos atos administrativos.

(D) A competência revogatória pode ser exercida mesmo após a consumação e o exaurimento dos efeitos do ato administrativo praticado.

A: incorreta. Um ato pode ser revogado pela autoridade que o tenha praticado ou pela autoridade superior na hierarquia; **B:** correta. O Judiciário só pode revogar seus próprios atos, e não atos dos outros poderes; **C:** incorreta. A revogação é expressão do princípio do interesse público, e não da publicidade; **D:** incorreta. Um ato só pode ser revogado enquanto ainda existir; se o ato já foi extinto por consumação ou exaurimento, não há possibilidade de ser revogado.
Gabarito "B".

(OAB/Exame Unificado – 2007.2) Em relação aos atos administrativos, assinale a opção correta.

(A) Os atos de gestão são os que a administração pratica no exercício do seu poder supremo sobre os particulares.

(B) A presunção de legitimidade é atributo apenas dos atos administrativos vinculados.

(C) Revogação consiste na supressão de ato legítimo e eficaz realizada pela administração, por considerá-lo inconveniente ao interesse público.

(D) A anulação de um ato administrativo, em regra, implica o dever da administração de indenizar o admi-

nistrado pelos prejuízos decorrentes da invalidação do ato.

A: incorreta. Os atos de gestão, em contraposição aos atos de império, não são exercidos com supremacia em relação ao particular; **B:** incorreta. A presunção de legitimidade é atributo de todos os atos administrativos; **C:** correta. De fato, a revogação incide sobre atos legais e legítimos, porém inconvenientes pela existência de um fato novo; **D:** incorreta. De atos ilegais não nascem, como regra, direitos; portanto, a anulação não gera, como regra, o dever de indenizar; todavia, em matéria de contratos administrativos o contratante de boa-fé tem direito de ser indenizado pelas prestações que já tiver cumprido (art. 59, parágrafo único, da Lei 8.666/1993).
Gabarito "C".

(FGV – 2013) A respeito dos *atos administrativos* no ordenamento brasileiro, assinale a afirmativa **incorreta**.

(A) O Poder Judiciário pode exercer controle sobre os atos administrativos praticados pelos demais Poderes.

(B) O pronunciamento de invalidade de um ato administrativo pela própria Administração, em geral, opera efeitos *ex tunc*.

(C) A anulação de um ato administrativo pelo Poder Judiciário, em geral, tem eficácia retroativa, com a desconstituição dos efeitos havidos daquele ato.

(D) A validade do ato administrativo, ainda que discricionário, está condicionada à veracidade dos motivos indicados como seu fundamento, quando se aplica a teoria dos motivos determinantes.

(E) O Poder Judiciário deve invalidar os atos administrativos nulos e pode revogar os atos administrativos inconvenientes ou inoportunos, praticados pelos demais Poderes.

A: assertiva correta, em função dos princípios da inafastabilidade da apreciação jurisdicional (art. 5º, XXXV, da CF); **B** e **C**: assertivas corretas, pois a anulação tem efeitos retroativos ("ex tunc"), diferentemente da revogação, que não tem efeitos retroativos e sim efeitos ex nunc; **D:** assertiva correta, pois, de acordo com a Teoria dos Motivos Determinados, a veracidade e a adequação dos motivos invocados para a prática de um ato condiciona a validade deste, que será considerado nulo caso os motivos invocados estejam viciados; **E:** assertiva incorreta, devendo ser assinalada; o Judiciário não pode *revogar* atos administrativos dos demais Poderes. Além disso, o Poder Judiciário não poderá anular os atos administrativos inconvenientes ou inoportunos.A invalidação se baseará unicamente sobre a legalidade dos atos.
Gabarito "E".

(FGV – 2011) Entre os vícios que tornam nulo o ato administrativo está

(A) a incompetência, caracterizada quando o ato não se incluir nas atribuições legais do agente que o praticou.

(B) o desvio de finalidade, que é a omissão de formalidade indispensável à existência do ato.

(C) a ilegalidade do objeto, em que a matéria de direito em que se fundamenta o ato é inexistente.

(D) o vício de forma, que ocorre quando o resultado do ato importa em violação de lei.

(E) a inexistência dos motivos, quando o agente pratica o ato visando a objetivo diverso do previsto nas regras de competência.

A: correta (art. 2º, parágrafo único, *a*, da Lei 4.717/1965); **B:** incorreta, pois tal omissão caracteriza vício de forma (art. 2º, parágrafo único, *b*,

da Lei 4.717/1965); **C:** incorreta, pois tal inexistência caracteriza vício no motivo (art. 2º, parágrafo único, *d*, da Lei 4.717/1965); **D:** incorreta, pois a violação de lei importa em vício do objeto (art. 2º, parágrafo único, *c*, da Lei 4.717/1965); **E:** incorreta, pois tal intenção caracteriza vício de finalidade (art. 2º, parágrafo único, *e*, da Lei 4.717/1965).
Gabarito "A".

(FGV – 2011) Em relação à anulação e à revogação dos atos administrativos, é correto afirmar que

(A) só podem ser efetuadas por via judicial; entretanto, a revogação pode ser feita administrativamente.

(B) admitem apenas a via administrativa para a anulação e a via judicial para a revogação.

(C) ocorrem, em ambas as hipóteses, nos casos de inconveniência e inadequação do ato administrativo.

(D) se identifica a anulação quando o ato administrativo apresenta vício que o torne ilegal, já a revogação ocorre por razões de conveniência e oportunidade.

(E) são atos privativos da administração pública, sendo vedada a apreciação judicial.

A e **B:** incorretas, pois, pelo princípio da autotutela, tanto a anulação, como a revogação podem ser efetuadas por via administrativa, ou seja, sem a necessidade de serem levadas a juízo; **C:** incorreta, pois a revogação ocorre no caso de inconveniência, ao passo que a anulação ocorre por ilegalidade; **D:** correta, nos termos do comentário às alternativas "a" e "b"; **E:** incorreta, pois o Judiciário, caso provocado, pode controlar os atos de anulação e de revogação dos atos administrativos, pois nenhuma lesão ou ameaça de lesão a direito pode ser subtraída da apreciação do Judiciário.
Gabarito "D".

(FGV – 2011) Acarreta a nulidade do ato administrativo

(A) sua manifesta discricionariedade.

(B) a ausência de deliberação colegiada.

(C) a inexistência de prazo de validade.

(D) a desconformidade de seu objeto com a lei.

(E) sua emissão por particular e não pelo Estado.

A: incorreta, pois a lei estabelece discricionariedade (margem de liberdade) em alguns atos administrativos; **B:** incorreta, pois nem todo ato depende de deliberação colegiada; **C:** incorreta, pois nem todo ato administrativo é expedido para valer apenas por determinado prazo; **D:** correta, pois a ilegalidade é causa de nulidade do ato administrativo; **E:** incorreta, pois, nesse caso, está-se diante de ato administrativo inexistente, e não inválido (nulo).
Gabarito "D".

(FGV – 2011) O desfazimento de atos administrativos pela própria Administração Pública por razões de conveniência e oportunidade denomina-se

(A) revogação.

(B) anulação.

(C) homologação.

(D) convalidação.

(E) cassação.

A: correta, pois o motivo da revogação é justamente a existência de fato novo que torne inconveniente ou inoportuna a manutenção de algum ato administrativo; **B:** incorreta, pois o motivo da anulação é a ilegalidade do ato; **C:** incorreta, pois a homologação não importa o desfazimento do ato; trata-se do controle da regularidade formal do ato administrativo; **D:** incorreta, pois a convalidação é uma forma de sanear um ato administrativo anulável; **E:** incorreta, pois a cassação é

a extinção do ato administrativo por descumprimento, pelo particular, dos requisitos para continuar se beneficiando do ato.
Gabarito "A".

(FGV – 2010) São insuscetíveis de revogação, exceto:

(A) o ato vinculado.

(B) o ato que gerou direito adquirido.

(C) o ato de autorização para uso de bem público.

(D) o edital de licitação em razão de vício de legalidade.

(E) o ato de adjudicação do objeto da licitação após execução contratual.

São irrevogáveis os atos vinculados ("a"), os atos que geram direito adquirido ("b"), os atos ilegais ("d" – pois atos ilegais devem ser anulados, e não revogados) e os atos já exauridos ("e"). O ato de autorização de uso de bem público é ato discricionário (não vinculado) e precário (não gera direito adquirido), de modo que é ato suscetível de revogação.
Gabarito "C".

(FGV – 2010) A respeito da *validade* dos atos administrativos, assinale a alternativa correta.

(A) A Administração Pública do Estado do Rio de Janeiro pode convalidar atos inválidos, desde que sanáveis e que não acarretem lesão ao interesse público e nem prejuízo a terceiros.

(B) O Supremo Tribunal Federal sumulou o entendimento de que atos eivados de vício devem ser obrigatoriamente anulados pela Administração Pública, desde que deles não se originem direitos.

(C) A cassação é forma de extinção por meio da edição de ato administrativo com base em critérios de oportunidade e conveniência da Administração Pública.

(D) O processo administrativo é pressuposto necessário à invalidação dos atos administrativos.

(E) Os atos administrativos gozam de presunção de legitimidade, que determina a inversão do ônus da prova em juízo.

A: correta (art. 55 da Lei 9.784/1999); **B:** incorreta, pois a Súmula 473 do STF tem outro teor; de acordo com essa súmula, atos ilegais não geram direito, devendo ser anulados; **C:** incorreta, pois a extinção dos atos por critérios de oportunidade e conveniência tem o nome de *revogação*, e não de *cassação*; esta é a extinção do ato pelo fato de o particular não estar cumprindo com os requisitos para continuar se beneficiando deste; **D:** incorreta, pois não há essa exigência na Lei de Processo Administrativo Federal (art. 53 da Lei 9.784/1999); **E:** incorreta, pois, apesar de os atos administrativos terem presunção de legitimidade, em juízo, o ônus da prova é do autor da demanda, de maneira que, se o Poder Público for autor da ação, mesmo assim terá ônus da prova, a não ser que se trate de execução fiscal.
Gabarito "A".

(FGV – 2010) Nas alternativas a seguir, as afirmações são verdadeiras e a segunda é decorrente da primeira, À EXCEÇÃO DE UMA. Assinale-a.

(A) A anulação pode se dar por medida da Administração Pública, no exercício de seu poder de vigilância.

(B) A anulação pode se dar pelo Poder Judiciário, mediante provocação do interessado.

(C) A anulação tem como fundamento a ilegitimidade do ato administrativo, quando o ato apresenta vícios que configuram sua desconformidade explícita com o ordenamento jurídico ou desvio de poder.

(D) A anulação é ato privativo da Administração Pública, observadas as regras de competência e as relações de hierarquia e subordinação.

(E) A anulação é ato declaratório do vício de legalidade ou até mesmo de inexistência do ato administrativo anteriormente editado, apontando esse defeito, sempre preexistente à anulação.

A alternativa "d" é única em que há problema, pois é incorreto dizer que a anulação é ato privativo da Administração, já que o Judiciário também pode anular atos administrativos. Trata-se de uma questão difícil, pois o candidato fica mais preocupado em verificar a relação entre uma frase e outra e se esquece de verificar se cada uma das frases, isoladamente, são verdadeiras.

Gabarito "D".

(FGV – 2010) Nas alternativas a seguir, as afirmativas são corretas e a segunda vincula-se à primeira, À EXCEÇÃO DE UMA. Assinale-a.

(A) A administração pode revogar seus próprios atos, por motivo de conveniência ou oportunidade. / Na revogação, deve-se sempre respeitar os direitos adquiridos.

(B) A revogação decorre de critério de oportunidade e conveniência. / Mas há atos que não podem ser revogados, como os atos que já exauriram os seus efeitos.

(C) O ato administrativo que contenha vício insanável de legalidade deve ser anulado e não revogado. / A anulação desse ato administrativo deve ter efeitos retroativos.

(D) O ato administrativo não pode ser anulado com base em critério de oportunidade e conveniência. / A anulação do ato administrativo deve ser feita com base em critério de legalidade.

(E) A administração pode anular seus próprios atos quando eivados de vícios que os tornem ilegais. / Na anulação, deve-se sempre respeitar os direitos adquiridos.

A alternativa **"E"** é única em que há problema, pois é incorreto dizer que a anulação deve respeitar os direitos adquiridos, pois direitos não podem nascer das ilegalidades, quanto mais direitos adquiridos. Apenas a revogação deve respeitar direitos adquiridos. Trata-se também de uma questão difícil, pois o candidato fica mais preocupado em verificar a relação entre uma frase e outra e se esquece de verificar se as frases, isoladamente, são verdadeiras.

Gabarito "E".

4. ORGANIZAÇÃO DA ADMINISTRAÇÃO PÚBLICA

4.1. Conceitos básicos em matéria de organização administrativa

Segue um resumo sobre a parte introdutória do tema Organização da Administração Pública:

O objetivo deste tópico é efetuar uma série de distinções, de grande valia para o estudo sistematizado do tema. A primeira delas tratará da relação entre pessoa jurídica e órgãos estatais.

Pessoas jurídicas estatais são entidades integrantes da estrutura do Estado e dotadas de personalidade jurídica,

ou seja, de aptidão genérica para contrair direitos e obrigações.

Órgãos públicos são centros de competência integrantes das pessoas estatais instituídos para o desempenho das funções públicas por meio de agentes públicos. São, portanto, parte do corpo (pessoa jurídica). Cada órgão é investido de determinada competência, dividida entre seus cargos. Apesar de não terem personalidade jurídica, têm prerrogativas funcionais, o que admite até que interponham mandado de segurança, quando violadas. Tal capacidade processual, todavia, só têm os órgãos independentes e os autônomos. Todo ato de um órgão é imputado diretamente à pessoa jurídica da qual é integrante, assim como todo ato de agente público é imputado diretamente ao órgão à qual pertence (trata-se da chamada "teoria do órgão", que se contrapõe à teoria da representação ou do mandato, conforme se verá no capítulo seguinte). Deve-se ressaltar, todavia, que a representação legal da entidade é atribuição de determinados agentes, como o Chefe do Poder Executivo e os Procuradores. Confiram-se algumas classificações dos órgãos públicos, segundo o magistério de Hely Lopes Meirelles:

Quanto à posição, podem ser órgãos independentes (originários da Constituição e representativos dos Poderes do Estado: Legislativo, Executivo e Judiciário – aqui estão todas as corporações legislativas, chefias de executivo e tribunais, e juízos singulares); *autônomos* (estão na cúpula da Administração, logo abaixo dos órgãos independentes, tendo autonomia administrativa, financeira e técnica, segundo as diretrizes dos órgãos a eles superiores – cá estão os Ministérios, as Secretarias Estaduais e Municipais, a AGU etc.), *superiores* (detêm poder de direção quanto aos assuntos de sua competência, mas sem autonomia administrativa e financeira – ex.: gabinetes, procuradorias judiciais, departamentos, divisões etc.) e *subalternos* (são os que se acham na base da hierarquia entre órgãos, tendo reduzido poder decisório, com atribuições de mera execução – ex.: portarias, seções de expediente):

Quanto à estrutura, podem ser simples ou unitários (constituídos por um só centro de competência) e *compostos* (reúnem outros órgãos menores com atividades-fim idênticas ou atividades auxiliares – ex: Ministério da Saúde).

Quanto à atuação funcional, podem ser singulares ou unipessoais (atuam por um único agente – ex: Presidência da República) e *colegiados* ou *pluripessoais* (atuam por manifestação conjunta da vontade de seus membros – ex: corporações legislativas, tribunais e comissões).

Outra distinção relevante para o estudo da estrutura da Administração Pública é a que se faz entre desconcentração e descentralização. Confira-se.

Desconcentração é a distribuição interna de atividades administrativas, de competências. Ocorre de órgão para órgão da entidade Ex.: competência no âmbito da Prefeitura, que poderia estar totalmente concentrada no órgão Prefeito Municipal, mas que é distribuída internamente aos Secretários de Saúde, Educação etc.

Descentralização é a distribuição externa de atividades administrativas, que passam a ser exercidas por pessoa ou pessoas distintas do Estado. Dá-se de pessoa jurídica para pessoa jurídica como técnica de especialização. Ex.: criação de autarquia para titularizar e executar um dado serviço público, antes de titularidade do ente político que a criou.

Na descentralização por serviço a lei atribui ou autoriza que outra pessoa detenha a titularidade e a execução do serviço. Depende de lei. Fala-se também em outorga do serviço.

Na descentralização por colaboração o contrato ou ato unilateral atribui a outra pessoa a execução do serviço. Aqui o particular pode colaborar, recebendo a execução do serviço, e não a titularidade. Fala-se também em delegação do serviço e o caráter é transitório.

É importante também saber a seguinte distinção.

Administração direta compreende os órgãos integrados no âmbito direto das pessoas políticas (União, Estados, Distrito Federal e Municípios).

Administração indireta compreende as pessoas jurídicas criadas pelo Estado para titularizar e exercer atividades públicas (autarquias e fundações públicas) *e para agir na atividade econômica quando necessário (empresas públicas e sociedades de economia Mista)*.

Outra classificação relevante para o estudo do tema em questão é a que segue.

As pessoas jurídicas de direito público são os entes políticos e as pessoas jurídicas criadas por estes para exercerem típica atividade administrativa, o que impõe tenham, de um lado, prerrogativas de direito público, e, de outro, restrições de direito público, próprias de quem gere coisa pública[2]. Além dos entes políticos (União, Estados, Distrito Federal e Municípios), são pessoas jurídicas de direito público as *autarquias, fundações públicas, agências reguladoras* e *associações públicas* (consórcios públicos de direito público).

As pessoas jurídicas de direito privado estatais são aquelas criadas pelos entes políticos para exercer atividade econômica, devendo ter os mesmos direitos e restrições das demais pessoas jurídicas privadas, em que pese terem algumas restrições adicionais, pelo fato de terem sido criadas pelo Estado. São pessoas jurídicas de direito privado estatais as empresas públicas, as sociedades de economia mista, as fundações privadas criadas pelo Estado e os consórcios públicos de direito privado.

Também é necessário conhecer a seguinte distinção.

Hierarquia consiste no poder que um órgão superior tem sobre outro inferior, que lhe confere, dentre outras prerrogativas, uma ampla possibilidade de fiscalização dos atos do órgão subordinado.

Controle (tutela ou supervisão ministerial) *consiste no poder de fiscalização que a pessoa jurídica política tem sobre a pessoa jurídica que criou, que lhe confere tão somente a possibilidade de submeter a segunda ao cumprimento de seus objetivos globais, nos termos do que dispuser a lei*. Ex: a União não pode anular um ato administrativo de concessão de aposentadoria por parte do INSS (autarquia por ela criada), por não haver hierar-

quia; mas pode impedir que o INSS passe a comercializar títulos de capitalização, por exemplo, por haver nítido desvio dos objetivos globais para os quais fora criada a autarquia. Aqui não se fala em subordinação, mas em vinculação administrativa.

Por fim, há entidades que, apesar de não fazerem parte da Administração Pública Direta e Indireta, colaboram com a Administração Pública e são estudadas no Direito Administrativo. Tais entidades são denominadas entes de cooperação ou entidades paraestatais. São entidades que não têm fins lucrativos e que colaboram com o Estado em atividades não exclusivas deste. São exemplos de paraestatais as seguintes: a) *entidades do Sistema S* (SESI, SENAI, SENAC etc. – ligadas a categorias profissionais, cobram contribuições parafiscais para o custeio de suas atividades); b) *organizações sociais* (celebram *contrato de gestão* com a Administração); c) *organizações da sociedade civil de interesse público* – OSCIPs (celebram *termo de parceria* com a Administração).

(OAB/Exame XXXV) Em decorrência das queimadas que têm assolado certo bioma, os municípios vizinhos Alfa, Beta e Gama, nacionalmente conhecidos pelo turismo ambiental promovido na localidade e drasticamente afetados pelo fogo, decidiram formalizar um consórcio público com vistas a promover a proteção ao meio ambiente.

No respectivo protocolo de intenções, os entes federativos estabeleceram a denominação – *Protetivus* –, a finalidade, o prazo de duração, a sede do consórcio e a previsão de que o consórcio é associação pública, dentre outras cláusulas necessárias.

Diante dessa situação hipotética, em consonância com a legislação de regência, assinale a afirmativa correta.

(A) A associação pública *Protetivus* não poderá integrar a Administração Indireta dos municípios Alfa, Beta e Gama.

(B) Os municípios Alfa, Beta e Gama somente entregarão recursos financeiros ao consórcio público mediante contrato de rateio.

(C) Os municípios Alfa, Beta e Gama não poderiam formalizar o consórcio público em questão sem a participação da União.

(D) A edição de Decreto por cada um dos municípios envolvidos é suficiente para que a associação pública *Protetivus* adquira personalidade jurídica.

A: incorreta; a associação pública é um consórcio de direito público; e, segundo a Lei 11.107/05, "O consórcio público com personalidade jurídica de direito público integra a administração indireta de todos os entes da Federação consorciados"; **B:** correta, nos exatos termos do art. 8º, *caput*, da Lei 11.105/05; **C:** incorreta; não há essa determinação na lei; ao contrário, a lei dispõe que "A União somente participará de consórcios públicos em que também façam parte todos os Estados em cujos territórios estejam situados os Municípios consorciados" (art. 1º, p. 2º, da Lei 11.105/05); **D:** incorreta, pois é necessário lei ratificando o protocolo de intenções que dá ensejo à criação do consórcio público (arts. 5º, *caput*, e 6º I, da Lei 11.105/05).

Gabarito "B".

(OAB/Exame Unificado – 2016.1) O Estado X e os Municípios A, B e C subscreveram protocolo de intenções para a constituição de um consórcio com personalidade jurídica de direito privado para atuação na coleta, descarte e reci-

---

2. *Vide* art. 41 do Código Civil. O parágrafo único deste artigo faz referência às *pessoas de direito público com estrutura de direito privado*, que serão regidas, no que couber, pelas normas do CC. A referência quanto às fundações públicas, aplicando-se as normas do CC apenas quando não contrariarem os preceitos de direito público.

8. DIREITO ADMINISTRATIVO   529

clagem de lixo produzido no limite territorial daqueles municípios. Com base no caso apresentado, assinale a afirmativa correta.

(A) Por se tratar de consórcio a ser constituído entre entes de hierarquias diversas, a saber, Estado e Municípios, é obrigatória a participação da União.

(B) O consórcio de direito privado a ser constituído pelo Estado e pelos Municípios não está alcançado pela exigência de prévia licitação para os contratos que vier a celebrar.

(C) O consórcio entre o Estado e os Municípios será constituído por contrato e adquirirá personalidade jurídica mediante o atendimento dos requisitos da legislação civil.

(D) Por se tratar de consórcio para atuação em área de relevante interesse coletivo, não se admite que seja constituído com personalidade de direito privado.

A: incorreta, pois a União somente participará de consórcios públicos em que também façam parte todos os Estados em cujos territórios estejam situados os Municípios consorciados (art. 1º, § 2º, da Lei 11.107/2005), sendo que no caso não se tem uma obrigação de participação da União, mas apenas uma regra que dispõe que, caso a União queira participar de um consórcio público de Municípios, os Estados respectivos deverão estar presentes; **B**: incorreta, pois a licitação é dever inato às entidades da administração pública direta e indireta (art. 6º, § 2º, da Lei 11.107/2005), havendo dispensa de licitação apenas quando os próprios entes consorciados quiserem contratar o consórcio por eles criados (art. 2º, § 1º, III, da Lei 11.107/2005); **C**: correta (art. 6º, II, da Lei 11.107/2005); **D**: incorreta, pois, em se tratando de consórcio cujo objeto é a realização de objetivos de interesse comum entre os entes federativos consorciados, o que naturalmente pode acontecer em caso de relevante interesse coletivo, é cabível a criação de consórcio público de direito privado (art. 1º, caput, da Lei 11.107/2005); todavia, caso esse relevante interesse público só possa ser atingido mediante a criação de um consórcio para titularizar típica atividade administrativa, nesse caso não poderá ser criado um consórcio público de direito privado, mas somente um consórcio público de direito público, valendo lembrar que agora os consórcios públicos de direito público devem ter o seu pessoal admitido pelo regime celetista (art. 6º, p. 2º, da Lei 11.107/05, alterada pela Lei 13.822/19), o que em geral não acontece numa pessoa jurídica de direito público.
Gabarito "C".

(OAB/Exame Unificado – 2014.3) No Estado X, foi constituída autarquia para a gestão do regime próprio de previdência dos servidores estaduais. A lei de constituição da entidade prevê a possibilidade de apresentação de recurso em face das decisões da autarquia, a ser dirigido à Secretaria de Administração do Estado (órgão a qual a autarquia está vinculada).

Sobre a situação descrita, assinale a opção correta.

(A) Não é possível a criação de autarquia para a gestão da previdência dos servidores, uma vez que se trata de atividade típica da Administração Pública.

(B) Não cabe recurso hierárquico impróprio em face das decisões da autarquia, uma vez que ela goza de autonomia técnica, administrativa e financeira.

(C) A previsão de recurso dirigido à Secretaria de Administração do Estado (órgão ao qual a autarquia está vinculada) configura exemplo de recurso hierárquico próprio.

(D) São válidas tanto a constituição da autarquia para a gestão do regime previdenciário quanto a previsão de

cabimento do recurso ao órgão ao qual a autarquia está vinculada.

A: incorreta, pois as autarquias são pessoas jurídicas de direito público criadas justamente para fazer atividades típicas da Administração; **B**: incorreta, pois em a lei prevendo essa possibilidade (de recurso, que é chamado de recurso hierárquico impróprio pois é apreciado por pessoa jurídica diversa da pessoa jurídica que pratica os atos, não havendo *hierarquia* entre elas, mas *controle* ou *tutela*), o recurso em questão é legítimo. Vale lembrar que a lei que cria uma pessoa jurídica por um dado ente político tem o poder de definir os limites do *controle* ou *tutela* desse ente político em relação à pessoa jurídica que ele cria, podendo inclusive criar a figura desse recurso hierárquico impróprio; **C**: incorreta, pois o recurso hierárquico próprio é aquele julgado por *órgão* superior *hierarquicamente* ao órgão que decidiu, *internamente* à mesma pessoa jurídica; no caso em tela, tem-se um recurso que é julgado por uma *pessoa jurídica* (e não um órgão) que *controla* (e não tem hierarquia) outra pessoa jurídica, *externamente* então à pessoa jurídica que pratica o ato objeto de recurso; **D**: correta, pois, conforme mencionado, prevendo a lei tal possibilidade de recurso a ser julgado pela pessoa política que criou a pessoa jurídica que toma a decisão, o recurso em questão é legítimo, salientando outrossim que a lei que cria uma pessoa jurídica define os limites do *controle* ou *tutela* do ente criador, podendo assim criar a figura desse recurso hierárquico impróprio.
Gabarito "D".

(OAB/Exame Unificado – 2014.1) A União celebrou protocolo de intenções com o Estado A e os Municípios X, Y e Z do Estado B, todos em regiões de fronteira, para a constituição de um consórcio público na área de segurança pública. Considerando a disciplina legislativa acerca dos consórcios públicos, assinale a afirmativa correta.

(A) O consórcio público pode adquirir personalidade jurídica de direito público, constituindo-se em uma associação pública.

(B) O consórcio público representa uma comunhão de esforços, não adquirindo personalidade jurídica própria.

(C) A União não pode constituir consórcio do qual façam parte Municípios não integrantes de Estado não conveniado.

(D) O consórcio público adquire personalidade jurídica com a celebração do protocolo de intenções.

A: correta (art. 6º, I, da Lei 11.107/2005); **B**: incorreta, pois o consórcio público é uma pessoa jurídica, de maneira que tem personalidade jurídica (art. 6º, *caput*, da Lei 11.107/2005); **C**: incorreta, pois a União pode sim participar de consórcios públicos em que também façam parte todos os Estados cujos territórios estejam situados os Municípios consorciados (art. 1º, § 2º, da Lei 11.107/2005); aliás, a União só pode fazer parte de um consórcio público com municípios caso o Estado respectivo também faça parte do consórcio; **D**: incorreta, pois a personalidade é adquirida, no caso de consórcio público de direito público, com a vigência das leis que ratificam o protocolo de intenções, e, no caso de consórcio público de direito privado, mediante o atendimento dos requisitos da legislação civil (art. 6º, I e II, da Lei 11.107/2005).
Gabarito "A".

(OAB/Exame Unificado – 2012.2) Quanto às pessoas jurídicas que compõem a Administração Indireta, assinale a afirmativa correta.

(A) As autarquias são pessoas jurídicas de direito público, criadas por lei.

(B) As autarquias são pessoas jurídicas de direito privado, autorizadas por lei.

(C) As empresas públicas são pessoas jurídicas de direito público, criadas por lei.

(D) As empresas públicas são pessoas jurídicas de direito privado, criadas para o exercício de atividades típicas do Estado.

A: correta, pois as autarquias são pessoas jurídicas de direito público – já que são criadas para executar atividades típicas do Estado (art. 5º, I, do Dec.-lei 200/1967) –, cuja criação é feita *diretamente* pela lei (art. 37, XIX, da CF); **B:** incorreta, pois as autarquias são pessoas jurídicas de direito *público* e sua criação é feita *diretamente* pela lei (art. 37, XIX, da CF); **C:** incorreta, pois as empresas públicas são pessoas jurídicas de direito privado (art. 5º, II, do Dec.-lei 200/1967), e sua criação é *autorizada* por lei (art. 37, XIX, da CF); **D:** incorreta, pois as autarquias é que são criadas para o exercício de atividades típicas do Estado (art. 5º, I, do Dec.-lei 200/1967); as empresas públicas são criadas para explorar atividade econômica ou para meramente executar serviços públicos.
Gabarito "A".

(OAB/Exame Unificado – 2011.3.A) Quatro municípios celebram um consórcio público para desenvolverem um projeto comum para o tratamento industrial de lixo coletado em suas respectivas áreas, criando uma pessoa jurídica para gerenciar as atividades do consórcio. À luz da legislação aplicável, assinale a alternativa correta.

(A) Como se trata de atividade tipicamente estatal, essa pessoa jurídica administrativa deverá ser obrigatoriamente uma autarquia, criada por lei oriunda do maior município celebrante do pacto.

(B) O ordenamento jurídico brasileiro admite, no caso, tanto a criação de uma pessoa jurídica de direito público (a chamada associação pública) quanto de direito privado.

(C) O ordenamento jurídico brasileiro não admite a criação de uma entidade desse tipo, pois as pessoas jurídicas integrantes da Administração Indireta são apenas as indicadas no art. 5º do Decreto-Lei 200/67.

(D) A pessoa jurídica oriunda de um consórcio público não poderá ser, em hipótese alguma, uma pessoa jurídica de direito privado, pois isso não é admitido pela legislação aplicável.

A: incorreta, pois a associação de vários entes políticos para a criação de uma pessoa jurídica para a gestão associada de atividades típicas de Estado impõe a criação da pessoa jurídica denominada consórcio público de direito público ou associação pública, e não de uma autarquia tradicional (art. 241 da CF e art. 1º, da Lei 11.107/2005); **B:** correta, pois a gestão associada de serviços públicos pode se dar tanto na criação de uma pessoa jurídica para uma atividade típica de estado (ex.: entidade que fará a regulação e a fiscalização do serviço público), como na criação de uma pessoa jurídica para uma atividade que o particular poderia prestar (ex.: entidade que fará a mera execução do serviço público); no primeiro caso temos um consórcio público de direito público (associação pública), ao passo que no segundo caso, um consórcio público de direito privado, conforme previsão no art. 1º, § 1º, da Lei 11.107/2005; **C:** incorreta, pois há uma lei inteira tratando da criação de pessoas jurídicas para a gestão associada de serviços públicos (Lei 11.107/2005 – Lei de Consórcios Públicos); **D:** incorreta, nos termos do art. 1º, § 1º, da Lei 11.107/2005.
Gabarito "B".

(OAB/Exame Unificado – 2011.2) A estruturação da Administração traz a presença, necessária, de centros de competências denominados Órgãos Públicos ou, simplesmente, Órgãos. Quanto a estes, é correto afirmar que

(A) possuem personalidade jurídica própria, respondendo diretamente por seus atos.

(B) não possuem cargos, apenas funções, e estas são criadas por atos normativos do ocupante do respectivo órgão.

(C) não possuem cargos nem funções.

(D) suas atuações são imputadas às pessoas jurídicas a que pertencem.

A: incorreta, pois órgãos públicos não têm personalidade jurídica, já que são centros de competência interno às pessoas jurídicas; estas sim têm personalidade jurídica; **B** e **C:** incorretas, pois, no interior dos órgãos, há cargos e funções públicas, sendo que estas devem ser criadas por lei, em virtude do princípio da legalidade; **D:** correta, pois, de acordo com a Teoria do Órgão, os atos praticados por um órgão ou um agente público são imputados diretamente à pessoa jurídica à qual estes pertencem; assim, quando um Ministério (órgão) celebra um convênio, na verdade é a União (pessoa jurídica) que está celebrando o convênio, já que os atos de seus órgãos são imputados diretamente à pessoa jurídica correspondente.
Gabarito "D".

(OAB/Exame Unificado – 2011.1) A Lei 11.107, de 6 de abril de 2005, dispõe sobre normas gerais para a União, os Estados, o Distrito Federal e os Municípios contratarem consórcios públicos para a realização de objetivos de interesse comum. A respeito do regime jurídico aplicável a tais consórcios públicos, assinale a alternativa correta.

(A) A União somente participará de consórcios públicos em que também façam parte todos os Estados em cujos territórios estejam situados os Municípios consorciados.

(B) É vedada a celebração de contrato de consórcio público para a prestação de serviços cujo período seja inferior a 5 (cinco) anos.

(C) É vedada a celebração de contrato de consórcio público cujo valor seja inferior a R$ 20.000.000,00 (vinte milhões) de reais.

(D) Os consórcios públicos na área de saúde, em razão do regime de gestão associada, são dispensados de obedecer aos princípios que regulam o Sistema Único de Saúde.

As alternativas "B" e "C" são totalmente impertinentes ao instituto dos consórcios públicos. Elas guardam relação com outro instituto, a parceria público-privada (Lei 11.079/2004), e foram inseridas para confundir o examinando. A alternativa "A" está correta, pois traz a exata redação do art. 1º, § 2º, da Lei 11.107/2005. E a alternativa "D" está incorreta, pois o art. 1º, § 3º, da Lei 11.107/2005 estabelece justamente o contrário, ou seja, "os consórcios públicos, na área de saúde, deverão obedecer aos princípios, diretrizes e normas que regulam o Sistema Único de Saúde – SUS".
Gabarito "A".

(OAB/Exame Unificado – 2010.3) É correto afirmar que a desconcentração administrativa ocorre quando um ente político

(A) autoriza a criação, por lei e por prazo indeterminado, de uma nova pessoa jurídica de direito privado para auxiliar a administração pública.

(B) contrata, mediante concessão de serviço público, por prazo determinado, uma pessoa jurídica de direito público ou privado para desempenhar uma atividade típica da administração pública.

8. DIREITO ADMINISTRATIVO

(C) cria, por lei específica, uma nova pessoa jurídica de direito público para auxiliar a administração pública direta.

(D) cria, mediante lei, órgãos internos em sua própria estrutura para organizar a gestão administrativa.

A desconcentração é a distribuição *interna* de competências no âmbito de uma pessoa jurídica, ou seja, é a distribuição de competência de um *órgão* para um *órgão*. Já a descentralização é a distribuição *externa* de competência, ou seja, é a distribuição de competência de uma *pessoa jurídica* para outra *pessoa jurídica*. Assim sendo, as alternativas "A", "B" e "C" estão incorretas, pois a distribuição de competências ou atribuições para uma *pessoa jurídica* revela descentralização, e não desconcentração, ao passo que a alternativa "D", está correta, pois a criação de um *órgão* revela desconcentração, valendo lembrar que os órgãos devem ser criados por lei, em virtude do princípio da legalidade. Gabarito "D".

(OAB/Exame Unificado – 2010.1 - ADAPTADA) Em cada uma das opções abaixo, é apresentada uma situação hipotética, seguida de uma assertiva a ser julgada com relação à organização da administração pública. Assinale a opção em que a assertiva está correta.

(A) Hélio pretende ingressar com ação ordinária de repetição de indébito, visando à devolução do imposto de renda que fora pago, conforme alega, indevidamente. Nessa situação, a ação deverá ser proposta em face da Receita Federal do Brasil.

(B) A União qualificou uma instituição privada como organização social. Nessa situação, essa instituição passará a integrar a administração indireta da União.

(C) Jorge ingressou com reclamação trabalhista contra sociedade de economia mista federal exploradora de atividade econômica, em regime de ampla concorrência. Nessa situação, conforme o regime constitucional, os bens dessa empresa não podem ser penhorados, já que ela integra a administração indireta da União.

(D) Mediante previsão do contrato de consórcio público é possível que o contrato de programa poderá ser celebrado por entidades de direito público ou privado que integrem a administração indireta de qualquer dos entes da Federação consorciados ou conveniados.

A: incorreta. Essa ação deve ser proposta contra a União, pois é ela que tem personalidade jurídica própria. As ações da Secretaria da Receita Federal são imputadas à União, não podendo o órgão ser acionado em sede de ação de rito ordinário; **B:** incorreta. As organizações sociais não passam a integrar a administração indireta. Elas são apenas qualificadas pelo Poder Público, sem que isso as torne entidades integrantes do Estado; **C:** incorreta. Conforme inciso II do § 1.º do art. 173 da CF, o regime jurídico das empresas estatais exploradoras de atividade econômica será o mesmo daquele previsto para as entidades de direito privado. "Art. 173. Ressalvados os casos previstos nesta Constituição, a exploração direta de atividade econômica pelo Estado só será permitida quando necessária aos imperativos da segurança nacional ou a relevante. § 1.º A lei estabelecerá o estatuto jurídico da empresa pública, da sociedade de economia mista e de suas subsidiárias que explorem atividade econômica de produção ou comercialização de bens ou de prestação de serviços, dispondo sobre: (Redação dada pela Emenda Constitucional n.º 19, de 1998) I – sua função social e formas de fiscalização pelo Estado e pela sociedade; (Incluído pela Emenda Constitucional n.º 19, de 1998) II – a sujeição ao regime jurídico próprio das empresas privadas, inclusive quanto aos direitos e obrigações civis, comerciais, trabalhistas e tributários;" (Incluído pela Emenda Constitucional n.º 19, de 1998)"; **D:** correta. Art.

13, §5º, Lei 11.107/05: "Mediante previsão do contrato de consórcio público, ou de convênio de cooperação, o contrato de programa poderá ser celebrado por entidades de direito público ou privado que integrem a administração indireta de qualquer dos entes da Federação consorciados ou conveniados". **FC** Gabarito "D".

(OAB/Exame Unificado – 2009.2) No que concerne à administração pública, assinale a opção correta.

(A) A Caixa Econômica Federal é pessoa jurídica de direito público interno.

(B) O Banco do Brasil S.A., na qualidade de sociedade de economia mista controlada pela União, goza de privilégios fiscais não extensivos ao setor privado.

(C) As empresas públicas, cujos funcionários são regidos pelo regime dos servidores públicos da União, são criadas por meio de decreto do Presidente da República.

(D) Os órgãos públicos não são dotados de personalidade jurídica própria.

A: incorreta. Na Administração Indireta há dois tipos de pessoas jurídicas, as pessoas jurídicas de direito público (que realizam atividade típica da Administração; por exemplo, realizam fiscalização, como é o caso do IBAMA) e as pessoas jurídicas de direito privado estatais (que exploram atividade econômica ou meramente prestam serviços público; por exemplo, a Caixa Econômica Federal – CEF); assim, a CEF é uma pessoa jurídica de direito *privado* estatal; **B:** incorreta. O Banco do Brasil – BB é uma pessoa jurídica de direito privado estatal, já que explora atividade econômica; dessa forma, o BB não tem imunidade de impostos, pois seu regime deve ser o de direito privado, que reclama que esse banco concorra com os outros num regime de igualdade, ou seja, sem vantagens adicionais (art. 173, § 1º, II, da CF); **C:** incorreta. As empresas públicas, por serem pessoas de direito privado estatais, têm seus agentes regidos pela CLT (art. 173, § 1º, II, da CF), e não pelo regime dos servidores da União (regime estatutário); ademais, tais entidades, para serem criadas, dependem de autorização de *lei* específica (art. 37, XIX, da CF), que precede ao arquivamento de seus atos constitutivos no registro público competente; **D:** correta. De fato, os órgãos públicos não têm personalidade jurídica própria; os órgãos públicos são componentes das pessoas jurídicas; estas sim têm personalidade jurídica; assim, no âmbito da União, esta tem personalidade jurídica, ao passo que os Ministérios (por exemplo), que são órgãos, não têm personalidade. Gabarito "D".

(OAB/Exame Unificado – 2008.2) "(...) compartimento na estrutura estatal a que são cometidas funções determinadas, sendo integrado por agentes que, quando as executam, manifestam a própria vontade do Estado". José dos Santos Carvalho Filho. **Manual de direito administrativo**. 19. ed. Rio de Janeiro: Lumen Juris, 2008, p. 13.

O trecho acima se refere ao conceito de

(A) função pública.

(B) órgão público.

(C) pessoa de direito público.

(D) agente público.

Pela ordem crescente temos agentes públicos, órgãos públicos e pessoas de direito público; a questão trata de um conceito "integrado por **agentes**" e com "funções", conceito esse que só pode ser de órgãos públicos, pois estes são integrados por agentes. Gabarito "B".

(OAB/Exame Unificado – 2008.2) Assinale a opção correta a respeito da organização da administração pública federal.

(A) Todas as entidades que compõem a administração pública indireta dispõem de personalidade jurídica de direito público, vinculando-se ao ministério em cuja área de competência estiver enquadrada sua principal atividade.

(B) As autarquias destinam-se à execução de atividades típicas da administração pública que requeiram, para seu melhor funcionamento, gestão administrativa e financeira descentralizada.

(C) As sociedades de economia mista têm patrimônio próprio e capital exclusivo da União, destinando-se à exploração de atividade econômica que o governo seja levado a exercer por força de contingência ou conveniência administrativa.

(D) Os órgãos que compõem a estrutura da Presidência da República, apesar de serem dotados de personalidade jurídica, estão submetidos à supervisão direta do ministro chefe da Casa Civil.

A: incorreta. A Administração Indireta é composta de pessoas de direito público (como autarquias e agências reguladoras) e também de pessoas de direito privado (como empresas públicas e sociedades de economia mista); **B:** correta. De fato, as autarquias desempenham atividades típicas da administração pública; por isso são pessoas jurídicas de direito público; **C:** incorreta. Essas sociedades têm necessariamente capital público e *privado*, e não são criadas livremente, mas apenas quando houver interesse de segurança nacional ou relevante interesse público; **D:** incorreta. Órgãos não têm personalidade jurídica. *Gabarito "B".*

(OAB/Exame Unificado – 2008.1) No que diz respeito à administração indireta, assinale a opção incorreta.

(A) As entidades da administração indireta, incluindo-se as regidas por normas de direito privado, têm legitimação ativa para propor ação civil pública.

(B) As pessoas jurídicas de direito privado prestadoras de serviços públicos atuam com autonomia de vontade, sujeitando-se apenas a normas de direito privado.

(C) Todas as entidades da administração indireta federal, sejam elas de direito público ou de direito privado, estão sujeitas ao controle externo realizado pelo Poder Legislativo, com o auxílio do Tribunal de Contas da União.

(D) As pessoas jurídicas de direito privado prestadoras de serviços públicos sujeitam-se à responsabilidade civil objetiva.

A: correta. De fato, as entidades da administração indireta têm legitimidade para a ação civil pública (art. 5º, IV, da Lei 7.347/1985); **B:** incorreta, devendo ser assinalada. As concessionárias de serviço público devem obedecer às normas de direito público referentes à prestação dos serviços concedidos; **C:** correta. De fato, a administração indireta inteira está sujeita ao controle externo pelo Legislativo, com o auxílio do Tribunal de Contas (art. 70, *caput*, da CF); **D:** correta. De fato, a responsabilidade das concessionárias de serviço público é objetiva (art. 37, § 6º, da CF). *Gabarito "B".*

(OAB/Exame Unificado – 2007.2) Acerca dos órgãos públicos, assinale a opção correta.

(A) É correto, do ponto de vista da natureza jurídica do órgão, afirmar que "João propôs uma ação de rito ordinário contra a receita federal".

(B) Alguns órgãos públicos têm capacidade processual, já que são titulares de direitos subjetivos próprios a serem defendidos.

(C) A teoria que melhor explica a relação existente entre o servidor público e a pessoa jurídica do Estado é a teoria da representação, cuja característica principal consiste no princípio da imputação volitiva. Assim, a vontade do órgão público é imputada à pessoa jurídica a cuja estrutura pertence, já que aquele estaria agindo em seu nome.

(D) A organização da administração pública direta, no que se refere à estruturação dos órgãos e competência, é matéria reservada à lei.

A: incorreta. Órgão público não tem personalidade jurídica, portanto, a ação deve ser promovida contra a União Federal; **B:** correta. De fato, alguns órgãos públicos têm capacidade processual ou capacidade judiciária; por exemplo, a Mesa da Câmara dos Deputados pode entrar com mandado de segurança para defender direitos próprios; **C:** incorreta. A teoria em tela, na verdade, é a Teoria do Órgão, em que os atos dos agentes públicos são imputados diretamente à pessoa jurídica; **D:** incorreta. A CF, no art. 84, VI, *a*, permite a organização da administração pública por meio de *decreto*. *Gabarito "B".*

(FGV – 2013) A respeito da relação existente entre os entes federativos e as entidades da administração indireta, analise as afirmativas a seguir.

I. Entre a União e uma autarquia a ela vinculada não há relação hierárquica, mas controle ou vinculação.

II. A criação de uma autarquia por parte de um ente federativo para exercer atribuições, anteriormente desempenhadas por um órgão desse ente federativo, constitui-se em uma desconcentração.

III. A extinção de uma autarquia e a transferência das atribuições exercidas por essa pessoa jurídica ao ente federativo ao qual era vinculada, constitui-se em uma concentração.

Assinale:

(A) se somente a afirmativa I estiver correta.

(B) se somente a afirmativa II estiver correta.

(C) se somente a afirmativa III estiver correta.

(D) se somente as afirmativas I e II estiverem corretas.

(E) se somente as afirmativas II e III estiverem corretas.

I: correta, lembrando que o *controle* ou *vinculação* tem também o nome de *supervisão ministerial*; **II:** incorreta, pois o caso é de *descentralização* (transferência de atribuições para uma *pessoa jurídica*) e não de *desconcentração* (transferência de atribuições de um *órgão* para outro *órgão*); **III:** incorreta, pois aí se tem centralização, que é oposto da criação da autarquia, que consiste em descentralização. *Gabarito "A".*

(FGV – 2013) Com relação à classificação dos órgãos segundo a esfera de atuação, assinale a afirmativa correta.

(A) A Secretaria municipal de Educação é órgão central.

(B) A Superintendência de Polícia Federal que tenha atribuição sobre todo um Estado membro é órgão central.

(C) A Secretaria estadual de Educação é órgão local.

(D) A Secretaria da Receita Federal, com atribuição sobre todo um município, é órgão central.

(E) O Ministério das Cidades é órgão local.

8. DIREITO ADMINISTRATIVO

A: incorreta, pois é órgão local; **B** e **D:** incorretas, pois, na medida em que se fala de um órgão com atribuição só sobre um Estado ou um Município, tem-se órgão local; **C:** correta, pois a atuação dessa Secretaria se limita ao Estado dela, de modo que é local; **E:** incorreta, pois é órgão central, por atuar sobre todo o País.
Gabarito "C".

(FGV – 2011) É considerado requisito para a qualificação de autarquia ou fundação como agência executiva

(A) ter celebrado contrato de prestação de serviços por, no mínimo, 1 (um) ano com o respectivo Ministério Supervisor.

(B) ter celebrado contrato de permissão e/ou concessão com o respectivo Ministério Supervisor.

(C) ter plano estratégico de reestruturação e de desenvolvimento institucional concluído há, no mínimo, 6 (seis) meses.

(D) ter celebrado contrato de gestão com o respectivo Ministério Superior.

(E) ter plano estratégico de reestruturação e de desenvolvimento institucional concluído há, no mínimo, 1 (um) ano.

Art. 51, II, da Lei 9.649/1998.
Gabarito "D".

(FGV – 2010) Com relação à *organização administrativa*, analise as afirmativas a seguir.

I. A criação de subsidiárias das empresas estatais depende de lei específica, sendo, porém, dispensável para a participação delas em empresas privadas.

II. O contrato de gestão pode ser utilizado por empresas estatais dependentes de recursos públicos para ampliação de sua autonomia gerencial, orçamentária e financeira.

III. Os bens das empresas estatais afetados à prestação de serviço essencial, imprescindíveis à continuidade da prestação do serviço público, não são penhoráveis.

Assinale:

(A) se somente a afirmativa I estiver correta.

(B) se somente a afirmativa II estiver correta.

(C) se somente as afirmativas II e III estiverem corretas.

(D) se somente as afirmativas I e III estiverem corretas.

(E) se todas as afirmativas estiverem corretas.

I: incorreta (art. 37, XX, da CF); **II:** correta (art. 37, § 8°, da CF). Vale lembrar que, atualmente, a Lei 13.934/2019 chama o contrato previsto no art. 37, §8°, CR/88 de "contrato de desempenho"; **III:** correta, pois o princípio da continuidade do serviço público impede que os bens afetados aos serviços públicos sejam penhorados. FC
Gabarito "C".

(FGV – 2010) Em relação às entidades da Administração Pública Indireta, é correto afirmar que:

(A) as sociedades de economia mista são pessoas jurídicas de direito privado, criadas por autorização legal e se apresentam, dentre outras, sob a forma de sociedade anônima.

(B) os bens que integram o patrimônio de todas as empresas públicas têm a qualificação de bens públicos.

(C) as fundações públicas não se destinam às atividades relativas à assistência social e atividades culturais.

(D) os empregados de empresas públicas e sociedades de economia mista podem acumular seus empregos com cargos ou funções públicas da Administração Direta.

(E) as autarquias podem celebrar contratos de natureza privada, que serão regulados pelo direito privado.

A: incorreta, pois as sociedades de economia mista só podem assumir a forma de sociedade anônima (art.5°, III, do Dec.-lei 200/67; **B:** incorreta, pois bens públicos são os bens das pessoas jurídicas de direito público, e as empresas públicas são pessoas jurídicas de direito privado; **C:** incorreta, pois as fundações públicas podem ter essas finalidades; **D:** incorreta, pois a impossibilidade, como regra, de acumulação remunerada de cargos também é imposta aos empregados de empresas estatais (art. 37, XVII, da CF); **E:** correta, pois mesmo os entes políticos podem celebrar, excepcionalmente, contratos de natureza privada, como são os contratos de mútuo, de seguro e de locação em que o Poder Público é locatário.
Gabarito "E".

(FGV – 2010) A transferência da execução de serviço público comum à pessoa jurídica de direito privado já existente, mediante contrato administrativo, conservando o Poder Público a titularidade do serviço, é caso de:

(A) desconcentração administrativa por outorga.

(B) desconcentração funcional por colaboração.

(C) descentralização administrativa por delegação legal.

(D) descentralização administrativa por colaboração.

(E) concentração funcional por delegação negocial.

Quando há transferência de encargos de pessoa jurídica para pessoa jurídica, tem-se o fenômeno da descentralização, e não da desconcentração, que ocorre de órgão para órgão. A descentralização pode ser por serviço (quando há transferência da titularidade do serviço, o que deve ser feito por lei) ou por colaboração (quando há transferência apenas da execução do serviço, o que pode ser feito por contrato). Portanto, no caso em tela temos descentralização por colaboração.
Gabarito "D".

4.2. Administração indireta – pessoas jurídicas de direito público

(OAB/Exame XXXVI) A Agência Reguladora federal *Alfa*, criada no ano corrente, tem a intenção de formalizar um acordo de cooperação com a Agência Reguladora estadual *Beta*. O acordo visa à descentralização das atividades normativas, fiscalizatórias, sancionatórias e arbitrais, com o intuito de conferir maior eficiência à atuação das duas entidades.

Nesse contexto, à luz do disposto na CRFB/88 e na Lei n° 13.848/19, assinale a afirmativa correta.

(A) O acordo de cooperação poderia ter por objeto a delegação de competência normativa da Agência *Alfa*.

(B) A execução da fiscalização do objeto da delegação pela Agência *Beta*, por ser estadual, não precisa observar as normas federais pertinentes.

(C) A execução de competência delegada pelo acordo de cooperação à Agência *Beta* independe do acompanhamento e da avaliação pela Agência *Alfa*.

(D) A Agência *Alfa*, havendo delegação de competência, permanecerá como instância superior e recursal das decisões tomadas no exercício da competência delegada à Agência *Beta*.

A: incorreta, pois o art. 34, § 1°, da Lei 13.848/19 dispõe que "É vedada a delegação de competências normativas" de uma agência reguladora

534 WANDER GARCIA, FLÁVIA CAMPOS E RODRIGO BORDALO

federal para agências reguladoras ou órgãos de regulação estaduais, distritais e municipais; **B:** incorreta, pois o art. 34, § 4º, da Lei 13.848/19 dispõe que **"na execução das atividades de fiscalização objeto de delegação, a agência reguladora ou o órgão regulador estadual, distrital ou municipal que receber a delegação observará as normas legais e regulamentares federais pertinentes"** (g.n.); **C:** incorreta, pois o art. 34, § 3º, da Lei 13.848/19 dispõe que "**A execução**, por agência reguladora ou órgão de regulação estadual, distrital ou municipal, **das atividades delegadas** será **permanentemente acompanhada e avaliada pela agência reguladora federal**, nos termos do respectivo acordo" (g.n); **D:** correta, nos exatos termos do art. 34, § 7º, da Lei 13.848/19.
Gabarito "D".

(OAB/Exame Unificado – 2015.3) O Estado XYZ pretende criar uma nova universidade estadual sob a forma de fundação pública. Considerando que é intenção do Estado atribuir personalidade jurídica de direito público a tal fundação, assinale a afirmativa correta.

(A) Tal fundação há de ser criada com o registro de seus atos constitutivos, após a edição de lei ordinária autorizando sua instituição.

(B) Tal fundação há de ser criada por lei ordinária específica.

(C) Não é possível a criação de uma fundação pública com personalidade jurídica de direito público.

(D) Tal fundação há de ser criada por lei complementar específica.

A: incorreta, pois entidades com personalidade jurídica de direito público são criadas diretamente pela lei, sem necessidade do registro de seus atos constitutivos no Registro Público competente; **B:** correta, pois entidades com personalidade jurídica de direito público são criadas diretamente pela lei, sem necessidade do registro de seus atos constitutivos no Registro Público competente; essa lei deve ser ordinária e tem que ser específica (art. 37, XIX, da CF), ou seja, deve tratar apenas desse assunto (criação da entidade), não podendo tratar de outras questões; **C:** incorreta, pois as fundações públicas estatais podem ser tanto de direito público (quando for criada para praticar uma atividade estatal típica), como de direito privado (quando for criada para outra finalidade que não o exercício de uma atividade estatal típica); **D:** incorreta, pois o art. 37, XIX, da CF, especificamente no que tange à criação desse tipo de entidade (que tem natureza autárquica, já que se trata de uma fundação de direito público) impõe que a norma criadora em si se trate de uma lei ordinária específica.
Gabarito "B".

(OAB/Exame Unificado – 2015.2) O Governador do Estado Y criticou, por meio da imprensa, o Diretor-Presidente da Agência Reguladora de Serviços Delegados de Transportes do Estado, autarquia estadual criada pela Lei nº 1.234, alegando que aquela entidade, ao aplicar multas às empresas concessionárias por supostas falhas na prestação do serviço, "*não estimula o empresário* a *investir no Estado*". Ainda, por essa razão, o Governador ameaçou, também pela imprensa, substituir o Diretor- Presidente da agência antes de expirado o prazo do mandato daquele dirigente. Considerando o exposto, assinale a afirmativa correta.

(A) A adoção do mandato fixo para os dirigentes de agências reguladoras contribui para a necessária autonomia da entidade, impedindo a livre exoneração pelo chefe do Poder Executivo.

(B) A agência reguladora, como órgão da Administração Direta, submete-se ao poder disciplinar do chefe do Poder Executivo estadual.

(C) A agência reguladora possui personalidade jurídica própria, mas está sujeita, obrigatoriamente, ao poder hierárquico do chefe do Poder Executivo.

(D) Ainda que os dirigentes da agência reguladora exerçam mandato fixo, pode o chefe do Poder Executivo exonera-los, por razões políticas não ligadas ao interesse público, caso discorde das decisões tomadas pela entidade.

A: correta; de fato, uma das diferenças entre uma agência reguladora (autarquia especial) e uma autarquia tradicional é justamente o fato de que o dirigentes da primeira têm mandato fixo e não podem, assim, ser desligados por mera vontade do Chefe Executivo, o que certamente confere maior autonomia à entidade para tomar as decisões sem influência política; essa estabilidade está prevista também no art. 3º da Lei 13.848/19 (Lei Geral das Agências Reguladoras); **B** e **C:** incorretas, pois uma agência reguladora não é um "órgão", mas sim uma "pessoa jurídica"; ademais, e assim sendo, não está sujeita a poder "hierárquico", mas sim ao "controle" ou "tutela", que um tipo de poder mais restrito em relação ao poder que tem um superior hierárquico; **D:** incorreta, pois, conforme mencionado, numa agência reguladora os dirigentes têm mandato fixo e não podem ser desligados por mera vontade do Chefe Executivo, o que evita assim que decisões sejam tomadas por critérios estritamente políticos.
Gabarito "A".

(OAB/Exame Unificado – 2010.2) No Direito Público brasileiro, o grau de autonomia das Agências Reguladoras é definido por uma independência

(A) administrativa total e absoluta, uma vez que a Constituição da República de 1988 não lhes exige qualquer liame, submissão ou controle administrativo dos órgãos de cúpula do Poder Executivo.

(B) administrativa mitigada, uma vez que a própria lei que cria cada uma das Agências Reguladoras define e regulamenta as relações de submissão e controle, fundado no poder de supervisão dos Ministérios a que cada uma se encontra vinculada, em razão da matéria, e na superintendência atribuída ao chefe do Poder Executivo, como chefe superior da Administração Pública.

(C) legislativa total e absoluta, visto que gozam de poder normativo regulamentar, não se sujeitando assim às leis emanadas pelos respectivos Poderes legislativos de cada ente da federação brasileira.

(D) política decisória, pois não estão obrigadas a seguir as decisões de políticas públicas adotadas pelos Poderes do Estado (executivo e legislativo).

A: incorreta, pois, apesar das agências terem maior autonomia que as autarquias tradicionais (por conta do mandato fixo de seus dirigentes e do poder normativo que elas detêm), não é possível falar em *independência administrativa total*, pois os dirigentes das agências reguladoras são nomeados pelo Chefe do Executivo (com aprovação pelo Senado Federal – art. 5º da Lei 9.986/2000), ensejando certa submissão, e, apesar de os dirigentes terem mandato fixo, estão sujeitos a processo administrativo disciplinar (art. 9º da Lei 9.986/2000), caso cometam alguma falta disciplinar, processo este que pode resultar no seu desligamento, o que também demonstra certa submissão; **B:** correta, pois a independência administrativa das agências reguladoras é mitigada; como se viu, quem escolhe seus dirigentes não é a própria agência; e os seus dirigentes, apesar de terem mandato fixo, podem ser desligados pelo ente político que tiver criado a agência, caso cometam infração disciplinar, o que também demonstra que a independência administrativa das agências é *mitigada*; a lei usa a expressão "autonomia" para

8. DIREITO ADMINISTRATIVO — 535

diferenciar a independência total, que não existe, e essa independência administrativa mitigada (art. 3º, caput, da Lei 13.848/19); **C:** incorreta, pois as agências sequer têm competência legislativa, quanto mais independência legislativa total e absoluta; o poder normativo exercido por essas exigências deve ser exercido *nos limites* da lei, e não passando por cima desta; **D:** incorreta, pois as agências reguladoras devem atuar em consonância com as políticas públicas adotadas pelos Poderes Executivo e Legislativo; *vide*, por exemplo, a Lei da Aneel, pela qual esta agência "tem por finalidade regular e fiscalizar a produção, transmissão, distribuição e comercialização de energia elétrica, *em conformidade com as políticas e diretrizes do governo federal*" (art. 2º da Lei 9.427/1996).
Gabarito "B".

(OAB/Exame Unificado – 2009.2) Assinale a opção correta acerca das fundações.

(A) Fundação pública é pessoa jurídica instituída por lei para o desempenho de atividade de natureza econômica, de interesse coletivo, mantida com recursos públicos.

(B) A fundação pública decorre da conjugação de esforços entre diversos sujeitos de direito, o que lhe confere a natureza associativa.

(C) Tanto as fundações públicas quanto as autarquias desempenham atividades de interesse coletivo que exigem a atuação de uma entidade estatal, por intermédio da aplicação de prerrogativas próprias do direito público.

(D) É possível o recebimento, pelas fundações privadas, de incentivos e subsídios oriundos dos cofres públicos, circunstância que implicará a incidência de instrumentos de controle de sua atividade.

A: incorreta. A fundação pública é instituída para o desempenho de atividade típica da Administração, e não para o desempenho de atividade econômica; **B:** incorreta. A fundação pública tem como elemento marcante o *patrimônio* (é um *patrimônio personalizado*), e não as *pessoas*; **C:** incorreta. Tais entidades não praticam simples atividades de *interesse coletivo*, mas sim *atividades públicas, atividades típicas* da Administração; um hospital privado sem fins lucrativos pratica atividade de *interesse coletivo*; já uma autarquia ou fundação que fiscaliza o meio ambiente pratica *atividade típica da Administração*; **D:** correta. Uma vez que tais entidades recebam recursos públicos, estarão sujeitas à prestação de contas junto à Administração e à fiscalização do Tribunal de Contas (art. 70, parágrafo único, da CF).
Gabarito "D".

(OAB/Exame Unificado – 2009.1) Julgue os itens subsequentes, relativos à organização e estruturação da administração pública.

I. Uma lei que reestruture a carreira de determinada categoria de servidores públicos, pode também dispor acerca da criação de uma autarquia.

II. O controle das entidades que compõem a administração indireta da União é feito pela sistemática da supervisão ministerial.

III. As autarquias podem ter personalidade jurídica de direito privado.

IV. As autarquias têm prerrogativas típicas das pessoas jurídicas de direito público, entre as quais se inclui a de serem seus débitos apurados judicialmente e executados pelo sistema de precatórios.

Estão certos apenas os itens

(A) I e II.

(B) I e III.

(C) II e IV.

(D) III e IV.

I: incorreta, pois a autarquia tem que ser criada por lei específica (art. 37, XIX, da CF); **II:** correta. No caso, temos os institutos do *controle, tutela ou supervisão ministerial*; **III:** incorreta, pois as autarquias são pessoas jurídicas de direito público (art. 41, IV, do CC); **IV:** correta (art. 100 da CF).
Gabarito "C".

(FGV – 2011) A respeito das entidades da Administração Pública Indireta, é correto afirmar que

(A) as áreas de atuação das fundações de direito público são determinadas via lei ordinária.

(B) as empresas públicas são pessoas jurídicas de direito público criadas com o registro de seus atos constitutivos.

(C) somente por lei específica poderá ser criada autarquia e autorizada a instituição de empresa pública, sociedade de economia mista e fundação.

(D) as autarquias possuem natureza jurídica de direito privado, sendo criadas diretamente por lei, sem necessidade de registro.

(E) com a entrada em vigor da lei instituidora de sociedade de economia mista, dá-se o termo inicial de sua pessoa jurídica.

A: incorreta, pois tal determinação deve se dar por lei complementar (art. 37, XIX, da CF); **B:** incorreta, pois são pessoas de direito privado estatais; **C:** correta (art. 37, XIX, da CF); **D:** incorreta, pois as autarquias são pessoas jurídicas de direito público; **E:** incorreta, pois a lei autoriza a criação dessas sociedades, devendo, em seguida, proceder-se ao arquivamento de seus atos constitutivos no Registro Público competente.
Gabarito "C".

(FGV – 2010) Com relação às *agências reguladoras*, analise as afirmativas a seguir.

I. As agências reguladoras integram o aparelho burocrático do Estado como autarquias sob regime especial.

II. É juridicamente viável a cobrança de taxa – a taxa de fiscalização – pelas agências reguladoras para destinação específica.

III. O Banco Central não pode ser considerado agência reguladora por carecer de independência decisória, já que suas decisões condicionam-se aos atos normativos emanados pelo Conselho Monetário Nacional.

Assinale:

(A) se somente a afirmativa I estiver correta.

(B) se somente a afirmativa II estiver correta.

(C) se somente as afirmativas I e II estiverem corretas.

(D) se somente as afirmativas I e III estiverem corretas.

(E) se todas as afirmativas estiverem corretas.

I: correta, pois as agências reguladoras são autarquias especiais, o que significa que têm o mesmo regime jurídico das autarquias tradicionais, com algumas especificidades, como a nomeação de seus dirigentes mediante aprovação do Senado, a existência de mandato fixo para os dirigentes e a submissão dos dirigentes a uma "quarentena", findo seu mandato; **II:** correta, pois o exercício do poder de polícia (da fiscalização) dá ensejo à cobrança de taxa; **III:** correta, pois os dirigentes do Banco Central não têm mandato fixo.
Gabarito "E".

4.3. Administração indireta – pessoas jurídicas de direito privado estatais

(OAB/Exame Unificado – 2018.3) No ano corrente, a União decidiu criar uma nova empresa pública, para a realização de atividades de relevante interesse econômico. Para tanto, fez editar a respectiva lei autorizativa e promoveu a inscrição dos respectivos atos constitutivos no registro competente. Após a devida estruturação, tal entidade administrativa está em vias de iniciar suas atividades. Acerca dessa situação hipotética, na qualidade de advogado(a), assinale a afirmativa correta.

(A) A participação de outras pessoas de direito público interno, na constituição do capital social da entidade administrativa, é permitida, desde que a maioria do capital votante permaneça em propriedade da União.

(B) A União não poderia ter promovido a inscrição dos atos constitutivos no registro competente, na medida em que a criação de tal entidade administrativa decorre diretamente da lei.

(C) A entidade administrativa em análise constitui uma pessoa jurídica de direito público, que não poderá contar com privilégios fiscais e trabalhistas.

(D) Os contratos com terceiros destinados à prestação de serviços para a entidade administrativa, em regra, não precisam ser precedidos de licitação.

A: correta, pois a Lei 13.303/16 (Estatuto das Empresas Estatais) não exige que a maioria do capital votante permaneça em propriedade da União, podendo ser também em propriedade de um Estado, do Distrito Federal ou de um Município (art. 3º, parágrafo único); admite-se que tenham capital numa empresa pública entidades da administração indireta dos entes políticos mas, por conta da regra citada, a maioria do capital votante terá de permanecer em propriedade de um dos entes políticos citados; **B:** incorreta, pois, em se tratando de empresa estatal, a lei apenas tem o poder de autorizar a sua criação, devendo os atos constitutivos serem registrados no registro público competente para que ela enfim esteja devidamente criada; ao contrário do que ocorre com pessoas de direito público, que são criadas diretamente pela lei que as houver instituído (art. 37, XIX, da CF); **C:** incorreta, pois uma empresa pública é considerada uma pessoa jurídica de direito *privado* estatal e não uma pessoa jurídica de direito *público*; **D:** incorreta, pois os contratos em questão devem sim ser submetidos a licitação (art. 28, *caput*, da Lei 13.303/16), observando-se as específicas regras de licitação do Estatuto das Empresas Estatais (Lei 13.303/16).

Gabarito "A"

(OAB/Exame Unificado – 2017.2) O Estado Alfa, mediante a respectiva autorização legislativa, constituiu uma sociedade de economia mista para o desenvolvimento de certa atividade econômica de relevante interesse coletivo. Acerca do Regime de Pessoal de tal entidade, integrante da Administração Indireta, assinale a afirmativa correta.

(A) Por se tratar de entidade administrativa que realiza atividade econômica, não será necessária a realização de concurso público para a admissão de pessoal, bastando processo seletivo simplificado, mediante análise de currículo.

(B) É imprescindível a realização de concurso público para o provimento de cargos e empregos em tal entidade administrativa, certo que os servidores ou empregados regularmente nomeados poderão alcan-

çar a estabilidade mediante o preenchimento dos requisitos estabelecidos na Constituição da República.

(C) Deve ser realizado concurso público para a contratação de pessoal por tal entidade administrativa, e a remuneração a ser paga aos respectivos empregados não pode ultrapassar o teto remuneratório estabelecido na Constituição da República, caso sejam recebidos recursos do Estado Alfa para pagamento de despesas de pessoal ou de custeio em geral.

(D) A entidade administrativa poderá optar entre o regime estatutário e o regime de emprego público para a admissão de pessoal, mas, em qualquer dos casos, deverá realizar concurso público para a seleção de pessoal.

A: incorreta, pois a exigência de concurso público para contratação para empregos públicos em entidades da Administração indireta é imposição prevista na Constituição Federal (art. 37, II, da CF); **B:** incorreta, pois os empregos públicos em entidades de direito privado da Administração não preenchem os requisitos legais para a aplicação da norma constitucional que trata da estabilidade, que exigem "servidores públicos" em "cargos", nos termos do art. 41, "caput", da CF; meros empregados públicos de entidades estatais privadas não se enquadram nesse requisito; **C:** correta, nos termos do art. 37, II, da CF (concurso) e do art. 37, XI e § 9º da CF (teto remuneratório); **D:** incorreta, pois o regime de pessoal em entidade privada da Administração Pública é necessariamente o regime trabalhista próprio das empresas privadas (celetista), nos termos do art. 173, § 1º, II, da CF, ainda que seja obrigatório o concurso público para a admissão de pessoal nessas entidades (art. 37, II, da CF). **WG**

Gabarito "C".

(OAB/Exame Unificado – 2015.2) Após autorização em lei, o Estado X constituiu empresa pública para atuação no setor bancário e creditício. Por não possuir, ainda, quadro de pessoal, foi iniciado concurso público com vistas à seleção de 150 empregados, entre economistas, administradores e advogados. A respeito da situação descrita, assinale a afirmativa correta.

(A) Não é possível a constituição de empresa pública para exploração direta de atividade econômica pelo Estado.

(B) A lei que autorizou a instituição da empresa pública é, obrigatoriamente, uma lei complementar, por exigência do texto constitucional.

(C) Após a Constituição de 1988, cabe às empresas públicas a prestação de serviços públicos e às sociedades de economia mista cabe a exploração de atividade econômica.

(D) A empresa pública que explora atividade econômica sujeita-se ao regime trabalhista próprio das empresas privadas, o que não afasta a exigência de concurso público.

A: incorreta, pois é possível sim a constituição de empresa pública para exploração direta de atividade econômica pelo Estado, lembrando, todavia, que essa constituição requer que haja motivo de relevante interesse coletivo ou de segurança nacional (art. 173, *caput*, da CF); **B:** incorreta, pois o art. 37, XIX, da CF não exige lei complementar para a instituição dessas empresas, bastando que se trate de uma lei (ordinária) específica; **C:** incorreta, pois tanto uma (empresa pública) como outra (sociedade de economia mista) podem tanto explorar atividade econômica como prestar serviços públicos; **D:** correta, de fato, as empresas públicas tem um regime de direito privado, ou seja, seguem as normas típicas do direito privado, como em matéria tributária, por

8. DIREITO ADMINISTRATIVO

exemplo; todavia, por serem entidades criadas pelo estado, obedecem a certos condicionamentos públicos, o que lhes obriga a promoverem licitação e concursos públicos no seu dia a dia. *Gabarito "D".*

(OAB/Exame Unificado – 2013.3) O Estado ABCD, com vistas à interiorização e ao incremento das atividades econômicas, constituiu empresa pública para implantar distritos industriais, elaborar planos de ocupação e auxiliar empresas interessadas na aquisição dessas áreas.

Considerando que esse objeto significa a exploração de atividade econômica pelo Estado, assinale a afirmativa correta.

(A) Não é possível a exploração de atividade econômica por pessoa jurídica integrante da Administração direta ou indireta.

(B) As pessoas jurídicas integrantes da Administração indireta não podem explorar atividade econômica.

(C) Dentre as figuras da Administração Pública indireta, apenas a autarquia pode desempenhar atividade econômica, na qualidade de agência reguladora.

(D) A constituição de empresa pública para exercer atividade econômica é permitida quando necessária ao atendimento de relevante interesse coletivo.

A: incorreta, pois é admitido que o estado explore diretamente atividade econômica, ainda que somente em caso de relevante interesse coletivo ou imperativo de segurança nacional (art. 173, *caput*, da CF); **B:** incorreta, pois são justamente algumas das pessoas da Administração Indireta (as empresas públicas e as sociedades de economia mista) que poderão explorar atividade econômica (art. 173, § 1º, da CF); **C:** incorreta, pois apenas as empresas públicas e as sociedades de economia mista é que podem explorar atividade econômica (art. 173, § 1º, da CF), sendo que as autarquias, por serem pessoas de direito público, são criadas para executar atividades típicas de Estado, e não para explorar atividades econômicas; **D:** correta (art. 173, *caput*, da CF). *Gabarito "D".*

(OAB/Exame Unificado – 2012.3.A) Atento à crescente especulação imobiliária, e ciente do sucesso econômico obtido pelas construtoras do País com a construção de imóveis destinados ao público de alta renda, o Estado "X" decide ingressar nesse lucrativo mercado. Assim, edita uma lei autorizando a criação de uma empresa pública e, no mesmo ano, promove a inscrição dos seus atos constitutivos no registro das pessoas jurídicas.

Assinale a alternativa que apresenta a alegação que as construtoras privadas, incomodadas pela concorrência de uma empresa pública, poderiam apresentar.

(A) A nulidade da constituição daquela pessoa jurídica, uma vez que as pessoas jurídicas estatais só podem ser criadas por lei específica.

(B) O objeto social daquela empresa só poderia ser atribuído a uma sociedade de economia mista e não a uma empresa pública.

(C) Os pressupostos de segurança nacional ou de relevante interesse coletivo na exploração daquela atividade econômica não estão presentes.

(D) A criação da empresa pública não poderia ter ocorrido no mesmo ano em que foi editada a lei autorizativa.

A: incorreta, pois, caso fosse possível constituir uma empresa pública na hipótese, esta deveria ser constituída exatamente na forma mencionada na assertiva, ou seja, mediante autorização legislativa (art. 37, XIX, da CF), com posterior inscrição dos atos constitutivos no registro público competente (por exemplo, na Junta Comercial); **B:** incorreta, pois esse objeto social, em tese, poderia ser atribuído a uma empresa estatal ou a uma sociedade de economia mista, pois qualquer uma delas pode explorar uma atividade econômica; escrevemos "em tese", pois, no caso concreto, não se tem imperativo de segurança nacional, nem relevante interesse coletivo (art. 173, *caput*, da CF), únicas situações em que o Estado pode explorar diretamente atividade econômica; **C:** correta (art. 173, *caput*, da CF); **D:** incorreta, pois não existe essa limitação na lei. *Gabarito "C".*

(OAB/Exame Unificado – 2012.2) O Presidente da República, considerando necessária a realização de diversas obras de infraestrutura, decide pela criação de uma nova Sociedade de Economia Federal e envia projeto de lei para o Congresso Nacional. Após a sua regular tramitação, o Congresso aprova a criação da Companhia "X". Considerando a situação apresentada, assinale a afirmativa correta.

(A) A Companhia "X" poderá editar os decretos de utilidade pública das áreas que necessitam ser desapropriadas para consecução do objeto que justificou sua criação.

(B) A Companhia "X" está sujeita à licitação e à contratação de obras, serviços, compras e alienações, observados os princípios da administração.

(C) A Companhia "X" será necessariamente uma sociedade de propósito específico (SPE) e a maioria do capital social deverá sempre pertencer à União.

(D) A Companhia "X" possui foro privilegiado e eventuais demandas judiciais correrão perante a Justiça Federal.

A: incorreta; a desapropriação tem duas fases, a declaratória e a executória; na fase declaratória o Poder Público manifesta sua intenção de adquirir determinado bem; normalmente, essa declaração se dá por meio de um decreto expropriatório; na fase executória, posterior à fase declaratória, busca-se um acordo com o proprietário do bem, ou, na impossibilidade, ingressa-se com ação de desapropriação; a primeira fase só pode ser iniciada por entes políticos e outros entes público autorizados pela lei, como é o caso da agência reguladora ANEEL; já a segunda fase pode ser feita por pessoas de direito público e por concessionárias de serviço público autorizadas por lei ou por contrato; diante do exposto, fica claro que a sociedade de economia mista "Companhia X" não tem competência para a declaração de utilidade pública do bem, de modo que a alternativa é incorreta; **B:** correta; segundo o art. 173, § 1º, III, da CF, as empresas estatais exploradoras de atividade econômica estão sujeitas à licitação e contratação de obras, serviços, compras e alienações, observados os princípios da Administração Pública; **C:** incorreta, pois o Dec.-lei 200/1967, que regulamenta a questão, não exige que se trate de uma sociedade de propósito específico (SPE); esse tipo de sociedade é utilizada quando se cria uma empresa para fazer um empreendimento só (como no caso das parcerias público-privadas); no caso em tela, o enunciado deixa claro que se trata uma empresa criada para DIVERSAS obras de infraestrutura, e não para um empreendimento só; **D:** incorreta, pois, segundo o art. 109, I, da CF, apenas as ações judiciais de interesse da União, de suas entidades autárquicas e de suas empresas públicas têm como foro a Justiça Federal; porém, as ações judiciais de interesse das sociedades de economia mista federais não têm esse mesmo foro, sendo a Justiça Estadual a competente para as ações de interesse dessas últimas empresas. *Gabarito "B".*

538 WANDER GARCIA, FLÁVIA CAMPOS E RODRIGO BORDALO

(OAB/Exame Unificado – 2012.1) Em relação às entidades que compõem a administração indireta, assinale a alternativa correta.

(A) Para a criação de autarquias, é necessária a edição de uma lei autorizativa e posterior registro de seus atos constitutivos no respectivo registro como condição de sua existência.

(B) Para criação de uma empresa pública, é necessária a edição de uma lei específica sem a exigência de registro de seus atos constitutivos no respectivo registro por se tratar de uma pessoa jurídica de direito público.

(C) Para criação de uma sociedade de economia mista, é necessária a edição de uma lei autorizativa e registro de seus atos constitutivos no respectivo registro por se tratar de uma pessoa jurídica de direito privado.

(D) Por serem pessoas jurídicas, todas necessitam ter seus respectivos atos constitutivos registrados no respectivo registro como condição de sua existência.

A: incorreta, pois a autarquia é criada diretamente por lei específica, não sendo necessário o arquivamento de outros atos constitutivos no registro público competente para que uma autarquia passe a existir (*vide* o texto do art. 37, XIX, da CF); **B:** incorreta, pois é necessária a edição de uma lei específica AUTORIZANDO a criação da empresa pública, com posterior registro dos atos constitutivos no respectivo registro público, para que a pessoa jurídica passe a existir (art. 37, XIX, da CF); há de se lembrar, também, que empresa pública não é pessoa jurídica de direito público, mas pessoa jurídica de direito privado prestadora de serviço público; **C:** correta (art. 37, XIX, da CF); **D:** incorreta, pois a autarquia é criada diretamente pela lei, não sendo necessário o registro de seus atos constitutivos em algum registro público como condição de sua existência.
Gabarito "C".

(OAB/Exame Unificado – 2007.3) Recente decisão do Supremo Tribunal Federal, levando em consideração a peculiar situação jurídica de uma estatal (regida pelo direito privado), afirmou a impossibilidade de se penhorarem seus bens e determinou que sua execução só poderia ocorrer pelo regime do precatório (art. 100 da Constituição Federal). Tal decisão ocorreu em referência

(A) ao Banco do Brasil, uma sociedade de economia mista cujos bens são bens públicos dominiais.

(B) à Empresa Brasileira de Correios e Telégrafos (ECT), por se tratar de empresa pública que executa serviço público.

(C) à Companhia de Gás de São Paulo (COMGAS), porque, como empresa privada e concessionária de serviço público, todos seus bens são reversíveis.

(D) ao INSS, uma autarquia federal cujos bens são todos bens públicos de uso especial.

De fato, a decisão beneficiou os Correios, e foi tomada porque essa pessoa jurídica, apesar de ser uma empresa pública (pessoa jurídica de direito privado estatal), tem monopólio do serviço que presta, o que permite que tenha uma condição diferenciada de outras empresas, pois ela não concorre no mercado.
Gabarito "B".

(OAB/Exame Unificado – 2007.3) Assinale a opção incorreta no que diz respeito à administração indireta.

(A) Antes mesmo de ser consagrada na CF, a exigência de criação de autarquias por lei já estava disposta no Decreto-Lei n.º 200/1967.

(B) As empresas públicas e as sociedades de economia mista devem ser estruturadas sob a forma de sociedades anônimas.

(C) A acumulação remunerada de cargos públicos estende-se a funções e empregos públicos e abrange empresas públicas e sociedade de economia mista.

(D) A criação de subsidiárias de sociedades de economia mista depende de autorização legislativa.

A: correta. Art. Art. 5º, I, do Decreto-Lei 200/1967; **B:** incorreta, devendo ser assinalada. As empresas públicas admitem qualquer tipo societário, ao passo que as sociedades de economia mista só podem ser estruturadas sob a forma de sociedades anônimas; **C:** correta. Art. 37, XVII, da CF; **D:** correta. Art. 37, XX, da CF.
Gabarito "B".

(FGV – 2013) A administração indireta é composta por várias pessoas jurídicas, dentre essas pessoas jurídicas encontram-se as *empresas públicas*. A respeito das empresas públicas, assinale a afirmativa correta.

(A) Poderão assumir qualquer forma em direito admitida com exceção da forma de sociedade anônima pois necessariamente o capital da empresa pública deve ser totalmente público.

(B) Estão subordinadas hierarquicamente ao ente criador.

(C) Poderão ser pluripessoais.

(D) Desenvolverão atividades econômicas sem realizar licitações ou concursos públicos.

(E) Estão sujeitas ao regime jurídico de direito público por serem pessoas jurídicas de direito público.

A: incorreta, pois as empresas públicas podem ter qualquer forma societária, inclusive a de sociedade anônima (art. 3º, Lei 13.303/16) ; **B:** incorreta, pois não há relação de *subordinação*, já que esta só se dá entre órgãos, mas sim de *controle* ou *tutela*, que se dá entre pessoas jurídicas, no caso entre o ente político que criar a empresa pública e esta; **C:** correta, pois as empresas públicas federais, desde que a União tenha o controle, pode ter a participação de outras pessoas jurídicas de direito público interno bem como de entidades da Administração Indireta da União, Estados, DF e Municípios (art. 3º, Lei 13.303/16); **D:** incorreta, pois tais entidades devem sim realizar licitações e concursos públicos (art. 37, II, da CF – repare que a investidura em emprego público, próprio das empresas estatais, também requer concurso público); **E:** incorreta, pois o regime das empresas públicas é de direito privado (art. 3º, Lei 13.303/16).
Gabarito "C".

(FGV – 2013) As entidades da administração pública podem ser criadas e subordinadas ao regime jurídico de direito público ou ao regime jurídico de direito privado. No entanto mesmo quando sujeitas ao regime jurídico de direito privado se subordinam a certas regras impostas a toda a administração. Tendo em vista essas peculiaridades, assinale a afirmativa correta.

(A) As entidades da administração pública que se constituem como empresas públicas são criadas diretamente por meio de lei.

(B) Apenas as autarquias sujeitas ao regime jurídico de direito público necessitam de lei autorizando sua criação.

(C) As autarquias, entidades de direito público, são criadas por lei, enquanto as empresas públicas e as sociedades de economia mista têm sua criação autorizada em lei.

8. DIREITO ADMINISTRATIVO 539

(D) A lei não cria diretamente nenhuma entidade, apenas autoriza a sua criação.

(E) As empresas públicas e as sociedades de economia mista, pessoas jurídicas de direito privado integrantes da Administração Pública, podem ser criadas independentemente de autorização em lei.

A: incorreta, pois são "autorizadas" pela lei e não "criadas" pela lei (art. 37, XIX, da CF); **B:** incorreta, pois todas as autarquias têm regime de direito público e sua criação se dá pela própria lei e não mediante autorização da lei (art. 37, XIX, da CF); **C:** correta (art. 37, XIX, da CF); **D:** incorreta, pois, no caso, das autarquias, a própria lei é que as cria (art. 37, XIX, da CF); **E:** incorreta, pois é necessária a autorização de lei (art. 37, XIX, da CF).
Gabarito "C".

A União, desejando realizar a exploração de uma atividade econômica, resolve criar uma sociedade de economia mista.

(FGV – 2013) Com relação às *sociedades de economia mista,* assinale a afirmativa correta.

(A) A sociedade de economia mista deve ser criada por lei.

(B) A União deve possuir ao menos metade de seu capital social.

(C) A sociedade de economia mista deve seguir todas as regras trabalhistas da iniciativa privada.

(D) O cargo de presidente de sociedade de economia mista é privativo de brasileiro nato.

(E) A sociedade de economia mista não precisa realizar licitação em hipótese alguma.

A: incorreta, pois tais empresas são *autorizadas* pela lei e não *criadas* por esta (art. 37, XIX, da CF); **B:** incorreta, sendo necessário apenas que a União tenha o controle acionário, o que se dá, por exemplo, com a maioria das ações com direito a voto; **C:** correta, pois o regime jurídico de tais empresas deve ser o de direito privado (art. 173, § 1º, II, da CF); **D:** incorreta, pois não há previsão na CF nesse sentido (art. 12,§ 3º); **E:** incorreta, pois tais empresas devem, como regra, fazer licitação.
Gabarito "C".

(FGV – 2011) A respeito do regime jurídico aplicável às entidades da Administração Pública, considere as seguintes afirmativas:

I. As empresas públicas são pessoas jurídicas de direito privado e integram a Administração Pública Indireta do ente federativo respectivo.

II. Os consórcios públicos são pessoas jurídicas de direito privado e integram a administração indireta de todos os entes da Federação consorciados.

III. As sociedades de economia mista submetem-se ao limite máximo de remuneração previsto no artigo 37, inciso XI, da Constituição da República (subsídio mensal, em espécie, dos Ministros do Supremo Tribunal Federal) caso recebam recursos da União, dos Estados, do Distrito Federal ou dos Municípios para pagamento de despesas de pessoal ou de custeio em geral.

Assinale

(A) se apenas a afirmativa I estiver correta.

(B) se apenas a afirmativa II estiver correta.

(C) se apenas a afirmativa III estiver correta.

(D) se apenas as afirmativas I e III estiverem corretas.

(E) se apenas as afirmativas II e III estiverem corretas.

I: correta, pois tais empresas são pessoas jurídicas de direito privado estatais e fazem parte da Administração Indireta; **II:** incorreta, pois os consórcios públicos podem ser tanto de direito privado (consórcios públicos de direito privado), como de direito público (consórcios públicos de direito público ou associações públicas), nos termos do art. 1º, § 1º, da Lei 11.107/2005; **III:** correta, nos termos do art. 37, § 9º, da CF.
Gabarito "D".

(FGV – 2010) No direito brasileiro, existem duas diferenças fundamentais entre as sociedades de economia mista e as empresas públicas. Assinale a alternativa que explicita essas diferenças.

(A) Composição do capital e forma jurídica.

(B) Personalidade jurídica e forma de extinção.

(C) Forma jurídica e controle estatal.

(D) Forma de criação e personalidade jurídica.

(E) Controle estatal e composição do capital.

Quanto à composição do capital, as empresas públicas têm apenas capital público, ao passo que as sociedades de economia mista têm, necessariamente, capitais público e privado. E quanto à forma jurídica, as empresas públicas podem ser constituídas por qualquer forma societária, ao passo que as sociedades de economia mista somente podem ser constituídas pela modalidade S/A (sociedade anônima). Essas são duas diferenças entre esses dois tipos de empresas estatais. Outra diferença é que as empresas públicas federais têm foro na Justiça Federal, ao passo que as sociedades de economia mista federais, na Justiça Estadual. No mais, a personalidade jurídica das duas (de direito privado) é igual e o controle estatal é característica inerente a essas empresas.
Gabarito "A".

(FGV – 2010) Em relação às entidades da Administração Pública Indireta, é correto afirmar que:

(A) as sociedades de economia mista são pessoas jurídicas de direito privado, criadas por autorização legal e se apresentam, dentre outras, sob a forma de sociedade anônima.

(B) os bens que integram o patrimônio de todas as empresas públicas têm a qualificação de bens públicos.

(C) as fundações públicas não se destinam às atividades relativas a assistência social e atividades culturais.

(D) os empregados de empresas públicas e sociedades de economia mista podem acumular seus empregos com cargos ou funções públicas da Administração Direta.

(E) as autarquias podem celebrar contratos de natureza privada, que serão regulados pelo direito privado.

A: incorreta, pois as sociedades de economia mista realmente são pessoas de direito privado e são criadas mediante autorização legal (lei específica autoriza sua criação – art. 37, XIX, da CF), porém tais entidades só podem se apresentar sob a forma de sociedade anônima; **B:** incorreta, pois, segundo o Código Civil, bens públicos são os pertencentes às pessoas jurídicas de direito público; no caso, as empresas públicas são pessoas de direito privado estatais, portanto, seus bens são considerados bens privados, o que os torna alienáveis, passíveis de usucapião e penhoráveis, ressalvados os bens que estiverem afetados ao serviço público e os bens dos Correios, que não são penhoráveis segundo STF, por se tratar de atividade em que há monopólio da União e não há concorrência com outras empresas privadas; **C:** incorreta, pois as fundações públicas podem, sim, destinar-se às atividades mencionadas; o que não é possível é que uma fundação se destine a atividades que visem ao lucro, pois somente as empresas estatais podem ter essa finalidade; **D:** incorreta, pois tal acumulação é proibida no âmbito da administração pública como um todo, incluindo as empresas estatais, suas subsidiárias e as empresas controladas pelo Poder Público (art. 37, XVII, da CF), ressalvadas as exceções constitucionais (art. 37, XVI, da CF); **E:** correta, pois mesmo os entes políticos (União, Estados, DF e Municípios) podem celebrar contratos regidos pelo direito privado, tais como o de mútuo, seguro e locação.

Gabarito "E".

4.4. Terceiro Setor

(OAB/Exame XXXV) A Associação *Gama* é uma instituição religiosa que se dedica à promoção da assistência social e almeja obter recursos financeiros junto ao governo federal a fim de fomentar suas atividades. Para tanto, seus representantes acreditam que a melhor alternativa é a qualificação como Organização da Sociedade Civil de Interesse Público – OSCIP, razão pela qual procuram você, como advogado(a), a fim de esclarecer as peculiaridades relacionadas à legislação de regência (Lei nº 9.790/99).

Acerca da situação hipotética apresentada, assinale a afirmativa correta.

(A) A qualificação da Associação *Gama* como OSCIP é ato discricionário, que deve ser pleiteado junto ao Ministério da Justiça.

(B) Após a sua qualificação como OSCIP, a Associação *Gama* deverá formalizar contrato de gestão com a Administração Pública para a transferência de recursos financeiros.

(C) A Associação *Gama* não poderá ser qualificada como OSCIP, pois as instituições religiosas não são passíveis de tal qualificação.

(D) O estatuto social da Associação *Gama* precisa vedar a participação de servidores públicos na composição de conselho ou diretoria, a fim de que ela possa ser qualificada como OSCIP.

A: incorreta, pois é um ato vinculado, e não discricionário (art. 1º, p. 2º, da Lei 9.790/99); **B:** incorreta, pois o instrumento em questão tem o nome de "Termo de Parceria", e não "contrato de gestão"; **C:** correta, nos exatos termos do art. 2º, III, da Lei 9.790/99, que não admite a qualificação como OSCIP das "instituições religiosas ou voltadas para a disseminação de credos, cultos, práticas e visões devocionais e confessionais"; **D:** incorreta, pois a lei admite "a participação de servidores públicos na composição de conselho ou diretoria de Organização da Sociedade Civil de Interesse Público" (art. 4º, p. ún., da Lei 9.790/99).

Gabarito "C".

(OAB/Exame Unificado – 2018.1) A organização religiosa Tenhafé, além dos fins exclusivamente religiosos, também se dedica a atividades de interesse público, notadamente à educação e à socialização de crianças em situação de risco. Ela não está qualificada como Organização Social (OS), nem como Organização da Sociedade Civil de Interesse Público (OSCIP), mas pretende obter verbas da União para a promoção de projetos incluídos no plano de Governo Federal, propostos pela própria Administração Pública. Sobre a pretensão da organização religiosa Tenhafé, assinale a afirmativa correta.

(A) Por ser uma organização religiosa, Tenhafé não poderá receber verbas da União.

(B) A transferência de verbas da União para a organização religiosa Tenhafé somente poderá ser formalizada por meio de contrato administrativo, mediante a realização de licitação na modalidade concorrência.

(C) Para receber verbas da União para a finalidade em apreço, a organização religiosa Tenhafé deverá qualificar-se como OS ou OSCIP.

(D) Uma vez selecionada por meio de chamamento público, a organização religiosa Tenhafé poderá obter a transferência de recursos da União por meio de termo de colaboração.

A: incorreta, pois não há vedação legal nesse sentido. Deve-se lembrar que o enunciado fala em usar verbas da União para a promoção de projetos incluídos no plano de Governo Federal. Haveria vedação se fosse para uso da verba para promover cultos religiosos (art. 19, I, da CF); **B:** incorreta. **Contratos administrativos** são relações de crédito e débito entre o Poder Público e um prestador de serviço ou vendedor, necessariamente uma entidade que atua numa atividade negocial. No caso de uma organização dessa natureza o que poderia ser feito é um **termo de colaboração** (que no passado se chamava "convênio"), que é uma relação diferente, em que a entidade recebe dinheiro público para alocar numa atividade de interesse público. Repare que o dinheiro não é um crédito da entidade, mas continua dinheiro público até o fim, sendo que a entidade apenas pega esse dinheiro e o aloca numa atividade de interesse público; **C:** incorreta, pois não há imposição legal que **termos de colaboração** com entidades dessa natureza somente possam ser celebrado por entidades que também são qualificadas como OS ou OSCIP; **D:** correta, nos termos do que dispõe a Lei 13.109/2014, que regulamenta as parcerias entre a administração pública e as organizações da sociedade civil, em regime de mútua cooperação, para a consecução de finalidades de interesse público e recíproco, mediante a execução de atividades ou de projetos previamente estabelecidos em planos de trabalho inseridos em **termos de colaboração**, em termos de fomento ou em acordos de cooperação.

Gabarito "D".

(OAB/Exame Unificado – 2017.1) A Associação Delta se dedica à promoção do voluntariado e foi qualificada como Organização da Sociedade Civil sem fins lucrativos – OSCIP, após o que formalizou termo de parceria com a União, por meio do qual recebeu recursos que aplicou integralmente na realização de suas atividades, inclusive na aquisição de um imóvel, que passou a ser sede da entidade. Com base nessa situação hipotética, assinale a afirmativa correta.

(A) A Associação não poderia ter sido qualificada como OSCIP, considerando que o seu objeto é a promoção do voluntariado.

(B) A qualificação como OSCIP é ato discricionário da Administração Pública, que poderia indeferi-lo, mesmo que preenchidos os requisitos legais.

(C) A qualificação como OSCIP não autoriza o recebimento de recursos financeiros por meio de termo de parceria, mas somente mediante contrato de gestão.

(D) A Associação não tem liberdade para alienar livremente os bens adquiridos com recursos públicos provenientes de termo de parceria.

A: incorreta, pois a promoção do voluntariado é uma das hipóteses que enseja a qualificação de uma entidade como OSCIP (art. 3º, VII, da Lei 9.790/1999); **B:** incorreta, pois, preenchidos os requisitos legais, a qualificação deve ser reconhecida pela Administração; já a celebração de um termo de parceria, aí sim depende de vontade da Administração em celebrar um, bem como eventual vitória em face de outra OSCIP se houve um disputa em virtude de eventual chamamento público formulado pela Administração a entidades interessadas em celebrar

8. DIREITO ADMINISTRATIVO   541

este termo com ela; **C**: incorreta, pois a Lei 9.790/1999 estabelece que OSCIPs celebram termo de parceria, e não contrato de gestão (art. 9º e ss); **D**: correta, pois o que a associação faz no âmbito de um termo de parceria com o Poder Público é alocar recursos públicos, recursos esses que não perdem a natureza de recursos públicos; assim, se uma OSCIP aloca o recurso público em um dado bem, este não pode ser alienado livremente por aquela, sob pena de configuração de malversação ou ilegalidade na utilização dos recursos, fazendo incidir o disposto no art. 13 da Lei 9.790/1999. WG
Gabarito "D".

(OAB/Exame Unificado – 2014.2) Numerosos professores, em recente reunião da categoria, queixaram-se da falta de interesse dos alunos pela cultura nacional. O Sindicato dos Professores de Colégios Particulares do Município X apresentou, então, um plano para ampliar o acesso à cultura dos alunos com idade entre 10 e 18 anos, obter a qualificação de "Organização da Sociedade Civil de Interesse Público" (OSCIP) e celebrar um termo de parceria com a União, a fim de unir esforços no sentido de promover a cultura nacional. Considerando a proposta apresentada e a disciplina existente sobre o tema, assinale a afirmativa correta.

(A) O sindicato não pode se qualificar como Organização da Sociedade Civil de Interesse Público, uma vez que tal qualificação, de origem doutrinária, não tem amparo legal.

(B) O sindicato não pode se qualificar como OSCIP, em virtude de vedação expressa da lei federal sobre o tema.

(C) O sindicato pode se qualificar como OSCIP, uma vez que é uma entidade sem fins lucrativos e o objetivo pretendido é a promoção da cultura nacional.

(D) O sindicato pode se qualificar como OSCIP, mas deve celebrar um contrato de gestão e não um termo de parceria com o poder público.

A: incorreta, pois as OSCIPs são regulamentadas pela Lei 9.790/1999; **B:** correta (art. 2º, II, da Lei 9.790/1999); **C** e **D:** incorretas, pois há previsão expressa na lei proibindo que um sindicato se qualifique como OSCIP (art. 2º, II, da Lei 9.790/1999).
Gabarito "B".

(OAB/Exame Unificado – 2013.2) Determinada entidade de formação profissional, integrante dos chamados Serviços Sociais Autônomos (também conhecidos como "Sistema S"), foi, recentemente, questionada sobre a realização de uma compra sem prévia licitação. Assinale a alternativa que indica a razão do questionamento.

(A) Tais entidades, vinculadas aos chamados serviços sociais autônomos, integram a Administração Pública.

(B) Tais entidades, apesar de não integrarem a Administração Pública, são dotadas de personalidade jurídica de direito público.

(C) Tais entidades desempenham, por concessão, serviço público de interesse coletivo.

(D) Tais entidades são custeadas, em parte, com contribuições compulsórias cobradas sobre a folha de salários.

A: incorreta, pois tais entidades não integram a Administração Direta e Indireta; são entidades não estatais, que, por colaborarem com o Estado, recebem o nome de paraestatais; **B:** incorreta, pois são pessoas jurídicas de direito *privado* não estatais; **C:** incorreta, pois tais entidades não recebem concessões de serviço público, atuando em atividades

de *utilidade pública* que não requerem concessão estatal para tanto, como na área de lazer, educação, dentre outras; **D:** correta; o fato de tais entidades serem custeadas, em parte, com contribuições compulsórias (contribuições parafiscais), ou seja, com tributos (que são próprios do Estado), faz com que haja uma reclamo no sentido de que esse dinheiro seja gasto com respeito aos princípios da Administração Pública, já que, em última análise, trata-se de dinheiro público; porém, apesar de tais entidades estarem obrigadas a usarem o direito respeitando a isonomia, a moralidade e a economicidade (o que reclama que se faça, por exemplo, pesquisas de preço), não há lei determinando que elas promovam licitação pública, na forma prevista para a Administração (Lei 8.666/1993); de qualquer maneira, a única alternativa da questão que pode levar a um questionamento sobre o dever de as entidades do Sistema "S" terem de fazerem licitação é a "d", ainda que saibamos que a jurisprudência não impõe licitação a essas entidades.
Gabarito "D".

(OAB/Exame Unificado – 2011.1) A qualificação como Organizações da Sociedade Civil de Interesse Público (OSCIPs) de pessoas jurídicas de direito privado, sem fins lucrativos, cujos objetivos sociais e normas estatutárias atendam aos requisitos previstos na respectiva lei é ato

(A) complexo, uma vez que somente se aperfeiçoa com a instituição do Termo de Parceria.

(B) composto, subordinando-se à homologação da Chefia do Poder Executivo.

(C) discricionário, uma vez que depende de avaliação administrativa quanto à sua conveniência e oportunidade.

(D) vinculado ao cumprimento dos requisitos estabelecidos em lei.

A alternativa "d" está correta, pois traz o texto do art. 1º, § 2º, da Lei 9.790/1999 ("a outorga da qualificação prevista neste artigo é ato vinculado ao cumprimento dos requisitos instituídos por esta Lei").
Gabarito "D".

(FGV – 2013) Acerca das entidades paraestatais, com base no Direito Administrativo brasileiro, analise as afirmativas a seguir.

I. A expressão abrange todos os entes da Administração Indireta, além das pessoas jurídicas de direito privado autorizadas a realizar atividades de interesse coletivo ou público.

II. Os serviços sociais autônomos, por arrecadarem contribuições parafiscais, estão sujeitos à jurisdição da Justiça Federal.

III. O Termo de Parceria é o instrumento passível de ser firmado entre o Poder Público e as entidades qualificadas como Organizações da Sociedade Civil de Interesse Público destinado à formação de vínculo de cooperação entre as partes.
Assinale:

(A) se somente a afirmativa II estiver correta.

(B) se somente a afirmativa III estiver correta.

(C) se as afirmativas I e II estiverem corretas.

(D) se as afirmativas I e III estiverem corretas.

(E) se as afirmativas II e III estiverem corretas.

I: incorreta, pois a expressão abrange pessoas que não fazem parte da Administração Direta e Indireta, mas que, em que pese pessoas não estatais, atuam em atividades de interesse público, não exclusivas do Estado; **II:** incorreta, pois os serviços sociais autônomos são entidades privadas paraestatais, não estando no rol das entidades que atraem a

542 WANDER GARCIA, FLÁVIA CAMPOS E RODRIGO BORDALO

competência da Justiça Federal (art. 109, I, da CF); **III:** correta (art. 9º da Lei 9.790/1999).

Gabarito "B".

4.5. Conselhos de fiscalização profissional

(OAB/Exame Unificado – 2008.1) Assinale a opção correta a respeito dos conselhos de fiscalização profissional.

(A) Os serviços de fiscalização de profissões regulamentadas não constituem atividade típica de Estado.

(B) Os conselhos de fiscalização de profissões regulamentadas têm natureza jurídica de associações.

(C) As relações que abrangem esses conselhos e as pessoas físicas ou jurídicas podem ser equiparadas à relação de trabalho.

(D) A fiscalização desses conselhos sobre as pessoas físicas ou jurídicas é uma expressão do poder de polícia.

A: incorreta. A fiscalização é, sim, uma atividade típica do Estado; **B:** incorreta. Tais conselhos não estão regidos simplesmente pelas regras atinentes às associações, pois exercem função fiscalizatória, que, como se viu, é uma função pública; **C:** incorreta. Nem todas as pessoas que trabalham nesses conselhos são consideradas empregadas; alguns exercem mandato, por exemplo; **D:** correta. De fato, a fiscalização que esses conselhos exercem é expressão do poder de polícia.

Gabarito "D".

5. SERVIDORES PÚBLICOS

5.1. Espécies de agentes públicos

(OAB/Exame Unificado – 2010.3) São considerados agentes públicos todas as pessoas físicas incumbidas, sob remuneração ou não, definitiva ou transitoriamente, do exercício de função ou atividade pública. Assim, é correto afirmar que os notários e registradores são

(A) delegatários de serviços públicos aprovados em concurso público.

(B) agentes públicos ocupantes de cargo efetivo e se aposentam aos 70 (setenta) anos de idade.

(C) agentes públicos vitalícios, ocupantes de cargo efetivo, e não se aposentam compulsoriamente.

(D) os notários e registradores são delegatários de serviços públicos, investidos em cargos efetivos após aprovação em concurso.

A: correta, nos termos do art. 3º e 14, I, da Lei 8.935/1994 e do art. 236, *caput* e § 3º, da CF; **B:** incorreta, pois, como os serviços notariais e de registro são exercidos em caráter privado, não são aplicadas as regras relativas aos servidores públicos em sentido estrito, tais como teto remuneratório e aposentadoria compulsória; tal entendimento é pacífico, hoje, no STF; **C e D:** incorretas, pois não são ocupantes de cargos efetivos, mas delegatários de serviço público.

Gabarito "A".

(FGV – 2010) São servidores públicos, exceto:

(A) os servidores trabalhistas ocupantes de emprego público.

(B) os servidores estatutários ocupantes de cargo público.

(C) os servidores das empresas concessionárias de serviços públicos.

(D) os servidores sujeitos ao estatuto especial da pessoa federativa correspondente.

(E) os servidores temporários contratados para atenderem à necessidade temporária de excepcional interesse público.

Os agentes das empresas concessionárias de serviço público não são servidores públicos, mas empregados dessas empresas.

Gabarito "C".

(FGV – 2010) São considerados servidores públicos:

(A) os chefes do Executivo e os militares.

(B) os servidores estatutários e os agentes políticos.

(C) os servidores temporários e os empregados públicos.

(D) os agentes putativos e os particulares em colaboração com o Poder Público.

(E) os militares e os empregados de uma empresa permissionária de serviço público.

Para resolver a presente questão, é necessário lembrar que há três grandes grupos de agentes públicos, que são os seguintes: a) agentes políticos, que são os que têm cargo estrutural no âmbito da organização política do País (exs.: chefes do Executivo, secretários estaduais e municipais, vereadores, deputados, senadores, juízes, entre outros); b) agentes administrativos ou servidores públicos, que são os que possuem cargo, emprego ou função na Administração Direta e Indireta, compreendendo os empregados públicos e servidores estatutários e temporários (exs.: professor, médico, fiscal, técnico, analista, delegado, procurador etc.); c) particulares em colaboração com o Poder Público, que são aqueles que, sem perder a condição de particulares são chamados a contribuir com o Estado (exs.: agentes honoríficos, como os mesários das eleições e os jurados do Tribunal do Júri; agentes credenciados, como um advogado contratado para defender um Município numa ação judicial específica; agentes delegados, como o registrador e o tabelião, nos Cartórios). Os servidores públicos são os que estão no grupo dos agentes administrativos, acima referido. Assim sendo, a alternativa "a" está incorreta, pois o "Chefe do Executivo" é agente político. A alternativa "B" está incorreta, pois os "agentes políticos" fazem parte de outro grupo, não se confundindo com os servidores públicos ou agentes administrativos. A alternativa "c" está correta, pois os "servidores temporários" e os "empregados públicos" são servidores públicos ou agentes administrativos. A alternativa "d" está incorreta, pois os agentes putativos não são agentes públicos de verdade. Essa expressão é reservada para aquelas situações em que alguém pensa estar diante de um agente público, que na verdade não o é. Ademais, os "particulares em colaboração com o Poder Público" não se confundem com os servidores públicos ou agentes administrativos. Por fim, a alternativa "e" está incorreta, pois uma "empresa permissionária de serviço público" se encaixa na espécie "particulares em colaboração com o Poder Público", e não na espécie servidores públicos ou agentes administrativos, sendo que seus funcionários sequer são considerados agentes públicos. É bom anotar que alguns autores, como Maria Sylvia Zanella Di Pietro, colocam os militares numa espécie à parte. Assim, haveria quatro grandes grupos de agentes públicos para esses doutrinadores: a) agentes políticos; b) servidores públicos; c) militares; d) particulares em colaboração com a Administração.

Gabarito "C".

5.2. Espécies de vínculos (cargo, emprego em função)

(OAB/Exame XXXIV) Com vistas a atender a relevante interesse social e coletivo, o Estado Alfa decidiu criar uma sociedade de economia mista para o desempenho de atividade econômica de sua competência.

Após os devidos trâmites para a criação de tal pessoa jurídica, designada de *Empreendere*, verificou-se a neces-

8. DIREITO ADMINISTRATIVO

sidade da contratação de pessoal para que a entidade administrativa pudesse desempenhar suas atividades.

Considerando a situação delimitada, assinale a afirmativa correta.

(A) Por desempenhar atividade econômica, não há necessidade de *Empreendere* realizar concurso público para a contratação de pessoal.

(B) Por se tratar de pessoa jurídica de direito privado, a criação de *Empreendere* não depende de autorização legislativa.

(C) O regime de pessoal a ser adotado por *Empreendere* será o de emprego público, ou seja, o regime celetista.

(D) *Empreendere* é uma pessoa jurídica de direito público, cuja criação decorre diretamente da lei, independentemente do registro dos atos constitutivos.

A: incorreta, pois o concurso público também é necessário para a contratação de pessoal nas entidades da administração pública indireta (art. 37, *caput* e inciso II, da CF); **B:** incorreta, pois "somente por **lei específica** poderá ser criada autarquia e **autorizada a instituição** de empresa pública, de **sociedade de economia mista** e de fundação, cabendo à lei complementar, neste último caso, definir as áreas de sua atuação" (g.n.); **C:** correta, pois essas entidades seguem o regime jurídico de direito privado, no caso, o regime da CLT (regime celetista), tratando-se de um vínculo de emprego, no caso, de um emprego público; **D:** incorreta, pois as sociedades de economia mista são consideradas pessoas jurídicas de direito privado estatais; ademais, a criação se dará mediante a autorização de uma lei, e não pela lei em si; será necessário, portanto, após a autorização da lei, o registro dos atos constitutivos no registro público competente.
Gabarito "C".

(OAB/Exame Unificado – 2020.1) Maria foi contratada, temporariamente, sem a realização de concurso público, para exercer o cargo de professora substituta em entidade autárquica federal, em decorrência do grande número de professores do quadro permanente em gozo de licença. A contratação foi objeto de prorrogação, de modo que Maria permaneceu em exercício por mais três anos, período durante o qual recebeu muitos elogios. Em razão disso, alunos, pais e colegas de trabalho levaram à direção da autarquia o pedido de criação de um cargo em comissão de professora, para que Maria fosse nomeada para ocupá-lo e continuasse a ali lecionar. Avalie a situação hipotética apresentada e, na qualidade de advogado(a), assinale a afirmativa correta.

(A) Não é possível a criação de um cargo em comissão de professora, visto que tais cargos destinam-se apenas às funções de direção, chefia e assessoramento.

(B) É adequada a criação de um cargo em comissão para que Maria prolongue suas atividades como professora na entidade administrativa, diante do justificado interesse público.

(C) Maria tem estabilidade porque exerceu a função de professora por mais de três anos consecutivos, tornando desnecessária a criação de um cargo em comissão para que ela continue como professora na entidade autárquica.

(D) Não é necessária a criação de um cargo em comissão para que Maria permaneça exercendo a função de professora, porque a contratação temporária pode ser prorrogada por tempo indeterminado.

A: correta; de fato, um cargo em comissão só pode ser criado para funções de "direção, chefia e assessoramento" (art. 37, V, da CF), e esse não é o caso da função de professor; a função de diretor da escola, ao contrário, se enquadraria no requisito mencionado; porém, isso não ajuda na questão, pois ela fala na criação de cargo em comissão de professora; vale lembrar ainda, que somente por meio de lei é que se pode criar um novo cargo, seja ela de comissão ou não, sem contar que nenhuma lei pode ser criada com o objetivo de beneficiar uma pessoa só, como é o caso trazido no enunciado; **B:** incorreta, pois um cargo em comissão só pode ser criado para funções de "direção, chefia e assessoramento" (art. 37, V, da CF), e esse não é o caso da função de professor; **C:** incorreta, pois a estabilidade só é alcançada, após 3 anos de efetivo exercício, se a pessoa foi aprovada em concurso público para um cargo efetivo (art. 41, *caput*, da CF); no caso em tela não há nem concurso público, nem cargo efetivo, mas uma mera contratação temporária; **D:** incorreta, pois a Constituição deixa claro que essa contratação só pode ser feita para um período determinado (art. 37, IX).
Gabarito "A".

(OAB/Exame Unificado – 2008.1) Com base na Lei n.º 8.112/1990, que dispõe sobre o regime jurídico dos servidores públicos civis da União, das autarquias e das fundações públicas federais, assinale a opção correta.

(A) Servidor é a pessoa legalmente investida em função pública.

(B) Cargo público é o conjunto de atribuições e responsabilidades previstas na estrutura organizacional que deve ser cometido a um servidor.

(C) Os cargos públicos são criados por lei, com denominação própria e vencimento pago pelos cofres públicos, para provimento em caráter efetivo ou em comissão, como regra, mas é possível que ato infralegal, como um decreto, crie cargos públicos.

(D) É permitida, em regra, a prestação de serviços gratuitos por parte do servidor público.

A: incorreta (art. 2º da Lei 8.112/1990); **B:** correta (art. 3º da Lei 8.112/1990); **C:** incorreta (art. 3º, parágrafo único, da Lei 8.112/1990); **D:** incorreta (art. 4º da Lei 8.112/1990).
Gabarito "B".

(FGV – 2011) A respeito do regime constitucional da função pública, é correto afirmar que

(A) as funções de confiança e os cargos em comissão se destinam apenas às atribuições de direção, chefia e assessoramento.

(B) os servidores públicos devem ser remunerados exclusivamente por subsídio fixado em parcela única, vedado o acréscimo de qualquer outra espécie remuneratória.

(C) o direito de greve é assegurado ao servidor público civil, devendo ser exercido nos termos e nos limites definidos em lei complementar.

(D) a vinculação de espécies remuneratórias no serviço público é vedada, mas admite-se a equiparação salarial entre carreiras públicas.

(E) a acumulação de cargos e de empregos públicos é admitida quando houver compatibilidade de horários.

A: correta (art. 37, V, da CF); **B:** incorreta, pois o subsídio é modalidade remuneração devida aos membros de poder, detentores de mandado eletivo, ministros de estado, secretários estaduais e municípios, membros do Ministério Público, policiais, procuradores do estado, defensores públicos, procuradores da fazenda nacional, integrantes da Advocacia Geral da União e ministros dos Tribunais de Contas,

544 WANDER GARCIA, FLÁVIA CAMPOS E RODRIGO BORDALO

podendo a legislação local também determinar a adoção do subsídio para remunerar outros agentes públicos, desde que os servidores sejam organizados em carreira (art. 39, § 8º, da CF); dessa forma, nem todos servidores são remunerados exclusivamente por subsídio; **C:** incorreta, pois o direito de greve do servidor é garantido nos termos de *lei específica* (art. 37, VII, da CF), e não nos termos de *lei complementar*; aproveitando o ensejo, vale lembrar que o STF entende, atualmente, que o direito de greve do servidor pode ser exercido mesmo não tendo sido editada ainda a lei específica mencionada no art. 37, VII, da CF; enquanto essa lei não for editada, será aplicada a lei de greve do setor privado (Lei 7.783/1989); **D:** incorreta, pois o art. 37, XIII, da CF veda a vinculação e a equiparação de quaisquer espécies remuneratórias para efeito de remuneração de pessoal no serviço público; **E:** incorreta, pois a regra é a impossibilidade de acumulação de cargos e de empregos, ainda que haja compatibilidade de horários; a Constituição até estabelece alguns casos em que é possível a acumulação (art. 37, XVI, da CF), mas são casos excepcionais, e não a regra geral.

Gabarito „A".

5.3. Provimento

(OAB/Exame Unificado – 2018.2) Maria foi aprovada em concurso para o cargo de analista judiciário do Tribunal Regional Federal da 2ª Região, mas, após ter adquirido a estabilidade, foi demitida sem a observância das normas relativas ao processo administrativo disciplinar. Em razão disso, Maria ajuizou ação anulatória do ato demissional, na qual obteve êxito por meio de decisão jurisdicional transitada em julgado. Nesse interregno, contudo, Alfredo, também regularmente aprovado em concurso e estável, foi promovido e passou a ocupar o cargo que era de Maria. Sobre a hipótese apresentada, assinale a afirmativa correta.

(A) A invalidação do ato demissional de Maria não poderá importar na sua reintegração ao cargo anterior, considerando que está ocupado por Alfredo.

(B) Maria, em razão de ter adquirido a estabilidade, independentemente da existência e necessidade do cargo que ocupava, deverá ser posta em disponibilidade.

(C) Maria deverá ser readaptada em cargo superior ao que ocupava anteriormente, diante da ilicitude de seu ato demissional.

(D) Em decorrência da invalidade do ato demissional, Maria deve ser reintegrada ao cargo que ocupava e Alfredo deverá ser reconduzido para o cargo de origem.

A a C: incorretas, pois no caso se aplica o instituto da reintegração, pelo qual o reintegrado deve voltar exatamente para o cargo que anteriormente ocupava (art. 28, *caput*, da Lei 8.112/1990); Alfredo, por sua vez, será reconduzido ao seu cargo de origem (art. 28, § 2º, da Lei 8.112/1990); **D:** correta, nos exatos termos do que dispõe o art. 28, *caput* e § 2º, da Lei 8.112/1990).

Gabarito „D".

(OAB/Exame Unificado – 2014.2) Manolo, servidor público federal, obteve a concessão de aposentadoria por invalidez após ter sido atestado, por junta médica oficial, o surgimento de doença que o impossibilitava de desenvolver atividades laborativas. Passados dois anos, entretanto, Manolo voltou a ter boas condições de saúde, podendo voltar a trabalhar, o que foi comprovado por junta médica oficial. Nesse caso, o retorno do servidor às atividades laborativas na Administração, no mesmo cargo anteriormente ocupado, configura exemplo de

(A) reintegração.

(B) reversão.

(C) aproveitamento.

(D) readaptação.

O retorno do aposentado por invalidez por não mais persistirem os motivos da aposentadoria configura o instituto da reversão (art. 25, I, da Lei 8.112/1990).

Gabarito „B".

(OAB/Exame Unificado – 2013.3) Cláudio, servidor público federal estável, foi demitido por suposta prática de ato de insubordinação grave em serviço. Diante da inexistência de regular processo administrativo disciplinar, Cláudio conseguiu judicialmente a anulação da demissão e a reinvestidura no cargo anteriormente ocupado. Ocorre que tal cargo já estava ocupado por João, que também é servidor público estável. Considerando o caso concreto, assinale a afirmativa correta.

(A) Sendo Cláudio reinvestido, o ato configura reintegração. Caso João ocupasse outro cargo originariamente, seria reconduzido a ele, com direito à indenização.

(B) Sendo Cláudio reinvestido, o ato configura reversão. Caso João ocupasse outro cargo originariamente, seria reconduzido a ele, com direito à indenização.

(C) Cláudio obteve em juízo sua reintegração. João será reconduzido ao cargo de origem, sem indenização, ou será aproveitado em outro cargo ou posto em disponibilidade.

(D) Cláudio obteve em juízo sua reversão. João será reconduzido ao cargo de origem, sem indenização, ou será aproveitado em outro cargo ou posto em disponibilidade.

Essa questão é regulada no próprio texto constitucional, que assim dispõe: "Invalidada por sentença judicial a demissão do servidor estável, será ele reintegrado, e o eventual ocupante da vaga, se estável, reconduzido ao cargo de origem, sem direito a indenização, aproveitado em outro cargo ou posto em disponibilidade com remuneração proporcional ao tempo de serviço" (art. 41, § 2º, da CF). Assim, João, por ser estável, será reconduzido ao cargo de origem, sem direito a indenização, ou será aproveitado em outro cargo ou, ainda, posto em disponibilidade.

Gabarito „C".

(OAB/Exame Unificado – 2011.3.A) Luiz Fernando, servidor público estável pertencente aos quadros de uma fundação pública federal, inconformado com a pena de demissão que lhe foi aplicada, ajuizou ação judicial visando à invalidação da decisão administrativa que determinou a perda do seu cargo público. A decisão judicial acolheu a pretensão de Luiz Fernando e invalidou a penalidade disciplinar de demissão. Diante da situação hipotética narrada, Luiz Fernando deverá ser

(A) reintegrado ao cargo anteriormente ocupado, ou no resultante de sua transformação, com ressarcimento de todas as vantagens.

(B) aproveitado no cargo anteriormente ocupado ou em outro cargo de vencimentos e responsabilidades compatíveis com o anterior, sem ressarcimento das vantagens pecuniárias.

8. DIREITO ADMINISTRATIVO

(C) readaptado em cargo de atribuições e responsabilidades compatíveis, com ressarcimento de todas as vantagens.

(D) reconduzido ao cargo anteriormente ocupado ou em outro de vencimentos e responsabilidades compatíveis com o anterior, com ressarcimento de todas as vantagens pecuniárias.

A: correta, tratando-se do instituto da reintegração, previsto no art. 28 da Lei 8.112/1990; **B:** incorreta, pois o aproveitamento se dá em relação àquele que estava em disponibilidade (art. 30 da Lei 8.112/1990), e não em relação àquele que fora demitido ilegalmente; **C:** incorreta, pois a readaptação se dá em relação àquele que passa a sofrer limitação física ou mental incompatível com o cargo que vem ocupando (art. 24 da Lei 8.112/1990), e não em relação àquele que fora demitido ilegalmente; **D:** incorreta, pois a recondução se dá em relação àquele servidor estável que fora inabilitado em estágio probatório relativo a outro cargo ou que tenha sido desalojado de seu cargo por reintegração do anterior ocupante (art. 29 da Lei 8.112/1990), e não em relação àquele que fora demitido ilegalmente.
Gabarito "A"

(OAB/Exame Unificado – 2009.2) Maria ocupava cargo efetivo na administração pública federal e, após quinze anos de serviço público, aposentou-se por invalidez. Dois anos após a aposentadoria, submeteu-se a junta médica oficial, a qual declarou insubsistentes os motivos da aposentadoria, o que ocasionou o retorno de Maria ao serviço público. Na situação hipotética apresentada, o instituto aplicado ao caso de Maria foi a

(A) readaptação.

(B) reintegração.

(C) recondução.

(D) reversão.

Art. 25, I, da Lei 8.112/1990. Os demais institutos estão previstos nos arts. 24, 28 e 29 da referida lei, respectivamente.
Gabarito "D"

(FGV – 2011) A forma de provimento dos cargos públicos que consiste na investidura do servidor em cargo de atribuições e responsabilidades compatíveis com a limitação que tenha sofrido em sua capacidade física ou mental verificada em inspeção médica denomina-se

(A) readaptação.

(B) reintegração.

(C) reversão.

(D) recondução.

(E) aproveitamento.

A: correta, nos termos do art. 24 da Lei 8.112/1990; **B:** incorreta, pois a reintegração é a reinvestidura do servidor estável no cargo anteriormente ocupado, ou no cargo resultante de sua transformação, quando invalidada a sua demissão por decisão administrativa ou judicial, com ressarcimento de todas as vantagens (art. 28 da Lei 8.112/1990); **C:** incorreta, pois a reversão é o retorno à atividade do servidor aposentado, por não mais persistir estado de invalidez ou no interesse da Administração, nos casos especificados no art. 25, II, da Lei 8.112/1990; **D:** incorreta, pois a recondução é o retorno do servidor estável ao cargo anteriormente ocupado por inabilitação em estágio probatório relativo a outro cargo, ou reintegração do anterior ocupante (art. 29 da Lei 8.112/1990); **E:** incorreta, pois o aproveitamento é a designação do que estava em disponibilidade para voltar a titularizar um cargo público (art. 30 da Lei 8.112/1990).
Gabarito "A"

(FGV – 2010) Segundo a Lei n. 8.112 de 11 de dezembro de 1990, o retorno à atividade de servidor aposentado por invalidez, quando junta médica oficial declarar insubsistentes os motivos da aposentadoria, ou no interesse da administração, é conhecido como:

(A) reversão.

(B) redistribuição.

(C) aproveitamento.

(D) recondução.

(E) readaptação.

Trata-se de caso de reversão, nos termos do art. 25, I, da Lei 8.112/1990.
Gabarito "A"

(FGV – 2011) O retorno de servidor à atividade, quando invalidada sua demissão, corresponde à

(A) reversão.

(B) readaptação.

(C) reintegração.

(D) recondução.

(E) recapacitação.

O enunciado da questão descreve a reintegração (art. 28 da Lei 8.112/1990).
Gabarito "C"

(FGV – 2010) O retorno à atividade de servidor aposentado e o retorno de servidor estável a um cargo anteriormente ocupado por ele correspondem, respectivamente:

(A) à reversão e à readaptação.

(B) à reversão e à reintegração.

(C) à reversão e à recondução.

(D) à readaptação e à reintegração.

(E) à readaptação e à recondução.

Trata-se respectivamente de reversão e de recondução, nos termos do arts. 25 e 29 da Lei 8.112/1990.
Gabarito "C"

(FGV – 2010) São formas de provimento por reingresso do servidor público:

(A) reintegração e aproveitamento.

(B) recondução e redistribuição.

(C) readaptação e reintegração.

(D) readaptação e reversão.

(E) redistribuição e reversão.

Reingresso é aquela situação em que o servidor volta ao serviço, circunstância que acontece na reintegração (retorno do ilegalmente desligado da Administração) e no aproveitamento (retorno do que estava em disponibilidade). Quanto às alternativas "b" e "e", redistribuição sequer é uma forma de provimento. Quanto às alternativas "c" e "d", na readaptação não se fala em retorno do agente, mais em designação do agente para cargo mais compatível com limitação superveniente.
Gabarito "A"

(FGV – 2010) De acordo com a Lei n. 8.112 de 11 de dezembro de 1990, assinale a opção incorreta:

(A) a posse do servidor ocorrerá no prazo de 30 dias contados da publicação do ato de provimento.

(B) o prazo para o servidor empossado em cargo público entrar em exercício é de 30 dias, contados da data da posse.

(C) o servidor estável só perderá o cargo em virtude de sentença judicial transitada em julgado ou de processo administrativo disciplinar no qual lhe seja assegurada ampla defesa.

(D) exoneração, aposentadoria e falecimento são formas de vacância de cargo público.

A: correta (art. 13, § 1º, da Lei 8.112/1990); B: incorreta, devendo ser assinalada; o prazo para entrar em exercício (começar a trabalhar) é de 15 dias após a posse (art. 15, § 1º, da Lei 8.112/1990); C: correta (art. 22 da Lei 8.112/1990); D: correta (art. 33, I, VII e IX da Lei 8.112/1990). Gabarito "B".

5.4. Vacância

(OAB/Exame Unificado – 2013.1) As alternativas a seguir apresentam condições que geram *vacância de cargo público*, **à exceção de uma**. Assinale-a.

(A) Falecimento.

(B) Promoção.

(C) Aposentadoria.

(D) Licença para trato de interesse particular.

O falecimento, a promoção e a aposentadoria geram vacância de cargo público, nos termos do art. 33, III, VII e IX, da Lei 8.112/1990, diferentemente da licença para trato de interesse particular, que não está prevista como hipótese de vacância e nem poderia, pois o servidor estará ausente de suas funções apenas temporariamente (art. 91 da Lei 8.112/1990). Gabarito "D".

(OAB/Exame Unificado – 2008.3) Assinale a opção correta acerca da exoneração de servidores públicos segundo a Lei n.º 8.112/1990.

(A) A vacância do cargo público é decorrência exclusiva da exoneração.

(B) A exoneração de cargo efetivo dar-se-á a pedido do servidor, ou de ofício, e, no último caso, ela ocorrerá quando não forem satisfeitas as condições do estágio probatório ou quando, tendo tomado posse, o servidor não entrar em exercício no prazo estabelecido.

(C) A exoneração de cargo em comissão e a dispensa de função de confiança não fica ao alvedrio da autoridade que investiu o agente da função ou do cargo em comissão.

(D) Quando requerida a exoneração pelo próprio servidor, a autoridade superior competente pode deixar de realizar o ato, caso o pequeno número de servidores no setor ocupado pelo requerente possa comprometer a continuidade do serviço público.

A: incorreta (Art. 33 da Lei 8.112/1990); B: correta (Art. 34 da Lei 8.112/1990); C: incorreta (Art. 35, I, da Lei 8.112/1990); D: incorreta (Art. 35, II, da Lei 8.112/1990). Gabarito "B".

(FGV – 2010) A vacância do cargo público decorre das seguintes hipóteses, à exceção de:

(A) exoneração.

(B) falecimento.

(C) demissão.

(D) posse em outro cargo acumulável.

(E) aposentadoria compulsória.

São hipóteses de vacância as seguintes: exoneração, demissão, promoção, readaptação, aposentadoria, posse em outro cargo inacumulável e falecimento. Portanto, a alternativa "d", que trocou "inacumulável" por "acumulável", não traz hipótese de vacância, devendo ser marcada. Gabarito "D".

5.5. Acessibilidade e concurso público

(OAB/Exame Unificado – 2017.1) O Município Beta procedeu ao recadastramento de seus servidores efetivos e constatou que 6 (seis) bacharéis em contabilidade exerciam variados cargos na estrutura administrativa, todos providos mediante concurso público. Verificou também que existiam 10 (dez) cargos vagos de auditores fiscais de tributos, decorrentes de aposentadorias havidas nos últimos anos. O Município, considerando a necessidade de incrementar receitas, editou lei reorganizando sua estrutura funcional de modo a reenquadrar aqueles servidores como auditores fiscais de tributos. Com base na hipótese apresentada, acerca do provimento de cargo público, assinale a afirmativa correta.

(A) A medida é inválida, porque o provimento originário de cargo efetivo em uma determinada carreira exige concurso público específico.

(B) A medida é válida, porque os servidores reenquadrados são concursados, configurando-se na espécie mera transformação de cargos, expressamente prevista na CRFB/88.

(C) A medida é inválida, porque o provimento de todo e qualquer cargo faz-se exclusivamente mediante concurso público.

(D) A medida é válida, porque os servidores reenquadrados são concursados e não há aumento de despesa, uma vez que os cargos preenchidos já existiam.

A: correta, pois de acordo com a Súmula Vinculante STF 43, "É inconstitucional toda modalidade de provimento que propicie ao servidor investir-se, sem prévia aprovação em concurso público destinado ao seu provimento, em cargo que não integra a carreira na qual anteriormente investido". Tal entendimento decorre do disposto no art. 37, II, da CF, que exige concurso público para o provimento originário de cargo público; B e D: incorretas, por violarem a Súmula Vinculante STF 43; C: incorreta, pois há cargos (os cargos em comissão) que não são providos mediante concurso público. No caso em tela a medida é invalida sim, mas por outro motivo: pelo fato de o caso em tela não diz respeito a cargo em comissão, mas a cargo efetivo, cargo esse que só pode ser provido mediante concurso público (art. 37, II, da CF). **WG** Gabarito "A".

(OAB/Exame Unificado – 2016.3) O Município Beta verificou grave comprometimento dos serviços de educação das escolas municipais, considerando o grande número de professoras gozando licença maternidade e de profissionais em licença de saúde, razão pela qual fez editar uma lei que autoriza a contratação de professores, por tempo determinado, sem a realização de concurso, em situações devidamente especificadas na norma local. Diante dessa situação hipotética, assinale a afirmativa correta.

(A) A Constituição da República não autoriza a contratação temporária sem a realização de concurso público.

8. DIREITO ADMINISTRATIVO 547

(B) O Município Beta somente poderia se utilizar da contratação temporária para os cargos permanentes de direção, chefia e assessoramento.

(C) A contratação temporária, nos termos da lei, é possível, considerando que a situação apresentada caracteriza necessidade temporária de excepcional interesse público.

(D) A contratação temporária de servidores, independentemente de previsão legal, é possível.

A: incorreta, pois a CF admite, sem exigência de concurso público, que a lei estabeleça "os casos de contratação por tempo determinado para atender a necessidade temporária de excepcional interesse público" (art. 37, IX); **B:** incorreta, pois a lei estabelecerá os casos em que é cabível esse tipo de contratação, não havendo disposição constitucional obrigando que tal se dê apenas para os cargos citados, que, por sinal, sequer precisam de concursos para serem providos; **C:** correta (art. 37, IX, da CF); **D:** incorreta, pois a CF exige previsão legal, bem como que se trate de uma "necessidade temporária de excepcional interesse público" (art. 37, IX). 🔲
Gabarito "C".

(OAB/Exame Unificado – 2014.3) Em determinado estado da Federação, o Estatuto dos Servidores Públicos, lei ordinária estadual, prevê a realização de concurso interno para a promoção de servidores de nível médio aos cargos de nível superior, desde que preencham todos os requisitos para investidura no cargo, inclusive a obtenção do bacharelado.

A partir da situação descrita e tomando como base os requisitos constitucionais para acesso aos cargos públicos, assinale a afirmativa correta.

(A) A previsão é inválida, pois só poderia ter sido veiculada por lei complementar.

(B) A previsão é válida, pois a disciplina dos servidores públicos compete à legislação de cada ente da Federação.

(C) A previsão é inválida, por ofensa à Constituição da República.

(D) A previsão é válida, desde que encontre previsão na Constituição do estado.

A Constituição Federal exige, para o provimento em de qualquer cargo público efetivo, concurso público acessível a todos aos brasileiros que preencherem os requisitos legais e aos estrangeiros, na forma da lei; assim, qualquer um que preencha os requisitos legais (detalhe: os requisitos precisam sempre estar em lei) pode participar do concurso público, não sendo possível restringir a participação a apenas servidores internos que tenham interesse no novo cargo; nesse sentido há inclusive a Súmula Vinculante STF n. 43, que assim dispõe: "É inconstitucional toda modalidade de provimento que propicie ao servidor investir-se, sem prévia aprovação em concurso público destinado ao seu provimento, em cargo que não integra a carreira na qual anteriormente investido"; lei complementar ou legislação local admitindo essa possibilidade não podem ferir a Constituição Federal e a Súmula mencionada. A alternativa correta é a "C".
Gabarito "C".

(OAB/Exame Unificado – 2011.2) O art. 37, II, da Constituição da República Federativa do Brasil de 1988, condiciona a investidura em cargo ou emprego público à prévia aprovação em concurso público de provas ou de provas e títulos, ressalvadas as nomeações para os cargos em comissão. Em relação a concurso público, segundo a

atual jurisprudência dos tribunais superiores, é correto afirmar que

(A) o prazo de validade dos concursos públicos poderá ser de até dois anos prorrogáveis uma única vez por qualquer prazo não superior a dois anos, iniciando-se a partir de sua homologação.

(B) os candidatos aprovados em concurso público de provas ou de provas e títulos devem comprovar a habilitação exigida no edital no momento de sua nomeação.

(C) os candidatos aprovados em concurso público de provas ou de provas e títulos e classificados dentro do limite de vagas oferecidas no edital possuem direito subjetivo a nomeação dentro do prazo de validade do concurso.

(D) os candidatos aprovados em concurso público de provas ou de provas e títulos e classificados entre o número de vagas oferecidas no edital possuem expectativa de direito à nomeação.

A: incorreta, pois a prorrogação do prazo de validade do concurso deve se dar pelo mesmo período de validade deste, e não por qualquer período (art. 37, III, da CF); assim, se o edital prevê que o concurso terá validade de 6 meses, sua prorrogação poderá acontecer apenas 1 vez, por igual período, ou seja, por mais 6 meses; **B:** incorreta, pois a habilitação exigida no edital pode ser exigida na posse e não na data da inscrição para o concurso ou da nomeação (Súmula 266 do STJ). **C:** correta, pois o STF e o STJ vêm entendo que o aprovado em concurso público tem direito à nomeação (e não mera expectativa de direito), no limite das vagas previstas no edital (exs.: STF, RExtr. 227.480, DJ 21.08.2009; STJ, RMS 21.323, DJ 21.06.2010). **D:** incorreta, pois, como se viu, o aprovado tem direito à nomeação entre o número de vagas oferecidas no edital, e não mera expectativa de direito.
Gabarito "C".

(OAB/Exame Unificado – 2008.2) Acerca dos atos administrativos relacionados a concursos públicos, assinale a opção correta.

(A) O candidato aprovado em concurso público não tem direito garantido à nomeação, ainda que dentro do prazo de validade do certame, quando o cargo for preenchido sem observância da classificação.

(B) A nomeação de candidato aprovado em concurso público não implica direito à posse no cargo a ser preenchido.

(C) É legítimo o veto não motivado à participação de candidato em concurso público, tal como o respaldado em prévia investigação da vida pregressa do candidato.

(D) É inconstitucional o provimento que propicie ao servidor investir-se, sem prévia aprovação em concurso público, em cargo que não integre a carreira na qual fora anteriormente investido.

A: incorreta (art. 37, IV, da CF e Súmula 15 do STF: "Dentro do prazo de validade do concurso, o candidato aprovado tem direito à nomeação, quando o cargo for preenchido sem observância da classificação"); **B:** incorreta (Súmula 16 do STF: "Funcionário nomeado por concurso tem direito à posse"); **C:** incorreta (Súmula 684 do STF: "É inconstitucional o veto não motivado à participação de candidato a concurso público"); **D:** correta (Súmula 685 do STF: "É inconstitucional toda modalidade de provimento que propicie ao servidor investir-se, sem prévia aprovação em concurso público destinado ao seu provimento, em cargo que não integra a carreira na qual anteriormente investido").
Gabarito "D".

(OAB/Exame Unificado – 2008.1) Acerca do regime legal dos concursos públicos, assinale a opção correta.

(A) Os concursos públicos serão de provas ou de provas e títulos, podendo ser realizados em duas etapas, conforme dispuserem a lei e o regulamento do respectivo plano de carreira, condicionada a inscrição do candidato ao pagamento do valor fixado no edital e impossibilitada a hipótese de isenção dessa taxa.

(B) O concurso público terá validade de até 2 (dois) anos, podendo ser prorrogado uma única vez, por igual período.

(C) O prazo de validade do concurso e as condições de sua realização serão fixados em edital, que será publicado no Diário Oficial da União ou em jornal diário de grande circulação.

(D) Ainda que existam, em uma instituição pública, candidatos aprovados em concurso anterior com prazo de validade não expirado, é permitida a abertura de novo concurso público, nessa mesma instituição, para o mesmo cargo, em prejuízo do candidato aprovado no concurso anterior.

A: incorreta. *Vide* art. 37, II, da CF ("na forma prevista em lei"); **B** e **C:** art. 37, III, da CF; **D:** incorreta. No prazo de validade do concurso, o aprovado tem prioridade na nomeação em relação a *novos concursados* (art. 37, IV, da CF).

Gabarito "B".

(OAB/Exame Unificado – 2010.2) Determinada Administração Pública realiza concurso para preenchimento de cargos de detetive, categoria I. Ao final do certame, procede à nomeação e posse de 400 (quatrocentos) aprovados. Os 20 (vinte) primeiros classificados são desviados de suas funções e passam a exercer as atividades de delegado. Com o transcurso de 4 (quatro) anos, estes 20 (vinte) agentes postulam a efetivação no cargo. A partir do fragmento acima, assinale a alternativa correta.

(A) Os referidos agentes têm razão, pois investidos irregularmente, estão exercendo as suas atividades há mais de 4 (quatro) anos, a consolidar a situação.

(B) É inconstitucional toda modalidade de provimento que propicie ao servidor investir-se, sem prévia aprovação em concurso público destinado ao seu provimento, em cargo que não integra a carreira na qual anteriormente foi investido.

(C) Não têm ainda o direito, pois dependem do transcurso do prazo de 15 (quinze) anos para que possam ser tidos como delegados, por usucapião.

(D) É inconstitucional esta modalidade de provimento do cargo, pois afronta o princípio do concurso público, porém não podem ter alterado os ganhos vencimentais, sedimentado pelos anos, pelo princípio da irredutibilidade.

De acordo com a Súmula 685 do STF, "é inconstitucional toda modalidade de provimento que propicie ao servidor investir-se, sem prévia aprovação em concurso público destinado ao seu provimento, em cargo que não integra a carreira na qual anteriormente investido". Assim, a alternativa "b", que reproduz o texto da súmula, é a alternativa correta.

Gabarito "B".

5.6. Greve e sindicalização

(OAB/Exame Unificado – 2008.2) A respeito dos agentes públicos, julgue os itens a seguir.

I. Na prática de atos de improbidade administrativa, mesmo os que exercem, sem remuneração, mandato, cargo, emprego ou função pública são considerados agentes públicos.

II. As pessoas que, na esfera federal, são contratadas por tempo determinado para atender a necessidade temporária de excepcional interesse público são regidas pela Lei n.º 8.112/1990.

III. Os integrantes da Advocacia-Geral da União, os procuradores dos Estados e do DF e os defensores públicos são, nos termos da CF, remunerados por subsídios.

IV. O dispositivo constitucional que proíbe a sindicalização e a greve dos militares federais estende-se aos militares dos Estados e do DF.

Estão certos apenas os itens

(A) I e II.

(B) II e III.

(C) III e IV.

(D) I, III e IV.

I: correta (art. 2º da Lei 8.429/1992); **II:** incorreta. Os contratados temporariamente não são regidos pelo estatuto dos funcionários públicos, mas pela Lei 8.745/1993, na esfera federal; **III:** correta (art. 135 c/c art. 39, § 4º, ambos da CF); **IV:** correta (art. 142, § 3º, IV, c/c art. 42, § 1º, ambos da CF).

Gabarito "D".

5.7. Acumulação remunerada

(OAB/Exame Unificado – 2020.2) Amadeu, assim que concluiu o ensino médio, inscreveu-se e foi aprovado em concurso público para o cargo de técnico administrativo do quadro permanente de determinado Tribunal Regional Federal, cargo em que alcançou a estabilidade, após o preenchimento dos respectivos requisitos legais.

Enquanto estava no exercício das funções desse cargo, Amadeu cursou e concluiu a Faculdade de Direito, razão pela qual decidiu prestar concurso público e foi aprovado para ingressar como advogado de certa sociedade de economia mista federal, que recebe recursos da União para o seu custeio geral.

Diante dessa situação hipotética, assinale a afirmativa correta.

(A) Amadeu poderá acumular o cargo no Tribunal com o emprego na sociedade de economia mista federal, se houver compatibilidade de horários.

(B) A estabilidade já alcançada por Amadeu estende-se à sociedade de economia mista, considerando-se que aquela se consuma no serviço público, e não no cargo.

(C) Amadeu, ao ser contratado pela sociedade de economia mista, continua submetido ao teto remuneratório do serviço público federal.

(D) Amadeu poderia ser transferido para integrar os quadros da sociedade de economia mista sem a realização de novo concurso público.

A: incorreta, pois, como regra, é vedada a acumulação remunerada de *cargos*, *empregos* e *funções* públicas, e o caso em tela não está

8. DIREITO ADMINISTRATIVO — 549

entre as exceções previstas na CF (art. 37, XVI, "a" a "c"); o fato de ser um "cargo" e um "emprego" não retira a aplicação da regra, como se pode verificar na redação do art. 37, XVII, da CF); **B**: incorreta; primeiro porque o instituto da estabilidade diz respeito aos "cargos públicos de provimento efetivo", e não aos "empregos públicos" (art. 40, *caput*, da CF); segundo porque, caso fosse possível a estabilidade num "emprego público", seriam necessário cumprir 3 anos de estágio probatório na nova função e aprovação numa específica avaliação de desempenho na nova função (art. 40, *caput* e § 4º, da CF), para verificar especificamente se o agente público está preparado para continuar a exercer aquela função, não se podendo presumir que se exerceu bem a função anterior irá também exercer bem a nova função; **C**: correta, pois o teto remuneratório se aplica também as empresas estatais que recebem recursos do ente federativo para o seu custeio em geral (art. 37, § 9º da CF); **D**: incorreta, pois tanto a investidura num "cargo" como num "emprego" dependem de prévia aprovação num concurso público específico idealizado de acordo com a natureza e a complexidade da função (art. 37, II, da CF).
Gabarito "C".

(OAB/Exame Unificado – 2017.3) Marcelo é médico do Corpo de Bombeiros Militar do Estado Beta e foi aprovado em concurso público para o cargo de médico civil junto a um determinado hospital da União, que é uma autarquia federal. A partir do fato apresentado, acerca da acumulação de cargos públicos, assinale a afirmativa correta.

(A) Por exercer atividade militar, Marcelo não pode acumular os cargos em comento.

(B) Marcelo pode acumular os cargos em questão, pois não existe, no ordenamento pátrio, qualquer vedação à acumulação de cargos ou de empregos públicos em geral.

(C) A acumulação de cargos por Marcelo não é viável, sendo cabível somente quando os cargos pertencem ao mesmo ente da Federação.

(D) É possível a acumulação de cargos por Marcelo, desde que haja compatibilidade de horários.

A: incorreta, por não haver vedação específica nesse sentido e em função da previsão constitucional da possibilidade de acumular cargos de profissionais de saúde com profissões regulamentadas, como é o caso do cargo de médico (art. 37, XVI, "c", da CF); vale salientar que, depois da elaboração dessa questão, adveio a EC 101/19, que expressamente consignou que "Aplica-se aos militares dos Estados, do Distrito Federal e dos Territórios o disposto no art. 37, inciso XVI, com prevalência da atividade militar" (art. 42, p. 3º da CF), de modo que a acumulação para os militares desses entes federativos é admitida expressamente agora; **B**: incorreta. No caso concreto, Marcelo poderá acumular, mas como regra é vedado, sim, em nosso ordenamento jurídico, a acumulação remunerada de cargos (art. 37, XVI, da CF – primeira parte); **C**: incorreta, pois a acumulação de cargos, quando admitida pela CF (incisos do art. 37, XVI, da CF) não traz a restrição de os cargos acumulados terem que ser dos mesmos entes da Federação; **D**: correta, nos termos do disposto no art. 37, XVI, "c", da CF, que permite a acumulação remunerada de cargos de profissionais de saúde com profissões regulamentadas, como é o caso do cargo de médico, havendo compatibilidade de horários; vale salientar que, depois da elaboração dessa questão, adveio a EC 101/19, que expressamente consignou que "Aplica-se aos militares dos Estados, do Distrito Federal e dos Territórios o disposto no art. 37, inciso XVI, com prevalência da atividade militar" (art. 42, p. 3º da CF), de modo que a acumulação para os militares desses entes federativos é admitida expressamente agora.
Gabarito "D".

(OAB/Exame Unificado – 2012.3.B) Orlando, advogado de uma empresa pública federal há quase 10 anos, resolve prestar concurso público para Fiscal de ISS de um município. Caso seja aprovado, Orlando deverá adotar o seguinte procedimento:

(A) Poderá cumular o emprego com o cargo na administração municipal e tal cumulação não estará sujeita ao limite remuneratório constitucional.

(B) Poderá cumular o emprego com o cargo na administração municipal, mas tal cumulação estará sujeita ao limite remuneratório constitucional.

(C) Não poderá cumular o emprego e o cargo, uma vez que tal cumulação somente seria permitida caso houvesse compatibilidade de horários.

(D) Não poderá cumular o emprego e o cargo, mesmo em se tratando de um ente federal e de um município.

A: incorreta, pois o caso não está em qualquer das hipóteses que ensejam acumulação remunerada de cargos, empregos e funções (art. 37, XVI, da CF); ademais, ainda que houvesse essa possibilidade, é obrigatória a observância do teto remuneratório previsto no art. 37, XI, da CF, conforme o *caput* do inciso XVI do art. 37 da CF; **B**: incorreta, pois a acumulação em tela não está contemplada no art. 37, XVI, da CF; **C**: incorreta, pois a acumulação em tela não está contemplada nas hipóteses previstas no art. 37, XVI, da CF, independentemente de haver ou não compatibilidade de horários; **D**: correta, pois a acumulação em tela não está contemplada nas hipóteses previstas no art. 37, XVI, da CF.
Gabarito "D".

(OAB/Exame Unificado – 2008.1) No que se refere à acumulação remunerada de cargos públicos, assinale a opção correta.

(A) As exceções à regra da vedação de acumulação de cargos públicos, previstas na Constituição Federal, são taxativas.

(B) É permitida a acumulação de, no máximo, três cargos públicos de profissionais de saúde.

(C) É permitida a acumulação de dois cargos públicos de professor, quando houver compatibilidade de horários e desde que ambos os cargos públicos sejam de professor do ensino fundamental.

(D) A regra da vedação de acumulação de cargos públicos se estende a empregos e funções e abrange as sociedades de economia mista, mas não as sociedades controladas indiretamente pelo Poder Público.

A: correta, nos termos do art. 37, XVI, da CF; **B**: incorreta, pois se admite no máximo dois cargos públicos de profissionais de saúde (art. 37, XVI, "c", da CF); **C**: incorreta, pois a acumulação é possível para qualquer cargo do magistério (art. 37, XVI, "a", da CF); **D**: incorreta, pois a vedação abrange também as sociedades controladas indiretamente pelo Poder Público (art. 37, XVII, da CF).
Gabarito "A".

5.8. Estágio probatório e estabilidade

(OAB/Exame XXXIV) Carlos, conhecido advogado de notório saber jurídico e de reputação ilibada, com 30 (trinta) anos de efetiva atividade profissional, acaba de ser nomeado Desembargador junto ao Tribunal de Justiça do Estado Alfa.

Em razão da natureza do cargo que passará a ocupar e do grau de responsabilidade de suas novas funções, Carlos gozará da prerrogativa da vitaliciedade, que garante que a perda de seu cargo apenas pode ocorrer mediante sentença judicial transitada em julgado.

A vitaliciedade no cargo do Carlos será adquirida

(A) imediatamente, no momento de sua posse e exercício, não sendo necessária a observância de qualquer prazo ou a prática de qualquer ato administrativo específico.

(B) após 2 (dois) anos de efetivo exercício, período no qual desempenhará estágio probatório supervisionado pelo Tribunal de Justiça estadual.

(C) após 3 (três) anos de efetivo exercício, durante os quais cumprirá estágio probatório supervisionado, em conjunto, pela seccional da Ordem dos Advogados do Brasil e pelo Tribunal de Justiça estadual.

(D) no prazo de 30 (trinta) dias após sua posse, por meio de ato administrativo complexo a ser praticado pela seccional da Ordem dos Advogados do Brasil e pelo Tribunal de Justiça estadual.

A: correta, pois a Constituição estabelece que os membros da magistratura têm como garantia a vitaliciedade, sendo que somente os magistrados de primeiro grau precisam cumprir dois anos de exercício para que passem a ter essa garantia (art. 95, I, da CF); **B a D:** incorretas, pois essa regra de um exercício mínimo para adquirir a vitaliciedade só existe para magistrados de primeiro grau (art. 95, I, da CF), e não para desembargadores; ademais, o prazo seria de 2 anos, e não de 30 dias ou de 3 anos, não havendo também estágio supervisionado em conjunto com a OAB.
Gabarito "A"

(OAB/Exame Unificado – 2018.1) João foi aprovado em concurso público para ocupar um cargo federal. Depois de nomeado, tomou posse e entrou em exercício imediatamente. Porém, em razão da sua baixa produtividade, o órgão ao qual João estava vinculado entendeu que o servidor não satisfez as condições do estágio probatório. Considerando o Estatuto dos Servidores Públicos Civis da União, à luz do caso narrado, assinale a afirmativa correta.

(A) A Administração Pública deve exonerar João, após o devido processo legal, visto que ele não mostrou aptidão e capacidade para o exercício do cargo.

(B) A Administração Pública deve demitir João, solução prevista em lei para os casos de inaptidão no estágio probatório.

(C) João deve ser redistribuído para outro órgão ou outra entidade do mesmo Poder, a fim de que possa desempenhar suas atribuições em outro local.

(D) João deve ser readaptado em cargo de atribuições afins.

A: correta, pois o servidor não aprovado em estágio probatório deve ser exonerado (art. 20, § 2º, da Lei 8.112/1990), obedecendo ao devido processo legal (Súmula 21 do STF), incluindo a devida motivação e o direito à ampla defesa e ao contraditório; **B a D:** incorreta, pois o caso é de exoneração, nos termos do art. 20, § 2º, da Lei 8.112/1990.
Gabarito "A"

(OAB/Exame Unificado – 2009.3) Na administração pública, há servidores estáveis, nomeados por concurso público e aprovados em estágio probatório, e os que adquiriram a estabilidade excepcional. Acerca dessas duas modalidades de estabilidade, assinale a opção correta.

(A) A estabilidade excepcional não foi concedida aos ocupantes de cargos, funções e empregos de confiança ou

em comissão, além de não ter sido concedida, ainda, aos ocupantes de cargos declarados, por lei, de livre exoneração.

(B) De acordo com a CF, o servidor celetista tem direito à estabilidade nos mesmos moldes do servidor nomeado para cargo de provimento efetivo.

(C) A CF reconheceu tanto a estabilidade quanto a efetividade aos servidores que, apesar de não nomeados por concurso público, estavam em exercício, na data da promulgação da CF, há, pelo menos, cinco anos continuados.

(D) Os servidores, nas duas modalidades de estabilidade, possuem a garantia de permanência no serviço público, de modo que somente podem perder seus cargos, empregos e funções por sentença judicial transitada em julgado.

A: correta. De fato, tais cargos e funções são incompatíveis com a estabilidade, pois a exoneração é livre (art. 37, II, da CF); **B:** incorreta. A estabilidade só existe para servidores que detêm cargo efetivo (art. 41 da CF); **C:** incorreta (art. 19 do ADCT); **D:** incorreta. Servidores estáveis podem perder o seu cargo não só por sentença transitada em julgado, como também por processo disciplinar (pela prática de infração disciplinar), processo administrativo com ampla defesa (em avaliação periódica de desempenho), hipóteses previstas no art. 41, § 1º, da CF, e também para atender a limites de despesa com pessoal (art. 169, § 4º, da CF).
Gabarito "A"

(OAB/Exame Unificado – 2008.1) Relativamente à estabilidade no serviço público, assinale a opção correta.

(A) O servidor público estável pode perder o cargo mediante processo administrativo.

(B) O servidor público adquire estabilidade com 2 (dois) anos de efetivo serviço.

(C) São estáveis os servidores públicos que se encontravam, na data da promulgação da Constituição de 1988, em exercício, no serviço público, por 4 (quatro) anos continuados.

(D) O servidor público estável está sujeito à perda do cargo em virtude de sentença judicial publicada em jornal oficial.

A: correta (art. 41, § 1º, II, da CF); **B:** incorreta, pois são necessários 3 anos de efetivo exercício e aprovação em avaliação especial de desempenho (art. 41, *caput*, da CF); **C:** incorreta, nos termos do 19 do ADCT, que exige 5 anos; **D:** incorreta, pois é necessária sentença judicial transitada em julgado (art. 41, § 1º, I, da CF).
Gabarito "A"

(FGV – 2011) A possibilidade de se colocar em disponibilidade o cargo de servidor público deve observar:

I. o trânsito em julgado na via judicial, respeitada a ampla defesa e o contraditório;

II. a conveniência e a oportunidade de manter ou extinguir os cargos, independentemente da anuência ou não dos servidores públicos ocupantes daqueles que serão extintos;

III. a defesa prévia do servidor que ocupa o cargo, sendo imprescindível a garantia ao devido processo legal;

IV. a finalidade de afastar da função pública o servidor que responder a processo judicial;

V. os princípios da moralidade, eficiência, impessoalidade e supremacia do interesse público.

8. DIREITO ADMINISTRATIVO   551

Analise os itens acima e assinale

(A) se apenas o item III estiver correto.

(B) se apenas os itens I e III estiverem corretos.

(C) se apenas os itens II e IV estiverem corretos.

(D) se apenas os itens IV e V estiverem corretos.

(E) se apenas os itens II e V estiverem corretos.

I: incorreta; o servidor estável deve ser colocado em disponibilidade em três hipóteses, quais sejam, quando seu cargo é extinto, quando seu cargo é declarado desnecessário e quando decisão judicial tiver determinado a reintegração de outro servidor cuja vaga o primeiro passou a ocupar; nesse último caso temos o servidor "A" que foi demitido e deu oportunidade para o servidor "B", sendo que "A", por decisão judicial, consegue sua reintegração, o que faz com que "B", se estável, possa ser colocado em disponibilidade (art. 41, § 2º, da CF); não é necessário que a decisão judicial que determina a reintegração transite em julgado para que toda essa operação aconteça, bastando que ela já possa produzir efeitos segundo a lei processual civil; **II:** correta, pois cabe à Administração extinguir ou não cargos públicos, tendo o servidor estável direito à disponibilidade nesse caso (art. 41, § 3º, da CF); **III:** incorreta, pois o servidor não tem como se opor administrativamente à extinção do cargo e consequente colocação dele na disponibilidade; **IV:** incorreta, pois a disponibilidade tem por finalidade atender às três hipóteses mencionadas no comentário ao item I; **V:** correta, pois tais princípios estão de acordo com a disponibilidade, que respeita a estabilidade do servidor, de um lado, e a economia nos cofres públicos, de outro, já que o servidor fica sem trabalhar, mas recebe apenas proporcionalmente ao seu tempo de serviço.
Gabarito "E".

5.9. Responsabilidades e deveres do servidor

(OAB/Exame Unificado – 2013.1) Um servidor público foi acusado de corrupção passiva e peculato. Respondeu a processo criminal e foi absolvido por ausência de provas. Diante dessa situação, assinale a afirmativa correta.

(A) A Administração Pública, no caso, permanece livre para punir o funcionário, desde que verifique haver desvios na conduta funcional do servidor.

(B) A decisão de absolvição do servidor sempre vincula a Administração Pública, que não poderá punir o seu funcionário.

(C) A auto tutela administrativa permite desconsiderar decisões judiciais contrárias à lei ou às provas dos autos, sendo possível a aplicação de sanções administrativas com cópias extraídas do processo criminal.

(D) As decisões da justiça, que punem o servidor por qualquer crime, vinculam o Poder Público, embora as decisões de absolvição nunca impeçam o poder punitivo da Administração.

A: correta, pois a absolvição criminal por falta de provas não importa em qualquer efeito em relação à esfera administrativa, diferentemente das absolvições criminais por negativa de autoria ou inexistência material do fato, que se comunicam àquela esfera (art. 126 da Lei 8.112/1990); **B:** incorreta, pois absolvições por falta de prova não afastam a punição administrativa (art. 126 da Lei 8.112/1990); **C:** incorreta, pois os processos administrativos devem observar o devido processo legal, incluindo o contraditório, ampla defesa e as demais normas previstas na lei (art. 5º, LIV e LV, da CF); **D:** incorreta, pois as absolvições criminais por negativa de autoria ou inexistência material do fato se comunicam àquela esfera (art. 126 da Lei 8.112/1990).
Gabarito "A".

(OAB/Exame Unificado – 2011.3.B) Tício, servidor público pertencente aos quadros de uma autarquia federal, está respondendo a processo administrativo disciplinar por fato que também foi objeto de apuração em processo criminal, já concluído com sentença absolutória de negativa de autoria transitada em julgado. Considerando a situação hipotética narrada, o processo administrativo disciplinar

(A) deverá prosseguir regularmente, uma vez que as instâncias penal e administrativa são independentes.

(B) deverá prosseguir regularmente, uma vez que a sentença absolutória proferida na instância penal apenas vincularia a instância administrativa em caso de negativa da existência do fato.

(C) ficará prejudicado, uma vez que a responsabilidade administrativa somente pode configurar efeito secundário da responsabilidade penal.

(D) ficará prejudicado, uma vez que a responsabilidade administrativa é afastada no caso de absolvição criminal que negue a autoria do fato.

As sanções civis, penais e administrativas poderão cumular-se, sendo independentes entre si (art. 125 da Lei 8.112/1990). Porém, a responsabilidade administrativa do servidor será afastada no caso de absolvição criminal que negue a existência do fato ou sua autoria (art. 126 da Lei 8.112/1990). Assim, como Tício foi absolvido na esfera criminal por "negativa de autoria", essa decisão produzirá efeitos na esfera administrativa, prejudicando o processo administrativo disciplinar, nos termos da alternativa "d".
Gabarito "D".

(OAB/Exame Unificado – 2010.3) Determinado servidor público foi acusado de ter recebido vantagens indevidas valendo-se de seu cargo público, sendo denunciado à justiça criminal e instaurado, no âmbito administrativo, processo administrativo disciplinar por ter infringido seu estatuto funcional pela mesma conduta. Ocorre que o servidor foi absolvido pelo Poder Judiciário em razão de ter ficado provada a inexistência do ato ilícito que lhe fora atribuído. Nessa situação, é correto afirmar que

(A) em nenhuma hipótese a decisão penal surtirá efeito na esfera administrativa, mesmo que a conduta praticada pelo servidor seja prevista como ilícito penal e ilícito administrativo.

(B) a punição na instância administrativa nunca poderá ser anulada, caso tenha sido aplicada.

(C) haverá repercussão no âmbito do processo administrativo disciplinar, não podendo a administração pública punir o servidor pelo fato decidido na esfera penal.

(D) a decisão absolutória não influirá na decisão administrativa do processo administrativo disciplinar, por serem independentes.

As esferas cível, administrativa e penal são independentes (art. 125 da Lei 8.112/1990). Porém, a responsabilidade administrativa do servidor será afastada no caso de absolvição criminal que *negue a existência do fato* ou *sua autoria*. Repare que a lei admite que a esfera penal vincula a esfera administrativa apenas em dois casos de absolvição, quais sejam, inexistência do fato (o juiz absolve dizendo que o fato não ocorreu) ou negativa de autoria (o juiz absolve dizendo que o fato ocorreu, mas o réu não foi o seu autor). Já quando o juiz simplesmente absolve por falta de provas, tal absolvição criminal não repercutirá em nada na esfera administrativa. Nesse sentido, a alternativa "c" está correta, pois o enunciado asseverou que o juiz criminal absolveu o servidor por inexistência do "ato", aplicando-se, assim, o disposto no art. 126 da Lei 8.112/1990.
Gabarito "C".

(OAB/Exame Unificado – 2008.2) No que concerne às responsabilidades do servidor público, assinale a opção incorreta.

(A) Tais responsabilidades podem ser do tipo civil, penal e administrativo.

(B) As sanções civis, penais e administrativas poderão cumular-se.

(C) A responsabilidade civil do servidor público é objetiva.

(D) A responsabilidade administrativa do servidor público será afastada em caso de absolvição criminal que negue a existência do fato ou de sua autoria.

A: correta (art. 121 da Lei 8.112/1990); **B:** correta (art. 125 da Lei 8.112/1990); **C:** incorreta, devendo ser assinalada (art. 37, § 6º, da CF e art. 122 da Lei 8.112/1990); **D:** correta (art. 126 da Lei 8.112/1990).
Gabarito "C".

(OAB/Exame Unificado – 2007.3) De acordo com o art. 121 da Lei n.º 8.112/1990, o "servidor responde civil, penal e administrativamente pelo exercício irregular de suas atribuições". Considerando esse comando legal, assinale a opção correta.

(A) Pode haver responsabilidade civil sem que haja a penal, mas sempre haverá a obrigação administrativa.

(B) Sempre que houver a responsabilidade penal, haverá também a responsabilidade civil e a administrativa.

(C) A administração não pode aplicar pena de demissão ao servidor em processo disciplinar se este houver sido absolvido em processo criminal.

(D) O Estatuto do Servidor Público Federal prevê que as sanções penais, cíveis e administrativas podem ser cumuladas.

A e B: incorretas. Os ilícitos e as responsabilidades civil, penal e administrativa são independentes entre si (art. 125 da Lei 8.112/1990); **C:** incorreta. A absolvição na esfera criminal só repercute na esfera administrativa se for por inexistência material do fato ou negativa de autoria (art. 126 da Lei 8.112/1990); **D:** correta (art. 125 da Lei 8.112/1990).
Gabarito "D".

(FGV – 2014) No que tange à *responsabilidade* dos servidores públicos, assinale a afirmativa correta.

(A) A sanção administrativa sempre prescreve em 5 anos.

(B) A sentença penal sempre vincula as demais esferas.

(C) A condenação na esfera civil e administrativa é possível, mesmo havendo absolvição penal.

(D) A falta administrativa constituindo crime, apenas é possível a aplicação da penalidade administrativa no caso de imposição da sanção penal.

(E) A sentença penal nunca vincula as demais esferas.

A: incorreta, pois há casos em que prescreve no prazo de prescrição previsto para o ilícito na esfera penal (art. 142, § 2º, da Lei 8.112/1990); **B:** incorreta, pois somente vincula em caso de absolvição por negativa de autoria ou inexistência material do fato (art. 126 da Lei 8.112/1990); **C:** correta, por conta da independência entre as instâncias civil, penal e administrativa (art. 125 da Lei 8.112/1990), valendo lembrar que apenas a absolvição penal por negativa de autoria ou inexistência material se comunicam para as esferas administrativa e civil (art. 126 da Lei 8.112/1990); **D:** incorreta, por conta da independência entre as instâncias civil, penal e administrativa (art. 125 da Lei 8.112/1990); **E:** incorreta, pois a sentença penal vincula as demais esferas em caso de absolvição por negativa de autoria ou inexistência material do fato (art. 126 da Lei 8.112/1990).
Gabarito "C".

(FGV – 2013) Sobre a Lei n. 8.112/1990, que se alinha com a constante busca pela moralização do serviço público, assinale a afirmativa correta.

(A) A responsabilidade civil-administrativa resulta de ato comissivo praticado no desempenho do cargo ou função, mas não de ato omissivo.

(B) O servidor não poderá ser responsabilizado civil, penal ou administrativamente por dar ciência à autoridade superior de informação concernente à prática de crimes ou improbidade de que tenha conhecimento.

(C) A responsabilidade civil decorre de ato comissivo doloso que resulte em prejuízo ao erário ou a terceiros, estando isento de responsabilidade o servidor que atuar de forma meramente culposa.

(D) O servidor pode ausentar-se do serviço durante o expediente, sem prévia autorização do chefe imediato, bem como retirar, sem prévia anuência da autoridade competente, qualquer documento ou objeto da repartição.

(E) O servidor terá direito a licença remunerada durante o período que mediar entre a sua escolha em convenção partidária, como candidato a cargo eletivo, e a véspera do registro de sua candidatura perante a Justiça Eleitoral.

A: incorreta, pois atos omissivos também podem gerar responsabilidade (art. 122, *caput*, da Lei 8.112/1990); **B:** correta (art. 126-A da Lei 8.112/1990); **C:** incorreta, pois a responsabilidade civil do Estado se dá sobre atos comissivos ou omissivos, dolosos ou culposos (art. 122, *caput*, da Lei 8.112/1990), não estando isento o servidor (de responder regressivamente junto ao Estado) quando atuar por conduta dolosa ou culposa (art. 37, § 6º, da CF); **D:** incorreta, pois essa ausência durante o expediente é proibida sem autorização da chefia imediata (art. 117, I, da Lei 8.112/1990), assim como a retirada de documento ou objeto da repartição sem prévia anuência da autoridade competente (art. 117, II, da Lei 8.112/1990); **E:** incorreta, pois essa específica licença é sem remuneração (art. 86, *caput*, da Lei 8.112/1990), diferentemente da licença durante o período de campanha eleitoral, que, em verdade, vai do registro da candidatura até o décimo dia seguinte ao da eleição, somente por 3 meses (art. 86, §. 2º, da Lei 8.112/1990).
Gabarito "B".

5.10. Direitos, vantagens e sistema remuneratório

(OAB/Exame XXXIV) Ataulfo é servidor público estável de um pequeno Município, ocupante de cargo administrativo de carreira junto ao Poder Executivo, cuja remuneração era composta pelas seguintes rubricas, determinadas por lei do mencionado ente federativo: (I) vencimento-base, de valor inferior ao salário-mínimo; (II) abono salarial, utilizado para alcançar o salário-mínimo; (III) adicional de tempo de serviço.

O Município editou, recentemente, a Lei XYZ, que conferiu à carreira de Ataulfo nova gratificação, estipulada em 10% (dez por cento) sobre o total da remuneração até então percebida pelo mencionado servidor (somatório das rubricas (I), (II) e (III)).

Acerca da remuneração de Ataulfo, com base na situação hipotética narrada, assinale a afirmativa correta.

(A) A remuneração de Ataulfo é inconstitucional porque seu vencimento-base não poderia ser inferior ao salário-mínimo.

8. DIREITO ADMINISTRATIVO

(B) O Município não precisava ter editado lei para instituir a nova gratificação, na medida em que a alteração da remuneração de Ataulfo poderia ser efetuada por decreto.

(C) A gratificação instituída pela Lei XYZ é inconstitucional, porque o seu cálculo incidiu sobre verbas que não podem ser computadas para a concessão de acréscimos ulteriores.

(D) A remuneração de Ataulfo é inconstitucional, pois é obrigatório que sua remuneração seja realizada, exclusivamente, por subsídio, que é parcela única, vedado o acréscimo de qualquer parcela remuneratória.

A: incorreta, pois o valor total não deve ser inferior ao salário-mínimo, e não o valor do vencimento-base; nesse sentido, vide a Súmula Vinculante 16 do STF: "Os artigos 7º, IV, e 39, § 3º (redação da EC 19/98), da Constituição, referem-se ao total da remuneração percebida pelo servidor público"; **B:** incorreta, pois somente mediante lei é possível aumentar o valor da remuneração de servidores públicos; é o que dispõe o art. 37, X, da CF: "a remuneração dos servidores públicos e o subsídio de que trata o § 4º do art. 39 somente poderão ser fixados ou alterados por lei específica, observada a iniciativa privativa em cada caso, assegurada revisão geral anual, sempre na mesma data e sem distinção de índices"; **C:** correta, pois de fato a gratificação em questão não pode incidir sobre o adicional por tempo de serviço, em virtude da regra constitucional que proíbe o efeito cascata (art. 37, XIV, da CF: "os acréscimos pecuniários percebidos por servidor público não serão computados nem acumulados para fins de concessão de acréscimos ulteriores"; vide também a Súmula Vinculante 15 do STF: "O cálculo de gratificações e outras vantagens do servidor público não incide sobre o abono utilizado para se atingir o salário mínimo"; **D:** incorreta, pois a remuneração via subsídio não é obrigatória nesse caso, diferente da remuneração de membros de poder e detentor de mandato eletivo, por exemplo, que devem ser exclusivamente feitas via subsídio, que, de fato, é em parcela única e não se admite acréscimos como a gratificação (art. 39, p. 4º, da CF); para servidores de carreira a lei permite, mas não obriga a instituição de subsídio (art. 39, p. 8º, da CF).
Gabarito "C".

(OAB/Exame Unificado – 2019.1) Os analistas de infraestrutura de determinado Ministério, ocupantes de cargo efetivo, pleiteiam há algum tempo uma completa reestruturação da carreira, com o aumento de cargos e de remunerações. Recentemente, a negociação com o Governo Federal esfriou dado o cenário de crise fiscal severa. Para forçar a retomada das negociações, a categoria profissional decidiu entrar em greve, mantendo em funcionamento apenas os serviços essenciais. Com base na hipótese apresentada, assinale a afirmativa correta.

(A) Compete à Justiça Federal – e não à Justiça do Trabalho – julgar a abusividade do direito de greve dos analistas de infraestrutura.

(B) A Administração Pública não poderá, em nenhuma hipótese, fazer o desconto dos dias não trabalhados em decorrência do exercício do direito de greve pelos servidores públicos civis.

(C) O direito de greve dos servidores públicos civis não está regulamentado em lei, o que impede o exercício de tal direito.

(D) O direito de greve é constitucionalmente assegurado a todas as categorias profissionais, incluindo os militares das Forças Armadas, os policiais militares e os bombeiros militares.

A: correta, pois os servidores submetidos ao regime estatutário (Lei 8.112/90) têm as suas demandas e questões funcionais julgadas pela Justiça Federal; **B:** incorreta, pois o STF decidiu em repercussão geral que "a administração pública deve proceder ao desconto dos dias de paralisação decorrentes do exercício do direito de greve pelos servidores públicos, em virtude da suspensão do vínculo funcional que dela decorre, permitida a compensação em caso de acordo. O desconto será, contudo, incabível se ficar demonstrado que a greve foi provocada por conduta ilícita do Poder Público" (RE 693456); **C:** incorreta, pois, apesar de ainda não haver lei específica sobre greve dos servidores públicos civis, o STF julgou procedente mandados de injunção (MIs 670/ES, 708/DF e 712/PA), para declarar mora legislativa abusiva e conceder ao servidor o direito de exercer greve, observados os preceitos da Lei 7.783/1989, que trata da greve na iniciativa privada; **D:** incorreta, pois a Constituição veda a greve dos militares das Forças Armadas (art. 142, § 3º, IV, CF) e, por extensão, dos militares dos Estados-membros, do Distrito Federal e dos Territórios (art. 42, § 1º, CF).
Gabarito "A".

(OAB/Exame Unificado – 2017.1) O governador do estado Alfa, diante de grave crise financeira que assola as contas estaduais, elaborou numerosos projetos de lei para diminuir os gastos públicos e atender ao disposto na Lei de Responsabilidade Fiscal. Dentre esses projetos encontram-se: i) corte de 25% (vinte e cinco por cento) dos cargos em comissão do Poder Executivo; ii) redução dos subsídios e vencimentos dos servidores públicos estáveis em 10% (dez por cento) de seu valor nominal. Com relação à constitucionalidade de tais projetos, assinale a afirmativa correta.

(A) Os projetos são constitucionais, porque cabe ao Estado zelar por suas finanças, à luz dos princípios aplicáveis à Administração Pública.

(B) O projeto que determina o corte de cargos em comissão é inconstitucional, pois resultará na exoneração dos servidores que os ocupam.

(C) O projeto que reduz diretamente os subsídios e vencimentos pagos aos servidores públicos é inconstitucional.

(D) Os projetos são inconstitucionais, porque há direito adquirido à imutabilidade de regime jurídico dos servidores públicos.

A: incorreta, pois esta parte do projeto que trata da redução de subsídios e vencimentos dos servidores fere o princípio constitucional da irredutibilidade destes (art. 37, XV, da CF); **B:** incorreta, pois a parte do projeto que trata da exoneração de servidores providos em cargos em comissão é possível, já que o provimento e a exoneração de servidores de cargos em comissão são livres (art. 37, II, da CF); **C:** correta, pois esta parte do projeto fere o princípio constitucional da irredutibilidade de subsídios e vencimentos dos servidores (art. 37, XV, da CF); **D:** incorreta, pois o provimento e a exoneração de servidores de cargos em comissão são livres (art. 37, II, da CF), de modo que essa medida é plenamente possível por parte do governador do estado. WG
Gabarito "C".

(OAB/Exame Unificado – 2016.3) João foi aprovado em concurso público para o cargo de agente administrativo do Estado Alfa. Após regular investidura, recebeu sua primeira remuneração. Contudo, os valores apontados na folha de pagamento causaram estranheza, considerando que a rubrica de seu vencimento-base se mostrava inferior ao salário mínimo vigente, montante que só era alcançado se considerados os demais valores (adicionais e gratificações) que compunham a sua remuneração total. Diante dessa situação hipotética, assinale a afirmativa correta.

(A) A remuneração de João é constitucional, porque a garantia do salário mínimo não é aplicável aos servidores públicos.

(B) A remuneração de João é inconstitucional, porque o seu vencimento-base teria que ser superior ao salário mínimo.

(C) A remuneração de João é constitucional, porque a garantia do salário mínimo se refere ao total da remuneração percebida.

(D) A remuneração de João é inconstitucional, pois todo servidor público deve receber por subsídio, fixado em parcela única.

A: incorreta, pois essa garantia está no art. 39, § 3º, c/c art. 7º, IV, ambos da CF; **B:** incorreta, pois a Súmula Vinculante STF 16 admite que se leve em conta o total da remuneração percebida pelo servidor público para que se verifique se foi atingido o valor do salário mínimo; **C:** correta, pois, segundo a Súmula Vinculante STF 16, "Os arts. 7º, IV, e 39, § 3º (redação da EC 19/98), da Constituição, referem-se ao total da remuneração percebida pelo servidor público"; **D:** incorreta, pois o subsídio só é obrigatório para as carreiras mencionadas no art. 39, § 4º, da CF. **WG**
Gabarito "C".

(OAB/Exame Unificado – 2016.2) Paulo é servidor concursado da Câmara de Vereadores do município Beta há mais de quinze anos. Durante esse tempo, Paulo concluiu cursos de aperfeiçoamento profissional, graduou-se no curso de economia, exerceu cargos em comissão e foi promovido por merecimento. Todos esses fatores contribuíram para majorar sua remuneração. Considerando a disciplina constitucional a respeito dos servidores públicos, assinale a afirmativa correta.

(A) O teto remuneratório aplicável a Paulo, servidor público municipal, corresponde ao subsídio do prefeito do município Beta.

(B) O teto remuneratório aplicável a Paulo, servidor público municipal, corresponde ao subsídio pago aos vereadores de Beta.

(C) Os acréscimos de caráter remuneratório, pagos a Paulo, como a gratificação por tempo de serviço e a gratificação adicional de qualificação profissional, não se submetem ao teto remuneratório.

(D) O teto remuneratório aplicável a Paulo não está sujeito a qualquer limitação, tendo em vista a necessidade de edição de lei complementar para a instituição do teto previsto na CRFB/88.

A: correta (art. 37, XI, da CF); **B**: incorreta, pois o teto é subsídio do prefeito do município Beta (art. 37, XI, da CF); **C**: incorreta, pois todas as vantagens pessoais e de qualquer natureza devem ser computadas para efeito de incidência do teto (art. 37, XI, da CF); **D**: incorreta, pois a CF não exige lei complementar para a aplicação imediata do teto remuneratório (art. 37, XI, da CF).
Gabarito "A".

(OAB/Exame Unificado – 2013.2) Um empregado público de uma sociedade de economia mista ajuizou uma ação para garantir o recebimento de valores acima do teto remuneratório constitucional, que tem como limite máximo os subsídios pagos aos Ministros do STF.

Nesse caso, é correto afirmar que

(A) o empregado tem direito a receber acima do teto, pois somente a administração pública direta está sujeita à referida limitação.

(B) o empregado não tem direito a receber acima do teto, pois toda a administração direta e indireta está sujeita à referida limitação.

(C) o empregado tem direito a receber acima do teto, pois somente a administração pública direta e as autarquias estão sujeitas à referida limitação.

(D) o empregado pode receber acima do teto, caso a sociedade de economia mista não receba recursos de nenhum ente federativo para despesas de pessoal ou de custeio em geral.

A remuneração de todo em qualquer ocupante de cargo, função e emprego público na Administração Direta e Indireta (o que inclui as sociedades de economia mista) deve respeitar o teto constitucional (art. 37, XI, da CF). Porém, em se tratando de empresa estatal (empresa pública ou sociedade de economia mista) que não receba recursos de entes federativos para despesas de pessoal ou de custeio em geral (ex.: Banco do Brasil, Petrobras), a própria Constituição abre exceção e permite que seus empregados ganhem acima do teto constitucional (art. 37, § 9º).
Gabarito "D".

(OAB/Exame Unificado – 2008.3) Com referência ao regime de remuneração de agentes públicos por meio de subsídios, assinale a opção correta.

(A) O subsídio dos deputados estaduais é fixado por lei de iniciativa da respectiva assembleia legislativa e, em razão da autonomia federativa, o seu valor pode chegar a superar aqueles fixados para os deputados federais.

(B) A remuneração e o subsídio dos ocupantes de cargos, funções e empregos públicos da administração direta, autárquica e fundacional, dos membros de qualquer dos poderes da União, dos Estados, do DF e dos Municípios, dos detentores de mandato eletivo e dos demais agentes políticos e os proventos, pensões ou outra espécie remuneratória percebidos cumulativamente ou não, incluídas as vantagens pessoais ou de qualquer outra natureza, não podem exceder o subsídio mensal, em espécie, do Presidente da República.

(C) A remuneração dos servidores públicos e os subsídios somente podem ser fixados ou alterados por lei específica, observada a iniciativa privativa estabelecida para cada caso, assegurada, ainda, revisão geral anual, sempre na mesma data, mas com a possibilidade de aplicação diferenciada de índices.

(D) O subsídio dos vereadores é fixado pelas respectivas câmaras municipais em cada legislatura para a subsequente, e a característica peculiar do sistema federativo brasileiro, segundo a qual o Município constitui ente participante da federação, possibilita que a CF fixe limites a serem obedecidos quanto aos valores máximos que podem ser fixados pelas câmaras municipais.

A: incorreta (art. 27, § 2º, da CF); B: incorreta (art. 37, XI, da CF); C: incorreta (art. 37, X, da CF); D: correta (art. 29, VI, da CF).
Gabarito "D".

(OAB/Exame Unificado – 2008.3) Assinale a opção correta em relação ao que a CF dispõe a respeito da organização da administração e dos direitos dos servidores públicos e dos empregados públicos.

8. DIREITO ADMINISTRATIVO

(A) É constitucional lei estadual, de iniciativa parlamentar, concessiva de anistia a faltas cometidas por servidores da assembleia legislativa, com o estabelecimento de condições para readmissão.

(B) É inconstitucional a lei federal, de iniciativa do Presidente da República, que conceda a remuneração de 50% do salário normal aos empregados das empresas públicas e das sociedades de economia mista, a título de remuneração por férias.

(C) A CF permite que decreto presidencial cuide da extinção de órgão público, pois, nesse caso, não haverá aumento de despesa.

(D) Somados o valor da indenização por transporte e o do subsídio de um delegado de polícia civil estadual, o total não poderá ultrapassar o teto de limite remuneratório de sua unidade da Federação.

A: correta, conforme art. 27, § 3º, da CF c/c os arts. 51, IV, e 52, XIII, também da CF (princípio da simetria); B: incorreta. Não há impedimento nesse sentido; C: incorreta (Art. 84, VI, *a*, da CF); D: incorreta. A indenização não entra nos valores a serem observados para a preservação do teto remuneratório, pois não se confunde com remuneração e subsídio (art. 37, XI, da CF).
Gabarito "A".

(OAB/Exame Unificado – 2008.2) A Lei n.º 8.112/1990 determina que, salvo por imposição legal, ou mandado judicial, nenhum desconto pode incidir sobre a remuneração ou o provento de servidor público, podendo, contudo, mediante autorização do servidor, haver consignação em folha de pagamento a favor de terceiros. Corresponde a desconto realizado por imposição legal

(A) a contribuição para o custeio de associação de servidores públicos.

(B) a contribuição para plano de saúde patrocinado por entidade aberta de previdência social.

(C) a contribuição para a previdência social.

(D) a amortização de empréstimo ou financiamento concedido ao servidor público federal por entidade fechada ou aberta de previdência privada.

A contribuição para a previdência social incidente sobre a remuneração ou o provento do servidor, enquanto tributo, é criada por lei e, portanto, configura um desconto que incidirá por imposição legal (art. 45 da Lei 8.112/1990).
Gabarito "C".

(OAB/Exame Unificado – 2007.3) Sobre o regime jurídico único dos servidores públicos civis da União, julgue os itens a seguir.

I. A licença por motivo de afastamento do cônjuge é concedida por prazo indeterminado e sem remuneração.

II. A investidura em cargo público ocorre com a nomeação.

III. É proibido ao servidor público recusar-se a atualizar seus dados cadastrais quando isso lhe for solicitado.

IV. Sem qualquer prejuízo, pode o servidor ausentar-se do serviço por 3 (três) dias, para alistar-se como eleitor.

Estão certos apenas os itens

(A) I e II.

(B) I e III.

(C) II e IV.

(D) III e IV.

I: correta (art. 84, § 1º, da Lei 8.112/1990); II: incorreta (art. 7º da Lei 8.112/1990 – *posse*); III: correta (art. 117, XIX, da Lei 8.112/1990); IV: incorreta (art. 97, II, da Lei 8.112/1990 – *dois dias*).
Gabarito "B".

(FGV – 2013) Com relação à disciplina constitucional acerca dos servidores públicos, analise as afirmativas a seguir.

I. O detentor de mandato eletivo e o membro de Poder serão remunerados exclusivamente por subsídio, fixado em parcela única, vedada a percepção de gratificação, adicional, abono, ou outra espécie remuneratória.

II. A investidura em cargo ou emprego público exige prévia aprovação em concurso público, mas a exigência não alcança as empresas estatais não dependentes.

III. O servidor vitalício somente perderá o cargo por sentença judicial transitada em julgado.

Assinale:

(A) se somente a afirmativa I estiver correta.

(B) se somente as afirmativas I e II estiverem corretas.

(C) se somente a afirmativa III estiver correta.

(D) se somente as afirmativas I e III estiverem corretas.

(E) se todas as afirmativas estiverem corretas.

I: correta (art. 39, § 4º, da CF); II: incorreta, pois a investidura em qualquer emprego de pessoa da Administração Pública Direta e Indireta (sendo este o caso de uma empresa estatal, seja ela dependente ou não) depende de concurso público (art. 37, *caput* e inciso II, da CF), servindo de exemplo o Banco do Brasil, que é empresa estatal não dependente e que é obrigado a fazer concurso público para admitir seu pessoal; III: correta (art. 95, I, da CF).
Gabarito "D".

(FGV – 2013) Segundo a Lei n. 8.112/1990, é correto afirmar que

(A) o Dia do Servidor Público será comemorado a dois de agosto.

(B) o servidor, por motivo de crença religiosa ou de convicção filosófica ou política, poderá ser privado de qualquer dos seus direitos, ser discriminado em sua vida funcional e eximir-se do cumprimento de seus deveres.

(C) os servidores que trabalhem com habitualidade em locais insalubres ou em contato permanente com substâncias tóxicas, radioativas ou com risco de vida, não fazem jus a um adicional sobre o vencimento do cargo efetivo.

(D) o servidor responde civil, penal e administrativamente pelo exercício irregular de suas atribuições.

(E) ao servidor é defeso requerer aos Poderes Públicos, ainda que em defesa de direitos ou interesses legítimos.

A: incorreta, pois é comemorado no dia 28 de outubro (art. 236 da Lei 8.112/1990); B: incorreta, pois o servidor não pode ser privado de direitos, nem discriminado, e também não poder se eximir do cumprimento de seus deveres (art. 239 da Lei 8.112/1990); C: incorreta, pois fazem jus ao adicional (art. 68 da Lei 8.112/1990); D: correta (art. 121 da Lei 8.112/1990); E: incorreta, pois esse direito é assegurado ao servidor (art. 104 da Lei 8.112/1990).
Gabarito "D".

(FGV – 2013) Z, agente penitenciário no Estado do Maranhão, e candidatou-se a prefeito de um município do interior do Estado, tendo sido eleito com expressiva votação. Z exerce cargo público efetivo há mais de 10 anos e agora irá assumir o mandato eletivo. Diante dessa situação, assinale a afirmativa correta.

(A) Z, afastando-se do cargo efetivo, contará o tempo de exercício no cargo eletivo para todos os efeitos legais, sem qualquer exceção.

(B) Z deverá pedir exoneração do cargo efetivo para assumir o cargo eletivo.

(C) Z ao assumir o cargo eletivo deverá necessariamente receber a remuneração desse cargo, não podendo optar pela remuneração do cargo efetivo.

(D) Z, necessariamente, irá se afastar do cargo efetivo e deverá optar pela remuneração do cargo efetivo ou pela do cargo eletivo, sendo impossível a acumulação das remunerações.

(E) Z poderá, havendo compatibilidade de horários, acumular os cargos e as remunerações.

A: incorreta, pois é caso de afastamento, mas o tempo de serviço no cargo eletivo será contado para todos os efeitos legais, salvo para fins de promoção por merecimento (art. 38, IV, da CF); B: incorreta, pois o caso é de afastamento do cargo (art. 38, II, da CF); C: incorreta, pois o Prefeito pode optar pela remuneração que deseja receber, se a do cargo efetivo que detinha ou se do mandato eletivo (art. 38, II, da CF); D: correta (art. 38, II, da CF); E: incorreta, pois o Prefeito deverá necessariamente se afastar do cargo de detinha (art. 38, II, da CF), diferentemente do que for eleito vereador, que poderá acumular as funções de houver compatibilidade de horários (art. 38, III, da CF).
Gabarito "D"

(FGV – 2011) A respeito da remuneração na Administração Pública, analise as afirmativas a seguir:

I. Isonomia de vencimentos é a igualdade de vencimentos para cargos de atribuições iguais ou assemelhados de poderes diferentes.

II. Paridade de vencimentos é a igualdade de vencimentos para cargos de atribuições iguais ou assemelhados de um mesmo poder.

III. Vinculação é o atrelamento de uma majoração a outra.
Assinale

(A) se somente a afirmativa I estiver correta.

(B) se somente a afirmativa II estiver correta.

(C) se somente a afirmativa III estiver correta.

(D) se nenhuma afirmativa estiver correta.

(E) se todas as afirmativas estiverem corretas.

I: incorreta, pois a igualdade deve ser para cargos do mesmo poder (art. 41, § 4º, da Lei 8.112/1990); II: incorreta, pois a paridade diz respeito também à igualdade para cargos de poderes diferentes (art. 39, § 1º, da CF); III: correta, pois vinculação é relação de comparação, vinculando-se um cargo inferior, com outro superior, para efeito de retribuição; quando se aumenta um, aumenta-se o outro.
Gabarito "C"

(FGV – 2011) Marilda da Silva, servidora pública federal com estabilidade, requereu licença para acompanhar seu enteado, Antônio, em um tratamento para leucemia que envolve transplante de medula óssea. Com base nessa situação específica e na Lei 8.112/1990, é correto afirmar que

(A) a Administração Pública pode conceder licença remunerada a Marilda por até 90 (noventa) dias, consecutivos ou não, a cada período de 12 (doze) meses.

(B) Marilda não tem direito à licença pois não se trata de seu filho, mas de seu enteado.

(C) Marilda pode se licenciar sem remuneração por um período de até 120 (cento e vinte) dias, consecutivos ou não, a cada período de 12 (doze) meses.

(D) a licença por motivo de doença em pessoa da família inclui, além do enteado, o padrasto e a madrasta do servidor.

(E) o período de 12 meses a que alude a lei coincide com o ano civil.

Tratando-se de doença de enteado, é permitido conceder licença ao servidor (art. 83 da Lei 8.112/1990).
Gabarito "D"

(FGV – 2011) O Presidente de uma autarquia estadual formulou consulta a seu órgão de assessoria jurídica questionando qual o instrumento jurídico necessário para a concessão de aumento de remuneração aos servidores da entidade. A esse respeito, é correto responder que a concessão de aumento de remuneração aos servidores de uma autarquia estadual depende de

(A) lei específica, de iniciativa da Chefia do Poder Executivo.

(B) lei complementar, de iniciativa do presidente da autarquia.

(C) decreto da Chefia do Poder Executivo.

(D) decreto legislativo.

(E) lei ordinária, de iniciativa da Presidência da autarquia.

A alternativa "a" está de acordo com o disposto no art. 37, X, c/c art. 61, § 1º, II, a, ambos da CF. Ou seja, é necessário lei específica, cujo projeto é de iniciativa da Chefia do Poder Executivo.
Gabarito "A"

5.11. Sistema previdenciário

(OAB/Exame Unificado – 2018.3) Desde 1980, Jorge é docente em determinada universidade federal, ocupando o cargo efetivo de professor titular na Faculdade de Direito. No início do ano 2000, foi designado para ocupar a chefia de patrimônio da mesma instituição de ensino, cargo comissionado que exerce cumulativamente com o de professor. Mesmo tendo cumprido os requisitos para a aposentadoria voluntária do cargo efetivo, decide permanecer em atividade, até atingir a idade-limite para a aposentadoria compulsória. Com base na situação narrada, assinale a afirmativa correta.

(A) A aposentadoria compulsória, que ocorrerá aos 70 (setenta) anos de idade, só atingirá o cargo de professor. Neste caso, inexistindo impedimentos infraconstitucionais, Jorge poderá continuar exercendo a chefia de patrimônio.

(B) A aposentadoria compulsória, que ocorrerá aos 75 (setenta e cinco) anos de idade, só atingirá o cargo de professor. Neste caso, inexistindo impedimentos infraconstitucionais, Jorge poderá continuar exercendo a chefia de patrimônio.

8. DIREITO ADMINISTRATIVO

(C) Não cabe ao Tribunal de Contas da União apreciar, para fins de registro, a legalidade da(s) aposentadoria(s) compulsória(s) concedida(s), tendo em vista que a atribuição constitucional somente diz respeito às aposentadorias voluntárias ou por invalidez permanente.

(D) Cabe ao Tribunal de Contas da União apreciar, para fins de registro, a legalidade das admissões de pessoal, tanto as que envolvem provimento de cargo efetivo quanto as que dizem respeito a provimento de cargo em comissão.

A: incorreta, pois há Lei Complementar estabelecendo que a aposentadoria compulsória se dará aos 75 anos (art. 2º, I, da LC 152/15) no âmbito dos entes federativos e suas autarquias e fundações, nos termos da permissão dada pelo art. 40, § 1º, II, da CF, que estabelece a aposentadoria compulsória aos 70 anos, mas permite que lei complementar a eleve para 75 anos, o que acabou se realizando; **B:** correta, pois o art. 2º, I, da LC 152/15, autorizado pelo art. 40, § 1º, II, da CF, alterou para 75 anos a aposentadoria compulsória nos entes federativos, incluindo as suas autarquias e fundações, como é o caso de uma universidade federal; essa regra se aplica ao cargo efetivo de professor de Jorge; quanto ao cargo em comissão, ele é acumulável com o cargo efetivo de professor (art. 37, XVI, "b", da CF) e também é acumulável com os proventos de aposentadoria que Jorge passará a receber quando se aposentar do cargo de professor (art. 37, § 10, da CF); **C:** incorreta, pois o art. 71, III, da CF confere ao Tribunal de Contas a competência para apreciar qualquer tipo de aposentadoria; **D:** incorreta, pois o art. 71, III, da CF não confere ao Tribunal de Contas a competência para apreciar as nomeações para cargo em comissão.
Gabarito "B"

(OAB/Exame Unificado – 2011.3.A) Joana D´Arc, beneficiária de pensão por morte deixada por ex-fiscal de rendas, falecido em 05.01.1999, ajuizou ação ordinária em face da União, alegando que determinado aumento remuneratório genérico concedido aos fiscais de renda em atividade não lhe teria sido repassado. Assim, isso teria violado a regra constitucional da paridade remuneratória entre ativos, inativos e pensionistas. Acerca de tal alegação, é correto afirmar que é manifestamente

(A) procedente, pois, embora a regra da paridade remuneratória entre ativos, inativos e pensionistas tenha sido revogada pela EC 41/2003, a pensão por morte rege-se pela lei vigente à época do óbito, quando ainda vigia tal regra.

(B) improcedente, pois, nos termos do verbete 339 da Súmula de Jurisprudência do STF, não cabe ao Poder Judiciário, que não tem função legislativa, aumentar vencimentos de servidores públicos sob fundamento de isonomia.

(C) improcedente, pois a regra da paridade remuneratória entre ativos, inativos e pensionistas foi revogada pela EC 41/2003, sendo absolutamente irrelevante o fato de o ex-servidor ter falecido antes da edição da referida emenda.

(D) procedente, pois a CRFB garante o reajustamento da pensão por morte dos benefícios para preservar-lhes, em caráter permanente, o valor real, conforme critérios estabelecidos em lei.

Antes da EC 41/2003, havia regra constitucional dispondo que "os proventos de aposentadoria e as pensões serão revistos na mesma proporção e na mesma data, sempre que se modificar a remuneração dos servidores em atividade, sendo também estendidos aos aposentados e aos pensionistas quaisquer benefícios ou vantagens posteriormente concedidos aos servidores em atividade (...)". Essa regra foi revogada pela EC 41/2003, de modo que a regra da paridade remuneratória entre ativos, inativos e pensionistas não existe mais. Porém, titulares de benefícios concedidos antes da revogação dessa regra não se submetem ao fim da paridade. Assim, Joana D'Arc tem direito à continuidade da paridade, já que seu benefício se iniciou em 1999, bem antes da emenda constitucional referida (de 2003). Dessa forma, apenas a alternativa "a" está correta.
Gabarito "A"

5.12. Infração disciplinar e processo administrativo

(OAB/Exame XXXV) João é servidor público federal, ocupando o cargo efetivo de Analista Judiciário em determinado Tribunal. A autoridade competente do Tribunal recebeu uma denúncia anônima, devidamente circunstanciada, narrando que João revelou segredo, do qual se apropriou em razão do cargo, consistente no conteúdo de uma interceptação telefônica determinada judicialmente e ainda mantida em sigilo, a terceiro.

O Tribunal instaurou preliminarmente sindicância, a qual, após a obtenção de elementos suficientes, resultou na instauração de processo administrativo disciplinar (PAD), iniciado por portaria devidamente motivada. O PAD, atualmente, está em fase de inquérito administrativo.

No caso em tela, em razão de ter o PAD se iniciado por meio de notícia apócrifa, eventual alegação de sua nulidade pela defesa técnica de João

(A) não merece prosperar, pois é permitida a instauração de processo administrativo disciplinar com base em denúncia anônima, face ao poder-dever de autotutela imposto à Administração.

(B) merece prosperar, por violação ao princípio administrativo da publicidade, e a alegação deve ser feita até a apresentação de relatório pela comissão do PAD, que é composta por três servidores estáveis.

(C) não merece prosperar, pois já houve preclusão, eis que tal argumento deveria ter sido apresentado na fase de instauração do PAD, até cento e vinte dias após a publicação do ato que constituiu a comissão.

(D) merece prosperar, por violação aos princípios constitucionais do contraditório e de ampla defesa, pois o servidor público representado tem o direito subjetivo de conhecer e contraditar o autor da representação.

A: correta, nos termos da Súmula 611 do STJ – "Desde que devidamente motivada e com amparo em investigação ou sindicância, é permitida a instauração de processo administrativo disciplinar com base em denúncia anônima, em face do poder-dever de autotutela imposto à Administração"; **B** e **D:** incorretas, pois a Súmula 611 do STJ admite a instauração de PAD por meio de notícia apócrifa; **C:** incorreta, pois a razão de não poder prosperar é a Súmula 611 do STJ, que admite a instauração de PAD por meio de notícia apócrifa; vale salientar que quando efetivamente há uma séria violação ao contraditório e à ampla defesa não há que se falar em preclusão, cabendo inclusive ingresso com ação visando até mesmo a decisão final tomada no PAD.
Gabarito "A"

(OAB/Exame XXXIII – 2020.3) Flávio, oficial de justiça de determinado Tribunal Regional Federal, no exercício de suas atribuições, ao se dirigir para uma diligência, foi surpreendido por intenso tiroteio. Em razão disso, Flávio adentrou clandestinamente o imóvel de Júlia, sendo que permaneceu no local sem determinação judicial, por longo período e contra a vontade da proprietária. Diante da configuração de crime previsto na Lei de Abuso de Autoridade, Flávio foi denunciado no âmbito criminal, sendo certo que, após o devido processo legal, ele foi absolvido, em decorrência da caracterização de estado de necessidade, operando-se o trânsito em julgado da sentença. Paralelamente, foi instaurado processo administrativo disciplinar, para fins de obter a responsabilização de Flávio pela respectiva falta funcional. Diante dessa situação hipotética, assinale a afirmativa correta.

(A) O reconhecimento de que Flávio praticou o ato de abuso de autoridade em estado de necessidade na decisão prolatada na esfera penal faz coisa julgada no âmbito administrativo-disciplinar.

(B) A existência de ação penal por abuso de autoridade em face de Flávio deveria ter impedido a instauração do processo administrativo disciplinar, pois não é admitida duplicidade de responsabilização.

(C) A sentença penal que absolveu Flávio não pode repercutir na esfera administrativa-disciplinar, uma vez que a sentença absolutória criminal somente pode refletir em outras esferas nas hipóteses de negativa de autoria.

(D) Não é possível aplicar penalidade administrativa-disciplinar a Flávio, na medida em que toda sentença absolutória penal vincula o controle pela Administração Pública, ainda que o fundamento criminal seja a ausência de prova.

A: correta; o estado de necessidade é uma excludente de ilicitude prevista tanto na lei civil (art. 188, II, do Código Civil) como na lei penal (art. 23, I, do Código Penal), portanto, não havendo ilicitude, não há que se falar em penalização de qualquer espécie, seja penal, civil ou administrativa; o máximo que poderá caber numa situação como essa é um pedido reparação civil (art. 929 do Código Civil) em favor do proprietário do bem, mas, ainda assim, desde que haja dano comprovado e acionando-se o Poder Público, pelo fato de que o oficial de justiça estava atuando como tal quando invadiu o imóvel, não podendo ser acionado diretamente pela vítima; B: incorreta, pois as instâncias penal e administrativa são independentes (art. 125 da Lei 8.112/90); C: incorreta; em primeiro lugar porque é incorreto dizer que só a *negativa de autoria* permite a aplicação da decisão penal na esfera administrativa; a lei também admite essa aplicabilidade se for reconhecida a *inexistência material do fato* (art. 126 da Lei 8.112/90); e segundo porque a lei deve ser interpretada sistematicamente, o que impõe a análise do sistema jurídico como um todo, sistema esse que retira a *ilicitude do fato* em caso de estado de necessidade, o que também impõe a aplicação da decisão criminal na esfera administrativa; D: incorreta, pois a sentença absolutória penal somente vincula a Administração em caso de *inexistência material do fato, negativa de autoria* e reconhecimento de *excludente de ilicitude*, o mesmo não acontecendo em caso de absolvição por *falta de provas*.
Gabarito "A".

(OAB/Exame Unificado – 2020.2) O Ministério Público Federal denunciou Marcos, fiscal da Receita Federal, pelo crime de peculato doloso, em decorrência da existência de provas contundentes de que tal servidor apropriou-se de dinheiro público de que tinha guarda.

Ao tomar conhecimento de tais fatos, durante o trâmite do processo penal, a autoridade administrativa competente determinou a instauração de processo administrativo disciplinar, que, após o devido processo legal, levou à demissão de Marcos antes do julgamento da ação penal.

Sobre a questão apresentada, assinale a afirmativa correta.

(A) A Administração fica vinculada à capitulação estabelecida no processo penal, vedada a incidência de qualquer falta residual no âmbito administrativo, considerando que o peculato constitui crime contra a Administração Pública.

(B) A demissão de Marcos na esfera administrativa é válida, mas a superveniência de eventual sentença penal absolutória, por ausência de provas, exige a reintegração do servidor no mesmo cargo que ocupava.

(C) O processo administrativo disciplinar deveria ter sido instaurado para apurar a conduta de Marcos, mas impunha-se sua suspensão diante da existência de processo criminal pelos mesmos fatos.

(D) Deve ser aplicado ao processo administrativo disciplinar o prazo prescricional previsto na lei penal para o crime de peculato cometido por Marcos.

A: incorreta, pois as responsabilizações penal, administrativa e civil são independentes entre si (art. 125 da Lei 8.112/90); um dos efeitos disso é que os "tipos disciplinares" são independentes dos "tipos penais" aplicáveis ao servidor; assim, é possível que um servidor infrinja um "tipo disciplinar" mas que não infrinja um "tipo penal", hipótese em que se poderá dizer que não cometeu um crime mas que cometeu uma falta administrativa residual; B: incorreta, pois somente as absolvições penais por "negativa de autoria" ou por "inexistência material do fato" são suficientes para impor a reintegração do servidor público demitido (art. 126 da Lei 8.112/90); no caso de mera absolvição criminal por "falta de provas", a demissão administrativa será mantida, não havendo direito à reintegração; C: incorreta, pois as responsabilizações penal, administrativa e civil são independentes entre si (art. 125 da Lei 8.112/90); não havendo, então, justificativa para suspender a responsabilização administrativa enquanto corre o processo de responsabilização penal; D: correta, pois, de fato, o prazo prescricional para a ação disciplinar é o mesmo previsto na lei penal para o crime quando a infração disciplinar supostamente cometida também for tipificada como crime pela lei (art. 142, § 2º, da Lei 8.112/90), hipótese que aconteceu no caso narrado na questão.
Gabarito "D".

(OAB/Exame Unificado – 2019.1) Sávio, servidor público federal, frustrado com a ineficiência da repartição em que trabalha, passou a faltar ao serviço. A Administração Pública, após constatar que Sávio acumulou sessenta dias de ausência nos últimos doze meses, instaurou processo administrativo disciplinar para apurar a conduta do referido servidor. Tendo como premissa esse caso concreto, assinale a afirmativa correta.

(A) O processo administrativo disciplinar será submetido a um procedimento sumário, mais simples e célere, composto pelas fases da instauração, da instrução sumária – que compreende a indiciação, a defesa e o relatório – e do julgamento.

(B) A inassiduidade habitual configura hipótese de demissão do serviço público, ficando Sávio impedido de nova investidura em cargo público federal pelo prazo de cinco anos, a contar do julgamento.

(C) Na hipótese de ser imputada a pena de demissão a Sávio, é lícito à Administração Pública exigir depósito de dinheiro como requisito de admissibilidade do recurso administrativo, até mesmo como forma de ressarcir os custos adicionais que o poder público terá com o processamento do apelo.

8. DIREITO ADMINISTRATIVO

(D) A falta de advogado constituído por Sávio no processo administrativo é causa de nulidade, tendo em vista que a ausência de defesa técnica prejudica o exercício da ampla defesa por parte do servidor arrolado.

A: correta; de acordo com o art. 139 da Lei 8.112/90, "Entende-se por inassiduidade habitual a falta ao serviço, sem causa justificada, por sessenta dias, interpoladamente, durante o período de doze meses"; a mesma lei dispõe que a inassiduidade habitual impõe aplicação da pena de demissão (art. 132, III); o art. 140 estabelece que, na apuração da inassiduidade habitual, será adotado o procedimento sumário previsto no art. 133; e, por fim, esse último dispositivo estabelece que o procedimento sumário, de fato, tem as fases indicadas na alternativa, que, assim, é a correta e deve ser assinalada; **B:** incorreta; de fato a inassiduidade habitual é hipótese de demissão (art. 132, III, da Lei 8.112/90); porém, o impedimento de nova investidura em cargo público federal não está previsto para esse específico caso de demissão (art. 137 da Lei 8.112/90); **C:** incorreta, pois, de acordo com a Súmula Vinculante 21 do STF, "É inconstitucional a exigência de depósito ou arrolamento prévios de dinheiro ou bens para admissibilidade de recurso administrativo."; **D:** incorreta, pois, de acordo com a Súmula Vinculante 5 do STF, "a falta de defesa técnica por advogado no processo administrativo disciplinar não ofende a Constituição".
Gabarito "A".

(OAB/Exame Unificado – 2018.1) Ricardo, servidor público federal, especializou-se no mercado imobiliário, tornando-se corretor de imóveis. Em razão do aumento da demanda, passou a atender seus clientes durante o horário de expediente, ausentando-se da repartição pública sem prévia autorização do chefe imediato. Instaurada sindicância, Ricardo foi punido com uma advertência. A despeito disso, ele passou a reincidir na mesma falta que ensejou sua punição. Nova sindicância foi aberta. Com base na situação narrada, assinale a afirmativa correta.

(A) A sindicância não pode resultar, em nenhuma hipótese, na aplicação da pena de suspensão; neste caso, deve ser instaurado processo administrativo disciplinar.

(B) A reiteração da mesma falha não enseja a aplicação da pena de suspensão; neste caso, a única sanção possível é a advertência.

(C) A sindicância pode dar ensejo à aplicação da pena de suspensão, desde que a sanção seja de até 30 (trinta) dias.

(D) A pena de demissão independe da instauração de processo administrativo disciplinar, podendo ser aplicada após sindicância.

A: incorreta, pois numa sindicância é possível aplicar a pena de advertência e a pena de suspensão de até 30 dias (art. 145, II, da Lei 8.112/1990); **B:** incorreta, pois a suspensão pode ser aplicada no caso de **reincidência** das faltas punidas com advertência e de violação das demais proibições que não ensejam demissão (art. 130, *caput*, da Lei 8.112/1990); **C:** correta (art. 145, II, da Lei 8.112/1990); **D:** incorreta, pois esse tipo de pena (de demissão) não pode ser aplicada em mera sindicância (art. 145, II, da Lei 8.112/1990).
Gabarito "C".

(OAB/Exame Unificado – 2017.2) Após a Polícia Federal colher farto material probatório, o Ministério Público denunciou Ricardo, servidor público federal estável, por crime funcional e comunicou o fato às autoridades competentes para eventual apuração administrativa. Antes do recebimento da denúncia, diante da vasta documentação que demonstrava a materialidade de violação de dever funcional remetida para a Administração, foi instaurado o processo administrativo disciplinar, sem a realização de sindicância, que, mediante regular processamento do inquérito administrativo, culminou na aplicação da pena de demissão de Ricardo. Sobre a situação hipotética narrada, assinale a afirmativa correta.

(A) Ricardo não poderia ser demitido sem a realização de sindicância, que é procedimento prévio imprescindível para a instauração de processo administrativo disciplinar.

(B) O recebimento da denúncia deveria ter suspendido o processo administrativo disciplinar contra Ricardo, e o prosseguimento de tal apuração só poderia ocorrer após a conclusão do Juízo criminal.

(C) O processo administrativo disciplinar instaurado contra Ricardo é nulo, pois não é cabível a utilização de prova produzida para a apuração criminal.

(D) A hipótese não apresenta qualquer nulidade que contamine o processo administrativo disciplinar instaurado contra Ricardo.

A: incorreta, pois a sindicância é mero processo preparatório, mero meio de convencimento para a instauração de processo administrativo ou arquivamento da peça de instauração, não sendo necessária a sua instauração prévia para que se instaure um processo administrativo; este sim é indispensável para que se possa aplicar a pena de demissão; **B:** incorreta, pois as instância administrativa e penal são independentes (art. 125 da Lei 8.112/1990); eventualmente, se houver processo criminal e deste resultar absolvição por inexistência do fato ou negativa de autoria e não houver falta funcional residual, aí sim haverá repercussão do processo criminal sobre o administrativo (art. 126 da Lei 8.112/1990), mas a princípio não há essa relação de prejudicialidade; **C:** incorreta, pois não há impedimento algum de utilização de documentação colhida na esfera criminal na esfera administrativa; naturalmente que nesta esfera haverá todo o contraditório e ampla defesa, bem como a valoração adequada da prova pela autoridade competente; **D:** correta, em virtude da independência das instâncias penal e administrativa (art. 125 da Lei 8.112/1990). **WG**
Gabarito "D".

(OAB/Exame Unificado – 2016.2) Carlos Mário, chefe do Departamento de Contratos de uma autarquia federal descobre, por diversos relatos, que Geraldo, um dos servidores a ele subordinado, deixara de comparecer a uma reunião para acompanhar a tarde de autógrafos de um famoso artista de televisão. Em outra ocasião, Geraldo já se ausentara do serviço, durante o expediente, sem prévia autorização do seu chefe, razão pela qual lhe fora aplicada advertência. Irritado, Carlos Mário determina a instauração de um processo administrativo disciplinar, aplicando a Geraldo a penalidade de suspensão, por 15 (quinze) dias, sem a sua oitiva, em atenção ao princípio da verdade sabida. Considerando o exposto, assinale a afirmativa correta.

(A) A penalidade aplicada é nula, em razão de violação às garantias constitucionais da ampla defesa e do contraditório, razão pela qual o princípio da verdade sabida não guarda compatibilidade com a ordem constitucional vigente.

(B) A penalidade aplicada é nula, pois a ausência do serviço sem autorização do chefe é hipótese de aplicação da penalidade de advertência e jamais poderia dar ensejo à aplicação da penalidade de suspensão.

(C) A penalidade aplicada é correta, pois a ausência do servidor no horário de expediente é causa de aplicação da penalidade de suspensão, e o fato era de ciência de vários outros servidores.

(D) A penalidade aplicada contém vício sanável, devendo ser ratificada pelo Diretor-Presidente da autarquia, autoridade competente para tanto.

A: correta, pois, de fato, como uma pena disciplinar é aplica em processo administrativo, não se pode atuar sem respeito ao contraditório e à ampla defesa, que ficam fulminados quando se aplica uma sanção diretamente, sem observância do devido processo legal; **B, C e D**: incorretas, pois a nulidade decorre do desrespeito aos princípios do contraditório e da ampla defesa, vício absolutamente insanável por violar expressamente a CF.

Gabarito "A".

(OAB/Exame Unificado – 2015.3) Marcos Paulo é servidor público federal há mais de 5 (cinco) anos e, durante todo esse tempo, nunca sofreu qualquer sanção administrativa, apesar de serem frequentes suas faltas e seus atrasos ao serviço. No último mês, entretanto, as constantes ausências chamaram a atenção de seu chefe, que, ao buscar a ficha de frequência do servidor, descobriu que Marcos Paulo faltara mais de 90 (noventa) dias no último ano. A respeito do caso apresentado, assinale a afirmativa correta.

(A) Marcos Paulo, servidor público estável, só pode ser demitido após decisão judicial transitada em julgado.

(B) Marcos Paulo, servidor público estável, pode ser demitido pela sua inassiduidade após decisão em processo administrativo em que lhe seja assegurada ampla defesa.

(C) Marcos Paulo, servidor público estável que nunca sofrera qualquer punição na esfera administrativa, não pode ser demitido em razão de sua inassiduidade.

(D) Marcos Paulo, servidor público estável, não pode ser demitido em razão de sua inassiduidade, pois esta somente autoriza a aplicação das sanções de advertência e suspensão.

A: incorreta, pois servidores estáveis podem ser demitidos tanto por sentença transitada em julgado quanto por processo administrativo em que se lhes seja assegurada a ampla defesa (art. 41, § 1°, I e II, da CF); **B**: correta, nos termos do art. 41, § 1°, II, da CF c/c com os arts. 139 e 132, III, ambos da Lei 8.112/1990; **C**: incorreta, pois a inassiduidade é causa de demissão (art. 139 c/c art. 132, III, ambos da Lei 8.112/1990) e servidores estáveis podem ser demitidos mediante processo administrativo com ampla defesa (art. 41, § 1°, II, da CF); **D**: incorreta, pois a inassiduidade é causa de demissão (art. 132, III, da Lei 8.112/1990).

Gabarito "B".

(OAB/Exame Unificado – 2015.2) Fernando, servidor público de uma autarquia federal há nove anos, foi acusado de participar de um esquema para favorecer determinada empresa em uma dispensa de licitação, razão pela qual foi instaurado processo administrativo disciplinar, que resultou na aplicação da penalidade de demissão. Sobre a situação apresentada, considerando que Fernando é ocupante de cargo efetivo, por investidura após prévia aprovação em concurso, assinale a afirmativa correta.

(A) Fernando não pode ser demitido do serviço público federal, uma vez que é servidor público estável.

(B) Fernando somente pode ser demitido mediante sentença judicial transitada em julgado, uma vez que a vitaliciedade é garantida aos servidores públicos.

(C) É possível a aplicação de penalidade de demissão a Fernando, servidor estável, mediante processo administrativo em que lhe seja assegurada ampla defesa.

(D) A aplicação de penalidade de demissão ao servidor público que pratica ato de improbidade independe de processo administrativo ou de sentença judicial.

A: incorreta, pois é garantia de permanência no cargo que tem exceções, permitindo o desligamento do servidor por decisão judicial transitada em julgado, por processo administrativo com ampla defesa (que é o processo necessário para demitir alguém por infração disciplinar) ou em caso de avaliação insuficiente de desempenho (art. 41, § 1°, da CF); **B**: incorreta, pois a vitaliciedade, que dá a garantia de perda do cargo apenas por meio de sentença transitada em julgado só existe em relação a magistrados e membros do Ministério Público e Tribunal de Contas; quanto ao servidor ocupante de cargo efetivo, a garantia é só de estabilidade, que admite desligamento do cargo também em função de processo administrativo com ampla defesa e avaliação insatisfatória de desempeno; **C**: correta (art. 41, § 1°, II, da CF); **D**: incorreta, pois a aplicação da penalidade de demissão (por infração disciplinar) requer processo administrativo com ampla defesa e da penalidade de perda do cargo (por condenação criminal ou por condenação por improbidade administrativa) impõe sentença judicial transitada em julgado.

Gabarito "C".

(OAB/Exame Unificado – 2015.1) Carlos, servidor público federal, utilizou dois servidores do departamento que chefia para o pagamento de contas em agência bancária e para outras atividades particulares. Por essa razão, foi aberto processo administrativo disciplinar, que culminou na aplicação de penalidade de suspensão de 5 (cinco) dias.

Sobre o caso apresentado, assinale a afirmativa correta.

(A) Carlos procedeu de forma desidiosa e, por essa razão, a penalidade aplicável seria a de advertência, não a de suspensão.

(B) A infração praticada por Carlos dá ensejo à penalidade de demissão, razão pela qual se torna insubsistente a penalidade aplicada.

(C) Caso haja conveniência para o serviço, a penalidade de suspensão poderá ser convertida em multa, ficando o servidor obrigado a permanecer em serviço.

(D) A penalidade aplicada a Carlos terá seu registro cancelado após 3 (três) anos de efetivo exercício, caso ele não cometa, nesse período, nova infração disciplinar.

A: incorreta, pois cabe demissão nos termos do art. 117, XVI, c/c 132, XIII, ambos da Lei 8.112/1990; **B**: correta; o art. 117, XVI, da Lei 8.112/1990 estabelece que ao servidor é proibido "utilizar **pessoal** ou recursos materiais da repartição em serviços ou atividades particulares" (g.n.); em seguida, o art. 132, XIII, da mesma lei dispõe que a penalidade de *demissão* será aplicada quando houver transgressão aos incisos IX a XVI do art. 117; assim, o caso em tela enseja a aplicação da penalidade de *demissão* e não de *suspensão*, lembrando que a penalidade de suspensão é aplicável nos casos de reincidência de faltas punidas com advertência, nos casos de violação de outras proibições que não tipifiquem infração sujeita a penalidade de demissão e nos casos em que o servidor injustificadamente recusar-se a ser submetido a inspeção médica (art. 130 da Lei 8.112/1990). **C**: incorreta; primeiro por que o caso é de demissão, e não de suspensão (art. 117, XVI c/c 132, XIII, ambos da Lei 8.112/1990); **D**: incorreta, pois o instituto do cancelamento está previsto para as penalidades de advertência e de suspensão

8. DIREITO ADMINISTRATIVO   561

(art. 131 da Lei 8.112/1990), e não para o caso de demissão, que é a penalidade aplicável no caso concreto.
Gabarito "B".

(OAB/Exame Unificado – 2010.1) Com relação ao regime disciplinar dos servidores públicos federais, previsto na Lei n.º 8.112/1990, assinale a opção correta.

(A) Em caso de processo administrativo disciplinar contra servidor público, a lei autoriza, como medida cautelar, que a autoridade instauradora do processo determine o seu afastamento do cargo, pelo prazo de até 60 (sessenta) dias, sem prejuízo da remuneração, para evitar que esse servidor possa influir na apuração do fato a ele imputado.

(B) Servidor aposentado não pode ser punido em razão de infração administrativa praticada na ativa e cuja penalidade prevista seja a de demissão.

(C) A penalidade de demissão não impede, em nenhuma hipótese, que o servidor venha a ocupar outro cargo público.

(D) As penalidades de suspensão aplicadas aos servidores públicos não poderão ter seus registros cancelados.

A: correta. Leia-se o que dispõe a Lei 8.112/1990: "Art. 147. Como medida cautelar e a fim de que o servidor não venha a influir na apuração da irregularidade, a autoridade instauradora do processo disciplinar poderá determinar o seu afastamento do exercício do cargo, pelo prazo de até 60 (sessenta) dias, sem prejuízo da remuneração. Parágrafo único. O afastamento poderá ser prorrogado por igual prazo, findo o qual cessarão os seus efeitos, ainda que não concluído o processo."; B: incorreta. Leia-se o que dispõe a Lei 8.112/1990: "Art. 134. Será cassada a aposentadoria ou a disponibilidade do inativo que houver praticado, na atividade, falta punível com a demissão."; C: incorreta. Leia-se o que dispõe a Lei 8.112/1990: "Art. 137. A demissão ou a destituição de cargo em comissão, por infringência do art. 117, incisos IX e XI, incompatibiliza o ex-servidor para nova investidura em cargo público federal, pelo prazo de 5 (cinco) anos. Parágrafo único. Não poderá retornar ao serviço público federal o servidor que for demitido ou destituído do cargo em comissão por infringência do art. 132, incisos I, IV, VIII, X e XI. Art. 132. A demissão será aplicada nos seguintes casos: I – crime contra a administração pública; IV – improbidade administrativa; VIII – aplicação irregular de dinheiros públicos; X – lesão aos cofres públicos e dilapidação do patrimônio nacional; XI – corrupção;"; D: incorreta. Leia-se o que dispõe a Lei 8.112/1990: "Art. 131. As penalidades de advertência e de suspensão terão seus registros cancelados, após o decurso de 3 (três) e 5 (cinco) anos de efetivo exercício, respectivamente, se o servidor não houver, nesse período, praticado nova infração disciplinar. Parágrafo único. O cancelamento da penalidade não surtirá efeitos retroativos."
Gabarito "A".

(OAB/Exame Unificado – 2008.3) João, servidor público com cargo efetivo no Ministério X, foi denunciado pela prática de peculato. A denúncia foi recebida, foi instaurado processo administrativo disciplinar e designada comissão para apuração do fato. O advogado de João requereu a suspensão do processo administrativo enquanto não transitasse em julgado o processo criminal, pedido que foi indeferido pela comissão. Ao final do processo criminal, João foi absolvido definitivamente, por insuficiência de provas. No processo administrativo disciplinar, foi aplicada pena de demissão a João. Considerando essa situação hipotética, assinale a opção correta.

(A) João poderá apresentar petição nos autos do processo administrativo, acompanhada de cópia do julgamento havido na esfera criminal, mas não terá direito à alteração da pena de demissão que lhe foi imposta.

(B) A comissão disciplinar deveria ter determinado, como medida mais prudente, a suspensão do processo administrativo, o que evitaria decisões conflitantes, como as da situação apresentada.

(C) A decisão adequada seria a suspensão do processo penal, com a suspensão do prazo prescricional, até que terminasse o processo administrativo.

(D) A pena de demissão deveria ter sido aplicada pelo Presidente da República, visto que este não pode delegar o ato a ministro de Estado.

A: correta. A absolvição criminal por falta de provas não se comunica à esfera administrativa (art. 126 da Lei 8.112/1990); B e C: incorretas. As instâncias administrativa e penal são independentes, a princípio; D: incorreta. De fato a competência é do Presidente da República (art. 141, I, da Lei 8.112/1990); porém, trata-se de competência que pode ser delegada (STJ, MS 7.985/DF).
Gabarito "A".

(OAB/Exame Unificado – 2008.2) João, servidor público federal, trabalhou desidiosamente, durante 4 (quatro) dias, em determinado procedimento administrativo. Paulo, seu chefe imediato, observando tal situação, aplicou a João uma advertência e determinou que ela fosse registrada nos assentamentos funcionais de João. Em face da situação hipotética apresentada e das regras que regem a aplicação de punição disciplinar aos servidores públicos federais, segundo a Lei n.º 8.112/1990, assinale a opção correta.

(A) A aplicação de advertência a João, sem a instauração de sindicância, em que o servidor teria assegurada ampla defesa, configura nulidade absoluta.

(B) A advertência não pode ser registrada em assentamentos funcionais, por se caracterizar como ato oral.

(C) O registro nos assentamentos funcionais de João corresponde a um ato de indiciação.

(D) Como a infração cometida por João sujeita-se à penalidade de advertência, a ação disciplinar contra o servidor estaria prescrita em 120 (cento e vinte) dias.

A: correta (arts. 143 e 145, II, da Lei 8.112/1990); B e C: incorretas (art. 131 da Lei 8.112/1990); D: incorreta (art. 142, III, da Lei 8.112/1990).
Gabarito "A".

(FGV – 2011) A respeito do regime jurídico disciplinar dos servidores públicos federais, analise as afirmativas a seguir:

I. Em processos administrativos disciplinares, a falta de defesa técnica por advogado não ofende a Constituição da República.

II. A aplicação das penalidades de advertência e suspensão, embora cabíveis em casos de infrações de natureza leve, depende de instauração de processo administrativo disciplinar, sob pena de nulidade.

III. A penalidade disciplinar aplicável ao servidor inativo que houver praticado, em atividade, falta punível com demissão é a cassação de aposentadoria ou de disponibilidade.

Assinale

(A) se apenas a afirmativa I estiver correta.

(B) se apenas a afirmativa II estiver correta.

(C) se apenas a afirmativa III estiver correta.

(D) se apenas as afirmativas I e II estiverem corretas.

(E) se apenas as afirmativas I e III estiverem corretas.

I: correta, nos termos da Súmula Vinculante nº 5 do STF; **II:** incorreta, pois o art. 145 da Lei 8.112/1990 admite a aplicação de advertência e de suspensão de até 30 dias, no bojo de mera *sindicância*, respeitado, sempre, o contraditório e a ampla defesa; **III:** correta, pois, se o servidor já está na inatividade, não há que se falar em demissão, mas sim em cassação de aposentadoria ou de disponibilidade, nos termos do art. 127, IV, da Lei 8.112/1990.

Gabarito "E".

(FGV – 2011) A respeito do regime de responsabilidade dos servidores públicos em âmbito federal, é correto afirmar que

(A) o servidor público responde penal e administrativamente pelo exercício irregular de suas atribuições, ao passo que a responsabilidade civil é exclusiva da Administração Pública.

(B) embora as instâncias penal e administrativa sejam independentes, a decisão penal absolutória por insuficiência de provas vincula a instância administrativa.

(C) as sanções administrativas não podem cumular-se com as sanções civis decorrentes de uma mesma infração funcional, sob pena de *bis in idem*.

(D) a ação disciplinar prescreve em 2 (dois) anos, seja qual for a natureza da infração administrativa cometida pelo servidor.

(E) a responsabilidade do servidor será afastada no caso de absolvição criminal que negue a existência do fato ou sua autoria.

A: incorreta, pois o servidor pode ser responsabilizado civilmente, caso tenha agido com culpa ou dolo, em ação regressiva promovida pela Administração que tiver sido acionada pela vítima do ato praticado pelo agente público (art. 122, § 2º, da Lei 8.112/1990); **B:** incorreta, pois apenas as decisões penais absolutórias fundamentadas na inexistência material do fato e na negativa da autoria têm o condão de vincular a instância administrativa (art. 126 da Lei 8.112/1990); **C:** incorreta, pois as sanções civis, penais e administrativas poderão cumular-se, sendo independentes entre si (art. 125 da Lei 8.112/1990); **D:** incorreta, pois a ação disciplinar pode prescrever em 5 anos (para as sanções de demissão, cassação de aposentadoria ou disponibilidade, ou destituição de cargo em comissão), 2 anos (quanto à suspensão), em 180 dias (quanto à advertência) e no prazo previsto na lei penal, quando a infração disciplinar também for capitulada como crime (art. 142 da Lei 8.112/1990); **E:** correta (art. 126 da Lei 8.112/1990).

Gabarito "E".

(FGV – 2011) O servidor público federal é sujeito à disciplina legal diferenciada dos trabalhadores da iniciativa privada. O regime disciplinar do servidor público federal determina que

(A) a advertência será aplicada por escrito no caso de o servidor aceitar comissão, emprego ou pensão de Estado estrangeiro.

(B) a demissão será aplicada nos casos de falta injustificada por mais de 30 (trinta) dias interpolados, acumulação ilegal de cargos, empregos ou funções públicas, corrupção e improbidade administrativa, entre outros.

(C) a demissão ou a destituição de cargo em comissão em virtude de corrupção implica a indisponibilidade dos bens e o ressarcimento ao erário.

(D) a punição para o servidor que injustificadamente se recusar a ser submetido à inspeção médica determinada por autoridade competente é a suspensão por 30 (trinta) dias, que pode ser convertida em multa.

(E) a responsabilidade administrativa do servidor não será afastada no caso de absolvição criminal.

A: incorreta, pois esse é caso para demissão (art. 117, XIII, c/c art. 132, XIII, ambos da Lei 8.112/1990); **B:** incorreta, pois, apesar da inassiduidade habitual dar ensejo à demissão (art. 132, III, da Lei 8.112/1990), o instituto só se configura, no caso de faltas interpoladas, se estas se derem por 60 (sessenta) dias durante o período de 12 meses (art. 139 da Lei 8.112/1990); **C:** correta (art. 136 da Lei 8.112/1990); **D:** incorreta, pois essa não é hipótese de suspensão (art. 130 da Lei 8.112/1990); **E:** incorreta, pois se a absolvição criminal se der por inexistência do fato ou por negativa de autoria, tal decisão se comunicará à esfera administrativa.

Gabarito "C".

6. IMPROBIDADE ADMINISTRATIVA
Resumo do Novo Regime

I. O REGIME JURÍDICO DA IMPROBIDADE ADMINISTRATIVA

O regime jurídico da improbidade está previsto na CF (art. 37, § 4º) e na Lei 8.429/1992 (Lei de Improbidade Administrativa). Importante destacar que a Lei 8.429/1992 foi objeto de relevantes alterações pela Lei 14.230/2021!

Consideram-se atos de improbidade administrativa as condutas dolosas tipificadas nos arts. 9º, 10 e 11 da Lei 8.429/1992, ressalvando-se que leis especiais podem prever outros tipos, como, por exemplo, o Estatuto da Cidade (Lei 10.257/2001).

II. MODALIDADES DE IMPROBIDADE ADMINISTRATIVA. ASPECTOS GERAIS

A Lei 8.429/1992 estabelece três modalidades de ato de improbidade administrativa. A primeira modalidade é a de **enriquecimento ilícito (art. 9º)**. Essa modalidade consiste em o agente auferir vantagem patrimonial indevida em razão do exercício da atividade pública. São exemplos de improbidade nessa modalidade os seguintes: receber comissão, propina; utilizar bem ou funcionário públicos em proveito próprio; adquirir bens desproporcionais à renda, dentre outros.

A segunda modalidade é a de atos que causam **prejuízo ao erário (art. 10)**. Essa modalidade consiste em o agente ensejar perda patrimonial, desvio, malbaratamento ou dilapidação dos bens das entidades. São exemplos de improbidade nessa modalidade os seguintes: permitir ou facilitar que bem público seja desviado para particular, ou que seja alienado por preço inferior ao de mercado; realizar operações financeiras sem observância das normas legais; conceder benefício fiscal sem observância da lei; frustrar licitação; ordenar ou permitir realização de despesas não autorizadas; dentre outros.

A terceira modalidade é que importa em **violação a princípios da Administração Pública (art. 11)**. Essa modalidade consiste no agente violar deveres de honestidade, imparcialidade, legalidade e lealdade às instituições. De acordo com as alterações promovidas peal Lei 14.230/2021, e diferentemente das demais modalidades (que são exemplificativas), as hipóteses do art. 11 são taxativas, São exemplos de improbidade nessa modalidade os seguintes: revelar fato que deva permanecer em segredo, negar publicidade aos atos oficiais, deixar de prestar contas, nepotismo.

A jurisprudência do STF e do STJ afastou todas as teses de responsabilidade objetiva em qualquer das modalidades citadas.

Atenção! Antes das alterações promovidas no ano de 2021, prevalecia o entendimento, inclusive do STJ, de que a modalidade do art. 10 (prejuízo ao erário) pode se configurar tanto mediante conduta dolosa como mediante conduta culposa. Em relação às demais modalidades, somente mediante a caracterização do dolo. Ocorre que a Lei 14.230/2021 modificou o regime, dispondo que o elemento subjetivo da improbidade administrativa é **sempre o dolo**. Assim, não mais existe improbidade culposa.

Considera-se dolo a vontade livre e consciente de alcançar o resultado ilícito tipificado nos arts. 9º, 10 e 11 da Lei 8.429/1992, não bastando a voluntariedade do agente. Além disso, para que seja configurada a improbidade administrativa, há necessidade de comprovar a finalidade de obter proveito ou benefício indevido para si ou para outra pessoa ou entidade. Trata-se de dolo específico, portanto, e não de dolo genérico.

A lei expressamente prevê que não configura improbidade a divergência interpretativa da lei, baseada em jurisprudência, ainda que não pacificada, mesmo que não venha a ser posteriormente prevalecente nas decisões dos órgãos de controle ou do Poder Judiciário.

Esquematicamente, temos:

III. SANÇÕES OU PENAS PELA PRÁTICA DE IMPROBIDADE ADMINISTRATIVA

Aplicam-se ao sistema da improbidade os princípios constitucionais do direito administrativo sancionador.

A Lei 8.429/1992 estabelece as seguintes sanções para aquele que pratica o ato de improbidade (art. 12). Atente-se que a Lei 14.230/2021 modificou diversos aspectos relacionados às penalidades:

a) **suspensão dos direitos políticos:** até 14 anos (no caso de enriquecimento ilícito – art. 9º) ou até 12 anos (no caso de prejuízo ao erário – art. 10); **Atenção!** de acordo com o atual regime, não mais se aplica a suspensão de direitos políticos no caso de improbidade por violação aos princípios (art. 11);

b) **perda da função pública:** no caso de enriquecimento ilícito (art. 9º) e prejuízo ao erário (art. 10); **Atenção!** não mais se aplica a perda da função pública no caso de improbidade por violação aos princípios (art. 11); além disso, a sanção atinge apenas o vínculo de mesma qualidade e natureza que o agente público ou político detinha com o poder público à época do cometimento da infração (excepcionalmente, pode o magistrado, na hipótese de enriquecimento ilícito, estendê-la aos demais vínculos, consideradas as circunstâncias do caso e a gravidade da infração);

c) **indisponibilidade dos bens** (§ 4º do art. 37 da CF): finalidade de garantir a integral recomposição do erário ou do acréscimo patrimonial resultante de enriquecimento ilícito;

d) **ressarcimento ao erário:** a reparação do dano decorrente da improbidade deve deduzir o ressarcimento ocorrido nas instâncias criminal, civil e administrativa que tiver por objeto os mesmos fatos; para fins de apuração do valor do ressarcimento, devem ser descontados os serviços efetivamente prestados;

e) **perda de bens e valores acrescidos ilicitamente**;

f) **multa civil:** correspondente ao valor do acréscimo patrimonial (art. 9º); ao valor do dano (art. 10); a até 24 vezes o valor da remuneração percebida pelo agente (art. 11); a multa pode ser aumentada até o dobro, se o juiz considerar que, em virtude da situação econômica do réu, o valor acima é ineficaz para reprovação e prevenção do ato de improbidade;

g) **proibição de contratar com a Administração Pública ou dela receber benefícios ou incentivos fiscais ou creditícios, direta ou indiretamente, ainda que por intermédio de pessoa jurídica da qual seja sócio majoritário:** prazo não superior a 14, 12 e 4 anos, para os arts. 9º, 10 e 11, respectivamente.

Cuidado! De acordo com as alterações promovidas pela Lei 14.230/2021, as sanções acima somente podem ser executadas após o **trânsito em julgado** da sentença condenatória.

As quatro primeiras sanções foram criadas expressamente pela CF, enquanto as demais foram criadas pela Lei 8.429/1992.

A aplicação das sanções independe de dano ao erário (salvo quanto à pena de ressarcimento e às condutas previstas no art. 10 da Lei 8.429/1992) e da aprovação ou rejeição de contas pelo órgão de controle interno ou Tribunal de Contas (art. 21, I e II).

Porém, **em casos em que não se demonstrar lesão ao erário**, como na contratação de servidores sem concurso ou de empresas sem licitação, mas que acabarem trabalhando ou prestando serviço, não cabe a aplicação da sanção de ressarcimento ao erário, não havendo dano, para que não haja enriquecimento sem causa da Administração, sem prejuízo da aplicação de outras sanções previstas no art. 12 da Lei 8.429/1992 (STJ, REsp 1.238.466-SP).

Quanto **à aprovação de contas pelo Tribunal de Contas**, a jurisprudência do STJ vem aplicando o dispositivo citado (REsp 593.522-SP), asseverando que a sua aprovação não inibe a atuação do Poder Judiciário para exame de sua legalidade e constitucionalidade, pois as cortes de contas não exercem jurisdição e não têm atribuição para anular atos lesivos ao patrimônio público, visto que exercem função auxiliar ao Legislativo (art. 5º, XXXV, c/c o art. 71, X, §§ 1º e 2º da CF/1988). Além disso, as provas produzidas perante os órgãos de controle e as correspondentes decisões devem ser consideradas na formação da convicção do juiz.

No tocante à **cumulação das sanções previstas no art. 12 da Lei 8.429/1992**, o STJ entendeu que estas não podem ser cumuladas de modo indistinto, em obediência ao princípio da proporcionalidade (REsp 626.204/RS, DJ 06.09.2007).

Na prática, somente em casos gravíssimos, como de enriquecimento ilícito do agente (art. 9º), justifica-se a cumulação de todas as sanções previstas no art. 12.

A aplicação das sanções por improbidade administrativa independe da aplicação de sanções nas esferas administrativa e penal, dada a independência das instâncias, claramente determinada no art. 12, *caput*, da Lei 8.429/1992. Assim, o fato de um agente público estar sofrendo um processo disciplinar que pode levá-lo à demissão não interfere na continuidade da ação de improbidade, que pode também levá-lo à perda do cargo.

IV. SUJEITOS DO ATO DE IMPROBIDADE ADMINISTRATIVA

São **sujeitos passivos**, ou seja, podem ser vítimas do ato de improbidade as seguintes pessoas (art. 1º, §§5º a 7º, da Lei 8.429/1992):

a) Administração direta e indireta, no âmbito da União, dos Estados, dos Municípios e do Distrito Federal;

Obs.: abrange Poderes Executivo, Legislativo e Judiciário;

b) Entidade privada para cuja criação ou custeio o erário haja concorrido ou concorra no seu patrimônio ou receita atual;

Obs.: o ressarcimento ao erário limita-se à repercussão do ilícito sobre a contribuição dos cofres públicos;

c) Entidade privada que receba subvenção, benefício ou incentivo, fiscal ou creditício, de entes públicos ou governamentais.

São **sujeitos ativos**, ou seja, praticam atos de improbidade as seguintes pessoas (arts. 2º e 3º da Lei 8.429/1992):

a) *agentes públicos*, ou seja, o agente político, o servidor público e todo aquele que exerce, ainda que transitoriamente ou sem remuneração, por eleição, nomeação, designação, contratação ou qualquer outra forma de investidura ou vínculo, mandato, cargo, emprego ou função nas entidades mencionadas acima como sujeitos passivos; aqui temos os chamados agentes próprios de improbidade;

b) O particular, pessoa física ou jurídica, que celebra com a administração pública convênio, contrato de repasse, contrato de gestão, termo de parceria, termo de cooperação ou ajuste administrativo equivalente;

c) Aquele que, mesmo não sendo agente público, induza ou concorra dolosamente para a prática do ato de improbidade.

Atenção! Vale informar que o STJ tem entendimento de que "não é possível o ajuizamento de ação de improbidade administrativa exclusivamente em face de particular, sem a concomitante presença de agente público no polo passivo da demanda" (REsp 1.171.017-PA, j. 25.02.2014). Ou seja, para a configuração da improbidade, sempre é necessária a participação de agente público.

No tocante aos *sujeitos ativos* do ato de improbidade, observou-se acirrada polêmica em relação aos **agentes políticos**. Em um primeiro momento, o STF fixou entendimento de que os **agentes políticos** que respondam por crime de responsabilidade (exs.: Presidente, Ministros de Estado, desembargadores, entre outros) não estão sujeitos à incidência da Lei 8.429/1992 (RE 579.799, DJ 19.12.2008), dada a similitude das sanções nas duas esferas. A exceção aplicava-se aos Prefeitos, em relação a quem se admitia a responsabilização por improbidade (Rcl 6034, DJ 29/03/2008). No entanto, sobreveio alteração de entendimento, de modo que o STF passou a decidir que os agentes políticos, de modo geral – com exceção do Presidente da República –, encontram-se sujeitos a um duplo regime sancionatório, submetendo-se tanto à responsabilização civil pelos atos de improbidade administrativa quanto à responsabilização político-administrativa por crimes de responsabilidade (Pet 3240 AgR, Rel. Min. Roberto Barroso, DJe 22/08/2018). Relevante apontar que, com a Lei 14.230/2021, o agente político passou a constar expressamente no art. 2º, *caput*, da Lei 8.429/1992 como sujeito ativo.

Conforme as modificações introduzidas pela Lei 14.230/2021, os sócios, os cotistas, os diretores e os colaboradores de pessoa jurídica de direito privado não respondem pelo ato de improbidade que venha a ser imputado à pessoa jurídica, salvo se, comprovadamente, houver participação e benefícios diretos. Ademais, as sanções de improbidade não se aplicam à pessoa jurídica, caso o ato de improbidade administrativa seja também sancionado como ato lesivo à administração pública de que trata a Lei 12.846/2013 (lei anticorrupção). Há, portanto, a necessidade de observância do princípio constitucional do *non bis in idem*.

Quanto ao sucessor daquele que causar lesão ao patrimônio público ou se enriquecer ilicitamente, o art. 8º da Lei 8.429/1992, respeitando o princípio constitucional da intranscendência das sanções e restrições de direito (art. 5º, XLV, da CF), dispõe que aquele está sujeito apenas à obrigação de reparar o dano, até o limite do valor da herança ou do patrimônio transferido. **Atenção!** Com as alterações promovidas pela Lei 14.230/2021, restou ultrapassada a jurisprudência que vinha dominando, no sentido de que o sucessor teria de suportar não somente o ressarcimento ao erário, mas também a multa civil imposta ao falecido que tenha praticado improbidade.

Obs.: A responsabilidade sucessória do art. 8º da Lei 8.429/1992 aplica-se também na hipótese de alteração contratual, de transformação, de incorporação, de fusão ou de cisão societária.

V. PROCESSO

Antes da alteração promovida em 2021, eram legitimados ativos para a ação de improbidade o Ministério Público e a pessoa jurídica interessada (= pessoa jurídica lesada).

Com a Lei 14.230/2021, apenas o MP foi previsto como autor da ação (art. 17, "caput", cf. redação dada pelo novo diploma legal). No entanto, foram propostas perante o STF as ADINs 7.042 e 7.043, no âmbito das quais o Pleno da Corte restabeleceu a legitimidade da pessoa jurídica interessada para o ajuizamento da ação de improbidade.

Conclusão! Atualmente, por força da Lei 14.230/2021 e de decisão do STF, são legitimados ativos o Ministério Público e a pessoa jurídica interessada.

Quanto à medida cautelar de **indisponibilidade de bens**, o escopo é garantir a integral recomposição do erário ou do acréscimo patrimonial resultante de enriquecimento ilícito. As alterações promovidas pela Lei 14.230/2021 tornaram minucioso o respectivo regime. A sua decretação pelo Judiciário exige a demonstração do *fumus boni iuris* (probabilidade da ocorrência dos atos reputados como ímprobos) e do *periculum in mora*, de modo que a urgência não pode ser presumida. **Atenção!** O STJ entendia que a indisponibilidade requeria apenas o *fumus boni iuris*, estando o *periculum in mora* implícito na lei. No entanto, a recente alteração legislativa passou a exigir expressamente o perigo de dano irreparável ou de risco ao resultado útil do processo.

Essa tutela de urgência somente pode recair sobre bens que assegurem exclusivamente o integral ressarcimento do dano ao erário, sem incidir sobre os valores aplicados a título de multa civil ou sobre acréscimo patrimonial decorrente de atividade lícita. Nesse particular, a modificação trazida pela Lei 14.230/2021 tornou superada a jurisprudência do STJ, no sentido de que a medida incide sobre as bases patrimoniais da futura sentença condenatória, incluído o valor de eventual multa civil.

A indisponibilidade dos bens pode ser decretada sem a oitiva prévia do réu, sempre que o contraditório prévio puder comprovadamente frustrar a efetividade da medida. Ademais, é permitida a substituição da indisponibilidade por caução idônea, por fiança bancária ou por seguro-garantia judicial, a requerimento do réu. Se houver mais de um réu na ação, a somatória dos valores declarados indisponíveis não poderá superar o montante indicado na petição inicial como dano ao erário ou como enriquecimento ilícito.

Além disso, é vedada a decretação de indisponibilidade da quantia de até 40 salários mínimos depositados em caderneta de poupança, em outras aplicações financeiras ou em conta-corrente, bem como de bem de família do réu (salvo se comprovado que o imóvel seja fruto de vantagem patrimonial indevida relacionada a enriquecimento ilícito).

A Lei 14.230/2021 introduziu uma ordem de prioridade para a incidência da medida. Assim, a decretação de indisponibilidade de bens deve priorizar veículos de via terrestre, bens imóveis, bens móveis em geral, semoventes, navios e aeronaves, ações e quotas de sociedades simples e empresárias, pedras e metais preciosos. Apenas na inexistência desses é que pode ser imposto o bloqueio de contas bancárias, de forma a garantir a subsistência do acusado e a manutenção da atividade empresária ao longo do processo.

O **procedimento** previsto pela lei é o comum (art. 17, "caput"). **Atenção!** Antes da alteração promovida pela Lei 14.230/2021, havia uma fase de defesa preliminar (o requerido era notificado para oferecer resposta em 15 dias). Atualmente, se a petição inicial estiver em devida forma, o juiz deve ordenar a citação dos requeridos para apresentação de contestação (prazo comum de 30 dias).

É importante ressaltar que a lei vedava expressamente qualquer tipo de transação, acordo ou conciliação na ação por improbidade. No entanto, a partir de 2019 houve modificação e agora a lei autoriza a celebração de "acordo de não persecução civil" (art. 17-B da Lei 8.429/92). Esse acordo deve contemplar, ao menos, o integral ressarcimento do dano e a reversão à pessoa jurídica lesada da vantagem indevida obtida pelos envolvidos. Para a apuração do valor do dano, deve ser realizada oitiva do Tribunal de Contas. Havendo a possibilidade de solução consensual, podem as partes requerer ao juiz a interrupção do prazo para a contestação, por prazo não superior a 90 dias. Sob o prisma formal, a sua celebração depende, entre outros, de homologação judicial, independentemente de o acordo ocorrer antes ou depois do ajuizamento da ação de improbidade administrativa. Além disso, o seu firmamento deve considerar a personalidade do agente, a natureza, as circunstâncias, a gravidade e a repercussão social do ato de improbidade, bem como as vantagens, para o interesse público, da rápida solução do caso. Relevante apontar, seguindo uma tendência geral de valorização do *compliance*, que o acordo poder contemplar a adoção de mecanismos internos de integridade. Aponte-se também que, em caso de descumprimento, o ímprobo fica impedido de celebrar novo acordo pelo prazo de 5 anos, contado do conhecimento pelo Ministério Público do efetivo descumprimento.

Quanto à **competência**, com o regramento trazido pela Lei 14.230/2021, a Lei 8.429/1992 passou expressamente a prever que a ação de improbidade administrativa deve ser proposta perante o foro do local onde ocorrer o dano ou da pessoa jurídica prejudicada (art. 17, §4º-A).

Ainda no que tange à competência, o STF fixou o entendimento de que "o foro especial por prerrogativa de função previsto na Constituição Federal em relação às infrações penais comuns não é extensível às ações de improbidade administrativa, de natureza civil", motivo pelo qual a competência é de primeira instância (Pet 3240 AgR, Rel. Min. Roberto Barroso, DJe 22/08/2018).

Uma novidade disposta pela nova lei de 2021 é a possibilidade de conversão da ação de improbidade em ação civil pública, caso se identifique a existência de ilegalidades administrativas a serem sanadas e sem que estejam presentes os requisitos para a imposição das sanções da Lei 8.429/1992.

A **sentença** aplicará as sanções e determinará o pagamento ou a reversão dos bens, conforme o caso, em favor da pessoa jurídica (art. 18). Não incide na ação de improbidade o reexame obrigatório da sentença de improcedência ou de extinção sem resolução de mérito (art. 17, §19, IV).

No que se refere à comunicabilidade de instâncias, as sentenças civis e penais produzem efeitos em relação à ação de improbidade quando concluírem pela inexistência da conduta ou pela negativa da autoria. Ademais, a absolvição criminal em ação que discuta os mesmos fatos, confirmada por decisão colegiada, impede o trâmite da ação de improbidade, havendo comunicação com todos os fundamentos de absolvição previstos no art. 386 do Código de Processo Penal.

VI. PRESCRIÇÃO (ART. 23)

No que diz respeito ao **prazo prescricional** para o exercício da pretensão de aplicar as sanções de improbidade administrativa, o STF, ao interpretar o art. 37, § 5º, da CF, consagrou a seguinte tese: são **imprescritíveis** as ações de **ressarcimento ao erário** fundada na prática de ato doloso tipificado na Lei de Improbidade Administrativa (RE 852475/SP, DJe 08.08.2018). Repare que a imprescritibilidade tem os seguintes requisitos: a) é só em relação ao ressarcimento ao erário (não atingindo a aplicação das demais sanções da Lei de Improbidade, que tem o prazo prescricional mantido, nos termos das regras expostas abaixo); b) depende do reconhecimento de que o ato praticado foi doloso; c) depende do reconhecimento de que o ato praticado é qualificado pela lei como ato de improbidade administrativa.

Quanto à aplicação das **demais sanções**, e de acordo com as alterações promovidas pela Lei 14.230/2021, o prazo prescricional é de **8 anos**, contados a partir da ocorrência do fato ou, no caso de infrações permanentes, do dia em que cessou a permanência. **Atenção!** Verifica-se que o novo regramento modificou de modo significativo o regime original da prescrição em improbidade, baseado na diferenciação da condição do agente público envolvido (se titular de mandato, se servidor efetivo etc).

A nova lei passou a dispor sobre a suspensão e a interrupção do prazo prescricional, nos seguintes moldes:

a) a instauração de inquérito civil ou de processo administrativo para apuração dos ilícitos suspende o curso do prazo prescricional por, no máximo, 180 dias corridos, recomeçando a correr após a sua conclusão ou, caso não concluído o processo, esgotado o prazo de suspensão;

b) interrompe-se o prazo prescricional: i) pelo ajuizamento da ação de improbidade administrativa; ii) pela publicação da sentença condenatória; iii) pela publicação de decisão ou acórdão de Tribunal de Justiça (ou Tribunal Regional Federal), do STJ ou do STF que confirma sentença condenatória ou que reforma sentença de improcedência;

c) interrompida a prescrição, o prazo recomeça a correr do dia da interrupção, pela metade do prazo de 8 anos;

d) o inquérito civil para apuração do ato de improbidade deve ser concluído no prazo de 365 dias corridos, prorrogável uma única vez por igual período.

VII. LEI 14.230/2021 E DIREITO INTERTEMPORAL. POSIÇÃO DO STF

Com a edição da Lei 14.230/2021, e diante das múltiplas alterações do regime da improbidade administrativa, surgiram dúvidas sobre a aplicação do novo regramento no tempo, especialmente nos casos anteriores à vigência do diploma legal de 2021. Nesse cenário, questionou-se acerca da ocorrência da retroatividade benéfica em sede de improbidade administrativa, nos mesmos moldes do regime penal, que detém consagração constitucional (art. 5º, inciso XL).

Ocorre que Supremo Tribunal Federal, no âmbito do ARE 843.989/PR, fixou as seguintes teses de repercussão geral (Pleno, Rel. Min. Alexandre de Morais, julgamento finalizado em 18/08/2022 – tema 1.199):

1) É necessária a comprovação de responsabilidade subjetiva para a tipificação dos atos de improbidade administrativa, exigindo-se – nos artigos 9º, 10 e 11 da LIA – a presença do elemento subjetivo – dolo;

2) A norma benéfica da Lei 14.230/2021 – revogação da modalidade culposa do ato de improbidade administrativa –, é irretroativa, em virtude do artigo 5º, inciso XXXVI, da Constituição Federal, não tendo incidência em relação à eficácia da coisa julgada; nem tampouco durante o processo de execução das penas e seus incidentes;

3) A nova Lei 14.230/2021 aplica-se aos atos de improbidade administrativa culposos praticados na vigência do texto anterior da lei, porém sem condenação transitada em julgado, em virtude da revogação expressa do texto anterior; devendo o juízo competente analisar eventual dolo por parte do agente.

4) O novo regime prescricional previsto na Lei 14.230/2021 é irretroativo, aplicando-se os novos marcos temporais a partir da publicação da lei.

Verifica-se, portanto, que o STF estabeleceu a irretroatividade benéfica nos casos já transitados em julgado. Por outro lado, nas hipóteses das ações em andamento, ainda não acobertados pela coisa julgada, incidente a retroação benéfica.

Ademais, no que concerne ao regime prescricional, a tese fixada pela Corte foi a da irretroatividade.

(OAB/Exame XXXVIII) No ano corrente, o Ministério Público ajuizou duas ações por improbidade administrativa distintas, uma em desfavor de Carlos, prefeito do Município *Alfa*, e, outra, em desfavor de Bruno, servidor do Município *Beta*.

Ambas as ações buscavam a aplicação de penalidade pela prática de atos de improbidade que violam princípios da Administração Pública, com a descrição objetiva dos fatos exigida em lei e apontando lesividade relevante ao bem jurídico tutelado.

8. DIREITO ADMINISTRATIVO

A primeira tem fundamento na negativa, pelo próprio prefeito, de publicidade aos atos oficiais, que não estavam protegidos por sigilo. A segunda ação foi proposta porque Bruno nomeou sua esposa para cargo administrativo em comissão a ele subordinado, no qual ela vinha laborando com afinco.

Diante dessa situação hipotética, considerando a atual redação da Lei nº 8.429/92, assinale a afirmativa correta.

(A) Revela-se pertinente o ajuizamento de ambas as ações, sendo imprescindível, em cada caso, a demonstração de dolo, bem como de que a conduta funcional de cada agente público tinha o fim de obter proveito ou benefício indevido para si ou para outra pessoa ou entidade.

(B) A ação ajuizada em desfavor de Carlos é pertinente, mas aquela em desfavor de Bruno não, considerando que, apesar de o nepotismo ser vedado pelo ordenamento, não há previsão no sentido de que sua prática caracteriza ato de improbidade administrativa.

(C) Apenas é pertinente a ação ajuizada em desfavor de Bruno, na medida em que a negativa de publicidade aos atos oficiais por Carlos não constitui uma ilegalidade passível de caracterizar ato de improbidade administrativa.

(D) Ambas as ações são despropositadas, pois, além da lesividade relevante ao bem jurídico tutelado, é imprescindível o reconhecimento de danos ao erário para a caracterização da improbidade administrativa, o que não ocorreu em nenhum dos casos.

A: Certa. O art. 11, IV e XI, Lei 8.429/92 enquadra as duas condutas descritas na questão; e o art. 11, § 1º exige que a conduta funcional de cada agente público deve ter o fim de obter proveito ou benefício indevido para si ou para outra pessoa ou entidade. **B:** Errada. O nepotismo está previsto no art. 11, XI, Lei 8.429/92. **C.** Errada. Negar publicidade aos atos oficiais, exceto em razão de sua imprescindibilidade para a segurança da sociedade e do Estado ou de outras hipóteses instituídas em lei é ato de improbidade previsto no art. 11, IV, Lei 8.429/92. **D:** Errada, os atos de improbidade que ferem princípios da Administração exigem lesividade relevante ao bem jurídico tutelado para serem passíveis de sancionamento e independem do reconhecimento da produção de danos ao erário e de enriquecimento ilícito dos agentes públicos (art. 11, § 4º, Lei 8.429/92). FC
Gabarito "A".

(OAB/Exame XXXVII) Fernanda foi aprovada em primeiro lugar em concurso público para o cargo de Auditor Fiscal da Secretaria de Fazenda do Estado Alfa. Ao ser convocada para investidura no cargo público, o departamento de recursos humanos da secretaria solicitou a Fernanda, entre outros documentos, cópia da sua última declaração de imposto sobre a renda e proventos de qualquer natureza apresentada à Secretaria Especial da Receita Federal do Brasil.

Com receio de ver violada sua privacidade e informações resguardadas pelo sigilo fiscal, Fernanda procurou você, como advogado(a), indagando sobre a obrigatoriedade da entrega da mencionada declaração.

Com base na atual redação da Lei de Improbidade Administrativa, assinale a opção que apresenta seu esclarecimento.

(A) A posse e o exercício do cargo ficam condicionados à apresentação da citada declaração de imposto sobre

a renda, a fim de ser arquivada no serviço de pessoal competente.

(B) A nomeação e a posse não ficam condicionadas à apresentação da citada declaração de imposto sobre a renda, mas seus vencimentos apenas serão pagos com a entrega do documento.

(C) A nomeação, a posse e o exercício do cargo ficam condicionados à apresentação da citada declaração de imposto sobre a renda, mediante prévia quebra de sigilo fiscal por ordem judicial.

(D) A nomeação, a posse e o exercício do cargo não ficam condicionados à apresentação da citada declaração de imposto sobre a renda, mas Fernanda responderá por ato de improbidade administrativa se não entregar o documento em 30 (trinta) dias após a posse.

A: Certa. A posse e o exercício de agente público ficam condicionados à apresentação de declaração de imposto de renda e proventos de qualquer natureza, que tenha sido apresentada à Secretaria Especial da Receita Federal do Brasil, a fim de ser arquivada no serviço de pessoal competente (art. 13, Lei 8.429/92). **B, C e D:** Erradas. Será apenado com a pena de demissão, sem prejuízo de outras sanções cabíveis, o agente público que se recusar a prestar a declaração dos bens a que se refere o *caput* deste artigo dentro do prazo determinado ou que prestar declaração falsa (art. 13, §3º, Lei 8.429/92). FC
Gabarito "A".

(OAB/Exame XXXVI) Na semana passada, o Ministério Público ajuizou ação em desfavor de Odorico, prefeito do Município Delta, em decorrência da prática de ato doloso de improbidade que causou enriquecimento ilícito.

Após os devidos trâmites processuais, o Juízo de primeiro grau verificou a configuração dos elementos caracterizadores da improbidade, incluindo o dolo específico, razão pela qual aplicou as penalidades cominadas na legislação.

Sobre as penalidades aplicadas ao prefeito Odorico, assinale a afirmativa correta.

(A) É cabível a execução provisória da penalidade de perda da função pública, com seu imediato afastamento do cargo.

(B) Poderia ser aplicada a penalidade de suspensão de direitos políticos por prazo superior a quinze anos, em razão da presença de dolo específico.

(C) O Juízo de primeiro grau não poderia cumular as penalidades de suspensão dos direitos políticos e de proibição de contratar com a Administração, sob pena de *bis in idem*.

(D) O Juízo de primeiro grau poderia cumular a determinação de ressarcimento integral ao erário com a aplicação da penalidade de multa equivalente ao valor do acréscimo patrimonial.

A: incorreta, pois a perda da função pública só pode ser efetivada com o trânsito em julgado da sentença condenatória (art. 20, *caput*, da Lei 8.429/92); **B:** incorreta, pois o prazo máximo para a penalidade de suspensão de direitos políticos em caso de improbidade por enriquecimento ilícito é de 14 anos (art. 12, I, da Lei 8.429/92); **C:** incorreta, pois as sanções em questão podem ser aplicadas isolada ou cumulativamente (art. 12, *caput*, da Lei 8.429/92); **D:** correta, porque as duas sanções são cabíveis e cumuláveis nos termos do art. 12, *caput* e inciso I, da Lei 8.429/92.
Gabarito "D".

568 WANDER GARCIA, FLÁVIA CAMPOS E RODRIGO BORDALO

(OAB/Exame XXXV) Em janeiro de 2022, João, na qualidade de Secretário de Educação do município Alfa, de forma culposa, praticou ato que causou lesão ao erário municipal, na medida em que permitiu, por negligência, a aquisição de bem consistente em material escolar por preço superior ao de mercado. O Ministério Público ajuizou ação civil pública por ato de improbidade administrativa em face de João, imputando-lhe a prática de ato omisso e culposo que ensejou superfaturamento em prejuízo ao Município, bem como requereu a condenação do Secretário Municipal a todas as sanções previstas na Lei de Improbidade Administrativa.

Após ser citado, João procurou você, como advogado(a), para defendê-lo. Com base na Lei nº 8.429/92 (com as alterações introduzidas pela Lei nº 14.230/21), você redigiu a contestação, alegando que, atualmente, não mais existe ato de improbidade administrativa

(A) omissivo, pois a nova legislação exige conduta comissiva, livre e consciente do agente, caracterizada por um atuar positivo por parte do sujeito ativo do ato de improbidade, para fins de caracterização de ato ímprobo.

(B) culposo, pois a nova legislação exige conduta dolosa para todos os tipos previstos na Lei de Improbidade e considera dolo a vontade livre e consciente de alcançar o resultado ilícito tipificado na lei, não bastando a voluntariedade do agente.

(C) que cause simplesmente prejuízo ao erário, pois é imprescindível que o sujeito ativo do ato de improbidade tenha se enriquecido ilicitamente com o ato praticado, direta ou indiretamente.

(D) que enseje mero dano ao erário, pois é imprescindível que o sujeito ativo do ato de improbidade tenha também atentado contra os princípios da administração pública, direta ou indiretamente.

A: incorreta; o quê não existe mais é o ato de improbidade culposo; porém, uma omissão pode ainda caracterizar um ato improbidade, desde que seja uma omissão dolosa e se enquadre no que a lei entender ser improbidade administrativa; vide por exemplo, os arts. 10, *caput*, e 11, *caput*, ambos da Lei 8.429/92; **B:** correta; de fato, a Lei 14.230/21 eliminou a possibilidade de um ato de improbidade se caracterizar mediante conduta meramente culposa; **C e D:** incorretas, pois existe mais de uma modalidade de ato de improbidade, cada uma independente da outra; o art. 9º trata da modalidade *enriquecimento ilícito*; o art. 11, da modalidade *violação aos princípios da Administração*; e o art. 10 ainda prevê a modalidade *prejuízo ao erário*; o que não é possível mais, em qualquer dessas modalidades, é um ato meramente culposo caracterizar um ato de improbidade administrativa.
Gabarito "B".

(OAB/Exame XXXIII – 2020.3) João da Silva, Governador do Estado Alfa, de forma dolosa, no exercício das funções, revelou, em entrevista a veículo de imprensa, fato de que tinha ciência em razão de suas atribuições e que devia permanecer em segredo, consistente em relatório de inteligência policial, cujas diligências ainda estavam em curso. A publicização indevida comprometeu as atividades de inteligência, bem como de investigação em andamento, relacionadas com a prevenção e repressão de infrações. O Ministério Público estadual instaurou inquérito civil para apurar os fatos e, finda a investigação, restou comprovada a prática de ato ilícito, razão pela qual o MP ajuizou ação

(A) civil pública por ato de improbidade administrativa que atentou contra os princípios da administração pública.

(B) por crime de responsabilidade, já que nenhum agente político se sujeita ao regime jurídico da lei de improbidade administrativa.

(C) por crime de responsabilidade, já que Governador de Estado não se sujeita ao regime jurídico da lei de improbidade administrativa.

(D) civil pública com pedido de *impeachment*, por abuso de poder político e ofensa ao decoro e à moralidade administrativa.

A: correta, pois foi violado os princípios da legalidade (a lei impunha sigilo) e da moralidade, bem como o disposto no art. 11, III, da Lei 8.429/92; **B e C:** incorretas, pois os agentes políticos (inclusive o Governador de Estado) se sujeitam sim à Lei de Improbidade Administrativa, com algumas exceções, para que não ocorra um *bis in idem*; a verdade é que, como regra, há uma autonomia das instâncias de improbidade administrativa e de crime de responsabilidade, como se pode verificar da leitura da Tese 576 do STF: "O processo e julgamento de prefeito municipal por crime de responsabilidade (Decreto-lei 201/67) não impede sua responsabilização por atos de improbidade administrativa previstos na Lei 8.429/1992, **em virtude da autonomia das instâncias**" (g.n.); **D:** incorreta, pois o Ministério Público não tem legitimidade para pedir o *impeachment* judicial, pedido esse que inclusive é juridicamente impossível perante o Judiciário, uma vez que esse pedido deve ser julgado pelo Poder Legislativo, ainda que com intervenção do Judiciário.
Gabarito "A".

(OAB/Exame Unificado – 2019.1) A União celebrou convênio com o Município Alfa para a implantação de um sistema de esgotamento sanitário. O Governo Federal repassou recursos ao ente local, ficando o município encarregado da licitação e da contratação da sociedade empresária responsável pelas obras. Após um certame conturbado, cercado de denúncias de favorecimento e conduzido sob a estreita supervisão do prefeito, sagrou-se vencedora a sociedade empresária Vale Tudo Ltda. Em escutas telefônicas, devidamente autorizadas pelo Poder Judiciário, comprovou-se o direcionamento da licitação para favorecer a sociedade empresária Vale Tudo Ltda., que tem, como sócios, os filhos do prefeito do Município Alfa. Tendo sido feita perícia no orçamento, identificou-se superfaturamento no preço contratado.

Com base na situação narrada, assinale a afirmativa correta.

(A) Não compete ao Tribunal de Contas da União fiscalizar o emprego dos recursos em questão, pois, a partir do momento em que ocorre a transferência de titularidade dos valores, encerra-se a jurisdição da Corte de Contas Federal.

(B) O direcionamento da licitação constitui hipótese de frustração da licitude do certame, configurando ato de improbidade administrativa que atenta contra os princípios da Administração Pública e, por isso, sujeita os agentes públicos somente à perda da função pública e ao pagamento de multa civil.

(C) Apenas os agentes públicos estão sujeitos às ações de improbidade, de forma que terceiros, como é o caso da sociedade empresária Vale Tudo Ltda., não podem ser réus da ação judicial e, por consequência, imunes à eventual condenação ao ressarcimento do erário causado pelo superfaturamento.

8. DIREITO ADMINISTRATIVO

(D) Por se tratar de ato de improbidade administrativa que causou prejuízo ao erário, os agentes públicos envolvidos e a sociedade empresária Vale Tudo Ltda. estão sujeitos ao integral ressarcimento do dano, sem prejuízo de outras medidas, como a proibição de contratar com o Poder Público ou receber incentivos fiscais por um prazo determinado.

A: incorreta, pois, de acordo com o art. 71, VI, da CF, compete ao Tribunal de Contas da União "fiscalizar a aplicação de quaisquer recursos repassados pela União mediante convênio, acordo, ajuste ou outros instrumentos congêneres, a Estado, ao Distrito Federal ou a Município"; **B:** incorreta, pois o direcionamento em questão se enquadra em hipótese mais grave de improbidade, que importa em prejuízo ao erário (art. 10, *caput* e XII, da Lei 8.429/92); **C:** incorreta, pois o art. 3º da Lei 8.429/92 estabelece que as disposições da lei "são aplicáveis, no que couber, àquele que, mesmo não sendo agente público, induza ou concorra para a prática do ato de improbidade ou dele se beneficie sob qualquer forma direta ou indireta"; **D:** correta; de fato tem-se caso de improbidade administrativa que causa prejuízo ao erário (art. 10, *caput* e XII, da Lei 8.429/92) e, assim sendo, caberá a aplicação das consequências e sanções previstas no art. 12, II, da lei citada, que incluem o integral ressarcimento do dano e a proibição de contratar com o Poder Público ou receber incentivos fiscais por um prazo determinado.
,ͺD„ oʇıɹɐqɐפ

(OAB/Exame Unificado – 2018.2) Raul e Alberto inscreveram-se para participar de um concorrido concurso público. Como Raul estava mais preparado, combinaram que ele faria a prova rapidamente e, logo após, deixaria as respostas na lixeira do banheiro para que Alberto pudesse ter acesso a elas. A fraude só veio a ser descoberta após o ingresso de Raul e de Alberto no cargo, fato que ensejou o afastamento deles. Após rígida investigação policial e administrativa, não foi identificada, na época do certame, a participação de agentes públicos no esquema. Sobre os procedimentos de Raul e de Alberto, com base nas disposições da Lei de Improbidade Administrativa, assinale a afirmativa correta.

(A) Eles enriqueceram ilicitamente graças aos salários recebidos e, por isso, devem responder por ato de improbidade administrativa.

(B) Eles causaram prejuízo ao erário, consistente nos salários pagos indevidamente e, por isso, devem responder por ato de improbidade administrativa.

(C) Eles frustraram a licitude de concurso público, atentando contra os princípios da Administração Pública, e, por isso, devem responder por ato de improbidade administrativa.

(D) Eles não praticaram ato de improbidade administrativa, pois, no momento em que ocorreu a fraude no concurso público, não houve a participação de agentes públicos.

A a C: incorretas, pois Raul e Alberto não eram agentes públicos quando cometeram a fraude e não há prova da participação de agentes públicos no ilícito. Não havendo agentes públicos, não se aplica a Lei de Improbidade Administrativa (art. 1º da Lei 8.429/1992), que poderia se aplicar aos particulares em questão caso, havendo a participação de um agente público no evento ilícito, os particulares tivessem induzido, concorrido ou se beneficiado do ato (art. 3º da Lei 8.429/1992); **D:** correta, pois a Lei de Improbidade se aplica apenas aos agentes públicos (art. 1º) e aos particulares que tiverem induzido, concorrido ou se beneficiado do ato de improbidade praticado pelo agente público (art. 3º), sendo que

no caso o enunciado da questão deixa claro que não há participação de agentes públicos na fraude.
,ͺD„ oʇıɹɐqɐפ

(OAB/Exame Unificado – 2017.3) Em ação civil pública por atos de improbidade que causaram prejuízo ao erário, ajuizada em desfavor de José, servidor público estadual estável, o Juízo de 1º grau, após os devidos trâmites, determinou a indisponibilidade de todos os bens do demandado, cujo patrimônio é superior aos danos e às demais imputações que constam na inicial. Apresentado o recurso pertinente, observa-se que a aludida decisão

(A) não merece reforma, na medida em que José deve responder com todo o seu patrimônio, independentemente do prejuízo causado pelos atos de improbidade que lhe são imputados.

(B) deve ser reformada, considerando que somente podem ser objeto da cautelar os bens adquiridos depois da prática dos atos de improbidade imputados a José.

(C) deve ser reformada, pois não é possível, por ausência de previsão legal, a determinação de tal medida cautelar em ações civis públicas por ato de improbidade.

(D) deve ser reformada, porquanto a cautelar somente pode atingir tantos bens quantos bastassem para garantir as consequências financeiras dos atos de improbidade imputados a José.

A: incorreta, pois o art. 7º, parágrafo único, da Lei 8.429/1992, estabelece que a indisponibilidade de bens "recairá sobre bens que assegurem o integral ressarcimento do dano" e não sobre a totalidade de bens do patrimônio do acusado; **B:** incorreta, pois a lei não faz distinção entre bens adquiridos antes ou depois dos atos de improbidade, mas sim impõe que a indisponibilidade de bens "recairá sobre bens que assegurem o integral ressarcimento do dano" (art. 7º, parágrafo único, da Lei 8.429/1992); **C:** incorreta, pois há previsão expressa desse tipo de cautelar na Lei de Improbidade não só no art. 7º, parágrafo único, da Lei 8.429/1992, como no art. 16, *caput* e § 2º, da mesma lei; **D:** correta; o art. 7º, parágrafo único, da Lei 8.429/1992, estabelece que a indisponibilidade de bens "recairá sobre bens que assegurem o integral ressarcimento do dano". Repare que esse norma está adotando o princípio da razoabilidade, ao não permitir que a indisponibilidade de bens recaia sobre bens que superem o valor que será necessário para o integral ressarcimento do dano. Vale acrescentar que também está de acordo com esse princípio o fato de que a indisponibilidade de bens no caso também recaia sobre bens que garantam os valores das "demais imputações que constam da inicial", tal como multas e outros consectários, mas não está de acordo com o princípio que a indisponibilidade de bens recaia sobre valores que superam a soma dos bens suficientes para o ressarcimento dos danos e para garantir os valores das demais imputações da inicial.
,ͺD„ oʇıɹɐqɐפ

(OAB/Exame Unificado – 2017.2) O Ministério Público estadual ajuizou ação civil pública por improbidade em desfavor de Odorico, prefeito do Município Beta, perante o Juízo de 1º grau. Após os devidos trâmites e do recebimento da inicial, surgiram provas contundentes de que Odorico se utilizava da máquina administrativa para intimidar servidores e prejudicar o andamento das investigações, razão pela qual o Juízo de 1º grau determinou o afastamento cautelar do chefe do Poder Executivo municipal pelo prazo de sessenta dias. Nesse caso, o Juízo de 1º grau:

(A) não poderia ter dado prosseguimento ao feito, na medida em que Odorico é agente político e, por isso, não responde com base na lei de improbidade, mas somente na esfera política, por crime de responsabilidade.

(B) não tem competência para o julgamento da ação civil pública por improbidade ajuizada em face de Odorico, ainda que o agente tenha foro por prerrogativa junto ao respectivo Tribunal de Justiça estadual.

(C) não poderia ter determinado o afastamento cautelar de Odorico, pois a perda da função pública só se efetiva com o trânsito em julgado da sentença condenatória.

(D) agiu corretamente ao determinar o afastamento cautelar de Odorico, que, apesar de constituir medida excepcional, cabe quando o agente se utiliza da máquina administrativa para intimidar servidores e prejudicar o andamento do processo.

A: incorreta, pois em se tratando de Prefeito a jurisprudência do STF não proíbe que um agente político que responde por crime de responsabilidade também esteja sujeito aos efeitos da Lei de Improbidade Administrativa; **B:** incorreta, pois em matéria de improbidade administrativa não há foro por prerrogativa de função, diferentemente do que ocorre para certos agentes públicos em matéria criminal; **C:** incorreta, pois não se deve confundir afastamento cautelar (provisório) como a perda da função pública; o primeiro é admitido no curso de ação de improbidade administrativa (art. 20, parágrafo único, da Lei 8.429/1992), ao passo que a segunda somente é efetivada após o trânsito em julgado da sentença condenatória nesse sentido (art. 20, "caput", da Lei 8.429/1992); D: correta (art. 20, parágrafo único., da Lei 8.429/1992). **WG**
Gabarito "D".

(OAB/Exame Unificado – 2016.2) O diretor-presidente de uma construtora foi procurado pelo gerente de licitações de uma empresa pública federal, que propôs a contratação direta de sua empresa, com dispensa de licitação, mediante o pagamento de uma "contribuição" de 2% (dois por cento) do valor do contrato, a ser depositado em uma conta no exterior. Contudo, após consumado o acerto, foi ele descoberto e publicado em revista de grande circulação. A respeito do caso descrito, assinale a afirmativa correta.

(A) Somente o gerente de licitações da empresa pública, agente público, está sujeito a eventual ação de improbidade administrativa.

(B) Nem o diretor-presidente da construtora e nem o gerente de licitações da empresa pública, que não são agentes públicos, estão sujeitos a eventual ação de improbidade administrativa.

(C) O diretor-presidente da construtora, beneficiário do esquema, está sujeito a eventual ação de improbidade, mas o gerente da empresa pública, por não ser servidor público, não está sujeito a tal ação.

(D) O diretor-presidente da construtora e o gerente de licitações da empresa pública estão sujeitos a eventual ação de improbidade administrativa.

A, B e C: incorretas, pois responderá na ação de improbidade tanto o agente público (no caso, o gerente da empresa pública), como toda e qualquer pessoa que, mesmo não sendo agente público, induza ou concorra para a prática do ato de improbidade ou dele se beneficie sob qualquer forma direta ou indireta (art. 3º da Lei 8.429/1992); assim, no caso em tela, o representante da empresa contratada sem licitação (no caso, o diretor-presidente da construtora) e a própria empresa contratada sem licitação poderão ser réus nessa ação de improbidade; D: correta, pois o gerente de licitações é agente público e o diretor-

-presidente é particular que concorreu para a prática do ato, incidindo assim o disposto no art. 3º da Lei 8.429/1992.
Gabarito "D".

(OAB/Exame Unificado – 2014.2) Caio, chefe de gabinete do prefeito do município X, ocupante exclusivamente de cargo em comissão, conhecendo os planos concretos da prefeitura para levar asfaltamento, saneamento e outras intervenções urbanísticas a um bairro mais distante, revela a alguns construtores tal fato, levando-os a adquirir numerosos terrenos naquela localidade antes que ocorresse sua valorização imobiliária. Caio recusa, expressamente, todos os presentes enviados pelos construtores. Sobre a situação hipotética descrita acima, assinale a opção correta.

(A) O ato de improbidade pode estar configurado com a mera comunicação, antes da divulgação oficial, da medida a ser adotada pela prefeitura, que valorizará determinados imóveis, ainda que não tenha havido qualquer vantagem para Caio.

(B) A configuração da improbidade administrativa depende, sempre, da existência de enriquecimento ilícito por parte de Caio ou de lesão ao erário, requisitos ausentes no caso concreto.

(C) Caio, caso venha a ser condenado criminalmente pela prática das condutas acima descritas, não poderá responder por improbidade administrativa, sob pena de haver *bis in idem*.

(D) Caio não responde por ato de improbidade, por não ser servidor de carreira; responde, todavia, por crime de responsabilidade, na qualidade de agente político, ocupante de cargo em comissão.

A: correta, nos termos do art. 11, III, da Lei 8.429/1992, pelo qual constitui improbidade administrativa que atenta contra princípios da Administração "revelar fato ou circunstância de que tem ciência em razão das atribuições e que deva permanecer em segredo"; **B:** incorreta, pois há uma modalidade de improbidade administrativa que se configura independentemente de enriquecimento ilícito ou prejuízo ao erário, que é a improbidade que atenta contra princípios da Administração (art. 11 da Lei 8.429/1992); **C:** incorreta, pois as sanções pela prática de improbidade são independentes das sanções penais pela prática de crime pelo mesmo fato (art. 12, *caput*, da Lei 8.429/1992); **D:** incorreta, pois o ocupante de cargo de chefe de gabinete não é considerado agente político (como é o detentor de mandato de prefeito ou de vereador, por exemplo); além disso, mesmo que fosse um agente político, somente os agentes políticos que respondem por crime de responsabilidade (excetuado o Prefeito) é que estão livres de sofrerem ação de improbidade administrativa, o que não é o caso do detentor de cargo em comissão de chefe de gabinete; por fim, o conceito de agente público da Lei de Improbidade é amplo e abrange quem ocupa cargo transitoriamente na Administração (art. 2º da Lei 8.429/1992).
Gabarito "A".

(OAB/Exame Unificado – 2009.1) Assinale a opção correta conforme a Lei de Improbidade (Lei n.º 8.429/1992).

(A) É cabível a indisponibilidade dos bens do indiciado quando o ato de improbidade causar lesão ao patrimônio público ou ensejar enriquecimento ilícito.

(B) Se houver fundados indícios de responsabilidade, será cabível o arresto dos bens do agente ou terceiro que tenha enriquecido ilicitamente ou causado dano ao patrimônio público.

8. DIREITO ADMINISTRATIVO

(C) Proposta a ação de improbidade, é permitido o acordo, a transação ou a conciliação.

(D) O sucessor daquele que causar lesão ao patrimônio público ou enriquecer ilicitamente está sujeito às cominações da lei além do limite do valor da herança.

A: correta (art. 7° da Lei 8.429/1992); **B:** incorreta. O art. 16 da Lei 8.429/1992 faz referência ao *sequestro*, e não ao *arresto*; **C:** correta (Art. 17, § 1°, da Lei 8.429/1992); ao tempo da questão, essa alternativa era incorreta; agora, porém, é também correta; isso porque a lei vedava expressamente qualquer tipo de transação, acordo ou conciliação na ação por improbidade; porém, houve modificação e agora a lei autoriza a celebração de acordo de não persecução civil (art. 17-B, da Lei 8.429/92).
Gabarito "A" e "C".

(OAB/Exame Unificado – 2008.2) Não configura sanção constitucionalmente prevista para os atos de improbidade administrativa

(A) a suspensão por mais de 30 (trinta) dias, sem percepção de vencimentos.

(B) a suspensão dos direitos políticos.

(C) a ressarcimento ao erário.

(D) a perda da função pública.

No rol de sanções previstas nos incisos do art. 12 da Lei 8.429/1992, não consta a suspensão por mais de 30 dias sem percepção de vencimentos.
Gabarito "A".

(OAB/Exame Unificado – 2008.1) Assinale a opção correta no que se refere à lei que dispõe sobre as sanções aplicáveis aos agentes públicos nos casos de enriquecimento ilícito no exercício de mandato, cargo, emprego ou função na administração pública direta, indireta ou fundacional.

(A) Os atos de improbidade administrativa somente serão punidos quando praticados por agentes públicos que sejam também servidores públicos.

(B) São três as espécies genéricas de improbidade administrativa: os atos de improbidade administrativa que importam enriquecimento ilícito, os que causam lesão ao erário e os que atentam contra os princípios da administração pública.

(C) Reputam-se como agentes públicos para fins de sanção decorrente da prática de improbidade administrativa apenas os que exercem mandato, cargo, emprego ou função administrativa permanente e mediante remuneração.

(D) Caso o ato de improbidade configure também sanção penal ou disciplinar, não serão impostas ao ímprobo as sanções previstas na Lei de Improbidade Administrativa, para que não ocorra *bis in idem*, ou seja, dupla punição pelo mesmo fato.

A: incorreta (art. 2° da Lei 8.429/1992); **B:** correta (arts. 9°, 10 e 11 da Lei 8.429/1992); **C:** incorreta (art. 2° da Lei 8.429/1992); **D:** incorreta (art. 12, *caput*, da Lei 8.429/1992).
Gabarito "B".

(FGV – 2010) Tem legitimidade para representar a autoridade administrativa competente para que seja instaurada investigação destinada a apurar a prática de ato de improbidade:

(A) somente o Ministério Público.

(B) somente o controle externo ou corregedoria do órgão.

(C) somente o controle interno do órgão, em caráter sigiloso.

(D) somente o Ministério Público, Tribunal ou Conselho de Contas.

(E) qualquer pessoa que deseje ver apurada a prática de ato de improbidade.

De fato, qualquer pessoa que esteja interessada na apuração de suposto fato que configure improbidade administrativa poderá representar à autoridade administrativa para que seja instaurada investigação para esclarecê-lo (art. 14 da Lei 8.429/1992).
Gabarito "E".

7. INTERVENÇÃO NA PROPRIEDADE E NO DOMÍNIO ECONÔMICO

7.1. Desapropriação

(OAB/Exame XXXVI) José é proprietário de imóvel rural de enorme dimensão, mas totalmente improdutivo, que vem sendo objeto de constantes desmatamentos à revelia da legislação ambiental. O imóvel está localizado no Município Alfa do Estado Gama, sendo certo que os órgãos ambientais de ambos os entes federativos já vêm atuando em razão da supressão vegetal ilegal. Em seu imóvel, José não promove a utilização adequada dos recursos naturais disponíveis e a preservação do meio ambiente, nem mesmo realiza seu aproveitamento racional e adequado.

Por estar descumprindo sua função social, nos termos da CRFB/88, o imóvel de José pode ser objeto de desapropriação

(A) por interesse social, para fins de reforma agrária, mediante prévia e justa indenização em títulos da dívida agrária, cuja competência é da União.

(B) sanção, que consiste em punição ao particular por sua conduta imobiliária inconstitucional, mediante justa e prévia indenização, cuja competência é do Estado Gama.

(C) confisco, que consiste na retirada do bem do patrimônio do particular com sua incorporação ao patrimônio público, mediante justa e ulterior indenização, cuja competência é da União.

(D) por utilidade social e com caráter sancionador, mediante ulterior e justa indenização a ser paga por meio de precatório, cuja competência é do Município Alfa.

A: correta, nos exatos termos do art. 184, *caput*, da CF (quanto à competência da União para a desapropriação por interesse social, e quanto à prévia e justa indenização em títulos da dívida agrária) e do art. 186, I e II, da CF (quanto ao fato de que não há atendimento à função social da propriedade quando não há aproveitamento racional e adequado do imóvel ou quando não há utilização adequada dos recursos naturais disponíveis e preservação do meio ambiente); **B** e **D:** incorretas, pois a desapropriação no caso teria o nome de desapropriação por "interesse social", com competência da União, e não do Estado ou do Município (art. 184, *caput*, da CF); **C:** incorreta, porque o art. 184, *caput*, não prevê o confisco nesse caso, mas sim indenização paga por meio de títulos da dívida agrária; a Constituição prevê o confisco no seguinte caso: "Todo e qualquer bem de valor econômico apreendido em decorrência do tráfico ilícito de entorpecentes e drogas afins e da exploração de trabalho escravo" (art. 243, p. ún.).
Gabarito "A".

(OAB/Exame XXXIII – 2020.3) Luciano, proprietário de um terreno localizado no Município Ômega, viajou para o exterior, pelo período de 8 meses, para realizar curso de especialização profissional. Quando retornou de viagem, verificou que o Município, sem expedir qualquer notificação, de forma irregular e ilícita, invadiu sua propriedade e construiu uma escola, em verdadeiro apossamento administrativo. As aulas na nova escola municipal já se iniciaram há dois meses e verifica-se a evidente impossibilidade de se reverter a situação sem ensejar prejuízos aos interesses da coletividade. Ao buscar assistência jurídica junto a conhecido escritório de advocacia, foi manejada em favor de Luciano ação de

(A) indenização por retrocessão, por abuso de poder da municipalidade, que gera direito à justa e imediata indenização, exigível quando do trânsito em julgado da ação.

(B) indenização por desapropriação indireta, que visa à justa e posterior indenização, a ser paga por meio de precatório.

(C) reintegração de posse por tredestinação ilícita, por desvio de finalidade, que visa à justa e posterior indenização, a ser paga por meio de precatório.

(D) interdito proibitório por desvio de finalidade, que gera direito à justa e imediata indenização, exigível quando do trânsito em julgado da ação.

A e C: incorretas; há direito à indenização, mas não pelos institutos da "retrocessão" e da "tredestinação ilícita", e sim pelo instituto da "desapropriação indireta"; o instituto da retrocessão se aplica quando a Administração não usa o bem desapropriado em atividade de interesse público, permitindo ao particular que retome o bem; já a tredestinação ilícita se dá quando a Administração usa o bem em atividade que não é de interesse público, o que também permite que o particular retome o bem por meio da retrocessão; no caso trazido pelo enunciado, a Administração está usando o bem em atividade de interesse público (escola), portanto, não há que se falar em "retrocessão" nem em "tredestinação ilícita"; **B:** correta; de fato, quando a Administração invade um bem público e o usa em atividade de interesse público, está-se diante de uma desapropriação indireta, também conhecida como apossamento administrativo; e em virtude da supremacia do interesse público sobre o privado, o particular não tem como reaver o bem, mas terá direito a uma indenização completa, que será paga por meio de precatório; **D:** incorreta; o interdito proibitório é uma tutela processual destinada a impedir agressões iminentes que ameaçam a posse de alguém; ele não se aplica ao caso por dois motivos: primeiro porque a agressão à posse não está para acontecer (não é "iminente"); ela já aconteceu e a posse já se consolidou; segundo porque não cabe nenhuma proteção possessória no caso, já que, quando a Administração invade um bem público e o usa em atividade de interesse público, está-se diante de uma desapropriação indireta, que impede o particular de reaver o bem por qualquer meio possessório ou reivindicatório, cabendo apenas o direito de ser indenizado.

Gabarito "B"

(OAB/Exame Unificado – 2020.1) Diante da necessidade de construção de uma barragem no Município Alfa, a ser efetuada em terreno rural de propriedade de certa sociedade de economia mista federal, o Poder Legislativo local fez editar uma lei para declarar a desapropriação por utilidade pública, após a autorização por decreto do Presidente da República, sendo certo que, diante do sucesso das tratativas entre os chefes do Executivo dos entes federativos em questão, foi realizado acordo na via administrativa para ultimar tal intervenção do Estado na propriedade. Diante dessa situação hipotética, assinale a afirmativa correta.

(A) A autorização por decreto não pode viabilizar a desapropriação do bem em questão pelo Município Alfa, porque os bens federais não são expropriáveis.

(B) A iniciativa do Poder Legislativo do Município Alfa para declarar a desapropriação é válida, cumprindo ao respectivo Executivo praticar os atos necessários para sua efetivação.

(C) A intervenção na propriedade em tela não pode ser ultimada na via administrativa, mediante acordo entre os entes federativos envolvidos.

(D) O Município Alfa não tem competência para declarar a desapropriação por utilidade pública de propriedades rurais.

A: incorreta, pois no caso de imóvel de sociedade de economia mista federal, basta a autorização do Presidente da República (art. 2º, § 3º, do Dec.-lei 3.365/41); **B:** correta, pois o art. 8º do Dec.-lei 3.365/41 autoriza que o Poder Legislativo tome a iniciativa da desapropriação fazendo a declaração de utilidade pública, devendo o Poder Executivo, num segundo momento, praticar os atos necessários à sua execução; **C:** incorreta, pois, nos termos do art. 10 do Dec.-lei 3.365/41, a desapropriação pode ser efetivada por meio de acordo, ou seja, no âmbito administrativo; **D:** incorreta, pois não há limitação alguma nesse sentido na Lei de Desapropriações (Dec.-lei 3.365/41).

Gabarito "B"

(OAB/Exame Unificado – 2019.1) Determinado Município fez publicar decreto de desapropriação por utilidade pública de determinada área, com o objetivo de construir um hospital, o que incluiu o imóvel de Ana. A proprietária aceitou o valor oferecido pelo ente federativo, de modo que a desapropriação se consumou na via administrativa. Após o início das obras, foi constatada a necessidade, de maior urgência, da instalação de uma creche na mesma localidade, de modo que o Município alterou a destinação a ser conferida à edificação que estava sendo erigida. Ana se arrependeu do acordo firmado com o poder público. Diante dessa situação hipotética, na qualidade de advogado(a) de Ana, assinale a afirmativa correta.

(A) Ana deverá ajuizar ação de retrocessão do imóvel, considerando que o Município não possui competência para atuar na educação infantil, de modo que não poderia alterar a destinação do bem expropriado para esta finalidade.

(B) Cabe a Ana buscar a anulação do acordo firmado com o Município, que deveria ter ajuizado a indispensável ação de desapropriação para consumar tal modalidade de intervenção do estado na propriedade.

(C) O ordenamento jurídico não autoriza que Ana impugne a desapropriação amigável acordada com o Município, porque a nova destinação conferida ao imóvel atende ao interesse público, a caracterizar a chamada tredestinação lícita.

(D) Ana deverá ajuizar ação indenizatória em face do ente federativo, com base na desapropriação indireta, considerando que o Município não pode conferir finalidade diversa da constante no decreto expropriatório.

A, B e D: incorretas, pois o Município tem competência para atuar na área da educação infantil (art. 30, VI, da CF) e, no caso, concreto, a destinação do imóvel continua sendo de interesse público e, portanto, não há que se falar em tredestinação ilícita; **C:** correta; a tredestinação

8. DIREITO ADMINISTRATIVO

consiste na mudança de destinação de um imóvel desapropriado; quando se expede o decreto expropriatório, é necessário indicar a finalidade daquela desapropriação (exs.: construir uma escola, um hospital ou casas populares; alargar uma via pública etc.); a tredestinação ocorre quando a Administração Pública, de posse do imóvel desapropriado, acaba utilizando-o em finalidade distinta da prevista inicialmente; ocorre que essa mudança de finalidade pode se dar para atender outra demanda de interesse público; um exemplo dessa situação é a desapropriação de uma área para construir uma escola e depois acabar construindo um hospital; nesse caso, tem-se a chamada tredestinação lícita, não sendo possível questionar a desapropriação realizada e os atos subsequentes; foi o que aconteceu no caso narrado na questão, pois a troca de destinação (de um hospital para uma creche) manteve a motivação de atender ao interesse público, de modo que Ana não poderá requerer a reintegração do imóvel ao seu patrimônio.

Gabarito "C".

(OAB/Exame Unificado – 2018.1) Em novembro de 2014, Josué decidiu gozar um período sabático e passou, a partir de então, quatro anos viajando pelo mundo. Ao retornar ao Brasil, foi surpreendido pelo fato de que um terreno de sua propriedade havia sido invadido, em setembro de 2015, pelo Município Beta, que nele construiu uma estação de tratamento de água e esgoto. Em razão disso, Josué procurou você para, na qualidade de advogado(a), traçar a orientação jurídica adequada, em consonância com o ordenamento vigente.

(A) Deve ser ajuizada uma ação possessória, diante do esbulho cometido pelo Poder Público municipal.

(B) Não cabe qualquer providência em Juízo, considerando que a pretensão de Josué está prescrita.

(C) Impõe-se que Josué aguarde que o bem venha a ser destinado pelo Município a uma finalidade alheia ao interesse público, para que, somente então, possa pleitear uma indenização em Juízo.

(D) É pertinente o ajuizamento de uma ação indenizatória, com base na desapropriação indireta, diante da incorporação do bem ao patrimônio público pela afetação.

A: incorreta, pois no caso ocorreu o chamado apossamento administrativo. Trata-se de uma situação em que a Administração se apossa de bem de terceiro e nele realiza uma atividade perene de interesse público, ocasião em que passa a ser proprietária do bem, em razão do princípio da supremacia do interesse público sobre o privado. Nesse caso, como o Município fez construções e implantou uma estação de tratamento de água e esgoto, resta ao particular apenas ingressar com uma ação indenizatória por desapropriação indireta; **B:** incorreta, pois a pretensão contra a Fazenda pode ser deduzida em até 10 anos nesse caso, por força do art. 1.238 do CC, aplicado por analogia; **C:** incorreta, pois no caso em tela, como o Município já fez construções e implantou uma estação de tratamento de água e esgoto o apossamento administrativo já se deu, restando ao particular apenas ingressar com uma ação indenizatória por desapropriação indireta; **D:** correta, sendo que a própria Lei de Desapropriações hoje trata expressamente do apossamento administrativo e da desapropriação indireta, que eram construções jurisprudenciais no passado (vide arts. 15-A, §. 3º, e 27, § 3º, II, do Dec.-lei 3.365/1941).

Gabarito "D".

(OAB/Exame Unificado – 2017.3) Damião, proprietário de terrenos não utilizados, mantidos para fins de especulação imobiliária, é notificado pela autoridade pública municipal, uma vez que seu terreno está incluído no plano Diretor do Município XYZ, e a Lei Municipal nº 123

determinou a edificação compulsória e aplicação de IPTU progressivo no tempo. Sobre as possíveis consequências que Damião pode sofrer, assinale a afirmativa correta.

(A) Caso não seja cumprida a notificação no prazo estabelecido, o Poder Público procederá à aplicação do Imposto sobre a Propriedade Predial e Territorial Urbana (IPTU) progressivo no tempo, o qual pode ser majorado indefinidamente, até que alcance o valor do bem.

(B) Ainda que Damião transfira o imóvel, a obrigação de edificação compulsória é transferida aos adquirentes, sem que haja interrupção dos prazos previamente estabelecidos pelo Poder Público.

(C) O Poder Público Municipal poderá desapropriar o imóvel de Damião mediante pagamento de indenização justa, prévia e em dinheiro, que refletirá o valor da base de cálculo do IPTU.

(D) Não há consequência jurídica no descumprimento, tendo em vista a não autoexecutoriedade nos atos do Poder Público em tema de política urbana, sendo necessária a intervenção do Poder Judiciário.

A: incorreta, pois o IPTU progressivo mencionado poderá ser majorado pelo prazo de 5 anos consecutivos e o valor da alíquota em questão a cada ano deverá ser definido na lei local e não excederá a duas vezes o valor referente ao ano anterior, respeitada a alíquota máxima de 15% (art. 7º, *caput* e § 1º, da Lei 10.257/2001); **B:** correta, pois o art. 6º do Estatuto da Cidade dispõe que a transmissão do imóvel objeto de edificação compulsória, por ato inter vivos ou causa mortis, posterior à data da notificação, transfere esse obrigação, sem interrupção de quaisquer prazos (Lei 10.257/2001); **C:** incorreta, pois, nesse caso, após a aplicação do IPTU progressivo, é possível a desapropriação do imóvel, mas mediante o pagamento por meio de títulos da dívida pública, sendo que o valor da indenização refletirá o valor da base de cálculo do IPTU, descontado o montante incorporado em função de obras realizadas pelo Poder Público na área onde se localiza após a notificação para edificação compulsória, e não computará expectativas de ganhos, lucros cessantes e juros compensatórios (art. 8º, *caput* e § 2º, da Lei 10.257/2001); **D:** incorreta, pois o Estatuto da Cidade prevê aplicação de IPTU progressivo no caso e, persistindo-se a inércia do proprietário, prevê a desapropriação do imóvel com pagamento por meio de títulos da dívida pública (arts. 7º e 8º, da Lei 10.257/2001).

Gabarito "B".

(OAB/Exame Unificado – 2017.2) O Estado "X" pretende fazer uma reforma administrativa para cortar gastos. Com esse intuito, espera concentrar diversas secretarias estaduais em um mesmo prédio, mas não dispõe de um imóvel com a área necessária. Após várias reuniões com a equipe de governo, o governador decidiu desapropriar, por utilidade pública, um enorme terreno de propriedade da União para construir o edifício desejado. Sobre a questão apresentada, assinale a afirmativa correta.

(A) A União pode desapropriar imóveis dos Estados, atendidos os requisitos previstos em lei, mas os Estados não podem desapropriar imóveis da União.

(B) Para que haja a desapropriação pelo Estado "X", é imprescindível que este ente federado demonstre, em ação judicial, estar presente o interesse público.

(C) A desapropriação é possível, mas deve ser precedida de autorização legislativa dada pela Assembleia Legislativa.

(D) A desapropriação é possível, mas deve ser precedida de autorização legislativa dada pelo Congresso Nacional.

A: correta (art. 2º, § 2º, do Dec.-lei 3.365/1941); **B** a **D:** incorretas, pois o Estado não pode desapropriar bem da União (art. 2º, § 2º, do Dec.-lei 3.365/1941). WG

Gabarito "A".

(OAB/Exame Unificado – 2015.2) O Município W, durante a construção de avenida importante, ligando a região residencial ao centro comercial da cidade, verifica a necessidade de ampliação da área a ser construída, mediante a incorporação de terrenos contíguos à área já desapropriada, a fim de permitir o prosseguimento das obras. Assim, expede novo decreto de desapropriação, declarando a utilidade pública dos imóveis indicados, adjacentes ao plano da pista. Diante deste caso, assinale a opção correta.

(A) É válida a desapropriação, pelo Município W, de imóveis a serem demolidos para a construção da obra pública, mas não a dos terrenos contíguos à obra.

(B) Não é válida a desapropriação, durante a realização da obra, pelo Município W, de novos imóveis, qualquer que seja a finalidade.

(C) É válida, no curso da obra, a desapropriação, pelo Município W, de novos imóveis em área contígua necessária ao desenvolvimento da obra.

(D) Em relação às áreas contíguas à obra, a única forma de intervenção estatal da qual pode se valer o Município W é a ocupação temporária.

No caso em tela incide o instituto da **desapropriação por zona**, que consiste na desapropriação de área maior do que a necessária à realização de obra ou serviço, para abranger zona contígua a ela, tendo em vista reservá-la para futuras necessidades de ampliação da intervenção estatal no local (que é o caso do enunciado da questão) ou para revendê-la, se extraordinária valorização for decorrência da desapropriação a ser efetuada. A declaração de utilidade pública deve compreender essas áreas adicionais (art. 4º do Decreto-lei 3.365/1941). Assim, são válidas as desapropriações tanto das áreas que serão utilizadas neste momento, como das áreas que serão utilizadas no futuro.

Gabarito "C".

(OAB/Exame Unificado – 2014.1) Acerca da *desapropriação*, assinale a afirmativa correta.

(A) Na desapropriação por interesse social, o expropriante tem o prazo de cinco anos, contados da edição do decreto, para iniciar as providências de aproveitamento do bem expropriado.

(B) Na desapropriação por interesse social, em regra, não se exige o requisito da indenização prévia, justa e em dinheiro.

(C) O município pode desapropriar um imóvel por interesse social, mediante indenização prévia, justa e em dinheiro.

(D) A desapropriação para fins de reforma agrária da propriedade que não esteja cumprindo a sua função social não será indenizada.

A: incorreta, pois o prazo, no caso, é de 2 anos (art. 3º da Lei 4.132/1961); **B:** incorreta, pois esse requisito somente não há de ser cumprido na desapropriação-sanção para reforma agrária ou descumprimento da função social da propriedade urbana, casos em que o pagamento será feito por meio de títulos públicos, e no caso de expropriação do bem por conta de uso de imóvel para plantação de psicotrópicos ou com exploração de trabalho escravo (art. 243 da CF, com nova redação dada pela EC 81/2014); **C:** correta, não havendo impe-

dimento legal nesse sentido; no entanto, no caso de desapropriação-sanção por interesse social em imóvel rural, a competência é apenas da União (art. 184, *caput*, da CF); **D:** incorreta, pois haverá indenização por meio de títulos da dívida agrária em relação à terra nua e por meio de dinheiro em relação às benfeitorias úteis e necessárias (art. 184, caput e § 1º, da CF).

Gabarito "C".

(OAB/Exame Unificado – 2013.3) O Município de Barra Alta realizou a desapropriação de grande parcela do imóvel de Manoel Silva e deixou uma parcela inaproveitável para o proprietário. No caso descrito, o proprietário obterá êxito se pleitear

(A) a reintegração de posse de todo o imóvel em função da má-fé do Município.

(B) o direito de extensão da desapropriação em relação à área inaproveitável.

(C) a anulação da desapropriação em relação à parcela do imóvel suficiente para tornar a área restante economicamente aproveitável.

(D) a anulação integral da desapropriação, pois a mesma foi ilegal.

Incide no caso o **direito de extensão**, que consiste na faculdade do expropriado de exigir que na desapropriação se inclua a parte restante do bem que se tornou inútil ou de difícil utilização. Deve ser exercido quando da realização do acordo administrativo, no bojo da ação de desapropriação, ou na mediação ou arbitragem previstas no art. 10-B do Dec.-lei 3.365/41 (acrescido pela Lei 13.867/19), sob pena de se considerar que houve renúncia. Assim, não há que se falar em pedido, por parte do proprietário do bem, de reintegração de posse ou anulação da desapropriação, mas em pedido para exercício do direito de extensão em relação à área inaproveitável.

Gabarito "B".

(OAB/Exame Unificado – 2012.3.B) Acerca do Instituto da Desapropriação, assinale a afirmativa correta.

(A) A desapropriação do espaço aéreo ou do subsolo só se tornará necessária, quando de sua utilização resultar prejuízo patrimonial do proprietário do solo.

(B) Em casos de urgência, é possível a imissão provisória do expropriante na posse dos bens, não sendo exigível o seu registro junto ao registro de imóveis competente, muito menos o depósito de valores.

(C) Os concessionários de serviços públicos e os estabelecimentos de caráter público ou que exerçam funções delegadas de poder público poderão promover desapropriações, por decreto do Presidente da República.

(D) Os bens expropriados, incorporados à Fazenda Pública, podem ser objeto de reivindicação, desde que fundada em nulidade do processo de desapropriação.

A: correta (art. 2, § 1º, do Dec.-lei 3.365/1941); **B:** incorreta, pois a imissão provisória na posse será, sim, registrada no registro de imóveis competente (art. 15, § 4º, do Dec.-lei 3.365/1941) e depende, sim, de depósito de quantia arbitrada pelo juiz logo no começo do processo (art. 15, *caput*, do Dec.-lei 3.365/1941); **C:** incorreta, pois só poderá promover desapropriações mediante autorização expressa em lei ou contrato (art. 3º do Dec.-lei 3.365/1941), não sendo suficiente, assim, um Decreto do Presidente da República; **D:** incorreta, pois o art. 35 do Dec.-lei 3.365/1941 é expresso ao dispor que os bens expropriados, uma vez incorporados à Fazenda Pública, não podem ser objeto de reivindicação.

Gabarito "A".

8. DIREITO ADMINISTRATIVO 575

(OAB/Exame Unificado – 2012.3.A) A desapropriação é um procedimento administrativo que possui duas fases: a primeira, denominada declaratória e a segunda, denominada executória.

Quanto à fase declaratória, assinale a afirmativa correta.

(A) Acarreta a aquisição da propriedade pela Administração, gerando o dever de justa indenização ao expropriado.

(B) Importa no início do prazo para a ocorrência da caducidade do ato declaratório e gera, para a Administração, o direito de penetrar no bem objeto da desapropriação.

(C) Implica a geração de efeitos, com o titular mantendo o direito de propriedade plena, não tendo a Administração direitos ou deveres.

(D) Gera o direito à imissão provisória na posse e o impedimento à desistência da desapropriação.

A: incorreta, pois, nessa fase, a Administração apenas afirma a *intenção* de adquirir o bem, expedindo o chamado Decreto Expropriatório, em que identifica o bem que deseja desapropriar e informa qual será a destinação deste; a Administração somente adquirirá a propriedade do bem caso conclua a segunda fase do procedimento (fase executória), celebrando acordo com o particular, abrindo-se mediação ou via arbitral (art. 10-A acrescido ao Dec.lei 3.365/41 pela Lei 13.867/19), ou ingressando com ação de desapropriação e efetuando o pagamento integral do valor fixado em juízo; **B:** correta (arts. 7° e 10, do Dec.-lei 3.365/1941); **C:** incorreta, pois a Administração passa a ter, por exemplo, o direito de penetrar no imóvel (art. 7° do Dec.-lei 3.365/1941; **D:** incorreta, pois nessa primeira fase, como se viu, há apenas a declaração de vontade da intenção de desapropriar o bem; aliás, mesmo que se inicie a segunda fase, ingressando com ação de desapropriação, a imissão provisória na posse não é automática, dependendo de declaração de urgência pela Administração e de depósito de valor fixado pelo juízo por onde correr a ação (art. 15, *caput* e § 1°, do Dec.-lei 3.365/1941); quanto à desistência da desapropriação, pode ser feita mesmo que a Administração já tenha se imitido na posse do bem, mas nunca após a Administração já ter feito o pagamento integral da indenização fixada definitivamente em juízo.
Gabarito "B".

(OAB/Exame Unificado – 2012.2) A União, após regular licitação, realiza concessão de determinado serviço público a uma sociedade privada. Entretanto, para a efetiva prestação do serviço, é necessário realizar algumas desapropriações. A respeito desse caso concreto, assinale a afirmativa correta.

(A) A sociedade concessionária poderá promover desapropriações mediante autorização expressa, constante de lei ou contrato.

(B) As desapropriações necessárias somente poderão ser realizadas pela União, já que a concessionária é pessoa jurídica de direito privado.

(C) O ingresso de autoridades administrativas nos bens desapropriados, declarada a utilidade pública, somente será lícito após a obtenção de autorização judicial.

(D) Os bens pertencentes ao(s) Município(s) inserido(s) na área de prestação do serviço não poderão ser desapropriados, mesmo que haja autorização legislativa.

A: correta (art. 3° do Dec.-lei 3.365/1941); **B:** incorreta, nos termos do já citado art. 3° do Dec.-lei 3.365/1941; **C:** incorreta, pois um dos efeitos da declaração de utilidade pública é justamente a autorização legal para as autoridades administrativas penetrarem nos prédios

compreendidos na declaração, podendo recorrer, em caso de oposição, ao auxílio de força policial (art. 7° do Dec.-lei 3.365/41); **D:** incorreta, pois bens municipais podem ser desapropriados pelos Estados e pela União, desde que haja autorização do legislativo do ente expropriante (art. 2°, § 2°, do Dec.-lei 3.365/1941).
Gabarito "A".

(OAB/Exame Unificado – 2012.1) A empresa pública federal X, que atua no setor de pesquisas petroquímicas, necessita ampliar sua estrutura, para a construção de dois galpões industriais. Para tanto, decide incorporar terrenos contíguos a sua atual unidade de processamento, mediante regular processo de desapropriação. A própria empresa pública declara aqueles terrenos como de utilidade pública e inicia as tratativas com os proprietários dos terrenos – que, entretanto, não aceitam o preço oferecido por aquela entidade. Nesse caso,

(A) se o expropriante alegar urgência e depositar a quantia arbitrada de conformidade com a lei, terá direito a imitir-se provisoriamente na posse dos terrenos.

(B) a desapropriação não poderá consumar-se, tendo em vista que não houve concordância dos titulares dos terrenos.

(C) a desapropriação demandará a propositura de uma ação judicial e, por não haver concordância dos proprietários, a contestação poderá versar sobre qualquer matéria.

(D) os proprietários poderão opor-se à desapropriação, ao fundamento de que a empresa pública não é competente para declarar um bem como de utilidade pública.

A desapropriação tem duas fases, a declaratória e a executória. Na fase declaratória, o Poder Público manifesta sua intenção de adquirir determinado bem. Normalmente, essa declaração se dá por meio de um decreto expropriatório. Em seguida, na fase executória, posterior à fase declaratória, busca-se um acordo com o proprietário do bem, ou, na impossibilidade, abre-se mediação ou via arbitral (art. 10-A acrescido ao Dec.lei 3.365/41 pela Lei 13.867/19) ou ingressa-se com ação de desapropriação. A primeira fase só pode ser iniciada por entes políticos e outros entes público autorizados pela lei, como é o caso da agência reguladora ANEEL. Já a segunda fase pode ser feita por pessoas de direito público e por concessionárias de serviço público, autorizadas por lei ou por contrato. Diante do exposto fica claro que a empresa pública X não tem competência para a declaração de utilidade pública do bem (primeira fase), de modo que apenas a alternativa "d" está correta.
Gabarito "D".

(OAB/Exame Unificado – 2010.2) Nas hipóteses de desapropriação, em regra geral, os requisitos constitucionais a serem observados pela Administração Pública são os seguintes:

(A) comprovação da necessidade ou utilidade pública ou de interesse social; pagamento de indenização prévia ao ato de imissão na posse pelo Poder Público, e que seja justa e em dinheiro; e observância de ato administrativo, sem contraditório por parte do proprietário.

(B) comprovação da necessidade ou utilidade pública ou de interesse social; pagamento de indenização prévia ao ato de imissão na posse pelo Poder Público, e que seja justa e em dinheiro; e observância de procedimento administrativo, com respeito ao contraditório e ampla defesa por parte do proprietário.

(C) comprovação da necessidade ou utilidade pública ou de interesse social; pagamento de indenização prévia

576 WANDER GARCIA, FLÁVIA CAMPOS E RODRIGO BORDALO

ao ato de imissão na posse pelo Poder Público, e que seja justa e em títulos da dívida pública ou quaisquer outros títulos públicos, negociáveis no mercado financeiro; e observância de procedimento administrativo, com respeito ao contraditório e ampla defesa por parte do proprietário.

(D) comprovação da necessidade ou utilidade pública ou de interesse social; pagamento de indenização, posteriormente ao ato de imissão na posse pelo Poder Público, e que seja justa e em dinheiro; e observância de procedimento administrativo, com respeito ao contraditório e ampla defesa por parte do proprietário.

A alternativa "b" está correta, pois, **como regra**, a Constituição exige o seguinte para a desapropriação: I) comprovação de *necessidade ou utilidade pública* ou de *interesse social* (art. 5º, XXIV, da CF); II) pagamento de *indenização prévia* ao ato de imissão na posse pelo Poder Público (art. 5º, XXIV, da CF); III) indenização *justa* e em *dinheiro* (art. 5º, XXIV, da CF); IV) observância de *procedimento administrativo* com respeito ao *contraditório e ampla defesa* por parte do proprietário; repare que o início do art. 5º, XXIV, da CF exige "procedimento" e o art. 5º, LV, da CF exige que todo procedimento administrativo respeite o contraditório e a ampla defesa.
Gabarito "B".

(OAB/Exame Unificado – 2009.1) Acerca da intervenção do Estado na propriedade privada, assinale a opção correta.

(A) A limitação administrativa consiste na instituição de ônus real de uso pelo Poder Público sobre a propriedade privada.

(B) A desapropriação, que consiste na transferência de propriedade de terceiro ao Poder Público, tem por objeto bens móveis ou imóveis, corpóreos ou incorpóreos, públicos ou privados.

(C) A desapropriação por interesse social, para fins de reforma agrária, é de competência da União e dos Estados, devendo ser realizada sobre imóvel rural que não esteja cumprindo a sua função social, mediante prévia indenização em títulos da dívida agrária.

(D) Ocorre a desapropriação indireta quando a entidade da administração direta decreta a desapropriação, sendo o processo expropriatório desenvolvido por pessoa jurídica integrante da administração descentralizada.

A: incorreta. Limitação administrativa é imposição *geral e gratuita* (ex: lei de zoneamento de uma cidade), ao passo que a servidão é especial (grava pessoas determinadas) e normalmente *onerosa* (impõe indenização); assim, a servidão, sim, é um *ônus real*, que recai sobre bem determinado; **B:** correta (art. 2º do Dec.-lei 3.365/1941); **C:** incorreta. A desapropriação-sanção (com pagamento de títulos), para fins de reforma agrária, é da competência exclusiva da União (art. 184, *caput*, da CF); **D:** incorreta. Ocorre a desapropriação indireta quando a administração se apossa de um imóvel particular, dando destinação pública a este, sem observância das formalidades legais; essa situação permite que o proprietário da coisa ingresse com ação indenizatória por desapropriação indireta.
Gabarito "B".

(OAB/Exame Unificado – 2008.3) Assinale a opção correta acerca de desapropriação.

(A) A desapropriação indireta, forma legítima de intervenção na propriedade, é realizada por entidade da administração indireta.

(B) Os bens públicos não podem ser desapropriados.

(C) Em caso de desapropriação por interesse social para fim de reforma agrária, deve haver indenização, necessariamente em dinheiro, das benfeitorias úteis e das necessárias.

(D) A desapropriação de imóveis urbanos pode ser feita mediante prévia e justa indenização, permitindo-se à administração, caso haja autorização legislativa do Senado Federal, pagá-la com títulos da dívida pública.

A: incorreta. A desapropriação indireta tem esse nome porque é feita sem a observância dos trâmites previstos em lei, e não porque só pode ser feita pela administração indireta; **B:** incorreta (art. 2º, § 2º, do Dec.-Lei 3.365/1941); **C:** correta (art. 184, § 1º, da CF); **D:** incorreta. A desapropriação de imóveis urbanos só será paga com títulos da dívida pública caso haja descumprimento da função social da propriedade (art. 182, § 4º, III, da CF).
Gabarito "C".

(OAB/Exame Unificado – 2008.2) A modalidade de intervenção estatal que gera a transferência da propriedade de seu dono para o Estado é

(A) a desapropriação.

(B) a servidão administrativa.

(C) a requisição.

(D) o tombamento.

De fato, é a desapropriação. A servidão é apenas um direito real que permite o uso da coisa. A requisição de bens ou serviços é feita para atender a situação transitória, em caso de iminente perigo público. E o tombamento restringe a utilização da coisa, sem passá-la para o domínio do Poder Público.
Gabarito "A".

(OAB/Exame Unificado – 2007.3) Considere-se que, para a construção de uma estrada, um Estado-membro tenha editado decreto declarando de utilidade pública um imóvel privado, situado no traçado da pretendida estrada. Nessa situação, havendo urgência na desapropriação do bem, poderá o ente público imitir-se imediatamente na posse do imóvel, ainda que o proprietário não concorde com o valor da indenização que lhe foi oferecido?

(A) Não, porque o interesse público não pode se sobressair ao direito de propriedade, constitucionalmente assegurado.

(B) Não, a não ser que seja editado novo decreto, de necessidade pública, declarando a urgência e estabelecendo o valor venal do imóvel para pagamento do Imposto Predial Territorial Urbano (IPTU) como o valor da indenização.

(C) Sim, pelo poder de autoexecutoriedade que tem o poder expropriante, combinado com a comprovação da urgência.

(D) Sim, desde que obtenha uma liminar em juízo, depositando um valor que se entenda justo para a devida indenização.

O expropriante, para obter a tutela jurisdicional de imissão provisória na posse do(s) bem(ns), deverá alegar urgência e depositar quantidade que considere devida para a justa indenização (art. 15 do Dec.-Lei 3.365/1941).
Gabarito "D".

(OAB/Exame Unificado – 2007.3) No que se refere ao instituto da desapropriação, assinale a opção incorreta.

(A) A União, os Estados, o Distrito Federal e os Municípios possuem competência concorrente para legislar sobre desapropriação.

8. DIREITO ADMINISTRATIVO 577

(B) Ao Poder Judiciário é vedado, no próprio processo de desapropriação, discutir sobre eventual desvio de finalidade do administrador ou sobre a existência dos motivos que o administrador tenha considerado como de utilidade pública.

(C) A União pode desapropriar bens dos Estados, do Distrito Federal e dos Municípios, mas os bens da União não são expropriáveis.

(D) O Estado-membro tem competência para desapropriar bens de uma autarquia ou de uma empresa pública municipal.

A: incorreta, devendo ser assinalada. Art. 22, II, da CF (competência privativa da União); **B:** correta. Na desapropriação só se discute vício formal e preço; outras questões devem ser discutidas em ação própria (art. 20 do Dec.-lei 3.365/1941); **C** e **D:** corretas (art. 2°, § 2°, do Dec.--lei 3.365/1941).
Gabarito "A".

(FGV – 2011) O Prefeito do Município de Florestal está interessado em construir um hospital público e, devido à sua localização conveniente, pretende fazê-lo em um terreno desocupado de propriedade do Estado em que localizado o Município. Entretanto, em razão de divergências políticas, o Governador do Estado se recusa a ceder o imóvel para a Prefeitura. Considerando a situação hipotética narrada, indaga-se: é juridicamente possível ao Município desapropriar o imóvel de propriedade do Estado?

(A) Sim, pois o terreno público em questão encontra-se desafetado e, por isso, é passível de desapropriação.

(B) Sim, desde que mediante autorização legislativa e prévia indenização em dinheiro.

(C) Sim, pois deve prevalecer, nesse caso, o interesse público municipal a justificar transferência compulsória do bem para a construção do hospital.

(D) Não, pois os bens públicos são imprescritíveis e, portanto, não são passíveis de desapropriação.

(E) Não, pois a desapropriação de bens públicos submete--se a restrições, não sendo possível ao Município desapropriar bens de propriedade dos Estados ou da União.

Segundo o art. 2°, § 2°, do Dec.-lei 3.365/1941 (Lei Geral de Desapropriação), a União pode desapropriar bens dos Estados, dos Municípios e dos particulares; os Estados podem desapropriar bens dos Municípios e dos particulares; e os Municípios só podem desapropriar os bens dos particulares. Assim, as alternativas "a" a "c" estão incorretas, pois não cabe desapropriação no caso. A alternativa "d" está incorreta, pois bens públicos podem ser desapropriados sim, mas apenas pela União e pelos Estados, nas condições do dispositivo citado. E a alternativa "e" está correta, pois deixa claro que o Município não pode desapropriar bens dos Estados e da União.
Gabarito "E".

7.2. Servidão administrativa

(OAB/Exame XXXVIII) O Município *Alfa*, observadas as cautelas legais, instituiu *servidão administrativa* sobre o imóvel de propriedade de Gabriel, com a finalidade de instalar postes e fios de energia elétrica, com escopo de regularizar o serviço de iluminação pública na localidade. Diante das circunstâncias do caso concreto, em especial pelo grande espaço cuja utilização é necessária para manutenção dos equipamentos instalados, verifica-se,

de forma incontroversa, que Gabriel sofreu efetivo dano no direito de propriedade.

Para melhor compreender o regime jurídico próprio dessa modalidade de intervenção do Estado na propriedade e ficar ciente de seus direitos e obrigações, em especial em matéria de indenização, Gabriel contratou você, como advogado(a).

No caso em tela, atento às normas de regência, você orientou seu cliente no sentido de que a servidão administrativa instituída pelo Município *Alfa*,

(A) enseja o pagamento de indenização, se houver dano comprovado.

(B) ocorre com prazo determinado, podendo ser prorrogado mediante prévia indenização.

(C) ostenta natureza de direito pessoal da Administração Pública, que prescinde de registro no Cartório de Registro de Imóveis, e ocorre mediante indenização em títulos da dívida pública.

(D) tem por pressuposto a necessidade ou utilidade pública, ou por interesse social, e deve ocorrer mediante justa e prévia indenização em dinheiro.

A: Certa. Se a servidão administrativa acaba levando a um dano ao direito de propriedade, é cabível indenização. **B:** Errada. A servidão administrativa tem um caráter, em princípio, permanente, sendo possível sua extinção quando necessário, mas não tem caráter temporário. **C:** Errada. A servidão administrativa tem natureza de direito real, sendo necessário o registro no Cartório de Registro de Imóveis. A indenização, caso ocorra dano, não é mediante títulos da dívida pública. **D:** Errada. A indenização só ocorrerá quando houver dano.
Gabarito "A".

(OAB/Exame Unificado – 2020.2) A União, diante da necessidade de utilização do imóvel produtivo de Astrobaldo para fazer passar importante oleoduto, fez editar Decreto que declarou a utilidade pública do bem para tal finalidade e determinou que a concessionária do setor levasse a efeito a mencionada intervenção, na forma do contrato de concessão, de modo a instituir o respectivo direito real de gozo para a Administração Pública.

Astrobaldo recusou-se a permitir o ingresso de prepostos da referida sociedade no bem para realizar as respectivas obras, o que levou a concessionária a ajuizar ação específica, com pedido liminar de imissão provisória na posse, para a implementação do estabelecido no Decreto.

Diante dessa situação hipotética, assinale a afirmativa correta.

(A) A concessionária não poderia levar a efeito a intervenção do Estado na propriedade pretendida pela União, porque não pode exercer poder de polícia.

(B) A intervenção do Estado na propriedade pretendida é a requisição, considerando a necessidade do bem de Astrobaldo para a realização de serviço público.

(C) O pedido de imissão provisória na posse foi equivocado, porque não é cabível o procedimento da ação de desapropriação na intervenção em comento, cuja modalidade é a servidão.

(D) O eventual deferimento da imissão provisória na posse importará no dever de acrescer juros compensatórios sobre a indenização que venha a ser determinada no processo.

A: incorreta, pois essa intervenção na propriedade tem o nome de *servidão administrativa*, e é instituída nos termos da Lei de Desapropriações, a qual autoriza que se dê à concessionária de serviço público o poder de executar essa medida (art. 3º, I, do Dec.-lei 3.365/41); **B:** incorreta, pois a requisição de serviço público é uma intervenção temporária na propriedade; no caso se quer uma intervenção duradoura, sem retirada da propriedade do particular; então o instituto aplicável é o da *servidão administrativa*; **C:** incorreta, pois a servidão administrativa é instituída nos termos da Lei de Desapropriações (art. 40, do Dec.-lei 3.365/41) a qual autoriza a imissão provisória na posse do imóvel (art. 15 do Dec.-lei 3.365/41); **D:** correta, pois há previsão legal de juros compensatórios em caso de imissão provisória na posse (art. 15-A, *caput*, e § 1º, do Dec.-lei 3.365/41). A lei inclusive explica que "os juros compensatórios destinam-se, apenas, a compensar a perda de renda comprovadamente sofrida pelo proprietário".

Gabarito "D".

(OAB/Exame Unificado – 2013.1) A fim de permitir o escoamento da produção até uma refinaria, uma empresa pública federal, que explora a prospecção de petróleo em um campo terrestre, inicia a construção de um oleoduto. O único caminho possível para essa construção atravessa a propriedade rural de Josenildo que, em razão do oleoduto, teve que diminuir o espaço de plantio de mamão e, com isso, viu sua renda mensal cair pela metade.

Assinale a afirmativa que indica a instrução correta que um advogado deve passar a Josenildo.

(A) Não há óbice à constituição da servidão administrativa no caso, mas cabe indenização pelos danos decorrentes dessa forma de intervenção na propriedade.

(B) A servidão administrativa é ilegal e Josenildo pode desconstituí-la, pois o instituto só tem aplicação em relação aos bens públicos.

(C) A servidão administrativa é ilegal, pois o nosso ordenamento veda a intervenção do Estado sobre propriedades produtivas.

(D) Não há óbice à constituição da servidão administrativa e não há de se falar em qualquer indenização.

A: correta, pois a servidão é o ônus real de uso imposto pela Administração a um bem particular, com objetivo de assegurar a realização de obras e serviços públicos, assegurada indenização ao particular, salvo se não houver prejuízo; no caso em tela tem-se justamente uma situação em que se quer utilizar parte da propriedade de alguém, causando prejuízo econômico (pela redução do plantio de mamão), caracterizando-se, assim, o instituto da servidão administrativa; **B:** incorreta, pois a servidão recai, normalmente, em bem privado, cabendo também em bem público, desde que respeitada a hierarquia de interesses prevista no art. 2º, § 2º, do Dec.-lei 3.365/1941; **C:** incorreta, pois não há tal vedação na ordem jurídica; desde que a Administração pague a devida indenização, se houver dano, e atue conforme a lei, não há qualquer vedação à intervenção do Estado sobre propriedades produtivas; **D:** incorreta, pois, havendo prejuízo econômico (e no caso há, pela redução do plantio de mamão), cabe indenização.

Gabarito "A".

(OAB/Exame Unificado – 2010.3) Com relação à intervenção do Estado na propriedade, assinale a alternativa correta.

(A) A limitação administrativa é uma forma de intervenção restritiva do Estado na propriedade que consubstancia obrigações de caráter específico e individualizados a proprietários determinados, sem afetar o caráter absoluto do direito de propriedade.

(B) A requisição administrativa é uma forma de intervenção supressiva do Estado na propriedade que somente recai em bens imóveis, sendo o Estado obrigado a indenizar eventuais prejuízos, se houver dano.

(C) O tombamento é uma forma de intervenção do Estado na propriedade privada que possui como característica a conservação dos aspectos históricos, artísticos, paisagísticos e culturais dos bens imóveis, excepcionando-se os bens móveis.

(D) A servidão administrativa é uma forma de intervenção restritiva do Estado na propriedade que afeta as faculdades de uso e gozo sobre o bem objeto da intervenção, em razão de um interesse público.

A: incorreta, pois a limitação administrativa é uma imposição de caráter *geral* e gratuito, que delimita o direito das pessoas; tratando-se de imposição de caráter geral, a limitação administrativa atinge pessoas *indeterminadas*, e não proprietários determinados; **B:** incorreta, pois a requisição administrativa consiste na utilização *temporária*, pela Administração, de bens ou serviços particulares, em caso de iminente perigo público, mediante indenização posterior, em caso de dano (ex.: requisição das instalações de um clube esportivo para abrigar pessoas afetadas por uma grande enchente); assim, é incorreto dizer que a requisição é forma *supressiva* da propriedade, pois, nela, a Administração faz o *uso temporário* da propriedade ou dos serviços de alguém; também é incorreto dizer que recai apenas sobre bens *imóveis*, pois também pode recair sobre bens móveis e sobre serviços; **C:** incorreta, pois o tombamento pode atingir bens imóveis e *móveis*, e não só bens imóveis; aliás, o tombamento pode até atingir bens imateriais; por exemplo, já houve tombamento da "capoeira", do "samba carioca", do "frevo" e até do "pão de queijo"; **D:** correta, pois a servidão administrativa (ônus real imposto pela Administração em bens particulares, em favor de serviços públicos ou obras públicas) é forma de intervenção *restritiva* da propriedade (diferente da desapropriação, que é forma *supressiva* da propriedade), que não retira a propriedade de seu dono, mas tão somente afeta as faculdades de uso e gozo sobre o bem objeto da intervenção (ex.: servidão de aqueduto, pela qual os donos de terrenos particulares são obrigados a suportar a passagem de aqueduto, por exemplo, nos fundos de seu imóvel).

Gabarito "D".

(OAB/Exame Unificado – 2009.3) A respeito do instituto da servidão administrativa, assinale a opção correta.

(A) Cabe direito a indenização em qualquer das hipóteses de servidão administrativa.

(B) A servidão administrativa dispensa, em sua instituição, autorização legal.

(C) As servidões administrativas podem decorrer diretamente da lei, de acordo ou de sentença judicial.

(D) Somente mediante lei pode ser extinta uma servidão administrativa.

A: incorreta. Normalmente, a servidão gera direito à indenização; porém, quando uma servidão não causar dano algum, não haverá direito à indenização; tal ocorre, por exemplo, quando o Poder Público instala placas com nome de ruas nas paredes de imóveis particulares; **B e C:** Como todo ato administrativo, a servidão só pode ser praticada pela Administração porque a lei autoriza; todavia, não é necessário lei específica para a instituição de cada servidão, podendo tal se dar por acordo ou por sentença arbitral judicial também (arts. 10, 10-A e 40 da Lei de Desapropriação – Dec.-lei 3.365/1941); **D:** incorreta. Tal afirmativa somente é válida em se tratando de servidão instituída por lei não temporária.

Gabarito "C".

8. DIREITO ADMINISTRATIVO

7.3. Requisição administrativa

(OAB/Exame XXXIV) Em determinado hospital municipal ocorreu grave incêndio, iniciado por pane elétrica no sistema de refrigeração. Todos os pacientes foram imediatamente retirados do hospital e, diante do iminente perigo público, a autoridade competente determinou que, até que fosse providenciada a remoção dos pacientes para outras unidades de saúde, os enfermos fossem abrigados no pátio de uma grande escola particular situada em frente ao nosocômio.

Buscando obter informações sobre seu eventual direito à indenização, o proprietário da escola particular procurou você, como advogado(a), para obter a orientação jurídica correta.

Segundo sua orientação, no caso em tela, o agente público fez uso da

(A) ocupação administrativa temporária, e o proprietário da escola particular não faz jus à indenização, em razão da supremacia do interesse público.

(B) limitação administrativa, que assegura ao proprietário da escola particular o direito à indenização imediata e ao poder público o direito de preempção.

(C) servidão administrativa, que assegura ao proprietário da escola particular o direito à prévia indenização, em razão do uso temporário de seu bem imóvel.

(D) requisição administrativa, que assegura ao proprietário da escola particular o direito à indenização ulterior, caso haja dano.

A: incorreta, pois o instituto da ocupação temporária é aplicável quando há necessidade de usar temporariamente um bem particular para a construção de uma obra pública, cabendo sempre indenização, em caso de dano (art. 36 do Dec.-lei 3.365/41); no caso em tela, não se tem construção de obra pública, mas a necessidade de abrigar pacientes em lugar seguro, em virtude de incêndio num hospital público; **B:** incorreta, pois a limitação administrativa é uma imposição geral que delimita os direitos e deveres das pessoas em relação a uma situação que envolva interesse público, não havendo direito à indenização em virtude dessa restrição; por exemplo, as normas municipais que trazem as regras para construir um imóvel num determinado local é uma limitação administrativa, que traz uma imposição geral e que atinge a todos os que estão na mesma situação; no caso em tela tem-se uma restrição individual (e não geral e indeterminada), que atinge especificamente uma pessoa, que é o proprietário da escola que deverá receber os pacientes; ademais, é uma imposição transitória, e não duradoura como em geral são as limitações administrativas; **C:** incorreta, pois a servidão administrativa se impõe quando há uma necessidade com caráter duradouro de submeter um bem particular à satisfação de um interesse público ou um serviço público, como se dá quando se instalam postes que carregam os fios para transmissão de energia elétrica em bens particulares. No caso em tela, tem-se um mero uso temporário de um bem particular pelo Poder Público em virtude de iminente perito público, tratando-se então de uma requisição administrativa e não de uma servidão; **D:** correta, pois a requisição administrativa é cabível para o uso temporário do bem em caso de iminente perigo público (art. 5º, XXV, da CF), justamente o caso narrado no enunciado da questão; ademais, a própria CF, no dispositivo citado, é clara ao dispor que caberá indenização ulterior, se houver dano.
Gabarito "D".

(OAB/Exame Unificado – 2017.1) O Município Beta foi assolado por chuvas que provocaram o desabamento de várias encostas, que abalaram a estrutura de diversos imóveis, os quais ameaçam ruir, especialmente se não houver imediata limpeza dos terrenos comprometidos. Diante do iminente perigo público a residências e à vida de pessoas, o Poder Público deve, prontamente, utilizar maquinário, que não consta de seu patrimônio, para realizar as medidas de contenção pertinentes. Assinale a opção que indica a adequada modalidade de intervenção na propriedade privada para a utilização do maquinário necessário.

(A) Requisição administrativa.

(B) Tombamento.

(C) Desapropriação.

(D) Servidão administrativa.

A: correta, tratando-se de instituto previsto no art. 5º, XXV, da CF, pelo qual, "no caso de iminente perigo público, a autoridade competente poderá usar de propriedade particular, assegurada ao proprietário indenização ulterior, se houver dano"; **B:** incorreta, pois o tombamento é ato que reconhece que um bem tem especial valor histórico ou cultural, não tendo relação alguma com o caso em questão; **C:** incorreta, pois a desapropriação transmite a propriedade do bem para o Poder Público, o que não se coaduna com o caso concreto, em que o Poder Público apenas usará temporariamente um bem particular para adotar medidas de contenção; **D:** incorreta, pois a servidão é um ônus real e duradouro sobre um bem, o que não se coaduna com o caso, em que o Poder Público apenas usará temporariamente um bem particular para adotar medidas de contenção. WG
Gabarito "A".

(OAB/Exame Unificado – 2009.3) Assinale a opção correta com relação às modalidades de restrição do Estado sobre a propriedade.

(A) A servidão administrativa afeta a exclusividade do direito de propriedade, visto que transfere a outrem faculdades de uso e gozo.

(B) A requisição de imóveis é restrição imposta ao proprietário que não utiliza adequadamente a sua propriedade.

(C) As limitações administrativas consubstanciam obrigações de caráter específico a proprietários determinados, sem afetar o caráter absoluto do direito de propriedade, que confere ao titular o poder de usar, gozar e dispor da coisa do modo como melhor lhe convier.

(D) O tombamento, que configura instituição de direito real de natureza pública, impõe ao proprietário a obrigação de suportar ônus parcial sobre o imóvel e não afeta o caráter absoluto do direito de propriedade.

A: correta. De fato, a servidão incide sobre o direito de propriedade, fazendo com que determinadas faculdades de uso e gozo de um bem sejam transferidas em favor da coletividade; por exemplo, pode-se instituir uma servidão no imóvel particular, para o fim de instalar uma torre de energia elétrica em parte do bem; **B:** incorreta. A requisição é restrição que se dá em caso de iminente perigo público; por exemplo, utiliza-se a requisição quando pessoas estão desabrigadas por conta de uma enchente, determinando o Poder Público o uso temporário de propriedades privadas, mediante indenização ulterior; **C:** incorreta. A limitação administrativa consiste numa imposição **geral** e **gratuita**, que delimita o direito das pessoas; um exemplo é a lei que estabelece as regras para as construções de imóveis; assim, as obrigações não atingem pessoas determinadas, mas sim pessoas indeterminadas; **D:** incorreta. O tombamento acompanha o imóvel, de modo que a primeira afirmativa não pode ser contestada; porém, nem sempre as obrigações decorrentes do tombamento (*vide* o Dec.-lei 25/1937) atingem de modo parcial um imóvel e não afetam o caráter absoluto do direito de propriedade; há casos em que o proprietário deve ser, inclusive, indenizado pelos prejuízos causados.

Gabarito "A".

(OAB/Exame Unificado – 2008.1) No que concerne à intervenção do Estado sobre a propriedade privada, é correto afirmar que

(A) a servidão administrativa afeta o caráter absoluto do direito de propriedade, implicando limitação perpétua do mesmo em benefício do interesse coletivo.

(B) as limitações administrativas constituem medidas previstas em lei com fundamento no poder de polícia do Estado, gerando para os proprietários obrigações positivas ou negativas, com o fim de condicionar o exercício do direito de propriedade ao bem-estar social.

(C) a requisição de bens móveis e fungíveis impõe obrigações de caráter geral a proprietários indeterminados, em benefício do interesse geral, não afetando o caráter perpétuo e irrevogável do direito de propriedade.

(D) o tombamento implica a instituição de direito real de natureza pública, impondo ao proprietário a obrigação de suportar um ônus parcial sobre o imóvel de sua propriedade, em benefício de serviços de interesse coletivo.

A: incorreta. A servidão é um ônus real que permite à administração usar um bem para a prestação de um serviço público ou para uma obra pública; normalmente, a servidão atinge apenas parte de um imóvel (ex.: servidão para a instalação de uma antena de celular num pedaço de uma propriedade); dessa forma, a servidão não afeta o caráter absoluto do direito de propriedade; **B:** correta. De fato, a limitação administrativa vem prevista em lei, impondo obrigações negativas ou positivas às pessoas; por se tratar de uma imposição geral (atinge a todos que estão em dada situação), a limitação administrativa não gera o direito de indenizar; um exemplo de limitação administrativa é a lei de trânsito, que condiciona nossa liberdade e nossa propriedade para resguardar o bem-estar social; **C:** incorreta. A requisição de bens ou serviços atinge um bem *determinado* (por ex.: um ginásio esportivo de um clube privado), para apaziguar uma situação de iminente perigo público (por ex.: pessoas desabrigadas por conta de uma grande enchente); **D:** incorreta. O tombamento não é instituído em benefício de um *serviço público*, mas com o objetivo de proteger um bem de valor histórico ou cultural.

Gabarito "B".

7.4. Tombamento

(OAB/Exame XXXVI) A administração do Município *Alfa* está construindo uma ponte para facilitar o acesso dos produtores rurais ao seu centro urbano. Para a realização da construção, o ente necessita utilizar a propriedade privada de Fernando, um terreno não edificado, vizinho à obra, enquanto perdurar a atividade de interesse público, para a qual não há perigo iminente.

Considerando as modalidades de intervenção do Estado na propriedade, a administração do Município *Alfa* deve

(A) realizar o tombamento do bem de Fernando, mediante prévia e justa indenização em dinheiro, diante da relevância da obra a ser realizada.

(B) determinar a requisição administrativa do bem de Fernando, mediante indenização ulterior, em caso de dano.

(C) efetuar a ocupação temporária do bem de Fernando, passível de indenização pela utilização do terreno em ação própria.

(D) implementar uma servidão administrativa no bem de Fernando, mediante prévia e justa indenização em dinheiro, pelo sacrifício da propriedade.

A: incorreta, pois o tombamento é ato destinado a declarar um bem como um patrimônio de especial valor histórico e cultural, para fins de proteção permanente desse mesmo bem; no caso em tela, não há qualquer bem com essas características, tratando-se, na verdade, de uma situação em que há necessidade de uso público desse bem, e de forma temporária (e não permanente); **B:** incorreta, pois a requisição administrativa é cabível para o uso temporário do bem em caso de iminente perigo público (art. 5º, XXV, da CF); no caso em tela não há iminente perigo público, mas mera necessidade de usar o bem temporariamente para a realização da construção; **C:** correta, pois o instituto da ocupação temporária é o adequado em situações como essa, de necessidade de usar temporariamente um bem particular para a construção de uma obra pública, cabendo sempre indenização, em caso de dano (art. 36 do Dec.-lei 3.365/41); **D:** incorreta, pois a servidão administrativa se impõe quando há uma necessidade com caráter duradouro de submeter um bem particular à satisfação de um interesse público ou em favor de um serviço público, como se dá quando se instalam postes que carregam os fios para transmissão de energia elétrica em bens particulares. No caso em tela, tem-se um mero uso temporário do Poder Público, tratando-se então de uma ocupação temporária e não de uma servidão.

Gabarito "C".

(OAB/Exame Unificado – 2019.2) Virgílio é proprietário de um imóvel cuja fachada foi tombada pelo Instituto do Patrimônio Histórico e Artístico Nacional – IPHAN, autarquia federal, após o devido processo administrativo, diante de seu relevante valor histórico e cultural. O logradouro em que o imóvel está localizado foi assolado por fortes chuvas, que comprometeram a estrutura da edificação, a qual passou a apresentar riscos de desabamento. Em razão disso, Virgílio notificou o Poder Público e comprovou não ter condições financeiras para arcar com os custos da respectiva obra de recuperação. Certo de que a comunicação foi recebida pela autoridade competente, que atestou a efetiva necessidade da realização de obras emergenciais, Virgílio procurou você, como advogado(a), para, mediante orientação jurídica adequada, evitar a imposição de sanção pelo Poder Público. Sobre a hipótese apresentada, assinale a opção que apresenta a orientação correta.

(A) Virgílio poderá demolir o imóvel.

(B) A autoridade competente deve mandar executar a recuperação da fachada tombada, às expensas da União.

(C) Somente Virgílio é obrigado a arcar com os custos de recuperação do imóvel.

(D) As obras necessárias deverão ser realizadas por Virgílio, independentemente de autorização especial da autoridade competente.

A: incorreta, pois, no caso, Virgílio tem apenas o direito de, comprovando ao Poder Público a sua impossibilidade financeira, requerer que não lhe seja aplicada a multa, bem como que o Poder Público faça as obras necessárias as expensas deste, bem como pedir o cancelamento do tombamento (art. 19, *caput* e §§ 1º e 2º, do Dec.-lei 25/37); **B:** correta, pois esse é o comando previsto no art. 19, § 1º, do Dec.-lei 25/37; **C:** incorreta, pois, comprovando ao Poder Público a

8. DIREITO ADMINISTRATIVO — 581

sua impossibilidade financeira, o particular pode requerer que o Poder Público faça as obras necessárias as expensas deste (art. 19, § 1º, do Dec.-lei 25/37); **D:** incorreta, pois no caso Virgílio não tem esse dever (art. 19, § 1º, do Dec.-lei 25/37). Ademais, caso tivesse esse dever, teria que pedir autorização especial ao poder público para reparar o bem tombado (art. 17, *caput*, do Dec.-lei 25/37).

Gabarito "B".

(OAB/Exame Unificado – 2012.1) O Município Y promove o tombamento de um antigo bonde, já desativado, pertencente a um colecionador particular. Nesse caso,

(A) o proprietário pode insurgir-se contra o ato do tombamento, uma vez que se trata de um bem móvel.

(B) o proprietário fica impedido de alienar o bem, mas pode propor ação visando a compelir o Município a desapropriar o bem, mediante remuneração.

(C) o proprietário poderá alienar livremente o bem tombado, desde que o adquirente se comprometa a conservá-lo, de conformidade com o ato de tombamento.

(D) o proprietário do bem, mesmo diante do tombamento promovido pelo Município, poderá gravá-lo com o penhor.

A: incorreta, pois o tombamento pode recair tanto sobre bem imóvel, como sobre bem móvel (art. 1º, *caput*, do Dec.-lei 25/1937); **B:** incorreta, pois o tombamento não tem como efeito proibir o proprietário de alienar o bem. Vale ressaltar, todavia, que quando um bem tombado é público, aí sim esse bem é inalienável (art. 11 do Dec.-lei 25/1937); **C:** incorreta, pois a alienação é possível, mas não é livre, já que deve respeitar o direito de preferência do Poder Público; **D:** correta, pois, não havendo proibição à alienação do bem, não há que se falar em proibição de gravá-lo com esse tipo de ônus real.

Gabarito "D".

(OAB/Exame Unificado – 2008.3) Carlos, morador de Ouro Preto – MG, é proprietário de casarão cujo valor histórico foi reconhecido pelo Poder Público. Após regular procedimento, o bem foi tombado pela União, e Carlos, contrariado com o tombamento, decidiu mudar-se da cidade e alienar o imóvel. Na situação hipotética apresentada, Carlos

(A) pode alienar o bem, desde que o ofereça, pelo mesmo preço, à União, bem como ao Estado de Minas Gerais e ao Município de Ouro Preto, a fim de que possam exercer o direito de preferência da compra do bem.

(B) não pode alienar o bem, visto que, a partir do tombamento, o casarão tornou-se bem inalienável.

(C) pode alienar o bem livremente, sem qualquer comunicação prévia ao Poder Público.

(D) somente pode alienar o bem para a União, instituidora do tombamento.

A União, os Estados e os Municípios terão, nesta ordem, direito de preferência na aquisição do bem tombado, caso o mesmo seja alienado onerosamente por pessoas naturais ou pessoas jurídicas de direito privado (art. 22 do Dec.-Lei 25/1937).

Observação importante! O art. 22 do Dec.-Lei 25/1937 (Lei do Tombamento), que previa o direito de preferência como um efeito do tombamento, foi *revogado* pelo Código de Processo Civil de 2015 (art. 1.072, I). RB

Gabarito "A" (vide observação)

(OAB/Exame Unificado – 2008.1) Assinale a opção correta a respeito do instituto do tombamento.

(A) O tombamento é um ato administrativo compulsório.

(B) O tombamento é ato administrativo que se destina à proteção de bens imóveis, sendo inadequado para a proteção de bens móveis.

(C) O tombamento impede a transmissão da propriedade do bem sobre o qual recaia.

(D) Caso o tombamento importe em esvaziamento econômico do bem tombado, cria-se a obrigação de indenizar por parte do Estado.

A: incorreta. O tombamento pode ser um ato compulsório (tombamento de ofício) ou voluntário (por solicitação ou anuência do interessado), conforme os arts. 6º a 9º do Dec.-lei 25/1937; **B:** incorreta. O tombamento incide sobre bens imóveis e móveis (art. 1º do Dec.-lei 25/1937); **C:** incorreta. Não é efeito do tombamento a proibição de alienação da coisa; **D:** correta. Os tribunais superiores reconhecem o direito de indenização ao proprietário de um bem tombado quando haja esvaziamento econômico do bem.

Gabarito "D".

(FGV – 2014) A União realizou o tombamento de uma casa por considerá-la patrimônio histórico-cultural. Considerando a referida situação, assinale a afirmativa correta.

(A) O tombamento poderá ser anulado por decisão judicial que entenda que o bem não é digno de ser tombado.

(B) O proprietário tem a obrigação de conservar o bem, devendo obter autorização até para pintá-lo.

(C) O tombamento retira do comércio o referido bem.

(D) O tombamento somente será considerado realizado após a publicação da decisão judicial que fixar a devida indenização.

(E) A competência para legislar sobre tombamento é privativa da União.

A: incorreta, pois não cabe ao Judiciário invadir o mérito administrativo da decisão técnica pelo tombamento, cabendo anulação apenas em caso de violação dos procedimentos e requisitos estabelecidos na lei; **B:** correta (art. 17, *caput*, do Dec.-lei 25/1937); **C:** incorreta, pois tal consequência só se dá quanto aos bens públicos que vêm a ser tombados (art. 11, *caput*, do Dec.-lei 25/1937), não ocorrendo quanto aos bens privados tombados, que continuam podendo ser alienados; **D:** incorreta, pois o tombamento independe de decisão judicial, decorrendo de decisão administrativa inscrita em um dos Livros do Tombo (art. 1º, § 1º, do Dec.-lei 25/1937); **E:** incorreta, pois não há essa previsão no art. 22 da CF, que trata das competências privativas da União para legislar.

Gabarito "B".

7.5. Limitação administrativa

(OAB/Exame Unificado – 2007.2) Acerca da intervenção do Estado na propriedade, assinale a opção correta.

(A) O tombamento só pode recair sobre bens imóveis.

(B) A vedação de desmatamento de parte da área de floresta em cada propriedade rural é exemplo de limitação administrativa.

(C) A servidão administrativa não precisa ser registrada no registro de imóveis.

(D) O ato administrativo que formaliza a requisição não é autoexecutório, dependendo de prévia apreciação judicial ou administrativa, assegurando-se ampla defesa e contraditório.

A: incorreta. O tombamento incide sobre bens imóveis e móveis (art. 1º do Dec.-Lei 25/1937); **B:** correta. Toda propriedade rural deve obedecer à chamada "reserva legal", pela qual ao menos 20% da propriedade não pode ser desmatada; por se tratar de uma imposição geral (e não individual), temos no caso uma limitação administrativa; **C:** incorreta. A servidão administrativa, por se tratar de um ônus real, deve ser registrada; **D:** incorreta. O art. 5°, XXV, da CF não impõe prévios contraditórios e apreciação judicial para a execução da requisição de bens ou serviços, o que é coerente com a situação de iminente perigo público em que é cabível.

Gabarito "B".

7.6. Infração à ordem econômica

(OAB/Exame Unificado – 2016.3) As duas maiores empresas do ramo de produção de componentes eletrônicos para máquinas industriais dominam mais de 50% (cinquenta por cento) do mercado. A fim de garantir determinada margem de lucro, elas resolveram acordar um mesmo preço para os bens que elas produzem. Nesse caso, está-se diante:

(A) de ato de improbidade administrativa, em conluio.

(B) de infração à ordem econômica, punível na forma da lei.

(C) de conquista de mercado resultante de processo natural, fundado na maior eficiência de agente econômico em relação a seus competidores.

(D) de ato que, embora socialmente indesejável, não encontra qualquer vedação legal.

A: incorreta, pois o ato de improbidade, para acontecer, depende da configuração de uma das hipóteses previstas nos arts. 9° a 11 da Lei 8.429/1992, o que não ocorre no caso, até porque sequer se verifica a prática de um ato que envolve uma autoridade pública; **B:** correta, valendo salientar que as hipóteses de infração da ordem econômica estão previstas no art. 36 da Lei do CADE (Lei 12.529/2011), valendo observar o disposto no art. 36, IV e § 2°, dessa lei, no qual os fatos narrados no enunciado se enquadram; **C:** incorreta, pois há presunção de abusiva posição dominante no mercado numa situação dessa, em que há domínio de 50% do mercado, pois "presume-se posição dominante sempre que uma empresa ou grupo de empresas for capaz de alterar unilateral ou coordenadamente as condições de mercado ou quando controlar 20% (vinte por cento) ou mais do mercado relevante, podendo este percentual ser alterado pelo Cade para setores específicos da economia" (art. 36, § 2°, da Lei 12.529/2011); **D:** incorreta, pois o ato configura infração à ordem econômica, nos termos do disposto no art. 36, IV e § 2°, da Lei 12.529/2011. WG

Gabarito "B".

(OAB/Exame Unificado – 2014.2) Cinco empresas que, somadas, dominam 90% (noventa por cento) da produção metalúrgica nacional acordam, secretamente, a redução da oferta de bens por elas produzidos, a fim de elevar o preço dos seus produtos. A partir da hipótese apresentada, assinale a opção correta.

(A) A garantia da livre concorrência no texto constitucional impede a intervenção do Estado nessa hipótese.

(B) A atuação das empresas configura infração da ordem econômica, sujeitando-as à intervenção do Estado.

(C) A situação de domínio do mercado resulta de processo natural fundado na maior eficiência em relação aos demais competidores, não caracterizando, portanto, qualquer infração.

(D) A intervenção do Estado na ordem econômica somente será permitida quando necessária aos imperativos da segurança nacional ou a relevante interesse coletivo.

A e **C:** incorretas, pois a Constituição Federal estabelece que o Estado atuará como agente normativo, regulador e fiscalizador da ordem econômica (art. 174, *caput*, da CF); **B:** correta, pois a chamada "Lei de Defesa da Concorrência" (Lei 12.529/2011) permite a intervenção do Estado para a repressão às infrações contra a ordem econômica, como é o caso da conduta narrada no enunciado da questão (art. 36, § 3° I, "b", e VIII, da Lei 12.529/2011); **D:** incorreta, pois essa regra diz respeito apenas aos casos em que o Estado pode explorar diretamente atividade econômica, por meio da criação de uma empresa estatal (art. 173, *caput*, da CF).

Gabarito "B".

8. BENS PÚBLICOS

8.1. Conceito e Classificação dos bens públicos

(OAB/Exame Unificado – 2020.2) O Município Delta está passando por graves dificuldades financeiras e recebeu da *sociedade empresária Incorporatudo* uma proposta para alienar determinada praça pública, situada em bairro valorizado, por montante consideravelmente superior ao praticado no mercado, em decorrência do grande interesse que a *Incorporatudo* tem de promover um empreendimento de luxo no local.

Diante dessa situação hipotética, assinale a afirmativa correta.

(A) O Município Delta pode alienar o bem em questão, mediante autorização por Decreto e sem licitação, diante da obtenção do lucro que poderia ser revertido para a coletividade.

(B) O bem em foco, por ser dominical, poderia ser alienado pelo Município Delta mediante autorização legislativa, dispensada a licitação em razão do alto valor oferecido.

(C) O bem público em comento, em razão de ser de uso comum, só poderia ser alienado se houvesse a sua prévia desafetação e fossem seguidos os ditames da lei geral de licitações.

(D) O bem de uso especial é passível de alienação pelo Município Delta, apesar de, na hipótese, ser necessária a licitação.

A: incorreta; uma praça pública é um bem de uso comum do povo e, de acordo com o art. 100 do Código Civil, "Os bens públicos de uso comum do povo e os de uso especial são inalienáveis, enquanto conservarem a sua qualificação, na forma que a lei determinar"; dessa forma, somente por meio de lei será possível autorizar a venda de um bem dessa natureza; ademais, a Constituição Federal determina que as alienações públicas devem ser precedidas, como regra, de licitação (art. 37, XXI, da CF), de modo que a alternativa em análise também está errada quando afirma que não é necessário licitação no caso; **B:** incorreta, pois o bem em questão não é "dominical", mas sim de "uso comum do povo", nos exatos termos do art. 99, I, do Código Civil; **C:** correta, pois de fato o bem é de "uso comum do povo" (art. 99, I, do Código Civil) e, assim, requer autorização legislativa para alienação (art. 100 do Código Civil); **D:** incorreta, pois o bem em questão não é "de uso especial", mas sim de "uso comum do povo", nos exatos termos do art. 99, I, do Código Civil.

Gabarito "C".

(OAB/Exame Unificado – 2016.3) A sociedade *"Limpatudo"* S/A é empresa pública estadual destinada à prestação de serviços públicos de competência do respectivo ente federativo. Tal entidade administrativa foi condenada em vultosa quantia em dinheiro, por sentença transitada em

8. DIREITO ADMINISTRATIVO

julgado, em fase de cumprimento de sentença. Para que se cumpra o título condenatório, considerar-se-á que os bens da empresa pública são:

(A) impenhoráveis, certo que são bens públicos, de acordo com o ordenamento jurídico pátrio.

(B) privados, de modo que, em qualquer caso, estão sujeitos à penhora.

(C) privados, mas, se necessários à prestação de serviços públicos, não podem ser penhorados.

(D) privados, mas são impenhoráveis em decorrência da submissão ao regime de precatórios.

A: incorreta, pois somente os bens afetados ao serviço público são impenhoráveis; **B:** incorreta, pois os bens que estiverem afetados ao serviço público são considerados impenhoráveis, de modo a preservar a continuidade dos serviços públicos; **C:** correta, pois os bens da sociedade em geral são privados e, portanto, penhoráveis, mas os bens que estiverem afetados ao serviço público são considerados impenhoráveis, de modo a preservar a continuidade dos serviços públicos; **D:** incorreta, pois o regime de precatórios só existe em relação à Fazenda Pública e não em relação a uma sociedade privada. **WG**
Gabarito "C".

(OAB/Exame Unificado – 2015.1) O prédio que abrigava a Biblioteca Pública do Município de Molhadinho foi parcialmente destruído em um incêndio, que arruinou quase metade do acervo e prejudicou gravemente a estrutura do prédio. Os livros restantes já foram transferidos para uma nova sede. O Prefeito de Molhadinho pretende alienar o prédio antigo, ainda cheio de entulho e escombros.

Sobre o caso descrito, assinale a afirmativa correta.

(A) Não é possível, no ordenamento jurídico atual, a alienação de bens públicos.

(B) O antigo prédio da biblioteca, bem público de uso especial, somente pode ser alienado após ato formal de desafetação.

(C) É possível a alienação do antigo prédio da biblioteca, por se tratar de bem público dominical.

(D) Por se tratar de um prédio com livre acesso do público em geral, trata-se de bem público de uso comum, insuscetível de alienação.

A: incorreta, pois os bens públicos podem ser alienados, preenchidos os requisitos legais (arts. 100 e 101 do Código Civil, combinados com o art. 17 da Lei 8.666/1993); **B:** incorreta, pois o prédio da biblioteca, enquanto estava funcionando normalmente estava afetado (destinado) e, portanto, era um bem de uso comum do povo; no momento em que os livros são transferidos para outra sede, a desafetação (retirada da destinação) do prédio antigo se dá automaticamente e o prédio da sede nova passar a ter a afetação que tinha o prédio antigo, passando a ser um bem de uso especial; a desafetação, salvo quando a afetação tiver se dado por meio de lei, não precisa de lei para acontecer, podendo ocorrer por decreto, por ato administrativo designando outro local para a sede ou outros tipos de atos legítimos e até mesmo pode se dar por fato da natureza, como quando um bem deixa de existir por algum evento natural; **C:** correta, pois o prédio da antiga biblioteca, com a desafetação, passa a ser um bem dominical e, portanto, alienável (art. 101 do Código Civil); **D:** incorreta, pois, segundo o Código Civil, os bens públicos destinados a serviço ou estabelecimento público são bens de uso comum do povo (art. 99, II, do Código Civil), que é justamente o caso de uma biblioteca.
Gabarito "C".

(OAB/Exame Unificado – 2011.2) De acordo com o critério da titularidade, consideram-se públicos os bens do domínio nacional pertencentes

(A) às entidades da Administração Pública Direta, às autarquias e às empresas públicas.

(B) às entidades da Administração Pública Direta e Indireta.

(C) às pessoas jurídicas de direito público interno.

(D) às pessoas jurídicas de direito público interno e às pessoas jurídicas de direito privado prestadoras de serviços públicos.

Os bens públicos são aqueles pertencentes às pessoas jurídicas de direito público interno, nos termos do art. 98 do CC. Assim, a alternativa "A" está incorreta, pois as empresas públicas não são pessoas jurídicas de direito público, mas pessoas jurídicas de direito privado. A alternativa "B" está incorreta, pois, na Administração Indireta, há tanto pessoas jurídicas de direito público, como pessoas jurídicas de direito privado, sendo que estas não têm bens públicos. A alternativa "C" está correta, pois retrata o disposto no art. 98 do CC. A alternativa "D" está incorreta, pois os bens das pessoas jurídicas de direito privado concessionárias de serviço público são, como regra, bens privados. Apenas os bens que estiverem afetados ao serviço público poderão ser considerados públicos.
Gabarito "C".

(OAB/Exame Unificado – 2009.2) Com relação aos bens de uso comum do povo e aos bens de uso especial, assinale a opção correta.

(A) O não uso dos bens de uso comum do povo implica desafetação.

(B) Os bens de uso especial são penhoráveis.

(C) Enquanto mantiverem a afetação, nem os bens de uso comum nem os de uso especial podem ser objeto de compra e venda ou doação.

(D) Apenas os bens de uso comum do povo têm como característica a imprescritibilidade.

A: incorreta. A desafetação se dá por *lei*, por *decreto* ou por *fato administrativo*, e não pelo decurso do tempo; **B:** incorreta. Todos os bens públicos são impenhoráveis; a execução contra a Fazenda Pública é feita mediante a expedição de precatório (art. 100 da CF); **C:** correta. De fato, isso decorre do art. 100 do Código Civil, pelo qual tais bens são inalienáveis enquanto tiverem essa destinação, ou seja, enquanto tiverem afetação; **D:** incorreta. Todos os bens públicos são imprescritíveis, ou seja, não podem ser objeto de usucapião (art. 102 do CC).
Gabarito "C".

(OAB/Exame Unificado – 2009.1) Assinale a opção correta acerca dos bens públicos.

(A) Consideram-se privados os bens pertencentes às pessoas jurídicas de direito público aos quais a lei tenha dado estrutura de direito privado.

(B) Considera-se bem público de uso comum o bem público imóvel onde funcione repartição pública.

(C) Depende de prévia aprovação do Congresso Nacional a alienação ou cessão de terras públicas, de qualquer tamanho, incluindo-se as destinadas à reforma agrária.

(D) Pode ser autorizada por meio de permissão de uso a utilização, a título precário, de bens públicos imóveis federais para a realização de eventos de curta duração, de natureza recreativa, esportiva, cultural, religiosa ou educacional.

A: incorreta. Consideram-se *públicos* (e não *privados*) do tipo *dominicais* (art. 99, parágrafo único, do Código Civil); **B:** incorreta (art. 99, II, do Código Civil); **C:** incorreta (art. 49, XVII, da CF); **D:** correta (art. 22 da Lei 9.636/1998).
Gabarito "D".

(FGV – 2014) No que concerne aos bens integrantes do patrimônio do Estado, analise as afirmativas a seguir.

I. Os bens dominicais são integrantes do domínio privado do Estado e disponíveis.

II. Os bens de uso especial são bens do domínio público do Estado e indisponíveis.

III. Todos os bens do Estado e os do patrimônio público são indisponíveis.

Assinale:

(A) se somente a afirmativa I estiver correta.

(B) se somente a afirmativa II estiver correta.

(C) se somente a afirmativa III estiver correta.

(D) se somente as afirmativas I e II estiverem corretas.

(E) se somente as afirmativas I e III estiverem corretas.

I: correta, pois são bens sobre os quais o Estado só detém a propriedade, não havendo destinação (afetação) alguma; por conta disso, a lei considera tais bens alienáveis (disponíveis); **II:** correta, pois os bens de uso especial são afetados (tem destinação pública), daí porque são bens do domínio público do Estado e indisponíveis; **III:** incorreta, pois os bens estatais dominicais são disponíveis (alienáveis).
Gabarito "D".

(FGV – 2011) Maria foi buscar seu filho na Escola Estadual Pereira Flores, passando pela Avenida das Rosas. No caminho, passou pelo prédio do Tribunal Regional Eleitoral e pela Praça das Árvores Frondosas, que fica em frente a um terreno desocupado de propriedade do Estado do Pará. De acordo com o Código Civil, a escola, a avenida, o prédio do TRE, a praça e o terreno são bens públicos, respectivamente classificados como

(A) especial, especial, especial, de uso comum do povo, dominical.

(B) de uso comum do povo, especial, dominical, de uso comum do povo, dominical.

(C) dominical, de uso comum do povo, de uso comum do povo, especial, de uso comum do povo.

(D) de uso comum do povo, de uso comum do povo, especial, de uso comum do povo, dominical.

(E) especial, de uso comum do povo, especial, de uso comum do povo, dominical.

A escola e o prédio do TRE são bens de uso especial, pois são edifícios estatais destinados à prestação de um serviço público (art. 99, II, do CC). A avenida e a praça são bens de uso comum do povo, pois destinados ao uso indistinto das pessoas (art. 99, I, do CC). E o terreno, por ser mero bem patrimonial do Poder Público, não havendo destinação (afetação) alguma, é bem dominical.
Gabarito "E".

8.2. Regime jurídicos dos bens públicos (características dos bens públicos)

(OAB/Exame Unificado – 2017.3) Determinado município é proprietário de um extenso lote localizado em área urbana, mas que não vem sendo utilizado pela Administração há anos. Em consequência do abandono, o imóvel foi ocupado por uma família de desempregados, que deu à

área uma função social. O poder público teve ciência do fato, mas, como se tratava do final da gestão do então prefeito, não tomou qualquer medida para que o bem fosse desocupado. A situação perdurou mais de trinta anos, até que o município ajuizou a reintegração de posse. Sobre a questão apresentada, assinale a afirmativa correta.

(A) O terreno não estava afetado a um fim público, razão pela qual pode ser adquirido por usucapião.

(B) O terreno é insuscetível de aquisição por meio de usucapião, mesmo sendo um bem dominical.

(C) O poder público municipal não poderá alienar a área em questão, dado que todos os bens públicos são inalienáveis.

(D) O bem será classificado como de uso especial, caso haja a reintegração de posse e o município decida construir uma grande praça no local anteriormente ocupado pela família.

A: incorreta, pois nenhum tipo de bem público é passível de usucapião (arts. 183, § 3º, e 191, parágrafo único, da CF); **B:** correta, pois nenhum tipo de bem público é passível de usucapião (arts. 183, § 3º, e 191, parágrafo único, da CF). Um bem público dominical (ou seja, um bem público desafetado) é considerado alienável, mas não pode ser objeto de usucapião (art. 101 do CC); **C:** incorreta, pois os bens públicos, quando desafetados, são considerados dominicais e podem ser alienados, observados os requisitos legais (art. 101 do CC); **D:** incorreta, pois nesse caso o bem será considerado "bem de uso comum do povo" (art. 99, I, do CC) e não "bem de uso especial" (art. 99, II, do CC).
Gabarito "B".

(OAB/Exame Unificado – 2012.3.B) O Presidente de uma empresa pública estadual, ao assumir a gestão da entidade e realizar uma auditoria no seu patrimônio imobiliário, decide alienar um imóvel que se localiza em região extremamente valorizada. Além da demonstração do interesse público que a justifique, a alienação do referido imóvel depende de

(A) avaliação prévia e autorização legislativa.

(B) autorização do Poder Executivo e registro no Tribunal de Contas do Estado.

(C) avaliação prévia e licitação na modalidade concorrência.

(D) autorização legislativa e licitação na modalidade leilão.

A e D: incorretas, pois a autorização legislativa só é obrigatória para a alienação de imóveis dos "órgãos da administração direta, entidades autárquicas e fundacionais" (art. 17, I, da Lei 8.666/1993), o que não é o caso de uma empresa pública estadual; **B:** incorreta, pois não há essa exigência no art. 17, *caput* I, da Lei 8.666/1993); **C:** correta (art. 17, I, da Lei 8.666/1993).
Observação importante! De acordo com a nova lei de licitações e contratos administrativos (Lei 14.133/2021), a alienação de bens imóveis é feita pela modalidade leilão (art. 76, I). RB
Gabarito "C". (vide observação)

(OAB/Exame Unificado – 2012.1) Sobre os bens públicos é correto afirmar que

(A) os bens de uso especial são passíveis de usucapião.

(B) os bens de uso comum são passíveis de usucapião.

(C) os bens de empresas públicas que desenvolvem atividades econômicas que não estejam afetados a prestação de serviços públicos são passíveis de usucapião.

8. DIREITO ADMINISTRATIVO

(D) nenhum bem que pertença à pessoa jurídica integrante da administração pública indireta é passível de usucapião.

A e B: incorretas, pois nenhum bem público é passível de usucapião (arts. 183, § 3º, e 191, parágrafo único, da CF; art. 102 do Código Civil); **C:** correta, pois os bens das pessoas jurídicas de direito privado estatais, desde que não afetados a um serviço público, são bens públicos (art. 98 do Código Civil); **D:** incorreta, pois os bens de qualquer pessoa jurídica de direito público são bens públicos (art. 98 do Código Civil), e, na administração indireta, há também pessoas jurídicas de direito público, como as autarquias e as agências reguladoras.
Gabarito "C".

(OAB/Exame Unificado – 2010.1) Com relação aos bens públicos, assinale a opção correta.

(A) Por terem caráter tipicamente patrimonial, os bens de uso comum do povo podem ser alienados.

(B) Os bens dominicais são indisponíveis.

(C) A lei que institui normas para licitações e contratos da administração pública (Lei n.º 8.666/1993) define regras para a alienação dos bens públicos móveis e imóveis.

(D) Ocorre a desafetação quando um bem público passa a ter uma destinação pública especial de interesse direto ou indireto da administração.

A: incorreta. Segundo Carvalho Filho (**Manual de direito administrativo**. 13 ed., 2005, p. 853), "são indisponíveis os bens de uso comum do povo, porquanto se revestem de característica não patrimonial"; **B:** incorreta. Os bens dominicais podem ser alienados; **C:** correta. O art. 17 da Lei 8.666/1993 trata das alienações; **D:** incorreta. Essa é a definição de afetação (Carvalho Filho. *Op. cit.*, p. 854).
Observação importante! A nova lei de licitações e contratos administrativos (Lei 14.133/2021) disciplina regras para a alienação dos bens públicos móveis e imóveis (art. 76).
(vide observação) Gabarito "C".

(FGV – 2013) Os bens públicos caracterizam-se por possuir um regime jurídico próprio que faz com que esses bens, em regra, não sejam suscetíveis a atos de alienação, penhora ou usucapião. As alternativas a seguir apresentam bens que se enquadram nesse regime jurídico de direito público, **à exceção de uma**. Assinale-a.

(A) Uma barca pertencente a uma concessionária de serviço público que esteja afetada à prestação do serviço de transporte público coletivo de passageiros.

(B) Um carro pertencente a um Estado membro que é utilizado para transportar servidores públicos em serviço.

(C) Um prédio pertencente a uma Autarquia e que não esteja sendo utilizado.

(D) Um terreno, sem utilização alguma, pertencente à União.

(E) Um prédio utilizado como sede de uma empresa pública que desenvolve atividade econômica em regime de concorrência.

A, B, C e D : incorretas, pois todos os bens citados são pertencentes a pessoas jurídicas de direito público e, assim, são bens públicos (art. 98 do Código Civil); **E:** correta, pois aí não se tem um bem público, pois este é o bem pertencente às pessoas jurídicas de direito público (art. 98 do Código Civil) ou o bem afetado à prestação de um serviço público, e os citados são de uma pessoa jurídica de direito privado estatal que sequer exerce um serviço público.
Gabarito "E".

(FGV – 2013) Sobre o procedimento licitatório necessário à *alienação de bens imóveis* da Administração Pública Direta, analise as afirmativas a seguir.

I. A alienação deverá ser sempre precedida de licitação na modalidade de concorrência.

II. Os bens imóveis somente poderão ser alienados quando inservíveis para a Administração Pública.

III. A alienação independe de autorização legislativa.

Assinale:

(A) se somente a afirmativa I estiver incorreta.

(B) se somente a afirmativa II estiver incorreta.

(C) se somente a afirmativa III estiver incorreta.

(D) se somente as afirmativas I e II estiverem incorretas.

(E) se todas as afirmativas estiverem incorretas.

I: incorreta, pois nas alienações de imóveis provenientes de processos judiciais ou de dação em pagamento é possível usar a modalidade leilão (art. 19, III, da Lei 8.666/1993); **II:** incorreta, pois os bens imóveis, uma vez desafetados (são os dominicais, que já são desafetados) e cumpridos os requisitos do art. 17, I, da Lei 8.666/1993, podem ser alienados independentemente de terem se tornado inservíveis; **III:** incorreta, pois é necessário autorização legislativa para a alienação de bens imóveis (art. 17, I, da Lei 8.666/1993).
Observação importante! A nova lei de licitações e contratos administrativos (Lei 14.133/2021) disciplina o regramento para a alienação dos bens públicos móveis e imóveis (art. 76). Nos termos de seu art. 76, I, a alienação de bens imóveis deve ser, como regra, precedida de licitação na modalidade leilão.
(vide observação) Gabarito "E".

8.3. Bens públicos em espécie

(OAB/Exame XXXIII – 2020.3) Há muitos anos, Bruno invadiu sorrateiramente uma terra devoluta indispensável à defesa de fronteira, que já havia sido devidamente discriminada. Como não houve oposição, Bruno construiu uma casa, na qual passou a residir com sua família, além de usar o terreno subjacente para a agricultura de subsistência. A União, muitos anos depois do início da utilização do bem por Bruno, promoveu a sua notificação para desocupar o imóvel, em decorrência de sua finalidade de interesse público. Na qualidade de advogado(a) consultado(a) por Bruno, assinale a afirmativa correta.

(A) Bruno terá que desocupar o bem em questão e não terá direito à indenização pelas acessões e benfeitorias realizadas, pois era mero detentor do bem da União.

(B) A União não poderia ter notificado Bruno para desocupar bem que não lhe pertence, na medida em que todas as terras devolutas são de propriedade dos estados em que se situam.

(C) Bruno pode invocar o direito fundamental à moradia para reter o bem em questão, até que a União efetue o pagamento pelas acessões e benfeitorias realizadas.

(D) Caso Bruno preencha os requisitos da usucapião extraordinária, não precisará desocupar o imóvel da União.

A: correta; o fato de os bens públicos não estarem sujeitos à usucapião (art. 183, § 3º, da CF) impede, segundo a doutrina e a jurisprudência, que a ocupação não autorizada deles por particulares gere "posse"; essa ocupação é considerada pela doutrina como mera "detenção", instituto que não permite a continuidade da ocupação mesmo que esta seja por longo período, nem gera direito à indenização por acessões e benfeitorias realizadas; **B:** incorreta, pois, de acordo com o art. 22, II, da CF "as terras devolutas indispensáveis à defesa das fronteiras" são bens da União, e não dos estados em que se situam; **C e D:** incorretas, pois a ocupação não autorizada desse tipo de bem por particulares não gera "posse"; essa ocupação é considerada pela doutrina como mera "detenção", instituto que não permite a continuidade da ocupação mesmo que esta seja por longo período, nem gera direito à indenização por acessões e benfeitorias realizadas.

Gabarito "A".

(OAB/Exame Unificado – 2008.3) Acerca dos bens públicos, assinale a opção correta.

(A) Segundo a CF, as terras devolutas ou arrecadadas pelos estados por ações discriminatórias, necessárias à proteção dos ecossistemas naturais, são bens indisponíveis.

(B) Os bens públicos dominiais estão fora do comércio jurídico do direito privado.

(C) Segundo a orientação da doutrina, os bens públicos podem sofrer desafetação tácita pelo não uso.

(D) Os potenciais de energia hidráulica são bens públicos pertencentes aos estados onde se encontrem.

A: correta (art. 225, § 5º, da CF); **B:** incorreta (art. 101 do CC); **C:** incorreta. A desafetação depende de ato inequívoco da administração pública e, muitas vezes, só pode ser feita por meio de lei; **D:** incorreta (art. 20, VIII, da CF).

Gabarito "A".

(OAB/Exame Unificado – 2008.3) Em determinado hospital público pertencente à União, foram construídos, na área interna do terreno em que está situado e que também pertence à União, diversos imóveis de 150 m² de área, para moradia temporária de médicos residentes. Os referidos imóveis são benfeitorias do hospital, sendo parte integrante deste, que é um bem afetado à finalidade pública. No entanto, o custo de manutenção desses imóveis ficou, ao longo do tempo, muito alto, e o diretor do hospital resolveu vendê-los. Considerando a situação hipotética apresentada, assinale a opção correta.

(A) Os imóveis construídos na área interna do hospital, que é afetado a uma finalidade pública, como benfeitorias e partes integrantes que dele são, amoldam-se à definição de bens de uso especial.

(B) Os imóveis cuja venda se discute estão submetidos ao instituto da afetação e, portanto, podem ser vendidos, sobretudo por haver justificação no seu alto custo de manutenção.

(C) Não só o hospital e os imóveis que foram construídos em sua área como também os bens de uso especial, de forma geral, concentram-se no domínio da União.

(D) Os médicos residentes que permanecerem residindo nos imóveis mencionados por 5 (cinco) anos, ininterruptamente e sem oposição, adquirirão o domínio desses bens, podendo pleitear a usucapião.

A: correta. De fato, por serem benfeitorias e seguirem a sorte do bem principal, as residências, assim como o hospital em si, são bens de uso especial; **B:** incorreta. Bens de uso especial são bens afetados, e, portanto, não podem ser alienados sem a desafetação e o cumprimento dos demais requisitos estabelecidos no art. 17 da Lei 8.666/1993; **C:** incorreta. Os bens de uso especial podem pertencer à União, aos Estados, ao DF e aos Municípios; **D:** incorreta. Não existe usucapião em bem público (art. 102 do CC e arts. 183, § 3º, e 191, parágrafo único, ambos da CF).

Gabarito "A".

(OAB/Exame Unificado – 2008.2) Acerca das espécies de bens públicos, assinale a opção correta.

(A) Os terrenos de marinha acrescidos pertencem ao primeiro ente federado que os descobrir.

(B) São bens da União os recursos naturais da plataforma continental, sendo esta medida a partir da costa até o limite de 12 milhas marítimas.

(C) As terras devolutas são bens exclusivos da União.

(D) As correntes de água que banhem mais de um Estado são bens da União.

A: incorreta. Os terrenos de marinha são da União (art. 20, VII, da CF); **B:** incorreta (art. 11 da Lei 8.617/1993); **C:** incorreta. As terras devolutas podem ser da União (art. 20, II, da CF) ou dos Estados-membros (art. 26, IV, da CF); **D:** correta (art. 20, III, da CF).

Gabarito "D".

9. RESPONSABILIDADE DO ESTADO

(OAB/Exame XXXVII) Mateus e Geraldo foram presos em decorrência de sentença penal com trânsito em julgado, pelo crime de latrocínio. Ambos ficaram, inicialmente, na mesma cela prisional, em condições absolutamente precárias e insalubres, sendo certo que Geraldo evadiu-se da cadeia. Seis meses após a fuga, Geraldo praticou novo latrocínio, que levou Tânia a óbito.

Mateus, que ficou muito deprimido pelas condições degradantes do cárcere, cometeu suicídio, cortando seus pulsos com faca adquirida irregularmente de Rodrigo, agente penitenciário, fato que poderia ter sido evitado, portanto, se o Estado tivesse adotado precauções mínimas.

Diante das circunstâncias narradas, assinale a afirmativa correta.

(A) O Estado poderia ser civilmente responsabilizado pela morte de Tânia, pois tinha o dever de evitar a fuga de Geraldo, mas não pelo óbito de Mateus, em razão de fato exclusivo da vítima, tendo em conta a adoção da teoria do risco administrativo.

(B) Ambas as mortes acima descritas seriam passíveis de configurar a responsabilização civil do Estado, nos termos da Constituição, que adota expressamente a teoria do risco integral, nas situações relacionadas à segurança pública.

(C) Nenhum dos óbitos narrados pode caracterizar a responsabilização civil do Estado, na medida em que nas hipóteses de omissão do Estado deve ficar caracterizado o elemento culpa, imprescindível no âmbito da teoria do risco administrativo.

(D) O Estado poderia ser civilmente responsabilizado pela morte de Mateus, pois tinha o dever de proteger a incolumidade física de pessoa sob sua custódia, mas não pelo óbito de Tânia, na medida em que não há nexo de causalidade entre a fuga de Geraldo e o evento danoso.

O Estado não responde por danos causados pelo preso foragido, a não ser que se comprove o nexo direto entre o momento da fuga e o dano causado (RE 608880, STF), assim, não se responsabiliza pela morte de Tânia. O Estado responde de forma objetiva pela morte do preso no presídio em virtude da relação de custódia (RE 841526, STF), assim, deve se responsabilizar pela morte de Mateus. **A:** Errada. O Estado não se responsabiliza pela morte de Tânia, e se responsabiliza pela morte de

8. DIREITO ADMINISTRATIVO — 587

Mateus. **B:** Errada. O Estado não se responsabiliza pela morte de Tânia. Além disso, a teoria adotada no Brasil, como regra, é a teoria do risco administrativo, inclusive na morte do preso no presídio. **C:** Errada. O Estado responde pela morte do preso no presídio, de forma objetiva. **FC**

Gabarito "D".

(OAB/Exame XXXIV) Márcio é policial militar do Estado Ômega e, ao longo de suas férias, em movimentada praia no litoral do Estado Alfa, durante festa em que se encontrava à paisana, envolveu-se em uma briga, durante a qual sacou a arma da corporação, que sempre portava, e desferiu tiros contra Bernardo, que veio a óbito imediato. Mirtes, mãe de Bernardo, pretende ajuizar ação indenizatória em decorrência de tal evento.

Sobre a situação narrada, assinale a afirmativa correta.

A) A ação indenizatória não poderá ser ajuizada em face do Estado Ômega, na medida em que o fato ocorreu no território do Estado Alfa.

B) A ação deverá ser ajuizada em face da União, que é competente para promover a segurança pública.

C) Há legitimidade passiva do Estado Ômega, considerando que Márcio tinha a posse de uma arma da corporação, em decorrência da qualidade de agente público.

D) O Estado Ômega deve responder civilmente pela conduta de Márcio, já que o ordenamento jurídico pátrio adotou a teoria do risco integral.

A e B: incorretas, pois a responsabilidade objetiva no caso é da pessoa jurídica de direito público que oferece a arma ao seu agente público, no caso o Estado Ômega; **C:** correta; o art. 37, p. 6º, da CF, dispõe que a pessoa jurídica de direito público é objetivamente responsável pelos atos praticados por seus agentes, nessa qualidade; no caso, ao portar e usar a arma oferecida pelo Estado Ômega, Márcio estava na qualidade de agente público; **D:** incorreta, pois o STF admite, na responsabilidade objetiva do Estado, a existência de certas excludentes de responsabilidade, portanto, não se adotou a teoria do risco integral no Brasil, teoria essa que não admite qualquer excludente de responsabilidade.

Gabarito "C".

(OAB/Exame Unificado – 2020.1) Rafael, funcionário da concessionária prestadora do serviço público de fornecimento de gás canalizado, realizava reparo na rede subterrânea, quando deixou a tampa do bueiro aberta, sem qualquer sinalização, causando a queda de Sônia, transeunte que caminhava pela calçada. Sônia, que trabalha como faxineira diarista, quebrou o fêmur da perna direita em razão do ocorrido e ficou internada no hospital por 60 dias, sem poder trabalhar. Após receber alta, Sônia procurou você, como advogado(a), para ajuizar ação indenizatória em face

(A) da concessionária, com base em sua responsabilidade civil objetiva, para cuja configuração é desnecessária a comprovação de dolo ou culpa de Rafael.

(B) do Estado, como poder concedente, com base em sua responsabilidade civil direta e subjetiva, para cuja configuração é prescindível a comprovação de dolo ou culpa de Rafael.

(C) de Rafael, com base em sua responsabilidade civil direta e objetiva, para cuja configuração é desnecessária a comprovação de ter agido com dolo ou culpa, assegurado o direito de regresso contra a concessionária.

(D) do Município, como poder concedente, com base em sua responsabilidade civil objetiva, para cuja configuração é imprescindível a comprovação de dolo ou culpa de Rafael.

A: correta, pois, nos termos do art. 37, § 6º, da CF, as pessoas jurídicas de direito privado prestadoras de serviço público (e esse é justamente o caso da concessionária do serviço público de fornecimento de gás canalizado) respondem independentemente de culpa ou dolo; **B:** incorreta; primeiro porque o Estado não responde diretamente quando uma pessoa jurídica concessionária de serviço público causa um dano em razão da prestação do serviço; o Estado só responderia subsidiariamente nesses casos, ou seja, se a concessionária não tivesse recursos para arcar com a indenização; segundo porque o Estado não responderia subjetivamente nesse caso, mas sim objetivamente, ou seja, independentemente de culpa ou dolo; **C:** incorreta; os agentes dessas concessionárias não respondem direta e objetivamente; quem responde diretamente é a concessionária de serviço público, a qual pode até se voltar contra o seu agente no futuro, se este tiver agido com culpa ou dolo (responsabilidade subjetiva), tudo nos termos do art. 37, § 6º, da CF; **D:** incorreta, pois o poder concedente, independentemente de ser o município ou o estado, não responde diretamente quando uma pessoa jurídica concessionária de serviço público causa um dano em razão da prestação do serviço; o poder concedente só responde subsidiariamente nesses casos; ademais, a responsabilização subsidiária do poder concedente é objetiva, não dependendo de comprovação de culpa ou dolo de Rafael.

Gabarito "A".

(OAB/Exame Unificado – 2018.3) A União construiu uma usina nuclear para fins de geração de energia elétrica. A fim de minimizar os riscos de acidentes relacionados à utilização do urânio, foram empregados, no empreendimento, os mais modernos e seguros equipamentos. Do mesmo modo, o pessoal designado para trabalhar na usina recebeu todos os treinamentos exigidos nas legislações brasileira e internacional. Entretanto, em decorrência de uma intensa, imprevisível e excepcional chuva que caiu na região, parte da usina ficou alagada. Isso gerou superaquecimento nas instalações, fato que culminou na liberação de um pequeno volume de gases radioativos armazenados, causando náuseas e vômitos na população que mora próxima à usina. Com base na situação narrada, assinale a afirmativa correta.

(A) A União não pode ser responsabilizada pelos danos causados à população, tendo em vista a ausência de culpa (responsabilidade subjetiva) por parte do Poder Público.

(B) Em razão de as chuvas constituírem um evento imprevisível e excepcional, não se cogita a responsabilidade da União pelos danos causados à população.

(C) A União pode ser responsabilizada pelas consequências advindas do vazamento de gases radioativos, independentemente de culpa, pois a responsabilidade é objetiva.

(D) A União não pode ser responsabilizada pelos danos causados à população, dado competir aos Estados a exploração dos serviços e das instalações nucleares, cabendo a eles a responsabilidade pelos danos.

A e D: incorretas, pois a responsabilidade do Poder Público é objetiva (art. 37, § 4º, da CF); **B:** incorreta, pois a responsabilidade pelo dano nuclear é objetiva e se adota a teoria do risco integral, não havendo que se falar em excludentes de responsabilidade; **C:** correta; em geral a responsabilidade do Poder Público é objetiva (art. 37, § 4º, da CF),

independendo de culpa ou dolo, o que já seria suficiente para resolver essa questão; no entanto, há de se lembrar que, em se tratando de dano nuclear, tem-se responsabilidade objetiva que também não admite excludente de responsabilidade, por se adotar a teoria do risco integral.
Gabarito "C".

(OAB/Exame Unificado – 2018.2) Em uma movimentada rodovia concedida pela União a uma empresa privada, um veículo particular colidiu com outro, deixando diversos destroços espalhados pela faixa de rolamento. Um dos objetos deixados sobre a pista cortou o pneu de um terceiro automóvel, causando a colisão deste em uma mureta de proteção.

Com base no fragmento acima, assinale a afirmativa correta.

(A) A concessionária deve responder objetivamente pelos danos causados, com fundamento na teoria do risco administrativo.

(B) Em nenhuma hipótese a concessionária poderá ser responsabilizada pelo evento danoso.

(C) A concessionária responde pelos danos materiais causados ao terceiro veículo, com fundamento na teoria do risco integral, isto é, ficou comprovado que o dano foi causado por culpa exclusiva de terceiro ou por força maior.

(D) O proprietário do terceiro automóvel só será reparado pelos danos materiais caso demonstre a culpa da concessionária, caracterizada, por exemplo, pela demora excessiva em promover a limpeza da rodovia.

A: correta; de acordo com o § 6ºdo art. 37 da CF, as pessoas jurídicas concessionárias de serviço público respondem objetivamente. Esta responsabilidade objetiva admite excludentes de responsabilidade, o que faz com que tenha por fundamento a teoria do risco administrativo. Diferente seria se não houvesse excludentes de responsabilidade, caso em que a teoria adotada seria a teoria do risco integral. Vale ressaltar que, no caso, a concessionária de serviço público não poderia invocar como excludente de sua responsabilidade o "fato de terceiro" (no caso, do dono do veículo que deixou destroços na pista de rolamento), pois a responsabilidade pela retirada dos destroços deixados por terceiro é da empresa concessionária, que então deve ser responsabilidade objetivamente, não cabendo discutir se agiu com culpa ou dolo em não retirar os tais destroços; **B:** incorreta, pois a concessionária responde objetivamente nos termos do art. 37, § 6º, da CF; **C:** incorreta, pois a teoria adotada em nossa ordem jurídica sobre a responsabilidade das concessionárias de serviço público é a teoria do risco administrativo, em que a responsabilidade é objetiva, mas admite-se excludentes de responsabilidade. Porém, no caso a excludente de responsabilidade (fato de terceiro) não poderá ser invocada, pois era responsabilidade da concessionária manter a rodovia em boas condições e sem destroços de suas pistas; **D:** incorreta, pois a responsabilidade da concessionária é objetiva (art. 37, § 6º, da CF), não se discutindo, assim, culpa ou dolo de sua parte.
Gabarito "A".

(OAB/Exame Unificado – 2016.3) José, acusado por estupro de menores, foi condenado e preso em decorrência da execução de sentença penal transitada em julgado. Logo após seu recolhimento ao estabelecimento prisional, porém, foi assassinado por um colega de cela. Acerca da responsabilidade civil do Estado pelo fato ocorrido no estabelecimento prisional, assinale a afirmativa correta.

(A) Não estão presentes os elementos configuradores da responsabilidade civil do Estado, porque está presente o fato exclusivo de terceiro, que rompe o nexo de causalidade, independentemente da possibilidade de o Estado atuar para evitar o dano.

(B) Não estão presentes os elementos configuradores da responsabilidade civil do Estado, porque não existe a causalidade necessária entre a conduta de agentes do Estado e o dano ocorrido no estabelecimento estatal.

(C) Estão presentes os elementos configuradores da responsabilidade civil do Estado, porque o ordenamento jurídico brasileiro adota, na matéria, a teoria do risco integral.

(D) Estão presentes os elementos configuradores da responsabilidade civil do Estado, porque o poder público tem o dever jurídico de proteger as pessoas submetidas à custódia de seus agentes e estabelecimentos.

A e B: incorretas, pois, segundo o STF, o Estado responde civilmente em caso de morte de detento ocasionada por outro detento, salvo casos em que seja impossível a tomada de providências do Estado para evitar a morte de um detento, hipótese em que fica rompido o nexo causal da sua omissão com o resultado danoso (STF, RE 841526/RS, j. 30.03.2016), não havendo elementos no enunciado que justifiquem a exclusão da responsabilidade do Estado no presente caso; **C:** incorreta, pois o Estado responde no caso não em função da Teoria do Risco Integral, mas sim em função da Teoria do Risco Administrativo; **D:** correta, pois, segundo o STF, o Estado responde civilmente em caso de morte de detento ocasionada por outro detento, salvo casos em que seja impossível a tomada de providências do Estado para evitar a morte de um detento, hipótese em que fica rompido o nexo causal da sua omissão com o resultado danoso (STF, RE 841526/RS, j. 30.03.2016). **WG**
Gabarito "D".

(OAB/Exame Unificado – 2016.2) A fim de pegar um atalho em seu caminho para o trabalho, Maria atravessa uma área em obras, que está interditada pela empresa contratada pelo Município para a reforma de um viaduto. Entretanto, por desatenção de um dos funcionários que trabalhava no local naquele momento, um bloco de concreto se desprendeu da estrutura principal e atingiu o pé de Maria. Nesse caso,

(A) a empresa contratada e o Município respondem solidariamente, com base na teoria do risco integral.

(B) a ação de Maria, ao burlar a interdição da área, exclui o nexo de causalidade entre a obra e o dano, afastando a responsabilidade da empresa e do Município.

(C) a empresa contratada e o Município respondem de forma atenuada pelos danos causados, tendo em vista a culpa concorrente da vítima.

(D) a empresa contratada responde de forma objetiva, mas a responsabilidade do Município demanda comprovação de culpa na ausência de fiscalização da obra.

A: incorreta, pois a responsabilidade objetiva na esfera administrativa não adota a teoria do risco integral, que não admite excludentes e atenuantes de responsabilidade civil; essa responsabilidade adota a teoria do risco administrativo, que admite certas excludentes e atenuantes; **B:** incorreta, pois no caso há culpa concorrente de Maria e da empresa contratada pelo Município, e não culpa exclusiva de Maria; **C:** correta, pois como no caso houve culpa concorrente de Maria, de um lado, e da empresa contratada pelo Município, de outro, a responsabilidade da empresa e do Município se dará de forma atenuada, com valor indenizatório menor do que seria se o dano fosse causado exclusivamente por conduta da empresa contratada; **D:** incorreta, pois o Município, por se beneficiar da obra, já que se trata de uma obra pública, responde civilmente também, com base na teoria do risco administrativo.
Gabarito "C".

8. DIREITO ADMINISTRATIVO 589

(OAB/Exame Unificado – 2016.1) Um paciente de um hospital psiquiátrico estadual conseguiu fugir da instituição em que estava internado, ao aproveitar um momento em que os servidores de plantão largaram seus postos para acompanhar um jogo de futebol na televisão. Na fuga, ao pular de um viaduto próximo ao hospital, sofreu uma queda e, em razão dos ferimentos, veio a falecer. Nesse caso,

(A) o Estado não responde pela morte do paciente, uma vez que não configurado o nexo de causalidade entre a ação ou omissão estatal e o dano.

(B) o Estado responde de forma subjetiva, uma vez que não configurado o nexo de causalidade entre a ação ou omissão estatal e o dano.

(C) o Estado não responde pela morte do paciente, mas, caso comprovada a negligência dos servidores, estes respondem de forma subjetiva.

(D) o Estado responde pela morte do paciente, garantido o direito de regresso contra os servidores no caso de dolo ou culpa.

A, B e C: incorreta; nesse caso tem-se hipótese de atividade estatal de risco, já que cuidar de pacientes em hospital psiquiátrico é atividade de risco, assim como o é a atividade de aprisionar pessoas em cadeias e de armazenar explosivos num prédio das Forças Armadas, dentre outros exemplos; nesses casos, em virtude do disposto no art. 927, parágrafo único, do Código Civil, a responsabilidade estatal será objetiva, não sendo necessário demonstrar um nexo causal material ou uma conduta comissiva estatal para a responsabilidade do Poder Público; **D**: correta, pois o caso trata da responsabilidade estatal por exercer atividade de risco, em que se tem responsabilidade objetiva na forma do art. 927, parágrafo único, do CC, sem prejuízo do direito de regresso contra os servidores em caso de conduta dolosa ou culposa destes.
Gabarito "D".

(OAB/Exame Unificado – 2012.2) Sílvio, servidor público, durante uma diligência com carro oficial do Estado X para o qual trabalha, se envolve em acidente de trânsito, por sua culpa, atingindo o carro de João. Considerando a situação acima e a **evolução do entendimento sobre o tema**, assinale a afirmativa correta.

(A) João deverá demandar Sílvio ou o Estado X, à sua escolha, porém, caso opte por demandar Sílvio, terá que comprovar a sua culpa, ao passo que o Estado responde independentemente dela.

(B) João poderá demandar Sílvio ou o Estado X, à sua escolha, porém, caso opte por demandar Sílvio, presumir-se-á sua culpa, ao passo que o Estado responde independentemente dela.

(C) João poderá demandar apenas o Estado X, já que Sílvio estava em serviço quando da colisão e, por isso, a responsabilidade objetiva é do Estado, que terá direito de regresso contra Sílvio, em caso de culpa.

(D) João terá que demandar Sílvio e o Estado X, já que este último só responde caso comprovada a culpa de Sílvio, que, no entanto, será presumida por ser ele servidor do Estado (responsabilidade objetiva).

A, B e D: incorretas, pois a jurisprudência atual do STF é no sentido de que não se pode acionar diretamente o agente público (RE 327.904, rel. Min. Carlos Brito, j. em 15.08.2006 – Informativo 436); a vítima deve acionar única e exclusivamente o Estado X e este, provando a culpa ou o dolo do agente público, poderá atuar regressivamente contra este; **C**: correta, conforme entendimento jurisprudencial trazido no comentário às demais alternativas da questão; o STF entende que a norma prevista

no art. 37, § 6º, da CF, que trata da responsabilidade objetiva do Estado, com direito de regresso em face do agente público que agir com culpa ou dolo, é norma que protege o agente público de ações promovidas diretamente pelo particular; assim, este deve acionar apenas o Estado, podendo o segundo, quando for o caso, atuar regressivamente em face do agente público causador do dano.
Gabarito "C".

(OAB/Exame Unificado – 2011.3.A) Ambulância do Corpo de Bombeiros envolveu-se em acidente de trânsito com automóvel dirigido por particular, que trafegava na mão contrária de direção. No acidente, o motorista do automóvel sofreu grave lesão, comprometendo a mobilidade de um dos membros superiores. Nesse caso, é correto afirmar que

(A) existe responsabilidade objetiva do Estado em decorrência da prática de ato ilícito, pois há nexo causal entre o dano sofrido pelo particular e a conduta do agente público.

(B) não haverá o dever de indenizar se ficar configurada a culpa exclusiva da vítima, que dirigia na contramão, excluindo a responsabilidade do Estado.

(C) não se cogita de responsabilidade objetiva do Estado porque não houve a chamada culpa ou falha do serviço. E, de todo modo, a indenização do particular, se cabível, ficaria restrita aos danos materiais, pois o Estado não responde por danos morais.

(D) está plenamente caracterizada a responsabilidade civil do Estado, que se fundamenta na teoria do risco integral.

O caso em tela revela "culpa exclusiva" do particular. Esse tipo de situação afasta a responsabilidade objetiva do estado, já que se trata de uma excludente de responsabilidade estatal. Assim, ficam afastadas as alternativas "a" e "d". A alternativa "c" também está incorreta, pois, em matéria de responsabilidade objetiva do estado (condutas comissivas), não se verifica a "culpa ou a falha do serviço". Ademais, o Estado responde não só por danos materiais, respondendo também por danos morais e estéticos. Quanto à alternativa "b", é a única correta, por reconhecer a excludente da responsabilidade estatal.
Gabarito "B".

(OAB/Exame Unificado – 2011.2) Tendo o agente público atuado nesta qualidade e dado causa a dano a terceiro, por dolo ou culpa, vindo a administração a ser condenada, terá esta o direito de regresso. A respeito da ação regressiva, é correto afirmar que

(A) em regra deve ser exercida, sob pena de afronta ao princípio da indisponibilidade.

(B) o prazo prescricional será o mesmo constante da esfera penal para o tipo criminal correspondente.

(C) a prescrição será decenal, com base na regra geral da legislação civil.

(D) o prazo prescricional tem início a contar do fato que gerou a ação indenizatória contra a Administração.

A: correta, pois, se o agente público atuou com culpa ou dolo, e a Administração foi condenada a ressarcir o particular, é imperativo que esta acione aquele em ação regressiva, sob pena de violação ao princípio da indisponibilidade do interesse público. Vale salientar que, para ser mais precisa, a alternativa nem deveria ter se iniciado com a expressão "em regra", já que a Administração é obrigada ingressar com ação de regresso no caso. **B e C**: incorretas, pois o prazo prescricional é o previsto para a Administração acionar particulares para ressarcimento, no caso, de 3 anos (art. 206, § 3º, V, do CC); **D:** incorreta, pois o prazo prescricional se inicia do momento em que a Administração tiver desembolsado a indenização em favor da vítima, ou seja, o termo *a quo* é a data "do concreto e efetivo pagamento, pelo Estado, do valor a que foi condenado" (STJ, REsp. 328.391/DF).

Gabarito "A".

(OAB/Exame Unificado – 2011.1) Antônio, vítima em acidente automobilístico, foi atendido em hospital da rede pública do Município de Mar Azul e, por imperícia do médico que o assistiu, teve amputado um terço de sua perna direita. Nessa situação hipotética, respondem pelo dano causado a Antônio

(A) o Município de Mar Azul e o médico, solidária e objetivamente.

(B) o Município de Mar Azul, objetivamente, e o médico, regressivamente, em caso de dolo ou culpa.

(C) o Município de Mar Azul, objetivamente, e o médico, solidária e subjetivamente.

(D) o Município de Mar Azul, objetivamente, e o médico, subsidiariamente.

Como é de conhecimento geral, a responsabilidade estatal é objetiva, de modo que o Município responde objetivamente. Já a responsabilidade do agente público depende de culpa ou dolo de sua parte, devendo o Estado ingressar com ação de regresso contra o agente público que assim agir (art. 37, § 6º, da CF).

Gabarito "B".

(OAB/Exame Unificado – 2010.3) Um policial militar, de nome Norberto, no dia de folga, quando estava na frente da sua casa, de bermuda e sem camisa, discute com um transeunte e acaba desferindo tiros de uma arma antiga, que seu avô lhe dera. Com base no relatado acima, é correto afirmar que o Estado

(A) será responsabilizado, com base na teoria do risco integral.

(B) será responsabilizado, pois Norberto é agente público pertencente a seus quadros.

(C) não será responsabilizado, pois Norberto, apesar de ser agente público, não atuou nessa qualidade; sua conduta não pode, pois, ser imputada ao Ente Público.

(D) somente será responsabilizado de forma subsidiária, ou seja, caso Norberto não tenha condições financeiras.

De acordo com o art. 37, § 6º, da CF, as pessoas jurídicas de direito público só respondem por atos de seus agentes públicos quando estes causam dano a alguém enquanto atuam na qualidade de agente público. Um exemplo é o caso de um policial em serviço, que, ao perseguir um suspeito, mesmo sem necessidade, resolver atirar para matá-lo. Nossos tribunais, em alguns casos, também entendem que poderá haver responsabilidade estatal quando um policial, mesmo em horário de folga, usa arma da corporação para cometer um ato ilícito. No entanto, caso um policial, em horário de folga, tratando de questão não afeta ao seu serviço e utilizando arma que não é da corporação, acaba vindo a matar alguém, não se vem reconhecendo a responsabilidade do Estado, sob o argumento de que o agente público não estava atuando na qualidade de agente público quando empreendeu o ato lesivo. Dessa forma, somente a alternativa "C" está correta.

Gabarito "C".

(OAB/Exame Unificado – 2010.1) Manoel estava no interior de um ônibus da concessionária de serviço público municipal, empresa não integrante da administração pública,

quando o veículo derrapou em uma curva e capotou. Em razão desse acidente, Manoel sofreu dano material e moral. Nessa situação hipotética, a responsabilidade será

(A) objetiva e da concessionária, com prazo de prescrição de 5 (cinco) anos, conforme previsto em lei especial.

(B) subjetiva e da concessionária, com prazo de prescrição de 5 (cinco) anos, conforme previsto no Código Civil.

(C) objetiva e do Município, com prazo prescricional de 3 (três) anos, conforme previsto em lei especial.

(D) subjetiva e do Município, com prazo prescricional de 3 (três) anos, conforme previsto no Código Civil.

A: correta. A responsabilidade será objetiva e da concessionária, conforme prevê o § 6.º do art. 37 da CF: "As pessoas jurídicas de direito público e as de direito privado prestadoras de serviços públicos responderão pelos danos que seus agentes, nessa qualidade, causarem a terceiros, assegurado o direito de regresso contra o responsável nos casos de dolo ou culpa." Na hipótese, prevê o Código Civil o prazo de 3 (três) anos de prescrição: "Art. 206. Prescreve: (...) § 3.º Em 3 (três) anos: V – a pretensão de reparação civil"; prevê, por outro lado, a Lei 9.494/1997: "Art. 1.º- C. Prescreverá em 5 (cinco) anos o direito de obter indenização dos danos causados por agentes de pessoas jurídicas de direito público e de pessoas jurídicas de direito privado prestadoras de serviços públicos. (Incluído pela Medida Provisória n.º 2.180-35, de 2001)"; **B:** incorreta. *Vide* justificativa à opção A; **C:** incorreta. *Vide* justificativa à opção A; **D:** incorreta. *Vide* justificativa à opção A.

Gabarito "A".

(OAB/Exame Unificado – 2008.3) No que concerne à responsabilização extracontratual da administração pública, assinale a opção correta.

(A) A verdade sabida, em atenção ao princípio da eficiência, é admitida no direito brasileiro para apuração de falta que, tendo sido cometida por servidor público, cause dano a terceiro.

(B) O homicídio cometido, fora da penitenciária, por presidiário que esteja em fuga não implica responsabilização do Estado, pois este não pode ser considerado segurador universal.

(C) As concessionárias de serviço público, quando em exercício deste, respondem objetivamente à responsabilização civil pelos atos comissivos que praticarem.

(D) Inexiste dever de indenizar quando o ato administrativo é praticado em estrita observância ao princípio da legalidade.

A: incorreta. A verdade sabida, que é aquela testemunhada ou conhecida inequivocamente pelo superior hierárquico, que, assim, poderia aplicar diretamente sanções leves, não pode ser utilizada para responsabilizar o agente público, pois este deve ter direito a contraditório e ampla defesa; **B:** incorreta. Se o crime for cometido na fuga, não é possível aplicar os precedentes do STF que entendem que não há nexo de causalidade entre a conduta estatal e o dano; p. ex., confira-se precedente em que a responsabilidade foi afastada, mas a fuga já tinha ocorrido há 21 meses do dano praticado: "Ação de Reparação de Danos. Assalto cometido por fugitivo de prisão estadual. Responsabilidade objetiva do Estado. Recurso extraordinário do Estado provido. Inexistência de nexo de causalidade entre o assalto e a omissão da autoridade pública que teria possibilitado a fuga de presidiário, o qual, mais tarde, veio a integrar a quadrilha que praticou o delito, cerca de vinte e um meses após a evasão" (STF, AR 1.376/PR, DJ 22.09.2006); **C:** correta (art. 37, § 6º, da CF); **D:** incorreta. Quando a administração causa um dano especial e anormal a alguém, ainda que calcada numa lei, é dever dela indenizar

8. DIREITO ADMINISTRATIVO

o prejudicado; p. ex., a desapropriação está de acordo com o princípio da legalidade, mas reclama indenização em favor do expropriado.

Gabarito "C".

(OAB/Exame Unificado – 2008.2) Josué, condenado por latrocínio e estelionato, cumprindo pena em regime aberto, fugiu diversas vezes do estabelecimento prisional. Embora sempre localizado e novamente detido pelas autoridades policiais, ele não foi submetido à regressão de regime prisional. Durante a oitava fuga, Josué praticou estupro contra criança de 12 anos de idade. Tendo por base essa situação hipotética, assinale a opção correta acerca da responsabilidade do Estado.

(A) Configura-se, no caso, a responsabilidade subjetiva do Estado em face do fato de Josué não ter sido submetido à regressão de regime prisional e ter cometido o crime em ocasião em que deveria estar preso.

(B) Nesse caso, é impossível a configuração do nexo causal, pois não houve uma conduta positiva, ou seja, um agir, por parte da administração pública.

(C) Na situação apresentada, sequer cabe discutir a responsabilização do Estado, pois o ato danoso praticado foi realizado por um particular, Josué, e, não, por um agente público.

(D) À situação apresentada é aplicável a teoria do risco integral.

No caso de omissão do Estado, a responsabilidade é subjetiva, devendo-se verificar a existência de falta do serviço (serviço estatal defeituoso); na situação narrada houve, no mínimo, atitude culposa do Estado, a ensejar a sua responsabilização; trata-se de um caso real: STF, 2ª T., RE 409.203/RS, rel. p/ Acórdão: Min. JOAQUIM BARBOSA, DJ 20.04.2007. Aproveitando o ensejo, é importante informar que o STF tem decisão no sentido de que a responsabilidade estatal por *atos omissivos específicos* é objetiva. É caso de omissão específica do Estado a agressão física a aluno por colega, em escola estadual, hipótese em que a responsabilidade estatal será objetiva, com base na teoria do risco administrativo (STF, ARE 697.326 AgR/RS, DJ 26/04/13).

Gabarito "A".

(OAB/Exame Unificado – 2007.3) Recente decisão do STF entendeu que a garantia constitucional de responsabilidade objetiva de pessoa privada que preste serviço público volta-se apenas ao usuário desse serviço público. De acordo com esse entendimento, não corresponderiam a caso de responsabilidade objetiva danos causados a proprietário

(A) de restaurante, em decorrência de suspensão por 24 horas do fornecimento de energia elétrica.

(B) de veículo que, em decorrência de buracos em uma estrada privatizada, tenha sofrido acidente com perda parcial do veículo.

(C) de veículo abalroado por ônibus de empresa de transporte coletivo.

(D) de hotel, por suspensão, sem motivo, do serviço de distribuição de gás canalizado.

Na situação narrada na letra "C" o proprietário e os passageiros do veículo abalroado não são usuários do serviço público, mas vítimas do evento.
Observação importante! Essa questão está prejudicada, pois, atualmente, o STF entende que a garantia da responsabilidade objetiva das concessionárias de serviços públicos existe tanto em favor do usuário do serviço, como em favor do não usuário do serviço.

Gabarito "C" (vide observação).

(FGV – 2014) No que concerne à *Responsabilidade civil do Estado*, analise as afirmativas a seguir.

I. A teoria do risco administrativo se aplica para responsabilizar o Estado por atos legislativos e judiciais próprios.

II. No caso de falta do serviço aplica-se pacificamente a teoria do risco administrativo na responsabilidade civil do Estado

III. O risco administrativo é pacificamente aceito na disciplina dos atos comissivos do Estado que causam danos.

Assinale:

(A) se somente a afirmativa I estiver correta.

(B) se somente a afirmativa III estiver correta.

(C) se somente as afirmativas I e II estiverem corretas.

(D) se somente as afirmativas I e III estiverem corretas.

(E) se todas as afirmativas estiverem corretas.

I: incorreta, pois, em regra, tais atos não ensejam indenização, que somente será exigível em casos específicos, como o de lei inconstitucional e erro judiciário; **II:** incorreta, pois a ausência de serviço (omissão) enseja responsabilidade subjetiva como regra; **III:** correta, pois é pacífico que nas condutas comissivas do Estado a responsabilidade é objetiva (art. 37, § 6º, da CF).

Gabarito "B".

(FGV – 2014) O Juiz diretor do Fórum da Comarca X determinou a demolição de uma casa, pensando ser de propriedade do Estado, para que, em seguida, fosse expandido o referido Fórum. Diante do ocorrido, o proprietário da casa resolve ingressar com ação de responsabilidade civil em face do Estado Y. Considerando a referida hipótese, assinale a afirmativa correta.

(A) O proprietário, neste caso, terá que comprovar a culpa, vez que o caso é de responsabilidade civil por ato judicial.

(B) O proprietário, neste caso, terá que comprovar a culpa ou o dolo, vez que o caso é de responsabilidade civil por ato judicial.

(C) O proprietário, neste caso, terá que comprovar o dolo, vez que o caso é de responsabilidade civil por ato judicial.

(D) O proprietário, neste caso, terá que comprovar a culpa ou o dolo, vez que o caso é de responsabilidade civil por ato omissivo, já que o Juiz desconhecia que o bem não pertencia ao Estado.

(E) O proprietário, neste caso, não terá que comprovar a culpa, nem o dolo, vez que o caso é de responsabilidade civil por ato comissivo.

A a D: incorretas, pois aqui se tem ato administrativo do juiz (e não ato judicial), de modo que o Estado responde objetivamente; **E:** correta, pois aqui se tem ato *administrativo* (comissivo) do juiz (e não ato *judicial*), de modo que o Estado responde objetivamente, sem necessidade de comprovação de culpa ou dolo do juiz.

Gabarito "E".

(FGV – 2013) Devido à descoberta da pavimentação original em ladrilhos e pedras do século XIX, e com vistas ao incremento do turismo, o Município ABC decide restaurar o seu centro histórico. Para isso, inicia obras de restauro de fachadas e de recuperação do piso original, com a retirada das camadas recentes de asfalto. Com a interdição de algumas ruas para a realização das obras, um posto de gasolina localizado em uma das vias fechadas ao trânsito perderá todo o seu faturamento pelo período de dois meses. Tendo em vista o caso descrito, e considerando a disciplina do ordenamento brasileiro acerca do tema da responsabilidade civil do Estado, é correto afirmar que

(A) o ato praticado é lícito, mas, ainda assim, o Município responde de forma objetiva pelos danos causados.

(B) o Município não responde de forma objetiva pelos atos lícitos, mas apenas pelos ilícitos, o que não resta caracterizado no caso em tela.

(C) por ter causado dano a terceiros, resta configurada a prática de ilícito administrativo, e, portanto, a responsabilidade objetiva do Município.

(D) no caso em tela, resta configurada a responsabilidade do município por omissão, que é subjetiva.

(E) o Município não responde pela prática de atos lícitos.

A: correta, pois a responsabilidade objetiva estatal faz com que o Estado responda mesmo quando atue sem culpa ou dolo (ou seja, de forma lícita), sendo necessário apenas que haja conduta estatal comissiva, dano anormal e especial, e nexo de causalidade; quanto ao dano, no caso tem-se dano *anormal*, pois o prejuízo de 2 meses vai além do que se pode suportar (por exemplo, se a rua fechasse por um dia somente, dá pra se dizer que é normal, faz parte e não haveria porque se pedir indenização, mas por 2 meses é bem diferente) e *especial* (pois atinge o posto de gasolina de maneira específica, não fazendo o mesmo com os demais postos da cidade); **B, C e E:** incorretas, pois a responsabilidade objetiva estatal faz com que o Estado responda mesmo quando atue sem culpa ou dolo (ou seja, de forma lícita); **D:** incorreta, pois a interdição da rua é ato comissivo (e não omissivo).
Gabarito "A"

João, policial militar do Estado "X", ao presenciar uma tentativa de assalto, realiza disparos de arma de fogo que impedem a ocorrência do crime e atingem um automóvel estacionado no local.

(FGV – 2013) Considerando a situação acima descrita, assinale a afirmativa correta.

(A) O Estado "X" não responde pelo dano causado ao automóvel, vez que tal foi necessário para impedir a prática de um crime.

(B) O Estado "X" responde pelo dano causado e poderá, em ação regressiva, apurar a responsabilidade de João, caso comprove que agiu com culpa em sentido amplo.

(C) O Estado "X" responde pelo dano causado juntamente com João, tendo em vista que é manifesta a falha na prestação do serviço.

(D) João, apesar de no exercício de seu múnus público, responde pelo ato, vez que o dono do automóvel não tinha qualquer relação com o crime.

(E) O dano ao automóvel, por decorrer de fortuito externo, não gera a responsabilização nem do Estado "X", nem de seu policial, João.

A: incorreta, pois a responsabilidade do Estado é objetiva (independentemente de culpa ou dolo), de modo que mesmo que o policial tenha feito o melhor (sem culpa alguma) o dono do veículo atingido tem direito de ser indenizado pelo Estado; **B:** correta, pois a responsabilidade do Estado é objetiva (independentemente de culpa ou dolo do agente), de modo que mesmo que o policial tenha feito o melhor (sem culpa

alguma) o dono do veículo atingido tem direito de ser indenizado pelo Estado; caso o policial tenha agido com culpa o dolo, o Estado poderá atuar regressivamente em face dele, nos termos do art. 37, § 6°, da CF; **C e D:** incorretas, pois, segundo a jurisprudência do STF, a vítima só pode acionar o Estado, não podendo acionar o agente público, mesmo que esse tenha agido com culpa ou dolo. Vale lembrar, todavia, que o Estado, uma vez acionado pela vítima, pode acionar regressivamente o agente público que tiver agido com culpa ou dolo (art. 37, § 6°, da CF); **E:** incorreta, pois a bala perdida não decorre do acaso (como um raio, por exemplo), mas sim decorre de ato comissivo de agente estatal, que enseja responsabilidade objetiva do Estado.
Gabarito "B".

(FGV – 2011) Antônia ajuizou ação de rito ordinário em face de empresa concessionária de serviço de transporte coletivo urbano visando à reparação dos danos por ela suportados ao ser atropelada em acidente de trânsito causado pelo motorista da empresa. Considerando a situação hipotética narrada, a responsabilidade civil da empresa concessionária de serviço público será

(A) subjetiva e, por tratar-se de pessoa jurídica de direito privado prestadora de serviço público, haverá presunção de culpa do agente causador do dano.

(B) subjetiva, pois a vítima do dano é terceiro não usuário do serviço público, afastando, assim, a incidência da responsabilidade objetiva fundada na teoria do risco administrativo.

(C) objetiva, uma vez que o dano foi causado por agente de pessoa jurídica de direito privado prestadora de serviço público, sendo indiferente ser a vítima usuária ou não usuária do serviço público.

(D) subsidiária em relação à responsabilidade objetiva do Poder Concedente, a quem compete o dever de fiscalização na execução do serviço público concedido.

(E) solidária em relação à responsabilidade objetiva do Poder Concedente e subjetiva do próprio agente causador do dano.

Nos termos do art. 37, § 6°, da CF, as pessoas jurídicas de direito privado concessionárias de serviço público respondem *objetivamente* pelos danos que seus agentes causarem a terceiros. O STF entende, atualmente, que esse terceiro pode ser tanto um usuário do serviço, como um não usuário do serviço (RE 591.874/MS, rel. Min. Ricardo Lewandowski, j. 26.08.2009).
Gabarito "C".

(FGV – 2010) Um indivíduo ajuizou com ação de responsabilidade civil contra uma empresa pública que se dedica à prestação de serviço público visando ao ressarcimento de danos que lhe foram causados em virtude da má prestação do serviço. O autor alega que essa empresa, apesar de se constituir em pessoa jurídica de direito privado, é entidade integrante da administração pública e prestadora de serviço público, razão pela qual sua responsabilidade é objetiva, devendo a reparação ocorrer independentemente da prova da culpa ou dolo. Na situação apresentada pelo enunciado, analise as afirmativas a seguir:

I. A responsabilidade será sempre objetiva, não importando se o responsável pela lesão for uma empresa pública prestadora de serviço público ou exploradora de atividade econômica.

II. A responsabilidade civil objetiva somente se aplica às pessoas jurídicas de direito público que compõem a Administração Pública Direta e não às empresas

8. DIREITO ADMINISTRATIVO

593

públicas constituídas pelo regime de direito privado, ainda que sejam prestadoras de serviços públicos.

III. A responsabilidade civil objetiva depende da aferição de culpa do agente público que deu ensejo ao prejuízo causado pela pessoa jurídica de direito privado prestadora de serviço público.

IV. A responsabilidade civil objetiva do Estado se aplica tanto às pessoas jurídicas de direito público quanto às pessoas jurídicas de direito privado prestadoras de serviços públicos.

V. As pessoas jurídicas de direito privado prestadoras de serviço público responderão pelos danos que seus agentes, nessa qualidade, causarem a terceiros, assegurado o direito de regresso contra o responsável nos casos de dolo ou culpa.

Somente está correto o que se afirma em

(A) II, III, IV e V.

(B) II.

(C) I e III.

(D) IV e V.

(E) I, II, III e V.

I: incorreta, pois, segundo o art. 37, § 6º, da CF, as pessoas jurídicas de direito privado só respondem objetivamente quando forem prestadoras de serviço público (ex: Correios), o mesmo não acontecendo quando forem exploradoras de atividade econômica (ex: Banco Brasil), a não ser que alguma lei infraconstitucional estabeleça responsabilidade objetiva no caso concreto; **II:** incorreta, pois, como se viu, as empresas públicas prestadoras de serviço público respondem objetivamente (art. 37, § 6º, da CF); **III:** incorreta, pois, se a responsabilidade é objetiva, é porque não se analisam elementos subjetivos, como a culpa e o dolo; **IV:** correta, nos termos do art. 37, § 6º, da CF; **V:** correta, nos termos do art. 37, § 6º, da CF.
„Gabarito"D."

10. LICITAÇÕES E CONTRATOS

10.1 PRINCIPAIS PONTOS DA NOVA LEI DE LICITAÇÕES E CONTRATOS ADMINISTRATIVOS (LEI 14.133/2021)

10.1.1 Aplicabilidade da nova lei

Em 1º de abril de 2021 foi editada a Lei 14.133, a **nova lei de licitações e contratos administrativos**.

Importante esclarecer que a Lei 8.666/1993 não foi, de modo geral, imediatamente revogada pelo novo regime. A antiga norma vigorará por 2 anos, com revogação prevista para abril de 2023. Os únicos dispositivos da Lei 8.666/1993 que foram imediatamente revogados foram os arts. 89 a 108, que disciplinavam os crimes relacionados às licitações e aos contratos públicos. Agora o tema é tratado no próprio Código Penal (arts. 337-E a 337-P).

> **Importante!** Por conta disso, atualmente convivem os regimes tanto da Lei 14.133/2021 quanto da Lei 8.666/1993, bem como da Lei 10.520/2002 (Pregão) e Lei 12.462/2011 (Regime Diferenciado de Contratação - RDC). Até a revogação destas últimas, a Administração poderá optar por licitar (ou contratar diretamente) de acordo com o regime mais novo ou o antigo. A opção escolhida deverá ser indicada expressamente, vedada a aplicação combinada dos diplomas normativos.

10.1.2 Aspectos gerais

A Lei 8.666/1993 prevê os seguintes **objetivos** da licitação pública: (i) seleção da proposta mais vantajosa; (ii) tratamento igualitário entre os licitantes; (iii) desenvolvimento nacional sustentável. A Lei 14.133/2021, além de mantê-los, disciplina outros: (iv) evitar sobrepreço, preços inexequíveis e superfaturamento; (v) incentivo à inovação.

Em relação aos **princípios**, a nova lei igualmente preserva os princípios incorporados na Lei 8.666/1993, como a legalidade, impessoalidade, moralidade, vinculação ao instrumento convocatório, julgamento objetivo, entre outros. Além disso, insere postulados inéditos, merendo destaque os princípios do planejamento (fundamento da fase preparatória), da transparência (corolário da publicidade) e o da segregação de funções (é vedada a atuação simultânea do agente público nas funções sujeitas a risco).

A nova lei de licitações contempla uma série de regramentos relacionados a aspectos **ambientais**, como a possibilidade de estipulação de margem de preferência a bens reciclados, recicláveis ou biodegradáveis. No que se refere ao aspecto **social**, possível à Administração exigir a destinação de percentual mínimo de mão de obra a mulher vítima de violência doméstica.

Outra novidade relevante da nova lei é a valorização da implantação de **programas de integridade** (*compliance*) pelos contratados, podendo representar, entre outros: (a) condição à continuidade de contratações de grande vulto; (b) critério subsidiário de desempate; (c) critério para a dosimetria de sanções administrativas.

10.1.3.Contratação direta

Da mesma forma que a Lei 8.666/1993, o regime geral da contratação direta disciplinado pela Lei 14.133/2021 envolve, como categorias gerais mais relevantes, a *dispensa* e a *inexigibilidade*.

A **inexigibilidade** está prevista no art. 74 da nova lei de licitações, que elenca cinco hipóteses. Trata-se de rol exemplificativo (da mesma forma que o art. 25 da Lei 8.666/1993, que contempla três incisos). São elas:

- Fornecedor exclusivo (mesma hipótese da Lei 8.666/1993);

- Contratação de artista, desde que consagrado pela crítica ou pela opinião pública (mesma hipótese da Lei 8.666/1993);

- Serviço técnico especializado (ex.: projetos, perícias, estudos técnicos), desde que prestado por profissional de notória especialização (hipótese semelhante à da Lei 8.666/1993, pois a nova lei não prevê de modo expresso o requisito da singularidade do serviço);

- Credenciamento (hipótese não prevista expressamente na Lei 8.666/1993; trata-se de instrumento auxiliar);

- Aquisição ou locação de imóveis cujas características de instalações e de localização tornem necessária sua escolha. **Obs.:** relevante atentar que essa hipótese é tratada pela Lei 8.666/1993 como sendo licitação dispensável.

A **dispensa**, por sua vez, está prevista no art. 75 da nova lei de licitações. Trata-se de rol taxativo (da mesma forma que o art. 24 da Lei 8.666/1993). As peculiaridades trazidas pela Lei 14.133/2021 são:

- Pequeno valor: contratações inferiores a R$ 100 mil para obras e serviços de engenharia, bem como as inferiores a R$ 50 mil para outros serviços e compras (os valores, já corrigidos, da Lei 8.666/1993 são R$ 33 mil e R$ 17,6 mil, respectivamente);
- Licitação deserta (aquela em que não houve interessados): a nova lei passou a condicionar a contratação direta ao prazo de 1 ano da licitação deserta;
- Aquisição de produtos para pesquisa e desenvolvimento: no caso de obras e serviços de engenharia, há um limite de R$ 300 mil;
- Aquisição de medicamentos destinados exclusivamente ao tratamento de doenças raras definidas pelo Ministério da Saúde (hipótese não prevista na Lei 8.666/1993);
- Em virtude de emergência ou calamidade pública: o prazo máximo do contrato deve ser de 1 ano, contado da data da ocorrência da situação excepcional (a Lei 8.666/1993 prevê o prazo de 180 dias); além disso, vedada a recontratação da empresa que firmou o contrato sem licitação.

10.1.4 Modalidades licitatórias

As modalidades previstas na Lei 14.133/2021 são:

> **Atenção!** A nova lei de licitações não mais prevê as modalidades tomada de preço e convite (ambas previstas na Lei 8.666/1993), bem como o regime diferenciado de contratações-RDC (disciplinado na Lei 12.462/2011).

- **Pregão**: modalidade obrigatória para a aquisição de bens e serviços comuns (incluindo serviços comuns de engenharia); o critério de julgamento é o menor preço ou o maior desconto;
- **Concorrência**: utilizada para a contratação de: (a) obras, (b) de bens e serviços especiais ou (c) de serviços comuns e especiais de engenharia; podem ser utilizados os seguintes critérios de julgamento: (i) menor preço; (ii) maior desconto; (iii) melhor técnica ou conteúdo artístico; (iv) técnica e preço; (v) maior retorno econômico (este último é utilizado no contrato de eficiência, em que o contratado é remunerado com base em percentual da economia gerada).
- **Concurso**: o critério de julgamento utilizado é o de melhor técnica ou conteúdo artístico;
- **Leilão**: modalidade destinada à alienação de: (a) bens imóveis; (b) bens móveis inservíveis ou legalmente apreendidos; o critério de julgamento é o do maior lance.
- **Diálogo competitivo**: modalidade inédita no ordenamento brasileiro; pretende-se realizar diálogos com licitantes, no intuito de desenvolver alternativas capazes de atender às suas necessidades de contratação; aproveita-se, assim, a expertise do setor privado para desenvolver soluções eficientes; a condução dessa modalidade é feita por comissão de contratação (composta de pelo menos 3 agentes públicos efetivos/permanentes).

> **Importante!** O diálogo competitivo pode ser utilizado, além da modalidade concorrência, para a celebração de contrato de *concessão de serviço público* (cf. Lei 8.987/1995), inclusive *parceria público-privada*-PPP (cf. Lei 11.079/2004).

10.1.5 Fases

Nos termos da nova lei, o procedimento licitatório é conduzido, como regra, por um **agente de contratação**, auxiliado por uma equipe de apoio. Portanto, alterada a lógica da Lei 8.666/1993, em que prevalece a atuação de uma *comissão* de licitação.

Ademais, as licitações devem ser realizadas preferencialmente sob a forma eletrônica.

No âmbito do rito procedimental comum, as **fases** de uma licitação são: **1ª)** Fase preparatória; **2ª)** Divulgação do edital; **3ª)** Apresentação de propostas e lances; **4ª)** Julgamento; **5ª)** Habilitação; **6ª)** Recursos; **7ª)** Homologação.

> **Importante!** A Lei 14.133/2021 alterou a dinâmica procedimental da Lei 8.666/1993, em que a habilitação precedia a classificação e o julgamento. Assim, pelo novo regime, a habilitação é posterior à fase de julgamento, conferindo maior celeridade à licitação. Esta maneira de proceder já era aplicada, entre outras, na modalidade pregão (cf. Lei 10.520/2002) e agora foi generalizada.

A *disputa* entre os licitantes pode ser de dois modos: (i) modo aberto: possibilidade de lances públicos e sucessivos (como já utilizado no pregão, cf. Lei 10.520/2002); (ii) modo fechado: propostas sob sigilo até a data marcada para sua divulgação (mecanismo clássico da Lei 8.666/1993).

Em caso de *empate*, a nova lei de licitações estipulou os seguintes critérios de desempate: 1º) disputa final entre os licitantes empatados; 2º) avaliação de desempenho contratual prévio; 3º) desenvolvimento de ações de equidade entre homens e mulheres no ambiente de trabalho; 4º) implantação de programa de integridade. Caso persista o empate, estipula-se preferência, sucessivamente, às empresas: 1º) estabelecidas no Estado (ou no DF) do ente público estadual/distrital ou municipal licitante; 2º) brasileiras; 3º) que invistam em pesquisa e desenvolvimento tecnológico no País; 4º) que adotam mecanismos de mitigação na emissão de gases de efeito estufa.

A documentação de habilitação pode ser *dispensada* nas contratações: (a) para entrega imediata; (b) envolvendo valores inferiores a R$ 12,5 mil; (c) de produto para pesquisa e desenvolvimento até o valor de R$ 300 mil.

10.1.6 Instrumentos auxiliares

A Lei 14.133/2021 disciplina os instrumentos auxiliares às licitações e aos contratos públicos. São eles:

1º) Credenciamento: processo de chamamento público em que a Administração convoca interessados em prestar serviços ou fornecer bens; observe-se que a contratação é realizada com todos aqueles que pretendem firmar determinado negócio com a Administração, o que torna inviável a competição e, consequentemente, inexigível a licitação;

2º) Pré-qualificação: constitui procedimento seletivo prévio à licitação, convocado por meio de edital, destinado à análise das condições de habilitação, total ou parcial; trata-se de instrumento já previsto na Lei 8.666/1993, embora disciplinado de modo sucinto; seu prazo de validade é de 1 ano;

3º) Procedimento de manifestação de interesse (PMI): procedimento pelo qual a Administração solicita à iniciativa privada o desenvolvimento de estudos e projetos que possam contribuir com aspectos da atuação do Poder Público; não encontra previsão na Lei 8.666/1993 e sim em outras normas, como a lei de concessões (Lei 8.987/1995) e das organizações da sociedade civil (Lei 13.019/2014); o PMI é, como regra, aberta a todos os eventuais interessados, embora pode ser restrito a *startups* (microempreendedores individuais, as microempresas e as empresas de pequeno porte, de natureza emergente e com grande potencial, que se dediquem à pesquisa, ao desenvolvimento e à implementação de novos produtos ou serviços baseados em soluções tecnológicas inovadoras que possam causar alto impacto);

4º) Sistema de registro de preços (SRP): conjunto de procedimentos para realização, mediante contratação direta ou licitação (modalidades: pregão ou concorrência), de registro formal de preços relativos a prestação de serviços, a obras e a aquisição e locação de bens para contratações futuras; já encontrava previsão na Lei 8.666/1993, embora a Lei 14.133/2021 torne seu regramento mais minucioso; as características mais relevantes incorporadas na nova lei de licitações são: (a) possibilidade de SRP para obras e serviços de engenharia; (b) o prazo da vigência da ata de registro de preços é de 1 ano, podendo ser prorrogado por igual período, desde que se demonstre vantajosidade; (c) previsão expressa da figura do "carona" (adesão à ata de registro de preço por ente não participante);

5º) Registro cadastral: assentamento pelo qual se permite a qualificação prévia de interessados que desejam participar de licitações futuras promovidas pela Administração; a nova lei exige a utilização de um sistema de registro cadastral unificado, disponibilizado no Portal Nacional de Contratações Públicas.

10.1.7. Contratos administrativos

Os contratos administrativos obedecem à **forma escrita**, sendo nulo e de nenhum efeito o contrato verbal. Exceção: admite-se *contrato verbal* para pequenas compras ou para a prestação de serviços de pronto pagamento, assim entendidos aqueles de valor não superior a R$ 10 mil.

O *instrumento de contrato* é obrigatório, admitindo-se a sua substituição por outros documentos hábeis (exemplo: nota de empenho) nas seguintes situações: (a) dispensa de licitação em razão de valor; (b) compras com entrega imediata e dos quais não resultem obrigações futuras, inclusive quanto a assistência técnica, independentemente de seu valor.

A **divulgação no Portal Nacional de Contratações Públicas** (PNCP) é condição indispensável para a *eficácia* do contrato. Deve ocorrer nos seguintes prazos, contados da data de sua assinatura: (i) 20 dias úteis, no caso de licitação; (ii) 10 dias úteis, no caso de contratação direta.

A Lei 14.133/2021 trouxe alterações em relação ao **prazo de duração** dos contratos administrativos. Assim, de modo exemplificativo: (a) contratos de serviços e fornecimento contínuos: prazo de até 5 anos, cabendo prorrogação até 10 anos; (b) contratos que geram receita e contratos de eficiência: até 10 anos, nos contratos sem investimento; e de até 35 anos, nos contratos com investimento; (c)

contratos em que a Administração seja usuária de serviço público (oferecido em regime de monopólio): prazo indeterminado (desde que haja existência de crédito orçamentário a cada exercício financeiro).

Um aspecto relevante da Lei 14.133/2021 é a **alocação de riscos**, os quais são objeto de distribuição ente contratante e contratado por meio da elaboração de uma matriz de riscos. Ela não é obrigatória, salvo na (a) contratação de obras e serviços de grande vulto (contrato cujo valor estimado supera R$ 200 milhões) ou (b) adoção dos regimes de contratação integrada ou semi-integrada.

No que tange aos **encargos do contratado**, a nova lei incorporou a jurisprudência do STF sobre o tema. Assim, como regra, a inadimplência do contratado em relação aos encargos trabalhistas, fiscais e comerciais *não* transfere à Administração a responsabilidade pelo seu pagamento. No entanto, nas contratações de serviços contínuos com regime de dedicação exclusiva de mão de obra (exemplo: contrato de serviço de limpeza), a Administração responde subsidiariamente pelos encargos trabalhistas, se comprovada falha na fiscalização do cumprimento das obrigações do contratado (culpa *in vigilando*).

Já no que se refere à **extinção** dos contratos, a Lei 14.133/2021 dispõe sobre as hipóteses em que o *contratado* tem direito à extinção ou à suspensão do negócio. São elas, entre outras: (a) suspensão de execução do contrato, por ordem escrita da Administração, por prazo superior a 3 meses; (b) repetidas suspensões que totalizem 90 dias úteis; (c) atraso no pagamento superior a 2 meses (na Lei 8.666/1993 o prazo é de 90 dias).

A **nulidade** do contrato administrativo pode dar ensejo: (a) ao *saneamento* da irregularidade; (b) à *suspensão* ou à *anulação* da avença (com base em critérios de interesse público); (c) à *continuidade* do contrato, de modo que a solução da irregularidade se dá pela indenização por perdas e danos. Além disso, a declaração de nulidade detém, como regra, efeito retroativo (*ex tunc*), podendo ser conferido efeito não retroativo (*ex nunc*), de modo que só tenha eficácia em momento futuro, suficiente para efetuar nova contratação, por prazo de até 6 meses, prorrogável uma única vez.

10.1.8 Regime sancionatório

As **penalidades** previstas na Lei 14.133/2021 são:

- **Advertência;**

- **Multa:** a nova lei, em caráter inédito, definiu o limite mínimo e máximo dessa sanção pecuniária (0,5% a 30% do valor do contrato);

- **Impedimento de licitar e contratar:** vedação de licitação e contratação pelo prazo máximo de 3 anos; sua abrangência restringe-se ao ente federativo que tenha aplicado a sanção;

- **Declaração de inidoneidade:** vedação de licitação e contratação pelo prazo mínimo de 3 anos e máximo de 6 anos; seus efeitos abrange todas as esferas federativas.

- **Obs.:** no caso das últimas duas sanções (impedimento e declaração), o processo de responsabilização deve ser conduzido por comissão composta de 2 ou mais agentes públicos estáveis ou dos quadros permanentes (neste caso, com, no mínimo, 3 anos de tempo de serviço).

Atenção! A Lei 14.133/2021 não prevê a sanção de suspensão temporária (contida na Lei 8.666/1993), cujo prazo máximo é de 2 anos.

A aplicação das penalidades não afasta a *obrigação de reparar* integralmente o dano causado.

Além disso, a nova lei disciplinou de modo pormenorizado a *reabilitação* daquele que foi sancionado. Os requisitos para tanto são: (a) reparação integral do dano; (b) pagamento da multa; (c) transcurso do prazo mínimo de 1 ano (contado da aplicação da penalidade), no caso de impedimento de licitar e contratar, ou de 3 anos, no caso de declaração de inidoneidade; (d) cumprimento das condições definidas no ato punitivo; (e) análise jurídica prévia sobre o cumprimento dos presentes requisitos.

O *prazo prescricional* é de 5 anos, contados da ciência da infração pela Administração. Esse interregno é interrompido pela instauração do processo de responsabilização, bem como suspenso pela celebração de acordo de leniência ou por decisão judicial que inviabiliza a conclusão da apuração administrativa.

10.1.9 Outros aspectos da Lei 14.133/2021

* Criação do *Portal Nacional de Contratações* (sítio eletrônico oficial destinado, entre outras finalidades, à divulgação das licitações e contratos);

* Possibilidade de estabelecer *caráter sigiloso* ao orçamento que embasa a contratação pública; esse sigilo não abrange os órgãos de controle interno e externo;

* *Tramitação prioritária* das ações judiciais relacionadas à aplicação das normas gerais de licitações e contratos;

* Possibilidade de adoção de *meios alternativos* de prevenção e resolução de controvérsias (conciliação, mediação, comitê de resolução de disputas e arbitragem);

* Na contratação de obras, fornecimentos e serviços, inclusive de engenharia, pode ser estabelecida *remuneração variável* vinculada ao desempenho do contratado, com base em metas, padrões de qualidade, critérios de sustentabilidade ambiental e prazos de entrega;

* Regramento das figuras do *reajustamento* em sentido estrito (relacionado à correção monetária) e da *repactuação* (manutenção do equilíbrio econômico-financeiro resultante da variação dos custos contratuais);

* Possibilidade de *desconsideração da personalidade jurídica* em caso de abuso do direito para facilitar, encobrir ou dissimular a prática dos atos ilícitos previstos nesta Lei ou para provocar confusão patrimonial;

* *Representação* (judicial ou extrajudicial) pela *advocacia pública* dos agentes públicos que precisam se defender (nas esferas administrativa, controladora ou judicial) em razão de participação em licitações e contratos envolvendo atos praticados com estrita observância de orientação constante em parecer jurídico.

10.2. Licitação (conforme a Lei 14.133/2021)

(OAB/Exame XXXIX) A Secretaria de Fazenda do Estado Alfa acabou de adquirir novos computadores, que substituíram os antigos equipamentos que serviam aos agentes públicos lotados no órgão. Sendo assim, os antigos equipamentos, que ainda funcionam, estão sem qualquer utilidade na pasta, razão pela qual o Secretário de Fazenda instaurou processo administrativo, visando à sua alienação.

No bojo do citado processo, ficou consignada a existência de interesse público devidamente justificado para a alienação dos equipamentos, assim como já foi realizada sua avaliação.

A sociedade empresária Sigma possui interesse em adquirir os computadores e, em consulta a seu advogado, foi informada de que, consoante dispõe a Lei nº 14.133/21, a alienação desses bens da Secretaria de Fazenda do Estado Alfa, em regra,

(A) dependerá de licitação na modalidade leilão.

(B) exigirá autorização legislativa e dependerá de licitação na modalidade concorrência.

(C) será promovida mediante inexigibilidade de licitação, observados o interesse social e os critérios de oportunidade e conveniência.

(D) deverá ocorrer mediante prévia licitação, em modalidade compatível com o valor da avaliação dos equipamentos.

A: Certa. O leilão é a modalidade de licitação para alienação de bens imóveis ou de bens móveis inservíveis ou legalmente apreendidos a quem oferecer o maior lance (art. 6º, XL, Lei 14.133/21). **B:** Errada. A modalidade exigida é o o leilão. **C:** Errada, não se enquadra em uma hipótese de inexigibilidade, que depende de uma inviabilidade de competição (art. 74, Lei 14.133/21). **D:** Errada. A modalidade deve ser o leilão. FC

Gabarito "A".

(OAB/Exame XXXIX) O Município Ômega pretende alugar o imóvel de propriedade de João, pois suas características de instalações e de localização tornam necessária sua escolha, uma vez que se trata de um prédio de três andares situado ao lado do principal hospital municipal, que, após as necessárias adaptações e investimentos, poderá sediar a Secretaria Municipal de Saúde, cuja sede atual não mais comporta todos seus setores.

Desta forma, o Município Ômega instaurou processo administrativo, no bojo do qual já houve a certificação da inexistência de imóveis públicos vagos e disponíveis que atendam ao objeto pretendido, bem como foram juntadas informações com as justificativas que demonstram a singularidade do imóvel a ser locado pela Administração e que evidenciam vantagem para ela.

João, que tem interesse em alugar seu imóvel, foi procurado por agentes públicos da Secretaria Municipal de Saúde para assinar o contrato administrativo, que será firmado expressamente sob o regime jurídico da nova Lei de Licitações, mediante dispensa de licitação e com valor compatível com o preço de mercado.

Na qualidade de advogado(a) contratado por João, você lhe informou que, de acordo com a Lei nº 14.133/21, o contrato administrativo de locação

(A) pode ser assinado com fundamento na dispensa de licitação, desde que haja prévias avaliação do bem e autorização do Prefeito Municipal.

(B) deve ser assinado com fundamento na inexigibilidade de licitação, desde que haja prévias avaliação do bem e autorização legal da Câmara Municipal.

8. DIREITO ADMINISTRATIVO

(C) pode ser assinado com fundamento na dispensa de licitação, com avaliação prévia do bem, do seu estado de conservação e estimativa dos custos de adaptações para atender às necessidades de utilização da Secretaria Municipal de Saúde.

(D) deve ser assinado com fundamento na inexigibilidade de licitação, com avaliação prévia do bem, do seu estado de conservação, dos custos de adaptações, quando imprescindíveis às necessidades de utilização, e do prazo de amortização dos investimentos.

A: Errada. Não se trata de dispensa de licitação, e sim de licitação inexigível. **B:** Errada. Trata-se de inexigibilidade de licitação, no entanto a lei não exige autorização legal da Câmara Municipal. **C:** Errada. Não se trata de dispensa de licitação, e sim de licitação inexigível. **D:** Certa. Art. 74, V e § 5º, Lei 14.133/21. FC
Gabarito "D".

(OAB/Exame XXXVIII) O pequeno Município *Alfa*, situado no interior do Estado *Beta*, enfrenta grave problema de abastecimento de água potável, pois não há fornecimento de água encanada para determinada região da cidade, por dificuldades técnicas.

Visando à resolução para a questão juntamente com a iniciativa privada, o Município *Alfa* pretende, mediante licitação, contratar objeto que envolva inovação tecnológica ou técnica, sendo imprescindível a adaptação de soluções disponíveis no mercado.

Atualmente, verifica-se a impossibilidade de as especificações técnicas serem definidas com precisão suficiente pela Administração, razão pela qual é preciso o prévio debate com o setor privado, para se definirem e se identificarem os meios e as alternativas que possam satisfazer as necessidades da administração municipal.

Ao tomar conhecimento de que o Município *Alfa* pretende realizar licitação nas condições narradas, com o intuito de desenvolver uma ou mais alternativas capazes de atender às suas necessidades da forma mais adequada, dada a complexidade da questão local de abastecimento de água, a sociedade empresária Delta se interessou em participar do certame.

Como advogado(a) da sociedade empresária, você informou à diretoria que, de acordo com a nova Lei de Licitações (Lei nº 14.133/21), a modalidade de licitação mais adequada diante da realidade fática descrita, é o(a)

(A) concorrência, que é mais abrangente, seja do ponto de vista do valor do contrato, seja por contemplar variados objetos.

(B) leilão, em que serão admitidos como licitantes todos os interessados que preencherem os requisitos objetivos estabelecidos.

(C) concurso, no qual o poder público municipal não poderá revelar a outros licitantes as soluções técnicas propostas por um concorrente.

(D) diálogo competitivo, em que os licitantes devem apresentar proposta final após o encerramento dos diálogos.

A: Errada. A modalidade concorrência deve ser utilizada para a contratação de bens e serviços especiais e de obras e serviços comuns e especiais de engenharia (art. 6º, XXXVIII, Lei 14.133/21). **B.** Errada. A modalidade leilão deve ser aplicada para alienação de bens imóveis ou de bens móveis inservíveis ou legalmente apreendidos a quem oferecer o maior lance (art. 6º, XL, Lei 14.133/21). **C:** Errada. A modalidade de licitação concurso deve ser utilizada para escolha de trabalho técnico, científico ou artístico, cujo critério de julgamento será o de melhor técnica ou conteúdo artístico, e para concessão de prêmio ou remuneração ao vencedor (art. 6º, XXXIX, Lei 14.133/21). **D:** Certo. Art. 6º, XLII e art. 32, Lei 14.133/21. FC
Gabarito "D".

(OAB/Exame XXXVII) A União pretende realizar uma obra de grande vulto, com serviços de engenharia, mediante licitação na modalidade concorrência e no regime de contratação semi-integrada, na forma da Lei nº 14.133/2021, em relação à qual será necessária a realização de desapropriação.

Para tanto, fez publicar um edital que previu a responsabilidade do contratado pela realização da desapropriação, estabelecendo o responsável por cada fase do procedimento expropriatório e a estimativa do valor da respectiva indenização, a ser paga pelo contratado.

Além disso, o instrumento convocatório previu a distribuição objetiva dos riscos entre as partes, incluído o risco pela diferença entre o custo da desapropriação e a estimativa do valor a ser pago e pelos eventuais danos e prejuízos ocasionados por atraso na disponibilização dos bens expropriados.

A sociedade XPTO está muito interessada em participar da licitação, mas tem fundadas dúvidas acerca da validade das cláusulas editalícias relacionadas à desapropriação, razão pela qual consulta sua assessoria jurídica a respeito do tema.

Acerca dessa situação hipotética, assinale a afirmativa correta.

(A) O edital em questão não poderia prever que o contratado promovesse nenhuma das fases de procedimento de desapropriação autorizada pelo Poder Público.

(B) Quanto às fases do procedimento expropriatório, poderia ser conferida ao contratado, até mesmo, a possibilidade de editar o Decreto expropriatório.

(C) A cláusula que estabelece que o contratado será responsável pelo pagamento da indenização é nula, na medida em que tal montante deve ser necessariamente arcado pelo contratante.

(D) A repartição objetiva dos riscos deve ser respeitada, ainda que ocorra o atraso na conclusão da desapropriação por fato imprevisível.

A: Errada. O edital da licitação pode prever a responsabilidade do contratado pela realização da desapropriação autorizada pelo poder público (art. 25, § 5º, II, Lei 14.133/21). **B:** Errada. A edição do Decreto expropriatório não pode ser feita pelo contratado, sendo necessária a edição pela União, cabendo ao contratado apenas a execução da desapropriação, quando autorizado. **C:** No regime de contratação semi-integrada o edital e o contrato devem prever a responsabilidade pelo pagamento das indenizações devidas no caso de desapropriação (art. 46, § 4º, Lei 14.133/21). **D:** Certa. No regime de contratação semi-integrada o edital e o contrato devem prever a distribuição objetiva de riscos entre as partes, incluído o risco pela diferença entre o custo da desapropriação e a estimativa de valor e pelos eventuais danos e prejuízos ocasionados por atraso na disponibilização dos bens expropriados. FC
Gabarito "D".

598 WANDER GARCIA, FLÁVIA CAMPOS E RODRIGO BORDALO

(OAB/Exame XXXV) O município Gama almeja realizar licitação para a escolha de um projeto urbanístico, de cunho técnico especializado, de natureza preponderantemente cultural, para a revitalização de seu centro histórico. Para tanto, fez publicar o respectivo edital com as especificações determinadas por lei.

Sobre a hipótese, segundo a nova de Lei de Licitações (Lei nº 14.133/21), assinale a afirmativa correta.

(A) O vencedor da licitação deverá ceder ao município Gama os direitos patrimoniais relativos ao projeto e autorizar sua execução conforme juízo de conveniência e oportunidade das autoridades competentes.

(B) A elaboração do projeto técnico mencionado corresponde a serviço comum, de modo que a modalidade de licitação aplicável pelo município Gama é o pregão.

(C) A modalidade de licitação a ser utilizada pelo município Gama é o diálogo competitivo, porque a Nova Lei de Licitações não prevê o concurso.

(D) A licitação deverá ser realizada como concurso público de provas e títulos, tal como ocorre com a admissão de pessoal, para fins de remunerar o projeto vencedor.

A: correta, nos exatos termos do que dispõe o art. 30, p. ún., da Lei 14.133/21; **B:** incorreta; tratando-se de um trabalho de natureza técnica, científica ou artística, o concurso é a modalidade adequada (art. 6º, XXXIX da Lei 14.133/21); no caso tem-se um trabalho não só de natureza técnica, mas também artística (cultural), o que impõe duplamente o uso do concurso como modalidade adequada; **C:** incorreta, pois o concurso é previsto no art. 30 da Lei 14.133/21; **D:** incorreta, pois o concurso que se fala aqui não é o para contratação de pessoal (com provas e títulos), mas sim a modalidade de licitação prevista no art. 30 da Lei 14.133/21.
Gabarito "A".

11. SERVIÇO PÚBLICO, CONCESSÃO E PPP

11.1. Serviço público

(OAB/Exame Unificado – 2017.2) O Estado Alfa, com o objetivo de articular a prestação dos serviços de saneamento básico entre municípios limítrofes, instituiu uma região metropolitana, de modo a promover a organização, o planejamento e a execução de tais atividades de interesse comum. Acerca da criação de regiões metropolitanas para a realização de serviços públicos, assinale a afirmativa correta.

(A) A instituição de região metropolitana para a organização, o planejamento e a execução dos serviços públicos é de competência do Estado Alfa, por meio de lei complementar.

(B) A organização, o planejamento e a execução dos serviços de saneamento básico entre municípios limítrofes deveria, necessariamente, ser promovida por meio de consórcio público.

(C) A competência para a criação de regiões metropolitanas é exclusiva da União, sob pena de violar a autonomia dos municípios que seriam por elas alcançados.

(D) A criação da região metropolitana pretendida pelo Estado Alfa não é possível, diante da ausência de previsão para tanto no nosso ordenamento jurídico.

A: correta (art. 25, § 3º, da CF); **B:** incorreta, pois não há previsão constitucional nesse sentido, devendo-se respeitar a autonomia municipal; **C:** incorreta, pois a competência é dos Estados, nos termos do art. 25, § 3º, da CF; **D:** incorreta, pois há previsão específica dessa competência dos Estados no art. 25, § 3º, da CF. WG
Gabarito "A".

(OAB/Exame Unificado – 2016.2) Determinada empresa apresenta impugnação ao edital de concessão do serviço público metroviário em determinado Estado, sob a alegação de que a estipulação do retorno ao poder concedente de todos os bens reversíveis já amortizados, quando do advento do termo final do contrato, ensejaria enriquecimento sem causa do Estado. Assinale a opção que indica o princípio que justifica tal previsão editalícia.

(A) Desconcentração.

(B) Imperatividade.

(C) Continuidade dos Serviços Públicos.

(D) Subsidiariedade.

A: incorreta, pois a desconcentração significa outra coisa, no caso, distribuição interna de poderes num ente público; **B:** incorreta, pois a imperatividade significa outra coisa, sendo um dos atributos do ato administrativo, pelo qual o Poder Público pode impor obrigações a terceiros independentemente de sua concordância; **C:** correta, pois é justamente para garantir a continuidade do serviço público é que se admite que o edital de uma concessão de serviço público preveja que ao fim de uma concessão de serviço para uma empresa os bens adquiridos por esta para aplicar no serviço público continuem no serviço público, não podendo ser levados embora pelo concessionário que investiu neles; **D:** incorreta, pois a subsidiariedade é um instituto que não se aplica no caso em tela sendo relacionado a outros temas, como as responsabilidade civil subsidiária do poder público em caso de danos causados a terceiros por conta da atuação de um representante do poder público.
Gabarito "C".

(OAB/Exame Unificado – 2012.3.A) Acerca dos serviços considerados como serviços públicos *uti singuli*, assinale a afirmativa correta.

(A) Serviços em que não é possível identificar os usuários e, da mesma forma, não é possível a identificação da parcela do serviço utilizada por cada beneficiário.

(B) Serviços singulares e essenciais prestados pela Administração Pública direta e indireta.

(C) Serviços em que é possível a identificação do usuário e da parcela do serviço utilizada por cada beneficiário.

(D) Serviços que somente são prestados pela Administração Pública direta do Estado.

A: incorreta, pois essa definição é de serviços *uti universi*; serviços *uti singuli* são aqueles em que é possível identificar o usuário e a parcela do serviço utilizada por cada beneficiário; **B:** incorreta, pois serviços *uti singuli* são aqueles em que é possível identificar o usuário e a parcela do serviço utilizada por cada beneficiário, seja o serviço essencial ou não; **C:** correta, pois traz a exata definição de serviços *uti singuli*; um exemplo são os serviços de telefonia e energia elétrica; **D:** incorreta, pois tais serviços (*uti singuli*) podem ser prestados também pela Administração Pública indireta e até por particulares concessionários de serviço público, como é o caso do serviço de telefonia.
Gabarito "C".

8. DIREITO ADMINISTRATIVO

(OAB/Exame Unificado – 2011.3.B) São princípios próprios ou específicos dos serviços públicos, previstos na Lei 8.987/1995,

(A) moralidade, publicidade e legalidade.
(B) especificidade, publicidade e moralidade.
(C) continuidade, atualidade e cortesia.
(D) atratividade, mutualismo e comutatividade.

Os princípio próprios dos serviços públicos, previstos no art. 6º, § 1º, da Lei 8.987/1995, são os seguintes: regularidade, continuidade, eficiência, segurança, atualidade, generalidade, cortesia e modicidade das tarifas. Assim, apenas a alternativa "c" está correta.
Gabarito "C".

(OAB/Exame Unificado – 2007.3) A campanha de prevenção à dengue desenvolvida em todo o território nacional pelo Ministério da Saúde, inclusive com a utilização dos populares fumacês, pode ser classificada como serviço público

(A) social autônomo.
(B) *uti singuli.*
(C) social vinculado.
(D) *uti universi.*

Trata-se de serviço *uti universi*, pois é um serviço geral, com usuários indeterminados, ao contrário do serviço *uti singuli*, que se dirige a usuários determinados, como o de telefonia, água e energia elétrica.
Gabarito "D".

(FGV – 2010) Com relação aos *princípios inerentes* aos serviços públicos, analise as afirmativas a seguir.

I. O princípio da continuidade impede que haja suspensão do serviço público, ainda que motivada por razões técnicas.
II. As concessionárias de serviço público devem observar o princípio da eficiência, mantendo adequado o serviço executado.
III. A remuneração dos serviços públicos não pode abranger parâmetros diferenciados de cobrança em razão do princípio da modicidade.

Assinale:

(A) se somente a afirmativa I estiver correta.
(B) se somente a afirmativa II estiver correta.
(C) se somente as afirmativas I e II estiverem corretas.
(D) se somente as afirmativas II e III estiverem corretas.
(E) se todas as afirmativas estiverem corretas.

I: incorreta (art. 6º, § 3º, I, da Lei 8.987/1995); II: correta (art. 6º, § 1º, da Lei 8.987/1995); III: incorreta (art. 13 da Lei 8.987/1995).
Gabarito "B".

11.2. Concessão de serviço público

(OAB/Exame XXXVII) Após inúmeras tentativas de obter transparência e sanar constantes problemas na prestação de determinado serviço público federal junto à concessionária, Felipe decidiu apresentar manifestação perante a Ouvidoria da Administração Pública, para informar e buscar solução para recorrentes vícios que comprometem a realização adequada da atividade, o que considera violar os princípios da regularidade, continuidade e efetividade.

Sobre a hipótese narrada, considerando os direitos dos usuários de serviços públicos, assinale a afirmativa correta.

(A) A Administração não pode exigir a apresentação de motivos determinantes da manifestação de Felipe perante a Ouvidoria.
(B) Felipe não pode provocar a via administrativa por meio de manifestação, considerando que o serviço público é atividade econômica submetida à livre-iniciativa.
(C) A manifestação de Felipe é inócua, na medida em que a Administração não pode exigir da concessionária o respeito aos princípios que ele considera violados.
(D) A Administração deve recusar o recebimento da manifestação de Felipe, caso sua identificação não atenda às exigências determinadas pelo órgão, mesmo que estas possam vir a inviabilizar a sua manifestação.

A: Certa. São vedadas quaisquer exigências relativas aos motivos determinantes da apresentação de manifestações perante a ouvidoria (art. 10, § 2º, Lei 13.460/2017). **B:** Errada: Para garantir seus direitos, o usuário poderá apresentar manifestações perante a administração pública acerca da prestação de serviços públicos (art. 9º, Lei 13.460/2017). **C:** Errada. Toda concessão ou permissão pressupõe a prestação de serviço adequado ao pleno atendimento dos usuários, conforme estabelecido nesta Lei, nas normas pertinentes e no respectivo contrato (art. 6º, Lei 8.987/95). **D:** Errada. A identificação do requerente não conterá exigências que inviabilizem sua manifestação (art. 10, § 1º, Lei 13.460/2017). FC
Gabarito "A".

(OAB/Exame Unificado – 2020.1) O Município Beta concedeu a execução do serviço público de veículos leves sobre trilhos e, ao verificar que a concessionária não estava cumprindo adequadamente as obrigações determinadas no respectivo contrato, considerou tomar as providências cabíveis para a regularização das atividades em favor dos usuários. Nesse caso,

(A) impõe-se a encampação, mediante a retomada do serviço pelo Município Beta, sem o pagamento de indenização.
(B) a hipótese é de caducidade a ser declarada pelo Município Beta, mediante decreto, que independe da verificação prévia da inadimplência da concessionária.
(C) cabe a revogação do contrato administrativo pelo Município Beta, diante da discricionariedade e precariedade da concessão, formalizada por mero ato administrativo.
(D) é possível a intervenção do Município Beta na concessão, com o fim de assegurar a adequada prestação dos serviços, por decreto do poder concedente, que conterá designação do interventor, o prazo, os objetivos e os limites da medida.

A: incorreta, pois o instituto encampação impõe indenização e é usado quando há interesse público na retomada do serviço público para a esfera do Poder Público (art. 37 da Lei 8.987/95), e não quando há descumprimento de obrigações, caso em que cabe intervenção e, no limite, extinção da concessão pelo instituto da caducidade (art. 38 da Lei 8.987/95); **B:** incorreta, pois a caducidade depende da verificação da inadimplência da concessionária (art. 38, *caput*, da Lei 8.987/95); **C:** incorreta, pois a concessão é um contrato, portanto um ato não precário; por isso, não se fala em revogação, cabendo o instituto da encampação, que depende de lei e de indenização para ser aplicado; **D:** correta, nos termos do art. 32 da Lei 8.987/95; vale salientar que nada impede que a concessão seja também extinta pela caducidade, nos termos do art. 38 da Lei 8.987/95.
Gabarito "D".

600 — WANDER GARCIA, FLÁVIA CAMPOS E RODRIGO BORDALO

(OAB/Exame Unificado – 2019.1) O Governo do Estado Alfa, para impulsionar o potencial turístico de uma região cercada de belíssimas cachoeiras, pretende asfaltar uma pequena estrada que liga a cidade mais próxima ao local turístico. Com vistas à melhoria do serviço público e sem dinheiro em caixa para arcar com as despesas, o Estado decide publicar edital para a concessão da estrada, com fundamento na Lei nº 8.987/95, cabendo ao futuro concessionário a execução das obras. Com base na hipótese apresentada, assinale a afirmativa correta.

(A) O edital poderá prever, em favor da concessionária, outras fontes de receita além daquela oriunda do pedágio; a renda adicional deve favorecer a modicidade tarifária, reduzindo a tarifa paga pelos usuários.

(B) Um grande investidor (pessoa física) pode ser contratado pelo poder concedente, caso demonstre capacidade de realização das obras.

(C) A concessão pode ser feita mediante licitação na modalidade tomada de preços, caso as obras necessárias estejam orçadas em até R$ 1.500.000,00 (um milhão e quinhentos mil reais).

(D) O poder concedente não poderá exigir no edital garantias do concessionário de que realizará as obras a contento, dado que a essência do contrato de concessão é a delegação de serviço público.

A: correta; nos termos do art. 11 da Lei 8.987/95, (...) poderá o poder concedente prever, em favor da concessionária, no edital de licitação, a possibilidade de outras fontes provenientes de receitas (...), com vistas a favorecer a modicidade das tarifas (...); **B:** incorreta, pois as concessões de serviço público só podem ser outorgadas em favor de uma pessoa jurídica ou de um consórcio de empresas, e nunca a uma pessoa física (art. 2º, II e III, da Lei 8.987/95); **C:** incorreta, pois as concessões de serviço público só podem ser outorgadas mediante licitação na modalidade concorrência (e não tomada de preços) (art. 2º, II e III, da Lei 8.987/95); **D:** incorreta, pois são cláusulas essenciais do contrato de concessão as relativas à qualidade da prestação do serviço (art. 23, III, da Lei 8.987/95).
Observação importante! De acordo com as alterações promovidas pela Lei 14.133/2021, as concessões de serviço público, inclusive as parcerias público-privadas, devem ser licitadas pelas modalidades *concorrência* ou *diálogo competitivo*. RB
Gabarito "A".

(OAB/Exame Unificado – 2018.3) A sociedade empresária Beta assinou, na década de 1990, contrato de concessão de serviço de transporte público. Desde então, vem utilizando os mesmos ônibus no transporte de passageiros, não se preocupando com a renovação da frota, tampouco com o conforto dos usuários ou com o nível de emissão de poluentes. Em paralelo, com a natural evolução tecnológica, sabe-se que os veículos atualmente estão mais bem equipados, são mais seguros e, naturalmente, emitem menos poluentes. Com base no caso narrado, assinale a afirmativa correta.

(A) A renovação da frota visa a atender ao princípio da atualidade, que exige das concessionárias o emprego de equipamentos modernos.

(B) Constitui interesse público a utilização de ônibus novos, mais econômicos, eficientes e confortáveis; por isso, independentemente de lei autorizativa, pode o poder concedente encampar o contrato de concessão, retomando o serviço público.

(C) Se a concessionária desrespeitar os parâmetros de qualidade do serviço estabelecidos no contrato, a concessão poderá ser extinta unilateralmente pelo poder concedente, aplicando-se o instituto da rescisão.

(D) Ao fim da concessão, os veículos utilizados retornam ao poder concedente, independentemente de expressa previsão no edital e no contrato.

A: correta; a Lei 8.987/95 impõe que os concessionários de serviço público prestem um serviço adequado; de acordo com a lei, o serviço adequado impõe a atualidade desse serviço (art. 6º, § 1º); e, ao definir a atualidade, a lei estabelece que esta "compreende a modernidade das técnicas, do equipamento e das instalações e a sua conservação, bem como a melhoria e expansão do serviço" (art. 6º, § 2º); **B:** incorreta, pois a encampação depende de lei autorizativa específica (art. 37 da Lei 8.987/95); **C:** incorreta, pois o descumprimento de suas obrigações permite a extinção unilateral da concessão, mas aplicando-se o instituto da *caducidade* (art. 38, § 1º, I) e não da *rescisão*; **D:** incorreta, pois esse retorno, que tem o nome de reversão, será feito nos termos do previsto no edital e no contrato (art. 35, § 1º, da Lei 8.987/95).
Gabarito "A".

(OAB/Exame Unificado – 2018.1) A União celebrou com a empresa Gama contrato de concessão de serviço público precedida de obra pública. O negócio jurídico tinha por objeto a exploração, incluindo a duplicação, de determinada rodovia federal. Algum tempo após o início do contrato, o poder concedente identificou a inexecução de diversas obrigações por parte da concessionária, o que motivou a notificação da contratada. Foi autuado processo administrativo, ao fim do qual o poder concedente concluiu estar prejudicada a prestação do serviço por culpa da contratada. Com base na hipótese apresentada, assinale a afirmativa correta.

(A) O contrato é nulo desde a origem, eis que a concessão de serviços públicos não pode ser precedida da execução de obras públicas.

(B) O poder concedente pode declarar a caducidade do contrato de concessão, tendo em vista a inexecução parcial do negócio jurídico por parte da concessionária.

(C) O poder concedente deve, necessariamente, aplicar todas as sanções contratuais antes de decidir pelo encerramento do contrato.

(D) O processo administrativo tem natureza de inquérito e visa coletar informações precisas dos fatos; por isso, não há necessidade de observar o contraditório e a ampla defesa da concessionária.

A: incorreta, pois a Lei 8.987/1995 regulamenta a concessão de serviço público precedida da execução de obra pública (art. 2º, III); **B:** correta, pois a inexecução de obrigações pela concessionária dá ensejo à declaração de caducidade do contrato (art. 38, *caput*, da Lei 8.987/1995). Essa declaração depende de notificação prévia do concessionário e do devido processo administrativo (art. 38, § 2º, da Lei 8.987/1995), providências que foram tomadas pela Administração no caso concreto; **C:** incorreta, pois no caso em tela o poder concedente deve ou declarar a caducidade (a extinção) da concessão ou aplicar as sanções contratuais pela inexecução das obrigações (art. 38, *caput*, da Lei 8.987/1995), não sendo correto dizer que deve necessariamente aplicar todas as sanções contratuais; **D:** incorreta, pois o processo administrativo em tela deve respeitar o direito de ampla defesa, que deve incluir o contraditório (art. 38, § 2º, da Lei 8.987/1995).
Gabarito "B".

8. DIREITO ADMINISTRATIVO

(OAB/Exame Unificado – 2015.3) Após dezenas de reclamações dos usuários do serviço de transporte metroviário, o Estado Y determinou a abertura de processo administrativo para verificar a prestação inadequada e ineficiente do serviço por parte da empresa concessionária. Caso se demonstre a inadimplência, como deverá proceder o poder público concedente?

(A) Declarar, por decreto, a caducidade da concessão.

(B) Declarar, por decreto, a encampação do serviço.

(C) Declarar, por decreto, após lei autorizativa, a revogação da concessão.

(D) Declarar, por lei, a anulação do contrato de concessão.

A: correta (art. 38, § 1º, I, da Lei 8.987/1995); **B**: incorreta, pois a encampação é a extinção da concessão do serviço público por motivo de *interesse público* e não por *ineficiência/inadequação* do concessionário (art. 37 da Lei 8.987/1995); **C** e **D**: incorretas, pois a ineficiência ou inadequação do usuário é causa de *caducidade* e não de *revogação* ou mesmo de *anulação* da concessão (art. 38, § 1º, I, da Lei 8.987/1995).
Gabarito "A".

(OAB/Exame Unificado – 2015.1) O Estado X, após regular processo licitatório, celebrou contrato de concessão de serviço público de transporte intermunicipal de passageiros, por ônibus regular, com a sociedade empresária "F", vencedora do certame, com prazo de 10 (dez) anos. Entretanto, apenas 5 (cinco) anos depois da assinatura do contrato, o Estado publicou edital de licitação para a concessão de serviço de transporte de passageiros, por ônibus do tipo executivo, para o mesmo trecho. Diante do exposto, assinale a afirmativa correta.

(A) A sociedade empresária "F" pode impedir a realização da nova licitação, uma vez que a lei atribui caráter de exclusividade à outorga da concessão de serviços públicos.

(B) A outorga de concessão ou permissão não terá caráter de exclusividade, salvo no caso de inviabilidade técnica ou econômica devidamente justificada.

(C) A lei atribui caráter de exclusividade à concessão de serviços públicos, mas a violação ao comando legal somente confere à sociedade empresária "F" direito à indenização por perdas e danos.

(D) A lei veda a atribuição do caráter de exclusividade à outorga de concessão, o que afasta qualquer pretensão por parte da concessionária, salvo o direito à rescisão unilateral do contrato pela concessionária, mediante notificação extrajudicial.

A e **C**: incorretas, pois o caso em questão traz dois tipos de serviços diferentes (de transporte intermunicipal comum e de transporte por ônibus do tipo executivo), devendo cada empresa concessionária atuar em seu ramo de serviço; ademais, segundo o art. 16 da Lei 8.987/1995, a outorga de concessão ou permissão não terá caráter de exclusividade, salvo o caso de inviabilidade técnica ou econômica justificada, o que não acontece no caso em tela; **B**: correta (art. 16 da Lei 8.987/1995); **D**: incorreta, pois, como se viu, a lei dispõe que não haverá exclusividade e no caso em tela cada concessionária atuará num tipo de serviço diferente, não havendo qualquer justificativa para a rescisão unilateral mencionada.
Gabarito "B".

(OAB/Exame Unificado – 2015.1) Após fortes chuvas, devido ao enorme volume de água, parte de uma rodovia federal sofreu rachaduras e cedeu, tornando necessária a interdição da pista e o desvio do fluxo de tráfego até a conclusão das obras de reparo. A exploração da rodovia havia sido concedida, mediante licitação, à sociedade empresária "Traffega", e esta não foi capaz de lidar com a situação, razão pela qual foi decretada a intervenção na concessão.

Sobre a hipótese apresentada, assinale a afirmativa correta.

(A) A intervenção somente pode ser decretada após a conclusão de processo administrativo em que seja assegurada a ampla defesa.

(B) A administração do serviço será devolvida à concessionária, cessada a intervenção, se não for extinta a concessão.

(C) A intervenção decorre da supremacia do interesse público sobre o privado e dispensa a instauração de processo administrativo.

(D) A intervenção é causa obrigatória de extinção da concessão e assunção do serviço pelo poder concedente.

A: incorreta, pois a intervenção na concessão, que será determinada por decreto do poder concedente, dar-se-á imediatamente, diferindo-se a ampla defesa para o momento seguinte, ocasião em que se terá 30 dias para instaurar um processo administrativo para comprovar as causas determinantes da medida e apurar responsabilidades, devolvendo-se o serviço ao concessionário e pagando-se indenização a ele, caso comprovado que ele não observou os ditames legais (art. 33, *caput* e § 1º, da Lei 8.987/1995); **B**: correta (art. 34 da Lei 8.987/1995); **C**: incorreta, pois é necessário instaurar processo administrativo para comprovar as causas determinantes da medida e apurar responsabilidades, assegurado o direito de ampla defesa, sendo que, "se ficar comprovado que a intervenção não observou os pressupostos legais e regulamentares será declarada sua nulidade, devendo o serviço ser imediatamente devolvido à concessionária, sem prejuízo de seu direito à indenização", valendo informar que o procedimento administrativo em questão "deverá ser concluído no prazo de até cento e oitenta dias, sob pena de considerar-se inválida a intervenção" (art. 33 da Lei 8.987/1995); **D**: incorreta, pois a intervenção não está prevista na lei como motivo suficiente para a extinção da concessão (art. 35 da Lei 8.987/1996), lembrando-se que, "cessada a intervenção, se não for extinta a concessão, a administração do serviço será devolvida à concessionária, precedida de prestação de contas pelo interventor, que responderá pelos atos praticados durante a sua gestão" (art. 34 da Lei 8.987/1995).
Gabarito "B".

(OAB/Exame Unificado – 2014.2) Caso o Estado delegue a reforma, manutenção e operação de uma rodovia estadual à iniciativa privada, com a previsão de que a amortização dos investimentos e a remuneração do particular decorram apenas da tarifa cobrada dos usuários do serviço, estaremos diante de uma

(A) concessão de obra pública.

(B) concessão administrativa.

(C) concessão patrocinada.

(D) concessão de serviço público precedida da execução de obra pública.

A, B e **C**: incorretas, pois o instituto correto é a *concessão de serviço público precedida da execução de obra pública* (art. 2º, III, da Lei 8.987/1995); também não se trata de concessão patrocinada, pois nesta, além das tarifas cobradas do usuário, há contraprestação pecuniária

do parceiro público (art. 2º, § 1º, da Lei 11.079/2004); **D**: correta (art. 2º, III, da Lei 8.987/1995).
Gabarito "D".

(OAB/Exame Unificado – 2014.1) O Estado X publicou edital de concorrência para a concessão de uma linha de transporte aquaviário interligando os municípios A e B, situados em seu território, por meio do Rio Azulão. Sobre o tema da concessão de serviços públicos, e considerando os dados acima narrados, assinale a afirmativa correta.

(A) A outorga de concessão de serviço público, em regra, se dá em caráter de exclusividade.

(B) O edital de licitação pode prever a utilização de receitas alternativas, provenientes da exploração de placas publicitárias, com vistas a favorecer a modicidade das tarifas.

(C) Não se admite a inserção, no contrato, de cláusula que preveja a arbitragem para a resolução de conflitos.

(D) Na licitação para a concessão de serviços públicos, não se admite a inversão da ordem das fases de habilitação e julgamento.

A: incorreta, pois, de acordo com o art. 16 da Lei 8.987/1995, a outorga de concessão ou permissão não terá caráter de exclusividade, exceto no caso de inviabilidade técnica ou econômica justificada no ato a que se refere o art. 5º da lei; **B:** correta (art. 18, VI. c/c com art. 11, *caput*, ambos da Lei 8.987/1995); **C:** incorreta, pois "o contrato de concessão poderá prever o emprego de mecanismos privados para resolução de disputas decorrentes ou relacionadas ao contrato, inclusive a arbitragem, a ser realizada no Brasil e em língua portuguesa, nos termos da Lei n. 9.307, de 23 de setembro de 1996" (art. 23-A da Lei 8.987/1995); **D:** incorreta, pois o art. 18-A da Lei 8.987/1995 admite que o edital preveja a inversão de fases mencionada.
Gabarito "B".

(OAB/Exame Unificado – 2012.2) Uma concessionária de serviço público, em virtude de sua completa inadequação na prestação do serviço, não consegue executar o contrato. Nesse caso, segundo a Lei n. 8.987/1995, poderá ser declarada, a critério do poder concedente, a extinção do contrato por

(A) caducidade.

(B) encampação.

(C) anulação.

(D) revogação.

A: correta, pois a extinção da concessão por motivo de culpa do concessionário tem o nome de caducidade; as hipóteses de caducidade estão previstas no art. 38, § 1º, da Lei 8.987/1995, sendo que o inciso I trata da configuração da caducidade por "inadequação da prestação do serviço"; **B:** incorreta, pois a encampação (ou resgate) é a extinção da concessão por motivo de interesse público (art. 37 da Lei 8.987/1995), e não por culpa do concessionário; **C:** incorreta, pois a anulação é a extinção da concessão por motivo de ilegalidade, e não por culpa do concessionário; **D:** incorreta, pois a revogação é a extinção de ATOS administrativos (e não de CONCESSÕES de serviço público) por motivo de interesse público.
Gabarito "A".

(OAB/Exame Unificado – 2011.1) Ao tomar conhecimento de que o serviço público de transporte aquaviário concedido estava sendo prestado de forma inadequada, causando gravíssimos transtornos aos usuários, o ente público, na qualidade de poder concedente, instaurou regular processo administrativo de verificação da inadimplência

da concessionária, assegurando-lhe o contraditório e a ampla defesa. Ao final do processo administrativo, restou efetivamente comprovada a inadimplência, e o poder concedente deseja extinguir a concessão por inexecução contratual. Qual é a modalidade de extinção da concessão a ser observada no caso narrado?

(A) Anulação.

(B) Caducidade.

(C) Rescisão.

(D) Encampação.

O instituto que se aplica ao caso concreto é o da *caducidade*, que é a extinção da concessão por inadimplência do concessionário (art. 38 da Lei 8.987/1995), justamente o que fez a concessionária no caso concreto. A anulação não se aplica, pois é a extinção da concessão por *ilegalidade*. A rescisão é terminologia empregada, na concessão de serviço público, para a extinção desta por culpa do poder concedente, a pedido da concessionária. E a encampação também não se aplica ao caso narrado, pois é a extinção da concessão por motivo de interesse público. Porém, é bom que fique claro que a questão está mal formulada. Isso porque o enunciado narra conduta do poder concedente insuficiente para decretar a caducidade. Segundo a Lei 8.987/95, o poder concedente, quando tomar conhecimento de que o serviço público está sendo prestado de forma inadequada, deve, em primeiro lugar (antes de instaurar processo administrativo de inadimplência!), comunicar à concessionária detalhadamente os descumprimentos contratuais, dando-lhe prazo para corrigir as falhas e transgressões apontadas e para o enquadramento, nos termos contratuais (art. 38, § 3º, da Lei 8.987/1995). Assim, a situação narrada no enunciado não permitia, ainda, a o decreto de caducidade.
Gabarito "B".

(OAB/Exame Unificado – 2010.2) Uma determinada empresa concessionária transfere o seu controle acionário para uma outra empresa privada, sem notificar, previamente, o Poder concedente, parte no contrato de concessão. Assinale a alternativa que indique a medida que o Poder concedente poderá tomar, se não restarem atendidas as mesmas exigências técnicas, de idoneidade financeira e regularidade jurídica por esta nova empresa.

(A) Poderá o Poder concedente declarar a caducidade da concessão, tendo em vista o caráter *intuitu personae* do contrato de concessão.

(B) Poderá retomar o serviço, por motivo de interesse público, através da encampação, autorizada por lei específica, após prévio pagamento da indenização.

(C) Poderá o Poder concedente anular o contrato de concessão, através de decisão administrativa, uma vez que a transferência acionária da empresa concessionária sem a notificação prévia ao Poder concedente gera irregularidade, insusceptível de convalidação.

(D) Nada poderá fazer o Poder concedente, uma vez que a empresa concessionária, apesar da alteração societária, não desnatura o caráter *intuitu personae* do contrato de concessão.

A: correta, pois, segundo o art. 27 da Lei 8.987/1995, "a transferência de concessão ou do controle societário da concessionária sem prévia anuência do poder concedente implicará a **caducidade** da concessão"; de fato, a extinção da concessão por *inexecução de obrigações* por parte do concessionário tem o nome de *caducidade*, conforme se verifica do art. 38 da Lei 8.987/1995, e, no caso narrado na alternativa, há inexecução de obrigação ("solicitar prévia anuência do poder concedente"), de modo que a extinção da concessão no caso só poderia ter o nome de

caducidade, daí o porquê da redação do art. 27 citado; **B:** incorreta, pois a encampação, que é a extinção da concessão por motivo de interesse público (art. 37 da Lei 8.987/1995), só se aplica quando não for o caso de extinção da concessão por outro motivo; assim, se há ilegalidade na concessão, deve-se anulá-la; se há inexecução de obrigações pelo concessionário, deve-se extinguir a concessão por caducidade; e se a concessão estiver livre de ilegalidades e o concessionário estiver cumprindo seus deveres, mas não mais existir interesse público na manutenção da concessão, esta deve ser extinta pela encampação; no caso, como havia descumprimento de obrigações pela concessionária, de rigor a extinção da concessão pela caducidade, como se viu; **C:** incorreta, pois a anulação de uma concessão só deve ser promovida quando esta já tiver sido iniciada com ilegalidade (por ex., sem licitação prévia), o que não ocorre no caso; **D:** incorreta, pois o art. 27 da Lei 8.987/1995 deixa claro que mesmo a simples transferência do controle acionário da concessionária sem a anuência do poder concedente implicará a caducidade da concessão.
Gabarito "A".

(OAB/Exame Unificado – 2009.3) Assinale a opção correta de acordo com a Lei n.º 8.987/1995, que dispõe sobre o regime de concessão e permissão da prestação de serviços públicos.

(A) A permissão de serviço público ocorre mediante título precário e sem licitação.

(B) As concessões e permissões estão sujeitas à fiscalização pelo poder concedente responsável pela delegação, independentemente da cooperação dos usuários.

(C) Considera-se concessão de serviço público a delegação de sua prestação, feita pelo poder concedente, mediante licitação, na modalidade de concorrência, à pessoa jurídica ou consórcio de empresas que demonstre capacidade para seu desempenho, por sua conta e risco e por prazo determinado.

(D) A concessão de serviço público que não for precedida da execução de obra pública poderá ser formalizada mediante acordo verbal.

A: incorreta. A permissão depende de licitação (art. 2°, IV, da Lei 8.987/1995); **B:** incorreta (art. 3° da Lei 8.987/1995); **C:** correta (art. 2°, II, da Lei 8.987/1995); **D:** incorreta (art. 4° da Lei 8.987/1995).
Observação importante! Conforme alteração promovida pela Lei 14.133/2021, consideração concessão de serviço público a delegação de sua prestação, feita pelo poder concedente, mediante licitação, na modalidade concorrência *ou diálogo competitivo*, a pessoa jurídica ou consórcio de empresas que demonstre capacidade para seu desempenho, por sua conta e risco e por prazo determinado (art. 2°, II, da Lei 8.987/1995). [RB]
Gabarito "C".

(OAB/Exame Unificado – 2009.2) Considere que, após o devido processo licitatório, a administração pública tenha delegado a execução de um serviço público a um particular para que este executasse o serviço em seu próprio nome, por sua conta e risco, pelo prazo de 5 (cinco) anos. Em troca, conforme previsão contratual, o particular receberia, a título de remuneração, a tarifa paga pelos usuários do serviço. Nesse caso, a administração pública firmou contrato de

(A) autorização de serviço público.

(B) empreitada de serviço público.

(C) concessão de serviço público.

(D) permissão de serviço público.

O fato de a Administração Pública ter feito essa delegação por prazo determinado faz com que a situação caracterize um *contrato* (*concessão*), e não mero ato *unilateral* e *precário* (típicos da *autorização* e da *permissão*; só a título de informação, o que diferencia a *permissão* da *autorização* é o fato de a permissão exigir *licitação*, apesar de o vínculo subsequente ser precário, ou seja, permitir seu desfazimento a qualquer tempo, independentemente de indenização). O fato é que o próprio enunciado da questão caracteriza como *contratual* a relação. Assim, incide o disposto no art. 2°, II e III, da Lei 8.987/1995, caracterizando a *concessão*. Não se trata de empreitada, pois, no caso, há delegação de serviço público, com tarifas pagas pelos usuários, e não mero acerto para a realização de uma obra.
Gabarito "C".

(OAB/Exame Unificado – 2009.1) Conforme dispõe a lei geral de concessões, a encampação consiste

(A) no retorno dos bens públicos aplicados na execução do objeto do contrato de concessão ao poder concedente.

(B) na declaração de extinção do contrato de concessão em face da inexecução total ou parcial do contrato, desde que respeitados o devido processo legal, o contraditório e a ampla defesa.

(C) na retomada do serviço pelo poder concedente durante o prazo da concessão, por motivo de interesse público, mediante lei autorizativa específica e após prévio pagamento da indenização.

(D) no fim do contrato de concessão, por iniciativa do concessionário, quando houver descumprimento das condições do contrato pelo poder concedente.

Art. 37 da Lei 8.987/1995.
Gabarito "C".

(OAB/Exame Unificado – 2008.3) Um município não paga, há mais de 6 meses, as contas decorrentes do fornecimento de energia elétrica. A concessionária do serviço, após dois avisos de que o fornecimento de energia seria interrompido, suspendeu a prestação do serviço ao Município, impossibilitando a fruição da energia elétrica em todos os prédios públicos e, ainda, nos espaços públicos, como ruas e praças. O Município recorreu ao Poder Judiciário, requerendo que fosse determinado à concessionária o restabelecimento da prestação do serviço. Com relação à situação hipotética apresentada, assinale a opção correta.

(A) É ilegal a suspensão do fornecimento de energia elétrica para espaços públicos como ruas e praças, pois a suspensão atinge os cidadãos de forma geral, os quais pagam os seus impostos e não podem ser responsabilizados pela inadimplência do Município.

(B) A concessionária não pode suspender o fornecimento de energia elétrica nas unidades e serviços públicos nos quais não se admite paralisação, como, por exemplo, hospitais e postos de saúde, haja vista a impossibilidade de descontinuidade da prestação desses serviços.

(C) A taxa ou preço público que deveria ser paga pelo Município à concessionária é suficiente para demonstrar o caráter obrigatório e essencial do serviço.

(D) No que diz respeito ao fornecimento da energia elétrica, a relação entre o Município e a concessionária caracteriza-se como relação de consumo.

A: incorreta. O STJ admite o corte de energia pela inadimplência do Município (Suspensão de Liminar e de Sentença 1.124/PE, rel. Min. Cesar Afsor Rocha, DJe 14.10.2009); **B:** correta. De fato, o STJ entende que o corte não é possível quanto aos serviços essenciais, como os serviços na área de saúde (*vide*, p. ex., o REsp 705.983/RS, DJ 18.11.2008); **C:** incorreta. A contraprestação devida não se trata de *taxa*, mas de *tarifa*; **D:** incorreta. A relação de consumo, no caso, não foi reconhecida pelo STJ (REsp 913.711, DJ 16.09.2008). *(Obs.: apesar de estar correta, a questão foi anulada pela OAB).*
Gabarito "B".

(OAB/Exame Unificado – 2008.3) Acerca do regime de concessão e permissão da prestação de serviços públicos, previsto no art. 175 da CF e regulado pela Lei n.º 8.987/1995, assinale a opção correta.

(A) A subconcessão dos serviços pela concessionária contratada pelo poder concedente é de livre pactuação.

(B) A transferência do controle societário da concessionária sem prévia anuência do poder concedente não atinge o contrato de concessão.

(C) Os contratos relativos à concessão de serviço público precedido da execução de obra pública deverão, adicionalmente aos demais requisitos previstos para os outros tipos de concessão, estipular os cronogramas físico-financeiros de execução das obras vinculadas à concessão.

(D) O contrato de concessão, por constituir contrato administrativo, não pode submeter-se ao emprego de mecanismos privados para resolução de disputas, como, por exemplo, a arbitragem.

A: incorreta (art. 26 da Lei 8.987/1995); **B:** incorreta (art. 27 da Lei 8.987/1995); **C:** correta (art. 23, parágrafo único, I, da Lei 8.987/1995); **D:** incorreta (art. 23-A da Lei 8.987/1995).
Gabarito "C".

(OAB/Exame Unificado – 2008.1) De acordo com a lei que dispõe sobre o regime de concessão e permissão da prestação de serviços públicos, assinale a opção incorreta.

(A) Considera-se poder concedente a autarquia, fundação, empresa pública ou sociedade de economia mista em cuja competência se encontre o serviço público precedido, necessariamente, da execução de obra pública, objeto de concessão ou permissão.

(B) Considera-se concessão de serviço público precedida da execução de obra pública a construção, total ou parcial, conservação, reforma, ampliação ou melhoramento de quaisquer obras de interesse público, delegada pelo poder concedente, mediante licitação, na modalidade de concorrência, à pessoa jurídica ou consórcio de empresas que demonstre capacidade para a sua realização, por sua conta e risco, de forma que o investimento da concessionária seja remunerado e amortizado mediante a exploração do serviço ou da obra por prazo determinado.

(C) Considera-se concessão de serviço público a delegação de sua prestação, feita pelo poder concedente, mediante licitação, na modalidade de concorrência, à pessoa jurídica ou consórcio de empresas que demonstre capacidade para seu desempenho, por sua conta e risco e por prazo determinado.

(D) Considera-se permissão de serviço público a delegação, a título precário, mediante licitação, da prestação de serviços públicos, feita pelo poder concedente à

pessoa física ou jurídica que demonstre capacidade para seu desempenho, por sua conta e risco.

A: incorreta, devendo ser assinalada. Só uma pessoa de direito público pode ser poder concedente; **B:** correta (art. 2º, III, da Lei 8.987/1995); **C:** correta (art. 2º, II, da Lei 8.987/1995); **D:** correta (art. 2º, IV, da Lei 8.987/1995).
Gabarito "A".

(OAB/Exame Unificado – 2007.3) Suponha-se que, em um contrato de concessão de manutenção de rodovia, o poder concedente tenha aumentado o prazo contratual, sob o fundamento de que teria havido alterações nos deveres contratuais da concessionária, o que teria causado desbalanceamento do equilíbrio econômico-financeiro do contrato. Nessa situação, o procedimento do poder concedente

(A) é irregular, visto que o contrato de concessão está sempre vinculado ao que foi determinado no edital da licitação prévia.

(B) é regular, visto que o aumento do prazo, além de repor o equilíbrio de contrato, pode evitar que se fira, com o aumento de tarifa, o princípio da modicidade da tarifa.

(C) só pode ser considerado regular no caso de a alteração dos deveres contratuais ser decorrente de força maior ou caso fortuito.

(D) pode ser considerado regular, desde que o aumento do prazo contratual não ultrapasse o percentual de 25% em relação ao prazo estabelecido originariamente.

Art. 9º, § 4º (equilíbrio), c/c art. 11 (modicidade) c/c art. 23, XII (prorogação da concessão), da Lei 8.987/1995.
Gabarito "B".

(OAB/Exame Unificado – 2007.2) Acerca das definições contidas na Lei de Concessões Públicas (Lei n.º 8.987/1995), assinale a opção correta.

(A) A criação, alteração ou extinção de quaisquer tributos ou encargos legais, após a apresentação da proposta, mesmo quando não comprovado seu impacto, implica a revisão da tarifa, para mais ou para menos, conforme o caso.

(B) Não será desclassificada, *ab initio*, a proposta que, para sua viabilização, necessite de vantagens ou subsídios que não estejam previamente autorizados em lei e à disposição de todos os concorrentes.

(C) A concessão de serviço público é a delegação de sua prestação, feita pelo poder concedente, mediante qualquer modalidade de licitação, à pessoa jurídica ou consórcio de empresas que demonstre capacidade para seu desempenho, por sua conta e risco e por prazo determinado.

(D) O serviço público é adequado quando satisfizer as condições de regularidade, continuidade, eficiência, segurança, atualidade, generalidade, cortesia na sua prestação e modicidade das tarifas.

A: incorreta (art. 9º, § 3º, da Lei 8.987/1995); **B:** incorreta (art. 17 da Lei 8.987/1995); **C:** incorreta (art. 2º, II, da Lei 8.987/1995 – concorrência); **D:** correta (art. 6º, § 1º, da Lei 8.987/1995).
Gabarito "D".

8. DIREITO ADMINISTRATIVO

(FGV – 2014) A prestação de serviços públicos no Brasil poderá ser feita de forma direta ou indireta. Uma das formas de delegação da prestação de serviços público é o contrato de concessão. Esse contrato poderá ser extinto por meio de várias formas previstas na Lei n. 8.987/1995. Com relação a essas formas de extinção, assinale a afirmativa correta.

(A) O contrato de concessão não pode ser extinto por iniciativa da concessionária em nenhuma hipótese.

(B) Uma vez decretada a intervenção a concessão será necessariamente extinta.

(C) Somente por ordem judicial a encampação poderá ser decretada.

(D) Todas as formas de extinção da concessão são auto-executáveis.

(E) A inexecução total ou parcial do serviço por parte da concessionária pode levar a caducidade da concessão.

A: incorreta, pois pode ser extinto por iniciativa da concessionária no caso de descumprimento das normas contratuais pelo poder concedente, mediante ação judicial especialmente intentada para esse fim (art. 39, *caput*, da Lei 8.987/95); **B:** incorreta, pois o art. 34 da Lei 8.987/1995 dispõe que "cessada a intervenção, se não for extinta a concessão, a administração do serviço será devolvida à concessionária, precedida de prestação de contas pelo interventor, que responderá pelos atos praticados durante a sua gestão"; **C:** incorreta, pois a encampação se dá por decisão administrativa do poder concedente, submetida a apreciação do Legislativo, não sendo necessária a intervenção judicial (art. 37 da Lei 8.987/1995); **D:** incorreta, pois a encampação requer autorização legislativa e a extinção por pedido do concessionário requer decisão judicial (arts. 37 e 39 da Lei 8.987/95); **E:** correta (art. 38, *caput*, da Lei 8.987/95).
Gabarito "E".

(FGV – 2013) Em relação à *extinção da concessão de um serviço público,* analise as afirmativas a seguir.

I. A reversão no advento do termo contratual far-se-á com a indenização das parcelas dos investimentos vinculados a bens reversíveis, ainda não amortizados ou depreciados, que tenham sido realizados com o objetivo de garantir a continuidade e a atualidade do serviço concedido.

II. A retomada do serviço pelo poder concedente durante o prazo da concessão, por motivo de interesse público, denomina-se caducidade.

III. A inexecução total ou parcial do contrato acarretará, a critério do poder concedente, a rescisão do contrato de concessão ou a aplicação das sanções contratuais.

Assinale:

(A) se somente a afirmativa I estiver correta.

(B) se somente as afirmativas I e II estiverem corretas.

(C) se somente as afirmativas II e III estiverem corretas.

(D) se somente a afirmativa III estiver correta.

(E) se todas as afirmativas estiverem corretas.

I: correta (art. 36 da Lei 8.987/1995); **II:** incorreta, pois o nome dessa retomada é encampação (art. 37 da Lei 8.987/1995); **III:** incorreta, pois a lei (art. 38, *caput*, da Lei 8.987/1995) não usa a expressão "rescisão do contrato de concessão", mas sim "a declaração de caducidade da concessão", reservando a primeira expressão ("rescisão") para o pedido de extinção da concessão feito pelo particular, por culpa da Administração (art. 39 da Lei 8.987/1995).
Gabarito "A".

(FGV – 2011) A retomada do serviço público pelo poder concedente durante o prazo da concessão, por motivo de interesse público, denomina-se encampação e depende de

(A) instauração de processo administrativo de verificação de inadimplência, assegurado o direito de ampla defesa ao concessionário, e lei autorizativa específica, precedida de audiência pública.

(B) autorização prévia da Agência Reguladora de Serviços Públicos Concedidos e indenização das parcelas dos investimentos vinculados a bens reversíveis, ainda não amortizados ou depreciados, que tenham sido realizados com o objetivo de garantir a continuidade e atualidade do serviço concedido.

(C) lei autorizativa específica e prévio pagamento de indenização das parcelas dos investimentos vinculados a bens reversíveis, ainda não amortizados ou depreciados, que tenham sido realizados com o objetivo de garantir a continuidade e atualidade do serviço concedido.

(D) instauração de processo administrativo de verificação da execução contratual e autorização prévia da Agência Reguladora de Serviços Públicos Concedidos

(E) prévio decreto de intervenção, editado pelo poder concedente, contendo a designação do interventor, o prazo da intervenção e os limites da medida.

A: incorreta, pois essa assertiva diz respeito à extinção da concessão pela *caducidade* (art. 38 da Lei 8.987/1997); **B:** incorreta, pois é necessária a prévia autorização do Legislativo (autorização legislativa), e não mera autorização de agência reguladora (art. 37 da Lei 8.987/1995); **C:** correta, nos termos do art. 37 da Lei 8.987/1995; **D:** incorreta, pois o art. 37 da Lei 8.987/1995 dispõe que a encampação depende de lei autorizativa específica e de prévio pagamento de indenização; **E:** incorreta, pois, como se viu, são necessários autorização legislativa e prévia indenização, não se falando em decreto de intervenção pelo poder concedente.
Gabarito "C".

11.3. Parceria público-privada (PPP)

(OAB/Exame XXXIX) Diante da necessidade de vultosos investimentos em infraestrutura e para atrair a iniciativa privada, a União divulgou, pelos meios de comunicação, que pretende realizar uma parceria público-privada, na modalidade concessão patrocinada, salientando que já ficou caracterizado que cerca de 75% (setenta e cinco por cento) da remuneração do parceiro privado deverá ser paga pela Administração.

Tal notícia despertou o interesse da sociedade Considera, que procurou a sua assessoria jurídica acerca da contratação pretendida.

Diante dessa situação hipotética, assinale a alternativa correta, à luz da Lei nº 11.079/2004.

(A) A concessão patrocinada pretendida depende de autorização legislativa específica.

(B) Acaso vença a licitação, a própria sociedade Considera poderá formalizar o respectivo contrato administrativo para implantar e gerir o objeto da parceria.

(C) A contraprestação da União no contrato em questão deverá ser realizada exclusivamente por ordem bancária.

(D) Não é possível que a União preste garantia das obrigações pecuniárias contraídas pela Administração Pública.

A: Certa. Art. 10, § 3º, Lei 11.079/04. As concessões patrocinadas em que mais de 70% (setenta por cento) da remuneração do parceiro privado for paga pela Administração Pública dependerão de autorização legislativa específica. **B:** Errada. Tem que constituir uma sociedade de propósitos específicos (SPE). Art. 9º, Lei 11.079/04. **C:** Errada. Pode ser em uma das hipóteses do art. 6º, Lei 11.079/04. **D:** Errada. A lei prevê as formas de garantias (art. 8º, Lei 11.079/04). FC

Gabarito "A".

(OAB/Exame XXXVII) O Estado Delta, com o fim de combater grave crise no sistema carcerário, realizou os estudos pertinentes para contratar uma concessão administrativa, de modo a delegar os serviços de determinado presídio, abarcando as atividades de limpeza e manutenção predial (incluindo reformas), bem como o fornecimento de alimentação e de vestuário para os detentos, sem que haja, portanto, a possibilidade de cobrança de tarifas dos usuários.

Acerca da situação descrita, assinale a afirmativa correta.

(A) O Estado Delta, para a finalidade almejada, deveria fazer uso da concessão patrocinada.

(B) O contrato poderá ter, no máximo, prazo de validade de dois anos.

(C) O objeto do contrato poderia abarcar, também, as principais atividades atinentes aos serviços de segurança pública.

(D) O objeto do contrato é possível, pois não abarca apenas o fornecimento de mão de obra.

A: Errada, pois na concessão patrocinada haveria cobrança de tarifa do preso, o que não é o caso. **B:** Errado. Os contratos de parceria público-privada devem ter o prazo mínimo de 5 (cinco) e máximo de 35 (trinta e cinto) anos, incluindo eventuais prorrogações (art. 2º, § 4º e art. 5º, I, Lei 11.079/04). **C:** Errada. A segurança pública não deve ser delegada nesse caso. **D:** Certo. Trata-se de concessão administrativa (Art. 2º, § 2º, Lei 11.079/04). FC

Gabarito "D".

(OAB/Exame XXXV) O Estado Alfa pretende firmar com sociedade empresária ou consórcio privado contrato de concessão patrocinada de serviços públicos para manutenção de uma rodovia estadual, precedida de obra pública, sob o regime jurídico da chamada parceria público-privada. O Estado Alfa iniciou os trâmites legais para a contratação, e a sociedade empresária *Delta* está interessada em ser contratada.

Visando calcular os riscos, em especial tirar dúvidas sobre o pedágio que será cobrado dos usuários e as providências administrativas que deve adotar previamente para ser contratada, a sociedade empresária *Delta* buscou orientação em escritório de advocacia especializado na matéria.

Na qualidade de advogado(a) que compareceu à reunião para prestar esclarecimentos à sociedade empresária Delta, você informou ao sócio-administrador, com base na Lei nº 11.079/04, que a concessionária prestará o serviço cobrando

(A) dos usuários determinado valor pela tarifa e percebendo uma remuneração adicional paga pelo poder público concedente, e, antes da celebração do con-

trato, deverá ser constituída sociedade de propósito específico, incumbida de implantar e gerir o objeto da parceria.

(B) do Estado Alfa, na qualidade de usuário direto ou indireto dos serviços, o valor total da tarifa, e, antes da celebração do contrato, deverá ser constituída sociedade empresária subsidiária, incumbida de planejar o objeto da parceria.

(C) dos usuários valor como tarifa que seja suficiente para, de forma integral, arcar com e manter o equilíbrio econômico e financeiro do contrato, sem contribuição do poder público concedente, e a contratação será precedida de licitação na modalidade concorrência.

(D) do Estado Alfa, na qualidade de usuário indireto dos serviços, o valor da metade da tarifa, e a contratação será precedida de licitação na modalidade concorrência ou pregão, de acordo com o valor estimado do contrato.

A: correta; por haver cobrança de pedágio de usuários mais remuneração adicional paga pelo Poder Público concedente, o caso é *concessão patrocinada* (art. 2º, § 1º, da Lei 11.079/04), e não de *concessão administrativa* (art. 2º, § 2º, da Lei 11.079/04); ademais, a Lei de Parcerias Público--Privadas determina, antes da celebração do contrato, a constituição de uma sociedade de propósito específico, incumbida de planejar o objeto da parceria (art. 9º, *caput*, da Lei 11.079/04); **B:** incorreta, pois, por haver cobrança de pedágio de usuários mais remuneração adicional paga pelo Poder Público concedente, o caso é de *concessão patrocinada* (art. 2º, § 1º, da Lei 11.079/04), e não de *concessão administrativa* (art. 2º, § 2º, da Lei 11.079/04); ademais, deve-se criar uma *sociedade de propósito específico* (art. 9º, *caput*, da Lei 11.079/04), e não uma *sociedade empresária subsidiária*; **C:** incorreta, pois na parceria público-privada sempre há contribuição financeira do Poder Público, sendo que no caso, de concessão patrocinada, haverá contraprestação pecuniária do parceiro público ao parceiro privado (art. 2º, § 1º, da Lei 11.079/04); vale lembrar, outrossim, que, além da *concorrência*, agora é também cabível a modalidade de licitação *diálogo competitivo* (art. 10, *caput*, da Lei 11.079/04); **D:** incorreta, pois na concessão patrocinada haverá uma específica contraprestação pecuniária do parceiro público ao parceiro privado (art. 2º, § 1º, da Lei 11.079/04), e não exatamente um subsídio de metade da tarifa; vale lembrar, outrossim, que, além da concorrência, agora é também cabível a modalidade de licitação diálogo competitivo (art. 10, *caput*, da Lei 11.079/04), não cabendo a modalidade pregão.

Gabarito "A".

(OAB/Exame Unificado – 2020.2) O Município Alfa pretende formalizar uma parceria público-privada para a realização de obras, instalação de postes e prestação de serviços de iluminação pública. A contraprestação da concessionária vencedora da licitação seria inteiramente custeada pela Administração Pública local, mediante ordem bancária e por outorga de direitos sobre bens públicos dominicais do município.

Sobre essa situação hipotética, assinale a afirmativa correta.

(A) A contratação almejada não é possível, porque o ordenamento não admite que a Administração arque com o custeio integral de parceria público-privada.

(B) A outorga de direitos sobre bens públicos dominicais não é contraprestação admissível para a formalização da parceria.

(C) O Município Alfa deveria utilizar-se de concessão administrativa para a formalização da contratação pretendida.

(D) A natureza individual (*uti singuli*) do serviço em questão exige a cobrança de tarifa do usuário para a realização da parceria público-privada almejada.

A: incorreta, pois, numa PPP (parceria público-privada) somente a modalidade "concessão patrocinada" exige que o custeio do serviço se dê com a cobrança de tarifas dos usuários (art. 2º, § 1º, da Lei 11.079/04); já na modalidade "concessão administrativa", é cabível que a Administração arque com o custeio integral da PPP (sem cobrança de tarifas dos usuários), por se tratar de uma verdadeira prestação de serviços para a Administração, e não de uma concessão de um serviço público (art. 2º, § 2º, da Lei 11.079/04); **B:** incorreta, pois uma das formas de contraprestação da Administração Pública é justamente a "outorga de direitos sobre bens públicos dominicais" (art. 6º, IV, da Lei 11.079/04); **C:** correta, pois a "concessão administrativa" é a modalidade de PPP adequada quando não há cobrança de tarifas dos usuários, mas sim com valores dos serviços inteiramente custeados pela Administração Pública (art. 2º, § 2º, da Lei 11.079/04); **D:** incorreta, pois o serviço de iluminação pública não é *uti singuli*, ou seja, não aquele tipo de serviço que pode ser destacado e fruído individualmente pelas pessoas (usuários específicos), como é o serviço de água e energia elétrica; ao contrário, a iluminação pública é um serviço *uti universi*, que é fruído por usuários indeterminados, não sendo possível mensurar o uso individual de cada um, o que impede a cobrança de tarifas dos usuários; ou seja, esse tipo de serviço (*uti universi*) não é passível de cobrança de tarifa do usuário, de modo que uma PPP no caso só poderá ser feita na modalidade "concessão administrativa", em que a Administração arca sozinha com todos os custos, sem cobrança de tarifas dos usuários.
Gabarito "C".

(OAB/Exame Unificado – 2017.3 – adaptada) Um Estado da Federação lançou um grande programa de concessões como forma de fomentar investimentos, diante das dificuldades financeiras por que vem passando. Por meio desse programa, ele pretende executar obras de interesse da população e ceder espaços públicos para a gestão da iniciativa privada. Como parte desse programa, lançou edital para restaurar um complexo esportivo com estádio de futebol, ginásio de esportes, parque aquático e quadras poliesportivas. Diante da situação acima, assinale a afirmativa correta.

(A) O Estado pode optar por celebrar uma parceria público- privada na modalidade de concessão patrocinada, desde que o contrato tenha valor igual ou superior a R$ 10.000.000,00 (dez milhões de reais) e que as receitas decorrentes da exploração dos serviços não sejam suficientes para remunerar o particular.

(B) A constituição de sociedade de propósito específico – SPE, sociedade empresária dotada de personalidade jurídica e incumbida de implantar e gerir o objeto da parceria, deve ocorrer após a celebração de um contrato de PPP.

(C) O contrato deverá prever o pagamento de remuneração fixa vinculada ao desempenho do parceiro privado, segundo metas e padrões de qualidade e disponibilidade nele definidos.

(D) A contraprestação do Estado deverá ser obrigatoriamente precedida da disponibilização do serviço que é objeto do contrato de parceria público-privada; dessa forma, não é possível o pagamento de contraprestação relativa à parcela fruível do serviço contratado.

A: correta. De fato, é cabível uma parceria público-privada se o contrato tiver valor igual ou superior a R$ 10 milhões (adaptamos a questão neste ponto, pois antes o valor mínimo era de R$ 20 milhões e a Lei 13.529/2017 alterou o valor mínimo para R$ 10 milhões), nos termos do art. 2º, §. 4º, I, da Lei 11.079/2004. Além disso, para que caiba uma concessão via parceria público-privada, ao invés de uma concessão tradicional regulada pela Lei 8.987/1995, as tarifas cobradas pelos usuários não podem ser suficientes para remunerar o particular. Se as tarifas forem suficientes, trata-se de uma concessão comum nos termos da Lei 8.987/1995; se as tarifas não forem suficientes, caberá concessão via parceria público-privada nos termos da Lei 11.07920/04; **B:** incorreta, pois a constituição da sociedade de propósito específico deve se dar antes da celebração do contrato (art. 9º, *caput*, da Lei 11.079/2004); C: incorreta, pois a remuneração "poderá" (e não "deverá" ser "variável" (e não "fixa"), nos termos do art. 6º, § 1º, da Lei 11.079/2004; **D:** incorreta; de fato, "a contraprestação da Administração Pública será obrigatoriamente precedida da disponibilização do serviço objeto do contrato de parceria público-privada" (art. 7º, *caput*, da Lei 11.079/2004); porém, "é facultado à administração pública, nos termos do contrato, efetuar o pagamento da contraprestação relativa a parcela fruível do serviço objeto do contrato de parceria público-privada" (art. 7º, § 1º, da Lei 11.079/2004); assim, a segunda parte da alternativa torna ela incorreta.
Gabarito "A".

(OAB/Exame Unificado – 2016.3) Uma autarquia federal divulgou edital de licitação para a concessão da exploração de uma rodovia que interliga diversos Estados da Federação. A exploração do serviço será precedida de obras de duplicação da rodovia. Como o fluxo esperado de veículos não é suficiente para garantir, por meio do pedágio, a amortização dos investimentos e a remuneração do concessionário, haverá, adicionalmente a cobrança do pedágio, contraprestação pecuniária por parte do Poder Público. Sobre a hipótese apresentada, assinale a afirmativa correta.

(A) Trata-se de um exemplo de parceria público-privada, na modalidade concessão administrativa.

(B) Trata-se de um consórcio público com personalidade de direito público entre a autarquia federal e a pessoa jurídica de direito privado.

(C) Trata-se de um exemplo de parceria público-privada, na modalidade concessão patrocinada.

(D) Trata-se de um exemplo de consórcio público com personalidade jurídica de direito privado.

A: incorreta, pois como será necessária cobrança de pedágio e contraprestação pecuniária por parte do Poder Público configura-se no caso o instituto da *concessão patrocinada* (art. 2º, § 1º, da Lei 11.079/2004) e não da *concessão administrativa* (art. 2º, § 2º, da Lei 11.079/2004); **B** e **D:** incorretas, pois os consórcio públicos, de direito público ou de direito privado, são associações entre entes políticos, que não ocorrem no caso, em que se tem uma parceria entre uma entidade estatal de um lado e uma empresa privada de outro; **C:** correta (art. 2º, § 1º, da Lei 11.079/2004). **WG**
Gabarito "C".

(OAB/Exame Unificado – 2016.1 – adaptada) A União divulgou edital de licitação para a contratação de parceria público-privada, para a reforma e gestão de um presídio federal, na modalidade concessão administrativa. A esse respeito, assinale a afirmativa correta.

(A) A concessão administrativa envolve, adicionalmente à tarifa cobrada dos usuários, contraprestação pecuniária do parceiro público ao parceiro privado.

(B) A contratação de parceria público-privada somente pode ser realizada para contratos com valor igual ou superior a R$ 10.000.000,00 (dez milhões de reais).

(C) Considerando se tratar de concessão administrativa, o prazo máximo de vigência do contrato é de 20 anos.

(D) Não é possível a contratação de parceria público-privada que envolva a execução de obra pública.

A: incorreta, pois na *concessão administrativa* só há contraprestação pecuniária do poder público ao parceiro privado, sendo que, quando, além dessa contraprestação, houver cobrança de tarifa dos usuários, tem-se a chamada *concessão patrocinada* (art. 2º, § 1º, da Lei 11.079/2004); **B**: correta (art. 2º, § 4º, I, da Lei 11.079/2004); adaptamos a questão neste ponto, pois antes o valor mínimo era de R$ 20 milhões e a Lei 13.529/2017 alterou o valor mínimo para R$ 10 milhões; **C**: incorreta, pois a lei não estabelece prazo máximo de vigência do contrato, mas apenas prazo mínimo, que é de 5 anos (art. 2º, § 4º, II, da Lei 11.079/2004); **D**: incorreta, pois é possível sim esse tipo de contratação via parceria público-privada, desde que, além da contratação de obra pública, o contrato envolva outros objetos, como por exemplo a gestão futura, pela concessionária, do imóvel objeto da obra pública (art. 2º, § 3º, III, da Lei 11.079/2004).

Gabarito "B".

(OAB/Exame Unificado – 2012.3.A) Um estado da Federação, em processo de recuperação econômica, pretende restaurar o seu antigo Parque de Esportes, uma enorme área que concentra estádio de futebol, ginásio de esportes coletivos e parque aquático. Não dispondo de recursos para custear a totalidade da obra e nem tendo expertise para promover uma boa gestão do espaço, o Estado pretende firmar um contrato de parceria público-privada, nos moldes da Lei 11.079/2004.

Sobre o instituto da Parceria Público-Privada, assinale a afirmativa correta.

(A) As parcerias público-privadas têm natureza de convênio, e não de contrato, uma vez que o ente público e o ente particular conjugam esforços na realização de uma atividade de interesse público.

(B) As parcerias público-privadas preveem que o ente público executará uma parcela do serviço ou obra, nunca inferior a 50%, e o particular o restante do serviço ou obra.

(C) As parcerias público-privadas não podem ter por objeto, exclusivamente, a execução de obra pública de restauração do Parque de Esportes.

(D) As parcerias público-privadas remuneram o ente particular integralmente com o valor das tarifas cobradas dos usuários do serviço, sendo vedado ao ente público o custeio direto das atividades desenvolvidas pelo particular.

A: incorreta, pois a natureza é de contrato; num convênio os interesses são comuns, não havendo obrigações recíprocas, podendo qualquer dos partícipes denunciar o ajuste a qualquer tempo; no contrato, as obrigações são recíprocas e o vínculo firme, não podendo qualquer das partes se evadir do contrato e de suas obrigações antes de cumprir com seus deveres ou sem que haja fundamento contratual ou legal para tanto; **B**: incorreta; a divisão de tarefas é outra; o parceiro privado entra com obrigações de fazer (construir, administrar etc.) e o parceiro público entra com dinheiro (art. 2º, § 3º, da Lei 11.079/2004), ainda que este seja desembolsado só ao final ou quando o empreendimento estiver em operação; **C**: correta (art. 2º, § 4º, III, da Lei 11.079/2004); **D**: incorreta, pois é justamente o contrário, ou seja, quando houver cobrança de tarifas só se tem parceria público-privada quando houver, adicionalmente, à tarifa cobrada dos usuários, contraprestação pecuniária do parceiro público ao parceiro privado (art. 2º, § 3º, da Lei 11.079/2004).

Gabarito "C".

(OAB/Exame Unificado – 2011.3.B) Em determinado contrato de concessão de serviços públicos patrocinada, foi acordado entre as partes que o poder concedente assumiria os riscos decorrentes de fato do príncipe e o concessionário aqueles que decorressem de caso fortuito ou força maior. De acordo com a legislação acerca da matéria, é possível afirmar que tal estipulação contratual é

(A) nula, pois o contrato não pode atribuir ao concessionário a responsabilidade por fatos imprevisíveis, cujos efeitos não era possível evitar ou prever. Assim, não havendo culpa, não é possível a atribuição, por contrato, de tal responsabilidade.

(B) nula, pois em toda e qualquer concessão de serviço público, todos os riscos inerentes ao negócio são de responsabilidade do concessionário. Assim, a atribuição de responsabilidade ao concedente pelos riscos decorrentes de fato do príncipe viola a legislação acerca da matéria.

(C) válida, pois a lei de parcerias público-privadas atribui ao contrato autonomia para definir a repartição de riscos entre as partes, inclusive os referentes a caso fortuito, força maior, fato do príncipe e álea econômica extraordinária.

(D) válida, pois inerente ao princípio da autonomia contratual, que apenas veicula hipótese de repartição objetiva de riscos entre o Poder Público e o concessionário e que se encontra previsto na legislação pátria desde o advento da Lei 8.666/93.

Uma das diretrizes da parceria público-privada é justamente a "repartição objetiva dos riscos entre as partes" (art. 4º, VI, da Lei 11.079/2004). As cláusulas contratuais dessa parceria, devem, assim, prever "a repartição de riscos entre as partes, inclusive os referentes a caso fortuito, fato do príncipe e álea econômica extraordinária" (art. 5º, III, da Lei 11.079/2004). Tal novidade, que veio com a edição da Lei de PPP, não estava prevista na Lei 8.666/1993. Assim, a estipulação mencionada no enunciado é válida, afastando-se as alternativas "a" e "b". A alternativa "d" está incorreta, pois essa repartição de riscos não estava prevista na Lei 8.666/93. E a alternativa "c" está correta por descrever adequadamente a validade dessa estipulação contratual.

Gabarito "C".

(OAB/Exame Unificado – 2011.1) O contrato de prestação de serviços de que a Administração Pública seja a usuária direta ou indireta, ainda que envolva a execução de obra ou fornecimento e instalação de bens, denomina-se concessão

(A) patrocinada.

(B) de uso de bem público.

(C) administrativa.

(D) comum.

De acordo com o art. 2º, § 2º, da Lei 11.079/2004, é concessão administrativa "o contrato de prestação de serviços de que a Administração Pública seja usuária direta ou indireta, ainda que envolva a execução de obra ou o fornecimento e instalação de bens". A alternativa "c" é, portanto, a "mais correta". No entanto, para que tal contrato seja mesmo uma parceria público-privada do tipo concessão administrativa, fazia-se necessário que o conceito deixasse claro que tal prestação de serviço não tenha valor inferior a R$ 10 milhões, não tenha período inferior a 5 anos e não tenha como objeto único o fornecimento de mão de obra, o fornecimento e instalação de equipamentos ou a execução de obra pública (art. 2º, § 4º, da Lei 11.079/2004).

Gabarito "C".

12. CONTROLE DA ADMINISTRAÇÃO

(OAB/Exame Unificado – 2020.1) A autoridade competente, em âmbito federal, no regular exercício do poder de polícia, aplicou à sociedade empresária Soneca S/A multa em razão do descumprimento das normas administrativas pertinentes. Inconformada, a sociedade Soneca S/A apresentou recurso administrativo, ao qual foi conferido efeito suspensivo, sendo certo que não sobreveio qualquer manifestação do superior hierárquico responsável pelo julgamento, após o transcurso do prazo de oitenta dias. Considerando o contexto descrito, assinale a afirmativa correta.

(A) Não se concederá Mandado de Segurança para invalidar a penalidade de multa aplicada a Soneca S/A, submetida a recurso administrativo provido de efeito suspensivo.

(B) O ajuizamento de qualquer medida judicial por Soneca S/A depende do esgotamento da via administrativa.

(C) Não há mora da autoridade superior hierárquica, que, por determinação legal, dispõe do prazo de noventa dias para decidir.

(D) A omissão da autoridade competente em relação ao seu dever de decidir, ainda que se prolongue por período mais extenso, não enseja a concessão de Mandado de Segurança.

A: correta; nos termos do art. 5º, I, da Lei 12.016/2009 (Lei de Mandado de Segurança), "Não se concederá mandado de segurança quando se tratar: I – de ato do qual caiba recurso administrativo com efeito suspensivo, independentemente de caução;"; **B:** incorreta, pois o que a lei impede é a concessão de mandado de segurança se há decisão sujeita a recurso administrativo com efeito suspensivo independentemente de caução; porém, se houver uma decisão que não pode ser suspensa por um recurso sem caução, caberá mandado de segurança mesmo que a via administrativa não esteja ainda esgotada; em qualquer caso, caberá também ação de outra natureza, em razão do princípio da inafastabilidade do controle jurisdicional (art. 5º, XXXV, da CF); **C:** incorreta; em geral, o prazo para decidir recursos administrativos na esfera federal é de 30 dias (art. 59, § 1º, da Lei 9.784/99); **D:** incorreta; cabe mandado de segurança contra a omissão em decidir; o juiz pode determinar que a autoridade decida imediatamente, sob pena de desobediência à ordem judicial.
Gabarito "A".

(OAB/Exame Unificado – 2016.2) Um servidor público federal em São Paulo viajou a serviço para Brasília, para uma inspeção, e cobriu todas as despesas com recursos próprios. Passados exatos 3 anos e 10 meses, o servidor formulou pedido na esfera administrativa de reembolso de despesas e pagamento das diárias de viagem. A decisão final no processo administrativo somente foi proferida 1 (um) ano e 6 (seis) meses após a formalização do pedido, negando o pleito. Diante desse fato, ele pretende ingressar com demanda para cobrar o referido valor. Considerando o exposto, assinale a afirmativa correta.

(A) O prazo prescricional é de 3 (três) anos, que já se tinha consumado quando o servidor formulou o pedido na esfera administrativa.

(B) O prazo prescricional é de 5 (cinco) anos e este foi suspenso pelo pedido administrativo. Com a decisão negativa, volta a correr a prescrição contra o servidor.

(C) O prazo prescricional é de 10 (dez) anos e, a despeito de não haver previsão de suspensão ou interrupção do prazo, este ainda não se consumou em desfavor do servidor.

(D) O prazo prescricional é de 5 (cinco) anos e, portanto, este já transcorreu integralmente, visto que o pedido formulado na esfera administrativa não suspende e nem interrompe a prescrição.

A e C: incorretas, pois as dívidas passivas da Fazenda Pública prescrevem em 5 anos, nos termos do art. 1º do Decreto 20.910/1932; **B:** correta, pois as dívidas passivas da Fazenda Pública prescrevem em 5 anos (art. 1º do Decreto 20.910/1932) e porque enquanto a Administração analisa o pedido formulado pelo interessado, o prazo prescricional mencionado fica suspenso (art. 4º, *caput*, do Decreto 20.910/1932); **D:** incorreta, pois enquanto a Administração analisa o pedido formulado pelo interessado, o prazo prescricional mencionado fica suspenso (art. 4º, *caput*, do Decreto 20.910/1932).
Gabarito "B".

(OAB/Exame Unificado – 2016.1) A pretexto de regulamentar a Lei nº 8.987/1995, que dispõe sobre a concessão e a permissão de serviços públicos, o Presidente da República editou o Decreto XYZ, que estabelece diversas hipóteses de gratuidade nos serviços de transporte de passageiros. A respeito da possibilidade de controle do Decreto XYZ, expedido pelo chefe do Poder Executivo, assinale a afirmativa correta.

(A) Como ato de natureza essencialmente política, o Decreto XYZ não está sujeito a qualquer forma de controle.

(B) Como ato discricionário, o Decreto XYZ não está sujeito a qualquer forma de controle.

(C) Como ato normativo infralegal, o Decreto XYZ está sujeito apenas ao controle pelo Poder Judiciário.

(D) Como ato normativo infralegal, o Decreto XYZ sujeita-se ao controle judicial e ao controle legislativo.

A e B: incorretas, pois os decretos precisam obedecer estritamente aos limites traçados pela lei, de modo que, caso haja violação a esses limites, de rigor que existam instrumentos legais que possibilitem o controle desses decretos ilegais; **C:** incorreta, pois também existe o controle legislativo desse tipo de ato, que ocorre quando o decreto ultrapassa os limites fixados pela lei, ocasião em que o Legislativo pode, por si só, sustar a execução do decreto que exorbitar o poder regulamentar (art. 49, V, da CF); **D:** correta, pois os decretos precisam obedecer estritamente aos limites traçados pela lei, de modo que, caso haja violação a esses limites, de rigor que existam instrumentos legais que possibilitem o controle desses decretos ilegais; no caso existe o controle judicial (art. 5º, XXXV, da CF) e o controle do legislativo (art. 49, V, da CF).
Gabarito "D".

(OAB/Exame Unificado – 2015.1) O Estado X está ampliando a sua rede de esgotamento sanitário. Para tanto, celebrou contrato de obra com a empresa "Enge-X-Sane", no valor de R$ 50.000.000,00 (cinquenta milhões de reais). A fim de permitir a conclusão das obras, com a extensão da rede de esgotamento a quatro comunidades carentes, o Estado celebrou termo aditivo com a referida empresa, no valor de R$ 10.000.000,00 (dez milhões de reais), custeados com recursos transferidos pela União, mediante convênio, elevando, assim, o valor total do contrato para R$ 60.000.000,00 (sessenta milhões de reais).

Considerando que foram formuladas denúncias de sobrepreço ao Tribunal de Contas da União, assinale a afirmativa correta.

(A) O Tribunal de Contas da União não tem competência para apurar eventual irregularidade, uma vez que se trata de obra pública estadual, devendo o interessado formular denúncia ao Tribunal de Contas do Estado.

(B) O Tribunal de Contas da União não tem competência para apurar eventual irregularidade, mas pode, de ofício, remeter os elementos da denúncia para o Tribunal de Contas do Estado.

(C) O Tribunal de Contas da União é competente para fiscalizar a obra e pode determinar, diante de irregularidades, a imediata sustação da execução do contrato impugnado.

(D) O Tribunal de Contas da União é competente para fiscalizar a obra e pode indicar prazo para que o órgão ou a entidade adote as providências necessárias ao exato cumprimento da lei, se verificada ilegalidade.

A: incorreta, pois havendo recurso federal o TCU tem competência (art. 71, VI, da CF); **B:** incorreta, pois essa competência existe nos termos do art. 71, IX, da CF; **C:** incorreta, pois a sustação de *contratos* administrativos (não de meros *atos* administrativos) só pode ser feita pelo Legislativo (art. 71, § 1º, da CF); **D:** correta, pois Segundo o parágrafo único do art. 70 da CF, "Prestará contas qualquer pessoa física ou jurídica, pública ou privada, que utilize, arrecade, guarde, gerencie ou administre dinheiros, bens e valores públicos ou pelos quais a União responda, ou que, em nome desta, assuma obrigações de natureza pecuniária". Ademais, o art. 71, VI, da CF dispõe que compete ao Tribunal de Contas da União, "fiscalizar a aplicação de quaisquer recursos repassados pela União mediante convênio, acordo, ajuste ou outros instrumentos congêneres, a Estado, ao Distrito Federal ou a Município". Não bastasse o art. 71, IX, da CF faculta ao Tribunal de Contas da União "assinar prazo para que o órgão ou entidade adote as providências necessárias ao exato cumprimento da lei, se verificada ilegalidade". Assim, não só cabe ao TCU fiscalizar o contrato (pois há recursos federais envolvidos), como também cabe determinar providências ao exato cumprimento da lei em caso de ilegalidade.
Gabarito "D".

(OAB/Exame Unificado – 2014.3) A ONG "Festivus", uma associação de caráter assistencial, qualificada como Organização da Sociedade Civil de Interesse Público (OSCIP), celebrou Termo de Parceria com a União e dela recebeu R$ 150.000,00 (cento e cinquenta mil reais) para execução de atividades de interesse público. Uma revista de circulação nacional, entretanto, divulgou denúncias de desvio de recursos e de utilização da associação como forma de fraude.

Com base na hipótese apresentada, considerando a disciplina constitucional e legal, assinale a afirmativa correta.

(A) O Tribunal de Contas da União não tem competência para apurar eventual irregularidade, uma vez que se trata de pessoa jurídica de direito privado, não integrante da Administração Pública.

(B) O Tribunal de Contas da União tem competência para apurar eventual irregularidade praticada pela OSCIP, por se tratar de pessoa jurídica integrante da administração indireta federal.

(C) O Tribunal de Contas da União tem competência para apurar eventual irregularidade praticada pela OSCIP, por se tratar de recursos públicos federais.

(D) O controle exercido sobre a utilização dos recursos repassados à OSCIP é realizado apenas pela própria Administração e pelo Ministério Público Federal.

Segundo o parágrafo único do art. 70 da CF, "Prestará contas qualquer pessoa física ou jurídica, pública ou privada, que utilize, arrecade, guarde, gerencie ou administre dinheiros, bens e valores públicos ou pelos quais a União responda, ou que, em nome desta, assuma obrigações de natureza pecuniária". Ademais, o art. 71, II, da CF dispõe que compete ao Tribunal de Contas da União, julgar as contas dos responsáveis por dinheiros, bens e valores advindos da Administração Pública. Nesse sentido, como a OSCIP recebeu dinheiro público para aplicá-lo em atividade de interesse público, esse dinheiro permanece público até a sua aplicação e, havendo desvio ou fraude no seu uso, caberá ao Tribunal de Contas apurar as irregularidades respectivas. A alternativa correta é a "C".
Gabarito "C".

(OAB/Exame Unificado – 2012.3.A) As contas do Prefeito do Município X não foram aprovadas pelo Tribunal de Contas do Estado. Dentre outras irregularidades, apurou-se o superfaturamento em obras públicas.

Sobre o controle exercido pelas Cortes de Contas, assinale a afirmativa correta.

(A) O parecer desfavorável emitido pelo Tribunal de Contas do Estado pode ser superado por decisão de dois terços dos membros da Câmara Municipal.

(B) A atuação do Tribunal de Contas configura exemplo de controle interno dos atos da Administração Pública.

(C) A atuação do Tribunal de Contas do estado somente será possível até que haja a criação de um Tribunal de Contas do Município, por lei complementar de iniciativa do Prefeito.

(D) As contas do Prefeito estarão sujeitas à atuação do Tribunal de Contas somente se houver previsão na Lei Orgânica do Município.

A: correta (art. 31, § 2º, da CF); **B:** incorreta, pois se trata de controle externo (art. 71, *caput*, da CF); controle interno é aquele feito no interior e sob responsabilidade do próprio Poder controlado (art. 74 da CF); **C:** incorreta, pois a CF estabelece que o controle externo dos Municípios será exercido com o auxílio dos Tribunais de Contas dos Estados, ressalvando apenas os Tribunais de Contas Municipais que já existiam quando de sua entrada em vigor (art. 31, § 1º, da CF), no caso, o de São Paulo e o do Rio de Janeiro, sendo vedada a criação de novos Tribunais, Conselhos ou Órgãos de Contas Municipais (art. 31, § 4º, da CF); **D:** incorreta, pois tais contas do Prefeito devem ser prestadas anualmente por este ao Tribunal de Contas competente (art. 31, § 2º, da CF).
Gabarito "A".

(OAB/Exame Unificado – 2012.2) Com a finalidade de minimizar as consequências dos problemas de trânsito na cidade "X", o Prefeito estabeleceu, por meio de decreto de natureza genérica e abstrata, restrições à circulação de veículos na região central, proibindo a circulação de veículos e as operações de carga e descarga no período compreendido entre 6h e 22h, de segunda a sexta-feira, em dias úteis, na área de abrangência especificada. Face a esse fato, a Associação Empresarial do ramo de transporte de mercadorias procura um advogado para orientá-la na proteção de seus interesses. Com base na hipótese apresentada, assinale a alternativa que indica a linha de atuação mais apropriada proposta pelo advogado.

8. DIREITO ADMINISTRATIVO 611

(A) Impetração de mandado de segurança contra o Decreto, ao argumento de que faltaria ao Município competência normativa para estabelecer a referida restrição.

(B) Ajuizamento de ação de conhecimento com pedido de antecipação dos efeitos da tutela jurisdicional com a finalidade de suspender os efeitos do Decreto, ao argumento de vício de razoabilidade/proporcionalidade.

(C) Impetração de mandado de segurança contra o Decreto, ao argumento de vício de razoabilidade/ proporcionalidade.

(D) Ajuizamento de ação de conhecimento com pedido de antecipação dos efeitos da tutela jurisdicional com a finalidade de suspender os efeitos do Decreto, ao argumento de que faltaria ao Município competência normativa para estabelecer a referida restrição.

A e **D:** incorretas, pois, tratando-se de assunto de interesse local, o Município tem competência para estabelecer a referida restrição (art. 30, I, da CF); **B:** correta; quanto ao mérito, a restrição, de fato, é desproporcional, ferindo os princípios citados, pois não é razoável restringir a circulação de veículos por período tão extenso dos dias úteis; quanto ao pedido formulado, está correto, pois, não se tratando de ação de controle de constitucionalidade, não se poderia a ação de conhecimento comum atacar diretamente o decreto, para afastá-lo da ordem jurídica, mas é perfeitamente possível pedir a suspensão dos EFEITOS do decreto para os associados da Associação Comercial. Vale salientar que esse tipo de pedido (que não ataca o Decreto em si, mas os seus efeitos) caberia tanto em ação pelo rito ordinário (trazida na alternativa), como em mandado de segurança; assim, a alternativa "b" está correta, devendo ser assinalada; **C:** incorreta, pois não cabe mandado de segurança contra um decreto de natureza genérica e abstrata; nesse caso incide a restrição prevista em súmula do STF, pela qual não cabe mandado de segurança contra lei em tese (Súmula STF nº 266).
Gabarito "B"

(OAB/Exame Unificado – 2011.3.A) Durante competição esportiva (campeonato estadual de futebol), o clube "A" foi punido com a perda de um ponto em virtude de episódios de preconceito por parte de sua torcida. Com essa decisão de primeira instância da justiça desportiva, o clube "B" foi declarado campeão naquele ano. O clube "A" apresentou recurso contra a decisão de primeira instância. Antes mesmo do julgamento desse recurso, distribuiu ação ordinária perante a Justiça Estadual com o objetivo de reaver o ponto que lhe fora retirado pela Justiça arbitral. Diante de tal situação, é correto afirmar que

(A) como o direito brasileiro adotou o sistema de jurisdição una, tendo o Poder Judiciário o monopólio da apreciação, com força de coisa julgada, de lesão ou ameaça a direito, é cabível a apreciação judicial dessa matéria a qualquer tempo.

(B) as decisões da Justiça Desportiva são inquestionáveis na via judicial, uma vez que vige, no direito brasileiro, sistema pelo qual o Poder Judiciário somente pode decidir matérias para as quais não exista tribunal administrativo específico.

(C) como regra, o ordenamento vigente adota o Princípio da Inafastabilidade da Jurisdição (art. 5º, XXXV, da CRFB); todavia, as decisões da Justiça Desportiva consubstanciam exceção a essa regra, já que são insindicáveis na via judicial.

(D) o Poder Judiciário pode rever decisões proferidas pela Justiça Desportiva; ainda assim, exige-se, anteriormente ao ajuizamento da ação cabível, o esgotamento da instância administrativa, por se tratar de exceção prevista na Constituição.

A Constituição Federal estabelece a autonomia das entidades desportivas (art. 217, *caput*). Decorrente disso, o § 1º do art. 217 da CF estabelece que o "Poder Judiciário só admitirá ações relativas à disciplina e às competições desportivas após esgotarem-se as instâncias da justiça desportiva, regulada em lei". Assim, a alternativa "a" está incorreta, pois não se pode buscar o Judiciário a qualquer tempo, sendo necessário que se esgote as instâncias da justiça desportiva antes. As alternativas "b" e "c" estão incorretas, pois, esgotadas as instâncias da justiça desportiva, é possível sim buscar o Judiciário. A alternativa "d" está correta, nos termos do já citado § 1º do art. 217 da CF.
Gabarito "D"

(OAB/Exame Unificado – 2008.1) Acerca do controle da administração pública, assinale a opção correta.

(A) No exercício de suas funções constitucionais, cabe ao Tribunal de Contas da União julgar as contas dos administradores e demais responsáveis por dinheiros, bens e valores públicos da administração direta e indireta, bem como as contas daqueles que provocarem a perda, o extravio ou outra irregularidade que cause prejuízo ao erário público.

(B) O controle judicial da atividade administrativa do Estado é sempre exercido *a posteriori*, ou seja, depois que os atos administrativos são produzidos e ingressam no mundo jurídico.

(C) Cabe à assembleia legislativa de cada estado da Federação exercer o controle financeiro do governo estadual e das prefeituras, com o auxílio do tribunal de contas do Estado respectivo.

(D) A prerrogativa atribuída ao Poder Legislativo de fiscalizar a receita, a despesa e a gestão dos recursos públicos abrange somente os atos do Poder Executivo, estando excluídos dessa apreciação os atos do Poder Judiciário.

A: correta (art. 71, II, da CF); **B:** incorreta. O controle pode ser prévio, concomitante ou *a posteriori* à edição do ato administrativo (art. 5º, XXXV, CF – "lesão ou ameaça a direito"); **C:** incorreta. A fiscalização financeira das Prefeituras é feita pelo *Poder Legislativo Municipal* (pelas Câmaras dos Vereadores), com o auxílio dos Tribunais de Contas Estaduais ou dos Municípios, quando houver (art. 31 da CF); **D:** incorreta (art. 70, parágrafo único, da CF).
Gabarito "A"

(OAB/Exame Unificado – 2007.3) Em um processo instaurado pelo tribunal de contas para analisar um contrato de execução de obras firmado por determinada prefeitura, no qual foram denunciadas irregularidades no pagamento de medições, a empreiteira contratada, por petição, apresentou defesa e solicitou a realização de perícia contábil nas faturas emitidas em decorrência do contrato, com o objetivo de justificar a correção dos pagamentos que lhe foram feitos. O tribunal de contas não recebeu a defesa e negou o solicitado pela concessionária. Considerando essa situação hipotética, assinale a opção correta.

(A) Tendo os processos no tribunal de contas natureza jurisdicional e, não, administrativa, a concessionária deveria ter sido considerada como litigante e, portanto, com direito ao contraditório e à ampla defesa.

(B) A decisão do tribunal de contas está de acordo com a lei, porque se trata de um processo administrativo no âmbito desse tribunal, de controle externo apenas das pessoas públicas e dos agentes públicos, não sendo a empreiteira parte nesse processo.

(C) Se no Regimento Interno do Tribunal de Contas não houver disposição que ampare a pretensão da concessionária, considera-se correto o posicionamento desse tribunal.

(D) O tribunal de contas não deveria ter tomado essa decisão, visto que o direito à prova é uma concretização da garantia constitucional do devido processo legal, aplicável a todos os processos administrativos.

Art. 5º, LIV e LV, da CF.
Gabarito "D".

(OAB/Exame Unificado – 2007.2) O presidente do STF delegou ao secretário de recursos humanos desse tribunal a atribuição de dispor sobre a promoção na carreira de analista judiciário dos servidores dessa Corte. Um servidor se sentiu preterido nos critérios de direito utilizados na promoção e, em razão disso, contratou advogado para promover as medidas judiciais cabíveis. Acerca dessa situação hipotética, assinale a opção correta.

(A) O advogado deverá impetrar mandado de segurança contra o presidente do STF e o secretário de recursos humanos, pois há litisconsórcio necessário entre o delegante e o delegatário.

(B) O advogado deverá impetrar mandado de segurança contra ato do secretário de recursos humanos perante a Justiça Federal no DF.

(C) O advogado poderá impetrar mandado de segurança contra o presidente do STF perante o próprio STF, porque a delegação não exclui a responsabilização pela prática do ato.

(D) O advogado poderá impetrar mandado de segurança contra ato do secretário de recursos humanos perante o próprio STF.

Quanto à autoridade coatora, a Súmula 510 do STF estabelece que "praticado o ato por autoridade, no exercício de competência delegada, contra ela cabe o mandado de segurança ou a medida judicial". Quanto à competência, não há foro especial para o secretário de recursos humanos, de modo que a ação deve ser aforada na Justiça Federal do DF.
Gabarito "B".

(FGV – 2014) A Administração Pública possui uma série de mecanismos de controle. No que tange a essa temática, assinale a afirmativa correta.

(A) O Poder Executivo é o único que exerce controle interno.

(B) O Poder Judiciário poderá exercer controle interno sobre os demais poderes.

(C) O Poder Legislativo exerce controle interno e externo.

(D) O controle judicial poderá ser sempre exercido de ofício.

(E) Com exceção do poder executivo, os demais poderes não poderão exercer controle interno fazendo uso da autotutela.

A: incorreta, pois o controle interno ocorre na Administração Pública não só do Poder Executivo, como também dos Poderes Legislativo e Judiciário; B: incorreta, pois o Judiciário exerce o controle externo sobre os demais poderes e o controle interno quanto à sua própria Administração; C: correta, pois exerce o controle interno de sua própria Administração e o controle externo da Administração do Poder Executivo; D: incorreta, pois, por conta do princípio da inércia jurisdicional, o controle judicial depende de provocação; E: incorreta, pois os demais poderes podem exercer o controle interno fazendo uso da autotutela; por exemplo, um órgão do Legislativo que tiver celebrado um contrato administrativo com uma empresa de limpeza da casa legislativa pode anular esse contrato (controle interno) sem ter que buscar o Judiciário, valendo-se da autotutela.
Gabarito "C".

(FGV – 2011) O Tribunal de Contas do Estado XYZ (TCE), ao realizar auditoria em determinada entidade pública submetida ao seu controle, constatou irregulares nas medições realizadas durante a execução de um contrato de obra pública. Após observar o devido processo legal, o TCE identificou o gestor responsável pelas medições e quantificou o dano causado ao erário. Nessa situação hipotética, o TCE tem competência para

(A) instaurar processo administrativo disciplinar contra o servidor e, após o devido processo legal, aplicar-lhe a sanção disciplinar cabível.

(B) sustar a execução do contrato e aplicar multa sancionatória ao contratado e ao gestor responsável.

(C) aplicar multa ao gestor responsável e imputar-lhe o débito decorrente do dano causado ao erário, em decisão dotada de eficácia de título executivo extrajudicial.

(D) ajuizar ação de improbidade administrativa visando à condenação do gestor público ao ressarcimento do dano causado ao erário e à perda da função pública.

(E) solicitar à Assembleia Legislativa a sustação do contrato, fixando-lhe o prazo de trinta dias para sua efetivação.

A: incorreta, pois a questão disciplinar é vista pela própria Administração à qual o servidor estiver vinculado; B: incorreta, pois a Constituição só permite ao Tribunal de Contas a sustação de *atos*, e não de contratos, cabendo apenas ao Poder Legislativo a sustação de *contratos* (art. 71, X e § 1º, da CF); C: correta (art. 71, VIII, da CF); D: incorreta, pois somente a pessoa jurídica lesada e o Ministério Público têm legitimidade ativa para a ação de improbidade administrativa; E: incorreta, pois o Legislativo poderá, por si só, sustar o contrato, determinando que o Poder Executivo tome as medidas cabíveis de imediato, e não em 30 dias.
Gabarito "C".

(FGV – 2011) O Tribunal de Contas do Estado do Rio de Janeiro, ao apreciar a legalidade, legitimidade e economicidade de contrato administrativo celebrado por determinado município fluminense, identifica uma série de irregularidades, incluindo a ocorrência de dano ao erário devidamente quantificado. Sabendo que o responsável pelas irregularidades e pelo dano ao erário já se encontra identificado, o Tribunal de Contas do Estado deverá

(A) comunicar o fato imediatamente ao Ministério Público do Estado, a fim de que seja ajuizada a competente ação de ressarcimento, uma vez que a Corte de Contas não tem competência para imputar o débito ao gestor responsável.

8. DIREITO ADMINISTRATIVO 613

(B) sustar imediatamente a execução do contrato administrativo, comunicando a decisão à Câmara de Vereadores, que terá o prazo de cento e vinte dias para referendar o ato de sustação.

(C) instaurar uma Tomada de Contas e, após a abertura de prazo para exercício da ampla defesa, poderá julgar irregulares as contas do gestor responsável, imputando-lhe o débito apurado, em decisão dotada de força executiva.

(D) determinar a instauração de uma Tomada de Contas Especial, a ser realizada no âmbito do órgão de controle interno do município, ao qual competirá, após contraditório e ampla defesa, julgar as respectivas contas e aplicar ao responsável as sanções previstas em lei, entre as quais multa proporcional ao dano ao erário.

(E) imputar o débito ao gestor responsável, em decisão dotada de eficácia de título executivo extrajudicial, cabendo ao próprio Tribunal de Contas do Estado promover a respectiva execução forçada.

A: incorreta, pois o Tribunal de Contas tem competência para *imputar débito* ao gestor responsável (art. 71, § 3º, da CF); **B:** incorreta, pois o Tribunal de Contas não tem competência para sustar um contrato administrativo, ao contrário do Poder Legislativo (art. 71, § 1º, da CF); **C:** correta (art. 71, § 3º, da CF); **D:** incorreta, pois o próprio tribunal de contas tem essa competência (art. 71, § 3º, da CF); **E:** incorreta, pois o Tribunal de Contas imputa o débito, mas a execução fiscal correspondente é feita pela procuradoria do Município correspondente. Gabarito "C".

(FGV – 2011) A Ação Civil Pública tem assento constitucional em norma diversa da que prestigia as demais ações, como o Mandado de Segurança e o *Habeas Corpus*, inseridos no capítulo destinado aos direitos e garantias individuais e coletivos. Em relação às características que podem ser vinculadas à Ação Civil Pública, assinale a alternativa correta.

(A) A propositura é exclusiva do Ministério Público dos Estados, do Distrito Federal e dos Municípios.

(B) Sendo um direito da coletividade, qualquer cidadão pode ser autor nessa espécie de ação civil.

(C) O Ministério Público em geral e outras pessoas especificadas em lei podem propor a ação.

(D) Havendo inquérito civil, ele será presidido por membro do Poder Judiciário, especialmente designado.

(E) Podem ser objeto de pedido na Ação Civil Pública questões tributárias, desde que com base constitucional.

A: incorreta, pois também pode ser promovida pelo Ministério Público Federal e do Trabalho, pelas pessoas jurídicas da administração direta e indireta, pela defensoria pública e por associações constituídas há pelo menos um ano e com pertinência temática (art. 5º da Lei 7.347/1985); **B:** incorreta, pois o cidadão não está no rol dos legitimados ativos para a ação civil pública (art. 5º da Lei 7.347/1985); o cidadão é legitimado ativo para a ação popular; **C:** correta (art. 5º da Lei 7.347/1985); **D:** incorreta, pois o inquérito civil é instaurado e presidido pelo Ministério Público; **E:** incorreta, pois o art. 1º, parágrafo único, da Lei 7.347/1985 estabelece que "não será cabível ação civil pública para veicular pretensões que envolvam **tributos**, contribuições previdenciárias, o Fundo de Garantia do Tempo de Serviço – FGTS ou outros fundos de natureza institucional cujos beneficiários podem ser individualmente determinados" (g.n.). Gabarito "C".

(FGV – 2011) A respeito dos sistemas de controle da administração pública, analise as afirmativas a seguir:

I. Os responsáveis pelo controle interno, ao tomarem conhecimento de qualquer ilegalidade ou irregularidade, dela darão ciência ao Tribunal de Contas competente, sob pena de responsabilidade solidária.

II. A aplicação das sanções decorrentes da prática de ato de improbidade administrativa independe da aprovação ou rejeição das contas pelo órgão de controle interno ou pelo Tribunal de Contas competente.

III. De acordo com a lei de processo administrativo do Estado do Rio de Janeiro, a revogação de atos administrativos por motivo de conveniência e oportunidade deve respeitar direitos adquiridos; entretanto, como se trata de desfazimento do ato por razões de mérito, não se oferece ao beneficiário a oportunidade de manifestar-se previamente à revogação.

Assinale

(A) se apenas as afirmativas I e II estiverem corretas.

(B) se apenas a afirmativa I estiver correta.

(C) se apenas a afirmativa II estiver correta.

(D) se apenas a afirmativa III estiver correta.

(E) se apenas as afirmativas II e III estiverem corretas.

I: correta, nos termos do art. 74, § 1º, da CF; **II:** correta (art. 21, II, da Lei 8.429/1992); **III:** incorreta, pois é direito básico do particular ver respeitado o contraditório e a ampla defesa, quando um ato da Administração Pública tiver o condão de afetar sua esfera jurídica. Gabarito "A".

(FGV – 2010) Com relação ao controle da administração pública, analise as alternativas a seguir:

I. Controle concomitante é aquele que acompanha a realização de um ato para verificar a regularidade de sua formação.

II. Controle corretivo é aquele que se efetiva após a conclusão do ato.

III. Controle de legalidade é aquele teleológico, de verificação de enquadramento de instituição no programa geral de Governo.

Assinale:

(A) se somente a afirmativa I estiver correta.

(B) se somente a afirmativa II estiver correta.

(C) se somente a afirmativa III estiver correta.

(D) se somente as afirmativas I e II estiverem corretas.

(E) se somente as afirmativas I e III estiverem corretas.

As duas primeiras afirmativas trazem correta definição dos institutos indicados. No entanto, a terceira afirmativa está incorreta, pois o *controle finalístico* é que é teleológico. Gabarito "D".

13. PROCESSO ADMINISTRATIVO

(OAB/Exame XXXIX) No ano de 2020, o Município Alfa, por meio da Secretaria Municipal de Saúde, realizou concurso público para o cargo de médico. Não obstante a inexistência de previsão legal, no curso do certame, a Secretaria de Saúde incluiu como fase do concurso exame psicotécnico e eliminou diversos candidatos. O candidato Antônio apresentou os requerimentos administrativos cabíveis para tentar reverter a decisão, mas não obteve êxito.

Assim sendo, Antônio ajuizou reclamação constitucional junto ao Supremo Tribunal Federal, julgada procedente com base na Súmula Vinculante nº 44, do STF, que dispõe "Só por lei se pode sujeitar a exame psicotécnico a habilitação de candidato a cargo público", tendo a Suprema Corte dado ciência à autoridade prolatora do ato ilegal e ao órgão competente para o julgamento do recurso.

No ano de 2022, a Secretaria Municipal de Saúde publicou edital de novo concurso público, agora para o cargo de enfermeiro. Mantida a inexistência de lei prevendo o exame psicotécnico, mais uma vez, o Município Alfa incluiu o mencionado exame em fase do concurso e o mesmo Secretário Municipal eliminou do certame a candidata Maria.

Na qualidade de advogado(a) de Maria, com base na Lei nº 9.784/99, integralmente aplicável ao Município Alfa por força de lei local, você deve

(A) impetrar mandado de segurança, observado o prazo decadencial de 180 (cento e oitenta dias), pleiteando a anulação de todo concurso, em razão de descumprimento de súmula vinculante do STF.

(B) ajuizar ação popular, requerendo a nomeação de Maria e a condenação do Secretário Municipal de Saúde por crime de responsabilidade, pela inobservância reiterada de súmula vinculante do STF.

(C) propor ação anulatória do ato de eliminação de Maria e de afastamento cautelar do Secretário Municipal de Saúde, pelo prazo de um ano, como medida punitiva pelas ilegalidades praticadas que afrontaram o interesse público.

(D) manejar pedido de reconsideração ao Secretário de Saúde, lhe alertando de que, em razão do julgamento de anterior reclamação pelo STF em caso semelhante, deve adequar sua decisão ao julgado da Suprema Corte, sob pena de responsabilização pessoal nas esferas cível, administrativa e penal.

A: Errada. O prazo do mandado de segurança é de 120 dias (art. 23, Lei 12.016/2009). **B:** Errada. Não se trata de crime de responsabilidade. **C:** Errada. Não existe previsão para o afastamento nos moldes descritos na alternativa. **D:** Certa. Art. 56, Lei 9.784/99, que determina que "das decisões administrativas cabe recurso, em face de razões de legalidade e de mérito. § 3º Se o recorrente alegar que a decisão administrativa contraria enunciado da súmula vinculante, caberá à autoridade prolatora da decisão impugnada, se não a reconsiderar, explicitar, antes de encaminhar o recurso à autoridade superior, as razões da aplicabilidade ou inaplicabilidade da súmula, conforme o caso". **FC**
Gabarito "D"

(OAB/Exame XXXVIII) Josias e Januário são servidores públicos federais de alta hierarquia e estavam conversando sobre os problemas inerentes ao exercício de suas atribuições. Enquanto Josias está extremamente exacerbado de trabalho e precisa delegar algumas de suas atribuições, para não comprometer o funcionamento da atividade administrativa, Januário entende ser necessário avocar competência atribuída a órgão hierarquicamente inferior, por questões excepcionais que são de extrema relevância para o interesse público.

Considerando as circunstâncias narradas, em consonância com a Lei nº 9.784/99, assinale a afirmativa correta.

(A) Josias poderá delegar verbalmente parcela de sua competência, considerando que esta é renunciável por servidor de alta hierarquia.

(B) Eventual delegação de competência por parte de Josias não poderá ser revogada após a sua formalização.

(C) A delegação de competência por Josias só pode ser realizada para órgão que lhe seja hierarquicamente inferior.

(D) A avocação temporária de competência por Januário será permitida em caráter excepcional e por motivos relevantes devidamente justificados.

A: Errada. O ato de delegação e sua revogação deverão ser publicados no meio oficial (art. 14, Lei 9.784/99), pois a competência é irrenunciável (art. 11, Lei 9.784/99). **B:** Errada. O ato de delegação é revogável a qualquer tempo pela autoridade delegante (art. 14, § 2º, Lei 9.784/99). **C.** Errada. A delegação não depende de relação hierárquica (art. 12, Lei 9.784/99). **D:** Certa. Art. 12, Lei 9.784/99. **FC**
Gabarito "D"

(OAB/Exame XXXVII) Com o intuito de tomar providências em relação à determinada política pública, no âmbito da Administração Pública Federal, foi determinado que os Ministérios Alfa, Beta e Gama, promovessem uma decisão coordenada, diante da justificável relevância da matéria.

A Associação Dabliu, que atua na área de interesse coletivo, almeja habilitar-se como ouvinte do processo decisório, bem como ter direito de voz durante a reunião concernente aos respectivos trabalhos, designada para a próxima quarta-feira.

Diante dessa situação hipotética e das normas relativas à decisão coordenada na Lei nº 9.784/99, assinale a afirmativa correta.

(A) A Associação Dabliu não poderá habilitar-se a participar da decisão coordenada, ainda que na qualidade de ouvinte.

(B) A participação dos Ministérios Alfa, Beta e Gama na decisão coordenada em questão independe de intimação.

(C) O eventual dissenso do Ministério Alfa quanto à solução do objeto da decisão coordenada não precisa ser manifestado durante a reunião.

(D) A decisão prolatada por autoridade competente, que defira a participação da Associação Dabliu na reunião, com direito a voz, é irrecorrível.

A. Errada. Poderão habilitar-se a participar da decisão coordenada, na qualidade de ouvintes, os interessados de que trata o art. 9º da Lei 9.784/99 (art. 49-B, Lei 9.784/99). **B.** Errada. Os participantes da decisão coordenada deverão ser intimados na forma do art. 26 da Lei 9.784/99 (art. 49-D, Lei 9.784/99). **C:** Errada. Eventual dissenso na solução do objeto da decisão coordenada deverá ser manifestado durante as reuniões, de forma fundamentada, acompanhado das propostas de solução e de alteração necessárias para a resolução da questão (art. 49-F, Lei 9.784/99). **D:** Certa. A participação na reunião, que poderá incluir direito a voz, será deferida por decisão irrecorrível da autoridade responsável pela convocação da decisão coordenada (art. 49-B, parágrafo único, Lei 9.784/99). **FC**
Gabarito "D"

(OAB/Exame Unificado – 2018.2) Marcos, servidor do Poder Executivo federal, entende que completou os requisitos para a aposentadoria voluntária, razão pela qual requereu, administrativamente, a concessão do benefício ao órgão

8. DIREITO ADMINISTRATIVO   615

competente. O pedido foi negado pela Administração. Não satisfeito com a decisão, Marcos interpôs recurso administrativo. Tendo o enunciado como parâmetro e considerando o disposto na Lei nº 9.784/99, assinale a afirmativa correta.

(A) O recurso, salvo disposição legal diversa, tramitará por, no mínimo, três instâncias administrativas.

(B) O recurso será dirigido à autoridade que proferiu a decisão, que, se não a reconsiderar, encaminhará o apelo à autoridade superior.

(C) O recurso e todos os atos subsequentes praticados pela Administração no âmbito do processo administrativo, em regra, devem apresentar forma determinada.

(D) Marcos somente poderá alegar questões de legalidade, como a incompetência da autoridade que proferiu a decisão, não lhe sendo permitido solicitar o reexame do mérito da questão apreciada.

A: incorreta, pois a lei prevê que o recurso administrativo tramitará no máximo (e não "no mínimo") por três instâncias administrativas (art. 57 da Lei 9.784/1999); **B:** correta (art. 56, § 1º, da Lei 9.784/1999); **C:** incorreta, pois o art. 22, *caput*, da Lei 9.784/1999 estabelece que os atos do processo não dependem de forma determinada senão quando a lei expressamente a exigir. Assim, a alternativa já pode ser considerada incorreta simplesmente por dizer que todos os atos subsequentes praticados pela Administração devem apresentar forma determinada. Não bastasse, como a lei também não exige forma determinada para interpor o recurso (a lei simplesmente diz que será feito um requerimento expondo os fundamentos do recurso – art. 60, *caput*), também neste ponto a alternativa está incorreta; **D:** incorreta, pois o art. 56, *caput*, da Lei 9.784/1999 estabelece que o recurso administrativo pode se insurgir tanto em face de questões de legalidade, como de mérito.
Gabarito "B".

(OAB/Exame Unificado – 2013.3) João é parte em processo administrativo federal regulado pela Lei n. 9.784/1999, no qual foi proferida decisão que rejeitou sua pretensão. João pretende recorrer dessa decisão. Acerca do caso apresentado, e observando o disposto na lei citada, assinale a afirmativa correta.

(A) O recurso de João deverá ser dirigido diretamente à autoridade hierarquicamente superior à autoridade que proferiu a decisão.

(B) O prazo para interposição de recurso administrativo, salvo disposição legal específica, é de trinta dias, contado a partir da ciência ou da divulgação oficial da decisão recorrida.

(C) A interposição de recurso administrativo depende do oferecimento de caução, salvo expressa dispensa legal.

(D) O não conhecimento do recurso não impedirá a Administração de rever de ofício o ato ilegal, desde que não ocorrida a preclusão administrativa.

A: incorreta, pois o recurso deverá ser dirigido à autoridade que proferiu a decisão, a qual, se não reconsiderar no prazo de 5 dias, o encaminhará à autoridade superior (art. 56, § 1º, da Lei 9.784/1999); **B:** incorreta, pois o prazo para recorrer, salvo disposição específica, é de 10 dias (e não de 30 dias), contado a partir da ciência ou divulgação oficial da decisão recorrida (art. 59, *caput*, da Lei 9.784/1999); **C:** incorreta, pois, salvo exigência legal, a interposição de recurso administrativo não depende de caução (art. 56, § 2º, da Lei 9.784/1999); **D:** correta (art. 63, § 2º, da Lei 9.784/1999).
Gabarito "D".

(OAB/Exame Unificado – 2010.2) Em determinado procedimento administrativo disciplinar, a Administração federal impôs, ao servidor, a pena de advertência, tendo em vista a comprovação de ato de improbidade. Inconformado, o servidor recorre, vindo a Administração, após lhe conferir o direito de manifestação, a lhe impor a pena de demissão, nos termos da Lei 8.112/1990 e da Lei 9.784/1998.

Com base no fragmento acima, é correto afirmar que a Administração Federal

(A) agiu em desrespeito aos princípios da eficiência e da instrumentalidade, autorizativos da reforma em prejuízo do recorrente, desde que não imponha pena grave.

(B) agiu em respeito aos princípios da legalidade e autotutela, autorizativos da reforma em prejuízo do recorrente.

(C) não observou o princípio da dignidade da pessoa humana, trazendo equivocada reforma em prejuízo do recorrente.

(D) não observou o princípio do devido processo legal, trazendo equivocada reforma em prejuízo do recorrente.

A Lei 8.112/1990 é silente quanto à possibilidade de *reformatio in pejus* (reforma em prejuízo do recorrente), de modo que se aplica a Lei 9.784/1999 (Lei de Processo Administrativo Federal), que tem aplicação subsidiária aos processos administrativos específicos, como é o caso do processo administrativo da Lei 8.112/1990 (art. 69 da Lei 9.784/1999). O art. 64 da Lei 9.784/1999 admite que, em sede de recurso, o órgão competente para conhecê-lo possa "confirmar, modificar, anular ou revogar, total ou parcialmente, a decisão recorrida, se a matéria for de sua competência". Ou seja, a lei admite que o órgão recursal *modifique* a decisão recorrida, mesmo fora dos limites do recurso. Isso se dá em função dos princípios da *legalidade* e da *autotutela*. Todavia, quando ocorre *reforma em prejuízo do recorrente*, tal reforma *depende* do cumprimento da *formalidade* prevista no parágrafo único do art. 64, qual seja, o recorrente "deverá ser cientificado para que formule suas alegações antes da decisão". Assim, considerando que o enunciado da questão deixa claro que foi conferido ao recorrente o direito de manifestação, está correta a alternativa "b", que afirmou ter a Administração agido com respeito aos princípios da legalidade e da autotutela, autorizativos da reforma em prejuízo do recorrente. Por fim, vale salientar que está correta a decisão que alterou a pena para *demissão*, pois, cometido ato de improbidade, a Lei 8.112/1990, estabelece a demissão como sanção cabível (art. 132, IV).
Gabarito "B".

(OAB/Exame Unificado – 2010.1) Com relação ao processo administrativo federal, assinale a opção correta.

(A) Não se admite a legitimidade de associação para a defesa de direitos ou interesses difusos.

(B) Não pode uma autoridade hierárquica superior delegar a uma autoridade inferior o poder de decidir, em primeira instância, os processos administrativos de sua competência não exclusiva.

(C) Não se admite a intimação fictícia.

(D) Ao processo em apreço não se aplica o princípio que veda a *reformatio in pejus*.

A: incorreta. Assim dispõe o art. 9.º da Lei 9.784/1999: "São legitimados como interessados no processo administrativo: (...) IV – as pessoas ou as associações legalmente constituídas quanto a direitos ou interesses difusos"; **B:** incorreta. Assim dispõe o art. 13 da Lei 9.784/1999: "Não podem ser objeto de delegação: I – a edição de atos de caráter nor-

mativo; II – a decisão de recursos administrativos; III – as matérias de competência exclusiva do órgão ou autoridade"; **C:** incorreta. Assim dispõe o art. 26 da Lei 9.784/1999: "O órgão competente perante o qual tramita o processo administrativo determinará a intimação do interessado para ciência de decisão ou a efetivação de diligências. (...) § 4.º No caso de interessados indeterminados, desconhecidos ou com domicílio indefinido, a intimação deve ser efetuada por meio de publicação oficial"; **D:** correta. Assim dispõe o art. 6.º, § 2.º, da Lei 9.784/1999: "O não conhecimento do recurso não impede a administração de rever de ofício o ato ilegal, desde que não ocorrida preclusão administrativa".
„Gabarito "D".

(OAB/Exame Unificado – 2009.3) O Ministério do Turismo instaurou processo administrativo para apurar responsabilidade e promover a reparação dos danos causados em acidente de trânsito envolvendo veículo do Ministério, conduzido, na ocasião, por Alfredo, motorista lotado no referido órgão público. O veículo particular era conduzido por Bruno. Ambos foram regularmente intimados a comparecer ao Ministério e prestar esclarecimentos a respeito do acidente. Em face dessa situação hipotética, assinale a opção correta de acordo com as normas que regulam o processo administrativo no âmbito da administração pública federal.

(A) Caso Bruno compareça ao processo administrativo, reconheça que o acidente foi causado por total e exclusiva imprudência sua e recolha o valor referente aos prejuízos causados no veículo do Ministério, o órgão competente para julgamento do processo em referência poderá declarar extinto o processo.

(B) O órgão responsável pela instrução do processo administrativo não pode, em nenhuma hipótese, indeferir pedido de produção de provas ou recusar documentos ou pareceres apresentados por Alfredo durante a fase de instrução.

(C) Caso Alfredo não compareça, na data designada, para prestar esclarecimentos, a autoridade responsável pela decisão do processo administrativo deverá aplicar os efeitos da revelia e concluir que Alfredo reconhece como verdadeiros os fatos que Bruno tenha relatado.

(D) Caso Alfredo não compareça, na data designada, para prestar esclarecimentos, não lhe será garantido direito de ampla defesa no prosseguimento do processo.

A: correta (arts. 51 e 52 da Lei 9.784/1999); **B:** incorreta (art. 38, § 2º, da Lei 9.784/1999); **C** e **D:** v. art. 27 da Lei 9.784/1999.
„Gabarito "A".

(OAB/Exame Unificado – 2009.2) Com referência ao processo administrativo e a temas a ele relacionados, assinale a opção correta.

(A) As atividades que buscam a verificação e a comprovação de fatos e dados no processo administrativo podem ser impulsionadas de ofício pela administração, independentemente de requerimento do interessado.

(B) Caso a matéria discutida no processo administrativo se apresente bastante controversa e inquietante, a autoridade responsável poderá deixar de decidir e submeter o tema à apreciação do Poder Judiciário.

(C) Um agente administrativo que tenha competência para decidir determinado recurso administrativo pode delegar tal competência a subordinado seu.

(D) O servidor que atue como perito em um processo administrativo pode exercer outras funções no mesmo processo, exceto a de julgar.

A: correta (arts. 2º, parágrafo único, XII, e 29, ambos da Lei 9.784/1999); **B:** incorreta (art. 48 da Lei 9.784/1999); **C:** incorreta (art. 13, II, da Lei 9.784/1999); **D:** incorreta (art. 18, II, da Lei 9.784/1999).
„Gabarito "A".

(OAB/Exame Unificado – 2009.1) Assinale a opção correta no que se refere à Lei n.º 9.784/1999, que regula o processo administrativo no âmbito da administração pública federal.

(A) Considera-se entidade administrativa a unidade de atuação integrante da estrutura da administração direta.

(B) São capazes, para fins de processo administrativo, os maiores de 16 (dezesseis anos), ressalvada previsão especial em ato normativo próprio.

(C) O desatendimento da intimação para ciência de decisão importa o reconhecimento da verdade dos fatos pelo administrado.

(D) Um órgão administrativo e seu titular poderão, se não houver impedimento legal, delegar parte da sua competência a outros órgãos ou titulares, ainda que estes não lhe sejam hierarquicamente subordinados, quando for conveniente, em razão de circunstâncias de índole técnica, social, econômica, jurídica ou territorial.

A: incorreta. Entidade é a unidade que tem personalidade jurídica, podendo ser da administração direta (ex: União) ou indireta (ex.: uma autarquia), conforme art. 1º, § 2º, II, da Lei 9.784/1999; **B:** incorreta (art. 10 da Lei 9.784/1999); **C:** incorreta (art. 27 da Lei 9.784/1999); **D:** correta (art. 12 da Lei 9.784/1999).
„Gabarito "D".

(OAB/Exame Unificado – 2009.1) O INSS, em processo administrativo, concluiu, com base em entendimento antigo e recorrente na autarquia, que a servidora pública Kátia deveria ressarcir determinada quantia aos cofres públicos. A referida servidora recorreu e, quando ainda pendente o julgamento do recurso administrativo, o INSS tomou ciência de decisão do STF proferida em sede de reclamação, na qual se consagrava o entendimento de que o servidor, em casos análogos ao de Kátia, não tem o dever de ressarcir a quantia. Nessa decisão, o STF entendeu ter sido violado enunciado de súmula vinculante. Com referência a essa situação hipotética e com enfoque nos reflexos da súmula vinculante no processo administrativo, assinale a opção correta.

(A) O INSS deve seguir o entendimento firmado na súmula vinculante e adequar suas futuras decisões ao enunciado da súmula.

(B) Ao julgar o processo administrativo, a autoridade pode proferir decisão sem abordar a questão relativa à súmula caso entenda que esta não seja aplicável à espécie.

(C) A autoridade responsável pelo julgamento do processo administrativo não se sujeita à responsabilização pessoal caso não ajuste a decisão administrativa reiteradamente aplicada ao comando da súmula.

(D) Os enunciados de súmula vinculante só vinculam o Poder Judiciário, com exceção do STF, e a administração direta, não abarcando as autarquias.

Art. 64-B da Lei 9.784/1999.
„Gabarito "A".

8. DIREITO ADMINISTRATIVO   617

(OAB/Exame Unificado – 2008.2) No que se refere à norma estabelecida na Lei nº 9.784/1999, que versa sobre o processo administrativo no âmbito da administração pública federal, assinale a opção incorreta.

(A) O processo administrativo pode iniciar-se de ofício ou a pedido de interessado.

(B) Os atos administrativos que importem anulação, revogação, suspensão ou convalidação devem ser obrigatoriamente motivados.

(C) O servidor ou autoridade que esteja litigando, na esfera judicial, com o interessado em um processo administrativo que envolva as mesmas partes está impedido de atuar nesse processo.

(D) As matérias de competência exclusiva de órgão ou autoridade só podem ser objeto de delegação se houver expressa autorização da autoridade delegante.

A: correta (art. 5º da Lei 9.784/1999); **B:** correta (art. 50, VIII, da Lei 9.784/1999); **C:** correta (art. 18, III, da Lei 9.784/1999); **D:** incorreta, devendo ser assinalada, (art. 13, III, da Lei 9.784/1999).
Gabarito "D".

(OAB/Exame Unificado – 2008.2) Assinale a opção correta com relação às normas que regulam o processo administrativo no âmbito da administração pública federal.

(A) As normas que regulam o processo administrativo no âmbito da administração pública federal aplicam-se apenas à administração pública direta.

(B) As normas que regulam o processo administrativo no âmbito da administração pública federal são aplicáveis apenas ao Poder Executivo.

(C) O administrado tem o direito de ter ciência da tramitação dos processos administrativos em que tenha a condição de interessado bem como de ter vista dos autos, obter cópias de documentos neles contidos e conhecer as decisões proferidas.

(D) O processo administrativo tem seu início sempre por iniciativa da própria administração pública.

A: incorreta (art. 1º da Lei 9.784/1999 – administração federal direta e indireta); **B:** incorreta (art. 1º, § 1º, da Lei 9.784/1999 – todos os poderes); **C:** correta (art. 3º, II, da Lei 9.784/1999); **D:** incorreta (art. 5º da Lei 9.784/1999).
Gabarito "C".

(FGV – 2013) Os agentes da Administração Pública podem, no desempenho de suas atribuições, delegar de parte de suas atribuições a outros agentes públicos. No que concerne à delegação, segundo a Lei n. 9.784/1999, é correto afirmar que

(A) a delegação é possível ainda que o órgão que recebe a atribuição não seja hierarquicamente subordinado ao órgão que efetiva a delegação.

(B) a edição de atos normativos pode ser objeto de delegação.

(C) a decisão de recursos administrativos pode ser objeto de delegação,

(D) as matérias de competência exclusiva podem ser delegadas.

(E) os órgãos colegiados não podem delegar competências ao seu presidente.

A: correta (art. 12, *caput*, da Lei 9.784/1999); **B:** incorreta (art. 13, I, da Lei 9.784/1999); **C:** incorreta (art. 13, II, da Lei 9.784/1999); **D:** incorreta (art. 13, III, da Lei 9.784/1999); **E:** incorreta, pois é possível tal delegação (art. 12, parágrafo único, da Lei 9.784/1999).
Gabarito "A".

14. LEI ANTICORRUPÇÃO (LEI 12.846/2013)

(OAB/Exame XXXIX) A sociedade empresária Alfa praticou ato lesivo à administração pública do Estado Beta, pois, em matéria de licitações e contratos, obteve vantagem indevida, de modo fraudulento, em sucessivas prorrogações de contrato administrativo, sem autorização legal, no ato convocatório da licitação pública ou no respectivo instrumento contratual.

Com a devida orientação de seu advogado, visando obter isenção de sanções que provavelmente lhe seriam aplicadas, a sociedade empresária firmou com o Estado Beta acordo de leniência.

No caso em tela, nos termos da chamada Lei Anticorrupção (Lei nº 12.846/13), a celebração do citado acordo isentará a sociedade empresária Alfa da proibição de receber incentivos, subsídios, subvenções, doações ou empréstimos na forma prevista na lei, bem como da sanção de

(A) multa civil, e reduzirá à metade a obrigação de ressarcimento dos danos ao erário.

(B) obrigação de ressarcimento ao erário e da medida de suspensão ou interdição parcial de suas atividades.

(C) publicação extraordinária da decisão condenatória e reduzirá, em até 2/3 (dois terços), o valor da multa aplicável.

(D) multa administrativa, e condicionará a manutenção das atividades da pessoa jurídica à adoção de programa de integridade, no prazo de 90 (noventa) dias da assinatura do acordo.

A celebração do acordo de leniência isentará a pessoa jurídica das sanções de publicação extraordinária da decisão condenatória e proibição de receber incentivos, subsídios, subvenções, doações ou empréstimos de órgãos ou entidades públicas e de instituições financeiras públicas ou controladas pelo poder público, pelo prazo mínimo de 1 (um) e máximo de 5 (cinco) anos. Ainda, reduzirá em até 2/3 (dois terços) o valor da multa aplicável (art. 16, § 2º, Lei 12.846/2013).
Gabarito "C".

(OAB/Exame XXXVI) A sociedade empresária *Alfa* praticou um ato lesivo à Administração Pública de um país estrangeiro, atentando contra os compromissos internacionais assumidos pelo Brasil no âmbito do combate à corrupção. Em razão disso, as autoridades brasileiras querem tomar as providências cabíveis a fim de promover a responsabilização administrativa e/ou judicial da pessoa jurídica por tais atos lesivos, em território nacional.

Considerando os fatos narrados, à luz da Lei nº 12.846/2013 (Lei Anticorrupção), assinale a afirmativa correta.

(A) Não é possível a responsabilização administrativa no caso, considerando que o ilícito foi cometido contra Administração Pública estrangeira.

(B) Não é possível a responsabilização administrativa e/ ou judicial da sociedade empresária *Alfa*, mas apenas a de seus sócios administradores.

(C) Na esfera administrativa, após o devido processo administrativo, é cabível a dissolução compulsória da sociedade empresária *Alfa*.

(D) A responsabilização administrativa da sociedade empresária *Alfa* não afasta a possibilidade de sancioná-la na esfera judicial, com base na legislação específica.

A: incorreta, pois a Lei 12.846/13 admite que haja responsabilidade administrativa em território nacional em desfavor dessa empresa, competindo "à Controladoria-Geral da União – CGU a apuração, o processo e o julgamento dos atos ilícitos previstos nesta Lei, praticados contra a administração pública estrangeira"; ademais, o art. 28 da Lei 12.846/13 dispõe que "esta Lei aplica-se aos atos lesivos praticados por pessoa jurídica brasileira contra a administração pública estrangeira, ainda que cometidos no exterior"; **B:** incorreta, pois a pessoa jurídica responde sim no caso (art. 2º da Lei 12.846/13), responsabilidade essa que é independente da responsabilidade individual de seus dirigentes e administradores (art. 3º, *caput* e § 1º, da Lei 12.846/13); **C:** incorreta, pois a dissolução compulsória da pessoa jurídica só pode ser feita judicialmente (art. 19, III, c/c art. 21, ambos da Lei 12.846/13); **D:** correta, nos exatos termos do que dispõe o art. 18 da Lei 12.846/13. Gabarito "D".

(OAB/Exame XXXIII – 2020.3) A sociedade empresária *Espertinha* praticou atos de corrupção contra determinada organização pública internacional, mediante oferecimento de suborno para a obtenção de vantagens indevidas. Em razão disso, a Controladoria Geral da União (CGU) instaurou procedimento administrativo para apurar a responsabilização administrativa de tal sociedade. Considerando o disposto na Lei nº 12.846/13 (Lei Anticorrupção), assinale a afirmativa correta.

(A) Não é possível a responsabilização administrativa da sociedade empresária *Espertinha* por atos de corrupção praticados contra organização pública internacional.

(B) A responsabilização administrativa pela CGU não necessita da caracterização do elemento subjetivo na conduta da sociedade empresária *Espertinha*, pois tal responsabilidade é objetiva.

(C) A aplicação de penalidades administrativas pela CGU depende da responsabilização individual de pessoa natural, na figura de sócio ou dirigente da sociedade empresária *Espertinha*.

(D) O processo administrativo instaurado pela CGU poderá resultar na aplicação das penalidades de multa e de dissolução compulsória da sociedade empresária *Espertinha*.

A: incorreta, pois a Lei Anticorrupção protege tanto a administração pública nacional como a estrangeira (art. 5º, *caput*), além de equiparar as *organizações públicas internacionais* à administração pública estrangeira (art. 5º, 2º, da Lei 12.846/13); **B:** correta, pois a responsabilidade administrativa prevista na Lei Anticorrupção é objetiva (art. 1º, *caput*, da Lei 12.846/13); vale reiterar que a lei em questão protege tanto a administração pública nacional como a estrangeira (art. 5º, *caput*, da Lei 12.846/13), sendo certo que também equipara as *organizações públicas internacionais* à administração pública estrangeira (art. 5º, 2º, da Lei 12.846/13); **C:** incorreta, pois, de acordo com o art. 3º, § 1º, da Lei 12.846/13, "a pessoa jurídica será responsabilizada independentemente da responsabilidade individual das pessoas naturais (...)"; **D:** incorreta, pois a dissolução compulsória da sociedade depende de uma ação judicial (art. 19, III, da Lei 12.846/13). Gabarito "B".

(OAB/Exame Unificado – 2019.3) A sociedade empresária Feliz S/A, após apresentar a melhor proposta em licitação para a contratação de obra de grande vulto, promovida por certa empresa pública federal, apresentou os documentos exigidos no edital e foi habilitada. Este último ato foi objeto de recurso administrativo, no qual restou provado que a mencionada licitante foi constituída para burlar a sanção que lhe fora aplicada, já que se constituíra por transformação da sociedade empresária Alegre S/A, com os mesmos sócios e dirigentes, mesmo patrimônio, igual endereço e idêntico objeto social.

A sociedade empresária Alegre S/A, em decorrência de escândalo que envolvia pagamento de propina e fraudes em licitações, foi penalizada em diversos processos administrativos. Após os trâmites previstos na Lei 12.846/13 (Lei Anticorrupção Empresarial), diante do reconhecimento de haver praticado atos lesivos à Administração Pública, ela foi penalizada com a aplicação de multa e a declaração de inidoneidade para licitar ou contratar com a Administração Pública, pelo prazo de quatro anos.

Diante dessa situação hipotética, assinale a afirmativa correta.

(A) A exclusão da sociedade empresária Feliz S/A da licitação em curso é legítima, pois, diante da transformação, subsiste a responsabilidade da sociedade Alegre S/A.

(B) O reconhecimento da responsabilização administrativa da sociedade empresária Alegre S/A, por ato lesivo contra a Administração Pública, dependia da comprovação do elemento subjetivo culpa.

(C) A penalização da sociedade empresária Alegre S/A impede a responsabilização individual de seus dirigentes; por isso, não pode ser estendida à sociedade Feliz S/A.

(D) A imposição da sanção de declaração de inidoneidade à sociedade empresária Alegre S/A deveria impedir a aplicação de multa por ato lesivo à Administração Pública pelos mesmos fatos, sob pena de *bis in idem*.

A: correta, pois, de acordo como o art. 4º, *caput*, da Lei 12.846/13, "Subsiste a responsabilidade da pessoa jurídica na hipótese de alteração contratual, **transformação**, incorporação, fusão ou cisão societária" (g.n.); **B:** incorreta, pois, pelos atos previstos na Lei 12.846/13, "As pessoas jurídicas serão responsabilizadas **objetivamente**, nos âmbitos administrativo e civil, pelos atos lesivos previstos nesta Lei praticados em seu interesse ou benefício, exclusivo ou não" (g.n.); **C:** incorreta, nos termos do comentário à alternativa "a"; **D:** incorreta, pois uma infração pode ter mais de um tipo diferente de sanção; o que não é possível é ter a mesma sanção aplicável duplamente; no caso a lei prevê a sanção de inidoneidade (art. 87, IV, da Lei 8.666/93) e também a de multa (art. 6º, I, da Lei 12.846/13), sem contar outras sanções previstas no art. 87 da Lei 8.666/93; vale salientar que hipóteses de incidência diferentes (tipos infrativos administrativos diferentes) também dão ensejo à aplicação independente de sanções administrativas, até mesmo sanções do mesmo tipo quando um tipo não for elemento do outro. Gabarito "A".

(OAB/Exame Unificado – 2019.2) Determinado jornal publicou a notícia de que, nos últimos dez anos, a mesma empreiteira (sociedade empresária Beta) venceu todas as grandes licitações promovidas pelo Ministério Alfa. A sociedade empresária Beta, ciente do risco de serem descobertos os pagamentos sistemáticos de propina a servidores públicos em troca de vantagens competitivas, resolve procurar as autoridades competentes para propor a celebração de acordo de leniência. Com base na hipótese apresentada, assinale a afirmativa correta.

(A) É requisito do acordo de leniência o compromisso da sociedade empresária de fazer cessar seu envolvimento na irregularidade investigada, qual seja, o pagamento de propina a servidores públicos em troca das vantagens competitivas.

(B) A assinatura do acordo de leniência está condicionada à efetiva colaboração da sociedade empresária na elucidação dos fatos, mas a pessoa jurídica não precisa indicar os agentes públicos recebedores da propina.

(C) Para premiar a colaboração da sociedade empresária Beta, o poder público pode isentá-la do pagamento de multa pela prática de atos lesivos à Administração Pública.

(D) A proposta e os termos do acordo propriamente dito são sempre sigilosos, medida necessária para impedir que outras instituições públicas venham a utilizar as informações em prejuízo da sociedade empresária leniente.

A: correta, pois o art. 16, § 1º, II, da Lei 12.846/13 estabelece que é requisito do acordo de leniência que "a pessoa jurídica cesse completamente seu envolvimento na infração investigada a partir da data de propositura do acordo"; **B:** incorreta, pois o art. 16, § 1º, III, da Lei 12.846/13 estabelece que é requisito do acordo de leniência que "a pessoa jurídica admita sua participação no ilícito e coopere plena e permanentemente com as investigações e o processo administrativo", o que inclui, obviamente, o dever de indicar os agentes públicos recebedores da propina; **C:** incorreta, pois a celebração do acordo de leniência não tem o condão de isentar o pagamento de multa, mas apenas o de reduzir em até 2/3 o valor da multa aplicável (art. 16, § 2º, da Lei 12.846/13); **D:** incorreta, pois o acordo deve, na verdade, tornar-se público, como regra; o art. 16, § 6º, da Lei 12.846/13 dispõe que "a proposta de acordo de leniência somente **se tornará pública** após a efetivação do respectivo acordo, salvo no interesse das investigações e do processo administrativo".

Gabarito "A".

9. DIREITO TRIBUTÁRIO*

Luciana Batista Santos e Robinson Barreirinhas

1. COMPETÊNCIA TRIBUTÁRIA

(OAB/Exame Unificado – 2019.1) O Distrito Federal instituiu, por lei distrital, a contribuição para o custeio do serviço de iluminação pública. Um contribuinte insurgiu-se judicialmente contra tal cobrança, alegando que a instituição pelo Distrito Federal seria inconstitucional.

Diante desse quadro, assinale a afirmativa correta.

(A) O contribuinte tem razão, uma vez que, em virtude das peculiaridades do Distrito Federal, é a União o ente federado competente pela instituição da contribuição para o custeio do serviço de iluminação pública na capital federal.

(B) O contribuinte tem razão, uma vez que, em virtude das peculiaridades do Distrito Federal, é o Estado de Goiás o responsável pela instituição da contribuição para o custeio do serviço de iluminação pública na capital federal.

(C) O contribuinte não tem razão, pois o Distrito Federal possui delegação de capacidade tributária ativa feita pela União para a cobrança da contribuição para o custeio do serviço de iluminação pública.

(D) O contribuinte não tem razão, pois o Distrito Federal pode instituir a contribuição para o custeio do serviço de iluminação pública, assim como os Municípios.

A e **B**: incorretas, pois a competência para a instituição da contribuição para custeio do serviço de iluminação pública é exclusiva dos Municípios e do Distrito Federal – art. 149-A da CF; **C**: incorreta, pois a competência é do próprio Distrito Federal, conforme comentário anterior, de modo que não caberia à União delegar a capacidade tributária ativa (= prerrogativa de ocupar o polo ativo da obrigação tributária, para cobrar o tributo). Ademais, a competência tributária, que é a competência para legislar sobre o tributo, é indelegável – art. 7º do CTN; **D**: correta, conforme comentários anteriores – art. 149-A da CF.
„D„ ojuɐqɐƆ

(OAB/Exame Unificado – 2018.3) O Município M resolve ele mesmo fiscalizar e cobrar o Imposto sobre a Propriedade Territorial Rural (ITR) dos imóveis rurais localizados em seu território.

Acerca desse cenário, assinale a afirmativa correta.

(A) O ITR não pode ser fiscalizado e cobrado pelo Município M, por se tratar de tributo de competência da União.

(B) O Município M poderá optar, na forma da lei, por fiscalizar e cobrar diretamente o ITR.

(C) A fiscalização e a cobrança do ITR pelo Município M autorizam-no a reter 50% do produto da arrecadação

do imposto, como contraprestação pela fiscalização e cobrança no lugar da União.

(D) A partir da opção por fiscalizar e cobrar o ITR, o Município M passa a ter competência para alterar as alíquotas do imposto, inclusive para sua redução.

A: incorreta, pois, apesar de o ITR ser tributo da competência federal, a Constituição Federal prevê a possibilidade de os municípios optarem pela fiscalização e cobrança, nos termos do art. 153, § 4º, III; **B**: correta, conforme comentário anterior – art. 153, § 4º, III, da CF; **C**: incorreta, pois com a fiscalização e cobrança do ITR o município passa a ficar com a totalidade do ITR arrecadado – art. 158, II, *in fine*, da CF; **D**: incorreta, pois a competência tributária jamais pode ser delegada, de modo que a opção prevista no art. art. 153, § 4º, III, da CF restringe-se à fiscalização e à cobrança do ITR pelos municípios, não abrangendo a competência para legislar sobre o imposto.
„B„ ojuɐqɐƆ

(OAB/Exame Unificado – 2018.2) Admita que, em 2016, foi criado um Território Federal no Brasil, dividido em municípios. Joaquim reside nesse Território e recebeu da União, no presente ano, uma guia para o pagamento do Imposto sobre a Propriedade Predial e Territorial Urbana (IPTU) do seu imóvel. Na semana seguinte, recebeu também uma guia do município em que mora.

Levando em conta a situação descrita, assinale a afirmativa correta.

(A) Apenas a União é competente para, no caso, exigir o IPTU.

(B) Apenas o Município onde Joaquim reside é competente para exigir o IPTU.

(C) Tanto o Estado, onde se localiza o Território, quanto o Município seriam competentes para exigir o IPTU.

(D) Tanto a União quanto o Município em que Joaquim reside seriam competentes para exigir o IPTU.

A: incorreta, pois, no caso de território federal dividido em Municípios, cada um deles detém competência tributária para instituir seus próprios tributos – art. 147 da CF. Compete à União, no caso desse território, os tributos federais e os estaduais; **B**: correta, conforme comentário anterior; **C** e **D**: incorretas, pois a competência é exclusiva do Município – art. 147 da CF.
„B„ ojuɐqɐƆ

(OAB/Exame Unificado – 2016.2) Determinado ente da Federação instituiu um tributo incidente sobre a folha de salários e demais rendimentos do trabalho pagos ou creditados, a qualquer título, à pessoa física que preste serviço a empregador privado, ainda que sem vínculo empregatício, com o objetivo de financiar a seguridade social. Em sintonia com a CRFB/88, assinale a opção que

---

*Para ter acesso às questões atualizadas da disciplina de Direito Tributário a partir de março de 2024:
www. Acesse o conteúdo on-line. Siga as orientações disponíveis na página III

indica o ente da federação competente para a instituição do tributo descrito e o nome do tributo em questão.

(A) Estados-membros e o Distrito Federal. Contribuição previdenciária.

(B) União. Contribuição social.

(C) União. Imposto sobre a renda.

(D) Todos os entes da Federação. Contribuições sociais.

A: incorreta, pois os Estados-membros não têm competência para instituição de contribuição previdenciária relativa ao trabalho privado, mas apenas para a contribuição cobrada de seus servidores – art. 149, § 1º, da CF; **B**: correta, pois somente a União tem competência para instituição de contribuição previdenciária relativa ao trabalho privado, nos termos do art. 149, caput, da CF c/c art. 195, I, 'a', da CF; **C**: incorreta, pois não se trata de simples tributação sobre a renda, já que qualificada pela finalidade de financiar a seguridade social (previdência dos trabalhadores), o que a define como contribuição previdenciária – art. 149 da CF c/c art. 195, I, 'a', da CF; **D**: incorreta, pois a competência é privativa da União, conforme comentários anteriores. **LB**
Gabarito "B".

(OAB/Exame Unificado – 2016.1) A pessoa jurídica Verdes Campos Ltda. realiza transporte de cargas entre os estados "X" e "Y" por meio de sua frota de 30 caminhões. Sobre a referida prestação de serviço de transporte, assinale a opção correta.

(A) Incide o ISS, de competência dos Municípios.

(B) Não incide qualquer imposto.

(C) Incide o ICMS, de competência dos Estados.

(D) Incide o IPVA, de competência dos Estados.

A: incorreta, pois a competência para tributar o transporte interestadual é privativa dos Estados e do Distrito Federal, nos termos do art. 155, II, da CF, excluída expressamente da competência municipal, nos termos do art. 156, III, da CF; **B**: incorreta, conforme comentário anterior; **C**: correta, conforme comentário inicial; **D**: incorreta, pois o IPVA incide sobre a propriedade de veículos automotores, não sobre o serviço prestado com eles.
Gabarito "C".

(OAB/Exame Unificado – 2016.1) O Estado X, visando aumentar a sua arrecadação, instituiu novo imposto, não previsto na Constituição Federal.

Sobre a hipótese, assinale a afirmativa correta.

(A) O Estado X pode instituir imposto, mediante lei complementar, desde que previsto na Constituição Estadual.

(B) Para exercer a competência residual do Estado X, é necessária lei de iniciativa do Governador do Estado.

(C) O Estado X não pode instituir o imposto novo, tendo em vista que a competência residual para a instituição de novos impostos é somente da União.

(D) É vedada à União, aos Estados, ao Distrito Federal e aos Municípios, a instituição de impostos não previstos na Constituição Federal.

A: incorreta, pois a competência para instituir outros impostos, além daqueles expressamente previstos na Constituição Federal, é privativa da União (competência residual), nos termos do art. 154, I, da CF; **B**: incorreta, conforme comentário à alternativa anterior; **C**: correta, conforme comentários anteriores; **D**: incorreta, pois há a competência residual da União, conforme comentários anteriores.
Gabarito "C".

OAB/Exame Unificado – 2015.3) A União instituiu determinado tributo federal e conferiu a uma autarquia as tarefas de fiscalizá-lo e arrecadá-lo.

Tendo em vista a situação narrada, assinale a opção correta.

(A) A capacidade tributária ativa (realizar atos de fiscalização e arrecadação) é delegável.

(B) Trata-se de caso de delegação da competência tributária da União.

(C) Não é possível que a União revogue, a qualquer tempo e por ato unilateral, a atribuição que conferiu a tal autarquia.

(D) Em eventual discussão judicial proposta por um contribuinte do tributo, a autarquia não terá prazo em dobro para recorrer.

A: correta, pois, de fato, diferentemente da competência tributária (capacidade para legislar sobre os tributos – institui-los, modificá-los, extingui-los), a capacidade tributária ativa (capacidade de ocupar o polo ativo da relação tributária – cobrar os tributos) é delegável – art. 7º do CTN; **B**: incorreta, pois a competência tributária refere-se à capacidade de legislar sobre os tributos, não cobrá-los, e é indelegável; **C**: incorreta, pois essa delegação é revogável a qualquer momento, por ato unilateral da União – art. 7º, § 2º, do CTN; **D**: incorreta, pois a delegação engloba as garantias e os privilégios processuais que a União teria ao cobrar o tributo – art. 7º, § 1º, do CTN.
Gabarito "A".

(OAB/Exame Unificado – 2014.3) O Art. 146, III, *a*, da Constituição Federal estabelece que lei complementar deve trazer a definição dos fatos geradores, da base de cálculo e dos contribuintes dos impostos previstos na Constituição.

Caso não exista lei complementar prevendo tais definições relativamente aos impostos estaduais, os estados

(A) não podem instituir e cobrar seus impostos, sob pena de violação do Art. 146 da Constituição.

(B) podem instituir e cobrar seus impostos, desde que celebrem convênio para estabelecer normas gerais.

(C) podem instituir e cobrar seus impostos, pois possuem competência legislativa plena até que a lei complementar venha a ser editada.

(D) podem instituir e cobrar seus impostos, desde que seja publicada Medida Provisória autorizando.

A: incorreta, pois inércia do Congresso Nacional não prejudica o Estado-membro, que exerce a competência legislativa plena, nos termos do art. 24, § 3º, da CF; **B**: incorreta, pois não é necessário convênio, bastando lei do próprio Estado; **C**: correta, conforme o art. 24, § 3º, da CF; **D**: incorreta, pois basta lei do próprio Estado, independentemente de prévia MP federal autorizativa.
Gabarito "C".

(OAB/Exame Unificado – 2014.1) Determinado Estado, localizado na Região Norte do país, instituiu, mediante lei específica, a contribuição para o custeio do serviço de iluminação pública. Nessa linha, com base na competência tributária prevista nas normas constitucionais em vigor, tal contribuição instituída pelo respectivo estado membro da Federação é

(A) constitucional, sendo possível sua cobrança com base nas regras constitucionais em vigor.

(B) inconstitucional, por ser o referido tributo de competência tributária da União Federal.

9. DIREITO TRIBUTÁRIO

(C) inconstitucional, por ser o referido tributo de competência do Distrito Federal e dos Municípios.

(D) inconstitucional, visto que somente lei complementar poderá instituir o referido tributo.

Somente os Municípios e o Distrito Federal têm competência para instituir contribuição para custeio do serviço de iluminação pública (competência privativa dos Municípios e do DF), nos termos do art. 149-A da CF. Assim, a instituição do tributo por Estado é claramente inconstitucional, razão pela qual a alternativa "C" é a correta. **A:** incorreta, conforme comentário inicial; **B:** incorreta, pois a competência não é da União, tampouco; **C:** correta, conforme comentário inicial; **D:** incorreta, pois a inconstitucionalidade por incompetência do Estado não é sanada pelo instrumento legislativo escolhido (ou seja, o Estado não pode instituir o tributo, seja por lei ordinária, seja por lei complementar ou qualquer outro instrumento normativo).
„Gabarito "C".

(OAB/Exame Unificado – 2013.1) A União criou um novo imposto não previsto na CRFB mediante lei complementar sobre a propriedade de veículos de duas rodas não motorizados, que adota fato gerador e base de cálculo diferente dos demais discriminados na Constituição.

Nessa situação, a União terá feito uso de competência

(A) comum.

(B) residual.

(C) cumulativa.

(D) extraordinária.

A União, e somente ela, detém a competência residual para instituir outros impostos além daqueles previstos expressamente pela Constituição Federal, desde que atendidos os requisitos do art. 154, I, da CF (instituição por lei complementar, não cumulatividade, e fato gerador e base de cálculo distintos daqueles próprios dos impostos previstos no texto constitucional). Por essa razão, a alternativa "B" é a correta.
„Gabarito "B".

(OAB/Exame Unificado – 2011.3.A) A competência tributária não se confunde com a capacidade tributária ativa. Aquela se traduz na aptidão para instituir tributos, enquanto esta é o exercício da competência, ou seja, a aptidão para cobrar tributos. Nesse sentido, é correto afirmar que

(A) compete à União, aos Estados, ao Distrito Federal e aos Municípios instituir impostos, taxas, contribuições de melhoria, assim como as contribuições para o custeio do serviço de iluminação pública.

(B) em virtude do princípio federativo, que, entre outras consequências, delimita entre os entes políticos o poder de tributar, ao Distrito Federal compete apenas instituir espécies tributárias próprias dos Estados-membros da federação.

(C) a União pode instituir, via lei ordinária, impostos além dos previstos na Constituição, mediante dois requisitos: que eles sejam não cumulativos e que não tenham fato gerador próprio dos impostos já previstos constitucionalmente.

(D) em Território Federal, os impostos estaduais são de competência da União. Caso o Território não seja dividido em Municípios, cumulativamente, os impostos municipais também são de competência da União.

A: incorreta, pois a contribuição para custeio do serviço de iluminação pública é da competência exclusiva dos Municípios e do Distrito Federal – art. 149-A da CF; **B:** incorreta, pois o Distrito Federal cumula as competências estaduais e municipais arts. 147, *in fine*, e 155, da CF, até porque não há municípios no Distrito Federal (art. 32, *caput*, da CF); **C:** incorreta, pois o exercício da competência residual da União depende de lei complementar – art. 154, I, da CF; **D:** correta, conforme o art. 147 da CF.
„Gabarito "D".

2. PRINCÍPIOS TRIBUTÁRIOS

(OAB/Exame XXXVIII) A *Sociedade Empresária ABC Ltda.* adquiriu no exterior um lote de dez mil unidades de um determinado perfume francês. Antes da chegada das mercadorias ao porto, foi publicado no Diário Oficial da União, em 20/04/2023, um decreto editado pelo Poder Executivo Federal majorando imediatamente a alíquota do Imposto sobre a Importação de perfumes de 20% para 30%, prevendo expressamente sua vigência e produção de efeitos a partir da data de sua publicação. Em 30/04/2023, as mercadorias finalmente chegam ao porto no Brasil, devendo agora a empresa realizar o desembaraço aduaneiro.

Preocupada com possível prejuízo decorrente do aumento inesperado do custo da mercadoria devido à elevação do imposto de importação, a sociedade empresária procura você, como advogado(a), indagando sobre a validade daquele decreto.

Diante deste cenário, assinale a afirmativa correta.

(A) A elevação desta alíquota por decreto violou o princípio da legalidade tributária.

(B) O prazo previsto para produção de efeitos da elevação de alíquota violou o princípio da anterioridade tributária nonagesimal.

(C) Embora tal imposto seja classificado como extrafiscal, deve obediência ao princípio da anterioridade tributária anual.

(D) A majoração dessa alíquota e a sua produção de efeitos imediata são válidas.

A: incorreta, pois o imposto de importação, tributo da competência da União, é exceção ao princípio da legalidade tributária e, por isso, a alíquota pode ser elevada por decreto do Poder Executivo Federal, dentro dos limites e condições fixados em lei, nos termos do art. 153, § 1º, da CF; **B e C:** incorretas, pois a alteração de alíquotas do imposto de importação é exceção ao princípio da anterioridade anual e nonagesimal – art. 150, § 1º, da CF; **D:** correta, conforme comentários anteriores (art. 153, § 1º, da CF e art. 150, § 1º, da CF). 🅛🅑
„Gabarito "D".

(OAB/Exame XXXVIII) O Estado *Alfa* alterou, por meio de lei, a contribuição social para custeio do regime próprio de previdência social, cobrada dos seus servidores ativos, dos aposentados e dos pensionistas.

José e Márcio são servidores públicos do mesmo órgão estadual, ganhando cada um, respectivamente, a remuneração mensal de 15 mil reais e 10 mil reais.

José, ao notar que a alíquota incidente sobre sua remuneração era de 16,5%, ao passo que para Márcio a alíquota era de 14,5%, ficou indignado e, em relação a essa situação diferenciada, resolve contratar você, como advogado(a), para um eventual questionamento judicial.

A respeito da posição de José, assinale a afirmativa correta.

(A) Nenhum tributo incidente sobre a renda ou proventos poderá ter alíquotas progressivas, sob pena de violar a capacidade contributiva.

(B) É vedada a adoção de alíquotas progressivas para esta espécie de contribuição social, em respeito ao princípio da capacidade contributiva.

(C) A progressividade tributária deve ser obrigatoriamente adotada para todos os tributos estaduais, nos termos da CRFB/88, garantindo-se efetividade ao princípio da capacidade contributiva.

(D) Esta espécie de contribuição social poderá ter alíquotas progressivas de acordo com o valor da base de contribuição.

A: incorreta, pois há disposição constitucional expressa impondo a progressividade no caso do imposto sobre a renda (art. 153, § 2º, I, da CF) justamente em razão do princípio da capacidade contributiva (art. 145, § 1º, da CF). Assim, quanto maior for a base de cálculo (no caso, a renda), maior deverá ser a alíquota para que aquele que demonstra possuir maior riqueza (por ter uma renda maior) suporte uma tributação mais elevada; **B:** incorreta, pois há disposição constitucional expressa determinando que a União, os Estados, o Distrito Federal e os Municípios instituam, por meio de lei, contribuições para custeio de regime próprio de previdência social, cobradas dos servidores ativos, dos aposentados e dos pensionistas, que poderão ter alíquotas progressivas de acordo com o valor da base de contribuição ou dos proventos de aposentadoria e de pensões; **C:** incorreta, pois a CF não determina que a progressividade tributária deve ser obrigatoriamente adotada para todos os tributos estaduais, conforme visto, no comentário anterior, em relação à contribuição social descrita no enunciado em relação à qual há permissão (e não obrigatoriedade) de adoção de alíquota progressiva. Cabe ainda citar que o ITCMD, imposto estadual, conforme entendimento do Supremo Tribunal Federal, poderá ser progressivo, atendendo, assim, ao princípio da capacidade contributiva (RE 562.045/RS – Repercussão Geral). Em relação ao IPVA, imposto estadual, a CF estabelece que este tributo poderá ter alíquotas diferenciadas em função do tipo e utilização do veículo automotor (art. 155, § 6º, II, da CF). Quanto ao ICMS, a CF dispõe que este tributo poderá ser seletivo, em função da essencialidade das mercadorias e dos serviços (art. 155, § 2º, III, da CF); **D:** correta, conforme comentários anteriores, pois a CF permite que esta espécie de contribuição social tenha alíquotas progressivas de acordo com o valor da base de contribuição – art. 149, § 1º, da CF. **LB**
Gabarito "D".

(OAB/Exame XXXIII – 2020.3) Em 10/11/2020, foi publicada lei ordinária federal que majorava a alíquota de contribuição previdenciária a ser cobrada do empregador, incidente sobre a folha de salários e demais rendimentos do trabalho pagos ou creditados, a qualquer título, à pessoa física que lhe preste serviço, mesmo sem vínculo empregatício.

Diante desse cenário, a nova alíquota poderá ser aplicada

(A) a partir da data da publicação da lei.

(B) noventa dias a contar da data da publicação da lei.

(C) a partir do primeiro dia do exercício financeiro seguinte.

(D) a partir de noventa dias contados do primeiro dia do exercício financeiro seguinte.

A: incorreta, pois a majoração de contribuição social destinada ao custeio da seguridade social sujeita-se à anterioridade nonagesimal – art. 195, § 6º, da CF; **B:** correta, conforme comentário anterior; **C:** incorreta, pois as contribuições sociais não se sujeitam à anterioridade

anual – art. 195, § 6º, *in fine*, da CF; **D:** incorreta, pois a anterioridade nonagesimal aplicável às contribuições sociais destinadas ao custeio da seguridade social não é computada cumulativamente com a anterioridade anual, o seja, os noventa dias são contados a partir da publicação da lei que instituiu ou majorou esse tipo de contribuição social – art. 195, § 6º, da CF. **LB**
Gabarito "B".

(OAB/Exame Unificado – 2019.2) O Município X, na tentativa de fazer com que os cofres municipais pudessem receber determinado tributo com mais celeridade, publicou, em maio de 2017, uma lei que alterava a data de recolhimento daquela exação. A lei dispunha que os efeitos das suas determinações seriam imediatos.

Nesse sentido, assinale a afirmativa correta.

(A) Segundo a Lei de Introdução às Normas do Direito Brasileiro (LINDB), a lei é válida, mas apenas poderia entrar em vigor 45 (quarenta e cinco) dias após a sua publicação.

(B) A lei é inconstitucional, uma vez que não respeitou o princípio da anterioridade.

(C) A lei é constitucional, uma vez que, nessa hipótese, não se sujeita ao princípio da anterioridade.

(D) A lei é válida, mas só poderia vigorar 90 (noventa) dias após a sua publicação.

A: incorreta, pois a LINDB traz apenas regra subsidiária, ou seja, aplica-se o prazo de 45 dias apenas se a lei não dispuser de modo diverso (art. 1º da LINDB); **B:** incorreta, pois a alteração de vencimento de tributo não se sujeita ao princípio da anterioridade – Súmula Vinculante 50/STF; **C:** correta, conforme comentário anterior; **D:** incorreta, pois a lei dispõe sobre o início de sua vigência, sendo inaplicável o princípio da anterioridade anual ou nonagesimal.
Gabarito "C".

(OAB/Exame Unificado – 2019.1) A União, por meio de lei ordinária, instituiu nova contribuição social (nova fonte de custeio) para financiamento da seguridade social. Para tanto, adotou, além da não cumulatividade, fato gerador e base de cálculo distintos dos discriminados na Constituição da República.

A referida lei foi publicada em 1º de outubro de 2018, com entrada em vigor em 1º de fevereiro de 2019, determinando, como data de vencimento da contribuição, o dia 1º de março de 2019.

A pessoa jurídica XYZ não realizou o pagamento, razão pela qual, em 10 de março de 2019, foi aconselhada, por seu(sua) advogado(a), a propor uma ação Declaratória de Inexistência de Relação Jurídica, em face da União.

Assinale a opção que indica o fundamento que poderá ser alegado para contestar a nova contribuição.

(A) Ela somente poderia ser instituída por meio de Lei Complementar.

(B) Ela violou o princípio da anterioridade anual.

(C) Ela violou o princípio da anterioridade nonagesimal.

(D) Ela somente poderia ser instituída por Emenda Constitucional.

A: correta, pois outra contribuição social diferente daquelas previstas expressamente nas alíneas do art. 195, I, da CF (incidentes sobre folha de salários, receita, lucro etc.) somente podem ser instituídas por lei complementar federal, observadas as demais condições previstas no § 4º desse art. 195, c/c art. 154, I, da CF; **B:** incorreta, pois as contribuições sociais destinadas ao custeio da seguridade social sujeitam-se apenas à anterioridade nonagesimal, não à anual – art. 195, § 6°, da CF; **C:** incorreta, pois entre a publicação e o início da vigência decorreram mais que 90 dias – art. 195, § 6°, da CF; **D:** incorreta, pois a competência tributária é exercida por meio de lei do ente competente, no caso lei complementar federal – art. 195, § 4°, c/c art. 154, I, da CF. 🔲

Gabarito "A"

(OAB/Exame Unificado – 2014.2) Visando a proteger a indústria de tecnologia da informação, o governo federal baixou medida, mediante decreto, em que majora de 15% para 20% a alíquota do Imposto sobre a Importação de Produtos Estrangeiros para monitores de vídeo procedentes do exterior, limites esses que foram previstos em lei. A respeito da modificação de alíquota do Imposto de Importação, assinale a afirmativa correta.

(A) Deve observar a reserva de lei complementar.

(B) Deve ser promovida por lei ordinária.

(C) Deve observar o princípio da irretroatividade.

(D) Deve observar o princípio da anterioridade.

A: incorreta, pois a alíquota do II pode ser modificada por simples lei ordinária ou, ainda, majorada e reduzida por norma infralegal, dentro dos limites e condições fixados em lei, nos termos do art. 153, § 1°, da CF; **B:** incorreta, pois é possível a alteração da alíquota por norma infralegal, conforme comentário à alternativa "A"; **C:** correta, pois esse princípio é absoluto em relação às alíquotas dos tributos, ou seja, não há exceção ao princípio da irretroatividade em relação às alíquotas (nem mesmo para o caso de sua redução, devendo ser aplicada sempre a alíquota vigente à época do fato gerador, exceto no caso de remissão, que é instituto diverso (perdão do crédito tributário) e abrange apenas os débitos ainda não pagos) – art. 150, III, *a*, da CF; **D:** incorreta, pois a alteração de alíquotas do II é exceção ao princípio da anterioridade anual e nonagesimal – art. 150, § 1°, da CF. 🔲

Gabarito "C"

(OAB/Exame Unificado – 2013.3) A respeito dos Princípios Tributários Expressos e Implícitos, à luz da Constituição da República de 1988, assinale a opção **incorreta**.

(A) É vedado à União instituir isenções de tributos de competência dos Estados, do Distrito Federal e dos Municípios.

(B) O princípio da irretroatividade veda a cobrança de tributos em relação a fatos geradores ocorridos antes do início da vigência da lei que os houver instituído ou aumentado.

(C) É vedado aos Estados, ao Distrito Federal e aos Municípios estabelecer diferença tributária entre bens e serviços, de qualquer natureza, em razão de sua procedência ou destino.

(D) Pelo princípio da anterioridade, para que os tributos possam ser cobrados a cada exercício, é necessária a prévia autorização na lei orçamentária.

A: correta, sendo vedação expressa pelo art. 151, III, da CF que garante a privatividade da competência tributária. Ressalte-se que a única exceção atualmente em vigor é a possibilidade de isenção do ISSQN na exportação instituída por lei complementar federal, nos termos do art. 156, §3°, II, da CF (isenção heterônoma); **B:** correta, descrevendo o princípio da irretroatividade – art. 150, III, *a*, da CF; **C:** correta, sendo o princípio descrito no art. 152 da CF; **D:** incorreta, devendo ser assinalada. Inexistindo no sistema tributário atual o que antigamente autores denominavam princípio da anualidade, ou seja, a inexistência de previsão orçamentária não invalida a cobrança de

tributos, pelo contrário, essa exigência tributária é indisponível e inafastável. 🔲

Gabarito "D"

(OAB/Exame Unificado – 2012.3.B) Determinado Município, mediante edição do Decreto n. "X", publicado em 12/11/2011, estabeleceu isenção do IPTU outorgada pessoalmente aos contribuintes com comprovada deficiência física, cujos requisitos para gozo do benefício fiscal estariam previstos no respectivo Decreto Municipal.

Com base no caso apresentado, assinale a afirmativa correta.

(A) O decreto conforma-se com a ordem jurídica tributária em vigor.

(B) O decreto é inconstitucional, visto ferir o princípio da isonomia.

(C) O decreto é inconstitucional, eis que somente a lei poderia criar esta isenção.

(D) O decreto é ilegal, pois a isenção não foi atribuída por lei complementar.

Qualquer benefício fiscal, como é o caso da isenção, somente pode ser concedido por lei específica, no caso, lei ordinária municipal, nos termos do art. 150, § 6°, da CF, de modo que o decreto é claramente inconstitucional, por ofensa ao princípio da legalidade. **A:** incorreta, conforme comentários iniciais; **B:** incorreta, pois houve violação ao princípio da legalidade, e não da isonomia (em tese, os deficientes podem ser beneficiados por isenção, já que se encontram em situação de vulnerabilidade, desfavorável em relação à maioria dos contribuintes); **C:** correta, conforme comentários iniciais; **D:** incorreta, pois se trata de inconstitucionalidade, e não ilegalidade. Ademais, bastaria, no caso, lei ordinária municipal específica para a concessão do benefício fiscal (art. 150, § 6°, da CF). 🔲

Gabarito "C"

(OAB/Exame Unificado – 2012.1) A Lei X, promulgada em 20 de outubro de 2008, determinou a majoração do ISS. Já a Lei Y, promulgada em 16 de novembro de 2009, reduziu o ICMS de serviços de telecomunicação. Por fim, o Decreto Z, de 8 de dezembro de 2007, elevou o IOF para compras no exterior. Diante dessas hipóteses, é correto afirmar que

(A) o ISS poderá ser cobrado somente quando decorridos 90 dias da publicação da Lei X, ao passo que os novos valores do ICMS e do IOF poderão ser cobrados a partir da publicação dos diplomas legais que os implementaram.

(B) todos os impostos mencionados no enunciado somente poderão ser cobrados no exercício financeiro seguinte à publicação do diploma legal que os alterou por força do princípio da anterioridade.

(C) na hipótese do enunciado, tanto o ISS como o ICMS estão sujeitos ao princípio da anterioridade nonagesimal, considerada garantia individual do contribuinte cuja violação causa o vício da inconstitucionalidade.

(D) o IOF, imposto de cunho nitidamente extrafiscal, em relação ao princípio da anterioridade, está sujeito apenas à anterioridade nonagesimal, o que significa que bastam 90 dias da publicação do decreto que alterou sua alíquota para que possa ser cobrado.

A majoração do ISS submete-se à anterioridade anual e à anterioridade nonagesimal, nos termos do art. 150, III, *b* e *c*, da CF. Ou seja, o montante correspondente somente poderá ser cobrado após o lapso temporal maior: após 90 dias contados da publicação (nonagesimal) ou a partir de 1º de janeiro do ano seguinte ao da publicação (anual), o que for posterior. No caso, como a lei do ISS foi publicada em outubro de 2008, o valor da majoração somente poderá ser exigido após 90 dias da publicação (meados de janeiro de 2009), já que essa data é posterior a 01/01/2009, data em que inicia o exercício financeiro seguinte à majoração. Em relação ao ICMS, não há que falar em anterioridade, já que se trata de redução do tributo (a anterioridade refere-se apenas à instituição ou majoração do tributo, ou seja, é garantia em favor do contribuinte, não contra ele). Assim, a redução do ICMS favorece, imediatamente, os sujeitos passivos. Finalmente, o IOF é exceção à anterioridade anual e à anterioridade nonagesimal, nos termos dos arts. 150, § 1º, e 153, V, da CF, de modo que a majoração correspondente vale imediatamente. Por essas razões, a alternativa "A" é a correta.

Gabarito "A".

Veja a seguinte tabela, com as exceções aos princípios da anterioridade comum e da nonagesimal, para estudo e memorização:

Exceções à anterioridade comum (art. 150, III, *b*, da CF)	Exceções à anterioridade nonagesimal (art. 150, III, *c*, da CF)
- empréstimo compulsório para atender a despesas extraordinárias decorrentes de calamidade pública ou de guerra externa ou sua iminência (art. 148, II, *in fine*, da CF, em sentido contrário); - imposto de importação (art. 150, § 1º, da CF); - imposto de exportação (art. 150, § 1º, da CF); - **IPI** (art. 150, § 1º, da CF); - IOF (art. 150, § 1º, da CF); - impostos extraordinários na iminência ou no caso de guerra externa (art. 150, § 1º, da CF); - restabelecimento das alíquotas do ICMS sobre combustíveis e lubrificantes (art. 155, § 4º, IV, *c*, da CF); - restabelecimento da alíquota da CIDE sobre combustíveis (art. 177, § 4º, I, *b*, da CF); - contribuições sociais destinadas ao custeio da seguridade social (art. 195, § 6º, da CF).	- empréstimo compulsório para atender a despesas extraordinárias decorrentes de calamidade pública ou de guerra externa ou sua iminência (art. 148, II, *in fine*, da CF, - imposto de importação (art. 150, § 1º, da CF); - imposto de exportação (art. 150, § 1º, da CF); - **IR** (art. 150, § 1º, da CF); - IOF (art. 150, § 1º, da CF); - impostos extraordinários na iminência ou no caso de guerra externa (art. 150, § 1º, da CF); - fixação da base de cálculo do IPVA (art. 150, § 1º, da CF); - fixação da base de cálculo do IPTU (art. 150, § 1º, da CF);

(OAB/Exame Unificado – 2010.3) Visando fomentar a indústria brasileira, uma nova lei, publicada em 18/02/2010, majorou a alíquota do Imposto sobre Produtos Industrializados (IPI), bem como majorou a alíquota do Imposto sobre Exportação (IE).

A partir de que data a nova alíquota poderá ser exigida para o IPI e para o IE?

(A) 90 (noventa) dias após o exercício financeiro seguinte para o IPI e no exercício financeiro seguinte para o IE.

(B) Imediatamente para ambos.

(C) 90 (noventa) dias após a publicação da lei para o IPI e imediatamente para o IE.

(D) No exercício financeiro seguinte para ambos.

Em geral, todos os tributos submetem-se ao princípio da anterioridade anual (art. 150, III, *b*, da CF) e ao da anterioridade nonagesimal (art. 150, III, *c*, da CF). O IPI é exceção apenas à anterioridade anual, de modo que a instituição ou majoração desse imposto terá efeito apenas após 90 (noventa) dias contados da publicação da norma respectiva. O IE é exceção a ambas as anterioridades, de modo que sua instituição ou majoração tem efeito imediato.

Gabarito "C".

(OAB/Exame Unificado – 2010.2) Considere a seguinte situação hipotética: lei federal fixou alíquotas aplicáveis ao ITR e estabeleceu que a alíquota relativa aos imóveis rurais situados no Rio de Janeiro seria de 5% e a relativa aos demais Estados do Sudeste de 7%.

Tal enunciado normativo viola o princípio constitucional

(A) da uniformidade geográfica da tributação.

(B) da legalidade tributária.

(C) da liberdade de tráfego.

(D) da não diferenciação tributária entre a procedência e o destino do produto.

A situação viola o princípio da uniformidade territorial, segundo o qual a União não pode instituir tributo que não seja uniforme em todo o território nacional ou que implique distinção ou preferência em relação a Estado, ao Distrito Federal ou a Município, em detrimento de outro – art. 151, I, da CF. Não se trata da hipótese excepcionalmente admitida pelo mesmo dispositivo constitucional, de diferenciação relativa a incentivos fiscais destinados a promover o equilíbrio do desenvolvimento socioeconômico entre as diferentes regiões do País – art. 151, I, *in fine*, da CF.

Gabarito "A".

9. DIREITO TRIBUTÁRIO — 627

Veja a seguinte tabela, para memorização e estudo do princípio da legalidade e de suas exceções em matéria tributária:

Dependem de lei – art. 97 do CTN	Não dependem de lei
- a instituição de tributos, ou a sua extinção; - a majoração de tributos, ou sua redução (exceção: alteração das alíquotas do II, IE, IPI, IOF e da CIDE sobre combustíveis e restabelecimento das alíquotas do ICMS sobre combustíveis e lubrificantes (alteração por convênio entre Estados e DF - art. 155, § 4º, IV da CF);). Equipara-se à majoração do tributo a modificação da sua base de cálculo, que importe em torná-lo mais oneroso. **Não constitui majoração de tributo a atualização do valor monetário da respectiva base de cálculo (art. 97, § 2º, do CTN);** - a definição do fato gerador da obrigação tributária principal, e do seu sujeito passivo; - a fixação de alíquota do tributo e da sua base de cálculo, (ressalvadas as exceções quanto à alteração da alíquota expostas acima e no quadro ao lado); - a cominação de penalidades para as ações ou omissões contrárias a seus dispositivos, ou para outras infrações nela definidas; - as hipóteses de exclusão, suspensão e extinção de créditos tributários, ou de dispensa ou redução de penalidades.	- fixação da data para pagamento do tributo; - regulamentação das obrigações acessórias (forma de declaração, escrituração, recolhimento etc.). Há controvérsia quanto à própria fixação de obrigações acessórias, pois o art. 113, § 2º, do CTN faz referência à **legislação** tributária (expressão que inclui não apenas as leis, mas também os decretos, portarias etc.); - alteração das alíquotas do II, IE, IPI, IOF e da CIDE sobre combustíveis e restabelecimento das alíquotas do ICMS sobre combustíveis e lubrificantes (alteração por convênio entre Estados e DF - art. 155, § 4º, IV da CF) .

(OAB/Exame Unificado – 2010.1) Consoante o princípio tributário da reserva legal, é vedado à União, aos Estados, ao DF e aos Municípios exigir ou aumentar tributo sem lei que o estabeleça. Todavia, admite-se, constitucionalmente, que

(A) a União e os Estados criem ou aumentem tributo por meio de decreto.

(B) a União aumente determinados tributos por meio de decreto.

(C) a União crie ou aumente tributo por meio de decreto.

(D) os Estados aumentem tributo por meio de decreto.

A: incorreta, pois as únicas exceções ao princípio da legalidade estrita são relativas a tributos federais (admite-se a alteração de alíquotas por norma infralegal – II, IE, IPI, IOF e CIDE sobre combustíveis – art. 153, §1º da CF e art. 177, § 4º, I, b, da CF) e restabelecimento das alíquotas do ICMS sobre combustíveis e lubrificantes (alteração por convênio entre Estados e DF - art. 155, § 4º, IV da CF); **B: correta, conforme**

comentário à alternativa "A"; **C:** incorreta, pois a instituição (criação) do tributo deverá ser sempre feita por meio de lei. O que se admite é a alteração das alíquotas de determinados tributos federais e do ICMS no caso citado nos comentários à alternativa "A" por norma infralegal; **D:** incorreta, conforme comentário à alternativa "A". **B**

Gabarito "B"

(FGV – 2011) Assinale a alternativa em que a correspondência entre os enunciados referentes às limitações ao poder de tributar por parte dos entes federativos e os princípios constitucionais tributários está corretamente formulada.

(A) É vedado cobrar tributo no mesmo exercício financeiro no qual foi publicada a lei que o instituiu ou o aumentou: princípio da anterioridade.

(B) É vedada a instituição de tributo sobre o patrimônio, renda ou serviços, uns dos outros: princípio da segurança jurídica.

(C) É vedada a instituição de impostos sobre patrimônio, renda ou serviços dos partidos políticos: princípio da legalidade.

(D) É vedado instituir imposto sobre livros, jornais, periódicos e o papel destinado à sua impressão: princípio da equidade.

(E) É vedado instituir imposto sobre livros, jornais, periódicos e o papel para a sua impressão: princípio da irrenunciabilidade.

A: correta, pois indica, mesmo, o princípio da anterioridade anual – art. 150, III, b, da CF; **B:** incorreta, pois a alternativa descreve a imunidade recíproca – art. 150, VI, a, da CF; **C:** incorreta, pois se trata da imunidade em favor dos partidos políticos – art. 150, VI, c, da CF; **D e E:** incorretas, já que as assertivas descrevem a imunidade relativa a livros, jornais, periódicos e papel destinado à sua impressão – art. 150, VI, d, da CF.

> **DICA:** Súmula Vinculante 57: "A imunidade tributária constante do art. 150, VI, d, da CF/88 aplica-se à importação e à comercialização, no mercado interno, do livro eletrônico (e-book), e dos suportes exclusivamente utilizados para fixá-los, como leitores de livros eletrônicos (e-readers), ainda que possuam funcionalidades acessórias".
> Tese de repercussão geral 31/STF: "A imunidade tributária recíproca não exonera o sucessor das obrigações tributárias relativas aos fatos jurídicos tributários ocorridos antes da sucessão".

Gabarito "A"

(FGV – 2011) Considere a seguinte situação hipotética: lei federal fixou alíquotas aplicáveis ao IPI e estabeleceu que a alíquota relativa aos carros de luxo produzidos no Estado de Sergipe é de 12%, e a dos produzidos nos demais Estados da região Nordeste é de 18%. Tal enunciado normativo viola o princípio constitucional

(A) da uniformidade geográfica da tributação.

(B) da capacidade contributiva.

(C) da liberdade de tráfego.

(D) da não diferenciação tributária entre a procedência e o destino do produto.

(E) do não confisco.

A situação descrita ofende o princípio da uniformidade territorial (ou princípio da uniformidade geográfica da tributação, como indicado na alternativa "A"), conforme dispõe o art. 151, I, da CF.

Gabarito "A"

(FGV – 2010) Analise as afirmativas a seguir.

I. A anterioridade nonagesimal foi estendida à União, aos Estados, ao Distrito Federal e aos Municípios a fim de vedar-lhes a cobrança de tributos antes de decorridos noventa dias da data em que tenha sido publicada a lei que os instituiu ou aumentou, comportando, dentre suas exceções, o imposto sobre a renda.

II. À União, aos Estados, ao Distrito Federal e aos Municípios é vedada ainda a instituição de impostos sobre o patrimônio, renda ou serviços dos partidos políticos, inclusive suas fundações, das entidades sindicais dos empregadores, das instituições de educação e de assistência social, sem fins lucrativos, atendidos os requisitos da lei.

III. A vedação à instituição de tributos com efeito de confisco não atinge as multas moratórias ou punitivas, que podem ser fixadas em qualquer patamar conforme admitido pela jurisprudência.

Assinale:

(A) se somente a afirmativa I estiver correta.

(B) se somente as afirmativas I e II estiverem corretas.

(C) se somente as afirmativas I e III estiverem corretas.

(D) se somente as afirmativas II e III estiverem corretas.

(E) se todas as afirmativas estiverem corretas.

I: correta, conforme o art. 150, III, *c*, e § 1º, da CF; **II:** incorreta, pois somente as entidades sindicais dos trabalhadores (e não as dos empregadores) são abrangidas pela imunidade prevista no art. 150, VI, *c*, da CF; **III:** incorreta, pois o STF entende que a vedação de confisco aplica-se também às penalidades pecuniárias, embora admita multas em patamares elevados.

Gabarito "A".

(FGV – 2010) Analise as afirmativas a seguir.

I. É vedado à União instituir isenções de tributos de competência dos Estados, do Distrito Federal ou dos Municípios.

II. A jurisprudência admite a possibilidade de tratados internacionais, de competência privativa do Presidente da República e referendo do Congresso Nacional, versarem sobre tributos estaduais ou municipais, inclusive, isentando-os;

III. A União não pode instituir tributo que não seja uniforme em todo território nacional, ou que implique distinção em relação a Estado, Distrito Federal ou Município, admitindo-se, contudo, a concessão de incentivos fiscais visando a promover o desenvolvimento econômico entre as regiões do País.

Assinale:

(A) se somente a afirmativa I estiver correta.

(B) se somente as afirmativas I e II estiverem corretas.

(C) se somente as afirmativas I e III estiverem corretas.

(D) se somente as afirmativas II e III estiverem corretas.

(E) se todas as afirmativas estiverem corretas.

I: correta, pois a isenção heterônoma é expressamente vedada no art. 151, III, da CF. Ressalte-se que a única exceção atualmente em vigor é a possibilidade de isenção do ISSQN na exportação instituída por lei complementar federal, nos termos do art. 156, §3º, II, da CF; **II:** correta. Afastando ou ao menos reduzindo muito o debate doutrinário e jurisprudencial a respeito do assunto, o STF decidiu que "a cláusula de vedação inscrita no art. 151, III, da CF/1988 – que proíbe a concessão de isenções tributárias heterônomas – é inoponível ao Estado Federal

brasileiro (vale dizer, à República Federativa do Brasil), incidindo, unicamente, no plano das relações institucionais domésticas que se estabelecem entre as pessoas políticas de direito público interno. (...) Nada impede, portanto, que o Estado Federal brasileiro celebre tratados internacionais que veiculem cláusulas de exoneração tributária em matéria de tributos locais (como o ISS, p. ex.)" (RE 543.943 AgR/PR); **III:** correta, pois descreve o princípio da uniformidade territorial, com exceção, previsto no art. 151, I, da CF.

Gabarito "E".

(FGV – 2010) Sobre a limitação à liberdade de tráfego de pessoas e mercadorias prevista no artigo 150, inciso V da Constituição Federal, assinale a afirmativa incorreta.

(A) Não se admite limitação ao tráfego de pessoas ou mercadorias mediante a instituição de tributos interestaduais ou intermunicipais.

(B) Não se trata de regra de imunidade.

(C) Impede o agravamento do ônus tributário meramente em virtude de se tratar de uma operação interestadual ou intermunicipal.

(D) Não impede a cobrança de pedágio nas vias conservadas pelo Poder Público.

(E) Trata-se de regra de imunidade aplicável às operações estaduais ou intermunicipais, de tal forma que estas não poderão sofrer a incidência de qualquer tributo.

A: correta, pois é o que dispõe o art. 150, V, da CF; **B:** correta, conforme a doutrina, que costuma classificar como princípio (as imunidades são aquelas listadas no inciso VI desse dispositivo constitucional e em outros dispositivos da CF); **C:** correta, pois esse é o mecanismo pelo qual se impede a limitação ao tráfego de pessoas e bens; **D:** correta, pois há essa exceção expressa no dispositivo constitucional – art. 150, V, da CF; **E:** incorreta, devendo ser assinalada, conforme comentário à alternativa "B".

Gabarito "E".

(FGV – 2010) As alternativas a seguir apresentam *princípios tributários* consagrados no texto constitucional, à exceção de uma. Assinale-a.

(A) Princípio do não confisco.

(B) Princípio da liberdade de tráfego.

(C) Princípio da anualidade.

(D) Princípio da anterioridade.

(E) Princípio da capacidade contributiva.

A: correta. O não confisco é princípio previsto no art. 150, IV, da CF; **B:** correta. A liberdade de tráfego de pessoas e bens é princípio consagrado pelo art. 150, V, da CF; **C:** essa é a alternativa a ser indicada, pois a anualidade, pela qual a instituição ou a majoração de tributo dependeria de prévia previsão orçamentária, não existe no sistema tributário atual; **D:** correta. As anterioridades anual e nonagesimal são previstas no art. 150, III, *b* e *c*, da CF; **E:** correta. A capacidade contributiva é princípio que permeia toda a exigência tributária, sendo positivado em relação aos impostos no art. 145, § 1º, da CF.

Gabarito "C".

(FGV – 2010) Lei catarinense, publicada em 01.12.2008, alterou, de 3% para 4%, a alíquota do IPVA relativo à propriedade de veículo usado, movido à gasolina. Assinale a alternativa que indique a data que tal aumento pôde ser cobrado.

(A) 02.03.2009.

(B) 01.01.2009.

(C) 01.01.2010.

(D) 02.12.2009.

(E) 31.12.2008.

A majoração de tributos submete-se, em regra, aos princípios da anterioridade comum e da anterioridade nonagesimal, cumulativamente. Pela anterioridade comum, prevista no art. 150, III, *b*, da CF, a majoração do tributo (ou o tributo criado) somente pode ser exigida no exercício financeiro seguinte àquele em que foi publicada a respectiva lei. Pela anterioridade nonagesimal, a exigência somente é possível após 90 (noventa) dias da data de publicação da lei. Vale a data posterior. Assim, uma lei publicada em dezembro de 2008 seria eficaz já em 1º de janeiro de 2009, pela anterioridade comum. Entretanto, como a majoração de alíquota do IPVA submete-se cumulativamente à anterioridade nonagesimal, essa majoração somente é exigível noventa dias após 01.12.2008 (= data da publicação da lei), ou seja, no início de março de 2009 (pois essa data é posterior a 01.01.2009). Finalmente, para responder corretamente a questão, o candidato deve lembrar que as leis estaduais costumam fixar o fato gerador do IPVA em 1º de janeiro de cada exercício (esse é o momento em que o tributo incide, a cada ano), a exemplo de outros tributos sobre a propriedade, como o IPTU (dependendo das legislações municipais) e o ITR. Perceba, portanto, que quando a majoração da alíquota de 3% para 4% passou a valer, em março de 2009, o fato gerador do IPVA daquele ano já havia ocorrido, em 1º de janeiro do mesmo exercício! Ou seja, somente no ano de 2010 é que esse aumento poderia ser cobrado, mais precisamente em 1º de janeiro daquele exercício, quando ocorreu o primeiro fato gerador posterior à majoração. É importante atentar que a questão se refere à **alíquota** do IPVA. Isso porque a majoração da base de cálculo não se submete à anterioridade nonagesimal, conforme o art. 150, § 1º, *in fine*, da CF. Se o examinador tivesse dito que houve aumento da base de cálculo do IPVA (e não da alíquota) em dezembro de 2008, essa majoração seria exigível já em 1º de janeiro de 2009.

Gabarito "C".

(FGV – 2010) (I) A tributação pode ser usada com fim fiscal e extrafiscal, (II) sendo que nesta segunda hipótese o princípio da capacidade contributiva não tem aplicação, (III) uma vez que reflete a capacidade econômica dos contribuintes.

Considerando as três informações acima e sendo V = verdadeiro e F = falso, assinale a alternativa que apresente corretamente seu julgamento, na ordem em que aparecem.

(A) V – F – F

(B) V – F – V

(C) V – V – F

(D) V – V – V

(E) F – F – F

I: verdadeira, pois a tributação tem função de gerar recursos financeiros para o Poder Público (função fiscal) e também de intervenção no mercado (extrafiscal); II e III: o princípio da capacidade contributiva reflete a necessidade de que a tributação onere mais pesadamente quem tem maior capacidade econômica, e mais levemente aquele cuja capacidade seja menor, na medida dessa desigualdade. Esse princípio primordial da tributação aplica-se a todos os tributos, inclusive no que se refere à sua função extrafiscal, ainda que o art. 145, § 1º, da CF refira-se apenas aos impostos.

Gabarito "B".

(FGV – 2010) Quando o tributo onera determinada atividade, empresa, ou grupo empresarial, interferindo no regime de competição estará

(A) atingindo o princípio da neutralidade.

(B) confrontando o princípio do não confisco.

(C) atendendo ao princípio da isonomia.

(D) violentando o princípio federativo.

(E) observando o princípio da capacidade contributiva.

A: correta, pois a teoria liberal clássica previa que a tributação não deveria interferir nas decisões racionais das pessoas e empresas, pois isso reduziria a eficiência do sistema econômico. Esse *princípio da neutralidade* seria atingido quando há interferência no regime de competição, conforme dispõe a assertiva. Atualmente, o art. 146-A da CF prevê expressamente que a lei complementar poderá estabelecer critérios especiais de tributação, com o objetivo de prevenir desequilíbrios da concorrência, sem prejuízo da competência da União, por lei, estabelecer normas de igual objetivo; **B**, **C**, **D** e **E:** incorretas, pois, embora esses princípios orientem o sistema tributário nacional, não se relacionam com a situação descrita na questão.

Gabarito "A".

3. IMUNIDADES

(OAB/Exame XXXIX) Um grupo de empresários da área têxtil decidiu criar um sindicato dos empregadores daquele setor, para fins de representação e defesa dos interesses da categoria econômica.

Na assembleia geral ordinária constitutiva da instituição e para elaboração do estatuto social, surgiu a dúvida a respeito da possibilidade de obtenção da imunidade tributária sobre o patrimônio, renda ou serviços das entidades sindicais. Presente uma equipe de advogados, estes são incitados a se manifestarem a respeito.

Diante desse cenário, assinale a afirmativa correta.

(A) Não há previsão constitucional para imunidade tributária de impostos de sindicato de empregadores.

(B) O setor têxtil se trata de categoria econômica que não permite o enquadramento na imunidade tributária de impostos dos sindicatos.

(C) Tal sindicato faz jus à imunidade tributária de impostos, desde que exerça suas atividades sem finalidade lucrativa e atenda ao requisito de não distribuição de qualquer parcela do seu patrimônio ou renda.

(D) Desde que os recursos provenientes das contribuições associativas sejam aplicados exclusivamente na sua área de atuação e vinculados a suas finalidades essenciais, tal sindicato poderá gozar da imunidade tributária de impostos.

A: correta, pois a CF (art. 150, VI, 'c') prevê imunidade tributária em relação a impostos sobre patrimônio, renda ou serviços somente das entidades sindicais dos trabalhadores e não dos empregadores. Cabe ressaltar que a imunidade compreende somente o patrimônio, a renda e os serviços, relacionados com as finalidades essenciais da entidade sindical dos trabalhadores (art. 150, § 4º, da CF); **B**, **C** e **D:** incorretas, conforme comentário anterior. 🔳

Gabarito "A".

(OAB/Exame XXXVI) A Secretaria da Receita Federal do Brasil lavrou, em 2022, auto de infração de um milhão de reais em face da sociedade empresária *Maçã Ltda.* por não ter recolhido o Imposto de Importação (II) e a Contribuição Social Sobre Lucro Líquido (CSLL) referentes ao ano de 2021, incidentes sobre a comercialização de livros eletrônicos (e-books) por ela importados e comercializados no país.

O departamento jurídico da sociedade autuada contrata você, como advogado(a), para emitir parecer para fundamentar sua defesa.

Diante desse cenário, assinale a afirmativa correta.

(A) O II e a CSLL são indevidos, pois os livros eletrônicos (e-books) se enquadram na imunidade tributária dos livros.

(B) Apenas o II é indevido, pois os livros eletrônicos (e-books) se enquadram na imunidade tributária dos livros.

(C) Apenas a CSLL é indevida, pois os livros eletrônicos (e-books) se enquadram na imunidade tributária dos livros.

(D) O II e a CSLL são devidos, pois os livros eletrônicos (e-books) não se enquadram na imunidade tributária dos livros.

A, C e D: incorretas, pois a imunidade tributária dos livros refere-se exclusivamente a impostos, não a outras espécies tributárias (como é caso da contribuição social sobre o lucro líquido) – art. 150, VI, da CF; **B:** correta, conforme a Súmula Vinculante 57/STF: "A imunidade tributária constante do art. 150, VI, d, da CF/88 aplica-se à importação e comercialização, no mercado interno, do livro eletrônico (e-book) e dos suportes exclusivamente utilizados para fixá-los, como leitores de livros eletrônicos (e-readers), ainda que possuam funcionalidades acessórias."
Gabarito "B".

(OAB/Exame XXXV) A empresa pública estadual XYZ S.A., com imunidade tributária que a desonera do pagamento de Imposto sobre a Renda de Pessoa Jurídica (IRPJ) reconhecida desde o ano de 2020 por decisão do Supremo Tribunal Federal transitada em julgado, deixou de cumprir diversas obrigações acessórias relativas ao IRPJ referente ao ano-base de 2021.

Em decorrência disso, foi autuada e recebeu multa pelo descumprimento de obrigações tributárias acessórias. A empresa procura você, como advogado(a), indagando sobre a validade da exigência desta penalidade pecuniária, uma vez que sua imunidade já foi reconhecida.

Diante desse cenário, sobre a autuação fiscal e a respectiva cobrança de multa, assinale a afirmativa correta.

(A) São inválidas e ilegais, por inexistir a obrigação tributária principal, e aplica-se a regra de que a obrigação acessória segue a obrigação principal.

(B) São válidas e legais, porque o descumprimento da obrigação acessória, mesmo por empresa imune, converte-se em obrigação principal relativamente à penalidade pecuniária.

(C) Só poderiam ser exigidas caso a imunidade tributária daquela empresa não fosse reconhecida ou revogada.

(D) São inválidas e ilegais, porque a imunidade tributária veda, também, a exigência de cumprimento de obrigações acessórias.

A, C e D: incorretas, pois a imunidade tributária não afasta as obrigações acessórias, pois é inconfundível com a obrigação principal – art. 115 do CTN. Ademais, muitas vezes é somente pela análise de documentação fiscal (obrigação acessória) que se pode demonstrar o cumprimento dos requisitos para a imunidade – vide arts. 14 e 194, parágrafo único, do CTN; **B:** correta, nos termos do art. 113, § 3°, do CTN.
Gabarito "B".

(OAB/Exame Unificado – 2019.1) O Estado Y lavrou auto de infração em face da pessoa jurídica PJ para cobrança de créditos de Impostos sobre a Circulação de Mercadorias e Prestação de Serviços (ICMS), decorrentes da produção e venda de livros eletrônicos. Adicionalmente aos créditos de ICMS, o Estado Y cobrou o pagamento de multa em decorrência do descumprimento de obrigação acessória legalmente prevista.

Tendo isso em vista, assinale a afirmativa correta.

(A) Há imunidade tributária em relação aos livros eletrônicos; por outro lado, é incorreta a cobrança da multa pelo descumprimento da obrigação acessória.

(B) Há imunidade tributária em relação aos livros eletrônicos; no entanto, tendo em vista a previsão legal, é correta a cobrança de multa pelo descumprimento da obrigação acessória.

(C) É correta a cobrança do ICMS, uma vez que a imunidade tributária somente abrange o papel destinado à impressão de livros, jornais e periódicos; da mesma forma, é correta a cobrança de multa pelo descumprimento da obrigação acessória, em vista da previsão legal.

(D) É correta a cobrança do ICMS, uma vez que a imunidade tributária somente abrange o papel destinado à impressão de livros, jornais e periódicos; no entanto, é incorreta a cobrança da multa pelo descumprimento da obrigação acessória.

A: incorreta. De fato, há imunidade tributária em relação ao livro eletrônico – art. 150, VI, *d*, da CF e Súmula Vinculante 57/STF: "A imunidade tributária constante do art. 150, VI, d, da CF/88 aplica-se à importação e comercialização, no mercado interno, do livro eletrônico (e-book) e dos suportes exclusivamente utilizados para fixá-los, como leitores de livros eletrônicos (e-readers), ainda que possuam funcionalidades acessórias. Entretanto, a exigência de obrigação acessória é, em princípio, devida, já que não afastada pela imunidade – art. 194, parágrafo único, do CTN; **B:** correta, conforme comentário anterior; **C e D:** incorretas, pois a imunidade não se refere apenas ao papel, mas ao próprio livro, nos termos do art. 150, VI, *d*, da CF. Ademais, o STF já fixou o entendimento de que a imunidade abrange o livro eletrônico, inclusive os suportes exclusivamente utilizados para fixá-lo – Súmula Vinculante 57/STF. LB
Gabarito "B".

(OAB/Exame Unificado – 2017.2) O reitor de uma faculdade privada sem fins lucrativos (cujas receitas, inclusive seus eventuais superávits, são integralmente reinvestidas no estabelecimento de ensino) deseja saber se está correta a cobrança de impostos efetuada pelo fisco, que negou a pretendida imunidade tributária, sob o argumento de que a instituição de ensino privada auferia lucros.

Na hipótese, sobre a atuação do fisco, assinale a afirmativa correta.

(A) O fisco agiu corretamente, pois a imunidade tributária apenas alcança instituições de ensino que não sejam superavitárias.

(B) O fisco agiu corretamente, pois a imunidade tributária apenas alcança instituições públicas de ensino.

(C) O fisco não agiu corretamente, pois não há impedimento à distribuição de lucro pelo estabelecimento de ensino imune.

(D) O fisco não agiu corretamente, pois, para que seja concedida tal imunidade, a instituição não precisa ser deficitária, desde que o superávit seja revertido para suas finalidades.

A: incorreta, pois a imunidade do art. 150, VI, *c*, da CF abrange as entidades educacionais sem fins lucrativos, que não busquem o lucro, o que não se confunde com simples superávit, ou seja, não se exige que as entidades sejam deficitárias, tenham mais despesas que receitas, bastando que esse superávit seja aplicado integralmente no Brasil, na manutenção do seus objetivos institucionais – art. 14, II, do CTN; **B**: incorreta, conforme comentário anterior, e também porque a imunidade do art. 150, VI, *c*, da CF abrange também entidades assistenciais, sindicais de trabalhadores e partidos políticos e suas fundações; **C**: incorreta, pois a distribuição de lucro demonstra evidentemente o intuito lucrativo, o que afasta a imunidade do art. 150, VI, *c*, da CF, conforme o art. 14, I, do CTN; **D**: correta, conforme comentários anteriores.. RB

Gabarito "D".

(OAB/Exame Unificado – 2017.1) O Município X instituiu taxa a ser cobrada, exclusivamente, sobre o serviço público de coleta, remoção e tratamento de lixo e resíduos provenientes de imóveis. A igreja ABC, com sede no Município X, foi notificada da cobrança da referida taxa.

Sobre a hipótese apresentada, assinale a afirmativa correta.

(A) As Igrejas são imunes; portanto, não devem pagar a taxa instituída pelo Município X.

(B) A taxa é inconstitucional, pois não é específica e divisível.

(C) A taxa é inconstitucional, uma vez que os Municípios não são competentes para a instituição de taxas de serviço público.

(D) A taxa é constitucional e as Igrejas não são imunes.

A: incorreta, pois a imunidade das igrejas abrange apenas impostos, não taxas – art. 150, VI, *b*, da CF; **B**: incorreta, pois o serviço de coleta de lixo é específico e divisível, conforme reconheceu o STF pela Súmula Vinculante 19. Importante lembrar que o serviço de limpeza urbana em geral (varrição de ruas, limpeza de praças etc.) é indivisível e, portanto, não admite cobrança de taxa; **C**: incorreta, pois todos os entes políticos têm competência para instituir taxas em razão dos serviços públicos específicos e divisíveis por eles prestados, dentro de suas respectivas competências – art. 145, II, da CF; **D**: correta, já que a imunidade das igrejas não abrange as taxas, conforme comentário à primeira alternativa.

Gabarito "D".

(OAB/Exame Unificado – 2016.2) Fulano de Tal prometeu adquirir de uma autarquia federal um imóvel residencial urbano. O sinal e parte substancial do preço são pagos no momento da lavratura da escritura pública de promessa de compra e venda, que é prontamente registrada no Registro Geral de Imóveis (RGI) competente. O saldo do preço será pago em várias parcelas.

Após o registro da promessa de compra e venda

(A) passa a incidir o IPTU, a ser pago pela autarquia.

(B) continua a não incidir o IPTU, por força da imunidade da autarquia (cujo nome continua vinculado ao imóvel no RGI, ainda que agora a autarquia figure como promitente vendedora).

(C) passa a incidir o IPTU, a ser pago solidariamente pela autarquia e por Fulano de Tal.

(D) passa a incidir o IPTU, a ser pago por Fulano de Tal, uma vez que registrada no RGI a promessa de compra e venda do imóvel.

A: incorreta, pois o adquirente passa a ser contribuinte do imposto, até porque a autarquia é imune, nos termos do art. 150, VI, *a*, e § 2º, da CF; **B**: incorreta, pois a imunidade da autarquia não aproveita ao promitente comprador, por disposição expressas do art. 150, § 3º, *in fine*, da CF, considerando também que Fulano, nesse caso, é possuidor com *animus domini* (ânimo de proprietário), contribuinte portanto do IPTU, nos termos do art. 34, *in fine*, do CTN; **C**: incorreta, pois a autarquia não é sujeito passivo do IPTU por conta da promessa de venda, sendo Fulano o único contribuinte, conforme comentários anteriores; **D**: correta, conforme comentários anteriores.

Gabarito "D".

(OAB/Exame Unificado – 2012.3.A) O procurador do município Gama decide contestar judicialmente a cobrança do ICMS discriminada na fatura da conta de luz do imóvel onde funciona a sede da prefeitura, alegando a condição de ente político para livrar-se da exação.

A demanda da municipalidade deverá ser

(A) acolhida, em razão da imunidade recíproca, que impede que os entes da federação instituam impostos sobre bens e serviços uns dos outros.

(B) rejeitada, pois na situação apresentada o município se apresenta na condição de contribuinte de direito do ICMS.

(C) acolhida, pois a empresa concessionária prestadora do serviço de fornecimento de energia não tem competência para cobrar ICMS.

(D) rejeitada, pois o município não goza de imunidade com relação a imposto que incide apenas indiretamente sobre seus bens e serviços.

A: incorreta, conforme a tese de repercussão geral 342/STF: "A imunidade tributária subjetiva aplica-se a seus beneficiários na posição de contribuinte de direito, mas não na de simples contribuinte de fato, sendo irrelevante para a verificação da existência do beneplácito constitucional a repercussão econômica do tributo envolvido"; **B**: incorreta, pois o Município não compõe a relação jurídico-tributária no polo passivo, ou seja, não é contribuinte de direito do ICMS incidente sobre a energia elétrica; **C**: incorreta, pois quem cobra o ICMS é o Estado (art. 155, II, da CF), e não a concessionária; **D**: correta, conforme comentários anteriores.

Gabarito "D".

(OAB/Exame Unificado – 2013.1) Uma autarquia federal, proprietária de veículos automotores adquiridos recentemente, foi surpreendida com a cobrança de IPVA pelo Estado responsável pelos respectivos licenciamentos, não obstante vincular a utilização desses veículos às suas finalidades essenciais.

Com base na hipótese sugerida, assinale a afirmativa correta.

(A) A cobrança é constitucional, por se tratar de fato gerador do IPVA.

(B) A cobrança é constitucional, por se aplicar o princípio da capacidade contributiva.

(C) A cobrança é inconstitucional, por se tratar de isenção fiscal.

(D) A cobrança é inconstitucional, por tratar de hipótese de imunidade tributária.

A autarquia é abrangida pela imunidade recíproca, nos termos do art. 150, § 2º, da CF, de modo que a alternativa "D" é a correta. *Gabarito "D".*

(OAB/Exame Unificado – 2010.3) A imunidade recíproca impede que

(A) o Estado cobre tarifa de água consumida em imóvel da União.

(B) o Estado cobre contribuição de melhoria em relação a bem do Município valorizado em decorrência de obra pública.

(C) o Município cobre a taxa de licenciamento de obra da União.

(D) a União cobre Imposto de Renda sobre os juros das aplicações financeiras dos Estados e dos Municípios.

A: incorreta, pois tarifa de água, cobrada por concessionária, não tem natureza tributária e, portanto, não é afastada pela imunidade recíproca; **B e C:** incorretas, pois a imunidade recíproca refere-se apenas a impostos, nos termos do inc. VI do art. 150 da CF, e não a contribuições de melhorias ou a taxas; **D:** correta, já que o IR não incide sobre as rendas dos Estados, do Distrito Federal e dos Municípios (ou de suas autarquias e fundações públicas – art. 150, § 2º, da CF), por conta da imunidade recíproca – art. 150, VI, *a*, da CF.

> **DICA:** Tese de repercussão geral 385/STF: "A imunidade recíproca, prevista no art. 150, VI, a, da Constituição não se estende a empresa privada arrendatária de imóvel público, quando seja ela exploradora de atividade econômica com fins lucrativos. Nessa hipótese é constitucional a cobrança do IPTU pelo Município". Também, vide tese de repercussão geral 437/STF: "Incide o IPTU, considerado imóvel de pessoa jurídica de direito público cedido a pessoa jurídica de direito privado, devedora do tributo". Ademais, tese de repercussão geral 1140/STF: "As empresas públicas e as sociedades de economia mista delegatárias de serviços públicos essenciais, que não distribuam lucros a acionistas privados nem ofereçam risco ao equilíbrio concorrencial, são beneficiárias da imunidade tributária recíproca prevista no artigo 150, VI, a, da Constituição Federal, independentemente de cobrança de tarifa como contraprestação do serviço."

Gabarito "D".

(OAB/Exame Unificado – 2009.2) A Igreja Céu Azul, que goza de imunidade quanto ao pagamento de certos tributos, é proprietária de vários imóveis, um deles alugado a terceiros, e outro, onde são celebrados os cultos, que possui uma casa pastoral, um cemitério e um amplo estacionamento. Considerando a situação hipotética apresentada e as normas atinentes à imunidade tributária, assinale a opção correta.

(A) Apenas a União está autorizada a instituir impostos sobre o patrimônio, renda e serviços da Igreja Céu Azul.

(B) A imunidade não abrange a casa pastoral, o cemitério e o estacionamento da Igreja Céu Azul, pois a norma constitucional se refere apenas aos templos de cultos religiosos.

(C) O imóvel alugado a terceiros goza de imunidade quanto ao pagamento do imposto sobre a propriedade predial e territorial urbana, desde que o valor dos aluguéis seja aplicado nas atividades essenciais da Igreja Céu Azul.

(D) A imunidade tributária conferida à referida igreja dispensa-a do recolhimento de impostos, taxas, contribuições de melhoria, bem como do cumprimento de obrigações tributárias acessórias.

A: incorreta, pois a imunidade dos templos afasta impostos federais, estaduais, distritais e municipais – art. 150, VI, *b*, da CF; **B:** incorreta, pois a imunidade abrange todas as áreas necessárias, direta ou indiretamente, para a realização dos cultos e das atividades religiosas; **C:** correta, conforme jurisprudência pacífica do STF – Súmula Vinculante 52 (Ainda quando alugado a terceiros, permanece imune ao IPTU o imóvel pertencente a qualquer das entidades referidas pelo art. 150, VI, "c", da Constituição Federal, desde que o valor dos aluguéis seja aplicado nas atividades para as quais tais entidades foram constituídas); **D:** incorreta, pois a imunidade dos templos, a exemplo das outras previstas no art. 150, VI, da CF, refere-se apenas a impostos, e não a taxas ou contribuições de melhoria, nem afasta o dever de cumprir as obrigações acessórias (manter documentação fiscal, prestar declarações ao Fisco etc.). **LB**

> **Dica:** veja a tese de repercussão geral 693/STF: A imunidade tributária prevista no art. 150, VI, c, da CF/88 aplica-se aos bens imóveis, temporariamente ociosos, de propriedade das instituições de educação e de assistência social sem fins lucrativos que atendam os requisitos legais.
> **Dica:** o § 1º-A do art. 156 da CF passou a reconhecer a imunidade relativa ao IPTU para templos em imóveis alugados.

Gabarito "C".

(OAB/Exame Unificado – 2009.1) O princípio constitucional da imunidade recíproca

(A) não se aplica aos Municípios, abrangendo apenas a União, os Estados e o DF.

(B) aplica-se aos entes políticos que exerçam atividade econômica em concorrência com o particular.

(C) não se aplica aos impostos diretos, abrangendo apenas os indiretos.

(D) é extensivo às autarquias e às fundações instituídas e mantidas pelo Poder Público, no que se refere ao patrimônio, à renda e aos serviços, vinculados a suas finalidades essenciais ou às delas decorrentes.

A: incorreta, pois a imunidade recíproca refere-se a todos os entes políticos (União, Estados, Distrito Federal e Municípios), além de suas autarquias e fundações públicas – art. 150, VI, *a*, e § 2º, da CF; **B:** incorreta, pois a imunidade recíproca não abrange o patrimônio, a renda e os serviços relacionados à exploração de atividades econômicas regidas pelas normas aplicáveis a empreendimentos privados – art. 150, § 3º, da CF; **C:** incorreta, pois a imunidade recíproca abrange qualquer imposto que possa atingir o patrimônio, a renda ou os serviços da entidade imune, seja direto (IR, IPTU, IPVA) ou indireto (IPI, ICMS, ISS, nos casos em que a entidade é o contribuinte de direito); **D:** correta, conforme o art. 150, § 2º, da CF.

Gabarito "D".

(OAB/Exame Unificado – 2009.1) Entidade beneficente de assistência social sem fins lucrativos pode gozar, desde que atenda aos requisitos legais, de imunidade de

(A) contribuições para a seguridade social, a despeito de ter de pagar impostos sobre patrimônio, renda e serviços.

(B) impostos sobre o patrimônio, renda e serviços, mas não de contribuições para a seguridade social.

(C) impostos sobre o patrimônio, renda e serviços e de contribuições para a seguridade social.

9. DIREITO TRIBUTÁRIO   633

(D) quaisquer impostos, mas não de contribuições para a seguridade social.

As entidades de assistência social sem fins lucrativos podem gozar da imunidade relativa aos impostos (art. 150, VI, *c*, da CF) e às contribuições sociais destinadas ao custeio da seguridade social (art. 195, § 7º, da CF), desde que atendam aos requisitos legais, de modo que a alternativa "C" é a correta. 🅱

Gabarito "C".

4. DEFINIÇÃO DE TRIBUTO E ESPÉCIES TRIBUTÁRIAS

(OAB/Exame XXXVII) João e José constituíram uma sociedade empresária por quotas de responsabilidade limitada com capital social de R$ 50.000,00, sem optarem pelo regime tributário do Simples Nacional, para formalmente exercerem a atividade de comércio varejista de fogos de artifício (considerada atividade de alto risco e periculosidade), sendo ambos residentes e domiciliados no Distrito Federal, mesmo local onde será instalado seu estabelecimento.

Surpreendidos com a exigência do pagamento de uma Taxa de Licenciamento e Alvará calculada em função do capital social da sociedade empresária, indagam a você, como advogado(a), se a referida taxa é realmente devida.

Diante deste cenário, a referida taxa, tal como prevista,

(A) não é devida, pois o Distrito Federal não possui competência tributária para a sua cobrança.

(B) não é devida, pois não poderia ser calculada em função do capital social da empresa.

(C) é devida, por ter como fato gerador o exercício regular do poder de polícia distrital sobre atividades econômicas exercidas em seu território, especialmente as de alto risco e periculosidade.

(D) é devida, por ter como fato gerador a utilização efetiva de serviço público, específico e divisível, prestado ao contribuinte.

A: incorreta, pois o Distrito Federal tem competência tributária para instituir taxa em razão do poder de polícia (art. 145, II, da CF), ou seja, pela fiscalização exercida sobre atividade que é considerada de alto risco e periculosidade a fim de resguardar o interesse público concernente à segurança (art. 78 do CTN); B: correta, pois a taxa não pode ter base de cálculo própria de imposto, conforme art. 145, § 2º, da CF. Isso porque a taxa é espécie tributária que tem por fato gerador atividade estatal: exercício do poder de polícia ou utilização, efetiva ou potencial, de serviços públicos específicos e divisíveis, prestados ao contribuinte ou postos a sua disposição. Assim, a taxa deve ser calculada em função do custo da atividade estatal descrita como seu fato gerador. No caso descrito, a taxa foi calculada em função do capital social da sociedade empresária, o que é inconstitucional, pois tal critério não guarda qualquer relação com o custo do exercício do poder de polícia distrital. Nesse mesmo sentido, o art. 77, § único, do CTN dispõe expressamente que a taxa não pode ter base de cálculo ou fato gerador idênticos aos que correspondam a imposto nem ser calculada em função do capital das empresas. É importante ressaltar, entretanto, que o STF faz uma leitura do dispositivo constitucional mais flexível, sem, contudo, legitimar a cobrança de taxa com base unicamente em critério adequado ao cálculo como ocorre com a taxa citada no enunciado – Súmula Vinculante 29/STF ("É constitucional a adoção, no cálculo do valor de taxa, de um ou mais elementos da base de cálculo própria de determinado imposto, desde que não haja integral identidade entre uma base e outra"); C: incorreta, apesar do fato gerador ser o exercício do poder de polícia, a taxa não

é devida por ter base de cálculo própria de imposto, o que é vedado pela Constituição Federal (art. 145, § 2º, da CF), conforme comentário anterior; D: incorreta, não é devida, conforme comentários anteriores. Porém, ainda que a citada taxa fosse devida, o fato gerador não seria a utilização efetiva de serviço público, específico e divisível, prestado ao contribuinte, mas sim o exercício do poder de polícia distrital sobre atividades econômicas exercidas em seu território, especialmente as de alto risco e periculosidade. 🅱

Gabarito "B".

(OAB/Exame XXXIX) Diante da calamidade pública decretada pela União, por força da pandemia da "Gripe-22XY", foi editada a Lei Ordinária Federal nº XX/2022, de 01/05/2022, estabelecendo sua vigência e eficácia imediata, instituindo empréstimo compulsório para atender a despesas extraordinárias na área sanitária para enfrentamento da pandemia.

Diante desse cenário, a instituição e a cobrança do empréstimo compulsório

(A) podem ser feitas, por cumprir o requisito constitucional de ser voltada a "atender a despesas extraordinárias, decorrentes de calamidade pública".

(B) são válidas, por atenderem ao princípio da legalidade tributária.

(C) desrespeitam o princípio da anterioridade tributária nonagesimal.

(D) violou a exigência de ser veiculada mediante Lei Complementar.

A e **B**: incorretas. A União tem competência para a instituição de empréstimo compulsório (competência privativa da União), nos termos do art. 148, I, da CF, para atender a despesas extraordinárias, decorrentes de calamidade pública. Porém, é inconstitucional sua instituição por lei ordinária federal, pois a CF exige a edição de lei complementar para a criação de tal tributo. Ressalte-se que a exigência de lei complementar é exceção à regra que os tributos são instituídos por lei ordinária. A previsão de lei complementar para a instituição de tributo é prevista expressamente apenas para: o empréstimo compulsório (art. 148 da CF), o imposto da competência residual da União (art. 154, I, da CF), o imposto sobre grandes fortunas (art. 153, VII, da CF) e as outras fontes de custeio da seguridade social, além contribuições sociais previstas na CF (art. 195, § 4º, da CF). Em relação a estes 04 (quatro) tributos da competência da União não é possível, portanto, a instituição por lei ordinária, por medida provisória (art. 62, § 1º, III, da CF) ou por lei delegada (art. 68, § 1º, da CF) **C**: incorreta. O empréstimo compulsório instituído para atender a despesas extraordinárias, decorrentes de calamidade pública, de guerra externa ou sua iminência não se submete ao princípio da anterioridade, quer anual, quer nonagesimal (art. 150, § 1º, da CF); **D**: correta, conforme comentários anteriores. 🅱

Gabarito "D".

(OAB/Exame XXXVI) O Município Beta, após realizar uma grande obra pública de recuperação, ampliação e melhoramentos da praça central do bairro Gama, custeada com recursos próprios, no valor de quinhentos mil reais, e que promoveu uma valorização dos imóveis apenas nesse bairro, decidiu cobrar uma contribuição de melhoria.

O referido tributo, instituído mediante lei ordinária específica, foi cobrado de todos os 5 mil proprietários de imóveis privados daquela cidade, em um valor fixo de 200 reais para cada um. José, advogado e morador do bairro Delta, bastante distante do bairro Gama, se insurge contra a referida contribuição de melhoria.

Diante desse cenário, a referida contribuição de melhoria

(A) foi corretamente instituída, pois decorre de previsão legal específica, tendo como fato gerador a obra pública realizada.

(B) foi corretamente instituída, pois respeitou o princípio da igualdade tributária ao adotar o mesmo valor para todos os contribuintes da cidade.

(C) foi incorretamente instituída, por ter atingido imóveis que não se valorizaram por decorrência da obra pública e por ter cobrado valor cujo somatório é superior ao custeio da obra.

(D) foi incorretamente instituída, pois só pode ser cobrada nos casos em que a obra pública seja exclusivamente para abertura, alargamento, pavimentação ou iluminação de vias públicas.

A e B: incorretas, pois a contribuição de melhoria somente pode ser cobrada dos proprietários que perceberam a valorização imobiliária. Ademais, há um limite global de arrecadação, que não pode ultrapassar o valor da despesa pública realizada – art. 81 do CTN; **C:** correta, conforme comentário anterior; **D:** incorreta, pois qualquer obra pública que implique valorização imobiliária dá ensejo à contribuição de melhoria, desde que prevista em lei e atendidos os requisitos do art. 82 do CTN.
Gabarito "C".

(OAB/Exame XXXIV) Projeto de lei ordinária municipal deseja criar tributo para custear a prestação do serviço público de iluminação das vias e logradouros públicos do Município Alfa. O projeto prevê também que o tributo será cobrado na fatura de consumo de energia elétrica.

Diante deste cenário, o tributo a ser criado poderá ser

(A) a taxa de iluminação pública, mas sua arrecadação não pode ser feita na fatura de consumo de energia elétrica.

(B) a contribuição de iluminação pública e sua arrecadação pode ser feita na fatura de consumo de energia elétrica.

(C) a taxa de iluminação pública e sua arrecadação pode ser feita na fatura de consumo de energia elétrica.

(D) a contribuição de iluminação pública, mas sua arrecadação não pode ser feita na fatura de consumo de energia elétrica.

A: incorreta, pois iluminação pública é serviço prestado *uti universi*, ou seja, não é possível identificar e quantificar o serviço tomado por cada usuário. Isso impede a cobrança de taxa, aplicável apenas em caso de serviço prestado *uti singuli*, ou seja, específico e divisível – art. 145, II, da CF e art. 77 do CTN; **B:** correta, conforme o art. 149-A, parágrafo único, da CF; **C:** incorreta, pois não cabe taxa, conforme comentário à primeira alternativa; **D:** incorreta, pois isso é permitido expressamente pelo art. 149-A, parágrafo único, da CF.
Gabarito "B".

(OAB/Exame XXXIII – 2020.3) A Assembleia Legislativa do Estado Alfa, castigado por chuvas torrenciais que causaram graves enchentes, aprovou lei complementar estadual de iniciativa parlamentar que instituiu empréstimo compulsório sobre a aquisição de veículos automotores no território estadual, vinculando os recursos obtidos ao combate dos efeitos das enchentes.

Diante desse cenário, assinale a afirmativa correta.

(A) A iniciativa da lei que instituiu o empréstimo compulsório é privativa do chefe do Poder Executivo.

(B) O empréstimo compulsório necessita de lei complementar estadual para sua instituição.

(C) O Estado não pode instituir empréstimos compulsórios.

(D) A vinculação da receita de empréstimos compulsórios é inconstitucional.

O empréstimo compulsório é espécie tributária da competência exclusiva da União, por meio de lei complementar federal, para fazer frente a (i) a despesas extraordinárias, decorrentes de calamidade pública, de guerra externa ou sua iminência ou para (ii) investimento público de caráter urgente e de relevante interesse nacional, nos termos do art. 148 da CF. Por essa razão, a alternativa "C" é a correta.
Gabarito "C".

(OAB/Exame Unificado – 2020.2) Decretado estado de calamidade pública financeira, o Presidente da República edita Medida Provisória (MP), instituindo, temporariamente, imposto extraordinário, incidente sobre os serviços de qualquer natureza, a ser suprimido, gradativamente, no prazo máximo de 5 (cinco) anos. Em seu último parágrafo, a MP prevê que entra em vigor e passa a gerar efeitos a partir da sua publicação, o que se dá em 20/12/2019.

Assinale a opção que apresenta o vício da referida Medida Provisória, tal como editada.

(A) À Lei Complementar, e não a uma MP, cabe instituir impostos extraordinários.

(B) A instituição de impostos extraordinários só é permitida na iminência ou no caso de guerra externa.

(C) À União é vedado cobrar tributos no mesmo exercício financeiro em que haja sido publicada a lei que os instituiu ou aumentou.

(D) A referida MP viola a competência constitucional privativa dos Municípios para instituir impostos sobre serviços de qualquer natureza.

A: incorreta, pois o imposto extraordinário pode ser instituído por lei ordinária e, portanto, por medida provisória – arts. 62, § 2º, e 154, II, da CF; **B:** correta – art. 154, II, da CF; **C:** incorreta, pois a anterioridade não se aplica ao imposto extraordinário – art. 150, § 1º, da CF; **D:** incorreta, pois o imposto extraordinário pode ter o mesmo fato gerador de tributo já existente, sendo exceção à vedação de bitributação ou de *bis in idem*.
Gabarito "B".

(OAB/Exame Unificado – 2019.2) A União, diante de grave desastre natural que atingiu todos os estados da Região Norte, e considerando ainda a severa crise econômica e financeira do país, edita Medida Provisória, que institui Empréstimo Compulsório, para que as medidas cabíveis e necessárias à reorganização das localidades atingidas sejam adotadas.

Sobre a constitucionalidade da referida tributação, assinale a afirmativa correta.

(A) O Empréstimo Compulsório não pode ser instituído para atender às despesas extraordinárias decorrentes de calamidade pública.

(B) O Empréstimo Compulsório deve ser instituído por meio de Lei Complementar, sendo vedado pela CRFB/88 que Medida Provisória trate desse assunto.

(C) Nenhum tributo pode ser instituído por meio de Medida Provisória.

(D) A União pode instituir Empréstimo Compulsório para atender às despesas decorrentes de calamidade

9. DIREITO TRIBUTÁRIO

pública, sendo possível, diante da situação de relevância e urgência, a edição de Medida Provisória com esse propósito.

A: incorreta, pois a despesa extraordinária decorrente de calamidade pública é situação que dá ensejo à instituição de empréstimo compulsório – art. 148, I, da CF; **B:** correta, nos termos dos arts. 148, I, e 62, § 1º, III, da CF; **C:** incorreta, pois não há essa vedação. Os tributos que exigem simples lei ordinária federal podem ser instituídos por medida provisória, observado o disposto no art. 62, § 2º, da CF; **D:** incorreta, pois empréstimo compulsório somente pode ser instituído por lei complementar federal, sendo que medida provisória não pode regular matéria reservada a lei complementar – art. 62, § 1º, III, da CF.
Gabarito "B"

(OAB/Exame Unificado – 2018.2) José, preocupado com o meio ambiente, faz uso de um processo caseiro de transformação do lixo orgânico em adubo, bem como separa o lixo inorgânico, destinando-o à reciclagem. Por isso, sempre que os caminhões que prestam o serviço público de coleta de lixo passam por sua casa, não encontram lixo a ser recolhido. José, então, se insurge contra a cobrança da taxa municipal de coleta de lixo proveniente de imóveis, alegando que, como não faz uso do serviço, a cobrança em relação a ele é indevida.

Acerca desse cenário, assinale a afirmativa correta.

(A) Por ser a taxa de um tributo contraprestacional, a não utilização do serviço pelo contribuinte retira seu fundamento de validade.

(B) A coleta de lixo domiciliar nessas condições não configura a prestação de um serviço público específico e divisível, sendo inconstitucional.

(C) Por se tratar de serviço público prestado à coletividade em geral, no interesse da saúde pública, seu custeio deve ocorrer por meio dos recursos genéricos auferidos com a cobrança de impostos.

(D) A cobrança é devida, pois o serviço está sendo potencialmente colocado à disposição do contribuinte.

A: incorreta, pois, quando se trata de serviço público de utilização compulsória, caso da coleta de lixo, sua disponibilização ao contribuinte dá ensejo à tributação (= utilização potencial), ainda que o serviço não seja efetivamente utilizado por esse contribuinte – art. 79, I, b, do CTN; **B:** incorreta, pois a coleta de lixo é serviço específico (pode ser destacado em unidade autônoma de utilidade) e divisível (é passível de utilização separadamente por cada usuário), o que permite a cobrança de taxa – art. 79, II e III, do CTN e Súmula Vinculante 19/STF; **C:** incorreta, pois, em se tratando de serviço público específico e divisível, é possível a cobrança de taxa – art. 145, II, da CF e art. 77 do CTN; **D:** correta, conforme comentários à primeira alternativa.
Gabarito "D"

(OAB/Exame Unificado – 2017.1) O Município Alfa realizou obras nas praças públicas de determinado bairro, incluindo iluminação e arborização. Tais obras acarretaram a valorização imobiliária de dezenas de residências daquela região. Em decorrência disso, o município instituiu contribuição de melhoria.

Sobre a contribuição em questão, segundo o CTN, assinale a afirmativa correta.

(A) É inválida, pois deveria ter sido instituída pelo Estado Beta, onde está localizado o Município Alfa.

(B) É válida, porque foi instituída para fazer face ao custo de obra pública da qual decorre a valorização imobiliária.

(C) É válida, mas poderia ter sido instituída independentemente da valorização dos imóveis dos contribuintes.

(D) É inválida, porque deveria ter, como limite individual, o valor global da despesa realizada pelo Poder Público na obra e não a valorização de cada imóvel.

A: incorreta, pois a competência para instituição da contribuição de melhoria é do ente político que realizou a obra da qual decorreu a valorização imobiliária, no caso, o Município Alfa – art. 145, III, da CF e art. 81 do CTN; **B:** correta, conforme comentário anterior; **C:** incorreta, pois o fato gerador da contribuição de melhoria é exatamente a valorização imobiliária decorrente de obra pública – art. 145, III, da CF; **D:** incorreta, pois há dois limites, sendo o limite individual a valorização percebida pelo proprietário de cada imóvel – art. 81, "caput", in fine, do CTN.
Gabarito "B"

(OAB/Exame Unificado – 2017.1) Por meio da Lei Ordinária nº 123, a União instituiu contribuição não cumulativa destinada a garantir a expansão da seguridade social, utilizando, para tanto, fato gerador e base de cálculo distintos dos discriminados na Constituição da República. A referida lei foi publicada em 1º de setembro de 2015, com entrada em vigor em 2 de janeiro de 2016, determinando o dia 1º de fevereiro do mesmo ano como data de pagamento.

Por considerar indevida a contribuição criada pela União, a pessoa jurídica A, atuante no ramo de supermercados, não realizou o seu pagamento, razão pela qual, em 5 de julho de 2016, foi lavrado auto de infração para a sua cobrança.

Considerando a situação em comento, assinale a opção que indica o argumento que poderá ser alegado pela contribuinte para impugnar a referida cobrança.

(A) A nova contribuição viola o princípio da anterioridade nonagesimal.

(B) A nova contribuição viola o princípio da anterioridade anual.

(C) A nova contribuição somente poderia ser instituída por meio de lei complementar.

(D) A Constituição da República veda a instituição de contribuições não cumulativas.

A: incorreta, pois a Lei 123 observou o prazo de 90 dias entre sua publicação e a entrada em vigor – art. 150, III, c, da CF; **B:** incorreta, pois as contribuições sociais destinadas ao custeio da seguridade social não se sujeitam à anterioridade anual, apenas à nonagesimal – art. 195, § 6º, in fine, da CF. Ademais, o tributo instituído pela Lei 123 somente será exigido no exercício seguinte ao de sua publicação – art. 150, III, b, da CF; **C:** correta, já que qualquer nova contribuição social destinada ao custeio da seguridade social, não prevista expressamente na Constituição, somente poderá ser instituída por lei complementar federal – art. 195, § 4º, da CF; **D:** incorreta, pois a vedação é de contribuições cumulativas – art. 195, § 4º, c/c art. 154, I, da CF. LB
Gabarito "C"

(OAB/Exame Unificado – 2015.2) Em 17/07/2014, o Tribunal de Justiça do Estado X da Federação instituiu, por meio de Provimento da Corregedoria Geral da Justiça, as custas judiciais e os emolumentos cartorários vigentes a partir da data da publicação. Sobre a hipótese, assinale a afirmativa correta.

(A) As custas judiciais e os emolumentos cartorários têm natureza jurídica de preço público e, portanto, não estão sujeitos às limitações constitucionais ao poder de tributar.

(B) As custas judiciais e os emolumentos cartorários têm natureza jurídica de taxa de serviço. Sendo assim, o provimento da Corregedoria Geral viola os princípios da legalidade, da anterioridade de exercício e nonagesimal.

(C) As custas judiciais e os emolumentos cartorários têm natureza jurídica de contribuição social. Sendo assim, o provimento da Corregedoria Geral viola os princípios da legalidade, da anterioridade de exercício e nonagesimal.

(D) As custas judiciais e os emolumentos cartorários têm natureza jurídica de taxa de poder de polícia. Sendo assim, o provimento da Corregedoria Geral viola os princípios da legalidade e da anterioridade de exercício.

A: incorreta, pois as custas judiciais têm por fato gerador serviço público específico e divisível essencial, prestado pelo Estado (serviços da Justiça, judiciais), ínsito à soberania, de modo que têm natureza de taxa, espécie de tributo, não de preço público (que não tem natureza tributária); **B:** correta, pois, sendo tributo, sujeitam-se a esses princípios; **C:** incorreta, pois têm natureza de taxa, conforme comentários anteriores; **D:** incorreta, pois trata-se de taxa pela prestação de serviço, conforme comentários anteriores.
Gabarito "B".

(OAB/Exame Unificado – 2014.1) Segundo o entendimento do STF, a taxa cobrada exclusivamente em razão dos serviços públicos de coleta, remoção e tratamento ou destinação de lixo ou resíduos provenientes de imóveis, é

(A) constitucional, por não violar o conceito constitucional de taxa.

(B) inconstitucional, por violar o conceito constitucional de taxa.

(C) constitucional, por não violar o conceito constitucional de taxa, mas ilegal por violar a definição de taxa contida no Código Tributário Nacional.

(D) inconstitucional, por violar o conceito constitucional de taxa, além de ilegal, por violar a definição de taxa contida no Código Tributário Nacional.

O entendimento do STF pela constitucionalidade dessa taxa foi consolidado pela Súmula Vinculante 19 daquela Corte: A taxa cobrada exclusivamente em razão dos serviços públicos de coleta, remoção e tratamento ou destinação de lixo ou resíduos provenientes de imóveis, não viola o artigo 145, II, da Constituição Federal. Por essa razão, a alternativa "A" é a correta. A "C" é incorreta, pois não há violação a qualquer norma do CTN, até porque o STF exauriu essa análise.
Gabarito "A".

(OAB/Exame Unificado – 2011.3.B) Com base no Sistema Tributário Nacional, assinale a alternativa correta.

(A) A contribuição de melhoria é um tributo de competência exclusiva dos Estados federados.

(B) As taxas podem ser instituídas pela União, Estados e Distrito Federal e Municípios.

(C) O ICMS tem destinação orçamentária específica.

(D) Os impostos têm por finalidade precípua a intervenção do Estado na atividade econômica.

A: incorreta, pois a contribuição de melhoria é tributo da competência de todos os entes políticos (União, Estados, Distrito Federal e Municípios) em relação às obras que realizem, na forma do art. 145, III, da CF, razão pela qual muitos autores referem-se à "competência comum"; **B:** correta, pois, assim como a contribuição de melhoria, a taxa insere-se na competência tributária de todos os entes políticos, em relação aos serviços prestados e ao exercício do poder de polícia por cada um deles (é considerado também tributo da "competência comum"), nos termos do art. 145, II, da CF; **C:** incorreta, pois, em regra, os impostos não podem ter suas receitas vinculadas a despesas específicas, conforme vedação expressa do art. 167, IV, da CF (note que há exceções no próprio dispositivo constitucional); **D:** incorreta, pois a finalidade essencial dos impostos é garantir recursos para funcionamento do Estado (função fiscal), embora possam ter características de intervenção na economia e na sociedade (função extrafiscal). O tributo cuja função essencial (= precípua) é a intervenção do Estado na atividade econômica é a CIDE (contribuição de intervenção no domínio econômico), prevista no art. 149, *caput*, da CF.
Gabarito "B".

(OAB/Exame Unificado – 2011.3.B) As taxas são os tributos que têm por hipótese de incidência uma atuação estatal.

Assinale a alternativa que corretamente delimite tal atuação, nos termos da Constituição da República Federativa do Brasil e da legislação tributária.

(A) Os serviços públicos universais (*uti universi*) podem ser custeados por meio de taxas, já que alcançam a coletividade considerada como um todo, o mesmo não podendo se dizer a respeito dos atos de polícia.

(B) Tanto os serviços públicos *uti universi* como os *uti singuli*, também chamados singulares, na medida em que são mensuráveis e divisíveis, podem ser custeados por meio de taxas, juntamente com os atos de polícia.

(C) Somente os serviços públicos específicos, por serem de utilização individual e mensurável, podem ser custeados mediante taxas de serviço, ocorrendo o mesmo com os atos de polícia, que devem ser específicos e divisíveis para serem custeados mediante taxas de polícia.

(D) A atuação estatal suscetível de ser custeada mediante taxa é aquela que se refere indiretamente ao contribuinte, tal como uma obra pública que causa valorização imobiliária, aumentando o valor de mercado dos imóveis localizados em suas imediações.

A: incorreta, pois somente os serviços divisíveis e específicos (*uti singuli*) permitem a cobrança de taxa. Os serviços inespecíficos e prestados indistintamente à coletividade (*uti universi*) não permitem a cobrança de taxa; **B:** incorreta, conforme comentário anterior; **C:** correta, nos termos do art. 145, II, da CF e do art. 77 do CTN (embora esses dispositivos não se refiram expressamente à divisibilidade e à especificidade em relação ao exercício do poder de polícia); **D:** incorreta, pois a assertiva refere-se à contribuição de melhoria, e não à taxa – art. 145, III, da CF e art. 81 do CTN. A atividade estatal atinente à taxa refere-se imediatamente (não mediatamente) ao contribuinte, ou seja, é serviço prestado ou fiscalização realizada diretamente em relação ao contribuinte.
Gabarito "C".

9. DIREITO TRIBUTÁRIO | 637

(OAB/Exame Unificado – 2009.3) Caso a União pretenda fazer investimento público de caráter urgente e de relevante interesse nacional,

(A) não poderá ser instituído tributo, visto que se trata de despesa de investimento.

(B) poderá ser instituído empréstimo compulsório, por meio de lei complementar federal, para ser cobrado no mesmo exercício em que seja publicada a lei que o institua.

(C) poderá ser instituído imposto extraordinário para vincular a sua arrecadação à despesa no referido investimento.

(D) poderá ser instituído empréstimo compulsório por meio de lei complementar, observado o princípio da anterioridade.

A: incorreta, pois investimento público de caráter urgente e de relevante interesse nacional é hipótese que permite a instituição de empréstimo compulsório (= espécie de tributo), por lei complementar federal (é da competência exclusiva da União), nos termos do art. 148, II, da CF; **B:** incorreta, pois o empréstimo compulsório instituído em caso de investimento público submete-se ao princípio da anterioridade anual (art.150, II, b, da CF). É bom lembrar que a outra hipótese de empréstimo compulsório (para fazer frente à despesa extraordinária, decorrente de calamidade pública, de guerra ou na sua iminência, prevista no art. 148, I, da CF) não se submete à anterioridade, conforme dispõe o art. 150, § 1º, da CF; **C:** incorreta, pois o imposto extraordinário somente pode ser instituído em caso de guerra externa ou sua iminência (situação, aliás, que permite também a instituição de empréstimo compulsório – art. 148, I, da CF), nos termos do art. 154, II, da CF; **D:** correta, conforme o art. 148, II, da CF.
„ɒ„ oʇᴉɹɐqɐפ

(FGV – 2011) De acordo com os princípios gerais do sistema tributário nacional, analise as afirmativas a seguir:

I. Sempre que possível os impostos terão caráter impessoal e serão graduados segundo a capacidade econômica do contribuinte.

II. Cabe à lei complementar regular as limitações constitucionais ao poder de tributar.

III. As contribuições de melhoria não poderão ter base de cálculo própria de impostos.

IV. Os Estados, o Distrito Federal e os Municípios instituirão contribuição, cobrada de seus servidores, para o custeio, em benefício destes, do regime previdenciário.

Das afirmativas acima, são corretas, somente

(A) I e II.

(B) I, II e III.

(C) I e IV.

(D) II, III e IV.

(E) II e IV.

I: incorreta, pois "sempre que possível, os impostos terão caráter pessoal", conforme dispõe o art. 145, § 1º, da CF; **II:** correta, nos termos do art. 146, II, da CF; **III:** correta, pois a base de cálculo da contribuição de melhoria deve refletir o fato gerador correspondente, ou seja, a valorização imobiliária decorrente da obra pública (art. 81 do CTN), de modo que não poderá ser própria de imposto (cujo fato gerador quantifica, necessariamente, uma situação desvinculada de qualquer atividade estatal específica voltada ao contribuinte – art. 16 do CTN) – ver o art. 145, § 2º, da CF, referente às taxas; **IV:** correta, pois a competência (impositiva) é prevista no art. 149, § 1º, da CF. Note que

a atual redação do dispositivo prevê a cobrança dos servidores ativos, dos aposentados e dos pensionistas.
„ɒ„ oʇᴉɹɐqɐפ

(FGV – 2011) Lei Estadual instituiu pedágio a ser cobrado por empresa privada, concessionária, para os usuários de determinada rodovia que passa pelo território de diferentes municípios, sem, no entanto, estabelecer via alternativa, gratuita, de trânsito. Considerando a hipótese acima, assinale a alternativa correta.

(A) O Pedágio, no caso, tem natureza de tarifa e, como tal, apresenta obrigatoriamente a característica da compulsoriedade.

(B) A cobrança do pedágio por pessoa jurídica de direito privado é compatível com o princípio da indelegabilidade da competência tributária.

(C) O pedágio, na situação retratada, tem natureza de taxa, não podendo ser cobrado pela empresa concessionária, conforme aduz o princípio da irrenunciabilidade.

(D) O oferecimento de via alternativa gratuita é condição necessária para a cobrança de pedágio.

(E) É vedado o estabelecimento de limitações ao tráfego de pessoas ou bens, por meio de pedágio, por imposição constitucional.

A assertiva refere-se à situação ainda debatida na doutrina e na jurisprudência. Muitos argumentam que, se não houver via alternativa, o pedágio passa a ser compulsório (independe da vontade do usuário da rodovia, que não tem opção), o que lhe dá natureza de tributo – art. 3º do CTN. Ocorre que o STF já se manifestou no sentido de que **o pedágio cobrado pela efetiva utilização de rodovias não tem natureza tributária, mas de preço público, consequentemente, não está sujeito ao princípio da legalidade estrita** (ADI 800/RS). **A:** incorreta, pois a compulsoriedade não é característica determinante da tarifa, pelo contrário, tendo em vista ter base contratual; **B:** correta, pois a competência tributária não se refere à cobrança do tributo, mas sim à produção normativa (instituição, modificação e extinção do tributo por meio de lei), que jamais é delegada (a concessionária não legisla, apenas cobra o pedágio); **C:** incorreta, pois, como dito inicialmente, a concessionária é remunerada por meio de tarifa, conforme determina expressamente o art. 175, III, da CF; **D:** incorreta, pois, embora discutível e reconhecida por parte da doutrina (veja comentário inicial), não nos parece correta à luz da jurisprudência atual; **E:** incorreta, pois a Constituição Federal prevê expressamente a possibilidade de cobrança de pedágio pelo uso de vias públicas – art. 150, V, da CF. Obs.: O gabarito oficial indicava a alternativa "C" como correta. Discordamos, pois, ainda que possa haver debate quanto à natureza do pedágio, a alternativa "B" é inquestionavelmente correta – competência tributária não tem relação com a possibilidade de sujeição ativa delegada – art. 7º do CTN. 🅱
„ᗺ„ oʇᴉɹɐqɐפ

(FGV – 2011) Qual é o fato gerador que permite a cobrança da contribuição de melhoria?

(A) Realização de obra pública que gere melhoras nas condições de vida da população.

(B) Prestação de serviço público que atraia investimentos econômicos na região.

(C) Disponibilização do serviço público de caráter voluptuário.

(D) Efetivo exercício do poder de polícia.

(E) Valorização de imóvel decorrente de obra pública.

638 LUCIANA BATISTA SANTOS E ROBINSON BARREIRINHAS

O fato gerador da contribuição de melhoria é a valorização imobiliária decorrente de obra pública, conforme descrito na alternativa "E", nos termos do que dispõem o art. 145, III, da CF e o art. 81 do CTN.

Gabarito "E".

(FGV – 2011) Quanto às taxas, é correto afirmar que

(A) é possível que elas sejam calculadas em função do capital das empresas.

(B) somente podem ser cobradas para fazer face à utilização efetiva de serviço público prestado ao contribuinte.

(C) a cobrança de taxas se subordina à prestação de serviço público específico e indivisível posto à disposição do contribuinte.

(D) a taxa não pode ter fato gerador idêntico ao que corresponda a imposto, mas nada impede que tenha a mesma base de cálculo.

(E) são compulsórias e têm sua cobrança condicionada à prévia autorização orçamentária em relação à lei que as instituiu.

A: incorreta, pois a base de cálculo da taxa deve necessariamente quantificar seu fato gerador (custo do serviço público prestado ou da fiscalização), o que não ocorre no caso de adoção do capital das empresas para essa finalidade, o que, ademais, é vedado expressamente pelo art. 77, parágrafo único, *in fine*, do CTN; **B:** incorreta, pois cabe taxa de serviço também pela utilização potencial do serviço público, conforme previsto no art. 79, I, *b*, do CTN. Ademais, outra hipótese de taxa refere-se ao exercício de poder de polícia – art. 145, II, da CF; **C:** incorreta, pois, nos termos do art. 145, II, da CF e do art. 79, II e III, do CTN, somente o serviço público específico e divisível permite a cobrança de taxa. Ademais, quando o serviço não é de utilização compulsória, não basta que ele seja posto à disposição do contribuinte, sendo necessária a efetiva utilização para que possa haver cobrança – art. 79, I, *a*, do CTN. Finalmente, como já dito, há também a possibilidade de taxa pelo exercício do poder de polícia; **D:** incorreta, pois a taxa não pode ter base de cálculo idêntica à de imposto – art. 145, § 2º, da CF, art. 77, parágrafo único, do CTN e Súmula Vinculante 29/STF ("É constitucional a adoção, no cálculo do valor de taxa, de um ou mais elementos da base de cálculo própria de determinado imposto, desde que não haja integral identidade entre uma base e outra"); **E:** correta, conforme gabarito oficial, porém, não subsiste no sistema tributário brasileiro o princípio da anualidade (= previsão orçamentária prévia, como requisito para a validade da exação tributária). Não confundir com princípio da anterioridade anual, plenamente válido – art. 150, III, *b*, da CF. **Obs.:** o gabarito oficial indicou a alternativa "E" como correta, mas a questão deveria ter sido anulada, pois não há assertiva correta.

Gabarito "E".

(FGV – 2011) A respeito das espécies de tributos, é correto afirmar que

(A) a União, os Estados e o Distrito Federal, e os Municípios poderão instituir, exclusivamente, os seguintes tributos: impostos, taxas e contribuições de melhoria.

(B) de acordo com o Código Tributário Nacional, considera-se imposto o tributo vinculado a qualquer atividade estatal específica.

(C) a taxa é um tributo não vinculado a uma atuação estatal específica e tem, como possível fato gerador, o exercício regular do poder de polícia.

(D) a instituição de contribuições sociais, de intervenção no domínio econômico e de interesse das categorias profissionais ou econômicas, é de competência exclusiva da União.

(E) a contribuição de melhoria é o tributo cobrado em função da realização de obras e prestação de serviços.

A: incorreta, pois a listagem não esgota as espécies tributárias. Todos os entes políticos devem instituir contribuição dos servidores para custeio do regime previdenciário próprio cobrada dos servidores ativos, dos aposentados e dos pensionistas – art. 149, § 1º, da CF. Ademais, Municípios e Distrito Federal têm competência para instituir a contribuição para custeio do serviço de iluminação pública – art. 149-A da CF. Finalmente, a União pode instituir os empréstimos compulsórios e as demais contribuições especiais (sociais, CIDEs e de interesse de categorias profissionais ou econômicas) – arts. 148 e 149 da CF, bem como impostos extraordinários, em caso de guerra externa ou na sua iminência – art. 154, II, da CF; **B:** incorreta, pois é o oposto. O imposto é o tributo cujo fato gerador é desvinculado de qualquer atividade estatal específica, relativa ao contribuinte – art. 16 do CTN; **C:** incorreta, pois a taxa é tributo vinculado, uma vez que seu fato gerador é, necessariamente, relacionado a uma atividade estatal específica relativa ao contribuinte (serviço ou fiscalização) – art. 145, II, da CF e art. 77 do CTN; **D:** correta, nos termos do art. 149, *caput*, da CF. Ressalte-se que dentre as contribuições sociais, todos os entes políticos devem instituir contribuição para custear o regime próprio de previdência social, cobrada dos servidores ativos, dos aposentados e dos pensionistas – art. 149, § 1º, da CF ; **E:** incorreta, pois a contribuição de melhoria refere-se, exclusivamente, a obras públicas, e não a serviços (a rigor, refere-se à valorização imobiliária decorrente da obra pública) – art. 145, III, da CF e art. 81 do CTN. **LB**

Gabarito "D".

(FGV – 2010) Relativamente ao Sistema Tributário Nacional, assinale a alternativa correta.

(A) Somente a União, os Estados e o Distrito Federal poderão instituir impostos, taxas e contribuições de melhoria.

(B) Em casos de calamidade pública, de guerra externa ou sua iminência, investimento público de caráter urgente e de relevante interesse nacional é permitido à União instituir empréstimos compulsórios, desde que mediante lei ordinária, vedada a edição de medida provisória.

(C) A Constituição autoriza que lei complementar institua um regime único de arrecadação dos impostos e contribuições da União, dos Estados, do Distrito Federal e dos Municípios, observadas determinadas disposições constitucionais, tais como o fato de que esse regime será opcional para o contribuinte.

(D) As contribuições sociais e de intervenção no domínio econômico instituídas pela União não incidirão sobre as receitas decorrentes de exportação ou importação.

(E) As taxas poderão ter base de cálculo própria de impostos.

A: incorreta, pois os Municípios também têm competência tributária – arts. 145, *caput*, 149-A e 156 da CF; **B:** incorreta, pois o empréstimo compulsório deve, necessariamente, ser instituído mediante lei complementar federal – art. 148, *caput*, da CF; **C:** correta, referindo-se ao Simples Nacional – art. 146, parágrafo único, da CF; **D:** incorreta, pois a imunidade relativa às contribuições sociais e de intervenção no domínio econômico, prevista no art. 149, § 2º, I, da CF, refere-se exclusivamente às receitas decorrentes de exportação (não de importação, às quais incidem as referidas contribuições – art. 149, §,2º, II, da CF); **E:** incorreta, pois isso é vedado expressamente pelo art. 145, § 2º, da CF. É importante ressaltar, entretanto, que o STF faz uma leitura do dispositivo constitucional mais flexível, conforme o art. 77, parágrafo único, do CTN, que determina que a base de cálculo da taxa não pode

9. DIREITO TRIBUTÁRIO   639

ser idêntica à do imposto – Súmula Vinculante 29/STF ("É constitucional a adoção, no cálculo do valor de taxa, de um ou mais elementos da base de cálculo própria de determinado imposto, desde que não haja integral identidade entre uma base e outra").

Gabarito "C".

(FGV – 2010) Com relação aos *empréstimos compulsórios*, assinale a afirmativa incorreta.

(A) Os empréstimos compulsórios deverão ser instituídos por meio de lei complementar.

(B) A instituição do empréstimo compulsório se justifica quando, para atender a calamidade pública, são necessárias despesas extraordinárias.

(C) A iminência de guerra externa é fundamento suficiente para a instituição de empréstimo compulsório.

(D) Todos os entes da Federação têm competência para a instituição do empréstimo compulsório, desde que haja urgência de investimento público.

(E) O empréstimo compulsório poderá ser instituído sob o fundamento de relevante interesse nacional.

A: correta, conforme o art. 148 da CF; **B, C** e **E:** corretas, pois são hipóteses que permitem a instituição de empréstimo compulsório – art. 148, I e II, da CF; **D:** incorreta, devendo ser assinalada, pois somente a União tem competência para instituir empréstimos compulsórios – art. 148, *caput*, da CF.

Gabarito "D".

(FGV – 2010) A possibilidade de instituir uma taxa está diretamente vinculada

(A) à competência exclusiva dos Estados.

(B) à contraprestação específica desse tributo.

(C) ao campo de atuação da entidade federativa.

(D) à divisão de poder entre as entidades da federação.

(E) à conveniência e oportunidade da Administração Fiscal.

As taxas, relativas à utilização de serviços públicos e ao exercício do poder de polícia, podem ser instituídas pela União, pelos Estados, pelo Distrito Federal e pelos Municípios, razão pela qual muitos doutrinadores referem-se à competência comum. A definição de quais taxas podem ser instituídas por cada ente político refere-se à competência material ou substantiva de cada um deles, ou, como consta da assertiva "C", ao campo de atuação da entidade federativa. Assim, a taxa relativa a determinado serviço público é da competência do ente a que compete a prestação desse serviço público (por exemplo, se o Município X tem competência material para coletar lixo em seu território, somente ele pode instituir taxa de lixo em relação ao serviço prestado a seus cidadãos). De modo semelhante, taxa relativa a determinado exercício do poder de polícia compete ao ente detentor desse poder de polícia, ou que tenha a competência material para exercer esse poder de polícia.

Gabarito "C".

(FGV – 2010) Em determinado Estado da Federação foi editada lei que dispõe em seu artigo Y que X% do valor dos emolumentos relativos aos atos praticados pelos cartórios de notas serão destinados à Caixa de Assistência dos Advogados do Estado e XX% à Associação dos Magistrados do Estado. Essa lei é

(A) plenamente válida e eficaz, cabendo ao Poder Legislativo Estadual estabelecer o valor dos emolumentos que têm natureza de taxa.

(B) inconstitucional, visto que os emolumentos são espécie de contribuição especial, não podendo ser direcionados para custear entidades privadas.

(C) constitucional, uma vez que os emolumentos são preços públicos, fixados em lei, para custear atividade concedida a particular.

(D) parcialmente válida e eficaz, uma vez que os emolumentos não podem ser destinados a duas entidades de natureza distinta.

(E) inconstitucional no que se refere à destinação dos emolumentos, que têm natureza de taxa, e não podem ser destinados a entidades privadas.

Os emolumentos são valores cobrados pela prestação de serviço público. No que se refere à espécie tributária, o emolumento cobrado pelos cartórios é taxa, pois o fato gerador é o serviço público prestado. Por se tratar de tributo (receita pública), o Poder Judiciário considera que, além de remunerar os serviços notariais e de registro (art. 236, § 2º, da CF), não podem ter sua renda destinada a entidades privadas (ver, por exemplo, a ADIn 3.660/MS – STF: "Custas judiciais. Destinação a entidades privadas. Inconstitucionalidade. O Supremo Tribunal Federal já manifestou, por diversas vezes, o entendimento de que é vedada a destinação dos valores recolhidos a título de custas e emolumentos a pessoas jurídicas de direito privado. Precedentes"). 🅻🅱

Gabarito "E".

5. LEGISLAÇÃO TRIBUTÁRIA – FONTES

(OAB/Exame XXXVI) A Assembleia Legislativa do Estado Beta irá votar, em 2022, um projeto de lei ordinária para a criação de sua própria contribuição social previdenciária, para custeio do regime próprio de previdência social estadual, a ser cobrada dos seus servidores ativos, dos aposentados e dos pensionistas. Antes, porém, submete o referido projeto de lei ordinária para análise da Comissão de Constituição e Justiça daquela Casa Legislativa, para emissão de parecer sobre a constitucionalidade daquele tributo.

Diante desse cenário, a referida contribuição social previdenciária

(A) poderia ser criada por lei ordinária e ser cobrada de servidores ativos, dos aposentados e dos pensionistas.

(B) poderia ser criada por lei ordinária, mas só poderia ser cobrada de servidores ativos.

(C) não poderia ser criada por lei ordinária, mas poderia ser cobrada de servidores ativos, dos aposentados e dos pensionistas.

(D) não poderia ser criada por lei ordinária e só poderia ser cobrada de servidores ativos.

A: correta, nos termos do art. 149, § 1º, da CF; **B:** incorreta, pois o art. art. 149, § 1º, da CF não apenas permite, como determina a instituição de contribuição em relação a servidores ativos, aposentados e pensionistas; **C:** incorreta, pois basta lei ordinária para a instituição e cobrança – art. 149, § 1º, da CF; **D:** incorreta, conforme comentários anteriores.

Gabarito "A".

(OAB/Exame Unificado – 2020.1) Uma lei ordinária federal tratava de direitos do beneficiário de pensão previdenciária e também previa norma que ampliava, para 10 anos, o prazo decadencial para o lançamento dos créditos tributários referentes a uma contribuição previdenciária federal.

A respeito da ampliação de prazo, assinale a afirmativa correta.

(A) É inválida, pois, em razão do caráter nacional das contribuições previdenciárias federais, somente poderia ser veiculada por Resolução do Senado Federal.

(B) É inválida, pois somente poderia ser veiculada por Lei Complementar.

(C) É válida, pois o CTN prevê a possibilidade de que o prazo geral de 5 anos, nele previsto para a Fazenda Pública constituir o crédito tributário, seja ampliado por meio de Lei Ordinária Específica.

(D) É válida, por existir expressa previsão constitucional, específica para contribuições de seguridade social, autorizando a alteração de prazo de constituição do crédito tributário por Lei Ordinária.

O STF de fato declarou inconstitucionais os arts. 45 e 46 da Lei 8.212/1991 que tratavam de prazos decadencial e prescricional em matéria tributária. O entendimento é que decadência e prescrição se referem a normas gerais de direito tributário e, como tais, devem ser veiculadas por lei complementar federal (jamais por lei ordinária) – ver art. 146, III, *b*, da CF e Súmula Vinculante 8. Por essa razão, a alternativa "B" é a correta. 🔲
Gabarito "B".

(OAB/Exame Unificado – 2016.2) O Estado Alfa institui, por meio de lei complementar, uma taxa pela prestação de serviço público específico e divisível. Posteriormente a alíquota e a base de cálculo da taxa vêm a ser modificadas por meio de lei ordinária, que as mantém em patamares compatíveis com a natureza do tributo e do serviço público prestado.

A lei ordinária em questão é

(A) integralmente inválida, pois lei ordinária não pode alterar lei complementar.

(B) parcialmente válida – apenas no que concerne à alteração da base de cálculo, pois a modificação da alíquota só seria possível por meio de lei complementar.

(C) parcialmente válida – apenas no que concerne à alteração da alíquota, pois a modificação da base de cálculo só seria possível por meio de lei complementar.

(D) integralmente válida, pois a matéria por ela disciplinada não é constitucionalmente reservada à lei complementar.

A: incorreta, pois as alíquotas e bases de cálculo dos tributos em geral podem ser alteradas por simples lei ordinária do ente competente. A lei que instituiu essa taxa estadual, apesar de formalmente lei complementar, é materialmente lei ordinária (já que trata de matéria que exige simples lei ordinária), de modo que pode ser alterada por lei ordinária posterior, como relatado no problema; **B** e **C**: incorretas, conforme comentário anterior; **D**: correta, conforme comentário à primeira alternativa.
Gabarito "D".

(OAB/Exame Unificado – 2014.1) José recebeu auto de infração pelo inadimplemento de determinado tributo instituído por lei ordinária. José contesta a exigência fiscal sob o argumento, correto, de que o tributo em questão deveria ter sido instituído por lei complementar.

A partir da hipótese apresentada, assinale a opção que indica o tributo exigido no referido auto de infração.

(A) Contribuição de Interesse de Categoria Profissional.

(B) Contribuição de Melhoria.

(C) Contribuição de Intervenção no Domínio Econômico.

(D) Empréstimo Compulsório.

Pela descrição da banca, como se afirma que o entendimento de José está correto, deveremos buscar entre as alternativas aquela que indica tributo cuja instituição exige lei complementar. Só pode ser tributo da competência federal (somente a União detém competência tributária que exige lei complementar, todos os outros entes podem instituir quaisquer de seus tributos por simples lei ordinária), o que já exclui a alternativa "B", pois a contribuição de melhoria é da competência comum de todos os entes. **A:** incorreta, pois as contribuições do art. 149 da CF não exigem lei complementar para sua instituição, com exceção de outras contribuições sociais destinadas ao custeio da seguridade social não especificadas pelo próprio texto constitucional – art. 195, § 4º, da CF; **B:** incorreta, pois as contribuições de melhoria podem ser instituídas por simples lei ordinária do ente competente, que realiza a obra de que decorre a valorização imobiliária – art. 145, III, da CF; **C:** incorreta, pois as CIDE podem ser instituídas por lei ordinária – art. 149 da CF; **D:** correta, pois os empréstimos compulsórios somente podem ser instituídos por lei complementar federal – art. 148 da CF. 🔲
Gabarito "D".

(OAB/Exame Unificado – 2013.1) Suponha que determinada Medida Provisória editada pela Presidenta da República, em 29/09/2012, estabeleça, entre outras providências, o aumento para as diversas faixas de alíquotas previstas na legislação aplicável ao imposto de renda das pessoas físicas.

Nesse caso, com base no sistema tributário nacional, tal Medida Provisória

(A) não violaria o princípio da legalidade e produzirá efeitos a partir da data de sua publicação.

(B) violaria o princípio da legalidade, por ser incompatível como processo legislativo previsto na Constituição Federal/88.

(C) não violaria o princípio da legalidade e produzirá efeitos a partir de 90 (noventa) dias contados a partir da data de sua publicação.

(D) não violaria o princípio da legalidade e só produzirá efeitos a partir do primeiro dia do exercício financeiro subsequente à data de sua conversão em lei.

A medida provisória é veículo adequado para alteração da legislação tributária, em substituição a leis ordinárias, com as ressalvas do art. 62, § 2º, da CF, ou seja, no caso da majoração do IR (art. 153, III, da CF), somente produzirá efeitos no exercício seguinte, desde que seja convertida em lei até o último dia daquele em que foi editada. Ressalte-se que o IR é exceção à anterioridade nonagesimal, mas não à anterioridade anual (art. 150, § 1º, da CF) Por essa razão, a alternativa "D" é a correta. 🔲
Gabarito "D".

(OAB/Exame Unificado – 2010.3) Conforme a Constituição Federal, o veículo legislativo adequado para dispor sobre conflitos de competência entre os entes políticos em matéria tributária é a

(A) medida provisória.

(B) lei ordinária.

(C) emenda constitucional.

(D) lei complementar.

Nos termos do art. 146 da CF, cabe à *lei complementar*: dispor sobre conflitos de competência, em matéria tributária, entre a União, os

9. DIREITO TRIBUTÁRIO 641

Estados, o Distrito Federal e os Municípios (inc. I); regular as limitações constitucionais ao poder de tributar (inc. II); e estabelecer normas gerais em matéria de legislação tributária (inc. III). Por essa razão, a alternativa "D" é a correta.

Gabarito "D".

(OAB/Exame Unificado – 2010.2) Em Direito Tributário, cumpre à lei ordinária:

(A) estabelecer a cominação ou dispensa de penalidades para as ações ou omissões contrárias a seus dispositivos.

(B) estabelecer a forma e as condições como isenções, incentivos e benefícios fiscais serão concedidos em matéria de ISS.

(C) estabelecer normas gerais em matéria tributária, especialmente sobre adequado tratamento tributário ao ato cooperativo praticado pelas sociedades cooperativas.

(D) estabelecer normas gerais em matéria tributária, especialmente sobre a definição de tratamento diferenciado e favorecido para as microempresas e empresas de pequeno porte.

A: correta, pois a cominação ou a dispensa de penalidades devem ser veiculadas por lei ordinária do ente competente para exigir o tributo – art. 97, V e VI, do CTN; **B:** incorreta, pois cabe à lei complementar federal regular a forma e as condições como isenções, incentivos e benefícios fiscais relativos ao ISS serão concedidos e revogados – art. 156, § 3º, III, da CF. A LC 116/2003 estabelece normas gerais sobre o ISSQN, tais como fato gerador, base de cálculo e alíquotas mínima e máxima, além de listar os serviços sujeitos à tributação pelos Municípios e DF; **C** e **D:** assertivas incorretas, já que as normas gerais em matéria tributária, especialmente aquelas listadas no art. 146, III, da CF, são veiculadas por lei complementar federal. 🔲

Gabarito "A".

(OAB/Exame Unificado – 2010.1) Suponha que um decreto trate integralmente sobre relações jurídicas pertinentes aos tributos e que uma lei disponha parcialmente sobre tributos. Nessa situação, de acordo com o CTN,

(A) nem o decreto nem a lei se inserem no conceito de legislação tributária.

(B) o decreto insere-se no conceito de legislação tributária; a lei, não.

(C) tanto o decreto quanto a lei se inserem no conceito de legislação tributária.

(D) a lei se insere no conceito de legislação tributária; o decreto, não.

O art. 96 do CTN define que a expressão 'legislação tributária' compreende as leis, os tratados e as convenções internacionais, os decretos e as normas complementares que versem, no todo ou em parte, sobre tributos e relações jurídicas a eles pertinentes. **A, B** e **D:** incorretas, pois decreto e lei são abrangidos pela *legislação tributária*; **C:** correta, conforme comentário inicial.

Gabarito "C".

(OAB/Exame Unificado – 2010.1) Caso ocorra a fusão de duas grandes indústrias alimentícias brasileiras que, juntas, detenham mais de 60% do mercado nacional de certo item de alimentação, de acordo com o que dispõe a CF, para prevenir os desequilíbrios da concorrência causados pela citada fusão,

(A) a União, os Estados, o DF e os Municípios poderão estabelecer critérios especiais de tributação, além de outras normas com os mesmos objetivos.

(B) somente a União poderá estabelecer critérios especiais de tributação, podendo os Estados, o DF e os Municípios estabelecer outras normas com os mesmos objetivos.

(C) a União, os Estados, o DF e os Municípios poderão estabelecer critérios especiais de tributação, todavia apenas a União detém competência para estabelecer outras normas com os mesmos objetivos.

(D) somente a União poderá estabelecer critérios especiais de tributação, além de outras normas com os mesmos objetivos.

Somente a União pode (= competência privativa ou exclusiva), por meio de lei complementar, estabelecer critérios especiais de tributação, com o objetivo de prevenir desequilíbrios da concorrência, sem prejuízo de sua competência para estabelecer, por lei ordinária, normas de igual objetivo – art. 146-A da CF. **A, B** e **C:** incorretas, pois a competência é privativa da União; **D:** correta, conforme comentário inicial.

Gabarito "D".

(FGV – 2013) Lei de determinado Estado da Federação estabelece base de cálculo reduzida para o ICMS dos produtos que compõem a cesta básica. A lei foi regulamentada por ato normativo do executivo que subordinou a aplicação da base legalmente reduzida ao cumprimento, pelo contribuinte, das obrigações acessórias.

A Sociedade Delta Ltda. procedeu à saída de mercadoria da cesta básica de seu estabelecimento desacompanhada de nota fiscal. Neste caso,

(A) não incide a redução do imposto, visto que não cumprida obrigação acessória.

(B) incide a redução prevista na lei estadual, já que a fixação da base de cálculo está sujeita a reserva legal.

(C) incide a redução prevista na lei estadual, mas fica suspensa até que seja regularizada a saída da mercadoria.

(D) não incide a redução do imposto, já que o Executivo tem a faculdade de limitar os beneficiados pela redução da base de cálculo.

(E) a redução da base de cálculo constitui renúncia fiscal cuja fruição pode ser condicionada pela Administração Fiscal ao cumprimento das obrigações acessórias.

A resposta mais singela é no sentido de que a isenção é dada pela lei (reserva legal), não podendo ser subordinada a exigências regulamentares (infralegais). Daí porque o gabarito oficial indica a alternativa "B", realmente é a melhor. Entretanto, análise mais aprofundada na vida real exigiria exame da operação efetivamente realizada. Sem cumprimento das obrigações acessórias pode-se inviabilizar, na prática, a fiscalização e o conhecimento do que efetivamente ocorreu pela administração tributária. É por isso que, mesmo o reconhecimento de imunidades, que são evidentemente concedidas pela Constituição, admite-se seja "subordinado à observância" de requisitos legais (art. 14 do CTN). Não é que o legislador esteja diminuindo ou condicionando o benefício constitucional (no caso da imunidade), mas apenas reconhecendo que a fiscalização precisa das obrigações acessórias para aferir a realidade dos fatos, se o contribuinte preenche os requisitos para fruição do benefício. No caso descrito nesta questão, não é a exigência da nota fiscal que cria ou modifica a isenção (isso é inviável, realmente), mas sem a documentação contábil, como a fiscalização vai verificar o que foi efetivamente vendido?

Gabarito "B".

(FGV – 2011) Suponha que, em setembro de 2010, o Presidente da República tenha editado medida provisória majorando a alíquota de determinado imposto. Nesse caso, é correto afirmar que a medida provisória é

(A) constitucional, mas só produzirá efeito em 2011 se tiver sido convertida em lei em 2010.

(B) inconstitucional, pois medida provisória não pode dispor sobre matéria reservada a lei complementar.

(C) constitucional e produz efeito imediatamente após a sua edição.

(D) inconstitucional, pois medida provisória não pode dispor sobre direito tributário.

(E) inconstitucional, pois medida provisória pode instituir tributo, mas não pode alterar alíquota.

A: correta, pois essa é a regra prevista no art. 62, § 2º, da CF (veja as exceções previstas no dispositivo); **B:** incorreta, pois a majoração de alíquotas de impostos federais não exige, em regra, lei complementar; **C:** incorreta, conforme comentário à alternativa "A"; **D** e **E:** incorretas, pois cabe Medida Provisória para veicular norma tributária, inclusive em relação às alíquotas, nos termos do art. 62, § 2º, da CF.
Gabarito "A"

(FGV – 2010) Dentre as funções que competem à Lei Complementar, assinale a alternativa correta.

(A) Evitar o desequilíbrio nas condições de concorrência por meio de critérios especiais de tributação.

(B) Fixar uma alíquota única (2%) de Imposto sobre Serviços de Qualquer Natureza, a ser aplicada em âmbito nacional, para combater a guerra fiscal.

(C) Dar maior amplitude à competência tributária constitucionalmente conferida aos entes da federação.

(D) Introduzir os tratados internacionais em matéria tributária no ordenamento jurídico brasileiro.

(E) Regulamentar o parágrafo único do artigo 116 do Código Tributário Nacional, que estabeleceu a chamada "cláusula geral antielisiva".

A: correta, pois cabe à lei complementar federal veicular normas dessa natureza, conforme o art. 146-A da CF; **B:** incorreta, pois as alíquotas mínima e máxima (não única), de ISS, atualmente em 2% e 5%, devem ser fixadas por lei complementar federal – art. 156, § 3º, I, da CF; **C:** incorreta, pois a competência tributária é norma exclusivamente constitucional, que não pode ser ampliada ou reduzida por lei; **D:** incorreta, pois os tratados internacionais são introduzidos no sistema interno pela promulgação por decreto presidencial, após o referendo do Congresso Nacional; **E:** incorreta, pois o art. 116, parágrafo único, do CTN exige, expressamente, simples lei ordinária para a regulamentação.
Gabarito "A"

(FGV – 2010) Com relação aos tratados internacionais que versam especificamente sobre tributos que recaem sobre o capital e a renda não é correto afirmar que:

(A) o Código Tributário Nacional determina (artigo 98) que a lei interna deverá observar os tratados anteriormente firmados.

(B) os tratados internacionais podem submeter o contribuinte a uma obrigação tributária que não esteja prevista na lei interna brasileira, bastando para isso que o tratado internacional seja ratificado pelo Congresso Nacional.

(C) aplicam-se aos residentes dos países signatários não importando a sua nacionalidade.

(D) tem por objetivo principal o combate à bitributação da renda.

(E) o artigo 98 do Código Tributário Nacional, revoga a lei interna, ainda que, de fato, restrinja-se a limitar a sua eficácia.

A: correta, pois é o que dispõe o art. 98 do CTN; **B:** incorreta, devendo esta assertiva ser assinalada, pois, somente o referendo do Congresso Nacional não é suficiente para a eficácia do tratado no sistema jurídico interno, sendo necessária a promulgação por decreto presidencial. Ademais, os tratados internacionais regularmente inseridos no sistema nacional têm força de lei ordinária federal, de modo que podem, em tese, instituir tributos da competência da União. Perceba, portanto, que não é possível criar qualquer espécie de tributo sobre o capital que se queira (por exemplo, o IPTU municipal e o IPVA estadual incidem sobre a propriedade, ou seja, sobre o capital das pessoas, e não podem ser instituídos por tratado internacional). O tratado é celebrado pelo Presidente da República (art. 84, VIII, da CF), muitas vezes por meio do plenipotenciário. Posteriormente, submete-se ao referendo do Congresso Nacional (art. 49, I, da CF), que pode aprová-lo por meio de decreto legislativo. A seguir, o Presidente ratifica o tratado, manifestando, aos demais países, o consentimento. Finalmente, o Presidente promulga o tratado por decreto, cuja publicação insere-o no sistema jurídico nacional. Assim, a rigor, não é correto afirmar que o Congresso ratifica o tratado (ele o referenda). Ademais, como visto, não basta essa concordância do Legislativo, pois é preciso a ratificação presidencial, a promulgação e a publicação do decreto correspondente, para que o tratado passe a vigorar no sistema nacional; **C:** correta, pois essa costuma ser a disposição nos tratados internacionais que visam a evitar a bitributação. Os tratados internacionais tributários levam em consideração determinados fatores para indicar os contribuintes que se sujeitarão às suas normas, em especial, seu local de residência ou domicílio e a localização da fonte da renda ou do bem tributado. É correto dizer, portanto, que a nacionalidade das pessoas é, em regra, irrelevante para a aplicação da norma; **D:** correta, pois essa é a finalidade da maior parte dos tratados internacionais relacionados à matéria tributária; **E:** assertiva confusa. Parece ter havido erro na redação. A intenção do examinador parece ter sido dizer que o art. 98 do CTN, apesar de dispor que o tratado internacional revoga a lei interna, na verdade indica que o tratado restringe-se a limitar a eficácia da norma interna, o que é, em princípio, correto.
Gabarito "B"

Veja a seguinte tabela, que indica a produção do tratado e sua introdução no sistema jurídico interno brasileiro (em princípio, não há "acordos executivos", sem referendo pelo Congresso Nacional, em matéria tributária):

1º O Presidente da República celebra o tratado, muitas vezes por meio de plenipotenciário – art. 84, VIII, da CF
2º O Congresso Nacional referenda o tratado, aprovando-o por decreto legislativo – art. 49, I, da CF
3º O Presidente ratifica o tratado, manifestando o consentimento aos demais países
4º O Presidente promulga o tratado, por decreto presidencial, cuja publicação insere-o no sistema jurídico interno

(FGV – 2010) Lei de determinado Estado da Federação estabelece base de cálculo reduzida para produtos que compõem a cesta básica. A lei foi regulamentada por ato normativo do Executivo que subordinou a aplicação da base legalmente reduzida ao cumprimento, pelo contribuinte, das obrigações acessórias. A regulamentação da lei

9. DIREITO TRIBUTÁRIO 643

(A) é ilegal.

(B) é inconstitucional.

(C) é eficaz.

(D) é inválida.

(E) é ineficaz.

O benefício fiscal é concedido por lei (norma emitida pelo Poder Legislativo), não podendo sua aplicação ser restringida ou impedida pelo Poder Executivo, de modo que a regulamentação descrita é ilegal.
Gabarito "A".

(FGV – 2010) As alternativas a seguir apresentam *atribuições da lei complementar tributária*, à exceção de uma. Assinale-a.

(A) Instituir outras fontes destinadas a garantir a manutenção ou expansão da seguridade social.

(B) Dispor sobre o adequado tratamento tributário ao ato cooperativo praticado pelas sociedades cooperativas.

(C) Instituir o imposto sobre grandes fortunas.

(D) Dispor sobre os requisitos para o gozo da imunidade tributária relativa a impostos sobre patrimônio, renda ou serviços das instituições de educação e assistência social, sem fins lucrativos.

(E) Atribuir ao sujeito passivo de obrigação tributária a condição de responsável pelo pagamento de imposto ou contribuição, cujo fato gerador deva ocorrer posteriormente.

A: correta, pois depende de lei complementar, nos termos do art. 195, § 4º, da CF; B: correta, pois será veiculado por meio de lei complementar federal, conforme o art. 146, III, *c*, da CF; C: correta, pois a instituição do imposto sobre grandes fortunas depende de lei complementar federal, nos termos do art. 153, VII, da CF; D: correta, pois a regulação das limitações constitucionais ao poder de tributar (inclusive imunidades, como a descrita na assertiva) é feita por lei complementar federal – art. 146, II, da CF; E: incorreta, devendo ser assinalada, pois a substituição tributária "para frente" pode ser fixada por lei ordinária – art. 150, § 7º, da CF.
Gabarito "E".

(FGV – 2010) Assinale a alternativa correta.

(A) Somente a lei pode estabelecer a cominação de penalidades para as ações ou omissões contrárias a seus dispositivos, ou para outras infrações nela definidas, bem como as hipóteses de exclusão, suspensão e extinção de créditos tributários, sendo que a dispensa ou redução de penalidades pode ser feita por ato do Chefe do Executivo.

(B) Equipara-se à majoração do tributo a modificação da sua base de cálculo, que importe em torná-lo mais oneroso, caracterizando-se igualmente como aumento de tributo, para os fins do disposto no art. 97, inciso II, CTN, a atualização do valor monetário da respectiva base de cálculo.

(C) Nos termos do artigo 96 do Código Tributário Nacional, a expressão "legislação tributária" compreende as leis, os tratados e as convenções internacionais, os decretos e as normas complementares que versem, no todo ou em parte, sobre tributos e relações jurídicas a eles pertinentes.

(D) Nos termos do artigo 98 do Código Tributário Nacional, os tratados e as convenções internacionais revogam ou modificam a legislação tributária interna,

mas não precisam ser observados pela que lhes sobrevenha.

(E) São normas complementares das leis, dos tratados e das convenções internacionais e dos decretos os atos normativos expedidos pelas autoridades administrativas, as decisões dos órgãos singulares ou coletivos de jurisdição administrativa, a que a lei atribua eficácia normativa e os convênios que entre si celebrem a União e os Estados, excluídos o Distrito Federal e os Municípios.

A: incorreta. O princípio da legalidade abrange toda a tributação, inclusive a fixação de penalidades e eventuais dispensas ou reduções. Assim, a assertiva é incorreta no que se refere à possibilidade de criação de normas pelo Chefe do Poder Executivo (art. 97, VI, do CTN); B: incorreta, pois a simples atualização monetária, desde que dentro do limite dos índices oficiais de inflação, não significa aumento real do tributo, de modo que pode ser veiculada por norma infralegal – art. 97, § 2º, do CTN e Súmula 160 do STJ; C: correta, pois é isso que dispõe o art. 96 do CTN; D: incorreta, pois os tratados internacionais devem ser observados pela legislação interna superveniente, nos termos do art. 98 do CTN, o que torna a assertiva incorreta; E: incorreta, pois os convênios firmados pelo Distrito Federal e pelos Municípios não são excluídos do conceito de normas complementares – art. 100, IV, do CTN. LB
Gabarito "C".

6. VIGÊNCIA, APLICAÇÃO, INTERPRETAÇÃO E INTEGRAÇÃO

(OAB/Exame XXXV) O Estado Alfa concedeu por lei ordinária, observadas as regras orçamentárias, isenção de IPVA para automóveis exclusivamente elétricos, fundamentando que a tributação possui uma importante função extrafiscal e objetivos ecológicos.

José é proprietário de um automóvel registrado perante o DETRAN do Estado Alfa, movido a biogás, combustível considerado inovador e não poluente, produzido a partir de resíduos orgânicos como lixo, cana, biomassa etc. e refinado em biometano para abastecer carros.

Desejando José obter para si o mesmo benefício fiscal dos carros elétricos, ele contrata você, como advogado(a), para fins de requerimento administrativo da isenção.

Diante desse cenário, assinale a afirmativa correta.

(A) É possível a concessão do benefício fiscal por analogia e interpretação extensiva aos automóveis movidos a combustível de biogás.

(B) É possível a concessão do benefício fiscal, tendo em vista a função extrafiscal e o objetivo ecológico do combustível de biogás.

(C) Não é possível a concessão do benefício fiscal aos automóveis movidos a biogás, pois deve ser interpretada literalmente a legislação que dispõe sobre a outorga de isenção.

(D) Não é possível a concessão do benefício fiscal aos automóveis movidos a biogás, tendo em vista ser necessário comprovar os benefícios ecológicos por meio de perícia técnica, procedimento vedado na esfera administrativa.

Não é possível a interpretação extensiva de normas que instituem benefícios fiscais. Conforme a terminologia do art. 111 do CTN, interpreta-se literalmente a legislação tributária que disponha sobre: (i) suspensão ou exclusão do crédito tributário; (ii) outorga de isenção; e (iii) dispensa do cumprimento de obrigações tributárias acessórias. Por essa razão, a alternativa "C" é a correta.

Gabarito "C".

(OAB/Exame Unificado – 2019.3) A sociedade empresária ABC Ltda. foi autuada pelo Fisco do Estado Z apenas pelo descumprimento de uma determinada obrigação tributária acessória, referente à fiscalização do ICMS prevista em lei estadual (mas sem deixar de recolher o tributo devido). Inconformada, realiza a impugnação administrativa por meio do auto de infração. Antes que sobreviesse a decisão administrativa da impugnação, outra lei estadual extingue a previsão da obrigação acessória que havia sido descumprida. Diante desse cenário, assinale a afirmativa correta.

(A) A lei estadual não é instrumento normativo hábil para extinguir a previsão dessa obrigação tributária acessória referente ao ICMS, em virtude do caráter nacional desse tributo.

(B) O julgamento administrativo, nesse caso, deverá levar em consideração apenas a legislação tributária vigente na época do fato gerador.

(C) Não é possível a extinção dos efeitos da infração a essa obrigação tributária acessória após a lavratura do respectivo auto de infração.

(D) A superveniência da extinção da previsão dessa obrigação acessória, desde que não tenha havido fraude, nem ausência de pagamento de tributo, constitui hipótese de aplicação da legislação tributária a ato pretérito.

A: incorreta, pois a competência tributária do Estado implica competência legislativa plena em relação ao tributo (com as exceções previstas na CF, por exemplo para normas gerais, que demandam lei complementar federal) – art. 6º do CTN; **B:** incorreta, pois a norma que afasta obrigação tributária retroage, nos termos e observadas as condicionantes do art. 106, II, *b*, do CTN; **C:** incorreta, pois, enquanto não houver julgamento definitivo, incide a retroatividade do art. 106, II, *b*, do CTN; **D:** correta, reproduzindo o disposto no art. 106, II, *b*, do CTN.

Gabarito "D".

(OAB/Exame Unificado – 2018.2) Em março de 2016, o Município X publicou lei instituindo novos critérios de apuração e ampliando os poderes de investigação das autoridades administrativas. Com base nessa nova orientação, em outubro do mesmo ano, o fisco municipal verificou a ausência de declaração e recolhimento de valores do Imposto Sobre Serviços de Qualquer Natureza – ISSQN devidos pela pessoa jurídica Y, referentes ao ano-calendário 2014; diante dessa constatação, lavrou auto de infração para cobrança dos valores inadimplidos.

No que tange à possibilidade de aplicação da nova legislação ao presente caso, assinale a afirmativa correta.

(A) É inaplicável, pois não respeitou o princípio da anterioridade anual.

(B) É inaplicável, pois o fisco somente poderia lavrar o auto de infração com base nos critérios de apuração previstos em lei vigente no momento da ocorrência do fato gerador.

(C) É aplicável, pois a legislação que institui novos critérios de apuração e amplia poderes de investigação das autoridades administrativas aplica-se aos lançamentos

referentes a fatos geradores ocorridos antes de sua vigência.

(D) É aplicável, pois foi observado o princípio da anterioridade nonagesimal.

A: incorreta, pois os novos critérios de fiscalização não implicam instituição ou majoração de tributo, apenas facilitam o trabalho do fisco. Essas novas normas relativas à fiscalização aplicam-se ao lançamento tributário atual, como autorizado expressamente pelo art. 144, § 1º, do CTN. Os fatos geradores continuam sendo regulados pelas leis vigentes à época de suas ocorrências, no que se refere à hipótese de incidência, base de cálculo, alíquota etc.; **B:** incorreta, conforme comentário anterior; **C:** correta, pois reproduz o disposto no art. 144, § 1º, do CTN; **D:** incorreta, pois não se aplica anterioridade anual ou nonagesimal, uma vez que não se trata de instituição ou majoração de tributo – art. 150, III, *b* e *c*, da CF.

Gabarito "C".

(OAB/Exame Unificado – 2016.3) Determinado Estado da Federação publicou, em julho de 2015, a Lei nº 123/2015, que majorou o valor das multas e das alíquotas de ICMS. Em fevereiro de 2016, em procedimento de fiscalização, aquele Estado constatou que determinado contribuinte, em operações realizadas em outubro de 2014, não recolheu o ICMS devido. Por conta disso, foi efetuado o lançamento tributário contra o contribuinte, exigindo-lhe o ICMS não pago e a multa decorrente do inadimplemento.

O lançamento em questão só estará correto se:

(A) as multas e alíquotas forem as previstas na Lei nº 123/2015.

(B) as alíquotas forem as previstas na Lei nº 123/2015 e as multas forem aquelas previstas na lei vigente ao tempo do fato gerador.

(C) as multas e as alíquotas forem as previstas na lei vigente ao tempo do fato gerador.

(D) as multas forem as previstas na Lei nº 123/2015 e as alíquotas forem aquelas previstas na lei vigente ao tempo do fato gerador.

A: incorreta, pois as multas e as alíquotas serão exigidas em conformidade com a lei vigente à época do fato gerador, ou seja, aquela vigente em outubro de 2014 – art. 144 do CTN. A retroatividade ocorre apenas em relação à penalidade pecuniária, e somente quando mais benéfica ao infrator (*lex mitior*) – art. 106, II, *c*, do CTN, o que não é caso; **B:** incorreta, pois a lei aplicável em relação ao aumento da alíquota do imposto jamais retroage – art. 150, III, *a*, da CF; **C:** correta, conforme comentário à primeira alternativa; **D:** incorreta, pois a retroatividade da multa ocorre apenas quando há redução, jamais para prejudicar o infrator – art. 106, II, *c*, do CTN. LB

Gabarito "C".

(OAB/Exame Unificado – 2015.3) Antônio, prestador de serviço de manutenção e reparo de instrumentos musicais, sujeito à incidência do Imposto Sobre Serviços (ISS), deixou de recolher o tributo incidente sobre fato gerador consumado em janeiro de 2013 (quando a alíquota do ISS era de 5% sobre o total auferido pelos serviços prestados e a multa pelo inadimplemento do tributo era de 25% sobre o ISS devido e não recolhido). Em 30 de agosto de 2013, o Município credor aprovou lei que:

(a) reduziu para 2% a alíquota do ISS sobre a atividade de manutenção e reparo de instrumentos musicais; e

(b) reduziu a multa pelo inadimplemento do imposto

9. DIREITO TRIBUTÁRIO   645

incidente nessa mesma atividade, que passou a ser de 10% sobre o ISS devido e não recolhido. Em fevereiro de 2014, o Município X promoveu o lançamento do imposto, exigindo do contribuinte o montante de R$ 25.000,00 – sendo R$ 20.000,00 de imposto (5% sobre R$ 400.000,00, valor dos serviços prestados) e R$ 5.000,00 a título de multa pela falta de pagamento (25% do imposto devido).

Sobre a hipótese apresentada, assinale a afirmativa correta.

(A) O lançamento está correto em relação ao imposto e à multa.

(B) O lançamento está incorreto tanto em relação ao imposto (que deveria observar a nova alíquota de 2%) quanto em relação à multa (que deveria ser de 10% sobre o ISS devido e não recolhido).

(C) O lançamento está correto em relação à multa, mas incorreto em relação ao imposto (que deveria observar a nova alíquota de 2%).

(D) O lançamento está correto em relação ao imposto, mas incorreto em relação à multa (que deveria ser de 10% sobre o ISS devido e não recolhido).

A retroatividade da norma tributária mais benéfica ao contribuinte (*lex mitior*) refere-se apenas à penalidade pecuniária (multa) – art. 106, II, *c*, do CTN. Assim, a alíquota do imposto (principal) é sempre aquela prevista na lei vigente à época do fato gerador, que é de 5% nessa situação relatada, exceto se a lei expressamente indicasse sua retroatividade para beneficiar o contribuinte com um perdão parcial do crédito tributário. Já o percentual da multa é o mais benéfico ao infrator, no caso, a de 10%. Por essa razão, a alternativa "D" é a correta. **LB**
Gabarito "D".

(OAB/Exame Unificado – 2011.2) No exercício de 1995, um contribuinte deixou de recolher determinado tributo. Na ocasião, a lei impunha a multa moratória de 30% do valor do débito. Em 1997, houve alteração legislativa, que reduziu a multa moratória para 20%. O contribuinte recebeu, em 1998, notificação para pagamento do débito, acrescido da multa moratória de 30%.

A exigência está

(A) correta, pois o princípio da irretroatividade veda a aplicação retroagente da lei tributária.

(B) errada, pois a aplicação retroativa da lei é regra geral no direito tributário.

(C) correta, pois aplica-se a lei vigente à época de ocorrência do fato gerador.

(D) errada, pois aplica-se retroativamente a lei que defina penalidade menos severa ao contribuinte.

A redução da penalidade pecuniária é aplicada retroativamente em favor do infrator (*lex mitior*), considerando não se tratar de ato definitivamente julgado – art. 106, II, 'c' do CTN. Assim, o contribuinte deverá recolher tributo acrescido da multa menor, fixada em 20%. Por essa razão, a alternativa "D" é a correta. **LB**
Gabarito "D".

(OAB/Exame Unificado – 2011.2) Determinada Lei Municipal, publicada em 17/01/2011, fixou o aumento das multas e alíquotas relativo aos fatos jurídicos tributáveis e ilícitos pertinentes ao ISS daquele ente federativo. Considerando que determinado contribuinte tenha sido autuado pela autoridade administrativa local em 23/12/2010, em razão

da falta de pagamento do ISS dos meses de abril de 2010 a novembro de 2010, assinale a alternativa correta a respeito de como se procederia a aplicação da legislação tributária para a situação em tela.

(A) Seriam mantidas as alíquotas nos valores previstos na data do fato gerador e as multas seriam aplicadas nos valores previstos de acordo com a nova lei.

(B) Seriam aplicadas as alíquotas e multas nos valores previstos de acordo com a nova lei.

(C) Seriam aplicadas as alíquotas previstas na lei nova e as multas seriam aplicadas nos valores previstos na data do fato gerador.

(D) Seriam mantidas as alíquotas e multas nos valores previstos na data do fato gerador.

Aplicam-se a multa e a alíquota do tributo fixadas pela lei vigente à época do fato gerador, nos termos do art. 144 do CTN. A *lex mitior* (art. 106, II, do CTN) refere-se à retroatividade apenas quando a norma posterior, relativa à penalidade, for mais benéfica ao infrator. No caso, a lei nova aumentou o tributo e a multa, não havendo falar em aplicação ao fato pretérito. Por essa razão, a alternativa "D" é a correta.
Gabarito "D".

(OAB/Exame Unificado – 2010.2) De acordo com o Código Tributário Nacional, aplica-se retroativamente a lei tributária na hipótese de:

(A) analogia, quando esta favorecer o contribuinte.

(B) extinção do tributo, ainda não definitivamente constituído.

(C) graduação quanto à natureza de tributo aplicável, desde que não seja hipótese de crime.

(D) ato não definitivamente julgado, quando a lei nova lhe comine penalidade menos severa do que a prevista na lei vigente ao tempo de sua prática.

Veja a seguinte tabela, com as hipóteses excepcionais de aplicação retroativa da legislação tributária, e perceba que a alternativa "D" se refere à retroatividade da *lex mitior*, prevista no art. 106, II, do CTN

Aplicação da lei tributária a ato ou a fato pretérito
– lei expressamente interpretativa – art. 106, I, do CTN
– redução ou extinção de sanção (*lex mitior*) – art. 106, II, do CTN
– normas relativas à fiscalização ou ao aumento de garantias e privilégios do crédito tributário, exceto para atribuir responsabilidade tributária a terceiros – art. 144, § 1º, do CTN

Gabarito "D".

(OAB/Exame Unificado – 2010.2) O emprego da analogia, em matéria tributária, resultará na

(A) majoração de tributo.

(B) instituição de tributo.

(C) exclusão do crédito tributário.

(D) impossibilidade de exigência de tributo não previsto em lei.

A e B: incorretas, pois o emprego da analogia não poderá resultar na exigência de tributo não previsto em lei, nem, portanto, em majoração daquele já existente – art. 108, § 1º, do CTN; **C:** incorreta, pois a exclusão do crédito tributário só ocorre em casos de *isenção* ou *anistia*, nos termos do art. 175 do CTN. Ademais, a isenção e a anistia, a exemplo de qualquer outro benefício fiscal, devem ser concedidas expressamente por lei específica, o que afasta a possibilidade de exclusão do crédito por analogia – art. 150, § 6º, da CF; **D:** essa é a melhor alternativa, conforme o art. 108, § 1º, do CTN.

Gabarito "D".

(OAB/Exame Unificado – 2009.3) Com relação à aplicação retroativa de lei nova que diminua a penalidade por infrações à legislação tributária e os juros de mora em 2% do valor estabelecido na lei anterior, assinale a opção correta.

(A) O Código Tributário Nacional veda a retroatividade de lei em todas as hipóteses.

(B) A retroatividade de lei nova a fato pretérito somente ocorre quando a lei for expressamente interpretativa e incluir a aplicação de penalidade.

(C) Caso o ato não esteja definitivamente julgado, a lei nova retroagirá a fato pretérito para beneficiar o contribuinte infrator em relação à diminuição da penalidade, mas não em relação aos juros de mora.

(D) Caso o ato esteja definitivamente julgado, tanto a penalidade quanto os juros de mora serão aplicados nos valores previstos na nova lei, ou seja, a lei retroagirá para beneficiar o contribuinte.

A: incorreta, pois há diversas hipóteses de retroatividade da norma tributária, incluindo o caso daquela que reduz penalidade; **B:** incorreta, pois a retroatividade da norma expressamente interpretativa afasta a penalidade em relação aos dispositivos interpretados – art. 106, I, *in fine*, do CTN; **C:** correta, pois a retroatividade da norma mais benéfica ao acusado (*lex mitior*) restringe-se às infrações e às penalidades, nos termos do art. 106, II, do CTN, o que não abrange os juros de mora; **D:** incorreta, pois a *lex mitior* não é aplicada no caso de ato definitivamente julgado (não há, nessa hipótese, retroatividade da norma mais benéfica ao acusado) – art. 106, II, do CTN.

Gabarito "C".

(OAB/Exame Unificado – 2009.1) Constitui hipótese de lei tributária irretroativa

(A) lei instrumental que regule formalidades aplicáveis ao lançamento.

(B) lei expressamente interpretativa.

(C) lei que deixe de definir certo ato como infração, desde que se trate de ato não definitivamente julgado.

(D) lei que majore as alíquotas do imposto sobre serviços.

A regra é a irretroatividade da lei tributária. As exceções estão concentradas nos arts. 106 e 144 do CTN. **A:** incorreta, pois a norma instrumental relativa ao lançamento é aplicada imediatamente à atuação da administração tributária, ainda que relacionada a fato gerador pretérito (não há ampliação ou modificação da incidência tributária e da cobrança da exação, mas apenas alteração quanto à forma como o Fisco lançará o tributo, não havendo falar em irretroatividade) – art. 144, §1º, do CTN; **B:** incorreta, pois a lei expressamente interpretativa retroage, nos termos do art. 106, I, do CTN; **C:** incorreta, pois é também caso de retroatividade, expressamente previsto no art. 106, II, *a*, do CTN; **D:** correta, pois as normas atinentes à incidência tributária e à quantificação da obrigação (aumento da base de cálculo e da alíquota) jamais retroagem, ou seja, aplica-se sempre a norma vigente à época do fato gerador (lembre-se que a retroatividade da *lex mitior* refere-se, apenas, às penalidades pecuniárias, e nunca ao tributo). **LB**

Gabarito "D".

(FGV – 2011) Ômega S.A., pretende ver reconhecido judicialmente o direito à isenção quanto à CSLL, já que lhe é garantido o benefício com relação ao IRPJ, pois preenche os requisitos para a fruição da dispensa legal do pagamento desse imposto. A empresa fundamenta sua pretensão no fato de que ambas as modalidades tributárias partilham de natureza jurídica semelhante e apresentam o mesmo fato gerador. Qual seria a técnica de interpretação a utilizar para decidir o pedido de Ômega?

(A) Analógica.

(B) Teleológica.

(C) Histórica.

(D) Literal.

(E) Teratológica.

Os benefícios fiscais, caso da isenção, devem ser interpretados literalmente, conforme dispõe expressamente o *caput* do art. 111 do CTN, de modo que a alternativa "D" é a correta.

Gabarito "D".

(FGV – 2011) A respeito da interpretação da legislação tributária, analise as afirmativas a seguir:

I. São interpretadas literalmente a suspensão ou a exclusão do crédito tributário.

II. É interpretada literalmente a dispensa do cumprimento de obrigações tributárias acessórias.

III. É interpretada de maneira mais favorável ao contribuinte a legislação tributária que determine a outorga de isenção.

IV. É interpretada de maneira mais favorável ao Fisco, no caso de legislação tributária que define infrações, no caso de dúvida quanto à graduação da penalidade aplicável.

Assinale

(A) se apenas a afirmativa I estiver correta.

(B) se apenas as afirmativas I e II estiverem corretas.

(C) se apenas as afirmativas II e III estiverem corretas.

(D) se apenas afirmativas III e IV estiverem corretas.

(E) se apenas a afirmativa IV estiver correta.

I e II: assertivas corretas, nos termos do art. 111, I e III, do CTN, respectivamente; **III:** incorreta, pois a interpretação da isenção é sempre literal (estrita), conforme o art. 111, II, do CTN; **IV:** incorreta, pois em caso de dúvida, a norma que define infração é interpretada de maneira mais benéfica ao acusado – art. 112 do CTN.

Gabarito "B".

(FGV – 2011) Não pode(m) ser usado(a)(s) como técnica de interpretação e integração da legislação tributária

(A) a equidade.

(B) os princípios gerais de direito tributário.

(C) os costumes.

(D) os princípios gerais de direito público.

(E) a analogia.

O art. 108 do CTN indica como técnicas de interpretação e integração, apenas, a analogia (inc. I), os princípios gerais de direito tributário (inc. II), os princípios gerais de direito público (inc. III) e a equidade (inc. IV). Os costumes não são elencados, de modo que a alternativa "C" deve ser indicada pelo examinando. Interessante notar, entretanto, que as práticas reiteradas observadas pelas autoridades administrativas são consideradas normas complementares tributárias, nos termos dos arts. 96 e 100, III, do CTN.

Gabarito "C".

9. DIREITO TRIBUTÁRIO   647

(FGV – 2010) Com relação à interpretação e integração da legislação tributária, analise as afirmativas a seguir.

I. O emprego da equidade poderá resultar na dispensa do pagamento de tributo devido.

II. A lei tributária, expressa ou implicitamente expressa pela Constituição Federal, pode alterar a definição, o conteúdo e o alcance de institutos, conceitos e formas de direito privado utilizados para definir ou limitar competências tributárias.

III. Interpreta-se literalmente a legislação tributária que disponha sobre suspensão, extinção ou exclusão do crédito tributário.

Assinale:

(A) se nenhuma afirmativa estiver correta.

(B) se somente a afirmativa I estiver correta.

(C) se somente a afirmativa II estiver correta.

(D) se somente a afirmativa III estiver correta.

(E) se somente as afirmativas I e II estiverem corretas.

I: incorreta, pois é o oposto. O emprego da equidade jamais poderá resultar em dispensa do pagamento do tributo devido – art. 108, § 2°, do CTN; II: incorreta, já que a lei tributária não pode alterar a definição, o conteúdo e o alcance de institutos, conceitos e formas de direito privado, utilizados, expressa ou implicitamente, pela Constituição Federal, pelas Constituições dos Estados, ou pelas Leis Orgânicas do Distrito Federal ou dos Municípios, para definir ou limitar competências tributárias – art. 110 do CTN; III: imprecisa, pois o art. 111 do CTN prevê a interpretação literal no caso de legislação tributária que disponha sobre: suspensão ou exclusão do crédito tributário (inc. I); outorga de isenção (inc. II); e dispensa do cumprimento de obrigações tributárias acessórias (inc. III). Perceba que o dispositivo legal não se refere à extinção do crédito tributário, daí a imprecisão, embora a questão tenha sido considerada incorreta pela banca.
„A". otinedaG

7. FATO GERADOR E OBRIGAÇÃO TRIBUTÁRIA

(OAB/Exame Unificado – 2013.3) Em procedimento de fiscalização, a Secretaria da Receita Federal do Brasil identificou lucro não declarado por três sociedades empresárias, que o obtiveram em conluio, fruto do tráfico de entorpecentes.

Sobre a hipótese sugerida, assinale a afirmativa correta.

(A) O imposto sobre a renda é devido face ao princípio da interpretação objetiva do fato gerador, também conhecido como o princípio do pecúnia *non olet*.

(B) Não caberá tributação e, sim, confisco da respectiva renda.

(C) Não caberá tributo, uma vez que tributo não é sanção de ato ilícito.

(D) Caberá aplicação de multa fiscal pela não declaração de lucro, ficando afastada a incidência do tributo, sem prejuízo da punição na esfera penal.

A: correta, sendo esse um exemplo clássico do *non olet*, segundo o art. 118 do CTN; B, C e D: incorretas, conforme comentário à alternativa "A". Interessa à tributação o lucro, o acréscimo patrimonial que efetivamente ocorreu (= fato gerador do IR). Discutir como esse acréscimo ocorreu foge à análise do fato gerador tributário, em princípio.
„A". otinedaG

(OAB/Exame Unificado – 2011.2) A obrigação tributária principal tem por objeto

(A) o pagamento de tributo ou penalidade pecuniária.

(B) a inscrição da pessoa jurídica junto ao Cadastro Nacional de Pessoa Jurídica – CNPJ.

(C) a prestação de informações tributárias perante a autoridade fiscal competente.

(D) a escrituração de livros contábeis.

Nos termos do art. 113, § 1°, do CTN, a obrigação principal tem por objeto o pagamento de tributo ou de penalidade pecuniária (alternativa "A"), ou seja, sua prestação é sempre pecuniária. As demais alternativas ("B", "C" e "D") descrevem prestações não pecuniárias (inscrição, informação, escrituração) que são, portanto, objeto de obrigações acessórias (art. 113, §2°, do CTN).
„A". otinedaG

(OAB/Exame Unificado – 2010.1) Um fiscal federal, em processo de auditoria, verificou que uma empresa estava em dívida para com o Fisco em relação ao imposto de renda. Ao autuar a empresa para pagamento do imposto, o fiscal impôs-lhe, ainda, uma multa por atraso no pagamento e outra, por não ter entregado a declaração anual de rendimentos da pessoa jurídica. Nessa situação hipotética,

(A) todas as obrigações são consideradas principais.

(B) a obrigação de pagar o imposto de renda é considerada principal; a de pagar as multas, não.

(C) a obrigação de pagar o imposto de renda e a de pagar a multa de mora são consideradas principais; a de pagar a multa por atraso na entrega da declaração, não.

(D) a obrigação de pagar o imposto de renda e a de pagar a multa por atraso na entrega da declaração são consideradas principais; a de pagar a multa de mora, não.

A: correta, pois toda obrigação de natureza tributária que tenha por objeto a entrega de dinheiro ao Fisco (tributo ou multa) é considerada obrigação tributária *principal*, nos termos do art. 113, § 1°, do CTN, que determina que "a obrigação principal (...) tem por objeto o pagamento de *tributo ou penalidade pecuniária* e extingue-se juntamente com o crédito dela decorrente"; B, C e D: incorretas, pois o pagamento de multa de qualquer espécie (= penalidade pecuniária) é, também, objeto da obrigação tributária *principal*.
„A". otinedaG

(FGV – 2011) Para a determinação do momento de ocorrência do fato gerador, no caso de negócio jurídico sujeito a condição resolutiva, este se considera perfeito e acabado

(A) desde o momento do implemento da condição.

(B) desde o momento da prática do ato ou da celebração do negócio.

(C) a partir do primeiro dia do exercício seguinte ao implemento da condição, por obediência ao princípio da anterioridade.

(D) nos negócios entabulados a prazo, na última parcela paga.

(E) em nenhum momento, pois, em direito tributário, não se pode falar em condição resolutória.

Nos termos do art. 117, II, do CTN, no caso de condição resolutiva (ou resolutória) os atos ou negócios jurídicos condicionais reputam-se perfeitos e acabados desde o momento da prática do ato ou da celebração do negócio. Assim, a alternativa "B" é a correta.
„B". otinedaG

(FGV – 2011) O objeto da obrigação tributária se traduz em uma prestação, de cunho patrimonial ou não, devida pelo contribuinte ou responsável. Em relação à obrigação tributária, é correto dizer que

(A) a obrigação tributária de conteúdo patrimonial é chamada de obrigação principal, ao passo que a acessória se caracteriza pela prestação de conteúdo não patrimonial, consubstanciada em obrigações de fazer e não fazer. Entretanto, a não observância da obrigação acessória tem o condão de convertê-la em principal relativamente à penalidade pecuniária.

(B) a obrigação tributária principal, representada por uma obrigação de dar, surge no momento do lançamento do tributo que, por sua vez, constitui o crédito tributário. Esta obrigação decorre de legislação tributária específica e extingue-se juntamente com o crédito dela decorrente.

(C) a obrigação tributária, seja ela principal ou acessória, é sempre uma obrigação de cunho patrimonial quando se refere a uma obrigação de fazer ou não fazer.

(D) de modo análogo à obrigação civil, a obrigação tributária acessória decorre da obrigação principal. Nesse diapasão, também pode se dizer que, extinta a obrigação principal, extinta está a obrigação acessória, mas a extinção da obrigação acessória não implica, necessariamente, a extinção da obrigação principal.

(E) a obrigação acessória, caracterizada por obrigações de fazer e não fazer tais como emitir notas fiscais, manter a escrituração dos livros em dia, entregar as declarações de acordo com as instruções do Fisco, não impedir o livre acesso da fiscalização à empresa, etc., decorre de legislação tributária específica, no interesse exclusivo de arrecadação dos tributos.

A: correta, pois distingue adequadamente a obrigação principal e a obrigação acessória, conforme o art. 113 do CTN, incluindo o disposto em seu § 3º; **B:** incorreta, pois a obrigação tributária principal, cujo objeto é pecuniário (= prestação de dar dinheiro ao Fisco) surge com o fato gerador, e não com o lançamento – art. 113, § 1º, do CTN. Ademais, a obrigação principal decorre de lei em sentido estrito (e não da legislação, em sentido amplo); **C:** incorreta, pois a obrigação acessória não tem por objeto uma prestação pecuniária, de cunho patrimonial – art. 113, § 2º, do CTN; **D:** incorreta, pois, apesar do nome, a obrigação tributária acessória não decorre, nem depende da obrigação principal. É possível sua existência (da obrigação acessória) mesmo quando inexiste obrigação principal (caso de obrigações acessórias impostas a entidades imunes, como escriturar livros ou prestar informações ao Fisco, por exemplo); **E:** a assertiva é imprecisa por conta de sua parte final. O art. 113, § 2º, do CTN, define a obrigação acessória imposta no interesse da arrecadação ou da fiscalização dos tributos (não no interesse exclusivo da arrecadação, como consta da assertiva). Gabarito "A".

(FGV – 2010) Assinale a alternativa correta acerca da obrigação tributária.

(A) A suspensão da exigibilidade do crédito tributário não impede a execução fiscal.

(B) Apesar da solidariedade das pessoas que tenham interesse comum na situação que constituiu o fato gerador da obrigação tributária, não há possibilidade de benefício de ordem, certo que o pagamento efetuado por um dos obrigados não exime a responsabilidade dos demais.

(C) O contribuinte de direito pode reclamar a restituição do tributo indireto pago indevidamente, desde que, por sua natureza, comporte a transferência do respectivo encargo financeiro.

(D) O sujeito passivo da obrigação principal é a pessoa obrigada ao pagamento de tributo ou penalidade pecuniária.

(E) A exigência de depósito prévio de parcela do tributo questionado como condição para interposição de recurso administrativo, no âmbito do contencioso fiscal, implica ofensa ao princípio constitucional da ampla defesa.

A: incorreta, pois se o crédito tributário está com a exigibilidade suspensa (art. 151 do CTN), não há como executá-lo; **B:** incorreta, pois o pagamento realizado por um dos obrigados solidários aproveita aos demais – art. 125, I, do CTN; **C:** incorreta, pois, para que o contribuinte de direito pleiteie a restituição de tributo indireto, deve comprovar que assumiu o encargo financeiro da exação, ou que esteja expressamente autorizado, por quem assumiu, a pedir a devolução – art. 166 do CTN (Obs.: contribuinte de direito é aquele previsto na lei, quem recolhe o tributo; contribuinte de fato é, em regra, o consumidor final que suporta economicamente a carga tributária embutida no preço das mercadorias/serviços); **D:** correta, pois é a definição de sujeito passivo da obrigação principal dada pelo art. 121 do CTN; **E:** incorreta, mas está correta, conforme o entendimento atual do STF e do STJ, nos termos da Súmula Vinculante 21/STF ("É inconstitucional a exigência de depósito ou arrolamento prévios de dinheiro ou bens para admissibilidade de recurso administrativo") e Súmula 373/STJ ("É ilegítima a exigência de depósito prévio para admissibilidade de recurso administrativo"). **Obs.:** apesar de o gabarito oficial indicar apenas a alternativa "D", parece-nos que a "E" também é correta, ainda que se possa discutir o princípio constitucional aplicável ao entendimento atual do STF e do STJ e, talvez, questionar a inclusão do tema na matéria "obrigação tributária" a que faz referência o examinador. Gabarito "D".

8. LANÇAMENTO E CRÉDITO TRIBUTÁRIO

(OAB/Exame Unificado – 2012.3.A) Concessionária de veículos se insurge contra aumento da alíquota do IPI sobre automóveis nacionais e, antes mesmo da ocorrência do lançamento do tributo em questão, ajuíza ação declaratória e efetua o depósito judicial do montante do valor tributado que considera devido. Após cinco anos e oito meses, ocorre o trânsito em julgado da decisão judicial proferida em favor da Fazenda Pública, a qual entende como devido o IPI integral.

Considerando que a Fazenda Pública não adotou qualquer providência quanto ao lançamento do imposto devido durante o trâmite da ação judicial, tem-se que

(A) o IPI é devido e coincide com o valor depositado.

(B) o IPI é devido no valor cobrado pela Fazenda Pública.

(C) o IPI não é devido, uma vez que ocorreu a prescrição.

(D) o IPI não é devido, em razão da decadência.

O depósito judicial equivale ao lançamento – ver EREsp 686.479/RJ-STJ. Assim, o valor depositado pelo contribuinte, no caso, será convertido em renda da Fazenda Pública. A discussão restringe-se à diferença, e não lançada pelo Fisco. Ocorre que não é possível saber se houve decadência dessa diferença, já que o prazo do art. 173, I, do CTN é contado a partir do primeiro dia do exercício financeiro seguinte àquele em que o lançamento poderia ter sido realizado pelo Fisco. Ou

9. DIREITO TRIBUTÁRIO   649

seja, se o fato gerador ocorreu no início do ano, a decadência teria ocorrido quase 6 anos depois. Por essa razão, a questão foi anulada.
Gabarito ANULADA

(OAB/Exame Unificado – 2009.1) Não está prevista, no Código Tributário Nacional, no que se refere a lançamento efetuado de ofício, a comprovação de

(A) ação ou omissão do sujeito passivo que dê lugar à aplicação de penalidade pecuniária.

(B) falta funcional que dê lugar à aplicação de penalidade pecuniária.

(C) ocorrência, no lançamento anterior, de fraude funcional da autoridade que o efetuou.

(D) ocorrência, no lançamento anterior, de omissão de formalidade especial da autoridade que o efetuou.

A, C e D: corretas, pois essas situações dão ensejo ao lançamento de ofício, conforme o art. 149, VI e IX do CTN; B: incorreta, devendo ser indicada pelo candidato, pois a falta funcional da autoridade que efetuou o lançamento anterior sempre permite a revisão do lançamento, independentemente de existir previsão de penalidade pecuniária. Veja o disposto no art. 149, IX, do CTN: "O lançamento é efetuado e revisto de ofício pela autoridade administrativa nos seguintes casos: (...) quando se comprove que, no lançamento anterior, ocorreu fraude ou falta funcional da autoridade que o efetuou, ou omissão, pela mesma autoridade, de ato ou formalidade especial".
Gabarito "B".

(FGV – 2010) Em relação à revisão do lançamento regularmente notificado ao contribuinte, não é correto afirmar que:

(A) é possível quando se comprove falsidade, erro ou omissão quanto a qualquer elemento definido na legislação tributária como sendo de declaração obrigatória.

(B) é possível nas hipóteses de erro de fato e desde que iniciada enquanto não extinto o direito da Fazenda Pública promover o lançamento.

(C) pode se dar em razão de impugnação do sujeito passivo.

(D) pode ser feita a qualquer tempo, sempre que caracterizado erro de direito.

(E) é cabível quando se comprove que o sujeito passivo, ou terceiro em benefício daquele, agiu com dolo, fraude ou simulação.

A, B e E: corretas, nos termos do art. 149, IV, VIII e parágrafo único, e VII do CTN, respectivamente; C: correta, conforme o art. 145, I, do CTN; D: incorreta, devendo ser assinalada, pois o erro de direito não admite, em regra, a revisão do lançamento notificado ao contribuinte – art. 146 do CTN e Súmula 227/TFR. Ver também o art. 23 da Lei de Introdução às Normas do Direito Brasileiro – LINDB. Ademais, a revisão do lançamento somente pode ser efetuada dentro do prazo decadencial – art. 149, parágrafo único, do CTN.
Gabarito "D".

(FGV – 2010) Com relação ao *crédito tributário*, assinale a afirmativa incorreta.

(A) Deve ser inscrito na Dívida Ativa do Estado, se não pago no prazo legal.

(B) Tem sua exigibilidade suspensa no caso de o contribuinte efetuar o depósito do seu montante integral.

(C) Prefere a qualquer outro crédito, à exceção dos de origem trabalhista e de outros em processo de falência.

(D) Extingue-se no prazo de 5 (cinco) anos contados da data da ocorrência do fato gerador.

(E) Não se extingue com a morte do contribuinte devedor.

A: correta, nos termos do art. 201 do CTN; B: correta, conforme o art. 151, II, do CTN; C: correta, nos termos do art. 186 do CTN; D: incorreta, devendo ser assinalada, pois o crédito tributário extingue-se em 5 (cinco) anos após sua constituição definitiva (= lançamento definitivo), nos termos do art. 174 do CTN; E: correta, pois em caso de morte há responsabilidade por sucessão dos herdeiros e legatários – art. 131, II, do CTN.
Gabarito "D".

(FGV – 2010) Correlacione a coluna da direita com o que pede na coluna da esquerda.

1. Modalidade de lançamento tributário.

2. Ação judicial da Fazenda Pública face ao contribuinte.

3. Norma complementar das leis e dos decretos.

4. Modalidade de extinção da punibilidade por infração tributária.

( ) execução fiscal

( ) denúncia espontânea

( ) por homologação

( ) resolução editada pelo Secretário da Fazenda

Assinale a alternativa que apresenta a ordem correta, de cima para baixo, da correlação das colunas:

(A) 2, 4, 1 e 3.

(B) 2, 4, 3 e 1.

(C) 1, 2, 4 e 3.

(D) 4, 2, 1 e 3.

(E) 2, 1, 4 e 3.

O gabarito fica assim:
1. Modalidade de lançamento tributário – por homologação (há também os lançamentos por declaração e de ofício – arts. 148 147, 149 e 150 do CTN).
2. Ação judicial da Fazenda Pública face ao contribuinte – execução fiscal (Lei 6.830/1980).
3. Norma complementar das leis e dos decretos – resolução editada pelo Secretário da Fazenda (as normas complementares estão listadas no art. 100 do CTN).
4. Modalidade de extinção da punibilidade por infração tributária – denúncia espontânea (art. 138 do CTN).
Gabarito "A".

(FGV – 2010) Assinale a alternativa correta.

(A) O conceito de lançamento tributário sobressai do artigo 142, CTN, segundo o qual compete à autoridade administrativa constituir o crédito tributário pelo lançamento, entendido o procedimento administrativo tendente a verificar a ocorrência do fato gerador da obrigação correspondente, determinar a matéria tributável e calcular o montante do tributo devido, sendo que a aplicação da penalidade cabível deve sempre ser feita em separado, através de auto de infração.

(B) Suspendem a exigibilidade do crédito tributário, conforme artigo 151, CTN, exclusivamente a moratória, as reclamações e os recursos, nos termos das leis reguladoras do processo tributário administrativo, a concessão de medida liminar em mandado de segurança e a concessão de medida liminar ou de tutela antecipada, em outras espécies de ação judicial.

(C) No que se refere ao pagamento, é correto afirmar que o crédito não integralmente pago no vencimento é acrescido de juros de mora, seja qual for o motivo determinante da falta, sem prejuízo da imposição das penalidades cabíveis e da aplicação de quaisquer medidas de garantia previstas nesta Lei ou em lei tributária, sendo que, se a lei não dispuser de modo diverso, os juros de mora serão calculados à taxa de três por cento ao mês.

(D) O crédito tributário regularmente constituído, segundo o artigo 141, CTN, somente se modifica ou extingue, ou tem sua exigibilidade suspensa ou excluída, nos casos previstos no próprio Código, fora dos quais não podem ser dispensadas, sob pena de responsabilidade funcional na forma da lei, a sua efetivação ou as respectivas garantias.

(E) A concessão da moratória em caráter individual não gera direito adquirido e será revogada de ofício, sempre que se apure que o beneficiado não satisfazia ou deixou de satisfazer as condições ou não cumprira ou deixou de cumprir os requisitos para a concessão do favor, cobrando-se o crédito acrescido de juros de mora com imposição da penalidade cabível, em qualquer caso.

A: incorreta, pois a aplicação de penalidade pode ser realizada no mesmo ato, o que é bastante comum. O CTN, em seu art. 142, refere-se a "propor a aplicação da penalidade cabível", mas, atualmente, o próprio fiscal que lavra a autuação (= lançamento de ofício decorrente de fiscalização) constitui o crédito em relação ao tributo e, também, à penalidade pecuniária; **B:** incorreta, pois faltaram o depósito do montante integral e o parcelamento – art. 151, II e VI, do CTN, respectivamente; **C:** incorreta, pois a taxa de juros prevista no CTN, para o caso de omissão da legislação específica, é de 1% ao mês – art. 161, § 1º, do CTN; **D:** correta, pois reflete o disposto no art. 141 do CTN; **E:** incorreta, pois a cobrança da penalidade somente ocorre nos casos de dolo ou simulação do beneficiado, ou de terceiro em benefício daquele (a assertiva afirma que há cobrança da penalidade em qualquer caso) – art. 155, I, do CTN.
Gabarito "D".

(FGV – 2010) Assinale a alternativa correta.

(A) Conforme o artigo 165, CTN, o sujeito passivo tem direito, independentemente de prévio protesto, à restituição total ou parcial do tributo, seja qual for a modalidade do seu pagamento, somente em caso de cobrança ou pagamento espontâneo de tributo indevido ou maior que o devido em face da legislação tributária aplicável, ou da natureza ou circunstâncias materiais do fato gerador efetivamente ocorrido.

(B) O lançamento direto, ou de ofício, é realizado pela autoridade administrativa quando a lei assim o determine, e, dentre outras situações, quando a pessoa legalmente obrigada, embora tenha prestado declaração solicitada, deixe de atender, no prazo e na forma da legislação tributária, a pedido de esclarecimento formulado pela autoridade administrativa, recuse-se a prestá-lo ou não o preste satisfatoriamente, a juízo daquela autoridade.

(C) O artigo 172, CTN, prevê que a lei pode autorizar a autoridade administrativa a conceder, por despacho fundamentado, remissão total ou parcial do crédito tributário, unicamente em função da situação econômica do sujeito passivo, ao erro ou ignorância

escusáveis do sujeito passivo, quanto a matéria de fato ou devido à diminuta importância do crédito tributário.

(D) A restituição de tributos que comportem, por sua natureza, transferência do respectivo encargo financeiro somente será feita a quem prove haver assumido o referido encargo, ou, no caso de tê-lo transferido a terceiro, estar por este expressamente autorizado a recebê-la, devendo a aludida autorização ser concedida unicamente mediante expresso procedimento judicial.

(E) Nos termos do artigo 169, CTN, prescreve em 5 (cinco) anos a ação anulatória da decisão administrativa que denegar a restituição, sendo que o prazo de prescrição é interrompido pelo início da ação judicial, recomeçando o seu curso, por metade, a partir da data da intimação validamente feita ao representante judicial da Fazenda Pública interessada.

A: incorreta, pois além dessa hipótese de cobrança ou pagamento espontâneo, prevista no inc. I, o art. 165 do CTN prevê também a possibilidade de repetição nos casos de: erro na identificação do sujeito passivo, na determinação da alíquota aplicável, no cálculo do montante do débito ou na elaboração ou conferência de qualquer documento relativo ao pagamento (inc. II) e reforma, anulação, revogação ou rescisão de decisão condenatória (inc. III); **B:** correta, nos termos do art. 149, III, do CTN; **C:** incorreta, pois, além dessas hipóteses, previstas nos incs. I, II e III, respectivamente, o art. 172 do CTN prevê também a possibilidade de remissão atendendo: a considerações de equidade, em relação com as características pessoais ou materiais do caso (inc. IV), e a condições peculiares a determinada região do território da entidade tributante (inc. V); **D:** incorreta, pois a autorização a que se refere o art. 166 do CTN pode ser dada diretamente por aquele que assumiu o ônus econômico do tributo ("contribuinte de fato"), sendo desnecessária a providência judicial citada; **E:** cuidado, pois essa é uma hipótese em que o prazo prescricional é diferente, de apenas 2 (dois) anos, e não 5 (cinco) como consta da assertiva, nos termos do art. 169, *caput*, do CTN. Portanto, incorreta esta assertiva.
Gabarito "B".

(FGV – 2010) Assinale a alternativa incorreta.

(A) Nos termos do art. 144, § 1º, CTN, aplica-se ao lançamento a legislação que, posteriormente à ocorrência do fato gerador da obrigação, tenha instituído novos critérios de apuração ou processos de fiscalização, ampliado os poderes de investigação das autoridades administrativas, ou outorgado ao crédito maiores garantias ou privilégios, exceto, neste último caso, para o efeito de atribuir responsabilidade tributária a terceiros.

(B) O lançamento por homologação, que ocorre quanto aos tributos cuja legislação atribua ao sujeito passivo o dever de antecipar o pagamento sem prévio exame da autoridade administrativa, opera-se pelo ato em que a referida autoridade, tomando conhecimento da atividade assim exercida pelo obrigado, expressamente a homologa.

(C) O lançamento regularmente notificado ao sujeito passivo só pode ser alterado em virtude de impugnação do sujeito passivo, em razão de procedimento administrativo ou judicial de terceiro diretamente vinculado ao fato gerador da obrigação ou através da iniciativa de ofício da autoridade administrativa, nos casos previstos no artigo 149, CTN.

9. DIREITO TRIBUTÁRIO   651

(D) Salvo disposição de lei em contrário, a moratória somente abrange os créditos definitivamente constituídos à data da lei ou do despacho que a conceder, ou cujo lançamento já tenha sido iniciado àquela data por ato regularmente notificado ao sujeito passivo.

(E) A importância de crédito tributário pode ser consignada judicialmente pelo sujeito passivo, nos casos de recusa de recebimento, ou subordinação deste ao pagamento de outro tributo ou de penalidade, ou ao cumprimento de obrigação acessória, de subordinação do recebimento ao cumprimento de exigências administrativas sem fundamento legal e de exigência, por mais de uma pessoa jurídica de direito público, de tributo idêntico sobre um mesmo fato gerador.

A: correta, pois reflete o disposto no art. 144, § 1º, do CTN; **B:** correta, conforme o art. 150, *caput*, do CTN; **C:** incorreta, devendo ser assinalada, pois o art. 145 do CTN prevê a possibilidade de alteração do lançamento regularmente notificado somente nos casos de: impugnação do sujeito passivo (inc. I), recurso de ofício (inc. II), e iniciativa de ofício da autoridade administrativa, nos casos previstos no artigo 149 do CTN (inc. III). Perceba que o dispositivo não faz referência a procedimento administrativo ou judicial de terceiro diretamente vinculado ao fato gerador da obrigação; **D:** correta, nos termos do art. 154 do CTN; **E:** correta, pois essas são as hipóteses que dão ensejo à consignação em pagamento no âmbito tributário, conforme o art. 164 do CTN.

Gabarito "C"

9. SUJEIÇÃO PASSIVA, RESPONSABILIDADE, CAPACIDADE E DOMICÍLIO

OAB/Exame XXXIX) João e José receberam um imóvel residencial situado no Município *Alfa* por herança de seus pais. Em janeiro de 2017, com autorização de José (menor de idade), seu irmão e tutor João (maior de idade), assina como único locador um contrato de aluguel do referido imóvel com Joaquim, com prazo determinado de 3 (três) anos, constando cláusula expressa de que o locatário será o único responsável pelo pagamento de todos os impostos e taxas do imóvel locado, exonerando o locador de tal obrigação. Em dezembro de 2021, João e José são surpreendidos com uma ação de execução fiscal movida em face de ambos pelo Município *Alfa* para cobrança do IPTU do imóvel locado referente a todo o exercício fiscal de 2018.

Diante desse cenário e à luz do Código Tributário Nacional, a ação de execução fiscal

(A) somente poderia ter sido ajuizada em face de Joaquim, único devedor do IPTU, conforme cláusula expressa contratual.

(B) somente poderia ter sido ajuizada em face de João, único que figurou no contrato como locador e dotado de capacidade tributária e processual.

(C) foi corretamente ajuizada, uma vez que João e José respondem pelo tributo devido, ainda que este último seja menor de idade.

(D) não podia ter sido ajuizada por já estar o crédito tributário prescrito.

A: incorreta, pois a sujeição passiva tributária é definida pela lei e não pelo contrato entre as partes, conforme art. 123 do CTN. Embora o acordo estabeleça obrigação entre as partes (ou seja, o locador poderá cobrar eventual débito do locatário Joaquim no âmbito cível), tal pacto é inoponível contra o fisco municipal. Assim, o locatário não é contribuinte (porque não é proprietário do imóvel, conforme art. 34 do CTN) e não é responsável tributário (porque o dever de pagar o IPTU, no caso, decorre apenas do contrato e não da lei tributária). Nesse sentido, a Súmula 614/STJ: "O locatário não possui legitimidade ativa para discutir a relação jurídico-tributária de IPTU e de taxas referentes ao imóvel alugado nem para repetir indébito desses tributos". Portanto, a ação de execução fiscal poderia ser movida contra João e José (proprietários do imóvel) e não contra Joaquim (locatário); **B:** incorreta, pois a capacidade de ser sujeito passivo da obrigação tributária independe da capacidade civil das pessoas naturais, conforme art. 126, I, do CTN. Portanto, José é também contribuinte do IPTU, por ser proprietário do bem imóvel, apesar de ser absolutamente incapaz no âmbito civil (art. 3º do Código Civil). Ademais, conforme comentário anterior, a sujeição passiva tributária é definida pela lei e não pelo contrato entre as partes, conforme art. 123 do CTN; **C:** correta, conforme comentários anteriores – artigos 34, 123 e 126, I, do CTN; **D:** incorreta, pois o crédito tributário não está prescrito, tendo em vista que a execução fiscal foi ajuizada em dezembro de 2021, dentro, portanto, do prazo de 05 (cinco) anos (art. 174 do CTN) a contar do dia seguinte à data estipulada para o vencimento da cobrança do tributo cujo fato gerador ocorreu em 2018 (Tema Repetitivo 980 – STJ). Cumpre relembrar que, segundo o Superior Tribunal de Justiça, a remessa ao endereço do contribuinte do carnê de pagamento do Imposto Predial e Territorial Urbano (IPTU) é suficiente para notificá-lo do lançamento tributário (Súmula 397 do STJ).

Gabarito "C"

(OAB/Exame XXXVII) Lucas, menor de oito anos de idade, é proprietário de um imóvel (recebido por herança de seu avô), o qual foi alugado por seus pais, João e Maria, representando-o. Contudo, o Imposto sobre a Propriedade Territorial Urbana (IPTU) referente a este imóvel não está sendo pago pelo locatário, conforme havia sido pactuado no contrato de locação.

Em razão do inadimplemento, foi enviada notificação de lançamento do crédito tributário em nome de Lucas como devedor do tributo, para seu domicílio tributário, a fim de que pagasse o débito. A notificação foi recebida via Correios por seus pais, que residem junto com seu filho. Os pais, por entenderem que esta obrigação era do locatário, recusam-se a pagar. O Fisco Municipal está agora a cobrar judicialmente o valor da dívida de IPTU.

Diante desse cenário e à luz do Código Tributário Nacional, assinale a afirmativa correta.

(A) Lucas, embora absolutamente incapaz, pode figurar como contribuinte devedor do IPTU, inclusive podendo constar seu nome na notificação de lançamento do crédito tributário.

(B) Em razão da menoridade de Lucas, apenas seus pais serão considerados contribuintes deste IPTU.

(C) Lucas e seus pais são contribuintes do IPTU, mas os bens dos pais devem ser executados antes dos bens de Lucas.

(D) Lucas é o contribuinte do IPTU, sendo o locatário o responsável tributário pelo pagamento do mesmo.

A: correta, pois a capacidade de ser sujeito passivo da obrigação tributária independe da capacidade civil das pessoas naturais, conforme art. 126, I, do CTN. Portanto, Lucas é contribuinte do IPTU por ser proprietário do bem imóvel (art. 34 do CTN), apesar de ser absolutamente incapaz no âmbito civil (art. 3º do Código Civil); **B:** incorreta, pois Lucas detém capacidade passiva tributária, conforme comentário anterior. Segundo o CTN, nos casos de impossibilidade de exigência do cumprimento da obrigação principal pelo contribuinte, respondem solidariamente com este nos atos em que intervierem ou pelas omissões de que forem responsáveis os pais pelos tributos devidos pelos filhos menores (art. 134, I, do CTN). Assim, seus pais podem ser responsáveis tributários, mas não contribuintes por não terem realizado o fato gerador do IPTU, visto que não são proprietários do imóvel; **C:** incorreta, conforme comentário anterior. Ressalte-se que se Lucas e seus pais fossem proprietários do imóvel, ou seja, contribuintes, haveria entre eles o vínculo da solidariedade que não comporta benefício de ordem no momento da execução da dívida tributária, conforme art. 124, §único, do CTN; **D:** incorreta, pois a sujeição passiva tributária é definida pela lei e não pelo contrato entre as partes, conforme art. 123 do CTN. Embora o acordo estabeleça obrigação entre as partes (ou seja, o locador poderá cobrar eventual débito dos locatários no âmbito cível), tal pacto é inoponível contra o fisco. Assim, os locatários não são contribuintes (porque não são proprietários do imóvel) e não são responsáveis tributários (porque o dever de pagar o IPTU, no caso, decorre apenas do contrato e não da lei tributária). Nesse sentido, a Súmula 614/STJ: "O locatário não possui legitimidade ativa para discutir a relação jurídico-tributária de IPTU e de taxas referentes ao imóvel alugado nem para repetir indébito desses tributos". LB

Gabarito "A".

(OAB/Exame XXXVI) Em 10 de maio de 2020, a sociedade empresária *ABC Ltda.* sofre fiscalização federal e, ao final, é autuada em R$ 100.000,00, além de multa e respectivos encargos, a título de Imposto sobre Produtos Industrializados (IPI) devido referente ao exercício de 2019, por omissão no envio mensal das informações fiscais em DCTF – Declaração de Débitos e Créditos Tributários Federais –, bem como por falta de pagamento daquele imposto. Em 20 de junho de 2020, a empresa recebe notificação de pagamento no prazo de 30 dias.

Você, como advogado(a) da sociedade empresária, é chamado(a) para defender os interesses da empresa nesse processo no mesmo dia da notificação, pretendendo adotar providências logo no dia seguinte e refletindo sobre a possibilidade de adotar o mecanismo da denúncia espontânea prevista no Código Tributário Nacional (CTN). Diante desse cenário, assinale a afirmativa correta.

(A) Poderá ser adotado o mecanismo de denúncia espontânea, já que ainda não foi ajuizada a ação de execução fiscal.

(B) Poderá ser adotado o mecanismo de denúncia espontânea, já que ainda se está dentro do prazo de pagamento.

(C) Não poderá mais ser adotado o mecanismo de denúncia espontânea após o início de qualquer procedimento administrativo ou medida de fiscalização relacionados com a infração.

(D) Não poderá mais ser adotado o mecanismo de denúncia espontânea, pois o limite legal para adoção deste benefício é de 40 salários-mínimos.

Nos termos do art. 138, parágrafo único, do CTN, não se considera espontânea a denúncia apresentada após o início de qualquer procedimento administrativo ou medida de fiscalização, relacionados com a infração. Assim, a sociedade empresária em questão não tem como se beneficiar da exclusão da responsabilidade por denúncia espontânea. Por essa razão, a alternativa "C" é a correta.

Gabarito "C".

(OAB/Exame XXXIV) Pequenos produtores rurais do interior do Estado Alfa vendem sua produção de leite para uma indústria de laticínios localizada no Município Beta, no mesmo Estado. Por determinação em lei do Estado Alfa,

fica atribuída a tal indústria a responsabilidade tributária pelo pagamento do ICMS vinculado ao fato gerador da etapa de circulação da mercadoria dos pequenos produtores rurais para a indústria (excluindo-se a responsabilidade dos contribuintes produtores rurais).

Diante desse cenário, assinale a afirmativa correta.

(A) A indústria é substituta tributária no âmbito de uma substituição tributária regressiva (substituição "para trás").

(B) A indústria é substituta tributária no âmbito de uma substituição tributária progressiva (substituição "para frente").

(C) A indústria realiza um fato gerador presumido.

(D) A indústria realiza um fato gerador fictício.

A: correta. A indústria recolhe o tributo que seria devido pelos produtores rurais na operação anterior, o que se denomina substituição tributária regressiva ou "para trás"; **B:** incorreta. A substituição "para frente" se dá quando o sujeito passivo recolhe o tributo antes da ocorrência do fato gerador, que seria devido por outro contribuinte em operação futura (como a indústria automobilística que recolhe o ICMS que seria devido pela concessionária de veículo na operação futura, quando da venda para o consumidor final) – art. 150, § 7º, da CF; **C** e **D:** incorretas, pois o fato gerador já ocorreu, no momento da venda do leite pelo produtor.

Gabarito "A".

(OAB/Exame XXXIV) José e João eram sócios da *Sociedade Empresária XYZ Ltda.* entre os anos de 2017 e 2019, cada um com 50% do capital social e poderes de administração.

Em janeiro de 2020, João se retira regularmente da sociedade, alienando suas cotas sociais para Joaquim, passando este a exercer a gestão juntamente com José. Em novembro de 2021 é ajuizada uma ação de execução fiscal contra a *Sociedade Empresarial XYZ Ltda.* para a cobrança de um crédito tributário relativo a fato gerador ocorrido no ano de 2018. No momento da citação, verifica-se que a empresa havia sido dissolvida irregularmente poucos meses antes, não possuindo mais bens.

O procurador responsável pela ação decide requerer o redirecionamento da execução fiscal.

Diante deste cenário e à Luz do CTN, assinale a afirmativa correta.

(A) Apenas José e João respondem solidariamente em caso de redirecionamento da execução fiscal por dissolução irregular da sociedade.

(B) Apenas José responderá pessoalmente em caso de redirecionamento da execução fiscal por dissolução irregular da sociedade.

(C) Apenas a *Sociedade Empresária XYZ Ltda.* responderá pela dívida tributária, não sendo possível o redirecionamento da execução fiscal por dissolução irregular da sociedade.

(D) Apenas José e Joaquim respondem pessoalmente em caso de redirecionamento da execução fiscal por dissolução irregular.

A responsabilidade dos gestores da empresa é excepcional, decorrente do ato ilegal de dissolução irregular – art. 135 do CTN. Assim, somente os gestores à época da dissolução irregular é que podem ser responsabilizados, no caso, apenas José e Joaquim. Veja o Tema repetitivo

9. DIREITO TRIBUTÁRIO

981 do STJ: "O redirecionamento da execução fiscal, quando fundado na dissolução irregular da pessoa jurídica executada ou na presunção de sua ocorrência, pode ser autorizado contra o sócio ou o terceiro não sócio, com poderes de administração na data em que configurada ou presumida a dissolução irregular, ainda que não tenha exercido poderes de gerência quando ocorrido o fato gerador do tributo não adimplido, conforme art. 135, III, do CTN." Por essa razão, a alternativa "D" é a correta.

Gabarito "D".

(OAB/Exame XXXIII – 2020.3) *Panificadora Pães Fofos Ltda.,* tendo como sócio- administrador José, alienou seu fundo de comércio à *Panificadora Flor de Lisboa Ltda.,* deixando de atuar comercialmente. Contudo, 9 meses após a alienação do fundo de comércio, a *Panificadora Pães Fofos Ltda.* alugou um novo ponto comercial e retornou às atividades de panificação.

Diante desse cenário, assinale a afirmativa correta.

(A) A *Panificadora Flor de Lisboa Ltda.* responde, integralmente, pelos tributos relativos ao fundo adquirido, devidos até à data do ato de aquisição.

(B) Ambas as panificadoras respondem, solidariamente, pelos tributos relativos ao fundo adquirido, devidos até à data do ato de aquisição.

(C) A *Panificadora Pães Fofos Ltda.* responde, subsidiariamente, pelos tributos relativos ao fundo adquirido, devidos até à data do ato de aquisição.

(D) A *Panificadora Pães Fofos Ltda.* e José, seu sócio-administrador, respondem, subsidiariamente, pelos tributos relativos ao fundo adquirido, devidos até à data do ato de aquisição.

A: correta, pois o adquirente do fundo de comércio ou estabelecimento, que prossegue na exploração da atividade empresarial do alienante, responde integralmente pelos débitos tributários deixados pelo alienante. A responsabilidade é integral, sendo subsidiária apenas se o alienante prosseguir na exploração da mesma ou de outra atividade comercial, industrial ou profissional, imediatamente ou em até seis meses contados da alienação – art. 133, I e II, do CTN; **B:** incorreta, pois, na terminologia do CTN, a responsabilidade do adquirente é integral, conforme comentário anterior; **C:** incorreta, pois, pela terminologia do CTN, é o adquirente que responde integralmente pelo débito, o que exclui a figura da subsidiariedade. De fato, a responsabilidade do adquirente é integral, e não simplesmente subsidiária, já que o alienante só retornou à mesma atividade empresarial após o prazo de seis meses contados da alienação – art. 133 do CTN. Vide, entretanto, nossa observação à primeira alternativa; **D:** incorreta, conforme comentário anterior. Ademais, a aquisição do fundo de comércio não implica, por si, responsabilidade do sócio administrador do alienante ou do adquirente. Obs.: se a questão tratasse da alienação judicial na falência ou na recuperação judicial, deveriam ser observadas as regras previstas nos parágrafos 1º e 2º do art. 133 do CTN. **LB**

Gabarito "A".

(OAB/Exame Unificado – 2019.1) Pedro tem três anos de idade e é proprietário de um apartamento. Em janeiro deste ano, o Fisco notificou Pedro para o pagamento do Imposto Predial e Territorial Urbano (IPTU), por meio do envio do carnê de cobrança ao seu endereço. Os pais de Pedro, recebendo a correspondência, decidiram não pagar o tributo, mesmo possuindo recursos suficientes para tanto.

Diante da impossibilidade de cumprimento da obrigação por Pedro, assinale a afirmativa correta.

(A) Os pais de Pedro devem pagar o tributo, na qualidade de substitutos tributários.

(B) O Fisco deverá aguardar Pedro completar 18 anos para iniciar o processo de execução da dívida.

(C) Os pais de Pedro responderão pelo pagamento do tributo, uma vez que são responsáveis tributários na condição de terceiros.

(D) O Fisco deve cobrar o tributo dos pais de Pedro, já que são contribuintes do IPTU.

A: incorreta, pois a responsabilidade dos pais, no caso, é por transferência, não por substituição. Responsabilidade por transferência é aquela que surge depois da ocorrência do fato gerador, por conta de um evento posterior que implica inclusão do terceiro (responsável, não contribuinte) para o polo passivo da obrigação tributária. Responsabilidade por substituição é aquela que surge com o fato gerador, ou seja, já na ocorrência do fato gerador e da obrigação tributária correspondente o terceiro (responsável, não contribuinte) ocupa o polo passivo dessa obrigação; **B:** incorreta, pois a capacidade tributária passiva (capacidade para ocupar o polo passivo da obrigação tributária) não tem qualquer relação com a capacidade civil – art. 126, I, do CTN; **C:** correta, conforme o art. 134, I, do CTN; **D:** incorreta, pois contribuinte é Pedro, pois ele é quem tem relação pessoal e direta com o fato gerador (Pedro é o proprietário e, portanto, o contribuinte do imposto sobre a propriedade) – art. 121, parágrafo único, I, do CTN.

Gabarito "C".

(OAB/Exame Unificado – 2018.3) A pessoa jurídica Sigma teve lavrado contra si um auto de infração. A atuação fiscal lhe impôs multa pela falta de exibição de notas fiscais durante um determinado período. Após ser citada em sede de execução fiscal, a pessoa jurídica Sigma alegou, em embargos à execução, que não apresentou as notas fiscais porque elas haviam sido furtadas por seu antigo gerente geral, que, com elas, praticara ilícito criminal, tendo sido, por isso, condenado na esfera penal por sonegação fiscal e furto daquelas notas.

Com base nessa narrativa, no que tange ao pagamento da multa tributária, assinale a afirmativa correta.

(A) A responsabilidade é pessoal do antigo gerente por ter cometido infração conceituada na lei como crime.

(B) A empresa deve arcar com o pagamento da multa, sendo possível, posteriormente, uma ação de regresso em face do antigo gerente geral.

(C) O antigo gerente não pode ser responsabilizado na esfera cível/tributária, por já ter sido condenado na esfera penal.

(D) O caso é de responsabilidade solidária, por ter a empresa nomeado o antigo gerente para cargo de tamanha confiança.

A: correta, nos termos do art. 137, I, do CTN; **B:** incorreta, pois quando há tipificação penal, a responsabilidade tributária por esse mesmo evento é pessoal do agente, nos termos do art. 137, I, do CTN; **C:** incorreta, conforme comentário anterior; **D:** incorreta, pois a responsabilidade pessoal do agente, prevista no art. 137, I, do CTN, implica afastamento da responsabilidade do contribuinte.

Gabarito "A".

(OAB/Exame Unificado – 2018.1) A pessoa jurídica XXX é devedora de Contribuição Social sobre o Lucro Líquido (CSLL), além de multa de ofício e de juros moratórios (taxa Selic), relativamente ao exercício de 2014.

O referido crédito tributário foi devidamente constituído por meio de lançamento de ofício, e sua exigibilidade se encontra suspensa por força de recurso administrativo. No ano de 2015, a pessoa jurídica XXX foi incorporada pela pessoa jurídica ZZZ.

Sobre a responsabilidade tributária da pessoa jurídica ZZZ, no tocante ao crédito tributário constituído contra XXX, assinale a afirmativa correta.

(A) A incorporadora ZZZ é responsável apenas pelo pagamento da CSLL e dos juros moratórios (taxa Selic).

(B) A incorporadora ZZZ é integralmente responsável tanto pelo pagamento da CSLL quanto pelo pagamento da multa e dos juros moratórios.

(C) A incorporadora ZZZ é responsável apenas pelo tributo, uma vez que, em razão da suspensão da exigibilidade, não é responsável pelo pagamento das multas e dos demais acréscimos legais.

(D) A incorporadora ZZZ é responsável apenas pela CSLL e pela multa, não sendo responsável pelo pagamento dos juros moratórios.

A: incorreta, pois a incorporadora é responsável por todo o crédito tributário, o que inclui o tributo, as penalidades pecuniárias e seus acréscimos (juros pela SELIC, no caso) – art. 132 do CTN e Súmula 554/STJ; **B:** correta, conforme comentário anterior; **C:** incorreta, pois a suspensão da exigibilidade não tem efeito sobre a responsabilidade tributária; **D:** incorreta, pois a responsabilidade abrange todo o crédito tributário, o que inclui os juros moratórios – art. 161 do CTN.
Gabarito "B".

(OAB/Exame Unificado – 2017.3) João e Maria celebraram entre si contrato de locação, sendo João o locador e proprietário do imóvel. No contrato, eles estipularam que a responsabilidade pelo pagamento do Imposto sobre a Propriedade Predial e Territorial Urbana (IPTU) do imóvel será de Maria, locatária.

Com base nessas informações, assinale a afirmativa correta.

(A) O contrato será ineficaz entre as partes, pois transferiu a obrigação de pagar o imposto para pessoa não prevista em lei.

(B) O contrato firmado entre particulares não poderá se opor ao fisco municipal, no que tange à alteração do sujeito passivo do tributo.

(C) O contrato é válido e eficaz, e, por consequência dele, a responsabilidade pelo pagamento do tributo se tornará solidária, podendo o fisco municipal cobrá-lo de João e/ou de Maria.

(D) No caso de o fisco municipal cobrar o tributo de João, ele não poderá ajuizar ação regressiva em face de Maria.

A: incorreta, pois, embora o acordo entre particulares não altere a sujeição passiva tributária (ou seja, é inoponível contra o fisco), gera obrigação entre as partes (ou seja, o locador poderá cobrar eventual débito da locatária no âmbito cível) – art. 123 do CTN; **B:** correta, conforme art. 123 do CTN; **C:** incorreta, pois somente a lei regula sujeição passiva – arts. 97, III, e 123 do CTN; **D:** incorreta, conforme comentários à primeira alternativa.
Gabarito "B".

(OAB/Exame Unificado – 2017.3) Considere que Luís é um andarilho civilmente capaz que não elegeu nenhum lugar como seu domicílio tributário, não tem domicílio civil, nem residência fixa, e não desempenha habitualmente atividades em endereço certo.

A partir da hipótese apresentada, de acordo com o Código Tributário Nacional e no silêncio de legislação específica, assinale a afirmativa correta.

(A) Luís nunca terá domicílio tributário.

(B) O domicílio tributário de Luís será o lugar da situação de seus bens ou da ocorrência do fato gerador.

(C) O domicílio tributário de Luís será, necessariamente, a sede da entidade tributante.

(D) O domicílio tributário de Luís será a residência de seus parentes mais próximos ou o lugar da situação dos bens de Luís.

A: incorreta, pois não existe essa possibilidade, já que o art. 127 do CTN traz regras subsidiárias para definição do domicílio tributário para todos os contribuintes ou responsáveis tributários; **B:** correta, nos termos do art. 127, § 1º, do CTN; **C:** incorreta, pois o local da sede da entidade tributante não é o fator determinante para definição do domicílio tributário, nos termos do art. 127 do CTN; **D:** incorreta, pois o local de residência de parentes do contribuinte ou do responsável tributário é irrelevante para a definição do domicílio tributário – art. 127 do CTN. [LB]
Gabarito "B".

(OAB/Exame Unificado – 2017.2) A pessoa jurídica XYZ, prestadora de serviços contábeis, é devedora de Imposto sobre a Renda Pessoa Jurídica (IRPJ), além de multa moratória e punitiva, dos anos-calendário de 2014 e 2015.

No ano de 2016, a pessoa jurídica XYZ foi incorporada pela pessoa jurídica ABC, também prestadora de serviços contábeis.

Sobre a responsabilidade tributária da pessoa jurídica ABC, assinale a afirmativa correta.

(A) Ela é responsável apenas pelo IRPJ devido, não sendo responsável pelo pagamento das multas moratória e punitiva.

(B) Ela é responsável integral, tanto pelo pagamento do IRPJ devido quanto pelas multas moratória e punitiva.

(C) Ela não é responsável pelo pagamento do IRPJ e das multas moratória e punitiva, uma vez que não praticou o fato gerador do tributo.

(D) Ela é responsável apenas pelo IRPJ e pela multa moratória, não sendo responsável pelo pagamento da multa punitiva.

A: incorreta, pois a responsabilidade tributária por sucessão da pessoa jurídica que incorpora outra abrange os tributos e as penalidades pecuniárias (multas moratórias e punitivas) – art. 132 c/c art. 129 do CTN, Súmula 554/STJ; **B:** correta, conforme comentário anterior; **C:** incorreta, pois há responsabilidade por sucessão – art. 132 do CTN; **D:** incorreta, pois a responsabilidade do art. 132 do CTN abrange todas as espécies de penalidades pecuniárias – Súmula 554/STJ.
Gabarito "B".

(OAB/Exame Unificado – 2015.2) A União ajuizou execução fiscal em face da pessoa jurídica XYZ Ltda., devedora de tributos federais. No curso da execução fiscal, a falência da pessoa jurídica foi decretada. Após requerimento da União, deferido pelo Juízo, Francisco, sócio da pessoa jurídica XYZ Ltda., é incluído no polo passivo da execução fiscal, em razão da decretação de falência. Sobre a hipótese, é possível afirmar que

(A) a decretação de falência autoriza o redirecionamento da execução fiscal para Francisco, por ser considerada hipótese de infração à lei, que enseja responsabilidade tributária.

(B) o fato de Francisco ser sócio da XYZ Ltda. acarreta, por si só, responsabilidade pessoal pelos créditos correspondentes a obrigações tributárias da pessoa jurídica.

(C) Francisco não poderia ser incluído no polo passivo, ainda que fosse administrador da XYZ Ltda. e tivesse encerrado ilegalmente as atividades da pessoa jurídica.

(D) Francisco não poderia, unicamente em razão da decretação de falência de XYZ Ltda., ser incluído no polo passivo da execução fiscal.

A: incorreta, pois a falência em si não implica ato ilegal do sócio, o que precisaria ser comprovado para aplicação do disposto no art. 135 do CTN; **B:** incorreta, conforme comentário anterior; **C:** incorreta, pois o encerramento ilegal das atividades da empresa implica violação da lei e responsabilidade do sócio, nos termos do art. 135 do CTN e da Súmula 435/STJ; **D:** correta, conforme comentários anteriores.
Gabarito "D"

(OAB/Exame Unificado – 2013.3) Pedro adquire imóvel de João, que o alugava anteriormente a uma sociedade empresária. Sobre esse imóvel estavam pendentes de pagamento os seguintes tributos: o IPTU, a Contribuição de Melhoria, a Taxa de Coleta Domiciliar de Lixo e a Taxa de Inspeção Sanitária devida pelo exercício do poder de polícia, em função da atividade ali desenvolvida.

Com relação à responsabilidade tributária, assinale a afirmativa correta.

(A) Pedro só se torna responsável tributário do IPTU, da Taxa de Coleta Domiciliar de Lixo e da Contribuição de Melhoria, permanecendo João como sujeito passivo da Taxa de Inspeção Sanitária.

(B) Pedro só se torna responsável tributário do IPTU e da Taxa de Coleta Domiciliar de Lixo, permanecendo João como sujeito passivo da Taxa de Inspeção Sanitária e da Contribuição de Melhoria.

(C) Pedro é o responsável tributário de todos os tributos, devido à sucessão imobiliária.

(D) João continua sendo o sujeito passivo de todos os tributos, muito embora o imóvel tenha sido adquirido por Pedro.

Nos termos do art. 130 do CTN, os créditos tributários relativos a impostos cujo fato gerador seja a propriedade, o domínio útil ou a posse de bens imóveis, e bem assim os relativos a taxas pela prestação de serviços referentes a tais bens, ou a contribuições de melhoria, sub-rogam-se na pessoa dos respectivos adquirentes. No caso, o IPTU é imposto relativo ao domínio do imóvel, a taxa se refere a serviço relacionado ao imóvel e a contribuição de melhoria a valorização imobiliária atinente ao mesmo bem, de modo que são os tributos cuja responsabilidade recai sobre o adquirente Pedro. A taxa de fiscalização, devida pelo exercício do poder de polícia, não está abrangida pelo art. 130 do CTN (somente a taxa devida pela prestação de serviço público, conforme a literalidade do artigo). Por essas razões, a alternativa "A" é a correta.
Gabarito "A"

(OAB/Exame Unificado – 2013.1) Três irmãos são donos de um imóvel, em proporções iguais. Em relação ao IPTU, cada irmão

(A) só pode ser cobrado pelo Fisco na razão de 33,33% do imposto.

(B) é devedor solidário em relação ao todo do imposto.

(C) é devedor na razão de 33,3% do imposto e responsável subsidiário pelo restante.

(D) não pode ser cobrado judicialmente pela parte de outro irmão que tenha recursos para pagá-la.

Os coproprietários de um imóvel têm interesse comum na propriedade, que é a situação que configura o fato gerador do IPTU, de modo que são solidariamente responsáveis pelo recolhimento, ou seja, o Fisco pode cobrar de qualquer um deles a totalidade do tributo – art. 124, I, do CTN. Por essa razão, a alternativa "B" é a correta.
Gabarito "B"

(OAB/Exame Unificado – 2012.1) Determinada pessoa física adquire de outra um estabelecimento comercial e segue na exploração de suas atividades, cessando ao vendedor toda a atividade empresarial. Nesse caso, em relação aos tributos devidos pelo estabelecimento comercial até a data da aquisição do referido negócio jurídico, o novo adquirente responde

(A) pela metade dos tributos.

(B) subsidiariamente pela integralidade dos tributos.

(C) integralmente por todos os tributos.

(D) solidariamente, com o antigo proprietário, por todos os tributos.

O adquirente de estabelecimento empresarial que segue na exploração da atividade torna-se responsável pelos créditos tributários inadimplidos deixados pelo alienante, na forma do art. 133, *caput*, do CTN. Essa responsabilidade do adquirente é: (i) integral, caso o alienante cesse a exploração de qualquer atividade empresarial, ou (ii) subsidiária, caso o alienante prossiga a exploração de qualquer atividade empresarial (ainda que em outro ramo) ou retorne à exploração de atividade empresarial dentro de 6 meses contados da alienação – art. 133, I e II, do CTN. No caso, como o vendedor do estabelecimento abandonou a atividade empresarial, o adquirente responde integralmente pelos débitos deixados, razão pela qual a alternativa "C" é a correta. Note que, embora do dispositivo legal refira-se a "tributos", a jurisprudência (Súmula 5554 do STJ) é pacífica no sentido de que a responsabilidade do art. 133 do CTN refere-se a todo o crédito tributário (tributo e penalidade pecuniária). Obs.: se a questão tratasse da alienação judicial na falência ou na recuperação judicial, deveriam ser observadas as regras previstas nos parágrafos 1° e 2° do art. 133 do CTN.
Gabarito "C"

(OAB/Exame Unificado – 2011.1) 55 A Empresa ABC Ltda. foi incorporada pela Empresa XYZ Ltda., em 15/06/2011, sendo que os sócios da empresa incorporada se aposentaram 7 (sete) dias após a data da realização do negócio jurídico. Em 30/06/2011, a Fiscalização da Secretaria da Receita Federal apurou crédito tributário, anterior à data da incorporação, resultante do não recolhimento de IRPJ, CSLL, entre outros tributos devidos da responsabilidade da Empresa ABC Ltda. Pelo exposto, o crédito tributário deverá ser cobrado

(A) da Empresa ABC Ltda.

(B) solidariamente da Empresa ABC Ltda. e da Empresa XYZ Ltda.

(C) dos sócios da Empresa ABC Ltda.

(D) da Empresa XYZ Ltda.

A e B: incorretas, pois a incorporada (ABC Ltda.) deixa de existir com a incorporação, de modo que o Fisco não cobrará dela o crédito tributário – art. 1.118 do CC; **C:** incorreta, pois a simples inadimplência não implica responsabilidade dos sócios – Súmula 430/STJ ("O inadimplemento da obrigação tributária pela sociedade não gera, por si só, a responsabilidade solidária do sócio-gerente"); **D:** correta, pois a incorporadora (XYZ Ltda.) responde pelos créditos tributários deixados pela incorporada (ABC Ltda.) – art. 132, *caput* c/c o art. 129 do CTN.
Gabarito "D".

(OAB/Exame Unificado – 2010.3) Determinada pessoa, havendo arrematado imóvel em leilão judicial ocorrido em processo de execução fiscal para a cobrança de Imposto Predial Urbano, vem a sofrer a exigência pelo saldo devedor da execução não coberto pelo preço da arrematação.

Essa exigência é

(A) legal, pois o valor pago pelo arrematante não foi suficiente para a cobertura da execução.

(B) legal, pois a arrematação não pode causar prejuízo ao Fisco.

(C) legal, pois o arrematante é sucessor do executado em relação ao imóvel, e em sua pessoa fiscal ficam sub-rogados os créditos dos tributos incidentes sobre o mesmo imóvel.

(D) ilegal, pois o crédito do exequente se sub-roga sobre o preço da arrematação, exonerando o arrematante quanto ao saldo devedor.

A arrematação de bem imóvel em hasta pública é espécie de aquisição originária, em que não há vínculo do arrematante (novo proprietário) com as dívidas tributárias anteriores relativas ao bem. Nos termos do art. 130, parágrafo único, do CTN, a sub-rogação ocorre sobre o respectivo preço, conforme consta da alternativa "D", que é a correta.
Gabarito "D".

(OAB/Exame Unificado – 2010.3) Na denúncia espontânea, o sujeito passivo tem direito à exclusão

(A) apenas dos juros.

(B) da multa e da correção monetária.

(C) apenas da multa.

(D) da multa e dos juros.

A responsabilidade é excluída pela denúncia espontânea da infração, acompanhada, se for o caso, do pagamento do tributo devido e dos juros de mora, ou do depósito da importância arbitrada pela autoridade administrativa, quando o montante do tributo dependa de apuração – art. 138 do CTN. Assim, o infrator fica exonerado apenas da multa (seja ela moratória ou punitiva), mas não dos juros e da correção monetária.
Gabarito "C".

(OAB/Exame Unificado – 2010.2) Mauro Ricardo decidiu não pagar o imposto de renda do último ano, pois sua esposa Ana, servidora pública, sofreu acidente de carro e foi declarada absolutamente incapaz, em virtude de traumatismo craniano gravíssimo.

Ocorre que a Receita Federal efetuou o lançamento e notificou Mauro, nos termos da lei, acerca do crédito tributário em aberto. Quando Mauro recebeu a notificação, ele se dirigiu à Receita e confessou a infração, prontificando-se a pagar, de imediato, o tributo devido, sem multa ou juros de mora.

A partir do exposto acima, assinale a afirmativa correta.

(A) A confissão de Mauro tem o condão de excluir a sua responsabilidade, sem a imposição de qualquer penalidade. Entretanto, ele deve pagar o tributo devido acrescido dos juros de mora.

(B) Mauro somente se apresentou à Receita após a notificação, o que exclui qualquer benefício oriundo da denúncia espontânea, devendo ele recolher o tributo devido, a penalidade imposta e os juros de mora.

(C) A incapacidade civil de Ana tem reflexo direto na sua capacidade tributária, o que significa dizer que, após a sentença judicial de interdição, Ana perdeu, igualmente, a sua capacidade tributária, estando livre de quaisquer obrigações perante o Fisco.

(D) Caso Mauro tivesse procedido com mera culpa, ou seja, se a sonegação tivesse ocorrido por mero esquecimento, ele poderia pagar somente o tributo e os juros de mora, excluindo o pagamento de multa.

A: incorreta, pois não há denúncia espontânea, já que a confissão ocorreu após o início do procedimento administrativo de lançamento e cobrança do tributo – art. 138, parágrafo único, do CTN. Haveria exclusão da responsabilidade pelas penalidades somente no caso de efetiva denúncia espontânea, ou seja, quando o pagamento é realizado antes de qualquer procedimento do Fisco em relação à infração. Por essa razão, Mauro Ricardo deve pagar o tributo acrescido de multas e juros; **B:** correta, conforme o comentário à alternativa "A"; **C:** incorreta, pois a capacidade tributária independe da capacidade civil – art. 126, I, do CTN; **D:** incorreta, pois, salvo disposição de lei em contrário, a responsabilidade por infrações da legislação tributária independe da intenção do agente ou do responsável e da efetividade, natureza e extensão dos efeitos do ato – art. 136 do CTN.
Gabarito "B".

(OAB/Exame Unificado – 2010.2) Pizza Aqui Ltda., empresa do ramo dos restaurantes, adquiriu o estabelecimento empresarial Pizza Já Ltda., continuando a exploração deste estabelecimento, porém sob razão social diferente – Pizza Aqui Ltda. Neste caso, é correto afirmar que:

(A) a Pizza Aqui responde solidariamente pelos tributos devidos pela Pizza Já, até a data do ato de aquisição do estabelecimento empresarial, se a Pizza Já cessar a exploração da atividade.

(B) caso a Pizza Já prossiga na exploração da mesma atividade dentro de 6 (seis) meses contados da data de alienação, a Pizza Aqui responde subsidiariamente pelos tributos devidos pela Pizza Já Ltda. até a data do ato de aquisição do estabelecimento.

(C) caso a Pizza Já mude de ramo de comércio dentro de 6 (seis) meses contados da data de alienação, então a Pizza Aqui será integralmente responsável pelos tributos devidos pela Pizza Já até a data do ato de aquisição desta.

(D) caso o negócio jurídico não fosse a aquisição, mas a incorporação da Pizza Já pela Pizza Aqui, esta última estaria isenta de qualquer responsabilidade referente aos tributos devidos pela Pizza Já até a data da incorporação.

A: assertiva incorreta, pois se o alienante (Pizza Já Ltda.) cessar a exploração de atividade empresarial, o adquirente do estabelecimento (Pizza Aqui Ltda.) responde **integralmente** pelos débitos tributários anteriores – art. 133, I, do CTN. Perceba que o CTN utiliza o termo "integralmente" e não "solidariamente"; **B:** correta, pois reflete precisamente o disposto no art. 133, II, do CTN; **C:** incorreta, pois a responsabilidade

9. DIREITO TRIBUTÁRIO

subsidiária (não integral) do adquirente do estabelecimento (Pizza Aqui Ltda.) ocorre quando o alienante (Pizza Já Ltda.) prossegue na atividade empresarial, ainda que em outro ramo de comércio, indústria ou profissão, no prazo de 6 meses contados da alienação – art. 133, II, do CTN; **D:** incorreta, pois, em caso de incorporação, a sociedade resultante (Pizza Aqui Ltda.) responde por todos os débitos tributários da incorporada (Pizza Já Ltda.) – art. 132 do CTN.

Obs.: se a questão tratasse da alienação judicial na falência ou na recuperação judicial, deveriam ser observadas as regras previstas nos parágrafos 1º e 2º do art. 133 do CTN. ⬛
Gabarito "B".

(OAB/Exame Unificado – 2009.3) Determinado contribuinte, notificado pelo Fisco local a comprovar, por meio de documentos e notas fiscais relativos a um período, a regularidade fiscal das operações por ele praticadas, resolveu procurar o Fisco, declarar que estava em débito e realizar o pagamento dos tributos objeto de fiscalização com juros de mora. Na situação hipotética apresentada, o referido contribuinte

(A) faz jus ao benefício da espontaneidade, mas poderá ser cobrado em relação ao descumprimento da legislação tributária.

(B) não faz jus ao benefício da espontaneidade, por isso poderá ser autuado e ter de pagar pelas penalidades cabíveis.

(C) não poderá ser autuado pelo Fisco posteriormente, visto que já realizou o pagamento de tributos devidos e dos juros de mora.

(D) tem direito ao benefício da espontaneidade, portanto, não será responsabilizado pelas penalidades cabíveis.

A partir da notificação do Fisco, não há mais espontaneidade em relação ao tributo respectivo (tributo a que se refere a notificação). Nesse caso, o contribuinte deverá recolher todo o valor devido, incluindo as penalidades pecuniárias (multas moratórias e compensatórias), além dos juros e correção monetária – art. 138, parágrafo único, do CTN. **A** e **D:** incorretas, pois não faz jus ao benefício; **B:** correta, conforme comentários iniciais; **C:** incorreta, pois, inexistindo espontaneidade, o Fisco poderá lançar e cobrar a multa que não foi recolhida pelo contribuinte.
Gabarito "B".

(OAB/Exame Unificado – 2009.2) Em 2007, João adquiriu de Antônio a propriedade de um imóvel urbano e está sendo cobrado pelo não pagamento da taxa de coleta residencial de resíduos sólidos relativa ao ano de 2006, referente ao imóvel. Nessa situação hipotética, João

(A) somente será responsável pelo pagamento da taxa se, no título de transmissão da propriedade, não constar prova de seu pagamento.

(B) será responsável pelo pagamento da taxa em qualquer hipótese, pois o crédito tributário sub-roga-se automaticamente na pessoa do adquirente do imóvel.

(C) não poderá ser responsabilizado pelo pagamento da taxa, visto que a aquisição do imóvel ocorreu em momento posterior ao seu fato gerador.

(D) somente será responsável pelo pagamento da taxa se essa obrigação constar do título de transmissão da propriedade.

Em princípio, os tributos relacionados ao imóvel (IPTU, ITR, ITBI, taxas de serviços referentes ao bem) podem ser cobrados do adquirente, que é responsável nos termos do art. 130 do CTN, exceto se constar, no título translativo (escritura), prova do pagamento (registro da certidão negativa de débitos). **A:** correta, admitindo-se que a coleta de

lixo possa ser considerada serviço referente ao imóvel; **B:** incorreta, pois existe a possibilidade de o adquirente do imóvel se exonerar da responsabilidade, desde que tome a cautela de conseguir certidão negativa de débitos e fazer constar da escritura; **C** e **D:** incorretas, pois o adquirente responde pelos débitos tributários relacionados com o bem, conforme comentário inicial.
Gabarito "A".

(OAB/Exame Unificado – 2009.1) Duas pessoas físicas, maiores e capazes, celebram contrato de locação de imóvel residencial no qual é estipulado que a responsabilidade pelo pagamento do imposto sobre a renda incidente sobre o aluguel será do locatário, que o descontará do valor pago pela locação. Considerando essa situação hipotética, assinale a opção correta.

(A) O contrato é absolutamente ineficaz e inválido, por transferir a outra pessoa, que não a legalmente responsável, a obrigação pelo pagamento de imposto.

(B) O contrato é válido, e a responsabilidade tributária, no caso, passa a ser solidária, podendo a Fazenda Pública exigir o imposto de qualquer das partes contratantes.

(C) O contrato é válido e produz efeitos entre as partes, mas é ineficaz perante a Fazenda Pública, pois as convenções particulares, salvo disposições de lei em contrário, não podem definir a responsabilidade pelo pagamento de tributo de modo diverso do previsto na lei tributária.

(D) O contrato é válido e eficaz até mesmo perante a Fazenda Pública, pois o imposto de renda admite a retenção na fonte, havendo transferência da responsabilidade tributária para quem efetua o pagamento.

A: incorreta, pois o contrato é válido e produz efeito entre as partes, embora não possa ser oposto ao Fisco para modificar a sujeição passiva tributária – art. 123 do CTN. Veja a Súmula 614/STJ: "O locatário não possui legitimidade ativa para discutir a relação jurídico-tributária de IPTU e de taxas referentes ao imóvel alugado nem para repetir indébito desses tributos"; **B** e **D:** incorretas, pois o sujeito passivo é definido exclusivamente pela lei, sendo irrelevante, nesse sentido, o acordo entre particulares – art. 121 do CTN; **C:** correta, nos termos do art. 123 do CTN.
Gabarito "C".

(OAB/Exame Unificado – 2009.1) AB Alimentos Ltda. adquiriu, em 5/1/2009, o estabelecimento empresarial da CD Laticínios Ltda. e continuou a exploração da respectiva atividade, sob outra razão social. Nessa situação hipotética, a responsabilidade pelo pagamento de tributos relativos ao estabelecimento empresarial, devidos até 5/1/2009, é

(A) integralmente de AB Alimentos Ltda., em qualquer hipótese.

(B) integralmente de AB Alimentos Ltda., se CD Laticínios Ltda. continuar a exploração da respectiva atividade econômica.

(C) solidária, entre AB Alimentos Ltda. e CD Laticínios Ltda., em qualquer hipótese.

(D) subsidiária, de AB Alimentos Ltda. com CD Laticínios Ltda., se a alienante prosseguir na exploração da atividade econômica ou iniciar nova atividade dentro de 6 (seis) meses, a contar da data da alienação.

Se alguém adquire o estabelecimento empresarial e continua a exploração da atividade econômica, passa a responder pelos débitos tributários relacionados a ela, deixados pelo alienante. Essa responsabilidade será:

integral, caso o alienante abandone a atividade empresarial (inc. I, art. 133 do CTN), ou apenas subsidiária, caso o alienante continue em alguma atividade empresarial (ainda que em outro ramo), ou inicie outra atividade empresarial dentro de 6 (seis) meses contados da alienação (inc. II) – art. 133, do CTN. **A:** incorreta, pois a responsabilidade pode ser apenas subsidiária; **B:** incorreta, pois, nesse caso, a responsabilidade do adquirente é subsidiária; **C:** incorreta, pois a responsabilidade do adquirente pode ser integral ou subsidiária (art. 133, I e II, do CTN), e não solidária; **D:** correta, conforme comentário inicial. Obs.: se a questão tratasse da alienação judicial na falência ou na recuperação judicial, deveriam ser observadas as regras previstas nos parágrafos 1º e 2º do art. 133 do CTN. **LB**
„D". Gabarito

(FGV – 2011) Flávia, Telma e Beatriz constituíram a sociedade Trio Maravilha Ltda. para operar no ramo de prestação de serviços de beleza, mas se abstiveram de inscrever o contrato social no registro competente. Mesmo assim, começaram a vender seus produtos na praça, sem o recolhimento do ISS. Diante dessa situação fática, é possível afirmar que

(A) em matéria tributária, assim como em matéria cível, a solidariedade passiva pode ocorrer em virtude de lei ou de acordo de vontades.

(B) caso o Fisco exigisse o pagamento integral da dívida somente de Beatriz, a sócia com menor patrimônio, esta poderia invocar o benefício de ordem para redirecionar a cobrança para Flávia, detentora da maioria das quotas da sociedade.

(C) caso Telma fosse beneficiada com isenção pessoal concedida pelo Fisco, esta seria extensível às demais sócias, por força da solidariedade tributária legal.

(D) se Flávia fosse citada em execução fiscal, a interrupção da prescrição atingiria todas as sócias da empresa.

(E) o eventual pagamento total do tributo devido por Telma não aproveitaria nem a Flávia nem a Beatriz, caso o contrato social assim determinasse.

A: incorreta, pois, diferentemente do que ocorre no âmbito privado, a solidariedade tributária jamais decorre de acordo de vontades – arts. 123 e 124, II, do CTN. Ressalte-se que a sujeição passiva tributária independe de ter sido efetuada a inscrição do contrato social no registro competente (art. 126, III, do CTN); **B:** incorreta, pois a solidariedade tributária não comporta benefício de ordem – art. 124, parágrafo único, do CTN; **C:** incorreta, pois a isenção ou a remissão concedida pessoalmente a um dos obrigados não aproveita aos demais, cuja solidariedade subsiste em relação ao saldo – art. 125, II, do CTN; **D:** correta, pois a interrupção da prescrição em favor ou contra um dos obrigados favorece ou prejudica os demais – art. 125, III, do CTN; **E:** incorreta, pois o pagamento realizado por um dos obrigados solidários aproveita aos demais, sendo irrelevante eventual disposição contratual em contrário, que não pode ser oposta contra o Fisco – arts. 125, I, e 123 do CTN. **LB**
„D". Gabarito

(FGV – 2010) O parágrafo 7º do artigo 150 da Constituição Federal, ao prever que *"a lei poderá atribuir a sujeito passivo de obrigação tributária a condição de responsável pelo pagamento de imposto ou contribuição, cujo fato gerador deva ocorrer posteriormente, assegurada a imediata e preferencial restituição da quantia paga, caso não se realize o fato gerador presumido"*, acabou instituindo o que a doutrina denomina *"substituição tributária para frente"*. Em relação a esse instituto, examine as afirmativas a seguir.

I. Denomina-se substituto tributário aquele sujeito em nome de quem é feito o recolhimento antecipado e que deverá promover a operação futura.

II. Em que pese o fato de a substituição tributária para frente viabilizar a tributação antes mesmo da ocorrência do fato gerador, razão pela qual sofreu severas críticas doutrinárias, o Supremo Tribunal Federal declarou a constitucionalidade dessa sistemática de instituição e cobrança de tributos.

III. De acordo com a jurisprudência pacífica do STF, caso o evento futuro não ocorra, ou ocorra com base de cálculo menor do que aquela sobre a qual foi feita a antecipação do recolhimento, é necessária a imediata e preferencial restituição do excesso recolhido.

Assinale:

(A) se somente as afirmativas I e II forem verdadeiras.

(B) se todas as afirmativas forem verdadeiras.

(C) se somente as afirmativas I e III forem verdadeiras.

(D) se somente a afirmativa III for verdadeira.

(E) se somente a afirmativa II for verdadeira.

I: incorreta, pois a assertiva descreve o substituído. Substituto, na substituição tributária "para frente" ou prospectiva, é quem efetivamente recolhe o tributo relativo à operação a ser realizada por outro; **II:** correta, pois o STF ratificou a validade do instituto mesmo antes da inclusão do § 7º ao art. 150 da CF; **III:** ATENÇÃO. Essa assertiva era incorreta, à luz da jurisprudência dominante quando desse concurso público. À época, o STF entedia que a substituição tributária para frente gerava presunção absoluta, de forma que, se ocorrida a operação, independente do valor, não haveria direito à restituição, assim como não haveria dever de complementação (STF, RE 266.602-5/MG, Pleno, j. 14.09.2006, rel. Min. Ellen Gracie, *DJ* 02.02.2007). Ocorre que em outubro de 2016 o Pleno do STF modificou esse entendimento, fixando nova tese no RE 593.849/MG em repercussão geral, reconhecendo o direito à restituição também no caso de o fato gerador ocorrer por valor inferior ao presumido e que servira de base de cálculo para o tributo recolhido na sistemática de substituição tributária "para frente". **LB**
„E". Gabarito

(FGV – 2010) Assinale a alternativa correta.

(A) A capacidade tributária passiva depende da capacidade civil das pessoas naturais.

(B) Na falta de eleição, pelo contribuinte ou responsável, de domicílio tributário, na forma da legislação aplicável, considera-se como tal o local em que tenha ocorrido o fato gerador do tributo.

(C) O sujeito passivo da obrigação principal diz-se responsável quando tenha relação pessoal e direta com a situação que constitua o respectivo fato gerador.

(D) Havendo solidariedade tributária, e salvo disposição de lei em contrário, a isenção do crédito exonera a todos os obrigados, salvo se outorgada pessoalmente a um deles, subsistindo, nesse caso, a solidariedade quanto aos demais pelo saldo do tributo.

(E) O Código Tributário Nacional veda expressamente a possibilidade de que as convenções particulares relativas à responsabilidade pelo pagamento de tributos possam ser opostas à Fazenda Pública para modificar a definição legal do sujeito passivo das obrigações tributárias.

A: incorreta, pois a capacidade tributária passiva independe da capacidade civil – art. 126, I, do CTN; **B:** incorreta, já que a adoção do local do fato gerador, como critério para identificação do domicílio, ocorre

9. DIREITO TRIBUTÁRIO 659

apenas se não forem aplicáveis as regras dos incisos I a III do art. 127 do CTN; **C:** incorreta, pois a assertiva descreve o contribuinte, não o responsável tributário – art. 121, parágrafo único, I, do CTN; **D:** correta, pois reflete o disposto no art. 125, II, do CTN; **E:** incorreta, já que o art. 123 do CTN ressalva a possibilidade de disposição de lei em contrário. **LB**

Gabarito "D".

(FGV – 2010) Analise as afirmativas a seguir:

I. Nos termos expressos do artigo 138 do Código Tributário Nacional, a responsabilidade por infrações é excluída pela denúncia espontânea da infração acompanhada do pagamento do tributo devido e dos juros de mora. Por esse motivo, a autoridade administrativa que proceder ou presidir a quaisquer diligências de fiscalização lavrará os termos necessários para que se documente o início do procedimento, sempre que possível, em um dos livros fiscais exibidos ou, quando necessário, em separado, quando entregará, à pessoa sujeita à fiscalização, cópia autenticada do documento.

II. Inexiste, no ordenamento jurídico brasileiro, hipóteses de recuperação da espontaneidade, consubstanciada na possibilidade de reaquisição do direito de pagamento do tributo sem as penalidades cabíveis, caso transcorrido um determinado prazo entre o início do procedimento de fiscalização e um dado ato expresso, por parte do Fisco, que caracterize o prosseguimento dos trabalhos.

III. Estão sujeitos à fiscalização tributária ou previdenciária quaisquer livros comerciais, limitado o exame aos pontos objeto da investigação.

Assinale:

(A) se todas as afirmativas estiverem corretas.

(B) se somente a afirmativa II estiver correta.

(C) se somente as afirmativas I e II estiverem corretas.

(D) se somente as afirmativas II e III estiverem corretas.

(E) se somente as afirmativas I e III estiverem corretas.

I: correta, muito embora a lavratura do termo de início da fiscalização não sirva exclusivamente para fixar os limites temporais da denúncia espontânea – arts. 138 e 196 do CTN; **II:** embora essa recuperação da espontaneidade não esteja prevista no CTN, nada impede que a legislação específica do ente tributante normatize a situação, o que torna a assertiva incorreta; **III:** correta, conforme o art. 195 do CTN e Súmula 439/STF ("Estão sujeitos à fiscalização tributária ou previdenciária quaisquer livros comerciais, limitado o exame aos pontos objeto da investigação"). **LB**

Gabarito "E".

(FGV – 2010) Assinale a afirmativa incorreta.

(A) A solidariedade tributária instaura-se entre os sujeitos que tenham interesse comum na situação que constitua o fato gerador da obrigação principal e, nesta hipótese, não comporta benefício de ordem.

(B) A capacidade tributária passiva independe de achar--se a pessoa natural sujeita a medidas que importem privação ou limitação do exercício de atividades civis, comerciais ou profissionais, ou da administração direta de seus bens ou negócios.

(C) A denúncia espontânea, formulada antes da notificação do lançamento ao sujeito passivo, exclui a responsabilidade por infrações à legislação tributária, desde que acompanhada do pagamento do tributo devido e dos juros de mora ou do depósito da importância arbitrada pela autoridade administrativa.

(D) O sujeito passivo é denominado contribuinte quando tem relação pessoal e direta com a situação que constitua o respectivo fato gerador.

(E) O sujeito passivo da obrigação acessória é a pessoa obrigada à prática ou abstenção de ato que não configure obrigação principal.

A: correta, pois se refere à chamada solidariedade natural – art. 124, I, do CTN. Importante lembrar que há também a solidariedade legal (fixada por lei específica), que tampouco admite benefício de ordem – art. 124, II e parágrafo único, do CTN; **B:** correta, pois reflete o disposto no art. 126, II, do CTN; **C:** incorreta, devendo ser assinalada, já que a denúncia espontânea existe, apenas, antes do início de qualquer procedimento administrativo ou medida de fiscalização relacionado com a infração (e não antes do lançamento, como consta da assertiva) – art. 138, parágrafo único, do CTN; **D:** correta, pois é a definição de contribuinte, nos termos do art. 121, parágrafo único, I, do CTN; **E:** assertiva correta, nos termos do art. 122 c/c art. 113, § 2º, ambos do CTN.

Gabarito "C".

(FGV – 2010) Assinale a alternativa correta.

(A) De acordo com o artigo 121, parágrafo único, CTN, o sujeito passivo da obrigação principal diz-se contribuinte, quando tenha relação pessoal e direta com a situação que constitua o respectivo fato gerador e responsável, quando, sem revestir a condição de contribuinte, sua obrigação decorra de disposição de lei, decreto ou instrução normativa da autoridade fazendária.

(B) Quanto à solidariedade, podemos afirmar que o direito tributário brasileiro consagra a regra segundo a qual são solidariamente obrigadas as pessoas que tenham interesse comum na situação que constitua o fato gerador da obrigação principal e as pessoas expressamente designadas por lei, sendo que a solidariedade comporta, de acordo com o CTN, em determinadas situações, benefício de ordem.

(C) Nos termos do art. 125, CTN, e salvo disposição de lei em contrário, os efeitos da solidariedade consistem em que o pagamento efetuado por um dos obrigados aproveita aos demais, a isenção ou remissão de crédito, exonera todos os obrigados, sem exceções, e a interrupção da prescrição, em favor ou contra um dos obrigados, favorece ou prejudica aos demais.

(D) Da leitura do art. 120, CTN, podemos afirmar que, salvo disposição de lei em contrário, a pessoa jurídica de direito público, que se constituir pela fusão de duas outras, sub-roga-se nos direitos da mais populosa das duas, até que o Poder Legislativo estadual aprove um corpo normativo novo para nova pessoa jurídica.

(E) No que concerne à definição legal do fato gerador, podemos afirmar que o CTN consagra o princípio "pecunia non olet", no sentido de que a mesma é interpretada abstraindo-se da validade jurídica dos atos efetivamente praticados pelos contribuintes, responsáveis, ou terceiros, bem como da natureza do seu objeto ou dos seus efeitos e dos efeitos dos fatos efetivamente ocorridos.

A: o sujeito passivo tributário pode ser contribuinte ou responsável. Em qualquer hipótese, trata-se de matéria reservada à lei – arts. 97,

III, *in fine*, e 121, parágrafo único, do CTN. A assertiva é incorreta, pois afirma que a responsabilidade pode decorrer de decreto ou instrução normativa; **B:** a solidariedade tributária não admite benefício de ordem, razão pela qual a assertiva é incorreta – art. 124, parágrafo único, do CTN; **C:** incorreta, pois a exoneração dos obrigados em caso de isenção ou remissão comporta exceção, no caso de ser outorgada pessoalmente a um deles, conforme disposto no art. 125, II, do CTN; **D:** não é isso, até porque o art. 120 do CTN não trata de fusão, mas sim de desmembramento territorial. O dispositivo consigna que, salvo disposição de lei em contrário, a pessoa jurídica de direito público, que se constituir pelo desmembramento territorial de outra, sub-roga-se nos direitos desta, cuja legislação tributária aplicará até que entre em vigor a sua própria; **E:** correta, em conformidade com o disposto no art. 118 do CTN.
Gabarito "E".

(FGV – 2010) Assinale a alternativa correta.

(A) No que se refere ao domicílio tributário, podemos afirmar, conforme dispõe o Código Tributário Nacional, que considera-se como tal, em qualquer situação, quanto às pessoas jurídicas de direito privado ou às firmas individuais, o lugar da sua sede, ou, em relação aos atos ou fatos que derem origem à obrigação, o de cada estabelecimento.

(B) A autoridade administrativa pode recusar o domicílio eleito, quando impossibilite ou dificulte a arrecadação ou a fiscalização do tributo, aplicando-se então a regra segundo a qual o sujeito passivo deverá indicar novo domicílio diverso do primeiro que fora antes indicado.

(C) A capacidade tributária passiva independe de achar-se a pessoa natural sujeita a medidas que importem privação ou limitação do exercício de atividades civis, comerciais ou profissionais, ou da administração direta de seus bens ou negócios, bem como de estar a pessoa jurídica regularmente constituída, bastando que configure uma unidade econômica ou profissional.

(D) O domicílio tributário será sempre, para todos os efeitos, a residência habitual do contribuinte pessoa física, ou, sendo esta incerta ou desconhecida, o centro habitual de sua atividade e quanto às pessoas jurídicas de direito público, qualquer de suas repartições no território da entidade tributante.

(E) O CTN consagra a regra segundo a qual, salvo disposição de lei em contrário, os atos ou negócios jurídicos condicionais reputam-se perfeitos e acabados, sendo resolutória a condição, desde o momento de seu implemento e, sendo suspensiva a condição, desde o momento da prática do ato ou da celebração do negócio.

A e D: incorretas, pois, em regra, o domicílio tributário é eleito pelo sujeito passivo. Somente em caso de omissão ou recusa do domicílio eleito aplicam-se as regras do art. 127 do CTN; **B:** Em caso de recusa do domicílio eleito, não há nova chance para o sujeito passivo eleger outro. O Fisco, nos termos do art. 127, § 2°, c/c § 1° do CTN, considerará como domicílio tributário o lugar da situação dos bens ou da ocorrência dos atos ou fatos que deram origem à obrigação; **C:** correta, refletindo o disposto no art. 126 do CTN; **E:** as regras estão invertidas. Em caso de condição resolutiva (ou resolutória), considera-se ocorrido o fato gerador desde o momento da prática do ato ou da celebração do negócio. No caso de condição suspensiva, considera-se ocorrido o fato gerador desde o momento do implemento da condição – art. 117 do CTN.
Gabarito "C".

(FGV – 2010) Assinale a alternativa correta.

(A) No que concerne à responsabilidade de sucessores, é correto afirmar que o disposto no CTN aplica-se por igual aos créditos tributários definitivamente constituídos ou em curso de constituição à data dos atos nela referidos, e aos constituídos posteriormente aos mesmos atos, mesmo que relativos a obrigações tributárias surgidas posteriormente àquela data.

(B) Os créditos tributários relativos a impostos cujo fato gerador seja a propriedade, o domínio útil ou a posse de bens imóveis, e bem assim os relativos a taxas pela prestação de serviços referentes a tais bens, ou a contribuições de melhoria, sub-rogam-se na pessoa dos respectivos adquirentes, desde que conste do título a prova de sua quitação.

(C) São pessoalmente responsáveis o adquirente pelos tributos relativos aos bens adquiridos, salvo o remitente, que não é responsável pelos tributos relativos aos bens remidos, bem como o sucessor a qualquer título e o cônjuge meeiro, pelos tributos devidos pelo *de cujus* até a data da partilha ou adjudicação, limitada esta responsabilidade ao montante do quinhão ou da meação.

(D) A lei pode atribuir de modo expresso a responsabilidade pelo crédito tributário a terceira pessoa, vinculada ao fato gerador da respectiva obrigação, excluindo a responsabilidade do contribuinte ou atribuindo-a a este em caráter supletivo do cumprimento total ou parcial da referida obrigação, sem prejuízo do que dispuser o CTN.

(E) A pessoa jurídica de direito privado que resultar de fusão ou transformação de outra ou em outra é responsável pelos tributos devidos até a data do ato pelas pessoas jurídicas de direito privado fusionadas, transformadas, salvo o caso de incorporação, situação em que não se aplica a regra do artigo 132, CTN.

A: incorreta, pois, no caso de constituição do crédito (lançamento) posterior aos atos definidos no CTN como ensejadores da responsabilidade por sucessão, ela (a responsabilidade) refere-se apenas às obrigações surgidas até a data desses atos (e nunca em relação às obrigações posteriores a essa data, como consta da assertiva) – art. 129 do CTN; **B:** incorreta, pois se constar do título translativo a prova da quitação desses tributos, não há responsabilidade do adquirente – art. 130, *caput*, *in fine*, do CTN; **C:** incorreta, pois o remitente também poderá ser responsável tributário, nos termos do art. 131, I, do CTN; **D:** correta, refletindo o disposto no art. 128 do CTN; **E:** a incorporação também dá ensejo à responsabilidade do art. 132 do CTN, razão pela qual esta assertiva é incorreta.
Gabarito "D".

(FGV – 2010) Assinale a alternativa correta.

(A) Conforme o art. 135, CTN, são pessoalmente responsáveis pelos créditos correspondentes a obrigações tributárias resultantes de atos praticados com excesso de poderes ou infração de lei, contrato social ou estatutos, as pessoas referidas no artigo 134, os mandatários, prepostos e empregados e os diretores, gerentes ou representantes de pessoas jurídicas de direito privado.

(B) A pessoa jurídica de direito privado que adquirir de outra, por qualquer título, fundo de comércio ou estabelecimento comercial, industrial ou profissio-

9. DIREITO TRIBUTÁRIO

nal, e continuar a respectiva exploração, responde pelos tributos, relativos ao fundo ou estabelecimento adquirido, devidos até a data do ato, integralmente ou subsidiariamente, se o alienante cessar a exploração do comércio, indústria ou atividade.

(C) Em caso de extinção de pessoas jurídicas de direito privado, quando a exploração da respectiva atividade seja continuada por qualquer sócio remanescente, ou seu espólio, os mesmos serão responsáveis pelos tributos devidos até a data da extinção se a exploração persistir unicamente sob a mesma razão social.

(D) Se for difícil exigir o cumprimento da obrigação principal pelo contribuinte, os pais, tutores e curadores respondem solidariamente com seus filhos menores, tutelados ou curatelados, nos atos em que intervierem ou pelas omissões de que forem responsáveis, exceto os administradores de bens de terceiros, em relação aos tributos devidos por estes.

(E) Da leitura do artigo 136, CTN, é correto afirmar que, salvo disposição de lei em contrário, a responsabilidade por infrações da legislação tributária depende sempre da intenção do agente ou do responsável e da efetividade, natureza e extensão dos efeitos do ato.

A: a assertiva descreve corretamente o disposto no art. 135 do CTN; **B:** incorreta, pois caso o alienante cesse a exploração do comércio, indústria ou atividade, não retornando dentro de 6 (seis) meses, a responsabilidade do adquirente é integral (e não subsidiária) – art. 133, I, do CTN; **C:** incorreta, pois o fato de a exploração persistir unicamente sob a mesma razão social é irrelevante para configurar a responsabilidade do art. 132, parágrafo único, do CTN; **D:** há dois erros na assertiva. A responsabilidade do art. 134 do CTN ocorre apenas quando for impossível a exigência do cumprimento da obrigação principal pelo contribuinte (e não simplesmente quando for difícil). Ademais, os administradores de bens de terceiros também se sujeitam a essa norma – art. 134, III, do CTN. Ressalte-se ainda que apesar da literalidade do dispositivo falar em solidariedade, trata-se. na verdade, de responsabilidade subsidiária, considerando que somente sendo impossível exigir a obrigação tributária do contribuinte, serão acionados os responsáveis, nas hipóteses descritas no dispositivo (STJ) **E:** é o oposto, pois salvo disposição de lei em contrário, a responsabilidade por infrações da legislação tributária **independe** da intenção do agente ou do responsável e da efetividade, natureza e extensão dos efeitos do ato, nos termos do art. 136 do CTN. 🔲
Gabarito "A".

10. SUSPENSÃO, EXTINÇÃO E EXCLUSÃO DO CRÉDITO

(OAB/Exame XXXVIII) A *Sociedade Empresária Aguardente 100% Ltda.*, fabricante de bebidas destiladas, por meio de sua advogada Sophia, protocolou perante a Secretaria Especial da Receita Federal do Brasil, ainda dentro do prazo legal para pagamento, consulta referente à necessidade de recolhimento de Imposto sobre Produtos Industrializados (IPI) acerca de operação específica por ela desempenhada.

Escoado o prazo original para pagamento e ainda não decidida a consulta, à luz do Código Tributário Nacional (CTN) assinale a afirmativa correta.

(A) *Aguardente 100%* Ltda. poderá ter cobrados contra si juros de mora que correm mesmo na pendência da consulta tributária.

(B) Por ocasião da decisão final da consulta, o Fisco federal poderá impor multa tributária caso a solução de consulta seja contrária aos interesses de *Aguardente 100% Ltda.*

(C) A obrigação tributária a ser cumprida por *Aguardente 100% Ltda.*, por ter sido objeto de consulta, não poderá ser acrescida de juros de mora e nem poderá ser imposta multa tributária à empresa.

(D) Podem ser aplicadas contra *Aguardente 100% Ltda.* medidas de garantia previstas no CTN ou em lei tributária na pendência da consulta tributária.

A e B: incorretas, pois juros de mora e penalidades não são aplicados na pendência de consulta formulada pelo devedor dentro do prazo legal para pagamento do crédito tributário – art. 161, § 2º, do CTN; **C:** correta, conforme comentário anterior – art. 161, § 2º, do CTN; **D:** incorreta, pois medidas de garantia previstas no CTN ou em lei tributária não são aplicadas na pendência de consulta formulada pelo devedor dentro do prazo legal para pagamento do crédito tributário – art. 161, § 2º, do CTN. 🔲
Gabarito "C".

(OAB/Exame XXXIII – 2020.3) Lei municipal específica instituiu contribuição de melhoria para custeio de pavimentação asfáltica integralmente custeada pelo ente público na Rua ABC, localizada no Município X. Finalizada a obra e seguido o devido procedimento previsto na legislação para cálculo e cobrança deste tributo, Lucas, proprietário de imóvel substancialmente valorizado em decorrência da obra, recebeu notificação, em 01/06/2021, para pagamento do tributo até 30/06/2021. Contudo, nem pagou nem impugnou o débito tributário.

Diante desse cenário, assinale a afirmativa correta.

(A) O prazo decadencial para constituição deste crédito tributário se encerra em cinco anos contados a partir da data de 01/06/2021.

(B) O prazo decadencial para constituição deste crédito tributário se encerra em cinco anos contados a partir da data de 30/06/2021.

(C) O prazo prescricional para cobrança deste crédito tributário se encerra em cinco anos contados a partir da data de 01/06/2021.

(D) O prazo prescricional para cobrança deste crédito tributário se encerra em cinco anos contados a partir da data de 30/06/2021.

A e B: incorretas, pois o crédito já foi constituído, o que é pressuposto para a notificação do contribuinte. Assim, não há falar em prazo decadencial para a constituição do crédito – art. 173 do CTN; **C:** incorreta, pois o prazo prescricional quinquenal para a cobrança se inicia a partir do vencimento, ou seja, em 30/06/2021, data em que o lançamento se tornou definitivo, pois Lucas nem pagou nem impugnou o débito tributário – art. 174 do CTN; **D:** correta, conforme comentário anterior. 🔲
Gabarito "D".

(OAB/Exame Unificado – 2020.1) Uma sociedade empresária em recuperação judicial requereu, perante a Secretaria Estadual de Fazenda do Estado X, o parcelamento de suas dívidas tributárias estaduais. O Estado X dispunha de uma lei geral de parcelamento tributário, mas não de uma lei específica para parcelamento de débitos tributários de devedor em recuperação judicial.

Diante desse cenário, assinale a afirmativa correta.

(A) O parcelamento não pode ser concedido caso inexista lei específica estadual que disponha sobre as condições de parcelamento dos créditos tributários do devedor em recuperação judicial.

(B) O prazo de parcelamento a ser concedido ao devedor em recuperação judicial quanto a tais débitos para com o Estado X não pode ser inferior ao concedido por lei federal específica de parcelamento dos créditos tributários do devedor em recuperação judicial.

(C) O parcelamento do crédito tributário exclui a incidência de juros, em regra, no caso de devedor em recuperação judicial.

(D) O parcelamento do crédito tributário exclui a incidência de multas, em regra, no caso de devedor em recuperação judicial.

A: incorreta, pois o art. 155-A, § 4º, do CTN regula exatamente essa situação, dispondo que a inexistência da lei específica importa na aplicação das leis gerais de parcelamento do ente da Federação ao devedor em recuperação judicial, não podendo, neste caso, ser o prazo de parcelamento inferior ao concedido pela lei federal específica; **B:** correta, conforme comentário anterior; **C:** incorreta, pois, salvo disposição de lei em contrário, o parcelamento do crédito tributário não exclui a incidência de juros e multa – art. 155-A, § 1º, do CTN; **D:** incorreta, conforme comentário anterior.
Gabarito "B".

(OAB/Exame Unificado – 2019.3) No final do ano de 2018, o Município X foi gravemente afetado por fortes chuvas que causaram grandes estragos na localidade. Em razão disso, a Assembleia Legislativa do Estado Y, em que está localizado o Município X, aprovou lei estadual ordinária concedendo moratória quanto ao pagamento do Imposto Predial e Territorial Urbano (IPTU) do ano subsequente, em favor de todos os contribuintes desse imposto situados no Município X.

Diante desse cenário, assinale a afirmativa correta.

(A) Lei ordinária não é espécie normativa adequada para concessão de moratória.

(B) Lei estadual pode conceder moratória de IPTU, em situação de calamidade pública ou de guerra externa ou sua iminência.

(C) Lei estadual não pode, em nenhuma hipótese, conceder moratória de IPTU.

(D) A referida moratória somente poderia ser concedida mediante despacho da autoridade administrativa em caráter individual.

A: incorreta, pois a competência tributária (competência legislativa plena) é exercida em regra por meio de lei ordinária do ente competente (no caso, o Município, não o Estado) – art. 6º do CTN; **B:** incorreta, pois a competência tributária (competência para legislar sobre o tributo) é exclusiva do ente tributante, no caso, do Município – art. 7º do CTN. Alguns autores aceitam a exceção da moratória concedida pela União, nos termos do art. 152, I, *b*, do CTN; **C:** correta, conforme comentário anterior; **D:** incorreta, conforme comentários anteriores – somente o Município poderia legislar sobre o assunto.
Gabarito "C".

(OAB/Exame Unificado – 2019.2) A Fazenda Pública apurou que fato gerador, ocorrido em 12/10/2007, referente a um imposto sujeito a lançamento por declaração, não havia sido comunicado pelo contribuinte ao Fisco. Por isso, efetuou o lançamento de ofício do tributo em 05/11/2012, tendo sido o contribuinte notificado desse lançamento em 09/11/2012, para pagamento em 30 dias. Não sendo a dívida paga, nem tendo o contribuinte impugnado o lançamento, a Fazenda Pública inscreveu, em 05/10/2017, o débito em dívida ativa, tendo ajuizado a ação de execução fiscal em 08/01/2018.

Diante desse cenário, assinale a afirmativa correta.

(A) A cobrança é indevida, pois o crédito tributário foi extinto pelo decurso do prazo decadencial.

(B) A cobrança é indevida, pois já teria se consumado o prazo prescricional para propor a ação de execução fiscal.

(C) A cobrança é devida, pois a inscrição em dívida ativa do crédito tributário, em 05/10/2017, suspendeu, por 180 dias, a contagem do prazo prescricional para propositura da ação de execução fiscal.

(D) A cobrança é devida, pois não transcorreram mais de 10 anos entre a ocorrência do fato gerador (12/10/2007) e a inscrição em dívida ativa do crédito tributário (05/10/2017).

A: incorreta, pois o prazo decadencial quinquenal (= de 5 anos) no caso de tributo lançado por declaração inicia-se a partir do primeiro dia do exercício seguinte ao que o lançamento poderia ter sido efetuado (art. 173, I, do CTN), no caso, em 01/01/2008, de modo que terminaria apenas em 01/01/2013. Como o lançamento foi realizado e concluído (com a notificação) antes disso, em 09/11/2012, não houve decadência – ver Súmula 622/STJ; **B:** correta, pois o prazo prescricional é de 5 anos a partir do lançamento, mais especificamente, a partir do vencimento, já que somente aí nasce o direito de o fisco executar a dívida (= *actio nata*) – art. 174 do CTN. Importante destacar que a suspensão de 180 dias do prazo prescricional, prevista no art. 2º, § 3º, da Lei 6.830/1980, não se aplica para créditos tributários, já que a matéria (prescrição tributária) somente pode ser regulada por lei complementar federal – art. 146, III, *b*, da CF. Como o vencimento se deu em 09/12/2012, a execução fiscal deveria ter sido iniciada até 09/12/2017; **C:** incorreta, pois a suspensão de 180 dias do prazo prescricional, prevista no art. 2º, § 3º, da Lei 6.830/1980, não se aplica para créditos tributários, já que a matéria (prescrição tributária) somente pode ser regulada por lei complementar federal – art. 146, III, *b*, da CF – Ver AI no Ag 1.037.765/SP-STJ; **D:** incorreta, pois o prazo prescricional (para cobrança) é de 5 anos contados do lançamento definitivo até o início da execução fiscal (e não da inscrição em dívida ativa) – art. 174 do CTN. **LB**
Gabarito "B".

(OAB/Exame Unificado – 2018.3) A sociedade empresária ABC, atuante na área de prestação de serviços de limpeza, em dificuldades financeiras, não estava conseguindo realizar o pagamento dos tributos federais. Diante disso, ela se ofereceu à Administração Pública Federal para realizar o pagamento dos tributos mediante prestação direta de serviços de limpeza em prédios públicos ou, alternativamente, transferir para o Fisco um imóvel de sua propriedade.

A respeito desse cenário, assinale a afirmativa correta.

(A) As propostas são inadmissíveis, pois os tributos somente podem ser pagos em dinheiro.

(B) As propostas são admissíveis, em razão do princípio da menor onerosidade para o devedor (*favor debitoris*).

(C) A proposta de transferência de imóvel do contribuinte para a Fazenda Pública Federal para pagamento de tributo é admissível por expressa permissão legal.

(D) A proposta de prestação direta de serviços para pagamento de tributo é admissível, em circunstâncias excepcionais, como forma subsidiária de garantia do recebimento do crédito pela Fazenda Pública.

A: incorreta, pois é possível a dação de bens imóveis em pagamento, como modalidade de extinção do crédito tributário – art. 156, XI, do CTN; **B:** incorreta, pois a prestação de serviços não é modalidade de extinção do crédito (art. 156 do CTN). Ademais, implicaria violação do dever de a administração licitar para adquirir bens e serviços, ressalvadas as exceções descritas na Lei 14.133/2021; **C:** correta, conforme o art. 156, XI, do CTN; **D:** incorreta, pois somente a dação de bens imóveis em pagamento é admitida como modalidade de extinção do crédito art. 156 do CTN. [LB]
Gabarito "C".

(OAB/Exame Unificado – 2018.1) João, no final de janeiro de 2016, foi citado em execução fiscal, proposta no início do mesmo mês, para pagamento de valores do Imposto sobre a Propriedade Predial e Territorial Urbana (IPTU) referente aos anos de 2009 e 2010. Sabe-se que o IPTU em referência aos dois exercícios foi lançado e notificado ao sujeito passivo, respectivamente, em janeiro de 2009 e em janeiro de 2010. Após a ciência dos lançamentos, João não tomou qualquer providência em relação aos débitos. O município não adotou qualquer medida judicial entre a notificação dos lançamentos ao sujeito passivo e o ajuizamento da execução fiscal.

Com base na hipótese apresentada, assinale a opção que indica o argumento apto a afastar a exigência fiscal.

(A) O crédito tributário está extinto em virtude de decadência.

(B) O crédito tributário está extinto em virtude de parcelamento.

(C) A exigibilidade do crédito tributário está suspensa em virtude de compensação.

(D) O crédito tributário está extinto em virtude de prescrição.

A: incorreta, pois a decadência se refere ao direito de o fisco lançar o tributo, não de cobrar (executar) o crédito – art. 173 do CTN. Houve o lançamento do IPTU pelo envio do carnê ao endereço do contribuinte (Súmula 397 do STJ); **B:** incorreta, pois não há notícia de parcelamento e, ademais, o parcelamento é modalidade de suspensão do crédito, não de extinção – art. 151, VI, do CTN; **C:** incorreta, pois não há notícia de compensação e, ademais, a compensação é modalidade de extinção do crédito, não de suspensão – art. 156, II, do CTN; **D:** correta, pois o prazo prescricional para a cobrança do crédito é de 5 anos contados da constituição definitiva, de modo que em janeiro de 2015 prescreveram aqueles relativos ao último lançamento (o de 2010) – art. 174, I, do CTN. [LB]
Gabarito "D".

(OAB/Exame Unificado – 2018.1) Devido à crise que vem atingindo o Estado Y, seu governador, após examinar as principais reclamações dos contribuintes, decidiu estabelecer medidas que facilitassem o pagamento do Imposto sobre a Propriedade de Veículos Automotores (IPVA). Por meio de despacho administrativo, autorizado por lei, perdoou débitos de IPVA iguais ou inferiores a R$ 300,00 (trezentos reais) na época da publicação. Além disso, sancionou lei prorrogando o prazo para pagamento dos débitos de IPVA já vencidos.

Com base no caso apresentado, assinale a opção que indica os institutos tributários utilizados pelo governo, respectivamente.

(A) Remissão e isenção.

(B) Moratória e anistia.

(C) Remissão e moratória.

(D) Isenção e moratória.

O perdão de créditos é a remissão, modalidade de extinção prevista no art. 156, IV, do CTN. A prorrogação de prazo para pagamento de tributo já vencido é moratória, modalidade de suspensão do crédito, prevista no art. 151, I, do CTN. Por essas razões, a alternativa "C" é a correta. [LB]
Gabarito "C".

(OAB/Exame Unificado – 2017.3) O Município X, graças a uma lei municipal publicada no ano de 2014, concedeu isenção de IPTU aos proprietários de imóveis cujas áreas não ultrapassem 70m².

João possui um imóvel nessa condição e procura seus serviços, como advogado(a), para saber se deve pagar a taxa de coleta de resíduos sólidos urbanos, instituída pelo município por meio de lei publicada em junho de 2017, a ser exigida a partir do exercício financeiro seguinte.

Diante desse quadro fático, assinale a afirmativa correta.

(A) João não deve pagar a taxa de coleta, uma vez que a isenção do IPTU se aplica a qualquer outro tributo.

(B) João não deve pagar a taxa de coleta, porque, sendo a lei instituidora da taxa posterior à lei que concedeu a isenção, por esta é abrangida, ficando João desobrigado do IPTU e da taxa.

(C) João deve pagar a taxa de coleta, porque a isenção só é extensiva às contribuições de melhoria instituídas pelo município.

(D) João deve pagar a taxa de coleta, porque, salvo disposição de lei em contrário, a isenção não é extensiva às taxas.

A: incorreta, pois a isenção não admite interpretação extensiva, devendo ser interpretada literalmente, nos termos do art. 111, II, do CTN. Ademais, afastando qualquer dúvida, o art. 177, I, do CTN deixa claro que, salvo disposição legal em contrário, a isenção não é extensiva às taxas e às contribuições de melhoria. O CTN também estabelece que, salvo disposição de lei em contrário, a isenção não é extensiva aos tributos instituídos posteriormente à sua concessão (art. 173, II, do CTN); **B:** incorreta, conforme comentário anterior; **C:** incorreta, pois a isenção não se estende, tampouco, às contribuições de melhoria, conforme comentário à primeira alternativa; **D:** correta – arts. 111, II e 177, I e II, do CTN. [LB]
Gabarito "D".

(OAB/Exame Unificado – 2017.2) O Estado E publicou a Lei nº 123, instituindo anistia relativa às infrações cometidas em determinada região de seu território, em função de condições a ela peculiares. Diante desse fato, o contribuinte C apresentou requerimento para a concessão da anistia, comprovando o preenchimento das condições e o cumprimento dos requisitos previstos em lei.

Efetivada a anistia por despacho da autoridade administrativa, verificou-se o descumprimento, por parte do contribuinte, das condições estabelecidas em lei, gerando a revogação da anistia de ofício.

Diante da situação apresentada, assinale a afirmativa correta.

(A) A anistia instituída pela Lei nº 123 é inviável, pois a anistia deve abranger todo o território da entidade tributante.

(B) Não é possível a revogação da anistia, pois o preenchimento das condições e o cumprimento dos requisitos previstos em lei, por parte do contribuinte, geram direito adquirido.

(C) A anistia instituída pela Lei nº 123 é inviável, pois a anistia somente pode ser concedida em caráter geral.

(D) É possível a revogação da anistia, pois o despacho da autoridade administrativa efetivando a anistia não gera direito adquirido.

A: incorreta, pois a anistia pode ser concedida em caráter geral ou limitadamente (i) às infrações da legislação relativa a determinado tributo, (ii) às infrações punidas com penalidades pecuniárias até determinado montante, conjugadas ou não com penalidades de outra natureza, (iii) a determinada região do território da entidade tributante, em função de condições a ela peculiares e (iv) sob condição do pagamento de tributo no prazo fixado pela lei que a conceder, ou cuja fixação seja atribuída pela mesma lei à autoridade administrativa – art. 181 do CTN; **B:** incorreta, pois o despacho que concede a anistia em caráter não geral não gera direito adquirido, podendo ser revogado nos termos do art. 155 do CTN – art. 182, parágrafo único, do CTN; **C:** incorreta, conforme comentário à primeira alternativa; **D:** correta – art. 182, parágrafo único, do CTN. Gabarito "D."

(OAB/Exame Unificado – 2017.1) João e Pedro são, por lei, contribuintes obrigados solidariamente a pagar determinado tributo. Foi publicada lei que isenta os ex-combatentes do pagamento de tal tributo, sendo este o caso pessoal somente de João.

Tendo em vista essa situação, assinale a afirmativa correta.

(A) Sendo um caso de isenção pessoal, a lei não exonera Pedro, que permanece obrigado a pagar o saldo remanescente, descontada a parcela isenta em favor de João.

(B) Pedro ficará totalmente exonerado do pagamento, aproveitando-se da isenção em favor de João.

(C) O imposto poderá ser cobrado de Pedro ou de João, pois a solidariedade afasta a isenção em favor deste.

(D) Pedro permanece obrigado a pagar integralmente o imposto, nada obstante a isenção em favor de João.

A: correta – art. 125, II, *in fine*, do CTN; **B:** incorreta, pois a isenção concedida pessoalmente a João não aproveita a Pedro – art. 125, II, *in fine*, do CTN; **C:** incorreta, pois a isenção outorgada pessoalmente a João afasta a tributação em relação à sua parcela do tributo – art. 125, II, *in fine*, do CTN; **D:** incorreta, pois Pedro responde apenas pelo saldo, conforme art. 125, II, *in fine*, do CTN. Gabarito "A."

(OAB/Exame Unificado – 2016.2) Após verificar que realizou o pagamento indevido de Imposto sobre Circulação de Mercadorias e Serviços — ICMS, determinado contribuinte requer administrativamente a restituição do valor recolhido. O órgão administrativo competente denega o pedido de restituição.

Qual o prazo, bem como o marco inicial, para o contribuinte ajuizar ação anulatória da decisão administrativa que denega a restituição?

(A) 2 (dois) anos contados da notificação do contribuinte da decisão administrativa.

(B) 5 (cinco) anos contados da notificação do contribuinte da decisão administrativa.

(C) 5 (cinco) anos contados do primeiro dia do exercício seguinte ao fato gerador.

(D) 1 (um) ano contado da data do julgamento.

Embora o prazo geral para restituição do tributo pago indevidamente seja de 5 (cinco) anos, nos termos do art. 168 do CTN, no caso de requerimento administrativo denegado, o prazo passa a ser de apenas 2 (anos), nos termos do art. 169 do CTN. Por essa razão, a alternativa "A" é a correta. Gabarito "A."

(OAB/Exame Unificado – 2015.3) Prefeito de um determinado município resolve conceder isenção de IPTU, por 10 (dez) anos, a proprietários de imóveis que sejam portadores de deficiência e que realizem investimento nas condições de acessibilidade de suas propriedades.

Com base na situação apresentada, assinale a afirmativa correta.

(A) É possível que o município institua a isenção por meio de decreto.

(B) Tal isenção constitui caso de suspensão da exigibilidade daqueles créditos tributários.

(C) Somente por meio de lei específica municipal pode ser concedida isenção de IPTU.

(D) A isenção concedida em função de determinadas condições, como é o caso, pode ser revogada a qualquer tempo.

A: incorreta, pois a instituição, modificação e extinção dos tributos somente pode ser feita por lei (com poucas exceções relativas a modificação de alíquotas de determinados tributos) – art. 150, I, da CF e art. 97 do CTN; **B:** incorreta, pois isenção é modalidade de exclusão do crédito tributário, não suspensão, nos termos do art. 175, I, do CTN; **C:** correta, conforme comentário à primeira alternativa, art. 150, § 6º, da CF e art. 97, VI, do CTN; **D:** incorreta, pois a isenção condicionada, ou seja, aquela concedida por prazo certo e em função de determinadas condições, não pode ser revogada ou modificada a qualquer tempo em prejuízo aos beneficiados – art. 178 do CTN. Gabarito "C."

(OAB/Exame Unificado – 2015.2) A pessoa jurídica X foi contemplada com isenção do Imposto sobre a Propriedade Predial e Territorial Urbana (IPTU) do imóvel utilizado para suas atividades comerciais. A referida isenção foi concedida pelo prazo de 5 (cinco) anos e sob a condição de que o imóvel seja utilizado para a produção de artesanato regional. Com base no caso apresentado, sobre a referida isenção assinale a opção correta.

(A) Poderá ser suprimida por lei, a qualquer tempo, ainda que o contribuinte atenda à condição de utilizar o imóvel para a produção de artesanato regional.

(B) Não poderá ser suprimida no prazo de 5 (cinco) anos, caso o contribuinte cumpra a condição de utilizar o imóvel para a produção de artesanato regional.

(C) Não poderá ser suprimida no prazo de 5 (cinco) anos, ainda que o contribuinte utilize o imóvel para a realização de atividades comerciais diversas da produção de artesanato regional.

(D) Poderá ser suprimida por decreto, a qualquer tempo, ainda que o contribuinte cumpra a condição de utilizar o imóvel para a produção de artesanato regional.

9. DIREITO TRIBUTÁRIO 665

A: incorreta, pois a isenção concedida por prazo certo e em função de determinadas condições não pode ser revogada ou modificada por lei em prejuízo do contribuinte que preencha tais condições no prazo assinalado, conforme o art. 178 do CTN; **B:** correta, conforme comentário anterior; **C:** incorreta, pois a vedação à supressão do benefício depende do cumprimento das condições pelo contribuinte; **D:** incorreta, conforme comentários anteriores.

Gabarito "B".

(OAB/Exame Unificado – 2015.1) A União concedeu isenção, pelo prazo de cinco anos, da Contribuição para o Financiamento da Seguridade Social (COFINS) para as indústrias de veículos automotores terrestres que cumprissem determinadas condições. Sobre a isenção tributária, é possível afirmar que

(A) as indústrias de aviação podem requerer a fruição do benefício, pois a norma que concede isenção deve ser interpretada extensivamente.

(B) a União poderá, a qualquer tempo, revogar ou modificar a isenção concedida.

(C) a isenção da COFINS pode ser concedida mediante decreto, desde que a norma seja específica.

(D) as indústrias de veículos automotores terrestres não estão dispensadas do cumprimento das obrigações acessórias, pois elas são independentes da existência da obrigação principal.

A: incorreta, pois as normas que fixam benefícios ficais, incluindo as isenções, devem ser interpretadas estritamente, ou, na terminologia do art. 111, II, do CTN, literalmente, jamais extensivamente; **B:** incorreta, pois a isenção concedida por prazo certo e em função de determinadas condições não pode ser revogada ou modificada por lei em prejuízo do contribuinte que preencha tais condições no prazo assinalado, conforme o art. 178 do CTN; **C:** incorreta, pois a isenção depende de lei específica para ser criada, nos termos do art. 150, § 6º, da CF; **D:** correta, pois a obrigação acessória independe da existência de obrigação principal, conforme o art. 175, parágrafo único, do CTN. LB

Gabarito "D".

(OAB/Exame Unificado – 2015.1) Determinado contribuinte verificou a existência de débitos vencidos de Imposto sobre a Propriedade Predial e Territorial Urbana (IPTU) e da taxa de coleta de lixo com o Município M. Os dois tributos são relativos ao ano-calendário de 2012 e se referem ao imóvel onde reside. O contribuinte pagou ao Município M montante insuficiente para a quitação de ambos os tributos.

Diante de tais débitos, a autoridade administrativa municipal que recebeu o pagamento

(A) determinará, primeiramente, a imputação do pagamento à taxa e, posteriormente, ao imposto.

(B) determinará o pagamento na ordem decrescente dos prazos prescricionais.

(C) determinará o pagamento na ordem crescente dos montantes.

(D) determinará, primeiramente, a imputação do pagamento ao imposto e, posteriormente, à taxa.

A imputação do valor em pagamento de tributos segue a ordem do art. 163 do CTN, a saber: (i) em primeiro lugar, aos débitos por obrigação própria, e em segundo lugar aos decorrentes de responsabilidade tributária, (ii) primeiramente, às contribuições de melhoria, depois às taxas e por fim aos impostos, (iii) na ordem crescente dos prazos de prescrição;

e (iv) na ordem decrescente dos montantes. No caso, a taxa deve ser quitada antes do imposto, de modo que alternativa "A" é a correta.

Gabarito "A".

(OAB/Exame Unificado – 2014.3) O Fisco do estado "X" lavrou auto de infração contra a pessoa jurídica "Y" para cobrar ICMS sobre a remessa de mercadorias entre a matriz e a filial dessa empresa, ambas localizadas no referido estado. A empresa "Y" impetrou, então, mandado de segurança objetivando ver reconhecido seu direito líquido e certo ao não recolhimento do ICMS naquela operação. Pleiteou também medida liminar.

Assinale a opção que pode, validamente, ser objeto do pedido de liminar formulado pela pessoa jurídica Y.

(A) Extinção do crédito tributário.

(B) Exclusão de crédito tributário.

(C) Constituição do crédito tributário.

(D) Suspensão da exigibilidade do crédito tributário.

A liminar concedida suspende a exigibilidade do crédito tributário, nos termos do art. 151, IV, do CTN, de modo que a alternativa "D" é a correta.

Gabarito "D".

(OAB/Exame Unificado – 2014.3) Um empresário consulta um escritório de advocacia sobre a possibilidade de a sociedade da qual é administrador participar de uma licitação, sendo certo que, para tal, terá que apresentar uma certidão demonstrando a inexistência de débitos fiscais com o governo federal. Ele informa que a sociedade foi autuada pelo não recolhimento do Imposto sobre a Renda e Proventos de Qualquer Natureza (IR), e a defesa administrativa, apresentada no prazo, ainda não foi apreciada pelo órgão competente.

Considerando apenas os dados apresentados, é correto afirmar que a sociedade

(A) não poderá participar da licitação, pela existência de crédito tributário vencido e não pago.

(B) poderá participar da licitação, pois o crédito tributário está com a exigibilidade suspensa.

(C) poderá participar da licitação somente após a defesa administrativa ser analisada.

(D) somente poderá participar da licitação se depositar o valor do crédito tributário.

A: incorreta, pois a impugnação administrativa suspende o crédito tributário, nos termos do art. 151, III, do CTN, permitindo a emissão de certidão positiva com efeito de negativa, nos termos do art. 206 do CTN e, portanto, participação na licitação; **B:** correta, conforme comentário anterior; **C:** incorreta, pois a impugnação administrativa por si suspende a exigibilidade do crédito, conforme comentários anteriores; **D:** incorreta, pois a impugnação administrativa suspende a exigibilidade do crédito independentemente de garantia ou depósito, conforme Súmula Vinculante 21/STF, semelhante à Súmula 373/STJ.

Gabarito "B".

(OAB/Exame Unificado – 2014.2) Lei municipal que dispõe sobre o Imposto sobre a Propriedade Predial e Territorial Urbana – IPTU – estabelece a solidariedade entre os proprietários de um mesmo imóvel. Os efeitos da solidariedade estão listados nas opções a seguir, à exceção de uma. Assinale-a.

(A) A interrupção da decadência, em favor ou contra um dos obrigados, favorece ou prejudica os demais.

(B) A interrupção da prescrição, em favor ou contra um dos obrigados, favorece ou prejudica aos demais.

(C) O pagamento efetuado por um dos obrigados aproveita os demais.

(D) A isenção ou remissão de crédito exonera todos os obrigados, salvo se outorgada pessoalmente a um deles, subsistindo, nesse caso, a solidariedade quanto aos demais pelo saldo.

Nos termos do art. 125 do CTN, salvo disposição legal em contrário, são os seguintes os efeitos da solidariedade: (i) o pagamento efetuado por um dos obrigados aproveita aos demais; (ii) a isenção ou remissão de crédito exonera todos os obrigados, salvo se outorgada pessoalmente a um deles, subsistindo, nesse caso, a solidariedade quanto aos demais pelo saldo; e (iii) a interrupção da prescrição, em favor ou contra um dos obrigados, favorece ou prejudica aos demais. **A:** incorreta, pois somente a interrupção da prescrição tem esse efeito; **B, C e D:** corretas, conforme comentário inicial.
Gabarito "A"

(OAB/Exame Unificado – 2012.3.B) Com relação à anistia, segundo o Código Tributário Nacional, assinale a afirmativa correta.

(A) Abrange as infrações cometidas anteriormente e posteriormente à vigência da lei que a institui, desde que o contribuinte comprove os requisitos para sua obtenção.

(B) Pode ser concedida sob condição do pagamento de tributo no prazo fixado pela lei que a conceder, ou cuja fixação seja atribuída pela mesma lei à autoridade administrativa.

(C) Só pode ser concedida limitadamente à determinada região do território da entidade tributante, em função de condições a ela peculiares.

(D) Abrange os atos praticados com dolo, fraude ou simulação pelo contribuinte, desde que este venha a confessá-los.

A: incorreta, pois a anistia abrange exclusivamente as infrações cometidas anteriormente à vigência da lei que a concede – art. 180, *caput*, do CTN; **B:** correta, pois essa possibilidade é expressamente prevista no art. 181, II, *d*, do CTN; **C:** incorreta, pois há outras hipóteses em que a anistia pode ser concedida limitadamente (inclusive no caso descrito na alternativa anterior) – art. 181, II, do CTN; **D:** incorreta, pois a anistia não se aplica aos atos praticados com dolo, fraude ou simulação pelo sujeito passivo ou por terceiro em benefício daquele – art. 180, I, do CTN.
Gabarito "B"

(OAB/Exame Unificado – 2012.3.B) Um contribuinte, ao impetrar mandado de segurança contra ato praticado por determinada autoridade coatora, obteve medida liminar deferida pelo competente Juízo no sentido de autorizá-lo a se abster do pagamento de determinado tributo, com base em suposta inconstitucionalidade da lei instituidora da respectiva exação combatida.

Nesse caso, de acordo com as regras contidas no Código Tributário Nacional, a hipótese é de

(A) suspensão do crédito tributário.

(B) extinção do crédito tributário.

(C) exclusão do crédito tributário.

(D) preferência do crédito tributário.

A liminar concedida em mandado de segurança é modalidade de suspensão do crédito tributário, nos termos do art. 151, IV, do CTN, de modo que a alternativa "A" é a correta.
Gabarito "A"

(OAB/Exame Unificado – 2012.3.B) Determinada lei prevê que certo grupo de eletrodomésticos não ficará sujeito à tributação do IPI, durante o exercício financeiro seguinte. O benefício fiscal em questão configura

(A) imunidade.

(B) remissão.

(C) isenção.

(D) anistia.

A: incorreta, pois a imunidade decorre de norma constitucional (não legal) que afasta a competência tributária; **B:** incorreta, pois remissão é perdão do crédito relativo a fatos passados – art. 172 do CTN; **C:** correta. A lei que afasta o imposto em relação à determinada situação (ou exclui o crédito correspondente, nos termos do CTN) institui uma isenção – art. 176 do CTN; **D:** incorreta, pois a anistia refere-se ao perdão relativo a ilícitos e penalidades pecuniárias – art. 180 do CTN.
Gabarito "C"

(OAB/Exame Unificado – 2012.1) A expiração do prazo legal para lançamento de um tributo, sem que a autoridade administrativa fiscal competente o tenha constituído, caracteriza hipótese de

(A) remissão.

(B) prescrição.

(C) decadência.

(D) transação.

A extinção do direito de o Fisco constituir o crédito tributário é a decadência – art. 173 do CTN. A perda do direito de cobrar é a prescrição que, no direito tributário, extingue também o próprio crédito (a prescrição, como a decadência, é modalidade de extinção do crédito tributário - art. 156, V, do CTN) – art. 174 do CTN. **A:** incorreta, pois remissão é o perdão do crédito tributário, de modo a extingui-lo – art. 156, IV, do CTN; **B:** incorreta, pois a prescrição refere-se à perda do direito de cobrar o tributo – art. 174 do CTN; **C:** correta, conforme comentário inicial – art. 173 do CTN; **D:** incorreta, pois a transação é modalidade de extinção do crédito tributário por meio de concessões mútuas e solução de litígio, na forma da lei autorizativa – arts. 156, III, e 171 do CTN. 🅛🅑
Gabarito "C"

(OAB/Exame Unificado – 2011.3.A) Determinado contribuinte, devedor de tributo, obtém o seu parcelamento e vem efetuando o pagamento conforme deferido. Apesar disso, sofre processo de execução fiscal para a cobrança do referido tributo. Nos embargos de devedor, o contribuinte poderá alegar

(A) a carência da execução fiscal, em face da novação da dívida, que teria perdido a sua natureza tributária pelo seu parcelamento.

(B) a improcedência da execução fiscal, por iliquidez do título exequendo, pelo fato de que parte da dívida já foi paga.

(C) o reconhecimento do direito apenas parcial à execução fiscal, por parte do Fisco, em face da existência de saldo devedor do parcelamento.

(D) a carência da execução fiscal em face da suspensão da exigibilidade do crédito tributário.

9. DIREITO TRIBUTÁRIO — 667

A: incorreta, pois o parcelamento não altera a natureza do crédito tributário. Inexiste novação, pois a obrigação e o crédito são os mesmos, apenas que este último (o crédito) tem a exigibilidade suspensa – art. 151, VI, do CTN; **B:** incorreta, pois a inviabilidade da execução decorre da suspensão do crédito tributário (sua inexigibilidade em relação à integralidade do montante devido), e não do pagamento parcial; **C:** incorreta, pois não há exigibilidade do crédito, nem, portanto, condição para a execução; **D:** correta, pois a suspensão da exigibilidade do crédito tributário, decorrente do parcelamento, impede o ajuizamento da ação de execução fiscal.
Gabarito "D"

(OAB/Exame Unificado – 2011.3.A) A empresa ABC ingressou com medida judicial destinada a questionar a incidência da contribuição social sobre o lucro. Em sede de exame liminar, o juiz concedeu a medida liminar para que a empresa não recolhesse a contribuição. Durante a vigência da medida judicial, a Receita Federal iniciou procedimento de fiscalização visando à cobrança da contribuição social sobre o lucro não recolhida naquele período.
Com base no relatado acima, assinale a alternativa correta.

(A) A Receita Federal não pode lavrar auto de infração, em virtude da liminar concedida na medida judicial em questão.

(B) A Receita Federal pode lavrar auto de infração, mas somente com a exigibilidade suspensa para prevenir a decadência.

(C) A empresa ABC, diante da abertura do procedimento de fiscalização, pode solicitar ao juiz nova medida liminar, a fim de que determine o encerramento de tal procedimento.

(D) A Receita Federal pode lavrar auto de infração, já que a medida liminar possui caráter provisório.

A suspensão da exigibilidade do crédito tributário antes mesmo de sua constituição, caso da liminar descrita, não impede o lançamento tributário, até porque poderia ocorrer a decadência (cujo prazo não se interrompe ou se suspende nessa hipótese). Entretanto, o crédito nasce com a exigibilidade suspensa, sendo inviável sua cobrança, embora, pelo princípio da *actio nata*, o prazo prescricional para a execução fique também suspenso. **A** e **C:** incorretas, conforme comentário inicial; **B:** correta, conforme comentário inicial; **D:** incorreta, pois a possibilidade de lançamento não tem relação com a natureza da liminar, conforme comentário inicial.
Gabarito "B"

(OAB/Exame Unificado – 2011.3.B) A empresa Merposa S.A. cumpre regularmente as suas obrigações fiscais, especialmente aquelas de natureza acessória. Assim, apresentou no prazo exigido pela legislação, em 30 de junho de 2003, a Declaração de Contribuições e Tributos Federais informando o montante devido e recolhido a título de imposto de renda nos três primeiros meses de 2003.

Em 30 de janeiro de 2010, recebeu um auto de infração exigindo um valor a maior do que havia declarado e recolhido.
A esse respeito, é correto afirmar que o auto de infração é

(A) válido, já que, de acordo com o artigo 173, I, do CTN, o Fisco Federal dispõe de cinco anos a contar do exercício seguinte para efetuar o lançamento.

(B) improcedente, pois já se operou a decadência, em virtude do disposto no artigo 150, § 4º, do CTN.

(C) válido, pois, se a declaração apresentada não refletia o montante efetivamente devido, trata-se de caso de dolo ou má-fé, razão pela qual não se aplica a disposição do artigo 150, § 4º, do CTN.

(D) improcedente, pois, após a apresentação da Declaração de Contribuições e Tributos Federais, o Fisco somente poderia exigir o tributo declarado e não pago, uma vez que o tributo estava sujeito à modalidade de autolançamento.

No caso dos tributos lançados por homologação, como o imposto de renda, o Fisco tem 5 anos contados do fato gerador para rever o recolhimento feito pelo contribuinte, desde que tenha sido realizado (o recolhimento) sem dolo, fraude ou simulação – art. 150, § 4º, do CTN. Assim, o Fisco teria até o primeiro trimestre de 2008 para rever o lançamento, de modo que autuação em janeiro de 2010 é irregular. A rigor, mesmo que não houvesse qualquer recolhimento, ou ele tivesse sido realizado com dolo, fraude ou simulação, o prazo decadencial para Fisco rever o lançamento, contado na forma do art. 173, I, do CTN, teria expirado antes da data de autuação.
Gabarito "B"

(OAB/Exame Unificado – 2010.3) Segundo o Código Tributário Nacional, remissão é

(A) uma modalidade de extinção dos créditos tributários e consiste na liberação da dívida por parte do credor, respaldada em lei autorizativa.

(B) uma modalidade de extinção dos créditos tributários em razão da compensação de créditos entre o sujeito ativo e o sujeito passivo, respaldada em lei autorizativa.

(C) a perda do direito de constituir o crédito tributário pelo decurso do prazo.

(D) uma modalidade de exclusão dos créditos tributários com a liberação das penalidades aplicadas ao sujeito passivo, respaldada em lei autorizativa.

A: correta, pois descreve adequadamente a remissão (= perdão do crédito tributário) – art. 156, IV, do CTN; **B:** incorreta, pois a compensação é outra modalidade de extinção do crédito, que não se confunde com a remissão – art. 156, II, do CTN; **C:** incorreta, pois se refere à decadência; **D:** incorreta, pois há somente duas modalidades de exclusão do crédito tributário, quais sejam, a isenção e a anistia – art. 175, I e II, do CTN.
Gabarito "A"

Veja a seguinte tabela para estudar e memorizar as causas de suspensão, extinção e exclusão do crédito tributário:

Suspensão (art. 151 do CTN)	Extinção (art. 156 do CTN)	Exclusão (art. 175 do CTN)
– a moratória	– pagamento	– a isenção
– o depósito do seu montante integral	– a compensação	– a anistia
– as reclamações e os recursos, nos termos das leis reguladoras do processo tributário administrativo	– a transação	
– a concessão de medida liminar em mandado de segurança	– a remissão	
– a concessão de medida liminar ou de tutela antecipada, em outras espécies de ação judicial (tutelas provisórias, nos termos dos artigos 294 a 311 do CPC)	– a prescrição e a decadência	
– o parcelamento	– a conversão de depósito em renda	
	– o pagamento antecipado e a homologação do lançamento nos termos do disposto no art. 150 e seus §§ 1º e 4º do CTN	
	– a consignação em pagamento, nos termos do disposto no § 2º do art. 164 do CTN	
	– a decisão administrativa irreformável, assim entendida a definitiva na órbita administrativa, que não mais possa ser objeto de ação anulatória	
	– a decisão judicial passada em julgado	
	– a dação em pagamento em bens imóveis, na forma e condições estabelecidas em lei	

(OAB/Exame Unificado – 2010.1) Certo contribuinte foi notificado, em 31 de outubro de determinado ano, para pagamento de um tributo, sem que a lei ou a notificação tenha determinado o vencimento daquela obrigação. Nessa situação hipotética, o vencimento ocorrerá

(A) em 30 de novembro do mesmo ano, independentemente do vencimento dos outros impostos cobrados pelo mesmo ente da Federação.

(B) na data do vencimento dos outros impostos cobrados pelo mesmo ente da Federação, por aplicação da analogia.

(C) em qualquer data, desde que anterior a 31 de dezembro daquele mesmo ano.

(D) em qualquer data, desde que não ultrapasse o dia 31 de outubro do ano seguinte.

A: correta, pois, salvo disposição em contrário da legislação, o vencimento do crédito tributário ocorre 30 (trinta) dias após a notificação do lançamento – art. 160, *caput*, do CTN; **B, C** e **D:** incorretas, conforme comentário anterior.
Gabarito "A".

(OAB/Exame Unificado – 2010.1) Vera e Mara são contribuintes obrigados, solidariamente, por lei, a pagar, mensalmente, certo tributo. Em determinado mês, foi publicada lei que isentou do imposto, pessoalmente, as pessoas que sofriam de certa enfermidade, da qual Vera é portadora. Nessa situação hipotética,

(A) a isenção concedida a Vera exonera integralmente Mara de sua obrigação.

(B) a isenção concedida a Vera não exonera Mara, restando a esta a obrigação pelo saldo remanescente.

(C) a isenção dada a Vera não exonera Mara, restando a esta a obrigação integral.

(D) a referida lei é inconstitucional, dada a impossibilidade de concessão de isenção pessoal em caso de solidariedade de obrigados.

A: incorreta, pois os benefícios fiscais concedidos em caráter pessoal a um dos devedores solidários não aproveitam aos demais – art. 125, II, do CTN; **B:** correta, pois, nos termos do art. 125, II, do CTN, a isenção ou a remissão de crédito exonera todos os obrigados, salvo se outorgada pessoalmente a um deles, subsistindo, nesse caso, a solidariedade quanto aos demais pelo saldo. No caso, como a isenção foi concedida pessoalmente, Mara deve arcar com o saldo; **C:** incorreta, pois Mara responde apenas pelo saldo, descontada a parcela isenta em favor de Vera; **D:** incorreta, pois se admite a concessão de isenção pessoal.
Gabarito "B".

(OAB/Exame Unificado – 2009.3) No que se refere à prescrição e à decadência no direito tributário, assinale a opção correta.

(A) A prescrição nunca se interrompe, sendo computada continuamente, desde seu termo inicial.

(B) Para os tributos sujeitos a lançamento por declaração e de ofício, o direito da Fazenda Pública de constituir seu crédito tributário extingue-se em cinco anos, contados do primeiro dia do exercício seguinte àquele em que o lançamento poderia ter sido efetuado.

(C) A citação válida do devedor em ação de execução fiscal interrompe a decadência tributária.

(D) A Fazenda Pública dispõe do prazo de 5 (cinco) anos, contados do fato gerador, para cobrar crédito tributário.

A: incorreta, pois o art. 174, parágrafo único, do CTN traz hipóteses de interrupção da prescrição; **B:** correta, pois essa é a regra para contagem do prazo prescricional, conforme o art. 173, I, do CTN; **C:** incorreta, pois, atualmente, o simples despacho do juiz que ordena a citação em execução fiscal interrompe o prazo prescricional – art. 174, parágrafo único, I, do CTN e art. 8º, § 2º, da Lei 6.830/1980; **D:** incorreta, pois o prazo prescricional quinquenal para a cobrança do crédito começa com sua constituição, e não com o fato gerador – art. 174 do CTN. Conforme a Súmula 622 do STJ, *A notificação do auto de infração faz cessar a contagem da decadência para a constituição do crédito tributário; exaurida a instância administrativa com o decurso do prazo para a impugnação ou com a notificação de seu julgamento definitivo e esgotado o prazo concedido pela Administração para o pagamento voluntário, inicia-se o prazo prescricional para a cobrança judicial.*
Gabarito "B"

(OAB/Exame Unificado – 2009.3) Assinale a opção correta no que se refere à exclusão de crédito tributário.

(A) A anistia dispensa o cumprimento das obrigações acessórias dependentes da obrigação principal.

(B) A isenção concedida por prazo certo e em função de determinadas condições poderá ser revogada ou modificada por lei.

(C) A anistia não pode ser concedida em caráter geral.

(D) A lei tributária que concede isenção deve ser interpretada restritivamente.

A: incorreta, até porque, em regra, os benefícios fiscais relativos ao crédito tributário não afastam as obrigações acessórias – art. 175, parágrafo único, do CTN; **B:** incorreta, pois a isenção concedida por prazo certo e em função de determinadas condições não pode ser revogada ou modificada em prejuízo daqueles que atenderam aos requisitos e têm direito ao benefício – art. 178 do CTN; **C:** incorreta, pois a anistia pode ser concedida em caráter geral ou limitadamente – art. 181, I e II, do CTN; **D:** correta, mas há imprecisão na alternativa pois o art. 111, II, do CTN utiliza o termo *literalmente*.
Gabarito "D"

(OAB/Exame Unificado – 2009.2) Segundo o Código Tributário Nacional, o parcelamento do crédito tributário

(A) não aproveita aos casos de dolo, fraude ou simulação do sujeito passivo ou do terceiro em benefício daquele.

(B) não deve ser concedido a devedor em recuperação judicial.

(C) deve ser concedido na forma e na condição estabelecidas em lei complementar da União.

(D) não exclui, em nenhuma hipótese, a incidência de juros e multas.

A: correta – art. 154, parágrafo único, c/c art. 155-A, § 2º, do CTN; **B:** incorreta, pois lei específica deverá dispor sobre as condições de parcelamento dos créditos tributários do devedor em recuperação judicial. Até que isso aconteça, aplicam-se as leis gerais de parcelamento do ente da Federação ao devedor em recuperação judicial, não podendo, neste caso, ser o prazo de parcelamento inferior ao concedido pela lei

---

federal específica – art. 155-A, §§ 3º e 4º, do CTN; **C:** incorreta, pois a forma e as condições para o parcelamento são fixadas por lei específica de cada ente tributante, observando-se as normas gerais fixadas na lei complementar federal (CTN) – art. 155-A, *caput*, do CTN; **D:** incorreta, pois, embora, em regra, a incidência de juros e multas não seja excluída do parcelamento, é possível disposição legal em contrário – art. 155-A, § 1º, do CTN.
Gabarito "A"

(OAB/Exame Unificado – 2009.1) Dalton pagou, com cheque, uma multa tributária correspondente a 150% do valor de um imposto devido e o valor total de uma taxa.

Com relação a essa situação hipotética, é correto afirmar que

(A) o pagamento da multa de 150% do imposto extingue a obrigação tributária principal relativa a esse imposto.

(B) o pagamento do valor total da taxa não importa em presunção de pagamento referente a outros tributos.

(C) o pagamento do valor total da taxa importa em presunção de pagamento de outros créditos referentes a essa taxa.

(D) as obrigações tributárias somente serão consideradas extintas após o débito na conta de Dalton.

A: incorreta, pois o pagamento da multa (penalidade pecuniária) não implica extinção do crédito relativo ao imposto (tributo) – art. 158 do CTN; **B:** correta, nos termos do art. 158, II, do CTN; **C:** incorreta, pois o pagamento de um crédito não importa em presunção de pagamento de outros créditos referentes ao mesmo ou a outros tributos – art. 158, II, do CTN; **D:** imprecisa, pois o crédito é considerado extinto com o resgate do cheque pelo sacado (instituição financeira) – art. 162, § 2º, do CTN.
Gabarito "B"

(FGV – 2011) O CTN expressamente estabelece, no que diz respeito à extinção do crédito tributário, que

(A) é vedada a compensação mediante o aproveitamento de tributo que seja objeto de contestação judicial pelo sujeito passivo, antes do trânsito em julgado da respectiva decisão judicial.

(B) a lei permite à autoridade administrativa conceder remissão total ou parcial do crédito tributário em virtude de erro ou ignorância escusáveis do sujeito passivo quanto à matéria de direito, em exceção ao art. 3º da LICC, que dispõe que ninguém se escusa de cumprir a lei, alegando que não a conhece.

(C) no caso de consignação do pagamento pelo sujeito passivo, caso seja julgada procedente, o montante consignado é convertido em renda, ao passo que, na improcedência, o crédito tributário é cobrado acrescido de juros de mora, sem aplicação de qualquer penalidade.

(D) caso haja dois ou mais débitos simultâneos do mesmo sujeito passivo para com o mesmo sujeito ativo, a imputação do pagamento compete, em primeiro lugar, ao contribuinte ou responsável pelo pagamento. Somente na hipótese de abstenção deste, a autoridade administrativa fará a imputação.

(E) a isenção, uma das modalidades de extinção do crédito tributário, é sempre decorrente de lei que especifique as condições e requisitos exigidos para a sua concessão, os tributos a que se aplica e, sendo o caso, o prazo de sua duração.

A: correta, pois isso é expressamente previsto no art. 170-A do CTN; **B:** incorreta, pois o erro ou a ignorância escusáveis que permitem a remissão referem-se a matéria de fato, e não a matéria de direito (erro de fato, e não erro de direito) – art. 172, II, do CTN; **C:** incorreta, pois no caso de improcedência da consignatória, o valor do tributo é cobrado acrescido de juros e penalidades pecuniárias eventualmente devidas – art. 164, § 2º, *in fine*, do CTN; **D:** incorreta, pois a imputação será determinada pela autoridade administrativa imediatamente, e não apenas em caso de omissão do sujeito passivo – art. 163 do CTN; **E:** incorreta, pois a isenção é modalidade de exclusão do crédito tributário, e não de extinção – art. 175, I, do CTN.

Gabarito "A".

(FGV – 2011) Em relação à prescrição e decadência no âmbito tributário, é correto afirmar que

(A) o despacho do juiz que ordenar a citação do réu em ação de execução fiscal não tem o condão de suspender ou interromper o prazo prescricional, uma vez que, em relação aos prazos, estes serão sempre mais benéficos ao contribuinte.

(B) a decadência se refere ao prazo de 2 (dois) anos de que a administração pública dispõe para o lançamento do crédito tributário, a partir da ocorrência do fato gerador da obrigação principal.

(C) a decadência é fenômeno que atinge a obrigação tributária, não permitindo a sua constituição, ao passo que a prescrição alcança o crédito tributável tornando-o inexequível.

(D) o direito de pleitear a restituição de tributos obedece ao prazo prescricional de 2 (dois) anos a contar da data do pagamento espontâneo do tributo pago indevidamente ou a maior.

(E) a ação para a cobrança do crédito tributário prescreve em 3 (três) anos, contados da data de sua constituição definitiva.

A: incorreta, pois o despacho do juiz que ordena a citação do réu na execução fiscal é causa de interrupção do prazo prescricional – art. 174, parágrafo único, I, do CTN; **B:** incorreta, pois o prazo decadência para o lançamento é de 5 anos, contados na forma do art. 173 do CTN; **C:** a assertiva é correta, por exclusão das demais. Importante notar, entretanto, que o CTN indica tanto a prescrição quanto a decadência como modalidades de extinção do crédito tributário – art. 156, V, do CTN; **D:** incorreta, pois o prazo prescricional para a repetição de indébito é de 5 anos, em regra, nos termos do art. 168 do CTN, com a exceção do art. 169 do CTN (prazo de 2 anos, no caso de decisão administrativa que denegue a devolução); **E:** incorreta, pois o prazo prescricional para a cobrança do crédito é de 5 anos, contados da constituição definitiva, conforme o art. 174 do CTN.

Gabarito "C".

(FGV – 2011) A respeito das causas de suspensão do crédito tributário, analise as afirmativas a seguir:

I. A moratória é um favor fiscal que o ente tributante cede ao contribuinte, sempre mediante lei.

II. O depósito prévio é requisito de admissibilidade para a ação judicial que pretenda discutir a exigibilidade do crédito tributário.

III. É cabível o requerimento de medida de natureza cautelar na via judicial para obtenção da suspensão do crédito tributário.

IV. Na ocorrência de causa de suspensão da exigibilidade do crédito tributário, o contribuinte terá direito à certidão negativa de débito tributário.

Assinale

(A) se apenas a afirmativa II estiver correta.

(B) se apenas as afirmativas I e III estiverem corretas.

(C) se apenas a afirmativa IV estiver correta.

(D) se apenas as afirmativas I e III estiverem corretas.

(E) se apenas as afirmativas II e IV estiverem corretas.

I: adequada, pois a moratória é um benefício fiscal concedido (não cedido) por lei do ente tributante; **II:** incorreta, pois não se pode condicionar o acesso ao Judiciário ao depósito prévio, conforme dispõe a Súmula Vinculante 28/STF ("É inconstitucional a exigência de depósito prévio como requisito de admissibilidade de ação judicial na qual se pretenda discutir a exigibilidade de crédito tributário"); **III:** assertiva correta, pois a liminar em medida cautelar suspende a exigibilidade do crédito tributário – art. 151, V, do CTN (tutelas provisórias, nos termos dos artigos 294 a 311 do CPC); **IV:** incorreta, pois cabe, no caso, a emissão de certidão positiva com efeitos de negativa (e não certidão negativa) – art. 206 do CTN. Obs.: as alternativas "B" e "D" nos parecem corretas (são idênticas), embora a questão tenha sido anulada. [LB]

Gabarito ANULADA.

(FGV – 2010) De acordo com o CTN, não se afigura como causa de extinção do crédito tributário:

(A) a decadência.

(B) a prescrição.

(C) a anistia.

(D) a remissão.

(E) a decisão administrativa irreformável, assim entendida a definitiva na órbita administrativa, que não mais possa ser objeto de ação anulatória.

A, B, D e E: incorretas, pois essas alternativas indicam modalidades de extinção do crédito tributário, conforme o art. 156 do CTN; **C:** correta. Essa é a única alternativa que não indica modalidade de extinção do crédito. A anistia, assim como a isenção, é modalidade de exclusão do crédito tributário – art. 175 do CTN.

Gabarito "C".

(FGV – 2010) O Código Tributário Nacional consagra uma estrutura dualista ao distinguir a Obrigação Tributária (OT) do Crédito Tributário (CT) de tal forma que, enquanto a OT surge pela ocorrência do "fato gerador", o CT dependeria do procedimento de lançamento para sua perfeita constituição. Com base na estrutura dualista, o Código Tributário Nacional estabelece no artigo 156 diversas hipóteses de extinção do "Crédito Tributário", dispositivo que mereceu severas críticas por parte da doutrina, dentre as quais o fato de que, por vezes, a Obrigação Tributária é extinta antes mesmo da constituição do crédito, tal como ocorre no caso de:

(A) decadência.

(B) prescrição.

(C) impossibilidade do cumprimento da obrigação.

(D) compensação.

(E) dação em pagamento com bens imóveis.

A: correta pois, de fato, a decadência extingue o crédito (segundo a dicção do CTN) antes mesmo de sua constituição, já que atinge exatamente o direito de o Fisco lançar (a decadência afasta o direito de constituir o crédito); **B, D e E:** essas alternativas indicam modalidades de extinção do crédito tributário incidentes após a constituição do crédito – art. 156, V, II e XI, do CTN, respectivamente; **C:** incorreta, pois a impossibilidade de cumprimento da obrigação tributária não é modalidade de extinção do crédito – art. 156 do CTN.

Gabarito "A".

9. DIREITO TRIBUTÁRIO — 671

(FGV – 2010) Iniciada a execução, não encontrados os bens do devedor, se o processo permanece paralisado, por mais de 5 (cinco) anos, pela inércia do Fisco, terá ocorrido

(A) prescrição.

(B) prescrição intercorrente.

(C) decadência.

(D) preclusão.

(E) remissão.

A: incorreta, pois a prescrição ocorre antes da execução fiscal, extinguindo o crédito e afastando o direito do Fisco exigir o tributo – art. 174 do CTN; **B:** correta, pois a questão descreve exatamente a prescrição intercorrente, que ocorre durante o processo de execução por inércia do Fisco – art. 40, § 4º, da Lei 6.830/1980 e Súmula 314/STJ ("Em execução fiscal, não localizados bens penhoráveis, suspende-se o processo por um ano, findo o qual se inicia o prazo da prescrição quinquenal intercorrente"); **C:** incorreta, pois a decadência ocorre antes do lançamento, impedindo a constituição do crédito pelo Fisco (antes da execução, portanto) – art. 173 do CTN; **D:** incorreta, pois preclusão é instituto processual, que não se confunde com os prazos para a pretensão tributária; **E:** incorreta, pois remissão é perdão do crédito tributário, modalidade de extinção – art. 156, IV, do CTN.
Gabarito "B"

11. REPARTIÇÃO DE RECEITAS TRIBUTÁRIAS E FINANÇAS

(OAB/Exame Unificado – 2010.1) Acerca da disciplina constitucional da repartição das receitas tributárias, assinale a opção correta.

(A) Ao DF cabe metade da arrecadação do imposto que a União instituir no exercício de sua competência residual ou extraordinária.

(B) Cabe aos Municípios, em qualquer hipótese, a integralidade do imposto sobre a propriedade territorial rural.

(C) Aos Municípios pertence a integralidade do produto da arrecadação do imposto de renda incidente na fonte sobre os rendimentos pagos, a qualquer título, por eles.

(D) A União deve repassar aos Estados 25% do produto da arrecadação do IPI.

A: incorreta. De acordo com o art. 157 da CF, "Pertencem aos Estados e ao Distrito Federal: (...) II – vinte por cento do produto da arrecadação do imposto que a União instituir no exercício da competência que lhe é atribuída pelo art. 154, I"; **B:** incorreta. Conforme dispõe o art. 158 da CF, "Pertencem aos Municípios: (...) II – cinquenta por cento do produto da arrecadação do imposto da União sobre a propriedade territorial rural, relativamente aos imóveis neles situados, cabendo a totalidade na hipótese da opção a que se refere o art. 153, § 4º, III" (será fiscalizado e cobrado pelos Municípios que assim optarem, na forma da lei, desde que não implique redução do imposto ou qualquer outra forma de renúncia fiscal); **C:** correta. De acordo com o art. 158 da CF, "Pertencem aos Municípios: I – o produto da arrecadação do imposto da União sobre renda e proventos de qualquer natureza, incidente na fonte, sobre rendimentos pagos, a qualquer título, por eles, suas autarquias e pelas fundações que instituírem e mantiverem"; **D:** incorreta. De acordo com o disposto no art. 159 da CF, "A União entregará: I – do produto da arrecadação dos impostos sobre renda e proventos de qualquer natureza e sobre produtos industrializados 50% (cinquenta por cento), na seguinte forma: (...) II – do produto da arrecadação do imposto sobre produtos industrializados, dez por cento aos Estados e ao Distrito Federal, proporcionalmente ao valor das respectivas exportações de produtos industrializados". ATENÇÃO: o percentual do art. 159, I, da CF, de distribuição de parcela do IR e do IPI, foi aumentado de 48% para 49% pela EC 84/2014 e, posteriormente, para os atuais 50% pela EC 112/2021. [LB]
Gabarito "C".

(OAB/Exame Unificado – 2008.2) As normas que regem a repartição das receitas tributárias determinam que pertencem aos Municípios 50% do produto da arrecadação do imposto

(A) de renda retido na fonte, sobre rendimentos pagos, a qualquer título, por eles ou por suas autarquias.

(B) sobre a propriedade territorial rural, relativamente aos imóveis neles situados.

(C) sobre a propriedade predial e territorial urbana, relativamente aos imóveis neles situados.

(D) sobre operações relativas à circulação de mercadorias e sobre prestações de serviços de transporte interestadual e intermunicipal e de comunicação.

A: incorreta, pois os Municípios ficam com a integralidade do IR retido na fonte – art. 158, I, da CF; **B:** correta, lembrando que o Município pode ficar com a integralidade do ITR (não apenas 50%) caso opte por fiscalizar e cobrar o tributo – art. 158, II, da CF; **C:** incorreta, pois o IPTU é da competência municipal e sua receita fica integralmente com o respectivo município (não há transferência); **D:** incorreta, pois apenas 25% da receita do ICMS é distribuída para os Municípios – art. 158, IV, da CF.
Gabarito "B".

(FGV – 2011) A CRFB traça as linhas gerais para a repartição das receitas tributárias nos arts. 157 a 161. É correto afirmar que a Constituição determina que

(A) o produto da arrecadação do ITR seja dividido entre Estados e Municípios, relativamente aos imóveis neles situados, exceto se o Município fiscalizar e cobrar o referido imposto.

(B) a União entrega 50% (cinquenta por cento) do produto da arrecadação do IPI aos Estados e ao Distrito Federal, proporcionalmente ao valor das respectivas exportações de produtos industrializados.

(C) seja vedada a retenção à entrega dos recursos atribuídos a partir das receitas tributárias aos Estados, Municípios e ao Distrito Federal, exceto adicionais e acréscimos relativos a impostos.

(D) caiba à lei ordinária disciplinar os aspectos relativos à repartição de receitas tributárias.

(E) pertençam aos Municípios 25% (vinte e cinco por cento) do produto da arrecadação do ICMS do Estado sobre a circulação de mercadorias e sobre prestações de serviços de transporte interestadual e intermunicipal e de comunicação.

A: incorreta, pois o ITR é tributo federal (art. 153, VI, da CF), sendo que a União fica com 50% da receita auferida e a outra metade pertence ao Município (ou Distrito Federal) em que o imóvel está localizado (não há partilha com o Estado). Entretanto, se o Município optar por fiscalizar e cobrar o tributo, na forma da lei, ficará com 100% da arrecadação – art. 158, II, da CF; **B:** incorreta, pois a parcela da arrecadação do IPI entregue aos Estados e ao Distrito Federal proporcionalmente ao valor das exportações é de apenas 10% – art. 159, II, da CF; **C:** incorreta, pois a vedação abrange também os adicionais e acréscimos relativos aos impostos – art. 160, *caput*, da CF; **D:** incorreta, pois a disciplina deve ser veiculada por lei complementar federal – art. 161 da CF; **E:** correta, no termos do art. 158, IV, da CF.

Gabarito "E".

(FGV – 2011) Considere que, por força de variações climáticas ocorridas em diversas regiões do Brasil, haja um desabastecimento do mercado interno em relação ao fornecimento de produtos da cesta básica, tais como feijão, arroz e açúcar. À vista disso, caso o Poder Executivo, mediante decreto, venha a estipular alíquota zero para o Imposto de Importação – II, Imposto sobre Produtos Industrializados – IPI e Imposto sobre Operações Financeiras – IOF a incidir sobre tais produtos no ato da importação, tal renúncia de receita, à luz da LC 101/2000,

(A) deverá estar acompanhada da estimativa do impacto orçamentário-financeiro no exercício em que deva iniciar e nos dois exercícios seguintes.

(B) deverá estar acompanhada de estimativa do impacto orçamentário-financeiro no exercício em que deva iniciar e no exercício seguinte.

(C) deverá estar acompanhada de estimativa do impacto orçamentário-financeiro no exercício em que deva iniciar e nos três exercícios seguintes.

(D) não deverá estar acompanhada de medidas de compensação, porém deverá estar acompanhada de estimativa do impacto orçamentário-financeiro no exercício em que deva iniciar e nos dois exercícios seguintes.

(E) não deverá estar acompanhada da estimativa do impacto orçamentário-financeiro no exercício em que deva iniciar e nos dois exercícios seguintes, nem observará qualquer outra medida de compensação de tributos ou exigências previstas na referida lei.

As alterações das alíquotas do II, IE, IPI e IOF por ato infralegal (art. 153, § 1º, da CF) não implicam necessidade de estimativa do impacto orçamentário-financeiro, de medidas de compensação ou de outras previstas no art. 14 da Lei de Responsabilidade Fiscal (LC 101/2000). A alternativa "E" é a melhor, por exclusão das demais, mas não é exata, pois nada impede que a redução das alíquotas seja acompanhada da estimativa de impacto ou de medidas de compensação, por opção do Executivo (a assertiva afirma que "não deverá ser acompanhada (...), nem observará", o que é inexato). **LB**

Gabarito "E".

(FGV – 2010) Com relação ao tema "Finanças Públicas", analise as afirmativas a seguir.

I. O Banco Central poderá comprar e vender títulos de emissão do Tesouro Nacional, com o objetivo de regular a oferta de moeda ou a taxa de juros, bem como conceder, direta ou indiretamente, empréstimos ao Tesouro Nacional.

II. A Constituição determina que lei complementar disporá sobre as operações de câmbio realizadas por órgãos e entidades da União, dos Estados, do Distrito Federal e dos Municípios bem como sobre a compatibilização das funções das instituições oficiais de crédito da União, resguardadas as características e condições operacionais plenas das voltadas ao desenvolvimento regional.

III. As disponibilidades de caixa da União serão depositadas no Banco Central; as dos Estados, do Distrito Federal, dos Municípios e dos órgãos ou entidades do Poder Público e das empresas por ele controladas, em

instituições financeiras oficiais, ressalvados os casos previstos em lei.

Assinale:

(A) se somente as afirmativas II e III estiverem corretas.

(B) se somente as afirmativas I e III estiverem corretas.

(C) se somente as afirmativas I e II estiverem corretas.

(D) se somente a afirmativa I estiver correta.

(E) se todas as afirmativas estiverem corretas.

I: incorreta, pois o Banco Central não pode conceder empréstimos ao Tesouro Nacional – art. 164, § 1º, da CF; **II:** correta, nos termos do art. 163, VI e VII, da CF, respectivamente; **III:** correta, conforme o art. 164, § 3º, da CF.

Gabarito "A".

(FGV – 2010) Assinale a alternativa correta.

(A) O Fundo de Participação dos Estados e do Distrito Federal será distribuído à razão de 10%, proporcionalmente à superfície de cada entidade participante e 90% proporcionalmente ao coeficiente individual de participação, resultante do produto do fator representativo da população pelo fator representativo do inverso da renda per capita, de cada entidade participante.

(B) Pertence aos Estados o produto da arrecadação do imposto da União sobre renda e proventos de qualquer natureza, incidente na fonte, sobre rendimentos pagos, a qualquer título, por eles e suas autarquias, exceto as fundações públicas que instituírem e mantiverem.

(C) Pertencem aos Municípios 80% cento do produto da arrecadação do imposto da União sobre a propriedade territorial rural, relativamente aos imóveis neles situados, cabendo a totalidade na hipótese da opção a que se refere o art. 153, § 4º, III, CF.

(D) No que concerne à repartição de receitas tributárias, é correto afirmar que, conforme o CTN, a lei federal pode cometer aos Estados, ao Distrito Federal ou aos Municípios o encargo de arrecadar os impostos de competência da União cujo produto lhes seja distribuído no todo ou em parte.

(E) No que se refere ao ICMS, podemos afirmar que as parcelas de receitas pertencentes aos Municípios serão creditadas na razão de pelo menos um quarto na proporção do valor adicionado nas operações relativas à circulação de mercadorias e nas prestações de serviços, realizadas em seus territórios, e até três quartos, de acordo com o que dispuser lei estadual.

A: incorreta, pois, nos termos do art. 88 do CTN, vigente à época deste exame, os recursos do Fundo de Participação dos Estados e do Distrito Federal seriam distribuídos à razão de 5% (e não 10%) proporcionalmente à superfície de cada entidade participante e de 95% (e não 90%) proporcionalmente ao coeficiente individual de participação, resultante do produto do fator representativo da população pelo fator representativo do inverso da renda *per capita*, de cada entidade participante. Atualmente a matéria é regulada pela LC 62/1989, com a redação dada pela LC 143/2013; **B:** incorreta, pois o IR retido na fonte relativo às fundações públicas também pertence ao ente correspondente – art. 157, I, da CF; **C:** incorreta, pois o percentual de ITR pertencente ao município é de 50% (e não 80%), exceto no caso da opção pela fiscalização e cobrança, em que, de fato, 100% da receita fica com o município – art. 158, II, da CF; **D:** correta, pois reflete o disposto no art. 84 do CTN, embora, no sistema constitucional atual, muitos entendam que não possa haver imposição por parte da União, mas sim convênio entre os entes públicos; **E:** incorreta, nos termos do art. 158, inciso IV e parágrafo único, com a redação dada pela EC 108/2020.

Gabarito "D".

(FGV – 2010) Assinale a alternativa correta.

(A) A União deve entregar, do produto da arrecadação do imposto sobre produtos industrializados, dez por cento aos Estados e ao Distrito Federal, proporcionalmente ao valor das respectivas exportações de produtos industrializados.

(B) Quanto à repartição de receitas tributárias, é correto afirmar que o Tribunal de Contas da União efetuará o cálculo das quotas referentes aos fundos de participação a que alude o artigo 159, CF, exceto no que se refere ao Fundo Especial, previsto no artigo 159, I, c, CF.

(C) Conforme o art. 162, CF, a União, os Estados, o Distrito Federal e os Municípios divulgarão semestralmente os montantes de cada um dos tributos arrecadados, os recursos recebidos, os valores de origem tributária entregues e a entregar e a expressão numérica dos critérios de rateio.

(D) Pertencem aos Estados e ao Distrito Federal vinte e cinco por cento do produto da arrecadação do imposto que a União instituir no exercício de sua competência residual (a ela atribuída pelo art. 154, I, CF).

(E) Pertencem aos Municípios vinte e cinco por cento do produto da arrecadação do imposto do Estado sobre operações relativas à circulação de mercadorias e sobre prestações de serviços de transporte e de comunicação, cabendo a totalidade na hipótese da opção a que se refere o art. 153, § 4º, III, CF.

A: correta, pois reflete o disposto no art. 159, II, da CF; **B:** incorreta, pois o Tribunal de Contas da União deve realizar o cálculo relativo a todos os fundos previstos no art. 159, I, da CF, inclusive aquele da alínea *c* – art. 161, parágrafo único, c/c inciso II, da CF; **C:** incorreta, pois a divulgação é mensal, não semestral. Nos termos do art. 162 da CF, o prazo é até o último dia do mês subsequente ao da arrecadação; **D:** incorreta, pois a parcela pertencente aos Estados e ao Distrito Federal, relativo a eventual imposto da competência residual, é de 20% (e não 25%) – art. 157, II, da CF; **E:** incorreta, pois a Constituição Federal não prevê hipótese de o município ficar com 100% da arrecadação do ICMS (isso só ocorre em relação ao ITR federal).

Gabarito "A".

12. IMPOSTOS E CONTRIBUIÇÕES EM ESPÉCIE

(OAB/Exame XXXIX) No ano de 2022, os sindicatos de enfermeiros e de médicos do Estado Alfa firmaram convenção coletiva de trabalho (CCT) com os hospitais daquele estado para que a remuneração paga pelo trabalho realizado nos plantões em final de semana passasse a ter a nomenclatura de "indenização de plantões". Assim, não seria mais necessária a retenção na fonte do respectivo Imposto sobre a Renda de Pessoa Física (IRPF) quanto a esta parcela, aumentando, como consequência, o valor líquido de salário que os médicos e enfermeiros receberiam mensalmente.

O médico João, que sempre cumpriu corretamente suas obrigações tributárias, preocupado com o decidido naquela CCT, procura o seu advogado para emitir um parecer sobre aquela situação.

Diante desse cenário, à luz do Código Tributário Nacional, assinale a afirmativa correta.

(A) Em razão da natureza indenizatória que esta verba passou a ter, o IRPF não incide sobre tal parcela.

(B) Embora não tenha caráter indenizatório, sobre tal parcela não haverá incidência de IRPF por se tratar de uma decisão tomada em convenção coletiva de trabalho (CCT).

(C) Uma vez que se trata de classificação de verbas estabelecida por convenção coletiva de trabalho (CCT), que tem força de lei, haverá hipótese de isenção tributária de IRPF, a qual não se confunde com a não incidência.

(D) Deverá ser retido na fonte o IRPF sobre as verbas com a nova denominação "indenização de plantões", pois a incidência do imposto sobre a renda independe da denominação do rendimento.

A: incorreta, pois o valor recebido por João não tem caráter indenizatório (compensação pela perda de um direito), mas sim remuneratório, ou seja, é renda advinda do trabalho prestado aos hospitais do Estado Alfa, sendo passível, portanto, de incidência do IRPF, conforme art. 43, I, do CTN. **B:** incorreta, pois a natureza jurídica específica do tributo é determinada pelo fato gerador da respectiva obrigação previsto em lei tributária (art. 4º do CTN c/c art.150, I, da CF). Assim, as convenções particulares, firmadas no âmbito trabalhista, no sentido de alterar a nomenclatura do produto do trabalho para "indenização de plantões", são irrelevantes para alterar a caracterização do fato gerador e o sujeito passivo da obrigação tributária definidos na lei tributária (art. 123 do CTN); **C:** incorreta, pois a isenção, causa de exclusão do crédito tributário, só pode ser feita por lei tributária específica, conforme art. 150, § 6º, da CF e artigo 97, VI, do CTN c/c art. 176, *caput*, do CTN. Portanto, não basta a previsão em convenção coletiva de trabalho que tem força de lei no âmbito laboral, sendo necessária lei federal específica sobre o tema, aprovada no Congresso Nacional, pois o IRPF é imposto da competência da União (art. 153, III, da CF); **D:**correta, conforme comentários anteriores.

Gabarito "D".

(OAB/Exame XXXVIII) O Governador do Estado *Alfa*, diante da grande quantidade de bicicletas elétricas circulando em seu território, e visando aumentar a arrecadação, oficiou à sua Secretaria da Fazenda para adotar alguma forma de cobrança quanto a tais veículos. Esta, por sua vez, orientou seus fiscais a cobrar o Imposto sobre Propriedade de Veículos Automotores (IPVA), aplicando a incidência deste imposto, por analogia, às bicicletas elétricas, ainda que não classificadas como veículos automotores propriamente ditos pela legislação de trânsito pertinente.

O sindicato dos lojistas do setor o(a) consulta, como advogado(a), a respeito desta incidência.

Diante desse cenário, assinale a afirmativa correta.

(A) É válida a exigência deste imposto, uma vez que as bicicletas elétricas se enquadram no conceito de veículo automotor por analogia.

(B) Está dentro da competência estadual a tributação sobre a propriedade de bicicletas elétricas.

(C) Tal tributação por analogia envolvendo bicicletas elétricas é vedada no ordenamento jurídico nacional.

(D) A exigência deste imposto sobre bicicletas elétricas dependeria da edição de um decreto, cuja competência é privativa do Governador.

A: incorreta, pois as bicicletas elétricas não se enquadram no conceito de veículo automotor. Isso porque o Código de Trânsito Brasileiro define , em seu anexo I, o conceito de veículo automotor, nos seguinte termos: VEÍCULO AUTOMOTOR – veículo a motor de propulsão a combustão, elétrica ou híbrida que circula por seus próprios meios e que serve normalmente para o transporte viário de pessoas e coisas ou para a tração viária de veículos utilizados para o transporte de pessoas e coisas, compreendidos na definição os veículos conectados a uma linha elétrica e que não circulam sobre trilhos (ônibus elétrico). O CTB ainda define bicicleta da seguinte forma: BICICLETA – veículo de propulsão humana, dotado de duas rodas, não sendo, para efeito deste Código, similar à motocicleta, motoneta e ciclomotor. Ressalte-se que motocicleta, motoneta e ciclomotor são também classificados pelo CTB que os elenca dentre os veículos automotores. Em relação à bicicleta elétrica, há Resolução do CONSELHO NACIONAL DE TRÂNSITO (CONTRAN) Nº 996/2023 estabelecendo seu conceito como veículo de propulsão humana, com duas rodas, dotado das características previstas no art. 2º, III, alíneas 'a' a 'd'. A citada Resolução ainda determina que a bicicleta elétrica se equipara à bicicleta. (art. 2º, § 1º). Por todo o exposto, verifica-se que as bicicletas elétricas não se enquadram no conceito de veículo automotor. Ademais, o Código Tributário Nacional estabelece que o emprego da analogia não poderá resultar na exigência de tributo não previsto em lei (art. 108, § 1º, do CTN). **B:** incorreta, pois há disposição constitucional expressa determinando que os Estados e o Distrito Federal podem tributar a propriedade de veículo automotor (art. 155, III, da CF). Porém, conforme visto nos comentários da alternativa A, as bicicletas elétricas não se enquadram no conceito de veículo automotor; **C:** correta, conforme comentários anteriores (art. 108, § 1º, do CTN); **D:** incorreta, pois não pode haver instituição de tributo por Decreto, segundo o princípio da legalidade tributária (art. 150, I, da CF). LB

Gabarito "C"

(OAB/Exame XXXV) A sociedade empresária *ABC Ltda.* foi criada em janeiro de 2020 e estabelecida no município Alfa. É especializada em recauchutagem de pneus, atividade na qual o cliente entrega os pneus do seu automóvel ao estabelecimento para que esses passem por um complexo processo de recuperação da borracha e de sua forma (raspagem, colagem, vulcanização etc.), transformando o pneu velho e desgastado em um pneu novo para uso do respectivo cliente em seu automóvel.

Antes de iniciar suas atividades, ainda na fase de regularização fiscal, você é chamado(a) para emitir parecer sobre qual imposto incidirá naquela operação.

Diante desse cenário, incidirá

(A) o Imposto sobre Serviços (ISS), uma vez que a atividade da sociedade empresária é realizada por encomenda do proprietário do automóvel, dono dos pneus.

(B) o Imposto sobre Circulação de Mercadorias e Serviços (ICMS), uma vez que, na operação descrita, os pneus são considerados mercadorias.

(C) o Imposto sobre Produtos Industrializados (IPI), uma vez que, na operação descrita, há um processo de industrialização na recauchutagem dos pneus, na espécie transformação.

(D) o Imposto sobre Circulação de Mercadorias e Serviços (ICMS), uma vez que, nessa operação, os pneus são considerados mercadorias, acrescido do Imposto sobre Produtos Industrializados (IPI), uma vez que há um processo de industrialização na operação.

Nos termos do art. 146, I, da CF, é a lei complementar federal que soluciona conflitos de competência entre os entes federados. A LC

116/2003, ao listar os serviços sujeitos ao ISS municipal, afasta a competência estadual (ICMS) e federal (IPI), por exclusão – vide o art. 1º, § 2º. O item 14.04 da lista anexa à LC 116/2016 dispõe que incide ISS sobre recauchutagem ou regeneração de pneus sem qualquer ressalva (ou seja, não incide ICMS ou IPI). Por essa razão, a alternativa "A" é a correta.

Gabarito "A"

(OAB/Exame XXXIV) O Município X, desejando fomentar os pequenos negócios de tinturaria e lavanderia na cidade (item 14.10 da lista anexa à Lei Complementar 116/2003), editou, em 2018, Lei Ordinária que fixou a alíquota do Imposto sobre Serviços (ISS) em 1,5% sobre o preço desses serviços.

Diante desse cenário, assinale a afirmativa correta.

(A) A referida alíquota de ISS não poderia ser fixada por lei ordinária, mas sim por lei complementar municipal.

(B) A referida alíquota de ISS foi fixada sobre base de cálculo equivocada, pois não deveria incidir sobre o preço do serviço.

(C) A referida alíquota de ISS não viola a alíquota mínima geral de ISS estabelecida em lei complementar federal, pois os serviços de tinturaria e lavanderia constituem uma das hipóteses de exceção à regra geral de alíquota mínima.

(D) A referida alíquota de ISS viola a alíquota mínima geral de ISS estabelecida em lei complementar federal.

A: incorreta, pois a alíquota do ISS pode ser fixada por lei ordinária – art. 97 do CTN; **B:** incorreta, pois a base de cálculo do ISS é mesmo o preço do serviço – art. 7º da LC 116/2003; **C:** incorreta, pois a alíquota mínima do ISS é 2%, nos termos do art. 8º-A da LC 116/2003 – ver também art. 156, § 3º, I, da CF; **D:** correta, conforme comentário anterior.

Gabarito "D"

(OAB/Exame XXXIV) Maria recebeu de seu tio, em 2019, a posse de um automóvel de alto valor para facilitar seu transporte até a faculdade. Em 2020, seu tio resolveu realizar, em favor de Maria, a doação do automóvel, sob condição suspensiva, por escritura pública. O evento previsto na condição era o de que Maria se formasse na faculdade até o fim do ano de 2021. Contudo, ela abandona a faculdade, escoando o ano de 2021 sem que se formasse.

Diante desse cenário, à luz do CTN, o Imposto sobre a Transmissão *Causa Mortis* e Doação (ITCMD)

(A) é devido na data de efetiva transferência da posse do automóvel.

(B) é devido na data de efetiva lavratura da escritura pública de doação.

(C) não é devido, por se tratar de doação de bem móvel.

(D) não é devido, pois a doação não se tornou perfeita e acabada em virtude da ausência do implemento do evento previsto na condição.

A: incorreta, pois, como a condição suspensiva jamais ocorreu, tampouco houve fato gerador do ITCMD que, no caso, seria a cessão definitiva do veículo automotor – art. 117, I, do CTN; **B:** incorreta, pois o fato gerador, no caso, somente ocorreria com o implemento da condição suspensiva – art. 117, I, do CTN; **C:** incorreta, pois o ITCMD estadual incide sobre a doação de qualquer espécie de bem – art. 155, I, da CF; **D:** correta, conforme comentários anteriores.

Gabarito "D"

9. DIREITO TRIBUTÁRIO

(OAB/Exame XXXIII – 2020.3) Um carregamento de computadores foi abandonado no porto pelo importador, que não chegou a realizar o desembaraço aduaneiro dentro do prazo previsto na legislação tributária. Por isso, a autoridade tributária, após o devido processo legal, aplicou a pena de perdimento e realizou leilão para alienação dos computadores.

Diante dessa situação, a base de cálculo do imposto sobre a importação incidente na hipótese será o valor

(A) de mercado dos bens.

(B) da arrematação.

(C) arbitrado pela autoridade tributária.

(D) estimado dos bens, deduzindo-se os custos com armazenagem e as comissões do leiloeiro público.

Em caso de produto apreendido ou abandonado, levado a leilão, a base de cálculo do imposto de importação é o preço da arrematação, conforme o art. 20, III, do CTN. Por essa razão, a alternativa "B" é a correta.
Gabarito "B".

(OAB/Exame Unificado – 2020.2) Rodrigo, em janeiro de 2018, objetivando melhorar o seu inglês, mudou-se para a Austrália para realizar um intercâmbio de 5 (cinco) meses, sem, contudo, prestar qualquer tipo de informação à Secretaria da Receita Federal do Brasil.

Durante o seu intercâmbio, precisando aumentar sua renda, Rodrigo prestou alguns serviços no exterior, recebendo por mês o equivalente a R$ 20.000,00 (vinte mil reais), totalizando R$ 100.000,00 (cem mil reais) ao longo dos cinco meses. Tais valores foram tributados na Austrália.

Em abril do ano seguinte, Rodrigo questiona você sobre se deve declarar tais rendimentos à Secretaria da Receita Federal do Brasil, para fins de apuração do Imposto sobre a Renda de Pessoa Física (IRPF).

Sobre a hipótese formulada e considerando que o Brasil não possui convenção internacional com a Austrália para evitar a bitributação, assinale a afirmativa correta.

(A) Como os rendimentos foram obtidos no exterior, o Fisco Federal não possui competência para cobrá-los; sendo assim, Rodrigo não deve declará-los.

(B) Como os rendimentos foram tributados no exterior, Rodrigo não deve declará-los, sob pena de bitributação.

(C) Rodrigo não está obrigado a declarar e recolher o IRPF, uma vez que os rendimentos obtidos no exterior estão alcançados por imunidade.

(D) Os rendimentos de Rodrigo deverão ser declarados e tributados, uma vez que, tratando-se de residente fiscal no Brasil, a tributação do imposto sobre a renda independe da origem dos rendimentos.

A: incorreta, pois a tributação pelo imposto de renda segue o princípio da universalidade, abrangendo todas as rendas e proventos apurados no período, inclusive no exterior no caso dos brasileiros que não saíram definitivamente do país – art. 153, § 2º, I, da CF e art. 14, § 3º, do Regulamento do Imposto de Renda – RIR (Decreto 9.580/2018); **B:** incorreta, pois o brasileiro que não saiu definitivamente do Brasil deve declarar a renda auferida no exterior, sendo permitida a dedução do valor do tributo lá pago sobre essa renda, mesmo no caso de inexistir tratado contra bitributação, desde que haja reciprocidade de tratamento em relação aos rendimentos produzidos no Brasil – art. 115 do RIR;

C: incorreta, conforme comentários anteriores; **D:** correta, conforme comentários anteriores – art. 115 do RIR.
Gabarito "D".

(OAB/Exame Unificado – 2020.1) Maria dos Santos, querendo constituir hipoteca sobre imóvel de sua propriedade em garantia de empréstimo bancário a ser por ela contraído, vai a um tabelionato para lavrar a escritura pública da referida garantia real. Ali, é informada que o Município Z, onde se situa o bem, cobra o Imposto de Transmissão de Bens Imóveis (ITBI) sobre a constituição de direitos reais de garantia.

Diante desse cenário, assinale a afirmativa correta.

(A) É possível tal cobrança, pois a constituição de direito real de garantia sobre bens imóveis, por ato inter vivos, é uma das hipóteses de incidência do ITBI.

(B) O contribuinte do ITBI, nesse caso, não seria Maria dos Santos, mas sim a instituição bancária em favor de quem a garantia real será constituída.

(C) O tabelião atua como responsável por substituição tributária, recolhendo, no lugar do contribuinte, o ITBI devido em favor do Município Z nessa constituição de direitos reais de garantia.

(D) Não é possível exigir ITBI sobre direitos reais de garantia sobre imóveis.

A: incorreta, pois o ITBI não incide em relação a direitos reais de garantia – art. 156, II, da CF; **B** e **C:** incorretas, pois, inexistindo incidência, não há falar em contribuinte ou responsável tributário, conforme comentário anterior; **D:** correta, conforme o art. 156, II, da CF.
Gabarito "D".

(OAB/Exame Unificado – 2020.1) A sociedade empresária ABC, concessionária de serviço de transporte público coletivo de passageiros, opera a linha de ônibus 123, que inicia seu trajeto no Município X e completa seu percurso no Município Y, ambos localizados no Estado Z.

Sobre a prestação onerosa desse serviço de transporte, deve incidir

(A) o ISS, a ser recolhido para o Município X.

(B) o ISS, a ser recolhido para o Município Y.

(C) o ICMS, a ser cobrado de forma conjunta pelo Município X e o Município Y.

(D) o ICMS, a ser recolhido para o Estado em que se localizam o Município X e o Município Y.

Trata-se de transporte intermunicipal de passageiros. Nesse caso, incide o ICMS estadual, nos termos do art. 155, II, da CF. Por essa razão, a alternativa "D" é a correta. Se o transporte fosse interestadual, o ICMS seria em regra devido ao Estado em que se inicia o serviço de transporte – arts. 11, II, *a*, e 12, V, da LC 87/1996.
Gabarito "D".

(OAB/Exame Unificado – 2019.3) Otávio, domiciliado no Estado X, possui ações representativas do capital social da Sociedade BETA S/A, com sede no Estado Y, e decide doar parte da sua participação acionária a Mário, seu filho, então domiciliado no Estado Z.

Com dúvidas quanto ao Estado para o qual deverá ser recolhido o imposto sobre a Transmissão Causa Mortis e Doação (ITCD) incidente nessa operação, Mário consulta seu escritório, destacando que o Estado Z estabelece alíquotas inferiores às praticadas pelos demais Estados.

Com base nisso, assinale a afirmativa correta.

(A) O ente competente para exigir o ITCD na operação em análise é o Estado X, onde tem domicílio o doador.

(B) O ITCD deverá ser recolhido ao Estado Y, uma vez que o bem a ser doado consiste em participação acionária relativa à sociedade ali estabelecida, e o imposto compete ao Estado da situação do bem.

(C) O ITCD deverá ser recolhido ao Estado Z, uma vez que o contribuinte do imposto é o donatário.

(D) Doador ou donatário poderão recolher o imposto ao Estado X ou ao Estado Z, pois o contribuinte do imposto é qualquer das partes na operação tributada.

No caso de doação de bens móveis, títulos, ações, créditos, dinheiro etc. (qualquer coisa que não seja bem imóvel e respectivos direitos), o ITCMD é devido ao Estado (ou DF) onde domiciliado o doador, no caso, ao Estado X – art. 155, § 1º, II, da CF. Por essa razão, a alternativa "A" é a correta.

Gabarito "A".

(OAB/Exame Unificado – 2019.3) Projeto de Resolução do Senado Federal pretende fixar nacionalmente as alíquotas mínimas do Imposto sobre a Propriedade de Veículos Automotores (IPVA), tributo de competência estadual.

Um Senador, membro da Comissão de Constituição, Justiça e Cidadania do Senado Federal, que terá de elaborar parecer sobre o tema, consulta você sobre sua opinião jurídica acerca desse projeto de Resolução.

Diante desse cenário, assinale a afirmativa correta.

(A) O Senado, por ser órgão do Poder Legislativo da União, não possui competência constitucional para, por Resolução, dispor sobre o tema, por se tratar de ingerência indevida da União na autonomia dos Estados.

(B) É lícito ao Senado instituir a referida Resolução, pois existe autorização expressa na Constituição para tal fixação por Resolução do Senado.

(C) A fixação de alíquota mínima de tributo, por mera Resolução do Senado, viola o princípio da legalidade tributária.

(D) Resolução do Senado poderia tratar do tema, desde que ratificada por ao menos dois terços dos membros do Conselho Nacional de Política Fazendária (CONFAZ).

De fato, compete ao Senado Federal fixar as alíquotas mínimas do IPVA estadual, por força do art. 155, § 6º, I, da CF. Essa competência constitucional busca minorar a guerra fiscal entre Estados e DF (há casos de locadoras de veículos e outras empresas que costumam "emplacar" seus veículos em Estados com alíquota menor, ainda que seus negócios se concentrem em outras localidades). **LB**

Gabarito "B".

(OAB/Exame Unificado – 2019.3) O Estado Y concedeu, em 2018, por iniciativa própria e isoladamente, mediante uma lei ordinária estadual, isenção fiscal do Imposto sobre Circulação de Mercadorias e Serviços (ICMS) a um determinado setor de atividade econômica, como forma de atrair investimentos para aquele Estado.

Diante desse cenário, assinale a afirmativa correta.

(A) É suficiente lei ordinária estadual para a concessão de tal isenção de ICMS, por se tratar de tributo de competência estadual.

(B) Ainda que se trate de tributo de competência estadual, somente por lei estadual complementar seria possível a concessão de tal isenção de ICMS.

(C) A lei ordinária estadual pode conceder tal isenção de ICMS, desde que condicionada a uma contrapartida do contribuinte beneficiado.

(D) Apesar de se tratar de tributo de competência estadual, a concessão de tal isenção de ICMS pelo Estado deve ser precedida de deliberação dos Estados e do Distrito Federal (CONFAZ).

Apesar de o ICMS ser tributo da competência dos Estados e DF, a concessão de benefícios fiscais tem regulação nacional, de modo a tentar minorar os efeitos da guerra fiscal (Estados que concedem benefícios agressivos para atrair empresas para seus territórios). Nesse sentido, o art. 155, § 2º, XII, g, da CF dispõe que lei complementar federal regula a forma como, mediante deliberação dos Estados e do Distrito Federal, isenções, incentivos e benefícios fiscais serão concedidos e revogados. Atualmente, é a LC 24/1975. Assim, não basta lei estadual para conceder o benefício, sendo necessário convênio interestadual decorrente de deliberação dos Estados e DF. Por essas razões, a alternativa "D" é a correta.

Gabarito "D".

(OAB/Exame Unificado – 2018.3) Em dezembro de 2017, João adquiriu o domínio útil de um terreno de marinha. No ano de 2018, foi surpreendido com a chegada de duas notificações: uma da Secretaria de Patrimônio da União (SPU), para pagamento do foro anual à União; outra do Município, contendo a cobrança do IPTU do imóvel.

Acerca desse cenário, assinale a afirmativa correta.

(A) A cobrança do IPTU é devida, pois o titular do domínio útil também é contribuinte do IPTU.

(B) A dupla cobrança é indevida, pois, tratando-se do mesmo imóvel, a base de cálculo e o fato gerador do foro anual e do IPTU seriam idênticos, configurando um *bis in idem* vedado em matéria tributária.

(C) A cobrança do IPTU é indevida, pois, sendo o imóvel de propriedade da União, goza da imunidade recíproca.

(D) Como ambos os tributos (foro anual e IPTU) destinam-se a entes federados distintos, é admissível a dupla cobrança.

A: correta, pois não somente o proprietário, mas também o titular do domínio útil e mesmo o possuidor com *animus domini* podem ocupar a posição de contribuinte do IPTU, art. 34 do CTN; **B:** incorreta, pois o foro anual não tem natureza tributária, mas sim de contraprestação pela ocupação da área pertencente União; **C:** incorreta, pois a incidência se dá sobre o domínio útil, não sobre a propriedade – art. 32 do CTN; **D:** incorreta, pois a questão não é quanto à distinção dos entes, mas a natureza distinta das cobranças. IPTU é tributo incidente sobre o domínio útil, enquanto o foro é contraprestação pela ocupação da área pertencente União.

Gabarito "A".

(OAB/Exame Unificado – 2018.1) Em 2015, o Município X estabeleceu, por meio da Lei nº 123, alíquotas progressivas do Imposto sobre propriedade Predial e Territorial Urbana (IPTU), tendo em conta o valor do imóvel.

Sobre a hipótese, assinale a afirmativa correta.

(A) A lei é inconstitucional, pois a Constituição da República admite alíquotas progressivas do IPTU apenas

9. DIREITO TRIBUTÁRIO 677

se destinadas a assegurar o cumprimento da função social da propriedade urbana, o que não é a hipótese.

(B) A lei é inconstitucional, pois viola o Princípio da Isonomia.

(C) A lei está de acordo com a Constituição da República, e a fixação de alíquotas progressivas poderia até mesmo ser estabelecida por Decreto.

(D) A lei está de acordo com a Constituição da República, que estabelece a possibilidade de o IPTU ser progressivo em razão do valor do imóvel.

A: incorreta, pois a Constituição Federal prevê expressamente a possibilidade de progressividade do IPTU em relação ao valor do imóvel – art. 156, § 1º, I, da CF. Ver também Súmula 668/STF, que se refere à impossibilidade de IPTU progressivo em relação ao valor do imóvel apenas no período anterior à EC 29/2000; **B:** incorreta, conforme comentário anterior; **C:** incorreta, pois a fixação do aspecto quantitativo do IPTU deve ser feita exclusivamente por lei – art. 150, I, da CF e art. 97, IV, do CTN; **D:** correta, conforme comentário à primeira alternativa.
Gabarito "D".

(OAB/Exame Unificado – 2018.1) O Município M, ao realizar a opção constitucionalmente prevista, fiscalizou e cobrou Imposto sobre Propriedade Territorial Rural (ITR), incidente sobre as propriedades rurais localizadas fora da sua área urbana. Em função desse fato, o Município M recebeu 50% (cinquenta por cento) do produto do imposto da União sobre a propriedade rural, relativo aos imóveis nele situados.

Diante dessa situação, sobre a fiscalização e a cobrança do ITR pelo Município M, assinale a afirmativa correta.

(A) Não são possíveis, por se tratar de imposto de competência da União.

(B) São possíveis, sendo igualmente correta a atribuição de 50% (cinquenta por cento) do produto da arrecadação do imposto a ele.

(C) São possíveis, porém, nesse caso, a totalidade do produto da arrecadação do imposto pertence ao Município.

(D) São possíveis, porém, nesse caso, 25% (vinte e cinco por cento) do produto da arrecadação do imposto pertence ao Município.

A: incorreta, pois o ITR, apesar de tributo da competência federal, possibilita excepcionalmente a fiscalização e cobrança por Municípios que optarem por isso, na forma do art. 153, § 4º, III, da CF; **B:** incorreta, pois, apesar de possível a fiscalização e cobrança pelo Município, conforme comentário anterior, nesse caso a totalidade da receita auferida pertence a esse Município – art. 158, II, *in fine*, da CF; **C:** correta, conforme comentários anteriores; **D:** incorreta, conforme comentário à segunda alternativa (a totalidade da receita fica com o Município, nessa hipótese).
Gabarito "C".

(OAB/Exame Unificado – 2017.2) O laboratório de análises clínicas X realizou a importação de equipamento eletrônico necessário para a realização de alguns exames. Por ocasião do desembaraço aduaneiro, foi – lhe exigido o pagamento de Imposto sobre Produtos Industrializados (IPI), cuja base de cálculo correspondia a 150% do preço corrente do equipamento no mercado atacadista da praça do remetente, acrescido do Imposto de Importação (II), das taxas exigidas para a entrada do produto no país e dos encargos cambiais efetivamente pagos pelo laboratório.

Sobre a exigência feita, assinale a afirmativa correta.

(A) É ilegal, pois, além dos acréscimos, a base de cálculo está sendo de 150% do preço corrente do equipamento no mercado atacadista da praça do remetente.

(B) É ilegal, pois a base de cálculo está incluindo o montante correspondente ao imposto de importação.

(C) É ilegal, pois a base de cálculo está incluindo o montante correspondente às taxas exigidas para a entrada do produto no país.

(D) É ilegal, pois a base de cálculo está incluindo o montante correspondente aos encargos cambiais efetivamente pagos pelo laboratório.

A: correta, pois a base de cálculo do IPI no desembaraço aduaneiro é o valor normal do produto (jamais 150% do preço corrente), acrescido dos impostos, taxas e encargos previstos no art. 47, I, do CTN; **B**, **C** e **D:** incorretas, pois, no imposto de importação, as taxas exigidas para entrada no país e os encargos cambiais compõem a base de cálculo do IPI, nos termos do art. 47, I, do CTN. Importante, entretanto, que o estudante acompanhe a evolução jurisprudencial a respeito do tema. **LB**
Gabarito "A".

(OAB/Exame Unificado – 2015.3) A Presidência da República, por meio do Decreto 123, de 1º de janeiro de 2015, aprovou novas alíquotas para o Imposto sobre Produtos Industrializados (IPI), dentro das balizas fiadas na lei tributária, a saber:

Cigarro – alíquota de 100% Vestuário – alíquota de 10% Macarrão – alíquota zero

Sobre a hipótese, é possível afirmar que

(A) o referido decreto é inconstitucional, uma vez que viola o princípio da legalidade.

(B) o referido decreto é inconstitucional, uma vez que viola o princípio do não confisco.

(C) as alíquotas são diferenciadas em razão da progressividade do IPI.

(D) as alíquotas são diferenciadas em razão do princípio da seletividade do IPI.

A: incorreta, pois, considerando que as condições e os limites estabelecidos em lei foram observados, a alteração das alíquotas do IPI por decreto é válida, conforme o art. 153, § 1º, da CF; **B:** incorreta, pois o IPI deve mesmo ter alíquotas seletivas conforme a essencialidade do produto, ou seja, produtos não essenciais (caso do cigarro) devem ter alíquotas maiores, e produtos essenciais (caso dos alimentos) devem ter alíquotas menores – art. 153, § 3º, I, da CF; **C:** incorreta, pois as alíquotas do IPI não são progressivas (ou seja, não variam conforme o valor da base de cálculo), mas sim seletivas, conforme comentário anterior; **D:** correta, conforme comentário à alternativa "B".
Gabarito "D".

(OAB/Exame Unificado – 2014.2) Empresa X, constituída em 1980, entrou com ação na Justiça Federal impugnando a cobrança da Contribuição Sobre o Lucro – CSLL, alegando que, apesar de prevista no Art. 195, I, c, da Constituição Federal, trata-se de um tributo que tem o lucro como fato gerador. Dessa forma, haveria um *bis in idem* em relação ao Imposto Sobre a Renda das Pessoas Jurídicas (Art. 153, III da CRFB), o que é vedado pelo próprio texto constitucional. A partir do caso narrado e considerando a jurisprudência dominante do Supremo Tribunal Federal, assinale a afirmativa correta.

(A) A empresa tem razão porque os dois tributos têm o lucro como fato gerador, o que é vedado pela Constituição Federal.

(B) A empresa, por ter sido constituída anteriormente à Constituição Federal de 1988, tem direito adquirido a não pagar a CSLL.

(C) A empresa não tem razão, porque ambos os tributos estão previstos na CRFB.

(D) A empresa tem razão, pela clara violação à vedação ao confisco prevista no Art. 150, IV, da CRFB.

É pacífico e conhecido o entendimento do STF no sentido de inexistir *bis in idem* em relação a imposto e contribuição social previstos expressamente na Constituição Federal – ver RE 559.937/RS. Por essa razão, a alternativa "C" é a correta.

Gabarito "C".

(OAB/Exame Unificado – 2013.3) Em relação ao imposto sobre a propriedade de veículos automotores – IPVA –, assinale a única opção **incompatível** com o previsto na Constituição Federal.

(A) Poderão ser estabelecidas alíquotas diferenciadas do IPVA em função da procedência do veículo, se nacional ou estrangeira.

(B) O IPVA é um imposto de competência dos Estados e do Distrito Federal.

(C) Poderão ser estabelecidas alíquotas diferenciadas do IPVA em função do tipo e da utilização do veículo.

(D) Pertence aos municípios parte do produto da arrecadação do IPVA relativamente aos veículos automotores licenciados em seus territórios.

A: incorreta, devendo ser a alternativa indicada, pois não há essa distinção entre veículos nacionais e importados na CF, sendo ela rechaçada pelo STF – ver art. 155, § 6º, da CF e RE 367.785 AgR/RJ-STF; **B:** correta, nos termos do art. 155, III, da CF; **C:** correta, conforme art. 155, § 6º, II, da CF; **D:** correta, nos termos do art. 158, III, da CF.

Gabarito "A".

(OAB/Exame Unificado – 2012.3.A) Acerca do Imposto sobre Produtos Industrializados, de competência da União, assinale a afirmativa que contempla duas de suas características.

(A) É imposto ordinário e caracterizado pela seletividade.

(B) É imposto real e caracterizado por ser direto.

(C) É imposto monofásico e qualificado como indireto.

(D) É imposto interno e lançado por declaração.

A: correta. O IPI pode ser descrito como imposto ordinário, em oposição aos impostos extraordinário e da competência residual (art. 154 da CF). Isso porque o IPI é previsto expressamente no art. 153, IV, da CF. Ademais, suas alíquotas devem ser seletivas, conforme a essencialidade do produto – art. 153, § 3º, I, da CF; **B:** incorreta, pois o IPI não é imposto real (não recai sobre a propriedade ou posse de bens), nem direto (por sua natureza jurídica, o ônus econômico é repassado ao adquirente do produto – ver art. 166 do CTN, acerca dos tributos indiretos); **C:** incorreta, pois o IPI é plurifásico, ou seja, incide sobre diversas operações relacionadas ao mesmo produto, ao longo da cadeia produtiva e comercial, sendo, ademais, não cumulativo – art. 153, § 3º, II, da CF; **D:** incorreta, pois, embora seja discutível essa classificação de imposto interno, é certo que o IPI é lançado por homologação, em princípio, não por declaração.

Gabarito "A".

(OAB/Exame Unificado – 2012.2) A respeito dos impostos, assinale a afirmativa correta.

(A) O Imposto de Transmissão *Causa Mortis* e Doação (ITCMD) de quaisquer bens e direitos terá suas alí-

quotas máximas fixadas pelos Estados competentes para a sua instituição.

(B) As alíquotas máximas e mínimas do Imposto sobre Serviços de Qualquer Natureza (ISS) deverão ser fixadas por lei complementar nacional.

(C) O Imposto sobre Operações relativas à Circulação de Mercadorias e Prestação de Serviços de Transporte Interestadual e Intermunicipal e de Comunicação (ICMS) incidirá sobre as operações que destinem mercadorias e serviços ao exterior.

(D) A União Federal deverá instituir, mediante lei complementar, na iminência ou no caso de guerra externa, impostos extraordinários, compreendidos ou não em sua competência tributária, os quais serão suprimidos, gradativamente, cessadas as causas de sua criação.

A: incorreta, pois as alíquotas máximas do ITCMD são fixadas pelo Senado Federal (atualmente, 8%) – art. 155, § 1º, IV, da CF; **B:** correta, conforme o art. 156, § 3º, I, da CF. A lei complementar em questão tem, de fato, natureza nacional, aplicando-se a todos os Municípios brasileiros, além do Distrito Federal. Atualmente, a alíquota máxima é de 5% e a alíquota mínima é de 2%, conforme o art. 8º, II e 8º-A da LC 116/2003. **C:** incorreta, pois as exportações são imunes em relação ao ICMS, a exemplo do que o ocorre quanto ao IPI – arts. 155, § 2º, X, *a*, e art. 153, § 3º, III, da CF. Nesse caso, há aproveitamento do ICMS cobrado nas operações anteriores (mas não alcança as operações ou prestações anteriores à exportação – Tese de Repercussão Geral 475-STF – por outro lado, ver a Súmula 649/STJ: "Não incide ICMS sobre o serviço de transporte interestadual de mercadorias destinadas ao exterior"); **D:** incorreta, por duas razões. Em primeiro lugar, a competência tributária é facultativa, de modo que a União poderá instituir o imposto extraordinário, sendo incorreta a utilização do termo "deverá". Em segundo lugar, o exercício dessa competência se dá por simples lei ordinária federal, sendo desnecessária lei complementar – art. 154, II, da CF e art. 76 do CTN.

Gabarito "B".

(OAB/Exame Unificado – 2012.2) Mário inscreveu-se no programa de incentivo à aposentadoria mediante indenização, promovido pela empresa em que trabalha. A respeito do caso proposto, assinale a afirmativa correta.

(A) Mário pagará imposto de renda, já que o valor recebido tem natureza salarial.

(B) Mário não pagará imposto de renda, já que se trata de verba especial.

(C) Mario não pagará imposto de renda, já que o valor recebido tem caráter indenizatório.

(D) Mário pagará imposto de renda, em homenagem ao princípio da isonomia.

O valor recebido por Mário não é retribuição por trabalho (não é renda do trabalho), nem decorre da exploração do patrimônio do contribuinte (não é renda de capital), sendo inaplicável, portanto, o art. 43, I, do CTN. Ademais, STJ pacificou o entendimento de que não há efetivo aumento patrimonial, no caso das verbas indenizatórias em questão, sendo tampouco inaplicável o art. 43, II, do CTN. Isso porque não haveria "riqueza nova", mas apenas simples compensação pela perda de um direito (ao trabalho, no caso). Por essa razão, não há imposto de renda, conforme a Súmula 215/STJ: "A indenização recebida pela adesão a programa de incentivo à demissão voluntária não está sujeita à incidência do imposto de renda."

Gabarito "C".

9. DIREITO TRIBUTÁRIO   679

(OAB/Exame Unificado – 2012.2) O imposto cuja alíquota é invariável e se aplica sobre base de cálculo variável, é classificado como

(A) progressivo.

(B) proporcional.

(C) indireto.

(D) pessoal.

A: incorreta, pois progressividade refere-se a alíquotas diferenciadas, maiores conforme maior for a base de cálculo, por exemplo (caso de progressividade conforme a base de cálculo) – art. 145, § 1º, da CF; **B:** correta. Sempre que há alíquota em percentual invariável, por exemplo, ocorre proporcionalidade em relação ao montante em reais da base de cálculo variável (imagine IPTU com alíquota única de 1%, calculado sobre o valor venal que varia de imóvel para imóvel); **C:** incorreta, pois a definição de tributo indireto refere-se ao repasse do ônus econômico correspondente ao adquirente do bem ou do serviço tributado (caso do ICMS e do IPI, por exemplo) – art. 166 do CTN; **D:** incorreta, pois a pessoalidade refere-se à adoção de características pessoais dos contribuintes como critério para a tributação – art. 145, § 1º, da CF.
Gabarito "B".

(OAB/Exame Unificado – 2011.2) A respeito do ICMS, é correto afirmar que

(A) sendo de competência tributária do Estado-membro, somente a legislação estadual pode excluir da incidência do imposto, nas exportações para o exterior, serviços e produtos determinados.

(B) é não cumulativo, significando que, em qualquer hipótese, deverá ser assegurado o crédito para compensação com o montante devido nas operações ou prestações seguintes.

(C) tem as suas alíquotas estabelecidas pelo Senado Federal, aplicáveis às operações e prestações internas, interestaduais e de exportação.

(D) incide sobre prestação de serviços de transporte interestadual e intermunicipal e de comunicação, assim como sobre o valor total da operação, quando as mercadorias forem fornecidas com serviços não compreendidos na competência impositiva municipal.

A: incorreta, pois as exportações são imunes em relação ao ICMS, nos termos do art. 155, § 2º, X, *a*, da CF. Nesse caso, há aproveitamento do ICMS cobrado nas operações anteriores (mas não alcança as operações ou prestações anteriores à exportação – Tese de Repercussão Geral 475-STF – por outro lado, ver a Súmula 649/STJ: "Não incide ICMS sobre o serviço de transporte interestadual de mercadorias destinadas ao exterior"). Não cabe à legislação estadual, portanto, isentar a operação (ela já é imune); **B:** incorreta, pois não é "em qualquer hipótese" que "deverá ser assegurado o crédito para a compensação". Nos casos de isenção ou não incidência, por exemplo, inexiste direito a creditamento, nos termos do art. 155, § 2º, II, da CF; **C:** incorreta, pois o Senado Federal não estabelece todas as alíquotas do ICMS, mas apenas aquelas relativas às operações interestaduais e, facultativamente, as alíquotas mínimas e máximas para as operações internas, nos termos e condições previstos no art. 155, § 2º, IV e V, da CF (as exportações são imunes, de modo que não cabe mais a fixação de alíquotas pelo Senado, nesse caso); **D:** correta, pois reflete exatamente o disposto no art. 155, II, e § 2º, IX, *b*, da CF.
Gabarito "D".

(OAB/Exame Unificado – 2011.1) 56 O Imposto sobre Operações Relativas à Circulação de Mercadorias e sobre a Prestação de Serviços de Transporte Interestadual e Intermunicipal e de Comunicação tem seus princípios delineados na Constituição, que é complementada pela LC 87/1996, com as alterações posteriores. A respeito desse imposto é correto afirmar que

(A) ele incide sobre operações que destinem a outros Estados petróleo, inclusive lubrificantes, combustíveis líquidos e gasosos dele derivados, e energia elétrica, assim como nas prestações de serviço de radiodifusão sonora e de sons e imagens de recepção livre e gratuita.

(B) é autorizada a sua cobrança sobre bens importados do exterior por pessoa física que tenha intuito de comercializá-los, mas é vedada a sua incidência quando esses bens, importados do exterior, são destinados ao consumo próprio da pessoa natural.

(C) suas alíquotas aplicáveis às operações e prestações interestaduais e de exportação são estabelecidas por meio de resolução do Senado Federal, por iniciativa do seu Presidente ou de um terço dos Senadores da casa, com aprovação dada pela maioria absoluta de seus membros.

(D) ele tem função precipuamente fiscal, podendo ser seletivo em função da essencialidade, incide sobre o valor agregado, em obediência ao princípio da não cumulatividade, mas não incide sobre o ouro, quando definido em lei como ativo financeiro.

A: incorreta, pois há imunidade sobre essas operações – art. 155, § 2º, X, *b* e *d*, da CF; **B:** incorreta, pois o ICMS incide sobre as importações, ainda quando realizadas por quem não seja contribuinte habitual do imposto, qualquer que seja a finalidade da mercadoria (mesmo que o bem seja destinado a consumo do próprio importador, portanto) – art. 155, § 2º, IX, *a*, da CF; **C:** incorreta, pois a iniciativa dessa Resolução do Senado é de iniciativa do Presidente da República (e não do Senado, como consta da assertiva) ou de um terço dos Senadores – art. 155, § 2º, IV, da CF. É importante salientar que, atualmente, todas as exportações são imunes ao ICMS, de modo que o Senado não mais deverá fixar alíquotas relativas a essas operações – art. 155, § 2º, X, *a*, da CF. Nesse caso, há aproveitamento do ICMS cobrado nas operações anteriores (mas não alcança as operações ou prestações anteriores à exportação – Tese de Repercussão Geral 475-STF – por outro lado, ver a Súmula 649/STJ: "Não incide ICMS sobre o serviço de transporte interestadual de mercadorias destinadas ao exterior"). Também é importante lembrar que, a partir da EC 87/2015, todas as operações interestaduais, inclusive para consumidores finais não contribuintes do ICMS, sujeitam-se à alíquota interestadual, menor que a interna, nos termos do art. 155, § 2º, VII, e do art. 99 do ADCT. Entretanto, é muito importante saber que essa modificação trazida pela EC 87/2015, em relação às vendas para não contribuintes localizados em outros Estados (ou DF), foi gradual, conforme o art. 99 do ADCT, ficando concluída apenas em 2019; **D:** correta. A função do ICMS é primordialmente fiscal (= arrecadatória), muito embora possa ter alíquotas seletivas segundo a essencialidade da mercadoria ou do serviço – art. 155, § 2º, III, da CF. Ademais, a não cumulatividade implica cobrança do imposto descrita por muitos como sendo sobre o valor agregado (embora, a rigor, o cálculo seja meramente contábil). Finalmente, a imunidade relativa ao ouro ativo financeiro ou instrumento cambial é prevista no art. 155, § 2º, X, *c*, da CF.
Gabarito "D".

(OAB/Exame Unificado – 2010.3) Nos autos de uma ação de divórcio, os ex-cônjuges, casados em regime de comunhão total de bens, dividiram o patrimônio total existente da seguinte maneira: o imóvel situado no Município X, no valor de R$ 50.000,00, pertencerá ao ex-marido, enquanto o imóvel situado no Município Y, no valor de R$ 30.000,00, pertencerá à ex-esposa.

Assinale a alternativa correta quanto à tributação incidente nessa partilha.

(A) O tributo a ser recolhido será o ITCMD, de competência do Estado, e incidirá sobre a base de cálculo no valor de R$ 10.000,00.

(B) Não há tributo a ser recolhido, pois, como o regime de casamento era o da comunhão total de bens, não há transferência de bens, mas simples repartição do patrimônio comum de cada ex-cônjuge.

(C) O tributo a ser recolhido será o ITBI, sobre ambos os imóveis, cada qual para o Município de localização do bem.

(D) O tributo a ser recolhido será o ITBI, de competência do Município, e incidirá sobre a base de cálculo no valor de R$ 10.000,00.

Perceba que cada um dos cônjuges teria direito a R$ 40 mil reais, considerando que o patrimônio total a ser dividido é de R$ 80 mil. No caso, o ex-marido ficou com R$ 10 mil além de sua meação, enquanto a ex-mulher ficou com o mesmo valor a menor. Considerando que não há outro patrimônio a ser partilhado e não consta que tenha havido compensação financeira por essa diferença em favor do ex-marido, é razoável interpretar que a ex-mulher fez uma doação de R$ 10 mil ao ex-cônjuge. Os Estados exigem o ITCMD sobre o excesso da meação, de modo que o imposto estadual incide sobre R$ 10 mil (por exemplo, art. 2º, § 5º, da Lei do Estado de SP 10.705/2000). Por essa razão, a alternativa "A" é a melhor. Os Municípios costumam aceitar o cálculo global do patrimônio imobiliário, não considerando cada imóvel individualmente, para cobrança do ITBI (por exemplo, art. 116, VI, do Decreto do Município de SP 51.357/2010). No caso, porém, não haveria incidência sobre a diferença de R$ 10 mil por ausência de onerosidade (não houve compensação com outro bem ou pagamento pelo ex-marido). Interessante ressaltar que há jurisprudência recente do STJ, em hipótese análoga (desfazimento de condomínio) em que cada imóvel foi considerado isoladamente (não se considerou globalmente o patrimônio imobiliário total), para fins de ITBI (REsp 722.752/RJ). Por esse último entendimento, haveria incidência de ITBI sobre metade da cada imóvel. A alternativa "C", entretanto, não é exata, mesmo por essa linha interpretativa, pois pode dar a entender que o imposto incidiria sobre o valor total dos imóveis, o que é errado.
Gabarito "A".

(OAB/Exame Unificado – 2010.3) Uma construtora com sede no Município do Rio de Janeiro constrói um edifício sob regime de empreitada na cidade de Nova Iguaçu, onde não possui estabelecimento. A competência para a imposição do Imposto Municipal Sobre Serviços (ISS) caberá à municipalidade

(A) de Nova Iguaçu, porque é o local onde foi construído o edifício

(B) do Rio de Janeiro, porque a construtora não tem estabelecimento em Nova Iguaçu e, em razão do princípio da territorialidade, não pode ser exigido o tributo sobre contribuintes estabelecidos fora do território de cada Ente Federado.

(C) do Rio de Janeiro, porque construção civil não é prestação de serviços.

(D) do Rio de Janeiro, porque é o município onde a construtora tem a sua sede social.

Considera-se ocorrido o fato gerador do ISS e devido o imposto, em regra, no local do estabelecimento prestador – art. 3º, *caput*, da LC 116/2003. A construção civil, inclusive quando realizada por empreitada, é, entretanto, uma das muitas exceções a essa regra, sendo devido o imposto no local da obra – art. 3º, III, da LC 116/2003. Por essa razão, a alternativa "A" é a correta.
Gabarito "A".

(OAB/Exame Unificado – 2010.2) Semprônio dos Santos é proprietário de um sítio de recreio, local destinado ao lazer, na área de expansão urbana, na região serrana de Paraíso do Alto. A área é dotada de rede de abastecimento de água, rede de iluminação pública e esgotamento mantidas pelo município, embora não existam próximos quer escola, quer hospitais públicos.

Neste caso Semprônio deve pagar o seguinte imposto:

(A) o IPTU, por ser área de expansão urbana, dotada de melhoramentos.

(B) o ITR, por ser sítio de recreio, não inserido em área urbana.

(C) o IPTU, por ser sítio, explorado para fins empresariais.

(D) o ITR, por não haver escola ou hospital próximos a menos de 3km do imóvel.

Incide IPTU municipal em relação aos imóveis urbanos e ITR federal em relação aos imóveis rurais. A distinção é feita, primordialmente, pelo critério espacial, ou seja, a depender de o imóvel estar localizado na área urbana ou rural, independentemente da destinação dada, nos termos do art. 32 do CTN. Nesse sentido, considera-se área urbana aquela definida na lei municipal, desde que haja pelo menos 2 melhoramentos indicados no § 1º do dispositivo legal, quais sejam:
– meio-fio ou calçamento, com canalização de águas pluviais;
– abastecimento de água;
– sistema de esgotos sanitários;
– rede de iluminação pública, com ou sem posteamento para distribuição domiciliar;
– escola primária ou posto de saúde a uma distância máxima de 3 quilômetros do imóvel considerado.
Ademais, a lei municipal pode também considerar área urbana as áreas urbanizáveis, ou de expansão urbana, constantes de loteamentos aprovados pelos órgãos competentes, destinados à habitação, à indústria ou ao comércio, mesmo que localizados fora das zonas urbanas definidas pelo critério dos melhoramentos – art. 32, § 2º, do CTN. Finalmente, há uma exceção ao critério espacial, pela qual o imóvel é considerado rural, mesmo quando localizado na área urbana do Município, desde que destinado à exploração extrativista vegetal, agrícola, pecuária ou agroindustrial – Decreto-Lei 57/1966. No caso, o imóvel de Semprônio dos Santos está localizado na área de expansão urbana e conta com três melhoramentos entre os listados no art. 32, § 1º, do CTN, de modo que é considerado **urbano** e, portanto, sujeito exclusivamente ao IPTU municipal.

> **Dica: veja a Súmula 626/STJ:** A incidência do IPTU sobre imóvel situado em área considerada pela lei local como urbanizável ou de expansão urbana não está condicionada à existência dos melhoramentos elencados no art. 32, § 1º, do CTN.

Gabarito "A".

(OAB/Exame Unificado – 2010.1) Caso determinada empresa se dedique exclusivamente à produção de manufaturados destinados à exportação, a ela se imputa a obrigação de pagar

(A) a contribuição social sobre o faturamento, destinada à seguridade social (COFINS).

(B) a contribuição social destinada ao Programa de Integração Social (PIS).

(C) o IPI.

9. DIREITO TRIBUTÁRIO   681

(D) o imposto sobre a renda e proventos de qualquer natureza.

A e B: incorretas, pois as receitas decorrentes de exportação são imunes às contribuições sociais – art. 149, § 2º, I, da CF. O faturamento (base de cálculo para PIS/Cofins) é uma espécie de receita, relativa à operação da empresa (receita operacional); **C:** incorreta, pois o IPI não incide sobre a exportação de produtos (imunidade), consoante o art. 153, § 3º, III, da CF; **D:** correta, pois não há imunidade dos exportadores em relação ao imposto de renda.

Gabarito "D".

(OAB/Exame Unificado – 2010.1) Contribuição cobrada de servidor público estadual e destinada ao custeio de seu plano de aposentadoria público deve ser recolhida

(A) à União, independentemente de qualquer situação e do ente com o qual o servidor mantenha o vínculo empregatício.

(B) ao Estado, se o servidor for mero detentor de cargo efetivo estadual e se o Estado não tiver regime previdenciário próprio.

(C) à União, se o servidor for mero detentor de cargo em comissão estadual (declarado em lei de livre nomeação e exoneração), independentemente de o Estado ter, ou não, regime previdenciário próprio.

(D) ao Estado, se o servidor for mero detentor de cargo temporário estadual, no caso de o Estado possuir regime previdenciário próprio.

A: incorreta, pois o servidor estadual recolhe contribuição previdenciária para o Estado a que se vincula (e não para a União), para custeio do regime previdenciário próprio, nos termos do art. 149, § 1º, da CF. Note que a atual redação do dispositivo prevê a cobrança dos servidores ativos, dos aposentados e dos pensionistas. Ademais, o servidor detentor de cargo temporário e o ocupante de emprego público (celetista) contribuem obrigatoriamente para o regime geral da previdência social, consoante o art. 40, § 13, da CF; **B:** incorreta, pois todos os Estados devem implantar o regime previdenciário próprio para seus servidores ativos, dos aposentados e dos pensionistas, cobrando obrigatoriamente a contribuição previdenciária para o custeio – arts. 40, *caput*, e 149, § 1º, da CF; **C:** correta, pois o servidor ocupante exclusivamente de cargo em comissão estadual (quem não tem cargo efetivo) não é abrangido pelo regime previdenciário próprio e contribui, obrigatoriamente, para o regime geral da previdência social (a contribuição é paga para a União), consoante o art. 40, § 13, da CF; **D:** incorreta, pois o servidor ocupante exclusivamente de cargo temporário contribui obrigatoriamente para o regime geral da previdência social, mantido pela União, consoante o art. 40, § 13, da CF.

Gabarito "C".

(OAB/Exame Unificado – 2009.3) Considere que João e Marcos tenham deliberado pela constituição de sociedade limitada, com atuação no segmento de transporte de cargas e passageiros na América do Sul. Nessa situação, dada a atividade social eleita, a sociedade será obrigada a recolher

(A) ISSQN no caso de transporte de passageiros entre dois Municípios de um mesmo Estado da Federação.

(B) imposto de importação no caso de transporte de passageiros iniciado em um país estrangeiro e encerrado no Brasil.

(C) ICMS no caso de transporte de passageiros realizado entre dois Municípios que se situem em diferentes Estados da Federação.

(D) IPI no caso de transporte de carga realizado estritamente nos limites territoriais de determinado município.

A: incorreta, pois incide o ICMS estadual sobre transportes intermunicipais e interestaduais – art. 155, II, da CF. Se o veículo não sair do Município (transporte intramunicipal), o serviço é onerado exclusivamente pelo ISS municipal; **B:** incorreta, pois o imposto de importação incide, apenas, sobre a entrada de produtos estrangeiros, não sobre a importação de serviços – art. 153, I, da CF; **C:** correta, conforme comentário à alternativa "A"; **D:** incorreta, pois o IPI incide sobre produtos industrializados, não sobre serviços – art. 153, IV, da CF.

Gabarito "C".

(OAB/Exame Unificado – 2009.3) A contribuição para o custeio do serviço de iluminação pública pode

(A) ser cobrada no mesmo exercício financeiro em que seja publicada a lei que a instituir.

(B) ser cobrada na fatura de consumo de energia elétrica.

(C) ser instituída pelos Estados e pelo DF.

(D) ter alíquotas máximas e mínimas fixadas pelo Senado Federal.

A: incorreta, pois a contribuição para custeio do serviço de iluminação pública sujeita-se aos princípios da anterioridade anual e da anterioridade nonagesimal – art. 149-A, parágrafo único, da CF; **B:** correta, conforme previsão do art. 149-A, parágrafo único, da CF; **C:** incorreta, pois a competência para essa contribuição é, apenas, dos Municípios e do Distrito Federal, e não dos Estados – art. 149-A, *caput*, da CF; **D:** incorreta, pois o Senado Federal não tem competência para fixar alíquotas mínimas ou máximas dessa contribuição.

Gabarito "B".

(OAB/Exame Unificado – 2009.2) Acerca do ICMS, assinale a opção correta.

(A) O ICMS não poderá ser seletivo em função da essencialidade das mercadorias.

(B) Não caberá cobrança de ICMS quando houver mercadoria importada do exterior.

(C) O ICMS incide sobre os serviços de comunicação.

(D) O ICMS, de competência de Estado da Federação, incidirá sobre a prestação de serviço de transporte, ainda que o ônibus coletivo urbano não circule além do limite de um de seus Municípios.

A: incorreta, pois o ICMS poderá ser seletivo conforme a essencialidade da mercadoria ou do serviço – art. 155, § 2º, III, da CF; **B:** incorreta, pois o ICMS incide sobre a entrada de mercadoria do exterior – art. 155, § 2º, IX, *a*, da CF; **C:** correta, conforme o art. 155, II, da CF; **D:** incorreta, pois o ICMS incide, apenas, sobre transportes intermunicipais e interestaduais – art. 155, II, da CF. Se o ônibus não sair do Município (transporte intramunicipal), o serviço é onerado, exclusivamente, pelo ISS municipal.

Gabarito "C".

(OAB/Exame Unificado – 2009.1) A criação, pelo Estado, de nova contribuição de intervenção sobre o domínio econômico, incidente sobre a produção de veículos, implica a instituição de alíquota

(A) *ad valorem*, com base no faturamento, na receita bruta ou no valor da operação; ou específica, com base na unidade de medida adotada.

(B) *ad valorem*, com base na unidade de medida adotada; ou específica, com base no faturamento, na receita bruta ou no valor da operação.

(C) *ad valorem*, obrigatoriamente.

(D) específica, exclusivamente.

Importante salientar, inicialmente, que as CIDEs são da competência exclusiva da União – art. 149 da CF. Assim, quando o examinador se refere a Estado, deve-se se entender que o termo está sendo utilizado em seu sentido mais amplo (não ao Estado Unidade da Federação). As CIDEs, assim como as contribuições sociais, poderão ter como base de cálculo: (i) o faturamento, a receita bruta ou o valor da operação e, no caso de importação, o valor aduaneiro (no caso de alíquota *ad valorem*) ou (ii) a unidade de medida adotada (no caso de alíquota específica) – art. 149, § 2º, III, da CF. **A:** correta, conforme comentário inicial; **B:** incorreta, pois as bases de cálculo estão invertidas em relação às alíquotas *ad valorem* e específica, conforme comentário inicial; **C** e **D:** incorretas, pois a CIDE pode ter alíquotas *ad valorem* ou específicas.

Gabarito "A"

(FGV – 2011) Assinale, dentre os impostos abaixo, aquele que não obedece ao princípio da progressividade.

(A) IPTU

(B) ITBI

(C) Imposto de Renda

(D) IPVA

(E) ITR

A: incorreta, pois o IPTU pode ter alíquotas progressivas conforme o valor do imóvel, nos termos do art. 156, § 1º, I, da CF; **B:** correta, devendo ser assinalada, pois o STF já sumulou o entendimento contrário à possibilidade de progressividade do ITBI – Súmula 656/STF ("É inconstitucional a lei que estabelece alíquotas progressivas para o imposto de transmissão 'inter vivos' de bens imóveis – ITBI com base no valor venal do imóvel"). ATENÇÃO: O STF vinha entendendo que outros impostos reais (além do IPTU pós EC 29/2000) não poderiam ter alíquotas progressivas em relação ao valor da base de cálculo, considerando inexistir expressa previsão constitucional (ver Súmula 656/STF). Ocorre que recentemente a Suprema Corte reviu a questão, especificamente em relação ao ITCMD, reconhecendo que o imposto pode ser progressivo, atendendo assim o princípio da capacidade contributiva (RE 562.045/RS – Repercussão Geral). Esse entendimento pode ser posteriormente aplicado ao ITBI municipal, de modo que o estudante deve atentar para a evolução jurisprudencial; **C:** incorreta, pois o IR deve ter alíquotas progressivas – art. 153, § 2º, I, da CF; **D:** discutível. Embora não haja entendimento jurisprudencial pacificado contra a progressividade do IPVA, especificamente, o STF recentemente admitiu a progressividade em relação ao ITCMD, conforme comentários anteriores; **E:** incorreta, pois o ITR deve ter alíquotas progressivas de modo a desestimular a manutenção de propriedades improdutivas – art. 153, § 4º, I, da CF.

Gabarito "B"

(FGV – 2011) Em 14/02/2011, um estabelecimento comercial, mediante veiculação de propagandas televisivas, noticiou grande queima de estoque de mercadorias. No dia 15/2/2011, realizou a venda de um grande lote de mercadorias para pagamento em duas parcelas datadas, respectivamente, para os dias 15/3/2011 e 15/4/2011. Após o recebimento da primeira parcela, em 15/3/2011, as mercadorias foram remetidas ao comprador, em 16/3/2011, sendo certo que já houve o pagamento da última prestação. Pelo exposto, o fato gerador do ICMS ocorrerá em

(A) 14/2/2011.

(B) 15/3/2011.

(C) 15/2/2011.

(D) 16/3/2011.

(E) 15/4/2011.

O fato gerador do ICMS incidente sobre a circulação de mercadorias ocorre no momento da saída do estabelecimento do contribuinte, nos termos do art. 12, I, da LC 87/1996, ou seja, em 16/3/2011, de modo que a alternativa "D" é a correta.

Gabarito "D"

(FGV – 2011) Em matéria de ICMS, NÃO se condiciona à celebração de convênios pelas unidades da Federação a

(A) concessão de crédito presumido.

(B) redução de base de cálculo.

(C) devolução de imposto a contribuinte.

(D) redução, mediante incentivos fiscais, de forma direta ou indireta do ônus do ICMS.

(E) imunidade tributária.

A, B, C e **D:** a concessão de benefícios fiscais, como os indicados nessas alternativas, exige convênio interestadual, nos termos do art. 155, § 2º, XII, *g*, da CF; **E:** incorreta, devendo ser assinalada, pois imunidade tributária é norma constitucional a ser regulada, se necessário, por lei complementar federal – art. 146, II, da CF.

Gabarito "E"

(FGV – 2011) Constitui(em) fato gerador do ICMS

(A) as operações com livros, jornais, periódicos e o papel destinado à sua impressão.

(B) a entrada de bem importado do exterior por pessoa física.

(C) as operações de qualquer natureza de que decorra a transferência de bens móveis salvados de sinistro para companhias seguradoras.

(D) as operações interestaduais relativas a energia elétrica e petróleo, inclusive lubrificantes e combustíveis líquidos e gasosos dele derivados, quando destinados à industrialização ou à comercialização.

(E) as operações de qualquer natureza de que decorra a transferência de propriedade de estabelecimento industrial, comercial ou outra espécie.

A: incorreta, pois essas operações são imunes – art. 150, VI, *d*, da CF; **B:** correta, pois a entrada de mercadoria importada é fato gerador do ICMS, mesmo quando promovida por pessoa física, qualquer que seja a finalidade – art. 155, § 2º, IX, *a*, da CF; **C:** incorreta, pois não incide ICMS na hipótese, conforme o art. 3º, IX, da LC 87/1996. Ver Súmula Vinculante 32: O ICMS não incide sobre alienação de salvados de sinistro pelas seguradoras; **D:** incorreta, pois não incide ICMS nessas operações interestaduais, nos termos do art. 155, § 2º, X, *b*, da CF e art. 2º, § 1º, III, da LC 87/1996; **E:** incorreta, pois não incide ICMS nesse caso – art. 3º, VI, da LC 87/1996.

Gabarito "B"

(FGV – 2011) Existem ressalvas previstas na Lei Complementar 116/2003 com relação a imposto incidente, conjuntamente com o ISS, em algumas operações. Essas ressalvas dizem respeito ao

(A) IOF.

(B) IPI.

(C) ITR.

(D) IPVA.

(E) ICMS.

9. DIREITO TRIBUTÁRIO

A LC 116/2003 regula o ISS e afasta expressamente a incidência do ICMS sobre serviços que envolvam o fornecimento de mercadoria, com exceções – art. 1º, § 2º, da LC 116/2003. Por essa razão, a alternativa "E" é a correta.

Gabarito: "E".

(FGV – 2011) Para efeito de cobrança do ICMS e definição do estabelecimento responsável considera-se:

I. local da operação o do estabelecimento onde se encontra a mercadoria ou o bem, no momento da ocorrência do fato gerador;

II. local da prestação, tratando-se de prestação de serviço de transporte, onde se encontre o transportador, quando em situação irregular pela falta de documentação fiscal ou quando acompanhada de documentação inidônea.

III. local da operação ou do desembarque do produto, na hipótese de captura de peixes, crustáceos e moluscos.

Analise os itens acima e assinale

(A) se todos os itens estiverem corretos.

(B) se apenas os itens I e II estiverem corretos.

(C) se apenas os itens II e III estiverem corretos.

(D) se apenas os itens I e III estiverem corretos.

(E) se nenhum item estiver correto.

O art. 11 da LC 87/1996 define o local da operação ou da prestação, para fins de cobrança do imposto e definição do estabelecimento responsável. **I:** correta, conforme o art. 11, I, *a*, da LC 87/1996; **II:** correta, conforme o art. 11, II, *b*, da LC 87/1996; **III:** correta, conforme o art. 11, I, *i*, da LC 87/1996.

Gabarito: "A".

(FGV – 2010) Com relação ao ICMS, analise as afirmativas a seguir.

I. Para a legislação do ICMS "estabelecimento" corresponde ao local, privado ou público, edificado ou não, próprio ou de terceiro, onde pessoas físicas ou jurídicas exerçam suas atividades em caráter temporário ou permanente.

II. Para a legislação vigente cada estabelecimento do mesmo titular é considerado autônomo.

III. Caso não seja possível determinar o local do estabelecimento, considera-se como tal, o local em que tenha sido efetuada a operação ou prestação.

Assinale:

(A) se somente as afirmativas II e III estiverem corretas.

(B) se somente as afirmativas I e III estiverem corretas.

(C) se somente as afirmativas I e II estiverem corretas.

(D) se somente a afirmativa I estiver correta.

(E) se todas as afirmativas estiverem corretas.

I: correta, pois é a definição de estabelecimento, conforme o art. 11, § 3º, da LC 87/1996; **II:** correta, nos termos do art. 11, § 3º, II, da LC 87/1996. O Poder Judiciário, entretanto, vem rejeitando a tributação sobre a circulação de mercadorias entre estabelecimentos do mesmo contribuinte – Súmula 166/STJ ("Não constitui fato gerador do ICMS o simples deslocamento de mercadoria de um para outro estabelecimento do mesmo contribuinte") e STF – ARE 1255885 – Tema 1099 da Repercussão Geral – Tese: Não incide ICMS no deslocamento de bens de um estabelecimento para outro do mesmo contribuinte localizados em estados distintos, visto não haver a transferência da titularidade

ou a realização de ato de mercancia. **III:** correta, nos termos do art. 11, § 3º, I, da LC 87/1996.

Gabarito: "E".

(FGV – 2010) Com relação ao financiamento da Seguridade Social, assinale a alternativa correta.

(A) Conforme os ditames constitucionais a seguridade social será financiada, dentre outras fontes, pelas contribuições sociais incidentes sobre a receita de concursos de prognósticos.

(B) As contribuições previdenciárias somente poderão ser exigidas após decorridos 90 (noventa) dias da data da regulamentação da lei que as houver instituído ou modificado.

(C) Com a edição da Emenda Constitucional nº. 42/03, a Constituição passou a prestigiar a possibilidade de instituição da sistemática da não cumulatividade para algumas contribuições previdenciárias, mediante definição em lei e de acordo com a intensidade de mão de obra empregada em cada setor de atividade.

(D) A seguridade social será financiada, dentre outras fontes, pelas contribuições sociais do empregador, da empresa e da entidade a ela equiparada, incidentes sobre a folha de salários e demais rendimentos do trabalho pagos ou creditados, a qualquer título, à pessoa física que lhe preste serviço, desde que mediante vínculo empregatício.

(E) De acordo com a redação do texto constitucional são isentas de contribuição para a seguridade social as entidades beneficentes de assistência social, desde que atendidos os requisitos definidos em regulamento.

A: correta, pois a receita com loterias é fonte de financiamento da seguridade social – art. 195, III, da CF; **B:** incorreta, pois o prazo da anterioridade nonagesimal é contado da publicação da lei que instituiu ou modifique a contribuição, e não da sua regulamentação – art. 195, § 6º, da CF; **C:** incorreta, pois, a rigor, a intensidade da mão de obra empregada é critério para a diferenciação de alíquotas ou bases de cálculo das contribuições devidas pelos empregadores e equiparados (art. 195, § 9º, da CF), e não para a não cumulatividade (art. 195, § 12, da CF); **D:** incorreta, pois a chamada contribuição patronal não se restringe aos casos em que há vínculo empregatício – art. 195, I, *a, in fine*, da CF; **E:** incorreta, pois os requisitos para a isenção (na verdade, imunidade) prevista no art. 195, § 7º, da CF devem ser estabelecidos por lei, e não por simples regulamento.

Gabarito: "A".

(FGV – 2010) Com relação aos tributos de competência dos Estados é correto afirmar que:

(A) o ICMS deverá ser seletivo em função da essencialidade das mercadorias e dos serviços.

(B) o ITCMD terá a competência para sua instituição regulada por lei complementar, caso o doador tenha domicílio ou residência no exterior.

(C) o ICMS será não cumulativo, compensando-se o que for devido em cada operação relativa à circulação de mercadorias ou prestação de serviços com o montante cobrado nas anteriores pelo mesmo ou outro Estado ou pelo Distrito Federal, sendo que, em casos de isenção ou não incidência, salvo determinação em contrário da legislação, não ocorrerá a anulação do crédito relativo às operações anteriores.

(D) em razão de expressa disposição constitucional e atendimento ao princípio da capacidade contributiva, o IPVA não poderá ter alíquotas diferenciadas em função do tipo e utilização dos veículos.

(E) o ITCMD terá suas alíquotas máximas fixadas por resolução do Confaz.

A: incorreta, pois o ICMS **poderá** ser seletivo (é possibilidade, e não imposição constitucional, diferentemente do que ocorre com o IPI) – art. 155, § 2º, III, da CF. Atenção para o entendimento adotado pelo STF no **Tema 745** – Adotada pelo legislador estadual a técnica da seletividade em relação ao Imposto sobre Circulação de Mercadorias e Serviços (ICMS), discrepam do figurino constitucional alíquotas sobre as operações de energia elétrica e serviços de telecomunicação em patamar superior ao das operações em geral, considerada a essencialidade dos bens e serviços. Modulação: efeitos a partir do exercício financeiro de 2024, ficando ressalvadas as ações ajuizadas até 5/2/21; **B:** correta, conforme o art. 155, § 1º, III, *a*, da CF; **C:** incorreta em sua parte final, pois, salvo disposição em contrário, a isenção ou a não incidência **não implicará** crédito para compensação com o montante devido nas operações ou prestações seguintes e eventual crédito anterior deverá ser estornado (em caso de isenção parcial, a anulação do crédito será proporcional) – art. 155, § 2º, II, da CF; **D:** incorreta, pois o art. 155, § 6º, II, da CF prevê expressamente a possibilidade de o IPVA ter alíquotas diferenciadas em função do tipo e da utilização do veículo; **E:** incorreta, pois as alíquotas máximas do ITCMD serão fixadas pelo Senado Federal – art. 155, § 1º, IV, da CF. **LB**
Gabarito "B".

(FGV – 2010) Em relação às normas constitucionais relativas às *contribuições previdenciárias*, examine as afirmativas a seguir.

I. A seguridade social será financiada, dentre outras, por contribuições a cargo do empregador, da empresa e da entidade a ela equiparada na forma da lei, incidentes sobre a folha de salários e demais rendimentos do trabalho pagos ou creditados, a qualquer título, à pessoa física que lhe preste serviço, desde que com vínculo empregatício.

II. As contribuições do empregador, da empresa e da entidade a ela equiparada poderão ter alíquotas ou bases de cálculo diferenciadas, em razão da atividade econômica, da utilização intensiva de mão de obra, do porte da empresa ou da condição estrutural do mercado de trabalho.

III. A lei definirá os setores de atividade econômica para os quais as contribuições incidentes sobre a receita ou faturamento serão não cumulativas.

Assinale:

(A) se todas as afirmativas estiverem corretas.

(B) se somente afirmativa II estiver correta.

(C) se somente as afirmativas I e II estiverem corretas.

(D) se somente as afirmativas II e III estiverem corretas.

(E) se somente as afirmativas I e III estiverem corretas.

I: incorreta, pois a inexistência de vínculo empregatício não afasta a cobrança da contribuição social prevista no art. 195, I, *a*, *in fine*, da CF; **II:** correta, conforme dispõe o art. 195, § 9º, da CF; **III:** correta, nos termos do art. 195, § 12, da CF.
Gabarito "D".

(FGV – 2010) Com relação à Contribuição de Intervenção no Domínio Econômico (CIDE), assinale a afirmativa incorreta.

(A) Não poderá incidir sobre receitas de exportação.

(B) Não poderá incidir sobre a importação de produtos estrangeiros.

(C) Poderá incidir sobre a importação de serviços.

(D) Poderá ter alíquota *ad valorem* tendo por base o faturamento, a receita bruta ou o valor da operação.

(E) Poderá ter alíquota específica tendo por base a unidade de medida adotada.

A: correta, conforme o art. 149, § 2º, I, da CF; **B:** essa é a assertiva incorreta, devendo ser assinalada, pois as CIDEs incidirão sobre a importação de produtos estrangeiros ou serviços – art. 149, § 2º, II, da CF; **C:** correta, conforme comentário à alternativa anterior; **D** e **E:** assertivas corretas, pois são admitidas as duas espécies de alíquotas, conforme o art. 149, § 2º, III, da CF.
Gabarito "B".

(FGV – 2010) Com relação às *isenções e benefícios fiscais* relativos ao ICMS, assinale a alternativa correta.

(A) Exigem a edição de convênio entre os Estados e o Distrito Federal, apenas por meio de autorização impositiva.

(B) Podem ser concedidos ou revogados, unilateralmente, por lei ordinária do Estado.

(C) Exigem autorização dos Estados e do Distrito Federal, apenas para sua concessão.

(D) Podem ser concedidos por meio de convênio autorizativo, mas apenas para revogação.

(E) Exigem a edição de convênio entre os Estados e o Distrito Federal, para sua concessão e revogação.

Nos termos do art. 155, § 2º, XII, *g* da CF (norma constantemente exigida no exame da OAB e em concursos públicos!), isenções, incentivos e benefícios fiscais relativos ao ICMS serão concedidos e revogados mediante deliberação dos Estados e do Distrito Federal (Confaz – Conselho Nacional de Política Fazendária), conforme regulado por lei complementar (LC 24/1975).
Gabarito "E".

(FGV – 2010) Os conceitos de disponibilidade jurídica e de disponibilidade econômica de renda representam, respectivamente, para fins de tributação pelo imposto de renda

(A) a obtenção de qualquer direito de crédito e a faculdade de usar, gozar e dispor de dinheiro ou de bens nele conversíveis, que ingressam no patrimônio do sujeito, por ato ou fato gerador.

(B) a utilização de direitos de crédito e a faculdade de dispor de pecúnia ou bens conversíveis em pecúnia, que ingressam no patrimônio do sujeito passivo do fato gerador respectivo.

(C) a obtenção de direitos de crédito não sujeitos à condição suspensiva e a possibilidade de usar, gozar ou dispor de dinheiro ou de coisas nele conversíveis, entradas para o patrimônio do adquirente por ato ou fato gerador.

(D) a percepção de rendimentos em moeda ou equivalente e a aquisição do uso, gozo ou disposição sobre dinheiro ou seu equivalente, que ingressam para o patrimônio do contribuinte em virtude do fato imponível.

(E) a disponibilidade presumida de direitos de crédito, não sujeitos à condição suspensiva e a possibilidade

9. DIREITO TRIBUTÁRIO — 685

de adquirir a posse de dinheiro ou seu equivalente, que ingressam no patrimônio do adquirente, por ato ou fato gerador do tributo respectivo.

A assertiva "C" traz o conceito comumente aceito de disponibilidade jurídica e econômica, que representa o fato gerador do IR nos termos do art. 43 do CTN.

Gabarito "C"

(FGV – 2010) Considerando o ISS e as assertivas a seguir, assinale a sequência correta para V = verdadeiro e F = falso.

( ) O critério de territorialidade do imposto é misto, ora sendo considerado o local do tomador do serviço, ora do prestador.

( ) O critério material do imposto adota uma tributação em bases universais, com a incidência sobre serviços prestados no estrangeiro.

( ) Prevalece o entendimento, quanto ao critério pessoal, da permanência no ordenamento do artigo 9º do Decreto-lei 406/68.

( ) A hipótese de substituição tributária do artigo 6º da LC 116/2003 só cabe se houver relação com os elementos que norteiam a tributação do contribuinte.

(A) V – F – F – V

(B) F – F – V – F

(C) F – V – V – F

(D) F – V – F – V

(E) V – F – V – F

1ª: a assertiva é falsa, pois o ISS é sempre devido no local da prestação do serviço. O que existe é uma presunção no sentido de que o serviço considera-se prestado no local do estabelecimento prestador ou, na falta de estabelecimento, no local do domicílio do prestador, exceto nas hipóteses listadas nos incisos do art. 3º da LC 116/2003. Ademais, jurisprudência do STJ, relativa à legislação anterior à LC 116/2003, pacificou-se no sentido de que o ISS é sempre devido no local da efetiva prestação do serviço, ainda que o prestador esteja estabelecido em outra localidade; 2ª: falsa, pois o ISS não incide na exportação de serviços – art. 2º, I, da LC 116/2003; 3ª: assertiva verdadeira, pois, de fato, o STJ entende que a tributação fixa prevista no art. 9º do Decreto-Lei 406/1968, para profissionais liberais e sociedades uniprofissionais, não foi revogada pela LC 116/2003 – Ver tese de repercussão geral 918/STF; 4ª: a assertiva é capciosa, pois não fica claro o que haveria de ter relação com os elementos que norteiam a tributação do contribuinte. O dispositivo legal dispõe que as leis locais poderão atribuir de modo expresso a responsabilidade pelo crédito tributário a terceira pessoa, vinculada ao fato gerador da respectiva obrigação. De qualquer forma, a alternativa "B" é a única possível, considerando as assertivas anteriores.

Gabarito "B"

(FGV – 2010) Assinale a alternativa correta.

(A) É facultado ao Senado Federal estabelecer alíquotas mínimas nas operações internas do ICMS, mediante resolução de iniciativa de um terço e aprovada pela maioria absoluta de seus membros e fixar alíquotas máximas nas mesmas operações para resolver conflito específico que envolva interesse de Estados,

mediante resolução de iniciativa da maioria absoluta e aprovada igualmente pela maioria absoluta de seus membros.

(B) Salvo deliberação em contrário dos Estados e do Distrito Federal, nos termos do disposto no artigo 155, § 2º, XII, "g", CF, as alíquotas internas, nas operações relativas à circulação de mercadorias e nas prestações de serviços, não poderão ser inferiores às previstas para as operações interestaduais, nem superiores às alíquotas de exportação.

(C) No que concerne ao ICMS, é correto afirmar que, conforme a CF, resolução do Senado Federal, de iniciativa do Presidente da República ou de um terço dos Senadores, aprovada pela maioria absoluta de seus membros, estabelecerá as alíquotas aplicáveis às operações e prestações, interestaduais e de exportação.

(D) O ICMS não incidirá, conforme a CF, sobre operações que destinem a outros Estados petróleo, inclusive lubrificantes, combustíveis líquidos e gasosos dele derivados, e energia elétrica, sobre o ouro, nas hipóteses definidas no art. 153, § 5º, CF, e nas prestações de serviço de comunicação nas modalidades de radiodifusão sonora e de sons e imagens de recepção gratuita ou paga.

(E) Cabe à lei complementar definir os contribuintes do ICMS, dispor sobre substituição tributária e disciplinar o regime de compensação do imposto; quanto à previsão de casos de manutenção de crédito, relativamente à remessa para outro Estado e exportação para o exterior, de serviços e de mercadorias, pode ser fixada por lei ordinária.

A: incorreta, pois a faculdade de o Senado Federal fixar alíquotas máximas nas operações internas é exercida mediante resolução de iniciativa da maioria absoluta e aprovada por **dois terços** de seus membros (a aprovação exige maioria qualificada, portanto, e não apenas maioria absoluta) – art. 155, § 2º, V, b, da CF; **B:** incorreta, já que a restrição em relação às alíquotas internas (que não podem, em regra, ser inferiores às alíquotas interestaduais) não tem relação com supostas alíquotas de exportação, até porque, atualmente, o ICMS não incide sobre essas operações – art. 155, § 2º, VI, da CF; **C:** correta, pois, de fato, é isso que o art. 155, § 2º, IV, da CF dispõe. É interessante notar, entretanto, que atualmente o ICMS não incide sobre exportações – art. 155, § 2º, X, a, da CF. Também é importante lembrar que, a partir da EC 87/2015, todas as operações interestaduais, inclusive para consumidores finais não contribuintes do ICMS, sujeitam-se à alíquota interestadual, menor que a interna, nos termos do art. 155, § 2º, VII, e do art. 99 do ADCT. Entretanto, é muito importante saber que essa modificação trazida pela EC 87/2015, em relação às vendas para não contribuintes localizados em outros Estados (ou DF), foi gradual, conforme o art. 99 do ADCT, ficando concluída apenas em 2019; **D:** incorreta, pois a imunidade prevista no art. 155, § 2º, X, d, da CF inclui, apenas, os serviços de radiodifusão sonora e de sons e imagens de recepção **livre e gratuita**. A assertiva é errada, já que se refere também aos serviços pagos; **E:** incorreta porque as hipóteses de manutenção de crédito, relativamente à remessa para outro Estado e exportação para o exterior, de serviços e de mercadorias também são previstas por lei complementar (não por simples lei ordinária). **LB**

Gabarito "C"

13. GARANTIAS E PRIVILÉGIOS DO CRÉDITO

(OAB/Exame Unificado – 2020.2) A sociedade empresária Quitutes da Vó Ltda. teve sua falência decretada, tendo dívidas de obrigação tributária principal relativas a tributos e multas, dívida de R$ 300.000,00 decorrente de acidente de trabalho, bem como dívidas civis com garantia real.

Diante desse cenário, assinale a afirmativa correta.

(A) O crédito tributário de obrigação principal tem preferência sobre as dívidas civis com garantia real.

(B) A dívida decorrente de acidente de trabalho tem preferência sobre o crédito tributário de obrigação principal.

(C) O crédito tributário decorrente de multas tem preferência sobre a dívida de R$ 300.000,00 decorrente de acidente de trabalho.

(D) O crédito relativo às multas tem preferência sobre o crédito tributário de obrigação principal.

A: incorreta, pois os créditos com garantia real preferem aos tributários – art. 186, p. único, I, do CTN e art. 83 da Lei de Recuperação e Falência – LF (Lei 11.101/2005); **B:** correta, art. 186, *caput*, do CTN e art. 83 da LF; **C:** incorreta, pois o crédito tributário decorrente de multa prefere apenas aos créditos subordinados – art. 186, III, do CTN e art. 83 da LF; **D:** incorreta, pois as multas preferem apenas aos créditos subordinados, conforme comentário anterior. **LB**
Gabarito "B".

(OAB/Exame Unificado – 2017.3) O Estado A ajuizou execução fiscal em face da pessoa jurídica B, com o objetivo de cobrar crédito referente ao Imposto sobre a Circulação de Mercadorias e Prestação de Serviços (ICMS). Nesse sentido, requereu, em sua petição inicial, que, após a citação, fosse determinada a imediata indisponibilidade de bens e direitos da contribuinte.

Nesse caso, o juiz deve indeferir o pedido, porque a decretação da indisponibilidade de bens e direitos

(A) ocorre somente após o insucesso do pedido de constrição sobre ativos financeiros, embora desnecessária qualquer outra providência.

(B) ocorre somente após a expedição de ofícios aos registros públicos do domicílio do executado, embora desnecessária qualquer outra providência.

(C) ocorre somente após o exaurimento das diligências na busca por bens penhoráveis.

(D) é impossível durante a execução fiscal.

A: incorreta, pois a indisponibilidade universal de bens, prevista no art. 185-A do CTN, pressupõe o exaurimento das diligências na busca por bens penhoráveis, o qual fica caracterizado quando infrutíferos o pedido de constrição sobre ativos financeiros e a expedição de ofícios aos registros públicos do domicílio do executado, ao Denatran ou Detran – Súmula 560/STJ; **B:** incorreta, conforme comentário anterior; **C:** correta, conforme comentário à primeira alternativa; **D:** incorreta, pois a indisponibilidade universal do art. 185-A do CTN é determinada pelo juiz da execução.
Gabarito "C".

(OAB/Exame Unificado – 2017.2) A massa falida X possui *(i)* débitos tributários vencidos de Imposto sobre Circulação de Mercadorias e Serviços – ICMS; *(ii)* débitos decorrentes da legislação do trabalho, no valor de 30 salários mínimos; *(iii)* débitos com os sócios da massa falida X; e *(iv)* remuneração devida ao administrador da massa.

Em tal quadro, assinale a afirmativa correta.

(A) O débito de natureza tributária será pago em primeiro lugar.

(B) O débito de natureza tributária será pago em segundo lugar.

(C) O débito de natureza tributária será pago em terceiro lugar.

(D) O débito de natureza tributária será pago em quarto lugar.

Nos termos do art. 186, parágrafo único, do CTN, na falência, o crédito tributário não prefere aos créditos extraconcursais ou às importâncias passíveis de restituição, nos termos da lei falimentar, nem aos créditos com garantia real, no limite do valor do bem gravado. Já as multas tributárias preferem apenas aos créditos subordinados (inciso III). A Lei de Falências – LF (Lei 11.101/2005) limita os créditos derivados da legislação do trabalho a 150 salários mínimos por credor, para a classificação acima dos créditos com garantias reais e dos créditos tributários – art. 83, I, da LF.
Na questão dada, será paga primeiramente a remuneração devida ao administrador da massa, pois é crédito extraconcursal (não entra no concurso de credores – art. 84, I, da LF). Em segundo lugar, serão pagos os débitos decorrentes da legislação do trabalho – art. 83, I, da LF. Em terceiro lugar, os tributários – art. 83, III, da LF. Por fim, serão pagos, se houver disponibilidade de recursos, os débitos com os sócios da massa falida, que são créditos subordinados – art. 83, VIII, *b*, da LF.
Por essas razões, a alternativa "C" é a correta.
Gabarito "C".

(OAB/Exame Unificado – 2016.1) A falência da sociedade XYZ Ltda. foi decretada em 5/6/2014. Nessa data, a pessoa jurídica já possuía dois imóveis hipotecados para garantia de dívidas diversas. A União tem créditos tributários a receber da sociedade, inscritos em dívida ativa em abril de 2013.

Baseado nos fatos narrados, assinale a afirmativa correta.

(A) A União tem direito de preferência sobre todo e qualquer credor, porque o crédito tributário foi inscrito em dívida ativa antes da decretação da falência.

(B) A União tem direito de preferência sobre os credores com garantia real, pois o crédito tributário prefere a qualquer outro, seja qual for sua natureza ou o tempo de sua constituição.

(C) A União tem de respeitar a preferência dos credores hipotecários, no limite do valor dos bens gravados.

(D) A União tem de respeitar a preferência dos credores hipotecários, no limite do valor das dívidas garantidas pelas hipotecas.

A: incorreta, pois, na falência, o crédito tributário não prefere aos créditos extraconcursais ou às importâncias passíveis de restituição, nos termos da lei falimentar, nem aos créditos com garantia real (caso da hipoteca), no limite do valor do bem gravado – art. 186, parágrafo único, I, do CTN; **B:** incorreta, conforme comentário anterior; **C:** essa é a melhor alternativa, por exclusão das demais, e por ser correta caso a hipoteca seja anterior à inscrição em dívida ativa (informação não dada na questão) – art. 186, parágrafo único, I, *in fine*, do CTN. Se a hipoteca foi gravada após a inscrição do crédito tributário (ou seja, após abril de 2013), haveria presunção de fraude contra o fisco, nos termos do art. 185 do CTN, prevalecendo, em princípio, o crédito tributário; **D:** incorreta, pois a preferência do crédito hipotecário é

9. DIREITO TRIBUTÁRIO — 687

limitada ao valor do bem gravado (valor do imóvel, no caso) – art. 186, parágrafo único, I, *in fine*, do CTN.

Gabarito "C".

(OAB/Exame Unificado – 2015.1) Uma obrigação tributária referente ao Imposto sobre Circulação de Mercadorias e Serviços (ICMS) teve seu fato gerador ocorrido em 12 de junho de 2012. O débito foi objeto de lançamento em 21 de janeiro de 2014. A inscrição em dívida ativa ocorreu em 02 de junho de 2014. A execução fiscal foi ajuizada em 21 de outubro de 2014 e, em 02 de março de 2015, o juiz proferiu despacho citatório nos autos da execução fiscal.

Considerando que o contribuinte devedor alienou todos os seus bens sem reservar montante suficiente para o pagamento do tributo devido, assinale a opção que indica o marco temporal, segundo o CTN, caracterizador da fraude à execução fiscal, em termos de data de alienação.

(A) 21 de janeiro de 2014

(B) 02 de junho de 2014

(C) 02 de março de 2015

(D) 21 de outubro de 2014

O marco temporal a partir do qual presume-se fraude à execução, nos termos do art. 185 do CTN, é a inscrição em dívida ativa, de modo que a alternativa "B" é a correta.

Gabarito "B".

(OAB/Exame Unificado – 2014.2) Presume-se fraudulenta a alienação ou oneração de bens ou rendas por sujeito passivo em débito para com a Fazenda Pública

(A) por crédito tributário ainda não inscrito em dívida ativa, desde que não tenham sido reservados pelo devedor bens ou rendas suficientes ao total pagamento da dívida.

(B) por crédito tributário regularmente inscrito em dívida ativa, desde que não tenham sido reservados pelo devedor bens ou rendas suficientes ao total pagamento da dívida inscrita.

(C) por crédito tributário regularmente inscrito em dívida ativa, mesmo que tenham sido reservados pelo devedor bens ou rendas suficientes ao total pagamento da dívida inscrita.

(D) por crédito tributário ainda não inscrito em dívida ativa, objeto de impugnação administrativa oferecida pelo contribuinte.

Nos termos do art. 185 do CTN, na redação atual (dada pela LC 118/2005), presume-se fraudulenta a alienação ou a oneração de bens ou rendas, ou seu começo, por sujeito passivo em débito para com a Fazenda Pública, por crédito tributário regularmente inscrito como dívida ativa. A alternativa "B", portanto, é a correta, que reflete a disposição legal.

Gabarito "B".

(OAB/Exame Unificado – 2012.3.A) De acordo com as regras contidas no Código Tributário Nacional, considera-se fraude à execução fiscal

(A) a alienação dos direitos reais do patrimônio do devedor, efetivada a qualquer tempo, para terceiro de má-fé.

(B) a alienação do patrimônio do devedor, feita após ciência inequívoca da regular inscrição de crédito da Fazenda contra si constituído.

(C) a aquisição, de má-fé, por terceiro, de parte do patrimônio devedor, refletindo tal situação presunção absoluta de fraude.

(D) a alienação de qualquer parcela do patrimônio do devedor, mesmo que feita a terceiro de boa-fé, após notificação do lançamento fiscal.

A: incorreta, pois a fraude à Fazenda Pública, prevista no art. 185 do CTN, somente ocorre após a inscrição do débito em dívida ativa. Ademais, é preciso que o devedor não tenha reservado bens suficientes para o total pagamento da dívida; **B:** incorreta, pois somente há fraude se o devedor não tiver reservado bens suficientes para o total pagamento da dívida; **C e D:** incorretas, conforme comentários anteriores. Obs.: não há alternativa correta, razão pela qual a questão foi anulada.

Gabarito Anulada.

(OAB/Exame Unificado – 2011.3.A) Fulano de Araújo, proprietário de um único imóvel em que reside com sua esposa, no Município do Rio de Janeiro, é réu em ação de execução fiscal promovida pela Fazenda Pública Municipal por falta de pagamento do IPTU. Tendo em vista as disposições gerais contidas no Código Tributário Nacional acerca do crédito tributário, assinale a alternativa correta.

(A) O imóvel residencial próprio do casal é impenhorável, não devendo responder por qualquer tipo de dívida.

(B) Os bens e rendas do sujeito passivo respondem pelo pagamento de todo crédito de natureza tributária, sem comportar exceções.

(C) Bens gravados por ônus real ou por cláusulas de inalienabilidade não podem ser alcançados para saldar dívidas tributárias.

(D) A impenhorabilidade do bem de família não é oponível em face da cobrança do Imposto Predial Territorial Urbano.

A: incorreta, pois a impenhorabilidade do bem de família comporta exceções, conforme o art. 3º, IV, da Lei 8.009/1990; **B:** incorreta, pois há a exceção dos bens e das rendas que a lei declare absolutamente impenhoráveis, além de privilégios especiais, também previstos em lei, sobre determinados bens – art. 184 do CTN; **C:** incorreta, pois o ônus real ou a cláusula de inalienabilidade ou impenhorabilidade é inoponível contra o Fisco, nos termos do art. 184 do CTN. Note que há regra específica para o caso de falência – art. 186, parágrafo único, I, do CTN; **D:** correta. Embora os bens absolutamente impenhoráveis por força de lei não respondam pelo crédito tributário (art. 184, *in fine*, do CTN), o único imóvel residencial (= bem de família) pode ser penhorado para garantir o pagamento de tributos relacionados ao próprio bem, como o IPTU – art. 3º, IV, da Lei 8.009/1990.

Gabarito "D".

(OAB/Exame Unificado – 2010.2) Delta Ltda. teve sua falência decretada em 11/01/2010. Delta possuía um imóvel hipotecado ao Banco Junior S/A, em garantia de dívida no valor de R$ 1.000.000,00 O imóvel está avaliado em R$ 1.200.000,00. A Fazenda Pública Estadual tem créditos a receber de Delta Ltda. relacionados ao ICMS não pago de vendas ocorridas em 03/01/2008. Com base no exposto acima, assinale a afirmativa correta.

(A) A Fazenda tem direito de preferência sobre o credor com garantia real, em virtude de seus privilégios.

(B) A Fazenda não pode executar o bem, em função de ter havido a quebra da empresa, prevalecendo o crédito com garantia real.

(C) A Fazenda tem direito de preferência uma vez que a dívida tributária é anterior à hipoteca.

(D) A Fazenda respeitará a preferência do credor hipotecário, nos limites do valor do crédito garantido pela hipoteca.

A: incorreta, pois, em caso de falência, o crédito tributário não prefere aos créditos com garantia real, no limite do valor do bem gravado – art. 186, parágrafo único, I, do CTN; **B:** incorreta, pois a quebra da empresa, por si, não impede a execução fiscal. Isso porque a cobrança do crédito tributário não se sujeita à habilitação em falência – art. 187 do CTN; **C e D:** a rigor, se o crédito tributário tivesse sido inscrito em dívida ativa antes da hipoteca, poderia ficar configurada a fraude contra o Fisco, em relação à oneração do bem (hipoteca), nos termos do art. 185 do CTN. Há entendimento de que, para que o negócio (a hipoteca) fosse ineficaz contra a Fazenda Pública, seria preciso prévia anotação na matrícula do imóvel ou outra prova de má-fé por parte do banco – ver a Súmula 375/STJ ("O reconhecimento da fraude à execução depende do registro da penhora do bem alienado ou da prova de má-fé do terceiro adquirente"), relativa a caso análogo (entendimento, aliás, superado no julgamento do REsp 1.148.296/SP – recurso repetitivo –, segundo o qual essa súmula não se aplica às execuções fiscais). Entretanto, nada disso foi informado pelo examinador (existência de prévia inscrição em dívida ativa ou eventual anotação na matrícula), de modo que o candidato deve presumir a boa-fé do banco e, portanto, a plena validade da hipoteca. Nesse cenário, o crédito com garantia real prefere ao tributário, no limite do valor do bem gravado – art. 186, parágrafo único, I, do CTN. Por essa razão, a alternativa "C" é incorreta e a "D" correta.
Gabarito "D".

(OAB/Exame Unificado – 2010.1) Assinale a opção correta acerca das garantias e privilégios do crédito tributário.

(A) De acordo com o CTN, as garantias atribuídas ao crédito tributário alteram a sua natureza bem como a da obrigação tributária correspondente.

(B) A cobrança judicial do crédito tributário, embora não se subordine a concurso de credores, está sujeita à habilitação em falência, recuperação judicial, inventário ou arrolamento.

(C) Denominam-se concursais os créditos tributários decorrentes de fatos geradores acontecidos durante processo falimentar, bem como após a extinção deste.

(D) No processo falimentar, o crédito tributário não prefere às importâncias passíveis de restituição, nos termos da lei falimentar, nem aos créditos com garantia real, no limite do valor do bem gravado.

A: incorreta, pois a natureza das garantias atribuídas ao crédito tributário não altera sua natureza, nem a da obrigação tributária correspondente – art. 183, parágrafo único, do CTN; **B:** incorreta, pois a cobrança judicial do crédito tributário não é sujeita a concurso de credores ou habilitação em falência, recuperação judicial, concordata, inventário ou arrolamento – art. 187 do CTN; **C:** incorreta, pois os créditos tributários decorrentes de fatos geradores ocorridos no curso do processo de falência são extraconcursais (não entram no concurso de credores com os créditos anteriores à quebra) – art. 188, *caput*, do CTN; **D:** correta, conforme o art. 186, parágrafo único, I, do CTN.
Gabarito "D".

Veja a seguinte tabela com a ordem de classificação dos créditos na falência (art. 83 da Lei de Falências e Recuperações – LF – Lei 11.101/2005):

Ordem de classificação dos créditos na falência (art. 83 da LF)
1º – os créditos derivados da legislação do trabalho, limitados a 150 (cento e cinquenta) salários-mínimos por credor, os decorrentes de acidentes de trabalho. Também os créditos equiparados a trabalhistas, como os relativos ao FGTS (art. 2º, § 3º, da Lei 8.844/1994) e os devidos ao representante comercial (art. 44, *caput*, da Lei 4.886/1965).
2º – créditos com garantia real até o limite do valor do bem gravado (será considerado como valor do bem objeto de garantia real a importância efetivamente arrecadada com sua venda, ou, no caso de alienação em bloco, o valor de avaliação do bem individualmente considerado).
3º – créditos tributários, independentemente da sua natureza e tempo de constituição, excetuadas as multas tributárias.
4º – créditos quirografários (= aqueles não previstos nos demais incisos do art. 83 da LF; os saldos dos créditos não cobertos pelo produto da alienação dos bens vinculados ao seu pagamento; e os saldos dos créditos derivados da legislação do trabalho que excederem o limite estabelecido no inciso I do *caput* do art. 83 da LF). Ademais, os créditos trabalhistas cedidos a terceiros serão considerados quirografários.
5º – as multas contratuais e as penas pecuniárias por infração das leis penais ou administrativas, inclusive as multas tributárias.
6º – créditos subordinados (= os assim previstos em lei ou em contrato; e os créditos dos sócios e dos administradores sem vínculo empregatício).
Lembre-se que os **créditos extraconcursais** (= basicamente os surgidos no curso do processo falimentar, que não entram no concurso de credores) são pagos com precedência sobre todos esses anteriormente mencionados, na ordem prevista no art. 84 da LF: **(i)** remunerações devidas ao administrador judicial e seus auxiliares, e créditos derivados da legislação do trabalho ou decorrentes de acidentes de trabalho relativos a serviços prestados após a decretação da falência; **(ii)** quantias fornecidas à massa pelos credores; **(iii)** despesas com arrecadação, administração, realização do ativo e distribuição do seu produto, bem como custas do processo de falência; **(iv)** custas judiciais relativas às ações e execuções em que a massa falida tenha sido vencida; e **(v)** obrigações resultantes de atos jurídicos válidos praticados durante a recuperação judicial, nos termos do art. 67 da LF, ou após a decretação da falência, e tributos relativos a fatos geradores ocorridos após a decretação da falência, respeitada a ordem estabelecida no art. 83 da LF.

9. DIREITO TRIBUTÁRIO

(OAB/Exame Unificado – 2009.2) A alienação ou oneração de bens ou rendas por sujeito passivo em débito tributário inserido na dívida ativa para com a Fazenda Pública presume-se fraudulenta

(A) independentemente de dispor o devedor de outros bens ou rendas suficientes ao total pagamento da dívida.

(B) ainda que o ato seja anterior à inscrição do débito na dívida ativa.

(C) se não tiverem sido reservados, pelo devedor, bens ou rendas suficientes ao total pagamento da dívida.

(D) somente se o ato ocorrer quando já em execução a dívida ativa regularmente inscrita.

A: incorreta, pois, se o devedor dispuser de outros bens ou rendas suficientes ao total pagamento da dívida, não há presunção de fraude – art. 185, parágrafo único, do CTN; **B:** incorreta, pois a presunção de fraude ocorre nas alienações e onerações posteriores à inscrição do crédito em dívida ativa – art. 185 *caput*, do CTN; **C:** correta, conforme o art. 185 do CTN; **D:** incorreta, pois basta a inscrição do crédito em dívida ativa, sendo desnecessário o início da execução, para a presunção de fraude.

Gabarito "C".

14. ADMINISTRAÇÃO TRIBUTÁRIA, FISCALIZAÇÃO E PROCESSO ADMINISTRATIVO FISCAL

(OAB/Exame Unificado – 2019.2) A União lavrou auto de infração para a cobrança de créditos de Imposto sobre a Renda, devidos pela pessoa jurídica PJ. A cobrança foi baseada no exame, considerado indispensável por parte da autoridade administrativa, de documentos, livros e registros de instituições financeiras, incluindo os referentes a contas de depósitos e aplicações financeiras de titularidade da pessoa jurídica PJ, após a regular instauração de processo administrativo. Não houve, neste caso, qualquer autorização do Poder Judiciário.

Sobre a possibilidade do exame de documentos, livros e registros de instituições financeiras pelos agentes fiscais tributários, assinale a afirmativa correta.

(A) Não é possível, em vista da ausência de previsão legal.

(B) É expressamente prevista em lei, sendo indispensável a existência de processo administrativo instaurado.

(C) É expressamente prevista em lei, sendo, no entanto, dispensável a existência de processo administrativo instaurado.

(D) É prevista em lei, mas deve ser autorizada pelo Poder Judiciário, conforme exigido por lei.

A: incorreta, pois o art. 6º da LC 105/2001 prevê a possibilidade de a fiscalização tributária examinar documentos, livros e registros de instituições financeiras, inclusive os referentes a contas de depósitos e aplicações financeiras, quando houver processo administrativo instaurado ou procedimento fiscal em curso e tais exames sejam considerados indispensáveis pela autoridade administrativa competente. O dispositivo foi considerado constitucional pelo STF, conforme a tese de repercussão geral 225; **B:** correta, conforme o art. 6º da LC 105/2001; **C:** incorreta, pois o exame dos registros de instituições financeiras pressupõe instauração regular de processo administrativo ou procedimento fiscal; **D:** incorreta, pois a prerrogativa prevista no art. 6º da LC 105/2001 dispensa autorização judicial.

Gabarito "B".

(OAB/Exame Unificado – 2018.2) João, empresário, inconformado com a notificação de que a Administração Pública Fazendária teria acesso às informações de sua movimentação bancária para instruir processo administrativo fiscal, decidiu procurar o Escritório Alfa de advocacia para uma consulta a respeito do caso. João busca saber se a medida configura quebra de sigilo fiscal e se o procedimento da Administração Pública está correto.

Com base na hipótese apresentada, assinale a opção que indica a orientação a ser dada pelo Escritório Alfa, considerando a jurisprudência do Supremo Tribunal Federal (STF) acerca do acesso a dados bancários sigilosos pela Administração Pública Fazendária.

(A) Não se trata de quebra de sigilo, mas de transferência de sigilo para finalidades de natureza eminentemente fiscal, pois a legislação aplicável garante a preservação da confidencialidade dos dados, vedado seu repasse a terceiros estranhos ao próprio Estado, sob pena de responsabilização dos agentes que eventualmente pratiquem essa infração.

(B) A imediata notificação do contribuinte é mera liberalidade da Administração Fazendária, sendo ao contribuinte facultada, tão somente, a extração da decisão final da Administração Fazendária.

(C) Tal uso de dados ofende o direito ao sigilo bancário, porque macula o princípio da igualdade e o princípio da capacidade contributiva.

(D) É inconstitucional a quebra de sigilo, pois a legislação aplicável garante a preservação da confidencialidade dos dados, vedado seu repasse a terceiros, inclusive aos integrantes da Administração Pública Fazendária.

A: correta, nos termos da tese de repercussão geral 225/STF: "O art. 6º da Lei Complementar 105/01 não ofende o direito ao sigilo bancário, pois realiza a igualdade em relação aos cidadãos, por meio do princípio da capacidade contributiva, bem como estabelece requisitos objetivos e o translado do dever de sigilo da esfera bancária para a fiscal". Ver também o art. 197, II, do CTN; **B:** incorreta, pois cabe ao contribuinte, no caso de não estarem preenchidos os requisitos do art. 6º da LC 105/2001 (deve haver processo administrativo instaurado ou procedimento fiscal em curso e decisão fundamentada no sentido de que os exames dos dados bancários sejam indispensáveis para a fiscalização tributária), impugnar administrativamente a decisão – art. 5º, XXXIV, *a*, da CF; **C** e **D:** incorretas, conforme comentário à primeira alternativa.

Gabarito "A".

(OAB/Exame Unificado – 2017.3) A pessoa jurídica A declarou débitos de Imposto sobre a Renda (IRPJ) que, no entanto, deixaram de ser quitados. Diante do inadimplemento da contribuinte, a União promoveu o protesto da Certidão de Dívida Ativa (CDA) decorrente da regular constituição definitiva do crédito tributário inadimplido.

Com base em tais informações, no que tange à possibilidade de questionamento por parte da contribuinte em relação ao protesto realizado pela União, assinale a afirmativa correta.

(A) O protesto da CDA é indevido, uma vez que o crédito tributário somente pode ser cobrado por meio da execução fiscal.

(B) O protesto da CDA é regular, por se tratar de instrumento extrajudicial de cobrança com expressa previsão legal.

(C) O protesto da CDA é regular, por se tratar de instrumento judicial de cobrança com expressa previsão legal.

(D) O protesto da CDA é indevido, por se tratar de sanção política sem previsão em lei.

A: incorreta, pois o STF já pacificou o entendimento pela constitucionalidade do protesto da CDA – ADI 5.135/DF; **B:** correta – art. 1º, parágrafo único, da Lei 9.492/1997; **C:** incorreta, pois não se trata de instrumento judicial, mas extrajudicial – art. 1º, parágrafo único, da Lei 9.492/1997; **D:** incorreta, conforme comentário à primeira alternativa. Gabarito "B".

(OAB/Exame Unificado – 2011.3.B) Em cumprimento de diligência na sede da gráfica Impressões Beta, empresa beneficiária de imunidade quanto aos impostos incidentes sobre sua atividade de impressão de periódicos, fiscais da Fazenda Estadual apreenderam notas e livros fiscais, sem terem apresentado mandado judicial com a previsão da medida.

Com base no cenário acima, assinale a alternativa correta no que tange à conduta dos agentes do Fisco.

(A) A ação não apresenta qualquer ilegalidade, conformando ato regular de fiscalização, representando um poder-dever da Administração.

(B) A ação é ilegal, pois a legislação que rege a fiscalização tributária não se aplica àqueles que gozam de imunidade tributária.

(C) A ação é ilegal, pois, para o cumprimento da diligência, era imprescindível a apresentação de mandado judicial.

(D) A ação não apresenta qualquer ilegalidade, já que a função de fiscalização é ilimitada, tendo em vista a supremacia do interesse público.

Nos termos do art. 194, parágrafo único, do CTN, a legislação tributária aplica-se às pessoas naturais ou jurídicas, contribuintes ou não, inclusive às que gozem de imunidade tributária ou de isenção de caráter pessoal. Isso significa que mesmo a gráfica que goza de imunidade sujeita-se à fiscalização, até para que o Fisco possa verificar se a empresa efetivamente preenche os requisitos para usufruir do benefício. Ademais, a entrada da fiscalização no estabelecimento e a apreensão dos livros e documentos fiscais relacionados com o tributo fiscalizado não dependem de autorização judicial e podem, inclusive, ser efetivados com apoio policial, nos termos do art. 200 do CTN. É importante salientar, entretanto, que o STF veda a entrada da fiscalização, sem autorização judicial, em recintos fechados ao público, como determinados escritórios de contabilidade, sem autorização do profissional, equiparando-os ao domicílio protegido constitucionalmente – ver HC 82.788/RJ. **A:** correta, conforme comentários iniciais; **B** e **C:** incorretas, conforme comentários iniciais; **D:** incorreta, pois não há poder estatal ilimitado, muito menos em relação à fiscalização tributária, cujos atos são vinculados, ou seja, devem se ater estritamente aos ditames da lei, observando-se os direitos e as garantias dos contribuintes. Gabarito "A".

(FGV – 2011) Carlos, proprietário de apartamento em zona urbana de grande município, furtou-se ao pagamento do IPTU nos anos de 2008 e 2009. A Secretaria Municipal de Fazenda efetuou o lançamento e notificou-o

do crédito em aberto em 2010. Nessa situação fictícia, é correto afirmar que

(A) caso o apartamento de Carlos seja registrado como bem de família, a impenhorabilidade é oponível nos casos de execução fiscal. Assim, o Fisco deve dirigir a execução a qualquer outro bem do patrimônio disponível de Carlos.

(B) no momento da notificação oficial até a sentença final em sede de execução fiscal, Carlos pode alienar o apartamento em questão, uma vez que a fraude contra a Fazenda somente se configura se a alienação ocorrer após o trânsito em julgado da sentença de execução.

(C) na hipótese de Carlos vender o seu apartamento antes do lançamento, o adquirente de boa-fé jamais responderia perante o Fisco pelas eventuais dívidas do apartamento antes da sua aquisição.

(D) caso Carlos possuísse dívidas de natureza civil, ainda que constituídas antes da notificação do crédito em aberto em virtude do não pagamento do IPTU, o crédito tributário, mesmo assim, teria preferência sobre aquelas.

(E) a notificação seria inócua, uma vez que haveria ocorrido a prescrição.

A: incorreta, pois a impenhorabilidade dos bens de família não afasta a cobrança de impostos, predial ou territorial, taxas e contribuições devidas em função do imóvel familiar – art. 3º, IV, da Lei 8.009/1990 e art. 184 do CTN; **B:** incorreta, pois se presume fraudulenta a alienação de bens a partir da inscrição do débito em dívida ativa, desde que o devedor não reserve bens suficientes para o pagamento – art. 185 do CTN; **C:** incorreta, pois a responsabilidade do adquirente refere-se aos tributos lançados ou não – arts. 129 e 130 do CTN. A responsabilidade do adquirente em relação aos fatos geradores anteriores à transação somente seria afastada se constasse do título translativo a prova da quitação dos tributos – art. 130, *caput*, *in fine*, do CTN; **D:** correta, pois o crédito tributário prefere a quaisquer outros, exceto os decorrentes da legislação do trabalho ou do acidente de trabalho – art. 186 do CTN. Importante notar que há regras específicas para o caso de falência – art. 186, parágrafo único, do CTN; **E:** incorreta, pois a prescrição ocorre somente após 5 anos contados da constituição definitiva do crédito (lançamento definitivo) – art. 174, *caput*, do CTN. [LB] Gabarito "D".

(FGV – 2010) Com relação à dívida ativa tributária, é INCORRETO afirmar que

(A) o controle da legalidade da inscrição em dívida ativa é a derradeira oportunidade que a Administração tem de rever os requisitos dos atos praticados no processo administrativo de cobrança, ocasião em que ainda pode modificá-los.

(B) somente se admite a inscrição de débito em dívida ativa após o decurso do prazo fixado para pagamento, pela lei ou por decisão final proferida em processo administrativo.

(C) provém de crédito de igual natureza.

(D) as informações relativas a inscrições na dívida ativa da Fazenda Pública podem ser divulgadas, sem que isso configure violação ao sigilo fiscal.

(E) uma vez inscrito o débito em dívida ativa, tem-se que o título representativo desta goza de presunção de liquidez e certeza.

9. DIREITO TRIBUTÁRIO

A: incorreta, devendo ser assinalada, pois a Administração tem o poder-dever de revisar o lançamento, nas hipóteses do art. 149 do CTN, até o término do prazo decadencial, conforme dispõe o parágrafo único desse dispositivo legal; **B:** correta, conforme o art. 201 do CTN; **C:** correta, pois a dívida ativa tributária refere-se a créditos de natureza tributária – art. 201 do CTN. Importante notar que existe a dívida ativa não tributária, relativa, como diz o nome, a créditos de natureza não tributária – art. 2º da Lei 6.830/1980; **D:** correta, já que não há sigilo fiscal em relação à inscrição em dívida ativa – art. 198, § 3º, II, do CTN; **E:** correta, nos termos do art. 204 do CTN. A presunção é relativa e pode ser ilidida por prova inequívoca, a cargo do sujeito passivo ou do terceiro a que aproveite. **LB**

Gabarito "A".

(FGV – 2010) A respeito das nulidades no processo administrativo fiscal, de acordo com o Decreto n. 70.235/1972, assinale a afirmativa incorreta.

(A) São nulos os atos e termos lavrados por pessoa incompetente.

(B) A nulidade de qualquer ato prejudica todos os posteriores que dele diretamente dependam ou não.

(C) São nulos os despachos e decisões proferidos por autoridade incompetente ou com preterição do direito de defesa.

(D) A nulidade será declarada pela autoridade competente para praticar o ato ou julgar a sua legitimidade.

(E) Quando puder decidir do mérito a favor do sujeito passivo a quem aproveitaria a declaração de nulidade, a autoridade julgadora não a pronunciará nem mandará repetir o ato ou suprir-lhe a falta.

A: correta, conforme o art. 59, I, do Decreto 70.235/1972; **B:** incorreta, devendo ser assinalada, pois a nulidade de qualquer ato só prejudica os posteriores que dele diretamente dependam ou sejam consequência – art. 59, § 1º, do Decreto 70.235/1972; **C:** correta, conforme o art. 59, II, do Decreto 70.235/1972; **D:** correta, nos exatos termos do art. 61 do Decreto 70.235/1972; **E:** correta, conforme o princípio do *pas de nullité sans grief* (= não há nulidade se não há prejuízo), previsto no art. 59, § 3º, do Decreto 70.235/1972.

Gabarito "B".

(FGV – 2010) Analise as afirmativas a seguir:

I. A consulta fiscal tem como fundamento de validade o direito de petição insculpido no artigo 5º, inciso XXXIV, da Constituição Federal, razão pela qual é correta a afirmação de que qualquer pessoa, física ou jurídica, goza de legitimidade para sua formulação perante os órgãos da administração fazendária, independente de sua sujeição aos termos de uma dada norma tributária.

II. Em atendimento ao princípio do formalismo moderado a petição de consulta poderá ser apresentada por escrito ou oralmente, para posterior redução a termo, no domicílio tributário do consulente, ao órgão da entidade incumbida de administrar o tributo sobre que versa.

III. Do momento do protocolo da consulta até sua decisão final o Fisco possui a faculdade de instaurar procedimento de fiscalização e promover o lançamento de ofício necessário a prevenir a decadência relativa à espécie tributária consultada.

Assinale:

(A) se somente a afirmativa I estiver correta.

(B) se somente as afirmativas I e III estão corretas.

(C) se nenhuma afirmativa estiver correta.

(D) se somente a afirmativa III estiver correta.

(E) se somente a afirmativa II estiver correta.

I: incorreta, pois a consulta se sujeita a procedimento regulamentar, sem que isso ofenda o direito à petição, conforme os arts. 46 e seguintes do Decreto 70.235/1972 (Decreto este relativo ao processo administrativo fiscal federal); **II:** incorreta, pois, apesar de o procedimento administrativo fiscal observar, em boa medida, o princípio da informalidade (ou princípio da formalidade mitigada), a consulta deverá ser formulada sempre por escrito – art. 47 do Decreto 70.235/1972; **III:** incorreta em relação à fiscalização, pois, em regra, nenhum procedimento fiscal será instaurado contra o sujeito passivo relativamente à espécie consultada, a partir da apresentação da consulta até o trigésimo dia subsequente à data da ciência: de decisão de primeira instância da qual não haja sido interposto recurso (inc. I) ou de decisão de segunda instância (inc. II) – art. 48 do Decreto 70.235/1972 (ver exceção no art. 49 do mesmo Decreto).

Gabarito "C".

(FGV – 2010) Em relação à dívida ativa, assinale a afirmativa incorreta.

(A) Presume-se fraudulenta a alienação ou oneração de bens ou rendas, ou seu começo, por sujeito passivo em débito para com a Fazenda Pública, por crédito tributário regularmente inscrito como dívida ativa, exceção feita à hipótese de terem sido reservados, pelo devedor, bens ou rendas suficientes ao total pagamento do débito.

(B) A ação para cobrança do crédito tributário prescreve em cinco anos, contados de sua constituição definitiva, assim entendido como a data de sua inscrição em dívida ativa.

(C) Não é vedada a divulgação, por parte da Fazenda Pública ou de seus servidores, de informações relativas a inscrições em dívida ativa da Fazenda Pública.

(D) O termo de inscrição em dívida ativa, autenticado pela autoridade competente, indicará obrigatoriamente a origem e natureza do crédito, mencionada especificamente a disposição da lei em que seja fundado.

(E) A dívida regularmente inscrita goza da presunção de certeza e liquidez e tem o efeito de prova pré-constituída.

A: correta, pois reflete o disposto no art. 185 do CTN; **B:** incorreta, devendo ser assinalada, pois a inscrição em dívida ativa não indica o momento da constituição definitiva do crédito tributário. A constituição definitiva dá com a notificação do lançamento ou, caso haja recurso do sujeito passivo contra o lançamento, no momento da decisão administrativa definitiva – ver a Súmula Vinculante 24/STF ("Não se tipifica crime material contra a ordem tributária, previsto no art. 1º, incisos I a IV, da Lei 8.137/90, antes do lançamento definitivo do tributo") que, apesar de tratar de crimes tributários, adota o entendimento de que a constituição definitiva do crédito se dá ano final do processo administrativo em que se discute o lançamento. É preciso ainda aguardar o prazo concedido para pagamento, nos termos da Súmula 622 do STJ: A notificação do auto de infração faz cessar a contagem da decadência para a constituição do crédito tributário; exaurida a instância administrativa com o decurso do prazo para a impugnação ou com a notificação de seu julgamento definitivo e esgotado o prazo concedido pela Administração para o pagamento voluntário, inicia-se o prazo prescricional para a cobrança judicial.; **C:** correta, pois não há sigilo fiscal em relação à inscrição em dívida ativa – art. 198, § 3º, II, do CTN; **D:** correta, em conformidade com o art. 202, III, do

692 LUCIANA BATISTA SANTOS E ROBINSON BARREIRINHAS

CTN; **E:** correta, pois a presunção *iuris tantum* (relativa) consta do art. 204 do CTN, podendo ser afastada por prova inequívoca a cargo do sujeito passivo ou de terceiro interessado (parágrafo único do dispositivo legal). 🔲

Gabarito "B".

(FGV – 2010) Não se configura como princípio aplicável ao procedimento de fiscalização tributária:

(A) a inquisitoriedade.

(B) o formalismo moderado.

(C) o devido processo legal.

(D) a celeridade.

(E) o dever de colaboração.

Importante notar que o procedimento de fiscalização tributária refere-se à investigação dos sujeitos passivos pela autoridade fiscal, para, eventualmente, lançar o crédito (autuar). Não se confunde com o processo administrativo fiscal, iniciado, em regra, pela impugnação do lançamento pelo sujeito passivo, em que se observam os princípios do contraditório e da ampla defesa – art. 5º, LV, da CF. **A:** correta. Na fase fiscalizatória (preparatória do lançamento), aplica-se a inquisitoriedade, ou seja, a autoridade fiscal deve investigar os contribuintes, garantindo-se a ampla defesa, posteriormente, no momento do processo administrativo fiscal (caso o lançamento realizado ao fim do procedimento de fiscalização venha a ser impugnado administrativamente); **B:** correta, pois tanto o procedimento fiscalizatório como o processo administrativo fiscal observam, em boa medida, o princípio da informalidade (ou princípio da formalidade mitigada ou reduzida) – ver art. 2º do Decreto 70.235/1972; **C:** incorreta, devendo ser assinalada, pois o devido processo legal é observado na fase do processo administrativo fiscal (quando há recurso administrativo do sujeito passivo contra o lançamento efetuado – art. 5º, LV, da CF), mas não na fase do procedimento fiscalizatório (quando o Fisco ainda está investigado o sujeito passivo, para fins de eventual lançamento); **D:** correta, pois a fiscalização deve observar o princípio da celeridade – ver o art. 196, *caput*, *in fine*, do CTN; **E:** correta, pois todos que detém informações relevantes para a administração tributária devem colaborar com a atividade fiscalizatória – arts. 194, parágrafo único, e 197 do CTN.

Gabarito "C".

(FGV – 2010) A respeito da preclusão, considerando a legislação federal aplicável ao Processo Administrativo Tributário, assinale a alternativa correta.

(A) A preclusão é incompatível com o princípio da verdade material perseguido pelo processo administrativo tributário e, portanto, a ele inaplicável, conforme já pacificamente reconhecido pelo Judiciário.

(B) A aplicação do instituto da preclusão no processo administrativo tributário, conforme expressa disposição legal, é admitida.

(C) Preclusão implica a perda do direito de o contribuinte promover qualquer tipo de medida judicial, no caso de a decisão em última instância, no processo administrativo, lhe ser desfavorável.

(D) A preclusão não tem relação alguma com a produção de provas no curso do processo administrativo.

(E) A preclusão é um instituto aplicável exclusivamente ao processo judicial.

A e E: incorretas, pois, apesar de crítica doutrinária, o processo administrativo tributário também observa a preclusão, para garantir a sua efetiva e a célere evolução em direção a decisão final; **B:** correta, nos termos do art. 16, § 4º, do Decreto 70.235/1972 (com força de lei – dispositivo incluído pela Lei 9.532/1997); **C:** incorreta, pois a

decisão administrativa contrária ao particular não afasta o acesso ao Poder Judiciário – art. 5º, XXXV, da CF; **D:** incorreta, pois, apesar de haver discussão doutrinária, a legislação impõe o ônus da preclusão para fins de dilação probatória no processo administrativo fiscal – art. 16, § 4º, do Decreto 70.235/1972.

Gabarito "B".

(FGV – 2010) As alternativas a seguir apresentam diversos princípios que norteiam o processo administrativo tributário, à exceção de uma. Assinale-a.

(A) Princípio da verdade formal.

(B) Princípio da verdade material.

(C) Princípio da vinculação da atividade administrativa.

(D) Princípio da ampla defesa.

(E) Princípio do contraditório.

A: incorreta, devendo ser assinalada, pois o processo administrativo fiscal observa o princípio da verdade material, buscando-se esclarecer os fatos realmente ocorridos; **B:** correta, conforme comentário à alternativa anterior; **C:** correta, pois os atos das autoridades administrativas são vinculados, ou seja, não há margem para juízo de conveniência e oportunidade no processo administrativo fiscal (não há discricionariedade); **D** e **E:** corretas, pois o processo administrativo, assim como o judicial, deve observar a ampla defesa e o contraditório, nos termos do art. 5º, LV, da CF.

Gabarito "A".

(FGV – 2010) Analise as afirmativas a seguir:

I. Em se tratando de processo administrativo tributário, o princípio da ampla defesa garante ao contribuinte a apreciação de toda e qualquer matéria relativa aos aspectos constitucionais.

II. Vige no processo administrativo tributário o princípio da inquisitoriedade, posto que dotado de viés meramente investigatório das práticas adotadas pelos contribuintes.

III. Reza o princípio do formalismo moderado que os atos do processo administrativo não dependem de forma determinada senão quando a lei expressamente o exigir.

Assinale:

(A) se somente a afirmativa I estiver correta.

(B) se somente as afirmativas I e II estiverem corretas.

(C) se somente as afirmativas I e III estiverem corretas.

(D) se somente a afirmativa II estiver correta.

(E) se somente a afirmativa III estiver correta.

I: incorreta, pois há forte entendimento de que os fundamentos constitucionais dos pleitos dos contribuintes não são amplamente apreciados no processo administrativo. Por exemplo, o órgão julgador federal não pode afastar a aplicação de lei por considerá-la inconstitucional – art. 26-A do Decreto 70.235/1972; **II:** incorreta, pois a inquisitoriedade aplica-se, somente, à fase fiscalizatória (= procedimento de fiscalização tributária – preparatória do lançamento), e não ao processo administrativo fiscal (iniciado, em regra, pela impugnação do sujeito passivo contra a notificação do lançamento ou auto de infração), em que se garante o contraditório e a ampla defesa – art. 5º, LV, da CF; **III:** correta. O processo administrativo fiscal observa, em boa medida, o princípio da informalidade, sendo que não há a rigidez do processo judicial, por exemplo. Outros princípios, muito citados, que regem o processo administrativo são legalidade, impessoalidade, contraditório, ampla defesa, verdade material, livre

9. DIREITO TRIBUTÁRIO

convencimento do julgador (desde que fundamentado) e oficialidade (ou impulso oficial).

Gabarito "E".

(FGV – 2010) De acordo com o Decreto nº 70.235/1972, o Auto de Infração lavrado pelo agente da Administração não conterá, obrigatoriamente:

(A) a assinatura do autuante e a indicação de seu cargo ou função e o número de matrícula.

(B) a determinação da exigência e a intimação para cumpri-la ou impugná-la no prazo de quinze dias.

(C) a qualificação do autuado, além do local, data e hora da lavratura.

(D) a disposição legal infringida e a penalidade aplicável.

(E) a descrição do fato.

A, C, D e E: essas alternativas indicam requisitos essenciais para a lavratura do auto de infração, conforme o art. 10, VI, I, IV e III, respectivamente, do Decreto 70.235/1972; B: alternativa a ser indicada, pois o prazo é de 30 (trinta) dias – art. 10 do Decreto 70.235/1972. LB

Gabarito "B".

(FGV – 2010) De acordo com o Decreto nº 70.235/1972 a impugnação ao lançamento formulada pelo sujeito passivo:

(A) poderá ser apresentada oralmente e posteriormente reduzida a termo, em obediência ao princípio da celeridade.

(B) deverá apresentar as provas documentais das quais o contribuinte dispuser no momento, restando-lhe assegurado o direito de acostar quaisquer outros documentos, em quaisquer das fases processuais, em atendimento ao princípio da ampla defesa e verdade material.

(C) deverá manifestar, caso existente, interesse quanto à realização de provas, restando-lhe assegurado, quando da fase de preparação e instrução, apontar pormenorizadamente as diligências, ou perícias que pretenda sejam efetuadas, expondo-lhe os motivos que as justifiquem.

(D) deverá mencionar a autoridade julgadora a quem é dirigida bem como a qualificação do impugnante.

(E) deverá promover impugnação, ainda que genérica, da matéria controvertida em homenagem aos princípios da eventualidade e do formalismo moderado.

A: incorreta, pois a impugnação deverá ser formalizada por escrito – art. 15 do Decreto 70.235/1972; B: incorreta, pois os documentos devem ser juntados à impugnação inicialmente, sob pena de preclusão – arts. 15 e 16, § 4º, do Decreto 70.235/1972 (ver as exceções no último dispositivo indicado); C: incorreta, pois a impugnação deve indicar as diligências ou perícias que o impugnante pretenda sejam efetuadas, expostos os motivos que as justifiquem, com a formulação dos quesitos referentes aos exames desejados, assim como, no caso de perícia, o nome, o endereço e a qualificação profissional do seu perito – art. 16, IV, e § 1º, do Decreto 70.235/1972; D: correta, pois esses são elementos essenciais a serem indicados na impugnação – art. 16, I e II, do Decreto 70.235/1972; E: incorreta, pois será considerada como não impugnada a matéria que não tenha sido expressamente contestada pelo impugnante – art. 17 do Decreto 70.235/1972.

Gabarito "D".

(FGV – 2010) Com relação à jurisprudência administrativa federal, analise as afirmativas a seguir:

I. É válido o lançamento formalizado por Auditor-Fiscal da Receita Federal do Brasil de jurisdição diversa da do domicílio tributário do sujeito passivo.

II. O CARF – Conselho Administrativo de Recursos Fiscais, é competente para se pronunciar sobre controvérsias referentes ao Processo Administrativo de Representação Fiscal para Fins Penais.

III. No processo administrativo fiscal não se aplica a prescrição intercorrente.

Assinale:

(A) se todas as afirmativas forem verdadeiras.

(B) se somente a afirmativa I for verdadeira.

(C) se somente a afirmativa III for verdadeira.

(D) se somente a afirmativa II for verdadeira.

(E) se somente as afirmativas I e III forem verdadeiras.

I: correta, considerando que o auto seja lavrado por Auditor-Fiscal da Receita Federal (isso ocorre com frequência em caso de grandes operações em determinadas regiões do país, com deslocamento de servidores de outras localidades pelo território nacional – art. 9º, § 2º, do Decreto 70.235/1972); II: incorreta, pois não há essa competência – art. 25, II, do Decreto 70.235/1972; III: correta, pois não há disposição legal nesse sentido. O processo administrativo fiscal suspende a exigibilidade do crédito tributário (art. 151, III, do CTN) e, portanto, o prazo prescricional para sua cobrança (princípio da *actio nata*). Note que a prescrição intercorrente foi construção jurisprudencial (no processo judicial), posteriormente acolhida pela legislação referente à execução fiscal – art. 40, § 4º, da Lei 6.830/1980.

Gabarito "E".

(FGV – 2010) Com relação ao Processo Administrativo Tributário, analise as afirmativas a seguir.

I. Caso o contribuinte tenha ingressado com ação judicial contestando a cobrança de determinado tributo e, posteriormente, seja autuado pelas autoridades fiscais por este mesmo tributo, deverá necessariamente optar entre dar seguimento ao processo administrativo ou à ação judicial.

II. É garantido expressamente na Constituição Federal o direito de a Fazenda Pública recorrer ao Judiciário para rediscutir matéria fática e jurídica, na hipótese de ser a decisão administrativa em última instância favorável ao contribuinte.

III. O contribuinte que se opuser à lavratura do auto de infração poderá, ao invés de impugná-lo administrativamente, ingressar com ação anulatória de débito fiscal, o que, contudo, implicará renúncia de discussão na via administrativa da matéria objeto da ação judicial.

Assinale:

(A) se todas as afirmativas estiverem corretas.

(B) se apenas a afirmativa I estiver correta.

(C) se apenas a afirmativa II estiver correta.

(D) se apenas a afirmativa III estiver correta.

(E) se somente as afirmativas I e III estiverem corretas.

I: incorreta, pois a propositura de ação judicial implica renúncia ao poder de recorrer na esfera administrativa e desistência do recurso acaso interposto – art. 38, parágrafo único, da Lei 6.830/1980; II: incorreta, pois o entendimento dominante é de que a decisão definitiva na esfera administrativa favorável ao contribuinte não pode ser impugnada judicialmente pelo Fisco (parte-se da premissa de que se a administração julgou a demanda administrativa em favor do contribuinte, seria paradoxal desafiar sua própria decisão no Poder Judiciário); **III**: correta, conforme o art. 38, parágrafo único, da Lei 6.830/1980.

Gabarito "D".

(FGV – 2010) Assinale a afirmativa incorreta.

(A) a autoridade fiscal não poderá exercer atos de fiscalização em relação aos tabeliães, escrivães e demais serventuários, que dispõe de foro próprio para atos fiscalizatórios.

(B) o sujeito tem o dever de colaborar com a administração na sua tarefa de fiscalização.

(C) a autoridade administrativa tem o dever de investigar.

(D) acordos, contratos e convenções firmados entre particulares não poderão ser opostos ao Fisco para eximir-se do cumprimento da obrigação tributária.

(E) os bancos, casas bancárias, caixas econômicas e demais instituições financeiras poderão ser obrigadas, mediante intimação escrita, a prestar a autoridade administrativa as informações de que disponham em relação a bens, negócios ou atividades de terceiros, ressalvados, contudo, os fatos sobre os quais o informante esteja legalmente obrigado a preservar o segredo em razão de cargo, ofício, função, atividade ou profissão, consoante o disposto no próprio Código Tributário Nacional.

A: incorreta, devendo ser assinalada, pois todos que tenham relação com a tributação, ou com os fatos relacionados à incidência tributária, se submetem, igualmente, à autoridade fiscalizadora, observadas as garantias constitucionais e o sigilo inerente a determinadas atividades – arts. 194 e 197 do CTN; **B**: correta, conforme o dever de colaboração, segundo o qual todos que têm informações relevantes para a fiscalização devem prestá-las quando solicitadas – arts. 194, parágrafo único, e 197 do CTN; **C**: correta, pois a atividade fiscalizatória é vinculada, inexistindo margem para juízo de conveniência e oportunidade (não há discricionariedade), vale dizer, o Fisco não pode deixar de fiscalizar – art. 3º, *in fine*, do CTN; **D**: correta, pois os elementos da obrigação tributária são fixados exclusivamente por lei, inalterável por acordos particulares de vontade – art. 123 do CTN; **E**: correta, conforme dispõe o art. 197, II, e parágrafo único, do CTN. LB

Gabarito "A".

(FGV – 2010) Assinale a afirmativa incorreta.

(A) É vedada a divulgação, por parte da Fazenda Pública ou de seus servidores, de informação obtida em razão de ofício sobre a situação econômica ou financeira do sujeito passivo.

(B) É vedada a divulgação de informações relativas a representações fiscais para fins penais.

(C) Não é vedada a divulgação de informações relativas a inscrições na Dívida Ativa.

(D) Não é vedada a divulgação de informações relativas a parcelamento ou moratória.

(E) Admite-se o intercâmbio de informação sigilosa no âmbito da Administração Pública, desde que realizado mediante processo regularmente instaurado, garantindo-se o sigilo da informação.

A: correta, pois descreve o cerne do sigilo fiscal – art. 198 do CTN; **B**: incorreta, devendo ser assinalada, pois tais informações não são abrangidas pelo sigilo fiscal – art. 198, § 3º, I, do CTN; **C e D**: corretas,

pois essas informações não são atingidas pelo sigilo fiscal – art. 198, § 3º, II e III, do CTN, respectivamente; **E**: correta, pois o intercâmbio é permitido, nesses termos, conforme o art. 198, § 1º, II, e § 2º, do CTN.

Gabarito "B".

(FGV – 2010) Com relação ao Processo Administrativo Tributário, analise as afirmativas a seguir.

I. Caso o contribuinte tenha ingressado com ação judicial contestando a cobrança de determinado tributo e, posteriormente, seja autuado pelas autoridades fiscais por este mesmo tributo, deverá necessariamente optar entre dar seguimento ao processo administrativo ou à ação judicial.

II. É garantido expressamente na Constituição Federal o direito de a Fazenda Pública recorrer ao Judiciário para rediscutir matéria fática e jurídica, na hipótese de ser a decisão administrativa em última instância favorável ao contribuinte.

III. O contribuinte que se opuser à lavratura do auto de infração poderá, ao invés de impugná-lo administrativamente, ingressar com ação anulatória de débito fiscal, o que, contudo, implicará renúncia de discussão na via administrativa da matéria objeto da ação judicial.

Assinale:

(A) se todas as afirmativas estiverem corretas.

(B) se apenas a afirmativa I estiver correta.

(C) se apenas a afirmativa II estiver correta.

(D) se apenas a afirmativa III estiver correta.

(E) se somente as afirmativas I e III estiverem corretas.

I: incorreta, pois o ingresso na esfera judicial implica renúncia do sujeito passivo ao debate na esfera administrativa – art. 38, parágrafo único, da Lei 6.830/1980; **II**: incorreta, pois, embora haja debate doutrinário e jurisprudencial a respeito dessa possibilidade, é certo que não há garantia **expressa** na Constituição em favor da Fazenda Pública; **III**: correta, pois, como já dito, o acesso ao Poder Judiciário implica renúncia do sujeito passivo ao recurso administrativo – art. 38, parágrafo único, da Lei 6.830/1980.

Gabarito "D".

15. DÍVIDA ATIVA, INSCRIÇÃO, CERTIDÕES

(OAB/Exame XXXIX) O Estado *Alfa* notificou João em 05/05/2022 para, no prazo legal de 30 dias, pagar ou impugnar sua dívida de IPVA referente aos anos de 2020 e 2021. Este, por sua vez, quedou-se inerte e deixou transcorrer o referido prazo sem nada fazer. Logo em seguida, em 15/06/2022, a Secretaria de Fazenda do Estado *Alfa*, nos termos da legislação, encaminhou a Certidão de Dívida Ativa (CDA) devidamente inscrita em seus registros para o Cartório de Protesto de Títulos local, que expediu intimação ao devedor para pagamento da obrigação tributária, com os acréscimos legais e emolumentos cartorários.

João, preocupado com as repercussões decorrentes do protesto extrajudicial da CDA em seu nome, sobretudo em relação aos órgãos de proteção ao crédito, como o Serasa e o Serviço de Proteção ao Crédito – SPC, consulta você, como advogado(a).

Diante desse cenário, assinale a afirmativa correta.

(A) Tal protesto viola o sigilo fiscal do contribuinte e cria um dano ao seu nome, honra e imagem.

(B) Por não se tratar de um ato de natureza tributária, tal protesto será admissível apenas para a cobrança da dívida não tributária.

(C) Ao possuir previsão legal expressa, não se consubstanciando em uma sanção ilegítima, o ato de protesto é válido.

(D) Embora se admita tal protesto, não se autoriza a inserção do nome de João nos cadastros de órgãos de proteção ao crédito.

A e B: incorretas, pois o Superior Tribunal de Justiça já firmou a tese, em recurso especial repetitivo, no sentido de que a Fazenda Pública possui interesse e pode efetivar o protesto da CDA na forma do artigo 1º, parágrafo único, da Lei 9.492/1997, que rege o protesto de títulos e outros documentos de dívida: Incluem-se entre os títulos sujeitos a protesto as certidões de dívida ativa da União, dos Estados, do Distrito Federal, dos Municípios e das respectivas autarquias e fundações públicas (Tema 777); C: correta, conforme comentário anterior; D: incorreta. A Certidão de Dívida Ativa (CDA) da Fazenda Pública é título executivo extrajudicial, conforme art. 784, IX, do Código de Processo Civil (CPC). Por conseguinte, é possível que o juiz, a requerimento da parte, determine a inclusão do nome do executado em cadastros de inadimplentes (art. 782, § 3º, do CPC). A citada norma não faz qualquer restrição quanto à sua utilização na execução fiscal. **LB**
Gabarito "C".

(OAB/Exame XXXVII) A sociedade empresária ABCJ Ltda., surpreendida com a notificação de um auto de infração da Secretaria da Fazenda do Município Alfa cobrando o Imposto sobre Serviços (ISS) dos anos de 2020 a 2022, e diante da urgência em obter certidões para participar de uma concorrência para a contratação de serviços de limpeza no hospital municipal, ajuizou uma ação anulatória e requereu uma tutela antecipada para suspender a exigibilidade do crédito tributário, que foi deferida pelo juiz.

Como não possuía qualquer outro débito perante a Fazenda Municipal, requereu àquela repartição administrativa uma certidão fiscal.

Diante desse cenário, assinale a afirmativa correta.

(A) A obtenção da decisão judicial suspendendo a exigibilidade do crédito tributário em cobrança não tem efeito na esfera administrativa tributária e por isso a sociedade empresária não terá direito à certidão pretendida.

(B) Com a decisão que suspendeu a exigibilidade do crédito tributário, a sociedade empresária terá direito a obter uma Certidão Negativa (CN).

(C) Não possuindo qualquer outro débito perante a Fazenda Municipal e graças à decisão que suspendeu a exigibilidade do crédito tributário, a sociedade empresária terá direito a uma Certidão Positiva com Efeitos de Negativa (CEPEN).

(D) Para obter a certidão fiscal pretendida, a sociedade empresária terá que depositar judicialmente o montante em cobrança, independentemente da referida decisão obtida.

A: incorreta, pois a suspensão da exigibilidade do crédito tributário permite que a sociedade empresária obtenha certidão positiva de débito com efeito de negativa, nos termos do art. 205 c/c art. 206 do CTN o que lhe permitirá participar da concorrência para a contratação de serviços de limpeza no hospital municipal; **B:** incorreta, pois a certidão que poderá ser concedida é a positiva com efeito de negativa e não a certidão negativa, tendo em vista que para a Fazenda Pública há crédito tributário de ISS em aberto, apesar de estar com a exigibilidade suspensa; **C:** correta, conforme comentário anterior – art. 205 c/c art. 206 do CTN; **D:** incorreta, pois a concessão da antecipação de tutela é causa suficiente para suspender a exigibilidade do crédito tributário (art. 151, V, do CTN), possibilitando a expedição da Certidão Positiva com Efeitos de Negativa (CEPEN). Não há exigência pela lei de que a autora faça o depósito judicial para obter a certidão de regularidade fiscal pleiteada. **LB**
Gabarito "C".

(OAB/Exame Unificado – 2020.2) José está sendo executado por dívida tributária municipal não paga. Na Certidão de Dívida Ativa (CDA) que instrui a execução fiscal, constam o nome do devedor e seu domicílio; a quantia devida e a maneira de calcular os juros de mora; a origem e natureza do crédito, com menção do decreto municipal que a que está fundado; e a data em que foi inscrito. José oferece embargos à execução, atacando a CDA, que reputa incorreta.

Diante desse cenário, José

(A) tem razão, pois cabe à Fazenda Pública o ônus da prova de que a CDA cumpre todos os requisitos obrigatoriamente exigidos por lei.

(B) tem razão, pois a CDA deve mencionar dispositivo de lei em que o crédito tributário está fundado.

(C) não tem razão, pois esta CDA goza de presunção *iuris et de iure* (absoluta) de certeza e liquidez.

(D) não tem razão, pois esta CDA contém todos os requisitos obrigatoriamente exigidos por lei.

A: incorreta, pois a presunção de liquidez e certeza favorece o fisco, não o devedor – art. 204, p. único, do CTN; **B:** correta, conforme o princípio da legalidade e a previsão expressa no art. 202, III, do CTN; **C:** incorreta, pois a presunção de liquidez e certeza da CDA é relativa (*iuris tantum*), podendo se ilidida por prova inequívoca, a cargo do sujeito passivo ou do terceiro a que aproveite – art. 204, p. único, do CTN; **D:** incorreta, pois é exigida a indicação específica da lei em que seja fundado o crédito – art. 202, III, do CTN.
Gabarito "B".

(OAB/Exame Unificado – 2020.1) João da Silva, servidor da Administração Tributária do Município Y, recebeu propina de José Pereira, adquirente de um imóvel, para, em conluio com este, emitir uma certidão que atestava falsamente a quitação de débito do Imposto de Transmissão de Bens Imóveis (ITBI) incidente sobre a transferência de propriedade. A certidão seria apresentada ao tabelião para lavrar-se a escritura pública de compra e venda imobiliária e para posterior registro.

Considerando-se que, nesse Município, o contribuinte de ITBI é o adquirente de imóvel, assinale a afirmativa correta.

(A) O servidor João da Silva poderá ser responsabilizado funcional e criminalmente por esse ato, mas a dívida tributária somente poderá ser cobrada de José Pereira, o único que é parte na relação jurídico-tributária com o Município credor.

(B) O servidor João da Silva poderá ser responsabilizado pessoalmente pelo crédito tributário e juros de mora acrescidos.

(C) O tabelião poderá ser o único responsabilizado pela dívida tributária e juros de mora acrescidos, por ter lavrado a escritura pública sem averiguar, junto ao Fisco Municipal, a veracidade das informações da certidão apresentada.

(D) Caso seja aplicada multa tributária punitiva contra José Pereira, este poderá exigir do Fisco que 50% do valor da multa seja cobrado do servidor João da Silva.

A: incorreta, pois o servidor público é também responsável pessoalmente pelo crédito tributário e juros de mora acrescidos, conforme o art. 208 do CTN; **B:** correta, conforme comentário anterior; **C:** incorreta, pois o servidor será responsabilizado, conforme comentários anteriores. Ademais, pelo relato, a certidão é formalmente perfeita (o vício é quanto ao seu conteúdo, não quanto a sua forma), de modo que o tabelião não pode ser responsabilizado, a não ser que a legislação imponha alguma obrigação específica de conferência da certidão junto ao Fisco; **D:** incorreta, pois não há benefício de ordem, nem divisão dos valores devidos – art. 208 do CTN.

Gabarito "B".

(OAB/Exame Unificado – 2016.3) A Pessoa Jurídica ABC verificou que possuía débitos de Imposto sobre a Renda ("IRPJ") e decidiu aderir ao parcelamento por necessitar de certidão de regularidade fiscal para participar de licitação. Após regular adesão ao parcelamento e diante da inexistência de quaisquer outros débitos, a contribuinte apresentou requerimento para emissão da certidão.

Com base nessas informações, o Fisco deverá:

(A) deferir o pedido, já que o parcelamento é causa de extinção do crédito tributário.

(B) (indeferir o pedido, pois a certidão somente poderá ser emitida após o pagamento integral do tributo em atraso.

(C) deferir o pedido, já que o parcelamento é causa de suspensão da exigibilidade do crédito tributário.

(D) deferir o pedido, já que o parcelamento é causa de exclusão do crédito tributário.

A: incorreta, pois parcelamento é modalidade de suspensão do crédito tributário, não de extinção – art. 151, VI, do CTN; **B:** incorreta, pois toda causa de suspensão de exigibilidade do crédito tributário, como é o parcelamento, viabiliza a emissão de certidão positiva com efeito de negativa, nos termos do art. 206 do CTN; **C:** correta, conforme comentário anterior; **D:** incorreta, pois o parcelamento é modalidade de suspensão do crédito, não de exclusão – art. 151, VI, do CTN.

Gabarito "C".

(OAB/Exame Unificado – 2015.2) Após ser intimada da lavratura de um auto de infração visando à cobrança da Contribuição para o Financiamento da Seguridade Social (COFINS) dos últimos cinco anos, a pessoa jurídica XYZ Participações Ltda. verificou que o tributo não era devido e ofereceu impugnação ao auto de infração. Como irá participar de uma licitação, a pessoa jurídica em questão irá precisar de certidão de regularidade fiscal – no caso, Certidão Positiva de Débito com Efeito de Negativa (CPD-EN). Na hipótese, considerando que o contribuinte não possui outros débitos, assinale a afirmativa correta.

(A) A impugnação ao auto de infração exclui o crédito tributário, sendo possível a emissão da CPD-EN.

(B) A impugnação ao auto de infração, sem o pagamento do crédito, impede a emissão da CPD-EN.

(C) A pessoa jurídica XYZ Participações Ltda. somente terá direito à CPD-EN caso realize o depósito do montante integral.

(D) A impugnação ao auto de infração suspende a exigibilidade do crédito, sendo possível a emissão da CPD-EN.

A: incorreta, pois a impugnação suspende a exigibilidade do crédito, não o exclui, conforme art. 151, III, do CTN; **B:** incorreta, pois a suspensão decorre da impugnação administrativa, independentemente de garantia, depósito ou, muito menos, pagamento (se houvesse pagamento, haveria extinção) – Súmula Vinculante 21/STF, semelhante à Súmula 373/STJ; **C:** incorreta, conforme comentário à alternativa anterior; **D:** correta, conforme comentários anteriores – art. 205 c/c art. 206 do CTN.

Gabarito "D".

16. AÇÕES TRIBUTÁRIAS

(OAB/Exame XXXVII) Depois de citado em Ação de Execução Fiscal movida pelo Estado Alfa, João não pagou o crédito tributário constante da Certidão de Dívida Ativa no valor de R$ 100.000,00 e nem ofereceu voluntariamente qualquer bem para garantir a execução.

Em seguida, foi decretada e cumprida a penhora *on line* em dinheiro do valor total cobrado, que foi encontrado em uma de suas contas bancárias, constrição realizada através do SISBAJUD.

João, por seu advogado(a), pretende oferecer em sua defesa os Embargos do Devedor, dentro do prazo legal. Para tal, ele terá 30 (trinta) dias para oferecer os Embargos do Devedor, contados

(A) da sua citação para oferecer os Embargos do Devedor.

(B) do despacho do juiz que deferiu a inicial da ação de execução fiscal.

(C) da efetiva intimação da penhora.

(D) da juntada aos autos do mandado de intimação da penhora devidamente cumprido.

A e B: incorretas, pois a Lei de Execução Fiscal (Lei nº 6.830/80) expressamente dispõe que o executado oferecerá embargos, no prazo de 30 (trinta) dias, contados da intimação da penhora (art. 16, III, da Lei 6.830/80); **C:** correta, conforme comentário anterior – art. 16, III, da Lei 6.830/80; **D:** incorreta, conforme comentário anterior.

Gabarito "C".

(OAB/Exame XXXVII) A instituição assistencial sem fins lucrativos Quero-Te-Bem, apesar de atender há muitos anos a todos os requisitos legais e constitucionais para ter direito ao seu enquadramento como detentora da imunidade tributária de impostos das entidades beneficentes de assistência social (Art. 150, inciso VI, alínea c, da CRFB/88), foi surpreendida, em dezembro de 2022, com uma notificação de lançamento tributário referente ao Imposto sobre a Renda de Pessoa Jurídica (IRPJ) dos anos de 2018 a 2021.

Ao consultar seu advogado, este solicita todos os livros contábeis, documentos societários e demais certidões, todos desde a sua constituição, a fim de desconstituir judicialmente a cobrança, com o auxílio de parecer de

9. DIREITO TRIBUTÁRIO   697

empresa de auditoria e de perito judicial a serem indicados e produzidos como meios de provas no processo.

Diante desse cenário, assinale a opção que indica a medida judicial cabível.

(A) Mandado de Segurança repressivo.

(B) Ação Anulatória de Débito Fiscal.

(C) Ação Declaratória de inexistência de relação jurídico-tributária.

(D) Medida Cautelar Fiscal.

A: incorreta, pois há necessidade de realização de provas durante o processo, o que impede a utilização do Mandado de Segurança que requer, para sua impetração, prova **pré-constituída** do direito líquido e certo que se quer ver declarado, apta a permitir o exame da pretensão; **B**: correta, pois se já houve lançamento tributário deve ser utilizada ação que permita a anulação de tal ato administrativo, caso julgada procedente. Ademais, a Ação Anulatória de Débito Fiscal é ação ordinária que admite dilação probatória; **C**: incorreta, pois se já houve lançamento tributário não é possível utilizar a Ação Declaratória de inexistência de relação jurídico-tributária a fim de desconstituir judicialmente a cobrança por ser inapta a invalidar tal ato administrativo; **D**: incorreta, pois a Medida Cautelar Fiscal, regida pela Lei 8.397/1992, é ação privativa do Fisco com o intuito de garantir que um tributo seja recebido. **LB**
Gabarito "B".

(OAB/Exame XXXVI) Uma ação de execução fiscal foi movida pela União em face de João para cobrança de crédito tributário referente ao Imposto sobre a Renda de Pessoa Física (IRPF) dos exercícios de 2019 e 2020, conforme Certidão de Dívida Ativa (CDA) regularmente juntada. Na mesma data em que recebeu a citação enviada pelo correio com aviso de recepção, o executado entrou em contato com seu advogado, constituindo-o para defender os seus interesses.

Diante desse cenário, assinale a afirmativa correta.

(A) A citação é inválida, pois deveria ter sido realizada exclusivamente por oficial de justiça ou por edital.

(B) Ao ser citado, João terá 5 dias para apresentar a sua contestação.

(C) Citado, João poderá, dentro do prazo legal, pagar a dívida com os acréscimos devidos ou garantir a execução.

(D) No prazo de 30 dias contados da citação, João poderá oferecer embargos à execução.

A: incorreta, pois é possível a citação pelo correio, com aviso de recebimento (é a regra, inclusive) – art. 8º, I, da Lei 6.830/1980; **B**: incorreta, pois com a citação inicia-se o prazo de 5 dias para o pagamento ou garantia da execução – art. 8º da Lei 6.830/1980. O executado poderá oferecer embargos à execução (não se denomina contestação) no prazo de 30 dias, contados a partir da garantia da execução, nos termos do art. 16 da Lei 6.830/1980; **C**: correta, conforme o art. 8º da Lei 6.830/1980; **D**: incorreta, pois o prazo para embargos à execução é contado a partir dos eventos indicados no art. 16 da Lei 6.830/1980 (garantia da execução).
Gabarito "C".

(OAB/Exame XXXV) A sociedade empresária *Comércio de Roupas ABC Ltda.* deixou passar o prazo para a interposição dos embargos à execução em ação de execução fiscal ajuizada em agosto de 2021, relativa à cobrança de PIS e COFINS do período de janeiro a março do ano de 2010 não declarados nem pagos, objetos de

lançamentos de ofício ocorridos em dezembro de 2014 e não impugnados.

Sabendo que a sociedade pretende apresentar uma Exceção de Pré-Executividade visando a afastar a exigibilidade e extinguir a ação de cobrança, seu advogado, como argumento cabível para esta defesa, poderá requerer

(A) o arrolamento de testemunhas (ex-funcionários) para comprovar que não teria havido vendas no período alegado como fato gerador.

(B) a realização de perícia contábil dos seus livros fiscais para comprovar que não teria havido faturamento no período alegado como fato gerador.

(C) o reconhecimento da prescrição do crédito tributário apenas pela análise dos prazos de lançamento e cobrança judicial.

(D) a juntada da declaração de imposto sobre a renda da pessoa jurídica e a escrituração contábil do exercício fiscal do período alegado como fato gerador para comprovar que a sociedade empresarial teria tido prejuízo e, por isso, não teria ocorrido o fato gerador das contribuições sociais objeto da cobrança.

A e **B**: incorretas, pois não cabe dilação probatória no âmbito de exceção de pré-executividade – Súmula 393/STJ: "A exceção de pré-executividade é admissível na execução fiscal relativamente às matérias conhecíveis de ofício que não demandem dilação probatória."; **C**: correta, pois é matéria que não depende de prova e, a rigor, pode ser conhecida em qualquer instância – ver art. 193 do CC; **D**: incorreta, pois é alegação que demandaria dilação probatória e, a rigor, irrelevante, já que PIS e COFINS incidem sobre a receita da empresa, e não sobre o lucro (irrelevante se ela teve prejuízo no período).
Gabarito "C".

(OAB/Exame XXXV) Marcelo, servidor do Estado X, verificando sua conta bancária, percebeu que houve a retenção a maior do imposto sobre a renda (IRRF) incidente sobre sua remuneração. Objetivando receber a quantia recolhida a maior de volta, Marcelo ajuizou ação de repetição de indébito, incluindo, no polo passivo, o Estado X.

Sobre a hipótese descrita, assinale a afirmativa correta.

(A) O imposto sobre a renda é um tributo de competência exclusiva da União, e, portanto, o polo passivo deve ser integrado pela União.

(B) Marcelo não possui legitimidade ativa para propor a ação de repetição de indébito, visto que não suportou o ônus tributário.

(C) Somente o Estado X tem legitimidade para figurar no polo passivo da ação de restituição de indébito do imposto sobre a renda retido na fonte proposta por seus servidores.

(D) Tanto o Estado X quanto a União deveriam figurar solidariamente no polo passivo da ação de repetição de indébito.

A: incorreta, pois o imposto de renda retido na fonte pertence ao Estado X, nos termos do art. 157, I, da CF. Por essa razão, o Estado tem legitimidade passiva processual para a ação de repetição de indébito – vide Súmula 447/STJ: "Os Estados e o Distrito Federal são partes legítimas na ação de restituição de imposto de renda retido na fonte proposta por seus servidores"; **B**: incorreta, pois evidentemente Marcelo suportou o ônus da retenção a maior feita pelo Estado (deixou de receber dinheiro por conta do erro). Embora o IR não seja tributo indireto, veja o disposto no art. 166 do CTN; **C**: correta, conforme comentário à primeira alternativa; **D**: incorreta, conforme comentário à primeira alternativa. Gabarito "C".

(OAB/Exame Unificado – 2019.1) O médico João da Silva está há 4 (quatro) anos sem pagar a anuidade cobrada pelo Conselho Regional de Medicina (CRM). Diante desse cenário, o CRM poderá

(A) inscrever o débito em dívida ativa de natureza tributária, depois promovendo a competente ação de execução fiscal, regida pela Lei 6.830/80, para cobrança.

(B) promover a competente ação de execução fiscal regida pela Lei 6.830/80, sem necessidade de inscrição em dívida ativa, por serem as certidões de inadimplemento de anuidades expedidas pelos conselhos profissionais dotadas de natureza de título executivo extrajudicial.

(C) promover a competente ação de cobrança das anuidades, regida pelo Código de Processo Civil, a partir da comprovação do não pagamento das anuidades em atraso.

(D) promover a competente ação de execução das anuidades, regida pelo Código de Processo Civil, por serem as certidões de inadimplemento de anuidades expedidas pelos conselhos profissionais dotadas de natureza de título executivo extrajudicial.

A: correta, pois a contribuição de interesse de categoria profissional, como é o caso da anuidade paga ao CRM, tem natureza tributária, nos termos do art. 149 da CF, devendo ser cobrada por meio de execução fiscal, nos termos da Lei 6.830/1980, a ser promovida pelo sujeito ativo, que é o próprio Conselho profissional; **B**: incorreta, pois a inscrição em dívida ativa é pressuposto para qualquer execução fiscal, seja o crédito de natureza tributária ou não tributária – art. 2º da Lei 6.830/1980; **C e D**: incorretas, conforme comentários anteriores. LB Gabarito "A".

(OAB/Exame Unificado – 2018.3) A União concedeu isenção de Imposto sobre a Renda aos portadores da doença Beta. João e Maria são portadores da referida doença, sendo João servidor público do Estado ABC e Maria, servidora pública do Município XYZ. Em razão de retenção indevida do tributo, João e Maria desejam propor ação de restituição de Imposto sobre a Renda retido na fonte.

Com base nesse relato, assinale a afirmativa correta.

(A) João e Maria devem ajuizar ação em face da União, sendo a competência da Justiça Federal.

(B) João deve ajuizar ação em face do Estado ABC, enquanto Maria deve ajuizar ação em face do Município XYZ, sendo a competência da Justiça Estadual.

(C) João deve ajuizar ação em face da União e do Estado ABC e Maria, em face da União e do Município XYZ, sendo a competência da Justiça Federal.

(D) João e Maria devem ajuizar ação em face do respectivo ente empregador, sendo a competência da Justiça Federal, tendo em vista o interesse da União.

A: incorreta. Embora a competência tributária (= competência para legislar) seja da União, no caso de imposto de renda retido na fonte por Estados e Municípios, nos casos previstos nos arts. 157, I, e 158, I, da CF, sua receita é destinada a estes entes (Estados e Municípios). Por

essa razão, são eles (Estados e Municípios que retiveram o imposto de renda e se apropriaram de sua receita) que possuem legitimidade passiva processual para figurar nas ações de restituição do imposto indevidamente retido – Súmula 447/STJ; **B**: correta, conforme comentários anteriores, lembrando que a Justiça Estadual é a competente para as demandas de particulares contra Estados e Municípios; C e D: incorretas, conforme comentários anteriores. Gabarito "B".

(OAB/Exame Unificado – 2018.2) Em execução fiscal ajuizada pela União, a contribuinte ABC ofereceu seguro-garantia para garantir a execução, correspondente ao valor da dívida, acrescido de juros, multa de mora e encargos indicados na Certidão de Dívida Ativa. Por meio de publicação no órgão oficial, a União foi instada a se manifestar quanto à garantia oferecida pela executada, deixando de se manifestar no prazo que lhe foi assinalado.

Diante disso, assinale a afirmativa correta.

(A) Não é possível o oferecimento de seguro-garantia para garantir a execução fiscal. No entanto, a intimação da União por meio de publicação no órgão da imprensa oficial foi regular.

(B) É possível o oferecimento de seguro-garantia para garantir a execução fiscal, tendo sido regular a intimação da União por meio de publicação no órgão da imprensa oficial.

(C) Não é possível o oferecimento de seguro-garantia para garantir a execução fiscal, nem a intimação da União por meio de publicação no órgão oficial, pois qualquer intimação ao representante judicial da Fazenda Pública deve ser feita por carta registrada com aviso de recebimento.

(D) É possível o oferecimento de seguro-garantia para garantir a execução fiscal, porém, na execução fiscal, qualquer intimação ao representante judicial da Fazenda Pública será feita pessoalmente.

A: incorreta, pois a execução pode ser garantida por meio de seguro garantia, conforme expressamente previsto no art. 9º, II, da Lei de Execução Fiscal – LEF (Lei 6.830/1980). Ademais, na execução fiscal, qualquer intimação ao representante judicial da Fazenda Pública será feita pessoalmente – art. 25 da LEF; **B**: incorreta, pois a intimação do Procurador da União deve ser pessoal – art. 25 da LEF; **C**: incorreta, conforme comentários anteriores; **D**: correta – arts. 9º, II, e 25 da LEF. Gabarito "D".

(OAB/Exame Unificado – 2016.3) João deixou de pagar o Imposto de Importação sobre mercadoria trazida do exterior, sendo notificado pelo fisco federal. Ao receber a notificação, logo impugnou administrativamente a cobrança. Percebendo que seu recurso administrativo demoraria longo tempo para ser apreciado e querendo resolver a questão o mais rápido possível, propõe ação anulatória para discutir matéria idêntica àquela demandada administrativamente.

Com base nesse relato, assinale a afirmativa correta.

(A) Haverá o sobrestamento da ação anulatória até que seja efetivamente apreciada a impugnação administrativa.

(B) A medida judicial será indeferida devido à utilização de recurso na esfera administrativa.

9. DIREITO TRIBUTÁRIO 699

(C) A propositura de ação judicial sobre matéria idêntica àquela demandada na esfera administrativa não constitui em desistência de tal esfera.

(D) A concomitância de defesa administrativa com medida judicial versando sobre matérias idênticas implica desistência do recurso administrativo interposto.

A: incorreta, pois o ajuizamento de ação judicial implica desistência do processo administrativo em que se discuta a mesma questão – art. 38, parágrafo único, da Lei 6.830/1980; **B:** incorreta, pois o recurso administrativo é que fica prejudicado, não a demanda judicial – art. 38, parágrafo único, da Lei 6.830/1980; **C:** incorreta, pois o ajuizamento implica desistência do recurso na esfera administrativa – art. 38, parágrafo único, da Lei 6.830/1980; **D:** correta, conforme comentários anteriores.

Gabarito "D"

(OAB/Exame Unificado – 2016.1) João foi citado, em execução fiscal, para pagamento do Imposto sobre a Propriedade Predial e Territorial Urbana ("IPTU") relativo ao imóvel em que reside e do qual é proprietário. Ocorre que o contribuinte pretende impugnar tal cobrança por meio de embargos à execução.

Tendo em vista a disciplina da Lei nº 6.830/80, tais embargos poderão ser apresentados no prazo de 30 dias, contados a partir

(A) da juntada aos autos do mandado de penhora devidamente cumprido.

(B) da sua citação.

(C) da data da intimação da penhora.

(D) da propositura da execução fiscal.

O prazo de 30 (trinta) dias para embargar a execução é contado a partir (i) do depósito, (ii) da juntada da prova da fiança bancária ou do seguro garantia ou (iii) da intimação da penhora (art. 16 da Lei 6830/80). Por essa razão, a alternativa "C" é a correta. **LB**

Gabarito "C"

(OAB/Exame Unificado – 2015.1) Em 2007, a pessoa jurídica Y recebeu notificação para pagamento de débitos de Imposto sobre a Propriedade Predial e Territorial Urbana (IPTU). Em 2014, diante da constatação de que a contribuinte não havia apresentado qualquer impugnação e nem realizado o pagamento, o Município X ajuizou execução fiscal para a cobrança destes créditos. Considerando os fatos narrados e as disposições da Lei n2 6.830/80, o juiz, ao analisar a inicial da execução fiscal proposta pelo Fisco,

(A) poderá, de ofício, reconhecer e decretar a prescrição somente depois de ouvida a Fazenda Pública.

(B) poderá, de ofício, reconhecer e decretar a prescrição somente depois de ouvida a Fazenda Pública e a contribuinte.

(C) poderá decretar a prescrição de ofício, independentemente da prévia oitiva da Fazenda Pública.

(D) só poderá decretar a prescrição se esta vier a ser suscitada pela contribuinte.

A: incorreta, pois a prescrição do art. 174 do CTN pode ser decretada de ofício, sem prévia oitiva do exequente, nos termos do art. 487, II, do CPC/2015. Ver Súmula 409 do STJ – Em execução fiscal, a prescrição ocorrida antes da propositura da ação pode ser decretada de ofício (art. 219, § 5º, do CPC/73). CPC/2015: improcedência liminar do pedido (art. 332, § 1º; **B:** incorreta, pois desnecessária a oitiva,

conforme comentário anterior; **C:** correta, conforme comentários anteriores; **D:** incorreta, pois pode ser decretada de ofício pelo juiz, conforme comentários anteriores. **LB**

Gabarito "C"

(OAB/Exame Unificado – 2014.1) A pessoa jurídica XYZ Participações S.A., ao verificar que havia recolhido a maior o Imposto sobre a Renda de Pessoas Jurídicas – IRPJ – dos últimos dois anos, peticionou administrativamente, requerendo a repetição do indébito. No entanto, a Receita Federal do Brasil negou o pedido administrativo.

Sobre a hipótese, assinale a afirmativa correta.

(A) O prazo para o contribuinte ajuizar ação anulatória é de 2 (dois) anos, a contar da data da decisão administrativa que indeferiu o pedido de repetição.

(B) O direito de pleitear a restituição extingue-se com o decurso do prazo de 10 (dez) anos, contados do pagamento espontâneo de tributo a maior.

(C) Para que o contribuinte assegure seu direito à restituição do indébito tributário, é necessário o prévio protesto.

(D) O contribuinte somente poderá receber o indébito reconhecido por ação ordinária por meio de precatório, não sendo possível o recebimento via compensação tributária.

A: correta, nos termos do art. 169 do CTN; **B:** incorreta, pois o prazo geral é de 5 anos, conforme o art. 168, I, do CTN; **C:** incorreta, pois a pleito de restituição independe de prévio protesto – art. 165, *caput*, do CTN; **D:** incorreta, pois é possível a compensação, desde que haja previsão legal, sendo inclusive viável a declaração desse direito em mandado de segurança – ver art. 170 do CTN e Súmula 213/STJ.

Gabarito "A"

(OAB/Exame Unificado – 2012.2) O Sr. Afrânio dos Santos, administrador da empresa "X", que atua no ramo industrial, percebeu ter efetuado pagamento do IPI maior que o efetivamente devido, ao longo de certo período.

Com base no cenário acima, para fins de aconselhar o administrador acerca da possibilidade de obtenção da restituição do montante recolhido a maior, assinale a afirmativa correta.

(A) Não é possível a restituição, pois o pagamento foi espontâneo, incidindo a máxima "quem paga mal paga duas vezes".

(B) Não é possível a restituição, pois, embora pago indevidamente, não cabe restituição de tributo indireto.

(C) Cabe apenas pedido administrativo de restituição, em razão do pagamento indevido.

(D) Cabe pedido judicial de repetição de indébito, desde que a empresa comprove ter assumido o referido encargo, sem tê-lo transferido a terceiro.

A: incorreta, pois o tributo indevidamente recolhido deve ser restituído pelo Fisco independentemente de prova de erro ou de prévio protesto, mesmo se o pagamento tenha sido feito espontaneamente – art. 165, I, do CTN; **B:** incorreta, pois o tributo indireto pode ser restituído, desde que o contribuinte comprove que assumiu o encargo econômico ou, alternativamente, que tenha recebido de quem assumiu esse ônus autorização para pedir a devolução – art. 166 do CTN; **C:** incorreta, pois o pedido de restituição pode ser realizado judicialmente, com base no princípio da inafastabilidade da tutela jurisdicional – art. 5º, XXXV, da CF; **D:** correta, conforme comentário à alternativa "C".

Gabarito "D"

(OAB/Exame Unificado – 2011.1) 53 A redação da Súmula Vinculante 28 ("É inconstitucional a exigência de depósito prévio como requisito de admissibilidade de ação judicial na qual se pretenda discutir a exigibilidade do crédito tributário") tem por escopo impedir a adoção de que princípio jurídico?

(A) Contraditório e ampla defesa.

(B) *Venire Contra Factum Proprium.*

(C) *Solve et Repete.*

(D) Exceção de contrato não cumprido.

O STF claramente fixou a Súmula Vinculante 28 porque o depósito prévio prejudica o acesso ao Poder Judiciário, violando o princípio da inafastabilidade da tutela jurisdicional ou do irrestrito acesso ao Judiciário (art. 5º, XXXV, da CF). Assim, a rigor, a Súmula não serve para "impedir a adoção" de princípio jurídico, mas sim para garantir a aplicação de um – ver PSV 37/DF (processo no STF que deu origem à Súmula). **A:** incorreta, pois a inexigibilidade do depósito não afasta o contraditório e a ampla defesa, pois garante o acesso ao Poder Judiciário; **B:** incorreta, pois a inexigibilidade do depósito não tem relação com a (im)possibilidade de agir de maneira contraditória; **C:** imprecisa. Ainda que se admita que o *pagar para depois pedir restituição* seja princípio (discordamos disso) e que ele seja aplicável aos depósitos judiciais, nada impede que o interessado realize o depósito judicial (embora não seja pressuposto para a ação), para suspender a exigibilidade do crédito tributário, por exemplo; **D:** incorreta, pois a inexigibilidade não tem relação com a prerrogativa de não se cumprir determinada prestação por inadimplência do outro contratante.
Gabarito "C".

(OAB/Exame Unificado – 2009.2) Assinale a opção correta com referência à cobrança judicial da dívida ativa da Fazenda Pública.

(A) A execução fiscal pode ser promovida contra o devedor, mas não contra o fiador.

(B) Em situação excepcional, a penhora poderá recair sobre estabelecimento empresarial.

(C) A dívida ativa da Fazenda Pública não abrange os juros de mora.

(D) A indicação, pelo executado, de bem imóvel à penhora prescinde de consentimento expresso do respectivo cônjuge.

A: incorreta, pois a execução fiscal poderá ser promovida contra: o devedor (inc. I), o fiador (inc. II), o espólio (inc. III), a massa (inc. IV), o responsável, nos termos da lei, por dívidas, tributárias ou não, de pessoas físicas ou pessoas jurídicas de direito privado (inc. V), os sucessores a qualquer título (inc. VI) – art. 4º, II, da Lei 6.830/1980; **B:** correta, pois isso é expressamente admitido pelo art. 11, § 1º, da Lei 6.830/1980; **C:** incorreta, pois a dívida ativa abrange atualização monetária, juros e multa de mora e demais encargos previstos em lei ou contrato – art. 2º, § 2º, da Lei 6.830/1980; **D:** incorreta, pois é preciso o consentimento expresso do cônjuge – art. 9º, § 1º, da Lei 6.830/1980.
Gabarito "B".

(FGV – 2013) A Associação de Meninos e Meninas da Luz ingressa com ação de repetição de indébito em face do Estado Alpha para reaver o ICMS pago à concessionária de serviço de fornecimento de água e esgoto, pela obtenção da água tratada.

Dessa forma, com relação à ação proposta

(A) não há legitimidade por parte da Associação, já que a relação jurídica mantida por esta é com a concessionária, sendo de natureza puramente comercial.

(B) tratando-se de serviço público prestado mediante concessão, está correta a legitimidade da usuária para pleitear a repetição do indébito.

(C) a Associação não é parte legítima por ser contribuinte de fato, mas não contribuinte de direito.

(D) o Estado não deve figurar no polo passivo, já que a legitimidade *ad causam* é da concessionária do serviço público.

(E) como se trata de concessão de serviço público, a legitimidade irá depender do tipo de contrato formado entre o poder concedente e a entidade que explora o serviço.

Depois de muita discussão jurisprudencial, o STJ pacificou o entendimento de que, em caso de concessão de serviço público, o consumidor, mesmo sendo mero contribuinte de fato, tem legitimidade ativa processual para pleitear repetição de indébito de ICMS incidente sobre a operação – REsp 1.299.303/SC – repetitivo. Tema Repetitivo 537 do STJ Por essa razão, a alternativa "B" é a correta.
Gabarito "B".

(FGV – 2010) Na hipótese de o sujeito passivo recolher tributo a maior ou indevidamente, não é correto afirmar que:

(A) poderá ingressar com medida judicial para obter a restituição do tributo pago a maior ou indevidamente.

(B) terá a prerrogativa de apresentar requerimento administrativo solicitando a restituição dos valores (recolhidos a maior ou indevidamente), tanto em espécie como por meio de compensação, caso seja permitida por lei.

(C) o Código Tributário Nacional estabelece que o prazo para pleitear a restituição do indébito tributário é de 5 (cinco) anos, contados da extinção do crédito tributário, nos casos de pagamento a maior ou indevido.

(D) a regra geral definida pelo Código Tributário Nacional fixa o prazo de 2 (dois) anos para prescrição da ação anulatória da decisão administrativa que denegar a restituição.

(E) embora criticável, é condição necessária, consoante o Código Tributário Nacional, à restituição do tributo pago indevidamente ou a maior, o protesto prévio, sob pena de ser denegado o pedido do contribuinte.

A: correta, pois trata da ação de repetição de indébito tributário – art. 165 do CTN; **B:** correta, conforme o arts. 165 e 170 do CTN; **C:** correta, pois esse é o prazo prescricional para a repetição, nos termos do art. 168 do CTN, existindo o prazo de 2 (dois) anos na hipótese do art. 169 do CTN (quando há decisão administrativa denegando a restituição); **D:** correta, conforme o art. 169 do CTN; **E:** incorreta, devendo ser assinalada, pois a restituição de indébito tributário não pressupõe o prévio protesto, nem a comprovação de que o recolhimento ocorreu por erro – art. 165 do CTN.

> Dica: veja a Súmula 625/STJ: O pedido administrativo de compensação ou de restituição não interrompe o prazo prescricional para a ação de repetição de indébito tributário de que trata o art. 168 do CTN nem o da execução de título judicial contra a Fazenda Pública.

Gabarito "E".

9. DIREITO TRIBUTÁRIO 701

(FGV – 2010) A respeito da prescrição intercorrente, analise as afirmativas a seguir:

I. o artigo 5º, inciso LXXVIII da Constituição Federal garante a todos, tanto no âmbito judicial como administrativo, a "razoável" duração do processo e os meios que garantam a celeridade de sua tramitação, dispositivo que, indubitavelmente, consagra a aplicabilidade do instituto da prescrição intercorrente ao processo administrativo tributário.

II. entende-se atualmente, com base em manifestações do Supremo Tribunal Federal, não ser aplicável a prescrição intercorrente ao processo administrativo tributário, pois, segundo o entendimento do referido tribunal, entre a lavratura do auto de infração e a decisão administrativa não correria o prazo prescricional.

III. a prescrição intercorrente no processo judicial é geralmente admitida como uma decorrência dos princípios da segurança jurídica, estabilidade social e da prescritibilidade dos direitos patrimoniais.

Assinale:

(A) se somente a afirmativa I estiver correta.

(B) se somente as afirmativas I e III estiverem corretas.

(C) se somente as afirmativas II e III estiverem corretas.

(D) se somente a afirmativa III estiver correta.

(E) se somente a afirmativa II estiver correta.

I: incorreta, pois não se reconhece a prescrição intercorrente no processo administrativo fiscal, cujo trâmite suspende a exigibilidade do crédito tributário (art. 151, III, do CTN) e, portanto, o prazo prescricional para sua cobrança. Note que a prescrição intercorrente foi uma construção jurisprudencial (no processo judicial), posteriormente acolhida pela legislação referente à execução fiscal – art. 40, § 4º, da Lei 6.830/1980; II: correta. A rigor, o STF adotou o entendimento de que a constituição definitiva do crédito tributário ocorre apenas no término do processo administrativo em que se impugna o lançamento – ver Súmula Vinculante 24/STF ("Não se tipifica crime material contra a ordem tributária, previsto no art. 1º, incisos I a IV, da Lei 8.137/90, antes do lançamento definitivo do tributo"), que trata de matéria criminal; III: correta, pois a prescrição intercorrente no processo judicial é plenamente aceita – art. 40, § 4º, da Lei 6.830/1980 e Súmula 314/STJ ("Em execução fiscal, não localizados bens penhoráveis, suspende-se o processo por um ano, findo o qual se inicia o prazo da prescrição quinquenal intercorrente").
Gabarito "C".

(FGV – 2010) De acordo com as normas veiculadas pela Lei de Execuções Fiscais (Lei nº 6.830/80), assinale a afirmativa incorreta.

(A) O juiz deferirá ao executado, em qualquer fase do processo, a substituição da penhora por depósito em dinheiro ou fiança bancária.

(B) De acordo com os termos da Lei de Execuções Fiscais os embargos serão oferecidos no prazo de 30 dias contados, do depósito, da juntada da prova da fiança bancária ou ainda da intimação da penhora.

(C) São admissíveis embargos do executado antes de garantida a execução.

(D) A cobrança judicial da Dívida Ativa da Fazenda Pública não é sujeita a concurso de credores ou habilitação em falência, concordata, liquidação, inventário ou arrolamento

(E) Qualquer intimação ao representante judicial da Fazenda Pública será feita pessoalmente.

A: correta, conforme o art. 15, I, da Lei 6.830/1980; **B:** correta, nos termos do art. 16, I a III, da Lei 6.830/1980; **C:** incorreta, devendo ser assinalada, pois a garantia do juízo é requisito essencial para os embargos à execução – art. 16, § 1º, da Lei 6.830/1980; **D:** correta, pois descreve o disposto nos art. 187, *caput*, do CTN e 29 da Lei 6.830/1980; **E:** correta, nos termos do art. 25 da Lei 6.830/1980.
Gabarito "C".

(FGV – 2010) Autarquia Federal ingressa com executivo fiscal (Lei 6.830/80) em face da Municipalidade Delta, por serviços prestados no montante de R$ 80 mil, comprovados pela respectiva Nota Fiscal. Essa pretensão

(A) é juridicamente impossível, o que deve ser referido em exceção de pré-executividade pela Fazenda Municipal.

(B) é inadequada, não demonstrado o interesse processual, visto que o pagamento da dívida pública se dá por precatório.

(C) é impossível, pois a via processual demandada pela autarquia federal é incorreta, já que a Municipalidade não pode figurar no polo passivo de execução fiscal.

(D) é impossível, pois a via processual é inadequada para a hipótese, só sendo possível se o título executivo fosse uma sentença.

(E) é possível, devendo a Municipalidade se defender por meio de embargos, sem necessidade de garantir o Juízo.

É possível a inscrição em dívida ativa de créditos não tributários, inclusive por autarquias, e sua execução na forma da Lei 6.830/1980, conforme dispõe seus arts. 1º e 2º, § 1º. A única alternativa que admite essa possibilidade é a "E", razão pela qual é a correta. Ademais, a defesa da municipalidade se dá por embargos à execução fiscal, sem necessidade de garantia do juízo, pois se submete ao regime dos precatórios – art. 910 do CPC/2015, à luz do art. 100 da CF.
Gabarito "E".

17. SIMPLES NACIONAL – MICROEMPRESAS E EMPRESAS DE PEQUENO PORTE

Atenção: a LC 123/2006, institui o Estatuto Nacional da Microempresa e da Empresa de Pequeno Porte, incluindo a sistemática tributária do Simples Nacional, foi intensamente modificada nos últimos anos, de modo que o aluno deve sempre verificar a redação atual, vigente à época do edital de cada Exame da OAB e de concursos públicos.

(OAB/Exame Unificado – 2014.3) Em dezembro de 2006, foi publicada a Lei Complementar nº 123, que instituiu o Estatuto Nacional da Microempresa e da Empresa de Pequeno Porte, e criou novo regime de tributação simplificada, abrangendo, além dos impostos e contribuições federais, o Imposto sobre Operações Relativas à Circulação de Mercadorias e sobre Prestações de Serviços de Transporte Interestadual e Intermunicipal e de Comunicação (ICMS), bem como o Imposto sobre Serviços de Qualquer Natureza (ISS).

Sobre a hipótese, assinale a afirmativa correta.

(A) A referida lei é inconstitucional, pois é vedada à União instituir benefício fiscal de tributo de competência dos Estados, do Distrito Federal e dos Municípios.

(B) O regime de tributação simplificada é obrigatório a todos os contribuintes que cumpram os requisitos previstos na referida lei complementar.

(C) A referida lei é inconstitucional, no que se refere ao ICMS, pois institui benefício fiscal do imposto sem a competente autorização por meio de convênio do Conselho Nacional de Política Fazendária – CONFAZ.

(D) Segundo a Constituição Federal, a fiscalização do cumprimento das obrigações principais e acessórias do regime único de arrecadação poderá ser compartilhada pelos entes da Federação.

A: incorreta, pois a alegação de inconstitucionalidade não foi acatada pelo Judiciário, considerando a previsão do art. 146, parágrafo único, da CF, que prevê a instituição do regime único de tributação por lei complementar federal; **B:** incorreta, pois o regime é opcional para os contribuintes – art. 146, parágrafo único, I, da CF; **C:** incorreta, conforme comentário à primeira alternativa; **D:** correta, nos termos do art. 146, parágrafo único, IV, da CF.

Gabarito "D".

(OAB/Exame Unificado – 2007.2) A Sol Agência de Viagem e Turismo Ltda. dedica-se exclusivamente a sua atividade-fim. Um de seus sócios diretores, que é domiciliado no México, decidiu que os impostos e contribuições da referida pessoa jurídica deveriam ser recolhidos pelo regime do Simples Nacional, por considerar que a agência se enquadra nos requisitos legais de uma microempresa. Considerando a situação hipotética apresentada, assinale a opção correta de acordo com o Estatuto Nacional da Microempresa e da Empresa de Pequeno Porte.

(A) O Simples Nacional implica o recolhimento trimestral de vários tributos, mediante documento único de arrecadação.

(B) Inclui-se, entre as contribuições recolhidas pelo sistema do Simples Nacional, a contribuição para o Fundo de Garantia do Tempo de Serviço (FGTS).

(C) A Sol Agência de Viagem e Turismo Ltda. não pode recolher seus impostos e contribuições na forma do Simples Nacional por ter sócio domiciliado no exterior.

(D) Um dos requisitos para que uma pessoa jurídica possa se enquadrar na definição legal de microempresa é que a mesma aufira, em cada ano-calendário, receita bruta igual ou inferior a R$ 240.000,00.

A: incorreta, pois o recolhimento, na sistemática do Simples Nacional, é mensal, não trimestral – art. 13 da LC 123/2006; **B:** incorreta, pois a contribuição ao FGTS não é abrangida pelo Simples Nacional – art. 13, § 1º, VIII, da LC 123/2006. O recolhimento unificado inclui IRPJ, IPI, CLSS, Cofins, PIS/Pasep, contribuição patronal previdenciária (CPP), ICMS e ISS – art. 13, I a VIII, da LC 123/2006; **C:** incorreta, a vedação do art. 17, II, da LC 123/2006 comporta exceção prevista no art. 17, § 1º, c/c art. 18, § 5º-B, III, da LC 123/2006; **D:** assertiva correta à época do exame, mas note que atualmente o limite é de R$ 360 mil – art. 3º, I, da LC 123/2006. Confira o limite para empresa de pequeno porte no art. 3º, II, da LC 123/2006. LB

Gabarito "D".

(FGV – 2011) A empresa Delta Ltda., que comercializa pisos de borracha de alto impacto, está enquadrada no sistema SIMPLES NACIONAL. Delta está sujeita à substituição tributária, sendo substituída. Nesse caso, com relação à sua receita e o recolhimento dos tributos, deve a Delta pagar o valor dos tributos devidos pela tabela do SIMPLES,

(A) de acordo com o enquadramento de sua atividade, com relação à receita nos últimos 12 meses do período de apuração.

(B) para todas as exações, exceto para o ICMS, que será pago fora do sistema unificado.

(C) destacando as receitas sujeitas à substituição tributária, para que o cálculo efetivado desconsidere o que tiver sido sujeito à substituição do ICMS.

(D) destacando as receitas sujeitas à substituição tributária, que devem ser retiradas de toda a base de cálculo do sistema simplificado.

(E) considerando destacadamente as receitas tributadas pelo ICMS no regime de substituição tributária, que serão objeto de cálculo por alíquota própria.

A: imprecisa, pois a determinação da alíquota, indicada nas tabelas anexas da LC 123/2006, será feita a partir da receita bruta acumulada nos 12 meses anteriores ao do período de apuração – art. 18, § 1º, da LC 123/2006; **B:** incorreta, pois o ICMS está incluído no regime único de arrecadação – art. 13, VII, da LC 123/2006; **C:** correta, pois as operações sujeitas à substituição tributária implicam exclusão da cobrança do ICMS do regime único de arrecadação – art. 13, § 1º, XIII, *a*, da LC 123/2006; **D:** incorreta, pois a substituição tributária afasta, apenas, a cobrança do ICMS no regime único de arrecadação, mas não dos demais tributos incidentes sobre a operação ou sobre a receita decorrente da operação; **E:** incorreta, conforme comentário à alternativa "C".

Gabarito "C".

(FGV – 2011) O Município de Ver o Sol está oferecendo benefício fiscal para as empresas prestadoras de serviço que nele venham a estar sediadas. O benefício consiste em redução da alíquota do IPTU, durante 10 anos, para 0,5%. A empresa Alpha Ltda. tem interesse em utilizar o benefício, mudando sua sede para Ver o Sol. Entretanto, está inscrita no sistema SIMPLES NACIONAL de tributação. Nesse caso, a empresa

(A) poderá se utilizar do benefício, visto que o IPTU não é abrangido pelo SIMPLES NACIONAL, não havendo, portanto, qualquer impedimento.

(B) fica impedida de se utilizar da redução de alíquota do IPTU, pois a inscrição no SIMPLES NACIONAL obsta a utilização de qualquer benefício fiscal.

(C) poderá se utilizar do benefício fiscal relativo ao IPTU, mesmo inscrita no SIMPLES NACIONAL, se acrescer o pagamento do tributo à sua base de cálculo, neutralizando-o.

(D) fica proibida de usar o benefício fiscal relacionado ao IPTU, visto que o SIMPLES NACIONAL é regime fiscal abrangente de toda a tributação da pessoa jurídica.

(E) poderá se utilizar do benefício fiscal relativo ao IPTU, já que este, como qualquer tributo de competência municipal, não está abrangido pelo SIMPLES NACIONAL.

9. DIREITO TRIBUTÁRIO   703

O IPTU não é abrangido pelo regime único de arrecadação do Simples Nacional – art. 13, § 1º, XV, da LC 123/2006. Assim, o benefício fiscal relativo ao imposto municipal não tem reflexo na tributação pelo Simples Nacional. **A:** correta, conforme comentário inicial; **B** e **D:** incorretas, pois a cobrança ou o benefício relativo ao IPTU não tem relação com o ingresso ou a permanência no Simples Nacional; **C:** incorreta, pois o IPTU não é recolhido no regime único de arrecadação, conforme os comentários acima; **E:** incorreta, pois o ISS (tributo municipal) está incluído no Simples Nacional – art. 13, VIII, da LC 123/2006.

Gabarito "A".

(FGV – 2011) Com relação ao SISTEMA SIMPLES NACIONAL, analise as afirmativas a seguir:

I. Para fins de determinação da alíquota a ser utilizada, deve ser verificada a receita bruta do exercício fiscal.

II. Os limites da receita bruta para enquadramento da empresa como micro ou EPP são invariáveis para toda a Federação.

III. Quando iniciar as suas atividades no ano da opção, a empresa utilizará a receita do próprio mês de apuração multiplicada por doze.

IV. A receita bruta proporcionalizada é um critério para conhecer a receita real incorrida pela empresa.

V. Para empresas com receita bruta de até R$ 120.000,00, os estados e municípios podem fixar valor fixo de ICMS e ISS, respectivamente.

Assinale

(A) se todas as afirmativas estiverem corretas.

(B) se apenas as afirmativas I, IV e V estiverem corretas.

(C) se apenas as afirmativas III e V estiverem corretas.

(D) se apenas as afirmativas III e IV estiverem corretas.

(E) se apenas as afirmativas II e IV estiverem corretas.

I: incorreta, pois a determinação da alíquota, indicada nas tabelas anexas da LC 123/2006 será feita a partir da receita bruta acumulada nos 12 meses anteriores ao do período de apuração – art. 18, § 1º, da LC 123/2006; **II:** incorreta, pois se admite a adoção de faixas menores de receita bruta por Estados, conforme o art. 19 da LC 123/2006; **III:** imprecisa. Na verdade, para fins de enquadramento como ME ou EPP da empresa que inicia suas operações no ano da opção, o limite previsto no art. 3º da LC 123/2006 será proporcional ao número de meses em que ela exerceu a atividade – art. 3º, § 2º, da LC 123/2006. Assim, a multiplicação por 12 somente ocorrerá se houver apenas 1 mês de atividade (ou seja, se a opção se der no primeiro mês de atividade). O mesmo raciocínio vale para a identificação da alíquota aplicável – art. 18, § 2º, da LC 123/2006; **IV:** incorreta, pois o cálculo proporcional serve, apenas, para chegar-se a uma média das receitas mensais no período, conforme comentário à alternativa anterior; **V:** era correta, mas, atenção, esse valor de R$ 120.000,00 foi alterado pela LC 147/2014, que alterou a redação do art. 18, § 18, da LC 123/2006.

Gabarito "C".

(FGV – 2010) A Constituição Federal de 1988, no seu artigo 179 (Título VII – Da Ordem Econômica e Financeira) impõe, de forma expressa, que o legislador infraconstitucional conceda tratamento jurídico diferenciado às "micro e pequenas empresas". A respeito do preceito constitucional citado é correto afirmar que:

(A) a obrigação de dispensar tratamento jurídico diferenciado às "micro e pequenas empresas" recai exclusivamente sobre a União e, consequentemente, envolve apenas os tributos sob sua competência.

(B) o tratamento jurídico diferenciado exigido pelo texto constitucional se manifestará principalmente por meio da simplificação de obrigações administrativas, tributárias, previdenciárias e creditícias, podendo ocorrer até mesmo efetiva eliminação de algumas destas obrigações.

(C) o artigo 179 confere imunidade tributária às "micro e pequenas empresas".

(D) o Regime Especial Unificado de Arrecadação de Tributos e Contribuições devidos pelas Microempresas e Empresas de Pequeno Porte, conhecido como Simples Nacional, não tem qualquer relação com o artigo 179 da Constituição Federal.

(E) o artigo 179 estabelece um tratamento discriminatório ao impor tratamento mais benéfico às "micro e pequenas empresas", violação já reconhecida pelo próprio Supremo Tribunal Federal.

A: incorreta, pois a norma constitucional impõe-se a todos os entes federados (art. 179 da CF), de modo que, por exemplo, o Simples Nacional abrange tributos da União, dos Estados, do Distrito Federal e dos Municípios; **B:** correta, conforme dispõe o art. 179 da CF; **C:** incorreta, pois não se afasta a competência tributária em relação a elas; **D:** incorreta, pois o Simples Nacional representa claro tratamento jurídico diferenciado às micro e pequenas empresas; **E:** incorreta, pois o incentivo à micro e às pequenas empresas trata diferentemente os diferentes, em atenção ao interesse coletivo no fomento de atividades essenciais para a economia brasileira, de modo que não há tratamento discriminatório ou ofensa ao princípio da isonomia.

Gabarito "B".

(FGV – 2010) Assinale a alternativa correta.

(A) Poderão recolher os impostos e contribuições na forma do Simples Nacional, cumpridas as exigências legais, a microempresa ou a empresa de pequeno porte que preste serviço de transporte intermunicipal e interestadual de passageiros ou que exerça atividade de importação ou fabricação de automóveis e motocicletas.

(B) Consideram-se isentos do imposto de renda, na fonte e na declaração de ajuste do beneficiário, os valores efetivamente pagos ou distribuídos ao titular ou sócio da microempresa ou empresa de pequeno porte optante pelo Simples Nacional, salvo os que corresponderem a pró-labore, aluguéis ou serviços prestados.

(C) O Microempreendedor Individual (MEI) poderá optar pelo recolhimento dos impostos e contribuições abrangidos pelo Simples Nacional em valores mensais, fixos ou variáveis, independentemente da receita bruta por ele auferida no mês, na forma prevista na Lei Complementar 123/2006.

(D) Para os efeitos do regime do Simples Nacional, considera-se MEI o empresário individual a que se refere o art. 966 do Código Civil, que tenha auferido receita bruta, no ano-calendário anterior, de até R$ 48.000,00 (optante pelo Simples Nacional e que não esteja impedido de optar pela sistemática prevista no artigo 18-A da Lei Complementar 123/2006.

(E) Observado o disposto no art. 18-A, e seus parágrafos, da Lei Complementar 123/2006, poderá se enquadrar como MEI o empresário individual que possua até cinco empregados que recebam exclusivamente 1 (um) salário-mínimo ou o piso salarial da categoria profissional, cada um.

A: incorreta, pois as empresas que exerçam essas atividades não podem recolher os tributos na sistemática unificada do Simples Nacional – art. 17, VI e VIII, da LC 123/2006, respectivamente. Verifique o texto do art. 17, VI, alterado pela LC 147/2014, que permitiu o recolhimento pelo Simples Nacional no caso de transporte na modalidade fluvial ou quando possuir características de transporte urbano ou metropolitano ou realizar-se sob fretamento contínuo em área metropolitana para o transporte de estudantes ou trabalhadores; **B:** correta, pois a isenção é prevista no art. 14, *caput*, da LC 123/2006; **C:** o art. 18-A da LC 123/2006 prevê a opção do MEI pelo recolhimento apenas por valores fixos mensais (não, expressamente, pelos valores variáveis), razão pela qual a assertiva foi considerada incorreta pelo examinador. Mas, a rigor, se o recolhimento por valores fixos é uma opção, o MEI pode, se quiser, recolher os tributos pela sistemática normal do Simples Nacional, ou seja, pela aplicação de alíquotas sobre sua receita bruta mensal (o que implica valores mensais variáveis). De qualquer forma, a "B" é a melhor alternativa, pois claramente correta; **D:** incorreta, pois o limite para enquadramento como MEI é de R$ 81 mil (não R$ 48 mil) – art. 18-A, § 1º, da LC 123/2006; **E:** incorreta, pois o empresário individual que queira se enquadrar como MEI pode ter apenas um único empregado que receba exclusivamente um salário-mínimo ou o piso da categoria – art. 18-C, *caput*, da LC 123/2006. ⬛
Gabarito "B".

18. DIREITO FINANCEIRO

(FGV – 2013) Sobre os *princípios orçamentários*, analise as afirmativas a seguir.

I. O princípio da universalidade é completado pela regra do orçamento bruto, pela qual estão vedadas quaisquer deduções para a elaboração da lei orçamentária.

II. O princípio da exclusividade faz parte do quadro normativo orçamentário, já que neste é possível a abertura de créditos suplementares e contratação de operações de crédito, ainda que por antecipação da receita.

III. O princípio da periodicidade ou anualidade estabelece que o orçamento público deve ser elaborado por um período de tempo, determinação criada com o objetivo de detalhar as ações de cada unidade federativa.

IV. O princípio do equilíbrio orçamentário entre receitas e despesas públicas ganhou força em decorrência da Lei de Responsabilidade Fiscal que estabelece, como premissa básica, o equilíbrio das contas públicas.

Assinale:

(A) se somente as afirmativas I e IV estiverem corretas.

(B) se somente as afirmativas II e IV estiverem corretas.

(C) se somente as afirmativas I e III estiverem corretas.

(D) se somente as afirmativas III e IV estiverem corretas.

(E) se somente as afirmativas II e III estiverem corretas.

I: correta. O princípio do orçamento bruto está relacionado ao princípio da universalidade e determina a indicação de receitas e despesas sem qualquer dedução (ou seja, pelos valores brutos, jamais líquidos). Por exemplo, um salário de R$ 1 mil reais corresponde a uma despesa exatamente desse valor, ainda que o IR retido na fonte seja receita do ente público (o valor do imposto não é abatido do montante da despesa com salário). Esse princípio se aplica a todas as receitas e despesas,

sejam aquelas previstas originariamente na LOA, sejam aquelas atinentes a créditos adicionais; **II:** incorreta. Segundo o princípio da exclusividade, a LOA não conterá dispositivo estranho à previsão da receita e à fixação da despesa, admitindo-se a autorização para abertura de créditos suplementares e para contratação de operações de crédito – art. 165, § 8º, da CF. A assertiva está incorreta ao permitir uma interpretação no sentido de que o princípio da exclusividade faz parte do quadro orçamentário apenas pela possibilidade de ter na LOA a autorização para créditos suplementares ou para operações de crédito por ARO.; **III:** incorreta. O art. 165, § 5º, da CF dispõe que a Lei Orçamentária Anual – LOA (princípio da anualidade) – compreenderá os orçamentos fiscal, de investimento e da seguridade social, incluindo todas as receitas e despesas (princípio da universalidade – arts. 3º e 4º da Lei 4.320/1964), em um único documento (princípio da unidade). Cada esfera de governo (União, Estados, DF e Municípios) terá uma única LOA (também indicado como princípio da unidade). Ou seja, o princípio da periodicidade ou anualidade não tem relação com detalhar as ações de cada unidade federativa.; **IV:** correta. Deve haver equilíbrio entre a previsão de receitas e a autorização de despesas, o que deve também ser observado na execução orçamentária. Isso não impede a realização de superávits – ver art. 48, b, da Lei 4.320/1964 e art. 31, § 1º, II, da LRF. ⬛
Gabarito "A".

(FGV – 2013) Com relação aos limites impostos para a despesa com pessoal na Lei de Responsabilidade Fiscal, assinale a afirmativa correta.

(A) Os serviços terceirizados não devem ser inseridos no limite de despesa com pessoal, mas sim contabilizados como serviços de terceiros e encargos.

(B) O limite estabelecido para despesa de pessoal abrange os valores desembolsados de caráter remuneratório e indenizatório.

(C) Os serviços terceirizados devem ser inseridos no limite de despesa com pessoal nas hipóteses em que a mão de obra contratada substitua servidor ou empregado público.

(D) As despesas salariais de caráter continuado devem ser inseridas no limite de despesa com pessoal, apenas.

(E) A despesa e os encargos decorrentes da terceirização dos serviços, em qualquer hipótese, devem ser inseridos nos limites legais arbitrados para pessoal.

A: incorreta, pois os valores dos contratos de terceirização de mão de obra que se referem à substituição de servidores e empregados públicos serão contabilizados como "Outras Despesas de Pessoal" – art. 18, § 1º, da LRF; **B:** incorreta, pois incluem-se, em princípio, apenas as verbas remuneratórias, excluindo-se, por exemplo, as indenizações pagas por demissão de servidores e empregados – arts. 18, *caput*, e 19, § 1º, I, da LRF; **C:** correta, conforme comentário à alternativa "A"; **D:** assertiva confusa, não ficando claro o que significa o termo "apenas" ao final. De qualquer forma, a alternativa "C" é claramente correta, devendo ser indicada; **E:** incorreta, pois inserem-se no limite para pessoal apenas os contratos que se referem à substituição de servidores e empregados públicos, conforme comentário à alternativa "A".
Gabarito "C".

(FGV –2013) Com referência à *receita pública*, assinale a alternativa em que as duas afirmativas estão corretas e a segunda completa o sentido da primeira.

(A) As operações de crédito realizadas pelo governo constituem receitas correntes. / Essas operações serão vinculadas ao financiamento de bens de capital.

9. DIREITO TRIBUTÁRIO   705

(B) As receitas públicas classificam-se, segundo um critério econômico, em de capital e corrente. / A receita com os impostos é de capital, convertendo-se em moeda nos cofres públicos.

(C) As tarifas são receitas derivadas, não tributárias, devidas ao Estado prestador de serviço público. / Essas receitas correspondem a ingressos comerciais de caráter obrigatório.

(D) As transferências destinadas a cobrir despesas de custeio de entidades elegíveis são classificadas como subvenções. / As que se destinam às instituições de caráter cultural, sem fins lucrativos, são sociais.

(E) As dotações para execução de obra são classificadas como despesas de custeio. / Os imóveis adquiridos para a execução de obras também recebem o mesmo enquadramento.

A: incorreta, pois as operações de crédito implicam receitas de capital – art. 11, § 2°, e § 4°, da Lei 4.320/1964; B: incorreta, pois as receitas tributárias são as principais receitas correntes – art. 11, § 1°, da Lei 4.320/1964; C: incorreta, pois as tarifas não têm caráter compulsório (nesse sentido, parece incorreto falar em caráter obrigatório, embora o termo seja impreciso), correspondendo a receita corrente; D: correta, conforme arts. 12, § 3°, e 16 da Lei 4.320/1964; E: incorreta, pois se trata de despesa de capital, classificada com investimento – art. 12, § 4°, da Lei 4.320/1964.
Gabarito "D".

(FGV –2014) Estados da federação possuem problemas crônicos com o pagamento das suas dívidas fundadas. Vários emitem títulos da dívida que devem ser autorizados pelo Senado Federal. Outro problema consiste no pagamento dos precatórios judiciais originados de sentenças que condenam a Fazenda Pública em valores pecuniários.

No concernente à tributação da renda dos títulos da dívida pública dos Estados, a Constituição Federal

(A) admite, desde que autorizada pelo Senado Federal.

(B) permite, desde que autorizada pela Câmara dos Deputados.

(C) possibilita, desde que autorizada em limites não superiores aos federais.

(D) proíbe, estabelecendo uma espécie de imunidade tributária.

(E) proíbe, estabelecendo uma espécie de isenção tributária.

A Constituição não veda de modo absoluto a tributação pela União da renda das obrigações da dívida pública dos demais entes federados, apenas impede que essa tributação se dê em níveis superiores ao que fixar para suas próprias obrigações – art. 151, II, da CF. Por essa razão, a alternativa "C" é a correta.
Gabarito "C".

(FGV – 2013) A Lei Complementar n. 101/00, conhecida como Lei de Responsabilidade Fiscal, traz uma série de diretrizes para a produção de leis orçamentárias.

Com relação à Lei de Diretrizes Orçamentárias (LDO), analise as afirmativas a seguir.

I. O projeto da lei de diretrizes orçamentárias conterá o anexo de metas fiscais que deverá conter a avaliação da situação financeira e atuarial.

II. A Lei de Diretrizes Orçamentárias conterá o anexo de riscos ficais onde serão avaliados os passivos contingentes e outros riscos capazes de afetar as contas públicas.

III. A Lei de Diretrizes Orçamentárias conterá a vedação a transferências de recursos a entidades públicas e privadas.

Assinale:

(A) se somente a afirmativa I estiver correta.

(B) se somente a afirmativa II estiver correta.

(C) se somente a afirmativa III estiver correta.

(D) se somente as afirmativas I e II estiverem corretas.

(E) se todas as afirmativas estiverem corretas.

I: correta, nos termos do art. 4°, § 2°, IV, da LRF; II: correta, nos termos do art. art. 4°, § 3°, da LRF; III: incorreta, pois a LDO conterá condições e exigências para essas transferências, não vedação a elas – art. 4°, I, f, da LRF.
Gabarito "D".

(FGV – 2014) No que tange a *lei de responsabilidade fiscal*, assinale a afirmativa correta.

(A) Não há disposição sobre o controle de despesas com pessoal em relação a Estados e Municípios em razão do princípio federativo.

(B) Dívida pública consolidada ou fundada é a dívida pública representada por títulos emitidos pela União.

(C) É permitida, em regra, a realização de operação de crédito entre um ente da Federação e outro.

(D) É possível a realização de transferências voluntárias entre entes federativos.

(E) É vedada a operação de crédito por antecipação de receita.

A: incorreta, pois a LRF traz disposições nesse sentido (ver art. 19), com base no disposto no art. 169 da CF; B: incorreta, pois dívida consolidada ou fundada é o montante total, apurado sem duplicidade, das obrigações financeiras do ente da Federação, assumidas em virtude de leis, contratos, convênios ou tratados e da realização de operações de crédito, para amortização em prazo superior a doze meses – art. 29, I, da LRF, ver também o art. 98 da Lei 4.320/1964. A assertiva se refere à dívida mobiliária da União – art. 29, II, da LRF; C: incorreta, pois as operações de crédito entre entes federados são, em regra, vedadas, com a exceção do art. 35, § 1°, da LRF; D: correta – art. 25 da LRF; E: incorreta, sendo possível a chamada operação de crédito por antecipação de receita orçamentária – ARO – art. 38 da LRF.
Gabarito "D".

(FGV – 2014) A Lei n. 4.320/64 dispõe sobre normas gerais relativas às finanças públicas. Tendo em vista a referida disciplina normativa, analise as afirmativas a seguir.

I. O exercício financeiro coincidirá com o ano civil.

II. Pertencem ao exercício financeiro as receitas nele arrecadadas.

III. Pertencem ao exercício financeiro as despesas nele legalmente empenhadas.

Assinale:

(A) se somente a afirmativa I estiver correta.

(B) se somente a afirmativa III estiver correta.

(C) se somente as afirmativas I e II estiverem corretas.

(D) se somente as afirmativas I e III estiverem corretas.

(E) se todas as afirmativas estiverem corretas.

I: correta, nos termos do art. 34 da Lei 4.320/1964; II: correta, referindo-se ao regime de caixa para as receitas – art. 35, I, da Lei 4.320/1964; III: correta, referindo-se ao regime de competência para as despesas – art. 35, II, da Lei 4.320/1964.

Gabarito "E".

(FGV – 2013) A Lei de Responsabilidade Fiscal estabelece as diretrizes para a produção da Lei Orçamentária Anual.

Com relação a essas diretrizes, analise as afirmativas a seguir.

I. A Lei Orçamentária Anual conterá reserva de contingência.

II. A Lei Orçamentária veda a consignação de créditos com finalidade imprecisa ou com dotação ilimitada.

III. A lei orçamentária poderá consignar dotação para investimento com duração superior a um exercício financeiro ainda que não esteja previsto no plano plurianual ou em lei que autorize a sua inclusão.

Assinale:

(A) se as afirmativas I e II estiverem corretas.

(B) se as afirmativas I e III estiverem corretas.

(C) se as afirmativas II e III estiverem corretas.

(D) se somente a afirmativa III estiver correta.

(E) se somente a afirmativa II estiver correta.

I: correta, nos termos do art. 5º, III, da LRF; II: correta, nos termos do art. 167, VII, da CF, art. 5º, § 4º da LRF; e art. 5º da Lei 4.320/1964; III: incorreta, pois a LOA pode (e deve, em relação à parcela do investimento que será executada no próprio exercício) consignar dotação para investimento com duração superior a um exercício financeiro, mas desde que incluído (o investimento) no PPA ou que haja lei autorizando sua inclusão – art. 167, § 1º, da CF e art. 5º, § 5º da LRF. **LB**

Gabarito "A".

19. OUTRAS MATÉRIAS E TEMAS COMBINADOS

(OAB/Exame Unificado – 2016.3) João, advogado tributarista, é procurado para orientar a empresa L a respeito do comportamento da jurisprudência do Supremo Tribunal Federal sobre matéria tributária.

Como assistente de João, assinale a opção que veicula enunciado com efeito vinculante em relação aos órgãos do Poder Judiciário e à Administração Pública direta e indireta, nas esferas federal, estadual e municipal.

(A) Na entrada de mercadoria importada do exterior é legítima a cobrança do ICMS por ocasião do desembaraço aduaneiro.

(B) Ainda quando alugado a terceiros, o imóvel pertencente a qualquer das entidades referidas pelo Art. 150, inciso VI, alínea c, da CRFB/88, permanece imune ao IPTU, não importando a finalidade a que os aluguéis se destinem.

(C) A norma legal que altera o prazo de recolhimento de obrigação tributária está sujeita ao princípio da anterioridade.

(D) A exigência de depósito prévio, como requisito de admissibilidade de ação judicial na qual se pretenda discutir a exigibilidade de crédito tributário, é constitucional.

A: correta, pois esse é o teor da Súmula Vinculante 48/STF; **B:** incorreta, pois a imunidade persiste apenas se os valores recebidos forem aplicados nas atividades para as quais as entidades foram constituídas – Súmula Vinculante 52/STF; **C:** incorreta, pois a norma que altera o vencimento dos tributos não se sujeita à anterioridade – Súmula Vinculante 50/STF; **D:** incorreta, pois a exigência de depósito prévio para discussão judicial da exigibilidade de crédito tributário é inconstitucional – Súmula Vinculante 28/STF. **RB**

Gabarito "A".

20. QUESTÕES SOBRE COVID

(QUESTÃO 1) Considerando a queda da atividade econômica e as dificuldades enfrentadas pelas empresas em decorrência da pandemia da COVID-19, determinado Município promoveu diversas medidas no âmbito tributário para aliviar o ônus fiscal. Pelo Decreto 46/2020, perdoou as dívidas relativas à taxa de fiscalização de estabelecimentos que fecharam durante a pandemia. Pelo Decreto 47/2020, determinou que todos os documentos fiscais em meio físico fossem convertidos em documentos eletrônicos, para fins de protocolo junto ao fisco municipal. Pelo Decreto 48/2020, adiou a data de vencimento dos tributos em 2 meses. Considerando a jurisprudência dominante dos Tribunais Superiores, indique a alternativa correta:

(A) Os Decretos são inconstitucionais, pois a matéria tributária deve ser veiculada por lei, conforme o princípio da legalidade.

(B) Os Decretos são constitucionais e válidos, pois a situação de pandemia implica exceção ao princípio da legalidade estrita, em relação às medidas necessárias para combate à pandemia e socorro aos contribuinte(C) Apenas o Decreto 48/2020 é constitucional, sendo os outros dois inconstitucionais.

(D) Apenas os Decretos 47/2020 e 48/2020 são constitucionais, sendo o outro inconstitucional.

A: Incorreta, pois é pacífico o entendimento de que obrigações acessórias (caso da forma de entrega de documentos fiscais) e o vencimento do tributo são matérias que podem ser veiculadas por norma infralegal; B: incorreta, pois a remissão (= perdão do crédito tributário) só pode ser concedida por lei, nos termos do art. 97, VI, e 172 do CTN; C: incorreta, pois o Decreto 47/2020 também é constitucional e válido, já que obrigações acessórias podem ser veiculadas por norma infralegal; D: correta, conforme comentários anteriores. **LB**

Gabarito "D".

(QUESTÃO 2) Considerando a pandemia da COVID-19, o Comitê Gestor do Simples Nacional tomou medidas no sentido de aliviar o ônus tributário sobre os contribuintes. Considerando o disposto na Lei Complementar 123/2006, indique a alternativa que NÃO descreve competência do Comitê Gestor do Simples Nacional:

(A) apreciar a necessidade de revisão dos valores expressos em moeda nacional na Lei Complementar 123/2006.

9. DIREITO TRIBUTÁRIO

(B) disciplinar a forma e as condições em que será atribuída à microempresa ou empresa de pequeno porte optante pelo Simples Nacional a qualidade de substituta tributária.

(C) autorizar a compensação de valores indevidamente recolhidos no âmbito do Simples Nacional com tributos devidos aos fiscos federal, estaduais e municipais.

(D) alterar a data de pagamento dos tributos devidos no âmbito do Simples Nacional.

A: correta, conforme art. 1º, § 1º, da LC 123/2006; **B:** correta, conforme art. 13, § 6º, I, da LC 123/2006; **C:** incorreta, pois a compensação tributária deve ser autorizada por lei – art. 97, II, e art. 170 do CTN; **D:** correta, conforme art. 21, III, da LC 123/2006.

Gabarito "C"

10. Direito do Trabalho

Hermes Cramacon

1. FONTES E PRINCÍPIOS DO DIREITO DO TRABALHO

(OAB/Exame Unificado – 2004.ES) Considerando as fontes do direito do trabalho, assinale a opção incorreta.

(A) Sob a perspectiva econômica, a Revolução Industrial ocorrida no século XVIII – e suas consequências na estruturação e disseminação do sistema capitalista – constituiu a fonte material básica do direito do trabalho.

(B) Sob a ótica sociológica, o processo de agregação de trabalhadores em empresas, cidades e regiões do mundo ocidental, favorecendo o surgimento de uma consciência social coletiva de índole reivindicatória, como resultado da expansão do sistema econômico, pode ser apontado como fonte material do direito do trabalho.

(C) Filosoficamente, correntes de pensamento tais como o trabalhismo, o socialismo cristão e o fascismo corporativista, entre outras, fundamentaram o direito do trabalho e por isso são consideradas fontes formais desse ramo da ciência jurídica.

(D) Sob o ponto de vista político, a ação articulada dos trabalhadores, buscando a melhoria de sua condição social com a participação dos sindicatos, tem operado como elemento indutor da positivação de normas legais trabalhistas, razão pela qual deve ser considerada fonte material do direito do trabalho.

A: correta, pois sob a perspectiva econômica, as fontes materiais estão relacionadas à existência e evolução do sistema capitalista; **B:** correta, pois sob o ponto de vista sociológico, as fontes materiais correspondem aos diferentes processos de reunião de trabalhadores assalariados nas empresas, cidades e regiões do mundo ocidental contemporâneo, em outras palavras, são fatores sociais de repercussão no Direito do Trabalho. Como exemplo, podemos citar a criação de cidades industriais-operárias; **C:** incorreta, devendo ser assinalada, pois sob o ponto de vista filosófico as ideias e correntes de pensamento que influíram na construção e mudança do Direito do Trabalho, constituem verdadeiras fontes materiais do Direito do Trabalho e não como uma fonte formal; **D:** correta, pois sob a perspectiva política, fontes materiais se relacionam com os movimentos sociais organizados pelos trabalhadores, com caráter reivindicatório.
Gabarito "C"

(OAB/Exame Unificado – 2004.ES) Quanto aos princípios informativos do direito do trabalho, assinale a opção incorreta.

(A) Como expressão do princípio da proteção, as normas jurídicas trabalhistas encerram núcleo mínimo de direitos que devem ser imperativamente observados pelos sujeitos da relação de emprego.

(B) Por aplicação do princípio da indisponibilidade ou da irrenunciabilidade de direitos trabalhistas, será nulo qualquer ato unilateral ou bilateral de despojamento

patrimonial realizado pelo trabalhador, independentemente do momento em que venha a ser praticado: antes, durante ou após o encerramento da relação de emprego.

(C) O princípio da inalterabilidade lesiva do contrato de trabalho impede que o empregador promova a redução dos salários de seus empregados sem o concurso do sindicato profissional correspondente, ainda que em caso de força maior ou de prejuízos devidamente comprovados.

(D) O princípio da primazia da realidade consagra a noção civilista de que se deve, no exame das declarações de vontade, atentar mais para a efetiva intenção das partes, quando benéfica ao trabalhador, em detrimento de ajustes formais ou expressos em contrário.

A: correta, pois representa uma das faces do princípio da proteção, na medida em que, o conteúdo das normas jurídicas trabalhistas trazem a garantia mínima de proteção aos trabalhadores, que devem ser respeitadas, dado seu caráter cogente, podendo, no entanto, em alguns casos, serem flexibilizadas; **B:** incorreta, devendo ser assinalada, pois o princípio da irrenunciabilidade não é absoluto, tendo em vista que é permitido ao trabalhador a renúncia de direitos, como por exemplo, o trabalhador que renuncia o próprio período de estabilidade. Ademais, após a extinção do contrato de trabalho, a renúncia é permitida com maior amplitude. **C:** correta, pois em conformidade com o art. 7º, VI, da CF a redução do salário é condicionada ao acordo ou convenção coletiva; **D:** correta, pois descreve, acertadamente, o princípio em questão.
Gabarito "B"

2. CONTRATO DE TRABALHO

(OAB/Exame XXXVIII) Sílvio Luiz foi convidado pelo seu empregador para ocupar interinamente o cargo de supervisor administrativo; sendo certo que, em caso de vacância do cargo, este seria preenchido por Sílvio Luiz. Diante desta situação, você foi consultado, como advogado(a) do empregado, para saber acerca dos seus direitos na hipótese.

Sobre o caso apresentado, de acordo com o texto em vigor da CLT e a jurisprudência consolidada do TST, assinale a afirmativa correta.

(A) Caso não haja a vacância e cessada a interinidade do cargo, Sílvio Luiz terá que ser desligado da empresa por motivo econômico, o que afasta o pagamento da multa de 40%, pois a alteração contratual de reversão será ilícita e autorizada a dispensa na hipótese por justo motivo.

(B) Sílvio Luiz, no caso de vacância definitiva do cargo, passará a ocupá-lo e terá necessariamente direito ao salário do seu antecessor.

(C) Sendo a hipótese de férias do efetivo supervisor administrativo que ensejou o trabalho interino de Sílvio

Luiz no cargo, este último não faz jus ao mesmo salário do substituído no período.

(D) Considerando que o exercício do cargo será interino, não havendo a vacância posterior, Sílvio Luiz terá garantido o retorno ao seu cargo anterior e a contagem de tempo de serviço no cargo ocupado temporariamente.

Nos termos do art. 450 da CLT ao empregado chamado a ocupar, em comissão, interinamente, ou em substituição eventual ou temporária, cargo diverso do que exercer na empresa, serão garantidas a contagem do tempo naquele serviço, bem como volta ao cargo anterior. Nessa linha, de acordo com a súmula 159, I, do TST enquanto perdurar a substituição que não tenha caráter meramente eventual, inclusive nas férias, o empregado substituto fará jus ao salário contratual do substituído. Já o inciso II da súmula 159 TST ensina que vago o cargo em definitivo, o empregado que passa a ocupá-lo não tem direito a salário igual ao antecessor.
"D" otirabaG

(OAB/Exame XXXVI) Lúcio Lima foi contratado para trabalhar em uma empresa no ramo da construção civil. Seu empregador descumpriu inúmeros direitos trabalhistas, e, notadamente, deixou de pagar as verbas rescisórias. No período, Lúcio Lima prestou serviços em um contrato de subempreitada, já que seu empregador fora contratado pelo empreiteiro principal para realizar determinada obra de reforma.

Diante desse cenário, Lúcio Lima contratou você, como advogado(a), para ajuizar uma reclamação trabalhista. Sobre a hipótese, segundo o texto legal da CLT em vigor, assinale a afirmativa correta.

(A) Cabe ação em face de ambas as sociedades empresárias, que figurarão no polo passivo da demanda.

(B) Trata-se de grupo econômico, o que induz obrigatoriamente à responsabilidade solidária de ambas as sociedades empresárias.

(C) Cabe apenas ação em face do efetivo empregador, já que não se trata de terceirização de mão de obra.

(D) A subempreitada é atividade ilícita por terceirizar atividade fim, razão pela qual se opera a sucessão de empregadores, configurando-se fraude.

A: opção correta. Isso porque, nos termos do art. 455 da CLT nos contratos de subempreitada responderá o subempreiteiro pelas obrigações derivadas do contrato de trabalho que celebrar, cabendo, todavia, aos empregados, o direito de reclamação contra o empreiteiro principal pelo inadimplemento daquelas obrigações por parte do primeiro. Todavia, a OJ 191 da SDI 1 do TST ensina que diante da inexistência de previsão legal específica, o contrato de empreitada de construção civil entre o dono da obra e o empreiteiro não enseja responsabilidade solidária ou subsidiária nas obrigações trabalhistas contraídas pelo empreiteiro, salvo sendo o dono da obra uma empresa construtora ou incorporadora. **B:** incorreta, pois não se trata de grupo econômico, cujo conceito vem esculpido no art. 2º, § 2º, da CLT; **C:** incorreta, pois a ação poderá ser proposta em face de ambas as sociedades, art. 455 da CLT e OJ 191 SDI 1 do TST. **D:** incorreta, pois o contrato de subempreitada não é ilícito, art. 455 CLT.
"A" otirabaG

(OAB/Exame XXXV) Pedro Paulo joga futebol em um clube de sua cidade, que é classificado como formador, e possui com o referido clube um contrato de formação. Recentemente, recebeu uma proposta para assinar seu primeiro contrato profissional. Sabedor de que não há nenhum outro clube interessado em assinar um primeiro contrato especial de trabalho desportivo como profissional, Pedro Paulo consultou você, como advogado(a), para saber acerca da duração do referido contrato. Diante disso, observada a Lei Geral do Desporto, assinale a afirmativa correta.

(A) O contrato poderá ter prazo indeterminado.

(B) O contrato poderá ter duração máxima de cinco anos.

(C) O contrato poderá ter duração máxima de três anos.

(D) Não há prazo máximo estipulado, desde que seja por prazo determinado.

Nos termos do art. 29 da Lei 9.615/98 a entidade de prática desportiva formadora do atleta terá o direito de assinar com ele, a partir de 16 (dezesseis) anos de idade, o primeiro contrato especial de trabalho desportivo, cujo prazo não poderá ser superior a 5 (cinco) anos.
"B" otirabaG

(OAB/Exame XXXV) A churrascaria *Boi Gordo* tem movimento variado ao longo dos diversos meses do ano. A variação também ocorre em algumas semanas, razão pela qual decidiu contratar alguns empregados por meio do chamado contrato intermitente. Diante disso, esses pretensos empregados ficaram com dúvidas e consultaram você, como advogado(a), para esclarecer algumas questões. Assinale a opção que indica, corretamente, o esclarecimento prestado.

(A) O tempo de resposta do empregado em relação à convocação para algum trabalho é de um dia útil para responder ao chamado, e o silêncio gera presunção de recusa.

(B) O empregador poderá convocar o empregado de um dia para o outro, sendo a antecedência de um dia útil, portanto.

(C) Para o empregado existe um limite de recusas por mês. Extrapolado o número de três recusas no mês, considerar-se-á rompido o contrato.

(D) O contrato intermitente pode ser tácito ou expresso, verbal ou escrito.

A: opção correta, pois reflete a disposição do art. 452-A, § 2º, CLT. **B:** opção incorreta, pois recebida a convocação, o empregado terá o prazo de um dia útil para responder ao chamado, art. 452-A, § 2º, CLT. **C:** opção incorreta, pois não há limite de recusas. Importante lembrar que a recusa da oferta não descaracteriza a subordinação para fins do contrato de trabalho intermitente, nos termos do art. 452-A, § 3º, CLT. **D:** opção incorreta, pois nos termos do art. 452-A da CLT o contrato de trabalho intermitente deve ser celebrado por escrito e deve conter especificamente o valor da hora de trabalho, que não pode ser inferior ao valor horário do salário-mínimo ou àquele devido aos demais empregados do estabelecimento que exerçam a mesma função em contrato intermitente ou não.
"A" otirabaG

(OAB/Exame XXXIV) Júlia é analista de sistemas de uma empresa de tecnologia e solicitou ao empregador trabalhar remotamente. Sobre a pretensão de Júlia, observados os termos da CLT, assinale a afirmativa correta.

(A) O teletrabalho só pode ser assim considerado se a prestação de serviços for totalmente fora das dependências da empresa.

(B) O ajuste entre Júlia e seu empregador poderá ser tácito, assim como ocorre com o próprio contrato de trabalho.

(C) O computador e demais utilidades que se fizerem necessárias para o trabalho remoto de Júlia não integrarão sua remuneração.

(D) O ajuste entre as partes para o trabalho remoto deverá ser por mútuo consentimento, assim como o retorno ao trabalho presencial.

A: incorreta, pois nos termos do art. 75-B da CLT considera-se teletrabalho ou trabalho remoto a prestação de serviços fora das dependências do empregador, de maneira preponderante ou não, com a utilização de tecnologias de informação e de comunicação e que, por sua natureza, não configure trabalho externo. Vale dizer, ainda, que nos termos do § 1º, do art. 75-B da CLT o comparecimento, ainda que de modo habitual, às dependências do empregador para a realização de atividades específicas que exijam a presença do empregado no estabelecimento não descaracteriza o regime de teletrabalho ou trabalho remoto. **B:** Incorreta, pois nos termos do art. 75-C, § 1º, da CLT poderá ser realizada a alteração entre regime presencial e de teletrabalho desde que haja mútuo acordo entre as partes, registrado em aditivo contratual. **C:** correta, pois nos termos do art. 75-D, parágrafo único, da CLT as utilidades necessárias ao trabalho não integram a remuneração do empregado. **D:** incorreta, pois nos termos do art. 75-C da CLT a prestação de serviços na modalidade de teletrabalho deverá constar expressamente do instrumento de contrato individual de trabalho. Com relação à alteração de regime presencial para o teletrabalho e de teletrabalho para presencial, a lei exige aditivo contratual, art. 75-C, §§ 1º e 2º, da CLT.

Gabarito "C".

(OAB/Exame Unificado – 2020.2) Luiz e Selma são casados e trabalham para o mesmo empregador. Ambos são teletrabalhadores, tendo o empregador montado um *home office* no apartamento do casal, de onde eles trabalham na recepção e no tratamento de dados informatizados.

Para a impressão dos dados que serão objeto de análise, o casal necessitará de algumas resmas de papel, assim como de *toner* para a impressora que utilizarão.

Assinale a opção que indica quem deverá arcar com esses gastos, de acordo com a CLT.

(A) Cada parte deverá arcar com 50% desse gasto.

(B) A empresa deverá arcar com o gasto porque é seu o risco do negócio.

(C) A responsabilidade por esse gasto deverá ser prevista em contrato escrito.

(D) O casal deverá arcar com o gasto, pois não há como o empregador fiscalizar se o material será utilizado apenas no trabalho.

As disposições relativas à responsabilidade pela aquisição, manutenção ou fornecimento dos equipamentos tecnológicos e da infraestrutura necessária e adequada à prestação do trabalho remoto, bem como ao reembolso de despesas arcadas pelo empregado, serão previstas em contrato escrito, nos termos do art. 75-D da CLT.

Gabarito "C".

(OAB/Exame Unificado – 2020.1) Renato é um empregado doméstico que atua como caseiro no sítio de lazer do seu empregador. Contudo, a CTPS de Renato foi assinada como sendo operador de máquinas da empresa de titularidade do seu empregador. Renato tem receio de que, no futuro, não possa comprovar experiência na função de empregado doméstico e, por isso, intenciona ajuizar reclamação trabalhista para regularizar a situação.

Considerando a situação narrada e o entendimento consolidado do TST, assinale a afirmativa correta.

(A) Caso comprove que, de fato, é doméstico, Renato conseguirá a retificação na CTPS, pois as anotações nela lançadas têm presunção relativa.

(B) Somente o salário poderia ser objeto de demanda judicial para se comprovar que o empregado recebia valor superior ao anotado, sendo que a alteração na função não é prevista, e a demanda não terá sucesso.

(C) Caso Renato comprove que é doméstico, o pedido será julgado procedente, mas a alteração será feita com modulação de efeitos, com retificação da data da sentença em diante.

(D) Renato não terá sucesso na sua reclamação trabalhista, porque a anotação feita na carteira profissional tem presunção absoluta.

Nos termos da súmula 12 do TST as anotações apostas pelo empregador na carteira profissional do empregado não geram presunção "juris et de jure", ou seja, absoluta, mas apenas "juris tantum", ou seja, relativa. Assim, em uma eventual reclamação trabalhista, uma vez comprovada suas alegações, a CPTS poderá ser retificada.

Gabarito "A".

(OAB/Exame Unificado – 2020.1) Gervásia é empregada na Lanchonete Pará desde fevereiro de 2018, exercendo a função de atendente e recebendo o valor correspondente a um salário mínimo por mês. Acerca da cláusula compromissória de arbitragem que o empregador pretende inserir no contrato da empregada, de acordo com a CLT, assinale a afirmativa correta.

(A) A inserção não é possível, porque, no Direito do Trabalho, não cabe arbitragem em lides individuais.

(B) A cláusula compromissória de arbitragem não poderá ser inserida no contrato citado, em razão do salário recebido pela empregada.

(C) Não há mais óbice à inserção de cláusula compromissória de arbitragem nos contratos de trabalho, inclusive no de Gervásia.

(D) A cláusula de arbitragem pode ser inserida em todos os contratos de trabalho, sendo admitida de forma expressa ou tácita.

Nos termos do art. 507-A da CLT, inserido pela Lei 13.467/2017, apenas nos contratos individuais de trabalho cuja remuneração seja superior a duas vezes o limite máximo estabelecido para os benefícios do Regime Geral de Previdência Social (em outubro/2020 – R$ 12.202,12), poderá ser pactuada cláusula compromissória de arbitragem, desde que por iniciativa do empregado ou mediante a sua concordância expressa, nos termos previstos na Lei 9.307/96.

Gabarito "B".

(OAB/Exame Unificado – 2019.2) Rogério foi admitido, em 08/12/2017, em uma locadora de automóveis, como responsável pelo setor de contratos, razão pela qual não necessitava comparecer diariamente à empresa, pois as locações eram feitas on-line. Rogério comparecia à locadora uma vez por semana para conferir e assinar as notas de devolução dos automóveis.

Assim, Rogério trabalhava em sua residência, com todo o equipamento fornecido pelo empregador, sendo que seu contrato de trabalho previa expressamente o trabalho remoto a distância e as atividades desempenhadas.

Após um ano trabalhando desse modo, o empregador entendeu que Rogério deveria trabalhar nas dependências da empresa. A decisão foi comunicada a Rogério, por meio de termo aditivo ao contrato de trabalho assinado por ele, com 30 dias de antecedência.

Ao ser dispensado em momento posterior, Rogério procurou você, como advogado(a), indagando sobre possível ação trabalhista por causa desta situação.

Sobre a hipótese de ajuizamento, ou não, da referida ação, assinale a afirmativa correta.

(A) Não se tratando da modalidade de teletrabalho, deverá ser requerida a desconsideração do trabalho em domicílio, já que havia comparecimento semanal nas dependências do empregador.

(B) Não deverá ser requerido o pagamento de horas extras pelo trabalho sem limite de horário, dado o trabalho em domicílio, porém poderá ser requerido trabalho extraordinário em virtude das ausências de intervalo de 11h entre os dias de trabalho, bem como o intervalo para repouso e alimentação.

(C) Em vista da modalidade de teletrabalho, a narrativa não demonstra qualquer irregularidade a ser requerida em eventual demanda trabalhista.

(D) Deverá ser requerido que os valores correspondentes aos equipamentos usados para o trabalho em domicílio sejam considerados salário-utilidade.

A: incorreta, pois se trata da modalidade teletrabalho, previsto nos arts. 75-A a 75-E da CLT; **B:** opção incorreta, pois os empregados em teletrabalho estão excluídos do regime de duração do trabalho, conforme art. 62, III, da CLT; **C:** correta, pois se trata da modalidade teletrabalho, previsto nos arts. 75-A a 75-E da CLT. Nessa modalidade de contrato poderá ser realizada a alteração do regime de teletrabalho para o presencial por determinação do empregador, garantido prazo de transição mínimo de quinze dias, com correspondente registro em aditivo contratual, na forma do art. 75-C, § 2º, da CLT. D: incorreta, pois os equipamentos utilizados não são considerados salário-utilidade, art. 75-D, parágrafo único, da CLT.
Gabarito "C".

(OAB/Exame Unificado – 2018.3) Uma sociedade empresária do ramo de informática, visando à redução de custos, decidiu colocar metade de seus funcionários em teletrabalho, com possibilidade de revogação, caso não desse certo. Sobre o regime de teletrabalho, com base na legislação trabalhista em vigor, assinale a afirmativa correta.

(A) Poderá ser realizada a alteração do regime de teletrabalho para o presencial por determinação do empregador, garantido o prazo de transição mínimo de 15 dias, com correspondente registro em aditivo contratual.

(B) Os materiais fornecidos pelo empregador para a realização do teletrabalho representam utilidades e integram a remuneração do empregado.

(C) A jornada do empregado em teletrabalho que exceder o limite constitucional será paga como hora extra.

(D) A empresa pode implementar, por vontade própria, o teletrabalho, sendo desnecessária a concordância expressa do empregado, já que seria mais vantajoso para ele.

A: correta, pois reflete a disposição do art. 75-C, § 2º, da CLT; **B:** incorreta, pois as utilidades mencionadas no enunciado não integram a remuneração do empregado, na forma do art. 75-D, parágrafo único, da CLT; **C:** incorreta, pois os empregados em regime de teletrabalho

não estão sujeitos às normas de duração do trabalho, nos termos do art. 62, III, da CLT; **D:** incorreta, pois nos termos do art. 75-C da CLT a prestação de serviços na modalidade de teletrabalho deverá constar expressamente do contrato individual de trabalho, que especificará as atividades que serão realizadas pelo empregado. Já o § 1º do mesmo dispositivo ensina que poderá ser realizada a alteração entre regime presencial e de teletrabalho desde que haja mútuo acordo entre as partes, registrado em aditivo contratual.
Gabarito "A".

(OAB/Exame Unificado – 2018.2) Paulo é policial militar da ativa da Brigada Militar do Rio Grande do Sul. Como policial militar, trabalha em regime de escala 24h x 72h. Nos dias em que não tem plantão no quartel, atua como segurança em uma joalheria de um shopping center, onde tem que trabalhar três dias por semana, não pode se fazer substituir por ninguém, recebe remuneração fixa mensal e tem que cumprir uma rotina de 8 horas a cada dia laborado. Os comandos do trabalho lhe são repassados pelo gerente-geral da loja, sendo que ainda ajuda nas arrumações de estoque, na conferência de mercadorias e em algumas outras funções internas. Paulo não teve a CTPS anotada pela joalheria.

Diante dessa situação, à luz das normas da CLT e da jurisprudência consolidada do TST, assinale a afirmativa correta.

(A) Estão preenchidos os requisitos da relação de emprego, razão pela qual Paulo tem vínculo empregatício com a joalheria, independentemente do fato de ser policial militar da ativa, e de sofrer eventual punição disciplinar administrativa prevista no estatuto do Policial Militar.

(B) Estão preenchidos os requisitos da relação de emprego, mas Paulo não poderá ter vínculo empregatício com a joalheria, em razão da punição disciplinar administrativa prevista no estatuto do Policial Militar.

(C) Não estão presentes os requisitos da relação de emprego, uma vez que Paulo poderá ser requisitado pela Brigada Militar e não poderá trabalhar nesse dia para a joalheria.

(D) Estão preenchidos os requisitos da relação de emprego, sendo indiferente à relação de emprego uma eventual punição disciplinar administrativa prevista no estatuto do Policial Militar, mas Paulo não pode ter vínculo empregatício com a joalheria tendo em vista que a função pública exige dedicação exclusiva.

"A" é a assertiva correta. Isso porque todos os requisitos da relação de emprego, quais sejam, subordinação, onerosidade, pessoalidade, pessoa física, não eventualidade (habitualidade) estão presentes, razão pela qual deve ser reconhecida a relação de emprego. Desta forma, nos termos da súmula 386 do TST, preenchidos os requisitos do art. 3º da CLT, é legítimo o reconhecimento de relação de emprego entre policial militar e empresa privada, independentemente do eventual cabimento de penalidade disciplinar prevista no Estatuto do Policial Militar.
Gabarito "A".

(OAB/Exame Unificado – 2017.3) Carlos, professor de educação física e fisioterapeuta, trabalhou para a Academia Boa Forma S/A, que assinou sua CTPS. Cumpria jornada de segunda a sexta-feira, das 7h às 16h, com uma hora de intervalo para almoço. Ao longo da jornada de trabalho, ele ministrava quatro aulas de ginástica com 50 minutos de duração cada, e, também, fazia atendimentos fisioterápicos previamente marcados pelos alunos da

10. DIREITO DO TRABALHO 713

Academia, na sociedade empresária Siga em Boa Forma Ltda., do mesmo grupo econômico da Academia, sem ter sua CTPS anotada. Dispensado, Carlos pretende ajuizar ação trabalhista.

Diante disso, em relação ao vínculo de emprego de Carlos assinale a afirmativa correta.

(A) O caso gera a duplicidade de contratos de emprego, sendo as empresas responsáveis solidárias dos débitos trabalhistas.

(B) O caso gera a duplicidade de contratos de emprego, sendo as empresas responsáveis subsidiárias dos débitos trabalhistas.

(C) O caso gera duplicidade de contratos de emprego, cada empresa com sua responsabilidade.

(D) O caso não gera coexistência de mais de um contrato de trabalho.

"D" é a assertiva correta. Isso porque, nos termos da súmula 129 do TST, a prestação de serviços a mais de uma empresa do mesmo grupo econômico, durante a mesma jornada de trabalho, não caracteriza a coexistência de mais de um contrato de trabalho, salvo ajuste em contrário.
Gabarito "D".

(OAB/Exame Unificado – 2014.3) Luiz Henrique é professor de Direito Constitucional e, durante o período letivo, precisará se afastar por dois meses para submeter-se a uma delicada cirurgia de emergência. Em razão disso, a faculdade contratou um professor substituto por esse período, valendo-se de uma empresa de contrato temporário.

Diante da situação apresentada, considerando a jurisprudência consolidada do TST, assinale a afirmativa correta.

(A) Caso se admitisse a validade dessa contratação, o professor contratado a título temporário não teria assegurado direito ao mesmo valor da hora-aula do professor afastado.

(B) A contratação é válida, pois, por exceção, o contrato temporário pode ser usado para substituição de pessoal relacionado à atividade-fim.

(C) A contratação somente seria válida se o professor afastado concordasse com ela, de forma expressa, sob pena de ser maléfica a alteração contratual.

(D) Inválida a contratação, pois a faculdade não poderia terceirizar sua atividade-fim, como é o caso da educação.

A: opção incorreta, pois o professor contratado não possui vínculo empregatício com a faculdade, mas sim com a empresa de trabalho temporário que é a responsável por sua remuneração; trata-se de empregador diverso e, portanto, não há obrigatoriedade do mesmo salário. **B:** opção correta, pois nos termos do art. 9°, § 3°, da Lei 6.019/74, O contrato de trabalho temporário pode versar sobre o desenvolvimento de atividades-meio e atividades-fim a serem executadas na empresa tomadora de serviços **C:** opção incorreta, pois não há necessidade de concordância do professor afastado para contratação de temporário. **D:** opção incorreta, pois a contratação é válida, tendo em vista que por se tratar de contratação de trabalho temporário, poderá ser feita na atividade-fim da empresa.
Gabarito "B".

(OAB/Exame Unificado – 2014.2) Em 2012, Maria Júlia foi contratada como estagiária de direito em uma empresa pública federal, que explora atividade bancária. Sua tarefa consistia em permanecer parte do tempo em um

caixa para receber o pagamento de contas de água, luz e telefone e, na outra parte, no auxílio de pessoas com dificuldade no uso dos caixas eletrônicos. Com base na hipótese, assinale a opção correta.

(A) Trata-se de estágio desvirtuado que, assim, gerará como consequência o reconhecimento do vínculo empregatício com a empresa, com anotação da CTPS e pagamento de todos os direitos devidos.

(B) Diante da situação, o Juiz do Trabalho poderá determinar que o administrador responsável pelo desvirtuamento do estágio pague diretamente uma indenização a Maria Júlia, haja vista o princípio constitucional da moralidade.

(C) Não há desvirtuamento de estágio porque, tratando-se a concedente de uma instituição bancária, a atividade de recebimento de contas e auxílio a clientes está inserida na atividade do estagiário.

(D) Não é possível o reconhecimento do vínculo empregatício, haja vista a natureza jurídica daquele que concedeu o estágio, que exige a prévia aprovação em concurso público.

A: incorreta. Importante lembrar que nos termos do art. 1° da Lei 11.788/2008 o contrato de estágio é ato educativo escolar supervisionado, desenvolvido no ambiente de trabalho, que visa à preparação para o trabalho produtivo de educandos que estejam frequentando o ensino regular em instituições de educação superior, de educação profissional, de ensino médio, da educação especial e dos anos finais do ensino fundamental, na modalidade profissional da educação de jovens e adultos. Se desenvolvido fora dessas hipóteses será considerado nulo em razão do seu desvirtuamento. No caso em tela, ainda que haja o desvirtuamento do estágio, não será possível o reconhecimento de vínculo com o ente público, pois encontra impedimento no art. 37, II e § 2°, da CF. **B:** incorreta, pois tendo em vista a ausência de concurso público não haverá pagamento de indenização. **C:** incorreta, pois a atividade exercida por Maria Julia visa não é condizente com o aprendizado de competências próprias da atividade bancária. **D:** correta, pois reflete o entendimento disposto na OJ 366 da SDI 1 do TST.
Gabarito "D".

(OAB/Exame Unificado – 2014.2) O novo prefeito de Tribobó do Oeste decidiu contratar quatro coveiros para o cemitério público da cidade, o que fez diretamente pelo regime celetista, sem a realização de concurso público. Após um ano de trabalho, os coveiros foram dispensados e ajuizaram reclamação trabalhista, postulando férias vencidas mais 1/3, aviso-prévio, 13° salário e depósitos do FGTS, já que sempre receberam os salários em dia. Assinale a opção que contempla a(s) verba(s) de direito a que os coveiros efetivamente fazem jus.

(A) Todas as verbas indicadas, pois decorrem do contrato de trabalho celetista.

(B) Aviso-prévio, 13° salário e FGTS, por terem efetivo cunho rescisório.

(C) Apenas os depósitos de FGTS.

(D) Apenas os depósitos de FGTS e férias vencidas mais 1/3, por ter o FGTS natureza salarial e as férias serem direito adquirido pelo ano trabalhado.

Trata-se de contrato de trabalho nulo, tendo em vista que a prefeitura de Tribobó do Oeste somente poderia contratar o funcionário por meio de concurso público, nos termos do art. 37, II e § 2° da CF, o que não ocorreu no caso em debate. Nesse sentido, o TST firmou entendimento sumulado consubstanciado na súmula 363 em que ensina que "A con-

HERMES CRAMACON

tratação de servidor público, após a CF/1988, sem prévia aprovação em concurso público, encontra óbice no respectivo art. 37, II e § 2º, somente lhe conferindo direito ao pagamento da contraprestação pactuada, em relação ao número de horas trabalhadas, respeitado o valor da hora do salário mínimo, e dos valores referentes aos depósitos do FGTS".
Gabarito "C".

(OAB/Exame Unificado – 2013.3) Uma grande empreiteira vence a licitação para construção de uma hidrelétrica, mas, tendo dificuldade em arregimentar trabalhadores em razão da distância até o canteiro de obras, resolve contratar estrangeiros em situação irregular no país, inclusive porque eles concordaram em não ter a carteira profissional assinada e receber valor inferior ao piso da categoria.

A contratação, na hipótese apresentada, contempla um caso de

(A) trabalho proibido.
(B) trabalho ilícito.
(C) trabalho escravo.
(D) trabalho válido.

A: correta, pois trabalho proibido é aquele cujo objeto do contrato de trabalho é lícito, por motivos vários, a lei impede que seja exercido por determinadas pessoas ou em determinadas circunstâncias. O trabalho do estrangeiro em situação irregular é proibido, nos termos do art. 359 da CLT. **B:** incorreta, pois trabalho ilícito é aquele não permitido porque seu objeto consiste na prestação de atividades criminosas e/ou contravencionais. **C:** incorreta, pois trabalho escravo como ser entendido como o trabalho forçado. **D:** incorreta, pois a CLT não admite a contratação do estrangeiro em situação irregular no País.
Gabarito "A".

(OAB/Exame Unificado – 2013.3) Eugênio é policial militar ativo e cumpre escala de 24x72 horas no seu batalhão. Nos dias em que não está de plantão, trabalha em um supermercado como segurança, recebendo ordens do gerente e um valor fixo mensal, jamais se fazendo substituir na prestação do labor. Nesse caso, de acordo com a jurisprudência consolidada do TST, assinale a afirmativa correta.

(A) Por ser servidor público militar, Eugênio não poderá ter o vínculo empregatício reconhecido, mesmo que presentes os requisitos da CLT, pois trata-se de norma de ordem pública.
(B) Caso tenha o vínculo empregatício reconhecido em juízo, isso impede que a Administração Pública aplique qualquer punição a Eugênio, pois ele realizou um trabalho lícito.
(C) Trata-se de trabalho ilícito que, portanto, não gera vínculo empregatício e credencia a administração a aplicar imediata punição ao servidor.
(D) Eugênio poderá ser reconhecido como empregado, desde que presentes os requisitos legais, ainda que sofra a punição disciplinar prevista no Estatuto do Policial Militar.

A: incorreta, pois uma vez presentes os requisitos da relação de emprego, deve ser reconhecido o referido vínculo. Nesse sentido ensina a súmula 386 do TST. **B:** incorreta, pois Eugênio poderá sofrer penalidade disciplinar prevista no Estatuto do Policial Militar. Veja súmula 386 do TST. **C:** incorreta, pois não é hipótese de trabalho ilícito, entendido como aquele não permitido porque seu objeto consiste na prestação de atividades criminosas e/ou contravencionais. **D:** correta, pois reflete o entendimento disposto na súmula 386 do TST.
Gabarito "D".

(OAB/Exame Unificado – 2012.3.A) Buscando profissionais experientes para manusear equipamentos de alta tecnologia e custo extremamente elevado, uma empresa anuncia a existência de vagas para candidatos que possuam dois anos de experiência prévia em determinada atividade.

A partir da hipótese apresentada, assinale a afirmativa correta.

(A) A manifestação é inválida porque o máximo de experiência que pode ser exigida é de seis meses.
(B) A manifestação é inválida, pois o empregador não tem o direito de exigir experiência pretérita do candidato a emprego.
(C) A manifestação é inválida porque o máximo de experiência que pode ser exigida é de um ano.
(D) A manifestação é válida, em razão do valor do equipamento, visando à proteção do patrimônio do empregador.

A: correta, pois reflete a disposição contida no art. 442-A da CLT. **B:** incorreta, pois poderá o empregador exigir no máximo 6 meses de experiência na atividade, nos termos do art. 442-A da CLT. **C:** incorreta, pois o máximo exigível é 6 meses de experiência na atividade. **D:** incorreta, pois a manifestação é inválida. Veja comentários anteriores.
Gabarito "A".

(OAB/Exame Unificado – 2012.1) É correto afirmar que a CLT prevê, expressamente,

(A) a advertência verbal, a censura escrita e a suspensão como medidas disciplinares que o empregador pode adotar em relação ao descumprimento das obrigações contratuais do empregado.
(B) somente a suspensão do contrato e a dispensa, por justa causa, como medidas disciplinares que o empregador pode adotar em relação ao descumprimento das obrigações contratuais do empregado.
(C) a advertência, verbal ou escrita, a suspensão e a dispensa, por justa causa, como medidas disciplinares que o empregador pode adotar em relação ao descumprimento das obrigações contratuais do empregado.
(D) a censura escrita, a suspensão e a dispensa, por justa causa, como medidas disciplinares que o empregador pode adotar em relação ao descumprimento das obrigações contratuais do empregado.

A alternativa **B** está correta, pois embora o empregador, em função do seu poder disciplinar, possa aplicar aos empregados advertência, seja ela verbal ou escrita; suspensão e despedida por justa causa, a CLT não prevê EXPRESSAMENTE a advertência como medida disciplinar, elencando somente hipóteses de suspensão e despedida por justa causa, nos termos dos arts. 482 (despedida por justa causa) e 474 ambos da CLT (suspensão).
Gabarito "B".

(OAB/Exame Unificado – 2011.3.B) Com relação ao contrato de emprego, assinale a alternativa correta.

(A) Quando da contratação por prazo determinado, somente é possível nova contratação entre as mesmas partes num prazo nunca inferior a três meses.
(B) São as formas autorizadas por lei para a celebração de qualquer contrato de trabalho por prazo determinado: transitoriedade do serviço do empregado, transitoriedade da atividade do empregador e quantidade extra-

10. DIREITO DO TRABALHO 715

ordinária de serviço que justifique essa modalidade de contratação.

(C) Em nenhuma hipótese o contrato por prazo determinado poderá suceder, dentro de seis meses, a outro contrato por prazo determinado.

(D) O contrato de emprego por prazo indeterminado é aquele em que as partes, ao celebrá-lo, não estipulam a sua duração nem prefixam o seu termo extintivo, podendo versar sobre qualquer obrigação de prestar qualquer tipo de serviço, manual ou intelectual.

A: incorreta, pois nos termos do art. 452 da CLT a nova contratação não poderá ser feita dentro do período de 6 (seis) meses. **B:** incorreta, pois a CLT também prevê (em seu art. 443, § 2º, alínea c) o contrato de experiência como modalidade de contrato por prazo determinado. Ademais, o contrato com prazo determinado é admitido nas hipóteses previstas na Lei 6.019/1974; Lei 9.601/1998, art. 14-A da Lei 5.889/1973. **C:** incorreta, pois nos termos do art. 452, parte final, da CLT tendo o primeiro contrato expirado pela execução de serviços especializados ou da realização de certos acontecimentos, como por exemplo, o empregado contratado para trabalhar durante o Natal ou carnaval, hipóteses em que cessado o acontecimento, será válido um novo contrato com prazo determinado mesmo antes de 6 (seis) meses da expiração do primeiro contrato. **D:** correta, pois reflete com exatidão o que vem a ser o contrato de emprego, que nada mais é que o contrato de trabalho. *"Art. 442 da CLT – Contrato individual de trabalho é o acordo tácito ou expresso, correspondente à relação de emprego."*
Gabarito "D"

(OAB/Exame Unificado – 2011.2) Uma empresa põe anúncio em jornal oferecendo emprego para a função de vendedor, exigindo que o candidato tenha experiência anterior de 11 meses nessa função. Diante disso, assinale a alternativa correta.

(A) A exigência é ilegal, pois o máximo que o futuro empregador poderia exigir seriam 6 meses de experiência.

(B) A exigência é ilegal, pois o máximo que o futuro empregador poderia exigir seriam 3 meses de experiência.

(C) A exigência é legal, pois a experiência até 1 ano pode ser exigida do candidato a qualquer emprego, estando inserida no poder diretivo do futuro empregador.

(D) A exigência não traduz discriminação no emprego, de modo que poderia ser exigido qualquer período de experiência anterior.

O art. 442-A, inserido na CLT com o advento da Lei 11.644/2008, impôs ao empregador um limite temporal para contratação de empregados, que não poderá exigir, no ato da contratação, mais de 6 (seis) meses de prática do candidato para a atividade, ou seja, não poderá o empregador exigir dos pretensos empregados, período de experiência superior a 6 (seis) meses para aquela determinada função.
Gabarito "A"

(OAB/Exame Unificado – 2011.1) Com relação ao contrato de aprendizagem, assinale a alternativa correta.

(A) A duração do trabalho do aprendiz não pode exceder de 4 (quatro) horas diárias, sendo vedada a prorrogação e a compensação de jornada.

(B) Salvo condição mais favorável, ao menor aprendiz deve ser assegurado o salário mínimo hora.

(C) É um contrato especial de trabalho que pode ser ajustado de forma expressa ou tácita.

(D) É um contrato por prazo determinado cuja duração jamais poderá ser superior a 2 (dois) anos.

A: incorreta, pois nos termos do art. 432 da CLT, a duração do trabalho do aprendiz não excederá 6 (seis) horas diárias, sendo vedada a prorrogação e a compensação de jornada; **B:** correta, pois reflete o disposto no art. 428, § 2º, da CLT; **C:** incorreta, pois nos termos do art. 428, *caput*, da CLT, o contrato de aprendizagem deve ser ajustado apenas de forma escrita, não se admitindo de forma tácita; **D:** incorreta, pois o contrato de aprendizagem não poderá ser estipulado por prazo superior a 2 (dois) anos, exceto quando se tratar de aprendiz portador de deficiência, nos termos do art. 428, § 3º, da CLT.
Gabarito "B"

(OAB/Exame Unificado – 2010.2) No contexto da teoria das nulidades do contrato de trabalho, assinale a alternativa correta.

(A) Configurado o trabalho ilícito, é devido ao empregado somente o pagamento da contraprestação salarial pactuada.

(B) O trabalho noturno, perigoso e insalubre do menor de 18 (dezoito) anos de idade são modalidades de trabalho proibido ou irregular.

(C) O trabalho do menor de 16 (dezesseis) anos de idade, que não seja aprendiz, é modalidade de trabalho ilícito, não gerando qualquer efeito.

(D) A falta de anotação da Carteira de Trabalho e Previdência Social do empregado invalida o contrato de trabalho.

A: incorreta, pois o trabalho ilícito não merece qualquer proteção; **B:** correta, mas é importante traçarmos a diferença entre o trabalho ilícito e o trabalho proibido, sendo que o primeiro não merece guarida no direito. Exemplificando: se um empregado é contratado para vender tóxico ou coisa parecida, o trabalho é ilícito, não merecendo nenhuma proteção jurídica. Por outro lado, se um empregado menor é contratado, tendo menos de 12 anos, estamos no terreno do trabalho proibido, que, nem por isso, deixa de gerar direito e obrigações, que é o caso da assertiva; **C:** incorreta, pois como explicado no item anterior, trata-se de trabalho proibido; **D:** incorreta, pois a falta de anotação em carteira é infração cometida pelo empregador e não pode gerar qualquer prejuízo ao empregado, sendo válido, portanto, o contrato de trabalho.
Gabarito "B"

(OAB/Exame Unificado – 2010.1) Os requisitos necessários à caracterização do vínculo de emprego abrangem

(A) onerosidade, exclusividade, subordinação jurídica e alteridade.

(B) eventualidade, pessoalidade, onerosidade e subordinação jurídica.

(C) subordinação, não eventualidade, onerosidade e pessoalidade.

(D) dependência econômica, continuidade, subordinação e alteridade.

A: incorreta, pois a exclusividade não é pressuposto para a configuração do vínculo de emprego (CLT, art. 3º); **B:** incorreta, pois a eventualidade não é pressuposto para a configuração do vínculo de emprego, nos termos do art. 3º da CLT, mas sim a não eventualidade; **C:** correta, pois reflete o disposto no art. 3º da CLT; **D:** incorreta, pois a dependência econômica não é pressuposto do vínculo de emprego, nos termos do art. 3º da CLT.
Gabarito "C"

(OAB/Exame Unificado – 2009.1) Assinale a opção correta de acordo com o contrato individual de trabalho regido pela CLT.

(A) O referido contrato somente poderá ser acordado de forma expressa.

(B) É exigida forma especial para a validade e eficácia do contrato em apreço, motivo pelo qual não é permitida a forma verbal.

(C) Um contrato de trabalho por prazo determinado de 2 (dois) anos poderá ser prorrogado uma única vez, por igual período.

(D) No contrato mencionado, o contrato de experiência poderá ser prorrogado uma única vez, porém não poderá exceder o prazo de 90 (noventa) dias.

A: incorreta, pois o contrato de trabalho pode ser verbal ou tácito, art. 443 da CLT; B: incorreta, pois não se exige forma especial para o contrato de trabalho, admitindo-se a forma verbal, em conformidade com o art. 443 da CLT; C: incorreta, pois embora admita uma única prorrogação, o contrato de trabalho com prazo determinado não poderá ultrapassar o período de 2 (dois) anos, em conformidade com os arts. 445 e 451 da CLT; D: correta, pois reflete o disposto no art. 445, parágrafo único, da CLT.

Gabarito "D".

(FGV – 2013) O contrato de trabalho, em relação à vigência, pode vigorar por prazo determinado ou indeterminado. Uma das espécies de contrato a termo é o temporário, regido pela Lei n. 6.019/1974.

Quanto a essa modalidade contratual, assinale a afirmativa correta.

(A) Pode ser usada para contratação de empregados vinculados à atividade-fim do tomador.

(B) Pode ser realizada pelo prazo de três meses, sendo possível a prorrogação por igual prazo, bastando acordo escrito entre as partes.

(C) Caso haja decretação de falência ou de recuperação judicial da empresa prestadora, o tomador dos serviços responde solidariamente pelos créditos trabalhistas.

(D) É permitido às empresas de prestação de serviço temporário a contratação de estrangeiros com visto provisório de permanência no País.

A: correta, pois nos termos do art. 9°, § 3°, da Lei 6.019/74, O contrato de trabalho temporário pode versar sobre o desenvolvimento de atividades-meio e atividades-fim a serem executadas na empresa tomadora de serviços. B: incorreta, pois para ser possível a prorrogação é necessária a autorização do Ministério do Trabalho e Emprego, nos termos do art. 10, § 1°, da Lei 6.019/1974 o contrato de trabalho temporário, com relação ao mesmo empregador, não poderá exceder ao prazo de 180 dias, consecutivos ou não. Contudo, poderá ser prorrogado por até 90 dias, consecutivos ou não, além do prazo supra indicado, quando comprovada a manutenção das condições que o ensejaram. C: incorreta, pois haverá responsabilidade somente nos casos de falência, mas não para recuperação judicial, nos termos do art. 16 da Lei 6.019/1974. D: incorreta, pois nos termos do art. 17 da Lei 6.019/1974 é defeso, ou seja, proibido às empresas de prestação de serviço temporário a contratação de estrangeiros com visto provisório de permanência no País.

Gabarito "A".

3. SUJEITOS DA RELAÇÃO DE TRABALHO – MODALIDADES ESPECIAIS DE TRABALHADORES

(OAB/Exame XXXVIII) Francisco é caseiro desde 2019 em uma chácara localizada em área urbana, cujo proprietário aluga o imóvel por temporada por meio de um *site* especializado neste tipo de negociação. Francisco tem a incumbência de manter limpa a casa, receber os locatários e atender às eventuais necessidades deles no tocante ao conforto e à segurança. Além disso, de 2ª feira a sábado, Francisco faz a manutenção geral do local, independentemente de estar locado, para que a aparência esteja sempre impecável e, assim, os hóspedes recomendem a estadia na chácara a outros candidatos.

Diante desta situação e das normas de regência, assinale a opção que indica a categoria profissional de Francisco.

(A) Trabalhador intermitente.

(B) Empregado doméstico.

(C) Empregado rural.

(D) Empregado comum.

A: incorreta, pois nos termos do art. 443, § 3°, da CLT considera-se como intermitente o contrato de trabalho no qual a prestação de serviços, com subordinação, não é contínua, ocorrendo com alternância de períodos de prestação de serviços e de inatividade, determinados em horas, dias ou meses, independentemente do tipo de atividade do empregado e do empregador, exceto para os aeronautas, regidos por legislação própria. B: incorreta, pois nos termos do art. 1°, da LC 150/2015 empregado doméstico é aquele que presta serviços de forma contínua, subordinada, onerosa e pessoal e de finalidade não lucrativa à pessoa ou à família, no âmbito residencial destas, por mais de 2 (dois) dias por semana. Como o proprietário da casa exerce uma atividade lucrativa (aluga o imóvel por temporada por meio de um site especializado) não pode ser considerado empregado doméstico. C: incorreta, pois nos termos do art. 2° da Lei 5.889/1973, empregado rural é toda pessoa física que, em propriedade rural ou prédio rústico, presta serviços de natureza não eventual a empregador rural, sob a dependência deste e mediante salário. D: correta, pois por não se enquadrar como outro tipo especial de empregado, será considerado nos termos do art. 3°, da CLT empregado comum.

Gabarito "D".

(OAB/Exame XXXIII – 2020.3) Carlos foi contratado como estagiário, em 2018, por uma indústria automobilística, pelo prazo de dois anos. Todas as exigências legais foram atendidas, e o estágio era remunerado. Após um ano de vigência do contrato, ele procura você, como advogado(a), para saber se terá direito a férias nos 12 meses seguintes.

Sobre a situação narrada, de acordo com a Lei de regência, assinale a afirmativa correta.

(A) Não haverá direito a qualquer paralisação, porque somente o empregado tem direito a férias.

(B) O estagiário tem direito a férias normais acrescidas do terço constitucional.

(C) Uma vez que a Lei é omissa a respeito, caberá ao empregador conceder, ou não, algum período de descanso a Carlos.

(D) Carlos terá direito a um recesso remunerado de 30 dias, mas sem direito ao acréscimo de 1/3(um terço).

10. DIREITO DO TRABALHO | 717

O estagiário é regulado pela Lei 11.788/2008. De acordo com o art. 13 da lei não se fala em férias, mas sim um período de recesso. Por não se tratar de férias propriamente ditas, não há pagamento do acréscimo de 1/3. Assim, nos termos do art. 13 da Lei 11.788/2008 é assegurado ao estagiário, sempre que o estágio tenha duração igual ou superior a 1 (um) ano, período de recesso de 30 (trinta) dias, a ser gozado preferencialmente durante suas férias escolares. Porém, nos termos do § 1º do próprio art. 13 o recesso apenas deverá ser remunerado quando o estagiário receber bolsa ou outra forma de contraprestação. Assim, como o estágio de Carlos era remunerado, fará jus ao recesso remunerado, sem o acréscimo de 1/3.

Gabarito "D".

(OAB/Exame Unificado – 2020.1) Paulo trabalhou para a *Editora Livro Legal Ltda*. de 10/12/2017 a 30/08/2018 sem receber as verbas rescisórias ao final do contrato, sob a alegação de dificuldades financeiras da empregadora. Em razão disso, ele pretende ajuizar ação trabalhista e procurou você, como advogado(a). Sabe-se que a empregadora de Paulo estava sob o controle e a direção da sócia majoritária, a *Editora Mundial Ltda*. Assinale a afirmativa que melhor atende à necessidade e à segurança de satisfazer o crédito do seu cliente.

(A) Poderá incluir a sociedade empresária controladora no polo passivo da demanda, e esta responderá solidariamente com a empregadora, pois se trata de grupo econômico.

(B) Poderá incluir a sociedade empresária controladora no polo passivo da demanda, e esta responderá subsidiariamente com a empregadora, pois se trata de grupo econômico.

(C) Não há relação de responsabilização entre as sociedades empresárias, uma vez que possuem personalidades jurídicas distintas, o que afasta a caracterização de grupo econômico.

(D) Não se trata de grupo econômico, porque a mera identidade de sócios não o caracteriza; portanto, descabe a responsabilização da segunda sociedade empresária.

Considera-se grupo de empresas sempre que uma ou mais empresas, tendo, embora, cada uma delas, personalidade jurídica própria, estiverem sob a direção, controle ou administração de outra, ou ainda quando, mesmo guardando cada uma sua autonomia, integrem grupo econômico, serão responsáveis solidariamente pelas obrigações decorrentes da relação de emprego. É a teoria do empregador único, na qual a empresa principal e cada uma das subordinadas serão solidariamente responsáveis, para os efeitos da relação de emprego, nos exatos termos do art. 2º, § 2º, da CLT. De acordo com a nova disposição consolidada para a caracterização do grupo econômico, não basta a mera identidade de sócios. A nova regra requer a comunhão de interesses, demonstração de interesse integrado e atuação conjunta das empresas que pertençam ao mesmo grupo econômico. Dessa forma, para que fique constatado grupo econômico, com a consequente responsabilidade solidária entre as empresas, os empregados deverão comprovar que, de fato, as empresas possuem interesse comum e atuação conjunta.

Gabarito "A".

(OAB/Exame Unificado – 2018.3) Paula trabalha na residência de Sílvia três vezes na semana como passadeira. Em geral, comparece às segundas, quartas e sextas, mas, se necessário, mediante comunicação prévia, comparece em outro dia da semana, exceto sábados, domingos e feriados. A CTPS não foi assinada e o pagamento é por dia de trabalho. Quando Paula não comparece, não recebe o

pagamento e não sofre punição, mas Sílvia costuma sempre pedir que a ausência seja previamente comunicada.

Paula procura você, como advogado(a), com dúvida acerca da sua situação jurídica. À luz da legislação específica em vigor, assinale a opção que contempla a situação de Paula.

(A) Paula é diarista, pois trabalha apenas 3 vezes na semana.

(B) Paula é autônoma, porque gerencia seu próprio trabalho, dias e horários.

(C) Paula é empregada eventual.

(D) Paula é empregada doméstica.

"D" é a opção correta, pois Paula é considerada empregada doméstica que, nos termos do art. 1º da Lei Complementar 150/2015, é aquela pessoa que presta serviços de forma contínua, subordinada, onerosa e pessoal e de finalidade não lucrativa à pessoa ou à família, no âmbito residencial destas, por mais de 2 (dois) dias por semana que ensina. Paula não pode ser considerada empregada eventual, pois há habitualidade em sua prestação de serviços, qual seja, de 3 vezes por semana. Também não será considerada autônoma (vide art. 442-B da CLT), na medida em que na relação existente mostra-se presente a subordinação.

Gabarito "D".

(OAB/Exame Unificado – 2017.1) Suely trabalha na casa de Rogério como cuidadora de seu pai, pessoa de idade avançada e enferma, comparecendo de segunda a sexta-feira, das 8:00 às 17:00 h, com intervalo de uma hora para refeição. De acordo com o caso narrado e a legislação de regência, assinale a afirmativa correta.

(A) O controle escrito não é necessário, porque menos de 10 empregados trabalham na residência de Rogério.

(B) A lei de regência prevê que as partes podem acertar, por escrito, a isenção de marcação da jornada normal, assinalando apenas a eventual hora extra.

(C) A Lei é omissa a respeito, daí por que a existência de controle deve ser acertada entre as partes envolvidas no momento da contratação.

(D) Rogério deve, por força de Lei, manter controle escrito dos horários de entrada e saída da empregada doméstica.

"D" é a resposta correta. O enunciado trata de uma típica relação de empregado doméstico, regulado pela Lei Complementar 150/2015. Assim, determina o art. 12 da citada lei que é obrigatório o registro do horário de trabalho do empregado doméstico por qualquer meio manual, mecânico ou eletrônico, desde que idôneo. Desta forma, por força de lei, o empregador deverá manter controle escrito dos horários de entrada e saída da empregada doméstica. **HC**

Gabarito "D".

(OAB/Exame Unificado – 2015.3) Nelson foi contratado como vigilante, diretamente pelo Banco Moeda Firme, empresa que assinou a sua carteira profissional. Ele atua em diversas agências bancárias e recebe adicional de periculosidade em seu contracheque.

Sobre a categoria profissional de Nelson adicional de periculosidade, assinale a acordo com a jurisprudência do TST. e opção em relação correta ao de

(A) Nelson não é bancário.

(B) O recebimento do adicional de periculosidade é uma liberalidade do empregador.

(C) Nelson integra a categoria dos bancários, já que seu empregador explora essa atividade.

(D) A situação é irregular, pois o serviço de vigilante precisa ser terceirizado.

A: opção correta, pois nos termos da súmula 257 do TST o vigilante, contratado diretamente por banco ou por intermédio de empresas especializadas, não é bancário. **B:** opção incorreta, pois o pagamento do adicional de periculosidade é um dever do empregador, tendo em vista o que dispõe o art. 193, II, CLT. **C:** opção incorreta, pois não pertence à categoria dos bancários, na medida em que é considerado vigilante, profissão regulamentada pela Lei 7.102/1983. Ademais, o vigilante é subordinado à empresa de vigilância e não ao banco. **D:** opção incorreta, pois a situação não é irregular. Se admite a terceirização para serviços de vigilância, art. 10, § 2°, da Lei 7.102/1983 e súmula 331, III, TST, bem como a contratação direta pelo banco..

Gabarito "A".

(OAB/Exame Unificado – 2014.3) Marlene trabalhou em uma residência como cozinheira de 5 de maio de 2013 a 6 de julho de 2014. Assinale a opção que contempla o direito inerente à categoria profissional de Marlene, no período indicado, podendo ser exigido seu cumprimento de imediato pelo empregador.

(A) Adicional noturno.

(B) Horas extras.

(C) FGTS obrigatório.

(D) Seguro-desemprego obrigatório.

A: opção incorreta, pois com a publicação da EC 72/2013 direitos como o adicional noturno necessitavam de regulamentação, que foi feita em 02.06.2015 pela Lei Complementar 150/2015, não podendo ser exigido no período apontado na questão. **B:** opção correta, pois a jornada de trabalho de 8 horas/dia e 44 horas/semana, bem como o adicional pelo trabalho extraordinário já eram direitos com aplicação imediata de acordo com a EC 72/2013, direitos que não necessitam de regulamentação. **C:** opção incorreta, pois o FGTS não era um direito de aplicação imediata pela EC 72/2013, necessitando de regulamentação. De acordo com a LC 150/2015 essa regulamentação será feita pelo Conselho Curador do FGTS que editou a Resolução do Conselho Curador do FGTS 780/2015, a Circular Caixa 694/2015 e da Portaria Interministerial 822/2015. **D:** opção incorreta, pois o seguro-desemprego não foi um direito de aplicação imediata pela EC 72/2013, ele foi regulamentado somente pela LC 150/2015 em seu art. 26.

Gabarito "B".

(OAB/Exame Unificado – 2014.1) A empresa *Infohoje* Ltda. firmou contrato com Paulo, pelo qual ele prestaria consultoria e suporte de serviços técnicos de informática a clientes da empresa. Para tanto, Paulo receberia 20% do valor de cada atendimento, sendo certo que trabalharia em sua própria residência, realizando os contatos e trabalhos por via remota ou telefônica. Paulo deveria estar conectado durante o horário comercial de segunda a sexta-feira, sendo exigida sua assinatura digital pessoal e intransferível para cada trabalho, bem como exclusividade na área de informática.

Sobre o caso sugerido, assinale a afirmativa correta.

(A) Paulo é prestador de serviços autônomo, não tendo vínculo de emprego, pois ausente a subordinação, já que inexistente fiscalização efetiva física.

(B) Paulo é prestador de serviços autônomo, não tendo vínculo de emprego, pois ausente o pagamento de salário fixo.

(C) Paulo é prestador de serviços autônomo, não tendo vínculo de emprego, pois ausente o requisito da pessoalidade, já que impossível saber se era Paulo quem efetivamente estaria trabalhando.

(D) Paulo é empregado da empresa, pois presentes todos os requisitos caracterizadores da relação de emprego.

A: incorreta, pois na relação de Paulo com a empresa *Infohoje* estava presente o requisito da subordinação, na medida em que tinha o dever de estar conectado durante o horário comercial de segunda a sexta-feira e, ainda, era exigida sua assinatura digital pessoal e intransferível para cada trabalho. **B:** incorreta, pois a falta de salário fixo não é motivo suficiente para a não caracterização da relação de emprego, tendo em vista que o requisito "onerosidade" da relação de emprego indica que os serviços prestados têm como objetivo o recebimento de salário, ou seja, não é gratuito. **C:** incorreta, pois Paulo é considerado empregado, tendo em vista que o requisito da "pessoalidade" está presente haja vista a exigência de assinatura digital e intransferível. **D:** correta, pois todos os requisitos da relação de emprego previstos nos arts. 2° e 3°, da CLT, tais como: subordinação, onerosidade, pessoalidade, pessoa física, habitualidade estão presentes.

Gabarito "D".

(OAB/Exame Unificado – 2013.2) Marco Aurélio é advogado empregado em um escritório de advocacia, com CTPS assinada, tendo acertado na contratação a dedicação exclusiva. Num determinado mês, Marco cumpriu jornada de 2ª a 6ª feira das 12:00 às 21:00 h com intervalo de uma hora para refeição.

Com base no caso apresentado, assinale a afirmativa correta.

(A) Não haverá pagamento de adicional noturno porque a jornada não ultrapassou as 22:00 h

(B) Marco tem direito ao adicional noturno de 25% sobre a jornada compreendida entre 20:00 e 21:00 h

(C) Marco tem direito a horas extra, sendo assim reputadas as que ultrapassam a 4ª hora diária, com acréscimo de 50%.

(D) Marco tem direito ao adicional noturno de 20% sobre a jornada compreendida entre 20:00 e 21:00 h

A: incorreta, pois houve o trabalho noturno, que para os advogados é aquele desempenhado no período das vinte horas de um dia até as cinco horas do dia seguinte, nos termos do art. 20, § 3°, da Lei 8.906/1994. **B:** correta, pois nos termos do § 3° do art. 20 da Lei 8.906/1994 às horas trabalhadas no período das vinte horas de um dia até as cinco horas do dia seguinte são remuneradas como noturnas, acrescidas do adicional de 25%. **C:** incorreta, pois Marco não terá direito a horas extra, na medida em que está em regime de dedicação exclusiva, o que o exclui da jornada especial disposta no art. 20, *caput*, da Lei 8.906/1994. **D:** incorreta, pois o adicional noturno será de 25%.

Gabarito "B".

(OAB/Exame Unificado – 2013.1) Adriana submete-se a um ato educativo supervisionado, desenvolvido no ambiente de trabalho, que visa à preparação para o trabalho produtivo daqueles que estejam frequentando o ensino regular em instituições de educação superior, educação profissional, ensino médio, da educação especial e dos anos finais do ensino fundamental.

Logo, pode-se dizer que Adriana é uma

(A) estagiária.

(B) aprendiz.

(C) cooperativada.

(D) empregada.

A: correta, pois o enunciado define o contrato de estágio, nos termos do art. 1º da Lei 11.788/2008. **B:** incorreta, pois o aprendiz é um empregado. Nos termos do art. 428 da CLT contrato de aprendizagem é o contrato de trabalho especial, ajustado por escrito e por prazo determinado, em que o empregador se compromete a assegurar ao maior de 14 (quatorze) e menor de 24 (vinte e quatro) anos inscrito em programa de aprendizagem formação técnico-profissional metódica, compatível com o seu desenvolvimento físico, moral e psicológico, e o aprendiz, a executar com zelo e diligência as tarefas necessárias a essa formação. **C:** incorreta, pois nos termos do art. 3º da Lei 5.764/1971 celebram contrato de sociedade cooperativa as pessoas que reciprocamente se obrigam a contribuir com bens ou serviços para o exercício de uma atividade econômica, de proveito comum, sem objetivo de lucro. **D:** incorreta, pois a relação de emprego (arts. 2º e 3º da CLT) não implica em ato educativo supervisionado.
Gabarito "A".

(OAB/Exame Unificado – 2011.3.B) A idade mínima para que alguém seja contratado como empregada doméstica, aprendiz e no trabalho em subsolo é de, respectivamente,

(A) 16 anos, 14 anos e 25 anos.

(B) 21 anos, 16 anos e 18 anos.

(C) 14 anos, 16 anos e 30 anos.

(D) 18 anos, 14 anos e 21 anos.

A alternativa **D** está correta, pois para o empregado doméstico a idade mínima é de 18 (dezoito) anos. Isso porque nos termos do Decreto n. 6.481/2008, que traz a Lista das Piores Formas de Trabalho Infantil (Lista TIP) o serviço doméstico é tido como prejudicial ao menor de 18 (dezoito) anos. Nesse mesmo sentido, determina o art. 1º, parágrafo único, da LC 150/2015. O aprendiz, nos termos do art. 7º, XXXIII, da CF e art. 428 da CLT o trabalho do aprendiz é autorizado a partir dos 14 (quatorze) anos de idade. Com relação ao trabalho em subsolo, o art. 301 da CLT determinada como idade mínima 21 (vinte e um) anos e como idade máxima 50 (cinquenta) anos.
Gabarito "D".

(OAB/Exame Unificado – 2010.2) Joana foi contratada para trabalhar de segunda a sábado na residência do Sr. Demétrius, de 70 anos, como sua acompanhante, recebendo salário mensal. Ao exato término do terceiro mês de prestação de serviços, o Sr. Demétrius descobre que a Sra. Joana está grávida, rescindindo a prestação de serviços. Joana, inconformada, ajuíza ação trabalhista para que lhe seja reconhecida a condição de empregada doméstica e garantido o seu emprego mediante reconhecimento da estabilidade provisória pela gestação. Levando-se em consideração a situação de Joana, assinale a alternativa correta.

(A) A função de acompanhante é incompatível com o reconhecimento de vínculo de emprego doméstico.

(B) Joana faz jus ao reconhecimento de vínculo de emprego como empregada doméstica.

(C) Joana não fará jus à estabilidade gestacional, pois este não é um direito garantido à categoria dos empregados domésticos.

(D) Joana não fará jus à estabilidade gestacional, pois o contrato de três meses é automaticamente considerado de experiência para o Direito do Trabalho e pode ser rescindido ao atingir o seu termo final.

A: incorreta, pois a função de acompanhante é compatível com o reconhecimento de vínculo de emprego doméstico, nos termos do art. 1º da LC 150/2015; **B:** correta, pois Joana preenche todos os requisitos caracterizadores da relação de empregado doméstico, nos termos do art. 1º da LC 150/2015; **C:** incorreta, pois o art. 25, parágrafo único, da LC 150/2015 ensina que a confirmação do estado de gravidez durante o curso do contrato de trabalho, ainda que durante o prazo do aviso-prévio trabalhado ou indenizado, garante à empregada gestante a estabilidade provisória prevista na alínea "b" do inciso II do art. 10 do Ato das Disposições Constitucionais Transitórias; **D:** incorreta, pois o contrato em debate não será considerado como contrato de experiência, pois não foi celebrado com esse fim.
Gabarito "B".

4. REMUNERAÇÃO E SALÁRIO

(OAB/Exame XXXIX) Você, como advogado, trabalha no setor de recursos humanos de uma grande empresa multinacional. Como o gerente do setor está de férias, e é ele, na condição de gerente, que defere ou indefere as licenças reivindicadas pelos funcionários, a secretária do setor, agora, lhe indagou sobre as solicitações de quatro funcionários: o primeiro está com o contrato suspenso por doença, em gozo de benefício previdenciário de auxílio doença comum e requer pagamento de salário; o segundo requereu o abono de um dia de trabalho, em razão de doação de sangue; o terceiro formulou requerimento de dispensa para ser ouvido como testemunha na Justiça do Trabalho em audiência presencial e, o quarto e último, aduziu que o primo faleceu e requereu a dispensa do dia de trabalho.

Sobre as solicitações, considerando o teor da legislação trabalhista em vigor, assinale a afirmativa correta.

(A) Na hipótese de falecimento do primo, sendo parente do funcionário, a dispensa ao trabalho é devida por um dia.

(B) Em caso de doação de sangue voluntária, devidamente comprovada, o empregado tem direito a um dia de licença remunerada a cada 12 meses.

(C) O empregado em gozo de auxílio doença tem direito a receber a complementação salarial da diferença entre o benefício previdenciário e o salário.

(D) A ausência ao trabalho para comparecimento em juízo refere- se tão somente aos casos de o empregado ser parte na demanda, mas não para servir como testemunha.

A: incorreto, pois nos termos do art. 473 da CLT, não há hipótese de falta justificada em caso de falecimento de primo. **B:** correta, pois reflete a disposição do art. 473, IV, da CLT. **C:** incorreto, pois não há previsão legal para percepção de complementação salarial. No entanto, se convenção ou acordo coletivo trouxerem tal direito, o empregado terá direito a essa diferença. **D:** incorreto, pois nos termos do art. 822 da CLT as testemunhas não poderão sofrer qualquer desconto pelas faltas ao serviço, ocasionadas pelo seu comparecimento para depor, quando devidamente arroladas ou convocadas.
Gabarito "B".

(OAB/Exame XXXVI) A partir de 2021, uma determinada sociedade empresária passou a oferecer aos seus empregados, gratuitamente, plano de saúde em grupo como forma de fidelizar a sua mão de obra e para que o empregado se sinta valorizado. O plano oferece uma boa rede credenciada e internação, se necessária, em enfermaria. Tanto o empregado quanto os seus dependentes são beneficiários. Todos os empregados se interessaram pelo plano e assinaram o documento respectivo de adesão.

Em relação a essa vantagem, de acordo com a CLT, assinale a afirmativa correta.

(A) O benefício não é considerado salário utilidade e, assim, não haverá qualquer reflexo.

(B) O plano, por se tratar de salário in natura, vai integrar o salário dos empregados pelo seu valor real.

(C) O valor do plano deverá ser integrado ao salário dos empregados pela metade do seu valor de mercado.

(D) O valor relativo ao empregado não será integrado ao salário, mas o valor referente aos dependentes refletirá nos demais direitos do trabalhador.

Nos termos do art. 458, § 2º, IV, da CLT não serão considerados como salário a assistência médica, hospitalar e odontológica, prestada diretamente ou mediante seguro-saúde.
Gabarito "A".

(OAB/Exame XXXIV) Na reclamação trabalhista movida por Paulo contra a sociedade empresária Moda Legal Ltda., o juiz prolator da sentença reconheceu que o autor tinha direito ao pagamento das comissões, que foram prometidas mas jamais honradas, mas indeferiu o pedido de integração das referidas comissões em outras parcelas (13º salário, férias e FGTS) diante da sua natureza indenizatória. Considerando a situação de fato e a previsão legal, assinale a afirmativa correta.

(A) Correta a decisão, porque todas as verbas que são deferidas numa reclamação trabalhista possuem natureza indenizatória.

(B) Errada a decisão que indeferiu a integração, porque comissão tem natureza jurídica salarial, daí repercute em outras parcelas.

(C) Correta a decisão, pois num contrato de trabalho as partes podem atribuir a natureza das parcelas desde que haja acordo escrito neste sentido assinado pelo empregado.

(D) A decisão está parcialmente correta, porque a CLT determina que, no caso de reconhecimento judicial de comissões, metade delas terá natureza salarial.

A: incorreta, pois há verbas que possuem natureza salarial, como por exemplo as comissões e verbas de natureza indenizatória, como o pagamento de horas suprimidas no intervalo intrajornada (art. 71, § 4º, CLT). **B:** correta, pois nos termos do art. 457, § 1º, da CLT as comissões pagas pelo empregador integram o salário do empregado. **C:** a decisão está incorreta, pois as partes não podem dispor sobre a natureza da verba. **D:** incorreta, pois não há tal previsão legal, vide art. 457, § 1º, CLT.
Gabarito "B".

(OAB/Exame XXXIII – 2020.3) Um grupo de investidores está estimando custos para montar empresas em diversos ramos. Por isso, procuraram você, como advogado(a), para serem informados sobre os custos dos adicionais de periculosidade e insalubridade nas folhas de pagamento.

Sobre a orientação dada, de acordo com o texto da CLT, assinale a afirmativa correta.

(A) O adicional de insalubridade varia entre os graus mínimo, médio e máximo sobre o salário mínimo; o de periculosidade tem percentual fixo: 30% do salário básico do empregado.

(B) Os adicionais de periculosidade e insalubridade variam entre os graus mínimo, médio e máximo, sendo, respectivamente, de 10%, 20% e 30% do salário dos empregados.

(C) As atividades com inflamáveis, explosivos e energia elétrica são consideradas as de maior risco, com um adicional de 50% sobre as remunerações dos empregados.

(D) O direito do empregado ao adicional de insalubridade ou periculosidade só pode cessar com a mudança de função ou por determinação judicial.

A: correto, pois reflete a disposição dos arts. 192 e 193, § 1º, CLT. **B:** incorreto, pois somente o adicional de insalubridade varia entre os graus mínimo, médio e máximo, art. 192 da CLT. O adicional de periculosidade é fixo em 30 % sobre o salário básico do empregado, ou seja, sobre o salário sem os acréscimos resultantes de gratificações, prêmios ou participações nos lucros da empresa, art. 193, § 1º, CLT **C:** incorreta, pois as atividades com inflamáveis, explosivos e energia elétrica são consideradas perigosas (art. 193, I, CLT), com adicional de 30% sobre o salário, art. 193, § 1º, CLT. **D:** incorreto, pois nos termos do art. 191 da CLT a eliminação ou a neutralização da insalubridade ocorrerá: I: com a adoção de medidas que conservem o ambiente de trabalho dentro dos limites de tolerância e II: com a utilização de equipamentos de proteção individual ao trabalhador, que diminuam a intensidade do agente agressivo a limites de tolerância.
Gabarito "A".

(OAB/Exame Unificado – 2020.2) Desde abril de 2019, Denilson é empregado em uma indústria de cosméticos, com carteira profissional assinada. No último contracheque de Denilson verifica-se o pagamento das seguintes parcelas: abono, prêmio, comissão e diária para viagem.

Considerando essa situação, assinale a opção que indica a verba que, de acordo com a CLT, integra o salário e constitui base de incidência de encargo trabalhista.

(A) Abono.

(B) Prêmio.

(C) Comissão.

(D) Diária para viagem.

A: incorreta, pois a verba denominada abono não integra o salário do empregado, não se incorporam ao contrato de trabalho e não constituem base de incidência de qualquer encargo trabalhista e previdenciário, art. 457, § 2º, CLT. **B:** incorreto, pois prêmios não integram o salário do empregado, não se incorporam ao contrato de trabalho e não constituem base de incidência de qualquer encargo trabalhista e previdenciário, art. 457, § 2º, CLT. **C:** correta, pois nos termos do art. 457, § 1º, CLT integram o salário a importância fixa estipulada, as gratificações legais e as comissões pagas pelo empregador. **D:** incorreta, pois as diárias para viagens não integram o salário do empregado, não se incorporam ao contrato de trabalho e não constituem base de incidência de qualquer encargo trabalhista e previdenciário, art. 457, § 2º, CLT.
Gabarito "C".

(OAB/Exame Unificado – 2020.2) Regina foi admitida pela sociedade empresária Calçados Macios Ltda., em abril de 2020, para exercer a função de estoquista. No processo de admissão, foi ofertado a Regina um plano de previdência privada, parcialmente patrocinado pelo empregador. Uma vez que as condições pareceram vantajosas, Regina aderiu formalmente ao plano em questão. No primeiro contracheque, Regina, verificou que, na parte de descontos, havia subtrações a título de INSS e de previdência privada.

10. DIREITO DO TRABALHO   721

Assinale a opção que indica, de acordo com a CLT, a natureza jurídica desses descontos.

(A) Ambos são descontos legais.

(B) INSS é desconto legal e previdência privada, contratual.

(C) Ambos são descontos contratuais.

(D) INSS é desconto contratual e previdência privada, legal.

Nos termos do art. 462 da CLT ao empregador é vedado efetuar qualquer desconto nos salários do empregado, salvo quando este resultar de adiantamentos, de dispositivos de lei ou de contrato coletivo. Os descontos referentes ao INSS são descontos legais, veja arts. 22, 23 e 24 da Lei 8212/1991. O desconto de previdência privado é contratual. Nesse sentido a súmula 342 do TST Descontos salariais efetuados pelo empregador, com a autorização prévia e por escrito do empregado, para ser integrado em planos de assistência odontológica, médico-hospitalar, de seguro, de previdência privada, ou de entidade cooperativa, cultural ou recreativo-associativa de seus trabalhadores, em seu benefício e de seus dependentes, não afrontam o disposto no art. 462 da CLT, salvo se ficar demonstrada a existência de coação ou de outro defeito que vicie o ato jurídico. Gabarito "B".

(OAB/Exame Unificado – 2019.3) Edimilson é vigia noturno em um condomínio residencial de apartamentos. Paulo é vigilante armado de uma agência bancária. Letícia é motociclista de entregas de uma empresa de logística. Avalie os três casos apresentados e, observadas as regras da CLT, assinale a afirmativa correta.

(A) Paulo e Letícia exercem atividade perigosa e fazem jus ao adicional de periculosidade. A atividade de Edimilson não é considerada perigosa, e, por isso, ele não deve receber adicional.

(B) Considerando que os três empregados não lidam com explosivos e inflamáveis, salvo por disposição em norma coletiva, nenhum deles terá direito ao recebimento de adicional de periculosidade.

(C) Os três empregados fazem jus ao adicional de periculosidade, pois as profissões de Edimilson e Paulo estão sujeitas ao risco de violência física e, a de Letícia, a risco de vida.

(D) Apenas Paulo e Edimilson têm direito ao adicional de periculosidade por conta do risco de violência física.

Edmilson, por ser vigia noturno de um condomínio não exerce atividade perigosa, tendo em vista a falta de previsão legal, art. 193 da CLT. A função por ele exercida não se confunde com a dos vigilantes prevista na Lei 7.102/83. Já Paulo por ser vigilante armado, aplica-se a Lei 7.102/83, sendo considerado trabalho perigoso, pois está exposto a risco permanente de roubos ou de outras espécies de violência física, art. 193, II, CLT. O trabalho de motocicleta exercido por Letícia, nos termos do art. 193, § 4º, da CLT também é considerado perigoso. Assim, somente Paulo e Letícia, por exercerem trabalhos perigosos, possuem direito ao adicional de 30% sobre o salário, sem os acréscimos, conforme art. 193, § 1º, CLT. Gabarito "A".

(OAB/Exame Unificado – 2019.2) Em uma grande empresa que atua na prestação de serviços de telemarketing e possui 250 funcionários, trabalham as empregadas listadas a seguir:

Alice, que foi contratada a título de experiência, e, um pouco antes do término do seu contrato, engravidou;

Sofia, que foi contratada a título temporário, e, pouco antes do termo final de seu contrato, sofreu um acidente do trabalho;

Larissa, que foi indicada pelo empregador para compor a CIPA da empresa;

Maria Eduarda, que foi eleita para a comissão de representantes dos empregados, na forma da CLT alterada pela Lei nº 13.467/17 (reforma trabalhista).

Diante das normas vigentes e do entendimento consolidado do TST, assinale a opção que indica as empregadas que terão garantia no emprego.

(A) Sofia e Larissa, somente.

(B) Alice e Maria Eduarda, somente.

(C) Alice, Sofia e Maria Eduarda, somente.

(D) Alice, Sofia, Larissa e Maria Eduarda.

"C" é a alternativa correta. Isso porque Alice possui a garantia de emprego da gestante, prevista no art. 10, II, b, do ADCT, mesmo na hipótese de admissão mediante contrato por tempo determinado, súmula 244, III, TST. Sofia possui a estabilidade por acidente do trabalho, prevista no art. 118 da Lei 8.213/1991, ainda que submetida a contrato de trabalho por tempo determinado, súmula 378, III, do TST. Larissa, contudo, não possui garantia de emprego, pois, nos termos do art. 165 da CLT, somente os titulares da representação dos empregados nas CIPA (s) não poderão sofrer despedida arbitrária, gozando da garantia provisória de emprego decorrente de acidente de trabalho. Isso porque ela foi indicada pelo empregador e não eleita pelos empregados. Por último, Maria Eduarda possui a garantia de emprego prevista no art. 510-D, § 3º, da CLT. Gabarito "C".

(OAB/Exame Unificado – 2018.2) Em 2018, um sindicato de empregados acertou, em acordo coletivo com uma sociedade empresária, a redução geral dos salários de seus empregados em 15% durante 1 ano.

Nesse caso, conforme dispõe a CLT,

(A) uma contrapartida de qualquer natureza será obrigatória e deverá ser acertada com a sociedade empresária.

(B) a contrapartida será a garantia no emprego a todos os empregados envolvidos durante a vigência do acordo coletivo.

(C) a existência de alguma vantagem para os trabalhadores para validar o acordo coletivo será desnecessária.

(D) a norma em questão será nula, porque a redução geral de salário somente pode ser acertada por convenção coletiva de trabalho.

"B" é a assertiva correta. A redução de salários é permitida por convenção coletiva ou acordo coletivo de trabalho, nos termos do art. 7º, VI, da CF. Desta forma, o art. 611-A, § 3º, da CLT ensina que caso seja pactuada cláusula que reduza o salário ou a jornada, a convenção coletiva ou o acordo coletivo de trabalho deverão prever a proteção dos empregados contra dispensa imotivada durante o prazo de vigência do instrumento coletivo. Importante lembrar que a inexistência de expressa indicação de contrapartidas recíprocas em convenção coletiva ou acordo coletivo de trabalho não ensejará sua nulidade por não caracterizar um vício do negócio jurídico, na forma do art. 611-A, § 2º, da CLT. Gabarito "B".

(OAB/Exame Unificado – 2018.2) Jorge era caixa bancário e trabalhava para o Banco Múltiplo S/A. Recebia salário fixo de R$ 4.000,00 mensais. Além disso, recebia comissão de 3% sobre cada seguro de carro, vida e previdência oferecido e aceito pelos clientes do Banco, o que fazia concomitantemente com suas atividades de caixa, computando-se o desempenho para suas metas e da agência.

Os produtos em referência não eram do banco, mas, sim, da Seguradora Múltiplo S/A, empresa do mesmo grupo econômico do empregador de Jorge.

Diante disso, observando o entendimento jurisprudencial consolidado do TST, bem como as disposições da CLT, assinale a afirmativa correta.

(A) Os valores recebidos a título de comissão não devem integrar a remuneração de Jorge, por se tratar de liberalidade.

(B) Os valores recebidos a título de comissão não devem integrar a remuneração de Jorge, porque relacionados a produtos de terceiros.

(C) Os valores recebidos a título de comissão devem integrar a remuneração de Jorge.

(D) Os valores recebidos a título de comissão não devem integrar a remuneração de Jorge, uma vez que ocorreram dentro do horário normal de trabalho, para o qual Jorge já é remunerado pelo banco.

"C" é a afirmativa correta. Isso porque, nos termos do art. 457, § 1º, da CLT, integram o salário a importância fixa estipulada, as gratificações legais e as comissões pagas pelo empregador. Devemos entender que as comissões eram pagas pelo mesmo empregador, na medida em que as empresas pertencem ao mesmo grupo econômico, disposto no art. 2º, § 2º, da CLT que dispõe: "Sempre que uma ou mais empresas, tendo, embora, cada uma delas, personalidade jurídica própria, estiverem sob a direção, controle ou administração de outra, ou ainda quando, mesmo guardando cada uma sua autonomia, integrem grupo econômico, serão responsáveis solidariamente pelas obrigações decorrentes da relação de emprego."
Gabarito "C".

(OAB/Exame Unificado – 2017.3) Solange é comissária de bordo em uma grande empresa de transporte aéreo e ajuizou reclamação trabalhista postulando adicional de periculosidade, alegando que permanecia em área de risco durante o abastecimento das aeronaves porque ele era feito com a tripulação a bordo. Iracema, vizinha de Solange, trabalha em uma unidade fabril recebendo adicional de insalubridade, mas, após cinco anos, sua atividade foi retirada da lista de atividades insalubres, por ato da autoridade competente.

Sobre as duas situações, segundo a norma de regência e o entendimento consolidado do TST, assinale a afirmativa correta.

(A) Solange não tem direito ao adicional de periculosidade e Iracema perderá o direito ao adicional de insalubridade.

(B) Solange tem direito ao adicional de periculosidade e Iracema manterá o adicional de insalubridade por ter direito adquirido.

(C) Solange não tem direito ao adicional de periculosidade e Iracema manterá o direito ao adicional de insalubridade.

(D) Solange tem direito ao adicional de periculosidade e Iracema perderá o direito ao adicional de insalubridade.

"A" é a assertiva correta. Isso porque, nos termos da súmula 447 do TST, os tripulantes e demais empregados em serviços auxiliares de transporte aéreo que, no momento do abastecimento da aeronave, permanecem a bordo não têm direito ao adicional de periculosidade a que aludem o art. 193 da CLT e o Anexo 2, item 1, "c", da NR 16

do MTE. Por essa razão Solange não faz jus à percepção de adicional de insalubridade. Já Iracema perderá o adicional de insalubridade, na medida em que nos termos do art. 190 da CLT será o Ministério do Trabalho que aprovará o quadro das atividades e operações insalubres e adotará normas sobre os critérios de caracterização da insalubridade, os limites de tolerância aos agentes agressivos, meios de proteção e o tempo máximo de exposição do empregado a esses agentes.
Gabarito "A".

(OAB/Exame Unificado – 2017.2) Um grupo econômico é formado pelas sociedades empresárias X, Y e Z. Com a crise econômica que assolou o país, todas as empresas do grupo procuraram formas de reduzir o custo de mão de obra. Para evitar dispensas, a sociedade empresária X acertou a redução de 10% dos salários dos seus empregados por convenção coletiva; Y acertou a mesma redução em acordo coletivo; e Z fez a mesma redução, por acordo individual escrito com os empregados.

Diante da situação retratada e da norma de regência, assinale a afirmativa correta.

(A) As empresas estão erradas, porque o salário é irredutível, conforme previsto na Constituição da República.

(B) Não se pode acertar redução de salário por acordo coletivo nem por acordo individual, razão pela qual as empresas Y e Z estão erradas.

(C) A empresa Z não acertou a redução salarial na forma da lei, tornando-a inválida.

(D) As reduções salariais em todas as empresas do grupo foram negociadas e, em razão disso, são válidas.

"C" é a resposta correta. Isso porque, nos termos do art. 7º, VI, da CF, a redução do salário é vedada, salvo se feita por negociação coletiva, ou seja, acordo coletivo ou convenção coletiva de trabalho. Assim, é inválido o acordo individual para redução salarial pactuado pela empresa Z. HC
Gabarito "C".

(OAB/Exame Unificado – 2017.1) Lino trabalha como diagramador na sociedade empresária XYZ Ltda., localizada em um grande centro urbano, e recebe do empregador, além do salário, moradia e plano de assistência odontológica, graciosamente. Sobre o caso narrado, de acordo com a CLT, assinale a afirmativa correta.

(A) Ambos os benefícios serão incorporados ao salário de Lino.

(B) Somente o benefício da habitação será integrado ao salário de Lino.

(C) Nenhum dos benefícios será incorporado ao salário de Lino.

(D) Somente o benefício do plano de assistência odontológica será integrado ao salário de Lino.

"B" é a resposta correta. Isso porque, nos termos do art. 458, § 2º, IV, da CLT, o plano de assistência odontológica não será considerado salário utilidade. No entanto, a moradia, em conformidade com o art. 458, "caput", da CLT é uma utilidade compreendida no salário. HC
Gabarito "B".

(OAB/Exame Unificado – 2016.2) Flávio trabalhou na sociedade empresária Sul Minas Ltda., e recebia R$ 1.500,00 mensais. Além disso, desfrutava de plano de saúde custeado integralmente pela empregadora, no valor de R$ 500,00. Em sede de ação trabalhista, Flávio pede a integração do valor à sua remuneração.

10. DIREITO DO TRABALHO

Com base na hipótese apresentada, na qualidade de advogado da sociedade empresária, assinale a afirmativa correta.

(A) A contestação deverá aduzir apenas que o plano de saúde não tem caráter de contraprestação, sendo concedido como ferramenta de trabalho, por isso não integra a remuneração.

(B) A contestação deverá sustentar a inexistência de caráter remuneratório do benefício, o que está expressamente previsto em lei.

(C) A contestação deverá alegar que as verbas rescisórias foram pagas observando o reflexo do valor do plano de saúde.

(D) A contestação deverá alegar apenas que a possibilidade de o empregado continuar com o plano de saúde após a ruptura do contrato retira do mesmo o caráter remuneratório.

"B" é a opção correta. Isso porque, é expresso no art. 458, § 2º, IV, da CLT que a assistência médica, hospitalar prestada diretamente ou mediante seguro-saúde, não possui natureza salarial.
Gabarito "B".

(OAB/Exame Unificado – 2015.3) Plácido, empregado de um restaurante, sem qualquer motivo, passou a agredir verbalmente seu superior, até que, violentamente, quebrou uma mesa e uma cadeira que estavam próximas. Contornada a situação, Plácido foi dispensado e a empresa descontou no seu TRCT os valores do prejuízo com os móveis, que correspondiam a 60% do salário do trabalhador.

Sobre o episódio apresentado, assinale a opção correta.

(A) A empresa pode descontar o valor mesmo sem previsão contratual para tanto, pois a atitude de Plácido, ao praticar o dano, foi dolosa.

(B) O desconto na remuneração do empregado relativo ao dano causado é vedado em qualquer hipótese.

(C) A empresa só poderia descontar o valor do dano causado por Plácido se houvesse previsão contratual nesse sentido.

(D) Não estando a parcela relacionada a um desconto tipificado em lei, não pode haver o desconto nas verbas devidas a Plácido.

A: opção correta, pois nos termos do art. 462, § 1º, da CLT em caso de conduta dolosa por parte do empregado o empregador poderá efetuar o desconto no salário do empregado. **B:** opção incorreta, pois contraria a disposição contida no § 1º do art. 462 da CLT que permite o desconto ao salário do empregado no caso de dano culposo, desde que haja o consentimento do empregado e, independente de seu consentimento, no caso de dolo. **C:** opção incorreta, pois no caso de dolo do empregado, não há necessidade de previsão contratual, art. 462, § 1º, da CLT. **D:** opção incorreta, pois o desconto em debate está tipificado no art. 462, § 1º, da CLT.
Gabarito "A".

(OAB/Exame Unificado – 2015.1) João trabalha na área de vendas em uma empresa de cigarros. Recebe do empregador, em razão do seu cargo, moradia e pagamento da conta de luz do apartamento, além de ter veículo cedido com combustível. Tal se dá em razão da necessidade do trabalho, dado que João trabalha em local distante de grande centro, sendo responsável pela distribuição e venda dos produtos na região. Além disso, João recebe uma quota mensal de 10 pacotes de cigarro por mês, independente-

mente de sua remuneração, não sendo necessário prestar contas do que faz com os cigarros.

A partir do caso narrado, assinale a afirmativa correta.

(A) Os valores relativos à habitação, à energia elétrica e ao veículo integram a remuneração de João, por serem salário-utilidade, mas não o cigarro, por ser nocivo à saúde.

(B) Os valores de habitação e veículo integram a remuneração de João. A energia elétrica e o combustível, não, pois já incorporados, respectivamente, na habitação e no veículo. O valor do cigarro não é integrado, face à nocividade à saúde.

(C) Nenhum dos valores da utilidade integram a remuneração de João.

(D) Tratando-se de salário *in natura*, todos os valores integram a remuneração de João, pois são dados com a ideia de contraprestação aos serviços.

A: opção incorreta, pois habitação, energia elétrica, o veículo e o cigarro não integram a remuneração do empregado, nos termos da súmula 367, I e II, do TST. Veja também o art. 458, § 2º, da CLT. **B:** opção incorreta, pois a habitação e o veículo, assim como as demais utilidades apontadas na assertiva, não integram a remuneração do empregado, súmula 367, I e II, do TST. **C:** opção correta, pois reflete o entendimento cristalizado na Súmula 367 I e II, do TST. **D:** opção incorreta, pois as utilidades apontadas na assertiva não correspondem ao salário *in natura*, nos termos do art. 458, § 2º, da CLT e súmula 367 do TST.
Gabarito "C".

(OAB/Exame Unificado – 2015.1) Hugo, José e Luiz são colegas de trabalho na mesma empresa. Hugo trabalha diretamente com o transporte de material inflamável, de modo permanente, nas dependências da empresa. José faz a rendição de Hugo durante o intervalo para alimentação e, no restante do tempo, exerce a função de teleoperador. Luiz também exerce a função de teleoperador. Acontece que, no intervalo para a alimentação, Luiz pega carona com José no transporte de inflamáveis, cujo trajeto dura cerca de dois minutos.

Diante dessa situação, assinale a afirmativa correta.

(A) Como Hugo, José e Luiz têm contato com inflamáveis, os três têm direito ao adicional de periculosidade.

(B) Apenas Hugo, que lida diretamente com os inflamáveis em toda a jornada, tem direito ao adicional de periculosidade.

(C) Hugo faz jus ao adicional de periculosidade integral; José, ao proporcional ao tempo de exposição ao inflamável; e Luiz não tem direito ao adicional, sendo certo que a empresa não exerce qualquer atividade na área de eletricidade.

(D) Hugo e José têm direito ao adicional de periculosidade. Luiz não faz jus ao direito respectivo.

A: opção incorreta, pois Luiz não faz jus ao adicional de periculosidade, tendo em vista que, por pegar carona, seu contato é extremamente reduzido, ainda que habitual, Súmula 364 TST. **B:** opção incorreta, pois não apenas Hugo terá direito ao adicional, mas também José na medida em que ao render seu colega de trabalho exerce contato intermitente sujeitando-se à condição de risco, súmula 364 do TST. **C:** opção incorreta, pois Não há previsão de pagamento proporcional ao tempo de exposição, Súmula 364 TST. **D:** opção correta, pois nos termos da súmula 364 do TST Hugo terá direito ao adicional de periculosidade, na medida em que é exposto permanentemente à condições de riscos;

José também terá direito ao adicional, tendo em vista que de forma intermitente, sujeita-se a condições de risco. No entanto, Luiz não fará jus ao adicional, visto que o contato, ainda que habitual, dá-se por tempo extremamente reduzido.

Gabarito "D".

(OAB/Exame Unificado – 2014.3) Samuel trabalha numa loja de departamentos. Ele foi contratado como vendedor e, após três anos, promovido a gerente, quando, então, teve aumento de 50%, cujo valor era pago sob a rubrica *"gratificação de função"* Nessa condição, trabalhou por oito anos, findos os quais o empregador, para dar oportunidade a outra pessoa, resolveu reverter Samuel ao cargo de origem (vendedor).

Diante do caso apresentado, assinale a afirmativa correta.

(A) A atitude do empregador é legítima e ele pode suprimir a gratificação de função, já que o valor não foi percebido por mais de dez anos.

(B) O empregador não pode rebaixar Samuel, devendo mantê-lo como gerente, mas pode reduzir a gratificação de função.

(C) O empregador pode revertê-lo ao cargo de origem, mas a gratificação deve ser mantida, pois recebida há mais de cinco anos.

(D) A atitude do empregador é ilícita, pois está rebaixando o empregado, em atitude contrária às normas trabalhistas.

A: opção correta, pois nos termos do art. 468, § 2º, da CLT a reversão do empregado ao cargo efetivo, com ou sem justo motivo, não lhe assegura o direito à manutenção do pagamento da gratificação correspondente, que não será incorporada, independentemente do tempo de exercício da respectiva função. **B:** opção incorreta, pois pelo poder diretivo atribuído ao empregador é possível o retorno do empregado ao cargo efetivo. **C:** opção incorreta, pois embora possa reverter o empregado ao cargo de origem, a gratificação poderá ser retirada, na medida em que não será incorporada ao salário, independentemente do tempo de exercício da respectiva função; **D:** opção incorreta, pois a atitude do empregador não é ilícita, tendo em vista estar acobertada pelo poder de direção do empregador.

Gabarito "A".

(OAB/Exame Unificado – 2014.1) Os garçons e empregados do restaurante *Come Bem Ltda.* recebem as gorjetas dadas pelos clientes, de forma espontânea, uma vez que não há a cobrança obrigatória na nota de serviço.

Diante da hipótese apresentada, assinale a afirmativa correta.

(A) As gorjetas integram a remuneração, mas não servem de base de cálculo para o pagamento do aviso-prévio, adicional noturno, horas-extras e repouso semanal remunerado.

(B) As gorjetas não integram a remuneração, uma vez que são espontâneas, pois não há o controle das quantias concedidas.

(C) As gorjetas são integradas, para todos os efeitos, na remuneração do empregado, repercutindo, assim, no pagamento de todos os direitos trabalhistas.

(D) As gorjetas integram a remuneração apenas para efeitos de aviso-prévio trabalhado, adicional noturno, horas-extras e repouso semanal remunerado, pois as demais parcelas não estão relacionadas com o dia a dia de trabalho efetivo; não havendo trabalho, não há gorjeta.

A: correta, pois reflete o disposto na súmula 354 do TST. **B:** incorreta, pois em conformidade com o entendimento disposto na Súmula 354 do TST as gorjetas espontâneas ou cobradas pelo empregador integrarão a remuneração do empregado. Veja art. 457, § 3º, da CLT. **C:** incorreta, pois de acordo com o entendimento disposto na Súmula 354 do TST as gorjetas não servem de base de cálculo para o pagamento do aviso--prévio, adicional noturno, horas-extras e repouso semanal remunerado. **D:** incorreta, pois as gorjetas TST as gorjetas não servem de base de cálculo apenas para o pagamento do aviso-prévio, adicional noturno, horas-extras e repouso semanal remunerado, integrando, portanto, para as demais verbas como: férias, 13º salário, existindo, ainda, incidência do FGTS. Não há incidência para fins de aviso-prévio, que é calculado sobre o salário do mês da rescisão e não sobre a remuneração; DSRs, pois se o pagamento é mensal, já abrange os valores; adicional noturno que é calculado sobre a hora diurna; adicional de insalubridade, que é calculado sobre o salário mínimo; adicional de periculosidade, calculado sobre o salário contratual do empregado.

Gabarito "A".

(OAB/Exame Unificado – 2013.3) Calçados Mundial S.A. contratou duas empresas distintas para a prestação de serviços de limpeza e conservação nas suas instalações. Maria é empregada de uma das terceirizadas, exerce a função de auxiliar de limpeza e ganha salário de R$ 1.150,00. Celso é empregado da outra terceirizada, exerce a mesma função que Maria, trabalha no mesmo local, e ganha R$ 1.020,00 mensais.

A partir do caso apresentado, assinale a afirmativa correta.

(A) Celso poderá requerer o mesmo salário que Maria, pois na hipótese pode-se falar em empregador único.

(B) Impossível a equiparação salarial, mas se outro direito for violado, a empresa tomadora dos serviços terá responsabilidade solidária.

(C) Viável a equiparação desde que Maria e Celso trabalhem no mínimo dois anos nas instalações do tomador dos serviços.

(D) Não será possível a equiparação salarial entre Maria e Celso porque os respectivos empregadores são diferentes.

A: incorreta, pois não se trata de empregador único, tendo em vista que Celso e Maria não são considerados empregados da empresa Calçados Mundial S/A, mas cada um da respectiva empresa de trabalho especializada de serviços de limpeza e conservação. Embora prestem serviços para Calçados Mundial S/A não são considerados empregados dessa empresa. **B:** incorreta, pois embora seja impossível o pedido de equiparação salarial, tendo em vista se tratar de uma terceirização permitida, súmula 331, IV, do TST, a responsabilidade nesse caso será subsidiária. **C:** incorreta, pois o pedido de equiparação salarial não é viável, tendo em vista não preencher os requisitos para a pertinência do pedido de equiparação. São requisitos para a equiparação salarial: trabalho de igual valor (art. 461, § 1º, da CLT), identidade de funções, mesmo empregador, entre empregados que trabalhem no mesmo estabelecimento empresarial, inexistência de quadro de carreira. **D:** correta, pois Celso e Maria não são considerados empregados da empresa Calçados Mundial S/A, mas cada um da respectiva empresa de trabalho especializada de serviços de limpeza e conservação.

Gabarito "D".

(OAB/Exame Unificado – 2013.2) Paulo, motorista de ônibus, mantém contrato de trabalho com a empresa Transporte Seguro S/A, no qual há estipulação escrita de que o motorista envolvido em acidente de trânsito será descontado pelas avarias e prejuízos causados. Em um dia comum, Paulo ultrapassou o sinal vermelho e colidiu com veículo que vinha do outro lado do cruzamento. Não houve vítimas, mas os veículos ficaram impedidos de trafegar em razão das avarias e o coletivo foi multado por avanço de sinal. A empresa entendeu por bem descontar do salário de Paulo o conserto do ônibus, bem como as despesas com o conserto do veículo de passeio.

Diante disso, assinale a afirmativa correta.

(A) A empresa agiu de forma incorreta, pois não poderia descontar nada de Paulo, dado o princípio da intangibilidade salarial.

(B) A empresa agiu de forma incorreta, pois só poderia descontar um dos danos, pois todos os descontos acarretaram bis in idem.

(C) A empresa agiu corretamente, pois Paulo agiu com culpa e havia previsão contratual para tanto.

(D) A empresa agiu de forma incorreta, pois não houve dolo por parte do empregado e é dela o risco do negócio. Logo, o desconto é descabido.

A: incorreta, pois o desconto é permitido, em conformidade com o art. 462, § 1º, da CLT. **B:** incorreta, pois a empresa agiu corretamente. O desconto de todos os danos não caracteriza bis in idem, tendo em vista que o art. 462 da CLT determina o desconto dos danos causados pelo obreiro. **C:** correta, pois, nos termos do art. 462, § 1º, da CLT o dano culposo, ou seja, aquele causado pelo empregado por imperícia, negligência ou imprudência somente poderá ser descontado de seu salário desde que a possibilidade tenha sido acordada. No entanto, em se tratado de dano doloso, o desconto será permitido ainda que sem previsão contratual. **D:** incorreta, pois embora não tenha dolo do empregado, o desconto é permitido.
„Ɔ„ oʇᴉɹɐqɐ⅁

(OAB/Exame Unificado – 2012.1) Carlos Manoel Pereira Nunes foi chamado pelo seu chefe Renato de Almeida para substituí-lo durante as suas férias. Satisfeito, Carlos aceitou o convite e, para sua surpresa, recebeu, ao final do mês de substituição, o salário no valor equivalente ao do seu chefe, no importe de R$ 20.000,00. Pouco tempo depois, Renato teve que se ausentar do país por dois meses, a fim de representar a empresa numa feira de negócios. Nessa oportunidade, convidou Carlos mais uma vez para substituí-lo, o que foi prontamente aceito. Findo os dois meses, Carlos retornou à sua função habitual, mas o seu chefe Renato não mais retornou. No dia seguinte, o presidente da empresa chamou Carlos ao seu escritório e o convidou para assumir definitivamente a função de chefe, uma vez que Renato havia pedido demissão. Carlos imediatamente aceitou a oferta e já naquele instante iniciou sua nova atividade. Entretanto, ao final do mês, Carlos se viu surpreendido com o salário de R$ 10.000,00, metade do que era pago ao chefe anterior. Inconformado, foi ao presidente reclamar, mas não foi atendido. Sentindo-se lesado no seu direito, Carlos decidiu ajuizar ação trabalhista, postulando equiparação salarial com o chefe anterior, a fim de que passasse a receber salário igual ao que Renato percebia. Com base na situação acima descrita, é correto afirmar que Carlos

(A) faz jus à equiparação salarial com Renato, uma vez que passou a exercer as mesmas tarefas e na mesma função de chefia que o seu antecessor.

(B) faz jus à equiparação salarial, uma vez que, quando substituiu Renato nas suas férias e durante sua viagem

a trabalho, recebeu salário igual ao seu, devendo a mesma regra ser observada na hipótese de substituição definitiva.

(C) não faz jus à equiparação salarial com Renato, uma vez que a substituição definitiva não gera direito a salário igual ao do antecessor, além de ser impossível a equiparação salarial que não se relacione a situação pretérita.

(D) não faz jus à equiparação, uma vez que substituiu Renato apenas eventualmente, não se caracterizando a substituição definitiva geradora do direito ao igual salário para igual tarefa.

A: incorreta, pois o empregado não faz jus à equiparação. Isso porque, nos termos da Súmula 159, item II, do TST vago o cargo em definitivo, o empregado que passa a ocupá-lo não tem direito ao salário do antecessor, na medida em que não existe previsão legal. **B:** incorreta, pois o empregado não faz jus ao pedido de equiparação salarial, isso porque em conformidade com a Súmula 159, item I, do TST somente enquanto durar a substituição não eventual o empregado substituto fará jus ao salário igual ao do substituído, não existindo previsão legal para pagamento de salários em caso de substituição definitiva. **C:** correta, pois de acordo com o entendimento disposto na Súmula 159, item I, do TST somente enquanto perdurar a substituição que não seja eventual deverá ser recebido o mesmo salário. A súmula se refere a substituições para eventos com certa duração, por certo período, como ocorre nas férias, mas não para a substituição definitiva. **D:** incorreta, pois a substituição não foi eventual, entendida como sendo aquela casual, de curta duração, como por exemplo, por uma manhã ou um dia.
„Ɔ„ oʇᴉɹɐqɐ⅁

(OAB/Exame Unificado – 2012.1) Um frentista de posto de gasolina sofreu desconto no seu salário referente à devolução de cheque sem provisão de fundos, em razão de não ter observado recomendação prevista em acordo coletivo de trabalho no tocante à verificação da situação cadastral do cliente no ato da venda do combustível. Diante dessa situação hipotética, e considerando que a norma coletiva autoriza o desconto salarial no caso de negligência do empregado, assinale a alternativa correta.

(A) O empregador não podia ter efetuado o desconto no salário do empregado, em razão do princípio da intangibilidade salarial, sendo inválida a norma coletiva autorizadora.

(B) O desconto foi lícito, em face da não observância das recomendações previstas em norma coletiva.

(C) O desconto somente pode ser considerado lícito se comprovado o dolo do empregado.

(D) O desconto é ilícito, pois o empregador não pode transferir ao empregado os riscos da atividade econômica, sendo inválida a norma coletiva que o autoriza.

A: incorreta, pois a assertiva demonstra conduta culposa na modalidade negligência do empregado e, ainda, previsão em acordo coletivo, o que, nos termos do art. 462, *caput* e § 1º, da CLT, autoriza o desconto no salário do obreiro. **B:** correta, pois reflete o entendimento disposto na OJ 251 da SDI-1 do TST. Ademais, o art. 462 da CLT permite o desconto em debate. **C:** incorreta, pois em se tratando de conduta culposa do empregado, o desconto no salário será considerado lícito desde que haja o consentimento do empregado, nos termos do art. 462, § 1º, da CLT. **D:** incorreta, pois o desconto é considerado lícito nos termos do art. 462 da CLT.
„B„ oʇᴉɹɐqɐ⅁

726 HERMES CRAMACON

(OAB/Exame Unificado – 2011.3.A) No direito brasileiro, a redução do salário é

(A) impossível.

(B) possível, em caso de acordo entre empregado e empregador, desde que tenha por finalidade evitar a dispensa do empregado sem justa causa.

(C) possível mediante autorização da Superintendência Regional do Trabalho e Emprego.

(D) possível mediante convenção ou acordo coletivo de trabalho.

A: incorreta, pois o art. 7º, VI, da CF permite a redução salarial; **B:** incorreta, embora seja possível a redução salarial, nos termos do art. 7º, VI, da CF, não é permitida a redução por acordo individual de trabalho entre empregado e empregador; **C:** incorreta, pois embora seja possível a redução salarial, ela não depende de autorização da Superintendência Regional do Trabalho e Emprego, nos termos do art. 7º, VI, da CF; **D:** correta, pois reflete o disposto no art. 7º, VI, da CF que traz o princípio da irredutibilidade salarial. Em regra, o salário é irredutível. No entanto, mediante negociação coletiva, ou seja, acordo ou convenção coletiva de trabalho, é permitida a redução salarial. É o que dispõe o art. 7º, VI, da CF. Essa ideia é reforçada pelo art. 468 da CLT que proíbe, sob pena de nulidade, qualquer alteração que cause prejuízo ao trabalhador.
Gabarito "D".

(OAB/Exame Unificado – 2010.3) Em se tratando de salário e remuneração, é correto afirmar que

(A) a parcela de participação nos lucros ou resultados, habitualmente paga, não integra a remuneração do empregado.

(B) as gorjetas integram a base de cálculo do aviso-prévio, das horas extraordinárias, do adicional noturno e do repouso semanal remunerado.

(C) o salário-maternidade tem natureza salarial.

(D) o plano de saúde fornecido pelo empregador ao empregado, em razão de seu caráter contraprestativo, consiste em salário *in natura*.

A: correta, pois está em conformidade com o art. 3º da Lei 10.101/2000. Veja também o art. 457, § 2º, da CLT; **B:** incorreta, pois em conformidade com o entendimento solidificado na Súmula 354 do TST, as gorjetas integram a remuneração do empregado, não servindo de base de cálculo para as parcelas de aviso-prévio, adicional noturno, horas extras e repouso semanal remunerado; **C:** incorreta, pois a natureza jurídica do salário-maternidade é de benefício previdenciário, na medida em que é a Previdência Social que efetua o seu pagamento, nos termos do art. 71 da Lei 8.213/1991; **D:** incorreta, pois nos termos do art. 458, § 2º, IV, da CLT, a assistência médica não constitui salário *in natura*. Veja também o art. 458, § 5º, da CLT.
Gabarito "A".

(OAB/Exame Unificado – 2010.2) Marcos foi contratado para o cargo de escriturário de um banco privado. Iniciada sua atividade, Marcos percebeu que o gerente lhe estava repassando tarefas alheias à sua função. A rigor, conforme constava do quadro de carreira da empresa devidamente registrado no Ministério do Trabalho e Emprego, as atribuições que lhe estavam sendo exigidas deveriam ser destinadas ao cargo de tesoureiro, cujo nível e cuja remuneração eram bem superiores. Esta situação perdurou por dois anos, ao fim dos quais Marcos decidiu ajuizar uma ação trabalhista em face do seu empregador. Nela, postulou uma obrigação de fazer – o seu reenquadramento para a função de tesoureiro – e o pagamento

das diferenças salariais do período. Diante desta situação jurídica, é correto afirmar que:

(A) o pedido está inepto, uma vez que este é um caso típico de equiparação salarial e não houve indicação de paradigma.

(B) o pedido deve ser julgado improcedente, uma vez que a determinação das atividades, para as quais o empregado está obrigado, encontra-se dentro do *jus variandi* do empregador.

(C) o pedido deve ser julgado procedente, se for demonstrado, pelo empregado, que as suas atividades correspondiam, de fato, àquelas previstas abstratamente na norma interna da empresa para o cargo de tesoureiro.

(D) o pedido deve ser julgado procedente em parte, uma vez que só a partir da decisão judicial que determine o reenquadramento é que o empregado fará jus ao aumento salarial.

A: incorreta, pois não se trata de equiparação salarial, mas de pedido de reenquadramento de função. Na equiparação o reclamante está na função correta, mas seu salário é inferior ao de outro funcionário na mesma função, conforme requisitos legais. Já no desvio de função, o reclamante pretende seu reenquadramento em outra função, eis que de fato exerce as atribuições de outra função; **B:** incorreta, pois o *jus variandi* do empregador não contempla a possibilidade de exigir do empregado atribuições estranhas à sua função, podendo ensejar, inclusive, em rescisão indireta do contrato de trabalho, nos termos do art. 483, *a*, da CLT; **C:** correta, pois se o empregado demonstrar que suas atividades correspondiam a outra função, o pedido será julgado procedente. Nesse sentido: "Desvio funcional. Diferenças salariais devidas. Comprovado nos autos que o empregado desempenhava função diversa daquela para a qual fora contratado, faz jus às diferenças salariais pleiteadas, nos termos do art. 460 da CLT e atendendo às regras insculpidas nos incisos XXX e XXXII, do art. 7º da CF. (TRT/SP – 00453200730302003 – RO; **D:** incorreta, pois o reclamante fará jus às diferenças salariais desde a data em que restou comprovado desvio de função, respeitando-se o prazo prescricional, conforme consta da Súmula 275, I, do TST: "Prescrição. Desvio de função e reenquadramento. I – Na ação que objetive corrigir desvio funcional, a prescrição só alcança as diferenças salariais vencidas no período de 5 (cinco) anos que precedeu o ajuizamento. II – Em se tratando de pedido de reenquadramento, a prescrição é total, contada da data do enquadramento do empregado".
Gabarito "C".

(OAB/Exame Unificado – 2009.2) Com relação aos conceitos de salário e remuneração, assinale a opção correta.

(A) A ajuda de custo paga ao empregado possui natureza salarial.

(B) A legislação brasileira autoriza o pagamento de salário complessivo, que é aquele em que todas as quantias a que faz jus o empregado são englobadas em um valor unitário, indiviso, sem discriminação das verbas pagas.

(C) As gorjetas pagas pelos clientes aos empregados de um restaurante integram o salário desses empregados.

(D) A participação dos empregados nos lucros ou resultados da empresa não possui caráter salarial.

A: incorreta, pois nos termos do art. 457, § 2º, da CLT as ajudas de custo não se incluem no salário; **B:** incorreta, pois em conformidade com a Súmula 91 do TST o salário complessivo, entendido como uma cláusula contratual que fixa determinada importância ou percentagem para atender englobadamente vários direitos legais ou contratuais do trabalhador, é considerado nulo; **C:** incorreta, pois as gorjetas não integram o salário, mas sim a remuneração do empregado, nos termos do art. 457, *caput*, da CLT e Súmula 354 do TST); **D:** correta, pois em conformidade com o art. 3º da Lei 10.101/2000 (*vide* o cancelamento da Súmula 251 do TST).

Gabarito "D".

(OAB/Exame Unificado – 2009.2) No que se refere ao adicional de periculosidade e ao adicional de insalubridade, assinale a opção correta.

(A) A eliminação da insalubridade do trabalho em uma empresa, mediante a utilização de aparelhos protetores aprovados pelo Ministério do Trabalho e Emprego, não é suficiente para o cancelamento do pagamento do respectivo adicional.

(B) As horas em que o empregado permanecer em sobreaviso também geram a integração do adicional de periculosidade para o cálculo da jornada extraordinária.

(C) Frentistas que operam bombas de gasolina não fazem jus ao adicional de periculosidade, visto que não têm contato direto com o combustível.

(D) O caráter intermitente do trabalho executado em condições insalubres não afasta o direito de recebimento do respectivo adicional.

A: incorreta, pois em conformidade com a Súmula 80 do TST, a eliminação da insalubridade mediante fornecimento de aparelhos protetores aprovados pelo órgão competente do Poder Executivo exclui a percepção do respectivo adicional; **B:** incorreta, pois como durante o período de sobreaviso o empregado não se encontra em condições de risco, não haverá o pagamento do respectivo adicional, nos termos da Súmula 132, II, do TST; **C:** incorreta, pois nos termos da Súmula 39 do TST, os frentistas possuem direito ao adicional de periculosidade; **D:** correta, pois reflete o entendimento consubstanciado na Súmula 47 do TST.

Gabarito "D".

(OAB/Exame Unificado – 2009.1) Com relação ao décimo terceiro salário, assinale a opção correta.

(A) O empregador deverá proceder ao adiantamento da primeira parcela do décimo terceiro salário no mês de novembro de cada ano e ao da segunda parcela, em dezembro.

(B) Todos os empregados deverão receber o pagamento da primeira parcela do décimo terceiro salário no mesmo mês de cada ano, em face do princípio da igualdade.

(C) Na dispensa com justa causa, cabe o pagamento do décimo terceiro salário proporcional ao empregado.

(D) O pagamento da primeira parcela do décimo terceiro salário deverá ser feito entre fevereiro e novembro de cada ano, e o valor corresponderá à metade do salário percebido no mês anterior, não estando o empregador obrigado a pagar o adiantamento, no mesmo mês, a todos os seus empregados.

A: incorreta, pois nos termos do art. 2º da Lei 4.749/1965 o adiantamento deverá ser feito entre os meses de fevereiro e novembro de cada ano; **B:** incorreta, pois o empregador não está obrigado a pagar o adiantamento, no mesmo mês, a todos os empregados, nos termos do art. 2º, § 1º, da Lei 4.749/1965; **C:** incorreta, pois em conformidade com o art. 3º da Lei 4.090/1965, o pagamento somente será devido em se tratando de dispensa sem justa causa; **D:** correta, pois reflete o disposto no art. 2º, *caput* e § 1º, da Lei 4.749/1965.

Gabarito "D".

5. JORNADA DE TRABALHO – DURAÇÃO DO TRABALHO

(OAB/Exame XXXIX) Em determinada sociedade empresária trabalham, entre outras, as seguintes pessoas: José, que é teletrabalhador e recebe salário por produção; Vanilda, que trabalha externamente sem que o empregador consiga controlar o seu horário, situação que foi anotada em sua CTPS e na ficha de registro de empregados; Regina, que exerce a função de gerente, comanda um grupo de 45 pessoas, é dispensada da marcação de ponto e recebe salário de R$ 8.000,00 acrescido de gratificação de função e R$ 4.000,00.

De acordo com a CLT, em relação ao direito a horas extras, assinale a afirmativa correta.

(A) Somente José terá direito a horas extras, caso ultrapasse a jornada constitucional.

(B) Nenhum dos empregados indicados no enunciado terá direito a horas extras.

(C) Vanilda e Regina terão direito a horas extras, caso ultrapassem a jornada constitucional.

(D) José e Regina terão direito a horas extras, caso ultrapassem a jornada constitucional.

José que é teletrabalhador por produção está excluído do regime de duração de trabalho e, portanto, não terá direito às horas extras, na forma do art. 62, III, da CLT. Vanilda é considerada trabalhadora externa e por possuir tal condição inclusive com anotação em CTPS está excluída do regime de duração de trabalho e, portanto, não terá direito às horas extras, na forma do art. 62, I, da CLT. Por fim, Regina, que exerce a função de gerente, está excluída do regime de duração de trabalho e, portanto, não terá direito às horas extras, na forma do art. 62, II, da CLT.

Gabarito "B".

(OAB/Exame XXXVIII) Você advoga para uma rede de farmácias e recebeu uma petição inicial de reclamação trabalhista para elaborar defesa acerca de pedido de tempo despendido com troca de uniforme. No caso, alega o autor que levava cerca de 20 minutos para vestir o uniforme, composto por calça social comum, camisa social simples e sapato comum, só podendo registrar o ponto já uniformizado. Afirma, ainda, que levava o uniforme diariamente para casa para higienizá-lo, podendo chegar às dependências do empregador já uniformizado.

Sobre a hipótese apresentada, observadas as normas da CLT, assinale a opção que você apresentaria em defesa de sua cliente.

(A) O tempo despendido para a troca de uniforme sempre será computado na duração do trabalho, pois o empregado já se encontra nas dependências do empregador. Já o tempo despendido na higienização não deve ser computado.

(B) Inexistindo obrigatoriedade de troca de uniforme nas dependências do empregador, o tempo despendido não é computado na jornada de trabalho. Tampouco deve ser computado o tempo de higienização.

(C) O tempo despendido na troca de uniforme, assim como o gasto na higienização do mesmo, são computados na jornada de trabalho, pois estão relacionados diretamente com a função desempenhada e a obrigatoriedade de trabalhar com o uniforme.

(D) O tempo despendido na higienização do uniforme deverá ser computado na duração do trabalho, pois reduz o intervalo mínimo entre duas jornadas. Já a troca de uniforme comum não deve ser computado, porque não há obrigatoriedade de troca na empresa.

A: incorreta, pois a troca de uniforme somente será considerado tempo à disposição do empregador caso seja obrigatória na empresa, art. 4º, § 2º, VIII, CLT. **B:** correta, pois nos termos do art. 4º, VIII, da CLT, não será considerado tempo à disposição do empregador quando a troca de uniforme não for obrigatória na empresa. **C:** incorreta, pois não há obrigatoriedade de troca e higienização na empresa. Vide comentários anteriores. **D:** incorreta, pois o tempo gasto na higienização do uniforme não é considerado tempo à disposição do empregador, art. 4º CLT. Isso porque, nos termos do art. 456-A, parágrafo único, CLT a higienização do uniforme é de responsabilidade do trabalhador, salvo nas hipóteses em que forem necessários procedimentos ou produtos diferentes dos utilizados para a higienização das vestimentas de uso comum.

Gabarito "B".

(OAB/Exame XXXVII) Rachel foi contratada como empregada em 2019 por uma sociedade empresária fabricante de automóveis. Ocorre que a fábrica fica em um lugar longínquo, não servido por transporte público regular, e por isso a sociedade empresária disponibiliza um ônibus para buscar os empregados pela manhã e deixá-los em casa, ao final da jornada. Raquel gasta diariamente, em média, 50 minutos para chegar ao emprego e outros 50 minutos para retorno.

Considerando esses fatos e o que dispõe a CLT, assinale a afirmativa correta.

(A) Os 50 minutos gastos na ida e os 50 minutos gastos na volta devem ser pagos como horas extras, na condição de hora *in itinere*.

(B) O tempo despendido pelo empregado desde sua residência até o posto de trabalho e para seu retorno não será computado na jornada de trabalho.

(C) O tempo gasto no transporte deverá ser pago porque será computado na jornada de trabalho, mas sem adicional.

(D) O juiz, no caso concreto, após a análise da geografia do local, deverá decidir se o tempo gasto no transporte deverá, ou não, ser quitado como hora extra.

Nos termos do art. 58, § 2º, da CLT o tempo despendido pelo empregado desde a sua residência até a efetiva ocupação do posto de trabalho e para o seu retorno, caminhando ou por qualquer meio de transporte, inclusive o fornecido pelo empregador, não será computado na jornada de trabalho, por não ser tempo à disposição do empregador. Vale dizer que após a Reforma Trabalhista (Lei 13.467/2017) a súmula 90 do TST perdeu sua aplicabilidade.

Gabarito "B".

(OAB/Exame XXXVII) Sabrina era empregada de um grande escritório de contabilidade desde 2021, e sempre chegava ao local de trabalho com 5 minutos de antecedência em relação ao horário contratual para trocar a roupa e colocar o uniforme da sociedade empresária. O empregador permitia que o empregado chegasse uniformizado, mas Sabrina achava melhor trocar a roupa na empresa por questão de segurança. Da mesma forma, após terminar o horário contratual, Sabrina permanecia mais 5 minutos no emprego para tirar o uniforme e colocar a sua roupa pessoal.

Sabrina foi dispensada em fevereiro de 2023 e ajuizou reclamação trabalhista postulando 10 minutos diários de horas extras relativas às trocas de roupa.

Sobre a hipótese apresentada, diante do que dispõe a CLT, assinale a afirmativa correta.

(A) Sabrina está correta na postulação e, caso comprovada, ensejará o pagamento de horas extras.

(B) A sociedade empresária deverá pagar metade do período como hora extra, uma vez que o excesso era de 10 minutos diários e o objetivo era a troca de uniforme.

(C) Sabrina terá direito ao pagamento dos 10 minutos diários, mas não do adicional de 50%.

(D) Sabrina está errada, pois esse período não será descontado nem computado como jornada extraordinária.

Nos termos do art. 58, § 1º, da CLT não serão descontadas nem computadas como jornada extraordinária as variações de horário no registro de ponto não excedentes de cinco minutos, observado o limite máximo de dez minutos diários. Ademias, não serão considerados tempo à disposição do empregador troca de roupa ou uniforme, quando não houver obrigatoriedade de realizar a troca na empresa.

Gabarito "D".

(OAB/Exame XXXVII) A sociedade empresária Soluções Perfeitas Ltda. pretende implantar banco de horas com compensação das eventuais horas extras cumpridas em até 2 meses e, caso não compensadas, com pagamento ao empregado com adicional legal.

Considerando esses fatos e o que dispõe a CLT, assinale a afirmativa correta.

(A) A instituição do banco de horas depende de norma coletiva para sua validade, porque a compensação será superior a 30 dias.

(B) O banco de horas poderá ser pactuado por acordo individual escrito, porque a compensação será feita em menos de 6 meses.

(C) O banco de horas é proibido por Lei, independentemente do tempo previsto para compensação das horas.

(D) O banco de horas pode ser feito por acordo individual ou coletivo independentemente do tempo para compensação, desde que seja pago o adicional legal para as horas não compensadas.

A: incorreta, pois somente dependerá de norma coletiva a compensação superior a seis meses, art. 59, §§ 2º e 5º da CLT. **B:** correta, pois nos termos do art. 59, § 5º, CLT o banco de horas poderá ser pactuado por acordo individual escrito, desde que a compensação ocorra no período máximo de seis meses. **C:** incorreta, pois o banco de horas está previsto na CLT no art. 59, §§ 2º, 5º e 6º, da CLT. **D:** incorreta, pois nos termos do art. 59 § 6º, CLT é lícito o regime de compensação de jornada estabelecido por acordo individual, tácito ou escrito, para a compensação no mesmo mês. Para as compensações no período de até 6 meses há obrigatoriedade de acordo individual escrito, art. 59, § 5º, CLT. Já para as compensações superiores a 6 meses até 1 ano deve haver acordo ou convenção coletiva, art. 59, § 2º, CLT. Nessas hipóteses poderá ser dispensado o acréscimo de salário.

Gabarito "B".

(OAB/Exame XXXVI) Gael foi contratado pela *Sociedade Empresária Aldeia da Pipoca Ltda.* em fevereiro de 2022 como cozinheiro. No contrato de trabalho de Gael, há uma cláusula prevendo que a jornada de trabalho será de 8 horas diárias de 2ª a 6ª feira, com intervalo de 1 hora, e de 4 horas aos sábados, sem intervalo. Na mesma cláusula, há previsão de que, havendo realização de horas extras, elas irão automaticamente para um banco de horas e deverão ser compensadas em até 5 meses. Em conversas informais com os colegas, Gael ficou sabendo que não existe nenhuma previsão de banco de horas em norma coletiva da sua categoria profissional.

Considerando a situação retratada e os termos da CLT, assinale a afirmativa correta.

(A) Trata-se de cláusula nula, porque a instituição do banco de horas precisa ser feita em convenção coletiva de trabalho.

(B) É possível a pactuação individual do banco de horas desde que a compensação seja feita em até 12 meses.

(C) A cláusula é válida, porque a compensação ocorrerá em menos de 6 meses, cabendo acerto individual com o empregado para a instituição do banco de horas.

(D) Trata-se de cláusula nula, porque a instituição do banco de horas precisa ser feita em acordo coletivo de trabalho.

No presente caso as horas extras trabalhadas em excesso deverão ser compensadas em até 5 meses. Sendo assim, dispõe o art. 59, § 5º, da CLT que poderá ser pactuado por acordo individual escrito, desde que a compensação ocorra no período máximo de seis meses. Dessa forma, a cláusula se mostra plenamente válida.
Gabarito "C".

(OAB/Exame XXXV) Rogéria trabalha como eletricista na companhia de energia elétrica da sua cidade, cumprindo jornada diária de 6 horas, de 2ª a 6ª feira, com intervalo de 1 hora para refeição. Em um sábado por mês, Rogéria precisa permanecer na sede da companhia por 12 horas para atender imediatamente a eventuais emergências (queda de energia, estouro de transformador ou outras urgências). Para isso, a empresa mantém um local reservado com cama, armário e espaço de lazer, até porque não se sabe se haverá, de fato, algum chamado. De acordo com a CLT, assinale a opção que indica a denominação desse período no qual Rogéria permanecerá na empresa aguardando eventual convocação para o trabalho e como esse tempo será remunerado.

(A) Sobreaviso; será pago na razão de 1/3 do salário normal.

(B) Prontidão; será pago na razão de 2/3 do salário-hora normal.

(C) Hora extra; será pago com adicional de 50%.

(D) Etapa; será pago com adicional de 100%.

O período é considerado como de prontidão que caracteriza-se pelo fato de o empregado permanecer, fora de seu horário habitual de trabalho, nas dependências do empregador ou em local por ele determinado, aguardando ordens de serviço, em local destinado para descanso. Vale dizer que com relação aos ferroviários, nos termos do art. 244, § 3º, da CLT considera-se de "prontidão" o empregado que ficar nas dependências da estrada, aguardando ordens. A escala de prontidão será, no máximo, de doze horas. As horas de prontidão serão, para todos os efeitos, contadas à razão de 2/3 (dois terços) do salário-hora normal. Já o "sobreaviso" nos termos da súmula 428, item II, do TST considera-se o empregado que, a distância e submetido a controle patronal por instrumentos telemáticos ou informatizados, permanecer em regime de plantão ou equivalente, aguardando a qualquer momento o chamado para o serviço durante o período de descanso. Vale dizer

que em relação aos ferroviários a CLT ensina em seu art. 244, § 4º Considera-se de "sobreaviso" o empregado efetivo, que permanecer em sua própria casa, aguardando a qualquer momento o chamado para o serviço. Cada escala de "sobreaviso" será, no máximo, de vinte e quatro horas, As horas de "sobreaviso", para todos os efeitos, serão contadas à razão de 1/3 (um terço) do salário normal.
Gabarito "B".

(OAB/Exame XXXIV) Rita trabalha, desde a contratação, das 22h às 5h, como recepcionista em um hospital. Tendo surgido uma vaga no horário diurno, a empresa pretende transferir Rita para o horário diurno. Diante disso, de acordo com o entendimento consolidado da jurisprudência do TST, assinale a afirmativa correta.

(A) A alteração do turno de trabalho do empregado é vedada, pois implica redução remuneratória pela perda do respectivo adicional.

(B) A alteração do turno noturno para o diurno é lícita, mesmo com a supressão do adicional noturno.

(C) A alteração de turno depende do poder diretivo do empregador, mas o adicional noturno não pode ser suprimido.

(D) A alteração do turno de trabalho será lícita, desde que haja a incorporação definitiva do adicional ao salário de Rita.

O adicional pago ao empregado em labor noturno denomina-se "salário-condição", ou seja, tal parcela integra o salário do empregado, mas não se incorpora de maneira definitiva. Nessa linha, a súmula 265 do TST ensina que a transferência para o período diurno de trabalho implica a perda do direito ao adicional noturno.
Gabarito "B".

(OAB/Exame XXXIV) Milton possui uma fábrica de massas que conta com 23 (vinte e três) empregados. Em fevereiro de 2021, Milton conversou individualmente com cada empregado e propôs, para trazer maior agilidade, que dali em diante cada qual passasse a marcar ponto por exceção, ou seja, só marcaria a eventual hora extra realizada. Assim, caso a jornada fosse cumprida dentro das 8 (oito) horas diárias, não haveria necessidade de marcação. Diante da concordância, foi feito um termo individual para cada empregado, que foi assinado.

Sobre a hipótese apresentada, de acordo com o disposto na CLT, assinale a afirmativa correta.

(A) O acordo é inválido, porque somente poderia ser feito por norma coletiva, e não individual.

(B) O acerto é válido, porque o registro de ponto por exceção à jornada regular de trabalho pode ser feito por meio de acordo individual.

(C) A alteração, para ter validade, depende da homologação do Poder Judiciário, por meio de uma homologação de acordo extrajudicial.

(D) Para o acerto da marcação por exceção, é obrigatória a criação de uma comissão de empregados, que irá negociar com o empregador, e, em contrapartida, a empresa deve conceder alguma vantagem.

A: incorreta, pois nos termos do art. 74, § 4º, da CLT a utilização de registro de ponto por exceção poderá ser acordada mediante acordo individual escrito, convenção coletiva ou acordo coletivo de trabalho. **B:** correta, pois nos termos do art. 74, § 4º, da CLT a utilização de registro de ponto por exceção poderá ser acordada mediante acordo individual escrito. **C:** incorreta, não há tal exigência legal, vide art. 74, § 4º, CLT. **D:** incorreta, não há tal exigência legal, vide art. 74, § 4º, CLT.

Gabarito "B".

(OAB/Exame XXXIV) Determinada sociedade empresária propôs, em 2022, a um grupo de candidatos a emprego, um contrato de trabalho no qual a duração máxima seria de 30 (trinta) horas semanais, sem a possibilidade de horas extras. Como alternativa, propôs um contrato com duração de 26 (vinte e seis) horas semanais, com a possiblidade de, no máximo, 6 (seis) horas extras semanais. Um dos candidatos consultou você, na qualidade de advogado(a), sobre os contratos de trabalho oferecidos. Assinale a opção que apresenta, corretamente, sua resposta.

(A) Os dois casos apresentam contratos de trabalho em regime de tempo parcial.

(B) No primeiro caso, trata-se de contrato de trabalho em regime de tempo parcial; no segundo, trata-se de contrato de trabalho comum, dada a impossibilidade de horas extras nessa modalidade contratual.

(C) Os dois casos não são contratos em regime de tempo parcial, já que o primeiro excede o tempo total de horas semanais e, o segundo, contém horas extras, o que não é cabível.

(D) Não se trata de contrato por tempo parcial, pois, na hipótese, admite-se tempo inferior ao limite máximo, quando na modalidade de regime por tempo parcial os contratos só poderão ter 30 (trinta) ou 26 (vinte e seis) horas.

Previsto no art. 58-A da CLT, o regime de tempo parcial é aquele cuja duração não exceda a 30 horas semanais, sem a possibilidade de horas suplementares semanais, ou, ainda, aquele cuja duração não exceda a 26 horas semanais, com a possibilidade de acréscimo de até seis horas suplementares semanais. Dessa forma, ambos os contratos propostos se mostram legítimos contratos de trabalho por tempo parcial.

Gabarito "A".

(OAB/Exame Unificado – 2019.2) Fábio trabalha em uma mineradora como auxiliar administrativo. A sociedade empresária, espontaneamente, sem qualquer previsão em norma coletiva, fornece ônibus para o deslocamento dos funcionários para o trabalho, já que ela se situa em local cujo transporte público modal passa apenas em alguns horários, de forma regular, porém insuficiente para a demanda. O fornecimento do transporte pela empresa é gratuito, e Fábio despende cerca de uma hora para ir e uma hora para voltar do trabalho no referido transporte. Além do tempo de deslocamento, Fábio trabalha em uma jornada de 8 horas, com uma hora de pausa para repouso e alimentação.

Insatisfeito, ele procura você, como advogado(a), a fim de saber se possui algum direito a reclamar perante a Justiça do Trabalho.

Considerando que Fábio foi contratado em dezembro de 2017, bem como a legislação em vigor, assinale a afirmativa correta.

(A) Fábio faz jus a duas horas extras diárias, em razão do tempo despendido no transporte.

(B) Fábio não faz jus às horas extras, pois o transporte fornecido era gratuito.

(C) Fábio faz jus às horas extras, porque o transporte público era insuficiente, sujeitando o trabalhador aos horários estipulados pelo empregador.

(D) Fábio não faz jus a horas extras, porque o tempo de transporte não é considerado tempo à disposição do empregador.

"D" é a resposta correta. Isso porque o enunciado trata do instituto denominado horas in itinere, sobre o qual o art. 58, § 2º, da CLT dispõe que o tempo gasto pelo empregado desde a sua residência até a efetiva ocupação do posto de trabalho e para o seu retorno, caminhando ou por qualquer meio de transporte, inclusive o fornecido pelo empregador, não será computado na jornada de trabalho, por não ser tempo à disposição do empregador. Por essa razão Fábio não fará jus ao pedido de horas extras.

Gabarito "D".

(OAB/Exame Unificado – 2019.1) Você, como advogado(a), foi procurado por Pedro para ajuizar ação trabalhista em face da ex-empregadora deste. Pedro lhe disse que após encerrar o expediente e registrar o efetivo horário de saída do trabalho, ficava na empresa em razão de eventuais tiroteios que ocorriam na região. Nos meses de verão, ocasionalmente, permanecia na empresa para esperar o escoamento da água decorrente das fortes chuvas. Diariamente, após o expediente, havia culto ecumênico de participação voluntária e, dada sua atividade em setor de contaminação radioativa, era obrigado a trocar de uniforme na empresa, o que levava cerca de 20 minutos.

Considerando o labor de Pedro, de 10/12/2017 a 20/09/2018, e a atual legislação em vigor, assinale a afirmativa correta.

(A) Apenas o período de troca de uniforme deve ser requerido como horário extraordinário.

(B) Todo o tempo que Pedro ficava na empresa gera hora extraordinária, devendo ser pleiteado como tal em sede de ação trabalhista.

(C) Nenhuma das hipóteses gera labor extraordinário.

(D) Como apenas a questão religiosa era voluntária, somente essa não gera horário extraordinário.

A: correta. Nos termos do art. 4º, § 2º, VIII, da CLT, a troca de uniforme não será considerada como tempo à disposição quando não for obrigatório seu uso. Assim, sendo obrigatória a troca, será considerada como tempo à disposição do empregador, devendo ser computado na jornada de trabalho do empregado; **B:** incorreta, pois o tempo que permanecia na empresa por conta dos tiroteios, chuvas e culto, na forma do art. 4º, § 2º e inciso I, da CLT não é considerado tempo à disposição do empregador; **C:** incorreta, pois a troca de uniforme irá gerar labor extraordinário, art. 4º, § 2º, VIII, da CLT; **D:** incorreta, pois a permanência por escolha própria nas dependências da empresa para atividade religiosa não é considerada tempo à disposição, art. 4º, § 2º, I, da CLT.

Gabarito "A".

(OAB/Exame Unificado – 2019.1) Rita de Cássia é enfermeira em um hospital desde 10/01/2018, no qual trabalha em regime de escala de 12x36 horas, no horário das 7.00 às 19.00 horas. Tal escala encontra- se prevista na convenção coletiva da categoria da empregada. Alguns plantões cumpridos por Rita de Cássia coincidiram com domingos e outros, com feriados. Em razão disso, a empregada solicitou ao seu gestor que as horas cumpridas nesses plantões fossem pagas em dobro.

Sobre a pretensão da empregada, diante do que preconiza a CLT, assinale a afirmativa correta.

(A) Ela fará jus ao pagamento com adicional de 100% apenas nos feriados.

(B) Ela não terá direito ao pagamento em dobro nem nos domingos nem nos feriados.

(C) Ela terá direito ao pagamento em dobro da escala que coincidir com o domingo.

(D) Ela receberá em dobro as horas trabalhadas nos domingos e feriados.

"B" é a opção correta. Nos termos do art. 59-A da CLT, mediante acordo individual escrito, convenção coletiva ou acordo coletivo de trabalho, é permitido às partes estabelecer horário de trabalho de 12 horas seguidas por 36 horas ininterruptas de descanso, devendo ser observados ou indenizados os intervalos para repouso e alimentação. Contudo, o parágrafo único do mesmo dispositivo legal ensina que a remuneração mensal pactuada pelo horário acima estabelecido já abrange os pagamentos devidos pelo descanso semanal remunerado e pelo descanso em feriados, sendo considerados compensados os feriados e as prorrogações de trabalho noturno. Importante notar que o enunciado indicou a data de "10/01/2018", devendo, portanto ser aplicadas as regras estabelecidas pela nova legislação trabalhista, Lei 13.467/2017.
Gabarito "B".

(OAB/Exame Unificado – 2018.3) Renato trabalha na empresa Ramos Santos Ltda. exercendo a função de técnico de manutenção. De segunda a sexta-feira, ele trabalha das 8h às 17h, com uma hora de almoço, e, aos sábados, das 8h às 12h, sem intervalo.

Ocorre que, por reivindicação de alguns funcionários, a empresa instituiu um culto ecumênico toda sexta-feira, ao final do expediente, cujo comparecimento é facultativo. O culto ocorre das 17h às 18h, e Renato passou a frequentá-lo.

Diante dessa situação, na hipótese de você ser procurado como advogado(a) em consulta formulada por Renato sobre jornada extraordinária, considerando o enunciado e a legislação trabalhista em vigor, assinale a afirmativa correta.

(A) Renato não faz jus a qualquer valor de horas extras.

(B) Renato tem direito a uma hora extra semanal, pois o culto foi instituído pela empregadora.

(C) Renato tem direito a uma hora extra diária, de segunda a sexta-feira, em razão do horário de trabalho das 8h às 17h.

(D) Renato tem direito a nove horas extras semanais, sendo cinco de segunda a sexta-feira e mais as 4 aos sábados.

"A" é a opção correta. Isso porque, nos termos do art. 4º, § 2º, I, da CLT o exercício de práticas religiosas por escolha própria do empregado não se considera tempo à disposição do empregador, não sendo computado como período extraordinário o que exceder a jornada normal, ainda que ultrapasse o limite de cinco minutos previsto no § 1º do art. 58 da CLT.
Gabarito "A".

(OAB/Exame Unificado – 2018.2) Felisberto foi contratado como técnico pela sociedade empresária Montagens Rápidas Ltda., em janeiro de 2018, recebendo salário correspondente ao mínimo legal. Ele não está muito satisfeito, mas espera, no futuro, galgar degraus dentro da empresa. O empregado em questão trabalha na seguinte jornada: de segunda a sexta-feira, das 10h às 19h48min com intervalo de uma hora para refeição, tendo assinado acordo particular por ocasião da admissão para não trabalhar aos sábados e trabalhar mais 48 minutos de segunda a sexta-feira.

Com base na situação retratada e na Lei, considerando que a norma coletiva da categoria de Felisberto é silente a respeito, assinale a afirmativa correta.

(A) Há direito ao pagamento de horas extras, porque a compensação de horas teria de ser feita por acordo coletivo ou convenção coletiva, não se admitindo acordo particular para tal fim.

(B) Não existe direito ao pagamento de sobrejornada, porque as partes podem estipular qualquer quantidade de jornada, independentemente de limites.

(C) A Lei é omissa a respeito da forma pela qual a compensação de horas deva ser realizada, razão pela qual caberá ao juiz, valendo-se de bom senso e razoabilidade, julgar por equidade.

(D) A situação não gera direito a horas extras, porque é possível estipular compensação semanal de horas, inclusive por acordo particular, como foi o caso.

"D" é a afirmativa correta. Isso porque no caso em análise há compensação de jornada de trabalho, que encontra-se previsto no art. 59, § 2º, da CLT e nada mais é que a compensação do excesso de *horas* trabalhadas em um dia com a correspondente diminuição em outro dia. Em outras palavras, o trabalhador labora mais em alguns dias para descansar em outro. No caso em debate, a compensação é feita no período de uma semana. Nessa linha, ensina o art. 59, § 6º, da CLT que caso o excesso de horas trabalhadas em um dia for compensado pela correspondente diminuição em outro dia, de maneira que a compensação ocorra no mesmo mês, o regime de compensação de jornada poderá ser estabelecido por acordo individual, tácito ou escrito.
Gabarito "D".

(OAB/Exame Unificado – 2018.1) Lúcio foi dispensado do emprego, no qual trabalhou de 17/11/2017 a 20/03/2018, por seu empregador. Na sociedade empresária em que trabalhou, Lúcio batia o cartão de ponto apenas no início e no fim da jornada efetiva de trabalho, sem considerar o tempo de café da manhã, de troca de uniforme (que consistia em vestir um jaleco branco e tênis comum, que ficavam na posse do empregado) e o tempo em que jogava pingue-pongue após almoçar, já que o fazia em 15 minutos, e poderia ficar jogando até o término do intervalo integral. Você foi procurado por Lúcio para, como advogado, ingressar com ação pleiteando horas extras pelo tempo indicado no enunciado não constante dos controles de horário.

Sobre o caso, à luz da CLT, assinale a afirmativa correta.

(A) Lúcio não faz jus às horas extras pelas atividades indicadas, pois as mesmas não constituem tempo à disposição do empregador.

(B) Lúcio faz jus às horas extras pelas atividades indicadas, pois as mesmas constituem tempo à disposição do empregador, já que Lúcio estava nas dependências da empresa.

(C) Apenas o tempo de alimentação e café da manhã devem ser considerados como tempo à disposição, já que o outro representa lazer do empregado.

(D) Apenas o tempo em que ficava jogando poderá ser pretendido como hora extra, pois Lúcio não desfrutava integralmente da pausa alimentar.

"A" é a assertiva correta. Isso porque, nos termos do art. 4º, da CLT considera-se como de serviço efetivo o período em que o empregado esteja à disposição do empregador, aguardando ou executando ordens, salvo disposição especial expressamente consignada. Nessa linha, o § 2º do mesmo dispositivo legal, especificamente nos incisos II, III, V e VIII ensina que tais práticas não se consideram tempo à disposição do empregador e não serão computadas como período extraordinário o que exceder a jornada normal.

Gabarito "A".

(OAB/Exame Unificado – 2018.1) Jorge trabalhou para a Sapataria Bico Fino Ltda., de 16/11/2017 a 20/03/2018. Na ocasião realizava jornada das 9h às 18h, com 15 minutos de intervalo. Ao ser dispensado ajuizou ação trabalhista, reclamando o pagamento de uma hora integral pela ausência do intervalo, além dos reflexos disso nas demais parcelas intercorrentes do contrato de trabalho.

Diante disso, e considerando o texto da CLT, assinale a afirmativa correta.

(A) Jorge faz jus a 45 minutos acrescidos de 50%, porém sem os reflexos, dada a natureza jurídica indenizatória da parcela.

(B) Jorge faz jus a 45 minutos acrescidos de 50%, além dos reflexos, dada a natureza jurídica salarial da parcela.

(C) Jorge faz jus a uma hora integral acrescida de 50%, porém sem os reflexos, dada a natureza jurídica indenizatória da parcela.

(D) Jorge faz jus a uma hora integral acrescida de 50%, porém sem os reflexos, dada a natureza jurídica salarial da parcela.

"A" é a afirmativa correta. Isso porque, nos termos do art. 71, § 4º, da CLT a não concessão ou a concessão parcial do intervalo intrajornada mínimo, para repouso e alimentação, a empregados urbanos e rurais implica o pagamento, de natureza indenizatória, apenas do período suprimido, com acréscimo de 50% (cinquenta por cento) sobre o valor da remuneração da hora normal de trabalho.

Gabarito "A".

(OAB/Exame Unificado – 2016.1) Maria trabalha como soldadora em uma empresa há 7 anos. Sua jornada contratual deveria ser de segunda a sexta-feira, das 9 às 18h, com intervalo de uma hora para refeição e, aos sábados, das 8 às 12h. Nos últimos 3 anos, no entanto, o empregador vem exigindo de Maria a realização de uma hora extra diária, pois realizou um grande negócio de exportação e precisa cumprir rigorosamente os prazos fixados. Findo o contrato de exportação, o empregador determinou que Maria retornasse à sua jornada contratual original.

Nesse caso, considerando o entendimento consolidado do TST, assinale a afirmativa correta.

(A) As horas extras se incorporaram ao salário de Maria e dela não podem ser retiradas, sendo vedada a alteração maléfica.

(B) O empregador deverá pagar a Maria uma indenização de 1 mês de horas extras por cada ano de horas extras trabalhadas e, assim, suprimir o pagamento da sobrejornada.

(C) O empregador deverá conceder uma indenização à empregada pelo prejuízo financeiro, que deverá ser arbitrada de comum acordo entre as partes e homologada no sindicato.

(D) Maria terá de continuar a trabalhar em regime de horas extras, pois não se admite a novação objetiva na relação de emprego.

"B" é a alternativa correta. Isso porque, nos termos da súmula 291 do TST a supressão total ou parcial, pelo empregador, de serviço suplementar prestado com habitualidade, durante pelo menos 1 (um) ano, assegura ao empregado o direito à indenização correspondente ao valor de 1 (um) mês das horas suprimidas, total ou parcialmente, para cada ano ou fração igual ou superior a seis meses de prestação de serviço acima da jornada normal. O cálculo observará a média das horas suplementares nos últimos 12 (doze) meses anteriores à mudança, multiplicada pelo valor da hora extra do dia da supressão.

Gabarito "B".

(OAB/Exame Unificado – 2016.1) Pedro é empregado rural na Fazenda Granja Nova. Sua jornada é de segunda a sexta-feira, das 21 às 5h, com intervalo de uma hora para refeição.

Considerando o caso retratado, assinale a afirmativa correta.

(A) A hora noturna de Pedro será computada como tendo 60 minutos.

(B) A hora noturna rural é reduzida, sendo de 52 minutos e 30 segundos.

(C) A hora noturna de Pedro será acrescida de 20%.

(D) Não há previsão de redução de hora noturna nem de adicional noturno para o rural.

A: opção correta, pois no âmbito rural não se aplica a regra da hora fictamente reduzida prevista no art. 73, § 3º, CLT. Isso porque o trabalho noturno no âmbito rural contempla adicional de 25%, ou seja, superior ao adicional de 20% atribuído aos trabalhadores urbanos regidos pela CLT. O adicional noturno de 25% conferido aos rurícolas, em percentual superior, visa compensar a inexistência de direito à hora noturna disposta no art. 73, § 1º, da CLT. **B:** opção incorreta, pois como vimos no comentário anterior ao rural não se aplica a hora fictamente reduzida prevista no art. 73, § 1º, da CLT. **C:** opção incorreta, pois o trabalho noturno no âmbito rural assegura a percepção de adicional de 25%, nos termos do art. 7º, parágrafo único, da Lei 5.889/1973. **D:** opção incorreta, pois embora não haja previsão de redução de hora noturna para o rural, há previsão de adicional noturno no art. 7º, parágrafo único, da Lei 5.889/1973.

Gabarito "A".

(OAB/Exame Unificado – 2015.1) As sociedades empresárias ALFA e BETA, que atuam no ramo hoteleiro, foram fiscalizadas pela autoridade competente e multadas porque concediam intervalo de 30 minutos para refeição aos empregados que tinham carga horária de trabalho superior a 6 horas diárias. Ambas recorreram administrativamente da multa aplicada, sendo que a sociedade empresária ALFA alegou e comprovou que a redução da pausa alimentar havia sido acertada em acordo individual feito diretamente com todos os empregados, e a sociedade empresária BETA alegou e comprovou que a redução havia sido autorizada pela Superintendência Regional do Trabalho.

De acordo com a Constituição, a CLT e o entendimento sumulado pelo TST, assinale a afirmativa correta.

(A) As duas sociedades empresárias estão erradas, pois o intervalo mínimo a ser respeitado seria de uma hora para refeição e descanso.

(B) A sociedade empresária BETA não deveria ser multada, pois a autoridade administrativa autorizou no seu caso a redução do intervalo.

(C) As duas sociedades empresárias estão corretas, pois a diminuição da pausa alimentar tem justificativa jurídica e deve ser respeitada.

10. DIREITO DO TRABALHO — 733

(D) A sociedade empresária ALFA não deveria ser multada, pois a Constituição Federal reconhece os acordos individuais em razão da autonomia privada.

B é a opção correta, isso porque nos termos do art. 71, § 3º, da CLT o limite mínimo de uma hora para repouso ou refeição poderá ser reduzido por ato do Ministro do Trabalho, Indústria e Comércio, ou seja, a Superintendência Regional do Trabalho, que autorizará se verificar que o estabelecimento atende integralmente às exigências concernentes à organização dos refeitórios, e quando os respectivos empregados não estiverem sob regime de trabalho prorrogado a horas suplementares. Como consta no enunciado que a empresa BETA obteve essa autorização não poderia ser multada. No entanto, à empresa ALFA a multa deverá ser aplicada, tendo em vista que a redução no intervalo poderia ser feita por acordo coletivo ou convenção coletiva, mas não por acordo individual, art. 611-A, III, da CLT (prevalência do negociado sobre o legislado).
Gabarito "B".

(OAB/Exame Unificado – 2014.2) Jefferson é balconista numa loja e, por determinação do empregador e necessidade do serviço, precisou trabalhar 8 horas em um domingo. Agora Jefferson fará, na mesma semana, a compensação dessas horas. Sobre essa situação, assinale a opção correta.

(A) Uma vez que as horas foram prestadas no dia de domingo, a compensação deverá ser feita em dobro, ou seja, em 16 horas.

(B) Por imposição legal, as horas devidas devem ser compensadas e pagas ao trabalhador, com acréscimo de 100%, em função do seu sacrifício.

(C) A compensação deve ser feita pela hora simples (8 horas), pois não deve ser confundida com o pagamento, que, no caso, receberia acréscimo de 100%.

(D) Se a empresa estivesse em dificuldade financeira e não quisesse realizar a compensação, poderia criar um banco de horas extras diretamente com o empregado, e lançar nelas as horas extraordinárias.

A: incorreta, pois não existe em nosso ordenamento jurídico norma determinando a compensação do período em dobro. Há apenas ordem para pagamento em dobro da remuneração para o trabalho realizado aos domingos, art. 6º, § 3º, Decreto 27.048/1949. **B:** incorreta, pois uma vez celebrado acordo de compensação de horas, nos termos do art. 59, § 2º, da CLT o acréscimo de salário, o seja, o pagamento como horas extraordinárias será dispensado. **C:** correta, pois tendo em vista que a compensação foi feita dentro dos ditames legais, ou seja, foi feita dentro do espaço de uma semana, não haverá o pagamento de horas suplementares. **D:** incorreta, pois nos termos da súmula 85, item V, do TST o sistema banco de horas somente poderá ser criado por negociação coletiva.
Gabarito "C".

(OAB/Exame Unificado – 2012.3.B) Para os empregados que trabalham no interior das câmaras frigoríficas de baixa temperatura, assim definidas em Lei, será assegurado o seguinte intervalo especial:

(A) 10 minutos de repouso a cada 90 minutos de trabalho contínuo, não computado esse intervalo como de trabalho efetivo.

(B) 10 minutos de repouso a cada 50 minutos de trabalho contínuo, computado esse intervalo como de trabalho efetivo.

(C) 20 minutos de repouso depois de uma 1h40min de trabalho contínuo, computado esse intervalo como de trabalho efetivo.

(D) 15 minutos de intervalo antes de iniciar trabalho em sobrejornada, computado esse intervalo como de trabalho efetivo.

A correta é a "**C**", pois nos termos do art. 253 da CLT os empregados que trabalham no interior das câmaras frigoríficas e para os que movimentam mercadorias do ambiente quente ou normal para o frio e vice-versa, depois de 1 (uma) hora e 40 (quarenta) minutos de trabalho contínuo, será assegurado um período de 20 (vinte) minutos de repouso, computado esse intervalo como de trabalho efetivo.
Gabarito "C".

(OAB/Exame Unificado – 2012.3.B) Acerca do trabalho noturno, assinale a afirmativa **incorreta**.

(A) O adicional noturno constitui base de cálculo das horas extras prestadas dentro do módulo noturno.

(B) O adicional de periculosidade, pago pela exposição do trabalhador em período integral a condições perigosas, não é considerado base de cálculo do adicional noturno.

(C) A remuneração do trabalho noturno implica pagamento de adicional legal de, no mínimo, 20% sobre o valor da hora do trabalho diurno.

(D) No caso de a jornada trabalhada na integralidade do período noturno ultrapassar o horário assim considerado pela lei, é devida a remuneração do adicional pelas horas que ultrapassarem o módulo noturno.

A: correta, pois reflete o entendimento disposto na OJ 97 da SDI-1 do TST. **B:** incorreta, devendo ser assinalada, pois nos termos da OJ 259 da SDI-1 do TST O adicional de periculosidade deve compor a base de cálculo do adicional noturno. **C:** correta, pois reflete o disposto no art. 73 da CLT. **D:** correta, pois reflete o entendimento disposto na Súmula 60, II, do TST.
Gabarito "B".

(OAB/Exame Unificado – 2012.3.B – adaptada) Sobre o controle da jornada de trabalho do empregado, assinale afirmativa **incorreta**.

(A) O acréscimo de salário poderá ser dispensado se, por força de acordo ou convenção coletiva de trabalho, o excesso de horas em um dia for compensado pela correspondente diminuição em outro dia, de maneira que não exceda, no período máximo de um ano, à soma das jornadas semanais de trabalho previstas, nem seja ultrapassado o limite máximo de dez horas diárias.

(B) As variações de horário no registro de ponto, não excedentes de dez minutos, não serão descontadas nem computadas como jornada extraordinária, observado o limite de quinze minutos diários.

(C) Os empregados sob o regime de tempo parcial podem prestar horas extras.

(D) O acordo escrito entre empregado e empregador permite que não sejam pagas as horas extraordinárias prestadas no curso da semana feitas para compensar a ausência de labor aos sábados.

A: correta, pois reflete o disposto no art. 59, § 2º, da CLT. **B:** incorreta, devendo ser assinalada, pois nos termos do art. 58, § 1º, da CLT, não serão descontadas nem computadas como jornada extraordinária as variações de horário no registro de ponto não excedentes de cinco minutos, observado o limite máximo de dez minutos diários. **C:** correta, pois nos termos do art. 58-A da CLT para o trabalho parcial cuja duração não exceda a 30 horas semanais, não haverá a possibilidade de horas suplementares semanais. No entanto, caso a duração do trabalho não exceda a 26 horas semanais, haverá a possibilidade de acréscimo de até 6 horas suplementares semanais. **D**: correta, pois nos termos do art. 59, § 5º, da CLT poderá ser pactuado por acordo individual escrito, desde que a compensação ocorra no período máximo de seis meses. Ademais, o § 6º do mesmo dispositivo ensina que é lícito o regime de compensação de jornada estabelecido por acordo individual, tácito ou escrito, para a compensação no mesmo mês. Veja também a Súmula 85, item I do TST.

Gabarito "B".

(OAB/Exame Unificado – 2012.3.A) Maria foi contratada pela empresa Bolos S.A. para exercer a função de copeira, cumprindo jornada de trabalho de segunda à sexta-feira das 13:00 h às 17:00 h, sem intervalo alimentar.

Decorridos dois anos do início do pacto contratual, foi a empregada dispensada, recebendo as parcelas da ruptura. Contudo, inconformada porque jamais lhe foi permitido usufruir de intervalo para descanso e alimentação, Maria ajuíza reclamação trabalhista postulando o pagamento do período correspondente ao intervalo alimentar não concedido.

Diante da hipótese relatada, assinale a afirmativa correta.

(A) A ex-empregada faz jus ao pagamento de uma hora extraordinária diária, haja vista a supressão do intervalo *intrajornada*, na forma do art. 71, § 4º, da CLT.

(B) A ex-empregada faz jus ao pagamento de apenas 15 minutos diários a título de horas extraordinárias, haja vista a supressão do intervalo intrajornada, na forma do art. 71, § 4º, da CLT.

(C) A ex-empregada não faz jus ao pagamento de horas extraordinárias, porquanto diante da carga horária cumprida, não lhe era assegurada a fruição de intervalo intrajornada.

(D) A ex-empregada faz jus ao pagamento de indenização correspondente ao valor de uma hora extraordinária diária, haja vista a supressão do intervalo intrajornada.

A: incorreta, pois não houve a supressão do intervalo intrajornada; **B**: incorreta, veja comentários das alternativas "a" e "c". **C**: correta, pois nos termos do art. 71, *caput* e seu § 1º é devido intervalo intrajornada de, no mínimo, 1 hora e mediante negociação coletiva, não poderá exceder 2 horas, para os trabalhadores cuja duração de trabalhado exceda 6 horas e 15 minutos de intervalo quando a jornada de trabalho ultrapassar 4 horas. Assim, para os trabalhadores que tenham jornada de trabalho abaixo de 4 horas, não será devido intervalo intrajornada. **D**: incorreta, pois por não fazer jus ao intervalo intrajornada, nenhum valor lhe será devido.

Gabarito "C".

(OAB/Exame Unificado – 2011.3.B) Assinale a alternativa que contém categorias ou profissões que, de acordo com a lei, possuem intervalo interjornada diferenciado.

(A) Professores, médicos e rodoviários.

(B) Ferroviários, jornalistas e operadores cinematográficos.

(C) Advogados, mineiros de subsolo e securitários.

(D) Bancários, comerciários e domésticos.

A alternativa **B** está correta, pois nos termos do art. 245 da CLT para os ferroviários o intervalo interjornada, ou seja, entre uma jornada de trabalho e outra, é de 14 (quatorze) horas. Em conformidade com o art. 308 da CLT os jornalistas possuem intervalo interjornada de 10 (dez)

horas. Já os operadores cinematográficos, nos termos do art. 235, § 2º, da CLT possuem um intervalo interjornada de 12 (doze) horas.

Gabarito "B".

(OAB/Exame Unificado – 2011.3.A) Com relação às normas de duração do trabalho, assinale a alternativa correta.

(A) A concessão de intervalos para repouso e alimentação durante a jornada de seis horas descaracteriza o regime de turno ininterrupto de revezamento.

(B) Considera-se de "prontidão" o empregado que permanecer em sua própria casa, aguardando a qualquer momento o chamado para o serviço, com escala de, no máximo, vinte e quatro horas, sendo contadas as respectivas horas à razão de 1/3 (um terço) do salário normal.

(C) A compensação de jornada de trabalho pode ser ajustada por acordo individual escrito, acordo coletivo ou convenção coletiva.

(D) A mera insuficiência de transporte público regular enseja o pagamento de horas *in itinere*.

A: incorreta, pois nos termos da Súmula 360 do TST a concessão de intervalos para repouso e alimentação durante a jornada de seis horas NÃO descaracteriza o regime de turno ininterrupto de revezamento. **B**: incorreta, pois nos termos do art. 244, § 3º, da CLT considera-se de "prontidão" o empregado que ficar nas dependências da estrada, aguardando ordens. A escala de prontidão será, no máximo, de doze horas. As horas de prontidão serão, para todos os efeitos, contadas à razão de 2/3 (dois terços) do salário-hora normal **C**: correta, pois nos termos do art. 59, § 5º, da CLT poderá ser pactuado por acordo individual escrito, desde que a compensação ocorra no período máximo de seis meses. Ademais, o § 6º do mesmo dispositivo ensina que é lícito o regime de compensação de jornada estabelecido por acordo individual, tácito ou escrito, para a compensação no mesmo mês. Veja também a Súmula 85, item I do TST; **D**: incorreta, pois nos termos do art. 58, § 2º, da CLT o tempo despendido pelo empregado desde a sua residência até a efetiva ocupação do posto de trabalho e para o seu retorno, caminhando ou por qualquer meio de transporte, inclusive o fornecido pelo empregador, não será computado na jornada de trabalho, por não ser tempo à disposição do empregador.

Gabarito "C".

(OAB/Exame Unificado – 2011.2) João da Silva, empregado da empresa Alfa Ltda., exerce suas atribuições funcionais em dois turnos de trabalho alternados de oito horas cada, que compreendem o horário diurno e o noturno. Considerando que a atividade de seu empregador não se desenvolve de forma ininterrupta e que não existe norma coletiva disciplinando a jornada de trabalho, assinale a alternativa correta.

(A) João não tem direito ao pagamento de horas extras, mas tem direito à redução da hora noturna.

(B) João tem direito ao pagamento de horas extras, mas não tem direito à redução da hora noturna.

(C) João tem direito ao pagamento de horas extras e à redução da hora noturna.

(D) João não tem direito ao pagamento de horas extras e à redução da hora noturna.

A: incorreta, pois por exercer a função em turnos de revezamento fará jus ao pagamento de horas extras, na medida em que sua jornada era exercida acima do limite de 6 (seis) horas disposto no art. 7º, XIV, da CF e possui também a redução da hora noturna, OJ 395 SDI-1 do TST; **B**: incorreta, pois contraria a disposição contida na OJ 395 da SDI-1 do TST; **C**: correta, pois, por exercer a função em turnos de revezamento, tem direito ao pagamento de horas extras, na medida em que sua jornada era exercida acima do limite de 6 (seis) horas permitido pelo art. 7º, XIV, da CF. Ademais, o TST, por meio do entendimento consubstanciado na OJ 395 da SDI-1, afirma que não há incompatibilidade entre as disposições contidas nos arts. 73, § 1º, da CLT e 7º, XIV, da CF. Assim, o trabalho em regime de turnos ininterruptos de revezamento não retira o direito à hora noturna reduzida; **D:** incorreta, *vide* comentários anteriores.

Gabarito "C".

(OAB/Exame Unificado – 2010.2) A respeito do regime de compensação de jornada do banco de horas, assinale a alternativa correta.

(A) Pode ser instituído mediante acordo, verbal ou por escrito, entre empresa e empregado, facultando-se a participação dos sindicatos representantes das categorias.

(B) Não admite compensação de jornada que ultrapassar o limite máximo de 10 (dez) horas diárias.

(C) Pode ser compensado após a rescisão do contrato de trabalho, se houver crédito em favor do trabalhador, respeitado o limite de validade do acordo.

(D) O excesso de jornada a ser compensada não pode exceder, no prazo legal máximo de 1 (um) semestre, a soma das jornadas semanais previstas para o período.

"B" é a opção correta. Isso porque, nos termos do art. 59, § 5º, da CLT o acordo de compensação poderá ser pactuado por acordo individual escrito, desde que a compensação ocorra no período máximo de seis meses. Ademais, o § 6º do mesmo dispositivo ensina que é lícito o regime de compensação de jornada estabelecido por acordo individual, tácito ou escrito, para a compensação no mesmo mês. Veja também a Súmula 85, item I do TST.

Gabarito "B".

6. ALTERAÇÃO, SUSPENSÃO E INTERRUPÇÃO DO CONTRATO DE TRABALHO – FÉRIAS

(OAB/Exame XXXIX) Uma família, composta de pai, mãe e uma filha, respectivamente Jorge, Paula e Rita, trabalha na mesma sociedade empresária como funcionários do departamento de produção. Rita tem 16 anos de idade, estuda na parte da manhã em uma escola vizinha ao local de trabalho, e está cursando o primeiro ano do ensino médio. Os pais são responsáveis pelo setor de qualidade, que não conta com nenhum outro funcionário. Os três procuraram você, como advogado(a), porque desejam fazer coincidir as férias escolares de Rita, no mês de julho, com as férias de Jorge e Paula, a fim de viabilizar uma viagem familiar. Entretanto, o empregador indeferiu o requerimento das férias de Jorge e Paula, tendo deferido apenas o de Rita.

Sobre o direito às férias, assinale a afirmativa correta.

(A) Cabe o ajuizamento de reclamação trabalhista requerendo que o juiz marque as férias dos 3 membros da mesma família, pois Rita tem direito às férias no período escolar e deverá ser acompanhada pelos pais.

(B) Cabe aos empregados a designação do período de férias, inexistindo direito ao empregador de indeferi--las.

(C) Os três poderão gozar férias juntos, mas Rita não tem direito de requerer férias concomitantemente com o período de férias escolares.

(D) Rita tem direito a fazer coincidir suas férias no emprego com as férias escolares e seus pais terão direito a gozar férias no mesmo período, desde que isso não resulte prejuízo para o serviço, causa do indeferimento pelo empregador.

Nos termos do art. 136, § 1º, CLT Os membros de uma família, que trabalharem no mesmo estabelecimento ou empresa, terão direito a gozar férias no mesmo período, se assim o desejarem e se disto não resultar prejuízo para o serviço. Como os pais são os únicos responsáveis pelo setor de qualidade, que não conta com nenhum outro funcionário, haveria prejuízo ao empregador, sendo lícito o indeferimento do pedido de férias efetuado pela Família.

Gabarito "D".

(OAB/Exame XXXVII) João Luiz trabalha desde os 18 anos no Banco Dinheiro Futuro S/A. Começou como caixa em 1990. Devido ao seu desempenho brilhante, agora, no dia 30/05/2022, foi eleito diretor. Em razão dessa nova condição, consultou você, na qualidade de advogado(a), acerca dos desdobramentos jurídicos relacionados ao seu contrato de trabalho.

Sobre a hipótese, considerando o teor das normas trabalhistas em vigor e o entendimento jurisprudencial consolidado do TST, assinale a afirmativa correta.

(A) O empregado eleito para ocupar cargo de diretor tem o respectivo contrato de trabalho suspenso, não se computando o tempo de serviço deste período, salvo se permanecer a subordinação jurídica inerente à relação de emprego.

(B) Com a eleição do empregado para o cargo de diretor, o respectivo contrato de trabalho será extinto com o pagamento dos direitos rescisórios pertinentes.

(C) A eleição de empregado para o cargo de diretor não induz suspensão ou interrupção do contrato de trabalho, uma vez que se considera promoção, podendo haver a reversão ao cargo efetivo após o término do mandato.

(D) O contrato de trabalho ficará interrompido, já que permanecem as obrigações de pagamento de remuneração, contagem do tempo de serviço e de recolhimento do FGTS.

A: correta, pois nos termos da súmula 269 do TST o empregado eleito para ocupar cargo de diretor tem o respectivo contrato de trabalho suspenso, não se computando o tempo de serviço desse período, salvo se permanecer a subordinação jurídica inerente à relação de emprego. **B:** incorreta, pois o contrato será suspenso, vide súmula 269 TST. **C:** incorreta, pois o contrato estará suspenso, súmula 269 TST. **D:** incorreta, pois não há cômputo do tempo de serviço, súmula 269 TST.

Gabarito "A".

(OAB/Exame XXXVII) Pedro é empregado em uma indústria farmacêutica, atuando como propagandista. Desejoso de lutar por melhores condições para os brasileiros, Pedro se filiou a um partido político e lançou sua candidatura a deputado federal. Em razão disso, Pedro requereu ao empregador uma licença remunerada por 30 dias para poder se dedicar à campanha eleitoral e aumentar suas chances de ser eleito, já informando que, no caso de indeferimento, irá judicializar a questão.

Sobre o caso apresentado, sabendo-se que a norma coletiva da categoria de Pedro nada diz a respeito dessa situação, assinale a afirmativa correta.

(A) Pedro não poderá exigir a interrupção do seu contrato porque não há tal previsão na CLT.

(B) A pretensão de Pedro somente teria cabimento se a campanha fosse para cargo político estadual ou municipal, não prevalecendo se for federal.

(C) O contrato de trabalho de Pedro ficará automaticamente suspenso a partir do lançamento da candidatura.

(D) Pedro poderá ser dispensado por justa causa, pelo fato de concorrer às eleições sem comunicar previamente o empregador.

A: correta, pois não há previsão em lei para licença remunerada para concorrer a cargo político. Vide art. 473 CLT. **B:** incorreta, idem A. **C:** incorreta, pois o lançamento da candidatura não irá interferir no contrato de Pedro, seja para suspensão ou interrupção. Em se tratando de servidor público há a possibilidade de licença, vide art. 86 da Lei 8.112/1990. **D:** incorreta, pois as hipóteses de justa causa estão tipificadas no art. 482 da CLT, não havendo como hipótese o fato de concorrer às eleições. Gabarito "A"

(OAB/Exame XXXVI) A sociedade empresária *Mangiare Bene*, do ramo de serviços de alimentação, tem um plano de expansão em que pretende assumir as atividades de outros restaurantes, passando a deter a maioria do capital social destes. Preocupada com os contratos de trabalho dos futuros empregados, ela consulta você, na condição de advogado(a). Em relação à consulta feita, considerando a CLT em vigor, assinale a afirmativa correta.

(A) A mudança na propriedade ou na estrutura jurídica da sociedade não afetará os contratos de trabalho dos respectivos empregados, mas, em caso de sucessão de empregadores, as obrigações trabalhistas, inclusive as contraídas à época em que os empregados trabalhavam para a empresa sucedida, são de responsabilidade do sucessor.

(B) A mudança na propriedade ou na estrutura jurídica da empresa não afetará os contratos de trabalho dos respectivos empregados, mas, operando-se a sucessão de empregadores, as obrigações trabalhistas contraídas à época em que os empregados trabalhavam para a empresa sucedida serão de responsabilidade desta; já as obrigações trabalhistas posteriores à sucessão são de responsabilidade do sucessor.

(C) Em caso de comprovação de fraude na sucessão de empregadores, a empresa sucessora responde como devedora principal, e a sucedida responderá subsidiariamente.

(D) Em caso de sucessão trabalhista, esta implicará novação dos contratos de trabalho dos empregados admitidos antes da sucessão, de modo que poderão ocorrer alterações contratuais pelo atual empregador por se entender como novo contrato, respeitado apenas o tempo de serviço.

A: correta, pois reflete a disposição dos arts. 448 e 448-A da CLT. **B:** incorreta, pois nos termos dos arts. 448 e 448-A da CLT todas as obrigações serão de responsabilidade do sucessor. **C:** incorreta, pois nos termos do art. 448-A, parágrafo único, da CLT a empresa sucedida responderá solidariamente com a sucessora quando ficar comprovada fraude na transferência. **D:** incorreta, pois a mudança na propriedade ou na estrutura jurídica da empresa não afetará os contratos de trabalho dos respectivos empregados, art. 448 da CLT. Gabarito "A"

(OAB/Exame XXXVI) Sua cliente é uma empresa do setor calçadista com sede em Sapiranga, no Rio Grande do Sul, e lhe procurou indagando acerca da possibilidade de transferir alguns empregados para outras localidades. Diante disso, considerando o texto da CLT em vigor e o entendimento jurisprudencial consolidado do TST, assinale a afirmativa correta.

(A) O empregado com contrato de trabalho no qual consta cláusula expressa de transferência decorrente de comprovada real necessidade de serviço obrigatoriamente deve aquiescer com a transferência, sendo tal concordância requisito indispensável para a validade da transferência.

(B) Apenas serão consideradas transferências aquelas que acarretarem, necessariamente, a mudança de domicílio do empregado.

(C) Em caso de necessidade de serviço, o empregador será livre para transferir o empregado provisoriamente, desde que com a aquiescência deste, sendo desnecessário o pagamento de qualquer outra vantagem ou benefício ao empregado, exceto a ajuda de custo para a mudança.

(D) Havendo transferência provisória com o pagamento do respectivo adicional, as despesas resultantes da transferência serão do empregado, uma vez que já indenizada a transferência pelo adicional respectivo.

A: incorreta, pois havendo cláusula expressa de transferência e real necessidade do empregador, não é necessária a concordância do empregado, art. 469, § 1º, CLT. Veja também súmula 43 do TST. **B:** correta, pois reflete a disposição legal do art. 469, *caput*, da CLT. **C:** incorreta, pois nos termos da OJ 113 da SDI 1 do TST em se tratando de transferência provisória será devido adicional de transferência. **D:** incorreta, pois nos termos do art. 470 da CLT as despesas resultantes da transferência correrão por conta do empregador. Gabarito "B"

(OAB/Exame XXXIV) Eduarda é auditora contábil e trabalha na sociedade empresarial Calculadora Certa Ltda., exercendo sua atividade junto aos vários clientes do seu empregador. Por necessidade de serviço, e tendo em vista a previsão expressa em seu contrato de trabalho, Eduarda será transferida por 4 (quatro) meses para um distante Estado da Federação, pois realizará a auditoria física no maior cliente do seu empregador. Considerando essa situação e os termos da CLT, assinale a afirmativa correta.

(A) A transferência é nula, porque o empregado tem a expectativa de permanecer em um só lugar.

(B) A empregada pode ser transferida e receberá um adicional de 10% (dez por cento), que será incorporado ao seu salário mesmo após o retorno.

(C) A transferência somente será possível se houver prévia autorização judicial e, caso permitida, Eduarda fará jus a um adicional mínimo de 50% (cinquenta por cento).

(D) Eduarda poderá ser transferida e terá direito a um adicional não inferior a 25% (vinte e cinco por cento) sobre seu salário, enquanto estiver na outra localidade.

A transferência é lícita, tendo em vista a previsão contratual e a necessidade do serviço, art. 469, § 1º, CLT e súmula 43 do TST. É devido, ainda, adicional de transferência, pois o fato de existir previsão de

10. DIREITO DO TRABALHO   737

transferência no contrato de trabalho não exclui o direito ao adicional, pois o pressuposto legal apto a legitimar a percepção do adicional é a transferência provisória, nos termos da OJ 113 da SDI 1 do TST.

Gabarito "D".

(OAB/Exame XXXIII – 2020.3) Genilson e Carla trabalham como operadores de atendimento em uma sociedade empresária de *telemarketing*. Ambos possuem plano de saúde empresarial, previsto no regulamento interno e custeado integralmente pelo empregador, com direito a uma ampla rede credenciada e quarto particular em caso de eventual internação. Ocorre que a sociedade empresária, desejando reduzir seus custos, alterou o regulamento e informou seus empregados que o plano foi modificado, com redução significativa da rede credenciada e que, eventual internação hospitalar, seria feita em enfermaria – e não mais em quarto particular.

Sobre a alteração efetuada e de acordo com a CLT, assinale a afirmativa correta.

(A) A alteração não é válida para Genilson e Carla, porque só pode ser efetivada para aqueles admitidos após a mudança.

(B) A alteração é válida para Genilson e Carla, porque o plano de saúde continuou a ser mantido, ainda que em condições diferentes.

(C) A alteração somente será válida para os admitidos anteriormente à mudança.

(D) A alteração, que alcança apenas os admitidos após a mudança, deve ser homologada judicialmente.

A: correta. Isso porque, nos termos da súmula 51, I do TST as cláusulas regulamentares, que revoguem ou alterem vantagens deferidas anteriormente, só atingirão os trabalhadores admitidos após a revogação ou alteração do regulamento. **B**: incorreta, pois ainda que mantido o plano de saúde, as condições foram alteradas e, portanto, inválida. **C**: incorreta, pois a alteração não atingirá os admitidos anteriormente à mudança, súmula 51, I, TST. **D**: incorreta, pois a lei não exige homologação judicial para validade do regulamento de empresa.

Gabarito "A".

(OAB/Exame Unificado – 2020.2) Bruno era empregado em uma sociedade empresária, na qual atuava como teleoperador de vendas *on-line* de livros e artigos religiosos, usando, em sua estação de trabalho, computador e *headset*. Em determinado dia, o sistema de câmeras internas flagrou Bruno acessando, pelo computador, um *site* pornográfico por 30 minutos, durante o horário de expediente. Esse fato foi levado à direção no dia seguinte, que, indignada, puniu Bruno com suspensão por 40 dias, apesar de ele nunca ter tido qualquer deslize funcional anterior.

Diante da situação apresentada e dos termos da CLT, assinale a afirmativa correta.

(A) A punição, tal qual aplicada pela empresa, importa na rescisão injusta do contrato de trabalho.

(B) A punição é compatível com a gravidade da falta, devendo Bruno retornar ao emprego após os 40 dias de suspensão.

(C) A empresa deveria dispensar Bruno por justa causa, porque pornografia é crime, e, como não o fez, considera-se perdoada a falta.

(D) A empresa errou, porque, sendo a primeira falta praticada pelo empregado, a Lei determina que se aplique a pena de advertência.

A suspensão do empregado não pode ser superior a 30 dias. Assim, nos termos do art. 474 da CLT a suspensão do empregado por mais de 30 (trinta) dias consecutivos importa na rescisão injusta do contrato de trabalho.

Gabarito "A".

(OAB/Exame Unificado – 2019.3) João e Maria são casados e trabalham na mesma empresa, localizada em Fortaleza/CE. Maria ocupa cargo de confiança e, por absoluta necessidade do serviço, será transferida para Porto Alegre/RS, lá devendo fixar residência, em razão da distância.

Diante da situação retratada e da legislação em vigor, assinale a afirmativa correta.

(A) A transferência não poderá ser realizada, porque o núcleo familiar seria desfeito, daí ser vedada por Lei.

(B) A transferência poderá ser realizada, mas, como o casal ficará separado, isso deverá durar, no máximo, 1 ano.

(C) João terá direito, pela CLT, a ser transferido para o mesmo local da esposa e, com isso, manter a família unida.

(D) Não há óbice para a transferência, que poderá ser realizada sem que haja obrigação de a empresa transferir João.

A: incorreta, pois por possuir cargo de confiança e necessidade de serviço a alteração poderá ser feita, art. 469, § 1º, CLT. **B**: incorreta, pois não há tal previsão na lei. Veja art. 469 da CLT. **C**: incorreta, pois a alteração do local de trabalho é permitida no caso em análise. **D**: correta, pois nos termos do art. 469, § 1º, da CLT a alteração do local de trabalho é permitida.

Gabarito "D".

(OAB/Exame Unificado – 2020.1) Enzo é professor de Matemática em uma escola particular, em que é empregado há 8 anos. Após 2 anos de namoro e 1 ano de noivado, irá se casar com Carla, advogada, empregada em um escritório de advocacia há 5 anos.

Sobre o direito à licença pelo casamento, de acordo com a CLT, assinale a afirmativa correta.

(A) O casal poderá faltar aos seus empregos respectivos por até 3 dias úteis para as núpcias.

(B) Carla, por ser advogada, terá afastamento de 5 dias e Enzo, por ser professor, poderá faltar por 2 dias corridos.

(C) Enzo poderá faltar ao serviço por 9 dias, enquanto Carla poderá se ausentar por 3 dias consecutivos.

(D) Não há previsão específica, devendo ser acertado o período de afastamento com o empregador, observado o limite de 10 dias.

Por se professor Enzo terá 9 dias de licença remunerada por conta do matrimônio, nos termos do art. 320 da CLT. Já Carla, por ser advogada terá direito a 3 dias consecutivos de licença remunerada em razão do casamento, art. 473, II, CLT.

Gabarito "C".

(OAB/Exame Unificado – 2017.1) Célio e Paulo eram funcionários da sociedade empresária Minério Ltda. e trabalhavam no município do Rio de Janeiro. Por necessidade de serviço, eles foram deslocados para trabalhar em outros municípios. Célio continuou morando no mesmo lugar, porque o município em que passou a laborar era contíguo ao Rio de Janeiro. Paulo, no entanto, mudou-se

HERMES CRAMACON

definitivamente, com toda a família, para o município em que passou a trabalhar, distante 350 km do Rio de Janeiro. Dois anos depois, ambos foram dispensados. A sociedade empresária nada pagou aos funcionários quando das transferências de locais de trabalho, salvo a despesa com a mudança de Paulo. Ambos ajuizaram ações trabalhistas.

A partir da hipótese sugerida, assinale a afirmativa correta.

(A) Célio e Paulo não têm direito ao adicional de transferência.

(B) Apenas Paulo tem direito ao adicional de transferência.

(C) Apenas Célio tem direito ao adicional de transferência.

(D) Ambos têm direito ao adicional de transferência.

A: é a opção correta. Célio não terá direito ao adicional de transferência na medida em que não se considera transferência aquela que não acarrete mudança no domicílio do obreiro, art. 469, parte final, da CLT. Célio terá direito a suplemento salarial correspondente ao acréscimo da despesa de transporte, nos termos da súmula 29 do TST. Paulo não terá direito ao adicional de transferência na medida em que sua transferência foi definitiva o que não acarreta direito a tal adicional. Somente a transferência provisória é que assegura ao empregado o adicional de transferência, nos termos do art. 469, § 3°, da CLT e da OJ 113 da SDI 1 do TST. **HC**
Gabarito "A".

(OAB/Exame Unificado – 2016.3) Paula e Joyce são empregadas de uma mesma sociedade empresária. O irmão de Paula faleceu e o empregador não autorizou sua ausência ao trabalho. Vinte dias depois, Joyce se casou e o empregador também não autorizou sua ausência ao trabalho em nenhum dia.

Como advogado(a) das empregadas, você deverá requerer:

(A) em ambos os casos, a ausência ao trabalho por três dias consecutivos.

(B) um dia de ausência ao trabalho para Paula e de três dias para Joyce.

(C) a ausência ao trabalho por dois dias consecutivos, no caso de Paula e, de até três dias, para Joyce.

(D) a ausência ao trabalho por dois úteis dias no caso de Paula e, de até três dias úteis, para Joyce.

"C" é a resposta correta. Isso porque, por conta do falecimento de seu irmão, Paula poderia deixar de comparecer ao serviço sem prejuízo do salário por 2 dias, conforme art. 473, I, da CLT. Já Joyce poderia deixar de comparecer ao serviço sem prejuízo do salário por 3 dias em virtude de seu casamento, nos termos do art. 473, II, da CLT. **HC**
Gabarito "C".

(OAB/Exame Unificado – 2016.2) Após ter sofrido um acidente do trabalho reconhecido pela empresa, que emitiu a competente CAT, um empregado afastou-se do serviço e passou a receber auxílio-doença acidentário.

Sobre a situação descrita, em relação ao período no qual o empregado recebeu benefício previdenciário, assinale a afirmativa correta.

(A) A situação retrata caso de suspensão contratual e a empresa ficará desobrigada de depositar o FGTS na conta vinculada do trabalhador.

(B) Ocorrerá interrupção contratual e a empresa continua com a obrigação de depositar o FGTS para o empregado junto à CEF.

(C) Ter-se-á suspensão contratual e a empresa continuará obrigada a depositar o FGTS na conta vinculada do trabalhador.

(D) Haverá interrupção contratual e a empresa estará dispensada de depositar o FGTS na conta vinculada do trabalhador.

"C" é a opção correta. Note que o enunciado da questão aponta no sentido de que o empregado foi afastado e passou a receber o auxílio-doença acidentário, benefício previdenciário pago ao segurado que se afastar por mais de 15 dias de seu trabalho em razão de acidente do trabalho, art. 59 da Lei 8.213/1991. Em outras palavras, a partir do 16° dia de afastamento o empregado passa a receber citado benefício (art. 60 da Lei 8.213/1991) e consequentemente, deixa de receber o salário pela empresa. Esse período é considerado como tempo de trabalho, sendo devido o FGTS, art. 15, § 5°, da Lei 8.036/1990. Assim, entende a corrente majoritária ser hipótese de suspensão do contrato, pois a principal obrigação da empresa está suspensa.
Gabarito "C".

(OAB/Exame Unificado – 2016.2) Joana é empregada da sociedade empresária XYZ Ltda., que possui diversas filiais em sua cidade. Como trabalha na filial a 100 m de sua residência, não optou pelo vale-transporte. Dois anos depois, por ato unilateral do empregador, foi transferida para uma filial localizada a 30 km de sua residência. Para chegar ao local de trabalho necessita utilizar duas linhas de ônibus que têm custos distintos.

Com base no caso apresentado, assinale a afirmativa correta.

(A) Como Joana não optou por receber o vale-transporte, deverá custear suas despesas de transporte ou utilizar meio alternativo.

(B) A empresa deverá custear apenas uma tarifa modal de transporte, de acordo com a lei do vale-transporte.

(C) Como o local de residência de Joana é o problema, porque não é servido por transporte público regular, a empresa está obrigada a pagar apenas a tarifa modal.

(D) Se Joana é transferida por determinação do empregador para local mais distante, tem direito de receber o acréscimo que terá na despesa com transporte.

"D" é a opção correta. Nos termos do art. 469 da CLT a transferência é lícita, pois não ocasionou na mudança de domicílio do empregado. Contudo, estabelece a súmula 29 do TST que o empregado transferido, por ato unilateral do empregador, para local mais distante de sua residência, tem direito a suplemento salarial correspondente ao acréscimo da despesa de transporte.
Gabarito "D".

(OAB/Exame Unificado – 2016.1) Jonilson trabalhava na sociedade empresária XYZ Ltda. e atuava como analista financeiro. Mostrando bom desempenho, o empregador o promoveu ao cargo de confiança de gerente financeiro e, dali em diante, passou a lhe pagar, além do salário, uma gratificação de função de 50% do salário. Oito anos após, a empresa resolveu retornar Jonilson ao cargo de origem e suprimiu a gratificação de função.

Diante da situação apresentada, nos termos da CLT, assinale a afirmativa correta.

(A) Uma alteração desse vulto necessitaria de ordem judicial, a ser declarada em ação revisional.

(B) A reversão é válida, pois não há estabilidade em cargos de gerência.

10. DIREITO DO TRABALHO — 739

(C) Pode haver a reversão, mas a gratificação de função não pode ser suprimida.

(D) A alteração contratual é nula, tratando-se na verdade de rebaixamento.

A: opção incorreta, pois a alteração do contrato de trabalho está disposta no art. 468 da CLT, não havendo necessidade de autorização judicial, mas sim consentimento mútuo e ausência de prejuízo direto e indireto ao empregado. **B:** opção correta, pois nos termos do art. 46.8, § 1º, da CLT não se considera alteração unilateral a determinação do empregador para que o respectivo empregado reverta ao cargo efetivo, anteriormente ocupado, deixando o exercício de função de confiança; **C:** opção incorreta. Isso porque, de acordo com a redação do art. 468, § 2º, da CLT o retorno do empregado ao cargo anteriormente ocupado não lhe assegura o direito à manutenção do pagamento da gratificação correspondente, que não será incorporada, independentemente do tempo de exercício da respectiva função. Vide comentário anterior. **D:** opção incorreta, pois nos termos do art. 468 da CLT a alteração é válida.
Gabarito "B".

(OAB/Exame Unificado – 2015.3) Reinaldo trabalha em uma empresa cujo regulamento interno prevê que o empregador pagará a conta de telefone celular do empregado, até o limite de R$ 150,00 mensais. Posteriormente, havendo crise no setor em que a empresa atua, o regulamento interno foi expressamente alterado para constar que, dali em diante, a empresa arcará com a conta dos celulares dos empregados até o limite de R$ 50,00 mensais.

De acordo com o entendimento consolidado do TST, assinale a afirmativa correta.

(A) O regulamento interno é ato unilateral de vontade do empregador, que poderá modificá-lo a qualquer momento, daí por que não há direito adquirido e a nova condição alcança Reinaldo.

(B) A alteração somente é válida para aqueles que foram admitidos anteriormente à mudança e não prevalece para os que forem contratados após a mudança.

(C) A alteração é válida, mas só alcança aqueles admitidos posteriormente à mudança, não podendo então alcançar a situação de Reinaldo.

(D) A alteração feita pela empresa é ilegal, pois, uma vez concedida a benesse, ela não pode ser retirada em momento algum e para nenhum empregado, atual ou futuro.

A: opção incorreta, pois o regulamento interno da empresa é considerado uma fonte formal autônoma do direito, uma vez existente, as normas ali contidas aderem ao contrato de trabalho, criando direito adquirido. Ademais, nos termos do art. 468 da CLT as alterações no contrato de trabalho somente poderão ser feitas por mútuo consentimento desde que não represente prejuízo direto e indireto ao empregado. **B:** opção incorreta, pois de acordo contraria a disposição contida na súmula 51, I, TST. **C:** opção correta, pois nos termos da súmula 51, I, do TST as cláusulas regulamentares, que revoguem ou alterem vantagens deferidas anteriormente, só atingirão os trabalhadores admitidos após a revogação ou alteração do regulamento. Portanto, não poderá alcançar Reinaldo, sendo aplicada somente para os empregados admitidos após a mudança. **D:** opção incorreta, pois o benefício poderá ser retirado, mas respeitando o direito adquirido dos empregados admitidos anteriormente à mudança, alcançando apenas os empregados admitidos após a alteração, súmula 51, I, TST.
Gabarito "C".

(OAB/Exame Unificado – 2015.2) Maria trabalha para a sociedade empresária Alfa S.A. como chefe de departamento. Então, é informada pelo empregador que será transferida de forma definitiva para uma nova unidade da empresa, localizada em outro estado da Federação. Para tanto, Maria, obrigatoriamente, terá de alterar o seu domicílio. Diante da situação retratada e do entendimento consolidado do TST, assinale a afirmativa correta.

(A) Maria receberá adicional de, no mínimo, 25%, mas tal valor, por ter natureza indenizatória, não será integrado ao salário para fim algum.

(B) A empregada não fará jus ao adicional de transferência porque a transferência é definitiva, o que afasta o direito.

(C) A obreira terá direito ao adicional de transferência, mas não à ajuda de custo, haja vista o caráter permanente da alteração.

(D) Maria receberá adicional de transferência de 25% do seu salário enquanto permanecer na outra localidade.

A: opção incorreta, pois somente a transferência provisória enseja pagamento de adicional de transferência, nos termos do art. 469, § 3º, da CLT e OJ 119 SDI 1 do TST. Veja. **B:** opção correta, pois reflete o entendimento disposto no art. 469, § 3º, da CLT que ensina ser devido o adicional de transferência de 25% somente enquanto durar a transferência, que nos leva a saber que se trata de uma transferência provisória. Nesse mesmo sentido ensina a OJ 119 da SDI 1 do TST. **C:** opção incorreta, pois por se tratar de transferência definitiva a obreira não fará jus ao adicional de transferência de 25% que somente será devido na transferência provisória. Por outro lado, que seja na transferência provisória, seja na definitiva, o empregador deverá pagar um acréscimo ao salário do obreiro visando custear as despesas dessa transferência, na medida em que representam gastos por parte do obreiro, veja súmula 29 do TST. **D:** opção incorreta, pois embora a assertiva transcreva o § 3º do art. 469 da CLT que cuida da transferência provisória do empregado, o enunciado da questão trata de transferência definitiva, o que afasta o direito à percepção do adicional.
Gabarito "B".

(OAB/Exame Unificado – 2013.1) O empregado afastado por incapacidade laborativa, recebendo auxílio-doença previdenciário por trinta dias, tem garantido legalmente o direito

(A) à estabilidade provisória por, no mínimo, doze meses após a cessação do auxílio-doença acidentário.

(B) de exigir de seu empregador os depósitos do Fundo de Garantia do Tempo de Serviço correspondentes ao período em que ficou afastado.

(C) de exigir de seu empregador o pagamento de complementação do benefício previdenciário para manter o valor do salário que recebia antes do afastamento previdenciário.

(D) de gozar férias de trinta dias após período de 12 (doze) meses de vigência do contrato de trabalho.

A: incorreta, pois nos termos do art. 118 da Lei 8.213/1991 o empregado terá direito à estabilidade provisória após a cessação do auxílio-doença acidentário, independentemente da percepção de auxílio-acidente. Auxílio-doença acidentário é um benefício devido em razão de afastamento do trabalho por motivo de acidente do trabalho, do qual resultou incapacidade temporária para o trabalhador. Já o auxílio-acidente é um benefício, concedido ao segurado que, após a alta do auxílio-doença acidentário, constatar que é portador de lesões decorrentes de acidente de qualquer natureza. Veja art. 59 da

Lei 8.213/1991; **B:** incorreta, pois, por ser considerada suspensão do contrato de trabalho, não são devidos os depósitos fundiários do FGTS. Somente nos casos de interrupção do contrato de trabalho, ou seja, acidente de trabalho ou doença até o 15° dia, tendo em vista que o pagamento dos primeiros 15 (quinze) dias de ausência é de responsabilidade do empregador, em conformidade com o art. 60, § 3°, da Lei 8.213/1991. **C:** incorreta, pois para que possa exigir do empregador a complementação é necessária previsão em contrato de trabalho ou em negociação coletiva. **D:** correta, pois nos termos do art. 133, IV, da CLT somente perderia o direito às férias se tivesse percebido do INSS prestações de acidente de trabalho ou de auxílio-doença por mais de 6 (seis) meses, embora descontínuos.
Gabarito "D".

(**OAB/Exame Unificado – 2012.3.B**) No curso do período aquisitivo, o empregado não adquire o direito à fruição de férias se

(A) permanecer em fruição de licença remunerada por mais de 30 (trinta) dias.

(B) tiver percebido da Previdência Social prestações de acidente de trabalho ou de auxílio-doença por 3 (três) meses, mesmo que descontínuos.

(C) tiver 30 (trinta) faltas.

(D) optar por converter suas férias em abono pecuniário.

A: correta, pois reflete o disposto no art. 133, II, da CLT; **B:** incorreta, pois nos termos do art. 133, IV, da CLT o período é de 6 (seis) meses; **C:** incorreta, pois nos termos do art. 130, IV, da CLT se o empregado tiver 30 faltas no período aquisitivo terá direito a 12 dias corridos de férias; **D:** incorreta, pois poderá ser convertido somente 1/3 do período de férias, nos termos do art. 143 da CLT.
Gabarito "A".

(**OAB/Exame Unificado – 2012.3.A**) Após sofrer um acidente automobilístico de gravíssimas proporções enquanto viajava a lazer, o empregado Pedro foi aposentado por invalidez pelo INSS. Assinale a alternativa que indica o efeito desse fato no seu contrato de trabalho.

(A) O contrato de Pedro será interrompido.

(B) O contrato de Pedro será suspenso.

(C) O contrato de Pedro será extinto.

(D) O contrato de Pedro continuará em vigor e ele terá todos os direitos trabalhistas assegurados.

A correta é a letra "B", pois a aposentadoria por invalidez é uma hipótese de suspensão do contrato de trabalho, nos termos do art. 475 da CLT. Na suspensão do contrato de trabalho, as obrigações contratuais são suspensas para ambos os contratantes.
Gabarito "B".

(**OAB/Exame Unificado – 2012.2**) Um determinado empregador paga os salários dos seus empregados no primeiro dia útil do mês seguinte ao vencido. Encontrando-se em situação financeira delicada, pretende passar a honrar esta obrigação no 5° dia útil do mês subsequente ao vencido, como normalmente fazem os seus concorrentes. A partir da hipótese apresentada, assinale a afirmativa correta.

(A) A alteração contratual, por ser lesiva à classe trabalhadora, é inválida diante do princípio da proteção.

(B) A alteração é válida, pois a nova data pretendida encontra-se no limite legal.

(C) A alteração somente pode ser realizada se houver previsão em acordo coletivo.

(D) A alteração de data somente prevalecerá para os admitidos posteriormente à mudança pretendida.

A: incorreta, pois de acordo com o posicionamento adotado pelo TST na OJ 159 da SDI-1 não se considerada ilícita a alteração da data para pagamento dos salários se este ocorrer até o 5° dia útil do mês subsequente, prazo estipulado no art. 459, § 1°, da CLT; **B:** correta, pois reflete o entendimento disposto na OJ 159 da SDI-1 do TST; **C:** incorreta, pois a mudança da data para pagamento de salários, feita dentro do prazo determinado pelo art. 459, § 1°, da CLT, de acordo com o entendimento do TST, está protegida pelo *jus variandi* do empregador, não se considerando alteração ilícita. **D:** incorreta, pois por ser considerada válida, a alteração prevalecerá para todos os empregados da empresa.
Gabarito "B".

(**OAB/Exame Unificado – 2011.3.B**) A respeito das alterações no contrato de trabalho, assinale a alternativa correta.

(A) Nos contratos individuais de trabalho, só é lícita a alteração com a interveniência do sindicato da categoria dos empregados, nos termos da CRFB, que autoriza a flexibilização, desde que por acordo ou convenção coletiva.

(B) Desde que por mútuo consentimento, as alterações dos contratos serão lícitas, pois se prestigia a livre manifestação de vontade das partes.

(C) Nos contratos individuais de trabalho, a alteração só será lícita se de comum acordo entre as partes e desde que não resultem qualquer tipo de prejuízo ao empregado.

(D) A alteração do turno diurno de trabalho para o noturno será lícita, mediante a concordância do empregado, pois é mais benéfica a ele, já que a hora noturna é menor que a diurna e há pagamento de adicional de 20%.

A: incorreta, pois não é exigida a presença de sindicatos para alterações no contrato de trabalho. Veja art. 468 da CLT; **B:** incorreta, pois além do mútuo consentimento a alteração não pode ocasionar prejuízos, diretos ou indiretos ao empregado; **C:** correta, pois reflete o disposto no art. 468 da CLT; **D:** incorreta, pois a mudança do horário diurno para o noturno está dentro do poder de direção do empregador, que deverá observar o disposto no art. 468 da CLT, ou seja, concordância do empregado e ausência de prejuízo direito ou indireto. O trabalho noturno não pode ser considerado mais benéfico do que o trabalho diurno em razão do adicional estipulado por lei. Nos casos de transferência do horário noturno para o diurno, a jurisprudência do TST entende que esta mudança é mais benéfica ao trabalhador, ainda que perca o adicional noturno. Nesse sentido Súmula 265 do TST.
Gabarito "C".

(**OAB/Exame Unificado – 2010.3**) Relativamente à alteração do contrato de trabalho, é correto afirmar que

(A) o empregador pode, sem a anuência do empregado exercente de cargo de confiança, transferi-lo, com mudança de domicílio, para localidade diversa da que resultar do contrato, independentemente de real necessidade do serviço.

(B) é considerada alteração unilateral vedada em lei a determinação ao empregador para que o empregado com mais de 10 (dez) anos na função reverta ao cargo efetivo.

(C) o adicional de 25% é devido nas transferências provisórias e definitivas.

10. DIREITO DO TRABALHO 741

(D) o empregador pode, sem a anuência do empregado cujo contrato tenha como condição, implícita ou explícita, transferi-lo, com mudança de domicílio, para localidade diversa da que resultar do contrato, no caso de real necessidade do serviço.

A: incorreta, pois embora possa ser transferido sem a anuência do empregado, deverá haver a real necessidade, em conformidade com o art. 469, § 1º, da CLT; **B:** incorreta, pois a reversão do trabalhador ao cargo efetivo não é considerada vedada. Nos termos do art. 468, § 2º, da CLT havendo mudança, não se assegura ao empregado o direito à manutenção do pagamento da gratificação correspondente, que não será incorporada, independentemente do tempo de exercício da respectiva função; **C:** incorreta, pois somente em caso de transferência provisória é devido o adicional de 25%. Veja, também, a OJ 113 SDI-1 do TST e art. 469, § 3º; **D:** correta, pois reflete o disposto no art. 469, § 1º, da CLT.
Gabarito "D".

(OAB/Exame Unificado – 2010.2) Paulo, empregado de uma empresa siderúrgica, sofreu acidente do trabalho, entrando em gozo de auxílio-doença acidentário, a partir do décimo sexto dia de seu afastamento. Durante este período de percepção do benefício previdenciário, ele foi dispensado sem justa causa por seu empregador. Diante do exposto, assinale a alternativa correta.

(A) Paulo tem direito a ser reintegrado, com fundamento na garantia provisória de emprego assegurada ao empregado acidentado.

(B) Paulo tem direito a ser readmitido, com fundamento na garantia provisória de emprego assegurada ao empregado acidentado.

(C) Paulo tem direito a ser readmitido, em razão da interrupção do contrato de trabalho que se operou a partir do décimo sexto dia de afastamento.

(D) Paulo tem direito a ser reintegrado, em razão da suspensão do contrato de trabalho que se operou a partir do décimo sexto dia de afastamento.

A: incorreta, pois a estabilidade do empregado acidentado, prevista no art. 118 da Lei 8.213/1991, refere-se ao período de doze meses após a cessação do auxílio-doença acidentário, e não durante o seu afastamento; **B:** incorreta, pois a estabilidade do empregado acidentado, prevista no art. 118 da Lei 8.213/1991, refere-se ao período de doze meses após a cessação do auxílio-doença acidentário, e não durante o seu afastamento. Ressalte-se que essa forma de estabilidade foi considerada constitucional pelo TST, conforme consta da Súmula 378: "Estabilidade provisória. Acidente do trabalho. Art. 118 da Lei 8.213/1991. Constitucionalidade. Pressupostos I – É constitucional o art. 118 da Lei 8.213/1991 que assegura o direito à estabilidade provisória por período de 12 (doze) meses após a cessação do auxílio-doença ao empregado acidentado"; **C:** incorreta, pois a posição majoritária da doutrina e jurisprudência considera que a partir do 16º dia de afastamento em razão de auxílio-doença acidentário será o caso de suspensão do contrato de trabalho, eis que o salário não é pago pelo empregador; **D:** correta, pois a corrente majoritária enquadra o afastamento do trabalhador em razão de auxílio-doença acidentário a partir do 16º dia como causa de suspensão do contrato de trabalho, embora com algumas regras especiais a fim de atenuar os efeitos drásticos da figura suspensiva (o empregador continua depositando o FGTS e se o afastamento for inferior a 6 (seis) meses será computado para fins do período aquisitivo de férias). Além disso, importante consignar que será o caso de reintegração do trabalhador, pois a suspensão inviabiliza a extinção do contrato por ato do empregador (art. 471 da CLT), sendo considerada ineficaz a dispensa naquele momento.
Gabarito "D".

(OAB/Exame Unificado – 2010.2) Com relação ao regime de férias, é correto afirmar que:

(A) as férias devem ser pagas ao empregado com adicional de 1/3 até 30 (trinta) dias antes do início do seu gozo.

(B) salvo para as gestantes e os menores de 18 anos, as férias podem ser gozadas em dois períodos.

(C) o empregado que pede demissão antes de completado seu primeiro período aquisitivo faz jus a férias proporcionais.

(D) as férias podem ser convertidas integralmente em abono pecuniário, por opção do empregado.

A: incorreta, pois o terço constitucional deverá ser pago juntamente com o pagamento da remuneração das férias, ou seja, até 2 (dois) dias antes do início do período, em conformidade com o art. 145 da CLT; **B:** incorreta, pois a regra do fracionamento das férias foram modificadas pela reforma trabalhista (Lei 13.467/2017), sendo que nos termos do § 1º do art. 134 da CLT desde que haja concordância do empregado, as férias poderão ser usufruídas em até três períodos, sendo que um deles não poderá ser inferior a quatorze dias corridos e os demais não poderão ser inferiores a cinco dias corridos, cada um.; **C:** correta, pois a assertiva reflete o teor da Súmula 261 do TST: "Férias proporcionais. Pedido de demissão. Contrato vigente há menos de um ano. O empregado que se demite antes de complementar 12 (doze) meses de serviço tem direito a férias proporcionais"; **D:** incorreta, pois as férias não podem ser convertidas integralmente em pecúnia, mas apenas 1/3, conforme dispõe o art. 143, *caput*, da CLT.
Gabarito "C".

(OAB/Exame Unificado – 2010.1) Com relação ao contrato de trabalho, assinale a opção correta.

(A) Constitui motivo para alteração do contrato de trabalho pelo empregador o afastamento do empregado em virtude das exigências do serviço militar.

(B) O empregado poderá deixar de comparecer ao serviço sem prejuízo do salário nos dias em que estiver comprovadamente realizando prova de exame vestibular para ingresso em estabelecimento de ensino superior.

(C) A suspensão do empregado por mais de 15 (quinze) dias consecutivos importa na rescisão injusta do contrato de trabalho.

(D) Constitui justa causa para rescisão do contrato de trabalho pelo empregador a condenação criminal do empregado proferida pelo juiz de primeiro grau.

A: incorreta, pois conforme o art. 472, *caput*, da CLT, o afastamento do empregado em virtude das exigências do serviço militar, ou de outro encargo público, não constituirá motivo para a alteração ou rescisão do contrato de trabalho por parte do empregador; **B:** correta. É o que reza, expressamente, o art. 473, inciso VII, da CLT: "O empregado poderá deixar de comparecer ao serviço sem prejuízo do salário nos dias em que estiver comprovadamente realizando prova de exame vestibular para ingresso em estabelecimento de ensino superior"; **C:** incorreta. De acordo com o art. 474 da CLT, a suspensão do empregado por mais de 30 (trinta) dias consecutivos importa na rescisão injusta do contrato de trabalho; **D:** incorreta, pois nos termos do art. 482, alínea "d", da CLT, somente a condenação criminal do empregado, passada em julgado, caso ainda não tenha havido suspensão da execução da pena, é justa causa para rescisão do contrato de trabalho.
Gabarito "B".

(OAB/Exame Unificado – 2009.3) Assinale a opção correta acerca da hipótese de alteração do contrato mediante transferência do empregado, consoante o que dispõe a CLT.

(A) Via de regra, ao empregador é vedado transferir o empregado, sem a anuência deste, para localidade diversa da que resultar do contrato, não se considerando transferência a que não acarretar necessariamente a mudança do seu domicílio.

(B) As despesas resultantes da transferência, segundo regra geral, serão rateadas entre o empregado e o empregador.

(C) É vedada a transferência do empregado na hipótese de extinção do estabelecimento em que ele trabalhar.

(D) Na hipótese de necessidade do serviço, o empregador poderá transferir o empregado para localidade diversa da que resultar do contrato, não sendo obrigado a pagar qualquer acréscimo salarial por isso.

A: correta, pois reflete o disposto no art. 469, *caput*, da CLT; **B:** incorreta, pois as despesas correrão por conta do empregador, nos termos do art. 470 da CLT. Veja, também, a Súmula 29 do TST; **C:** incorreta, pois nos termos do art. 469, § 2º, da CLT a transferência no caso de extinção do estabelecimento é lícita; **D:** incorreta, pois embora possa transferir o empregado, deverá pagar um adicional de, no mínimo, 25% dos salários que o empregado percebia naquela localidade, em conformidade com o art. 469, § 3º, da CLT. Veja, também, a OJ 113 da SDI-1 do TST.
Gabarito "A".

(OAB/Exame Unificado – 2009.3) No que se refere às férias anuais dos trabalhadores, regulamentadas pela CLT, assinale a opção correta.

(A) Em nenhuma hipótese, o período de férias do trabalhador poderá ser fracionado.

(B) A definição do período de férias atende ao que melhor convenha aos interesses do empregado.

(C) O período das férias será computado, para todos os efeitos, como tempo de serviço.

(D) É possível descontar do período de férias as faltas do empregado ao serviço, desde que no limite máximo de dez faltas.

A: incorreta, pois nos termos do art. 134, § 1º, da CLT desde que haja concordância do empregado, as férias poderão ser usufruídas em até três períodos, sendo que um deles não poderá ser inferior a quatorze dias corridos e os demais não poderão ser inferiores a cinco dias corridos, cada um.; **B:** incorreta, pois as férias serão concedidas na época que melhor atender os interesses do empregador, nos termos do art. 136, *caput*, da CLT; **C:** correta, pois reflete o disposto no art. 130, § 2º, da CLT; **D:** incorreta, pois é vedado o desconto de faltas do período das férias do obreiro, nos termos do art. 130, § 1º, da CLT.
Gabarito "C".

7. TÉRMINO DO CONTRATO DE TRABALHO

(OAB/Exame XXXVIII) Vladimir, formado em Educação Física, 28 anos de idade, era instrutor em uma academia de ginástica há 1 ano, com a CTPS devidamente assinada. Ao ser comunicado pelo empregador de sua dispensa sem justa causa, com aviso prévio que deveria ser trabalhado, Vladimir foi tomado de intensa emoção e teve um ataque cardíaco fulminante, vindo a óbito.

De acordo com a situação retratada e a norma de regência, assinale a afirmativa correta.

(A) A sociedade empresária será condenada pelo acidente do trabalho sofrido, mas não haverá indenização pela extinção do contrato porque o aviso prévio não foi cumprido.

(B) As verbas devidas serão pagas, em quotas iguais, aos dependentes de Vladimir habilitados perante a Previdência Social e, na falta, aos sucessores previstos na lei civil.

(C) Não haverá responsabilidade civil do empregador por se tratar de caso fortuito e a Lei determina, no caso de morte suspeita, a consignação em pagamento dos valores devidos.

(D) A morte do empregado extingue o contrato de trabalho e a indenização a ser paga será a metade do que é devido pela dispensa sem justa causa.

A: incorreta, pois não será considerado acidente do trabalho ou equiparado, nos termos dos arts. 20 e 21 da Lei 8.213/1991. **B:** correta, pois nos termos do art. 1º da Lei 6.858/1980 os valores devidos pelos empregadores aos empregados e os montantes das contas individuais do Fundo de Garantia do Tempo de Serviço e do Fundo de Participação PIS-PASEP, não recebidos em vida pelos respectivos titulares, serão pagos, em quotas iguais, aos dependentes habilitados perante a Previdência Social ou na forma da legislação específica dos servidores civis e militares, e, na sua falta, aos sucessores previstos na lei civil, indicados em alvará judicial, independentemente de inventário ou arrolamento. **C:** incorreta, pois os valores deverão ser pagos aos dependentes, art. 1º da Lei 6.858/1980. **D:** incorreta, pois embora o contrato seja extinto, a totalidade dos valores devidos deverão ser pagos aos dependentes na forma do art. 1º da Lei 6.858/1980.
Gabarito "B".

(OAB/Exame XXXIII – 2020.3) Suelen trabalhava na *Churrascaria Boi Mal Passado Ltda.* como auxiliar de cozinha, recebendo salário fixo de R$ 1.500,00 (um mil e quinhentos reais) mensais. Por encontrar-se em dificuldade financeira, Suelen pediu ao seu empregador um empréstimo de R$ 4.500,00 (quatro mil e quinhentos reais) para ser descontado em parcelas de R$ 500,00 (quinhentos reais) ao longo do tempo. Sensibilizado com a situação da empregada, a sociedade empresária fez o empréstimo solicitado, mas 1 mês após Suelen pediu demissão, sem ter pago qualquer parcela do empréstimo.

Considerando a situação de fato, a previsão da CLT e que a empresa elaborará o termo de rescisão do contrato de trabalho (TRCT), assinale a afirmativa correta.

(A) A sociedade empresária poderá descontar todo o resíduo do empréstimo do TRCT.

(B) A sociedade empresária poderá, no máximo, descontar no TRCT o valor de R$ 1.500,00 (um mil e quinhentos reais).

(C) Não pode haver qualquer desconto no TRCT, porque o empréstimo tem a natureza de contrato civil, de modo que a sociedade empresária deverá cobrá-lo na justiça comum.

(D) Por Lei, a sociedade empresária tem direito de descontar no TRCT o dobro da remuneração do empregado por eventual dívida dele.

Nos termos do art. 477, § 5º, da CLT qualquer compensação no pagamento das verbas rescisórias não poderá exceder o equivalente a um mês de remuneração do empregado.
Gabarito "B".

(OAB/Exame XXXIII – 2020.3) Walmir foi empregado da sociedade empresária *Lanchonete Chapa Quente Ltda.*, na qual atuou como atendente por um ano e três meses, sendo dispensado sem justa causa em julho de 2021. A sociedade empresária procura você, como advogado(a), para saber o modo de pagamento dos direitos devidos a Walmir.

De acordo com o que dispõe a CLT, sabendo-se que a norma coletiva nada dispõe a respeito, assinale a afirmativa correta.

(A) Uma vez que o contrato vigorou por mais de um ano, deve ser feita a homologação perante o sindicato de classe do empregado ou perante o Ministério do Trabalho.

(B) O pagamento poderá ocorrer na própria empresa, pois não há mais necessidade de homologação da rescisão contratual pelo sindicato profissional ou pelo Ministério do Trabalho.

(C) Não havendo discórdia sobre o valor devido a Walmir, deverá ser apresentada uma homologação de acordo extrajudicial na Justiça do Trabalho, com assinatura de advogado comum.

(D) A sociedade empresária, ao optar por fazer o pagamento em suas próprias instalações, deverá obrigatoriamente depositar o valor na conta do trabalhador para ter a prova futura do adimplemento.

A legislação trabalhista em vigor não exige homologação da rescisão contratual perante o sindicato de classe. Tal exigência estava prevista no art. 477, § 1º, da CLT, dispositivo legal este revogado pela reforma trabalhista da Lei 13.467/2017.

Gabarito "B".

(OAB/Exame Unificado – 2020.2) Uma indústria de chocolates constatou que precisava de mais trabalhadores para produzir ovos de Páscoa e, em razão disso, contratou vários trabalhadores temporários, pelo prazo de 30 dias, por meio de uma empresa de trabalho temporário. Maria era uma dessas trabalhadoras temporárias. Ocorre que a empresa contratada (a empresa de trabalho temporário) teve a falência decretada pela Justiça e não pagou nada a esses trabalhadores temporários.

Maria procura você, como advogado(a), para saber se a indústria de chocolates, tomadora do serviço, teria alguma responsabilidade.

Sobre a hipótese, de acordo com a norma de regência, assinale a afirmativa correta.

(A) A indústria de chocolates contratante terá responsabilidade solidária.

(B) Não haverá qualquer tipo de responsabilidade da contratante, porque a terceirização foi lícita.

(C) A então contratante se tornará empregadora dos trabalhadores temporários em razão da falência da empresa contratada.

(D) A indústria de chocolates contratante terá responsabilidade subsidiária se isso estiver previsto no contrato que entabulou com a empresa prestadora dos serviços.

Nos termos do art. 16 da Lei 6.019/74 no caso de falência da empresa de trabalho temporário, a empresa tomadora ou cliente é solidariamente responsável pelo recolhimento das contribuições previdenciárias, no tocante ao tempo em que o trabalhador esteve sob suas ordens, assim como em referência ao mesmo período, pela remuneração e indenização.

Gabarito "A".

(OAB/Exame Unificado – 2020.1) Eduardo e Carla são empregados do Supermercado Praiano Ltda., exercendo a função de caixa. Após 10 meses de vigência do contrato, ambos receberam aviso-prévio em setembro de 2019, para ser cumprido com trabalho. Contudo, 17 dias após, o Supermercado resolveu reconsiderar a sua decisão e manter Eduardo e Carla no seu quadro de empregados. Ocorre que ambos não desejam prosseguir, porque, nesse período, distribuíram seus currículos e conseguiram promessa de outras colocações num concorrente do Supermercado Praiano, com salário um pouco superior.

Diante da situação posta e dos termos da CLT, assinale a afirmativa correta.

(A) Os empregados não são obrigados a aceitar a retratação, que só gera efeito se houver consenso entre empregado e empregador.

(B) Os empregados são obrigados a aceitá-la, uma vez que a retratação foi feita pelo empregador ainda no período do aviso-prévio.

(C) A retratação deve ser obrigatoriamente aceita pela parte contrária se o aviso-prévio for trabalhado, e, se for indenizado, há necessidade de concordância das partes.

(D) O empregador jamais poderia ter feito isso, porque a CLT não prevê a possibilidade de reconsideração de aviso-prévio, que se torna irreversível a partir da concessão.

É possível a reconsideração do aviso-prévio. Isso porque, dado o aviso-prévio, a rescisão torna-se efetiva depois de expirado o respectivo prazo. Isso possibilita à parte notificante reconsiderar o ato, antes de seu termo. Porém, é facultado à outra parte aceitar ou não o pedido de reconsideração, ou seja, deve haver o consentimento da parte notificada do aviso-prévio, art. 489 da CLT.

Gabarito "A".

(OAB/Exame Unificado – 2019.1) Gerson Filho é motorista rodoviário e trabalha na sociedade empresária Viação Canela de Ouro Ltda. No dia 20 de agosto de 2018, ele se envolveu em grave acidente automobilístico, sendo, ao final da investigação, verificado que Gerson foi o responsável pelo sinistro, tendo atuado com dolo no evento danoso. Em razão disso, teve a perda da sua habilitação determinada pela autoridade competente.

O empregador procura você, como advogado(a), afirmando que não há vaga disponível para Gerson em outra atividade na empresa e desejando saber o que deverá fazer para solucionar a questão da maneira mais econômica e em obediência às normas de regência.

Diante desta situação e dos termos da CLT, assinale a afirmativa correta.

(A) O contrato de Gerson deverá ser suspenso.

(B) O empregador deverá interromper o contrato de Gerson.

(C) O contrato do empregado deverá ser rompido por justa causa.

(D) A empresa deverá dispensar Gerson sem justa causa.

"C" é a opção correta. O contrato deverá ser rompido por justa causa do empregado, na forma do art. 482, alínea m, da CLT, pois a perda da habilitação necessária para sua profissão se deu por conduta dolosa do empregado.

Gabarito "C".

(OAB/Exame Unificado – 2019.1) A sociedade empresária Beta Ltda. está passando por grave crise econômica e financeira e, em razão disso, resolveu reduzir drasticamente suas atividades, encerrando unidades e terceirizando grande parte dos seus serviços. Por conta disso, a empresa, que possuía 500 empregados, dispensou 450 deles no dia 23 de janeiro de 2018.

Diante do caso apresentado e dos preceitos da CLT, assinale a afirmativa correta.

(A) Trata-se de dispensa em massa, sendo nula porque não autorizada em norma coletiva.

(B) Equivocou-se a empresa, porque para realizar a dispensa coletiva ela é obrigada a oferecer antes adesão ao Programa de Demissão Voluntária (PDV).

(C) A ordem de antiguidade obrigatoriamente deve ser respeitada, pelo que os 50 empregados mais antigos não poderão ser dispensados.

(D) A dispensa ocorreu validamente, pois a dispensa coletiva é equiparada à dispensa individual.

"D" é a opção correta. A demissão tratada na questão de fato é uma demissão em massa. Ocorre que, nos termos do art. 477-A da CLT, as dispensas imotivadas individuais, plúrimas ou coletivas equiparam-se para todos os fins, não havendo necessidade de autorização prévia de entidade sindical ou de celebração de convenção coletiva ou acordo coletivo de trabalho para sua efetivação.
„Gabarito "D".

(OAB/Exame Unificado – 2018.3) Gilda e Renan são empregados da sociedade empresária Alfa Calçados Ltda. há 8 meses, mas, em razão da crise econômica no setor, o empregador resolveu dispensá-los em outubro de 2018. Nesse sentido, concedeu aviso prévio indenizado de 30 dias a Gilda e aviso prévio trabalhado de 30 dias a Renan.

Em relação ao prazo máximo, previsto na CLT, para pagamento das verbas devidas pela extinção, assinale a afirmativa correta.

(A) Ambos os empregados receberão em até 10 dias contados do término do aviso prévio.

(B) Gilda receberá até o 10º dia do término do aviso e Renan, até o 1º dia útil seguinte ao término do aviso prévio.

(C) Gilda e Renan receberão seus créditos em até 10 dias contados da concessão do aviso prévio.

(D) Gilda receberá até o 1º dia útil seguinte ao término do aviso prévio e Renan, até o 10º dia do término do aviso.

"A" é a opção correta. Isso porque, nos termos do art. 477, § 6º, da CLT, de acordo com a redação dada pela Lei 13.467/2017 (reforma trabalhista), independente da forma de aviso prévio, seja trabalhado ou indenizado, o prazo para pagamento das verbas rescisórias se dará em 10 dias contados da extinção do contrato de trabalho, ou seja, do término do aviso prévio.
„Gabarito "A".

(OAB/Exame Unificado – 2018.1) Ferdinando trabalha na sociedade empresária Alfa S.A. há 4 anos, mas anda desestimulado com o emprego e deseja dar um novo rumo à sua vida, retornando, em tempo integral, aos estudos para tentar uma outra carreira profissional.

Imbuído desta intenção, Ferdinando procurou seu chefe, em 08/03/2018, e apresentou uma proposta para, de comum acordo, ser dispensado da empresa, com formulação de um distrato.

Diante do caso apresentado e dos termos da CLT, assinale a afirmativa correta.

(A) A realização da extinção contratual por vontade mútua é viável, mas a indenização será reduzida pela metade e o empregado não receberá seguro desemprego.

(B) A ruptura contratual por consenso pode ser feita, mas depende de homologação judicial ou do sindicato de classe do empregado.

(C) O contrato não pode ser extinto por acordo entre as partes, já que falta previsão legal para tanto, cabendo ao empregado pedir demissão ou o empregador o dispensar sem justa causa.

(D) O caso pode ser considerado desídia por parte do empregado, gerando então a dispensa por justa causa, sem direito a qualquer indenização.

A: correta, pois, nos termos do art. 484-A da CLT, o contrato de trabalho poderá ser extinto por acordo entre empregado e empregador, sendo certo que a indenização sobre o FGTS será devida pela metade, na forma do art. 484-A, I, b, da CLT e o empregado não receberá o seguro-desemprego, nos termos do art. 484-A, § 2º, da CLT; **B:** incorreta, pois o distrato não depende de homologação judicial. **C:** incorreta, pois há previsão no art. 484-A da CLT acerca da extinção do contrato por acordo entre empregado e empregador; **D:** opção incorreta, pois desídia consiste no comportamento relaxado do empregado na prestação de seu labor, capaz de ocasionar a falta grave, na forma do art. 482, e, da CLT.
„Gabarito "A".

(OAB/Exame Unificado – 2017.2) João era proprietário de uma padaria em uma rua movimentada do centro da cidade. Em razão de obras municipais, a referida rua foi interditada para veículos e pedestres. Por conta disso, dada a ausência de movimento, João foi obrigado a extinguir seu estabelecimento comercial, implicando a paralisação definitiva do trabalho.

Acerca da indenização dos empregados pela extinção da empresa, à luz da CLT, assinale a afirmativa correta.

(A) Caberá indenização ao empregado, a ser paga pelo Município.

(B) Caberá indenização ao empregado, a ser paga pela União.

(C) Caberá indenização ao empregado, a ser paga pelo empregador, sem possibilidade de ressarcimento.

(D) Tratando-se de motivo de força maior, não há pagamento de indenização.

"A" é a resposta correta. A questão trata do denominado *factum principis*, previsto no art. 486 da CLT, que consiste em uma modalidade de extinção do contrato de trabalho por ato da autoridade pública, federal, estadual ou municipal, inclusive de autarquias, que, por via administrativa ou legislativa, impossibilita a continuação da atividade da empresa temporária ou definitivamente. Em outras palavras, é um ato do governo que torna impossível a execução do contrato de trabalho. Assim, ensina o art. 486 da CLT que, no caso de paralisação temporária ou definitiva do trabalho, motivada por ato de autoridade municipal, estadual ou federal, ou pela promulgação de lei ou resolução que impossibilite a continuação da atividade, prevalecerá o pagamento da indenização, que ficará a cargo do governo responsável. HC
„Gabarito "A".

(OAB/Exame Unificado – 2016.3) Plínio é empregado da empresa Vigilância e Segurança Ltda., a qual não lhe paga salário há dois meses e não lhe fornece vale transporte há cinco meses. Plínio não tem mais condições de ir ao trabalho e não consegue prover seu sustento e de sua família. Na qualidade de advogado(a) de Plínio, de acordo com a CLT, assinale a opção que melhor atende aos interesses do seu cliente.

(A) Propor uma ação trabalhista pedindo a rescisão indireta em razão do descumprimento do contrato por não concessão do vale transporte, podendo permanecer, ou não, no serviço até decisão do processo.

(B) Propor uma ação trabalhista pedindo a rescisão indireta em razão do descumprimento do contrato por mora salarial.

(C) Propor uma ação trabalhista pedindo a rescisão indireta em razão do descumprimento do contrato por não concessão do vale transporte, mas deverá continuar trabalhando até a data da sentença.

(D) Propor uma ação trabalhista pedindo as parcelas decorrentes da ruptura contratual por pedido de demissão, além do vale transporte e salários atrasados e indenização por dano moral, mas seu cliente deve pedir demissão.

"A" é a opção correta. Isso porque será mais vantajoso para o empregado a propositura de uma reclamação trabalhista pleiteando a rescisão indireta do contrato de trabalho, em razão do descumprimento contratual praticado pelo empregador, com fulcro no art. 483, d, da CLT. Nessa linha, ensina o § 3º do mesmo dispositivo legal que poderá o empregado pleitear a rescisão de seu contrato de trabalho e o pagamento das respectivas indenizações, permanecendo ou não no serviço até final decisão do processo. **HC**
Gabarito "A".

(OAB/Exame Unificado – 2015.2) Verônica foi contratada, a título de experiência, por 30 dias. Após 22 dias de vigência do contrato, o empregador resolveu romper antecipadamente o contrato, que não possuía cláusula assecuratória do direito recíproco de rescisão. Sobre o caso, de acordo com a Lei de Regência, assinale a opção correta.

(A) O contrato é irregular, pois o contrato de experiência deve ser feito por 90 dias.

(B) Verônica terá direito à remuneração, e por metade, a que teria direito até o termo do contrato.

(C) Verônica, como houve ruptura antecipada, terá direito ao aviso-prévio e à sua integração ao contrato de trabalho.

(D) O contrato se transformou em contrato por prazo indeterminado, porque ultrapassou metade da sua vigência.

A: opção incorreta, pois nos termos do art. 445, parágrafo único, da CLT pode ser ajustado em até 90 dias, ou seja, período máximo de 90 dias. **B:** opção correta, pois nos termos do art. 479 da CLT nos contratos que tenham termo estipulado, o empregador que, sem justa causa, despedir o empregado será obrigado a pagar-lhe, a título de indenização a metade da remuneração a que esse empregado teria direito até o término do contrato. **C:** opção incorreta, pois nos contratos com prazo determinado não há obrigação de concessão de aviso-prévio, salvo se o contrato conter a cláusula assecuratória do direito recíproco de rescisão tipificada o art. 481 da CLT, hipótese em que o contrato será extinto sob as regras de um contrato com prazo indeterminado. **D:** opção incorreta, pois o contrato de experiência somente se transforma

em contrato indeterminado caso sua duração máxima de 90 dias seja ultrapassada ou prorrogada mais de uma única vez, nos termos dos arts. 445 e 451 da CLT.
Gabarito "B".

(OAB/Exame Unificado – 2015.2) Josué e Marcos são funcionários da sociedade empresária Empreendimento Seguro Ltda., especializada em consultoria em segurança do trabalho e prevenção de acidentes. No ambiente de trabalho de ambos, também ficam outros 10 funcionários, havendo placas de proibição de fumar, o que era frisado na contratação de cada empregado. O superior hierárquico de todos esses funcionários dividiu as atribuições de cada um, cabendo a Marcos a elaboração da estatística de acidentes ocorridos nos últimos dois anos, tarefa a ser executada em quatro dias. Ao final do prazo, ao entrar na sala, o chefe viu Josué fumando um cigarro. Em seguida, ao questionar Marcos sobre a tarefa, teve como resposta que ele não a tinha executado porque não gostava de fazer estatísticas. Diante do caso, assinale a afirmativa correta.

(A) Josué e Marcos são passíveis de ser dispensados por justa causa, respectivamente por atos de indisciplina e insubordinação.

(B) Ambos praticaram ato de indisciplina.

(C) Ambos praticaram ato de insubordinação.

(D) A conduta de ambos não encontra tipificação legal passível de dispensa por justa causa.

A é a opção correta, pois Josué ao descumprir a ordem de observância obrigatória por parte de todos os funcionários que diz respeito à proibição de fumar no ambiente de trabalho, praticou ato de indisciplina, tipificada o art. 482, h, da CLT. Já Marcos praticou ato de insubordinação tipificada, também no art. 482, h, da CLT que consiste no descumprimento de ordem direta passada por seu superior hierárquico.
Gabarito "A".

(OAB/Exame Unificado – 2015.1) Patrícia recebeu a comunicação de sua dispensa em 05.05.2013, e na carta constava que o aviso-prévio seria trabalhado. Após 15 (quinze) dias do curso do aviso-prévio, Patrícia adoeceu gravemente, entrando em gozo de benefício previdenciário de auxílio-doença por 60 (sessenta) dias. Entretanto, ao que seria o prazo final do aviso-prévio, Patrícia foi dispensada e a empresa consignou as verbas rescisórias, não pagando o reajuste da data-base da categoria, ocorrida no curso do aviso-prévio.

Sobre o caso apresentado, assinale a afirmativa correta.

(A) Os efeitos da dispensa, no caso de concessão de auxílio-doença no curso do aviso-prévio, só se concretizam depois de expirado o benefício previdenciário. Portanto, a empresa só poderia dispensar Patrícia depois disso devendo pagar a diferença salarial decorrente do reajuste da data-base, com reflexos nas verbas rescisórias.

(B) A empresa errou apenas com relação a não pagar as diferenças salariais do reajuste da data-base, pois ocorreu no curso do contrato de emprego, dada a projeção do aviso-prévio. No mais, não há efeitos, já que o auxílio-doença não tem o condão de prorrogar o contrato de trabalho já terminado.

(C) A empresa está correta, já que a manifestação de vontade da dispensa se deu antes do auxílio-doença

HERMES CRAMACON

e antes da data-base da categoria, logo configurado ato jurídico perfeito.

(D) A dispensa fica prorrogada, mas não há alteração pecuniária, pois a comunicação da dispensa já havia ocorrido e a projeção do aviso-prévio é mera ficção jurídica.

A: opção correta, pois reflete o entendimento disposto na súmula 371 do TST. **B:** opção incorreta, pois nos termos da súmula 371 do TST haverá reflexos nas demais verbas rescisórias. **C:** opção incorreta, pois a posição da empresa não está correta, tendo em vista que de acordo com a parte final da súmula 371 do TST no caso de concessão de auxílio-doença no curso do aviso-prévio só se concretizam os efeitos da dispensa depois de expirado o benefício previdenciário. **D:** opção incorreta, pois de acordo com a súmula 371 do TST a projeção do contrato de trabalho para o futuro, pela concessão do aviso-prévio indenizado, tem efeitos limitados às vantagens econômicas obtidas no período de pré-aviso, ou seja, salários, reflexos e verbas rescisórias.
Gabarito "A".

(OAB/Exame Unificado – 2014.2) Joana trabalha numa empresa que se dedica a dar assessoria àqueles que desejam emagrecer. Em razão de problemas familiares, Joana foi acometida por um distúrbio alimentar e engordou 30 quilos. Em razão disso, a empresa afirmou que agora ela não mais apresentava o perfil desejado para o atendimento aos clientes, já que deveria ser o primeiro exemplo para eles, de modo que a dispensou sem justa causa. De acordo com a situação retratada e diante do comando legal, assinale a opção correta:

(A) O empregador tem o direito potestativo de dispensar a empregada sem justa causa, contanto que pague a indenização prevista em Lei.

(B) A situação retrata dispensa discriminatória, ensejando, então, obrigatoriamente, a reintegração da obreira.

(C) A situação retrata dispensa discriminatória, podendo a empregada optar entre o retorno ou a indenização em dobro do período de afastamento.

(D) A situação retrata dispensa discriminatória, ensejando, então, obrigatoriamente, a indenização do período de estabilidade.

A: incorreta, pois embora o empregador possa dispensar sem justa causa seus empregados, percebe-se que no caso em debate a dispensa não foi sem justa causa, mas sim em razão do aumento do peso de sua empregada. Nesse caso a dispensa se mostra discriminatória, podendo a empregada optar entre a indenização compensatória e a reintegração ao empregado, nos termos do art. 4º da Lei 9.029/1995. **B:** incorreta, pois nos termos do art. 4º, I e II, da Lei 9.029/1995 a empregada poderá optar pela reintegração ou indenização. **C:** correta, pois reflete o disposto no art. 4º, incisos I e II, da Lei 9.029/1995 que ensinam que a empregada poderá optar pela reintegração com ressarcimento integral de todo o período de afastamento, mediante pagamento das remunerações devidas, corrigidas monetariamente, acrescidas dos juros legais ou a percepção, em dobro, da remuneração do período de afastamento, corrigida monetariamente e acrescida dos juros legais. **D:** incorreta, veja comentários anteriores.
Gabarito "C".

(OAB/Exame Unificado – 2014.1) *ABC Manutenção e Limpeza manteve contrato de fornecimento de mão de obra de limpeza com Aeroportos Brasileiros*, empresa pública federal. Por ocasião da ruptura do contrato entre as empresas, Paulo, funcionário da *ABC Manutenção e Limpeza*, e que prestava serviços para *Aeroportos Brasileiros*, foi dispensado sem receber as verbas rescisórias. Ajuizou

ação trabalhista em face de ambas as empresas, sendo a empregadora revel. A tomadora dos serviços apresentou defesa com robusta documentação, demonstrando a efetiva fiscalização do cumprimento do contrato e de aspectos legais, sendo certo que o contrato foi cancelado justamente em razão desta fiscalização.

Diante deste caso, assinale a afirmativa correta.

(A) A empresa pública federal responde solidariamente por força da terceirização.

(B) A empresa pública federal responde subsidiariamente por força da terceirização, haja vista o inadimplemento das obrigações trabalhistas por parte do empregador.

(C) A empresa pública federal é parte ilegítima para figurar no polo passivo da demanda porque não tem vínculo de emprego com Paulo.

(D) A empresa pública federal não responde pelo inadimplemento das verbas trabalhistas porque sua responsabilidade não decorre do simples inadimplemento contratual, tendo ficado provado, no caso, que houve efetiva fiscalização por parte da tomadora dos serviços.

A: incorreta, pois somente nas terceirizações ilícitas há responsabilidade solidária. Nos casos de terceirização lícita a responsabilidade será subsidiária, súmula 331, item IV, do TST. **B:** incorreta, pois em se tratando de administração pública indireta, no caso apresentado uma empresa pública, a responsabilidade será subsidiária, caso evidenciada a sua conduta culposa no cumprimento das obrigações da Lei 8.666/1993 (Lei de Licitações), especialmente na fiscalização do cumprimento das obrigações contratuais e legais da prestadora de serviço como empregadora. A aludida responsabilidade não decorre de mero inadimplemento das obrigações trabalhistas assumidas pela empresa regularmente contratada. **C:** incorreta, pois embora não exista vínculo de emprego com o ente da administração pública, ela é parte legítima para figurar na relação processual, tendo em vista ter se beneficiado nos serviços prestados por Paulo. **D:** correta, pois reflete o entendimento disposto na súmula 331, item V, do TST.
Gabarito "D".

(OAB/Exame Unificado – 2014.1) Helena foi admitida em 12 de fevereiro de 2005 pela empresa Marca Refrigeração Ltda. e dispensada sem justa causa em 07 de julho de 2011. Com o advento da regulamentação do aviso-prévio proporcional ao tempo de serviço (Lei n. 12.506, de 13 de outubro de 2011), ela pretende o pagamento dessa nova vantagem atribuída à classe trabalhadora.

A respeito desse caso, assinale a afirmativa correta.

(A) Helena receberá aviso-prévio proporcional na razão de 45 dias.

(B) Helena não receberá aviso-prévio proporcional.

(C) Helena receberá aviso-prévio proporcional na razão de 42 dias.

(D) Helena receberá aviso-prévio proporcional em razão da ultratividade da norma mais benéfica e pelo princípio da proteção.

A alternativa "B" é a correta. Nos termos da súmula 441 do TST o direito ao aviso-prévio proporcional ao tempo de serviço somente é assegurado nas rescisões de contrato de trabalho ocorridas a partir da publicação da Lei 12.506, em 13 de outubro de 2011. Para as demissões ocorridas antes da publicação da Lei 12.506/2011, sob o manto do ato jurídico perfeito, devem ser aplicadas as regras do aviso-prévio de 30 dias.
Gabarito "B".

(OAB/Exame Unificado – 2013.2) Rodrigo foi admitido pela empresa Dona Confecções, a título de experiência, por 45 dias. No 35º dia após a admissão, Rodrigo foi vítima de um acidente do trabalho de média proporção, que o obrigou ao afastamento por 18 dias. De acordo com o entendimento do TST:

(A) Rodrigo não poderá ser dispensado pois, em razão do acidente do trabalho, possui garantia no emprego, mesmo no caso de contrato a termo.

(B) O contrato poderá ser rompido porque foi realizado por prazo determinado, de forma que nenhum fator, por mais relevante que seja, poderá elastecê-lo.

(C) Rodrigo poderá ser desligado porque a natureza jurídica da ruptura não será resilição unilateral, mas caducidade contratual, que é outra modalidade de rompimento.

(D) Rodrigo não pode ter o contrato rompido no termo final, pois em razão do acidente do trabalho sofrido, terá garantia no emprego até 5 meses após o retorno, conforme Lei previdenciária.

A: correta, pois nos termos da Súmula 378, III, do TST o empregado submetido a contrato de trabalho por tempo determinado goza da garantia provisória de emprego decorrente de acidente de trabalho prevista no art. 118 da Lei n. 8.213/1991; **B:** incorreta, pois o contrato não poderá ser rompido em razão da garantia de emprego assegurada ao empregado; **C:** incorreta, pois embora tenha ocorrido o término do prazo estipulado, Rodrigo não poderá ser desligado pois possui garantia de emprego, nos termos da Súmula 378, III, do TST; **D:** incorreta, pois embora, de fato, Rodrigo não possa ter seu contrato rompido, terá garantia de emprego por 12 meses nos termos do art. 118 da Lei 8.213/1991 e Súmula 378, III, do TST.

Gabarito "A".

(OAB/Exame Unificado – 2013.1) Em determinada reclamação trabalhista o juiz, à luz das provas produzidas, considera que a natureza jurídica da extinção contratual foi culpa recíproca (de ambas as partes).

Para a hipótese, as alternativas a seguir apresentam direitos deferidos ao trabalhador, à exceção de uma. Assinale-a.

(A) Metade do aviso-prévio.

(B) Metade do 13º salário proporcional.

(C) Seguro desemprego.

(D) Indenização de 20% sobre o FGTS.

A: incorreta, pois nos termos do art. 484 da CLT havendo culpa recíproca no ato que determinou a rescisão do contrato de trabalho, a indenização que seria devida ao trabalhador em caso de culpa exclusiva do empregador, será reduzida pela metade, como o aviso-prévio. Nesse sentido veja a Súmula 14 do TST; **B:** incorreta, pois nos termos do art. 484 da CLT e Súmula 14 do TST o 13º salário proporcional será devido pela metade; **C:** correta, pois não é devido seguro-desemprego ocorrendo culpa recíproca. Nos termos do art. 2º, I, da Lei 7.998/1990 o seguro-desemprego é devido somente ao trabalhador desempregado em virtude de dispensa sem justa causa, inclusive a indireta, e ao trabalhador comprovadamente resgatado de regime de trabalho forçado ou da condição análoga à de escravo; **D:** incorreta, pois nesse tipo de extinção, algumas parcelas são pagas na integralidade e outras pela metade, ou seja, 50%. Assim, ocorrendo culpa recíproca as verbas rescisórias ficariam da seguinte maneira: saldo de salário (integral), aviso-prévio (50%), 13º salário integral, 13º salário proporcional (50%), férias simples ou vencidas + adicional de 1/3(integral), férias proporcionais + adicional de 1/3 (50%), depósitos de FGTS de 8%

sobre o salário (integral), multa de 40% sobre os depósitos do FGTS será pela metade, ou seja, 20%, liberação das guias para levantamento do FGTS (art. 18, § 2º, da Lei 8.036/1990).

Gabarito "C".

(OAB/Exame Unificado – 2012.3.A) Assinale a alternativa em que há, incontroversamente, responsabilidade solidária no âmbito trabalhista.

(A) No contrato de empreitada, em relação ao dono da obra, quanto aos créditos dos empregados do empreiteiro.

(B) No contrato de terceirização lícita, em relação ao tomador dos serviços, quanto aos créditos dos empregados da prestadora dos serviços.

(C) Das partes vencidas nos dissídios coletivos, pelo valor das custas.

(D) No contrato temporário, em relação ao tomador ou cliente, caso a empresa de trabalho temporário tenha a recuperação judicial deferida.

A: incorreta, pois nos termos da OJ 191 da SDI-1 do TST a responsabilidade será solidária ou subsidiária; **B:** incorreta, pois nos termos da Súmula 331, item IV, do TST a responsabilidade será subsidiária. Somente quando se tratar de terceirização ilícita é que a responsabilidade será solidária; **C:** correta, pois reflete o disposto no art. 789, § 4º, da CLT; **D:** incorreta, pois nos termos do art. 16 da Lei 6.019/1974 somente haverá responsabilidade solidária em caso de falência da empresa de trabalho temporário.

Gabarito "C".

(OAB/Exame Unificado – 2012.2) João, após completar 21 anos e dois meses de vínculo jurídico de emprego com a empresa EGEST ENGENHARIA, foi injustificadamente dispensado em 11.11.2011. No mesmo dia, seu colega de trabalho José, que contava com 25 anos completos de vínculo de emprego na mesma empresa, também foi surpreendido com a dispensa sem justo motivo, sendo certo que o ex-empregador nada pagou a título de parcelas resilitórias a ambos. Um mês após a rescisão contratual, João e José ajuízam reclamação trabalhista, postulando, dentre outras rubricas, o pagamento de aviso-prévio.

À luz da Lei n. 12.506/2011, introduzida no ordenamento jurídico em 11.10.2011, que regula o pagamento do aviso-prévio proporcional ao tempo se serviço, assinale a afirmativa correta.

(A) João é credor do pagamento de aviso-prévio na razão de 93 dias, enquanto que José fará jus ao pagamento de aviso-prévio de 105 dias.

(B) Tanto João quanto José farão jus ao pagamento de aviso-prévio na razão de 90 dias.

(C) Uma vez que ambos foram admitidos em data anterior à publicação da Lei n. 12.506/2011, ambos farão jus tão somente ao pagamento de aviso-prévio de 30 dias.

(D) João é credor do pagamento de aviso-prévio na razão de 63 dias, enquanto José fará jus ao pagamento de aviso-prévio de 75 dias, uma vez que o aviso-prévio é calculado proporcionalmente ao tempo de serviço.

A: incorreta, pois nos termos do art. 1º, parágrafo único, da Lei 12.506/2011 o aviso-prévio terá um período máximo de 90 (noventa dias); **B:** correta, pois como ambos trabalharam mais que 20 (vinte) anos, ambos terão aviso-prévio de 90 (noventa) dias. Importante lembrar que a Nota Técnica 184/2012 do Ministério do Trabalho e Emprego publicou uma tabela progressiva do período de aviso-prévio;

C: incorreta, pois tendo ocorrida a demissão após o início da vigência da Lei 12.506/2011 deverá ser aplicada as regras dispostas na lei em debate. Nesse sentido veja a Nota Técnica 184/2012 do Ministério do Trabalho e emprego; **D:** incorreta. Veja comentários anteriores.

Gabarito "B".

(OAB/Exame Unificado – 2012.1) O trabalhador José foi dispensado, sem justa causa, em 01.06.2011, quando percebia o salário mensal de R$ 800,00 (oitocentos reais). Quando da homologação de sua rescisão, o sindicato de sua categoria profissional determinou à empresa o refazimento do termo de quitação, sob o fundamento de que o empregador compensou a maior, no pagamento que pretendia efetuar, a quantia de R$ 1.200,00 (hum mil e duzentos reais), correspondente a um empréstimo concedido pela empresa ao trabalhador no mês anterior. Diante do exposto, assinale a alternativa correta.

(A) O sindicato agiu corretamente. A compensação não pode ser feita no valor fixado, devendo se limitar ao valor de R$ 800,00 (oitocentos reais), o que importa na necessidade de refazimento do termo de quitação, para o ajuste.

(B) O sindicato agiu corretamente. A compensação não pode ser feita no valor fixado, devendo se limitar ao equivalente a 50% (cinquenta por cento) de um mês de remuneração do empregado, devendo o termo ser refeito para o ajuste.

(C) O sindicato agiu incorretamente. A compensação pode ser feita no valor fixado.

(D) O sindicato agiu incorretamente. A compensação pode ser feita em qualquer valor, inexistindo limite legalmente fixado.

A: correta, pois nos termos do art. 477, § 5º, da CLT admite-se a compensação extrajudicial limitada a no máximo 1 (um) mês da remuneração do empregado; **B:** incorreta, pois embora o sindicato tenha agido corretamente, o art. 477, § 5º da CLT ensina que pode ser compensado até 1 (um) mês da remuneração do empregado; **C:** incorreta, pois o sindicato agiu corretamente. A compensação não poderia ser feita por valor superior a 1 (um) mês de remuneração do empregado, nos termos do art. 477, § 5º, da CLT. **D:** incorreta, pois o art. 477, § 5º, da CLT estabelece como limite para compensação extrajudicial o valor referente a 1 (um) mês da remuneração do empregado.

Gabarito "A".

(OAB/Exame Unificado – 2012.1) Em razão de forte enchente que trouxe sérios prejuízos à localidade, houve o encerramento das atividades da empresa Boa Vida Ltda., que teve seu estabelecimento totalmente destruído pela força das águas. Diante dessa situação hipotética, com relação aos contratos de trabalho de seus empregados, assinale a alternativa correta.

(A) O encerramento da atividade empresarial implicará a resilição unilateral por vontade do empregador dos contratos de trabalho de seus empregados.

(B) Os empregados têm direito à indenização compensatória de 20% (vinte por cento) sobre os depósitos do FGTS.

(C) Os empregados não podem movimentar a conta vinculada do FGTS.

(D) O empregado detentor de estabilidade provisória por ter sido eleito representante dos empregados na Comissão Interna de Prevenção de Acidentes – CIPA tem direito ao pagamento dos salários do período

compreendido entre a data da ruptura do contrato de trabalho e o final do período da garantia de emprego.

A: incorreta, pois o encerramento não se deu por culpa do empregador, mas sim por força maior art. (501 da CLT); **B:** correta, pois reflete o disposto no art. 18, § 2º, da Lei 8.036/1990. Ademais, o art. 502, II, da CLT ensina que a indenização será devida pela metade; **C:** incorreta, pois nos termos do art. 20, I, da Lei 8.036/1990 a conta de FGTS poderá ser movimentada em caso de força maior; **D:** incorreta, pois a indenização será de acordo com o art. 502, I, da CLT, ou seja, saldo de salário, férias vencidas e proporcionais com 1/3 (Súmula 171 do TST), 13º salários vencido e proporcional, indenização de 20% do FGTS, saque dos depósitos de FGTS, guias para o seguro-desemprego.

Gabarito "B".

(OAB/Exame Unificado – 2011.3.A) Após 23 anos de trabalho numa empresa, Renato é dispensado sem justa causa, no dia 31 de janeiro de 2012. Na hipótese, ele fará jus ao aviso-prévio de

(A) 90 dias.

(B) 30 dias.

(C) 96 dias.

(D) 99 dias.

A alternativa A é a correta. A CF/1988 estabelece no art. 7º, XXI como direito dos trabalhadores urbanos e rurais, aviso-prévio proporcional ao tempo de serviço, sendo no mínimo de 30 (trinta) dias. Regulando referido direito a Lei 12.506 de 11 de outubro de 2011 que entrou em vigor no dia 13 de outubro de 2011, regula o aviso-prévio proporcional ao tempo de serviço. De acordo com a nova lei, o aviso-prévio será concedido na proporção de 30 (trinta) dias aos empregados que contém até 1 (um) ano de serviço na mesma empresa. Sobre esse período serão acrescidos 3 (três) dias por ano de serviço prestado na mesma empresa, até o máximo de 60 (sessenta) dias, perfazendo um total de até 90 (noventa) dias.

De acordo com a Nota Técnica 184/2012 do MTE do dia 07 de maio de 2012, os empregados com até 1 (um) ano de serviço na empresa terão aviso-prévio de 30 (trinta) dias. Para cada ano posterior completo serão acrescidos 3 (três) dias ao período. Assim, um empregado com 11 meses de serviço na mesma empresa terá um aviso-prévio de 30 (trinta) dias; um empregado com 1 (um) ano e 1 (um) mês terá 33 (trinta e três) dias; 2 (dois) anos equivalerá a 36 (trinta e seis) dias, até que com 20 (vinte) anos de trabalho na empresa fará jus ao aviso-prévio de 90 (noventa) dias.

Gabarito "A".

(OAB/Exame Unificado – 2011.2) A respeito do pagamento das verbas rescisórias, assinale a alternativa correta.

(A) As verbas rescisórias devidas após decurso normal de prazo de contrato a termo deverão ser pagas até o décimo dia contado do término, em face da inexistência do aviso-prévio.

(B) O empregador que descumpre o prazo de pagamento das verbas rescisórias deverá pagá-las posteriormente acrescidas de 50% de multa, nos termos do artigo 467 da Consolidação das Leis do Trabalho.

(C) No caso de pedido de demissão em contrato por prazo indeterminado, o prazo para pagamento das verbas rescisórias é de 10 dias contados da data da notificação da demissão, quando dispensado o empregado do cumprimento do aviso-prévio pelo empregador.

(D) O pagamento das verbas rescisórias ocorrerá no primeiro dia útil imediato ao término do contrato de trabalho quando o empregador indenizar o aviso-prévio.

A: incorreta, pois devem ser pagas dentro do prazo estipulado no contrato a temo; **B:** incorreta, pois a multa de 50 % prevista no art. 467 da CLT refere-se às verbas rescisórias incontroversas; **C:** correta, pois reflete o disposto no art. 477, § 6º, da CLT; **D:** incorreta, pois nos termos do art. 477, § 6º, da CLT a entrega ao empregado de documentos que comprovem a comunicação da extinção contratual aos órgãos competentes bem como o pagamento dos valores constantes do instrumento de rescisão ou recibo de quitação deverão ser efetuados até dez dias contados a partir do término do contrato
Gabarito "C".

(OAB/Exame Unificado – 2011.1) João da Silva ajuizou reclamação trabalhista em face da empresa Alfa Empreendimentos Ltda., alegando ter sido dispensado sem justa causa. Postulou a condenação da reclamada no pagamento de aviso-prévio, décimo terceiro salário, férias proporcionais acrescidas do terço constitucional e indenização compensatória de 40% (quarenta por cento) sobre os depósitos do FGTS, bem como na obrigação de fornecimento das guias para levantamento dos depósitos do FGTS e obtenção do benefício do seguro-desemprego. Na peça de defesa, a empresa afirma que o reclamante foi dispensado motivadamente, por desídia no desempenho de suas funções (artigo 482, alínea "e", da CLT), e que, por essa razão, não efetuou o pagamento das verbas postuladas e não forneceu as guias para a movimentação dos depósitos do FGTS e percepção do seguro-desemprego.

Considerando que, após a instrução processual, o juiz se convenceu da configuração de culpa recíproca, assinale a alternativa correta.

(A) O reclamante não poderá movimentar a conta vinculada do FGTS.

(B) O reclamante não tem direito ao pagamento de indenização compensatória sobre os depósitos do FGTS.

(C) A culpa recíproca é modalidade de resilição unilateral do contrato de trabalho.

(D) O reclamante tem direito a 50% do valor do aviso-prévio, do décimo terceiro salário e das férias proporcionais.

A: incorreta, pois havendo culpa recíproca o reclamante poderá movimentar sua conta de FGTS, nos termos do art. 20, I, da Lei 8.036/1990; **B:** incorreta, pois nos termos do art. 18, § 2º, da Lei 8.036/1990, havendo culpa recíproca, o reclamante tem direito ao pagamento de indenização compensatória sobre os depósitos do FGTS corresponderá a 20%; **C:** incorreta, pois a culpa recíproca é hipótese de resolução do contrato de trabalho que ocorre sempre que uma ou ambas as partes praticarem uma falta. A resilição do contrato de trabalho ocorre sempre que uma ou ambas as partes resolvem, sem justo motivo, romper o pacto laboral; **D:** correta, pois o art. 484 da CLT determina que, havendo culpa recíproca no ato que determinou a rescisão do contrato de trabalho, o juiz reduzirá a indenização à que seria devida em caso de culpa exclusiva do empregador, pela metade. Importante frisar que o saldo de salário deverá ser pago integralmente, nos termos da Súmula 14 do TST.
Gabarito "D".

(OAB/Exame Unificado – 2011.1) Paulo, empregado da empresa Alegria Ltda., trabalha para a empresa Boa Sorte Ltda., em decorrência de contrato de prestação de serviços celebrado entre as respectivas empresas. As atribuições por ele exercidas inserem-se na atividade-meio da tomadora, a qual efetua o controle de sua jornada de trabalho e dirige a prestação pessoal dos serviços, emitindo ordens diretas ao trabalhador no desempenho de suas tarefas. Diante dessa situação hipotética, assinale a alternativa correta.

(A) A terceirização é lícita, não acarretando a responsabilidade subsidiária da empresa tomadora pelas obrigações trabalhistas inadimplidas pela empresa prestadora.

(B) A terceirização é ilícita, acarretando a nulidade do vínculo de emprego com a empresa prestadora e o reconhecimento do vínculo de emprego diretamente com a empresa tomadora.

(C) A terceirização é ilícita, acarretando a responsabilidade subsidiária da empresa tomadora pelas obrigações trabalhistas inadimplidas pela empresa prestadora.

(D) A terceirização é lícita, acarretando a responsabilidade subsidiária da empresa tomadora pelas obrigações trabalhistas inadimplidas pela empresa prestadora.

A: incorreta, pois a terceirização apresentada no caso é considerada ilícita, na medida em que existe pessoalidade e subordinação, nos termos da Súmula 331, III, do TST; **B:** correta, pois embora realizada em atividade-meio da empresa, estava presente na relação apresentada à existência de pessoalidade e a subordinação, reconhecendo, desta forma, a relação de emprego entre Paulo e a empresa tomadora de serviços Boa Sorte Ltda., nos termos da Súmula 331, I e III, do TST; **C:** incorreta, pois na terceirização considerada ilícita a responsabilidade será solidária, com fundamento no art. 942 do CC. **D:** incorreta, pois a terceirização é considerada ilícita e não lícita, sendo, portanto, responsabilidade solidária e não subsidiária como induz a opção.
Gabarito "B".

(OAB/Exame Unificado – 2010.3) Paulo possuía uma casa de campo, situada em região rural da cidade de Muzambinho – MG, onde costumava passar todos os finais de semana e as férias com a sua família. Contratou Francisco para cuidar de algumas cabeças de gado destinadas à venda de carne e de leite ao mercado local. Francisco trabalhava com pessoalidade e subordinação, de segunda a sábado, das 11h às 21h, recebendo um salário mínimo mensal. Dispensado sem justa causa, ajuizou reclamação trabalhista em face de Paulo, postulando o pagamento de horas extraordinárias, de adicional noturno e dos respectivos reflexos nas verbas decorrentes da execução e da ruptura do contrato de trabalho. Aduziu, ainda, que não era observada pelo empregador a redução da hora noturna.

Diante dessa situação hipotética e considerando que as verbas postuladas não foram efetivamente pagas pelo empregador, assinale a alternativa correta.

(A) Francisco tem direito ao pagamento de horas extraordinárias, mas não lhe assiste o direito ao pagamento de adicional noturno, já que não houve prestação de serviços entre as 22h de um dia e as 5h do dia seguinte.

(B) Francisco tem direito ao pagamento de horas extraordinárias e de adicional noturno, não lhe assistindo o direito à redução da hora noturna.

(C) A redução da hora noturna deveria ter sido observada pelo empregador.

(D) Francisco não tem direito ao pagamento de horas extraordinárias e de adicional noturno, por se tratar de empregado doméstico.

A: incorreta, pois de acordo com o art. 7º da Lei 5.889/1973 na atividade pecuária, considera-se noturno o trabalho executado entre as vinte horas de um dia e às quatro horas do dia seguinte; **B:** correta, pois Francisco tem direito ao recebimento de horas extras diárias e semanais, pois as jornadas diárias e semanais foram extrapoladas. Faz jus, ainda, ao adicional noturno de 25%, nos termos do art. 7º, parágrafo único, da Lei 5.889/1973, na medida em que o horário noturno do trabalhador rural na pecuária compreende aquele executado entre as 20 horas de um dia até às 04 horas do dia seguinte, nos termos do art. 7º, *caput*, da Lei 5.889/1973, e não lhe assiste o direito à redução da hora noturna porque não se aplica a redução ficta ao trabalhador rural; **C:** incorreta, pois, conforme indicado na parte final dos comentários à alternativa "B", por ser trabalhador rural não se aplica a regra da hora fictamente reduzida; **D:** incorreta, pois pelo fato de existir atividade econômica na casa de campo, de acordo com o art. 1º da LC 150/2015, Francisco não será considerado empregado doméstico.

Gabarito "B".

(OAB/Exame Unificado – 2010.3) Uma Fundação Municipal de Direito Público decidiu implementar uma reestruturação administrativa, a fim de produzir melhores resultados, com proveito para a sociedade como um todo, prestigiando a sua função social e o princípio da eficiência. Para tanto, desenvolveu um Plano de Incentivo à Demissão Voluntária (PIDV), por meio do qual o empregado que aderisse receberia as verbas resilitórias, acrescidas de um bônus de 80% sobre o seu valor. Ao ler atentamente os termos do PIDV, o empregado Josué de Souza constatou a existência de uma cláusula em que se previa a expressa e geral quitação das obrigações oriundas do contrato de trabalho, nada mais havendo a reclamar depois de efetuado o ajuste. Após refletir cuidadosamente sobre a questão, Josué resolveu aderir ao PIDV. Ocorre que, tão logo recebeu as verbas resilitórias e o bônus de 80%, Josué ajuizou uma ação trabalhista em face da Fundação, pleiteando o pagamento de horas extraordinárias e os reflexos delas decorrentes, sob o argumento de que essas parcelas não foram englobadas expressamente pelo PIDV. Em defesa, o antigo empregador reconheceu a existência de trabalho extraordinário, mas afirmou que as querelas oriundas do contrato de emprego já haviam sido definitivamente solucionadas pelo PIDV.

Diante dessa situação concreta, é correto afirmar que o pedido de pagamento de horas extraordinárias e reflexos deve ser julgado

(A) procedente, uma vez que Josué de Souza possui prazo de cinco anos após o término do contrato para pleitear tudo o que entender cabível.

(B) procedente, uma vez que o PIDV efetua a quitação exclusivamente das parcelas e valores dele constantes.

(C) improcedente, haja vista a cláusula de quitação geral prevista no PIDV.

(D) improcedente, haja vista a natureza jurídica de renúncia do PIDV.

A: incorreta, pois Josué possui prazo de 2 (dois) anos após a extinção do contrato de trabalho para ajuizar a reclamação trabalhista, nos termos do art. 7º, XXIX, da CF e art. 11, da CLT; **B:** correta, pois em conformidade com a Orientação Jurisprudencial 270 da SDI-1 do TST a transação extrajudicial que importa rescisão do contrato de trabalho ante a adesão do empregado a plano de demissão voluntária implica quitação exclusivamente das parcelas e valores constantes do recibo; **C:** incorreta, pois a cláusula de quitação geral prevista no PIDV é con-

siderada nula; **D:** incorreta, pois a ação será julgada procedente, tendo em vista que a quitação refere-se aos direitos consignados no recibo.

Gabarito "B".

(OAB/Exame Unificado – 2010.3) O empregado Vicente de Morais foi dispensado sem justa causa. Sete dias depois, requereu a liberação do cumprimento do aviso-prévio, pois já havia obtido um novo emprego. O antigo empregador concordou com o seu pedido, exigindo apenas que ele fosse feito por escrito, junto com a cópia da sua CTPS registrada pelo novo empregador, o que foi realizado por Vicente. Diante dessa situação, o antigo empregador deverá

(A) integrar o aviso-prévio ao pagamento de todas as verbas rescisórias por ele devidas, uma vez que o aviso-prévio é irrenunciável.

(B) deduzir o aviso-prévio do pagamento de parte das verbas rescisórias devidas, uma vez que o empregado renunciou livremente a esse direito, mas o aviso-prévio continuará incidindo sobre as parcelas de natureza salarial.

(C) pagar as verbas rescisórias, excluindo o valor equivalente ao dos dias remanescentes do aviso-prévio.

(D) deduzir o aviso-prévio do pagamento de parte das verbas rescisórias devidas, uma vez que o empregado renunciou livremente a esse direito, mas o aviso-prévio continuará incidindo sobre as parcelas de natureza indenizatória.

A: incorreta, pois o período de aviso-prévio não será integrado ao pagamento das verbas rescisórias, tendo em vista que foi o próprio empregado quem solicitou, art. 487, § 2º, da CLT; **B:** incorreta, pois o aviso-prévio não será devido, art. 487, § 2º, da CLT; **C:** correta, pois reflete o disposto no art. 487, § 2º, da CLT; **D:** incorreta, *vide* comentários anteriores.

Gabarito "C".

(OAB/Exame Unificado – 2010.3) João da Silva decidiu ampliar o seu consultório médico e, para isso, contratou o serviço do empreiteiro Vivaldo Fortuna. Ambos ajustaram o valor de R$ 5.000,00, cujo pagamento seria feito da seguinte maneira: metade de imediato e a outra metade quando do encerramento do serviço. Logo no início dos trabalhos, Vivaldo contratou os serventes Reginaldo Nonato e Simplício de Deus, prometendo-lhes o pagamento de um salário mínimo mensal. Ocorre que, passados três meses, Reginaldo e Simplício nada receberam. Tentaram entrar em contato com Vivaldo, mas este tinha desaparecido. Por conta disso, abandonaram a obra e ajuizaram uma ação trabalhista em face de João da Silva, pleiteando os três meses de salários atrasados, além das verbas resilitórias decorrentes da rescisão indireta provocada por Vivaldo. Diante desse caso concreto, é correto afirmar que João da Silva

(A) não deve ser condenado a pagar os salários atrasados e as verbas resilitórias decorrentes da rescisão indireta, uma vez que é o dono da obra e não desenvolve atividade de construção ou incorporação.

(B) deve ser condenado a pagar apenas os salários atrasados, mas não as verbas resilitórias, uma vez que não foi ele quem deu causa à rescisão indireta.

(C) não deve ser condenado a pagar os salários atrasados e as verbas resilitórias decorrentes da rescisão indireta, uma vez que a obra não foi devidamente encerrada.

(D) deve ser condenado a pagar os salários atrasados e as verbas resilitórias decorrentes da rescisão indireta, uma vez que é o sucessor trabalhista de Vivaldo Fortuna.

João da Silva firmou contrato de empreitada com o Sr. Vivaldo Fortuna, que por sua vez firmou contrato de subempreitada com os serventes Reginaldo Nonato e Simplício de Deus. O contrato entre João e Vivaldo – contrato de empreitada – será regido pelos arts. 610 a 626 do CC. No entanto, entre o Sr. Vivaldo e os serventes Reginaldo e Simplício, existe um contrato de trabalho, com típica relação de emprego, regida pela CLT. Assim, o TST firmou entendimento na OJ 191 da SDI-1, apontando que a responsabilidade pelo pagamento das obrigações trabalhistas não pode recair sobre o dono da obra. Não pode o dono da obra ser responsabilizado pelas obrigações trabalhistas do empreiteiro e subempreiteiro.
Gabarito "A".

(OAB/Exame Unificado – 2010.2) O empregado João foi contratado para trabalhar como caixa de um supermercado. No ato de admissão, foi-lhe entregue o regulamento da empresa, onde constava a obrigatoriedade do uso do uniforme para o exercício do trabalho. Entretanto, cerca de cinco meses após a contratação, João compareceu para trabalhar sem o uniforme e, por isso, foi advertido. Um mês depois, o fato se repetiu e João foi suspenso por 3 dias. Passados mais 2 meses, João compareceu novamente sem uniforme, tendo sido suspenso por 30 dias. Ao retornar da suspensão foi encaminhado ao departamento de pessoal, onde tomou ciência da sua dispensa por justa causa (indisciplina – art. 482, h, da CLT). Diante deste caso concreto

(A) está correta a aplicação da justa causa, uma vez que João descumpriu reiteradamente as ordens genéricas do empregador contidas no regulamento geral.

(B) está incorreta a aplicação da justa causa, uma vez que João cometeu ato de insubordinação e não de indisciplina.

(C) está incorreta a aplicação da justa causa, uma vez que João cometeu mau procedimento.

(D) está incorreta a aplicação da justa causa, uma vez que o empregador praticou bis in idem, ao punir João duas vezes pelo mesmo fato.

Segundo leciona Gustavo Filipe Barbosa Garcia: "O *non bis in idem* significa que a mesma falta disciplinar, praticada pelo empregado, não pode ser objeto de mais de uma punição pelo empregador. Ainda que a falta autorizasse a dispensa por justa causa, se o empregador preferiu punir o empregado com uma mera advertência ou suspensão, não será válida a dispensa por justa causa pelo mesmo fato já punido, não sendo aceito que o empregador se arrependa da pena mais branda que decidiu aplicar. O empregador não pode aplicar certa penalidade mais branda ao empregado e, sem seguida, arrependendo-se, punir a mesma falta com a dispensa por justa causa, pois isso configuraria bis in idem, o qual é vedado" (**Curso de Direito do Trabalho**, 4. ed. São Paulo: Gen. p. 623-624). Assim, ainda que João tenha praticado ato de indisciplina, passível de pena de demissão por justa causa (art. 482, *h*, da CLT), como o empregador já tinha aplicado a pena de suspensão, não poderia ter aplicado, ao mesmo fato, a pena de demissão por justa causa.
Gabarito "D".

(OAB/Exame Unificado – 2010.1) Considerando o disposto na CLT a respeito do aviso-prévio, assinale a opção correta.

(A) O valor das horas extraordinárias habituais integra o aviso-prévio indenizado.

(B) Na despedida indireta, é incabível o aviso-prévio.

(C) O aviso-prévio é exigido somente do empregado, pois o empregador pode rescindir o contrato livremente, arguindo a subordinação existente na relação de emprego.

(D) O período de aviso-prévio não integra o tempo de serviço para os devidos efeitos legais.

A: correta, pois reflete o disposto no art. 487, § 5.º, da CLT: "O valor das horas extraordinárias habituais integra o aviso-prévio indenizado."; **B:** incorreta, pois nos termos do art. 487, § 4.º, da CLT, é devido o aviso-prévio na despedida indireta; **C:** incorreta, pois nos termos dos §§ 1º e 2º do art. 487 da CLT o aviso-prévio é devido pela parte que quer colocar fim no contrato, ou seja, é devido por ambas as partes, seja empregador, seja empregado; **D:** incorreta, pois a assertiva contraria o disposto no art. 487, § 1.º, da CLT. Veja, também, a OJ 82 da SDI 1 do TST.
Gabarito "A".

(OAB/Exame Unificado – 2009.3) Na hipótese de a justiça do trabalho declarar nulo contrato de trabalho celebrado entre a administração pública e servidor público que não tenha sido previamente aprovado em concurso público, o empregado

(A) fará jus ao pagamento da contraprestação pactuada em relação ao número de horas trabalhadas, respeitado o valor da hora do salário mínimo, e dos valores referentes ao depósito do FGTS.

(B) terá direito somente ao salário devido.

(C) não terá direito a nenhuma verba, dado que o contrato foi declarado nulo.

(D) terá direito a férias proporcionais ou integrais, saldo de salário e 13.º salário.

A: correta, pois reflete o entendimento disposto na Súmula 363 do TST; **B:** incorreta, pois nos termos da Súmula 363 do TST serão devidos, também, os depósitos de FGTS; **C:** incorreta, pois contraria a disposição contida na Súmula 363 do TST; **D:** incorreta, pois em conformidade com a Súmula 363 do TST serão devidos apenas o pagamento da contraprestação pactuada em relação ao número de horas trabalhadas, respeitado o valor da hora do salário mínimo, e dos valores referentes ao depósito do FGTS.
Gabarito "A".

(OAB/Exame Unificado – 2009.2) Com base no entendimento do TST acerca da rescisão do contrato de trabalho, assinale a opção correta.

(A) Nas rescisões antecipadas dos contratos de experiência que contenham cláusula assecuratória do direito recíproco de rescisão antes de seu término, não cabe aviso-prévio.

(B) A indenização de empregado que trabalha por comissão deve ser calculada com base na média das comissões recebidas nos últimos 12 (doze) meses de serviço.

(C) O empregado que rescinde antecipadamente o contrato por prazo determinado não está obrigado a indenizar o empregador.

(D) A pessoa jurídica de direito público que não observa o prazo para pagamento das verbas rescisórias não se submete à multa prevista no art. 477 da CLT.

A: incorreta, pois nos termos do art. 481 da CLT será devido o aviso--prévio. Esse é o entendimento cristalizado na Súmula 163 do TST; **B:**

correta, pois reflete o disposto no art. 478, § 4º, da CLT; **C:** incorreta, pois nos termos do art. 480 da CLT o empregado deverá indenizar o empregador dos prejuízos que desse fato resultarem; **D:** incorreta, pois por meio da orientação jurisprudencial 238 da SDI-1 o TST entende que a multa pelo atraso no pagamento das verbas rescisórias é aplicável à pessoa jurídica de direito público.

Gabarito "B".

(OAB/Exame Unificado – 2009.1) Assinale a opção correta acerca do aviso-prévio na CLT e em conformidade com o entendimento do TST.

(A) A falta de aviso-prévio por parte do empregador dá ao empregado o direito aos salários correspondentes ao prazo do aviso, mas nem sempre garante a integração desse período no seu tempo de serviço.

(B) É indevido o aviso-prévio na despedida indireta.

(C) É incabível o aviso-prévio nas rescisões antecipadas dos contratos de experiência, mesmo ante a existência de cláusula assecuratória do direito recíproco de rescisão antes de expirado o termo ajustado.

(D) O valor das horas extraordinárias habituais integra o aviso-prévio indenizado.

A: incorreta, pois o período de aviso-prévio deve ser integrado ao tempo de serviço do empregado, nos termos do art. 487, § 1º, da CLT; **B:** incorreta, pois será devido o aviso-prévio na rescisão indireta, em conformidade com o art. 487, § 4º, da CLT; **C:** incorreta, pois se convencionada a cláusula assecuratória do direito recíproco de rescisão, aplica-se aos contratos por prazo determinado, as regras pertinentes aos contratos com prazo indeterminado, nos termos do art. 481 da CLT; **D:** correta, pois reflete o disposto no art. 487, § 5º, da CLT.

Gabarito "D".

(OAB/Exame Unificado – 2008.2) Antônio, contratado como vigilante noturno de uma instituição financeira, abandonou, em duas oportunidades distintas, sem justificativa, seu posto de trabalho, por cerca de 30 (trinta) minutos, para resolver questões particulares, fato comprovado por testemunhas. Na situação hipotética apresentada, a atitude de Antônio, para fins de despedida por justa causa, de acordo com a Consolidação das Leis do Trabalho, é considerada(o)

(A) ato de improbidade.

(B) ato de indisciplina ou de insubordinação.

(C) desídia no desempenho de suas funções.

(D) abandono de emprego.

A: incorreta, pois ato de improbidade é aquele ímprobo, maldoso, desonesto, que cause prejuízo ou até risco à integridade do patrimônio do empregador, como por exemplo: roubo dentro da empresa (art. 482, *a*, da CLT); **B:** incorreta, pois a indisciplina consiste no descumprimento de ordens gerais de serviço, enquanto a insubordinação consiste no descumprimento de ordens pessoais de serviço (art. 482, *h*, da CLT); **C:** correta, pois a desídia elencada no art. 482, *e*, da CLT representa a hipótese em que o empregado deixa de prestar o serviço com zelo, interesse ou empenho, passando a laborar com negligência; **D:** incorreta, pois o abandono de emprego (art. 483, *i*, da CLT) configura-se por faltas reiteradas ao serviço, sem justo motivo e sem a autorização do empregador. Veja, também, a Súmula 32 do TST.

Gabarito "C".

(OAB/Exame Unificado – 2008.2) A direção da empresa Vale Verde Ltda. divulgou, por meio de circular interna, a proibição de fumar nos ambientes fechados da empresa, tendo sido estabelecidos locais específicos para a prática

do tabagismo. Jorge, empregado da empresa Vale Verde Ltda., fumante há mais de 20 anos, descumpriu tal norma, e, por diversas vezes, foi flagrado fumando nos ambientes fechados da empresa, tendo sido, nessas ocasiões, advertido pelo empregador. Considerando a situação hipotética acima e com base na legislação trabalhista, assinale a opção correta.

(A) A atitude de Jorge não se caracteriza como desobediência à determinação do empregador dado o grau de dependência em relação ao cigarro, já que ele é fumante há mais de 20 (vinte) anos.

(B) Como a atitude de Jorge não gera prejuízo para a empresa, mas apenas desconforto para seus colegas de trabalho, ele não pode ser punido por fumar em ambientes fechados da empresa.

(C) O ato de fumar nos ambientes fechados da empresa constitui motivo de despedida por justa causa por ato de indisciplina, uma vez que Jorge descumpriu uma ordem geral do empregador.

(D) A atitude de Jorge, que se caracteriza como incontinência de conduta ou mau procedimento, constitui motivo de dispensa por justa causa.

A: incorreta, pois representa ato de indisciplina, nos termos do art. 482, *h*, da CLT; **B:** incorreta, pois independente de prejuízos, Jorge descumpriu norma de caráter geral; **C:** correta, pois de fato indisciplina consiste no descumprimento de ordens gerais de serviço, art. 482, *h*, da CLT; **D:** incorreta, pois incontinência de conduta é o comportamento desregrado ligado à vida sexual do obreiro e mau procedimento comportamento incorreto ligado aos demais atos que não podem ser enquadrados em nenhuma das demais hipóteses do art. 482 da CLT.

Gabarito "C".

(OAB/Exame Unificado – 2008.2) Aníbal foi eleito membro do conselho fiscal do sindicato representativo de sua categoria profissional em 20 de maio de 2008. No dia 20 de agosto de 2008, Aníbal foi demitido sem justa causa da empresa onde trabalhava. Segundo orientação do TST, nessa situação hipotética, a demissão de Aníbal

(A) foi regular, pois membro de conselho fiscal de sindicato não tem direito à estabilidade provisória porquanto não representa ou atua na defesa de direitos da categoria respectiva, agindo somente na fiscalização da gestão financeira do sindicato.

(B) foi irregular, pois Aníbal gozava de estabilidade provisória desde sua eleição ao cargo de conselheiro fiscal do sindicato.

(C) somente seria regular se houvesse a extinção da empresa.

(D) foi arbitrária, pois não houve nenhuma justificativa prévia ou inquérito capaz de provar justa causa para a demissão.

A: correta, pois reflete o entendimento consolidado na Orientação Jurisprudencial da SBDI-1 n. 365 do TST; **B:** incorreta, pois o membro do conselho fiscal tem sua competência limitada à fiscalização da gestão financeira do sindicato, nos termos do art. 522, § 2º, da CLT e por esse motivo Aníbal não goza de estabilidade; **C:** incorreta, pois foi regular, de acordo com o exposto nas demais alternativas; **D:** incorreta, tendo em vista que Aníbal não possuía estabilidade e consequentemente não haveria motivo para inquérito judicial.

Gabarito "A".

10. DIREITO DO TRABALHO — 753

8. ESTABILIDADE

(OAB/Exame XXXIX) Determinada sociedade empresária possui cerca de 100 funcionários e, em razão de mudança na direção, decidiu realizar algumas dispensas. Ocorre que alguns dos funcionários indicados para a dispensa são detentores de garantias no emprego, sendo uma em decorrência de gestação; outra por ser dirigente sindical; outro por ser membro da Comissão Interna de Prevenção de Acidentes (CIPA) eleito pelos empregados. Além desses casos existe um quarto funcionário, que informou não poder ser dispensado por também ser membro da CIPA, indicado pelo próprio empregador.

Diante disso, a sociedade empresária consultou você, como advogado(a), para saber os períodos e as possibilidades de dispensa.

A esse respeito, assinale a afirmativa correta.

(A) Todas as modalidades de estabilidade ou garantia de emprego possuem a mesma duração.

(B) A estabilidade gestante dá-se da confirmação da gravidez até cinco meses após o parto; a do membro da CIPA eleito pelos empregados, dá-se do registro da candidatura até um ano após o término do mandato, assim como a do dirigente sindical.

(C) Os empregados representantes da CIPA, seja o eleito pelos empregados, seja o indicado como representante do empregador, têm garantia no emprego até um ano após o término do mandato.

(D) O conhecimento por parte do empregador do estado gravídico da empregada gestante é requisito para o reconhecimento da estabilidade.

A: incorreta, pois as modalidades indicadas no enunciado não possuem o mesmo período de garantia de emprego. Veja comentários alternativa B. **B:** correta, pois nos termos do art. 10, II, b, ADCT o período de estabilidade da gestante se dá desde a confirmação da gravidez até cinco meses após o parto; a estabilidade do eleito membro da CIPA se dá desde o registro de sua candidatura até um ano após o final de seu mandato, art. 10, II, a, ADCT; o dirigente sindical se dá a partir do momento do registro de sua candidatura a cargo de direção ou representação de entidade sindical ou de associação profissional, até 1 (um) ano após o final do seu mandato, caso seja eleito inclusive como suplente. **C:** incorreta, pois nos termos do art. 164, § 2º e art. 165 da CLT somente os empregados eleitos possuem a garantia de emprego. **D:** incorreto, pois nos termos da súmula 244, I, do TST o desconhecimento do estado gravídico pelo empregador não afasta o direito ao pagamento da indenização decorrente da estabilidade.
Gabarito "B".

(OAB/Exame XXXV) Sheila e Irene foram admitidas em uma empresa de material de construção, sendo Sheila mediante contrato de experiência por 90 dias e Irene, contratada por prazo indeterminado. Ocorre que, 60 dias após o início do trabalho, o empregador resolveu dispensar ambas as empregadas porque elas não mostraram o perfil esperado, dispondo-se a pagar todas as indenizações e multas previstas em Lei para extinguir os contratos. No momento da comunicação do desligamento, ambas as empregadas informaram que estavam grávidas com 1 mês de gestação, mostrando os respectivos laudos de ultrassonografia. Considerando a situação de fato, a previsão legal e o entendimento consolidado do TST, assinale a afirmativa correta.

(A) As duas empregadas poderão ser dispensadas.

(B) Somente Sheila poderá ser desligada porque o seu contrato é a termo.

(C) Sheila e Irene não poderão ser desligadas em virtude da gravidez.

(D) Apenas Irene poderá ser desligada, desde que haja autorização judicial.

Irene, contratada por prazo indeterminado tem sua garantia de emprego prevista no art. 10, inciso II, "b", do Ato das Disposições Constitucionais Transitórias. Esse direito é assegurado a toda empregada gestante, inclusive a empregada doméstica, desde a confirmação da gravidez até 5 meses após o parto. Sheila, contratada por meio de contrato de experiência, que é considerado um contrato com prazo determinado (art. 443, § 2º, c, CLT) também possui garantia de emprego prevista no art. 10, inciso II, "b", do Ato das Disposições Constitucionais Transitórias, de acordo com o entendimento disposto na súmula 244, III, TST.
Gabarito "C".

(OAB/Exame XXXIII – 2020.3) Jorge e Manoel integram a Comissão Interna de Prevenção de Acidentes (CIPA) da empresa na qual trabalham. Jorge é representante do empregador e Manoel, representante dos empregados. Durante a vigência dos seus mandatos, ambos foram dispensados, sem justa causa, na mesma semana, recebendo aviso-prévio indenizado.

Considerando a situação de fato e a previsão da CLT, assinale a afirmativa correta.

(A) Não há empecilho à dispensa de Jorge, mas Manoel tem garantia no emprego e não poderia ser desligado sem justa causa.

(B) Ambos os empregados podem ser dispensados, porque o empregador concedeu aviso-prévio indenizado.

(C) Jorge, por ser representante do empregador junto à CIPA e dele ter confiança, não poderá ser dispensado, exceto por justa causa.

(D) Nenhum empregado integrante da CIPA pode ser dispensado sem justa causa durante o mandato e até 1 ano após.

A garantia de emprego para o representante dos empregados da CIPA está prevista no art. 10, II, a, ADCT. Por ser Jorge representante da CIPA indicado pelo empregador, não goza de tal garantia de emprego, que é devida somente ao empregado eleito pelos empregados, ou seja, representante dos empregados na CIPA, como é o caso de Manoel.
Gabarito "A".

(OAB/Exame Unificado – 2019.2) Em uma grande empresa que atua na prestação de serviços de telemarketing e possui 250 funcionários, trabalham as empregadas listadas a seguir:

Alice, que foi contratada a título de experiência, e, um pouco antes do término do seu contrato, engravidou;

Sofia, que foi contratada a título temporário, e, pouco antes do termo final de seu contrato, sofreu um acidente do trabalho;

Larissa, que foi indicada pelo empregador para compor a CIPA da empresa;

Maria Eduarda, que foi eleita para a comissão de representantes dos empregados, na forma da CLT alterada pela Lei nº 13.467/17 (reforma trabalhista).

Diante das normas vigentes e do entendimento consolidado do TST, assinale a opção que indica as empregadas que terão garantia no emprego.

(A) Sofia e Larissa, somente.

(B) Alice e Maria Eduarda, somente.

(C) Alice, Sofia e Maria Eduarda, somente.

(D) Alice, Sofia, Larissa e Maria Eduarda.

"C" é a alternativa correta. Isso porque Alice possui a garantia de emprego da gestante, prevista no art. 10, II, b, do ADCT, mesmo na hipótese de admissão mediante contrato por tempo determinado, súmula 244, III, TST. Sofia possui a estabilidade por acidente do trabalho, prevista no art. 118 da Lei 8.213/1991, ainda que submetida a contrato de trabalho por tempo determinado, súmula 378, III, do TST. Larissa, contudo, não possui garantia de emprego, pois, nos termos do art. 165 da CLT, somente os titulares da representação dos empregados nas CIPA (s) não poderão sofrer despedida arbitrária, gozando da garantia provisória de emprego decorrente de acidente de trabalho. Isso porque ela foi indicada pelo empregador e não eleita pelos empregados. Por último, Maria Eduarda possui a garantia de emprego prevista no art. 510-D, § 3º, da CLT.

Gabarito "C".

(OAB/Exame Unificado – 2018.1) Em março de 2015, Lívia foi contratada por um estabelecimento comercial para exercer a função de caixa, cumprindo jornada de segunda-feira a sábado das 8h às 18h, com intervalo de 30 minutos para refeição. Em 10 de março de 2017, Lívia foi dispensada sem justa causa, com aviso prévio indenizado, afastando-se de imediato. Em 30 de março de 2017, Lívia registrou sua candidatura a dirigente sindical e, em 8 de abril de 2017, foi eleita vice-presidente do sindicato dos comerciários da sua região.

Diante desse fato, Lívia ponderou com a direção da empresa que não seria possível a sua dispensa, mas o empregador insistiu na manutenção da dispensa afirmando que o aviso prévio não poderia ser considerado para fins de garantia no emprego.

Sobre a hipótese narrada, de acordo com a CLT e com o entendimento consolidado do TST, assinale a afirmativa correta.

(A) O período do aviso prévio é integrado ao contrato para todos os fins, daí porque Lívia, que foi eleita enquanto o pacto laboral estava em vigor, não poderá ser dispensada sem justa causa.

(B) Não se computa o aviso prévio para fins de tempo de serviço nem anotação na CTPS do empregado e, em razão disso, Lívia não terá direito à estabilidade oriunda da eleição para dirigente sindical.

(C) O aviso prévio é computado para todos os fins, mas, como a candidatura da empregada ocorreu no decorrer do aviso prévio, Lívia não terá garantia no emprego.

(D) A Lei e a jurisprudência não tratam dessa situação especial, razão pela qual caberá ao magistrado, no caso concreto, decidir se o aviso prévio será computado ao contrato.

"C" é a assertiva correta. Isso porque o aviso-prévio é computado como tempo de trabalho, independentemente se for indenizado ou trabalhado. Convém ressaltar que deve haver a projeção do período de aviso-prévio no contrato de trabalho, hipótese em que a data de saída a ser anotada na CTPS deve corresponder à do término do prazo do aviso-prévio, ainda que indenizado e/ou proporcional, em conformidade com a Orientação Jurisprudencial 82 da SDI do TST. Contudo, o registro da candidatura do empregado a cargo de dirigente sindical durante o período de aviso-prévio não lhe assegura a estabilidade no emprego,

em razão de ser inaplicável a regra contida no § 3º do art. 543 da CLT, a teor da Súmula 369, item V, do TST.

Gabarito "C".

(OAB/Exame Unificado – 2016.1) Os empregados da sociedade empresária ABC Ltda. criaram uma sociedade cooperativa de crédito que busca dar acesso a empréstimos com juros bastante reduzidos para os próprios empregados da empresa ABC. Renata, que trabalha na empresa em questão, foi eleita diretora suplente dessa sociedade cooperativa de crédito e, dois meses depois, foi dispensada sem justa causa.

Com base na hipótese apresentada, de acordo com o entendimento consolidado do TST, assinale a afirmativa correta.

(A) Renata é estável por ter sido eleita, razão pela qual deverá ser reintegrada.

(B) Não se cogitará de reintegração, seja do titular ou do suplente, porque esse caso não é previsto na lei como gerador de estabilidade.

(C) A condição legal para que Renata seja estável é que contraia ao menos um empréstimo junto à cooperativa.

(D) Renata não terá garantia no emprego por ser suplente, e a estabilidade alcança apenas o titular.

A: opção incorreta, pois por ser suplente não possui estabilidade no emprego, em conformidade com a OJ 253 da SDI 1 do TST. **B:** opção incorreta, pois a Lei 5.674/1971 prevê estabilidade para o diretor e não para o suplente. **C:** opção incorreta, pois não há previsão legal. **D:** opção correta, pois nos termos do art. 55 da Lei 5.674/1971 os empregados de empresas que sejam eleitos diretores de sociedades cooperativas por eles mesmos criadas gozarão das garantias asseguradas aos dirigentes sindicais. A lei trata apenas dos "diretores de sociedades cooperativas" e não de seus suplentes.

Gabarito "D".

(OAB/Exame Unificado – 2015.2) Jonas é empregado da sociedade empresária Ômega. Entendendo seu empregador por romper seu contrato de trabalho, optou por promover sua imediata demissão, com pagamento do aviso-prévio na forma indenizada. Transcorridos 10 dias de pagamento das verbas rescisórias, Jonas se candidatou a dirigente do sindicato da sua categoria e foi eleito presidente na mesma data. Sobre a hipótese apresentada, de acordo com o entendimento consolidado do TST, assinale a afirmativa correta.

(A) Jonas poderá ser desligado ao término do aviso-prévio, pois não possui garantia no emprego.

(B) Jonas tem garantia no emprego por determinação legal, porque, pelo fato superveniente, o aviso-prévio perde seu efeito.

(C) Jonas passou a ser portador de garantia no emprego, não podendo ter o contrato rompido.

(D) Jonas somente poderá ser dispensado se houver concordância do sindicato de classe obreiro.

"A" é a assertiva correta, tendo em vista que reflete o entendimento disposto na súmula 369, III, do TST, que entende que o registro da candidatura do empregado a cargo de dirigente sindical durante o período de aviso-prévio, ainda que indenizado, não lhe assegura a estabilidade no emprego.

Gabarito "A".

10. DIREITO DO TRABALHO — 755

(OAB/Exame Unificado – 2014.3) Paulo, empregado de uma empresa siderúrgica, é portador do vírus HIV. Tomando conhecimento dessa notícia, o empregador o dispensou imotivadamente e pagou todas as verbas rescisórias. No momento da dispensa, o chefe de Paulo afirmou que a dispensa somente ocorreu em razão de sua doença, apesar de ser um excelente profissional. Paulo, inconformado, ajuizou ação trabalhista para resguardar o seu direito.

No caso, se o pedido for julgado procedente, Paulo tem direito a

(A) ser reintegrado.

(B) ser readmitido.

(C) receber apenas os salários do período de afastamento.

(D) receber apenas indenização por dano moral.

A: opção correta, pois reflete o entendimento disposto na súmula 443 do TST. **B:** Opção incorreta, pois não é caso de readmissão, ou seja, novo contrato de trabalho, mas sim reintegração ao contrato de trabalho que já estava em vigência, veja Súmula 443 TST. **C:** opção incorreta, pois não receberá somente os salários do período de afastamento, como também será reintegrado. **D:** opção incorreta, pois embora possa pleitear indenização por danos morais, receberia os salários do período de afastamento e seria reintegrado ao emprego.
Gabarito "A".

(OAB/Exame Unificado – 2014.3) Rogéria, balconista na empresa Bolsas e Acessórios Divinos Ltda., candidatou-se em uma chapa para a direção do sindicato dos comerciários do seu Município, sendo eleita posteriormente. Contudo, o sindicato não comunicou o registro da candidatura, eleição e posse da empregada ao empregador. Durante o mandato de Rogéria, o empregador a dispensou sem justa causa e com cumprimento do aviso-prévio. Rogéria, então, enviou um *e-mail* para o empregador, dando-lhe ciência dos fatos, mediante prova documental. Apesar das provas, a empresa não aceitou suas razões e ratificou o desejo de romper o contrato de trabalho.

Sobre o caso narrado, de acordo com a jurisprudência do TST, assinale a afirmativa correta.

(A) Rogéria tem garantia no emprego, já que a comunicação, apesar de fora do prazo legal, foi feita na vigência do contrato.

(B) O sindicato não observou o prazo legal para comunicação, motivo pelo qual a dispensa não pode ser considerada ilícita nem discriminatória, prevalecendo a ruptura.

(C) A jurisprudência é omissa, razão pela qual faculta-se ao empregador aceitar ou não a comunicação.

(D) É irrelevante que a comunicação da eleição tenha sido feita, já que a responsabilidade do empregador é objetiva.

A: opção correta, pois nos termos da súmula 369, I, TST é assegurada a estabilidade provisória ao empregado dirigente sindical, ainda que a comunicação do registro da candidatura ou da eleição e da posse seja realizada fora do prazo previsto de 24 horas previsto no art. 543, § 5°, da CLT, desde que a ciência ao empregador, por qualquer meio, ocorra na vigência do contrato de trabalho. **B:** opção incorreta, pois embora não tenha havido a observância do prazo de 24 horas descrito no texto legal, tendo havido comunicação a dispensa será considerada ilícita. **C:** opção incorreta, pois o TST se pronunciou sobre o tema, como vimos na súmula 369, I. **D:** opção incorreta, pois a comunicação não

é irrelevante, ela deve acontecer por qualquer meio, na vigência do contrato de trabalho.
Gabarito "A".

(OAB/Exame Unificado – 2013.3) Para que a garantia no emprego em razão da candidatura do empregado a dirigente sindical se consolide, a CLT dispõe no Art. 543, § 5° que: *"Para os fins deste artigo, a entidade sindical comunicará por escrito à empresa, dentro de 24 (vinte e quatro) horas, o dia e a hora do registro da candidatura do seu empregado e, em igual prazo, sua eleição e posse, fornecendo, outrossim, a este comprovante no mesmo sentido"*.

Gislene registrou sua candidatura a dirigente sindical, na condição de Vice-presidente na chapa, mas o sindicato não comunicou tal fato ao seu empregador que, ignorando a situação, concedeu aviso-prévio à empregada 10 dias depois.

Nessa hipótese, de acordo com o entendimento do TST, assinale a afirmativa correta.

(A) O empregador, a seu critério, aceitará ou não a justificativa tardia da empregada que se candidatou a dirigente sindical e mantém seu contrato de trabalho.

(B) O empregador fica obrigado a respeitar a garantia no emprego, mesmo que seja informado deste fato após a ruptura da interlocução social, devendo readmiti-la.

(C) O empregador tem de respeitar a garantia, ainda que seja comunicado posteriormente da candidatura da empregada, desde que isso ocorra enquanto o pacto laboral estiver em vigor.

(D) A empresa não precisa respeitar a garantia no emprego porque o prazo legal não foi observado, de modo que isso não a vincula. Ademais, ignorando a garantia da empregada, a empresa não teria agido de má-fé.

A: incorreta, pois caso o sindicato faça a comunicação durante a vigência do contrato de trabalho o empregador deverá reconsiderar a ordem de aviso-prévio, tendo em vista a garantia de emprego de Gislene, em conformidade com o entendimento disposto na súmula 369, I, do TST. **B:** incorreta, pois o empregador fica obrigado a respeitar a garantia no emprego, somente se for informado do registro da candidatura da empregada a cargo de dirigente sindical durante a vigência do contrato de trabalho e não após como induz a assertiva. **C:** correta, pois reflete o entendimento disposto na súmula 369, I, do TST. **D:** incorreta, pois o TST firmou entendimento no sentido de que é assegurada a estabilidade provisória ao empregado dirigente sindical, ainda que a comunicação do registro da candidatura ou da eleição e da posse seja realizada fora do prazo previsto no art. 543, § 5°, da CLT, desde que a ciência ao empregador, por qualquer meio, ocorra na vigência do contrato de trabalho.
Gabarito "C".

(OAB/Exame Unificado – 2013.1) Fernanda é contratada pela empresa Master, a título temporário, com base na Lei n. 6.019/1974, pelo prazo certo de 3 meses. Quando do término deste período e ciente de que o empregador não pretende renovar o contrato, ela informa que se encontra grávida de 6 semanas.

A respeito do caso proposto, de acordo com o entendimento do TST, assinale a afirmativa correta.

(A) Fernanda pode ter o contrato extinto porque o pacto foi feito a termo, de modo que no seu implemento a ruptura se impõe.

(B) Fernanda não poderá ser dispensada, pois, em razão da gravidez, possui garantia no emprego, mesmo sendo o contrato a termo.

(C) Fernanda poderá ser desligada porque a natureza jurídica da ruptura não será resilição unilateral, mas caducidade do contrato.

(D) Fernanda não pode ter o contrato rompido, pois em razão da gravidez tem garantia no emprego durante 12 meses.

A: incorreta, pois por estar grávida Fernanda não poderá ter o contrato extinto, ainda que tenha sido contratada por prazo certo; **B:** correta, pois reflete o entendimento disposto na Súmula 244, item III, do TST a empregada gestante tem direito à estabilidade provisória prevista no art. 10, inciso II, alínea "b", do Ato das Disposições Constitucionais Transitórias, mesmo na hipótese de admissão mediante contrato por tempo determinado; **C:** incorreta, veja comentários das alternativas "A" e 'D"; **D:** incorreta, pois embora Fernanda não possa ter o contrato extinto, a garantia de emprego será de 5 meses, nos termos do art. 10, II, alínea "b", do ADCT.
Gabarito "B".

(OAB/Exame Unificado – 2012.3.B) As alternativas a seguir apresentam casos para os quais a Lei prevê garantia de emprego, **à exceção de uma.** Assinale-a.

(A) Dirigente de associação profissional.

B) Membro representante dos empregados junto ao Conselho Nacional de Previdência Social.

(C) Representantes dos empregados em comissão de conciliação prévia de âmbito empresarial.

(D) Representante dos empregados no Conselho Curador do FGTS.

A: correta, pois não há previsão legal de garantia de emprego para o dirigente de associação profissional; **B:** incorreta, pois a garantia de emprego do membro representante dos empregados junto ao Conselho Nacional de Previdência Social está disposta no art. 3º, § 7º, da Lei 8.213/1991; **C:** incorreta, pois a garantia de emprego dos representantes dos empregados em comissão de conciliação prévia de âmbito empresarial está disposta no art. 625-B, § 1º, da CLT; **D:** incorreta, pois a garantia de empregos dos representantes dos empregados no Conselho Curador do FGTS está disposta no art. 3º, § 9º, da Lei 8.036/1990.
Gabarito "A".

(OAB/Exame Unificado – 2010.1) Paula firmou contrato de trabalho, por prazo indeterminado, com uma empresa, onde trabalhou pelo período de 3 (três) anos. Em 10.10.2008, foi sumariamente demitida, sem justa causa e sem receber qualquer valor rescisório ou indenizatório, embora estivesse com 2 (dois) meses de gestação. Em face dessa situação hipotética, assinale a opção correta.

(A) Caso Paula não tenha informado ao empregador, na data da demissão, o seu estado gestacional, ela não fará jus a qualquer indenização decorrente da estabilidade garantida à gestante.

(B) Se ajuizar reclamatória trabalhista até o último dia do prazo prescricional, Paula terá garantido o direito de reintegração ao emprego.

(C) Caso ajuíze reclamatória trabalhista no último dia do prazo prescricional, Paula terá direito tão somente aos salários e demais direitos correspondentes ao período de estabilidade garantido à gestante.

(D) Se for ajuizada reclamatória após o período da estabilidade garantido à gestante, Paula não terá direito a qualquer efeito jurídico referente à estabilidade.

A: incorreta, pois o desconhecimento, pelo empregador, do estado de gravidez da empregada não afasta o direito ao pagamento da indenização decorrente da estabilidade a que faz jus a mulher gestante, nos termos da Súmula 244, I, do TST; **B:** incorreta, pois terá direito à reintegração somente no período da estabilidade, de acordo com a Súmula 244, II, do TST; **C:** correta, pois a garantia de emprego à gestante só autoriza a reintegração se esta ocorrer durante o período de estabilidade. Do contrário, a garantia restringe-se aos salários e demais direitos correspondentes ao período de estabilidade, este é o entendimento cristalizado na Súmula 244, II, do TST; **D:** incorreta, *vide* comentários das alternativas anteriores.
Gabarito "C".

(FGV – 2013) Caso o empregado possua estabilidade (ou garantia no emprego) não poderá ser dispensado sem justa causa. Analise os casos listados a seguir e assinale o que possui garantia no emprego.

(A) O empregado de empresa que foi eleito diretor de sociedade cooperativa criada pelos trabalhadores.

(B) O empregado de uma empresa que foi nomeado delegado sindical.

(C) O empregado que retorna após afastamento pelo INSS no qual recebeu benefício de auxílio doença previdenciário (B-31).

(D) O empregado que integra, na condição de presidente, a CIPA de uma empresa.

(E) O empregado que foi eleito dirigente de associação profissional.

A: correta, pois a Lei 5.764/1971, que trata da política nacional de cooperativismo, estabeleceu no seu art. 55 que os empregados de empresas que sejam eleitos diretores de sociedades cooperativas por eles mesmos criadas gozarão das garantias asseguradas aos dirigentes sindicais, prevista no art. 8º, VIII, da CF e art. 543, § 3º, da CLT. **B:** incorreta, pois nos termos da OJ 369 da SDI 1 do TST o delegado sindical não é beneficiário da estabilidade provisória prevista no art. 8º, VIII, da CF/1988, a qual é dirigida, exclusivamente, àqueles que exerçam ou ocupem cargos de direção nos sindicatos, submetidos a processo eletivo. **C:** incorreta, pois para fazer jus a garantia de emprego, o obreiro deverá ter recebido o auxílio-doença acidentário (B-91), nos termos do art. 118 da Lei 8.213/1991. Veja também a Súmula 378, II, do TST. **D:** incorreta, pois o Presidente da CIPA é designado pelo próprio empregador, sendo que somente o empregado eleito goza da referida estabilidade. **E:** incorreta, pois não há em nosso ordenamento jurídico garantia de emprego ao dirigente de associação profissional não goza de estabilidade.
Gabarito "A".

9. NORMAS DE PROTEÇÃO DO TRABALHO – TRABALHO DO MENOR – TRABALHO DA MULHER

(OAB/Exame Unificado – 2019.3) Vera Lúcia tem 17 anos e foi contratada como atendente em uma loja de conveniência, trabalhando em escala de 12x36 horas, no horário de 19 às 7h, com pausa alimentar de 1 hora. Essa escala é prevista no acordo coletivo assinado pela loja com o sindicato de classe, em vigor. A empregada teve a CTPS assinada e tem, como atribuições, auxiliar os clientes, receber o pagamento das compras e dar o troco quando necessário.

Diante do quadro apresentado e das normas legais, assinale a afirmativa correta.

(A) A hipótese trata de trabalho proibido.

(B) O contrato é plenamente válido.

(C) A situação retrata caso de atividade com objeto ilícito.

(D) Por ter 17 anos, Vera Lúcia fica impedida de trabalhar em escala 12x36 horas, devendo ser alterada a jornada.

A hipótese narrada trata da figura do trabalho proibido. Isso porque, nos termos do art. 7º, XXXIII, da CF é proibido o trabalho noturno (aquele desempenhado entre as 22h de um dia até as 5 h do dia seguinte – art. 73, § 2º, da CLT) aos menores de idade. Vale dizer que trabalho proibido é aquele que, por motivos vários, a lei impede que seja exercido por determinadas pessoas ou em determinadas circunstâncias. Já o trabalho ilícito é aquele não permitido porque seu objeto consiste na prestação de atividades criminosas e/ou contravencionais. Nele não se cogita vínculo de emprego, pois o respectivo negócio jurídico é destituído de validade.
Gabarito "A".

(OAB/Exame Unificado – 2020.1) Rafaela trabalha em uma empresa de calçados. Apesar de sua formação como estoquista, foi preterida em uma vaga para tal por ser mulher, o que seria uma promoção e geraria aumento salarial. Um mês depois, a empresa exigiu que todas as funcionárias do sexo feminino apresentassem atestado médico de gravidez. Rafaela, 4 meses após esse fato, engravidou e, após apresentação de atestado médico, teve a jornada reduzida em duas horas, por se tratar de uma gestação delicada, o que acarretou a redução salarial proporcional. Sete meses após o parto, Rafaela foi dispensada.

Como advogado(a) de Rafaela, de acordo com a legislação trabalhista em vigor, assinale a opção que contém todas as violações aos direitos trabalhistas de Rafaela.

(A) Recusa, fundamentada no sexo, da promoção para a função de estoquista.

(B) Recusa, fundamentada no sexo, da promoção para a função de estoquista, exigência de atestado de gravidez e redução salarial.

(C) Recusa, fundamentada no sexo, da promoção para a função de estoquista, exigência de atestado de gravidez, redução salarial e dispensa dentro do período de estabilidade gestante.

(D) Dispensa dentro do período de estabilidade gestante.

O primeiro direito violado foi a recusa da promoção fundamentada no sexo. Isso porque, nos termos do art. 373-A, II, da CLT é vedado recusar emprego, promoção ou motivar a dispensa do trabalho em razão de sexo, idade, cor, situação familiar ou estado de gravidez, salvo quando a natureza da atividade seja notória e publicamente incompatível. O segundo direito violado foi a exigência de atestado médico, na medida em que o art. 373-A, IV, da CLT ensina ser vedado exigir atestado ou exame, de qualquer natureza, para comprovação de esterilidade ou gravidez, na admissão ou permanência no emprego. O terceiro direito violado foi a redução salarial. Isso porque, nos termos do art. 377 da CLT a adoção de medidas de proteção ao trabalho das mulheres é considerada de ordem pública, não justificando, em hipótese alguma, a redução de salário. Há de se ressaltar que no presente caso o direito a estabilidade provisória desde a confirmação da gravidez até 5 meses após o parto (art. 10, II, *b*, ADCT) foi respeitado.
Gabarito "B".

(OAB/Exame Unificado – 2014.1) Maria, empregada de uma panificadora, adotou uma criança em idade de alfabetização.

Quando da adoção, obteve a informação de que faria jus à licença-maternidade, daí decorrente. Em conversa com seu empregador, Maria foi informada que não desfrutava do mencionado benefício. Na dúvida a empregada requereu a licença-maternidade junto ao INSS.

Diante do caso apresentado, assinale a afirmativa correta.

(A) A duração da licença-maternidade de Maria tem variação de acordo com a idade da criança adotada.

(B) Maria não tem direito à licença-maternidade, pois se trata de adoção e a legislação não prevê essa hipótese.

(C) Maria tem direito à licença-maternidade de 120 dias, sem prejuízo do emprego e do salário, independentemente da idade da criança adotada.

(D) Maria tem direito a duas semanas de licença-maternidade correspondentes ao período de adaptação necessário na adoção.

A alternativa "C" é a correta, pois de acordo com o art. 392-A da CLT com a redação dada pela Lei 12.873/2013, independentemente da idade da criança adotada a mãe terá licença maternidade de 120 dias. Vale lembrar que os parágrafos do art. 392-A da CLT que previam prazos diferenciados de licença-maternidade de acordo com a idade do adotando foram revogados pela Lei 12.010/2009.
Gabarito "C".

(OAB/Exame Unificado – 2012.1) Determinado empregado, durante quatro anos consecutivos, percebeu pagamento de adicional de insalubridade, já que desenvolvia seu mister exposto a agentes nocivos à saúde. A empregadora, após sofrer fiscalização do Ministério do Trabalho, houve por bem fornecer a todos os seus empregados equipamento de proteção individual (EPI) aprovado pelo órgão competente do Poder Executivo, eliminando, definitivamente, os riscos à higidez física dos trabalhadores. Diante do relatado, assinale a opção INCORRETA:

(A) Enquanto percebido, o adicional de insalubridade integra a remuneração para todos os efeitos legais.

(B) Tendo o empregado recebido adicional de insalubridade com habitualidade, a rubrica não pode ser suprimida, ainda que o empregador promova a eliminação dos riscos à integridade física do empregado.

(C) O trabalhador somente faz jus ao pagamento do adicional de insalubridade enquanto permanecer exposto a agentes de risco à sua saúde, independentemente do tempo em que percebeu o aludido adicional.

(D) A eliminação ou neutralização da insalubridade ocorrerá com a adoção de medidas que conservem o ambiente de trabalho dentro dos limites de tolerância ou com a utilização de equipamentos de proteção individual ao trabalhador, que diminuam a intensidade do agente agressivo a limites de tolerância.

A: correta, pois reflete o entendimento disposto na Súmula 139 do TST; **B:** incorreta, devendo ser assinalada, pois caso o empregador forneça equipamentos de proteção que elimine a insalubridade, ficará excluída a percepção do referido adicional, nos termos da Súmula 80 do TST; **C:** correta, pois o adicional somente é recebido enquanto perdurar a situação de insalubridade. É o que a doutrina chama de "salário-condição", ou seja, o empregado recebe o adicional enquanto trabalhar na condição insalubre; **D:** correta, pois reflete o disposto no art. 191, I e II, da CLT.
Gabarito "B".

758 HERMES CRAMACON

(OAB/Exame Unificado – 2011.3.B) Consideram-se acidentes do trabalho

(A) os acidentes típicos, a doença profissional, a doença do trabalho e as hipóteses definidas em lei a ele equiparadas.

(B) a doença degenerativa, a inerente a grupo etário e a doença endêmica.

(C) para fins de responsabilidade civil do empregador, somente os acidentes típicos e a doença profissional.

(D) apenas os acidentes típicos, a doença ocupacional e os acidentes *in itinere*.

A: correta, pois reflete o disposto nos arts. 19, 20 e 21 da Lei 8.213/1991; B: incorreta, pois nos termos do art. 20, § 1º, da Lei 8.213/1991 não são consideradas como doença do trabalho; C: incorreta, pois os equiparados também. Veja art. 21 da Lei 8.213/1991. D: incorreta. Veja comentários anteriores.
Gabarito "A".

(OAB/Exame Unificado – 2009.3) Assinale a opção correta em relação à Comissão Interna de Prevenção de Acidentes (CIPA).

(A) Para que o empregado possa integrar a CIPA, é necessário que ele seja sindicalizado.

(B) O mandato do membro da CIPA é de 2 (dois) anos, sendo admitida uma reeleição.

(C) Tanto os representantes do empregador quanto os dos empregados serão eleitos por escrutínio secreto.

(D) A estabilidade no emprego é garantida ao eleito para o cargo de direção da CIPA, desde o registro de sua candidatura até 1 (um) ano após o final do mandato.

A: incorreta, pois nos termos do art. 164, § 2º, da CLT não há necessidade de sindicalização; B: incorreta, pois o mandato é de 1 (um) ano, nos termos do art. 164, § 3º, da CLT; C: incorreta, pois os representantes dos empregadores (titulares e suplentes) serão designados por eles, ao passo que os representantes dos empregados serão eleitos, *vide* art. 164, §§ 1º e 2º, da CLT; D: correta, pois reflete o disposto no art. 10, II, *a*, do ADCT.
Gabarito "D".

(OAB/Exame Unificado – 2009.1) A respeito da proteção conferida ao menor trabalhador, assinale a opção correta.

(A) Não corre nenhum prazo prescricional contra os menores de 18 (dezoito) anos de idade.

(B) É vedado ao menor empregado firmar recibos legais pelo pagamento dos salários sem que esteja assistido pelos seus representantes.

(C) É lícita a quitação advinda da rescisão contratual firmada por empregado menor sem a assistência do seu representante legal.

(D) Excepcionalmente, é permitido o trabalho noturno de menores de 18 (dezoito) anos de idade, mas, em nenhuma hipótese, é admitido o trabalho de menores de 16 (dezesseis) anos de idade.

A: correta, pois reflete o disposto no art. 440 da CLT; B: incorreta, pois nos termos do art. 439, 1ª parte, da CLT é lícito ao menor firmar recibo de pagamento; C: incorreta, pois embora possa firmar recibo de pagamento, não poderá firmar quitação advinda de rescisão contratual, nos termos do art. 439, 2ª parte, da CLT; D: incorreta, pois ao menor é proibido o trabalho noturno, nos termos do art. 404 da CLT.
Gabarito "A".

(OAB/Exame Unificado – 2008.2) Com relação ao trabalho da mulher, a lei permite ao empregador

(A) recusar emprego em razão de situação familiar da mulher trabalhadora.

(B) exigir atestado de gravidez, para fins de admissão ou permanência no emprego.

(C) considerar o sexo como variável determinante para fins de ascensão profissional.

(D) publicar anúncio de emprego em que haja referência a determinado sexo para o desempenho de atividade que sabidamente assim o exija.

A: incorreta, pois nos termos do art. art. 373-A, I, da CLT tal prática é vedada ao empregador; B: incorreta, pois é vedado ao empregador exigir atestado de gravidez para fins de admissão ou permanência no emprego, art. 373-A, IV, da CLT; C: incorreta, pois é vedado ao empregador considerar o sexo como variável determinante para fins de ascensão profissional, art. 373-A, III, da CLT; D: correta, pois o art. 373-A, I, da CLT permite que se a natureza da atividade a ser exercida, pública e notoriamente, assim o exigir, poderá haver referência ao sexo, idade, cor ou situação familiar.
Gabarito "D".

10. DIREITO COLETIVO DO TRABALHO

(OAB/Exame XXXVII) Um sindicato de categoria profissional, após ser procurado por uma sociedade empresária e seguir os trâmites legais, pretende assinar com ela um acordo coletivo que, entre outras cláusulas, fixa redução em 20% da jornada e 20% do salário durante 1 ano para todos os empregados.

Em relação a esse acordo coletivo, considerando a previsão da CLT, assinale a afirmativa correta.

(A) O acordo coletivo deverá prever a proteção dos empregados contra dispensa imotivada durante o prazo de vigência do instrumento coletivo.

(B) O acordo coletivo será nulo porque deveria ser pactuado por, no mínimo, 2 anos.

(C) O acordo coletivo será inconstitucional, porque não pode haver redução do salário, haja vista o prejuízo direto que isso causa ao trabalhador.

(D) A redução da jornada e do salário somente seria válida se fosse prevista em convenção coletiva, pois essa previsão é vedada pela CLT no acordo coletivo.

A: correta. Nos termos do art. 611-A, § 3º, CLT se for pactuada cláusula que reduza o salário ou a jornada, a convenção coletiva ou o acordo coletivo de trabalho deverão prever a proteção dos empregados contra dispensa imotivada durante o prazo de vigência do instrumento coletivo. B: incorreta, pois poderá ser pactuado por no máximo 2 anos, art. 614, § 3º, CLT. C: incorreta, pois nos termos do art. 7º, VI, CF, é direito de todo trabalhador a irredutibilidade do salário, salvo o disposto em convenção ou acordo coletivo. D: incorreta, pois nos termos do art. 611-A, § 3º, da CLT poderá ser por acordo ou convenção coletiva de trabalho.
Gabarito "A".

(OAB/Exame Unificado – 2019.3) O sindicato dos empregados X entabulou com o sindicato dos empregadores Y, uma convenção coletiva de trabalho para vigorar de julho de 2019 a junho de 2021. Nela ficou acertado que a jornada seria marcada pelos trabalhadores por meio de um aplicativo desenvolvido pelos sindicatos; que haveria instituição de banco de horas anual; que, nas jornadas de trabalho de até 7 horas diárias, haveria intervalo para refeição de 20 minutos; e que a participação nos lucros seria dividida em 4 parcelas anuais.

Considerando o teor da norma coletiva e suas cláusulas, e considerando o disposto na CLT, assinale a afirmativa correta.

(A) A convenção é nula quanto à participação nos lucros, que não pode ser dividida em mais de 2 parcelas anuais.

(B) É nula a fixação de pausa alimentar inferior a 30 minutos para jornadas superiores a 6 horas, mesmo que por norma coletiva.

(C) Inválida a cláusula referente à modalidade de registro da jornada de trabalho, que não pode ser feito por meio de um aplicativo.

(D) Inválido o banco de horas estipulado, pois, em norma coletiva, ele somente pode ser realizado para compensação semestral.

A pactuação de jornada marcada pelos trabalhadores por meio de um aplicativo é considerada válida, art. 611-A, I, da CLT; a instituição de banco de horas anual é considerada válida, art. 611-A, II, CLT; intervalo para refeição de 20 minutos nas jornadas de trabalho de até 7 horas diárias se mostra inválido, tendo em vista que para ter validade deve respeitado o limite mínimo de trinta minutos para jornadas superiores a seis horas; a participação nos lucros seria dividida em 4 parcelas anuais é válido, art. 611-A, XV, CLT.

Gabarito "B".

(OAB/Exame Unificado – 2019.2) Os empregados de uma sociedade empresária do setor metalúrgico atuavam em turnos ininterruptos de revezamento, cumprindo jornada de 6 horas diárias, conforme previsto na Constituição Federal, observado o regular intervalo.

O sindicato dos empregados, provocado pela sociedade empresária, convocou assembleia no ano de 2018, e, após debate e votação, aprovou acordo coletivo para que a jornada passasse a ser de 8 horas diárias, com o respectivo acréscimo salarial, observado o regular intervalo, mas sem que houvesse qualquer vantagem adicional para os trabalhadores.

Diante da situação apresentada e de acordo com a previsão da CLT, assinale a afirmativa correta.

(A) É nulo o acordo coletivo em questão, e caberá ao interessado nessa declaração ajuizar ação de cumprimento.

(B) A validade de tal estipulação, por não prever benefício para os trabalhadores, depende de homologação da Justiça do Trabalho.

(C) É obrigatório que a contrapartida seja a estabilidade de todos os funcionários na vigência do acordo coletivo.

(D) O acordo coletivo é válido, porque sua estipulação não depende da indicação de vantagem adicional para os empregados.

"D" é a opção correta. Isso porque, nos termos do art. 611-A, § 1º, da CLT a inexistência de expressa indicação de contrapartidas recíprocas em convenção coletiva ou acordo coletivo de trabalho não ensejará sua nulidade por não caracterizar um vício do negócio jurídico. Importante lembrar que, se for pactuada cláusula que reduza o salário ou a jornada, a convenção coletiva ou o acordo coletivo de trabalho deverão prever a proteção dos empregados contra dispensa imotivada durante o prazo de vigência do instrumento coletivo, art. 611-A, § 3º, da CLT.

Gabarito "D".

(OAB/Exame Unificado – 2019.2) A sociedade empresária Ômega Ltda. deseja reduzir em 20% o seu quadro de pessoal, motivo pelo qual realizou um acordo coletivo com o sindicato de classe dos seus empregados, prevendo um Programa de Demissão Incentivada (PDI), com vantagens econômicas para aqueles que a ele aderissem.

Gilberto, empregado da empresa havia 15 anos, aderiu ao referido Programa em 12/10/2018, recebeu a indenização prometida sem fazer qualquer ressalva e, três meses depois, ajuizou reclamação trabalhista contra o ex-empregador. Diante da situação apresentada e dos termos da CLT, assinale a afirmativa correta.

(A) A adesão ao Programa de Demissão Incentivada (PDI) não impede a busca, com sucesso, por direitos lesados.

(B) A quitação plena e irrevogável pela adesão ao Programa de Demissão Incentivada (PDI) somente ocorreria se isso fosse acertado em convenção coletiva, mas não em acordo coletivo.

(C) O empregado não terá sucesso na ação, pois conferiu quitação plena.

(D) A demanda não terá sucesso, exceto se Gilberto previamente devolver em juízo o valor recebido pela adesão ao Programa de Demissão Incentivada (PDI).

"C" é a alternativa correta. Isso porque nos termos do art. 477-B da CLT o Plano de Demissão Voluntária ou Incentivada, seja para dispensa individual, plúrima ou coletiva, previsto em convenção coletiva ou acordo coletivo de trabalho, enseja quitação plena e irrevogável dos direitos decorrentes da relação empregatícia, salvo disposição em contrário estipulada entre as partes. Como no acordo não houve disposição em contrário das partes, ou seja, não houve qualquer ressalva das partes, Gilberto não teria sucesso na demanda.

Gabarito "C".

(OAB/Exame Unificado – 2018.3) O sindicato dos empregados em tinturaria de determinado município celebrou, em 2018, acordo coletivo com uma tinturaria, no qual, reconhecendo-se a condição financeira difícil da empresa, aceitou a redução do percentual de FGTS para 3% durante 2 anos.

Sobre o caso apresentado, de acordo com a previsão da CLT, assinale a afirmativa correta.

(A) É válido o acerto realizado porque fruto de negociação coletiva, ao qual a reforma trabalhista conferiu força legal.

(B) Somente se houver homologação do acordo coletivo pela Justiça do Trabalho é que ele terá validade em relação ao FGTS.

(C) A cláusula normativa em questão é nula, porque constitui objeto ilícito negociar percentual de FGTS.

(D) A negociação acerca do FGTS exigiria que, ao menos, fosse pago metade do valor devido, o que não aconteceu no caso apresentado.

"C" é a opção correta. Isso porque, nos termos do art. 611-B, III, da CLT constitui objeto ilícito de convenção coletiva ou de acordo coletivo de trabalho, exclusivamente, a supressão ou a redução do valor dos depósitos mensais e da indenização rescisória do Fundo de Garantia do Tempo de Serviço (FGTS).

Gabarito "C".

(OAB/Exame Unificado – 2018.3) Em determinada localidade, existe a seguinte situação: a convenção coletiva da categoria para o período 2018/2019 prevê o pagamento de adicional de 70% sobre as horas extras realizadas de segunda-feira a sábado. Ocorre que a sociedade empresária Beta havia assinado um acordo coletivo para o mesmo período, porém alguns dias antes, prevendo o pagamento dessas horas extras com adicional de 60%.

De acordo com a CLT, assinale a opção que indica o adicional que deverá prevalecer.

(A) Prevalecerá o adicional de 70%, por ser mais benéfico aos empregados.

(B) Diante da controvérsia, valerá o adicional de 50% previsto na Constituição Federal.

(C) Deverá ser respeitada a média entre os adicionais previstos em ambas as normas coletivas, ou seja, 65%.

(D) Valerá o adicional de 60% previsto em acordo coletivo, que prevalece sobre a convenção.

"D" é a opção correta. Isso porque nos termos do art. 620 da CLT as condições estabelecidas em acordo coletivo de trabalho **sempre** prevalecerão sobre as estipuladas em convenção coletiva de trabalho. Gabarito "D".

(OAB/Exame Unificado – 2017.3) Uma instituição bancária construiu uma escola para que os filhos dos seus empregados pudessem estudar. A escola tem a infraestrutura necessária, e o banco contratou as professoras que irão dar as aulas nos primeiros anos do Ensino Fundamental. Não existe controvérsia entre empregador e empregadas acerca do enquadramento sindical.

Diante dessa situação, assinale a afirmativa correta.

(A) Sendo o empregador das professoras um banco, elas são bancárias e estão vinculadas à convenção coletiva dessa categoria profissional.

(B) O professor integra categoria conexa, cabendo às professoras definir a que sindicatos pretendem se filiar.

(C) Uma vez que a atividade desenvolvida pelas professoras não é bancária, caberá à Justiça do Trabalho definir as regras que deverão permear os seus contratos.

(D) As professoras não são bancárias, porque integram categoria diferenciada.

"D" é a assertiva correta. Isso porque a Seção de Dissídios Individuais (SDI1) do Tribunal Superior do Trabalho (TST) afirmou o entendimento de que professor é categoria diferenciada, não importando onde a sua função é exercida, a nomenclatura constante de sua CTPS e se possui título e registro no MEC. Ver julgamento no TST RR -10-4600-06-2010.5.17.08. Veja também ADI 3772 STF. Gabarito "D".

(OAB/Exame Unificado – 2017.1) Na convenção coletiva de determinada categoria, ficou estipulado que o adicional de periculosidade seria pago na razão de 15% sobre o salário-base, pois, comprovadamente, os trabalhadores permaneciam em situação de risco durante metade da jornada cumprida. Sobre a cláusula em questão, assinale a afirmativa correta.

(A) A cláusula não é válida, pois se trata de norma de ordem pública.

(B) A validade da cláusula depende de homologação judicial.

(C) A cláusula é válida, porque a Constituição da República garante eficácia aos acordos e às convenções coletivas.

(D) A legalidade da cláusula será avaliada pelo juiz, porque a Lei e o TST são silentes a respeito.

"A" é a opção correta. Isso porque, nos termos da súmula 364, II, TST, não é válida a cláusula de acordo ou convenção coletiva de trabalho fixando o adicional de periculosidade em percentual inferior ao estabelecido em lei e proporcional ao tempo de exposição ao risco, pois tal parcela constitui medida de higiene, saúde e segurança do trabalho, garantida por norma de ordem pública. Ademais, nos termos do art. 611-B, XVIII, da CLT constitui objeto ilícito de convenção coletiva ou de acordo coletivo de trabalho, a supressão ou a redução do adicional de remuneração para as atividades penosas, insalubres ou perigosas. **HC** Gabarito "A".

(OAB/Exame Unificado – 2015.3) Em normas coletivas firmadas pela empresa Montagens Industriais Ltda., há previsão de multa por descumprimento de cláusulas normativas que foram efetivamente descumpridas pela empresa.

Diante disso, assinale a afirmativa correta.

(A) O empregado terá de ajuizar tantas ações quantas forem as lesões, postulando, em cada uma delas, a multa pelo descumprimento de obrigações previstas nas respectivas cláusulas.

(B) Tratando-se de multa prevista em instrumento normativo em decorrência de descumprimento de cláusula que reproduz texto de lei, a multa é incabível.

(C) Tendo em vista a reprodução de textos de lei em cláusulas de instrumentos normativos diversos, ficará a critério do juiz definir se pode haver esse acúmulo.

(D) O descumprimento de qualquer cláusula constante de instrumentos normativos diversos não submete o empregado a ajuizar várias ações, pleiteando, em cada uma, o pagamento de multa referente ao descumprimento de obrigações previstas nas respectivas cláusulas.

A: opção incorreta, pois contraria o disposto na súmula 384, I, TST, que assim dispõe: "O descumprimento de qualquer cláusula constante de instrumentos normativos diversos não submete o empregado a ajuizar várias ações, pleiteando em cada uma o pagamento da multa referente ao descumprimento de obrigações previstas nas cláusulas respectivas." **B:** opção incorreta, pois é aplicável multa prevista em instrumento normativo (sentença normativa, convenção ou acordo coletivo) em caso de descumprimento de obrigação prevista em lei, mesmo que a norma coletiva seja mera repetição de texto, súmula 384, II, TST. **C:** incorreta, pois a multa será devida nos moldes da súmula 384, II, TST. **D:** opção correta, pois reflete o entendimento disposto na súmula 384, I, TST. Gabarito "D".

(OAB/Exame Unificado – 2014.3) Os empregados da empresa Calçados Ribeiro Ltda. decidem entrar em greve para reivindicar aumento de salário. A greve foi deliberada e votada em assembleia convocada apenas para tal, tendo o empregador sido comunicado com 48 horas de antecedência acerca do movimento paredista.

Durante a greve, de acordo com a Lei,

(A) os contratos de trabalho ficarão interrompidos.

(B) não há uma diretriz própria, na medida em que a Lei é omissa a respeito, cabendo ao Judiciário decidir.

(C) o empregador pode contratar imediatamente substitutos para o lugar dos grevistas.

10. DIREITO DO TRABALHO   761

(D) os contratos de trabalho ficarão suspensos.

A: opção incorreta, pois nos termos do art. 7º da Lei 7.783/1989 durante o movimento grevista, os contratos ficarão suspensos. **B:** opção incorreta, pois o art. 7º da Lei 7.783/1989 regulamenta a hipótese, não havendo omissão legislativa. Contudo, importante destacar que negociação coletiva poderá prever que a situação será de interrupção do contrato, hipótese em que haverá pagamento dos salários do período de greve. **C:** opção incorreta, pois nos termos do parágrafo único do art. 7º da Lei 7.783/1989 durante a greve é proibida a contratação de trabalhadores substitutos, exceto na hipótese de os grevistas não manterem equipes para assegurar os serviços cuja paralisação possa resultar prejuízo irreparável, pela deterioração irreversível de bens, máquinas e equipamentos, bem como a manutenção daqueles essenciais à retomada das atividades da empresa quando da cessação do movimento e em casos de abuso de direito de greve **D:** opção correta, pois reflete o disposto no art. 7º da Lei 7.783/1989.

Gabarito "D".

(OAB/Exame Unificado – 2013.1) Uma empresa contrata plano de saúde para os seus empregados, sem custo para os mesmos, com direito de internação em quarto particular. Posteriormente, estando em dificuldade financeira, resolve alterar as condições do plano para uso de enfermaria coletiva, em substituição ao quarto particular. Após a alteração, um empregado é contratado, passa mal e exige da empresa sua internação em quarto particular.

Diante dessa situação, assinale a afirmativa correta.

(A) O empregado está correto, pois não pode haver alteração contratual que traga malefício ao trabalhador, como foi o caso.

(B) O empregado está errado, pois sua contratação já ocorreu na vigência das novas condições, retirando o direito ao quarto particular.

(C) O empregado está correto, pois as vantagens atribuídas à classe trabalhadora não podem retroceder, sob pena de perda da conquista social.

(D) O empregado teria direito ao quarto particular se comprovasse que a doença teve origem antes de ser contratado e antes da alteração das condições do plano de saúde.

A: incorreta, pois embora não possa haver alteração que prejudique o trabalhador, observa-se na questão que o empregado foi contratado após a alteração do regulamento, ou seja, foi contratado na vigência das novas condições e, portanto, a antiga vantagem não lhe atinge. Nesse sentido, veja a Súmula 51, item I, do TST; **B:** correta, pois por ter sido contratado sob a vigência da nova condição de trabalho, as vantagens concedidas antes da contratação não lhe serão devidas se retiradas ou alteradas. As alterações no regulamento da empresa valem apenas para os empregados que forem admitidos após a revogação ou alteração do regulamento. Veja Súmula 51, item I, do TST; **C:** incorreta, pois o trabalhador está errado. Ademais, pode haver a revogação ou alteração de vantagens deferidas, sendo proibido somente que tais cláusulas disponham contra a lei ou normas coletivas; **D:** incorreta, pois o empregado não tem da vantagem deferida antes de sua contratação. Veja comentários anteriores.

Gabarito "B".

(OAB/Exame Unificado – 2009.1) No que concerne às convenções coletivas de trabalho, assinale a opção correta.

(A) Acordo coletivo é o negócio jurídico pelo qual dois ou mais sindicatos representativos de categorias econômicas e profissionais estipulam condições de trabalho

aplicáveis, no âmbito das respectivas representações, às relações individuais do trabalho.

(B) Para ter validade, a convenção coletiva de trabalho deve ser, obrigatoriamente, homologada pela autoridade competente.

(C) Não é lícito estipular duração de validade superior a 2 (dois) anos para a convenção coletiva de trabalho.

(D) É facultada a celebração verbal de acordo coletivo de trabalho, desde que presentes, ao menos, duas testemunhas.

A: incorreta, o conceito trazido é de convenção coletiva (art. 611 da CLT); **B:** incorreta, pois não há necessidade de homologação, mas apenas o depósito da convenção coletiva no Ministério do Trabalho (art. 614 da CLT); **C:** correta, pois nos termos do art. 614, § 3º, da CLT não será permitido estipular duração de convenção coletiva ou acordo coletivo de trabalho superior a dois anos, sendo vedada a ultratividade.; **D:** incorreta, *vide* parágrafo único do art. 613 da CLT: "As convenções e os Acordos serão celebrados por escrito, sem emendas nem rasuras, em tantas vias quantos forem os Sindicatos convenentes ou as empresas acordantes, além de uma destinada a registro".

Gabarito "C".

(OAB/Exame Unificado – 2009.1) Assinale a opção correta a respeito dos dissídios coletivos do trabalho.

(A) Da sentença normativa proferida pelo tribunal regional do trabalho cabe recurso de revista para o TST.

(B) O Ministério Público do Trabalho possui legitimidade para propor dissídios coletivos em qualquer situação.

(C) A competência originária para o julgamento dos dissídios coletivos é do juiz do trabalho de 1.º grau.

(D) A sentença normativa não se submete a processo de execução, mas, sim, a ação de cumprimento.

A: incorreta, pois é cabível recurso ordinário, art. 895, II, da CLT; **B:** incorreta, pois nos termos do art. 114, § 3º, da CF poderá ajuizar dissídio coletivo em caso de greve em atividade essencial, com possibilidade de lesão ao interesse público; **C:** incorreta, pois a competência será dos Tribunais Regionais, nos termos do art. 678 da CLT ou a competência será do Tribunal Superior do Trabalho, caso a base territorial do sindicato exceda a jurisdição dos Tribunais Regionais do Trabalho, ou seja, caso abranger mais de um Estado, em conformidade com o art. 702, I, alínea "b", da CLT; **D:** correta, pois reflete o disposto no art. 872 da CLT.

Gabarito "D".

(OAB/Exame Unificado – 2008.3) Suponha que os integrantes da categoria de empregados nas empresas de distribuição de energia elétrica, por meio de interferência da entidade sindical que os representa, pretendam entrar em greve, em vista de não ter sido possível a negociação acerca do reajuste salarial a ser concedido à categoria. Considerando essa situação hipotética, assinale a opção correta.

(A) Não é assegurado a esses empregados o direito de greve.

(B) A atividade executada pelos integrantes dessa categoria profissional não se caracteriza como essencial.

(C) Frustrada a negociação, é facultada a cessação coletiva do trabalho, sendo afastada a possibilidade de recursos via arbitral.

(D) Caso a categoria decida pela greve, a entidade sindical deverá comunicar a decisão aos empregadores e aos usuários com antecedência mínima de 72 (setenta e duas) horas da paralisação.

A: incorreta, pois o direito à greve é garantido a todos os trabalhadores, nos termos do art. 9º CF e arts. 1º e 11 da Lei 7.783/1989; **B:** incorreta, pois nos termos do art. 10, I, da Lei 7.783/1989 o serviço de energia elétrica é considerada atividade essencial; **C:** incorreta, pois nos termos do art. 3º da Lei 7.783/1989, frustrada a negociação coletiva ou verificada a impossibilidade de recursos via arbitral, é facultada a cessação coletiva do trabalho; **D:** correta, pois está em conformidade com o disposto no art. 13 da Lei 7.783/1989.
Gabarito "D".

11. FGTS

(OAB/Exame XXXIX) Plínio Salgado ficou afastado do trabalho por 8 meses em benefício previdenciário decorrente de doença ocupacional relacionada ao trabalho. Ao retornar após a alta médica, foi informado que não teria direito ao gozo de férias, pois necessitaria cumprir mais um ano de trabalho, bem como seu FGTS deixou de ser depositado, já que não houve trabalho. Além disso, seu salário permaneceu congelado, por não haver trabalho, não lhe sendo devidas as diferenças salariais decorrentes do aumento espontâneo concedido pelo empregador aos empregados que estavam ativos.

Na qualidade de advogado(a) de Plínio, assinale a opção que, corretamente, contempla os efetivos direitos de seu cliente.

(A) Plínio apenas faz jus aos depósitos do FGTS do período de afastamento, bem como ao reajuste salarial concedido pelo empregador.

(B) Plínio faz jus aos depósitos do FGTS do período de afastamento, bem como ao reajuste salarial concedido pelo empregador e ao cômputo do período de afastamento no período aquisitivo de férias.

(C) Plínio não tem direito ao reajuste salarial, pois não houve contraprestação no período do aumento espontâneo, não se tratando de norma coletiva.

(D) Plínio não tem direito aos valores do FGTS do período, pois em gozo do benefício previdenciário não há cômputo do tempo de serviço.

Nos termos do art. 15, § 5º, da Lei 8.036/1990, o depósito é obrigatório nos casos de afastamento para prestação do serviço militar obrigatório e licença por acidente do trabalho. Com relação ao reajuste salarial concedido pelo empregador é importante lembrar que nos termos do art. 471 da CLT, ao empregado afastado do emprego, são asseguradas, por ocasião de sua volta, todas as vantagens que, em sua ausência, tenham sido atribuídas à categoria a que pertencia na empresa. Já no que diz respeito às férias, vale lembrar que nos termos do art. 133, IV, da CLT não terá direito a férias o empregado que, no curso do período aquisitivo tiver percebido da Previdência Social prestações de acidente de trabalho ou de auxílio-doença por mais de 6 (seis) meses, embora descontínuos.
Gabarito "A".

(OAB/Exame XXXVIII) Anne é diretora não empregada de uma grande multinacional. Ela tem contraprestação pecuniária elevada e algumas vantagens pelo cargo que ocupa como, por exemplo, veículo com motorista e o aluguel de uma espaçosa residência. Na última assembleia, no entanto, Anne levou a debate sua pretensão de receber mensalmente FGTS em conta vinculada.

Sobre a pretensão de Anne, de acordo com a lei de regência, assinale a afirmativa correta.

(A) A pretensão é inviável, porque Anne não tem o contrato regido pela CLT e, assim, não pode ter FGTS.

(B) Se a sociedade empresária desejar, poderá equiparar, para fins de FGTS, o diretor não empregado aos demais trabalhadores.

(C) A Lei permite atender ao pedido, mas Anne terá creditada metade do percentual do FGTS de um empregado regular.

(D) Para ter direito ao FGTS, Anne terá que renunciar ao cargo que ocupa e passar a ser diretora empregada.

A: incorreta, pois embora seja diretora não empregada, a empresa poderá equiparar seus diretores não empregados aos demais trabalhadores sujeitos ao regime do FGTS, hipótese em que Anne terá direito ao FGTS, nos termos do art. 16 da Lei 8.036/1990. **B:** correta, pois reflete a disposição do art. 16 da Lei 8.036/1990 que assim dispõe: "Para efeito desta lei, as empresas sujeitas ao regime da legislação trabalhista poderão equiparar seus diretores não empregados aos demais trabalhadores sujeitos ao regime do FGTS. Considera-se diretor aquele que exerça cargo de administração previsto em lei, estatuto ou contrato social, independente da denominação do cargo." Ademais, a Lei 6.919/1981 faculta a extensão do regime do Fundo de Garantia do Tempo de Serviço a diretores não empregados. **C:** incorreta, pois nos termos do art. 1º, § 1º, da Lei 6.919/1981 as empresas que exercerem tal equiparação ficarão obrigadas a depositar, até o último dia de expediente bancário do primeiro decêndio de cada mês, em nome de cada um dos Diretores abrangidos pela decisão, importância correspondente a 8% (oito por cento) da remuneração paga ou devida no mês anterior, ou seja, a mesma aos demais empregados, art. 15 da Lei 8.036/1990. **D:** incorreta, pois não há necessidade de renúncia para ter direito ao FGTS. Vide comentários anteriores.
Gabarito "B".

(OAB/Exame Unificado – 2017.2) Os irmãos Pedro e Júlio Cesar foram contratados como empregados pela sociedade empresária Arco Doce S/A e lá permaneceram por dois anos. Como foram aprovados em diferentes concursos públicos da administração direta, eles pediram demissão e, agora, com a possibilidade concedida pelo Governo, dirigiram-se à Caixa Econômica Federal (CEF) para sacar o FGTS.

Na agência da CEF foram informados que só havia o depósito de FGTS de 1 ano, motivo por que procuraram o contador da Arco Doce para uma explicação. O contador informou que não havia o depósito porque, no último ano, Pedro afastara-se para prestar serviço militar obrigatório e Júlio Cesar afastara – se pelo INSS, recebendo auxílio-doença comum (código B-31). Diante desses fatos, confirmados pelos ex-empregados, o contador ponderou que não havia obrigação de a empresa depositar o FGTS durante 1 ano para ambos.

Sobre a questão retratada e de acordo com a legislação em vigor, assinale a afirmativa correta.

(A) A sociedade empresária tem razão na justificativa de Júlio Cesar, mas está errada em relação a Pedro.

(B) A sociedade empresária está errada em relação a ambos os empregados.

(C) No que tange a Pedro, a sociedade empresária está certa, mas, no tocante a Julio Cesar, não tem razão.

(D) A pessoa jurídica está correta em relação a Pedro e a Júlio Cesar.

"A" é a opção correta. Isso porque nos termos do art. 15, § 5º da Lei 8036/1990 é obrigatório o depósito de FGTS nos casos de afastamento

10. DIREITO DO TRABALHO   763

para prestação do serviço militar obrigatório e licença por acidente do trabalho. Por se tratar de auxilio doença comum, os depósitos de FGTS não são devidos a Julio César. **HC**

Gabarito "A".

(OAB/Exame Unificado – 2017.1) Um aprendiz de marcenaria procura um advogado para se inteirar sobre o FGTS que vem sendo depositado mensalmente pelo empregador na sua conta vinculada junto à CEF, na razão de 2% do salário, e cujo valor é descontado juntamente com o INSS. Com relação ao desconto do FGTS, assinale a afirmativa correta.

(A) O FGTS deveria ser depositado na ordem de 8% e não poderia ser descontado.

(B) A empresa, por se tratar de aprendiz, somente poderia descontar metade do FGTS depositado.

(C) A empresa está equivocada em relação ao desconto, pois o FGTS é obrigação do empregador.

(D) A conduta da empresa é regular, tanto em relação ao percentual quanto ao desconto.

"C" é a opção correta. Isso porque, nos termos do art. 15, § 7º, da Lei 8036/1990, os contratos de aprendizagem terão a alíquota reduzida para 2%. Esse valor não pode ser descontado do valor do salário do obreiro. **HC**

Gabarito "C".

(OAB/Exame Unificado – 2016.2) Lúcia trabalha na sede de uma estatal brasileira que fica em Brasília. Seu contrato vigora há 12 anos e, em razão de sua capacidade e experiência, Lúcia foi designada para trabalhar na nova filial do empregador que está sendo instalada na cidade do México, o que foi imediatamente aceito.

Em relação à situação retratada e ao FGTS, à luz do entendimento consolidado do TST, assinale a afirmativa correta.

(A) Lúcia terá direito ao depósito do FGTS enquanto estiver trabalhando no México, que deverá continuar sendo depositado na sua conta vinculada no Brasil.

(B) Usando-se a teoria atomista, chega-se à conclusão que Lúcia terá direito à metade do FGTS, que será depositado na sua conta vinculada.

(C) Uma vez que na legislação do México não há previsão de FGTS, Lúcia não terá esse direito assegurado.

(D) Para que Lúcia tenha direito ao FGTS, deverá assinar documento próprio para tal fim, devidamente traduzido.

A: opção correta, pois nos termos da Lei 7.064/1982 que dispõe sobre a situação de trabalhadores contratados ou transferidos para prestar serviços no exterior ensina em seu art. 3º, parágrafo único que a empresa responsável pelo contrato de trabalho do empregado transferido assegurar-lhe-á, independentemente da observância da legislação do local da execução dos serviços, as disposições do FGTS previsto na Lei 8.036/1990. Ressalta-se que embora o parágrafo único do art. 3º em comento remeta a aplicação da legislação do local da execução do contrato, o TST cancelou a súmula 207, passando admitir a aplicação da lei mais benéfica. **B:** opção incorreta, pois a teoria atomista ou teoria da acumulação, em que as diversas disposições contidas em diferentes instrumentos normativos (leis do México e Brasil) devem ser comparadas individualmente, escolhendo, sempre, as mais favoráveis, aplicando, assim, diferentes disposições de diversas normas, como se fosse formada uma terceira norma, apenas com as disposições benéficas. Essa teoria não é aplicável no Direito do Trabalho pátrio, que aplica, nos termos do art. 3º, II, da Lei 7.064/1982, a teoria do conglobamento

mitigado, que busca a norma mais benéfica através da comparação das diversas regras sobre cada instituto ou matéria, aplicando aquela em que o instituto for mais benéfico ao empregado. **C:** opção incorreta, pois se não há lei regulando o FGTS no México, deverá ser aplicada a Lei do FGTS (Lei 8.036/1990). **D:** opção incorreta, pois o FGTS é um direito de todo trabalhador, nos termos do art. 7º, III, CF, não havendo necessidade de assinatura de documento algum.

Gabarito "A".

(OAB/Exame Unificado – 2011.1) Assinale a alternativa correta em relação ao Fundo de Garantia do Tempo de Serviço – FGTS.

(A) A prescrição da pretensão relativa às parcelas remuneratórias não alcança o respectivo recolhimento da contribuição para o FGTS, posto ser trintenária a prescrição para a cobrança deste último.

(B) Na hipótese de falecimento do empregado, o saldo de sua conta vinculada do FGTS deve ser pago ao representante legal do espólio, a fim de que proceda à partilha entre todos os sucessores do trabalhador falecido.

(C) Durante a prestação do serviço militar obrigatório pelo empregado, ainda que se trate de período de suspensão do contrato de trabalho, é devido o depósito em sua conta vinculada do FGTS.

(D) Não é devido o pagamento de indenização compensatória sobre os depósitos do FGTS quando o contrato de trabalho se extingue por força maior reconhecida pela Justiça do Trabalho.

A: incorreta, pois em conformidade com a Súmula 206 do TST, a prescrição da pretensão relativa às parcelas remuneratórias alcança o respectivo recolhimento da contribuição para o FGTS. No tocante à prescrição trintenária, vide Súmula 362 do TST: "I – Para os casos em que a ciência da lesão ocorreu a partir de 13.11.2014, é quinquenal a prescrição do direito de reclamar contra o não recolhimento de contribuição para o FGTS, observado o prazo de dois anos após o término do contrato; II – Para os casos em que o prazo prescricional já estava em curso em 13.11.2014, aplica-se o prazo prescricional que se consumar primeiro: trinta anos, contados do termo inicial, ou cinco anos, a partir de 13.11.2014 (STFARE-709212/DF); **B:** incorreta, pois nos termos do art. 20, IV, da Lei 8.036/1990, havendo o falecimento do trabalhador, o saldo de sua conta do FGTS deverá ser pago aos seus dependentes, para esse fim habilitados perante a Previdência Social. Não existindo dependentes habilitados para esse fim, farão jus ao recebimento do saldo da conta vinculada os seus sucessores previstos na lei civil, indicados em alvará judicial, expedido a requerimento do interessado, independente de inventário ou arrolamento; **C:** correta, pois reflete o disposto no art. 15, § 5º, da Lei 8.036/1990; **D:** incorreta, pois o art. 18, 2º, da Lei 8.036/1990, ensina que havendo extinção do contrato por força maior, a indenização corresponderá a 20%, ou seja, a metade a que o trabalhador teria direito em caso de despedida imotivada.

Gabarito "C".

(OAB/Exame Unificado – 2009.2) Assinale a opção correta acerca do FGTS.

(A) A conta vinculada do trabalhador no FGTS não poderá ser movimentada em caso de despedida indireta.

(B) É devido o recolhimento do FGTS sobre os valores pagos a título de aviso-prévio, quer tenha o empregado, durante esse período, trabalhado ou não.

(C) Os valores referentes ao FGTS podem ser pagos diretamente ao empregado.

(D) Os trabalhadores autônomos são beneficiários do FGTS.

A: incorreta, pois nos termos do art. 20, I, da Lei 8.036/1990 em caso de despedida indireta poderá o empregado movimentar a conta do FGTS; **B:** correta, pois reflete o entendimento da Súmula 305 do TST; **C:** incorreta, pois contraria o disposto no art. 15 da Lei 8.036/1990; **D:** incorreta, nos termos do art. 15, § 2º, da Lei 8.036/1990, o trabalhador autônomo, assim como o trabalhador eventual, o servidor público e o militar não são beneficiários do regime do FGTS.
Gabarito "B".

(FGV – 2013) Os empregados Pedro, José e Ivo trabalham na empresa alfa e estão com seus contratos de trabalho suspensos pelos seguintes motivos: Pedro está afastado por ter sofrido acidente de trabalho típico; José encontra-se no exterior realizando curso de doutorado e Ivo está prestando serviço militar junto à Marinha do Brasil.

Em relação ao FGTS desses empregados, assinale a afirmativa correta.

(A) O empregador não é obrigado a depositar o FGTS de nenhum dos empregados citados.

(B) O depósito do FGTS somente é obrigatório em relação a José.

(C) A empresa é obrigada a depositar o FGTS de todos os empregados.

(D) O acidente de trabalho permite que Pedro saque o FGTS

(E) A empresa continuará tendo que depositar o FGTS mensal de Pedro e Ivo.

A alternativa "E" é a correta. Isso porque, nos termos do art. 15, § 5º, da Lei 8.036/1990 o depósito para o FGTS é obrigatório nos casos de afastamento para prestação do serviço militar obrigatório e licença por acidente do trabalho. Não há previsão legal para depósito para o empregado que estiver afastado fazendo curso no exterior. Isso porque, essa hipótese é considerada, em regra, como licença não remunerada, não havendo, portanto, a obrigatoriedade do depósito fundiário.
Gabarito "E".

12. TEMAS COMBINADOS

(OAB/Exame XXXVI) João da Silva se submeteu, em novembro de 2021, a um processo seletivo para ingresso em um banco privado. Meses depois, recebeu um *e-mail* do banco informando que ele havia sido selecionado para a vaga. O *e-mail* solicitava a apresentação na sede do banco em 5 dias, com a carteira de trabalho e demais documentos pessoais, e, por causa disso, João da Silva recusou a participação em outros dois processos seletivos para os quais foi chamado, resolvendo focar as energias no futuro emprego no banco. Ocorre que, no dia em que se apresentou no banco, o gerente do setor de Recursos Humanos pediu desculpas e alegou ter havido um engano: segundo ele, o selecionado foi realmente João da Silva, mas um homônimo, e, por descuido do setor, enviaram a informação da aprovação do *e-mail* errado. Nenhum documento foi exibido a João da Silva, sendo que o gerente renovou o pedido de desculpas e desejou boa sorte a João da Silva. Diante dos fatos narrados e das normas de regência, assinale a afirmativa correta.

(A) Nada há a fazer, pois a empresa se justificou, pediu desculpas e não houve prejuízo a João da Silva.

(B) O banco deverá ser obrigado a contratar João da Silva, em razão da promessa constante do e-mail.

(C) A situação envolve dano pré-contratual, de competência da Justiça do Trabalho.

(D) Uma vez que não houve contrato formalizado, a eventual responsabilidade civil deverá ser analisada pela Justiça Comum.

A preservação dos direitos do trabalhador deve ser efetivada não apenas na fase contratual, mas também antes da celebração do contrato de trabalho, ou seja, na fase pré-contratual. Desta forma, há direito de indenização por danos morais nos termos do art. 5º, X, CF.
Gabarito "C".

(OAB/Exame XXXV) A sociedade empresária *Transportes Canela Ltda.*, que realiza transporte rodoviário de passageiros, abriu processo seletivo para a contratação de motoristas profissionais e despachantes. Interessados nos cargos ofertados, Sérgio se apresentou como candidato ao cargo de motorista e Bárbara, ao cargo de despachante. A sociedade exigiu de ambos a realização de exame toxicológico para detecção de drogas ilícitas como condição para a admissão.

Considerando a situação de fato e a previsão legal, assinale a afirmativa correta.

(A) Em hipótese alguma, o exame poderia ser feito, uma vez que viola a intimidade dos trabalhadores.

(B) O exame pode ser feito em ambos os empregados, desde que haja prévia autorização judicial.

(C) O exame seria válido para Sérgio por expressa previsão legal, mas seria ilegal para Bárbara.

(D) É possível o exame em Bárbara se houver fundada desconfiança da empresa, mas, para Sérgio, não pode ser realizado.

Poderá ser exigido apenas exame de Sérgio. Isso porque, nos termos do art. 168, § 6º, da CLT serão exigidos exames toxicológicos, previamente à admissão e por ocasião do desligamento, quando se tratar de motorista profissional, assegurados o direito à contraprova em caso de resultado positivo e a confidencialidade dos resultados dos respectivos exames. Ademais, o art. 235-B, VII, da CLT ensina que é dever do motorista profissional submeter-se a exames toxicológicos com janela de detecção mínima de 90 (noventa) dias e a programa de controle de uso de droga e de bebida alcoólica, instituído pelo empregador, com sua ampla ciência, pelo menos uma vez a cada 2 (dois) anos e 6 (seis) meses. Já com relação a Bárbara, em razão do cargo que exercerá não há exigência legal do exame.
Gabarito "C".

(OAB/Exame XXXV) Paulo Sampaio foi chamado para uma entrevista de emprego em uma empresa de tecnologia. Sabendo que, se contratado, desenvolverá projetos de aplicativos para smartphones, dentre outras invenções, resolveu consultar você, como advogado (a), para saber sobre a propriedade intelectual sobre tais invenções, sendo certo que não foi tratada nenhuma condição contratual até agora. Diante disso, de acordo com a redação da CLT em vigor, assinale a afirmativa correta.

(A) Na qualidade de empregado, toda a propriedade sobre as invenções será do empregador.

(B) No curso do contrato de trabalho, as invenções realizadas pessoalmente pelo empregado, mas com utilização de equipamentos fornecidos pelo empregador, serão de propriedade comum, em partes iguais, salvo se o contrato de trabalho tiver por objeto pesquisa científica.

(C) O empregador poderá explorar a invenção a qualquer tempo sem limitação de prazo após a concessão da patente, uma vez que se trata de contrato de trabalho.

(D) A propriedade do invento deverá ser dividida proporcionalmente após a apuração da contribuição do empregado e o investimento em equipamentos feito pelo empregador.

Nos termos do art. 454 da CLT na vigência do contrato de trabalho, as invenções do empregado, quando decorrentes de sua contribuição pessoal e da instalação ou equipamento fornecidos pelo empregador, serão de propriedade comum, em partes iguais, salvo se o contrato de trabalho tiver por objeto, implícita ou explicitamente, pesquisa científica. Vale dizer que ao empregador caberá a exploração do invento, ficando obrigado a promovê-la no prazo de um ano da data da concessão da patente, sob pena de reverter em favor do empregado da plena propriedade desse invento, é o que dispõe o parágrafo único do art. 454 da CLT.
Gabarito "B".

(OAB/Exame Unificado – 2019.3) Uma indústria de calçados, que se dedica à exportação, possui 75 empregados. No último ano, Davi foi aposentado por invalidez, Heitor pediu demissão do emprego, Lorenzo foi dispensado por justa causa e Laura rompeu o contrato por acordo com o empregador, aproveitando-se da nova modalidade de ruptura trazida pela Lei 13.467/17 (Reforma Trabalhista).

De acordo com a norma de regência, assinale a opção que indica, em razão dos eventos relatados, quem tem direito ao saque do FGTS.

(A) Davi e Laura, somente.

(B) Todos poderão sacar o FGTS.

(C) Laura, somente.

(D) Davi, Heitor e Lorenzo, somente.

Davi, por ter sido aposentado por invalidez poderá movimentar sua conta, art. 20, III, da Lei 8.036/90; Heitor, por ter pedido demissão não poderá movimentar sua conta, pois o art. 20, I, da Lei 8.036/90 não prevê essa modalidade de rescisão como hipótese para movimentação da conta FGTS. O mesmo pode ser dito com relação a Lorenzo, dispensado por justa causa. Já Laura, que optou pelo distrato, art. 484-A da CLT, poderá movimentar a conta de FGTS na forma do art. 20 I-A, da Lei 8.036/90.
Gabarito "A".

(OAB/Exame Unificado – 2019.3) Reinaldo é empregado da padaria Cruz de Prata Ltda., na qual exerce a função de auxiliar de padeiro, com jornada de segunda a sexta-feira, das 12h às 17h, e pausa alimentar de 15 minutos. Aproxima-se o final do ano, e Reinaldo aguarda ansiosamente pelo pagamento do 13º salário, pois pretende utilizá-lo para comprar uma televisão.

A respeito do 13º salário, assinale a afirmativa correta.

(A) Com a reforma da CLT, a gratificação natalina poderá ser paga em até três vezes, desde que haja concordância do empregado.

(B) A gratificação natalina deve ser paga em duas parcelas, sendo a primeira entre os meses de fevereiro e novembro e a segunda, até o dia 20 de dezembro de cada ano.

(C) Atualmente é possível negociar a supressão do 13º salário em convenção coletiva de trabalho.

(D) O empregado tem direito a receber a primeira parcela do 13º salário juntamente com as férias, desde que a requeira no mês de março.

A: incorreta, pois a reforma trabalhista não cuidou do pagamento de 13º salário. **B:** correta, pois admite-se o pagamento em duas parcelas. Isso porque, nos termos do art. 1º da Lei 4.749/65 o 13º salário será pago pelo empregador até o dia 20 de dezembro de cada ano, compensada a importância que, a título de adiantamento, realizar. Contudo, nos termos do art. 2º da mesma lei, entre os meses de fevereiro e novembro de cada ano, o empregador pagará, como adiantamento da gratificação referida no artigo precedente, de uma só vez, metade do salário recebido pelo respectivo empregado no mês anterior. **C:** incorreta, pois nos termos do art. 611-B, V, da CLT é vedado. **D:** incorreta, pois nos termos do art. 2º da Lei 4.749/65, o pagamento deverá ocorrer entre os meses de fevereiro e novembro de cada ano.
Gabarito "B".

(OAB/Exame Unificado – 2019.1) Determinada sociedade empresária ampliou os benefícios de seus empregados para fidelizá-los e evidenciar sua responsabilidade social. Dentre outras medidas, aderiu voluntariamente ao programa de empresa cidadã e, assim, aumentou o período de licença maternidade e o de licença paternidade de seus empregados.

Marcondes, empregado da referida empresa, que será pai em breve, requereu ao setor de recursos humanos a ampliação do seu período de licença paternidade, e agora deseja saber quanto tempo ficará afastado.

Assinale a opção que, de acordo com a Lei, indica o período total da licença paternidade que Marcondes aproveitará.

(A) 5 dias.

(B) 10 dias.

(C) 15 dias.

(D) 20 dias.

"D" é a opção correta. Isso porque, nos termos do art. 1º, II, da Lei 11.770/2008 para os empregados da empresa que aderir ao programa Empresa Cidadã, a licença-paternidade de 5 dias prevista no art. 10, § 1º, do ADCT será prorrogada por mais 15 dias, totalizando 20 dias de licença-paternidade.
Gabarito "D".

(OAB/Exame Unificado – 2019.1) Alaor, insatisfeito com o pequeno lucro do restaurante do qual era sócio, retirou-se da sociedade empresária e averbou, na respectiva junta comercial, novo contrato social, onde constava sua retirada.

O empresário, 36 meses após esse fato, foi surpreendido com sua citação em uma reclamação trabalhista ajuizada dias antes.

Sobre a hipótese apresentada, considerando a atual redação da CLT, assinale a afirmativa correta.

(A) Alaor responde solidariamente pelos débitos da sociedade na ação trabalhista em referência.

(B) Alaor responde subsidiariamente pelos débitos da sociedade na ação trabalhista em referência.

(C) Alaor não mais responde, na ação trabalhista em referência, pelos débitos da sociedade.

(D) No caso, primeiro responde a empresa devedora, depois, os sócios atuais e, em seguida, os sócios retirantes, que é o caso de Alaor.

"C" é a opção correta. Isso porque nos termos do art. 10-A da CLT o sócio retirante responde subsidiariamente pelas obrigações trabalhistas da sociedade relativas ao período em que figurou como sócio, somente em ações ajuizadas até dois anos depois de averbada a modificação do contrato. Assim, por conta da reclamação trabalhista ter sido ajuizada 36 meses após sua retirada, Alaor não mais responde pelas dívidas da sociedade.

Gabarito "C".

(OAB/Exame Unificado – 2018.2) Lucas trabalhava em uma empresa estatal, cuja norma interna regulamentar previa a necessidade de sindicância administrativa para apuração de falta e aplicação de suspensão. Após quatro anos de contrato sem qualquer intercorrência, em determinada semana, Lucas faltou sem qualquer comunicação ou justificativa por dois dias consecutivos. Diante disso, logo após o seu retorno ao trabalho, seu superior hierárquico aplicou a pena de suspensão por três dias.

Na qualidade de advogado de Lucas, que tem interesse em manter o emprego, você deverá requerer

(A) a rescisão indireta do contrato por punição excessiva.

(B) a nulidade da punição, pois não foi observada a norma regulamentar da empresa.

(C) a conversão da suspensão em advertência.

(D) a ausência de nexo de causalidade e o decurso de tempo entre a punição e a falta.

A: incorreta, pois a rescisão indireta do contrato, art. 483 da CLT colocaria fim ao contrato de trabalho, não atendendo a necessidade do empregado; **B:** correta, pois como não foi observada a norma regulamentar interna, de observância obrigatória, que determinava a sindicância administrativa prévia, deve ser pleiteada sua nulidade; **C:** incorreta, pois não há previsão na lei acerca de advertência; **D:** incorreta, pois a punição foi imposta logo após o cometimento das faltas.

Gabarito "B".

(OAB/Exame Unificado – 2018.2) Considerando a grave crise financeira que o país atravessa, a fim de evitar a dispensa de alguns funcionários, a metalúrgica Multiforte Ltda. pretende suspender sua produção por um mês. O Sindicato dos Empregados da indústria metalúrgica contratou você para, como advogado, buscar a solução para o caso. Segundo o texto da CLT, assinale a opção que apresenta a solução de acordo mais favorável aos interesses dos empregados.

(A) Implementar a suspensão dos contratos de trabalho dos empregados por 30 dias, por meio de acordo individual de trabalho.

(B) Conceder férias coletivas de 30 dias.

(C) Promover o lockout.

(D) Implementar a suspensão dos contratos de trabalho dos empregados por 30 dias, por meio de acordo coletivo de trabalho.

"B" é a afirmativa correta. Isso porque não é interessante para o empregado a suspensão do contrato de trabalho, na medida em que nesta as obrigações contratuais são suspensas por ambos os contratantes, ou seja, empregado e empregador, sem romper a relação de emprego. Assim, o trabalhador não presta serviços ao empregador que, em contrapartida, não pagará a esse obreiro seu salário. O lockout que consiste na paralisação das atividades por iniciativa do empregador, com o objetivo de frustrar a negociação ou dificultar o atendimento de reivindicações dos respectivos empregados, é pratica expressamente proibida na ordem jurídica brasileira no art. 17 da Lei de Greve (Lei 7.783/1989). Desta forma, a solução mais favorável aos empregados é a concessão de férias coletivas, na forma dos arts. 139 e seguintes da CLT.

Gabarito "B".

(OAB/Exame Unificado – 2018.1) Jerônimo Fernandes Silva foi admitido pela sociedade empresária Usina Açúcar Feliz S.A. em 12 de fevereiro de 2018 para exercer a função de gerente regional, recebendo salário de R$ 22.000,00 mensais. Jerônimo cuida de toda a Usina, analisando os contratos de venda dos produtos fabricados, comprando insumos e materiais, além de gerenciar os 80 empregados que a sociedade empresária possui. A sociedade empresária pretende inserir cláusula compromissória de arbitragem no contrato de trabalho.

Diante da situação retratada e dos preceitos da CLT, assinale a afirmativa correta.

(A) A cláusula compromissória de arbitragem pode ser estipulada no momento da contratação, desde que o empregado manifeste concordância expressa.

(B) A cláusula compromissória de arbitragem é viável, se o empregado for portador de diploma de nível superior.

(C) Não cabe arbitragem nas lides trabalhistas individuais, pelo que nula eventual estipulação nesse sentido.

(D) É possível a estipulação de cláusula compromissória de arbitragem, desde que isso seja homologado pelo sindicato de classe.

"A" é a assertiva correta. Isso porque, nos termos do art. 507-A da CLT, nos contratos individuais de trabalho cuja remuneração seja superior a duas vezes o limite máximo estabelecido para os benefícios do Regime Geral de Previdência Social, poderá ser pactuada cláusula compromissória de arbitragem, desde que por iniciativa do empregado ou mediante a sua concordância expressa, nos termos previstos na Lei 9.307/1996.

Gabarito "A".

(OAB/Exame Unificado – 2017.3) Sílvio é empregado da sociedade empresária Onda Azul Ltda. e, em determinado dia, no horário de almoço, ao se dirigir a um restaurante para fazer sua refeição, foi atropelado por um veículo, sofrendo lesões que o afastaram do serviço por 30 dias, inclusive com recebimento de benefício previdenciário.

Diante da situação apresentada, assinale a afirmativa correta.

(A) O fato não caracteriza acidente do trabalho, porque não aconteceu na empresa nem em deslocamento a serviço.

(B) O fato caracteriza acidente do trabalho, e, ao retornar, Sílvio tem garantia no emprego de 12 meses.

(C) A Lei é omissa a respeito, daí porque caberá ao juiz, no caso concreto, dizer se o evento foi acidente de trabalho.

(D) A empresa será obrigada a ressarcir o empregado, porque tem o dever de fornecer alimentação.

"B" é a assertiva correta. Isso porque, conforme dispõe o art. 19 da Lei 8.213/1991, "acidente de trabalho é o que ocorre pelo exercício do trabalho a serviço da empresa ou pelo exercício do trabalho dos segurados referidos no inciso VII do art. 11 desta lei, provocando lesão corporal ou perturbação funcional que cause a morte ou a perda ou redução, permanente ou temporária, da capacidade para o trabalho". Nessa linha, a Lei 8.213/1991, em seu art. 118, assegura estabilidade no emprego ao trabalhador que sofrer acidente de trabalho pelo prazo mínimo de doze meses após o afastamento pela Previdência Social.

Gabarito "B".

10. DIREITO DO TRABALHO — 767

(OAB/Exame Unificado – 2017.2) Um representante comercial ajuíza ação na Justiça do Trabalho pedindo a devolução de descontos. Ele explica que sua comissão sobre as vendas é de 5%, mas que pode optar pelo percentual de 10%, desde que se comprometa a pagar o valor da venda, caso o comprador fique inadimplente. Alega que sempre fez a opção pelos 10%, e que, nos casos de inadimplência, teve de pagar o valor do negócio para depois tentar reaver a quantia do comprador, o que caracterizaria transferência do risco da atividade econômica. Diante do caso apresentado e da lei de regência, assinale a afirmativa correta.

(A) A prática é válida porque o representante não é empregado nos moldes da CLT, além de ter sido uma opção por ele tomada.

(B) O caso traduz um *truck system*, sendo que a lei limita o prejuízo do representante comercial a 50% da venda não paga.

(C) A norma de regência é omissa a respeito desta situação, razão pela qual é válida, na medida em que se trata de relação de direito privado.

(D) A situação caracteriza a cláusula *del credere*, vedada pela Lei de Representação Comercial.

"D" é a opção correta. Isso porque a profissão de representante comercial está regulada pela Lei 4.886/1965 que ensina em seu art. 43 ser vedada, no contrato de representação comercial, a inclusão de cláusula *del credere*, entendida como aquela que possibilita o desconto de valores de comissões ou vendas do representante comercial na hipótese de venda ou da transação ser cancelada ou desfeita. Essa cláusula é nula, pois passa ao trabalhador os riscos da atividade (princípio da alteridade), o que é vedado em nosso sistema. **HC**
Gabarito "D".

(OAB/Exame Unificado – 2016.3) O órgão do Ministério Público do Trabalho foi procurado por um grupo de trabalhadores da construção civil. Eles denunciam que o sindicato de classe obreiro está sendo omisso na busca de direitos e vantagens para a categoria, tanto assim que há cinco anos eles não têm reajuste salarial nem é elaborada uma convenção coletiva.

Na hipótese narrada, sobre a situação do MPT, de acordo com o entendimento do TST e do STF, assinale a afirmativa correta.

(A) O parquet poderá ajuizar dissídio coletivo de natureza econômica na Justiça do Trabalho, em substituição ao sindicato de classe omisso, evitando maiores prejuízos para os trabalhadores.

(B) O órgão do Ministério Público não poderá ajuizar dissídio coletivo, pois sua atribuição fica limitada ao caso de greve em serviço essencial, o que não é o caso.

(C) O MPT poderá entabular negociação diretamente com o sindicato dos empregadores e, elaborada a convenção coletiva, levar à homologação do Poder Judiciário.

(D) O Ministério Público poderá instaurar inquérito civil e, apurando a irregularidade, ajuizar ação na Justiça do Trabalho, requerendo a condenação criminal dos dirigentes do sindicato por ato de improbidade.

"B" é a opção correta. Isso porque o art. 114, § 3º, da CF ensina que em caso de greve em atividade essencial, com possibilidade de lesão do interesse público, o Ministério Público do Trabalho poderá ajuizar dissídio coletivo, competindo à Justiça do Trabalho decidir o conflito. Assim, a legitimidade do Ministério Público do Trabalho para ajuizamento de dissídio coletivo de greve restringe-se às hipóteses de paralisação coletiva em atividades definidas como essenciais pelo art. 10 da Lei 7.783/1989, com possibilidade de lesão a interesse público. **HC**
Gabarito "B".

(OAB/Exame Unificado – 2016.3) O empregado Júlio foi vítima de um assalto, fora do local de trabalho, sem qualquer relação com a prestação das suas atividades, sendo baleado e vindo a falecer logo após. O empregado deixou viúva e quatro filhos, sendo dois menores impúberes e dois maiores e capazes. Dos direitos abaixo listados, indique aquele que não é devido pela empresa e, de acordo com a lei de regência, a quem a empresa deve pagar os valores devidos ao falecido.

(A) A indenização de 40% sobre o FGTS não é devida e os valores devidos ao falecido serão pagos aos dependentes habilitados perante a Previdência Social.

(B) As férias proporcionais não são devidas e os valores devidos ao falecido serão pagos aos herdeiros.

(C) O aviso prévio não é devido e os valores devidos ao falecido serão pagos aos herdeiros.

(D) O 13º salário proporcional não é devido e os valores devidos ao falecido serão pagos aos dependentes habilitados perante a Previdência Social.

"A" é a opção correta. Ocorrendo morte do empregado, são devidos pelo empregador o saldo de salário, 13º salário proporcional, férias vencidas, mais 1/3, se houver e férias proporcionais. Nos termos do art. 1º da Lei 6858/1980, os valores devidos pelos empregadores aos empregados e os montantes das contas individuais do Fundo de Garantia do Tempo de Serviço e do Fundo de Participação PIS-PASEP, não recebidos em vida pelos respectivos titulares, serão pagos, em quotas iguais, aos dependentes habilitados perante a Previdência Social ou na forma da legislação específica dos servidores civis e militares, e na sua falta, aos sucessores previstos na lei civil, indicados em alvará judicial, independentemente de inventário ou arrolamento. As quotas atribuídas a menores ficarão depositadas em caderneta de poupança, rendendo juros e correção monetária, e só serão disponíveis após o menor completar 18 (dezoito) anos, salvo autorização do juiz para aquisição de imóvel destinado à residência do menor e de sua família ou para dispêndio necessário à subsistência e educação do menor. **HC**
Gabarito "A".

(OAB/Exame Unificado – 2016.2) João pretende se aposentar e, para tal fim, dirigiu-se ao órgão previdenciário. Lá ficou sabendo que o seu tempo de contribuição ainda não era suficiente para a aposentadoria, necessitando computar, ainda, 18 meses de contribuição. Ocorre que João, 25 anos antes, trabalhou por dois anos como empregado para uma empresa, mas não teve a CTPS assinada. De acordo com a CLT, sobre uma eventual reclamação trabalhista, na qual João viesse a postular a declaração de vínculo empregatício para conquistar a aposentadoria, assinale a afirmativa correta.

(A) Se a empresa arguir a prescrição a seu favor, ela será conhecida pelo juiz, já que ultrapassado o prazo de 2 anos para ajuizamento da ação.

(B) Não há o instituto da prescrição na seara trabalhista porque prevalece o princípio da proteção ao empregado.

(C) O prazo, na hipótese, seria de 5 anos e já foi ultrapassado, de modo que a pretensão estaria fulminada pela prescrição total.

(D) Não haverá prescrição, pois a demanda tem por objeto anotações para fins de prova junto à Previdência Social.

"D" é a opção correta, pois nos termos do art. 11, § 1º, da CLT o prazo prescricional de cinco anos, até o limite de dois anos após a extinção do contrato (prescrições bienal e quinquenal) não se aplica às ações que tenham por objeto anotações para fins de prova junto à Previdência Social.
Gabarito "D".

(OAB/Exame Unificado – 2016.2) Um determinado empregado é vigilante e, por meio do seu empregador, sempre prestou serviços terceirizados a uma instituição bancária privada. Após ser dispensado, o ex-empregado ajuizou ação contra o seu antigo empregador e a instituição bancária, reclamando horas extras, diferença por acúmulo de funções e indenização por dano moral.

Sobre a situação apresentada, assinale a afirmativa correta.

(A) Caso haja sucesso na demanda, a instituição bancária não poderá ser condenada em qualquer nível porque não foi o empregador.

(B) A instituição bancária poderá ser condenada de forma solidária pelos créditos porventura deferidos porque terceirizou atividade-fim.

(C) O banco poderia ser condenado de forma mista, ou seja, pagaria todos os direitos devidos exceto dano moral.

(D) A instituição bancária será condenada de forma subsidiária por todos os créditos porventura deferidos.

A: opção incorreta, pois havendo sucesso na demanda a instituição bancária será responsável subsidiária pelos débitos trabalhistas, art. 5º-A, § 5º, da Lei 6.019/74. Vide súmula 331, IV, TST. **B:** opção incorreta, pois por se tratar de uma terceirização lícita a responsabilidade não será solidária, mas sim subsidiária, art. 5º-A, § 5º, da Lei 6.019/74. **C:** opção incorreta, pois nos termos da súmula 331, VI, do TST a responsabilidade subsidiária do tomador de serviços abrange todas as verbas decorrentes da condenação referentes ao período da prestação laboral. **D:** opção correta, pois nos termos do art. 5º-A, § 5º, da Lei 6.019/74 a empresa contratante é subsidiariamente responsável pelas obrigações trabalhistas referentes ao período em que ocorrer a prestação de serviços. Veja os itens IV e VI da súmula 331 do TST.
Gabarito "D".

(OAB/Exame Unificado – 2016.1) Jorge é um teletrabalhador e cumpre jornada preestabelecida pelo empregador, que o monitora por meio de meios telemáticos. A empresa montou um *home office* na residência do empregado, fornecendo móveis (mesa e cadeira ergonômica), computador e impressora. Em determinado dia de trabalho, quando conferia relatórios, a cadeira em que Jorge estava sentado quebrou e ele, devido à queda violenta, machucou-se.

Na hipótese, de acordo com a Lei,

(A) ocorreu acidente do trabalho, sendo irrelevante se o trabalho é prestado na residência do empregado.

(B) não se pode cogitar de acidente do trabalho no teletrabalho, pois o empregado está em seu domicílio e não sob as vistas do empregador.

(C) o evento jamais poderá ser considerado acidente do trabalho, uma vez que a situação não foi testemunhada por ninguém.

(D) todo acidente domiciliar é acidente do trabalho, segundo a legislação previdenciária.

"A" é a alternativa correta. Isso porque nos termos do art. 19 da Lei 8.213/1991 acidente do trabalho é o que ocorre pelo exercício do trabalho a serviço de empresa ou de empregador doméstico ou pelo exercício do trabalho, provocando lesão corporal ou perturbação funcional que cause a morte ou a perda ou redução, permanente ou temporária, da capacidade para o trabalho. Tendo em vista que a CLT em seu art. 6º ensina que não se distingue entre o trabalho realizado no estabelecimento do empregador, o executado no domicílio do empregado e o realizado a distância, desde que estejam caracterizados os pressupostos da relação de emprego a hipótese narrada no enunciado será considerada acidente de trabalho.
Gabarito "A".

(OAB/Exame Unificado – 2016.1) Maria trabalha para a sociedade empresária Beta e recentemente foi aposentada por invalidez. Diante desse fato, a empresa cancelou o plano de saúde de Maria.

Em relação à hipótese retratada e de acordo com a lei e o entendimento sumulado do TST, assinale a afirmativa correta.

(A) A sociedade empresária agiu corretamente, pois a aposentadoria por invalidez rompeu o contrato de trabalho.

(B) A sociedade empresária poderia, diante da situação retratada e a seu exclusivo critério, manter ou não o plano de saúde.

(C) A sociedade empresária terá obrigação de manter o plano por 12 meses, quando terminaria a estabilidade da obreira.

(D) A sociedade empresária se equivocou, porque o contrato está suspenso, devendo ser mantido o plano de saúde.

A: opção incorreta, pois a aposentadoria por invalidez é causa de suspensão do contrato de trabalho, art. 475 da CLT. **B:** opção incorreta, pois diante do entendimento disposto na súmula 440 do TST a empresa está obrigada a manter as suas obrigações acessórias, como é o caso do pagamento do plano de saúde do empregado. **C:** opção incorreta, pois a empresa deverá pagar o plano de saúde durante o período que for necessário. **D:** opção correta, pois nos termos do art. 475 da CLT o contrato de trabalho está suspenso, permanecendo a obrigação do empregador em pagar o plano de saúde. Nesse mesmo sentido ensina a súmula 440 do TST: "Assegura-se o direito à manutenção de plano de saúde ou de assistência médica oferecido pela empresa ao empregado, não obstante suspenso o contrato de trabalho em virtude de auxílio-doença acidentário ou de aposentadoria por invalidez."
Gabarito "D".

(OAB/Exame Unificado – 2015.2) Lúcio é enfermeiro num hospital e, após cumprir seu expediente normal de 8 horas de serviço, tratando dos pacientes enfermos, recebe solicitação para prosseguir no trabalho, realizando hora extra. Lúcio se nega, afirmando que a prorrogação não foi autorizada pelo órgão competente do Ministério do Trabalho e do Emprego. Diante desse impasse e de acordo com a CLT, marque a afirmativa correta.

(A) Lúcio está errado, pois seu dever é de colaboração para com o empregador. A resistência injustificada à

10. DIREITO DO TRABALHO 769

sobrejornada dá margem à ruptura por justa causa, por ato de insubordinação.

(B) Lúcio está correto, pois é pacífico e sumulado o entendimento de que nenhum empregado é obrigado a realizar horas extras.

(C) Lúcio está errado, pois a legislação em vigor não exige que eventual realização de hora extra seja antecedida de qualquer autorização de órgão governamental.

(D) Lúcio está correto, pois, tratando-se de atividade insalubre, a prorrogação de jornada precisa ser previamente autorizada pela autoridade competente.

A: opção incorreta, pois a resistência de Lúcio encontra amparo legal, não dando ensejo à justa causa do empregado por ato de insubordinação prevista no art. 482, *h*, da CLT. **B:** opção incorreta, pois embora Lúcio esteja correto, não há entendimento sumulado determinando que nenhum empregado é obrigado ou não à prestar horas extras. A prestação de horas suplementares depende de acordo escrito entre empregado e empregador ou mediante acordo ou convenção coletiva de trabalho, art. 59 da CLT. Por se tratar de prorrogação de jornada de trabalho em atividade insalubre é necessária inspeção prévia e permissão da autoridade competente, na forma do art. 60 da CLT, súmula 85, VI, TST. **C:** opção incorreta, pois viola diretamente o disposto no art. 60 da CLT. Ademais, nos termos da súmula 85, VI, do TST para a validade do acordo de compensação é necessária inspeção prévia e permissão da autoridade competente, na forma do art. 60 da CLT. **D:** opção correta, pois nos termos do art. 60 da CLT, é necessária a licença prévia das autoridades competentes em matéria de higiene do trabalho para que qualquer tipo prorrogação na jornada de trabalho nas atividades insalubres. No mesmo sentido, súmula 85, VI, TST. Vale dizer que, nos termos do parágrafo único do art. 60 da CLT excetuam-se da exigência de licença prévia as jornadas de 12 horas de trabalho por 36 horas ininterruptas de descanso.
Gabarito "D".

(OAB/Exame Unificado – 2015.2) Henrique é técnico de segurança do trabalho da sociedade empresária ALFA e irá aproveitar 20 dias de férias, pois decidiu converter 10 dias de férias em dinheiro. No seu lugar, assumindo de forma plena as tarefas, ficará Vítor, seu melhor assistente e subordinado. Nesse caso, durante o período de férias e de acordo com o entendimento do TST,

(A) Vítor não receberá o mesmo salário, porque a substituição é eventual, por apenas 20 dias.

(B) Vítor terá direito ao mesmo salário de Henrique, pois a substituição não é eventual.

(C) Vítor terá direito ao seu salário e ao de Henrique, porque há acúmulo de funções.

(D) a situação retratada é ilegal, tratando-se de desvio de função, vedado pelo ordenamento jurídico

A: opção incorreta, pois no caso em tela não se trata de uma substituição eventual, entendida como aquela feita por um período curtíssimo de tempo. Em se tratando de substituição no período de férias, o TST entende ser substituição provisória, ainda que somente por 20 dias, termos da súmula 159, I, do TST. **B:** opção correta, pois reflete o entendimento disposto na Súmula 159, I, do TST. **C:** opção incorreta, pois não há acumulo de funções, sendo que Vitor fará jus somente A percepção do mesmo salário de Henrique. **D:** opção incorreta, pois se encaixa dentro do poder de direção do empregador, sendo que o art. 450 da CLT e a súmula 159 do TST disciplinam a situação apontada na questão.
Gabarito "B".

(OAB/Exame Unificado – 2015.1) Determinado empregado foi contratado para criar e desenvolver programas de software, criando novas soluções para as demandas dos clientes do seu empregador. Em sua atividade normal, esse empregado inventou um programa original, muito útil e prático, para que os empresários controlassem à distância seus estoques, o que possibilitou um aumento nas vendas.

Diante da situação retratada, assinale a afirmativa correta.

(A) O empregado terá direito, conforme a Lei, a uma participação sobre o lucro obtido nessas vendas.

(B) A Lei é omissa a esse respeito, de modo que, caso não haja consenso entre as partes, será necessário o ajuizamento de ação trabalhista para resolver o impasse.

(C) Todo o lucro obtido pelo invento será do empregado.

(D) O empregado terá direito apenas ao seu salário normal, exceto se o seu contrato de trabalho tiver previsão de participação no lucro do seu invento.

A: opção incorreta, pois nesse tipo de contrato de trabalho a lei não prevê participação do empregado nos lucros obtidos na venda da invenção o empregado fará jus somente ao salário pactuado, que somente será devida se houver previsão contratual, art. 88 e § 1º da Lei 9.279/1996. **B:** opção incorreta, pois a hipótese é regulada pela Lei 9.279/1996 que dispõe sobre a propriedade industrial, especificamente nos arts. 88 a 93 da citada lei. **C:** opção incorreta, pois nesse tipo de contrato, a retribuição pelo trabalho limita-se ao salário ajustado, nos termos do art. 88, § 1º, da Lei 9.279/1996. **D:** opção correta, pois de acordo com o art. 88 da Lei 9.279/1996 a invenção e o modelo de utilidade pertencem exclusivamente ao empregador quando decorrerem de contrato de trabalho que tenha por objeto a pesquisa ou a atividade inventiva ou que resulte da natureza dos serviços para os quais foi o empregado contratado, não prevendo a lei participação nos lucros. Assim, salvo disposição contratual em outro sentido, a retribuição pelo trabalho limita-se ao salário ajustado, nos termos do § 1º do art. 88 da Lei 9.279/1996.
Gabarito "D".

(OAB/Exame Unificado – 2013.3) Godofredo ajuizou reclamação trabalhista, dizendo-se vítima de discriminação, já que a empresa para a qual trabalhava o dispensou no mês em que ele completou 60 anos de idade, o que acontecia rigorosamente com todos os empregados que alcançavam esta idade. Alega que essa é uma odiosa e inconstitucional política não escrita da empresa.

Caso comprovada a alegação de Godofredo sobre a dispensa discriminatória e à luz da Lei 9.029/1995, é correto afirmar que

(A) como portador de garantia no emprego, Godofredo deve requerer sua reintegração, único direito que lhe é assegurado.

(B) o empregado pode optar entre o retorno e a percepção em dobro do período de afastamento.

(C) uma vez que Godofredo não tem estabilidade, somente poderá pleitear indenização.

(D) a dispensa em razão da idade não pode ser considerada discriminatória nem ilegal, já que é uma circunstância que atinge a todos.

A: incorreta, pois nos termos do art. 4º da Lei 9.029/1995 Godofredo poderá optar entre a reintegração com ressarcimento integral de todo o período de afastamento, mediante pagamento das remunerações

HERMES CRAMACON

devidas, corrigidas monetariamente, acrescidas dos juros legais ou a percepção, em dobro, da remuneração do período de afastamento, corrigida monetariamente e acrescida dos juros legais. **B:** correta, pois reflete o disposto no art. 4º da Lei 9.029/1995. **C:** incorreta, pois independente de ser detentor de estabilidade no emprego Godofredo possui direito a reintegração ou indenização, previstos no art. 4º da Lei 9.029/1995. **D:** incorreta, pois a CF assegura igualdade de direitos a todos, em seu art. 5º, *caput*, sendo que nos termos do art. 3º, IV, a CF dispõe constituir objetivo fundamental da República Federativa do Brasil promover o bem de todos, sem preconceitos de origem, raça, sexo, cor, idade e quaisquer outras formas de discriminação.
Gabarito "B".

(OAB/Exame Unificado – 2013.1) Os direitos constitucionais relacionados a seguir já foram regulamentados por Lei, à exceção de um. Assinale-o.

(A) Aviso-prévio proporcional ao tempo de serviço.

(B) Participação nos lucros ou resultados.

(C) Adicional por atividade penosa.

(D) Licença-paternidade.

A: incorreta, pois o aviso-prévio proporcional é regulado pela Lei 12.506/2011; **B:** incorreta, pois a participação nos lucros ou resultados está regulada pela Lei 10.101/2000; **C:** correta, pois o adicional por atividade penosa, art. 7º, XXIII, da CF ainda não foi regulamentado; **D:** incorreta, pois embora não exista lei específica, o art. 10, § 1º, do ADCT dispõe que até que a lei venha a disciplinar o disposto no art. 7º, XIX, da Constituição, o prazo da licença-paternidade a que se refere o inciso é de cinco dias a licença-paternidade.
Gabarito "C".

(OAB/Exame Unificado – 2012.3.A) De acordo com o entendimento consolidado da jurisprudência, a mudança de regime jurídico do empregado celetista para estatutário

(A) não gera alteração no contrato de trabalho, que permanece intacto.

(B) gera a suspensão do contrato de trabalho pelo período de três anos, prazo necessário para que o servidor público adquira estabilidade.

(C) gera extinção do contrato de trabalho, iniciando-se o prazo prescricional da alteração.

(D) não gera alteração no contrato de trabalho, mesmo porque o empregado não é obrigado a aceitar a alteração de regime jurídico.

A: incorreta, o contrato não permanecerá intacto, tendo em vista ser considerado extinto. Veja Súmula 382 do TST; **B:** incorreta. Veja comentários das alternativas "A" e "C"; **C:** correta, pois reflete o entendimento disposto na Súmula 382 do TST. No âmbito federal, veja a Lei 8.112/1990; **D:** incorreta, pois o contrato de trabalho será considerado extinto. Importante lembrar que o art. 243 da Lei 8.112/1990 ensina: "Ficam submetidos ao regime jurídico instituído por esta Lei, na qualidade de servidores públicos, os servidores dos Poderes da União, dos ex-Territórios, das autarquias, inclusive as em regime especial, e das fundações públicas, regidos pela Lei n. 1.711, de 28 de outubro de 1952 – Estatuto dos Funcionários Públicos Civis da União, ou pela Consolidação das Leis do Trabalho, aprovada pelo Decreto-Lei n. 5.452, de 1º de maio de 1943, exceto os contratados por prazo determinado, cujos contratos não poderão ser prorrogados após o vencimento do prazo de prorrogação".
Gabarito "C".

(OAB/Exame Unificado – 2012.2) Um cientista é contratado como empregado para trabalhar no setor de pesquisa de uma empresa, visando desenvolver atividade inventiva.

Após três anos, com uso de equipamentos e insumos da empresa, o trabalhador inventa um novo maquinário, cuja patente é requerida e, em breve, introduzida no processo de produção, com previsão de alto lucro. Na hipótese, caso nada tenha sido disposto a respeito, assinale a afirmativa correta.

(A) A invenção pertence exclusivamente ao empregado, mas os lucros deverão ser divididos.

(B) A invenção pertence exclusivamente ao empregador, dada a atividade para a qual foi contratado o empregado.

(C) A invenção pertence ao empregado e ao empregador, que dividirão os lucros.

(D) A invenção pertence ao empregador, mas é dado ao empregado pedir indenização por dano material, a ser arbitrado pela justiça.

A: incorreta, pois o art. 454 da CLT determina que na vigência do contrato de trabalho, as invenções do empregado, quando decorrentes de sua contribuição pessoal e da instalação ou equipamento fornecidos pelo empregador, serão de propriedade comum, em partes iguais, *salvo se o contrato de trabalho tiver por objeto, implícita ou explicitamente, pesquisa científica*, hipótese em que pertencerá exclusivamente ao empregador; **B:** correta, pois tendo o contrato finalidade inventiva a invenção pertencerá ao empregador, nos termos do art. 88 da Lei 9.279/1996; **C:** incorreta, pois tendo o contrato atividade inventiva, nos termos do art. 88, § 1º, da Lei 9.279/1996, salvo expressa disposição contratual em contrário, a retribuição pelo trabalho a que se refere este artigo limita-se ao salário ajustado; **D:** incorreta, pois não há direito à indenização por dano material, dado o objeto do contrato. Em se tratando de administração pública, veja art. 93 e seu parágrafo único da Lei 9.279/1996.
Gabarito "B".

(OAB/Exame Unificado – 2011.3.B) Marcos Paiva ficou afastado do seu trabalho, em gozo de benefício previdenciário, em razão de enfermidade não relacionada ao exercício de suas atribuições funcionais, pelo prazo de 7 (sete) meses. Diante dessa situação hipotética, é correto afirmar que

(A) Marcos tem direito ao recolhimento dos depósitos do FGTS durante esse período de afastamento do trabalho.

(B) esse tempo de afastamento previdenciário deve ser considerado no cômputo do período aquisitivo das férias.

(C) durante esse afastamento previdenciário o contrato de trabalho esteve interrompido.

(D) Marcos deve retornar ao trabalho no prazo de 30 (trinta) dias, contados a partir da cessação do benefício previdenciário, sob pena de se presumir o abandono de emprego caso não justifique o motivo do não retorno.

A: incorreta, pois o depósito de FGTS é obrigatório apenas em se tratando de doença ocupacional, nos termos do art. 15, § 5º, da Lei 8.036/1990 e art. 28, III, do Decreto n. 99.684/1990. O auxílio doença, decorrente de doença comum, ou seja, não relacionada com o exercício de suas atribuições funcionais, é o caso de suspensão do contrato de trabalho, não sendo devido, portanto, o depósito do FGTS após os primeiro 15 dias de afastamento; **B:** incorreta, pois nos termos do art. 133, IV, da CLT o empregado perderá o direito a férias quando receber do INSS prestações de auxílio doença por mais de 6 (seis) meses; **C:** incorreta, pois a partir do 16º dia de afastamento se constata a suspensão do contrato de trabalho, na medida em que o empregado não recebe seu salário; **D:** correta, pois reflete o entendimento disposto na Súmula 32 do TST.

Gabarito "D".

13. QUESTÕES SOBRE COVID

(QUESTÃO 1) A Lei 14.020/2020 e o Decreto 10.422/2020, instituíram o Programa Emergencial de Manutenção do Emprego e da Renda e medidas complementares para enfrentamento do estado de calamidade pública causada pela COVID/19. Nos termos das legislações apontadas, são medidas do Programa Emergencial de Manutenção do Emprego e da Renda, EXCETO:

(A) o pagamento do Benefício Emergencial de Preservação do Emprego e da Renda;

(B) a redução proporcional de jornada de trabalho e de salário por até 90 (noventa) dias, sendo vedada sua prorrogação.

(C) a suspensão permanente do contrato de trabalho.

(D) a redução proporcional de jornada de trabalho e de salário por até 120 (cento e vinte) dias.

'B" é a alternativa incorreta. O art. 2º do Decreto 10.422/2020 ensina que o prazo máximo para celebrar acordo de redução proporcional da jornada de trabalho e de salário de que trata o caput do art. 7º da Lei 14.020, de 2020, fica acrescido de trinta dias, de modo a completar o total de cento e vinte dias.

Gabarito "B".

(QUESTÃO 2) Com relação a Suspensão Temporária do Contrato de Trabalho previsto na Lei 14.020/2020 é INCORRETO:

(A) A suspensão temporária do contrato de trabalho não poderá ser pactuada por acordo individual escrito entre empregador e empregado.

(B) o empregador poderá acordar a suspensão temporária do contrato de trabalho de seus empregados, de forma setorial, departamental, parcial ou na totalidade dos postos de trabalho, pelo prazo máximo de 60 (sessenta) dias, fracionável em 2 (dois) períodos de até 30 (trinta) dias, podendo ser prorrogado por prazo determinado em ato do Poder Executivo.

(C) Durante o período de suspensão temporária do contrato de trabalho, o empregado fará jus a todos os benefícios concedidos pelo empregador aos seus empregados.

(D) A suspensão temporária do contrato de trabalho será pactuada, por convenção coletiva de trabalho, acordo coletivo de trabalho ou acordo individual escrito entre empregador e empregado.

"A" é a alternativa incorreta, tendo em vista que nos termos do art. 8º, § 1º, da Lei 14.020/2020 a suspensão temporária do contrato de trabalho poderá ser pactuada por acordo individual escrito entre empregador e empregado.

Gabarito "A".

11. DIREITO PROCESSUAL DO TRABALHO

Hermes Cramacon

1. PRINCÍPIOS PROCESSUAIS

(OAB/Exame Unificado – 2012.3.A) Um dos princípios norteadores do Processo do Trabalho é o da celeridade, dada a natureza salarial do crédito trabalhista.

Entretanto, por força de Lei, algumas causas especiais possuem preferência na tramitação. Das situações listadas a seguir, assinale aquela que terá preferência em todas as fases processuais.

(A) a que será executada contra a União, Estados ou Municípios;

(B) a que será executada perante o juízo da falência;

(C) a que será executada em face de empregador doméstico;

(D) a que será executada em face de empresa pública.

A: incorreta, pois a administração pública não possui preferência na tramitação do processo. Os privilégios da administração pública direta, autárquica e fundacional, estão elencados no art. 1º do Decreto-Lei 779/1969. **B:** correta, pois reflete o disposto no art. 768 da CLT. **C:** incorreta, pois o empregador doméstico não possui privilégio com relação à tramitação do processo. **D:** incorreta, pois por concorrer com a atividade privada as empresas públicas não possuem privilégio na tramitação. Veja art. 173, § 1º, da CF.
Gabarito "B".

2. COMPETÊNCIA DA JUSTIÇA DO TRABALHO

(OAB/Exame XXXV) Seu escritório atua exclusivamente na área trabalhista e participará de uma licitação a ser realizada por uma grande empresa pública para escolha de escritórios de advocacia das mais diversas áreas de atuação. Assim sendo, a fim de elaborar a proposta a ser enviada para licitação, você foi incumbido de indicar quais processos seriam da competência da Justiça do Trabalho. Diante disso, considerando o entendimento jurisprudencial consolidado do TST, bem como a Constituição da República Federativa do Brasil, são da competência da Justiça do Trabalho.

(A) as ações relativas às penalidades administrativas impostas aos empregadores pelos órgãos de fiscalização das relações de trabalho.

(B) as causas que envolvam servidores públicos estatutários e os entes de direito público interno.

(C) os conflitos de competência instaurados entre juízes do trabalho e juízes de direito da justiça comum estadual.

(D) as ações que visem a determinar o recolhimento de todas as contribuições previdenciárias oriundas da relação de emprego.

A: correta, pois reflete a disposição do art. 114, VII, da CF. **B:** incorreta, pois em razão da decisão proferida na ADI 3395 tais causas serão de competência da Justiça Comum Estadual ou Federal, a depender do tipo de servidor. Nessa linha são as súmulas 137 e 218 do STJ. **C:** incorreta, pois conflitos serão resolvidos pelo STJ quando suscitado entre Vara de Trabalho e Juiz de Direito não investido na jurisdição trabalhista, em conformidade com o art. 105, I, "d", da CF. **D:** incorreta. O recolhimento de tais contribuições não é de competência da Justiça do Trabalho. Ressalta-se que nos termos da Súmula Vinculante 53 do STF a competência da Justiça do Trabalho prevista no art. 114, VIII, da Constituição Federal alcança a execução de ofício das contribuições previdenciárias relativas ao objeto da condenação constante das sentenças que proferir e acordos por ela homologados.
Gabarito "A".

(OAB/Exame Unificado – 2019.2) Considere as situações a seguir.

I. Victor é um artista mirim e precisa de autorização judicial para poder participar de uma peça cinematográfica como ator coadjuvante.

II. A empresa FFX Ltda. foi multada por um auditor fiscal do trabalho e deseja anular judicialmente o auto de infração, alegando vícios e nulidades.

III. O empregado Regis teve concedido pelo INSS auxílio-doença comum, mas entende que deveria receber auxílio-doença acidentário, daí porque pretende a conversão judicial do benefício.

IV. Jonilson, advogado, foi contratado por um cliente para o ajuizamento de uma ação de despejo, mas esse cliente não pagou os honorários contratuais que haviam sido acertados.

Diante da norma de regência acerca da competência, assinale a opção que indica quem deverá ajuizar ação na Justiça do Trabalho para ver seu pleito atendido.

(A) Victor e Jonilson

(B) Regis e a empresa FFX Ltda.

(C) Victor e Regis

(D) Apenas a empresa FFX Ltda.

I: incorreta. Nos termos do art. 406 da CLT a competência para autorização do trabalho do menor é da Justiça Comum Estadual, especificamente do Juiz da Infância e Juventude; **II:** correta, nos termos do art. 114, VII, da CF; **III:** incorreta, pois, nos termos do art. 109, I, da CF, a competência para ações acidentárias será da Justiça Comum Estadual; **IV:** opção incorreta, pois a relação entre o advogado e seu cliente é regida pelo Código Civil. Não se trata de uma relação de trabalho, mas sim de uma relação de natureza civil, o que afasta a competência da Justiça do Trabalho, determinando a competência da Justiça Comum Estadual.
Gabarito "D".

(OAB/Exame Unificado – 2016.3) De acordo com o entendimento consolidado do STF e do TST, assinale a opção que apresenta situação em que a Justiça do Trabalho possui competência para executar as contribuições devidas ao INSS.

(A) Reclamação na qual se postulou, com sucesso, o reconhecimento de vínculo empregatício.

(B) Ação trabalhista na qual se deferiu o pagamento de diferença por equiparação salarial.

774 HERMES CRAMACON

(C) Demanda na qual o empregado teve a CTPS assinada mas não teve o INSS recolhido durante todo o contrato.

(D) Reclamação trabalhista na qual foi reconhecido o pagamento de salário à margem dos contracheques.

"B" é a resposta correta. Isso porque nos termos da súmula 368, I, do TST a Justiça do Trabalho é competente para determinar o recolhimento das contribuições fiscais. A competência da Justiça do Trabalho, quanto à execução das contribuições previdenciárias, limita-se às sentenças condenatórias em pecúnia que proferir e aos valores, objeto de acordo homologado, que integrem o salário de contribuição. Importante notar que nas alternativas A, C e D não há condenação em verbas remuneratórias, o que exclui a hipótese de contribuições ao INSS. **HC**

Gabarito "B".

(OAB/Exame Unificado – 2016.1) Hudson ajuizou ação na Justiça do Trabalho na qual postula exclusivamente diferenças na complementação de sua aposentadoria. Hudson explica que, durante 35 anos, foi empregado de uma empresa estatal e contribuiu para o ente de previdência privada fechada, da qual a ex-empregadora é instituidora e patrocinadora. Ocorre que, ao longo do tempo, os empregados da ativa tiveram reajustes salariais que não foram observados na complementação da aposentadoria de Hudson, gerando diferenças, que agora o autor cobra tanto da ex-empregadora quanto do ente de previdência privada.

Considerando o caso e de acordo com a CLT, assinale a afirmativa correta.

(A) O processo deverá ser remetido pelo Juiz do Trabalho para a justiça estadual.

(B) A reclamação trabalhista deverá ser extinta sem resolução do mérito por falta de competência.

(C) A ação trabalhista deverá ter curso normal, com citação e designação de audiência para produção de provas.

(D) O destino do feito dependerá dos termos da contestação, pois pode haver prorrogação de competência.

"A" é a alternativa correta. Isso porque o STF decidiu no julgamento do recurso extraordinário 586453 que compete à Justiça Comum a análise de processos em que se discute contrato de complementação privada de aposentadoria, tendo em vista não existir vínculo de emprego, o que afasta a competência da Justiça do Trabalho.

Gabarito "A".

(OAB/Exame Unificado – 2014.1) Pedro, estivador, logo trabalhador avulso, está insatisfeito com os repasses que lhe são feitos pelos trabalhos no Porto de Tubarão. Pretende ajuizar ação em face do operador portuário e do Órgão Gestor de Mão de Obra – OGMO. Como advogado de Pedro, indique a Justiça competente para o processamento e julgamento da demanda a ser proposta.

(A) Justiça Comum Federal, dado que o avulso não tem vínculo de emprego com os réus e a matéria portuária é de âmbito nacional.

(B) Justiça do Trabalho.

(C) Justiça Comum Estadual, pela ausência de relação empregatícia, sendo o avulso uma espécie de trabalhador autônomo.

(D) Poderá optar pela Justiça Comum Estadual ou Justiça do Trabalho, caso pretenda o reconhecimento de vínculo de emprego.

A ação deverá ser proposta na Justiça do Trabalho, a teor do art. 114, I, da CF que determina que todas as ações decorrentes da relação de trabalho serão de sua competência e não apenas as causas decorrentes da relação de emprego. O trabalhador avulso possui uma típica relação de trabalho, sendo sua ação de competência da Justiça do Trabalho.

Gabarito "B".

(OAB/Exame Unificado – 2012.2) Se for instalado conflito de competência positivo entre dois juízes do Trabalho do Estado de Pernambuco, qual será o órgão competente para julgá-lo?

(A) O TST.

(B) O STJ.

(C) O TRT de Pernambuco.

(D) O STF.

A alternativa **C** está correta, pois nos termos do art. 114, V, da CF os conflitos de competência entre órgãos com jurisdição trabalhista serão de competência da Justiça do trabalho, sendo assim, nos termos do art. 808, "a", da CLT o conflito em debate será apreciado pelo TRT de Pernambuco.

Gabarito "C".

(OAB/Exame Unificado – 2011.3.B) Se um empregado é contratado em determinado lugar para prestar serviço em outra localidade, a eventual reclamação trabalhista

(A) deve ser ajuizada apenas no lugar da prestação dos serviços;

(B) poderá ser ajuizada no local da contratação ou da prestação dos serviços;

(C) deve ser ajuizada no lugar da contratação, somente;

(D) poderá ser ajuizada no local da prestação do serviço ou do domicílio do autor.

A alternativa **B** está correta, pois o art. 651, § 3º da CLT assegura ao empregado apresentar reclamação trabalhista no foro da celebração do contrato ou no local da prestação dos serviços, em se tratando de empregador que promova suas atividades fora do local do contrato de trabalho como, por exemplo, empresas de atividades teatrais.

Gabarito "B".

(OAB/Exame Unificado – 2011.2) Com relação à competência material da Justiça do Trabalho, é correto afirmar que

(A) a Justiça do Trabalho é competente para julgar ação ajuizada por sindicato de categoria profissional em face de determinada empresa para que esta seja condenada a repassar-lhe as contribuições assistenciais descontadas dos salários dos empregados sindicalizados;

(B) não compete à Justiça do Trabalho, mas à Justiça Federal, o julgamento de ação anulatória de auto de infração lavrado por auditor fiscal do trabalho;

(C) de acordo com o entendimento do Superior Tribunal de Justiça, é da competência da Justiça do Trabalho processar e julgar a ação de cobrança ajuizada por profissional liberal contra cliente;

(D) é da competência da Justiça do Trabalho o julgamento das ações ajuizadas em face da Previdência Social que versem sobre litígios ou medidas cautelares relativos a acidentes do trabalho.

A: correta, pois reflete o disposto no art. 114, III, da CF; **B:** incorreta, pois a ação é de competência da Justiça do Trabalho, nos termos do art. 114, VII, da CF e não da Justiça Federal, que tem sua competência definida no art. 109 da CF; **C:** incorreta, pois compete à Justiça estadual processar e julgar a ação de cobrança ajuizada por profissional liberal contra cliente, conforme Súmula 363 do STJ; **D:** incorreta, pois a ação deverá ser proposta na Justiça comum estadual, nos termos do art. 109, I, CF.

Gabarito "A".

(OAB/Exame Unificado – 2010.1) Na hipótese de um empregado desejar mover ação de reparação de perdas e danos causados pelo cálculo incorreto do benefício previdenciário por omissão ou equívoco do empregador, o processamento e o julgamento da demanda competirão

(A) à Justiça do Trabalho;

(B) à justiça federal;

(C) à justiça comum estadual;

(D) ao Ministério da Previdência Social.

A: correta, pois as ações de reparação de danos movidas contra o EMPREGADOR, a competência será da Justiça do Trabalho, por serem ações decorrentes da relação de trabalho, art. 114, VI, da CF; **B:** incorreta, pois a regra de competência da justiça federal vem disposta no art. 109 da CF; **C:** incorreta, pois apenas é de competência da justiça comum as ações movidas em face do INSS, art. 109, I, CF; **D:** incorreta, pois a competência é da Justiça do Trabalho.

Gabarito "A".

(OAB/Exame Unificado – 2009.3) Um sindicato representante de empregados celetistas procedeu aos atos iniciais para realização do processo de eleição da diretoria, tendo sido escolhida, em assembleia, a comissão eleitoral, designada a data para a realização das eleições e definido o período de registro das chapas concorrentes. Após o registro e concedidos os prazos para a regularização de documentações, três chapas se apresentaram para concorrer ao pleito, contudo, a comissão eleitoral deferiu o registro de apenas duas delas. Nessa situação hipotética, caso exista o interesse de representantes da chapa cujo registro foi indeferido pela comissão eleitoral em ingressar com ação judicial para a obtenção do direito de participação no pleito eleitoral, eles devem ingressar com a competente ação na justiça

(A) comum federal;

(B) eleitoral;

(C) comum estadual;

(D) do trabalho.

A: incorreta, pois a regra de competência da justiça federal vem disposta no art. 109 da CF; **B:** incorreta, pois a estrutura da justiça eleitoral é disposta no art. 121 da CF e a principal lei que rege o direito eleitoral é o Código Eleitoral, Lei 9.504/1997; **C:** incorreta, pois a justiça comum não é competente para apreciação de causas sobre representação sindical; **D:** correta, pois nos termos do art. 114, III, da CF a Justiça do Trabalho é competente para ações sobre representação sindical.

Gabarito "D".

3. ATOS, TERMOS E PRAZOS PROCESSUAIS

(OAB/Exame XXXIV) Em 7 de fevereiro de 2022 (uma segunda-feira), Carlos ajuizou reclamação trabalhista pelo rito ordinário contra a Sociedade Empresária Calçados Ícaro Ltda., postulando vários direitos que afirma terem sido lesados ao longo dos 3 (três) anos nos quais trabalhou na empresa. A Vara para a qual o processo foi sorteado é extremamente organizada, tendo comprovadamente

ocorrido a citação em 9 de fevereiro (quarta-feira) e designada a audiência una para o dia 11 de fevereiro (sexta-feira). Todos os dias da referida semana são úteis. Diante dos fatos e do que dispõe a CLT, assinale a afirmativa correta.

(A) A audiência deve ser remarcada, se houver pedido do reclamado, porque não se observou prazo mínimo de 5 (cinco) dias úteis contados da citação.

(B) A Justiça do Trabalho deve primar pela celeridade, daí porque a designação de audiência breve é válida, pois respeitado o prazo legal de 48 (quarenta e oito) horas.

(C) Inválida a data marcada para a audiência porque a Lei determina um interregno mínimo de 8 (oito) dias úteis contados da citação.

(D) Se a audiência fosse na modalidade presencial não seria válida pelo curto espaço para deslocamento, mas se fosse telepresencial seria válida.

Nos termos do art. 841, *caput*, parte final, da CLT, entre a data do recebimento da notificação pela reclamada e a data designada para a audiência, seja ela presencial ou telepresencial, deverá ser obedecido o prazo mínimo de 5 (cinco) dias, sob pena de nulidade.

Gabarito "A".

(OAB/Exame XXXIII – 2020.3) Maurício ajuizou reclamação trabalhista, em agosto de 2021, contra a sua ex--empregadora, a sociedade empresária *Sorvetes Glacial Ltda.*, postulando o pagamento de horas extras e verbas resilitórias. No dia da audiência inaugural, feito o pregão com pontualidade, o autor compareceu acompanhado de seu advogado, estando ainda presente o advogado da empresa, mas ausente o preposto. O advogado do réu requereu que se aguardasse o prazo de 15 minutos, mas diante da negativa do advogado do autor, que não concordou em aguardar, teve início a audiência. O advogado do autor requereu a aplicação da revelia e o advogado do réu informou que havia protocolizado defesa com documentos pelo processo judicial eletrônico (PJe), requerendo que fossem recebidos.

Diante da situação e dos termos da CLT, assinale a afirmativa correta.

(A) Deverá ser aplicada a revelia em razão da ausência do preposto e desprezada a defesa.

(B) Há nulidade do ato porque a CLT determina que se aguarde a parte até 15 minutos após o horário designado.

(C) Sendo a CLT omissa a respeito, caberá ao juiz definir se haverá revelia ou remarcação da audiência.

(D) A defesa e os documentos apresentados devem ser aceitos.

Nos termos do art. 844, § 5º, da CLT ainda que ausente o reclamado, presente o advogado na audiência, serão aceitos a contestação e os documentos eventualmente apresentados.

Gabarito "D".

(OAB/Exame Unificado – 2018.2) Em sede de reclamação trabalhista, o autor forneceu o endereço da ré na inicial, para o qual foi expedida notificação citatória. Decorridos cinco dias da expedição da citação, não tendo havido qualquer comunicado ao juízo, houve a realização da audiência, à qual apenas compareceu o autor e seu advogado, o qual requereu a aplicação da revelia e confissão da

776 HERMES CRAMACON

sociedade empresária-ré. O juiz indagou ao advogado do autor o fundamento para o requerimento, já que não havia nenhuma referência à citação no processo, além da expedição da notificação.

Diante disso, na qualidade de advogado do autor, à luz do texto legal da CLT, assinale a opção correta.

(A) Presume-se recebida a notificação 48h após ser postada, sendo o não recebimento ônus de prova do destinatário.

(B) A mera ausência do réu, independentemente de citado ou não, enseja revelia e confissão.

(C) Descabe o requerimento de revelia e confissão se não há confirmação no processo do recebimento da notificação citatória.

(D) O recebimento da notificação é presunção absoluta; logo, são cabíveis de plano a revelia e a confissão.

A: correta, pois reflete a disposição da súmula 16 do TST, que dispõe: "Presume-se recebida a notificação 48 (quarenta e oito) horas depois de sua postagem. O seu não recebimento ou a entrega após o decurso desse prazo constitui ônus de prova do destinatário."; **B:** incorreta, pois somente a ausência da reclamada devidamente citada/notificada implicaria os efeitos da revelia; **C:** incorreta, pois há na jurisprudência (súmula 16 do TST) matéria relativa à presunção de recebimento da notificação; **D:** incorreta, pois o recebimento ou não da notificação é de presunção relativa, na medida em que pode ser ilidida por prova em contrário. Veja súmula 122 do TST.
Gabarito "A".

(OAB/Exame Unificado – 2015.3) Em ação trabalhista, a parte ré recebeu a notificação da sentença em um sábado. Assinale a opção que, de acordo com a CLT, indica o dia a partir do qual se iniciará a contagem do prazo recursal.

(A) O início do prazo será na segunda-feira e a contagem do prazo deverá ser iniciada na terça-feira, se forem dias úteis.

(B) O início do prazo será na segunda-feira e a contagem do prazo também deverá ser iniciada na própria segunda-feira, se dia útil.

(C) O início do prazo será no sábado, mas a contagem do prazo será iniciada na terça-feira, se dia útil.

(D) O início do prazo será no sábado, mas a contagem do prazo será iniciada na segunda-feira, se dia útil.

"A" é a opção correta. Isso porque recebida a notificação no sábado o TST entende, por meio da súmula 262 que é considerada como se tivesse sido feita na segunda-feira, razão pela qual o início do prazo se dá nesse dia e o início da contagem no próximo dia útil, ou seja, na terça-feira. Ressalta-se que nos termos do art. 775 da CLT os prazos processuais serão contados em dias úteis, com exclusão do dia do começo e inclusão do dia do vencimento.
Gabarito "A".

(OAB/Exame Unificado – 2014.2) Determinada audiência, designada para as 10h, só teve início às 12h, ocasião em que o preposto e o advogado da empresa já tinham se ausentado. A pauta de audiências fora pontualmente iniciada pelo juiz; porém, a complexidade de processos e depoimentos gerou atrasos substanciais. A partir da situação sugerida, assinale a opção correta.

(A) Não haverá a revelia, pois o atraso do juiz está limitado a 15 minutos, podendo a parte se retirar.

(B) Diante do atraso, o juiz deverá adiar a audiência, já que a parte ré está ausente, mas se fez presente no horário inicial.

(C) O juiz deverá aguardar a parte ausente por 15 minutos, pelo princípio da reciprocidade.

(D) A audiência deverá ser realizada normalmente, cabendo a aplicação da revelia e confissão à parte ré.

A: incorreta, pois o atraso limitado a 15 minutos disposto no art. 815, § 1º, da CLT deve ser aplicado para as hipóteses que o juiz não comparece. No problema proposto podemos notar que o magistrado está presente, mas realizando outra audiência, de um processo complexo. **B:** incorreta, pois não estando a reclamada presente na audiência deverá o juiz aplicar os efeitos da revelia. **C:** incorreta, pois nos termos da OJ 245 da SDI 1 do TST inexiste previsão legal tolerando atraso no horário de comparecimento da parte na audiência. **D:** correta, pois as partes não podem se retirar alegando atrasos substanciais. Uma vez presente o magistrado para a realização da audiência, não poderão as partes se ausentar ou retirar.
Gabarito "D".

(OAB/Exame Unificado – 2014.1) Paulo ajuizou ação em face de sua ex-empregadora, a empresa Peças ABC Ltda. Na audiência, o Juiz propôs a conciliação, que foi aceita pelas partes, nada tendo sido discutido sobre custas.

Sobre o caso, assinale a opção que indica a hipótese correta para a fixação das custas.

(A) O valor das custas ficará sempre a cargo da empresa, razão pela qual não haverá dispensa das mesmas, pois não há gratuidade de justiça para pessoa jurídica.

(B) O valor das custas, não tendo sido convencionado pelas partes, caberá em partes iguais ao autor e à ré, podendo o autor ser dispensado de sua parte pelo Juiz.

(C) O valor das custas ficará a cargo do autor, pois este está recebendo o valor acordado.

(D) Tendo em vista o acordo, não há que se falar em custas.

A: incorreta, pois havendo acordo as custas serão rateadas, ou seja, divididas em partes iguais, como se observa pela redação do art. 789, § 3º, da CLT, sendo que ficará isento do seu pagamento o beneficiário da justiça gratuita (Lei 1.060/1950) veja art. 98 CPC/2015. A pessoa jurídica também faz jus ao benefício da justiça gratuita sempre que comprovar a impossibilidade de arcar com os encargos processuais, súmula 481 do STJ. **B:** correta, pois havendo acordo as custas serão divididas entre as partes, a teor do art. 789, § 3º, da CLT, podendo o magistrado dispensar o autor do pagamento nos moldes do art. 790, § 3º, da CLT. **C:** incorreta, pois como vimos havendo acordo as custas serão divididas entre as partes. As demais hipóteses de cálculos das custas estão tratadas nos incisos do art. 789 da CLT. **D:** incorreta, veja comentários anteriores.
Gabarito "B".

(OAB/Exame Unificado – 2012.2) Em relação ao valor das custas no processo do trabalho, assinale a afirmativa correta.

(A) Quando houver acordo, incidirão à base de 10% sobre o valor respectivo.

(B) Quando o pedido for julgado improcedente, sempre haverá a isenção de pagamento.

(C) Quando for procedente o pedido formulado em ação declaratória, incidirá à base de 2% sobre o valor da causa.

(D) Quando o valor for indeterminado, incidirão à base de 20% sobre o que o juiz fixar.

A: incorreta, pois nos termos do art. 789, *caput* e inciso I, da CLT ocorrendo acordo as custas incidirão à base de 2% sobre o valor

11. DIREITO PROCESSUAL DO TRABALHO

do acordo. **B:** incorreta, pois sendo os pedidos julgados totalmente improcedentes o valor das custas será de 2% calculados sobre o valor da causa. Somente haverá isenção caso o reclamante tenha obtido os benefícios da justiça gratuita. Veja art. 14 e seguintes da Lei 5.584/1970. **C:** correta, pois reflete o disposto no art. 789, *caput* e inciso III, da CLT. **D:** incorreta, pois embora as custas sejam fixadas pelo valor que o juiz arbitrar, art. 789, IV, da CLT estas serão calculadas à base de 2%.
Gabarito "C".

(OAB/Exame Unificado – 2011.2) A respeito das nulidades no processo do trabalho, é correto afirmar que

(A) é desnecessária a provocação da parte para a declaração de nulidade;

(B) as partes poderão alegar nulidade enquanto estiver aberta a instrução, mesmo que já tenham tido oportunidade de manifestação nos autos;

(C) só serão considerados nulos os atos que alegadamente causarem manifesto prejuízo às partes litigantes;

(D) declarada a nulidade, por qualquer fundamento, todos os atos processuais posteriores serão nulos.

A: incorreta, pois nos termos do art. 795 da CLT as nulidades não serão declaradas senão mediante provocação das partes, que deverão argui-las à primeira vez em que tiverem de falar em audiência ou nos autos; **B:** incorreta, pois contraria o disposto no art. 795 da CLT; **C:** correta, pois reflete o disposto no art. 794 da CLT; **D:** incorreta, pois nos termos do art. 795, § 1º, CLT declarada a incompetência de foro, leia-se, incompetência material, somente os atos decisórios serão declarados nulos. Ademais, o art. 797 da CLT determina que o Juiz ou Tribunal que pronunciar a nulidade declarará os atos a que ela se estende.
Gabarito "C".

(OAB/Exame Unificado – 2010.1) Assinale a correta no que diz respeito às decisões na Justiça do Trabalho.

(A) A sentença deverá conter o nome das partes, o resumo do pedido e da defesa, a apreciação das provas, os fundamentos da decisão e a respectiva conclusão.

(B) Não há necessidade de menção das custas que devam ser pagas pela parte vencida na sentença, pois o seu valor será apurado na fase de liquidação.

(C) Erros evidentes de datilografia ou de cálculo existentes na sentença somente poderão ser corrigidos a requerimento da parte e antes de iniciada a execução.

(D) A União não será intimada das decisões homologatórias de acordos que contenham parcela indenizatória, cabendo sempre a execução de ofício.

A: correta, pois assim estabelece o art. 832, *caput*, da CLT; **B:** incorreta, pois o art. 832, § 2.º, da CLT afirma que a decisão mencionará sempre as custas que devam ser pagas pela parte vencida; **C:** incorreta, pois o art. 833 da CLT permite que o juiz, de ofício, proceda à correção de erros evidentes, antes de iniciada a execução; **D:** incorreta, pois nos termos do art. 832, § 4º, da CLT a União deverá ser intimada das decisões homologatórias de acordos que contenham parcela indenizatória, na forma do art. 20 da Lei n. 11.033/2004, ou seja, pessoalmente mediante a entrega dos autos com vista, sendo facultada interposição de recurso relativo aos tributos que lhe forem devidos.
Gabarito "A".

(OAB/Exame Unificado – 2010.1) Com relação aos atos, termos e prazos processuais na justiça trabalhista, assinale a opção correta.

(A) Os atos processuais devem ser públicos, salvo quando o interesse social determinar o contrário, e terão de realizar-se nos dias úteis, no horário de expediente forense habitual.

(B) No processo trabalhista, os prazos são contados com a inclusão do dia em que se iniciam e do dia em que vencem.

(C) Os documentos juntados aos autos podem ser desentranhados sempre que a parte assim o requerer.

(D) Presume-se recebida, 48 horas após a sua postagem, a notificação para a prática de ato processual, sendo possível a produção de prova em contrário.

A: incorreta, pois o horário de prática dos atos processuais, em regra, é das 6 h às 20 h, conforme estabelece o art. 770 da CLT; **B:** incorreta, pois o art. 775 da CLT estabelece que os prazos estabelecidos neste Título serão contados em dias úteis, com exclusão do dia do começo e inclusão do dia do vencimento.; **C:** incorreta, pois o art. 780 da CLT estabelece que os documentos somente possam ser desentranhados dos autos depois de encerrado o processo; **D:** correta, pois de acordo com a Súmula 16 do TST presume-se recebida a notificação 48 (quarenta e oito) horas depois de sua postagem. Trata-se de presunção relativa – *iuris tantum* – que admite prova em contrário. Assim, o não recebimento ou a entrega da notificação após o decurso desse prazo constitui ônus de prova do destinatário.
Gabarito "D".

(OAB/Exame Unificado – 2009.2) Além dos beneficiários da justiça gratuita, são isentas do pagamento de custas no processo do trabalho

(A) as autarquias;

(B) as entidades sindicais;

(C) as empresas públicas;

(D) as sociedades de economia mista.

A: correta, pois o art. 790-A da CLT e, ainda, o 4º, I, da lei 9.289/1996 ensinam que as autarquias, bem como, a União, os Estados, os Municípios, os Territórios Federais, o Distrito Federal e as respectivas fundações que não explorem atividade econômica, são isentos do pagamento de custas; **B:** incorreta, pois as entidades sindicais não são isentas do pagamento de custas. Como toda pessoa jurídica, a entidade sindical somente tem direito à isenção das custas processuais se demonstrar, de forma inequívoca, estado de dificuldade financeira, que não pode responder pelo pagamento; **C:** incorreta, pois com fundamento no art. 173, §§ 1º e 2º, da CF, as empresas públicas não gozam do privilégio da isenção de custas; **D:** incorreta, pois o privilégio da isenção de custas não alcança as sociedades de economia mista, nos termos da Súmula 170 do TST.
Gabarito "A".

4. PARTES E PROCURADORES

(OAB/Exame Unificado – 2020.1) Você foi contratado(a) para atuar nas seguintes ações trabalhistas: (i) uma ação de cumprimento, como advogado da parte autora; (ii) uma reclamação plúrima, também como advogado da parte autora; (iii) uma reclamação trabalhista movida por João, ex-empregado de uma empresa, autor da ação; (iv) uma reclamação trabalhista, por uma sociedade empresária, ré na ação.

Sobre essas ações, de acordo com a legislação trabalhista em vigor, assinale a afirmativa correta.

(A) Tanto na ação de cumprimento como na ação plúrima, todos os empregados autores deverão obrigatoriamente estar presentes. O mesmo deve ocorrer com João. Já a sociedade empresária poderá se fazer representar por preposto não empregado da ré.

(B) O sindicato de classe da categoria poderá representar os empregados nas ações plúrima e de cumprimento. João deverá estar presente, em qualquer hipótese, de forma obrigatória. A sociedade empresária tem que se fazer representar por preposto, que não precisa ser empregado da ré.

(C) Nas ações plúrima e de cumprimento, a parte autora poderá se fazer representar pelo Sindicato da categoria. João deverá estar presente, mas, por doença ou motivo ponderoso comprovado, poderá se fazer representar por empregado da mesma profissão ou pelo seu sindicato. Na ação em face da sociedade empresária, o preposto não precisará ser empregado da ré.

(D) O sindicato da categoria poderá representar os empregados nas ações plúrima e de cumprimento. João deverá estar presente, mas, por doença ou motivo ponderoso comprovado, poderá se fazer representar por empregado da mesma profissão ou pelo seu sindicato. Na ação em face da sociedade empresária, o preposto deverá, obrigatoriamente, ser empregado da ré.

Nos termos do art. 843, parte final, da CLT nos casos de Reclamatórias Plúrimas ou nas Ações de Cumprimento, quando os empregados poderão fazer-se representar pelo Sindicato de sua categoria. Já na ação movida por João por ser ele o Autor da ação (reclamante) deve ele estar presente, podendo ser fazer-se representar por outro empregado que pertença à mesma profissão, ou pelo seu sindicato. Se por doença ou qualquer outro motivo poderoso, devidamente comprovado, não for possível ao empregado comparecer pessoalmente à audiência, art. 843, § 2º, da CLT. Importante lembrar que nessa hipótese a representação por outro empregado ou sindicato apenas evitará o arquivamento do processo. Já na reclamação trabalhista em patrocínio da Reclamada, nos termos do art. 843, § 3º, da CLT o preposto não precisa ser empregado da parte reclamada.
Gabarito "C".

(OAB/Exame Unificado – 2018.1) Silvio contratou você como advogado para ajuizar ação trabalhista em face do empregador. Entretanto, na audiência, o juiz constatou que não havia procuração nos autos. Diante disso, você requereu fosse efetivado registro em ata de audiência no qual Silvio o constituía como procurador. Silvio anuiu com o requerimento.

Com base na hipótese narrada, nos termos da CLT, assinale a afirmativa correta.

(A) O mandato, no caso, é válido e os poderes são apenas para o foro em geral.

(B) O mandato, no caso, é inválido, e seria necessário e obrigatório o requerimento de prazo para juntada de procuração.

(C) O mandato, no caso, é válido e os poderes são para o foro em geral, bem como os especiais, dentre eles os poderes para transigir.

(D) O mandato é válido apenas para a representação na audiência, devendo os demais atos serem regularizados e juntada a procuração para atos futuros.

"A" é a assertiva correta. Na Justiça do Trabalho admite-se o mandato tácito ou *apud acta*, ou seja, mandato constituído na própria ata de audiência, a requerimento do advogado com anuência da parte, na forma do art. 791, § 3º, da CLT: *"§ 3º A constituição de procurador com poderes para o foro em geral poderá ser efetivada, mediante simples registro*

em ata de audiência, a requerimento verbal do advogado interessado, com anuência da parte representada.". Importante ressaltar, contudo, que, nos termos da Orientação Jurisprudencial 200 da SDI 1 do TST, é inválido o substabelecimento de advogado investido de mandato tácito.
Gabarito "A".

(OAB/Exame Unificado – 2017.2) Rita é engenheira e trabalhou na empresa Irmãos Construtores Ltda. por 3 anos. Ao ser dispensada, ajuizou ação trabalhista em face da ex-empregadora. Como tinha experiência na área de recursos humanos de empregos anteriores, decidiu ela própria fazer sua defesa jurídica, não buscando, portanto, a assistência de advogado ou sindicato. Elaborou a petição inicial, compareceu à audiência e formulou perguntas para testemunhas e para a parte ré. Ao término da instrução o juiz prolatou sentença de improcedência do petitório de Rita, a qual, inconformada, interpôs recurso ordinário, que teve provimento negado, sendo mantida a sentença de primeiro grau. Ainda inconformada, adotando o mesmo sistema, entendendo ter havido violação literal de dispositivo constitucional tanto na sentença de primeiro grau como no acórdão, Rita, da mesma forma e desacompanhada de advogado, interpõe o competente recurso de revista para o TST.

Com base na jurisprudência consolidada do TST acerca da postulação em causa própria, assinale a afirmativa correta.

(A) O recurso deverá ser conhecido e provido.

(B) O recurso deveria ser endereçado ao STF, em razão da alegada violação constitucional.

(C) Não cabe mais recurso do julgado.

(D) O recurso deverá ter o seguimento negado por irregularidade de representação.

"D" é a opção correta. Isso porque o *jus postulandi* previsto no art. 791 da CLT, que permite aos empregados e aos empregadores reclamar pessoalmente perante a Justiça do Trabalho e acompanhar as suas reclamações até o final, é limitado nas hipóteses trazidas pela súmula 425 do TST, que não permite o uso do *jus postulandi* nos recursos de competência do TST, como é o caso do recurso de revista interposto por Rita. Vale dizer que também não é permitido o uso do *jus postulandi* em ação cautelar, ação rescisória e mandado de segurança. Por fim, não se admite o jus postulandi para o processo de homologação de acordo extrajudicial, art. 855-B da CLT. HC
Gabarito "D".

(OAB/Exame Unificado– 2012.3.A) Na Justiça do Trabalho, segundo o entendimento sumulado pelo TST, é correto afirmar-se que o *jus postulandi*

(A) não se aplica à ação rescisória, à ação cautelar, ao mandado de segurança e aos recursos de competência do TST;

(B) não tem mais aplicação na Justiça do Trabalho desde o advento da emenda constitucional 45;

(C) aplica-se em todas as causas cujo valor seja inferior a 20 salários mínimos, porque, a partir deste patamar, o advogado é indispensável;

(D) aplica-se irrestritamente na seara trabalhista, em todas as esferas, instâncias e ações, sendo uma de suas características marcantes.

A: correta, pois reflete o entendimento consubstanciado na Súmula 425 do TST. **B:** incorreta, pois o *jus postulandi* vem disposto no art. 791 da CLT, com limitação disposta na Súmula 425 do TST. **C:** incorreta, pois

11. DIREITO PROCESSUAL DO TRABALHO   779

na Justiça do Trabalho o *jus postulandi* não é determinado pelo valor da causa. Suas regras estão dispostas no art. 791 da CLT e Súmula 425 do TST. **D:** incorreta, pois não se aplica à ação rescisória, à ação cautelar, ao mandado de segurança e aos recursos de competência do TST, nos termos da Súmula 425 do TST. Também não é admitido o uso do jus postulandi para o processo de homologação de acordo extrajudicial, art. 855-B da CLT.

Gabarito "A"

(OAB/Exame Unificado – 2012.2) A respeito do preposto no Processo do Trabalho, de acordo com a legislação, assinale a afirmativa correta.

(A) Não precisa ter conhecimento dos fatos, uma vez que tal característica é própria das testemunhas.

(B) Não precisa ter conhecimento dos fatos, já que atua como representante do empregador.

(C) Deve ter conhecimento dos fatos.

(D) Deve ter conhecimento da interpretação do empregador quanto aos fatos ocorridos.

A: incorreta, pois nos termos do art. 843, § 1º, da CLT o preposto deve ter conhecimento dos fatos. Essa característica não é exclusiva das testemunhas. **B:** incorreta, pois embora esteja representando o empregador, o preposto deve ter conhecimentos dos fatos, art. 843, § 1º, da CLT. **C:** correta, pois reflete o disposto no art. 843, § 1º, da CLT. Vale dizer que, nos termos do art. 843, § 3º, da CLT o preposto não precisa ser empregado da parte reclamada. **D:** incorreta, pois deve ter conhecimentos dos fatos que ocorreram e não somente da interpretação do empregador. Veja comentários anteriores.

Gabarito "C"

(OAB/Exame Unificado – 2011.3.A) Quanto à nomeação de advogado na Justiça do Trabalho, com poderes para o foro em geral, é correto afirmar que

(A) na Justiça do Trabalho, a nomeação de advogado com poderes para o foro em geral poderá ser efetivada mediante simples registro na ata de audiência, a requerimento verbal do advogado interessado e com a anuência da parte representada;

(B) as partes que desejarem a assistência de advogado sempre deverão outorgar poderes para o foro em geral por intermédio de instrumento de mandato, com firma devidamente reconhecida;

(C) na Justiça do Trabalho, o advogado pode atuar sem que lhe sejam exigidos poderes outorgados pela parte, haja vista o princípio do *jus postulandi*;

(D) somente o trabalhador poderá reclamar na Justiça do Trabalho sem a necessidade de nomeação de advogado, uma vez que o princípio do *jus postulandi* somente se aplica à parte hipossuficiente.

A: correta, pois reflete o disposto no art. 791, § 3º, da CLT. **B:** incorreta, pois de acordo com o art. 791, § 3º, da CLT poderá ser efetivada na própria audiência. **C:** incorreta, pois para os advogados atuarem em nome da parte é necessário instrumento de mandato, art. 791, §§ 1º e 3º, CLT e art. 104, *caput* e § 1º, do CPC/2015. O *jus postulandi* é a capacidade que a própria parte possui para acompanhar as reclamações na Justiça do Trabalho, nos termos do art. 791 da CLT. Vale dizer que os limites do *jus postulandi* se encontram na Súmula 425 do TST. **D:** incorreta, pois de acordo com o art. 791 da CLT os empregados e os empregadores poderão reclamar na Justiça do Trabalho sem a necessidade de nomeação de advogado.

Gabarito "A"

(OAB/Exame Unificado – 2009.2) Assinale a opção correta acerca do mandato.

(A) Configura-se a irregularidade de representação caso o substabelecimento seja anterior à outorga passada ao substabelecente.

(B) São inválidos os atos praticados pelo substabelecido se não houver, no mandato, poderes expressos para substabelecer.

(C) Considera-se inválido instrumento de mandato com prazo determinado e com cláusula que estabeleça a prevalência dos poderes para atuar até o final da demanda.

(D) Caso haja previsão, no mandato, de termo para sua juntada, o instrumento de mandato terá validade independentemente da data em que for juntado aos autos.

A: correta, pois a Súmula 395, item IV, do TST determina que configura-se a irregularidade de representação se o substabelecimento é anterior à outorga passada ao substabelecente; **B:** incorreta, pois a Súmula 395, item III, do TST considera válidos os atos praticados pelo substabelecido, ainda que não haja, no mandato, poderes expressos para substabelecer; **C:** incorreta, pois a Súmula 396, item I, do TST, considera válido o instrumento de mandato com prazo determinado que haja cláusula estabelecendo a prevalência dos poderes para atuar até o final da demanda. **D:** incorreta, pois a Súmula 395, item II, do TST ensina que havendo prazo estipulado, o mandato deve ser juntada no aludido prazo.

Gabarito "A"

5. RECLAMAÇÃO TRABALHISTA E RESPOSTAS DA RECLAMADA

(OAB/Exame XXXIX) John estava empregado em uma sociedade empresária de óleo e gás, mas foi injustamente dispensado por justa causa, com base em uma falsa acusação de consumo de álcool a bordo da plataforma, no dia 20/03/2023. Você, como advogado de John, ajuizou reclamação trabalhista e a única testemunha do seu cliente não fala ou entende português, apenas inglês. Você a arrolou como testemunha, e já requereu e obteve o benefício da gratuidade de justiça.

Sobre seu requerimento para a produção da prova, assinale a afirmativa correta.

(A) Você deverá requerer ao juiz um intérprete, que será custeado pela ré, se sucumbente no objeto da prova, ou pela União, se você for a parte sucumbente.

(B) Deverá ser requerido ao juiz um intérprete, que, independentemente da gratuidade de justiça, deverá ser custeado pela parte a quem o depoimento interessar.

(C) Considerando que seu cliente fala inglês, ele poderá servir de intérprete pelo princípio da economia processual.

(D) A gratuidade de justiça não alcança o intérprete, sendo apenas para custas e perícias judiciais, logo a parte autora deverá custear a despesa processual.

Nos termos do art. 819 da CLT, o depoimento das partes e testemunhas que não souberem falar a língua nacional será feito por meio de intérprete nomeado pelo juiz ou presidente. Contudo, nos termos do art. 819, § 2º, da CLT § 2º tais despesas correrão por conta da parte sucumbente, salvo se beneficiária de justiça gratuita.

Gabarito "A"

(OAB/Exame XXXIX) Em uma reclamação trabalhista na qual o reclamante postula apenas o pagamento das verbas devidas pela extinção do contrato, a sociedade empresária alegou em sua defesa que nada seria devido porque o ex-empregado praticou uma falta grave e, por isso, foi dispensado por justa causa. Na audiência de instrução, cada parte conduziu duas testemunhas e, após ouvir os depoimentos pessoais, e considerando a tese da contestação, o juiz decidiu ouvir primeiramente as testemunhas do reclamado e após as do reclamante.

Diante dos fatos e da previsão contida na CLT, assinale a afirmativa correta.

(A) Errou o juiz, pois de acordo com a CLT as testemunhas do reclamante devem ser ouvidas antes daquelas conduzidas pelo reclamado, haja vista o direito de defesa.

(B) Uma vez que a CLT não dispõe sobre a ordem de produção das provas, fica a critério do magistrado a definição, inclusive a ordem de produção da prova oral e a quantidade de testemunhas admitidas.

(C) O juiz tem o poder de alterar a ordem de realização das provas, inclusive a oitiva das testemunhas, tendo em vista as alegações das partes e adequando-as às necessidades do conflito.

(D) A forma realizada pelo magistrado nulificou a produção das provas e a sentença, que poderá ser anulada para que a instrução seja refeita com renovação das provas na ordem correta.

A CLT não traça uma ordem de oitiva de testemunhas. Determina o art. 848 da CLT que, após a tentativa de conciliação, o juiz do Trabalho ouvirá as partes, as testemunhas, o perito e o assistente técnico, se houver. Contudo, os Juízes do Trabalho terão ampla liberdade na direção do processo, sendo aplicável nos termos do art. 818, § 1º, da CLT poderá o juízo atribuir o ônus da prova de modo diverso (ônus dinâmico da prova), desde que o faça por decisão fundamentada, caso em que deverá dar à parte a oportunidade de se desincumbir do ônus que lhe foi atribuído. Vale dizer que tal decisão deverá ser proferida antes da abertura da instrução e, a requerimento da parte e implicará o adiamento da audiência e possibilitará provar os fatos por qualquer meio em direito admitido, art. 818, § 2º, CLT. Essa decisão, ainda, não poderá gerar situação em que a desincumbência do encargo pela parte seja impossível ou excessivamente difícil, art. 818, § 3º, CLT.
Gabarito "C".

(OAB/Exame XXXVIII) Pedro Arnaldo ajuizou reclamação trabalhista em face da ex-empregadora. No dia da audiência, rejeitada a possibilidade de acordo, o feito foi contestado. A parte ré, porém, requereu o adiamento em razão da ausência de uma testemunha, que estava intimada regularmente. Na audiência seguinte Pedro Arnaldo, sem qualquer justificativa, não compareceu.

Diante disso, nos termos da CLT e do entendimento jurisprudencial consolidado do TST, assinale a afirmativa correta.

(A) A ausência do reclamante, quando adiada a instrução após contestada a ação em audiência, não importa arquivamento do processo.

(B) A ausência do reclamante importará no arquivamento do feito na hipótese.

(C) O feito deverá ser novamente adiado para o comparecimento do reclamante, que não deu causa ao adiamento anterior.

(D) Ausente o interesse de agir, o feito deverá ser extinto sem resolução do mérito.

Nos termos da súmula 9 do TST a ausência do reclamante, quando adiada a instrução após contestada a ação em audiência, não importa arquivamento do processo.
Gabarito "A".

(OAB/Exame XXXVIII) Leonardo Pereira e *Panificação Pão Fresquinho Ltda.* decidiram, amigavelmente, encerrar a relação de emprego mantida entre eles. Porém, as verbas rescisórias não eram incontroversas, uma vez que discutiam diferenças de horas extras e reflexos; trabalho em feriados e reflexos; intervalo para alimentação e descanso; além de adicional de insalubridade. Sendo assim, após muito conversarem, chegaram a um bom termo. Contudo, para segurança jurídica de ambos, gostariam que a avença fosse chancelada pela Justiça do Trabalho.

Para isso, de acordo com o texto da CLT em vigor, as partes deverão

(A) fazer uso do *jus postulandi* e ajuizar uma reclamação trabalhista do empregado em face do empregador com todos os pedidos, e, no dia designado para a audiência, deverão comparecer e celebrar o acordo.

(B) fazer uso do *jus postulandi* e dar entrada no processo de homologação de transação extrajudicial em petição conjunta e aguardar a homologação do juiz.

(C) estar representadas por advogados independentes que darão entrada em petição conjunta do processo de homologação de transação extrajudicial.

(D) estar representadas por advogado, que poderá ser comum a ambas, e darão entrada em petição conjunta do processo de homologação de transação extrajudicial.

Nos termos do art. 855-B da CLT, o processo de homologação de acordo extrajudicial terá início por petição conjunta, sendo obrigatória a representação das partes por advogado, ou seja, não se aplica o *jus postulandi* das partes previsto no art. 791 da CLT. Ademais, determina o § 1º do art. 855-B da CLT que as partes não poderão ser representadas por advogado comum.
Gabarito "C".

(OAB/Exame XXXVIII) Você advoga para um ex-empregado, em sede de reclamação trabalhista em face de uma sociedade empresária, e também em face dos sócios desta. O curso processual vem sendo bastante conturbado. A parte ré deduziu fatos manifesta e notoriamente inverídicos em juízo; ela vem utilizando meios e modos de retardar o desfecho processual, arrolando testemunhas que não são localizadas, requerendo a substituição de testemunhas e provocando adiamentos desnecessários de audiências, no intuito de suscitar eventual futura nulidade. Seu cliente perguntou se as condutas poderiam ensejar o requerimento e consequente condenação em litigância de má-fé, em razão de considerar que tais condutas representam procedimento contrário à boa ordem processual.

Nesse sentido, de acordo com o texto da CLT, assinale a afirmativa correta.

(A) Não é vedado a parte promover incidentes processuais sem fundamento, com intuito de retardar o andamento processual, já que o amplo direito de defesa é assegurado constitucionalmente.

11. DIREITO PROCESSUAL DO TRABALHO — 781

(B) Os valores da multa de litigância de má-fé sempre incidem sobre o valor da causa, ainda que irrisório o valor, pois existem as demais reparações previstas na lei.

(C) Não constitui conduta passível de litigância de má-fé a parte formular alegações em sede de contestação contrárias a texto expresso de lei, pois cabe ao juiz rechaçar a alegação.

(D) As condutas ensejam litigância de má-fé e têm previsão legal, sendo passíveis de multa superior a 1% e inferior a 10% sobre o valor corrigido da causa, entre outras penalidades.

A atitude da ré apontada no enunciado como deduzir fatos manifesta e notoriamente inverídicos em juízo, se utilizando de meios e modos de retardar o desfecho processual demonstram condutas que ensejam litigância de má-fé e têm previsão legal no art. 793-B e seus incisos da CLT.
„Gabarito „D".

(OAB/Exame XXXVII) Pedro, Luzia e Rogério são empregados da sociedade empresária ABC e ajuizaram reclamação trabalhista individual contra ela. Pedro tem 55 anos de idade e postula na sua ação horas extras; Luzia tem 42 anos de idade e em sua ação requer o pagamento de 2 períodos de férias vencidas; Rogério tem 34 anos de idade e, na sua demanda, postula o pagamento dos salários retidos dos últimos 2 meses de trabalho.

Em razão do alto salário que os três empregados recebiam, todas as ações tramitam pelo rito ordinário. A respeito dessas reclamações trabalhistas, assinale a opção que indica, de acordo com a CLT, a(as) que terá(ão) preferência na tramitação processual.

(A) A de Rogério.

(B) A de Luzia.

(C) A de Pedro.

(D) A de Luzia e a de Pedro.

A ação de Rogério terá prioridade na tramitação. Isso porque, nos termos do art. 652, parágrafo único, da CLT terão preferência para julgamento os dissídios sobre pagamento de salário e aqueles que derivarem da falência do empregador, podendo o juiz do Trabalho, a pedido do interessado, constituir processo em separado, sempre que a reclamação também versar sobre outros assuntos.
„Gabarito „A".

(OAB/Exame XXXVI) Amanda ajuizou reclamação trabalhista contra a *Sociedade Empresária Brinquedos Infantis Ltda.*, na qual atuou como caixa durante 7 meses. A reclamada foi citada e apresentou defesa sem sigilo no sistema Pje, com os documentos correspondentes, 2 dias antes da audiência. No dia da audiência, feito o pregão, a juíza tentou a conciliação entre as partes, sem sucesso. Então, recebeu formalmente a defesa e deu vista à advogada da autora. Após analisar a contestação em mesa, a advogada de Amanda pediu a palavra pela ordem e requereu a desistência da reclamação trabalhista, com o que não concordou o advogado da reclamada. Considerando a situação e as normas previstas na CLT, assinale a afirmativa correta.

(A) A desistência pode ser homologada, porque requerida antes do início da instrução.

(B) O requerimento deve ser homologado pelo magistrado, uma vez que a desistência jamais depende da concordância do reclamado.

(C) A desistência não poderá ser homologada, porque tendo a contestação sido oferecida, a desistência depende da concordância do reclamado.

(D) O requerimento não pode ser atendido, porque tanto a desistência quanto a renúncia dependem de aquiescência do reclamado se a defesa tiver sido apresentada sem sigilo.

Oferecida a contestação, ainda que eletronicamente, o reclamante não poderá, sem o consentimento do reclamado, desistir da ação, nos termos do art. 841, § 3º, da CLT. Dessa forma, o encaminhamento da contestação pelo PJe, antes da audiência inaugural, "com sigilo", não impede a desistência unilateral do reclamante. Por outro lado, se a contestação foi encaminhada pelo PJe "sem sigilo", a desistência da reclamação somente será possível com o consentimento da reclamada.
„Gabarito „C".

(OAB/Exame Unificado – 2020.2) Melissa era uma empregada terceirizada do setor de limpeza que atuou durante todo o seu contrato em uma sociedade de economia mista federal, que era a tomadora dos serviços (contratante).

Após ter sido dispensada e não ter recebido nem mesmo as verbas resilitórias, Melissa ajuizou reclamação trabalhista contra o ex-empregador e contra a sociedade de economia mista federal, requerendo desta a responsabilidade subsidiária por ser tomadora dos serviços. O volume dos pedidos de Melissa alcança o valor de R$ 17.000,00.

Considerando os fatos narrados, assinale a afirmativa correta.

(A) A ação tramitará pelo procedimento sumaríssimo, de modo que Melissa poderá conduzir, no máximo, duas testemunhas.

(B) Diante do valor dos pedidos formulados, a reclamação deverá se submeter ao rito sumário e, da decisão que vier a ser proferida, não caberá recurso.

(C) A reclamação adotará o rito especial misto e será possível a citação por edital caso o ex-empregador não seja localizado na fase de conhecimento.

(D) A demanda observará rito ordinário, independentemente do valor do pedido de Melissa, pois um dos réus é ente público.

A: correto, pois nos termos do art. 852-A da CLT as causas cujo valor não ultrapassarem 40 salários-mínimos seguirão o procedimento sumaríssimo, em que se permite conduzir duas testemunhas, art. 852-H, § 2º da CLT. Vale lembrar que sociedade de economia mista pode figurar no polo passivo da demanda. Somente estão excluídas do rito sumaríssimo as demandas em que é parte a Administração Pública direta, autárquica e fundacional, art. 852-A, parágrafo único, CLT. **B:** incorreto, pois o rito sumário será adotado para as causas cujo valor seja de até dois salários mínimos, art. 2º, §§ 2º e 3º, da Lei 5.584/70. **D:** incorreto, pois estão excluídas do rito sumaríssimo as demandas em que é parte a Administração Pública direta, autárquica e fundacional, art. 852-A, parágrafo único, CLT.
„Gabarito „A".

(OAB/Exame Unificado – 2019.3) Em sede de reclamação trabalhista proposta por Sávio, os pedidos liquidados somaram valor inferior a 40 salários mínimos nacionais. A ação foi movida em face do ex-empregador e da União, em razão de alegação de responsabilidade subsidiária. Sobre o caso apresentado, assinale a opção que indica o procedimento a ser seguido.

(A) A ação correrá sob o rito sumaríssimo, pois cabível o rito especial para qualquer parte na Justiça do Trabalho, desde que o valor da causa seja compatível.

(B) A ação correrá sob o rito ordinário, porque, em que pese o valor da causa, figura ente de direito público no polo passivo.

(C) A ação correrá no rito ordinário, mas, caso a primeira ré não seja encontrada, não será possível realizar a citação por edital, em vista de a segunda ré ser a União.

(D) A ação correrá no rito sumaríssimo, e, em caso de prova testemunhal, cada parte terá direito a ouvir até três testemunhas.

O rito a ser seguido é o ordinário. Ainda que o valor dos pedidos seja inferior a 40 salários mínimos, não pode ser observado o procedimento sumaríssimo tendo em vista que o art. 852-A, parágrafo único exclui do procedimento sumaríssimo as demandas em que é parte a Administração Pública direta, autárquica e fundacional. Importante lembrar que nos termos do art. 852-H, § 2º, CLT cada parte terá direito a ouvir até duas testemunhas. Importante lembrar, também, que no procedimento sumaríssimo não se admite a citação por edital, art. 852-B, II, CLT.
Gabarito "B".

(OAB/Exame Unificado – 2018.3) Seu escritório foi contratado pela empresa Alumínio Brilhante Ltda. para assisti-la juridicamente em uma audiência. Você foi designado(a) para a audiência. Forneceram-lhe cópia da defesa e dos documentos, e afirmaram que tudo já havia sido juntado aos autos do processo eletrônico. Na hora da audiência, tendo sido aberta esta, bem como os autos eletrônicos do processo, o juiz constatou que a defesa não estava nos autos, mas apenas os documentos.

Diante disso, o juiz facultou-lhe a opção de apresentar defesa. Nos exatos termos previstos na CLT, você deverá

(A) entregar a cópia escrita que está em sua posse.

(B) aduzir defesa oral em 20 minutos.

(C) requerer o adiamento da audiência para posterior entrega da defesa.

(D) requerer a digitalização da sua defesa para a juntada no processo.

"B" é a opção correta. Isso porque, nos termos do art. 847 da CLT não havendo acordo, o reclamado terá vinte minutos para aduzir sua defesa.
Gabarito "B".

(OAB/Exame Unificado – 2017.3) Rodolfo Alencar ajuizou reclamação trabalhista em desfavor da sociedade empresária Sabonete Silvestre Ltda. Em síntese, ele afirma que cumpria longa jornada de trabalho, mas que não recebia as horas extras integralmente. A defesa nega o fato e advoga que toda a sobrejornada foi escorreitamente paga, nada mais sendo devido ao reclamante no particular. Na audiência designada, cada parte conduziu duas testemunhas, que começaram a ser ouvidas pelo juiz, começando pelas do autor. Após o magistrado fazer as perguntas que desejava, abriu oportunidade para que os advogados fizessem indagações, e o patrono do autor passou a fazer suas perguntas diretamente à testemunha, contra o que se opôs o juiz, afirmando que as perguntas deveriam ser feitas a ele, que, em seguida, perguntaria à testemunha.

Diante do incidente instalado e de acordo com o regramento da CLT, assinale a afirmativa correta.

(A) Correto o advogado, pois, de acordo com o CPC, o advogado fará perguntas diretamente à testemunha.

(B) A CLT não tem dispositivo próprio, daí porque poderia ser admitido tanto o sistema direto quanto o indireto.

(C) A CLT determina que o sistema seja híbrido, intercalando perguntas feitas diretamente pelo advogado, com indagações realizadas pelo juiz.

(D) Correto o magistrado, pois a CLT determina que o sistema seja indireto ou presidencial.

"D" é a opção correta. As partes e testemunhas serão inquiridas pelo Juiz, podendo ser reinquiridas, por seu intermédio, a requerimento das partes, seus representantes ou advogados. Não se aplica ao Processo do Trabalho a norma do art. 459 do CPC/2015 no que permite a inquirição direta das testemunhas pela parte, pois a CLT possui regramento específico em seu art. 820, nos termos do art. 11 da IN 39 do TST.
Gabarito "D".

(OAB/Exame Unificado – 2017.2) Reinaldo, Wilma e Teodoro trabalharam no restaurante Fino Paladar Ltda. Todos procuraram o mesmo advogado para apresentar reclamação trabalhista: Reinaldo diz que não recebeu horas extras, Wilma informa que não recebeu as verbas resilitórias e Teodoro diz que não recebeu a participação nos lucros. Diante da situação retratada, e de acordo com a CLT, assinale a afirmativa correta.

(A) Não é possível o ajuizamento de reclamação plúrima, porque os pedidos são distintos.

(B) A CLT não traz os requisitos para o litisconsórcio ativo e, por isso, ficará a critério do juiz aceitar o ingresso conjunto.

(C) Cabe manejo da reclamação plúrima, porque o empregador é o mesmo.

(D) No caso apresentado, caberá o ajuizamento de dissídio coletivo.

A: correta, pois, nos termos do art. 842 da CLT, sendo várias as reclamações e havendo identidade de matéria, poderão ser acumuladas num só processo, se se tratar de empregados da mesma empresa ou estabelecimento; **B:** incorreta, pois a CLT prevê no citado dispositivo legal a possibilidade de litisconsórcio sempre que houver identidade de matérias; **C:** incorreta, pois, por serem matérias distintas, não é possível o manejo de reclamação plúrima; **D:** opção incorreta, pois, nos termos do art. 857 da CLT, a representação para instaurar a instância em dissídio coletivo constitui prerrogativa das associações sindicais. **HC**
Gabarito "A".

(OAB/Exame Unificado – 2017.1) Lucas é vigilante. Nessa condição, trabalhou como terceirizado durante um ano em um estabelecimento comercial privado e, a seguir, em um órgão estadual da administração direta, no qual permaneceu por dois anos. Dispensado, ajuizou ação contra o ex-empregador e contra os dois tomadores dos seus serviços (a empresa privada e o Estado), pleiteando o pagamento de horas extras durante todo o período contratual e a responsabilidade subsidiária dos tomadores nos respectivos períodos em que receberam o serviço. A sentença julgou procedente o pedido e os réus pretendem recorrer.

Em relação às custas, com base nos ditames da CLT, assinale a afirmativa correta.

(A) Cada réu deverá recolher 1/3 das custas.

(B) Havendo participação do Estado, ninguém pagará custas.

(C) Somente o Estado ficará dispensado das custas.

11. DIREITO PROCESSUAL DO TRABALHO   783

(D) Cada réu deverá recolher a integralidade das custas.

"C" é a resposta correta. Isso porque nos dissídios individuais, ainda que propostos perante a Justiça Estadual no exercício da jurisdição trabalhista (art. 112 da CF), as custas relativas ao processo de conhecimento sempre serão no importe de 2% (dois por cento). Ademais, nos termos do art. 790-A da CLT, além dos beneficiários da justiça gratuita – Lei 1.060/1950 –, são isentos do pagamento de custas a União, os Estados, o Distrito Federal, os Municípios e respectivas autarquias e fundações públicas federais, estaduais ou municipais que não explorem atividade econômica e o Ministério Público do Trabalho. A massa falida também ficará isenta, conforme súmula 86 TST. **HC**

Gabarito "C".

(OAB/Exame Unificado – 2017.1) A sociedade empresária Sanear Conservação e Limpeza Ltda. ajuizou ação de consignação em pagamento em face do ex-empregado Pedro Braga, afirmando que ele se negava a receber as verbas resilitórias a que faria jus. Citado, Pedro Braga apresentou resposta sob a forma de contestação e reconvenção, postulando diversos direitos alegadamente lesados e incluindo no pólo passivo a sociedade empresária Réptil Imobiliária, tomadora dos serviços terceirizados do empregado, requerendo dela a responsabilidade subsidiária.

Diante da situação retratada e da norma de regência, assinale a afirmativa correta.

(A) Não é possível, em sede de reconvenção, ajuizar ação contra quem não é parte na lide principal.

(B) A pretensão de Pedro somente se viabilizará se a sociedade empresária Réptil Imobiliária concordar em figurar na reconvenção.

(C) Não há óbice a se incluir na reconvenção pessoa que não figure na lide original.

(D) A Lei processual é omissa a respeito; assim ficará a critério do juiz aceitar a inclusão da sociedade empresária Réptil Imobiliária.

"C" é a resposta correta. Isso porque a reconvenção (art. 343 CPC/2015) possui natureza jurídica de ação do reclamado (reconvinte) contra o reclamante (reconvindo). Para ser admitida deve preencher os seguintes requisitos: *a)* o juízo da causa principal deve ser competente para apreciar, além da ação principal, a própria reconvenção; *b)* compatibilidade entre os procedimentos aplicáveis à ação principal e à reconvenção (art. 327, § 1º, III, do CPC/2015); *c)* pendência da ação principal; *d)* conexão entre as ações, ou seja, quando lhes for comum o objeto ou a causa de pedir (art. 55 do CPC/2015). Assim, por possuir natureza jurídica de ação, não há qualquer impedimento para que se inclua na reconvenção pessoa que não figure na lide original, desde que preenchidos os requisitos estudados. **HC**

Gabarito "C".

(OAB/Exame Unificado – 2016.3) Um empregado ajuizou reclamação trabalhista postulando o pagamento de vale transporte, jamais concedido durante o contrato de trabalho, bem como o FGTS não depositado durante o pacto laboral. Em contestação, a sociedade empresária advogou que, em relação ao vale transporte, o empregado não satisfazia os requisitos indispensáveis para a concessão; no tocante ao FGTS, disse que os depósitos estavam regulares.

Em relação à distribuição do ônus da prova, diante desse panorama processual e do entendimento consolidado pelo TST, assinale a afirmativa correta.

(A) O ônus da prova, em relação ao vale transporte, caberá ao reclamante e, no tocante ao FGTS, à reclamada.

(B) O ônus da prova para ambos os pedidos, diante das alegações, será do reclamante.

(C) O ônus da prova, em relação ao vale transporte, caberá ao reclamado e, no tocante ao FGTS, ao reclamante.

(D) O ônus da prova para ambos os pedidos, diante das alegações, será da sociedade empresária.

"D" é a resposta correta. Isso porque, em regra, nos termos do art. 818, I, da CLT cabe ao reclamante, o ônus da prova quanto ao fato constitutivo de seu direito. Já o inciso II do mesmo dispositivo ensina que incumbe ao reclamado o ônus quanto à existência de fato impeditivo, modificativo ou extintivo do direito do reclamante. Por meio da súmula 6, VIII, o TST ensina ser do empregador o ônus da prova do fato impeditivo, modificativo ou extintivo do autor. Nesse mesmo sentido dispõe o art. 373, II, do CPC/2015. Vale dizer, ainda, que nos termos da súmula 460 do TST é do empregador o ônus de comprovar que o empregado não satisfaz os requisitos indispensáveis para a concessão do vale-transporte ou não pretende fazer uso do benefício. Já a súmula 461 do TST determina ser do empregador o ônus da prova em relação à regularidade dos depósitos do FGTS, pois o pagamento é fato extintivo do direito do autor (art. 373, II, do CPC de 2015). **HC**

Gabarito "D".

(OAB/Exame Unificado – 2016.2) Mário ajuizou reclamação trabalhista em face de seu ex-empregador. No dia da audiência, não compareceu, razão pela qual o processo foi arquivado. Em nova ação proposta em idênticos termos, o juiz extinguiu o feito sem resolução do mérito, pois a ré não foi localizada. Imediatamente, Mário ajuizou a demanda pela terceira vez. Na audiência, com todos presentes, o advogado da sociedade empresária aduziu que o juiz deveria extinguir o processo sem resolução do mérito em razão da perempção, pois não decorreu o prazo de seis meses entre o segundo e o terceiro processo.

Sobre a hipótese apresentada, na qualidade de advogado de Mário, assinale a afirmativa correta.

(A) Deverá ser requerido que o juiz apenas suspenda o processo.

(B) Deverá desistir da ação para evitar a condenação em custas.

(C) Deverá aduzir que o prazo de seis meses é contado da primeira ação.

(D) Deverá aduzir que não houve perempção e requerer o prosseguimento do feito.

"D" é a opção correta. Isso porque nos termos do art. 732 da CLT o reclamante que, por 2 (duas) vezes seguidas, der causa ao arquivamento, por não comparecimento à audiência inaugural, art. 844 da CLT sofrerá os efeitos da perempção provisória, ou seja, perderá o direito de propor uma nova reclamação trabalhista por 6 (seis) meses. No entanto, verifica-se no enunciado da questão que a segunda demanda foi extinta sem resolução de mérito, pois a empresa ré não foi encontrada. Portanto, a perempção provisória prevista no art. 732 da CLT não poderá ser reconhecida no caso em estudo, devendo o advogado de Mário requerer o prosseguimento do feito. **HC**

Gabarito "D".

(OAB/Exame Unificado – 2016.1) José ajuizou reclamação trabalhista em face da sociedade empresária ABCD Ltda., requerendo horas extras. A sociedade empresária apresentou contestação negando as horas extras e juntou os cartões de ponto, os quais continham horários variados de entrada e saída, marcados por meio de relógio de ponto. O advogado do autor impugnou a documentação.

Com base no caso apresentado, assinale a afirmativa correta.

(A) Na qualidade de advogado do autor, você não precisará produzir qualquer outra prova, pois já impugnou a documentação.

(B) Na qualidade de advogado da ré, você deverá produzir prova testemunhal, já que a documentação foi impugnada.

(C) Na qualidade de advogado do autor, o ônus da prova será do seu cliente, razão pela qual você deverá produzir outros meios de prova em razão da sua impugnação à documentação.

(D) Dada a variação de horários nos documentos, presumem-se os mesmos inválidos diante da impugnação, razão pela qual só caberá o ônus da prova à empresa ré.

A: opção incorreta, pois por ter impugnado a documentação juntada pela ré, nos termos do art. 818, I, da CLT e art. 373, I, CPC/2015 cabe ao autor a comprovação dos fatos constitutivos de seu direito. **B:** opção incorreta, pois o ônus da prova com relação às horas extras é do empregado, na medida em que foi negado a prestação de serviços extraordinários e feito provas nesse sentido. **C:** opção correta, pois ao negar a prestação de horas extras e juntar documentação comprobatória, caberá ao autor as provas de fatos que constituem seu direito, art. 818, I, da CLT e art. 373, I, CPC/2015. **D:** opção incorreta, pois os cartões de ponto juntados demonstram horários variáveis, sendo válidos a *contrario sensu*, nos termos da súmula 338, III, TST.
Gabarito "C".

(OAB/Exame Unificado – 2016.1) A sociedade empresária Sucos Naturais Ltda., empresa de pequeno porte, teve contra si ajuizada uma reclamação trabalhista, na qual Alice, uma de suas ex-empregadas, postula o pagamento de horas extras. Para a audiência, a sociedade empresária enviou como preposto o empregado que foi contratado para substituir Alice. Em razão disso, o advogado da reclamante protestou contra tal fato, requerendo a aplicação da confissão, pois o preposto não havia presenciado os fatos.

Segundo a sistemática da CLT, assinale a afirmativa correta.

(A) A impugnação deve ser acolhida, pois não se pode admitir a existência de um preposto que não tenha testemunhado os fatos.

(B) A lei é omissa acerca de o preposto precisar, ou não, ter testemunhado os fatos, daí porque, diante da omissão legislativa, caberá ao juiz definir.

(C) A impugnação deve ser acolhida, pois é necessário que o preposto tenha vivenciado os fatos, tanto assim que ele obrigatoriamente deverá ser empregado da empresa.

(D) A impugnação deve ser rejeitada, pois o preposto precisa apenas ter conhecimento dos fatos.

A: opção incorreta, pois a lei não exige que o preposto tenha presenciado/testemunhado os fatos, mas apenas ter conhecimento de tais fatos, art. 843, § 1º, CLT. **B:** opção incorreta, pois a lei exige apenas o conhecimento os fatos, art. 843, § 1º, CLT. **C:** opção incorreta, pois como vimos o preposto não precisa ter vivenciado os fatos, apenas ter conhecimentos dos fatos, art. 843, § 1º, CLT. Ademais, nos termos do art. 843, § 3º, da CLT o preposto não precisa ser empregado da parte reclamada. **D:** opção correta, pois nos termos do art. 843, §§ 1º e 3º, da CLT o preposto necessita apenas ter conhecimento dos fatos, não havendo a necessidade de ser empregado da empresa.
Gabarito "D".

(OAB/Exame Unificado – 2015.2) Brenda aufere um salário mínimo e meio e ajuizou reclamação trabalhista contra o empregador, postulando diversas verbas que entende fazer jus. Na petição inicial, não houve requerimento de gratuidade de justiça nem declaração de miserabilidade jurídica. O pedido foi julgado improcedente, mas, na sentença, o juiz concedeu, de ofício, a gratuidade de justiça. Diante da situação e do comando legal, assinale a afirmativa correta.

(A) Houve julgamento extra petita no tocante à gratuidade, atraindo a nulidade do julgado, já que isso não foi requerido na petição inicial.

(B) A Lei é omissa a respeito, daí porque o juiz, invocando o princípio da proteção, poderia conceder espontaneamente a gratuidade de justiça.

(C) A sociedade empresária poderia recorrer para ver reformada a sentença, no tocante à concessão espontânea da gratuidade de justiça, tratando-se de julgamento ultra petita.

(D) O juiz agiu dentro do padrão legal, pois é possível a concessão da gratuidade de justiça de ofício, desde que presentes os requisitos legais, como era o caso.

A: incorreta, pois não há nulidade no julgado por julgamento *extra petita* (sentença decide fora do pedido do autor), tendo em vista que o Juiz do Trabalho poderá conceder de ofício o benefício da justiça gratuita, nos termos do art. 790, § 3º, da CLT. **B:** incorreta, pois não existe omissão legislativa sobre o tema, sendo ele tratado no art. 790, § 3º, da CLT. Ademais, não poderá conceder o benefício espontaneamente, mas sim se verificar o estado de miserabilidade da parte. **C:** incorreta, pois não se trata de julgamento *ultra petita* (sentença concede algo a mais do que foi pedido), pois é permitido ao juiz do Trabalho a concessão do benefício *ex officio*, art. 790, § 3º, da CLT. **D:** correta, conforme comentários anteriores.
Gabarito "D".

(OAB/Exame Unificado – 2015.1) Antônio é assistente administrativo na sociedade empresária Setler Conservação Ltda., que presta serviços terceirizados à União. Ele está com o seu contrato em vigor, mas não recebeu o ticket refeição dos últimos doze meses, o que alcança o valor de R$ 2.400,00 (R$ 200,00 em cada mês). Em razão dessa irregularidade, estimulada pela ausência de fiscalização por parte da União, Antônio pretende cobrar o ticket por meio de reclamação trabalhista contra a empregadora e o tomador dos serviços, objetivando garantir deste a responsabilidade subsidiária, na forma da Súmula 331 do TST.

Diante da hipótese, assinale a afirmativa correta.

(A) A ação deverá seguir o procedimento ordinário, vez que há litisconsórcio passivo, sendo, em razão disso, obrigatório o rito comum.

(B) A ação deverá seguir o procedimento sumaríssimo, uma vez que o valor do pedido é inferior a 40 salários mínimos.

(C) A ação tramitará pelo rito ordinário porque um dos réus é ente público.

(D) O autor poderá optar pelo procedimento que lhe seja mais vantajoso.

A: incorreta, pois será obrigatório o rito comum, tendo em vista que órgãos da administração pública direta estão excluídos do procedimento sumaríssimo, nos termos do art. 852-A, parágrafo único, da CLT. **B:** incorreta, pois embora a ação tenha valor abaixo de 40 salários mínimos, os órgãos da administração pública direta estão excluídos do procedi-

11. DIREITO PROCESSUAL DO TRABALHO   785

mento sumaríssimo, art. 852-A, parágrafo único, da CLT. **C:** correta, pois por não ser possível a submissão da causa pelo procedimento sumaríssimo, a ação deverá tramitar pelo rito comum ordinário. **D:** incorreta, pois tendo em vista a proibição da submissão da ação ao rito sumaríssimo, art. 852-A, parágrafo único, da CLT, não há opção por parte do autor, devendo a ação ser submetida ao procedimento comum ordinário.

Gabarito "C".

(OAB/Exame Unificado – 2014.3) Jorge, que presta serviços a uma companhia aérea na China, é autor de um processo em face da Viação Brasil S/A, sua ex empregadora. Na data da audiência, Jorge estará, comprovadamente, trabalhando na China.

Considerando que Jorge tem interesse no desfecho rápido de seu processo, deverá

(A) requerer o adiamento para data próxima.

(B) dar procuração com poderes específicos ao seu advogado para que este o represente.

(C) fazer-se representar por outro empregado da mesma profissão ou pelo seu sindicato.

(D) deixar arquivar a demanda e ajuizar uma nova.

A: incorreta, pois nos termos do art. 843 da CLT o autor/reclamante deve estar presente pessoalmente na audiência inaugural, sob pena de arquivamento da reclamação trabalhista, nos termos dos arts. 843 e 844 da CLT. **B:** incorreta, pois nos termos do art. 843 da CLT as partes devem estar presentes, independente da presença de seus advogados. **C:** correta, pois reflete o entendimento disposto no art. 843, § 2º, da CLT. **D:** incorreta, pois deverá fazer-se representar por um outro empregado de sua categoria ou pelo sindicato com o fim de evitar o arquivamento da ação.

Gabarito "C".

(OAB/Exame Unificado – 2013.3) Em 10/04/2013 a empresa AlfaBeta Ltda. recebeu cópia da petição inicial de ação em face dela ajuizada, com notificação citatória para audiência no dia 14/04/2013. Nesta data, compareceu apenas o preposto da ré, munido da respectiva carta e carteira de trabalho, sem portar defesa, requerendo oralmente o adiamento da audiência.

A partir do caso apresentado, assinale a afirmativa correta.

(A) O juiz deverá manter a audiência e aplicar a revelia por ausência de defesa.

(B) O juiz deverá adiar a audiência pela exiguidade de tempo entre a citação e a realização da audiência.

(C) O juiz deverá manter a audiência, podendo o preposto apresentar defesa oral no prazo legal de 20 minutos, já que vigora o *jus postulandi*.

(D) Face aos princípios da celeridade e economia processual, o juiz deverá manter a audiência, mas em razão da presença da ré, evidente o ânimo de defesa, não aplicará a revelia.

O juiz deverá designar uma nova audiência. Isso porque de acordo com o entendimento disposto no art. 841, parte final, da CLT, entre a data do recebimento da notificação pela reclamada e a data designada para a audiência deverá ser obedecido o prazo mínimo de 5 (cinco) dias, sob pena de nulidade. Vale dizer que, em se tratando de Fazenda Pública, esse prazo deverá ser contado em quádruplo, ou seja, entre a data do recebimento da notificação e a data da audiência deverá ser observado um lapso temporal de 20 (vinte) dias, nos termos do art. 1º, II, do Decreto-Lei 779/1969.

Gabarito "B".

(OAB/Exame Unificado – 2013.3) Carlos Alberto foi caixa numa instituição bancária e ajuizou reclamação trabalhista, postulando o pagamento de horas extras, já que em uma das agências, na qual trabalhou por dois anos, cumpria jornada superior à legal. Em contestação, foram apresentados os controles, que não continham sobrejornada, e por essa razão foram expressamente impugnados pelo acionante. Na instrução, o banco não produziu prova, mas Carlos Alberto conduziu uma testemunha que com ele trabalhou sete meses na agência em questão e ratificou a jornada mais extensa declarada na petição inicial.

Diante desta situação e de acordo com o entendimento consolidado do TST, assinale a afirmativa correta.

(A) Uma vez que a testemunha trabalhou com o autor somente sete meses, este é o limite de tempo que limitará eventual condenação.

(B) Se o juiz se convencer, pela prova testemunhal, que a sobrejornada ocorreu nos dois anos, poderá deferir as horas extras em todo o período.

(C) Uma vez que a testemunha trabalhou com o autor em período inferior à metade do tempo questionado, não poderá ser fator de convencimento acerca da jornada.

(D) Considerando que os controles foram juntados, uma única testemunha não poderia servir de prova da jornada cumprida.

A: incorreta, pois a testemunha servirá para a comprovação do que foi alegado pelo autor. Nesse sentido vale pontuar a OJ 233 da SDI 1 do TST que ensina que a decisão que defere horas extras com base em prova oral ou documental não ficará limitada ao tempo por ela abrangido, desde que o julgador fique convencido de que o procedimento questionado superou aquele período **B:** correta. O caso apresentado tem como plano de fundo a jornada de trabalho e horas extraordinárias. Nesse sentido importante lembrar a regra disposta no art. 74, § 2º da CLT que ensina que as empresas que contam com mais de 20 empregados são obrigadas a manter o registro de jornada de trabalho. Assim, tendo em vista a apresentação do registro de ponto pela empresa reclamada, o ônus de prova passou para o reclamante que, por meio de uma testemunha, conseguiu demonstrar os fatos apontados em sua reclamação trabalhista. Assim, se o juiz se convencer das alegações feitas pelo reclamante poderá deferir as horas extras por todo período, de acordo com o princípio do livre convencimento motivado. **C:** incorreta, pois o juiz poderá se valer da prova testemunhal para se convencer de todo período alegado e não somente aquele presenciado. Veja comentários anteriores. **D:** incorreta, pois não há hierarquia entre as provas.

Gabarito "B".

(OAB/Exame Unificado – 2013.2) Ícaro, piloto de avião, foi empregado da empresa Voe Alto Linhas Aéreas S/A de 12 de maio de 2010 a 20 de abril de 2012. Ao ser dispensado, deixou de receber parte de seus haveres trabalhistas da extinção, razão pela qual ajuizou reclamação trabalhista. A audiência foi designada para 10/10/2013. Porém, nessa data Ícaro estaria fora do país, já que necessitado de emprego e com a escassez do mercado nacional, empregou-se como piloto na China, onde reside, e não faz voos para o Brasil. Você é o advogado de Ícaro que, naturalmente, tem pressa em receber seus direitos sonegados.

Assinale a alternativa que indica a medida legal a ser adotada para o mais rápido desenrolar do processo.

(A) Deverá ser requerido o adiamento da audiência sem data posterior e, tão logo Ícaro informe quando poderá estar no Brasil, será requerido ao juiz a designação da realização da audiência.

(B) Como advogado de Ícaro você deverá ter procuração com poderes especiais para representá-lo e assisti-lo em audiência suprindo assim a ausência.

(C) Tendo em vista tratar-se de motivo relevante, e estar devidamente comprovado, Ícaro poderá fazer-se representar por outro empregado de mesma profissão ou por seu sindicato de classe.

(D) Tendo em vista tratar-se de motivo poderoso, e estar devidamente comprovado, Ícaro poderá fazer-se representar por membro de sua família ou outro empregado da mesma empresa empregadora.

A: incorreta, pois não há previsão legal para o adiamento da audiência e posterior designação de data a critério do reclamante. **B:** incorreta, pois o advogado não poderá substituir o reclamante. Veja art. 843, § 2º, da CLT. **C:** correta, pois reflete o disposto no art. 843, § 2º, da CLT. **D:** incorreta, pois nos termos do art. 843, § 2º, da CLT poderá fazer-se representar por outro empregado que pertença à mesma profissão, ou pelo seu sindicato.

Gabarito "C".

(OAB/Exame Unificado – 2013.2) Após trabalhar como empregado durante 6 meses, Paulo ajuizou reclamação trabalhista em face de sua ex-empregadora, a empresa Alfa Beta Ltda., pretendendo horas extras, nulidade do pedido de demissão por coação, além de adicional de insalubridade. Na primeira audiência o feito foi contestado, negando a ré o trabalho extraordinário, a coação e a atividade insalubre. Foram juntados controles de ponto e carta de próprio punho de Paulo pedindo demissão, documentos estes que foram impugnados pelo autor. Não foi produzida a prova técnica (perícia).

Para a audiência de prosseguimento, as partes estavam intimadas pessoalmente para depoimentos pessoais, sob pena de confissão, mas não compareceram, estando presentes apenas os advogados. Declarando as partes que não têm outras provas a produzir, o Juiz encerrou a fase de instrução, seguindo o processo concluso para sentença.

Com base nestas considerações, analise a distribuição do ônus da prova e assinale a afirmativa correta.

(A) A ausência das partes gera a confissão ficta recíproca, devendo ser aplicada a regra de que para os fatos constitutivos cabe o ônus da prova ao autor, e para os extintivos, modificativos e impeditivos, o ônus será do réu. Assim, todos os pedidos deverão ser julgados improcedentes.

(B) Não há confissão em razão da presença dos advogados. Mas não havendo outras provas, os pedidos deverão ser julgados improcedentes.

(C) Em razão da confissão, presumem-se verdadeiros os fatos alegados. Tal aliado ao princípio da proteção ao hipossuficiente leva à presunção de que Paulo foi coagido a pedir demissão, trabalhava extraordinariamente e faz jus ao adicional de insalubridade. Logo, os pedidos procedem.

(D) Em razão da confissão, os pedidos de horas extras e nulidade do pedido de demissão procedem. Porém, improcede o de adicional de insalubridade, pois necessária a prova pericial para configurar o grau de insalubridade. Logo, este pleito improcede.

A: correta, pois não comparecendo as partes à audiência para a qual foram devidamente intimadas, ocorre a confissão ficta recíproca, devendo o juiz julgar o processo de acordo com a distribuição de ônus da prova, dispostas no art. 818 da CLT e art. 373 do CPC/2015. **B:** incorreta, pois nos termos do art. 843 da CLT na audiência de julgamento deverão estar presentes o reclamante e o reclamado, independentemente do comparecimento de seus representantes. **C:** incorreta, pois como houve confissão recíproca, deverá ser seguida a distribuição de ônus da prova, que nos termos do art. 818 e incisos da CLT. **D:** incorreta, pois os pedidos serão improcedentes, tendo em vista que o autor não cuidou de fazer prova de fato constitutivo de seu direito, nos termos do art. 818 da CLT e art. 373 do CPC/2015.

Gabarito "A".

(OAB/Exame Unificado – 2013.2) Um determinado trabalhador ajuizou uma reclamação trabalhista e, na data designada, faltou injustificadamente à audiência. Seu advogado requereu o desentranhamento dos documentos, no que foi atendido. Dois meses depois, apresentou a mesma reclamação, mas posteriormente resolve desistir dela em mesa de audiência, o que foi homologado pelo magistrado, sendo extinto o processo sem resolução do mérito.

Caso queira ajuizar uma nova ação, o trabalhador

(A) terá de aguardar o prazo de seis meses, pois contra ele será aplicada a pena de perempção;

(B) poderá ajuizar a nova ação de imediato, contanto que pague o valor de uma multa que será arbitrada pelo juiz;

(C) não precisará aguardar nenhum prazo para ajuizar nova ação;

(D) deverá aguardar seis meses para ajuizar ação contra aquele empregador, mas não para outros que porventura venha a ter.

A: incorreta, pois nos termos do art. 732 da CLT a pena de perempção será imposta ao trabalhador que por 2 (duas) vezes seguidas, der causa ao arquivamento da ação por não comparecimento. **B:** incorreta, pois não haverá multa a ser imposta. **C:** correta, pois tendo em vista que a segunda ação não foi arquivada por não comparecimento do reclamante, poderá apresentar nova reclamação sem aguardar prazo algum, não serão aplicados os efeitos da perempção, prevista no art. 732 da CLT. **D:** incorreta, pois não serão aplicados os efeitos da perempção. Veja os comentários anteriores.

Gabarito "C".

(OAB/Exame Unificado – 2013.1) Em reclamação trabalhista movida contra um município, este não comparece à audiência inaugural.

Diante dessa hipótese, assinale a afirmativa correta.

(A) Não se cogita de revelia porque o direito é indisponível.

(B) Aplica-se a revelia contra o ente público.

(C) Não há revelia, mas se aplica a confissão.

(D) O juiz deve designar audiência de instrução, haja vista tratar-se de ente público.

A: incorreta, pois embora o art. 345, II, do CPC/2015 ensine que não induz revelia se o litígio versar sobre direitos indisponíveis, no direito processual do trabalho a revelia se dá com o não comparecimento da parte na audiência, nos termos do art. 844 da CLT. Importante notar que o art. 844 da CLT não faz qualquer distinção em relação à pessoa e não estabelece privilégio algum ao ente público. **B:** correta, pois em conformidade com a OJ 152 da SDI-1 do TST a pessoa jurídica de direito público sujeita-se à revelia prevista no art. 844 da CLT. **C:** incorreta,

11. DIREITO PROCESSUAL DO TRABALHO · 787

pois no caso em análise há revelia. Veja comentários da alternativa "a". **D:** incorreta, pois o juiz aplicará os efeitos da revelia, não havendo necessidade de audiência de instrução.

Gabarito "B".

(OAB/Exame Unificado – 2012.3.B) Em audiência inicial de uma ação trabalhista, infrutífera a proposta de conciliação, foi recebida a contestação e, ato contínuo, adiada a audiência em razão da ausência da testemunha indicada pelo réu. Foram intimadas as partes e patronos, sob as penas da lei, para comparecimento em nova data para produção das demais provas requeridas, isto é, oitiva de testemunhas e depoimento pessoal das partes. Na data e hora marcadas o autor se atrasou e não respondeu ao pregão quando chamado seu nome.

Dados os fatos acima, assinale a afirmativa correta.

(A) A ausência do reclamante à audiência pode resultar na confissão em seu desfavor, se cominada.

(B) A ausência do reclamante à audiência provoca a revelia.

(C) A ausência do reclamante provoca automaticamente a improcedência dos seus pedidos.

(D) A ausência do reclamante à audiência provoca o arquivamento do processo.

A: correta, pois o não comparecimento do reclamante implicará na confissão, caso tenha sido intimado com essa cominação. **B:** incorreta, pois revelia é efeito a ser aplicado à reclamada que não comparece à primeira audiência. A ausência à segunda audiência, quando fracionada, não provoca revelia. **C:** incorreta, pois o não comparecimento do reclamante a audiência não importará na improcedência dos pedidos. **D:** incorreta, pois nos termos da Súmula 9 do TST a ausência do reclamante, quando adiada a instrução após contestada a ação em audiência, não importa arquivamento do processo.

Gabarito "A".

(OAB/Exame Unificado – 2012.3.A) Uma das espécies de resposta é a reconvenção, que vem a ser a ação do réu contra o autor no mesmo feito e juízo em que é demandado. Malgrado não estar formalmente previsto na CLT, é pacífico o cabimento da reconvenção nas lides trabalhistas. Das hipóteses abaixo listadas, assinale aquela em que, pela natureza da pretensão deduzida, seria inviável a apresentação de reconvenção na Justiça do Trabalho.

(A) Quando a empresa pretender a condenação do empregado no valor do aviso-prévio por ele não concedido, ao pedir demissão.

(B) Quando a empresa pretender o ressarcimento por dano causado pelo empregado no decorrer do contrato de trabalho.

(C) Quando a empresa pretender a devolução do valor de um curso pago em benefício do empregado e pelo qual o obreiro comprometeu-se a não pedir demissão durante determinado período, o que depois foi descumprido pelo trabalhador.

(D) Quando a empresa pretender a devolução de valor pago pela compra de um bem do seu empregado que, após, verificou possuir vício redibitório.

A: incorreta, pois um dos requisitos para que a reconvenção seja admitida é que o juízo da causa principal deve ser competente para apreciar, além da ação principal, a própria reconvenção. Sendo o Juiz do Trabalho competente para apreciar a condenação em aviso-prévio, pois é matéria de competência da Justiça do Trabalho, art. 114, I, da

CF, seria viável a apresentação de reconvenção. **B:** incorreta, pois é perfeitamente viável a pretensão disposta na assertiva por meio de reconvenção. Veja comentários da alternativa "**A**". **C:** incorreta, veja comentários da alternativa "**A**". **D:** correta, pois a matéria tratada na assertiva é correlata ao direito comum, não sendo matéria de competência da Justiça do Trabalho, devendo ser apresentada em ação própria na Justiça Comum.

Gabarito "D".

(OAB/Exame Unificado – 2012.1) Josenildo da Silva ajuizou reclamação trabalhista em face da empresa Arca de Noé Ltda., postulando o pagamento de verbas resilitórias, em razão de dispensa imotivada; de horas extraordinárias com adicional de 50% (cinquenta por cento); das repercussões devidas em face da percepção de parcelas salariais não contabilizadas e de diferenças decorrentes de equiparação salarial com paradigma por ele apontado. Na defesa, a reclamada alega que, após discussão havida com colega de trabalho, o reclamante não mais retornou à empresa, tendo sido surpreendida com o ajuizamento da ação; que a empresa não submete seus empregados à jornada extraordinária; que jamais pagou qualquer valor ao reclamante que não tivesse sido contabilizado e que não havia identidade de funções entre o autor e o paradigma indicado. Considerando que a ré possui 10 (dez) empregados e que não houve a juntada de controles de ponto, assinale a alternativa correta.

(A) Cabe ao reclamante o ônus de provar a dispensa imotivada.

(B) Cabe à reclamada o ônus da prova quanto à diferença entre as funções do equiparando e do paradigma.

(C) Cabe ao reclamante o ônus de provar o trabalho extraordinário.

(D) Cabe à reclamada o ônus da prova no tocante à ausência de pagamento de salário não contabilizado.

A: incorreta, pois nos termos da Súmula 212 do TST o ônus de provar o término do contrato de trabalho, é do empregador/reclamada. Isso porque ao consignar que não dispensou o reclamante e que ele abandonou o serviço, a reclamada alega fato novo e extintivo do direito do reclamante, competindo-lhe o ônus da prova. **B:** incorreta, pois nos termos do art. 818, I, da CLT e art. 373, I, do CPC/2015 compete ao autor provar os fatos constitutivos do seu direito alegado. **C:** correta, pois pertence ao reclamante o ônus da prova do labor em sobrejornada alegado, nos moldes do art. 818, I, da CLT e art. 373, I, do CPC/2015. **D:** incorreta, pois nesse caso o ônus é do reclamante, arts. 818, I, da CLT e 373, I, do CPC/2015.

Gabarito "C".

(OAB/Exame Unificado – 2011.3.B) No Processo do Trabalho, em relação ao ônus da prova, assinale a alternativa correta.

(A) É do empregador quanto à alegação de inexistência de vínculo de emprego, se admitida a prestação de serviços com outra qualidade.

(B) É sempre do empregador nas reclamações versando sobre horas extras.

(C) É sempre da parte que fizer a alegação, não importando o comportamento da parte contrária a respeito.

(D) É sempre do empregador nas reclamações versando sobre equiparação salarial.

A: correta, pois ao admitir que o reclamante prestava serviços, mas com outras qualidades, a reclamada alega fato modificativo ou extintivo do direito do autor, atraindo para si o ônus de prova nos moldes do art. 818,

II, da CLT e art. 373, II, do CPC/2015. **B:** incorreta, pois o ônus da prova do labor em sobrejornada pertence ao reclamante, nos moldes do art. 818, I, da CLT e art. 373, I, do CPC/2015. **C:** incorreta, pois se a defesa for simplesmente negativa, ou seja, reclamada simplesmente nega o fato, o ônus pertencerá à parte que a fizer, na medida em que consiste no fato constitutivo do seu direito. No entanto, caso a parte, ao invés de simplesmente negar o fato, apontar fatos impeditivos, modificativos ou extintivos, atrairá para si o ônus da prova desse fato. **D:** incorreta, pois pertence ao empregador o ônus da prova do fato impeditivo, modificativo ou extintivo, nos termos da Súmula 6, item, VIII, do TST.

Gabarito "A".

(OAB/Exame Unificado – 2011.3.A) No processo trabalhista, a compensação ou retenção

(A) só poderá ser arguida como matéria de defesa;

(B) poderá ser arguida em qualquer fase do processo, mesmo na execução definitiva da sentença;

(C) poderá ser arguida em qualquer momento, até que a sentença seja proferida pelo juiz de 1ª instância;

(D) poderá ser arguida em qualquer momento, até que a sentença tenha transitado em julgado.

A alternativa **A** está correta, pois nos termos do art. 767 da CLT a compensação e a retenção somente poderão ser alegadas como matérias de defesa, ou seja, na contestação. Veja também as Súmulas 18 e 48 do TST.

Gabarito "A".

(OAB/Exame Unificado – 2011.3.A) Cíntia Maria ajuíza reclamação trabalhista em face da empresa Tictac Ltda., postulando o pagamento de horas extraordinárias, aduzindo que sempre labutou no horário das 8h às 19h, de segunda a sexta-feira, sem intervalo intrajornada. A empresa ré oferece contestação, impugnando o horário indicado na inicial, afirmando que a autora sempre laborou no horário das 8h às 17h, com 1 hora de pausa alimentar, asseverando ainda que os controles de ponto que acompanham a defesa não indicam a existência de labor extraordinário. À vista da defesa ofertada e dos controles carreados à resposta do réu, a parte autora, por intermédio de seu advogado, impugna os registros de frequência porque não apresentam qualquer variação no registro de entrada e saída, assim como porque não ostentam sequer a pré-assinalação do intervalo intrajornada. Admitindo-se a veracidade das argumentações do patrono da parte autora e com base na posição do TST acerca da matéria, é correto afirmar que

(A) compete ao empregado o ônus de comprovar o horário de trabalho indicado na inicial, inclusive a supressão do intervalo intrajornada, a teor do disposto no art. 818 da CLT;

(B) diante da impugnação apresentada, inverte-se o ônus probatório, que passa a ser do empregador, prevalecendo o horário da inicial, se dele não se desincumbir por outro meio probatório, inclusive no que se refere à ausência de intervalo intrajornada;

(C) em se tratando de controles de ponto inválidos, ao passo que não demonstram qualquer variação no registro de entrada e saída, não poderá a ré produzir qualquer outra prova capaz de confirmar suas assertivas, porquanto a prova documental é a única capaz de demonstrar a jornada de trabalho cumprida;

(D) diante da impugnação apresentada, inverte-se o ônus probatório, que passa a ser do empregador, prevale-

cendo o horário da inicial, se dele não se desincumbir, exceto quanto ao intervalo intrajornada, cujo ônus probatório ainda pertence à parte autora.

A: incorreta, pois nos termos da Súmula 338, item III, do TST sendo apresentados cartões de ponto com horários de entrada e saída uniformes, serão eles considerados inválidos como meio de prova, invertendo-se o ônus da prova, relativo às horas extras, que passa a ser do empregador. **B:** correta, pois em consonância com o entendimento cristalizado na Súmula 338, item III, do TST. **C:** incorreta, pois poderá ser elidida por outros meios de provas, como a testemunhal, por exemplo. **D:** incorreta, pois de acordo com a Súmula 338, item III, do TST não há qualquer restrição, permanecendo, em razão da inversão do ônus da prova, o dever do empregador em comprovar a jornada por ele alegada.

Gabarito "B".

(OAB/Exame Unificado – 2011.2) A respeito da prova testemunhal no processo do trabalho, é correto afirmar que

(A) no processo do trabalho sumaríssimo, a simples ausência da testemunha na audiência enseja a sua condução coercitiva;

(B) em se tratando de ação trabalhista pelo rito ordinário ou sumaríssimo, as partes poderão ouvir no máximo três testemunhas cada; sendo inquérito, o número é elevado para seis;

(C) as testemunhas comparecerão à audiência independentemente de intimação e, no caso de não comparecimento, serão intimadas *ex officio* ou a requerimento da parte;

(D) apenas as testemunhas arroladas previamente poderão comparecer à audiência a fim de serem ouvidas.

A: incorreta, pois nos termos do art. 852-H, § 3º, da CLT em se tratando de procedimento sumaríssimo, somente será deferida intimação de testemunha que, comprovadamente convidada, deixar de comparecer. Não comparecendo a testemunha intimada, o juiz poderá determinar sua imediata condução coercitiva; **B:** incorreta, pois no procedimento ordinário cada parte poderá levar até 3 (três) testemunhas, no inquérito para apuração de falta grave o número será elevado para 6 (seis) testemunhas por parte (art. 821 CLT) e, por último, no procedimento sumaríssimo esse número é reduzido para 2 (duas) testemunhas (art. 852-H, § 2º, CLT); **C:** correta, pois reflete o disposto no art. 825, *caput* e parágrafo único, da CLT; **D:** incorreta, pois não há necessidade de arrolamento de testemunhas, que deverão comparecer independente de notificação ou intimação, art. 825 CLT.

Gabarito "C".

(OAB/Exame Unificado – 2011.1) Em audiência de conciliação, instrução e julgamento, o reclamado não respondeu ao pregão, mas compareceu o seu advogado, munido de procuração e dos atos constitutivos da empresa. Dada a palavra ao reclamante, seu advogado requereu que a empresa fosse considerada revel e confessa, pelo que o juiz indeferiu a juntada da defesa escrita que o advogado da parte reclamada pretendia apresentar. Assinale a alternativa correta, indicando como deve o advogado da parte reclamada proceder.

(A) Deve conformar-se, pois, no processo do trabalho, a revelia tanto pode decorrer da ausência da parte ré quanto da falta de apresentação da defesa, estando ou não presente o advogado da parte ausente (ainda que munido de procuração) e sempre importa em confissão quanto a qualquer matéria, de fato ou de direito.

11. DIREITO PROCESSUAL DO TRABALHO

(B) Deve conformar-se, pois, no processo do trabalho, a revelia decorre da ausência da parte ré, importando em confissão quanto a qualquer matéria, pelo que a presença do advogado da parte ausente, munido de procuração e defesa, é irrelevante.

(C) Deve lançar em ata o protesto, alegando que, no processo do trabalho, a revelia decorre da falta de apresentação de defesa, pelo que a presença do advogado, munido de procuração, supre a ausência da parte.

(D) Deve lançar em ata o protesto, alegando que, no processo do trabalho, a revelia decorre da ausência da parte ré, importando em confissão quanto à matéria de fato, pelo que o juiz deve receber a defesa apresentada pelo advogado da parte ausente, desde que munido de procuração, para o exame das questões de direito.

A: incorreta, pois prevalece na doutrina que a revelia nos domínios do processo do trabalho se dá com a ausência da reclamada à audiência inaugural, em conformidade com o art. 843 da CLT; **B:** incorreta, pois a revelia no processo do trabalho gera a confissão quanto à matéria de fato (art. 844 da CLT) e não para as matérias de direito; **C:** incorreta, pois o art. 843 da CLT dispõe que na audiência de julgamento deverão estar presentes o reclamante e o reclamado, independentemente do comparecimento de seus representantes; **D:** correta, pois na questão estamos trabalhando como advogado da reclamada e por este motivo devemos defender seus interesses. Desta forma, os interesses da reclamada seriam melhores defendidos, se lançando em ata o protesto, consignando que, no processo do trabalho, a revelia decorre da ausência da parte ré à audiência (art. 843 da CLT), importando em confissão exclusivamente quanto à matéria de fato, devendo o juiz receber a defesa apresentada pelo advogado da parte ausente para o exame das questões de direito (art. 844, § 5º, da CLT).

Gabarito "D".

(OAB/Exame Unificado – 2010.2) Com relação às provas no processo do trabalho, assinale a alternativa correta.

(A) As testemunhas devem ser necessariamente arroladas pelas partes dentro do prazo estabelecido pelo juiz, a fim de que sejam notificadas para comparecimento à audiência.

(B) Cada uma das partes não pode indicar mais de três testemunhas, inclusive nas causas sujeitas ao procedimento sumaríssimo, salvo quando se tratar de inquérito para apuração de falta grave, caso em que este número pode ser elevado a seis.

(C) Na hipótese de deferimento de prova técnica, é vedada às partes a apresentação de peritos assistentes.

(D) Nas causas sujeitas ao procedimento sumaríssimo, somente quando a prova do fato o exigir, ou for legalmente imposta, será deferida prova técnica, incumbindo ao juiz, desde logo, fixar o prazo, o objeto da perícia e nomear perito.

A: incorreta, pois no processo do trabalho não há depósito de rol de testemunhas. As testemunhas comparecerão à audiência independentemente de intimação, conforme dispõem os arts. 825, *caput*, 845 e 852-H, § 2º, da CLT; **B:** incorreta, pois no procedimento sumaríssimo as partes poderão levar apenas duas testemunhas, de acordo com o art. 852-H, § 2º, da CLT; **C:** incorreta, pois as partes poderão indicar assistentes, conforme consta do art. 826 da CLT e Súmula 341 do TST; **D:** correta, pois a assertiva reflete o disposto no art. 852-H, § 4º, da CLT.

Gabarito "D".

(OAB/Exame Unificado – 2010.2) No dia 23.05.2003, Paulo apresentou reclamação verbal perante o distribuidor do fórum trabalhista, o qual, após livre distribuição, o encaminhou para a 132ª Vara do Trabalho do Rio de Janeiro. Entretanto, Paulo mudou de ideia e não compareceu à secretaria da Vara para reduzi-la a termo. No dia 24.12.2003, Paulo retornou ao distribuidor da Justiça do Trabalho e, decidido, apresentou novamente a sua reclamação verbal, cuja livre distribuição o encaminhou para a 150ª Vara do Trabalho do Rio de Janeiro. Desta vez, o trabalhador se dirigiu à secretaria da Vara, reduziu a reclamação a termo e saiu de lá ciente de que a audiência inaugural seria no dia 01.02.2004. Contudo, ao chegar o dia da audiência, Paulo mudou de ideia mais uma vez e não compareceu, gerando o arquivamento dos autos. Diante desta situação concreta, é correto afirmar que:

(A) Paulo não poderá ajuizar uma nova reclamação verbal, uma vez que a CLT proíbe o ajuizamento sucessivo de três reclamações desta modalidade.

(B) Paulo poderá ajuizar uma nova reclamação verbal, uma vez que somente a segunda foi reduzida a termo, gerando apenas um arquivamento dos autos por ausência do autor na audiência inaugural.

(C) Paulo não poderá ajuizar uma nova reclamação verbal, uma vez que deu ensejo à perempção prevista no CPC, aplicável subsidiariamente ao processo do trabalho.

(D) Paulo poderá ajuizar nova reclamação trabalhista, mas apenas na forma escrita e assistido obrigatoriamente por advogado.

A: incorreta, pois Paulo poderá ajuizar nova reclamação trabalhista. Isso porque na primeira reclamação Paulo sofreu os efeitos da perempção (art. 731 da CLT), sendo que somente após 7 (sete) meses distribuiu a segunda reclamação que foi reduzida a termo e arquivada pelo não comparecimento. A CLT proíbe o ajuizamento de nova ação do reclamante que der causa a dois arquivamentos seguidos (art. 732 da CLT) o que não ocorreu no caso em tela, tendo em vista que somente a segunda reclamação foi arquivada. **B:** correta, pois Paulo poderá ajuizar nova reclamação. Somente em duas hipóteses a parte perde o direito de ingressar com nova reclamação. A primeira ocorre quando a parte não comparece à sede do juízo para reduzir a termo a reclamação verbal, hipótese analisada na Opção "A", art. 731 da CLT. A segunda delas, que não se relaciona com a primeira, nos termos do art. 732 da CLT, consiste no duplo arquivamento seguido pelo não comparecimento do reclamante na audiência inaugural. Como no caso proposto Paulo deu causa a apenas um arquivamento por não comparecer à audiência, poderá ingressar com nova reclamação; **C:** incorreta, pois a regra de perempção prevista no CPC (art. 486, § 3º, CPC/2015) não pode ser aplicada ao processo do trabalho, na medida em que existem regras próprias acerca da perempção, que vêm dispostas nos arts. 731 e 732 da CLT. Importante ressaltar que a regra de perempção do direito processual civil constitui em perempção definitiva, pois a parte que der causa a (03) três arquivamentos – e não dois como no processo do trabalho – não poderá ingressar com nova ação. No processo do trabalho, nos termos dos arts. 731 e 732 da CLT, temos a perempção provisória que consiste na perda do direito de propor nova reclamação pelo lapso de 6 (seis) meses; **D:** incorreta, pois não existe previsão legal nesse sentido.

Gabarito "B".

(OAB/Exame Unificado – 2010.1) Em determinada reclamação trabalhista, o preposto da empresa reclamada não soube responder às perguntas formuladas pelo juiz e pelo advogado do reclamante na audiência de instrução e argumentou que não possuía conhecimento específico a respeito dos fatos que estavam sendo tratados no processo. O advogado da empresa juntou à contestação diversos documentos na audiência inaugural. Nessa situação hipotética,

(A) a prova pré-constituída nos autos pode ser considerada para o confronto com a confissão ficta;

(B) a empresa deve ser declarada confessa, independentemente de ter juntado defesa e documentos;

(C) o juiz, antes de aplicar a penalidade de confissão, deve determinar à empresa que apresente novas provas ao processo;

(D) o juiz deve designar nova audiência, determinando que a empresa nomeie preposto que conheça os fatos abordados no processo.

A: correta, pois nos termos da Súmula 74, item II, do TST, a prova pré-constituída deve ser levada em consideração pelo julgador para o confronto com a confissão ficta; **B:** incorreta, pois apesar de o preposto não ter sabido responder às perguntas por não ter conhecimento específico dos fatos discutidos no processo, a parte apresentou defesa e juntou documentos, que nesse caso, poderão servir de suporte ao julgador, entendimento consubstanciado na Súmula 74, item II, do TST; **C:** incorreta, pois o juiz não determinará a produção de novas provas. Deverá analisar as provas já existentes no processo; **D:** incorreta, pois não deve ser designada nova audiência.
Gabarito "A".

(OAB/Exame Unificado – 2010.1) Assinale a opção correta relativamente à resposta do reclamado.

(A) Quando forem notificados para a ação vários reclamados, com diferentes procuradores, o prazo para a contestação será contado em dobro.

(B) De acordo com a CLT, o fato de o juiz ter parentesco por consanguinidade ou afinidade até o terceiro grau civil em relação à pessoa dos litigantes é causa de suspeição, devendo ser questionada, via exceção, no caso de não pronunciamento pelo próprio magistrado.

(C) A perempção, a conexão e a falta de caução ou de outra prestação, que a lei exige como preliminar, podem ser alegadas quando da discussão de mérito.

(D) Cabe ao reclamado manifestar-se precisamente sobre os fatos narrados na petição inicial, presumindo-se verdadeiros os fatos não impugnados, ainda que em contradição com a defesa, considerada em seu conjunto.

A: incorreta, pois a regra do prazo em dobro para litisconsortes com procuradores distintos, disposta no art. 229, *caput*, §§ 1º e 2º, do CPC/2015, em conformidade com o art. 769 da CLT, não poderá ser aplicável ao processo do trabalho por se mostrar incompatível com o princípio da celeridade processual aplicável à justiça trabalhista. Nesse sentido, o TST solidificou entendimento através da orientação jurisprudencial 310 da SDI-1 do TST; **B:** correta, pois de acordo com o art. 801 "c" da CLT, o fato de o juiz ter parentesco por consanguinidade ou afinidade até o terceiro grau civil em relação à pessoa dos litigantes é causa de suspeição, devendo ser alegada pela parte em sua resposta/defesa; **C:** incorreta, pois nos termos do art. 337, V, VIII e XII, do CPC/2015 , a perempção, a conexão e a falta de caução ou de outra prestação, que a lei exige como preliminar, devem ser discutidas como preliminares ao mérito; **D:** incorreta, pois dispõe o art. 341, III, do CPC/2015, aplicado ao processo do trabalho por força do art. 769 da CLT e art. 15 do CPC/2015, que cabe ao réu manifestar-se precisamente sobre os fatos narrados na petição inicial, presumindo-se verdadeiros

os fatos não impugnados, exceto, entre outras situações, se estiverem em contradição com a defesa, considerada em seu conjunto.
Gabarito "B".

(OAB/Exame Unificado – 2009.3) A respeito das comissões de conciliação prévia, assinale a opção correta.

(A) A provocação da comissão de conciliação prévia não suspende o prazo prescricional para a propositura da reclamação trabalhista.

(B) As comissões de conciliação prévia compõem a estrutura da Justiça do Trabalho.

(C) O termo de conciliação é título executivo extrajudicial e terá eficácia liberatória geral, exceto quanto às parcelas expressamente ressalvadas.

(D) A ausência da empresa na data designada para a tentativa de conciliação prévia implica a penalidade de revelia.

A: incorreta, pois de acordo com o art. 625-G da CLT, a partir da provocação da Comissão de Conciliação Prévia, o prazo prescricional ficará suspenso e recomeçará a fluir, pelo que resta, a partir da tentativa frustrada de conciliação; **B:** incorreta, pois a Comissão de Conciliação Prévia não compõem a estrutura da Justiça do Trabalho. Nos termos do art. 111 da CF são órgãos da Justiça do Trabalho: o Tribunal Superior do Trabalho, Os Tribunais Regionais do Trabalho e os juízes do trabalho; **C:** correta, pois nos termos do art. 625-E, parágrafo único, da CLT, o termo de conciliação é título executivo extrajudicial e terá eficácia liberatória geral, exceto quanto às parcelas expressamente ressalvadas. **D:** incorreta, pois a Lei n. 9.958/2000, que alterou e acrescentou os arts. 625-A a 625-H, na CLT, dispondo sobre a Comissão de Conciliação Prévia, não determinou a obrigatoriedade de o empregado comparecer à sessão de conciliação, facultando-lhe apenas encaminhar sua pretensão à Comissão de Conciliação Prévia, objetivando maior celeridade no recebimento de seus créditos trabalhistas.
Gabarito "C".

(OAB/Exame Unificado – 2009.3) No que diz respeito à exceção de suspeição, assinale a opção correta.

(A) A suspeição será admitida se do processo constar que o recusante deixou de alegá-la anteriormente, quando já a conhecia, ou que, depois de conhecida, aceitou o juiz recusado ou, finalmente, se procurou, de propósito, o motivo de que ela se originou.

(B) Das decisões sobre exceções de suspeição, salvo, quanto a estas, se terminativas do feito, não caberá recurso, podendo, no entanto, as partes alegá-las novamente no recurso que couber da decisão final.

(C) Em razão do princípio do juiz natural, não cabe falar em suspeição do juiz na Justiça do Trabalho.

(D) Parentesco de terceiro grau civil, em relação à pessoa dos litigantes, não é motivo para o juiz dar-se por suspeito.

A: incorreta, pois naqueles casos, de acordo com o art. 801, parágrafo único, da CLT, a exceção de suspeição não será admitida; **B:** correta, pois de acordo com o art. 799, § 2º, da CLT, da decisão sobre a exceção de suspeição não caberá recurso, salvo quando terminativas de feito. É a regra da irrecorribilidade imediata das decisões interlocutórias. Nesse caso, por não existir a possibilidade de recurso imediato, art. 893, § 1º, da CLT, deverá a parte alegá-la como preliminar no recurso cabível da decisão final; **C:** incorreta, pois o princípio do juiz natural se relaciona com a imparcialidade do juiz. É utilizado para assegurar a imparcialidade do juiz e encontra-se previsão no art. 5º, XXXVII e LIII, da CF; **D:** incorreta, pois de acordo com o art. 801, "c", da CLT, o parentesco por consanguinidade ou afinidade até o terceiro grau civil da CLT, é motivo de suspeição do juiz. Veja também o art. 145 do CPC/2015.

Gabarito "B".

(OAB/Exame Unificado – 2009.3) Se, em reclamação trabalhista de rito não sumaríssimo, o reclamante arrolar seis testemunhas para provar a realização de horas extras e o juiz indeferir o depoimento de três, essa decisão do juiz

(A) será correta, visto que cada uma das partes não pode indicar mais de três testemunhas, salvo quando se tratar de inquérito, caso em que esse número poderá ser elevado a seis.

(B) será incorreta, pois somente na hipótese de inquérito o número de testemunhas se limita a três.

(C) constituirá cerceamento de defesa, dada a possibilidade de a parte provar os fatos por todos os meios em direito admitidos.

(D) ferirá o ordenamento jurídico, haja vista a garantia, conferida pela norma trabalhista, de o reclamante arrolar até três testemunhas para cada fato.

A: correta, pois nas reclamações trabalhistas de rito ordinário, nos termos do art. 821 da CLT, cada parte poderá levar até 3 testemunhas; **B:** incorreta, pois em conformidade com o art. 821, parte final, em inquérito para apuração de falta grave cada parte poderá levar até 6 testemunhas; **C:** incorreta, pois o cerceamento de defesa, art. 5°, LV, da CF, ficará configurado caso o juiz não observe a regra do número de testemunhas disposta no art. 821 da CLT.

Gabarito "A".

(OAB/Exame Unificado – 2009.2) No que se refere às nulidades no processo do trabalho, assinale a opção correta de acordo com a CLT.

(A) Tratando-se de nulidade fundada em incompetência de foro, serão considerados nulos os atos ordinatórios.

(B) O juiz ou tribunal que declarar a nulidade declarará os atos a que ela se estende.

(C) A nulidade será pronunciada quando for possível suprir-se a falta ou repetir-se o ato.

(D) Não haverá nulidade quando dos atos inquinados resultar manifesto prejuízo às partes litigantes.

A: incorreta, pois nos termos do art. 795, § 1°, da CLT, apenas os atos decisórios serão considerados nulos; **B:** correta, pois reflete o disposto no art. 797 da CLT; **C:** incorreta, pois sempre que for possível suprir-se a falta ou repetir-se o ato, nos termos do art. 796, "a", da CLT a nulidade não será pronunciada; **D:** incorreta, pois em conformidade com o art. 794 da CLT os atos viciados que resultarem manifesto prejuízo para as partes serão declarados nulos.

Gabarito "B".

(OAB/Exame Unificado – 2009.1) A respeito das Comissões de Conciliação Prévia, assinale a opção correta.

(A) É obrigatória a instituição de tais comissões pelas empresas e sindicatos.

(B) As referidas comissões não interferem no curso do prazo prescricional.

(C) O termo de conciliação é considerado título executivo judicial.

(D) É vedada a dispensa dos representantes dos empregados membros das comissões em apreço até um ano após o final do mandato, salvo se cometerem falta grave.

A: incorreta, pois o art. 625-A da CLT ensina que não é obrigatória a instituição de Comissões de Conciliação Prévia, ao determinar que as empresas "podem" instituir referidas comissões; **B:** incorreta, pois nos termos do art. 625-G da CLT, havendo provocação da Comissão de Conciliação Prévia, o prazo prescricional é suspenso; **C:** incorreta, pois nos termos do art. 625-E, parágrafo único, da CLT, o termo de conciliação é considerado título executivo extrajudicial; **D:** correta, pois em conformidade com o art. 625-B, § 1°, da CLT é vedada a dispensa dos representantes dos empregados membros da Comissão de Conciliação Prévia, titulares e suplentes, até um ano após o final do mandato, salvo se cometerem falta grave. Para essa espécie de garantia de emprego não há necessidade de inquérito judicial para apuração de falta grave.

Gabarito "D".

(OAB/Exame Unificado – 2008.3) Ao término de relação empregatícia, quando negados a prestação do serviço e o despedimento, o ônus da prova é do

(A) empregado, pois trata-se de prova da relação de emprego;

(B) empregado, por caber ao autor a demonstração dos fatos por ele alegados;

(C) empregador, pois vigora o princípio da continuidade da relação de emprego, que constitui presunção favorável ao empregado;

(D) empregador, pois cabe a este demonstrar, em qualquer caso, a prova dos fatos alegados por qualquer das partes, por vigorar, no processo do trabalho, o princípio do *in dubio pro misero*.

A: incorreta, pois nos termos do art. 818, I, da CLT e art. 373, I, do CPC/2015 cabe ao empregado demonstrar os fatos constitutivos do seu direito, ou seja, que é empregado; **B:** incorreta, pois quando o empregador nega a prestação de serviços e o despedimento, alega fato extintivo do direito do autor, hipótese em que o ônus é invertido ao empregador; **C:** correta, pois reflete o disposto na Súmula 212 do TST; **D:** incorreta, pois ao empregador/réu cabe a demonstração dos fatos impeditivos, modificativos ou extintivos do direito do autor, nos termos do art. 818, II, da CLT e art. 373, II, do CPC/2015. O princípio *in dubio pro misero* ou *in dubio pro operario*, é um princípio de direito material do trabalho e nos ensina que uma norma que admita diversas interpretações, deve ser interpretada da maneira que melhor favoreça o empregado. Esse princípio, no entanto, não é aplicável ao processo do trabalho e, consequentemente, não possui incidência no campo probatório.

Gabarito "C".

(OAB/Exame Unificado – 2008.3) Manuel, contratado por uma empresa de comunicação visual, no dia 18/9/2005, para prestar serviços como desenhista, foi dispensado sem justa causa em 3/11/2008. Inconformado com o valor que receberia a título de adicional noturno, férias e horas extras, Manuel firmou, no dia 11/11/2008, acordo com a empresa perante a comissão de conciliação prévia, recebendo, na ocasião, mais R$ 927,00, além do valor que a empresa pretendia pagar-lhe. A comissão de conciliação prévia ressalvou as horas extras. Considerando essa situação hipotética, assinale a opção correta.

(A) Manuel não poderá reclamar na Justiça do Trabalho nenhuma parcela, visto que o acordo ocorreu regularmente.

(B) Manuel pode postular na Justiça do Trabalho o pagamento de horas extras, dada a ressalva apresentada pela comissão de conciliação prévia.

(C) A comissão de conciliação prévia não poderia firmar acordo parcial indicando ressalvas.

(D) O título decorrente da homologação somente pode ser questionado perante a comissão de conciliação prévia.

A: incorreta, pois Manuel poderá reclamar na Justiça do Trabalho as parcelas ressalvadas no termo de conciliação. O trâmite da conciliação prévia vem disposto no art. 625-D e parágrafos da CLT. Importante ressaltar que a Suprema Corte decidiu por maioria de votos – ADIs 2139 e 2160 -, que as ações trabalhistas podem ser submetidas ao judiciário trabalhista mesmo antes de submeter a questão à Comissão de Conciliação Prévia; **B:** correta, pois o art. 625-E, parágrafo único, da CLT, ensina que o termo de conciliação terá eficácia liberatória geral, não alcançando as parcelas expressamente ressalvadas no título, podendo a parte postular na Justiça do Trabalho seu pagamento; **C:** incorreta, pois não há vedação legal para a ressalva apontada. *Vide* art. 625-E, parágrafo único da CLT; **D:** incorreta, pois o título decorrente da conciliação poderá ser questionado, desde que haja nulidade, na medida em que nenhuma lesão ou ameaça de direito poderá ser afastado da apreciação pelo Poder Judiciário, em decorrência do princípio da inafastabilidade da jurisdição.

Gabarito "B".

(OAB/Exame Unificado – 2008.1) João moveu reclamação trabalhista contra a Empresa Delta Ltda., pleiteando pagamento de adicional de insalubridade. Alegou, na inicial, que tinha contato permanente com o elemento A, nocivo à saúde. Realizada a perícia, ficou constatado que João trabalhava em condições nocivas, porém em contato permanente com o elemento B e, não, como afirmado na inicial, com o elemento A. Considerando a situação hipotética apresentada, assinale a opção correta.

(A) A ação deve ser julgada improcedente, visto que a prova dos autos não se coaduna com o pedido.

(B) Tendo a perícia concluído que João trabalhava em condições insalubres, o fato de ele ter apontado agente insalubre diverso não prejudica o pedido de adicional de insalubridade.

(C) A reclamação trabalhista movida por João deve ser extinta sem o julgamento do mérito, visto que o pedido se torna juridicamente impossível, em virtude de o elemento nocivo justificador do pedido não ter sido o mesmo detectado pela perícia.

(D) O juiz deve abrir prazo para que João reformule o pedido e substitua o agente nocivo.

A: incorreta, pois a ação não pode ser julgada improcedente, na medida em que o apontamento na petição inicial de agente diverso do apurado em perícia não prejudica o pedido de adicional de insalubridade. Isso porque apenas a perícia técnica poderá apontar qual é o elemento prejudicial à saúde do trabalhador; **B:** correta, pois reflete o disposto na Súmula 293 do TST; **C:** incorreta, pois o pedido de João não pode ser considerado "juridicamente impossível", na medida em que há em nosso ordenamento jurídico, a possibilidade de pedido de adicional de insalubridade. Nesse caso, a causa de pedir ficará atrelada quanto ao trabalho em local insalubre e não quanto ao agente em si; **D:** incorreta, pois não há necessidade de abertura de prazo para que João reformule seu pedido.

Gabarito "B".

(OAB/Exame Unificado – 2008.1) Francisco trabalhava na Empresa ABC Ltda., a qual, encerradas suas atividades, dispensou todos os seus empregados sem justa causa. Francisco resolveu, então, ingressar com reclamação trabalhista para obter o pagamento do adicional de insalubridade. Com base na situação hipotética apresentada, assinale a opção correta.

(A) Ocorrendo o encerramento das atividades da empresa, fica prejudicado o pedido de pagamento do adicional de insalubridade, pois fica descaracterizada a atividade em condições insalubres.

(B) Uma vez que trabalhou em condições insalubres durante todo o vínculo com a empresa, vindo a pleitear o pagamento do adicional somente após a ruptura do contrato de trabalho, caracteriza-se a renúncia tácita por parte de Francisco ao adicional.

(C) Não é possível estabelecer condenação por adicional de insalubridade, visto que, com o encerramento das atividades da empresa, a realização da perícia torna-se inviável.

(D) Quando não for possível a realização da perícia, por motivo de encerramento das atividades da empresa, o juiz pode utilizar-se de outros meios de prova para julgar o pedido de pagamento de adicional de insalubridade.

A: incorreta, pois o encerramento da empresa não descaracteriza o trabalho realizado em condições insalubres, não podendo prejudicar o pedido do autor; **B:** incorreta, pois o direito é irrenunciável. Ademais, uma vez observado o prazo prescricional, João tem direito ao pleito de adicional de insalubridade; **C:** incorreta, pois nos casos de fechamento da empresa, o magistrado deverá se utilizar de outros meios de prova, como por exemplo, prova emprestada; **D:** correta, pois reflete o disposto na orientação jurisprudencial 278 da SDI-1 do TST.

Gabarito "D".

(OAB/Exame Unificado – 2008.1) Assinale a correta com relação à reclamação trabalhista.

(A) É necessário que a petição inicial esteja assinada por advogado.

(B) A reclamação só pode ser apresentada de modo escrito, não sendo admitida na forma verbal.

(C) O empregador pode ser substituído em audiência por preposto.

(D) A ausência do reclamante na audiência designada acarreta o arquivamento da reclamação, o que impede o ajuizamento de nova ação.

A: incorreta, pois na Justiça do Trabalho existe o *jus postulandi* da parte, admitindo, nos termos do art. 791 da CLT, que a reclamação trabalhista seja apresentada pela própria parte, sem a necessidade de advogado; **B:** incorreta, pois nos termos do art. 840, § 2º, da CLT, a reclamação trabalhista poderá ser apresentada de forma verbal; **C:** correta, pois nos termos do art. 843, § 1º, da CLT é facultado ao empregador fazer-se substituir pelo gerente, ou qualquer outro preposto que tenha conhecimento do fato; **D:** incorreta, pois embora a ausência do reclamante na audiência inaugural provoque o arquivamento da reclamação, poderá o autor ingressar com uma segunda reclamação. Apenas após o segundo arquivamento consecutivo é que o autor perde o direito de ingressar com nova reclamação trabalhista, chamada de perempção provisória, em conformidade com o art. 732 da CLT.

Gabarito "C".

6. PROCEDIMENTO SUMARÍSSIMO

(OAB/Exame Unificado – 2018.3) Juca ajuizou ação trabalhista em face da sua ex-empregadora, empresa privada do ramo de mineração. Paulo também ajuizou ação, mas em face de seu ex-empregador, uma empresa de prestação de serviços, e do Município de Nova Iguaçu, no Rio de Janeiro, para quem prestou serviços, requerendo a responsabilização subsidiária. Os respectivos advogados

11. DIREITO PROCESSUAL DO TRABALHO   793

atribuíram o valor correspondente a 20 salários mínimos à causa de Juca e de 15 salários mínimos à causa de Paulo.

Diante disso, assinale a afirmativa correta.

(A) A causa de Juca correrá sob o procedimento sumaríssimo e a de Paulo, sob o ordinário.

(B) Ambas as causas correrão sob o procedimento sumaríssimo.

(C) Ambas as causas correrão sob o procedimento ordinário.

(D) A causa de Juca correrá sob o procedimento ordinário e a de Paulo, sob o sumaríssimo.

"A" é a opção correta. Isso porque, embora ambas as ações possuam valor da causa de 20 salários mínimos, o que a princípio poderia levar a pensar em ajuizar a ação pelo procedimento sumaríssimo, a ação de Paulo não poderá tramitar pelo procedimento sumaríssimo tendo em vista ser proposta contra o Município, ou seja, administração pública direta, o que, nos termos do art. 852-A, parágrafo único, da CLT afasta a possibilidade da tramitação pelo procedimento sumaríssimo, devendo seguir o procedimento comum/ordinário.

Gabarito "A".

(OAB/Exame Unificado – 2016.2) Em audiência trabalhista sob o rito sumaríssimo, o advogado da ré aduziu que suas testemunhas estavam ausentes. Sem apresentar qualquer justificativa ou comprovante de comunicação às testemunhas, requereu o adiamento do feito. Diante disso, estando presentes as testemunhas do autor, o juiz indagou do advogado do autor se ele concordava ou não com o adiamento, requerendo justificativa.

Sobre o caso relatado, na qualidade de advogado do autor, assinale a afirmativa correta.

(A) Deve concordar com o adiamento, já que ausentes as testemunhas, essas poderão ser intimadas para comparecimento na próxima audiência.

(B) Deve se opor ao adiamento, requerendo o prosseguimento do feito, pois, não havendo comprovação do convite às testemunhas, a audiência não poderá ser adiada para intimação das mesmas.

(C) Deve se opor ao adiamento imediato, requerendo a oitiva de suas testemunhas e protestar por depoimentos pessoais para, na próxima audiência, serem ouvidas as testemunhas da ré.

(D) Deve concordar com o adiamento, pois a lei não exige justificativa ou comprovação de convite às testemunhas.

A: opção incorreta, pois nos termos do art. 852-H, § 3º, da CLT só será deferida intimação de testemunha que, comprovadamente convidada, deixar de comparecer. **B:** opção correta, pois não havendo comprovação do convite das testemunhas a audiência não poderá ser adiada para a intimação, art. 852-H, § 3º, da CLT **C:** opção incorreta, pois não haverá adiamento de audiência a serem ouvidas as testemunhas da ré, art. 852-h, § 3º, da CLT. **D:** opção incorreta, pois não deverá concordar com o adiamento, na medida em que a lei exige justificativa/comprovação de convite às testemunhas para o adiamento, art. 852-H, § 3º, da CLT.

Gabarito "B".

(OAB/Exame Unificado – 2015.3) Em sede de reclamação trabalhista sob o rito sumaríssimo, as testemunhas do autor não compareceram à audiência, apesar de convidadas verbalmente por ele. Na audiência, nada foi comprovado acerca da alegação do convite às testemunhas.

Diante disso, assinale a afirmativa correta.

(A) A audiência deverá prosseguir, pois não cabe a intimação das testemunhas, uma vez que não foi comprovado o convite a elas.

(B) As testemunhas deverão ser intimadas porque a busca da verdade real é um princípio que deve sempre prevalecer.

(C) As testemunhas deverão ser conduzidas coercitivamente, porque não se admite que descumpram seu dever de cidadania.

(D) O feito deverá ser adiado para novo comparecimento espontâneo das testemunhas.

A: opção correta, pois nos termos do art. 852-H, § 3º, da CLT somente será deferida intimação de testemunha que, comprovadamente convidada, deixar de comparecer à audiência. **B:** opção incorreta, pois as testemunhas somente serão intimadas se forem comprovadamente convidadas. **C:** opção incorreta, pois de acordo com a parte final do art. 852-H, § 3º, da CLT caso a testemunha devidamente intimada não comparecer, o juiz poderá determinar sua imediata condução coercitiva. **D:** opção incorreta, pois não sendo comprovado o convite das testemunhas, o feito não será adiado, tampouco aguardará o comparecimento espontâneo delas.

Gabarito "A".

(OAB/Exame Unificado – 2013.3) Paulo ajuizou reclamação trabalhista pelo rito sumaríssimo em face da sua empregadora Carregada Ltda. Arrolou suas testemunhas na petição inicial e pediu a notificação das mesmas, solicitação que foi indeferida. Na audiência, o advogado de Paulo requereu o adiamento pela ausência das testemunhas, dizendo que protestava pelo indeferimento da notificação e por isso não convidou espontaneamente as testemunhas. O requerimento foi indeferido pelo juiz, que prosseguiu com a audiência.

Sobre a decisão do juiz, a partir da hipótese apresentada, assinale a opção correta.

(A) A decisão foi equivocada, devendo ser deferido o adiamento, pois o prosseguimento do feito poderia gerar a nulidade por cerceamento de defesa.

(B) A decisão foi correta, já que o procedimento sumaríssimo não contempla a oitiva de testemunhas.

(C) A decisão foi correta, pois o procedimento sumaríssimo não admite a intimação de testemunhas.

(D) A decisão foi correta, pois no procedimento sumaríssimo as testemunhas deverão comparecer à audiência independentemente de intimação. Em caso de ausência e mediante comprovação de convite, as testemunhas serão intimadas.

A: incorreta, pois no procedimento sumaríssimo, nos termos do art. 852-H, § 3º, da CLT somente será deferida intimação de testemunha que, comprovadamente convidada, deixar de comparecer. **B:** incorreta, pois embora a decisão tenha sido correta, no procedimento sumaríssimo admite-se a prova testemunhal como se observa pela redação do art. 852-H, §§ 2º e 3º, da CLT. **C:** incorreta, pois embora a decisão tenha sido correta, o art. 852-H, § 4º, da CLT contempla hipótese de intimação da testemunha somente se, comprovadamente convidada, deixar de comparecer. Não comparecendo a testemunha intimada, o juiz poderá determinar sua imediata condução coercitiva. **D:** correta, pois reflete o disposto nos §§ 3º e 4º do art. 852-H da CLT.

Gabarito "D".

(OAB/Exame Unificado – 2013.1) José ajuizou reclamação trabalhista contra a empresa Libertação Ltda., valendo-se do procedimento sumaríssimo. Contudo, José não liquidou os pedidos.

De acordo com a CLT, o juiz deve

(A) conceder prazo de 10 dias para que José sane o vício;

(B) enviar os autos ao calculista da Vara, que liquidará o pedido;

(C) arquivar a reclamação trabalhista e condenar o autor em custa;

(D) prosseguir na reclamação e enfrentar o assunto caso provocado pela ré.

A: incorreta, pois nos termos do art. 852-B, I, da CLT o pedido deverá ser certo ou determinado e indicar o valor correspondente. **B:** incorreta, pois não há regramento específico determinando a remessa dos autos ao calculista da Vara, tendo em vista o regramento disposto no art. 852-B, I, da CLT. **C:** correta, pois reflete o disposto no art. 852-B, § 1º, da CLT. **D:** incorreta, pois a reclamação será arquivada. Veja comentários anteriores.
Gabarito "C".

(OAB/Exame Unificado – 2012.2) A respeito do procedimento sumaríssimo no processo do trabalho, assinale a afirmativa correta.

(A) A apreciação da reclamação trabalhista deverá ocorrer no prazo máximo de quinze dias da data de seu ajuizamento.

(B) A citação por edital somente é cabível se esgotadas todas as tentativas de se localizar o reclamado.

(C) As partes devem ser intimadas da sentença por notificação postal.

(D) Não cabe a interposição de recurso de revista.

A: correta, pois reflete o disposto no art. 852-B, III, da CLT. **B:** incorreta, pois nos termos do art. 852-B, II, da CLT não é admitida citação por edital no procedimento sumaríssimo. **C:** incorreta, pois nos termos do art. 852-I, § 3º, da CLT as partes serão intimadas da sentença na própria audiência em que for prolatada. **D:** incorreta, pois no procedimento sumaríssimo o recurso de revista é cabível nas hipóteses do art. 896, § 9º, da CLT. Veja Súmula 442 do TST.
Gabarito "A".

(OAB/Exame Unificado – 2012.1) Nos processos trabalhistas submetidos ao rito sumaríssimo, é correto afirmar que

(A) não cabe a produção de prova pericial;

(B) a citação por edital somente será permitida se efetivamente for comprovado pelo autor que o réu se encontra em local incerto ou desconhecido;

(C) o recurso ordinário terá parecer circunstanciado escrito do Ministério Público do Trabalho nos casos em que o desembargador relator entender estritamente necessário, diante da existência de interesse público a ser tutelado;

(D) se submetem ao rito sumaríssimo as causas cujo valor não exceda a quarenta vezes o salário-mínimo vigente na data do ajuizamento da ação.

A: incorreta, pois nos termos do art. 852-H, § 4º, da CLT é permitida a prova pericial/técnica. **B:** incorreta, pois não é permitida a citação por edital no procedimento sumaríssimo, nos termos do art. 852-B, II, da CLT. **C:** incorreta, pois nos termos do art. 895, § 1º, III, da CLT o parecer é oral. **D:** correta, pois reflete o disposto no art. 852-A da CLT.
Gabarito "D".

(OAB/Exame Unificado – 2009.3) Assinale a correta acerca do procedimento sumaríssimo.

(A) A ausência de pedido certo e determinado impõe, além do pagamento das custas sobre o valor da causa, o arquivamento da reclamação.

(B) No âmbito desse procedimento, não será possível a produção de prova técnica.

(C) Tal procedimento é aplicável aos dissídios individuais e coletivos, desde que o valor da causa não exceda quarenta vezes o salário mínimo vigente na data do seu ajuizamento.

(D) Estão excluídas desse tipo de procedimento as demandas em que seja parte a administração pública direta, autárquica, fundacional ou sociedade de economia mista.

A: correta, pois o reflete o disposto no art. 852-B, I, da CLT, combinado com seu § 1º; **B:** incorreta, pois em conformidade com o art. 852-H, § 4º, da CLT, admite-se a prova técnica no procedimento sumaríssimo; **C:** incorreta, pois de acordo com o art. 852-A da CLT, apenas os dissídios individuais que não ultrapassarem 40 salários mínimos serão submetidos ao procedimento sumaríssimo; **D:** incorreta, pois nos termos do art. 852-A, parágrafo único, da CLT estão excluídos do procedimento sumaríssimo as demandas em que é parte a Administração Pública direta, autárquica e fundacional, e não cita a sociedade de economia mista.
Gabarito "A".

(OAB/Exame Unificado – 2009.1) Com relação ao procedimento sumaríssimo estipulado na CLT, assinale a opção correta.

(A) Nas reclamações enquadradas no referido procedimento, não é permitida a citação por edital, incumbindo ao autor a correta indicação do nome e do endereço do reclamado.

(B) Nas reclamações enquadradas no referido procedimento, o pedido pode ser ilíquido, desde que não seja possível a parte indicá-lo expressamente.

(C) O procedimento sumaríssimo é apropriado para reclamação trabalhista com valor de até sessenta vezes o salário mínimo vigente na data do seu ajuizamento.

(D) O número máximo de testemunhas que cada uma das partes pode indicar é três, devendo elas comparecer à audiência de instrução e julgamento independentemente de intimação ou convite.

A: correta, pois de acordo com o art. 852-B, II, da CLT, no procedimento sumaríssimo não se admite a citação por edital; **B:** incorreta, pois nos termos do art. 852-B, I, da CLT, as causas submetidas ao procedimento sumaríssimo, o pedido deverá ser certo ou determinado. Importante ressaltar que o não atendimento a este requisito importará no arquivamento das reclamações com o pagamento de custas, em conformidade com o § 1º do art. 852-B da CLT; **C:** incorreta, pois de acordo com o art. 852-A da CLT serão submetidas ao procedimento sumaríssimo as causas cujo valor não exceda 40 salários mínimos; **D:** incorreta, pois nos termos do art. 852-H, § 2º, da CLT cada parte poderá indicar duas testemunhas.
Gabarito "A".

7. RECURSOS

(OAB/Exame XXXIX) De uma sentença trabalhista, que julgou o pedido procedente em parte, somente o reclamante recorreu. No prazo de 8 dias da intimação acerca do recurso, a sociedade empresária apresentou contrarrazões ao recurso ordinário e recurso ordinário adesivo.

11. DIREITO PROCESSUAL DO TRABALHO   795

Do recurso adesivo, o juiz concedeu vista ao reclamante, que se manifestou desistindo do recurso principal.

Diante do caso retratado e dos termos da legislação em vigor, assinale a afirmativa correta.

(A) Não existe previsão de recurso adesivo na CLT e, por isso, ele não pode ser interposto na Justiça do Trabalho.

(B) O recurso adesivo pode ser manejado na seara trabalhista, e, com a desistência do recurso principal, o adesivo será admitido e apreciado pelo TRT.

(C) O recurso adesivo, com a desistência do recurso principal, não poderá ser conhecido, ocorrendo assim o trânsito em julgado da sentença.

(D) A desistência do recurso principal dependerá de concordância da parte contrária, porque isso pode gerar consequência ao recurso adesivo.

A: incorreta, pois embora não haja previsão expressa na CLT o recurso adesivo é compatível com o processo do trabalho e cabe, no prazo de 8 (oito) dias, nas hipóteses de interposição de recurso ordinário, de agravo de petição, de revista e de embargos, sendo desnecessário que a matéria nele veiculada esteja relacionada com a do recurso interposto pela parte contrária, nos termos da súmula 283 do TST. **B:** incorreta, pois havendo desistência do recurso principal o recurso adesivo não será apreciado, vide art. 997, § 2º, CPC. **C:** correta, pois nos termos do art. 997, § 2º, III, do CPC o recurso adesivo não será conhecido, se houver desistência do recurso principal ou se for ele considerado inadmissível. **D:** incorreta, pois nos termos do art. 998 do CPC O recorrente poderá, a qualquer tempo, sem a anuência do recorrido ou dos litisconsortes, desistir do recurso.
Gabarito "C".

(OAB/Exame XXXVIII) Depois de fracassar a tentativa pacífica de negociação para realizar uma convenção coletiva de âmbito municipal, o sindicato dos empregados ajuizou dissídio coletivo que, depois de regularmente processado nos moldes da Lei, recebeu sua sentença normativa. Ocorre que o sindicato dos empregadores não concorda com algumas das cláusulas fixadas, e pretende recorrer da decisão.

Diante da situação retratada e dos termos da CLT, assinale a afirmativa correta.

(A) Caberá recurso ordinário para o TST.

(B) Por se tratar de sentença normativa, é irrecorrível.

(C) Caberá recurso de revista para o TST.

(D) Caberá recurso ordinário para o TRT.

A: correta, pois será cabível recurso ordinário ao TST, na forma do art. 895, II, da CLT. **B:** incorreta, pois admite-se a interposição de recurso ordinário ao TST. **C:** incorreta, pois não será cabível interposição de recurso de revista, art. 896 da CLT, recurso cabível das decisões proferidas em grau de recurso ordinário, em dissídio individual. **D:** incorreta, pois tendo em vista que o dissídio coletivo é de competência originária do TRT, o recurso ordinário interposto será apreciado pelo TST, art. 895, II, CLT.
Gabarito "A".

(OAB/Exame XXXVII) Natália ajuizou reclamação trabalhista contra o ex-empregador e a ação adotou o rito sumaríssimo. Natália teve procedência parcial do seu pedido, tendo havido recurso do ex-empregador. O TRT local manteve a sentença, mas, na ótica da sociedade empresária, a decisão violou frontalmente uma orientação jurisprudencial (OJ) do TST, daí porque interpôs recurso de revista para tentar revertê-la sob esse fundamento.

Diante do fato apresentado e das normas previstas na CLT, assinale a afirmativa correta.

(A) O recurso de revista não será admitido, porque não houve violação de Súmula do TST, de Súmula vinculante do STF e nem violação direta da Constituição Federal.

(B) O recurso em exame será admitido, porque cabe ao TST manter a autoridade da sua jurisprudência contra decisões que a violem.

(C) O recurso de revista não será admitido, porque ele só tem cabimento para as causas que tramitam pelo procedimento ordinário, o que não é a hipótese.

(D) O recurso de revista, no caso apresentado, sempre será admitido se houver alegação de violação às Súmulas e às orientações jurisprudenciais do TST, bem como violação de Lei Federal.

Nos termos do art. 896, § 9º, da CLT nas causas sujeitas ao procedimento sumaríssimo, somente será admitido recurso de revista por contrariedade a súmula de jurisprudência uniforme do Tribunal Superior do Trabalho ou a súmula vinculante do Supremo Tribunal Federal e por violação direta da Constituição Federal. Ademais, nos termos da súmula 442 do TST nas causas sujeitas ao procedimento sumaríssimo, a admissibilidade de recurso de revista está limitada à demonstração de violação direta a dispositivo da Constituição Federal ou contrariedade a Súmula do Tribunal Superior do Trabalho, não se admitindo o recurso por contrariedade a Orientação Jurisprudencial.
Gabarito "A".

(OAB/Exame XXXVI) Após a admissão e o julgamento de um recurso de revista, um motorista por aplicativo, que requereu vínculo empregatício com uma plataforma, teve o seu pedido julgado improcedente por uma das turmas do Tribunal competente. Na mesma semana, outro recurso de revista foi julgado de forma diametralmente oposta por outra turma do mesmo Tribunal, reconhecendo o vínculo de emprego. Diante desta contradição nos julgamentos, assinale a opção que indica o recurso cabível para uniformizar o entendimento desse Tribunal e em que órgão ele será apreciado.

(A) Embargos, para a Seção de Dissídios Individuais do TST.

(B) Recurso Ordinário, a ser julgado pelo órgão Pleno do TRT da Região.

(C) Embargos de Declaração, a ser apreciado pelo STF.

(D) Conflito Negativo de Competência, para o órgão especial do STJ.

A: opção correta, nos termos do art. 894, II, da CLT, caberá embargos, por divergência jurisprudencial, das decisões entre as Turmas do Tribunal Superior do Trabalho ou, ainda, se forem contrárias a súmula ou orientação jurisprudencial do Tribunal Superior do Trabalho ou súmula vinculante do Supremo Tribunal Federal, em dissídios individuais, no prazo de 8 (oito) dias. **B:** incorreta, pois o recurso ordinário é cabível, no prazo de 8 dias, contra decisões definitivas ou terminativas das Varas do Trabalho, art. 895, I, da CLT ou contra decisões definitivas ou terminativas dos Tribunais Regionais, em processos de sua competência originária, art. 895, II, CLT. **C:** incorreta, pois embargos de declaração é o recurso cabível contra decisões que contenham omissão, obscuridade ou contradição ou ainda para corrigir erro material, art. 897-A e § 1º, da CLT. **D:** incorreta, pois o conflito negativo ocorre quando dois órgãos judiciais se dizem incompetentes, denominado conflito negativo de competência, art. 804, b, CLT.
Gabarito "A".

(OAB/Exame XXXVI) Na audiência de uma reclamação trabalhista, estando as partes presentes e assistidas por seus respectivos advogados, foi homologado pelo juiz um acordo no valor de R$ 50.000,00 (cinquenta mil reais), tendo sido atribuído ao valor a natureza indenizatória, com as parcelas devidamente identificadas. O reclamante e o INSS, cinco dias após, interpuseram recurso ordinário contra a decisão de homologação do acordo – o reclamante, dizendo-se arrependido quanto ao valor, afirmando que teria direito a uma quantia muito superior; já o INSS, insurgindo-se contra a indicação de todo o valor acordado como tendo natureza indenizatória, prejudicando a autarquia previdenciária no tocante ao recolhimento da cota previdenciária. Diante do caso apresentado e nos termos da CLT, assinale a afirmativa correta.

(A) Tanto o reclamante quanto o INSS podem recorrer da decisão homologatória, e seus recursos terão o mérito apreciado.

(B) No caso, somente o reclamante poderá recorrer, porque o INSS não tem legitimidade para recorrer de recursos, já que não foi parte.

(C) Somente o INSS pode recorrer, porque, para o reclamante, o acordo valerá como decisão irrecorrível.

(D) Nenhuma das partes nem o INSS podem recorrer contra o acordo, porque a homologação na Justiça do Trabalho é soberana.

Uma vez celebrado o acordo, será lavrado o termo de conciliação, que é considerado título executivo judicial, nos termos do art. 831, parágrafo único, da CLT. Essa decisão transita em julgado imediatamente para as partes, não ensejando, portanto, a interposição de recurso por estas. Porém, a lei admite a interposição de recurso ordinário pelo INSS apenas com relação às contribuições devidas.
Gabarito "C".

(OAB/Exame XXXVI) No bojo de uma execução trabalhista, o juízo, a requerimento da exequente, utilizou todas as ferramentas tecnológicas disponíveis para tentar apreender dinheiro ou bens do executado, não tendo sucesso. O juízo, também a requerimento da exequente, deferiu a instauração do incidente de desconsideração da personalidade jurídica (IDPJ) em face dos sócios, que foram citados e se manifestaram. Diante dos argumentos apresentados, o IDPJ foi julgado improcedente, isentando os sócios de qualquer responsabilidade. Considerando a situação de fato e a previsão legal, assinale a afirmativa correta.

(A) A exequente poderá interpor recurso de agravo de petição.

(B) Não caberá recurso da decisão em referência por ser interlocutória.

(C) Caberá à exequente, se desejar, interpor recurso ordinário.

(D) A exequente poderá interpor agravo de instrumento.

A: correta, pois o art. 855-A, § 1º, II, da CLT ensina que a decisão interlocutória que acolher ou rejeitar o incidente de desconsideração da personalidade jurídica, na fase de execução de sentença, é recorrível via agravo de petição. B: incorreta, pois o art. 855-A, § 1º, II, da CLT ensina que a decisão interlocutória que acolher ou rejeitar o incidente de desconsideração da personalidade jurídica, na fase de execução de sentença, é recorrível via agravo de petição. Todavia, a mesma decisão não é recorrível se proferida na fase de conhecimento, art. 855-A, § 1º, I, da CLT. C: incorreta, pois o recurso ordinário é cabível nas hipóteses

elencadas nos incisos I e II do art. 895 da CLT. D: incorreta, pois o agravo de instrumento é cabível contra despachos que denegarem a interposição de recursos, art. 897, b, CLT
Gabarito "A".

(OAB/Exame XXXIV) Beatriz foi empregada de uma entidade filantrópica por 2 (dois) anos e 3 (três) meses. Terminada a relação de emprego no final de 2021, Beatriz ajuizou reclamação trabalhista 1 (um) mês após, pelo procedimento sumaríssimo, postulando diversos direitos supostamente lesados, além de honorários advocatícios. Regularmente contestado e instruído, o pedido foi julgado procedente em parte, sendo que a ex-empregadora recorreu da sentença no prazo legal juntando o recolhimento das custas. Sobre essa hipótese, de acordo com o que dispõe a CLT, assinale a afirmativa correta.

(A) O recurso terá o seguimento negado de plano, já que a ex-empregadora não efetuou o depósito recursal.

(B) O juiz deverá conceder prazo para que a recorrente sane o vício e efetue o recolhimento do depósito recursal, sob pena de deserção.

(C) O recurso terá seguimento normal e será apreciado desde que a recorrente recolha metade do depósito recursal até a apreciação do recurso pelo Relator.

(D) O recurso está com o preparo adequado porque, diante da natureza jurídica da ex-empregadora, ela é isenta do depósito recursal.

Nos termos do art. 899, § 10, da CLT assim como os beneficiários da justiça gratuita e as empresas em recuperação judicial, as entidades filantrópicas estão isentas do recolhimento do depósito recursal.
Gabarito "D".

(OAB/Exame XXXIV) Numa reclamação trabalhista que se encontra na fase de execução e diante da extrema complexidade dos cálculos, o juiz determinou a liquidação a cargo de um perito judicial. Apresentado o laudo, em que pese ambas as partes discordarem das contas apresentadas pelo especialista, elas foram homologadas pelo juiz. A sociedade empresária garantiu o juízo e ajuizou embargos à execução, enquanto o exequente apresentou impugnação à sentença de liquidação. O juiz julgou improcedentes ambas as ações, mantendo a homologação já feita. Somente a sociedade empresária interpôs agravo de petição no prazo legal. Sobre o caso, considerando os fatos narrados e o entendimento consolidado do TST, assinale a afirmativa correta.

(A) No prazo de contrarrazões, o exequente poderá, querendo, interpor agravo de petição de forma adesiva.

(B) O recurso adesivo não é aceito na Justiça do Trabalho porque a CLT é omissa a respeito.

(C) Caberá ao exequente apenas apresentar contrarrazões, pois o recurso adesivo só tem cabimento para os recursos ordinário e de revista.

(D) Agravo de petição adesivo é aceito na seara trabalhista, sendo necessário que a matéria nele veiculada esteja relacionada com a do recurso interposto pela parte contrária.

Não há previsão do recurso adesivo na CLT, sendo aplicado subsidiariamente o art. 997 do CPC/2015, por força do art. 769 da CLT e art. 15 CPC/2015. O TST por meio da Súmula 283 entendeu que o recurso adesivo é compatível com o processo do trabalho e cabe, no prazo de 8 (oito) dias, nas hipóteses de interposição de recurso ordinário, de

11. DIREITO PROCESSUAL DO TRABALHO

agravo de petição, de revista e de embargos, sendo desnecessário que a matéria nele veiculada esteja relacionada com a do recurso interposto pela parte contrária.

Gabarito "A".

(OAB/Exame XXXIV) Plínio Barbosa ajuizou uma reclamação trabalhista em face de seu empregador. O valor da causa era de 30 (trinta) salários-mínimos, com valor vigente na data do ajuizamento da ação. O pedido único da ação está baseado em entendimento sumulado pelo TST, cabendo aplicação literal da Súmula. Ainda assim, o juiz de primeiro grau julgou improcedente o pedido. Você, na qualidade de advogado(a) de Plínio, apresentou o recurso cabível, mas o TRT respectivo manteve a decisão, sem que houvesse no acórdão dúvida, contradição, obscuridade ou contradição. Considerando que a decisão do TRT foi publicada numa segunda-feira, assinale a opção que indica a medida judicial que você adotaria para o caso.

(A) Não cabe mais qualquer recurso em razão do tipo de procedimento da ação.

(B) Caberá recurso de agravo de instrumento.

(C) Caberá recurso de agravo de petição.

(D) Caberá recurso de revista.

A: incorreta. Veja resposta D. **B:** incorreta, pois o agravo de instrumento é cabível contra despachos que denegarem a interposição de recursos, art. 897, *b*, CLT. **C:** incorreta, pois nos termos do art. 897, *a*, da CLT o agravo de petição é cabível contra as decisões do Juiz, nas execuções. **D:** correta, pois tendo em vista que em decorrência do valor da causa a reclamação trabalhista tramitará pelo procedimento sumaríssimo, art. 852-A da CLT. Desta forma, nos termos do art. 896, § 9º da CLT que admite nas causas sujeitas ao procedimento sumaríssimo recurso de revista por contrariedade a súmula de jurisprudência uniforme do Tribunal Superior do Trabalho e, ainda, por contrariedade a súmula vinculante do Supremo Tribunal Federal e por violação direta da Constituição Federal.

Gabarito "D".

(OAB/Exame XXXIII – 2020.3) A sociedade empresária *Refeições Tempero de Casa Ltda.* é ré em uma reclamação trabalhista movida por sua ex-empregada Rosângela, que lá atuou como cozinheira. Após devidamente contestada e instruída, foi prolatada sentença, em outubro de 2021, julgando os pedidos procedentes em parte. Ocorre que no mesmo dia da publicação da sentença, a sociedade empresária teve sua recuperação judicial deferida pela justiça estadual. Nada foi decidido a respeito de gratuidade de justiça para a sociedade empresária. Diante da situação apresentada, da previsão contida na CLT e considerando que a sociedade pretende recorrer da sentença, assinale a afirmativa correta.

(A) Com a recuperação judicial deferida, a sociedade empresária fica dispensada de efetuar qualquer preparo para recorrer.

(B) A sociedade empresária terá de recolher as custas, mas não precisará efetuar o depósito recursal para recorrer.

(C) Como a sociedade empresária não teve a falência decretada, mas sim a recuperação judicial deferida, efetuará normalmente o preparo.

(D) A sociedade empresária, diante da recuperação judicial deferida, pagará metade das custas e do depósito recursal.

No processo do trabalho para a reclamada interpor recurso, sob pena de inadmissibilidade do recurso por deserção, deverá efetuar o preparo, ou seja, recolhimento de custas e depósito recursal. Com relação ao recolhimento de custas, nos termos do art. 789, § 1º, da CLT no caso de recurso, as custas serão pagas e comprovado o recolhimento dentro do prazo recursal. As hipóteses de isenção de custas estão dispostas no art. 790-A da CLT e não contempla as empresas em recuperação judicial. Já com relação ao depósito recursal, há no art. 899, § 10, da CLT as empresas em recuperação judicial são isentas do recolhimento. Assim, A sociedade empresária terá de recolher as custas, mas não precisará efetuar o depósito recursal para recorrer.

Gabarito "B".

(OAB/Exame XXXIII – 2020.3) Uma sociedade de economia mista do Estado do Maranhão, após devidamente citada em reclamação trabalhista de um empregado, apresentou defesa e produziu provas em juízo, mas foi condenada na sentença. Assinale a opção que, de acordo com a CLT, indica o prazo que a empresa em questão possui para recorrer ao TRT.

(A) 8 dias úteis.

(B) 16 dias úteis.

(C) 8 dias corridos.

(D) 16 dias corridos.

À Sociedade de Economia Mista não se aplicam os privilégios do prazo em dobro, que se aplicam para a União Federal, aos Estados, Municípios, Distrito Federal e Autarquias ou Fundações de direito público que não explorem atividade econômica, art. 1º, III, Decreto-Lei 779/69 e art. 183 do CPC. Portanto, a Sociedade de Economia Mista deve interpor recurso no prazo de 8 dias úteis, art. 775 CLT e art. 895, I, CLT.

Gabarito "A".

(OAB/Exame XXXIII – 2020.3) Renata, professora de Artes, lecionou na *Escola do Futuro*. Em sede de reclamação trabalhista, um de seus pedidos foi julgado improcedente, sendo certo que o que você pleiteava, na qualidade de advogado(a) de Renata, estava fundamentado na aplicação incontroversa de súmula do TST a respeito da matéria. Ainda assim, o TRT respectivo, ao julgar seu recurso, manteve a decisão de primeira instância. Considerando que a referida decisão não deixou margem à oposição de embargos de declaração, assinale a opção que indica a medida jurídica a ser adotada.

(A) Interposição de agravo de instrumento.

(B) Interposição de agravo de petição.

(C) Ajuizamento de ação rescisória.

(D) Interposição de recurso de revista.

A: incorreto, pois o agravo de instrumento é o recurso cabível dos despachos que denegarem a interposição de recursos, art. 897, *b*, CLT. **B:** incorreto, pois o agravo de petição é o recurso cabível contra decisões na fase de execução, art. 897, *a*, CLT. **C:** incorreto, pois a ação rescisória é uma ação que objetiva o desfazimento de coisa julgada, art. 836 CLT e arts. 966 e seguintes do CPC. **D:** correta, pois recurso de revista e aquele cabível contra decisões proferidas em grau de recurso ordinário, em dissídio individual, pelos Tribunais Regionais do Trabalho, quando contrariarem súmula de jurisprudência uniforme do TST, art. 896, *a*, CLT.

Gabarito "D".

(OAB/Exame Unificado – 2020.2) No decorrer de uma execução trabalhista, não se conseguiu penhorar nenhum bem da empresa executada nem reter qualquer numerário dela em ativos financeiros. Então, o exequente instaurou um incidente de desconsideração de personalidade jurídica para direcionar a execução em face de um sócio. O referido sócio foi citado e, no prazo de 15 dias, manifestou-se contrariamente à sua execução.

Submetida a manifestação ao contraditório e não havendo outras provas a produzir, o juiz julgou procedente o incidente e incluiu o sócio no polo passivo da execução na condição de executado, sendo, então, publicada essa decisão.

Considerando a situação retratada e os ditames da CLT, assinale a afirmativa correta.

(A) Por ser interlocutória, essa decisão é irrecorrível, devendo o sócio se submeter ao comando e pagar a dívida.

(B) O sócio em questão poderá recorrer da decisão independentemente de garantia do juízo.

(C) Sendo a Lei omissa a respeito, caberá ao juiz definir se a decisão do incidente poderá ser objeto de recurso e se será necessário garantir o juízo.

(D) O sócio poderá recorrer da decisão, mas terá de garantir o juízo em 50%.

Embora a decisão proferida seja considerada uma decisão interlocutória (art. 203, § 2º, CPC), não se aplica o princípio da irrecorribilidade imediata das decisões interlocutória, prevista no art. 893, § 1º, da CLT, pois nos termos do art. 855-A, § 1º, II, da CLT é cabível o recurso de agravo de petição, independente da garantia de juízo.
„B". Gabarito

(OAB/Exame Unificado – 2020.2) Helena ajuizou reclamação trabalhista, na qual requereu o pagamento do 13º salário integral do último ano trabalhado, no valor de R$ 1.300,00, indicando o referido valor à causa. A sociedade empresária alegou, em defesa, a quitação regular de tal verba, mas não fez prova documental ou testemunhal desse fato. Em razão disso, o pedido foi julgado procedente, tendo o juiz proferido sentença líquida cujo valor, já incluídos juros e correção monetária, passou a ser de R$ 1.345,00.

Sobre esse caso, de acordo com as leis de regência, assinale a afirmativa correta.

(A) A sociedade empresária poderá interpor recurso de apelação no prazo de 15 dias.

(B) O recurso não será admitido, haja vista o valor da condenação e a matéria tratada.

(C) O juiz deverá submeter a decisão ao duplo grau de jurisdição obrigatório, uma vez que a condenação é inferior a 5 salários mínimos.

(D) A sociedade empresária poderá interpor recurso ordinário contra a sentença, mas deverá comprovar o recolhimento de custas e o depósito recursal.

A: incorreto, inexiste no processo do trabalho o recurso de apelação, art. 893 da CLT. **B**: correto. Isso porque, em razão do valor da causa fixado ser abaixo de 2 salários mínimos, a ação tramitou pelo procedimento sumário, previsto no art. 2º, §§ 2º e 3º da Lei 5.584/70. Nesse procedimento somente é cabível recurso extraordinário ao STF no prazo de 15 dias, se versarem sobre matéria constitucional. **C**: incorreto, pois no caso em tela não há duplo grau de jurisdição obrigatório, art. 496 CPC. **D**: incorreto, pois no procedimento sumário, não é cabível recurso ordinário, art. 2º, §4º, da Lei 5.584/70.
„B". Gabarito

(OAB/Exame Unificado – 2020.1) Em setembro de 2019, durante a audiência de um caso que envolvia apenas pedido de adicional de insalubridade, o Juiz do Trabalho determinou a realização de perícia e que a reclamada antecipasse os honorários periciais. Inconformada com essa decisão, a sociedade empresária impetrou mandado de segurança contra esse ato judicial, mas o TRT, em decisão colegiada, não concedeu a segurança. Caso a sociedade empresária pretenda recorrer dessa decisão, assinale a opção que indica a medida recursal da qual deverá se valer.

(A) Agravo de Instrumento.

(B) Recurso Ordinário.

(C) Agravo de Petição.

(D) Recurso de Revista.

A: incorreta, pois nos termos do art. 897, *b*, da CLT o agravo de instrumento será cabível, no prazo de 8 dias, para impugnar os despachos proferidos pelo juízo *a quo* no 1º juízo de admissibilidade recursal que negarem seguimento a recursos. **B**: correta, pois no caso em tela, por se tratar de competência originária, o Mandado de Segurança foi impetrado no TRT. Assim, nos termos do art. 895, II, da CLT, o recurso cabível é o Recurso Ordinário no prazo de 8 dias. **C**: incorreta, pois previsto no art. 897, "a", da CLT, o agravo de petição é o recurso cabível, no prazo de 8 dias, em face das decisões do Juiz do Trabalho proferidas na fase de execução de sentença. **D**: incorreta, pois nos termos do art. 896 da CLT cabe, no prazo de 8 dias, Recurso de Revista para Turma do Tribunal Superior do Trabalho das decisões proferidas em grau de recurso ordinário, em dissídio individual, pelos Tribunais Regionais do Trabalho.
„B". Gabarito

(OAB/Exame Unificado – 2020.1) Heloísa era empregada doméstica e ajuizou, em julho de 2019, ação contra sua ex--empregadora, Selma Reis. Após regularmente instruída, foi prolatada sentença julgando o pedido procedente em parte. A sentença foi proferida de forma líquida, apurando o valor devido de R$ 9.000,00 (nove mil reais) e custas de R$ 180,00 (cento e oitenta reais). A ex-empregadora, não se conformando com a decisão, pretende dela recorrer.

Indique a opção que corresponde ao preparo que a ex-empregadora deverá realizar para viabilizar o seu recurso, sabendo-se que ela não requereu gratuidade de justiça porque tem boas condições financeiras.

(A) Tratando-se de empregador doméstico, só haverá necessidade de recolher as custas.

(B) Deverá recolher integralmente as custas e o depósito recursal.

(C) Por ser empregador doméstico, basta efetuar o recolhimento do depósito recursal.

(D) Deverá recolher as custas integralmente e metade do depósito recursal.

Nos termos do art. 899, § 9º, da CLT o valor do depósito recursal será reduzido pela metade para entidades sem fins lucrativos, empregadores domésticos, microempreendedores individuais, microempresas e empresas de pequeno porte. Contudo, não há isenção parcial ou total para o empregador doméstico com relação às custas processuais, art. 789, § 1º, CLT. Importante notar que o enunciado é expresso no sentido de que a parte não requereu os benefícios da justiça gratuita.
„D". Gabarito

(OAB/Exame Unificado – 2019.3) Considere as quatro situações jurídicas a seguir.

(I) A Instituição ABCD é uma entidade sem fins lucrativos.

(II) Rosemary é uma empregadora doméstica.

(III) O Instituto Sonhar é uma entidade filantrópica.

(IV) Mariana é uma microempreendedora individual.

Considere que todas essas pessoas são empregadoras e têm reclamações trabalhistas ajuizadas contra si e que nenhuma delas comprovou ter as condições para ser beneficiária de justiça gratuita.

Assinale a opção que indica, nos termos da CLT, quem estará isento de efetuar o depósito recursal para recorrer de uma sentença desfavorável proferida por uma Vara da Justiça do Trabalho.

(A) A Instituição ABCD e o Instituto Sonhar, somente.

(B) Todos estarão dispensados

(C) Instituto Sonhar, somente.

(D) Mariana e Rosemary, somente.

Somente o Instituto Sonhar, por se tratar de uma entidade filantrópica será isenta do recolhimento de depósito recursal nos termos do art. 899, § 10, da CLT. As entidades sem fins lucrativos, os empregadores domésticos e o microempreendedor individual, possuem apenas a redução em 50% do valor referente ao depósito recursal, na forma do art. 899, § 9º, CLT.

Gabarito "C".

(OAB/Exame Unificado – 2019.3) Wilma foi dispensada sem justa causa e recebeu a indenização correspondente do ex-empregador. Ela, no entanto, alega ter direito a uma equiparação salarial com um colega que realizava as mesmas atividades. Em razão disso, Wilma procura você, como advogado(a), e, com sua assessoria, dá início a um acordo extrajudicial com o ex-empregador. O acordo é materializado em documento, especificando o valor e a identificação da parcela, sendo assinado pelas partes e seus respectivos advogados, e levado à Justiça do Trabalho para homologação. Contudo, a juíza do caso nega-se a homologar o acordo, argumentando que ele seria lesivo à trabalhadora, proferindo decisão nesse sentido. Diante disso, e de acordo com a norma legal, assinale a opção que indica a medida processual adequada para buscar a reforma da decisão proferida.

(A) Não há medida cabível, por se tratar de decisão interlocutória.

(B) Recurso Ordinário.

(C) Mandado de Segurança.

(D) Novo pedido de homologação de acordo extrajudicial idêntico, mas agora dirigido para outra Vara.

O processo de jurisdição voluntária para homologação de acordo extrajudicial está previsto no art. 855-B ao art. 855-E da CLT. No caso, o processo de homologação foi apresentado dentro dos ditames da Lei, portanto, válido e apto. Pois bem, nos termos do art. 855-D da CLT no prazo de 15 dias a contar da distribuição da petição, o juiz analisará o acordo, designará audiência se entender necessário e proferirá SEN-TENÇA. Por ter sido proferida uma sentença, nos termos do art. 895, I, da CLT é cabível a interposição de Recurso Ordinário. Importante ressaltar que pelo fato de existir um recurso cabível, não se admite a impetração de Mandado de Segurança.

Gabarito "B".

(OAB/Exame Unificado – 2019.2) Augusto foi empregado de uma lavanderia por 2 anos, tendo sido desligado em setembro de 2018. Após receber as verbas da ruptura, procurou um advogado com a intenção de ajuizar reclamação trabalhista para postular horas extras não recebidas durante o pacto laboral. Após a entrevista e colheita de

---

todas as informações, o advogado de Augusto entrou em contato com a ex-empregadora na tentativa de formular um acordo, que, após debatido e negociado, teve sucesso e foi reduzido a termo. Então, as partes ajuizaram uma homologação de acordo extrajudicial na Justiça do Trabalho, em petição conjunta assinada pelo advogado de cada requerente, mas que não foi homologado pelo juiz, por este entender que o valor da conciliação era desfavorável ao trabalhador. Desse modo, o magistrado extinguiu o feito sem resolução do mérito.

Diante da situação e dos termos da CLT, assinale a afirmativa correta.

(A) Agiu corretamente o juiz, porque não há previsão desse tipo de demanda na Justiça do Trabalho.

(B) As partes poderão interpor recurso ordinário da decisão que negou a homologação desejada.

(C) Augusto e seu ex-empregador deverão propor novamente a ação, que deverá ser levada à livre distribuição para outro juízo.

(D) Nada poderá ser feito na ação proposta, porque o juiz não é obrigado a homologar acordo.

A: incorreta, pois o processo de homologação de acordo extrajudicial está previsto nos arts. 855-B a 855-E da CLT; **B:** correta, pois, nos termos do art. 855-D da CLT, a decisão proferida se denomina sentença, ato impugnável via recurso ordinário, nos termos do art. 895, I, da CLT; **C:** incorreta, pois a propositura de nova ação não se mostra viável, tendo em vista o ato ser impugnável via recurso ordinário, art. 895, I, da CLT; **D:** incorreta, pois embora o juiz não seja obrigado a homologar acordo (súmula 418 do TST), o ato do Juiz por possuir conteúdo de sentença é impugnável via recurso ordinário, art. 895, I, da CLT.

Gabarito "B".

(OAB/Exame Unificado – 2019.2) Em março de 2019, durante uma audiência trabalhista que envolvia a sociedade empresária ABC S/A, o juiz indagou à pessoa que se apresentou como preposto se ela era empregada da empresa, recebendo como resposta que não. O juiz, então, manifestou seu entendimento de que uma sociedade anônima deveria, obrigatoriamente, fazer-se representar por empregado, concluindo que a sociedade empresária não estava adequadamente representada. Decretou, então, a revelia, excluiu a defesa protocolizada e sentenciou o feito na própria audiência, julgando os pedidos inteiramente procedentes.

Diante desse quadro e do que prevê a CLT, assinale a afirmativa correta.

(A) Nada há a ser feito, porque uma S/A, por exceção, precisa conduzir um empregado para representá-la.

(B) O advogado da ré deverá interpor recurso ordinário no prazo de 8 dias, buscando anular a sentença, pois o preposto não precisa ser empregado da reclamada.

(C) O advogado da ré deverá impetrar mandado de segurança, porque a exigência de que o preposto seja empregado, por não ser prevista em Lei, violou direito líquido e certo da empresa.

(D) Uma vez que a CLT faculta ao juiz aceitar ou não como preposto pessoa que não seja empregada, o advogado deverá formular um pedido de reconsideração judicial.

"B" é a opção correta. Inicialmente, cumpre apontar que, de acordo com o enunciado, o Juiz proferiu uma sentença (art. 203, § 1º, CPC), ato impugnável mediante recurso ordinário, na forma do art. 895, I, da CLT, no prazo de 8 dias. Com isso, mostra-se inviável a impetração de Mandado de Segurança. No recurso ordinário a parte deverá pugnar pela nulidade da sentença, na medida em que, conforme o art. 843, § 1º, da CLT, é facultado ao empregador fazer-se substituir por preposto que tenha conhecimento do fato, e cujas declarações obrigarão o proponente. O § 4º do mesmo art. 843 da CLT determina que o preposto não precisa ser empregado da parte reclamada.

Gabarito "B".

(OAB/Exame Unificado – 2019.1) Prolatada a sentença em uma reclamação trabalhista, o autor opõe embargos de declaração no 3º dia contado da publicação e afirma que existe erro material no julgado, pois o número do processo encontra-se equivocado, assim como o nome das partes. Diante da situação retratada e dos termos da CLT, assinale a afirmativa correta.

(A) O juiz não precisará dar vista dos embargos à parte contrária, diante da natureza do erro.

(B) A Lei é omissa a respeito, daí porque o juiz usará da equidade para ver se é o caso de conferir vista à parte adversa.

(C) Havendo, no caso em exame, possibilidade de efeito modificativo do julgado, a parte contrária poderá se manifestar em 8 dias.

(D) Independentemente do recurso e seu efeito perante o julgado, é direito da parte contrária se manifestar sobre os embargos em 10 dias.

"A" é a opção correta. Isso porque, os embargos de declaração (art. 897-A da CLT) somente serão levados ao contraditório em caso de possibilidade de modificação no julgado. Nesse sentido o art. 897-A, 2º, da CLT ensina que eventual efeito modificativo dos embargos de declaração somente poderá ocorrer em virtude da correção de vício na decisão embargada e desde que ouvida a parte contrária, no prazo de 5 (cinco) dias.

Gabarito "A".

(OAB/Exame Unificado – 2019.1) No curso de uma ação trabalhista que se encontra em fase de execução de sentença, a executada, citada para pagar e garantir o juízo, apresentou exceção de pré-executividade almejando a nulidade de todos os atos, uma vez que não havia sido regularmente citada.

Após regular trâmite, o juiz julgou procedente a exceção de pré-executividade e anulou todos os atos processuais praticados desde a citação, concedendo ainda prazo para a reclamada contestar a reclamação trabalhista.

Sobre a hipótese, assinale a opção que indica o recurso cabível, a ser manejado pelo exequente, contra a decisão da exceção de pré-executividade.

(A) Apelação.

(B) Recurso Ordinário.

(C) Agravo de Instrumento.

(D) Agravo de Petição.

"D" é a opção correta. Nos termos do art. 897, alínea a, da CLT das decisões na execução caberá a interposição de agravo de petição, no prazo de 8 dias.

Gabarito "D".

(OAB/Exame Unificado – 2019.1) Francisco trabalhou em favor de uma empresa em Goiânia/GO. Após ser dispensado, mudou-se para São Paulo e neste Estado ajuizou recla-mação trabalhista contra o ex-empregador. Este, após citado em Goiânia/GO, apresentou petição de exceção de incompetência territorial logo no segundo dia.

Em razão disso, o juiz suspendeu o processo e conferiu vista ao excepto. Em seguida, proferiu decisão acolhendo a exceção e determinando a remessa dos autos ao juízo distribuidor de Goiânia/GO, local onde os serviços de Francisco foram prestados e que, no entendimento do magistrado, seria o juízo competente para julgar a reclamação trabalhista.

Diante da situação retratada e do entendimento consolidado do TST, assinale a afirmativa correta.

(A) O reclamante nada poderá fazer por se tratar de decisão interlocutória.

(B) Francisco poderá interpor de imediato Recurso Ordinário no prazo de 8 dias.

(C) Sendo as decisões interlocutórias irrecorríveis, Pedro deverá impetrar Mandado de Segurança.

(D) O recurso cabível para tentar reverter a decisão é o Agravo de Petição.

"B" é a opção correta. Entende o TST que tal decisão possui natureza de decisão interlocutória terminativa de feito e, por meio da Súmula 214, item "c", sustenta que a decisão que acolhe exceção de incompetência territorial, com a remessa dos autos para Tribunal Regional distinto daquele a que se vincula o juízo excepcionado, consoante o disposto no art. 799, § 2º, da CLT é impugnável via recurso ordinário, art. 895, I, da CLT).

Gabarito "B".

(OAB/Exame Unificado – 2018.2) Vando ajuizou reclamação trabalhista em desfavor da sociedade empresária Cetro Dourado Ltda., na qual trabalhou por 5 anos e 3 meses, na condição de vigia noturno. A sociedade empresária não compareceu à audiência, daí porque o pedido foi julgado procedente à sua revelia. Contudo, a sociedade empresária interpôs recurso ordinário no prazo legal e efetuou o recolhimento das custas e do depósito recursal, mas com valor inferior ao devido (R$ 10,00 a menos nas custas e R$ 500,00 a menos no depósito recursal). Com base na situação retratada, na lei e no entendimento consolidado do TST, assinale a afirmativa correta.

(A) O recurso não pode ser conhecido, porque houve revelia; assim, a sociedade empresária fica juridicamente impedida de recorrer.

(B) Na Justiça do Trabalho, não existe possibilidade de se sanar vício referente à diferença no preparo, motivo pelo qual o recurso será considerado deserto.

(C) O juiz deverá assinalar prazo de 5 dias para que a sociedade empresária efetue o recolhimento da diferença das custas e do depósito recursal, sob pena de deserção.

(D) Em tese, seria possível que a sociedade empresária recolhesse a diferença das custas, mas não há previsão jurisprudencial de prazo para complementar o depósito recursal.

"C" é a resposta correta. Isso porque a OJ 140 da SDI 1 do TST entende que em caso de recolhimento insuficiente das custas processuais ou do depósito recursal somente haverá deserção do recurso se, concedido o prazo de 5 (cinco) dias previsto no § 2º do art. 1.007 do CPC de 2015, o recorrente não complementar e comprovar o valor devido.

Gabarito "C".

11. DIREITO PROCESSUAL DO TRABALHO — 801

(OAB/Exame Unificado – 2018.1) Em sede de reclamações trabalhista duas sociedades empresárias foram condenadas em primeira instância. A Massa Falida da Calçados Sola Dura Ltda. e a Institutos de Seguros Privados do Brasil, sociedade empresária em liquidação extrajudicial.

Acerca do depósito recursal, na qualidade de advogado das empresas você deverá

(A) deixar de recolher o depósito recursal e custas nos dois casos, já que se trata de massa falida de empresa em liquidação extrajudicial.

(B) deixar de recolher o depósito recursal e as custas no caso da massa falida, mas recolher ambos para a empresa em liquidação extrajudicial.

(C) recolher nos dois casos o depósito recursal e as custas, sob pena de deserção.

(D) deixar de recolher o depósito recursal no caso da massa falida, mas recolher ambos para a empresa em liquidação extrajudicial e as custas para a massa falida.

"B" é a assertiva correta. Nos termos da súmula 86 do TST, não ocorre deserção de recurso da massa falida por falta de pagamento de custas ou de depósito do valor da condenação. Esse privilégio, todavia, não se aplica à empresa em liquidação extrajudicial.
Gabarito "B".

(OAB/Exame Unificado – 2018.1) Em determinada Vara do Trabalho foi prolatada uma sentença que, após publicada, não foi objeto de recurso por nenhum dos litigantes. Quinze meses depois, uma das partes ajuizou ação rescisória perante o Tribunal Regional do Trabalho local, tendo o acórdão julgado improcedente o pedido da rescisória. Ainda inconformada, a parte deseja que o TST aprecie a demanda. Assinale a opção que indica, na hipótese, o recurso cabível para o Tribunal Superior do Trabalho.

(A) Recurso Ordinário.

(B) Recurso de Revista.

(C) Recurso Especial.

(D) Agravo de Instrumento.

A: correta. Nos termos do art. 895, II, da CLT caberá recurso ordinário ao TST das decisões definitivas ou terminativas dos Tribunais Regionais, em processos de sua competência originária (como é o caso da ação rescisória), no prazo de 8 (oito) dias, quer nos dissídios individuais, quer nos dissídios coletivos; **B:** incorreta. Não é possível a interposição de recurso de revista, na medida em que cabe Recurso de Revista para Turma do Tribunal Superior do Trabalho das decisões proferidas em grau de recurso ordinário, em dissídio individual, pelos Tribunais Regionais do Trabalho, art. 896 da CLT; **C:** incorreta, pois não há previsão legal na seara trabalhista acerca do recurso especial, veja art. 893 da CLT; **D:** incorreta, pois o agravo de instrumento é o recurso cabível contra a decisão que nega seguimento a recurso, art. 897, b, da CLT.
Gabarito "A".

(OAB/Exame Unificado – 2017.3) Contra ato de Juiz do Trabalho que determinou a antecipação de honorários periciais do seu cliente, mesmo não tendo ele condições financeiras para arcar com esse custo, você, na defesa dos interesses do cliente, impetrou mandado de segurança contra o ato judicial, mas, por unanimidade, não teve a segurança concedida. De acordo com a CLT, assinale a opção que indica o procedimento a ser adotado para tentar reverter a decisão.

(A) Interpor Recurso Ordinário para o TST.

(B) Interpor Agravo de Instrumento para o STF.

(C) Interpor Agravo Interno para o próprio TRT.

(D) Nada mais pode ser feito, porque se trata de decisão irrecorrível.

"A" é a opção correta. Nos termos da OJ 98 da SDI 2 do TST, é ilegal a exigência de depósito prévio para custeio dos honorários periciais, dada a incompatibilidade com o processo do trabalho, sendo cabível o mandado de segurança visando à realização da perícia, independentemente do depósito. Com isso, contra a decisão que denegou a ordem, nos termos do art. 895, II, da CLT caberá recurso ordinário ao TST das decisões definitivas ou terminativas dos Tribunais Regionais, em processos de sua competência originária (como é o caso do Mandado de Segurança em debate), no prazo de 8 (oito) dias, quer nos dissídios individuais, quer nos dissídios coletivos. Veja o art. 18 da Lei 12.016/2009 com as adaptações ao processo do trabalho.
Gabarito "A".

(OAB/Exame Unificado – 2015.2) A papelaria Monte Fino Ltda. foi condenada numa reclamação trabalhista movida pelo ex-empregado Sérgio Silva. Uma das parcelas reivindicadas e deferidas foi o 13º salário, que a sociedade empresária insistia haver pago, mas não tinha o recibo em mãos porque houve um assalto na sociedade empresária, quando os bandidos levaram o cofre, as matérias primas e todos os arquivos com a contabilidade e os documentos da sociedade empresária. Recuperados os arquivos pela polícia, agora, no momento do recurso, a Monte Fino Ltda. pretende juntar o recibo provando o pagamento, inclusive porque a sentença nada mencionou acerca da possível dedução de valores pagos sob o mesmo título. De acordo com o caso apresentado e o entendimento jurisprudencial consolidado, assinale a afirmativa correta.

(A) É possível a juntada do documento no caso concreto, porque provado o justo impedimento para sua oportuna apresentação.

(B) O momento de apresentação da prova documental já se esgotou, não sendo possível fazê-lo em sede de recurso.

(C) Pelo princípio da primazia da realidade, qualquer documento pode ser apresentado com sucesso em qualquer grau de jurisdição, inclusive na fase de execução, independentemente de justificativa.

(D) Há preclusão, e o juiz não pode aceitar a produção da prova em razão do princípio da proteção, pois isso diminuiria a condenação.

Tendo em vista o entendimento disposto na súmula 8 do TST, a juntada de documentos na fase recursal só se justifica quando provado o justo impedimento para sua oportuna apresentação ou se referir a fato posterior à sentença. Veja também art. 1.014 do CPC/2015.
Gabarito "A".

(OAB/Exame Unificado – 2015.1) O Desembargador Relator de um recurso ordinário, ao verificar que a matéria posta em debate já era sumulada pelo TRT do qual é integrante, resolveu julgar, monocraticamente, o recurso.

Diante do caso e da jurisprudência consolidada do TST, assinale a afirmativa correta.

(A) A atitude está equivocada, pois, na Justiça do Trabalho, não cabe julgamento monocrático pelo TRT.

HERMES CRAMACON

(B) O julgamento monocrático está correto e dessa decisão não caberá recurso, com o objetivo de abreviar o trânsito em julgado.

(C) É possível o uso subsidiário do art. 932 do CPC/2015, de modo que a decisão monocrática é válida na hipótese, e caberá recurso contra a decisão.

(D) A única possibilidade de julgamento monocrático válido é aquele feito pelo TST.

A: incorreta, pois a regra disposta no art. 932 do CPC/2015 é aplicável ao processo do trabalho por força do art. 769 da CLT, em conformidade com a Súmula 435 do TST. B: incorreta, pois embora a decisão esteja correta, por se tratar de decisão monocrática, a parte poderá interpor agravo regimental, recurso previsto no regimento interno de cada TRT. C: correta, pois reflete o entendimento disposto na Súmula 435 do TST. D: incorreta, pois os TRTs também podem realizar o julgamento monocrático, sendo aplicável a regra do art. 932 do CPC/2015 ao processo do trabalho.
Gabarito "C".

(OAB/Exame Unificado – 2014.3) Simone, ré em uma demanda trabalhista ajuizada por sua ex-empregada doméstica, em audiência una requereu ao juiz o adiamento para juntada de documento suplementar, que não conseguiu obter, pois se referia ao depoimento prestado pela ora autora em outro processo como testemunha, no qual confessava nunca haver laborado em horário extraordinário. O documento não foi obtido por Simone, pois, logo após a audiência daquele processo, os autos seguiram para conclusão, sem que fosse permitido a ela o acesso ao depoimento. O juiz da causa ora em audiência indeferiu o adiamento requerido por Simone, e, ao sentenciar, condenou-a ao pagamento de horas extras. No prazo de recurso ordinário, Simone finalmente teve acesso ao documento que comprovava a inexistência do labor extraordinário.

Diante da situação apresentada, assinale a afirmativa correta.

(A) Simone poderá juntar o documento no recurso ordinário.

(B) Não cabe juntada do documento em recurso ordinário.

(C) Precluiu a possibilidade de produção da prova documental por Simone.

(D) Simone só poderia juntar o documento em embargos de declaração.

A: correta, pois reflete o entendimento disposto na súmula 8 do TST pelo qual a juntada de documentos na fase recursal só se justifica quando provado o justo impedimento para sua oportuna apresentação ou se referir a fato posterior à sentença. B: incorreta, pois está em desacordo com o entendimento disposto na súmula 8 do TST. C: incorreta, pois tendo em vista a possibilidade de apresentação de documentos, não há que se falar em preclusão da possibilidade de sua apresentação. D: incorreta, pois os embargos de declaração servem para impugnar sentença ou acórdão eivado de omissão, contradição ou obscuridade, art. 897-A da CLT.
Gabarito "A".

(OAB/Exame Unificado – 2014.3) A Lei 5.010/1966, Art. 62, I, considera *"feriados na Justiça Federal, inclusive nos Tribunais Superiores"* os dias compreendidos entre 20 de dezembro e 6 de janeiro, inclusive.

Na ótica do Tribunal Superior do Trabalho, o prazo para apresentação de recurso de revista, que se inicia três dias antes do início do recesso forense, deve ser contado do seguinte modo:

(A) o prazo recomeça sua contagem, desde o início, no primeiro dia útil após o fim do recesso.

(B) o prazo retoma sua contagem de onde parou, no primeiro dia útil após o fim do recesso.

(C) o prazo continua a ser contado, prorrogando-se apenas o seu termo final para o primeiro dia útil após o fim do recesso.

(D) o prazo se encerra ao atingir seu termo final, em razão da possibilidade de se cumprir o prazo por peticionamento eletrônico.

Nos termos da súmula 262, II, do TST o recesso forense suspende os prazos recursais. Assim, por se tratar de suspensão o prazo volta a fluir de onde parou. Diferente seria se tratasse de hipótese de interrupção do prazo, hipótese em que o prazo recomeça sua contagem desde o início.
Gabarito "B".

(OAB/Exame Unificado – 2014.1) Em outubro de 2013, Gilberto ajuizou ação contra a empresa *CSC Computadores Ltda.*, na qual ainda trabalha, postulando o pagamento de vale-transporte de 2 meses e o *ticket* refeição de 3 meses. O juiz julgou procedente o pedido e, para tanto, valeu-se da Lei 7.418/1985 (Lei do Vale-transporte) e da análise da norma coletiva da categoria do autor, que, na cláusula 8ª, garante o benefício da alimentação.

A sentença foi prolatada de forma líquida, no valor total de R$ 657,00, mesmo valor de alçada arbitrado na audiência. Diante do que prevê a Lei, assinale a afirmativa correta.

(A) Desta sentença não caberá recurso, tendo em vista a matéria discutida, bem como por se tratar de causa de alçada exclusiva da Vara.

(B) Caberá recurso de apelação, já que a Constituição Federal garante o duplo grau de jurisdição.

(C) Caberá recurso ordinário, no prazo de 8 dias, por qualquer dos litigantes.

(D) Por envolver análise de Lei Federal, a sentença deve ser submetida ao duplo grau de jurisdição obrigatório.

A: correta, pois no caso apresentado a ação tramitou pelo procedimento sumário, também chamado de procedimento de alçada, previsto no art. 2º, § 3º, da Lei 5.584/1970. Nesse procedimento somente admite-se recurso extraordinário para o STF no prazo de 15 dias somente se a decisão ofender matéria constitucional, § 4º do art. 2º da Lei 5.584/1970. Como no caso em debate a matéria envolve questão de Lei Federal não será possível a interposição de recurso. B: incorreta, pois nos domínios do processo do trabalho não existe o denominado recurso de apelação. C: incorreta, pois nos termos do art. 2º, § 4º, da Lei 5.584/1970 somente caberá recurso extraordinário para o STF se versarem sobre matéria constitucional. D: incorreta, pois como a sentença tratou de matéria infraconstitucional (Lei Federal) não será submetida ao duplo grau de jurisdição. Veja comentários anteriores.
Gabarito "A".

(OAB/Exame Unificado – 2013.3) A empresa Restaurante M foi condenada em reclamação trabalhista a pagar diversos direitos sonegados a um dos seus ex-empregados. Na sentença, entendendo que o ex-empregador teve um comportamento processual reprovável, o juiz ainda o condenou como litigante de má-fé. De acordo com o entendimento pacificado do TST, caso a empresa pretenda recorrer ordinariamente desta decisão, ela

11. DIREITO PROCESSUAL DO TRABALHO

(A) deverá recolher as custas, o depósito recursal e o valor da multa por litigância de má-fé para viabilizar o recurso.

(B) não havendo nenhum normativo a respeito, deverá opor embargos declaratórios, requerendo ao juiz que diga se o depósito da multa é necessário.

(C) em razão da peculiaridade do Processo do Trabalho, deverá recolher a multa, imediatamente, pela metade e o restante quando do trânsito em julgado, caso mantida.

(D) não precisará recolher o valor da multa, já que tal recolhimento não é pressuposto para interposição dos recursos trabalhistas.

Isso porque o TST solidificou entendimento disposto na OJ 409 da SDI 1 ensinando que o recolhimento do valor da multa imposta como sanção por litigância de má-fé (art. 81 do CPC de 2015 – art. 18 do CPC de 1973) não é pressuposto objetivo para interposição dos recursos de natureza trabalhista. Sobre dano processual e litigância de má-fé, veja arts. 793-A a 793-C da CLT.

Gabarito "D".

(OAB/Exame Unificado – 2013.1) Sobre o manejo do recurso adesivo na Justiça do Trabalho, assinale a afirmativa correta.

(A) É cabível e a matéria nele veiculada não precisa estar relacionada ao recurso principal.

(B) É incabível na Justiça do Trabalho porque não há previsão dele na CLT.

(C) É cabível, pressupondo sucumbência recíproca e, caso interposto pela empresa, ela fica isenta de preparo.

(D) É cabível, mas a matéria nele veiculada precisa estar relacionada ao recurso principal.

A: correta, pois reflete o entendimento disposto na Súmula 283 do TST. **B:** incorreta, pois embora não exista previsão na CLT, o recurso adesivo (art. 997, §§ 1º e 2º, CPC/2015) é perfeitamente cabível no processo do trabalho, em conformidade com o art. 769 da CLT e art. 15 CPC/2015. **C:** incorreta, pois é devido preparo para o recurso adesivo, nos termos do art. 997, § 2º, do CPC/2015. **D:** incorreta, pois a matéria veiculada no recurso adesivo não precisa se relacionar com a matéria tratada no recurso principal, em conformidade com a Súmula 283 do TST.

Gabarito "A".

(OAB/Exame Unificado – 2013.1) Uma reclamação trabalhista é ajuizada em São Paulo (TRT da 2ª Região) e, na audiência designada, a reclamada apresenta resposta escrita sob a forma de contestação e exceção de incompetência relativa em razão do lugar, pois o autor sempre trabalhara em Minas Gerais, que na sua ótica deve ser o local onde tramitará o feito.

Após conferida vista ao exceto, na forma do Art. 800, da CLT, e confirmada a prestação dos serviços na outra localidade, o juiz acolhe a exceção e determina a remessa dos autos à capital mineira (MG – TRT da 3ª Região).

Dessa decisão, de acordo com o entendimento do TST, e independentemente do seu mérito,

(A) cabe de imediato recurso de agravo de instrumento para o TRT de São Paulo, por tratar-se de decisão interlocutória;

(B) nada há a fazer, pois das decisões interlocutórias, na Justiça do Trabalho, não é possível recurso imediato;

(C) compete à parte deixar consignado o seu protesto e renovar o inconformismo no recurso ordinário que for interposto após a sentença que será proferida em Minas Gerais;

(D) cabe de imediato a interposição de recurso ordinário para o TRT de São Paulo.

A: incorreta, pois o agravo de instrumento, art. 897, *b*, da CLT é cabível contra os despachos que denegarem a interposição de recursos. **B:** incorreta, pois embora a regra seja que as decisões interlocutórias são irrecorríveis de imediato, art. 893, § 1º, da CLT excepcionalmente se admite a interposição de recurso contra decisões interlocutórias terminativas de feito, art. 799, § 2º, da CLT e Súmula 214 do TST. **C:** incorreta, pois somente quando não couber recurso imediato é que o protesto se torna viável. **D:** correta, pois nos domínios do processo do trabalho, em regra, as decisões interlocutórias não ensejam, de imediato, a interposição de qualquer recurso, permitindo a apreciação do seu merecimento em recurso de decisão definitiva, nos termos do art. 893, § 1º, da CLT. No entanto, a regra da irrecorribilidade imediata das decisões interlocutórias possui exceções previstas no art. 799, § 2º, da CLT e, também, na Súmula 214 do TST. Assim, a decisão que acolhe a exceção de incompetência territorial e remete os autos a TRT distinto, é impugnável via recurso ordinário (art. 895, I, da CLT) em conformidade com o art. 799, § 2º da CLT e Súmula 214, item c, do TST.

Gabarito "D".

(OAB/Exame Unificado – 2012.3.B) Em sentença prolatada numa reclamação trabalhista, o juiz reconheceu a garantia no emprego do reclamante, que é membro eleito da CIPA, e nela deferiu a tutela antecipada requerida na petição inicial para retorno imediato, determinando o magistrado a expedição de mandado reintegratório.

Assinale a alternativa que indica o procedimento que a empresa deverá adotar para neutralizar essa decisão.

(A) Interpor recurso ordinário que, por ser dotado de efeito suspensivo, automaticamente impedirá a expedição do mandado de reintegração.

(B) Impetrar mandado de segurança contra a determinação judicial de reintegração imediata.

(C) Interpor recurso ordinário e, paralelamente, impetrar mandado de segurança para desconstituir apenas a tutela antecipada.

(D) Interpor recurso ordinário e ajuizar ação cautelar para conferir-lhe efeito suspensivo.

A: incorreta, pois os recursos trabalhistas, em regra, são dotados unicamente de efeito devolutivo. **B:** incorreta, pois por ser a decisão recorrível não se admite a impetração de mandado de segurança. Vale dizer que nos termos do item II da Súmula 414 do TST no caso da tutela antecipada (ou liminar) ser concedida antes da sentença, cabe a impetração do mandado de segurança, em face da inexistência de recurso próprio. Por ter sido proferida sentença o meio processual adequado é o recurso ordinário. **C:** incorreta, pois não é possível a impetração de mandado de segurança. Veja comentários das alternativas "A", "B" e "D". **D:** correta, pois reflete o disposto na Súmula 414, item I, do TST.

Gabarito "D".

(OAB/Exame Unificado – 2012.3.B) Uma empresa é condenada em reclamação trabalhista à entrega do perfil profissiográfico previdenciário (PPP), único pedido formulado pelo ex-empregado, que está com dificuldade de obtenção da aposentadoria especial junto ao INSS pela ausência deste documento.

Com relação à obrigação de fazer, caso a empresa queira recorrer, assinale a afirmativa correta.

(A) Deve pagar as custas e efetuar o depósito recursal na conta vinculada do empregado.

(B) Deve efetuar o depósito recursal no valor do salário mínimo e não pagará as custas.

HERMES CRAMACON

(C) Deve pagar as custas e ficará dispensada de efetuar o depósito recursal.

(D) Não deve pagar as custas nem efetuar o depósito recursal, haja vista inexistir condenação em pecúnia.

A: incorreta, pois embora a empresa tenha obrigação de pagar as custas, não deverá recolher depósito recursal, que é exigido somente nas condenações em pecúnia. Veja Súmula 161 do TST. **B:** incorreta, pois o depósito recursal não é devido. *Vide* comentários acima. Ademais, as custas devem ser pagas, nos termos do art. 789, IV e § 1º, da CLT. **C:** correta, pois as custas devem ser pagas, nos termos do art. 789, IV e § 1º, da CLT e o depósito recursal será dispensado, nos termos da Súmula 161 do TST. **D:** incorreta, pois embora não seja necessário o depósito recursal por não existir condenação em pecúnia (veja Súmula 161 do TST, as custas são devidas nos termos do art. 789, IV e § 1º, da CLT.
Gabarito "C".

(OAB/Exame Unificado – 2012.3.B) Ao receber decisão de agravo regimental que manteve o indeferimento de medida liminar postulada em mandado de segurança de competência originária do Tribunal Regional do Trabalho, o advogado pretende recorrer ao Tribunal Superior do Trabalho.

Assinale a afirmativa que indica o procedimento processual correto.

(A) O recurso cabível é o recurso de revista.

(B) O recurso cabível é o recurso ordinário.

(C) O recurso cabível é o agravo de instrumento.

(D) O recurso é incabível, de forma que nada há a ser feito.

Nos termos da OJ 100 da SDI 2 do TST não cabe recurso ordinário para o TST de decisão proferida pelo Tribunal Regional do Trabalho em agravo regimental interposto contra despacho que concede ou não liminar em ação cautelar ou em mandado de segurança, uma vez que o processo ainda pende de decisão definitiva do Tribunal *a quo*.
Gabarito "D".

(OAB/Exame Unificado – 2012.3.B) A decisão judicial que homologa acordo entre as partes não pode ser objeto de recurso ordinário interposto pelo próprio reclamante ou reclamado em razão, especificamente, da

(A) preclusão lógica;

(B) preclusão consumativa;

(C) lealdade processual;

(D) boa-fé objetiva.

A: correta, pois nos termos do art. 831, parágrafo único, da CLT o termo de acordo tem força de sentença irrecorrível para as partes. Assim, por terem celebrado acordo, as partes ficarão impedidas de oferecer recurso, o que configura típica preclusão lógica que se apresenta quando é praticado determinado ato que impeça fazê-lo de outra forma. **B:** incorreta, pois a preclusão consumativa ocorre quando o ato já se realizou, não podendo ser realizado novamente. **C:** incorreta, pois a lealdade processual é derivada da boa-fé e pugna pela exclusão da fraude processual. Em outras palavras é a "boa-fé processual". **D:** incorreta, pois a boa-fé objetiva visa estabelecer um padrão ético de conduta entre as partes nas relações obrigacionais, para que ajam com honestidade, lealdade e probidade.
Gabarito "A".

(OAB/Exame Unificado – 2011.3.B) Carlos José Pereira teve julgados procedentes os pedidos de equiparação salarial e de pagamento das diferenças salariais daí decorrentes. Iniciada a execução provisória, Carlos apresentou seus cálculos de liquidação, requerendo a sua homologação.

O juiz, contudo, abriu prazo para que a parte contrária se manifestasse sobre os cálculos. Feito o contraditório, o juiz acabou por homologar os cálculos apresentados pela demandada e, com base nesse valor, expediu o mandado de citação, penhora e avaliação. Vinte e quatro horas após a expedição, o executado garantiu o juízo e requereu a expedição de alvará para o exequente, com a consequente extinção da execução. O juiz indeferiu o requerimento do executado, sob o argumento de que deveria aguardar o decurso de cinco dias a contar da garantia efetuada. Passados os cinco dias, o juiz julgou extinta a execução pelo cumprimento da obrigação e determinou a expedição de alvará em favor do exequente, intimando-o dessa decisão.

Com base na situação acima descrita, é correto afirmar que o exequente tem o direito de interpor

(A) apelação no prazo de 15 dias, uma vez que não foi intimado da garantia do juízo e, portanto, não lhe foi dada a oportunidade de impugnar a sentença de homologação dos cálculos;

(B) agravo de petição no prazo de 8 dias, uma vez que não foi intimado da garantia do juízo e, portanto, não lhe foi dada a oportunidade de impugnar a sentença de homologação dos cálculos;

(C) recurso ordinário no prazo de 8 dias, uma vez que não foi intimado da garantia do juízo e, portanto, não lhe foi dada a oportunidade de impugnar a sentença de homologação dos cálculos;

(D) agravo de instrumento no prazo de 10 dias, uma vez que não foi intimado da garantia do juízo e, portanto, não lhe foi dada a oportunidade de impugnar a sentença de homologação dos cálculos.

A: incorreta, pois nos domínios do processo do trabalho não existe o recurso de apelação. Veja art. 893 da CLT. **B:** correta, pois art. 897, "a", da CLT, o agravo de petição é o recurso cabível, no prazo de 8 (oito) dias, em face das decisões do Juiz do Trabalho proferidas na fase de execução de sentença. **C:** incorreta, pois na fase de execução não é cabível recurso ordinário. **D:** incorreta, pois o agravo de instrumento é cabível, no prazo de 8 (oito) dias, para impugnar os despachos proferidos, pelo juízo *a quo* no 1º juízo de admissibilidade recursal, que negarem seguimento a recursos.
Gabarito "B".

(OAB/Exame Unificado – 2011.3.B) Proferida decisão em reclamação trabalhista, foi o réu X, empresa pública estadual, fornecedor de energia elétrica e serviços, condenado ao pagamento das parcelas postuladas, bem como ao pagamento das custas processuais no valor de R$ 200,00, calculadas sobre o valor da condenação arbitrado em R$ 10.000,00. Ao interpor recurso ordinário, invocando o disposto no art. 790-A, I, da CLT, assevera a recorrente que não procederá ao recolhimento das custas, já que isenta.

Diante da hipótese, é correto afirmar que

(A) se considera deserto o recurso, e não será conhecido por falta de requisito extrínseco, já que os únicos entes isentos do pagamento das custas processuais são a União, os Estados, o Distrito Federal, os Municípios e respectivas autarquias e fundações públicas, que não explorem atividade econômica, além do Ministério Público do Trabalho;

(B) se considera deserto o recurso interposto, porquanto a empresa pública estadual não goza de isenção de

11. DIREITO PROCESSUAL DO TRABALHO — 805

custas processuais, mas apenas as empresas públicas de âmbito federal;

(C) não se considera deserto o recurso interposto porque, tratando-se de ente público da administração indireta, sempre será isento do pagamento das custas processuais;

(D) não se considera deserto o recurso interposto, porque o reclamado, empresa pública, no caso específico, não está obrigado ao recolhimento das custas, uma vez que o valor arbitrado à condenação não ultrapassa o limite de 40 salários mínimos.

A: correta, pois reflete o disposto o art. 790-A, I e II, da CLT. **B:** incorreta, pois a empresa pública, seja ela estadual ou federal, não são isentas do recolhimento. Veja art. 790-A da CLT. **C:** incorreta, pois o recurso será considerado deserto, pois as empresas públicas não são isentas do recolhimento do depósito recursal. **D:** incorreta, pois o recurso será considerado deserto. Ademais, somente as condenações contrárias à Fazenda Pública (União, Estados, Distrito Federal, Municípios e autarquias ou fundações de direito público federais, estaduais ou municipais que não explorem atividade econômica) não superior a 60 (sessenta) salários mínimos, estão sujeitas ao reexame necessário.
Gabarito "A".

(OAB/Exame Unificado – 2011.3.A) Uma ação é movida contra duas empresas integrantes do mesmo grupo econômico e uma terceira, que alegadamente foi tomadora dos serviços durante parte do contrato. Cada empresa possui um advogado. No caso de interposição de recurso de revista,

(A) o prazo será computado em dobro porque há litisconsórcio passivo com procuradores diferentes;

(B) o prazo será contado normalmente;

(C) o prazo será de 10 dias;

(D) fica a critério de o juiz deferir a dilação do prazo para não prejudicar os réus quanto à ampla defesa.

A: incorreta, pois a regra disposta no art. 229 do CPC/2015 que prevê em dobro os prazos para se manifestar no processo quando os litisconsortes tiverem diferentes procuradores, pertencentes à escritórios distintos, não é aplicável ao processo do trabalho, nos termos da OJ 310 da SDI-1 do TST. **B:** correta, pois por não ser a regra do prazo em dobro, disposta no art. 229 do CPC/2015 aplicável ao processo do trabalho, nos termos da OJ 310 da SDI-1 do TST o prazo será computado normalmente. **C:** incorreta, pois o prazo é de 8 dias, nos termos do art. 6º da Lei 5.584/1970 e será contado normalmente, a teor da OJ 310 da SDI-1 do TST. **D:** incorreta, pois por ser norma imperativa, não é possível sua dilação a critério do juiz. As exceções para dilação de prazos estão previstas no art. 223 do CPC/2015.
Gabarito "B".

(OAB/Exame Unificado – 2011.2) No dia 22.07.2009 (quarta-feira), foi publicada a sentença de improcedência do pedido. O advogado do autor tomou ciência da decisão, mas, como estava viajando, localizando-se em outro Estado da federação, interpôs recurso ordinário via fac-símile no dia 27.07.2009 (segunda-feira). Ao retornar de viagem, o advogado do autor requereu a juntada do recurso original no dia 04.08.2009 (terça-feira). Entretanto, após este último ato do advogado do autor, o juiz considerou intempestiva a interposição do recurso ordinário, negando-lhe seguimento.

Diante dessa situação concreta, é correto afirmar que o advogado do autor deve

(A) impetrar mandado de segurança, uma vez que o juiz violou o seu direito líquido e certo de interpor recurso ordinário no prazo de oito dias a contar da publicação;

(B) ajuizar uma ação rescisória, uma vez que a sentença judicial se tornou irrecorrível diante da decisão judicial que negou seguimento ao recurso ordinário;

(C) interpor agravo de instrumento, uma vez que atendeu o prazo de oito dias para a interposição do recurso ordinário e o prazo de cinco dias para a juntada do original;

(D) ingressar com uma reclamação correicional, uma vez que o juiz praticou um ato desprovido de amparo legal.

De acordo com o art. 2º da Lei 9.800/1999, realizado o ato processual via *fac simile*, os originais deverão ser entregues em juízo, necessariamente, até 5 (cinco) dias da data de seu término, ou seja, 5 (cinco) dias após o prazo recursal. Já os atos não sujeitos a prazo, os originais deverão ser entregues, necessariamente, até cinco dias da data da recepção do material.
Nesse sentido, o TST editou a Súmula 387 que no seu item II ensina que a contagem do quinquídio para apresentação dos originais de recurso interposto por intermédio de fac-símile começa a fluir do dia subsequente ao término do prazo recursal, nos termos do art. 2º da Lei n. 9.800, de 26.05.1999, e não do dia seguinte à interposição do recurso, se esta se deu antes do termo final do prazo.
Gabarito "C".

(OAB/Exame Unificado – 2010.3) Determinada turma do Tribunal Superior do Trabalho não conheceu de recurso de revista interposto pela empresa Alfa Empreendimentos Ltda. em razão de a decisão recorrida (proferida por Tribunal Regional do Trabalho em sede de recurso ordinário, em dissídio individual) estar em perfeita consonância com enunciado de Súmula de direito material daquela Corte Superior. Transcorrido *in albis* o prazo recursal, essa decisão transitou em julgado.

Na condição de advogado contratado pela respectiva empresa, para ajuizamento de ação rescisória, é correto afirmar que a decisão rescindenda será a proferida pelo

(A) Tribunal Regional do Trabalho, em recurso ordinário, tendo competência originária para o seu julgamento a Seção Especializada em Dissídios Individuais do Tribunal Superior do Trabalho.

(B) Tribunal Superior do Trabalho, que não conheceu do recurso de revista, tendo competência originária a Seção Especializada em Dissídios Individuais do próprio Tribunal Superior do Trabalho.

(C) Tribunal Regional do Trabalho, em recurso ordinário, tendo competência originária para o seu julgamento o próprio Tribunal Regional do Trabalho.

(D) Tribunal Superior do Trabalho, que não conheceu do recurso de revista, tendo competência originária uma das turmas do próprio Tribunal Superior do Trabalho.

"B" é a alternativa correta. Isso porque, nos termos da súmula 192, item II, do TST o acórdão rescindendo do Tribunal Superior do Trabalho que não conhece de recurso de embargos ou de revista, decidindo em consonância com súmula de direito material ou com iterativa, notória e atual jurisprudência de direito material da Seção de Dissídios Individuais, examina o mérito da causa, cabendo ação rescisória da competência do Tribunal Superior do Trabalho.
Gabarito "B".

(OAB/Exame Unificado – 2010.2) Assinale a alternativa que apresente requisitos intrínsecos genéricos de admissibilidade recursal.

(A) Capacidade, legitimidade e interesse.
(B) Preparo, interesse e representação processual.
(C) Representação processual, preparo e tempestividade.
(D) Legitimidade, tempestividade e preparo.

A: correta, pois são pressupostos intrínsecos ou subjetivos de admissibilidade recursal; **B:** incorreta, pois embora o interesse seja um pressuposto intrínseco, o preparo e a representação são pressupostos extrínsecos ou objetivos; **C:** incorreta, pois todos eles constituem pressupostos extrínsecos ou objetivos; **D:** incorreta, pois embora a legitimidade seja um pressuposto subjetivo ou intrínseco, a tempestividade e o preparo são pressupostos extrínsecos ou objetivos.
Gabarito "A".

(OAB/Exame Unificado – 2010.2) Pedro ajuizou ação em face de seu empregador objetivando a satisfação dos pedidos de horas extraordinárias, suas integrações e consectárias. O seu pedido foi julgado improcedente. Recorre ordinariamente, pretendendo a substituição da decisão por outra de diverso teor, tempestivamente. Na análise da primeira admissibilidade recursal há um equívoco, e se nega seguimento ao recurso por intempestivo. Desta decisão, tempestivamente, se interpõe o recurso de agravo por instrumento, que tem seu conhecimento negado pelo Tribunal Regional, por ausência do depósito recursal referente à metade do valor do recurso principal que se pretendia destrancar, nos termos do artigo 899, § 7º, da Consolidação das Leis do Trabalho. Quanto à conduta do Desembargador Relator, é correto afirmar que:

(A) ela está correta, uma vez que o referido artigo afirma que nos casos de interposição do recurso de agravo por instrumento é necessária a comprovação do depósito recursal de 50% do valor do depósito referente ao recurso que se pretende dar seguimento;
(B) ela está correta, uma vez que o preparo é requisito de admissibilidade recursal e, por isso, não pode estar ausente, sob pena de não conhecimento do recurso;
(C) ela está equivocada, pois em que pese haver a necessidade do preparo para a interposição do recurso de agravo por instrumento, no problema acima, o pedido foi julgado improcedente sendo recorrente o autor, portanto, dispensável o preparo no que se refere a depósito recursal;
(D) ela está equivocada, pois o recurso de agravo por instrumento, na esfera laboral é o único, juntamente com os embargos por declaração, que não necessita de preparo para a sua interposição.

A: incorreta, pois dada a natureza jurídica do depósito recursal de garantia de juízo, o empregado/reclamante não está obrigado a recolher depósito recursal. Ademais, embora o art. 899 da CLT não declare expressamente que apenas o reclamado deverá fazer o depósito recursal, chegamos a essa conclusão pela leitura dos §§ 4º e 5º do art. 899 da CLT; **B:** incorreta, pois como falamos o reclamante não está obrigado a efetuar o recolhimento de depósito recursal; **C:** correta, pois o reclamante não está obrigado a efetuar o recolhimento de depósito recursal; **D:** incorreta, pois embora esteja equivocada a decisão do magistrado, na esfera laboral, o recurso de agravo de instrumento, após a edição da Lei 12.275/2010, que introduziu o § 7º ao art. 899 da CLT, necessita que a parte comprove o recolhimento de um depósito

recursal prévio de 50% do valor do depósito do recurso ao qual se pretende destrancar.
Gabarito "C".

(OAB/Exame Unificado – 2010.1) Acerca dos recursos no processo do trabalho, assinale a opção correta.

(A) Nas execuções, cabe agravo de instrumento, no prazo de 8 (oito) dias, contra as decisões do juiz ou presidente.
(B) Nas causas sujeitas ao procedimento sumaríssimo, somente será admitido recurso de revista por violação direta da CF.
(C) Contra as decisões definitivas ou terminativas das varas e juízos cabe recurso ordinário para a instância superior, no prazo de 8 (oito) dias.
(D) Nas reclamações sujeitas ao procedimento sumaríssimo, o recurso ordinário terá de ser imediatamente distribuído, devendo o relator liberá-lo no prazo máximo de 30 (trinta) dias.

A: incorreta, pois nos termos do art. 897, "a", da CLT, das decisões em processo de execução é cabível o agravo de petição; **B:** incorreta, pois nos termos do art. 896, § 9º, da CLT, no procedimento sumaríssimo o recurso de revista somente será admitido por contrariedade a súmula de jurisprudência uniforme do Tribunal Superior do Trabalho ou a súmula vinculante do Supremo Tribunal Federal e por violação direta da Constituição Federal. Veja Súmula 442 do TST; **C:** correta, pois reflete o disposto no art. 895, I da CLT; **D:** incorreta, pois embora no procedimento sumaríssimo o recurso ordinário tenha de ser imediatamente distribuído, deverá o relator liberá-lo no prazo de 10 (dez) dias, em conformidade com o art. 895, § 1º, II, da CLT.
Gabarito "C".

(OAB/Exame Unificado – 2010.1) Em reclamação trabalhista, o advogado do reclamante interpôs recurso ordinário contra a sentença proferida pelo juiz de primeiro grau, que julgou improcedente o pedido de condenação em horas extras formulado pelo reclamante e indeferiu a oitiva das testemunhas arroladas, por entender que o depoimento do reclamante era suficiente para o julgamento da demanda. Argumentando a tese do cerceamento de defesa, o advogado formulou pedido de anulação dos atos processuais, sem requerer expressamente a análise, pelo tribunal, das horas extras negadas. Ao se julgar o recurso ordinário no TRT, foi reconhecido o cerceamento de defesa e condenada a empresa a pagar ao reclamante as horas extras pleiteadas. Em face dessa situação hipotética, assinale a opção correta a respeito da decisão do TRT.

(A) O recurso ordinário devolve toda a matéria para a análise do TRT, logo, reconhecido o cerceamento de defesa, deve o tribunal analisar a questão das horas extras.
(B) Não cabe ao TRT fazer nova análise de prova em sede de recurso ordinário, portanto o tribunal não poderia ter estabelecido condenação em horas extras.
(C) Não tendo o advogado requerido análise das horas extras, o julgamento deve limitar-se ao que foi expressamente pedido, logo, não poderia o TRT estabelecer condenação em horas extras.
(D) O TRT agiu equivocadamente, visto que, reconhecido o cerceamento de defesa, deveria ter designado data para a oitiva de testemunhas e, só então, analisar o pedido de condenação em horas extras.

11. DIREITO PROCESSUAL DO TRABALHO · 807

A: incorreta, pois o recurso ordinário devolve para o Tribunal a análise das matérias impugnadas no recurso, chamado de princípio da devolutividade do recurso ou *tantum devolutum quantum appellatum*. Devolve, ainda, a análise de todos os fundamentos da matéria impugnada, ainda que não alegados pelo recorrente, (efeito devolutivo em profundidade, art. 1.013, § 1º, do CPC/2015; **B:** incorreta, pois o TRT poderá fazer nova análise de prova, dada a natureza ordinária do recurso. A análise fática não poderá ser apreciada nos recursos de natureza extraordinária, como por exemplo, o recurso de revista e o recurso de embargos de divergência no TST; **C:** correta, pois reflete o princípio da devolutividade dos recursos, ou seja, a nova análise se limitará à matéria e fundamentos alegados no recurso; **D:** incorreta, pois caso o Tribunal entenda necessário a realização de diligências, deverá baixar os autos ao juiz de 1º grau. O pleito de horas extras, como não foi objeto de recurso, não poderá ser analisado pelo TRT.
Gabarito "C".

(OAB/Exame Unificado – 2010.1) Considere que, em processo trabalhista, as empresas Delta e Echo sejam condenadas, de forma solidária, pelo juiz do trabalho, que ambas interponham recurso ordinário, que apenas Delta efetue o depósito recursal, e nenhuma delas pleiteie a exclusão da lide. Nessa situação hipotética, o recurso apresentado pela empresa Echo

(A) será deserto, em razão de não ter sido efetuado o depósito recursal;

(B) será intempestivo, em razão de não ter sido efetuado o depósito recursal;

(C) deverá ser conhecido, mas improvido, em razão de não ter sido efetuado o depósito recursal;

(D) estará apto a ser conhecido, visto que, sendo a condenação solidária, o depósito efetuado pela empresa Delta aproveita à empresa Echo.

A: incorreta, pois, de acordo com a Súmula 128, III, do TST, havendo condenação solidária de duas ou mais empresas, o depósito recursal efetuado por uma das empresas aproveita as demais, desde que a empresa que efetuou o depósito não pleiteie sua exclusão da lide; **B:** incorreta, pois intempestividade não se relaciona com ausência de depósito, e sim com o prazo; **C:** incorreta, pois, como vimos, havendo condenação solidária e não pedindo a empresa exclusão da lide, o depósito de uma aproveitará a outra; **D:** correta, pois está em consonância com a Súmula 128, III, do TST.
Gabarito "D".

(OAB/Exame Unificado – 2009.3) Assinale a opção correta com referência aos recursos no processo do trabalho.

(A) As decisões proferidas pelos TRTs em processos de dissídios coletivos são irrecorríveis.

(B) Nos recursos de revista, assim como nos recursos especiais, o recorrente apenas poderá fundamentar a afronta a dispositivo de lei federal, cabendo ao STF a análise de afrontas à CF.

(C) O agravo de petição só será recebido quando o agravante delimitar, justificadamente, as matérias e os valores impugnados.

(D) Omissões e contradições podem ser questionadas por intermédio de embargos de declaração, que deverão ser opostos no prazo de oito dias, contados da publicação da sentença ou acórdão.

A: incorreta, pois a decisão proferida pelo TRT em dissídio coletivo ou individuais são recorríveis via recurso ordinário, com fulcro no art. 895, II, da CLT; **B:** incorreta, pois é possível a interposição de recurso de revista por afronta à CF, nos termos do art. 896, *c*, da CLT; **C:** correta,

pois reflete o disposto no art. 897, § 1º, da CLT; **D:** incorreta, pois nos termos do art. 897-A, da CLT, o prazo para oposição de embargos de declaração é de 5 (cinco) dias.
Gabarito "C".

(OAB/Exame Unificado – 2009.3) Assinale a opção correta no que diz respeito à interposição de recurso sob o rito sumaríssimo.

(A) Em razão do princípio da celeridade, que norteia todo rito sumaríssimo, o prazo de interposição do recurso ordinário, em tal hipótese, é reduzido para 5 (cinco) dias.

(B) O parecer do representante do MP, se necessário, deve ser escrito e apresentado na sessão de julgamento do recurso.

(C) Nas causas sujeitas ao procedimento sumaríssimo, somente será admitido recurso de revista por contrariedade a Súmula de jurisprudência uniforme do Tribunal Superior do Trabalho.

(D) O recurso ordinário terá acórdão consistente unicamente na certidão de julgamento, com a indicação suficiente do processo e parte dispositiva, e das razões de decidir do voto prevalente; caso a sentença seja confirmada pelos próprios fundamentos, a certidão de julgamento, na qual se registra tal circunstância, servirá de acórdão.

A: incorreta, pois nos termos do art. 895, I, da CLT, o prazo para interposição de recurso ordinário é de 8 (oito) dias; **B:** incorreta, pois nos termos do art. 895, § 1º, III, da CLT, o parecer do MP será oral; **C:** incorreta, pois em conformidade com o art. 896, § 9º, da CLT, o recurso de revista somente será admitido por contrariedade a súmula de jurisprudência uniforme do Tribunal Superior do Trabalho ou súmula vinculante do Supremo Tribunal Federal e por violação direta da Constituição Federal. Veja Súmula 442 do TST; **D:** correta, pois reflete o disposto no art. 895, § 1º, IV, da CLT.
Gabarito "D".

(OAB/Exame Unificado – 2009.2) O art. 899 da CLT dispõe que os recursos trabalhistas devem ser interpostos por simples petição. Segundo entendimento pacífico da jurisprudência, no tratamento da necessidade de fundamentação dos recursos apresentados,

(A) o recurso deve ser fundamentado, visto que, na Justiça do Trabalho, exige-se que as razões ataquem os fundamentos da decisão recorrida;

(B) a fundamentação recursal será necessária somente se o pedido não delimitar com precisão o objeto da irresignação, impossibilitando compreender-se a controvérsia em toda sua extensão;

(C) não será necessária, ante a informalidade do processo trabalhista, a fundamentação dos recursos;

(D) apenas os recursos de natureza extraordinária, por expressa previsão constitucional, devem ser fundamentados, sob pena de não serem conhecidos.

A alternativa A está correta, pois a doutrina majoritária, assim como os Tribunais superiores confirmam a necessidade do oferecimento das razões que fundamentam o recurso, a fim de que o Tribunal conheça os motivos de sua interposição, bem assim para que não se permita a proliferação de recursos meramente protelatórios. Segundo alguns autores, a regra do *caput* do art. 899 da CLT, que admite interposição do recurso por simples petição não teria sido recepcionada pela nova ordem constitucional, estando derrogada, em face da garantia da ampla defesa prevista no art. 5.º, LV, e § 1º, da CF, que impõe a obrigatoriedade de fundamentação dos recursos com as razões de fato e de direito, para possibilitar o contraditório pela outra parte através de contrarrazões.

Gabarito "A".

(OAB/Exame Unificado – 2009.1) O agravo de petição é o recurso cabível contra a decisão do juiz do trabalho, nas execuções. A respeito desse recurso, assinale a opção correta.

(A) A simples interposição do agravo de petição suspende a execução na sua totalidade.

(B) O prazo para a interposição do agravo de petição é de 10 (dez) dias.

(C) O julgamento do agravo de petição cabe ao juiz do trabalho da vara onde estiver em curso a execução.

(D) O agravo de petição somente será recebido se o agravante tiver delimitado, justificadamente, as matérias e os valores impugnados.

A: incorreta, pois nos termos do art. 897, § 1º, da CLT, somente as matérias e valores impugnados no agravo de petição serão suspensas, permitindo, inclusive, a execução definitiva das matérias e valores não especificados no recurso; **B:** incorreta, pois nos termos do art. 897, *a*, da CLT, o prazo para interposição do agravo de petição é de 8 (oito) dias; **C:** incorreta, pois nos termos do art. 897, § 3º, da CLT, o agravo de petição será apreciado pelo TRT competente; **D:** correta, pois reflete o disposto no art. 897, § 1º, da CLT.

Gabarito "D".

(OAB/Exame Unificado – 2009.1) Considerando o recurso de embargos, após a edição da Lei n. 11.496/2007, assinale a opção correta.

(A) São incabíveis os embargos contra decisão proferida, em agravo, por Turma do TST, que tenham a finalidade de impugnar o conhecimento de agravo de instrumento.

(B) São cabíveis os embargos contra as decisões que, tomadas por turmas do TST, contrariarem a letra de lei federal e(ou) da CF.

(C) Cabem embargos para impugnar decisão não unânime prolatada em dissídio coletivo de competência originária do TST.

(D) Cabem embargos contra decisão proferida pelo tribunal pleno, salvo se a decisão estiver em consonância com Súmula ou jurisprudência uniforme do TST.

A: incorreta, pois a Súmula 353, item d, do TST, admite a interposição de embargos ao TST, em conformidade com o art. 894 da CLT, contra decisão proferida por uma Turma do TST, em agravo, com a finalidade de impugnar o conhecimento do agravo de instrumento; **B:** incorreta, pois não são cabíveis embargos ao TST no caso de decisão que contrariar lei federal ou Constituição Federal. Essa foi a mudança trazida pela Lei 11.496/2007, que retirou o cabimento dos embargos de nulidade; **C:** correta, pois reflete o disposto no art. 894, I, *a*, da CLT. Importante ressaltar que o recurso de embargos no TST é gênero, que comporta duas espécies, quais sejam: embargos infringentes, art. 894, I, "a", da CLT, cabível somente em dissídios coletivos e embargos de divergência, art. 894, II, da CLT, cabível apenas em dissídios individuais; **D:** incorreta, pois a alternativa se refere à hipótese de cabimento existente antes da edição da Lei 11.496/2007, que alterou a redação do art. 894 da CLT.

Gabarito "C".

(OAB/Exame Unificado – 2008.2) O prazo para a interposição de recurso de embargos para a Seção de Dissídios Individuais no TST é de

(A) 5 (cinco) dias.

(B) 8 (oito) dias.

(C) 10 (dez) dias.

(D) 15 (quinze) dias.

A: incorreta, pois o prazo de 5 (cinco) dias é para o recurso de embargos de declaração, nos termos do art. 897-A da CLT; **B:** correta, em conformidade com o art. 894 da CLT; **C:** incorreta, pois não há prazo recursal de 10 (dez) dias na Justiça do Trabalho; **D:** incorreta, pois para recurso extraordinário, art. 102, III, *a*, da CF e para recurso ordinário constitucional, art. 102, II, *a*, da CF, o prazo recursal será de 15 (quinze) dias, nos termos do art. 1.003, § 5º, do CPC/2015.

Gabarito "B".

(OAB/Exame Unificado – 2008.2) Contra decisão definitiva proferida por TRT em mandado de segurança cabe

(A) recurso ordinário para o TST, no prazo de 8 (oito) dias;

(B) recurso ordinário para o TST, no prazo de 10 (dez) dias;

(C) agravo de instrumento para o TST, no prazo de 8 (oito) dias;

(D) agravo de instrumento para o TST, no prazo de 10 (dez) dias.

A: correta, em conformidade com o art. 895, II, da CLT e Súmula 201 do TST; **B:** incorreta, pois o prazo é de 8 (oito) dias; **C:** incorreta, pois o agravo de instrumento não é o recurso adequado para atacar decisão definitiva de TRT em mandado de segurança, na medida em que objetiva, exclusivamente, destrancar recurso que teve negado o seguimento; **D:** incorreta. *Vide* comentário alternativa C.

Gabarito "A".

(OAB/Exame Unificado – 2008.2) A oposição dos embargos de declaração

(A) suspende o prazo para a interposição do recurso ordinário;

(B) interrompe o prazo para a interposição do recurso ordinário;

(C) impede a contagem do prazo para a interposição do recurso ordinário;

(D) não afeta a contagem do prazo para a interposição do recurso ordinário.

A: incorreta, pois nos termos do art. 897-A, § 3º, da CLT, a oposição de embargos de declaração não suspende, mas sim, interrompe o prazo para o recurso ordinário; **B:** correta, pois em conformidade com o art. 897-A, § 3º, da CLT; **C:** incorreta, pois a oposição de embargos de declaração não impede, mas sim, interrompe o prazo recursal; **D:** incorreta, pois nos termos do art. 897-A, § 3º, da CLT o prazo será interrompido.

Gabarito "B".

(OAB/Exame Unificado – 2008.1) No que diz respeito ao recurso de revista, assinale a opção correta.

(A) Não é cabível a interposição de recurso de revista nas causas sujeitas ao procedimento sumaríssimo.

(B) O prazo para interposição do recurso de revista é de 10 (dez) dias.

(C) Tal recurso possui efeitos devolutivo e suspensivo em todos os casos.

(D) Esse recurso é cabível contra decisões proferidas pelos tribunais regionais do trabalho ou por suas turmas, em

11. DIREITO PROCESSUAL DO TRABALHO   809

execução de sentença, em casos de ofensa direta e literal de norma da Constituição Federal.

A: incorreta, pois nas causas sujeitas ao procedimento sumaríssimo as hipóteses de cabimento do recurso vêm esculpidas no art. 896, § 9º, da CLT, ou seja, somente será admitido por contrariedade a súmula de jurisprudência uniforme do Tribunal Superior do Trabalho ou a súmula vinculante do Supremo Tribunal Federal e por violação direta da Constituição Federal. Veja Súmula 442 do TST; **B:** incorreta, pois nos termos do art. 6º da Lei 5.584/1970 c/c art. 893, III, da CLT, o prazo para interposição de recurso de revista, é de 8 (oito) dias; **C:** incorreta, pois, em regra, o recurso de revista será recebido no efeito devolutivo, nos termos do art. 896, § 1º, da CLT. É admissível a obtenção de efeito suspensivo ao recurso ordinário mediante requerimento dirigido ao tribunal, ao relator ou ao presidente ou ao vice-presidente do tribunal recorrido, por aplicação subsidiária ao processo do trabalho do artigo 1.029, § 5º, do CPC de 2015., em conformidade com a Súmula 414, I, parte final, do TST; **D:** correta, pois reflete o disposto no art. 896, § 2º, da CLT.

„Gabarito „D‟.

(OAB/Exame Unificado – 2008.1) O prazo para a oposição de embargos de declaração, no processo do trabalho, é de

(A) 5 (cinco) dias.

(B) 8 (oito) dias.

(C) 10 (dez) dias.

(D) 15 (quinze) dias.

Art. 897-A da CLT: "Caberão embargos de declaração da sentença ou acórdão, no prazo de cinco dias...".

„Gabarito „A‟.

(OAB/Exame Unificado – 2008.1) Considere que Antonino, advogado da Empresa Água Limpa Ltda., tenha apresentado recurso de revista contra acórdão proferido por tribunal regional do trabalho, de forma tempestiva, e efetuado corretamente o depósito recursal, mas não tenha assinado o referido recurso. Nessa situação,

(A) o recurso deve ser considerado como inexistente, por falta de assinatura do advogado;

(B) o recurso deve ser remetido ao TST, conhecido, e seu mérito analisado, visto que a falta de assinatura constitui mera irregularidade formal;

(C) o desembargador-presidente do tribunal regional, ao aferir a admissibilidade do recurso, deve abrir prazo para o advogado assiná-lo e sanar a irregularidade;

(D) o recurso deve ser encaminhado ao Tribunal Superior do Trabalho (TST), para que o ministro relator decida sobre a abertura de prazo para o advogado assinar o recurso ou sobre a negativa de seguimento, com fundamento na irregularidade.

A: correta, pois o recurso sem assinatura do advogado, conhecido como recurso apócrifo, é tido como inexistente, em conformidade com o entendimento jurisprudencial consolidado pelo TST na orientação jurisprudencial 120 da SDI-1 do TST, mas será considerado válido o apelo assinado, ao menos, na petição de apresentação ou nas razões recursais, segunda parte da mencionada OJ; **B:** incorreta, pois o recurso de revista que não esteja assinado por advogado é considerado inexistente e consequentemente não poderá ser remetido ao TST; **C:** incorreta, pois não há possibilidade de abertura de prazo para regularização; **D:** incorreta, pois o recurso será considerado inexistente, orientação jurisprudencial 120 da SDI-1 do TST.

„Gabarito „A‟.

8. EXECUÇÃO

(OAB/Exame XXXIX) O Município de Sete Lagoas/MG foi condenado de forma subsidiária numa reclamação trabalhista envolvendo terceirização. Sendo infrutífera a execução contra o prestador dos serviços, a execução foi direcionada em desfavor do Município, que pretende ajuizar embargos à execução questionando os cálculos.

Sobre o caso, de acordo com a Lei de Regência, assinale a afirmativa correta.

(A) Será obrigatório garantir o juízo, porque não há privilégios na Justiça do Trabalho.

(B) É desnecessária a garantia do juízo diante da natureza jurídica do executado.

(C) Para serem admitidos os embargos, o Município deverá depositar metade do valor exequendo.

(D) O juízo precisa ser garantido com seguro fiança judicial para não abalar as finanças do ente público.

A: incorreta, pois nos termos do art. 910 do CPC a Fazenda Pública poderá oferecer embargos à execução independente de garantia do juízo. **B:** correta, pois em se tratando de ente público não há necessidade de garantia de juízo, vide art. 910 CPC. **C:** incorreta, vide comentários das alternativas A e B. **D:** incorreta, pois a Fazenda Pública não necessita garantir o juízo para propor embargos à execução, vide art. 910 CPC.

„Gabarito „B‟.

(OAB/Exame XXXVIII) Tomás teve o pedido de sua reclamação trabalhista julgado procedente em parte. Com o trânsito em julgado, adveio a fase executória e o juiz lhe conferiu prazo para apresentar os cálculos atualizados, o que foi feito. Desse cálculo, a executada foi intimada a se manifestar, mas quedou-se inerte. Em seguida, após ratificação pelo calculista da Vara, o juiz homologou o cálculo de Tomás e citou o executado para pagamento. O executado apresentou guia de depósito do valor homologado e, 5 dias após, ajuizou embargos à execução, questionando os cálculos homologados, entendendo que estavam majorados. Diante da situação retratada e da previsão da CLT, assinale a

afirmativa correta.

(A) Os embargos não serão apreciados porque intempestivos, já que o prazo é de 3 dias úteis.

(B) Cabíveis embargos à execução no prazo de até 5 dias úteis após a garantia do juízo, daí, o mérito dele será apreciado.

(C) Há preclusão porque a empresa silenciou acerca dos cálculos, logo o mérito dos embargos não será apreciado.

(D) Os embargos são tempestivos, não há preclusão mas faltou realizar o preparo com acréscimo de 30%, daí o mérito não será apreciado.

A: incorreta, pois o prazo para embargos à execução é de 5 dias, art. 884 da CLT. **B:** incorreta, pois embora o prazo seja de 5 dias, art. 884 da CLT no presente caso o mérito não será apreciado. Vide comentário alternativa C. **C:** correta, pois tendo o Juiz do Trabalho aberto prazo para impugnação dos cálculos e a parte deixado de se manifestar a matéria estará preclusa, na forma do art. 879, § 2º, da CLT que dispõe que: "Elaborada a conta e tornada líquida, o juízo deverá abrir às partes prazo comum de oito dias para impugnação fundamentada com a indicação dos itens e valores objeto da discordância, sob pena de preclusão."

D: incorreta, pois há preclusão. Vale lembrar que não há exigência de acréscimo de 30%.

Gabarito "C".

(OAB/Exame XXXVI) Numa execução trabalhista, o juiz homologou os cálculos do exequente, declarando devido o valor de R$ 30.000,00. Instado a pagar voluntariamente a dívida, o executado quedou-se inerte e, após requerimento do exequente, o juiz acionou o convênio com o Banco Central para bloqueio do numerário nos ativos financeiros da empresa. A ferramenta de bloqueio conseguiu, após várias tentativas, capturar R$ 20.000,00 das contas do executado. Diante dessa situação e das disposições da CLT, assinale a afirmativa correta.

(A) A empresa poderá, de plano, ajuizar embargos à execução, que serão apreciados, porque não é necessária a garantia do juízo.

(B) O executado ainda não poderá ajuizar embargos à execução e, se o fizer, não serão apreciados, porque o juízo não se encontra integralmente garantido.

(C) Os embargos à execução podem ser ajuizados e apreciados, porque já se conseguiu apreender mais da metade do valor exequendo, que é o requisito previsto na CLT.

(D) A empresa não poderá embargar a execução, porque não existe tal previsão na CLT.

A: incorreta, pois o art. 884 da CLT exige prévia garantia do juízo para o ajuizamento dos embargos à execução. **B:** correta, pois nos termos do art. 884 da CLT há de existir a garantia total do juízo para ajuizamento dos embargos à execução. Vale lembrar que a súmula 128 do TST exige a complementação da garantia caso haja aumento da condenação, demonstrando a necessidade de garantia integral do juízo. **C:** incorreta, veja respostas A e B. **D:** incorreta, pois os embargos à execução estão previstos no art. 884 da CLT.

Gabarito "B".

(OAB/Exame XXXV) Em determinada reclamação trabalhista, que se encontra na fase de execução, não foram localizados bens da sociedade empresária executada, motivando o credor a instaurar o incidente de desconsideração de personalidade jurídica (IDPJ), para direcionar a execução contra os sócios atuais da empresa. Os sócios foram, então, citados para manifestação. Diante da situação retratada e da previsão da CLT, assinale a afirmativa correta.

(A) É desnecessária a garantia do juízo para que a manifestação do sócio seja apreciada.

(B) A CLT determina que haja a garantia do juízo, mas com fiança bancária ou seguro garantia judicial.

(C) A Lei determina que haja garantia do juízo em 50% para que a manifestação do sócio seja analisada.

(D) Será necessário garantir o juízo com bens ou dinheiro para o sócio ter a sua manifestação apreciada.

É desnecessária a garantia do juízo quando se discute a desconsideração da personalidade jurídica, na fase de execução, nos termos do art. 855-A, § 1º, II, da CLT.

Gabarito "A".

(OAB/Exame XXXV) As entidades, mesmo as filantrópicas, podem ser empregadoras e, portanto, reclamadas na Justiça do Trabalho. A entidade filantrópica *Beta* foi condenada em uma reclamação trabalhista movida por uma ex-empregada e, após transitado em julgado e apurado o valor em liquidação, que seguiu todos os trâmites de regência, o juiz homologou o crédito da exequente no valor de R$ 25.000,00 (vinte e cinco mil reais). A ex-empregadora entende que o valor está em desacordo com a coisa julgada, pois, nas suas contas, o valor devido é bem menor, algo em torno de 50% do que foi homologado e cobrado. Sobre o caso, diante do que dispõe a CLT, assinale a afirmativa correta.

(A) Para ajuizar embargos à execução, a entidade, por ser filantrópica, não precisará garantir o juízo.

(B) Por ser entidade filantrópica, a Lei expressamente proíbe o ajuizamento de embargos à execução.

(C) É possível o ajuizamento desses embargos, desde que a entidade filantrópica deposite nos autos os R$ 25.000,00 (vinte e cinco mil reais).

(D) Os embargos somente poderão ser apreciados se a entidade depositar o valor que reconhece ser devido.

Nos termos do art. 884, § 6º, da CLT a exigência da garantia ou penhora para apresentar embargos à execução não se aplica às entidades filantrópicas e/ou àqueles que compõem ou compuseram a diretoria dessas instituições.

Gabarito "A".

(OAB/Exame XXXIV) Ramon conseguiu, em uma reclamação trabalhista, a sentença de procedência parcial dos seus pedidos, sendo condenado o ex-empregador a pagar vários direitos, mediante condenação subsidiária da União como tomadora dos serviços. A sentença transitou em julgado nestes termos, houve liquidação regular e foi homologado o valor da dívida em R$ 15.000,00 (quinze mil reais), conforme cálculos apresentados pelo exequente. Ramon tentou executar por várias formas o ex-empregador, sem sucesso, e então requereu ao juiz o direcionamento da execução em face da União, que foi citada, mas discordou dos cálculos apresentados, reputando-os majorados. Diante da situação apresentada e dos termos da legislação em vigor, assinale a afirmativa correta.

(A) Caberá à União depositar o valor da dívida e, então, no prazo legal, ajuizar embargos à execução.

(B) Se a União não depositar voluntariamente a quantia, terá bens penhorados no valor da dívida e, após, poderá ajuizar embargos à execução.

(C) A Lei prevê que sendo o ente público o devedor, ainda que subsidiário, bastará depositar metade do valor homologado para ajuizar embargos à execução.

(D) É desnecessária a garantia do juízo para a União ajuizar embargos à execução.

Nos termos do art. 535 do CPC a Fazenda Pública não é intimada para garantir o juízo, mas sim para apresentar embargos à execução. Assim, não há exigência legal para que a Fazenda Pública (a União, Estados, Distrito Federal, Municípios, autarquias e as fundações públicas) garanta o juízo para apresentação de embargos à execução.

Gabarito "D".

OAB/Exame Unificado – 2020.2) Após ser alvo de um inquérito civil junto ao Ministério Público do Trabalho – MPT, tendo sido investigada pela prática de suposta irregularidade, a sociedade empresária Vida Global assinou um Termo de Ajuste de Conduta (TAC) com o MPT para sanar o problema e evitar a judicialização daquela situação, o que

11. DIREITO PROCESSUAL DO TRABALHO

poderia abalar sua credibilidade perante os investidores nacionais e estrangeiros.

Ocorre que a sociedade empresária não cumpriu o que foi estipulado no TAC, seja no tocante à obrigação de fazer, seja no pagamento de multa pelo dano moral coletivo.

Diante dessa situação, e de acordo com os termos da CLT, assinale a afirmativa correta.

(A) O parquet deverá propor execução de título judicial.

(B) O MPT deverá ajuizar execução de título extrajudicial.

(C) A ação própria para a cobrança será o inquérito judicial.

(D) O MPT deverá propor reclamação trabalhista pelo rito ordinário.

Os termos de ajuste de conduta firmados perante o Ministério Público do Trabalho constituem título executivo extrajudicial e, portanto, serão executados mediante Processo de Execução na forma dos arts. 876 e seguintes da CLT.
Gabarito "B".

(OAB/Exame Unificado – 2020.2) A sociedade empresária de transportes Mundo Pequeno Ltda. foi condenada ao pagamento de horas extras e diferença salarial na ação movida por Mauro Duarte, seu ex-empregado.

Após o trânsito em julgado e apuração do valor devido, a executada foi citada para efetuar o pagamento de R$ 120.000,00. Ocorre que a sociedade empresária pretende apresentar embargos à execução, pois entende que o valor homologado é superior ao devido, mas não tem o dinheiro disponível para depositar nos autos.

Sobre o caso relatado, de acordo com o que está previsto na CLT, assinale a afirmativa correta.

(A) Na Justiça do Trabalho não é necessário garantir o juízo para ajuizar embargos à execução.

(B) A sociedade empresária poderá apresentar seguro-garantia judicial para então apresentar embargos à execução.

(C) A sociedade empresária poderá assinar uma nota promissória judicial e, com isso, ter direito a ajuizar embargos de devedor.

(D) Se for comprovada a situação de necessidade, a sociedade empresária, depositando 50% do valor da dívida, poderá embargar.

A: incorreto, pois somente após a garantia do juízo poderá opor embargos à execução, art. 884 da CLT. **B:** correta, pois nos termos do art. 882 da CLT o executado que não pagar a importância reclamada poderá garantir a execução mediante depósito da quantia correspondente, atualizada e acrescida das despesas processuais, apresentação de seguro-garantia judicial ou nomeação de bens à penhora, observada a ordem preferencial estabelecida no art. 835 do CPC. **C:** incorreta, pois inexiste tal previsão legal. Veja art. 882 da CLT. **D:** incorreta, pois o depósito deve ser integral, art. 884 da CLT.
Gabarito "B".

(OAB/Exame Unificado – 2020.1) Após tentar executar judicialmente seu ex-empregador (a empresa Tecidos Suaves Ltda.) sem sucesso, o credor trabalhista Rodrigo instaurou o incidente de desconsideração de personalidade jurídica, objetivando direcionar a execução contra os sócios da empresa, o que foi aceito pelo magistrado. De acordo com a CLT, assinale a opção que indica o ato seguinte.

(A) O sócio será citado por oficial de justiça para pagar a dívida em 48 horas.

(B) O sócio será citado para manifestar-se e requerer as provas cabíveis no prazo de 15 dias.

(C) O juiz determinará de plano o bloqueio de bens e valores do sócio, posto que desnecessária a sua citação ou intimação.

(D) Será conferida vista prévia ao Ministério Público do Trabalho, para que o parquet diga se concorda com a desconsideração pretendida.

De acordo com o art. 855-A da CLT, o incidente de desconsideração da personalidade jurídica regulado no CPC/2015 (arts. 133 a 137) será aplicável ao Processo do Trabalho, com as adaptações pertinentes ao processo trabalhista. Assim, nos termos do art. 135 do CPC instaurado o incidente, o sócio ou a pessoa jurídica será citado para manifestar-se e requerer as provas cabíveis no prazo de 15 (quinze) dias.
Gabarito "B".

(OAB/Exame Unificado – 2019.3) O juiz, em sede de execução trabalhista, intimou a parte para cumprir despacho, determinando que o exequente desse seguimento à execução, indicando os meios de prosseguimento na execução, já que não foram encontrados bens no patrimônio do réu.

Com fundamento na legislação vigente, assinale a afirmativa correta.

(A) O processo ficará parado aguardando a manifestação do exequente por período indefinido de tempo.

(B) A declaração de prescrição somente poderá ocorrer por requerimento da parte contrária.

(C) A prescrição intercorrente ocorrerá após dois anos, se a parte não cumprir com o comando judicial.

(D) O juiz deverá intimar novamente a parte, a fim de dar início ao curso do prazo prescricional.

A: incorreta, pois sofrerá os efeitos da prescrição intercorrente no prazo de 2 anos, art. 11-A da CLT. **B:** incorreta, pois nos termos do art. 11-A, § 2º, da CLT, a declaração da prescrição intercorrente pode ser requerida ou declarada de ofício em qualquer grau de jurisdição. **C:** correta, pois nos termos do art. 11-A e seu § 1º a fluência do prazo prescricional intercorrente de 2 anos inicia-se quando o exequente deixa de cumprir determinação judicial no curso da execução. **D:** incorreta, pois nos termos do art. 11-A, § 1º, da CLT, a fluência do prazo prescricional intercorrente inicia-se quando o exequente deixa de cumprir determinação judicial no curso da execução. O texto de lei não traz a obrigatoriedade de nova intimação.
Gabarito "C".

(OAB/Exame Unificado – 2019.3) No decorrer de uma reclamação trabalhista, que transitou em julgado e que se encontra na fase executória, o juiz intimou o autor a apresentar os cálculos de liquidação respectivos, o que foi feito. Então, o juiz determinou que o cálculo fosse levado ao setor de Contadoria da Vara para conferência, tendo o calculista confirmado que os cálculos estavam adequados e em consonância com a coisa julgada. Diante disso, o juiz homologou a conta e determinou que o executado depositasse voluntariamente a quantia, sob pena de execução forçada.

Diante dessa narrativa e dos termos da CLT, assinale a afirmativa correta.

(A) Equivocou-se o juiz, porque ele não poderia homologar o cálculo sem antes conceder vista ao executado pelo prazo de 8 dias.

(B) Correta a atitude do magistrado, porque as contas foram conferidas e foi impressa celeridade ao processo do trabalho, observando a duração razoável do processo.

(C) A Lei não fixa a dinâmica específica para a liquidação, daí porque cada juiz tem liberdade para criar a forma que melhor atenda aos anseios da justiça.

(D) O juiz deveria conceder vista dos cálculos ao executado e ao INSS pelo prazo de 5 dias úteis, pelo que o procedimento adotado está errado.

A: correta. Nos termos do art. 879, § 2º, da CLT elaborada a conta e tornada líquida, antes da homologação, o juízo deverá abrir às partes prazo comum de 8 dias para impugnação fundamentada com a indicação dos itens e valores objeto da discordância, sob pena de preclusão. **B:** incorreta, pois não foi observada a previsão legal disposta no art. 879, § 2º, CLT. **C:** incorreta, pois o art. 879, § 2º, CLT impõe a forma de atuação do Juiz ao indicar que as partes DEVERÃO ser intimadas. **D:** incorreta, pois a obrigatoriedade da vista dos cálculos para as partes está no art. 879, § 2º, CLT. Já para o INSS a previsão legal está no art. 879, § 3º, CLT.
Gabarito "A".

(OAB/Exame Unificado – 2019.2) Em sede de impugnação à sentença de liquidação, o juiz julgou improcedente o pedido, ocorrendo o mesmo em relação aos embargos à execução ajuizados pela executada. A princípio, você, na qualidade de advogado(a) da executada, entendeu por bem não apresentar recurso. Contudo, foi apresentado o recurso cabível pelo exequente.

Diante disso, assinale a afirmativa correta.

(A) A parte exequente interpôs agravo de petição, e a executada poderá interpor agravo de petição na modalidade de recurso adesivo.

(B) Ambas as partes poderiam interpor agravo de petição na hipótese, porém não mais existe essa possibilidade para a executada, pois esta não apresentou o recurso no prazo próprio.

(C) A parte autora interpôs recurso de revista, e não resta recurso para a parte executada.

(D) A parte autora apresentou recurso ordinário, e a executada poderá apresentar agravo de petição.

"A" é a opção correta. O recurso adesivo será cabível das decisões de procedência parcial, ou seja, quando houver sucumbência recíproca. Deverá ser interposto perante a autoridade competente para admitir o recurso principal, no mesmo prazo das contrarrazões ao recurso principal e ficará vinculado ao seu recebimento. Não há previsão do recurso adesivo na CLT, sendo aplicado subsidiariamente o art. 997 do CPC/2015, por força do art. 769 da CLT e art. 15 CPC/2015. Por meio da Súmula 283 o TST entendeu que o recurso adesivo é compatível com o processo do trabalho e cabe, no prazo de 8 (oito) dias, nas hipóteses de interposição de recurso ordinário, de agravo de petição, de revista e de embargos, sendo desnecessário que a matéria nele veiculada esteja relacionada com a do recurso interposto pela parte contrária.
Gabarito "A".

(OAB/Exame Unificado – 2018.2) Uma entidade filantrópica foi condenada em reclamação trabalhista movida por uma ex-empregada, em fevereiro de 2018. A sentença transitou em julgado e agora se encontra na fase de execução. Apresentados os cálculos e conferida vista à executada, o juiz homologou a conta apresentada pela exequente.

Em relação à pretensão da entidade de ajuizar embargos de devedor para questionar a decisão homologatória, assinale a afirmativa correta.

(A) Não há necessidade de garantia do juízo, no caso apresentado, para o ajuizamento de embargos de devedor.

(B) Se a executada deseja questionar os cálculos, deverá garantir o juízo com dinheiro ou bens e, então, ajuizar embargos de devedor.

(C) A executada, por ser filantrópica, poderá ajuizar embargos à execução, desde que garanta a dívida em 50%.

(D) A entidade filantrópica não tem finalidade lucrativa, daí por que não pode ser empregadora, de modo que a execução contra ela não se justifica, e ela poderá ajuizar embargos a qualquer momento.

"A" é a assertiva correta. Isso porque, nos termos do art. 884, § 6º, da CLT a exigência da garantia ou penhora não se aplica às entidades filantrópicas e/ou àqueles que compõem ou compuseram a diretoria dessas instituições.
Gabarito "A".

(OAB/Exame Unificado – 2018.1) Em reclamação trabalhista já na fase de execução, o juiz determinou que o autor apresentasse os cálculos de liquidação, determinação esta que foi cumprida pelo exequente em fevereiro de 2018. Então, o calculista do juízo analisou as contas e entendeu que elas estavam corretas, pelo que o juiz homologou os cálculos ofertados e determinou a citação do executado para pagamento em 48 horas, sob pena de execução.

Considerando a narrativa apresentada e os termos da CLT, assinale a afirmativa correta.

(A) Agiu corretamente o juiz, porque as contas foram atestadas pelo calculista como corretas.

(B) Equivocou-se o magistrado, porque deveria obrigatoriamente conferir vista dos cálculos ao executado.

(C) Uma vez que o juiz do Trabalho tem amplo poder de direção e controle do processo, sua decisão está amparada na norma cogente.

(D) O juiz tem a faculdade de abrir vista ao executado por 10 dias, mas não obrigação de fazê-lo.

"B" é a assertiva correta. Nos termos do art. 879, § 2º, da CLT elaborada a conta e tornada líquida, o juízo **deverá** abrir às partes prazo comum de oito dias para impugnação fundamentada com a indicação dos itens e valores objeto da discordância, sob pena de preclusão. Nota-se, portanto, que o magistrado está obrigado, ou seja, tem o dever de intimar as partes para manifestação acerca dos cálculos homologados.
Gabarito "B".

(OAB/Exame Unificado – 2017.3) Em sede de processo trabalhista, após o trânsito em julgado da sentença e elaborada a conta de liquidação, foi aberto prazo de 10 dias para que as partes se manifestassem sobre a mesma. Contudo, o réu não se manifestou, e o autor concordou com a conta do juízo, que foi homologada. Considerada essa hipótese, em sede de embargos à execução do réu, interposto 05 dias após a garantia do juízo, este pretende discutir a conta de liquidação, aduzindo incorreção nos valores.

Você, como advogado(a) do autor deverá, em resposta,

(A) suscitar a preclusão do direito aos embargos à execução e expor as razões pelas quais entende pela validade dos cálculos do juízo.

(B) suscitar apenas que a conta está correta.

(C) suscitar a intempestividade dos embargos.

11. DIREITO PROCESSUAL DO TRABALHO

(D) suscitar apenas que a conta está correta e requerer o levantamento dos valores incontroversos.

"A" é a opção correta. Isso porque, nos termos do art. 879, § 2º, da CLT, elaborada a conta e tornada líquida, o juízo deverá abrir às partes prazo comum de oito dias para impugnação fundamentada com a indicação dos itens e valores objeto da discordância, sob pena de preclusão. Desta forma, não impugnando os cálculos nesse momento processual a parte não poderá fazê-lo em outro momento processual, como nos embargos à execução.
Gabarito "A".

(OAB/Exame Unificado – 2017.2) A sociedade empresária Arco Íris Limpeza Ltda. foi citada para pagar o valor de uma dívida trabalhista homologada pelo juiz e, sem apresentar guia de pagamento ou arrolar bens, apresentou embargos de devedor, nos quais aponta diversas inconsistências nos cálculos. Diante disso, de acordo com a CLT, assinale a afirmativa correta.

(A) A Justiça do Trabalho passou a adotar o sistema do CPC, pelo qual não há necessidade de garantir o juízo para embargar, de modo que os embargos serão apreciados.

(B) A CLT prevê que, para o ajuizamento de embargos de devedor, é necessário garantir o juízo com 50% do valor da dívida exequenda, o que não aconteceu na espécie.

(C) Sem a garantia do juízo, o executado não poderá ajuizar embargos de devedor, de modo que as matérias por ele trazidas não serão apreciadas naquele momento.

(D) A CLT determina quem, havendo ajuizamento de embargos de devedor, o executado é obrigado a declarar, o valor que entende devido e a depositar essa quantia à disposição do juízo.

"C" é a opção correta. Isso porque o sistema do CPC/2015, pelo qual não há necessidade de garantir o juízo para embargar, não é aplicável ao processo do trabalho. O processo do trabalho possui regras próprias sobre os embargos à execução prevista no art. 884 da CLT. Desta forma, não se aplica ao caso em debate a regra disposta no art. 889 da CLT, que prevê a aplicação subsidiária do CPC/2015 ao processo do trabalho na fase de execução. Assim, nos termos do art. 884 da CLT, somente após a garantia do juízo, por meio de depósito da quantia executada, indicação de bens à penhora ou por penhora dos bens, o executado poderá apresentar embargos à execução.[1]
Gabarito "C".

(OAB/Exame Unificado – 2017.1) Expedida carta precatória executória numa demanda trabalhista, o juízo deprecante cita o devedor para pagamento, mas ele permanece inerte. Então, o oficial de justiça retorna e penhora um dos imóveis do executado, avaliando-o e garantindo o juízo. Imediatamente o executado ajuíza embargos de devedor, alegando que o bem penhorado foi subavaliado, apresentando a documentação que entende provar que o valor de mercado do bem é muito superior àquele lançado no auto pelo oficial de justiça.

Sobre a hipótese apresentada, de acordo com a legislação em vigor e o entendimento consolidado do TST, assinale

---

1. A Lei 13.467/2017 (Reforma Trabalhista) inseriu no art. 884 da CLT o § 6º para dispor que a exigência da garantia ou penhora não se aplica às entidades filantrópicas e/ou àqueles que compõem ou compuseram a diretoria dessas instituições.

a opção que, justificadamente, indica o juízo competente para apreciar os embargos.

(A) O juízo deprecante é competente, pois dele se origina a execução.

(B) O julgamento poderá competir aos juízos deprecante ou ao deprecado, porque a Lei não traz previsão.

(C) O juízo deprecado será competente, porque a matéria se refere a suposto vício na penhora.

(D) A Lei e a jurisprudência são omissas a respeito, daí porque a parte poderá escolher qual dos juízos apreciará os embargos.

"C" é a opção correta. Isso porque nos termos do art. 914, § 2º do CPC/2015, aplicado subsidiariamente ao processo do trabalho por força do art. 889 da CLT, na execução por carta, os embargos serão oferecidos no juízo deprecante ou no juízo deprecado, mas a competência para julgá-los é do juízo deprecante, salvo se versarem unicamente sobre vícios ou defeitos da penhora, da avaliação ou da alienação dos bens efetuadas no juízo deprecado, quando a competência será do juízo deprecado. HC
Gabarito "C".

(OAB/Exame Unificado – 2017.1) Em reclamação trabalhista que se encontra na fase de execução, o executado apresentou exceção de pré-executividade. Após ser conferida vista à parte contrária, o juiz julgou-a procedente e reconheceu a nulidade da citação e de todos os atos subsequentes, determinando nova citação para que o réu pudesse contestar a demanda.

Considerando essa situação e o que dispõe a CLT, assinale a opção que indica o recurso que o exequente deverá apresentar para tentar reverter a decisão.

(A) Apelação.

(B) Agravo de Petição.

(C) Recurso de Revista.

(D) Recurso Ordinário.

A: incorreta, pois no processo do trabalho não há previsão legal de apelação; **B:** correta, pois, previsto no art. 897, *a*, da CLT, o agravo de petição é o recurso cabível, no prazo de 8 (oito) dias, em face das decisões do Juiz do Trabalho proferidas na fase de execução de sentença; **C:** incorreta, pois, previsto no art. 896 da CLT, recurso de revista é um recurso de natureza extraordinária que visa a atacar decisões proferidas pelos TRTs em dissídios individuais em grau de recurso ordinário; **D:** incorreta, pois previsto no art. 895 da CLT, o recurso ordinário é cabível contra sentenças proferidas pelo Juiz do Trabalho e, também contra acórdãos proferidos pelos TRTs em sua competência originária, tanto nos dissídios individuais, em ação rescisória, por exemplo, como nos dissídios coletivos. HC
Gabarito "B".

(OAB/Exame Unificado – 2016.3) O juiz, em ação trabalhista proposta por Carlos em face da sociedade empresária ABCD Ltda., julgou procedente, em parte, o rol de pedidos. Nenhuma das partes apresentou qualquer recurso. O pedido versava exclusivamente sobre horas extras e reflexos, estando nos autos todos os controles de horário, recibos salariais, o termo de rescisão de contrato de trabalho (TRCT) e demais documentos inerentes ao contrato de trabalho em referência. Todos os documentos eram incontroversos.

Com base no caso apresentado, como advogado(a) de Carlos, assinale a opção que indica a modalidade a ser adotada para promover a liquidação de sentença.

(A) Por cálculos.

(B) Por arbitramento.

(C) Por artigos.

(D) Por execução por quantia certa.

A: correta, pois a liquidação por cálculos será utilizada quando a determinação do valor da condenação depender de cálculos meramente aritméticos, ou seja, quando todos os elementos necessários para se chegar no valor devido já estiverem nos autos; **B:** incorreta, pois a liquidação será feita por arbitramento se determinada pela sentença, se convencionado pelas partes ou caso a natureza do objeto exigir, nos termos do art. 509, I, do CPC/2015. De acordo com o art. 879, § 6º, da CLT, tratando-se de cálculos de liquidação complexos, o juiz poderá nomear perito para a elaboração; **C:** incorreta, pois liquidação por artigos era a antiga denominação dada pelo CPC/1973 para a atual "liquidação pelo procedimento comum"; **D:** incorreta, pois execução por quantia certa é uma forma de execução e não de liquidação de sentença. **HC**

Gabarito "A".

(OAB/Exame Unificado – 2016.3) Em determinada reclamação trabalhista, o empregador foi condenado ao pagamento de diversas parcelas, havendo ainda condenação subsidiária da União na condição de tomadora dos serviços. Na execução, depois de homologado o cálculo e citado o empregador para pagamento, as tentativas de recebimento junto ao devedor principal fracassaram, daí porque a execução foi direcionada contra a União, que agora pretende questionar o valor da dívida.

Diante da situação apresentada, assinale a afirmativa correta.

(A) A União pode embargar a execução no prazo legal, após a garantia do juízo.

(B) A CLT não permite que a União, por ser devedora subsidiária, ajuíze embargos de devedor.

(C) A garantia do juízo para ajuizar embargos de devedor é desnecessária, por se tratar de ente público.

(D) A União, por se tratar de recurso, terá o prazo em dobro para embargar a execução.

"C" é a resposta correta. Isso porque a regra contida no art. 910 e seu § 1º do CPC/2015 desonera a Fazenda Pública da obrigação de garantir o juízo, em respeito ao princípio da impenhorabilidade dos bens públicos. **HC**

Gabarito "C".

(OAB/Exame Unificado – 2016.1) Na fase de execução de uma reclamação trabalhista, as partes se apresentaram ao juiz da causa postulando a homologação de acordo que envolveria 80% do valor que estava sendo executado.

Diante dessa situação, de acordo com a CLT e o entendimento consolidado do TST, assinale a afirmativa correta.

(A) O juiz não pode homologar o acordo porque estará violando a coisa julgada, pois o pagamento estará sendo feito em valor inferior àquele determinado pela Justiça.

(B) O juiz tem a obrigação de homologar o acordo, se essa é a legítima vontade das partes, sem vícios ou dúvidas.

(C) O acordo, uma vez homologado, faz coisa julgada material para todos, sem exceção, somente podendo ser desconstituído por ação anulatória.

(D) É possível a homologação do acordo, que pode ser realizado a qualquer momento, mas ficará a critério do juiz fazê-lo à luz do caso concreto.

A: opção incorreta, pois nos termos do art. 764 da CLT a conciliação pode ser celebrada em qualquer fase processual. **B:** opção incorreta, pois em conformidade com o entendimento disposto na súmula 418 do TST a homologação de acordo é uma faculdade do juiz, não um dever/obrigação. **C:** opção incorreta, pois embora a homologação de acordo seja irrecorrível para as partes, poderá o INSS apresentar recurso com relação às contribuições sociais. As partes poderão desconstituir a homologação via ação rescisória, nos termos da súmula 259 do TST. **D:** opção correta, pois nos termos do art. 764 da CLT a conciliação pode ser celebrada em qualquer fase processual.

Gabarito "D".

(OAB/Exame Unificado – 2015.2) No bojo de uma execução trabalhista, a sociedade empresária executada apresentou uma exceção de pré-executividade, alegando não ter sido citada para a fase de conhecimento. Em razão disso, requereu a nulidade de todo o processo, desde a citação inicial. O juiz conferiu vista à parte contrária para manifestação e, em seguida, determinou a conclusão dos autos. Após analisar as razões da parte e as provas produzidas, convenceu-se de que a alegação da sociedade empresária era correta e, assim, anulou todo o feito desde o início. Diante desse quadro, assinale a afirmativa correta.

(A) Contra essa decisão caberá agravo de petição.

(B) Trata-se de decisão interlocutória e, portanto, não passível de recurso imediato.

(C) Caberá a interposição de recurso ordinário.

(D) Caberá a interposição de agravo de instrumento.

A: correta, pois nos termos do art. 897, *a*, da CLT agravo de petição é o recurso cabível contra as decisões do juiz da fase de execução. **B:** incorreta, pois não se trata de decisão interlocutória, mas sim uma sentença, cujo conceito está disposto no art. 203, § 1º, do CPC/2015 **C:** incorreta, pois não é cabível o recurso ordinário, recurso cabível de decisões terminativas ou definitivas da vara do Trabalho, no processo de conhecimento, art. 895 da CLT. **D:** incorreta, pois o agravo de instrumento é o recurso cabível contra as decisões que não admitirem recurso, nos termos do art. 897, *b*, da CLT.

Gabarito "A".

(OAB/Exame Unificado – 2015.2) A sociedade empresária Beta S.A. teve a falência decretada durante a tramitação de uma reclamação trabalhista, fato devidamente informado ao juízo. Depois de julgado procedente em parte o pedido de diferenças de horas extras e de parcelas rescisórias, nenhuma das partes recorreu da sentença, que transitou em julgado dessa forma. Teve, então, início a execução, com a apresentação dos cálculos pelo autor e posterior homologação pelo juiz. Diante da situação, assinale a afirmativa correta.

(A) Há equívoco, pois, a partir da decretação da falência, a ação trabalhista passa a ser da competência do juízo falimentar, que deve proferir a sentença.

(B) O pagamento do valor homologado deverá ser feito no juízo da falência, que é universal.

(C) A execução será feita diretamente na Justiça do Trabalho, porque o título executivo foi criado pelo Juiz do Trabalho.

11. DIREITO PROCESSUAL DO TRABALHO   815

(D) Essa é a única hipótese de competência concorrente, ou seja, poderá ser executado tanto na Justiça do Trabalho quanto na Justiça comum.

A: incorreta, pois o processo em face da massa falida tramitará na Justiça do Trabalho até a fixação do crédito do reclamante em definitivo (julgamento final da liquidação de sentença). Após deverá ser expedida certidão para habilitação no juízo falimentar. **B:** correta, pois reflete o entendimento disposto no art. 6º, § 2º, da Lei 11.101/2005. **C:** incorreta, pois em razão do disposto no art. 6º, § 2º, da Lei 11.101/2005 a execução não poderá ser efetivada a Justiça do Trabalho, mas sim perante o juízo universal da falência. **D:** incorreta, pois como estudamos não se trata de competência concorrente, devendo a parte interessada requerer a execução no juízo falimentar universal.
Gabarito "B".

(OAB/Exame Unificado – 2014.3) A sociedade empresária "V" Ltda., executada em ação trabalhista, apresentou embargos à execução arrolando testemunhas, o que foi indeferido pelo juiz, ao argumento de que não se tratava de processo de conhecimento.

Sobre o caso apresentado, assinale a afirmativa correta.

(A) Correta a decisão do juiz, pois já fora ultrapassada a fase de conhecimento.

(B) Errada a decisão do juiz, pois era cabível a prova testemunhal em sede de embargos à execução, podendo o juiz indeferir as testemunhas se desnecessários os depoimentos.

(C) Errada a decisão do juiz, sendo cabível a prova testemunhal, não podendo indeferir as testemunhas, cabendo, nesse caso, arguição de nulidade da decisão.

(D) Correta a decisão do juiz, já que a matéria da execução está restrita a valores.

A: incorreta, pois embora tenha ultrapassado a fase de conhecimento é permitido ao executado arrolar testemunhas nos embargos á execução. Evidente que questões já discutidas e decididas na fase de conhecimento não poderão ser reanalisadas. **B:** correta, pois de acordo com o art. 884, § 2º, da CLT e a interpretação dos arts. 885 e 886 da CLT é permitido ao executado arrolar testemunhas na fase de execução. **C:** incorreta, pois embora esteja errada a decisão do juiz, ele poderá dispensar as testemunhas que entender impertinentes. **D:** incorreta, pois nos termos dos arts. 885 e 886 da CLT é permitida a instrução processual na fase de execução.
Gabarito "B".

(OAB/Exame Unificado – 2013.1) A requerimento do credor e após não localizar bens da pessoa jurídica ex-empregadora, o juiz desconsiderou a personalidade jurídica numa reclamação trabalhista, incluiu um dos sócios no polo passivo e o citou para pagamento. Este sócio, então, depositou a quantia exequenda, mas pretende questionar o valor da execução.

Assinale a alternativa que indica a maneira pela qual ele materializará seu inconformismo.

(A) Ação Rescisória.

(B) Embargos de Terceiro.

(C) Impugnação de Credor.

(D) Embargos à Execução.

A: incorreta, pois a ação rescisória necessita de trânsito em julgado, o que não ocorreu no caso em análise. Veja art. 836 da CLT e arts. 966 e seguintes do CPC/2015. **B:** incorreta, pois os embargos de terceiro devem ser apresentados por terceiros interessados, que não são parte

do processo, nos termos dos arts. 674 a 681 do CPC/2015. **C:** incorreta, pois a impugnação será apresentada pelo credor e não pelo devedor, como no caso em análise. **D:** correta, pois é por meio dos embargos à execução que o executado/devedor irá requerer a extinção total ou parcial da execução, atacando o próprio conteúdo do título, nos termos do art. 884 da CLT. Note que o enunciado não aponta que o sócio quer impugnar a decisão de desconsideração, mas sim o valor exequendo. Sobre o incidente de desconsideração da personalidade jurídica, veja arts. 855-A da CLT
Gabarito "D".

(OAB/Exame Unificado – 2012.3.A) De acordo com a Consolidação das Leis do Trabalho, assinale a afirmativa correta.

(A) não há citação para a execução, uma vez que a fase executiva pode ser iniciada de ofício;

(B) a citação na execução será realizada por via postal;

(C) a citação na execução será realizada por mandado;

(D) a citação na execução será realizada por mandado, mas, se o executado não for encontrado após três tentativas, caberá a citação por edital.

A: incorreta, pois nos termos do art. 878 da CLT a execução será promovida pelas partes, permitida a execução de ofício pelo juiz ou pelo Presidente do Tribunal apenas nos casos em que as partes não estiverem representadas por advogado, No entanto, a fase executória exige citação pessoal do executado por meio de oficial de justiça, nos termos do art. 880, *caput* e § 2º, da CLT. **B:** incorreta, pois somente na fase de conhecimento a citação é postal, veja art. 841, § 1º, da CLT. Porém, na fase de execução a citação deve ser feita por oficial de justiça, nos termos do art. 880, § 2º, da CLT. **C:** correta, pois reflete o disposto no art. 880, §§ 1º e 2º, da CLT. **D:** incorreta, pois embora a citação seja realizada por mandado, art. 880, §§ 1º e 2º, da CLT (veja também art. 721, § 1º, da CLT) a citação por edital será feita se o executado, procurado por 2 (duas) vezes no espaço de 48 (quarenta e oito) horas, não for encontrado, nos termos o art. 880, § 3º, da CLT.
Gabarito "C".

(OAB/Exame Unificado – 2012.2) Em 30/7/2008 foi efetuada a penhora de um veículo BMW, modelo X1, por meio de carta precatória executória. Depois de devolvida a carta, o executado Eliezer Filho, proprietário do veículo, opôs embargos à execução em 4/8/2008, dirigindo essa ação incidental ao juízo deprecante. Em seus embargos, alegando a existência de um grosseiro vício, o embargante apontou para a irregularidade na avaliação do bem, uma vez que constou do auto da constrição judicial sua avaliação em R$ 15.000,00, montante muito abaixo do valor de mercado. Logo, por força do princípio da execução menos onerosa ao devedor, requereu a reavaliação do bem, sob pena de nulidade da execução.

Com base nesse caso concreto, é correto afirmar que o juiz deprecante

(A) deve remeter os autos ao juízo deprecado, uma vez que o ato de avaliação foi por ele praticado, sendo sua a competência para decidir;

(B) deve realizar o julgamento antecipado da lide e acolher os embargos, haja vista o notório erro de avaliação;

(C) deve determinar a realização de perícia, a fim de aferir o correto valor de mercado do bem;

(D) não deve conhecer dos embargos e extinguir o processo sem julgamento do mérito, haja vista a sua intempestividade.

A alternativa A está correta, pois tendo em vista que houve vício/irregularidade no ato do Juízo deprecado, qual seja erro na avaliação do bem penhorado, os embargos deverão ser decididos pelo Juízo deprecado, nos termos do art. 20, parágrafo único, da Lei 6.830/1980 por aplicação do art. 889 da CLT. Veja Súmula 46 do STJ (embargos do devedor). Sobre embargos de terceiro, veja Súmula 419 do TST.
Gabarito "A".

(OAB/Exame Unificado – 2010.2) Com relação à execução trabalhista, assinale a afirmativa correta.

(A) A execução deve ser impulsionada pela parte interessada, sendo vedado ao juiz promovê-la de ofício.

(B) O termo de compromisso de ajustamento de conduta firmado perante o Ministério Público do Trabalho, para que possa ser executado no processo do trabalho, depende de prévia homologação pelo juiz que teria competência para o processo de conhecimento relativo à matéria.

(C) Conforme disposição expressa na Consolidação das Leis do Trabalho, considera-se inexigível o título judicial fundado em lei ou ato normativo declarados inconstitucionais pelo Supremo Tribunal Federal ou em aplicação ou interpretação tidas por incompatíveis com a Constituição Federal.

(D) Garantida a execução ou penhorados os bens, é de 10 (dez) dias o prazo para o executado apresentar embargos à execução, cabendo igual prazo ao exequente para impugnação.

A: incorreta, pois no processo do trabalho a execução será promovida pelas partes, permitida a execução de ofício pelo juiz ou pelo Presidente do Tribunal apenas nos casos em que as partes não estiverem representadas por advogado., conforme dispõe o art. 878, *caput*, da CLT; **B:** incorreta, pois os termos de compromisso de ajustamento de conduta são títulos executivos extrajudiciais, ou seja, não dependem de prévia homologação judicial, conforme consta do art. 876, *caput*, da CLT e no art. 5º, § 6º, da Lei n. 7.347/1985; **C:** correta, pois a assertiva reflete o disposto no art. 884, § 5º, da CLT; **D:** incorreta, pois o prazo para oposição de embargos à execução no processo do trabalho é de 5 (cinco) dias, conforme consta do art. 884, *caput*, da CLT.
Gabarito "C".

(OAB/Exame Unificado – 2009.3) Com relação ao princípio da inércia jurisdicional no âmbito da Justiça do Trabalho, assinale a opção correta.

(A) A execução poderá ser promovida de ofício.

(B) A execução, no âmbito da Justiça do Trabalho, terá início somente quando a parte interessada requerer o cumprimento da sentença.

(C) O juiz não pode promover, de ofício, a execução.

(D) Tratando-se de decisões dos tribunais regionais, a execução deverá ser promovida, necessariamente, pelo advogado da parte credora.

A: correta, pois nos termos do art. 878 da CLT, a execução será promovida pelas partes, permitida a execução de ofício pelo juiz ou pelo Presidente do Tribunal apenas nos casos em que as partes não estiverem representadas por advogado.; **B:** incorreta, pois como dispõe o art. 878 da CLT, é permitido ao juiz iniciar *ex officio* a execução trabalhista; **C:** incorreta, pois a opção contraria o disposto no art. 878 da CLT; **D:** incorreta, pois nos termos do art. 878 da CLT caso a parte credora esteja representada por advogado, a execução deverá ser iniciada por ele, ou seja, o juiz não iniciará de ofício a execução.
Gabarito "A".

(OAB/Exame Unificado – 2009.3) Assinale a opção correta no tocante aos embargos à execução e à sua impugnação na Justiça do Trabalho.

(A) Dado o princípio da celeridade, se, na defesa, tiverem sido arroladas testemunhas, é defeso ao juiz ou ao presidente do tribunal a oitiva das citadas testemunhas.

(B) Considera-se inexigível o título judicial fundado em lei ou o ato normativo declarados inconstitucionais pelo STF ou em aplicação ou interpretação consideradas incompatíveis com a CF.

(C) Garantida a execução ou penhorados os bens, terá o executado 8 (oito) dias para apresentar embargos à execução, cabendo igual prazo ao exequente para a respectiva impugnação.

(D) A matéria de defesa nos embargos à execução será restrita às alegações de cumprimento da decisão ou do acordo.

A: incorreta, pois nos termos do art. 884, § 2º, da CLT, é permitido ao juiz a oitiva das testemunhas; **B:** correta, pois reflete o disposto no art. 884, § 5º, da CLT; **C:** incorreta, pois o prazo para oferecimento de embargos à execução é de 5 (cinco) dias, em conformidade com o art. 884, *caput*, da CLT; **D:** incorreta, pois além das matérias elencadas no art. 884, § 1º, da CLT, admite-se a alegação de qualquer das matérias dispostas nos arts. 525, § 1º e 917 do CPC/2015.
Gabarito "B".

(OAB/Exame Unificado – 2009.1) Acerca da execução trabalhista regulamentada pela CLT, assinale a opção correta.

(A) Somente as partes poderão promovê-la.

(B) Poderá ser impulsionada ex officio pelo juiz.

(C) O prazo estipulado para o ajuizamento dos embargos à execução é de dez dias após garantida a execução ou penhorados os bens.

(D) Não poderão ser executadas ex officio as contribuições sociais devidas em decorrência de decisão proferida pelos juízes e tribunais do trabalho e resultantes de condenação ou homologação de acordo.

A: incorreta, pois nos termos do art. 878 da CLT a execução será promovida pelas partes, permitida a execução de ofício pelo juiz ou pelo Presidente do Tribunal apenas nos casos em que as partes não estiverem representadas por advogado.; **B:** correta, pois está em consonância com o disposto no art. 878 da CLT; **C:** incorreta, pois nos termos do art. 884 da CLT, o prazo para oferecimento dos embargos à execução é de 5 (cinco) dias; **D:** incorreta, pois de acordo com o art. 876, parágrafo único, da CLT a Justiça do Trabalho executará, de ofício, as contribuições sociais previstas na alínea *a* do inciso I e no inciso II do caput do art. 195 da Constituição Federal, e seus acréscimos legais, relativas ao objeto da condenação constante das sentenças que proferir e dos acordos que homologar.
Gabarito "B".

9. AÇÕES ESPECIAIS

(OAB/Exame XXXVII) Foi proferida uma sentença normativa em dissídio coletivo envolvendo os sindicatos de determinada categoria. Na decisão transitada em julgado foi determinada a entrega mensal de ticket refeição e ticket alimentação no valor de R$ 150,00 cada. Ocorre que uma das sociedades empresárias vinculadas ao sindicato da categoria econômica não está cumprindo a sentença normativa, que se encontra em vigor.

11. DIREITO PROCESSUAL DO TRABALHO

De acordo com a CLT, para que a cláusula normativa seja observada, o sindicato deve se valer de uma ação

(A) monitória.

(B) de execução de título extrajudicial.

(C) civil coletiva.

(D) de cumprimento.

A: incorreta, pois a ação monitória é aquela a ser proposta por aquele que afirmar, com base em prova escrita sem eficácia de título executivo, ter direito de exigir do devedor capaz. B: incorreta, pois a execução de título extrajudicial é uma ação judicial que objetiva o recebimento de valores oriundos de algum título de crédito com eficácia executiva que não foi cumprido pelo devedor, como por exemplo, um cheque, C: incorreta, pois as ações coletivas são propostas quando existe um dano que prejudica um conjunto de pessoas ou mesmo a sociedade, vide Lei 7.347/85. D: correta, prevista no art. 872 da CLT trata-se de uma ação de conhecimento que poderá ser proposta pelo sindicato profissional ou pelos próprios trabalhadores interessados, perante a Vara do Trabalho (1º grau) que objetiva o cumprimento das cláusulas dispostas em acordos coletivos, convenções coletivas e sentenças normativas.
Gabarito "D".

(OAB/Exame XXXVII) Uma sociedade empresária de grande porte, condenada na Justiça do Trabalho, verificando a nulidade de sua citação em uma reclamação trabalhista que se encontra na fase executória, pretende ajuizar ação rescisória. Seus advogados se dedicaram à peça e agora chegou o momento do ajuizamento da ação.

Em relação a custas e depósito prévio, de acordo com a CLT, assinale a afirmativa correta.

(A) Nas ações rescisórias, não há custas no depósito prévio.

(B) A sociedade empresária sujeita-se ao depósito prévio de 20% (vinte por cento) do valor da causa.

(C) Não haverá necessidade de qualquer preparo porque, estando a causa na fase de execução, não cabe ação rescisória.

(D) Devem ser recolhidas custas no importe de 2% sobre o valor da condenação.

Nos termos do art. 836 da CLT o ajuizamento de ação rescisória está sujeito ao depósito prévio de 20% (vinte por cento) do valor da causa, salvo prova de miserabilidade jurídica do autor.
Gabarito "B".

(OAB/Exame XXXV) Jeane era cuidadora de Dulce, uma senhora de idade que veio a falecer. A família de Dulce providenciou o pagamento das verbas devidas pela extinção do contrato, mas, logo após, Jeane ajuizou ação contra o espólio, postulando o pagamento, em dobro, de 3 (três) períodos de férias alegadamente não quitadas. Designada audiência, a inventariante do espólio informou que não tinha qualquer documento de pagamento de Jeane, pois era a falecida quem guardava e organizava toda a documentação. Por não ter provas, a inventariante concordou em realizar um acordo no valor de R$ 6.000,00 (seis mil reais), pagos no ato, por transferência PIR, e homologado de imediato pelo juiz. Passados 7 (sete) dias da audiência, quando fazia a arrumação das coisas deixadas por Dulce para destinar à doação, a inventariante encontrou, no fundo de uma gaveta, os recibos de pagamento das 3 (três) férias que Jeane reclamava, devidamente assinadas pela então empregada. Diante da situação retratada, da previsão

na CLT e do entendimento consolidado do TST, assinale a afirmativa correta.

(A) Nada poderá ser feito pela inventariante, porque o acordo homologado faz coisa julgada material.

(B) A parte interessada poderá interpor recurso ordinário contra a decisão homologatória.

(C) A inventariante poderá ajuizar ação rescisória para desconstituir o acordo.

(D) Deverá ser ajuizada ação de cobrança contra Jeane para reaver o valor pago.

A: incorreto, pois poderá ajuizar ação rescisória, súmula 259 do TST. B: incorreta, pois nos termos do art. 831, parágrafo único, da CLT a decisão que homologa o acordo é irrecorrível para as partes. C: correta, pois nos termos da súmula 259 do TST Só por ação rescisória é impugnável o termo de conciliação previsto no parágrafo único do art. 831 da CLT. D: incorreta. Veja resposta C.
Gabarito "C".

(OAB/Exame XXXIII – 2020.3) Renata, professora de Artes, lecionou na *Escola do Futuro*. Em sede de reclamação trabalhista, um de seus pedidos foi julgado improcedente, sendo certo que o que você pleiteava, na qualidade de advogado(a) de Renata, estava fundamentado na aplicação incontroversa de súmula do TST a respeito da matéria. Ainda assim, o TRT respectivo, ao julgar seu recurso, manteve a decisão de primeira instância. Considerando que a referida decisão não deixou margem à oposição de embargos de declaração, assinale a opção que indica a medida jurídica a ser adotada.

(A) Interposição de agravo de instrumento.

(B) Interposição de agravo de petição.

(C) Ajuizamento de ação rescisória.

(D) Interposição de recurso de revista.

A: incorreto, pois o agravo de instrumento é o recurso cabível dos despachos que denegarem a interposição de recursos, art. 897, *b*, CLT. B: incorreto, pois o agravo de petição é o recurso cabível contra decisões na fase de execução, art. 897, *a*, CLT. C: incorreto, pois a ação rescisória é uma ação que objetiva o desfazimento de coisa julgada, art. 836 CLT e arts. 966 e seguintes do CPC. D: correta, pois recurso de revista e aquele cabível contra decisões proferidas em grau de recurso ordinário, em dissídio individual, pelos Tribunais Regionais do Trabalho, quando contrariarem súmula de jurisprudência uniforme do TST, art. 896, *a*, CLT.
Gabarito "D".

(OAB/Exame Unificado – 2018.3) Em uma reclamação trabalhista, o autor afirmou ter sido vítima de discriminação estética, pois fora dispensado pelo ex-empregador por não ter querido raspar o próprio bigode. Requereu, na petição inicial, tutela de urgência para ser imediatamente reintegrado em razão de prática discriminatória. O juiz, não convencido da tese de discriminação, indeferiu a tutela de urgência e determinou a designação de audiência, com a respectiva citação. Como advogado(a) do autor, assinale a opção que contém, de acordo com a Lei e o entendimento consolidado do TST, a medida judicial a ser manejada para reverter a situação e conseguir a tutela de urgência desejada.

A) Interpor recurso ordinário seguido de medida cautelar.

B) Nada poderá ser feito, por tratar-se de decisão interlocutória, que é irrecorrível na Justiça do Trabalho.

C) Impetrar mandado de segurança.

D) Interpor agravo de instrumento.

A: incorreta, pois, por ser uma decisão interlocutória, não caberá recurso ordinário, que caberia somente se tratasse de uma sentença (vide súmula 414, I, do TST); **B:** incorreta, pois embora se trate de uma decisão interlocutória e por consequência não caiba recurso algum, poderá a parte interessada impetrar Mandado de Segurança; **C:** correta, nos termos da súmula 414, II, do TST no caso de a tutela provisória haver sido concedida ou indeferida antes da sentença (decisão interlocutória), cabe mandado de segurança, em face da inexistência de recurso próprio; **D:** incorreta, pois na Justiça do Trabalho o agravo de instrumento não é utilizado para atacar decisões interlocutórias, mas sim os despachos que denegarem a interposição de recursos, na forma do art. 897, alínea b, da CLT.

Gabarito "C".

(OAB/Exame Unificado – 2019.1) Em uma greve ocorrida há dois dias dentro de uma indústria metalúrgica, o dirigente sindical, que é empregado da referida empresa, agrediu fisicamente o diretor com tapas e socos, sendo a agressão gravada pelo sistema de segurança existente no local. O dono da empresa, diante dessa prática, pretende dispensar o empregado por justa causa. Em razão disso, ele procura você, como advogado(a), no dia seguinte aos fatos narrados, para obter sua orientação. De acordo com o disposto na CLT, assinale a opção que apresenta sua recomendação jurídica e a respectiva justificativa.

(A) Dispensar imediatamente o empregado por justa causa e ajuizar ação de consignação em pagamento dos créditos porventura devidos.

(B) Apresentar notícia-crime e solicitar da autoridade policial autorização para dispensar o empregado por justa causa.

(C) Suspender o empregado e, em até 30 dias, ajuizar inquérito para apuração de falta grave.

(D) Não fazer nada, porque a justa causa teria de ser aplicada no dia dos fatos, ocorrendo então perdão tácito.

"C" é a opção correta. Por ser dirigente sindical o empregado possui garantia de emprego (art. 8º, VIII, da CF e art. 543, § 3º, da CLT). Por essa razão não pode ser dispensado salvo por cometimento de falta grave. Contudo, no caso do dirigente sindical, a dispensa por falta grave deve ser precedida de inquérito Judicial para apuração de falta grave na forma dos arts. 853 a 855 da CLT. Nessa linha, determina o art. 494 da CLT que o empregado estável que cometer falta grave poderá suspenso de suas atividades, mas a dispensa apenas será válida após o processamento do inquérito judicial que apurará a prática daquela pelo empregado. O art. 853 da CLT ensina que o inquérito deverá ser proposto no prazo decadencial de 30 (trinta) dias, contados da data da suspensão do empregado ou caso não haja suspensão 30 dias contados do cometimento da falta grave.

Gabarito "C".

(OAB/Exame Unificado – 2018.2) Uma sociedade empresária ajuizou ação de consignação em pagamento em face do seu ex-empregado, com o objetivo de realizar o depósito das verbas resilitórias devidas ao trabalhador e obter quitação judicial da obrigação. No dia designado para a audiência una, a empresa não compareceu nem se justificou, estando presente o ex-empregado. Indique, de acordo com a CLT, o instituto jurídico que ocorrerá em relação ao processo.

(A) Revelia.

(B) Remarcação da audiência.

(C) Arquivamento.

(D) Confissão ficta.

"C" é a assertiva correta. Nos termos do art. 844 da CLT, o não comparecimento do consignante acarretará no arquivamento do processo.

Gabarito "C".

(OAB/Exame Unificado – 2018.2) Gustavo foi empregado da empresa Pizzaria Massa Deliciosa. Após a extinção do seu contrato, ocorrida em julho de 2018, as partes dialogaram e confeccionaram um termo de acordo extrajudicial, que levaram à Justiça do Trabalho para homologação. O acordo em questão foi assinado pelas partes e por um advogado, que era comum às partes.

Considerando o caso narrado, segundo os ditames da CLT, assinale a afirmativa correta.

(A) Viável a homologação do acordo extrajudicial, porque fruto de manifestação de vontade das partes envolvidas.

(B) Não será possível a homologação, porque empregado e empregador não podem ter advogado comum.

(C) Impossível a pretensão, porque, na Justiça do Trabalho, não existe procedimento especial de jurisdição voluntária, mas apenas contenciosa.

(D) Para a validade do acordo proposto, seria necessário que o empregado ganhasse mais de duas vezes o teto da Previdência Social.

"B" é a assertiva correta. Nos termos do art. 855-B da CLT, o processo de homologação de acordo extrajudicial terá início por petição conjunta, sendo obrigatória a representação das partes por advogado. O § 1º do mesmo dispositivo legal determina que as partes não poderão ser representadas por advogado comum. Entretanto, faculta-se ao trabalhador ser assistido pelo advogado do sindicato de sua categoria.

Gabarito "B".

(OAB/Exame Unificado – 2015.3) A empresa XPTO Ltda., necessitando dispensar empregado estável, ajuizou inquérito para apuração de falta grave em face de seu empregado. No dia da audiência, a empresa apresentou seis testemunhas, protestando pela oitiva de todas. O empregado apresentou três testemunhas, afirmando ser este o limite na Justiça do Trabalho.

Assinale a alternativa que mostra qual advogado agiu da forma determinada na CLT.

(A) O advogado da empresa agiu corretamente, pois trata-se de inquérito para apuração de falta grave.

(B) O juiz determinou que a empresa dispensasse três das seis testemunhas, pois é necessário o equilíbrio com a outra parte. Logo, ambos os advogados agiram corretamente, levando o número de testemunhas que entendiam cabível.

(C) O advogado do empregado está correto, pois o limite de testemunhas para o processo de rito ordinário é de três para cada parte.

(D) Os dois advogados se equivocaram, pois o limite legal é de três por processo no rito ordinário, sendo as testemunhas do juízo.

A: opção correta, pois nos termos do art. 821 da CLT em se tratando de inquérito judicial para apuração de falta grave cada parte poderá levar 6 (seis) testemunhas. No rito ordinário esse número é de 3 (três)

11. DIREITO PROCESSUAL DO TRABALHO   819

testemunhas por parte. Todavia, no rito sumaríssimo cada parte poderá levar até 2 (duas) testemunhas, art. 852-H, § 2º, da CLT. No caso em estudo, por se tratar de inquérito judicial para apuração de falta grave, o advogado da empresa agiu corretamente e indicou o número exato de testemunhas. **B:** opção incorreta, pois por ter o advogado da empresa indicado o número correto de testemunhas, não há razão para dispensa das testemunhas. **C:** opção incorreta, pois embora no procedimento ordinário cada parte poderá levar até 3 (três) testemunhas, o inquérito judicial para apuração de falta grave não tramita pelo rito ordinário, pois possui regramento especial previsto nos arts. 853 e seguintes da CLT. **D:** opção incorreta, vide comentário alternativa "A".
Gabarito „A".

(OAB/Exame Unificado – 2014.2) Geraldo requereu na sua petição inicial, e teve deferida, a concessão de tutela antecipada para sua imediata reintegração, haja vista ser dirigente sindical. O ex-empregador, cientificado, impetrou Mandado de Segurança, no qual obteve liminar revogando a tutela antecipada concedida. Logo depois, a reclamação trabalhista de Geraldo foi instruída na Vara do Trabalho e encaminhada para sentença, que julgou procedente o pedido, tendo o juiz concedido novamente a tutela antecipada, agora na sentença. Diante do quadro retratado, de acordo com o entendimento sumulado pelo TST, assinale a opção correta.

(A) O juiz poderia conceder a tutela na sentença, e, nesse caso, o Mandado de Segurança perde o objeto.

(B) O Juiz não poderia conceder novamente a tutela antecipada, haja vista que ela havia sido revogada pelo Tribunal.

(C) Se a tutela antecipada foi revogada, somente havendo autorização do TRT ela poderia ser revigorada, de modo que o juiz subverteu a ordem processual vigente, cabendo reclamação correicional.

(D) Poderá a parte ré impetrar novo mandado de segurança, agora contra a tutela antecipada concedida na sentença.

A: correta, pois reflete o entendimento disposto na súmula 414, III, do TST. Ocorre a perda do mandado de segurança, na medida em que a decisão impugnada deixa de existir em razão da sentença de mérito proferida, que a substitui. **B:** incorreta, pois foi revogada pelo Tribunal a decisão liminar do juiz singular e não a decisão definitiva, sentença. **C:** incorreta, pois a decisão liminar do juiz singular foi substituída por uma decisão definitiva. **D:** incorreta, pois contra a tutela antecipada concedida na sentença caberá recurso ordinário, os termos da súmula 414, I, do TST.
Gabarito „A".

(OAB/Exame Unificado – 2014.1) Rômulo impetrou mandado de segurança contra ato praticado por Juiz do Trabalho que teria violado um direito seu, líquido e certo. Por descuido, Rômulo deixou de juntar os documentos pertinentes, indispensáveis. Verificando o equívoco, o Relator deverá, de acordo com a jurisprudência consolidada do TST,

(A) conceder prazo improrrogável de 10 dias para o impetrante sanar o vício, sob pena de indeferimento da petição inicial.

(B) prosseguir normalmente no trâmite processual, pois a matéria não pode ser conhecida de ofício.

(C) indeferir a petição inicial de plano e extinguir o processo sem resolução do mérito.

(D) solicitar à autoridade coatora que, juntamente com as informações que serão prestadas, envie cópia dos documentos faltantes.

A: incorreta, pois no mandado de segurança não se admite a emenda da petição inicial disposta no art. 321 do CPC/2015, tendo em vista a exigência de prova pré-constituída, súmula 415 do TST. **B:** incorreta, pois o juiz poderá conhecer a matéria de ofício, tendo em vista que para a impetração do mandado de segurança exige-se a violação de um direito líquido e certo, ou seja, direito que não requer produção de provas, daí a exigência de prova pré-constituída disposta na súmula 415 do TST. **C:** correta. Isso porque nos termos da súmula 415 do TST a impetração de mandado de segurança exige prova documental pré-constituída, sendo, portanto, inaplicável o art. 321 do CPC/2015, que trata da emenda da petição inicial. **D:** incorreta, pois como estudado o juiz deverá extinguir o processo sem resolução do mérito e não solicitar à autoridade coatora a cópia dos documentos, que é ônus do impetrante.
Gabarito „C".

(OAB/Exame Unificado – 2013.2) Tendo em vista a proximidade de realização de grande evento na área de esportes, a cidade de Tribobó do Oeste decidiu reformar seu estádio de futebol. Para tanto, após licitação, contratou a empresa Alfa Ltda. para executar a reforma no prazo de um ano. Faltando dois meses para a conclusão da obra e a realização do megaevento, os operários entraram em greve paralisando os trabalhos integralmente.

Diante destes fatos, assinale a afirmativa que se coaduna com a legitimidade ativa para instauração do dissídio coletivo.

(A) Tanto a empresa Alfa Ltda. como o Sindicato da categoria dos empregados poderá instaurar a instância, sendo o ato privativo das partes litigantes.

(B) Apenas o Sindicado dos Empregados poderá requerer a instauração do dissídio coletivo, já que se trata do sujeito ativo no caso de greve, sendo a empresa Alfa ré no processo.

(C) Por haver interesse público a legitimidade ativa é exclusiva da empresa e do sindicato, bem como do Ministério Público do Trabalho, em caráter excepcional.

(D) O dissídio poderá ser instaurado pelas partes por representação escrita ao Presidente do Tribunal; bem como por iniciativa do próprio Presidente e, ainda, por requerimento do Ministério Público do Trabalho.

A alternativa **D** é a correta, pois reflete o disposto no art. 856 da CLT, que assim dispõe: "A instância será instaurada mediante representação escrita ao Presidente do Tribunal. Poderá ser também instaurada por iniciativa do presidente, ou, ainda, a requerimento da Procuradoria da Justiça do Trabalho, sempre que ocorrer suspensão do trabalho."
Gabarito „D".

(OAB/Exame Unificado – 2010.3) Tício, gerente de operações da empresa Metalúrgica Comercial, foi eleito dirigente sindical do Sindicato dos Metalúrgicos. Seis meses depois, juntamente com Mévio, empregado representante da CIPA (Comissão Interna para Prevenção de Acidentes) da empresa por parte dos empregados, arquitetaram um plano para descobrir determinado segredo industrial do seu empregador e repassá-lo ao concorrente mediante pagamento de numerário considerável. Contudo, o plano foi descoberto antes da venda, e a empresa, agora, pretende dispensar ambos por falta grave.

Você foi contratado como consultor jurídico para indicar a forma de fazê-lo.

O que deve ser feito?

(A) Ajuizamento de inquérito para apuração de falta grave em face de Tício e Mévio, no prazo decadencial de 30 (trinta) dias, caso tenha havido suspensão deles para apuração dos fatos.

(B) Ajuizamento de inquérito para apuração de falta grave em face de Tício, no prazo decadencial de 30 (trinta) dias, contados do conluio entre os empregados; e simples dispensa por justa causa em relação a Mévio, independentemente de inquérito.

(C) Simples dispensa por falta grave para ambos os empregados, pois o inquérito para apuração de falta grave serve apenas para a dispensa do empregado estável decenal.

(D) Ajuizamento de inquérito para apuração de falta grave em face de Tício, no prazo decadencial de 30 (trinta) dias, caso tenha havido suspensão dele para apuração dos fatos; e simples dispensa por justa causa em relação a Mévio, independentemente de inquérito.

A: incorreta, pois embora Mévio, tenha estabilidade no emprego, por ser representante da CIPA, para sua dispensa não é exigido o ajuizamento de inquérito judicial para apuração de falta grave; **B:** incorreta, pois o marco inicial para o ajuizamento do inquérito judicial é a data da suspensão do empregado ou, caso não haja a suspensão do empregado, a data do cometimento da falta, ou seja, a data da descoberta do plano; **C:** incorreta, pois os dirigentes sindicais somente podem ser demitidos por falta grave, precedida de inquérito judicial para apuração, nos termos do art. 8º, VIII, da CF e Súmula 197 do STF; **D:** correta, pois por ser Tício dirigente sindical, sua dispensa somente pode ocorrer por falta grave, precedida de inquérito judicial para apuração da falta, nos termos do art. 8º, VIII, da CF e Súmula 197 do STF. Já Mévio, embora tenha estabilidade no emprego por ser representante da CIPA, para sua dispensa não exige o ajuizamento de inquérito judicial para apuração de falta grave.
Gabarito "D".

(OAB/Exame Unificado – 2009.1) Com base no que dispõe a CLT sobre a ação rescisória e à luz do entendimento do TST sobre a matéria, assinale a opção correta.

(A) Por falta de previsão legal, a ação rescisória é incabível no âmbito da Justiça do Trabalho.

(B) A ação rescisória é cabível no âmbito da Justiça do Trabalho e está sujeita ao depósito prévio de 20% do valor da causa, salvo o caso de miserabilidade jurídica do autor.

(C) É admissível o reexame de fatos e provas do processo que originou a decisão rescindenda mediante ação rescisória fundamentada em violação de lei.

(D) É dispensável a prova do trânsito em julgado da decisão rescindenda para o processamento de ação rescisória, mesmo porque é admissível a ação rescisória preventiva.

A: incorreta, pois há previsão legal acerca da ação rescisória no art. 836 da CLT; **B:** correta, pois reflete o disposto no art. 836 do CLT; **C:** incorreta, pois de acordo com o entendimento cristalizado na Súmula 410 do TST, na ação rescisória calcada em violação de lei não se admite o reexame de fatos e provas do processo que originou a decisão rescindenda; **D:** incorreta, pois conforme entendimento consubstanciado na Súmula 299, I, do TST, é indispensável ao processamento da ação rescisória a prova do trânsito em julgado da decisão rescindenda.
Gabarito "B".

10. TEMAS COMBINADOS

(OAB/Exame XXXIX) Determinada sociedade empresária, sua cliente, recebeu a visita de fiscais do trabalho, os quais apontaram haver irregularidades quanto às condições de trabalho de alguns empregados, bem como entenderam irregular, no dia, estarem nas dependências da empresa pessoas prestadoras de serviço por intermédio de MEI – Micro Empreendedor Individual. Diante disso, foram lavrados dois autos de infração aplicando multas severas, sendo concedido prazo de 30 dias para pagamento, sob pena de fechamento do estabelecimento. Não foi facultado à sua cliente nenhum direito à ampla defesa, sendo certo que, de fato, nada foi verificado pelos fiscais. A sociedade empresária tem a documentação de todas as condições de trabalho e alega que os prestadores de serviço são autônomos.

Assinale a opção que indica a medida juridicamente cabível que melhor atenda, com urgência, aos interesses da sua cliente de sustar os autos de infração.

(A) Mandado de Segurança na Justiça do Trabalho.

(B) Agravo de Petição na Justiça do Trabalho.

(C) Mandado de Segurança na Justiça Federal.

(D) Agravo de Instrumento na Justiça do Trabalho.

A: correta, pois a parte interessada deverá impetrar Mandado de Segurança na Justiça do Trabalho sempre que o ato questionado envolver matéria sujeita jurisdição trabalhista, art. 114, IV, da CF. **B:** incorreta, pois o agravo de petição é o recurso cabível das decisões na fase de execução, art. 897, a, CLT. **C:** incorreta, pois deverá ser impetrado na Justiça do Trabalho, art. 114, IV, da CF. **D:** incorreta, pois o agravo de instrumento é o recurso cabível dos despachos que denegarem a interposição de recursos, art. 897, b, da CLT.
Gabarito "A".

(OAB/Exame XXXVII) Arthur ajuizou reclamação trabalhista em face de seu ex-empregador - - a sociedade empresária Alfa -, -, e dos 3 sócios dela, valendo-se do incidente de desconsideração da personalidade jurídica (IDPJ) na fase de cognição. Argumentou na petição inicial que assim procedeu para que, em havendo sucesso na pretensão, os sócios já constem do título executivo judicial, o que abreviaria a futura execução.

Diante da situação retratada e da previsão contida na CLT, assinale a afirmativa correta.

(A) O incidente de desconsideração da personalidade jurídica (IDPJ), na Justiça do Trabalho, somente pode ser feito na fase de execução.

(B) O incidente de desconsideração da personalidade jurídica (IDPJ), na seara trabalhista, pode ser feito na fase de conhecimento ou de execução.

(C) O incidente de desconsideração da personalidade jurídica (IDPJ) na fase de conhecimento dependerá da concordância dos sócios.

(D) A opção pelo incidente de desconsideração da personalidade jurídica (IDPJ), por exigência expressa da CLT, deve ter, na fase de conhecimento, sua necessidade provada por documentos.

O incidente de desconsideração da personalidade jurídica (IDPJ) está previsto no art. 855-A da CLT, sendo aplicável os arts. 133 a 137 do CPC, sendo certo que na seara trabalhista, de acordo com o art. 134

11. DIREITO PROCESSUAL DO TRABALHO 821

do CPC o incidente de desconsideração é cabível em todas as fases do processo de conhecimento e na execução. Importante destacar que nos termos do art. 855-A, § 1º, I, da CLT da decisão interlocutória que acolher ou rejeitar o incidente na fase de cognição, não cabe recurso de imediato. Já na fase de execução art. 855-A, § 1º, II, da CLT, cabe agravo de petição, independentemente de garantia do juízo e em incidente instaurado originariamente no tribunal, caberá cabe agravo interno, art. 855-A, § 1º, III, CLT.

Gabarito "B".

(OAB/Exame XXXV) Josimeri trabalhou em uma sociedade empresária de produtos químicos de 1990 a 1992. Em 2022, ajuizou reclamação trabalhista contra o ex-empregador, requerendo a entrega do Perfil Profissiográfico Previdenciário (PPP) para que pudesse requerer aposentadoria especial junto ao INSS. Devidamente citada, sociedade empresária suscitou em defesa prescrição total (extintiva).

Diante da situação retratada e da previsão da CLT, assinale a afirmativa correta.

(A) Não há prescrição a declarar, porque a ação tem por objeto anotação para fins de prova junto à Previdência Social.

(B) Houve prescrição, porque o pedido foi formulado muito após o prazo de 2 anos contados do término do contrato.

(C) A prescrição para entrega do PPP é trintenária, tal qual a do FGTS, motivo pelo qual não há prescrição na hipótese.

(D) A CLT é omissa acerca da imprescritibilidade de ações, cabendo ao juiz, em cada caso, por equidade, aplicá-la ou não.

Nos termos do art. 11, § 1º, da CLT as regras de prescrição bienal e quinquenal dispostas no art. 11, *caput*, da CLT não se aplicam às ações que tenham por objeto anotações para fins de prova junto à Previdência Social. Vale dizer que ao FGTS aplica-se a prescrição quinquenal ou bienal, conforme o caso, na forma do entendimento disposto na súmula 362 do TST.

Gabarito "A".

(OAB/Exame Unificado – 2020.1) José da Silva, que trabalhou em determinada sociedade empresária de 20/11/2018 a 30/04/2019, recebeu, apenas parcialmente, as verbas rescisórias, não tendo recebido algumas horas extras e reflexos. A sociedade empresária pretende pagar ao ex-empregado o que entende devido, mas também quer evitar uma possível ação trabalhista. Sobre a hipótese, na qualidade de advogado(a) da sociedade empresária, assinale a afirmativa correta.

(A) Deverá ser indicado e custeado um advogado para o empregado, a fim de que seja ajuizada uma ação para, então, comparecerem para um acordo, que já estará previamente entabulado no valor pretendido pela empresa.

(B) Deverá ser instaurado um processo de homologação de acordo extrajudicial, proposto em petição conjunta, mas com cada parte representada obrigatoriamente por advogado diferente.

(C) Deverá ser instaurado um processo de homologação de acordo extrajudicial, proposto em petição conjunta, mas cada parte poderá ser representada por advogado, ou não, já que, na Justiça do Trabalho, vigora o *jus postulandi*.

(D) Deverá ser instaurado um processo de homologação de acordo extrajudicial, proposto em petição conjunta, mas com advogado único representando ambas as partes, por se tratar de acordo extrajudicial.

Os arts. 855-B ao 855-E da CLT cuidam do procedimento para homologação de acordo extrajudicial. Assim, o art. 855-B da CLT dispõe sobre o processo para homologação de acordo extrajudicial. Referido dispositivo ensina que o processo de homologação de acordo extrajudicial terá início por petição conjunta, sendo obrigatória a representação das partes por advogado, sendo certo que as partes não poderão ser representadas por advogado comum, ou seja, devem estar assistidas por advogados diferentes, um representando o empregado e outro o empregador. Note que nesse processo, as partes não poderão fazer uso do *jus postulandi* previsto no art. 791 da CLT. Contudo, é facultado ao trabalhador ser assistido pelo advogado do sindicato de sua categoria.

Gabarito "B".

(OAB/Exame Unificado – 2019.2) O réu, em sede de reclamação trabalhista, ajuizada em 20/04/2018, apresentou defesa no processo eletrônico, a qual não foi oferecida sob sigilo. Feito o pregão, logo após a abertura da audiência, a parte autora manifestou interesse em desistir da ação. Sobre a desistência da ação pela parte autora, assinale a afirmativa correta.

(A) O juiz deverá, imediatamente, homologar a desistência.

(B) Não é possível desistir da ação após a propositura desta.

(C) Oferecida a contestação, ainda que eletronicamente, o reclamante não poderá, sem o consentimento do reclamado, desistir da ação.

(D) O oferecimento da defesa pelo réu em nada se relaciona à questão da desistência de pedidos ou da demanda.

"C" é a opção correta. Isso porque, oferecida a contestação, ainda que eletronicamente, o reclamante não poderá, sem o consentimento do reclamado, desistir da ação, nos termos do art. 841, § 3º, da CLT. O encaminhamento da contestação pelo PJe, antes da audiência inaugural, "com sigilo", não impede a desistência unilateral do reclamante. Por outro lado, se a contestação foi encaminhada pelo PJe "sem sigilo", a desistência da reclamação somente será possível com o consentimento da reclamada.

Gabarito "C".

(OAB/Exame Unificado – 2019.1) Uma sociedade empresária consultou você, como advogado(a), para encontrar uma maneira de, periodicamente, firmar com seus empregados uma quitação de direitos, de modo a prevenir conflitos trabalhistas.

Diante disso, na qualidade de advogado(a) da empresa, assinale a opção que indica a solução proposta.

(A) Poderá ser firmado termo de quitação anual de obrigações trabalhistas, perante o sindicato da categoria dos empregados.

(B) Os termos de quitação firmados entre empregados e empregadores nada valem, apenas sendo válidos os acordos judiciais; logo, a empresa nada pode fazer.

(C) Poderá ser firmado termo anual de quitação de obrigações trabalhistas no sindicato profissional ou no sindicato patronal.

(D) Basta firmar termo de quitação anual das obrigações trabalhistas por mútuo consentimento.

"A" é a opção correta. Isso porque, nos termos do art. 507-B da CLT é facultado a empregados e empregadores, na vigência ou não do contrato de emprego, firmar o termo de quitação anual de obrigações trabalhistas, perante o sindicato dos empregados da categoria. Esse termo deverá discriminar as obrigações de dar e fazer cumpridas mensalmente e a quitação anual dada pelo empregado, com eficácia liberatória das parcelas nele especificadas, na forma do parágrafo único do art. 507-B da CLT.

Gabarito "A".

(OAB/Exame Unificado – 2018.3) A sociedade empresária Alfa S. A. está sendo executada na Justiça do Trabalho e, em 13/03/2018, recebeu citação para pagamento da dívida que possui em relação a um processo. Mesmo citada, a sociedade empresária permaneceu inerte, pelo que, no 10º dia contado da citação, o juízo iniciou, a requerimento do exequente a tentativa de bloqueio pelo sistema Bacen-Jud e, paralelamente, inscreveu o nome do executado no Banco Nacional de Devedores Trabalhistas (BNDT).

Diante da situação apresentada e dos termos da CLT, assinale a afirmativa correta.

(A) A atitude do magistrado está correta, eis que não houve o pagamento voluntário da dívida no prazo legal, sendo a inserção imediata no BNDT uma adequada medida coercitiva judicial.

(B) A Lei deixa ao arbítrio do juiz determinar a partir de quando o nome do devedor deve ser inserido em cadastro restritivo de crédito, inclusive no BNDT.

(C) A Justiça do Trabalho não atua mais com inserção e retirada do nome de devedores no BNDT, pelo que a atitude do magistrado é inócua e contrária às regras da CLT.

(D) A decisão que determinou a inserção do nome do devedor no BNDT está equivocada, porque somente poderia ocorrer 45 dias depois de ele não pagar, nem garantir o juízo.

"D" é a opção correta. Isso porque, mesmo tendo a empresa se mostrado inerte, nos termos do art. 883-A da CLT a decisão judicial transitada em julgado somente poderá ser levada a protesto, gerar inscrição do nome do executado em órgãos de proteção ao crédito ou no Banco Nacional de Devedores Trabalhistas (BNDT), nos termos da lei, depois de transcorrido o prazo de quarenta e cinco dias a contar da citação do executado, se não houver garantia do juízo.

Gabarito "D".

(OAB/Exame Unificado – 2018.3) Em reclamação trabalhista ajuizada em fevereiro de 2018, os pedidos formulados por Paulo em face do seu ex-empregador foram julgados totalmente procedentes. Em relação à verba honorária, de acordo com a CLT, sabendo- se que o patrocínio de Paulo foi feito por advogado particular por ele contratado, assinale a afirmativa correta.

(A) Não haverá condenação em honorários advocatícios, porque o autor não está assistido pelo sindicato de classe.

(B) Haverá condenação em honorários de, no mínimo, 10% e de, no máximo, 20% em favor do advogado.

(C) Haverá condenação em honorários de, no mínimo, 5% e de, no máximo, 15% em favor do advogado.

(D) Somente se a assistência do advogado do autor for gratuita é que haverá condenação em honorários, de até 20%.

"C" é a opção correta. Isso porque, para as ações ajuizadas após a entrada em vigor da Reforma Trabalhista (Lei 13.467/2017), nos termos do art. 791-A da CLT ao advogado, ainda que atue em causa própria, serão devidos honorários de sucumbência, fixados entre o mínimo de 5% (cinco por cento) e o máximo de 15% (quinze por cento) sobre o valor que resultar da liquidação da sentença, do proveito econômico obtido ou, não sendo possível mensurá-lo, sobre o valor atualizado da causa. Nesse sentido, o art. 6º da IN 41/2018 do TST dispõe que na Justiça do Trabalho, a condenação em honorários advocatícios sucumbenciais, prevista no art. 791-A, e parágrafos, da CLT, será aplicável apenas às ações propostas após 11 de novembro de 2017 (Lei nº 13.467/2017). Nas ações propostas anteriormente, subsistem as diretrizes do art. 14 da Lei nº 5.584/1970 e das Súmulas 219 e 329 do TST.

Gabarito "C".

(OAB/Exame Unificado – 2018.1) Jéssica trabalhou na sociedade empresária Móveis Perfeitos Ltda. por 4 (quatro) anos, quando foi dispensada sem justa causa, sem receber as verbas resilitórias. Em razão disso, ajuizou reclamação trabalhista pelo rito ordinário postulando os direitos relativos à sua saída, além de horas extras, equiparação salarial, adicional de insalubridade e indenização por dano moral porque foi privada da indenização que serviria para pagar as suas contas regulares. Na audiência designada, após feito o pregão, a sociedade empresária informou, e comprovou documentalmente, que conseguira no mês anterior a sua recuperação judicial, motivo pelo qual requereu a suspensão da reclamação trabalhista por 180 dias, conforme previsto em Lei, sob pena de o prosseguimento acarretar a nulidade do feito.

Diante da situação concreta e dos termos da legislação em vigor, assinale a afirmativa correta.

(A) A sociedade empresária está correta, porque, em havendo concessão de recuperação judicial, a Lei determina a suspensão de todas as ações.

(B) A Lei não traz nenhuma previsão a respeito, daí porque ficará a critério do prudente arbítrio do juiz deferir a suspensão processual requerida.

(C) A sociedade empresária está equivocada, pois a suspensão da reclamação trabalhista somente ocorreria na fase executória, o que não é o caso.

(D) O Juiz do Trabalho, tendo sido deferida a recuperação judicial, deve suspender o processo, declarar sua incompetência e enviar os autos à Justiça Estadual.

"C" é a assertiva correta. Nota-se que os créditos trabalhistas na fase de conhecimento não estão liquidados, o que será feito posteriormente na fase de execução, iniciando-se com a liquidação dos valores. Desta forma, a suspensão do processo na fase de conhecimento não se mostra possível, sendo permitida, contudo na fase de execução. Nesse sentido dispõe o art. 6º, § 1º, da Lei 11.101/2005 que terá prosseguimento no juízo no qual estiver se processando a ação que demandar quantia ilíquida.

Gabarito "C".

(OAB/Exame Unificado – 2017.3) Um empregado de 65 anos foi admitido em 10/05/2011 e dispensado em 10/01/2013. Ajuizou reclamação trabalhista em 05/12/2016, postulando horas extras e informando, na petição inicial, que não haveria prescrição porque apresentara protesto judicial quanto às horas extras em 04/06/2015, conforme documentos que juntou aos autos.

Diante da situação retratada, considerando a Lei e o entendimento consolidado do TST, assinale a afirmativa correta.

11. DIREITO PROCESSUAL DO TRABALHO

(A) A prescrição ocorreu graças ao decurso do tempo e à inércia do titular.

(B) A prescrição foi interrompida com o ajuizamento do protesto.

(C) A prescrição ocorreu, porque não cabe protesto judicial na seara trabalhista.

(D) A prescrição não corre para os empregados maiores de 60 anos.

"A" é a afirmativa correta. Isso porque, embora haja previsão na OJ 392 da SDI 1 do TST, que dispõe que O protesto judicial é medida aplicável no processo do trabalho, por força do art. 769 da CLT e do art. 15 do CPC de 2015, o ajuizamento da ação, por si só, interrompe o prazo prescricional, em razão da inaplicabilidade do § 2º do art. 240 do CPC de 2015 (§ 2º do art. 219 do CPC de 1973), incompatível com o disposto no art. 841 da CLT. Ocorre que o protesto judicial foi apresentado em data superior a 2 anos do término da prestação de serviços, portanto a matéria já se encontrava prescrita, na forma do art. 7º, XXIX, da CF e art. 11 da CLT.
Gabarito "A"

(OAB/Exame Unificado – 2017.2) Rômulo ajuizou ação trabalhista em face de sua ex-empregadora, a empresa Análise Eletrônica Ltda. Dentre outros pedidos, pretendeu indenização por horas extras trabalhadas e não pagas, férias vencidas não gozadas, nem pagas, e adicional de periculosidade. Na audiência, foi requerida e deferida a perícia, a qual foi custeada por Rômulo, que se sagrou vitorioso no respectivo pedido. Contudo, os pedidos de horas extras e férias foram julgados improcedentes. Rômulo também indicou e custeou assistente técnico, que cobrou o mesmo valor de honorários que o perito do juízo. Observados os dados acima e o disposto na CLT, na qualidade de advogado(a) que irá orientar Rômulo acerca do custeio dos honorários periciais e do assistente técnico, assinale a afirmativa correta.

(A) Tendo Rômulo sido vitorioso no objeto da perícia, não há que se falar em pagamento de honorários periciais e do assistente técnico, pois a ré os custeará.

(B) Independentemente do resultado no objeto da perícia, como ao final o rol de pedidos foi parcialmente procedente, Rômulo custeará os honorários periciais e do assistente técnico.

(C) Em virtude da aplicação do princípio da celeridade, descabe a indicação de assistente técnico no processo do trabalho, não cabendo a aplicação subsidiária do CPC nesse mister.

(D) Tendo Rômulo sido vitorioso no objeto da perícia, os honorários periciais serão custeados pela parte sucumbente no seu objeto, porém os honorários do assistente técnico serão de responsabilidade da parte que o indicou.

"D" é a opção correta. Isso porque nos termos do art. 790-B da CLT a responsabilidade pelo pagamento dos honorários periciais é da parte sucumbente na pretensão objeto da perícia, salvo se beneficiária de justiça gratuita, hipótese em que a responsabilidade será da União, nos termos da súmula 457 do TST.[2] No entanto, com relação aos honorários

2. A Lei 13.467/2017 (Reforma Trabalhista) modificou a redação do art. 790-B da CLT para dispor que a responsabilidade pelo pagamento dos honorários periciais é da parte sucumbente na pretensão objeto da perícia, ainda que beneficiária da justiça gratuita. A redação do "caput" e do § 4º do art. 790-B da CLT é objeto da ADI 5766 ainda não apreciada pelo STF até o término dessa edição.

do assistente do perito, ensina a súmula 341 do TST que a indicação do perito assistente é faculdade da parte, a qual deve responder pelos respectivos honorários, ainda que vencedora no objeto da perícia. HC
Gabarito "D"

(OAB/Exame Unificado – 2017.2) Cristóvão trabalhava na sociedade empresária Solventes Químicos S/A como motorista de empilhadeira. Ocorre que, em uma viagem de lazer feita nas férias, Cristóvão sofreu um acidente automobilístico e veio a óbito. Cristóvão deixou viúva, com quem era casado há 28 anos pelo regime da comunhão parcial de bens, e cinco filhos, sendo três deles maiores de 21 anos e capazes, e dois menores de 21 anos. Diante da tragédia ocorrida, a sociedade empresária calculou as verbas devidas em razão da extinção contratual decorrente da morte e pretende efetuar o pagamento a quem de direito.

De acordo com a legislação de regência, assinale a opção que contempla os beneficiários dessa verba.

(A) Somente a esposa e os filhos menores, por serem dependentes previdenciários passíveis de habilitação junto ao INSS, dividirão igualmente a verba decorrente do contrato de trabalho.

(B) A viúva e todos os filhos são sucessores, motivo pelo qual a verba deverá ser rateada igualmente entre todos, conferindo-se isonomia.

(C) A viúva, por ser herdeira e meeira, ficará com 50% da indenização pela ruptura do contrato de trabalho, dividindo-se o restante, igualmente, entre os filhos.

(D) A Lei não é clara sobre quem deve receber a indenização, razão pela qual caberá ao juiz, no caso concreto e verificando a necessidade de cada herdeiro, fazer a divisão justa e equânime.

"A" é a opção correta. Ocorrendo morte do empregado, são devidos pelo empregador o saldo de salário, 13º salário proporcional, férias vencidas, mais 1/3, se houver e férias proporcionais. Nos termos do art. 1º da Lei 6.858/1980, os valores devidos pelos empregadores aos empregados e os montantes das contas individuais do Fundo de Garantia do Tempo de Serviço e do Fundo de Participação PIS-PASEP, não recebidos em vida pelos respectivos titulares, serão pagos, em quotas iguais, aos dependentes habilitados perante a Previdência Social. Importante notar que os filhos do casal não eram menores de 18 anos, hipótese em que as quotas atribuídas a menores ficariam depositadas em caderneta de poupança, rendendo juros e correção monetária, e só serão disponíveis após o menor completar 18 (dezoito) anos, salvo autorização do juiz para aquisição de imóvel destinado à residência do menor e de sua família ou para dispêndio necessário à subsistência e educação do menor. HC
Gabarito "A"

(OAB/Exame Unificado – 2017.1) Jorge foi dispensado e, no dia designado para homologação da ruptura contratual, a empresa informou que não tinha dinheiro para pagar a indenização. O TRCT estava preenchido, com o valor total de R$ 5.000,00 que Jorge deveria receber. Diante da situação narrada pela empresa e da extrema necessidade de Jorge, o sindicato concordou em fazer a homologação apenas para liberar o FGTS e permitir o acesso ao seguro-desemprego, lançando no TRCT um carimbo de que nada havia sido pago. Jorge, então, ajuizou ação monitória na Justiça do Trabalho, cobrando a dívida de R$ 5.000,00.

Sobre a situação narrada, assinale a afirmativa correta.

(A) O comportamento de Jorge é viável, sendo que, nesse caso, o juiz expedirá mandado de pagamento, nos moldes do CPC.

(B) Na Justiça do Trabalho, a ação monitória somente é possível em causas de até dois salários mínimos, sendo que da sentença não caberá recurso, o que não é a hipótese retratada.

(C) Jorge deveria ajuizar ação de execução de título extrajudicial, que é a natureza jurídica do TRCT preenchido, mas não quitado.

(D) Jorge agiu mal, porque não cabe ação monitória na Justiça do Trabalho, em razão da incompatibilidade de procedimentos.

A: correta, pois, prevista no art. 700, "caput" e incisos do CPC/2015, aplicados ao processo do trabalho por força do art. 769 da CLT e art. 15 CPC/2015, a ação monitória compete àquele que afirmar, com base em prova escrita sem eficácia de título executivo, ter direito de exigir do devedor capaz, pagamento de quantia em dinheiro, entrega de coisa fungível ou infungível ou de determinado bem móvel ou imóvel ou, ainda, o adimplemento de obrigação de fazer ou de não fazer. A competência material da ação monitória da Justiça do Trabalho será fixada caso o documento escrito emitido seja decorrente da relação de trabalho, nos termos do art. 114 da CF; **B:** incorreta, pois não há regramento permitindo a ação monitória somente em causas cujo valor não supere 2 salários mínimos; **C:** incorreta, pois o termo de acordo extrajudicial firmado entre empregado e empregador não está inserido no rol dos títulos executivos previstos no art. 876 da CLT e por essa razão não pode ser executado na Justiça do Trabalho; **D:** opção incorreta, pois a ação monitória é compatível com o processo do trabalho e será perfeitamente admitida, arts. 769 da CLT e art. 15 CPC/2015. **HC**
Gabarito "A".

(OAB/Exame Unificado – 2016.3) Em pedido de reenquadramento formulado em reclamação trabalhista, foi designada perícia, com honorários adiantados pelo autor, e ambas as partes indicaram assistentes técnicos. Após a análise das provas, o pedido foi julgado procedente.

Diante da situação, da legislação em vigor e do entendimento consolidado do TST, assinale a afirmativa correta.

(A) O autor, tendo se sagrado vencedor, será ressarcido pelos honorários pagos ao perito e ao seu assistente técnico.

(B) O autor não terá o ressarcimento dos honorários que pagou ao seu assistente técnico, porque sua indicação é faculdade da parte.

(C) O autor, segundo previsão da CLT, terá o ressarcimento integral dos honorários pagos ao perito e metade daquilo pago ao seu assistente técnico.

(D) O juiz, inexistindo previsão legal ou jurisprudencial, deverá decidir se os honorários do assistente técnico da parte serão ressarcidos.

"B" é a resposta correta. Isso porque nos termos do art. 3º da Lei 5.584/1970 é facultado às partes a indicação de assistentes técnicos na perícia. Assim, no processo do trabalho, os honorários do assistente técnico devem ser pagos por quem indicou. Nessa linha, ensina a súmula 341 do TST que a indicação do perito assistente é faculdade da parte, a qual deve responder pelos respectivos honorários, ainda que vencedora no objeto da perícia. **HC**
Gabarito "B".

(OAB/Exame Unificado – 2016.2) Carlos tinha 17 anos quando começou a trabalhar na sociedade empresária ABCD Ltda. No dia seguinte ao completar 18 anos foi dispensado. A sociedade empresária pagou as verbas rescisórias, mas não pagou as horas extras trabalhadas ao longo de todo o contrato de trabalho.

Para o caso apresentado, na qualidade de advogado de Carlos, assinale a afirmativa correta.

(A) A ação deverá ser ajuizada no prazo de dois anos contados da dispensa.

(B) Sendo Carlos menor na época da contratação e durante quase todo o pacto laboral, não corre prescrição bienal, iniciando-se a quinquenal a partir da data da dispensa.

(C) A ação deverá ser proposta no prazo de cinco anos após a dispensa, já que Carlos era menor quando da contratação, não correndo prescrição.

(D) Não há prazo prescricional para ajuizamento da ação, pois não corre prescrição para o empregado menor e Carlos trabalhou sempre nessa condição.

A: opção correta, pois na data da dispensa Carlos é maior de idade, razão pela qual o prazo prescricional do art. 7º, XXIX, da CF e art. 11, da CLT é contado normalmente, não aplicando a regra do art. 440 da CLT. **B:** opção incorreta, pois nos termos do art. 189 do Código Civil o prazo prescricional sei inicia da data da violação do direito, ou seja, será contado a partir da data da dispensa, ocorrida quando Carlos já era considerado maior de idade. **C:** opção incorreta, pois nos termos do art. 7º, XXIX, da CF e art. 11, da CLT a ação deve ser proposta no prazo de 2 anos contados da data da dispensa. **D:** opção incorreta, pois no caso em estudo, o prazo prescricional estará em curso a partir da data da dispensa.
Gabarito "A".

(OAB/Exame Unificado – 2016.2) Paulo é juridicamente pobre, razão pela qual teve a gratuidade de justiça deferida em sede de reclamação trabalhista ajuizada em face de seu empregador, na qual pleiteava adicional de periculosidade. No curso do processo, o perito constatou que o local de trabalho não era perigoso, uma vez que Paulo não trabalhava em condição que ensejasse o pagamento do adicional de periculosidade.

Diante disso, assinale a opção que indica a quem cabe custear os honorários periciais.

(A) Paulo deverá realizar o pagamento, pois honorários periciais não se incluem na gratuidade de justiça, que alcança apenas as custas.

(B) A sociedade empresária deverá pagar a perícia, já que Paulo não tem condições de fazê-lo.

(C) A União será a responsável pelo pagamento dos honorários periciais.

(D) O perito deverá se habilitar como credor de Paulo até que esse tenha condição de custear a perícia.

A: opção incorreta, pois nos termos do art. 98, § 1º, VI, CPC/2015 pagamento dos honorários periciais estão abrangidos pela gratuidade de justiça. **B:** opção incorreta, pois a responsabilidade pelo pagamento dos honorários periciais pertence a parte que perde a pretensão do objeto da perícia, art. 790-B da CLT³. **C:** opção correta, pois reflete o entendimento disposto na súmula 457 TST que a União é responsável pelo pagamento dos honorários de perito quando a parte sucumbente no objeto da perícia for beneficiária da assistência judiciária gratuita,

---

3. A Lei 13.467/2017 (Reforma Trabalhista) modificou a redação do art. 790-B da CLT para dispor que a responsabilidade pelo pagamento dos honorários periciais é da parte sucumbente na pretensão objeto da perícia, ainda que beneficiária da justiça gratuita. A redação do "caput" e do § 4º do art. 790-B da CLT é objeto da ADI 5766 ainda não apreciada pelo STF até o término dessa edição.

11. DIREITO PROCESSUAL DO TRABALHO — 825

observado o procedimento disposto nos arts. 1º, 2º e 5º da Resolução n.º 66/2010 do Conselho Superior da Justiça do Trabalho – CSJT[4]. **D:** opção incorreta, pois Paulo não é o devedor da verba, cujo pagamento ficará a cargo da União.

Gabarito "C".

(OAB/Exame Unificado – 2015.3) Marcos ajuizou reclamação trabalhista em face de sua ex-empregadora, a sociedade empresária Cardinal Roupas Ltda., afirmando ter sofrido acidente do trabalho (doença profissional). Em razão disso, requereu indenização por danos material e moral. Foi determinada a realização de perícia, que concluiu pela ausência de nexo causal entre o problema sofrido e as condições ambientais. Na audiência de instrução, foram ouvidas cinco testemunhas e colhidos os depoimentos pessoais. Com base na prova oral, o juiz se convenceu de que havia o nexo causal e os demais requisitos para a responsabilidade civil, pelo que deferiu o pedido.

Diante da situação retratada, e em relação aos honorários periciais, assinale a afirmativa correta.

(A) O trabalhador sucumbiu no objeto da perícia feita pelo *expert*, de modo que pagará os honorários.

(B) Uma vez que a perícia não identificou o nexo causal, mas o juiz, sim, os honorários serão rateados entre as partes.

(C) A empresa pagará os honorários, pois foi sucumbente na pretensão objeto da perícia.

(D) Não havendo disposição a respeito, ficará a critério do juiz, com liberdade, determinar quem pagará os honorários.

A: opção incorreta, pois embora tenha sucumbido no objeto da perícia, foi vencedor na pretensão do objeto da perícia, razão pela qual não pagará os honorários periciais. Vide art. 790-B da CLT [5]**B:** opção incorreta, pois no caso apresentado não há rateio dos honorários pelas partes. **C:** opção correta, pois reflete a disposição contida no art. 790-B da CLT que determina que a responsabilidade pelo pagamento dos honorários periciais é da parte sucumbente na pretensão objeto da perícia, ainda que beneficiária da justiça gratuita. **D:** opção incorreta, pois o art. 790-B da CLT regula a hipótese em estudo.

Gabarito "C".

(OAB/Exame Unificado – 2015.2) José é empregado da sociedade empresária Bicicletas Ltda. Necessitando de dinheiro, ele vendeu seu automóvel para seu patrão, sócio da sociedade empresária. Para sua surpresa, foi dispensado imotivadamente 4 meses depois. Para garantir o pagamento de horas extras trabalhadas e não pagas, Jonas ajuizou ação trabalhista contra a sociedade empresária Bicicletas Ltda. A defesa da ré aduziu que não devia nenhuma hora extra a Jonas, pois o automóvel vendido ao sócio da ré apresentou defeito no motor, o que gerou prejuízo enorme para ele, razão pela qual tudo deveria ser compensado. Diante disso, assinale a afirmativa correta.

(A) Descabe a condenação em horas extras, dado o prejuízo causado, tendo em vista a vedação ao enriquecimento sem causa.

(B) Descabe a arguição de compensação de qualquer natureza na Justiça do Trabalho, pois contrária ao princípio de proteção ao hipossuficiente.

(C) Descabe a compensação, porque a dívida imputada a José não é trabalhista, devidas assim as horas extras na integralidade.

(D) Cabe a compensação, desde que arguida em ação própria.

A: incorreta, pois a condenação em horas extras será devida, independente do prejuízo causado ao empregador pela venda do automóvel. **B:** incorreta, pois a compensação é permitida no processo do trabalho, art. 477, § 5º, da CLT, porém para serem compensadas as dívidas devem possuir natureza trabalhista. O negócio jurídico avençado (compra e venda de automóvel) possui natureza civil, portanto não pode ser compensada em um processo trabalhista, em conformidade com a súmula 18 do TST. **C:** correta, pois a dívida imputada a José é de natureza civil, não podendo ser compensada na Justiça do Trabalho, nos termos da súmula 18 do TST. **D:** incorreta, pois a compensação, quando cabível, deve ser arguida em contestação, nos termos da Súmula 48 do TST.

Gabarito "C".

(OAB/Exame Unificado – 2015.1) Jairo requereu adicional de periculosidade em ação trabalhista movida em face de seu empregador. A gratuidade de justiça foi deferida e o perito realizou o laudo para receber ao final da demanda, tudo nos termos e nas limitações de valores fixados pelo Conselho Superior da Justiça do Trabalho. Contudo, não foi constatada atividade em situação que ensejasse o pagamento do adicional pretendido.

Diante disso, assinale a afirmativa correta.

(A) A União fica responsável pelo pagamento dos honorários periciais.

(B) Como Jairo é beneficiário da gratuidade de justiça, está isento do pagamento de custas; logo, não poderá custear os honorários do perito, que ficam dispensados.

(C) A parte ré fica responsável pelo custeio da perícia, face à inversão do ônus da prova pela hipossuficiência do empregado.

(D) Jairo deverá custear os honorários parceladamente ou compensá-los com o que vier a receber no restante da demanda.

A: correta, pois reflete o entendimento disposto na Súmula 457 do TST que ensina que a União é responsável pelo pagamento dos honorários de perito quando a parte sucumbente no objeto da perícia for beneficiária da assistência judiciária gratuita, observado o procedimento disposto nos arts. 1º, 2º e 5º da Resolução 66/2010 do Conselho Superior da Justiça do Trabalho – CSJT.[6] **B:** incorreta, pois os honorários periciais não serão dispensados, como vimos a responsabilidade será da União. **C:** opção incorreta, pois como a parte ré não foi sucumbente no objeto da perícia, não poderá ser responsável por seu pagamento. Veja art. 790-B da CLT[7]. **D:** incorreta, pois a responsabilidade pelo pagamento pertence a União, nos termos da Súmula 457 do TST.

Gabarito "A".

---

4. Veja ADI 5766.

5. O art. 790-B da CLT é objeto da ADI 5766.

---

6. Veja ADI 5766.

7. A Lei 13.467/2017 (Reforma Trabalhista) modificou a redação do art. 790-B da CLT para dispor que a responsabilidade pelo pagamento dos honorários periciais é da parte sucumbente na pretensão objeto da perícia, ainda que beneficiária da justiça gratuita. A redação do "caput" e do § 4º do art. 790-B da CLT é objeto da ADI 5766 ainda não apreciada pelo STF até o término dessa edição.

(OAB/Exame Unificado – 2015.1) Julgado dissídio coletivo entre uma categoria profissional e a patronal, em que foram concedidas algumas vantagens econômicas à categoria dos empregados, estas não foram cumpridas de imediato pela empresa Alfa Ltda. Diante disso, o sindicato profissional decidiu ajuizar ação de cumprimento em face da empresa. Sobre o caso apresentado, assinale a afirmativa correta.

(A) Deverá aguardar o trânsito em julgado da decisão, para ajuizar a referida ação.

(B) Poderá ajuizar a ação, pois o trânsito em julgado da sentença normativa é dispensável.

(C) Não juntada a certidão de trânsito em julgado da sentença normativa, o feito será extinto sem resolução de mérito.

(D) Incabível a ação de cumprimento, no caso.

De acordo com o entendimento consubstanciado na súmula 246, o TST entende ser dispensável o trânsito em julgado da sentença normativa para a propositura da ação de cumprimento.

Gabarito "B".

(OAB/Exame Unificado – 2014.2) Plínio, empregado da Padaria Pão Bom Ltda., insatisfeito com o trabalho, procurou seu empregador pedindo para ser mandado embora. O empregador aceitou a proposta, desde que tudo fosse realizado por intermédio de um acordo na Justiça do Trabalho, motivo pelo qual foi elaborada ação trabalhista pedindo verbas rescisórias. No dia da audiência, as partes disseram que se conciliaram, mas o juiz, ao indagar Plínio, compreendeu o que estava ocorrendo e decidiu não homologar o acordo. Para a hipótese, assinale a opção correta.

(A) Plínio deverá impetrar Mandado de Segurança para obter a homologação do acordo.

(B) A homologação do acordo é faculdade do juiz, que poderá não homologá-lo.

(C) Sendo a conciliação um princípio do processo do trabalho, deverá o processo ser remetido para outra Vara para homologação por outro juiz.

(D) Plínio deverá interpor reclamação correicional para obter a homologação do acordo.

A: incorreta, pois não há direito líquido e certo da parte em exigir que o magistrado homologue acordo, o que impede a impetração de mandado de segurança, súmula 418 do TST. **B:** correta, pois o juiz do trabalho não está obrigado a homologar o acordo entabulado entre as partes, na medida em que se constatar que esse ajuste viola preceito legal ou fere os interesses do trabalhador ou, ainda, se a vontade do trabalhador estiver viciada, deverá negar a homologação do acordo, sendo, portanto, uma faculdade do magistrado, em conformidade com o entendimento disposto na súmula 418 do TST. **C:** incorreta, pois embora a conciliação seja um princípio do processo do trabalho (princípio conciliatório), a não homologação de acordo não é motivo para que os autos sejam remetidos para outra Vara, com esse fim, justamente por ser uma faculdade do magistrado, súmula 418 do TST. **D:** incorreta, pois a reclamação correicional, tem como objetivo atacar procedimentos do juiz que atentam à boa ordem processual. Como vimos, o juiz negará a homologação de acordo objetivando sempre a proteção do trabalhador, portanto, não há que se falar em procedimento judicial contra à boa ordem processual.

Gabarito "B".

(OAB/Exame Unificado – 2013.3) Pedro realizou um acordo em reclamação trabalhista que moveu contra o seu ex-empregador, conferindo quitação quanto ao extinto contrato de trabalho e, em contrapartida, recebeu, no ato da homologação judicial, a quantia de R$ 2.500,00 em espécie. Dez dias após, Pedro arrependeu-se de ter aceitado a transação, entendendo que a quantia recebida seria inferior à que faria jus.

Considerando as circunstâncias do caso e de acordo com o entendimento legal e jurisprudencial, assinale a afirmativa correta.

(A) Pedro poderá ajuizar ação rescisória, no prazo de dois anos, cujo prazo se inicia oito dias após a homologação do acordo.

(B) Pedro poderá ajuizar ação anulatória, buscando o desfazimento do ato jurídico.

(C) Pedro nada poderá fazer, pois houve trânsito em julgado, impedindo recursos, além do que o motivo apresentado não autoriza ação rescisória.

(D) Pedro poderá ajuizar nova ação, postulando outros direitos que não aqueles postulados na ação que redundou no acordo, permitindo a dedução dos R$ 2.500,00 recebidos.

A: incorreta, pois Pedro não poderá ajuizar ação rescisória, na medida em que o motivo apontado não se enquadra em nenhum daqueles descritos no art. 966 do CPC/2015. Ademais, o início do prazo decadencial conta-se do dia imediatamente subsequente ao trânsito em julgado. Veja súmula 100, itens I e V, do TST. **B:** incorreta, pois a ação anulatória tem como objeto a anulação um juízo de atos praticados pelas partes, nos termos do art. 966, § 4º, CPC/2015. Desta forma, não poderá ajuizar ação anulatória. **C:** correta, pois havendo acordo e homologado pelo juiz, o título valerá como sentença irrecorrível, transitando em julgado imediatamente, nos termos do art. 831, parágrafo único, da CLT. **D:** incorreta, pois foi dada total quitação ao contrato de trabalho extinto. Nesse sentido entende o TST em sua OJ 132 da SDI 2 que o acordo celebrado – homologado judicialmente – em que o empregado dá plena e ampla quitação, sem qualquer ressalva, alcança não só o objeto da inicial, como também todas as demais parcelas referentes ao extinto contrato de trabalho, violando a coisa julgada, a propositura de nova reclamação trabalhista.

Gabarito "C".

(OAB/Exame Unificado – 2013.2) No acordo coletivo em vigor firmado pela empresa Pluma Comércio de Óculos Ltda. existe uma cláusula na qual os seus empregados podem adquirir as mercadorias lá produzidas a preço de custo. Emerson, empregado desta firma, pretendia comprar um par de óculos, mas o empregador exigiu que ele pagasse também o valor da margem mínima de lucro do comércio local.

Diante do ocorrido, assinale a alternativa que contempla a ação que, de acordo com a CLT, deverá ser ajuizada por Emerson para fazer prevalecer o seu direito.

(A) Execução de Título Extrajudicial.

(B) Mandado de Segurança.

(C) Ação de Cumprimento.

(D) Ação Monitória.

A: incorreta, pois o acordo coletivo não é considerado título executivo extrajudicial capaz de dar ensejo à propositura de uma execução de título extrajudicial. **B:** incorreta, pois o mandado de segurança disposto no art. 5º, LXIX, da CF e regulado pela Lei 12.016/2009 é classificado

11. DIREITO PROCESSUAL DO TRABALHO 827

como uma ação constitucional de natureza mandamental destinada a proteger direito legítimo e certo contra ato de autoridade, praticado com ilegalidade ou abuso de poder. **C:** correta, pois nos termos do art. 872 da CLT a ação de cumprimento é o meio processual que visa o cumprimento das normas estabelecidas em sentença normativa, convenção ou acordo coletivo. **D:** incorreta, pois nos termos dos arts. 700 e seguintes do CPC/2015.

Gabarito "C".

(OAB/Exame Unificado – 2013.2) Félix trabalhou na empresa Só Patinhas Pet Shop de 03.01.2011 a 15.06.2011, quando recebeu aviso-prévio indenizado. Em 10.07.2013 procurou a comissão de conciliação prévia de sua categoria, reclamando contra a ausência de pagamento de algumas horas extras. A sessão foi designada para 20.07.2013, mas a empresa não compareceu. Munido de declaração neste sentido, Félix ajuizou reclamação trabalhista em 22.07.2013 postulando as referidas horas extraordinárias. Em defesa, a ré arguiu prescrição bienal.

A partir dessa situação, assinale a afirmativa correta.

(A) Ocorreu prescrição porque a ação foi ajuizada após dois anos do rompimento do contrato.

(B) Não se cogita de prescrição no caso apresentado, pois com o ajuizamento da demanda perante a Comissão de Conciliação Prévia, o prazo prescricional foi suspenso.

(C) Está prescrito porque o período do aviso-prévio não é computado para a contagem de prescrição, pois foi indenizado, e a apresentação de demanda na Comissão de Conciliação Prévia não gera qualquer efeito.

(D) Não se cogita de prescrição no caso apresentado, pois com o ajuizamento da demanda perante a Comissão de Conciliação Prévia, o prazo foi interrompido.

A: incorreta, pois não ocorreu a prescrição, a teor do disposto no art. 625-G da CLT. **B:** correta, pois a partir da provocação da Comissão de Conciliação Prévia, o prazo prescricional será suspenso. **C:** incorreta, pois o período de aviso-prévio é computado como tempo de serviço, nos termos do art. 487, § 1º, da CLT. **D:** incorreta, pois em conformidade com o art. 625-G da CLT o prazo será suspenso e não interrompido.

Gabarito "B".

(OAB/Exame Unificado – 2012.1) Arlindo dos Santos ajuizou ação trabalhista em face do seu antigo empregador, pleiteando adicional de insalubridade e indenização por danos morais. Nas suas alegações contidas na causa de pedir, Arlindo argumentou que trabalhou permanentemente em contato com produtos químicos altamente tóxicos, o que lhe acarretou, inclusive, problemas de saúde. Em contestação, o réu negou veementemente a existência de condições insalubres e, por consequência, a violação do direito fundamental à saúde do empregado, não apenas porque o material utilizado por Arlindo não era tóxico, como também porque ele sempre utilizou equipamento de proteção individual (luvas e máscara). Iniciada a fase instrutória, foi feita prova pericial. Ao examinar o local de trabalho, o perito constatou que o material usado por Arlindo não era tóxico como mencionado por ele na petição inicial. Entretanto, verificou que o autor trabalhou submetido a níveis de ruído muito acima do tolerado e sem a proteção adequada. Assim, por força desse outro agente insalubre não referido na causa de pedir, concluiu que o autor fazia jus ao pagamento do adicional pleite-

ado com o percentual de 20%. Com base nessa situação concreta, é correto afirmar que o juiz deve julgar

(A) improcedente o pedido de pagamento de adicional de insalubridade, uma vez que está vinculado aos fatos constantes da causa de pedir, tal como descritos pelo autor na petição inicial;

(B) procedente em parte o pedido de pagamento de adicional de insalubridade, concedendo apenas metade do percentual sugerido pelo perito, haja vista a existência de agente insalubre distinto daquele mencionado na causa de pedir;

(C) improcedente o pedido de pagamento de adicional de insalubridade, uma vez que a existência de ruído não é agente insalubre;

(D) procedente o pedido de pagamento de adicional de insalubridade, uma vez que a constatação de agente insalubre distinto do mencionado na causa de pedir não prejudica o pedido respectivo.

A: incorreta, pois o pedido deverá ser julgado procedente. Veja comentários da alternativa D. **B:** incorreta, pois ainda que o agente insalubre apontado na inicial seja diverso daquele apontado pela perícia o pedido deverá ser julgado totalmente procedente. Veja Súmula 293 do TST. **C:** incorreta, pois de acordo com a Norma Regulamentadora 15 do Ministério do Trabalho e Emprego o ruído é considerado agente insalubre. **D:** correta, pois de acordo com o entendimento cristalizado na Súmula 293 do TST a verificação mediante perícia de prestação de serviços em condições nocivas, considerado agente insalubre diverso do apontado na inicial, não prejudica o pedido de adicional de insalubridade. Isso porque a causa de pedir deve ser considerada apenas quanto ao pedido de insalubridade, na medida em que, por ser técnico, é o perito quem avaliará qual é o agente insalubre.

Gabarito "D".

(OAB/Exame Unificado – 2011.3.A) Numa reclamação trabalhista, o autor teve reconhecido o direito ao pagamento de horas extras, sem qualquer reflexo. Após liquidado o julgado, foi homologado o valor de R$ 15.000,00, iniciando-se a execução. Em seguida, as partes comparecem em juízo pleiteando a homologação de acordo no valor de R$ 10.000,00.

Com base no narrado acima, é correto afirmar que

(A) o juiz não pode homologar o acordo porque isso significaria violação à coisa julgada;

(B) é possível a homologação do acordo, mas o INSS será recolhido sobre R$ 15.000,00;

(C) a homologação do acordo, no caso, dependeria da concordância do órgão previdenciário, pois inferior ao valor homologado;

(D) é possível a homologação do acordo, e o INSS será recolhido sobre R$ 10.000,00.

A: incorreta, pois nos termos do art. 764 da CLT, o acordo pode ser celebrado em qualquer momento processual, inclusive na fase de execução. **B:** incorreta, pois a contribuição previdenciária será recolhida sobre o valor do acordo celebrado e homologado, nos termos da OJ 376 da SDI-1 do TST. **C:** incorreta, pois não requer concordância do órgão previdenciário. Deve ser respeitada, porém a proporcionalidade de valores entre as parcelas de natureza salarial e indenizatória deferidas na decisão condenatória e as parcelas objeto do acordo, OJ 376 da SDI-1 do TST, parte final. **D:** correta, pois nos termos do art. 764 da CLT a conciliação é permitida em qualquer fase processual, inclusive na fase de execução de sentença. Ademias, uma vez celebrado acordo

HERMES CRAMACON

a contribuição previdenciária será recolhida sobre o valor do acordo celebrado e homologado, nos termos da OJ 376 da SDI-1 do TST.
Gabarito "D".

(OAB/Exame Unificado – 2011.1) Lavrado auto de infração contra uma empresa por alegada violação às normas da CLT, o valor da multa importa em R$ 5.000,00. Pretendendo recorrer administrativamente da multa, a empresa

(A) não precisará recolher qualquer multa para ter apreciado o seu recurso administrativo;

(B) não precisará depositar a multa, pois isso somente será obrigatório se desejar ajuizar ação anulatória perante a Justiça do Trabalho;

(C) para ser isenta do depósito da multa, deverá valer-se de ação própria requerendo judicialmente a isenção até o julgamento do recurso administrativo;

(D) deverá recolher o valor da multa, que ficará retida até o julgamento do recurso administrativo.

A: correta, pois embora a multa esteja prevista no art. 636, § 1º, da CLT, sendo exigida como condição para interposição do recurso administrativo, o TST interpretou referido dispositivo de lei, conforme o art. 5, LV, da CF (princípio do contraditório e ampla defesa), editando a Súmula 424, ensinando que a norma em debate não foi recepcionado pela Constituição Federal de 1988, ante a sua incompatibilidade com o inciso LV do art. 5º; **B:** incorreta, pois não há obrigatoriedade de depósito em ação anulatória; **C:** incorreta, pois em conformidade com a Súmula 424 do TST não há exigência de multa; **D:** incorreta, *vide* comentários da Opção **A**.
Gabarito "A".

(OAB/Exame Unificado – 2010.3) O sindicato representante de determinada categoria profissional ajuizou ação civil pública em face da Construtora Beta Ltda., postulando sua condenação na obrigação de se abster de coagir seus empregados a deixarem de se filiar ao respectivo ente sindical. A pretensão foi julgada procedente, tendo transitado em julgado a decisão condenatória.

Diante dessa situação hipotética, assinale a alternativa correta.

(A) A sentença fará coisa julgada às partes entre as quais é dada (*inter partes*), não beneficiando nem prejudicando terceiros.

(B) Seria obrigatória a intervenção do Ministério Público do Trabalho como fiscal da lei nesse processo.

(C) A competência funcional para julgamento dessa ação civil pública é do Tribunal Regional do Trabalho que tenha jurisdição no local onde se situa a sede da empresa.

(D) O ajuizamento dessa ação civil pública visou à tutela de interesses ou direitos meramente individuais.

A: incorreta, pois nos termos do art. 16 da LACP, a sentença fará coisa julgada *erga omnes*; **B:** correta, pois em conformidade com o art. 83, III da Lei Complementar 75/1993; **C:** incorreta, pois a ação civil pública deve ser proposta perante os órgãos de primeira instância, ou seja, na vara do trabalho da localidade onde ocorreu ou deva ocorrer a lesão aos interesses; **D:** incorreta, pois a ação civil pública visou a tutela de direitos e interesses metaindividuais.
Gabarito "B".

(OAB/Exame Unificado – 2010.3) Segundo o texto da Consolidação das Leis do Trabalho, é correto afirmar que a lei de execução fiscal

(A) somente é fonte subsidiária para aplicação das normas na execução trabalhista caso não exista regramento sobre o assunto no Código de Processo Civil, que é a primeira fonte subsidiária da legislação processual do trabalho;

(B) somente é fonte subsidiária do Processo do Trabalho na execução das contribuições previdenciárias e sindicais;

(C) é fonte subsidiária para a aplicação das normas na execução trabalhista;

(D) somente é fonte subsidiária do Processo do Trabalho na execução das contribuições previdenciárias.

A: incorreta, pois será aplicada a lei de execução fiscal (Lei 6.830/1980), sempre que a CLT ou a Lei 5.584/1970 for omissa; **B:** incorreta, pois a lei de execução fiscal é aplicável a toda execução trabalhista; **C:** correta, pois em consonância com o art. 889 da CLT; **D:** incorreta, pois contraria o disposto no art. 769 da CLT. Importante frisar que, na fase de execução de sentença, deve-se em primeiro lugar aplicar a CLT. Sendo omissa a CLT com relação à matéria, aplica-se a Lei 5.584/1970. Existindo omissão na Lei 5.584/1970, aplicar-se-ão, os dispositivos da lei de execução fiscal, Lei 6.830/1980. Persistindo a omissão, aplica-se o Código de Processo Civil, em conformidade com o art. 769 da CLT.
Gabarito "C".

(OAB/Exame Unificado – 2010.1) Determinada empresa, ao apresentar contestação em processo trabalhista, formulou pedido de concessão da justiça gratuita, alegando dificuldades financeiras, sem a devida comprovação de incapacidade, e anexou, apenas, declaração de miserabilidade firmada por seu representante legal. A respeito dessa situação hipotética e do benefício da justiça gratuita, assinale a opção correta.

(A) Os benefícios da justiça gratuita só podem ser concedidos aos reclamantes.

(B) A simples alegação de dificuldades financeiras é suficiente para a concessão do referido benefício.

(C) Para que possa usufruir do benefício da justiça gratuita, a empresa em questão deve comprovar a sua condição de miserabilidade.

(D) Pessoas jurídicas não fazem jus aos benefícios da justiça gratuita no processo do trabalho, podendo apenas requerer o pagamento das custas ao final do processo.

A: incorreta, pois nos termos do art. 98 do CPC/2015 a pessoa jurídica pode receber os benefícios da justiça gratuita; **B:** incorreta, na medida em que, diferentemente da pessoa física, que basta fazer o pedido para receber os benefícios da justiça gratuita, a jurisprudência entende que a pessoa jurídica poderá ser beneficiária da justiça gratuita, desde que comprove a dificuldade financeira; **C:** correta, pois nos termos do art. 98 do CPC/2015 a pessoa jurídica pode receber os benefícios da justiça gratuita. O TST manifestou entendimento no sentido de que a pessoa jurídica pode receber o benefício da justiça gratuita, desde que comprove a condição de miserabilidade. O art. 5º, LXXIV, da CF, ensina que o Estado prestará assistência jurídica integral e gratuita aos que comprovarem insuficiência de recursos. A Lei 1.060/1950 não faz distinção entre pessoa física ou jurídica para a concessão da assistência judiciária gratuita. No entanto, o benefício para a pessoa jurídica vem sendo admitido de forma cautelosa, sempre condicionado a prova inequívoca de incapacidade financeira da parte. Precedente: ROAG – 478/2008-909-09- 40; **D:** incorreta. *Vide* justificativa apresentada na Opção "C".
Gabarito "C".

11. DIREITO PROCESSUAL DO TRABALHO

829

(OAB/Exame Unificado – 2009.2) No que concerne ao acordo homologado judicialmente, assinale a opção correta.

(A) O termo conciliatório transita em julgado na data da publicação da homologação judicial.

(B) O acordo homologado judicialmente tem força de decisão irrecorrível, salvo para a previdência social, quanto às contribuições que lhe forem devidas.

(C) Acordos judiciais não transitam em julgado, visto que podem sofrer alterações a qualquer tempo, conforme a vontade das partes.

(D) Cabe agravo de instrumento contra a decisão que homologa acordo.

A: incorreta, pois o termo de conciliação transita em julgado imediatamente, pois vale como decisão irrecorrível, nos termos do art. 831, parágrafo único, da CLT; **B:** correta, pois reflete o disposto no art. 831, parágrafo único, da CLT; **C:** incorreta, pois contraria o disposto no art. 831, parágrafo único, da CLT; **D:** incorreta, pois conforme o art. 831, parágrafo único, da CLT, a decisão que homologa o acordo é irrecorrível, só podendo ser objeto de impugnação via ação rescisória.

Gabarito "B".

11. QUESTÕES SOBRE COVID

(QUESTÃO 1) Nos termos da Lei 14.010/2020 que dispõe sobre o Regime Jurídico Emergencial e Transitório das relações jurídicas de Direito Privado (RJET) no período da pandemia do coronavírus (Covid-19), é correto dizer:

(A) Não se aplica ao Direito do Trabalho e Direito Processual do Trabalho.

(B) Os prazos prescricionais consideram-se impedidos ou suspensos, conforme o caso, a partir da entrada em vigor da Lei até 30 de outubro de 2020.

(C) Os prazos prescricionais consideram-se interrompidos, a partir da entrada em vigor da Lei até 30 de outubro de 2020.

(D) Os prazos prescricionais não foram afetados no período da pandemia do coronavírus (Covid-19).

B é a alternativa correta, pois reflete a disposição do art. 3º das Lei 14.010/2020, que é aplicável ao Direito do Trabalho que faz parte do ramo do Direito Privado.

Gabarito "B".

12. DIREITO AMBIENTAL

Wander Garcia e Rodrigo Bordalo

1. INTRODUÇÃO E PRINCÍPIOS DO DIREITO AMBIENTAL

Segue um resumo sobre Princípios do Direito Ambiental:

1. **Princípio do desenvolvimento sustentável** é aquele que determina a harmonização entre o desenvolvimento econômico e social e a garantia da perenidade dos recursos ambientais. Tem raízes na Carta de Estocolmo (1972) e foi consagrado na ECO-92.

2. **Princípio do poluidor-pagador:** é aquele que impõe ao poluidor tanto o dever de prevenir a ocorrência de danos ambientais, como o de reparar integralmente eventuais danos que causar com sua conduta. O princípio não permite a poluição, conduta absolutamente vedada e passível de diversas e severas sanções. Ele apenas reafirma o dever de prevenção e de reparação integral por parte de quem pratica atividade que possa poluir. Esse princípio também impõe ao empreendedor a internalização das externalidades ambientais negativas das atividades potencialmente poluidoras, buscando evitar a socialização dos ônus (ou seja, que a sociedade pague pelos danos causados pelo empreendedor) e a privatização dos bônus (ou seja, que somente o empreendedor ganhe os bônus de gastar o meio ambiente).

3. **Princípio da obrigatoriedade da intervenção estatal:** é aquele que impõe ao Estado o dever de garantir o meio ambiente ecologicamente equilibrado. O princípio impõe ao poder público a utilização de diversos instrumentos para proteger o meio ambiente, que serão vistos em capítulo próprio.

4. **Princípio da participação coletiva ou da cooperação de todos:** é aquele que impõe à coletividade (além do Estado) *o dever de garantir e participar da proteção do meio ambiente.* O princípio cria deveres (preservar o meio ambiente) e direitos (participar de órgãos colegiados e audiências públicas, p. ex.) às pessoas em geral.

5. **Princípio da responsabilidade objetiva e da reparação integral:** é aquele que impõe o dever de qualquer pessoa responder integralmente pelos danos que causar ao meio ambiente, independentemente de prova de culpa ou dolo. Perceba que a proteção é dupla. Em primeiro lugar, fixa-se que a responsabilidade é objetiva, o que impede que o causador do dano deixe de ter a obrigação de repará-lo sob o argumento de que não agiu com culpa ou dolo. Em segundo lugar, a obrigação de reparar o dano não se limita a pagar uma indenização, mas impõe que a reparação seja específica, isto é, deve-se buscar a restauração ou recuperação do bem ambiental lesado, procurando, assim, retornar à situação anterior.

6. **Princípio da prevenção:** é aquele que impõe à coletividade e ao poder público a tomada de medidas prévias para garantir o meio ambiente ecologicamente equilibrado para as presentes e futuras gerações. A doutrina faz uma distinção entre este princípio e o da precaução. O princípio da prevenção incide naquelas hipóteses em que se tem certeza de que dada conduta causará um dano ambiental. O princípio da prevenção atuará de forma a evitar que o dano seja causado, impondo licenciamentos, estudos de impacto ambiental, reformulações de projeto, sanções administrativas etc. A ideia aqui é eliminar os perigos já comprovados. Já o princípio da precaução incide naquelas hipóteses de incerteza científica sobre se dada conduta pode ou não causar um dano ao meio ambiente. O princípio da precaução atuará no sentido de que, na dúvida, deve-se ficar com o meio ambiente, tomando as medidas adequadas para que o suposto dano de fato não ocorra. A ideia aqui é eliminar que o próprio perigo possa se concretizar.

7. **Princípio da educação ambiental:** é aquele que impõe ao poder público o dever de promover a educação ambiental em todos os níveis de ensino e a conscientização pública para a preservação do meio ambiente. Perceba que a educação ambiental deve estar presente em todos os níveis de ensino e, que, além do ensino, a educação ambiental deve acontecer em programas de conscientização pública.

8. **Princípio do direito humano fundamental:** é aquele pelo qual os seres humanos têm direito a uma vida saudável e produtiva, em harmonia com o meio ambiente. De acordo com o princípio, as pessoas têm direito ao meio ambiente ecologicamente equilibrado.

9. **Princípio da ubiquidade:** é aquele pelo qual as questões ambientais devem ser consideradas em todas as atividades humanas. Ubiquidade quer dizer existência concomitantemente em todos os lugares. De fato, o meio ambiente está em todos os lugares, de modo que qualquer atividade deve ser feita com respeito à sua proteção e promoção.

10. **Princípio do usuário-pagador:** é aquele pelo qual as pessoas que usam recursos naturais devem pagar por tal utilização. Esse princípio difere do princípio do poluidor-pagador, pois o segundo diz respeito a condutas ilícitas ambientalmente, ao passo que o primeiro a condutas lícitas ambientalmente. Assim, aquele que polui (conduta ilícita), deve reparar o dano, pelo princípio do poluidor-pagador. Já aquele que usa água (conduta lícita) deve pagar pelo seu uso, pelo princípio do usuário-pagador. A ideia é que o usuário pague com o objetivo de incentivar o uso racional dos recursos naturais, além de fazer justiça, pois há pessoas que usam mais e pessoas que usam menos dados recursos naturais.

11. **Princípio da informação e da transparência das informações e atos:** é aquele pelo qual as pessoas têm direito de receber todas as informações relativas à proteção, preventiva e repressiva, do meio ambiente.

Assim, pelo princípio, as pessoas têm direito de consultar os documentos de um licenciamento ambiental, assim como têm direito de participar de consultas e de audiências públicas em matéria de meio ambiente.

12. **Princípio da função socioambiental da propriedade:** é aquele pelo qual a propriedade deve ser utilizada de modo sustentável, com vistas não só ao bem-estar do proprietário, mas também da coletividade como um todo.

13. **Princípio da equidade geracional:** é aquele pelo qual as presentes e futuras gerações têm os mesmos direitos quanto ao meio ambiente ecologicamente equilibrado. Assim, a utilização de recursos naturais para a satisfação das necessidades atuais não deverá comprometer a possibilidade das gerações futuras satisfazerem suas necessidades. O princípio impõe, também, equidade na distribuição de benefícios e custos entre gerações, quanto à preservação ambiental.

(OAB/Exame XXXIX) A sociedade empresária *Alfa* requereu licença ambiental para empreendimento consistente em indústria de cimento que gera materiais particulados, que se instalaria em determinada zona industrial já saturada. Durante o processo de licenciamento ambiental, restou comprovado que o projeto apresentado comprometeria a capacidade de suporte da área, causando grave poluição atmosférica.

Diante dos riscos e impactos já de antemão conhecidos, o órgão ambiental licenciador indeferiu o pedido de licença.

Assinale a opção que indica o princípio específico que embasou a decisão de negar a licença ambiental.

(A) Precaução, que requer certeza científica conclusiva e segura sobre os impactos ambientais.

(B) Prevenção, em que o risco é previamente conhecido e existe certeza a respeito da sua ocorrência.

(C) Desenvolvimento sustentável, que se relaciona à informação científica inconclusiva quanto aos danos ambientais a serem causados.

(D) Poluidor-pagador, que evidenciou que o perigo de dano ambiental era certo com elementos seguros para concluir que a atividade é efetivamente perigosa.

No caso hipotético apresentado, os riscos e os impactos ambientais já foram de antemão *conhecidos*, havendo, portanto, uma *certeza* quanto à sua ocorrência caso o empreendimento fosse implantado. Essas são as informações importantes para se chegar à alternativa correta da questão, que é a B. **A:** incorreta (o princípio da *precaução* está relacionado à *incerteza* científica quanto aos impactos ambientais de uma atividade, o que gera um *desconhecimento* quantos aos respectivos riscos). **B:** correta (princípio da prevenção = certeza científica e riscos conhecidos). **C:** incorreta (o princípio do desenvolvimento sustentável está relacionado a uma necessária compatibilização entre, de um lado, o desenvolvimento econômico e social e, de outro, a proteção ao meio ambiente). **D:** incorreta (o princípio do poluidor-pagador significa que o degradador do meio ambiente assume a obrigação de reparar os danos causados). **RB**
Gabarito "B".

(OAB/Exame XXXIII – 2020.3) Determinado empreendedor requereu ao órgão ambiental competente licença ambiental para indústria geradora de significativa poluição atmosférica, que seria instalada em zona industrial que, contudo, já está saturada. Após a análise técnica necessária, feita com base nos riscos e impactos já de antemão conhecidos em razão de certeza científica, concluiu-se que os impactos negativos decorrentes da atividade não poderiam sequer ser mitigados a contento, diante da sinergia e cumulatividades com as atividades das demais fábricas já existentes na localidade. Assim, o órgão ambiental indeferiu o pedido de licença, com objetivo de impedir a ocorrência de danos ambientais, já que sabidamente a atividade comprometeria a capacidade de suporte dos ecossistemas locais. Assinale a opção que indica o princípio de Direito Ambiental em que a decisão de indeferimento do pedido de licença está fundada específica e diretamente.

(A) Princípio da precaução, eis que a operação do empreendimento pretendido causa riscos hipotéticos que devem ser evitados.

(B) Princípio da prevenção, eis que a operação do empreendimento pretendido causa perigo certo, com riscos previamente conhecidos.

(C) Princípio do poluidor-pagador, eis que a operação do empreendimento pretendido está condicionada à adoção das cautelas ambientais cabíveis para mitigar e reparar os danos ambientais.

(D) Princípio da responsabilidade ambiental objetiva, eis que a operação do empreendimento pretendido está condicionada ao prévio depósito de caução para garantir o pagamento de eventuais danos ambientais.

A: incorreta, pois o princípio da precaução incide em caso de *dúvida científica* sobre o perigo de lesão ao meio ambiente, que não é o caso, já que o enunciado fala em "certeza científica" do dano ambiental; **B:** correta, pois em havendo *certeza científica* dos riscos ambientais (expressão que consta do enunciado da questão), o princípio aplicável é o da prevenção; **C:** incorreta, pois o caso é de indeferimento da licença, e não de deferimento dela mediante adoção de medidas mitigadoras; **D:** incorreta, pois esse princípio incide quando se está diante de um dano ambiental já configurado, impondo a responsabilização civil com vistas à reparação desse dano; no caso em tela, o empreendedor ainda não causou dano algum, já que ainda está numa fase preliminar, na qual pede uma licença ambiental para iniciar a sua atividade.
Gabarito "B".

2. DIREITO AMBIENTAL NA CONSTITUIÇÃO FEDERAL

(OAB/Exame XXXIV) A Constituição da República dispõe que *são reconhecidos aos índios sua organização social, costumes, línguas, crenças e tradições, e os direitos originários sobre as terras que tradicionalmente ocupam.*

Do ponto de vista histórico e cultural, percebe-se que a comunidade indígena está intimamente ligada ao meio ambiente, inclusive colaborando em sua defesa e preservação.

Nesse contexto, de acordo com o texto constitucional, a pesquisa e a lavra das riquezas minerais em terras indígenas

(A) só podem ser efetivadas com autorização de todos os órgãos que integram o SISNAMA (Sistema Nacional do Meio Ambiente), na forma da lei.

(B) só podem ser efetivadas com autorização do Congresso Nacional, ouvidas as comunidades afetadas, ficando-lhes assegurada participação nos resultados da lavra, na forma da lei.

12. DIREITO AMBIENTAL 833

(C) não podem ser efetivadas em qualquer hipótese, eis que são terras inalienáveis e indisponíveis, e devem ser exploradas nos limites de atividades de subsistência para os índios.

(D) não podem ser efetivadas em qualquer hipótese, diante de expressa vedação constitucional, para não descaracterizar a área de relevante interesse social.

A: incorreta, pois depende de autorização do Congresso Nacional, ouvidas as comunidades afetadas (art. 231, p. 3º, da CF); **B:** correta, nos exatos termos do art. 231, p. 3º, da CF ("O aproveitamento dos recursos hídricos, incluídos os potenciais energéticos, a pesquisa e a lavra das riquezas minerais em terras indígenas só podem ser efetivados com autorização do Congresso Nacional, ouvidas as comunidades afetadas, ficando-lhes assegurada participação nos resultados da lavra, na forma da lei"); **C** e **D:** incorretas, pois a Constituição autoriza essa pesquisa e lavra mediante a autorização do Congresso Nacional, ouvidas as comunidades afetadas, não havendo essa restrição acerca da subsistência dos índios, que, ressalte-se, terão direito a uma participação no resultado da lavra (art. 231, p. 3º, da CF).

Gabarito "B".

(OAB/Exame Unificado – 2011.3.B) Imagine que três municípios, localizados em diferentes estados membros da federação brasileira, estejam interessados em abrigar a instalação de uma usina de energia que opera com reatores nucleares. A respeito do tema, é correto afirmar que

(A) o Congresso Nacional irá definir, mediante a edição de lei, qual município receberá a usina nuclear.

(B) após a escolha do local para a instalação da usina nuclear, o município que a receber deverá criar a legislação que disciplinará seu funcionamento, bem como o plano de evacuação da população em caso de acidentes, por ser assunto de relevante interesse local.

(C) em razão do princípio da predominância do interesse, a União deverá legislar sobre o tema, após ouvir e sabatinar obrigatoriamente o Ministro de Minas e Energia no Congresso Nacional, versando sobre os riscos ambientais que a usina pode trazer ao meio ambiente e à população de cada município postulante.

(D) a CRFB não estabelece expressamente qual ente da federação deverá legislar sobre o tema energia nuclear. Mas, em razão do acidente nuclear de Chernobyl, a doutrina defende que apenas a União deverá criar normas sobre regras de segurança de usinas nucleares.

A: correta, conforme arts. 21, XXIII, a, 49, XIV, e 225, § 6º, da CF; **B:** incorreta, pois compete privativamente à União legislar sobre atividades nucleares de qualquer natureza (art. 22, XXVI, da CF); **C:** incorreta, pois não há previsão da oitiva e sabatina do Ministro de Minas e Energia, como providência prévia à aprovação de lei sobre o tema; **D:** incorreta, pois, conforme se viu, a competência legislativa da União para legislar sobre energia nuclear está prevista no art. 22, XXVI, da CF.

Gabarito "A".

(OAB/Exame Unificado – 2011.1) (adaptada) O inciso VII do § 1º do art. 225 da Constituição da República prevê a proteção da fauna e da flora, vedadas as práticas que coloquem em risco sua função ecológica, enquanto que o § 1º do art. 231 do referido texto constitucional estabelece que são terras indígenas as habitadas por eles em caráter permanente e que podem ser utilizadas por esses povos, desde que necessárias ao seu bem-estar e à sua reprodução física e cultural. A esse respeito, assinale a alternativa correta.

(A) Os indígenas têm o usufruto exclusivo das riquezas do solo, dos rios e dos lagos nas terras ocupadas em caráter permanente por eles e, portanto, podem explorá-las, sem necessidade de licenciamento ambiental.

(B) Os indígenas são proprietários das terras que ocupam em caráter permanente, mas devem explorá-las segundo as normas ambientais estabelecidas na Lei da Política Nacional do Meio Ambiente e do Código Florestal.

(C) Os indígenas podem suprimir vegetação de mata atlântica sem autorização do órgão ambiental competente porque são usufrutuários das terras que habitam

(D) É proibido o uso de fogo na vegetação, exceto, dentre outros casos, as práticas de prevenção e combate aos incêndios e as de agricultura de subsistência exercidos pelas populações tradicionais e indígenas.

A e **C:** incorretas, pois, apesar de os índios terem o direito de usufruto mencionado (art. 231, § 2º, da CF), eles não têm imunidade ao cumprimento das leis, não podendo se furtar ao licenciamento ambiental, quando este for necessário; **B:** incorreta, pois a propriedade das terras tradicionalmente ocupadas pelos índios é da União (art. 20, XI, da CF); **D:** correta. É o que prevê o art. 38, § 2º, da Lei 12.651/2012 – Código Florestal.

Gabarito "D".

(FGV – 2014) O art. 225, *caput*, da Constituição da República Federativa do Brasil dispõe que "Todos têm direito ao meio ambiente ecologicamente equilibrado, bem de uso comum do povo e essencial à sadia qualidade de vida, impondo-se ao Poder Público e à coletividade o dever de defendê-lo e preservá-lo para a presente e as futuras gerações."

Em relação aos conceitos e princípios contidos no dispositivo constitucional acima, analise as afirmativas a seguir.

I. O uso do pronome indefinido "todos" particulariza quem tem direito ao meio ambiente.

II. O poder público e a coletividade deverão defender e preservar o meio ambiente desejado pela Constituição da República Federativa do Brasil e não a qualquer meio ambiente.

III. Ao poder público e à coletividade é imposto o dever de defender e preservar o meio ambiente para a presente e as futuras gerações, o que se refere, expressamente, à solidariedade intergeracional e traduz o chamado desenvolvimento sustentado.

Assinale:

(A) se somente as afirmativas I e III estiverem corretas.

(B) se somente as afirmativas II e III estiverem corretas.

(C) se somente as afirmativas I e II estiverem corretas.

(D) se somente a afirmativa III estiver correta.

(E) se somente a afirmativa II estiver correta.

I: incorreta, pois a expressão "todos" não particulariza, não individualiza, mas sim traz um conceito bastante amplo e geral; **II:** correta, pois a ideia é buscar a defesa e a preservação do meio ambiente ecologicamente equilibrado, e não de qualquer meio ambiente; **III:** correta, pois o princípio da solidariedade intergeracional é aquele pelo qual as presentes e futuras gerações têm os mesmos direitos quanto ao meio ambiente ecologicamente equilibrado. Assim, a utilização de recursos naturais para a satisfação das necessidades atuais não deverá comprometer a possibilidade das gerações futuras satisfazerem suas necessidades, daí a necessidade de se buscar sempre o desenvolvimento sustentável.

Gabarito "B".

3. MEIO AMBIENTE CULTURAL

(OAB/Exame Unificado – 2016.1) Pedro, em visita a determinado Município do interior do Estado do Rio de Janeiro, decide pichar e deteriorar a fachada de uma Igreja local tombada, por seu valor histórico e cultural, pelo Instituto Estadual do Patrimônio Histórico-Cultural – INEPAC, autarquia estadual. Considerando o caso em tela, assinale a afirmativa correta.

(A) Pedro será responsabilizado apenas administrativamente, com pena de multa, uma vez que os bens integrantes do patrimônio cultural brasileiro não se sujeitam, para fins de tutela, ao regime de responsabilidade civil ambiental, que trata somente do meio ambiente natural.

(B) Pedro será responsabilizado administrativa e penalmente, não podendo ser responsabilizado civilmente, pois o dano, além de não poder ser considerado de natureza ambiental, não pode ser objeto de simultânea recuperação e indenização.

(C) Pedro, por ter causado danos ao meio ambiente cultural, poderá ser responsabilizado administrativa, penal e civilmente, sendo admissível o manejo de ação civil pública pelo Ministério Público, demandando a condenação em dinheiro e o cumprimento de obrigação de fazer.

(D) Pedro, além de responder administrativa e penalmente, será solidariamente responsável com o INEPAC pela recuperação e indenização do dano, sendo certo que ambos responderão de forma subjetiva, havendo necessidade de inequívoca demonstração de dolo ou culpa por parte de Pedro e dos servidores públicos responsáveis.

A: incorreta, pois o meio ambiente é um interesse difuso protegido administrativa, civil e penalmente em suas várias facetas, aí incluído o meio ambiente cultural; **B:** incorreta, pois no plano civil se busca a reparação do meio ambiente lesado, o que deve se dar de forma específica, ou seja, buscando o retorno do bem ao estado anterior, cabendo, quando for o caso, outros tipos de reparação, como a compensação ambiental e a indenização; **C:** correta, pois o meio ambiente é um interesse difuso protegido administrativa, civil e penalmente em suas várias facetas, aí incluído o meio ambiente cultural; no plano civil há de se buscar primariamente o retorno do bem ao estado anterior, cabendo condenação em obrigação de fazer, conforme mencionado na alternativa, e também em dinheiro, quando for o caso (art. 3º da Lei 7.347/1985); **D:** incorreta, pois o causador do dano ambiental (no caso, Pedro) responde modo objetivo (art. 14, § 1º, da Lei 6.938/1981), sendo que a responsabilidade subjetiva em matéria ambiental somente é discutida quando se trata de omissão estatal do dever de fiscalização.
Gabarito "C"

4. COMPETÊNCIA EM MATÉRIA AMBIENTAL

(OAB/Exame XXXVIII) Tramita na Câmara do Município *Alfa* projeto de lei que dispõe sobre proteção ao meio ambiente no âmbito de seu território, observado o interesse local.

Sabe-se que o projeto de lei está harmônico com a disciplina legislativa estadual e federal atualmente vigente.

No caso em tela, em matéria de competência legislativa ambiental, de acordo com a CRFB/88, é correto afirmar que o projeto de lei, em tese,

(A) ofende a Carta Magna, porque compete à União legislar privativamente sobre proteção ao meio ambiente, observadas as premissas constitucionais.

(B) é incompatível com a Carta Magna, porque compete à União, aos Estados e ao Distrito Federal legislar privativamente sobre proteção ao meio ambiente.

(C) não viola a Carta Magna, porque o Município possui competência suplementar à da União e à dos Estados para legislar sobre proteção ao meio ambiente, no limite do seu interesse local e desde que tal regramento seja harmônico com a disciplina estabelecida pelos demais entes federados.

(D) não afronta a Carta Magna, porque o Município possui competência concorrente e não suplementar com a União e os Estados para legislar sobre proteção ao meio ambiente, de maneira que pode dispor de forma diversa e menos protetiva ao ambiente do que a disciplina estadual.

A competência legislativa em matéria ambiental é concorrente (art. 24, VI, CF), de modo que a União detém competência para estabelecer as normas gerais e os Estados-membros (e o Distrito Federal) podem suplementar as normas gerais. Ademais, o Município também pode legislar sobre meio ambiente, com base no art. 30, II, da CF, que lhes confere "suplementar a legislação federal e a estadual no que couber", em relação aos assuntos de interesse local (art. 30, I). Evidentemente, conforme já apreciou o Supremo Tribunal Federal, "o município é competente para legislar sobre meio ambiente com a União e o Estado no limite do seu interesse local e desde que tal regramento seja harmônico com a disciplina estabelecida pelos demais entes federativos" (RE 586.224, Pleno, rel. Min. Luiz Fux, julgamento em 5/03/15). Desse modo, está correta a alternativa C. **RB**
Gabarito "C"

(OAB/Exame Unificado – 2020.2) O Estado Z promulga lei autorizando a supressão de vegetação em Área de Preservação Permanente para pequenas construções. A área máxima para supressão, segundo a lei, é de 100 metros quadrados quando utilizados para lazer e de 500 metros quadrados quando utilizados para fins comerciais.

Sobre a referida lei, assinale a afirmativa correta.

(A) A lei é válida, uma vez que é competência privativa dos Estados legislar sobre as Áreas de Preservação Permanente inseridas em seu território.

(B) A lei é válida apenas com relação à utilização com finalidade de lazer, uma vez que é vedada a exploração comercial em Área de Preservação Permanente.

(C) A lei é inconstitucional, uma vez que compete aos Municípios legislar sobre impactos ambientais de âmbito local.

(D) A lei é inconstitucional, uma vez que é competência da União dispor sobre normas gerais sobre proteção do meio ambiente.

A: incorreta, pois a competência para legislar sobre meio ambiente é *concorrente* da União, dos Estados e do DF (art. 26, VI, da CF), e não *privativa* dos Estados; **B e C:** incorretas, pois, no âmbito da competência concorrente da União, dos Estados e do DF (art. 26, VI, da CF), compete à União dispor sobre *normas gerais* de proteção do meio ambiente (art. 24, § 1º, da CF), e o tema em questão (permissão de supressão para obras de pequeno porte) é um tema de norma geral

12. DIREITO AMBIENTAL — 835

e não de norma local estadual ou municipal; **D:** correta, pois, de fato, compete à União dispor sobre *normas gerais* de proteção do meio ambiente (art. 24, § 1º, da CF), e o tema em questão (permissão de supressão para obras de pequeno porte) é um tema de norma geral (ou seja, que deve estar unificado em todo o país), e não de norma local estadual ou municipal.

Gabarito "D".

(OAB/Exame Unificado – 2015.2) O Município Z deseja implementar política pública ambiental, no sentido de combater a poluição das vias públicas. Sobre as competências ambientais distribuídas pela Constituição, assinale a afirmativa correta.

(A) União, Estados, Distrito Federal e Municípios têm competência material ambiental comum, devendo leis complementares fixar normas de cooperação entre os entes.

(B) Em relação à competência material ambiental, em não sendo exercida pela União e nem pelo Estado, o Município pode exercê-la plenamente.

(C) O Município só pode exercer sua competência material ambiental nos limites das normas estaduais sobre o tema.

(D) O Município não tem competência material em direito ambiental, por falta de previsão constitucional, podendo, porém, praticar atos por delegação da União ou do Estado.

A: correta (art. 23, *caput*, VI e parágrafo único, da CF); **B:** incorreta, pois essa disposição diz respeito à competência *concorrente* (e não à competência *comum*), e se refere aos *Estados-membro* (e não aos Municípios), conforme o art. 24, *caput* e § 3º, da CF; **C** e **D:** incorretas, pois os municípios poderão exercer sua competência material na proteção do meio ambiente, nos limites determinados na lei complementar de que trata o parágrafo único do art. 23 da CF (LC 140/2011) e nos assuntos de interesse local e de suplementação da legislação federal e estadual no que couber, a título de aplicar suas leis que tratam dessas questões (art. 30, I, da CF).

Gabarito "A".

(OAB/Exame Unificado – 2013.3) O estado Y pretende melhorar a qualidade do ar e da água em certa região que compõe o seu território, a qual é abrangida por quatro municípios. Considerando o caso, assinale a alternativa que indica a medida que o estado Y deve adotar.

(A) Instituir Região Metropolitana por meio de lei ordinária, a qual retiraria as competências dos referidos municípios para disciplinar as matérias.

(B) Por iniciativa da Assembleia Estadual, editar lei definindo a região composta pelos municípios como área de preservação permanente, estabelecendo padrões ambientais mínimos, de acordo com o plano de manejo.

(C) Editar lei complementar, de iniciativa do Governador do estado, a qual imporá níveis de qualidade a serem obedecidos pelos municípios, sob controle e fiscalização do órgão ambiental estadual.

(D) Incentivar os municípios que atingirem as metas ambientais estipuladas em lei estadual, por meio de distribuição de parte do ICMS arrecadado, nos limites constitucionalmente autorizados.

A: incorreta, pois apenas por lei complementar é que se pode instituir região metropolitana; além disso, a criação dessas regiões não tem

por objetivo retirar competências dos municípios, mas integrar a organização, o planejamento e a execução de funções públicas de interesse comum (art. 25, § 3º, da CF); **B:** incorreta, pois a criação de áreas de preservação permanente até colaboram na preservação dos recursos hídricos ("água"), mas não tem o mesmo efeito quanto à proteção do "ar" referida no enunciado da questão (vide art. 3º, II, da Lei 12.651/2012); vale lembrar, ainda, que há áreas de preservação permanente já definidas em lei (art. 4º da Lei 12.651/2012), sendo que outras podem ser criadas, nas hipóteses previstas no art. 6º da Lei 12.651/2012, mas por meio decreto do Chefe do Executivo, não sendo necessária lei aprovada pela assembleia estadual; **C:** incorreta, pois medida dessa natureza fere a autonomia municipal e quebra o pacto federativo, vez que um Estado-membro não pode criar, sem previsão constitucional, norma a ser obedecida pelos municípios; **D:** correta, pois aqui se tem uma medida de mero incentivo e não a criação de uma obrigação estadual imposta a um município, fora das previsões constitucionais.

Gabarito "D".

(OAB/Exame Unificado – 2013.2) Em determinado Estado da federação é proposta emenda à Constituição, no sentido de submeter todos os Relatórios de Impacto Ambiental à comissão permanente da Assembleia Legislativa.

Com relação ao caso proposto, assinale a afirmativa correta.

(A) Os Relatórios e os Estudos de Impacto Ambiental são realizados exclusivamente pela União, de modo que a Assembleia Legislativa não é competente para analisar os Relatórios.

(B) A análise e a aprovação de atividade potencialmente causadora de risco ambiental são consubstanciadas no poder de polícia, não sendo possível a análise do Relatório de Impacto Ambiental pelo Poder Legislativo.

(C) A emenda é constitucional, desde que de iniciativa parlamentar, uma vez que incumbe ao Poder Legislativo a direção superior da Administração Pública, incluindo a análise e a aprovação de atividades potencialmente poluidoras.

(D) A emenda é constitucional, desde que seja de iniciativa do Governador do Estado, que detém competência privativa para iniciativa de emendas sobre organização administrativa, judiciária, tributária e ambiental do Estado.

A, C e **D:** incorretas; os relatórios de impacto ambiental, instrumentos essenciais para licenciamentos ambientais e estudos de impacto ambiental são típica atividade administrativa (poder de polícia), de competência própria do Poder Executivo, podendo ser realizados não só no âmbito da União (por meio do IBAMA), como também dos Estados, DF e Municípios, de acordo com a competência para o exercício do licenciamento ambiental respectivo; assim, a afirmativa "a" está incorreta por dizer que somente a União pode realizar tais estudos; não bastasse, a Assembleia Legislativa, órgão legislativo, não pode querer fazer típica atividade administrativa, apreciando relatórios de impacto ambiental, sob pena de violação ao princípio da independência dos poderes, o que torna incorretas também as alternativas "C" e "D", pouco importando se a emenda em questão teve como órgão de iniciativa o parlamento ou a Chefia do Executivo; **B:** correta, pois, como se viu no comentário às alternativas anteriores, a competência para apreciar esses relatório é do Executivo, não podendo o legislativo querer promover típica atividade administrativa de poder de polícia.

Gabarito "B".

5. SISNAMA E PNMA

(FGV – 2014) A Lei n. 6.938/1981 trouxe importantes inovações no que diz respeito à legislação ambiental.

Com relação ao tema acima, analise as afirmativas a seguir.

I. O conceito de poluição contido no art. 3º, inciso III, afirma que o dano ambiental não se limita ao dano ecológico puro, tendo objeto mais amplo, que inclui os aspectos naturais, culturais e individuais.

II. Em matéria de dano ambiental, a Lei em comento adota o regime da responsabilidade objetiva, sendo imprescindível o nexo causal entre a fonte poluidora e o dano advindo dela.

III. São os únicos Instrumentos da Política Nacional do Meio Ambiente: o estabelecimento de padrões de qualidade ambiental, o zoneamento ambiental, a avaliação de impactos ambientais, o licenciamento e a revisão de atividades efetiva ou potencialmente poluidoras.

Assinale:

(A) se somente a afirmativa I estiver correta.

(B) se somente a afirmativa III estiver correta.

(C) se somente as afirmativas I e II estiverem corretas.

(D) se somente as afirmativas II e III estiverem corretas.

(E) se todas as afirmativas estiverem corretas.

I: correta, dada a abrangência do conteúdo das alíneas do art. 3º da Lei 6.938/1981; II: correta (art. 14, § 1º, da Lei 6.938/1981); III: incorreta, pois também são instrumentos da Política Nacional do Meio Ambiente os incentivos à produção e instalação de equipamentos e a criação ou absorção de tecnologia, voltados para a melhoria da qualidade ambiental; a criação de espaços territoriais especialmente protegidos pelo Poder Público federal, estadual e municipal, tais como áreas de proteção ambiental, de relevante interesse ecológico e reservas extrativistas; o sistema nacional de informações sobre o meio ambiente; o Cadastro Técnico Federal de Atividades e Instrumentos de Defesa Ambiental; as penalidades disciplinares ou compensatórias ao não cumprimento das medidas necessárias à preservação ou correção da degradação ambiental; a instituição do Relatório de Qualidade do Meio Ambiente, a ser divulgado anualmente pelo Instituto Brasileiro do Meio Ambiente e Recursos Naturais Renováveis – IBAMA; a garantia da prestação de informações relativas ao Meio Ambiente, obrigando-se o Poder Público a produzi-las, quando inexistentes; o Cadastro Técnico Federal de atividades potencialmente poluidoras e/ou utilizadoras dos recursos ambientais; instrumentos econômicos, como concessão florestal, servidão ambiental, seguro ambiental e outros (art. 9º, V a XIII, da Lei 6.938/81).
Gabarito "C".

6. INSTRUMENTOS DE PROTEÇÃO E PROMOÇÃO DO MEIO AMBIENTE

(OAB/Exame Unificado – 2019.3) Pedro, proprietário de fazenda com grande diversidade florestal, decide preservar os recursos ambientais nela existentes, limitando, de forma perpétua, o uso de parcela de sua propriedade por parte de outros possuidores a qualquer título, o que realiza por meio de instrumento particular, averbado na matrícula do imóvel no registro de imóveis competente. Assinale a opção que indica o instrumento jurídico a que se refere o caso descrito.

(A) Zoneamento Ambiental.

(B) Servidão Ambiental.

(C) Área Ambiental Restrita.

(D) Área de Relevante Interesse Ecológico.

A: incorreta, pois o zoneamento ambiental diz respeito a um regramento geral que recai para todas as propriedades que estejam numa dada zona, e o caso em questão diz respeito a uma restrição numa propriedade específica; **B:** correta; a Lei 6.938/81, em seu artigo 9º-A, regula o instituto da servidão ambiental; o caso trazido no enunciado se enquadra perfeitamente nesse instituto, uma vez que fala de um proprietário privado de um imóvel, de um instrumento particular criador da servidão, da averbação deste no Registro de Imóvel e de uma restrição de forma perpétua do uso da propriedade, todos itens previstos na regulamentação citada; ; **C:** incorreta, pois o instituto da "Área de Relevante Interesse Ecológico" é uma unidade de conservação, e, como tal, deve ser criada pelo Poder Público (art. 22, *caput*, da Lei 9.985/00), e não pelo particular como trazido pelo enunciado da questão.
Gabarito "B".

(OAB/Exame Unificado – 2018.3) Tendo em vista a elevação da temperatura do meio ambiente urbano, bem como a elevação do nível dos oceanos, a União deverá implementar e estruturar um mercado de carbono, em que serão negociados títulos mobiliários representativos de emissões de gases de efeito estufa evitadas. Sobre o caso, assinale a afirmativa correta.

(A) É possível a criação de mercado de carbono, tendo como atores, exclusivamente, a União, os Estados, os Municípios e o Distrito Federal.

(B) Não é constitucional a criação de mercado de carbono no Brasil, tendo em vista a natureza indisponível e inalienável de bens ambientais.

(C) A criação de mercado de carbono é válida, inclusive sendo operacionalizado em bolsa de valores aberta a atores privados.

(D) A implementação de mercado de carbono pela União é cogente, tendo o Brasil a obrigação de reduzir a emissão de gases de efeito estufa, estabelecida em compromissos internacionais.

A: incorreta; há dois tipos de mercado de carbono, o regulamentado e o voluntário; o voluntário independe de regulamentação estatal e de uma entidade chancelada em tratados internacionais, e é baseado em certificações internacionais confiáveis; **B:** incorreta; a criação desse mercado é constitucional, pois o objetivo aqui é reduzir as emissões de gases de efeito estufa, algo que certamente atende aos ditames constitucionais; **C:** correta; de fato, há dois mercados hoje, o regulamentado e voluntário; no Brasil ainda não há um marco regulatório desse mercado, mas os atores privados já vêm comercializando créditos de carbono há muito tempo; **D:** incorreta; os países desenvolvidos aderentes dos pactos respectivos têm metas de redução da emissão desses gases e são grandes clientes das empresas e entidades brasileiras que geram economia desses gases e, assim, recebem créditos de carbono para vender para atores desses países que precisam reduzir a emissão ou aumentar seus créditos para tanto.
Gabarito "C".

7. LICENCIAMENTO AMBIENTAL E EIA/RIMA

Para resolver as questões sobre Licenciamento Ambiental e EIA/RIMA, segue um resumo da matéria:

O licenciamento ambiental pode ser conceituado como o procedimento administrativo destinado a licenciar atividades ou empreendimentos utilizadores de recursos ambientais, efetiva ou potencialmente poluidores ou capazes, sob qualquer forma, de causar degradação ambiental (art. 2º, I, da Lei Complementar 140/2011). Assim, toda vez que uma determinada atividade puder causar degradação ambiental, além das licenças administrativas pertinentes, o responsável pela atividade deve buscar a necessária licença ambiental também.

A regulamentação do licenciamento ambiental compete ao CONAMA, que expede normas e critérios para o licenciamento. A Resolução n. 237/1997 do órgão traz as normas gerais de licenciamento ambiental. Há também sobre o tema o Decreto 99.274/1990 e a Lei Complementar 140/2011, que trata da cooperação dos entes políticos para o exercício da competência comum em matéria ambiental, e consagrou a maior parte das disposições da Resolução CONAMA 237/1997, colocando ponto final sobre qualquer dúvida que existisse sobre a competência do Município para o exercício do licenciamento ambiental em casos de impacto ambiental local.

Já a competência para executar o licenciamento ambiental é assim dividida:

a) **impacto nacional e regional:** é do IBAMA, com a colaboração de Estados e Municípios. O IBAMA poderá delegar sua competência aos Estados, se o dano for regional, por convênio ou lei. Assim, a competência para o licenciamento ambiental de uma obra do porte da transposição do Rio São Francisco é do IBAMA.

b) **impacto em dois ou mais municípios (impacto microrregional):** é dos estados-membros. Por exemplo, uma estrada que liga 6 municípios de um mesmo estado--membro.

c) **impacto local:** é do Município. Por exemplo, o licenciamento para a construção de um prédio de apartamentos. A Lei Complementar 140/2011, em seu art. 9º, XIV, estabelece que o Município promoverá o licenciamento ambiental das atividades ou empreendimentos localizados em suas unidades de conservação e também das demais atividades e empreendimentos que causem ou possam causar impacto ambiental local, conforme tipologia definida pelos respectivos Conselhos Estaduais do Meio Ambiente, considerados os critérios de porte, potencial poluidor e natureza da atividade. A Resolução n. 237/1997 permite que, por convênio ou lei, os Municípios recebam delegação dos estados para determinados licenciamentos, desde que tenha estrutura para tanto.

Há três espécies de licenciamento ambiental (art. 19 do Decreto 99.274/1990):

a) **Licença Prévia (LP):** *é o ato que aprova a localização, a concepção do empreendimento e estabelece os requisitos básicos a serem atendidos nas próximas fases;* trata-se de licença ligada à fase preliminar de planejamento da atividade, já que traça diretrizes relacionadas à localização e instalação do empreendimento. Por exemplo, em se tratando do projeto de construir um empreendimento imobiliário na beira de uma praia, esta licença disporá se é possível o empreendimento no local e, em sendo, quais os limites e quais as medidas que deverão ser tomadas, como construção de estradas, instalação de tratamento de esgoto próprio etc. Essa licença tem validade de até 5 anos.

b) **Licença de Instalação (LI):** *é o ato que autoriza a implantação do empreendimento, de acordo com o projeto executivo aprovado.* Depende da demonstração de possibilidade de efetivação do empreendimento, analisando o projeto executivo e eventual estudo de impacto ambiental. Essa licença autoriza as intervenções no local. Permite que as obras se desenvolvam. Sua validade é de até 6 anos.

c) **Licença de Operação (LO):** *é o ato que autoriza o início da atividade e o funcionamento de seus equipamentos de controle de poluição, nos termos das licenças anteriores.* Aqui, o empreendimento já está pronto e pode funcionar. A licença de operação só é concedida se for constado o respeito às licenças anteriores, bem como se não houver perigo de dano ambiental, independentemente das licenças anteriores. Sua validade é de 4 a 10 anos.

É importante ressaltar que a licença ambiental, diferentemente da licença administrativa (por ex., licença para construir uma casa), apesar de normalmente envolver competência vinculada, tem prazo de validade definida e não gera direito adquirido para seu beneficiário. Assim, de tempos em tempos, a licença ambiental deve ser renovada. Além disso, mesmo que o empreendedor tenha cumprido os requisitos da licença, caso, ainda assim, tenha sido causado dano ao meio ambiente, a existência de licença em seu favor não o exime de reparar o dano e de tomar as medidas adequadas à recuperação do meio ambiente.

O licenciamento ambiental, como se viu, é obrigatório para todas as atividades que utilizam recursos ambientais, em que há possibilidade de se causar dano ao meio ambiente. Em processos de licenciamento ambiental é comum se proceder a Avaliações de Impacto Ambiental (AIA). Há, contudo, atividades que, potencialmente, podem causar danos *significativos* ao meio ambiente, ocasião em que, além do licenciamento, deve-se proceder a uma AIA mais rigorosa e detalhada, denominada Estudo de Impacto Ambiental (EIA), que será consubstanciado no Relatório de Impacto Ambiental (RIMA).

O EIA pode ser conceituado como o estudo prévio das prováveis consequências ambientais de obra ou atividade, que deve ser exigido pelo Poder Público, quando estas forem potencialmente causadoras de significativa degradação do meio ambiente (art. 225, § 1º, IV, CF).

Destina-se a averiguar as alterações nas propriedades do local e de que forma tais alterações podem afetar as pessoas e o meio ambiente, o que permitirá ter uma ideia acerca da viabilidade da obra ou atividade que se deseja realizar.

O Decreto 99.274/1990 conferiu ao CONAMA atribuição para traçar as regras de tal estudo. A Resolução 1/1986, desse órgão, traça tais diretrizes, estabelecendo, por exemplo, um rol exemplificativo de atividades que devem passar por um EIA, apontando-se, dentre outras, a implantação de estradas com duas ou mais faixas de rolamento, de ferrovias, de portos, de aterros sanitários, de usina de geração de eletricidade, de distritos industriais etc.

O EIA trará conclusões quanto à fauna, à flora, às comunidades locais, dentre outros aspectos, devendo ser realizado por equipe multidisciplinar, que, ao final, deverá redigir um relatório de impacto ambiental (RIMA), o qual trará os levantamentos e conclusões feitos, devendo o órgão público licenciador receber o relatório para análise das condições do empreendimento.

O empreendedor é quem escolhe os componentes da equipe e é quem arca com os custos respectivos. Os profissionais que farão o trabalho terão todo interesse em agir com correção, pois fazem seus relatórios sob as penas da lei. Como regra, o estudo de impacto ambiental e seu relatório são públicos, podendo o interessado solicitar sigilo industrial, fundamentando o pedido.

O EIA normalmente é exigido antes da licença prévia, mas é cabível sua exigência mesmo para empreendimentos já licenciados.

(OAB/Exame XXXV) Após regular processo administrativo de licenciamento ambiental, o Estado Alfa, por meio de seu órgão ambiental competente, deferiu licença de operação para a sociedade empresária Gama realizar atividade de frigorífico e abatedouro de bovinos.

Durante o prazo de validade da licença, no entanto, a sociedade empresária *Gama* descumpriu algumas condicionantes da licença relacionadas ao tratamento dos efluentes industriais, praticando infração ambiental. Diante da inércia fiscalizatória do órgão licenciador, o município onde o empreendimento está instalado, por meio de seu órgão ambiental competente, exerceu o poder de polícia e lavrou auto de infração em desfavor da sociedade empresária *Gama*.

No caso em tela, a conduta do município é

(A) lícita, pois, apesar de competir, em regra, ao órgão estadual lavrar auto de infração ambiental, o município pode lavrar o auto e, caso o órgão estadual também o lavre, prevalecerá o que foi lavrado primeiro.

(B) lícita, pois, apesar de competir, em regra, ao órgão estadual licenciador lavrar auto de infração ambiental, o município atuou legitimamente, diante da inércia do órgão estadual.

(C) ilícita, pois compete privativamente ao órgão estadual responsável pelo licenciamento da atividade lavrar auto de infração ambiental, vedada a atuação do município.

(D) ilícita, pois, apesar de competir, em regra, ao órgão estadual licenciador lavrar auto de infração ambiental, em caso de sua inércia, apenas a União poderia suplementar a atividade de fiscalização ambiental.

A: incorreta, pois, de acordo com o disposto no art. 17, p. 3º, da Lei Complementar 140/11, numa situação dessas prevalecerá o auto de infração ambiental lavrado por órgão que detenha a atribuição de licenciamento ou autorização, no caso o lavrado pelo Estado, mesmo que tenha sido feito após o auto lavrado pelo município; **B:** correta; a princípio compete ao órgão ambiental responsável pelo licenciamento ou autorização lavrar o auto de infração ambiental correspondente (art. 17, *caput*, da Lei Complementar 140/11); porém, essa mesma lei admite que os demais entes federativos têm atribuição comum de fiscalização da conformidade de empreendimentos e atividades com a legislação ambiental em vigor, de maneira que o Município poderia atuar no caso em caso de inércia do Estado (art. 17, p. 3º, da Lei Complementar 140/11); de qualquer maneira, vale ressaltar que nesse caso prevalecerá o auto de infração ambiental lavrado por órgão que detenha a atribuição de licenciamento ou autorização; **C** e **D**: incorretas; pois, em caso de inércia do Estado, os demais entes federativos têm atribuição comum de fiscalização da conformidade de empreendimentos e atividades com

a legislação ambiental em vigor, de maneira que não só a União, mas também o Município poderiam atuar no caso em caso de inércia do Estado (art. 17, p. 3º, da Lei Complementar 140/11).

Gabarito "B".

(OAB/Exame Unificado – 2020.2) A sociedade empresária Alfa opera, com regular licença ambiental expedida pelo órgão federal competente, empreendimento da área de refino de petróleo que está instalado nos limites do território do Estado da Federação Beta e localizado no interior de unidade de conservação instituída pela União. Durante o prazo de validade da licença de operação, o órgão federal competente, com a aquiescência do órgão estadual competente do Estado Beta, deseja delegar a execução de ações administrativas a ele atribuídas, consistente na fiscalização do cumprimento de condicionantes da licença ambiental para o Estado Beta.

Sobre a delegação pretendida pelo órgão federal, consoante dispõe a Lei Complementar nº 140/2011, assinale a afirmativa correta.

(A) É possível, desde que o Estado Beta disponha de órgão ambiental capacitado a executar as ações administrativas a serem delegadas e de conselho de meio ambiente.

(B) É possível, desde que haja prévia manifestação dos conselhos nacional e estadual do meio ambiente, do Ministério Público e homologação judicial.

(C) Não é possível, eis que a competência para licenciamento ambiental é definida por critérios objetivos estabelecidos na legislação, sendo vedada a delegação de competência do poder de polícia ambiental.

(D) Não é possível, eis que a delegação de ações administrativas somente é permitida quando realizada do Município para Estado ou União, ou de Estado para União, vedada a delegação de atribuição ambiental federal.

A: correta, pois, de acordo com o art. 5º da Lei Complementar 140/2011, "O ente federativo poderá delegar, mediante convênio, a execução de ações administrativas a ele atribuídas nesta Lei Complementar, desde que o ente destinatário da delegação disponha de órgão ambiental capacitado a executar as ações administrativas a serem delegadas e de conselho de meio ambiente"; no caso em questão a alternativa deixa claro que esses dois órgãos existem (órgão local capacitado + conselho local de meio ambiente), então é possível a delegação; **B:** incorreta, pois a Lei Complementar não exige nada disso, mas sim um convênio entre os entes e a presença no órgão delegatário de órgãos técnicos preparados para essa atividade e de um conselho de meio ambiente (art. 5º da LC 140/11); **C:** incorreta, pois o art. 5º da LC 140/11 admite a delegação nesse caso; **D:** incorreta, pois a LC 140/11 não traz faz essa restrição quando dispõe sobre essa delegação (art. 5º da LC, 140/11).

Gabarito "A".

(OAB/Exame Unificado – 2020.1) Efeito Estufa Ltda., sociedade empresária que atua no processamento de alimentos, pretende instalar nova unidade produtiva na área urbana do Município de Ar Puro, inserida no Estado Y. Para esse fim, verificou que a autoridade competente para realizar o licenciamento ambiental será a do próprio Município de Ar Puro. Sobre o caso, assinale a opção que indica quem deve realizar o estudo de impacto ambiental.

(A) O Município de Ar Puro.

(B) O Estado Y.

(C) O IBAMA.

12. DIREITO AMBIENTAL **839**

(D) Profissionais legalmente habilitados, às expensas do empreendedor.

De acordo com a Resolução CONAMA 01/86, os estudos de impacto ambiental serão feitos por "equipe multidisciplinar habilitada!" (art. 7°) e "correrão por conta do proponente do projeto todas as despesas e custos referentes à realização do estudo de impacto ambiental" (art. 8°). Ou seja, o estudo não é feito pelo Poder Público, mas por profissionais habilitados, e o responsável pelo pagamento é o empreendedor. Assim, a alternativa "d" é a correta.

Gabarito "D".

(OAB/Exame Unificado – 2019.1) A sociedade empresária Foice Ltda., dá início à construção de galpão de armazenamento de ferro-velho. Com isso, dá início a Estudo de Impacto Ambiental – EIA. No curso do EIA, verificou-se que a construção atingiria área verde da Comunidade de Flores, de modo que 60 (sessenta) cidadãos da referida Comunidade solicitaram à autoridade competente que fosse realizada, no âmbito do EIA, audiência pública. Sobre a situação, assinale a afirmativa correta.

(A) A audiência pública não é necessária, uma vez que apenas deve ser instalada quando houver solicitação do Ministério Público.

(B) A audiência pública não é necessária, uma vez que apenas deve ser instalada quando houver solicitação de associação civil legalmente constituída há pelo menos 1 (um) ano.

(C) A audiência pública é necessária, e, caso não realizada, a eventual licença ambiental concedida não terá validade.

(D) A audiência pública é necessária, salvo quando celebrado Termo de Ajustamento de Conduta com o Ministério Público.

A e B: incorretas, pois se 50 ou mais cidadãos (ou uma entidade civil ou o Ministério Público) solicitarem a audiência, ela deve ser realizada, nos termos do art. 2° da Resolução Conama 09/87; **C:** correta, nos termos dos art. 2°, *caput* e § 2°, da Resolução Conama 09/87, que trata da legitimidade do cidadão para requerer a audiência (caso 50 ou mais cidadãos a solicitem) e da invalidade da licença concedida caso esta seja outorgada sem que haja audiência pública, nos casos em que esta tiver sido devidamente requerida ou se tratar de imposição legal; **D:** incorreta, pois o fato de haver termo de ajustamento de conduta com o Ministério Público não tira a legitimidade do cidadão e de outras entidades de solicitar audiência pública no caso.

Gabarito "C".

(OAB/Exame Unificado – 2017.1) A sociedade empresária Asfalto Joia S/A, vencedora de licitação realizada pela União, irá construir uma rodovia com quatro pistas de rolamento, ligando cinco estados da Federação. Sobre o licenciamento ambiental e o estudo de impacto ambiental dessa obra, assinale a afirmativa correta.

(A) Em caso de instalação de obra ou atividade potencialmente causadora de significativa degradação do meio ambiente, é exigível a realização de Estudo prévio de Impacto Ambiental (EIA), sem o qual não é possível se licenciar nesta hipótese.

(B) O licenciamento ambiental dessa obra é facultativo, podendo ser realizado com outros estudos ambientais diferentes do Estudo prévio de Impacto Ambiental (EIA), visto que ela se realiza em mais de uma unidade da Federação.

(C) O Relatório de Impacto Ambiental (RIMA), gerado no âmbito do Estudo prévio de Impacto Ambiental (EIA), deve ser apresentado com rigor científico e linguagem técnica, a fim de permitir, quando da sua divulgação, a informação adequada para o público externo.

(D) Qualquer atividade ou obra, para ser instalada, dependerá da realização de Estudo prévio de Impacto Ambiental (EIA), ainda que não seja potencialmente causadora de significativa degradação ambiental.

A: correta (art. 225, § 1°, IV, da CF); **B:** incorreta, pois uma rodovia com quatro pistas de rolamento e que liga cinco estados da Federação certamente é obra que causa significativo impacto ambiental, impondo assim EIA, na forma do art. 225, § 1°, IV, da CF; nesse sentido, a Resolução CONAMA 1/1986 estabelece a obrigatoriedade do EIA/RIMA para estradas de rodagem com duas ou mais faixas de rolamento (art. 2°, I); **C:** incorreta. O relatório deve ser apresentado de forma acessível e adequada a sua compreensão, com informações em linguagem acessível (art. 9°, parágrafo único, da Resolução CONAMA 1/1986); **D:** incorreta, pois a CF só exige EIA para obra ou atividades que possam causar significativa degradação ambiental (art. 225, § 1°, IV, da CF). **WG**

Gabarito "A".

(OAB/Exame Unificado – 2016.3) A sociedade empresária Xique-Xique S.A. pretende instalar uma unidade industrial metalúrgica de grande porte em uma determinada cidade. Ela possui outras unidades industriais do mesmo porte em outras localidades. Sobre o licenciamento ambiental dessa iniciativa, assinale a afirmativa correta.

(A) Como a sociedade empresária já possui outras unidades industriais do mesmo porte e da mesma natureza, não será necessário outro licenciamento ambiental para a nova atividade utilizadora de recursos ambientais, se efetiva ou potencialmente poluidora.

(B) Para uma nova atividade industrial utilizadora de recursos ambientais, se efetiva ou potencialmente poluidora, é necessária a obtenção da licença ambiental, por meio do procedimento administrativo denominado licenciamento ambiental.

(C) Se a sociedade empresária já possui outras unidades industriais do mesmo porte, poderá ser exigido outro licenciamento ambiental para a nova atividade utilizadora de recursos ambientais, se efetiva ou potencialmente poluidora, mas será dispensada a realização de qualquer estudo ambiental, inclusive o de impacto ambiental, no processo de licenciamento.

(D) A sociedade empresária só necessitará do alvará da prefeitura municipal autorizando seu funcionamento, sendo incabível a exigência de licenciamento ambiental para atividades de metalurgia.

A: incorreta, pois cada nova atividade que possa causar dano ambiental depende de prévio licenciamento ambiental (art. 2°, "caput", da Resolução CONAMA 237/1997); **B:** correta (art. 2°, "caput", da Resolução CONAMA 237/1997); **C:** incorreta, pois cada nova atividade que possa causar significativo impacto ambiental depende de prévio EIA/RIMA (art. 225, § 1°, IV, da CF); **D:** incorreta, pois, em sendo uma unidade industrial metalúrgica capaz de causa impacto ambiental, de rigor o licenciamento ambiental (art. 2°, "caput", da Resolução CONAMA 237/1997). **WG**

Gabarito "B".

(OAB/Exame Unificado – 2015.3) Determinada sociedade empresária consulta seu advogado para obter informações sobre as exigências ambientais que possam incidir em seus projetos, especialmente no que tange à apresentação e aprovação de Estudo Prévio de Impacto Ambiental e seu respectivo Relatório (EIA/RIMA). Considerando a disciplina do EIA/RIMA pelo ordenamento jurídico, assinale a afirmativa correta.

(A) O EIA/RIMA é um estudo simplificado, integrante do licenciamento ambiental, destinado a avaliar os impactos ao meio ambiente natural, não abordando impactos aos meios artificial e cultural, pois esses componentes, segundo pacífico entendimento doutrinário e jurisprudencial, não integram o conceito de "meio ambiente".

(B) O EIA/RIMA é exigido em todas as atividades e empreendimentos que possam causar impactos ambientais, devendo ser aprovado previamente à concessão da denominada Licença Ambiental Prévia.

(C) O EIA/RIMA, além de ser aprovado entre as Licenças Ambientais Prévia e de Instalação, tem a sua metodologia e o seu conteúdo regrados exclusivamente por Resoluções do Conselho Nacional do Meio Ambiente (CONAMA), podendo a entidade / o órgão ambiental licenciador dispensá-lo segundo critérios discricionários e independentemente de fundamentação, ainda que a atividade esteja prevista em Resolução CONAMA como passível de EIA/RIMA.

(D) O EIA-RIMA é um instrumento de avaliação de impactos ambientais, de natureza preventiva, exigido para atividades/empreendimentos não só efetiva como potencialmente capazes de causar significativa degradação, sendo certo que a sua publicidade é uma imposição Constitucional (CRFB/1988).

A: incorreta, pois o EIA/RIMA é um estudo complexo, é prévio ao licenciamento e abrange todas as facetas do meio ambiente, inclusive a relativa aos meios ambientes artificial e cultural; **B:** incorreta, pois o EIA/RIMA só é exigido em atividades e empreendimentos que possam causar **significativo** impacto ambiental (art. 225, IV, da CF); **C:** incorreta, pois se trata de um estudo prévio ao licenciamento (art. 225, IV, da CF), previsto não só em resoluções do CONAMA, como também na CF, em leis e em decretos, sendo que é um procedimento obrigatório, e não discricionário, caso esteja previsto como tal em resolução do CONAMA; **D:** correta, nos termos do art. 225, IV, da CF.
Gabarito "D".

(OAB/Exame Unificado – 2015.1) Miguel, empreendedor particular, tem interesse em dar início à construção de edifício comercial em área urbana de uma grande metrópole. Nesse sentido, consulta seu advogado e indaga sobre quais são as exigências legais para o empreendimento.

Sobre a situação apresentada, assinale a afirmativa correta.

(A) Não é necessária a realização de estudo de impacto ambiental, por ser área urbana, ou estudo de impacto de vizinhança, uma vez que não foi editada até hoje lei complementar exigida pela Constituição para disciplinar a matéria.

(B) É necessário o estudo prévio de impacto ambiental, anterior ao licenciamento ambiental, a ser efetivado pelo município, em razão de o potencial impacto ser de âmbito local.

(C) É necessária a realização de estudo de impacto de vizinhança, desde que o empreendimento esteja compreendido no rol de atividades estabelecidas em lei municipal.

(D) É necessária a realização de estudo de impacto ambiental, o qual não será precedido necessariamente por licenciamento ambiental, uma vez que a atividade não é potencialmente causadora de impacto ambiental.

A: incorreta, pois já foi editada a lei complementar em questão (LC 140/2011); **B e D:** incorretas, pois o estudo de impacto ambiente (EIA/RIMA) só é necessário em caso de significativo impacto ambiental, não havendo elementos no enunciado da questão para dizer que o caso é dessa natureza, tudo levando a crer, inclusive, de que não seja, por ser um mero edifício comercial; vale lembrar que o licenciamento ambiental é procedimento obrigatório toda vez que o empreendimento puder causar impacto ambiental (não sendo necessário que se trate impacto significativo, como é o caso do EIA/RIMA), de modo que o licenciamento ambiental sempre existe quando se tem necessidade de EIA/RIMA, mas o contrário não é verdade e, quando é, o EIA/RIMA é sempre anterior ao licenciamento ambiental; **C:** correta (art. 36 do Estatuto da Cidade – Lei 10.257/2001).
Gabarito "C".

(OAB/Exame Unificado – 2014.2) Kellen, empreendedora individual, obtém, junto ao órgão municipal, licença de instalação de uma fábrica de calçados. A respeito da hipótese formulada, assinale a afirmativa correta.

(A) A licença não é válida, uma vez que os municípios têm competência para a análise de estudos de impacto ambiental, mas não para a concessão de licença ambiental.

(B) Com a licença de instalação obtida, a fábrica de calçados poderá iniciar suas atividades de produção, gerando direito adquirido pelo prazo mencionado na licença expedida pelo município.

(C) A licença é válida, porém não há impedimento que um Estado e a União expeçam licenças relativas ao mesmo empreendimento, caso entendam que haja impacto de âmbito regional e nacional, respectivamente.

(D) Para o início da produção de calçados, é imprescindível a obtenção de licença de operação, sendo concedida após a verificação do cumprimento dos requisitos previstos nas licenças anteriores.

A: incorreta, pois os municípios têm competência para a concessão de licença ambiental nos casos de atividades que causam impacto ambiental local (art. 9º, XIV, "a", da LC 140/2011), desde que tenham conselho municipal do meio ambiente e órgão capacitado a executar as atividades (art. 15, II, da LC 140/2011); **B:** incorreta, pois somente a licença de operação é que permite o início das atividades de produção (art. 19, III, do Decreto Federal 99.274/1990); **C:** incorreta, pois o art. 13, *caput*, da Lei Complementar 140/11 consagra o princípio da unicidade, pelo qual os empreendimentos e atividades são licenciados ou autorizados, ambientalmente, por um único ente federativo. Os demais entes interessados podem se manifestar junto ao órgão responsável pela licença ou autorização, de maneira não vinculante, respeitados os prazos e procedimentos do licenciamento ambiental; **D:** correta (art. 19, III, do Decreto Federal 99.274/1990).
Gabarito "D".

(OAB/Exame Unificado – 2013.2) Técnicos do IBAMA, autarquia federal, verificaram que determinada unidade industrial, licenciada pelo Estado no qual está localizada, está causando degradação ambiental significativa, vindo a lavrar auto de infração pelos danos cometidos.

Sobre o caso apresentado e aplicando as regras de licenciamento e fiscalização ambiental previstas na Lei Complementar n. 140/2011, assinale a afirmativa correta.

12. DIREITO AMBIENTAL   841

(A) Há irregularidade no licenciamento ambiental, uma vez que em se tratando de atividade que cause degradação ambiental significativa, o mesmo deveria ser realizado pela União.

(B) É ilegal a fiscalização realizada pelo IBAMA, que só pode exercer poder de polícia de atividades licenciadas pela União, em sendo a atividade regularmente licenciada pelo Estado.

(C) É possível a fiscalização do IBAMA o qual pode, inclusive, lavrar auto de infração, que, porém, não prevalecerá caso o órgão estadual de fiscalização também lavre auto de infração.

(D) Cabe somente à União, no exercício da competência de fiscalização, adotar medidas para evitar danos ambientais iminentes, comunicando imediatamente ao órgão competente, em sendo a atividade licenciada pelo Estado.

A: incorreta, pois compete à União fazer o licenciamento ambiental nos casos previstos no art. 7º, XIV, da Lei Complementar 140/2011 e o simples fato de uma degradação ambiental ser significativa não está previsto no dispositivo em questão como hipótese de competência federal; vale lembrar que, em caso de impacto local (conforme definido em resoluções dos Conselhos Estaduais do Meio Ambiente), a competência é do Município (art. 9º, XIV, da LC 140/2011), nos casos previstos no art. 7º, XIV, da LC 140/2011, da União e, nos demais casos, a competência para o licenciamento ambiental é dos Estados (art. 8º, XIV, da LC 140/2011); **B:** incorreta; normalmente o ente que tiver promovido o licenciamento ambiental é quem vai fazer a fiscalização, o poder de polícia, para apurar as infrações à legislação ambiental no local (art. 17, *caput*, da LC 140/2011); porém, tal regra "não impede o exercício pelos entes federativos da atribuição comum de fiscalização da conformidade de empreendimentos e atividades efetiva ou potencialmente poluidores ou utilizadores de recursos naturais com a legislação ambiental em vigor, prevalecendo o auto de infração ambiental lavrado por órgão que detenha a atribuição de licenciamento ou autorização" para o caso (art. 17, § 3º, da LC 140/2011); **C:** correta (art. 17, § 3º, da LC 140/2011), lembrando que o IBAMA é autarquia criada pela União para atuar nesse segmento; **D:** incorreta, pois nesse tipo de caso (iminência de dano ambiental), o próprio ente federativo que tiver conhecimento do fato (no caso, a União) deverá determinar as providências para evitá-la, cessá-la ou mitigá-la, comunicando imediatamente ao órgão competente para as providências cabíveis (art. 17, § 2º, da LC 140/2011).
„Ɔ„ ollɹɐqɐפ

(OAB/Exame Unificado – 2012.1) Um *shopping center*, que possui cerca de 250 lojas e estacionamento para dois mil veículos, foi construído há doze anos sobre um antigo aterro sanitário e, desde sua inauguração, sofre com a decomposição de material orgânico do subsolo, havendo emissão diária de gás metano, em níveis considerados perigosos à saúde humana, podendo causar explosões. Em razão do caso exposto, assinale a alternativa correta:

(A) Como o *shopping* foi construído há mais de cinco anos, a obrigação de elaborar estudo prévio de impacto ambiental e de se submeter a licenciamento já prescreveu. Assim, o empreendimento poderá continuar funcionando.

(B) A licença de operação ambiental tem prazo de validade de dez anos. Logo, o *shopping* já cumpriu com suas obrigações referentes ao licenciamento e ao estudo prévio de impacto ambiental, e poderá continuar com suas atividades regularmente.

(C) A decomposição de material orgânico continua ocorrendo, e é considerada perigosa à saúde humana e ao meio ambiente. Logo, o *shopping center* em questão poderá ser obrigado pelo órgão ambiental competente a adotar medidas para promover a dispersão do gás metano, de forma a minimizar ou anular os riscos ambientais, mesmo que já possua licença de operação válida.

(D) Caso o *shopping center* possua licença de operação válida, não poderá ser obrigado pelo órgão ambiental competente, no caso exposto, a adotar novas medidas para a dispersão do gás metano. Apenas no momento da renovação de sua licença de operação poderá ser obrigado a adquirir novo equipamento para tal fim.

A: incorreta, pois as obrigações mencionadas são permanentes em matéria ambiental, não prescrevendo; prova disso são os fatos de que a pretensão de reparação civil ambiental é imprescritível e de que as licenças ambientais são sempre temporárias, o que, neste caso, impõe que os empreendedores estejam sempre tendo que pedir ou renovar a licença ambiental; **B:** incorreta; primeiro porque o shopping já tem 12 anos e, caso tenha sido exigida a licença de operação, esta, se fosse de 10 anos, já estaria vencida; segundo porque a licença de operação nem sempre tem prazo de validade de 10 anos; o art. 18, III, da Resolução CONAMA n. 237/1997 estabelece que o prazo da licença de operação variará de 04 (quatro) a 10 (dez) anos; **C:** correta, considerando os argumentos apresentados na resposta à alternativa "**A**"; **D:** incorreta, pois, mesmo diante de uma licença de operação ainda em validade, "o órgão ambiental competente, mediante decisão motivada, poderá modificar os condicionantes e as medidas de controle e adequação, suspender ou cancelar uma licença expedida, quando ocorrer", por exemplo, "superveniência de graves riscos ambientais e de saúde" (art. 19, III, da Resolução CONAMA n. 237/1997).
„Ɔ„ ollɹɐqɐפ

(FGV – 2014) Com relação à Lei Complementar n. 140/2011, que fixou normas para a cooperação entre os entes da federação nas ações administrativas decorrentes do exercício da competência comum relativas ao meio ambiente, analise as afirmativas a seguir.

I. O ente federativo poderá delegar a execução de ações administrativas de sua competência, desde que o ente delegatário disponha de órgão ambiental capacitado e de conselho de meio ambiente.

II. Na atuação supletiva há substituição do ente federativo originariamente detentor da competência, conforme hipóteses legais, enquanto na atuação subsidiária cuida-se de auxiliar no desempenho de atribuições decorrentes das competências comuns.

III. A LC n. 140/11 adota o posicionamento de que o licenciamento ambiental deve ser conduzido por um único ente federativo.

Assinale:

(A) se somente a afirmativa I estiver correta.

(B) se somente a afirmativa II estiver correta.

(C) se somente a afirmativa III estiver correta.

(D) se somente as afirmativas I e II estiverem corretas.

(E) se todas as afirmativas estiverem corretas.

I: correta (art. 5º, *caput*, da LC 140/2011); **II:** correta (art. 2º, II e III, da LC 140/2011); **III:** correta, tratando-se do princípio da unicidade (art. 13, *caput*, da LC 140/2011).
„Ǝ„ ollɹɐqɐפ

8. UNIDADES DE CONSERVAÇÃO

(OAB/Exame XXXVI) A sociedade empresária *Gama* requereu licença ambiental para empreendimento da área de petróleo e gás natural, com significativo impacto ambiental, assim considerado pelo órgão ambiental competente, com fundamento no estudo de impacto ambiental e respectivo relatório – EIA/RIMA, apresentados pelo próprio empreendedor no curso do processo de licenciamento.

Preenchidos os requisitos legais, o órgão ambiental concedeu a licença ambiental com uma série de condicionantes, entre elas, a obrigação do empreendedor de apoiar a implantação e a manutenção de determinada unidade de conservação do grupo de proteção integral. Para tanto, observado o grau de impacto ambiental causado pelo empreendimento licenciado e, de acordo com critérios técnicos, legais e jurisprudenciais, foi regularmente arbitrado pelo órgão licenciador o montante de dez milhões de reais a ser destinado pelo empreendedor para tal finalidade.

No caso em tela, de acordo com a Lei nº 9.985/00, a condicionante descrita é uma obrigação que visa à

(A) mitigação ambiental.

(B) compensação ambiental.

(C) punição por dano ambiental.

(D) inibição por dano ambiental.

A, C e D: incorretas, pois as condicionantes mencionadas no enunciado da questão estão regulamentadas no art. 36 da Lei 9.985/00, sendo que o p. 3º deste dispositivo estabelece que a natureza dessas medidas é de uma "compensação" ambiental; **B:** correta, pois as condicionantes mencionadas no enunciado da questão estão regulamentadas no art. 36 da Lei 9.985/00, sendo que o p. 3º deste dispositivo estabelece que a natureza dessas medidas é de uma "compensação" ambiental. *Gabarito "B".*

(OAB/Exame XXXIII – 2020.3) Há grande interesse das sociedades empresárias do setor petrolífero na exploração de áreas localizadas no mar. Nessas áreas, segundo grupos ambientalistas, foi constatada a presença de rara e sensível formação de recifes costeiros. Sobre a hipótese, assinale a opção que indica a medida adequada que o Poder Público deve tomar para manter a área preservada.

(A) Criar uma Reserva Legal.

(B) Criar um Parque Nacional Marinho.

(C) Autorizar a criação de uma Zona de Amortecimento.

(D) Estabelecer uma Área de Indisponibilidade da Zona Costeira.

A: incorreta, pois vários motivos; primeiro porque a reserva legal é uma reserva que não é propriamente criada, mas sim imposta diretamente pela lei (art. 12, *caput*, da Lei 12.651/12); segundo porque a reserva legal é um instrumento voltado aos imóveis rurais em geral, e não exatamente à formação vegetal marítima; e terceiro porque a reserva legal protege apenas uma fração da propriedade (por exemplo, 20% dela – art. 12, II, da Lei 12.651/12), o que não traria a proteção esperada no caso em análise; **B:** correta; há previsão legal expressa para a criação de um Parque Nacional para a preservação de ecossistemas naturais de grande relevância ecológica e beleza cênica (art. 11, *caput*, da Lei 9.985/00), como parece ser o caso; outro ponto importante é que o mar é considerado uma área pública, e o Parque Nacional é um tipo de unidade de conservação específica voltada para as áreas públicas (art. 11, § 1º, da Lei 9.985/00); **C:** incorreta, pois a zona de amortecimento

é uma zona criada no **entorno** de uma unidade de conservação, com o objetivo de restringir atividades humanas (art. 2º, XVIII, da Lei 9.985/00) para minimizar os impactos negativos sobre a unidade, e, no caso em tela, a ideia é preservar **por inteiro** essas formações, daí porque é necessário criar uma específica unidade de conservação para tanto, sem prejuízo de uma zona de amortecimento adicional à unidade criada; e; **D:** incorreta, pois não existe uma tipo de unidade de conservação com esse nome destinada a proteger as formações mencionadas no enunciado da questão. *Gabarito "B".*

(OAB/Exame Unificado – 2019.1) O Ministro do Meio Ambiente recomenda ao Presidente da República a criação de uma Unidade de Conservação em área que possui relevante ecossistema aquático e grande diversidade biológica. Porém, em razão da grave crise financeira, o Presidente pretende que a União não seja compelida a pagar indenização aos proprietários dos imóveis inseridos na área da Unidade de Conservação a ser criada. Considerando o caso, assinale a opção que indica a Unidade de Conservação que deverá ser criada.

(A) Estação Ecológica.

(B) Reserva Biológica.

(C) Parque Nacional.

(D) Área de Proteção Ambiental.

A: incorreta, pois a Estação Ecológica depende de desapropriação de áreas e, portanto, de pagamento de indenização aos proprietários dos imóveis (art. 9º, § 1º, da Lei 9.985/00); **B:** incorreta, pois a Reserva Biológica depende de desapropriação de áreas e, portanto, de pagamento de indenização aos proprietários dos imóveis (art. 10, § 1º, da Lei 9.985/00); **C:** incorreta, pois o Parque Nacional depende de desapropriação de áreas e, portanto, de pagamento de indenização aos proprietários dos imóveis (art. 11, § 1º, da Lei 9.985/00); **D:** correta, pois uma Área de Proteção Ambiental, por ser uma mera limitação administrativa que pode ser instituída em área particular, não importa, em regra, em pagamento de indenização aos proprietários dos imóveis, por não inviabilizar o uso da propriedade nos limites legais (art. 15 da Lei 9.985/00). *Gabarito "D".*

(OAB/Exame Unificado – 2016.1) Paulo é proprietário de um grande terreno no qual pretende instalar um loteamento, já devidamente aprovado pelo Poder Público. Contudo, antes que Paulo iniciasse a instalação do projeto, sua propriedade foi integralmente incluída nos limites de um Parque Nacional. Considerando as normas que regem o Sistema Nacional de Unidades de Conservação – SNUC, é correto afirmar que

(A) Paulo deverá aguardar a elaboração do plano de manejo do parque para verificar a viabilidade de seu empreendimento.

(B) Paulo poderá ajuizar ação com o objetivo de ser indenizado pelo lucro cessante decorrente da inviabilidade do empreendimento.

(C) Caso seu terreno não seja desapropriado, Paulo poderá ajuizar ação de desapropriação indireta em face da União.

(D) Paulo não poderá implementar seu loteamento, mas poderá explorar o ecoturismo na área com cobrança de visitação.

A: incorreta, pois o Parque Nacional é um tipo de Unidade de Proteção Integral, unidade essa que só admite o uso indireto do imóvel, res-

12. DIREITO AMBIENTAL

salvadas as poucas exceções legais (art. 7°, § 1°, da Lei 9.985/2000), exceções essas que, por sinal, não se aplicam ao Parque Nacional; dessa forma, de nada vai adiantar Paulo aguardar o plano de manejo, pois este não deverá autorizar o uso do bem; **B:** incorreta, pois, caso o Poder Público não ingresse com ação desapropriação do imóvel, Paulo deverá ajuizar ação de desapropriação indireta, cujo foco é a indenização pela perda da propriedade; **C:** correta, já que esse tipo de unidade de conservação impõe a desapropriação do imóvel (art. 11, § 1°, da Lei 9.985/2000); **D:** incorreta, esse tipo de unidade de conservação impõe a desapropriação do imóvel pelo Poder Público, de modo que Paulo não poderá explorar qualquer tipo de negócio no local, aí incluído o ecoturismo (art. 11, § 1°, da Lei 9.985/2000).
Gabarito "C".

(OAB/Exame Unificado – 2014.1) Bruno é proprietário de pousada que está em regular funcionamento há seis anos e explora o ecoturismo. Na área em que a pousada está localizada, o estado da federação pretende instituir estação ecológica com o objetivo de promover a proteção da flora e da fauna locais. A partir do caso apresentado, assinale a afirmativa correta.

(A) Não é possível o estado instituir a estação ecológica, pois fere o princípio da segurança jurídica, tendo em vista que a pousada funcionava regularmente há mais de cinco anos.

(B) É possível a instituição da estação ecológica pelo estado da federação, não impedindo o funcionamento da pousada, visto que Bruno tem direito adquirido ao exercício da atividade econômica.

(C) É possível a instituição da estação ecológica com a cessação da atividade econômica da pousada, desde que o Poder Público Estadual indenize Bruno pelos prejuízos que a instituição da unidade de conservação causar à sua atividade.

(D) É possível a instituição da estação ecológica com a cessação da atividade econômica da pousada, não cabendo ao Poder Público qualquer forma de indenização, tendo em vista a supremacia do interesse coletivo sobre os interesses individuais considerados.

A, B e **D:** incorretas, pois a lei prevê, para o caso, que o imóvel seja desapropriado (art. 9°, § 1°, da Lei 9.985/2000), prevalecendo o interesse público em instituir a unidade de conservação *versus* o interesse privado em manter a pousada no local, valendo lembrar que a desapropriação, nos termos da própria Constituição Federal, impõe a devida indenização, que deve ser prévia, justa e em dinheiro (art. 5°, XXIV); **C:** correta (art. 9°, § 1°, da Lei 9.985/2000).
Gabarito "C".

(OAB/Exame Unificado – 2012.1) O Prefeito do Município de Belas Veredas, após estudos técnicos e realização de audiência pública, decide pela criação de um parque, em uma área onde podem ser encontrados exemplares exuberantes de Mata Atlântica. Assim, edita decreto que fixa os limites do novo parque municipal. Passados dois anos, recebe pedidos para que o parque seja reavaliado e transformado em uma Área de Relevante Interesse Ecológico, com uma pequena redução de seus limites. Tendo em vista a situação descrita, assinale a alternativa correta.

(A) Em razão do princípio da simetria das formas no direito ambiental, a Unidade de Conservação criada por ato do Poder Executivo poderá ser reavaliada e ter seus limites reduzidos também por decreto.

(B) Como a Mata Atlântica é considerada patrimônio nacional, por força do art. 225, § 4°, da CRFB, apenas a União possui competência para a criação de unidades de conservação que incluam tal bioma em seus limites.

(C) A criação do parque é constitucional e legal, mas, como a área está definida como Unidade de Conservação de Proteção Integral, a alteração para Área de Relevante Interesse Ecológico, que é de Unidade de Conservação de Uso Sustentável, com redução de limites, só pode ser feita por lei.

(D) A reavaliação poderá ser feita por decreto, uma vez que a Área de Relevante Interesse Ecológico também é uma Unidade de Conservação do grupo de proteção integral.

A: incorreta, pois quando o objetivo for a redução dos limites de uma unidade de conversão somente por lei específica é possível tal transformação (art. 22, § 7°, da Lei 9.985/2000); caso o objetivo fosse a ampliação da unidade de conservação, aí sim poder-se-ia usar do mesmo instrumento utilizado para a criação da unidade, no caso, um decreto (art. 22, § 6°, da Lei 9.985/2000); **B:** incorreta, pois as unidades de conservação são criadas por ato do Poder Público (art. 22 da Lei 9.985/2000), seja ele de qual esfera federativa for; ademais, a própria Lei da Mata Atlântica (Lei 11.428/2006) não traz disposição no sentido do texto da alternativa; **C:** correta (art. 22, § 7°, da Lei 9.9985/2000); **D:** incorreta, pois a Área de Relevante Interesse Ecológico é unidade de conservação de uso sustentável (art. 14, II, da Lei 9.985/2000), e não de proteção integral (art. 8° da Lei 9.985/2000.
Gabarito "C".

(OAB/Exame Unificado – 2011.3.A) Com relação ao sistema nacional de unidades de conservação, assinale a alternativa correta.

(A) As unidades de conservação do grupo de proteção integral são incompatíveis com as atividades humanas; logo, não se admite seu uso econômico direto ou indireto, não podendo o Poder Público cobrar ingressos para a sua visitação.

(B) A ampliação dos limites de uma unidade de conservação, sem modificação dos seus limites originais, exceto pelo acréscimo proposto, pode ser feita por instrumento normativo do mesmo nível hierárquico do que criou a unidade. O Poder Público está dispensado de promover consulta pública e estudos técnicos novos, bastando a reanálise dos documentos que fundamentaram a criação da unidade de conservação.

(C) O parque nacional é uma unidade de conservação do grupo de proteção integral, de posse e domínios públicos. É destinado à preservação ambiental e ao lazer e à educação ambiental da população; logo, não se admite seu uso econômico direto ou indireto, não podendo o Poder Público cobrar ingressos para a sua visitação.

(D) As unidades de conservação do grupo de Uso Sustentável podem ser transformadas total ou parcialmente em unidades do grupo de Proteção Integral, por instrumento normativo do mesmo nível hierárquico do que criou a unidade, desde que respeitados os procedimentos de consulta pública e estudos técnicos.

A: incorreta, pois, nas unidades de proteção integral, não se admite o uso *direto*, mas se admite o uso *indireto* dos seus recursos naturais (art. 7°, § 1°, da Lei 9.985/2000); ademais, admite-se a cobrança de ingressos para a sua visitação (art. 35 da Lei 9.985/2000); **B:** incorreta, pois será necessário, sim, promover novos estudos técnicos e consulta pública (art. 22, § 6º, da Lei 9.985/2000); **C:** incorreta, pois o parque nacional é destinado à preservação de ecossistemas naturais de grande relevância ecológica e beleza cênica, possibilitando a realização de pesquisas científicas e o desenvolvimento de atividades de educação e interpretação ambiental, de recreação em contato com a natureza e de turismo ecológico (art. 11, *caput*, da Lei 9.985/2000); tratando-se de unidade de conservação de proteção integral (art. 8º, *caput* e III, da Lei 9.985/2000) é admitido sim o USO INDIRETO dos seus recursos naturais (art. 7º, § 1º, da Lei 9.985/2000); ademais, admite-se a cobrança de ingressos para a sua visitação (art. 35 da Lei 9.985/2000); **D:** correta (art. 22, § 6º, da Lei 9.985/2000).

Gabarito "D".

(FGV – 2014) A Lei n. 9.985/2000 instituiu o Sistema Nacional de Unidades de Conservação. Nos termos deste diploma legal, assinale a afirmativa **incorreta**.

(A) As unidades de conservação integrantes do SNUC dividem-se em Unidades de Proteção Integral e Unidades de Uso Sustentável.

(B) As Unidades de Uso Sustentável tem como objetivo básico compatibilizar a conservação da natureza com o uso sustentável de parcela dos seus recursos naturais.

(C) O grupo das Unidades de Proteção Integral é composto de unidades de conservação nas categorias de Estação Ecológica, Reserva Biológica, Parque Nacional, Monumento Natural e Refúgio de Vida Silvestre.

(D) A Estação Ecológica tem como objetivo a preservação integral da biota e demais atributos naturais existentes em seus limites, sem interferência humana direta ou modificações ambientais.

(E) O Monumento Natural tem como objetivo básico preservar sítios naturais raros, singulares ou de grande beleza cênica, sendo constituído por áreas particulares, desde que seja possível compatibilizar os objetivos da unidade com a utilização da terra e dos recursos naturais do local pelos proprietários.

A: correta (art. 7º, I e II, da Lei 9.985/2000); **B:** assertiva correta (art. 7º, § 2º, da Lei 9.985/00); **C:** correta (art. 8º, I a V, da Lei 9.985/2000); **D:** incorreta, devendo ser assinalada, pois a alternativa trouxe o objetivo da reserva biológica e não da estação ecológica (art. 10, *caput*, da Lei 9.985/2000); **E:** correta (art. 12, *caput* e § 1º, da Lei 9.985/2000).

Gabarito "D".

(FGV – 2010) A área de uso sustentável, em geral extensa, com um certo grau de ocupação humana, dotadas de atributos abióticos, bióticos, estéticos ou culturais especialmente importantes para a qualidade de vida e o bem-estar das populações humanas. Tem como objetivos básicos proteger a diversidade biológica, disciplinar o processo de ocupação e assegurar a sustentabilidade do uso dos recursos naturais.

O texto acima refere-se à:

(A) Área de Proteção Ambiental.

(B) Área de Relevante Interesse Ecológico.

(C) Floresta Nacional.

(D) Reserva de Fauna.

(E) Reserva Extrativista.

O texto acima descreveu a previsão contida no art. 15, *caput*, da Lei 9.985/2000, que define Área de Proteção Ambiental.

Gabarito "A".

9. PROTEÇÃO DA FLORA. CÓDIGO FLORESTAL. MATA ATLÂNTICA

(OAB/Exame Unificado – 2019.3) Renato, proprietário de terra rural inserida no Município X, pretende promover a queimada da vegetação existente para o cultivo de cana-de-açúcar. Assim, consulta seu advogado, indagando sobre a possibilidade da realização da queimada. Sobre o caso narrado, assinale a afirmativa correta.

(A) A queimada poderá ser autorizada pelo órgão estadual ambiental competente do SISNAMA, caso as peculiaridades dos locais justifiquem o emprego do fogo em práticas agropastoris ou florestais.

(B) A queimada poderá ser autorizada pelo órgão municipal ambiental competente, após audiência pública realizada pelo Município X no âmbito do SISNAMA.

(C) A queimada não pode ser realizada, constituindo, ainda, ato tipificado como crime ambiental caso a área esteja inserida em Unidade de Conservação.

(D) A queimada não dependerá de autorização, caso Renato comprove a manutenção da área mínima de cobertura de vegetação nativa, a título de reserva legal.

A: correta, nos termos do art. 38, I, da Lei 12.651/12 (Código Florestal); **B:** incorreta, pois o órgão competente para essa autorização é o estadual e o uso do fogo é a princípio proibido (não bastando fazer uma audiência pública), ressalvadas as poucas situações previstas no art. 38 da Lei 12.651/12; **C:** incorreta; geralmente, a queimada é proibida, mas há exceções na lei e uma delas é justamente a trazida na alternativa "a" da questão (art. 38 da Lei 12.651/12); **D:** incorreta, pois a regra é a proibição do uso do fogo em vegetações, salvo nas exceções trazidas no art. 38 da Lei 12.651/12, não havendo como exceção uma regra que permite o fogo diretamente desde que se mantenha o mínimo de cobertura vegetal a título de reserva legal.

Gabarito "A".

(OAB/Exame Unificado – 2019.2) Em 2017, Maria adquire de Eduarda um terreno inserido em área de Unidade de Conservação de Proteção Integral. Em 2018, Maria descobre, por meio de documentos e fotos antigas, que Eduarda promoveu desmatamento irregular no imóvel. Sobre a responsabilidade civil ambiental, assinale a afirmativa correta.

(A) Maria responde civilmente pela recomposição ambiental, ainda que tenha agido de boa-fé ao adquirir o terreno.

(B) Maria não pode responder pela aplicação de multa ambiental, tendo em vista o princípio da intranscendência da pena.

(C) Eduarda não pode responder pela recomposição ambiental, mas apenas pela multa ambiental, tendo em vista a propriedade ter sido transmitida.

(D) Maria responde nas esferas administrativa, civil e penal solidariamente com Eduarda, tendo em vista o princípio da reparação integral do dano ambiental.

A: correta, pois a responsabilidade no caso é *propter rem*, aderindo àquele que adquiriu a coisa sobre a qual houve o dano ambiental; ou seja, essa obrigação "tem natureza real e é transmitida ao sucessor no caso de transferência de domínio ou posse do imóvel rural" (art. 7º, § 2º, da Lei 12.651/12), daí porque Maria responde civilmente; vale salientar que o STJ editou a Súmula 623 no mesmo sentido, qual seja, a de "as obrigações ambientais possuem natureza *propter rem*, sendo admissível

12. DIREITO AMBIENTAL   845

cobrá-las do proprietário ou possuidor atual e/ou dos anteriores, à escolha do credor"; **B** e **C:** incorretas, pois a obrigação de recomposição em questão é de natureza real e atinge novos proprietários, como é o caso de Maria (art. 7º, § 2º, da Lei 12.651/12); se Maria não atender ao dever de recomposição, que já nasce para ela no momento em que se torna proprietária do imóvel, imediatamente já estará sujeita às multas correspondentes; **D:** incorreta, pois o princípio da reparação integral do dano ambiental diz respeito à esfera civil, e não à esfera penal ou administrativas, ainda que nessas duas esferas se possa discutir a reparação ambiental; na esfera penal Maria só responderá se também praticar um crime ambiental, valendo salientar que não há que se falar em responsabilidade solidária em matéria de responsabilidade penal, pois não é possível acionar um só dos "devedores penais" solidários, sendo de rigor acionar todos os que cometerem o crime ambiental.
Gabarito "A".

(OAB/Exame Unificado – 2018.2) Gabriela, pequena produtora rural que desenvolve atividade pecuária, é avisada por seu vizinho sobre necessidade de registrar seu imóvel rural no Cadastro Ambiental Rural (CAR), sob pena de perder a propriedade do bem. Sobre a hipótese, assinale a afirmativa correta.

(A) Gabriela não tem a obrigação de registrar o imóvel no CAR por ser pequena produtora rural.

(B) Gabriela tem a obrigação de registrar o imóvel no CAR, sob pena de perder a propriedade do bem, que apenas poderá ser reavida por ação judicial.

(C) Gabriela tem a obrigação de registrar o imóvel no CAR; o registro não será considerado título para fins de reconhecimento do direito de propriedade ou posse.

(D) Gabriela tem a obrigação de registrar o imóvel no CAR; o registro autoriza procedimento simplificado para concessão de licença ambiental.

A: incorreta, pois o Código Florestal prevê que todas as propriedades rurais devem ser objeto de inscrição no Cadastro Ambiental Rural (art. 29, *caput*, da Lei 12.651/2012); **B:** incorreta, pois a lei não prevê a perda do imóvel como sanção pelo não cadastramento do imóvel no CAR (vide arts. 29 e 30 da Lei 12.651/2012); **C:** correta, nos termos da obrigação prevista para todos os imóveis rurais no art. 29, *caput*, da Lei 12.651/2012, bem como nos termos do § 2º do art. 29 da Lei 12.651/2012, que estabelece que o registro não será considerado título para fins do reconhecimento do direito de propriedade ou posse; **D:** incorreta. De fato, Gabriela tem a obrigação de registrar o imóvel no CAR (art. 29, *caput*, da Lei 12.651/2012), porém, o registro não autoriza procedimento simplificado para concessão de licença ambiental, mas, ao contrário, acaba por se tornar um requisito para a concessão de licença ambiental, como no caso previsto no art. 4º, § 6º, IV, da Lei 12.651/2012.
Gabarito "C".

(OAB/Exame Unificado – 2016.3) O Governo Federal, tendo em vista a grande dificuldade em conter o desmatamento irregular em florestas públicas, iniciou procedimento de concessão florestal para que particulares possam explorar produtos e serviços florestais. Sobre o caso, assinale a afirmativa correta.

(A) Essa concessão é antijurídica, uma vez que o dever de tutela do meio ambiente ecologicamente equilibrado é intransferível e inalienável.

(B) Essa concessão, que tem como objeto o manejo florestal sustentável, deve ser precedida de licitação na modalidade de concorrência.

(C) Essa concessão somente é possível para fins de exploração de recursos minerais pelo concessionário.

(D) Essa concessão somente incide sobre florestas públicas estaduais e, por isso, a competência para sua delegação é exclusiva dos Estados, o que torna ilegal sua implementação pelo IBAMA.

A: incorreta, pois a Lei 11.284/2006 estabelece que a concessão florestal também tem por objetivo a melhoria e recuperação ambiental na área de concessão e seu entorno (art. 30, VII, da Lei 11.284/2006); **B:** correta (art. 3, VII, c/c art. 13, § 1º, da Lei 11.284/2006); **C:** incorreta, pois essa concessão tem em mira, na verdade, "o direito de praticar manejo florestal sustentável para exploração de produtos e serviços numa unidade de manejo" (art. 3º, VII, da Lei 11.284/2006), sendo que é inclusive vedada a outorga da exploração de recursos minerais no âmbito da concessão florestal (art. 16, § 1º, IV, da Lei 11.284/2006); **D:** incorreta, pois a Lei 11.284/2006 trata das florestas públicas em geral, incluindo as federais, estaduais e municipais, sendo que cada esfera cuidará da respectiva concessão. **WG**
Gabarito "B".

(OAB/Exame Unificado – 2015.1) Hugo, proprietário de imóvel rural, tem instituída Reserva Legal em parte de seu imóvel. Sobre a hipótese, considerando o instituto da Reserva Legal, de acordo com a disciplina do Novo Código Florestal (Lei nº 12.651/2012), assinale a afirmativa correta.

(A) As áreas de Reserva Legal são excluídas da base tributável do Imposto sobre a Propriedade Territorial Rural (ITR), compreendendo esta uma função extrafiscal do tributo.

(B) Caso Hugo transmita onerosamente a propriedade, o adquirente não tem o dever de recompor a área de Reserva Legal, mesmo que averbada, tendo em vista o caráter personalíssimo da obrigação.

(C) Hugo não pode explorar economicamente a área de Reserva Legal, conduta tipificada como crime pelo Novo Código Florestal (Lei nº 12.651/2012).

(D) A área compreendida pela Reserva Legal é considerada Unidade de Conservação de Uso Sustentável, admitindo exploração somente se inserida no plano de manejo instituído pelo Poder Público.

A: correta (art. 41, II, "c", da Lei 12.651/2012); **B:** incorreta, pois, segundo o art. 2º, § 2º, da Lei 12.651/2012, as obrigações previstas no Código Florestal têm natureza real e são transmitidas ao sucessor, no caso, o adquirente do imóvel; **C:** incorreta, pois é admitida a exploração econômica da Reserva Legal, desde que mediante manejo sustentável, previamente aprovado pelo órgão competente do SISNAMA (art. 17, § 1º, da Lei 12.651/2012); **D:** incorreta, pois o manejo é *aprovado* e não *instituído* pelo Poder Público.
Gabarito "A".

(OAB/Exame Unificado – 2014.2) A definição dos espaços territoriais especialmente protegidos é fundamental para a manutenção dos processos ecológicos. Sobre o instituto da Reserva Legal, de acordo com o Novo Código Florestal (Lei n. 12.651/2012), assinale a afirmativa **correta**.

(A) Pode ser instituído em área rural ou urbana, desde que necessário à reabilitação dos processos ecológicos.

(B) Incide apenas sobre imóveis rurais, e sua área deve ser mantida sem prejuízo da aplicação das normas sobre as Áreas de Preservação Permanente.

(C) Foi restringida, de acordo com a Lei n. 12.651/2012, às propriedades abrangidas por Unidades de Conservação.

(D) Incide apenas sobre imóveis públicos, consistindo em área protegida para a preservação da estabilidade geológica e da biodiversidade.

A: incorreta, pois a reserva legal incide apenas sobre áreas rurais (arts. 3º, III, e 12, *caput*, da Lei 12.651/2012); **B:** correta (art. 12, *caput*, da Lei 12.651/2012); **C:** incorreta, pois se aplica a todo imóvel rural, independentemente de ser unidade de conservação (art. 12, *caput*, da Lei 12.651/2012); **D:** incorreta, pois incide sobre imóvel público ou privado e seu objetivo é "assegurar o uso econômico de modo sustentável dos recursos naturais do imóvel rural, auxiliar a conservação e a reabilitação dos processos ecológicos e promover a conservação da biodiversidade, bem como o abrigo e a proteção de fauna silvestre e da flora nativa".
Gabarito "B".

(OAB/Exame Unificado – 2013.1) João, militante ambientalista, adquire chácara em área rural já degradada, com o objetivo de cultivar alimentos orgânicos para consumo próprio. Alguns meses depois, ele é notificado pela autoridade ambiental local de que a área é de preservação permanente.

Sobre o caso, assinale a afirmativa correta.

(A) João é responsável pela regeneração da área, mesmo não tendo sido responsável por sua degradação, uma vez que se trata de obrigação *propter rem*.

(B) João somente teria a obrigação de regenerar a área caso soubesse do dano ambiental cometido pelo antigo proprietário, em homenagem ao princípio da boa-fé.

(C) O único responsável pelo dano é o antigo proprietário, causador do dano, uma vez que João não pode ser responsabilizado por ato ilícito que não cometeu.

(D) Não há responsabilidade do antigo proprietário ou de João, mas da Administração Pública, em razão da omissão na fiscalização ambiental quando da transmissão da propriedade.

A: correta, pois a obrigação de manter a vegetação situada em área de preservação permanente é real e transmitida ao sucessor do proprietário no caso de alienação do bem ou transferência da posse deste, tratando-se, assim, de obrigação *propter rem* (art. 7º, § 2º, da Lei 12.651/2012); vale salientar que o STJ editou a Súmula 623 no mesmo sentido, qual seja, a de "as obrigações ambientais possuem natureza *propter rem*, sendo admissível cobrá-las do proprietário ou possuidor atual e/ou dos anteriores, à escolha do credor"; **B a D:** incorretas, pois, como se viu, a obrigação é *propter rem*, ou seja, decorrente simplesmente do fato de João ser o novo proprietário da coisa (art. 7º, § 2º, da Lei 12.651/2012), não sendo necessário comprovar culpa ou dolo de João; quanto à Administração Pública, ela até poderá responder junto com os proprietários antigos e novos, mas desde que se demonstre que se omitiu culposamente na fiscalização ambiental do bem.
Gabarito "A".

(OAB/Exame Unificado – 2010.3) A supressão de vegetação primária e secundária no estágio avançado de regeneração somente poderá ser autorizada em caso de utilidade pública, sendo que a vegetação secundária em estágio médio de regeneração poderá ser suprimida nos casos de utilidade pública e interesse social, em todos os casos devidamente caracterizados e motivados em procedimento administrativo próprio, quando inexistir alternativa técnica e locacional ao empreendimento proposto, conforme o disposto no art. 14 da Lei 11.428/2006, que dispõe sobre a utilização e proteção da vegetação

nativa do bioma Mata Atlântica. A esse respeito, assinale a alternativa correta.

(A) Desde que obtida a autorização de supressão de vegetação de Mata Atlântica, com base na Lei 11.428/2006, não é aplicável a legislação que exige a licença ambiental, de acordo com a CRFB/1988, a Lei 6.938/1981 e o Decreto 99.274/1990.

(B) Um advogado de proprietário de terreno urbano afirma ser possível a obtenção de licença ambiental para edificação de condomínio residencial com supressão de Mata Atlântica com base em utilidade pública.

(C) A licença ambiental de empreendimento de relevante e significativo impacto ambiental localizado em terreno recoberto de Mata Atlântica não pode ser concedida em hipótese alguma.

(D) Um produtor de pequena propriedade ou posse rural entende que é possível a obtenção de licença ambiental para atividade agroflorestal sustentável, tendo como motivo o interesse social.

A: incorreta, pois a autorização de supressão de vegetação da Mata Atlântica é um requisito a mais que o empreendedor deve cumprir, e não uma providência que dispensa a realização do licenciamento previsto nas leis mencionadas na alternativa; **B:** incorreta, pois os casos de utilidade pública estão previstos no art. 3º, VII, da Lei 11.428/2006, e não contemplam a hipótese mencionada na alternativa; **C:** incorreta, pois a lei em tela regulamenta justamente os casos em que é cabível a utilização desse tipo de bem; **D:** correta (art. 3º, VIII, *b*, da Lei 11.428/2006).
Gabarito "D".

10. PROTEÇÃO DA FAUNA

(Magistratura/MT – 2009 – VUNESP) Diante da preocupação com a extinção de espécies, pode-se afirmar que o Código de Caça brasileiro (Lei n. 5.197/1967) prevê que

(A) apenas espécies de peixes exóticos poderão ser introduzidas no País, sem parecer técnico oficial favorável e licença expedida na forma da Lei.

(B) é permitido o exercício da caça profissional para exportação de peles e couros em bruto para o Exterior.

(C) as licenças de caçadores serão concedidas, mediante pagamento de uma taxa anual equivalente a um décimo do salário-mínimo mensal.

(D) somente é permitida a exportação de peles e couros de anfíbios e répteis, em bruto.

(E) o pagamento das licenças, registros e taxas, previstos nesta Lei, será recolhido à Caixa Econômica Federal, em conta especial, a crédito do Fundo Federal Agropecuário, sob o título "Recursos da Fauna".

A: incorreta, pois "nenhuma espécie poderá ser introduzida no País, sem parecer técnico oficial favorável e licença expedida na forma da Lei" (art. 4º da Lei 5.197/1967); **B:** incorreta, pois é proibido o exercício de caça profissional (art. 2º da Lei 5.197/1967); **C:** correta (art. 20 da Lei 5.197/1967); **D:** incorreta, pois é "proibida a exportação para o exterior, de peles e couros de anfíbios e répteis, em bruto" (art. 18 da Lei 5.197/1967); **E:** incorreta, pois o recolhimento será no Banco do Brasil (art. 24 da Lei 5.197/1967).
Gabarito "C".

11. RESPONSABILIDADE CIVIL AMBIENTAL

Segue um resumo sobre a Responsabilidade Civil Ambiental:

1. Responsabilidade objetiva.

A responsabilidade objetiva pode ser conceituada como o dever de responder por danos ocasionados ao meio ambiente, independentemente de culpa ou dolo do agente responsável pelo evento danoso. Essa responsabilidade está prevista no § 3º do art. 225 da CF, bem como no § 1º do art. 14 da Lei 6.938/1981 e ainda no art. 3º da Lei 9.605/1998.

Quanto a seus requisitos, diferentemente do que ocorre com a responsabilidade objetiva no Direito Civil, onde são apontados três requisitos para a configuração da responsabilidade (conduta, dano e nexo de causalidade), *no Direito Ambiental são necessários apenas dois.*

A doutrina aponta a necessidade de existir um dano (evento danoso), *mais o **nexo de causalidade, que o liga ao poluidor**.*

Aqui não se destaca muito a conduta como requisito para a responsabilidade ambiental, apesar de diversos autores entenderem haver três requisitos para sua configuração (conduta, dano e nexo de causalidade). *Isso porque é comum o dano ambiental ocorrer sem que se consiga identificar uma conduta específica e determinada causadora do evento.*

Quanto ao sujeito responsável pela reparação do dano, é o poluidor, que pode ser tanto pessoa física como jurídica, pública ou privada.

Quando o Poder Público não é o responsável pelo empreendimento, ou seja, não é o poluidor, sua responsabilidade é subjetiva, ou seja, depende de comprovação de culpa ou dolo do serviço de fiscalização, para se configurar. Assim, o Poder Público pode responder pelo dano ambiental por omissão no dever de fiscalizar. Nesse caso, haverá responsabilidade solidária do poluidor e do Poder Público. Mas lembre-se: se o Poder Público é quem promove o empreendimento, sua responsabilidade é objetiva.

Em se tratando de pessoa jurídica, a Lei 9.605/1998 estabelece que esta será responsável nos casos em que a infração for cometida por decisão de seu representante legal ou contratual, ou de seu órgão colegiado, no interesse ou benefício da sua entidade. Essa responsabilidade da pessoa jurídica não exclui a das pessoas físicas, autoras, coautoras ou partícipes do mesmo fato.

A Lei 9.605/1998 também estabelece uma cláusula geral que permite a desconsideração da personalidade jurídica da pessoa jurídica, em qualquer caso, desde que destinada ao ressarcimento dos prejuízos causados à qualidade do meio ambiente. Segundo o seu art. 4º, poderá ser desconsiderada a pessoa jurídica sempre que sua personalidade for obstáculo ao ressarcimento dos prejuízos causados à qualidade do meio ambiente. Adotou-se, como isso, a chamada teoria menor da desconsideração, para a qual basta a insolvência da pessoa jurídica, para que se possa atingir o patrimônio de seus membros. No direito civil, ao contrário, adotou-se a teoria maior da desconsideração, teoria que exige maiores requisitos, no

caso, a existência de um desvio de finalidade ou de uma confusão patrimonial para que haja desconsideração.

Outro ponto importante diz respeito ao ônus da prova em matéria de responsabilidade civil ambiental. O STJ editou Súmula 618 no sentido de que "a inversão do ônus da prova aplica-se às ações de degradação ambiental."

O STJ também editou mais duas súmulas relevantes em matéria ambiental. Confira:

Súmula 623 – As obrigações ambientais possuem natureza *propter rem*, sendo admissível cobrá-las do proprietário ou possuidor atual e/ou dos anteriores, à escolha do credor.

Súmula 629 – Quanto ao dano ambiental, é admitida a condenação do réu à obrigação de fazer ou à de não fazer cumulada com a de indenizar.

2. Reparação integral dos danos.

A obrigação de reparar o dano não se limita a pagar uma indenização; ela vai além: a reparação deve ser específica, isto é, ela deve buscar a restauração ou recuperação do bem ambiental lesado, ou seja, o seu retorno à situação anterior. Assim, a responsabilidade pode envolver as seguintes obrigações:

a) *de reparação natural ou* in specie: é a reconstituição ou recuperação do meio ambiente agredido, cessando a atividade lesiva e revertendo-se a degradação ambiental. *É a primeira providência que deve ser tentada, ainda que mais onerosa que outras formas de reparação;*

b) *de indenização em dinheiro:* consiste no ressarcimento pelos danos causados e não passíveis de retorno à situação anterior. *Essa solução só será adotada quando não for viável fática ou tecnicamente a reconstituição. Trata-se de forma indireta de sanar a lesão.*

c) *compensação ambiental: consiste em forma alternativa à reparação específica do dano ambiental, e importa na adoção de uma medida de equivalente importância ecológica, mediante a observância de critérios técnicos especificados por órgãos públicos e aprovação prévia do órgão ambiental competente, admissível desde que seja impossível a reparação específica. Por exemplo, caso alguém tenha derrubado uma árvore, pode-se determinar que essa pessoa, como forma de* compensação ambiental, *replante duas árvores da mesma espécie.*

3. Dano ambiental.

Não é qualquer alteração adversa no meio ambiente causada pelo homem que pode ser considerada dano ambiental. Por exemplo, o simples fato de alguém inspirar oxigênio e expirar gás carbônico não é dano ambiental. O art. 3º da Lei 6.938/1981 nos ajuda a desvendar quando se tem dano ambiental, ao dispor que a poluição é a degradação ambiental resultante de atividades que direta ou indiretamente:

a) prejudiquem a saúde, a segurança e o bem-estar da população; b) criem condições adversas às atividades sociais e econômicas; c) afetem desfavoravelmente a biota; d) afetem as condições estéticas ou sanitárias do meio ambiente; e) lancem matérias ou energia em desacordo com os padrões ambientais estabelecidos.

Quanto aos atingidos pelo dano ambiental, este pode atingir pessoas indetermináveis e ligadas por circunstâncias de fato (ocasião em que será difuso), grupos de pessoas ligadas por relação jurídica base (ocasião em que será coletivo), vítimas de dano oriundo de conduta comum (ocasião em que será individual homogêneo) e vítima do dano (ocasião em que será individual puro).

De acordo com o pedido formulado na ação reparatório é que se saberá que tipo de interesse (difuso, coletivo, individual homogêneo ou individual) está sendo protegido naquela demanda.

Quanto à extensão do dano ambiental, a doutrina reconhece que este pode ser material (patrimonial) ou moral (extrapatrimonial). Será da segunda ordem quando afetar o bem-estar de pessoas, causando sofrimento e dor. Há de se considerar que há decisão do STJ no sentido que não se pode falar em dano moral difuso, já que o dano deve estar relacionado a pessoas vítimas de sofrimento, e não a uma coletividade de pessoas. De acordo com essa decisão, pode haver dano moral ambiental a pessoa determinada, mas não pode haver dano moral ambiental a pessoas indetermináveis.

4. A proteção do meio ambiente em juízo.

A reparação do dano ambiental pode ser buscada extrajudicialmente, quando, por exemplo, é celebrado termo de compromisso de ajustamento de conduta com o Ministério Público, ou judicialmente, pela propositura da ação competente.

Há duas ações vocacionadas à defesa do meio ambiente. São elas: a ação civil pública (art. 129, III, da CF e Lei 7.347/1985) e a **ação popular** (art. 5º, LXXIII, CF e Lei 4.717/1965). A primeira pode ser promovida pelo Ministério Público, por entes da Administração Pública ou por associações constituídas há pelo menos um ano, que tenham por objetivo a defesa do meio ambiente. Já a segunda é promovida pelo cidadão.

Também são cabíveis em matéria ambiental o mandado de segurança (art. 5º, LXIX e LXX, da CF e Lei 12.016/2009), individual ou coletivo, preenchidos os requisitos para tanto, tais como prova pré-constituída, e ato de autoridade ou de agente delegado de serviço público; o **mandado de injunção** (art. 5º, LXXI, da CF), quando a falta de norma regulamentadora torne inviável o exercício dos direitos e liberdades constitucionais e das prerrogativas inerentes à nacionalidade, à soberania e à cidadania; as **ações de inconstitucionalidade** (arts. 102 e 103 da CF e Leis 9.868/1999 e 9.882/1999); e a **ação civil de responsabilidade por ato de improbidade administrativa** em matéria ambiental (art. 37, § 4º, da CF, Lei 8.429/1992 e art. 52 da Lei 10.257/2001).

(OAB/Exame XXXV) A sociedade empresária *Beta* atua no ramo de produção de produtos agrotóxicos, com regular licença ambiental, e vem cumprindo satisfatoriamente todas as condicionantes da licença. Ocorre que, por um acidente causado pela queda de um raio em uma das caldeiras de produção, houve vazamento de material tóxico, que causou grave contaminação do solo, subsolo e lençol freático.

Não obstante a sociedade empresária tenha adotado, de plano, algumas medidas iniciais para mitigar e remediar parte dos impactos, fato é que ainda subsiste considerável passivo ambiental a ser remediado.

Tendo em vista que a sociedade empresária Beta parou de atender às determinações administrativas do órgão ambiental competente, o Ministério Público ajuizou ação civil pública visando à remediação ambiental da área.

Na qualidade de advogado(a) da sociedade empresária Beta, para que seu cliente decida se irá ou não celebrar acordo judicial com o MP, você lhe informou que, no caso em tela, a responsabilidade civil por danos ambiental é

(A) afastada, haja vista que a atividade desenvolvida pelo empreendedor era lícita e estava devidamente licenciada.

(B) afastada, pois se rompeu o nexo de causalidade, diante da ocorrência de força maior.

(C) subjetiva e, por isso, diante da ausência de dolo ou culpa por prepostos da sociedade empresária, não há que se falar em obrigação de reparar o dano.

(D) objetiva e está fundada na teoria do risco integral, de maneira que não se aplicam as excludentes do dever de reparar o dano do caso fortuito e força maior.

A e C: incorretas, pois a responsabilidade civil por danos ambientais é objetiva, não importando portanto se a conduta da empresa era lícita ou não, ou se era culposa ou não; **B:** incorreta, pois a responsabilidade civil ambiental é objetiva e, por se adotar a teoria do risco integral, não há que se falar em excludente de responsabilidade, tal como a força maior; **D:** correta, pois a responsabilidade civil ambiental é objetiva e, pelo fato de o STF ter adotado a teoria do risco integral, não há que se falar em excludente de responsabilidade, tal como a força maior ou o caso fortuito; confira: "A responsabilidade por dano ambiental é objetiva, informada pela teoria do risco integral, sendo o nexo de causalidade o fator aglutinante que permite que o risco se integre na unidade do ato, sendo descabida a invocação, pela empresa responsável pelo dano ambiental, de excludentes de responsabilidade civil para afastar sua obrigação de indenizar" (Tese julgada sob o rito do art. 543-C do CPC/1973, TEMA 681 e 707, letra a).

Gabarito "D".

(OAB/Exame Unificado – 2019.2) Em decorrência de grave dano ambiental em uma Unidade de Conservação, devido ao rompimento de barragem de contenção de sedimentos minerais, a Defensoria Pública estadual ingressa com Ação Civil Pública em face do causador do dano. Sobre a hipótese, assinale a afirmativa correta.

(A) A Ação Civil Pública não deve prosseguir, uma vez que a Defensoria Pública não é legitimada a propor a referida ação judicial.

(B) A Defensoria Pública pode pedir a recomposição do meio ambiente cumulativamente ao pedido de indenizar, sem que isso configure *bis in idem*.

(C) Tendo em vista que a conduta configura crime ambiental, a ação penal deve anteceder a Ação Civil Pública, vinculando o resultado desta.

(D) A Ação Civil Pública não deve prosseguir, uma vez que apenas o IBAMA possui competência para propor Ação Civil Pública quando o dano ambiental é causado em Unidade de Conservação.

A: incorreta, pois a Defensoria Pública é legitimada para essa ação civil pública, nos termos do art. 5º, II, da Lei 7.347/85; **B:** correta; segundo o STJ, "A cumulação de obrigação de fazer, não fazer e pagar não configura *bis in idem*, porquanto a indenização, em vez de considerar lesão específica já ecologicamente restaurada ou a ser restaurada, põe o foco em parcela do dano que, embora causada pelo mesmo comportamento pretérito do agente, apresenta efeitos deletérios de cunho

12. DIREITO AMBIENTAL

futuro, irreparável ou intangível" (RE 1.198.727-MG); **C:** incorreta, pois as instâncias civil e penal são independentes entre si, sem contar que os critérios de responsabilização de uma são diferentes dos da outra; **D:** incorreta, pois a legitimidade para ação civil pública ambiental é ampla e legitimados como a Defensoria e Ministério Público, por exemplo, são universais.

Gabarito "B".

(OAB/Exame Unificado – 2018.1) Configurada a violação aos dispositivos da Lei do Sistema Nacional de Unidades de Conservação, especificamente sobre a restauração e recuperação de ecossistema degradado, o Estado Z promove ação civil pública em face de Josemar, causador do dano. Em sua defesa judicial, Josemar não nega a degradação, mas alega o direito subjetivo de celebração de Termo de Ajustamento de Conduta (TAC), com a possibilidade de transacionar sobre o conteúdo das normas sobre restauração e recuperação. Sobre a hipótese, assinale a afirmativa correta.

(A) Josemar não possui direito subjetivo à celebração do TAC, que, caso celebrado, não pode dispor sobre o conteúdo da norma violada, mas sobre a forma de seu cumprimento.

(B) O TAC não pode ser celebrado, uma vez que a ação civil pública foi proposta pelo Estado, e não pelo Ministério Público.

(C) Josemar possui direito subjetivo a celebrar o TAC, sob pena de violação ao princípio da isonomia, mas sem que haja possibilidade de flexibilizar o conteúdo das normas violadas.

(D) Josemar possui direito subjetivo a celebrar o TAC nos termos pretendidos, valendo o termo como título executivo extrajudicial, apto a extinguir a ação civil pública por perda de objeto.

A: correta; de acordo o art. 79-A, *caput*, da Lei 9.605/1998, os órgãos do SISNAMA ficam autorizados (e não "obrigados") a celebrar um TAC com as pessoas responsáveis pela degradação ambiental; ademais, o TAC, de fato, não pode transacionar sobre o conteúdo da norma violada, mas apenas permitir que o causador do dano possa promover as necessárias correções de suas atividades, para o atendimento das exigências impostas pelas autoridades ambientais competentes (art. 79-A, § 1º, da Lei 9.605/1998); **B:** incorreta, pois o Estado, como órgão integrante do SISNAMA (art. 6º, *caput*, da Lei 6.938/1981), pode celebrar TAC (art. 79-A, *caput*, da Lei 9.605/1998); **C e D:** incorretas, pois de acordo o art. 79-A, *caput*, da Lei 9.605/1998, os órgãos do SISNAMA ficam autorizados (e não "obrigados") a celebrar um TAC com as pessoas responsáveis pela degradação ambiental, de modo que Josemar não tem direito subjetivo ao acordo, mas mera expectativa de direito em fazê-lo.

Gabarito "A".

(OAB/Exame Unificado – 2017.1) Tendo em vista a infestação de percevejo-castanho-da-raiz, praga que causa imensos danos à sua lavoura de soja, Nelson, produtor rural, desenvolveu e produziu de forma artesanal, em sua fazenda, agrotóxico que combate a aludida praga. Mesmo sem registro formal, Nelson continuou a usar o produto por meses, o que ocasionou grave intoxicação em Beto, lavrador da fazenda, que trabalhava sem qualquer equipamento de proteção. Sobre a hipótese, assinale a afirmativa correta.

(A) Não há qualquer responsabilidade de Nelson, que não produziu o agrotóxico de forma comercial, mas para uso próprio.

(B) Nelson somente responde civilmente pelos danos causados, pelo não fornecimento de equipamentos de proteção a Beto.

(C) Nelson responde civil e criminalmente pelos danos causados, ainda que não tenha produzido o agrotóxico com finalidade comercial.

(D) Nelson somente responde administrativamente perante o Poder Público pela utilização de agrotóxico sem registro formal.

A: incorreta, pois se aplica ao caso a responsabilidade civil pela teoria do risco proveito, mais especificamente a responsabilidade objetiva prevista no art. 927, parágrafo único, do Código Civil; **B:** incorreta, pois no caso tem-se responsabilidade objetiva de Nelson por desenvolver atividade de risco que lhe causa proveito, sendo que mesmo que tivesse fornecido equipamentos de proteção responderia da mesma forma, nos termos do art. 927, parágrafo único, do Código Civil; **C:** correta, pois se aplica ao caso a responsabilidade civil pela teoria do risco proveito, mais especificamente a responsabilidade objetiva prevista no art. 927, parágrafo único, do Código Civil; a responsabilidade penal, mesmo que no caso concreto dependa da existência do elementos subjetivo culposo, também se aplicará porque houve conduta culposa de Nelson ao não fornecer equipamentos de segurança para Beto; **D:** incorreta, pois a responsabilidade civil objetiva está configurada na forma do art. 927, parágrafo único, do CC e a responsabilidade penal pela lesão causada em Beto em atitude no mínimo culposa de Nelson ao não fornecer equipamento de segurança. **WG**

Gabarito "C".

(OAB/Exame Unificado – 2016.2) No curso de obra pública de construção de represa para fins de geração de energia hidrelétrica em rio que corta dois estados da Federação, a associação privada Sorrio propõe ação civil pública buscando a reconstituição do ambiente ao *status quo* anterior ao do início da construção, por supostos danos ao meio ambiente. Considerando a hipótese, assinale a afirmativa correta.

(A) Caso a associação Sorrio abandone a ação, o Ministério Público ou outro legitimado assumirá a titularidade ativa.

(B) Caso haja inquérito civil público em curso, proposto pelo Ministério Público, a ação civil pública será suspensa pelo prazo de até 1 (um) ano.

(C) Como o bem público objeto da tutela judicial está localizado em mais de um estado da federação, a legitimidade ativa exclusiva para propositura da ação civil pública é do Ministério Público Federal.

(D) Caso o pedido seja julgado improcedente por insuficiência de provas, não será possível a propositura de nova demanda com o mesmo pedido.

A: correta (art. 5º, § 3º, da Lei 7.347/1985); **B:** incorreta, pois a existência de inquérito civil em curso não é causa prevista em lei para impedir ou suspender uma ação civil pública promovida por um outro legitimado ativo para esse tipo de ação; **C:** incorreta, pois não há essa exclusividade, podendo outros legitimados ativos previstos em lei (como associações) e até mesmo os ministérios públicos dos estados respectivos promoverem a ação, sem prejuízo de, no último caso, o Ministério Público Federal ser chamado a se manifestar na ação respectiva e até mesmo ter interesse em assumir o polo ativo da demanda; **D:** incorreta, pois nesse específico caso (improcedência por falta de provas) não se forma a coisa julgada material, mas apenas a formal, sendo possível o ajuizamento de ação no futuro, desde que embasada em nova prova (art. 16 da Lei 7.347/1985).

Gabarito "A".

(FGV – 2014) Um representante do Ministério Público Federal promoveu uma Ação Civil Pública em face do Estado do Ceará e de seu órgão ambiental com o objetivo de anular a licença de instalação expedida pelo órgão ambiental estadual que autorizava a construção de um porto, sob o argumento de que a mencionada licença fora concedida sem prévia avaliação de viabilidade. Em reunião entre as partes foi celebrado um Termo de Ajustamento de Conduta (TAC), que levou a efeito a demanda judicial mediante compensação ambiental. Após o cumprimento do TAC, uma Associação de Pescadores local promoveu nova Ação Civil Pública, de objeto e pedidos idênticos aos da demanda promovida pelo *parquet* federal. A partir do caso apresentado, assinale a afirmativa correta.

(A) A tutela antecipada do pedido foi deferida pelo juízo, com fundamento no Princípio da Prevenção e com o objetivo de suprir a omissão da transação.

(B) A tutela antecipada do pedido foi indeferida pelo juízo, já que a Associação não possui legitimidade para promover a demanda.

(C) A tutela antecipada do pedido foi indeferida pelo juízo, já que o cumprimento do TAC faz coisa julgada.

(D) A tutela antecipada do pedido foi indeferida pelo juízo, já que a insuficiência do estudo de viabilidade ambiental não denota dano ao meio ambiente.

(E) A tutela antecipada do pedido foi deferida pelo juízo, já que o *parquet* federal não possui legitimidade para celebrar o TAC com o Estado e seu órgão ambiental.

A: correta, pois, havendo omissão na transação, não há que se falar em coisa julgada; **B:** incorreta, pois associações têm legitimidade para propor ação civil pública (art. 1º, I, c.c art. 5º, V, da Lei 7.347/1985); **C:** incorreta, pois, havendo omissão na transação, não há que se falar em coisa julgada no ponto omisso; **D:** incorreta, pois não há essa restrição na lei (art. 5º, § 6º, da Lei 7.347/1985).
Gabarito "A".

12. RESPONSABILIDADE ADMINISTRATIVA AMBIENTAL

(OAB/Exame Unificado – 2012.3.A) A respeito da responsabilidade administrativa federal por danos ambientais, regulamentada pelo Decreto n. 6.514/2008 e alterado pelo Decreto 6.686/2008, assinale a afirmativa correta.

(A) A demolição de obras só poderá ser aplicada em edificações não residenciais e sua execução deverá ocorrer às custas do infrator.

(B) A demolição de obra é medida excepcional e só poderá ser aplicada em situações de flagrante ilegalidade e em edificações com menos de dez anos.

(C) A demolição de obra, em respeito ao direito fundamental à moradia, só poderá ser aplicada em construções residenciais erguidas em unidades de conservação e outros espaços ambientalmente protegidos e as custas para a sua realização correrão por conta do infrator.

(D) A demolição de obra ou construção com fins residenciais ou comerciais, em razão do princípio da defesa do meio ambiente, dar-se-á nos casos em que a ausência da demolição importa em iminente risco de agravamento do dano ambiental e as custas para sua realização correrão por conta do infrator.

A: correta (art. 19, § 2º, do Decreto 6.514/2008); **B** a **D:** incorretas, pois tal sanção pode ser aplicada quando "verificada a construção de obra em área ambientalmente protegida em desacordo com a legislação ambiental ou quando a obra ou construção realizada não atenda às condicionantes da legislação ambiental e não seja passível de regularização" (art. 19 do Decreto 6.514/2008), ou seja, não há na norma a exigência de "flagrante ilegalidade" ou de "edificação com menos de 10 anos" (alternativa "b"), bem como de que, em se tratando de construções residenciais, estas tenham sido "erguidas em unidades de conservação e outros espaços ambientalmente protegidos" (alternativa "c") e, em imóveis residenciais ou comerciais, que "a ausência da demolição importe em iminente risco de agravamento do dano ambiental" (alternativa "d").
Gabarito "A".

13. RESPONSABILIDADE PENAL AMBIENTAL

(OAB/Exame XXXIX) O engenheiro ambiental João foi contratado pelo empreendedor Alfa para coordenar uma equipe multidisciplinar durante a elaboração de estudo de impacto ambiental (EIA), referente a empreendimento que causará relevantes impactos ambientais. João também foi contratado para representar o empreendedor junto ao órgão ambiental licenciador, inclusive recebendo procuração para impulsionar o processo administrativo de requerimento de licença.

Com intuito de esconder os reais impactos ambientais do empreendimento, e sem que os demais profissionais que participaram dos estudos do EIA tivessem ciência, João, de forma dolosa, elaborou e apresentou, no licenciamento ambiental, estudo de impacto ambiental parcialmente enganoso, por omissão.

Diante da conduta de João, foi emitida licença ambiental sem as devidas condicionantes, de maneira que houve dano significativo ao meio ambiente, em decorrência do uso da informação incompleta e enganosa por ele apresentada ao órgão ambiental.

De acordo com a Lei nº 9.605/98, em matéria de responsabilidade penal, assinale a afirmativa correta.

(A) João não praticou crime ambiental, pois não existe crime ambiental omissivo, mas deve ser responsabilizado na esfera ambiental, em âmbito cível e administrativo.

(B) João não realizou conduta que configure crime ambiental, pois não é o empreendedor, que deve responder, como pessoa jurídica, nas esfera criminal, cível e administrativa.

(C) João cometeu crime ambiental, e a pena deve ser aumentada, porque houve dano significativo ao meio ambiente, em decorrência do uso da informação incompleta e enganosa por ele apresentada ao órgão ambiental.

(D) João incorreu em crime ambiental, e a pena deve ser diminuída, porque o responsável pela elaboração e apresentação do EIA não é o empreendedor e sim, o profissional técnico.

Representa crime ambiental elaborar ou apresentar, no licenciamento ambiental, estudo ou relatório ambiental total ou parcialmente falso ou enganoso (crime tipificado no art. 69-A da Lei n. 9.605/1998). Nesse sentido, João cometeu referido delito penal (alternativa A e B incorretas). Além disso, a pena deve ser aumentada, pois houve dano significativo ao meio ambiente, em decorrência do uso da informação

12. DIREITO AMBIENTAL

falsa, incompleta ou enganosa (§ 2º do mesmo art. 69-A). Assim, está correta a alternativa C e incorreta a D. **RB**

Gabarito "C".

(OAB/Exame XXXVI) Pedro, proprietário de imóvel localizado em área rural, com vontade livre e consciente, executou extração de recursos minerais, consistentes em saibro, sem a competente autorização, permissão, concessão ou licença e vendeu o material para uma fábrica de cerâmica.

O Ministério Público, por meio de seu órgão de execução com atribuição em tutela coletiva, visando à reparação dos danos ambientais causados, ajuizou ação civil pública em face de Pedro, no bojo da qual foi realizada perícia ambiental. Posteriormente, em razão da mesma extração mineral ilegal, o Ministério Público ofereceu denúncia criminal, deflagrando novo processo, agora em ação penal, e pretende aproveitar, como prova emprestada no processo penal, a perícia produzida no âmbito da ação civil pública. No caso em tela, de acordo com a Lei nº 9.605/98, a perícia produzida no juízo cível

(A) poderá ser aproveitada no processo penal, instaurando-se o contraditório.

(B) não poderá ser utilizada, em razão da independência das instâncias criminal, cível e administrativa.

(C) não poderá ser aproveitada no processo criminal, eis que é imprescindível um laudo pericial produzido pela Polícia Federal, para fins de configuração da existência material do delito.

(D) poderá ser aproveitada na ação penal, mas apenas pode subsistir uma condenação judicial final, para evitar o *bis in idem*.

A: correta, nos exatos termos do art. 19, p. ún., da Lei 9.605/98 ("A perícia produzida no inquérito civil ou no juízo cível poderá ser aproveitada no processo penal, instaurando-se o contraditório"); **B** e **C:** incorretas, pois o art. 19, p. ún., da Lei 9.605/98 admite que a perícia produzida no juízo cível seja aproveitada no processo criminal, estabelecendo como único requisito a instauração de contraditório ("A perícia produzida no inquérito civil ou no juízo cível poderá ser aproveitada no processo penal, instaurando-se o contraditório"); **D:** incorreta, pois a autorização dada no art. 19, p. ún, da Lei 9.605/98 não traz essa restrição, sem contar que as instâncias civil, administrativa e penal são independentes entre si.

Gabarito "A".

(OAB/Exame Unificado – 2020.1) Seguindo plano de expansão de seu parque industrial para a produção de bebidas, o conselho de administração da sociedade empresária Frescor S/A autoriza a destruição de parte de floresta inserida em Área de Preservação Permanente, medida que se consuma na implantação de nova fábrica. Sobre responsabilidade ambiental, tendo como referência a hipótese narrada, assinale a afirmativa correta.

(A) Frescor S/A responde civil e administrativamente, sendo excluída a responsabilidade penal por ter a decisão sido tomada por órgão colegiado da sociedade.

(B) Frescor S/A responde civil e administrativamente, uma vez que não há tipificação criminal para casos de destruição de Área de Preservação Permanente, mas apenas de Unidades de Conservação.

(C) Frescor S/A responde civil, administrativa e penalmente, sendo a ação penal pública, condicionada à

prévia apuração pela autoridade ambiental competente.

(D) Frescor S/A responde civil, administrativa e penalmente, sendo agravante da pena a intenção de obtenção de vantagem pecuniária.

A: incorreta, pois, de acordo com o art. 3º, *caput*, da Lei 9.605/98, em matéria de Direito Ambiental "As pessoas jurídicas serão responsabilizadas administrativa, civil e penalmente"; ou seja, a responsabilização da pessoa jurídica é possível nas três áreas citadas; o mesmo dispositivo estabelece como requisito para a responsabilização da pessoa jurídica por uma infração que esta "seja cometida por decisão de seu representante legal ou contratual, ou de seu órgão colegiado, no interesse ou benefício da sua entidade"; no caso em tela, a infração foi cometida por decisão do conselho de administração da sociedade (ou seja, por um órgão colegiado da pessoa jurídica) e em benefício desta (já que se deu para a expansão de seu parque industrial), portanto, cabe a responsabilidade penal no caso e a alternativa está incorreta; **B:** incorreta, pois o art. 38 da Lei 9.605/98 tipifica criminalmente sim a destruição de áreas de preservação permanente; **C:** incorreta, pois, de acordo com o art. 26 da Lei 9.605/98, "Nas infrações penais previstas nesta Lei, a ação penal é pública incondicionada"; **D:** correta, nos termos do art. 3º, *caput* (responsabilidade penal da pessoa jurídica por decisão do conselho de administração) cumulado com o artigo 38 (tipificação criminal da destruição de área de preservação permanente) cumulado com o art. 15, II, "a" (agravante pela intenção de obtenção de vantagem pecuniária), todos da Lei 9.605/98.

Gabarito "D".

(OAB/Exame Unificado – 2012.2) Luísa, residente e domiciliada na cidade de Recife, após visitar a Austrália, traz consigo para a sua casa um filhote de coala, animal típico daquele país e inexistente no Brasil. Tendo em vista tal situação, assinale a afirmativa correta.

(A) Ao trazer o animal, Luísa não cometeu qualquer ilícito ambiental já que a propriedade de animais domésticos é livre no Brasil.

(B) Ao trazer o animal, Luísa, em princípio, não cometeu qualquer ilícito ambiental, pois o crime contra o meio ambiente só se configuraria caso Luísa abandonasse ou praticasse ações de crueldade contra o animal por ela adotado.

(C) Ao trazer o animal, Luísa cometeu crime ambiental, pois o introduziu no Brasil sem prévio licenciamento ambiental, sendo a Justiça estadual de Pernambuco competente para julgar a eventual ação.

(D) Ao trazer o animal, Luísa cometeu crime ambiental, pois o introduziu no Brasil sem licença e sem parecer técnico oficial favorável, sendo a Justiça Federal competente para julgar a eventual ação.

Segundo o art. 31 da Lei 9.605/1998, é crime punível com detenção e multa a introdução de espécime animal no País, sem parecer técnico favorável e licença expedida por autoridade competente. Assim, Luísa cometeu sim ilícito ambiental. Ficam afastadas, portanto, as alternativas "A" e "B". Quanto à alternativa "C", também está incorreta, pois o ilícito penal se dá em face de competência de autarquia federal; com efeito, compete ao IBAMA a autorização de ingresso de espécime nova no País, o que faz com que, nos termos do art. 109 da CF, a competência seja da Justiça Federal, e não da Justiça Estadual, por haver interesse de autarquia federal em jogo (STJ, CC 96.853/RS, DJ 17.10.2008). Não bastasse, a introdução de animais exóticos no País concerne diretamente com o exercício da soberania deste e a tutela que dispensa a sua própria fauna globalmente considerada, em consequência dos imprevisíveis efeitos que tais animais podem causar no meio ambiente (TRF 3ª Região, RSE

852 WANDER GARCIA E RODRIGO BORDALO

4.528, DJ 19.06.2007), envolvendo, assim, interesse da União, a atrair a competência da Justiça Federal. Já a alternativa "**D**" está correta, nos termos do art. 31 da Lei 9.605/1998, bem como da competência do IBAMA, autarquia federal, para a autorização que Luísa deveria ter pedido, atraindo, definitivamente, a competência da Justiça Federal.

Gabarito "D".

(**OAB/Exame Unificado – 2011.2**) A Lei 9.605/1998, regulamentada pelo Decreto 6.514/2008, que dispõe sobre sanções penais e administrativas derivadas de condutas e atividades lesivas ao meio ambiente, trouxe novidades nas normas ambientais. Entre elas está a

(**A**) possibilidade de assinatura de termos de ajustamento de conduta, que somente é possível pelo cometimento de ilícito ambiental.

(**B**) desconsideração da pessoa jurídica, que foi estabelecida para responsabilizar a pessoa física sempre que sua personalidade for obstáculo ao ressarcimento de prejuízos causados à qualidade do meio ambiente.

(**C**) substituição da pena privativa de liberdade pela restritiva de direito quando tratar-se de crime doloso.

(**D**) responsabilidade penal objetiva pelo cometimento de crimes ambientais.

A: incorreta, pois o termo de ajustamento de conduta já estava previsto na Lei 7.347/1985; ademais, não é só ato ilícito (ato danoso culposo ou doloso) que enseja a celebração de TAC; qualquer ato que venha causando dano ao meio ambiente, mesmo ato em que não há culpa ou dolo, também é passível de TAC; **B:** correta (art. 4º da Lei 9.605/1998), valendo ressaltar que a lei ambiental adotou a Teoria Menor da Desconsideração da Personalidade Jurídica, havendo menos requisitos para que o juiz aplique o instituto; **C:** incorreta, pois tal substituição depende de que se trate de crime culposo (art. 7º, I, da Lei 9.605/1998); **D:** incorreta, pois não existe responsabilidade penal objetiva.

Gabarito "B".

14. ESTATUTO DA CIDADE

(**OAB/Exame XXXVII**) Diante do crescimento desordenado de determinado bairro da zona sul da cidade Alfa, a associação de moradores local vem realizando reuniões periódicas para traçar o diagnóstico urbanístico atual e verificar as medidas que podem ser adotadas.

Durante as reuniões, a citada associação verificou que tal expansão urbana causou adensamento populacional, geração de tráfego e demanda por transporte público, desvalorização imobiliária e insuficiência dos equipamentos urbanos e comunitários, sem qualquer planejamento do Município, sobretudo em matéria de meio ambiente artificial.

Contratado como advogado(a) da associação de moradores, você informou que, em tema de instrumentos da política urbana, o Estatuto da Cidade (Lei nº 10.257/2001) prevê que lei municipal definirá os empreendimentos e atividades

(**A**) privados em área urbana, que dependerão de elaboração de estudo prévio de impacto ambiental (EIA) para obter quaisquer licenças ou autorizações de construção, ampliação ou funcionamento, a cargo do Poder Público municipal, excluída a exigência de EIA quando o empreendedor for ente público.

(**B**) licitamente instalados no âmbito municipal, desde que compatíveis com o plano diretor, que é parte integrante do processo de planejamento municipal, não podendo o plano plurianual, as diretrizes orçamentárias e o orçamento anual incorporar as diretrizes e as prioridades nele contidas.

(**C**) legalmente licenciados no âmbito municipal, desde que compatíveis com o plano diretor, cuja elaboração prescindirá de promoção de audiências públicas e debates com a participação da população e de associações representativas dos vários segmentos da comunidade.

(**D**) privados ou públicos em área urbana, que dependerão de elaboração de estudo prévio de impacto de vizinhança (EIV) para obter as licenças ou autorizações de construção, ampliação ou funcionamento, a cargo do Poder Público municipal.

Entre os instrumentos de política urbana previstos no Estatuto da Cidade (Lei n. 10.257/2001) está o estudo prévio de impacto de vizinhança (EIV). De acordo com o seu art. 36, lei municipal definirá os empreendimentos e atividades privados ou públicos em área urbana que dependerão de elaboração de estudo prévio de impacto de vizinhança (EIV) para obter as licenças ou autorizações de construção, ampliação ou funcionamento a cargo do Poder Público municipal. Nesse sentido, correta a alternativa D. Além disso: **A:** incorreta (o estudo prévio de impacto ambiental – EIA, que não confunde com o EIV, se aplica para obra ou atividade potencialmente causadora de significativa degradação do meio ambiente, cf. art. 225, § 1º, IV, CF); **B:** incorreta (o plano diretor é parte integrante do processo de planejamento municipal, devendo o plano plurianual, as diretrizes orçamentárias e o orçamento anual incorporar as diretrizes e as prioridades nele contidas, cf. art. 40, § 1º, da Lei n. 10.257/2001); **C:** incorreta (no processo de elaboração do plano diretor deverá ser garantida a promoção de audiências públicas e debates com a participação da população e de associações representativas dos vários segmentos da comunidade, cf. art. 40, § 4º, I, da Lei n. 10.257/2001). RB

Gabarito "D".

(**OAB/Exame Unificado – 2017.2**) A Lei Federal nº 123, de iniciativa parlamentar, estabelece regras gerais acerca do parcelamento do solo urbano. Em seguida, a Lei Municipal nº 147 fixa área que será objeto do parcelamento, em função da subutilização de imóveis. Inconformado com a nova regra, que atinge seu imóvel, Carlos procura seu advogado para que o oriente sobre uma possível irregularidade nas novas regras. Considerando a hipótese, acerca da Lei Federal nº 123, assinale a afirmativa correta.

(**A**) É formalmente inconstitucional, uma vez que é competência dos municípios legislar sobre política urbana.

(**B**) É formalmente inconstitucional, uma vez que a competência para iniciativa de leis sobre política urbana é privativa do Presidente da República.

(**C**) Não possui vício de competência, já que a Lei Municipal nº 147 é inconstitucional, sendo da competência exclusiva da União legislar sobre política urbana.

(**D**) Não possui vício de competência, assim como a Lei Municipal nº 147, sendo ainda de competência dos municípios a execução da política urbana.

A: incorreta, pois o art. 182, § 1º, I, da CF prevê que essa exigência municipal de parcelamento do solo tem que ser "nos termos de lei federal", de modo que a Lei Federal 123 não é formalmente inconstitucional; **B:** incorreta, pois nem o art. 182, § 1º, I, da CF, nem qualquer outro artigo da CF estabelecem que iniciativa de lei federal que trate do parcelamento do solo no caso é privativa do Presidente da República, aplicando-se, assim, a regra de iniciativa concorrente de leis federais prevista no art.

61, "caput", da CF; **C:** incorreta, pois a Lei Municipal 123, que fixa as **áreas** que podem ser objeto de parcelamento, foi criada de acordo com a CF, que estabelece que "é facultado ao Poder Público Municipal" estabelecer as áreas incluídas no plano diretor que estarão sujeitas a esse parcelamento regulado em lei federal; **D:** correta, pois o art. 182, § 1º, I, da CF prevê que essa exigência municipal de parcelamento do solo tem que ser "nos termos de lei federal", e também estabelece que "é facultado ao Poder Público Municipal" estabelecer as áreas incluídas no plano diretor que estarão sujeitas a esse parcelamento regulado em lei federal. **WG**

Gabarito "D".

(OAB/Exame Unificado – 2016.2) O prefeito do Município Alfa, que conta hoje com 30 (trinta) mil habitantes e tem mais de 30% de sua área constituída por cobertura vegetal, consulta o Procurador Geral do Município para verificar a necessidade de edição de Plano Diretor, em atendimento às disposições constitucionais e ao Estatuto da Cidade (Lei nº 10.257/01). Sobre o caso, assinale a afirmativa correta.

(A) O Plano Diretor não é necessário, tendo em vista a área de cobertura vegetal existente no Município Alfa, devendo este ser substituído por Estudo Prévio de Impacto Ambiental (EIA).

(B) O Plano Diretor não será necessário, tendo em vista que todos os municípios com mais de 20 (vinte) mil habitantes estão automaticamente inseridos em "aglomerações urbanas", que, por previsão legal, são excluídas da necessidade de elaboração de Plano Diretor.

(C) Será necessária a edição de Plano Diretor, aprovado por lei municipal, que abrangerá todo o território do Município Alfa, em razão do seu número de habitantes.

(D) O Plano Diretor será necessário na abrangência da região urbana do município, regendo, no que tange à área de cobertura vegetal, as normas da Política Nacional do Meio Ambiente.

A e B: incorretas, pois o plano diretor é obrigatório para cidades com mais de 20 mil habitantes (art. 182, § 1º, da CF; art. 41, I, da Lei 10.257/2001); **C:** correta, pois o plano diretor é obrigatório para cidades com mais de 20 mil habitantes (art. 182, § 1º, da CF; art. 41, I, da Lei 10.257/2001); **D:** incorreta, pois o plano diretor deverá englobar a área do Município com um todo e não só a área urbana (art. 40, § 2º, da Lei 10.257/2001).

Gabarito "C".

15. RESÍDUOS SÓLIDOS

(OAB/Exame XXXVII) A sociedade empresária Alfa é fabricante e comerciante de pilhas e baterias. Em matéria de responsabilidade compartilhada pelo ciclo de vida dos produtos, com base na Política Nacional de Resíduos Sólidos, a autoridade competente vem cobrando da sociedade empresária que promova o retorno dos produtos após o uso pelo consumidor, de forma independente do serviço público de limpeza urbana e de manejo dos resíduos sólidos.

O sócio administrador da sociedade empresária Alfa entendeu que a responsabilidade pela destinação final das pilhas e baterias deve ser exclusivamente do consumidor final, razão pela qual contratou você, como advogado(a), para prestar consultoria jurídica.

Levando em conta o que dispõe a Lei nº 12.305/2010, você informou a seu cliente que, no caso em tela, de fato, ele está obrigado a

(A) estruturar e implementar sistema de logística reversa.

(B) instituir o sistema de coleta seletiva no âmbito do Município onde está instalada a sede social da sociedade empresária.

(C) contratar cooperativas de catadores de materiais reutilizáveis e recicláveis para recolher os produtos.

(D) recomprar os produtos usados, não podendo disponibilizar postos de entrega de resíduos reutilizáveis e recicláveis.

Entre os instrumentos disciplinados pela Lei n. 12.305/2010 (Lei da Política Nacional de Resíduos Sólidos), encontra-se o *sistema de logística reversa*. Conforme ensina Rodrigo Bordalo, "trata-se de mecanismo que responsabiliza os empreendedores pelos produtos já utilizados. Assim, são eles obrigados a implementar sistemas visando ao retorno de tais bens após o uso pelo consumidor. É o que se verifica, por exemplo, em relação ao uso de pilhas e pneus, cuja destinação final representa obrigação do fabricante e do comerciante. Este sistema detém relação com o tema da responsabilidade pós-consumo" (*Manual de direito ambiental*, 2.ed., 2019, editora Foco, p. 138). Assim, correta a alternativa A. **RB**

Gabarito "A".

(OAB/Exame Unificado – 2018.1) Os Municípios ABC e XYZ estabeleceram uma solução consorciada intermunicipal para a gestão de resíduos sólidos. Nesse sentido, celebraram um consórcio para estabelecer as obrigações e os procedimentos operacionais relativos aos resíduos sólidos de serviços de saúde, gerados por ambos os municípios. Sobre a validade do plano intermunicipal de resíduos sólidos, assinale a afirmativa correta.

(A) Não é válido, uma vez que os resíduos de serviços de saúde não fazem parte da Política Nacional de Resíduos Sólidos, sendo disciplinados por lei específica.

(B) É válido, sendo que os Municípios ABC e XYZ terão prioridade em financiamentos de entidades federais de crédito para o manejo dos resíduos sólidos.

(C) É válido, devendo o consórcio ser formalizado por meio de sociedade de propósito específico com a forma de sociedade anônima.

(D) É válido, tendo como conteúdo mínimo a aplicação de 1% (um por cento) da receita corrente líquida de cada município consorciado.

A: incorreta, pois os resíduos de serviços de saúde estão sim contemplados na Política Nacional de Resíduos Sólidos, nos termos do art. 13, I, "g", da Lei 12.305/2010; **B:** correta, nos termos do art. 45 da Lei 12.305/2010; **C:** incorreta; nos termos do art. 45 da Lei 12.305/2010, os consórcios em questão devem ser constituídos segundo o disposto na Lei de Consórcios Públicos (Lei 11.107/2005), que prevê a adoção da figura jurídica do consórcio público e não de sociedade de propósito específico; **D:** incorreta, pois não há previsão desta obrigação na Lei da Política Nacional de Resíduos Sólidos (Lei 12.305/2010).

Gabarito "B".

(OAB/Exame Unificado – 2017.3) Bolão Ltda., sociedade empresária, pretende iniciar atividade de distribuição de pneus no mercado brasileiro. Para isso, contrata uma consultoria para, dentre outros elementos, avaliar sua responsabilidade pela destinação final dos pneus que pretende comercializar. Sobre o caso, assinale a afirmativa correta.

(A) A destinação final dos pneus será de responsabilidade do consumidor final, no âmbito do serviço de regular limpeza urbana.

(B) A sociedade empresária será responsável pelo retorno dos produtos após o uso pelo consumidor, de forma independente do serviço público de limpeza urbana.

(C) A destinação final dos pneus, de responsabilidade solidária do distribuidor e do consumidor final, se dará no âmbito do serviço público de limpeza urbana.

(D) Previamente à distribuição de pneus, a sociedade empresária deve celebrar convênio com o produtor, para estabelecer, proporcionalmente, as responsabilidades na destinação final dos pneus.

> **A, C e D:** incorretas, pois a Lei 12.305/2010 estabelece que são obrigados a estruturar e implementar sistemas de logística reversa, mediante retorno dos produtos após o uso pelo consumidor, de forma independente do serviço público de limpeza urbana e de manejo dos resíduos sólidos, os fabricantes, importadores, distribuidores e comerciantes de pneu (art. 33, I, da Lei 12.305/2010); **B:** correta, nos termos da obrigação prevista no art. 33, I, da Lei 12.305/2010.
> Gabarito "B".

(OAB/Exame Unificado – 2017.2) O Município de Fernandópolis, que já possui aterro sanitário, passa por uma grave crise econômica. Diante disso, o prefeito solicita auxílio financeiro do Governo Federal para implantar a coleta seletiva de resíduos sólidos, que contará com a participação de associação de catadores de materiais recicláveis. Sobre o auxílio financeiro tratado, assinale a afirmativa correta.

(A) Não será possível o auxílio financeiro, sob pena de violação ao princípio da isonomia com relação aos demais entes da Federação.

(B) Não será possível o auxílio financeiro, uma vez que a coleta seletiva de resíduos sólidos do Município de Fernandópolis está sendo realizada parcialmente por associação privada.

(C) O auxílio financeiro é possível, desde que o Município possua até 20 mil habitantes ou seja integrante de área de especial interesse turístico.

(D) O auxílio financeiro é possível, desde que o Município elabore plano municipal de gestão integrada de resíduos sólidos.

> **A:** incorreta, pois o art. 18, "caput", da Lei 12.305/2010 prevê a possibilidade de ajuda financeira aos Municípios que cumprirem os requisitos legais; **B:** incorreta, pois o art. 18, § 1º, II, da Lei 12.305/2010, estabelece que serão priorizados no acesso aos recursos da União os Municípios que implantarem coleta seletiva com a participação de cooperativas ou de outras formas de associação de catadores de materiais recicláveis; **C:** incorreta, pois o art. 18 da Lei 12.305/2010 não estabelece esses dois requisitos para que haja o auxílio financeiro da União; **D:** correta, pois o art. 18, "caput", da Lei 12.305/2010 exige que os Municípios (e do DF) elaborem plano municipal de gestão integrada de resíduos sólidos para terem acesso a recursos da União. **WG**
> Gabarito "D".

(Defensor Público/AM – 2013 – FCC) Uma organização não governamental (ONG) está trazendo para o Estado do Amazonas resíduos sólidos perigosos, provenientes dos Estados Unidos da América, cujas características causam dano ao meio ambiente e à saúde pública, para tratamento e posterior reutilização em benefício de população de

baixa renda. Tal conduta, segundo a Política Nacional de Resíduos Sólidos (Lei Federal nº 12.305/2010),

(A) depende de autorização discricionária do Presidente da República por envolver os Ministérios do Meio Ambiente e da Saúde.

(B) é permitida, diante da destinação social do resíduo sólido.

(C) é proibida, ainda que haja tratamento e posterior reutilização do resíduo sólido.

(D) é permitida, desde que exame prévio do material, realizado no país de origem, comprove a possibilidade de adequado tratamento do resíduo sólido.

(E) é permitida, desde que exame prévio do material, realizado no Brasil, comprove a possibilidade de adequado tratamento do resíduo sólido.

> **A, B, D e E:** incorretas, pois é absolutamente proibida a importação de resíduos sólidos perigosos e rejeitos que possam causar danos ao meio ambiente, à saúde pública e animal e à sanidade vegetal, mesmo que para tratamento, reforma, reúso, reutilização ou recuperação, nos termos do que dispõe o art. 49 da Lei 12.305/2010; **C:** correta, nos termos do referido art. 49 da Lei 12.305/2010.
> Gabarito "C".

16. RECURSOS HÍDRICOS

(OAB/Exame XXXVIII) O condomínio residencial *Alfa Orquídeas* é constituído por diversos blocos, com médio núcleo populacional, e está localizado em zona urbana do Município *Beta*, situado no Estado *Gama*.

Diante da inexistência de rede canalizada para distribuição e abastecimento de água potável na localidade, desde a recente construção do condomínio, os condôminos fazem uso de caminhões pipas. Seja pelo alto custo, seja pela escassez dos caminhões pipas, os condôminos aprovaram, por unanimidade em assembleia, que o condomínio iria proceder à construção de um poço semiartesiano, para extração de água de um aquífero subterrâneo existente no local, para fins de consumo final. Sabe-se que o citado aquífero não é de domínio da União, que não tem qualquer tipo de interesse na questão.

Para agir dentro da legalidade, antes da construção do poço, o síndico do condomínio residencial *Alfa Orquídeas* deve requerer

(A) licença ambiental ao Instituto Brasileiro do Meio Ambiente e dos Recursos Naturais Renováveis (Ibama).

(B) licença ambiental ao órgão ambiental do Município *Beta*.

(C) licença de uso de recursos hídricos ao Município *Beta*.

(D) outorga de uso de recursos hídricos ao Estado *Gama*.

> A disciplina dos recursos hídricos está prevista na Lei n. 9.433/1997, que instituiu a Política Nacional de Recurso Hídricos. Entre os instrumentos previstos, encontra-se a *outorga de uso de recursos hídricos*, necessária para a extração de água de aquífero subterrâneo (art. 12, II, da Lei n. 9.433/1997). Considerando que o aquífero discriminado na questão não é de domínio da União, conclui-se que se trata de bem do Estado Gama (conforme estabelece o art. 26, I, da CF). Desse modo, ante da construção do poço, o síndico do condomínio deve requerer outorga de uso de recursos hídricos ao Estado Gama. Correta a alternativa D. **RB**
> Gabarito "D".

12. DIREITO AMBIENTAL

(OAB/Exame Unificado – 2018.3) A União edita o Decreto nº 123, que fixa as regras pelas quais serão outorgados direitos de uso dos recursos hídricos existentes em seu território, garantindo que seja assegurado o controle quantitativo e qualitativo dos usos da água. Determinada sociedade empresária, especializada nos serviços de saneamento básico, interessada na outorga dos recursos hídricos, consulta seu advogado para analisar a possibilidade de assumir a prestação do serviço. Desse modo, de acordo com a Lei da Política Nacional de Recursos Hídricos, assinale a opção que indica o uso de recursos hídricos que pode ser objeto da referida outorga pela União.

(A) O lançamento de esgotos em corpo de água que separe dois Estados da Federação, com o fim de sua diluição.

(B) A captação da água de um lago localizado em terreno municipal.

(C) A extração da água de um rio que banhe apenas um Estado.

(D) O uso de recursos hídricos para a satisfação das necessidades de pequenos núcleos populacionais, distribuídos pelo meio rural.

A: correta; considerando que, nesse caso, está-se diante de bem pertencente à União, já que o corpo d'água passa por dois Estados da Federação, ela é a competente para a outorga, nos termos do art. 14 da Lei 9.433/97; **B:** incorreta, pois nesse caso se tem um bem municipal, cabendo ao Município a outorga, nos termos do art. 14 Lei 9.433/97; **C:** incorreta, pois nesse caso se tem um bem estadual, cabendo ao Estado correspondente a outorga, nos termos do art. 14 Lei 9.433/97; **D:** incorreta, pois nesse caso não será necessário o ato de outorga, em função do baixo impacto do uso, nos termos do art. 12, § 1º, I, da Lei 9.433/97.
„Gabarito „A"

17. BIOSSEGURANÇA

(Magistratura/MT – 2006 – VUNESP) Com relação à Comissão Técnica Nacional de Biossegurança, pode-se afirmar que

I. é integrante do Ministério do Meio Ambiente;
II. é instância colegiada multidisciplinar, tanto de caráter deliberativo como consultivo;
III. seu objetivo é aumentar sua capacitação somente para o meio ambiente.

De acordo com as assertivas dadas, assinale a alternativa correta.

(A) Somente II está correta.

(B) Somente III está correta.

(C) Somente I está correta.

(D) Somente I e II estão corretas.

I: incorreta, pois a CTNBio é integrante do Ministério da Ciência e da Tecnologia (art. 10, *caput*, da Lei 11.105/2005); II: correta (art. 10, *caput*, da Lei 11.105/2005); III: incorreta, pois "a CTNBio deverá acompanhar o desenvolvimento e o progresso técnico e científico nas áreas de biossegurança, biotecnologia, bioética e afins, com o objetivo de aumentar sua capacitação para a proteção da saúde humana, dos animais e das plantas e do meio ambiente" (art. 10, parágrafo único, da Lei 11.105/2005).
„Gabarito „A"

18. AGRÁRIO

(FGV – 2009) Nos termos da Emenda Constitucional n. 45/2004, para dirimir conflitos fundiários é correto afirmar que:

(A) o Tribunal de Justiça designará juízes de entrância especial, com competência para questões agrárias.

(B) o juiz natural da causa que verse sobre questão agrária deverá sempre se manter afastado do local do litígio, para eficiência e imparcialidade da prestação jurisdicional.

(C) o Tribunal de Justiça proporá a criação de varas especializadas, com competência exclusiva para questões agrárias.

(D) o Superior Tribunal de Justiça criará turmas especializadas para julgar recursos sobre questões agrárias.

(E) a lei estadual de organização judiciária determinará as varas de fazenda públicas e, na falta destas no local do litígio, as varas cíveis, sendo vedada a criação de vara ou entrância com competência exclusiva para questão agrária.

Consoante determina o art. 126 da CF: "Para dirimir conflitos fundiários, o Tribunal de Justiça proporá a criação de varas especializadas, com competência exclusiva para questões agrárias".
„Gabarito „C".

(FGV – 2009) No que diz respeito à usucapião especial rural, ou *pro labore*, é correto afirmar que:

(A) pode recair sobre imóvel público rural.

(B) dispensa tanto o justo título como a posse de boa-fé.

(C) exige área não superior a 25 (vinte e cinco) hectares.

(D) aplica-se à posse de terreno urbano sem construção.

(E) admite interrupção do prazo de aquisição.

De acordo com o art. 191 da CF: "Aquele que, não sendo proprietário de imóvel rural ou urbano, possua como seu, por cinco anos ininterruptos, sem oposição, área de terra, em zona rural, não superior a cinquenta hectares, tornando-a produtiva por seu trabalho ou de sua família, tendo nela sua moradia, adquirir-lhe-á a propriedade".
„Gabarito „B".

19. SANEAMENTO BÁSICO

(OAB/Exame Unificado – 2018.2) Ao estabelecer a estrutura de remuneração e de cobrança de tarifas relativas à prestação de serviço de limpeza urbana, a autoridade considera contraprestações variadas para os bairros X e Y, tendo em vista o nível de renda da população da área atendida. Sobre a hipótese, assinale a afirmativa correta, considerando a Lei da Política Nacional de Saneamento Básico.

(A) A estrutura de remuneração está correta, sendo obrigatória a concessão de isenção de tarifa aos moradores que recebem até um salário mínimo.

(B) A estrutura de remuneração, com base em subsídios para atender usuários e localidades de baixa renda, pode ser estabelecida.

(C) A política de remuneração proposta não é válida, uma vez que qualquer distinção tarifária deve ter relação direta com o peso ou o volume médio coletado.

(D) A política de remuneração não é válida, sendo certo que somente é possível estabelecer diferenciação tarifária considerando o caráter urbano ou rural da área de limpeza.

A: incorreta, pois a lei permite a adoção de subsídios tarifários para usuários que não tenham capacidade de pagamento (art. 29, § 2º, da Lei 11.445/2007), não havendo previsão de isenção de tarifa para esse caso;

B: correta, pois, de acordo com o § 2º do art. 29 da Lei 11.445/2007), "poderão ser adotados **subsídios** tarifários e não tarifários para os usuários e localidades que não tenham capacidade de pagamento ou escala econômica suficiente para cobrir o custo integral dos serviços"; **C** e **D:** incorretas, pois na estrutura legal de remuneração e de cobrança de tarifas de saneamento básico há previsão de outros critérios, como o da capacidade de pagamento dos consumidores (vide o art. 30 da Lei 11.445/2007).

Gabarito "B".

13. DIREITO DA CRIANÇA E DO ADOLESCENTE

Eduardo Dompieri

1. CONCEITOS BÁSICOS E PRINCÍPIOS

(OAB/Exame Unificado – 2015.1) O Estatuto da Criança e do Adolescente estabelece que pessoas com até doze anos de idade incompletos são consideradas crianças e aquelas entre doze e dezoito anos incompletos, adolescentes. Estabelece, ainda, o Art. 2º, parágrafo único, que "Nos casos expressos em lei, aplica-se excepcionalmente este Estatuto às pessoas entre dezoito e vinte e um anos de idade".

Partindo da análise do caráter etário descrito no enunciado, assinale a afirmativa correta.

(A) O texto foi derrogado, não tendo qualquer aplicabilidade no aspecto penal, que considera a maioridade penal aos dezoito anos, não podendo, portanto, ser aplicada qualquer medida socioeducativa a pessoas entre dezoito e vinte e um anos incompletos, pois o critério utilizado para a incidência é a idade na data do julgamento e não a idade na data do fato.

(B) A proteção integral às crianças e adolescentes, primado do ECA, estendeu a proteção da norma especial aos que ainda não tenham completado a maioridade civil, nisso havendo a proteção especialmente destinada aos menores de vinte e um anos, nos âmbitos do Direito Civil e do Direito Penal.

(C) O texto destacado no parágrafo único desarmoniza-se da regra do Código Civil de 2002 que estabelece que a maioridade civil dá-se aos dezoito anos; por esse motivo, a regra indicada no enunciado não tem mais aplicabilidade no âmbito civil.

(D) Ao menor emancipado não se aplicam os princípios e as normas previstas no ECA; por isso, o estabelecido no texto transcrito, desde a entrada em vigor da norma especial em 1990, não era aplicada aos menores emancipados, exceto para fins de Direito Penal.

Questão, a nosso ver, digna de anulação. É que, embora se trate de tema polêmico, em relação ao qual, bem por isso, não há consenso, doutrina e jurisprudência majoritárias sustentam inexistir desarmonia entre a regra acima transcrita e aquela do Código Civil que estabelece que a maioridade civil é alcançada aos dezoito anos. Isso porque, apesar de o ECA ter sido concebido para disciplinar a situação de *crianças* e *adolescentes*, ele também incidirá, sempre de forma excepcional, sobre pessoas com idade entre 18 e 21 anos (incompletos), no que concerne, por exemplo, às medidas socioeducativas de *semiliberdade* e de *internação* do adolescente, cujo cumprimento deverá, necessariamente, findar até os 21 anos da pessoa, respeitado o período máximo de 3 anos. Neste caso, é imprescindível que o ato infracional tenha sido praticado antes de a pessoa tornar-se imputável, é dizer, completar 18 anos. Nessa linha, confira o posicionamento pacífico do Supremo Tribunal Federal: "*Medida Socioeducativa e Advento da Maioridade*. A Turma reafirmou jurisprudência da Corte no sentido de que o atingimento da maioridade não impede o cumprimento de medida socioeducativa de semiliberdade e indeferiu *habeas corpus* em que se pleiteava a extinção dessa medida aplicada ao paciente que, durante o seu curso, atingiria a maioridade

penal. Sustentava a impetração constrangimento ilegal, dado que, como o paciente completara a maioridade civil – 18 anos –, e, portanto, alcançara a plena imputabilidade penal, não teria mais legitimação para sofrer a imposição dessa medida socioeducativa. Asseverou-se, todavia, que, se eventualmente a medida socioeducativa superar o limite etário dos 18 anos, ela poderá ser executada até os 21 anos de idade, quando a liberação tornar-se-á compulsória. Alguns precedentes citados: HC 91441/RJ (DJU de 29.6.2007); HC 91490/RJ (DJU de 15.6.2007) e HC 94938/RJ (DJE de 3.10.2008). HC 96355/RJ, rel. Min. Celso de Mello, 19.05.2009. (HC-96355) (Inform. STF 547)". Consolidando este entendimento, o STJ editou a Súmula 605: "*A superveniência da maioridade penal não interfere na apuração de ato infracional nem na aplicabilidade de medida socioeducativa em curso, inclusive na liberdade assistida, enquanto não atingida a idade de 21 anos.*"

Gabarito "C".

2. DIREITOS FUNDAMENTAIS

(OAB/Exame XXXIX) Eduardo adotou Bernardo, criança de dois anos, regularmente e de forma unilateral, tornando-se seu pai. Quando Bernardo completou três anos, Eduardo, infelizmente, faleceu vítima de um infarto. Eduardo não deixou parentes conhecidos.

Maria, a mãe biológica de Bernardo, sempre se arrependeu de tê-lo enviado à adoção. Sabendo do ocorrido e ciente de que não há

o restabelecimento do vínculo de poder familiar, pelo fato de ter ocorrido a morte do adotante, Maria o procura, como advogado(a), para buscar uma solução que permita que Bernardo volte a ser seu filho.

Assinale a opção que apresenta a solução proposta.

(A) A mãe biológica, infelizmente, não tem ao seu alcance qualquer medida para restabelecer o vínculo de parentalidade com Bernardo.

(B) A mãe biológica deverá se candidatar à adoção de Bernardo, da mesma forma e pelos mesmos procedimentos que qualquer outro candidato.

(C) A mãe biológica não poderá se candidatar à readoção de seu filho biológico, pois a dissolução do vínculo familiar é perene.

(D) A inexistência de parentes do adotante falecido causa a excepcional restauração do vínculo familiar com a mãe biológica, fugindo à regra geral.

Considerando que a morte dos adotantes não tem o condão de restabelecer o poder familiar dos pais naturais (art. 49, ECA), estes, se quiserem restabelecer o vínculo de paternidade, deverão se candidatar à adoção, sujeitando-se às regras pertinentes.

Gabarito "B".

(OAB/Exame XXXVI) Luiza, hoje com cinco anos, foi adotada regularmente por Maria e Paulo quando tinha três anos. Ocorre que ambos os adotantes vieram a falecer em um terrível acidente automobilístico.

Ciente disso, a mãe biológica de Luiza, que sempre se arrependera da perda da sua filha, manifestou-se em ter sua maternidade biológica restaurada.

Com base nos fatos acima, assinale a afirmativa correta.

(A) O falecimento dos pais adotivos conduz à imediata e automática restauração do poder familiar da ascendente biológica.

(B) O falecimento dos pais adotivos não restabelece o poder familiar dos pais naturais.

(C) O falecimento dos pais adotivos não transfere o poder familiar sobre o adotado supérstite ao parente mais próximo dos obituados, devendo ser reaberto processo de adoção.

(D) Falecendo ambos os pais e inexistindo parentes destes aptos à tutela, somente então se restaura o poder familiar dos pais naturais.

A solução desta questão deve ser extraída do art. 49 do ECA, segundo o qual *a morte dos adotantes não restabelece o poder familiar dos pais naturais*. Dessa forma, a despeito do arrependimento manifestado pela mãe biológica de Luiza, o falecimento daqueles que a adotaram não tem o condão de devolver o poder familiar aos pais naturais. Isso porque a adoção pressupõe a prévia destituição do poder familiar dos pais biológicos. Nesta hipótese, Luiza pode ficar sob a responsabilidade de um tutor ou ainda ser colocada novamente para adoção.
Gabarito "B".

(OAB/Exame XXXV) Eduardo foi adotado quando criança, vivendo em excelentes condições afetiva, material e social junto a seus pais adotivos. Mesmo assim, Eduardo demonstrou ser um adolescente rebelde, insurgente, de difícil trato e convívio – o que em nada abalou o amor e os cuidados de seus pais adotivos em nenhum momento.

Hoje, com 19 anos completos, Eduardo manifesta interesse em conhecer seus pais biológicos, com o claro intuito de rebelar-se – repita-se, injustificadamente – contra seus adotantes.

Sobre o caso acima, assinale a afirmativa correta.

(A) Eduardo tem direito de conhecer sua origem biológica, seja qual for o motivo íntimo que o leve a tanto.

(B) A motivação para a busca do conhecimento da origem biológica é inválida, pelo que não deve ser facultado o direito ao acesso a tal informação a Eduardo.

(C) A informação da origem biológica somente pode ser revelada em caso imperativo de saúde, para a pesquisa do histórico genético.

(D) O conhecimento da origem biológica somente se revela necessário caso o processo de adoção tenha alguma causa de nulidade.

O art. 48 do ECA, com a redação que lhe deu a Lei 12.010/2009, confere ao adotado, após completar 18 anos, o direito de conhecer sua origem biológica, bem como o de obter acesso irrestrito ao processo no qual a medida foi aplicada e seus eventuais incidentes. Agora, se ainda não atingiu os 18 anos, o acesso ao processo de adoção poderá, ainda assim, ser deferido ao adotado, a seu pedido, desde que lhe sejam asseguradas orientação e assistência jurídica e psicológica. Aqui, pouco importa a razão que levou o adotado a buscar informações sobre a sua origem biológica.
Gabarito "A".

(OAB/Exame Unificado – 2019.2) Júlio, após completar 17 anos de idade, deseja, contrariando seus pais adotivos, buscar informações sobre a sua origem biológica junto à Vara da Infância e da Juventude de seu domicílio. Lá chegando, a ele é informado que não poderia ter acesso ao seu processo, pois a adoção é irrevogável. Inconformado, Júlio procura um amigo, advogado, a fim de fazer uma consulta sobre seus direitos.

De acordo com o Estatuto da Criança e do Adolescente, assinale a opção que apresenta a orientação jurídica correta para Júlio.

(A) Ele poderá ter acesso ao processo, desde que receba orientação e assistência jurídica e psicológica.

(B) Ele não poderá ter acesso ao processo até adquirir a maioridade.

(C) Ele poderá ter acesso ao processo apenas se assistido por seus pais adotivos.

(D) Ele não poderá ter acesso ao processo, pois a adoção é irrevogável.

O art. 48, parágrafo único, do ECA confere ao adotado menor de 18 anos o direito de acesso ao processo no qual a adoção foi aplicada, asseguradas orientação e assistência jurídica e psicológica. O *caput* do mesmo dispositivo estabelece que o adotado, ao alcançar a maioridade, tem direito de conhecer sua origem biológica, bem assim de obter acesso irrestrito ao processo de adoção e seus eventuais incidentes, independentemente, neste caso, de orientação e assistência jurídica e psicológica.
Gabarito "A".

(OAB/Exame Unificado – 2019.1) Carla, de 11 anos de idade, com os pais destituídos do poder familiar, cresce em entidade de acolhimento institucional faz dois anos, sem nenhum interessado em sua adoção habilitado nos cadastros nacional ou internacional.

Sensibilizado com a situação da criança, um advogado, que já possui três filhos, sendo um adotado, deseja acompanhar o desenvolvimento de Carla, auxiliando-a nos estudos e, a fim de criar vínculos com sua família, levando-a para casa nos feriados e férias escolares.

De acordo com o Estatuto da Criança e do Adolescente, de que forma o advogado conseguirá obter a convivência temporária externa de Carla com sua família?

(A) Acolhimento familiar.

(B) Guarda estatutária.

(C) Tutela.

(D) Apadrinhamento.

O enunciado se refere ao chamado programa de apadrinhamento, inovação introduzida por meio da Lei 13.509/2017, que inseriu no ECA o art. 19-B. Consiste em proporcionar à criança e ao adolescente sob acolhimento institucional ou familiar a oportunidade de estabelecer vínculos externos à instituição para fins de convivência familiar e comunitária e colaboração com o seu desenvolvimento sob os aspectos social, moral, físico, cognitivo, educacional e financeiro (§ 1º). Podem figurar como padrinho tanto a pessoa física quanto a jurídica, tal como estabelece o art. 19-B, § 3º, do ECA. Terão prioridade para o apadrinhamento crianças e adolescentes com remota possibilidade de reinserção familiar ou colocação em família adotiva (art. 19-B, § 4º, do ECA).
Gabarito "D".

(OAB/Exame Unificado – 2018.3) Ana, que sofre de grave doença, possui um filho, Davi, com 11 anos de idade. Ante o falecimento precoce de seu pai, Davi apenas possui Ana como sua representante legal.

13. DIREITO DA CRIANÇA E DO ADOLESCENTE   859

De forma a prevenir o amparo de Davi em razão de seu eventual falecimento, Ana pretende que, na sua ausência, seu irmão, João, seja o tutor da criança.

Para tanto, Ana, em vida, poderá nomear João por meio de

(A) escritura pública de constituição de tutela.

(B) testamento ou qualquer outro documento autêntico.

(C) ajuizamento de ação de tutela.

(D) diretiva antecipada de vontade.

A solução desta questão deve ser extraída dos arts. 36 e 37 do ECA e 1.728, I, e 1.729, parágrafo único, do Código Civil. Quanto à tutela, valem alguns esclarecimentos. Previsão legal: arts. 36, 37 e 38 do ECA. Conceito: Constitui forma de colocação da criança ou do adolescente em família substituta que pressupõe a perda ou a suspensão do poder familiar (art. 36, parágrafo único, do ECA). Também regulariza a posse de fato. Limite de idade: a tutela somente será deferida a pessoa com até 18 anos incompletos – art. 36, *caput*, do ECA. Características e pontos relevantes: **a)** ao contrário da guarda, em que se confere ao seu detentor o direito de representação para a prática de atos determinados, na tutela é conferido ao tutor amplo direito de representação, que deverá, por conta disso, administrar bens e interesses do pupilo; **b)** determina o art. 38 do ECA que, no que concerne à destituição da tutela, aplica-se o art. 24, que prescreve que a perda ou suspensão do poder familiar somente será decretada em processo judicial no qual seja assegurado o contraditório; **c)** os arts. 1.736 e seguintes do CC listam as hipóteses de escusa da tutela. Ex.: mulheres casadas; maiores de 60 anos. Classificação: **a)** tutela testamentária: prevista nos arts. 37 do ECA e 1.729 do CC, é aquela instituída por vontade dos pais, em conjunto; deve constar de testamento ou de outro documento autêntico; **b)** tutela legítima: à falta de tutor nomeado pelos pais, incumbe a tutela aos parentes consanguíneos do menor, conforme ordem estabelecida no art. 1.731 do CC; **c)** tutela dativa: diante da falta de tutor testamentário ou legítimo, ou quando estes forem excluídos ou escusados da tutela, ou ainda quando removidos por inidoneidade, o juiz nomeará tutor idôneo – art. 1.732 do CC.

Gabarito "B".

(OAB/Exame Unificado – 2018.3) Os irmãos João, 12 anos, Jair, 14 anos, e José, 16 anos, chegam do interior com os pais, em busca de melhores condições de vida para a família. Os três estão matriculados regularmente em estabelecimento de ensino e gostariam de trabalhar para ajudar na renda da casa.

Sobre as condições em que os três irmãos conseguirão trabalhar formalmente, considerando os Direitos da Criança e do Adolescente, assinale a afirmativa correta.

(A) João: não; Jair: contrato de aprendizagem; José: contrato de trabalho especial, salvo atividades noturnas, perigosas ou insalubres.

(B) João: contrato de aprendizagem; Jair: contrato de trabalho especial, salvo atividades noturnas, perigosas ou insalubres; José: contrato de trabalho.

(C) João: não; Jair e José: contrato especial de trabalho, salvo atividades noturnas, perigosas ou insalubres

(D) João: contrato de aprendizagem; Jair: contrato de aprendizagem; José: contrato de aprendizagem.

Esta questão envolve o direito à profissionalização e à proteção ao trabalho, previsto nos arts. 60 a 69 do ECA. Segundo o art. 7º, XXXIII, da CF, é proibido o trabalho *noturno, perigoso* ou *insalubre* a menores de 18 anos, e de qualquer trabalho a menores de 16 anos, salvo na condição de aprendiz, se contar, no mínimo, com 14 anos. Temos, portanto, três situações distintas: a) menos de 14 anos: trabalho proibido (é o caso de João); b) entre 14 e 16 anos: somente na condição de aprendiz (é o

caso de Jair); c) entre 16 e 18 anos: qualquer trabalho, menos noturno, insalubre e perigoso (é o caso de José).

Gabarito "A".

(OAB/Exame Unificado – 2018.2) Maria, em uma maternidade na cidade de São Paulo, manifesta o desejo de entregar Juliana, sua filha recém-nascida, para adoção. Assim, Maria, encaminhada para a Vara da Infância e da Juventude, após ser atendida por uma assistente social e por uma psicóloga, é ouvida em audiência, com a assistência do defensor público e na presença do Ministério Público, afirmando desconhecer o pai da criança e não ter contato com sua família, que vive no interior do Ceará, há cinco anos.

Assim, após Maria manifestar o desejo formal de entregar a filha para adoção, o Juiz decreta a extinção do poder familiar, determinando que Juliana vá para a guarda provisória de família habilitada para adoção no cadastro nacional.

Passados oito dias do ato, Maria procura um advogado, arrependida, afirmando que gostaria de criar a filha.

De acordo com o ECA, Maria poderá reaver a filha?

(A) Sim, uma vez que a mãe poderá se retratar até a data da publicação da sentença de adoção.

(B) Sim, pois ela poderá se arrepender até 10 dias após a data de prolação da sentença de extinção do poder familiar.

(C) Não, considerando a extinção do poder familiar por sentença.

(D) Não, já que Maria somente poderia se retratar até a data da audiência, quando concordou com a adoção.

Segundo dispõe o art. 166, § 5º, do ECA, cuja redação foi alterada por meio da Lei 13.509/2017, *o consentimento é retratável até a data da realização da audiência especificada no § 1º deste artigo, e os pais podem exercer o arrependimento no prazo de 10 (dez) dias, contado da data de prolação da sentença de extinção do poder familiar.*

> **Dica:** o candidato deve ficar atento a eventuais alterações legislativas. Neste caso, a modificação foi implementada no ano anterior à aplicação da prova. Recomenda-se, dessa forma, evitar o uso de códigos/legislações antigos.

Gabarito "B".

(OAB/Exame Unificado – 2018.1) Beatriz, quando solteira, adotou o bebê Théo. Passados dois anos da adoção, Beatriz começou a viver em união estável com Leandro. Em razão das constantes viagens a trabalho de Beatriz, Leandro era quem diariamente cuidava de Théo, participando de todas as atividades escolares. Théo reconheceu Leandro como pai.

Quando Beatriz e Leandro terminaram o relacionamento, Théo já contava com 15 anos de idade. Leandro, atendendo a um pedido do adolescente, decide ingressar com ação de adoção unilateral do infante. Beatriz discorda do pedido, sob o argumento de que a união estável está extinta e que não mantém um bom relacionamento com Leandro.

Considerando o Princípio do Superior Interesse da Criança e do Adolescente e a Prioridade Absoluta no Tratamento de seus Direitos, Théo pode ser adotado por Leandro?

EDUARDO DOMPIERI

(A) Não, pois, para a adoção unilateral, é imprescindível que Beatriz concorde com o pedido.

(B) Sim, caso haja, no curso do processo, acordo entre Beatriz e Leandro, regulamentando a convivência familiar de Théo.

(C) Não, pois somente os pretendentes casados, ou que vivam em união estável, podem ingressar com ação de adoção unilateral.

(D) Sim, o pedido de adoção unilateral formulado por Leandro poderá, excepcionalmente, ser deferido e, ainda que de forma não consensual, regulamentada a convivência familiar de Théo com os pais.

O ECA, em seu art. 41, § 1º, do ECA, contempla a hipótese de um dos cônjuges (ou companheiro) adotar o filho do outro. É a chamada adoção unilateral, em que o adotando, por óbvio, mantém os vínculos com o cônjuge do qual já era filho. É o caso do marido que decide adotar o enteado, que, logicamente, mantém o vínculo com sua mãe. No caso narrado no enunciado, a situação, embora parecida, não é exatamente a mesma. Com efeito, Leandro e Beatriz, que conviviam em união estável, não estão mais juntos. Durante o período de convivência com a companheira, Leandro passou a exercer as vezes de pai do filho que Beatriz já tinha ao tempo em que se conheceram. Por conta disso, Leandro e Théo estabeleceram laços de afetividade, tanto que o menor reconhecia Leandro como pai e manifestou o desejo de formalização deste vínculo. A despeito de o casal haver rompido a união estável que mantinha, é certo que, à luz do princípio do melhor interesse da criança, poderia Théo, sim, ser adotado por Leandro, mantendo o vínculo até então existente com sua mãe, de forma que Leandro e Beatriz passarão a compartilhar o poder familiar em relação a Théo. Mesmo porque, ainda que a adoção unilateral se dessa na constância da união estável (ou casamento), a separação do casal jamais implicaria a extinção do poder familiar do cônjuge, neste caso, Leandro, em relação ao filho adotado.
Gabarito "D".

(OAB/Exame Unificado – 2017.3) Maria, aluna do 9º ano do Ensino Fundamental de uma escola que não adota a obrigatoriedade do uso de uniforme, frequenta regularmente culto religioso afro-brasileiro com seus pais.

Após retornar das férias escolares, a aluna passou a ir às aulas com um lenço branco enrolado na cabeça, afirmando que necessitava permanecer coberta por 30 dias. As alunas Fernanda e Patrícia, incomodadas com a situação, procuraram a direção da escola para reclamar da vestimenta da aluna. O diretor da escola entrou em contato com o advogado do estabelecimento de ensino, a fim de obter subsídios para a sua decisão.

A partir do caso narrado, assinale a opção que apresenta a orientação que você, como advogado da escola, daria ao diretor.

(A) Proibir o acesso da aluna à escola.

(B) Marcar uma reunião com os pais da aluna Maria, a fim de compeli-los a descobrir a cabeça da filha.

(C) Permitir o acesso regular da aluna.

(D) Proibir o acesso das três alunas.

Deverá ser assegurado o acesso de Maria à escola. A sua proibição implica violação à liberdade de crença e culto, princípio consagrado no art. 5º, VI, da CF, que serve de fundamento ao art. 16, III, do ECA, segundo o qual *o direito à liberdade compreende os seguintes aspectos: III – crença e culto religioso.*
Gabarito "C".

(OAB/Exame Unificado – 2017.3) Os irmãos órfãos João, com 8 anos de idade, e Caio, com 5 anos de idade, crescem juntos em entidade de acolhimento institucional, aguardando colocação em família substituta. Não existem pretendentes domiciliados no Brasil interessados na adoção dos irmãos de forma conjunta, apenas separados. Existem famílias estrangeiras com interesse na adoção de crianças com o perfil dos irmãos e uma família de brasileiros domiciliados na Itália, sendo esta a última inscrita no cadastro.

Considerando o direito à convivência familiar e comunitária de toda criança e de todo adolescente, assinale a opção que apresenta a solução que atende aos interesses dos irmãos.

(A) Adoção nacional pela família brasileira domiciliada na Itália.

(B) Adoção internacional pela família estrangeira.

(C) Adoção nacional por famílias domiciliadas no Brasil, ainda que separados.

(D) Adoção internacional pela família brasileira domiciliada na Itália

A solução desta questão deve ser extraída dos arts. 28, § 4º, e art. 51, § 1º, II, e § 2º, do ECA.
Gabarito "D".

(OAB/Exame Unificado – 2016.3) Marcelo e Maria são casados há 10 anos. O casal possui a guarda judicial de Ana, que tem agora três anos de idade, desde o seu nascimento. A mãe da infante, irmã de Maria, é usuária de *crack* e soropositiva. Ana reconhece o casal como seus pais. Passados dois anos, Ana fica órfã, o casal se divorcia e a criança fica residindo com Maria.

Sobre a possibilidade da adoção de Ana por Marcelo e Maria em conjunto, ainda que divorciados, assinale a afirmativa correta.

(A) Apenas Maria poderá adotá-la, pois é parente de Ana.

(B) O casal poderá adotá-la, desde que acorde com relação à guarda (unipessoal ou compartilhada) e à visitação de Ana.

(C) O casal somente poderia adotar em conjunto caso ainda estivesse casado.

(D) O casal deverá se inscrever previamente no cadastro de pessoas interessadas na adoção.

Antes de mais nada, é preciso que se diga que nada obsta que tios adotem seus sobrinhos. O que a lei proíbe é a adoção por ascendentes e irmãos (art. 42, § 1º, ECA). Apesar de divorciados, é possível que Marcelo e Maria adotem, em conjunto, Ana, sobrinha deles, desde que respeitados os requisitos impostos pelo art. 42, § 4º, do ECA. Cuidado: a 4ª Turma do STJ, alinhando-se à 3ª Turma desta Corte de Justiça, decidiu, por unanimidade, que, a despeito da vedação contida no art. 42, § 1º, do ECA, a adoção por avós é possível quando for justificada pelo melhor interesse do menor (REsp 1.587.477).
Gabarito "B".

(OAB/Exame Unificado – 2016.2) Vanessa e Vitor vivem com o filho Marcelo, criança com 06 anos de idade, na casa dos avós paternos. Em um trágico acidente, Vitor veio a falecer. A viúva, logo após o óbito, decide morar na casa de seus pais com o filho. Após 10 dias, já residindo com os pais, Vanessa, em depressão e fazendo uso de entorpecentes, deixa o filho aos cuidados dos avós maternos, e se submete

13. DIREITO DA CRIANÇA E DO ADOLESCENTE   861

a tratamento de internação em clínica de reabilitação. Decorridos 20 dias e com alta médica, Vanessa mantém acompanhamento ambulatorial e aluga apartamento para morar sozinha com o filho. Os avós paternos inconformados ingressaram com Ação de Guarda de Marcelo. Afirmaram que sempre prestaram assistência material ao neto, que com eles residia desde o nascimento até o falecimento de Vitor. Citada, Vanessa contestou o pedido, alegando estar recuperada de sua depressão e da dependência química. Ainda, demonstrou possuir atividade laborativa, e que obteve vaga para o filho em escola. Os avós maternos, por sua vez, ingressam com oposição. Aduziram que Marcelo ficou muito bem aos seus cuidados e que possuem excelente plano de saúde, que possibilitará a inclusão do neto como dependente.

Sobre a guarda de Marcelo, à luz da Proteção Integral da Criança e do Adolescente, assinale a afirmativa correta.

(A) Marcelo deve ficar com os avós maternos, com quem por último residiu, em razão dos benefícios da inclusão da criança como dependente do plano de saúde.

(B) Marcelo deve ficar na companhia dos avós paternos, pois sempre prestaram assistência material à criança, que com eles residia antes do falecimento de Vitor.

(C) Marcelo deve ficar sob a guarda da mãe, já que ela nunca abandonou o filho e sempre cumpriu com os deveres inerentes ao exercício do poder familiar, ainda que com o auxílio dos avós.

(D) Em programa de acolhimento familiar, até que esteja cabalmente demonstrado que a genitora não faz mais uso de substâncias entorpecentes.

Com o novo panorama instaurado pela Lei Nacional de Adoção – Lei 12.010/2009, busca-se, em primeiro lugar e com absoluta prioridade, a manutenção da criança ou do adolescente na sua família natural, assim entendida a comunidade constituída pelos pais ou qualquer deles e seus descendentes. Neste último caso, família *monoparental* (é o caso narrado no enunciado). Constitui, segundo o ECA, o ambiente mais favorável ao bom desenvolvimento da criança e do adolescente. Diante da imperiosa necessidade de se retirar a pessoa em desenvolvimento de sua família natural, será encaminhada para sua família *extensa*, assim entendida aquela que contempla os parentes próximos que convivem e mantêm vínculos de afinidade e afetividade com a criança ou o adolescente (é o caso, por exemplo, dos avós); não sendo isso possível, para programa de acolhimento familiar ou institucional, ou, ainda, para as modalidades de família substituta (guarda ou tutela). Se, neste ínterim, a família natural não se reestruturar, aí sim, a criança ou adolescente poderá ser encaminhado para adoção – art. 19, *caput* e § 3º do ECA (com redação alterada pela Lei 13.257/2016). A adoção, portanto, deve ser vista, no atual contexto, como o último recurso, a última alternativa. Percebe-se, pelos dados que constam do enunciado, que Vanessa superou a depressão e a dependência química, além do que demonstrou possuir atividade laborativa e que obteve vaga para o filho em escola. Assim, não há nenhuma razão para retirar o filho da mãe, devendo Marcelo permanecer sob a guarda de Vanessa. Como já dissemos, o ECA estabeleceu como prioridade a manutenção da criança ou adolescente em sua família natural, ambiente mais propício ao bom desenvolvimento do menor, dali somente podendo ser retirado em situações excepcionais (maus-tratos, por exemplo).
Gabarito "C".

(OAB/Exame Unificado – 2016.2) Casal de brasileiros, domiciliado na Itália, passa regularmente férias duas vezes por ano no Brasil. Nas férias de dezembro, o casal visitou uma entidade de acolhimento institucional na cidade do Rio de Janeiro, encantando-se com Ana, criança de oito anos de idade, já disponível nos cadastros de habilitação para adoção nacional e internacional. Almejando adotar Ana, consultam advogado especialista em infância e juventude.

Assinale a opção que apresenta a orientação jurídica correta pertinente ao caso.

(A) Ingressar com pedido de habilitação para adoção junto à Autoridade Central Estadual, pois são brasileiros e permanecem, duas vezes por ano, em território nacional.

(B) Ingressar com pedido de habilitação para adoção no Juízo da Infância e da Juventude e, após a habilitação, ajuizar ação de adoção.

(C) Ajuizar ação de adoção requerendo, liminarmente, a guarda provisória da criança.

(D) Ingressar com pedido de habilitação junto à Autoridade Central do país de acolhida, para que esta, após a habilitação do casal, envie um relatório para a Autoridade Central Estadual e para a Autoridade Central Federal Brasileira, a fim de que obtenham o laudo de habilitação à adoção internacional.

A adoção pretendida pelo casal de brasileiros deve obedecer às regras estabelecidas para a adoção internacional (arts. 51 e 52 do ECA), assim entendida aquela *em que o pretendente tem residência habitual em país-parte da Convenção de Haia e deseja adotar criança em outro país-parte da mesma Convenção* (art. 51, *caput*, do ECA, cuja redação foi modificada por força da Lei 13.509/2017). Isso porque o critério empregado é o local de domicílio dos postulantes, e não a nacionalidade destes. Assim, brasileiros residentes no exterior, como é o caso aqui tratado, submetem-se às regras de adoção internacional, embora tenham primazia diante dos estrangeiros. Tratando-se, assim, de adoção internacional, impõe-se seja obedecido ao procedimento previsto no art. 52 do ECA, com o qual está em consonância a alternativa "D", que deve, por isso, ser considerada correta.
Gabarito "D".

(OAB/Exame Unificado – 2016.1) Marcelo, com 17 anos, e seu irmão Caio, com 20 anos de idade, permanecem sozinhos na casa da família, enquanto os pais viajam por 30 dias em férias no exterior. Durante tal período, Marcelo, que acabou de terminar o ensino médio, recebe uma excelente proposta de trabalho. Ao comparecer à empresa para assinar o contrato de trabalho, Marcelo é impedido pela falta de um responsável. Marcelo, então, procura orientação de um advogado. Assinale a opção que apresenta a ação que deverá ser ajuizada, de acordo com o Estatuto da Criança e do Adolescente, para que o adolescente não perca a oportunidade de emprego.

(A) Marcelo deve ingressar com ação de emancipação, com pedido de antecipação de tutela.

(B) Caio deve ingressar com ação de guarda de Marcelo, requerendo a sua guarda provisória.

(C) Caio deve ingressar com ação, objetivando o direito de assistir Marcelo para a prática do ato.

(D) Caio deve ingressar com ação de tutela de Marcelo, com pedido liminar.

No que concerne ao direito à profissionalização dos adolescentes, valem alguns esclarecimentos. Segundo o art. 7º, XXXIII, da CF, é proibido o trabalho *noturno, perigoso* ou *insalubre* a menores de 18 anos (como é o caso de Marcelo), e de qualquer trabalho a menores de 16 anos, salvo na condição de aprendiz, se contar, no mínimo, com 14 anos. Temos, portanto, três situações distintas: i) menos de 14 anos: trabalho proibido; ii) entre 14 e 16 anos: somente na condição de aprendiz; iii) entre 16 e 18 anos: qualquer trabalho, menos noturno, insalubre e perigoso. No caso narrado no enunciado, tendo em conta que os pais de Marcelo estão em viagem, deverá Caio ajuizar ação com vistas a assistir Marcelo, seu irmão, na prática do ato (art. 142, parágrafo único, do ECA).

Gabarito "C".

(OAB/Exame Unificado – 2015.3) Isabela e Matheus pretendem ingressar com ação judicial própria a fim de adotar a criança P., hoje com 4 anos, que está sob guarda de fato do casal desde quando tinha 1 ano de idade. Os pais biológicos do infante são conhecidos e não se opõem à referida adoção, até porque as famílias mantêm convívio em datas festivas, uma vez que Isabela e Matheus consideram importante que P. conheça sua matriz biológica e mantenha convivência com os membros de sua família originária.

Partindo das diretrizes impostas pelo ECA e sua interpretação à luz da norma civilista aplicáveis à situação narrada, assinale a afirmativa correta.

(A) Durante o processo de adoção, Isabela, que reside fora do país, pode, mediante procuração, constituir Matheus como seu mandatário com poderes especiais para representar sua esposa e ajuizar a ação como adoção conjunta.

(B) Dispensável a oitiva dos pais biológicos em audiência, desde que eles manifestem concordância com o pedido de adoção por escritura pública ou declaração de anuência com firma reconhecida.

(C) Concluído o processo de adoção com observância aos critérios de regularidade e legalidade, caso ocorra o evento da morte de Isabela e Matheus antes de P. atingir a maioridade civil, ainda assim não se reestabelecerá o poder familiar dos pais biológicos.

(D) A adoção é medida excepcional, que decorre de incompatibilidade de os pais biológicos cumprirem os deveres inerentes ao poder familiar, motivo pelo qual, mesmo os pais de P. sendo conhecidos, a oitiva deles no curso do processo é mera faculdade e pode ser dispensada.

A: incorreta, dado que o art. 39, § 2º, do ECA estabelece ser vedada a adoção por meio de procuração; **B:** incorreta, uma vez que o art. 166, § 1º, do ECA, cuja redação foi alterada por força da Lei 13.509/2017, impõe sejam as partes, aqui incluídos os pais biológicos, ouvidas, na presença do Ministério Público, para verificar sua concordância com a adoção, no prazo máximo de 10 (dez) dias, contado da data do protocolo da petição ou da entrega da criança em juízo, tomando por termo as declarações; **C:** correta. A adoção é irrevogável e incaducável (art. 39, § 1º, do ECA). Por conta disso, a morte dos adotantes jamais restabelecerá o poder familiar dos pais naturais. Tal qual se dá com os pais biológicos, a perda ou suspensão do poder familiar dos pais adotantes somente se dará com o descumprimento dos deveres de guarda, sustento e educação; **D:** incorreta, pois contraria o disposto no art. 161, § 4º, do ECA, cuja redação foi modificada pela Lei 13.509/2017.

Gabarito "C".

(OAB/Exame Unificado – 2015.1) B e P, vizinhos da criança Y, cuidam do menino desde a tenra idade, quando o pai da criança faleceu e sua genitora, por motivos profissionais, mudou-se para localidade distante, fazendo visitas esporádicas ao infante, mas sempre enviando ajuda de custo para a alimentação do filho. Quando a criança completou um ano de idade, a genitora alcançou patamar financeiro estável, passando a ter meios para custear os gastos da criança também com educação, lazer, saúde etc. Assim, buscou a restituição do convívio diário com a criança Y, levando-a para morar consigo, o que gerou discordância dos vizinhos B e P, que ingressaram com Ação de Guarda e Tutela do menor, argumentando a construção de laços afetivos intensos e que a criança iria sofrer com a distância. Analise a situação e, sob o ponto de vista jurídico, assinale a afirmativa correta.

(A) O afastamento da genitora do convívio cotidiano com a criança Y impede a reconstrução de laços afetivos, devendo ser, de pronto, conferida a guarda provisória aos vizinhos que o criaram e, ao final, a tutela do menor aos demandantes B e P.

(B) A reintegração à família natural, no caso, junto à mãe, deve ser priorizada em relação a outra providência, não havendo justo motivo para que a criança seja posta sob tutela na hipótese narrada, uma vez que isso demandaria a perda ou suspensão do poder familiar, o que não encontra aplicabilidade nos estritos termos do enunciado.

(C) Os vizinhos que detinham a guarda de fato da criança Y têm prioridade no exercício do encargo de tutores, considerando esse o atendimento ao melhor interesse da criança, podendo eles assumir a função mesmo que a mãe mantenha o poder familiar, ante a precariedade e provisoriedade do referido encargo jurídico.

(D) A mãe da criança Y pode anuir com o pedido de colocação da criança sob tutela se considerar que atenderá ao melhor interesse do infante, hipótese em que a sentença homologatória poderá ser revogada a qualquer tempo, caso mudem as circunstâncias que a justificaram, não fazendo, pois, coisa julgada material.

Não é o caso de se deferir a tutela tampouco a adoção aos vizinhos B e P, modalidades de colocação em família substituta. Embora a criança tenha permanecido sob a guarda de fato destes, sua mãe biológica não a abandonou. Tanto que, quando podia, visitava seu filho e sempre lhe enviava ajuda de custo para sua manutenção. Como bem sabemos, a carência de recursos materiais não pode levar à suspensão ou perda do poder familiar (pressuposto para a concessão da tutela), neste caso exercido pela mãe (art. 23, *caput*, do ECA). Menos ainda é o caso de deferir-lhes a adoção, já que somente se deve recorrer em último caso. É que, com o novo panorama instaurado pela Lei Nacional de Adoção – Lei 12.010/2009, busca-se, em primeiro lugar e com absoluta prioridade, a manutenção da criança ou do adolescente na sua família natural. Diante da imperiosa necessidade de se retirar a pessoa em desenvolvimento de sua família natural, será encaminhada para sua família extensa; não sendo isso possível, para programa de acolhimento familiar ou institucional, ou, ainda, para as modalidades de família substituta (guarda ou tutela). Se, neste ínterim, a família natural não se reestruturar, aí sim, a criança ou adolescente poderá ser encaminhado para adoção – art. 19, *caput* e § 3º do ECA, cuja redação foi alterada pela Lei 13.257/2016. A adoção, portanto, deve ser vista, no atual contexto, como o último recurso, a última alternativa (art. 100, parágrafo único, X, do ECA, cuja redação foi alterada pela Lei 13.509/2017).

Gabarito "B".

(OAB/Exame Unificado – 2014.3) O Ministério Público moveu ação civil pública em face do estado A1 e do município A2, e em favor dos interesses da criança B, que precisava realizar um procedimento cirúrgico indispensável à manutenção de sua saúde, ao custo de R$ 8.000,00 (oito mil reais), o qual a família não tinha como custear.

13. DIREITO DA CRIANÇA E DO ADOLESCENTE

Os réus aduziram em contestação que os recursos públicos não poderiam ser destinados individualmente, mas sim, em caráter igualitário e geral a todos os que deles necessitassem.

Considere a narrativa e assinale a única opção correta a seguir.

(A) Não tem cabimento a medida intentada pelo Ministério Público, uma vez que a ação civil pública destina-se a interesse difusos ou coletivos, não sendo ferramenta jurídica hábil a tutelar os interesses individuais indisponíveis, como os descritos no enunciado, devendo o processo ser extinto sem resolução do mérito.

(B) A causa terá seguimento, visto que cabível ação civil pública na hipótese, mas, no mérito, os argumentos dos réus merecem acolhimento, já que conferir tratamento desigual à criança B implica violação ao princípio da isonomia, o que não encontra amparo na norma especial do ECA.

(C) A ação civil pública é perfeitamente cabível no caso e, no mérito, a prioridade legal assiste a criança B no atendimento a necessidades como vida e saúde, nisso justificando-se a absoluta prioridade na efetivação dos seus direitos, conferindo-lhe primazia de receber socorro e proteção, e a precedência no atendimento em serviço público.

(D) Não é cabível ação civil pública na hipótese, por se tratar de direito meramente individual, embora indisponível, e, como no mérito assiste razão aos interesses da criança B, a ação deverá ser extinta sem resolução do mérito, a fim de que outra ação judicial, intentada com o uso da ferramenta jurídica adequada, possa ser processada sem incorrer em litispendência.

Em conformidade com a regra presente no art. 201, V, do ECA, constitui atribuição do Ministério Público, entre outras, "promover o inquérito civil e a ação civil pública para a proteção dos interesses individuais, difusos ou coletivos relativos à infância e à adolescência, inclusive os definidos no art. 220, § 3º, II, da CF". Além disso, é claro o art. 7º do mesmo estatuto ao enunciar que "a criança e o adolescente têm direito à proteção à vida e à saúde, mediante a efetivação de políticas (...)". No mais, no que toca à legitimidade do MP para ajuizar ação civil pública para a defesa de interesse individual indisponível, conferir: "LEGITIMIDADE. – MINISTÉRIO PÚBLICO. – AÇÃO CIVIL PÚBLICA -. FORNECIMENTO DE REMÉDIO PELO ESTADO. O Ministério Público é parte legítima para ingressar em juízo com ação civil pública visando a compelir o Estado a fornecer medicamento indispensável à saúde de pessoa individualizada" (STF, RE 407902, Relator(a): Min. Marco Aurélio, Primeira Turma, julgado em 26.05.2009). Dentro do tema Ministério Público, é importante que se diga que a Lei 14.344/2022 inseriu no *caput* do art. 201 do ECA o inciso XIII, de forma a ampliar o rol de atribuições do órgão ministerial, *in verbis*: *intervir, quando não for parte, nas causas cíveis e criminais decorrentes de violência doméstica e familiar contra a criança e o adolescente*.
Gabarito "C".

(OAB/Exame Unificado – 2014.1) Vilma, avó materna do menor Oscar, de quinze anos de idade, pretende mover ação de suspensão do poder familiar em face de Onísio e Paula, pais do menor. Argumenta que Oscar estaria na condição de evasão escolar e os pais negligentes, embora incansavelmente questionados por Vilma quanto às consequências negativas para a formação de Oscar.

Considere a hipótese narrada e assinale a única opção correta aplicável ao caso.

(A) Do ponto de vista processual, Vilma não tem legitimidade para propor a ação que deve ser movida exclusivamente pelo Ministério Público, diante da indisponibilidade do direito em questão, a quem a interessada deve dirigir a argumentação para a tomada das medidas judiciais cabíveis.

(B) Do ponto de vista material, os elementos indicados por Vilma são suficientes ao pleito de suspensão do poder familiar, do mesmo modo que a falta ou a carência de recursos materiais são, ainda que isoladamente, justo motivo para propositura da medida de suspensão do poder familiar.

(C) Do ponto de vista material, os argumentos indicados por Vilma são irrelevantes a dar ensejo à medida de suspensão de poder familiar, medida grave e excepcionalmente aplicada, mas são suficientes ao pleito de aplicação de multa e repreensão aos pais negligentes, por se tratar de infração administrativa.

(D) Do ponto de vista processual, Vilma possui legitimidade para propor a ação de suspensão do poder familiar e, tramitando o processo perante a Justiça da Infância e da Juventude, é impositiva a isenção de custas e emolumentos, independente de concessão da gratuidade de justiça, conforme dispõe expressa e literalmente o ECA.

A e D: em vista do disposto no art. 155 do ECA, são legitimados a propor a ação de perda ou suspensão do poder familiar tanto o Ministério Público quanto aquele que tenha *legítimo interesse* (é o caso da avó). No mais, segundo estabelece o art. 141, § 2º, do ECA, "as ações judiciais da competência da Justiça da Infância e da Juventude são isentas de custas e emolumentos, ressalvada a hipótese de litigância de má-fé"; **B:** incorreta, tendo em vista que a falta ou a carência de recursos materiais não constitui motivo suficiente para a perda ou a suspensão do poder familiar, devendo a família ser incluída em programas oficiais de auxílio (art. 23, do ECA); **C:** incorreta, uma vez que os argumentos indicados por Vilma podem, sim, dar ensejo à medida de suspensão do poder familiar (arts. 22 e 24 do ECA).
Gabarito "D".

3. PREVENÇÃO

(OAB/Exame XXXIV) Joana, com 10 anos, viajou de ônibus com a mãe, Marcela, do Espírito Santo para Mato Grosso do Sul, sem que a empresa de transporte verificasse, em nenhum momento, a documentação de comprovação do vínculo parental entre ela e a mãe.

Em uma parada, um agente da autoridade fiscalizatória adentrou no coletivo e, indagando a Marcela sobre a comprovação documental, recebeu desta a informação de que não havia sido requerida tal prova em nenhum momento.

Dada a situação acima, assinale a afirmativa correta.

(A) Ainda que o vínculo parental efetivamente exista e seja posteriormente comprovado, a empresa de ônibus cometeu infração administrativa prevista no Estatuto da Criança e do Adolescente ao não exigir tal prova antes de iniciar a viagem.

(B) A prova do vínculo de parentesco pode ser feita posteriormente, afastando a consumação da infração administrativa por parte da empresa de ônibus.

(C) A prova do vínculo de parentesco não é exigência legal para viagens interestaduais com crianças, bastando a autoidentificação pela suposta mãe.

(D) A infração administrativa não está consumada senão quando da efetiva ausência do vínculo de parentesco, o que não aconteceu no caso presente.

A empresa de ônibus, ao não verificar a documentação de comprovação do vínculo parental entre mãe e filha, incorreu na infração administrativa definida no art. 251 do ECA, sujeitando-se à multa de 3 a 20 salários de referência, que será aplicada em dobro no caso de reincidência. Quanto ao tema *viagem da criança e do adolescente dentro do território nacional*, valem alguns esclarecimentos. O art. 83 da Lei 8.069/1990 (ECA), que rege a matéria, foi modificado pela Lei 13.812/2019. Antes, os adolescentes podiam viajar desacompanhados, sem qualquer restrição (dentro do território nacional); hoje, a partir das alterações implementadas pela Lei 13.812/2019, somente poderá viajar livremente sem qualquer restrição dentro do território nacional o adolescente que já tenha atingido 16 anos, isto é, a regra a ser aplicada para os adolescentes entre 12 e 16 anos (incompletos) é a mesma aplicada às crianças, tal como estabelece a nova redação do art. 83, *caput*, do ECA. As exceções foram elencadas no § 1º do mencionado dispositivo. Dessa forma, temos, atualmente, o seguinte: a) viagem – criança e adolescente menor de 16 anos: a1) regra: a criança e o adolescente menor de 16 anos não poderão viajar para fora da comarca na qual residem desacompanhadas dos pais ou responsável, sem expressa autorização judicial – art. 83, "*caput*", do ECA; a2) exceções: o art. 83, § 1º, do ECA estabelece algumas exceções (a autorização judicial não será exigida): quando se tratar de comarca contígua à da residência da criança ou do adolescente (menor de 16 anos), se na mesma unidade da Federação, ou incluída na mesma região metropolitana; a criança ou adolescente estiver acompanhada: de ascendente ou colateral maior, até o terceiro grau, comprovado documentalmente o parentesco; de pessoa maior, expressamente autorizada pelo pai, mãe ou responsável; b) viagem – adolescente a partir dos 16 anos: quanto ao adolescente com 16 anos ou mais, o ECA não impôs restrição alguma, isto é, poderá ele viajar sozinho pelo território nacional desacompanhado de seus pais, sem que para isso precise de autorização judicial.

Gabarito "A".

(OAB/Exame Unificado – 2019.1) Bruno, com quase doze anos de idade, morador de Niterói, na Região Metropolitana do Rio de Janeiro, foi aprovado em um processo de seleção de jogadores de futebol, para a categoria de base de um grande clube, sediado no Rio de Janeiro, capital – cidade contígua à de sua residência.

Os treinamentos na nova equipe implicam deslocamento de Niterói ao Rio de Janeiro todos os dias, ida e volta. Ocorre que os pais de Bruno trabalham em horário integral, e não poderão acompanhá-lo.

Os pais, buscando orientação, consultam você, como advogado(a), sobre qual seria a solução jurídica para que Bruno frequentasse os treinos, desacompanhado.

Assinale a opção que apresenta sua orientação.

(A) Bruno precisará de um alvará judicial, que pode ter validade de até dois anos, para poder se deslocar sozinho entre as comarcas.

(B) Bruno pode, simplesmente, ir aos treinos sozinho, não sendo necessária qualquer autorização judicial para tanto.

(C) Não é possível a frequência aos treinos desacompanhado, pois o adolescente não poderá se deslocar entre comarcas sem a companhia de, ao menos, um dos pais ou do responsável legal.

(D) Bruno poderá ir aos treinos desacompanhado dos pais, mas será necessário obter autorização judicial ou a designação de um tutor, que poderá ser um representante do clube.

As viagens diárias de Bruno, que é criança (ainda não alcançou 12 anos de idade), prescindem de autorização judicial na medida em que sua residência e a sede do clube no qual treinará ficam em cidades contíguas e na mesma região metropolitana (art. 83, § 1º, *a*, do ECA). Quanto a esse tema, reputo oportuno fazer algumas ponderações. O art. 83 da Lei 8.069/1990 (ECA), que rege a matéria, foi modificado pela Lei 13.812/2019. Antes, os adolescentes podiam viajar desacompanhados, sem qualquer restrição (dentro do território nacional); hoje, a partir das alterações implementadas pela Lei 13.812/2019, somente poderá viajar livremente sem qualquer restrição dentro do território nacional o adolescente que já tenha atingido 16 anos, isto é, a regra a ser aplicada para os adolescentes entre 12 e 16 anos (incompletos) é a mesma aplicada às crianças, tal como estabelece a nova redação do art. 83, *caput*, do ECA. As exceções foram elencadas no § 1º do mencionado dispositivo. Dessa forma, temos, atualmente, o seguinte: a) viagem – criança e adolescente menor de 16 anos: a1) regra: a criança e o adolescente menor de 16 anos não poderão viajar para fora da comarca na qual residem desacompanhadas dos pais ou responsável, sem expressa autorização judicial – art. 83, "*caput*", do ECA; a2) exceções: o art. 83, § 1º, do ECA estabelece algumas exceções (a autorização judicial não será exigida): quando se tratar de comarca contígua à da residência da criança ou do adolescente (menor de 16 anos), se na mesma unidade da Federação, ou incluída na mesma região metropolitana (hipótese do enunciado); a criança ou adolescente estiver acompanhada: de ascendente ou colateral maior, até o terceiro grau, comprovado documentalmente o parentesco; de pessoa maior, expressamente autorizada pelo pai, mãe ou responsável; b) viagem – adolescente a partir dos 16 anos: quanto ao adolescente com 16 anos ou mais, o ECA não impôs restrição alguma, isto é, poderá ele viajar sozinho pelo território nacional desacompanhado de seus pais, sem que para isso precise de autorização judicial. Tendo em conta o advento da Lei 13.812/2019 e a fim de uniformizar a interpretação que deve ser conferida aos arts. 83 a 85 do ECA, que dispõem acerca da autorização de viagem para crianças e adolescentes, o CNJ editou a Resolução 295, de 13/09/2019, cuja leitura se recomenda.

Gabarito "B".

(OAB/Exame Unificado – 2014.1) João e Joana são pais de Mila, 9 anos, e de Letícia, 8 anos. João mudou-se para Maringá depois do divórcio, e levou sua filha mais nova para morar com ele. Nas férias escolares, Letícia quer ir ao Rio de Janeiro visitar sua mãe, enquanto Mila deseja passar seus dias livres com seu pai em Maringá.

Avalie as situações apresentadas a seguir e, de acordo com o Estatuto da Criança e do Adolescente, assinale a afirmativa correta.

(A) Letícia poderá viajar sem autorização judicial se a sua prima, Olívia, que tem 19 anos, aceitar acompanhá-la. Mila poderá viajar sem autorização, se a sua avó, Filomena, a acompanhar.

(B) Se houver prévia e expressa autorização dos pais ou responsáveis, Letícia e Mila ficam dispensadas da autorização judicial e poderão viajar desacompanhadas dentro do território nacional.

(C) Letícia poderá viajar desacompanhada dos pais por todo território nacional se houver autorização judicial, que poderá ser concedida pelo prazo de dois anos. Mila não precisará de autorização judicial para ir a Maringá se seu tio José aceitar acompanhá-la.

(D) Mila poderia aproveitar a ida de sua vizinha Maria, de 23 anos, para acompanhá-la, desde que devidamente autorizada por seus pais, enquanto Letícia não precisaria de autorização judicial se seu padrinho, Ricardo, primo do seu pai, a acompanhasse.

13. DIREITO DA CRIANÇA E DO ADOLESCENTE

Antes de mais nada, é importante que se diga que tanto Mila quanto Letícia são consideradas, à luz do ECA (art. 2º), criança. Nessa qualidade, elas não podem viajar para fora da comarca na qual residem desacompanhadas dos pais ou responsável, sem expressa autorização judicial – art. 83, *caput*, do ECA, salvo se (hipóteses em que a autorização judicial não é exigida – art. 83, § 1º, do ECA): se tratar de comarca contígua à da residência da criança, se na mesma unidade da Federação, ou incluída na mesma região metropolitana; a criança estiver acompanhada: de ascendente ou colateral maior, até o terceiro grau, comprovado documentalmente o parentesco; de pessoa maior, expressamente autorizada pelo pai, mãe ou responsável. Assim, Letícia não poderá viajar com sua prima, mesmo sendo esta maior de 18 anos, visto que são parentes colaterais de *quarto* grau (assertiva "A", portanto, incorreta). Está incorreta, também, a proposição "B", uma vez que, por serem crianças, não poderão viajar desacompanhadas para fora da comarca onde residem, mesmo que contem com autorização dos pais ou responsável (precisa de autorização judicial). Correta é a assertiva "C": embora desacompanhada, Letícia poderá viajar porque conta com autorização judicial; já Mila, por estar acompanhada de seu tio (parente colateral de terceiro grau), poderá viajar. A assertiva "D" deve ser considerada incorreta, na medida em que Letícia não poderá viajar acompanhada do primo de seu pai.

Gabarito "C".

(OAB/Exame Unificado – 2012.3.A) Juliana, estudante de 17 anos, em comemoração a sua recente aprovação no vestibular de uma renomada universidade, saiu em viagem com Gustavo, seu namorado de 25 anos, funcionário público federal.

Acerca de possíveis intercorrências ao longo da viagem, é correto afirmar que

(A) Juliana, por ser adolescente, independentemente de estar em companhia de Gustavo, maior de idade, não poderá se hospedar no local livremente por eles escolhido, sem portar expressa autorização de seus pais ou responsável.

(B) Juliana, em companhia de Gustavo, poderá ingressar em um badalado bar do local, onde é realizado um show de música ao vivo no primeiro piso e há um salão de jogos de bilhar no segundo piso.

(C) Juliana, por ser adolescente e estar em companhia de Gustavo, maior de idade, poderá se hospedar no local livremente por eles escolhido, independentemente de portar ou não autorização de seus pais.

(D) Juliana poderá se hospedar em hotel, motel, pensão ou estabelecimento congênere, assim como poderá ingressar em local que explore jogos de bilhar, se portar expressa autorização dos seus pais ou responsável.

A: correta, pois em conformidade com o disposto no art. 82 do ECA; **B:** incorreta, pois contraria o que estabelece o art. 80 do ECA; **C:** incorreta, pois em desconformidade com o estabelecido no art. 82 do ECA; **D:** incorreta, pois não reflete o disposto no art. 80 do ECA.

Gabarito "A".

(OAB/Exame Unificado – 2012.2) João e Maria, ambos adolescentes, com dezessete e dezesseis anos, respectivamente, resolvem realizar uma viagem para comemorar o aniversário de um ano de namoro. Como destino, o jovem casal elege Armação dos Búzios, no estado do Rio de Janeiro, e efetua a reserva, por telefone, em uma pousada do balneário.

Considerando a normativa acerca da prevenção especial contida na Lei n. 8.069, de 13 de julho de 1990, assinale a afirmativa correta.

(A) O casal poderá hospedar-se na pousada reservada sem quaisquer restrições, já que ambos são maiores de dezesseis anos e, portanto, relativamente capazes para a prática desse tipo de ato civil, não podendo ser exigido que estejam acompanhados dos pais ou responsáveis nem que apresentem autorização destes.

(B) O Estatuto da Criança e do Adolescente proíbe apenas a hospedagem de crianças e adolescentes em motel, desacompanhadas de seus pais ou responsável, sendo permitida a hospedagem em hotéis ou estabelecimentos congêneres, uma vez que estes são obrigados a manter regularmente o registro de entrada de seus hóspedes.

(C) A proibição da legislação especial refere-se apenas às crianças, na definição do ECA consideradas como as pessoas de até doze anos de idade incompletos, sendo, portanto, dispensável que os adolescentes estejam acompanhados dos pais ou responsáveis, ou, ainda, autorizados por estes para a regular hospedagem.

(D) O titular da pousada, ou um de seus prepostos, pode, legitimamente e fundado na legislação especial que tutela a criança e o adolescente, negar-se a promover a hospedagem do jovem casal, já que ambos estão desacompanhados dos pais ou responsável e desprovidos, igualmente, da autorização específica exigida pelo ECA.

A: incorreta, pois não reflete o disposto no art. 82 do ECA, que proíbe "a hospedagem de criança ou adolescente em hotel, motel, pensão ou estabelecimento congênere, salvo se autorizado ou acompanhado pelos pais ou responsável"; **B:** incorreta, visto que o legislador contemplou na proibição, além do motel, o hotel e demais estabelecimentos congêneres; **C:** incorreta, uma vez que, assim como as crianças, os adolescentes somente poderão se hospedar nesses estabelecimentos se acompanhados ou autorizados pelos pais ou responsável; **D:** correta, tanto que a conduta do titular ou do preposto que hospedar criança ou adolescente em desacordo com o art. 82 do ECA constitui a infração administrativa prevista no art. 250 do ECA.

Gabarito "D".

4. MEDIDAS DE PROTEÇÃO

(OAB/Exame XXXVII) A entidade governamental Casa dos Anjos, destinada a programa de internação de adolescentes em conflito com a lei, recebeu inspeção de fiscalização por parte do Ministério Público.

Nesta visita, restou constatado que a instituição não dispunha de diversos elementos essenciais para a manutenção condigna dos adolescentes sujeitos à medida socioeducativa, inexistindo, por exemplo, cuidados médicos, psicológicos, odontológicos e farmacêuticos adequados.

Com base nos fatos acima, assinale a afirmativa correta.

(A) Poderá ser interrompido o repasse de verbas públicas para a entidade, enquanto ela não sanar as irregularidades.

(B) Poderá ser determinado o afastamento temporário dos dirigentes da Casa dos Anjos.

(C) Poderá haver a cassação do registro da instituição em questão.

(D) Tratando-se de entidade governamental, não há medidas sancionatórias específicas cabíveis.

A solução desta questão deve ser extraída do art. 97, I, do ECA: *São medidas aplicáveis às entidades de atendimento que descumprirem obrigação constante do art. 94, sem prejuízo da responsabilidade civil e criminal de seus dirigentes ou prepostos: I – às entidades governamentais: a) advertência; b) afastamento provisório de seus dirigentes; c) afastamento definitivo de seus dirigentes; d) fechamento de unidade ou interdição de programa.*

Gabarito "B".

(OAB/Exame XXXIV) José, diretor de uma entidade de acolhimento institucional, recebeu em sua instituição Maria, criança com 11 anos, em situação de verdadeiro desespero, narrando confusamente que havia sido vítima de abusos por parte do companheiro de sua mãe, e que esta nada havia feito para impedir o ato. Maria estava aos prantos e demonstrava sinais de ter sofrido violência.

Procurado por José, você, como advogado(a), o orienta a

(A) buscar imediato contato com a mãe de Maria, sem efetuar a institucionalização por meio de acolhimento emergencial sem que haja este prévio contato, por ser vedada tal providência.

(B) comunicar o fato ao Ministério Público incontinenti, pois não é permitido o acolhimento sem prévio encaminhamento por este órgão.

(C) oferecer acolhimento emergencial à Maria, comunicando ao Juiz da Infância e da Juventude tal medida, em no máximo, 24h.

(D) comunicar o fato ao Conselho Tutelar para, apenas mediante encaminhamento deste órgão, efetuar o acolhimento.

Ante o relatado no enunciado, é lícito a José, na qualidade de diretor de entidade de acolhimento institucional, receber Maria, após o que deverá, no prazo de 24 horas, comunicar o acolhimento emergencial ao Juiz da Infância e Juventude, sob pena de responsabilidade. É o que estabelece o art. 93 do ECA.

Gabarito "C".

(OAB/Exame Unificado – 2018.3) Joaquim, adolescente com 15 anos de idade, sofre repetidas agressões verbais por parte de seu pai, José, pessoa rude que nunca se conformou com o fato de Joaquim não se identificar com seu sexo biológico. Os atentados verbais chegaram ao ponto de lançar Joaquim em estado de depressão profunda, inclusive sendo essa clinicamente diagnosticada.

Constatada a realidade dos fatos acima narrados, assinale a afirmativa correta.

(A) Os fatos descritos revelam circunstância de mero desajuste de convívio familiar, não despertando relevância criminal ou de tutela de direitos individuais do adolescente, refugindo do alcance da Lei nº 8.069/90 (ECA).

(B) O juízo competente poderá determinar o afastamento de José da residência em que vive com Joaquim, como medida cautelar para evitar o agravamento do dano psicológico do adolescente, podendo, inclusive, fixar pensão alimentícia provisória para o suporte de Joaquim.

(C) O juiz poderá afastar cautelarmente José da moradia comum com Joaquim, sem que isso implique juízo definitivo de valor sobre os fatos – razão pela qual não é viável a estipulação de alimentos ao adolescente, eis que irreversíveis.

(D) A situação descrita não revela motivação legalmente reconhecida como suficiente a determinar o afastamento de José da moradia comum, recomendando somente o aconselhamento educacional do pai.

É caso de aplicação de medida cautelar de afastamento do agressor, a qual deverá contemplar a fixação de alimentos em benefício da criança ou adolescente, tal como estabelece o art. 130 do ECA.

Gabarito "B".

(OAB/Exame Unificado – 2018.1) Angélica, criança com 5 anos de idade, reside com a mãe Teresa, o padrasto Antônio e a tia materna Joana. A tia suspeita de que sua sobrinha seja vítima de abuso sexual praticado pelo padrasto. Isso porque, certa vez, ao tomar banho com Angélica, esta reclamou de dores na vagina e no ânus, que aparentavam estar bem vermelhos. Na ocasião, a sobrinha disse que "o papito coloca o dedo no meu bumbum e na minha perereca, e dói". Joana narrou o caso para a irmã Teresa, que disse não acreditar no relato da filha, pois ela gostava de inventar histórias, e que, ainda que fosse verdade, não poderia fazer nada, pois depende financeiramente de Antônio. Joana, então, após registrar a ocorrência na Delegacia de Polícia, que apenas instaurou o inquérito policial e encaminhou a criança para exame de corpo de delito, busca orientação jurídica sobre o que fazer para colocá-la em segurança imediatamente.

De acordo com o Estatuto da Criança e do Adolescente, a fim de resguardar a integridade de Angélica até que os fatos sejam devidamente apurados pelo Juízo Criminal competente, assinale a opção que indica a medida que poderá ser postulada por um advogado junto ao Juízo da Infância e da Juventude.

(A) A aplicação da medida protetiva de acolhimento institucional de Angélica.

(B) Solicitar a suspensão do poder familiar de Antônio.

(C) Solicitar o afastamento de Antônio da moradia comum.

(D) Solicitar a destituição do poder familiar da mãe Teresa.

Com base no que dispõe o art. 130, *caput*, do ECA, constatada hipótese de abuso sexual pelos pais ou responsável, como é o caso relatado no enunciado, o magistrado poderá determinar, como medida cautelar, o afastamento do agressor da moradia comum. Segundo Guilherme de Souza Nucci, se o ambiente no qual ocorreu o abuso sexual mostrar-se impróprio (como na hipótese de o abuso se perpetrado tanto pelo pai ou padrasto quanto pela mãe), deverá o juiz, neste caso, adotar providência diversa, retirando a criança ou o adolescente da moradia comum e encaminhando-o para acolhimento institucional ou familiar.

Gabarito "C".

(OAB/Exame Unificado – 2017.2) Os irmãos Fábio (11 anos) e João (9 anos) foram submetidos à medida protetiva de acolhimento institucional pelo Juízo da Infância e da Juventude, pois residiam com os pais em área de risco, que se recusavam a deixar o local, mesmo com a interdição do imóvel pela Defesa Civil.

Passados uma semana do acolhimento institucional, os pais de Fábio e João vão até a instituição para visitá-los, sendo impedidos de ter contato com os filhos pela diretora da entidade de acolhimento institucional, ao argumento de que precisariam de autorização judicial para visitar as crianças. Os pais dos irmãos decidem então procurar orientação jurídica de um advogado.

13. DIREITO DA CRIANÇA E DO ADOLESCENTE   867

Considerando os ditames do Estatuto da Criança e do Adolescente, a direção da entidade de acolhimento institucional agiu corretamente?

(A) Sim, pois o diretor da entidade de acolhimento institucional é equiparado ao guardião, podendo proibir a visitação dos pais.

(B) Não, porque os pais não precisam de uma autorização judicial, mas apenas de um ofício do Conselho Tutelar autorizando a visitação.

(C) Sim, pois a medida protetiva de acolhimento institucional foi aplicada pelo Juiz da Infância, assim somente ele poderá autorizar a visita dos pais.

(D) Não, diante da ausência de vedação expressa da autoridade judiciária para a visitação, ou decisão que os suspenda ou os destitua do exercício do poder familiar.

A solução desta questão deve ser extraída dos princípios que regem o direito da criança e do adolescente e do art. 92, § 4º, do ECA, segundo o qual, salvo determinação judicial em contrário, cabe às entidades de acolhimento institucional proporcionar o contato do abrigado com sua família natural, com vistas, sempre, à reintegração da criança e do adolescente à sua família biológica. 🔲
Gabarito "D".

(OAB/Exame Unificado – 2017.1) João, criança de 07 anos de idade, perambulava pela rua sozinho, sujo e com fome, quando, por volta das 23 horas, foi encontrado por um guarda municipal, que resolve encaminhá-lo diretamente para uma entidade de acolhimento institucional, que fica a 100 metros do local onde ele foi achado. João é imediatamente acolhido pela entidade em questão.

Sobre o procedimento adotado pela entidade de acolhimento institucional, de acordo com o que dispõe o Estatuto da Criança e do Adolescente, assinale a afirmativa correta.

(A) A entidade pode regularmente acolher crianças e adolescentes, independentemente de determinação da autoridade competente e da expedição de guia de acolhimento.

(B) A entidade somente pode acolher crianças e adolescentes encaminhados pela autoridade competente por meio de guia de acolhimento.

(C) A entidade pode acolher regularmente crianças e adolescentes sem a expedição da guia de acolhimento apenas quando o encaminhamento for feito pelo Conselho Tutelar.

(D) A entidade pode, em caráter excepcional e de urgência, acolher uma criança sem determinação da autoridade competente e guia de acolhimento, desde que faça a comunicação do fato à autoridade judicial em até 24 horas.

A solução desta questão deve ser extraída do art. 93, "caput", do ECA: *As entidades que mantenham programa de acolhimento institucional poderão, em caráter excepcional e de urgência, acolher crianças e adolescentes sem prévia determinação da autoridade competente, fazendo comunicação do fato em até 24 (vinte e quatro) horas ao Juiz da Infância e da Juventude, sob pena de responsabilidade.* 🔲
Gabarito "D".

(OAB/Exame Unificado – 2013.3) O Estatuto da Criança e do Adolescente estabelece os princípios que devem ser adotados por entidades que desenvolvam programas de acolhimento familiar ou institucional. Segundo esses princípios, assinale a afirmativa correta.

(A) As entidades devem buscar constantemente a transferência para outras entidades de crianças e adolescentes abrigados, a fim de promover e aprofundar a integração entre eles e os diferentes contextos sociais.

(B) Por força de disposição expressa de lei, o dirigente das entidades com o objetivo de acolhimento institucional ou familiar é equiparado ao guardião, para todos os efeitos de direito.

(C) Mesmo inserida em programa de acolhimento institucional ou familiar, a criança ou o adolescente deve ser estimulado a manter contato com seus pais ou responsável.

(D) É vedado o acolhimento de crianças e adolescentes em entidades que mantenham programa de acolhimento institucional sem prévia determinação da autoridade competente.

A: incorreta. A teor do art. 92, VI, do ECA, as entidades devem evitar, sempre que possível, a transferência de crianças e adolescentes para outras entidades; **B:** incorreta, uma vez que tal equiparação somente foi feita, de forma expressa, em relação ao dirigente de entidades que desenvolvem programa de acolhimento institucional (art. 92, § 1º, do ECA); **C:** correta, pois corresponde ao que estabelece o art. 92, § 4º, do ECA; **D:** incorreta, na medida em que tal providência (acolhimento sem autorização judicial) é possível, desde que em caráter excepcional e de urgência; neste caso, incumbe à entidade cuidar para que, no prazo de 24 horas, o juiz da Infância e da Juventude seja de tudo informado (art. 93, *caput*, do ECA).
Gabarito "C".

(OAB/Exame Unificado – 2013.2) A interpretação e aplicação da Lei n. 8.069/90 (Estatuto da Criança e do Adolescente – ECA) deve perseguir os objetivos de proteção integral e prioritária dos direitos das crianças e dos adolescentes, que deles são titulares.

Sobre o tema, assinale a afirmativa correta.

(A) A aplicação das medidas específicas de proteção previstas pelo ECA pode se dar cumulativamente, devendo a autoridade competente escolher a mais adequada diante das necessidades específicas do destinatário.

(B) Se Joana, que tem 09 anos, tiver seus direitos violados por ação ou omissão do Estado, serão cabíveis as medidas específicas de proteção previstas pelo ECA que, dependendo das circunstâncias, não deverão ser aplicadas ao mesmo tempo.

(C) Se Júlio, que tem 09 anos, tiver seus direitos violados por abuso ou omissão dos pais, não serão aplicáveis as medidas específicas de proteção, mas, sim, medidas destinadas aos pais ou responsável, previstas pelo ECA.

(D) As medidas específicas de proteção previstas pelo ECA devem ser aplicadas de modo a afastar uma intervenção precoce, efetuada logo que a situação de perigo seja conhecida, sob pena de responsabilidade primária e solidária do poder público.

A: correta, pois em consonância com o que reza o art. 99 do ECA, que estabelece que as medidas de proteção "poderão ser aplicadas isoladas ou cumulativamente, bem como substituídas a qualquer tempo". A propósito, deve-se entender como tal as ações implementadas sempre que a criança ou o adolescente encontrar-se em situação de risco, ou ainda quando do cometimento de ato infracional; **B:** incorreta. Desde que haja compatibilidade e se revelem necessárias, nada obsta que seja

868 EDUARDO DOMPIERI

aplicada, simultaneamente, mais de uma medida de proteção. É o que se infere do art. 99 do ECA; **C:** incorreta, pois não reflete do disposto no art. 98, II, do ECA; **D:** incorreta, pois contraria o que estabelece o art. 100, parágrafo único, VI, do ECA.

Gabarito "A".

5. ATO INFRACIONAL – DIREITO MATERIAL

(OAB/Exame XXXVII) Wilson, 13 anos, foi apreendido por Manoel quando estava em fuga, após praticar ato de subtração de uma caixa de mil unidades de doces em sua vendinha. No curso da perseguição, os doces se perderam porque Wilson os jogou em um bueiro para, desembaraçado, correr melhor.

Esgotados todos os procedimentos legais para apuração do ato infracional e constatada sua prática, a autoridade competente fixou, além das medidas socioeducativas pertinentes a Wilson, a obrigatoriedade de reparar o dano, ou seja, restituir o valor correspondente aos doces perdidos por Manoel.

Acerca dos fatos acima, assinale a opção que apresenta a medida compensatória adequada para o caso concreto.

(A) A compensação do dano não poderá ser exigida dos pais de Wilson.

(B) Wilson deverá prestar duas horas diárias de serviços de empacotamento de compras na vendinha, até que se compense o dano, caso ele ou seus pais não possam custear financeiramente o valor.

(C) Havendo manifesta impossibilidade de Wilson ou seus pais custearem a perda patrimonial de Manoel, não há como substituir a compensação por outra medida adequada.

(D) A autoridade poderá determinar que Wilson compense o prejuízo de Manoel, desde que não configure trabalho forçado.

A solução desta questão deve ser extraída do art. 112 do ECA: Verificada a prática de ato infracional, a autoridade competente poderá aplicar ao adolescente as seguintes medidas: (...) II – obrigação de reparar o dano (...) § 2º Em hipótese alguma e sob pretexto algum, será admitida a prestação de trabalho forçado.

Gabarito "D".

(OAB/Exame Unificado – 2015.3) J., com 11 anos, L., com 12 anos, e M., com 13 anos de idade, desde que foram estudar na mesma turma, passaram a causar diversos problemas para o transcurso normal das aulas, tais como: escutar música; conversar; dormir; colocar os pés nas mesas e não desligar o aparelho celular. O professor de matemática, inconformado com a conduta desrespeitosa dos alunos, repreende-os, avisando que os encaminhará para a direção da escola. Ato contínuo, os alunos reagem da seguinte forma: J. chama o professor de "velho idiota"; L. levanta e sai da sala no meio da aula; e M. ameaça matá-lo. Diante dos atos de indisciplina dos três alunos, a direção da escola entra em contato com o seu departamento jurídico para, com base no Estatuto da Criança e do Adolescente, receber a orientação de como proceder.

Com base na hipótese apresentada, assinale a opção que apresenta a orientação recebida pela direção escolar.

(A) Os atos de indisciplina praticados por J., L. e M. deverão ser coibidos pela própria direção escolar.

(B) J. e M. praticaram atos infracionais. J. deverá ser encaminhado ao Conselho Tutelar e M. para a autoridade policial. A indisciplina de L. deverá ser coibida pela própria direção escolar.

(C) J., L. e M. praticaram atos infracionais e deverão ser encaminhados para a autoridade policial.

(D) J. e M. praticaram atos infracionais. Ambos deverão ser encaminhados para a autoridade policial. A indisciplina de L. deverá ser coibida pela própria direção escolar.

Analisemos, em separado, a conduta dos alunos. J., que conta com 11 anos e, portanto, é criança (art. 2º, *caput*, do ECA), ao chamar seu professor de "velho idiota", incorreu em ato infracional correspondente ao crime de injúria, previsto, no Código Penal, no art. 140. Deverá ser submetido, em razão de sua conduta (ato infracional), a medida protetiva, que não tem caráter punitivo, na forma estatuída no art. 105 do ECA. Em hipótese alguma, portanto, poderá ser impingida medida socioeducativa a crianças, reservada tão somente a adolescentes que praticarem atos infracionais. Crianças, quando surpreendidas diante da prática de ato infracional, como é o caso de J., deverão ser encaminhadas ao Conselho Tutelar. No que toca ao adolescente L., sua conduta, consistente em deixar a sala de aula sem autorização do professor, não constitui ato infracional; agora, por se tratar de um comportamento de indisciplina e, portanto, reprovável, deverá ser coibida pela direção da escola; já M., por ser adolescente e ter incorrido em ato infracional análogo ao crime de ameaça (previsto, no Código Penal, no art. 147), deverá ser responsabilizado por sua conduta (será submetido a medida socioeducativa), devendo, logo em seguida aos fatos, ser encaminhado à presença da autoridade policial (art. 172, *caput*, do ECA).

Gabarito "B".

(OAB/Exame Unificado – 2015.2) O adolescente N. ficou conhecido no bairro onde mora por praticar roubos e furtos e ter a suposta habilidade de nunca ter sido apreendido. Certa noite, N. saiu com o propósito de praticar novos atos de subtração de coisa alheia. Diante da reação de uma vítima a quem ameaçava, N. disparou sua arma de fogo, levando a vítima a óbito. N. não conseguiu fugir, sendo apreendido por policiais que passavam pelo local, no momento em que praticava o ato infracional. Sobre o caso narrado, assinale a opção correta.

(A) A medida de internação não terá cabimento contra N., uma vez que somente poderá ser aplicada em caso de reincidência no cometimento de infrações graves.

(B) Mesmo estando privado de liberdade, N. poderá entrevistar-se pessoalmente com o representante do Ministério Público, mas não terá direito a peticionar diretamente a este ou a qualquer autoridade que seja.

(C) A medida de internação de N. é cabível por se tratar de ato infracional praticado com ameaça e violência contra pessoa, mesmo que não seja caso de reincidência.

(D) Caso N. seja condenado por sentença ao cumprimento de medida de internação, e somente nesse caso, tornam-se obrigatórias as intimações do seu defensor e dos pais ou responsáveis, mesmo que o adolescente tenha sido intimado pessoalmente.

A e C: segundo consta do enunciado, o adolescente N praticou ato infracional correspondente ao crime de latrocínio (roubo seguido de morte – art. 157, § 3º, II, do CP). A internação, espécie de medida socioeducativa privativa de liberdade, a ser aplicada, portanto, em caráter excepcional, tem cabimento nas hipóteses descritas no art. 122 do ECA, entre as quais está aquela em que o ato infracional é cometido

13. DIREITO DA CRIANÇA E DO ADOLESCENTE

mediante grave ameaça ou violência contra a pessoa. Estão inseridos nesse contexto os atos infracionais equiparados aos crimes de roubo, homicídio, estupro, dentre outros. Dessa forma, esta medida extrema pode, sim, ser aplicada ao adolescente N, que, como já dissemos, praticou ato infracional equiparado ao crime de roubo seguido de morte; **B:** incorreta. O adolescente privado de liberdade tem, sim, o direito de peticionar a qualquer autoridade, inclusive ao representante do Ministério Público, com o qual poderá, ainda, entrevistar-se pessoalmente (art. 124, I e II, do ECA); **D:** incorreta. Estabelece o art. 190 do ECA que, da sentença que aplicar medida socioeducativa de internação ou semiliberdade, serão intimados o adolescente e seu defensor; sendo outra medida aplicada, será intimado tão somente o defensor. Em outras palavras, o defensor será sempre intimado da sentença de procedência da representação; em se tratando de medida restritiva de liberdade, será também intimado, além do defensor, o adolescente.
Gabarito "C".

(OAB/Exame Unificado – 2012.1) Joana tem 16 anos e está internada no Educandário Celeste, na cidade de Pitió, por ato infracional equiparado ao crime de tráfico de entorpecentes. O Estatuto da Criança e do Adolescente regula situações dessa natureza, consignando direitos do adolescente privado de liberdade. Diante das disposições aplicáveis ao caso de Joana, é correto afirmar que

(A) Joana tem direito à visitação, que deve ser respeitado na frequência mínima semanal, e não poderá ser suspenso sob pena de violação das garantias fundamentais do adolescente internado.

(B) é expressamente garantido o direito de Joana se corresponder com seus familiares e amigos, mas é vedada a possibilidade de avistar-se reservadamente com seu defensor.

(C) a autoridade judiciária poderá suspender temporariamente a visita, exceto de pais e responsável, se existirem motivos sérios e fundados de sua prejudicialidade aos interesses do adolescente.

(D) as visitas dos pais de Joana poderão ser suspensas temporariamente, mas em tal situação permanece o seu direito de continuar internada na mesma localidade ou naquela mais próxima ao domicílio de seus pais.

A e C: incorretas. O art. 124 do ECA contempla, em dezesseis incisos, os direitos do adolescente que se acha privado de sua liberdade, entre os quais entrevistar-se pessoalmente com o promotor de justiça, receber visitas, ao menos semanalmente etc. Esse direito, no entanto, pode ser restringido, na medida em que, entendendo o juiz que existem motivos sérios e fundados que tornam a visita, inclusive dos pais ou responsável, prejudicial aos interesses do adolescente, poderá suspendê-la temporariamente – art. 124, § 2º; **B:** incorreta. São direitos do adolescente privado de sua liberdade, entre outros, o de avistar-se reservadamente com seu defensor (art. 124, III, do ECA) e de corresponder-se com seus familiares e amigos (art. 124, VIII, do ECA); **D:** correta. Direito contemplado no art. 124, VI, do ECA.
Gabarito "D".

(OAB/Exame Unificado – 2011.3.A) Considerando os princípios norteadores do Estatuto da Criança e do Adolescente, a prática de atos infracionais fica sujeita a medidas que têm objetivos socioeducativos. Nesse sentido, é correto afirmar que

(A) se Aroldo, que tem 11 anos, subtrair para si coisa alheia pertencente a uma creche, deverá cumprir medida socioeducativa de prestação de serviços comunitários, por período não superior a um ano.

(B) a obrigação de reparar o dano causado pelo ato infracional não é considerada medida socioeducativa, tendo em vista que o adolescente não pode ser responsabilizado civilmente.

(C) o acolhimento institucional e a colocação em família substituta podem ser aplicados como medidas protetivas ou socioeducativas, a depender das características dos atos infracionais praticados.

(D) a internação, como uma das medidas socioeducativas previstas pelo ECA, não poderá exceder o período máximo de três anos, e a liberação será compulsória aos 21 anos de idade.

A: incorreta. É do art. 105 do ECA que as crianças que cometerem ato infracional estarão sujeitas tão somente a *medidas protetivas*. Em hipótese alguma, pois, será a elas impingida *medida socioeducativa*, reservada aos adolescentes. Pode-se dizer, portanto, que, em relação a elas, vige o *sistema da irresponsabilidade*, já que as medidas de proteção não têm caráter punitivo. Têm natureza administrativa e podem ser aplicadas pelo Conselho Tutelar. Pode-se afirmar, ainda, que, em relação aos adolescentes, dada a natureza de sanção que têm as medidas socioeducativas, sua responsabilidade pela prática de ato infracional é *especial*, porque disciplinada em *legislação especial*; **B:** incorreta. A *obrigação de reparar o dano* (art. 112, II, do ECA) constitui, sim, modalidade de medida socioeducativa, adequada aos atos infracionais com reflexos patrimoniais; **C:** incorreta. Disciplinados no art. 19, §§ 1º e 2º, do ECA, constituem, a teor do art. 101, VII e VIII, também do ECA, *medida de proteção* cujo propósito reside na retirada da criança ou adolescente de sua família e o seu encaminhamento para uma família acolhedora ou para uma entidade de atendimento (presente situação de risco à criança ou ao adolescente). Não podem, portanto, ser aplicadas como medida socioeducativa, cujas modalidades estão listadas no art. 112 do ECA. Cuidado: à exceção do *acolhimento institucional*, da *inclusão em programa de acolhimento familiar* e da *colocação em família substituta*, as demais medidas de proteção previstas no art. 101 podem ser aplicadas ao adolescente infrator em conjunto ou não com as medidas socioeducativas previstas no art. 112 do ECA. É o que estabelece o art. 112, VII, do ECA; **D:** correta, pois reflete o disposto no art. 121, §§ 2º e 5º, do ECA. Atenção: a Lei 12.594/2012, que criou o Sinase – Sistema Nacional de Atendimento Socioeducativo, introduziu no art. 121 do ECA o § 7º.
Gabarito "D".

6. ATO INFRACIONAL – DIREITO PROCESSUAL

(OAB/Exame XXXVIII) Pedro, adolescente de quinze anos, foi apreendido pela prática de ato infracional análogo ao crime de roubo. Realizados todos os procedimentos legais cabíveis, o juízo determinou cautelarmente que fosse recolhido à internação em instituição dedicada ao cumprimento de medida socioeducativa dessa natureza.

Ocorre que não havia vaga na entidade de internação da comarca, pelo que Pedro foi recolhido a uma repartição policial, em seção isolada dos adultos e com instalações apropriadas, lá restando internado cautelarmente há vinte dias, aguardando o surgimento de vaga no estabelecimento dedicado.

Com base nos fatos acima, assinale a afirmativa correta.

(A) A internação jamais poderá ser realizada em repartição policial, nem mesmo cautelarmente, mesmo que seja impossível a transferência imediata.

(B) É admissível a internação cautelar em estabelecimento policial ou prisional quando da situação exposta no enunciado, por prazo indeterminado, até que seja encontrada vaga em entidade apropriada.

(C) A manutenção de Pedro na repartição policial, por mais de cinco dias, é ilegal, comportando *habeas corpus* para fazer cessar tal estado de ilicitude.

(D) A internação em estabelecimento prisional é admissível quando neste local puderem ser desenvolvidas as atividades pedagógicas próprias dessa medida socioeducativa.

A solução desta questão deve ser extraída do art. 185 do ECA, que, em seu § 2º, assim dispõe: *sendo impossível a pronta transferência, o adolescente aguardará sua remoção em repartição policial, desde que em seção isolada dos adultos e com instalações apropriadas, não podendo ultrapassar o prazo máximo de cinco dias, sob pena de responsabilidade.*
Gabarito "C".

(OAB/Exame Unificado – 2020.1) O adolescente João, com 16 anos completos, foi apreendido em flagrante quando praticava ato infracional análogo ao crime de furto. Devidamente conduzido o processo, de forma hígida, ele foi sentenciado ao cumprimento de medida socioeducativa de 1 ano, em regime de semiliberdade.

Sobre as medidas socioeducativas aplicadas a João, assinale a afirmativa correta.

(A) A medida de liberdade assistida será fixada pelo prazo máximo de 6 meses, sendo que, ao final de tal período, caso João não se revele suficientemente ressocializado, a medida será convolada em internação.

(B) A medida aplicada foi equivocada, pois deveria ter sido, necessariamente, determinada a internação de João.

(C) No regime de semiliberdade, João poderia sair da instituição para ocupações rotineiras de trabalho e estudo, sem necessidade de autorização judicial.

(D) A medida aplicada foi equivocada, pois não poderia, pelo fato análogo ao furto, ter a si aplicada medida diversa da liberdade assistida.

A: incorreta. Das medidas socioeducativas em meio aberto, a liberdade assistida é a mais rígida. O adolescente submetido a esta medida permanece na companhia de sua família e inserido na comunidade, com vistas a fortalecer seus vínculos, mas deverá sujeitar-se a acompanhamento, auxílio e orientação (art. 118 do ECA). Será executada por entidade de atendimento, que cuidará de indicar pessoa capacitada para a função de orientadora (com designação pelo juiz). A liberdade assistida será fixada pelo prazo *mínimo* de seis meses (aqui está o erro da assertiva), podendo, a qualquer tempo, ser prorrogada, revogada ou substituída por outra medida, ouvido o orientador, o MP e o defensor (art. 118, § 2º, do ECA). Quanto ao prazo máximo, nada previu a esse respeito o legislador, sendo o caso, assim, de aplicar, por analogia, o dispositivo que prevê o período máximo para a internação (3 anos). No mais, o descumprimento reiterado da liberdade assistida, desde que injustificável, pode ensejar a decretação da chamada *internação sanção*, por período não superior a três meses (art. 122, III, do ECA); **B:** incorreta, na medida em que o ato infracional cometido por João (análogo ao crime de furto) não se enquadra no art. 122 do ECA, que contém as hipóteses em que é possível a decretação da internação como medida socioeducativa, a saber: ato infracional cometido mediante violência a pessoa ou grave ameaça; reiteração no cometimento de outras infrações graves; e em razão do descumprimento reiterado e injustificável da medida anteriormente imposta; **C:** correta. É espécie de medida socioeducativa privativa da liberdade. Situa-se entre a internação, a mais severa de todas, e as medidas em meio aberto. Diferentemente da internação, a inserção em regime de semiliberdade (art. 120 do ECA) permite ao adolescente a realização de atividades externas, independentemente de autorização judicial. É obrigatória a escolarização e a profissionalização, devendo, sempre que possível, ser utilizados os recursos existentes na comunidade. A exemplo da internação, esta medida não comporta prazo determinado, sendo, pois, seu prazo máximo de três anos, devendo a sua manutenção ser avaliada no máximo a cada seis meses, já que se deve aplicar, no que couber, as disposições relativas à internação. No mais, pode ser determinada desde o início ou como forma de transição para o meio aberto; **D:** incorreta, uma vez que, segundo estabelece o art. 112, § 1º, do ECA, o magistrado deve lançar mão da medida socioeducativa mais adequada ao adolescente, levando em conta a sua capacidade de cumpri-la, as circunstâncias e a gravidade da infração.
Gabarito "C".

(OAB/Exame Unificado – 2019.3) Pedro, 16 anos, foi apreendido em flagrante quando subtraía um aparelho de som de uma loja. Questionado sobre sua família, disse não ter absolutamente nenhum familiar conhecido. Encaminhado à autoridade competente, foi-lhe designado defensor dativo, diante da completa carência de pessoas que por ele pudessem responder.

Após a prática dos atos iniciais, Pedro requereu ao juiz a substituição do seu defensor por um advogado conhecido, por não ter se sentido bem assistido tecnicamente, não confiando no representante originariamente designado.

Com base nessa narrativa, assinale a afirmativa correta.

(A) É direito do adolescente ter seu defensor substituído por outro de sua preferência, uma vez que não deposita confiança no que lhe foi designado.

(B) A defesa técnica deve permanecer incumbida ao defensor atualmente designado, pois não é facultado ao adolescente optar por sua substituição.

(C) O processo deve ser suspenso, adiando-se os atos até que seja solucionada a questão da representação do adolescente.

(D) A substituição somente deverá ser realizada se evidenciada imperícia técnica, não podendo a mera preferência do adolescente ser motivo para a substituição.

O art. 207, *caput*, do ECA, que é bastante similar ao art. 261 do CPP, estabelece que nenhum adolescente será processado, pela prática de ato infracional, sem que esteja assistido por um defensor, ainda que se encontre foragido ou ausente. Reza o § 1º deste art. 207 do ECA que, não tendo o adolescente defensor constituído, deverá o juiz nomear-lhe um, podendo o adolescente, a todo tempo, constituir defensor de sua confiança.
Gabarito "A".

(OAB/Exame Unificado – 2019.2) Gabriel, adolescente com 17 anos de idade, entrou armado em uma loja de conveniência na cidade de Belo Horizonte, Minas Gerais, exigindo que o operador de caixa entregasse todo o dinheiro que ali existisse. Um dos clientes da loja, policial civil em folga, reagiu ao assalto, atirando em Gabriel, mas não acertando.

Assustado, Gabriel empreendeu fuga, correndo em direção a Betim, comarca limítrofe a Belo Horizonte e onde residem seus pais, lá sendo capturado por policiais que se encontravam em uma viatura.

Sobre o caso, assinale a opção que indica quem será competente para as medidas judiciais necessárias, inclusive a eventual estipulação de medida socioeducativa, desconsiderando qualquer fator de conexão, continência ou prevenção.

13. DIREITO DA CRIANÇA E DO ADOLESCENTE

(A) O Juiz da Infância e da Juventude da comarca de Belo Horizonte, ou o juiz que exerce essa função, por ser a capital do estado.

(B) O Juiz da Infância e da Juventude, ou o juiz que exerce essa função, da comarca de Belo Horizonte, por ser o foro onde ocorreu o ato infracional cometido por Gabriel.

(C) O Juiz Criminal da comarca de Betim, por ser onde residem os pais do adolescente.

(D) O Juiz da Infância e da Juventude, ou o juiz que exerce essa função, da comarca de Betim, por ser onde residem os pais do adolescente.

Por força do que estabelece o art. 147, § 1º, do ECA, o critério de fixação de competência, no que toca ao cometimento do ato infracional, é o lugar em que este se deu, tal como ocorre no Código de Processo Penal. Sucede que, no ECA, há, em relação ao CPP, uma especificidade. A competência para o julgamento do ato infracional firmar-se-á em razão do local onde se deu a ação ou omissão (conduta). Adotou-se, portanto, a teoria da atividade. Já o CPP, em seu art. 70, *caput*, diferentemente, acolheu a teoria do resultado, pela qual será competente o juízo do lugar onde se deu a consumação. No caso narrado no enunciado, o processamento e julgamento, pelo Juiz da Infância e da Juventude, ou o juiz que exerce essa função (art. 146, ECA), deverá se dar, de uma forma ou de outra, na comarca de Belo Horizonte, local no qual foi praticado o ato infracional (conduta).
Gabarito "B".

(OAB/Exame Unificado – 2013.1) Com relação à internação, observado o que prevê o Estatuto da Criança e do Adolescente, assinale a afirmativa correta.

(A) Deve obedecer ao período determinado de um ano e meio, prorrogável por igual período, para atos infracionais praticados com emprego de violência.

(B) Deve obedecer ao período determinado de um ano, prorrogável por igual período, para atos infracionais praticados sem emprego de violência.

(C) Não comporta período determinado e não pode ultrapassar o máximo de três anos, independente do emprego ou não de violência no ato infracional praticado.

(D) Não pode ultrapassar o período máximo de três anos, quando o adolescente deverá ser colocado em liberdade com o dever de reparar o dano no caso de ato infracional com reflexos patrimoniais.

A medida socioeducativa de *internação*, a mais severa de todas, não comporta, segundo dispõe o art. 121, § 2º, do ECA, prazo determinado, devendo sua manutenção ser reavaliada, mediante decisão fundamentada, no máximo a cada seis meses. O período de internação não excederá a três anos (art. 121, § 3º, ECA). Findo esse prazo, poderá o juiz: a) liberar o adolescente, se a medida atingiu sua finalidade; b) colocá-lo em regime de semiliberdade; c) colocá-lo em liberdade assistida. De qualquer forma, a liberação será compulsória aos 21 anos (art. 121, § 5º, ECA).
Gabarito "C".

7. CONSELHO TUTELAR

(OAB/Exame XXXV) Maria perdeu a mãe com 2 anos de idade, ficando sob a guarda de seu pai, Rodrigo, desde então. Quando Maria estava com 5 anos, Rodrigo se casou novamente, com Paula.

Paula, contudo, nunca desejou ter filhos e sempre demonstrou não ter qualquer afeto por Maria, chegando, até mesmo, a praticar verdadeiras violências psicológicas contra a criança, frequentemente chamando-a de estúpida, idiota e inúmeras outras palavras aviltantes. Como exercia forte influência sobre Rodrigo, esse nada fez para cessar as agressões.

A mãe de Rodrigo, Joana, e a irmã de Rodrigo, Fernanda, após alguns anos percebendo tais atitudes, decidiram intervir em defesa da criança. Porém, as conversas com Rodrigo e Paula foram de mal a pior, não trazendo qualquer solução ou melhora à vida de Maria.

Percebendo que não teriam como, sozinhas, evitar mais danos psicológicos à criança, Fernanda e Joana procuram você, como advogado(a), para saber o que poderiam fazer, legalmente, em face de Rodrigo e Paula.

Com base no enunciado acima, assinale a opção que apresenta a resposta juridicamente correta que você, como advogado(a), ofereceu.

(A) Informaria que, por ser Rodrigo o pai da criança e detentor da guarda e do poder familiar, a ele incumbe a educação de Maria, não cabendo à avó ou à tia qualquer intervenção nessa relação.

(B) Orientaria que procurassem o Ministério Público da localidade em que Maria reside, porque apenas esse órgão tem competência constitucional e legal para intervir em situação de tal natureza.

(C) Orientaria que buscassem o Conselho Tutelar da localidade em que Maria reside, a fim de relatar a situação e solicitar a averiguação e as providências voltadas a cessar a violação dos direitos da criança.

(D) Informaria que poderá ser ajuizado processo de anulação do casamento de Rodrigo e Paula, dado que a sua omissão perante as agressões de sua esposa contra Maria permite tal providência, em razão da prevalência do interesse da criança.

Diante da prática reiterada de violência psicológica por Paula contra Maria e da omissão do pai desta, é o caso de Joana e Fernanda, respectivamente avó e tia da menor, levarem os fatos ao conhecimento do Conselho Tutelar a fim de que este intervenha e adote providências com vistas a fazer cessar a violação dos direitos da criança, nos termos do disposto nos arts. 13, *caput*, e 136, I, do ECA.
Gabarito "C".

(OAB/Exame Unificado – 2020.2) A proteção da estrutura familiar da criança e do adolescente e o fomento ao convívio familiar em condições salutares à pessoa em desenvolvimento fizeram com que o legislador, na concepção do Estatuto da Criança e do Adolescente, previsse medidas aplicáveis aos pais ou responsáveis em casos de problemas familiares envolvendo crianças e adolescentes.

Diante do exposto, assinale a afirmativa correta.

(A) As medidas de inclusão em programa oficial ou comunitário de auxílio, de orientação e tratamento a alcoólatras e toxicômanos, e de encaminhamento a tratamento psicológico ou psiquiátrico podem ser aplicadas direta e autonomamente pelos Conselhos Tutelares.

(B) As medidas de encaminhamento a cursos ou programas de orientação e de matricular obrigatoriamente o filho ou pupilo e acompanhar sua frequência e seu aproveitamento escolar somente podem ser aplicadas pela autoridade judiciária.

(C) As medidas de encaminhamento a serviços e programas oficiais ou comunitários de proteção, apoio e promoção da família e de obrigação de encaminhar a criança ou o adolescente a tratamento especializado não podem ser aplicadas diretamente pelos Conselhos Tutelares.

(D) As medidas de encaminhamento a tratamento psiquiátrico, de perda da guarda, de destituição da tutela ou de suspensão ou destituição do poder familiar somente podem ser aplicadas pela autoridade judiciária.

A: correta, pois corresponde ao que estabelece o art. 136, II, do ECA; **B:** incorreta, pois contraria o disposto no art. 136, II, do ECA, que confere ao Conselho Tutelar as atribuições, entre outras, consistentes no encaminhamento a cursos ou programas de orientação (art. 129, IV, ECA) e no ato de matricular obrigatoriamente o filho ou pupilo e acompanhar sua frequência e seu aproveitamento escolar (art. 129, V, ECA); **C:** incorreta, uma vez que fazem parte do rol de atribuições do Conselho Tutelar (art. 136, II, do ECA) as medidas de encaminhamento a serviços e programas oficiais ou comunitários de proteção, apoio e promoção da família (art. 129, I, ECA) e a de obrigação de encaminhar a criança ou o adolescente a tratamento especializado (art. 129, VI, ECA); **D:** incorreta, já que a medida de encaminhamento a tratamento psiquiátrico pode ser aplicada pelo Conselho Tutelar (art. 129, III, ECA). As demais somente podem ser determinadas pela autoridade judiciária. Gabarito "A".

(OAB/Exame Unificado – 2020.2) Augusto, que atua como Promotor de Justiça com atribuição na área de Justiça da Infância e da Juventude do Município Sigma, é casado com a filha de Isabela, cujo outro filho, Ramiro, pretende se candidatar à função de conselheiro tutelar no mesmo município.

Considerando o caso hipotético narrado e de acordo com as normas do Estatuto da Criança e do Adolescente, assinale a afirmativa correta.

(A) O impedimento legal para que Ramiro desempenhe a função de conselheiro tutelar no Município Sigma não se extingue com a dissolução do casamento de sua irmã.

(B) O parentesco por afinidade entre Augusto e Ramiro configura impedimento legal para que Ramiro desempenhe a função de conselheiro tutelar no município da comarca em que Augusto atua.

(C) A situação não impede que Ramiro sirva na função de conselheiro tutelar no município sob a atuação de Augusto, mas o impede de atuar nos atendimentos em que Augusto figure como promotor.

(D) A situação não impede que Ramiro atue na função de conselheiro tutelar, porque o ECA veda apenas que parentes, consanguíneos ou por adoção, do representante do Ministério Público com atuação na Justiça da Infância e da Juventude sirvam no mesmo conselho tutelar.

O art. 140 do ECA estabelece que é impedido de ser conselheiro tutelar, entre outros, o cunhado do promotor com atuação na Justiça da Infância e Juventude, em exercício na comarca. Gabarito "B".

(OAB/Exame Unificado – 2017.2) Agente público executor de medida socioeducativa de internação, a pretexto de manter a disciplina e a ordem na unidade em que atua, ordena que dois adolescentes se vistam com roupas femininas e desfilem para os demais internos, que escolherão a "garota da unidade".

Em visita à unidade, uma equipe composta pela Comissão de Direitos Humanos da OAB e pelo Conselho Tutelar toma ciência do caso. Segundo restou apurado, o agente teria atuado de tal forma porque os dois adolescentes eram muito rebeldes e não cumpriam regularmente as determinações da unidade.

Com base apenas no Estatuto da Criança e do Adolescente, sem prejuízo de outras sanções, assinale a opção que indica a medida que poderá ser adotada imediatamente pela equipe que fiscalizava a unidade.

(A) Transferência imediata dos adolescentes para outra unidade socioeducativa.

(B) Advertência do agente público aplicada pelo Conselho Tutelar.

(C) Advertência do agente público aplicada pela Comissão de Direitos Humanos da OAB.

(D) Transferência imediata do agente público para outra unidade.

A solução desta questão deve ser extraída do art. 18-B do ECA, que assim dispõe: *Os pais, os integrantes da família ampliada, os responsáveis, os agentes públicos executores de medidas socioeducativas ou qualquer pessoa encarregada de cuidar de crianças e de adolescentes, tratá-los, educá-los ou protegê-los que utilizarem castigo físico ou tratamento cruel ou degradante como formas de correção, disciplina, educação ou qualquer outro pretexto estarão sujeitos, sem prejuízo de outras sanções cabíveis, às seguintes medidas, que serão aplicadas de acordo com a gravidade do caso: (...) V – advertência. Parágrafo único. As medidas previstas neste artigo serão aplicadas pelo Conselho Tutelar, sem prejuízo de outras providências legais.* A Lei 14.344/2022 inseriu no art. 18-B do ECA o inciso VI: *garantia de tratamento de saúde especializado à vítima.* ED Gabarito "B".

(OAB/Exame Unificado – 2015.2) Um conselheiro tutelar, ao passar por um parquinho, observa Ana corrigindo o filho, João, por ele não permitir que os amigos brinquem com o seu patinete. Para tanto, a genitora grita, puxa o cabelo e dá beliscões no infante, na presença das outras crianças e mães, que assistem a tudo assustadas. Assinale a opção que indica o procedimento correto do Conselheiro Tutelar.

(A) Requisitar a Polícia Militar para conduzir Ana à Delegacia de Polícia e, após a atuação policial, dar o caso por encerrado.

(B) Não intervir, já que Ana está exercendo o seu poder de correção, decorrência do atributo do poder familiar.

(C) Intervir imediatamente, orientando Ana para que não corrija o filho dessa forma, e analisar se não seria recomendável a aplicação de uma das medidas previstas no ECA.

(D) Apenas colher elementos para ingressar em Juízo com uma representação administrativa por descumprimento dos deveres inerentes ao poder familiar.

A Lei 13.010/2014, conhecida como *Lei da Palmada*, entre outras alterações, modificou a redação do art. 18 do ECA, que passou a contar, a partir de então, com os arts. 18-A e 18-B, que tratam, respectivamente, do que se deve entender por *castigo físico* e *tratamento cruel ou degradante* e as medidas a serem tomadas, pelo Conselho Tutelar, em casos assim. Não há dúvida de que o conselheiro tutelar, ao presenciar

13. DIREITO DA CRIANÇA E DO ADOLESCENTE

a conduta agressiva praticada pela mãe contra o seu filho, deve intervir com o fim de fazer cessar o ato, orientar a mãe a não mais proceder daquela maneira e, se necessário, aplicar as medidas previstas no art. 18-B do ECA, cujo rol foi ampliado por força da Lei 14.344/2022.

Gabarito "C".

8. ACESSO À JUSTIÇA

(OAB/Exame XXXVIII) A mãe de Joaquim, criança com necessidades especiais, requereu acompanhamento por professor especializado em atendimento de pessoas com deficiência à escola-creche pública municipal em que o filho estuda. A escola-creche, no entanto, alegou carência de tais profissionais, porque o custo muito alto impedia que a municipalidade os contratasse.

Ao consultar você, como advogado(a), a genitora recebeu a seguinte orientação.

(A) A criança tem direito à educação, não se inserindo nesse plexo, porém, o direito individual e específico de acompanhamento especializado.

(B) Joaquim deve ter acesso à educação com metodologia especial, não significando, porém, que seja mandatória a presença de profissional especial.

(C) A atenção especial por profissional especializado é devida a Joaquim, não sendo oponível a dificuldade orçamentária declarada pela municipalidade.

(D) O ensino especializado é devido nas condições em que a entidade for capaz, não sendo obrigatória a presença de profissional especificamente capacitado, em razão da aplicabilidade da reserva do possível.

A solução desta questão deve ser extraída dos arts. 208, III, da CF e 54, III, do ECA.

Gabarito "C".

(OAB/Exame XXXIII – 2020.3) João, de 17 anos, teve sua participação como artista, em determinado espetáculo público, vedada pela autoridade judiciária, ao argumento de que se trataria de exposição indevida a conteúdo psicologicamente danoso.

Procurado pela genitora de João para defender sua participação no espetáculo, você, como advogado(a) deve

(A) impetrar mandado de segurança contra a decisão que reputa ilegal.

(B) interpor recurso de apelação com vistas a reformar a decisão.

(C) interpor recurso de agravo de instrumento para suspender os efeitos da decisão.

(D) ajuizar ação rescisória contra a decisão que reputa ilegal.

A solução desta questão deve ser extraída do art. 199 do ECA, segundo o qual *contra as decisões proferidas com base no art. 149 caberá recurso de apelação.*

Gabarito "B".

(OAB/Exame Unificado – 2018.3) Perpétua e Joaquim resolveram mover ação de indenização por danos morais contra um jornal de grande circulação. Eles argumentam que o jornal, ao noticiar que o filho dos autores da ação fora morto em confronto com policiais militares, em 21/01/2015, publicou o nome completo do menor e sua foto sem a tarja preta nos olhos, o que caracteriza afronta

aos artigos 17, 18, 143 e 247 do Estatuto da Criança e do Adolescente. Esses artigos do ECA proíbem a divulgação da imagem e da identidade de menor envolvido em ato infracional.

Diante dos fatos narrados, assinale a afirmativa correta.

(A) O jornal agiu com abuso no direito de informar e deve indenizar pelos danos causados.

(B) O jornal não incorreu em ilícito, pois pode divulgar a imagem de pessoa suspeita da prática de crime.

(C) Restou caracterizado o ilícito, mas, tratando-se de estado de emergência, não há indenização de danos.

(D) Não houve abuso do direito ante a absoluta liberdade de expressão do jornal noticiante.

É claro o art. 143, parágrafo único, do ECA ao estabelecer que *qualquer notícia a respeito do fato não poderá identificar a criança ou adolescente, vedando-se fotografia, referência a nome, apelido, filiação, parentesco, residência e, inclusive, iniciais do nome e sobrenome.* Mais: o ECA considera infração administrativa, prevista no art. 247, § 1º, a conduta consistente em exibir fotografia de criança ou adolescente envolvido na prática de ato infracional, ou ainda qualquer ilustração que lhe diga respeito ou se refira a atos que lhe sejam atribuídos, de forma a permitir sua identificação.

Gabarito "A".

(OAB/Exame Unificado – 2013.2) No que se refere aos procedimentos afetos à Justiça da Infância e da Juventude, inclusive os relativos à execução das medidas socioeducativas, assinale a afirmativa correta.

(A) Será adotado o sistema recursal do Código de Processo Civil.

(B) Em todos os recursos, salvo nos embargos de declaração, o prazo para o Ministério Público e para a defesa será sempre de 30 (trinta) dias.

(C) É exigido o preparo para a interposição dos recursos.

(D) Os recursos não terão preferência de julgamento, nem dispensarão revisor.

A: correta, pois reflete o disposto no art. 198 do ECA, cuja redação foi alterada pela Lei 12.594/2012; **B:** incorreta, visto que em desconformidade com o que dispõe o art. 198, II, do ECA, que estabelece o prazo de 10 (dez) dias para a interposição de recurso, exceção feita aos embargos de declaração (dispositivo também alterado por força da Lei 12.594/2012); **C:** incorreta. É do art. 198, I, do ECA que os recursos, no âmbito do procedimento afeto à Justiça da Infância e da Juventude, será interposto independentemente de preparo; **D:** incorreta, dado que o art. 198, III, do ECA estabelece que os recursos, neste caso, terão preferência de julgamento e dispensarão revisor.

Gabarito "A".

9. INFRAÇÕES ADMINISTRATIVAS E CRIMES

(OAB/Exame XXXVI) Maria deu à luz um bebê cujo nome ainda não havia escolhido. No momento do parto, o médico optou por escrever apenas "José" na pulseira de identificação do bebê. Ocorre que, por obra do destino, naquele mesmo dia, nasceram mais três bebês, dois dos quais foram nomeados pelos pais de José, e o médico acabou por confundir os bebês ao entregá-los às mães.

Temeroso de que tal situação viesse a lhe criar problema, o médico escondeu de todos a confusão e entregou um dos bebês, ao acaso, para Maria amamentar, ficando a cargo do destino ser ele o correto ou não.

A situação descrita revela, especificamente,

(A) o cometimento de infração administrativa, consubstanciada em negligência profissional, passível de investigação ética, somente.

(B) a prática de crime específico previsto no ECA, consubstanciado na conduta de deixar o médico de identificar corretamente o neonato e a parturiente.

(C) a prática de crime do Código Penal, consubstanciado na conduta de falsidade ideológica ao obliterar as informações de identificação do neonato.

(D) a prática de crime do Código Penal, consubstanciado na conduta de falsidade documental pela certificação inverídica da identificação do neonato.

Pelo fato de não haver identificado corretamente o neonato, obrigação imposta pelo art. 10, II, do ECA, o médico deverá ser responsabilizado pelo crime definido no art. 229 do ECA, que consiste na conduta consubstanciada em *deixar o médico, enfermeiro ou dirigente de estabelecimento de atenção à saúde de gestante de identificar corretamente o neonato e a parturiente, por ocasião do parto, bem como deixar de proceder aos exames referidos no art. 10 desta Lei*. Trata-se de crime próprio, uma vez que exige que o sujeito ativo seja médico, enfermeiro ou dirigente de estabelecimento de atenção à saúde de gestante (característica especial). Ademais, é delito formal, na medida em que sua consumação não depende da produção de resultado naturalístico consistente em prejuízo à criança ou aos seus pais.
Gabarito "B".

(OAB/Exame XXXIII – 2020.3) Paulo recebeu vídeos pornográficos em seu celular, enviados por um amigo para um grupo de mensagens do qual faz parte. Em um dos vídeos, Paulo percebeu que havia uma criança em cena de ato libidinoso e nudez. Por isso, Paulo não repassou o vídeo ou o divulgou sob qualquer forma, mantendo-o em sigilo, arquivado no seu celular, sequer mencionando-o.

Sobre o fato acima, assinale a afirmativa correta.

(A) A conduta de Paulo foi correta, pois produzir e divulgar imagens de cunho pornográfico envolvendo crianças, e não apenas seu armazenamento, é crime específico do ECA.

(B) Paulo praticou ato designado genericamente como pedofilia, mas sem cunho criminoso, por não ter sido ele o autor do vídeo.

(C) Paulo ao armazenar, ainda que sem divulgar a terceiros, o vídeo de natureza pornográfica envolvendo criança, cometeu crime específico do ECA.

(D) Paulo praticou ato designado genericamente como pedofilia, mas sem cunho criminoso, por não ter divulgado o vídeo, mas apenas o armazenado.

O mero armazenamento de vídeo contendo cena de ato libidinoso e nudez de criança já constitui o crime definido no art. 241-B do ECA: *adquirir, possuir ou armazenar, por qualquer meio, fotografia, vídeo ou outra forma de registro que contenha cena de sexo explícito ou pornografia envolvendo criança ou adolescente.* GN
Gabarito "C".

(OAB/Exame Unificado – 2020.1) Maria chega à maternidade já em trabalho de parto, sendo atendida emergencialmente. Felizmente, o parto ocorre sem problemas e Maria dá à luz, Fernanda.

No mesmo dia do parto, a enfermeira Cláudia escuta a conversa entre Maria e uma amiga que a visitava, na qual Maria oferecia Fernanda a essa amiga em adoção, por não se sentir preparada para a maternidade.

Preocupada com a conversa, Cláudia a relata ao médico obstetra de plantão, Paulo, o qual, por sua vez, noticia o ocorrido a Carlos, diretor-geral do hospital.

Naquela noite, já recuperada, Maria e a mesma amiga vão embora da maternidade, sem que nada tenha ocorrido e nenhuma providência tenha sido tomada por qualquer dos personagens envolvidos – Cláudia, Paulo ou Carlos.

Diante dos fatos acima, assinale a afirmativa correta.

(A) Não foi cometida qualquer infração, porque a adoção irregular não se consumou no âmbito da maternidade.

(B) Carlos cometeu infração administrativa, consubstanciada no não encaminhamento do caso à autoridade judiciária, porque somente o diretor do hospital pode fazê-lo.

(C) Carlos e Paulo não cometeram infração administrativa ao não encaminharem o caso à autoridade judiciária, porque não cabe ao corpo médico tal atribuição.

(D) Carlos, Paulo e Cláudia cometeram infração administrativa por não encaminharem o caso de que tinham conhecimento para a autoridade judiciária.

A conduta levada a efeito por Carlos, Paulo e Cláudia está prevista no art. 258-B do ECA, que constitui infração administrativa e estabelece multa de mil a três mil reais. Cuida-se de conduta omissiva, que consiste em deixar de comunicar ao juiz caso que diga respeito a mãe ou gestante que tenha manifestado o desejo de entregar seu filho para adoção. Este dispositivo foi inserido no ECA por meio da Lei 12.010/2009 (Lei Nacional de Adoção) e tem como propósito evitar a chamada "adoção dirigida", em que a mãe, não se sentindo preparada para a maternidade, entrega o filho recém-nascido a pessoa de sua confiança, que se encarregará de sua criação.
Gabarito "D".

(OAB/Exame Unificado – 2019.3) Roberta produziu, em seu computador, vídeo de animação em que se percebe a simulação de atos pornográficos entre crianças. O vídeo não mostra nenhuma imagem reconhecível, nenhuma pessoa identificável, mas apresenta, inequivocamente, figuras de crianças, e bem jovens.

Sobre o fato apresentado, sob a perspectiva do Estatuto da Criança e do Adolescente, assinale a afirmativa correta.

(A) Não é ilícito penal: o crime ocorre quando se simula a atividade pornográfica com imagens reais de crianças.

(B) É crime, pois o Estatuto da Criança e do Adolescente prevê a conduta típica de simular a participação de criança ou adolescente em cena pornográfica por meio de qualquer forma de representação visual.

(C) É crime se houver a divulgação pública do filme, pois a mera produção de filme envolvendo simulacro de imagem de criança ou adolescente em situação pornográfica não é reprovada pelo Estatuto da Criança e do Adolescente.

(D) Não é ilícito penal, pois a animação somente se afigura como simulação suficientemente apta a despertar a reprovabilidade criminal se reproduzir a imagem real de alguma criança diretamente identificável.

Por ter produzido um vídeo de animação simulando a participação de crianças em atos de pornografia, Roberta cometeu o crime previsto no art. 241-C, *caput*, do ECA.
Gabarito "B".

13. DIREITO DA CRIANÇA E DO ADOLESCENTE

(OAB/Exame Unificado – 2018.2) Em cumprimento de mandado de busca e apreensão do Juízo Criminal, policiais encontraram fotografias de adolescentes vestidas, em posições sexuais, com foco nos órgãos genitais, armazenadas no computador de um artista inglês.

O advogado do artista, em sua defesa, alega a ausência de cena pornográfica, uma vez que as adolescentes não estavam nuas, e que a finalidade do armazenamento seria para comunicar às autoridades competentes.

Considerando o crime de posse de material pornográfico, previsto no Art. 241-B do ECA, merecem prosperar os argumentos da defesa?

(A) Sim, pois, para caracterização da pornografia, as adolescentes teriam que estar nuas.

(B) Não, uma vez que bastava afirmar que as fotos são de adolescentes, e não de crianças.

(C) Sim, uma vez que a finalidade do artista era apenas a de comunicar o fato às autoridades competentes.

(D) Não, pois a finalidade pornográfica restou demonstrada, e o artista não faz jus a excludente de tipicidade.

Segundo consta do enunciado, policiais, em cumprimento de mandado de busca e apreensão, lograram localizar com um artista inglês, armazenadas em seu computador, fotografias de adolescentes que, embora vestidas, estavam em posições sexuais, com foco nos órgãos genitais. O advogado do artista, com vistas a afastar a configuração do crime previsto no art. 241-B do ECA, alegou que não se tratava de cena pornográfica, na medida em que as adolescentes foram fotografadas com roupa. Tal alegação não deve prosperar, na medida em que a caracterização do que vem a ser *cena pornográfica* não tem como pressuposto o fato de a adolescente estar nua. Só o fato de elas estarem em posições sexuais, com foco nos órgãos genitais, já basta para configurar cena pornográfica, que corresponde a qualquer situação de libidinagem. No mais, não está configurada a excludente de ilicitude (e não de tipicidade) presente no art. 241-B, § 2º, do ECA, já que o agente não se insere nas hipóteses contidas nos incisos deste dispositivo legal. Gabarito "D".

(OAB/Exame Unificado – 2017.1) João, maior, e sua namorada Lara, com 14 anos de idade, são capturados pela polícia logo após praticarem crime de roubo, majorado pelo emprego de arma de fogo.

O Juízo da Infância e da Juventude aplicou a medida socioeducativa de internação para Lara, ressaltando que a adolescente já sofrera a medida de semiliberdade pela prática de ato infracional análogo ao crime de tráfico de drogas. O Juízo Criminal condenou João pelo crime de roubo em concurso com corrupção de menores. João apela da condenação pelo crime de corrupção de menores, sob o argumento de Lara não ser mais uma criança, bem como alegando que ela já está corrompida.

Com base no caso apresentado, assiste razão à defesa de João?

(A) Não, pois é irrelevante o fato de Lara já ter sofrido medida socioeducativa.

(B) Não, pois Lara ainda é uma criança.

(C) Sim, já que o crime de corrupção de menores exige que o menor não esteja corrompido.

(D) Sim, visto que no crime de corrupção de menores, a vítima tem que ser uma criança.

A questão que aqui se coloca como objeto de questionamento é a atinente ao momento consumativo do crime de corrupção de menores:

---

há, tanto na doutrina quanto na jurisprudência, duas correntes quanto ao momento consumativo do crime de corrupção de menores, atualmente previsto no art. 244-B do ECA. Para parte da doutrina e também para o STJ, o crime em questão é *formal*, consumando-se independentemente da efetiva corrupção da vítima. Nesse sentido: "(...) A Terceira Seção do Superior Tribunal de Justiça, ao apreciar o Recurso Especial 1.127.954/DF, representativo de controvérsia, pacificou seu entendimento no sentido de que o crime de corrupção de menores – antes previsto no art. 1º da Lei 2.252/1954, e hoje inscrito no art. 244-B do Estatuto da Criança e do Adolescente – é delito formal, não exigindo, para sua configuração, prova de que o inimputável tenha sido corrompido, bastando que tenha participado da prática delituosa" (AgRg no REsp 1371397/DF, 6ª T., j. 04.06.2013, rel. Min. Assusete Magalhães, *DJe* 17.06.2013). Consolidado tal entendimento, o STJ editou a Súmula 500, a seguir transcrita: "A configuração do crime previsto no art. 244-B do Estatuto da Criança e do Adolescente independe da prova da efetiva corrupção do menor, por se tratar de delito formal". Uma segunda corrente sustenta que o crime do art. 244-B do ECA é *material*, sendo imprescindível, à sua consumação, a ocorrência do resultado naturalístico, isto é, a efetiva corrupção do menor. O examinador adotou a corrente amplamente majoritária, segundo a qual é prescindível, à configuração do delito de corrupção de menores, a demonstração de que o adolescente (ou mesmo a criança) foi corrompido. Assim, é irrelevante perquirir se Laura já foi ou não submetida a medida socioeducativa anterior. Gabarito "A". ED

(OAB/Exame Unificado – 2016.1) O adolescente F, 16 anos, filho de Pedro, foi surpreendido por seu pai enquanto falava pela internet com Fábio, 30 anos, que o induzia à prática de ato tipificado como infração penal. Pedro informou imediatamente o ocorrido à autoridade policial, que instaurou a persecução penal cabível.

No caso narrado, ao induzir o adolescente F à prática de ato tipificado como infração penal, a conduta de Fábio

(A) configura crime nos termos do ECA, ainda que realizada por meio eletrônico e que não venha a ser provada a corrupção do adolescente, por se tratar de delito formal.

(B) não configura crime nos termos do ECA, pois a mera indução sem a prática do ato pelo adolescente configura infração administrativa, já que se trata de delito material.

(C) configura infração penal, tipificada na Lei de Contravenções Penais, mas a materialidade do crime com a prova da corrupção do adolescente é imprescindível à condenação do réu em observância ao princípio do favor rei.

(D) não configura crime nos termos estabelecidos pelo ECA, posto que inexiste tipificação se o ato for praticado por meio eletrônico, não havendo de se aplicar analogia em *malam partem*.

A conduta de Fábio se amolda ao tipo penal do art. 244-B, § 1º, do ECA, já que induziu o adolescente F., de 16 anos, por meio da internet, à prática de ato infracional definido como infração penal. Cabem alguns esclarecimentos acerca deste crime: i) a corrupção de menores, antes prevista no art. 1º da Lei 2.252/1954, foi revogada pela Lei 12.015/2009, que introduziu esse crime, com redação idêntica, no art. 244-B do ECA; ii) o tipo penal é constituído por duas ações nucleares (tipo misto alternativo ou plurinuclear), a saber: corromper (perverter) ou facilitar a corrupção (favorecer a corrupção, torná-la mais fácil, viabilizá-la). No mais, há, tanto na doutrina quanto na jurisprudência, duas correntes quanto ao momento consumativo do crime de corrupção de menores (art. 244-B do ECA). Para parte da doutrina e também para o STJ, o crime em questão é *formal*, consumando-se independentemente da efetiva corrupção da vítima. Nesse sentido: "(...) A Terceira Seção do controvérsia, pacificou seu entendimento no sentido de que o crime de corrupção de menores – antes previsto no art. 1º da Lei 2.252/1954, e hoje inscrito no art. 244-B do Estatuto da Criança e do Adolescente – é delito formal, não exigindo, para sua configuração, prova de que o inimputável tenha sido corrompido, bastando que tenha participado da prática delituosa" (AgRg no REsp 1371397/DF, 6ª T., j. 04.06.2013, rel. Min. Assusete Magalhães, *DJe* 17.06.2013). Consolidando tal entendimento, o STJ editou a Súmula 500, a seguir transcrita: "A configuração do crime previsto no art. 244-B do Estatuto da Criança e do Adolescente independe da prova da efetiva corrupção do menor, por se tratar de delito formal". Uma segunda corrente sustenta que o crime do art. 244-B do ECA é *material*, sendo imprescindível, à sua consumação, a ocorrência do resultado naturalístico, isto é, a efetiva corrupção do menor.

Gabarito "A".

(OAB/Exame Unificado – 2014.3) José, tutor da criança Z, soube que Juarez vem oferecendo recompensa àqueles que lhe entregam crianças ou adolescentes em caráter definitivo. Entusiasmado com a quantia oferecida, José promete entregar a criança exatamente dez dias após o início da negociação. José contou aos seus vizinhos que não queria mais "ter trabalho com o menino". Indignada, Marieta, vizinha de José, comunicou imediatamente o fato à autoridade policial, que conseguiu impedir a entrega da criança Z a Juarez.

Nesse caso, à luz do Estatuto da Criança e do Adolescente, assinale a afirmativa correta.

(A) A promessa de entrega de Z, por si só, já configura infração penal, do mesmo modo que o seria em caso de efetiva entrega da criança.

(B) Somente a efetiva entrega da criança mediante paga ou recompensa configuraria a prática de infração penal tanto para quem entrega quanto para quem oferece o valor pecuniário.

(C) Tratar-se-ia de infração penal somente se a criança Z fosse filho de José, sendo a figura do tutor atípica para esse tipo de infração penal, não se podendo aplicar analogia para a configuração de crime.

(D) Somente incorre na pena pela prática de infração penal o sujeito que oferece a paga ou recompensa, sendo atípica para o responsável legal a mera promessa de entrega da criança.

Por ter se comprometido com Juarez a entregar-lhe a criança Z, da qual é tutor, José incorreu na figura típica do art. 238 do ECA, na forma consumada. Isso porque o crime em questão é formal, alcançando a sua consumação com a mera prática da conduta consubstanciada em *prometer* entregar, que tem o sentido de obrigar-se a tal. Pouco importa, neste caso, se a promessa será ou não cumprida; na modalidade *efetivar* a entrega, que significa concretizar o ato, todavia, o crime é material. Trata-se de delito próprio, na medida em que impõe que seja praticado por determinadas pessoas, a saber: pais, tutor e o guardião.

Gabarito "A".

(OAB/Exame Unificado – 2014.2) O Hotel Botanic recebeu o casal de namorados Júlia e Matheus como hóspedes durante um feriado prolongado. Júlia tem 15 anos de idade e Matheus 18 anos, motivo pelo qual a adolescente foi admitida no estabelecimento, por estar acompanhada de uma pessoa maior de idade. Com base no caso apresentado, a partir do que dispõe o Estatuto da Criança e do Adolescente, assinale a opção correta.

(A) Trata-se de infração penal, motivo pelo qual, sem prejuízo da pena de multa aplicada ao estabelecimento, o funcionário responsável pela admissão da adolescente está sujeito à responsabilidade criminal pessoal.

(B) Trata-se de prática cotidiana sem implicações administrativas ou criminais previstas na norma especial, uma vez que a adolescente estava acompanhada de pessoa maior de idade que se torna responsável por ela.

(C) Trata-se de infração administrativa, sujeitando-se à aplicação de pena de multa, a hospedagem de adolescente desacompanhado dos pais, responsáveis, ou sem autorização escrita desses ou da autoridade judiciária.

(D) Trata-se de infração administrativa e penal, sujeitando-se o estabelecimento, por determinação da autoridade judiciária, a imediato fechamento por até quinze dias.

Cuida-se de infração administrativa (a conduta em questão não é definida como infração penal), conforme dispõe o art. 250 da Lei 8.069/1990 (Estatuto da Criança e do Adolescente): "Hospedar criança ou adolescente desacompanhado dos pais ou responsável, ou sem autorização escrita desses ou da autoridade judiciária, em hotel, pensão, motel ou congênere".

Gabarito "C".

14. Direito Penal

Eduardo Dompieri

1. CONCEITO, FONTES E PRINCÍPIOS DO DIREITO PENAL

(OAB/Exame Unificado – 2019.2) Inconformado com o comportamento de seu vizinho, que insistia em importunar sua filha de 15 anos, Mário resolve dar-lhe uma "lição" e desfere dois socos no rosto do importunador, nesse momento com o escopo de nele causar diversas lesões. Durante o ato, entendendo que o vizinho ainda não havia sofrido na mesma intensidade do constrangimento de sua filha, decide matá-lo com uma barra de ferro, o que vem efetivamente a acontecer.

Descobertos os fatos, o Ministério Público oferece denúncia em face de Mário, imputando-lhe a prática dos crimes de lesão corporal dolosa e homicídio, em concurso material. Durante toda a instrução, Mário confirma os fatos descritos na denúncia.

Considerando apenas as informações narradas e confirmada a veracidade dos fatos expostos, o(a) advogado(a) de Mário, sob o ponto de vista técnico, deverá buscar o reconhecimento de que Mário pode ser responsabilizado

(A) apenas pelo crime de homicídio, por força do princípio da consunção, tendo ocorrido a chamada progressão criminosa.

(B) apenas pelo crime de homicídio, por força do princípio da alternatividade, sendo aplicada a regra do crime progressivo.

(C) apenas pelo crime de homicídio, com base no princípio da especialidade.

(D) pelos crimes de lesão corporal e homicídio, em concurso formal.

É do enunciado que Mário, cansado de ver sua filha, de 15 anos, ser importunada por seu vizinho, resolve agredi-lo, com o escopo, num primeiro momento, de causar-lhe lesões corporais. E assim o faz, colocando em prática seu intento. Ocorre que, no curso da execução do crime que almejava praticar (lesão corporal), quando já atingira seu algoz com dois socos, Mário, constatando que o castigo ainda era insuficiente, altera o seu *animus* e passa a agir com o intuito de tirar a vida do vizinho, o que de fato vem a acontecer. Para tanto, faz uso de uma barra de ferro. O mais importante, aqui, é observar que o agente (Mário), num primeiro momento, agira com o propósito tão somente de causar lesões corporais em seu vizinho; em momento posterior, mas ainda no decorrer da execução do crime que pretendia praticar, passa a agir com propósito diverso, qual seja, o de matar seu vizinho. Em outros termos: houve alteração do dolo. Pois bem. Está-se diante da chamada *progressão criminosa*, que constitui hipótese de incidência do princípio da consunção e tem como consequência a absorção dos crimes de lesão corporal pelo crime-fim, o homicídio consumado.

Não há, pois, por essa razão, que se falar em concurso material ou formal de crimes. **ED**

> **Dica:** não confundir *progressão criminosa* com *crime progressivo*. Nos dois casos, o princípio a ser aplicado é o mesmo: o da *consunção*. No *crime progressivo*, temos que o agente, almejando desde o início resultado mais gravoso, pratica diversos atos, com violação crescente e sucessiva ao bem jurídico sob tutela. Perceba que, neste caso, não há alteração no *animus* do agente. Ele inicia e termina o *iter criminis* imbuído do mesmo objetivo. No caso da *progressão criminosa*, o agente, num primeiro momento, pretende a produção de determinado resultado, mas, ao alcançá-lo, muda seu intento e pratica nova conduta, gerando um resultado mais grave. Aqui, conforme sobejamente ponderado no comentário à questão, há mudança de *animus* no curso do *iter criminis*.

Gabarito "A".

(OAB/Exame Unificado – 2014.3) Pedro Paulo, primário e de bons antecedentes, foi denunciado pelo crime de descaminho (Art. 334, *caput*, do Código Penal), pelo transporte de mercadorias procedentes do Paraguai e desacompanhadas de documentação comprobatória de sua importação regular, no valor de R$ 3.500,00, conforme atestam o Auto de Infração e o Termo de Apreensão e Guarda Fiscal, bem como o Laudo de Exame Merceológico, elaborado pelo Instituo Nacional de Criminalística.

Em defesa de Pedro Paulo, segundo entendimento dos Tribunais Superiores, é possível alegar a aplicação do

(A) princípio da proporcionalidade.

(B) princípio da culpabilidade.

(C) princípio da adequação social.

(D) princípio da insignificância ou da bagatela.

Está correta a alternativa "D", já que os tribunais vêm entendendo, de forma pacífica, que o princípio da insignificância ou bagatela tem incidência no crime de descaminho. Para o STF, que considera, como critério, o limite estabelecido nas Portarias 75/2012 e 130/2012, do Ministério da Fazenda, o valor é de 20.000,00, entendimento atualmente compartilhado pelo STJ. Conferir, nesse sentido, decisão da nossa Corte Suprema: "(...) O reconhecimento da insignificância penal da conduta, com relação ao crime de descaminho, pressupõe a demonstração inequívoca de que o montante dos tributos suprimidos não ultrapassa o valor de R$ 20.000,00 (vinte mil reais) (...)" (HC 126746 AgR, relator Min. Roberto Barroso, Primeira Turma, julgado em 14/04/2015). Conferir Tese n. 9 da Edição n. 174 da ferramenta *Jurisprudência em Teses*, do STJ: *Incide o princípio da insignificância aos crimes tributários federais e de descaminho quando o débito tributário verificado não ultrapassar o limite de R$ 20.000,00 (vinte mil reais), a teor do disposto no art. 20 da Lei n. 10.522/2002, com as atualizações efetivadas pelas Portarias n. 75 e 130, ambas do Ministério da Fazenda. (Tese revisada sob o rito do art. 1.046 do CPC/2015 - TEMA 157).* Cuidado: a insignificância, embora se aplique ao descaminho, não tem incidência no crime de contrabando.

Gabarito "D".

878 EDUARDO DOMPIERI

(OAB/Exame Unificado – 2014.2) O Presidente da República, diante da nova onda de protestos, decide, por meio de medida provisória, criar um novo tipo penal para coibir os atos de vandalismo. A medida provisória foi convertida em lei, sem impugnações. Com base nos dados fornecidos, assinale a opção correta.

(A) Não há ofensa ao princípio da reserva legal na criação de tipos penais por meio de medida provisória, quando convertida em lei.

(B) Não há ofensa ao princípio da reserva legal na criação de tipos penais por meio de medida provisória, pois houve avaliação prévia do Congresso Nacional.

(C) Há ofensa ao princípio da reserva legal, pois não é possível a criação de tipos penais por meio de medida provisória.

(D) Há ofensa ao princípio da reserva legal, pois não cabe ao Presidente da República a iniciativa de lei em matéria penal.

O *princípio da legalidade*, *estrita legalidade* ou *reserva legal* (arts. 1º do CP e 5º, XXXIX, da CF) estabelece que os tipos penais só podem ser concebidos por lei em sentido estrito, ficando afastada, assim, a possibilidade de a lei penal ser criada por outras formas legislativas que não a lei em sentido formal, como, por exemplo, a *medida provisória* (art. 62, § 1º, I, *b*, da CF). Correta, portanto, a assertiva "C". No mais, em relação à proposição "D", embora esteja correto o seu trecho inicial, em que se afirma que há ofensa ao princípio da reserva legal a criação de tipos penais por meio de medida provisória, está incorreta, no entanto, a parte em que se afirma que o presidente da República não dispõe do poder de iniciativa em matéria penal; em conformidade com a regra presente no art. 61, *caput*, da CF, a iniciativa das leis ordinárias cabe ao presidente da República, inclusive.
Gabarito "C".

(OAB/Exame Unificado – 2013.2) O Art. 33 da Lei 11.343/2006 (Lei Antidrogas) diz: *"Importar, exportar, remeter, preparar, produzir, fabricar, adquirir, vender, expor à venda, oferecer, ter em depósito, transportar, trazer consigo, guardar, prescrever, ministrar, entregar a consumo ou fornecer drogas, ainda que gratuitamente, sem autorização ou em desacordo com determinação legal ou regulamentar. Pena – reclusão de 5 (cinco) a 15 (quinze) anos e pagamento de 500 (quinhentos) a 1.500 (mil e quinhentos) dias-multa."*

Analisando o dispositivo acima, pode-se perceber que nele não estão inseridas as espécies de drogas não autorizadas ou que se encontram em desacordo com determinação legal ou regulamentar.

Dessa forma, é correto afirmar que se trata de uma norma penal

(A) em branco homogênea.

(B) em branco heterogênea.

(C) incompleta (ou secundariamente remetida).

(D) em branco inversa (ou ao avesso).

Norma penal em branco é aquela cujo preceito primário, porque incompleto, necessita ser integralizado por outra norma, do mesmo nível ou de nível diferente. Na hipótese retratada no enunciado (tráfico de drogas), está-se a falar da chamada *norma penal em branco heterogênea* (em sentido estrito), na medida em que o seu complemento deve ser extraído de uma norma infralegal (portaria da Anvisa). De outro lado, *norma penal em branco em sentido lato* ou *amplo* (ou homogênea) é aquela em que a norma complementar consiste numa *lei* (mesma fonte legislativa da norma que há de ser complementada). É bom que

se diga que a norma penal em branco não fere o postulado da reserva legal (legalidade), visto que o seu complemento pode ser encontrado em outra fonte, de todos conhecida.
Gabarito "B".

(OAB/Exame Unificado – 2012.2) Em relação ao princípio da insignificância, assinale a afirmativa correta.

(A) O princípio da insignificância funciona como causa de exclusão da culpabilidade. A conduta do agente, embora típica e ilícita, não é culpável.

(B) A mínima ofensividade da conduta, a ausência de periculosidade social da ação, o reduzido grau de reprovabilidade do comportamento e a inexpressividade da lesão jurídica constituem, para o Supremo Tribunal Federal, requisitos de ordem objetiva autorizadores da aplicação do princípio da insignificância.

(C) A jurisprudência predominante dos tribunais superiores é acorde em admitir a aplicação do princípio da insignificância em crimes praticados com emprego de violência ou grave ameaça à pessoa (a exemplo do roubo).

(D) O princípio da insignificância funciona como causa de diminuição de pena.

A: incorreta, pois o *princípio da insignificância* funciona como *causa supralegal de exclusão da tipicidade* (material), atuando como instrumento de interpretação restritiva do tipo penal. Nesse sentido: STJ, REsp. 1171091-MG, 5ª T., rel. Min. Arnaldo Esteves Lima, 16.03.10; **B:** assertiva correta. Segundo entendimento jurisprudencial consagrado, são requisitos necessários ao reconhecimento do princípio da insignificância: mínima ofensividade da conduta; nenhuma periculosidade social da ação; reduzido grau de reprovabilidade do comportamento; e inexpressividade da lesão jurídica provocada (STF, HC 98.152-MG, 2ª T., rel. Min. Celso de Mello, 19.05.2009); **C:** incorreta. É firme a jurisprudência dos tribunais superiores no sentido de que é inaplicável o princípio da insignificância nas hipóteses de cometimento de crime de roubo, ainda que se trate de valor ínfimo. Isso porque, por se tratar de delito complexo, o roubo atinge, além do patrimônio, a integridade física e a liberdade da vítima. Nesse sentido: Informativos 567 e 595 do STF. **D:** incorreta. Funciona como já dito, como causa de exclusão da tipicidade material. É dizer, uma vez reconhecido, de rigor a exclusão da tipicidade.
Gabarito "B".

(OAB/Exame Unificado – 2011.3.B) Acerca dos princípios que limitam e informam o Direito Penal, assinale a afirmativa correta.

(A) O princípio da insignificância diz respeito aos comportamentos aceitos no meio social.

(B) A conduta da mãe que autoriza determinada enfermeira da maternidade a furar a orelha de sua filha recém-nascida não configura crime de lesão corporal por conta do princípio da adequação social.

(C) O princípio da legalidade não se aplica às medidas de segurança, que não possuem natureza de pena, tanto que somente quanto a elas se refere o art. 1º do Código Penal.

(D) O princípio da lesividade impõe que a responsabilidade penal seja exclusivamente subjetiva, ou seja, a conduta penalmente relevante deve ter sido praticada com consciência e vontade ou, ao menos, com a inobservância de um dever objetivo de cuidado.

A: incorreta, visto que a assertiva traz o conceito do princípio da adequação social, e não da insignificância; **B:** correta, já que a proposição contempla, de fato, o princípio da adequação social,

14. DIREITO PENAL

segundo o qual não se pode reputar criminosa a conduta tolerada pela sociedade, ainda que corresponda a uma descrição típica. É dizer, embora formalmente típica, porque subsumida num tipo penal, carece de tipicidade material, porquanto em sintonia com a realidade social em vigor. A sociedade se mostra, nessas hipóteses, indiferente ante a prática da conduta, como é o caso da tatuagem. Também são exemplos: a circuncisão praticada na religião judaica; o furo na orelha para colocação de brinco etc. Pelo postulado da insignificância, ao qual faz menção o enunciado, não pode ser considerada típica a conduta causadora de lesão insignificante ao bem jurídico tutelado pela norma penal; **C:** incorreto. As medidas de segurança – *internação e tratamento ambulatorial*-, previstas no art. 96, I e II, do CP, devem, sim, obediência ao *princípio da legalidade*. A esse respeito, *vide*: STF, 1ª T., HC 84.219/SP, Rel. Min. Marco Aurélio, j. 16.08.2005; **D:** incorreto. O enunciado descreve o *princípio da culpabilidade* ou da *responsabilidade subjetiva*, para o qual ninguém pode ser punido se não houver agido com dolo ou culpa, sendo vedada, portanto, em direito penal, a responsabilidade objetiva.

Gabarito "B".

(OAB/Exame Unificado – 2011.2) Jefferson, segurança da mais famosa rede de supermercados do Brasil, percebeu que João escondera em suas vestes três sabonetes, de valor aproximado de R$ 12,00 (doze reais). Ao tentar sair do estabelecimento, entretanto, João é preso em flagrante delito pelo segurança, que chama a polícia.

A esse respeito, assinale a alternativa correta.

(A) Embora sua conduta constitua crime, João deverá ser absolvido, uma vez que a prisão em flagrante é nula, por ter sido realizada por um segurança particular.

(B) A conduta de João não constitui crime, uma vez que o fato é materialmente atípico.

(C) A conduta de João constitui crime, uma vez que se enquadra no artigo 155 do Código Penal, não estando presente nenhuma das causas de exclusão de ilicitude ou culpabilidade, razão pela qual este deverá ser condenado.

(D) A conduta de João não constitui crime, uma vez que este agiu em estado de necessidade.

A: incorreto. O fato de a prisão em flagrante ter-se efetuado por pessoa não pertencente aos quadros das forças policiais não gera sua nulidade. Com efeito, o art. 301 do CPP contempla duas modalidades de prisão em flagrante: *flagrante facultativo*, quando realizado por qualquer pessoa do povo; e *flagrante obrigatório* ou *compulsório*, quando realizado pela autoridade policial e seus agentes, aos quais – daí a denominação – a lei impõe o dever de prender quem quer que se encontre em situação de flagrante; **B:** assertiva correta, já que a conduta praticada por João, a despeito de se ajustar ao tipo penal do furto (tipicidade formal), é desprovida de tipicidade material, porquanto de ínfima relevância a lesão produzida (R$ 12,00). É hipótese de incidência do princípio da insignificância (crime de bagatela), que constitui causa supralegal de exclusão da tipicidade material; **C:** incorreto. A conduta de João não constitui crime, pois ausente, como já mencionado, a tipicidade material; **D:** incorreto. O furto de sabonetes, ainda que de valor irrelevante para o Direito Penal, não caracteriza estado de necessidade.

Gabarito "B".

(FGV – 2013) Com relação *ao princípio da legalidade*, assinale a afirmativa **incorreta**.

(A) Tal princípio se aplica às contravenções e medida de segurança.

(B) Tal princípio impede a criação de crimes por meio de medida provisória.

(C) Tal princípio impede incriminação genérica por meio de tipos imprecisos.

(D) Tal princípio impede a aplicação de analogia de qualquer forma no Direito Penal.

(E) Tal princípio está previsto no texto constitucional vigente.

A: correta. De fato, as medidas de segurança – *internação e tratamento ambulatorial* –, previstas no art. 96, I e II, do CP, bem assim as contravenções penais devem obediência ao *princípio da legalidade*. A esse respeito, vide: STF, 1ª T., HC 84.219/SP, Rel. Min. Marco Aurélio, j. 16.8.2005; **B:** correta. O princípio da legalidade, consagrado nos arts. 1º do CP e 5º, XXXIX, da CF, estabelece que os tipos penais incriminadores só podem ser concebidos por lei em sentido estrito, ficando afastada, assim, a possibilidade de a lei penal ser criada por outras formas legislativas que não a lei em sentido formal, como, por exemplo, a *medida provisória* (art. 62, § 1º, I, *b*, da CF); **C:** correta. O *princípio da taxatividade*, que constitui um desdobramento do postulado da legalidade, impõe ao legislador o dever de descrever as condutas típicas de maneira pormenorizada e clara, de forma a não deixar dúvidas por parte do aplicador da norma; **D:** incorreta, já que, em matéria penal, é permitido o emprego de analogia *in bonam partem* (em favor do réu), sendo vedada, pois, a sua aplicação em prejuízo do agente, em obediência ao princípio da legalidade ou tipicidade; **E:** correta (art. 5º, XXXIX, da CF).

Gabarito "D".

2. APLICAÇÃO DA LEI NO TEMPO

(OAB/Exame XXXV) Em razão de grande evento de caráter religioso que ocorreria no país, com previsão de chegada de milhares de estrangeiros, foi editada uma lei estabelecendo que, durante o prazo de vigência da norma, que seria de 02 de fevereiro de 2019 até 02 de setembro de 2019, os crimes de furto qualificado pelo concurso de pessoas passariam a ser punidos com pena de reclusão de 03 a 10 anos e multa, afastando-se o preceito secundário anterior, que fixava pena de 02 a 08 anos de reclusão e multa. Após cessar a vigência da lei, em 02 de setembro de 2019, o crime de furto qualificado pelo concurso de pessoas voltou a ser punido com pena de 02 a 08 anos de reclusão.

Carlos foi preso em flagrante pela prática do crime de furto qualificado em 03 de janeiro de 2019, sendo proferida sentença condenatória em 02 de setembro de 2019, ocasião em que o juiz afirmou que *fixava a pena base no mínimo legal, qual seja, 03 anos de pena privativa de liberdade, já que é a norma em vigor neste momento*.

Por sua vez, João foi preso em flagrante, também pela prática do crime de furto qualificado, por fatos que teriam ocorrido em 05 de maio de 2019, sendo sua sentença proferida em 12 de setembro de 2019. Na ocasião, o juiz condenou João, fixando a *pena mínima de 03 anos de reclusão, já que era a norma em vigor na data do fato*.

Carlos e João procuram você, na condição de advogado(a), para esclarecimentos.

Considerando apenas as informações narradas, com base nas previsões legais e constitucionais sobre sucessão de leis no tempo, você deverá informar aos clientes que

(A) não poderão ser questionadas as penas aplicadas.

(B) poderão ser questionadas as penas aplicadas.

(C) poderá ser questionada a pena aplicada a João, em razão da aplicação do princípio da retroatividade da lei penal mais benéfica, mas não a pena aplicada a Carlos.

(D) não poderá ser questionada a pena aplicada a João, mas poderá ser questionada a pena aplicada para Carlos, em razão do princípio da irretroatividade da lei penal mais gravosa.

A lei penal, como bem sabemos, deve ser anterior ao fato que se pretende punir. Ou seja, tal como estabelece o art. 2º, *caput*, do CP, *ninguém pode ser punido por fato que lei posterior deixa de considerar crime*. Nessa esteira, a CF, em seu art. 5º, XL, estabelece que a lei penal somente retroagirá para beneficiar o acusado. Dessa forma, a lei penal incriminadora somente terá incidência aos fatos ocorridos a partir de sua entrada em vigor. Mas há uma exceção: para beneficiar o réu. É o caso da *abolitio criminis* (art. 2º, *caput*, do CP), em que a lei posterior deixa de considerar crime determinado fato até então considerado como tal. Neste caso, o fato, embora anterior à edição da lei, será por ela regido. O enunciado descreve hipótese de lei temporária, espécie do gênero lei de vigência temporária (art. 3º, CP), que é considerada *ultra-ativa* e *autorrevogável*. Também é espécie de lei de vigência temporária a lei excepcional, que é aquela que vigora durante um período de anormalidade (calamidade, por exemplo); lei temporária, por sua vez, é aquela que contempla, em seu texto, o período de vigência. Como se pode ver, são leis "marcadas para morrer", ora porque cessou o período de anormalidade (lei excepcional), ora porque transcorreu o período estabelecido para sua vigência (lei temporária). Sua peculiaridade é que tudo o que ocorrer na vigência de uma lei temporária ou excepcional será por ela regido, mesmo que não mais esteja em vigor, pois, se assim não fosse, nenhuma eficácia teria. Não se aplica às leis de vigência temporária, assim, o princípio da retroatividade benéfica. A lei a que se refere o enunciado é temporária, já que sua vigência será do dia 2 de fevereiro de 2019 a 2 de setembro de 2019. Segundo consta, Carlos foi preso em flagrante pela prática do crime de furto qualificado em 3 de janeiro de 2019, anterior, portanto, ao período de vigência da lei em questão. Isso significa que ele não poderá ser atingido com a alteração legislativa que recrudesceu a pena para o delito de furto qualificado. Sua pena deverá ser fixada, dessa forma, de acordo com o preceito secundário da lei anterior (2 a 8 anos de reclusão). Pouco importa, aqui, se a sentença foi proferida ao tempo em que a lei temporária ainda estava em vigor. Vale, pois, a data da conduta. Já João foi preso em flagrante pela prática do crime de furto qualificado no dia 5 de maio de 2019, quando ainda estava em vigor a lei que agravou a pena para o crime em que ele incorreu, sendo a sentença proferida em 12 de setembro de 2019. Neste caso, pouco importa a data em que foi proferida a sentença, uma vez que, por se tratar de lei temporária, todos os fatos verificados sob a sua égide (enquanto ela estiver em vigor) serão por ela regulados, como é o caso do furto praticado por João, que teve a sua pena mínima fixada, corretamente, em *3 anos de reclusão*.
Gabarito Anulada

(OAB/Exame Unificado – 2019.2) Em 05/10/2018, Lúcio, com o intuito de obter dinheiro para adquirir uma moto em comemoração ao seu aniversário de 18 anos, que aconteceria em 09/10/2018, sequestra Danilo, com a ajuda de um amigo ainda não identificado. No mesmo dia, a dupla entra em contato com a família da vítima, exigindo o pagamento da quantia de R$ 50.000,00 (cinquenta mil reais) para sua liberação. Duas semanas após a restrição da liberdade da vítima, período durante o qual os autores permaneceram em constante contato com a família da vítima exigindo o pagamento do resgate, a polícia encontrou o local do cativeiro e conseguiu libertar Danilo, encaminhando, de imediato, Lúcio à Delegacia. Em sede policial, Lúcio entra em contato com o advogado da família.

Considerando os fatos narrados, o(a) advogado(a) de Lúcio, em entrevista pessoal e reservada, deverá esclarecer que sua conduta

(A) não permite que seja oferecida denúncia pelo Ministério Público, pois o Código Penal adota a Teoria da Ação para definição do tempo do crime, sendo Lúcio inimputável para fins penais.

(B) não permite que seja oferecida denúncia pelo órgão ministerial, pois o Código Penal adota a Teoria do Resultado para definir o tempo do crime, e, sendo este de natureza formal, sua consumação se deu em 05/10/2018.

(C) configura fato típico, ilícito e culpável, podendo Lúcio ser responsabilizado, na condição de imputável, pelo crime de extorsão mediante sequestro qualificado na forma consumada.

(D) configura fato típico, ilícito e culpável, podendo Lúcio ser responsabilizado, na condição de imputável, pelo crime de extorsão mediante sequestro qualificado na forma tentada, já que o crime não se consumou por circunstâncias alheias à sua vontade, pois não houve obtenção da vantagem indevida.

Segundo consta do enunciado, Lúcio, quando ainda contava com 17 anos de idade, imbuído do propósito de conseguir dinheiro para adquirir uma moto, já que alcançaria a maioridade dali a poucos dias, decide, na companhia de um comparsa, sequestrar Danilo. E assim o faz. Aos 05/10/2018, Lúcio, prestes a completar 18 anos (o que aconteceria em 09/10/2018), sequestra a vítima, cuja família, no mesmo dia, é contatada e da qual é exigido o valor de resgate, correspondente a cinquenta mil reais. Até aqui, pelo que foi narrado, possível inferir que os agentes, entre eles Lúcio, praticaram o crime de extorsão mediante sequestro, capitulado no art. 159 do CP. Pois bem. Consta ainda que o sequestrado permaneceu nesta condição pelo interregno correspondente a duas semanas, após o que foi libertado pela polícia, que logrou localizar o local do cativeiro. Ou seja, a vítima teve a sua liberdade restringida (foi arrebatada) quando Lúcio ainda era menor (17 anos), sendo libertada quando ele já atingira a maioridade. A questão que aqui se coloca é saber se Lúcio deve ser responsabilizado na qualidade de imputável ou como inimputável. Antes de mais nada, é importante que se diga que, para os efeitos do ECA (Estatuto da Criança e do Adolescente), deve ser considerada a idade do adolescente à data da conduta (ação ou omissão). Suponhamos, assim, que a prática da conduta tenha se dado a poucos dias de o adolescente atingir a maioridade (o disparo de uma arma de fogo em alguém, por exemplo) e o resultado tenha sido produzido quando o agente completou 18 anos (morte da vítima); valerá, aqui, a data do fato e não a do resultado, de forma que o agente ficará sujeito a uma medida socioeducativa, isto é, não responderá criminalmente. Incorporou-se, portanto, a teoria da atividade, consagrada no art. 4º do Código Penal, segundo a qual se considera praticado o crime no momento da ação ou omissão (conduta), ainda que outro seja o do resultado. É o que estabelece o art. 104, parágrafo único, do ECA. Aplicando tal regra ao caso narrado no enunciado, forçoso concluir que Lúcio deve ser responsabilizado como menor, certo? Errado. Isso porque o crime de extorsão mediante sequestro é classificado como *permanente*, isto é, a sua consumação se protrai no tempo por vontade do agente. Com isso, no momento em que Lúcio alcançou a maioridade, a conduta ainda estava em curso (o delito ainda estava se consumando), razão pela qual Danilo deve ser responsabilizado como imputável. *Vide*, a esse respeito, a Súmula 711, do STF. Outro ponto que merece destaque e é decisivo no acerto da questão: a consumação deste crime se dá com a mera atividade de sequestrar a vítima, ou seja, opera-se a consumação no exato instante em que a vítima é arrebatada pelo sequestrador. Dito isso, vê-se que o crime narrado no enunciado atingiu a consumação. Por fim, há de se reconhecer a forma qualificada do art. 159, § 1º, do CP, na medida em que a vítima teve a sua liberdade tolhida por período superior a 24 horas. [ED]

Gabarito "C".

(OAB/Exame Unificado – 2019.1) Sílvio foi condenado pela prática de crime de roubo, ocorrido em 10/01/2017, por decisão transitada em julgado, em 05/03/2018, à pena base de 4 anos de reclusão, majorada em 1/3 em razão do emprego de arma branca, totalizando 5 anos e 4 meses de pena privativa de liberdade, além de multa.

Após ter sido iniciado o cumprimento definitivo da pena por Sílvio, foi editada, em 23/04/2018, a Lei nº 13.654/18, que excluiu a causa de aumento pelo emprego de arma branca no crime de roubo. Ao tomar conhecimento da edição da nova lei, a família de Sílvio procura um(a) advogado(a).

Considerando as informações expostas, o(a) advogado(a) de Sílvio

(A) não poderá buscar alteração da sentença, tendo em vista que houve trânsito em julgado da sentença penal condenatória.

(B) poderá requerer ao juízo da execução penal o afastamento da causa de aumento e, consequentemente, a redução da sanção penal imposta.

(C) deverá buscar a redução da pena aplicada, com afastamento da causa de aumento do emprego da arma branca, por meio de revisão criminal.

(D) deverá buscar a anulação da sentença condenatória, pugnando pela realização de novo julgamento com base na inovação legislativa.

Com o advento da Lei 13.654/2018, o art. 157, § 2º, I, do CP, que impunha aumento de pena no caso de a violência ou ameaça, no crime de roubo, ser exercida com emprego de *arma*, foi revogado. Em relação à incidência desta causa de aumento, a jurisprudência havia consolidado o entendimento segundo o qual o termo *arma* tem acepção ampla, ou seja, estão inseridas no seu conceito tanto as armas *próprias*, como, por excelência, a de fogo, quanto as *impróprias* (faca, punhal, foice etc.). Pois bem. Além de revogar o dispositivo acima, esta mesma lei promoveu a inclusão da mesma causa de aumento de pena (emprego de arma) no § 2º-A, I, do CP. Até aí, nenhum problema. Como bem sabemos, o deslocamento de determinado comportamento típico de um para outro dispositivo, por força da regra da continuidade típico-normativa, não tem o condão de descriminalizar a conduta. Sucede que a Lei 13.654/2018, ao deslocar esta causa de aumento do art. 157, § 2º, I, do CP para o art. 157, § 2º-A, I, também do CP, limitou o alcance do termo *arma*, já que passou a referir-se tão somente à arma de *fogo*, o que se conclui que somente incorrerá nesta causa de aumento o agente que se valer, para a prática do roubo, de arma de fogo (revólver, pistola, fuzil etc.); doravante, portanto, se o agente utilizar, para o cometimento deste delito, arma branca, o roubo será simples, já que, repita-se, a nova redação do dispositivo especificou que tipo de arma é apta a configurar o aumento: arma de fogo. Outro detalhe: pela redação anterior, o agente que fizesse uso de arma (de fogo ou branca) estaria sujeito a um aumento de pena da ordem de um terço até metade; a partir de agora, se utilizar arma (necessariamente de fogo), sujeitar-se-á a um incremento da ordem de dois terços. Como bem sabemos, tal inovação (aumento de pena) não poderá retroagir e atingir fatos ocorridos antes da entrada em vigor desta lei, já que constitui *lex gravior*. De outro lado – e é isso que nos interessa –, essa mesma norma que excluiu a arma que não seja de fogo deverá retroagir para beneficiar o agente (*novatio legis in mellius*) que praticou o crime de roubo com emprego de arma branca antes de ela entrar em vigor. Com efeito, com fundamento nos arts. 5º, XL, da CF, e 2º, parágrafo único, do CP, a lei posterior que de alguma forma favoreça o agente deverá retroagir e alcançar fatos pretéritos, ainda que se tenha operado

o trânsito em julgado da sentença condenatória. Caberá ao advogado de Sílvio, dessa forma, pleitear ao juízo da execução o afastamento da causa de aumento pelo emprego de arma branca no cometimento do crime de roubo por ele praticado, na medida em que a lei nova deixou de considerar tal circunstância (emprego de arma branca) como causa de aumento de pena a incidir no roubo. Este quadro, que apenas explicitamos e que deve ser levado em conta para a resolução desta questão, perdurou até o dia 23 de janeiro de 2020, data em que entrou em vigor a Lei 13.964/2019 (pacote anticrime). Duas modificações foram promovidas por esta lei nas majorantes do crime de roubo. Em primeiro lugar, foi reinserida a causa de aumento na hipótese de o agente se valer, para a prática do crime de roubo, de arma branca (inserção do inciso VII no § 2º do art. 157 do CP). Em outras palavras, o legislador restaurou a causa de aumento referente ao cometimento do roubo com o emprego de arma branca. Lembremos que, com a edição da Lei 13.654/2018, o emprego de arma branca, no roubo, deixou de configurar causa de aumento. Pois bem. Além disso, a Lei 13.964/2019 introduziu no art. 157 do CP o § 2º-B, que estabelece nova causa de aumento de pena para o roubo, quando a violência ou grave ameaça for exercida com emprego de arma de fogo de uso restrito ou proibido. Neste caso, a pena prevista no *caput* será aplicada em dobro. Em resumo, com a redação em vigor do pacote anticrime, temos o seguinte: violência/grave ameaça exercida com emprego de arma branca (art. 157, § 2º, VII, CP): aumento de pena da ordem de um terço até metade; violência/grave ameaça exercida com emprego de arma de fogo, desde que não seja de uso restrito ou proibido (art. 157, § 2º-A, I, CP): a pena será aumentada de dois terços; violência/grave ameaça exercida com emprego de arma de fogo de uso restrito ou proibido (art. 157, § 2º-B, CP): a pena será aplicada em dobro.

Gabarito "B".

(OAB/Exame Unificado – 2018.2) Jorge foi condenado, definitivamente, pela prática de determinado crime, e se encontrava em cumprimento dessa pena. Ao mesmo tempo, João respondia a uma ação penal pela prática de crime idêntico ao cometido por Jorge.

Durante o cumprimento da pena por Jorge e da submissão ao processo por João, foi publicada e entrou em vigência uma lei que deixou de considerar as condutas dos dois como criminosas. Ao tomarem conhecimento da vigência da lei nova, João e Jorge o procuram, como advogado, para a adoção das medidas cabíveis.

Com base nas informações narradas, como advogado de João e de Jorge, você deverá esclarecer que

(A) não poderá buscar a extinção da punibilidade de Jorge em razão de a sentença condenatória já ter transitado em julgado, mas poderá buscar a de João, que continuará sendo considerado primário e de bons antecedentes.

(B) poderá buscar a extinção da punibilidade dos dois, fazendo cessar todos os efeitos civis e penais da condenação de Jorge, inclusive não podendo ser considerada para fins de reincidência ou maus antecedentes.

(C) poderá buscar a extinção da punibilidade dos dois, fazendo cessar todos os efeitos penais da condenação de Jorge, mas não os extrapenais.

(D) não poderá buscar a extinção da punibilidade dos dois, tendo em vista que os fatos foram praticados anteriormente à edição da lei.

O enunciado retrata hipótese de *abolitio criminis*, que corresponde à situação em que a lei nova deixa de considerar infração penal determinado fato até então tido como tal. Em outras palavras, a lei nova exclui do âmbito de incidência do Direito Penal um fato que, sob a égide da lei anterior, era considerado criminoso. Sua previsão está no art. 2º, *caput*, do CP e o seu reconhecimento leva à extinção da punibilidade (art. 107, III, CP). Alcança a execução (condenação com trânsito em julgado) e os efeitos penais da sentença condenatória; subsistem, entretanto, os efeitos extrapenais da condenação, tal como a obrigação de reparar o dano causado pelo delito. Exemplo é o que se deu com o adultério, que, então previsto no art. 240 do CP, deixou de ser considerado crime com o advento da Lei 11.106/2005. Em assim sendo, é certo afirmar que tanto Jorge quanto João fazem jus à extinção de punibilidade como decorrência do fenômeno da *abolitio criminis*.

> **Dica:** é recorrente questionar-se acerca do juízo competente para aplicar a *abolitio criminis*, já que este fenômeno pode ocorrer em momentos distintos. Se tal se der no curso das investigações do inquérito policial ou mesmo durante a ação penal, caberá o reconhecimento da *abolitio criminis* e a consequente extinção de punibilidade ao juiz natural de primeiro grau; já se a ação penal estiver em grau de recurso e sobrevier lei abolidora, a competência recairá sobre o respectivo tribunal; por fim, se a condenação tiver sido alcançada pelo trânsito em julgado, a competência para o reconhecimento da *abolitio criminis* será do juízo da vara das execuções criminais, tal como estabelecem o art. 66, I, da LEP e a Súmula 611, do STF.

Gabarito "C".

(OAB/Exame Unificado – 2018.1) Laura, nascida em 21 de fevereiro de 2000, é inimiga declarada de Lívia, nascida em 14 de dezembro de 1999, sendo que o principal motivo da rivalidade está no fato de que Lívia tem interesse no namorado de Laura.

Durante uma festa, em 19 de fevereiro de 2018, Laura vem a saber que Lívia anunciou para todos que tentaria manter relações sexuais com o referido namorado. Soube, ainda, que Lívia disse que, na semana seguinte, iria desferir um tapa no rosto de Laura, na frente de seus colegas, como forma de humilhá-la.

Diante disso, para evitar que as ameaças de Lívia se concretizassem, Laura, durante a festa, desfere facadas no peito de Lívia, mas terceiros intervêm e encaminham Lívia diretamente para o hospital. Dois dias depois, Lívia vem a falecer em virtude dos golpes sofridos.

Descobertos os fatos, o Ministério Público ofereceu denúncia em face de Laura pela prática do crime de homicídio qualificado.

Confirmados integralmente os fatos, a defesa técnica de Laura deverá pleitear o reconhecimento da

(A) inimputabilidade da agente.

(B) legítima defesa.

(C) inexigibilidade de conduta diversa.

(D) atenuante da menoridade relativa.

A: correta. Ao tempo em que se deram os fatos, Laura ainda não contava com 18 anos, sendo, portanto, inimputável, razão pela qual sua responsabilidade será determinada segundo as regras do ECA (art. 27, CP). Com efeito, Laura cometeu ato infracional correspondente ao crime de homicídio e estará sujeita, por conta disso, a medidas socioeducativas. Pouco importa, neste caso, se o resultado da conduta de Laura, que é a morte de Lívia, veio a ocorrer quando aquela alcançou a maioridade. Isso porque, segundo estabelece o art. 4º do CP, que acolheu a teoria da atividade, considera-se praticado o crime no momento da conduta (ação ou omissão), ainda que outro seja o do resultado. É dizer, o momento do crime, para o efeito de determinar a imputabilidade, corresponde ao exato instante em que se verificou a conduta, que, neste caso, consiste na agressão sofrida por Lívia, pouco importando o fato de a morte ter ocorrido dias depois, quando Laura já era imputável. Mais: desde que ainda não conte com 21 anos, poderá ser submetida a medida socioeducativa (Súmula 605, STJ); **B:** incorreta. Não há que se falar em legítima defesa (art. 25, CP), ante a ausência de agressão atual ou iminente; o que de fato existe é a notícia de que Lívia disse que agrediria Laura, fato que ocorreria dali a uma semana; **C:** incorreta, já que era exigível de Laura, sim, a adoção de outra conduta, que não a agressão impingida a Lívia; **D:** incorreta. A atenuante da menoridade relativa, presente no art. 65, I, do CP, somente incide se o agente, ao tempo do fato, for maior de 18 e menor de 21 anos. Aos menores de 18 aplica-se o ECA.

Gabarito "A".

(OAB/Exame Unificado – 2016.1) Em razão do aumento do número de crimes de dano qualificado contra o patrimônio da União (pena: detenção de 6 meses a 3 anos e multa), foi editada uma lei que passou a prever que, entre 20 de agosto de 2015 e 31 de dezembro de 2015, tal delito (Art. 163, parágrafo único, inciso III, do Código Penal) passaria a ter pena de 2 a 5 anos de detenção. João, em 20 de dezembro de 2015, destrói dolosamente um bem de propriedade da União, razão pela qual foi denunciado, em 8 de janeiro de 2016, como incurso nas sanções do Art. 163, parágrafo único, inciso III, do Código Penal.

Considerando a hipótese narrada, no momento do julgamento, em março de 2016, deverá ser considerada, em caso de condenação, a pena de

(A) 6 meses a 3 anos de detenção, pois a Constituição prevê o princípio da retroatividade da lei penal mais benéfica ao réu.

(B) 2 a 5 anos de detenção, pois a lei temporária tem ultratividade gravosa.

(C) 6 meses a 3 anos de detenção, pois aplica-se o princípio do *tempus regit actum* (tempo rege o ato).

(D) 2 a 5 anos de detenção, pois a lei excepcional tem ultratividade gravosa.

A *lei temporária*, ainda que transcorrido o prazo de vigência nela estabelecido, será aplicada ao fato praticado durante a sua vigência, conforme reza o art. 3º do CP. É bem isso que se deu no fato narrado no enunciado. Como João praticou o crime de dano durante o período de vigência da lei que estabeleceu, para esse crime, pena mais grave, o fato será regido por ela, mesmo depois de transcorrido o período de vigência da lei. É que as leis de vigência temporária (tanto as temporárias quanto as excepcionais) são *ultra-ativas* e *autorrevogáveis*. Quer-se com isso dizer que tudo o que ocorrer na vigência de uma lei temporária ou excepcional será por ela regido, mesmo que não mais esteja em vigor, pois, se assim não fosse, nenhuma eficácia teria. Não se aplica às leis de vigência temporária, assim, o princípio da retroatividade benéfica.

Gabarito "B".

(OAB/Exame Unificado – 2014.1) Considere que determinado agente tenha em depósito, durante o período de um ano, 300 kg de cocaína. Considere também que, durante o referido período, tenha entrado em vigor uma nova lei elevando a pena relativa ao crime de tráfico de entorpecentes.

Sobre o caso sugerido, levando em conta o entendimento do Supremo Tribunal Federal sobre o tema, assinale a afirmativa correta.

(A) Deve ser aplicada a lei mais benéfica ao agente, qual seja, aquela que já estava em vigor quando o agente passou a ter a droga em depósito.

(B) Deve ser aplicada a lei mais severa, qual seja, aquela que passou a vigorar durante o período em que o agente ainda estava com a droga em depósito.

(C) As duas leis podem ser aplicadas, pois ao magistrado é permitido fazer a combinação das leis sempre que essa atitude puder beneficiar o réu.

(D) O magistrado poderá aplicar o critério do caso concreto, perguntando ao réu qual lei ele pretende que lhe seja aplicada por ser, no seu caso, mais benéfica.

Por se tratar de crime permanente, em que a consumação se prolonga no tempo por vontade do agente, a sucessão de leis penais no tempo enseja a aplicação da lei vigente enquanto não cessado o comportamento ilícito, ainda que se trate de lei mais gravosa. É esse o entendimento firmado na Súmula n. 711 do STF: "A lei penal mais grave aplica-se ao crime continuado ou ao crime permanente, se a sua vigência é anterior à cessação da continuidade ou permanência". No que toca à viabilidade de o magistrado, no caso narrado no enunciado, proceder à combinação das duas leis, o STJ, consolidando o entendimento segundo o qual é vedada tal combinação, editou a Súmula 501, que, embora se refira ao crime de tráfico, também terá incidência no âmbito de outros delitos: "É cabível a aplicação retroativa da Lei 11.343/2006, desde que o resultado da incidência das suas disposições, na íntegra, seja mais favorável ao réu do que o advindo da aplicação da Lei 6.368/1976, sendo vedada a combinação de leis".
Gabarito "B".

(OAB/Exame Unificado – 2012.3.B) Determinado estado, membro da Federação, editou lei excepcional em 1º de março de 2011, criminalizando a conduta de utilizar telefone celular no interior de agências bancárias.

Com base no fato relatado, assinale a afirmativa correta.

(A) Não será aplicada ao fato praticado durante sua vigência, cessadas as circunstâncias que a determinaram.

(B) É inconstitucional por força do princípio da culpabilidade.

(C) É inconstitucional porque somente a União pode legislar em matéria de direito penal.

(D) Poderá retroagir para alcançar fatos anteriores é sua vigência por força do brocardo *in dubio pro societate*.

A: incorreto. Lei excepcional (art. 3º do CP) é aquela destinada a vigorar durante períodos de anormalidade (calamidade, guerra etc.). Mesmo depois de revogada, continua a produzir efeitos em relação aos fatos ocorridos durante a sua época de vigência. Constitui, pois, exceção ao *princípio da retroatividade benéfica*; **B:** incorreto. O princípio da culpabilidade enuncia que ninguém poderá ser responsabilizado no âmbito criminal se não houver agido com dolo ou culpa; **C:** correto. Cuida-se, de fato, de hipótese de inconstitucionalidade, visto que cabe à União (fonte de produção da lei penal), na dicção do art. 22, I, da CF, legislar sobre matéria penal; **D:** incorreto. A lei posterior que criminaliza conduta até então considerada atípica (*novatio legis* incriminadora) não pode retroagir para alcançar fatos praticados antes do início de sua vigência, conforme estabelece o art. 2º, parágrafo único, do CP.
Gabarito "C".

(OAB/Exame Unificado – 2011.2) Acerca da aplicação da lei penal no tempo e no espaço, assinale a alternativa correta.

(A) Na ocorrência de sucessão de leis penais no tempo, não será possível a aplicação da lei penal intermediária mesmo se ela configurar a lei mais favorável.

(B) As leis penais temporárias e excepcionais são dotadas de ultratividade. Por tal motivo, são aplicáveis a qualquer delito, desde que seus resultados tenham ocorrido durante sua vigência.

(C) O ordenamento jurídico-penal brasileiro prevê a combinação de leis sucessivas sempre que a fusão puder beneficiar o réu.

(D) Se um funcionário público a serviço do Brasil, na Itália, praticar, naquele país, crime de corrupção passiva (art. 317 do Código Penal), ficará sujeito à lei penal brasileira em face do princípio da extraterritorialidade.

A: incorreto. Na sucessão de leis penais no tempo, terá incidência, sim, a lei intermediária mais benéfica; **B:** incorreto. É fato que as leis penais *temporárias* e *excepcionais* são ultrativas, isto é, mesmo depois de revogadas, atingirão os fatos verificados sob a sua égide. Para tanto, basta que a conduta (ação ou omissão) tenha sido praticada no período de vigência da lei, não sendo necessário que tal ocorra em relação ao resultado do crime; **C:** incorreto. O ordenamento jurídico-penal brasileiro não traz essa previsão; **D:** assertiva correta, nos termos do que dispõe o art. 7º, I, *c*, do CP.
Gabarito "D".

3. APLICAÇÃO DA LEI NO ESPAÇO

(OAB/Exame Unificado – 2020.2) Paulo e Júlia viajaram para Portugal, em novembro de 2019, em comemoração ao aniversário de um ano de casamento. Na cidade de Lisboa, dentro do quarto do hotel, por ciúmes da esposa que teria olhado para terceira pessoa durante o jantar, Paulo veio a agredi-la, causando-lhe lesões leves reconhecidas no laudo próprio. Com a intervenção de funcionários do hotel que ouviram os gritos da vítima, Paulo acabou encaminhado para Delegacia, sendo liberado mediante o pagamento de fiança e autorizado seu retorno ao Brasil.

Paulo, na semana seguinte, retornou para o Brasil, sem que houvesse qualquer ação penal em seu desfavor em Portugal, enquanto Júlia permaneceu em Lisboa. Ciente de que o fato já era do conhecimento das autoridades brasileiras e preocupado com sua situação jurídica no país, Paulo procura você, na condição de advogado(a), para obter sua orientação.

Considerando apenas as informações narradas, você, como advogado(a), deve esclarecer que a lei brasileira

(A) não poderá ser aplicada, tendo em vista que houve prisão em flagrante em Portugal e em razão da vedação do *bis in idem*.

(B) poderá ser aplicada diante do retorno de Paulo ao Brasil, independentemente do retorno de Júlia e de sua manifestação de vontade sobre o interesse de ver o autor responsabilizado criminalmente.

(C) poderá ser aplicada, desde que Júlia retorne ao país e ofereça representação no prazo decadencial de seis meses.

(D) poderá ser aplicada, ainda que Paulo venha a ser denunciado e absolvido pela justiça de Portugal.

Cuida-se de hipótese de extraterritorialidade, já que incidirá a lei brasileira a fato ocorrido fora do território nacional (Portugal). A extraterritorialidade da lei penal pode ser de duas espécies, a saber: *incondicionada*, quando a aplicação da lei não depender de nenhuma condição. São as hipóteses previstas no art. 7º, I, do CP; *condicionada*: quando a aplicação da lei brasileira depender de determinada condição. São as hipóteses elencadas no art. 7º, II, do CP. O caso narrado no enunciado constitui hipótese de extraterritorialidade condicionada, nos termos do art. 7º, II, *b*, do CP: crimes praticados por brasileiros. Neste caso, a aplicação da lei brasileira depende do concurso das seguintes condições: a) entrar o agente no território nacional; b) ser o fato punível

também no país em que foi praticado; c) estar o crime incluído entre aqueles pelos quais a lei brasileira autoriza a extradição; d) não ter sido o agente absolvido no estrangeiro ou não ter aí cumprido pena; e) não ter sido o agente perdoado no estrangeiro ou, por outro motivo, não estar extinta a punibilidade, segundo a lei mais favorável. Perceba que o crime praticado por Paulo contra Júlia se deu no contexto de violência doméstica, sendo a ação penal, por isso, pública incondicionada, conforme entendimento consagrado na Súmula n. 542, do STJ.
Gabarito "B".

(OAB/Exame Unificado – 2018.1) Francisco, brasileiro, é funcionário do Banco do Brasil, sociedade de economia mista, e trabalha na agência de Lisboa, em Portugal. Passando por dificuldades financeiras, acaba desviando dinheiro do banco para uma conta particular, sendo o fato descoberto e julgado em Portugal. Francisco é condenado pela infração praticada. Extinta a pena, ele retorna ao seu país de origem e é surpreendido ao ser citado, em processo no Brasil, para responder pelo mesmo fato, razão pela qual procura seu advogado.

Considerando as informações narradas, o advogado de Francisco deverá informar que, de acordo com o previsto no Código Penal,

(A) ele não poderá responder no Brasil pelo mesmo fato, por já ter sido julgado e condenado em Portugal.

(B) ele somente poderia ser julgado no Brasil por aquele mesmo fato, caso tivesse sido absolvido em Portugal.

(C) ele pode ser julgado também no Brasil por aquele fato, sendo totalmente indiferente a condenação sofrida em Portugal.

(D) ele poderá ser julgado também no Brasil por aquele fato, mas a pena cumprida em Portugal atenua ou será computada naquela imposta no Brasil, em caso de nova condenação.

É hipótese de extraterritorialidade incondicionada (art. 7°, I, *b*, do CP), que corresponde à situação em que o mero cometimento do crime em território estrangeiro autoriza a aplicação da lei penal brasileira, independente de qualquer condição. Tendo em conta que Francisco cometeu, no exterior, crime em detrimento do patrimônio de sociedade de economia mista brasileira (Banco do Brasil), sendo seu funcionário, deverá incidir, neste caso, a lei penal brasileira, ainda que o fato tenha ocorrido fora do território nacional. Pouco importa, neste caso, se o agente foi absolvido ou condenado segundo a lei do país em cujo território o delito foi praticado (art. 7°, § 1°, CP). Estabelece o art. 8° do CP, no entanto, que, neste caso, deverá operar-se, em favor do agente, a detração penal, isto é, a pena cumprida no estrangeiro, neste caso em Portugal, deverá atenuar a pena imposta no Brasil pelo mesmo crime.
Gabarito "D".

(OAB/Exame Unificado – 2016.3) Revoltado com a conduta de um Ministro de Estado, Mário se esconde no interior de uma aeronave pública brasileira, que estava a serviço do governo, e, no meio da viagem, já no espaço aéreo equivalente ao Uruguai, desfere 05 facadas no Ministro com o qual estava insatisfeito, vindo a causar-lhe lesão corporal gravíssima.

Diante da hipótese narrada, com base na lei brasileira, assinale a afirmativa correta.

(A) Mário poderá ser responsabilizado, segundo a lei brasileira, com base no critério da territorialidade.

(B) Mário poderá ser responsabilizado, segundo a lei brasileira, com base no critério da extraterritorialidade e princípio da justiça universal.

(C) Mário poderá ser responsabilizado, segundo a lei brasileira, com base no critério da extraterritorialidade, desde que ingresse em território brasileiro e não venha a ser julgado no estrangeiro.

(D) Mário não poderá ser responsabilizado pela lei brasileira, pois o crime foi cometido no exterior e nenhuma das causas de extraterritorialidade se aplica ao caso.

Aeronaves (e também embarcações) brasileiras de natureza pública ou a serviço do governo brasileiro, onde quer que estejam, são consideradas, por força do que dispõe o art. 5°, § 1°, do CP, território brasileiro por equiparação (ou extensão), incidindo, assim, o princípio da territorialidade. **ED**
Gabarito "A".

(OAB/Exame Unificado – 2013.2) No ano de 2005, Pierre, jovem francês residente na Bulgária, atentou contra a vida do então presidente do Brasil que, na ocasião, visitava o referido país. Devidamente processado, segundo as leis locais, Pierre foi absolvido.

Considerando apenas os dados descritos, assinale a afirmativa correta.

(A) Não é aplicável a lei penal brasileira, pois como Pierre foi absolvido no estrangeiro, não ficou satisfeita uma das exigências previstas à hipótese de extraterritorialidade condicionada.

(B) É aplicável a lei penal brasileira, pois o caso narrado traz hipótese de extraterritorialidade incondicionada, exigindo-se, apenas, que o fato não tenha sido alcançado por nenhuma causa extintiva de punibilidade no estrangeiro.

(C) É aplicável a lei penal brasileira, pois o caso narrado traz hipótese de extraterritorialidade incondicionada, sendo irrelevante o fato de ter sido o agente absolvido no estrangeiro.

(D) Não é aplicável a lei penal brasileira, pois como o agente é estrangeiro e a conduta foi praticada em território também estrangeiro, as exigências relativas à extraterritorialidade condicionada não foram satisfeitas.

Pela disciplina estabelecida no art. 7°, I, *a*, do CP, embora cometido no estrangeiro, o crime praticado por Pierre ficará sujeito à lei penal brasileira, ainda que absolvido ou condenado no país em que o fato se deu (Bulgária). Estamos diante da incidência *extraterritorial* da lei penal brasileira, que, em face da qualidade do sujeito passivo do delito (presidente da República), opera-se de forma *incondicionada*, já que a lei brasileira, neste caso, será aplicada independente de qualquer condição, sendo irrelevante, além disso, a nacionalidade do sujeito ativo.
Gabarito "C".

(OAB/Exame Unificado – 2010.1) Assinale a opção correta acerca da pena cumprida no estrangeiro e da eficácia da sentença estrangeira.

(A) É possível a homologação, pelo STJ, de sentença penal condenatória proferida pela justiça de outro país, para obrigar o condenado residente no Brasil à reparação do dano causado pelo crime que cometeu.

(B) A competência para a homologação de sentença estrangeira é do STF, restringindo-se a referida homologação a casos que envolvam cumprimento de pena privativa de liberdade no Brasil.

(C) Apenas nas hipóteses de infração penal de menor potencial ofensivo, admite-se que a pena cumprida no estrangeiro atenue a pena imposta, no Brasil, pelo mesmo crime.

(D) A pena cumprida no estrangeiro não atenua nem compensa a pena imposta, no Brasil, pelo mesmo crime, dado o caráter independente das justiças nacional e estrangeira.

A: correta. Cuida-se da previsão do art. 9.º, I, do CP, sendo a competência para a referida homologação do STJ (CF, art. 105, I, *i*); **B:** incorreta. A competência para a homologação de sentença estrangeira é do STJ (CF, art. 105, I, *i*). Ademais, a homologação pode ocorrer para fins diversos do cumprimento de pena privativa de liberdade (CP, art. 9.º, I e II); **C:** incorreta. Não existe, na norma aplicável à espécie (CP, art. 8º), a restrição descrita na assertiva; **D:** incorreta. A pena cumprida no estrangeiro deve ser descontada da aplicada, no Brasil, pelo mesmo crime (CP, art. 8º).

Gabarito "A"

4. CLASSIFICAÇÃO DOS CRIMES

(OAB/Exame Unificado – 2017.3) Bárbara, nascida em 23 de janeiro de 1999, no dia 15 de janeiro de 2017, decide sequestrar Felipe, por dez dias, para puni-lo pelo fim do relacionamento amoroso.

No dia 16 de janeiro de 2017, efetivamente restringe a liberdade do ex-namorado, trancando-o em uma casa e mantendo consigo a única chave do imóvel. Nove dias após a restrição da liberdade, a polícia toma conhecimento dos fatos e consegue libertar Felipe, não tendo, assim, se realizado, em razão de circunstâncias alheias, a restrição da liberdade por dez dias pretendida por Bárbara.

Considerando que, no dia 23 de janeiro de 2017, entrou em vigor nova lei, mais gravosa, alterando a sanção penal prevista para o delito de sequestro simples, passando a pena a ser de 01 a 05 anos de reclusão e não mais de 01 a 03 anos, o Ministério Público ofereceu denúncia em face de Bárbara, imputando-lhe a prática do crime do Art. 148 do Código Penal (Sequestro e Cárcere Privado), na forma da legislação mais recente, ou seja, aplicando-se, em caso de condenação, pena de 01 a 05 anos de reclusão.

Diante da situação hipotética narrada, é correto afirmar que o advogado de Bárbara, de acordo com a jurisprudência do Supremo Tribunal Federal, deverá pleitear

(A) a aplicação do instituto da suspensão condicional do processo.

(B) a aplicação da lei anterior mais benéfica, ou seja, a aplicação da pena entre o patamar de 01 a 03 anos de reclusão.

(C) o reconhecimento da inimputabilidade da acusada, em razão da idade.

(D) o reconhecimento do crime em sua modalidade tentada.

A: correta. Independentemente da pena a que está submetida Bárbara, se de 1 a 3 anos de reclusão ou 1 a 5 anos, é cabível, de uma forma ou de outra, o instituto da suspensão condicional do processo (*sursis* processual), que terá lugar nos crimes cuja pena mínima cominada é igual ou inferior a um ano (art. 89, Lei 9.099/1995); **B:** incorreta. Sendo o *sequestro e cárcere privado* – art. 148, CP crime permanente, em que a consumação se prolonga no tempo por vontade do agente, a sucessão de leis penais no tempo enseja a aplicação da lei vigente enquanto não cessado o comportamento ilícito, ainda que se trate de

---

lei mais gravosa. É esse o entendimento firmado na Súmula 711 do STF: "A lei penal mais grave aplica-se ao crime continuado ou ao crime permanente, se a sua vigência é anterior à cessação da continuidade ou permanência". Bárbara, portanto, sujeitar-se-á à pena correspondente à lei mais nova, que, é importante que se diga, entrou em vigor enquanto o crime a ela imputado ainda estava se consumando; **C:** incorreta. Embora Bárbara fosse inimputável (menor de 18) ao tempo em que se deu o arrebatamento de Felipe (16 de janeiro de 2017), o crime que praticou permanecia em estado de consumação (delito permanente) quando ela alcançou a maioridade. Na data em que houve o resgate da vítima, ela já era maior, devendo, portanto, responder como imputável; **D:** incorreta. na medida em que o crime de sequestro e cárcere privado (art. 148, CP) atinge a sua consumação com a privação da liberdade da vítima, e assim permanece enquanto ela estiver em poder do sequestrador.

> **Dica:** para solucionar esta e tantas outras questões é necessário conhecer a classificação de crimes que leva em conta a duração do momento consumativo, a saber: *crime instantâneo* é aquele cuja consumação se dá em um instante certo, determinado. Não há, neste caso, prolongamento da consumação; *crime permanente*, por sua vez, é aquele cuja consumação se protrai no tempo por vontade do agente. É o caso da extorsão mediante sequestro (art. 159, CP) e do sequestro e cárcere privado (art. 148, CP); *crime instantâneo de efeitos permanentes*, por fim, é aquele em que a consumação se opera em momento certo, determinado, mas seus efeitos perduram no tempo, dado que são irreversíveis. É o caso do homicídio.

Gabarito "A"

(OAB/Exame Unificado – 2014.2) Isadora, mãe da adolescente Larissa, de 12 anos de idade, saiu um pouco mais cedo do trabalho e, ao chegar à sua casa, da janela da sala, vê seu companheiro, Frederico, mantendo relações sexuais com sua filha no sofá. Chocada com a cena, não teve qualquer reação. Não tendo sido vista por ambos, Isadora decidiu, a partir de então, chegar à sua residência naquele mesmo horário e verificou que o fato se repetia por semanas. Isadora tinha efetiva ciência dos abusos perpetrados por Frederico, porém, muito apaixonada por ele, nada fez. Assim, Isadora, sabendo dos abusos cometidos por seu companheiro contra sua filha, deixa de agir para impedi-los. Nesse caso, é correto afirmar que o crime cometido por Isadora é

(A) omissivo impróprio.

(B) omissivo próprio.

(C) comissivo.

(D) omissivo por comissão.

A: correta. Isadora, por ser mãe de Larissa, tem o dever jurídico, imposto pelo art. 13, § 2º, do CP, de protegê-la e mantê-la a salvo de todo e qualquer perigo. Em assim sendo, tinha, no caso descrito no enunciado, a obrigação de intervir e fazer cessar a agressão sexual perpetrada por seu companheiro contra a sua filha. Fala-se, aqui, em crime *omissivo impróprio* (comissivo por omissão), já que a genitora, podendo agir, omitiu-se e, com isso, contribuiu para o crime de estupro que reiteradamente vinha sendo praticado por Frederico, pelo qual, bem por isso, deverá, juntamente com este, responder – neste caso, estupro de vulnerável (art. 217-A, CP). Perceba que esta modalidade de crime omissivo pressupõe, à sua consumação, a produção de resultado naturalístico (conjunção carnal), o que não ocorre no chamado crime *omissivo puro*, cuja consumação se dá com a mera abstenção do agente, independente de qualquer resultado. Outra coisa: o tipo penal, na *omissão imprópria*, descreve uma conduta comissiva (estupro, neste caso), que, diante da ocorrência de uma das hipóteses previstas no art. 13, § 2º, do CP, ensejará a responsabilidade do agente; já na omissão própria o tipo penal contempla uma conduta omissiva. É bom que se diga, ademais, que, em razão da idade da vítima, que contava com doze anos, sendo, por isso, vulnerável, pouco importa se consentiu ou não para o ato sexual. A propósito, no que concerne ao estupro de vulnerável, previsto no art. 217-A do CP, a Lei 13.718/2018, ao inserir o § 5º nesse dispositivo legal, consagra o entendimento adotado pela Súmula 593, do STJ, no sentido de que o consentimento e a experiência sexual anterior são irrelevantes à configuração do crime de estupro de vulnerável; **B:** incorreta. *Crime omissivo próprio* ou *puro*, como já dito, é aquele que se consuma com a mera abstenção, com o deixar de fazer, sendo desnecessário, pois, um resultado naturalístico posterior. O próprio tipo penal faz menção à omissão. Exemplo sempre lembrado pela doutrina é o crime de omissão de socorro (art. 135 do CP), em que o tipo penal descreve no que consiste a omissão do agente. No caso narrado no enunciado, o crime pelo qual são acusados Isadora e Frederico (estupro de vulnerável) é comissivo, isto é, pressupõe, ao seu cometimento, uma ação, um fazer; somente comporta, portanto, a modalidade imprópria de omissão, desde que presente, é claro, uma das hipóteses previstas no art. 13, § 2º, do CP; **C:** incorreta. Na sua origem, o crime de estupro de vulnerável é comissivo. Será praticado, em regra, por meio de um comportamento positivo, portanto. Agora, no caso do enunciado, dada a obrigação imposta por lei à mãe da vítima, sua conduta foi omissiva (imprópria), e não comissiva. Comissiva foi a conduta de Frederico; **D:** incorreta. O crime omissivo impróprio (ou impuro) também é chamado, pela doutrina, de crime *comissivo por omissão*, e não *omissivo por comissão*. Fica claro, aqui, que o examinador quis induzir o candidato em erro.

Gabarito "A".

(OAB/Exame Unificado – 2009.2) Em relação à classificação das infrações penais, assinale a opção correta.

(A) Crimes hediondos são os previstos como tal na lei específica, e crimes assemelhados a hediondos são todos aqueles delitos que, embora não estejam previstos como tal na lei, causem repulsa social, por sua gravidade e crueldade.

(B) Crime próprio é sinônimo de crime de mão própria.

(C) Crime unissubsistente é o que se consuma com a simples criação do perigo para o bem jurídico protegido, sem produzir dano efetivo.

(D) No crime comissivo por omissão, o agente responde pelo resultado, e não, pela simples omissão, uma vez que esta é o meio pelo qual o agente produz o resultado.

A: incorreto. Adotamos o *sistema legal*, segundo o qual à lei cabe definir quais crimes devem ser rotulados como *hediondo*. Este rol – taxativo – encontra-se contemplado no art. 1º da Lei 8.072/1990. De outro lado, o Constituinte, no art. 5º, XLIII, da CF, tratou de indicar quais crimes merecem tratamento mais severo: tortura, tráfico de drogas e terrorismo. São os chamados *delitos equiparados a hediondo*. Atenção: a Lei 13.964/2019 (pacote anticrime) alterou a Lei 8.072/1990 e ali inseriu novas modalidades de delito hediondo. Com isso, ganharam tal rótulo os seguintes crimes: roubo circunstanciado pela restrição de liberdade da vítima; roubo circunstanciado pelo emprego de arma de fogo (de uso permito, restrito ou proibido); roubo qualificado pelo resultado lesão corporal grave ou morte (o latrocínio já era hediondo); extorsão qualificada pela restrição da liberdade da vítima ou ocorrência de lesão corporal ou morte; furto qualificado pelo emprego de explosivo ou de artefato análogo que cause perigo comum; comércio ilegal de arma de fogo; tráfico internacional de arma de fogo, acessório ou munição; e o crime de organização criminosa, quando voltado à prática de crime hediondo ou equiparado; **B:** incorreto. *Crime próprio* é o que exige do agente uma característica especial. São exemplos o peculato (art. 312, CP), em que somente poderá figurar como sujeito ativo o funcionário público, e o infanticídio (art. 123 do CP), cujo sujeito ativo há de ser a mãe em estado puerperal. Nestes dois exemplos, são admitidas, a teor do art. 30 do CP, a coautoria e a participação de pessoas desprovidas

dessas qualidades; o *crime de mão própria*, diferentemente, exige que o sujeito ativo pratique pessoalmente a conduta descrita no tipo penal. Não cabe, nesta modalidade de crime, coautoria. Exemplo sempre lembrado pela doutrina é o crime de falso testemunho, que exige uma atuação pessoal do agente; **C:** incorreto. *Crime unissubsistente* é aquele cuja conduta é constituída de um único ato. Não admite a tentativa, posto que a conduta não pode ser fracionada; **D:** correto. No crime omissivo impróprio (comissivo por omissão), o agente deixa de evitar o resultado que podia ou devia ter evitado. Sua obrigação está consubstanciada no art. 13, § 2º, do CP.

Gabarito "D".

(FGV – 2013) Com relação ao *sujeito ativo* do crime, assinale a afirmativa **incorreta**.

(A) Crime comum é aquele que pode ser praticado por qualquer pessoa.

(B) Crime próprio é aquele que exige do sujeito ativo uma qualidade especial.

(C) Crime de mão própria é aquele que só pode ser praticado diretamente pelo sujeito ativo, não admitindo sequer a coautoria ou a participação.

(D) Pessoa jurídica pode, excepcionalmente, ser sujeito ativo de um crime.

(E) Menor de 18 anos é penalmente inimputável, ficando sujeito às normas estabelecidas na legislação especial.

A: correta. Comum é o crime em que não se impõe ao sujeito ativo nenhuma qualidade especial; pode ser praticado, portanto, por qualquer pessoa. É o caso do homicídio, do roubo etc.; **B:** correta. É o caso dos crimes de peculato (o sujeito ativo deve ser o funcionário público); do infanticídio (só pode ser praticado pela mãe em estado puerperal), dentre outros; **C:** incorreta. De fato, o *crime de mão própria* exige que o sujeito ativo pratique pessoalmente a conduta descrita no tipo penal. Embora, nesta modalidade de crime, não caiba a coautoria, é perfeitamente possível o concurso de pessoas na modalidade *participação*. Exemplo sempre lembrado é o do falso testemunho, em que o advogado induza ou instigue a testemunha a mentir em juízo ou na polícia. A esse respeito: STF, RHC 81.327-SP, 1ª T., rel. Min. Ellen Gracie, *DJ* 05.04.2002; **D:** correta, nos termos dos art. 225, § 3º, da CF e 3º da Lei 9.605/1998 (Crimes contra o Meio Ambiente); **E:** correta, nos termos dos arts. 228 da CF e 27 do CP.

Gabarito "C".

(FGV – 2010) Analise as proposições a seguir.

I. O exame do direito positivo é a metodologia indicada para promover a distinção entre crime e contravenção penal posto que não há diferença ontológica entre ambos.

II. Segundo dispõe o legislador penal, crime é a infração penal a que a lei comina pena de reclusão ou de detenção, quer isoladamente, quer alternativa ou cumulativamente com a pena de multa; contravenção é a infração penal a que a lei comina, isoladamente, pena de prisão simples ou multa, ou ambas, alternativa ou cumulativamente.

III. No direito penal pátrio a expressão crime é tida como gênero, do qual são espécies as contravenções penais e os delitos.

IV. A diferença entre ilícito civil e ilícito penal é que o primeiro gera a imposição de uma pena, que pode até chegar ao extremo de privação da liberdade do agente; já o segundo tem como consequência a obrigação de reparar o dano, primordialmente.

Assinale:

(A) se somente as proposições III e IV estiverem corretas.

(B) se somente as proposições I e II estiverem corretas.

(C) se somente as proposições II e IV estiverem corretas.

(D) se somente as proposições I e IV estiverem corretas.

(E) se somente as proposições II e III estiverem corretas.

I: correta. A distinção entre as duas espécies de infração penal, que de fato não reside no aspecto ontológico, está contida no art. 1º da Lei de Introdução ao Código Penal (Decreto-Lei 3.914/1941); **II:** correta. A assertiva reproduz o teor do art. 1º da Lei de Introdução ao Código Penal (Decreto-Lei 3.914/1941); **III:** incorreta, pois, com base no dispositivo supramencionado, *infração penal* é gênero, cujas espécies são *crime* (ou delito) e *contravenção penal*; **IV:** incorreta, pois é o contrário. A prática do ilícito penal pode gerar a imposição de uma pena, que pode chegar, conforme o caso, até a privação da liberdade do agente; a prática de ilícito civil, por sua vez, não pode acarretar a imposição de pena. Pode, entretanto, gerar a obrigação de reparar o dano.

Gabarito "B".

5. FATO TÍPICO E TIPO PENAL

(OAB/Exame Unificado – 2019.2) Após discussão em uma casa noturna, Jonas, com a intenção de causar lesão, aplicou um golpe de arte marcial em Leonardo, causando fratura em seu braço. Leonardo, então, foi encaminhado ao hospital, onde constatou-se a desnecessidade de intervenção cirúrgica e optou-se por um tratamento mais conservador com analgésicos para dor, o que permitiria que ele retornasse às suas atividades normais em 15 dias.

A equipe médica, sem observar os devidos cuidados exigidos, ministrou o remédio a Leonardo sem observar que era composto por substância à qual o paciente informara ser alérgico em sua ficha de internação. Em razão da medicação aplicada, Leonardo sofreu choque anafilático, evoluindo a óbito, conforme demonstrado em seu laudo de exame cadavérico.

Recebidos os autos do inquérito, o Ministério Público ofereceu denúncia em face de Jonas, imputando-lhe o crime de homicídio doloso.

Diante dos fatos acima narrados e considerando o estudo da teoria da equivalência, o(a) advogado(a) de Jonas deverá alegar que a morte de Leonardo decorreu de causa superveniente

(A) absolutamente independente, devendo ocorrer desclassificação para que Jonas responda pelo crime de lesão corporal seguida de morte.

(B) relativamente independente, devendo ocorrer desclassificação para o crime de lesão corporal seguida de morte, já que a morte teve relação com sua conduta inicial.

(C) relativamente independente, que, por si só, causou o resultado, devendo haver desclassificação para o crime de homicídio culposo.

(D) relativamente independente, que, por si só, produziu o resultado, devendo haver desclassificação para o crime de lesão corporal, não podendo ser imputado o resultado morte.

As chamadas *causas supervenientes relativamente independentes* excluem a imputação, desde que sejam aptas, por si sós, a produzir o resultado; os fatos anteriores, no entanto, serão imputados a quem os praticou (art. 13, § 1º, do CP). Exemplo clássico e sempre lembrado pela doutrina é aquele em que a vítima de tentativa de homicídio é socorrida e levada ao hospital e, ali estando, vem a falecer, não em razão dos ferimentos que experimentou, mas por conta de incêndio ocorrido na enfermaria do hospital. Este evento (incêndio) do qual decorreu a morte da vítima constitui causa superveniente relativamente independente que, por si só, gerou o resultado. O nexo causal, nos termos do art. 13, § 1º, do CP, é interrompido (há imprevisibilidade). O agente, por isso, responderá por homicídio na forma tentada (e não na modalidade consumada). Perceba que, neste caso, estamos a falar de causa *relativamente* independente porque, não fosse a tentativa de homicídio, o ofendido não seria, por óbvio, hospitalizado e não seria, por consequência, vítima do incêndio que produziu, de fato, a sua morte. Dito isso e considerando o que consta do enunciado proposto, Jonas deverá ser responsabilizado apenas por lesão corporal (fratura no braço da vítima), na medida em que a morte de Leonardo decorreu de reação alérgica (choque anafilático) ocorrida em razão de erro médico. Assim, pode-se entender que a reação alérgica ao medicamento equivocadamente ministrado constitui causa superveniente relativamente independente que, por si só, produziu o resultado, excluindo-se, assim, a imputação do evento fatal a Jonas, nos termos do art. 13, § 1º, do CP. Aplicando-se a teoria da causalidade adequada, pode-se concluir que Jonas apenas deverá responder pelos ferimentos (lesões) provocados em Leonardo durante a briga, não se compreendendo na linha de desdobramento normal de referida conduta a morte da vítima em razão de choque anafilático pela ingestão de medicamento que lhe causou alergia.

Gabarito "D".

(OAB/Exame Unificado – 2019.1) David, em dia de sol, levou sua filha, Vivi, de 03 anos, para a piscina do clube. Enquanto a filha brincava na piscina infantil, David precisou ir ao banheiro, solicitando, então, que sua amiga Carla, que estava no local, ficasse atenta para que nada de mal ocorresse com Vivi. Carla se comprometeu a cuidar da filha de David.

Naquele momento, Vitor assumiu o posto de salva-vidas da piscina. Carla, que sempre fora apaixonada por Vitor, começou a conversar com ele e ambos ficam de costas para a piscina, não atentando para as crianças que lá estavam.

Vivi começa a brincar com o filtro da piscina e acaba sofrendo uma sucção que a deixa embaixo da água por tempo suficiente para causar seu afogamento. David vê quando o ato acontece através de pequena janela no banheiro do local, mas o fecho da porta fica emperrado e ele não consegue sair. Vitor e Carla não veem o ato de afogamento da criança porque estavam de costas para a piscina conversando.

Diante do resultado morte, David, Carla e Vitor ficam preocupados com sua responsabilização penal e procuram um advogado, esclarecendo que nenhum deles adotou comportamento positivo para gerar o resultado.

Considerando as informações narradas, o advogado deverá esclarecer que:

(A) Carla e Vitor, apenas, poderão responder por homicídio culposo, já que podiam atuar e possuíam obrigação de agir na situação.

(B) David, apenas, poderá responder por homicídio culposo, já que era o único com dever legal de agir por ser pai da criança.

(C) David, Carla, Vitor poderão responder por homicídio culposo, já que os três tinham o dever de agir.

(D) Vitor, apenas, poderá responder pelo crime de omissão de socorro.

Esta questão trata do chamado *crime omissivo impróprio*. A responsabilidade penal de David deve ser afastada. Embora ele, pelo fato de ser pai de Vivi, tenha, em relação a ela, o dever, imposto por lei, de cuidado e proteção, não podia, no momento do afogamento da filha, agir, pois estava trancado no banheiro. Além disso, não se pode alegar que deixou a filha à própria sorte. Isso porque, antes de deixar o local e se dirigir ao banheiro, adotou a precaução de pedir à sua amiga Carla que prestasse atenção na sua filha. Dessa forma, em momento algum David agiu de forma descuidada ou negligente com sua filha. No que toca a Carla e Vitor, a situação é diferente. Carla, mesmo ciente de que se comprometera com David a cuidar de sua filha enquanto este ia ao banheiro, agindo com negligência, não viu quando Vivi, presa ao filtro da piscina, se afogava. De ver-se que Carla, embora não tenha o dever legal de cuidado e proteção em relação a Vivi, assumiu o risco de protegê-la enquanto o pai estava ausente. Não o tendo feito e disso decorrendo a morte da garota, deverá Carla ser responsabilizada por homicídio culposo, já que a sua responsabilidade decorre do art. 13, § 2º, *b*, do CP; neste mesmo dispositivo está incurso Vitor, que, pelo fato de ser salva-vidas, tem o dever de zelar pela segurança dos banhistas da piscina. A morte de Vivi adveio, também, da conduta omissiva de Vitor, que faltou com a devida atenção no momento em que a garota se afogava. Deverá, assim como Carla, ser responsabilizado por homicídio culposo (art. 121, § 3º, CP).

> **Dica:** tema comumente objeto de questionamento em exames de Ordem e em provas de concursos em geral é a distinção entre as modalidades de crime omissivo (omissão própria e imprópria). Vejamos. Um dos critérios adotados pela doutrina para diferenciar a chamada omissão própria da imprópria é o *tipológico*. Somente a omissão própria está albergada em tipos penais específicos, já que o legislador, neste caso, cuidou de descrever no que consiste a omissão. Em outras palavras, o tipo penal, na omissão própria, contém a descrição da conduta omissiva. É o caso do crime de omissão de socorro (art. 135, CP). Esta modalidade de crime se perfaz pela mera abstenção do agente, independente de qualquer resultado posterior. Já o *crime omissivo impróprio* (*comissivo por omissão* ou *impuro*), *grosso modo*, é aquele em que o sujeito ativo, por uma omissão inicial, dá causa a um resultado posterior, que ele tinha o dever de evitar (art. 13, § 2º, do CP). A existência do crime comissivo por omissão pressupõe a conjugação de duas normas: uma norma proibitiva, que encerra um tipo penal comissivo e a todos é dirigido, e uma norma mandamental, que é endereçada a determinadas pessoas sobre as quais recai o dever de agir.
> Assim, a título de exemplo, a violação à regra contida no art. 121 do CP (não matar) pressupõe, via de regra, uma conduta positiva (um agir, um fazer); agora, a depender da qualidade do sujeito ativo (art. 13, § 2º), essa mesma norma pode ser violada por meio de uma omissão, o que se dá quando o agente, por força do que dispõe o art. 13, § 2º, do CP, tem o dever de agir para evitar o resultado. Perceba, dessa forma, que a conduta omissiva imprópria, diferentemente da própria, não está descrita em tipos penais específicos. A tipicidade decorre da conjugação do art. 13, § 2º, do CP com um tipo penal comissivo. É este o caso narrado no enunciado. O tipo penal, no crime de homicídio (doloso ou culposo), encerra uma conduta positiva (matar alguém); em determinadas situações, porém, este delito pode comportar a modalidade omissiva, desde que se esteja diante de uma das hipóteses do art. 13, § 2º, do CP. Exemplo sempre lembrado pela doutrina é o da mãe que propositadamente deixa de amamentar seu filho, que, em razão disso, vem a morrer. Será ela responsabilizada por homicídio doloso, na medida em que seu dever de agir está contemplado na regra inserta no art. 13, § 2º, do CP. Perceba que, neste último caso, a mãe, a quem incumbe o dever de cuidado e proteção, deixou de alimentar seu filho de forma intencional, causando-lhe a morte. Assim, deverá responder por homicídio doloso.

Gabarito "A"

(OAB/Exame Unificado – 2016.3) Carlos presta serviço informal como salva-vidas de um clube, não sendo regularmente contratado, apesar de receber uma gorjeta para observar os sócios do clube na piscina, durante toda a semana. Em seu horário de "serviço", com várias crianças brincando na piscina, fica observando a beleza física da mãe de uma das crianças e, ao mesmo tempo, falando no celular com um amigo, acabando por ficar de costas para a piscina. Nesse momento, uma criança vem a falecer por afogamento, fato que não foi notado por Carlos.

Sobre a conduta de Carlos, diante da situação narrada, assinale a afirmativa correta.

(A) Não praticou crime, tendo em vista que, apesar de garantidor, não podia agir, já que concretamente não viu a criança se afogando.

(B) Deve responder pelo crime de homicídio culposo, diante de sua omissão culposa, violando o dever de garantidor.

(C) Deve responder pelo crime de homicídio doloso, em razão de sua omissão dolosa, violando o dever de garantidor.

(D) Responde apenas pela omissão de socorro, mas não pelo resultado morte, já que não havia contrato regular que o obrigasse a agir como garantidor.

Carlos, podendo e devendo agir para evitar a morte da criança, já que fora contratado para zelar pela segurança dos banhistas do clube, acaba por se distrair e não percebe que uma criança se afogava, devendo responder, na forma estatuída no art. 13, § 2º, *b*, do CP, pelo crime de homicídio culposo, uma vez que assumiu, na qualidade de garantidor, a responsabilidade de impedir o resultado. A sua obrigação, perceba, não decorre de lei, tal como a dos pais em relação aos filhos bem assim a dos tutores em relação aos tutelados, mas de uma situação fática. ED

Gabarito "B".

(OAB/Exame Unificado – 2014.2) Wallace, hemofílico, foi atingido por um golpe de faca em uma região não letal do corpo. Júlio, autor da facada, que não tinha dolo de matar, mas sabia da condição de saúde específica de Wallace, sai da cena do crime sem desferir outros golpes, estando Wallace ainda vivo. No entanto, algumas horas depois, Wallace morre, pois, apesar de a lesão ser em local não letal, sua condição fisiológica agravou o seu estado de saúde. Acerca do estudo da relação de causalidade, assinale a opção correta.

(A) O fato de Wallace ser hemofílico é uma causa relativamente independente preexistente, e Júlio não deve responder por homicídio culposo, mas, sim, por lesão corporal seguida de morte.

(B) O fato de Wallace ser hemofílico é uma causa absolutamente independente preexistente, e Júlio não deve responder por homicídio culposo, mas, sim, por lesão corporal seguida de morte.

(C) O fato de Wallace ser hemofílico é uma causa absolutamente independente concomitante, e Júlio deve responder por homicídio culposo.

(D) O fato de Wallace ser hemofílico é uma causa relativamente independente concomitante, e Júlio não deve responder pela lesão corporal seguida de morte, mas, sim, por homicídio culposo.

A: correta. Pelo enunciado, resta claro que Júlio, ao golpear Wallace, não desejava a sua morte. Queria, apenas e tão somente, lesioná-lo. Tanto é assim que a lesão produzida pela facada desferida por Júlio foi

14. DIREITO PENAL — 889

em região não letal. Não é o caso, portanto, de imputar-lhe o resultado morte a título de dolo (homicídio doloso). De outro lado, embora não quisesse a morte de Wallace, ao atingi-lo, Júlio conhecia sua condição de hemofílico. Bem por isso, é o caso de imputar-lhe o resultado morte, mas não a título de dolo (ele não o quis tampouco assumiu o risco de produzi-lo) mas, sim, a título de culpa, uma vez que tal desdobramento era previsível. Sendo assim: lesão corporal (resultado perseguido) seguida de morte (resultado produzido a título de culpa), crime previsto no art. 129, § 3º, do CP; **B:** incorreta. Diz-se *absolutamente independente* a concausa que, sendo anterior à prática da conduta do agente, teria, de qualquer forma, produzido o resultado. Não é este o caso descrito no enunciado, uma vez que, não fosse a lesão experimentada por Wallace, sua morte não se teria verificado; **C:** incorreta, dado que o fato de Wallace ser hemofílico constitui *concausa preexistente* (e não concomitante), na medida em que sua existência é anterior à conduta de Júlio; **D:** incorreta, tendo em conta o que foi afirmado acima. *Concomitante* é a concausa que incide de forma simultânea em relação à conduta do agente. Surgem, enfim, ao mesmo tempo.

Gabarito "A".

(OAB/Exame Unificado – 2013.3) Paula, com intenção de matar Maria, desfere contra ela quinze facadas, todas na região do tórax. Cerca de duas horas após a ação de Paula, Maria vem a falecer. Todavia, a *causa mortis* determinada pelo auto de exame cadavérico foi envenenamento. Posteriormente, soube-se que Maria nutria intenções suicidas e que, na manhã dos fatos, havia ingerido veneno.

Com base na situação descrita, assinale a afirmativa correta.

(A) Paula responderá por homicídio doloso consumado.

(B) Paula responderá por tentativa de homicídio.

(C) O veneno, em relação às facadas, configura concausa relativamente independente superveniente que por si só gerou o resultado.

(D) O veneno, em relação às facadas, configura concausa absolutamente independente concomitante.

Não é possível imputar a Paula a responsabilidade pela morte de Maria. É que, embora este resultado fosse desejado por ela, Paula, a sua ocorrência decorreu de circunstância absolutamente independente da sua conduta (quinze facadas). Isto é, o evento morte, neste caso, teria ocorrido de qualquer maneira, uma vez que Maria, que tinha intenções suicidas, já havia, antes de ser golpeada por Paula, ingerido veneno que, depois se soube, veio a causar-lhe a morte. Pelo que fez, Paula há de ser responsabilizada por tentativa de homicídio. O enunciado não deixa dúvidas quanto ao propósito de Paula, que era o de ver Maria morta. Diz-se que a ingestão do veneno configura concausa absolutamente independente preexistente, já que a sua ocorrência é anterior à conduta de Paula. É independente porque a causa que deu origem ao resultado não se originou na conduta do agente.

Gabarito "B".

(OAB/Exame Unificado – 2013.3) Odete é diretora de um orfanato municipal, responsável por oitenta meninas em idade de dois a onze anos. Certo dia Odete vê Elisabeth, uma das recreadoras contratada pela Prefeitura para trabalhar na instituição, praticar ato libidinoso com Poliana, criança de 9 anos, que ali estava abrigada. Mesmo enojada pela situação que presenciava, Odete achou melhor não intervir, porque não desejava criar qualquer problema para si.

Nesse caso, tendo como base apenas as informações descritas, assinale a opção correta.

(A) Odete não pode ser responsabilizada penalmente, embora possa sê-lo no âmbito cível e administrativo.

(B) Odete pode ser responsabilizada pelo crime descrito no Art. 244-A, do Estatuto da Criança e do Adolescente, *verbis*: "*Submeter criança ou adolescente, como tais definidos no caput do art. 2º desta Lei, à prostituição ou à exploração sexual*".

(C) Odete pode ser responsabilizada pelo crime de estupro de vulnerável, previsto no Art. 217-A do CP, *verbis*: "*Ter conjunção carnal ou praticar outro ato libidinoso com menor de 14 (catorze) anos*".

(D) Odete pode ser responsabilizada pelo crime de omissão de socorro, previsto no Art. 135, do CP, *verbis*: "*Deixar de prestar assistência, quando possível fazê-lo sem risco pessoal, à criança abandonada ou extraviada, ou à pessoa inválida ou ferida, ao desamparo ou em grave e iminente perigo; ou não pedir, nesses casos, o socorro da autoridade pública*".

A *omissão* de Odete, diretora do orfanato em que se encontrava abrigada Poliana, menor com nove anos de idade, equivale a uma *ação*. Isso porque, nessa qualidade, Odete tinha o dever, imposto pelo art. 13, § 2º, do CP, de cuidado e proteção em relação a Poliana, deixando-a a salvo de toda e qualquer ameaça ou perigo. Deveria, pois, agir para impedir a prática libidinosa da qual foi vítima Poliana. Se nada fez, há de ser responsabilizada pelo mesmo crime em que incorreu Elizabeth: estupro de vulnerável (art. 217-A, CP). É hipótese de omissão imprópria, também chamada de impura ou delito comissivo por omissão. Nesta modalidade imprópria de omissão, o agente, podendo, nada faz para evitar a prática de crime que, na sua essência, é comissivo (pressupõe conduta positiva, um fazer), como é o caso do estupro, do homicídio etc. Nesses casos, o agente não toma parte na conduta de forma direta, mas, devendo e podendo agir para impedir o resultado, nada faz (omite-se). Afasta-se, assim, a prática do crime de omissão de socorro (art. 135, CP), que é típico exemplo de omissão própria, em que a conduta do agente consistente em abster-se está descrita no tipo penal. A consumação, nesses crimes, se opera, por isso, com a mera abstenção. Diferentemente, na omissão imprópria a consumação do crime, cuja descrição legal corresponde a uma ação, condiciona-se à produção do resultado naturalístico previsto no tipo penal. Note que a omissão imprópria não se encontra em tipos específicos, sendo a tipicidade gerada por extensão.

Gabarito "C".

(OAB/Exame Unificado – 2013.1) Jane, dirigindo seu veículo dentro do limite de velocidade para a via, ao efetuar manobra em uma rotatória, acaba abalroando o carro de Lorena, que, desrespeitando as regras de trânsito, ingressou na rotatória enquanto Jane fazia a manobra. Em virtude do abalroamento, Lorena sofreu lesões corporais.

Nesse sentido, com base na teoria da imputação objetiva, assinale a afirmativa correta.

(A) Jane não praticou crime, pois agiu no exercício regular de direito.

(B) Jane não responderá pelas lesões corporal contra Lorena com base no princípio da intervenção mínima.

(C) Jane não pode ser responsabilizada pelo resultado com base no princípio da confiança.

(D) Jane praticou delito previsto no Código de Trânsito Brasileiro, mas poderá fazer jus a benefícios penais.

A: incorreto. Jane não praticou crime, pois não agiu com dolo tampouco com culpa (princípio da culpabilidade). Atua em exercício regular de direito, que exclui a ilicitude da conduta, o agente que comete o fato típico no exercício de uma prerrogativa a ele conferida por lei. Não é este o caso de Jane, dado que não praticou fato típico nenhum; **B:** incorreto.

EDUARDO DOMPIERI

Pelo princípio da intervenção mínima, que tem incidência no âmbito da atividade legislativa, o direito penal, instrumento mais traumático de resolução de conflitos, deve intervir o mínimo possível na vida das pessoas; **C:** correta. À Jane não poderão ser atribuídas as lesões corporais experimentadas por Lorena porque dela (Jane) não se pode exigir a previsão de ações descuidadas de terceiros (princípio da confiança); **D:** incorreto. Jane, pelas razões que expusemos, não praticou crime algum.

„Gabarito "C".

(OAB/Exame Unificado – 2013.1) João, com intenção de matar, efetua vários disparos de arma de fogo contra Antônio, seu desafeto. Ferido, Antônio é internado em um hospital, no qual vem a falecer, não em razão dos ferimentos, mas queimado em um incêndio que destrói a enfermaria em que se encontrava.

Assinale a alternativa que indica o crime pelo qual João será responsabilizado.

(A) Homicídio consumado.

(B) Homicídio tentado.

(C) Lesão corporal.

(D) Lesão corporal seguida de morte.

João, agindo com *animus necandi*, efetuou vários disparos contra seu desafeto Antônio, que, ferido, foi socorrido e internado em hospital. Até aqui, temos que a conduta de João configura o crime de tentativa de homicídio. Sucede que, uma vez no hospital, local em que se encontrava tão somente em razão do crime de que foi vítima, Antônio vem a falecer, não em consequência dos ferimentos que lhe causaram os projéteis disparados por João, mas em razão de um incêndio ocorrido na enfermaria do hospital. O incêndio do qual decorreu a morte de Antônio constitui causa superveniente relativamente independente que, por si só, gerou o resultado. O nexo causal, nos termos do art. 13, § 1º, do CP, é interrompido (há imprevisibilidade). João, por isso, responderá por homicídio na forma tentada.

„Gabarito "B".

(OAB/Exame Unificado – 2009.1) Ana e Bruna desentenderam-se em uma festividade na cidade onde moram e Ana, sem intenção de matar, mas apenas de lesionar, atingiu levemente, com uma faca, o braço esquerdo de Bruna, a qual, ao ser conduzida ao hospital para tratar o ferimento, foi vítima de acidente de automóvel, vindo a falecer exclusivamente em razão de traumatismo craniano. Acerca dessa situação hipotética, é correto afirmar, à luz do CP, que Ana

(A) não deve responder por delito algum, uma vez que não deu causa à morte de Bruna.

(B) deve responder apenas pelo delito de lesão corporal.

(C) deve responder pelo delito de homicídio consumado.

(D) deve responder pelo delito de homicídio na modalidade tentada.

O acidente de automóvel do qual resultou a morte de Bruna constitui, conforme reza o art. 13, § 1º, do CP, *causa superveniente relativamente independente*, que tem o condão de romper o nexo causal, fazendo com que Ana responda tão somente pela lesão corporal. Embora o acidente automobilístico tenha sido gerado pela lesão experimentada por Ana (causas relativamente independentes), ele, acidente, foi capaz, por si só, de produzir o resultado.

„Gabarito "B".

(FGV – 2013) Com relação ao estudo da *teoria do crime*, assinale a afirmativa **incorreta**.

(A) A conduta pode se manifestar por meio de um comportamento positivo (ação) ou de um comportamento

negativo (omissão), quando não atua o agente de acordo com o comportamento esperado pela norma.

(B) Os crimes omissivos se dividem em próprio e impróprio, não se admitindo a tentativa em qualquer deles.

(C) Os delitos omissivos impróprios são crimes próprios, já que se exige do autor uma qualidade especial.

(D) Admite-se a coautoria nos crimes omissivos impróprios.

A: correta. De fato, a conduta, que nada mais é do que a materialização da vontade humana, comporta duas formas: *ação*, que consiste no comportamento positivo (um fazer, portanto); e *omissão*, que constitui um comportamento negativo, um não fazer, uma abstenção. Esta forma de conduta pode ser classificada, por seu turno, em *omissão própria* (ex.: omissão de socorro – art. 135, CP) e *omissão imprópria*, que envolve um dever de agir (art. 13, § 2º, do CP); **B:** incorreta. Se é verdade, de um lado, que o crime omissivo próprio não admite a modalidade tentada, é incorreto dizer o mesmo em relação à omissão imprópria, uma vez que, neste caso, o *conatus* é, sim, admitido. Vale lembrar que são crimes cuja consumação está condicionada à produção de resultado naturalístico. Diferente da omissão própria, em que a consumação se dá com a mera abstenção do agente, independente de qualquer resultado posterior; **C:** correta. Somente poderá ser responsabilizado pelo cometimento de crime omissivo impróprio aquele que se encontrar em uma das hipóteses descritas no art. 13, § 2º, do CP. É uma condição especial que deve ter o sujeito ativo; **D:** correta. Os crimes omissivos impróprios (comissivos por omissão) comportam a coautoria. É o caso dos pais que deixam de alimentar o filho que, em razão disso, vem a morrer por inanição. Pai e mãe, neste exemplo, respondem na qualidade de coautores. É bom que se diga que este posicionamento não é pacífico na doutrina.

„Gabarito "B".

(FGV – 2010) Carlos Cristiano trabalha como salva-vidas no clube municipal de Tartarugalzinho. O clube abre diariamente às 8hs, e a piscina do clube funciona de terça a domingo, de 9 às 17 horas, com um intervalo de uma hora para o almoço do salva-vidas, sempre entre 12 e 13 horas. Carlos Cristiano é o único salva-vidas do clube e sabe a responsabilidade de seu trabalho, pois várias crianças utilizam a piscina diariamente e muitas dependem da sua atenção para não morrerem afogadas. Normalmente, Carlos Cristiano trabalha com atenção e dedicação, mas naquele dia 2 de janeiro estava particularmente cansado, pois dormira muito tarde após as comemorações do *reveillon*. Assim, ao invés de voltar do almoço na hora, decidiu tirar um cochilo. Acordou às 15 horas, com os gritos dos sócios do clube que tentavam reanimar uma criança que entrara na piscina e fora parar na parte funda. Infelizmente, não foi possível reanimar a criança. Embora houvesse outras pessoas na piscina, ninguém percebera que a criança estava se afogando. Assinale a alternativa que indique o crime praticado por Carlos Cristiano.

(A) Homicídio culposo.

(B) Nenhum crime.

(C) Omissão de socorro.

(D) Homicídio doloso, na modalidade de ação comissiva por omissão.

(E) Homicídio doloso, na modalidade de ação omissiva.

É verdade que o salva-vidas tem o dever jurídico, imposto pelo art. 13, § 2º, do CP, de agir sempre que alguém corre risco em uma piscina ou mesmo no mar. Deve, portanto, fazer gestões para impedir o resultado

14. DIREITO PENAL

letal. Ocorre que o salva-vidas, neste caso, por ter ido um pouco além do seu horário de almoço, não estava no seu local de trabalho no momento em que uma criança se afogou. Só se poderia falar em crime omissivo impróprio (comissivo por omissão) se houvesse por parte de Carlos Cristiano a constatação da situação de perigo (afogamento) seguida de omissão. Não é o caso. O fato é que o salva-vidas não estava no local dos fatos para se omitir e, dessa forma, dar ensejo ao resultado naturalístico. Ademais disso, a criança não estava sozinha.

Gabarito "B".

6. CRIMES DOLOSOS, CULPOSOS E PRETERDOLOSOS

(OAB/Exame XXXVII) Fernanda trabalha como cuidadora de idosos e foi contratada para assistir ao idoso Luís Fernando, de 89 anos, que, não obstante a idade, seguia ativo, caminhando com algum apoio e realizando suas atividades de forma habitual, com relativa independência.

Certo dia, Luís Fernando descia as escadas rolantes de um shopping center, quando a barra de sua calça se prendeu nos degraus, o que levou Luís Fernando a se desequilibrar, e o suporte dado por Fernanda não foi suficiente para impedir a sua queda. O idoso fraturou o fêmur. Preocupada com eventual responsabilização criminal, Fernanda procura aconselhamento.

Como advogado(a) de Fernanda, assinale a opção que apresenta sua orientação sobre os fatos e as possíveis consequências.

(A) Fernanda ocupa a posição de garantidora, devendo ser responsabilizada por delito comissivo por omissão por ter se operado o resultado danoso.

(B) A responsabilização de Fernanda dependeria de comprovação de efetiva negligência, imprudência ou imperícia, sem o que, não será responsabilizada pelo resultado danoso.

(C) Fernanda pode ser responsabilizada por crime omissivo próprio, diante do resultado danoso.

(D) Fernanda incidiu em conduta tipificada no Estatuto do Idoso.

Segundo consta, Luís Fernando, pessoa idosa que conta com 89 anos, ao descer as escadas rolantes de um shopping center, na companhia de Fernanda, sua cuidadora, tem a barra de sua calça presa na escada e, por conta disso, desequilibra-se e cai, do que resulta uma fratura em seu fêmur. Pela narrativa, não é possível inferir que Fernanda tenha agido com culpa no evento. Em outras palavras, pelos dados fornecidos, não é possível afirmar tenha ela incorrido em uma das modalidades de culpa: negligência, imprudência e imperícia.

Gabarito "B".

(OAB/Exame Unificado – 2013.3) Wilson, competente professor de uma autoescola, guia seu carro por uma avenida à beira-mar. No banco do carona está sua noiva, Ivana. No meio do percurso, Wilson e Ivana começam a discutir: a moça reclama da alta velocidade empreendida. Assustada, Ivana grita com Wilson, dizendo que, se ele continuasse naquela velocidade, poderia facilmente perder o controle do carro e atropelar alguém. Wilson, por sua vez, responde que Ivana deveria deixar de ser medrosa e que nada aconteceria, pois se sua profissão era ensinar os outros a dirigir, ninguém poderia ser mais competente do que ele na condução de um veículo. Todavia, ao fazer uma curva, o automóvel derrapa na areia trazida para o

asfalto por conta dos ventos do litoral, o carro fica desgovernado e acaba ocorrendo o atropelamento de uma pessoa que passava pelo local. A vítima do atropelamento falece instantaneamente. Wilson e Ivana sofrem pequenas escoriações. Cumpre destacar que a perícia feita no local constatou excesso de velocidade.

Nesse sentido, com base no caso narrado, é correto afirmar que, em relação à vítima do atropelamento, Wilson agiu com

(A) dolo direto.

(B) dolo eventual.

(C) culpa consciente.

(D) culpa inconsciente.

Pela narrativa, é possível afastar, de pronto, a ocorrência do *dolo direto*. É que restou claro que a intenção de Wilson não era a de provocar a morte do pedestre, que, por sinal, nem conhecia. Pois bem. Da mesma forma que fizemos com o dolo direto, há de se afastar a *culpa inconsciente*, uma vez que o resultado que poderia redundar de sua conduta foi antevisto: o atropelamento do qual resultou a morte do pedestre. Assim, restam o *dolo eventual* (assertiva "B") e a *culpa consciente* (alternativa "C"). No *dolo eventual*, a postura do agente em relação ao resultado é de indiferença. É verdade que, nesta modalidade de dolo, a sua vontade não é dirigida ao resultado (morte, neste caso), mas, prevendo a possibilidade de ele (resultado) ocorrer, revela-se indiferente e dá sequência à sua empreitada, assumindo o risco de causá-lo. Em outras palavras, ele não o deseja, mas se acontecer, aconteceu. Não foi isso que aconteceu na narrativa acima. Muito embora Wilson tivesse a previsão do resultado ofensivo, sua postura não foi de indiferença em relação a ela, mas de excesso de confiança, o que configura a chamada *culpa consciente*. Wilson não tolera tampouco aceita a produção do resultado. Ele acreditou piamente que, com a sua habilidade e destreza, o atropelamento não iria acontecer. Foi bem isso que se deu com Wilson. Correta, portanto, a assertiva "C".

Gabarito "C".

(OAB/Exame Unificado – 2012.3.B) Platão, desejando matar Sócrates, entrega a Aristóteles uma arma, fazendo-o supor, erroneamente, que está desmuniciada e, portanto, incapaz de oferecer qualquer perigo. Ao perceber que Aristóteles está manuseando a arma e que sequer conferiu a informação dada no sentido de que não havia balas no seu interior, Platão induz Aristóteles a acionar o gatilho na direção de Sócrates. Assim é feito e Sócrates acaba falecendo em decorrência do tiro que levou.

Com base na situação descrita, assinale a afirmativa correta.

(A) Platão praticou homicídio doloso e Aristóteles, homicídio culposo.

(B) Platão participou, dolosamente, do crime culposo de Aristóteles.

(C) É possível verificar-se o concurso de pessoas.

(D) Platão agiu com dolo direto e Aristóteles, com dolo eventual.

Está-se, aqui, diante da chamada *autoria mediata* ou *autoria por determinação*. Platão, desejando pôr fim à vida de Sócrates, recorre a Aristóteles, que funciona como *instrumento* do cometimento do crime, isto é, o autor *mediato*, que é Platão, utiliza o executor (autor imediato), que é Aristóteles, como mero instrumento para a sua empreitada criminosa. Evidente que Platão, porque desejou a morte de Sócrates e utilizou Aristóteles para alcançar seu objetivo, será responsabilizado pelo crime de homicídio doloso consumado; já Aristóteles, que não queria a morte

EDUARDO DOMPIERI

de Sócrates mas não se cercou dos cuidados necessários ao manuseio da arma de fogo, deverá responder pelo crime de homicídio culposo.

Gabarito "A".

(OAB/Exame Unificado – 2010.3) Pedro, não observando seu dever objetivo de cuidado na condução de uma bicicleta, choca-se com um telefone público e o destrói totalmente. Nesse caso, é correto afirmar que Pedro

(A) deverá ser responsabilizado pelo crime de dano simples, somente.

(B) deverá ser responsabilizado pelo crime de dano qualificado, sem prejuízo da obrigação de reparar o dano causado.

(C) não será responsabilizado penalmente.

(D) deverá ser responsabilizado pelo crime de dano qualificado, somente.

Do enunciado da questão é possível concluir-se que o ato praticado por Pedro foi culposo, já que inobservou seu dever de cuidado objetivo. Como tal se deu na condução de sua bicicleta e teve como resultado a destruição total de um telefone público, Pedro estaria incurso, por conta disso, nas penas do crime de "dano culposo". Ocorre que não há, no Código Penal, previsão desse crime. O crime de dano, que somente comporta a modalidade dolosa, está no art. 163 do CP. É correto, portanto, afirmar-se que Pedro não será responsabilizado penalmente, já que a destruição se deu a título de culpa. *Vide* art. 18, parágrafo único, do CP, que trata da *excepcionalidade do crime culposo.*

Gabarito "C".

(OAB/Exame Unificado – 2009.2) Com relação ao dolo e à culpa, assinale a opção correta.

(A) A conduta culposa poderá ser punida ainda que sem previsão expressa na lei.

(B) Caracteriza-se a culpa consciente caso o agente preveja e aceite o resultado de delito, embora imagine que sua habilidade possa impedir a ocorrência do evento lesivo previsto.

(C) Caracteriza-se a culpa própria quando o agente, por erro de tipo inescusável, supõe estar diante de uma causa de justificação que lhe permite praticar, licitamente, o fato típico.

(D) Considere que determinado agente, com intenção homicida, dispare tiros de pistola contra um desafeto e, acreditando ter atingido seu objetivo, jogue o suposto cadáver em um lago. Nessa situação hipotética, caso se constate posteriormente que a vítima estava viva ao ser atirada no lago, tendo a morte ocorrido por afogamento, fica caracterizado o dolo geral do agente, devendo este responder por homicídio consumado.

A: incorreto. O art. 18, parágrafo único, do CP prevê a chamada *excepcionalidade do crime culposo*, ou seja, só há que se falar em crime culposo se houver previsão legal expressa nesse sentido; caso contrário, o agente não poderá ser punido a título de culpa; **B:** incorreto. Na *culpa consciente* o agente prevê o resultado, mas espera sinceramente que ele não ocorra. O agente, neste caso, não aceita a ocorrência do resultado. Tal postura (de aceitar o resultado) é compatível com o *dolo eventual*, em que o sujeito assume o risco de produzi-lo, conforma-se com ele, mostra-se, enfim, indiferente em relação a ele, resultado; **C:** incorreto. *Culpa própria*: o agente não deseja o resultado tampouco assume o risco de produzi-lo; **D:** correto. Também chamado de *erro sucessivo* ou *aberratio causae.*

Gabarito "D".

---

7. ERRO DE TIPO, DE PROIBIÇÃO E DEMAIS ERROS

(OAB/Exame Unificado – 2019.3) Regina dá à luz seu primeiro filho, Davi. Logo após realizado o parto, ela, sob influência do estado puerperal, comparece ao berçário da maternidade, no intuito de matar Davi. No entanto, pensando tratar-se de seu filho, ela, com uma corda, asfixia Bruno, filho recém-nascido do casal Marta e Rogério, causando-lhe a morte. Descobertos os fatos, Regina é denunciada pelo crime de homicídio qualificado pela asfixia com causa de aumento de pena pela idade da vítima.

Diante dos fatos acima narrados, o(a) advogado(a) de Regina, em alegações finais da primeira fase do procedimento do Tribunal do Júri, deverá requerer

(A) o afastamento da qualificadora, devendo Regina responder pelo crime de homicídio simples com causa de aumento, diante do erro de tipo.

(B) a desclassificação para o crime de infanticídio, diante do erro sobre a pessoa, não podendo ser reconhecida a agravante pelo fato de quem se pretendia atingir ser descendente da agente.

(C) a desclassificação para o crime de infanticídio, diante do erro na execução (*aberratio ictus*), podendo ser reconhecida a agravante de o crime ser contra descendente, já que são consideradas as características de quem se pretendia atingir.

(D) a desclassificação para o crime de infanticídio, diante do erro sobre a pessoa, podendo ser reconhecida a agravante de o crime ser contra descendente, já que são consideradas as características de quem se pretendia atingir.

A mãe que, sob influência do estado puerperal, mata o filho alheio pensando se tratar do próprio filho incorre em erro sobre a pessoa, devendo ser responsabilizada, nos termos do art. 20, § 3º, do CP, como se tivesse investido contra quem ela queria praticar o crime (neste caso, o seu próprio filho recém-nascido). Serão desprezadas, portanto, as características da vítima efetivamente atingida. Não é o caso de se reconhecer a agravante do art. 61, II, *e*, do CP (crime contra descendente), haja vista que tal circunstância já constitui elementar do crime de infanticídio. Ou seja, a incidência desta agravante, neste caso, representa verdadeiro *bis in idem.*

Gabarito "B".

(OAB/Exame Unificado – 2018.3) Inconformado com o fato de Mauro ter votado em um candidato que defendia ideologia diferente da sua, João desferiu golpes de faca contra seu colega, assim agindo com a intenção de matá-lo. Acreditando ter obtido o resultado desejado, João levou o corpo da vítima até uma praia deserta e o jogou no mar. Dias depois, o corpo foi encontrado, e a perícia constatou que a vítima morreu afogada, e não em razão das facadas desferidas por João.

Descobertos os fatos, João foi preso, denunciado e pronunciado pela prática de dois crimes de homicídio dolosos, na forma qualificada, em concurso material.

Ao apresentar recurso contra a decisão de pronúncia, você, advogado(a) de João, sob o ponto de vista técnico, deverá alegar que ele somente poderia ser responsabilizado

(A) pelo crime de lesão corporal, considerando a existência de causa superveniente, relativamente independente, que, por si só, causou o resultado.

(B) por um crime de homicídio culposo, na forma consumada.

(C) por um crime de homicídio doloso qualificado, na forma tentada, e por um crime de homicídio culposo, na forma consumada, em concurso material.

(D) por um crime de homicídio doloso qualificado, na forma consumada.

O enunciado descreve típica hipótese de erro sobre o nexo causal, também chamado de erro sucessivo, dolo geral ou *aberratio causae*, a verificar-se quando o agente, imaginado já ter alcançado determinado resultado com um comportamento inicial (neste caso, as facadas desferidas na vítima), vem a praticar nova conduta (vítima, ainda viva, lançada ao mar), esta sim a causa efetiva da consumação (afogamento). Trata-se de um erro irrelevante para o Direito Penal, porquanto de natureza acidental, devendo o agente ser responsabilizado pelo resultado pretendido de início, que, é importante que se diga, corresponde ao efetivamente atingido. Deverá ser responsabilizado, portanto, por um único crime de homicídio doloso qualificado, na modalidade consumada.
Gabarito "D".

(OAB/Exame Unificado – 2017.1) Tony, a pedido de um colega, está transportando uma caixa com cápsulas que acredita ser de remédios, sem ter conhecimento que estas, na verdade, continham Cloridrato de Cocaína em seu interior. Por outro lado, José transporta em seu veículo 50g de *Cannabis Sativa L.* (maconha), pois acreditava que poderia ter pequena quantidade do material em sua posse para fins medicinais.

Ambos foram abordados por policiais e, diante da apreensão das drogas, denunciados pela prática do crime de tráfico de entorpecentes.

Considerando apenas as informações narradas, o advogado de Tony e José deverá alegar em favor dos clientes, respectivamente, a ocorrência de:

(A) erro de tipo, nos dois casos.

(B) erro de proibição, nos dois casos.

(C) erro de tipo e erro de proibição.

(D) erro de proibição e erro de tipo.

Tony incorreu em *erro de tipo* (art. 20, "caput", do CP), já que desconhecia o conteúdo da caixa que, a pedido de um colega, transportava. Na verdade, ele acreditava se tratar de remédios. O equívoco de Tony incidiu sobre o elemento constitutivo do tipo penal *droga* (art. 33, "caput", da Lei 11.343/2006). Deve ser afastado, assim, o dolo, uma vez que Tony não tinha a intenção de praticar o delito de tráfico de drogas. Restará excluído o dolo e, por conseguinte, o crime. A situação de José é diferente. Ele tinha conhecimento (agiu com dolo, portanto) de que transportava droga, mas acreditava que não era ilícita a conduta de transportar pequena quantidade para fins medicinais. Perceba que seu equívoco não se referiu a nenhum elemento integrante de tipo penal; seu erro reside, isto sim, na ilicitude de seu comportamento. É dizer, José achou que sua atitude, consistente em transportar pequena quantidade de maconha para fins medicinais, não era proibida pelo ordenamento jurídico, quando, na verdade, era. Está-se aqui diante do que a doutrina convencionou chamar de *erro de proibição* (erro sobre a ilicitude do fato) – art. 21, CP. A consequência, neste caso, é a exclusão da culpabilidade (isenção de pena), quando inevitável; e causa de diminuição de pena, se evitável. ED
Gabarito "C".

(OAB/Exame Unificado – 2016.2) Wellington pretendia matar Ronaldo, camisa 10 e melhor jogador de futebol do time Bola Cheia, seu adversário no campeonato do bairro. No dia de um jogo do Bola Cheia, Wellington vê, de costas, um jogador com a camisa 10 do time rival. Acreditando ser Ronaldo, efetua diversos disparos de arma de fogo, mas, na verdade, aquele que vestia a camisa 10 era Rodrigo, adolescente que substituiria Ronaldo naquele jogo. Em virtude dos disparos, Rodrigo faleceu.

Considerando a situação narrada, assinale a opção que indica o crime cometido por Wellington.

(A) Homicídio consumado, considerando-se as características de Ronaldo, pois houve erro na execução.

(B) Homicídio consumado, considerando-se as características de Rodrigo.

(C) Homicídio consumado, considerando-se as características de Ronaldo, pois houve erro sobre a pessoa.

(D) Tentativa de homicídio contra Ronaldo e homicídio culposo contra Rodrigo.

Em primeiro lugar, necessário proceder à distinção entre os institutos do erro sobre a pessoa e erro na execução. Este último, também chamado de *aberratio ictus*, refere-se à situação em que o agente, por acidente ou erro no uso dos meios de execução, atinge pessoa diversa da pretendida. No erro sobre a pessoa (art. 20, § 3º, do CP), o agente, por uma falsa percepção da realidade, se equivoca quanto à própria vítima do crime, atingindo pessoa diversa da pretendida. Note que, na *aberratio ictus*, inexiste por parte do agente equívoco sobre a pessoa que deverá ser atingida; o que existe é erro na execução do crime: por exemplo, erro de pontaria. No caso narrado no enunciado, Wellington não incorreu em erro de execução, mas em erro quanto à pessoa, já que atingiu Rodrigo pensando se tratar de Ronaldo. De qualquer forma, nos dois casos a consequência é a mesma: serão levadas em consideração as qualidades da pessoa que o agente queria atingir (neste caso Ronaldo), e não as da pessoa que o agente efetivamente atingiu (Rodrigo). É o que estabelecem os arts. 20, § 3º, do CP (erro quanto à pessoa) e 73, também do CP (erro na execução).
Gabarito "C".

(OAB/Exame Unificado – 2016.1) Pedro e Paulo bebiam em um bar da cidade quando teve início uma discussão sobre futebol. Pedro, objetivando atingir Paulo, desfere contra ele um disparo que atingiu o alvo desejado e também terceira pessoa que se encontrava no local, certo que ambas as vítimas faleceram, inclusive aquela cuja morte não era querida pelo agente.

Para resolver a questão no campo jurídico, deve ser aplicada a seguinte modalidade de erro:

(A) erro sobre a pessoa.

(B) *aberratio ictus*.

(C) *aberratio criminis*.

(D) erro determinado por terceiro.

O art. 73 do CP contempla duas modalidades de erro na execução (*aberratio ictus*): *aberratio ictus* com resultado único ou unidade simples (primeira parte do art. 73, CP), em que o agente, no lugar de atingir a vítima desejada, atinge terceiro não visado. Nesta hipótese, deve-se aplicar o art. 20, § 3º, do CP, que estabelece que serão levadas em conta as qualidades da vítima almejada, e não as da vítima efetivamente atingida (terceiro); e *aberratio ictus* com duplo resultado ou unidade complexa (segunda parte do art. 73, CP). Aqui, o agente, além de atingir a vítima desejada, também atinge terceira pessoa não visada. É a hipótese narrada no enunciado, em que Pedro, querendo atingir Paulo, também atinge, além deste, terceira pessoa que se achava no mesmo local, levando ambos à morte. Ou seja, uma morte foi desejada e a outra não. Responderá de acordo com a regra do art. 70 do CP (concurso formal de crimes).

Gabarito "B".

(OAB/Exame Unificado – 2015.1) Paloma, sob o efeito do estado puerperal, logo após o parto, durante a madrugada, vai até o berçário onde acredita encontrar-se seu filho recém-nascido e o sufoca até a morte, retornando ao local de origem sem ser notada. No dia seguinte, foi descoberta a morte da criança e, pelo circuito interno do hospital, é verificado que Paloma foi a autora do crime. Todavia, constatou-se que a criança morta não era o seu filho, que se encontrava no berçário ao lado, tendo ela se equivocado quanto à vítima desejada. Diante desse quadro, Paloma deverá responder pelo crime de

(A) homicídio culposo.

(B) homicídio doloso simples.

(C) infanticídio.

(D) homicídio doloso qualificado.

Embora Paloma, que se encontrava sob a influência do estado puerperal, tenha investido e matado outra criança que não o seu filho recém-nascido, o crime em que incorreu, ainda assim, é o de infanticídio (art. 123, CP). É hipótese de erro sobre a pessoa (art. 20, § 3º, do CP), segundo o qual o agente responderá pelo crime como se tivesse atingido a vítima pretendida. No caso, responderá pelo infanticídio (art. 123 do CP).

Gabarito "C".

(OAB/Exame Unificado – 2014.2) Eslow, holandês e usuário de maconha, que nunca antes havia feito uma viagem internacional, veio ao Brasil para a Copa do Mundo. Assistindo ao jogo Holanda x Brasil decidiu, diante da tensão, fumar um cigarro de maconha nas arquibancadas do estádio. Imediatamente, os policiais militares de plantão o prenderam e o conduziram à Delegacia de Polícia. Diante do Delegado de Polícia, Eslow, completamente assustado, afirma que não sabia que no Brasil a utilização de pequena quantidade de maconha era proibida, pois, no seu país, é um habito assistir a jogos de futebol fumando maconha. Sobre a hipótese apresentada, assinale a opção que apresenta a principal tese defensiva.

(A) Eslow está em erro de tipo essencial escusável, razão pela qual deve ser absolvido.

(B) Eslow está em erro de proibição direto inevitável, razão pela qual deve ser isento de pena.

(C) Eslow está em erro de tipo permissivo escusável, razão pela qual deve ser punido pelo crime culposo.

(D) Eslow está em erro de proibição, que importa em crime impossível, razão pela qual deve ser absolvido.

A: incorreta. No *erro de tipo*, o equívoco do agente recai sobre elemento integrante do tipo. A consequência, neste caso, é a exclusão do dolo e da culpa, desde que haja previsão nesse sentido. Consiste na falsa percepção, por parte do agente, da realidade acerca dos elementos constitutivos do tipo penal. Exemplo sempre lembrado pela doutrina é aquele em que determinada pessoa, pensando se tratar do seu veículo, "subtrai" veículo de outrem, levado a isso em razão da semelhança existente entre os dois carros. É evidente que àquele que assim agiu não poderá ser atribuída responsabilidade pelo crime de furto, tendo em conta que não atuou com dolo; não sabia que o veículo no qual ingressou e com o qual deixou o local de estacionamento não lhe pertencia. Seu erro, aqui, incidiu sobre o elemento *alheio*, presente na

descrição típica do art. 155, *caput*, do CP. Neste caso, estabelece o art. 20, *caput*, do CP que fica excluído o dolo. Não caberia a imputação por delito culposo na medida em que o crime de furto somente comporta a modalidade dolosa. Dito isso, pode-se afirmar que Eslow não incorreu em erro de tipo, pois seu equívoco não se referiu a nenhum elemento integrante de tipo penal; seu erro reside, isto sim, na ilicitude de seu comportamento. É dizer, Eslow achou que sua atitude, consistente em fazer uso de um cigarro de maconha, não era proibida pelo ordenamento jurídico brasileiro, quando, na verdade, era. Está-se aqui diante do que a doutrina convencionou chamar de *erro de proibição* (erro sobre a ilicitude do fato) – art. 21, CP. A consequência, neste caso, é a exclusão da culpabilidade (isenção de pena), quando inevitável; e causa de diminuição de pena, se evitável; **B:** correta. Tendo em conta que o erro de Eslow resultou da falta de conhecimento acerca da ilicitude de seu comportamento, isento estará de pena (exclusão de sua culpabilidade). Considera-se *inevitável* (invencível ou escusável) o erro de proibição em que o agente não tinha condições de saber que sua conduta era ilícita; **C:** incorreta. O chamado erro de tipo permissivo é o que recai sobre causas excludentes da ilicitude; **D:** incorreta. Não se confundem *erro de proibição* e *crime impossível*. Erro de proibição, como dissemos, é a falta de conhecimento acerca da ilicitude. Uma vez reconhecido, afasta-se a culpabilidade; já o crime impossível resulta da impossibilidade de o agente, ante a ineficácia (absoluta) do meio ou a impropriedade do objeto (absoluta), atingir a consumação do crime (art. 17, CP). É causa de exclusão da tipicidade. Também chamada pela doutrina de tentativa inidônea, inadequada ou quase-crime.

Gabarito "B".

(OAB/Exame Unificado – 2012.3.A) Jaime, brasileiro, passou a morar em um país estrangeiro no ano de 1999. Assim como seu falecido pai, Jaime tinha por hábito sempre levar consigo acessórios de arma de fogo, o que não era proibido, levando-se em conta a legislação vigente à época, a saber, a Lei n. 9.437/1997. Tal hábito foi mantido no país estrangeiro que, em sua legislação, não vedava a conduta. Todavia, em 2012, Jaime resolve vir de férias ao Brasil. Além de matar as saudades dos familiares, Jaime também queria apresentar o país aos seus dois filhos, ambos nascidos no estrangeiro. Ocorre que, dois dias após sua chegada, Jaime foi preso em flagrante por portar ilegalmente acessório de arma de fogo, conduta descrita no Art. 14 da Lei n. 10.826/2003, *verbis*: "Portar, deter, adquirir, fornecer, receber, ter em depósito, transportar, ceder, ainda que gratuitamente, emprestar, remeter, empregar, manter sob guarda ou ocultar arma de fogo, acessório ou munição, de uso permitido, sem autorização e em desacordo com determinação legal ou regulamentar".

Nesse sentido, podemos afirmar que Jaime agiu em hipótese de

(A) erro de proibição direto.

(B) erro de tipo essencial.

(C) erro de tipo acidental.

(D) erro sobre as descriminantes putativas.

A proibição que existia em relação à conduta de Jaime (art. 14 da Lei 10.826/2003) não era de seu conhecimento. Ele não sabia que sua conduta de portar, aqui no Brasil, acessório de arma de fogo era crime. Tal justifica-se pelo tempo em que permaneceu fora do país e também porque, ao ir morar nos EUA, a conduta hoje descrita no art. 14 da Lei 10.826/2003 (Estatuto do Desarmamento) era atípica. Sendo assim, embora tenha praticado um fato típico e antijurídico (pois não estava autorizado pelo direito a agir assim), não se mostra razoável reprovar a conduta de Jaime. É caso, portanto, de excluir a sua culpabilidade (art. 21, *caput*, CP). Erro de proibição direto é o que incide sobre a

14. DIREITO PENAL — 895

norma proibitiva; indireto é o erro de proibição que incide sobre uma norma justificante.
Gabarito "A".

(OAB/Exame Unificado – 2011.2) Apolo foi ameaçado de morte por Hades, conhecido matador de aluguel. Tendo tido ciência, por fontes seguras, que Hades o mataria naquela noite e, com o intuito de defender-se, Apolo saiu de casa com uma faca no bolso de seu casaco. Naquela noite, ao encontrar Hades em uma rua vazia e escura e, vendo que este colocava a mão no bolso, Apolo precipita-se e, objetivando impedir o ataque que imaginava iminente, esfaqueia Hades, provocando-lhe as lesões corporais que desejava. Todavia, após o ocorrido, o próprio Hades contou a Apolo que não ia matá-lo, pois havia desistido de seu intento e, naquela noite, foi ao seu encontro justamente para dar-lhe a notícia. Nesse sentido, é correto afirmar que

(A) havia dolo na conduta de Apolo.

(B) mesmo sendo o erro inescusável, Apolo responde a título de dolo.

(C) mesmo sendo o erro escusável, Apolo não é isento de pena.

(D) Apolo não agiu em legítima defesa putativa.

A: proposição correta, pois age com dolo o sujeito que, na legítima defesa putativa, deseja lesionar ou matar aquele que supõe ser o seu agressor; **B:** incorreto. O erro sempre afasta o dolo; subsistirá, porém, a culpa se houver previsão nesse sentido e o erro for inescusável; **C:** incorreto. Se o erro for escusável, Apolo, que agiu sob o manto da legítima defesa putativa, ficará isento de pena, em conformidade com o art. 20, § 1º, do CP; **D:** incorreto. Apolo, ao imaginar situação que, se existisse, tornaria a ação legítima, incorreu em legítima defesa putativa – art. 20, § 1º, do CP.
Gabarito "A".

(OAB/Exame Unificado – 2010.3) Joaquim, desejoso de tirar a vida da própria mãe, acaba causando a morte de uma tia (por confundi-la com aquela). Tendo como referência a situação acima, é correto afirmar que Joaquim incorre em erro

(A) de tipo essencial escusável – inevitável – e deverá responder pelo crime de homicídio sem a incidência da agravante relativa ao crime praticado contra ascendente (haja vista que a vítima, de fato, não era a sua genitora).

(B) de tipo essencial inescusável – evitável –, mas não deverá responder pelo crime de homicídio qualificado, uma vez que a pessoa atingida não era a sua ascendente.

(C) de proibição e deverá responder pelo crime de homicídio qualificado pelo fato de ter objetivado atingir ascendente (preserva-se o dolo, independente da identidade da vítima).

(D) de tipo acidental na modalidade *error in persona* e deverá responder pelo crime de homicídio com a incidência da agravante relativa ao crime praticado contra ascendente (mesmo que a vítima não seja, de fato, a sua genitora).

Em vista do que dispõe o art. 20, § 3º, do CP, serão levadas em conta, neste caso, as qualidades da vítima que Joaquim pretendia atingir, e não aquelas de quem, por erro quanto à pessoa, ele efetivamente atingiu. Não se trata de erro na execução (art. 73 do CP), em que o

agente, por acidente ou erro no uso dos meios de execução, atinge uma pessoa no lugar de outra. No erro quanto à pessoa, há um equívoco de representação, na medida em que o agente investe contra determinada pessoa acreditando tratar-se de outra. Consequência: o erro não o isenta de pena (trata-se de erro acidental). Assim, consideram-se, para o fim de agravar ou qualificar o crime, as qualidades ou condições da vítima pretendida. Joaquim, dessa forma, será responsabilizado como se tivesse matado sua mãe, isto é, incidirá, sim, a agravante relativa a crime praticado contra ascendente.
Gabarito "D".

(OAB/Exame Unificado – 2010.2) Arlete, em estado puerperal, manifesta a intenção de matar o próprio filho recém-nascido. Após receber a criança no seu quarto para amamentá-la, a criança é levada para o berçário. Durante a noite, Arlete vai até o berçário, e, após conferir a identificação da criança, a asfixia, causando a sua morte. Na manhã seguinte, é constatada a morte por asfixia de um recém-nascido, que não era o filho de Arlete.

Diante do caso concreto, assinale a alternativa que indique a responsabilidade penal da mãe.

(A) Crime de homicídio, pois, o erro acidental não a isenta de responsabilidade.

(B) Crime de homicídio, pois, uma vez que o art. 123 do CP trata de matar o próprio filho sob influência do estado puerperal, não houve preenchimento dos elementos do tipo.

(C) Crime de infanticídio, pois houve erro quanto à pessoa.

(D) Crime de infanticídio, pois houve erro essencial.

Na dicção do art. 20, § 3º, do CP, serão levadas em consideração, neste caso, as qualidades da vítima que Arlete pretendia atingir, e não aquelas de quem ela de fato atingiu. Significa dizer, portanto, que, reconhecido o *estado puerperal* e verificado que o delito foi praticado *durante* ou *logo após* o parto, Arlete será responsabilizada pelo crime de infanticídio, e não por homicídio, já que houve por parte dela *erro quanto à pessoa*.
Gabarito "C".

8. TENTATIVA, CONSUMAÇÃO, DESISTÊNCIA, ARREPENDIMENTO E CRIME IMPOSSÍVEL

(OAB/Exame XXXIX) Paulo estava desempregado, precisando de dinheiro, quando, dentro do metrô, avistou uma mulher com a bolsa entreaberta e a carteira à mostra. Paulo decidiu pegar a carteira, sem que ninguém visse. Durante a empreitada criminosa, Paulo inseriu a mão na bolsa da mulher e segurou a carteira. Porém, com crise de consciência, Paulo decidiu por livre e espontânea vontade não prosseguir na empreitada criminosa.

Diante dos fatos narrados, é correto afirmar que Paulo deve ser beneficiado pelo instituto do(a):

(A) arrependimento posterior.

(B) desistência voluntária.

(C) tentativa.

(D) arrependimento eficaz.

Pelo que consta do enunciado, Paulo, passando por dificuldades financeiras, dá início à execução de um crime de furto, inserindo a mão no interior da bolsa da vítima e segurando a sua carteira. Porém, antes de dela se apossar (antes de concluir a subtração), acometido por uma crise de consciência, acha por bem, de forma voluntária (por vontade própria), não prosseguir no seu intento. De ver-se que, pelos dados for-

EDUARDO DOMPIERI

necidos, forçoso concluir que houve início de execução do crime de furto e, antes de que a consumação fosse implementada, o agente, de forma voluntária, desistiu de dar sequência à empreitada criminosa, soltando a carteira. É o caso de reconhecer a desistência voluntária (art. 15, CP). O arrependimento posterior (art. 16, CP) constitui hipótese de causa de diminuição de pena que tem como pressuposto a consumação do delito, o que, como vimos, não chegou a acontecer na hipótese acima narrada. Não há que se falar em tentativa, uma vez que o crime não alcançou a consumação por circunstâncias ligadas à vontade do agente (ele desistiu de prosseguir na execução). O arrependimento eficaz pressupõe que o agente, após realizar todos os atos de execução no curso do *iter criminis*, arrepende-se e, voluntariamente, pratica conduta impeditiva da consumação. Não se confunde com a desistência voluntária, na qual o agente, podendo prosseguir na execução do crime, desiste de seu intento criminoso (quando, ainda, restavam atos executórios a serem praticados), inocorrendo a consumação.

Gabarito "B".

(OAB/Exame Unificado – 2019.2) Durante a madrugada, Lucas ingressou em uma residência e subtraiu um computador. Quando se preparava para sair da residência, ainda dentro da casa, foi surpreendido pela chegada do proprietário. Assustado, ele o empurrou e conseguiu fugir com a coisa subtraída.

Na manhã seguinte, arrependeu-se e resolveu devolver a coisa subtraída ao legítimo dono, o que efetivamente veio a ocorrer. O proprietário, revoltado com a conduta anterior de Lucas, compareceu em sede policial e narrou o ocorrido. Intimado pelo Delegado para comparecer em sede policial, Lucas, preocupado com uma possível responsabilização penal, procura o advogado da família e solicita esclarecimentos sobre a sua situação jurídica, reiterando que já no dia seguinte devolvera o bem subtraído.

Na ocasião da assistência jurídica, o(a) advogado(a) deverá informar a Lucas que poderá ser reconhecido(a)

(A) a desistência voluntária, havendo exclusão da tipicidade de sua conduta.

(B) o arrependimento eficaz, respondendo o agente apenas pelos atos até então praticados.

(C) o arrependimento posterior, não sendo afastada a tipicidade da conduta, mas gerando aplicação de causa de diminuição de pena.

(D) a atenuante da reparação do dano, apenas, não sendo, porém, afastada a tipicidade da conduta.

Antes de analisar cada alternativa, façamos a adequação típica da conduta descrita no enunciado. Em outras palavras, em que crime incorreu Lucas? Segundo consta, ao ingressar na residência, o objetivo de Lucas era tão somente o de subtrair o computador (*animus furandi*); ocorre, todavia, que, logo após se apoderar do bem e quando já se preparava para deixar o local, Lucas é surpreendido com a presença do proprietário do imóvel. Assustado, ele o empurra e logra deixar o local com o produto do crime. Note que Lucas, num primeiro momento, queria praticar o crime de furto e, posteriormente, já na posse do bem subtraído, acaba por empregar violência (empurrão) com o propósito de assegurar a impunidade ou a detenção da coisa. Pois bem. Dito isso, forçoso concluir que o crime em que incorreu Lucas é o de roubo impróprio (art. 157, § 1º, do CP), cujo pressuposto é justamente o fato de a violência contra a pessoa ou grave ameaça verificar-se após a subtração da *res*. O roubo próprio, por sua vez, que é a modalidade mais comum desse crime, se dá quando a violência ou grave ameaça é empregada com o fim de retirar os bens da vítima. Em outras palavras, a violência ou a grave ameaça, no roubo próprio, constitui meio para o agente chegar ao seu objetivo, que é o de efetuar a subtração. Passemos agora à

análise de cada alternativa. **A:** incorreta. Tendo em conta que o roubo impróprio alcança a sua consumação com o emprego da violência ou grave ameaça, não há que se falar em desistência voluntária, na medida em que tal instituto pressupõe ausência de consumação, entre outros requisitos (art. 15, primeira parte, CP); **B:** incorreta. A exemplo da desistência voluntária, o arrependimento eficaz (art. 15, segunda parte, do CP) também pressupõe ausência de consumação; **C:** incorreta. Já o arrependimento posterior (art. 16, CP) tem como pressuposto que o crime tenha se consumado. Ocorre que o reconhecimento desta causa de redução de pena exige, entre outros requisitos, que o crime tenha sido praticado sem violência ou grave ameaça à pessoa. Como já ponderado acima, não é este o caso do roubo impróprio (ou mesmo o próprio); **D:** correta. Lucas, que cometeu o crime de roubo impróprio, fará jus ao reconhecimento da circunstância atenuante presente no art. 65, III, *b*, do CP.

> **Dica:** tema bastante cobrado em provas da OAB é a distinção entre a desistência voluntária e o arrependimento eficaz, ambos institutos previstos no art. 15 do CP. Na desistência voluntária (art. 15, primeira parte, do CP), o agente, em crime já iniciado, embora disponha de meios para chegar à consumação, acha por bem interromper a execução. Ele, de forma voluntária, desiste de prosseguir no *iter criminis* (conduta negativa, omissão). No *arrependimento eficaz* (art. 15, segunda parte, do CP), a situação é diferente. O agente, em crime cuja execução também já se iniciou, esgotou os meios que reputou suficientes para atingir seu objetivo. Ainda assim, o crime não se consumou. Diante disso, ele, agente, por vontade própria, passa a agir para evitar o resultado (conduta positiva). Tanto na *desistência voluntária* quanto no *arrependimento eficaz* o agente responderá somente pelos atos que praticou.

Gabarito "D".

(OAB/Exame Unificado – 2019.1) Douglas foi condenado pela prática de duas tentativas de roubo majoradas pelo concurso de agentes e restrição da liberdade das vítimas (Art. 157, § 2º, incisos II e V, c/c. o Art. 14, inciso II, por duas vezes, na forma do Art. 70, todos do CP). No momento de fixar a sanção penal, o juiz aplicou a pena base no mínimo legal, reconhecendo a confissão espontânea do agente, mas deixou de diminuir a pena na segunda fase. No terceiro momento, o magistrado aumentou a pena do máximo, considerando as circunstâncias do crime, em especial a quantidade de agentes (5 agentes) e o tempo que durou a restrição da liberdade das vítimas. Ademais, reduziu, ainda na terceira fase, a pena do mínimo legal em razão da tentativa, novamente fundamentando na gravidade do delito e naquelas circunstâncias de quantidade de agentes e restrição da liberdade.

Após a aplicação da pena dos dois delitos, reconheceu o concurso formal de crimes, aumentando a pena de um deles de acordo com a quantidade de crimes praticados. O Ministério Público não recorreu.

Considerando as informações narradas, de acordo com a jurisprudência pacificada do Superior Tribunal de Justiça, o(a) advogado(a) de Douglas, quanto à aplicação da pena, deverá buscar

(A) a redução da pena na segunda fase diante do reconhecimento da atenuante da confissão espontânea.

(B) a redução do quantum de aumento em razão da presença das majorantes, que deverá ser aplicada de acordo com a quantidade de causas de aumento.

(C) o aumento do quantum de diminuição em razão do reconhecimento da tentativa, pois a fundamentação apresentada pelo magistrado foi inadequada.

14. DIREITO PENAL

(D) a redução do quantum de aumento em razão do reconhecimento do concurso de crimes, devido à fundamentação inadequada.

De fato, deverá o advogado contratado por Douglas buscar o aumento do *quantum* de diminuição da pena pela tentativa, dado que a fundamentação apresentada pelo magistrado, na sentença, revela-se inadequada. Com efeito, é pacífico na jurisprudência que a redução prevista no art. 14, parágrafo único, do CP deve ser pautada pelo *iter criminis* percorrido pelo agente, ou seja, deve-se levar em conta, na aferição da fração a incidir, a maior ou menor proximidade da conduta ao resultado almejado pelo agente: quanto mais próximo chegar à consumação, menor será a fração de diminuição; se, ao contrário, permanecer distante do momento consumativo do crime, deverá incidir uma fração maior. É defeso, portanto, ao magistrado que utilize como critério para diminuição circunstância que não tenha pertinência com o caminho percorrido pelo crime. A gravidade do delito, a quantidade de agentes e a duração da restrição da liberdade são circunstâncias que não têm qualquer relação na avaliação da diminuição a ser operada na tentativa. Na jurisprudência do STJ: "Para a jurisprudência do Superior Tribunal de Justiça, conforme o critério objetivo, a redução prevista no art. 14, parágrafo único, do Código Penal, deve ser pautada pelo *iter criminis* percorrido pelo agente" (HC 158.303/DF, Rel. Ministro ADILSON VIEIRA MACABU (DESEMBARGADOR CONVOCADO DO TJ/RJ), QUINTA TURMA, julgado em 14/02/2012, DJe 06/03/2012). Gabarito "C".

(OAB/Exame Unificado – 2017.3) Decidido a praticar crime de furto na residência de um vizinho, João procura o chaveiro Pablo e informa do seu desejo, pedindo que fizesse uma chave que possibilitasse o ingresso na residência, no que foi atendido. No dia do fato, considerando que a porta já estava aberta, João ingressa na residência sem utilizar a chave que lhe fora entregue por Pablo, e subtrai uma TV.

Chegando em casa, narra o fato para sua esposa, que o convence a devolver o aparelho subtraído. No dia seguinte, João atende à sugestão da esposa e devolve o bem para a vítima, narrando todo o ocorrido ao lesado, que, por sua vez, comparece à delegacia e promove o registro próprio.

Considerando o fato narrado, na condição de advogado(a), sob o ponto de vista técnico, deverá ser esclarecido aos familiares de Pablo e João que

(A) nenhum deles responderá pelo crime, tendo em vista que houve arrependimento eficaz por parte de João e, como causa de excludente da tipicidade, estende-se a Pablo.

(B) ambos deverão responder pelo crime de furto qualificado, aplicando-se a redução de pena apenas a João, em razão do arrependimento posterior.

(C) ambos deverão responder pelo crime de furto qualificado, aplicando-se a redução de pena para os dois, em razão do arrependimento posterior, tendo em vista que se trata de circunstância objetiva.

(D) João deverá responder pelo crime de furto simples, com causa de diminuição do arrependimento posterior, enquanto Pablo não responderá pelo crime contra o patrimônio.

A: incorreta. Não há que se falar, no caso narrado no enunciado, em arrependimento eficaz, instituto, previsto no art. 15 do CP, que pressupõe ausência de consumação do delito. O crime praticado por João se consumara com a subtração da TV; **B:** incorreta. Em primeiro

lugar, somente João deve responder pelo crime; em segundo lugar, o furto por ele praticado é simples, na medida em que, a despeito de ele haver providenciado a confecção de chave falsa, esta não foi empregada quando do cometimento do delito, já que o portão que dava acesso ao imóvel encontrava-se aberto; **C:** incorreta. Somente João deve ser responsabilizado pelo crime; **D:** correta. João, como já afirmado, deverá ser responsabilizado pelo crime de furto simples, ao passo que Pablo, que não tomou parte no delito, não cometeu crime algum. Pelo fato de João, de forma voluntária e antes do recebimento da denúncia, haver restituído o objeto material do crime, sendo este desprovido de violência ou grave ameaça, fará jus ao reconhecimento do arrependimento posterior, cujos requisitos estão contidos no art. 16 do CP.

> **Dica:** o critério utilizado para diferenciar o arrependimento eficaz (e a desistência voluntária) do arrependimento posterior é a existência ou não de *consumação*. O art. 15, segunda parte, do CP enuncia o instituto do *arrependimento eficaz*, em que o agente, uma vez realizados todos os atos considerados necessários à consumação do crime, passa a agir para que o resultado não se produza. Na *desistência voluntária* – art. 15, primeira parte, do CP, o agente, podendo chegar até a consumação do crime, acha por bem interromper sua execução, isto é, o sujeito ativo muda de ideia e desiste de consumar o delito. O *arrependimento posterior*, que, como a própria nomenclatura sugere, deve ser posterior à consumação do crime, tem como natureza jurídica *causa obrigatória de diminuição de pena*. Sua disciplina está no art. 16 do CP.

Gabarito "D".

(OAB/Exame Unificado – 2017.1) Acreditando estar grávida, Pâmela, 18 anos, desesperada porque ainda morava com os pais e eles sequer a deixavam namorar, utilizando um instrumento próprio, procura eliminar o feto sozinha no banheiro de sua casa, vindo a sofrer, em razão de tal comportamento, lesão corporal de natureza grave.

Encaminhada ao hospital para atendimento médico, fica constatado que, na verdade, ela não se achava e nunca esteve grávida. O Hospital, todavia, é obrigado a noticiar o fato à autoridade policial, tendo em vista que a jovem de 18 anos chegou ao local em situação suspeita, lesionada.

Diante disso, foi instaurado procedimento administrativo investigatório próprio e, com o recebimento dos autos, o Ministério Público ofereceu denúncia em face de Pâmela pela prática do crime de "aborto provocado pela gestante", qualificado pelo resultado de lesão corporal grave, nos termos dos art. 124 c/c o art. 127, ambos do Código Penal.

Diante da situação narrada, assinale a opção que apresenta a alegação do advogado de Pâmela.

(A) A atipicidade de sua conduta.

(B) O afastamento da qualificadora, tendo em vista que esta somente pode ser aplicada aos crimes de aborto provocado por terceiro, com ou sem consentimento da gestante, mas não para o delito de autoaborto de Pâmela.

(C) A desclassificação para o crime de lesão corporal grave, afastando a condenação pelo aborto.

(D) O reconhecimento da tentativa do crime de aborto qualificado pelo resultado.

O enunciado retrata típica hipótese de *delito putativo por erro de tipo*, em que o agente, neste caso Pâmela, acredita na existência de um requisito típico que, na verdade, está somente no seu imaginário. Sua vontade é dirigida ao cometimento de um delito – no caso o aborto –, manobras abortivas são realizadas, mas, após, constata-se que inexiste

EDUARDO DOMPIERI

o objeto do crime que o agente pretendia praticar. O crime, por isso, é impossível – art. 17 do CP, sendo o fato atípico. No mais, a autolesão não é punível, não podendo Pâmela responder pelas lesões corporais que causou em si mesma. **ED**

Gabarito "A".

(OAB/Exame Unificado – 2016.2) Rafael foi condenado pela prática de crime a pena privativa de liberdade de 04 anos e 06 meses, tendo a sentença transitado em julgado em 10/02/2008. Após cumprir 02 anos e 06 meses de pena, obteve livramento condicional em 10/08/2010, sendo o mesmo cumprido com correção e a pena extinta em 10/08/2012. Em 15/09/2015, Rafael pratica novo crime, dessa vez de roubo, tendo como vítima senhora de 60 anos de idade, circunstância que era do seu conhecimento. Dois dias depois, arrependido, antes da denúncia, reparou integralmente o dano causado. Na sentença, o magistrado condenou o acusado, reconhecendo a existência de duas agravantes pela reincidência e idade da vítima, além de não reconhecer o arrependimento posterior.

O advogado de Rafael deve pleitear

(A) reconhecimento do arrependimento posterior.

(B) reconhecimento da tentativa.

(C) afastamento da agravante pela idade da vítima.

(D) afastamento da agravante da reincidência.

A: incorreta. O reconhecimento do arrependimento posterior pressupõe que o crime em que incorreu o agente seja desprovido de violência ou grave ameaça à pessoa (art. 16, CP). Não é o caso do roubo; **B:** incorreta. Pelos dados fornecidos pelo enunciado, resta claro que o crime de roubo consumou-se. Tanto é que Rafael permaneceu na posse do produto do crime durante dois dias, quando então, arrependido, achou por bem reparar o dano causado; **C:** incorreta. Isso porque o fato de a vítima contar com mais de 60 anos configura a agravante prevista no art. 61, II, *h*, do CP. Agora cuidado: se o delito é praticado no dia do aniversário de 60 anos da vítima (e isso o enunciado não esclarece), não haverá incidência da agravante pela idade; **D:** correta, já que reflete a regra presente no art. 64, I, do CP.

Gabarito "D".

(OAB/Exame Unificado – 2016.1) Durante uma discussão, Theodoro, inimigo declarado de Valentim, seu cunhado, golpeou a barriga de seu rival com uma faca, com intenção de matá-lo. Ocorre que, após o primeiro golpe, pensando em seus sobrinhos, Theodoro percebeu a incorreção de seus atos e optou por não mais continuar golpeando Valentim, apesar de saber que aquela única facada não seria suficiente para matá-lo.

Neste caso, Theodoro

(A) não responderá por crime algum, diante de seu arrependimento.

(B) responderá pelo crime de lesão corporal, em virtude de sua desistência voluntária.

(C) responderá pelo crime de lesão corporal, em virtude de seu arrependimento eficaz.

(D) responderá por tentativa de homicídio.

Faz-se necessário, neste caso, estabelecer a diferença entre os institutos previstos no art. 15 do CP, a saber: *desistência voluntária* e *arrependimento eficaz*. Importante, antes de mais nada, saber que tanto um quanto o outro constituem hipótese de exclusão de tipicidade (segundo doutrina majoritária). Não há, portanto, que se falar em crime tentado, que pressupõe, como um de seus requisitos, que a consumação não seja atingida por circunstâncias alheias à vontade do agente. Na desistência

e no arrependimento, o agente desiste de prosseguir na execução/evitar que o resultado se produza por vontade própria (voluntariedade na conduta). Na *desistência voluntária* – art. 15, primeira parte, do CP –, o agente, podendo chegar até a consumação do crime, acha por bem interromper sua execução, isto é, o sujeito ativo, depois de dar início à execução do crime e antes de atingir a consumação, muda de ideia e desiste de concluir o *iter criminis*. É imprescindível, portanto, para o reconhecimento desta causa de exclusão de tipicidade, que o agente, depois de dar início à execução do crime, desista e, como isso, o resultado deixe de ser produzido. Note que é bem esse o caso narrado no enunciado. Theodoro, depois de golpear seu cunhado e desafeto com uma faca, no lugar de prosseguir na execução do crime de homicídio (ele desejava a morte da vítima), já que dispunha de meios para isso (poderia desferir-lhe outras facadas), decide, de forma voluntária, desistir do seu intento inicial, que era provocar a morte de Valentin. Da mesma forma que a desistência voluntária, o arrependimento eficaz pressupõe que o agente, tendo iniciado a execução do crime que pretendia, num primeiro momento, praticar, desiste e age (conduta positiva) para que o resultado não ocorra. Como Theodoro tão somente desistiu de prosseguir na execução do crime (sem realizar qualquer ato posterior), fará jus à exclusão da tipicidade do crime de homicídio (é hipótese, como já dissemos, de desistência voluntária). No entanto, responderá pelas lesões corporais experimentadas por Valentin. A alternativa correta, portanto, é a "B".

Gabarito "B".

(OAB/Exame Unificado – 2015.3) Mário subtraiu uma TV do seu local de trabalho. Ao chegar em casa com a coisa subtraída, é convencido pela esposa a devolvê-la, o que efetivamente vem a fazer no dia seguinte, quando o fato já havia sido registrado na delegacia.

O comportamento de Mário, de acordo com a teoria do delito, configura

(A) desistência voluntária, não podendo responder por furto.

(B) arrependimento eficaz, não podendo responder por furto.

(C) arrependimento posterior, com reflexo exclusivamente no processo dosimétrico da pena.

(D) furto, sendo totalmente irrelevante a devolução do bem a partir de convencimento da esposa.

Como o crime já se consumara, não é mais o caso de se aplicar os institutos previstos no art. 15 do CP – *desistência voluntária* e *arrependimento eficaz*. Ficam excluídas, assim, as alternativas "A" e "B". Seria o caso se o agente, com o propósito, por exemplo, de subtrair determinado objeto que estivesse no interior de veículo, quebrasse o vidro deste e, desistisse de apossar-se dele (objeto), desistisse e fosse embora. Note que o *iter criminis* foi interrompido por iniciativa do agente, o que afasta, de plano, a figura da tentativa. Neste exemplo, o sujeito, depois de dar início à execução do crime, desiste, de forma voluntária, antes de atingir a sua consumação (art. 15, primeira parte, CP). Voltando ao enunciado, que descreve, repita-se, crime consumado, restará ao agente, neste caso, o *arrependimento posterior* (art. 16, CP), desde que a denúncia ou queixa ainda não tenha sido recebida (o fato acabara de ser registrado na delegacia). Mais: que o crime tenha sido cometido sem violência ou grave ameaça contra a pessoa (a conduta descrita no enunciado corresponde ao crime de furto). Atenção aqui: a violência ou grave ameaça empregada contra a coisa não afasta a incidência desta causa de diminuição de pena, como no caso do furto qualificado pelo rompimento ou destruição de obstáculo à subtração da *res*. Outros requisitos contidos no art. 16 do CP: é necessário que o ato seja voluntário, bem assim, como já dito, que a reparação do dano ou restituição do objeto material do crime seja efetivada até o recebimento da peça acusatória – queixa ou denúncia.

Gabarito "C".

14. DIREITO PENAL

(OAB/Exame Unificado – 2015.2) Cristiane, revoltada com a traição de seu marido, Pedro, decide matá-lo. Para tanto, resolve esperar que ele adormeça para, durante a madrugada, acabar com sua vida. Por volta das 22h, Pedro deita para ver futebol na sala da residência do casal. Quando chega à sala, Cristiane percebe que Pedro estava deitado sem se mexer no sofá. Acreditando estar dormindo, desfere 10 facadas em seu peito. Nervosa e arrependida, liga para o hospital e, com a chegada dos médicos, é informada que o marido faleceu. O laudo de exame cadavérico, porém, constatou que Pedro havia falecido momentos antes das facadas em razão de um infarto fulminante. Cristiane, então, foi denunciada por tentativa de homicídio. Você, advogado(a) de Cristiane, deverá alegar em seu favor a ocorrência de

(A) crime impossível por absoluta impropriedade do objeto.

(B) desistência voluntária.

(C) arrependimento eficaz.

(D) crime impossível por ineficácia do meio.

A: correta. Cristiane, conforme é possível concluir pela leitura do enunciado, praticou crime impossível por absoluta impropriedade do objeto material (art. 17, CP). É que, estando a vítima, no caso Pedro, morta ao tempo em que Cristiane desferiu-lhe as facadas, o homicídio que esta pretendia praticar não alcançaria, em hipótese alguma, sua consumação. E a razão para isso é simples: não é possível matar alguém que já está morto. Perceba que o bem jurídico tutelado pela norma do art. 121 do CP, a vida, não poderia, dessa forma, ser violado. Nesta hipótese, a despeito de Cristiane desejar a morte de Pedro, isso jamais ocorreria, já que, como dissemos, ele já estava morto. Também chamada pela doutrina de tentativa inidônea, inadequada ou quase crime, é causa de exclusão da tipicidade (art. 17, CP). Registre-se a configuração do chamado crime impossível também se dá na hipótese em que o meio empregado pelo agente é absolutamente ineficaz a atingir o resultado pretendido. É o caso, por exemplo, da gestante que, desejando interromper sua gravidez, escolhe, para tanto, meio absolutamente ineficaz à produção do resultado, que, neste caso, é a morte do produto da concepção. Está-se a falar, neste caso, de crime impossível por absoluta ineficácia do meio empregado, já que o crime de aborto jamais poderia ser praticado ante a inaptidão do meio escolhido pela gestante. De uma forma ou de outra, é imprescindível que a ineficácia do meio e a impropriedade do objeto sejam *absolutas*; **B:** incorreta. Na *desistência voluntária* – art. 15, primeira parte, do CP –, o agente, podendo chegar até a consumação do crime, acha por bem interromper sua execução, isto é, o sujeito ativo, depois de dar início à execução do crime e antes de atingir a consumação, muda de ideia e desiste de concluir o *iter criminis*. É imprescindível, portanto, para o reconhecimento desta causa de exclusão de tipicidade, que o agente, depois de dar início à execução do crime, desista e, como isso, o resultado deixe de ser produzido. Se a vítima já estava morta, sequer houve início de execução do crime que pretendia praticar (homicídio); **C:** incorreta. Da mesma forma que a desistência voluntária, o arrependimento eficaz pressupõe que o agente, tendo iniciado a execução do crime que pretendia, num primeiro momento, praticar, desiste e age (conduta positiva) para que o resultado não ocorra; **D:** incorreta. *Vide* comentários à questão "A".

Gabarito "A".

(OAB/Exame Unificado – 2010.3) Marcus, visando roubar Maria, a agride, causando-lhe lesões corporais de natureza leve. Antes, contudo, de subtrair qualquer pertence, Marcus decide abandonar a empreitada criminosa, pedindo desculpas à vítima e se evadindo do local. Maria, então, comparece à delegacia mais próxima e narra os fatos à autoridade policial.

No caso acima, o delegado de polícia

(A) nada poderá fazer, uma vez que houve a desistência voluntária por parte de Marcus.

(B) deverá lavrar termo circunstanciado pelo crime de lesões corporais de natureza leve.

(C) nada poderá fazer, uma vez que houve arrependimento posterior por parte de Marcus.

(D) deverá instaurar inquérito policial para apurar o crime de roubo tentado, uma vez que o resultado pretendido por Marcus não se concretizou.

Na *desistência voluntária* – art. 15, primeira parte, do CP –, o agente, podendo chegar até a consumação do crime, acha por bem interromper sua execução, isto é, o sujeito ativo, depois de dar início à execução do crime e antes de atingir a consumação, muda de ideia e desiste de concluir o *iter criminis*. Foi o que se passou com Marcus. Ele deu início à execução do crime de roubo, já que empregou violência contra Maria com o propósito de subtrair-lhe bens, nela resultando lesão corporal de natureza leve, e, após, de forma voluntária, desistiu da empreitada e evadiu-se do local. A vítima, ferida, compareceu à delegacia e narrou os fatos ao delegado. A tentativa do crime de roubo deve ser afastada, pois, para sua configuração, seria necessário que a consumação não tivesse ocorrido por circunstâncias *alheias* à vontade do agente. Aqui, o crime não se consumou por vontade e iniciativa do agente. Por força do que dispõe o art. 15, parte final, do CP, Marcus responderá somente pelos atos praticados, ou seja, pela lesão corporal sofrida por Maria. Tratando-se de infração de menor potencial ofensivo, deve a autoridade policial lavrar termo circunstanciado, nos moldes do art. 69, *caput*, da Lei 9.099/1995.

Gabarito "B".

(OAB/Exame Unificado – 2009.3) Amaro, durante uma calorosa discussão no trânsito, desferiu, com intenção homicida, dois tiros de revólver em Bernardo. Mesmo dispondo de mais munição e podendo prosseguir, Amaro arrependeu-se, desistiu de continuar a ação criminosa e prestou imediato socorro a Bernardo, levando-o ao hospital mais próximo. A atitude de Amaro foi fundamental para a preservação da vida do Bernardo, que, contudo, teve sua integridade física comprometida, ficando incapacitado para suas ocupações habituais, por 60 (sessenta) dias, em decorrência das lesões provocadas pelos disparos. Considerando essa situação hipotética, assinale a opção correta.

(A) A atitude de Amaro caracteriza arrependimento posterior, tornando-o isento de pena.

(B) Amaro deve responder apenas pelo delito de lesão corporal de natureza grave.

(C) Amaro deve responder pelo delito de tentativa de homicídio.

(D) A atitude de Amaro caracteriza desistência voluntária, ficando excluída a ilicitude de sua conduta.

Amaro, após ter dado início à execução do crime, já que desferiu contra Bernardo dois tiros de arma de fogo, mesmo podendo prosseguir na sua empreitada, na medida em que dispunha de meios para tanto (seu revólver ainda tinha cartucho íntegro), arrependeu-se e, de forma voluntária, desistiu de avançar no *iter criminis*. Em seguida, agiu para que o resultado não se produzisse. Em consonância com o disposto no art. 15 do CP, o agente deve responder tão somente pelos *atos praticados*, isto é, pela lesão corporal de natureza grave experimentada por Bernardo, nos termos do art. 129, § 1º, I, do CP.

Gabarito "B".

(OAB/Exame Unificado – 2009.2) De acordo com o art. 14, inciso II, do CP, diz-se tentado o crime quando, iniciada a execução, este não se consuma por circunstâncias alheias à vontade do agente. Em relação ao instituto da tentativa (*conatus*) no ordenamento jurídico brasileiro, assinale a opção correta.

(A) A tentativa determina a redução da pena, obrigatoriamente, em dois terços.

(B) As contravenções penais não admitem punição por tentativa.

(C) O crime de homicídio não admite tentativa branca.

(D) Considera-se perfeita ou acabada a tentativa quando o agente atinge a vítima, vindo a lesioná-la.

A: incorreto. A diminuição a ser aplicada é da ordem de um a dois terços, conforme preceitua o art. 14, parágrafo único, do CP; **B:** correto. O art. 4º da Lei das Contravenções Penais reza que a tentativa de contravenção não é punida; **C:** incorreto. *Tentativa branca* ou *incruenta* é aquela em que a vítima não é atingida fisicamente. Exemplo: o sujeito descarrega sua arma contra a vítima, mas esta não chega a ser atingida (tentativa branca de homicídio); **D:** incorreto. *Perfeita* ou *acabada* (crime falho) é a tentativa em que o agente pratica todos os atos executórios que estão à sua disposição, mas, ainda assim, o crime não se consuma.
Gabarito "B".

(OAB/Exame Unificado – 2009.1) Acerca dos institutos da desistência voluntária, do arrependimento eficaz e do arrependimento posterior, assinale a opção correta.

(A) O agente que, voluntariamente, desiste de prosseguir na execução ou impede que o resultado se produza responderá pelo crime consumado com causa de redução de pena de um a dois terços.

(B) A desistência voluntária e o arrependimento eficaz, espécies de tentativa abandonada ou qualificada, passam por três fases: o início da execução, a não consumação e a interferência da vontade do próprio agente.

(C) Crimes de mera conduta e formais comportam arrependimento eficaz, uma vez que, encerrada a execução, o resultado naturalístico pode ser evitado.

(D) A natureza jurídica do arrependimento posterior é a de causa geradora de atipicidade absoluta da conduta, que provoca a adequação típica indireta, de forma que o autor não responde pela tentativa, mas pelos atos até então praticados.

A: incorreto. O art. 15 do CP, que cuida da *desistência voluntária* e do *arrependimento eficaz*, dispõe que o agente que, voluntariamente, desiste de prosseguir na execução do crime (desistência voluntária) ou impede que o resultado se produza (arrependimento eficaz) responde tão somente pelos atos até então praticados; **B:** correto. Parte da doutrina faz uso da terminologia *tentativa abandonada* ou *qualificada* para se referir à desistência voluntária e ao arrependimento eficaz. Sua aplicação de fato pressupõe início de *execução e ausência de consumação por vontade do agente*. Se a não consumação se der por circunstâncias alheias à sua vontade, a ele será imputada a prática de delito tentado; **C:** incorreto. Crimes de mera conduta não admitem resultado naturalístico; delitos formais admitem, mas não exigem que ele ocorra para que o crime atinja sua consumação. São crimes de consumação antecipada. Bem por isso, não comportam arrependimento eficaz, que somente terá incidência no âmbito dos crimes materiais, em que o resultado, previsto no tipo, é indispensável à consumação do delito; **D:** incorreto. É causa obrigatória de redução de pena contida no art. 16 do CP.
Gabarito "B".

(FGV – 2013) Sobre o *crime impossível*, assinale a afirmativa **incorreta**.

(A) Não se pune a tentativa quando, por ineficácia absoluta do meio ou por absoluta impropriedade do objeto, é impossível consumar-se o crime.

(B) A jurisprudência dos Tribunais Superiores tem entendido que a existência de sistema de monitoramento do local por câmeras não autoriza, por si só, o reconhecimento de crime impossível.

(C) Na hipótese de flagrante preparado e esperado, aplica-se a mesma regra do crime impossível.

(D) A hipótese de crime impossível é caso de atipicidade comportamental.

(E) O princípio da lesividade é um dos principais fundamentos para o tratamento conferido pelo Código Penal ao crime impossível.

A: correta, pois corresponde à redação do art. 17 do CP; **B:** correta. De fato, o *furto sob vigilância* pode, em determinadas situações, a depender do caso concreto, caracterizar *crime impossível* pela *ineficácia absoluta do meio* (art. 17 do CP). É o caso, por exemplo, do agente que, desde o momento em que ingressa no supermercado, passa a ser permanentemente vigiado por sistema de câmeras e também por seguranças, que ficam o tempo todo no seu encalço. Não há, neste caso, a menor possibilidade de o crime consumar-se. Isso não quer dizer que a existência, por si só, de sistema de segurança por câmeras elimine a possibilidade de o crime chegar à sua consumação. É perfeitamente plausível que o agente se aproveite de determinado ângulo de monitoramento em que a subtração não é visualizada pelo sistema de câmeras. Dessa forma, a ineficácia do meio deve ser avaliada caso a caso. Nesse sentido: STF, HC 110.975-RS, 1ª T., rel. Min. Carmen Lúcia, 22.05.2012. Consagrando esse entendimento, o STJ editou a Súmula n. 567: "Sistema de vigilância realizado por monitoramento eletrônico ou por existência de segurança no interior de estabelecimento comercial, por si só, não torna impossível a configuração do crime de furto"; **C:** incorreta, devendo ser assinalada, na medida em que somente o flagrante preparado (e não o esperado) constitui hipótese de crime impossível (art. 17, CP). Verificar-se-á o chamado *flagrante preparado* sempre que o agente provocador levar alguém a praticar uma infração penal. *Vide* Súmula n. 145 do STF; situação diferente é a do chamado *flagrante esperado*, em que a polícia não controla a ação do agente, apenas aguarda, depois de comunicada, a ocorrência do crime. É hipótese viável de prisão em flagrante; **D:** correta. De fato, o reconhecimento do crime impossível leva à atipicidade do comportamento. Não há crime, nem tentado muito menos consumado; **E:** correta. No crime impossível, dada a impossibilidade de atingir-se o resultado (impossível alcançar a consumação), não há que se falar em lesão ou perigo de lesão ao bem jurídico sob tutela.
Gabarito "C".

Determinado agente, insatisfeito com as diversas brigas que tinha com seu vizinho, resolve matá-lo. Ao ver seu desafeto passando pela rua, pega sua arma, que estava em situação regular e contava com apenas uma bala, e atira, vindo a atingi-lo na barriga. Lembrando-se que o vizinho era pai de duas crianças, arrepende-se de seu ato e leva a vítima ao hospital. O médico, diante do pronto atendimento e rápida cirurgia, salva a vida da vítima.

(FGV – 2013) Diante da situação acima, o membro do Ministério Público deve

(A) denunciar o agente pelo crime de lesão corporal, pois o arrependimento posterior no caso impede que o agente responda pelo resultado pretendido inicialmente.

(B) denunciar o agente pelo crime de lesão corporal, pois houve arrependimento eficaz.

(C) denunciar o agente pelo crime de lesão corporal, pois houve desistência voluntária.

(D) denunciar o agente pelo crime de tentativa de homicídio, tendo em vista que o resultado pretendido inicialmente não foi obtido.

(E) requerer o arquivamento, diante da atipicidade da conduta.

A: incorreta. O *arrependimento posterior*, disciplinado no art. 16 do CP, pressupõe, diferentemente da *desistência voluntária* e do *arrependimento eficaz*, que o crime já tenha atingido sua consumação. No caso descrito no enunciado, o crime, por iniciativa do agente, não se consumou. Mais: mesmo que tivesse se consumado, ainda assim não poderia o agente beneficiar-se do arrependimento posterior, já que se exige, ao reconhecimento desta causa de diminuição de pena, que o crime não tenha sido praticado mediante violência ou grave ameaça; **B:** correta. O agente, determinado a dar cabo da vida de seu vizinho e desafeto, desfere contra ele um tiro de arma de fogo, que é atingido em região vital (barriga). Logo em seguida, o atirador se arrepende do que acabara de fazer e passa agir para evitar que o resultado *morte* (inicialmente por ele desejado) ocorresse, providenciando para que a vítima fosse socorrida ao hospital. Por conta dessa intervenção, a vítima é salva. Neste caso, em vista do que estabelece o art. 15, segunda parte, do CP, o agente deverá responder tão somente pelos atos que praticou: a lesão corporal; **C:** incorreta. Não é hipótese de *desistência voluntária*. É que, nesta modalidade de tentativa abandonada, exige-se que o agente não tenha esgotado os meios executórios, pois só assim ele poderá *desistir* de prosseguir na execução. No caso aqui retratado, o agente esgotou os meios de que dispunha para alcançar o resultado: depois de disparar o único tiro de que dispunha, nada mais havia a ser feito. Não houve, portanto, interrupção voluntária do *iter criminis*, requisito necessário ao reconhecimento da *desistência voluntária*. O agente, ao contrário, já tendo realizado tudo que julgava necessário à consumação, agiu para que o resultado não se produzisse. Enfim, na desistência voluntária, o agente, arrependido, desiste de dar sequência à execução; no arrependimento eficaz, o agente, depois de realizar tudo que podia para alcançar o resultado, arrepende-se e passa agir para evitá-lo. Pressupõe, portanto, uma ação, um fazer; **D:** incorreta. Tanto a desistência voluntária quanto o arrependimento eficaz afastam a ocorrência do crime tentado. Isso porque a ausência de consumação se dá por iniciativa do agente, e não por circunstâncias alheias à sua vontade (pressuposto da tentativa); **E:** incorreta. A teor do art. 15 do CP, ao agente deverá ser imputada a prática dos atos anteriores; neste caso, a lesão corporal.

Gabarito "B".

(FGV – 2010) Um funcionário público apropria-se de valores particulares, dos quais tinha posse em razão do cargo, em proveito próprio. Posteriormente, acometido por um conflito moral, arrepende-se e, antes do recebimento da denúncia, por ato voluntário, restitui os valores indevidamente apropriados e repara totalmente os danos decorrentes de sua conduta. De acordo com o Código Penal, a hipótese será de:

(A) causa de inadequação típica pelo arrependimento eficaz.

(B) desistência voluntária com exclusão da tipicidade.

(C) arrependimento posterior que extingue a punibilidade.

(D) circunstância atenuante genérica pela reparação eficaz do dano.

(E) causa de diminuição de pena pelo arrependimento posterior.

Art. 16 do CP – arrependimento posterior. O crime praticado pelo funcionário público – art. 312 do CP – já se consumara, não sendo o caso, por isso, de se aplicar os institutos previstos no art. 15 do CP (desistência voluntária e arrependimento eficaz). De outro lado, a reparação do dano prevista no art. 312, § 3º, do CP, apta a extinguir a punibilidade quando levada a efeito até a sentença irrecorrível, só terá lugar se se tratar de peculato culposo. Será mesmo, portanto, hipótese de arrependimento posterior, já que estamos a falar de peculato-apropriação (que é doloso) consumado.

Gabarito "E".

9. ANTIJURIDICIDADE E CAUSAS EXCLUDENTES

(OAB/Exame XXXIX) Caio, lutador de MMA, estava na praia quando viu uma senhora ser agredida por um terceiro. Caio foi em direção ao agressor e tentou persuadi-lo a parar com as agressões, mas o agressor não deu ouvidos e continuou a agredir a senhora. Dessa forma, Caio não viu outra alternativa a não ser desferir um soco no agressor para afastá-lo da senhora e imobilizá-lo em seguida, até a chegada da polícia.

Diante do exposto, a conduta de Caio pode ser beneficiada pela exclusão da:

(A) tipicidade em razão da coação física irresistível.

(B) culpabilidade em razão da coação moral irresistível.

(C) ilicitude em razão do exercício regular de um direito.

(D) ilicitude por legítima defesa.

Pelo que consta do enunciado, Caio, lutador de MMA, logo em seguida à agressão de que fora vítima uma senhora que se encontrava na mesma praia que ele, imbuído do propósito de repeli-la e após tentar convencer o agressor a parar a sua investida, vai em direção a ele e aplica um soco, imobilizando-o em seguida até a chegada da Polícia. Presentes, em princípio, os requisitos necessários ao reconhecimento da legítima defesa, tendo como natureza jurídica causa excludente da ilicitude. Presente no art. 25 do CP, tem como requisitos: agressão injusta (o que está claro no enunciado); atual ou iminente; direito próprio ou alheio (no caso narrado no enunciado, a legítima defesa foi empregada para proteção de direito alheio: integridade física da senhora); reação fazendo uso dos meios necessários; e uso moderado dos meios necessários.

Gabarito "D".

(OAB/Exame XXXVI) Tainá, legalmente autorizada a pilotar barcos, foi realizar um passeio de veleiro com sua amiga Raquel.

Devido a uma mudança climática repentina, o veleiro virou e começou a afundar. Tainá e Raquel nadaram, desesperadamente, em direção a um tronco de árvore que flutuava no mar.

Apesar de grande, o tronco não era grande o suficiente para suportar as duas amigas ao mesmo tempo. Percebendo isso, Raquel subiu no tronco e deixou Tainá afundar, como único meio de salvar a própria vida. A perícia concluiu que a morte de Tainá se deu por afogamento. A partir do caso relatado, assinale a opção que indica a natureza da conduta praticada por Raquel.

(A) Raquel deverá responder pelo crime de omissão de socorro.

(B) Raquel agiu em legítima defesa, causa excludente de ilicitude.

(C) Raquel deverá responder pelo crime de homicídio consumado.

(D) Raquel agiu em estado de necessidade, causa excludente de ilicitude.

O enunciado retrata típico exemplo de estado de necessidade, causa excludente de ilicitude prevista no art. 24 do CP. De plano, devemos afastar a ocorrência da excludente da legítima defesa, cujos requisitos estão reunidos no art. 25 do CP e pressupõe, como um deles, a existência de uma agressão (ataque), que, por ser injusta, permite a reação do agredido, dentro dos parâmetros estabelecidos no dispositivo legal. Já o estado de necessidade pressupõe uma situação de perigo, não havendo que se falar em agressão/reação. Além disso, na legítima defesa somente um dos envolvidos tem razão (o agredido), autorizado que está a rechaçar a agressão contra ele impingida; no estado de necessidade, diferentemente, todos os envolvidos têm razão, dado que seus interesses/bens são legítimos (preservação da vida). No caso narrado no enunciado, fica claro que a situação de perigo surgida com o naufrágio fez nascer um conflito de interesses legítimos, que, dadas as circunstâncias, não podem todos (Tainá e Raquel) se salvar. Em outras palavras, para que uma vida possa ser preservada, a outra deve ser sacrificada. O tronco de árvore que flutuava próximo a elas somente comportava o peso de uma. Neste caso, o direito permite que uma delas mate a outra com o propósito de preservar a sua vida. Como se pode ver, é uma questão de sobrevivência.

Gabarito "D".

(OAB/Exame Unificado – 2019.3) Enquanto assistia a um jogo de futebol em um bar, Francisco começou a provocar Raul, dizendo que seu clube, que perdia a partida, seria rebaixado. Inconformado com a indevida provocação, Raul, que estava acompanhado de um cachorro de grande porte, atiça o animal a atacar Francisco, o que efetivamente acontece. Na tentativa de se defender, Francisco desfere uma facada no cachorro de Raul, o qual vem a falecer. O fato foi levado à autoridade policial, que instaurou inquérito para apuração.

Francisco, então, contrata você, na condição de advogado(a), para patrocinar seus interesses.

Considerando os fatos narrados, com relação à conduta praticada por Francisco, você, como advogado(a), deverá esclarecer que seu cliente

(A) não poderá alegar qualquer excludente de ilicitude, em razão de sua provocação anterior.

(B) atuou escorado na excludente de ilicitude da legítima defesa.

(C) praticou conduta atípica, pois a vida do animal não é protegida penalmente.

(D) atuou escorado na excludente de ilicitude do estado de necessidade.

Em regra, a reação contra ataque de animal configura estado de necessidade, e não legítima defesa. É que a legítima defesa pressupõe o emprego de agressão pelo ser humano. Não há que se falar em agressão injusta realizada por um animal. Enfim, agressão é ato humano, e não animal. Por outro lado, o estado de necessidade pressupõe a existência de um perigo atual, não provocado voluntariamente pelo agente, consistente em um fato da natureza, de um animal ou atividade humana. Dessa forma, o ataque (e não agressão) de um animal, que provocou uma situação perigosa, configura situação de necessidade. Situação diferente é aquela em que uma pessoa se utiliza do animal como instrumento do crime, incitando-o ao ataque. Nesta hipótese, restará configurada injusta agressão por parte daquele que incitou o cão ao ataque. A reação ao ataque do animal, aqui, constitui legítima defesa.

Gabarito "B".

(OAB/Exame Unificado – 2015.1) Carlos e seu filho de dez anos caminhavam por uma rua com pouco movimento e bastante escura, já de madrugada, quando são surpreendidos com a vinda de um cão pitbull na direção deles. Quando o animal iniciou o ataque contra a criança, Carlos, que estava armado e tinha autorização para assim se encontrar, efetuou um disparo na direção do cão, que não foi atingido, ricocheteando a bala em uma pedra e acabando por atingir o dono do animal, Leandro, que chegava correndo em sua busca, pois notou que ele fugira clandestinamente da casa. A vítima atingida veio a falecer, ficando constatado que Carlos não teria outro modo de agir para evitar o ataque do cão contra o seu filho, não sendo sua conduta tachada de descuidada.

Diante desse quadro, assinale a opção que apresenta a situação jurídica de Carlos.

(A) Carlos atuou em legítima defesa de seu filho, devendo responder, porém, pela morte de Leandro.

(B) Carlos atuou em estado de necessidade defensivo, devendo responder, porém, pela morte de Leandro.

(C) Carlos atuou em estado de necessidade e não deve responder pela morte de Leandro.

(D) Carlos atuou em estado de necessidade putativo, razão pela qual não deve responder pela morte de Leandro.

Incorre em estado de necessidade (e não em legítima defesa) aquele que, prestes a ser atacado por um cão, vê-se obrigado, para preservar a sua vida ou de terceiro, a investir contra o animal. Diz-se estado de necessidade *defensivo* porquanto, neste caso, o ato necessário a afastar o perigo voltou-se contra a própria coisa da qual emana este perigo: o cão. No mais, se a conduta de Carlos não foi descuidada, não deve ser responsabilizado pela morte do dono do animal agressivo. A alternativa correta, dessa forma, é a "C".

Gabarito "C".

(OAB/Exame Unificado – 2014.1) Jaime, objetivando proteger sua residência, instala uma cerca elétrica no muro. Certo dia, Cláudio, com o intuito de furtar a casa de Jaime, resolve pular o referido muro, acreditando que conseguiria escapar da cerca elétrica ali instalada e bem visível para qualquer pessoa. Cláudio, entretanto, não obtém sucesso e acaba levando um choque, inerente à atuação do mecanismo de proteção. Ocorre que, por sofrer de doença cardiovascular, o referido ladrão falece quase instantaneamente. Após a análise pericial, ficou constatado que a descarga elétrica não era suficiente para matar uma pessoa em condições normais de saúde, mas suficiente para provocar o óbito de Cláudio, em virtude de sua cardiopatia.

Nessa hipótese é correto afirmar que

(A) Jaime deve responder por homicídio culposo, na modalidade culpa consciente.

(B) Jaime deve responder por homicídio doloso, na modalidade dolo eventual.

(C) Pode ser aplicado à hipótese o instituto do resultado diverso do pretendido.

(D) Pode ser aplicado à hipótese o instituto da legítima defesa preordenada.

Embora não se trate de tema pacífico, é certo que a única alternativa que pode ser considerada como correta é a "D". Explico. A cerca elétrica instalada por Jaime, que o fez com o propósito de proteger seu patrimônio, constitui o que a doutrina convencionou chamar de *ofendículo*, que nada mais é do que o dispositivo empregado para atuar na proteção da propriedade ou de outros bens jurídicos. Pois bem. Quanto à natureza jurídica deste mecanismo de proteção, destacam-se, na doutrina, dois posicionamentos, a saber: para uns, cuida-se de autêntico *exercício regular de direito*; para outros, trata-se de *legítima defesa preordenada*, levando-se em conta, neste último caso, o momento em que o dispositivo de proteção é acionado. De todo modo, o *ofendículo* há de ser visível (ostensivo) e apenas o suficiente para rechaçar a agressão ao bem jurídico.

Gabarito "D".

(OAB/Exame Unificado – 2013.2) Débora estava em uma festa com seu namorado Eduardo e algumas amigas quando percebeu que Camila, colega de faculdade, insinuava-se para Eduardo. Cega de raiva, Débora esperou que Camila fosse ao banheiro e a seguiu. Chegando lá e percebendo que estavam sozinhas no recinto, Débora desferiu vários tapas no rosto de Camila, causando-lhe lesões corporais de natureza leve. Camila, por sua vez, atordoada com o acontecido, somente deu por si quando Débora já estava saindo do banheiro, vangloriando-se da surra dada. Neste momento, com ódio de sua algoz, Camila levanta-se do chão, agarra Débora pelos cabelos e a golpeia com uma tesourinha de unha que carregava na bolsa, causando-lhe lesões de natureza grave.

Com relação à conduta de Camila, assinale a afirmativa correta.

(A) Agiu em legítima defesa.

(B) Agiu em legítima defesa, mas deverá responder pelo excesso doloso.

(C) Ficará isenta de pena por inexigibilidade de conduta diversa.

(D) Praticou crime de lesão corporal de natureza grave, mas poderá ter a pena diminuída.

Não há que se falar em legítima defesa, pois ausente um de seus requisitos, qual seja, a *atualidade* ou *iminência* da agressão. É dizer, é necessário, à configuração desta excludente de ilicitude, que a agressão esteja ocorrendo ou, ao menos, prestes a ocorrer. A lei (art. 25 do CP), como se pode ver, não contemplou a agressão *futura* tampouco a *passada*. Fica claro, pela leitura do enunciado, que Camila, ao investir contra Débora, não teve como propósito defender-se da agressão que havia sofrido, mas tão somente se vingar pela humilhação que acabara de sofrer. No mais, a pena poderá, em princípio, ser diminuída, visto que se trata de hipótese de lesão corporal privilegiada (art. 129, § 4º, do CP – violenta emoção).

Gabarito "D".

(OAB/Exame Unificado – 2012.3.A) Acerca das causas excludentes de ilicitude e extintivas de punibilidade, assinale a afirmativa **incorreta**.

(A) A coação moral irresistível exclui a culpabilidade, enquanto que a coação física irresistível exclui a própria conduta, de modo que, nesta segunda hipótese, sequer chegamos a analisar a tipicidade, pois não há conduta penalmente relevante.

(B) Em um bar, Caio, por notar que Tício olhava maliciosamente para sua namorada, desfere contra este um soco no rosto. Atordido, Tício vai ao chão, levantando-se em seguida, e vai atrás de Caio e o interpela quando este já estava saindo do bar. Ao voltar-se para trás, atendendo ao chamado, Caio é surpreendido com um soco no ventre. Tício praticou conduta típica, mas amparada por uma causa excludente de ilicitude.

(C) Mévio, atendendo a ordem dada por seu líder religioso e, com o intuito de converter Rufus, permanece na residência deste a sua revelia, ou seja, sem o seu consentimento. Neste caso, Mévio, mesmo cumprindo ordem de seu superior e mesmo sendo tal ordem não manifestamente ilegal, pratica crime de violação de domicílio (Art. 150 do Código Penal), não estando amparado pela obediência hierárquica.

(D) O consentimento do ofendido não foi previsto pelo nosso ordenamento jurídico-penal como uma causa de exclusão da ilicitude. Todavia, sua natureza justificante é pacificamente aceita, desde que, entre outros requisitos, o ofendido seja capaz de consentir e que tal consentimento recaia sobre bem disponível.

A: correta. De fato, a coação física irresistível (*vis absoluta*), porque afeta a voluntariedade do comportamento humano, afasta a conduta e, por conseguinte, o próprio fato típico. Não há crime. A coação moral irresistível (*vis compulsiva*), por sua vez, afasta a culpabilidade por inexigibilidade de conduta diversa, mantendo íntegros, porém, o fato típico e a ilicitude; **B:** incorreta (devendo ser assinalada). A conduta praticada por Tício é típica e também ilícita. Ao atingir Caio, em resposta à agressão que acabara de sofrer, Tício não tinha a intenção de defender-se. Nem era o caso. Logo em seguida à agressão contra Tício, Caio se preparou para deixar o local. A agressão havia cessado. É incorreto, portanto, dizer-se que Tício, ao reagir à agressão de Caio, o fez acobertado por uma causa excludente de ilicitude, no caso a legítima defesa, visto que esta tem como requisito a *atualidade* ou, ao menos, a *iminência*, é dizer, a agressão contra a qual se insurge há de estar acontecendo ou prestes a acontecer; **C:** correta. A obediência hierárquica somente tem lugar nas relações de direito público, o que não se verifica entre um líder religioso e seus seguidores; **D:** assertiva correta. Há duas situações. Se se tratar de bem disponível em que a vítima for capaz, o consentimento funcionará como *causa supralegal de exclusão da antijuridicidade*; de outro lado, há crimes que só se tipificam diante do dissenso da vítima. Assim, havendo o consentimento do ofendido, opera-se a exclusão da tipicidade. É o caso do crime de violação de domicílio, previsto no art. 150 do CP. O consentimento do morador, neste exemplo, exclui a própria tipicidade.

Gabarito "B".

> **Dica:** a Lei 13.964/2019, dentre outras diversas modificações implementadas no campo penal e processual penal, promoveu a inclusão do parágrafo único no art. 25 do CP. Como bem sabemos, este dispositivo contém os requisitos da legítima defesa, causa de exclusão da ilicitude. Este novo dispositivo (parágrafo único) estabelece que também se considera em legítima defesa o agente de segurança pública que rechaça agressão ou risco de agressão a vítima mantida refém durante a prática de crimes. Em verdade, ao inserir este dispositivo no art. 25 do CP, nada mais fez o legislador do que explicitar e reforçar hipótese configuradora de legítima defesa já consolidada há muito em sede de jurisprudência. Tem efeito, portanto, a nosso ver, mais simbólico do que prático. Em outras palavras, o parágrafo único do art. 25 do CP, incluído pela Lei 13.964/2019, descreve situação que já era, de forma pacífica, considerada típica de legítima defesa. Afinal, como é sabido, o policial que repele injusta agressão à vida de terceiro atua em legítima defesa. Exemplo típico é o do atirador de elite, que acaba por abater o sequestrador que ameaçava tirar a vida da vítima.

No Direito Penal brasileiro, prevalece no âmbito doutrinário e jurisprudencial a adoção da teoria tripartida do fato criminoso, ou seja, crime é a conduta típica, ilícita e culpável. Nem toda conduta típica será ilícita, tendo em vista que existem causas de exclusão da ilicitude.

904 EDUARDO DOMPIERI

(FGV – 2013) As alternativas a seguir apresentam causas que excluem a ilicitude, de acordo com o Código Penal, **à exceção de uma**. Assinale-a.

(A) Legítima Defesa.

(B) Obediência hierárquica.

(C) Estrito cumprimento de dever legal.

(D) Exercício regular de direito.

(E) Estado de necessidade.

A: a legítima defesa constitui hipótese de causa excludente da ilicitude (antijuridicidade) – art. 23, II, do CP; **B:** alternativa a ser assinalada. A obediência hierárquica (e também a coação moral irresistível) constitui hipótese de exclusão da culpabilidade (art. 22, CP); **C:** causa de exclusão da ilicitude prevista no art. 23, III, do CP; **D:** causa de exclusão da ilicitude prevista no art. 23, III, do CP; **E:** causa de exclusão da ilicitude prevista no art. 23, I, do CP.
Gabarito "B"

(FGV – 2013) Assinale a alternativa que apresenta causas *excludentes da ilicitude*.

(A) O estado de necessidade e a ausência de dolo.

(B) A legítima defesa e o exercício regular de direito.

(C) A obediência hierárquica e o estrito cumprimento do dever legal.

(D) A coação moral irresistível e a obediência hierárquica.

A: incorreta. A despeito de o estado de necessidade constituir causa excludente de ilicitude, a ausência de dolo leva à atipicidade da conduta; **B:** correta, pois se trata de duas causas excludentes de ilicitude (art. 23, II e III, do CP); **C:** incorreta. Embora o estrito cumprimento do dever legal seja causa de exclusão da ilicitude (art. 23, III, do CP), a obediência hierárquica é causa de exclusão da culpabilidade (art. 22, CP); **D:** incorreta. O reconhecimento da coação moral irresistível ou da obediência hierárquica leva à exclusão da culpabilidade (art. 22, CP).
Gabarito "B"

10. CONCURSO DE PESSOAS

(OAB/Exame XXXIV) Gabriel, funcionário há 20 (vinte) dias de uma loja de eletrodomésticos, soube, por terceira pessoa, que Ricardo, seu amigo de longa data, pretendia furtar o estabelecimento em que trabalhava, após o encerramento do expediente daquele dia, apenas não decidindo o autor do fato como faria para ingressar no local sem acionar o alarme.

Ciente do plano de Ricardo, Gabriel, pretendendo facilitar o ato de seu amigo, sem que aquele soubesse, ao sair do trabalho naquele dia, deixou propositalmente aberto o portão de acesso à loja, desligando os alarmes. Ricardo, ao chegar ao local, percebeu o portão de acesso aberto, entrou no estabelecimento e furtou diversos bens de seu interior.

Após investigação, todos os fatos são descobertos. Os proprietários do estabelecimento lesado, então, procuram a assistência de um advogado, esclarecendo que tomaram conhecimento de que Ricardo, após o crime, falecera em razão de doença preexistente.

Considerando apenas as informações expostas, o advogado deverá esclarecer aos lesados que Gabriel poderá ser responsabilizado pelo crime de

(A) furto qualificado pelo concurso de pessoas.

(B) furto simples, sem a qualificadora do concurso de pessoas em razão da ausência do elemento subjetivo.

(C) furto simples, sem a qualificadora do concurso de pessoas em razão da contribuição ter sido inócua para a consumação delitiva.

(D) favorecimento real, mas não poderá ser imputado o crime de furto, simples ou qualificado.

Considerando a *relevância causal* do comportamento de Gabriel, que consiste na necessidade de a colaboração prestada ter, de alguma forma, contribuído para a prática criminosa, é certo que este deverá responder pelo crime de furto qualificado pelo concurso de pessoas. Neste caso, dispensável o ajuste prévio entre os agentes, bastando que um deles, neste caso Gabriel, saiba de sua contribuição para a conduta de terceiro, neste caso Ricardo, ainda que tal colaboração não seja de conhecimento deste.
Gabarito "A".

(OAB/Exame Unificado – 2018.3) Pedro e Paulo combinam de praticar um crime de furto em determinada creche, com a intenção de subtrair computadores. Pedro, então, sugere que o ato seja praticado em um domingo, quando o local estaria totalmente vazio e nenhuma criança seria diretamente prejudicada.

No momento da empreitada delitiva, Pedro auxilia Paulo a entrar por uma janela lateral e depois entra pela porta dos fundos da unidade. Já no interior do local, eles verificam que a creche estava cheia em razão de comemoração do "Dia das Mães"; então, Pedro pega um laptop e sai, de imediato, pela porta dos fundos, mas Paulo, que estava armado sem que Pedro soubesse, anuncia o assalto e subtrai bens e joias de crianças, pais e funcionários. Captadas as imagens pelas câmeras de segurança, Pedro e Paulo são identificados e denunciados pelo crime de roubo duplamente majorado.

Com base apenas nas informações narradas, a defesa de Pedro deverá pleitear o reconhecimento da

(A) participação de menor importância, gerando causa de diminuição de pena.

(B) cooperação dolosamente distinta, gerando causa de diminuição de pena.

(C) cooperação dolosamente distinta, gerando aplicação da pena do crime menos grave.

(D) participação de menor importância, gerando aplicação da pena do crime menos grave.

Pela leitura do enunciado, fica evidente que Pedro, desde o início da empreitada criminosa, não sabia, nem tinha como saber, que o furto que pretendia praticar junto com Paulo poderia acabar em roubo. Tanto é assim que adotou a cautela de efetuar a subtração em dia de domingo, quando a escola estaria vazia. Some-se a isso o fato de Pedro desconhecer que Paulo portava uma arma de fogo, com a qual, no curso da execução do furto, anunciou um assalto e subtraiu bens e joias de crianças, pais e funcionários, sem que Pedro disso participasse, já que ele, ao notar que a escola estava cheia, pegou um laptop e tratou de logo deixar o local. Houve, aqui, um desvio subjetivo entre os agentes. É dizer, em dado momento da execução do crime que combinaram cometer, um dos concorrentes, neste caso Paulo, mudando o "plano" anteriormente traçado, passa a agir de forma diversa do combinado, praticando, sem a anuência e a participação do outro concorrente, neste caso Pedro, crime mais grave (roubo). A solução deve ser extraída do art. 29, § 2º, do CP (cooperação dolosamente distinta), segundo o qual *se algum dos concorrentes quis participar de crime menos grave, ser-lhe-á aplicada a pena deste; essa pena será aumentada até a ½ (metade), na*

14. DIREITO PENAL

hipótese de ter sido previsível o resultado mais grave. Dessa forma, trazendo esta norma para o problema proposto no enunciado, Pedro deverá responder tão somente pelo crime que queria praticar (e de fato praticou), qual seja, furto consumado qualificado; já Paulo deverá ser responsabilizado pelo crime de roubo, delito que efetivamente praticou.
Gabarito "C".

(OAB/Exame Unificado – 2017.2) Rafael e Francisca combinam praticar um crime de furto em uma residência onde ela exerce a função de passadeira. Decidem, então, subtrair bens do imóvel em data sobre a qual Francisca tinha conhecimento de que os proprietários estariam viajando, pois assim ela tinha certeza de que os patrões, de quem gostava, não sofreriam qualquer ameaça ou violência.

No dia do crime, enquanto Francisca aguarda do lado de fora, Rafael entra no imóvel para subtrair bens. Ela, porém, percebe que o carro dos patrões está na garagem e tenta avisar o fato ao comparsa para que este saísse rápido da casa. Todavia, Rafael, ao perceber que a casa estava ocupada, decide empregar violência contra os proprietários para continuar subtraindo mais bens. Descobertos os fatos, Francisca e Rafael são denunciados pela prática do crime de roubo majorado.

Considerando as informações narradas, o(a) advogado(a) de Francisca deverá buscar:

(A) sua absolvição, tendo em vista que não desejava participar do crime efetivamente praticado.

(B) o reconhecimento da participação de menor importância, com aplicação de causa de redução de pena.

(C) o reconhecimento de que o agente quis participar de crime menos grave, aplicando-se a pena do furto qualificado.

(D) o reconhecimento de que o agente quis participar de crime menos grave, aplicando-se causa de diminuição de pena sobre a pena do crime de roubo majorado.

O enunciado descreve típica hipótese de *cooperação dolosamente distinta*, benefício previsto no art. 29, § 2º, do CP a ser concedido ao concorrente que deseja participar de crime menos grave do que o que foi praticado, desde que o resultado mais grave não seja previsível; se for, o agente responderá pelo delito que queria praticar, mas, neste caso, com a pena aumentada de até metade. Pelo que consta do enunciado, Francisca, que desejava prestar auxílio para o cometimento do crime de furto, não tinha como prever a ocorrência do delito mais grave (roubo), que de fato veio a ser praticado por seu comparsa, uma vez que ela tinha conhecimento de que os proprietários, seus patrões, estariam viajando. Francisca deverá responder, assim, pelo crime de furto qualificado. E de outra forma não poderia ser. Sob pena de configurar responsabilidade objetiva, não admitida em direito penal, cada qual somente será responsabilizado pelo que quis fazer. Francisca em momento algum quis concorrer para o crime de roubo. Tanto isso é verdade que, ao perceber que o veículo de seus patrões permanecia na garagem da residência, voltou para o interior desta para avisar seu comparsa para que este saísse da casa. Rafael, por sua conta e risco e à revelia de Francisca, para o fim de assegurar a subtração dos bens, decide empregar contra as vítimas violência, o que configura o crime de roubo, pelo qual deverá responder. **ED**
Gabarito "C".

(OAB/Exame Unificado – 2015.1) Maria Joaquina, empregada doméstica de uma residência, profundamente apaixonada pelo vizinho Fernando, sem que este soubesse, escuta sua conversa com uma terceira pessoa acordando o furto da casa em que ela trabalha durante os dias de semana à tarde. Para facilitar o sucesso da operação de seu amado, ela deixa a porta aberta ao sair do trabalho. Durante a empreitada criminosa, sem saber que a porta da frente se encontrava destrancada, Fernando e seu comparsa arrombam a porta dos fundos, ingressam na residência e subtraem diversos objetos. Diante desse quadro fático, assinale a opção que apresenta a correta responsabilidade penal de Maria Joaquina.

(A) Deverá responder pelo mesmo crime de Fernando, na qualidade de partícipe, eis que contribuiu de alguma forma para o sucesso da empreitada criminosa ao não denunciar o plano.

(B) Deverá responder pelo crime de furto qualificado pelo concurso de agentes, afastada a qualificadora do rompimento de obstáculo, por esta não se encontrar na linha de seu conhecimento.

(C) Não deverá responder por qualquer infração penal, sendo a sua participação irrelevante para o sucesso da empreitada criminosa.

(D) Deverá responder pelo crime de omissão de socorro.

A assertiva correta é a "C". O objetivo, nesta questão, é o candidato visualizar que, pelos dados fornecidos, inexiste *concurso de pessoas*, que, pressupõe, entre outros requisitos, *liame subjetivo*, assim entendida a aderência de uma conduta a outra, e *relevância causal* do comportamento, que consiste na necessidade de a colaboração prestada ter, de alguma forma, contribuído para a prática criminosa. Inexiste, assim, liame subjetivo na conduta da empregada que deixa a porta de acesso à residência aberta para que o agente ali ingresse e subtraia bens. Veja que, neste caso, o ladrão não tem conhecimento da colaboração da empregada, o que, de plano, afasta a ocorrência do concurso de pessoas. Além disso, fica claro, pelos dados apresentados, que a conduta de Maria Joaquina em nada colaborou para realização da subtração, na medida em que o ingresso do agente se deu por outro acesso. É dizer, não há relevância no seu comportamento.
Gabarito "C".

(OAB/Exame Unificado – 2014.3) Numerosos cidadãos, sem qualquer combinação prévia, revoltados com os sucessivos escândalos e as notícias de corrupção envolvendo as autoridades locais, vestiram-se totalmente de preto e foram para as escadarias da Câmara Municipal, após terem escutado do prefeito, durante uma entrevista ao vivo, que os professores municipais eram marajás. Lá chegando, alguns manifestantes, também sem qualquer combinação ou liame subjetivo, começaram a atirar pedras em direção ao referido prédio público e, com isso, três vidraças foram quebradas. A polícia, com o auxílio das imagens gravadas e transmitidas pela imprensa, conseguiu identificar todas as pessoas que atiraram pedras e danificaram o patrimônio público.

Nesse sentido, tendo por base as informações apresentadas no fragmento acima, assinale a afirmativa correta.

(A) Os cidadãos devem responder pelos crimes de associação criminosa (Art. 288, do CP) e dano qualificado (Art. 163, § único, inciso III, do CP).

(B) Descabe falar-se em crime de associação criminosa (Art. 288, do CP), pois, dentre outras circunstâncias, a reunião das pessoas, naquele momento, foi apenas eventual.

(C) Deve incidir, para o crime de dano qualificado (Art. 163, parágrafo único, inciso III, do CP), a circunstância agravante do concurso de pessoas.

(D) Não houve a prática de nenhum ato criminoso, pois as condutas descritas não encontram adequação típica e, mais ainda, não havia dolo específico de deteriorar patrimônio público.

Está correto o que se afirma na alternativa "B". É que, pelo que consta do enunciado, a reunião de pessoas se deu de forma eventual. Inexistia entre elas qualquer liame subjetivo ou acordo prévio. Afasta-se, pois, a configuração do crime de *associação criminosa* (art. 288, CP), que pressupõe permanência e durabilidade da associação. O enunciado retrata, portanto, hipótese de concurso eventual de pessoas para a prática do crime de dano qualificado (delito cometido contra o patrimônio público), capitulado no art. 163, parágrafo único, III, do CP, cuja redação foi alterada pela Lei 13.531/2017.
Gabarito "B".

(OAB/Exame Unificado – 2013.2) Sofia decide matar sua mãe. Para tanto, pede ajuda a Lara, amiga de longa data, com quem debate a melhor maneira de executar o crime, o melhor horário, local etc. Após longas discussões de como poderia executar seu intento da forma mais eficiente possível, a fim de não deixar nenhuma pista, Sofia pede emprestado a Lara um facão. A amiga prontamente atende ao pedido. Sofia despede-se agradecendo a ajuda e diz que, se tudo correr conforme o planejado, executará o homicídio naquele mesmo dia e assim o faz. No entanto, apesar dos cuidados, tudo é descoberto pela polícia.

A respeito do caso narrado e de acordo com a teoria restritiva da autoria, assinale a afirmativa correta.

(A) Sofia é a autora do delito e deve responder por homicídio com a agravante de o crime ter sido praticado contra ascendente. Lara, por sua vez, é apenas partícipe do crime e deve responder por homicídio, sem a presença da circunstância agravante.

(B) Sofia e Lara devem ser consideradas coautoras do crime de homicídio, incidindo, para ambas, a circunstância agravante de ter sido, o crime, praticado contra ascendente.

(C) Sofia e Lara devem ser consideradas coautoras do crime de homicídio. Todavia, a agravante de ter sido, o crime, praticado contra ascendente somente incide em relação à Sofia.

(D) Sofia é a autora do delito e deve responder por homicídio com a agravante de ter sido, o crime, praticado contra ascendente. Lara, por sua vez, é apenas partícipe do crime, mas a agravante também lhe será aplicada.

Para a chamada *teoria restritiva* (ou formal-objetiva), adotada pelo Código Penal, é *autor* aquele que pratica a conduta descrita no tipo penal (neste caso, *matar*); e partícipe o que, sem realizar a conduta típica (representada pelo verbo nuclear), concorre, de outro modo, para o delito. No caso narrado no enunciado, deve-se considerar *autora* tão somente Sofia, visto que foi ela quem realizou o verbo nuclear do tipo penal (matar); Lara, sua amiga, embora tenha contribuído para a prática delituosa, emprestando a Sofia um facão (auxílio material), deve ser considerada *partícipe*, já que não praticou a conduta descrita no tipo (matar). Quanto ao mais, a circunstância agravante presente no art. 61, II, *e*, do CP, dado o que estabelece o art. 30 do CP, somente será atribuída a Sofia.
Gabarito "A".

(OAB/Exame Unificado – 2012.2) Analise detidamente as seguintes situações:

Casuística 1: Amarildo, ao chegar a sua casa, constata que sua filha foi estuprada por Terêncio. Imbuído de relevante valor moral, contrata Ronaldo, pistoleiro profissional, para tirar a vida do estuprador. O serviço é regularmente executado.

Casuística 2: Lucas concorre para um infanticídio auxiliando Julieta, parturiente, a matar o nascituro – o que efetivamente acontece. Lucas sabia, desde o início, que Julieta estava sob a influência do estado puerperal.

Levando em consideração a legislação vigente e a doutrina sobre o concurso de pessoas (concursus delinquentium), é correto afirmar que

(A) no exemplo 1, Amarildo responderá pelo homicídio privilegiado e Ronaldo pelo crime de homicídio qualificado por motivo torpe. No exemplo 2, Lucas e Julieta responderão pelo crime de infanticídio.

(B) no exemplo 1, Amarildo responderá pelo homicídio privilegiado e Ronaldo pelo crime de homicídio simples (ou seja, sem privilégio pelo fato de não estar imbuído de relevante valor moral). No exemplo 2, Lucas, que não está influenciado pelo estado puerperal, responderá por homicídio, e Julieta pelo crime de infanticídio.

(C) no exemplo 1, Amarildo responderá pelo homicídio privilegiado e Ronaldo pelo crime de homicídio simples (ou seja, sem privilégio pelo fato de não estar imbuído de relevante valor moral). No exemplo 2, tanto Lucas quanto Julieta responderão pelo crime de homicídio (ele na modalidade simples, ela na modalidade privilegiada em razão da influência do estado puerperal).

(D) no exemplo 1, Amarildo responderá pelo homicídio privilegiado e Ronaldo pelo crime de homicídio qualificado pelo motivo fútil. No exemplo 2, Lucas, que não está influenciado pelo estado puerperal, responderá por homicídio e Julieta pelo crime de infanticídio.

Casuística 1: não deve restar dúvida de que Amarildo será responsabilizado por homicídio privilegiado (art. 121, § 1°, do CP), dado que, ao contratar Ronaldo para executar o crime, agiu impelido por motivo de relevante valor moral (que diz respeito a interesse particular do agente). O pistoleiro profissional, contratado para concretizar o intento de Amarildo, deverá responder pelo crime de homicídio qualificado, pois o motivo que o levou à prática do delito é considerado torpe (art. 121, § 2°, I, do CP). **Casuística 2:** em vista da regra estampada no art. 30 do CP, tanto coautores quanto partícipes respondem pelo crime de infanticídio. Esta é a posição amplamente dominante na doutrina e jurisprudência.
Gabarito "A".

(OAB/Exame Unificado – 2010.3) Tomás decide matar seu pai, Joaquim. Sabendo da intenção de Tomás de executar o genitor, Pedro oferece, graciosamente, carona ao agente até o local em que ocorre o crime. A esse respeito, é correto afirmar que Pedro é

(A) coautor do delito, respondendo por homicídio agravado por haver sido praticado contra ascendente.

(B) coautor do delito, respondendo por homicídio sem a incidência da agravante.

(C) partícipe do delito, respondendo por homicídio sem a incidência da agravante.

(D) partícipe do delito, respondendo por homicídio agravado por haver sido praticado contra ascendente.

Pedro é partícipe do crime em questão, já que prestou colaboração consistente em transportar o executor do delito até o local onde

14. DIREITO PENAL   907

se deram os fatos, sem incorrer em qualquer das condutas típicas (verbos contidos no tipo penal). No mais, por força do que dispõe o art. 30 do CP, a agravante decorrente da relação de parentesco (art. 61, II, *e*, do CP) não se comunica a Pedro, tendo incidência somente em relação a Tomás.

Gabarito "C".

11. CULPABILIDADE E CAUSAS EXCLUDENTES

(OAB/Exame XXXIII – 2020.3) Após o expediente, Márcio saiu com seus colegas de trabalho para comemorar o sucesso das vendas naquele mês e sua escolha como melhor funcionário do período. Ao chegarem ao bar, Márcio entregou a chave de seu carro aos colegas, alertando-os que *iria beber até se embriagar e cair.*

Após cumprir a promessa feita aos colegas, Márcio, completamente alterado, se dirigiu até o caixa do bar para pagar sua conta. Devido a divergências quanto à quantidade de bebida consumida, Márcio iniciou uma forte discussão com o atendente do estabelecimento e arremessou a garrafa de cerveja que segurava em sua direção, acertando a cabeça do funcionário e causando-lhe ferimentos de natureza grave.

Preocupado com as consequências jurídicas de seu ato, Márcio o(a) procura, na condição de advogado(a), para assistência técnica.

Considerando apenas as informações expostas, sob o ponto de vista técnico, você, como advogado(a), deverá esclarecer que a conduta praticada por Márcio configura

(A) crime de lesão corporal grave, diante da embriaguez culposa, podendo ser reconhecida causa de diminuição de pena, já que a embriaguez era completa.

(B) conduta típica e ilícita, mas não culpável, diante da embriaguez culposa, afastando a culpabilidade do agente.

(C) crime de lesão corporal grave, com reconhecimento de agravante, diante da embriaguez preordenada.

(D) crime de lesão corporal grave, diante da embriaguez voluntária.

Acerca da embriaguez, o CP adotou a teoria da *actio libera in causa*. Se o agente, deliberadamente (voluntariamente), ingerir álcool ou substância com efeitos análogos, mesmo que no momento da prática da infração não tenha capacidade de entendimento e autodeterminação, ainda assim será responsabilizado (art. 28, II, CP). Apenas se a embriaguez for involuntária, e desde que completa, ficará o agente isento de pena (art. 28, § 1º, do CP). A regra, portanto, é a de que a embriaguez não exclui a imputabilidade penal (art. 28, II, do CP). Assim, vamos à análise das alternativas. **A:** incorreta. *Culposa* é a modalidade de embriaguez em que a vontade do agente é de somente beber, sem se embriagar. Não é este o caso de Márcio, que, pelo que consta do enunciado, deixou evidente aos colegas seu propósito de beber até se embriagar e cair. Seja como for, é importante que se diga que a embriaguez culposa não tem o condão de afastar a imputabilidade penal (art. 28, II, CP); **B:** incorreta, já que a embriaguez culposa e também a voluntária não excluem a imputabilidade penal. Sendo assim, Márcio praticou uma conduta típica, ilícita e culpável. A propósito, a embriaguez de Márcio deve ser classificada como voluntária (ou intencional), que é aquela em que o agente ingere bebida alcoólica imbuído do propósito de embriagar-se, sem a intenção, contudo, de cometer crimes; **C:** incorreta. Preordenada é aquela modalidade de embriaguez em que o agente se embriaga com o propósito de cometer crime. Ou seja, a ingestão de álcool, aqui, tem o propósito de fazer com que o indivíduo adquira coragem para a prática de certa

infração penal. Não é este o caso de Márcio, que, como já dissemos, bebeu com o propósito de embriagar-se. Somente isso; **D:** correta. De fato, a embriaguez de Márcio deve ser considerada voluntária, já que a sua intenção, ao ingerir bebida alcoólica, era tão somente de atingir o estado de embriaguez. Sendo assim, deverá ser responsabilizado pelo crime que praticou, qual seja, o de lesão corporal de natureza grave.

Gabarito "D".

(OAB/Exame Unificado – 2015.2) Durante um assalto a uma instituição bancária, Antônio e Francisco, gerentes do estabelecimento, são feitos reféns. Tendo ciência da condição deles de gerentes e da necessidade de que suas digitais fossem inseridas em determinado sistema para abertura do cofre, os criminosos colocam, à força, o dedo de Antônio no local necessário, abrindo, com isso, o cofre e subtraindo determinada quantia em dinheiro. Além disso, sob a ameaça de morte da esposa de Francisco, exigem que este saía do banco, levando a sacola de dinheiro juntamente com eles, enquanto apontam uma arma de fogo para os policiais que tentavam efetuar a prisão dos agentes. Analisando as condutas de Antônio e Francisco, com base no conceito tripartido de crime, é correto afirmar que

(A) Antônio não responderá pelo crime por ausência de tipicidade, enquanto Francisco não responderá por ausência de ilicitude em sua conduta.

(B) Antônio não responderá pelo crime por ausência de ilicitude, enquanto Francisco não responderá por ausência de culpabilidade em sua conduta.

(C) Antônio não responderá pelo crime por ausência de tipicidade, enquanto Francisco não responderá por ausência de culpabilidade em sua conduta.

(D) Ambos não responderão pelo crime por ausência de culpabilidade em suas condutas.

Antônio "praticou" o fato sob coação *física* irresistível (*vis absoluta*), já que a sua ação foi desprovida de voluntariedade. Isso porque Antônio praticou o movimento em decorrência de força corporal exercida sobre ele. Afasta-se, neste caso, a conduta e, por conseguinte, o próprio fato típico. Não há crime. Embora Francisco, da mesma forma que Antônio, não possa ser responsabilizado criminalmente, o fato é que a sua situação é diferente, na medida em que foi submetido a coação *moral* (e não física!) irresistível (*vis compulsiva*), que tem o condão de afastar a culpabilidade por inexigibilidade de conduta diversa, mantendo íntegros, porém, o fato típico e a ilicitude. Note que, neste caso, existe conduta, mas a culpabilidade é excluída. De uma forma ou de outra, à luz do conceito tripartido de crime, não houve, por parte de ambos, prática de delito. A coação moral irresistível está prevista no art. 22 do CP.

Gabarito "C".

(OAB/Exame Unificado – 2015.1) Patrício e Luiz estavam em um bar, quando o primeiro, mediante ameaça de arma de fogo, obriga o último a beber dois copos de tequila. Luiz ficou inteiramente embriagado. A dupla, então, deixou o local, sendo que Patrício conduzia Luiz, que caminhava com muitas dificuldades. Ao encontrarem Juliana, que caminhava sozinha pela calçada, Patrício e Luiz, se utilizando da arma que era portada pelo primeiro, constrangeram-na a com eles praticar sexo oral, sendo flagrados por populares que passavam ocasionalmente pelo local, ocorrendo a prisão em flagrante. Denunciados pelo crime de estupro, no curso da instrução, mediante perícia, restou constatado que Patrício era possuidor de doença mental grave e que, quando da prática do fato, era inteiramente incapaz de entender o caráter ilícito do

EDUARDO DOMPIERI

seu comportamento, situação, aliás, que permanece até o momento do julgamento. Também ficou demonstrado que, no momento do crime, Luiz estava completamente embriagado. O Ministério Público requereu a condenação dos acusados. Não havendo dúvida com relação ao injusto, tecnicamente, a defesa técnica dos acusados deverá requerer, nas alegações finais,

(A) a absolvição dos acusados por força da inimputabilidade, aplicando, porém, medida de segurança para ambos.

(B) a absolvição de Luiz por ausência de culpabilidade em razão da embriaguez culposa e a absolvição imprópria de Patrício, com aplicação, para este, de medida de segurança.

(C) a absolvição de Luiz por ausência de culpabilidade em razão da embriaguez completa decorrente de força maior e a absolvição imprópria de Patrício, com aplicação, para este, de medida de segurança.

(D) a absolvição imprópria de Patrício, com a aplicação de medida de segurança, e a condenação de Luiz na pena mínima, porque a embriaguez nunca exclui a culpabilidade.

Está correta a assertiva "C". Note que o comportamento de Luis configura hipótese de embriaguez completa proveniente de força maior (art. 28, § 1º, do CP), o que leva à exclusão da imputabilidade. A propósito, esta é a única hipótese, no contexto da embriaguez, capaz de isentar o agente de pena. Em assim sendo, Luis não deve ser responsabilizado. Perceba que esta causa de exclusão da culpabilidade (embriaguez), por ser meramente ocasional, é incompatível com a aplicação de medida de segurança. Quanto a Patrício, a situação é diferente. É que, neste caso, ele era, ao tempo da conduta, inteiramente incapaz de entender o caráter ilícito do fato, uma vez que padecia de doença mental grave (art. 26, *caput*, do CP). Há de se reconhecer, assim, a sua inimputabilidade, devendo, em razão disso, ser submetido a tratamento (medida de segurança). Embora a sentença, aqui, tenha natureza absolutória (art. 386, VI, CPP), o agente há de ser submetido a tratamento. Daí falar-se em absolvição *imprópria*.
Gabarito "C".

(OAB/Exame Unificado – 2013.2) Para aferição da inimputabilidade por doença mental ou desenvolvimento mental incompleto ou retardado, assinale a alternativa que indica o critério adotado pelo Código Penal vigente.

(A) Biológico.

(B) Psicológico.

(C) Psiquiátrico.

(D) Biopsicológico.

O art. 26, *caput*, do CP, tratando da inimputabilidade por doença mental ou por desenvolvimento mental incompleto ou retardado, adotou, como regra, o denominado *critério biopsicológico*. Bem por isso, somente será considerado inimputável aquele que, em virtude de problemas mentais (desenvolvimento mental incompleto ou retardado – fator biológico), ao tempo da ação ou omissão, for inteiramente incapaz de entender o caráter ilícito do fato ou de determinar-se de acordo com esse entendimento (fator psicológico). Assim, somente será considerada inimputável aquela pessoa que, em razão de *fatores biológicos*, tiver afetado, por completo, sua *capacidade psicológica* (discernimento ou autocontrole). Daí o nome: *critério biopsicológico*, que nada mais é, portanto, do que a conjugação dos critérios biológico e psicológico. De se ver que, em matéria de inimputabilidade por menoridade, o critério adotado foi o *biológico* (art. 27 do CP), segundo o qual se leva em conta tão somente o desenvolvimento mental do acusado (considerado, no caso do menor de 18 anos, incompleto).
Gabarito "D".

(OAB/Exame Unificado – 2012.2) Analise as hipóteses abaixo relacionadas e assinale a alternativa que apresenta somente causas excludentes de culpabilidade.

(A) Erro de proibição; embriaguez completa proveniente de caso fortuito ou força maior; coação moral irresistível.

(B) Embriaguez culposa; erro de tipo permissivo; inimputabilidade por doença mental ou por desenvolvimento mental incompleto ou retardado.

(C) Inimputabilidade por menoridade; estrito cumprimento do dever legal; embriaguez incompleta.

(D) Embriaguez incompleta proveniente de caso fortuito ou força maior; erro de proibição; obediência hierárquica.

Somente a embriaguez completa do art. 28, § 1º, do CP exclui a imputabilidade (elemento da culpabilidade). Não excluem a culpabilidade, portanto, a embriaguez voluntária e a culposa (art. 28, II, do CP). O *estrito cumprimento de dever legal* constitui causa excludente da ilicitude – art. 23, III, do CP. As demais hipóteses contidas nas assertivas constituem causa de exclusão da culpabilidade.
Gabarito "A".

(OAB/Exame Unificado – 2010.1) Em relação à imputabilidade penal, assinale a opção correta.

(A) Quanto à aferição da inimputabilidade, o CP adota, como regra, o critério psicológico, segundo o qual importa saber se o agente, no momento da ação ou da omissão delituosa, tem ou não condições de avaliar o caráter criminoso do fato e de orientar-se de acordo com esse entendimento.

(B) A pena poderá ser reduzida se o agente, em virtude de perturbação de saúde mental ou por desenvolvimento mental incompleto ou retardado, não for inteiramente capaz de entender o caráter ilícito do fato ou de determinar-se de acordo com esse entendimento.

(C) A pena imposta ao semi-imputável não pode ser substituída por medida de segurança.

(D) A embriaguez não acidental, seja voluntária ou culposa, completa ou incompleta, exclui a imputabilidade do agente que, ao tempo da ação ou omissão delituosa, for inteiramente incapaz de entender o caráter ilícito do fato ou de determinar-se de acordo com esse entendimento.

A: incorreta. Como regra, o CP adotou o *critério biopsicológico* para a aferição da inimputabilidade, que constitui uma fusão do sistema biológico com o psicológico; **B:** correta. *Vide* art. 26, parágrafo único, do Código Penal; **C:** incorreta. A pena imposta ao semi-imputável pode ser substituída por medida de segurança, conforme estabelece o art. 98 do CP; **D:** incorreta. A embriaguez não acidental jamais excluirá a imputabilidade do agente. Somente a embriaguez acidental, nas condições estabelecidas no art. 28, § 1º, do CP, excluirá a imputabilidade do agente, que constitui um dos elementos da culpabilidade.
Gabarito "B".

(FGV – 2013) Com relação à *culpabilidade*, assinale a afirmativa correta.

(A) A emoção é causa de exclusão da culpabilidade.

(B) A embriaguez em qualquer de suas formas, exceto a preordenada, exclui a culpabilidade.

(C) A coação moral irresistível exclui a culpabilidade por não ser exigível outro comportamento do agente.

14. DIREITO PENAL 909

(D) O agente que por doença mental era, no momento da sentença, inteiramente incapaz de reconhecer o caráter ilícito do fato praticado, é isento de pena.

(E) Os menores de 18 anos excepcionalmente podem responder pelo crime praticado de acordo com o Código Penal.

A: incorreta, uma vez que nem a emoção nem a paixão tem o condão de excluir a imputabilidade, que é um dos elementos da culpabilidade (art. 28, CP); **B:** incorreta, dado que somente é apta a excluir a imputabilidade (elemento da culpabilidade), a teor do art. 28, II, § 1°, do CP, a embriaguez completa, proveniente de caso fortuito ou força maior, desde que, como consequência disso, o agente, ao tempo da ação ou omissão, seja inteiramente incapaz de entender o caráter ilícito do fato ou de autodeterminar-se de acordo com tal entendimento; assim, não afastam a imputabilidade a embriaguez voluntária nem culposa; **C:** correta. De fato, a *coação moral irresistível* constitui causa excludente de culpabilidade quanto ao elemento *exigibilidade de conduta diversa* – art. 22, 1ª parte, CP; cuidado: não deve ser confundida com a *coação física irresistível*, ou *vis absoluta*, que exclui a conduta, e não a culpabilidade; **D:** incorreta. Somente será isento de pena o agente que, nessa condição, ao tempo da conduta (ação ou omissão) – e não no momento da sentença, entender o caráter ilícito do fato praticado – art. 26, *caput*, do CP; **E:** incorreta, já que a responsabilidade (pela prática de atos descritos como crime/contravenção) dos menores de 18 anos é regida por lei especial (Estatuto da Criança e do Adolescente), e não pelo Código Penal.

Gabarito "C".

(FGV – 2013) A doutrina majoritária brasileira entende que haverá crime diante de uma conduta típica, ilícita e culpável.

Sobre a culpabilidade, assinale a afirmativa correta.

(A) O *erro de tipo* é causa de exclusão da culpabilidade em seu elemento potencial da ilicitude.

(B) A *conduta em coação física irresistível*, apesar de típica e ilícita, não enseja punição do agente por ausência de culpabilidade.

(C) O *estrito cumprimento do dever legal* é tratado pelo Código Penal como causa excludente de culpabilidade.

(D) A *embriaguez culposa completa* não exclui a imputabilidade penal.

(E) O *exercício regular do direito* é causa legal de exclusão da culpabilidade.

A: incorreta, visto que o erro de tipo afasta o dolo; se não há dolo, inexiste conduta; e se não há conduta, não há crime. Isso se se tratar de erro de tipo invencível; se for vencível, afasta-se o dolo, mas pune-se por crime culposo, desde que haja previsão nesse sentido; **B:** incorreta. Falta, na *coação física irresistível* (*vis absoluta*), voluntariedade no ato do agente, que tem eliminada, em razão dela, a conduta e, por conseguinte, o próprio crime; **C:** incorreta, uma vez que o estrito cumprimento do dever legal constitui causa excludente da ilicitude, e não da culpabilidade (art. 23, III, CP); **D:** correta. Somente é apta a excluir a imputabilidade penal a embriaguez acidental proveniente de caso fortuito ou força maior (desde que completa) – art. 28, § 1°, CP; a embriaguez culposa (e também a voluntária), pois completa, não leva à exclusão da imputabilidade –art. 28, II, do CP; **E:** incorreta. Trata-se de causa de exclusão da ilicitude – art. 23, III, do CP.

Gabarito "D".

12. PENA E MEDIDA DE SEGURANÇA

(OAB/Exame XXXIX) João completou 20 anos e foi colocado em liberdade, após cumprir 3 anos de internação por medida socioeducativa em razão da prática de atos infracionais análogos a estupro e furto, conforme sentença proferida pelo Juizado da Infância e da Juventude de sua Comarca.

Ao ser solto da unidade de internação, foi preso em flagrante pela prática do crime de roubo, sendo que João nunca respondeu por outros crimes.

Para os fins deste novo processo, assinale a afirmativa correta.

(A) João é primário e com bons antecedentes, ante a inaptidão de atos infracionais serem utilizados como circunstâncias judiciais ou induzir reincidência.

(B) João é reincidente e com maus antecedentes, ante a pluralidade de infrações pretéritas, anteriores aos delitos de roubo.

(C) João é tecnicamente primário, porém, com maus antecedentes, sendo este único efeito possível gerado pela aplicação de medidas socioeducativas.

(D) João é reincidente ou com maus antecedentes, pois não é possível que a reincidência seja também considerada circunstância judicial, ainda que se tratem de condenações distintas.

Conferir: "Nos termos da jurisprudência desta Corte, atos infracionais não podem ser considerados como maus antecedentes para fins de aumentar a pena-base, tampouco prestam-se a caracterizar personalidade voltada para a prática de crimes ou má conduta social" (STJ, AgInt no REsp n. 1.906.504/SP, relator Ministro Olindo Menezes (Desembargador Convocado do TRF 1ª Região), Sexta Turma, julgado em 14/10/2021, DJe de 4/11/2021). Cuidado: passagens na Vara da Infância e Juventude não geram reincidência e não podem ser utilizadas como circunstâncias judiciais. A despeito disso, é importante que se diga, a prática de atos infracionais pretéritos pode servir de fundamento para a decretação ou manutenção da custódia preventiva, para a garantia da ordem pública (art. 312, *caput*, do CPP). Na jurisprudência do STJ: "1. A privação antecipada da liberdade do cidadão acusado de crime reveste-se de caráter excepcional em nosso ordenamento jurídico, e a medida deve estar embasada em decisão judicial fundamentada (art.93, IX, da CF), que demonstre a existência da prova da materialidade do crime e a presença de indícios suficientes da autoria, bem como a ocorrência de um ou mais pressupostos do artigo 312 do Código de Processo Penal. Exige-se, ainda, na linha perfilhada pela jurisprudência dominante deste Superior Tribunal de Justiça e do Supremo Tribunal Federal, que a decisão esteja pautada em motivação concreta, vedadas considerações abstratas sobre a gravidade do crime. 2. No presente caso, a prisão preventiva está devidamente justificada para a garantia da ordem pública, em razão da periculosidade do agente, notadamente em razão do risco de reiteração delitiva, consubstanciado na existência de ato infracional grave praticado pelo paciente. 3. (...) Esta Corte Superior de Justiça possui entendimento de que a prática de atos infracionais, apesar de não poder ser considerada para fins de reincidência ou maus antecedentes, serve para justificar a manutenção da prisão preventiva para a garantia da ordem pública. (RHC 47.671/MS, Rel. Ministro Gurgel De Faria, Quinta Turma, julgado em 18.12.2014, DJe 02.02.2015). 4. As condições subjetivas favoráveis do recorrente, tais como primariedade e residência fixa, por si sós, não obstam a segregação cautelar, quando presentes os requisitos legais para a decretação da prisão preventiva. 5. Recurso ordinário em *habeas corpus* improvido" (STJ, RHC 91.377/SP, Rel. Ministro Reynaldo Soares da Fonseca, Quinta Turma, julgado em 01.03.2018, DJe 12.03.2018).

Gabarito "A".

(OAB/Exame XXXVIII) Luís Alberto, primário, foi condenado a uma pena de oito meses de detenção, em regime inicial aberto, por ter agredido sua companheira, causando-lhe lesões corporais.

Na qualidade de advogado(a) de Luís Alberto, assinale a opção que apresenta o benefício de natureza penal que pode, neste momento processual, ser pleiteado em favor do seu assistido.

(A) Aplicação de pena restritiva de direito, consistente em prestação de serviços à comunidade.

(B) Suspensão condicional da pena, pelo período de dois anos.

(C) Suspensão condicional do processo, pelo período de dois anos.

(D) Substituição da pena privativa de liberdade por multa.

A: incorreta, uma vez que contraria o entendimento sedimentado na Súmula 588 do STJ: "A prática de crime ou contravenção penal contra a mulher com violência ou grave ameaça no ambiente doméstico impossibilita a substituição da pena privativa de liberdade por restritiva de direitos"; **B:** correta. Isso porque, desde que preenchidos os requisitos contidos no art. 77 do CP, nada obsta que em favor de Luís Alberto seja concedida a suspensão condicional da pena (*sursis*). Conferir: "A jurisprudência desta Corte é firme em assinalar ser possível a concessão de suspensão condicional da pena aos crimes e às contravenções penais praticados em contexto de violência doméstica, desde que preenchidos os requisitos previstos no art. 77 do Código Penal, nos termos reconhecidos na sentença condenatória restabelecida" (STJ, AgRg no REsp n. 1.691.667/RJ, relator Ministro Rogerio Schietti Cruz, Sexta Turma, julgado em 2/8/2018, DJe de 9/8/2018.); **C:** incorreta. O art. 41 da Lei Maria da Penha, cuja constitucionalidade foi reconhecida pelo STF (ADC 19, de 09.02.2012), veda a aplicação, no contexto dos crimes praticados com violência doméstica e familiar contra a mulher, das medidas despenalizadoras contempladas na Lei 9.099/1995, entre as quais a *suspensão condicional do processo* e a *transação penal*. Consolidando tal entendimento, editou-se a Súmula 536, do STJ: "A suspensão condicional do processo e a transação penal não se aplicam na hipótese de delitos sujeitos ao rito da Lei Maria da Penha"; **D:** incorreta, uma vez que contraria o disposto no art. 17 da Lei Maria da Penha.

Gabarito "B".

(OAB/Exame XXXVI) André, primário, e Fábio, reincidente, foram condenados por crime de latrocínio em concurso de pessoas. Durante a execução penal, ambos requereram a progressão de regime, visto que já haviam cumprido parte da pena. André fundamentou seu pedido em "bom comportamento", comprovado pelo diretor do estabelecimento prisional. Fábio, por sua vez, fundamentou seu pedido em razão de ter sido condenado na mesma época de seu comparsa, André.

Dessa forma, segundo os princípios que regem a Execução Penal e o Direito Penal, é correto afirmar que

(A) de acordo com o princípio da isonomia, que garante igualdade de tratamento entre os presos, é vedada aplicação de frações de progressão de regime diferenciadas a cada um dos acusados.

(B) de acordo com o princípio da individualização da pena, o Juiz da execução penal deverá alterar as penas dos acusados, conforme o comportamento prisional de cada um.

(C) é assegurada a progressão de regime aos crimes hediondos, mas a fração de progressão varia para cada indivíduo, ainda que ambos condenados pelo mesmo fato.

(D) o princípio do livre convencimento motivado autoriza o Juiz a aplicar a progressão de regime no momento processual que entender adequado, pois não há prazo para o Juiz.

De fato, é assegurada a progressão de regime em todos os delitos, inclusive aos hediondos e equiparados, como é o caso do latrocínio

(roubo seguido de morte – art. 157, § 3º, II, CP), tendo como vetor o postulado da individualização da pena, que rege a execução penal. Com esse espírito, a Lei 13.964/2019 reformulou por completo o art. 112 da LEP, de forma a promover a inclusão de novas faixas de fração de cumprimento de pena a possibilitar a progressão do reeducando a regime menos rigoroso, aqui incluídos, como já dito, os crimes hediondos e equiparados. Com isso, a nova tabela de progressão ficou mais detalhada, já que, até então, contávamos com o percentual único de 1/6 para os crimes comuns e 2/5 e 3/5 para os crimes hediondos e equiparados. Doravante, passamos a ter novas faixas, agora expressas em porcentagem, que levam em conta, no seu enquadramento, fatores como primariedade e o fato de o delito haver sido praticado com violência/grave ameaça. A primeira faixa corresponde a 16%, a que estão sujeitos os condenados que forem primários e cujo crime praticado for desprovido de violência ou grave ameaça (art. 112, I, LEP); em seguida, passa-se à faixa de 20%, destinada ao sentenciado reincidente em crime praticado sem violência à pessoa ou grave ameaça (art. 112, II, LEP); a faixa seguinte, de 25%, é aplicada ao apenado primário que tiver cometido crime com violência à pessoa ou grave ameaça (art. 112, III, LEP); à faixa de 30% ficará sujeito o condenado reincidente em crime cometido com violência contra a pessoa ou grave ameaça (art. 112, IV, LEP); deverá cumprir 40% da pena o condenado pelo cometimento de crime hediondo ou equiparado, se primário (art. 112, V, LEP); estão sujeitos ao cumprimento de 50% da pena imposta o condenado pela prática de crime hediondo ou equiparado, com resultado morte, se for primário; o condenado por exercer o comando, individual ou coletivo, de organização criminosa estruturada para a prática de crime hediondo ou equiparado; e o condenado pela prática do crime de constituição de milícia privada (art. 112, VI, LEP); deverá cumprir 60% da pena o condenado reincidente na prática de crime hediondo ou equiparado (art. 112, VII, LEP); e 70%, que corresponde à última faixa, o sentenciado reincidente em crime hediondo ou equiparado com resultado morte (art. 112, VIII, LEP). O art. 2º, § 2º, da Lei 8.072/1990, como não poderia deixar de ser, foi revogado, na medida em que a progressão, nos crimes hediondos e equiparados, passou a ser disciplinada no art. 112 da LEP. Além disso, o art. 112, § 1º, da LEP, com a nova redação determinada pela Lei 13.964/2019, impõe que somente fará jus à progressão de regime, nos novos patamares, o apenado que ostentar boa conduta carcerária, a ser atestada pelo diretor do estabelecimento. Cuidado: no caso do art. 112, VIII, da LEP, que estabelece a faixa máxima de 70% de cumprimento de pena, pressupõe-se que a reincidência seja específica. Este é o entendimento sedimentado no STJ, conforme Tese n. 2 da Edição n. 184 (pacote anticrime) da ferramenta *Jurisprudência em Teses*: "Após a entrada em vigor do Pacote Anticrime, o condenado por crime hediondo ou equiparado com resultado morte, que seja reincidente genérico, deverá cumprir ao menos 50% da pena para a progressão de regime prisional, pelo uso da analogia *in bonam partem*.".

Gabarito "C".

(OAB/Exame XXXV) Paulo foi condenado, com trânsito em julgado pela prática do crime de lesão corporal grave, à pena de 1 ano e oito meses de reclusão, tendo o trânsito ocorrido em 14 de abril de 2016. Uma vez que preenchia os requisitos legais, o magistrado houve, por bem, conceder a ele o benefício da suspensão condicional da pena pelo período de 2 anos.

Por ter cumprido todas as condições impostas, teve sua pena extinta em 18 de abril de 2018. No dia 15 de maio de 2021, Paulo foi preso pela prática do crime de roubo.

Diante do caso narrado, caso Paulo venha a ser condenado pela prática do crime de roubo, deverá ser considerado

(A) reincidente, na medida em que, uma vez condenado com trânsito em julgado, o agente não recupera a primariedade.

14. DIREITO PENAL

(B) reincidente, em razão de não ter passado o prazo desde a extinção da pena pelo crime anterior.

(C) primário, em razão de ter cumprido o prazo para a recuperação de primariedade.

(D) primário, em razão de a reincidência exigir a prática do mesmo tipo penal, o que não ocorreu no caso de Paulo.

A solução desta questão deve ser extraída do art. 64, I, do CP, que trata do chamado período depurador, isto é, transcorrido o prazo de cinco anos entre a data do cumprimento da pena atinente ao crime anterior, ou ainda a declaração de sua extinção, e a prática do novo crime, a condenação anterior não mais tem o condão de gerar reincidência. Agora, se o agente estiver em gozo de suspensão condicional da pena (*sursis*) ou de livramento condicional, desde que não tenha havido revogação, o interregno do benefício deverá ser incluído no cômputo dos cinco anos correspondente ao período depurador. Foi exatamente isso que se deu no caso narrado no enunciado. Com efeito, o período de 2 anos durante o qual Paulo permaneceu no gozo do *sursis* deverá ser incluído no prazo de 5 anos. Com isso, o início da contagem do prazo depurador se deu com o trânsito em julgado (14 de abril de 2016), quando lhe foi concedido o *sursis* pelo período de 2 anos. Incluindo no cômputo este período, temos que transcorreu interregno superior a 5 anos até a data do cometimento do crime de roubo (15 de maio de 2021). Logo, é o caso de considerar Paulo primário. Gabarito "C".

(OAB/Exame XXXIV) Em um mesmo contexto, por meio de uma ação fracionada, Carlos praticou dois crimes autônomos cujas sanções penais, previstas no Código Penal, são de pena privativa de liberdade e pena de multa cumulativa. No momento de fixar a multa de cada um dos crimes, reconhecido o concurso formal, o magistrado aplicou a pena máxima de 360 dias para ambas as infrações penais, sendo determinado que o valor do dia-multa seria o máximo de 05 salários-mínimos, considerando, em ambos os momentos, a gravidade em concreto do delito. A pena privativa de liberdade aplicada, contudo, por não ultrapassar 04 anos, foi substituída por duas restritivas de direitos.

Carlos, intimado da sentença, procura você, como advogado(a), informando não ter condições de arcar com a multa aplicada, já que recebe apenas R$2.000,00 (dois mil reais) mensais.

Na ocasião, o(a) advogado(a) de Carlos deverá esclarecer ao seu cliente que

(A) poderá ser buscada a redução do valor do dia-multa e da quantidade de dias aplicada, tendo em vista que em ambos os momentos deverá considerar o magistrado a capacidade econômica-financeira do réu e não a gravidade em concreto do fato, podendo o próprio juiz do conhecimento deixar de aplicar multa com base na situação de pobreza do acusado.

(B) poderá ser buscada a redução do valor do dia-multa, que deverá considerar a capacidade econômica--financeira do agente, ainda que a quantidade de dias-multa possa valorizar a gravidade em concreto do fato.

(C) poderá haver conversão da pena de multa em privativa de liberdade em caso de não pagamento injustificado da mesma.

(D) poderá a pena de multa de um dos delitos ser majorada de 1/6 a 2/3, de acordo com as previsões do Código

Penal, diante do concurso formal de crimes, afastada a soma das penas.

A fixação da pena de multa, segundo a doutrina, deve obedecer a um sistema *bifásico*. Com efeito, no seu processo de fixação, deve o juiz, num primeiro momento, estabelecer a *quantidade de dias-multa*, variável de, no mínimo, 10 (dez) e, no máximo, 360 (trezentos e sessenta) dias-multa (art. 49, *caput*, do CP). Em seguida, o magistrado definirá o valor de cada dia-multa, variável de, no mínimo, 1/30 (um trigésimo) do salário-mínimo, ao máximo de 5 (cinco) vezes o valor do salário-mínimo (art. 49, § 1º, do CP), sempre levando em conta a capacidade econômica do réu (art. 60 do CP). Assim, se o juiz entender que a situação econômica do réu revelar ineficácia da sanção penal, o valor da multa poderá ser elevado até o triplo; agora, se se tratar de réu menos abastado, deverá o magistrado reduzir o valor atribuído a cada dia-multa, tendo como baliza a capacidade econômica do acusado. Gabarito "B".

(OAB/Exame XXXIII – 2020.3) Félix, com dolo de matar seus vizinhos Lucas e Mário, detona uma granada na varanda da casa desses, que ali conversavam tranquilamente, obtendo o resultado desejado. Os fatos são descobertos pelo Ministério Público, que denuncia Félix por dois crimes autônomos de homicídio, em concurso material. Após regular procedimento, o Tribunal do Júri condenou o réu pelos dois crimes imputados e o magistrado, ao aplicar a pena, reconheceu o concurso material.

Diante da sentença publicada, Félix indaga, reservadamente, se sua conduta efetivamente configuraria concurso material de dois crimes de homicídio dolosos. Na ocasião, o(a) advogado(a) do réu, sob o ponto de vista técnico, deverá esclarecer ao seu cliente que sua conduta configura dois crimes autônomos de homicídio,

(A) em concurso material, sendo necessária a soma das penas aplicadas para cada um dos delitos.

(B) devendo ser reconhecida a forma continuada e, consequentemente, aplicada a regra da exasperação de uma das penas e não do cúmulo material.

(C) devendo ser reconhecido o concurso formal próprio e, consequentemente, aplicada a regra da exasperação de uma das penas e não do cúmulo material.

(D) devendo ser reconhecido o concurso formal impróprio, o que também imporia a regra da soma das penas aplicadas.

A: incorreta, pois o concurso material (art. 69, CP) pressupõe a prática de *mais* de uma ação ou omissão. Em outras palavras, a pluralidade de condutas, além da pluralidade de crimes, constitui requisito dessa modalidade de concurso de crimes. No caso narrado no enunciado, a detonação da granada por Félix, ainda que tenha produzido duplo resultado (mortes de Lucas e Mário), constitui uma só conduta, o que afasta, de plano, a possibilidade de se reconhecer o concurso material de crimes; **B:** incorreta. A hipótese descrita no enunciado não contém os requisitos do art. 71 do CP (crime continuado), a começar pela exigência imposta pelo dispositivo legal de existência de várias ações ou omissões. Em verdade, a continuidade delitiva foi concebida com o propósito de evitar, em situações bem específicas, a incidência do concurso material; **C:** incorreta. É fato que o enunciado descreve o fenômeno do *concurso formal*, que pressupõe, ao contrário do concurso material, a prática, pelo agente, de uma só ação ou omissão (um só comportamento), nos termos do que dispõe o art. 70 do CP. Já o *concurso material*, como já ponderado acima, se dá nas hipóteses em que "o agente, mediante mais de uma ação ou omissão, pratica dois ou mais crimes, idênticos ou não". Nesse caso, as penas correspondentes a cada crime são somadas (sistema do *cúmulo material*). Voltando

EDUARDO DOMPIERI

ao concurso formal, este poderá ser *próprio* (perfeito) ou *impróprio* (imperfeito). No primeiro caso (primeira parte do *caput*), temos que o agente, por meio de uma única ação ou omissão (um só comportamento), pratica dois ou mais crimes, idênticos ou não, com *unidade de desígnio*; já no *concurso formal impróprio* ou *imperfeito* (segunda parte do *caput*), a situação é diferente. Aqui, a conduta única decorre de desígnios autônomos, vale dizer, o agente, no seu atuar, deseja os resultados produzidos. Como consequência, as penas serão somadas, aplicando-se o critério ou sistema do *cúmulo material*. No concurso formal perfeito, diferentemente, se as penas previstas forem idênticas, aplica-se somente uma; se diferentes, aplica-se a maior, acrescida de, em qualquer caso, de um sexto até metade (sistema da exasperação). Dito isso, deve ser afastado o reconhecimento do concurso formal próprio, na medida em que, conforme consta do enunciado, Félix, ao detonar a granada, revelou desígnios autônomos, isto é, agiu com vontades independentes (dolos distintos) em relação a cada resultado (duas mortes); **D:** correta. Conforme já dito, há de se reconhecer a modalidade imprópria do concurso formal (art. 70, 2ª parte, do CP). Isso porque o agente, embora tenha concretizado uma só conduta (detonação da granada), produziu dois resultados (duas mortes), que foram por ele perseguidos. Em outras palavras, ele atuou com desígnios autônomos em relação às duas mortes. No concurso formal impróprio, tal como se dá no concurso material, as penas de cada um dos crimes praticados serão somadas (sistema do cúmulo material).
Gabarito "D".

(**OAB/Exame XXXIII – 2020.3**) Augusto foi condenado com trânsito em julgado pela prática da contravenção penal de perturbação da tranquilidade, prevista no Art. 65 da Lei das Contravenções Penais (Decreto- Lei nº 3.688/41). No ano seguinte à sua condenação definitiva, Augusto foi preso pela prática do crime de estupro.

Diante do caso narrado, Augusto, ao ser julgado pelo crime de estupro, deverá ser considerado

(**A**) primário com maus antecedentes, já que o cometimento de crime após condenação com trânsito em julgado por contravenção penal não gera reincidência.

(**B**) reincidente, na medida em que a lei das contravenções penais considera que a condenação por crime após a condenação pela contravenção gera reincidência.

(**C**) reincidente, na medida em que o Código Penal estabelece que tanto o cometimento de crime quanto de contravenção gera reincidência.

(**D**) primário com bons antecedentes, na medida em que a condenação com trânsito em julgado por contravenção não tem o condão de gerar nem reincidência nem maus antecedentes.

Da aplicação conjugada dos arts. 63 do CP e 7º da Lei das Contravenções Penais, temos que a reincidência ocorrerá nos seguintes casos: a) crime (antes) + crime (depois); b) contravenção (antes) + contravenção (depois); e c) crime (antes) + contravenção (depois). Não se admite, por falta de amparo legal, contravenção (antes) + crime (depois), sendo este o caso narrado no enunciado. Por essa razão, Augusto não poderá ser considerado reincidente. Entretanto, poderá ser considerado portador de maus antecedentes. Conferir: "Em relação às contravenções penais, sabe-se que a condenação definitiva anterior por contravenção penal não gera reincidência, caso o agente cometa um delito posterior, porquanto o art. 63 do Código Penal é expresso em sua referência a novo crime. Contudo, não obstante não caracterize reincidência, a contravenção penal pode ser considerada como reveladora de maus antecedentes (AgRg no AREsp 896.312/SP, minha relatoria, QUINTA TURMA, julgado em 21/06/2016, DJe 29/06/2016). 4. Nos termos da jurisprudência desta Corte Superior, as condenações criminais alcançadas pelo período depurador de 5 anos, previsto no art. 64,

inciso I, do Código Penal, afastam os efeitos da reincidência, contudo, não impedem a configuração de maus antecedentes, autorizando o aumento da pena-base acima do mínimo legal" (STJ, HC 396.726/SP, Rel. Ministro REYNALDO SOARES DA FONSECA, QUINTA TURMA, julgado em 17/10/2017, DJe 23/10/2017).
Gabarito "A".

(**OAB/Exame Unificado – 2020.2**) João, em 17/06/2015, foi condenado pela prática de crime militar próprio. Após cumprir a pena respectiva, João, em 30/02/2018, veio a praticar um crime de roubo com violência real, sendo denunciado pelo órgão ministerial. No curso da instrução criminal, João reparou o dano causado à vítima, bem como, quando interrogado, admitiu a prática do delito. No momento da sentença condenatória, o magistrado reconheceu a agravante da reincidência, não reconhecendo atenuantes da pena e nem causas de aumento e de diminuição da reprimenda penal.

Considerando as informações expostas, em sede de apelação, o advogado de João poderá requerer

(**A**) o reconhecimento da atenuante da confissão e da causa de diminuição de pena do arrependimento posterior, mas não o afastamento da agravante da reincidência.

(**B**) o reconhecimento das atenuantes da reparação do dano e da confissão, mas não o afastamento da agravante da reincidência.

(**C**) o reconhecimento das atenuantes da confissão e da reparação do dano e o afastamento da agravante da reincidência.

(**D**) o reconhecimento da atenuante da confissão e da causa de diminuição de pena do arrependimento posterior, bem como o afastamento da agravante da reincidência.

A: incorreta, na medida em que não poderá ser reconhecida a causa de diminuição de pena do arrependimento posterior, prevista no art. 16 do CP, cuja incidência é exclusiva nos crimes cometidos sem violência ou grave ameaça à pessoa. Conforme o enunciado, João praticou o crime de roubo (art. 157, CP), não fazendo jus, portanto, à benesse do art. 16 do CP; **B:** incorreta. Deve ser afastada a agravante da reincidência, já que não se consideram, para tal efeito, os crimes militares próprios, assim entendidos aqueles previstos exclusivamente no Código Penal Militar (art. 64, II, CP); **C:** correta. Como acima dito, é de rigor o afastamento da agravante da reincidência. De outro lado, devem ser reconhecidas as atenuantes da reparação do dano e da confissão (art. 65, III, *b* e *d*, CP); **D:** incorreta. Conforme explicado no comentário à assertiva "A", não é o caso de reconhecer a causa de diminuição de pena do arrependimento posterior. Isso porque esta somente terá lugar nos crimes desprovidos de violência ou grave ameaça contra a pessoa (art. 16, CP).
Gabarito "C".

(**OAB/Exame Unificado – 2019.3**) Gabriel foi condenado pela prática de um crime de falso testemunho, sendo-lhe aplicada a pena de 03 anos de reclusão, em regime inicial aberto, substituída a pena privativa de liberdade por duas restritivas de direitos (prestação de serviços à comunidade e limitação de final de semana).

Após cumprir o equivalente a 01 ano da pena aplicada, Gabriel deixa de cumprir a prestação de serviços à comunidade. Ao ser informado sobre tal situação pela entidade beneficiada, o juiz da execução, de imediato, converte a pena restritiva de direitos em privativa de liberdade, determinando o cumprimento dos 03 anos da pena imposta

14. DIREITO PENAL 913

em regime semiaberto, já que Gabriel teria demonstrado não preencher as condições para cumprimento de pena em regime aberto.

Para impugnar a decisão, o(a) advogado(a) de Gabriel deverá alegar que a conversão da pena restritiva de direitos em privativa de liberdade

(A) foi válida, mas o regime inicial a ser observado é o aberto, fixado na sentença, e não o semiaberto.

(B) foi válida, inclusive sendo possível ao magistrado determinar a regressão ao regime semiaberto, restando a Gabriel cumprir apenas 02 anos de pena privativa de liberdade, pois os serviços à comunidade já prestados são considerados pena cumprida.

(C) não foi válida, pois o descumprimento da prestação de serviços à comunidade não é causa a justificar a conversão em privativa de liberdade.

(D) não foi válida, pois, apesar de possível a conversão em privativa de liberdade pelo descumprimento da prestação de serviços à comunidade, deveria o apenado ser previamente intimado para justificar o descumprimento.

Tendo em conta o que estabelecem os arts. 44, § 4º, do CP, e 181, § 1º, *c*, da LEP, somente poderá haver a conversão da pena restritiva de direitos em privativa de liberdade quando o descumprimento daquela for injustificado, cabendo ao magistrado intimar o reeducando para tanto. Na jurisprudência: "O entendimento desta Corte é firme no sentido de ser imprescindível a intimação do reeducando para esclarecer as razões do descumprimento das medidas restritivas de direito antes da conversão delas em pena privativa de liberdade, em homenagem aos princípios do contraditório e da ampla defesa. É nula a decisão que converte a pena restritiva de direito em privativa de liberdade, sem a prévia intimação do réu. Constrangimento ilegal evidenciado. Ordem concedida, de ofício, para o fim de cassar o acórdão e anular a decisão que converteu a pena restritiva de direito em privativa de liberdade, sem a prévia oitiva do reeducando, determinando a expedição de alvará de soltura, se por outro motivo não estiver preso" (STJ, HC 251.312/SP, Rel. Ministro MOURA RIBEIRO, QUINTA TURMA, julgado em 18/02/2014, DJe 21/02/2014). "Gabarito "D".

(OAB/Exame Unificado – 2019.1) Fabrício cumpria pena em livramento condicional, em razão de condenação pela prática de crime de lesão corporal grave. Em 10 de janeiro de 2018, quando restavam 06 meses de pena a serem cumpridos, ele descobre que foi novamente condenado, definitivamente, por crime de furto que teria praticado antes dos fatos que justificaram sua condenação pelo crime de lesão. A pena aplicada em razão da nova condenação foi de 02 anos e 06 meses de pena privativa de liberdade em regime inicial semiaberto. Apesar disso, somente procura seu(sua) advogado(a) em 05 de agosto de 2018, esclarecendo o ocorrido.

Ao consultar os autos do processo de execução, o(a) advogado(a) verifica que, de fato, existe a nova condenação, mas que, até o momento, não houve revogação ou suspensão do livramento condicional.

Considerando apenas as informações narradas, o(a) advogado(a) de Fabrício, de acordo com a jurisprudência do Superior Tribunal de Justiça, deverá esclarecer que

(A) poderá haver a revogação do livramento condicional, tendo em vista que a nova condenação por crime doloso, aplicada pena privativa de liberdade, é causa de revogação obrigatória do benefício.

(B) não poderá haver a revogação do livramento condicional, tendo em vista que a nova condenação é apenas prevista como causa de revogação facultativa do benefício e não houve suspensão durante o período de prova.

(C) não poderá haver a revogação do livramento condicional, tendo em vista que a nova condenação não é prevista em lei como causa de revogação do livramento condicional, já que o fato que a justificou é anterior àquele que gerou a condenação em que cumpre o benefício.

(D) não poderá haver a revogação do livramento condicional, pois ultrapassado o período de prova, ainda que a nova condenação seja prevista no Código Penal como causa de revogação obrigatória do benefício.

A solução desta questão deve ser extraída da Súmula 617, do STJ: "*A ausência de suspensão ou revogação do livramento condicional antes do término do período de prova enseja a extinção da punibilidade pelo integral cumprimento da pena.*" "Gabarito "D".

(OAB/Exame Unificado – 2018.2) Mário foi denunciado pela prática de crime contra a Administração Pública, sendo imputada a ele a responsabilidade pelo desvio de R$ 500.000,00 dos cofres públicos.

Após a instrução e confirmação dos fatos, foi proferida sentença condenatória aplicando a pena privativa de liberdade de 3 anos de reclusão, que transitou em julgado. Na decisão, nada consta sobre a perda do cargo público por Mário.

Diante disso, ele procura um advogado para esclarecimentos em relação aos efeitos de sua condenação.

Considerando as informações narradas, o advogado de Mário deverá esclarecer que

(A) a perda do cargo, nos crimes praticados por funcionário público contra a Administração, é efeito automático da condenação, sendo irrelevante sua não previsão em sentença, desde que a pena aplicada seja superior a 04 anos.

(B) a perda do cargo, nos crimes praticados por funcionário público contra a Administração, é efeito automático da condenação, desde que a pena aplicada seja superior a 01 ano.

(C) a perda do cargo não é efeito automático da condenação, devendo ser declarada em sentença, mas não poderia ser aplicada a Mário diante da pena aplicada ser inferior a 04 anos.

(D) a perda do cargo não é efeito automático da condenação, devendo ser declarada em sentença, mas poderia ter sido aplicada, no caso de Mário, mesmo sendo a pena inferior a 04 anos.

A despeito de a perda de cargo, função pública ou mandato eletivo não ser efeito automático da condenação, cabendo ao juiz, bem por isso, a esse respeito manifestar-se quando da prolação da sentença (art. 92, I, CP), é certo que, no caso narrado no enunciado, ela (perda) se impõe, haja vista que a pena aplicada a Mário, condenado pelo cometimento de crime contra a Administração Pública, é superior a um ano (art. 92, I, *a*, do CP). Se o delito imputado a Mário não fosse praticado com violação de dever para com a Administração Pública (nem com abuso de poder), a perda do cargo somente se daria se a pena aplicada fosse superior a quatro anos, tal como estabelece o art. 92, I, *b*, do CP. A propósito, a Lei 13.715/2018 alterou a redação do art. 92, II, do CP, ampliando as hipóteses de perda do poder familiar como decorrência da prática criminosa, a saber: quando o crime for praticado pelo titular do poder familiar contra o outro (titular do mesmo poder familiar).

Gabarito "D".

> A Lei 13.964/2019, mais conhecida como Pacote Anticrime, inseriu o art. 91-A no Código Penal. Como bem sabemos, os arts. 91 e 92 do CP tratam dos efeitos extrapenais da condenação, com a diferença de que o art. 91 contém os chamados efeitos *genéricos*, que, sendo automáticos, prescindem de declaração do juiz na sentença, enquanto o art. 92 trata dos efeitos *específicos*, assim considerados os que devem ser expressamente declarados em sentença, já que somente são aplicados em determinadas situações. *Grosso modo*, o art. 91-A, introduzido pela Lei 13.964/2019, cria novas modalidades de efeitos da condenação, especialmente voltadas à perda do patrimônio não vinculado, de forma direta, ao crime imputado ao agente. Presta-se, pois, a combater o enriquecimento ilícito do agente. Explico. O art. 91, II, *b*, do CP, por exemplo, reza que será perdido o bem que constitua proveito auferido pelo agente com a prática do fato criminoso. Perceba que este proveito auferido foi incorporado ao "patrimônio" do agente em razão do cometimento do crime pelo qual ele foi processado.
>
> Ou seja, há vinculação direta do bem perdido com o crime pelo qual o agente foi condenado. Já os efeitos da condenação introduzidos por meio do art. 91-A alcançam o patrimônio auferido pelo agente que se revele incompatível com os seus ganhos (há perda deste patrimônio como produto ou proveito do crime). Não há, neste caso, como se pode ver, vinculação direta entre o bem perdido e o crime praticado. Para tanto, deverá ser apurada a diferença entre o valor do patrimônio do condenado e aquele que seja compatível com o seu rendimento lícito. O *caput* do art. 91-A estabelece que tais efeitos somente alcançarão condenações às quais a lei comine pena máxima superior a seis anos de reclusão. Ou seja, nestes casos recairá sobre o patrimônio do condenado verdadeira "prestação de contas". Por certo, haverá questionamentos de ordem constitucional. O § 1º do dispositivo aponta o que se deve entender por "patrimônio do condenado". Já o § 2º assegura a este o direito de demonstrar a inexistência de incompatibilidade ou a procedência lícita de seu patrimônio. Em outras palavras, cabe a ele, condenado, fazer prova da licitude de seu patrimônio. Imaginemos que um funcionário público amealhe, no período de 10 anos de serviço, um patrimônio correspondente a 30 milhões de reais, sendo que sua renda anual é de 150 mil reais. Evidente que há patente incompatibilidade entre o patrimônio e os ganhos lícitos do *intraneus*. Deverá ele fazer prova de que o patrimônio que, em princípio, seria incompatível com a sua renda foi construído, por exemplo, com o recebimento de uma herança, ou ainda por meio do exercício de atividade na iniciativa privada. À acusação caberá tão somente demonstrar a incompatibilidade. A perda do patrimônio ilicitamente auferido deverá ser requerida pelo MP quando do oferecimento da denúncia, com a indicação da diferença apurada. É o que estabelece o art. 91-A, § 3º, do CP. Pois somente assim a defesa terá condições de exercer o contraditório em sua plenitude, de forma a rechaçar, no curso do processo, o pleito ministerial de perda do patrimônio. Caberá ao juiz, ao termo da instrução, declarar, na sentença condenatória, o valor da diferença apurada e especificar os bens cuja perda foi decretada (art. 91-A, § 4º).

(OAB/Exame Unificado – 2018.2) Pretendendo causar unicamente um crime de dano em determinado estabelecimento comercial, após discussão com o gerente do local, Bruno, influenciado pela ingestão de bebida alcoólica, arremessa uma grande pedra em direção às janelas do estabelecimento. Todavia, sua conduta imprudente fez com que a pedra acertasse a cabeça de Vitor, que estava jantando no local com sua esposa, causando sua morte. Por outro lado, a janela do estabelecimento não foi atingida, permanecendo intacta.

Preocupado com as consequências de seus atos, após indiciamento realizado pela autoridade policial, Bruno procura seu advogado para esclarecimentos.

Considerando a ocorrência do resultado diverso do pretendido pelo agente, o advogado deve esclarecer que Bruno tecnicamente será responsabilizado pela(s) seguinte(s) prática(s) criminosa(s):

(A) homicídio culposo e tentativa de dano, em concurso material.

(B) homicídio culposo, apenas.

(C) homicídio culposo e tentativa de dano, em concurso formal.

(D) homicídio doloso, apenas.

É hipótese de *aberratio delicti*, *aberratio criminis* ou resultado diverso do pretendido, instituto disciplinado no art. 74 do CP. Em casos assim, o agente, por acidente ou erro na execução do crime, produz resultado que, de início, não era por ele desejado. Ou seja, o agente, desejando cometer certo crime, acaba, por erro na execução deste ou mesmo por acidente, cometendo delito diverso. O art. 74 do CP contempla duas espécies de *aberratio delicti*: com unidade simples ou resultado único, que corresponde à hipótese narrada no enunciado. Neste caso, o agente somente atinge o bem jurídico diverso do pretendido. Será punido, segundo o art. 74, 1ª parte, do CP, pelo resultado não intencional a título de culpa, desde que, é claro, haja previsão nesse sentido; com unidade complexa ou resultado duplo: é a hipótese contida no art. 74, 2ª parte, do CP. Aqui, a conduta do agente atinge, a um só tempo, tanto o bem por ele visado quanto o não visado. Neste caso, deve-se lançar mão da regra do concurso formal, aplicando-se a pena do crime mais grave, aumentada de um sexto a metade. No caso narrado no enunciado, Bruno queria, desde o início, ao lançar a pedra, atingir tão somente as janelas do estabelecimento, mas, por erro na execução do crime, acaba por produzir resultado diverso, qual seja, a morte de Victor. Neste caso, como houve resultado único, já que a janela não foi quebrada, como queria Bruno, este responderá pelo delito que efetivamente praticou, na modalidade culposa: homicídio culposo (art. 121, § 3º, CP).

Gabarito "B".

(OAB/Exame Unificado – 2018.2) Cadu, com o objetivo de matar toda uma família de inimigos, pratica, durante cinco dias consecutivos, crimes de homicídio doloso, cada dia causando a morte de cada um dos cinco integrantes da família, sempre com o mesmo *modus operandi* e no mesmo local. Os fatos, porém, foram descobertos, e o autor, denunciado pelos cinco crimes de homicídio, em concurso material.

Com base nas informações expostas e nas previsões do Código Penal, provada a autoria delitiva em relação a todos os delitos, o advogado de Cadu

(A) não poderá buscar o reconhecimento da continuidade delitiva, tendo em vista que os crimes foram praticados com violência à pessoa, somente cabendo reconhecimento do concurso material.

(B) não poderá buscar o reconhecimento de continuidade delitiva, tendo em vista que os crimes foram praticados com violência à pessoa, podendo, porém, o advogado pleitear o reconhecimento do concurso formal de delitos.

(C) poderá buscar o reconhecimento da continuidade delitiva, mesmo sendo o delito praticado com vio-

14. DIREITO PENAL — 915

lência contra a pessoa, cabendo, apenas, aplicação da regra de exasperação da pena de 1/6 a 2/3.

(D) poderá buscar o reconhecimento da continuidade delitiva, mas, diante da violência contra a pessoa e da diversidade de vítimas, a pena mais grave poderá ser aumentada em até o triplo.

O art. 71, parágrafo único, do CP enuncia a possibilidade de reconhecer-se a continuidade delitiva no contexto dos crimes dolosos violentos, praticados contra vítimas diferentes e com ofensa a bens personalíssimos, como a vida. Neste caso, a pena de um dos crimes, se idêntica, ou a mais grave, se diversas, poderá ser aumentada até o triplo. É importante a observação de que prevalecia o entendimento, então sufragado na Súmula 605, do STF, no sentido do descabimento da continuidade delitiva nos crimes contra a vida, como é o caso, por excelência, do homicídio. Hoje, este entendimento (e, por conseguinte, a súmula) encontra-se superado, de tal sorte que inexiste óbice ao reconhecimento da continuação delitiva na hipótese narrada no enunciado.

Gabarito "D".

(OAB/Exame Unificado – 2018.1) Em 2014, Túlio foi condenado definitivamente pela prática de um crime de estupro ao cumprimento de pena de 6 anos. Após preencher todos os requisitos legais, foi a ele deferido livramento condicional. No curso do livramento, Túlio vem novamente a ser condenado definitivamente por outro crime de estupro praticado durante o período de prova. Preocupada com as consequências dessa nova condenação, a família de Túlio procura o advogado para esclarecimentos.

Considerando as informações narradas, o advogado de Túlio deverá esclarecer à família que a nova condenação funciona, na revogação do livramento, como causa

(A) obrigatória, não sendo possível a obtenção de livramento condicional em relação ao novo delito.

(B) obrigatória, sendo possível a obtenção de livramento condicional após cumprimento de mais de 2/3 das penas somadas.

(C) facultativa, não sendo possível a obtenção de livramento condicional em relação ao novo delito.

(D) facultativa, sendo possível a obtenção de livramento condicional após cumprimento de mais de 2/3 das penas somadas.

A resposta a esta questão deve ser extraída do art. 86, I, do CP, segundo o qual *revoga-se o livramento, se o liberado vem a ser condenado a pena privativa de liberdade, em sentença irrecorrível, por crime cometido durante a vigência do benefício*. Cuida-se de hipótese de revogação obrigatória.

Gabarito "A".

(OAB/Exame Unificado – 2018.1) Juarez, com a intenção de causar a morte de um casal de vizinhos, aproveita a situação em que o marido e a esposa estão juntos, conversando na rua, e joga um artefato explosivo nas vítimas, sendo a explosão deste material bélico a causa eficiente da morte do casal. Apesar de todos os fatos e a autoria restarem provados em inquérito encaminhado ao Ministério Público com relatório final de indiciamento de Juarez, o Promotor de Justiça se mantém inerte em razão de excesso de serviço, não apresentando denúncia no prazo legal. Depois de vários meses com omissão do Promotor de Justiça, o filho do casal falecido procura o advogado da família para adoção das medidas cabíveis.

No momento da apresentação de queixa em ação penal privada subsidiária da pública, o advogado do filho do casal, sob o ponto de vista técnico, de acordo com o Código Penal, deverá imputar a Juarez a prática de dois crimes de homicídio em

(A) concurso material, requerendo a soma das penas impostas para cada um dos delitos.

(B) concurso formal, requerendo a exasperação da pena mais grave em razão do concurso de crimes.

(C) continuidade delitiva, requerendo a exasperação da pena mais grave em razão do concurso de crimes.

(D) concurso formal, requerendo a soma das penas impostas para cada um dos delitos.

Juarez, imbuído do propósito de causar a morte do casal, por meio de uma única conduta (lançamento da bomba), produziu dois resultados (morte do marido e da esposa), que, desde o início, foram por ele desejados (desígnios autônomos em relação às duas mortes). É hipótese de concurso formal *impróprio* ou *imperfeito*. Nos termos do art. 70 do CP, o concurso formal poderá ser *próprio* (perfeito) ou *impróprio* (imperfeito). No primeiro caso (primeira parte do *caput*), temos que o agente, por meio de uma única ação ou omissão (um só comportamento), pratica dois ou mais crimes, idênticos ou não, com *unidade de desígnio*; já no *concurso formal impróprio* ou *imperfeito* (segunda parte do *caput*), a situação é diferente. Aqui, a conduta única decorre de desígnios autônomos, vale dizer, o agente, no seu atuar, deseja os resultados produzidos. Como consequência, as penas serão somadas, aplicando-se o critério ou sistema do *cúmulo material*. No concurso formal perfeito, diferentemente, se as penas previstas forem idênticas, aplica-se somente uma; se diferentes, aplica-se a maior, acrescida, em qualquer caso, de um sexto até metade (sistema da exasperação).

Gabarito "D".

(OAB/Exame Unificado – 2017.3) Cássio foi denunciado pela prática de um crime de dano qualificado, por ter atingido bem municipal (Art. 163, parágrafo único, inciso III, do CP – pena: detenção de 6 meses a 3 anos e multa), merecendo destaque que, em sua Folha de Antecedentes Criminais, consta uma única condenação anterior, definitiva, oriunda de sentença publicada 4 anos antes, pela prática do crime de lesão corporal culposa praticada na direção de veículo automotor.

Ao final da instrução, Cássio confessa integralmente os fatos, dizendo estar arrependido e esclarecendo que "perdeu a cabeça" no momento do crime, sendo certo que está trabalhando e tem 03 filhos com menos de 10 anos de idade que são por ele sustentados.

Apenas com base nas informações constantes, o(a) advogado(a) de Cássio poderá pleitear, de acordo com as previsões do Código Penal, em sede de alegações finais,

(A) o reconhecimento do perdão judicial.

(B) o reconhecimento da atenuante da confissão, mas nunca sua compensação com a reincidência.

(C) a substituição da pena privativa de liberdade por restritiva de direitos, apesar de o agente ser reincidente.

(D) o afastamento da agravante da reincidência, já que o crime pretérito foi praticado em sua modalidade culposa, e não dolosa.

A: incorreta, uma vez que a lei não contempla a possibilidade de perdão judicial no crime de dano qualificado. As hipóteses de perdão judicial, que levam à extinção da punibilidade, devem estar previstas em lei, tal como estabelece o art. 107, IX, do CP; **B:** incorreta. Cássio faz jus à atenuante da confissão (art. 65, III, *d*, do CP). O erro da assertiva está em afirmar que descabe a compensação da atenuante da confissão espontânea com a agravante da reincidência. No STJ: "(...) Destarte, a jurisprudência dessa eg. Corte assentou o entendimento no sentido da possibilidade, na segunda fase da dosimetria da pena, de compensar a atenuante da confissão espontânea com a agravante da reincidência" (HC 453.414/DF, Rel. Ministro FELIX FISCHER, QUINTA TURMA, julgado em 16/08/2018, DJe 21/08/2018); **C:** correta. É cabível, no caso narrado no enunciado, a substituição da pena privativa de liberdade por restritiva de direitos, já que o crime que gerou a reincidência é culposo. Além disso, a pena porventura aplicada não seria superior a quatro anos, já que a máxima cominada corresponde a 3 anos, e o crime é desprovido de violência ou grave ameaça à pessoa. O art. 44, II, do CP veda a conversão na hipótese de o réu ser reincidente em crime doloso; **D:** incorreta. É que o art. 63 do CP não faz distinção entre crime doloso e culposo.

Gabarito "C".

(OAB/Exame Unificado – 2017.2) Caio, Mário e João são denunciados pela prática de um mesmo crime de estupro (Art. 213 do CP). Caio possuía uma condenação anterior definitiva pela prática de crime de deserção, delito militar próprio, ao cumprimento de pena privativa de liberdade. Já Mário possuía uma condenação anterior, com trânsito em julgado, pela prática de crime comum, com aplicação exclusiva de pena de multa. Por fim, João possuía condenação definitiva pela prática de contravenção penal à pena privativa de liberdade. No momento da sentença, o juiz reconhece agravante da reincidência em relação aos três denunciados.

Considerando apenas as informações narradas, de acordo com o Código Penal, o advogado dos réus:

(A) não poderá buscar o afastamento da agravante, já que todos são reincidentes.

(B) poderá buscar o afastamento da agravante em relação a Mário, já que somente Caio e João são reincidentes.

(C) poderá buscar o afastamento da agravante em relação a João, já que somente Caio e Mário são reincidentes.

(D) poderá buscar o afastamento da agravante em relação a Caio e João, já que somente Mário é reincidente.

São três situações distintas, que devem ser analisados, pois, separadamente. Caio, que possuía, ao tempo em que cometeu o crime de estupro em concurso com Mário e João, uma condenação pela prática do crime de deserção, que é militar próprio, não pode ser considerado, a teor do art. 64, II, do CP, reincidente. Em outras palavras, não gera reincidência a condenação por crime militar próprio, que é aquele previsto unicamente no Código Penal Militar e que, portanto, só pode ser praticado por militar. João, segundo consta, possuía, quando do cometimento do delito de estupro, uma condenação a pena privativa de liberdade pela prática de contravenção penal. A partir de uma análise em conjunto do art. 63 do CP e do art. 7º da Lei das Contravenções Penais, temos o seguinte quadro: crime + crime: gera reincidência; contravenção + contravenção: gera reincidência; crime + contravenção: gera reincidência; contravenção + crime: não gera reincidência por falta de previsão legal. E é este o caso de João, que, tal como Caio, não pode ser considerado reincidente. Já a situação de Mário é diferente. Tendo em conta que tem uma condenação definitiva pela prática de crime quando do cometimento do delito de estupro, deve ser considerado reincidente (art. 63, CP). ED

Gabarito "D".

(OAB/Exame Unificado – 2017.2) Pedro, jovem rebelde, sai à procura de Henrique, 24 anos, seu inimigo, com a intenção de matá-lo, vindo a encontrá-lo conversando com uma senhora de 68 anos de idade. Pedro saca sua arma,

regularizada e cujo porte era autorizado, e dispara em direção ao rival. Ao mesmo tempo, a senhora dava um abraço de despedida em Henrique e acaba sendo atingida pelo disparo. Henrique, que não sofreu qualquer lesão, tenta salvar a senhora, mas ela falece.

Diante da situação narrada, em consulta técnica solicitada pela família, deverá ser esclarecido pelo advogado que a conduta de Pedro, de acordo com o Código Penal, configura:

(A) crime de homicídio doloso consumado, apenas, com causa de aumento em razão da idade da vítima.

(B) crime de homicídio doloso consumado, apenas, sem causa de aumento em razão da idade da vítima.

(C) crimes de homicídio culposo consumado e de tentativa de homicídio doloso em relação a Henrique.

(D) crime de homicídio culposo consumado, sem causa de aumento pela idade da vítima.

O enunciado retrata típico exemplo de *aberratio ictus* (erro na execução). Senão vejamos. Pedro, imbuído do propósito de matar Henrique, seu desafeto, sai à procura deste e, ao avistá-lo, dispara em sua direção. Sucede que, nesse exato momento, a pessoa com quem Henrique conversava, ao abraçá-lo, vem a ser atingida pelo disparo que, desde o início, era endereçado a ele, não sendo este atingido. A senhora atingida pelo disparo efetuado por Pedro acaba por falecer. Pois bem. Temos, portanto, que Pedro, por acidente ou erro no uso dos meios de execução, no lugar de atingir a pessoa que pretendia, que neste caso é Henrique, atinge pessoa diversa, ou seja, a pessoa que com ele conversava. Neste caso, dado o que estabelece o art. 73 do CP, *serão levadas em consideração as características da pessoa contra a qual o agente queria investir, mas não conseguiu.* Tratando-se de erro meramente acidental, responderá o agente como se houvesse matado a vítima pretendida (no caso, Henrique). É por essa razão que Pedro deverá ser responsabilizado como se de fato tivesse matado Henrique, não incidindo, dessa forma, a causa de aumento em razão da idade da vítima. ED

Gabarito "B".

(OAB/Exame Unificado – 2016.3) Carlos, 21 anos, foi condenado a cumprir pena de prestação de serviços à comunidade pela prática de um crime de lesão corporal culposa no trânsito. Em 01/01/2014, seis meses após cumprir a pena restritiva de direitos aplicada, praticou novo crime de natureza culposa, vindo a ser denunciado.

Carlos, após não aceitar qualquer benefício previsto na Lei nº 9.099/95 e ser realizada audiência de instrução e julgamento, é novamente condenado em 17/02/2016. O juiz aplica pena de 11 meses de detenção, não admitindo a substituição por restritiva de direitos em razão da reincidência.

Considerando que os fatos são verdadeiros e que o Ministério Público não apelou, o(a) advogado(a) de Carlos, sob o ponto de vista técnico, deverá requerer, em recurso,

(A) a substituição da pena privativa de liberdade por restritiva de direitos.

(B) a suspensão condicional da pena.

(C) o afastamento do reconhecimento da reincidência.

(D) a prescrição da pretensão punitiva.

Em regra, somente tem o condão de impedir a substituição da pena privativa de liberdade por restritiva de direitos a reincidência em crime *doloso* (art. 44, II, CP). Não é este o caso de Carlos, que, depois de cumprir pena pela prática de lesão corporal culposa de trânsito, voltou a praticar

14. DIREITO PENAL **917**

crime culposo, podendo, dessa forma, ser uma vez mais agraciado com a substituição da pena privativa de liberdade por restritiva de direitos. É importante que se diga que, ainda que o condenado seja reincidente em crime doloso, mesmo assim é possível a substituição, desde que, em face de condenação anterior, a medida se revele socialmente recomendável e a reincidência não se tenha operado em razão da prática do mesmo crime (art. 44, § 3º, CP). Cuidado: embora este não seja o caso de Carlos, é importante que se diga que, com o advento da Lei 14.071/2020, publicada em 14/10/2020 e com vacatio de 180 dias, foi introduzido o art. 312-B na Lei 9.503/1997 (Código de Trânsito Brasileiro), segundo o qual aos crimes previstos no § 3º do art. 302 e no § 2º do art. 303 deste Código não se aplica o disposto no inciso I do caput do art. 44 do Decreto-Lei nº 2.848, de 7 de dezembro de 1940 (Código Penal). Assim, veda-se a substituição da pena privativa de liberdade por restritiva de direitos quando o crime praticado for: homicídio culposo de trânsito qualificado pela embriaguez (art. 302, § 3º, do CTB) e lesão corporal de trânsito qualificada pela embriaguez (art. 303, § 2º, do CTB). 🔳
Gabarito "A".

(OAB/Exame Unificado – 2015.2) Marcus foi definitivamente condenado pela prática de um crime de roubo simples à pena privativa de liberdade de quatro anos de reclusão e multa de dez dias. Apesar de reincidente, em razão de condenação definitiva pretérita pelo delito de furto, Marcus confessou a prática do delito, razão pela qual sua pena foi fixada no mínimo legal. Após cumprimento de determinado período de sanção penal, pretende o apenado obter o benefício do livramento condicional. Considerando o crime praticado e a hipótese narrada, é correto afirmar que

(A) Marcus não faz jus ao livramento condicional, pois condenado por crime doloso praticado com violência ou grave ameaça à pessoa.

(B) O livramento condicional pode ser concedido pelo juiz da condenação logo quando proferida sentença condenatória.

(C) Não é cabível livramento condicional para Marcus, tendo em vista que é condenado reincidente em crime doloso.

(D) Ainda que praticada falta grave, Marcus não terá o seu prazo de contagem para concessão do livramento condicional interrompido.

A: incorreta, pois contraria o disposto no art. 83, parágrafo único, do CP; **B:** incorreta, dado que tal atribuição cabe ao juiz da execução, na forma prevista no art. 66, III, *e*, da LEP; **C:** incorreta. Ainda que o agente seja reincidente em crime doloso, mesmo assim poderá a ele ser concedido o livramento condicional, conforme estabelece o art. 83, II, do CP, exigindo-se, neste caso, o cumprimento de mais da metade da pena imposta; **D:** correta, nos exatos termos da Súmula 441 do STJ: "A falta grave não interrompe o prazo para obtenção de livramento condicional".
Gabarito "D".

(OAB/Exame Unificado – 2015.2) Reconhecida a prática de um injusto culpável, o juiz realiza o processo de individualização da pena, de acordo com o Art. 68 do Código Penal. Segundo a jurisprudência do Superior Tribunal de Justiça, assinale a afirmativa correta.

(A) A condenação com trânsito em julgado por crime praticado em data posterior ao delito pelo qual o agente está sendo julgado pode funcionar como maus antecedentes.

(B) Não se mostra possível a compensação da agravante da reincidência com a atenuante da confissão espontânea.

(C) Nada impede que a pena intermediária, na segunda fase do critério trifásico, fique acomodada abaixo do mínimo legal.

(D) O aumento da pena na terceira fase no roubo circunstanciado exige fundamentação concreta, sendo insuficiente a simples menção ao número de majorantes.

A: incorreta. Considerando que o crime foi praticado em data posterior àquela em relação à qual o agente está sendo processado, não se pode falar em *maus antecedentes*. Nesse sentido, conferir: "(...) É impossível a consideração de condenação transitada em julgado correspondente a fato posterior ao narrado na denúncia, seja para valorar negativamente os maus antecedentes, a personalidade ou a conduta social do agente (...)" (HC 185.614/RJ, rel. Ministro Sebastião Reis Júnior, Sexta Turma, julgado em 08/10/2013, DJe 16/10/2013); **B:** incorreta. Bem ao contrário, é perfeitamente possível a compensação da agravante da reincidência com a atenuante da confissão espontânea. Na jurisprudência do STJ: "(...) É possível, na segunda fase do cálculo da pena, a compensação da agravante da reincidência com a atenuante da confissão espontânea, por serem igualmente preponderantes, de acordo com o art. 67 do Código Penal" (EREsp 1154752/RS, Rel. Ministro Sebastião Reis Júnior, Terceira Seção, julgado em 23/05/2012, *DJe* 04/09/2012); **C:** incorreta, na medida em que contraria o entendimento firmado na Súmula n. 231 do STJ; **D:** correta, pois retrata o entendimento consolidado na Súmula nº 443 do STJ: "O aumento na terceira fase de aplicação da pena no crime de roubo circunstanciado exige fundamentação concreta, não sendo suficiente para a sua exasperação a mera indicação do número de majorantes".
Gabarito "D".

(OAB/Exame Unificado – 2014.3) José cometeu, em 10/11/2008, delito de roubo. Foi denunciado, processado e condenado, com sentença condenatória publicada em 18/10/2009. A referida sentença transitou definitivamente em julgado no dia 29/08/2010. No dia 15/05/2010, José cometeu novo delito, de furto, tendo sido condenado, por tal conduta, no dia 07/04/2012.

Nesse sentido, levando em conta a situação narrada e a disciplina acerca da reincidência, assinale a afirmativa correta.

(A) Na sentença relativa ao delito de roubo, José deveria ser considerado reincidente.

(B) Na sentença relativa ao delito de furto, José deveria ser considerado reincidente.

(C) Na sentença relativa ao delito de furto, José deveria ser considerado primário.

(D) Considera-se reincidente aquele que pratica crime após publicação de sentença que, no Brasil ou no estrangeiro, o tenha condenado por crime anterior.

Dado que José, ao tempo em que praticou o crime de furto (15/05/2010), ainda não tinha sido condenado em definitivo pelo crime de roubo, o que somente ocorreu em 29/08/2010, não poderá, a teor do que estabelece o art. 63 do CP, ser considerado *reincidente*. Há de ser reputado, portanto, *primário*. A assertiva correta, dessa forma, é a "C".
Gabarito "C".

(OAB/Exame Unificado – 2014.1) A respeito do benefício da suspensão condicional da execução da pena, assinale a afirmativa **incorreta**.

(A) Não exige que o crime praticado tenha sido cometido sem violência ou grave ameaça à pessoa.

(B) Não pode ser concedido ao reincidente em crime doloso, exceto se a condenação anterior foi a pena de multa.

(C) Somente pode ser concedido se não for indicada ou se for incabível a substituição da pena privativa de liberdade por pena restritiva de direitos.

(D) Sobrevindo, durante o período de prova, condenação irrecorrível por crime doloso, o benefício será revogado, mas tal período será computado para efeitos de detração.

A: correta, uma vez que o art. 77 do CP não impõe, como condição à concessão do *sursis*, que o crime em que incorreu o beneficiário seja desprovido de violência ou grave ameaça. Situação diversa é a do art. 44, I, do CP, em que se exige, como condição à substituição da pena privativa de liberdade por restritiva de direitos, que o crime não seja praticado com violência ou grave ameaça; **B**: correta, pois em conformidade com o que estabelece o art. 77, I e § 1º, do CP; **C**: correta, pois corresponde à regra presente no art. 77, III, do CP; **D**: incorreta, devendo ser assinalada. É verdade que se, no curso do período de prova, sobrevier condenação irrecorrível por crime doloso, impõe-se a revogação do benefício (art. 81, I, do CP); no entanto, tal período não será computado para efeitos de detração.
"D" oﬁɹɐqɐ⅁

(OAB/Exame Unificado – 2012.3.A) Guilherme praticou, em 18/02/2009, contravenção penal de vias de fato (Art. 21 do Decreto-Lei n. 3.688/1941), tendo sido condenado à pena de multa. A sentença transitou definitivamente em julgado no dia 15/03/2010, mas Guilherme não pagou a multa. No dia 10/07/2010, Guilherme praticou crime de ato obsceno (Art. 233 do CP).

Com base na situação descrita e na legislação, assinale a afirmativa correta.

(A) Guilherme não pode ser considerado reincidente por conta de uma omissão legislativa.

(B) Guilherme deve ter a pena de multa não paga da primeira condenação convertida em pena privativa de liberdade.

(C) Guilherme é reincidente, pois praticou novo crime após condenação transitada em julgado.

(D) A pena de multa não gera reincidência.

Da aplicação conjugada dos arts. 63 do CP e 7º da Lei das Contravenções penais, temos que a reincidência ocorrerá nos seguintes casos: a) crime (antes) + crime (depois); b) contravenção (antes) + contravenção (depois); e c) crime (antes) + contravenção (depois). Não se admite, por falta de amparo legal, contravenção (antes) + crime (depois). No mais, a pena de multa gera, sim, reincidência, já que o art. 63 do CP não a excepcionou. De toda sorte, o tema é polêmico, havendo quem sustente o contrário.
"A" oﬁɹɐqɐ⅁

(OAB/Exame Unificado – 2012.3.A) O sistema punitivo brasileiro é progressivo. Por meio dele o condenado passa do regime inicial de cumprimento de pena mais severo para regime mais brando, até alcançar o livramento condicional ou a liberdade definitiva.

A respeito da progressão de regime, assinale a afirmativa correta.

(A) O sistema progressivo brasileiro é compatível com a progressão "por saltos", consistente na possibilidade da passagem direta do regime fechado para o aberto.

(B) O cumprimento da pena privativa de liberdade nos crimes hediondos é uma exceção ao sistema progressivo. O condenado nesta modalidade criminosa deve iniciar e encerrar o cumprimento da pena no regime

fechado, sem possibilidade de passagem para regime mais brando.

(C) A progressão está condicionada, nos crimes contra a Administração Pública, à reparação do dano causado ou à devolução do produto do ilícito praticado com os acréscimos legais, além do cumprimento de 1/6 da pena no regime anterior e do mérito do condenado.

(D) O pedido de progressão deve ser endereçado ao juízo sentenciante, que decidirá independente de manifestação do Ministério Público.

A: incorreta, pois não corresponde ao entendimento firmado na Súmula n. 491 do STJ: "É inadmissível a chamada progressão *per saltum* de regime prisional"; **B**: incorreta. Embora o art. 2º, § 1º, da Lei 8.072/1990 (Crimes Hediondos) estabeleça o regime inicial fechado aos condenados por crimes hediondos e equiparados, o STF, no julgamento do HC 111.840, reconheceu, incidentalmente, a inconstitucionalidade deste dispositivo legal, não havendo mais, portanto, a obrigatoriedade de fixar-se o regime inicial fechado nesses crimes. Alterado por força da Lei 11.464/2007, o art. 2º, § 2º, da Lei 8.072/1990 prescreve que, nos crimes hediondos e equiparados, a progressão dar-se-á nos seguintes termos: se primário o condenado, fará jus à progressão de regime depois de cumprir 2/5 da pena; em se tratando de apenado reincidente, deverá cumprir 3/5 da sanção imposta. Conclusão: em se tratando de crimes hediondos e assemelhados, a progressão de regime – que é possível – deve dar-se nos moldes do art. 2º, § 2º, da Lei 8.072/1990, que estabelece patamares diferenciados; além do que, inexiste a obrigatoriedade de o condenado por esses crimes iniciar o cumprimento de sua reprimenda no regime mais rigoroso. Com a alteração promovida pela Lei 13.964/2019 na redação do art. 112 da LEP (posterior, portanto, à elaboração desta questão), criam-se novos patamares para o reeducando pleitear a progressão de regime de cumprimento de pena, aqui incluído o condenado pela prática de crime hediondo/equiparado, cuja disciplina, até então, estava no art. 2º, § 2º, da Lei 8.072/1990, que estabelecia faixas diferenciadas de cumprimento de pena necessárias à progressão, dispositivo expressamente revogado pela Lei 13.964/2019. Com isso, as novas regras de progressão, inclusive para os autores de crimes hediondos, estão contempladas no novo art. 112 da LEP, que foi substancialmente reformulado pela Lei 13.964/2019, estabelecendo uma nova e ampla tabela de progressão de regime; **C**: correta, pois reflete o que dispõe o art. 33, § 4º, do CP; **D**: incorreta. É do art. 66, III, *b*, da LEP que o pedido de progressão deve ser dirigido ao juiz da execução.
"C" oﬁɹɐqɐ⅁

(OAB/Exame Unificado – 2012.1) Pitágoras foi definitivamente condenado, com sentença penal condenatória transitada em julgado, à pena de 6 (seis) anos de reclusão a ser cumprida, inicialmente, em regime semiaberto. Cerca de quatro meses após o início do cumprimento da pena privativa de liberdade, sobreveio nova condenação definitiva, desta vez a 3 (três) anos de reclusão no regime inicial aberto, em virtude da prática de crime anterior. Atento ao caso narrado, bem como às disposições pertinentes ao tema presentes tanto no código penal quanto na lei de execuções penais, é correto afirmar que

(A) Pitágoras poderá continuar a cumprir a pena no regime semiaberto.

(B) Pitágoras deverá regredir para o regime fechado.

(C) Pitágoras deverá regredir de regime porque a nova condenação significa cometimento de falta grave.

(D) prevalece o regime isolado de cada uma das condenações, devendo-se executar primeiro a pena mais grave.

14. DIREITO PENAL   919

É dos arts. 111, parágrafo único, e 118, II, da LEP que, neste caso, as penas devem ser somadas, a fim de que se determine o regime de cumprimento adequado. Somando-se o restante da pena a ser cumprida (cinco anos e oito meses) e aquela decorrente da segunda condenação, teremos a pena total de oito anos e oito meses, que deverá ser cumprida, inicialmente, em regime fechado.

Gabarito "B".

(OAB/Exame Unificado – 2011.3.A) Nise está em gozo de suspensão condicional da execução da pena. Durante o período de prova do referido benefício, Nise passou a figurar como indiciada em inquérito policial em que se apurava eventual prática de tráfico de entorpecentes. Ao saber de tal fato, o magistrado responsável decidiu por bem prorrogar o período de prova. Atento ao caso narrado e consoante legislação pátria, é correto afirmar que

(A) não está correta a decisão de prorrogação do período de prova.

(B) a hipótese é de revogação facultativa do benefício.

(C) a hipótese é de revogação obrigatória do benefício.

(D) Nise terá o benefício obrigatoriamente revogado se a denúncia pelo crime de tráfico de entorpecentes for recebida durante o período de prova.

A: correto. Não é o caso de se prorrogar o período de prova, o que somente poderá acontecer a partir do recebimento da denúncia ou da queixa, conforme prescreve o art. 81, § 2º, do CP. Em outras palavras, o indiciamento em inquérito policial daquele que se encontra em gozo de *sursis* não é motivo bastante a determinar a prorrogação do período de prova, sendo necessário, para tanto, que o condenado esteja sendo *processado*; **B:** incorreto. O indiciamento em inquérito não é causa de revogação facultativa do *sursis* – art. 81, § 1º, do CP; **C:** incorreto. Somente a condenação com trânsito em julgado por crime doloso poderá ensejar a revogação obrigatória da suspensão condicional da pena (art. 81, I, do CP); **D:** incorreto. Neste caso, o período de prova deverá ser prorrogado, nos termos do art. 81, § 2º, do CP.

Gabarito "A".

(OAB/Exame Unificado – 2011.1) Com relação aos critérios para substituição da pena privativa de liberdade por restritiva de direitos, assinale a alternativa correta.

(A) Somente fará jus à substituição o réu que for condenado a pena não superior a 4 (quatro) anos.

(B) Se superior a um ano, a pena privativa de liberdade pode ser substituída por uma pena restritiva de direitos e multa ou por duas restritivas de direitos.

(C) A substituição nunca poderá ocorrer se o réu for reincidente em crime doloso.

(D) Em caso de descumprimento injustificado da pena restritiva de direitos, esta será convertida em privativa de liberdade, reiniciando-se o cumprimento da integralidade da pena fixada em sentença.

A: incorreto. A assertiva estaria correta se se referisse somente aos crimes dolosos. Isso porque *também* faz jus à substituição, além do condenado a pena não superior a 4 (quatro) anos, aquele condenado por crime culposo, qualquer que seja a pena imposta; **B:** proposição correta, nos termos do art. 44, § 2º, segunda parte, do CP; **C:** incorreto. A substituição, neste caso, é, em regra, vedada – art. 44, II. Entretanto, poderá ela operar-se se estiverem presentes os requisitos a que alude o art. 44, § 3º, do CP, a saber: a substituição há de ser *socialmente recomendável*; e o réu não pode ser reincidente na prática do mesmo crime (reincidência específica); **D:** incorreto. É verdade que o descumprimento injustificado da pena restritiva de direitos acarreta a sua conversão em privativa de liberdade. Mas não é verdadeira a afirmação segundo

a qual, neste caso, a pena fixada na sentença deve ser cumprida na íntegra. Em vista do disposto no art. 44, § 4º, do CP, "no cálculo da pena privativa de liberdade a executar será deduzido o tempo cumprido da pena restritiva de direitos, respeitado o saldo mínimo de 30 (trinta) dias de detenção ou reclusão".

Gabarito "B".

(OAB/Exame Unificado – 2011.1) Em relação ao cálculo da pena, é correto afirmar que

(A) a análise da reincidência precede à verificação dos maus antecedentes, e eventual acréscimo de pena com base na reincidência deve ser posterior à redução pela participação de menor importância.

(B) é possível que o juiz, analisando as circunstâncias judiciais do art. 59 do Código Penal, fixe pena-base em patamar acima do máximo previsto.

(C) é defeso ao juiz fixar a pena intermediária em patamar acima do máximo previsto, ainda que haja circunstância agravante a ser considerada.

(D) o acréscimo de pena pela embriaguez preordenada deve ser feito posteriormente à redução pela confissão espontânea.

A: incorreto. Os *maus antecedentes* fazem parte do rol do art. 59 do CP, que contempla as chamadas *circunstâncias judiciais*. Devem, por isso, ser levados em conta na eleição do *quantum* da pena-base, que constitui a primeira etapa de fixação da pena. A *reincidência*, por sua vez, por se tratar de circunstância agravante (art. 61, I, CP), será analisada em momento posterior, na segunda fase (fase intermediária). No mais, a redução de pena pela participação de menor importância – art. 29, § 1º, do CP – deve ser aplicada pelo magistrado na terceira e derradeira fase de fixação da pena, posterior, portanto, ao acréscimo decorrente da reincidência, operada, como já dito, na segunda fase de fixação da pena (circunstância agravante); **B** e **C:** na primeira e na segunda etapas de aplicação da pena, é defeso ao juiz fixá-la em patamar superior ou inferior ao estabelecido no preceito secundário do tipo penal incriminador. Já na terceira fase é possível fixar-se pena inferior à mínima ou superior à máxima. A esse respeito, a Súmula nº 231 do STJ. A assertiva correta, portanto, é a "C"; **D:** incorreto (art. 67 do CP).

Gabarito "C".

(OAB/Exame Unificado – 2010.1) Admite-se a suspensão condicional da pena (*sursis*)

(A) nos casos de condenação a pena restritiva de direito ou privativa de liberdade, desde que não superior a quatro anos.

(B) a reincidente em crime doloso, desde que a condenação anterior tenha sido exclusivamente à pena de multa.

(C) para o condenado que, na data do fato, tenha idade acima de setenta anos, desde que a pena não seja superior a dois anos.

(D) para o condenado em estado de saúde grave ou portador de doença incurável, desde que ele tenha reparado o dano.

A: incorreta. Na dicção do art. 77, *caput* e III, do CP, é vedada a aplicação do "sursis" nos casos de condenação a pena restritiva de direito. Além disso, constitui requisito objetivo à concessão do *sursis* a condenação a uma pena privativa de liberdade não superior a dois a 2 (dois) anos. É o que estabelece o art. 77, *caput*, do CP. A exceção fica por conta do *sursis* etário, que poderá ser concedido quando a pena privativa de liberdade não for superior a quatro anos (art. 77, § 2º, do CP); **B:** correta. É vedada nos casos de reincidência em crime doloso, à exceção do previsto no § 1.º do art. 77 do CP. Vide, nesse sentido,

920 EDUARDO DOMPIERI

a Súmula nº 499 do STF; **C:** incorreta. A pessoa tem de ter mais de 70 (setenta) anos à data da sentença, e a pena não pode ser superior a 4 (quatro) anos; **D:** incorreta. A lei não menciona doença incurável nem a obrigação de reparar o dano.

Gabarito "B".

(OAB/Exame Unificado – 2010.1) No que se refere às penas restritivas de direitos e à de multa, assinale a opção correta.

(A) Se o condenado for reincidente, o juiz não poderá aplicar a substituição da pena privativa de liberdade, apesar de, em face de condenação anterior, a medida ser socialmente recomendável e a reincidência não se ter operado em virtude da prática do mesmo crime.

(B) A prestação de serviços à comunidade ou a entidades públicas consiste na atribuição de tarefas gratuitas ao condenado, sendo aplicável às condenações superiores a seis meses de privação da liberdade, atendidos os demais requisitos legais.

(C) A limitação de fim de semana consiste na obrigação de permanência, aos sábados, domingos e feriados, por oito horas diárias, em casa de albergado ou em outro estabelecimento adequado.

(D) A pena de multa consiste no pagamento, ao fundo penitenciário, da quantia determinada na sentença e calculada em dias-multa, sendo, no mínimo, de dez e, no máximo, de trezentos e sessenta e cinco dias-multa, a ser fixada pelo juiz, não podendo ser inferior a um trigésimo do maior salário-mínimo mensal vigente ao tempo do fato, nem superior a cinco vezes esse salário.

A: incorreta. O juiz poderá, neste caso, aplicar a substituição (CP, art. 44, § 3.º); **B:** correta. A assertiva está de acordo com o disposto no art. 46 do CP; **C:** incorreta. Essa modalidade de pena deve ser cumprida apenas aos sábados e domingos e em casa de albergado ou em outro estabelecimento adequado (CP, art. 48: "A limitação de fim de semana consiste na obrigação de permanecer, aos sábados e domingos, por 5 (cinco) horas diárias, em casa de albergado ou em outro estabelecimento adequado"); **D:** incorreta. A multa é, no máximo, de 360 (trezentos e sessenta) dias-multa, e não 365 (trezentos e sessenta e cinco) dias--multa, conforme art. 49 do CP.

Gabarito "B".

(OAB/Exame Unificado – 2010.1) Com relação à pena de multa, assinale a opção correta.

(A) Transitada em julgado a sentença condenatória, a multa será considerada dívida de valor, aplicando-se--lhe as normas da legislação relativa à dívida ativa da fazenda pública, exceto no que concerne às causas interruptivas e suspensivas da prescrição, incidindo, nesse caso, as normas do CP.

(B) Sobrevindo ao condenado doença mental, é suspensa a execução da pena de multa.

(C) Transitada em julgado a sentença condenatória, a multa deverá ser paga no prazo de 10 (dez) dias e será convertida em pena privativa de liberdade caso o condenado não realize o pagamento.

(D) É vedado o pagamento da pena de multa em parcelas mensais, dada a natureza jurídica de tal espécie de sanção.

A: incorreta. Aplicam-se as normas da legislação relativa à dívida ativa da Fazenda Pública, inclusive no que concerne às causas interruptivas e suspensivas da prescrição. De acordo com o art. 51 do CP, "Transitada em julgado a sentença condenatória, a multa será considerada dívida de

valor, aplicando-se-lhe as normas da legislação relativa à dívida ativa da Fazenda Pública, inclusive no que concerne às causas interruptivas e suspensivas da prescrição". Esta questão e seu respectivo comentário, como se pode ver, são anteriores à Lei 13.964/2019, que alterou a redação do art. 51 do CP. Quanto a isso, valem alguns esclarecimentos, em especial no que concerne à legitimidade para promover a cobrança da pena de multa, tema, até então, objeto de divergência na doutrina e jurisprudência. Até o advento da Lei 9.268/1996, era possível a conversão da pena de multa não adimplida em pena privativa de liberdade. Ou seja, o não pagamento da pena de multa imposta ao condenado poderia ensejar a sua prisão. Com a entrada em vigor desta Lei, modificou-se o procedimento de cobrança da pena de multa, que passou a ser considerada dívida de valor, com incidência das normas relativas à dívida da Fazenda Pública. Com isso, deixou-se de ser possível – e esse era o objetivo a ser alcançado – a conversão da pena de multa em prisão. A partir de então, surgiu a discussão acerca da atribuição para cobrança da pena de multa: deveria ela se dar na Vara da Fazenda Pública ou na Vara de Execução Penal? A jurisprudência, durante muito tempo, consagrou o entendimento no sentido de que a pena pecuniária, sendo dívida de valor, possui caráter extrapenal e, portanto, a sua execução deve se dar pela Procuradoria da Fazenda Pública. Tal entendimento, até então pacífico, sofreu um revés em 2018, quando o STF, ao julgar a ADI 3150, conferiu nova interpretação ao art. 51 do CP e passou a considerar que a cobrança da multa, que constitui, é importante que se diga, espécie de sanção penal, cabe ao Ministério Público, que o fará perante o juízo da execução penal. Ficou ainda decidido que, caso o MP não promova a cobrança dentro do prazo de noventa dias, aí sim poderá a Procuradoria da Fazenda Pública fazê-lo. A atuação da Fazenda Pública passou a ser, portanto, subsidiária em relação ao MP. Pois bem. A Lei 13.964/2019, ao conferir nova redação ao art. 51 do CP, consolidou o entendimento adotado pelo STF, no sentido de que a execução da pena de multa ocorrerá perante o juiz da execução penal. A cobrança, portanto, cabe ao MP. De se ver que a atribuição subsidiária conferida à Fazenda Pública (pelo STF) não constou da nova redação do art. 51 do CP; **B:** correta. Assim dispõe o art. 52 do CP acerca da suspensão da execução da multa: "É suspensa a execução da pena de multa, se sobrevém ao condenado doença mental."; **C:** incorreta. O art. 51 do CP determina que seja ela considerada dívida ativa de valor, vedada, pois, a conversão em pena privativa de liberdade (*vide* comentário à assertiva "A"); **D:** incorreta. O pagamento em parcelas mensais é expressamente previsto no art. 50 do CP: "A multa deve ser paga dentro de 10 (dez) dias depois de transitada em julgado a sentença. A requerimento do condenado e conforme as circunstâncias, o juiz pode permitir que o pagamento se realize em parcelas mensais."

Gabarito "B".

(FGV – 2013) De acordo com entendimentos firmados em enunciados de súmulas elaborados pelos Tribunais Superiores sobre aplicação e execução de pena, assinale a afirmativa correta.

(A) É inadmissível a fixação de pena substitutiva (Art. 44, CP) como condição especial ao regime aberto.

(B) Assim como a regressão, a progressão de regime pode ocorrer *per saltum*.

(C) O condenado por crime hediondo cometido no ano de 2006, sendo primário, deverá cumprir pelo menos 2/5 da pena privativa de liberdade para obter progressão de regime.

(D) A opinião pessoal do julgador sobre a gravidade em abstrato do crime praticado é fundamento suficiente para aplicação de regime mais severo do que o *quantum* da pena permite.

(E) Em nenhuma hipótese poderá ser fixado o regime semiaberto ao condenado reincidente, ainda que a pena aplicada seja inferior a 4 anos.

A: correta, pois corresponde à redação da Súmula n. 493 do STJ; **B:** incorreta, pois em desacordo com o entendimento firmado na Súmula n. 491 do STJ: "É inadmissível a progressão *per saltum* de regime prisional"; **C:** incorreta, pois não reflete o entendimento firmado na Súmula n. 471, do STJ, segundo a qual ao condenado por crime hediondo ou assemelhado cometido antes da Lei 11.464/2007 aplicar-se-á, no que toca ao tempo de cumprimento de pena para a progressão de regime prisional, a regra presente no art. 112 da Lei 7.210/1984 (Lei de Execução Penal), que estabelece que, nesta hipótese, basta, para autorizar a ida do condenado ao regime menos rígido, o cumprimento de 1/6 da pena no regime anterior (e não 2/5, como consta da proposição), além, é claro, de bom comportamento carcerário. A fração de 2/5, necessária à progressão no âmbito dos crimes hediondos e equiparados, somente passou a ser aplicada a partir da Lei 11.464/2007, para o condenado primário; para o reincidente, passou a ser exigido o cumprimento de 3/5 da pena, conforme consta do art. 2º, § 2º, da Lei 8.072/1990, em vigor à época em que esta questão foi elaborada, dispositivo esse que foi revogado por força da Lei 13.964/2019 (pacote anticrime), que passou a estabelecer novos patamares para progressão de regime aos condenados por crime hediondo/equiparado (art. 112, LEP); **D:** incorreta, pois em desconformidade com o teor da Súmula n. 718 do STF. Veja também Súmula n. 440 do STJ; **E:** incorreta, já que contraria o entendimento firmado na Súmula n. 269 do STJ.
Gabarito "A".

Diante das falhas do sistema penitenciário atual, o Direito Penal moderno vem buscando evitar o encarceramento, em especial através da previsão de medidas alternativas à pena privativa de liberdade.

(FGV – 2013) A esse respeito, assinale a afirmativa correta.

(A) São hipóteses de penas restritivas de direito a prestação pecuniária, perda de bens e valores, prestação de serviço à comunidade ou a entidades públicas, interdição temporária de direitos e limitação de fim de semana.

(B) Poderá a pena privativa de liberdade inferior a 4 anos ser substituída pela restritiva de direito se o réu for tecnicamente primário, mas não será admitida a substituição em nenhuma hipótese de réu reincidente.

(C) De acordo com o Código Penal, a pena privativa de liberdade inferior a 6 meses poderá ser substituída por apenas uma restritiva de direitos, inclusive prestação de serviços à comunidade.

(D) A pena restritiva de direito converte-se em privativa de liberdade quando ocorrer o descumprimento injustificado da restrição imposta, não sendo deduzido o tempo de pena cumprido da restritiva de direitos.

(E) Em qualquer hipótese, sobrevindo condenação a pena privativa de liberdade, por outro crime, a pena restritiva de direito deverá ser convertida em privativa de liberdade.

A: correta, pois contempla o rol de penas restritivas de direitos presente no art. 43 do CP; **B:** incorreta. Primeiro porque, para beneficiar-se da substituição, a pena aplicada ao agente deve ser *igual* ou inferior a quatro anos (*não seja superior a quatro anos* – art. 44, I, do CP); em segundo lugar, porque, embora a substituição, neste caso, seja, em regra, vedada – art. 44, II, poderá ela operar-se se estiverem presentes os requisitos a que alude o art. 44, § 3º, do CP, a saber: a substituição há de ser *socialmente recomendável*; e o réu não pode ser reincidente na prática do mesmo crime (reincidência específica); **C:** incorreta, nos termos do art. 46, *caput*, do CP, que estabelece que a prestação de serviços à comunidade ou a entidades públicas é aplicável às condenações superiores a seis meses de privação de liberdade; **D:** incorreta, uma vez

que, na hipótese de conversão, será deduzido o tempo cumprido da pena restritiva de direitos (art. 44, § 4º, do CP); **E:** incorreta, pois não corresponde à regra disposta no art. 44, § 5º, do CP.
Gabarito "A".

(FGV – 2013) Sobre o *instituto do livramento condicional*, assinale a afirmativa incorreta.

(A) A obtenção do livramento condicional nos casos de condenação por crimes hediondos exige, como requisito temporal, o cumprimento de mais de dois terços da pena pelo condenado primário e mais de três quintos para o condenado reincidente na prática de crimes desta natureza.

(B) Tem como requisito temporal, em regra, o cumprimento de um terço da pena se o condenado não for reincidente em crime doloso e tiver bons antecedentes.

(C) As penas que correspondem às infrações diversas devem somar-se para efeito de livramento.

(D) Se o liberado for condenado irrecorrivelmente, por crime ou contravenção, à pena que não seja privativa de liberdade, poderá o juiz revogar o livramento.

(E) A revogação será obrigatória se o liberado vem a ser condenado à pena privativa de liberdade, em sentença irrecorrível, por crime cometido durante vigência do benefício.

A: incorreta, dado que o reincidente em crime hediondo ou equiparado não faz jus ao livramento condicional; somente poderá obtê-lo o não reincidente em crimes dessa natureza depois de cumpridos mais de 2/3 (dois terços) da pena – art. 83, V, do CP; **B:** correta, pois reflete a regra do art. 83, I, do CP; **C:** correta, pois corresponde à regra presente no art. 84 do CP; **D:** correta, nos termos do art. 87, segunda parte, do CP; **E:** correta, nos termos do art. 86, I, do CP.

> **Dica:** quanto ao tema "livramento condicional", é importante que se diga que a Lei 13.964/2019, em vigor desde 23 de janeiro de 2020, ampliou o rol de requisitos à sua concessão. Até então, tínhamos que o inciso III do art. 83 do CP continha os seguintes requisitos: comportamento satisfatório no curso da execução da pena; bom desempenho no trabalho atribuído ao reeducando; e aptidão para prover à própria subsistência por meio de trabalho honesto. O que fez a Lei 13.964/2019 foi inserir, neste inciso III, um quarto requisito. Doravante, além de preencher os requisitos contemplados no art. 83 do CP (nos seus cinco incisos), é de rigor que o reeducando, para fazer jus à concessão do livramento, não tenha cometido falta grave nos últimos 12 meses. Além disso, passou-se a exigir *bom* comportamento carcerário (art. 83, III, *a*, CP); antes, bastava que o comportamento fosse *satisfatório*.

Gabarito "A".

13. CONCURSO DE CRIMES

(OAB/Exame Unificado – 2014.3) Roberto estava dirigindo seu automóvel quando perdeu o controle da direção e subiu a calçada, atropelando dois pedestres que estavam parados num ponto de ônibus.

Nesse contexto, levando-se em consideração o concurso de crimes, assinale a opção correta, que contempla a espécie em análise:

(A) concurso material.

(B) concurso formal próprio ou perfeito.

(C) concurso formal impróprio ou imperfeito.

(D) crime continuado.

Está correta a assertiva "B". O enunciado contempla típica hipótese de *concurso formal perfeito*, em que o agente, neste caso Roberto, mediante uma única ação (perdeu o controle sobre o seu veículo e subiu a calçada), produziu dois resultados (atropelamento de dois pedestres que se encontravam no ponto de ônibus), que, é importante dizer, não decorreram de desígnios autônomos (art. 70, *caput*, primeira parte, CP). Seria o caso de reconhecer-se o *concurso formal imperfeito* (art. 70, *caput*, segunda parte, CP) somente se os crimes fossem dolosos e o agente agisse, em relação a cada um deles, com desígnios autônomos (propósito de atropelar os dois pedestres). Não é este o caso narrado no enunciado, que trata da ocorrência de crime culposo, em que o agente não visa aos resultados produzidos. Da mesma forma, não há que se falar em crime continuado, que pressupõe a prática de mais de uma conduta, além dos demais requisitos contemplados no art. 71 do CP. Pela mesma razão, não se está diante de concurso material de crimes, que também exige a prática de mais de uma conduta (art. 69, CP).
Gabarito "B".

(OAB/Exame Unificado – 2014.1) Paulo tinha inveja da prosperidade de Gustavo e, certo dia, resolveu quebrar o carro que este último havia acabado de comprar. Para tanto, assim que Gustavo estacionou o veículo e dele saiu, Paulo, munido de uma barra de ferro, foi correndo em direção ao bem para danificá-lo. Ao ver a cena, Gustavo colocou-se à frente do carro e acabou sendo atingido por um golpe da barra de ferro, vindo a falecer em decorrência de traumatismo craniano derivado da pancada. Sabe-se que Paulo não tinha a intenção de matar Gustavo e que este somente recebeu o golpe porque se colocou à frente do carro quando Paulo já estava com a barra de ferro no ar, em rápido movimento para atingir o veículo, que ficou intacto.

Com base no caso relatado, assinale a afirmativa correta.

(A) Paulo responderá por tentativa de dano em concurso formal com homicídio culposo.

(B) Paulo responderá por homicídio doloso, tendo agido com dolo eventual.

(C) Paulo responderá por homicídio culposo.

(D) Paulo responderá por tentativa de dano em concurso material com homicídio culposo.

Está-se diante do chamado *resultado diverso do pretendido* (ou *aberratio criminis*), presente no art. 74 do CP, em que o agente, desejando determinado resultado (neste caso, danificar veículo alheio), termina por alcançar resultado diverso daquele inicialmente pretendido (neste caso, a morte de Gustavo). É dizer, em vez de cometer o crime de dano, resultado de fato desejado, Paulo, por erro na execução deste crime, acaba por golpear Gustavo, que, em razão da lesão provocada, vem a falecer por traumatismo craniano. O problema é claro ao afirmar que Paulo não agiu com o propósito de matar Gustavo. Sua intenção era tão somente de danificar o veículo deste. Assim sendo, Paulo, que agiu, portanto, com culpa em relação à morte de Gustavo, responderá, na forma estatuída no art. 74 do CP, por homicídio culposo (art. 121, § 3º, do CP). O mesmo dispositivo estabelece que, na hipótese de também ocorrer o resultado desejado (neste caso, o dano), deverá incidir a regra do art. 70 do CP (concurso formal). Como isso não aconteceu, Paulo responderá – repita-se – pelo crime de homicídio culposo. Correta, pois, a assertiva "C".
Gabarito "C".

(OAB/Exame Unificado – 2012.3.B) Ana e Júlia, irmãs gêmeas de 15 anos, estavam caminhando no calçadão da praia por volta das 18h, ocasião em que foram abordadas por Malu, jovem franzina de 18 anos. Malu, simulando portar arma de fogo, amedrontou as vítimas, que lhe entregaram os telefones celulares que portavam. Ato contínuo, a delinquente saiu correndo, rindo para as vítimas, enquanto mostrava que não portava nenhuma arma de fogo.

Levando em conta os dados fornecidos, assinale a afirmativa correta.

(A) Malu deve responder por furto qualificado, praticado em concurso formal.

(B) Malu deve responder por roubo qualificado, praticado em concurso formal.

(C) Malu deve responder por roubo simples, praticado em concurso formal.

(D) Malu não faz jus a nenhuma circunstância atenuante.

O entendimento do STF é no sentido de que, se o crime de roubo for perpetrado contra diversas vítimas, atingindo patrimônios diversos, mediante uma ação, caracterizado estará o *concurso formal*. Confira-se a ementa, que demonstra já ser antiga a discussão do tema naquela Corte: "Roubos contra vítimas diversas, cometidos em uma única ação, desdobrada em vários atos. O recorrido, juntamente com comparsas, mediante ameaça de arma de fogo, subtraiu objetos e dinheiro de pessoas que estavam no interior de um estabelecimento comercial. Configura-se concurso formal e não crime único. Dissídio jurisprudencial comprovado. Recurso extraordinário conhecido e provido, restabelecendo-se a sentença" (RE 103308/SP, 1ª Turma, j. 04.12.1984). Na doutrina: "Roubo contra várias pessoas através de uma ação: concurso formal. Como regra, a ação desencadeada pelo agente envolve uma única grave ameaça, voltada a determinados ofendidos, confinados num local. Eles se desfazem dos seus pertences, quase ao mesmo tempo, constituindo cenário único. Por isso, caracteriza-se a figura do art. 70 do Código Penal (...)" (Guilherme de Souza Nucci, *Código Penal Comentado*, 13. ed., p. 807).
Gabarito "C".

(OAB/Exame Unificado – 2012.3.B) José vem praticando, em continuidade delitiva, vários crimes dolosos da mesma espécie, cometidos sem violência ou grave ameaça à pessoa, nas mesmas condições de tempo, lugar e maneira de execução, sendo certo que tais crimes são cometidos contra a mesma vítima.

O magistrado, ao sentenciar José, fará incidir a causa de aumento de pena pelo crime continuado, levando em conta, para a fixação do quantum de aumento,

(A) o número de infrações praticadas.

(B) as consequências dos crimes praticados.

(C) a presença de circunstâncias agravantes.

(D) a primariedade ou não de José

Deve-se levar em consideração, ao aplicar o acréscimo de pena no crime continuado, o número de infrações praticadas, segundo doutrina e jurisprudência majoritárias. Conferir: "O aumento da pena pela continuidade delitiva se faz, basicamente, quanto ao art. 71, *caput*, do Código Penal, por força do número de infrações praticadas" (STJ, HC 128.888-DF, 5ª T., rel. Min. Felix Fischer, 26.05.2009). Mais recentemente, o STJ, a respeito deste tema, editou a Súmula n. 659: A fração de aumento em razão da prática de crime continuado deve ser fixada de acordo com o número de delitos cometidos, aplicando-se 1/6 pela prática de duas infrações, 1/5 para três, 1/4 para quatro, 1/3 para cinco, 1/2 para seis e 2/3 para sete ou mais infrações.
Gabarito "A".

(OAB/Exame Unificado – 2011.3.A) Otelo objetiva matar Desdêmona para ficar com o seguro de vida que esta havia feito em seu favor. Para tanto, desfere projétil de arma de fogo contra a vítima, causando-lhe a morte. Todavia, a bala atravessa o corpo de Desdêmona e ainda atinge Iago, que passava pelo local, causando-lhe lesões corporais. Considerando-se que Otelo praticou crime de homicídio doloso qualificado em relação a Desdêmona e, por tal crime, recebeu pena de 12 anos de reclusão, bem como que praticou crime de lesão corporal leve em relação a Iago, tendo recebido pena de 2 meses de reclusão, é correto afirmar que

(A) o juiz deverá aplicar a pena mais grave e aumentá-la de um sexto até a metade.

(B) o juiz deverá somar as penas.

(C) é caso de concurso formal homogêneo.

(D) é caso de concurso formal impróprio.

É o caso de aplicar o art. 73, segunda parte, do CP, que trata da chamada *aberratio ictus* com resultado duplo. Em vez de atingir somente a pessoa visada, também foi atingida pessoa diversa. Em conformidade com o dispositivo a que fizemos menção, deve ser aplicado o *concurso formal* do art. 70 do CP. Seria então o caso de aplicar a pena correspondente ao crime mais grave (homicídio desejado) acrescida de 1/6 até 1/2, diante da exasperação imposta. Sucede que, neste caso, a pena decorrente desse concurso formal, resultante da exasperação das penas, seria superior àquela apurada em *concurso material*, que obedece ao sistema da cumulação. Em casos assim, deve prevalecer o concurso material, porquanto mais favorável ao acusado. Temos então um concurso formal em que a pena deverá ser aplicada em consonância com a regra do concurso material, que estabelece a aplicação do sistema do acúmulo material. É o que impõe o art. 70, parágrafo único, do CP (concurso material benéfico ou favorável).

Gabarito "B".

(OAB/Exame Unificado – 2011.3.A) José dispara cinco tiros de revólver contra Joaquim, jovem de 26 (vinte e seis) anos que acabara de estuprar sua filha. Contudo, em decorrência de um problema na mira da arma, José erra seu alvo, vindo a atingir Rubem, senhor de 80 (oitenta) anos, ceifando-lhe a vida.

A esse respeito, é correto afirmar que José responderá

(A) pelo homicídio de Rubem, agravado por ser a vítima maior de 60 (sessenta) anos.

(B) por tentativa de homicídio privilegiado de Joaquim e homicídio culposo de Rubem, agravado por ser a vítima maior de 60 (sessenta) anos.

(C) apenas por tentativa de homicídio privilegiado, uma vez que ocorreu erro quanto à pessoa.

(D) apenas por homicídio privilegiado consumado, uma vez que ocorreu erro na execução.

Art. 73 do CP (erro na execução ou *aberratio ictus*). Neste caso, o sujeito deseja atingir certa pessoa, mas, por acidente ou erro no uso dos meios de execução, acaba por atingir outra. O *erro na execução* não deve ser confundido com o *erro sobre a pessoa* (art. 20, § 3º, CP), em que há equívoco de representação, isto é, o agente investe contra determinada pessoa acreditando tratar-se de outra. Nos dois casos, deverá responder como se tivesse atingido a vítima pretendida. É por essa razão que deverá ser aplicada a causa de diminuição de pena prevista no art. 121, § 1º, do CP (resultado perseguido), e não a circunstância agravante presente no art. 61, II, *h*, do CP (resultado não pretendido).

Gabarito "D".

(OAB/Exame Unificado – 2010.2) Com relação ao concurso de delitos, é correto afirmar que:

(A) no concurso de crimes as penas de multa são aplicadas distintamente, mas de forma reduzida.

(B) o concurso material ocorre quando o agente, mediante mais de uma ação ou omissão, pratica dois ou mais crimes com dependência fática e jurídica entre estes.

(C) o concurso formal perfeito, também conhecido como próprio, ocorre quando o agente, por meio de uma só ação ou omissão, pratica dois ou mais crimes idênticos, caso em que as penas serão somadas.

(D) o Código Penal Brasileiro adotou o sistema de aplicação de pena do cúmulo material para os concursos material e formal imperfeito, e da exasperação para o concurso formal perfeito e crime continuado.

A: incorreto. No concurso de crimes, as penas de multa, em conformidade com o disposto no art. 72 do CP, são aplicadas distinta e *integralmente*; **B:** incorreto. O *concurso material* está previsto no art. 69 do CP e se dá nas hipóteses em que "o agente, mediante mais de uma ação ou omissão, pratica dois ou mais crimes, idênticos ou não"; **C:** incorreto. No chamado *concurso formal perfeito* (normal ou próprio), ao contrário do que ocorre no *concurso imperfeito*, não há, por parte do agente, desígnios autônomos no que toca a cada delito; **D:** correto. De fato, nos *concursos material* e *formal imperfeito*, as penas são cumuladas, somadas, aplicando-se, por conta disso, o sistema do *cúmulo material* ou da *cumulatividade das penas*; já no *concurso formal perfeito* e no *crime continuado*, é aplicada uma só pena, se idêntica, ou a maior, se diferentes forem, fazendo incidir, em seguida, o aumento previsto na lei. É o *sistema da exasperação das penas*.

Gabarito "D".

14. AÇÃO PENAL

(OAB/Exame Unificado – 2019.2) João, por força de divergência ideológica, publicou, em 03 de fevereiro de 2019, artigo ofensivo à honra de Mário, dizendo que este, quando no exercício de função pública na Prefeitura do município de São Caetano, desviou verba da educação em benefício de empresa de familiares.

Mário, inconformado com a falsa notícia, apresentou queixa-crime em face de João, sendo a inicial recebida em 02 de maio de 2019. Após observância do procedimento adequado, o juiz designou data para a realização da audiência de instrução e julgamento, sendo as partes regularmente intimadas. No dia da audiência, apenas o querelado João e sua defesa técnica compareceram.

Diante da ausência injustificada do querelante, poderá a defesa de João requerer ao juiz o reconhecimento

(A) da decadência, que é causa de extinção da punibilidade.

(B) do perdão do ofendido, que é causa de extinção da punibilidade.

(C) do perdão judicial, que é causa de exclusão da culpabilidade.

(D) da perempção, que é causa de extinção da punibilidade.

Nos crimes cuja ação penal é de iniciativa privativa do ofendido, incumbirá a este, entre outros encargos a que está sujeito, comparecer a qualquer ato do processo a que deva estar presente; se não o fizer, operar-se-á o fenômeno da *perempção*, que constitui modalidade de causa extintiva da punibilidade aplicável ao querelante que, por desídia, demonstra desinteresse pelo prosseguimento da ação (art. 107, IV, CP). Suas hipóteses de cabimento estão elencadas no art. 60 do CPP. Evidente que, sendo a ausência justificada, não há que se falar em perempção.

Gabarito "D".

(OAB/Exame Unificado – 2017.2) Silva foi vítima de um crime de ameaça por meio de uma ligação telefônica realizada em 02 de janeiro de 2016. Buscando identificar o autor, já que nenhum membro de sua família tinha tal informação, requereu, de imediato, junto à companhia telefônica, o número de origem da ligação, vindo a descobrir, no dia 03 de julho de 2016, que a linha utilizada era de propriedade do ex-namorado de sua filha, Carlos, razão pela qual foi até a residência deste, onde houve a confissão da prática do crime.

Quando ia ao Ministério Público, na companhia de Marta, sua esposa, para oferecer representação, Silva sofreu um infarto e veio a falecer. Marta, no dia seguinte, afirmou oralmente, perante o Promotor de Justiça, que tinha interesse em representar em face do autor do fato, assim como seu falecido marido.

Diante do apelo de sua filha, Marta retorna ao Ministério Público no dia 06 de julho de 2016 e diz que não mais tem interesse na representação. Ainda assim, considerando que a ação penal é pública condicionada, o Promotor de Justiça ofereceu denúncia, no dia 07 de julho de 2016, em face de Carlos, pela prática do crime de ameaça.

Considerando a situação narrada, o(a) advogado(a) de Carlos, em resposta à acusação, deverá alegar que:

(A) ocorreu decadência, pois se passaram mais de 6 meses desde a data dos fatos.

(B) a representação não foi válida, pois não foi realizada pelo ofendido.

(C) ocorreu retratação válida do direito de representação.

(D) a representação não foi válida, pois foi realizada oralmente.

A: incorreta. Não há que se falar em decadência, na medida em que esta causa de extinção da punibilidade tem como termo inicial a data em que o ofendido, neste caso Silva, vem a saber quem é o seu ofensor, o que ocorreu, no caso narrado no enunciado, somente no dia 3 de julho de 2016, data a partir da qual a vítima conta com o interregno de seis meses para, por meio de representação, manifestar seu desejo de processar seu ofensor (Carlos). É o que estabelece o art. 38 do CPP. Aqui pouco importa, pois, se entre a data dos fatos e a da representação transcorreu prazo superior a seis meses. Operar-se-ia a decadência se o ofendido tomasse conhecimento da identidade do ofensor na data em que se deram os fatos. Não é este o caso de que trata o enunciado; **B:** incorreta. Isso porque o art. 24, § 1º, do CPP confere às pessoas ali elencadas, aqui incluído o cônjuge, a prerrogativa de, na hipótese de falecimento ou declaração de ausência do ofendido, oferecer representação. A representação ofertada pela viúva da vítima, portanto, é válida; **C:** correta. É dado ao ofendido ou, sendo este falecido, às pessoas previstas no art. 24, § 1º, do CPP o direito de retratar-se da representação ofertada, desde que o faça, por expressa previsão contida no art. 25 do CPP, até o oferecimento da denúncia. O retorno de Marta ao MP para retratar-se da representação antes ofertada antecedeu o oferecimento da denúncia, que deverá, portanto, ser rejeitada pelo magistrado ao argumento de que falta a necessária condição de procedibilidade; **D:** incorreta. O direito de representação poderá ser exercido de forma escrita ou oral (art. 39, "caput", CPP). A propósito, a representação (art. 39, "caput" e §§ 1º e 2º, do CPP) não tem rigor formal. Os tribunais, inclusive o STF, já se manifestaram nesse sentido. É suficiente, pois, que a vítima demonstre de forma inequívoca a intenção de ver processado o ofensor. **ED**

Gabarito "C".

(OAB/Exame Unificado – 2012.3.A) Tendo como base o instituto da ação penal, assinale a afirmativa correta.

(A) Na ação penal privada vigora o princípio da oportunidade ou conveniência.

(B) A ação penal privada subsidiária da pública fere dispositivo constitucional que atribui ao Ministério Público o direito exclusivo de iniciar a ação pública.

(C) Como o Código Penal é silente no tocante à natureza da ação penal no crime de lesão corporal culposa, verifica-se que a referida infração será de ação penal pública incondicionada.

(D) A legitimidade para ajuizamento da queixa-crime na ação penal exclusivamente privada (ou propriamente dita) é unicamente do ofendido.

A: correta. A ação penal de iniciativa privada é regida pelos princípios, dentre outros, da conveniência ou oportunidade e disponibilidade, que lhe são exclusivos. Pelo primeiro, a decisão de ajuizar ou não a ação fica a critério do ofendido. Ele escolhe o caminho que lhe pareça mais conveniente. Vale aqui lembrar que, no âmbito da ação penal pública, o princípio informador, quanto à iniciativa de deflagrar a ação penal, é o da obrigatoriedade, dado que não pode o Ministério Público, titular da ação pública, deixar de propor a demanda quando presentes os requisitos legais. Quanto ao segundo princípio, o da disponibilidade, o titular da ação penal privada, depois de iniciada esta, pode desistir de dar-lhe prosseguimento. Ficará a critério dele. Mais uma vez, este princípio não tem incidência no âmbito da ação penal pública, na qual vigora o princípio da indisponibilidade, segundo o qual não pode o MP desistir de prosseguir na ação penal por ele ajuizada; **B:** incorreto. A prerrogativa conferida ao ofendido de dar início à ação penal pública em face da desídia do MP constitui direito fundamental contemplado no art. 5º, LIX, da CF. Não há que se falar, portanto, em violação de dispositivo constitucional; **C:** incorreto. A ação penal, nos crimes de lesão corporal dolosa leve e lesão culposa, é pública condicionada à representação da vítima, conforme estabelece o art. 88 da Lei 9.099/1995 (Juizados Especiais); **D:** incorreto. Sendo a ação penal exclusivamente privada, terão legitimidade para o ajuizamento da queixa, na hipótese de morte ou declaração judicial de ausência do ofendido, o cônjuge, o ascendente, o descendente e o irmão da vítima (art. 31 do CPP).

Gabarito "A".

(OAB/Exame Unificado – 2011.3.B) Com relação às causas de extinção da punibilidade previstas no artigo 107 do Código Penal, assinale a alternativa correta.

(A) O perdão do ofendido é ato unilateral, prescindindo de anuência do querelado.

(B) Nos crimes conexos, a extinção da punibilidade de um deles impede, quanto aos outros, a agravação da pena resultante da conexão.

(C) A perempção é causa de extinção de punibilidade exclusiva da ação penal privada.

(D) Em caso de morte do réu, não há falar em extinção da punibilidade, devendo o juiz absolvê-lo com base no método de resolução de conflitos do *in dubio pro reo*.

A: incorreto. Por se tratar de *ato bilateral*, o *perdão* somente gera a extinção da punibilidade se aceito for pelo querelado – art. 51 do CPP e arts. 105 e 107, V, do CP; a *renúncia*, diferentemente, constitui *ato unilateral*, que independe, portanto, da manifestação de vontade do ofensor para gerar a extinção da punibilidade – art. 49 do CPP e arts. 104 e 107, V, do CP; **B:** incorreto. Assertiva em desacordo com o que estabelece o art. 108, parte final, do CP; **C:** correto. A *perempção* (art. 107, IV, do CP), instituto exclusivo da ação penal privada, constitui um castigo aplicado ao querelante que deixa de promover o bom andamento processual, mostrando-se negligente e desidioso. Suas hipóteses estão

14. DIREITO PENAL

925

contidas no art. 60 do CPP; **D:** incorreta, visto que a morte do agente constitui, sim, causa geradora da extinção da punibilidade. É o que determina o art. 107, I, do CP.

Gabarito "C".

(OAB/Exame Unificado – 2007.3) Extingue a punibilidade do agente

(A) A decadência, nos crimes de ação penal privada e pública incondicionada.

(B) A renúncia, nos crimes de ação penal privada subsidiária da pública.

(C) A perempção, nos crimes de ação penal privada.

(D) O perdão, nos crimes de ação penal pública condicionada à representação.

A: incorreto. Na ação penal privada, o não oferecimento da queixa dentro do prazo legal gera a extinção da punibilidade do agente. Na ação penal pública incondicionada, no entanto, o não oferecimento da queixa subsidiária não acarreta a extinção da punibilidade, já que o Ministério Público pode, a qualquer tempo, dar início à ação penal; **B:** incorreto. Embora haja divergência na doutrina, a renúncia não pode ser aplicada à ação penal privada subsidiária da pública; **C:** correto (art. 107, IV, do CP). Trata-se de instituto que tem aplicação exclusiva à ação penal privada; **D:** incorreto. É instituto exclusivo da ação penal privada.

Gabarito "C".

15. EXTINÇÃO DA PUNIBILIDADE

(OAB/Exame XXXIX) Paulo nasceu em outubro de 1990. Em julho de 2011, Paulo cometeu o delito de homicídio simples contra um vizinho. O Ministério Público ofereceu denúncia no ano de 2022.

Sobre a hipótese apresentada, assinale a afirmativa correta.

(A) Ocorreu a prescrição da pretensão punitiva no ano de 2021, pois, no caso de Paulo, a prescrição é reduzida pela metade.

(B) A prescrição da pretensão punitiva só ocorrerá em 20 anos da data dos fatos, ou seja, no ano de 2031.

(C) Por se tratar de crime hediondo, o prazo prescricional da prescrição da pretensão punitiva é acrescido de 1/3, de forma que a prescrição ocorrerá somente no ano de 2024.

(D) Por se tratar de crime hediondo, o crime cometido por Paulo é imprescritível.

Tendo em conta que a pena máxima cominada ao crime de homicídio simples corresponde a 20 anos, temos que a prescrição da pretensão punitiva, nos termos do art. 109, I, do CP, ocorrerá em 20 anos. Sucede que, sendo Paulo, ao tempo da conduta, menor de 21 anos, o prazo, dado o que dispõe o art. 115 do CP, deve ser reduzido de metade, chegando a 10 anos, o que implica concluir que a prescrição se deu no ano de 2021. A denúncia oferecida conta Paulo em 2022, portanto, não deve ser recebida.

Gabarito "A".

(OAB/Exame XXXV) Natan, com 21 anos de idade, praticou, no dia 03 de fevereiro de 2020, crime de apropriação indébita simples. Considerando a pena do delito e a primariedade técnica, já que apenas respondia outra ação penal pela suposta prática de injúria racial, foi oferecida pelo Ministério Público proposta de acordo de não persecução penal, que foi aceita pelo agente e por sua defesa técnica.

Natan, 15 dias após o acordo, procura seu(sua) advogado(a) e demonstra intenção de não cumprir as condições acordadas, indagando sobre aspectos relacionadas ao prazo prescricional aplicável ao Ministério Público para oferecimento da denúncia.

O(A) advogado(a) de Natan deverá esclarecer, sobre o tema, que

(A) enquanto não cumprido o acordo de não persecução penal, não correrá o prazo da prescrição da pretensão punitiva.

(B) será o prazo prescricional da pretensão punitiva pela pena em abstrato reduzido pela metade, em razão da idade de Natan.

(C) poderá, ultrapassado o prazo de 03 anos, haver reconhecimento da prescrição da pretensão punitiva com base na pena ideal ou hipotética.

(D) poderá, ultrapassado o prazo legal, haver reconhecimento da prescrição da pretensão punitiva entre a data dos fatos e do recebimento da denúncia, considerando pena em concreto aplicada em eventual sentença.

A solução desta questão deve ser extraída do art. 116, IV, do CP, introduzido pela Lei 13.964/2019, segundo o qual *antes de passar em julgado a sentença final, a prescrição não corre: (...) IV – enquanto não cumprido ou não rescindido o acordo de não persecução penal.* A Lei 13.964/2019 introduziu no CPP o art. 28-A, que trata do chamado *acordo de não persecução penal,* que consiste, em linhas gerais, no ajuste obrigacional firmado entre o Ministério Público e o investigado, em que este admite sua responsabilidade pela prática criminosa e aceita se submeter a determinadas condições menos severas do que a pena que porventura ser-lhe-ia aplicada em caso de condenação. Este instrumento de justiça penal consensual, que representa uma mitigação ao postulado da obrigatoriedade, não é novidade no ordenamento jurídico brasileiro, uma vez que já contava com previsão na Resolução 181/2017, editada pelo CNMP, posteriormente modificada pela Resolução 183/2018. O art. 28-A do CPP impõe os seguintes requisitos à celebração do acordo de não persecução penal: a) que não seja caso de arquivamento da investigação; b) crime praticado sem violência ou grave ameaça à pessoa; c) crime punido com pena mínima inferior a 4 anos; d) confissão formal e circunstanciada; e) que o acordo se mostre necessário e suficiente para reprovação e prevenção do crime; f) não ser o investigado reincidente; g) não haver elementos probatórios que indiquem conduta criminosa habitual, reiterada ou profissional; h) não ter o agente sido agraciado com outro acordo de não persecução, transação penal ou suspensão condicional do processo nos 5 anos anteriores ao cometimento do crime; i) não se tratar de crimes praticados no âmbito de violência doméstica ou familiar ou praticados contra a mulher por razões da condição de sexo feminino, em favor do agressor.

Gabarito "A".

(OAB/Exame Unificado – 2017) No dia 15 de abril de 2011, João, nascido em 18 de maio de 1991, foi preso em flagrante pela prática do crime de furto simples, sendo, em seguida, concedida liberdade provisória. A denúncia somente foi oferecida e recebida em 18 de abril de 2014, ocasião em que o juiz designou o dia 18 de junho de 2014 para a realização da audiência especial de suspensão condicional do processo oferecida pelo Ministério Público. A proposta foi aceita pelo acusado e pela defesa técnica, iniciando-se o período de prova naquele mesmo dia. Três meses depois, não tendo o acusado cumprido as condições estabelecidas, a suspensão foi revogada, o que ocorreu em decisão datada de 03 de outubro de 2014.

926 EDUARDO DOMPIERI

Ao final da fase instrutória, a pretensão punitiva foi acolhida, sendo aplicada ao acusado a pena de 01 ano de reclusão em regime aberto, substituída por restritiva de direitos. A sentença condenatória foi publicada em 19 de maio de 2016, tendo transitado em julgado para a acusação.

Intimado da decisão respectiva, João procura você, na condição de advogado(a), para saber sobre eventual prescrição, pois tomou conhecimento de que a pena de 01 ano, em tese, prescreve em 04 anos, mas que, no caso concreto, por força da menoridade relativa, deve o prazo ser reduzido de metade.

Diante desse quadro, você, como advogado(a), deverá esclarecer que

(A) ocorreu a prescrição da pretensão punitiva entre a data do fato e a do recebimento da denúncia.

(B) ocorreu a prescrição da pretensão punitiva entre a data do recebimento da denúncia e a da publicação da sentença condenatória.

(C) ocorreu a prescrição da pretensão executória entre a data do recebimento da denúncia e a da publicação da sentença condenatória.

(D) não há que se falar em prescrição, no caso apresentado.

Em primeiro lugar, deve ser afastada a ocorrência da prescrição da pretensão punitiva, modalidade de prescrição que leva em consideração a pena máxima prevista para o crime, que, neste caso, corresponde a 4 anos (furto simples: reclusão de 1 a 4 anos). Nos termos do art. 109, IV, do CP, a prescrição ocorreria no interregno de 8 anos. Mesmo que tal prazo seja reduzido pela metade (4 anos), dado que João, à data do fato, era menor de 21 anos (art. 115 do CP), não ocorreria a prescrição, pois não transcorrido tal prazo entre um marco interruptivo da prescrição e outro. De igual modo, não há que se falar em prescrição da pretensão punitiva retroativa, modalidade que leva em consideração, para o seu cálculo, a pena aplicada. Segundo consta do enunciado, pelo fato de João ter sido condenado à pena de 1 ano, o prazo prescricional, calculado nos moldes do art. 109, V, do CP, corresponde a 4 anos, que, reduzido de metade, faz com que o prazo prescricional seja de 2 anos. É certo que entre a data do fato, ocorrido em 15 de abril de 2011, e o recebimento da peça acusatória, que se deu em 18 de abril de 2014, transcorreu interregno superior a 2 anos, mas, com base no que dispõe o art. 110, § 1º, do CP, o termo inicial não pode ser representando por data anterior à da denúncia. Já o período compreendido entre o recebimento da denúncia (18 de abril de 2014) e a publicação da sentença (19 de maio de 2016) é superior a 2 anos. Sucede que, dentro desse interregno, o processo e o prazo prescricional permaneceram suspensos pelo período de 3 meses, interregno que deve ser descontado do período de 2 anos e 1 mês entre o recebimento da denúncia e a publicação da sentença (art. 89, § 6º, da Lei 9.099/1995), resultando em um prazo inferior a 2 anos. Assim, por tudo quanto foi ponderado, está correta a assertiva "D", já que não ocorreu, no caso narrado no enunciado, a prescrição.

Gabarito "D".

(OAB/Exame Unificado – 2017.3) No dia 28 de agosto de 2011, após uma discussão no trabalho quando todos comemoravam os 20 anos de João, este desfere uma facada no braço de Paulo, que fica revoltado e liga para a Polícia, sendo João preso em flagrante pela prática do injusto de homicídio tentado, obtendo liberdade provisória logo em seguida. O laudo de exame de delito constatou a existência de lesão leve.

A denúncia foi oferecida em 23 de agosto de 2013 e recebida pelo juiz em 28 de agosto de 2013. Finda a primeira fase do procedimento do Tribunal do Júri, ocasião em que a vítima compareceu, confirmou os fatos, inclusive dizendo acreditar que a intenção do agente era efetivamente matá-la, e demonstrou todo seu inconformismo com a conduta do réu, João foi pronunciado, sendo a decisão publicada em 23 de agosto de 2015, não havendo impugnação pelas partes.

Submetido a julgamento em sessão plenária em 18 de julho de 2017, os jurados afastaram a intenção de matar, ocorrendo em sentença, então, a desclassificação para o crime de lesão corporal simples, que tem a pena máxima prevista de 01 ano, sendo certo que o Código Penal prevê que a pena de 01 a 02 anos prescreve em 04 anos.

Na ocasião, você, como advogado(a) de João, considerando apenas as informações narradas, deverá requerer que seja declarada a extinção da punibilidade pela

(A) decadência, por ausência de representação da vítima.

(B) prescrição da pretensão punitiva, porque já foi ultrapassado o prazo prescricional entre a data do fato e a do recebimento da denúncia.

(C) (prescrição da pretensão punitiva, porque já foi ultrapassado o prazo prescricional entre a data do oferecimento da denúncia e a da publicação da decisão de pronúncia.

(D) prescrição da pretensão punitiva, porque entre a data do recebimento da denúncia e a do julgamento pelo júri decorreu o prazo prescricional.

A: incorreta. Não há que se falar em decadência, já que o delito pelo qual João foi originalmente denunciado é o de homicídio tentando, que, como bem sabemos, é de ação penal pública incondicionada. Além do que, o inconformismo exteriorizado pela vítima em relação à conduta do denunciado pode ser interpretado como representação; **B:** correta. É certo que o fato se deu, conforme narrativa, em 28 de agosto de 2011, sendo a denúncia recebida em 28 de agosto de 2013. O prazo prescricional, que é de 4 anos, conforme art. 109, V, do CP, deve ser reduzido de metade, já que João era, ao tempo do crime, menor de 21 anos (art. 115, CP). Se contarmos 2 anos a partir da data do crime, a denúncia deveria ter sido recebida até o dia 27 de agosto de 2013, mas isso somente ocorreu no dia seguinte, quando já exaurido o prazo prescricional. Com isso, há de ser declarada extinta a punibilidade do fato imputado a João, na forma estatuída no art. 107, IV, do CP; **C:** incorreta, já que o curso do prazo prescricional será interrompido com o recebimento da denúncia, e não com o seu oferecimento (art. 117, I, CP); **D:** incorreta, pois contraria o entendimento sufragado na Súmula 191 do STJ: "A pronúncia é causa interruptiva da prescrição, ainda que o Tribunal do Júri venha a desclassificar o crime".

Gabarito "B".

(OAB/Exame Unificado – 2015.1) Felipe, menor de 21 anos de idade e reincidente, no dia 10 de abril de 2009, foi preso em flagrante pela prática do crime de roubo. Foi solto no curso da instrução e acabou condenado em 08 de julho de 2010, nos termos do pedido inicial, ficando a pena acomodada em 04 anos de reclusão em regime fechado e multa de 10 dias, certo que houve a compensação da agravante da reincidência com a atenuante da menoridade. A decisão transitou em julgado para ambas as partes em 20 de julho de 2010. Foi expedido mandado de prisão e Felipe nunca veio a ser preso. Considerando a questão fática, assinale a afirmativa correta.

14. DIREITO PENAL · 927

(A) A extinção da punibilidade pela prescrição da pretensão executória ocorrerá em 20 de julho de 2016.

(B) A extinção da punibilidade pela prescrição da pretensão executória ocorreu em 20 de julho de 2014.

(C) A extinção da punibilidade pela prescrição da pretensão executória ocorrerá em 20 de julho de 2022.

(D) A extinção da punibilidade pela prescrição da pretensão executória ocorrerá em 20 de novembro de 2015.

A alternativa dada como certa é a "D". Sendo a pena aplicada a Felipe, com trânsito em julgado, de 4 anos, o prazo de prescrição, conforme estabelece o art. 109, IV, do CP, é de oito anos (pena não superior a quatro). Ocorre que, sendo o condenado, ao tempo da conduta, menor de 21 anos, o prazo, dado o que dispõe o art. 115 do CP, vai a 4 anos (reduzido de metade); acontece que Felipe, como consta do enunciado, é reincidente, o que impõe, a teor do art. 110, *caput*, do CP, um incremento da ordem de um terço, resultando no prazo prescricional final de 5 anos e 4 meses. A prescrição, neste caso, ocorreria em 19 de novembro de 2015, e não 20 de novembro de 2015, como constou da alternativa dada como correta. Isso porque o prazo prescricional, sendo de natureza penal (leva à extinção da punibilidade), deve ser contado na forma estatuída no art. 10 do CP: inclui-se o dia do começo e exclui-se o do vencimento. Convenhamos que a questão, além de não contemplar alternativa correta, é muito mal elaborada, uma vez que impõe ao candidato a necessidade de, numa prova objetiva, fazer uma série de cálculos aritméticos a fim de encontrar o resultado correto (que, neste caso, não existe!). Ademais, exigia também que o candidato conhecesse, de cor, a tabela do art. 109 do CP e diversos outros prazos.
Gabarito "D".

(OAB/Exame Unificado – 2014.3) Francisco foi condenado por homicídio simples, previsto no Art. 121 do Código Penal, devendo cumprir pena de seis anos de reclusão. A sentença penal condenatória transitou em julgado no dia 10 de agosto de 1984. Dias depois, Francisco foge para o interior do Estado, onde residia, ficando isolado num sítio. Após a fuga, as autoridades públicas nunca conseguiram capturá-lo. Francisco procura você como advogado(a) em 10 de janeiro de 2014.

Com relação ao caso narrado, assinale a afirmativa correta.

(A) Ainda não ocorreu prescrição do crime, tendo em vista que ainda não foi ultrapassado o prazo de trinta anos requerido pelo Código Penal.

(B) Houve prescrição da pretensão executória.

(C) Não houve prescrição, pois o crime de homicídio simples é imprescritível.

(D) Houve prescrição da pretensão punitiva pela pena em abstrato, pois Francisco nunca foi capturado.

Tendo em conta que a pena aplicada na sentença condenatória que transitou em julgado é de *seis* anos, o prazo prescricional da pretensão executória, calculada nos termos do art. 109, III, do CP, é de *doze* anos. Assim, considerando que o trânsito da sentença que condenou Francisco se deu no dia 10 de agosto de 1984, a prescrição ocorreu no dia 9 de agosto de 1996 (12 anos depois). Em 10 de janeiro de 2014, quando Francisco, ainda foragido, procura seu advogado, a pena não poderá mais ser executada. É o que estabelece o art. 110, *caput*, do CP. Correta é a assertiva "B", portanto.
Gabarito "B".

(OAB/Exame Unificado – 2012.2) Trata-se de causa extintiva da punibilidade consistente na exclusão, por lei ordinária com efeitos retroativos, de um ou mais fatos criminosos do campo de incidência do Direito Penal,

(A) o indulto individual.

(B) a anistia.

(C) o indulto coletivo.

(D) a graça.

A anistia pode se dar antes ou depois da condenação definitiva. É retroativa e também irrevogável. Faz desaparecer o crime bem como todos os efeitos penais da sentença. É inaplicável, nos termos do art. 5º, XLIII, da CF, a crimes hediondos, tortura, tráfico de entorpecentes e terrorismo. Constitui, a teor do art. 107, II, do CP, causa de extinção da punibilidade. Sua concessão é atribuída à União, por meio de lei do Congresso Nacional.
Gabarito "B".

(OAB/Exame Unificado – 2010.2) A respeito do regime legal da prescrição no Código Penal, tendo por base ocorrência do fato na data de hoje, assinale a alternativa correta.

(A) A prescrição, depois da sentença condenatória com trânsito em julgado para a acusação, regula-se pela pena aplicada, não podendo, em nenhuma hipótese, ter por termo inicial data anterior à da denúncia ou queixa.

(B) A prescrição da pena de multa ocorrerá em 2 (dois) anos, independentemente do prazo estabelecido para a prescrição da pena de liberdade aplicada cumulativamente.

(C) Se o réu citado por edital permanece revel e não constitui advogado, fica suspenso o processo, mantendo-se em curso o prazo prescricional, que passa a ser computado pelo dobro da pena máxima cominada ao crime.

(D) São causas interruptivas do curso da prescrição previstas no Código Penal, dentre outras, o recebimento da denúncia ou da queixa, a pronúncia, a publicação da sentença condenatória ou absolutória recorrível.

A: correto (art. 110, § 1º, do CP). Este dispositivo teve sua redação alterada pela Lei 12.234/2010; **B:** incorreto. Sendo a pena de multa a única aplicada ou cominada, a prescrição dar-se-á em 2 (dois) anos, segundo reza o art. 114, I, do CP; se, no entanto, ela for alternativa ou cumulativamente cominada ou cumulativamente aplicada com a pena privativa de liberdade, no mesmo prazo estabelecido para a prescrição desta, conforme dispõe o art. 114, II, do CP; **C:** incorreto. Na hipótese de o réu não ser encontrado, deverá o juiz determinar a sua citação por edital, depois de esgotados os meios disponíveis para a sua localização. Se o réu, depois de citado por edital, não comparecer tampouco constituir defensor, o processo e o prazo prescricional ficarão, em vista da disciplina estabelecida no art. 366 do CPP, suspensos. Quanto ao período durante o qual o prazo prescricional deverá permanecer suspenso, prevalece o entendimento de que tal deverá ocorrer pelo interregno correspondente ao prazo máximo em abstrato previsto para o crime narrado na peça acusatória. A esse respeito, Súmulas 415 e 455 do STJ; **D:** incorreto. As causas interruptivas da prescrição estão listadas no art. 117 do CP, entre as quais não figura a publicação de sentença absolutória recorrível.
Gabarito "A".

(OAB/Exame Unificado – 2009.3) Em relação aos institutos da graça, do indulto e da anistia, assinale a opção correta.

(A) Com a outorga da graça, benefício individual concedido mediante a provocação da parte interessada, eliminam-se os efeitos penais principais e secundários da condenação.

(B) Após a concessão do indulto, benefício de caráter coletivo outorgado espontaneamente pela autoridade

EDUARDO DOMPIERI

competente, eliminam-se apenas os efeitos extrapenais da condenação.

(C) Compete, privativamente, ao presidente da República conceder graça e indulto; já a anistia é atribuição do Congresso Nacional, com a sanção do presidente da República.

(D) A anistia foi instituída por lei penal de efeito retroativo, que retira as consequências da ação criminosa já praticada, eliminando os efeitos penais e extrapenais da condenação.

A: incorreto. A *graça* ou *indulto individual* atinge tão somente a pena imposta, permanecendo os demais efeitos da condenação, tais como reincidência, antecedentes etc. Vide Súmula 631, do STJ; **B:** incorreto. O *indulto coletivo*, que é concedido de ofício pelo presidente da República, também só atinge a pena imposta, permanecendo os demais efeitos penais e os extrapenais da condenação; **C:** correto. Ao presidente da República compete, privativamente, conceder *graça e indulto*, nos termos do art. 84, XII, da CF. De outro lado, constitui de fato atribuição do Congresso Nacional, com a sanção do presidente da República, a concessão de anistia, conforme reza o art. 48, VIII, da CF; **D:** incorreto. A anistia, de fato, é instituída por lei penal de efeito retroativo, que afasta todas as consequências de natureza penal; os efeitos civis, todavia, subsistem.
Gabarito "C".

(OAB/Exame Unificado – 2007.3) Acerca do instituto da prescrição penal e seus efeitos, assinale a opção correta.

(A) A partir do trânsito em julgado da sentença penal condenatória, começa a correr o prazo da prescrição da pretensão punitiva.

(B) O reconhecimento da prescrição da pretensão punitiva significa que o réu pode ser considerado reincidente caso pratique novo crime.

(C) Ocorrendo a prescrição da pretensão executória, o título executório é formado com o trânsito em julgado; entretanto, o Estado perde o direito de executar a sentença penal condenatória.

(D) Ocorrendo a prescrição da pretensão executória, a vítima não tem à sua disposição o título executivo judicial para promover a liquidação e execução cível.

A: incorreta. A prescrição da pretensão punitiva somente ocorre antes do trânsito em julgado da sentença condenatória; **B:** incorreto. A prescrição da pretensão punitiva tem o condão de afastar todos os efeitos, principais e secundários, penais e extrapenais, da condenação, ou seja, se acaso o réu vier a praticar novo crime, não poderá ser considerado reincidente; **C:** correto. Se o Estado não conseguir dar início à execução da pena dentro do prazo fixado, terá lugar a prescrição da pretensão executória, que atinge tão somente a pena principal; subsistem, portanto, os demais efeitos condenatórios; **D:** incorreto. A vítima tem, sim, à sua disposição o título executivo judicial, já que a prescrição, como dito, só atinge a pena principal.
Gabarito "C".

(OAB/Exame Unificado – 2007.3) Extingue-se a punibilidade do agente pelo(a):

(A) Morte do agente, perempção e *aberractio criminis*.

(B) Perdão judicial e casamento, nos casos admitidos em lei.

(C) Prescrição, decadência e preclusão.

(D) Retratação do agente, nos casos admitidos em lei.

A: incorreto. A *aberractio criminis* não constitui causa de extinção da punibilidade do agente; **B:** incorreto. O *perdão judicial*, a teor do art. 107,

IX, do CP, constitui causa extintiva da punibilidade. Com o advento da Lei 11.106/2005, que revogou o art. 107, VII, do CP, não mais existe a possibilidade de extinguir-se a punibilidade do agente pelo *casamento deste com a vítima*, nos crimes contra os costumes, atualmente denominados crimes contra a dignidade sexual; **C:** incorreto. A *preclusão*, que é a perda de uma faculdade processual pela inércia da parte, não extingue a punibilidade; **D:** assertiva correta, já que a *retratação do* agente está contemplada, como causa extintiva da punibilidade, no art. 107, VI, do CP.
Gabarito "D".

(FGV – 2013) As causas interruptivas da prescrição da pretensão punitiva estão listadas a seguir, à *exceção de uma*. Assinale-a.

(A) Recebimento da denúncia ou da queixa.

(B) Reincidência.

(C) Pronúncia.

(D) Decisão confirmatória da pronúncia.

(E) Publicação da sentença condenatória recorrível.

As hipóteses de interrupção da prescrição da pretensão punitiva estão contempladas no art. 117, I a IV, do CP, a saber: *recebimento da denúncia ou da queixa*; *pronúncia*; *decisão confirmatória da pronúncia*; e *publicação da sentença ou acórdão condenatórios recorríveis*. Nos incisos V e VI do mesmo dispositivo, estão listadas as hipóteses de interrupção da prescrição da pretensão executória (e não punitiva), que são *o início ou continuação do cumprimento da pena* e a *reincidência*.
Gabarito "B".

José, funcionário público, no dia 10.10.2008, apropriou-se de dinheiro recebido de terceiro por erro, no exercício do cargo. Tendo em vista que contava com 19 anos completos, foi instaurado inquérito policial para apurar a ocorrência da infração. A investigação foi recebida pelo membro do Ministério Público em 11.10.2012, onde ficou constatado que há indícios de autoria e materialidade na prática do crime de peculato mediante erro de outrem, que tem prevista a pena de reclusão de 1 a 4 anos e multa.

(FGV – 2013) Com relação à situação acima, é correto afirmar que:

(A) o *parquet* deve oferecer denúncia pela prática do crime de peculato mediante erro de outrem, indicando obrigatoriamente todas as atenuantes e agravantes que entenda presente na hipótese fática.

(B) o *parquet* deve requerer ao juiz a extinção da punibilidade pela prescrição pela pena ideal, tendo em vista que, sendo o réu primário, provavelmente haverá prescrição com base na pena posteriormente aplicada.

(C) o *parquet* deve requerer ao juiz o arquivamento com base na extinção da punibilidade pela prescrição da pretensão punitiva pela pena em abstrato.

(D) o *parquet* deve oferecer denúncia pela prática do crime de peculato mediante erro de outrem, sem necessidade de indicar todas as agravantes e atenuantes aplicáveis ao caso concreto.

(E) o *parquet* deve requerer ao juiz o arquivamento com base na extinção da punibilidade pela prescrição de pretensão executória.

É caso de *arquivamento* dos autos de inquérito. Considerando a pena máxima aplicada ao crime do qual é acusado José, que, segundo estabelece o art. 109, IV, do CP, é de 8 anos, temos que a prescrição dar-se-ia no dia 09.10.2016. Neste caso, ainda não se teria atingido a prescrição. Sucede que, pelo fato de João contar com 19 anos à data da prática do crime, menor, portanto, de 21 anos, o prazo prescricional, a teor do art. 115 do CP, será reduzido de metade, chegando-se, assim, ao interregno de 4 anos. A prescrição, neste caso, dar-se-á no dia 09.10.2012. Portanto, resta ao MP requerer ao juiz o arquivamento dos autos, já que se operou a extinção da punibilidade pela prescrição – art. 107, IV, do CP.

Gabarito "C".

(FGV – 2010) Relativamente à *extinção da punibilidade*, analise as afirmativas a seguir:

I. Extingue-se a punibilidade, dentre outros motivos, pela morte do agente; pela anistia, graça ou indulto; pela prescrição, decadência ou peremção; e pelo casamento do agente com a vítima, nos crimes contra os costumes, definidos nos capítulos I, II e III, do Título IV do Código Penal.

II. Nos crimes conexos, a extinção da punibilidade de um deles impede, quanto aos outros, a agravação da pena resultante da conexão.

III. A renúncia do direito de queixa, ou o oferecimento de perdão pelo querelante, nos crimes de ação privada, acarreta a extinção da punibilidade.

Assinale:

(A) se somente a afirmativa I estiver correta.

(B) se somente a afirmativa II estiver correta.

(C) se somente a afirmativa III estiver correta.

(D) se somente as afirmativas II e III estiverem corretas.

(E) se nenhuma afirmativa estiver correta.

I: incorreto. Com a entrada em vigor da Lei 11.106/2005, que revogou o art. 107, VII, do CP, não mais existe a possibilidade de extinguir-se a punibilidade do agente pelo *casamento deste com a vítima*, nos crimes contra os costumes, atualmente denominados crimes contra a dignidade sexual. À exceção desta, as demais causas mencionadas na assertiva extinguem a punibilidade, pois previstas no art. 107 do CP; **II:** incorreto. Proposição em desacordo com o que estabelece o art. 108, parte final, do CP; **III:** incorreto. A *renúncia ao direito de queixa* tem, de fato, o condão de gerar a extinção da punibilidade, conforme reza o art. 107, V, do CP. No que toca ao perdão, o seu mero oferecimento pelo querelante não acarreta a extinção da punibilidade. É que, por se tratar de ato bilateral, a punibilidade somente será extinta se o perdão for aceito pelo ofensor – art. 107, V, do CP.

Gabarito "E".

16. CRIMES CONTRA A PESSOA

16.1. Crimes contra a vida

(OAB/Exame XXXIX) Pablo (13 anos) e Luís (19 anos), amigos de longa data, decidiram cometer suicídio. Durante todo o período em que conversaram sobre o tema, sempre condicionaram a realização do ato à presença de ambos, sendo certo que diariamente um instigava o outro a praticar o ato.

No dia combinado, os dois se dirigiram à principal ponte da cidade e se posicionaram no vão central. Afastados um do outro, apenas se olharam para iniciar a contagem até se jogarem. Os dois pularam ao mesmo tempo. Apesar de a altura ser a mesma, Pablo ficou em coma por 90 dias no hospital e ao retornar teve diagnosticada a sua

tetraplegia, perdendo completamente os movimentos dos braços e das pernas. Luís, por sua vez, sofreu apenas algumas escoriações.

Sobre a participação de Luís no caso narrado, assinale a afirmativa correta, conforme expressa previsão legal.

(A) Deverá responder pelo crime de instigação ao suicídio qualificado pelo resultado morte.

(B) Será responsabilizado nas penas do crime de lesão corporal gravíssima.

(C) Incidiu na conduta de tentativa de instigação ao suicídio.

(D) Não será responsabilizado, porque será beneficiado pelo instituto do perdão judicial, independentemente de as consequências da infração o terem atingido de forma grave.

A situação narrada no enunciado se enquadra no § 6º do art. 122 do CP, dispositivo introduzido pela Lei 13.968, de 26 de dezembro de 2019, que conferiu nova redação ao art. 122 do CP, ali incluindo, além do delito que já existia (mas em outras bases), também o crime de induzimento, instigação e auxílio à automutilação. Com isso, passamos a ter o seguinte *nomem juris*: induzimento, instigação ou auxílio a suicídio ou a automutilação. Por se tratar de uma alteração relativamente recente, recomendamos a sua leitura.

Gabarito "B".

(OAB/Exame XXXIV) Joana, sob influência do estado puerperal, levanta da cama do quarto do hospital, onde estava internada após o parto, com o propósito de matar seu filho recém-nascido, que se encontrava no berçário. Aproveitando-se da distração do segurança que, ao sair para ir ao banheiro, deixara sua arma sobre a mesa no corredor, Joana pega a arma e se dirige até o vidro do berçário.

Lá chegando, identifica o berço de seu filho, aponta a arma e efetua o disparo. Ocorre que, devido ao tranco da arma, Joana erra o disparo e atinge o berço onde estava o filho de Maria.

Acerca do caso, é correto afirmar que Joana responderá pelo crime de

(A) homicídio, uma vez que acertou o filho de Maria e não o seu próprio filho.

(B) infanticídio, em razão da incidência do erro sobre a pessoa.

(C) infanticídio, em razão da incidência do erro na execução.

(D) infanticídio, em razão da incidência do resultado diverso do pretendido.

Se Joana, estando sob a influência do estado puerperal, imbuída do propósito de matar seu filho recém-nascido, acaba por atingir (e matar), por erro de pontaria, outro recém-nascido, responderá por crime de infanticídio (art. 123, CP). É que, neste caso, verifica-se hipótese de *aberratio ictus* ou erro na execução, na qual o agente, por acidente ou erro no uso dos meios de execução, no lugar de atingir a pessoa que pretendia, atinge pessoa diversa. Neste caso, em consonância com o disposto no art. 73 do CP, *serão levadas em consideração as características da pessoa contra a qual o agente queria investir mas não conseguiu*. Logo, Joana deverá ser responsabilizada como se tivesse praticado o crime contra seu próprio filho (art. 123, CP). A questão foi anulada porque o enunciado não deixa claro se o recém-nascido (filho de Maria) foi de fato atingido ou somente o berço em que este estava.

Gabarito Anulada

(OAB/Exame Unificado – 2019.2) Sandra, mãe de Enrico, de 4 anos de idade, fruto de relacionamento anterior, namorava Fábio. Após conturbado término do relacionamento, cujas discussões tinham como principal motivo a criança e a relação de Sandra com o ex-companheiro, Fábio comparece à residência de Sandra, enquanto esta trabalhava, para buscar seus pertences. Na ocasião, ele encontrou Enrico e uma irmã de Sandra, que cuidava da criança.

Com raiva pelo término da relação, Fábio, aproveitando-se da distração da tia, conversa com a criança sobre como seria legal voar do 8º andar apenas com uma pequena toalha funcionando como paraquedas. Diante do incentivo de Fábio, Enrico pula da varanda do apartamento com a toalha e vem a sofrer lesões corporais de natureza grave, já que cai em cima de uma árvore.

Descobertos os fatos, a família de Fábio procura advogado para esclarecimentos sobre as consequências jurídicas do ato.

Considerando as informações narradas, sob o ponto de vista técnico, deverá o advogado esclarecer que a conduta de Fábio configura

(A) conduta atípica, já que não houve resultado de morte a partir da instigação ao suicídio.

(B) crime de instigação ao suicídio consumado, com pena inferior àquela prevista para quando há efetiva morte.

(C) crime de instigação ao suicídio na modalidade tentada.

(D) crime de homicídio na modalidade tentada.

Inconformado com o término do relacionamento que mantinha com Sandra, Fábio convence Enrico, uma criança de 4 anos fruto de relacionamento anterior de Sandra, a atirar-se do 8º andar do prédio onde residia. Para tanto, valendo-se da distração da irmã de Sandra, sob o cuidado de quem o infante se encontrava, argumenta com a criança sobre como seria legal voar do 8º andar apenas com uma pequena toalha funcionando como paraquedas. O menor, induzido que foi por Fábio, pula da varanda do apartamento com a toalha e vem a sofrer lesões corporais de natureza grave, já que cai sobre uma árvore. O candidato, num primeiro momento, antes mesmo de proceder a uma reflexão mais acurada, concluirá que Fábio, que induziu Enrico a suicidar-se, deverá ser responsabilizado pelo crime do art. 122 do CP, que a doutrina convencionou chamar de *participação em suicídio*. Tal conclusão, no entanto, está incorreta. É que, para que reste caracterizado o crime de participação em suicídio, é condição indispensável que a vítima tenha um mínimo de capacidade de compreender o significado de um ato suicida. Evidente não ser este o caso de uma criança com 4 anos de idade, que nenhuma ideia faz das consequências que podem decorrer de seu ato. Tanto que acreditou que, se fizesse uso de uma toalha, poderia voar. Dessa forma, o crime de Fábio não é o do art. 122 do CP. Com efeito, ele deverá ser responsabilizado pelo delito de homicídio doloso, na modalidade tentada, uma vez que o evento morte não ocorreu por circunstâncias alheias à sua vontade. Cuidado: a causa de aumento de pena prevista no art. 122, II, do CP, a incidir na hipótese de a vítima ser menor, somente terá lugar se esta contar com mais de 14 e menos de 18 anos. Nesse sentido, conferir o magistério de Guilherme de Souza Nucci, ao tratar da causa de aumento prevista no art. 122, II, do CP: "(...) No tocante ao menor, deve-se entender a pessoa entre 14 e 18 anos, porque o menor de 14 anos, se não tem capacidade nem mesmo para consentir num ato sexual, certamente não a terá para a eliminação da própria vida. Por fim, é de se ressaltar que o suicida com resistência nula – pelos abalos ou situações supramencionadas, incluindo-se a idade inferior a 14 anos – é vítima de homicídio, e não de induzimento, instigação ou auxílio a suicídio" (*Código Penal Comentado*, 18. ed., p. 799). Registre-se que, recentemente, foi editada a Lei 14.344/2022, que, ao inserir o inciso IX ao § 2º do art. 121

do CP, passou a considerar qualificado o crime de homicídio cometido contra menor de 14 anos. Este comentário refere-se à redação anterior do art. 122 do CP. Em 26 de dezembro de 2019, foi publicada (e entrou em vigor) a Lei 13.968, que conferiu nova conformação jurídica ao crime de participação em suicídio. Além de alterações promovidas neste delito, inseriu-se, no mesmo dispositivo, o crime de induzimento, instigação ou auxílio a automutilação. A mudança mais significativa, a nosso ver, diz respeito ao momento consumativo do crime. Até então, tínhamos que o delito de participação em suicídio era *material*, exigindo-se, à sua consumação, a produção de resultado naturalístico consistente na morte ou lesão grave. Com a mudança operada na redação deste dispositivo, este crime passa a ser *formal*, de sorte que a consumação será alcançada com o mero ato de induzir, instigar ou auxiliar a vítima a suicidar-se ou a automutilar-se. A morte, se ocorrer, configurará a forma qualificada prevista no art. 122, § 2º; se sobrevier, da tentativa de suicídio ou da automutilação, lesão grave ou gravíssima, restará configurada a forma qualificada do art. 122, § 1º. Perceba que a morte e a lesão grave, na redação anterior, constituíam pressuposto à consumação da participação em suicídio; hoje, trata-se de circunstâncias que qualificam o crime de induzimento, instigação ou auxílio a suicídio ou a automutilação. O § 3º do dispositivo em análise estabelece causas de aumento de pena. Reza que a pena será duplicada: se o crime é praticado por motivo egoístico, torpe ou fútil; e se a vítima é menor ou tem diminuída, por qualquer causa, a capacidade de resistência. O § 4º, por sua vez, impõe um aumento de pena de até o dobro se a conduta é realizada por meio da internet ou rede social ou ainda transmitida em tempo real. Se o sujeito ativo for líder ou coordenador de grupo ou de rede virtual, sua pena será aumentada em metade (§ 5). O § 6º trata da hipótese em que o crime do § 1º deste artigo resulta em lesão corporal de natureza gravíssima e é cometido contra menor de 14 anos ou contra vítima que, por enfermidade ou deficiência mental, não tem o necessário discernimento para a prática do ato, ou que, por qualquer outra causa, está impedido de oferecer resistência, caso em que o agente responderá pelo delito do art. 129, § 2º, do CP (hipótese descrita no enunciado); agora, se contra essas mesmas vítimas for cometido o crime do art. 122, § 2º, do CP (suicídio consumado ou morte decorrente da automutilação), o crime em que incorrerá o agente será o de homicídio (art. 121, CP). É o que estabelece o art. 122, § 7º, CP.

Gabarito "D".

(OAB/Exame Unificado – 2018.3) No dia 05/03/2015, Vinícius, 71 anos, insatisfeito e com ciúmes em relação à forma de dançar de sua esposa, Clara, 30 anos mais nova, efetua disparos de arma de fogo contra ela, com a intenção de matar.

Arrependido, após acertar dois disparos no peito da esposa, Vinícius a leva para o hospital, onde ela ficou em coma por uma semana. No dia 12/03/2015, porém, Clara veio a falecer, em razão das lesões causadas pelos disparos da arma de fogo. Ao tomar conhecimento dos fatos, o Ministério Público ofereceu denúncia em face de Vinícius, imputando-lhe a prática do crime previsto no Art. 121, § 2º, inciso VI, do Código Penal, uma vez que, em 09/03/2015, foi publicada a Lei nº 13.104, que previu a qualificadora antes mencionada, pelo fato de o crime ter sido praticado contra a mulher por razão de ser ela do gênero feminino.

Durante a instrução da 1ª fase do procedimento do Tribunal do Júri, antes da pronúncia, todos os fatos são confirmados, pugnando o Ministério Público pela pronúncia nos termos da denúncia. Em seguida, os autos são encaminhados ao(a) advogado(a) de Vinícius para manifestação.

Considerando apenas as informações narradas, o(a) advogado(a) de Vinicius poderá, no momento da manifestação para a qual foi intimado, pugnar pelo imediato

(A) reconhecimento do arrependimento eficaz.

(B) afastamento da qualificadora do homicídio.

(C) reconhecimento da desistência voluntária.

(D) reconhecimento da causa de diminuição de pena da tentativa.

A e C: incorretas. Pelo enunciado, Vinícius, depois de efetuar disparos de arma de fogo contra Clara, sua esposa, imbuído do propósito de matá-la, arrepende-se do que acabara de fazer e, de forma voluntária, socorre-a ao hospital, onde ela permanece por uma semana em coma até o seu falecimento, o que se deu em razão dos ferimentos produzidos pelos disparos de arma de fogo efetuados por Vinícius. Tanto o arrependimento eficaz quanto a desistência voluntária (art. 15 do CP) somente têm lugar na hipótese de o resultado visado pelo agente não ser implementado. No caso narrado no enunciado, para o reconhecimento dos institutos previstos no art. 15 do CP, de rigor que Clara não tivesse morrido. Considerando que ela morreu, ainda que Vinícius tenha se arrependido e socorrido a esposa ao hospital, ele será responsabilizado por homicídio doloso. Vale lembrar que, se considerarmos que o atirador esgotou todos os meios de que dispunha para atingir o resultado almejado (disparo de dois projéteis), há de se reconhecer o arrependimento eficaz, isso, é claro, se, de forma voluntária, lograr evitar o resultado; agora, se o agente, também por ato voluntário, interromper o *iter criminis*, restará configurada a desistência voluntária, desde que com isso o resultado por ele almejado não seja implementado. Perceba que, na desistência voluntária, como o próprio nome sugere, o sujeito ativo, ainda dispondo de meios para alcançar o resultado, resolve, por ato voluntário, interromper a execução do delito (conduta negativa); no arrependimento eficaz, diferentemente, ele faz tudo o que pretendia para atingir o resultado, que não é alcançado porque ele (agente) agiu (conduta positiva) para evitá-lo. Quero, com isso, que fique bem clara a diferença entre a desistência voluntária e o arrependimento eficaz, tema sempre presente em provas de Ordem; **B:** correta. Temos, no caso narrado no enunciado, que a conduta (disparo de arma de fogo) ocorreu em 05/03/2015 e o resultado (morte) se deu uma semana depois, ou seja, 12/03/2015. Neste meio tempo, mais especificamente em 09/03/2015, foi publicada e entrou em vigor a Lei 13.104/2015, que, ao inserir o inciso VI no § 2º do art. 121 do CP, estabeleceu nova qualificadora para o crime de homicídio, a caracterizar-se pelo fato de ele ser praticado contra a mulher por razão de ser do gênero feminino. Em princípio, tal dispositivo teria incidência no caso narrado no enunciado. Sucede que a conduta foi praticada antes de a Lei 13.104/2015 (que introduziu esta nova qualificadora) entrar em vigor, embora o resultado tenha sido produzido depois. Neste caso, a solução deve ser extraída do art. 4º do CP, segundo o qual *considera-se praticado o crime no momento da ação ou omissão, ainda que outro seja o momento do resultado.* Ou seja: deve ser aplicada a legislação em vigor ao tempo da conduta (ação ou omissão), ainda que o resultado tenha sido produzido em momento posterior, quando já em vigor lei nova. Esta é a chamada teoria da atividade, adotada pelo CP. De rigor, portanto, o afastamento da qualificadora do art. 121, § 2º, VI, do CP; **D:** incorreta, na medida em que o resultado visado pelo agente foi implementado, não havendo, por isso, que se falar em tentativa.

Gabarito "B".

(OAB/Exame Unificado – 2018.1) Márcia e Plínio se encontraram em um quarto de hotel e, após discutirem o relacionamento por várias horas, acabaram por se ofender reciprocamente. Márcia, então, querendo dar fim à vida de ambos, ingressa no banheiro do quarto e liga o gás, aproveitando-se do fato de que Plínio estava dormindo.

Em razão do forte cheiro exalado, quando ambos já estavam desmaiados, os seguranças do hotel invadem o quarto e resgatam o casal, que foi levado para o hospital. Tanto Plínio quanto Márcia acabaram sofrendo lesões corporais graves.

Registrado o fato na delegacia, Plínio, revoltado com o comportamento de Márcia, procura seu advogado e pergunta se a conduta dela configuraria crime.

Considerando as informações narradas, o advogado de Plínio deverá esclarecer que a conduta de Márcia configura crime de

(A) lesão corporal grave, apenas.

(B) tentativa de homicídio qualificado e tentativa de suicídio.

(C) tentativa de homicídio qualificado, apenas.

(D) tentativa de suicídio, por duas vezes.

Segundo consta, após acirrada discussão com Plínio, Márcia, decidida a dar cabo de sua vida e da de Plínio, aproveita-se do fato de este encontrar-se dormindo e abre o gás do banheiro. Com isso, ambos desmaiam e somente não morrem porque os seguranças do hotel, alertados pelo forte cheiro do gás, invadem o quarto e os resgatam, impedindo, assim, a morte deles. Em razão da inalação do gás, tanto Plínio quanto Márcia sofrem lesão corporal de natureza grave. Pois bem. O primeiro aspecto a ser avaliado diz respeito à tentativa de suicídio levada a efeito por Márcia. É crime tentar suicidar-se? A resposta é negativa. Com efeito, por razões de política criminal, a tentativa de suicídio, no Brasil, constitui fato atípico. É que, se assim não fosse, a punição por certo serviria de estímulo à ideia suicida. Agora, embora a conduta de suicidar-se seja atípica, configura crime induzir, instigar ou auxiliar alguém a suicidar-se (art. 122, CP). Destarte, as alternativas que contêm *tentativa de suicídio* devem ser eliminadas. Embora a tentativa de eliminar a própria vida não seja crime, o mesmo não se pode dizer da conduta de Márcia em relação a Plínio. Não deve restar dúvida de que Márcia cometeu o crime de homicídio tentado qualificado. A execução deste crime teve início com a abertura do registro de gás. Outrossim, não há dúvidas quanto à presença do *animus necandi* de Márcia. Pela narrativa, é forçoso concluir que ela desejava a morte de Plínio. O resultado somente não foi produzido por conta da intervenção dos seguranças. Ou seja: o crime não se consumou por circunstâncias alheias à vontade de Márcia. Configura-se, assim, a tentativa de homicídio. Diz-se que é qualificado porque, segundo se infere do enunciado, foi empregado meio que torna impossível a defesa da vítima (art. 121, § 2º, IV, c.c. o art. 14, II, ambos do CP), já que Plínio estava dormindo.

Gabarito "C".

(OAB/Exame Unificado – 2017.2) Pedro, quando limpava sua arma de fogo, devidamente registrada em seu nome, que mantinha no interior da residência sem adotar os cuidados necessários, inclusive o de desmuniciá-la, acaba, acidentalmente, por dispará-la, vindo a atingir seu vizinho Júlio e a esposa deste, Maria.

Júlio faleceu em razão da lesão causada pelo projétil e Maria sofreu lesão corporal e debilidade permanente de membro.

Preocupado com sua situação jurídica, Pedro o procura para, na condição de advogado, orientá-lo acerca das consequências do seu comportamento.

Na oportunidade, considerando a situação narrada, você deverá esclarecer, sob o ponto de vista técnico, que ele poderá vir a ser responsabilizado pelos crimes de:

(A) homicídio culposo, lesão corporal culposa e disparo de arma de fogo, em concurso formal.

(B) homicídio culposo e lesão corporal grave, em concurso formal.

(C) homicídio culposo e lesão corporal culposa, em concurso material.

(D) homicídio culposo e lesão corporal culposa, em concurso formal.

Pela narrativa contida no enunciado, restou claro que Pedro deu causa aos resultados (morte de Júlio e lesão corporal em Maria) a título de *culpa*: ao limpar sua arma de fogo sem adotar a necessária cautela, efetuou, de forma acidental, um único disparo que veio a atingir seus vizinhos. Ou seja, Pedro negligenciou no manuseio de sua arma de fogo, sendo os resultados produzidos previsíveis ao homem médio. Além disso, não há que se falar no cometimento do crime de disparo de arma de fogo (art. 15, Lei 10.826/2003), que, como se sabe, pressupõe, por parte do agente, uma conduta dolosa, o que elimina, de pronto, a alternativa "A", o que também deve ocorrer, por razão diversa, em relação à assertiva "B". É que a classificação que se faz da lesão corporal em leve, grave e gravíssima, esta última operada pela doutrina, refere-se tão somente à modalidade dolosa deste crime. Como já ponderado, Pedro incorreu em delito culposo. Restam, assim, as alternativas "C" e "D". É fato que os crimes pelos quais deverá responder Pedro são homicídio e lesão corporal, ambos, como já dito, na modalidade culposa. Sendo certo que os resultados produzidos (morte e lesão) decorreram de uma ação única por parte de Pedro (um único disparo de arma de fogo), impõe-se o reconhecimento do concurso formal dos delitos de homicídio culposo e lesão corporal culposa, previstos, respectivamente, nos arts. 121, § 3º, e 129, § 6º, ambos do Código Penal, tal como estabelece o art. 70 do CP, o que torna correta a proposição "D". **ED**

Gabarito "D".

(OAB/Exame Unificado – 2015.3) Maria mantém relacionamento clandestino com João. Acreditando estar grávida, procura o seu amigo Pedro, que é auxiliar de enfermagem, e implora para que ele faça o aborto. Pedro, que já auxiliou diversas cirurgias legais de aborto, acreditando ter condições técnicas de realizar o ato sozinho, atende ao pedido de sua amiga, preocupado com a situação pessoal de Maria, que não poderia assumir a gravidez por ela anunciada. Durante a cirurgia, em razão da imperícia de Pedro, Maria vem a falecer, ficando apurado que, na verdade, ela não estava grávida.

Em razão do fato narrado, Pedro deverá responder pelo crime de

(A) aborto tentado com consentimento da gestante qualificado pelo resultado morte.

(B) aborto tentado com consentimento da gestante.

(C) homicídio culposo.

(D) homicídio doloso.

De pronto, podemos rechaçar as duas primeiras assertivas ("A" e "B"), que sugerem a prática do crime de tentativa de aborto. É que Maria, ao contrário do que imaginara, não estava grávida. Ora, se não estava grávida, inexistia vida humana em formação. Impossível, dessa forma, interromper uma gravidez que não existe. Cuida-se, portanto, de crime impossível por absoluta impropriedade do objeto. Situação idêntica é representada pela tentativa de matar pessoa já morta. Nos dois casos, é inviável chegar-se, pelas razões que já expusemos, à consumação do crime, dada a impropriedade absoluta do objeto: o produto da concepção, no caso do aborto; e a pessoa viva, no caso do homicídio. Ocorre que essa "tentativa de aborto", que na verdade configura crime impossível, produziu um desfecho inusitado, qual seja, a morte de Maria. De ver-se que tal resultado ocorreu a título de culpa (imperícia), uma vez que Pedro não detinha o necessário conhecimento técnico para proceder à intervenção cirúrgica em Maria. Deverá responder, assim, pelo crime de homicídio culposo. Não é o caso de imputar-lhe a prática do crime de homicídio doloso, pois, como restou evidente, Pedro não desejou a morte de sua amiga.

Gabarito "C".

(OAB/Exame Unificado – 2014.1) Maria, jovem de 22 anos, após sucessivas desilusões, deseja dar cabo à própria vida. Com o fim de desabafar, Maria resolve compartilhar sua situação com um amigo, Manoel, sem saber que o desejo dele, há muito, é vê-la morta. Manoel, então, ao perceber que poderia influenciar Maria, resolve instigá-la a matar-se. Tão logo se despede do amigo, a moça, influenciada pelas palavras deste, pula a janela de seu apartamento, mas sua queda é amortecida por uma lona que abrigava uma barraca de feira. Em consequência, Maria sofre apenas escoriações pelo corpo e não chega a sofrer nenhuma fratura.

Considerando apenas os dados descritos, assinale a afirmativa correta.

(A) Manoel deve responder pelo delito de induzimento, instigação ou auxílio ao suicídio em sua forma consumada.

(B) Manoel deve responder pelo delito de induzimento, instigação ou auxílio ao suicídio em sua forma tentada.

(C) Manoel não possui responsabilidade jurídico-penal, pois Maria não morreu e nem sofreu lesão corporal de natureza grave.

(D) Manoel, caso tivesse se arrependido daquilo que falou para Maria e esta, em virtude da queda, viesse a óbito, seria responsabilizado pelo delito de homicídio.

É consenso na doutrina que o crime de *participação em suicídio* não comporta a modalidade tentada. Isso porque, neste delito, capitulado no art. 122 do CP, só há que se falar em punição diante da ocorrência de *morte* ou *lesão grave*, hipóteses em que o crime já é considerado consumado. É a conclusão que se extrai da redação do preceito secundário desta norma penal: "Pena – reclusão, de 2 (dois) a 6 (seis) anos, se o suicídio se consuma; ou reclusão, de 1 (um) a 3 (três) anos, se da tentativa de suicídio resulta lesão corporal de natureza grave". Portanto, se a vítima sofre, em decorrência da tentativa de suicídio, lesões leves, o fato é atípico. De duas uma: ou ocorre morte ou lesão grave e o crime se consuma; ou ocorre lesão leve (ou mesmo não ocorre lesão) e o fato é atípico, não cabendo, portanto, responsabilizar o agente por delito algum. Foi o que ocorreu no caso narrado no enunciado: embora Manoel tenha instigado, reforçado, em Maria, a ideia de cometer suicídio, não é o caso de imputar-lhe, por isso, responsabilidade penal, dado que Maria, ao lançar-se da janela de seu apartamento, não chegou a sofrer sequer lesão grave, na medida em que sua queda foi amortecida por uma lona. Correta, portanto, a assertiva "C". Esta questão e seu respectivo comentário referem-se à anterior redação do art. 122 do CPP, em vigor ao tempo em que aplicada a prova. Posteriormente a isso, mais especificamente em 26 de dezembro de 2019, foi publicada (e entrou em vigor) a Lei 13.968, que conferiu nova conformação jurídica ao crime de participação em suicídio. Além de alterações promovidas neste delito, inseriu-se, no mesmo dispositivo, o crime de induzimento, instigação ou auxílio a automutilação. A mudança mais significativa, a nosso ver, diz respeito ao momento consumativo do crime. Até então, tínhamos que o delito de participação em suicídio, conforme ponderado no comentário acima, era *material*, exigindo-se, à sua consumação, a produção de resultado naturalístico consistente na morte ou lesão grave. Com a mudança operada na redação deste dispositivo, este crime passa a ser *formal*, de sorte que a consumação será alcançada com o mero ato de induzir, instigar ou auxiliar a vítima a suicidar-se ou a automutilar-se. A morte, se ocorrer, configurará a forma qualificada prevista no art. 122, § 2º; se sobrevier, da tentativa de suicídio ou da automutilação, lesão grave ou gravíssima, restará configurada a forma qualificada do art. 122, § 1º. Perceba que a morte e a lesão grave, na redação anterior, constituíam pressuposto à consumação da participação em suicídio; hoje, trata-se de circunstâncias que qualificam o crime de induzimento,

14. DIREITO PENAL — 933

instigação ou auxílio a suicídio ou a automutilação. Perceba que, se aplicarmos a descrição típica atual do art. 122 do CP à hipótese narrada no enunciado, Manoel seria responsabilizado pelo novo delito do art. 122 do CP, que, como já dissemos, deixou de ser material para ser formal.
Gabarito "C".

(OAB/Exame Unificado – 2013.1) José e Maria estavam ena- morados, mas posteriormente vieram a descobrir que eram irmãos consanguíneos, separados na maternidade. Extremamente infelizes com a notícia recebida, que impedia por completo qualquer possibilidade de relacio- namento, resolveram dar cabo à própria vida. Para tanto, combinaram e executaram o seguinte: no apartamento de Maria, com todas as portas e janelas trancadas, José abriu o registro do gás de cozinha.

Ambos inspiraram o ar envenenado e desmaiaram, sendo certo que somente não vieram a falecer porque os vizinhos, assustados com o cheiro forte que vinha do apartamento de Maria, decidiram arrombar a porta e resgatá-los. Ocorre que, não obstante o socorro ter chegado a tempo, José e Maria sofreram lesões corporais de natureza grave.

Com base na situação descrita, assinale a afirmativa correta.

(A) José responde por tentativa de homicídio e Maria por instigação ou auxílio ao suicídio.

(B) José responde por lesão corporal grave e Maria não responde por nada, pois sua conduta é atípica.

(C) José e Maria respondem por instigação ou auxílio ao suicídio, em concurso de agentes.

(D) José e Maria respondem por tentativa de homicídio.

Aquele cujo ato realizado colaborou de forma *direta* para a morte do parceiro (abertura do registro de gás) deverá ser responsabilizado pelo crime de homicídio. Sucede que o delito narrado no enunciado (homicídio), por circunstâncias alheias à vontade dos agentes, não se consumou. Deverá José, assim, que praticou – repita-se – ato de execução, consistente na abertura do registro de gás, responder pelo crime de tentativa de homicídio. Já Maria, que não realizou qualquer ato de execução, incorrerá somente nas penas do crime do art. 122 do CP (participação em suicídio), já que José sofreu lesão corporal grave.
Gabarito "A".

(OAB/Exame Unificado – 2012.1) Assinale a alternativa correta.

(A) Aquele que, desejando subtrair ossadas de urna fune- rária, viola sepultura, mas nada consegue obter porque tal sepultura estava vazia, não pratica o crime descrito no art. 210 do Código Penal: crime de violação de sepultura.

(B) O crime de infanticídio, por tratar-se de crime próprio, não admite coautoria.

(C) O homicídio culposo, dada a menor reprovabilidade da conduta, permite a compensação de culpas.

(D) Há homicídio privilegiado quando o agente atua sob a influência de violenta emoção.

A: correta. Estando a sepultura vazia, não há que se falar na prática do crime do art. 210 do CP. Isso porque o bem jurídico tutelado pela norma, o sentimento de respeito pelos mortos, não poderia ser violado. Cuida-se, portanto, de crime impossível, por absoluta impropriedade do objeto (art. 17 do CP); **B:** incorreta, visto que o crime de infanticídio comporta, sim, as duas modalidades de concurso (coautoria e partici- pação). Incidência do art. 30 do CP. **C:** incorreta, já que não existe, no Direito Penal, a chamada compensação de culpas; **D:** incorreta, pois,

para que fique caracterizado o homicídio privilegiado (art. 121, § 1º, CP), deve o agente agir sob o *domínio* de violenta emoção; não basta que este aja sob a influência dessa violenta emoção.
Gabarito "A".

(OAB/Exame Unificado – 2011.3.B) Grávida de nove meses, Maria se desespera e, visando evitar o nascimento de seu filho, toma um comprimido contendo um complexo vitamínico, achando, equivocadamente, tratar-se de uma pílula abortiva. Ao entrar em trabalho de parto, poucos minutos depois, Maria dá à luz um bebê saudável. Todavia, Maria, sob a influência do estado puerperal, lança a criança pela janela do hospital, causando-lhe o óbito. Com base no relatado acima, é correto afirmar que Maria praticou

(A) crime de homicídio qualificado pela utilização de recurso que impediu a defesa da vítima.

(B) em concurso material os crimes de aborto tentado e infanticídio consumado.

(C) apenas o crime de infanticídio.

(D) em concurso formal os crimes de aborto tentado e infanticídio consumado.

Se o meio escolhido pelo agente à prática do crime de aborto for inapto a provocar a morte do produto da concepção, está-se a falar de crime impossível por absoluta ineficácia do meio empregado. Note que, nesta hipótese, a despeito de o agente, neste caso a gestante, desejar a morte do produto da concepção, isso jamais ocorrerá, já que o medicamento de que se valeu para atingir o resultado visado é inócuo para o fim de levar o feto à morte. Maria, dessa forma, não praticou o crime de tentativa de aborto, mas deverá ser responsabilizada pelo delito de infanticídio (CP, art. 123), pois, sob a influência do estado puerperal, matou seu filho recém-nascido, atirando-o pela janela do hospital.
Gabarito "C".

(OAB/Exame Unificado – 2011.1) Osíris, jovem universitária de Medicina, soube estar gestante. Todavia, tratava-se de gravidez indesejada, e Osíris queria saber qual substância deveria ingerir para interromper a gestação. Objetivando tal informação, Osíris estimulou uma discussão em sala de aula sobre o aborto. O professor de Osíris, então, bastante animado com o interesse dos alunos sobre o assunto, passou também a emitir sua opinião, a qual era claramente favorável ao aborto. Referido professor mencionou, naquele momento, diversas substâncias capazes de provocar a interrupção prematura da gravidez, inclusive fornecendo os nomes de inúmeros remédios abortivos e indicando os que achava mais eficazes. Além disso, também afirmou que as mulheres deveriam ter o direito de praticar aborto sempre que achassem inde- sejável uma gestação. Nesse sentido, considerando-se apenas os dados mencionados, é correto afirmar que o professor de Osíris praticou

(A) o crime previsto no art. 286 do Código Penal, que dispõe: "incitar, publicamente, a prática de crime".

(B) a contravenção penal prevista no art. 20 do Decreto- -Lei 3.688/1941, que dispõe: "anunciar processo, substância ou objeto destinado a provocar aborto".

(C) fato atípico.

(D) o crime previsto no art. 68 da Lei 8.078/1990, que dispõe: "fazer ou promover publicidade que sabe ou deveria saber ser capaz de induzir o consumidor a se comportar de forma prejudicial ou perigosa à sua saúde ou segurança".

934 EDUARDO DOMPIERI

A conduta praticada pelo professor de Osíris é atípica. O tipo penal prefigurado no art. 286 do CP exige que o agente aja com o propósito de *estimular, impelir* a prática de crime (elemento subjetivo do tipo). Não é o que se deu no contexto apresentado no enunciado. Em verdade, o professor, instigado pelos alunos, apenas exerceu seu direito à manifestação do pensamento (art. 5º, IV e IX, da CF), é dizer, exteriorizou sua opinião acerca do aborto, sem, com isso, incitar a sua prática. Note bem: ele não disse "pratiquem o aborto"; ele limitou-se a defender seu ponto de vista sobre o tema, estimulando, a esse respeito, um debate. Não há que se cogitar, de outro lado, da prática da contravenção prevista no art. 20 da LCP, visto que não houve, por parte do professor, anúncio de processo, substância ou objeto destinado a provocar aborto. No mais, inexiste relação de consumo entre o professor e os alunos.

Gabarito "C".

(FGV – 2010) Assinale a alternativa que não qualifica o *crime de homicídio*.

(A) Emprego de veneno, fogo, explosivo, asfixia, tortura ou outro meio insidioso ou cruel.

(B) Para assegurar a ocultação de outro crime.

(C) Motivo fútil.

(D) Abuso de poder ou violação de dever inerente a cargo, ofício, ministério ou profissão.

(E) Mediante dissimulação.

A: correto (art. 121, § 2º, III, do CP); **B:** correto (art. 121, § 2º, V, do CP); **C:** correto (art. 121, § 2º, II, do CP); **D:** incorreto, pois a alternativa não corresponde a nenhuma qualificadora do crime de homicídio; **E:** correto (art. 121, § 2º, IV, do CP). As Leis 13.104/2015 e 13.142/2015 introduziram, neste § 2º do art. 121 do CP, outras modalidades de homicídio qualificado, a saber: quando praticado contra a mulher por razões da condição de sexo feminino (inciso VI – feminicídio); e quando praticado contra agentes das forças de segurança (inciso VII).

Gabarito "D".

16.2. Crimes contra a honra

(OAB/Exame XXXIV) Durante uma festa de confraternização entre amigos da faculdade, em 1º de junho de 2020, começou uma discussão entre Plinio e Carlos, tendo a mãe de Plínio procurado intervir para colocar fim à briga. Nesse momento, Carlos passou a ofender a mãe de Plinio, chamando-a de "macumbeira", que "deveria estar em um terreiro".

Revoltadas, pessoas que presenciaram o ocorrido compareceram ao Ministério Público e narraram os fatos. A mãe de Plinio disse, em sua residência, que não pretendia manter discórdia com colegas do filho, não tendo comparecido à Delegacia e nem ao órgão ministerial para tratar do evento. O Ministério Público, em 2 de dezembro de 2020, denunciou Carlos pelo crime de racismo, trazido pela Lei nº 7.716/89.

Você, como advogado(a) de Carlos, deverá alegar, em sua defesa, que deverá

(A) ocorrer extinção da punibilidade, pois não houve a indispensável representação da vítima, apesar de, efetivamente, o crime praticado ter sido de racismo.

(B) haver desclassificação para o crime de injúria simples, que é de ação penal privada, não tendo o Ministério Público legitimidade para oferecimento da denúncia.

(C) haver desclassificação para o crime de injúria qualificada pela utilização de elementos referentes à religião, que é de ação penal privada, não tendo o Ministério Público legitimidade para oferecimento de denúncia.

(D) haver desclassificação para o crime de injúria qualificada pela utilização de elementos referentes à religião, que é de ação penal pública condicionada, justificando extinção da punibilidade por não ter havido representação por parte da vítima.

Carlos, ao xingar a mãe de Plínio de "macumbeira" que "deveria estar em um terreiro", cometeu o crime de injúria racial, na medida em que a ofensa proferida por Carlos à honra subjetiva da mãe de Plínio fez referência ao elemento "religião". Cuida-se do crime capitulado no art. 140, § 3º, do CP. A ação penal, neste crime (injúria qualificada pelo preconceito), é pública condicionada à representação. Antes, a ação penal, neste crime, era de iniciativa privativa do ofendido. Esta mudança se deu por força da Lei 12.033/2009, que modificou a redação do parágrafo único do art. 145 do CP. Assim sendo, tendo em conta que a representação não foi oferecida pela vítima (mãe de Plínio) e considerando ainda o transcurso do prazo decadencial, é de rigor o reconhecimento da extinção da punibilidade de Carlos. Por tudo que acima foi ponderado, não poderia o MP oferecer denúncia em face de Carlos pelo crime de racismo, uma vez que, como já dito, o delito em que este incidiu foi o de injúria qualificada. Dentro do tema tratado nesta questão, valem algumas ponderações, tendo em conta inovações implementadas pela recente Lei 14.532/2023, posterior à elaboração desta questão. O crime de racismo, previsto na Lei 7.716/1989, não se confunde com a figura até então capitulada no art. 140, § 3º, do CP, que definia o delito de injúria preconceituosa. Com efeito, segundo sempre sustentou doutrina e jurisprudência, o delito de racismo pressupõe a prática de conduta de natureza segregacionista, ao passo que a injúria racial, então prevista no art. 140, § 3º, do CP, tal como ocorre com o crime de injúria simples, pressupõe que a ofensa seja dirigida a pessoa determinada ou, ao menos, a um grupo determinado de pessoas. *Grosso modo*, é o xingamento envolvendo raça, cor, etnia, religião ou origem. Como consequência desta distinção, tínhamos que o racismo era considerado crime inafiançável, imprescritível e de ação penal pública incondicionada; já a injúria racial era tida por afiançável, prescritível e de ação penal pública condicionada. Tal realidade começou a ser alterada pela ação da jurisprudência. O STF, em sintonia com precedente do STJ, por seu Plenário, ao julgar, em 28/10/2021, o HC 154.248, da relatoria do Ministro Edson Fachin, fixou o entendimento no sentido de que o crime de injúria racial deve ser inserido na seara no delito de racismo, passando a ser, com isso, imprescritível. Mais recentemente, a Lei 14.532/2023, imbuída desse mesmo espírito, alterou o teor do art. 140, § 3º, do CP, que passa a contar com a seguinte redação: *Se a injúria consiste na utilização de elementos referentes a religião ou à condição de pessoa idosa ou com deficiência* (hipótese do enunciado). Como se pode ver, o legislador, com isso, excluiu da forma qualificada da injúria ofensas contendo elementos referentes a raça, cor, etnia ou procedência nacional. Tais modalidades migraram para a Lei 7.716/1989, cujo art. 2º-A passa a ter a seguinte redação: *Injuriar alguém, ofendendo-lhe a dignidade ou o decoro, em razão de raça, cor, etnia ou procedência nacional.* Dessa forma, o crime de injúria racial foi tipificado como racismo. A consequência disso é que tal modalidade de injúria passa a ser, agora por força de lei, imprescritível, inafiançável e incondicionada a ação penal. Além disso, a pena, que até então era de reclusão de 1 a 3 anos e multa, passa a ser de 2 a 5 anos de reclusão.

Gabarito "D".

(OAB/Exame Unificado – 2020.1) Durante uma reunião de condomínio, Paulo, com o *animus* de ofender a honra objetiva do condômino Arthur, funcionário público, mesmo sabendo que o ofendido foi absolvido daquela imputação por decisão transitada em julgado, afirmou que Artur não tem condições morais para conviver naquele prédio, porquanto se apropriara de dinheiro do condomínio quando exercia a função de síndico.

Inconformado com a ofensa à sua honra, Arthur ofereceu queixa-crime em face de Paulo, imputando-lhe a prática do crime de calúnia. Preocupado com as consequências de seu ato, após ser regularmente citado, Paulo procura você, como advogado(a), para assistência técnica.

Considerando apenas as informações expostas, você deverá esclarecer que a conduta de Paulo configura crime de

(A) difamação, não de calúnia, cabendo exceção da verdade por parte de Paulo.

(B) injúria, não de calúnia, de modo que não cabe exceção da verdade por parte de Paulo.

(C) calúnia efetivamente imputado, não cabendo exceção da verdade por parte de Paulo.

(D) calúnia efetivamente imputado, sendo possível o oferecimento da exceção da verdade por parte de Paulo.

Antes de mais nada, façamos algumas considerações a respeito dos crimes contra a honra, diferenciando-os. No crime de *injúria*, temos que o agente, sem imputar fato criminoso ou desonroso ao ofendido, atribui-lhe qualidade negativa. É a adjetivação pejorativa, o xingamento, enfim a ofensa à honra subjetiva da vítima. Não deve, portanto, ser confundida com os crimes de calúnia e difamação, em que o agente imputa ao ofendido fato definido como crime (no caso da calúnia) ou ofensivo à sua reputação (no caso da difamação). No que concerne à exceção da verdade, esta é admissível, apenas, para o crime de calúnia (art. 138, § 3º, do CP) e difamação cometida contra funcionário público, desde que a ofensa seja relativa ao exercício de suas funções (art. 139, parágrafo único, do CP). Portanto, o crime de injúria não comporta a exceção da verdade. Sucede que a exceção da verdade será cabível no crime de calúnia como regra geral, ficando ressalvadas as hipóteses definidas no art. 138, § 3º, I a III, do CP, entre as quais está aquela em que o ofendido é absolvido do crime imputado por sentença irrecorrível. Paulo imputou a Arthur crime em relação ao qual este fora absolvido por sentença que transitou em julgado, sendo vedada, neste caso, a oposição de exceção da verdade por parte do ofensor, já que o assunto já foi julgado em definitivo pelo Poder Judiciário.
„Gabarito "C".

(OAB/Exame Unificado – 2017.2) Roberta, enquanto conversava com Robson, afirmou categoricamente que presenciou quando Caio explorava jogo do bicho, no dia 03/03/2017. No dia seguinte, Roberta contou para João que Caio era um "*furtador*".

Caio toma conhecimento dos fatos, procura você na condição de advogado(a) e nega tudo o que foi dito por Roberta, ressaltando que ela só queria atingir sua honra.

Nesse caso, deverá ser proposta queixa-crime, imputando a Roberta a prática de:

(A) 1 crime de difamação e 1 crime de calúnia.

(B) 1 crime de difamação e 1 crime de injúria.

(C) 2 crimes de calúnia.

(D) 1 crime de calúnia e 1 crime de injúria.

Segundo consta, Roberta, em conversa que teve com Robson, imputou a Caio a exploração de jogo do bicho, conduta que corresponde à contravenção penal prevista no art. 58 do Decreto-lei 3.688/1941. Em razão disso, Roberta deverá ser responsabilizada pelo crime de difamação (art. 139, CP). Não é o caso de atribuir-lhe o cometimento do crime de calúnia (art. 138, CP), uma vez que tal somente se configura na hipótese de a infração penal falsamente atribuída à vítima constituir *crime*. Embora ofensiva à reputação de Caio, a imputação de contravenção penal feita por Roberta não configura o crime de calúnia, que,

como dito, pressupõe a falsa imputação de fato definido como crime (contravenção não é crime!). Crime e contravenção constituem espécies do gênero infração penal. Em contexto diverso, Roberta contou a João que Caio seria um *furtador*. Perceba que, neste caso, não houve, por parte de Roberta, atribuição de fato (criminoso, no caso da calúnia, ou desonroso, no caso da difamação), mas, sim, de qualidade pejorativa, que nada mais é do que o xingamento, a adjetivação ofensiva, o que configura o delito de injúria (art. 140, CP). Roberta, assim, deverá ser responsabilizada pelos crimes de difamação e injúria, que são, por força do que dispõe o art. 145 do CP, de ação penal privada, cabendo ao ofendido, se assim julgar conveniente, promover a ação penal.
„Gabarito "B".

(OAB/Exame Unificado – 2011.3.A) Ana Maria, aluna de uma Universidade Federal, afirma que José, professor concursado da instituição, trai a esposa todo dia com uma gerente bancária. A respeito do fato acima, é correto afirmar que Ana Maria praticou o crime de

(A) calúnia, pois atribuiu a José o crime de adultério, sendo cabível, entretanto, a oposição de exceção da verdade com o fim de demonstrar a veracidade da afirmação.

(B) difamação, pois atribuiu a José fato desabonador que não constitui crime, sendo cabível, entretanto, a oposição de exceção da verdade com o fim de demonstrar a veracidade da afirmação, uma vez que José é funcionário público.

(C) calúnia, pois atribuiu a José o crime de adultério, não sendo cabível, na hipótese, a oposição de exceção da verdade.

(D) difamação, pois atribuiu a José fato desabonador que não constitui crime, não sendo cabível, na hipótese, a oposição de exceção da verdade.

O fato atribuído por Ana Maria a José, seu professor, em razão da revogação operada pela Lei 11.106/2005 do art. 240 do CP, que previa o delito de adultério, deixou de ser crime. Por essa razão, a conduta de Ana Maria não pode configurar o crime do art. 138 do CP (calúnia), que exige que o fato imputado seja criminoso. Sua conduta, no entanto, ainda que não constitua o crime de calúnia, se amolda, à perfeição, ao tipo penal do art. 139, *caput*, do CP (difamação). Não cabe, neste caso, a exceção da verdade, na medida em que, na difamação, não basta que o ofendido seja funcionário público; é ainda necessário que a ofensa tenha relação com o exercício de suas funções, nos termos do art. 139, parágrafo único, CP.
„Gabarito "D".

(OAB/Exame Unificado – 2010.2) Assinale a alternativa que preencha corretamente as lacunas do texto:

"para a ocorrência de _____,não basta a imputação falsa de crime, mas é indispensável que em decorrência de tal imputação seja instaurada, por exemplo, investigação policial ou processo judicial. A simples imputação falsa de fato definido como crime pode constituir _____, que, constitui infração penal contra a honra, enquanto a _____ é crime contra a Administração da Justiça".

(A) denunciação caluniosa, calúnia, denunciação caluniosa.

(B) denunciação caluniosa, difamação, denunciação caluniosa.

(C) comunicação falsa de crime ou de contravenção, calúnia, comunicação falsa de crime ou de contravenção.

936 EDUARDO DOMPIERI

(D) comunicação falsa de crime ou de contravenção, difamação, comunicação falsa de crime ou de contravenção.

Consiste a *calúnia* (art. 138 do CP) em atribuir *falsamente* a alguém fato capitulado como crime. A honra atingida, neste caso, é a objetiva (conceito que o sujeito tem diante do grupo no qual está inserido). *Difamar* alguém (art. 139, CP), por sua vez, significa divulgar fatos infamantes à sua honra objetiva. *Injúria*, crime contra a honra previsto no art. 140 do CP, consiste na atribuição de qualidade ofensiva. Atinge-se, aqui, a honra subjetiva. São esses os crimes contra a honra, que não devem ser confundidos com o crime de *denunciação caluniosa*, delito contra a Administração da Justiça previsto no art. 339 do CP, que pressupõe que o agente *dê causa*, provoque a instauração de investigação policial, de processo judicial, de investigação administrativa, inquérito civil ou ação de improbidade administrativa contra alguém (pessoa determinada), atribuindo-lhe crime de que o sabe inocente. O delito de *comunicação falsa de crime ou de contravenção*, que também ofende a Administração da Justiça, está capitulado no art. 340 do CP. Neste caso, não há imputação a pessoa determinada.
Gabarito "A".

(OAB/Exame Unificado – 2009.1) Acerca dos crimes contra a honra, assinale a opção correta.

(A) Não constituem injúria ou difamação punível a ofensa não excessiva praticada em juízo, na discussão da causa, pela parte ou por seu advogado e a opinião da crítica literária sem intenção de injuriar ou difamar.

(B) Em regra, a persecução criminal nos crimes contra a honra processa-se mediante ação pública condicionada à representação da pessoa ofendida.

(C) Caracterizado o crime contra a honra de servidor público, em razão do exercício de suas funções, a ação penal será pública incondicionada.

(D) O CP prevê, para os crimes de calúnia, de difamação e de injúria, o instituto da exceção da verdade, que consiste na possibilidade de o acusado comprovar a veracidade de suas alegações, para a exclusão do elemento objetivo do tipo.

A: correto (art. 142, I e II, do CP); **B:** incorreto. A ação penal, nos crimes contra a honra, em consonância com o que dispõe o art. 145, *caput*, do CP, cabe, em regra, à vítima, ou seja, é de iniciativa privada; **C:** incorreto. Segundo entendimento firmado na Súmula 714 do STF, se se tratar de ação penal por crime contra honra de servidor público em razão do exercício de suas funções, será concorrente a legitimidade do ofendido, mediante queixa, e do Ministério Público, condicionada à representação da vítima; **D:** incorreta, pois o crime de injúria (art. 140 do CP) não admite a *exceção da verdade*; a calúnia (art. 138 do CP) e a difamação (art. 139 do CP) comportam o instituto, previsto, respectivamente, nos arts. 138, § 3º, e 139, parágrafo único, ambos do Código Penal, com a ressalva de que, na difamação, somente há que se falar em exceção da verdade se o ofendido for funcionário público e a ofensa a ele impingida tiver relação com o exercício de suas funções.
Gabarito "A".

16.3. Outros crimes contra a pessoa

(OAB/Exame Unificado – 2015.3) Cacau, de 20 anos, moça pacata residente em uma pequena fazenda no interior do Mato Grosso, mantém um relacionamento amoroso secreto com Noel, filho de um dos empregados de seu pai. Em razão da relação, fica grávida, mas mantém a situação em segredo pelo temor que tinha de seu pai. Após o nascimento de um bebê do sexo masculino, Cacau, sem que

ninguém soubesse, em estado puerperal, para ocultar sua desonra, leva a criança para local diverso do parto e a deixa embaixo de uma árvore no meio da fazenda vizinha, sem prestar assistência devida, para que alguém encontrasse e acreditasse que aquele recém-nascido fora deixado por desconhecido. Apesar de a fazenda vizinha ser habitada, ninguém encontra a criança nas 06 horas seguintes, vindo o bebê a falecer. A perícia confirmou que, apesar do estado puerperal, Cacau era imputável no momento dos fatos.

Considerando a situação narrada, é correto afirmar que Cacau deverá ser responsabilizada pelo crime de

(A) abandono de incapaz qualificado.

(B) homicídio doloso.

(C) infanticídio.

(D) exposição ou abandono de recém-nascido qualificado.

Numa análise mais açodada, chegar-se-ia à conclusão de que Cacau cometeu o crime capitulado no art. 133, § 2º, do CP, que corresponde ao delito de abandono de incapaz qualificado, neste caso, pelo resultado morte. Isso porque a sua conduta se enquadra, em princípio, na descrição típica desse crime, já que abandonou pessoa sob a sua guarda incapaz de defender-se dos riscos desse abandono. Sucede que, numa leitura mais acurada, logo se vê que o abandono do recém-nascido, por sua mãe, se deu com o objetivo de ocultar desonra própria (dolo específico), conduta essa descrita no art. 134 do CP, com incidência, pela ocorrência do resultado morte, da qualificadora do § 2º. Por conta da pena cominada no preceito secundário do tipo penal, forçoso afirmar que se trata de uma figura privilegiada em relação ao crime do artigo anterior (abandono de incapaz), cuja sanção neste caso cominada, na hipótese de morte, é superior ao do crime de exposição ou abandono de recém-nascido. Não há que se falar, de outro lado, no cometimento do crime de homicídio doloso, na medida em que a morte do recém-nascido, resultante do abandono, se deu a título de *culpa*. É dizer, a mãe não desejava a morte de seu filho. Bem ao contrário, ela esperava que algum desconhecido o encontrasse. Também se deve excluir a prática do crime de infanticídio (art. 123, CP), pelo fato de Cacau ser considerada imputável ao tempo da conduta. Além do que, como já ressaltamos, Cacau não desejava a morte de seu filho. Correta, em razão do que foi ponderado, a alternativa "D".
Gabarito "D".

(OAB/Exame Unificado – 2011.3.B) Rama, jovem de 19 anos, estava cuidando de suas irmãs mais novas, Sita e Durga, enquanto a mãe viajava a trabalho. Na tarde desse dia, Rama recebeu uma ligação dos amigos, que o chamaram para sair com o objetivo de comemorar o início das férias. Certo de que não se demoraria, Rama deixou as crianças, ambas com 4 anos, brincando sozinhas no quintal de casa, que era grande, tinha muitos brinquedos e uma piscina. Ocorre que Rama bebeu demais e acabou perdendo a hora, chegando em casa tarde da noite, extremamente alcoolizado. As meninas ficaram sem alimentação durante todo o tempo e ainda sofreram com várias picadas de pernilongos. Com base na situação apresentada, é correto afirmar que Rama praticou crime

(A) de lesão corporal leve por meio de omissão imprópria.

(B) de perigo para a vida ou saúde de outrem.

(C) de abandono de incapaz, com causa de aumento de pena.

(D) previsto no Estatuto da Criança e do Adolescente.

O agente, porque se afastou das vítimas, deixando-as à própria sorte, deverá ser responsabilizado pelo crime do art. 133 do CP, com o aumento previsto no § 3º, II, do mesmo dispositivo. É crime próprio, pois impõe ao sujeito ativo uma qualidade especial.

Gabarito "C".

(OAB/Exame Unificado – 2009.2) A respeito do crime de omissão de socorro, assinale a opção correta.

(A) O crime de omissão de socorro é admitido na forma tentada.

(B) É impossível ocorrer participação, em sentido estrito, em crime de omissão de socorro.

(C) A omissão de socorro classifica-se como crime omissivo próprio e instantâneo.

(D) A criança abandonada pelos pais não pode ser sujeito passivo de ato de omissão de socorro praticado por terceiros.

A: incorreto. O crime *omissivo puro*, como a omissão de socorro, não comporta a forma tentada; **B:** incorreto. Apesar de o tema ser polêmico, a jurisprudência majoritária entende que é possível participação em crime omissivo próprio; **C:** correto. É *crime omissivo próprio* (puro), na medida em que a lei descreve a omissão. Diz-se *instantâneo* porque a consumação se dá em um só instante. Não há continuidade temporal; **D:** incorreto. Dispõe o art. 135 do CP que a *criança abandonada* por seus responsáveis pode, sim, ser sujeito passivo do ato praticado por terceiros (deixar de prestar assistência).

Gabarito "C".

17. CRIMES CONTRA O PATRIMÔNIO

(OAB/Exame XXXVII) Silvio, mediante emprego da ameaça de "esquartejá-la com sua espada", arrancou o cordão de ouro do pescoço de Ana.

Após tal subtração, Silvio foi perseguido por policiais militares, que lograram prendê-lo em flagrante delito e recuperar o bem subtraído da vítima.

É correto afirmar que Silvio cometeu crime de

(A) extorsão tentada.

(B) roubo tentado.

(C) roubo impróprio.

(D) roubo consumado.

Silvio, mediante emprego de grave ameaça, arrancou (leia-se: subtraiu) o cordão de ouro do pescoço de Ana, após o que foi perseguido e preso em flagrante. A distinção entre os crimes de roubo e extorsão tem como critério a prescindibilidade do comportamento da vítima. Quer-se com isso dizer que, se o objeto material for retirado (subtraído) da vítima sem a sua participação, estamos a falar do delito de roubo; agora, se houver uma participação ativa da vítima, fazendo alguma coisa, tolerando que se faça ou deixando de fazer, o crime será o de extorsão (art. 158, CP). Perceba que, no caso narrado no enunciado, não há que se falar em participação ativa da vítima, que simplesmente teve o seu bem arrancado (subtraído). Estamos diante, portanto, da prática do crime de roubo na modalidade própria. É que o roubo impróprio (art. 157, § 1º, do CP) tem como pressuposto o fato de a violência contra a pessoa ou grave ameaça verificar-se após a subtração da *res*. O roubo próprio, por sua vez, que é a modalidade mais comum desse crime, se dá quando a violência ou grave ameaça é empregada com o fim de retirar os bens da vítima. Em outras palavras, a violência ou a grave ameaça, no roubo próprio, constitui meio para o agente chegar ao seu objetivo, que é o de efetuar a subtração, exatamente o que se deu na hipótese narrada no enunciado. Por fim, resta saber se o roubo alcançou a sua consumação. Considerando que o agente ingressou na posse do bem (apoderou-se), logo em seguida à ameaça impingida à vítima, ainda que de forma efêmera, o delito deve ser considerado consumado.

Nesse sentido a Súmula 582 do STJ: "Consuma-se o crime de roubo com a inversão da posse do bem mediante emprego de violência ou grave ameaça, ainda que por breve tempo e em seguida à perseguição imediata ao agente e recuperação da coisa roubada, sendo prescindível a posse mansa e pacífica ou desvigiada".

Gabarito "D".

(OAB/Exame XXXVII) Eduardo trabalha como porteiro do condomínio, e possui um primo, de nome Ygor, envolvido em vários crimes. A semelhança entre ambos sempre foi notória.

Certa noite, após Eduardo se ausentar da portaria para colocar as lixeiras do prédio na rua, Ygor, aproveitando-se dos traços físicos muito parecidos com os do seu primo, também vestido com um uniforme idêntico, ingressa no edifício e subtrai vários pacotes endereçados aos moradores. Alguns moradores viram a movimentação, mas pensaram que se tratava de Eduardo arrumando e conferindo os pacotes.

Baseando-se no caso hipotético, Ygor cometeu

(A) furto qualificado mediante fraude.

(B) estelionato.

(C) falsa identidade.

(D) furto qualificado por abuso de confiança.

Não devemos confundir o crime de *furto mediante fraude* (art. 155, § 4º, II, do CP) com o de *estelionato*, este previsto no art. 171, *caput*, do CP. Naquele, a fraude é aplicada com o propósito de iludir a vigilância da vítima, para, assim, viabilizar a subtração da *res*. No estelionato a situação é bem outra. A vítima, ludibriada, entrega ao agente a coisa. A fraude é anterior ao apossamento e inexiste subtração. Na hipótese narrada no enunciado, temos que Ygor se aproveita do fato de ser muito semelhante ao seu primo (fraude) para ingressar no prédio em que este trabalha e, dessa forma, subtrair encomendas endereçadas aos moradores. Perceba que a atitude de Ygor de se passar por Eduardo serviu de ardil para viabilizar a subtração dos pacotes, de forma a configurar o delito de furto mediante fraude. Seria o caso de se reconhecer o crime de estelionato na hipótese de Ygor, a título de exemplo, passando-se pelo porteiro do prédio, receber encomenda do entregador e dela se apropriar. Neste caso, o entregador, pensando se tratar do porteiro, entrega a encomenda a pessoa que já tinha a intenção de dela se apoderar de forma ilícita, lançando mão de um artifício fraudulento.

Gabarito "A".

(OAB/Exame XXXVI) Túlio e Alfredo combinaram de praticar um roubo contra uma joalheria. Os dois ingressam na loja, e Alfredo, com o emprego de arma de fogo, exige que Fernanda, a vendedora, abra a vitrine e entregue os objetos expostos.

Enquanto Alfredo vasculha as gavetas da frente da loja, Túlio ingressa nos fundos do estabelecimento com Fernanda, em busca de joias mais valiosas, momento em que decide levá-la ao banheiro e, então, mantém com Fernanda conjunção carnal. Após, Túlio e Alfredo fogem com as mercadorias.

Em relação às condutas praticadas por Túlio e Alfredo, assinale a afirmativa correta.

(A) Túlio e Alfredo responderão por roubo duplamente circunstanciado, pelo concurso de pessoas e emprego de arma de fogo, e pelo delito de estupro, em concurso material.

(B) Túlio responderá por roubo circunstanciado pelo concurso de pessoas e estupro; Alfredo responderá por

EDUARDO DOMPIERI

roubo duplamente circunstanciado, pelo concurso de pessoas e emprego de arma de fogo.

(C) Alfredo e Túlio responderão por roubo circunstanciado pelo concurso de pessoas e emprego de arma de fogo; Túlio também responderá por estupro, em concurso material.

(D) Túlio e Alfredo responderão por roubo circunstanciado pelo concurso de pessoas e emprego de arma de fogo; Túlio responderá por estupro, ao passo que Alfredo responderá por participação de menor importância no delito de estupro.

O enunciado não deixa dúvidas de que Alfredo e Túlio praticaram contra a joalheria, tal como combinaram, o crime de roubo circunstanciado pelo concurso de pessoas e emprego de arma de fogo. Assim, ambos devem responder pelo cometimento desse delito, já que presentes, pelos dados fornecidos pelo enunciado, os requisitos necessários ao concurso de pessoas. Sucede que um dos agentes, no caso Túlio, no curso da empreitada criminosa, sem que Alfredo tenha a isso aderido, leva a funcionária do estabelecimento ao banheiro e, ali estando, a estupra. Perceba que a decisão de Túlio em manter conjunção carnal forçada com Fernanda surgiu em momento posterior ao início do roubo, fato esse (estupro) que, como se pode ver, não havia sido ajustado entre os roubadores, sendo de total desconhecimento de Alfredo, que, bem por isso, não poderá ser responsabilizado. Cuida-se da chamada *cooperação dolosamente distinta* (art. 29, § 2º, CP), não sendo o caso sequer de aplicar o aumento de metade de pena previsto no dispositivo, já que não é previsível que, no curso do crime de roubo, um dos agentes cometa estupro contra a funcionária. Dessa forma, a conclusão é no sentido de que Alfredo e Túlio serão responsabilizados por roubo circunstanciado pelo concurso de pessoas e emprego de arma de fogo e Túlio, e somente ele, responderá, também, por estupro, em concurso material.

Gabarito "C".

(OAB/Exame XXXIII – 2020.3) João e Carlos procuram Paulo para que, juntos, pratiquem um crime de roubo de carga. Apesar de se recusar a acompanhá-los na ação delituosa, Paulo oferece a garagem de sua casa para a guarda da carga roubada, conduta que seria fundamental na empreitada criminosa, já que João e Carlos não teriam outro local para esconder os bens subtraídos.

Apenas por terem conseguido o acordo com Paulo, João e Carlos operam a subtração. Ao chegarem à casa de Paulo, este lhes informa que a garagem estava ocupada naquele momento e não poderia mais ser utilizada. Assim, o trio que dividiria os lucros procura o vizinho Pedro e, após contarem o ocorrido, pedem a garagem emprestada por um tempo, proposta que é aceita por Pedro. Sendo todos os fatos apurados e recuperada a carga na garagem de Pedro, as famílias de Paulo e Pedro procuram um(a) advogado(a) para saber acerca da situação jurídica deles.

Na ocasião da assistência jurídica, o(a) advogado(a) deverá esclarecer que

(A) ambos poderão ser responsabilizados pelo crime de roubo majorado.

(B) Paulo poderá ser responsabilizado pelo crime de roubo majorado, enquanto Pedro, apenas pelo crime de receptação.

(C) Paulo poderá ser responsabilizado pelo crime de roubo majorado, enquanto Pedro, apenas pelo crime de favorecimento real.

(D) Pedro e Paulo poderão ser responsabilizados pelo crime de favorecimento real.

Pelo fato de ter combinado com João e Carlos previamente à execução do crime que o produto deste seria guardado na garagem de sua residência, Paulo será responsabilizado pelo crime de roubo, já que colaborou para que a empreitada se concretizasse (atuou como partícipe), ainda que, ao final e ao cabo, o local, por qualquer razão, não pudesse ser utilizado. Já a situação de Pedro é diferente. Com efeito, a ele não poderá ser imputado o cometimento do crime de roubo, já que, quando dele teve conhecimento, a consumação já havia sido alcançada. No entanto, ciente do ocorrido, Pedro cede sua garagem para a guarda do produto do roubo, devendo ser responsabilizado, por isso, pelo crime de favorecimento real, na medida em que prestou a criminoso auxílio com vistas a tornar seguro o produto do crime (art. 349, CP).

Gabarito "C".

(OAB/Exame Unificado – 2020.2) Paulo é dono de uma loja de compra e venda de veículos usados. Procurado por um cliente interessado na aquisição de um veículo Audi Q7 e não tendo nenhum similar para vender, Paulo promete ao cliente que conseguirá aquele modelo no prazo de sete dias.

No dia seguinte, Paulo verifica que um carro, do mesmo modelo pretendido, se achava estacionado no pátio de um supermercado e, assim, aciona Júlio e Felipe, conhecidos furtadores de carros da localidade, prometendo a eles adquirir o veículo após sua subtração pela dupla, logo pensando na venda vantajosa que faria para o cliente interessado.

Júlio e Felipe, tranquilos com a venda que seria realizada, subtraíram o carro referido e Paulo efetuou a compra e o pagamento respectivo. Dias após, Paulo vende o carro para o cliente. Todavia, a polícia identificou a autoria do furto, em razão de a ação ter sido monitorada pelo sistema de câmeras do supermercado, sendo o veículo apreendido e recuperado com o cliente de Paulo.

Paulo foi denunciado pela prática dos crimes de receptação qualificada e furto qualificado em concurso material. Confirmados integralmente os fatos durante a instrução, inclusive com a confissão de Paulo, sob o ponto de vista técnico, cabe ao advogado de Paulo buscar o reconhecimento do

(A) crime de receptação simples e furto qualificado, em concurso material.

(B) crime de receptação qualificada, apenas.

(C) crime de furto qualificado, apenas.

(D) crime de receptação simples, apenas.

Considerando que Paulo é partícipe do crime de furto do veículo, já que a sua subtração foi por ele encomendada, não lhe poderá ser imputado o crime de receptação do mesmo bem. Isso porque o sujeito que figura como coautor ou partícipe do delito antecedente não responde pela receptação do bem que recebeu. Deverá ser responsabilizado, portanto, tão somente pelo delito de furto qualificado (art. 155, § 4º, IV, do CP).

Gabarito "C".

(OAB/Exame Unificado – 2020.1) Inconformado por estar desempregado, Lúcio resolve se embriagar. Quando se encontrava no interior do coletivo retornando para casa, ele verifica que o passageiro sentado à sua frente estava dormindo, e o telefone celular deste estava solto em seu bolso. Aproveitando-se da situação, Lúcio subtrai o aparelho sem ser notado pelo lesado, que continuava dormindo profundamente. Ao tentar sair do coletivo, Lúcio foi interpelado por outro passageiro, que assistiu ao ocorrido, iniciando-se uma grande confusão, que fez com que o lesado acordasse e verificasse que seu aparelho fora subtraído.

Após denúncia pelo crime de furto qualificado pela destreza e regular processamento do feito, Lúcio foi condenado nos termos da denúncia, sendo, ainda, aplicada a agravante da embriaguez preordenada, já que Lúcio teria se embriagado dolosamente.

Considerando apenas as informações expostas e que os fatos foram confirmados, o(a) advogado(a) de Lúcio, no momento da apresentação de recurso de apelação, poderá requerer

(A) o reconhecimento de causa de diminuição de pena diante da redução da capacidade em razão da sua embriaguez, mas não o afastamento da qualificadora da destreza.

(B) a desclassificação para o crime de furto simples, mas não o afastamento da agravante da embriaguez preordenada.

(C) a desclassificação para o crime de furto simples e o afastamento da agravante, não devendo a embriaguez do autor do fato interferir na tipificação da conduta ou na dosimetria da pena.

(D) a absolvição, diante da ausência de culpabilidade, em razão da embriaguez completa.

Pela narrativa contida no enunciado, Lúcio, pelo fato de encontrar-se desempregado, resolve se embriagar. Sob o efeito de álcool e já no interior do coletivo que o levaria para casa, ao perceber que um passageiro dormia, subtraiu-lhe o celular, que se achava em seu bolso. No momento em que deixava o coletivo, Lúcio foi abordado por outro passageiro que assistira à subtração, dando início, a partir daí, a uma grande confusão, o que fez com que a vítima do crime praticado por Lúcio acordasse e desse por falta de seu celular. Denunciado, Lúcio foi ao final condenado pela prática do crime de furto qualificado pela destreza, aplicando-se-lhe, ainda, a agravante da embriaguez preordenada, já que Lúcio teria se embriagado dolosamente. Pois bem. Analisemos, em primeiro lugar, a incidência da qualificadora prevista no art. 155, § 4º, II, do CP (destreza) no caso acima narrado. Devemos entender por destreza a habilidade do agente que lhe permite efetuar a subtração do bem que a vítima traz consigo sem que ela perceba. A destreza revela uma habilidade ímpar, especial por parte do agente. Exemplo sempre lembrado pela doutrina é o do batedor de carteira (punguista), que, com habilidade diferenciada, subtrai a carteira da vítima sem que ela se dê conta. Agora, se a vítima estiver dormindo ou mesmo embriagada, não haverá a incidência desta qualificadora, na medida em que a ação do agente, neste caso, não requer especial habilidade (a vítima, por estar dormindo ou embriagada, está em situação de maior vulnerabilidade). Dito isso, passemos à análise da agravante da embriaguez preordenada, presente no art. 61, II, *l*, do CP. É tranquilo o entendimento, tanto na doutrina quanto na jurisprudência, no sentido de que tal agravante somente restará configurada na hipótese de o agente embriagar-se com o fim de cometer determinado crime. Em outras palavras, o sujeito se coloca em situação de embriaguez com o propósito de encorajar-se e, com isso, cometer o crime por ele desejado. Há, portanto, um planejamento do agente, consistente em se embriagar com vistas à prática criminosa. Pela análise da hipótese narrada no enunciado, logo se percebe que Lúcio não se embriagou para efetuar a subtração. A ingestão de álcool se deu pelo fato de ele estar desempregado, e não com a finalidade de tomar coragem para realizar a subtração. Por tudo que foi dito, deve ser afastada a agravante de embriaguez preordenada.

Gabarito "C".

(OAB/Exame Unificado – 2019.3) Mário trabalhava como jardineiro na casa de uma família rica, sendo tratado por todos como um funcionário exemplar, com livre acesso a toda a residência, em razão da confiança estabelecida. Certo dia, enfrentando dificuldades financeiras, Mário resolveu utilizar o cartão bancário de seu patrão, Joaquim, e, tendo conhecimento da respectiva senha, promoveu o saque da quantia de R$ 1.000,00 (mil reais).

Joaquim, ao ser comunicado pelo sistema eletrônico do banco sobre o saque feito em sua conta, efetuou o bloqueio do cartão e encerrou sua conta. Sem saber que o cartão se encontrava bloqueado e a conta encerrada, Mário tentou novo saque no dia seguinte, não obtendo êxito. De posse das filmagens das câmeras de segurança do banco, Mário foi identificado como o autor dos fatos, tendo admitido a prática delitiva.

Preocupado com as consequências jurídicas de seus atos, Mário procurou você, como advogado(a), para esclarecimentos em relação à tipificação de sua conduta.

Considerando as informações expostas, sob o ponto de vista técnico, você, como advogado(a) de Mário, deverá esclarecer que sua conduta configura

(A) os crimes de furto simples consumado e de furto simples tentado, na forma continuada.

(B) os crimes de furto qualificado pelo abuso de confiança consumado e de furto qualificado pelo abuso de confiança tentado, na forma continuada.

(C) um crime de furto qualificado pelo abuso de confiança consumado, apenas.

(D) os crimes de furto qualificado pelo abuso de confiança consumado e de furto qualificado pelo abuso de confiança tentado, em concurso material.

Mário, por ter subtraído de seu patrão, de quem gozava de confiança adquirida ao longo do tempo, a importância de mil reais, deverá responder pelo cometimento de um único crime de furto qualificado pelo abuso de confiança consumado (art. 155, § 4º, II, do CP), ainda que, após a consumação do crime, Mário tenha feito nova tentativa de subtração, utilizando-se, para tanto, do mesmo expediente, consistente no uso de cartão bancário da vítima. É que, após a primeira subtração, Joaquim, ao ser comunicado pelo sistema eletrônico do banco sobre o saque feito em sua conta, efetuou o bloqueio do cartão e encerrou sua conta, o que tornou impossível a segunda subtração. É hipótese configuradora de crime impossível (art. 17, CP), em que não se pune a tentativa quando, por ineficácia absoluta do meio ou por absoluta impropriedade do objeto, não é possível alcançar a consumação. O cartão, meio utilizado para a prática criminosa, depois de bloqueado, não poderia viabilizar uma segunda subtração. Em outras palavras, a consumação nunca seria alcançada por ineficácia do meio empregado (cartão bloqueado). Embora ele tenha servido para a primeira subtração, não poderia ser utilizado para a segunda.

Gabarito "C".

(OAB/Exame Unificado – 2018.3) Leonardo, nascido em 20/03/1976, estava em dificuldades financeiras em razão de gastos contínuos com entorpecente para consumo. Assim, em 05/07/2018, subtraiu, em comunhão de ações e desígnios com João, nascido em 01/01/1970, o aparelho de telefonia celular de seu pai, Gustavo, nascido em 05/11/1957, tendo João conhecimento de que Gustavo era genitor do comparsa.

Após a descoberta dos fatos, Gustavo compareceu em sede policial, narrou o ocorrido e indicou os autores do fato, que

940 EDUARDO DOMPIERI

vieram a ser denunciados pelo crime de furto qualificado pelo concurso de agentes. No momento da sentença, confirmados os fatos, o juiz reconheceu a causa de isenção de pena em relação aos denunciados, considerando a condição de a vítima ser pai de um dos autores do fato.

Inconformado com o teor da sentença, Gustavo, na condição de assistente de acusação habilitado, demonstrou seu interesse em recorrer.

Com base apenas nas informações expostas, o(a) advogado(a) de Gustavo deverá esclarecer que

(A) os dois denunciados fazem jus a causa de isenção de pena da escusa absolutória, conforme reconhecido pelo magistrado, já que a circunstância de a vítima ser pai de Leonardo deve ser estendida para João.

(B) nenhum dos dois denunciados faz jus à causa de isenção de pena da escusa absolutória, devendo, confirmada a autoria, ambos ser condenados e aplicada pena.

(C) somente Leonardo faz jus a causa de isenção de pena da escusa absolutória, não podendo esta ser estendida ao coautor.

(D) somente João faz jus a causa de isenção de pena da escusa absolutória, não podendo esta ser estendida ao coautor.

João e Leonardo, imputáveis, agindo em conjunto e com comunhão de desígnios, subtraíram o celular de Gustavo, que, sendo pai de Leonardo, contava, ao tempo da conduta, com 60 anos de idade. O candidato, numa leitura mais açodada do enunciado, poderia ser levado a assinalar a alternativa que reconhece a concessão do benefício do art. 181, II, do CP a Leonardo (isenção de pena pelo fato de o agente ser filho da vítima). Mesmo porque o crime que praticou é desprovido de violência ou grave ameaça, pressuposto exigido ao reconhecimento desta escusa absolutória (art. 183, I, CP). Pois bem. Ocorre que Gustavo, pelos dados fornecidos no enunciado, possuía, ao tempo em que se deram os fatos, 60 anos de idade, circunstância que impede, por força do art. 183, III, CP, que Leonardo, que é seu descendente, seja agraciado com o benefício contemplado no art. 181, II, do CP (o fato de a vítima contar com 60 anos ou mais veda o reconhecimento da escusa absolutória decorrente do parentesco). No mais, é importante que se diga que, ainda que fosse o caso de aplicar tal benefício, somente faria jus a ele Leonardo, pelo fato de ser descendente da vítima; João, que nenhuma relação de parentesco tem com Gustavo, responderia normalmente pelo crime de furto qualificado.
„Gabarito „B".

(OAB/Exame Unificado – 2018.1) Flávia conheceu Paulo durante uma festa de aniversário. Após a festa, ambos foram para a casa de Paulo, juntamente com Luiza, amiga de Flávia, sob o alegado desejo de se conhecerem melhor.

Em determinado momento, Paulo, sem qualquer violência real ou grave ameaça, ingressa no banheiro para urinar, ocasião em que Flávia e Luiza colocam um pedaço de madeira na fechadura, deixando Paulo preso dentro do local. Aproveitando-se dessa situação, subtraem diversos bens da residência de Paulo e deixam o imóvel, enquanto a vítima, apesar de perceber a subtração, não tinha condição de reagir. Horas depois, vizinhos escutam os gritos de Paulo e chamam a Polícia.

De imediato, Paulo procura seu advogado para esclarecimentos sobre a responsabilidade penal de Luiza e Flávia.

Considerando as informações narradas, o advogado de Paulo deverá esclarecer que as condutas de Luiza e Flávia configuram crime de

(A) roubo majorado.

(B) furto qualificado, apenas.

(C) cárcere privado, apenas.

(D) furto qualificado e cárcere privado.

Segundo consta do enunciado, Flávia e Luiza, a pretexto de conhecer melhor Paulo, vão até a casa deste, depois de saírem de uma festa de aniversário. Já na casa de Paulo, mancomunadas, aproveitam o momento em que ele vai ao banheiro para, fazendo uso de uma madeira, trancá-lo e ali isolá-lo. A partir daí, passam a subtrair seus pertences, após o que deixam o local. De se ver que não houve, por parte de Flávia e Luiza, emprego de violência tampouco grave ameaça. Ao trancar Paulo no banheiro, para que este não interferisse na sua ação, elas nada mais fizeram do que reduzir a vítima à impossibilidade de resistência (denominada pela doutrina como violência *imprópria*). O crime em que incorreram Flávia e Luiza, assim, foi o de roubo. Ponto importante e que, portanto, merece ser destacado, embora não interfira na solução desta questão, é saber se se trata de roubo *próprio* ou *impróprio*. Cuida-se de roubo próprio (art. 157, *caput*, do CP), na medida em que o meio de que elas se valeram para reduzir Paulo à impossibilidade de resistência foi empregado antes da subtração de seus pertences. O reconhecimento do roubo impróprio (art. 157, § 1º, do CP) tem como pressuposto o fato de a violência contra a pessoa ou grave ameaça verificar-se após a subtração da *res*. É este o caso do agente que, após efetuar a subtração de determinado bem (furto), ao deixar o local se depara com o proprietário da *res*, contra o qual o agente desfere um soco, que vem a ocasionar-lhe um desmaio e acaba por assegurar ao agente a detenção da coisa subtraída.
„Gabarito „A".

(OAB/Exame Unificado – 2017.1) Gilson, 35 anos, juntamente com seu filho Rafael, de 15 anos, em dificuldades financeiras, iniciaram atos para a subtração de um veículo automotor. Gilson portava arma de fogo e, quando a vítima tentou empreender fuga, ele efetua disparos contra ela, a fim de conseguir subtrair o carro. O episódio levou o proprietário do automóvel a falecer. Apesar disso, os agentes não levaram o veículo, já que outras pessoas que estavam no local chamaram a Polícia.

Descobertos os fatos, Gilson é denunciado pelo crime de latrocínio consumado e corrupção de menores em concurso formal, sendo ao final da instrução, após confessar os fatos, condenado à pena mínima de 20 anos pelo crime do Art. 157, § 3º, do Código Penal, e à pena mínima de 01 ano pelo delito de corrupção de menores, não havendo reconhecimento de quaisquer agravantes ou atenuantes. Reconhecido, porém, o concurso formal de crimes, ao invés de as penas serem somadas, a pena mais grave foi aumentada de 1/6, resultando em um total de 23 anos e 04 meses de reclusão.

Considerando a situação narrada, o advogado de Gilson poderia pleitear, observando a jurisprudência dos Tribunais Superiores, em sede de recurso de apelação,

(A) a aplicação da regra do cúmulo material em detrimento da exasperação, pelo concurso formal de crimes.

(B) a aplicação da pena intermediária abaixo do mínimo legal, em razão do reconhecimento da atenuante da confissão espontânea.

(C) o reconhecimento da modalidade tentada do latrocínio, já que o veículo automotor não foi subtraído.

(D) o afastamento da condenação por corrupção de menor, pela natureza material do delito.

14. DIREITO PENAL

Em primeiro lugar, impõe-se o afastamento da modalidade tentada do crime de latrocínio. Com efeito, em consonância com a jurisprudência do STJ (e também do STF), o crime de latrocínio (art. 157, § 3º, II, do CP) se consuma com a morte da vítima, ainda que o agente não consiga dela subtrair coisa alheia móvel. É o teor da Súmula 610, do STF. No STJ: "(...) 3. O latrocínio (CP, art. 157, § 3º, *in fine*) é crime complexo, formado pela união dos crimes de roubo e homicídio, realizados em conexão consequencial ou teleológica e com *animus necandi*. Estes crimes perdem a autonomia quando compõem o crime complexo de latrocínio, cuja consumação exige a execução da totalidade do tipo. Nesse diapasão, em tese, para haver a consumação do crime complexo, necessitar-se-ia da consumação da subtração e da morte, contudo os bens jurídicos patrimônio e vida não possuem igual valoração, havendo prevalência deste último, conquanto o latrocínio seja classificado como crime patrimonial. Por conseguinte, nos termos da Súmula 610 do STF, o fator determinante para a consumação do latrocínio é a ocorrência do resultado morte, sendo despicienda a efetiva inversão da posse do bem (...)" (HC 226.359/DF, Rel. Min. Ribeiro Dantas, Quinta Turma, j. 02.08.2016, *DJe* 12.08.2016), o que torna a assertiva "C" incorreta. Deve-se também afastar a natureza material do delito de corrupção de menores. Isso porque, de acordo com a jurisprudência já pacificada no STJ, o crime do at. 244-B do ECA é formal. Conferir: "A Terceira Seção do Superior Tribunal de Justiça, ao apreciar o Recurso Especial 1.127.954/DF, representativo de controvérsia, pacificou seu entendimento no sentido de que o crime de corrupção de menores – antes previsto no art. 1º da Lei 2.252/1954, e hoje inscrito no art. 244-B do Estatuto da Criança e do Adolescente – é delito formal, não exigindo, para sua configuração, prova de que o imputável tenha sido corrompido, bastando que tenha participado da prática delituosa. III. É descabido o argumento de que o menor já seria corrompido, porquanto o comportamento do réu, consistente em oportunizar, ao inimputável, nova participação em fato delituoso, deve ser igualmente punido, tendo em vista que implica em afastar o menor, cada vez mais, da possibilidade de recuperação. Precedentes. IV. Agravo Regimental desprovido." (AgRg no REsp 1371397/DF (2013/0081451-3), 6ª Turma, j. 04.06.2013, rel. Min. Assusete Magalhães, *DJe* 17.06.2013). Consolidando tal entendimento, o STJ editou a Súmula 500, a seguir transcrita: "A configuração do crime previsto no art. 244-B do Estatuto da Criança e do Adolescente independe da prova da efetiva corrupção do menor, por se tratar de delito formal" (a assertiva "D", dessa forma, está errada). De ver-se, ainda, que, com supedâneo no entendimento firmado por meio da Súmula 231, do STJ, *a incidência da circunstância atenuante não pode conduzir a redução da pena abaixo do mínimo legal* (o que torna incorreta a assertiva "B"). Resta, assim, a alternativa "A", que deve ser assinalada como correta. É que, tal como estabelece o art. 70, parágrafo único, do CP, sendo o concurso formal mais prejudicial ao réu, é de rigor a incidência do concurso material. É bem esse o caso narrado no enunciado, em que o resultado final da somatória das penas aplicadas a Gilson (concurso material) é inferior à aplicação da pena mais grave aumentada de um sexto (concurso formal), devendo prevalecer, portanto, aquele em detrimento deste. **ED**

Gabarito "A".

(OAB/Exame Unificado – 2016.3) Felipe sempre sonhou em ser proprietário de um veículo de renomada marca mundial. Quando soube que uma moradora de sua rua tinha um dos veículos de seu sonho em sua garagem, Felipe combinou com Caio e Bruno de os dois subtraírem o veículo, garantindo que ficaria com o produto do crime e que Caio e Bruno iriam receber determinado valor, o que efetivamente vem a ocorrer.

Após receber o carro, Felipe o leva para sua casa de praia, localizada em outra cidade do mesmo Estado em que reside. Os fatos são descobertos e o veículo é apreendido na casa de veraneio de Felipe.

Considerando as informações narradas, é correto afirmar que Felipe deverá ser responsabilizado pela prática do crime de:

(A) furto simples.

(B) favorecimento real.

(C) furto qualificado pelo concurso de agentes.

(D) receptação.

O crime em que incorreram os três agentes, aqui incluído Felipe, é o do art. 155, § 4º, IV, do CP (furto qualificado pelo concurso de duas ou mais pessoas), já que subtraíram coisa alheia móvel, no caso o veículo com o qual Felipe sempre sonhara. Aqui vale uma observação. A modalidade qualificada prevista no art. 155, § 5º, do CP não terá incidência no caso narrado no enunciado na medida em que o veículo subtraído não foi transportado para outro Estado da Federação tampouco para o exterior, mas, sim, para outro município localizado na mesma unidade da Federação. Também não é o caso de imputar aos agentes o cometimento do delito de favorecimento real, já que eles foram os autores do crime de furto. Pela mesma razão, não se afigura possível atribuir-lhes a prática do delito de receptação. **ED**

Gabarito "C".

(OAB/Exame Unificado – 2016.2) Aproveitando-se da ausência do morador, Francisco subtraiu de um sítio diversas ferramentas de valor considerável, conduta não assistida por quem quer que seja. No dia seguinte, o proprietário Antônio verifica a falta das coisas subtraídas, resolvendo se dirigir à delegacia da cidade. Após efetuar o registro, quando retornava para o sítio, Antônio avistou Francisco caminhando com diversas ferramentas em um carrinho, constatando que se tratavam dos bens dele subtraídos no dia anterior. Resolve fazer a abordagem, logo dizendo ser o proprietário dos objetos, vindo Francisco, para garantir a impunidade do crime anterior, a desferir um golpe de pá na cabeça de Antônio, causando-lhe as lesões que foram a causa de sua morte. Apesar de tentar fugir em seguida, Francisco foi preso por policiais que passavam pelo local, sendo as coisas recuperadas, ficando constatado o falecimento do lesado.

Revoltada, a família de Antônio o procura, demonstrando interesse em sua atuação como assistente de acusação e afirmando a existência de dúvidas sobre a capitulação da conduta do agente.

Considerando o caso narrado, o advogado esclarece que a conduta de Francisco configura o(s) crime(s) de

(A) latrocínio consumado.

(B) latrocínio tentado.

(C) furto tentado e homicídio qualificado.

(D) furto consumado e homicídio qualificado.

A e B: incorretas. No crime de latrocínio (roubo seguido de morte – art. 157, § 3º, II, do CP), é necessário que a morte resulte da violência empregada na prática do crime de roubo. Não foi isso que aconteceu. Pelo que consta do enunciado, a morte resultou de agressão empregada somente no dia seguinte à subtração (furto); **C:** incorreta, já que o crime de furto consumou-se; **D:** correta. No dia seguinte à consumação do crime de furto, a vítima surpreendeu o agente na posse do produto do crime, tendo este, para garantir a sua impunidade, investido contra o ofendido, causando-lhe a morte. Deverá, assim, ser responsabilizado pelo crime de furto consumado e por homicídio qualificado (art. 121, § 2º, V, do CP – para assegurar a execução, a ocultação, a impunidade ou a vantagem de outro crime).

Gabarito "D".

942 EDUARDO DOMPIERI

(OAB/Exame Unificado – 2016.1) Após realizarem o roubo de um caminhão de carga, os roubadores não sabem como guardar as coisas subtraídas até o transporte para outro Estado no dia seguinte. Diante dessa situação, procuram Paulo, amigo dos criminosos, e pedem para que ele guarde a carga subtraída no seu galpão por 24 horas, admitindo a origem ilícita do material. Paulo, para ajudá-los, permite que a carga fique no seu galpão, que é utilizado como uma oficina mecânica, até o dia seguinte. A polícia encontra na mesma madrugada todo o material no galpão de Paulo, que é preso em flagrante.

Diante desse quadro fático, Paulo deverá responder pelo crime de

(A) receptação.

(B) receptação qualificada.

(C) roubo majorado.

(D) favorecimento real.

Pelo enunciado, fica claro que Paulo não tomou parte no crime de roubo praticado por seus amigos. Tanto é que ele somente foi procurado depois de o delito de roubo consumar-se. Não será responsabilizado, portanto, por esse crime, cometido sem o seu conhecimento. Atendendo a pedido de seus amigos, os roubadores, Paulo aceita prestar auxílio aos criminosos, a fim de tornar seguro o proveito do crime. Aquele que assim o faz (assegura o proveito do crime sem dele tomar parte) será responsabilizado pelo crime de *favorecimento real* (art. 349 do CP). É esse o crime pelo qual Paulo deverá responder. Difere do crime de receptação (art. 180 do CP), em que o agente recebe o proveito do crime para si ou para terceiro, e não para o roubador.
Gabarito "D".

(OAB/Exame Unificado – 2015.2) Marcondes, necessitando de dinheiro para comparecer a uma festa no bairro em que residia, decide subtrair R$ 1.000,00 do caixa do açougue de propriedade de seu pai. Para isso, aproveita-se da ausência de seu genitor, que, naquele dia, comemorava seu aniversário de 63 anos, para arrombar a porta do estabelecimento e subtrair a quantia em espécie necessária. Analisando a situação fática, é correto afirmar que

(A) Marcondes não será condenado pela prática de crime, pois é isento de pena, em razão da escusa absolutória.

(B) Marcondes deverá responder pelo crime de furto de coisa comum, por ser herdeiro de seu pai.

(C) Marcondes deverá responder pelo crime de furto qualificado.

(D) Marcondes deverá responder pelos crimes de dano e furto simples em concurso formal.

A despeito de o crime contra o patrimônio ter sido praticado contra ascendente e não ter sido empregada, no seu cometimento, violência ou grave ameaça à pessoa, não é o caso de incidir a imunidade a que alude o art. 181, II, do CP, pois o ofendido conta com mais de 60 anos de idade – nos termos do art. 183, III, do CP. Dessa forma, Marcondes será responsabilizado pelo crime de furto qualificado.
Gabarito "C".

(OAB/Exame Unificado – 2014.3) No dia 14 de setembro de 2014, por volta das 20h, José, primário e de bons antecedentes, tentou subtrair para si, mediante escalada de um muro de 1,70 metros de altura, vários pedaços de fios duplos de cobre da rede elétrica avaliados em, aproximadamente, R$ 100,00 (cem reais) à época dos fatos.

Sobre o caso apresentado, segundo entendimento sumulado do STJ, assinale a afirmativa correta.

(A) É possível o reconhecimento do furto qualificado privilegiado independentemente do preenchimento cumulativo dos requisitos previstos no Art. 155, § 2º, do CP.

(B) É possível o reconhecimento do privilégio previsto no Art. 155, § 2º, do CP nos casos de crime de furto qualificado se estiverem presentes a primariedade do agente e o pequeno valor da coisa, e se a qualificadora for de ordem objetiva.

(C) Não é possível o reconhecimento do privilégio previsto no Art. 155, § 2º, do CP nos casos de crime de furto qualificado, mesmo que estejam presentes a primariedade do agente e o pequeno valor da coisa, e se a qualificadora for de ordem objetiva.

(D) É possível o reconhecimento do privilégio previsto no Art. 155, § 2º, do CP nos casos de crime de furto qualificado se estiverem presentes a primariedade do agente, o pequeno valor da coisa, e se a qualificadora for de ordem subjetiva.

Correta é a alternativa "B", pois corresponde ao entendimento firmado na Súmula n. 511 do STJ: "É possível o reconhecimento do privilégio previsto no § 2º do art. 155 do CP nos casos de crime de furto qualificado, se estiverem presentes a primariedade do agente, o pequeno valor da coisa e a qualificadora for de ordem objetiva".
Gabarito "B".

(OAB/Exame Unificado – 2013.3) Lúcia, objetivando conseguir dinheiro, sequestra Marcos, jovem cego. Quando estava escrevendo um bilhete para a família de Marcos, estipulando o valor do resgate, Lúcia fica sabendo, pela própria vítima, que sua família não possui dinheiro algum. Assim, verificando que nunca conseguiria obter qualquer ganho, Lúcia desiste da empreitada criminosa e coloca Marcos dentro de um ônibus, orientando-o a descer do coletivo em determinado ponto.

Com base no caso apresentado, assinale a afirmativa correta.

(A) Lúcia deve responder pelo delito de sequestro ou cárcere privado, apenas.

(B) Lúcia não praticou crime algum, pois beneficiada pelo instituto da desistência voluntária.

(C) Lúcia deve responder pelo delito de extorsão mediante sequestro em sua modalidade consumada.

(D) Lúcia não praticou crime algum, pois beneficiada pelo instituto do arrependimento eficaz.

A: incorreta. Não se trata do cometimento do crime de *sequestro e cárcere privado*, previsto no art. 148 do CP. É que Lúcia, ao privar Marcos de sua liberdade, pretendia, com isso, obter vantagem patrimonial (finalidade específica). Assim sendo, o crime em que incorreu é o do art. 159 do CP – *extorsão mediante sequestro*; **B:** incorreta. Embora Lúcia tenha desistido de obter qualquer ganho, o crime de extorsão mediante sequestro já se consumara. Como bem sabemos, o instituto da desistência voluntária pressupõe a falta de consumação do crime (art. 15, primeira parte, do CP). Inaplicável, portanto, neste caso; **C:** correta. Com efeito, o crime deste art. 159 do CP é considerado, pela doutrina e pela jurisprudência, *formal*. Significa dizer que a sua consumação se opera em instante anterior à produção do resultado previsto no tipo penal. Melhor explicando, a consumação, neste caso, é alcançada com a privação de liberdade da vítima. A obtenção de resgate, resultado, como já dissemos, previsto no tipo penal, é prescindível à sua consumação; se ocorrer, constituirá mero exaurimento do delito (desdobramento típico); **D:** incorreta. Da mesma forma que ocorre com

14. DIREITO PENAL   943

a desistência voluntária, o arrependimento eficaz pressupõe ausência de consumação (art. 15, segunda parte, do CP).

Gabarito "C".

(OAB/Exame Unificado – 2012.3.A) José subtrai o carro de um jovem que lhe era totalmente desconhecido, chamado João. Tal subtração deu-se mediante o emprego de grave ameaça exercida pela utilização de arma de fogo. João, entretanto, rapaz jovem e de boa saúde, sem qualquer histórico de doença cardiovascular, assusta-se de tal forma com a arma, que vem a óbito em virtude de ataque cardíaco.

Com base no cenário acima, assinale a afirmativa correta.

(A) José responde por latrocínio.

(B) José não responde pela morte de João.

(C) José responde em concurso material pelos crimes de roubo e de homicídio culposo.

(D) José praticou crime preterdoloso.

É necessário, no latrocínio – art. 157, § 3º, II, do CP –, que a morte seja causada pela violência empregada, não sendo o caso de imputar ao agente a prática deste crime na hipótese de o evento letal decorrer de grave ameaça. O crime pelo qual deverá responder José, portanto, é o de roubo majorado pelo emprego de arma de fogo (art. 157, § 2º-A, I, do CP). Quanto ao emprego de arma como meio para o cometimento do crime de roubo, valem alguns esclarecimentos, em face de inovações legislativas ocorridas neste campo. Com o advento da Lei 13.654/2018, o art. 157, § 2º, I, do CP, que impunha aumento de pena no caso de a violência ou ameaça, no crime de roubo, ser exercida com emprego de *arma*, foi revogado. Em relação à incidência desta causa de aumento, a jurisprudência havia consolidado o entendimento segundo o qual o termo *arma* tinha acepção ampla, ou seja, estavam inseridas no seu conceito tanto as armas *próprias*, como, por excelência, a de fogo, quanto as *impróprias* (faca, punhal, foice etc.). Além de revogar o dispositivo acima, a Lei 13.654/2018 promoveu a inclusão da mesma causa de aumento de pena (emprego de arma) no § 2º-A, I, do CP. Até aí, nenhum problema. Como bem sabemos, o deslocamento de determinado comportamento típico de um para outro dispositivo, por força da regra da continuidade típico-normativa, não tem o condão de descriminalizar a conduta. Sucede que a Lei 13.654/2018, ao deslocar esta causa de aumento do art. 157, § 2º, I, do CP para o art. 157, § 2º-A, I, também do CP, limitou o alcance do termo *arma*, já que passou a referir-se tão somente à arma de *fogo*, de que se conclui que somente incorrerá nesta causa de aumento o agente que se valer, para a prática do roubo, de arma de fogo (revólver, pistola, fuzil etc.); a partir da entrada em vigor desta lei, portanto, se o agente utilizar, para o cometimento deste delito, arma branca, o roubo será simples, já que, repita-se, a nova redação do dispositivo especificou que tipo de arma é apta a configurar o aumento: arma de fogo. Outro detalhe: pela redação anterior, o agente que fizesse uso de arma (de fogo ou branca) estaria sujeito a um aumento de pena da ordem de um terço até metade; a partir de agora, se utilizar arma (necessariamente de fogo), sujeitar-se-á a um incremento da ordem de dois terços. Desnecessário dizer que tal inovação não poderá retroagir e atingir fatos ocorridos antes da entrada em vigor desta lei, já que constitui *lex gravior*. De outro lado, essa mesma norma que excluiu a arma que não seja de fogo deverá retroagir para beneficiar o agente (*novatio legis in mellius*) que praticou o crime de roubo com emprego de arma branca antes de ela entrar em vigor. Este quadro, que acima explicitamos, perdurou até o dia 23 de janeiro de 2020, data em que entrou em vigor a Lei 13.964/2019 (pacote anticrime). Duas modificações foram promovidas por esta lei nas majorantes do crime de roubo. Em primeiro lugar, foi reinserida a causa de aumento na hipótese de o agente se valer, para a prática do crime de arma branca (inserção do inciso VII no § 2º do art. 157 do CP). Lembremos que, com a edição da Lei 13.654/2018, o emprego de arma branca, no roubo, deixou de configurar causa de

aumento. Pois bem. Além disso, a Lei 13.964/2019 introduziu no art. 157 do CP o § 2º-B, que estabelece nova causa de aumento de pena para o roubo, quando a violência ou grave ameaça for exercida com emprego de arma de fogo de uso restrito ou proibido. Neste caso, a pena prevista no *caput* será aplicada em dobro. Em resumo, com a entrada em vigor da Lei Anticrime, passaremos a ter o seguinte quadro: violência/grave ameaça exercida com emprego de arma branca (art. 157, § 2º, VII, CP): aumento de pena da ordem de um terço até metade; violência/grave ameaça exercida com emprego de arma de fogo, desde que não seja de uso restrito ou proibido (art. 157, § 2º-A, I, CP): a pena será aumentada de dois terços; violência/grave ameaça exercida com emprego de arma de fogo de uso restrito ou proibido (art. 157, § 2º-B, CP): a pena será aplicada em dobro.

Gabarito "B".

(OAB/Exame Unificado – 2012.2) Jaime, conhecido pelos colegas como "Jaiminho mão de seda", utilizando-se de sua destreza, consegue retirar a carteira do bolso traseiro da calça de Ricardo que, ao perceber a subtração, sai no encalço do delinquente. Ocorre que, durante a perseguição, Ricardo acaba sendo atropelado, vindo a falecer em decorrência dos ferimentos.

Nesse sentido, com base nas informações apresentadas na hipótese, e a jurisprudência predominante dos tribunais superiores, assinale a afirmativa correta.

(A) Jaime praticou delito de furto em sua modalidade tentada.

(B) Jaime consumou a prática do delito de furto simples.

(C) Jaime consumou a prática do delito de furto qualificado.

(D) Jaime consumou a prática de latrocínio.

Ainda que Jaime não tenha tido a posse mansa e pacífica do objeto material do crime, operou-se, ainda assim, a sua consumação. Isso porque a jurisprudência do STF e do STJ dispensa, para a consumação do furto, o critério da saída da coisa da *esfera de vigilância da vítima* e se contenta com a constatação de que, cessada a clandestinidade ou a violência, o agente tenha tido a posse da *res*, mesmo que retomada, em seguida, pela perseguição imediata: STF, HC 92450-DF, 1ª T., Rel. Min. Ricardo Lewandowski, 16.9.08; STJ, REsp 1059171-RS, 5ª T., Rel. Min. Felix Fischer, j. 2.12.08. Vide Súmula 582, do STJ. Trata-se de furto simples, já que o fato de a vítima perceber a ação do agente elide a configuração da destreza. Se destreza tivesse havido, a vítima não teria percebido a ação do batedor. No mais, é imprescindível, para a caracterização do latrocínio, que a violência tenha sido exercida para viabilizar a subtração, ou, após esta, para garantir a impunidade ou a detenção da *res*. Não é este o caso narrado no enunciado.

Gabarito "B".

(OAB/Exame Unificado – 2011.3.A) Ares, objetivando passear com a bicicleta de Ártemis, desfere contra esta um soco. Ártemis cai, Ares pega a bicicleta e a utiliza durante todo o resto do dia, devolvendo-a ao anoitecer. Considerando os dados acima descritos, assinale a alternativa correta.

(A) Ares praticou crime de roubo com a causa de diminuição de pena do arrependimento posterior.

(B) Ares praticou atípico penal.

(C) Ares praticou constrangimento ilegal.

(D) Ares praticou constrangimento legal com a causa de diminuição de pena do arrependimento posterior.

A jurisprudência majoritária não reconhece a figura de *roubo de uso*. Assim, pouco importa se o agente subtrai imbuído do propósito de ficar ou de usar. A conduta, de uma maneira ou de outra, será típica, antijurídica e culpável. No furto, diferentemente, tem-se admitido o chamado

EDUARDO DOMPIERI

furto de uso, reconhecido sempre que o agente, depois de apossar-se de coisa alheia móvel, espontaneamente a restitui à vítima. Ante o que foi exposto, entendemos que a hipótese narrada no enunciado não corresponde a nenhuma das assertivas da questão.

Gabarito "C".

(OAB/Exame Unificado – 2010.2) Paula Rita convenceu sua mãe adotiva, Maria Aparecida, de 50 anos de idade, a lhe outorgar um instrumento de mandato para movimentar sua conta bancária, ao argumento de que poderia ajudá-la a efetuar pagamento de contas, pequenos saques, pegar talões de cheques etc., evitando assim que a mesma tivesse que se deslocar para o banco no dia a dia. De posse da referida procuração, Paula Rita compareceu à agência bancária onde Maria Aparecida possuía conta e sacou todo o valor que a mesma possuía em aplicações financeiras, no total de R$ 150.000,00 (cento e cinquenta mil reais), apropriando-se do dinheiro antes pertencente a sua mãe.

Considerando tal narrativa, assinale a alternativa correta.

(A) Paula Rita praticou crime de estelionato em detrimento de Maria Aparecida e, pelo fato de ser sua filha adotiva, é isenta de pena.

(B) Paula Rita praticou crime de furto mediante fraude em detrimento de Maria Aparecida e, pelo fato de ser sua filha adotiva, é isenta de pena.

(C) Paula Rita praticou crime de estelionato em detrimento de Maria Aparecida e, apesar de ser sua filha adotiva, não é isenta de pena.

(D) Paula Rita praticou crime de furto mediante fraude em detrimento de Maria Aparecida e, apesar de seu sua filha adotiva, não é isenta de pena.

Não devemos confundir o crime de *furto mediante fraude* (art. 155, § 4º, II, do CP) com o de *estelionato*, este previsto no art. 171, *caput*, do CP. Naquele, a fraude é aplicada com o propósito de iludir a vigilância da vítima, para, assim, viabilizar a subtração da *res*. O ofendido, em verdade, nem percebe que a coisa lhe foi subtraída. No estelionato a situação é bem outra. A vítima, ludibriada, entrega ao agente a coisa. A fraude é anterior ao apossamento e inexiste subtração. Foi, pois, o que se deu com Maria Aparecida, que, levada a erro por sua filha, outorgou--lhe procuração para o fim de que esta movimentasse sua conta, fizesse saques e lhe proporcionasse outras facilidades no seu dia a dia. Sua filha, no lugar disso, dirigiu-se à agência bancária e sacou todo o dinheiro que a mãe mantinha em aplicações financeiras (vantagem ilícita em prejuízo alheio). Incorreu, portanto, no art. 171, *caput*, do CP. Ocorre que o crime foi praticado por filha contra mãe e, nos termos do art. 181, II, do CP, ainda que se trate de adoção, está-se diante de hipótese de *escusa absolutória de caráter pessoal*, razão pela qual fica afastada a possibilidade de se aplicar sanção penal a Paula Rita. Cuidado: a jurisprudência sedimentou entendimento segundo o qual a conduta consistente em sacar valores sem o consentimento da vítima e por meio de clonagem de cartão configura o crime capitulado no art. 155, § 4º, II, do CP (furto qualificado pelo emprego de fraude). Atenção: a ação penal, no estelionato, sempre foi, via de regra, pública incondicionada. As exceções ficavam por conta das hipóteses elencadas no art. 182 do CP (imunidade relativa), que impunha que a vítima manifestasse seu desejo, por meio de representação, no sentido de ver processado o ofensor, legitimando o Ministério Público, dessa forma, a agir. Com o advento da Lei 13.964/2019, o que era exceção, no crime de estelionato, virou regra. Ou seja, o crime capitulado no art. 171 do CP passa a ser de ação penal pública condicionada à representação do ofendido, conforme impõe o art. 171, § 5º, do CP. Este mesmo dispositivo, no entanto, estabelece exceções (hipóteses em que a ação penal será pública incondicionada), a saber: quando a vítima for: a Administração Pública, direta ou indi-

reta; criança ou adolescente; pessoa com deficiência mental; ou maior de 70 anos ou incapaz. Dentro do tema *crimes contra o patrimônio*, oportuno que façamos algumas considerações a respeito de recentes mudanças promovidas pela Lei 14.155/2021, publicada em 28 de maio de 2021 e com vigência imediata, nos delitos de *invasão de dispositivo informático* (art. 154-A, CP), *furto* (art. 155, CP) e *estelionato* (art. 171, CP). No que toca ao delito do art. 154-A do CP, a primeira observação a fazer refere-se à alteração na redação do *caput* do dispositivo. Até então, tínhamos que o tipo penal era assim definido: *invadir dispositivo informático alheio, conectado ou não à rede de computadores, mediante violação indevida de mecanismo de segurança e com o fim de obter, adulterar ou destruir dados ou informações sem autorização expressa ou tácita do titular do dispositivo ou instalar vulnerabilidades para obter vantagem ilícita*. Com a mudança implementada pela Lei 14.155/2021, adotou-se a seguinte redação: *invadir dispositivo informático de uso alheio, conectado ou não à rede de computadores, com o fim de obter, adulterar ou destruir dados ou informações sem autorização expressa ou tácita do usuário do dispositivo ou de instalar vulnerabilidades para obter vantagem ilícita*. Como se pode ver, logo à primeira vista, eliminou-se o elemento normativo do tipo *mediante violação indevida de mecanismo de segurança*. Trata-se de alteração salutar, na medida em que este crime, de acordo com a redação original do *caput*, somente se aperfeiçoaria na hipótese de o agente, para alcançar seu intento (invadir dispositivo informático), se valer de violação indevida de mecanismo de segurança. Era necessário, portanto, que o sujeito ativo, antes de acessar o conteúdo do dispositivo, vencesse tal obstáculo (mecanismo de segurança). Significa que a invasão de dados contidos, por exemplo, em um computador que não contasse com mecanismo de proteção (senha, por exemplo) constituiria fato atípico. A partir de agora, dada a alteração promovida no tipo incriminador, tal exigência deixa de existir, ampliando, por certo, a incidência do tipo penal. Além disso, até a edição da Lei 14.155/2021, o dispositivo tinha de ser *alheio*. Com a mudança, basta que seja de *uso alheio*. Dessa forma, o crime se configura mesmo que o dispositivo invadido não seja alheio, mas esteja sob o uso de outra pessoa. Agora, a mudança mais significativa, a nosso ver, não se deu propriamente no preceito penal incriminador, mas na pena cominada, que era de detenção de 3 meses a 1 ano e multa e, com a mudança operada pela Lei 14.155/2021, passou para reclusão de 1 a 4 anos e multa. Com isso, este delito deixa de ser considerado de menor potencial ofensivo, o que afasta a incidência da transação penal. Doravante, o termo circunstanciado dará lugar ao inquérito policial. De outro lado, permanece a possibilidade de concessão do *sursis* processual, que, embora previsto e disciplinado na Lei 9.099/1995 (art. 89), sua incidência é mais ampla (infrações penais cuja pena mínima cominada não é superior a 1 ano). Também poderá o agente firmar acordo de não persecução penal, nos moldes do art. 28-A do CPP. Alterou-se o patamar da majorante aplicada na hipótese de a invasão resultar prejuízo econômico (§ 2º): antes era de 1/6 a 1/3 e, com a mudança implementada, passou para 1/3 a 2/3. Como não poderia deixar de ser, houve um incremento na pena cominada à modalidade qualificada, prevista no § 3º, que era de reclusão de 6 meses a 2 anos e multa e passou para 2 a 5 anos de reclusão e multa. Ademais, o qualificador não faz mais referência expressa à subsidiariedade. Quanto aos crimes de furto e estelionato, a Lei 14.155/2021 contemplou novas qualificadoras e majorantes, de forma a tornar mais graves as condutas levadas a efeito de forma eletrônica ou pela *internet*.

Gabarito "A".

(OAB/Exame Unificado – 2010.1) Com relação aos crimes contra o patrimônio, assinale a opção correta.

(A) A conduta da vítima não é fator de distinção entre os delitos de roubo e extorsão.

(B) O crime de extorsão mediante sequestro consuma-se no momento em que o resgate é exigido, independentemente do momento da privação da liberdade da vítima.

(C) Ocorre crime de extorsão indireta quando alguém, abusando da situação de outro, exige, como garantia de dívida, documento que pode dar causa a procedimento criminal contra a vítima ou terceiro.

(D) No crime de apropriação indébita, o fato de o agente praticá-lo em razão de ofício, emprego ou profissão não interfere na imposição da pena, por se tratar de elementar do tipo.

A: incorreta. No roubo, a subtração da *res* é feita pelo autor do crime, ao passo que, na extorsão, o apoderamento da *res* depende de uma conduta da vítima, que, em regra, entrega o bem ao agente; **B:** incorreta. Este crime é consumado no momento em que a vítima é privada de sua liberdade, independentemente do momento em que a condição ou preço do resgate é exigido (crime formal); **C:** correta. O crime de extorsão indireta está tipificado no art. 160 do CP, que assim dispõe: "exigir ou receber, como garantia de dívida, abusando da situação de alguém, documento que pode dar causa a procedimento criminal contra a vítima ou contra terceiro"; **D:** incorreta. Trata-se de causa de aumento especial, prevista no art. 168, § 1.º, do CP.
„C".

(OAB/Exame Unificado – 2008.3) Viviane esteve em uma locadora de filmes e, fazendo uso de documento falso, preencheu o cadastro e locou vários DVDs, já com a intenção de não devolvê-los. Nessa situação hipotética, por ter causado à casa comercial prejuízo equivalente ao valor dos DVDs, Viviane praticou, segundo o CP, o delito de

(A) Uso de documento falso.

(B) Estelionato.

(C) Furto mediante fraude.

(D) Apropriação indébita.

A: incorreto. O crime praticado por Viviane está capitulado no *caput* do art. 171 do CP. Não responderá pelo crime de falso (art. 304 do CP) porque este serviu de meio para a prática da fraude (crime-fim). É o entendimento consagrado na Súmula 17 do STJ: "Quando o falso se exaure no estelionato, sem mais potencialidade lesiva, é por este absorvido". Trata-se de hipótese de incidência do princípio da consunção. Importante que se diga que o delito de estelionato, com a entrada em vigor da Lei 13.964/2019 (pacote anticrime), passou a ser de ação penal pública condicionada a representação do ofendido (art. 171, § 5º, CP); **B:** correto (art. 171, *caput*, do CP); **C:** incorreto (art. 155, § 4º, II, do CP). No caso narrado acima, não houve subtração dos DVDs; eles foram entregues espontaneamente; **D:** incorreto (art. 168 do CP). Seria o caso de imputar a Viviane a prática do crime de apropriação indébita se a sua intenção em não mais restituir os DVDs tivesse surgido posteriormente. Na apropriação, portanto, é necessário que preexista a posse justa, é dizer, que a coisa tenha sido entregue sem fraude ao agente.
„B".

(FGV – 2010) Com base no artigo 168-A do Código Penal – crime de apropriação indébita previdenciária, assinale a afirmativa incorreta.

(A) O elemento objetivo do tipo é deixar de repassar, ou seja, não transferir aos cofres públicos a contribuição previdenciária descontada dos contribuintes.

(B) A pena do crime de apropriação indébita previdenciária comporta o benefício da suspensão condicional do processo.

(C) O elemento subjetivo do crime é o dolo, não sendo possível apropriação indébita previdenciária culposa.

(D) Não é cabível tentativa do crime, pois este se traduz como crime unisubsistente.

(E) É crime de ação penal pública incondicionada cuja competência para processamento é da Justiça Federal.

A: correto. O núcleo do tipo, *deixar de repassar*, consiste em *não transferir* o valor devido a título de contribuição previdenciária descontada dos contribuintes. Trata-se de crime omissivo próprio (a lei descreve a conduta omissiva); **B:** incorreto, devendo ser assinalado. Não comporta, pois a pena mínima cominada é superior a um ano, acima do limite estabelecido no *caput* do art. 89 da Lei 9.099/1995; **C:** correta. De fato não comporta a modalidade culposa; **D:** correta. *Unissubsistente* é o crime cuja conduta se desenvolve em ato único (não admite fracionamento). Se não pode ser fracionada, não é admitida a tentativa; **E:** correta. A ação penal é pública incondicionada. A previdência social constitui uma autarquia federal, daí porque a competência da Justiça Federal – art. 109, IV, da CF.
„B".

(FGV – 2010) João e Marcos decidem furtar uma residência. Vigiam o local até que os proprietários deixem a casa. Tentam forçar as janelas e verificam que todas estão bem fechadas, com exceção de uma janela no terceiro andar da casa. Usando sua habilidade, João escala a parede e entra na casa, pedindo a Marcos que fique vigiando e avise se alguém aparecer. Enquanto está pegando os objetos de valor, João escuta um barulho e percebe que a empregada tinha ficado na casa e estava na cozinha bebendo água. João vai até a empregada (uma moça de 35 anos) e decide constrangê-la, mediante grave ameaça, a ter conjunção carnal com ele. Logo após consumar a conjunção carnal, com a empregada e deixá-la amarrada e amordaçada (mas sem sofrer qualquer outro tipo de lesão corporal), João termina de pegar os objetos de valor e vai ao encontro de Marcos. Ao contar o que fez a Marcos, este o chama de tarado e diz que nunca teria concordado com o que João fizera, mas que agora uma outra realidade se impunha e era preciso silenciar a testemunha. Marcos retorna à casa e mesmo diante dos apelos de João que tenta segurá-lo, utiliza uma pedra de mármore para quebrar o crânio da empregada. Ambos decidem ali mesmo repartir os bens que pegaram na casa e seguir em direções opostas. Horas depois, ambos são presos com os objetos. Assinale a alternativa que identifica os crimes que cada um deles praticou.

(A) João: furto qualificado e estupro. Marcos: furto qualificado e homicídio qualificado.

(B) João: furto qualificado, estupro e homicídio simples. Marcos: furto qualificado, estupro e homicídio qualificado.

(C) João: furto simples e estupro. Marcos: furto simples e homicídio qualificado.

(D) João: furto simples, estupro e homicídio qualificado. Marcos: furto qualificado, estupro e homicídio simples.

(E) João: furto qualificado e estupro. Marcos: furto simples e homicídio qualificado.

Não há dúvida de que os dois, João e Marcos, devem responder pelo crime de furto qualificado – art. 155, § 4º, II e IV, do CP –, já que contribuíram de forma eficaz para o resultado (lesão patrimonial). Ocorre, porém, que o crime de estupro praticado por João somente a este há de ser atribuído, tendo em conta que a sua ocorrência não estava dentro do âmbito de previsibilidade de Marcos. Trata-se, pois, de um crime mais grave não previsível, pelo qual deverá responder tão somente João. Da mesma forma que Marcos não tinha ciência do comportamento de João e, dessa forma, a ele não aderiu, João, ao saber da intenção de

946 EDUARDO DOMPIERI

Marcos, não adere à sua vontade, mas não consegue evitar que este ponha fim à vida da testemunha. A responsabilidade pelo homicídio, portanto, deve recair somente sobre Marcos, que incorrerá nas penas do crime previsto no art. 121, § 2º, II e V, do CP.

Gabarito "A".

18. CRIMES CONTRA A DIGNIDADE SEXUAL

(OAB/Exame XXXVII) Antônio, de 49 anos, manteve numerosas relações sexuais consensuais com Miriam, à época com 13 anos, que tinha experiência sexual anterior, durante o namoro entre eles. Antônio tinha conhecimento da idade de Miriam.

Sobre o caso, assinale a afirmativa correta.

(A) Antônio cometeu conduta típica, ilícita e culpável.

(B) Antônio cometeu conduta ilícita e culpável, mas não típica.

(C) Antônio cometeu conduta típica e culpável, mas não ilícita.

(D) Antônio cometeu conduta típica e ilícita, mas não culpável.

No que concerne ao estupro de vulnerável, previsto no art. 217-A do CP, a Lei 13.718/2018, ao inserir o § 5º nesse dispositivo legal, consagrou o entendimento adotado pela Súmula 593, do STJ, no sentido de que a existência de relacionamento amoroso da vítima com o agente, o seu consentimento e a sua experiência sexual anterior são irrelevantes à configuração desse crime. Conferir: *o crime de estupro de vulnerável configura com a conjunção carnal ou prática de ato libidinoso com menor de 14 anos, sendo irrelevante o eventual consentimento da vítima para a prática do ato, experiência sexual anterior ou existência de relacionamento amoroso com o agente.*

Gabarito "A".

(OAB/Exame XXXVI) Robson, diretor-presidente da *Sociedade Empresária RX Empreendimentos*, telefona para sua secretária Camila e solicita que ela compareça à sua sala. Ao ingressar no recinto, Camila é convidada para sentar ao lado de Robson no sofá, pois ele estaria precisando conversar com ela.

Apesar de achar estranho o procedimento, Camila se senta ao lado de seu chefe. Durante a conversa, Robson afirma que estaria interessado nela e a convida para ir a um motel.

Camila recusa o convite e, ato contínuo, Robson afirma que se ela não aceitar, nem precisa retornar ao trabalho no dia seguinte, pois estaria demitida.

Camila, desesperada, sai da sala de seu chefe, pega sua bolsa e vai até a Delegacia Policial do bairro para registrar o fato.

Diante das informações apresentadas, é correto afirmar que a conduta praticada por Robson se amolda ao crime de

(A) tentativa de assédio sexual (Art. 216-A), não chegando o crime a ser consumado na medida em que se trata de crime material, exigindo a produção do resultado, o que não ocorreu na hipótese;

(B) assédio sexual consumado, uma vez que o delito é formal, ocorrendo a sua consumação independentemente da obtenção da vantagem sexual pretendida;

(C) fato atípico, uma vez que a conduta praticada por Robson configura mero ato preparatório do crime de assédio sexual, sendo certo que os atos preparatórios não são puníveis;

(D) importunação sexual (Art. 215-A), uma vez que Robson praticou, contra a vontade de Camila, ato visando à satisfação de sua lascívia.

Segundo consta, Robson, diante da recusa de Camila, sua subordinada, em ceder às suas investidas, passa a constrangê-la a ir ao motel com ele, ao argumento de que, se não aderir à sua vontade, será demitida. Com isso, Robson praticou o crime de assédio sexual, previsto no art. 216-A do CP, que consiste na conduta do agente que, valendo-se de posição hierárquica superior em relação à vítima, neste caso Camila, constrange-a com o propósito de obter conjunção carnal, ou mesmo outra vantagem sexual consistente na prática de outro ato libidinoso não desejado pela ofendida. Perceba que o sujeito ativo, então, somente pode ser aquele que detém posição de superioridade hierárquica ou ascendência em relação laborativa sobre o sujeito passivo. Este, por seu turno, somente pode ser subordinado ou empregado do agente. Cuida-se, como se pode ver, de crime próprio, que é aquele, como bem sabemos, em que o sujeito ativo deve revestir-se de determinada qualidade. Vale dizer que tal posição pode ser assumida tanto por homem quanto por mulher. Trata-se, ademais, de crime formal, na medida em que a consumação é alcançada com o ato constrangedor, dispensando-se o resultado naturalístico consubstanciado na obtenção do favor sexual almejado. Correta, portanto, a assertiva segundo a qual Robson cometeu o crime do art. 216-A do CP na sua forma consumada. A Lei 13.718/2018 promoveu a introdução, no Código Penal, do crime de *importunação sexual* (referido na alternativa D), disposto no art. 215-A, nos seguintes termos: *Praticar contra alguém e sem a sua anuência ato libidinoso com o objetivo de satisfazer a própria lascívia ou a de terceiro: Pena – reclusão, de 1 (um) a 5 (cinco) anos, se o ato não constitui crime mais grave.* A conduta de homens que, em ônibus e trens lotados, molestam mulheres e, em alguns casos, chegam a ejacular, se enquadra, doravante, neste novo tipo penal. Episódio amplamente divulgado pelos meios de comunicação é o de um homem que, dentro do transporte público, em São Paulo, ejaculou no pescoço de uma mulher. Antes, a responsabilização se dava pela contravenção penal de *importunação ofensiva ao pudor*, definida no art. 61 da LCP, cujo preceito secundário estabelecia exclusivamente pena de multa, dispositivo este que foi revogado, de forma expressa, pela Lei 13.718/2018, tendo a conduta ali descrita migrado para o novo art. 215-A do CP, em face da regra da continuidade típico-normativa. Evidente que a pena, agora mais grave, não poderá retroagir e atingir fatos anteriores à entrada em vigor da Lei 13.718/2018. Note que este delito, diferentemente do crime de assédio sexual, pressupõe a prática efetiva do ato libidinoso. Além disso, cuida-se, aqui, de crime comum, já que não é necessário relação laboral de superioridade/ascendência entre agente e vítima.

Gabarito "B".

(OAB/Exame XXXV) No dia 31/12/2020, na casa da genitora da vítima, Fausto, com 39 anos, enquanto conversava com Ana Vitória, de 12 anos de idade, sem violência ou grave ameaça à pessoa, passava as mãos nos seios e nádegas da adolescente, conduta flagrada pela mãe da menor, que imediatamente acionou a polícia, sendo Fausto preso em flagrante.

Preocupada com eventual represália e tendo interesse em ver o autor do fato punido, em especial porque sabe que Fausto cumpre pena em livramento condicional por condenação com trânsito em julgado pelo crime de latrocínio, a família de Ana Vitória procura você, na condição de advogado(a), para esclarecimento sobre a conduta praticada.

Por ocasião da consulta jurídica, deverá ser esclarecido que o crime em tese praticado por Fausto é o de

14. DIREITO PENAL   947

(A) estupro de vulnerável (Art. 217-A do CP), não fazendo jus Fausto, em caso de eventual condenação, a novo livramento condicional.

(B) importunação sexual (Art. 215-A do CP), não fazendo jus Fausto, em caso de eventual condenação, a novo livramento condicional.

(C) estupro de vulnerável (Art. 217-A do CP), podendo Fausto, em caso de condenação, após cumprimento de determinado tempo de pena e observados os requisitos subjetivos, obter novo livramento condicional.

(D) importunação sexual (Art. 215-A do CP), podendo Fausto, em caso de condenação, após cumprimento de determinado tempo de pena e observados os requisitos subjetivos, obter novo livramento condicional.

A conduta consistente em passar as mãos nos seios e nádegas de uma adolescente de 12 anos constitui ato libidinoso. Deve o agente que assim agir, portanto, responder pelo crime de estupro de vulnerável na modalidade consumada (art. 217-A do CP). A conduta incriminada neste dispositivo é a de ter conjunção carnal ou praticar ato libidinoso diverso com pessoa menor de 14 anos, sendo este o caso do enunciado. Como se pode ver, é suficiente que a vítima seja menor de 14 anos, pouco importando que o ato tenha sido consentido, já que, neste caso, eventual anuência da ofendida nenhuma validade tem. Ou seja, o emprego de violência ou grave ameaça, no contexto do estupro de vulnerável, é dispensável. A propósito, no que concerne ao estupro de vulnerável, a Lei 13.718/2018, ao inserir o § 5º nesse dispositivo legal, consagra o entendimento adotado pela Súmula 593, do STJ, no sentido de que o consentimento e a experiência sexual anterior são irrelevantes à configuração do crime de estupro de vulnerável. Conferir o seguinte julgado: "2. Considerar como ato libidinoso diverso da conjunção carnal somente as hipóteses em que há introdução do membro viril nas cavidades oral, vaginal ou anal da vítima não corresponde ao entendimento do legislador, tampouco ao da doutrina e da jurisprudência, acerca do tema. 3. Ficou consignado no acórdão recorrido que "o réu levou a vítima até um quarto, despiu-se e, enquanto retirava as roupas da adolescente, passou as mãos em seu corpo. Ato contínuo, deitou-se em uma cama, momento em que a menor vestiu-se rapidamente e fugiu do local". 4. Nega-se vigência ao art. 214, c/c o art. 224, "a" (redação anterior à Lei 12.015/2009), quando, diante de atos lascivos, diversos da conjunção carnal e atentatórios à liberdade sexual da criança, se reconhece a tentativa do delito, ao fundamento de que "o acusado deixou de praticar atos considerados mais invasivos por circunstâncias alheias à sua vontade". 5. A proteção integral à criança, em especial no que se refere às agressões sexuais, é preocupação constante de nosso Estado, constitucionalmente garantida (art. 227, *caput*, c/c o § 4º da Constituição da República), e de instrumentos internacionais. 6. Deve ser restabelecida a condenação do recorrido, concretizada no mínimo patamar legal então vigente, e ser determinado ao Juízo das Execuções, de ofício, que analise o eventual cabimento da fixação de regime inicial diverso do fechado para o cumprimento da reprimenda, porquanto ausente a vedação do § 1º do art. 2º da Lei 8.072/1990, na redação da Lei 11.464/2007. 7. Recurso especial provido para reconhecer a consumação do crime e restabelecer a condenação penal. Ordem concedida, de ofício, para que o Juízo das Execuções analise a possibilidade de fixar ao recorrido regime prisional inicial diverso do fechado, à luz do disposto no art. 33 do Código Penal" (STJ, REsp 1309394/RS, Rel. Ministro Rogerio Schietti Cruz, Sexta Turma, julgado em 05.02.2015, DJe 20.02.2015). No mais, tendo em conta o que estabelece o art. 83, V, do CP, Fausto não fará jus, em caso de eventual condenação, a novo livramento condicional. Gabarito "A".

(OAB/Exame Unificado – 2020.1) Yuri foi denunciado pela suposta prática de crime de estupro qualificado em razão da idade da vítima, porque teria praticado conjunção carnal contra a vontade de Luana, de 15 anos, mediante emprego de grave ameaça. No curso da instrução, Luana

mudou sua versão e afirmou que, na realidade, havia consentido na prática do ato sexual, sendo a informação confirmada por Yuri em seu interrogatório.

Considerando apenas as informações expostas, no momento de apresentar alegações finais, a defesa técnica de Yuri deverá pugnar por sua absolvição, sob o fundamento de que o consentimento da suposta ofendida, na hipótese, funciona como

(A) causa supralegal de exclusão da ilicitude.

(B) causa legal de exclusão da ilicitude.

(C) fundamento para reconhecimento da atipicidade da conduta.

(D) causa supralegal de exclusão da culpabilidade.

No estupro, delito definido no art. 213 do CP, a conduta do agente consiste em *constranger*, cujo significado é *obrigar, compelir, forçar* o sujeito passivo, mediante violência ou grave ameaça, à conjunção carnal ou qualquer outro ato libidinoso. Sendo assim, é imprescindível que fique evidenciada a *resistência* da vítima em submeter-se ao ato sexual. É fato que tal oposição não precisa ser sobrenatural, mas é necessário, isto sim, que seja inequívoca e inquestionável, de forma a não deixar dúvida que a vítima não aderiu à vontade do agente. Logo, como se pode ver, o dissenso da vítima é o ponto fulcral no crime de estupro. Sem isso não há crime, ao menos a figura do art. 213, *caput*, do CP. O consentimento da vítima, portanto, desde que válido, tem o condão de afastar a tipicidade da conduta do agente. Situação diferente, é importante que se diga, é a do art. 217-A do CP, que define o crime de estupro de vulnerável, em que o consentimento da vítima é irrelevante para a caracterização do crime, a teor do que dispõe a Súmula 593 do STJ: *O crime de estupro de vulnerável configura com a conjunção carnal ou prática de ato libidinoso com menor de 14 anos, sendo irrelevante o eventual consentimento da vítima para a prática do ato, experiência sexual anterior ou existência de relacionamento amoroso com o agente.* Na hipótese descrita no enunciado, fica claro que Luana não era, ao tempo da conduta, menor de 14 anos, bem como nada foi informado a respeito de sua higidez mental. Bem por isso, devemos concluir pela validade de seu consentimento, o que afasta a tipicidade do crime de estupro. Gabarito "C".

(OAB/Exame Unificado – 2016.2) Durante dois meses, Mário, 45 anos, e Joana, 14 anos, mantiveram relações sexuais em razão de relacionamento amoroso. Apesar do consentimento de ambas as partes, ao tomar conhecimento da situação, o pai de Joana, revoltado, comparece à Delegacia e narra o ocorrido para a autoridade policial, esclarecendo que o casal se conhecera no dia do aniversário de 14 anos de sua filha.

Considerando apenas as informações narradas, é correto afirmar que a conduta de Mário

(A) é atípica, em razão do consentimento da ofendida.

(B) configura crime de estupro de vulnerável.

(C) é típica, mas não é antijurídica, funcionando o consentimento da ofendida como causa supralegal de exclusão da ilicitude.

(D) configura crime de corrupção de menores.

Considerando que Joana não é menor de 14 anos (eles se conheceram no dia do aniversário de Joana, quando ela não podia mais ser considerada *menor* de 14 anos) e consentiu na prática dos atos sexuais, não há crime a ser imputado a Mário. O delito de estupro de vulnerável (art. 217-A, CP) pressupõe que a vítima seja *menor* de 14 anos ou não disponha do necessário discernimento, por enfermidade ou deficiência mental, para consentir na prática do ato, situações em que Joana não se

948 EDUARDO DOMPIERI

encontrava. As relações sexuais, pelo que consta do enunciado, foram validamente por ela consentidas, o que afasta a prática do crime de estupro (art. 213, CP).

Gabarito "A".

(OAB/Exame Unificado – 2015.3) Glória é contratada como secretária de Felipe, um grande executivo de uma sociedade empresarial. Felipe se apaixona por Glória, mas ela nunca lhe deu atenção fora daquela necessária para a profissão. Felipe, então, simula a existência de uma reunião de negócios e pede para que a secretária fique no local para auxiliá-lo. À noite, Glória comparece à sala do executivo acreditando que ocorreria a reunião, quando é surpreendida por este, que coloca uma faca em seu pescoço e exige a prática de atos sexuais, sendo, em razão do medo, atendido. Após o ato, Felipe afirmou que Glória deveria comparecer normalmente ao trabalho no dia seguinte e ainda lhe entregou duas notas de R$ 100,00.

Diante da situação narrada, é correto afirmar que Felipe deverá responder pela prática do crime de

(A) violação sexual mediante fraude.

(B) assédio sexual.

(C) favorecimento da prostituição ou outra forma de exploração sexual.

(D) estupro.

Segundo consta, Felipe, executivo de uma sociedade empresarial, apaixona-se por Glória, sua secretária, mas não é correspondido. Perceba que em momento algum, pelo que consta do enunciado, Felipe exteriorizou seu sentimento pela subordinada. Se não manifestou seu interesse, não há que se falar na prática do crime de assédio sexual (art. 216-A, CP), cuja configuração pressupõe que o superior hierárquico, neste caso Felipe, valendo-se dessa condição, invista contra sua subordinada com o fim de dela obter vantagem ou favorecimento sexual. Podemos excluir, por isso, a assertiva "B". De igual forma, devemos eliminar a alternativa "A", que corresponde ao crime de violação sexual mediante fraude, descrito no art. 215 do CP e que pressupõe a utilização de ardil, engano, fraude. Não é este o caso narrado no enunciado. Também não há que se falar no delito de favorecimento da prostituição ou outra forma exploração sexual, já que inexiste comércio de atividade sexual. O que se deu foi o crime de estupro, capitulado no art. 213 do CP. Isso porque Felipe, vendo-se não correspondido, simulando a existência de uma reunião de negócios, o que fez com o propósito de ficar a sós com Glória, constrange-a, fazendo uso de uma faca, a prática de atos sexuais, no que foi atendido, tendo em conta o emprego de grave ameaça.

Gabarito "D".

(OAB/Exame Unificado – 2014.1) Analise os fragmentos a seguir:

I. João constrange Maria, por meios violentos, a ter com ele relação sexual. Em virtude da violência empregada para a consumação do ato, Maria sofre lesões corporais de natureza grave que a levam a óbito.

II. Joaquim constrange Benedita, por meio de grave ameaça, a ter com ele relação sexual. Após o coito Benedita falece em decorrência de ataque cardíaco, pois padecia, desde criança, de cardiopatia grave, condição desconhecida por Joaquim.

A partir das situações apresentadas nos fragmentos I e II, os delitos cometidos são, respectivamente,

(A) estupro qualificado pelo resultado morte e estupro qualificado pelo resultado morte.

(B) estupro em concurso com lesão corporal seguida de morte e estupro simples.

(C) estupro qualificado pelo resultado morte e estupro em concurso com homicídio preterdoloso.

(D) estupro qualificado pelo resultado morte e estupro simples.

I: ao que parece, pela leitura do enunciado, é possível afirmar-se que João não queria a morte de Maria; seu intento se limitava à prática do crime sexual. A despeito disso, a morte, neste caso, há de ser imputada a João, não a título de dolo, mas, sim, a título de culpa, já que resultou do meio (violência) por este empregado. Temos, então, dolo no crime de estupro (delito antecedente) e culpa na morte (resultado consequente). É o crime do art. 213, § 2º, do CP (estupro qualificado pela morte), que enuncia hipótese de *crime preterdoloso*, em que se pressupõe dolo em relação ao estupro e culpa em relação à morte; II: a responsabilidade penal de Joaquim deve circunscrever-se à prática do crime sexual, uma vez que a morte de Benedita resultou de caso fortuito, fora do âmbito de previsibilidade, portanto, de Joaquim (art. 19, CP).

Gabarito "D".

(OAB/Exame Unificado – 2013.3) Bráulio, rapaz de 18 anos, conhece Paula em um *show* de rock, em uma casa noturna. Os dois, após conversarem um pouco, resolvem dirigir-se a um motel e ali, de forma consentida, o jovem mantém relações sexuais com Paula. Após, Bráulio descobre que a moça, na verdade, tinha apenas 13 anos e que somente conseguira entrar no *show* mediante apresentação de carteira de identidade falsa.

A partir da situação narrada, assinale a afirmativa correta.

(A) Bráulio deve responder por estupro de vulnerável doloso.

(B) Bráulio deve responder por estupro de vulnerável culposo.

(C) Bráulio não praticou crime, pois agiu em hipótese de erro de tipo essencial.

(D) Bráulio não praticou crime, pois agiu em hipótese de erro de proibição direto.

Quando da prática do ato sexual, consentido por Paula, Bráulio pensava se tratar de pessoa com idade superior a 14 anos. E razão para isso tinha, pois Paula, para poder entrar na casa noturna em que conheceu Bráulio, fez uso de carteira de identidade falsa, da qual constava idade superior a que de fato tinha. Bráulio, portanto, imaginou manter relações sexuais com alguém maior de 14 anos. Seu equívoco, justificado plenamente pelas circunstâncias, é apto a afastar o dolo e, por conseguinte, a ocorrência de crime, na forma prevista no art. 20 do CP (erro sobre elemento do tipo). Não se trata de erro de proibição, já que o equívoco de Bráulio diz respeito à condição de menoridade de Paula, e não à ilicitude do fato. Correta, portanto, a assertiva "C".

Gabarito "C".

(OAB/Exame Unificado – 2013.1) José, rapaz de 23 anos, acredita ter poderes espirituais excepcionais, sendo certo que todos conhecem esse seu "dom", já que ele o anuncia amplamente. Ocorre que José está apaixonado por Maria, jovem de 14 anos, mas não é correspondido. Objetivando manter relações sexuais com Maria e conhecendo o misticismo de sua vítima, José a faz acreditar que ela sofre de um mal espiritual, o qual só pode ser sanado por meio de um ritual mágico de cura e purificação, que consiste em manter relações sexuais com alguém espiritualmente capacitado a retirar o malefício. José diz para Maria que, se fosse para livrá-la daquilo, aceitaria de bom grado colaborar no ritual de cura e purificação. Maria, muito assustada com a notícia, aceita e mantém, de forma consentida, relação sexual com José, o qual fica muito

14. DIREITO PENAL **949**

satisfeito por ter conseguido enganá-la e, ainda, satisfazer seu intento, embora tenha ficado um pouco frustrado por ter descoberto que Maria não era mais virgem.

Com base na situação descrita, assinale a alternativa que indica o crime que José praticou.

(A) Corrupção de menores (Art. 218, do CP).

(B) Violência sexual mediante fraude (Art. 215, do CP).

(C) Estupro qualificado (Art. 213, § 1º, parte final, do CP).

(D) Estupro de vulnerável (Art. 217-A, do CP).

A conduta descrita no enunciado corresponde ao tipo penal do art. 215 do CP, cujo nome jurídico é *violação sexual mediante fraude*, e não *violência sexual mediante fraude*, que consta na assertiva considerada como correta. Não tem previsão no Código Penal a figura da *violência sexual mediante fraude*. A propósito, a fraude, nos crimes em geral (sexuais e patrimoniais), é incompatível com a violência. Ou o meio empregado é violento ou é fraudulento. Ao que parece, o examinador, inadvertidamente, trocou *violação* por *violência*. De outro lado, não há que se falar na prática do crime de estupro qualificado (art. 213, § 1º, parte final, do CP) porque o agente não empregou, para atingir seu propósito (prática de conjunção carnal), violência nem grave ameaça. No mais, também não se está diante do crime de estupro de vulnerável (art. 217-A, CP), pois a vítima já contava, ao tempo da prática do crime, com 14 anos.

Gabarito "B".

(OAB/Exame Unificado – 2012.1) Filolau, querendo estuprar Filomena, deu início à execução do crime de estupro, empregando grave ameaça à vítima. Ocorre que ao se preparar para o coito vagínico, que era sua única intenção, não conseguiu manter seu pênis ereto em virtude de falha fisiológica alheia à sua vontade. Por conta disso, desistiu de prosseguir na execução do crime e abandonou o local. Nesse caso, é correto afirmar que

(A) trata-se de caso de desistência voluntária, razão pela qual Filolau não responderá pelo crime de estupro.

(B) trata-se de arrependimento eficaz, fazendo com que Filolau responda tão somente pelos atos praticados.

(C) a conduta de Filolau é atípica.

(D) Filolau deve responder por tentativa de estupro.

Se o agente deu início à execução de crime que somente não se consumou por circunstâncias alheias à sua vontade (ausência de ereção), deve responder por tentativa. Cuidado: a desistência decorreu da falta de ereção (fator alheio à vontade do agente). Por essa razão, a hipótese descrita no enunciado não se enquadra na desistência voluntária (art. 15, primeira parte, CP), que exige que a interrupção da execução do crime se dê por vontade própria do agente.

Gabarito "D".

(OAB/Exame Unificado – 2010.3) Em 7 de fevereiro de 2010, Ana, utilizando-se do emprego de grave ameaça, constrange seu amigo Lucas, bem-sucedido advogado, a com ela praticar ato libidinoso diverso da conjunção carnal. Em 7 de agosto de 2010, Lucas comparece à delegacia policial para noticiar o crime, tendo sido instaurado inquérito a fim de apurar as circunstâncias do delito. A esse respeito, é correto afirmar que o promotor de justiça

(A) deverá oferecer denúncia contra Ana pela prática do crime de estupro, haja vista que, com a alteração do Código Penal, passou-se a admitir que pessoa do sexo masculino seja vítima de tal delito, sendo a ação penal pública incondicionada.

(B) deverá pedir o arquivamento do inquérito por ausência de condição de procedibilidade para a instauração de processo criminal, haja vista que a ação penal é pública condicionada à representação, não tendo a vítima se manifestado dentro do prazo legalmente previsto para tanto.

(C) deverá oferecer denúncia contra Ana pela prática do crime de atentado violento ao pudor, haja vista que, por se tratar de crime hediondo, a ação penal é pública incondicionada.

(D) nada poderá fazer, haja vista que os crimes sexuais, que atingem bens jurídicos personalíssimos da vítima, só são persequíveis mediante queixa-crime.

A: incorreto. Com as alterações implementadas nos crimes sexuais pela Lei 12.015/2009, a pessoa do sexo masculino passou também a ser vítima de crime de estupro – art. 213, CP. Quanto à natureza da ação penal, nos crimes contra a dignidade sexual, valem alguns esclarecimentos. Como bem sabemos, a ação penal, nos delitos sexuais, era, em regra, de iniciativa privada. Era o que estabelecia a norma contida no *caput* do art. 225 do Código Penal. As exceções ficavam por conta do § 1º do dispositivo. Com o advento da Lei 12.015/2009 (em vigor ao tempo em que foi elaborada esta questão), que introduziu uma série de modificações nos crimes sexuais, agora chamados *crimes contra a dignidade sexual*, nomenclatura, a nosso ver, mais adequada aos tempos atuais, a ação penal deixou de ser privativa do ofendido para ser pública condicionada à representação, exceção feita às hipóteses em que a vítima era menor de 18 anos ou pessoa vulnerável, caso em que a ação era pública incondicionada (art. 225, parágrafo único, do CP). Pois bem. Mais recentemente, entrou em vigor da Lei 13.718/2018, que, dentre várias inovações implementadas nos crimes contra a dignidade sexual, mudou, uma vez mais, a natureza da ação penal nesses delitos. Com isso, a ação penal, nos crimes sexuais, passa a ser pública incondicionada. Vale lembrar que, antes do advento desta Lei, a ação era, em regra, pública condicionada, salvo nas situações em que a vítima era vulnerável ou menor de 18 anos. Fazendo um breve histórico, temos o seguinte quadro: a ação penal, nos crimes sexuais, era, em regra, privativa do ofendido, a este cabendo a propositura da ação penal; posteriormente, a partir do advento da Lei 12.015/2009, a ação penal, nesses crimes, deixou de ser privativa do ofendido para ser pública condicionada a representação, em regra; agora, com a entrada em vigor da Lei 13.718/2018, a ação penal, nos crimes contra a dignidade sexual, que antes era pública condicionada, passa a ser pública incondicionada. Com isso, o titular da ação penal, que é o MP, prescinde de manifestação de vontade da vítima para promover a ação penal. Perceba que, se levássemos em conta a atual redação do art. 225 do CP, a assertiva estaria correta; **B:** correto. Sendo a ação penal pública condicionada à representação (ao tempo em que esta prova foi aplicada), dispõe a vítima, no caso Lucas, do prazo de 6 (seis) meses para oferecer a representação (art. 38, *caput*, do CPP). Embora se trate de um prazo processual, sua contagem deve obedecer ao que estabelece o art. 10 do CP, ou seja, conta-se como prazo penal, visto que tem o condão de gerar a extinção da punibilidade. Assim sendo, considerando-se que Lucas veio a conhecer a identidade do autor do crime de que foi vítima na data dos fatos (eram amigos), deve-se, na contagem do prazo, incluir o dia do começo e excluir o do vencimento. Dessa forma, teremos que o termo final do prazo será o dia 6 de agosto de 2010. Em 7 de agosto de 2010, quando Lucas comparece à delegacia para relatar os fatos, nada mais há a fazer, já que operou-se a decadência, que constitui uma das causas de extinção da punibilidade – art. 107, IV, do CP. Por não ter Lucas se manifestado dentro do prazo de que dispunha para tanto (seis meses), o inquérito instaurado pela autoridade policial deverá ser arquivado a pedido do promotor de justiça. Note que este comentário refere-se à redação do art. 225 do CP em vigor ao tempo em que esta questão foi elaborada; **C:** incorreto. O art. 214 do CP, que definia o crime de atentado violento ao pudor, foi revogado pela Lei

12.015/2009; **D:** incorreto. Quando da elaboração desta questão, a ação penal nos crimes sexuais era, em regra, pública condicionada a representação – art. 225, *caput*, do CP.

> **Dica:** outra mudança significativa operada pela Lei 13.718/2018 é a introdução, no Código Penal, do crime de *importunação sexual*, disposto no art. 215-A, nos seguintes termos: *Praticar contra alguém e sem a sua anuência ato libidinoso com o objetivo de satisfazer a própria lascívia ou a de terceiro: Pena – reclusão, de 1 (um) a 5 (cinco) anos, se o ato não constitui crime mais grave.* A conduta de homens que, em ônibus e trens lotados, molestam mulheres e, em alguns casos, chegam a ejacular, se enquadra, doravante, neste novo tipo penal. Episódio amplamente divulgado pelos meios de comunicação é o de um homem que, dentro do transporte público, em São Paulo, ejaculou no pescoço de uma mulher. Antes, a responsabilização se dava pela contravenção penal de *importunação ofensiva ao pudor*, definida no art. 61 da LCP, cujo preceito secundário estabelecia exclusivamente pena de multa, dispositivo este que foi revogado, de forma expressa, pela Lei 13.718/2018, tendo a conduta ali descrita migrado para o novo art. 215-A do CP, em face da regra da continuidade típico-normativa. Evidente que a pena, agora mais grave, não poderá retroagir e atingir fatos anteriores à entrada em vigor da Lei 13.718/2018. Também por força da Lei 13.718/2018, incluiu-se o art. 218-C, delito de *divulgação de cena de estupro ou de cena de estupro de vulnerável, de cena de sexo ou de pornografia.* O objetivo do legislador, com a tipificação desta conduta, foi o de coibir um fenômeno que, infelizmente, tem sido cada vez mais comum, que é a violação da intimidade com a exposição sexual não autorizada. Inclui-se, aqui, a chamada *pornografia da vingança*, em que fotografias e vídeos de conteúdo íntimo de alguém (normalmente mulher) são divulgados na internet pelo ex-esposo ou ex-namorado como forma de vingança. A partir daí, o conteúdo é disseminado, nas redes sociais e em grupos de WhatsApp, de forma exponencial. O art. 218-C contempla uma causa de aumento de pena, a configurar-se quando o crime é praticado por agente que mantém ou tenha mantido relação íntima de afeto com a vítima ou com o fim de vingança ou humilhação. No que concerne ao estupro de vulnerável, previsto no art. 217-A do CP, a Lei 13.718/2018, ao inserir o § 5º nesse dispositivo legal, consagra o entendimento adotado pela Súmula 593, do STJ, no sentido de que o consentimento e a experiência sexual anterior são irrelevantes à configuração do crime de estupro de vulnerável. Por fim, a Lei 13.718/2018 fez inserir, no art. 226 do CP, o inciso IV, estabelecendo que a pena será aumentada nos casos de *estupro coletivo* e *estupro corretivo*. Tais ponderações, acerca dessa nova legislação, não esgotam as alterações por ela implementadas. São, segundo pensamos, as mais relevantes.

Gabarito "B".

19. CRIMES CONTRA A FÉ PÚBLICA

(OAB/Exame Unificado – 2020.1) Maria, em uma loja de departamento, apresentou roupas no valor de R$ 1.200 (mil e duzentos reais) ao caixa, buscando efetuar o pagamento por meio de um cheque de terceira pessoa, inclusive assinando como se fosse a titular da conta. Na ocasião, não foi exigido qualquer documento de identidade. Todavia, o caixa da loja desconfiou do seu nervosismo no preenchimento do cheque, apesar da assinatura perfeita, e consultou o banco sacado, constatando que aquele documento constava como furtado.

Assim, Maria foi presa em flagrante naquele momento e, posteriormente, denunciada pelos crimes de estelionato e falsificação de documento público, em concurso material.

Confirmados os fatos, o advogado de Maria, no momento das alegações finais, sob o ponto de vista técnico, deverá buscar o reconhecimento

(A) do concurso formal entre os crimes de estelionato consumado e falsificação de documento público.

(B) do concurso formal entre os crimes de estelionato tentado e falsificação de documento particular.

(C) de crime único de estelionato, na forma consumada, afastando-se o concurso de crimes.

(D) de crime único de estelionato, na forma tentada, afastando-se o concurso de crimes.

Maria, fazendo uso de um cheque produto de furto, tenta fazer compras no valor de mil e duzentos reais em uma loja de departamentos. Sua empreitada foi frustrada pelo caixa da loja, que ficou desconfiado pelo fato de Maria, ao lançar sua assinatura no cheque, encontrar-se bastante nervosa. A primeira questão que aqui se coloca é saber se Maria deverá responder pelos crimes de estelionato e falsidade, em concurso material/formal, ou somente pelo delito de estelionato. A solução deve ser extraída da Súmula 17, do STJ: *quando o falso se exaure no estelionato, sem mais potencialidade lesiva, é por este absorvido*, que configura hipótese de incidência da regra/princípio da consunção. Segundo o entendimento sedimentado nesta súmula, o agente que falsifica um cheque pertencente a outrem, fazendo-se passar pelo titular da conta, deve tão somente ser responsabilizado pelo estelionato, na medida em que, uma vez entregue o cheque ao vendedor, o agente dele não poderia mais fazer uso para aplicar outros golpes, ou seja, a falsificação se exauriu no estelionato. Outro ponto que deve ser aqui analisado refere-se ao momento consumativo do delito de estelionato. Fazendo uma leitura do tipo penal do art. 171 do CP, logo se percebe que se trata de crime material, o que significa dizer que a consumação do estelionato somente é alcançada com o desfalque patrimonial experimentado pela vítima, o que ocorre no momento em que o agente efetivamente obtém a vantagem ilícita perseguida. Sendo assim, a tentativa mostra-se possível, já que a conduta pode ser fracionada em vários momentos do *iter criminis*, desde que haja início de execução e ausência de consumação por circunstâncias alheias à vontade do agente. No caso tratado no enunciado, há inequívoco início de execução por parte de Maria, que tentou efetuar o pagamento com cheque furtado. Antes, porém, de alcançar o resultado pretendido (obtenção de vantagem ilícita), o funcionário da loja, desconfiado em razão do nervosismo de Maria, impede que o crime seja consumado. Trata-se, portanto, de crime único na modalidade tentada.

Gabarito "D".

(OAB/Exame Unificado – 2018.3) Talles, desempregado, decide utilizar seu conhecimento de engenharia para fabricar máquina destinada à falsificação de moedas. Ao mesmo tempo, pega uma moeda falsa de R$ 3,00 (três reais) e, com um colega também envolvido com falsificações, tenta colocá-la em livre circulação, para provar o sucesso da empreitada.

Ocorre que aquele que recebe a moeda percebe a falsidade rapidamente, em razão do valor suspeito, e decide chamar a Polícia, que apreende a moeda e o maquinário já fabricado. Talles é indiciado pela prática de crimes e, já na Delegacia, liga para você, na condição de advogado(a), para esclarecimentos sobre a tipicidade de sua conduta.

Considerando as informações narradas, em conversa sigilosa com seu cliente, você deverá esclarecer que a conduta de Talles configura

(A) atos preparatórios, sem a prática de qualquer delito.

(B) crimes de moeda falsa e de petrechos para falsificação de moeda.

(C) crime de petrechos para falsificação de moeda, apenas.

(D) crime de moeda falsa, apenas, em sua modalidade tentada.

Somente deve ser imputada a Talles a prática do crime de *petrechos para falsificação de moeda*, delito previsto no art. 291 do CP, já que, pelo que consta do enunciado, ele fabricou máquina destinada à falsificação de moedas, que veio a ser apreendida pela Polícia, que o indiciou pelo cometimento deste crime. No que se refere à tentativa frustrada de Talles de colocar em circulação uma moeda falsa de três reais, tal conduta deve ser considerada atípica. É que o crime de moeda falsa (art. 289, CP), nas suas diversas modalidades, pressupõe que o objeto material deste delito (moeda metálica ou papel-moeda) tenha aptidão para enganar, ludibriar. Em outras palavras, se a falsificação for grosseira, facilmente perceptível (como é o caso de uma moeda de 3 reais), não restará caracterizado o delito. Entretanto, é importante que se diga que, a depender das circunstâncias do caso concreto, é possível que a falsificação grosseira dê azo ao reconhecimento do crime de estelionato. Nos termos da Súmula 73, do STJ: *A utilização de papel-moeda grosseiramente falsificado configura, em tese, o crime de estelionato, da competência da justiça estadual.*

Gabarito "C".

(OAB/Exame Unificado – 2016.3) No curso de uma assembleia de condomínio de prédio residencial foram discutidos e tratados vários pontos. O morador Rodrigo foi o designado para redigir a ata respectiva, descrevendo tudo que foi discutido na reunião. Por esquecimento, deixou de fazer constar ponto relevante debatido, o que deixou Lúcio, um dos moradores, revoltado ao receber cópia da ata. Indignado, Lúcio promove o devido registro na delegacia própria, comprovando que Rodrigo, com aquela conduta, havia lhe causado grave prejuízo financeiro. Após oitiva dos moradores do prédio, em que todos confirmaram que o tema mencionado por Lúcio, de fato, fora discutido e não constava da ata, o Ministério Público ofereceu denúncia em face de Rodrigo, imputando-lhe a prática do crime de falsidade ideológica de documento público.

Considerando que todos os fatos acima destacados foram integralmente comprovados no curso da ação, o(a) advogado(a) de Rodrigo deverá alegar que

(A) ele deve ser absolvido por respeito ao princípio da correlação, já que a conduta por ele praticada melhor se adequa ao crime de falsidade material, que não foi descrito na denúncia.

(B) sua conduta deve ser desclassificada para crime de falsidade ideológica culposa.

(C) a pena a ser aplicada, apesar da prática do crime de falsidade ideológica, é de 01 a 03 anos de reclusão, já que a ata de assembleia de condomínio é documento particular e não público.

(D) ele deve ser absolvido por atipicidade da conduta.

O crime de falsidade ideológica (art. 299, CP) tem como pressuposto a existência de uma conduta (ação ou omissão) *dolosa*. Ou seja, este crime, por falta de previsão legal, não comporta a modalidade culposa. O enunciado não deixa dúvida alguma de que a omissão atribuída a Rodrigo foi resultado de esquecimento seu. É dizer: ao deixar de inserir, na ata, informação relevante, ele não o fez de forma deliberada, proposital, razão penal qual a conduta praticada, embora reprovável, é atípica, impondo-se, dessa forma, a sua absolvição. ED

Gabarito "D".

(OAB/Exame Unificado – 2015.2) Paulo pretende adquirir um automóvel por meio de sistema de financiamento junto a uma instituição bancária. Para tanto, dirige-se ao estabelecimento comercial para verificar as condições de financiamento e é informado que, quanto maior a renda bruta familiar, maior a dilação do prazo para pagamento e menores os juros. Decide, então, fazer falsa declaração de parentesco ao preencher a ficha cadastral, a fim de aumentar a renda familiar informada, vindo, assim, a obter o financiamento nas condições pretendidas. Considerando a situação narrada e os crimes contra a fé pública, é correto afirmar que Paulo cometeu o delito de

(A) falsificação material de documento público.

(B) falsidade ideológica.

(C) falsificação material de documento particular.

(D) falsa identidade.

Paulo, com o propósito de obter condições de financiamento mais vantajosas (juros menores e prazo maior para pagamento), insere, em ficha cadastral, informação falsa quanto à existência de parentesco, o que lhe proporcionou um incremento na sua renda familiar. Assim agindo, Paulo cometeu o crime do art. 299 do CP (falsidade ideológica), delito esse que não deve ser confundido com aqueles previstos nos arts. 297 e 298 do CP, respectivamente *falsificação de documento público* e *falsificação de documento particular*, em que a falsidade é *material*, já que o vício incide sobre o aspecto físico do documento, a sua *forma*. Já a *falsidade ideológica*, diferentemente, incide sobre o *conteúdo* do documento, a ideia nele contida, que é perfeito do ponto de vista material.

Gabarito "B".

(OAB/Exame Unificado – 2010.3) Ao concluir o curso de Engenharia, Arli, visando fazer uma brincadeira, inseriu, à caneta, em seu diploma, declaração falsa sobre fato juridicamente relevante. A respeito desse ato, é correto afirmar que Arli

(A) não praticou crime algum.

(B) praticou crime de falsificação de documento público.

(C) praticou crime de falsidade ideológica.

(D) praticou crime de falsa identidade.

Há algumas questões a considerar. Em primeiro lugar, como nos crimes em geral – e aqui não é diferente –, é imprescindível que Arli aja com dolo, isto é, com o propósito de alterar o diploma verdadeiro ciente de que poderá, com isso, causar prejuízo a outrem. Não nos parece que seja esse o caso. Ao lançar declaração falsa no seu diploma, Arli queria, tão somente, fazer uma brincadeira. Ainda que essa declaração versasse sobre fato juridicamente relevante, Arli não tinha a intenção de causar prejuízo a quem quer que fosse. Além disso, uma declaração inserida à caneta em um diploma não nos parece que tenha um mínimo de idoneidade material a torná-lo aceitável, tratando-se, portanto, a nosso ver, de falsificação grosseira. Assim, ante a ausência de dolo do agente e a inaptidão da falsificação praticada para enganar terceiros, não há responsabilidade penal a incidir.

Gabarito "A".

(OAB/Exame Unificado – 2010.2) Fundação Pública Federal contrata o técnico de informática Abelardo Fonseca para que opere o sistema informatizado destinado à elaboração da folha de pagamento de seus funcionários. Abelardo, ao elaborar a referida folha de pagamento, altera as informações sobre a remuneração dos funcionários da Fundação no sistema, descontando a quantia de cinco reais de cada um deles. A seguir, insere o seu próprio nome e sua própria conta bancária no sistema, atribuindo-se a condição de funcionário da Fundação e destina à sua conta o total dos valores desviados dos demais. Terminada a elaboração da folha, Abelardo remete as informações à seção de pagamentos, a qual efetua os pagamentos de acordo com as informações lançadas no sistema por ele.

Considerando tal narrativa, é correto afirmar que Abelardo praticou crime de:

(A) estelionato.

(B) peculato.

(C) concussão.

(D) inserção de dados falsos em sistema de informações.

A conduta praticada por Abelardo Fonseca se amolda ao tipo penal previsto no art. 313-A do CP. *Vide*, também, art. 327 do CP.

„Gabarito "D".

(OAB/Exame Unificado – 2008.2) Aquele que omitir, em documento público ou particular, declaração que dele devesse constar, ou nele inserir ou fizer inserir declaração falsa ou diversa da que devesse ser escrita, com o fim de prejudicar direito, criar obrigação ou alterar a verdade sobre fato juridicamente relevante praticará o crime de

(A) Falsificação de papéis públicos.

(B) Falsificação do selo ou sinal público.

(C) Falsidade ideológica.

(D) Falsificação de documento público.

Art. 299 do CP. Este crime não deve ser confundido com aqueles previstos nos arts. 297 e 298 do CP, respectivamente falsificação de documento público e falsificação de documento particular, em que a falsidade é material, já que o vício incide sobre o aspecto físico do documento, a sua forma. Já a falsidade ideológica incide sobre o conteúdo do documento, que é perfeito do ponto de vista material.

„Gabarito "C".

(FGV – 2010) Relativamente ao tema dos *crimes contra a fé pública*, analise as afirmativas a seguir.

I. O crime de atestado médico falso só é punido com detenção se há intuito de lucro.

II. A simples posse de qualquer objeto especialmente destinado à falsificação de moeda constitui crime punido com pena de reclusão.

III. A reprodução ou alteração de selo ou peça filatélica que tenha valor para coleção constitui modalidade criminosa, independentemente dessa reprodução ou a alteração estar visivelmente anotada no verso do selo ou peça.

Assinale:

(A) se somente a afirmativa I estiver correta.

(B) se somente a afirmativa II estiver correta.

(C) se somente a afirmativa III estiver correta.

(D) se somente as afirmativas II e III estiverem corretas.

(E) se todas as afirmativas estiverem corretas.

I: assertiva incorreta. O crime capitulado no art. 302, *caput*, do CP prevê, na sua forma simples, pena privativa de liberdade; se, contudo, houver intuito de *vantagem econômica*, ao agente será aplicada, sem prejuízo da pena de detenção, a de multa, nos termos do parágrafo único do dispositivo, que estabelece uma forma qualificada; **II:** correto (art. 291 do CP – petrechos para falsificação de moeda); **III:** incorreto. O art. 303 do CP faz a seguinte ressalva: "(...) *salvo quando a reprodução ou a alteração está visivelmente anotada na face ou no verso do selo ou peça*".

„Gabarito "B".

---

20. CRIMES CONTRA A ADMINISTRAÇÃO PÚBLICA

(OAB/Exame XXXVIII) Francisco, funcionário público concursado de uma autarquia federal, recebeu de seu órgão de atuação um *notebook* funcional, tendo assinado o livro de carga referente ao objeto e assumido o compromisso de zelar pelo bem da administração. Durante suas férias, Francisco viaja para uma pousada no interior do estado de São Paulo e leva o computador na mochila, uma vez que tinha o costume de assistir séries através do aparelho. Durante sua estadia na pousada, Francisco leva o *notebook* para a piscina e o coloca na mesa onde deixara seus demais pertences. Após se ausentar por cerca de 40 minutos para jogar uma partida de futebol, retorna para a piscina e constata que o notebook fora furtado. Desesperado, procura a administração do local que após analisar as câmeras de segurança não consegue identificar quem teria subtraído o computador.

Diante dos fatos, o órgão funcional ao qual Francisco era vinculado instaura procedimento administrativo e, ato contínuo, encaminha pedido de instauração de Inquérito na Polícia Federal que culmina no oferecimento de denúncia por parte do Ministério Público Federal pela prática do crime de peculato culposo. Francisco procura a repartição pública e se oferece para pagar o valor referente ao *notebook*, o que é aceito, sendo certo que o ressarcimento ao erário se deu antes do julgamento da ação penal.

Diante dos fatos narrados, é correto afirmar que Francisco

(A) terá direito à redução de metade da pena pelo fato de o ressarcimento ter sido feito após o recebimento da denúncia.

(B) terá direito à extinção da punibilidade pelo fato de o ressarcimento ter sido feito antes da sentença irrecorrível.

(C) não terá direito à atenuante referente à reparação do dano, prevista no Art. 65, inciso III, alínea *b*, do CP, na medida em que esta exige a reparação do dano antes do recebimento da denúncia.

(D) poderá ser beneficiado pelo arrependimento posterior, previsto no Art. 16 do Código Penal em razão de ter reparado o dano antes da sentença.

Há, no Código Penal, quatro modalidades de peculato, a saber: *peculato-apropriação* (art. 312, *caput*, 1ª parte, do CP); *peculato- -desvio* (art. 312, *caput*, 2ª parte, do CP); *peculato-furto* (art. 312, § 1º, do CP); e *peculato culposo* (art. 312, § 2º, CP). O enunciado descreve hipótese de peculato culposo, em que o agente, neste caso Francisco, agindo de forma culposa (imprudência, negligência ou imperícia), concorre para o delito de terceiro, que se apropria, desvia ou subtrai o objeto material. Este terceiro pode ser tanto o particular quanto outro funcionário público, que se vale de descuido do funcionário ao qual cabe a vigilância do bem para, dessa forma, subtraí-lo. Na hipótese de o funcionário ao qual se imputa a prática do peculato culposo reparar o dano até o trânsito em julgado da sentença (art. 312, § 3º, 1ª parte, do CP), será agraciado com a extinção de sua punibilidade; se a reparação se der depois da sentença tornar-se irrecorrível, poderá, neste caso, o funcionário ter a sua pena reduzida de metade (art. 312, § 3º, 2ª parte, do CP).

„Gabarito "B".

(OAB/Exame XXXV) Para satisfazer sentimento pessoal, já que tinha grande relação de amizade com Joana, Alan, na condição de funcionário público, deixou de praticar ato de ofício em benefício da amiga. O supervisor de Alan, todavia, identificou o ocorrido e praticou o ato que Alan havia omitido, informando os fatos em procedimento administrativo próprio.

Após a conclusão do procedimento administrativo, o Ministério Público denunciou Alan pelo crime de corrupção passiva consumado, destacando que a vantagem obtida poderia ser de qualquer natureza para tipificação do delito.

Confirmados os fatos durante a instrução, caberá à defesa técnica de Alan pleitear sob o ponto de vista técnico, no momento das alegações finais,

(A) o reconhecimento da tentativa em relação ao crime de corrupção passiva.

(B) a desclassificação para o crime de prevaricação, na forma tentada.

(C) a desclassificação para o crime de prevaricação, na forma consumada.

(D) o reconhecimento da prática do crime de condescendência criminosa, na forma consumada.

Consta do enunciado que Alan, na qualidade de funcionário público e estando no exercício de suas funções, movido por relação de amizade que mantinha com Joana (sentimento pessoal), deixou de praticar ato de ofício, em benefício desta. A conduta de Alan se enquadra, à perfeição, na descrição típica do crime de prevaricação, capitulado no art. 319 do CP. Neste delito, que, a depender do caso concreto, pode ser confundido com o crime de corrupção passiva privilegiada, o que move o *intraneus* a agir ou deixar de agir de forma indevida são razões de ordem pessoal, como é o caso da amizade. No crime de corrupção passiva privilegiada (art. 317, § 2º, do CP), temos que o agente age ou deixa de agir cedendo a pedido ou influência de outrem, o que não existe na prevaricação (não há pedido ou influência). Neste crime (prevaricação), o agente age ou deixa de agir por iniciativa própria, movido, como já dissemos, por razões de ordem pessoal (satisfazer interesse ou sentimento pessoal). O crime de prevaricação alcança a consumação no instante em que o agente se omite, retarda ou pratica o ato de ofício, independente de qualquer vantagem (satisfação de interesse ou sentimento pessoal). Trata-se, pois, de crime formal. O crime de condescendência criminosa, tipificado no art. 320 do CP, pressupõe que o agente, funcionário público, por indulgência, deixe de responsabilizar subordinado que cometeu infração no exercício do cargo ou, na hipótese de lhe faltar competência, deixe de levar o fato ao conhecimento de quem de direito. Perceba que este delito não foi praticado por Alan tampouco por seu supervisor, uma vez que este, ao tomar conhecimento da infração, cuidou para que o ato fosse praticado e os fatos, apurados em procedimento administrativo próprio.
Gabarito "C".

(OAB/Exame XXXIII – 2020.3) Vitor, embora não tenha prestado concurso público, está exercendo, transitoriamente e sem receber qualquer remuneração, uma função pública. Em razão do exercício dessa função pública, Vitor aceita promessa de José, particular, de lhe pagar R$ 500,00 (quinhentos reais) em troca de um auxílio relacionado ao exercício dessa função. Ocorre que, apesar do auxílio, José não fez a transferência do valor prometido.

Os fatos são descobertos pelo superior hierárquico de Vitor, que o indaga sobre o ocorrido. Na ocasião, Vitor confirma o acontecido, mas esclarece que não acreditava estar causando prejuízo para a Administração Pública.

Em seguida, preocupado com as consequências jurídicas de seus atos, Vitor procura seu advogado em busca de assegurar que sua conduta fora legítima.

Considerando apenas as informações narradas, o advogado de Vitor deverá esclarecer que sua conduta

(A) não configura crime em razão de a função ser apenas transitória, logo não pode ser considerado funcionário público para efeitos penais, apesar de o recebimento de remuneração ser dispensável a tal conceito.

(B) não configura crime em razão de não receber remuneração pela prestação da função pública, logo não pode ser considerado funcionário público para efeitos penais, apesar de o exercício da função transitória não afastar, por si só, tal conceito.

(C) configura crime de corrupção ativa, na sua modalidade tentada.

(D) configura crime de corrupção passiva, na sua modalidade consumada.

Segundo consta do enunciado, Vitor, mesmo não sendo concursado, exerce, de forma transitória e sem remuneração, determinada função pública. Valendo-se disso, aceita promessa formulada por José consistente no pagamento de quinhentos reais em troca de um auxílio relacionado ao exercício dessa função. Consta ainda que a transferência do valor prometido não foi concretizada. Pois bem. Há duas questões a considerar. Em primeiro lugar, deve-se perquirir se Vitor pode ou não ser considerado, para efeitos penais, funcionário público. A resposta deve ser positiva. Com efeito, tendo em conta o que estabelece o art. 327 do CP, do qual deve ser extraído o conceito de funcionário público para fins penais, aquele que exerce cargo, emprego ou função, ainda que transitoriamente e sem remuneração, deve ser considerado, para os efeitos penais, funcionário público. E nessa qualidade, Vitor, porque aceitou promessa de receber determinada vantagem, deverá ser responsabilizado pelo crime definido no art. 317 do CP (corrupção passiva). Segundo ponto que merece destaque é saber se o crime praticado por Vitor alcançou ou não a sua consumação. Como bem sabemos, o crime de corrupção passiva é considerado formal. Isso quer dizer que a consumação é atingida com a mera aceitação pelo funcionário da vantagem indevida, dispensando-se, pois, a sua implementação. Dito isso, a conduta levada a efeito por Vitor configura o crime de corrupção passiva na modalidade consumada.
Gabarito "D".

(OAB/Exame Unificado – 2020.2) Francisco foi vítima de uma contravenção penal de vias de fato, pois, enquanto estava de costas para o autor, recebeu um tapa em sua cabeça. Acreditando que a infração teria sido praticada por Roberto, seu desafeto que estava no local, compareceu em sede policial e narrou o ocorrido, apontando, de maneira precipitada, o rival como autor.

Diante disso, foi instaurado procedimento investigatório em desfavor de Roberto, sendo, posteriormente, verificado em câmeras de segurança que, na verdade, um desconhecido teria praticado o ato. Ao tomar conhecimento dos fatos, antes mesmo de ouvir Roberto ou Francisco, o Ministério Público ofereceu denúncia em face deste, por denunciação caluniosa.

Considerando apenas as informações expostas, você, como advogado(a) de Francisco, deverá, sob o ponto de vista técnico, pleitear

(A) a absolvição, pois Francisco deu causa à instauração de investigação policial imputando a Roberto a prática de contravenção, e não crime.

954   EDUARDO DOMPIERI

(B) extinção da punibilidade diante da ausência de representação, já que o crime é de ação penal pública condicionada à representação.

(C) reconhecimento de causa de diminuição de pena em razão da tentativa, pois não foi proposta ação penal em face de Roberto.

(D) a absolvição, pois o tipo penal exige dolo direto por parte do agente.

De fato, o elemento subjetivo, no crime de denunciação caluniosa (art. 339, CP), é representado tão somente pelo dolo *direto* (não é suficiente o dolo *eventual*), já que o tipo penal impõe que o sujeito ativo saiba da inocência do sujeito passivo. Note que, na hipótese narrada no enunciado, a imputação é de contravenção penal, o que ensejaria, se o dolo fosse direto, o reconhecimento da causa de diminuição de pena prevista no art. 339, § 2º, do CP. Nesse sentido o STF, "O crime de denunciação caluniosa (art. 339 do CP) exige, para sua configuração, que o agente tenha dolo direto de imputar a outrem, que efetivamente sabe ser inocente, a prática de fato definido como crime, não se adequando ao tipo penal a conduta daquele que vivencia uma situação conflituosa e reporta-se à autoridade competente para dar o seu relato sobre os acontecimentos. Precedente (Inq 1547, Relator(a): Min. Carlos Velloso, Relator(a) p/ Acórdão: Min. Marco Aurélio, Tribunal Pleno, julgado em 21/10/2004). 2. A doutrina sobre o tema assenta que, *verbis*: "Para perfeição do crime não basta que o conteúdo da denúncia seja desconforme com a realidade; é mister o dolo. (...) Se ele [o agente] tem convicção sincera de que aquele realmente é autor de certo delito, não cometerá o crime definido" (NORONHA, Edgard Magalhães. Direito Penal. 4º volume. 8ª ed. São Paulo: Saraiva, 1976. p. 376-378)" (Inq 3133, Relator(a): Min. Luiz Fux, Primeira Turma, julgado em 05.08.2014, acórdão eletrônico *DJe*-176 divulg 10.09.2014).

> Dica: embora nenhuma repercussão tenha na resolução da questão acima, é importante que se diga que a Lei 14.110/2020 alterou o art. 339 do CP, dispositivo que contém a descrição típica do crime de denunciação caluniosa, que passa a contar, doravante, com a seguinte redação: *Dar causa à instauração de inquérito policial, de procedimento investigatório criminal, de processo judicial, de processo administrativo disciplinar, de inquérito civil ou de ação de improbidade administrativa contra alguém, imputando-lhe crime, infração ético-disciplinar ou ato ímprobo de que o sabe inocente.* O § 2º do art. 339, que manda diminuir a pena de metade se a imputação é de prática de contravenção penal, não foi alterado.

Gabarito "D".

(OAB/Exame Unificado – 2017.2) Catarina leva seu veículo para uma determinada entidade autárquica com o objetivo de realizar a fiscalização anual. Carlos, funcionário público que exerce suas funções no local, apesar de não encontrar irregularidades no veículo, verificando a inexperiência de Catarina, que tem apenas 19 anos de idade, exige R$ 5.000,00 para "liberar" o automóvel sem pendências.

Catarina, de imediato, recusa-se a entregar o valor devido e informa o ocorrido ao superior hierárquico de Carlos, que aciona a polícia. Realizada a prisão em flagrante de Carlos, a família é comunicada sobre o fato e procura um advogado para que ele preste esclarecimentos sobre a responsabilidade penal de Carlos.

Diante da situação narrada, o advogado da família de Carlos deverá esclarecer que a conduta praticada por Carlos configura, em tese, crime de:

(A) corrupção passiva consumada.

(B) concussão consumada.

(C) corrupção passiva tentada.

(D) concussão tentada.

Segundo é narrado no enunciado, Carlos, no exercício de função pública, exige de Catarina, a pretexto de liberar seu veículo que era submetido a vistoria, vantagem indevida correspondente à importância de cinco mil reais, o que, de pronto, foi por esta recusado. Informado do ocorrido pela própria vítima, o superior hierárquico de Carlos aciona a polícia, sendo este preso em flagrante. Caberá ao advogado contratado pela família de Carlos informar que a sua conduta configura o crime de concussão (art. 316, "caput", do CP). Este delito, que é próprio, pressupõe que o agente *exija*, que tem o sentido de impor à vítima a obtenção de vantagem indevida. É dizer, o ofendido, intimidado e temendo represália por parte do funcionário, acaba por ceder e a este entrega a vantagem indevida. E é aqui que este delito se distingue do crime de corrupção passiva, que, embora também seja próprio, tem como conduta nuclear o verbo *solicitar* (ou receber ou aceitar promessa de) vantagem indevida, que tem o sentido de pedir, requerer, diferente, portanto, da conduta consistente em *exigir* do crime de concussão. Restariam, assim, as alternativas "B" e "D". Sucede que, de acordo com doutrina e jurisprudência, o crime de concussão, em que incorreu Carlos, é considerado formal, de sorte que a sua consumação será alcançada com a mera exigência da vantagem indevida, pouco importando se esta foi ou não entregue pela vítima. É por essa razão que a conduta narrada no enunciado corresponde ao delito de concussão *consumada*. A entrega da vantagem indevida ao funcionário público, se ocorrer, configura mero exaurimento do crime, que nada mais é do que o desdobramento típico ocorrido após a consumação. Perceba que esta característica do crime de concussão é comum ao delito de corrupção passiva. Atenção: outra inovação promovida pela Lei 13.964/2019 (Pacote Anticrime) é a alteração da pena máxima cominada ao crime de concussão, previsto no art. 316 do CP. Com isso, a pena para este delito, que era de 2 a 8 anos de reclusão, e multa, passa para 2 a 12 anos de reclusão, e multa. Corrige-se, dessa forma, a distorção que até então havia entre a pena máxima cominada ao crime de concussão e aquelas previstas para os delitos de corrupção passiva (317, CP) e corrupção ativa (art. 333, CP). Doravante, a pena, para estes três crimes, vai de 2 a 12 anos de reclusão, sem prejuízo da multa. Mesmo porque o crime de concussão denota, no seu cometimento, maior gravidade do que o delito de corrupção passiva. No primeiro caso, o agente exige, que tem o sentido de impor, obrigar, sempre se valendo do cargo que ocupa para intimidar a vítima e, dessa forma, alcançar a colimada vantagem indevida; no caso da corrupção passiva, o *intraneus*, no lugar de exigir, solicita, recebe ou aceita promessa de receber tal vantagem. **ED**

Gabarito "B".

(OAB/Exame Unificado – 2016.3) Alberto, policial civil, passando por dificuldades financeiras, resolve se valer de sua função para ampliar seus vencimentos. Para tanto, durante o registro de uma ocorrência na Delegacia onde está lotado, solicita à noticiante R$ 2.000,00 para realizar as investigações necessárias à elucidação do fato.

Indignada com a proposta, a noticiante resolve gravar a conversa. Dizendo que iria pensar se aceitaria pagar o valor solicitado, a noticiante deixa o local e procura a Corregedoria de Polícia Civil, narrando a conduta do policial e apresentando a gravação para comprovação.

Acerca da conduta de Alberto, é correto afirmar que configura crime de:

(A) corrupção ativa, em sua modalidade tentada.

(B) corrupção passiva, em sua modalidade tentada.

(C) corrupção ativa consumada.

(D) corrupção passiva consumada.

Comete o crime de corrupção passiva (art. 317, CP) o funcionário público que *solicita* (ou *recebe* ou *aceita promessa*), em razão da

14. DIREITO PENAL

função que exerce, vantagem indevida. E foi exatamente isso que fez Alberto. Valendo-se de sua qualidade de *intraneus*, solicitou de pessoa que compareceu à delegacia para o registro de uma ocorrência vantagem indevida, a pretexto de realizar as investigações necessárias ao esclarecimento do fato. Indignada com a postura do policial, a noticiante gravou a conversa e levou o fato ao conhecimento da Corregedoria da Polícia Civil. Tal crime não deve ser confundido com o de corrupção ativa, que é delito comum, já que pode ser praticado por qualquer pessoa. Consiste na conduta do particular que oferece ou promete vantagem indevida a funcionário público com o propósito de determiná-lo a praticar, omitir ou retardar ato de ofício. O crime do art. 317 do CP, diferentemente, é próprio, já que exige do sujeito ativo uma qualidade especial, qual seja, ser funcionário público. Quanto ao momento consumativo da corrupção passiva, temos que se trata de delito *formal*, isto é, a consumação é alcançada com a mera solicitação formulada pelo funcionário ao particular. Aqui, pouco importa, para o fim de consumar o crime, se o particular aceitará ou não entregar a vantagem ao funcionário. O crime em que incorreu Alberto, portanto, é o de corrupção passiva consumada. **ED**

Gabarito "D".

(OAB/Exame Unificado – 2016.2) Guilherme, funcionário público de determinada repartição pública do Estado do Paraná, enquanto organizava os arquivos de sua repartição, acabou, por desatenção, jogando ao lixo, juntamente com materiais inúteis, um importante livro oficial, que veio a se perder.

Considerando apenas as informações narradas, é correto afirmar que a conduta de Guilherme

(A) configura crime de prevaricação.

(B) configura situação atípica.

(C) configura crime de condescendência criminosa.

(D) configura crime de extravio, sonegação ou inutilização de livro ou documento.

A conduta de Guilherme, embora revele falta de atenção e zelo, não constitui infração penal. É fato atípico, portanto. Dos crimes referidos nas alternativas "A", "C" e "D", o que mais se aproxima do comportamento levado a efeito por Guilherme é o de *extravio, sonegação ou inutilização de livro ou documento*, capitulado no art. 314 do CP. Sucede que a configuração desse delito pressupõe que o agente aja com dolo na sua conduta. Como fica claro no enunciado, Guilherme não tinha como propósito se desfazer do livro oficial. Somente o fez por desatenção. Pode-se dizer que agiu com culpa. No entanto, porque o crime do art. 314 do CP não admite a modalidade culposa, inexiste crime na conduta de Guilherme.

Gabarito "B".

(OAB/Exame Unificado – 2016.1) Patrício, ao chegar em sua residência, constatou o desaparecimento de um relógio que havia herdado de seu falecido pai. Suspeitando de um empregado que acabara de contratar para trabalhar em sua casa e que ficara sozinho por todo o dia no local, Patrício registrou o fato na Delegacia própria, apontando, de maneira precipitada, o empregado como autor da subtração, sendo instaurado o respectivo inquérito em desfavor daquele "suspeito". Ao final da investigação, o inquérito foi arquivado a requerimento do Ministério Público, ficando demonstrado que o indiciado não fora o autor da infração.

Considerando que Patrício deu causa à instauração de inquérito policial em desfavor de empregado cuja inocência restou demonstrada, é correto afirmar que o seu comportamento configura

(A) fato atípico.

(B) crime de denunciação caluniosa dolosa.

(C) crime de denunciação caluniosa culposa.

(D) calúnia.

Trata-se de fato atípico. A configuração do crime de denunciação caluniosa (art. 339, CP), que só comporta a modalidade dolosa, pressupõe que o agente saiba (esteja certo) da inocência do ofendido (não comporta o dolo eventual; somente o dolo direto). No contexto do fato narrado no enunciado, fica claro que Patrício, nas circunstâncias em que se deram os fatos, acreditava ser autor da subtração o empregado recém-contratado. Bem por isso, Patrício, ao registrar a subtração na delegacia e atribuí-la, de forma açodada, a seu empregado, não cometeu crime algum. De ver-se que o crime de denunciação caluniosa não deve ser confundido com o do art. 340 do CP, comunicação falsa de crime ou de contravenção, em que se provoca a ação da autoridade, a esta comunicando crime ou contravenção que se sabe não se ter verificado. Difere, também, do tipo prefigurado no art. 138 do CP – calúnia – na medida em que, neste delito, atribui-se falsamente a alguém fato definido como crime. Sua consumação se opera no momento em que o fato chega ao conhecimento de terceiro (a honra atingida é a objetiva). Aqui, o agente não dá causa à instauração de investigação ou processo. Vale a observação de que a Lei 14.110/2020, posterior à elaboração desta questão, alterou o art. 339 do CP, dispositivo que contém a descrição típica do crime de denunciação caluniosa, que passa a contar, doravante, com a seguinte redação: *Dar causa à instauração de inquérito policial, de procedimento investigatório criminal, de processo judicial, de processo administrativo disciplinar, de inquérito civil ou de ação de improbidade administrativa contra alguém, imputando-lhe crime, infração ético-disciplinar ou ato ímprobo de que o sabe inocente.*

Gabarito "A".

(OAB/Exame Unificado – 2013.3) Lucas, funcionário público do Tribunal de Justiça, e Laura, sua noiva, estudante de direito, resolveram subtrair *notebooks* de última geração adquiridos pela serventia onde Lucas exerce suas funções. Assim, para conseguir seu intento, combinaram dividir a execução do delito. Lucas, em determinado feriado municipal, valendo-se da facilidade que seu cargo lhe proporcionava, identificou-se na recepção e disse ao segurança que precisava ir até a serventia para buscar alguns pertences que havia esquecido. O segurança, que já conhecia Lucas de vista, não desconfiou de nada e permitiu o acesso. Ressalte-se que, além de ser serventuário, Lucas conhecia detalhadamente o prédio público, razão pela qual se dirigiu rapidamente ao local desejado, subtraindo todos os *notebooks*. Após, foi a uma janela e, dali, os entregou a Laura, que os colocou no carro e saiu. Ao final, Lucas conseguiu deixar o edifício sem que ninguém suspeitasse de nada.

Todavia, cerca de uma semana após, Laura e Lucas têm uma discussão e terminam o noivado. Muito enraivecida, Laura procura a polícia e noticia os fatos, ocasião em que devolve todos os notebooks subtraídos.

Com base nas informações do caso narrado, assinale a afirmativa correta.

(A) Laura e Lucas devem responder pelo delito de peculato-furto praticado em concurso de agentes.

(B) Laura deve responder por furto qualificado e Lucas deve responder por peculato-furto, dada à incomunicabilidade das circunstâncias.

(C) Laura e Lucas serão beneficiados pela causa extintiva de punibilidade, uma vez que houve reparação do dano ao erário anteriormente à denúncia.

956 EDUARDO DOMPIERI

(D) Laura será beneficiada pelo instituto do arrependimento eficaz, mas Lucas não poderá valer-se de tal benefício, pois a restituição dos bens, por parte dele, não foi voluntária.

Pelo enunciado é possível concluir que Lucas, embora tivesse, em razão de sua condição de funcionário público, facilidade de acesso aos computadores, não dispunha da posse destes. Fica excluída, portanto, a prática do crime de peculato na modalidade *apropriação*, figura prevista no art. 312, *caput*, primeira parte, do CP. Tendo Lucas se valido de facilidade proporcionada pelo cargo que ocupa para efetuar a subtração dos notebooks, dos quais – repita-se – não tinha a posse, o crime que praticou é o do art. 312, § 1º, do CP (peculato-furto). Resta, agora, estabelecer a responsabilidade de sua noiva, que, segundo consta, não é funcionária da repartição, mas contribuiu para a subtração realizada por seu noivo, auxiliando na retirada do objeto material do delito, os computadores. Embora Laura não seja funcionária pública, qualidade exclusiva de Lucas, pelo crime de peculato também deverá, junto com ele, responder, posto que tal qualidade (ser funcionário público), porque elementar do crime em questão, deve, por expressa disposição do art. 30 do CP, comunicar-se ao coautor/partícipe que, de alguma forma, haja contribuído. É curial que se diga que, sob pena de reconhecimento de responsabilidade penal objetiva, será de rigor que o particular (neste caso, Laura) tenha ciência da condição de funcionário público de Lucas.
Gabarito "A".

(OAB/Exame Unificado – 2013.1) Coriolano, objetivando proteger seu amigo Romualdo, não obedeceu à requisição do Promotor de Justiça no sentido de determinar a instauração de inquérito policial para apurar eventual prática de conduta criminosa por parte de Romualdo.

Nesse caso, é correto afirmar que Coriolano praticou crime de

(A) desobediência (Art. 330, do CP).

(B) prevaricação (Art. 319, do CP).

(C) corrupção passiva (Art. 317, do CP).

(D) crime de advocacia administrativa (Art. 321, do CP).

A conduta praticada por Coriolano se amolda ao tipo penal do art. 319 do CP (prevaricação), uma vez que deixou de praticar, indevidamente, ato de ofício (instauração de inquérito policial requisitado pelo MP) com o propósito de satisfazer *sentimento pessoal* (amizade que tem com Romualdo).
Gabarito "B".

(OAB/Exame Unificado – 2012.1) Baco, após subtrair um carro esportivo de determinada concessionária de veículos, telefona para Minerva, sua amiga, a quem conta a empreitada criminosa e pede ajuda. Baco sabia que Minerva morava em uma grande casa e que poderia esconder o carro facilmente lá. Assim, pergunta se Minerva poderia ajudá-lo, escondendo o carro em sua residência. Minerva, apaixonada por Baco, aceita prestar a ajuda. Nessa situação, Minerva deve responder por

(A) participação no crime de furto praticado por Baco.

(B) receptação.

(C) favorecimento pessoal.

(D) favorecimento real.

Em primeiro lugar, não há que se falar em participação no crime praticado por Barco, já que inexistia, entre este e Minerva, o necessário acordo de vontades, elemento indispensável à caracterização do concurso de pessoas. Da mesma forma, é incorreto dizer que Minerva incorreu no crime de receptação, pois não atuou em proveito próprio ou alheio. Seu propósito foi tão somente o de auxiliar Barco,

por quem era apaixonada, a tornar seguro o proveito do crime (carro esportivo). Cometeu, assim, o crime de favorecimento real (art. 349 do CP). Ademais, não praticou o crime de favorecimento pessoal porque não teve como propósito auxiliar Barco a subtrair-se à ação de autoridade pública.
Gabarito "D".

(OAB/Exame Unificado – 2011.2) Ao tomar conhecimento de um roubo ocorrido nas adjacências de sua residência, Caio compareceu à delegacia de polícia e noticiou o crime, alegando que vira Tício, seu inimigo capital, praticar o delito, mesmo sabendo que seu desafeto se encontrava na Europa na data do fato. Em decorrência do exposto, foi instaurado inquérito policial para apurar as circunstâncias do ocorrido.

A esse respeito, é correto afirmar que Caio cometeu

(A) delito de denunciação caluniosa.

(B) crime de falso testemunho.

(C) delito de comunicação falsa de crime.

(D) delito de calúnia.

Antes de mais nada, é importante que se diga que a Lei 14.110/2020, posterior à elaboração desta questão, alterou o art. 339 do CP, dispositivo que contém a descrição típica do crime de denunciação caluniosa, que passa a contar, doravante, com a seguinte redação: *Dar causa à instauração de inquérito policial, de procedimento investigatório criminal, de processo judicial, de processo administrativo disciplinar, de inquérito civil ou de ação de improbidade administrativa contra alguém, imputando-lhe crime, infração ético-disciplinar ou ato ímprobo de que o sabe inocente*. Dito isso, passemos à resolução da questão. Segundo consta do enunciado, Caio, ao provocar a instauração de investigação policial contra Tício, seu desafeto, sabendo-o inocente do crime que levou ao conhecimento da autoridade policial, cometeu o delito de *denunciação caluniosa*, capitulado no art. 339 do CP. Este crime não deve ser confundido com o do art. 340 do CP, *comunicação falsa de crime ou de contravenção*, em que a comunicação que deflagra a ação da autoridade não recai sobre pessoa certa, determinada. Na *denunciação caluniosa*, como já dito, o agente atribui a autoria da infração penal por ele levada ao conhecimento da autoridade à pessoa determinada, fornecendo dados à sua identificação. Difere, também, do tipo prefigurado no art. 138 do CP – *calúnia*, na medida em que, neste delito, atribui-se falsamente a alguém fato definido como crime. Sua consumação se opera no momento em que o fato chega ao conhecimento de terceiro (a honra atingida é a objetiva). Aqui, o agente não dá causa à instauração de investigação ou processo.
Gabarito "A".

(OAB/Exame Unificado – 2011.1) Configura modalidade de peculato prevista no Código Penal

(A) o peculato eletrônico, modalidade anômala de peculato, consistente em inserir dados falsos, alterar ou modificar dados no sistema de informações da administração pública.

(B) o peculato por erro de outrem, consistente na apropriação de bem ou valores que o funcionário tenha recebido pela facilidade que seu cargo lhe proporciona.

(C) o peculato-desvio, consistente no desvio de bens ou valores, pelo funcionário público, em benefício de terceiro.

(D) o peculato-culposo, consistente na apropriação de bens ou valores que o funcionário tenha recebido por erro de outrem em razão do cargo público que exerce.

14. DIREITO PENAL 957

A: correto. A conduta descrita nesta alternativa – dada como certa – não está contemplada, na íntegra, no art. 313-A do Código Penal, que abriga o chamado peculato eletrônico. A descrição contida na alternativa não contém o elemento subjetivo específico, consistente na finalidade de *obter vantagem indevida para si ou para outrem* ou *para causar dano*. Ademais, a *dados* deveria ser agregado o termo *corretos*, pois é imprescindível à caracterização do crime do art. 313-A que os dados indevidamente alterados ou excluídos assim sejam considerados. Cremos, por isso, que esta proposição não poderia ser considerada como correta; **B:** incorreto. O contido na assertiva não corresponde ao crime do art. 313 do CP – *peculato mediante erro de outrem*, também chamado de *peculato-estelionato* ou *peculato impróprio*. Neste, o terceiro, enganado quanto à pessoa do funcionário, entrega-lhe dinheiro ou qualquer utilidade. O *intraneus*, em vez de restituir o bem, dele se apropria, aproveitando-se do erro em que incorreu o terceiro; **C:** incorreto. Entendemos que esta assertiva não pode ser considerada como incorreta, visto que em consonância com o art. 312, *caput, in fine*, do CP, ainda que lhe falte o elemento "...em proveito próprio..."; **D:** incorreta, pois o peculato culposo, previsto no art. 312, § 2°, do CP, pressupõe que o agente tenha concorrido com culpa para o crime doloso de outrem, é dizer, tenha agido com imprudência, negligência ou imperícia.

Gabarito "A".

(OAB/Exame Unificado – 2010.1) Considere que Charles, funcionário público no exercício de suas funções, tenha desviado dolosamente valores particulares de que tinha a posse em razão do cargo. Nessa situação hipotética,

(A) Charles praticou crime de furto, e não de peculato, haja vista que os valores de que tinha a posse em razão do cargo eram particulares, e não, públicos.

(B) se Charles reparar o dano antes do recebimento da denúncia, sua punibilidade será extinta; se o fizer posteriormente, sua pena será diminuída.

(C) a pena de Charles não seria alterada na eventualidade de ser ele ocupante de cargo em comissão de órgão da administração direta, visto que a tipificação do crime já considera o fato de ser o agente funcionário público como elementar do tipo.

(D) Charles praticou peculato-desvio, podendo eventual reparação do dano ser considerada arrependimento posterior ou circunstância atenuante genérica, a depender do momento em que for efetivada.

A: incorreta. O tipo penal do peculato prevê o envolvimento de valores particulares de que o agente tem a posse em razão do cargo. Assim dispõe o art. 312 do CP: "Apropriar-se o funcionário público de dinheiro, valor ou qualquer outro bem móvel, público ou particular, de que tem a posse em razão do cargo, ou desviá-lo, em proveito próprio ou alheio. Pena: reclusão, de dois a doze anos, e multa. § 1.° Aplica-se a mesma pena, se o funcionário público, embora não tendo a posse do dinheiro, valor ou bem, o subtrai, ou concorre para que seja subtraído, em proveito próprio ou alheio, valendo-se de facilidade que lhe proporciona a qualidade de funcionário."; **B:** incorreta. A reparação do dano só gera os efeitos mencionados no caso de peculato culposo (CP, art. 312). § 2.° "Se o funcionário concorre culposamente para o crime de outrem. Pena: detenção, de três meses a um ano." § 3.° "No caso do parágrafo anterior, a reparação do dano, se precede à sentença irrecorrível, extingue a punibilidade; se lhe é posterior, reduz de metade a pena imposta."; **C:** incorreta. Há aumento de um terço da pena em tais situações. Assim dispõe o art. 327, § 2.°, do CP: "A pena será aumentada da terça parte quando os autores dos crimes previstos neste Capítulo forem ocupantes de cargos em comissão ou de função de direção ou assessoramento de órgão da administração direta, sociedade de economia mista, empresa pública ou fundação instituída pelo poder público."; **D:** correta. A conduta se amolda ao tipo descrito no art. 312 do CP. Além disso, quanto ao arrependimento posterior, assim prevê o CP, no art. 16: "Nos crimes cometidos sem violência ou grave ameaça à pessoa, reparado o dano ou restituída a coisa, até o recebimento da denúncia ou da queixa, por ato voluntário do agente, a pena será reduzida de um a dois terços." Se for posterior ao recebimento da denúncia, somente haverá a incidência de circunstância atenuante genérica.

Gabarito "D".

(OAB/Exame Unificado – 2008.3) Segundo o Código Penal (CP), aquele que patrocina, direta ou indiretamente, interesse privado perante a administração pública, valendo-se da qualidade de funcionário público, pratica o crime de

(A) Prevaricação.

(B) Condescendência criminosa.

(C) Tráfico de influência.

(D) Advocacia administrativa.

A: incorreto (art. 319 do CP); **B:** incorreto (art. 320 do CP); **C:** incorreto (art. 332 do CP); **D:** correto. O crime de *advocacia administrativa* – art. 321, CP – é praticado pelo funcionário público que, prevalecendo-se da condição de *intraneus*, defende interesse alheio perante a Administração Pública. Se se tratar de interesse ilegítimo, incidirá a qualificadora do parágrafo único do art. 321 do Código Penal.

Gabarito "D".

(FGV – 2013) Sobre os crimes praticados por funcionário público contra a Administração em geral, analise as afirmativas a seguir.

I. O Código Penal admite a figura do peculato culposo.

II. Configura crime de corrupção ativa solicitar ou receber, para si ou para outrem, direta ou indiretamente, ainda que fora da função ou antes de assumi-la, mas em razão dela, vantagem indevida, ou aceitar promessa de tal vantagem.

III. Aquele que retarda ou deixa de praticar, indevidamente, ato de ofício ou o pratica contra disposição expressa de lei, para satisfazer interesse ou sentimento pessoal pratica crime de concussão.

IV. Equipara-se a funcionário público aquele que exerce cargo, emprego ou função em entidade paraestatal.

Assinale:

(A) se somente as afirmativas II e IV estiverem corretas.

(B) se apenas as afirmativas I e II estiverem corretas.

(C) se apenas as afirmativas II e III estiverem corretas.

(D) se apenas as afirmativas I e III estiverem corretas.

(E) se apenas as afirmativas I e IV estiverem corretas.

I: correta. De fato, o Código Penal, em seu art. 312, § 2°, traz a previsão da figura do *peculato culposo*, no qual incorre o funcionário que, de forma culposa, concorre para o crime de outrem; **II:** incorreta, uma vez que a assertiva contempla a descrição típica do crime de *corrupção passiva* (art. 317, CP), e não o de *corrupção ativa* (art. 333, CP), que é crime praticado por particular contra a Administração e consiste em oferecer ou prometer vantagem indevida a funcionário público. Veja que, se o particular oferece e o funcionário aceita a promessa de receber vantagem, este incorrerá no crime de corrupção passiva (crime próprio do funcionário público) e aquele (particular), por sua vez, cometerá, por ter tido a iniciativa de oferecer ao funcionário a vantagem que não lhe era devida, o delito de corrupção ativa (que pode ser praticado por qualquer pessoa – crime comum); **III:** incorreta. A proposição contém a descrição típica do crime de *prevaricação* (art. 319, CP). O crime de *concussão*, previsto no art. 316 do CP, consiste na imposição (exigência) de pagamento formulada pelo funcionário e dirigida ao particular; **IV:** correta, nos termos do art. 327, § 1°, primeira parte, do CP.

Gabarito "E".

958 EDUARDO DOMPIERI

(FGV – 2011) O servidor público pode responder civil, penal e administrativamente por seus atos. A esse respeito, analise a tipificação das condutas pelo Código Penal e a descrição proposta para as situações delitivas a seguir:

I. Peculato culposo: apropriar-se de dinheiro ou qualquer utilidade que, no exercício do cargo, recebeu por erro de outrem.

II. Emprego irregular de verbas ou rendas públicas: dar às verbas ou rendas públicas aplicação diversa da estabelecida em lei.

III. Prevaricação: retardar ou deixar de praticar, indevidamente, ato de ofício, ou praticá-lo contra disposição expressa de lei, para satisfazer interesse ou sentimento pessoal.

IV. Condescendência criminosa: devassar o sigilo de proposta de concorrência pública, ou proporcionar a terceiro o ensejo de devassá-lo.

Assinale

(A) se apenas os itens I, II e III estiverem corretos.

(B) se apenas os itens II, III e IV estiverem corretos.

(C) se apenas os itens II e III estiverem corretos.

(D) se apenas os itens I e IV estiverem corretos.

(E) se apenas os itens I, II e IV estiverem corretos.

I: incorreto. A assertiva contempla o preceito primário do crime capitulado no art. 313 do CP – *peculato mediante erro de outrem*, e não o do crime de peculato culposo, este previsto no art. 312, § 2º, do CP, cujo preceito primário tem a seguinte redação: "Se o funcionário concorre culposamente para o crime de outrem"; II: assertiva correta, tendo em vista que a sua redação corresponde ao preceito primário do crime do art. 315 do CP – *emprego irregular de verbas ou rendas públicas*; III: assertiva correta, visto que a sua redação corresponde ao preceito primário do crime do art. 319 do CP – *prevaricação*; IV: incorreta, pois esta assertiva contempla o preceito primário do crime do art. 326 do CP – *violação do sigilo de proposta de concorrência*, e não o do crime de *condescendência criminosa*, previsto no art. 320 do CP, cujo preceito primário tem a seguinte redação: "Deixar o funcionário, por indulgência, de responsabilizar subordinado que cometeu infração no exercício do cargo ou, quando lhe falte competência, não levar o fato ao conhecimento da autoridade competente". Gabarito "C".

(FGV – 2010) Relativamente ao tema dos *crimes contra a administração pública*, analise as afirmativas a seguir.

I. Considera-se funcionário público, para os efeitos penais, quem, embora transitoriamente exerce cargo, emprego ou função pública, excetuados aqueles que não percebam qualquer tipo de remuneração.

II. Equipara-se a funcionário público quem exerce cargo, emprego ou função em entidade paraestatal, mas não quem trabalha para empresa prestadora de serviço contratada para a execução de atividade típica da Administração Pública.

III. A pena é aumentada da terça parte quando o autor do crime praticado por funcionário público contra a administração em geral for ocupante de cargo em comissão de órgão da administração direta.

Assinale:

(A) se somente a afirmativa I estiver correta.

(B) se somente a afirmativa II estiver correta.

(C) se somente a afirmativa III estiver correta.

(D) se somente as afirmativas II e III estiverem corretas.

(E) se todas as afirmativas estiverem corretas.

I: incorreto. Nos termos do disposto no art. 327, *caput*, do CP, considera-se funcionário público, para os fins penais, aquele que, embora transitoriamente ou *sem remuneração*, exerce cargo, emprego ou função pública. Como se vê, o fato de o agente não perceber remuneração não impede que seja considerado, para os fins penais, funcionário público; II: incorreto. Estabelece o art. 327, § 1º, do CP que é considerado funcionário público *por equiparação* aquele que exerce cargo, emprego ou função em entidade paraestatal e também quem trabalha para empresa prestadora de serviço contratada ou conveniada para a execução de atividade típica da Administração Pública; III: assertiva correta, nos termos do art. 327, § 2º, do CP. Gabarito "C".

(FGV – 2010) É crime praticado por funcionário público contra a Administração em geral, previsto no Código Penal:

(A) corrupção ativa.

(B) tráfico de influência.

(C) advocacia administrativa.

(D) favorecimento real.

(E) fraude processual.

A e B: incorretas. A *corrupção ativa* e o *tráfico de influência*, capitulados, respectivamente, nos arts. 333 e 332 do CP, são delitos praticados por particular contra a Administração em geral; **C:** correta, pois o crime de *advocacia administrativa*, previsto no art. 321 do CP, é crime próprio, na medida em que somente comporta na qualidade de sujeito ativo o funcionário público, salvo o particular na condição de coautor ou partícipe, desde que tal circunstância seja de seu conhecimento. É, pois, crime praticado por funcionário público contra a Administração em geral (Capítulo I do Título XI do CP); **D e E:** incorretas. Os crimes de *favorecimento real* (art. 349, CP) e *fraude processual* (art. 347, CP) são delitos contra a Administração da Justiça – Capítulo III do Título XI do CP. Não são próprios de funcionário público. Gabarito "C".

(FGV – 2010) Com relação ao conceito de funcionário público e às causas de aumento de pena dos crimes praticados por funcionário público contra a administração em geral, previsto no Código Penal, analise as alternativas a seguir:

I. Considera-se funcionário público, para os efeitos penais, quem, embora transitoriamente ou sem remuneração, exerce cargo, emprego ou função pública.

II. Equipara-se a funcionário público, para os efeitos penais, quem trabalha para empresa prestadora de serviço contratada ou conveniada para a execução de atividade típica da Administração Pública.

III. A pena será aumentada da metade quando os autores dos crimes praticados forem ocupantes de cargos em comissão ou de função de direção ou de assessoramento de órgão da administração direta.

Assinale:

(A) se somente a afirmativa I estiver correta.

(B) se somente a afirmativa II estiver correta.

(C) se somente as afirmativas I e II estiverem corretas.

(D) se somente as afirmativas II e III estiverem corretas.

(E) se todas as afirmativas estiverem corretas.

I: correta. A assertiva corresponde ao teor do art. 327, *caput*, do CP; II: correta. A assertiva está de acordo com o que prescreve o art. 327, § 1º, segunda parte, do CP; III: o aumento previsto no § 2º do art. 327 do CP (terça parte) não corresponde ao da assertiva (metade), que está, portanto, incorreta. Gabarito "C".

14. DIREITO PENAL   959

(FGV – 2010) No que tange à corrupção passiva é correto afirmar que:

(A) a vantagem indevida oferecida é, exclusivamente, de natureza patrimonial.

(B) o ato funcional visado pela corrupção tanto pode ser lícito como ilícito.

(C) é válido o entendimento de que o funcionário em gozo de férias não possa ser agente do delito.

(D) o agente atua para satisfazer interesse ou sentimento pessoal.

(E) a pena é aumentada da metade se o funcionário público retarda, efetivamente, o dever funcional.

A: incorreto. Neste ponto há divergência na doutrina. Há quem entenda que o objeto material deste crime é representado somente pela vantagem indevida de natureza patrimonial; outros, porém, admitem qualquer espécie de benefício, não só o de natureza patrimonial; **B:** correto. Dá-se aqui origem à chamada corrupção *própria* (o ato funcional visado pela corrupção é ilícito) e à *imprópria* (o ato funcional visado pela corrupção é lícito); **C:** incorreto. No crime de *corrupção passiva*, a exemplo do que ocorre com o crime de *concussão*, é desnecessário que o funcionário esteja trabalhando no momento da prática do crime, sendo, entretanto, fundamental que o *intraneus* o faça em razão da função que exerce; **D:** incorreto. Se o agente viola sua função com o propósito de satisfazer *interesse* ou *sentimento pessoal*, praticará o crime descrito no art. 319 do CP – *prevaricação*. Na *corrupção passiva* a situação é outra: o sujeito visa a uma *vantagem indevida*; **E:** incorreto. A pena é aumentada de um terço se o funcionário retarda ou deixa de praticar qualquer ato de ofício ou o pratica infringindo dever funcional – art. 317, § 1º, do CP.
Gabarito "B".

(FGV – 2010) O funcionário José, responsável pela prestação de informações aos sistemas informatizados ou banco de dados da Administração Pública Federal, após receber da empresa "X" uma determinada quantia em dinheiro, excluiu, indevidamente, alguns dados corretos do sistema, o que implicou inequívoco prejuízo à Administração Tributária. Sobre a situação hipotética do funcionário José é correto afirmar que:

(A) responderá somente por infração de ordem administrativa, uma vez que sua conduta não caracteriza qualquer ilícito penal.

(B) além das consequências administrativas a que estará sujeito, responderá por crime de peculato, previsto no artigo 313, *caput,* do Código Penal.

(C) além das consequências administrativas a que estará sujeito, responderá por crime de excesso de exação, previsto no artigo 316, parágrafo 1º, do Código Penal.

(D) além das consequências administrativas a que estará sujeito, responderá por crime de modificação ou alteração não autorizada de sistema de informações, previsto no artigo 313-B do Código Penal.

(E) além das consequências administrativas, a que estará sujeito, responderá por crime de inserção de dados falsos em sistema de informações, previsto no artigo 313-A do Código Penal.

Neste crime do art. 313-A do CP, que é próprio, visto que exige do agente uma qualidade especial, qual seja, a de ser funcionário autorizado a operar sistemas informatizados ou bancos de dados, o sujeito ativo *insere* dados falsos, *facilita* sua inserção, *altera* ou *exclui* indevidamente dados corretos nos sistemas informatizados ou bancos de dados da Administração Pública imbuído do propósito de obter vantagem indevida ou causar dano. Há doutrinadores que consideram esse crime como sendo *de mão própria*.
Gabarito "E".

(FGV – 2010) Um servidor público, valendo-se da facilidade que lhe proporciona a qualidade de funcionário da Secretaria da Receita, subtrai diversos objetos de uso da repartição, inclusive um microcomputador, para seu uso pessoal. O crime descrito configura:

(A) peculato-furto.

(B) furto qualificado.

(C) exploração de função.

(D) emprego irregular de bem público.

(E) favorecimento pessoal.

No *peculato-furto* (art. 312, § 1º, do CP), também chamado pela doutrina de *impróprio*, o agente, embora não tenha a posse do bem, diferentemente do que ocorre no peculato-apropriação (*próprio*), vale-se de facilidade que o cargo lhe proporciona para *efetuar* a subtração ou *concorrer* para que terceiro o faça. Tal facilidade, que constitui pressuposto desta modalidade de peculato doloso, consiste, por exemplo, no livre ingresso que o funcionário tem ao interior da repartição.
Gabarito "A".

(FGV – 2010) Com relação aos crimes praticados por funcionário público contra a Administração Pública, previstos no Código Penal, considere as seguintes assertivas:

I. Modificar ou alterar sistema de informações ou programa de informática sem autorização ou solicitação de autoridade competente acarreta, para o agente, as penas de detenção e multa.

II. Na advocacia administrativa, a conduta típica consiste em patrocinar interesse privado alheio perante a Administração Pública, ainda que legítimo, valendo-se da qualidade de funcionário.

III. A forma privilegiada de corrupção passiva ocorre quando o funcionário público pratica, deixa de praticar ou retarda ato de ofício, com infração de dever funcional cedendo a pedido ou influência de outrem.

IV. A concussão se consuma com a simples exigência da vantagem indevida, sendo que a sua obtenção pode se concretizar no futuro e se destinar ao agente ou a terceira pessoa.

Assinale:

(A) se somente as assertivas I e II estiverem corretas.

(B) se somente as assertivas I e IV estiverem corretas.

(C) se somente as assertivas I, II e III estiverem corretas.

(D) se somente as assertivas I, II e IV estiverem corretas.

(E) se todas as assertivas estiverem corretas.

I: assertiva correta, nos termos do que estabelece o art. 313-B do CP (modificação ou alteração não autorizada de sistema de informações); **II:** proposição correta, nos moldes do art. 321 do CP. A prática deste crime pressupõe que o interesse defendido pelo agente seja de terceiro; **III:** assertiva correta, nos termos do art. 317, § 2º, do CP; **IV:** assertiva correta, visto que, de fato, o crime de concussão se consuma com a mera *exigência*, isto é, com a imposição do pagamento indevido, não sendo necessário que se concretize o recebimento da vantagem, que, se porventura ocorrer, configurará mero *exaurimento*.
Gabarito "E".

EDUARDO DOMPIERI

(FGV – 2010) Com base no Código Penal, considere as seguintes assertivas:

I. Em relação aos crimes chamados funcionais, equipara-se a funcionário público quem exerce cargo, emprego ou função em empresas públicas, autarquias e sociedades de economia mista.

II. Os jurados e mesários eleitorais foram alcançados pela conceituação de funcionário público para fins penais.

III. Quando o funcionário público detentor de função de direção de órgão da Administração Direta pratica o crime de prevaricação, a pena é aumentada da terça parte.

Assinale:

(A) se somente a afirmativa I estiver correta.

(B) se somente a afirmativa II estiver correta.

(C) se somente a afirmativa III estiver correta.

(D) se somente as afirmativas I e II estiverem corretas.

(E) se todas as afirmativas estiverem corretas.

I: assertiva correta. São os chamados funcionários públicos *por equiparação*, (art. 327, § 1º, do CP); II: assertiva correta. Os *jurados* e *mesários eleitorais* exercem função pública (art. 327, *caput*, do CP); III: assertiva correta, conforme art. 327, § 3º, do CP.

Gabarito "E".

21. CRIMES CONTRA AS FINANÇAS PÚBLICAS

(OAB/Exame Unificado – 2007.3) No que se refere aos crimes contra as finanças públicas, previstos no Código Penal, assinale a opção correta.

(A) A prestação de garantia graciosa em operação de crédito sem contragarantia de valor igual ou superior ao da garantia prestada só será criminosa se a operação de crédito não for honrada.

(B) Responde criminalmente o funcionário público que ordenar despesa não autorizada por dispositivo legal.

(C) O Código Penal incrimina o aumento de despesa total de pessoal a partir dos 365 dias finais do mandato ou da legislatura do funcionário público.

(D) Aquele que ordena a colocação, no mercado financeiro, de títulos da dívida pública em desacordo com as normas legais responde como partícipe. Autor é aquele que efetivamente coloca, no mercado financeiro, os títulos da dívida pública em comento.

A: correto (art. 359-E do CP – prestação de garantia graciosa); **B:** incorreto, devendo ser assinalado (art. 359-D do CP); **C:** correto (art. 359-G do CP – aumento de despesa total no último ano do mandato ou legislatura); **D:** correto (art. 359-H do CP – oferta pública ou colocação de títulos no mercado).

Gabarito "B".

22. OUTROS CRIMES DO CÓDIGO PENAL

(OAB/Exame Unificado – 2019.1) Frederico, de maneira intencional, colocou fogo no jardim da residência de seu chefe de trabalho, causando perigo ao patrimônio deste e dos demais vizinhos da região, já que o fogo se alastrou rapidamente, aproximando-se da rede elétrica e de pessoas que passavam pelo local. Ocorre que Frederico não se certificou, com as cautelas necessárias, que não haveria ninguém no jardim, de modo que a conduta por ele adotada causou a morte de uma criança, queimada, que brincava no local.

Desesperado, Frederico procura você, como advogado(a), e admite os fatos, indagando sobre eventuais consequências penais de seus atos.

Considerando apenas as informações narradas, o(a) advogado(a) de Frederico deverá esclarecer que a conduta praticada configura crime de

(A) homicídio doloso qualificado pelo emprego de fogo.

(B) incêndio doloso simples.

(C) homicídio culposo.

(D) incêndio doloso com aumento de pena em razão do resultado morte.

Consta que Frederico, de forma intencional (agiu com dolo), ateou fogo no jardim da residência de seu chefe, causando perigo ao patrimônio deste e dos demais vizinhos da região, já que o fogo se alastrou rapidamente, aproximando-se da rede elétrica e de pessoas que passavam pelo local. Está-se aqui a falar do crime de incêndio, previsto no art. 250 do CP, cuja conduta consiste em causar (provocar) incêndio de forma a expor a perigo a vida, a integridade física ou o patrimônio de outrem. Acontece que, agindo de forma descuidada (sem as devidas cautelas), Frederico deixou de verificar que, no jardim em que ateou fogo, havia uma criança brincando. Perceba que o enunciado é claro ao afastar o dolo de Frederico em relação à morte da criança quando afirma que ele "*não se certificou, com as cautelas necessárias, que não haveria ninguém no jardim (...)*". Dessa forma, podemos afastar a ocorrência do delito de homicídio doloso (assertiva "A"). De outro lado, o enunciado deixa claro que a conduta anterior de Frederico (causar incêndio) é dolosa, já que ele "*de maneira intencional, colocou fogo no jardim da residência de seu chefe de trabalho (...)*". Até aqui, temos um crime doloso (incêndio) seguido de um evento culposo (morte). Para uma perfeita adequação da conduta descrita no enunciado, devemos recorrer ao art. 258 do CP, que estabelece que, se do crime doloso de perigo comum resulta morte, a pena é aplicada em dobro. Portanto, a pena prevista para o crime de incêndio doloso, praticado por Frederico, deve ser aplicada em dobro, por conta do evento morte, produzido a título de culpa.

Gabarito "D".

(OAB/Exame Unificado – 2014.2) José, mestre de obras, foi contratado para realizar a reforma de um escritório no centro da cidade de Niterói. Durante a reforma, José, sem analisar a planta do edifício, derruba uma parede do escritório, com o intuito de unir duas salas contíguas. Dois dias após a derrubada da parede, o prédio desaba, e, no desabamento, morre uma pessoa que estava no local na hora da queda. A perícia consegue apurar que a queda foi provocada pela obra realizada por José, que não poderia derrubar a parede, pois esta seria estrutural no edifício. Diante dos fatos narrados, assinale a opção que indica a responsabilidade penal de José.

(A) Desabamento doloso em concurso formal com o crime de homicídio doloso.

(B) Desabamento doloso em concurso material com o crime de homicídio culposo.

(C) Desabamento culposo, circunstanciado pela causa de aumento de pena em razão da morte culposa da vítima.

(D) Desabamento culposo, circunstanciado pela causa de aumento de pena em razão da morte dolosa da vítima.

14. DIREITO PENAL 961

A: incorreta. Não há que se falar, aqui, em crime doloso, quer em relação ao desabamento, quer em relação ao evento morte. O enunciado, em momento algum, sugere que José desejou o desabamento do prédio ou mesmo a morte da pessoa que ali se encontrava. A conduta do mestre de obras, portanto, que deixou de observar regras próprias de edificação (não consultou a planta do local), se enquadra no art. 256, parágrafo único, do CP (desabamento culposo), com incidência da causa de aumento de pena presente no art. 258, 2ª parte, CP, que estabelece que a pena, se do desabamento culposo resultar morte, será a do homicídio culposo (detenção de 1 a 3 anos), aumentada de um terço; **B:** incorreta. Reporto-me ao comentário à alternativa anterior; **C:** correta. A justificativa encontra-se no comentário à alternativa "A"; **D:** incorreta, dado que a morte foi produzida a título de culpa (o mestre de obras deixou de observar regra de edificação).
Gabarito "C".

(OAB/Exame Unificado – 2008.1) Júlio, empresário, deixou de recolher, no prazo legal, contribuição destinada à previdência social que ele havia descontado de pagamento efetuado a segurado. Considerando a situação hipotética descrita, assinale a opção correta.

(A) O crime praticado por Júlio constitui espécie de apropriação indébita, que deve ser processado na justiça federal mediante ação penal pública incondicionada.

(B) O crime, consumado no momento em que Júlio decidiu deixar de recolher as contribuições, depois de ultrapassado o prazo legal, admite tentativa e a modalidade culposa.

(C) Caso Júlio, espontaneamente, confesse e efetue o pagamento integral das contribuições à previdência social, antes do início da ação fiscal, ele terá direito à suspensão condicional da pena.

(D) O juiz deve conceder o perdão judicial ou aplicar somente a pena de multa, caso Júlio seja primário e tenha bons antecedentes.

Art. 168-A, § 1º, I, do CP. A competência é da Justiça Federal e a ação é pública incondicionada.
Gabarito "A".

23. CRIMES RELATIVOS A DROGAS

(OAB/Exame XXXVII) Quinho foi preso em flagrante delito portando 1 quilo de cocaína, ao tentar embarcar em ônibus na rodoviária Novo Rio (no Rio de Janeiro/RJ) que seguiria em direção a São Paulo/SP, onde Quinho pretendia vender tal substância para um comprador local.

Ao ser denunciado por tráfico de drogas interestadual (Art. 33 c/c. Art. 40, inciso V, ambos da Lei nº. 11.343/2006), a defesa técnica de Quinho alegou que a hipótese seria de tráfico de drogas simples, pois, em razão da prisão em flagrante delito, o acusado jamais conseguiu efetivamente transpor a fronteira entre os Estados do Rio de Janeiro/RJ e São Paulo/SP.

Sobre a incidência da majorante prevista no Art. 40, inciso V, da Lei nº 11.343/2006, assinale a afirmativa correta.

(A) São imprescindíveis a inequívoca intenção de realizar o tráfico interestadual e a efetiva transposição de fronteiras.

(B) São desnecessárias a inequívoca intenção de realizar o tráfico interestadual e a efetiva transposição de fronteiras.

(C) Basta a inequívoca intenção de realizar o tráfico interestadual, sendo desnecessária a efetiva transposição de fronteiras.

(D) Basta a efetiva transposição de fronteiras, sendo desnecessária a inequívoca intenção de realizar o tráfico interestadual.

A configuração da majorante contida no art. 40, V, da Lei 11.343/2006 (interestadualidade do tráfico), dispensa a efetiva transposição da droga entre Estados. Confira-se o entendimento do STJ: "*HABEAS CORPUS.* CRIME DE TRÁFICO ILÍCITO DE ENTORPECENTES. INCIDÊNCIA DA CAUSA DE AUMENTO PREVISTA NO ART. 40, INCISO V, DA LEI Nº 11.343/2006. PRESCINDÍVEL A EFETIVA TRANSPOSIÇÃO DE FRONTEIRAS. *HABEAS CORPUS* DENEGADO. 1. Segundo reiterados julgados da Quinta Turma desta Corte Superior e do Supremo Tribunal Federal, para a incidência da causa de aumento de pena prevista no art. 40, inciso V, da Lei nº 11.343/2006 é prescindível a efetiva transposição das fronteiras do Estado, sendo suficiente a existência de elementos que evidenciem a destinação final da droga para fora dos limites estaduais. 2. No caso em comento, houve a devida comprovação de que o Acusado pretendia transportar os 764 quilogramas de maconha da cidade de Aral Moreira para Dourados, e, após, seria entregue no Estado do Rio de Janeiro, caracterizando-se a interestadualidade do tráfico ilícito de entorpecentes. 3. *Habeas corpus* denegado." (HC 251223/MS (2012/0168234-0), 5ª Turma, j. 05.03.2013, rel. Min. Laurita Vaz, *DJe* 12.03.2013). Nesse sentido, ainda, a Súmula 587 do STJ: "*Para a incidência da majorante prevista no artigo 40, V, da Lei 11.343/06, é desnecessária a efetiva transposição de fronteiras entre estados da federação, sendo suficiente a demonstração inequívoca da intenção de realizar o tráfico interestadual*".
Gabarito "C".

(OAB/Exame XXXVI) Policiais militares em patrulhamento de rotina, ao passarem próximos a um conhecido ponto de venda de drogas, flagraram Elias, reincidente específico no crime de tráfico ilícito de entorpecentes, vendendo um "pino" contendo cocaína a um usuário local.

Ao perceber que os policiais dirigiam-se para a abordagem, o aludido usuário, de modo perspicaz, jogou ao chão o entorpecente adquirido e conseguiu se evadir mas Elias acabou sendo preso em flagrante.

Ato contínuo, em revista pessoal, nos bolsos de Elias foram encontrados mais 119 (cento e dezenove) pinos de material branco pulverulento, que se comprovou, a posteriori, tratar-se de um total de 600g de substância entorpecente capaz de causar dependência, conhecida como cocaína.

Diante de tal situação e após cumpridos todos os trâmites legais, o Ministério Público denunciou Elias pela prática do crime de tráfico ilícito de entorpecentes, duas vezes, nas modalidades "vender" e "trazer consigo", em concurso material de crimes.

A capitulação feita pelo parquet está

(A) incorreta, tendo em vista que a norma do Art. 33 da Lei nº 11.343/06 é de ação múltipla, devendo Elias responder pela prática de um único crime de tráfico ilícito de entorpecentes.

(B) incorreta, porque, embora os verbos – vender e trazer consigo – integrem o tipo penal do Art. 33 da Lei nº 11.343/06, a hipótese é de concurso formal de crimes, pois Elias, mediante uma só ação, praticou dois crimes.

(C) correta, uma vez que ambos os verbos – vender e trazer consigo – constam no tipo penal do Art. 33 da Lei nº 11343/06, indicando- se a pluralidade de condutas.

(D) incorreta, pois Elias faz jus à causa de redução prevista no Art. 33, § 4º, da Lei nº 11.343/06, por não se comprovar ser dedicado a atividades criminosas.

O tráfico de drogas, capitulado no art. 33 da Lei 11.343/2006, é classificado como *crime de ação múltipla* (conteúdo variado ou plurinuclear), isto é, ainda que o agente pratique, no mesmo contexto fático, mais de uma ação típica (cada qual representada por um núcleo), responderá por um único crime (incidência do *princípio da alternatividade*), sendo possível que o julgador, no momento da dosimetria da pena, considere o número de ações para fixar a reprimenda proporcional às condutas perpetradas pelo agente. No caso narrado no enunciado, as condutas consistentes em *vender* e *trazer consigo* foram praticadas no mesmo contexto fático, o que impõe, por força do princípio da alternatividade, o reconhecimento de um único crime de tráfico.

Gabarito "A".

(OAB/Exame Unificado – 2020.1) André, nascido em 21/11/2001, adquiriu de Francisco, em 18/11/2019, grande quantidade de droga, com o fim de vendê-la aos convidados de seu aniversário, que seria celebrado em 24/11/2019. Imediatamente após a compra, guardou a droga no armário de seu quarto.

Em 23/11/2019, a partir de uma denúncia anônima e munidos do respectivo mandado de busca e apreensão deferido judicialmente, policiais compareceram à residência de André, onde encontraram e apreenderam a droga que era por ele armazenada. De imediato, a mãe de André entrou em contato com o advogado da família.

Considerando apenas as informações expostas, na Delegacia, o advogado de André deverá esclarecer à família que André, penalmente, será considerado

(A) inimputável, devendo responder apenas por ato infracional análogo ao delito de tráfico, em razão de sua menoridade quando da aquisição da droga, com base na Teoria da Atividade adotada pelo Código Penal para definir o momento do crime.

(B) inimputável, devendo responder apenas por ato infracional análogo ao delito de tráfico, tendo em vista que o Código Penal adota a Teoria da Ubiquidade para definir o momento do crime.

(C) imputável, podendo responder pelo delito de tráfico de drogas, mesmo adotando o Código Penal a Teoria da Atividade para definir o momento do crime.

(D) imputável, podendo responder pelo delito de associação para o tráfico, que tem natureza permanente, tendo em vista que o Código Penal adota a Teoria do Resultado para definir o momento do crime.

Segundo consta, André, quando ainda contava com 17 anos de idade, adquiriu, no dia 18/11/2019, grande quantidade de droga com o fim de comercializá-la por ocasião de seu aniversário de 18 anos, que seria celebrado alguns dias depois, mais especificamente no dia 24/11/2019. Neste ínterim, durante o qual André permaneceu na posse da droga por ele adquirida, foi alcançada a sua maioridade (21/11/2019). Passou a ser considerado, portanto, a partir de então, imputável. A questão que se coloca é saber se se deve considerar, como momento do crime, a conduta consistente em adquirir a droga, o que se deu ao tempo em que André contava com 17 anos e, portanto, era inimputável, ou o momento em que ele foi preso em flagrante quando guardava a substância que adquirira. Como bem sabemos, o tipo penal do art. 33, *caput*, da Lei de Drogas abriga diversos verbos nucleares, entre os quais *guardar*, que tem o sentido de tomar conta, proteger. Esta conduta configura modalidade permanente de crime, isto é, a consumação, que se protrai

no tempo, ocorre enquanto o agente permanece na posse do entorpecente. No caso acima narrado, a consumação teve início quando da aquisição da droga por André e assim permaneceu até o momento de sua prisão em flagrante. Como se pode perceber, ao tempo em que André já atingira a maioridade, o crime estava em processo de consumação. Em razão disso, é correto afirmar que André deverá responder pelo crime de tráfico de drogas como imputável.

Gabarito "C".

(OAB/Exame Unificado – 2017.3) Com dificuldades financeiras para comprar o novo celular pretendido, Vanessa, sem qualquer envolvimento pretérito com aparato policial ou judicial, aceita, a pedido de namorado de sua prima, que havia conhecido dois dias antes, transportar 500 g de cocaína de Alagoas para Sergipe. Apesar de aceitar a tarefa, Vanessa solicitou como recompensa R$ 5.000,00, já que estava muito nervosa por nunca ter adotado qualquer comportamento parecido.

Após a transferência do valor acordado, Vanessa esconde o material entorpecente na mala de seu carro e inicia o transporte da substância. Ainda no estado de Alagoas, 30 minutos depois, Vanessa é abordada por policiais e presa em flagrante.

Após denúncia pela prática do crime de tráfico de drogas com causa de aumento do Art. 40, inciso V, da Lei nº 11.343/06 ("caracterizado tráfico entre Estados da Federação ou entre estes e o Distrito Federal"), durante a instrução, todos os fatos são confirmados: Folha de Antecedentes Criminais sem outras anotações, primeira vez no transporte de drogas, transferência de valores, que o bem transportado era droga e que a pretensão era entregar o material em Sergipe.

Intimado da sentença condenatória nos termos da denúncia, o advogado de Vanessa, de acordo com as previsões da Lei nº 11.343/06 e a jurisprudência do Superior Tribunal de Justiça, deverá pleitear

(A) o reconhecimento da causa de diminuição de pena do tráfico privilegiado e reconhecimento da tentativa.

(B) o afastamento da causa de aumento e o reconhecimento da causa de diminuição de pena do tráfico privilegiado.

(C) o afastamento da causa de aumento, apenas.

(D) o reconhecimento da causa de diminuição de pena do tráfico privilegiado, apenas.

A: incorreta. É fato que o advogado de Vanessa deverá pleitear, em seu favor, o reconhecimento da causa de diminuição de pena do art. 33, § 4º, da Lei 11.343/2006, pelo fato de esta ser primária e de bons antecedentes, não integrar organização criminosa tampouco se dedicar a atividades criminosas. De outro lado, é incorreto afirmar-se que o crime permaneceu na esfera da tentativa. Isso porque a consumação foi alcançada no momento em que se deu o início do transporte da droga; **B:** incorreta. A causa de aumento pela configuração de tráfico entre Estados (art. 40, V, Lei 11.343/2006) não deve ser afastada. É que, segundo entendimento consolidado nos tribunais superiores, é prescindível, para a incidência desta causa de aumento, a transposição das divisas dos Estados, sendo suficiente que fique demonstrado que a droga se destinava a outro Estado da Federação. Nesse sentido, conferir: "(...) Esta Corte possui entendimento jurisprudencial, no sentido de que a incidência da causa de aumento, conforme prevista no art. 40, V, da Lei n. 11.343/2006, não exige a efetiva transposição da divisa interestadual, sendo suficientes as evidências de que a substância entorpecente tem como destino qualquer ponto além das linhas da respectiva Unidade da Federação (...)" (AGRESP 201103088503, Campos Marques (Desem-

14. DIREITO PENAL — 963

bargador convocado do TJ/PR), STJ, Quinta Turma, *DJ*e 01.07.2013). Consolidando tal entendimento, o STJ editou a Súmula 587: "Para a incidência da majorante prevista no art. 40, V, da Lei 11.343/2006, é desnecessária a efetiva transposição de fronteiras entre estados da Federação, sendo suficiente a demonstração inequívoca da intenção de realizar o tráfico interestadual"; **C**: incorreta, conforme comentários anteriores; **D**: correta, conforme comentários anteriores.

> **Dica:** a causa de redução de pena do art. 33, § 4º, da Lei 11.343/2006, por ser objeto frequente de questionamento em provas, deve ser bem estudada, em especial os seus requisitos

Gabarito "D".

(OAB/Exame Unificado – 2013.1) Filipe foi condenado em janeiro de 2011 à pena de cinco anos de reclusão pela prática do crime de tráfico de drogas, ocorrido em 2006.

Considerando-se que a Lei n. 11.464, que modificou o período para a progressão de regime nos crimes hediondos para 2/5 (dois quintos) em caso de réu primário, foi publicada em março de 2007, é correto afirmar que:

(A) se reputará cumprido o requisito objetivo para a progressão de regime quando Felipe completar 1/6 (um sexto) do cumprimento da pena, uma vez que o crime foi praticado antes da Lei n. 11.464.

(B) se reputará cumprido o requisito objetivo para a progressão de regime quando Felipe completar 2/5 (dois quintos) do cumprimento da pena, uma vez que a Lei n.11.464 tem caráter processual e, portanto, deve ser aplicada de imediato.

(C) se reputará cumprido o requisito subjetivo para a progressão de regime quando Felipe completar 1/6 (um sexto) do cumprimento da pena, uma vez que o crime foi praticado antes da Lei n. 11.464.

(D) se reputará cumprido o requisito subjetivo para a progressão de regime quando Felipe completar 2/5 (dois quintos) do cumprimento da pena, uma vez que a Lei n.11.464 tem caráter processual e, portanto, deve ser aplicada de imediato.

Aquele que cometeu o crime de tráfico de drogas, que é delito equiparado a hediondo, antes da edição da Lei 11.464/2007, deverá progredir de regime na forma estatuída no art. 112 da LEP, que estabelece que a progressão dar-se-á depois de cumprido 1/6 da pena imposta (além do mérito). É que a antiga redação do art. 2º, § 2º, da Lei 8.072/1990 (Crimes Hediondos), que estabelecia que a pena, nos crimes hediondos e equiparados, fosse cumprida integralmente em regime fechado, foi declarada inconstitucional pelo STF (HC 82.959-SP). Com isso, a progressão, nesses crimes, a partir de então, passou a ser regulada pela norma contida no art. 112 da LEP. Dessa forma, os novos patamares estabelecidos na Lei 11.464/2007 (dois quintos da pena para réu primário ou três quintos da pena para réu reincidente) para a progressão de regime somente poderão incidir nos crimes praticados a partir de sua entrada em vigor, o que somente se deu no ano de 2007. É este o entendimento materializado na Súmula 471 do STJ. Esta questão e seu respectivo comentário são anteriores à entrada em vigor da Lei 13.964/2019, que alterou a redação do art. 112 da LEP, concebendo novos patamares para o reeducando progredir no regime de cumprimento de pena, aqui incluído o condenado pela prática de crime hediondo e equiparado (como é o caso do tráfico), cuja disciplina, até então, estava no art. 2º, § 2º, da Lei 8.072/1990, que estabelecia faixas diferenciadas de cumprimento de pena, dispositivo expressamente revogado pela Lei 13.964/2019. Com isso, as novas regras de progressão, inclusive para os autores de crimes hediondos e assemelhados, estão contempladas no novo art. 112 da LEP, que foi substancialmente reformulado pela Lei 13.964/2019, estabelecendo uma nova e ampla tabela de progressão de regime.

Gabarito "A".

(OAB/Exame Unificado – 2012.1) Huguinho está sendo acusado pela prática do delito de tráfico de entorpecentes. O Ministério Público narra na inicial acusatória que o acusado foi preso em flagrante com 120 papelotes de cocaína, na subida do morro "X", em conhecido ponto de venda de entorpecentes. O Magistrado competente notifica o denunciado Huguinho para apresentar a defesa preliminar. Após a resposta prévia, a denúncia é recebida, oportunidade em que o Juiz designará dia e hora para a audiência de instrução e julgamento, ordenará a citação pessoal do acusado e a intimação do Ministério Público. De acordo com a Lei nº. 11.343/2006, na Audiência de Instrução e Julgamento,

(A) o juiz interrogará o acusado, promoverá a inquirição das testemunhas (acusação e defesa), dando a palavra, sucessivamente, para a acusação e para a defesa, para sustentação oral, proferindo, posteriormente, sentença.

(B) o juiz procederá a inquirição das testemunhas (acusação e defesa), interrogando-se em seguida o acusado e, após, proferirá sentença.

(C) o juiz ouvirá a vítima e as testemunhas de acusação e defesa, interrogando-se a seguir o acusado, se presente, passando-se imediatamente aos debates orais e à prolação da sentença.

(D) o juiz providenciará o interrogatório do acusado, a oitiva da vítima e das testemunhas de defesa, nessa ordem, passando aos debates orais e à prolação da sentença.

Em vista do que estabelece o art. 57 da Lei 11.343/2006, os atos processuais, na audiência de instrução em julgamento, obedecerão à seguinte sequência: interrogatório do acusado, com a posterior indagação das partes, pelo juiz, acerca da existência de algum fato que ainda não foi esclarecido; depois disso, procede-se à inquirição das testemunhas de acusação e defesa; sustentação oral do MP e da defesa; e, ao final, a prolação da sentença, o que será feito de imediato ou no prazo de dez dias. Atenção: segundo jurisprudência atualmente consolidada nos tribunais superiores, o rito processual para o interrogatório, previsto no art. 400 do CPP, deve alcançar todos os procedimentos disciplinados por leis especiais, aqui incluído o rito previsto para as ações penais em que se apura o crime de tráfico de drogas, cujo art. 57 estabelece que o interrogatório realizar-se-á no começo da instrução. Significa que o interrogatório, mesmo nos procedimentos regidos por leis especiais, passa a ser o derradeiro ato da instrução. No entanto, com o fito de não abalar a segurança jurídica dos feitos em que já fora proferida sentença, tal entendimento somente deve ser aplicável aos processos com instrução ainda não ultimada até o dia 11.03.2016, que corresponde à data em que se deu a publicação da ata do julgamento, pelo STF, do HC 127.900. Conferir: "1. Por ocasião do julgamento do HC n. 127.900/AM, ocorrido em 3/3/2016 (DJe 3/8/2016), o Pleno do Supremo Tribunal Federal firmou o entendimento de que o rito processual para o interrogatório, previsto no art. 400 do Código de Processo Penal, deve ser aplicado a todos os procedimentos regidos por leis especiais. Isso porque a Lei n. 11.719/2008 (que deu nova redação ao referido art. 400) prepondera sobre as disposições em sentido contrário previstas em legislação especial, por se tratar de lei posterior mais benéfica ao acusado (lex mitior). 2. De modo a não comprometer o princípio da segurança jurídica dos feitos já sentenciados (CR, art. 5º, XXXVI), houve modulação dos efeitos da decisão: a Corte Suprema estabeleceu que essa nova orientação somente deve ser aplicada aos

EDUARDO DOMPIERI

processos cuja instrução ainda não se haja encerrado. 3. Se nem a doutrina nem a jurisprudência ignoram a importância de que se reveste o interrogatório judicial - cuja natureza jurídica permite qualificá-lo como ato essencialmente de defesa –, não é necessária para o reconhecimento da nulidade processual, nos casos em que o interrogatório do réu tenha sido realizado no início da instrução, a comprovação de efetivo prejuízo à defesa, se do processo resultou condenação. Precedente. 4. O interrogatório é, em verdade, o momento ótimo do acusado, o seu "dia na Corte" (day in Court), a única oportunidade, ao longo de todo o processo, em que ele tem voz ativa e livre para, se assim o desejar, dar sua versão dos fatos, rebater os argumentos, as narrativas e as provas do órgão acusador, apresentar álibis, indicar provas, justificar atitudes, dizer, enfim, tudo o que lhe pareça importante para a sua defesa, além, é claro, de responder às perguntas que quiser responder, de modo livre, desimpedido e voluntário. 5. Não há como se imputar à defesa do acusado o ônus de comprovar eventual prejuízo em decorrência de uma ilegalidade, para a qual não deu causa e em processo que já lhe ensejou sentença condenatória. Isso porque não há, num processo penal, prejuízo maior do que uma condenação resultante de um procedimento que não respeitou as diretrizes legais e tampouco observou determinadas garantias constitucionais do réu (no caso, a do contraditório e a da ampla defesa). 6. Uma vez fixada a compreensão pela desnecessidade de a defesa ter de demonstrar eventual prejuízo decorrente da inversão da ordem do interrogatório do réu, em processo do qual resultou a condenação, também não se mostra imprescindível, para o reconhecimento da nulidade, que a defesa tenha alegado o vício processual já na própria audiência de instrução. 7. Porque reconhecida a nulidade do interrogatório do recorrente, com a determinação de que o Juízo de primeiro grau proceda à nova realização do ato, fica prejudicada a análise das demais matérias suscitadas neste recurso (reconhecimento da minorante prevista no § 4º do art. 33 da Lei de Drogas, fixação do regime aberto e substituição da reprimenda privativa de liberdade por restritivas de direitos). 8. Recurso especial provido, para anular o interrogatório do recorrente e determinar que o Juízo de primeiro grau proceda à nova realização do ato (Processo n. 0000079-90.2016.8.26.0592, da Vara Criminal da Comarca de Tupã - SP)" (STJ, REsp 1825622/SP, Rel. Ministro ROGERIO SCHIETTI CRUZ, SEXTA TURMA, julgado em 20/10/2020, DJe 28/10/2020).

Gabarito "A".

(OAB/Exame Unificado – 2009.3) Considere que Júlio, usuário de droga, tenha oferecido pela primeira vez, durante uma festa, a seu amigo Roberto, sem intuito de lucro, pequena quantidade de maconha para consumirem juntos. Nessa situação hipotética, Júlio

(A) praticou conduta típica, entretanto, como a lei em vigor despenalizou a conduta, ele deve ser apenas submetido a admoestação verbal.

(B) praticou tráfico ilícito de entorpecentes e, de acordo com a legislação em vigor, a pena abstratamente cominada será a mesma do traficante regular de drogas.

(C) deverá ser submetido à pena privativa de liberdade, diversa e mais branda que a prevista abstratamente para o traficante de drogas.

(D) praticou conduta atípica, dada a descriminalização do uso de substância entorpecente.

Cuida-se de inovação introduzida pela Lei 11.343/2006. É a chamada *cessão gratuita e eventual*, que, a teor do art. 33, § 3º, da Lei de Drogas, traz os seguintes requisitos: eventualidade no oferecimento da droga; ausência de objetivo de lucro; intenção de consumir a droga em conjunto; e oferecimento da droga a pessoa de relacionamento do agente. Dado que a pena máxima cominada é de 1 ano, a competência é do Juizado Especial Criminal.

Gabarito "C".

(OAB/Exame Unificado – 2008.3) Com relação à legislação referente ao combate às drogas, assinale a opção correta.

(A) O agente que, para consumo pessoal, semeia plantas destinadas à preparação de pequena quantidade de substância capaz de causar dependência psíquica pode ser submetido à medida educativa de comparecimento à programa ou curso educativo.

(B) O agente que tiver em depósito, para consumo pessoal, drogas sem autorização poderá ser submetido à pena de reclusão.

(C) O agente que transportar, para consumo pessoal, drogas em desacordo com determinação legal poderá ser submetido à pena de detenção.

(D) O agente que entregar a consumo drogas, ainda que gratuitamente, em desacordo com determinação legal, pode ser submetido à pena de advertência sobre os efeitos das drogas.

A: correto (art. 28, III e § 1º, da Lei 11.343/2006); B: incorreto. O agente que tiver em depósito, para consumo pessoal, drogas sem autorização estará sujeito às penas previstas no preceito secundário da norma do art. 28 da Lei 11.343/2006, a saber: advertência sobre os efeitos das drogas; prestação de serviços à comunidade; e medida educativa de comparecimento à programa ou curso educativo. O legislador não previu pena de prisão para esses casos; C: incorreto. Pelas razões invocadas no comentário anterior, serão aplicadas as medidas relacionadas nos incisos do art. 28 da Lei 11.343/2006. A prática deste crime, portanto, não comporta a aplicação de pena de prisão; D: incorreto. A conduta está tipificada no art. 33, *caput*, da Lei 11.343/2006, cuja pena prevista é reclusão de 5 a 15 anos, além do pagamento de 500 a 1.500 dias-multa.

Gabarito "A".

(OAB/Exame Unificado – 2008.2) Assinale a opção correta com base na legislação atual de combate às drogas (Lei n. 11.343/2006).

(A) Se um indivíduo, acusado de tráfico de drogas, colaborar voluntariamente com a investigação policial e o processo criminal na identificação dos demais coautores do crime e na recuperação total do produto do crime, nessa situação, caso ele seja condenado, terá sua pena reduzida nos termos da lei.

(B) Segundo a novel legislação, o indivíduo que esteja cumprindo pena em decorrência de condenação por tráfico ilícito de entorpecentes não pode beneficiar-se de livramento condicional.

(C) O agente que, em razão da dependência de droga, era, ao tempo da ação ou da omissão, qualquer que tenha sido a infração penal praticada, inteiramente incapaz de entender o caráter ilícito do fato ou de determinar-se de acordo com esse entendimento terá sua pena reduzida pela metade.

(D) É vedada, em qualquer fase da persecução criminal relativa aos crimes previstos na lei em questão, a infiltração, por agentes de polícia, em tarefas de investigação.

A: correto (art. 41 da Lei 11.343/2006 – Lei de Tóxicos); B: incorreto (art. 44, parágrafo único, da Lei de Tóxicos); C: incorreto (art. 45 da Lei de Tóxicos); D: incorreto (art. 53, I, da Lei de Tóxicos).

Gabarito "A".

14. DIREITO PENAL   965

(OAB/Exame Unificado – 2008.1) Alguém que tenha, em sua residência, para consumo pessoal, substância entorpecente, sem autorização legal, pratica, segundo a nova legislação sobre o tema, conduta caracterizada como

(A) Contravenção.

(B) Crime.

(C) Infração penal *sui generis*.

(D) Fato atípico.

A natureza jurídica do art. 28 da Lei 11.343/2006 gerou, num primeiro momento, polêmica na doutrina, uma vez que, para uns, teria havido descriminalização da conduta ali descrita. O STF, ao enfrentar a questão, decidiu que o comportamento descrito neste art. 28 continua a ser crime, isso porque inserido no Capítulo III da atual Lei de Drogas. Nesse sentido, a 1ª Turma do STF, no julgamento do RE 430.105-9-RJ, considerou que o dispositivo em questão tem natureza de crime, e o usuário é um "tóxico delinquente" (Rel. Min. Sepúlveda Pertence, j. 13.2.2007), entendimento este, até então, compartilhado pelo STJ. Com isso, a condenação pelo cometimento do crime do art. 28 da Lei de Drogas, embora não imponha ao condenado pena de prisão, tem o condão de gerar reincidência. Mais recentemente, a 6ª Turma do STJ, que até então compartilhava do posicionamento do STF e da 5ª Turma do STJ, apontou para uma mudança de entendimento. Para a 6ª Turma, o art. 28 da Lei de Drogas não constitui crime tampouco contravenção. Trata-se de uma infração penal *sui generis*, razão pena qual o seu cometimento não gera futura reincidência. Havia, como se pode ver, divergência entre a 5ª e a 6ª Turmas do STJ. Conferir o julgado da 5ª Turma, de acordo com o entendimento até então prevalente: "A conduta prevista no art. 28 da Lei n. 11.343/06 conta para efeitos de reincidência, de acordo com o entendimento desta Quinta Turma no sentido de que, *"revela-se adequada a incidência da agravante da reincidência em razão de condenação anterior por uso de droga, prevista no artigo 28 da Lei n. 11.343/06, pois a jurisprudência desta Corte Superior, acompanhando o entendimento do col. Supremo Tribunal Federal, entende que não houve abolitio criminis com o advento da Lei n. 11.343/06, mas mera "despenalização" da conduta de porte de drogas"* (HC 314594/SP, rel. Min. FELIX FISCHER, QUINTA TURMA, DJe 1/3/2016)" (HC 354.997/SP, j. 28/03/2017. julgado em 21/08/2018, DJe 30/08/2018). Conferir o julgado da 6ª Turma que inaugurou a divergência à qual fizemos referência: "1. À luz do posicionamento firmado pelo Supremo Tribunal Federal na questão de ordem no RE nº 430.105/RJ, julgado em 13/02/2007, de que o porte de droga para consumo próprio, previsto no artigo 28 da Lei nº 11.343/2006, foi apenas despenalizado pela nova Lei de Drogas, mas não descriminalizado, esta Corte Superior vem decidindo que a condenação anterior pelo crime de porte de droga para uso próprio configura reincidência, o que impõe a aplicação da agravante genérica do artigo 61, inciso I, do Código Penal e o afastamento da aplicação da causa especial de diminuição de pena do parágrafo 4º do artigo 33 da Lei nº 11.343/06. 2. Todavia, se a contravenção penal, punível com pena de prisão simples, não configura reincidência, resta inequivocamente desproporcional a consideração, para fins de reincidência, da posse de droga para consumo próprio, que conquanto seja crime, é punida apenas com "advertência sobre os efeitos das drogas", "prestação de serviços à comunidade" e "medida educativa de comparecimento à programa ou curso educativo", mormente se se considerar que em casos tais não há qualquer possibilidade de conversão em pena privativa de liberdade pelo descumprimento, como no caso das penas substitutivas. 3. Há de se considerar, ainda, que a própria constitucionalidade do artigo 28 da Lei de Drogas, que está cercado de acirrados debates acerca da legitimidade da tutela do direito penal em contraposição às garantias constitucionais da intimidade e da vida privada, está em discussão perante o Supremo Tribunal Federal, que admitiu Repercussão Geral no Recurso Extraordinário nº 635.659 para decidir sobre a tipicidade do porte de droga para consumo pessoal. 4. E, em face dos questionamentos acerca da proporcionalidade do direito penal para o controle

do consumo de drogas em prejuízo de outras medidas de natureza extrapenal relacionadas às políticas de redução de danos, eventualmente até mais severas para a contenção do consumo do que aquelas previstas atualmente, o prévio apenamento por porte de droga para consumo próprio, nos termos do artigo 28 da Lei de Drogas, não deve constituir causa geradora de reincidência. 5. Recurso improvido" (REsp 1672654/SP, Rel. Ministra MARIA THEREZA DE ASSIS MOURA, SEXTA TURMA, julgado em 21/08/2018, DJe 30/08/2018). Em seguida, a 5ª Turma aderiu ao entendimento adotado pela 6ª Turma, no sentido de que a condenação pelo cometimento do crime descrito no art. 28 da Lei 11.343/2006 não tem o condão de gerar reincidência. A conferir: "Esta Corte Superior, ao analisar a questão, posicionou-se de forma clara, adequada e suficiente ao concluir que a condenação pelo crime do artigo 28 da Lei n. 11.343/2006 não é apta a gerar os efeitos da reincidência." (EDcl no AgRg nos EDcl no REsp 1774124/SP, Rel. Ministro REYNALDO SOARES DA FONSECA, QUINTA TURMA, julgado em 02/04/2019, DJe 16/04/2019). Conferir recente julgado da 2ª Turma do STF sobre o tema: "1. A inexistência de argumentação apta a infirmar o julgamento monocrático consubstancia a manutenção da decisão agravada. 2. Conquanto não ultimado o julgamento do RE 635.659 (Relator Ministro Gilmar Mendes), que discute a constitucionalidade do art. 28 da Lei 11.343/2006, revela-se desproporcional considerar condenação anterior pela prática de porte de droga para consumo próprio como causa hábil a configurar reincidência e afastar a incidência do redutor do art. 33, §4º, da Lei de Drogas. 3. Não se afigura razoável permitir que uma conduta que possui vedação legal quanto à imposição de prisão, a fim de evitar a estigmatização do usuário de drogas, possa dar azo à posterior configuração de reincidência 4. Além de aparente contrariedade com a própria teleologia da Lei 11.343/2006, no que diz respeito à forma de tratamento que deve ser conferida ao usuário de drogas, deve-se ponderar ainda que a reincidência depende, segundo consolidada jurisprudência desta Corte, da constatação de que houve condenação criminal com trânsito em julgado, o que, em grande parte dos casos de incidência do art. 28 da Lei 11.343/2006 não ocorre. 5. Cumpre registrar que, nos termos do art. 63 do Código Penal, verifica-se a reincidência "quando o agente comete novo crime, depois de transitar em julgado a sentença que, no País ou no estrangeiro, o tenha condenado por crime anterior" (grifo nosso). Portanto, o conceito de reincidência reclama a condenação pela prática de um segundo crime após anterior com trânsito em julgado – e não contravenção penal, por exemplo. 6. O art. 28 da Lei 11.343/2006, por não cominar pena de reclusão ou detenção, não configura crime nos termos da definição contida na Lei de Introdução ao Código Penal e, assim, não tem o condão de gerar reincidência, instituto disciplinado no Código Penal. 7. Agravo regimental desprovido." (RHC 178512 AgR, Relator(a): EDSON FACHIN, Segunda Turma, julgado em 22/03/2022, PROCESSO ELETRÔNICO DJe-118 DIVULG 17-06-2022 PUBLIC 20-06-2022).

Gabarito "B".

(FGV – 2010) O oferecimento da substância entorpecente *Cannabis sativa L.* (popularmente conhecida como maconha) a outrem sem objetivo de lucro e para consumo conjunto constitui o seguinte crime:

(A) posse de drogas sem autorização ou em desacordo com determinação legal ou regulamentar para consumo pessoal (art. 28, da Lei 11.343/2006), punido com penas de advertência, prestação de serviços à comunidade e medida educativa de comparecimento à programa ou curso educativo.

(B) conduta equiparada ao crime de tráfico de drogas (art. 33, § 3º, da Lei 11.343/2006) punido com pena de detenção seis meses a um ano, pagamento de 700 (setecentos) a 1.500 (mil e quinhentos) dias-multa, sem prejuízo das penas de advertência, prestação de serviços à comunidade e medida educativa de comparecimento à programa ou curso educativo.

(C) cultivo de plantas destinadas à preparação de pequena quantidade de substância ou produto capaz de causar dependência física ou psíquica para uso pessoal (art. 28, § 1º, da Lei 11.343/2006) punido com penas de advertência, prestação de serviços à comunidade e medida educativa de comparecimento à programa ou curso educativo.

(D) tráfico de drogas (art. 33, da Lei 11.343/2006), punido com pena de reclusão de cinco a quinze anos e pagamento de 500 (quinhentos) a 1.500 (mil e quinhentos) dias-multa.

(E) posse de drogas sem autorização ou em desacordo com determinação legal ou regulamentar para consumo pessoal (art. 28, da Lei 11.343/2006), punido com penas de detenção de seis meses a dois anos e pagamento de 500 (quinhentos) a 1.500 (mil e quinhentos) dias-multa.

A Lei 11.343/2006 introduziu, no contexto dos crimes de tráfico, forma mais branda deste delito, a se configurar na hipótese de o agente oferecer droga, a pessoa de seu relacionamento, ocasionalmente e sem o propósito de lucro, para juntos a consumirem. Veja que tal inovação legislativa, prevista no art. 33, § 3º, da atual Lei de Drogas, por razões de política criminal, procurou colocar em diferentes patamares o traficante habitual, que atua com o propósito de lucro, e o eventual, para o qual a pena prevista é de detenção de seis meses a um ano, sem prejuízo da multa e das penas previstas no art. 28 da mesma lei, bem inferior, como se pode ver, à pena cominada para o crime previsto no *caput* do art. 33.

Gabarito "B".

24. LEI MARIA DA PENHA

(OAB/Exame XXXIII – 2020.3) Vitor foi condenado pela prática de um crime de lesão corporal leve no contexto da violência doméstica e familiar contra a mulher, sendo aplicada pena privativa de liberdade de três meses de detenção, a ser cumprida em regime aberto, já que era primário e de bons antecedentes.

Considerando a natureza do delito, o juiz deixou de substituir a pena privativa de liberdade por restritiva de direitos e não aplicou qualquer outro dispositivo legal que impedisse o recolhimento do autor ao cárcere.

No momento da apelação, a defesa técnica de Vitor, de acordo com a legislação brasileira,

(A) não poderá requerer a substituição da pena privativa de liberdade por restritiva de direitos, mas poderá pleitear a suspensão condicional da pena, que, inclusive, admite que seja fixada prestação de serviços à comunidade e limitação de final de semana por espaço de tempo.

(B) não poderá requerer a substituição da pena privativa de liberdade por restritiva de direitos, mas poderá pleitear a suspensão condicional da pena, que não admite que seja fixada como condição o cumprimento de prestação de serviços à comunidade.

(C) não poderá requerer a substituição da pena privativa de liberdade por restritiva de direitos e nem a suspensão condicional da pena, mas poderá pleitear que o regime aberto seja cumprido em prisão domiciliar com tornozeleira eletrônica.

(D) poderá requerer a substituição da pena privativa de liberdade por restritiva de direitos, que, contudo, não poderá ser apenas de prestação pecuniária por expressa vedação legal.

De fato, Vitor não poderá requerer a substituição da pena privativa de liberdade por restritiva de direitos, conforme entendimento sedimentado na Súmula 588, STJ: "A prática de crime ou contravenção penal contra a mulher com violência ou grave ameaça no ambiente doméstico impossibilita a substituição da pena privativa de liberdade por restritiva de direitos". Agora, nada obsta que em seu favor seja concedida a suspensão condicional da pena (*sursis*). Nesse sentido, conferir o magistério de Guilherme de Souza Nucci: *é inadmissível a substituição da pena privativa de liberdade por restritiva de direitos, nos casos de violência doméstica, por dois motivos básicos: a) trata-se de delito cometido com emprego de violência ou grave ameaça; b) por medida de política criminal, a violência doméstica não comporta penas alternativas, extremamente benéficas, ao arrepio da ideia de rigidez em relação à conduta praticada. Porém, cabe suspensão condicional da pena, quando a pena não for superior aos prazos estabelecidos no art. 77 do CP (Código Penal Comentado,* 18ª ed. Forense, 2017. p. 607).

Gabarito "A".

(OAB/Exame Unificado – 2018.3) Cátia procura você, na condição de advogado(a), para que esclareça as consequências jurídicas que poderão advir do comportamento de seu filho, Marlon, pessoa primária e de bons antecedentes, que agrediu a ex-namorada ao encontrá-la em um restaurante com um colega de trabalho, causando-lhe lesão corporal de natureza leve.

Na oportunidade, você, como advogado(a), deverá esclarecer que:

(A) o início da ação penal depende de representação da vítima, que terá o prazo de seis meses da descoberta da autoria para adotar as medidas cabíveis.

(B) no caso de condenação, em razão de ser Marlon primário e de bons antecedentes, poderá a pena privativa de liberdade ser substituída por restritiva de direitos.

(C) em razão de o agressor e a vítima não estarem mais namorando quando ocorreu o fato, não será aplicada a Lei nº 11.340/06, mas, ainda assim, não será possível a transação penal ou a suspensão condicional do processo.

(D) no caso de condenação, por ser Marlon primário e de bons antecedentes, mostra-se possível a aplicação do *sursis* da pena.

A: incorreta. Isso porque, na decisão tomada no julgamento da ADIn n. 4.424, de 09.02.2012, o STF estabeleceu a natureza *incondicionada* da ação penal nos crimes de lesão corporal, independente de sua extensão, praticados contra a mulher no ambiente doméstico (entendimento esse atualmente consagrado na Súmula 542, do STJ). Importante que se diga que tal decisão é restrita aos crimes de lesão corporal, não se aplicando, por exemplo, ao crime de ameaça, que, por força do que estabelece o art. 147, parágrafo único, do CP, continua a ser de ação penal pública *condicionada* à representação da vítima, que deverá, bem por isso, manifestar seu desejo em ver processado o autor deste delito. De se ver que, se praticada no âmbito doméstico, exige-se que a renúncia à representação seja formulada perante o juiz e em audiência designada para esse fim (art. 16 da Lei 11.340/2006); **B:** incorreta, pois contraria o entendimento consagrado na Súmula 588 do STJ, que veda a substituição da pena privativa de liberdade por restritiva de direitos na hipótese narrada no enunciado; **C:** incorreta. Ainda que não estejam mais namorando, poderá, sim, ser aplicada a Lei Maria da Penha, já que se trata de relação íntima de afeto em que agressor e vítima conviveram

14. DIREITO PENAL   967

(art. 5º, III, Lei 11.340/2006). Ademais, segundo entendimento sufragado na Súmula 536, do STJ, é fato que tanto a transação penal (art. 76, Lei 9.099/1995) quanto o *sursis* processual (art. 89, Lei 9.099/1995) não têm incidência no âmbito dos crimes sujeitos ao rito da Lei Maria da Penha; **D:** correta. Embora não tenha lugar, no contexto da Lei Maria da Penha, a suspensão condicional do processo (*sursis* processual), cabe, neste caso, o *sursis* (suspensão condicional da pena), desde que preenchidos os requisitos estabelecidos pelo art. 77 do CP.

Gabarito "D".

(OAB/Exame Unificado – 2018.2) Patrícia foi a um shopping center a fim de comprar um celular para sua filha, Maria, de 10 anos, que a acompanhava. Não encontrando o modelo desejado, Patrícia saiu da loja, esclarecendo o ocorrido para a criança que, inconformada com o fato, começou a chorar. Patrícia chamou a atenção de sua filha, o que fez com que seu colega de trabalho Henrique, que passava pelo local, a advertisse, de que não deveria assim agir com a criança, iniciando uma discussão e acabando por empurrá-la contra a parede.

Em razão do comportamento de Henrique, Patrícia sofre uma pequena lesão na perna. Ela efetuou o registro e a perícia confirmou a lesão; contudo, dois dias depois, ela compareceu à Delegacia e desistiu da representação. Em razão de a vítima ser do sexo feminino, o Ministério Público ofereceu denúncia contra Henrique pela prática do crime de lesão corporal no âmbito da violência doméstica e familiar contra a mulher, previsto no Art. 129, § 9º, do Código Penal.

Considerando as informações narradas, o advogado de Henrique deverá alegar que

(A) apesar de o crime ser de lesão corporal no âmbito da violência doméstica e familiar contra a mulher, será cabível, em caso de condenação, a substituição da pena privativa de liberdade por restritiva de direito.

(B) o crime em tese praticado é de lesão corporal leve simples, de modo que, apesar de irrelevante a vontade da vítima para o oferecimento da denúncia, pode ser oferecida proposta de suspensão condicional do processo.

(C) apesar de o crime ser de lesão corporal no âmbito da violência doméstica e familiar contra a mulher, deverá ser rejeitada a denúncia por depender de representação da vítima.

(D) o crime em tese praticado é de lesão corporal leve simples, devendo a denúncia ser rejeitada por depender de representação da vítima.

Embora o crime de lesão corporal narrado no enunciado tenha como vítima uma mulher (Patrícia), não há que se falar, neste caso, na incidência da Lei 11.340/2006 (Lei Maria da Penha). Isso porque não se trata de situação de violência doméstica. Com efeito, o simples fato de a ofendida ser mulher não a torna passível de proteção nos termos da Lei Maria da Penha, sob pena de violação do princípio da igualdade entre homem e mulher. Em suma, a situação descrita acima não se insere no contexto de violência doméstica e familiar contra a mulher, cujas hipóteses estão contempladas no art. 5º da Lei 11.340/2006. De ver-se que, se se pudesse enquadrar a situação acima narrada como violência doméstica contra a mulher, a ação penal, é importante saber, seria pública incondicionada. Isso porque, em decisão tomada no julgamento da ADIn n. 4.424, de 09.02.2012, o STF estabeleceu a natureza incondicionada da ação penal nos crimes de lesão corporal, independente de sua extensão, praticados contra a mulher no ambiente doméstico (Súmula 542, do STJ). Cuidado: tal decisão, como se pode

notar, é restrita aos crimes de lesão corporal, não se aplicando, pois, ao crime de ameaça, que, por força do que estabelece o art. 147, parágrafo único, do CP, continua a ser de ação penal pública condicionada à representação da vítima, que deverá, bem por isso, manifestar seu desejo em ver processado o autor deste delito. Como o delito de que foi vítima Patrícia escapa à incidência da Lei Maria da Penha, é de rigor, sendo a lesão corporal de natureza leve, o oferecimento de representação por parte da vítima, sem o que o MP não poderá, ante a ausência desta condição de procedibilidade, promover a ação penal em face de Henrique. Deve o magistrado ao qual foi oferecida a denúncia desprovida de representação, portanto, rejeitá-la.

> **Dica:** a natureza da ação penal do crime de lesão corporal praticado no contexto da Lei Maria da Penha constitui objeto frequente de questionamento em provas da OAB.

Gabarito "D".

(OAB/Exame Unificado – 2016.2) A Lei Maria da Penha objetiva proteger a mulher da violência doméstica e familiar que lhe cause morte, lesão, sofrimento físico, sexual ou psicológico, e dano moral ou patrimonial, desde que o crime seja cometido no âmbito da unidade doméstica, da família ou em qualquer relação íntima de afeto. Diante deste quadro, após agredir sua antiga companheira, porque ela não quis retomar o relacionamento encerrado, causando-lhe lesões leves, Jorge o (a) procura para saber se sua conduta fará incidir as regras da Lei nº 11.340/2006.

Considerando o que foi acima destacado, você, como advogado (a) irá esclarecê-lo de que

(A) o crime em tese praticado ostenta a natureza de infração de menor potencial ofensivo.

(B) a violência doméstica de que trata a Lei Maria da Penha abrange qualquer relação íntima de afeto, sendo indispensável a coabitação.

(C) a agressão do companheiro contra a companheira, mesmo cessado o relacionamento, mas que ocorra em decorrência dele, caracteriza a violência doméstica e autoriza a incidência da Lei nº 11.340/2006.

(D) ao contrário da transação penal, em tese se mostra possível a suspensão condicional do processo na hipótese de delito sujeito ao rito da Lei Maria da Penha.

A: incorreta. É que o art. 41 da Lei 11.340/2006 estabelece que aos delitos praticados com violência doméstica e familiar contra a mulher, independentemente da pena prevista, não terá incidência a Lei 9.099/1995, o que leva à conclusão de que esses crimes não são considerados de menor potencial ofensivo. A propósito, o STF já reconheceu, por meio da ADC n. 19, a constitucionalidade do art. 41 da Lei Maria da Penha; **B:** incorreta, uma vez que em desconformidade com o que dispõe o art. 5º, III, da Lei Maria da Penha. Assim entende o STJ, segundo o qual a aplicação da Lei Maria da Penha (Lei 11.340/2006) será possível independentemente de coabitação entre agressor e vítima, bastando que estejam presentes as hipóteses de seu art. 5º, dentre os quais não se insere a coabitação. Nesse sentido: STJ, HC 115857/MG, 6ª Turma, j. 16.12.2008, rel. Min. Jane Silva (desembargadora convocada do TJ/MG, *DJe* 02.02.2009). Consolidando tal entendimento, o STJ editou a Súmula 600; **C:** correta, pois em conformidade com o art. 5º, III, da Lei Maria da Penha; **D:** incorreta, já que descabe, no âmbito da Lei Maria da Penha, a suspensão condicional do processo e também a transação penal, institutos previstos na Lei 9.099/1995. Na jurisprudência: "criminal. *Habeas corpus*. Violência doméstica. Suspensão condicional do processo. Lei Maria da Penha. Inaplicabilidade da Lei Nº 9.099/1995. Constrangimento ilegal não evidenciado. Exaurimento de todos os argumentos da defesa. Não obrigatoriedade.

Ordem denegada. I – O art. 41 da Lei 11.340/2006 – Lei Maria da Penha – dispõe que, aos crimes praticados com violência doméstica e familiar contra a mulher, independentemente da pena prevista, não se aplica a Lei nº 9.099/1995, o que acarreta a impossibilidade de aplicação dos institutos despenalizadores nesta previstos, quais sejam, acordo civil, transação penal e suspensão condicional do processo (...)" (HC 180.821/MS, Rel. Ministro. Gilson Dipp, QUINTA TURMA 5ª T., julgado em. 22./03./2011, *DJe* 04./04./2011). Consagrando esse entendimento, o STJ editou a Súmula n. 536: "A suspensão condicional do processo e a transação penal não se aplicam na hipótese de delitos sujeitos ao rito da Lei Maria da Penha".

Gabarito "C".

(OAB/Exame Unificado – 2008.3) Com base na Lei Maria da Penha, assinale a opção correta.

(A) Para os efeitos da lei, configura violência doméstica e familiar contra a mulher a ação que, baseada no gênero, lhe cause morte, lesão, sofrimento físico ou sexual, não estando inserido em tal conceito o dano moral, que deverá ser pleiteado, caso existente, na vara cível comum.

(B) É desnecessário, para que se aplique a Lei Maria da Penha, que o agressor coabite ou tenha coabitado com a ofendida, desde que comprovado que houve a violência doméstica e familiar e que havia entre eles relação íntima de afeto.

(C) A competência para o processo e julgamento dos crimes decorrentes de violência doméstica é determinada pelo domicílio ou pela residência da ofendida.

(D) Para a concessão de medida protetiva de urgência prevista na lei, o juiz deverá colher prévia manifestação do MP, sob pena de nulidade absoluta do ato.

A: incorreta (art. 5º, *caput*, da Lei 11.340/2006); **B:** correta (art. 5º, III, da Lei 11.340/2006). A esse respeito, a Súmula 600, do STJ; **C:** incorreta (art. 70 do CPP); **D:** incorreta (art. 19, § 1º, da Lei 11.340/2006).

Gabarito "B".

(OAB/Exame Unificado – 2008.2) De acordo com a Lei n.º 11.340/2006, conhecida como Lei Maria da Penha, constatada a prática de violência doméstica e familiar contra a mulher, o juiz poderá aplicar ao agressor, de imediato, a seguinte medida protetiva de urgência:

(A) Proibição de aproximar-se da ofendida, de seus familiares e das testemunhas, fixando limite mínimo de distância entre estes e o agressor.

(B) Decretação da prisão temporária do agressor.

(C) Proibição de contato direto com a ofendida, seus familiares e testemunhas, salvo indiretamente, por telefone ou carta.

(D) Arbitramento do valor a ser prestado a título de alimentos definitivos à ofendida e aos filhos menores.

A: correta, pois em conformidade com o que estabelece o art. 22, III, *a*, da Lei 11.340/2006; **B:** incorreta, uma vez que a Lei Maria da Penha não prevê a possibilidade de decretação da prisão temporária, tão somente a custódia preventiva (art. 20); **C:** incorreta, já que, segundo estatui o art. 22, III, *b*, da Lei Maria da Penha, é vedado qualquer tipo de contato, inclusive por carta ou telefone; **D:** incorreta, pois o art. 22, V, da Lei 11.340/2006 somente faz alusão aos alimentos provisionais ou provisórios.

Gabarito "A".

(OAB/Exame Unificado – 2008.1) Assinale a opção correta no que se refere aos casos de violência doméstica e familiar contra a mulher.

(A) É possível a prisão preventiva no crime de ameaça, punido com detenção, se resulta de violência contra a mulher no âmbito familiar.

(B) Para a concessão de medidas protetivas de urgência, é necessária a audiência das partes.

(C) Permite-se a aplicação, nos casos de violência doméstica e familiar contra a mulher, de penas de cesta básica.

(D) Nas ações penais públicas condicionadas à representação da ofendida, não será admitida renúncia à representação.

A: correta (art. 20 da Lei 11.340/2006); **B:** incorreta (art. 19, § 1º, da Lei 11.340/2006); **C:** incorreta (art. 17 da Lei 11.340/2006); **D:** incorreta, uma vez que é admitida, no contexto da Lei Maria da Penha, a renúncia ao direito de representação, que deverá ser formulada perante o juiz e em audiência designada para esse fim, na forma estabelecida no art. 16 da Lei 11.340/2006. É importante que se diga que o STF, em decisão tomada no julgamento da ADIn n. 4.424, de 09.02.2012, estabeleceu a natureza *incondicionada* da ação penal nos crimes de lesão corporal, independente de sua extensão, praticados contra a mulher no ambiente doméstico. Sucede que tal decisão, como se pode notar, é restrita aos crimes de lesão corporal, não se aplicando, pois, aos crimes de ameaça, que, por força do que estabeleceu o art. 147, parágrafo único, do CP, continua a ser de ação penal pública *condicionada* à representação da vítima, que deverá, bem por isso, manifestar seu desejo em ver processado o autor deste delito. A esse respeito, a Súmula n. 542, do STJ.

Gabarito "A".

25. CRIMES DE TRÂNSITO

(OAB/Exame XXXVIII) Bruno, 20 anos, residente no Rio de Janeiro/RJ, conduzia seu veículo de madrugada com destino à cidade de São Paulo/SP. Bruno dirigia dentro da velocidade permitida, portando sua carteira de habilitação e seu veículo apresentava condições adequadas de tráfego.

Em determinado momento, André, 21 anos, que conduzia uma motocicleta alcoolizado, na outra mão, entrou na faixa na qual trafegava Bruno, violando a regra legal de mudança de faixa de rolamento. Bruno não conseguiu frear o veículo e evitar o contato. O veículo e a motocicleta chocaram-se lateralmente.

Na sequência, André caiu da moto e esbarrou num fio de alta tensão que estava rompido de um poste na estrada. Bruno, assustado com o ocorrido, acelerou seu veículo, em retirada. Após 1 km, avistou um posto policial, mas acometido por forte emoção, optou por não parar para comunicar o fato.

André permaneceu em coma por uma semana e depois veio a óbito. O laudo de necropsia constatou que a *causa mortis* fora determinada por eletrocussão, em razão do contato com o fio de alta tensão.

Pelas razões expostas, analise penalmente as condutas praticadas por Bruno e assinale a afirmativa correta.

(A) Deverá ser penalmente responsabilizado por omissão de socorro (Art. 304 do CTB), tendo em vista que o resultado morte foi determinado por culpa exclusiva da vítima.

(B) Ele não praticou crime algum, porque a presença de concausa independente afasta a imputação de homicídio culposo, assim como a violenta emoção afasta a tipicidade do crime de omissão de socorro.

(C) Deverá ser penalmente responsabilizado por homicídio culposo na condução de veículo, com a incidência da causa de aumento de omissão de socorro.

(D) Bruno deverá ser penalmente responsabilizado por homicídio culposo na condução de veículo e omissão de socorro, em concurso material.

Pela narrativa contida no enunciado, não resta dúvida de que Bruno não agiu com culpa no evento, na medida em que conduzia seu veículo dentro da velocidade permitida para o local, portando sua carteira de habilitação e seu veículo apresentava condições adequadas de tráfego. Ocorre que, em seguida ao acidente, Bruno, ao presenciá-lo, no lugar de prestar socorro ou acionar quem pudesse fazê-lo, deixou o local. Após transitar por 1 km, avistou um posto policial, mas, acometido por forte emoção, optou por não parar para comunicar o fato. Se não agiu com culpa no momento do acidente, Bruno não poderá responder pelo crime de homicídio culposo de trânsito, pois, como já ponderado, ausente o elemento subjetivo do tipo. Também não seria o caso de imputar-lhe o crime de *omissão de socorro*, previsto no art. 135 do CP, visto que Bruno, mesmo não tendo culpa, envolvera-se no acidente; da mesma forma, a ele não poderia ser atribuída a causa de aumento de pena decorrente da omissão de socorro, prevista no art. 302, § 1º, III, do CTB, porquanto não agiu com culpa. Dessa forma, a Bruno deverá ser imputado o crime do art. 304 do CTB – omissão de socorro, na medida em que ele não agiu com culpa, mas envolveu-se em acidente com vítima e omitiu socorro. Esta é a posição consagrada na doutrina e na jurisprudência. Incorre nas penas do art. 135 do CP – crime de omissão de socorro – o condutor que, não tendo se envolvido no fato, omite socorro.

Gabarito "A".

(OAB/Exame Unificado – 2020.2) Cláudio, durante a comemoração do aniversário de 18 anos do filho Alceu, sem qualquer envolvimento pretérito com o aparato policial e judicial, permitiu que este conduzisse seu veículo automotor em via pública, mesmo sabendo que o filho não tinha habilitação legal para tanto.

Cerca de 50 minutos após iniciar a condução, apesar de não ter causado qualquer acidente, Alceu é abordado por policiais militares, que o encaminham para a Delegacia ao verificarem a falta de carteira de motorista. Em sede policial, Alceu narra o ocorrido, e Cláudio, preocupado com as consequências jurídicas de seus atos, liga para o advogado da família para esclarecimentos, informando que a autoridade policial pretendia lavrar termo circunstanciado pela prática do crime de entregar veículo a pessoa não habilitada (Art. 310 da Lei nº 9.503/97, Código de Trânsito Brasileiro, cuja pena em abstrato prevista é de detenção de 06 meses a 01 ano, ou multa).

Considerando apenas as informações narradas, o(a) advogado(a) de Cláudio deverá esclarecer que, de acordo com as previsões da Lei nº 9.503/97 (Código de Trânsito Brasileiro), sua conduta

(A) configura o delito imputado, na forma consumada, com natureza de crime de perigo abstrato, cabendo oferecimento de proposta de transação penal por parte do Ministério Público.

(B) configura o crime previsto no Art. 310 do CTB, na forma consumada, que independe de lesão ou perigo concreto, cabendo oferecimento de proposta de composição civil dos danos por parte do Ministério Público.

(C) não configura o crime do Art. 310 do CTB, mas mero ilícito de natureza administrativa, tendo em vista que o crime trazido pelo Código de Trânsito Brasileiro para aquele que entrega a direção de veículo automotor a pessoa não habilitada é classificado como de perigo concreto.

(D) configura o crime de entrega de veículo a pessoa não habilitada, em sua modalidade tentada, tendo em vista que a punição do agente pelo crime previsto no Código de Trânsito Brasileiro na modalidade consumada exige que haja resultado lesão, sendo classificado como crime de dano.

Segundo consta do enunciado, Cláudio, por ocasião da comemoração do aniversário de 18 anos de seu filho Alceu, permitiu que este conduzisse seu veículo automotor em via pública, mesmo ciente de que o filho não tinha habilitação legal para tanto. A conduta do pai corresponde à descrição típica do art. 310 do CTB. Pelo que é possível inferir dos dados fornecidos, a despeito de Alceu não ser habilitado, sua condução não expôs ninguém a perigo de lesão (não causou qualquer acidente). A questão que aqui se coloca é saber se o fato de ele haver dirigido de forma satisfatória, sem causar dano ou mesmo perigo de dano, elide a configuração deste crime. A resposta é negativa. Com efeito, por se tratar de delito formal, a sua consumação não está condicionada à produção de resultado naturalístico consistente na existência de lesão a alguém. Nesse sentido a Súmula 575 do STJ: *Constitui crime a conduta de permitir, confiar ou entregar a direção de veículo automotor a pessoa que não seja habilitada, ou que se encontre em qualquer das situações previstas no art. 310 do CTB, independentemente da ocorrência de lesão ou de perigo de dano concreto na condução do veículo.* Dessa forma, está configurado o crime do art. 310 do CTB, que é de perigo abstrato. Tendo em conta que a pena máxima cominada é de 1 ano de detenção, caberá oferecimento de proposta de transação penal por parte do Ministério Público, nos termos do art. 76 da Lei 9.099/1995.

Gabarito "A".

(OAB/Exame Unificado – 2015.3) Vinícius, primário e de bons antecedentes e regularmente habilitado, dirigia seu veículo em rodovia na qual a velocidade máxima permitida era de 80 km/h. No banco do carona estava sua namorada Estefânia. Para testar a potência do automóvel, ele passou a dirigir a 140 km/h, acabando por perder o controle do carro, vindo a cair em um barranco. Devido ao acidente, Estefânia sofreu lesão corporal e foi socorrida por policiais rodoviários. No marcador do carro ficou registrada a velocidade desenvolvida. Apesar do ferimento sofrido, a vítima afirmou não querer ver o autor processado por tal comportamento imprudente. Apresentado o inquérito ao Ministério Público, foi oferecida denúncia contra Vinícius pela prática do injusto do Art. 303 da Lei nº 9.503/1997 (Código de Trânsito Brasileiro), que prevê a pena de 06 meses a 02 anos de detenção e a suspensão ou proibição da permissão ou da habilitação para dirigir veículo automotor.

Considerando o acima exposto, a defesa de Vinícius deverá requerer

(A) a extinção do processo por não ter o Ministério Público legitimidade para oferecer denúncia, em razão da ausência de representação da vítima.

(B) a realização de audiência de composição civil.

(C) a realização de audiência para proposta de transação penal.

(D) a suspensão condicional do processo, caso a denúncia seja recebida.

A lesão corporal culposa cometida na direção de veículo automotor (art. 303 da Lei 9.503/1997 – Código de Trânsito Brasileiro) é considerada, em regra, infração penal de menor potencial ofensivo, cabendo a aplicação dos benefícios previstos na Lei 9.099/1995, conforme estabelece o art. 291, § 1º, do CTB. Têm incidência, portanto, a composição dos danos civis, a transação penal e a representação do ofendido. Ocorre que Vinícius imprimia, quando do acidente, velocidade superior à máxima permitida para a via em mais de cinquenta quilômetros por hora (a máxima era de 80 km/h e ele estava a 140 km/h). Por essa razão, Vinícius não faz jus aos benefícios da Lei 9.099/1995, na medida em que o art. 291, § 1º, do CTB estabelece exceções à incidência de tais benefícios. São três as hipóteses, sendo uma delas a circunstância (prevista no inciso III do dispositivo) de o agente transitar em velocidade superior à máxima permitida para a via em cinquenta quilômetros por hora. Assim, não há que se falar, neste caso, em representação da vítima, já que se trata de ação penal pública incondicionada, o que torna a alternativa "A" incorreta; da mesma forma, não cabem a composição civil bem como o instituto da transação penal (alternativas "B" e "C"). Cabe, no entanto, a suspensão condicional do processo (*sursis* processual), que, embora esteja contemplada na Lei 9.099/1995 (art. 89), não tem aplicação exclusiva no contexto das infrações penais de menor potencial ofensivo. Aplicar-se-á o *sursis* processual às infrações penais cuja pena mínima cominada for igual ou inferior a um ano. Correta, portanto, a alternativa "D".

Gabarito "D".

(OAB/Exame Unificado – 2011.2) Joaquim, conduzindo seu veículo automotor (que se encontrava sem as placas de identificação) em velocidade superior à máxima permitida para a via – 50km/h –, pratica o crime de lesões corporais culposas em virtude da sua não observância ao dever objetivo de cuidado no trânsito.

Com base na situação acima e à luz do Código de Trânsito Brasileiro, assinale a alternativa correta.

(A) Pelo fato de Joaquim praticar o fato na condução de veículo automotor sem placas de identificação, o Juiz poderá, caso entenda necessário, agravar a penalidade do crime.

(B) A pena a que Joaquim estará sujeito não se alterará se a lesão corporal culposa for praticada em faixa de pedestres ou mesmo na calçada.

(C) Por se tratar a lesão corporal culposa praticada na direção de veículo automotor de uma infração de menor potencial ofensivo, Joaquim responderá pelo seu crime no Juizado Especial Criminal.

(D) Sem prejuízo da pena de detenção correspondente, Joaquim estará sujeito à suspensão ou proibição de se obter a permissão ou a habilitação para dirigir veículo automotor.

A: incorreta. Em vista do disposto no art. 298, II, do CTB, o fato de o agente causador de crime de trânsito encontrar-se na direção de veículo automotor desprovido de placas de identificação impõe ao juiz o *dever* de elevar a sua pena. Não se trata, portanto, de mera faculdade; **B:** incorreta, pois, caso a lesão corporal culposa (art. 303 do CTB) seja praticada em *faixa de pedestre* ou na *calçada*, a pena deverá ser aumentada de 1/3 a 1/2, a teor do art. 303, § 1º, da Lei 9.503/1997; **C:** incorreta, visto que não reflete o disposto no art. 291, § 1º, III, da Lei 9.503/1997 (CTB); **D:** proposição correta, visto que corresponde ao preceito secundário do art. 303 do CTB.

Gabarito "D".

(OAB/Exame Unificado – 2010.3) Guiando o seu automóvel na contramão de direção, em outubro de 2010, Tício é perseguido por uma viatura da polícia militar. Após ser parado pelos agentes da lei, Tício realiza, espontaneamente, o exame do etilômetro e fornece aos militares sua habilitação e o documento do automóvel. No exame do etilômetro, fica constatado que Tício apresentava concentração de álcool muito superior ao patamar previsto na legislação de trânsito. Além disso, os policiais constatam que o motorista estava com a habilitação vencida desde maio de 2009. Com relação ao relatado acima, é correto afirmar que o promotor de justiça deverá denunciar Tício

(A) apenas pelo crime de embriaguez ao volante, uma vez que o fato de a habilitação estar vencida constitui mera infração administrativa.

(B) apenas pelo crime de direção sem habilitação, pois o delito de embriaguez ao volante só se configura quando ocorre acidente de trânsito com vítima.

(C) apenas pelo crime de direção sem habilitação, uma vez que o perigo gerado por tal conduta faz com que o delito de embriaguez ao volante seja absorvido, em razão da aplicação do Princípio da Consunção.

(D) pela prática dos crimes de embriaguez ao volante e direção sem habilitação

---

Ao conduzir seu veículo automotor em via pública, na contramão de direção e com concentração de álcool no sangue em quantidade bem superior ao estabelecido no art. 306 da Lei 9.503/1997 – Código de Trânsito Brasileiro, Tício cometeu o crime de embriaguez ao volante. Agora, por estar com a habilitação vencida, Tício deverá responder tão somente pela infração administrativa prevista no art. 162, V, da Lei 9.503/1997. É que o crime do art. do art. 309 do CTB – direção sem habilitação – refere-se somente à conduta de dirigir veículo automotor sem *permissão* ou *habilitação* ou, ainda, na hipótese de estar *cassado* o direito de dirigir. O legislador não cuidou de incluir no tipo penal a conduta consistente em dirigir com a habilitação *vencida*, o que, como já dito, configura infração no âmbito administrativo. Atenção: ao tempo em que esta prova foi elaborada, somente o teste do bafômetro e o exame de sangue para a verificação de dosagem alcoólica serviam à comprovação do crime de embriaguez ao volante (REsp. 1.111.566-DF, 3ª Seção, rel. Min. Marco Aurélio Bellizze). Com a edição da Lei 12.760/2012, que conferiu nova redação ao art. 306 do CTB, a comprovação do estado de embriaguez, antes restrita ao *teste do bafômetro* e ao *exame de sangue*, passou a admitir outras formas de constatação (§ 2º do dispositivo, cuja redação foi alterada pela Lei 12.971/2014).

Gabarito "A".

26. CRIMES DE LAVAGEM DE DINHEIRO

(OAB/Exame Unificado – 2010.2) Relativamente à legislação sobre lavagem de capitais (Lei n. 9.613/1998), assinale a alternativa correta.

(A) O crime de lavagem só ocorre quando os bens, direitos ou valores provenientes, direta ou indiretamente, de um dos crimes antecedentes completam todo o processo de lavagem (ocultação, dissimulação e integração).

(B) Não constitui lavagem de dinheiro, mas crime de descaminho, a importação ou exportação de bens com valores não correspondentes aos verdadeiros, feita com o propósito de ocultar ou dissimular a utilização de bens, direitos ou valores provenientes de qualquer dos crimes antecedentes referidos na Lei n. 9.613/1998.

14. DIREITO PENAL 971

(C) O processo e julgamento dos crimes previstos na Lei n. 9.613/1998 dependem do processo e julgamento dos crimes antecedentes.

(D) Pratica crime de lavagem de dinheiro quem utiliza, na atividade econômica ou financeira, bens, direitos ou valores que sabe serem provenientes de qualquer dos crimes antecedentes previstos na Lei n. 9613/1998.

O art. 1º, § 2º, I, da Lei 9.613/1998 teve sua redação alterada por força da Lei 12.683/2012. Agora, não mais se exige, à configuração do crime de lavagem de dinheiro, que a operação financeira esteja vinculada a determinados crimes, listados em rol taxativo.
Gabarito "D".

(OAB/Exame Unificado – 2008.1) Acerca do crime de lavagem de dinheiro, previsto na Lei n.º 9.613/1998, assinale a opção incorreta.

(A) No processo por crime de lavagem de dinheiro, não se aplica o disposto no art. 366 do Código de Processo Penal, que estabelece que o processo e o curso do prazo prescricional fiquem suspensos caso o acusado, citado por edital, não compareça nem constitua advogado, situação em que o processo deve seguir à sua revelia.

(B) Esse crime admite ação controlada, pela qual a ordem de prisão de pessoas ou da apreensão ou sequestro de bens, direitos ou valores poderá ser suspensa pelo juiz, ouvido o Ministério Público, quando a sua execução imediata possa comprometer as investigações.

(C) O crime de lavagem de dinheiro pressupõe a existência de uma conduta antecedente, que não precisa ser, necessariamente, criminosa, mas que deve estar prevista no rol exemplificativo da lei acima citada.

(D) Esse crime constitui atividade complexa, que envolve três fases: a introdução do dinheiro ilícito no sistema financeiro, promovendo o distanciamento dos recursos de sua origem; a transformação, quando, por meio de negócios, é ocultada a procedência dos recursos; e a integração, quando os bens aparentemente regulares são incorporados ao sistema econômico.

A: correta. Apesar de a redação do art. 2º, § 2º, da Lei 9.613/1998 ter sido alterada pela Lei 12.683/2012, permanece a impossibilidade de incidir, no âmbito dos crimes de lavagem de dinheiro, a suspensão condicional do processo, prevista no art. 366 do CPP; **B:** correta. A ação controlada está disciplinada no art. 3º, III, da Lei n. 12.850/2013. Com o advento da Lei 13.964/2019, a ação controlada e a infiltração de agentes passam a ser previstas, de forma expressa, na Lei de Lavagem de Capitais (art. 1º, § 6º); **C:** incorreta (devendo ser assinalada). Com o advento da Lei 12.683/2012, que alterou diversos dispositivos da Lei 9.613/1998, a conduta antecedente, que antes deveria estar contemplada no rol do art. 1º, agora pode ser representada por qualquer infração penal (crime e contravenção); **D:** correta. De fato, é bastante comum o fracionamento do processo de lavagem de dinheiro em três momentos. No primeiro, o dinheiro, de forma muitas vezes pulverizada, é introduzido no mercado financeiro; na segunda etapa, os valores são transferidos entre contas com o objetivo de ocultá-los; e, por fim, são introduzidos na economia formal, e, dessa forma, adquirem aparência de legalidade.
Gabarito "C".

27. CRIMES CONTRA A ORDEM TRIBUTÁRIA

(OAB/Exame Unificado – 2017.1) A Delegacia Especializada de Crimes Tributários recebeu informações de órgãos competentes de que o sócio Mário, da sociedade empresária *"Vamos que vamos"*, possivelmente sonegou imposto estadual, gerando um prejuízo aos cofres do Estado avaliado em R$ 60.000,00. Foi instaurado, então, inquérito policial para apurar os fatos.

Ao mesmo tempo, foi iniciado procedimento administrativo, não havendo, até o momento, lançamento definitivo do crédito tributário. O inquérito policial foi encaminhado ao Ministério Público, que ofereceu denúncia em face de Mário, imputando-lhe a prática do crime previsto no art. 1º, inciso I, da Lei nº 8.137/90.

Diante da situação narrada, assinale a afirmativa correta.

(A) Não se tipifica o crime imputado ao acusado antes do lançamento definitivo.

(B) Em razão da independência de instância, o lançamento definitivo é irrelevante para configuração da infração penal.

(C) O crime imputado a Mário é de natureza formal, consumando-se no momento da omissão de informação com o objetivo de reduzir tributo, ainda que a redução efetivamente não ocorra.

(D) O crime imputado a Mário é classificado como próprio, de modo que é necessária a presença de ao menos um funcionário público como autor ou partícipe do delito.

A solução desta questão deve ser extraída da Súmula Vinculante 24: *Não se tipifica crime material contra ordem tributária, previsto no art. 1º, incisos I a IV, da Lei 8.137/1990, antes do lançamento definitivo do tributo.*
Gabarito "A".

(OAB/Exame Unificado – 2008.2) A conduta de exigir, solicitar ou receber, para si ou para outrem, direta ou indiretamente, ainda que fora da função ou antes de iniciar seu exercício, mas em razão dela, vantagem indevida, para deixar de lançar ou cobrar tributo ou contribuição social, ou para cobrá-los parcialmente, corresponde a

(A) Fato atípico.

(B) Crime de concussão.

(C) Crime de corrupção passiva.

(D) Crime contra a ordem tributária.

Art. 3º, II, da Lei 8.137/1990 (Crimes contra a Ordem Tributária).
Gabarito "D".

(FGV – 2010) Eis o texto da Lei n. 8.137/1990:

Art. 1º Constitui crime contra a ordem tributária suprimir ou reduzir tributo, ou contribuição social e qualquer acessório, mediante as seguintes condutas:

I – omitir informação, ou prestar declaração falsa às autoridades fazendárias;

II – fraudar a fiscalização tributária, inserindo elementos inexatos, ou omitindo operação de qualquer natureza, em documento ou livro exigido pela lei fiscal;

III – falsificar ou alterar nota fiscal, fatura, duplicata, nota de venda, ou qualquer outro documento relativo à operação tributável;

IV – elaborar, distribuir, fornecer, emitir ou utilizar documento que saiba ou deva saber falso ou inexato;

V – negar ou deixar de fornecer, quando obrigatório, nota fiscal ou documento equivalente, relativa à venda de mercadoria ou prestação de serviço, efetivamente realizada, ou fornecê-la em desacordo com a legislação.

972 EDUARDO DOMPIERI

Pena – reclusão de 2 (dois) a 5 (cinco) anos, e multa.

Parágrafo único. A falta de atendimento da exigência da autoridade, no prazo de 10 (dez) dias, que poderá ser convertido em horas em razão da maior ou menor complexidade da matéria ou da dificuldade quanto ao atendimento da exigência, caracteriza a infração prevista no inciso V.

Art. 2º Constitui crime da mesma natureza:

I – fazer declaração falsa ou omitir declaração sobre rendas, bens ou fatos, ou empregar outra fraude, para eximir-se, total ou parcialmente, de pagamento de tributo;

II – deixar de recolher, no prazo legal, valor de tributo ou de contribuição social, descontado ou cobrado, na qualidade de sujeito passivo de obrigação e que deveria recolher aos cofres públicos;

III – exigir, pagar ou receber, para si ou para o contribuinte beneficiário, qualquer percentagem sobre a parcela dedutível ou deduzida de imposto ou de contribuição como incentivo fiscal;

IV – deixar de aplicar, ou aplicar em desacordo com o estatuído, incentivo fiscal ou parcelas de imposto liberadas por órgão ou entidade de desenvolvimento;

V – utilizar ou divulgar programa de processamento de dados que permita ao sujeito passivo da obrigação tributária possuir informação contábil diversa daquela que é, por lei, fornecida à Fazenda Pública.

Pena – detenção, de 6 (seis) meses a 2 (dois) anos, e multa.

Em relação aos crimes acima tipificados, é correto afirmar que:

(A) o artigo 1º da Lei nº 8.137, segundo a atual jurisprudência do Supremo Tribunal Federal é material ou de resultado.

(B) o inciso I do artigo 1º trata das obrigações tributárias ditas principais, ou seja, relacionadas à omissão de informações e prestação de declarações falsas às autoridades fazendárias.

(C) o inciso I do artigo 2º traduz-se em delito material, exigindo-se, para configuração do crime, apenas o dolo genérico.

(D) o parágrafo único do artigo 1º cuida de delito omissivo impróprio.

A: correta. Entendimento esposado na Súmula Vinculante nº 24 do STF; **B:** incorreta. O objeto material, neste caso, não é o tributo, mas, sim, a informação ou a declaração inverídica, que consiste em obrigação acessória; **C:** incorreta. O delito previsto no art. 2º, I, da Lei 8.137/1990 é *formal*, porquanto não exige a produção de resultado para sua consumação (prejuízo para o Estado), e requer o elemento subjetivo do tipo específico (para alguns, o dolo específico), que consiste em eximir-se total ou parcialmente do pagamento do tributo (fraudar o fisco); **D:** incorreta. O parágrafo único do art. 1º, cuja redação é bastante criticada pela doutrina, não constitui crime omissivo impróprio, pois o dispositivo faz menção a uma omissão.

Gabarito "A"

(FGV – 2010) Com relação aos crimes contra a ordem tributária, assinale a alternativa correta.

(A) nos crimes contra a ordem tributária é necessário verificar a intenção por parte do sujeito ativo no sentido de suprimir ou reduzir o tributo.

(B) a omissão intencional de declaração de renda, bens ou fatos não tipifica crime contra a ordem tributária.

(C) a elisão fiscal, entendida como o planejamento tributário feito de acordo com a lei, poderá, dependendo da interpretação do agente fiscal, tipificar crime contra a ordem tributária.

(D) os crimes contra a ordem tributária não admitem coautoria.

(E) a legislação que tipifica o crime contra a ordem tributária tem por objetivo final assegurar o cumprimento das obrigações acessórias.

A: assertiva correta. Nos crimes contra a ordem tributária é necessário verificar a existência do elemento subjetivo, neste caso o *dolo*, consubstanciado na vontade livre e consciente de fraudar o fisco, *suprimindo* ou *reduzindo* tributo mediante as condutas descritas no art. 1º da Lei 8.137/1990; **B:** assertiva incorreta. A omissão intencional de declaração de renda, bens ou fatos, sem prejuízo para o fisco, configura o crime formal tipificado no art. 2º, I, da Lei 8.137/1990. Se, todavia, constatar-se prejuízo para o fisco (crime material), o contribuinte incorrerá no crime do art. 1º, I, da Lei 8.137/1990; **C:** assertiva incorreta. A elisão fiscal, que consiste no planejamento tributário feito em conformidade com a lei, não poderá tipificar crime contra a ordem tributária; **D:** assertiva incorreta. Os crimes contra a ordem tributária comportam *coautoria* e *participação* (art. 29 do CP); **E:** assertiva incorreta. O Direito Penal Tributário tem como escopo criminalizar as condutas mais nocivas, mais prejudiciais ao processo de arrecadação tributária.

Gabarito "A"

(FGV – 2010) Há uma acirrada discussão sobre a relação entre o processo administrativo tributário e a ação penal, principalmente no que tange ao cumprimento da obrigação principal, tema que costuma colocar advogados e representantes do Ministério Público em polos argumentativos opostos. Essa discussão tem relação com:

(A) a submissão do Ministério Público aos órgãos de julgamento administrativo, como o recentemente criado Conselho Administrativo de Recursos Fiscais (CARF).

(B) o instituto da denúncia espontânea prevista no artigo 138 do Código Tributário Nacional.

(C) impossibilidade de o contribuinte ser duplamente penalizado – tanto na esfera administrativa como na judicial.

(D) a necessidade de constituição definitiva do crédito tributário para a consumação de crime fiscal relativo à supressão ou redução do tributo como elemento essencial à configuração do delito.

(E) o início da contagem do prazo prescricional da cobrança do crédito tributário.

A edição da Súmula Vinculante nº 24, cujo teor está a seguir transcrito, pacificou a celeuma existente até então: "Não se tipifica crime material contra a ordem tributária, previsto no art. 1º, incisos I a IV, da Lei 8.137/1990, antes do lançamento definitivo do tributo".

Gabarito "D"

(FGV – 2010) Muito se discute sobre a natureza do crime contra a ordem tributária como crime formal ou crime material. Admitindo-se o enquadramento como crime *material*, ainda que hipoteticamente, seria correto afirmar que:

(A) não admite tentativa.

(B) não se pode falar em culpa.

(C) é irrelevante o aspecto subjetivo para a configuração do crime.

(D) é necessário haver efetiva supressão ou redução do tributo.

(E) o crime deverá estar previsto em lei.

Tratando-se de *crime material* (Súmula Vinculante nº 24), é indispensável à sua consumação a ocorrência de prejuízo ao fisco, consubstanciado na *supressão* (no todo) ou *redução* (em parte) do tributo.
Gabarito "D".

(FGV – 2010) A Lei 8.137, de 27 de dezembro de 1990 prevê algumas hipóteses de crimes praticados por funcionários públicos como as relacionadas nas alternativas a seguir, à exceção de uma. Assinale-a.

(A) Facilitar, com infração de dever funcional, a prática de contrabando ou descaminho.

(B) Extraviar livro oficial, processo fiscal ou qualquer documento de que tenha a guarda em razão da função.

(C) Inutilizar qualquer documento acarretando pagamento indevido ou inexato do tributo.

(D) Exigir para si ou para outrem vantagem indevida eximindo-se de proceder ao lançamento ou cobrança do tributo.

(E) Aproveitar-se da condição de funcionário público para defender interesse privado perante a administração fazendária.

A: incorreta, devendo ser assinalada. A descrição típica contida nesta assertiva refere-se ao crime de facilitação de contrabando ou descaminho, delito próprio capitulado no art. 318 do Código Penal. Esta, portanto, a proposição a ser marcada, pois não está inserida no rol dos crimes praticados por funcionários públicos da Lei 8.137/1990; **B** e **C:** corretas. As descrições típicas contidas nestas assertivas estão contempladas no art. 3º, I, da Lei 8.137/1990; **D:** correta. Descrição típica contida no art. 3º, II, da Lei 8.137/1990; **E:** correta. Descrição típica contida no art. 3º, III, da Lei 8.137/1990.
Gabarito "A".

(FGV – 2010) Em relação aos crimes contra a ordem tributária, não se configura causa da extinção da punibilidade:

(A) o pagamento do tributo antes do oferecimento da denúncia.

(B) a anistia.

(C) a *abolitio criminis*.

(D) a prescrição.

(E) o parcelamento do débito tributário.

Em vista do que dispõe o art. 9º da Lei 10.684/2003, o parcelamento, mesmo que realizado após o recebimento da denúncia, desde que levado a efeito antes do trânsito em julgado, tem o condão de suspender a pretensão punitiva estatal e o curso do prazo prescricional. Com o cumprimento do parcelamento, impõe-se a extinção da punibilidade.
Gabarito "E".

(FGV – 2010) Analise as seguintes afirmativas.

I. A jurisprudência do Supremo Tribunal Federal firmou-se no sentido de que a ausência de constituição definitiva do crédito tributário impede a persecução penal dos crimes materiais contra a ordem tributária.

II. Uma vez versada situação concreta em que, mediante o exercício do poder de polícia, dá-se a apreensão

de mercadoria acompanhada de notas fiscais e guias falsas, possível é a propositura da ação penal, independentemente da responsabilidade administrativo-fiscal.

III. Omitir informação ou prestar declaração falsa às autoridades fazendárias se afigura como crime contra a ordem tributária apenado com reclusão de 2(dois) a 5 (cinco) anos e multa.

Assinale:

(A) se somente a afirmativa I for verdadeira.

(B) se todas as afirmativas forem verdadeiras.

(C) se somente as afirmativas I e II forem verdadeiras.

(D) se somente as afirmativas II e III forem verdadeiras.

(E) se somente as afirmativas I e III forem verdadeiras.

I: correta (Súmula Vinculante nº 24 do STF); **II:** correta. A assertiva se refere ao julgamento, pelo STF, do HC 90.795-PE, 1ª T., rel. Min. Marco Aurélio, j. 03.02.2007, cujo resultado contraria o contido na Súmula Vinculante nº 24 do STF; **III:** correta. A conduta está prevista no art. 1º, I, da Lei 8.137/1990. Por se tratar de crime material, é necessário, à consumação do delito, que haja supressão ou redução de tributo.
Gabarito "B".

(FGV – 2010) Cássio Túlio e Virgilio Arantes foram denunciados com base no artigo 1º da Lei 8.137/1990, havendo indícios de fraude (omissão de operação econômica) no cometimento da conduta delituosa praticada. Entretanto, foi constatado que não houve a constituição definitiva do crédito tributário pela Fazenda, no processo administrativo fiscal. Dessa forma,

(A) inexiste condição objetiva de punibilidade.

(B) inexiste crime, à vista da falta de requisito formal.

(C) devem ser apurados o ilícito e o crédito fazendário.

(D) deve haver a suspensão condicional do processo penal.

(E) deve ser reconhecida a continuidade delitiva.

Súmula Vinculante nº 24, STF: "Não se tipifica crime material contra a ordem tributária, previsto no art. 1º, incisos I a IV, da Lei 8.137/1990, antes do lançamento definitivo do tributo".
Gabarito "A".

28. CRIMES HEDIONDOS

(OAB/Exame Unificado – 2019.1) Gabriela, senhora de 60 anos, é surpreendida com a notícia de que seus dois netos, Pedro e Luiz, ambos com 18 anos de idade, foram presos em flagrante na mesma data, qual seja o dia 05 de setembro de 2018. Pedro foi preso e indiciado pela suposta prática de crime de racismo, enquanto Luiz foi abordado com um fuzil municiado, sendo indiciado pelo crime de porte de arma de fogo de uso restrito (Art. 16 da Lei nº 10.826/03).

Gabriela, sem compreender a exata extensão da consequência dos atos dos netos, procurou a defesa técnica deles para esclarecimentos quanto às possibilidades de prescrição e concessão de indulto em relação aos delitos imputados.

Considerando as informações narradas, a defesa técnica de Pedro e Luiz deverá esclarecer que

(A) ambos os crimes são insuscetíveis de indulto e imprescritíveis.

(B) somente o crime de porte de arma de fogo é imprescritível, enquanto ambos os delitos são insuscetíveis de indulto.

(C) somente o crime de racismo é imprescritível, enquanto apenas o porte do fuzil é insuscetível de indulto.

(D) somente o crime de racismo é imprescritível, não sendo nenhum deles insuscetível de indulto.

Segundo o art. 5º, XLII, da CF, *a prática do racismo constitui crime inafiançável e imprescritível, sujeito a pena de reclusão, nos termos da lei*. Dessa forma, o crime em que incorreu Pedro é imprescritível e inafiançável. Já o crime de porte de arma de fogo de uso restrito (art. 16 da Lei 10.826/2003), em que incorreu Luiz, pelo fato de se tratar de delito hediondo, nos termos do art. 1º, parágrafo único, da Lei 8.072/1990, é insuscetível de anistia, graça e indulto (art. 2º, I, da Lei 8.072/1990; art. 5º, XLIII, CF). Note que o crime de posse/porte ilegal de arma de fogo de uso restrito (art. 16, Lei 10.826/2003) foi incluído no rol dos delitos hediondos pela Lei 13.497/2017, que alterou a Lei 8.072/1990 (Crimes Hediondos). Posteriormente à elaboração desta questão, entrou em vigor a Lei 13.964/2019, que alterou o rol de crimes hediondos, passando a considerar como tal tão somente o crime de posse ou porte ilegal de arma de fogo de uso *proibido*, deixando de fazê-lo em relação à posse/porte de arma de fogo de uso *restrito*, que, portanto, deixa de ser delito hediondo.
Gabarito "C".

(OAB/Exame Unificado – 2018.2) Matheus, José e Pedro, irmãos, foram condenados pela prática dos crimes de homicídio simples contra inimigo, roubo majorado pelo concurso de agentes e estupro simples, respectivamente. Após cumprirem parte das penas privativas de liberdade aplicadas, a mãe dos condenados procura o advogado da família para esclarecimentos sobre a possibilidade de serem beneficiados por decreto de indulto.

Com base apenas nas informações narradas, o advogado deverá esclarecer que, em tese,

(A) Matheus e José poderão ser beneficiados, pois os crimes praticados por eles não são classificados como hediondos, diferentemente do que ocorre com o crime imputado a Pedro.

(B) apenas José poderá ser beneficiado, pois os crimes praticados por Matheus e Pedro são classificados como hediondos.

(C) Matheus, José e Pedro poderão ser beneficiados, pois, apesar de hediondos os delitos praticados pelos três, o indulto poderá ser concedido em respeito ao princípio da individualização da pena.

(D) Matheus, José e Pedro poderão ser beneficiados, tendo em visto que nenhum dos delitos praticados é classificado como hediondo.

Enquanto a *graça* (também chamada de *indulto individual*) visa ao benefício de pessoa determinada, cuja pena imposta será, conforme o caso, extinta ou comutada, o *indulto* propriamente dito (ou *indulto coletivo*) é concedido a um grupo de condenados que preenchem determinados requisitos contidos no decreto. Ambas (graça e indulto) constituem ato privativo do presidente da República. A Lei de Crimes Hediondos (Lei 8.072/1990), em seu art. 2º, I, veda a concessão de anistia, graça e indulto para crimes hediondos (bem como os a eles equiparados). O CF/88, por sua vez, vedou tão somente a concessão, para tais crimes, de graça e anistia (art. 5º, XLIII). Considerando que, dos crimes a que faz referência o enunciado, somente o imputado a Pedro (estupro simples) é considerado hediondo (art. 1º, V, da Lei 8.072/1990), é certo que poderão ser beneficiados pelo indulto os irmãos Matheus e José, na medida em que os crimes a que foram condenados e pelos quais

cumprem pena não são hediondos tampouco equiparados a tais. Vale a observação de que o homicídio simples não é hediondo; somente assim será considerado quando praticado em atividade típica de grupo de extermínio (art. 1º, I, Lei 8.072/1990). O mesmo se diga em relação ao crime de roubo majorado, cujas hipóteses estão contempladas no art. 157, § 2º e 2º-A, do CP. Somente é considerado hediondo o roubo seguido de morte (latrocínio), capitulado no art. 157, § 3º, II, do CP, tal como estabelece o art. 1º, II, da Lei 8.072/1990. Atenção: com o advento da Lei 13.964/2019, posterior à elaboração desta questão, foram inseridas três modalidades de roubo majorado (circunstanciado) no rol de crimes hediondos, a saber: roubo majorado pela restrição de liberdade da vítima (art. 157, § 2º, V); roubo majorado pelo emprego de arma de fogo (art. 157, § 2º-A, I); roubo majorado pelo emprego de arma de fogo de uso proibido ou restrito (art. 157, § 2º-B).

> **Dica:** o roubo seguido de morte (latrocínio), que até então estava capitulado no art. 157, § 3º, segunda parte, do CP, encontra-se previsto, por força das modificações introduzidas pela Lei 13.654/2018, no art. 157, § 3º, II, do CP. A descrição típica e a pena cominada não foram alteradas.

Gabarito "A".

(OAB/Exame Unificado – 2009.2) Antônio, réu primário, sofreu condenação já transitada em julgado pela prática do crime previsto no art. 273 do CP, consistente na falsificação de produto destinado a fins terapêuticos, praticado em janeiro de 2009. Em face dessa situação hipotética e com base na legislação e na jurisprudência aplicáveis ao caso, assinale a opção correta.

(A) Antônio cometeu crime hediondo, mas poderá progredir de regime de pena privativa de liberdade após o cumprimento de um sexto da pena, caso ostente bom comportamento carcerário comprovado pelo diretor do estabelecimento prisional.

(B) Antônio cometeu crime hediondo, de forma que só poderá progredir de regime de pena privativa de liberdade após o cumprimento de dois quintos da pena, caso atendidos os demais requisitos legais.

(C) Antônio cometeu crime hediondo e, portanto, não poderá progredir de regime.

(D) Antônio não cometeu crime hediondo e poderá progredir de regime de pena privativa de liberdade após o cumprimento de um sexto da pena, caso ostente bom comportamento carcerário comprovado pelo diretor do estabelecimento prisional, mediante decisão fundamentada precedida de manifestação do MP e do defensor.

O crime capitulado no art. 273 do CP é hediondo, nos exatos termos do art. 1º, VII-B, da Lei 8.072/1090. Com a modificação legislativa implementada pela Lei 11.464/2007, que alterou a redação do § 2º do art. 2º da Lei 8.072/1990 (Crimes Hediondos), a progressão de regime, no caso de condenado a crime hediondo, dar-se-á após o cumprimento de dois quintos da pena, se se tratar de apenado primário; e de três quintos, se reincidente. A progressão de regime, incluídos os condenados a crimes hediondos e equiparados, acha-se disciplinada no art. 112 da LEP, conforme redação que lhe conferiu a Lei 13.964/2019.
Gabarito "B".

(FGV – 2013) Avalie os tipos de crimes listados a seguir.

I. Extorsão mediante sequestro;

II. Estupro;

III. Qualquer homicídio, simples ou qualificado, desde que doloso;

IV. Falsificação, corrupção, adulteração ou alteração de produto destinado a fins terapêuticos ou medicinais.

De acordo com a Lei 8.072/1990, são considerados crimes hediondos:

(A) I e II, somente.

(B) I e III, somente.

(C) I, II e IV, somente.

(D) I, III e IV, somente.

(E) II, III e IV, somente.

I: correta. Crime hediondo previsto no art. 1º, IV, da Lei 8.072/1990; **II:** correta. Crime hediondo previsto no art. 1º, V, da Lei 8.072/1990; **III:** incorreta, uma vez que o homicídio simples somente será considerado hediondo quando praticado em atividade típica de grupo de extermínio, ainda que cometido por somente um agente (art. 1º, I, da Lei 8.072/1990). O homicídio qualificado, de outro lado, será sempre hediondo; **IV:** correta. Crime hediondo previsto no art. 1º, VII-B, da Lei 8.072/1990. Atenção: a Lei 13.964/2019 (pacote anticrime), posterior à elaboração desta questão, alterou a Lei 8.072/1990 e ali inseriu novas modalidades de delito hediondo. Com isso, ganharam tal rótulo os seguintes crimes: roubo circunstanciado pela restrição de liberdade da vítima; roubo circunstanciado pelo emprego de arma de fogo (de uso permito, restrito ou proibido); roubo qualificado pelo resultado lesão corporal grave (referido na assertiva) ou morte (o latrocínio já era hediondo); extorsão qualificada pela restrição da liberdade da vítima ou ocorrência de lesão corporal ou morte; furto qualificado pelo emprego de explosivo ou de artefato análogo que cause perigo comum; comércio ilegal de arma de fogo; tráfico internacional de arma de fogo, acessório ou munição; e o crime de organização criminosa, quando voltado à prática de crime hediondo ou equiparado.
Gabarito "C".

(FGV – 2010) De acordo com a Lei 8.072/1990, assinale a alternativa que não apresenta um crime considerado hediondo.

(A) latrocínio (art. 157, § 3º, *in fine*); extorsão qualificada pela morte (art. 158, § 2º) e envenenamento de água potável ou de substância alimentícia ou medicinal (art. 270).

(B) epidemia com resultado morte (art. 267, § 1º); homicídio qualificado (art. 121, § 2º, I, II, III, IV e V) e extorsão qualificada pela morte (art. 158, § 2º).

(C) latrocínio (art. 157, § 3º, *in fine*); epidemia com resultado morte (art. 267, § 1º); e homicídio qualificado (art. 121, § 2º, I, II, III, IV e V).

(D) latrocínio (art. 157, § 3º, *in fine*); falsificação, corrupção, adulteração ou alteração de produto destinado a fins terapêuticos ou medicinais (art. 273, *caput* e § 1º, § 1º-A e § 1º-B; e homicídio qualificado (art. 121, § 2º, I, II, III, IV e V).

(E) latrocínio (art. 157, § 3º, *in fine*); epidemia com resultado morte (art. 267, § 1º); falsificação, corrupção, adulteração ou alteração de produto destinado a fins terapêuticos ou medicinais (art. 273, *caput* e § 1º, § 1º-A e § 1º-B e homicídio qualificado (art. 121, § 2º, I, II, III, IV e V).

O crime previsto no art. 270 do CP não integra o rol do art. 1º da Lei 8.072/1990; os demais estão ali listados. Atenção: a Lei 13.964/2019 (pacote anticrime), posterior à elaboração desta questão, alterou a Lei 8.072/1990 e ali inseriu novas modalidades de delito hediondo. Com isso, ganharam tal rótulo os seguintes crimes: roubo circunstanciado pela restrição de liberdade da vítima; roubo circunstanciado pelo emprego de arma de fogo (de uso permito, restrito ou proibido); roubo qualificado pelo resultado lesão corporal grave (referido na assertiva) ou

---

morte (o latrocínio já era hediondo); extorsão qualificada pela restrição da liberdade da vítima ou ocorrência de lesão corporal ou morte; furto qualificado pelo emprego de explosivo ou de artefato análogo que cause perigo comum; comércio ilegal de arma de fogo; tráfico internacional de arma de fogo, acessório ou munição; e o crime de organização criminosa, quando voltado à prática de crime hediondo ou equiparado.
Gabarito "A".

29. OUTROS CRIMES DA LEGISLAÇÃO EXTRAVAGANTE

(OAB/Exame XXXIX) Maciel teve sua prisão temporária prolongada sem motivo justo e excepcionalíssimo, por decisão de Xavier, diretor da unidade prisional em que Maciel estava custodiado.

Esgotado o prazo legal para que ele fosse posto em liberdade, Xavier ignorou dolosamente o alvará de soltura por 5 (cinco) dias, com o objetivo de prejudicar Maciel, seu inimigo declarado.

Sobre o procedimento de Xavier, assinale a afirmativa correta.

(A) Ele praticou o crime de corrupção passiva privilegiada.

(B) Ele praticou o crime de abuso de autoridade.

(C) Ele praticou o crime de desobediência.

(D) Não praticou crime algum, tendo em vista que o alvará de soltura foi cumprido.

Xavier, diretor da unidade prisional em que Maciel estava custodiado em razão de decreto de prisão temporária, por ter protelado, de forma dolosa, o cumprimento do alvará de soltura expedido em favor deste, deverá ser responsabilizado pelo crime definido no art. 12, parágrafo único, IV, da Lei 13.869/2019: "Deixar injustificadamente de comunicar prisão em flagrante à autoridade judiciária no prazo legal: Pena – detenção, de 6 (seis) meses a 2 (dois) anos, e multa. Parágrafo único. Incorre na mesma pena quem: (...) IV – prolonga a execução de pena privativa de liberdade, de prisão temporária, de prisão preventiva, de medida de segurança ou de internação, deixando, sem motivo justo e excepcionalíssimo, de executar o alvará de soltura imediatamente após recebido ou de promover a soltura do preso quando esgotado o prazo judicial ou legal".
Gabarito "B".

(OAB/Exame XXXVII) Bernardo é servidor público e foi condenado porque, durante procedimento administrativo, prestou informações falsas ao interessado, com o intuito de prejudicá-lo. Recebeu condenação de um ano e dois meses pela prática de tal conduta, tipificada no Art. 29 da Lei de Abuso de Autoridade (Lei nº 13.869/2019).

Sobre o caso narrado, assinale a afirmativa correta.

(A) Em razão da quantidade de pena aplicada, é efeito automático da condenação a perda do cargo público ocupado por Bernardo.

(B) A pena de Bernardo pode ser substituída por restritivas de direitos, consistente na inaptidão para o exercício de cargo ou emprego público pelo prazo de 1 a 5 anos.

(C) A imposição do dever de indenizar a vítima depende de reincidência específica em crimes de abuso de autoridade.

(D) Bernardo pode sofrer suspensão do exercício do cargo, por 1 a 6 meses, com a perda de vencimentos e vantagens, como medida alternativa à pena de prisão.

976 EDUARDO DOMPIERI

A solução desta questão deve ser extraída da Lei 13.869/2019, cujo art. 5º assim dispõe: "As penas restritivas de direitos substitutivas das privativas de liberdade previstas nesta Lei são: I – prestação de serviços à comunidade ou a entidades públicas; II – suspensão do exercício do cargo, da função ou do mandato, pelo prazo de 1 (um) a 6 (seis) meses, com a perda dos vencimentos e das vantagens".

Gabarito "D".

(OAB/Exame XXXVI) Vitor respondia ação penal pela suposta prática do crime de ameaça (pena: 01 a 06 meses de detenção ou multa) contra sua ex-companheira Luiza, existindo medida protetiva em favor da vítima proibindo o acusado de se aproximar dela, a uma distância inferior a 100m.

Mesmo intimado da medida protetiva de urgência, Vitor se aproximou de Luiza e tentou manter com ela contato, razão pela qual a vítima, temendo por sua integridade física, procurou você, como advogado(a), e narrou o ocorrido. Nessa ocasião, Luiza esclareceu que, após a denúncia do crime de ameaça, Vitor veio a ser condenado, definitivamente, pela prática do delito de uso de documento falso por fatos que teriam ocorrido antes mesmo da infração penal cometida no contexto de violência doméstica e familiar contra a mulher.

Com base nas informações expostas, você, como advogado(a) de Luiza, deverá esclarecer à sua cliente que

(A) não poderá ser decretada a prisão de Vitor, pois não há situação de flagrância.

(B) não poderá ser decretada a prisão preventiva de Vitor, pois o crime de ameaça tem pena inferior a 04 anos e ele é tecnicamente primário.

(C) poderá ser decretada a prisão preventiva de Vitor, pois, apesar de o crime de ameaça ter pena máxima inferior a 04 anos, o autor do fato é reincidente.

(D) poderá ser decretada a prisão preventiva de Vitor, mesmo sendo tecnicamente primário, tendo em vista a existência de medida protetiva de urgência anterior descumprida.

A solução desta questão deve ser extraída do art. 313, III, do CPP, que autoriza o magistrado a decretar a custódia preventiva quando o crime envolver violência doméstica e familiar contra a mulher, com o objetivo de garantir a execução das medidas protetivas de urgência.

Gabarito "D".

(OAB/Exame XXXV) Breno, policial civil, estressado em razão do trabalho, resolveu acampar em local deserto, no meio de uma trilha cercada apenas por vegetação. Após dois dias, já sentindo o tédio do local deserto, longe de qualquer residência, para distrair a mente, pegou sua arma de fogo, calibre permitido, devidamente registrada e cujo porte era autorizado, e efetuou um disparo para o alto para testar a capacidade da sua mão esquerda, já que, a princípio, seria destro.

Ocorre que, em razão do disparo, policiais militares realizaram diligência e localizaram o imputado, sendo apreendida sua arma de fogo e verificado que um dos números do registro havia naturalmente se apagado em razão do desgaste do tempo. Confirmados os fatos, Breno foi denunciado pelos crimes de porte de arma de fogo com numeração suprimida e disparo de arma de fogo (Art. 15 e Art. 16, § 1º, inciso IV, ambos da Lei nº 10.826/03, em concurso material).

Após a instrução, provados todos os fatos acima narrados, você, como advogado(a) de Breno, deverá requerer, sob o ponto de vista técnico, em sede de alegações finais,

(A) a absolvição em relação ao crime de porte de arma com numeração suprimida, restando apenas o crime de disparo de arma de fogo, menos grave, que é expressamente subsidiário.

(B) a absorção do crime de disparo de arma de fogo pelo de porte de arma de fogo com numeração suprimida, considerando que é expressamente subsidiário.

(C) o reconhecimento do concurso formal de delitos, afastando-se o concurso material.

(D) a absolvição em relação a ambos os delitos.

Considerando que o disparo de arma de fogo foi realizado em local deserto, não há que se falar no crime de disparo de arma de fogo (art. 15 do Estatuto do Desarmamento). Isso porque a configuração deste delito pressupõe que o local onde se deu o disparo seja habitado ou então que ocorra em via pública ou em direção a ela. A conduta levada a efeito por Breno, portanto, não se enquadra na descrição típica do art. 15 do Estatuto do Desarmamento. Da mesma forma, não é o caso de atribuir a Breno a prática do crime do art. 16, § 1º, IV, da Lei nº 10.826/2003, já que este delito somente comporta a modalidade dolosa. Pelo enunciado, vê-se que a numeração não foi suprimida por iniciativa de Breno, mas, sim, em razão de desgaste natural, decorrente da ação do tempo. Dessa forma, o policial civil deve ser absolvido em relação aos dois crimes que lhe foram imputados na denúncia.

Gabarito "D".

(OAB/Exame XXXIV) Após regular trâmite de ação penal, João foi condenado criminalmente por ter enviado para o exterior grande quantidade de peles e couros de jacaré em bruto, sem a autorização da autoridade ambiental competente.

Na sentença condenatória, o juízo substituiu a pena privativa de liberdade de reclusão de 2 (dois) anos por pena restritiva de direitos de prestação pecuniária consistente no pagamento em dinheiro à determinada entidade pública, no valor de 400 (quatrocentos) salários-mínimos.

Especificamente, no que tange ao valor da prestação pecuniária, o(a) advogado(a) de João deve recorrer da sentença, alegando que, de acordo com a legislação de regência, tal montante

(A) deve consistir em 40 (quarenta) salários-mínimos, sendo vedada a dedução do valor pago de eventual multa administrativa a que João for condenado.

(B) deve estar limitado a 40 (quarenta) salários-mínimos, sendo certo que o valor pago será abatido do montante de eventual multa penal a que João for condenado.

(C) não pode ser superior a 60 (sessenta) salários-mínimos, sendo vedada a dedução do valor pago de eventual multa civil a que João for condenado.

(D) não pode ser inferior a 1 (um) salário-mínimo nem superior a 360 (trezentos e sessenta) salários-mínimos, sendo certo que o valor pago será deduzido do montante de eventual reparação civil a que João for condenado.

A solução desta questão deve ser extraída do art. 12 da Lei 9.605/1998 (Meio Ambiente), que estabelece que o valor da prestação pecuniária não pode ser superior a 360 salários-mínimos: *A prestação pecuniária consiste no pagamento em dinheiro à vítima ou à entidade pública ou privada com fim social, de importância, fixada pelo juiz, não inferior a um*

14. DIREITO PENAL 977

salário mínimo nem superior a trezentos e sessenta salários mínimos. O valor pago será deduzido do montante de eventual reparação civil a que for condenado o infrator.

Gabarito "D".

(OAB/Exame XXXIV) Rômulo, 35 anos, José, 28 anos e Guilherme, 15 anos, durante 3 (três) meses, reuniram-se, na casa da mãe do adolescente, para discutirem a prática de crimes considerados de menor potencial ofensivo.

Ao descobrir o objetivo das reuniões, a mãe de Guilherme informou os fatos à autoridade policial, que instaurou procedimento investigatório. Concluídas as investigações e confirmados os fatos, o Ministério Público ofereceu denúncia, em face de Rômulo e José, pelo crime de organização criminosa com causa de aumento pelo envolvimento do adolescente.

Considerando apenas as informações narradas, a defesa de Rômulo e José poderá pleitear, sob o ponto de vista técnico,

(A) a desclassificação para o crime de associação criminosa, apesar de possível a aplicação da causa de aumento pelo envolvimento de adolescente.

(B) o afastamento da causa de aumento pelo envolvimento de adolescente, apesar de possível a condenação pelo crime de constituição de organização criminosa.

(C) a absolvição dos réus, já que, considerando a inimputabilidade de Guilherme, não poderiam responder nem pela constituição de organização criminosa nem pela associação criminosa.

(D) a desclassificação para o crime de associação criminosa, não havendo previsão de causa de aumento pelo envolvimento de adolescente, mas tão só se houvesse emprego de arma de fogo.

A Lei 12.850/2013 contempla, em seu art. 2º, o crime de organização criminosa, cujo conceito deve ser extraído do art. 1º, § 1º, da mesma Lei, nos seguintes termos: *Considera-se organização criminosa a associação de 4 (quatro) ou mais pessoas estruturalmente ordenada e caracterizada pela divisão de tarefas, ainda que informalmente, com objetivo de obter, direta ou indiretamente, vantagem de qualquer natureza, mediante a prática de infrações penais cujas penas máximas sejam superiores a 4 (quatro) anos, ou que sejam de caráter transnacional.* Como se pode ver, a configuração deste delito está condicionada à associação de pelo menos *quatro* pessoas, número este que pode ser constituído por menores de 18 anos. Dessa forma, considerando que a quadrilha mencionada no enunciado é constituída por três pessoas, aqui incluído um inimputável, é de rigor afastar a ocorrência do crime de organização criminosa (art. 2º, Lei 12.850/2013). Além disso, a configuração deste crime somente se dará se as infrações penais cuja prática é almejada pela organização tiverem pena máxima cominada superior a quatro anos ou caráter transnacional. Uma vez que o objetivo da quadrilha composta por Rômulo, José e Guilherme é o cometimento de crimes de menor potencial ofensivo, cuja pena máxima cominada é inferior ou igual a dois anos (art. 61, Lei 9.099/1995), também por tal razão fica afastada a configuração do crime de organização criminosa. Forçoso concluir, portanto, que o crime em que incorreram Rômulo, José e Guilherme é o do art. 288 do CP (associação criminosa), que impõe, à sua configuração, o número mínimo de 3 pessoas, imbuídas do propósito de praticar crimes. Incidirá a causa de aumento prevista no parágrafo único do art. 288, em face da participação de adolescente (Guilherme).

Gabarito "A".

(OAB/Exame Unificado – 2020.2) Rafael, preso provisório, agride dolosamente o seu companheiro de cela, causando-lhe lesão corporal de natureza grave e gerando grande confusão que iniciou uma subversão da ordem interna. Após procedimento disciplinar, assegurado direito de defesa, o diretor do estabelecimento prisional aplica a Rafael sanção disciplinar consistente na sua inclusão no regime disciplinar diferenciado, pelo período de 45 dias.

Considerando os fatos narrados, o advogado de Rafael poderá buscar o reconhecimento da ilegalidade da sanção aplicada, porque

(A) o fato praticado pelo preso não constitui falta grave.

(B) a inclusão do preso em regime disciplinar diferenciado depende de decisão do juízo competente.

(C) o preso provisório não está sujeito ao regime disciplinar diferenciado.

(D) a inclusão no regime disciplinar diferenciado não pode ultrapassar o período inicial de 30 dias, apesar da possível prorrogação por igual período.

Consta do enunciado que Rafael, preso provisório, agride dolosamente o seu companheiro de cela, causando-lhe lesão corporal de natureza grave e, com isso, gerando grande confusão que iniciou uma subversão da ordem interna. Como se pode ver, Rafael praticou fato definido como crime doloso (art. 129, § 1º, CP) que ocasionou a subversão da ordem interna. Tal fato, por si só, já pode ensejar a inclusão de Rafael no regime disciplinar diferenciado (art. 52, *caput*, da LEP). Sucede que tal providência (inserção do preso em RDD) somente pode se dar por decisão do juízo competente (art. 54, § 2º, da LEP). Na hipótese narrada no enunciado, a inclusão de Rafael no RDD foi determinada pelo diretor do estabelecimento prisional, o que torna tal providência, portanto, ilegal.

> DICA: é importante dizer que a Lei 13.964/2019, que instituiu o pacote anticrime, modificou substancialmente as regras que regem o regime disciplinar diferenciado, a começar pelo prazo de duração, que era de até 360 dias e passou para até dois anos, sem prejuízo de repetição da sanção diante do cometimento de nova falta grave da mesma espécie. Também por força da Lei 13.964/2019, as visitas, que antes eram semanais, passam a ser quinzenais, de 2 pessoas por vez, que serão realizadas em instalações equipadas para impedir o contato físico e a passagem de objetos, por pessoa da família ou, no caso de terceiro, autorizado pelo juiz, com duração de 2 horas. O art. 52, IV, da LEP, por sua vez, passou a exigir que a saída para o banho de sol seja feita em grupos de até quatro presos, desde que não haja contato com presos do mesmo grupo criminoso. Além dessas, outras modificações foram implementadas no RDD, razão pela qual sugeridos a leitura do art. 52 da LEP na íntegra.

Gabarito "B".

(OAB/Exame Unificado – 2020.1) Caio, funcionário público, Antônio, empresário, Ricardo, comerciante, e Vitor, adolescente, de forma recorrente se reúnem, de maneira estruturalmente ordenada e com clara divisão de tarefas, inclusive Antônio figurando como líder, com o objetivo de organizarem a prática de diversos delitos de falsidade ideológica de documento particular (Art. 299 do CP: pena: 01 a 03 anos de reclusão e multa). Apesar de o objetivo ser a falsificação de documentos particulares, Caio utilizava-se da sua função pública para obter as informações a serem inseridas de forma falsa na documentação.

Descobertos os fatos, Caio, Ricardo e Antônio foram denunciados, devidamente processados e condenados como incursos nas sanções do Art. 2º da Lei 12.850/13 (constituir organização criminosa), sendo reconhecidas as causas de aumento em razão do envolvimento de funcionário público e em razão do envolvimento de adolescente. A Antônio foi, ainda, agravada a pena diante da posição de liderança.

Constituído nos autos apenas para defesa dos interesses de Antônio, o advogado, em sede de recurso, sob o ponto de vista técnico, de acordo com as previsões legais, deverá requerer

(A) desclassificação para o crime de associação criminosa, previsto no Código Penal (antigo bando ou quadrilha).

(B) afastamento da causa de aumento em razão do envolvimento de adolescente, diante da ausência de previsão legal.

(C) afastamento da causa de aumento em razão da presença de funcionário público, tendo em vista que Antônio não é funcionário público e nem equiparado, devendo a majorante ser restrita a Caio.

(D) afastamento da agravante, pelo fato de Antônio ser o comandante da organização criminosa, uma vez que tal incremento da pena não está previsto na Lei 12.850/13.

A: correta. Embora esteja presente o requisito do número mínimo de associados para compor a organização criminosa (art. 1º, § 1º, da Lei 12.850/2013), certo é que a pena máxima cominada ao delito que pretendiam praticar de forma reiterada (falsidade ideológica de documento particular – art. 299 do CP) corresponde a 3 anos de reclusão e multa, o que de plano afasta a configuração da organização criminosa e, por conseguinte, do crime capitulado no art. 2º da Lei 12.850/2013. Sendo assim, os agentes devem responder pelo crime de associação criminosa, previsto no art. 288 do CP, que consiste na reunião de três ou mais pessoas imbuídas do propósito de cometer crimes; **B:** incorreta. Se considerássemos que os agentes tivessem incorrido no crime definido no art. 2º da Lei 12.850/2013, o inciso I do § 4º deste dispositivo estabelece que a pena será aumentada em 1/6 a 2/3 na hipótese de participação de criança ou adolescente; **C:** incorreta, pois todos estão sujeitos à incidência da causa de aumento prevista no art. 2º, § 4º, II, da Lei 12.850/2013; **D:** incorreta, na medida em que, por força do que dispõe o art. 2º, § 3º, da Lei 12.850/2013, a pena será agravada para quem exerce o comando, individual ou coletivo, da organização criminosa.
Gabarito "A"

(OAB/Exame Unificado – 2019.3) Zélia, professora de determinada escola particular, no dia 12 de setembro de 2019, presencia, em via pública, o momento em que Luiz, nascido em 20 de dezembro de 2012, adota comportamento extremamente mal-educado e pega brinquedos de outras crianças que estavam no local.

Insatisfeita com a omissão da mãe da criança, sentindo-se na obrigação de intervir por ser professora, mesmo sem conhecer Luiz anteriormente, Zélia passa a, mediante grave ameaça, desferir golpes com um pedaço de madeira na mão de Luiz, como forma de lhe aplicar castigo pessoal, causando-lhe intenso sofrimento físico e mental.

Descobertos os fatos, foi instaurado inquérito policial. Nele, Zélia foi indiciada pelo crime de tortura com a causa de aumento em razão da idade da vítima. Após a instrução, confirmada a integralidade dos fatos, a ré foi condenada nos termos da denúncia, reconhecendo o magistrado, ainda, a presença da agravante em razão da idade de Luiz.

Considerando apenas as informações expostas, a defesa técnica de Zélia, no momento da apresentação da apelação, poderá, sob o ponto de vista técnico, requerer

(A) a absolvição de Zélia do crime imputado, pelo fato de sua conduta não se adequar à figura típica do crime de tortura.

(B) a absolvição de Zélia do delito de tortura, com fundamento na causa de exclusão da ilicitude do exercício regular do direito, em que pese a conduta seja formalmente típica em relação ao crime imputado.

(C) o afastamento da causa de aumento de pena em razão da idade da vítima, restando apenas a agravante com o mesmo fundamento, apesar de não ser possível pugnar pela absolvição em relação ao crime de tortura.

(D) o afastamento da agravante em razão da idade da vítima, sob pena de configurar bis in idem, já que não é possível requerer a absolvição do crime de tortura majorada.

A conduta de Zélia se amolda, em princípio, ao crime de tortura capitulado no art. 1º, II, da Lei 9.455/1997. Sucede que este crime tem sujeito ativo qualificado, do qual, portanto, se exige determinado atributo. Com efeito, o agente deve investir contra pessoa sob sua guarda, poder ou autoridade. No caso acima narrado, fica claro que o encontro entre Zélia e a criança contra a qual ela investiu foi mero acaso. Apesar de ser professora (e aqui está a "pegadinha" da questão), Zélia não exercia qualquer poder ou autoridade sobre a criança, menos ainda detinha a sua guarda.
Gabarito "A".

(OAB/Exame Unificado – 2018.3) Vanessa cumpre pena em regime semiaberto em razão de segunda condenação definitiva por crime de tráfico armado. Durante o cumprimento, após preencher o requisito objetivo, requer ao juízo da execução, por meio de seu advogado, a progressão para o regime aberto. Considerando as peculiaridades do caso, a reincidência específica e o emprego de arma, o magistrado, em decisão fundamentada, entende por exigir a realização do exame criminológico.

Com o resultado, o magistrado competente concedeu a progressão de regime, mas determinou que Vanessa comparecesse em juízo, quando determinado, para informar e justificar suas atividades; que não se ausentasse, sem autorização judicial, da cidade onde reside; e que prestasse, durante o período restante de cumprimento de pena, serviços à comunidade.

Intimada da decisão, considerando as informações expostas, poderá a defesa técnica de Vanessa apresentar recurso de agravo à execução, alegando que

(A) a lei veda a fixação de condições especiais não previstas em lei.

(B) poderiam ter sido fixadas condições especiais não previstas em lei, mas não prestação de serviços à comunidade.

(C) não poderia ter sido fixada a condição de proibição de se ausentar da cidade em que reside sem autorização judicial.

(D) a decisão foi inválida como um todo, porque é vedada a exigência de exame criminológico para progressão de regime, ainda que em decisão fundamentada.

A solução desta questão deve ser extraída da Súmula 493, do STJ: *É inadmissível a fixação de pena substitutiva (art. 44 do CP) como*

condição especial ao regime aberto. Dessa forma, não poderia o magistrado ter imposto a Vanessa, como condição à sua ida ao regime menos gravoso, a prestação de serviços à comunidade, por se tratar de modalidade de pena restritiva de direitos.
Gabarito "B".

(OAB/Exame Unificado – 2017.3) Cláudio, na cidade de Campinas, transportava e portava, em um automóvel, três armas de fogo, sendo que duas estavam embaixo do banco do carona e uma, em sua cintura. Abordado por policiais, foram localizadas todas as armas. Diante disso, o Ministério Público ofereceu denúncia em face de Cláudio pela prática de três crimes de porte de arma de fogo de uso permitido, em concurso material (Art. 14 da Lei nº 10.826/03, por três vezes, na forma do Art. 69 do Código Penal). Foi acostado nos autos laudo pericial confirmando o potencial lesivo do material, bem como que as armas eram de calibre .38, ou seja, de uso permitido, com numeração de série aparente.

Considerando que todos os fatos narrados foram confirmados em juízo, é correto afirmar que o(a) advogado(a) de Cláudio deverá defender o reconhecimento

(A) de crime único de porte de arma de fogo.

(B) da continuidade delitiva entre os três delitos imputados.

(C) do concurso formal entre dois delitos, em continuidade delitiva com o terceiro.

(D) do concurso formal de crimes entre os três delitos imputados.

Os tribunais superiores fixaram o entendimento segundo o qual constitui crime único (art. 12, Lei 10.826/2003) a conduta do agente consistente em portar mais de uma arma de fogo, desde que no mesmo contexto fático, como é o caso narrado no enunciado. Isso porque haveria uma só lesão ao bem jurídico sob tutela. De igual forma, aquele que mantém em sua residência mais de uma arma de fogo, sem registro, responderá por delito único (art. 12, Lei 10.826/2003). Nesse sentido, conferir: "Tem-se reconhecido a existência de crime único quando são apreendidos, no mesmo contexto fático, mais de uma arma ou munição, tendo em vista a ocorrência de uma única lesão ao bem jurídico protegido" (STJ, HC n. 130.797/SP, Ministra Maria Thereza de Assis Moura, Sexta Turma, DJe 1º/2/2013).
Gabarito "A".

(OAB/Exame Unificado – 2017.1) Mariano, 59 anos de idade, possuía em sua residência 302 vídeos e fotografias com cenas de sexo explícito envolvendo adolescentes. Descobertos os fatos, foi denunciado pela prática de 302 crimes do Art. 241-B da Lei nº 8.069/90 *("Adquirir, possuir ou armazenar, por qualquer meio, fotografia, vídeo ou outra forma de registro que contenha cena de sexo explícito ou pornográfica envolvendo criança ou adolescente"),* em concurso material, sendo descrito que possuía o material proibido. Os adolescentes das imagens não foram localizados. Encerrada a instrução e confirmados os fatos, o Ministério Público pugnou pela condenação nos termos da denúncia.

Em sede de alegações finais, diante da confissão do acusado e sendo a prova inquestionável, sob o ponto de vista técnico, o advogado de Mariano deverá pleitear:

(A) a absolvição de Mariano, tendo em vista que ele não participava de nenhuma das cenas de sexo explícito envolvendo adolescente.

(B) o reconhecimento de crime único do Art. 241-B da Lei nº 8.069/90.

(C) o reconhecimento do concurso formal de crimes entre os 302 delitos praticados.

(D) a extinção da punibilidade do acusado, em razão do desinteresse dos adolescentes em ver Mariano processado.

Cuida-se de crime único, já que o fato de o agente possuir, em um mesmo contexto fático, diversos vídeos não implica o reconhecimento de vários crimes. [ED]
Gabarito "B".

(OAB/Exame Unificado – 2016.1) Durante uma operação em favela do Rio de Janeiro, policiais militares conseguem deter um jovem da comunidade portando um rádio transmissor. Acreditando ser o mesmo integrante do tráfico da comunidade, mediante violência física, os policiais exigem que ele indique o local onde as drogas e as armas estavam guardadas. Em razão das lesões sofridas, o jovem vem a falecer. O fato foi descoberto e os policiais disseram que ocorreu um acidente, porquanto não queriam a morte do rapaz por eles detido, apesar de confirmarem que davam choques elétricos em seu corpo molhado com o fim de descobrir o esconderijo das drogas.

Diante desse quadro, que restou integralmente provado, os policiais deverão responder pelo crime de

(A) lesão corporal seguida de morte.

(B) tortura qualificada pela morte com causa de aumento.

(C) homicídio qualificado pela tortura.

(D) abuso de autoridade.

Não deve restar dúvida de que o crime em que incorreram os policiais é o de tortura qualificada pelo resultado morte (art. 1º, I, e § 3º, segunda parte, da Lei 9.455/1997), que constitui crime preterdoloso, na medida em que há dolo na conduta de torturar e culpa no resultado morte. Incide ainda a causa de aumento prevista no art. 1º, § 4º, I, da Lei 9.455/1997, pelo fato de o crime haver sido praticado por agente público.
Gabarito "B".

(OAB/Exame Unificado – 2015.3) No ano de 2014, Bruno, Bernardo e Bianca se uniram com a intenção de praticar, reiteradamente, a contravenção penal de jogo do bicho. Para tanto, reuniam-se toda quarta-feira e decidiam em quais locais o jogo do bicho seria explorado.

Chegaram, efetivamente, em uma oportunidade, a explorar o jogo do bicho em determinado estabelecimento. Considerando apenas as informações narradas, Bruno, Bernardo e Bianca responderão

(A) pela contravenção penal do jogo do bicho, apenas.

(B) pela contravenção penal do jogo do bicho e pelo crime de associação criminosa.

(C) pela contravenção penal do jogo do bicho e pelo crime de organização criminosa.

(D) pelo crime de associação criminosa, apenas.

Não há que se falar na prática do delito de *associação criminosa*, previsto no art. 288 do CP, cuja redação atual foi conferida pela Lei 12.850/2013. E a razão é simples: o delito em questão pressupõe que a constituição do grupo criminoso (de três ou mais pessoas) se dê para o fim de cometer *crimes*. As contravenções, como se vê, não foram contempladas. Incorretas, assim, as assertivas "B" e "D". De igual forma, não se configura o crime de *organização criminosa* (arts. 1º, §

980 EDUARDO DOMPIERI

2º, e 2º, *caput*, da Lei 12.850/2013), que tem dentre os seus requisitos o número mínimo de quatro integrantes e o propósito de cometer infrações penais cuja pena máxima seja superior a quatro anos, o que exclui as contravenções penais. Resta, assim, a assertiva "A", que deve ser considerada como correta, já que a conduta praticada por Bruno, Bernardo e Bianca se subsume ao tipo penal do art. 50 do Decreto-lei n. 3.688/1941 (Lei das Contravenções Penais).

Gabarito "A".

(OAB/Exame Unificado – 2012.3.B) Assinale a alternativa que apresenta dois institutos despenalizadores previstos na Lei dos Juizados Especiais.

(A) Suspensão condicional da pena privativa de liberdade e transação penal.

(B) Transação penal e livramento condicional.

(C) Composição civil extintiva da punibilidade e suspensão condicional do processo.

(D) *Sursis* e pena restritiva de direitos substitutiva da privativa de liberdade.

A: incorreta, pois, embora a *transação penal* esteja prevista na Lei dos Juizados Especiais (art. 76 da Lei 9.099/1995), a *suspensão condicional da pena* (*sursis*), que não deve ser confundida com a *suspensão condicional do processo* (*sursis* processual – art. 89 da Lei 9.099/1995), tem a sua disciplina estabelecida nos arts. 77 e ss. do CP; B: incorreta. Como já dito, a *transação penal* é instituto previsto na Lei 9.099/1995; já o *livramento condicional* está previsto nos arts. 83 e ss., do CP, e 131 e ss. da Lei de Execuções Penais (Lei 7.210/1984); C: correta, pois contempla institutos previstos na Lei 9.099/1995 (Juizados Especiais). Vale lembrar que, embora prevista na Lei dos Juizados Especiais, o âmbito de incidência da *suspensão condicional do processo* não é restrito às infrações penais de menor potencial ofensivo, aplicando-se a todos os crimes cuja pena mínima cominada não exceda a um ano; D: incorreta. Institutos previstos no Código Penal, respectivamente nos arts. 77 e 43, ambos do CP.

Gabarito "C".

(OAB/Exame Unificado – 2010.3) A tortura, conduta expressamente proibida pela Constituição Federal e lei específica,

(A) se reconhecida, não implicará aumento de pena, caso seja cometida por agente público.

(B) pode ser praticada por meio de uma conduta comissiva (positiva, por via de uma ação) ou omissiva (negativa, por via de uma abstenção).

(C) exige, na sua configuração, que o autor provoque lesões corporais na vítima ao lhe proporcionar sofrimento físico com o emprego de violência.

(D) é crime inafiançável, imprescritível e insuscetível de graça ou anistia.

A: a assertiva está incorreta. A prática da tortura, por agente público, implicará, sim, aumento de pena, nos termos do disposto no art. 1º, § 4º, I, da Lei 9.455/1997; B: assertiva correta. De fato, este crime comporta tanto uma conduta comissiva (uma ação) quanto uma conduta omissiva (vide art. 1º, § 2º, da Lei 9.455/1997); C: assertiva incorreta. O tipo penal não faz essa exigência. Aliás, o art. 1º, § 3º, da Lei 9.455/1997 estabelece uma série de consequências que podem advir da tortura: lesão corporal de natureza grave, de natureza gravíssima e morte. Trata-se de hipótese de crime preterdoloso, em que a tortura constitui um antecedente doloso e a lesão ou morte um consequente culposo. É este o entendimento da maioria da doutrina e jurisprudência; D: assertiva incorreta. É correto afirmar-se que a tortura é inafiançável e insuscetível de graça ou anistia (art. 1º, § 6º, da Lei 9.455/1997). De outro lado, não é correto afirmar que o delito de tortura é imprescritível, já que, no Brasil, somente o são o racismo (art. 5º, XLII, da CF) e a ação

de grupos armados, civis ou militares, contra a ordem constitucional e o Estado Democrático (art. 5º, XLIV, da CF). Importante que se diga que o Plenário do STF, ao julgar, em 28/10/2021, o HC 154.248, da relatoria do Ministro Edson Fachin, fixou o entendimento no sentido de que o crime de injúria racial, a exemplo do racismo, é também imprescritível.

Gabarito "B".

(OAB/Exame Unificado – 2010.2) João da Silva, José da Silva e Maria da Silva são os acionistas controladores do Banco Silva's e Família, cada um com 30% das ações com direito a voto e exercendo respectivamente os cargos de Diretor-Presidente, Diretor Comercial e Diretora de Contabilidade. Em razão das dificuldades financeiras que afetaram o Banco Silva's e Família, os diretores decidem pôr em curso as seguintes práticas: (1) adquirir no mercado títulos do tesouro nacional já caducos (portanto sem valor algum) e, utilizando-os como simulacro de lastro, emitir títulos do banco para captar recursos financeiros junto aos investidores; (2) forjar negócios com pessoas jurídicas inexistentes a fim de simular ganhos; e, por fim, (3) fraudar o balanço da instituição simulando lucros no exercício ao invés dos prejuízos efetivamente sofridos.

Os primeiros doze meses demonstraram resultados excelentes, com grande aumento do capital, mas os vinte e quatro meses seguintes são marcados por uma perda avassaladora de recursos, levando o banco à beira da insolvência, com um passivo cerca de 50 vezes maior que o ativo. Nesse momento, o Banco Silva's e Família sofre uma intervenção do Banco Central e todos os fatos narrados acima vêm à tona.

Assinale a alternativa que indique o(s) crime(s) praticado(s) pelos acionistas controladores.

(A) Crimes de falsidade ideológica, falsidade documental e estelionato qualificado.

(B) Crime de gestão temerária de instituição financeira.

(C) Crime de gestão fraudulenta de instituição financeira.

(D) Crime de gestão temerária em concurso com crime de gestão fraudulenta de instituição financeira.

Art. 4º, *caput*, da Lei 7.492/1986.

Gabarito "C".

(OAB/Exame Unificado – 2008.2) Constitui, segundo a Lei de Execução Penal, direito que pode ser suspenso ou restringido ao preso mediante ato motivado do diretor do estabelecimento prisional

(A) o chamamento nominal.

(B) a entrevista pessoal e reservada com o advogado.

(C) o contato com o mundo exterior por meio de correspondência escrita, da leitura e de outros meios de informação que não comprometam a moral e os bons costumes.

(D) a representação e petição a qualquer autoridade, em defesa de direito.

Art. 41, parágrafo único, da Lei 7.210/1984 (Lei de Execuções Penais).

Gabarito "C".

(OAB/Exame Unificado – 2008.1) Patrícia, vendedora em uma butique, recusou o acesso de Latifa, mulher muçulmana, à loja, e negou-se a atendê-la, por acreditar que, pelo modo como estava trajada, Latifa não tinha o perfil de compradora daquele estabelecimento. Na ocasião,

Patrícia deixou transparecer que se considerava superior a Latifa. Considerando a situação hipotética descrita, assinale a opção correta.

(A) Os elementos subjetivos do delito são o dolo e a culpa.

(B) No delito em questão, pune-se o preconceito, que resultou em atitude segregacionista, pouco interessando a eventual alegação da comerciante de que Latifa, pessoa discriminada, não teria o perfil de cliente daquela loja.

(C) O sujeito ativo do delito limita-se ao gerente.

(D) O delito em questão é prescritível.

Art. 5º da Lei 7.716/1989 (legislação que define crimes resultantes de preconceito de raça ou de cor). É crime doloso e imprescritível, nos termos do art. 5º, XLII, da CF.
Gabarito "B".

(FGV – 2010) Relativamente ao *Estatuto do Idoso* (Lei nº 10.741/2003), analise as afirmativas a seguir:

I. O Estatuto do Idoso é destinado a regular os direitos assegurados às pessoas com idade igual ou superior a 65 (sessenta e cinco) anos.

II. Os crimes definidos no Estatuto do Idoso são de ação penal pública incondicionada, não se lhes aplicando os arts. 181 e 182 do Código Penal.

III. Aos crimes previstos no Estatuto do Idoso, cuja pena máxima privativa de liberdade não ultrapasse 2 (dois) anos, aplica-se o procedimento previsto na Lei 9.099, de 26 de setembro de 1995, e, subsidiariamente, no que couber, as disposições do Código Penal e do Código de Processo Penal.

Assinale:

(A) se somente a afirmativa I estiver correta.

(B) se somente a afirmativa II estiver correta.

(C) se somente a afirmativa III estiver correta.

(D) se somente as afirmativas II e III estiverem corretas.

(E) se todas as afirmativas estiverem corretas.

I: incorreto (art. 1º da Lei 10.741/2003: " É instituído o Estatuto da Pessoa Idosa, destinado a regular os direitos assegurados às pessoas com idade igual ou superior a 60 (sessenta) anos. (Redação dada pela Lei nº 14.423, de 2022)"; **II**: assertiva correta, nos termos do art. 95 do Estatuto do Idoso; **III**: assertiva incorreta, nos termos do art. 94 do Estatuto.
Gabarito "B".

30. TEMAS COMBINADOS

(OAB/Exame Unificado – 2015.1) Moura, maior de 70 anos, primário e de bons antecedentes, mediante grave ameaça, subtraiu o relógio da vítima Lúcia, avaliado em R$ 550,00 (quinhentos e cinquenta reais). Cerca de 45 minutos após a subtração, Moura foi procurado e localizado pelos policiais que foram avisados do ocorrido, sendo a coisa subtraída recuperada, não sofrendo a vítima qualquer prejuízo patrimonial. O fato foi confessado e Moura foi condenado pela prática do crime de roubo simples, ficando a pena acomodada em 04 anos de reclusão em regime aberto e multa de 10 dias.

Procurado pela família do acusado, você, como advogado poderá apelar, buscando

(A) o reconhecimento da forma tentada do roubo.

(B) a aplicação do sursis da pena.

(C) o reconhecimento da atipicidade comportamental por força da insignificância.

(D) a redução da pena abaixo do mínimo legal, em razão das atenuantes da confissão espontânea e da senilidade.

A: incorreta, na medida em que o crime de roubo, nas circunstâncias narradas no enunciado, atingiu a sua consumação. Quanto ao momento consumativo deste crime, reputo oportuno fazer algumas considerações. Doutrina e jurisprudência há muito consolidaram o entendimento segundo o qual a consumação do crime de furto e roubo está condicionada à retirada da *res* da esfera de vigilância e proteção da vítima. Pois bem. De uns anos para cá, a jurisprudência, notadamente dos tribunais superiores, à revelia de boa parte da doutrina, consolidou-se no sentido de considerar, como momento consumativo do crime de furto (e também o de roubo), o da subtração do bem. Para a doutrina, tal mudança de entendimento significa antecipar o momento consumativo desse crime e, com isso, passar a considerá-lo formal (de consumação antecipada ou resultado cortado), já que o resultado previsto no tipo penal (lesão patrimonial) passaria a constituir mero exaurimento. Senão vejamos: "A jurisprudência do Supremo Tribunal Federal dispensa, para a consumação do furto ou do roubo, o critério da saída da coisa da chamada "esfera de vigilância da vítima" e se contenta com a verificação de que, cessada a clandestinidade ou a violência, o agente tenha tido a posse das *res* furtiva, ainda que retomada, em seguida, pela perseguição imediata" (STF, HC 108.678-RS, 1ª Turma, rel. Min. Rosa Weber, 17.04.2012). Nesse sentido o STJ editou a Súmula 582. Parece-nos que, no caso em tela, o crime de roubo, de uma forma ou de outra, se consumara; **B:** correta. Esta alternativa, dentre todas, é a única que se mostra viável, considerando os dados fornecidos no enunciado, uma vez que é a que prevê a concessão do *sursis* (suspensão condicional da pena), disciplinado no art. 77 e seguintes do CP. Importante notar que, por ser maior de 70 anos, Moura faz jus ao chamado *sursis* etário, previsto no art. 77, § 2º, do CP, que autoriza a sua concessão nas hipóteses em que a pena não seja superior a quatro anos (a pena aplicada a Moura é de 4 anos); **C:** incorreta. Há, neste caso, duas razões pelas quais não tem lugar o princípio da insignificância: primeiro que o crime praticado foi o de roubo, que, como bem sabemos, tutela outros bens além do patrimônio (delito complexo), o que, por si só, já é suficiente para afastar a incidência deste postulado; além disso e em segundo lugar, o valor atribuído ao relógio subtraído é, ao menos em tese, incompatível com o princípio da insignificância; **D:** incorreta, uma vez que, nos termos da Súmula 231 do STJ, *a incidência da circunstância atenuante não pode conduzir à redução da pena abaixo do mínimo legal.*
Gabarito "B".

(OAB/Exame Unificado – 2009.1) Constitui conduta criminosa

(A) deixar o pai de prover, sem justa causa, a instrução primária do filho em idade escolar.

(B) cometer adultério.

(C) emitir cheque pré-datado, sabendo-o sem provisão de fundos.

(D) destruir culposamente a vidraça de prédio pertencente ao departamento de polícia civil.

A: correta. A conduta dos pais que deixam de providenciar, sem justa causa, a educação primária do filho em idade escolar está descrita no art. 246 do CP – abandono intelectual; **B:** incorreta. O art. 240 do CP, que definia o crime de adultério, foi revogado pela Lei 11.106/2005. Suas implicações atualmente estão limitadas ao direito de família; **C:** incorreta. Cheque é ordem de pagamento à vista. Se alguém aceita cheque para futura compensação, configurada estará uma promessa de pagamento. Nesse caso, não sendo o título compensado por falta de provisão de fundos, estaremos diante de um ilícito civil; **D:** incorreta. Não há, no CP, previsão de dano culposo. O art. 163 do CP não faz qualquer menção à modalidade culposa desse crime.
Gabarito "A".

31. QUESTÕES SOBRE COVID

(QUESTÃO 1) Conforme amplamente divulgado pelos meios de comunicação, superamos a triste marca de 3 milhões de diagnósticos positivos para o novo coronavírus, com a perda de mais de 100 mil vidas. Neste cenário de emergência sanitária, o poder público adotou diversas medidas com vistas ao combate e prevenção à covid-19. Entre elas, está a edição da Lei 13.979/2020 e das Portarias 356/2020, do Ministério da Saúde, e 5/2020, editada conjuntamente pelo Ministério da Saúde e da Justiça e Segurança Pública. Embora contemplem temas de direito penal, não houve a previsão de novos tipos penais. O que não significa, entretanto, que o direito penal, instrumento de controle social tido como mais severo, não possa entrar em cena. Com efeito, desde o início da pandemia causada pelo coronavírus, assistimos a várias prisões e operações da Polícia e do Ministério Público voltadas à repressão de condutas criminosas relacionadas à pandemia. Dentre as possibilidades de imputação de natureza penal, uma das condutas mais recorrentes tem sido aquela definida no art. 268 do Código Penal, que corresponde ao crime de infração de medida sanitária preventiva. Sobre este delito, assinale a assertiva correta:

(A) cuida-se de crime próprio, uma vez que somente pode ser praticado por médio ou outro profissional da saúde

(B) trata-se de delito material, na medida em que o tipo penal exige a produção de resultado naturalístico consistente em causar dano a alguém

(C) a pena será aumentada de 1/3 se o sujeito ativo for médico

(D) há previsão de modalidade culposa

A: incorreta. Trata-se de crime comum, já que o tipo penal não impõe nenhuma qualidade específica ao sujeito ativo. Pode ser praticado, portanto, por qualquer pessoa, inclusive pelos profissionais de saúde. A propósito, se este delito for cometido por funcionário da saúde pública ou por médico, farmacêutico, dentista ou enfermeiro, a pena será aumentada de um terço, conforme estabelece o art. 268, parágrafo único, CP; **B:** incorreta. Estamos diante de crime formal (e não material). Isso porque a consumação é alcançada com a mera violação da ordem pública, ainda que ninguém seja infectado; **C:** correta. De fato, a pena sofrerá um incremento de um terço na hipótese de a conduta ser levada a efeito por funcionário da saúde pública ou por médico, farmacêutico, dentista ou enfermeiro, nos termos do que estabelece o art. 268, parágrafo único, CP; **D:** incorreta, já que o elemento subjetivo é representado tão somente pelo dolo, consistente na vontade livre e consciente de violar determinação do poder público. Não há, portanto, previsão de modalidade culposa.
Gabarito "C".

(QUESTÃO 2) Inicialmente classificada como *epidemia*, já que a incidência da Covid-19 estava circunscrita, num primeiro momento, à China, o coronavírus se alastrou e ganhou o mundo, adquirindo, a partir de então, o status de *pandemia*. No Brasil, como bem sabemos, o contágio teve início por São Paulo, de onde se alastrou para o resto do país. Diante desse quadro emergencial, o mundo passou a adotar uma série de medidas para o controle e prevenção da doença, cada país a seu modo, de acordo com as suas particularidades. No Brasil, as várias esferas do poder público passaram a agir com idêntico propósito: prevenir o contágio e tratar as vítimas de uma doença ainda pouco conhecida. Uma das medidas adotadas foi a edição da Lei 13.979/2020, que estabelece regras para o combate à situação emergencial gerada pelo coronavírus. Para o enfrentamento deste cenário de pandemia, o art. 3º desta Lei estabelece várias medidas que poderão as autoridades adotar, tais como o isolamento social e a quarentena. O Ministério da Saúde, por sua vez, dentre as providências adotadas, editou a Portaria 356/2020, com vistas a regulamentar a Lei 13.979/2020. Além disso, os Ministérios da Saúde e da Justiça e Segurança Pública editaram, conjuntamente, a Portaria Interministerial 5/2020, que, por sua vez, foi revogada pela Portaria Interministerial 9/2020. Segundo decisão tomada pelo STF, as medidas de combate ao coronavírus podem ser adotadas tanto pela União, quanto por Estados e Municípios. Nesse contexto, suponhamos que uma pessoa, apresentando sintomas típicos do novo coronavírus, recusa-se a se submeter a teste laboratorial para detecção do vírus. Nesta hipótese, aponte a alternativa que melhor retrate a conduta do agente, considerando que a localidade em que se deram os fatos já apresenta altos índices de disseminação da doença.

(A) o agente deverá ser responsabilizado pelo crime de epidemia (art. 267, CP)

(B) o agente deverá ser responsabilizado pelo delito do art. 268 do CP (infração de medida sanitária preventiva)

(C) o fato praticado pelo agente é atípico

(D) o agente deverá ser responsabilizado pelo crime de desobediência (art. 330, CP)

A: incorreta. A configuração do crime do art. 267 do CP (epidemia) pressupõe que o agente provoque (dê origem) a epidemia. Evidente que a conduta descrita no enunciado não pode se enquadrar neste delito. E a razão é simples: não se pode dar origem a uma epidemia (ou pandemia) onde ela já se faz presente. Trata-se, portanto, de crime impossível. Para que se pudesse imputar ao agente este delito seria necessário que a localidade estivesse livre do vírus. Pois somente assim seria possível falar-se em causar, originar. Vale lembrar que este delito é apenado com reclusão de 10 a 15 anos, pena que será aplicada em dobro se do fato resultar morte. Neste último caso, trata-se de delito hediondo (art. 1º, VII, da Lei 8.072/1990); **B:** correta. O sujeito que se recusa a submeter-se a teste laboratorial para detecção do novo coronavírus deve ser responsabilizado pelo delito definido no art. 268 do CP, que consiste no agente infringir determinação do poder público destinada a impedir introdução ou propagação de doença contagiosa. Importante que se diga que se trata de norma penal em branco, razão pela qual a configuração deste crime somente se faz possível diante da existência de norma complementar. A complementação, neste caso, está contida na Lei 13.979/2020, que, em seu art. 3º, III, *b*, estabelece que, com o propósito de proporcionar enfrentamento da emergência de saúde pública gerada pelo coronavírus, as autoridades poderão determinar a realização compulsória de testes laboratoriais para detecção do vírus; **C:** incorreta. Vide comentário anterior; **D:** incorreta. Embora o agente tenha "desobedecido" à determinação legal de autoridade, não se pode a ele imputar o delito de desobediência, na medida em que este tem caráter subsidiário, ou seja, somente entra em cena diante da inexistência de outra forma de punição, quer de natureza administrativa, quer de natureza penal, prevalecendo, neste último caso, o princípio da especialidade.
Gabarito "B".

14. DIREITO PENAL   983

(QUESTÃO 3) A crise pandêmica gerada pelo novo corona-vírus suscitou uma série de discussões na comunidade jurídica acerca da tipificação, pelo direito penal, de várias condutas que, de forma direta ou indireta, com-prometem um efetivo combate e prevenção ao vírus. Passou a ser corriqueira a divulgação, pela imprensa, de comportamentos que, no lugar de contribuir para conter a disseminação da doença ou ainda para minorar as suas consequências, promovem o recrudescimento de um quadro já extremamente grave. Com efeito, assistimos, desde o início da pandemia, a notícias de pessoas que se recusam a fazer uso de máscara em local público. Ou ainda pessoas que, mesmo com sintomas típicos da Covid-19, se recusam a permanecer em quarentena. Os índices de isolamento social, providência tão necessária e sabidamente eficaz no combate à disseminação do vírus, raramente alcançaram patamares estabelecidos pelas autoridades sanitárias. Enfim, convivemos com uma profusão de atitudes que vão de encontro às reco-mendações da comunidade científica. Algumas dessas condutas (em princípio, as mais nocivas) repercutem no direito penal, ramo do direito ao qual, como bem sabemos, é reservada a missão de combater os com-portamentos mais deletérios verificados em sociedade, tendo natureza, pois, subsidiária em relação aos demais ramos do direito. Em outras palavras, o direito penal somente entrará em cena diante da ineficácia de outros meios de controle social menos traumáticos, como, por exemplo, o direito administrativo. Duas condutas que encontram repercussão no direito penal, dentro do cenário da pandemia, são os crimes de charlatanismo e curandeirismo, previstos, respectivamente, nos arts. 283 e 284, do CP. Acerca desses delitos, assinale a assertiva correta:

(A) o charlatanismo contém dois núcleos do tipo (incul-car e anunciar), sendo exigível, à consumação deste delito, a prática de ambos

(B) no curandeirismo, o agente inculca ou anuncia cura por meio secreto ou infalível

(C) responde por curandeirismo o agente que receitar, de forma habitual, a ingestão de determinada raiz para a cura da Covid-19

(D) responde por curandeirismo o agente que anunciar a cura da covid-19 por meio de tratamento de que somente ele detém o conhecimento

A: incorreta. O charlatanismo é classificado pela doutrina como crime de ação múltipla ou conteúdo variado. Significa dizer que, para a sua configuração, basta que o agente incorra em uma das ações típicas nucleares, que correspondem aos verbos *inculcar*, que tem o sentido de propor, aconselhar, ou *anunciar*, que significa divulgar, publicar, noticiar; **B**: incorreta. Isso porque as ações nucleares *inculcar* e *anunciar* integram o tipo penal do crime de charlatanismo (art. 283, CP). No curandeirismo (art. 284, CP), a ação nuclear é representada pelo verbo *exercer* (praticar, desempenhar) o curandeirismo; **C**: correta. O tipo penal do art. 284 do CP (curandeirismo) elenca várias formas de execução deste crime, entre as quais está a conduta do agente que prescreve, a pretexto de promover a cura e de forma habitual, determinada substância, como uma raiz ou uma pomada; **D**: incorreta, já que o agente que anunciar a cura da covid-19 por meio de tratamento de que somente ele detém o conhecimento será responsabilizado pelo crime de charlatanismo (art. 283, CP). Perceba que o charlatanismo não se confunde com o curandeirismo, já que este é crime mais grave, na medida em que pressupõe que o agente

prescreva, ministre, aplique substância ou faça diagnóstico, ou ainda faça uso de gestos, palavras ou qualquer outro meio. Ao passo que, no charlatanismo, o agente se limita a inculcar ou anunciar cura por meio secreto ou infalível. Não chega, portanto, a prescrever, ministrar ou aplicar substância ou mesmo fazer diagnóstico.

Gabarito "C".

(QUESTÃO 4) João, proprietário de um mercado que fun-ciona na periferia de São Paulo, aproveitando-se da situ-ação emergencial e de calamidade pública causada pelo coronavírus, promove um súbito aumento nos preços do álcool em gel, produto cuja demanda sofreu, em razão da pandemia, um aumento vertiginoso, valendo-se, para tanto, da justificativa de que o produto estaria em falta no mercado, quando, na verdade, ele tinha grande quantidade em depósito. Tendo em conta a narrativa, aponte a alternativa verdadeira.

(A) A conduta de João foi legítima, já que deve prevalecer a lei da oferta e da procura

(B) João cometeu crime contra a economia popular definido na Lei 1.521/1951

(C) João deverá ser responsabilizado pela prática de crime contra as relações de consumo (Lei 8.078/1990)

(D) João cometeu crime contra a ordem tributária

Considerando que João, sob a falsa justificativa de que o produto estaria em falta no mercado, se aproveitou da situação emergencial decorrente da pandemia do coronavírus para aumentar, sem justi-ficativa plausível, o preço do álcool em gel, mercadoria cuja demanda sofrera grande aumento, deverá responder pelo crime definido no art. 3º, VI, da Lei 1.521/1951.

Gabarito "B".

(QUESTÃO 5) Carlos Alberto, inconformado com o diagnós-tico positivo para coronavírus que acabara de receber, ingressa, sem máscara ou qualquer outro aparato de segurança, em elevador no qual havia diversas pessoas, imbuído do propósito de propagar a doença de que é portador naquele ambiente. Considerando esta narrativa, aponte a assertiva que corresponde à conduta realizada por Carlos Alberto

(A) Carlos Alberto incorreu no crime de perigo de con-tágio de moléstia grave (art. 131, CP)

(B) Carlos Alberto incorreu no crime de pandemia (art. 267, CP)

(C) Carlos Alberto cometeu o crime de perigo de contá-gio venéreo (art. 130, CP)

(D) Carlos Alberto não cometeu crime algum

Carlos Alberto, ao ingressar no elevador lotado com o propósito de transmitir a doença pela qual sabe estar contaminado, incorreu no crime de perigo de contágio de moléstia grave (art. 131, CP). Cuida-se de delito que se configura pela prática de qualquer ato capaz de transmitir a doença. É crime de ação livre, pois admite qualquer meio de execução. São exemplos, além da hipótese narrada no enunciado: agente que, sabendo estar contaminado, aperta a mão de outra pessoa, desejando que esta seja contaminada; agente que espirra em direção a outrem sabendo estar contaminado e com o intuito de transmitir a doença; agente que, ciente da sua condição de contaminado, beija a vítima, imbuído do propósito de transmitir-lhe a doença contagiosa de que é portador. Trata-se, como se pode ver, de crime próprio, pois somente admite como sujeito ativo aquele que se ache contaminado por doença contagiosa grave. É crime formal, na medida em que a sua consumação é alcançada com a prática, pelo agente, do ato capaz de produzir o contágio, independente da efetiva transmissão. No mais, exige-se dolo específico, consistente na especial vontade do agente em transmitir a doença que o acomete.

Gabarito "A".

(QUESTÃO 6) José Adamastor, dono de uma rede de supermercados, coloca à venda álcool em gel 46% como sendo 70%, ciente de que, pelas normas técnicas, somente a versão 70% tem capacidade de eliminação do coronavírus. Neste caso, aponte a conduta praticada pelo empresário

(A) José Adamastor não praticou crime

(B) José Adamastor cometeu o crime de falsificação de produto para fins terapêuticos

(C) José Adamastor cometeu crime contra as relações de consumo previsto na Lei 8.137/1990

(D) José Adamastor cometeu crime perigo para a vida ou saúde de outrem

O empresário, que expôs à venda mercadoria cuja embalagem continha informação inverídica quanto à característica do produto, deverá ser responsabilizado pelo crime do art. 7º, II, da Lei 8.137/1990.

Gabarito "C".

15. DIREITO PROCESSUAL PENAL

Eduardo Dompieri

1. FONTES, PRINCÍPIOS GERAIS E INTERPRETAÇÃO

(OAB/Exame Unificado – 2017.1) Em 23 de novembro de 2015 (segunda-feira), sendo o dia seguinte dia útil em todo o país, Tício, advogado de defesa de réu em ação penal de natureza condenatória, é intimado da sentença condenatória de seu cliente. No curso do prazo recursal, porém, entrou em vigor nova lei de natureza puramente processual, que alterava o Código de Processo Penal e passava a prever que o prazo para apresentação de recurso de apelação seria de 03 dias e não mais de 05 dias. No dia 30 de novembro de 2015, dia útil, Tício apresenta recurso de apelação acompanhado das respectivas razões.

Considerando a hipótese narrada, o recurso do advogado é:

(A) intempestivo, aplicando-se o princípio do *tempus regit actum* (o tempo rege o ato), e o novo prazo recursal deve ser observado.

(B) tempestivo, aplicando-se o princípio do *tempus regit actum* (o tempo rege o ato), e o antigo prazo recursal deve ser observado.

(C) intempestivo, aplicando-se o princípio do *tempus regit actum* (o tempo rege o ato), e o antigo prazo recursal deve ser observado.

(D) tempestivo, aplicando-se o princípio constitucional da irretroatividade da lei mais gravosa, e o antigo prazo recursal deve ser observado.

No que toca à lei processual penal, incide o princípio da *aplicação imediata* ou *da imediatidade*, segundo o qual a lei processual penal aplicar-se-á desde logo, sem prejuízo dos atos realizados sob o império da lei anterior. É o que estabelece o art. 2º do CPP. Perceba que o que se leva em conta, na aplicação da lei genuinamente processual, é a data da realização do ato, e não a do fato criminoso, como ocorre com as normas de natureza penal. Por isso, se uma lei passa a estabelecer prazo menor do que o anterior para a interposição de determinado recurso, será aplicado o interregno mais exíguo, já que a lei nova é aplicada de imediato. Agora, se a lei nova, que estabelecia prazo menor, entra em vigor quando o prazo para recurso já havia se iniciado, deve-se aplicar, neste caso, por óbvio, o prazo maior, correspondente à lei revogada. Ao contrário, se o prazo ainda não começou a correr, aplica-se a lei nova que estabelece prazo menor. Nesse sentido reza o art. 3º da Lei de Introdução do Código de Processo Penal, que, a despeito de se referir à entrada em vigor do CPP, pode ser aplicado, por analogia, aos casos em que a entrada em vigor de determinada lei se dá quando já iniciada a contagem do prazo para a realização de determinado ato, aqui incluída a interposição de recurso. Vale, aqui, fazer uma observação: se se tratar de lei processual penal dotada de carga material (também chamada de norma mista ou híbrida), deve-se aplicar, em relação a elas, o que estabelece o art. 2º, parágrafo único, do CP. Nesse caso, a exemplo do que se dá com as leis penais, a norma processual nova, se favorável ao réu, deverá retroagir; se prejudicial, aplica-se a lei já revogada (*lex mitior*). **ED**

Gabarito "B".

(OAB/Exame Unificado – 2016.1) João, no dia 2 de janeiro de 2015, praticou um crime de apropriação indébita majorada. Foi, então, denunciado como incurso nas sanções penais do Art. 168, § 1º, inciso III, do Código Penal. No curso do processo, mas antes de ser proferida sentença condenatória, dispositivos do Código de Processo Penal de natureza exclusivamente processual sofrem uma reforma legislativa, de modo que o rito a ser seguido no recurso de apelação é modificado. O advogado de João entende que a mudança foi prejudicial, pois é possível que haja uma demora no julgamento dos recursos.

Nesse caso, após a sentença condenatória, é correto afirmar que o advogado de João

(A) deverá respeitar o novo rito do recurso de apelação, pois se aplica ao caso o princípio da imediata aplicação da nova lei.

(B) não deverá respeitar o novo rito do recurso de apelação, em razão do princípio da irretroatividade da lei prejudicial e de o fato ter sido praticado antes da inovação.

(C) não deverá respeitar o novo rito do recurso de apelação, em razão do princípio da ultratividade da lei.

(D) deverá respeitar o novo rito do recurso de apelação, pois se aplica ao caso o princípio da extratividade.

A lei processual penal será aplicada desde logo (*princípio da aplicação imediata* ou *da imediatidade*), sem prejuízo dos atos realizados sob o império da lei anterior. É o que estabelece o art. 2º do CPP. A exceção a essa regra fica por conta da lei processual penal dotada de carga material, em que deverá ser aplicado o que estabelece o art. 2º, parágrafo único, do CP. Nesse caso, a exemplo do que se dá com as leis penais, a norma processual nova, se favorável ao réu, deverá retroagir; se prejudicial, aplica-se a lei já revogada (*lex mitior*). No caso narrado no enunciado, fica claro que a lei nova, que entrou em vigor no curso do processo, tem caráter exclusivamente processual, razão pela qual, em vista do que acima foi dito, terá aplicação imediata, incidindo desde logo. Dessa forma, o rito da apelação a ser interposta pela defesa de João obedecerá à normativa estabelecida pela lei processual nova.

Gabarito "A".

(OAB/Exame Unificado – 2013.2) A Lei 9.099/1995 modificou a espécie de ação penal para os crimes de lesão corporal leve e culposa. De acordo com o art. 88 da referida lei, tais delitos passaram a ser de ação penal pública condicionada à representação. Tratando-se de questão relativa à Lei Processual Penal no Tempo, assinale a alternativa que corretamente expõe a regra a ser aplicada para processos em curso que não haviam transitado em julgado quando da alteração legislativa.

(A) Aplica-se a regra do Direito Penal de retroagir a lei, por ser norma mais benigna.

(B) Aplica-se a regra do Direito Processual de imediatidade, em que a lei é aplicada no momento em que entra em vigor, sem que se questione se mais gravosa ou não.

(C) Aplica-se a regra do Direito Penal de irretroatividade da lei, por ser norma mais gravosa.

(D) Aplica-se a regra do Direito Processual de imediatidade, em que a lei é aplicada no momento em que entra em vigor, devendo-se questionar se a *novatio legis* é mais gravosa ou não.

A lei processual penal, conforme preceitua o art. 2º do CPP, terá aplicação imediata, conservando-se, entretanto, os atos realizados sob o império da lei anterior. Sucede que existem leis processuais que possuem carga de direito penal, chamadas, bem por isso, de leis *materiais*, *híbridas* ou *mistas*, como é o caso acima narrado, em que a eficácia no tempo deverá obedecer ao regramento dos arts. 5º, XL, da CF e 2º, parágrafo único, do CP.

Gabarito "A".

(OAB/Exame Unificado – 2013.2) Em um processo em que se apura a prática dos delitos de supressão de tributo e evasão de divisas, o Juiz Federal da 4ª Vara Federal Criminal de Arroizinho determina a expedição de carta rogatória para os Estados Unidos da América, a fim de que seja interrogado o réu Mário. Em cumprimento à carta, o tribunal americano realiza o interrogatório do réu e devolve o procedimento à Justiça Brasileira, a 4ª Vara Federal Criminal. O advogado de defesa de Mário, ao se deparar com o teor do ato praticado, requer que o mesmo seja declarado nulo, tendo em vista que não foram obedecidas as garantias processuais brasileiras para o réu.

Exclusivamente sobre o ponto de vista da Lei Processual no Espaço, a alegação do advogado está correta?

(A) Sim, pois no processo penal vigora o princípio da extraterritorialidade, já que as normas processuais brasileiras podem ser aplicadas fora do território nacional.

(B) Não, pois no processo penal vigora o princípio da territorialidade, já que as normas processuais brasileiras só se aplicam no território nacional.

(C) Sim, pois no processo penal vigora o princípio da territorialidade, já que as normas processuais brasileiras podem ser aplicadas em qualquer território.

(D) Não, pois no processo penal vigora o princípio da extraterritorialidade, já que as normas processuais brasileiras podem ser aplicas fora no território nacional.

Da mesma forma que a lei penal processual brasileira deve ser aplicada, em razão do princípio da territorialidade, quando do cumprimento, pelo Poder Judiciário brasileiro, de carta rogatória oriunda do estrangeiro, a rogatória aqui expedida será cumprida, pelo Poder Judiciário do país destinatário, de acordo com as regras processuais ali em vigor. Não há que se falar, portanto, em nulidade do ato realizado pelo PJ americano.

Gabarito "B".

(OAB/Exame Unificado – 2009.3) A lei processual penal

(A) não admite aplicação analógica, em obediência ao princípio da legalidade estrita ou tipicidade expressa.

(B) admite interpretação extensiva e o suplemento dos princípios gerais de direito, por expressa disposição legal.

(C) tem aplicação imediata, devendo os atos praticados sob a vigência de lei anterior revogada ser renovados e praticados sob a égide na nova lei, sob pena de nulidade absoluta.

(D) não retroagirá, salvo para beneficiar o réu, não vigorando, no direito processual penal, o princípio *tempus regit actum*.

A: incorreta. A lei processual penal, a teor do que dispõe o art. 3º do CPP, comporta, sim, aplicação analógica; **B:** correta. Por expressa disposição do art. 3º do CPP, a lei processual penal admite a interpretação extensiva bem como o suplemento dos princípios gerais de direito; **C e D:** incorretas. Art. 2º do CPP. Adotou-se, quanto à eficácia da lei processual no tempo, o *princípio da aplicação imediata* ou do efeito imediato (*tempus regit actum*), preservando-se os atos até então praticados, que, por essa razão, não serão renovados. Vale, aqui, fazer uma ressalva. Quando se tratar de uma norma processual dotada de caráter material (norma mista), a sua eficácia no tempo deverá seguir o regramento do art. 2º, parágrafo único, do Código Penal, ou seja, a lei processual dotada de carga penal poderá retroagir em benefício do réu.

Gabarito "B".

(OAB/Exame Unificado – 2009.1) Acerca do significado dos princípios limitadores do poder punitivo estatal, assinale a opção correta.

(A) Segundo o princípio da culpabilidade, o direito penal deve limitar-se a punir as ações mais graves praticadas contra os bens jurídicos mais importantes, ocupando-se somente de uma parte dos bens protegidos pela ordem jurídica.

(B) De acordo com o princípio da fragmentariedade, o poder punitivo estatal não pode aplicar sanções que atinjam a dignidade da pessoa humana ou que lesionem a constituição físico-psíquica dos condenados por sentença transitada em julgado.

(C) Segundo o princípio da ofensividade, no direito penal somente se consideram típicas as condutas que tenham certa relevância social, pois as consideradas socialmente adequadas não podem constituir delitos e, por isso, não se revestem de tipicidade.

(D) O princípio da intervenção mínima, que estabelece a atuação do direito penal como *ultima ratio*, orienta e limita o poder incriminador do Estado, preconizando que a criminalização de uma conduta só se legitima se constituir meio necessário para a proteção de determinado bem jurídico.

A: incorreta. O *princípio da culpabilidade* preconiza que ninguém pode ser punido se não houver agido com dolo ou culpa – art. 18, parágrafo único, do CP. A assertiva contempla o princípio da fragmentariedade, segundo o qual a lei penal constitui, por força do postulado da intervenção mínima, uma pequena parcela (fragmento) do ordenamento jurídico. Isso porque somente se deve lançar mão desse ramo do direito diante da ineficácia ou inexistência de outros instrumentos de controle social menos traumáticos (subsidiariedade); **B:** incorreta. Não corresponde ao postulado da fragmentariedade, ao qual nos referimos no comentário à alternativa anterior. A proposição descreve o princípio da humanidade; **C:** incorreta. Preconiza o *princípio da ofensividade* que não se pode incriminar uma conduta dotada de ínfima lesão. A alternativa descreve o postulado da adequação social, segundo o qual não se pode reputar criminosa a conduta tolerada pela sociedade, ainda que corresponda a uma descrição típica. É dizer, embora formalmente típica, porque subsumida num tipo penal, carece de tipicidade material, porquanto em sintonia com a realidade social em vigor. A sociedade se mostra, nessas hipóteses, indiferente ante a prática da conduta, como é o caso da tatuagem. Também são exemplos: a circuncisão praticada na religião judaica; o furo na orelha para colocação de brinco etc.; **D:** correta. O direito penal deve ser visto como o último recurso de que dispõe o legislador para solucionar as lides ocorridas na coletividade.

15. DIREITO PROCESSUAL PENAL — 987

Isto é, o legislador, antes de recorrer ao direito penal, deve lançar mão de outros ramos do direito, outros mecanismos pacificadores. O direito penal, enfim, há de ser visto como a *ultima ratio*.

Gabarito "D".

2. INQUÉRITO POLICIAL E OUTRAS FORMAS DE INVESTIGAÇÃO CRIMINAL

(OAB/Exame XXXVIII) Flávia foi acompanhada por você, na qualidade de advogado(a), à presença da Autoridade Policial, para noticiar a prática dos crimes de apropriação indébita e fraude processual supostamente praticados por seu ex-marido, descrevendo a prática do crime, fornecendo os dados qualificativos completos do suposto autor do fato, apresentando rol de testemunhas e anexando documentação pertinente à materialidade delitiva e de indícios de autoria.

O Delegado de Polícia Civil, após cinco dias da confecção do registro da ocorrência, sem que tenha sido praticado nenhum ato para a verificação da procedência das informações, despachou nos autos do Inquérito Policial pelo indeferimento da instauração do Inquérito Policial e determinou a suspensão do procedimento.

Nesse caso, você deve

(A) requerer a remessa dos autos ao Ministério Público para que se manifeste, uma vez que o Delegado de Polícia não possui poderes para arquivar o procedimento.

(B) requerer a remessa dos autos ao Juízo para que se manifeste, uma vez que o Delegado de Polícia não possui poderes para arquivar o procedimento.

(C) apresentar recurso para a Chefia de Polícia para que se manifeste sobre o indeferimento da instauração do Inquérito Policial.

(D) apresentar recurso ao Ministério Público para que se manifeste sobre o indeferimento da instauração do Inquérito Policial.

Do despacho que indeferir o requerimento de abertura de IP cabe recurso para o chefe de Polícia (art. 5º, § 2º, CPP). Cuidado: não devemos confundir esta providência da autoridade policial com o arquivamento de IP. Como bem sabemos, é defeso ao delegado de polícia, sob qualquer pretexto, mandar arquivar autos de inquérito policial (art. 17, CPP).

Gabarito "C".

(OAB/Exame Unificado – 2020.2) Após concluído inquérito policial para apurar a prática do crime de homicídio em desfavor de Jonas, o Ministério Público requereu o seu arquivamento por falta de justa causa, pois não conseguiu identificar o(s) autor(es) do delito, o que restou devidamente homologado pelo juiz competente. Um mês após o arquivamento do inquérito policial, uma testemunha, que não havia sido anteriormente identificada, compareceu à delegacia de polícia alegando possuir informações quanto ao autor do homicídio de Jonas.

A família de Jonas, ao tomar conhecimento dos fatos, procura você, como advogado(a) da família, para esclarecimentos. Diante da notícia de existência de novas provas aptas a identificar o autor do crime, você deverá esclarecer aos familiares da vítima que o órgão ministerial

(A) poderá promover o desarquivamento do inquérito, pois a decisão de arquivamento não faz coisa julgada material independentemente de seu fundamento.

(B) não poderá promover o desarquivamento do inquérito, pois a decisão de arquivamento é imutável na presente hipótese.

(C) não poderá promover o desarquivamento do inquérito, pois se trata de mera notícia, inexistindo efetivamente qualquer prova nova quanto à autoria do delito.

(D) poderá promover o desarquivamento do inquérito, pois a decisão de arquivamento fez apenas coisa julgada formal no caso concreto.

Segundo o relato contido no enunciado, após o arquivamento de inquérito policial, motivado pelo fato de o autor não ter sido identificado, surge uma testemunha cujo depoimento é apto a identificar a autoria do crime de homicídio que vitimou Jonas. Neste caso, tendo em conta que a decisão que determinou o arquivamento do inquérito faz coisa jugada apenas formal, poderá ser promovido o seu desarquivamento, com a retomada das investigações. Se o arquivamento do inquérito se desse por ausência de tipicidade, a decisão, neste caso, teria efeito preclusivo, é dizer, produziria coisa julgada material, impedindo, dessa forma, o desarquivamento (Informativo STF 375). Registre-se que as "outras provas" a que faz alusão o art. 18 do CPP devem ser entendidas como provas substancialmente novas, ou seja, aquelas que até então não eram de conhecimento das autoridades. Conferir, nesse sentido, a Súmula 524 do STF: "Arquivado o inquérito policial, por despacho do juiz, a requerimento do Promotor de Justiça, não pode a ação penal ser iniciada, sem novas provas". Não há dúvidas de que o depoimento da testemunha, não colhido à época das investigações do inquérito policial, porque dela não se tinha conhecimento, é considerado prova substancialmente nova, tendo o condão, portanto, de ensejar a retomada das investigações.

> **DICA:** com o advento da Lei 13.964/2019, conhecida como Pacote Anticrime, alterou-se toda a sistemática que rege o arquivamento do inquérito policial. Até então, tínhamos que cabia ao membro do MP promover (requerer) o arquivamento e ao juiz, se concordasse, determiná-lo. Pois bem. Com a modificação operada na redação do art. 28 do CPP pela Lei 13.964/2019, o representante do *parquet* deixa de requerer o arquivamento e passa a, ele mesmo, determiná-lo, sem qualquer interferência do magistrado, cuja atuação, nesta etapa, em homenagem ao sistema acusatório, deixa de existir. No entanto, ao determinar o arquivamento do IP, o membro do MP deverá submeter sua decisão, segundo a nova redação conferida ao art. 28, *caput*, do CPP, à instância revisora dentro do próprio Ministério Público, para fins de homologação. Sem prejuízo disso, caberá ao promotor que determinou o arquivamento comunicar a sua decisão ao investigado, à autoridade policial e à vítima. Esta última, por sua vez, ou quem a represente, poderá, se assim entender, dentro do prazo de 30 dias, a contar da comunicação de arquivamento, submeter a matéria à revisão da instância superior do órgão ministerial (art. 28, § 1º, CPP). Por fim, o § 2º deste art. 28, com a redação que lhe deu a Lei 13.964/2019, estabelece que, nas ações relativas a crimes praticados em detrimento da União, Estados e Municípios, a revisão do arquivamento do IP poderá ser provocada pela chefia do órgão a quem couber a sua representação judicial. Este novo art. 28 do CPP, que, como dissemos, alterou todo o procedimento que rege o arquivamento do IP, no entanto, teve sua eficácia, por força de decisão cautelar proferida pelo STF, a sua eficácia. Mais recentemente, ao finalmente julgar as ADIs 6.298, 6.299, 6.300 e 6.305, o Plenário do STF, por maioria, conferiu interpretação conforme ao *caput* do art. 28 do CPP para assentar que, ao se manifestar pelo arquivamento do inquérito policial ou de quaisquer elementos informativos da mesma natureza, o órgão do Ministério Público submeterá

> sua manifestação ao juiz competente e comunicará à vítima, ao investigado e à autoridade policial, podendo encaminhar os autos para o procurador-geral ou para a instância de revisão ministerial, quando houver, para fins de homologação, na forma da lei. No mesmo julgamento, ao apreciar a constitucionalidade do § 1º do art. 28 do CPP, conferiu-lhe interpretação conforme para assentar que, além da vítima ou de seu representante legal, a autoridade judicial competente também poderá submeter a matéria à revisão da instância competente do órgão ministerial, caso verifique patente ilegalidade ou teratologia no ato do arquivamento. Como se pode ver, o controle judicial sobre o arquivamento do inquérito policial, que havia sido afastado com a modificação operada pela Lei 13.964/2019 no art. 28, *caput*, do CPP, foi retomado com a interpretação atribuída a este dispositivo pelo STF, o que, para significativa parcela da doutrina, representa verdadeiro retrocesso, já que viola o sistema acusatório.

Gabarito "D".

(OAB/Exame Unificado - 2018.3) Após receber denúncia anônima, por meio de disque-denúncia, de grave crime de estupro com resultado morte que teria sido praticado por Lauro, 19 anos, na semana pretérita, a autoridade policial, de imediato, instaura inquérito policial para apurar a suposta prática delitiva. Lauro é chamado à Delegacia e apresenta sua identidade recém-obtida; em seguida, é realizada sua identificação criminal, com colheita de digitais e fotografias.

Em que pese não ter sido encontrado o cadáver até aquele momento das investigações, a autoridade policial, para resguardar a prova, pretende colher material sanguíneo do indiciado Lauro para fins de futuro confronto, além de desejar realizar, com base nas declarações de uma testemunha presencial localizada, uma reprodução simulada dos fatos; no entanto, Lauro se recusa tanto a participar da reprodução simulada quanto a permitir a colheita de seu material sanguíneo. É, ainda, realizado o reconhecimento de Lauro por uma testemunha após ser-lhe mostrada a fotografia dele, sem que fossem colocadas imagens de outros indivíduos com características semelhantes.

Ao ser informado sobre os fatos, na defesa do interesse de seu cliente, o(a) advogado(a) de Lauro, sob o ponto de vista técnico, deverá alegar que

(A) o inquérito policial não poderia ser instaurado, de imediato, com base em denúncia anônima isoladamente, sendo exigida a realização de diligências preliminares para confirmar as informações iniciais.

(B) o indiciado não poderá ser obrigado a fornecer seu material sanguíneo para a autoridade policial, ainda que seja possível constrangê-lo a participar da reprodução simulada dos fatos, independentemente de sua vontade.

(C) o vício do inquérito policial, no que tange ao reconhecimento de pessoa, invalida a ação penal como um todo, ainda que baseada em outros elementos informativos, e não somente no ato viciado.

(D) a autoridade policial, como regra, deverá identificar criminalmente o indiciado, ainda que civilmente identificado, por meio de processo datiloscópico, mas não poderia fazê-lo por fotografias.

A: correta. A denúncia anônima, segundo tem entendido a jurisprudência, não é apta, por si só, a autorizar a instauração de inquérito policial. Antes disso, a autoridade policial deverá fazer uma averiguação prévia a fim de verificar a procedência da denúncia apócrifa, para, depois disso, determinar, se for o caso, a instauração de inquérito. Nesse sentido: Conferir: "(...) a autoridade policial, ao receber uma denúncia anônima, deve antes realizar diligências preliminares para averiguar se os fatos narrados nessa 'denúncia' são materialmente verdadeiros, para, só então, iniciar as investigações" (STF, HC 95.244, 1ª T., rel. Min. Dias Toffoli, DJE de 29.04.2010). No mesmo sentido: *"1. Elementos dos autos que evidenciam não ter havido investigação preliminar para corroborar o que exposto em denúncia anônima. O Supremo Tribunal Federal assentou ser possível a deflagração da persecução penal pela chamada denúncia anônima, desde que esta seja seguida de diligências realizadas para averiguar os fatos nela noticiados antes da instauração do inquérito policial. Precedente"* (HC 108147, Relator(a): Min. Cármen Lúcia, Segunda Turma, julgado em 11.12.2012, Processo Eletrônico *DJe*-022 Divulg 31.01.2013 Public 01.02.2013; **B:** incorreta. Tendo em conta o fato de que ninguém poderá ser compelido a produzir prova contra si mesmo (princípio do *nemo tenetur se detegere*), a participação do investigado na reprodução simulada dos fatos (art. 7º do CPP) será facultativa; **C:** incorreta. Segundo entendimento pacífico firmando pela jurisprudência, vícios porventura existentes no inquérito não têm o condão de acarretar nulidades processuais. *Vide* a seguinte ementa: "Criminal. *Habeas corpus*. Homicídio duplamente qualificado. Inépcia da denúncia. Questão não apreciada na corte estadual. Supressão de instância. Auto de prisão em flagrante. Nulidade. Maus-tratos e torturas. Ausência de comprovação. Direitos constitucionais. Cientificação do interrogando. Oitiva do réu sem a presença de advogado. Inquérito. Peça informativa. Ausência de contraditório. Falta de fundamentação do decreto prisional. Inocorrência. Periculosidade do agente. 'Acerto de contas'. *Modus operandi*. Necessidade da custódia para garantia da ordem pública. Segregação justificada. Excesso de prazo. Superveniência de sentença de pronúncia. Alegação superada. Ordem parcialmente conhecida e, nesta extensão, denegada. Evidenciado que a Corte Estadual não apreciou a alegação de inépcia da denúncia, sobressai a incompetência desta Corte para o seu exame, sob pena de indevida supressão de instância. Hipótese na qual o impetrante não trouxe aos autos qualquer elemento comprobatório das alegações de que o paciente teria sido submetido a maus-tratos e torturas físicas, bem como de que o mesmo teria assinado o Termo de Qualificação e Interrogatório do Auto de Prisão em Flagrante Delito sem ter conhecimento de seu conteúdo, sendo certo que no referido documento restou consignada a cientificação do interrogando de seus direitos constitucionais. O posicionamento firmado nesta Corte é no sentido de que os eventuais vícios ocorridos no inquérito policial não são hábeis a contaminar a ação penal, pois aquele procedimento resulta em peça informativa e não probatória. A presença do advogado durante a lavratura do auto de prisão em flagrante não constitui formalidade essencial a sua validade. Configurada a periculosidade concreta do agente, o qual teria agido com a intenção de ceifar a vida de pessoa que havia prestado depoimento em seu desfavor em procedimento investigativo anterior, com inúmeros disparos de armas de fogo, em suposto 'acerto de contas', resta justificada a decretação da custódia preventiva para a garantia da ordem pública, com base no *modus operandi*, que se sobressalta na hipótese. Precedentes desta Corte. Evidenciado que foi proferida sentença de pronúncia em desfavor do acusado, resta superado o argumento de demora no término da instrução criminal. Ordem parcialmente conhecida e, nesta extensão, denegada" (STJ, HC 188.527/GO, 5ª T., rel. Min. Gilson Dipp, j. 17/03/2011, *DJ* 04/04/2011); **D:** incorreta. Regra geral, o civilmente identificado não será submetido a identificação criminal (art. 5º, LVIII, CF; art. 1º da Lei 12.037/2009). Há situações, no entanto, em que, mesmo tendo sido apresentado documento de identificação, a autoridade poderá proceder à identificação criminal. Estas situações, que constituem exceção, estão elencadas no art. 3º da Lei 12.037/2009.

Gabarito "A".

15. DIREITO PROCESSUAL PENAL 989

(OAB/Exame Unificado – 2018.2) Um Delegado de Polícia, ao tomar conhecimento de um suposto crime de ação penal pública incondicionada, determina, de ofício, a instauração de inquérito policial. Após adotar diligência, verifica que, na realidade, a conduta investigada era atípica.

O indiciado, então, pretende o arquivamento do inquérito e procura seu advogado para esclarecimentos, informando que deseja que o inquérito seja imediatamente arquivado.

Considerando as informações narradas, o advogado deverá esclarecer que a autoridade policial

(A) deverá arquivar imediatamente o inquérito, fazendo a decisão de arquivamento por atipicidade coisa julgada material.

(B) não poderá arquivar imediatamente o inquérito, mas deverá encaminhar relatório final ao Poder Judiciário para arquivamento direto e imediato por parte do magistrado.

(C) deverá elaborar relatório final de inquérito e, após o arquivamento, poderá proceder a novos atos de investigação, independentemente da existência de provas novas.

(D) poderá elaborar relatório conclusivo, mas a promoção de arquivamento caberá ao Ministério Público, havendo coisa julgada em caso de homologação do arquivamento por atipicidade.

A: incorreta, dado que é vedado ao delegado de polícia, sob qualquer pretexto, promover o arquivamento de autos de inquérito policial (art. 17 do CPP); **B:** incorreta. O magistrado, ao tempo em que esta questão foi elaborada, era o responsável por determinar o arquivamento do IP, a requerimento do MP; **C:** incorreta. Uma vez ordenado o arquivamento do inquérito policial, por falta de base para a denúncia, nada obsta que a autoridade policial proceda a novas pesquisas, desde que de outras provas tenha conhecimento – art. 18 do CPP. Isso porque a decisão que determina o arquivamento do inquérito policial gera, em regra, coisa julgada formal; **D:** correta. Conforme ponderamos acima, uma vez arquivado o inquérito policial, por falta de base para a denúncia, nada obsta que a autoridade policial proceda a novas pesquisas, desde que de outras provas tenha conhecimento – art. 18 do CPP. Isso porque a decisão que determina o arquivamento do inquérito policial gera, em regra, coisa julgada formal. Agora, se o arquivamento do inquérito se der por ausência de tipicidade, como é a hipótese retratada no enunciado, a decisão, neste caso, tem efeito preclusivo, é dizer, produz coisa julgada material, impedindo, dessa forma, o desarquivamento do inquérito. A esse respeito, *Informativo STF* 375. Atenção: com o advento da Lei 13.964/2019, conhecida como Pacote Anticrime, posterior, portanto, à elaboração desta questão, alterou-se toda a sistemática que rege o arquivamento do inquérito policial. Até então, tínhamos que cabia ao membro do MP promover (requerer) o arquivamento e ao juiz, se concordasse, determiná-lo. Pois bem. Com a modificação operada na redação do art. 28 do CPP pela Lei 13.964/2019, o representante do *parquet* deixa de requerer o arquivamento e passa a, ele mesmo, determiná-lo, sem qualquer interferência do magistrado, cuja atuação, nesta etapa, em homenagem ao sistema acusatório, deixa de existir. No entanto, ao determinar o arquivamento do IP, o membro do MP deverá submeter sua decisão, segundo a nova redação conferida ao art. 28, *caput*, do CPP, à instância revisora dentro do próprio Ministério Público, para fins de homologação. Sem prejuízo disso, caberá ao promotor que determinou o arquivamento comunicar a sua decisão ao investigado, à autoridade policial e à vítima. Esta última, por sua vez, ou quem a represente, poderá, se assim entender, dentro do prazo de 30 dias, a contar da comunicação de arquivamento, submeter a matéria à revisão da instância superior do órgão ministerial (art. 28, § 1º, CPP). Por fim,

o § 2º deste art. 28, com a redação que lhe deu a Lei 13.964/2019, estabelece que, nas ações relativas a crimes praticados em detrimento da União, Estados e Municípios, a revisão do arquivamento do IP poderá ser provocada pela chefia do órgão a quem couber a sua representação judicial. Este novo art. 28 do CPP, que, como dissemos, alterou todo o procedimento que rege o arquivamento do IP, no entanto, teve suspensa, por força de decisão cautelar proferida pelo STF, a sua eficácia. O ministro Luiz Fux, relator, ponderou, em sua decisão, tomada na ADI 6.305, de 22.01.2020, que, embora se trate de inovação louvável, a sua implementação, no prazo de 30 dias (*vacatio legis*), revela-se inviável, dada a dimensão dos impactos sistêmicos e financeiros que por certo ensejarão a adoção do novo procedimento de arquivamento do inquérito policial. Mais recentemente, ao finalmente julgar as ADIs 6.298, 6.299, 6.300 e 6.305, o Plenário do STF, por maioria, conferiu interpretação conforme ao *caput* do art. 28 do CPP para assentar que, ao se manifestar pelo arquivamento do inquérito policial ou de quaisquer elementos informativos da mesma natureza, o órgão do Ministério Público submeterá sua manifestação ao juiz competente e comunicará à vítima, ao investigado e à autoridade policial, podendo encaminhar os autos para o procurador-geral ou para a instância de revisão ministerial, quando houver, para fins de homologação, na forma da lei. No mesmo julgamento, ao apreciar a constitucionalidade do § 1º do art. 28 do CPP, conferiu-lhe interpretação conforme para assentar que, além da vítima ou de seu representante legal, a autoridade judicial competente também poderá submeter a matéria à revisão da instância competente do órgão ministerial, caso verifique patente ilegalidade ou teratologia no ato do arquivamento. Como se pode ver, o controle judicial sobre o arquivamento do inquérito policial, que havia sido afastado com a modificação operada pela Lei 13.964/2019 no art. 28, *caput*, do CPP, foi retomado com a interpretação atribuída a este dispositivo pelo STF, o que, para significativa parcela da doutrina, representa verdadeiro retrocesso, já que viola o sistema acusatório.
Gabarito "D".

(OAB/Exame Unificado – 2017.2) Paulo foi preso em flagrante pela prática do crime de corrupção, sendo encaminhado para a Delegacia. Ao tomar conhecimento dos fatos, a mãe de Paulo entra, de imediato, em contato com o advogado, solicitando esclarecimentos e pedindo auxílio para seu filho.

De acordo com a situação apresentada, com base na jurisprudência dos Tribunais Superiores, deverá o advogado esclarecer que:

(A) diante do caráter inquisitivo do inquérito policial, Paulo não poderá ser assistido pelo advogado na delegacia.

(B) a presença da defesa técnica, quando da lavratura do auto de prisão em flagrante, é sempre imprescindível, de modo que, caso não esteja presente, todo o procedimento será considerado nulo.

(C) decretado o sigilo do procedimento, o advogado não poderá ter acesso aos elementos informativos nele constantes, ainda que já documentados no procedimento.

(D) a Paulo deve ser garantida, na delegacia, a possibilidade de assistência de advogado, de modo que existe uma faculdade na contratação de seus serviços para acompanhamento do procedimento em sede policial.

A: incorreta. A despeito do caráter inquisitivo do inquérito policial, Paulo poderá, sim, se assim desejar, fazer-se acompanhar de advogado de sua confiança no ato da lavratura do auto de prisão em flagrante. A propósito, constitui dever da autoridade policial oportunizar ao interrogando o direito de contatar advogado para acompanhá-lo no ato do interrogatório; **B:** incorreta. A presença de advogado, quando da

EDUARDO DOMPIERI

lavratura do auto de prisão em flagrante, não é indispensável; a ausência de defesa técnica, nesta fase, não implica nulidade; **C:** incorreta. O inquérito policial é, em vista do que estabelece o art. 20 do CPP, sigiloso. Ocorre que, a teor do art. 7º, XIV, da Lei 8.906/1994 (Estatuto da Advocacia), constitui direito do advogado, entre outros: "examinar, em qualquer instituição responsável por conduzir investigação, mesmo sem procuração, autos de flagrante e de investigações de qualquer natureza, findos ou em andamento, ainda que conclusos à autoridade, podendo copiar peças e tomar apontamentos, em meio físico ou digital". Sobre este tema, o STF editou a Súmula Vinculante 14, a seguir transcrita: "É direito do defensor, no interesse do representado, ter acesso amplo aos elementos de prova que, já documentados em procedimento investigatório realizado por órgão com competência de polícia judiciária, digam respeito ao exercício do direito de defesa". Bem por isso, caberá à autoridade policial franquear o acesso do advogado, constituído ou não, aos elementos de informação contidos no auto de prisão em flagrante/inquérito policial, desde que já documentados; **D:** correta. Cuida-se, de fato, de uma faculdade, devendo a autoridade policial assegurar a possibilidade de o conduzido ser assistido por advogado que indicar no ato da lavratura do auto de prisão em flagrante. **ED**

Gabarito "D".

(OAB/Exame Unificado – 2015.3) No dia 10 de maio de 2015, Maria, 25 anos, foi vítima de um crime de estupro simples, mas, traumatizada, não mostrou interesse em dar início a qualquer investigação penal ou ação penal em relação aos fatos. Os pais de Maria, porém, requerem a instauração de inquérito policial para apurar autoria, entendendo que, após identificar o agente, Maria poderá decidir melhor sobre o interesse na persecução penal. Foi proferido despacho indeferindo o requerimento de abertura de inquérito.

Considerando a situação narrada, assinale a afirmativa correta.

(A) Do despacho que indefere o requerimento de abertura de inquérito policial não cabe qualquer recurso, administrativo ou judicial.

(B) Em que pese o interesse de Maria ser relevante para o início da ação penal, a instauração de inquérito policial independe de sua representação.

(C) Caso Maria manifeste interesse na instauração de inquérito policial após o indeferimento, ainda dentro do prazo decadencial, o procedimento poderá ter início, independentemente do surgimento de novas provas.

(D) Apesar de os pais de Maria não poderem requerer a instauração de inquérito policial, o Ministério Público pode requisitar o início do procedimento na hipótese, tendo em vista a natureza pública da ação.

A: incorreta, uma vez que o art. 5º, § 2º, do CPP estabelece que, em face do despacho que indeferir o requerimento de abertura de inquérito, caberá recurso para o chefe de Polícia. Cuida-se de recurso, portanto, administrativo; **B:** incorreta, ao tempo em que esta questão foi elaborada, pois a ação penal, no contexto dos crimes sexuais, por força do que estabelecia o art. 225, *caput*, do CP, cuja redação havia sido alterada pela Lei 12.015/2009, era, em regra, pública condicionada à representação do ofendido. A exceção a essa regra ficava por conta da hipótese em que a vítima é menor de 18 anos ou pessoa vulnerável, caso em que a ação seria incondicionada (art. 225, parágrafo único, do CP). Perceba que Maria, que foi vítima de estupro, não se enquadra nessas exceções. A ação penal, então, no caso narrado no enunciado, segundo a anterior redação do art. 225 do CP, era pública condicionada à representação de Maria, não cabendo aos seus pais, pois, requerer a abertura de inquérito para apuração dos fatos tampouco oferecer representação, o

que somente poderia ser feito por ela, Maria. Atualmente, com a entrada em vigor da Lei 13.718/2018, a ação penal, no contexto dos crimes sexuais, deixou de ser pública condicionada à representação para ser incondicionada, conforme a nova redação conferida ao art. 225 do CP. Perceba que esta alternativa, se considerássemos a legislação hoje em vigor, estaria correta; **C:** correta. Maria poderá, a qualquer tempo, desde que ainda não tenha operado a decadência, cujo prazo, que é de seis meses, tem início da data em que a ela tem conhecimento da identidade do agente, requerer a abertura de inquérito policial, oferecendo, para tanto, a necessária representação, que nada mais é do que a sua manifestação de vontade em ver processado o seu agressor (art. 5º, § 4º, do CPP). Se considerássemos a legislação hoje em vigor, o inquérito policial poderia ser instaurado independente da manifestação de vontade de Maria; **D:** incorreta. Ainda que requisitada pelo MP, que é o titular da ação penal pública (condicionada e incondicionada), a abertura de inquérito somente poderá se dar com o oferecimento de representação por parte do ofendido. Segundo a atual redação do art. 225 do CP, que lhe foi conferida pela Lei 13.718/2018, a abertura de inquérito policial não depende de representação da vítima. Cabe à autoridade policial, portanto, proceder de ofício.

Gabarito "C".

(OAB/Exame Unificado – 2015.2) No dia 01.04.2014, Natália recebeu cinco facadas em seu abdômen, golpes estes que foram a causa eficiente de sua morte. Para investigar a autoria do delito, foi instaurado inquérito policial e foram realizadas diversas diligências, dentre as quais se destacam a oitiva dos familiares e amigos da vítima e exame pericial no local. Mesmo após todas essas medidas, não foi possível obter indícios suficientes de autoria, razão pela qual o inquérito policial foi arquivado pela autoridade judiciária por falta de justa causa, em 06.10.2014, após manifestação nesse sentido da autoridade policial e do Ministério Público. Ocorre que, em 05.01.2015, a mãe de Natália encontrou, entre os bens da filha que ainda guardava, uma carta escrita por Bruno, ex-namorado de Natália, em 30.03.2014, em que ele afirmava que ela teria 24 horas para retomar o relacionamento amoroso ou deveria arcar com as consequências. A referida carta foi encaminhada para a autoridade policial. Nesse caso,

(A) nada poderá ser feito, pois o arquivamento do inquérito policial fez coisa julgada material.

(B) a carta escrita por Bruno pode ser considerada prova nova e justificar o desarquivamento do inquérito pela autoridade competente.

(C) nada poderá ser feito, pois a carta escrita antes do arquivamento não pode ser considerada prova nova.

(D) pela falta de justa causa, o arquivamento poderia ter sido determinado diretamente pela autoridade policial, independentemente de manifestação do Ministério Público ou do juiz.

Uma vez ordenado o arquivamento do inquérito policial, por falta de base para a denúncia, nada obsta que a autoridade policial proceda a novas pesquisas, desde que de outras provas tenha conhecimento, independente de autorização judicial – art. 18 do CPP. Isso porque a decisão que determina o arquivamento do inquérito policial não gera, em regra, coisa julgada material. Registre-se, no entanto, que as "outras provas" a que faz alusão o art. 18 do CPP devem ser entendidas como *provas substancialmente novas*, ou seja, aquelas que até então não eram de conhecimento das autoridades. É bem esse o caso da carta encontrada pela mãe da vítima, que dá conta de ameaça proferida por Bruno contra Natália. Veja, a propósito, o teor da Súmula 524 do STF: "Arquivado o inquérito policial, por despacho do juiz, a requerimento do Promotor de Justiça, não pode a ação penal ser iniciada, sem novas

15. DIREITO PROCESSUAL PENAL   991

provas". É importante que se diga que, se o arquivamento do inquérito se der por ausência de tipicidade, a decisão, neste caso, tem efeito preclusivo, é dizer, produz coisa julgada material, impedindo, dessa forma, o desarquivamento do inquérito. A esse respeito, *Informativo STF375*. No caso narrado no enunciado, o arquivamento se deu por falta de indícios de autoria, o que não corresponde, por óbvio, a ausência de tipicidade. As investigações, portanto, podem (e devem!) ser retomadas.
Gabarito "B".

(OAB/Exame Unificado – 2015.1) O inquérito policial pode ser definido como um procedimento investigatório prévio, cuja principal finalidade é a obtenção de indícios para que o titular da ação penal possa propô-la contra o suposto autor da infração penal.

Sobre o tema, assinale a afirmativa correta.

(A) A exigência de indícios de autoria e materialidade para oferecimento de denúncia torna o inquérito policial um procedimento indispensável.

(B) O despacho que indeferir o requerimento de abertura de inquérito policial é irrecorrível.

(C) O inquérito policial é inquisitivo, logo o defensor não poderá ter acesso aos elementos informativos que nele constem, ainda que já documentados.

(D) A autoridade policial, ainda que convencida da ine-xistência do crime, não poderá mandar arquivar os autos do inquérito já instaurado.

A: incorreta. O inquérito policial constitui instrumento de investigação cuja presença, tanto nos delitos em que ação penal é publica quanto naqueles em que é privativa do ofendido, não é indispensável, essencial ao oferecimento da denúncia ou queixa, desde que a inicial contenha elementos suficientes (existência do crime e indícios suficientes de autoria) ao exercício da ação penal. O inquérito, assim, não constitui fase obrigatória da persecução penal; **B:** incorreta, haja vista que do despacho que indeferir o requerimento de abertura de IP cabe, sim, recurso para o chefe de Polícia (art. 5º, § 2º, CPP); **C:** incorreta. Ainda que se trate de procedimento inquisitivo, o defensor tem amplo acesso aos elementos de informação reunidos no inquérito policial. O inquérito policial é, em vista do que dispõe o art. 20 do CPP, *sigiloso*. Ocorre que, a teor do art. 7º, XIV, da Lei 8.906/1994 (Estatuto da Advocacia), cuja redação foi alterada por força da Lei 13.245/2016, constitui direito do advogado, entre outros: "examinar, em qualquer instituição responsável por conduzir investigação, mesmo sem procuração, autos de flagrante e de investigações de qualquer natureza, findos ou em andamento, ainda que conclusos à autoridade, podendo copiar peças e tomar apontamentos". Sobre este tema, a propósito, o STF editou a Súmula Vinculante 14, a seguir transcrita: "É direito do defensor, no interesse do representado, ter acesso amplo aos elementos de prova que, já documentados em procedimento investigatório realizado por órgão com competência de polícia judiciária, digam respeito ao exercício do direito de defesa"; **D:** correta. A autoridade policial, mesmo que convencida da inexistência do crime, não está credenciada a promover o arquivamento de autos de inquérito policial (art. 17, CPP), o que somente poderá ser feito, a requerimento do MP, pelo juiz de direito (art. 18, CPP). Nunca é demais lembrar que a reforma implementada pela Lei 13.964/2019 afastou o magistrado do cenário que envolve o arquivamento do IP. Mais recentemente, no entanto, ao finalmente julgar as ADIs 6.298, 6.299, 6.300 e 6.305, o Plenário do STF, por maioria, conferiu inter-pretação conforme ao *caput* do art. 28 do CPP para assentar que, ao se manifestar pelo arquivamento do inquérito policial ou de quaisquer elementos informativos da mesma natureza, o órgão do Ministério Público submeterá sua manifestação ao juiz competente e comunicará à vítima, ao investigado e à autoridade policial, podendo encaminhar os autos para o procurador-geral ou para a instância de revisão ministerial, quando houver, para fins de homologação, na forma da lei. No mesmo

julgamento, ao apreciar a constitucionalidade do § 1º do art. 28 do CPP, conferiu-lhe interpretação conforme para assentar que, além da vítima ou de seu representante legal, a autoridade judicial competente também poderá submeter a matéria à revisão da instância competente do órgão ministerial, caso verifique patente ilegalidade ou teratologia no ato do arquivamento. Como se pode ver, o controle judicial sobre o arquivamento do inquérito policial, que havia sido afastado com a modificação operada pela Lei 13.964/2019 no art. 28, *caput*, do CPP, foi retomado com a interpretação atribuída a este dispositivo pelo STF, o que, para significativa parcela da doutrina, representa verdadeiro retrocesso, já que viola o sistema acusatório.
Gabarito "D".

(OAB/Exame Unificado – 2013.3) Quanto ao inquérito policial, assinale a afirmativa **incorreta**.

(A) O inquérito policial poderá ser instaurado de ofício pela Autoridade Policial nos crimes persequíveis por ação penal pública incondicionada.

(B) O inquérito, nos crimes em que a ação pública depender de representação, não poderá ser iniciado sem ela.

(C) Nos crimes de ação penal privada, não caberá ins-tauração de inquérito policial, mas sim a lavratura de termo circunstanciado.

(D) O inquérito policial, mesmo nos crimes hediondos, poderá ser dispensável para o oferecimento de denún-cia.

A: correta. O delegado de polícia não depende, para proceder a inquérito no âmbito dos crimes de ação penal pública incondicionada, de qualquer manifestação de vontade do ofendido ou de seu representante. Atuará, portanto, de ofício (art. 5º, I, do CPP). Situação diferente é a que ocorre em que a ação é pública condicionada ou mesmo privativa do ofendido. No primeiro caso, a autoridade policial somente estará credenciada a instaurar inquérito diante de representação da vítima (ou, sendo este o caso, de seu representante legal), nos termos do art. 5º, § 4º, do CPP; se privada for a ação penal, a instauração do inquérito dependerá de requerimento a ser ofertado por quem dispuser de qualidade para ajuizar a ação penal respectiva (art. 5º, § 5º, do CPP); **B:** correta, pois em conformidade com o disposto no art. 5º, § 4º, do CPP; **C:** incorreta, devendo ser assinalada. Caberá, sim, sendo o crime de ação penal privada, a instauração de inquérito policial. O termo circunstanciado se destina ao registro de infrações penais de menor potencial ofensivo (art. 69, Lei 9.099/1995), assim considerados as contravenções e os crimes cuja pena máxima cominada não ultrapasse dois anos (art. 61, Lei 9.099/1995); **D:** correta. O inquérito policial, mesmo nos crimes hediondos, não constitui fase indispensável da persecução penal; em outras palavras, pode o titular da ação penal, desde que presentes materialidade e indícios de autoria, abrir mão do inquérito e ajuizar, de imediato, a ação penal.
Gabarito "C".

(OAB/Exame Unificado – 2012.2) Um Delegado de Polícia deter-mina a instauração de inquérito policial para apurar a prática do crime de receptação, supostamente praticado por José. Com relação ao Inquérito Policial, assinale a afirmativa que não constitui sua característica.

(A) Escrito.

(B) Inquisitório.

(C) Indispensável.

(D) Formal.

De fato, o inquérito policial não é indispensável, essencial ao oferecimento da denúncia ou queixa, desde que a inicial contenha elementos suficientes (prova da existência do crime e indícios suficientes de autoria) ao exercício da ação penal. No mais, trata-se de procedimento administrativo escrito (suas peças, a teor do art. 9º do CPP, devem ser reduzidas a escrito), inquisitivo ou inquisitório (nele não vigoram contraditório e ampla defesa – arts. 14 e 107 do CPP).

Gabarito "C".

(OAB/Exame Unificado – 2011.3.B) No tocante ao inquérito policial, é correto afirmar que

(A) por ser um procedimento investigatório que visa reunir provas da existência (materialidade) e autoria de uma infração penal, sua instauração é indispensável.

(B) pode ser arquivado por determinação da Autoridade Policial se, depois de instaurado, inexistirem provas suficientes da autoria e materialidade do crime em apuração.

(C) para qualquer modalidade criminosa, deverá terminar no prazo de 10 (dez) dias se o indiciado tiver sido preso em flagrante ou estiver preso preventivamente, ou no prazo de 30 (trinta) dias, quando estiver solto.

(D) tem valor probatório relativo, mesmo porque os elementos de informação, no inquérito policial, não são colhidos sob a égide do contraditório e ampla defesa, nem na presença do magistrado.

A: incorreta, já que o inquérito policial não é *imprescindível, indispensável* ao oferecimento da queixa ou denúncia (art. 12 do CPP), desde que o titular da ação penal disponha de elementos suficientes para propô-la; se não dispuser, deverão ser reunidos por meio de inquérito policial; **B:** incorreta, dado que é vedado à autoridade policial proceder ao arquivamento de inquérito (art. 17, CPP). O procedimento de arquivamento do IP está previsto no art. 28 do CPP, cuja redação foi alterada pela Lei 13.964/2019; **C:** incorreta. O art. 10, *caput*, do CPP estabelece o prazo *geral* de 30 dias para conclusão do inquérito, quando o indiciado não estiver preso; se preso estiver, o inquérito deve terminar em 10 dias. Na Justiça Federal, se o indicado estiver preso, o prazo para conclusão do inquérito é de quinze dias, podendo haver uma prorrogação por igual período, conforme dispõe o art. 66 da Lei 5.010/1966; se solto, o inquérito deve ser concluído em 30 dias, em consonância com o disposto no art. 10, *caput*, do CPP. Há outras leis especiais, além desta, que estabelecem prazos diferenciados para a ultimação das investigações. Atenção: o art. 3º-B, VIII, do CPP, introduzido pela Lei 13.964/2019, estabelece ser uma das atribuições do juiz das garantias a prorrogação do prazo do inquérito policial, estando o investigado preso, desde que em face de representação formulada pela autoridade policial. O art. 3º-B, § 2º, do CPP, por sua vez, reza que tal prorrogação do prazo do IP, em que o investigado esteja preso, pode se dar por até 15 dias; **D:** correta, pois constitui, de fato, peça meramente informativa. Tanto é assim que as nulidades porventura ocorridas no curso do inquérito não contaminam a ação penal respectiva.

Gabarito "D".

(OAB/Exame Unificado – 2011.2) Tendo em vista o enunciado da Súmula Vinculante n. 14 do Supremo Tribunal Federal, quanto ao sigilo do inquérito policial, é correto afirmar que a autoridade policial poderá negar ao advogado

(A) a vista dos autos, sempre que entender pertinente.

(B) o acesso aos elementos de prova que ainda não tenham sido documentados no procedimento investigatório.

(C) a vista dos autos, somente quando o suspeito tiver sido indiciado formalmente.

(D) do indiciado que esteja atuando com procuração o acesso aos depoimentos prestados pelas vítimas, se entender pertinente.

Súmula Vinculante n. 14: "É direito do defensor, no interesse do representado, ter acesso amplo aos elementos de prova que, já documentados em procedimento investigatório realizado por órgão com competência de polícia judiciária, digam respeito ao exercício do direito de defesa". Disso se infere que a autoridade policial poderá negar ao advogado o acesso aos elementos de prova ainda não documentados em procedimento investigatório.

Gabarito "B".

(OAB/Exame Unificado – 2011.1) Acerca das disposições contidas na Lei Processual sobre o Inquérito Policial, assinale a alternativa correta.

(A) Do despacho que indeferir o requerimento de abertura de inquérito caberá recurso para o tribunal competente.

(B) A autoridade policial poderá mandar arquivar autos de inquérito.

(C) Nos crimes de ação privada, a autoridade policial poderá proceder a inquérito a requerimento de qualquer pessoa do povo que tiver conhecimento da existência de infração penal.

(D) Para verificar a possibilidade de haver a infração sido praticada de determinado modo, a autoridade policial poderá proceder à reprodução simulada dos fatos, desde que esta não contrarie a moralidade ou a ordem pública.

A: incorreta. Em consonância com o que dispõe o art. 5º, § 2º, do CPP, o despacho que indefere o requerimento de abertura de inquérito comporta recurso para o chefe de polícia; **B:** assertiva incorreta, pois, à luz do princípio da indisponibilidade, é vedado ao delegado mandar arquivar autos de inquérito (art. 17 do CPP). Somente está credenciado a fazê-lo, a partir do advento da Lei 13.964/2019, que conferiu nova redação ao art. 28, *caput*, do CPP, o representante do Ministério Público; **C:** incorreta, dado que é vedado à autoridade policial proceder a inquérito, em crime de ação penal privada, sem que a sua instauração seja requerida, conforme preconiza o art. 5º, § 5º, do CPP; **D:** correta, pois a proposição corresponde ao teor do art. 7º do CPP, que trata da reconstituição do crime.

Gabarito "D".

(OAB/Exame Unificado – 2009.1) Em relação ao inquérito policial, assinale a opção incorreta.

(A) Caso as informações obtidas por outros meios sejam suficientes para sustentar a inicial acusatória, o inquérito policial torna-se dispensável.

(B) O MP não poderá requerer a devolução do inquérito à autoridade policial, senão para que sejam realizadas novas diligências, dado que imprescindíveis ao oferecimento da denúncia.

(C) Nas hipóteses de ação penal pública, condicionada ou incondicionada, a autoridade policial deverá instaurar, de ofício, o inquérito, sem que seja necessária a provocação ou a representação.

(D) A autoridade policial não poderá mandar arquivar autos de inquérito

A: correta. De fato, o inquérito policial não constitui fase imprescindível da persecução criminal, podendo o titular da ação penal, em razão disso, dele abrir mão se dispuser de elementos suficientes para subsidiar a peça exordial (arts. 12, 39, § 5º, e 46, § 1º, do CPP); **B:** correta, nos termos do art. 16 do CPP; **C:** incorreta, devendo ser assinalada, pois não reflete o disposto no art. 5º, § 4º, do CPP. Em se tratando de crime de ação penal pública condicionada a representação, é imprescindível o oferecimento desta para a instauração do inquérito policial; na hipótese de ação penal pública incondicionada, a autoridade policial tem a obriga-

15. DIREITO PROCESSUAL PENAL   993

ção de instaurar o inquérito, independente de provocação do ofendido; **D:** correta, pois corresponde ao que estabelece o art. 17 do CPP.
Gabarito "C".

(FGV – 2013) Com relação ao *inquérito*, assinale a afirmativa **incorreta**.

(A) O inquérito é um procedimento investigatório prévio, no qual diversas diligências são realizadas na busca da obtenção de indícios que permitam o titular da ação propô-la contra o autor da infração penal.

(B) O inquérito policial é inquisitivo, não vigorando o princípio do contraditório pleno, apesar de a autoridade que o presidir ter a obrigação de agir dentro dos termos da lei.

(C) Apesar de o inquérito ser sigiloso, é direito do defensor, no interesse do representado, ter aceso amplo aos elementos de prova que, já documentados, digam respeito ao exercício do direito de defesa.

(D) O inquérito, que é obrigatório, pode ser iniciado de ofício, por requisição da autoridade judiciária ou do Ministério Público, ou a requerimento do ofendido ou de quem tiver qualidade para representá-lo.

(E) O inquérito, nos crimes em que a ação pública depende de representação, não poderá ser iniciado sem ela.

A: correta, na medida em que contempla o conceito de inquérito policial, apontando algumas de suas características; **B:** correta. De fato, o inquérito policial é *inquisitivo*, isto é, nele não se aplicam, segundo doutrina e jurisprudência dominantes, os princípios do *contraditório* e da *ampla defesa* (art. 107 do CPP); **C:** correta, pois corresponde ao teor da Súmula Vinculante 14, a seguir transcrita: "É direito do defensor, no interesse do representado, ter acesso amplo aos elementos de prova que, já documentados em procedimento investigatório realizado por órgão com competência de polícia judiciária, digam respeito ao exercício do direito de defesa"; **D:** incorreta. É verdade que o inquérito policial pode ser iniciado, nos termos do art. 5º do CPP, de ofício, pela autoridade policial, por requisição da autoridade judiciária ou do Ministério Público, ou a requerimento do ofendido ou de quem tiver qualidade para representá-lo. Está incorreto, no entanto, afirmar-se que o inquérito constitui fase obrigatória da persecução penal, já que o titular da ação poderá, se dispuser de elementos para tanto, abrir mão do inquérito e ajuizar diretamente a ação penal (art. 12, CPP); **E:** correta, pois em conformidade com o disposto no art. 5º, § 4º, do CPP.
Gabarito "D".

(FGV – 2010) Maria tem seu veículo furtado e comparece à Delegacia de Polícia mais próxima para registrar a ocorrência. O Delegado de Polícia instaura inquérito policial para apuração do fato. Esgotadas todas as diligências que estavam a seu alcance, a Autoridade Policial não consegue identificar o autor do fato ou recuperar a *res furtiva*. Assinale a alternativa que indique a providência que o Delegado deverá tomar.

(A) Relatar o inquérito policial e encaminhar os autos ao Ministério Público para que este promova o arquivamento.

(B) Promover o arquivamento do inquérito policial, podendo a vítima recorrer ao Secretário de Segurança Pública.

(C) Relatar o inquérito policial e encaminhar os autos ao Secretário de Segurança Pública para que este promova o arquivamento.

(D) Manter os autos do inquérito policial com a rotina suspenso, até que surja uma nova prova.

(E) Prosseguir na investigação, pois o arquivamento só é possível quando transcorrer o prazo prescricional.

Nada mais restando a ser apurado no inquérito policial, deverá o delegado de polícia confeccionar minucioso relatório e enviar os autos ao juiz competente (art. 10, § 1º, do CPP). A autoridade policial não está credenciada a determinar o arquivamento de autos de inquérito policial (art. 17 do CPP) A promoção de arquivamento ficará a cargo do MP.
Gabarito "A".

(FGV – 2010) Rosa Margarida é uma conhecida escritora de livros de autoajuda, consolidada no mercado já há mais de 20 anos, com vendas que alcançam vários milhares de reais. Há cerca de dois meses, Rosa Margarida descobriu a existência de um sistema que oferece ao público, mediante fibra ótica, a possibilidade do usuário realizar a seleção de uma obra sobre a qual recaem seus (de Rosa Margarida) direitos de autor, para recebê-la em um tempo e lugar previamente determinados por quem formula a demanda. O sistema também indica um telefone de contato caso o usuário tenha problemas na execução do sistema. O marido de Rosa Margarida, Lírio Cravo instala no telefone um identificador de chamadas e descobre o número do autor do sistema que permitia a violação dos direitos autorais de Rosa Margarida. De posse dessa informação, Lírio Cravo vai à Delegacia de Polícia registrar a ocorrência de suposta prática do crime previsto no art. 184, § 3º, do Código Penal (violação de direitos autorais). O Delegado instaura inquérito e de fato consegue identificar o autor do crime. Considerando a narrativa acima, assinale a alternativa correta.

(A) O Delegado agiu corretamente. Encerrado o inquérito policial, deve encaminhá-lo ao Ministério Público para que adote as providências cabíveis.

(B) O Delegado agiu incorretamente. O marido da ofendida não poderia ter obtido o número do telefone do autor das ameaças sem prévia autorização judicial, pois tal informação é sigilosa.

(C) O Delegado agiu incorretamente. A instauração do inquérito nesse caso depende de representação da ofendida, não podendo ser suprida por requerimento de seu marido.

(D) O Delegado agiu incorretamente. A instauração do inquérito policial nesse caso depende de requisição do Ministério Público, pois a interceptação telefônica é imprescindível à apuração dos fatos.

(E) O Delegado agiu corretamente. Encerrado o inquérito policial, deve entregar os autos à vítima, mediante recibo, para que a mesma possa oferecer queixa crime.

A representação do ofendido, na ação penal pública condicionada, constitui condição de procedibilidade. O Código de Processo Penal, no seu art. 5º, § 4º, reza que o inquérito não poderá ser instaurado sem o oferecimento da representação por parte do ofendido. Tratando-se de crime de ação penal pública condicionada, conforme dispõe o art. 186, IV, do CP, não agiu de forma correta o delegado, pois só poderia instaurar inquérito diante da representação ofertada por Rosa Margarida.
Gabarito "C".

(FGV – 2010) A respeito do *inquérito policial*, analise as afirmativas a seguir:

I. se o investigado estiver sob prisão cautelar, o prazo para encerramento do inquérito policial é de dez dias, contado o prazo do dia em que se executar a ordem de prisão. Concluído tal prazo, nada obsta que a autoridade policial requeira sua prorrogação para realização de diligências imprescindíveis. Contudo, acolhido tal requerimento pelo Ministério Público, o juiz deverá relaxar a prisão cautelar, por excesso de prazo.

II. a instauração de inquérito policial para apuração de fatos delituosos decorre da garantia de que ninguém será processado criminalmente sem que tenham sido reunidos previamente elementos probatórios que apontem seu envolvimento na prática criminosa. Assim, não há possibilidade no sistema brasileiro de que seja ajuizada ação penal contra alguém, sem que a denúncia esteja arrimada em inquérito policial.

III. Nos crimes de ação penal pública, quando o ministério público recebe da autoridade policial os autos do inquérito policial já relatado, deve tomar uma das seguintes providências: 1. oferecer denúncia; 2. baixar os autos, requisitando à autoridade policial novas diligências que considerar imprescindíveis à elaboração da denúncia; 3. promover o arquivamento do inquérito policial, na forma do art. 28 do CPP.

Assinale:

(A) se somente as alternativas I e III estiverem corretas.

(B) se somente as alternativas I e II estiverem corretas.

(C) se somente as alternativas II e III estiverem corretas.

(D) se somente a alternativa III estiver correta.

(E) se todas as alternativas estiverem corretas.

I: correta, dado que o prazo fixado no art. 10, *caput*, do CPP para a conclusão do inquérito em que o indiciado esteja preso não comporta qualquer espécie de dilação. Atenção: o art. 3º-B, VIII, do CPP, introduzido pela Lei 13.964/2019 e posterior à elaboração desta questão, estabelece ser uma das atribuições do juiz das garantias a prorrogação do prazo do inquérito policial, estando o investigado preso, desde que em face de representação formulada pela autoridade policial. O art. 3º-B, § 2º, do CPP, por sua vez, reza que tal prorrogação do prazo do IP, quando o investigado esteja preso, pode se dar por até 15 dias; **II:** incorreta, pois o inquérito policial não é indispensável ao oferecimento da denúncia (art. 12 do CPP), desde que o titular da ação penal disponha de elementos suficientes para o seu exercício em juízo; se não dispuser desses elementos, eles deverão ser reunidos por meio de inquérito policial. Trata-se, portanto, de peça informativa, dispensável e inquisitiva, já que no inquérito não vigoram a ampla defesa e o contraditório, indispensáveis, contudo, na fase processual, em obediência ao princípio do devido processo legal; **III:** correta, conforme dispõem os arts. 16, 24 e 28 do CPP. Vale lembrar que, em consonância com a nova redação conferida ao art. 28, *caput*, do CPP pela Lei 13.964/2019, o juiz deixa ter protagonismo no procedimento de arquivamento do IP; agora, tal incumbência cabe ao MP. Mais recentemente, ao finalmente julgar as ADIs 6.298, 6.299, 6.300 e 6.305, o Plenário do STF, por maioria, conferiu interpretação conforme ao *caput* do art. 28 do CPP para assentar que, ao se manifestar pelo arquivamento do inquérito policial ou de quaisquer elementos informativos da mesma natureza, o órgão do Ministério Público submeterá sua manifestação ao juiz competente e comunicará à vítima, ao investigado e à autoridade policial, podendo encaminhar os autos para o procurador-geral ou para a instância de revisão ministerial, quando houver, para fins de homologação, na forma da lei. No mesmo julgamento, ao apreciar a constitucionalidade do § 1º do art. 28 do CPP, conferiu-lhe interpretação conforme para assentar que, além da vítima ou de seu representante legal, a autoridade judicial competente também poderá submeter a matéria à revisão da instância competente do órgão ministerial, caso verifique patente ilegalidade ou teratologia no ato do arquivamento. Como se pode ver, o controle judi-

cial sobre o arquivamento do inquérito policial, que havia sido afastado com a modificação operada pela Lei 13.964/2019 no art. 28, *caput*, do CPP, foi retomado com a interpretação atribuída a este dispositivo pelo STF, o que, para significativa parcela da doutrina, representa verdadeiro retrocesso, já que viola o sistema acusatório.

Gabarito "A".

3. AÇÃO PENAL, SUSPENSÃO CONDICIONAL DO PROCESSO, AÇÃO CIVIL E ANPP

(OAB/Exame XXXIX) Arthur, Bruno, Fernanda e Camille foram acusados de furto simples praticado em 2020.

Arthur foi definitivamente condenado, Bruno foi condenado, porém, recorreu e ainda não houve decisão definitiva. Fernanda aceitou suspensão condicional do processo, já cumprida, e Camille foi absolvida, tendo havido recurso do Ministério Público, ainda não julgado.

Em julho de 2023, sobreveio acusação de uso de documento particular falso contra os quatro. Considerando preenchidos os demais requisitos, e considerando apenas os antecedentes criminais mencionados, assinale a opção que indica os que podem celebrar Acordo de Não Persecução Penal.

(A) Arthur e Bruno.

(B) Arthur e Fernanda.

(C) Bruno e Camille.

(D) Fernanda e Camille.

Arthur está impedido de ser beneficiado pelo acordo de não persecução penal, já que é reincidente (art. 28-A, § 2º, II, do CPP); Bruno, cuja condenação ainda não transitou em julgado, poderá firmar acordo de não persecução penal; Fernanda, pelo fato de haver sido beneficiada por suspensão condicional do processo nos últimos cinco anos, está impedida de ser beneficiada pelo acordo de não persecução penal (art. 28-A, § 2º, III, do CPP); Camille poderá ser agraciada com o acordo de não persecução, não sendo impeditivo o fato de ser absolvida em processo que ainda não transitou em julgado (pendente recurso da acusação).

Gabarito "C".

(OAB/Exame XXXVII) Sérgio propôs uma ação penal privada contra Ana e Letícia por crime de dano (impossibilidade de qualquer medida penal consensual), isto porque as quereladas, dolosamente, quebraram o para-brisa traseiro do seu carro.

Finda a instrução criminal restaram comprovadas autoria e materialidade, até mesmo porque, além da prova testemunhal confirmar a imputação contida na queixa-crime, as acusadas confessaram o delito.

Em alegações finais orais, Dr. Lúcio, advogado constituído por Sérgio, sem se referir à inicial acusatória, finalizou a sua sustentação apenas pedindo que "fosse feita a melhor justiça."

Você, como advogado(a) das quereladas, alegaria como prejudicial de mérito a extinção da punibilidade

(A) pelo perdão de Sérgio, pois não se manifestou em alegações finais juntamente com o seu patrono para pedir a condenação.

(B) pela renúncia do querelante, haja vista que o seu advogado não ratificou em alegações finais os termos da acusação articulada na queixa-crime.

(C) pela perempção, porque o advogado constituído por Sérgio, somente pediu em alegações finais que "fosse

15. DIREITO PROCESSUAL PENAL

feita a melhor justiça", deixando de ratificar a pretensão de que as quereladas fossem condenadas, sequer tendo renovado o pedido de condenação apresentado na queixa-crime.

(D) pela retratação do querelante, pois não se manifestou em alegações finais juntamente com o seu patrono para pedir a condenação das quereladas, ou mesmo ratificar o pedido de condenação apresentado na queixa-crime.

Ao cabo da instrução, concluída a produção da prova, é de rigor que o querelante formule pedido de condenação, nos termos do art. 60, III, do CPP; se não o fizer, esta ausência será tida como negligência, impondo-se, dessa forma, o reconhecimento da perempção.
Gabarito "C".

(OAB/Exame XXXVI) Hamilton, vendedor em uma concessionária de automóveis, mantém Priscila em erro, valendo-se de fraude para obter vantagem econômica ilícita, consistente em valor de comissão maior do que o devido na venda de um veículo automotor. A venda e a obtenção da vantagem ocorrem no dia 20 de novembro de 2019.

O fato chega ao conhecimento da autoridade policial por notícia feita pela concessionária, ainda em novembro de 2019 e, em 2 de março de 2020, o Ministério Público oferece denúncia em face de Hamilton, imputando-lhe a prática do crime de estelionato. Embora tenha sido ouvida em sede policial, Priscila não manifestou sua vontade de ver Hamilton processado pela prática delitiva. A denúncia é recebida e a defesa impetra habeas corpus perante o Tribunal de Justiça.

No caso, assinale a opção que apresenta a melhor tese defensiva a ser sustentada.

(A) A ausência de condição específica de procedibilidade, em razão da exigência de representação da ofendida.

(B) A ausência de condição da ação, pois caberia à vítima o ajuizamento da ação penal privada no caso concreto.

(C) A necessidade de remessa dos autos ao Procurador-geral de Justiça para que haja oferta de acordo de não persecução penal.

(D) A atipicidade da conduta, em razão do consentimento da vítima, consistente na ausência de manifestação de ver o acusado processado.

A Lei 13.964/2019, conhecida como pacote anticrime, entre tantas outras mudanças, promoveu a alteração da natureza da ação penal no crime de estelionato. Vejamos. A ação penal, neste delito, sempre foi, via de regra, pública incondicionada. As exceções ficavam por conta das hipóteses elencadas no art. 182 do CP (imunidade relativa), que impunha que a vítima manifestasse seu desejo, por meio de representação, no sentido de ver processado o ofensor, legitimando o Ministério Público, dessa forma, a agir. Com o advento da Lei 13.964/2019, o que era exceção, no crime de estelionato, virou regra. Ou seja, o crime capitulado no art. 171 do CP passa a ser de ação penal pública condicionada à representação do ofendido, conforme impõe o art. 171, § 5º, do CP. Este mesmo dispositivo, no entanto, estabelece exceções (hipóteses em que a ação penal será pública incondicionada), a saber: quando a vítima for: a Administração Pública, direta ou indireta; criança ou adolescente; pessoa com deficiência mental; ou maior de 70 anos ou incapaz. Dito isto, forçoso concluir que a ausência de representação por parte de Priscila impede o exercício da ação penal pelo Ministério Público, porquanto, ainda que este detenha a titularidade da ação penal, ausente condição específica de procedibilidade.
Gabarito "A".

(OAB/Exame XXXV) Magda é servidora pública federal, trabalhando como professora em instituição de Ensino Superior mantida pela União no Estado do Rio de Janeiro. Magda vem a ser vítima de ofensa à sua honra subjetiva em sala de aula, sendo chamada de "piranha" e "vagabunda" por Márcio, aluno que ficara revoltado com sua reprovação em disciplina ministrada por Magda.

Nessa situação, assinale a afirmativa correta.

(A) Magda só pode ajuizar queixa-crime contra Márcio, imputando-lhe crime de injúria.

(B) Magda só pode oferecer representação contra Márcio, imputando-lhe crime de injúria.

(C) Magda não pode ajuizar queixa-crime nem oferecer representação contra Márcio, imputando-lhe crime de injúria.

(D) Magda pode optar entre ajuizar queixa-crime ou oferecer representação contra Márcio, imputando-lhe crime de injúria.

Magda, segundo consta, na condição de servidora pública federal e estando no exercício de suas funções, é ofendida por Márcio, seu aluno, que a chamou de "piranha" e "vagabunda", o que configura crime de injúria, capitulado no art. 140 do Código Penal. A ação penal, no crime de injúria, é, em regra, privativa do ofendido, em conformidade com o art. 145 do CP. Agora, se se tratar de crime perpetrado contra a honra de funcionário público em razão de suas funções, como é o caso narrado no enunciado, a ação penal será *pública condicionada à representação do ofendido*, nos termos do disposto no art. 145, parágrafo único, do CP. Ocorre, no entanto, que o STF, por meio da Súmula 714, firmou entendimento no sentido de que, nesses casos, a legitimidade é concorrente entre o ofendido (mediante queixa) e o Ministério Público (ação pública condicionada à representação do ofendido). Dessa forma, no caso do enunciado, por se tratar de crime de injúria praticado contra a honra de servidor público no exercício de suas funções, Magda poderá optar entre ajuizar queixa-crime ou oferecer representação contra Márcio, incidindo a Súmula 714, do STF: *é concorrente a legitimidade do ofendido, mediante queixa, e do Ministério Público, condicionada à representação do ofendido, para a ação penal por crime contra a honra de servidor público em razão do exercício de suas funções.*
Gabarito "D".

(OAB/Exame XXXIII – 2020.3) Carlos, em relatório final conclusivo de inquérito policial, foi indiciado pela prática do crime de receptação qualificada *(Art. 180, § 1º, CP – pena: 3 a 8 anos de reclusão e multa)*. Recebido o procedimento investigatório, o Promotor de Justiça verificou, na Folha de Antecedentes Criminais, que Carlos possuía uma única anotação e era tecnicamente primário, mas que teria sido beneficiado, oito anos antes da suposta nova prática delitiva, por proposta de suspensão condicional do processo em relação a crime de estelionato.

Considerando as informações expostas, você, como advogado(a) de Carlos, deverá esclarecer que, de acordo com o Código de Processo Penal,

(A) poderá ser proposto acordo de não persecução penal, independentemente da confissão do indiciado, podendo, contudo, ser imposto ressarcimento do dano e prestação de serviço à comunidade por tempo limitado em caso de aceitação.

(B) não poderá ser proposto o acordo de não persecução penal, tendo em vista que o suposto autor já foi beneficiado com suspensão condicional do processo anteriormente.

996 EDUARDO DOMPIERI

(C) poderá ser proposto acordo de não persecução penal, considerando a pena e natureza do crime, mas Carlos necessariamente deverá confessar a prática delitiva.

(D) não poderá ser proposto o acordo de não persecução penal, em razão da pena máxima prevista para o delito ultrapassar quatro anos de reclusão.

A Lei 13.964/2019, conhecida como Pacote Anticrime, que promoveu diversas inovações nos campos penal e processual penal, introduziu no art. 28-A do CPP o chamado *acordo de não persecução penal*, que consiste, *grosso modo*, no ajuste obrigacional firmado entre o Ministério Público e o investigado, em que este admite sua responsabilidade pela prática criminosa e aceita se submeter a determinadas condições menos severas do que a pena que porventura ser-lhe-ia aplicada em caso de condenação. Este instrumento de justiça penal consensual não é novidade no ordenamento jurídico brasileiro, uma vez que já contava com previsão na Resolução 181/2017, editada pelo CNMP, posteriormente modificada pela Resolução 183/2018. O art. 28-A do CPP impõe os seguintes requisitos à celebração do acordo de não persecução penal: a) que não seja caso de arquivamento da investigação; b) crime praticado sem violência ou grave ameaça à pessoa; c) crime punido com pena mínima inferior a 4 anos; d) confissão formal e circunstanciada; e) que o acordo se mostre necessário e suficiente para reprovação e prevenção do crime; f) não ser o investigado reincidente; g) não haver elementos probatórios que indiquem conduta criminosa habitual, reiterada ou profissional; h) não ter o agente sido agraciado com outro acordo de não persecução, transação penal ou suspensão condicional do processo nos 5 anos anteriores ao cometimento do crime; i) não se tratar de crimes praticados no âmbito de violência doméstica ou familiar ou praticados contra a mulher por razões da condição de sexo feminino, em favor do agressor. Dito isso, passemos à análise das alternativas. **A:** incorreta, na medida em que a confissão formal e circunstanciada constitui requisito à celebração do acordo de não persecução penal (art. 28-A, *caput*, CPP); **B:** incorreta. O art. 28-A, § 2º, III, do CPP obsta a celebração do acordo de não persecução ao agente que tenha sido agraciado com outro acordo de não persecução, transação penal ou suspensão condicional do processo nos 5 anos anteriores ao cometimento do crime. Perceba que não é este o caso narrado no enunciado, uma vez que, segundo consta, teria Carlos sido beneficiado por proposta de suspensão condicional do processo em relação a crime de estelionato *oito* anos antes da suposta nova prática delitiva; **C:** correta. De fato, conforme já dito acima, a confissão formal e detalhada é de rigor para que se possa celebrar o acordo de não persecução; **D:** incorreta, na medida em que o critério empregado é a pena *mínima* cominada ao crime, que deverá ser inferior a 4 anos (art. 28-A, *caput*, CPP).

Gabarito "C".

(OAB/Exame XXXIII – 2020.3) Durante uma festa em uma casa noturna, Michele se desentende com sua amiga Flávia e lhe desfere um tapa no rosto, causando-lhe lesão corporal de natureza leve. Flávia, então, se dirige à autoridade policial e registra o fato, manifestando expressamente seu interesse em representar contra Michele, tendo em vista a natureza de ação penal pública condicionada à representação.

Findo o procedimento policial, os autos foram encaminhados ao Juizado Especial competente e o Ministério Público apresentou proposta de transação penal à Michele, que não a aceitou. Após o oferecimento de denúncia pelo *Parquet*, Flávia se diz arrependida e manifesta ao seu advogado interesse em se retratar da representação oferecida, destacando que ainda não foi recebida a inicial acusatória.

Considerando os fatos acima narrados, você, como advogado(a) de Flávia, deverá esclarecer que

(A) a representação será irretratável na hipótese, por já ter sido oferecida a denúncia.

(B) a retratação da representação poderá ser realizada até o momento da sentença, não dependendo de formalidades legais.

(C) a retratação da representação será cabível até o recebimento da denúncia, em audiência perante o juiz, especialmente designada para tal finalidade.

(D) a representação será irretratável, independentemente do momento processual, por se tratar de ação penal de natureza pública, de modo que o Ministério Público continua sendo o titular da ação.

Como bem sabemos, o crime de lesão corporal leve, capitulado no art. 129, *caput*, do CP, somente se procede, nos termos do art. 88 da Lei 9.099/1995, mediante *representação*. Significa dizer que o titular da ação penal, que é o Ministério Público, somente estará credenciado a agir, ajuizando a ação penal, caso a vítima manifeste, por meio da representação, sua vontade no sentido de ver processado seu ofensor. Na hipótese narrada no enunciado, temos que a vítima, após o oferecimento de denúncia pelo MP, arrepende-se de ter oferecido representação e manifesta ao seu advogado interesse em se retratar. Sucede que a retratação somente é possível, conforme disposto no art. 25 do CPP, na hipótese de a denúncia ainda não ter sido oferecida. Como o MP já ofereceu a denúncia, não há mais nada que se possa fazer.

Gabarito "A".

(OAB/Exame Unificado – 2020.1) Caio foi denunciado pela suposta prática do crime de estupro de vulnerável. Ocorre que, apesar da capitulação delitiva, a denúncia apresentava-se confusa na narrativa dos fatos, inclusive não sendo indicada qual seria a idade da vítima. Logo após a citação, Caio procurou seu advogado para esclarecimentos, destacando a dificuldade na compreensão dos fatos imputados.

O advogado de Caio, constatando que a denúncia estava inepta, deve esclarecer ao cliente que, sob o ponto de vista técnico, com esse fundamento poderia buscar

(A) a rejeição da denúncia, podendo o Ministério Público apresentar recurso em sentido estrito em caso de acolhimento do pedido pelo magistrado, ou oferecer, posteriormente, nova denúncia.

(B) sua absolvição sumária, podendo o Ministério Público apresentar recurso de apelação em caso de acolhimento do pedido pelo magistrado, ou oferecer, posteriormente, nova denúncia.

(C) sua absolvição sumária, podendo o Ministério Público apresentar recurso em sentido estrito em caso de acolhimento do pedido pelo magistrado, mas, transitada em julgado a decisão, não poderá ser oferecida nova denúncia com base nos mesmos fatos.

(D) a rejeição da denúncia, podendo o Ministério Público apresentar recurso de apelação em caso de acolhimento do pedido pelo magistrado, mas, uma vez transitada em julgado a decisão, não caberá oferecimento de nova denúncia.

O Ministério Público, ao oferecer a denúncia, deverá descrever o fato de forma minuciosa e clara (art. 41, CPP), de sorte a propiciar ao denunciado exercer amplamente o seu direito de defesa. Se os fatos são expostos na denúncia de forma confusa, não é possível à defesa

15. DIREITO PROCESSUAL PENAL

conhecer com a necessária exatidão os motivos pelos quais o agente foi denunciado. Haverá, pois, inevitável prejuízo à defesa. A denúncia que não atende aos requisitos essenciais contemplados no art. 41 do CPP deve ser considerada inepta, como é o caso da inicial que descreve os fatos de forma confusa. Sendo inepta a denúncia, impõe-se a sua rejeição (art. 395, I, CPP), decisão contra a qual cabe recurso em sentido estrito (art. 581, I, CPP).

Gabarito "A".

(OAB/Exame Unificado – 2019.3) Após uma partida de futebol amador, realizada em 03/05/2018, o atleta André se desentendeu com jogadores da equipe adversária. Ao final do jogo, dirigiu-se ao estacionamento e encontrou, em seu carro, um bilhete anônimo, em que constavam diversas ofensas à sua honra. Em 28/06/2018, André encontrou um dos jogadores da equipe adversária, Marcelo, que lhe confessou a autoria do bilhete, ressaltando que Luiz e Rogério também estavam envolvidos na ofensa.

André, em 17/11/2018, procurou seu advogado, apresentando todas as provas do crime praticado, manifestando seu interesse em apresentar queixa-crime contra os três autores do fato. Diante disso, o advogado do ofendido, após procuração com poderes especiais, apresenta, em 14/12/2018, queixa-crime em face de Luiz, Rogério e Marcelo, imputando-lhes a prática dos crimes de calúnia e injúria.

Após o recebimento da queixa-crime pelo magistrado, André se arrependeu de ter buscado a responsabilização penal de Marcelo, tendo em vista que somente descobriu a autoria do crime em decorrência da ajuda por ele fornecida. Diante disso, comparece à residência de Marcelo, informa seu arrependimento, afirma não ter interesse em vê-lo responsabilizado criminalmente e o convida para a festa de aniversário de sua filha, sendo a conversa toda registrada em mídia audiovisual.

Considerando as informações narradas, é correto afirmar que o(a) advogado(a) dos querelados poderá

(A) questionar o recebimento da queixa-crime, com fundamento na ocorrência de decadência, já que oferecida a inicial mais de 06 meses após a data dos fatos.

(B) buscar a extinção da punibilidade dos três querelados, diante da renúncia ao exercício do direito de queixa realizado por André, que poderá ser expresso ou tácito.

(C) buscar a extinção da punibilidade de Marcelo, mas não de Luiz e Rogério, em razão da renúncia ao exercício do direito de queixa realizado por André.

(D) buscar a extinção da punibilidade dos três querelados, caso concordem, diante do perdão oferecido a Marcelo por parte de André, que deverá ser estendido aos demais coautores.

A: incorreta. Antes de mais nada, devemos ter em mente que os crimes imputados a Luiz, Rogério e Marcelo, calúnia (art. 138, CP) e injúria (art. 140, CP), são de ação penal privada. Isso quer dizer que a iniciativa para deflagrar a ação penal cabe à vítima, neste caso André, que de fato o fez com o oferecimento de queixa-crime em face dos indigitados autores do crime. Segundo consta, os fatos teriam se dado no dia 03/05/2018, sem que a vítima, nesta oportunidade, tomasse conhecimento da identidade dos autores. Somente no dia 28/06/2018, André, ao encontrar um dos jogadores da equipe adversária, Marcelo, veio a saber quem foram os responsáveis pelas ofensas contra ele perpetradas. Passados

alguns meses, André, no dia 17/11/2018, procurou seu advogado e lhe apresentou todas as provas do crime praticado, manifestando seu interesse em apresentar queixa-crime contra os três autores do fato. No dia 14/12/2018, o advogado contratado por André apresenta queixa-crime em face de Luiz, Rogério e Marcelo, imputando-lhes a prática dos crimes de calúnia e injúria. Pois bem. A questão que aqui se coloca é: tendo em conta que entre a data dos fatos e o ajuizamento da queixa transcorreu interregno superior a 6 meses, teria o ofendido decaído do seu direito de queixa, com a consequente extinção da punibilidade? A resposta deve ser negativa. Isso porque, à luz do que estabelece o art. 38, *caput*, do CPP, o marco inicial do prazo decadencial é representado pelo dia em que a vítima vem a conhecer a identidade do ofensor (e não da data dos fatos). Considerando que André veio a saber da identidade dos autores da ofensa no dia 28/06/2018 e a ação foi ajuizada em 14/12/2018, não há que se falar em extinção da punibilidade pela decadência, já que o período apurado é inferior a 6 meses; **B:** incorreta. A renúncia, no contexto da ação penal privada, somente tem lugar antes do ajuizamento da ação penal. Se a queixa já foi recebida pelo magistrado, como é o caso narrado no enunciado, não há que se falar mais em renúncia (arts. 48 e 49 do CPP); **C:** incorreta. Conforme já ponderado, tendo a queixa sido recebida, não á mais possível renunciá-la; ainda que fosse, a renúncia ao exercício do direito de queixa em relação a um dos autores do crime aproveita aos demais, nos termos do art. 49 do CPP. Em outras palavras, não é dado ao ofendido escolher contra quem a ação será promovida; se quiser processar um, que o faça em relação a todos (princípio da indivisibilidade – art. 48, CPP); **D:** correta. Uma vez ajuizada a ação penal, nada impede que o querelante, à luz do princípio da disponibilidade, desista de dar-lhe prosseguimento, o que o fará por meio dos institutos do perdão e da perempção. Na hipótese do enunciado, temos que André, após o ajuizamento da ação, ofereceu perdão a Marcelo, desculpando-o pelo ocorrido. Trata-se de modalidade tácita de oferecimento de perdão, já que o querelante, ao convidar Marcelo para a festa de aniversário de sua filha, praticou ato incompatível com o desejo de ver o seu ofensor punido. Duas observações quanto ao perdão: por se tratar de ato bilateral, a extinção da punibilidade somente será alcançada se o pedido (de perdão) for aceito pelo querelado; o perdão, se concedido a um dos querelados, a todos se estende, mas somente produzirá o efeito de extinguir a punibilidade daqueles que o aceitarem (art. 51 do CPP). Dessa forma, é correto afirmar-se que o perdão oferecido a Marcelo por André será estendido a Luiz e Rogério, que poderão aceitá-lo, levando à extinção da punibilidade (art. 107, VI, do CP).

Gabarito "D".

(OAB/Exame Unificado - 2019.1) Gabriel, nascido em 31 de maio 1999, filho de Eliete, demonstrava sua irritação em razão do tratamento conferido por Jorge, namorado de sua mãe, para com esta. Insatisfeito, Jorge, no dia 1º de maio de 2017, profere injúria verbal contra Gabriel.

Após a vítima contar para sua mãe sobre a ofensa sofrida, Eliete comparece, em 27 de maio de 2017, em sede policial e, na condição de representante do seu filho, renuncia ao direito de queixa. No dia 02 de agosto de 2017, porém, Gabriel, contra a vontade da mãe, procura auxílio de advogado, informando que tem interesse em ver Jorge responsabilizado criminalmente pela ofensa realizada.

Diante da situação narrada, o(a) advogado(a) de Gabriel deverá esclarecer que

(A) Jorge não poderá ser responsabilizado criminalmente, em razão da renúncia do representante legal do ofendido, sem prejuízo de indenização no âmbito cível.

(B) poderá ser proposta queixa-crime em face de Jorge, mas, para que o patrono assim atue, precisa de procuração com poderes especiais.

EDUARDO DOMPIERI

(C) Jorge não poderá ser responsabilizado criminalmente em razão da decadência, tendo em vista que ultrapassados três meses desde o conhecimento da autoria.

(D) poderá ser proposta queixa-crime em face de Jorge, pois, de acordo com o Código de Processo Penal, ao representante legal é vedado renunciar ao direito de queixa.

A: incorreta. Quando se deram os fatos, Gabriel ainda não contava com 18 anos de idade, razão pela qual sua mãe o representava. Nessa qualidade, ao saber da injúria de que foi vítima o filho, sendo autor seu namorado, Jorge, ela se dirigiu à delegacia e, ali sendo, manifestou o desejo de não dar prosseguimento ao feito, renunciando ao direito de exercer a queixa-crime. Vale lembrar que o crime de que Gabriel foi vítima (injúria verbal – art. 140, CP) é de ação penal privada, nos termos do art. 145, *caput*, do CP. Pois bem. Em momento posterior, ao alcançar a maioridade, Gabriel, em atitude contrária à da mãe, decide levar adiante a queixa, contratando, para tanto, advogado, com vistas a ver processado Jorge. E nada há que impeça Gabriel de assim agir. Ao completar 18 anos, ele poderá, sim, promover a queixa crime contra Jorge, namorado de sua mãe, pelo cometimento do crime de injúria, já que os prazos decadenciais, para ele (Gabriel) e sua mãe (ao tempo em que o representava) são independentes. Incorreta, portanto, a assertiva; **B:** correta, pois reflete a regra presente no art. 44 do CPP, que impõe que a queixa seja oferecida por procurador com poderes especiais; **C:** incorreta. O prazo decadencial corresponde a 6 meses, conforme reza o art. 38, *caput*, do CPP, interregno ainda não superado; **D:** incorreta, na medida em que nada obsta que o representante legal renuncie ao direito de queixa (art. 50, *caput*, CPP).

Gabarito "B".

(OAB/Exame Unificado – 2018.1) Maria, 15 anos de idade, comparece à Delegacia em janeiro de 2017, acompanhada de seu pai, e narra que João, 18 anos, mediante grave ameaça, teria constrangido-a a manter com ele conjunção carnal, demonstrando interesse, juntamente com seu representante, na responsabilização criminal do autor do fato. Instaurado inquérito policial para apurar o crime de estupro, todas as testemunhas e João afirmaram que a relação foi consentida por Maria, razão pela qual, após promoção do Ministério Público pelo arquivamento por falta de justa causa, o juiz homologou o arquivamento com base no fundamento apresentado. Dois meses após o arquivamento, uma colega de classe de Maria a procura e diz que teve medo de contar antes a qualquer pessoa, mas em seu celular havia filmagem do ato sexual entre Maria e João, sendo que no vídeo ficava demonstrado o emprego de grave ameaça por parte deste. Maria, então, entrega o vídeo ao advogado da família.

Considerando a situação narrada, o advogado de Maria

(A) nada poderá fazer sob o ponto de vista criminal, tendo em vista que a decisão de arquivamento fez coisa julgada material.

(B) poderá apresentar o vídeo ao Ministério Público, sendo possível o desarquivamento do inquérito ou oferecimento de denúncia por parte do Promotor de Justiça, em razão da existência de prova nova.

(C) nada poderá fazer sob o ponto de vista criminal, tendo em vista que, apesar de a decisão de arquivamento não ter feito coisa julgada material, o vídeo não poderá ser considerado prova nova, já que existia antes do arquivamento do inquérito.

(D) poderá iniciar, de imediato, ação penal privada subsidiária da pública em razão da omissão do Ministério Público no oferecimento de denúncia em momento anterior.

A: incorreta, uma vez que somente faz coisa julgada material a decisão de arquivamento do inquérito calcada em ausência de tipicidade. Não é esta a hipótese retratada no enunciado, já que o arquivamento se deu por ausência de provas de que o crime ocorreu (justa causa), razão pela qual tal decisão produz somente coisa julgada formal, o que autoriza a retomada das investigações bem como o oferecimento de denúncia diante do surgimento de provas novas; **B:** correta. Considerando que a decisão que levou ao arquivamento do inquérito gerou coisa julgada formal, o surgimento de outras provas enseja a reabertura das investigações ou o oferecimento de denúncia pelo MP. Vale o registro de que as "outras provas", a que faz alusão o art. 18 do CPP, devem ser entendidas como *provas substancialmente novas*, ou seja, aquelas que até então não eram de conhecimento das autoridades. Veja, a propósito, o teor da Súmula 524 do STF: "Arquivado o inquérito policial, por despacho do juiz, a requerimento do Promotor de Justiça, não pode a ação penal ser iniciada, sem novas provas"; **C:** incorreta. Ao tempo em que foi determinado o arquivamento, o vídeo não era de conhecimento das autoridades. Mesmo porque não teria como o vídeo, que registrou o crime, ter sido produzido em momento posterior a este; **D:** incorreta, na medida em que não há que se falar, neste caso, em ação penal privada subsidiária, já que o MP não atuou com desídia, que constitui pressuposto ao ajuizamento desta modalidade de ação privativa do ofendido.

> **Dica:** um dos temas mais recorrentes em provas de Ordem (e também em concursos públicos) é a chamada ação penal privada subsidiária da pública, em especial o pressuposto ao seu ajuizamento. Segundo posicionamento doutrinário e jurisprudencial pacífico, a propositura da ação penal privada subsidiária da pública, à luz do que estabelecem os arts. 5º, LIX, da CF, 100, § 3º, do CP e 29 do CPP, tem como pressuposto, conforme dissemos acima, a ocorrência de desídia do membro do Ministério Público, que deixa de promover a ação penal dentro do prazo estabelecido em lei. Bem por isso, não há que se falar nesta modalidade de ação privada na hipótese de o representante do MP promover o arquivamento dos autos de inquérito policial, e bem assim quando requerer o retorno dos autos de inquérito à Delegacia de Polícia para a realização de diligências complementares. Não há, nestes dois casos, inércia no prover do representante do *parquet*. Conferir o magistério de Guilherme de Souza Nucci: "(...) é inaceitável que o ofendido, porque o inquérito foi arquivado, a requerimento do Ministério Público, ingresse com ação penal privada subsidiária da pública. A titularidade da ação penal não é, nesse caso, da vítima e a ação privada, nos termos do art. 29, somente é admissível quando o órgão acusatório estatal deixa de intentar a ação penal, no prazo legal, mas não quando age, pedindo o arquivamento. Há, pois, diferença substancial entre não agir e manifestar-se pelo arquivamento, por crer inexistir fundamento para a ação penal" (*Código de Processo Penal Comentado*, 17ª ed., p. 146). Na jurisprudência: "1. A comprovação inequívoca da inércia do Ministério Público é requisito essencial para justificar o ajuizamento da ação penal privada subsidiária da pública. 2. O pedido de arquivamento do feito, formulado pelo Ministério Público, titular da ação penal, não pode ser discutido, senão acolhido. Precedentes do STF e do STJ. 3. Agravo regimental não provido" (STJ – AgRg na APn: 557 DF 2008/0269543-6, Relator: Ministra NANCY ANDRIGHI, Data de Julgamento: 06.10.2010, CE – CORTE ESPECIAL, Data de Publicação: *DJe* 09.11.2010).

Gabarito "B".

(OAB/Exame Unificado – 2018.1) Bruna compareceu à Delegacia e narrou que foi vítima de um crime de ameaça, delito este de ação penal pública condicionada à representação, que teria sido praticado por seu marido Rui, em situação de violência doméstica e familiar contra a mulher. Disse, ainda, ter interesse que seu marido fosse responsabilizado criminalmente por seu comportamento.

15. DIREITO PROCESSUAL PENAL   999

O procedimento foi encaminhado ao Ministério Público, que ofereceu denúncia em face de Rui pela prática do crime de ameaça (Art. 147 do Código Penal, nos termos da Lei nº 11.340/06). Bruna, porém, comparece à Delegacia, antes do recebimento da denúncia, e afirma não mais ter interesse na responsabilização penal de seu marido, com quem continua convivendo. Posteriormente, Bruna e Rui procuram o advogado da família e informam sobre o novo comparecimento de Bruna à Delegacia.

Considerando as informações narradas, o advogado deverá esclarecer que

(A) a retratação de Bruna, perante a autoridade policial, até o momento, é irrelevante e não poderá ser buscada proposta de suspensão condicional do processo.

(B) a retratação de Bruna, perante a autoridade policial, até o momento, é válida e suficiente para impedir o recebimento da denúncia.

(C) não cabe retratação do direito de representação após o oferecimento da denúncia; logo, a retratação foi inválida.

(D) não cabe retratação do direito de representação nos crimes praticados no âmbito de violência doméstica e familiar contra a mulher, e nem poderá ser buscada proposta de transação penal.

O entendimento do STF que estabeleceu a natureza incondicionada da ação penal, tomado em controle concentrado de constitucionalidade (ADIn 4.424), somente se aplica aos crimes de lesão corporal, independente de sua extensão, praticados contra a mulher no ambiente doméstico. Tal entendimento encontra-se consagrado na Súmula 542, do STJ: "A ação penal relativa ao crime de lesão corporal resultante de violência doméstica contra a mulher é pública incondicionada". Este entendimento não se aplica, todavia, ao crime de ameaça (de que foi vítima Bruna), na medida em que o MP, para ajuizar a ação penal, depende da manifestação de vontade da ofendida, materializada por meio da representação. Neste caso, poderá a ofendida, desde que em audiência especialmente designada para esse fim e até o recebimento da denúncia, renunciar à representação formulada (art. 16 da Lei 11.340/2006), isto é, a retratação de Bruna, perante a autoridade policial, não produz efeito algum, já que tal providência deveria ser realizada perante o magistrado, em audiência designada para tal finalidade. No mais, o art. 41 da Lei Maria da Penha, cuja constitucionalidade foi reconhecida pelo STF (ADC 19, de 09.02.2012), veda a aplicação, no contexto dos crimes praticados com violência doméstica e familiar contra a mulher, das medidas despenalizadoras contempladas na Lei 9.099/1995, entre as quais a *suspensão condicional do processo* e a *transação penal*. Consolidando tal entendimento, editou-se a Súmula 536, do STJ: "A suspensão condicional do processo e a transação penal não se aplicam na hipótese de delitos sujeitos ao rito da Lei Maria da Penha".

> **Dica:** a análise do texto de lei, neste caso do art. 16 da Lei Maria da Penha, levaria a outra conclusão, já que não faz distinção, quanto à necessidade de representação, entre os crimes de lesão corporal e ameaça. Como se pode ver, o estudo da jurisprudência é de suma importância.

Gabarito "A"

(OAB/Exame Unificado – 2017.3) Lívia, insatisfeita com o fim do relacionamento amoroso com Pedro, vai até a casa deste na companhia da amiga Carla e ambas começam a quebrar todos os porta-retratos da residência nos quais estavam expostas fotos da nova namorada de Pedro. Quando descobre os fatos, Pedro procura um advogado,

que esclarece a natureza privada da ação criminal pela prática do crime de dano.

Diante disso, Pedro opta por propor queixa-crime em face de Carla pela prática do crime de dano (Art. 163, caput, do Código Penal), já que nunca mantiveram boa relação e ele tinha conhecimento de que ela era reincidente, mas, quanto a Lívia, liga para ela e diz que nada fará, pedindo, apenas, que o fato não se repita.

Apesar da decisão de Pedro, Lívia fica preocupada quanto à possibilidade de ele mudar de opinião, razão pela qual contrata um advogado junto com Carla para consultoria jurídica.

Considerando apenas as informações narradas, o advogado deverá esclarecer que ocorreu

(A) renúncia em relação a Lívia, de modo que a queixa-crime não deve ser recebida em relação a Carla.

(B) renúncia em relação a Lívia, de modo que a queixa-crime deve ser recebida apenas em relação a Carla.

(C) perempção em relação a Lívia, de modo que a queixa-crime deve ser recebida apenas em relação a Carla.

(D) perdão do ofendido em relação a Lívia, de modo que a queixa-crime deve ser recebida apenas em relação a Carla.

A ação penal privativa do ofendido é informada pelos princípios da *indivisibilidade*, *oportunidade* e *disponibilidade*. Pelo postulado da *indivisibilidade*, consagrado no art. 48 do CPP, não é dado ao ofendido escolher contra quem a ação será ajuizada. Assim, não poderá Pedro processar, por meio de queixa-crime, Carla e poupar Lívia. Se decidir renunciar ao direito de processar sua ex-namorada, deverá fazer o mesmo em relação a Lívia (art. 49, CPP). A violação a tal princípio acarreta a extinção da punibilidade pela renúncia (art. 107, V, do CP). Agora, embora não seja este o caso narrado no enunciado, é importante que se diga que, se a ação já tiver sido proposta, é vedado ao querelante dela desistir (conceder o perdão) em relação a somente um dos querelados (art. 51, CPP). É dizer: ou desiste da ação contra todos ou não desiste. A ação privativa do ofendido também é regida pelo princípio da *oportunidade* (conveniência), segundo o qual o ofendido tem a *faculdade*, não a obrigação, de promover a ação, bem como tem ele, ofendido, a prerrogativa de prosseguir ou não até o término do processo (disponibilidade). Estes dois últimos princípios não se aplicam no âmbito da ação penal pública, na qual vigoram os princípios da *obrigatoriedade* e *indisponibilidade*. No que concerne à incidência do postulado da indivisibilidade na ação penal pública, embora não haja disposição expressa de lei, a maior parte da doutrina, a nosso ver com razão, sustenta que este princípio é também aplicável a este tipo de ação, uma vez que o promotor de justiça tem o dever de promover a ação penal contra todos os agentes identificados que cometeram a infração penal. Por fim, oportuno proceder a distinção entre os institutos da renúncia e do perdão. O *perdão* constitui ato por meio do qual o querelante desiste de prosseguir na ação penal privada. Portanto, pressupõe-se que a ação penal tenha se iniciado, não sendo este o caso acima narrado, no qual a ação ainda não teve início. Ao contrário da *renúncia*, somente produzirá efeitos, com a extinção da punibilidade, em relação ao querelado que o aceitar. Trata-se, portanto, de ato bilateral, na forma estatuída no art. 51 do CPP. A *renúncia*, por sua vez, ocorre antes do início da ação penal (antes do recebimento da queixa). Ao contrário do perdão, é ato unilateral, uma vez que, para produzir efeitos, não depende de aceitação do autor do crime.

Gabarito "A"

(OAB/Exame Unificado – 2017.3) Tiago, funcionário público, foi vítima de crime de difamação em razão de suas funções. Após Tiago narrar os fatos em sede policial e demonstrar interesse em ver o autor do fato responsabilizado, é instaurado inquérito policial para investigar a notícia de crime.

Quando da elaboração do relatório conclusivo, a autoridade policial conclui pela prática delitiva da difamação, majorada por ser contra funcionário público em razão de suas funções, bem como identifica João como autor do delito. Tiago, então, procura seu advogado e informa a este as conclusões 1 (um) mês após os fatos.

Considerando apenas as informações narradas, o advogado de Tiago, de acordo com a jurisprudência do Supremo Tribunal Federal, deverá esclarecer que

(A) caberá ao Ministério Público oferecer denúncia em face de João após representação do ofendido, mas Tiago não poderá optar por oferecer queixa-crime.

(B) caberá a Tiago, assistido por seu advogado, oferecer queixa-crime, não podendo o ofendido optar por oferecer representação para o Ministério Público apresentar denúncia.

(C) Tiago poderá optar por oferecer queixa-crime, assistido por advogado, ou oferecer representação ao Ministério Público, para que seja analisada a possibilidade de oferecimento de denúncia.

(D) caberá ao Ministério Público oferecer denúncia, independentemente de representação do ofendido.

Nos termos do disposto no art. 145, parágrafo único, do CP, se se tratar de crime perpetrado contra a honra de funcionário público em razão de suas funções, como é o caso da difamação, a ação penal será *pública condicionada à representação do ofendido*. Ocorre, no entanto, que o STF, por meio da Súmula 714, firmou entendimento no sentido de que, nesses casos, a legitimidade é concorrente entre o ofendido (mediante queixa) e o Ministério Público (ação pública condicionada à representação do ofendido). Dessa forma, é dado a Tiago escolher o caminho que pretende seguir: oferecer representação para que o MP, se for o caso, promova a ação penal, que, neste caso, é pública condicionada; ou, se assim desejar, poderá promover, por meio de queixa-crime, ação penal privada. Ficará a seu critério.
Gabarito "C".

(OAB/Exame Unificado – 2017.2) No dia 31 de dezembro de 2015, Leandro encontra, em uma boate, Luciana, com quem mantivera uma relação íntima de afeto, na companhia de duas amigas, Carla e Regina.

Já alterado em razão da ingestão de bebida alcoólica, Leandro, com ciúmes de Luciana, inicia com esta uma discussão e desfere socos em sua face. Carla e Regina vêm em defesa da amiga, mas, descontrolado, Leandro também agride as amigas, causando lesões corporais leves nas três.

Diante da confusão, Leandro e Luciana são encaminhados a uma delegacia, enquanto as demais vítimas decidem ir para suas casas. Após exame de corpo de delito confirmando as lesões leves, Luciana é ouvida e afirma expressamente que não tem interesse em ver Leandro responsabilizado criminalmente.

Em relação às demais lesadas, não tiveram interesse em ser ouvidas em momento algum das investigações, mas as testemunhas confirmaram as agressões. Diante disso, o Ministério Público, em 05 de julho de 2016, oferece denúncia em face de Leandro, imputando-lhe a prática de três crimes de lesão corporal leve.

Considerando apenas as informações narradas, o(a) advogado(a) de Leandro:

(A) não poderá buscar a rejeição da denúncia em relação a nenhum dos três crimes.

(B) poderá buscar a rejeição da denúncia em relação ao crime praticado contra Luciana, mas não quanto aos delitos praticados contra Carla e Regina.

(C) poderá buscar a rejeição da denúncia em relação aos três crimes.

(D) não poderá buscar a rejeição da denúncia em relação ao crime praticado contra Luciana, mas poderá pleitear a imediata rejeição quanto aos delitos praticados contra Carla e Regina.

Em primeiro lugar, deve ficar claro que a agressão impingida por Leandro a Luciana configura violência doméstica, o que implica a incidência da Lei 11.340/2006 (Maria da Penha), tal como estabelece o seu art. 5º, III, que assim dispõe: "(...) III: em qualquer relação íntima de afeto, na qual o agressor conviva ou tenha convivido com a ofendida, independentemente de coabitação". Considerando que o STF, no julgamento da ADIn 4.424, de 09.02.2012, estabeleceu a natureza *incondicionada* da ação penal nos crimes de lesão corporal, independente de sua extensão, praticados contra a mulher no ambiente doméstico, entendimento este consagrado na Súmula 542, do STJ, o ajuizamento da demanda, pelo Ministério Público, em face de Leandro pela lesão experimentada por Luciana prescinde de representação por parte desta, não sendo o caso, portanto, de se pleitear a rejeição da denúncia em relação ao crime de lesão corporal praticado em face de Luciana. Já em relação a Carla e Regina a situação é diversa. É que, embora também tenham sido agredidas por Leandro, a ação penal, neste caso, é pública condicionada a representação, já que inexistia entre eles (Leandro, Carla e Regina) relação doméstica a provocar a incidência da Lei Maria da Penha. Assim, deve-se aplicar, aqui, no que toca à natureza da ação penal, o art. 88 da Lei 9.099/1995, que estabelece a necessidade de representação para o exercício da ação penal pelo MP. Tendo em vista que Carla e Regina não ofereceram representação dentro do prazo de 6 meses a contar, neste caso, da data dos fatos, operou-se a extinção da punibilidade pela decadência, o que deve culminar com a rejeição da denúncia oferecida pelo MP (somente em relação, repita-se, a Carla e Regina). ED
Gabarito "D".

(OAB/Exame Unificado – 2016.2) Lúcio Flavio, advogado, ofereceu queixa-crime em face de Rosa, imputando-lhe a prática dos delitos de injúria simples e difamação. As partes não celebraram qualquer acordo e a querelada negava os fatos, não aceitando qualquer benefício. Após o regular processamento e a instrução probatória, em alegações finais, Lúcio Flávio requer a condenação de Rosa pela prática do crime de difamação, nada falando em sua manifestação derradeira sobre o crime de injúria.

Diante da situação narrada, é correto afirmar que

(A) deverá ser extinta a punibilidade de Rosa em relação ao crime de injúria, em razão da perempção.

(B) deverá ser extinta a punibilidade de Rosa em relação ao crime de injúria, em razão do perdão do ofendido.

(C) deverá ser extinta a punibilidade de Rosa em relação ao crime de injúria, em razão da renúncia ao direito de queixa.

(D) poderá Rosa ser condenada pela prática de ambos os delitos, já que houve apresentação de alegações finais pela defesa técnica do querelante.

O caso narrado no enunciado constitui a hipótese de perempção contemplada no art. 60, III, segunda parte, do CPP, em que o querelante, mostrando-se negligente e desidioso, deixa de formular pedido de condenação em alegações finais. Como consequência dessa omissão por parte do querelante, impõe-se, em relação ao crime de injúria, o reconhecimento da extinção da punibilidade da querelada em razão da perempção, na forma estatuída no art. art. 107, IV, do CP.

Gabarito "A".

(OAB/Exame Unificado – 2015.2) Carlos foi indiciado pela prática de um crime de lesão corporal grave, que teria como vítima Jorge. Após o prazo de 30 dias, a autoridade policial elaborou relatório conclusivo e encaminhou o procedimento para o Ministério Público. O promotor com atribuição concluiu que não existiam indícios de autoria e materialidade, razão pela qual requereu o arquivamento. Inconformado com a manifestação, Jorge contratou advogado e propôs ação penal privada subsidiária da pública. Nesse caso, é correto afirmar que

(A) caso a queixa seja recebida, o Ministério Público não poderá aditá-la ou interpor recurso no curso do processo.

(B) caso a queixa seja recebida, havendo negligência do querelante, deverá ser reconhecida a perempção.

(C) a queixa proposta deve ser rejeitada pelo magistrado, pois não houve inércia do Ministério Público.

(D) a queixa proposta deve ser rejeitada pelo magistrado, tendo em vista que o instituto da ação penal privada subsidiária da pública não foi recepcionado pela Constituição Federal.

Segundo posicionamento doutrinário e jurisprudencial pacífico, a propositura da ação penal privada subsidiária da pública tem como pressuposto a ocorrência de desídia do membro do Ministério Público, deixando de promover a ação penal dentro do prazo estabelecido em lei. Bem por isso, não há que se falar nesta modalidade de ação privada na hipótese de o representante do MP requerer o arquivamento dos autos de inquérito policial, e bem assim quando requerer o retorno dos autos de inquérito à Delegacia de Polícia para a realização de diligências complementares. Não há, nestes dois casos, inércia por parte do representante do *parquet*. Conferir o magistério de Guilherme de Souza Nucci: "(...) é inaceitável que o ofendido, porque o inquérito foi arquivado, a requerimento do Ministério Público, ingresse com ação penal privada subsidiária da pública. A titularidade da ação penal não é, nesse caso, da vítima e a ação privada, nos termos do art. 29, somente é admissível quando o órgão acusatório estatal deixa de intentar a ação penal, no prazo legal, mas não quando age, pedindo o arquivamento. Há, pois, diferença substancial entre não agir e manifestar-se pelo arquivamento, por crer inexistir fundamento para a ação penal" (*Código de Processo Penal Comentado*, 12ª ed., p. 153). À luz da nova sistemática adotada pelo art. 28, *caput* e § 1º, do CPP, cuja redação foi determinada pela Lei 13.964/2019, uma vez ordenado o arquivamento dos autos de inquérito policial pelo órgão do Ministério Público, deverão disso ser comunicados a vítima do delito, o investigado e a autoridade policial, remetendo-se, outrossim, os autos à instância de revisão ministerial. Ciente da promoção de arquivamento, disporá a vítima ou quem a represente do prazo de trinta dias para recorrer, submetendo a matéria à revisão da instância competente do MP. Em outras palavras, poderá o ofendido, se não concordar com o arquivamento promovido pelo MP, contra ele insurgir-se, recorrendo desta decisão ao órgão revisor dentro do próprio MP. Perceba que não é facultado à vítima, neste caso, o ajuizamento de ação penal privada subsidiária, na medida em que inexiste desídia do órgão ministerial, que agiu conforme a sua convicção, promovendo o arquivamento do IP.

Gabarito "C".

(OAB/Exame Unificado – 2014.2) Fábio, vítima de calúnia realizada por Renato e Abel, decide mover ação penal privada em face de ambos. Após o ajuizamento da ação, os autos são encaminhados ao Ministério Público, pois Fábio pretende desistir da ação penal privada movida apenas em face de Renato para prosseguir em face de Abel. Diante dos fatos narrados, assinale a opção correta.

(A) A ação penal privada é divisível; logo, Fábio poderá desistir da ação penal apenas em face de Renato.

(B) A ação penal privada é indivisível; logo, Fábio não poderá desistir da ação penal apenas em face de Renato.

(C) A ação penal privada é obrigatória, por conta do princípio da obrigatoriedade da ação penal.

(D) A ação penal privada é indisponível; logo, Fábio não poderá desistir da ação penal apenas em face de Renato.

A ação penal privativa do ofendido é informada pelos princípios da *indivisibilidade, oportunidade* e *disponibilidade*. Pelo postulado da *indivisibilidade*, consagrado no art. 48 do CPP, não é dado ao ofendido escolher contra quem a ação será ajuizada. Se já foi ajuizada a ação, é-lhe vedado, da mesma forma, dela desistir (conceder o perdão) em relação a somente um dos querelados (art. 51, CPP). É dizer: ou processa todos os autores identificados ou não processa nenhum (ou desiste da ação contra todos ou não desiste). A ação privativa também é regida pelo princípio da *oportunidade* (conveniência), segundo o qual o ofendido tem a *faculdade*, não a obrigação, de promover a ação, bem como tem ele, ofendido, a prerrogativa de prosseguir ou não até o término do processo (disponibilidade). Estes dois últimos princípios não se aplicam no âmbito da ação penal pública, na qual vigoram os princípios da *obrigatoriedade* e *indisponibilidade*. No que concerne à incidência do postulado da indivisibilidade na ação penal pública, embora não haja disposição expressa de lei, a maior parte da doutrina, a nosso ver com razão, sustenta que este princípio é também aplicável a este tipo de ação, uma vez que o promotor de justiça tem o dever de promover a ação penal contra todos os agentes identificados que cometeram a infração penal.

Gabarito "B".

(OAB/Exame Unificado – 2014.1) Em determinada ação penal privada, na qual se apura a prática dos delitos de calúnia e difamação, a parte não apresenta, em alegações finais, pedido de condenação em relação ao delito de calúnia, fazendo-o tão somente em relação ao delito de difamação.

Com relação ao caso apresentado, assinale a afirmativa correta.

(A) Ocorreu a perempção em relação ao delito de calúnia.

(B) Não ocorreu perempção em relação a nenhum delito.

(C) Ocorreu o perdão tácito em relação ao delito de calúnia.

(D) Não ocorreu perempção, mas, sim, renúncia em relação ao delito de calúnia.

É do art. 60, III, segunda parte, do CPP que, no âmbito da ação penal privativa do ofendido, não tendo sido por este apresentado o necessário pedido de alegações finais, operar-se-á a extinção da punibilidade pela ocorrência da perempção (art. 107, IV, do CP). Correta, portanto, a proposição "A".

Gabarito "A".

(OAB/Exame Unificado – 2013.3) João e José, músicos da famosa banda NXY, se desentenderam por causa de uma namorada. João se descontrolou e partiu para cima de José, agredindo-o com socos e pontapés, vindo a ser separado de sua vítima por policiais militares que passavam no local, e lhe deram voz de prisão em flagrante. O exame de corpo de delito revelou que dois dedos da mão esquerda do guitarrista José foram quebrados e o braço direito, luxado, ficando impossibilitado de tocar seu instrumento por 40 dias.

Na hipótese, trata-se de crime de ação penal

(A) privada propriamente dita.

(B) pública condicionada à representação.

(C) privada subsidiária da pública.

(D) pública incondicionada.

João praticou o crime de lesão corporal de natureza *grave*, uma vez que José, em decorrência da agressão que sofreu, permaneceu incapacitado para as ocupações habituais por período superior a 30 dias – art. 129, § 1º, I, do CP. Neste caso, a ação penal será pública *incondicionada*. Somente seria condicionada à representação da vítima se se tratasse de lesão corporal de natureza *leve* ou *culposa*, nos termos do art. 88 da Lei 9.099/1995. Quanto ao que se deve entender por *ocupação habitual*, conferir a lição de Guilherme de Souza Nucci: "(...) deve-se compreender como tal toda e qualquer atividade regularmente desempenhada pela vítima, e não apenas a sua ocupação laborativa. Assim, uma pessoa que não trabalhe, vivendo de renda ou sustentada por outra, deixando de exercitar suas habituais ocupações, sejam elas quais forem – até mesmo de simples lazer -, pode ser enquadrada nesse inciso, desde que fique incapacitada por mais de trinta dias (...)" (*Código Penal Comentado*. 13. ed., São Paulo: Ed. RT, 2013. p. 677). Por fim, vale registrar que a configuração desta forma qualificada de lesão corporal está condicionada à elaboração de laudo complementar que ateste que a incapacidade perdurou por tempo superior a trinta dias (art. 168, § 2º, do CPP).
Gabarito "D".

(OAB/Exame Unificado – 2013.1) Na cidade "A", o Delegado de Polícia instaurou inquérito policial para averiguar a possível ocorrência do delito de estelionato praticado por Márcio, tudo conforme minuciosamente narrado na requisição do Ministério Público Estadual. Ao final da apuração, o Delegado de Polícia enviou o inquérito devidamente relatado ao Promotor de Justiça. No entendimento do *parquet*, a conduta praticada por Márcio, embora típica, estaria prescrita.

Nessa situação, o Promotor deverá

(A) arquivar os autos.

(B) oferecer denúncia.

(C) determinar a baixa dos autos.

(D) requerer o arquivamento.

Ao receber o inquérito policial devidamente concluído, caberá ao representante do Ministério Público tomar uma das seguintes providências: oferecimento de denúncia, na hipótese de haver suporte probatório mínimo (prova da existência do crime e indícios de autoria); requisição de diligências indispensáveis ao exercício da ação penal (art. 16 do CPP); e promoção de arquivamento. Neste último caso, o requerimento pode estar calcado em diversos motivos, entre os quais: ocorrência de prescrição (caso do enunciado); falta de lastro probatório mínimo ao exercício da ação penal; atipicidade da conduta atribuída ao investigado. Em face da nova redação conferida pela Lei 13.964/2019 ao art. 28, *caput*, do CPP, que se inspirou no modelo acusatório, deverá o promotor, no caso narrado no enunciado, determinar (e não mais requerer) o arquivamento dos autos de inquérito. Isso porque o juiz deixa de ter o controle sobre a decisão de arquivamento do IP, o que caberá, doravante, ao Ministério Público, que, depois de analisar o inquérito e concluir pela inexistência de elementos mínimos a sustentar a acusação, determinará seu arquivamento, submetendo tal decisão à instância superior dentro do próprio MP.
Gabarito "D".

(OAB/Exame Unificado – 2013.1) Um professor na aula de Processo Penal esclarece a um aluno que o Ministério Público, após ingressar com a ação penal, não poderá desistir dela, conforme expressa previsão do art. 42 do CPP. O professor estava explicando ao aluno o princípio da

(A) indivisibilidade.

(B) obrigatoriedade.

(C) indisponibilidade.

(D) intranscedência.

A ação penal pública, cujo titular é o Ministério Público, tem como princípios informadores a indisponibilidade, a obrigatoriedade, a oficialidade, a intranscedência e, a nosso ver, a indivisibilidade. Os dois primeiros não são aplicáveis à ação penal de iniciativa privada, regidas pelos princípios da conveniência ou oportunidade e disponibilidade. Pelo princípio da indisponibilidade, não é dado ao Ministério Público, na ação penal pública, desistir da ação que haja interposto. É o que estabelece o art. 42 do CPP. Diz-se que a ação penal pública é *obrigatória* porque, preenchidos os requisitos legais, o Ministério Público, seu titular, está obrigado a propô-la. Fala-se em *indivisibilidade* porque não pode o membro do MP escolher contra quem será ajuizada a denúncia. Enuncia o *princípio da intranscedência* que a ação penal só será proposta contra quem praticou a infração penal. Por fim, pela oficialidade, os órgãos aos quais incumbe a persecução penal devem ser oficiais, públicos.
Gabarito "C".

(OAB/Exame Unificado – 2011.3.A) Tício está sendo investigado pela prática do delito de roubo simples, tipificado no artigo 157, *caput*, do Código Penal. Concluída a investigação, o Delegado Titular da 41ª Delegacia Policial envia os autos ao Ministério Público, a fim de que este tome as providências que entender cabíveis. O *Parquet*, após a análise dos autos, decide pelo arquivamento do feito, por falta de provas de autoria. A vítima ingressou em juízo com uma ação penal privada subsidiária da pública, que foi rejeitada pelo juiz da causa, que, no caso acima, agiu

(A) erroneamente, tendo em vista a Lei Processual admite a ação privada nos crimes de ação pública quando esta não for intentada.

(B) corretamente, pois a vítima não tem legitimidade para ajuizar ação penal privada subsidiária da pública.

(C) corretamente, já que a Lei Processual não admite a ação penal privada subsidiária da pública nos casos em que o Ministério Público não se mantém inerte.

(D) erroneamente, já que a Lei Processual admite, implicitamente, a ação penal privada subsidiária da pública.

A *ação penal privada subsidiária da pública*, que será intentada pelo ofendido ou seu representante legal, somente terá lugar na hipótese de o membro do Ministério Público revelar-se desidioso, omisso, deixando de cumprir o prazo fixado em lei para a propositura da ação penal pública (art. 29 do CPP). Se falamos em desídia, não há que se falar em propositura da queixa subsidiária diante do pedido de arquivamento do inquérito formulado pelo MP, visto que o representante do *parquet*, após examinar os autos de inquérito, agiu e adotou uma das medidas legais postas à sua disposição. Intentada a ação penal privada subsidiária,

15. DIREITO PROCESSUAL PENAL — 1003

caberá ao MP, nos moldes do que prescreve o art. 29 do CPP, "(...) aditar a queixa, repudiá-la e oferecer denúncia substitutiva, intervir em todos os termos do processo, fornecer elementos de prova, interpor recurso e, a todo tempo, no caso de negligência do querelante, retomar a ação como parte principal". Na jurisprudência: "PENAL. AÇÃO PENAL PRIVADA SUBSIDIÁRIA DA PÚBLICA. INÉRCIA DO MINISTÉRIO PÚBLICO. COMPROVAÇÃO INEQUÍVOCA. REQUISITO ESSENCIAL. MINISTÉRIO PÚBLICO. TITULAR DA AÇÃO PENAL. PEDIDO DE ARQUIVAMENTO. ACOLHIMENTO OBRIGATÓRIO. 1. A comprovação inequívoca da inércia do Ministério Público é requisito essencial para justificar o ajuizamento da ação penal privada subsidiária da pública. 2. O pedido de arquivamento do feito, formulado pelo Ministério Público, titular da ação penal, não pode ser discutido, senão acolhido. Precedentes do STF e do STJ. 3. Agravo regimental não provido" (STJ – AgRg na APn: 557 DF 2008/0269543-6, Relator: Ministra NANCY ANDRIGHI, Data de Julgamento: 06.10.2010, CE – CORTE ESPECIAL, Data de Publicação: *DJe* 09.11.2010).
Gabarito "C".

(OAB/Exame Unificado – 2010.2) Relativamente às regras sobre ação civil fixadas no Código de Processo Penal, assinale a alternativa correta.

(A) São fatos que impedem a propositura da ação civil: o despacho de arquivamento do inquérito ou das peças de informação, a decisão que julgar extinta a punibilidade e a sentença absolutória que decidir que o fato imputado não constitui crime.

(B) Sobrevindo a sentença absolutória no juízo criminal, a ação civil não poderá ser proposta em nenhuma hipótese.

(C) Transitada em julgado a sentença penal condenatória, a execução só poderá ser efetuada pelo valor fixado na mesma, não se admitindo, neste caso, a liquidação para a apuração do dano efetivamente sofrido.

(D) Transitada em julgado a sentença penal condenatória, poderão promover-lhe a execução, no juízo cível, para o efeito da reparação do dano, o ofendido, seu representante legal ou seus herdeiros.

A: incorreta. Trata-se, ao contrário, de fatos que não obstam a propositura da ação civil. É o que determina o art. 67 do CPP; **B:** incorreta. A ação civil poderá ser proposta se não for reconhecida, categoricamente, a inexistência material do fato – art. 66 do CPP; **C:** incorreta; admite-se a liquidação para apuração dos danos efetivamente sofridos (art. 63, parágrafo único, do CPP); **D:** correta, dado o que estabelece o art. 63, *caput*, do CPP.
Gabarito "D".

(OAB/Exame Unificado – 2010.1) Acerca da ação civil *ex delicto*, assinale a opção correta.

(A) A execução da sentença penal condenatória no juízo cível é ato personalíssimo do ofendido e não se estende aos seus herdeiros.

(B) Ao proferir sentença penal condenatória, o juiz fixará valor mínimo para a reparação dos danos causados pela infração, considerando os prejuízos sofridos pelo ofendido, sem prejuízo da liquidação para apuração do dano efetivamente sofrido.

(C) Segundo o CPP, a sentença absolutória no juízo criminal impede a propositura da ação civil para reparação de eventuais danos resultantes do fato, uma vez que seria contraditório absolver o agente na esfera criminal e processá-lo no âmbito cível.

(D) O despacho de arquivamento do inquérito policial e a decisão que julga extinta a punibilidade são causas impeditivas da propositura da ação civil.

A: incorreta. O art. 63 do CPP assegura a legitimidade para a execução da sentença penal condenatória ao ofendido, a seu representante legal ou a seus herdeiros; **B:** correta. Cuida-se da previsão do art. 63, parágrafo único, c/c art. 387, IV, ambos do CPP. A resposta é fruto da reforma do CPP, em 2008; **C:** incorreta. Apenas na hipótese de ter sido reconhecida, categoricamente, a inexistência material do fato, mediante sentença absolutória, é que se impede a propositura da ação civil (CPP, art. 66); **D:** incorreta. As causas apontadas na assertiva não impedem a propositura da ação civil, conforme previsto no art. 67, I e II, do CPP.
Gabarito "B".

(OAB/Exame Unificado – 2009.3) Impede a propositura da ação civil para a reparação do dano causado pelo fato delituoso

(A) a sentença penal que reconhecer ter sido o ato praticado em estrito cumprimento de dever legal.

(B) a sentença absolutória que decidir que o fato imputado não constitui crime.

(C) o despacho de arquivamento do inquérito ou das peças de informação.

(D) a decisão que julgar extinta a punibilidade.

A: correta, nos termos do art. 65 do CPP; **B:** incorreta, pois não reflete o disposto no art. 67, III, do CPP; **C:** incorreta, nos termos do art. 67, I, do CPP; **D:** incorreta, pois contraria o que estabelece o art. 67, II, do CPP.
Gabarito "A".

(FGV – 2013) De acordo com o Código de Processo Penal, no caso de morte do ofendido ou quando declarado ausente por decisão judicial, o direito de oferecer queixa ou prosseguir na ação passará

(A) ao cônjuge, ascendente, descendente ou irmão.

(B) ao cônjuge, companheiro, ascendente e descendente, apenas.

(C) ao cônjuge, ascendente, descendente e colateral até o 3º grau.

(D) ao cônjuge, ascendente e descendente, apenas, não havendo ordem entre eles a ser seguida.

(E) ao cônjuge em primeiro lugar e, somente na omissão deste, ao ascendente e descendente, apenas.

Segundo a regra disposta no art. 31 do CPP, na superveniência de morte ou ausência do ofendido, o direito de oferecer queixa ou de prosseguir na ação é transferido às seguintes pessoas, nesta ordem: cônjuge, ascendente, descendente e irmão. Se houver discordância, deve prevalecer a vontade daquele que deseja ajuizar a ação.
Gabarito "A".

As ações penais podem ser classificadas como públicas incondicionadas, públicas condicionadas à representação ou à requisição do Ministro da Justiça ou ação penal privada.

(FGV – 2013) A respeito dessas modalidades, assinale a afirmativa correta.

(A) A representação feita pelo ofendido é retratável até o momento do recebimento da denúncia.

(B) Seja qual for o crime, quando praticado em detrimento do patrimônio ou interesse da União, Estado ou Município, a ação penal será pública.

(C) O direito de representação não possui uma forma predeterminada, podendo ser exercido mediante declaração pessoal do ofendido ou de procurador com poderes gerais, de maneira escrita ou oral, feita ao juiz, ao órgão do Ministério Público ou à autoridade policial.

(D) No caso de morte do ofendido, se a ação penal de natureza privada não for classificada como persona-líssima, o direito de oferecer queixa ou prosseguir na ação passará ao cônjuge, companheiro, ascendentes e descendentes, mas não ao irmão.

(E) O perdão independe de aceitação do querelado, tácita ou expressa.

A: incorreta, na medida em que a *representação* formulada pelo ofendido poderá ser retratada até o *oferecimento* da denúncia (e não até o seu *recebimento*). É o que estabelece o art. 25 do CPP; **B:** correta, pois corresponde à redação do art. 24, § 2º, do CPP; **C:** incorreta. É verdade que a representação, segundo doutrina e jurisprudência pacíficas, não depende de fórmula sacramental prescrita em lei, sendo suficiente que o ofendido manifeste, de forma inequívoca, seu desejo em ver processado seu ofensor. Também é fato que a representação comporta as formas *escrita* e *verbal*, conforme prescreve o art. 39 do CPP, que também estabelece que esta condição de procedibilidade pode ser dirigida ao magistrado, ao promotor ou à autoridade policial. Até aqui, a proposição está correta. Está incorreta, no entanto, quando afirma que a representação poderá ser ofertada por procurador com poderes *gerais*. É que, neste caso, a procuração deve conter poderes *especiais* (art. 39, *caput*, do CPP); **D:** incorreta, pois não corresponde à regra presente no art. 31 do CPP; **E:** incorreta. Sendo ato bilateral, o perdão só gera a extinção da punibilidade se for aceito pelo querelado – art. 51 do CPP e art. 105 do CP.

Gabarito "B".

(FGV – 2013) Com relação ao tema *ação penal*, assinale a afirmativa **incorreta**.

(A) Na ação penal pública vigoram os princípios da indisponibilidade e da oficialidade.

(B) Na ação penal privada a iniciativa incumbe à vítima ou a seu representante legal.

(C) Na ação penal pública condicionada, a representação da vítima e a requisição do Ministro da Justiça têm a natureza jurídica de condição de procedibilidade.

(D) Legitimidade de parte, interesse de agir e possibilidade jurídica do pedido são condições para a propositura de toda ação penal, seja de natureza pública ou privada.

(E) O princípio da indivisibilidade da ação penal não se aplica na ação privada.

A: correta. De fato, a ação penal pública é informada pelos princípios da *indisponibilidade*, segundo o qual é vedado ao seu titular desistir da ação que haja proposto (art. 42, CPP), e *oficialidade*, que estabelece que a persecução deve ser promovida por órgão oficial; **B:** correta, nos termos do art. 30 do CPP; **C:** correta. A representação do ofendido e a requisição do ministro da Justiça, na ação penal pública condicionada, têm natureza jurídica de *condição de procedibilidade*; **D:** correta. De fato, tais condições devem se fazer presentes em todo e qualquer tipo de ação penal. É importante o registro de que, além dessas condições, que são comuns a todas as ações, há algumas modalidades que impõem condições específicas. É o caso da representação no âmbito da ação penal condicionada, necessária ao seu exercício; **E:** incor-reta, devendo ser assinalada. A ação penal de iniciativa privada, por expressa disposição do art. 48 do CPP, submete-se, sim, ao *princípio da indivisibilidade*. Vale uma observação: embora não haja disposição

---

expressa de lei, o *postulado da indivisibilidade* é também aplicável à ação penal pública. No que se refere a esta modalidade de ação, seria inconcebível imaginar que o MP pudesse escolher contra quem iria propor a ação penal. É nesse sentido que incorporamos o postulado da indivisibilidade no âmbito da ação penal pública. Mas o STF não compartilha dessa lógica. Para a nossa Corte Suprema, a indivisibilidade não se aplica à ação penal pública (somente à ação privada). Sustenta o STF que a divisibilidade da ação penal pública reside no fato de o MP ter a liberdade de não ofertar a denúncia contra alguns autores de crime contra os quais ainda não há elementos suficientes e, assim que esses elementos forem reunidos, aditar a denúncia. Assim, a ação deixa de ser indivisível pelo simples fato de a denúncia comportar aditamento posterior (HC 96.700, Rel. Min. Eros Grau, julgamento em 17-3-2009, Segunda Turma, *DJE* de 14-8-2009; no mesmo sentido: HC 93.524, Rel. Min. Cármen Lúcia, julgamento em 19-8-2008, Primeira Turma, *DJE* de 31-10-2008). Com a devida vênia, a indivisibilidade, a nosso ver, consiste na impossibilidade de o membro do MP escolher contra quem a denúncia será oferecida. Se houver elementos, a ação deverá ser promovida contra todos.

Gabarito "E".

4. JURISDIÇÃO E COMPETÊNCIA; CONEXÃO E CONTINÊNCIA

(OAB/Exame XXXIX) Adamastor, Juiz Federal em exercício na Seção Judiciária do Rio de Janeiro, vinculada ao Tribunal Regional Federal da Segunda Região, ajuizou queixa--crime contra o advogado Bráulio, que foi distribuída à 20ª Vara Federal Criminal da Seção Judiciária do Rio de Janeiro.

Nessa queixa-crime, Adamastor imputou a prática do crime de calúnia a Bráulio, pois este teria dito em uma entrevista, dada na cidade de Porto Alegre/RS, que Adamastor recebeu vantagem econômica indevida para beneficiar determinada parte em sentença que prolatou. Após a citação pessoal de Bráulio, este ofereceu resposta à acusação opondo exceção da verdade.

Assinale a opção que indica o órgão jurisdicional competente para o qual deve ser direcionado essa exceção processual.

(A) 20ª Vara Federal Criminal da Seção Judiciária do Rio de Janeiro.

(B) Tribunal Regional Federal da 4ª Região, com sede em Porto Alegre/RS.

(C) Tribunal Regional Federal da 2ª Região, com sede no Rio de Janeiro/RJ.

(D) Tribunal de Justiça do Estado do Rio de Janeiro.

Por força do que dispõe o art. 85 do CPP, a exceção deve ser julgada pelo Tribunal Regional Federal da 2ª Região, com sede no Rio de Janeiro/RJ, ao qual está vinculado o magistrado.

Gabarito "C".

(OAB/Exame XXXVIII) Arthur e sua esposa Aline, residentes no Distrito Federal, decidem viajar em um cruzeiro, partindo de Fortaleza com destino à cidade do Rio de Janeiro e fazendo uma parada em Recife.

Durante passagem pela costa pernambucana, em alto--mar, o casal tem uma discussão e Arthur agride Aline, vindo a ser contido por seguranças do navio e retirado logo na primeira parada. Aline sofreu lesão que a incapacitou para suas atividades habituais por mais de trinta dias, mas que não deixou sequela ou debilidade permanente.

Assinale a opção que indica a autoridade judiciária competente para processar Arthur.

(A) O Juizado Especial Federal da cidade do Rio de Janeiro.

(B) O Juizado Especial de Violência Doméstica e Familiar contra a Mulher do Distrito Federal.

(C) O Juízo Federal de Recife.

(D) A Vara Criminal da Comarca de Fortaleza.

Por se tratar de navio (de grande porte), a competência, neste caso, é da Justiça Federal, por força do que estabelece o art. 109, IX, da CF. Cuidado: segundo entendimento consolidado na jurisprudência, o dispositivo constitucional somente se aplica se se tratar de navio de grande cabotagem ou de grande capacidade de transporte de passageiros, capaz de realizar viagem internacional, como é o caso de um cruzeiro. Ademais disso, dispõe o art. 89 do CPP que *os crimes cometidos em qualquer embarcação nas águas territoriais da República, ou nos rios e lagos fronteiriços, bem como a bordo de embarcações nacionais, em alto-mar, serão processados e julgados pela justiça do primeiro porto brasileiro em que tocar a embarcação, após o crime, ou, quando se afastar do País, pela do último em que houver tocado.* Logo, a competência será da Justiça Federal de Recife, local da primeira parada da embarcação. Na jurisprudência: "1. A Constituição Federal, em seu art. 109, IX, expressamente aponta a competência da Justiça Federal para processar e julgar "os crimes cometidos a bordo de navios ou aeronaves, ressalvada a competência da Justiça Militar". 2. Em razão da imprecisão do termo "navio" utilizado no referido dispositivo constitucional, a doutrina e a jurisprudência construíram o entendimento de que "navio" seria embarcação de grande porte o que, evidentemente, excluiria a competência para processar e julgar crimes cometidos a bordo de outros tipos de embarcações, isto é, aqueles que não tivessem tamanho e autonomia consideráveis que pudessem ser deslocados para águas internacionais. 3. Restringindo-se ainda mais o alcance do termo "navio", previsto no art. 109, IX, da Constituição, a interpretação que se dá ao referido dispositivo deve agregar outro aspecto, a saber, que ela se encontre em situação de deslocamento internacional ou em situação de potencial deslocamento. 4. Os tripulantes do navio que se beneficiavam da utilização de centrais telefônicas clandestinas, para realizar chamadas internacionais, pertenciam a embarcação que estava em trânsito no Porto de Paranaguá, o que caracteriza, sem dúvida, situação de potencial deslocamento. Assim, a competência, vista sob esse viés, é da Justiça Federal. 5. Conflito conhecido para declarar competente o Juízo Federal e Juizado Especial de Paranaguá – SJ/PR." (STJ, CC n. 118.503/PR, relator Ministro Rogerio Schietti Cruz, Terceira Seção, julgado em 22/4/2015, DJe de 28/4/2015).

Gabarito "C".

(OAB/Exame XXXVII) Gregório é defensor público no Estado do Rio de Janeiro, cuja Constituição lhe assegura foro por prerrogativa de função no Tribunal de Justiça local.

Durante o carnaval, na cidade de Salvador/BA, Gregório por acaso se encontra com seu irmão e inimigo capital Sandro em uma rua erma, durante a dispersão de bloco carnavalesco. Gregório então se aproveita da oportunidade para matar Sandro com golpes de espada.

Assinale a opção que indica o foro competente para conhecer e julgar esse crime.

(A) O Tribunal do Júri da Comarca de Salvador/BA.

(B) O Tribunal de Justiça do Estado da Bahia.

(C) O Tribunal do Júri da Comarca do Rio de Janeiro/RJ.

(D) O Tribunal de Justiça do Estado do Rio de Janeiro.

Cabem algumas observações a respeito do foro por prerrogativa de função, considerando mudança de entendimento acerca deste tema

no STF. No dia 3 de maio de 2018, o Plenário do STF, por maioria de votos, decidiu que o foro por prerrogativa de função de que gozam parlamentares federais (senadores e deputados) se aplica tão somente a infrações penais cometidas no exercício do cargo e em razão das funções a ele relacionadas. Tal decisão foi tomada no julgamento de questão de ordem da ação penal 937, cujo relator é o ministro Luís Roberto Barroso. Com isso, se o crime imputado a senador ou deputado federal é cometido antes da diplomação, o julgamento caberá ao juízo de primeira instância; se for cometido no curso do mandado mas nenhuma relação tiver com o seu exercício, o julgamento também caberá ao juiz de primeira instância (por exemplo: homicídio; roubo; embriaguez ao volante); agora, sendo o delito cometido durante o mandato e havendo relação entre ele e o desempenho da função parlamentar (corrupção passiva, por exemplo), o julgamento deverá realizar-se perante o STF. Uma das primeiras questões que surgiu, entre tantas outras, é se este entendimento que restringe o foro por prerrogativa de função se aplica para outras hipóteses de foro privilegiado ou apenas para os deputados federais e senadores. Segundo o STF, em decisão tomada no julgamento do Inq 4703 QO/DF, ocorrido em 12/06/2018 e da relatoria do ministro Luiz Fux, tal restrição imposta ao foro privilegiado vale também para ministros de Estado. O STJ, por sua vez, ao enfrentar a questão, tendo por base a decisão do STF na AP 937, decidiu que a restrição do foro deve alcançar governadores e conselheiros dos Tribunais de Contas estaduais (AP 866 e AP 857). Lembremos que o art. 105, I, "a", da CF/88 estabelece que compete ao STJ julgar os crimes praticados por governadores de Estado e por conselheiros dos Tribunais de Contas dos Estados. O STJ, por meio de seu Pleno, ao julgar, em 21/11/2018, a QO na AP 878, fixou a tese de que o entendimento firmado no STF a respeito da restrição imposta ao foro por prerrogativa de função não se aplica a desembargador, que, ainda que o crime praticado nenhuma relação tenha com o exercício do cargo, deverá ser julgado pelo STJ, ou seja, o precedente do STF não se aplica a todos os casos de foro por prerrogativa de função. Em princípio, este entendimento também seria aplicado no caso narrado no enunciado. Assim, não tendo o crime praticado pelo defensor público qualquer relação com o exercício de seu cargo, o julgamento cabe ao Tribunal do Júri da Comarca de Salvador/BA. Registre-se que o STF, por ocasião do julgamento das Ações Diretas de Inconstitucionalidade (ADIs) 6505, 6507 e 6509, reconheceu a inconstitucionalidade de dispositivos de Constituições Estaduais que atribuíam foro por prerrogativa de função a agentes públicos, entre os quais os defensores públicos.

Gabarito "A".

(OAB/Exame XXXVI) O prefeito do Município de Canto Feliz, juntamente com o juiz estadual e o promotor de justiça, todos da mesma comarca (Art. 77, inciso I, do CPP), cometeu um crime contra a administração pública federal – interesse da União –, delito que não era de menor potencial ofensivo e nem cabia, objetivamente, qualquer medida penal consensual. Todos foram denunciados pelo Ministério Público federal perante a 1ª Vara Criminal da Justiça Federal da correspondente Seção Judiciária.

Recebida a denúncia, a fase probatória da instrução criminal foi encerrada, sendo que o Dr. João dos Anjos, que era advogado em comum aos réus (inexistência de colidência de defesas), faleceu, tendo os acusados constituído um novo advogado para apresentar memoriais (Art. 403, § 3º, do CPP) e prosseguir em suas defesas.

Nessa fase de alegações finais, somente há uma matéria de mérito a ser defendida em relação a todos os réus, que é a negativa de autoria. Todavia, antes de adentrar ao mérito, existe uma questão preliminar processual a ser suscitada, relativa à competência, e consequente arguição de nulidade.

EDUARDO DOMPIERI

Como advogado(a) dos réus, assinale a opção que indica como você fundamentaria a existência dessa nulidade.

(A) O processo é nulo, por ser o juízo relativamente incompetente, aproveitando-se os atos instrutórios. Anulado o processo, este deverá prosseguir para todos a partir da apresentação dos memoriais perante uma das Turmas do Tribunal Regional Federal da respectiva Seção Judiciária, por serem os réus detentores de foro especial por prerrogativa de função junto àquele órgão jurisdicional.

(B) O processo é nulo, por ser o juízo absolutamente incompetente desde o recebimento da denúncia, devendo ser reiniciado para todos a partir deste momento processual perante o Tribunal de Justiça do respectivo Estado da Federação, por serem os réus detentores de foro especial por prerrogativa de função perante aquela Corte estadual de justiça.

(C) O processo é nulo, por ser o juízo relativamente incompetente, aproveitando-se os atos instrutórios. Anulado o processo este deverá prosseguir a partir da apresentação dos memoriais perante o Tribunal de Justiça do respectivo Estado da Federação, por serem todos os réus detentores de foro especial por prerrogativa de função perante aquela Corte estadual de justiça.

(D) O processo é nulo, por ser o juízo absolutamente incompetente. Em relação ao Prefeito do Município de Canto Feliz, o processo deverá ser remetido a uma das Turmas do Tribunal Regional Federal da respectiva Seção Judiciária, sendo reiniciado a partir do recebimento da denúncia. Em relação ao Juiz estadual e ao Promotor de Justiça, há nulidade por vício de incompetência absoluta, com a necessidade de desmembramento do processo, devendo ser reiniciado para ambos a partir do recebimento da denúncia, sendo de competência do Tribunal de Justiça do respectivo Estado da Federação.

No que concerne ao foro por prerrogativa de função, cabem algumas observações, considerando mudança de entendimento acerca deste tema no STF. No dia 3 de maio de 2018, o Plenário do STF, por maioria de votos, decidiu que o foro por prerrogativa de função de que gozam parlamentares federais (senadores e deputados) se aplica tão somente a infrações penais cometidas no exercício do cargo e em razão das funções a ele relacionadas. Tal decisão foi tomada no julgamento de questão de ordem da ação penal 937, cujo relator é o ministro Luís Roberto Barroso. Com isso, se o crime imputado a senador ou deputado federal é cometido antes da diplomação, o julgamento caberá ao juízo de primeira instância; se for cometido no curso do mandato mas nenhuma relação tiver com o seu exercício, o julgamento também caberá ao juiz de primeira instância (por exemplo: homicídio; roubo; embriaguez ao volante); agora, sendo o delito cometido durante o mandato e havendo relação entre ele e o desempenho da função parlamentar (corrupção passiva, por exemplo), o julgamento deverá realizar-se perante o STF. Uma das primeiras questões que surgiu, entre tantas outras, é se este entendimento que restringe o foro por prerrogativa de função se aplica para outras hipóteses de foro privilegiado ou apenas para os deputados federais e senadores. Segundo o STF, em decisão tomada no julgamento do Inq 4703 QO/DF, ocorrido em 12/06/2018 e da relatoria do ministro Luiz Fux, tal restrição imposta ao foro privilegiado vale também para ministros de Estado. O STJ, por sua vez, ao enfrentar a questão, tendo por base a decisão do STF na AP 937, decidiu que a restrição do foro deve alcançar governadores e conselheiros dos Tribunais de Contas estaduais (AP 866 e AP 857). Lembremos que o art. 105, I, "a", da CF/88 estabelece que compete ao STJ julgar os crimes praticados por governadores de Estado e por conselheiros dos Tribunais de Contas dos Estados. No que concerne aos prefeitos, ainda não há consenso. Há tribunais que, em face da nova interpretação conferida pelo STF ao foro por prerrogativa de função, remeteram os processos contra o chefe do executivo municipal para julgamento pela 1ª instância. Mais recentemente, o STJ, por meio de seu Pleno, ao julgar, em 21/11/2018, a QO na AP 878, fixou a tese de que o entendimento firmado no STF a respeito da restrição imposta ao foro por prerrogativa de função não se aplica a desembargador, que, ainda que o crime praticado nenhuma relação tenha com o exercício do cargo, deverá ser julgado pelo STJ, ou seja, o precedente do STF não se aplica a todos os casos de foro por prerrogativa de função. Quanto à competência para o julgamento de prefeito, temos o seguinte: será ele julgado, pela prática de crimes comuns e dolosos contra a vida, pelo Tribunal de Justiça (art. 29, X, da CF); pela prática de crimes da esfera federal, como é o caso narrado no enunciado, o julgamento caberá aos Tribunais Regionais Federais; agora, se se tratar de crimes de responsabilidade, previstos no Dec.-lei 201/1967, o chefe do executivo municipal será submetido a julgamento pelo Poder Legislativo local. Nesse sentido: Súmula 702, STF: "A competência do Tribunal de Justiça para julgar prefeitos restringe-se aos crimes de competência da Justiça comum estadual; nos demais casos, a competência originária caberá ao respectivo tribunal de segundo grau". Dessa forma, no que toca ao prefeito do Município de Canto Feliz, o processo deverá ser remetido a uma das Turmas do Tribunal Regional Federal da respectiva Seção Judiciária, sendo reiniciado a partir do recebimento da denúncia. Já o magistrado e o membro do MP deverão ser julgados pelo Tribunal ao qual estão vinculados, sendo irrelevante a natureza do crime que cometerem bem como o lugar em que se deu a infração penal. Por isso, se um juiz estadual ou um promotor de Justiça cometer um delito de competência da Justiça Federal, deverão ser processados perante do Tribunal de Justiça do estado em que atuam.

Gabarito "D".

(OAB/Exame XXXV) Tendo sido admitido a cursar uma universidade nos Estados Unidos da América (EUA), cuja apresentação deveria ocorrer em 05 (cinco) dias, Lucas verificou que o seu passaporte brasileiro estava vencido e entrou em contato com Bento, na cidade de Algarve, no Estado do Paraná, o qual lhe entregaria um passaporte feito pelo mesmo, idêntico ao expedido pelas autoridades brasileiras.

Lucas fez a transferência da quantia de R$ 5.000,00 (cinco mil reais) para a conta-corrente de Bento numa agência bancária situada na cidade de Vigo (PR). Confirmado o depósito, Lucas se encontrou com Bento no interior de um hospital federal, onde o primeiro aguardava uma consulta, na cidade de Antonésia (PR).

Já no aeroporto de São Paulo, Lucas apresentou às autoridades brasileiras o passaporte feito por Bento, oportunidade em que a polícia federal constatou que o mesmo era falso.

Lucas foi preso em flagrante delito. O Ministério Público do Estado de São Paulo ofereceu denúncia contra Lucas pelo crime de uso de documento falso, a qual foi recebida pelo juízo da 48ª Vara Criminal da Comarca da Capital (SP), oportunidade em que foi posto em liberdade, sendo-lhe impostas duas medidas cautelares diversas da prisão.

O advogado de Lucas foi intimado para apresentar resposta à acusação, oportunidade em que se insurgiu contra a incompetência absoluta do juízo da 48ª Vara Criminal da Comarca da Capital (SP).

15. DIREITO PROCESSUAL PENAL — 1007

Assinale a opção que indica a peça processual em que o advogado de Lucas deverá arguir a relatada incompetência.

(A) Exceção de incompetência, por entender que o juízo natural seria uma das Varas Criminais da Comarca de Vigo (PR), onde se consumou o crime imputado, haja vista que a compra do passaporte se aperfeiçoou na cidade em que Bento possuía conta bancária e recebeu a quantia de R$ 5.000,00 (cinco mil reais).

(B) Na própria resposta à acusação, sustentando que o juízo natural seria uma das Varas Criminais da Comarca de Algarve (PR), onde o passaporte falso foi confeccionado.

(C) Na própria resposta à acusação, por entender que o juízo natural seria uma das Varas Criminais Federais da Seção Judiciária do Estado do Paraná, em razão de Bento ter entregue o passaporte falsificado no interior de um hospital federal na cidade de Antonésia (PR), onde Lucas aguardava uma consulta.

(D) Exceção de incompetência, por entender que o juízo natural seria uma das Varas Criminais Federais da Seção Judiciária do Estado de São Paulo, em razão de Lucas ter tentado embarcar para os EUA manuseando o passaporte falso confeccionado por Bento.

O crime de uso de documento falso, capitulado no art. 304 do CP e pelo qual Lucas está sendo processado, foi cometido no exato instante em que este apresentou às autoridades brasileiras o passaporte confeccionado por Bento. Considerando que o passaporte falso foi apresentado a autoridades brasileiras, é de rigor o reconhecimento da competência da Justiça Federal para processar e julgar o caso, nos termos do entendimento sedimentado por meio da Súmula 546, do STJ: "A competência para processar e julgar o crime de uso de documento falso é firmada em razão da entidade ou órgão ao qual foi apresentado o documento público, não importando a qualificação do órgão expedidor". Ou seja, pouco importa, aqui, o fato de o órgão expedidor do documento falso ser estadual ou federal, por exemplo. O critério a ser utilizado para o fim de determinar a Justiça competente é o da entidade ou órgão ao qual o documento foi apresentado. Ainda, nos termos da Súmula 200, do STJ, "O Juízo Federal competente para processar e julgar acusado de crime de uso de passaporte falso é o do lugar onde o delito se consumou". Assim sendo, deverá o patrono de Lucas arguir exceção de incompetência, na medida em que o juízo natural para o julgamento do processo é uma das Varas Criminais Federais da Seção Judiciária do Estado de São Paulo, em razão de Lucas ter tentado embarcar para os EUA manuseando o passaporte falso confeccionado por Bento.
Gabarito "D".

(OAB/Exame Unificado – 2020.2) Caio praticou um crime de furto (Art. 155 – pena: reclusão, de 1 a 4 anos, e multa) no interior da sede da Caixa Econômica Federal, empresa pública, em Vitória (ES), ocasião em que subtraiu dinheiro e diversos bens públicos. Ao sair do estabelecimento, para assegurar a fuga, subtraiu, mediante grave ameaça, o carro da vítima, Cláudia (Art. 157 – pena: reclusão, de 4 a 10 anos, e multa). Houve perseguição policial, somente vindo Caio a ser preso na cidade de Cariacica, onde foi encontrado em seu poder um celular produto de crime anterior (Art. 180 – pena: reclusão, de 1 a 4 anos, e multa).

Considerando a conexão existente entre os crimes de furto simples, roubo simples e receptação, bem como a jurisprudência dos Tribunais Superiores, assinale a opção que indica a Vara Criminal competente para o julgamento de Caio.

(A) A Justiça Estadual, em relação aos três crimes, sendo competente, territorialmente, a comarca de Vitória.

(B) A Justiça Estadual, em relação aos três crimes, sendo competente, territorialmente, a comarca de Cariacica.

(C) A Justiça Federal, em relação ao crime de furto, e a Vara Criminal de Vitória, da Justiça Estadual, no que tange aos crimes de roubo e receptação.

(D) A Justiça Federal, em relação a todos os delitos.

É inconteste que o crime de furto praticado por Caio é da competência da 'Justiça Federal, uma vez que cometido em detrimento de agência da Caixa Econômica Federal, que é empresa pública federal, conforme dispõe o art. 109, IV, da CF. Sucede que, ao deixar o estabelecimento, Caio, para assegurar sua fuga, subtraiu, mediante grave ameaça, o carro da vítima Cláudia. Ou seja, Caio cometeu um crime de roubo, cuja competência para o respectivo julgamento cabe à Justiça Comum estadual. Ato contínuo, houve perseguição policial, após o que veio Caio a ser preso em flagrante na cidade de Cariacica, onde foi encontrado em seu poder um celular produto de crime anterior, incorrendo o agente no crime de receptação (art. 180, CP), delito este, em princípio, também da competência da Justiça Estadual. Sucede que, diante da conexão existente entre esses três delitos, tendo em vista a força atrativa da Justiça Federal em face da Estadual, o julgamento de todos caberá àquela (Justiça Federal). É esse o entendimento sedimentado na Súmula 122 do STJ: *Compete à Justiça Federal o processo e julgamento unificado dos crimes conexos de competência federal e estadual, não se aplicando a regra do art. 78, II, a, do Código de Processo Penal.*
Gabarito "D".

(OAB/Exame Unificado – 2020.1) Durante longa investigação, o Ministério Público identificou que determinado senador seria autor de um crime de concussão no exercício do mandato, que teria sido praticado após sua diplomação. Com o indiciamento, o senador foi intimado a, se fosse de sua vontade, prestar esclarecimentos sobre os fatos no procedimento investigatório. Preocupado com as consequências, o senador procurou seu advogado para esclarecimentos.

Considerando apenas as informações narradas e com base nas previsões constitucionais, o advogado deverá esclarecer que

(A) o Ministério Público não poderá oferecer denúncia em face do senador sem autorização da Casa Legislativa, pois a Constituição prevê imunidade de natureza formal aos parlamentares.

(B) a denúncia poderá ser oferecida e recebida, assim como a ação penal ter regular prosseguimento, independentemente de autorização da Casa Legislativa, que não poderá determinar a suspensão do processo, considerando que o crime imputado é comum, e não de responsabilidade.

(C) a denúncia não poderá ser recebida pelo Poder Judiciário sem autorização da Casa Legislativa, em razão da imunidade material prevista na Constituição, apesar de poder ser oferecida pelo Ministério Público independentemente de tal autorização.

(D) a denúncia poderá ser oferecida e recebida independentemente de autorização parlamentar, mas deverá ser dada ciência à Casa Legislativa respectiva, que poderá, seguidas as exigências, até a decisão final, sustar o andamento da ação.

A solução desta questão deve ser extraída do art. 53, § 3º, da CF: "Recebida a denúncia contra Senador ou Deputado, por crime ocorrido após a diplomação, o Supremo Tribunal Federal dará ciência à Casa respectiva, que, por iniciativa de partido político nela representado e pelo voto da maioria de seus membros, poderá, até a decisão final, sustar o andamento da ação".

Gabarito "D".

(OAB/Exame Unificado – 2019.3) Carlos, advogado, em conversa com seus amigos, na cidade de Campinas, afirmou, categoricamente, que o desembargador Tício exigiu R$ 50.000,00 para proferir voto favorável para determinada parte em processo criminal de grande repercussão, na Comarca em que atuava.

Ao tomar conhecimento dos fatos, já que uma das pessoas que participavam da conversa era amiga do filho de Tício, o desembargador apresentou queixa-crime, imputando a Carlos o crime de calúnia majorada (Art. 138 c/c. o Art. 141, inciso II, ambos do CP. *Pena: 06 meses a 2 anos e multa, aumentada de 1/3*). Convicto de que sua afirmativa seria verdadeira, Carlos pretende apresentar exceção da verdade, com a intenção de demonstrar que Tício realmente havia realizado a conduta por ele mencionada. Procura, então, seu advogado, para adoção das medidas cabíveis.

Com base apenas nas informações narradas, o advogado de Carlos deverá esclarecer que, para julgamento da exceção da verdade, será competente

(A) a Vara Criminal da Comarca de Campinas, órgão competente para apreciar a queixa-crime apresentada.

(B) o Juizado Especial Criminal da Comarca de Campinas, órgão competente para apreciar a queixa-crime apresentada.

(C) o Tribunal de Justiça do Estado de São Paulo, apesar de não ser o órgão competente para apreciar a queixa-crime apresentada.

(D) o Superior Tribunal de Justiça, apesar de não ser o órgão competente para apreciar a queixa-crime apresentada.

Dentre os crimes contra a honra (injúria, calúnia e difamação), somente admitem a exceção da verdade a calúnia e a difamação, esta somente na hipótese de o ofendido ser funcionário público e a ofensa ser relativa ao exercício de suas funções (art. 139, parágrafo único, CP). Exceção da verdade nada mais é do que uma forma de defesa indireta, em que aquele ao qual se atribui a prática do crime de calúnia (ou difamação) pretende provar a veracidade da imputação. No contexto da exceção da verdade, o art. 85 do CPP estabelece que, nos crimes contra a honra que comportam a exceção da verdade (calúnia e difamação), caso esta seja oposta em face de querelante que detenha foro por prerrogativa de função, como é o caso do enunciado, o julgamento da exceção caberá ao Tribunal, neste caso, por se tratar de desembargador, ao Superior Tribunal de Justiça. Prevalece o entendimento, tanto na doutrina quanto na jurisprudência, no sentido de que somente é admitida a exceção da verdade, com gozo de prerrogativa de função, na calúnia.

Gabarito "D".

(OAB/Exame Unificado - 2019.2) Anderson, Cláudio e Jorge arquitetam um plano para praticar crime contra a agência de um banco, empresa pública federal, onde Jorge trabalhava como segurança. Encerrado o expediente, em 03/12/2017, Jorge permite a entrada de Anderson e Cláudio no estabelecimento e, em conjunto, destroem um dos cofres da agência e subtraem todo o dinheiro que estava em seu interior.

Após a subtração do dinheiro, os agentes roubam o carro de Júlia, que trafegava pelo local, e fogem, sendo, porém, presos dias depois, em decorrência da investigação realizada.

Considerando que a conduta dos agentes configura os crimes de furto qualificado (pena: 2 a 8 anos e multa) e roubo majorado (pena: 4 a 10 anos e multa, com causa de aumento de 1/3 até metade), praticados em conexão, após solicitação de esclarecimentos pelos envolvidos, o(a) advogado(a) deverá informar que

(A) a Justiça Federal será competente para julgamento de ambos os delitos conexos.

(B) a Justiça Estadual será competente para julgamento de ambos os delitos conexos.

(C) a Justiça Federal será competente para julgamento do crime de furto qualificado e a Justiça Estadual, para julgamento do crime de roubo majorado, havendo separação dos processos.

(D) tanto a Justiça Estadual quanto a Federal serão competentes, considerando que não há relação de especialidade entre estas, prevalecendo o critério da prevenção.

Não há dúvida de que o crime de furto qualificado praticado por Anderson, Cláudio e Jorge é da competência da Justiça Federal, já que cometido em detrimento de empresa pública federal (art. 109 da CF). Ocorre que, ao deixarem a agência bancária, logo em seguida ao cometimento do furto, os agentes efetuaram um roubo de veículo, que lhes serviu de fuga, tendo como vítima Júlia, crime este conexo com o furto contra a agência bancária. Em princípio, a competência para o julgamento do roubo seria da Justiça Estadual. Sucede que, diante da conexão existente entre esses dois delitos, tendo em vista a força atrativa da Justiça Federal em face da Estadual, o julgamento de ambos os crimes caberá àquela (Justiça Federal). É esse o entendimento sedimentado na Súmula 122 do STJ: *Compete à Justiça Federal o processo e julgamento unificado dos crimes conexos de competência federal e estadual, não se aplicando a regra do art. 78, II, a, do Código de Processo Penal.*

Gabarito "A".

(OAB/Exame Unificado - 2019.1) Jucilei foi preso em flagrante quando praticava crime de estelionato (Art. 171 do CP), em desfavor da Petrobras, sociedade de economia mista federal. De acordo com os elementos informativos, a fraude teria sido realizada na cidade de Angra dos Reis, enquanto a obtenção da vantagem ilícita ocorreu na cidade do Rio de Janeiro, sendo Jucilei preso logo em seguida, mas já na cidade de Niterói.

Ainda em sede policial, Jucilei entrou em contato com seu(sua) advogado(a), que compareceu à Delegacia para acompanhar seu cliente, que seria imediatamente encaminhado para a realização de audiência de custódia perante autoridade judicial.

Considerando as informações narradas, o(a) advogado(a) deverá esclarecer ao seu cliente que será competente para processamento e julgamento de eventual ação penal pela prática do crime do Art. 171 do Código Penal, o juízo junto à

(A) Vara Criminal Estadual da Comarca do Rio de Janeiro.

(B) Vara Criminal Estadual da Comarca de Angra dos Reis.

(C) Vara Criminal Federal com competência sobre a cidade do Rio de Janeiro.

15. DIREITO PROCESSUAL PENAL **1009**

(D) Vara Criminal Federal com competência sobre a cidade de Angra dos Reis.

Há, no caso narrado no enunciado, dois pontos a abordar. O primeiro deles diz respeito ao local em que se deu a consumação do crime narrado no enunciado. Em conformidade como art. 70, *caput*, do CPP, a competência será determinada pelo lugar em que se consumar a infração penal. Pois bem. Na hipótese descrita no enunciado, temos que a fraude empregada para o cometimento do crime de estelionato teria sido realizada na cidade de Angra dos Reis-RJ, e a vantagem indevida sido obtida na cidade do Rio de Janeiro-RJ. Posteriormente, segundo ainda consta, a prisão em flagrante teria ocorrido na cidade de Niterói-RJ. Pela leitura do tipo penal do art. 171 do CP, forçoso concluir que a consumação do crime de estelionato, que é classificado como material, é alcançada com a efetiva obtenção da vantagem indevida pelo agente. Temos, então, que o crime descrito no enunciado consumou--se na comarca do Rio de Janeiro-RJ, na medida em que ali o agente auferiu a vantagem indevida, sendo este, portanto, o foro competente para o processamento e julgamento do feito. Resta agora estabelecer – e esse é o segundo ponto a ser abordado – se o julgamento deve se dar pela Justiça Federal ou Estadual, levando-se em conta que o crime foi praticado contra a Petrobras, sociedade de economia mista federal. A solução deve ser extraída da Súmula 42 do STJ: "Compete à Justiça comum estadual processar e julgar as causas cíveis em que é parte sociedade de economia mista e os crimes praticados em seu detrimento". Ou seja, a competência será da Vara Criminal Estadual da Comarca do Rio de Janeiro.

Gabarito "A".

(OAB/Exame Unificado – 2018.2) Maria recebe ligação de duas delegacias diferentes, informando a prisão em flagrante de seus dois filhos. Após contatar seu advogado, Maria foi informada de que Caio, seu filho mais velho, praticou, em Niterói, um crime de lesão corporal grave consumado, mas somente veio a ser preso no Rio de Janeiro. Soube, ainda, que Bruno, seu filho mais novo, foi preso por praticar um crime de roubo simples (pena: 04 a 10 anos de reclusão e multa) em Niterói e um crime de extorsão majorada (pena: 04 a 10 anos de reclusão, aumentada de 1/3 a 1/2, e multa) em São Gonçalo, sendo certo que a prova do roubo influenciaria na prova da extorsão, já que o carro subtraído no roubo foi utilizado quando da prática do segundo delito.

Considerando apenas as informações constantes do enunciado, o advogado de Maria deverá esclarecer que o(s) juízo(s) competente(s) para julgar Caio e Bruno será(ão),

(A) Niterói, nos dois casos, sendo que, entre os crimes de roubo e extorsão, há, de acordo com o Código de Processo Penal, continência.

(B) Niterói, nos dois casos, sendo que, entre os crimes de roubo e extorsão, há, de acordo com o Código de Processo Penal, conexão.

(C) Rio de Janeiro e São Gonçalo, respectivamente, sendo que, entre os crimes de roubo e extorsão, há, de acordo com o Código de Processo Penal, continência.

(D) Niterói e São Gonçalo, respectivamente, sendo que, entre os crimes de roubo e extorsão, há, de acordo com o Código de Processo Penal, conexão.

Pelo que consta do enunciado, os crimes imputados aos filhos de Maria não têm relação entre si. Apenas coincidiu de terem sido praticados na mesma data. Analisemos, portanto, em separado, cada um deles. No caso de Caio, o delito que cometeu, lesão corporal de natureza grave, consumou-se na comarca de Niterói. Apenas a prisão foi efetiva, por razões não informadas, na comarca do Rio de

Janeiro. É certo que o auto de prisão em flagrante, neste caso, deve ser lavrado pela autoridade policial com circunscrição na cidade do Rio de Janeiro, à qual o conduzido foi apresentado, tal como estabelece o art. 290 do CPP. Entretanto, a competência para o processamento e julgamento caberá ao juízo de direito da comarca de Niterói, local em que o crime se consumou. É o que estabelece a regra de competência contida no art. 70, *caput*, do CPP, que acolheu a teoria do resultado. Já com relação a Bruno, considerando que foram praticados, em conexão, dois delitos diversos, o juízo competente será o do local no qual foi cometido o delito mais grave, que, no caso, é o de extorsão. A competência, portanto, é do juízo de direito da comarca de São Gonçalo, na forma do art. 78, II, *a*, CPP.

Gabarito "D".

(OAB/Exame Unificado – 2017.3) Na cidade de Angra dos Reis, Sérgio encontra um documento adulterado (logo, falso), que, originariamente, fora expedido por órgão estadual. Valendo-se de tal documento, comparece a uma agência da Caixa Econômica Federal localizada na cidade do Rio de Janeiro e apresenta o documento falso ao gerente do estabelecimento.

Desconfiando da veracidade da documentação, o gerente do estabelecimento bancário chama a Polícia, e Sérgio é preso em flagrante, sendo denunciado pela prática do crime de uso de documento falso (Art. 304 do Código Penal) perante uma das Varas Criminais da Justiça Estadual da cidade do Rio de Janeiro.

Considerando as informações narradas, de acordo com a jurisprudência do Superior Tribunal de Justiça, o advogado de Sérgio deverá

(A) alegar a incompetência, pois a Justiça Federal será competente, devendo ser considerada a cidade de Angra dos Reis para definir o critério territorial.

(B) alegar a incompetência, pois a Justiça Federal será competente, devendo ser considerada a cidade do Rio de Janeiro para definir o critério territorial.

(C) alegar a incompetência, pois, apesar de a Justiça Estadual ser competente, deverá ser considerada a cidade de Angra dos Reis para definir o critério territorial.

(D) reconhecer a competência do juízo perante o qual foi apresentada a denúncia.

A solução desta questão deve ser extraída da Súmula 546, do STJ: "A competência para processar e julgar o crime de uso de documento falso é firmada em razão da entidade ou órgão ao qual foi apresentado o documento público, não importando a qualificação do órgão expedidor". Ou seja, pouco importa, aqui, o fato de o órgão expedidor do documento falso ser estadual. O critério a ser utilizado para o fim de determinar a Justiça competente é o da entidade ou órgão ao qual o documento foi apresentado, que, no caso retratado no enunciado, é a Caixa Econômica Federal, que constitui empresa pública da União. Assim, o processamento e o julgamento caberão à Justiça Federal do Rio de Janeiro (art. 109, IV, da CF), cidade na qual o documento adulterado foi apresentado.

Gabarito "B".

(OAB/Exame Unificado – 2015.3) Estando preso e cumprindo pena na cidade de Campos, interior do estado do Rio de Janeiro, Paulo efetua ligação telefônica para a casa de Maria, localizada na cidade de Niterói, no mesmo Estado, anunciando o falso sequestro do filho desta e exigindo o depósito da quantia de R$ 2.000,00 (dois mil reais), a ser efetuado em conta bancária na cidade do Rio de Janeiro. Maria, atemorizada, efetua a transferência do respectivo valor, no mesmo dia, de sua conta corrente de uma agência bancária situada em São Gonçalo.

Descoberto o fato e denunciado pelo crime de extorsão, assinale a opção que indica o juízo competente para o julgamento.

(A) Vara Criminal de Campos.

(B) Vara Criminal de Niterói.

(C) Vara Criminal de São Gonçalo.

(D) Vara Criminal do Rio de Janeiro.

A competência, a teor do art. 70 do CPP, firmar-se-á, em regra, em razão do lugar em que o crime se consumar. No caso retratado no enunciado, o delito de extorsão, sendo formal, consumou-se no local em que a vítima, neste caso Maria, foi constrangida, mediante grave ameaça, a efetuar o depósito exigido por Paulo. Sendo a extorsão crime formal (Súmula 96, STJ), pouco importa, para a sua consumação, se o agente auferiu a vantagem por ele perseguida. Dessa forma, será competente o foro do local em que se deu a consumação, que é a Vara Criminal de Niterói, lugar em que Maria foi constrangida por Paulo a efetuar o depósito bancário.

Gabarito "B".

(OAB/Exame Unificado – 2015.2) Durante 35 anos, Ricardo exerceu a função de juiz de direito junto ao Tribunal de Justiça de Minas Gerais. Contudo, no ano de 2012, decidiu se aposentar e passou a morar em Florianópolis, Santa Catarina. No dia 22.01.2015, travou uma discussão com seu vizinho e acabou por ser autor de um crime de lesão corporal seguida de morte, consumado na cidade em que reside. Oferecida a denúncia, de acordo com a jurisprudência majoritária dos Tribunais Superiores, será competente para julgar Ricardo

(A) o Tribunal de Justiça do Estado de Minas Gerais.

(B) uma das Varas Criminais de Florianópolis.

(C) o Tribunal de Justiça de Santa Catarina.

(D) o Tribunal do Júri de Florianópolis.

A teor da Súmula n. 451, do STF, a competência por prerrogativa de função não deve ter incidência depois de cessado o exercício funcional. No caso narrado no enunciado, o juiz de direito, porque aposentado ao tempo em que praticou o crime acima narrado, não mais faz jus a ser julgado pelo Tribunal de Justiça do Estado em que era magistrado, seu juízo natural somente se ainda não tivesse aposentado. Nunca é demais lembrar que a Súmula n. 394, do STF, que assegurava à autoridade a prerrogativa de foro mesmo depois de cessado o exercício de cargo ou mandato, foi cancelada pelo Pleno do próprio tribunal. Conferir, a esse respeito, a seguinte ementa, que, embora se refira a membro do MP, tem aplicação no âmbito da magistratura: "HABEAS CORPUS LIBERATÓRIO. TORTURA CONTRA CRIANÇA EM CONTINUIDADE DELITIVA. PROCURADORA DE JUSTIÇA APOSENTADA. INEXISTÊNCIA DE PRIVILÉGIO DE FORO. SÚMULA 451/STF. COMPETÊNCIA DO JUIZ CRIMINAL E NÃO DO JUIZADO ESPECIAL DE VIOLÊNCIA DOMÉSTICA E FAMILIAR CONTRA A MULHER. CRIME COMETIDO EM RAZÃO DA CONDIÇÃO DE CRIANÇA DA VÍTIMA. PEDIDO DE LIBERDADE PROVISÓRIA PREJUDICADO. SUPERVENIÊNCIA DA SENTENÇA E DO ACÓRDÃO CONFIRMATÓRIO DA CONDENAÇÃO. NOVOS TÍTULOS APTOS A SUSTENTAR A CUSTÓDIA, CUJOS FUNDAMENTOS NÃO FORAM IMPUGNADOS NA INICIAL. PRECEDENTES DA 3A. SEÇÃO DESTA CORTE. PARECER DO MPF PELA DENEGAÇÃO DA ORDEM. HC PARCIALMENTE CONHECIDO E, NESSA EXTENSÃO, DENEGADA A ORDEM. 1. A competência especial por prerrogativa de função não se estende ao crime cometido após a cessação definitiva do exercício funcional. Súmula 451/STF. 2. Ressai dos fatos narrados na denúncia que a paciente tinha a guarda provisória e precária da vítima e a submeteu a intolerável e intenso sofrimento psicológico e físico ao praticar,

em continuidade delitiva, diversas agressões verbais e violência física, de forma a caracterizar o crime de tortura descrito no art. 1º, inciso II, combinado com o § 4º, inciso II da Lei 9.455/1997. 3. O fato de a menor agredida ser do sexo feminino não possui qualquer influência na delito praticado pela paciente, pois foi a condição de criança que levou a acusada a praticá-lo. Caso a vítima fosse homem, a conduta não deixaria de existir, pois o fundamental para a acusada era a incapacidade de resistência da vítima diante das agressões físicas e mentais praticadas. Destarte, se o delito não tem razão no fato de a vítima ser do gênero mulher, não há falar em competência do Juizado Especial de Violência Doméstica e Familiar. 4. Ao que se tem das informações colhidas no endereço eletrônico do TJRJ, foi proferida a sentença condenatória e julgado o recurso de Apelação defensivo. Nesses casos, esta Corte tem entendido pela prejudicialidade da análise do decreto prisional, uma vez que há novos títulos a amparar a custódia cautelar, cujos fundamentos se desconhece e não foram impugnados na inicial deste HC. 5. Parecer do MPF pela denegação da ordem. 6. HC parcialmente conhecido e, nessa extensão, denegada a ordem" (HC 172.784/RJ, Rel. Ministro NAPOLEÃO NUNES MAIA FILHO, QUINTA TURMA, julgado em 03.02.2011, DJe 21.02.2011).

Gabarito "B".

(OAB/Exame Unificado – 2015.1) Juan da Silva foi autor de uma contravenção penal, em detrimento dos interesses da Caixa Econômica Federal, empresa pública. Praticou, ainda, outra contravenção em conexão, dessa vez em detrimento dos bens do Banco do Brasil, sociedade de economia mista.

Dessa forma, para julgá-lo será competente

(A) a Justiça Estadual, pelas duas infrações.

(B) a Justiça Federal, no caso da contravenção praticada em detrimento da Caixa Econômica Federal, e Justiça Estadual, no caso da infração em detrimento do Banco do Brasil.

(C) a Justiça Federal, pelas duas infrações.

(D) a Justiça Federal, no caso de contravenção praticada em detrimento do Banco do Brasil, e Justiça Estadual pela infração em detrimento da Caixa Econômica Federal.

A assertiva a ser assinalada como correta é a "A", dado que o art. 109, IV, primeira parte, da CF afasta a competência da Justiça Federal para o processamento e julgamento das contravenções penais, mesmo que praticadas em detrimento de bens, serviços ou interesse da União ou de suas entidades autárquicas ou empresas públicas. Nesse sentido a Súmula 38, STJ: "Compete à Justiça Estadual Comum, na vigência da Constituição de 1988, o processo por contravenção penal, ainda que praticada em detrimento de bens, serviços ou interesse da União ou de suas entidades".

Gabarito "A".

(OAB/Exame Unificado – 2014.1) Carolina, voltando do Paraguai com diversas mercadorias que configurariam o crime de contrabando, entra no país pela cidade de Foz do Iguaçu (PR). Em lá chegando, compra uma passagem de ônibus para a cidade de São Paulo e segue, posteriormente, para o Rio de Janeiro, sua cidade natal, quando é surpreendida por policiais federais que participavam de uma operação de rotina na rodoviária. Os policiais, então, apreendem as mercadorias e conduzem Carolina à Delegacia Policial.

Na hipótese, assinale a alternativa que indica o órgão competente para proceder ao julgamento de Carolina.

(A) A Justiça Federal de Foz de Iguaçu.

(B) A Justiça Federal do Rio de Janeiro.

(C) A Justiça Federal de São Paulo.

15. DIREITO PROCESSUAL PENAL   1011

(D) Qualquer das anteriores, independentemente da regra da prevenção.

A competência, no caso narrado no enunciado, é da Justiça Federal do Rio de Janeiro. É este o entendimento sufragado na Súmula n. 151 do STJ: "A competência para o processo e julgamento por crime de contrabando ou descaminho define-se pela prevenção do Juízo Federal do lugar da apreensão dos bens".
Gabarito "B".

(OAB/Exame Unificado – 2012.3.B) Maria está sendo processada por crime de tráfico de entorpecente em conexão com o homicídio qualificado. Na fase própria, o Juiz decidiu por impronunciar a ré, restando apenas o crime remanescente para julgamento. Transcorrido o prazo para eventual recurso da decisão que impronunciou a ré, o órgão competente para julgamento do crime remanescente será

(A) o Tribunal do Júri.

(B) o Tribunal de Justiça.

(C) a Vara Criminal.

(D) o Tribunal Regional Federal

Se o réu for impronunciado pelo crime contra a vida, cabe o magistrado, na hipótese de haver conexão deste com crime de competência do juízo comum, a este remeter os autos para julgamento. Nesse sentido, conferir: "Verificada a impronúncia do réu, denunciado pela prática de crime doloso contra a vida, cumpre ao juiz aguardar a preclusão para remeter os autos ao juízo competente para o julgamento do crime contra o patrimônio, a ele conexo" (TJDF, Recurso em sentido estrito n. 20.000.510.024.613, 2ª T., rel. Des. Getulio Pinheiro, DJU 27.02.2002).
Gabarito "C".

(OAB/Exame Unificado – 2012.2) Paulo reside na cidade "Y" e lá resolveu falsificar seu passaporte. Após a falsificação, pegou sua moto e viajou até a cidade "Z", com o intuito de chegar ao Paraguai. Passou pela cidade "W" e pela cidade "K", onde foi parado pela Polícia Militar. Paulo se identificou ao policial usando o documento falsificado e este, percebendo a fraude, encaminhou Paulo à delegacia. O *Parquet* denunciou Paulo pela prática do crime de uso de documento falso. Assinale a afirmativa que indica o órgão competente para julgamento.

(A) Justiça Estadual da cidade "Y".

(B) Justiça Federal da cidade "K".

(C) Justiça Federal da cidade "Y".

(D) Justiça Estadual da cidade "K".

Em resumo, Paulo falsificou documento público na cidade "Y" e, depois de passar por diversas cidades, fez uso do documento que falsificou na cidade "K". Se considerarmos que o crime de falsificação do passaporte constitui meio para a prática do crime-fim, que é o uso desse documento, o foro competente para o processamento e julgamento deve ser estabelecido em razão do lugar em que o crime de uso se consumou (art. 70 do CPP), que é, neste caso, a cidade "K", onde se deu o efetivo uso do passaporte. A competência é da Justiça Federal. Súmula n. 200 do STJ: "O Juízo Federal competente para processar e julgar acusado de crime de uso de passaporte falso é o do lugar onde o delito se consumou".
Gabarito "B".

(OAB/Exame Unificado – 2011.3.B) Em relação à conexão intersubjetiva por simultaneidade, assinale a alternativa correta.

(A) Ocorre quando duas ou mais pessoas forem acusadas pela mesma infração.

(B) Ocorre quando duas ou mais infrações são praticadas, por várias pessoas, umas contra as outras.

(C) Ocorre quando duas ou mais infrações são praticadas, ao mesmo tempo, por várias pessoas reunidas.

(D) Ocorre quando a prova de uma infração influir na prova de outra infração.

Art. 76, I, primeira parte, do CPP: "se, ocorrendo duas ou mais infrações penais, houverem sido praticadas, ao mesmo tempo, por várias pessoas reunidas (...)". Exemplo sempre lembrado pela doutrina é aquele em que diversos torcedores, que não se conhecem, invadem o campo para agredir os jogadores e o árbitro.
Gabarito "C".

(OAB/Exame Unificado – 2011.3.A) A Constituição do Estado X estabeleceu foro por prerrogativa de função aos prefeitos de todos os seus Municípios, estabelecendo que "os prefeitos serão julgados pelo Tribunal de Justiça". José, Prefeito do Município Y, pertencente ao Estado X, está sendo acusado da prática de corrupção ativa em face de um policial rodoviário federal.

Com base na situação acima, o órgão competente para o julgamento de José é

(A) a Justiça Estadual de 1ª Instância.

(B) o Tribunal de Justiça.

(C) o Tribunal Regional Federal.

(D) a Justiça Federal de 1ª Instância.

A solução desta questão deve ser extraída da Súmula n. 702, STF: "A competência do Tribunal de Justiça para julgar prefeitos restringe-se aos crimes de competência da Justiça comum estadual; nos demais casos, a competência originária caberá ao respectivo tribunal de segundo grau". No que concerne ao foro por prerrogativa de função, cabem algumas observações, considerando mudança de entendimento acerca deste tema no STF. No dia 3 de maio de 2018, o Plenário do STF, por maioria de votos, decidiu que o foro por prerrogativa de função de que gozam parlamentares federais (senadores e deputados) se aplica tão somente a infrações penais cometidas no exercício do cargo e em razão das funções a ele relacionadas. Tal decisão foi tomada no julgamento de questão de ordem da ação penal 937, cujo relator é o ministro Luís Roberto Barroso. Com isso, se o crime imputado a senador ou deputado federal é cometido antes da diplomação, o julgamento caberá ao juízo de primeira instância; se for cometido no curso do mandado mas nenhuma relação tiver com o seu exercício, o julgamento também caberá ao juiz de primeira instância (por exemplo: homicídio; roubo; embriaguez ao volante); agora, sendo o delito cometido durante o mandato e havendo relação entre ele e o desempenho da função parlamentar (corrupção passiva, por exemplo), o julgamento deverá realizar-se perante o STF. Uma das primeiras questões que surgiu, entre tantas outras, é se este entendimento que restringe o foro por prerrogativa de função se aplica para outras hipóteses de foro privilegiado ou apenas para os deputados federais e senadores. Segundo o STF, em decisão tomada no julgamento do Inq 4703 QO/DF, ocorrido em 12/06/2018 e da relatoria do ministro Luiz Fux, tal restrição imposta ao foro privilegiado vale também para ministros de Estado. O STJ, por sua vez, ao enfrentar a questão, tendo por base a decisão do STF na AP 937, decidiu que a restrição do foro deve alcançar governadores e conselheiros dos Tribunais de Contas estaduais (AP 866 e AP 857). Lembremos que o art. 105, I, "a", da CF/88 estabelece que compete ao STJ julgar os crimes praticados por governadores de Estado e por conselheiros dos Tribunais de Contas dos Estados. No que concerne aos prefeitos, ainda não há consenso. Há tribunais que, em face da nova interpretação conferida pelo STF ao foro por prerrogativa de função, remeteram os processos contra o chefe do executivo municipal para julgamento pela 1ª instância. Mais recentemente, o STJ, por meio de seu Pleno, ao julgar, em 21/11/2018, a QO na AP 878, fixou a tese de que o entendimento firmado no STF a respeito da restrição imposta ao foro por prerrogativa de função não se aplica a desembargador, que, ainda que o crime praticado nenhuma relação tenha com o exercício do cargo, deverá ser julgado pelo STJ, ou seja, o precedente do STF não se aplica a todos os casos de foro por prerrogativa de função.

Gabarito "C".

(OAB/Exame Unificado – 2011.2) Quando se tratar de acusação relativa à prática de infração penal de menor potencial ofensivo, cometida por estudante de direito, a competência jurisdicional será determinada pelo(a)

(A) natureza da infração praticada e pela prevenção.

(B) natureza da infração praticada.

(C) natureza da infração praticada e pelo local em que tiver se consumado o delito.

(D) local em que tiver se consumado o delito.

Arts. 98 da CF e 61 da Lei 9.099/1995 (competência em razão da natureza da infração). O art. 63 da Lei 9.099/1995 estabelece que a competência do Juizado Especial Criminal será determinada em razão do lugar em que foi praticada a infração penal. Surgiram, assim, três teorias a respeito do juiz competente para o julgamento da causa: teoria da atividade: é competente o juiz do local onde se verificou a ação ou omissão; teoria do resultado: a ação deve ser julgada no local onde se produziu o resultado; e teoria da ubiquidade: é considerado competente tanto o juiz do local em que se deu a ação ou omissão quanto aquele do lugar em que se produziu o resultado. Na doutrina e na jurisprudência, predominam as teorias da atividade e da ubiquidade. A assertiva dada como certa, não acolhida pela doutrina e jurisprudência, considera que a competência será determinada pelo local em que tiver se consumado o delito.

Gabarito "C".

(OAB/Exame Unificado – 2010.3) Tendo como referência a competência *ratione personae*, assinale a alternativa correta.

(A) Tício, juiz estadual, pratica um crime eleitoral. Por ter foro por prerrogativa de função, será julgado no Tribunal de Justiça do Estado onde exerce suas atividades.

(B) Caio, vereador de um determinado município, pratica um crime comum previsto na parte especial do Código Penal. Será, pois, julgado no Tribunal de Justiça do Estado onde exerce suas funções, uma vez que goza do foro por prerrogativa de função.

(C) Terêncio é prefeito e pratica um crime comum, devendo ser julgado pelo Tribunal de Justiça do respectivo Estado. Segundo entendimento do STF, a situação não se alteraria se o crime praticado por Terêncio fosse um crime eleitoral.

(D) Mévio é governador do Distrito Federal e pratica um crime comum. Por uma questão de competência originária decorrente da prerrogativa de função, será julgado pelo Superior Tribunal de Justiça.

A: incorreta, visto que o juiz estadual que comete crime eleitoral é julgado pelo Tribunal Regional Eleitoral; **B:** errada, já que vereador não goza de foro por prerrogativa de função; **C:** incorreta. De acordo com a Súmula 702 do STF, "a competência do Tribunal de Justiça para julgar Prefeitos restringe-se aos crimes de competência da Justiça comum estadual; nos demais casos, a competência originária caberá ao respectivo tribunal de segundo grau". Desse modo, se o crime praticado por Terêncio fosse eleitoral, a competência para julgá-lo seria do Tribunal Regional Eleitoral do respectivo Estado; **D:** correta, visto que compete ao Superior Tribunal de Justiça processar e julgar, originariamente, nos crimes comuns, os governadores dos Estados e

do Distrito Federal – art. 105, I, "*a*", da CF. De ver-se que, se se tratar de crime estranho ao exercício do cargo de governador ou que tenha sido praticado antes do início do mandato, o julgamento caberá ao juízo de primeira instância, em face das decisões tomadas na AP 937 e Inq. 4.292, do STF, e AP 866 e 857, do STJ.

Gabarito "D".

(OAB/Exame Unificado – 2010.1) Acerca da competência no âmbito do direito processual penal, assinale a opção correta.

(A) Caso um policial militar cometa, em uma mesma comarca, dois delitos conexos, um cujo processo e julgamento seja de competência da justiça estadual militar e o outro, da justiça comum estadual, haverá cisão processual.

(B) Os desembargadores dos tribunais de justiça dos estados e dos tribunais regionais federais possuem prerrogativa de foro especial, devendo ser processados e julgados criminalmente no STF.

(C) A competência para processo e julgamento por crime de contrabando ou descaminho define-se pela prevenção do juízo federal do local por onde as mercadorias sejam indevidamente introduzidas no Brasil.

(D) Caso um indivíduo tenha cometido, em uma mesma comarca, dois delitos conexos, um cujo processo e julgamento seja da competência da justiça federal e o outro, da justiça comum estadual, a competência para o julgamento unificado dos dois crimes será determinada pelo delito considerado mais grave.

A: opção correta. Previsão do art. 79, inciso I, do CPP e entendimento solidificado na Súmula 90 do STJ; **B:** opção incorreta. O art. 105, inciso I, alínea "a", da CF atribui tal competência ao STJ; **C:** opção incorreta. Segundo a Súmula 151 do STJ: "A competência para o processo e julgamento por crime de contrabando ou descaminho define-se pela prevenção do juízo federal do lugar da apreensão dos bens."; **D:** opção incorreta. Nessas hipóteses, a competência será da justiça federal, ainda que o delito afeto à justiça comum estadual tenha pena superior (STJ, Súmula 122).

Gabarito "A".

(OAB/Exame Unificado – 2009.3) Determinada rede de lanchonetes estabelecida nos Estados Unidos da América utiliza navios próprios para fornecer mercadorias aos seus franqueados fora daquele país. A bordo de um desses navios, em águas pertencentes ao mar territorial brasileiro, paralelas ao estado de Pernambuco, houve um crime contra o patrimônio e, algumas horas após esse fato, a embarcação atracou no porto de Santos – SP, onde, de acordo com o respectivo plano de viagem, seria sua primeira e última parada no território brasileiro.

Em face dessa situação hipotética, assinale a opção correta no que se refere à competência para processar e julgar o mencionado delito, de acordo com a CF, o CP e o CPP.

(A) A competência para processar e julgar o referido crime será da justiça federal de Pernambuco.

(B) A competência para processar e julgar o referido crime será da justiça federal de Santos.

(C) A justiça brasileira não tem competência para processar e julgar tal crime, pois a lei penal pátria não se aplica aos delitos cometidos a bordo de navios estrangeiros.

15. DIREITO PROCESSUAL PENAL 1013

(D) O mencionado crime deve ser processado e julgado pela justiça do DF.

Art. 109, IX, da CF; art. 89 do CPP; e art. 5º, § 2º, do CP. É hipótese de territorialidade. Nesse sentido: STF, 1ª T., RHC 86.998-SP, rel. Min. Marco Aurélio Mello, j. 13.2.2007.
Gabarito "B".

(FGV – 2013) Determinado servidor público, com foro por prerrogativa de função no Tribunal de Justiça fixado exclusivamente pela Constituição Estadual, pratica dolosamente um aborto em sua namorada, mesmo diante da divergência desta.

Diante dessa situação hipotética, o servidor deveria ser processado e julgado perante

(A) o Tribunal de Justiça, desde que não aposentado quando do processamento da ação penal.

(B) o juízo de primeiro grau da Vara Comum, pois o STF já se posicionou pela inconstitucionalidade do foro por prerrogativa de função fixado na Constituição Estadual.

(C) o juízo de primeiro grau da Vara Comum, pois o crime foi praticado por motivos particulares, não tendo sido motivado pela função que exerce.

(D) o Tribunal do Júri, por ser tratar de crime doloso contra a vida.

(E) o Tribunal de Justiça, ainda que não mais exercesse a função quando da propositura da ação penal.

A solução deve ser extraída da Súmula 721 do STF, cujo teor foi reproduzido na Súmula Vinculante 45: "A competência constitucional do Tribunal do Júri prevalece sobre o foro por prerrogativa de função estabelecido exclusivamente pela Constituição estadual".
Gabarito "D".

A competência em matéria penal, condicionando o exercício da jurisdição, representa um conjunto de regras que assegurem a eficácia do princípio da imparcialidade e, em especial, do juiz natural.

(FGV – 2013) Sobre esse tema, assinale a afirmativa correta.

(A) Mesmo quando conhecido o local da infração, nos casos de exclusiva ação privada, o querelante poderá preferir o foro de sua residência ou domicílio.

(B) Quando houver conexão entre crime federal e estadual, a consequência necessária será a cisão dos processos, com julgamento na Justiça Federal e Estadual, respectivamente.

(C) Qualquer que seja o crime cometido, cabe ao Tribunal de Justiça julgar os juízes estaduais, do Distrito Federal e dos Territórios.

(D) A competência constitucional do Tribunal do Júri prevalece sobre o foro por prerrogativa de função, estabelecido "exclusivamente" pela Constituição estadual.

(E) O membro do Ministério Público estadual vinculado ao Tribunal de Justiça do Mato Grosso do Sul que cometer crime doloso contra a vida será julgado perante o Tribunal do Júri deste estado, qualquer que seja o local da infração, diante da previsão de foro por prerrogativa de função.

A: incorreta. Ainda que conhecido o lugar da infração, o querelante, na ação penal privada exclusiva, poderá preferir o foro de domicílio ou da residência do *réu* – art. 73 do CPP; **B:** incorreta, já que em desconformidade com o entendimento sufragado na Súmula 122 do STJ: "Compete à Justiça Federal o processo e julgamento unificado dos crimes conexos de competência federal e estadual, não se aplicando a regra do art. 78, II, *a*, do Código de Processo Penal"; **C:** incorreta, na medida em que a competência para julgar juízes de direito (e também promotores de justiça) em exercício de função eleitoral é do Tribunal Regional Eleitoral, e não do Tribunal de Justiça (art. 96, III, da CF); **D:** correta, nos termos da Súmula 721 do STF, cujo teor foi reproduzido na Súmula Vinculante 45, a seguir transcrita: "A competência constitucional do Tribunal do Júri prevalece sobre o foro por prerrogativa de função estabelecido exclusivamente pela Constituição estadual"; **E:** incorreta. Prevalece, neste caso, a competência do foro por prerrogativa de função, devendo o membro do MP ser julgado pelo Tribunal de Justiça de seu Estado.
Gabarito "D".

O Presidente da República, durante entrevista coletiva, agrediu, com socos e pontapés, um jornalista que fez uma pergunta relativa à ocorrência de desvio de recursos em obras públicas federais, conduta atribuída a um dos Ministros de Estado, filiado ao mesmo partido político do Presidente.

(FGV – 2013) Nesse caso,

(A) será necessário aguardar o final do mandato presidencial para dar início à persecução penal.

(B) o Presidente da República somente poderá ser submetido a julgamento após autorização do Senado Federal.

(C) o Supremo Tribunal Federal é o órgão competente para proceder ao julgamento do Presidente.

(D) a agressão ao jornalista configura crime de responsabilidade do Presidente da República.

(E) o Presidente da República tem imunidade em relação à prática dos crimes comuns.

A: incorreta, nos termos do art. 86, *caput*, da CF; **B:** incorreta, nos termos do art. 86, *caput*, da CF, que estabelece que a admissão da acusação será apreciada pela Câmara dos Deputados; **C:** correta. Em consonância com o art. 86, *caput*, da CF, o julgamento do presidente da República, pela prática de crime comum, cabe ao STF; por crime de responsabilidade, ao Senado Federal; **D:** incorreta, pois o crime praticado pelo presidente não se enquadra no rol do art. 85 da CF; **E:** incorreta, já que o presidente da República não goza de imunidade material (somente formal).
Gabarito "C".

(FGV – 2011) Juraci Silva ingressou com pedido de *habeas corpus*, depreendendo-se dos autos que o paciente fora denunciado pela suposta prática dos crimes definidos nos arts. 4º, II, *a, b* e *c* da Lei 8.137/1990 (cartel) e 288 do CPB (formação de quadrilha), cominado com o art. 69 do CPB (concurso material). Juraci questiona a competência da Justiça Estadual do Estado do Rio de Janeiro para julgar o processo-crime, em virtude da acusação de cartel, sendo certo que os atos praticados pelo paciente demonstram que Juraci, bem como os demais acusados, todos diretores de empresas do mesmo segmento econômico, se reuniam em hotéis para estabelecer, de forma artificial, o preço de seus produtos; no caso, gases industriais, segmento enérgico de importância nacional estratégica. Foi ainda apurado que as empresas envolvidas, por meio de seus diretores, almejavam a fixação artificial de preços e quantidades vendidas e produzidas para controlar o mercado nacional. Nesse caso, a ordem deve ser

(A) concedida, visto ser inequívoco o interesse da União por se tratar de setor estratégico para a economia nacional e o risco à ordem econômica transcender a esfera local.

(B) denegada, visto que só há competência da Justiça Federal, conforme artigo 109, VI, da CRFB, nos casos expressamente referidos por lei.

(C) denegada, visto que a Lei 8.137/1990 afasta a competência federal nos casos de crime contra a ordem econômica.

(D) concedida, uma vez que a formação de quadrilha e o concurso material são absorvidos pelo crime de formação de cartel, de competência federal.

(E) concedida, pois qualquer formação de cartel é prejudicial ao mercado e à economia nacional.

A Lei 8.137/1990, no que toca aos crimes contra a ordem econômica, não traz dispositivo expresso que estabeleça a competência da Justiça Federal, competindo, em regra, à Justiça Estadual o processamento e julgamento dessa modalidade de crime; isso, no entanto, não elide a competência da Justiça Federal. Mas, para tanto, deve-se verificar hipótese de ofensa a bens, serviços ou interesse da União, suas autarquias ou empresas públicas, nos moldes do art. 109, IV, da CF, ou, ainda, que, pela repercussão da atuação do grupo econômico ou pelo tipo de atividade desenvolvida, o ilícito tenha o condão de repercutir em vários Estados da Federação, prejudicar setor econômico estratégico para a economia nacional ou o fornecimento de serviços essenciais. Nesse sentido, conferir: STJ, 5ª T., HC 217483-5, rel. Min. Napoleão Nunes Maia Filho, j. 19.02.2009. Gabarito "A".

(FGV – 2010) Após surpreender Manoel Cunha mantendo relações sexuais com sua esposa, o deputado federal Paulo Soares persegue Manoel até uma cidade vizinha. Nessa cidade, dá três tiros em Manoel, que vem a falecer em decorrência das lesões provocadas pela ação de Paulo. No curso do inquérito policial instaurado para apurar os fatos, o mandato de Paulo chega ao fim e o mesmo não consegue se reeleger. Considerada tal narrativa, assinale a alternativa que indique quem tem competência para processar e julgar Paulo por homicídio.

(A) o Supremo Tribunal Federal, já que na época dos fatos o mesmo era deputado federal.

(B) o tribunal de júri da comarca em que a vítima faleceu.

(C) o tribunal de júri federal com jurisdição na comarca em que a vítima faleceu.

(D) o Superior Tribunal de Justiça, já que na época dos fatos o mesmo era deputado federal.

(E) o tribunal de júri da comarca em que a vítima residia.

A Súmula 394 do STF foi cancelada pelo Pleno do próprio tribunal. Além disso, o STF declarou a inconstitucionalidade da Lei 10.628/2002, que acrescentou os §§ 1º e 2º ao art. 84 do CPP. Com isso, cessado o exercício da função pública, cessa também a prerrogativa de função. Foi o que se deu com Paulo. Findo seu mandato, a competência para processá-lo e julgá-lo será do tribunal do júri da comarca em que o crime se consumou. Vide Súmula 451, do STF. Perceba que, neste caso, dado o entendimento adotado pelo STF no julgamento da AP 937, o julgamento, ainda que o crime tivesse ocorrido no curso do mandato parlamentar, caberia ao Tribunal do Júri da comarca em que os fatos se deram. Isso porque o crime nenhuma relação tem com o exercício do mandato. Gabarito "B".

(FGV – 2010) Relativamente ao tema *Jurisdição e Competência*, analise as afirmativas a seguir:

I. A competência será, de regra, determinada pelo lugar em que se consumar a infração, ou, no caso de tentativa, pelo lugar em que for praticado o último ato de execução. Se, iniciada a execução no território nacional, a infração se consumar fora dele, a competência será determinada pelo lugar em que tiver sido praticado, no Brasil, o último ato de execução.

II. Quando o último ato de execução for praticado fora do território nacional, será competente o juiz do lugar em que o crime, embora parcialmente, tenha produzido ou devia produzir seu resultado.

III. Quando incerto o limite territorial entre duas ou mais jurisdições, ou quando incerta a jurisdição por ter sido a infração consumada ou tentada nas divisas de duas ou mais jurisdições, ou tratando-se de infração continuada ou permanente, praticada em território de duas ou mais jurisdições, a competência firmar-se-á pela prevenção.

Assinale:

(A) se somente a afirmativa I estiver correta.

(B) se somente a afirmativa II estiver correta.

(C) se somente a afirmativa III estiver correta.

(D) se somente as afirmativas II e III estiverem corretas.

(E) se todas as afirmativas estiverem corretas.

I: correta (art. 70, *caput* e § 1º, do CPP); II: correta (art. 70, § 2º, do CPP); III: correta (arts. 70, § 3º, e 71 do CPP). Gabarito "E".

5. QUESTÕES E PROCESSOS INCIDENTES

(OAB/Exame XXXVIII) Margot adquiriu de Cesar, de boa-fé e a título oneroso, um imóvel, mas não levou o instrumento ao Registro de Imóveis competente. Por isso, quando Cesar foi acusado de prática de crimes em uma ação penal, vindo a sofrer sequestro de todos os seus bens imóveis, foi incluído na ordem de sequestro o imóvel adquirido por Margot.

Nessa situação hipotética, como advogado de Margot, assinale a opção que, de acordo com as disposições do Código de Processo Penal, melhor defenda os interesses da sua assistida.

(A) Por não ser parte no processo penal, Margot não pode opor embargos ao sequestro, devendo efetuar pedido de reconsideração.

(B) Margot pode opor embargos ao sequestro, alegando que a aquisição ocorreu a título oneroso e de boa-fé.

(C) Por não ser parte no processo penal originário, Margot deve impetrar mandado de segurança em face da decisão que determinou o sequestro.

(D) Margot pode opor embargos ao sequestro, alegando que os bens não foram adquiridos com os proventos da infração penal.

A solução desta questão deve ser extraída do art. 130, II, do CPP, que assim dispõe: *o sequestro poderá ainda ser embargado: (...) II – pelo terceiro, a quem houverem os bens sido transferidos a título oneroso, sob o fundamento de tê-los adquirido de boa-fé.* Gabarito "B".

15. DIREITO PROCESSUAL PENAL   1015

(OAB/Exame XXXVI) Maria foi brutalmente assassinada em sua própria casa por seu vizinho, Antônio, que morava em frente à sua casa.

Em julgamento no Tribunal do Júri, o juiz presidente, ao formar o Conselho de Sentença, iniciou os sorteios de costume. Dentre os voluntários para a formação dos jurados, estavam vários outros vizinhos, inclusive o próprio filho de Maria, todos revoltados clamando por justiça e pela condenação de Antônio.

Assim, segundo o Código do Processo Penal, com relação à composição do Tribunal do Júri, assinale a afirmativa correta.

(A) As hipóteses de impedimento e suspeição não se aplicam aos jurados, de forma que os vizinhos e o filho da vítima podem compor o Conselho de Sentença.

(B) A suspeição dos vizinhos deve ser arguida por petição dirigida ao Tribunal de Justiça, ao passo que o impedimento do filho da vítima deve ser reconhecido de ofício pelo Juiz togado.

(C) A suspeição e o impedimento do filho e dos vizinhos devem ser alegados pela parte que aproveita, sendo incabível ao Juiz dela conhecer de ofício.

(D) A suspeição dos jurados deve ser arguida oralmente ao Juiz Presidente do Tribunal do Júri.

A solução desta questão dever ser extraída do art. 106 do CPP, que estabelece que *a suspeição dos jurados deverá ser arguida oralmente, decidindo de plano o presidente do Tribunal do Júri, que a rejeitará se, negada pelo recusado, não for imediatamente comprovada, o que tudo constará da ata.* Importante que se diga que ao jurado se estendem as hipóteses enumeradas no art. 254 e as listadas nos arts. 448 e 449, todos do CPP.
Gabarito "D".

(OAB/Exame Unificado – 2020.2) Rita foi denunciada pela suposta prática de crime de furto qualificado, pois teria, mediante fraude, subtraído uma bicicleta de sua amiga Regina. Ao ser citada, de imediato Rita procurou seu advogado, informando que, na verdade, a bicicleta seria de sua propriedade e que, inclusive, já era autora de ação cível na qual buscava o reconhecimento da propriedade do objeto, mas que a questão não seria de simples solução.

Com base apenas nas informações expostas, o advogado de Rita poderá buscar

(A) a suspensão da ação penal diante da existência de questão prejudicial obrigatória, ficando, nessa hipótese, suspenso também o curso do prazo prescricional.

(B) a suspensão da ação penal diante da existência de questão prejudicial facultativa, e, caso o juiz indefira o pedido, caberá recurso em sentido estrito.

(C) a suspensão da ação penal diante da existência de questão prejudicial facultativa, podendo o magistrado também decretar a suspensão de ofício.

(D) a intervenção do Ministério Público na ação de natureza cível, mas não a suspensão da ação penal, diante da independência entre as instâncias.

A: incorreta, já que se trata de questão prejudicial facultativa; **B:** incorreta, na medida em que, segundo estabelece o art. 93, § 2º, do CPP, *do despacho que denegar a suspensão não caberá recurso*; **C:** correta. Com efeito, o enunciado descreve hipótese de questão prejudicial *facultativa.* Conforme o disposto no art. 93 do CPP, o magistrado,

como a própria classificação sugere, tem a faculdade, não a obrigação, de suspender o processo. São questões que não envolvem o estado das pessoas, como é o caso da discussão acerca da propriedade de determinado bem. Neste caso (prejudicial facultativa), o juiz, depois de transcorrido o prazo por ele estabelecido, poderá fazer prosseguir o processo, retomando sua competência para resolver a matéria da acusação ou da defesa. Diferentemente, a chamada questão prejudicial *obrigatória*, prevista no art. 92 do CPP, é aquela que necessariamente enseja a suspensão do processo, sendo tão somente suficiente que se trate de questão atinente ao estado civil das pessoas que o magistrado do juízo criminal repute séria e fundada. Aqui, o juiz deverá determinar a paralisação do feito até que o juízo cível emita sua manifestação. O legislador não estabeleceu prazo durante o qual o curso da ação penal permanecerá suspenso. Envolve questões atinentes à própria existência do crime. É importante que se diga que, segundo preleciona o art. 116, I, do CP, o curso da prescrição ficará suspenso; **D:** incorreta, já que não corresponde ao que dispõe o art. 93, § 3º, do CPP, segundo o qual a intervenção do MP na causa cível, sendo a ação penal pública (como é o caso do furto), é de rigor.
Gabarito "C".

(OAB/Exame Unificado - 2019.2) Luiz foi denunciado pela prática de um crime de estelionato. Durante a instrução, o ofendido apresentou, por meio de assistente de acusação, documento supostamente assinado por Luiz, que confirmaria a prática delitiva. Ao ter acesso aos autos, Luiz informa ao patrono ter certeza de que aquele documento seria falso, pois não foi por ele assinado.

Com base nas informações narradas, de acordo com as previsões do Código de Processo Penal, o advogado de Luiz poderá

(A) alegar apenas a insuficiência de provas e requerer a extração de cópias para o Ministério Público, mas não poderá, neste processo, verificar a veracidade do documento.

(B) alegar, desde que seja procurador com poderes especiais, a falsidade do documento para fins de instauração de incidente de falsidade.

(C) arguir, com procuração com poderes gerais, a falsidade do documento, gerando incidente de falsidade em autos em apartado.

(D) alegar, oralmente, a falsidade do documento, devendo o incidente ser decidido nos autos principais.

Na dicção do art. 146 do CPP, a arguição de falsidade, feita por procurador, exige que sejam a este conferidos poderes especiais. Procedimento do incidente de falsidade: depois de mandar autuar em apartado a impugnação, o juiz ouvirá a parte contrária, que, dentro do prazo de 48 horas, oferecerá resposta, tal como estabelece o art. 145, I, do CPP; após, assinará o prazo de 3 dias, sucessivamente, a cada uma das partes, para prova de suas alegações (art. 145, II, do CPP); conclusos os autos, poderá ordenar as diligências que reputar necessárias (art. 145, III, do CPP); reconhecida a falsidade, o juiz determinará, por decisão contra a qual não cabe recurso, o desentranhamento do documento e o remeterá ao MP (art. 145, IV, do CPP).
Gabarito "B".

(OAB/Exame Unificado - 2018.3) Paulo, ofendido em crime contra o patrimônio, apesar de sua excelente condição financeira, veio a descobrir, após a identificação da autoria, que o autor dos fatos adquiriu, com os proventos da infração, determinado bem imóvel. Diante da descoberta, procurou você, na condição de advogado(a), para a adoção das medidas cabíveis.

EDUARDO DOMPIERI

Com base apenas nas informações expostas, a defesa técnica do ofendido deverá esclarecer ser cabível

(A) o sequestro, desde que após o oferecimento da denúncia, mas exige requerimento do Ministério Público ou decisão do magistrado de ofício.

(B) o arresto, ainda que antes do oferecimento da denúncia, mas a ação principal deverá ser proposta no prazo máximo de 30 dias, sob pena de levantamento.

(C) o sequestro, ainda que antes do oferecimento da denúncia, podendo a decisão judicial ser proferida a partir de requerimento do próprio ofendido.

(D) o arresto, que deve ser processado em autos em apartados, exigindo requerimento do Ministério Público ou decisão do magistrado de ofício.

Terá lugar, no caso narrado no enunciado, o sequestro de bem imóvel (art. 125, CPP). Trata-se de medida assecuratória que visa assegurar a efetiva reparação do prejuízo causado ao ofendido. Sequestro nada mais é do que a retenção judicial da coisa, com vistas a impedir que se disponha do bem, podendo recair tanto sobre bens imóveis (art. 125, CPP) quanto sobre bens móveis (art. 132, CPP), desde que adquiridos com o produto do crime, isto é, desde que se trate de provento da infração penal. Por força do que dispõe o art. 127 do CPP, o sequestro será determinado pelo juiz, a requerimento do MP ou do ofendido, ou mediante representação do delegado de polícia, no curso do processo ou ainda antes de oferecida da denúncia.
Gabarito "C".

(OAB/Exame Unificado – 2016.3) Carlota foi denunciada pela prática de um crime contra a ordem tributária. Após ser citada, sua advogada foi intimada para apresentar resposta à acusação. Analisando os autos, o(a) advogado(a) de Carlota entendeu que deveria apresentar certas exceções.

Considerando a situação narrada, assinale a afirmativa correta.

(A) A arguição de suspeição precederá a de litispendência, salvo quando aquela for fundada em motivo superveniente.

(B) As exceções serão processadas nos autos principais, em regra.

(C) As exceções serão processadas em autos em apartado e suspenderão, em regra, o andamento da ação penal.

(D) Se Carlota pretende recusar o juiz, deverá fazer em petição assinada por ela própria ou por procurador com poderes gerais.

A: correta, pois reflete o disposto no art. 96 do CPP; **B:** incorreta, na medida em que, por força do que estabelece o art. 111 do CPP, as exceções serão processadas em autos apartados, e não nos próprios autos; **C:** incorreta, pois em desconformidade com o teor do art. 111 do CPP, que dispõe que as exceções, além de serem processadas em autos apartados, não suspenderão, em regra, o andamento da ação penal; **D:** incorreta, já que, nesse caso, a petição deve ser assinada pela própria Carlota ou ainda por seu advogado, que deverá contar, para tanto, com poderes especiais (e não gerais), tal como reza o art. 98 do CPP. **ED**
Gabarito "A".

(OAB/Exame Unificado – 2016.2) Clodoaldo figura como indiciado em inquérito policial que investiga a prática de um crime de estupro de vulnerável. Já no curso das investigações, Clodoaldo apresenta sinais de que poderia ser portador de doença mental. Concluídas as investigações, é oferecida denúncia contra o indiciado. Durante a audiência, o advogado de Clodoaldo requer

a instauração de incidente de insanidade mental, sendo o pleito indeferido pelo magistrado, que considerou o ato protelatório.

Sobre o tema incidente de insanidade mental, é correto afirmar que

(A) se o perito concluir que o acusado era inimputável ao tempo da infração, o processo prosseguirá, mas se a insanidade surgiu após o ato criminoso imputado, o processo ficará suspenso.

(B) da decisão do magistrado que indeferiu a instauração do incidente caberá recurso em sentido estrito.

(C) diante da suspeita da autoridade policial, poderia ela mesmo ter instaurado incidente de insanidade mental.

(D) o incidente de insanidade mental é processado em autos em apartado e não gera, de imediato, qualquer suspensão do processo.

A: correta, pois reflete o disposto nos arts. 151 e 152, *caput*, do CPP; **B:** incorreta, já que a lei não previu recurso a ser interposto neste caso; em casos excepcionais, à evidência, poderá ser impetrado *habeas corpus*; **C:** incorreta. Neste caso, a autoridade policial deverá representar pela realização do exame de integridade mental no investigado, cabendo ao juiz determiná-lo (art. 149, § 1º, do CPP); **D:** incorreta, pois em desacordo com a regra presente no art. 149, § 2º, do CPP.
Gabarito "A".

(OAB/Exame Unificado – 2016.1) No dia 18 de março de 2015, Bruce foi indiciado pela prática de um crime de roubo majorado que teve como vítima Lourdes, famosa atriz com patrimônio avaliado em R$ 3.000.000,00 (três milhões de reais). Antes de oferecer denúncia, entendendo que haveria indícios veementes da autoria e de que a casa de Bruce havia sido adquirida com os proventos da infração, o Ministério Público requereu, em 14 de abril de 2015, o sequestro desse bem imóvel, sendo a medida deferida e concluída a diligência do sequestro no dia seguinte. Em 26 de agosto de 2015, Bruce o procura para, na condição de advogado, confirmar que a casa foi adquirida com proventos do crime, mas diz que, até aquela data, não foi denunciado.

Considerando a situação narrada, em relação à medida assecuratória decretada, o advogado de Bruce deverá requerer o levantamento do sequestro, pois

(A) a medida assecuratória decretada pelo magistrado foi inadequada, tendo em vista que caberia o arresto.

(B) a ação penal não foi intentada nos 60 dias posteriores à conclusão da diligência.

(C) a medida assecuratória não poderia ter sido decretada antes do oferecimento da denúncia.

(D) o Ministério Público não tinha legitimidade para requerer a medida, pois não havia interesse da Fazenda Pública e o ofendido não era pobre.

Considerando que o sequestro (arts. 125 e seguintes do CPP) constitui medida constritiva e excepcional, não pode, por isso, perdurar indefinidamente. O art. 131 do CPP contempla as hipóteses em que o sequestro deverá ser levantado, perdendo, dessa forma, a sua eficácia. Uma dessas hipóteses, presente no inciso I do referido dispositivo, é aquela em o Ministério Público deixa de oferecer a denúncia dentro do prazo de 60 dias a contar da efetivação da medida. No caso retratado no enunciado, a execução da medida de constrição se deu no dia 15 de abril de 2015 e, até o dia 26 de agosto do mesmo ano, ainda perdurava. De rigor, portanto, o levantamento do sequestro.
Gabarito "B".

15. DIREITO PROCESSUAL PENAL

1017

(OAB/Exame Unificado – 2015.3) Bruna foi presa em flagrante e denunciada pela prática de um crime de falsificação de documento público. Na ocasião da prisão, foi apreendida uma mochila que estava dentro do veículo de Bruna, sendo que em seu interior existiam algumas joias. Diante da natureza do crime apurado, não existe mais interesse na mochila apreendida com as joias para o desenrolar do processo. Cláudia, colega de trabalho de Bruna, requer a restituição desses bens, alegando ser proprietária. Existe, porém, dúvida quanto ao direito da reclamante.

Considerando as informações narradas na hipótese, é correto afirmar que

(A) a restituição poderá ser ordenada pela autoridade policial ou pelo juiz, sempre ouvido o Ministério Público.

(B) o pedido de restituição não deverá ser autuado em autos em apartado.

(C) havendo dúvida sobre o verdadeiro dono, não superada no incidente, o juiz remeterá as partes para o juízo cível, ordenando o depósito das coisas.

(D) não caberá produção de provas no incidente de restituição.

A: incorreta, já que a restituição pelo juiz ou pela autoridade policial somente terá lugar quando não existir dúvida quanto ao direito do reclamante (art. 120, *caput*, do CPP). No caso narrado no enunciado, o direito da reclamante é duvidoso; **B:** incorreta. Pelo contrário, o pedido de restituição há de ser autuado, por força do que estabelece o art. 120, § 1º, do CPP, em autos apartados; **C:** correta, pois em conformidade com o disposto no art. 120, § 4º, do CPP; **D:** incorreta, pois não reflete a regra presente no art. 120, § 1º, do CPP.
Gabarito "C".

(OAB/Exame Unificado – 2015.1) Melinda Cunha foi denunciada pela prática do crime de bigamia. Ocorre que existe ação em curso no juízo cível onde se discute a validade do primeiro casamento celebrado pela denunciada. Entendendo o magistrado penal que a existência da infração penal depende da solução da controvérsia no juízo cível e que esta é séria e fundada, estaremos diante de

(A) prejudicial obrigatória, o que levará à suspensão do processo criminal e do prazo prescricional.

(B) prejudicial facultativa, podendo o magistrado suspender o processo por, no máximo, 06 meses.

(C) prejudicial obrigatória, o que levará à suspensão do processo criminal, mas não do curso do prazo prescricional.

(D) prejudicial facultativa, podendo o magistrado suspender o processo por, no máximo, 01 ano.

A discussão acerca da validade do primeiro casamento, no contexto do crime de bigamia, constitui questão prejudicial séria e fundada, que implicará a suspensão obrigatória do processo criminal, na forma estatuída no art. 92 do CP. Imagine a situação em que o agente, depois de condenado, no juízo criminal, pelo cometimento do crime de bigamia, veja anulado, no juízo civil, um de seus casamentos. Ademais disso, por força do que dispõe o art. 116, I, do CP, o curso da prescrição permanecerá suspenso até que o processo principal seja retomado.
Gabarito "A".

(OAB/Exame Unificado – 2013.1) No curso de uma investigação policial que apurava a ocorrência dos delitos de sonegação fiscal e evasão de divisas, o Procurador da República "X" requereu ao Juízo Federal Criminal medida

assecuratória, já que obteve documentos que informavam os bens que teriam sido adquiridos pelo investigado com proventos da infração penal. O Juiz Federal decretou a medida assecuratória, que foi cumprida a contento.

A partir do caso apresentado, assinale a alternativa que indica a medida assecuratória adotada.

(A) Busca e Apreensão.

(B) Arresto.

(C) Sequestro.

(D) Hipoteca Legal.

A medida a ser pleiteada pelo representante do MPF é o sequestro, providência preventiva de natureza cautelar prevista no art. 125 do CPP, que somente pode ter como objeto bens adquiridos com o provento da infração (lucro do crime, vantagem financeira obtida). O provento, ganho obtido com a prática criminosa, não deve ser confundido com o produto do crime. Exemplo: o veículo subtraído no furto é o produto deste crime; o ganho financeiro obtido com a venda do veículo, por sua vez, é o provento do crime.
Gabarito "C".

(OAB/Exame Unificado – 2011.1) Em relação às exceções previstas na legislação processual penal, assinale a alternativa correta.

(A) A arguição de suspeição sempre precederá a qualquer outra.

(B) As exceções serão processadas em autos apartados e não suspenderão, em regra, o andamento da ação penal.

(C) Se for arguida a suspeição do órgão do Ministério Público, o juiz, depois de ouvi-lo, decidirá, sem recurso, podendo antes admitir a produção de provas no prazo de 10 (dez) dias.

(D) Poderá se opor suspeição às autoridades policiais nos atos do inquérito.

A: incorreta, pois esta regra comporta exceção, conforme reza o art. 96 do CPP; **B:** correta, nos termos do que dispõe o art. 111 do CPP; **C:** incorreta, uma vez que o prazo estabelecido no art. 104 do CPP é de três dias; **D:** incorreta, pois não se poderá opor exceção às autoridades policiais nos atos do inquérito – art. 107 do CPP.
Gabarito "B".

(OAB/Exame Unificado – 2011.1) Em relação ao incidente de falsidade, é correto afirmar que

(A) a arguição de falsidade, feita por procurador, não exige poderes especiais.

(B) se reconhecida a falsidade por decisão irrecorrível, mandará desentranhar o documento e remetê-lo, com os autos do processo incidente, ao Ministério Público.

(C) o juiz não poderá, de ofício, proceder à verificação da falsidade.

(D) arguida, por escrito, a falsidade de documento constante dos autos, o juiz observará o seguinte processo: mandará autuar em apartado a impugnação e em seguida ouvirá a parte contrária, que, num prazo de 24 (vinte a quatro) horas, oferecerá resposta.

A: incorreta. Tendo em conta o disposto no art. 146 do CPP, exige-se que a procuração contenha poderes especiais; **B:** correta. A providência a que se refere o art. 145, IV, do CPP tem como escopo provocar a apuração do crime de falso reconhecido em documento inserido nos autos do processo criminal; **C:** incorreta, dado que, em busca da verdade

EDUARDO DOMPIERI

real, nada obsta que o magistrado, sem ser provocado pelas partes, determine a instauração do incidente de falsidade. É o que preceitua o art. 147 do CPP; **D:** incorreta, pois o prazo de que dispõe a parte contrária para oferecer a resposta é de 48 horas – art. 145, I, do CPP. Gabarito "B".

(OAB/Exame Unificado – 2009.3) Acerca de incidente de insanidade mental do acusado, assinale a opção correta.

(A) Não se admite a instauração de exame de sanidade mental do acusado após o trânsito em julgado da sentença penal condenatória, uma vez que a medida não terá mais eficácia.

(B) O exame de avaliação da saúde mental do acusado poderá ser ordenado na fase do inquérito, mediante representação da autoridade policial ao juiz competente.

(C) Caso seja comprovada a insanidade mental do acusado, ao tempo da infração penal, o processo deverá ser imediatamente extinto, decretando-se a extinção da punibilidade do réu.

(D) Para efeito do exame, o acusado acometido de insanidade mental, se estiver preso, deverá ser imediatamente libertado, para que a família o conduza para a análise clínica em estabelecimento que entenda adequado.

A: incorreta. Se a doença mental surgir no curso da execução da pena, aplica-se o art. 154 do CPP; **B:** correta, nos termos do art. 149, § 1°, do CPP; **C:** incorreta. O processo não será extinto; prosseguirá com a presença do curador (art. 151 do CPP); **D:** incorreta. Se o acusado estiver preso, será internado em manicômio judiciário; se estiver solto e requererem os peritos, onde o juiz entender necessário (art. 150, *caput*, do CPP). Gabarito "B".

(OAB/Exame Unificado – 2009.2) Assinale a opção correta a respeito da exceção de suspeição.

(A) Sempre que houver arguição de suspeição de jurado no procedimento do tribunal do júri, deverá o juiz determinar a suspensão do processo principal até que se decida o incidente.

(B) As partes não poderão arguir de suspeição os serventuários ou funcionários da justiça e os peritos não oficiais, pois tais servidores exercem atividade meramente administrativa.

(C) Caso seja arguida a suspeição de membro do MP, a decisão caberá ao próprio juiz criminal que conduz o processo principal.

(D) Julgada procedente a exceção de suspeição do juiz pelo tribunal competente, o processo deverá ser remetido ao seu substituto, com aproveitamento dos atos já praticados no processo principal.

A: incorreta, pois o juiz decidirá o incidente imediatamente (art. 106 do CPP); **B:** incorreta, por contrariar o disposto no art. 105 do CPP; **C:** correta, nos moldes do art. 104 do CPP; **D:** incorreta. Os atos já praticados no processo principal ficarão nulos (art. 101 do CPP). Gabarito "C".

(OAB/Exame Unificado – 2009.1) Acerca de exceções, assinale a opção correta.

(A) Podem ser opostas exceções de suspeição, incompetência de juízo, litispendência, ilegitimidade de parte e coisa julgada e, caso a parte oponha mais de uma, deverá fazê-lo em uma só petição ou articulado.

(B) Tratando-se da exceção de incompetência do juízo, uma vez aceita a declinatória, o feito deve ser remetido ao juízo competente, onde deverá ser declarada a nulidade absoluta dos atos anteriores, não se admitindo a ratificação.

(C) A exceção de incompetência do juízo, que não pode ser oposta verbalmente, deve ser apresentada, no prazo de defesa, pela parte interessada.

(D) A parte interessada pode opor suspeição às autoridades policiais nos atos do inquérito, devendo fazê-lo na primeira oportunidade em que tiver vista dos autos.

A: correta, nos termos dos arts. 95 e 110, § 1°, do CPP; **B:** incorreta, já que os atos anteriores serão ratificados (art. 108, § 1°, do CPP); **C:** incorreta, pois pode ser oposta verbalmente (art. 108, *caput*, do CPP); **D:** incorreta. Não se poderá opor suspeição às autoridades policiais nos atos do inquérito (art. 107 do CPP). Gabarito "A".

(OAB/Exame Unificado – 2008.2) Assinale a opção correta acerca do processo penal.

(A) É vedado ao magistrado, na busca da verdade real, determinar, de ofício, a oitiva de testemunhas.

(B) Se a decisão sobre a existência da infração depender da solução de controvérsia, que o juiz repute séria e fundada, sobre o estado civil das pessoas, o curso da ação penal ficará suspenso até que no juízo cível seja a controvérsia dirimida por sentença passada em julgado, sem prejuízo, entretanto, da inquirição das testemunhas e de outras provas de natureza urgente.

(C) Verificar-se-á a competência por prevenção toda vez que, concorrendo dois ou mais juízes igualmente competentes ou com jurisdição cumulativa, um deles tiver antecedido aos outros na prática de algum ato do processo ou de medida a este relativa, desde que não seja anterior ao oferecimento da denúncia ou da queixa.

(D) Antes de a sentença final transitar em julgado, as coisas apreendidas poderão ser restituídas mesmo se interessarem ao processo.

A: incorreta, visto que é dado ao juiz, caso entenda necessário ao esclarecimento da verdade, ouvir testemunhas não indicadas pelas partes (arts. 156, II, e 209 do CPP); **B:** correta, pois em conformidade com o que dispõe o art. 92 do CPP; **C:** incorreta. Ainda que anterior ao oferecimento da denúncia ou da queixa, poderá ser verificada a prevenção (art. 83 do CPP); **D:** incorreta. Enquanto interessarem ao processo, as coisas apreendidas não poderão ser restituídas (art. 118 do CPP). Gabarito "B".

(OAB/Exame Unificado – 2008.1) Assinale a opção correta acerca das exceções no processo penal.

(A) A exceção de incompetência, quando oposta, põe fim ao processo.

(B) No tribunal do júri, a suspeição dos jurados deve ser arguida após os debates orais da acusação e da defesa.

(C) Quando constatar que alguma das circunstâncias legais está presente, o juiz deve declarar-se suspeito ou impedido de julgar a causa, remetendo o processo ao seu substituto legal, conforme dispõe a organização judiciária.

(D) A exceção de litispendência é dilatória.

15. DIREITO PROCESSUAL PENAL — 1019

A: incorreta, pois não põe fim ao processo (arts. 108 e 109 do CPP); **B:** incorreta, já que deverá ser arguida imediatamente (art. 106 do CPP); **C:** correta, nos termos dos arts. 97 do CPP (hipótese de afirmação de suspeição de ofício); art. 254, CPP (causas que tornam o juiz suspeito); art. 112, CPP (o juiz deve declarar-se impedido; se não o fizer, o obstáculo ao exercício da função jurisdicional poderá ser arguido pelas partes); e arts. 252 e 253, CPP (hipóteses geradoras de impedimento); **D:** incorreta, visto que a exceção de litispendência não é dilatória, e sim peremptória, na medida em que ela elide o exercício da pretensão. Gabarito "C".

(FGV – 2010) Relativamente ao tema *medidas assecuratórias*, analise as afirmativas a seguir:

I. Caberá o sequestro dos bens imóveis, adquiridos pelo indiciado com os proventos da infração, ainda que já tenham sido transferidos a terceiro.

II. O sequestro será levantado se a ação penal não for intentada no prazo de sessenta dias, contado da data em que ficar concluída a diligência.

III. O juiz poderá ordenar o sequestro ainda antes de oferecida a denúncia ou queixa mediante representação da autoridade policial.

Assinale:

(A) se somente a afirmativa I estiver correta.

(B) se somente a afirmativa II estiver correta.

(C) se somente a afirmativa III estiver correta.

(D) se somente as afirmativas II e III estiverem corretas.

(E) se todas as afirmativas estiverem corretas.

I: correta (art. 125 do CPP); II: correta (art. 131, I, do CPP); III: correta (art. 127 do CPP). Gabarito "E".

(FGV – 2010) Relativamente ao tema *medidas assecuratórias*, analise as afirmativas a seguir:

I. Constituem modalidades de medidas assecuratórias previstas expressamente no Código de Processo Penal o sequestro, o arresto, a hipoteca legal e a medida cautelar de indisponibilidade de bens.

II. A hipoteca legal sobre os imóveis do indiciado poderá ser decretada pelo juiz, de ofício, a requerimento do Ministério Público ou do ofendido, ou mediante representação da autoridade policial, desde que haja certeza da infração e indícios suficientes da autoria.

III. Passando em julgado a sentença condenatória, serão os autos de hipoteca ou arresto remetidos ao juiz do cível.

Assinale:

(A) se somente a afirmativa I estiver correta.

(B) se somente a afirmativa II estiver correta.

(C) se somente a afirmativa III estiver correta.

(D) se somente as afirmativas II e III estiverem corretas.

(E) se todas as afirmativas estiverem corretas.

I: incorreta. O sequestro está disciplinado nos arts. 125 e ss. do CPP; a hipoteca legal, nos arts. 134 e 135; já o arresto tem sua disciplina nos arts. 136 e ss. A medida cautelar de indisponibilidade de bens não está contemplada como medida assecuratória; II: incorreta. O art. 134 do CPP preleciona que tem legitimidade para requerer a hipoteca legal o ofendido. Não poderá o juiz, assim, decretá-la de ofício, tampouco a requerimento do MP, ou ainda mediante representação da autoridade policial; III: correta, nos termos do art. 143 do CPP. Gabarito "C".

(FGV – 2010) Relativamente ao tema *medidas assecuratórias*, analise as afirmativas a seguir:

I. O depósito e a administração dos bens arrestados ficam sujeitos ao regime do processo civil.

II. Quando os bens arrestados forem coisas fungíveis e facilmente deterioráveis, serão avaliados e levados a leilão público, depositando-se o dinheiro apurado, ou entregues as coisas ao terceiro que as detinha, se este for pessoa idônea e assinar termo de responsabilidade.

III. Das rendas dos bens móveis arrestados poderão ser fornecidos recursos arbitrados pelo juiz para a manutenção do indiciado e de sua família.

Assinale:

(A) se somente a afirmativa I estiver correta.

(B) se somente a afirmativa II estiver correta.

(C) se somente a afirmativa III estiver correta.

(D) se somente as afirmativas II e III estiverem corretas.

(E) se todas as afirmativas estiverem corretas.

I: correta (art. 139 do CPP); II: correta (art. 137, § 1º, do CPP); III: correta (art. 137, § 2º, do CPP). Gabarito "E".

(FGV – 2010) Relativamente ao tema *incidente de insanidade*, analise as afirmativas a seguir:

I. O exame de sanidade mental somente poderá ser ordenado após iniciada a ação penal.

II. O juiz nomeará curador ao acusado, quando determinar o exame, ficando suspensa a ação penal já iniciada, salvo quanto às diligências que possam ser prejudicadas pelo adiamento.

III. Quando houver dúvida sobre a integridade mental do acusado, o juiz ordenará, de ofício ou a requerimento do Ministério Público, do defensor, do curador, do ascendente, descendente, irmão ou cônjuge do acusado, seja este submetido a exame médico-legal.

Assinale:

(A) se somente a afirmativa I estiver correta.

(B) se somente a afirmativa II estiver correta.

(C) se somente a afirmativa III estiver correta.

(D) se somente as afirmativas II e III estiverem corretas.

(E) se todas as afirmativas estiverem corretas.

I: incorreta, visto que o exame de sanidade mental pode ser realizado ainda na fase investigatória, desde que a autoridade policial presidente do feito formule ao juiz competente representação nesse sentido, conforme autoriza o art. 149, § 1º, do CPP; II: correta, pois reflete do que estabelece o art. 149, § 2º, do CPP; III: correta, nos termos do art. 149, *caput*, do CPP. Gabarito "D".

6. PROVA

(OAB/Exame XXXIX) Osvaldo foi denunciado pela prática do crime de estelionato em coautoria com Flávio.

Durante a instrução processual, o Juízo ouviu três testemunhas da acusação, e, uma delas, Fabiana, apresentou versão conflitante com as apresentadas pelas defesas. Por isso, o Ministério Público requereu a realização de acareação prevista no Art. 229 do CPP, entre Osvaldo, Flávio e Fabiana.

A defesa de Osvaldo informou que o acusado não iria participar da acareação, mas o Ministério Público insistiu com o Juízo que determinasse que Osvaldo se submetesse ao ato, sob pena de incidir nas penas do crime de desobediência.

Sobre o caso narrado, assinale a afirmativa que indica o princípio que você, como advogado(a) de Osvaldo, deve alegar em defesa do seu cliente.

(A) O da ampla defesa veda a realização de acareação entre testemunhas de defesa e de acusação, pois cada parte tem o ônus de provar os fatos que alega.

(B) O de fundamentação das decisões exige que, ao determinar a realização de uma prova, o Juízo indique concretamente as razões que a justifiquem, sob pena de nulidade.

(C) O de presunção de inocência impede a participação do réu em procedimento de acareação, ainda que a ele se apresente voluntariamente.

(D) O de não autoincriminação ampara a pretensão de Osvaldo de não se submeter à produção de provas que exigem participação ativa do denunciado, tal como a acareação.

De fato, ninguém poderá ser compelido a produzir prova contra si mesmo (princípio do *nemo tenetur se detegere*), razão pela qual a participação de Osvaldo na acareação será facultativa.
„Gabarito "D".

(OAB/Exame XXXVIII) A Polícia Civil ingressou na residência de Gustavo com o objetivo de cumprir mandado de prisão em desfavor de seu filho, Mariano, o qual era acusado de tráfico de drogas. A ordem de prisão foi expedida pelo Juiz de Direito da Comarca.

Durante o cumprimento do mandado de prisão, a Polícia pegou o telefone celular de Gustavo, desbloqueado, que estava sobre uma mesa da residência e, sem sua autorização, passou a verificar seu conteúdo, constatando material de pornografia infantil, armazenado e compartilhado via aplicativo de troca de mensagens instantâneas, acessível pela internet a partir de qualquer país. Diante disso, a Polícia imediatamente realizou a prisão em flagrante de Gustavo.

Sobre o meio de obtenção da prova extraída do celular de Gustavo, assinale a afirmativa correta.

(A) É nula, e a nulidade decorre do fato de ser a pornografia infantil na internet crime de competência federal, de forma que somente a Polícia Federal poderia realizar a prisão em flagrante.

(B) É válida, pois foi um encontro fortuito de provas, uma vez que os policiais tinham autorização legal para ingresso no domicílio de Gustavo e Mariano.

(C) É ilícita, pois o cumprimento de mandado de prisão não compreende a autorização para busca em residência ou para o acesso a dados telemáticos, o que demandaria ordem judicial específica.

(D) É anulável, porque somente com um mandado de busca e apreensão se poderia livremente acessar o conteúdo de comunicações telemáticas, ainda que diversos fossem o objeto ou o destinatário do mandado, podendo a autoridade judiciária, entretanto, ratificar a diligência.

É firme a jurisprudência no sentido de que devem ser consideradas nulas as "provas" obtidas pela polícia sem autorização judicial por meio da extração de dados e conversações registradas no aparelho celular e *whatsapp* do investigado, mesmo que o aparelho tenha sido apreendido no momento da prisão em flagrante ou ainda em cumprimento de mandado de prisão. Cuidado: segundo entende o STJ, a ordem judicial de <u>busca domiciliar</u> permite o acesso aos dados armazenados no celular apreendido pela autoridade policial (não é este o caso narrado no denunciado). Conferir: "PROCESSUAL PENAL. RECURSO ORDINÁRIO EM *HABEAS CORPUS*. TRÁFICO DE DROGAS E ASSOCIAÇÃO AO TRÁFICO. DADOS ARMAZENADOS NO APARELHO CELULAR. INAPLICABILIDADE DO ART. 5º, XII, DA CONSTITUIÇÃO FEDERAL E DA LEI N. 9.296/96. PROTEÇÃO DAS COMUNICAÇÕES EM FLUXO. DADOS ARMAZENADOS. INFORMAÇÕES RELACIONADAS À VIDA PRIVADA E À INTIMIDADE. INVIOLABILIDADE. ART. 5º, X, DA CARTA MAGNA. ACESSO E UTILIZAÇÃO. NECESSIDADE DE AUTORIZAÇÃO JUDICIAL. INTELIGÊNCIA DO ART. 3º DA LEI N. 9.472/97 E DO ART. 7º DA LEI N. 12.965/14. TELEFONE CELULAR APREENDIDO EM CUMPRIMENTO A ORDEM JUDICIAL DE BUSCA E APREENSÃO. DESNECESSIDADE DE NOVA AUTORIZAÇÃO JUDICIAL PARA ANÁLISE E UTILIZAÇÃO DOS DADOS NELES ARMAZENADOS. RECURSO NÃO PROVIDO. I – O sigilo a que se refere o art. 5º, XII, da Constituição da República é em relação à interceptação telefônica ou telemática propriamente dita, ou seja, é da comunicação de dados, e não dos dados em si mesmos. Desta forma, a obtenção do conteúdo de conversas e mensagens armazenadas em aparelho de telefone celular ou smartphones não se subordina aos ditames da Lei n. 9.296/96. II – Contudo, os dados armazenados nos aparelhos celulares decorrentes de envio ou recebimento de dados via mensagens SMS, programas ou aplicativos de troca de mensagens (dentre eles o "WhatsApp"), ou mesmo por correio eletrônico, dizem respeito à intimidade e à vida privada do indivíduo, sendo, portanto, invioláveis, nos termos do art. 5º, X, da Constituição Federal. Assim, somente podem ser acessados e utilizados mediante prévia autorização judicial, nos termos do art. 3º da Lei n. 9.472/97 e do art. 7º da Lei n. 12.965/14. III – A jurisprudência das duas Turmas da Terceira Seção deste Tribunal Superior firmou-se no sentido de ser ilícita a prova obtida diretamente dos dados constantes de aparelho celular, decorrentes de mensagens de textos SMS, conversas por meio de programa ou aplicativos ("WhatsApp"), mensagens enviadas ou recebidas por meio de correio eletrônico, obtidos diretamente pela polícia no momento do flagrante, sem prévia autorização judicial para análise dos dados armazenados no telefone móvel. IV – No presente caso, contudo, o aparelho celular foi apreendido em cumprimento a ordem judicial que autorizou a busca e apreensão nos endereços ligados aos corréus, tendo a recorrente sido presa em flagrante na ocasião, na posse de uma mochila contendo tabletes de maconha. V – Se ocorreu a busca e apreensão dos aparelhos de telefone celular, não há óbice para se adentrar ao seu conteúdo já armazenado, porquanto necessário ao deslinde do feito, sendo prescindível nova autorização judicial para análise e utilização dos dados neles armazenados. Recurso ordinário não provido" (STJ, RHC 77.232/SC, Rel. Ministro FELIX FISCHER, QUINTA TURMA, julgado em 03/10/2017, DJe 16/10/2017).
„Gabarito "C".

(OAB/Exame XXXVI) No curso de inquérito que, no início da pandemia de Covid-19, apura a prática do crime contra as relações de consumo descrito no Art. 7º, inciso VI, da Lei nº 8.137/90, a autoridade policial representa pela interceptação do ramal telefônico de João, comerciante indiciado, sustentando a imprescindibilidade da medida para a investigação criminal.

O crime em questão consiste na sonegação ou retenção de insumos e bens, para fim de especulação, e é punido com pena de detenção de 2 a 5 anos ou multa. A interceptação é autorizada pelo prazo de quinze dias, em decisão fundamentada, na qual o juízo considera

15. DIREITO PROCESSUAL PENAL — 1021

demonstrada sua necessidade, bem como a existência de indícios suficientes de autoria.

No caso narrado, o(a) advogado(a) do comerciante poderia sustentar a ilegalidade da interceptação das comunicações telefônicas, porque

(A) o prazo fixado pelo juiz excede o legalmente permitido.

(B) a interceptação não é admitida quando o fato objeto da investigação constitui infração penal punida, no máximo, com pena de detenção.

(C) a interceptação não é admitida quando o fato objeto da investigação constitui infração penal cuja pena máxima não seja superior a cinco anos.

(D) caberia apenas ao Ministério Público requerê-la.

A solução desta questão deve ser extraída do art. 2º, III, da Lei 9.296/1996, segundo o qual a interceptação telefônica somente será deferida se o fato investigado constituir infração penal punida com pena de *reclusão*. Dessa forma, ainda que diante de lastro probatório robusto e demonstrada a imperiosa necessidade da medida, a interceptação telefônica não poderá ser autorizada nas hipóteses em que a infração penal investigada tiver como pena privativa de liberdade *detenção*, como é o caso do delito a que faz referência o enunciado.

Gabarito "B".

(OAB/Exame XXXIV) Lorena, em 01/01/2019, foi violentamente agredida por seu ex-companheiro Manuel, em razão de ciúmes do novo relacionamento, o que teria deixado marcas em sua barriga.

Policiais militares compareceram ao local dos fatos, após gritos da vítima, e encaminharam os envolvidos à Delegacia, destacando os agentes da lei que não presenciaram a briga e nem verificaram se Lorena estava ou não lesionada. Por sua vez, Lorena, que não precisou de atendimento médico, disse não ter interesse em ver o autor do fato processado, já que seria pai de suas filhas, não esclarecendo o ocorrido. Manuel, arrependido, porém, confessou a agressão na Delegacia, dizendo que desferiu um soco no estômago de Lorena, que lhe deixou marcas.

A vítima foi para sua residência, sem realizar exame técnico, mas, com base na confissão de Manuel, foi o autor do fato denunciado pelo crime de lesão corporal praticada no contexto de violência doméstica e familiar contra a mulher (Art. 129, § 9º, do CP, na forma da Lei nº 11.340/06). Durante a instrução, foi juntada apenas a Folha de Antecedentes Criminais de Manuel, sem outras anotações, não comparecendo a vítima à audiência de instrução e julgamento. Os policiais confirmaram apenas que escutaram um grito de Lorena, não tendo presenciado os fatos. Manuel, em seu interrogatório, reitera a confissão realizada em sede policial.

No momento das alegações finais, o novo advogado de Manuel, constituído após audiência, poderá pleitear

(A) a absolvição sumária de seu cliente, tendo em vista que não houve a indispensável representação por parte da vítima e a lesão causada seria de natureza leve.

(B) a nulidade da decisão que recebeu a denúncia, tendo em vista que não houve a indispensável representação por parte da vítima e a lesão identificada foi de natureza leve.

(C) a absolvição de seu cliente, diante da ausência de laudo indicando a existência de lesão, não podendo a confissão do acusado suprir tal omissão.

(D) a suspensão condicional da pena, já que não se admite a substituição da pena privativa de liberdade por restritiva de direitos no crime, mas a representação da vítima era dispensável, assim como o corpo de delito.

O STF, ao julgar procedente a ADIN 4.424, de 9/02/2012, entendeu ser incondicionada a ação penal em caso de crime de lesão corporal praticado contra a mulher no ambiente doméstico. A atuação do MP, por essa razão, prescinde da anuência da vítima. Tal entendimento encontra-se consagrado na Súmula 542, do STJ. Dessa forma, é irrelevante, no caso narrado no enunciado, a manifestação de vontade de Lorena no sentido de ver processado Manuel, seu ex-companheiro e pai de suas filhas, dado que a ação penal, conforme já ponderado, é pública incondicionada, podendo o MP promovê-la independente da vontade da ofendida. Pelo que consta do enunciado, é possível verificar que Lorena não foi submetida a exame de corpo de delito, de forma que não há laudo indicando a existência e a extensão da lesão nela provocada por Manuel. Considerando que a prática criminosa deixou vestígios, é imperiosa, por força do que dispõe o art. 158 do CPP, a realização do exame de corpo de delito; caso isso não seja possível, por haverem os vestígios desaparecido, tal falta poderá ser suprida por meio do depoimento de testemunhas (art. 167, CPP); o que não se admite, e aqui está o erro, é que a confissão supra a ausência do exame (art. 158, CPP). Por tudo que foi dito, é de rigor a absolvição de Manuel, em face da ausência de laudo indicando a existência de lesão, o que não poderá ser suprido pela sua confissão.

Gabarito "C".

(OAB/Exame XXXIV) Francisco foi preso em flagrante, logo após a prática de um crime de furto qualificado, pelo rompimento de obstáculo. Agentes públicos compareceram ao local dos fatos e constataram, por meio de exame pericial, o arrombamento do fecho da janela que protegia a residência de onde os bens foram subtraídos.

No interior da Delegacia, em conversa informal com a autoridade policial, Francisco confessou a prática delitiva, fato que foi registrado em gravação de áudio no aparelho celular pessoal do Delegado. Quando ouvido formalmente, preferiu exercer o direito ao silêncio que lhe foi assegurado naquele momento.

Francisco, reincidente, foi denunciado, sendo juntados pelo Ministério Público, já no início da ação penal, o laudo de exame de local que constatou o arrombamento e o áudio da confissão informal encaminhado pela autoridade policial.

No momento das alegações finais, o advogado de Francisco, sob o ponto de vista técnico, deverá destacar que

(A) a condenação não poderá se basear exclusivamente no laudo de exame de local, considerando que não foi produzido sob crivo do contraditório, e o áudio acostado, apesar de não poder ser considerado prova ilícita, se valorado na sentença, deverá justificar o reconhecimento da atenuante da pena da confissão.

(B) tanto o áudio com a confissão informal quanto o laudo de exame de local são provas lícitas, podendo, inclusive, o magistrado fundamentar eventual condenação com base exclusivamente no exame pericial produzido antes da instrução probatória.

(C) a confissão informal foi obtida de maneira ilícita, devendo ser o áudio desentranhado do processo, mas poderá o laudo pericial ser considerado em eventual sentença, apesar de produzido antes de ser instaurado o contraditório.

(D) tanto o áudio com a confissão informal quanto o laudo de exame de local são provas ilícitas, devendo ser desentranhados do processo.

Cuida-se de interrogatório sub-reptício, conseguido por meio ilícito, porquanto desatendidas as formalidades que devem revestir o ato, a saber: "o preso será informado de seus direitos, entre os quais o de permanecer calado, sendo-lhe assegurada a assistência da família e de advogado". É o que dispõe o art. 5º, LXIII, da CF. Além disso, por se tratar de ato formal, submete-se às regras do interrogatório judicial, conforme preceitua o art. 6º, V, do CPP. Não foi isso que se deu. Pelo contrário, a autoridade policial responsável pela lavratura do auto de prisão em flagrante, ao invés de informar Francisco acerca de seu direito de permanecer calado, adotou postura diversa e, aproveitando-se da ausência de seu patrono, logrou obter sua confissão, que foi gravada e utilizada, após, para subsidiar a denúncia contra ele oferecida. Dessa forma, a confissão informal obtida de forma ilícita deve ser desentranhada dos autos. Na jurisprudência: "Condenação baseada exclusivamente em supostas declarações firmadas perante policiais militares no local da prisão. Impossibilidade. Direito ao silêncio violado. 4. Aviso de Miranda. Direitos e garantias fundamentais. A Constituição Federal impõe ao Estado a obrigação de informar ao preso seu direito ao silêncio não apenas no interrogatório formal, mas logo no momento da abordagem, quando recebe voz de prisão por policial, em situação de flagrante delito. Precedentes. 5. Agravo a que se nega provimento." (STF, RHC 170843 AgR, Relator(a): GILMAR MENDES, Segunda Turma, julgado em 04/05/2021, PROCESSO ELETRÔNICO DJe-174 DIVULG 31-08-2021 PUBLIC 01-09-2021). O exame pericial realizado na fase inquisitiva constitui prova *não repetível* (art. 155, *caput*, do CPP), pois a sua reprodução em juízo é inviável. A submissão dessa modalidade de prova ao contraditório ocorrerá somente no âmbito do processo, chamado, por isso, de *contraditório diferido* ou *postergado*. Destarte, poderá ser considerado em eventual sentença, mesmo sendo produzido (e de outra forma não poderia ser) antes de ser instaurado o contraditório.
Gabarito "C".

(OAB/Exame XXXIII – 2020.3) Vanessa foi presa em flagrante, logo após cometer um crime de furto em residência. A proprietária do imóvel, Jurema, 61 anos, informou aos policiais que viu, pelas câmeras de segurança, Vanessa escalando o alto muro da residência e ingressando na casa, acreditando a vítima que a mesma rompeu o cadeado da porta, já que este encontrava-se arrombado. Por determinação da autoridade policial, um perito oficial compareceu à residência de Jurema e realizou laudo pericial para confirmar que o muro que Vanessa pulou era de grande altura e demandava esforço no ato. Deixou, porém, de realizar a perícia no cadeado e na porta por onde Vanessa teria entrado na casa.

Vanessa foi denunciada pelo crime de furto qualificado, sendo imputado pelo Ministério Público a qualificadora da escalada e do rompimento de obstáculo. No curso da instrução, assistida a ré pela Defensoria Pública, as partes tiveram acesso ao laudo pericial e, em seu interrogatório, Vanessa confessou os fatos, inclusive o rompimento do cadeado para ingresso na residência, bem como informou que sabia que a lesada era uma senhora de idade. A vítima Jurema não compareceu, alegando que não poderia deixar sua residência exposta, já que o cadeado da casa ainda estava arrombado, argumentando ser idosa, acostando sua carteira de habilitação, e destacando que

as imagens da câmera de segurança, já juntadas ao processo, confirmavam a autoria delitiva.

Você, como advogado(a), foi constituído(a) por Vanessa para a apresentação de alegações finais. Considerando as informações expostas, você deverá alegar que

(A) a perícia realizada no muro não poderá ser considerada prova, mas tão só elemento informativo a ser confirmado por provas produzidas sob o crivo do contraditório, tendo em vista que as partes não participaram da elaboração do laudo.

(B) deve ser afastada a qualificadora com fundamento no rompimento de obstáculo, já que não foi produzida prova pericial, não sendo suficiente a confissão da acusada.

(C) a perícia realizada para demonstrar a escalada foi inválida, pois não foi realizada por dois peritos oficiais, nos termos da determinação do Código de Processo Penal.

(D) a idade da vítima não foi comprovada por documento idôneo, não podendo ser reconhecida agravante por tal fundamento.

O enunciado trata de formas qualificadas do delito de furto, entre elas aquela em que o agente, com vistas a subtrair coisa alheia móvel, rompe ou destrói obstáculo. Neste caso, é de rigor, tal como estabelece o art. 171 do CPP, a realização do exame de corpo de delito a fim de constatar a existência desta qualificadora. Em regra, a perícia deverá realizar-se, de forma direta, sobre os vestígios do crime, a qual, no entanto, poderá ser suprida por prova testemunhal quando tais vestígios, por qualquer razão, desaparecerem. O que não se admite é que o exame seja suprido pela confissão do acusado (art. 158, CPP). No caso narrado no enunciado, vê-se que a perícia não foi realizada no cadeado e na porta que, em princípio, teriam sido arrombados, tampouco foram colhidos depoimentos de testemunhas que pudessem confirmar o arrombamento, razão pela qual esta qualificadora deve ser afastada.
Gabarito "B".

(OAB/Exame Unificado – 2020.1) O Ministério Público ofereceu denúncia em face de Tiago e Talles, imputando-lhes a prática do crime de sequestro qualificado, arrolando como testemunhas de acusação a vítima, pessoas que presenciaram o fato, os policiais responsáveis pela prisão em flagrante, além da esposa do acusado Tiago, que teria conhecimento sobre o ocorrido.

Na audiência de instrução e julgamento, por ter sido arrolada como testemunha de acusação, Rosa, esposa de Tiago, compareceu, mas demonstrou que não tinha interesse em prestar declarações. O Ministério Público insistiu na sua oitiva, mesmo com outras testemunhas tendo conhecimento sobre os fatos. Temendo pelas consequências, já que foi prestado o compromisso de dizer a verdade perante o magistrado, Rosa disse o que tinha conhecimento, mesmo contra sua vontade, o que veio a prejudicar seu marido. Por ocasião dos interrogatórios, Tiago, que seria interrogado por último, foi retirado da sala de audiência enquanto o corréu prestava suas declarações, apesar de seu advogado ter participado do ato.

Com base nas previsões do Código de Processo Penal, considerando apenas as informações narradas, Tiago

(A) não teria direito de anular a instrução probatória com fundamento na sua ausência durante o interrogatório de Talles e nem na oitiva de Rosa na condição de tes-

15. DIREITO PROCESSUAL PENAL 1023

temunha, já que devidamente arrolada pelo Ministério Público.

(B) teria direito de anular a instrução probatória com fundamento na ausência de Tiago no interrogatório de Talles e na oitiva de Rosa na condição de testemunha.

(C) não teria direito de anular a instrução probatória com base na sua ausência no interrogatório de Talles, mas deveria questionar a oitiva de Rosa como testemunha, já que ela poderia se recusar a prestar declarações.

(D) não teria direito de anular a instrução probatória com base na sua ausência no interrogatório de Talles, mas deveria questionar a oitiva de Rosa como testemunha, pois, em que pese seja obrigada a prestar declarações, deveria ser ouvida na condição de informante, sem compromisso legal de dizer a verdade.

Tiago e Talles, segundo o enunciado, estão sendo processados pelo cometimento do crime de sequestro qualificado. O MP, ao oferecer a denúncia, arrolou, além da vítima e de outras pessoas que presenciaram o fato, também a esposa do acusado Tiago, que teria conhecimento sobre o ocorrido. Quando da realização da audiência de instrução e julgamento, Rosa, esposa de Tiago, intimada que foi para o ato, a ele compareceu, demonstrando, nesta oportunidade, por razões óbvias, seu desinteresse em prestar declarações. Mesmo contrariada, Rosa, acuada, já que temia pelas consequências que poderiam acarretar da sua recusa, acaba por prestar declarações, o que veio a prejudicar seu marido. É claro o enunciado ao informar que havia outras testemunhas que detinham conhecimento sobre os fatos, o que permite concluir que a prova poderia ser obtida por outros meios. Pois bem. Como bem sabemos, uma vez arrolada como testemunha, a pessoa tem o dever de comparecer e prestar seu depoimento. Cuida-se, portanto, de uma obrigação imposta por lei (art. 206, CPP). Atrelado ao dever de comparecimento, temos que a testemunha também está obrigada a prestar compromisso, dizendo a verdade do que souber. Se não comparecer, será conduzida coercitivamente; se faltar com a verdade, incorrerá em crime de falso testemunho (art. 342, CP). Ocorre que determinadas pessoas, em razão de sua vinculação com o acusado, podem se recusar a depor, sem que isso lhes acarrete consequências, salvo se não for possível obter a prova de outra forma (como já dissemos, não é este o caso do enunciado). Segundo o art. 206 do CPP, a esposa do réu pode se recusar a servir como testemunha. Cuidado: não se trata de uma proibição, mas, sim, de uma faculdade conferida a determinadas pessoas que, em tese, não têm a necessária isenção de ânimo para testemunhar. Se optarem por prestar seu depoimento, serão ouvidas na qualidade de informantes, já que delas não será tomado o compromisso de dizer a verdade (art. 208, CPP). Dessa forma, o depoimento de Rosa, que não desejava prestá-lo, deverá ser questionado. Já a retirada de Tiago da sala de audiência para o interrogatório do corréu não constitui ilegalidade. Pelo contrário. Estabelece o art. 191 do CPP que o interrogatório dos corréus deve ocorrer separadamente.
„Ɔ„ oʇıɹɐqɐ⅁

(OAB/Exame Unificado - 2019.2) Glauber foi denunciado pela prática de um crime de roubo majorado. Durante a audiência de instrução e julgamento, que ocorreu na ausência do réu, em razão do temor da vítima e da impossibilidade de realização de videoconferência, o Ministério Público solicitou que a vítima descrevesse as características físicas do autor do fato. Após a vítima descrever que o autor seria branco e baixo e responder às perguntas formuladas pelas partes, ela foi conduzida à sala especial, para a realização de reconhecimento formal.

No ato de reconhecimento, foram colocados, com as mesmas roupas, lado a lado, Glauber, branco e baixo, Lucas, branco e alto, e Thiago, negro e baixo, apesar

de a carceragem do Tribunal de Justiça estar repleta de presos para a realização de audiências, inclusive com as características descritas pela ofendida. A vítima reconheceu Glauber como o autor dos fatos, sendo lavrado auto subscrito pelo juiz, pela vítima e por duas testemunhas presenciais.

Considerando as informações narradas, o advogado de Glauber, em busca de futuro reconhecimento de nulidade da instrução ou absolvição de seu cliente, de acordo com o Código de Processo Penal e a jurisprudência dos Tribunais Superiores, deverá consignar, na assentada da audiência, seu inconformismo em relação ao reconhecimento realizado pela vítima,

(A) em razão da oitiva da vítima na ausência do réu, já que o direito de autodefesa inclui o direito de presença em todos os atos do processo.

(B) tendo em vista que, de acordo com as previsões do Código de Processo Penal, ela não poderia ter descrito as características do autor dos fatos antes da realização do reconhecimento.

(C) em razão das características físicas apresentadas pelas demais pessoas colocadas ao lado do réu quando da realização do ato, tendo em vista a possibilidade de participarem outras pessoas com características semelhantes.

(D) tendo em vista que o auto de reconhecimento deveria ter sido subscrito pelo juiz, pelo réu, por seu defensor e pelo Ministério Público, além de três testemunhas presenciais.

A: incorreta. Embora o direito de autodefesa inclua o direito de presença do réu em todos os atos do processo, é certo que, havendo motivo plausível (humilhação, temor ou sério constrangimento à vítima), poderá o juiz, sendo inviável proceder-se à inquirição por meio de videoconferência, determinar a retirada do acusado da sala de audiência, assegurada a permanência de seu defensor (art. 217, CPP); **B:** incorreta. Ao contrário do que se afirma na assertiva, a primeira formalidade a ser cumprida, no ato de reconhecimento de pessoas, é justamente a descrição da pessoa que tiver de ser reconhecida por aquela que fará o reconhecimento (art. 226, I, CPP); **C:** correta. Se, no momento do reconhecimento, havia pessoas com características semelhantes às de Glauber, elas deveriam ter sido utilizadas (art. 226, II, CPP). Se não foram (quando era possível), poderá o advogado de Glauber se valer deste vício para buscar a anulação do julgamento, por infringência à regra contida no art. 226, II, CPP; **D:** incorreta, já que tal formalidade não está prescrita em lei (art. 226, IV, do CPP).
„Ɔ„ oʇıɹɐqɐ⅁

(OAB/Exame Unificado - 2019.2) Tomás e Sérgio foram denunciados como incursos nas sanções penais do crime do art. 217-A do Código Penal (estupro de vulnerável), narrando a acusação que, no delito, teria ocorrido ato libidinoso diverso da conjunção carnal, já que os denunciados teriam passado as mãos nos seios da criança, e que teria sido praticado em concurso de agentes.

Durante a instrução, foi acostado ao procedimento laudo elaborado por um perito psicólogo oficial, responsável pela avaliação da criança apontada como vítima, concluindo que o crime teria, de fato, ocorrido. As partes tiveram acesso posterior ao conteúdo do laudo, apesar de intimadas da realização da perícia anteriormente.

O magistrado responsável pelo julgamento do caso, avaliando a notícia concreta de que Tomás e Sérgio, durante o deslocamento para a audiência de instrução e julgamento, teriam um plano de fuga, o que envolveria diversos comparsas armados, determinou que o interrogatório fosse realizado por videoconferência.

No momento do ato, os denunciados foram ouvidos separadamente um do outro pelo magistrado, ambos acompanhados por defesa técnica no estabelecimento penitenciário e em sala de audiência durante todo ato processual. Insatisfeitos com a atuação dos patronos e acreditando na existência de ilegalidades no procedimento, Tomás e Sérgio contratam José para assistência técnica.

Considerando apenas as informações narradas, José deverá esclarecer que

(A) o interrogatório dos réus não poderia ter sido realizado separadamente, tendo em vista que o acusado tem direito a conhecer todas as provas que possam lhe prejudicar.

(B) não poderia ter sido realizado interrogatório por videoconferência, mas tão só oitiva das testemunhas na ausência dos acusados, diante do direito de presença do réu e ausência de previsão legal do motivo mencionado pelo magistrado.

(C) o laudo acostado ao procedimento foi válido em relação à sua elaboração, mas o juiz não ficará adstrito aos termos dele, podendo aceitá-lo ou rejeitá-lo, no todo ou em parte.

(D) o laudo deverá ser desentranhado dos autos, tendo em vista que elaborado por apenas um perito oficial, sendo certo que a lei exige que sejam dois profissionais e que seja oportunizada às partes apresentação de quesitos complementares.

A: incorreta. Se de um lado é fato que ao acusado é concedida a garantia de conhecer todas as provas que contra ele pesam, isso não quer dizer que os interrogatórios devam ser feitos conjuntamente, na hipótese de haver mais de um réu. É do art. 191 do CPP que o interrogatório, havendo mais de um acusado, será feito em separado. Isso para se evitar a influência de um corréu sobre o outro, no ato do interrogatório. Dessa forma, o interrogatório, no caso narrado no enunciado, deve, sim, ser feito separadamente. Agiu bem o magistrado, portanto; **B:** incorreta. Embora se trate de providência de caráter excepcional, assim considerada pela lei processual penal (art. 185, § 2º, CPP), é certo que, na hipótese narrada no enunciado, deveria o magistrado responsável pelo julgamento do caso, tendo em vista a notícia concreta de que Tomás e Sérgio, durante o deslocamento para a audiência de instrução e julgamento, teriam um plano de fuga, determinar que o interrogatório fosse realizado por videoconferência, hipótese contemplada no art. 185, § 2º, I, do CPP; **C:** correta. O juiz, fazendo uso da prerrogativa que lhe confere o art. 182 do CPP, poderá aceitar ou rejeitar o laudo, no todo ou em parte. É dizer, o magistrado não ficará vinculado ao laudo; **D:** incorreta. A redação anterior do art. 159 do CPP estabelecia que a perícia fosse realizada por *dois* profissionais. Atualmente, com a modificação a que foi submetido este dispositivo (pela Lei 11.690/2008), a perícia será levada a efeito por *um* perito oficial portador de diploma de curso superior. À falta deste, determina o § 1º do art. 159 que o exame seja feito por duas pessoas idôneas, detentoras de diploma de curso superior preferencialmente na área específica, dentre aquelas que tiverem habilitação técnica relacionada com a natureza do exame.

Gabarito "C".

(OAB/Exame Unificado - 2019.1) A autoridade policial recebeu denúncia anônima informando que Gabriel seria autor de um crime de apropriação indébita (Art. 168 do CP. Pena: 01 a 04 anos de reclusão e multa). Realizou, então,

diligências para verificar a relevância daquela informação e, após constatar que havia motivos para justificar o início de investigação, instaurou inquérito para apurar a infração penal antes mencionada, indiciando Gabriel.

O primeiro ato da investigação foi requerer, ao juízo competente, interceptação das comunicações telefônicas de Gabriel, pedido esse que foi deferido. Após a interceptação, a autoridade policial buscou obter outros elementos informativos, ouvindo a vítima e testemunhas que tinham conhecimento dos fatos e da autoria delitiva.

Após o fim do prazo de 15 dias fixado para interceptação, com nova representação da autoridade policial e requerimento do Ministério Público, o juiz deferiu a prorrogação da medida, reiterando os termos da decisão que autorizou a medida inicial e destacando que aqueles fundamentos persistiam e foram confirmados pelo teor das transcrições das conversas já obtidas.

Gabriel, no curso das investigações, foi intimado para prestar esclarecimentos, momento em que entrou em contato com seu advogado, que obteve acesso ao procedimento.

Considerando as informações narradas, o(a) advogado(a) de Gabriel poderá questionar a interceptação telefônica realizada, porque

(A) a primeira notícia do crime foi oriunda de denúncia anônima, o que impede que seja instaurada investigação, ainda que a autoridade policial realize diligências para confirmar a necessidade de iniciar procedimento investigatório.

(B) o crime investigado é punido com pena de reclusão que não ultrapassa 04 anos de pena privativa de liberdade.

(C) a prova da infração poderia ter sido obtida por outros meios disponíveis.

(D) a decisão de prorrogação do prazo da medida utilizou-se de fundamentação *per relationem*, o que não é admitido no Processo Penal brasileiro.

A: incorreta. A denúncia anônima (também chamada de *apócrifa* ou *inqualificada*), segundo tem entendido a jurisprudência, não é apta, por si só, a autorizar a instauração de inquérito policial, dando início à persecução penal. Antes disso, a autoridade policial deverá fazer uma averiguação prévia a fim de verificar a procedência da denúncia apócrifa, para, depois disso, determinar, se for o caso, a instauração de inquérito. No caso acima narrado, a autoridade policial, tomando conhecimento de denúncia anônima, antes de proceder a inquérito, realizou diligências para verificar a veracidade daquela informação e, somente após constatar que havia motivos para justificar o início de investigação, instaurou inquérito. Dessa forma, pode-se afirmar que agiu bem o delegado de polícia. O que ele não poderia fazer é, diante de uma denúncia apócrifa, determinar, de pronto, a instauração de IP, sem antes se certificar da verossimilhança dos fatos que chegaram ao seu conhecimento. Nesse sentido: "(...) *a autoridade policial, ao receber uma denúncia anônima, deve antes realizar diligências preliminares para averiguar se os fatos narrados nessa 'denúncia' são materialmente verdadeiros, para, só então, iniciar as investigações*" (STF, HC 95.244, 1ª T., rel. Min. Dias Toffoli, DJE de 29.04.2010). No mesmo sentido: "*1. Elementos dos autos que evidenciam não ter havido investigação preliminar para corroborar o que exposto em denúncia anônima. O Supremo Tribunal Federal assentou ser possível a deflagração da persecução penal pela chamada denúncia anônima, desde que esta seja seguida de diligências realizadas para averiguar os fatos nela noticiados antes da instauração do inquérito policial.*

Precedente. 2. A interceptação telefônica é subsidiária e excepcional, só podendo ser determinada quando não houver outro meio para se apurar os fatos tidos por criminosos, nos termos do art. 2º, inc. II, da Lei n. 9.296/1996. Precedente. 3. Ordem concedida para se declarar a ilicitude das provas produzidas pelas interceptações telefônicas, em razão da ilegalidade das autorizações, e a nulidade das decisões judiciais que as decretaram amparadas apenas na denúncia anônima, sem investigação preliminar" (HC 108147, Relator(a): Min. Cármen Lúcia, Segunda Turma, julgado em 11.12.2012, Processo Eletrônico *DJe*-022 Divulg 31.01.2013 Public 01.02.2013); **B:** incorreta. Somente se veda o emprego da interceptação telefônica para investigar crimes cuja pena cominada não seja de reclusão. No caso do enunciado, sendo a pena de reclusão (pouco importa a quantidade de pena), possível, em tese, o uso da interceptação telefônica (art. 2º, III, Lei 9.296/1996); **C:** correta. De fato, por se tratar de meio invasivo de prova, a interceptação telefônica deve ser utilizada com parcimônia. Isso significa dizer que ela deve assumir um caráter subsidiário em relação a outras provas, ou seja, ainda que não existam outras provas, não será a interceptação telefônica a primeira a ser realizada (art. 2º, II, Lei 9.296/1996); **D:** incorreta, na medida em que a chamada fundamentação *per relationem*, que é aquela por meio da qual se faz remissão às alegações de uma das partes, é admitida pela jurisprudência.

Gabarito "C".

(OAB/Exame Unificado - 2019.1) Adolfo e Arnaldo são irmãos e existe a informação de que estão envolvidos na prática de crimes. Durante investigação da suposta prática de crime de tráfico de drogas, foi deferida busca e apreensão na residência de Adolfo, em busca de instrumentos utilizados na prática delitiva.

O oficial de justiça, com mandado regularmente expedido, compareceu à residência de Adolfo às 03.00h, por ter informações de que às 07.00h ele deixaria o local. Apesar da não autorização para ingresso na residência por parte do proprietário, ingressou no local para cumprimento do mandado de busca e apreensão, efetivamente apreendendo um caderno com anotações que indicavam a prática do crime investigado.

Quando deixavam o local, os policiais e o oficial de justiça se depararam, na rua ao lado, com Arnaldo, sendo que imediatamente uma senhora o apontou como autor de um crime de roubo majorado pelo emprego de arma, que teria ocorrido momentos antes.

Diante disso, os policiais realizaram busca pessoal em Arnaldo, localizando um celular, que era produto do crime de acordo com a vítima, razão pela qual efetuaram a apreensão desse bem.

Ao tomar conhecimento dos fatos, a mãe de Adolfo e Arnaldo procurou você, como advogado(a), para a adoção das medidas cabíveis.

Assinale a opção que apresenta, sob o ponto de vista técnico, a medida que você poderá adotar.

(A) Pleitear a invalidade da busca e apreensão residencial de Adolfo e a da busca e apreensão pessoal em Arnaldo.

(B) Pleitear a invalidade da busca e apreensão residencial de Adolfo, mas não a da busca e apreensão pessoal de Arnaldo.

(C) Não poderá pleitear a invalidade das buscas e apreensões.

(D) Pleitear a invalidade da busca e apreensão pessoal de Arnaldo, mas não a da busca e apreensão residencial de Adolfo.

É fato que a casa é, por imperativo constitucional (art. 5º, XI, da CF), asilo inviolável do indivíduo e sua família, de tal sorte que ninguém poderá nela penetrar sem o consentimento do morador; entretanto, o próprio texto constitucional estabeleceu exceções a esta inviolabilidade domiciliar, a saber: se durante o dia, o ingresso sem o consentimento do morador poderá se dar diante de situação de flagrante delito, desastre ou para prestar socorro, ou ainda para cumprimento de ordem judicial; se durante à noite, o ingresso, diante da recalcitrância do morador, poderá se dar também em situação de flagrante, desastre ou para prestar socorro. Durante a noite, portanto, não poderá o oficial de Justiça/autoridade policial, à revelia do morador, ingressar em seu domicílio para dar cumprimento à ordem judicial; deverá, pois, aguardar o amanhecer. Não foi isso que fez o oficial de Justiça no caso narrado no enunciado. Bem ao contrário, a fim de dar cumprimento à ordem judicial de busca e apreensão, ingressou, sem autorização do morador, durante a madrugada, em domicílio alheio, e ali logrou apreender um caderno com anotações que indicavam a prática do crime investigado. Ainda que tivesse a notícia de que o investigado pretendia deixar o local logo ao amanhecer, cabia ao oficial aguardar o dia clarear para dar cumprimento à ordem judicial. Desta feita, a busca e apreensão residencial de Adolfo é passível de nulidade. Além disso, o oficial de justiça incorrerá no crime de abuso de autoridade previsto no art. 22, § 1º, III, da Lei 13.869/2019. Do enunciado ainda consta que, quando deixavam o local, os policiais e o oficial de justiça se depararam, na rua ao lado, com Arnaldo, tendo uma senhora o apontado como autor de um crime de roubo majorado pelo emprego de arma, que teria ocorrido momentos antes. Diante disso, os policiais realizaram busca pessoal em Arnaldo, com o qual localizaram um celular, que era produto do crime de acordo com a vítima, razão pela qual efetuaram a apreensão desse bem. Neste caso, a busca e apreensão foi realizada de forma lícita, nos termos do art. 240, § 2º, do CPP. Mesmo porque Arnaldo se encontrava em situação de flagrante delito.

Gabarito "B".

(OAB/Exame Unificado – 2018.1) O Ministério Público ofereceu denúncia em face de Matheus, imputando-lhe a prática de um crime de estelionato. Na cota da denúncia, o Promotor de Justiça solicitou a realização de exame grafotécnico para comparar as assinaturas constantes da documentação falsa, utilizada como instrumento da prática do estelionato, com as de Matheus. Após ser citado, Matheus procura seu advogado e esclarece, em sigilo, que realmente foi autor do crime de estelionato.

Considerando as informações narradas, sob o ponto de vista técnico, o advogado deverá esclarecer que Matheus

(A) deverá realizar o exame grafotécnico, segundo as determinações que lhe forem realizadas, já que prevalece no Processo Penal o Princípio da Verdade Real.

(B) poderá se recusar a realizar o exame grafotécnico até o momento de seu interrogatório, ocasião em que deverá fornecer padrão para o exame grafotécnico, ainda que com assinaturas diferentes daquelas tradicionalmente utilizadas por ele.

(C) deverá realizar o exame grafotécnico, tendo em vista que, no recebimento da denúncia, prevalece o princípio do *in dubio pro societatis*.

(D) poderá se recusar a realizar o exame grafotécnico durante todo o processo, e essa omissão não pode ser interpretada como confissão dos fatos narrados na denúncia.

Ninguém poderá ser compelido a produzir prova contra si mesmo (princípio do *nemo tenetur se detegere*), razão pela qual não se imporá ao investigado/réu a obrigação de fornecer material gráfico para comparação em exame pericial (exame grafotécnico). O mesmo se diga em relação à participação do investigado na reprodução simulada dos fatos (art. 7º do CPP), que será sempre facultativa, ou ainda no fornecimento de sangue para realização de exame de alcoolemia. Ademais, o exercício da prerrogativa de não produzir prova contra si mesmo não pode conduzir à presunção de culpabilidade pelo crime atribuído ao agente, o que somente terá lugar com o trânsito em julgado da sentença penal condenatória. *Vide* art. 186, parágrafo único, do CPP.

Gabarito "D".

(OAB/Exame Unificado – 2017.3) Durante instrução probatória em que se imputava a João a prática de um crime de peculato, foram intimados para depor, em audiência de instrução e julgamento, os policiais civis que participaram das investigações, a ex-esposa de João, que tinha conhecimento dos fatos, e o padre para o qual João contava o que considerava seus pecados, inclusive sobre os desvios de dinheiro público.

Preocupados, todos os intimados para depoimento foram à audiência, acompanhados de seus advogados, demonstrando interesse em não prestar declarações.

Considerando apenas as informações narradas, assinale a afirmativa correta.

(A) Apenas o advogado da ex-esposa de João poderá requerer que sua cliente seja eximida do dever de depor, devendo os demais prestar declarações.

(B) Todos os advogados poderão requerer que seus clientes sejam eximidos do dever de depor.

(C) Apenas o advogado do padre poderá buscar que ele não preste declarações, já que proibido, por ofício, de depor, devendo os demais prestar declarações.

(D) Apenas os advogados da ex-esposa de João e do padre poderão requerer que seus clientes não sejam ouvidos na condição de testemunhas.

De uma forma geral, sobre todos recai o dever de servir como testemunha, comparecendo em juízo quando convocado e prestando seu depoimento. Cuida-se, portanto, de um dever imposto por lei, que, se descumprido, pode levar à responsabilização da testemunha por crime de falso testemunho (art. 342, CP). A exceção a essa regra atinge as pessoas elencadas no art. 206 do CPP, que podem, por isso, recusar-se a depor. Entre eles estão, por exemplo, o ex-cônjuge e a mãe do acusado, aos quais é conferida a prerrogativa de negar-se a prestar depoimento; por se tratar de uma faculdade (e não de proibição), nada impede que essas pessoas prestem seu testemunho, mas, neste caso, sobre elas não recairá a obrigação de dizer a verdade. Serão ouvidas, bem por isso, na qualidade de informante; assim, se mentirem, não serão processadas por crime de falso testemunho. O art. 206 do CPP estabelece que, em uma única hipótese, as pessoas ali mencionadas não podem recusar-se a depor: quando não for possível, de qualquer outra forma, produzir a prova do fato ou de suas circunstâncias, hipótese em que, ainda assim, não se deferirá o dever de dizer a verdade. Dessa forma, é assegurado ao advogado da ex-esposa de João o direito de pleitear que ela não seja ouvida. O mesmo se diga em relação ao padre, cujo advogado poderá formular o mesmo pedido. É que as pessoas listadas no art. 207 do CPP, como é o caso do padre, estão em regra proibidas de prestar depoimento. Trata-se de uma imposição legal, e não mera faculdade; poderão, todavia, fazê-lo se a parte que lhe confiou o segredo desobrigá-la e a autorizar a depor.

Gabarito "D".

(OAB/Exame Unificado – 2017.1) Durante audiência de instrução e julgamento em processo em que é imputada a José a prática de um crime de roubo majorado pelo concurso de agentes, Laís e Lívia, testemunhas de acusação, divergem em suas declarações. Laís garante que presenciou o crime

e que dois eram os autores do delito; já Lívia também diz que estava presente, mas afirma que José estava sozinho quando o crime foi cometido. A vítima não foi localizada para prestar depoimento.

Diante dessa situação, poderá o advogado de José requerer:

(A) a realização de contradita das testemunhas.

(B) a realização de acareação das testemunhas.

(C) a instauração de incidente de falsidade.

(D) a suspensão do processo até a localização da vítima, para superar divergência.

Não é o caso de se recorrer à *contradita* (art. 214, CPP), que consiste no instrumento, colocado à disposição das partes, que se presta a questionar a parcialidade da testemunha que será ouvida. Terá lugar logo em seguida à qualificação da testemunha e antes do início do seu depoimento. O que temos, aqui, é uma divergência entre as declarações das testemunhas. Da mesma forma, não há por que lançar mão da instauração de incidente de falsidade, cuja finalidade é constatar a autenticidade de um documento em relação ao qual existe controvérsia. Também não é este o caso. O que há, de fato, segundo narra o enunciado, é uma contradição sobre circunstâncias relevantes nos depoimentos das testemunhas, devendo-se, por isso, recorrer à *acareação* (art. 229, CPP), cujo objetivo é dirimir versões discrepantes oferecidas pelas testemunhas. ED

Gabarito "B".

(OAB/Exame Unificado – 2017.1) Fagner, irmão de Vitor, compareceu à Delegacia e narrou que foi vítima de agressões que lhe causaram lesão corporal de natureza leve. Afirmou Fagner, em sede policial, que Vitor desferiu um soco em seu rosto, deixando a agressão vestígios, mas esclareceu que não necessitou de atendimento médico. Apesar de demonstrar interesse inequívoco em ver seu irmão responsabilizado criminalmente pelo ato praticado, não assinou termo de representação formal, além de não realizar exame de corpo de delito. Vitor foi denunciado pela prática do crime do Art. 129, § 9º, do Código Penal.

Durante a instrução, Fagner não foi localizado para ser ouvido, não havendo outras testemunhas presenciais. Vitor, em seu interrogatório, contudo, confirmou que desferiu um soco no rosto de seu irmão. Em relação aos documentos do processo, consta apenas a Folha de Antecedentes Criminais do acusado.

Considerando apenas as informações narradas na hipótese, assinale a afirmativa correta.

(A) O processo deve ser extinto sem julgamento do mérito, pois a representação do ofendido necessariamente deve ser expressa e formal.

(B) Não existe prova da materialidade, pois, quando a infração penal deixa vestígios, o exame de corpo de delito é indispensável, não podendo supri-lo a confissão do acusado.

(C) Não existe prova da materialidade, pois o Código de Processo Penal apenas admite o exame de corpo de delito direto.

(D) Existe prova da materialidade, pois o Código de Processo Penal admite a figura do exame de corpo de delito indireto e este ocorreu no caso concreto.

A: incorreta, já que a *representação*, conforme doutrina e jurisprudência sedimentadas, não exige rigor sacramental; basta, aqui, que a vítima manifeste de forma inequívoca sua vontade de ver processado

15. DIREITO PROCESSUAL PENAL — 1027

seu ofensor. O processo, portanto, não poderia ser extinto por esse motivo; **B:** correta. De fato, não há prova da materialidade do crime, uma vez que os vestígios da lesão experimentada por Fagner não foram submetidos a exame de corpo de delito tampouco havia testemunhas do fato que pudessem confirmar essa lesão. O que se tinha é a confissão do acusado, que, como bem sabemos, não pode suprir o exame de corpo de delito (art. 167, CPP); **C:** incorreta. É verdade que, neste caso, não existe prova da materialidade do crime; mas é incorreto afirmar que o CPP somente admite o exame de corpo de delito direto, que é aquele realizado diretamente sobre o vestígio do crime. Isso porque se admite também que o exame seja feito sobre vestígios paralelos (exame indireto). É o caso da ficha de atendimento médico (art. 158, CPP); **D:** incorreta. No caso narrado no enunciado, não houve a constatação direta tampouco indireta sobre os vestígios do crime. [ED]
Gabarito "B".

(OAB/Exame Unificado – 2016.3) Em uma mesma rua da cidade de Palmas, em dois imóveis diversos, moram Roberto e Mário. Roberto foi indiciado pela prática do crime de estelionato, razão pela qual o magistrado deferiu o requerimento do Ministério Público de busca e apreensão de documentos em sua residência, sem estabelecer o horário em que deveria ser realizada. Diante da ordem judicial, a Polícia Civil compareceu à sua residência, às 04h da madrugada para cumprimento do mandado e ingressou no imóvel, sem autorização do indiciado, para cumprir a busca e apreensão.

Após a diligência, quando deixavam o imóvel, policiais receberam informações concretas de popular, devidamente identificado, de que Mário guardava drogas para facção criminosa em seu imóvel e, para comprovar o alegado, o popular ainda apresentou fotografias. Diante disso, os policiais ingressaram na residência de Mário, sem autorização deste, onde, de fato, apreenderam 1 kg de droga.

Sobre as diligências realizadas, com base na situação narrada, assinale a afirmativa correta.

(A) Nas residências de Roberto e Mário foram inválidas.

(B) Na residência de Roberto foi inválida, enquanto que, na residência de Mário, foi válida.

(C) Nas residências de Roberto e Mário foram válidas.

(D) Na residência de Roberto foi válida, enquanto que, na residência de Mário, foi inválida.

Por imposição de índole constitucional (art. 5º, XI), o ingresso em domicílio alheio somente pode se dar em caso de flagrante delito, de desastre ou para prestar socorro, ou, ainda, durante o dia, por determinação judicial. Ou seja, a busca e apreensão domiciliar somente pode ser feita durante o dia (art. 245, CPP). Não há unanimidade em relação ao que deve ser considerado como *dia/noite*. Há quem sustente que *noite* corresponde ao período compreendido entre as 18 horas e as 6 horas; para outros, *noite* deve corresponder ao período compreendido entre o pôr do sol e o momento em que este surge no horizonte. À parte essa discussão, o fato é que, seja qual for o critério que se adote, não há dúvida de que o horário correspondente às 4 horas está inserido no conceito de noite. Por tal razão, o ingresso em domicílio com o fim de dar cumprimento à ordem judicial de busca e apreensão somente seria legal na hipótese de o morador autorizar que a medida fosse cumprida em tal horário. Pelo que consta do enunciado, isso não ocorreu. Assim, se a diligência durante o período noturno foi realizada à revelia do morador, neste caso o próprio indiciado, ela deve ser considerada ilegal. Atenção: o art. 22, § 1º, III, da Lei 13.869/2019 (Nova Lei de Abuso de Autoridade), posterior à elaboração desta questão, estabelece ser crime a conduta do agente que *cumpre mandado de busca e apreensão domiciliar após as 21h (vinte e uma horas) ou antes das 5h (cinco*

horas). Já no que se refere à segunda situação narrada, que envolve a residência de Mário, a situação é diferente. Com efeito, não havia ordem judicial de busca e apreensão a ser cumprida em sua residência. O que havia era uma típica situação de flagrante. Vale lembrar que o crime de tráfico, na modalidade *guardar* (art. 33, "caput", Lei 11.343/2006), tem natureza permanente, o que permite a prisão em flagrante a qualquer tempo. E foi isso que aconteceu. Após receberem informações concretas e seguras de que Mário guardava droga no interior de sua residência, os policiais ingressaram na residência indicada e, ali estando, apreenderam significativa quantidade de droga. Note que, por se tratar de situação de flagrante, o ingresso pode ser dar a qualquer hora do dia, inclusive à noite, sendo dispensável a anuência do morador. Cuida-se, portanto, de medida válida. [ED]
Gabarito "B".

(OAB/Exame Unificado – 2016.1) Thales foi denunciado pela prática de um crime de apropriação indébita. Para oitiva da vítima Marcos, residente em cidade diversa do juízo competente, foi expedida carta precatória, sendo todas as partes intimadas dessa expedição. Antes do retorno, foi realizada audiência de instrução e julgamento, mas apenas foram ouvidas as testemunhas de acusação João e José, que apresentaram versões absolutamente discrepantes sobre circunstâncias relevantes, sendo que ambas afirmaram que estavam no local dos fatos. Hélio, padre que escutou a confissão de Thales e tinha conhecimento sobre a dinâmica delitiva, em razão de seu dever de guardar segredo, não foi intimado. Com a concordância das partes, a audiência de continuação para oitiva das testemunhas de defesa e interrogatório foi remarcada.

Considerando apenas as informações narradas, assinale a afirmativa correta.

(A) O depoimento de João foi inválido, já que a oitiva do ofendido deve ser realizada antes das demais testemunhas e a expedição de carta precatória suspende a instrução criminal.

(B) O juiz poderá fazer a contradita, diante das contradições sobre circunstâncias relevantes nos depoimentos das testemunhas.

(C) Hélio está proibido de depor sem autorização da parte interessada, salvo quando não for possível, por outro modo, obter a prova do fato.

(D) O advogado do acusado não precisa ser intimado pessoalmente da data designada para audiência a ser realizada no juízo deprecado.

A: incorreta. Embora o ofendido deva, em regra, ser ouvido antes das demais testemunhas, nada obsta que seja ouvido em momento diverso quando o seu depoimento for colhido por meio de carta precatória, cuja expedição não suspende a instrução criminal (art. 222, § 1º, do CPP); **B:** incorreta, já que a *contradita* (art. 214, CPP), instrumento colocado à disposição das partes, presta-se a questionar a parcialidade da testemunha que será ouvida. Terá lugar logo em seguida à qualificação da testemunha e antes do início do seu depoimento. Havendo contradição sobre circunstâncias relevantes nos depoimentos das testemunhas, deve-se recorrer à *acareação* (art. 229, CPP), cujo objetivo é dirimir versões discrepantes oferecidas pelas testemunhas; **C:** incorreta. Ainda que não seja possível, por outro meio, obter a prova do fato, é defeso a Hélio oferecer seu testemunho sem que o interessado no segredo por ele guardado o desobrigue (art. 207, CPP); **D:** correta, pois reflete o entendimento firmado na Súmula 273, do STJ: "Intimada a defesa da expedição da carta precatória, torna-se desnecessária intimação da data da audiência no juízo deprecado".
Gabarito "D".

EDUARDO DOMPIERI

(OAB/Exame Unificado – 2015.3) Determinada autoridade policial recebeu informações de vizinhos de Lucas dando conta de que ele possuía arma de fogo calibre .38 em sua casa, razão pela qual resolveu indiciá-lo pela prática de crime de posse de arma de fogo de uso permitido, infração de médio potencial ofensivo, punida com pena de detenção de 01 a 03 anos e multa. No curso das investigações, requereu ao Judiciário interceptação telefônica da linha do aparelho celular de Lucas para melhor investigar a prática do crime mencionado, tendo sido o pedido deferido.

De acordo com a situação narrada, a prova oriunda da interceptação deve ser considerada

(A) ilícita, pois somente o Ministério Público tem legitimidade para representar pela medida.

(B) válida, desde que tenha sido deferida por ordem do juiz competente para ação principal.

(C) ilícita, pois o crime investigado é punido com detenção.

(D) ilícita, assim como as dela derivadas, ainda que estas pudessem ser obtidas por fonte independente da primeira.

A: incorreta, na medida em que, além do MP, também está credenciada a representar pela decretação da interceptação telefônica a autoridade policial (art. 3º, I, da Lei 9.296/1996); B: incorreta. É que a prova produzida a partir da interceptação, pelas razões que a seguir serão aduzidas, não pode ser considerada válida. Ainda que determinada por juiz competente para a ação principal, exigência imposta pelo art. 1º, *caput*, da Lei 9.296/1996, é mister que ao crime investigado seja cominada pena de *reclusão* (art. 2º, III, da Lei 9.296/1996). No caso retratado no enunciado, a pena em abstrato é de *detenção*; C: correta. Como acima já expusemos, a interceptação telefônica somente poderá ser autorizada pelo magistrado se a pena cominada ao crime sob investigação for de *reclusão*. Não é este o caso do delito em que incorreu Lucas, cuja pena cominada, conforme consta do enunciado, é de *detenção* de 1 a 3 anos e multa; D: incorreta. Isso porque o art. 157, § 1º, do CPP, cuja redação foi conferida pela Lei 11.690/2008, fez, em relação às provas ilícitas por derivação, a seguinte ressalva: "(...) *salvo quando não evidenciado o nexo de causalidade entre umas e outras, ou quando as derivadas puderem ser obtidas por uma fonte independente das primeiras*".
Gabarito "C"

(OAB/Exame Unificado – 2015.3) O Ministério Público ofereceu denúncia em face de Cristiano, Luiz e Leonel pela prática do crime de associação para o tráfico. Na audiência designada para realização dos interrogatórios, Cristiano, preso em outra unidade da Federação, foi interrogado através de videoconferência. Luiz foi interrogado na presença física do magistrado e respondeu às perguntas realizadas. Já Leonel optou por permanecer em silêncio.

Sobre o interrogatório, considerando as informações narradas, assinale a afirmativa correta.

(A) O interrogatório judicial, notadamente após o advento da Lei 10.792/2003, deve ser interpretado apenas como meio de prova e não também como ato de defesa dos acusados.

(B) Luiz, ainda que não impute crime a terceiro, não poderá mentir sobre os fatos a ele imputados, apesar de poder permanecer em silêncio.

(C) A defesa técnica de Cristiano não poderá, em hipótese alguma, formular perguntas para o corréu Luiz.

(D) O interrogatório por videoconferência de Cristiano pode ser considerado válido se fundamentado, pelo magistrado, no risco concreto de fuga durante o deslocamento.

A: incorreta. Embora haja divergência na doutrina, o STF firmou entendimento segundo o qual o interrogatório constitui meio de *defesa*. A conferir: "Em sede de persecução penal, o interrogatório judicial – notadamente após o advento da Lei 10.792/2003 – qualifica-se como ato de defesa do réu, que, além de não ser obrigado a responder a qualquer indagação feita pelo magistrado processante, também não pode sofrer qualquer restrição em sua esfera jurídica em virtude do exercício, sempre legítimo, dessa especial prerrogativa (...)" (HC 94.601-CE, 2ª T., rel. Min. Celso de Mello, 11.09.2009). Nesse mesmo sentido o ensinamento de Guilherme de Souza Nucci: "(...) Note-se que o interrogatório é, fundamentalmente, um meio de defesa, pois a Constituição assegura ao réu o direito ao silêncio. Logo, a primeira alternativa que se avizinha ao acusado é calar-se, daí não advindo consequência alguma. Defende-se apenas. Entretanto, caso opte por falar, abrindo mão do direito ao silêncio, seja lá o que disser, constitui meio de prova inequívoco, pois o magistrado poderá levar em consideração suas declarações para condená-lo ou absolvê-lo" (*Código de Processo Penal Comentado*, 17ª ed., p. 493); B: incorreta, já que ao interrogando é dado, no exercício do seu direito de defesa, calar-se, deixando de responder às perguntas formuladas pelo magistrado processante, ou ainda faltar com a verdade, mentindo sobre os fatos contra ele imputados. O direito ao silêncio não alcança, entretanto, as indagações que digam respeito à qualificação do interrogando, sendo-lhe vedado calar-se ou mesmo faltar com a verdade, fornecendo dados falsos acerca de sua individualização; C: incorreta, já que pode o advogado de um dos acusados formular perguntas ao corréu, cabendo a este, no exercício do seu direito ao silêncio, responder ou não aos questionamentos. Vale lembrar que as perguntas das partes, no contexto do interrogatório, somente podem ser formuladas por intermédio do juiz e depois das indagações deste (art. 188, CPP); D: correta, pois reflete o que estabelece o art. 185, § 2º, I, parte final, do CPP.
Gabarito "D"

(OAB/Exame Unificado – 2014.2) O Delegado de Polícia, desconfiado de que Fabiano é o líder de uma quadrilha que realiza assaltos à mão armada na região, decide, com a sua equipe, realizar uma interceptação telefônica sem autorização judicial. Durante algumas semanas, escutaram diversas conversas, por meio das quais descobriram o local onde a *res furtiva* era armazenada para posterior revenda. Com essa informação, o Delegado de Polícia representou pela busca e apreensão a ser realizada na residência suspeita, sendo tal diligência autorizada pelo Juízo competente. Munidos do mandado de busca e apreensão, ingressam na residência encontrando diversos objetos fruto de roubo, como joias, celulares, documentos de identidade etc., tudo conforme indicou a interceptação telefônica. Assim, Fabiano foi conduzido à Delegacia, onde se registrou a ocorrência. Acerca do caso narrado, assinale a opção correta.

(A) A realização da busca e apreensão é admissível, tendo em vista que houve autorização prévia do juízo competente, existindo justa causa para ajuizamento da ação penal.

(B) A realização da busca e apreensão é admissível, apesar da interceptação telefônica ter sido realizada sem autorização judicial, existindo justa causa para ajuizamento da ação penal.

(C) A realização da busca e apreensão não é admissível porque houve representação do Delegado de Polícia, não existindo justa causa para o ajuizamento da ação penal.

(D) A realização da busca e apreensão não é admissível, pois derivou de uma interceptação telefônica ilícita, aplicando-se a teoria dos frutos da árvore envenenada, não existindo justa causa para o ajuizamento da ação penal.

Segundo o texto da Constituição, ao tratar das *provas ilícitas*: "são inadmissíveis, no processo, as provas obtidas por meios ilícitos" (art. 5º, LVI). Embora a CF/1988 não faça menção à chamada *prova ilícita por derivação*, o art. 157, § 1º, do CPP se encarregou de fazê-lo. Assim, a prova derivada da ilícita deve ser defenestrada do processo, não podendo, dessa forma, contribuir para a formação da convicção do julgador. Adotou-se, aqui, a *teoria norte-americana dos frutos da árvore envenenada*. Todavia, o CPP, neste mesmo dispositivo, previu duas exceções, a saber: quando não evidenciado o nexo de causalidade entre a prova primária e a secundária; e quando as derivadas (prova secundária) puderem ser obtidas por uma fonte independente das primeiras (prova primária). No caso narrado no enunciado, a busca e apreensão, não obstante realizada validamente em momento ulterior, acha-se afetada pelo vício da ilicitude originária (interceptação telefônica realizada sem autorização judicial), que a ela se transmite, contaminando-a, por efeito de repercussão causal. Dentro do tema "prova ilícita", é importante que façamos algumas ponderações acerca da inclusão, promovida pela Lei 13.964/2019, do § 5º ao art. 157 do CPP, cuja eficácia estava suspensa por decisão cautelar do STF, até que, bem recentemente, foi declarado inconstitucional no julgamento, entre outras, da ADI 6.298. Segundo esse dispositivo, *o juiz que conhecer do conteúdo da prova declarada inadmissível não poderá proferir a sentença ou acórdão*. Pois bem. Com bem sabemos, tanto as provas consideradas ilícitas quanto aquelas que delas derivarem são inadmissíveis (art. 157, *caput* e § 1º, CPP); deverão, por isso, ser desentranhadas do processo e, posteriormente, inutilizadas, na forma estatuída no art. 157, § 3º, CPP. A exclusão desta prova reconhecida como ilícita tem como objetivo impedir que ela possa ser utilizada por qualquer das partes e que dela faça uso o magistrado para formar seu convencimento. Mas convenhamos que isso não basta. Explico. Mesmo que esta prova seja extraída do processo, porquanto considerada ilícita, é inegável que o magistrado dela tomou conhecimento. E o fato de tomar conhecimento dessa prova maculada fará com que o magistrado fique psicologicamente vinculado ao seu conteúdo. Em outras palavras, a prova sairá do processo mas certamente não deixará a mente do julgador, que não conseguirá dela se desvincular, levando esse conhecimento adquirido para o momento da sentença. E é imbuído do propósito de combater a contaminação da convicção do julgador que o legislador fez inserir este dispositivo no art. 157 do CPP, impedindo de proferir sentença o juiz que conhecer do conteúdo da prova ilícita.
Gabarito "D".

(OAB/Exame Unificado – 2012.1) De acordo com o Código de Processo Penal, quanto ao interrogatório judicial, assinale a afirmativa INCORRETA.

(A) O silêncio do acusado não importará confissão e não poderá ser interpretado em prejuízo da defesa, mesmo no caso de crimes hediondos.

(B) A todo tempo o juiz poderá, atendendo pedido fundamentado das partes, ou mesmo de ofício, proceder a novo interrogatório, mesmo quando os autos já se encontrarem conclusos para sentença.

(C) O mudo será interrogado oralmente, devendo responder às perguntas por escrito, salvo quando não souber ler e escrever, situação em que intervirá no ato, como intérprete e sob compromisso, pessoa habilitada a entendê-lo.

(D) O juiz, por decisão fundamentada, poderá realizar o interrogatório do réu preso por sistema de videocon-

ferência, desde que a medida seja necessária para reduzir os custos para a Administração Pública.

A: assertiva correta, pois em consonância com o disposto no art. 186, parágrafo único, do CPP; **B:** correta, visto que corresponde ao que enuncia o art. 196 do CPP; **C:** correta – está em conformidade com o que estabelece o art. 192 do CPP; **D:** incorreta, devendo ser assinalada, pois esta hipótese não está contemplada no rol do art. 185, § 2º, do CPP.
Gabarito "D".

(OAB/Exame Unificado – 2011.2) A respeito da prova no processo penal, assinale a alternativa correta.

(A) A prova objetiva demonstra a existência/inexistência de um determinado fato ou a veracidade/falsidade de uma determinada alegação. Todos os fatos, em sede de processo penal, devem ser provados.

(B) As leis em geral e os costumes não precisam ser comprovados.

(C) A lei processual pátria prevê expressamente a inadmissibilidade da prova ilícita por derivação, perfilhando-se à "teoria dos frutos da árvore envenenada" (*"fruits of poisonous tree"*).

(D) São consideradas provas ilícitas aquelas obtidas com a violação do direito processual. Por outro lado, são consideradas provas ilegítimas as obtidas com a violação das regras de direito material.

A: incorreta, na medida em que nem todos os fatos precisam ser provados, como os notórios e os axiomáticos; **B:** incorreta, dado que o direito estadual, o municipal e o consuetudinário devem ser provados pela parte que os invocar; **C:** correta, nos termos do art. 157, § 1º, do CPP; **D:** incorreta. Ilícita é a prova obtida em violação a norma de direito material; ilegítima, por sua vez, é a prova obtida em violação a norma de direito processual.
Gabarito "C".

(OAB/Exame Unificado – 2010.2) Em uma briga de bar, Joaquim feriu Pedro com uma faca, causando-lhe sérias lesões no ombro direito. O promotor de justiça ofereceu denúncia contra Joaquim, imputando-lhe a prática do crime de lesão corporal grave contra Pedro, e arrolou duas testemunhas que presenciaram o fato. A defesa, por sua vez, arrolou outras duas testemunhas que também presenciaram o fato.

Na audiência de instrução, as testemunhas de defesa afirmaram que Pedro tinha apontado uma arma de fogo para Joaquim, que, por sua vez, agrediu Pedro com a faca apenas para desarmá-lo. Já as testemunhas de acusação disseram que não viram nenhuma arma de fogo em poder de Pedro.

Nas alegações orais, o Ministério Público pediu a condenação do réu, sustentando que a legítima defesa não havia ficado provada. A Defesa pediu a absolvição do réu, alegando que o mesmo agira em legítima defesa. No momento de prolatar a sentença, o juiz constatou que remanescia fundada dúvida sobre se Joaquim agrediu Pedro em situação de legítima defesa.

Considerando tal narrativa, assinale a afirmativa correta.

(A) O ônus de provar a situação de legítima defesa era da defesa. Assim, como o juiz não se convenceu completamente da ocorrência de legítima defesa, deve condenar o réu.

(B) O ônus de provar a situação de legítima defesa era da acusação. Assim, como o juiz não se convenceu completamente da ocorrência de legítima defesa, deve condenar o réu.

(C) O ônus de provar a situação de legítima defesa era da defesa. No caso, como o juiz ficou em dúvida sobre a ocorrência de legítima defesa, deve absolver o réu.

(D) Permanecendo qualquer dúvida no espírito do juiz, ele está impedido de proferir a sentença. A lei obriga o juiz a esgotar todas as diligências que estiverem a seu alcance para dirimir dúvidas, sob pena de nulidade da sentença que vier a ser prolatada.

Art. 156, *caput*, do CPP. Regra geral, à acusação incumbe o ônus de provar a culpa do réu. Cuidado: a prova da alegação incumbe a quem a fizer. Se, por exemplo, a defesa, na resposta à acusação, invoca, em favor do réu, legítima defesa, a prova dessa excludente cabe ao acusado. Enfim, quem alega deve provar. Se, no entanto, depois de produzida a prova, persistir dúvida em relação à configuração da legítima defesa, por exemplo, é de rigor seja o réu absolvido, à luz dos princípios da presunção de inocência e do *in dubio pro reo*.
Gabarito "C".

(OAB/Exame Unificado – 2010.1) Com relação aos meios de prova no processo penal, assinale a opção correta de acordo com o CPP.

(A) Se o juiz tiver notícia da existência de documento relativo a ponto relevante da acusação ou da defesa, não poderá providenciar, independentemente de requerimento das partes, a juntada aos autos, uma vez que é mero espectador do processo, sem atuação de ofício na gestão da prova.

(B) Em regra, a testemunha não pode eximir-se da obrigação de depor. No entanto, o cônjuge do acusado à época do fato criminoso, ainda que dele se encontre separado judicialmente, pode recusar-se a testemunhar.

(C) Em regra, as partes deverão apresentar os documentos necessários à comprovação de suas alegações na primeira oportunidade que falarem nos autos, sob pena de preclusão.

(D) O procedimento de acareação só será admitido entre acusados, sendo vedada a acareação entre acusado e testemunha.

A: incorreta. O juiz, neste caso, pode, sim, atuar de ofício, por força do que dispõe o art. 234 do CPP; **B:** correta. Cuida-se da previsão do art. 206 do CPP; **C:** incorreta. Em regra, as partes poderão apresentar documentos em qualquer fase do processo (CPP, art. 231); **D:** incorreta. Nos termos do art. 229 do CPP: "A acareação será admitida entre acusados, entre acusado e testemunha, entre testemunhas, entre acusado ou testemunha e a pessoa ofendida, e entre as pessoas ofendidas, sempre que divergirem, em suas declarações, sobre fatos ou circunstâncias relevantes".
Gabarito "B".

(OAB/Exame Unificado – 2008.3) Com relação ao processo em geral, assinale a opção correta de acordo com o CPP.

(A) Considera-se álibi a circunstância conhecida e provada que, tendo relação com o fato, autorize, por indução, concluir-se a existência de outra ou outras circunstâncias.

(B) Com exceção dos casos expressos em lei, as partes podem apresentar documentos em qualquer fase do processo.

(C) A fotografia do documento, mesmo que devidamente autenticada, não possui o mesmo valor do documento original.

(D) Não é permitida a apreensão de documento em poder do defensor do acusado, mesmo quando constituir elemento do corpo de delito.

A: incorreta, visto que a alternativa descreve o indício (art. 239 do CPP); **B:** correta (art. 231 do CPP); **C:** incorreta, já que a fotografia autenticada tem o mesmo valor do documento original (art. 232, parágrafo único, do CPP); **D:** incorreta, pois será permitida caso constitua elemento do corpo de delito (art. 243, § 2º, do CPP).
Gabarito "B".

(OAB/Exame Unificado – 2008.3) Assinale a opção correta quanto às provas ilícitas, de acordo com o Código de Processo Penal (CPP), segundo recentes alterações legislativas.

(A) São entendidas como provas ilícitas apenas as que forem obtidas em violação a normas constitucionais, devendo tais provas ser desentranhadas do processo.

(B) São, em regra, admissíveis as provas derivadas das ilícitas.

(C) Considera-se fonte independente aquela que, por si só, seguindo os trâmites típicos e de praxe, próprios da investigação ou instrução criminal, seja capaz de conduzir ao fato objeto da prova.

(D) As cartas particulares, ainda que interceptadas ou obtidas por meios criminosos, são, em regra, admitidas em juízo.

A: incorreta, na medida em que também são ilícitas as provas que violem normas legais (art. 157, *caput*, do CPP); **B:** incorreta, pois, em regra, são inadmissíveis as provas derivadas das ilícitas (art. 157, § 1º, do CPP); **C:** correta, nos termos art. 157, § 2º, do CPP; **D:** incorreta, pois tais cartas não serão admitidas em juízo (art. 233 do CPP).
Gabarito "C".

(OAB/Exame Unificado – 2008.3) No que se refere à prova testemunhal, assinale a opção correta de acordo com o CPP.

(A) As testemunhas serão inquiridas uma de cada vez, de forma que umas não saibam nem ouçam os depoimentos das outras, devendo o juiz, na ocasião da oitiva, adverti-las das penas cominadas ao falso testemunho.

(B) As perguntas devem ser formuladas pelas partes, por intermédio do juiz e não diretamente à testemunha.

(C) Admite-se que as partes formulem perguntas que possam induzir a resposta das testemunhas.

(D) São admissíveis perguntas que não tenham relação com a causa.

A: correta, pois reflete o que estabelece o art. 210, *caput*, do CPP; **B, C** e **D:** incorretas. Antes de o Código de Processo Penal ser alterado pela Lei de Reforma nº 11.690/2008, vigia, entre nós, o *sistema presidencialista*, pelo qual a testemunha, depois de inquirida pelo juiz, respondia, por intermédio deste, às perguntas formuladas pelas partes. Por este sistema, não podiam acusação e defesa formular seus questionamentos diretamente à testemunha, o que somente era feito por meio do juiz. Com a alteração promovida pela Lei 11.690/2006 na redação do art. 212 do CPP, o *sistema presidencialista*, até então em vigor, deu lugar ao chamado sistema *cross examination*, segundo o qual as partes passam a dirigir suas indagações às testemunhas sem a intermediação do magistrado, de forma direta, vedados os questionamentos que puderem induzir a resposta, não tiverem relação com a causa ou importarem na resposta de outra já respondida.
Gabarito "A".

15. DIREITO PROCESSUAL PENAL — 1031

(OAB/Exame Unificado – 2008.2) Assinale a opção correta acerca do exame de corpo de delito e das perícias em geral, segundo o CPP.

(A) Se a perícia requerida pelas partes não for necessária ao esclarecimento da verdade, o juiz ou a autoridade policial negará a perícia, exceto na hipótese de exame de corpo de delito.

(B) Se não for possível o exame de corpo de delito por haverem desaparecido os vestígios, a prova testemunhal não poderá suprir-lhe a falta.

(C) O juiz ficará adstrito ao laudo.

(D) Se a infração deixar vestígios, a confissão do acusado poderá suprir o exame de corpo de delito, direto ou indireto.

A: correta, nos termos do art. 184 do CPP; **B:** incorreta, pois a prova testemunhal, neste caso, poderá suprir-lhe a falta (art. 167 do CPP); **C:** incorreta, dado que o juiz não ficará adstrito ao laudo, podendo aceitá-lo ou recusá-lo (art. 182 do CPP); **D:** incorreta, pois o exame de corpo de delito – direto ou indireto, nas infrações que deixam vestígios, é indispensável – art. 158 do CPP. Na hipótese de desaparecimento desses vestígios, nosso ordenamento jurídico admite que a prova testemunhal supra essa falta – art. 167, CPP; o que não se admite é que a confissão supra a falta do exame.

Gabarito "A".

(OAB/Exame Unificado – 2008.2) Assinale a opção correta acerca da confissão e do interrogatório, segundo o CPP e a CF.

(A) O réu pode retratar-se da confissão, bem como pode confessar a totalidade ou apenas uma parte do fato que lhe foi imputado.

(B) Se o acusado confessa o crime perante o juiz, na presença de seu advogado, é desnecessário confrontar a confissão com as demais provas do processo para a verificação de compatibilidade ou concordância.

(C) Antes de iniciar o interrogatório, o juiz esclarecerá ao réu que, embora não esteja obrigado a responder às perguntas que lhe forem formuladas, o seu silêncio poderá ser interpretado em prejuízo da própria defesa.

(D) O silêncio do acusado importa em confissão ficta ou presumida.

A: correta, pois reflete o disposto no art. 200, CPP; **B:** incorreta, dado que, a teor do que estabelece o art. 197 do CPP, é necessário que o juiz proceda ao confronto entre a confissão e as demais provas do processo; **C e D:** incorretas, pois contrariam o que estabelece o art. 186, parágrafo único, do CPP: "O silêncio, que não importará em confissão, não poderá ser interpretado em prejuízo da defesa".

Gabarito "A".

(FGV – 2013) Assinale a alternativa que indica o princípio que fundamenta a lição da doutrina de que a prova não pertence à parte que a produziu, mas ao processo.

(A) Princípio do livre convencimento motivado.

(B) Princípio do contraditório.

(C) Princípio da oralidade da prova.

(D) Princípio da publicidade da prova.

(E) Princípio da aquisição ou comunhão da prova.

Por este princípio, a prova, mesmo que produzida por iniciativa de uma das partes ou ainda do magistrado, pertence ao processo, podendo, por isso, ser utilizada por todos aqueles que integram a relação processual, destinando-se à formação da convicção do juiz.

Gabarito "E".

(FGV – 2013) O princípio da persuasão racional permite que o magistrado decida de acordo com sua convicção, desde que o faça de maneira motivada. Para que o convencimento do julgador lhes seja favorável, as partes utilizam-se das provas produzidas nos autos.

Sobre as provas, de acordo com o entendimento majoritário do Superior Tribunal de Justiça, assinale a afirmativa correta.

(A) A formulação direta pelo magistrado, antes das partes, de perguntas às testemunhas durante instrução no procedimento comum ordinário enseja nulidade absoluta.

(B) Ainda que intimada a defesa da expedição da carta precatória, será sempre necessária intimação da data da audiência no juízo deprecado.

(C) Para efeitos penais, o reconhecimento da menoridade do réu pode ser feito por qualquer instrumento, inclusive prova testemunhal.

(D) Para apurar unicamente a prática de crime de ameaça cabe interceptação das comunicações telefônicas.

(E) A interceptação das comunicações telefônicas pode ser determinada de ofício pelo magistrado.

A: incorreta, uma vez que se trata, segundo jurisprudência dominante, de *nulidade relativa.* Conferir: "*HABEAS CORPUS.* PROCESSO PENAL. SUBSTITUTIVO DO RECURSO CONSTITUCIONAL. INADEQUAÇÃO DA VIA ELEITA. INQUIRIÇÃO DE TESTEMUNHA. ART. 212 DO CÓDIGO DE PROCESSO PENAL COM AS ALTERAÇÕES DA LEI 11.690/2008. ADOÇÃO DO SISTEMA PRESIDENCIALISTA. PERGUNTAS INICIADAS PELO JUIZ. NULIDADE RELATIVA. PREJUÍZO NÃO COMPROVADO. 1. Contra a denegação de *habeas corpus* por Tribunal Superior prevê a Constituição Federal remédio jurídico expresso, o recurso ordinário. Diante da dicção do art. 102, II, "a", da Constituição da República, a impetração de novo habeas corpus em caráter substitutivo escamoteia o instituto recursal próprio, em manifesta burla ao preceito constitucional. 2. O art. 212 do Código de Processo Penal, com a redação da Lei 11.690/2008, inaugurou nova sistemática para a inquirição das testemunhas, franqueando às partes a formulação de perguntas diretamente e em primeiro lugar, com a complementação pelo juiz. A não observância de tal ordem, no caso, não implicou prejuízo processual, a atrair a aplicação do princípio maior regente da matéria – *pas de nullité sans grief –*, conforme o art. 563 do Código de Processo Penal, em se tratando de nulidade relativa. Não se prestigia a forma pela forma. Se do vício formal não deflui prejuízo, o ato deve ser preservado. 3. *Habeas corpus* extinto sem resolução do mérito" (HC 114512, ROSA WEBER, STF); **B:** incorreta, pois contraria o entendimento firmado na Súmula 273 do STJ: "Intimada a defesa da expedição da carta precatória, torna-se desnecessária intimação da data da audiência no juízo deprecado"; **C:** incorreta, pois em desconformidade com o entendimento sufragado na Súmula n. 74 do STJ: "Para efeitos penais, o reconhecimento da menoridade do réu requer prova por documento hábil"; **D:** incorreta. Descabe a interceptação telefônica para apurar tão somente o crime de ameaça (art. 147, CP). Isso porque a Lei 9.296/1996, em seu art. 2º, III, estabelece que a interceptação telefônica somente terá lugar se o crime sob investigação for apenado com *reclusão.* Não é o caso da ameaça, em que o preceito secundário do tipo penal prevê pena de *detenção* de 1 (um) a 6 (seis) meses; **E:** correta. A interceptação telefônica, desde que preenchidos os requisitos elencados no art. 2º da Lei 9.296/1996, poderá, no curso da instrução, ser decretada de ofício pelo juiz, que não dependerá, bem por isso, de requerimento das partes; poderá a interceptação também ser decretada a requerimento do MP ou mediante representação da autoridade policial (art. 3º da Lei 9.296/1996).

Gabarito "E".

O juiz formará sua convicção pela livre apreciação da prova. Todas as provas são relativas, não ficando o magistrado subordinado a nenhum critério apriorístico no apurar, através dela, a verdade.

(FGV – 2013) Sobre o *direito probatório*, de acordo com o Código de Processo Penal, assinale a afirmativa correta.

(A) É papel da testemunha sempre expor seus conhecimentos sobre os fatos, além de suas apreciações pessoais.

(B) A expedição de carta precatória para oitiva de testemunha suspende a instrução criminal.

(C) O juiz, ao verificar que a veracidade do depoimento da testemunha pode ficar comprometido pela presença do réu, causando humilhação, temor ou sério constrangimento à testemunha, determinará a retirada do réu, independente de qualquer medida anterior.

(D) Desde a reforma do Código de Processo Penal realizada pela Lei n. 11.690/2008, o interrogatório do réu no procedimento ordinário passou a ser feito pelo sistema *cross examination*, ou seja, primeiro as partes devem formular as perguntas ao réu. Ao magistrado cabe a complementação, formulando perguntas que entenda pertinente.

(E) O ofendido, quando devidamente intimado para prestar declarações sobre as circunstâncias da infração, pode ser conduzido à presença da autoridade, se deixar de comparecer sem justo motivo.

A: incorreta, já que o juiz somente autorizará a testemunha a fazer apreciações de ordem subjetiva quando estas forem inseparáveis da narrativa do fato (art. 213 do CPP); **B:** incorreta, uma vez que contraria a regra presente no art. 222, § 1º, do CPP, que estabelece que a instrução criminal não é suspensa; **C:** incorreta, visto que, neste caso, caberá ao juiz, antes de determinar a retirada do réu da sala de audiências, procurar proceder à inquirição por videoconferência; não sendo isso possível, aí sim o juiz providenciará a retirada do acusado. Além disso, estas providências e suas justificativas devem constar do termo de audiência. É o que estabelece o art. 217 do CPP; **D:** incorreta, já que o sistema denominado *cross examination*, em que as perguntas são formuladas, pelas partes, diretamente, sem a intermediação do juiz, somente se aplica ao depoimento das testemunhas. No interrogatório, vige o sistema *presidencialista*, em que as perguntas das partes, ao final da oitiva do acusado pelo magistrado, serão formuladas por este; **E:** correta, pois reflete o disposto no art. 201, § 1º, do CPP.
Gabarito "E".

7. PRISÃO, MEDIDAS CAUTELARES E LIBERDADE PROVISÓRIA

(OAB/Exame XXXIX) André, primário, subtraiu o computador de Gustavo, enquanto este estava distraído em via pública, em uma sexta-feira.

Na terça-feira da semana seguinte, após consultar as câmeras de vigilância, Gustavo identificou André como o responsável pela subtração, e acionou a Polícia Civil que, com base nas declarações de Gustavo, abordou André em via pública e com ele encontrou o computador subtraído dias antes. André foi, então, preso em flagrante pelo delito de receptação, na modalidade "conduzir" produto de furto. As penas do furto e da receptação são de 1 a 4 anos.

Como advogado(a) de André, assinale a afirmativa correta.

(A) Deve ser postulado o relaxamento da prisão em flagrante, porque André praticou apenas o delito de furto, crime de natureza instantânea, inexistindo situação flagrancial.

(B) Deve ser postulada a liberdade provisória, pois, não obstante ter praticado dois delitos em concurso material, ainda assim é cabível a suspensão condicional do processo.

(C) André praticou delito de furto em concurso formal com receptação, o que autoriza a prisão em flagrante pelo delito de natureza permanente, mas é cabível a liberdade provisória, mediante fiança.

(D) André praticou apenas o delito de receptação, cuja pena máxima é igual a quatro anos, por isso, não é cabível a prisão preventiva, devendo ser postulada a liberdade provisória.

Sendo o autor do crime de furto, André não poderá responder pela receptação do mesmo bem. Sendo assim, não poderia ser preso em flagrante, já que o crime que praticou se consumara há dias. É o caso, portanto, de postular o relaxamento de sua prisão e flagrante.
Gabarito "A".

(OAB/Exame XXXVII) No dia 10 de julho de 2020, Pedro, primário, é preso em flagrante delito comercializando ecstasy em uma rua do bairro onde mora. Com ele, são apreendidos 50 comprimidos e dinheiro em espécie. Assim, é imediatamente conduzido à delegacia, onde, no mesmo dia, é lavrado auto de prisão em flagrante pela prática do crime descrito no Art. 33, *caput*, da Lei nº 11.343/06, punido com pena de reclusão de 5 a 15 anos e multa.

O laudo toxicológico provisório atesta que a substância consta da lista de substâncias proscritas. Feitas as comunicações devidas, o auto de prisão é remetido ao juízo competente e, desse modo, no dia 11 de julho, passadas 23 horas da prisão, Pedro é apresentado à autoridade judicial. A audiência é realizada sem a presença de órgão do Ministério Público e após entrevistar o preso e ouvir os requerimentos da defesa técnica, o Magistrado homologa a prisão em flagrante, que é convertida em preventiva, sob o fundamento de que existe risco à ordem pública na liberdade do agente, nos termos do Art. 312 do Código de Processo Penal.

Assinale a opção que indica a tese de Direito Processual Penal adequada para se questionar a prisão preventiva de Pedro.

(A) A prisão deve ser relaxada em razão da inobservância do prazo para a realização da audiência de custódia.

(B) A prisão deve ser substituída por medidas cautelares diversas da prisão, já que suficientes para garantia da ordem pública e conveniência da instrução criminal.

(C) A prisão deve ser relaxada, ante a ausência de pedido do Ministério Público, e concedida prisão domiciliar ao acusado para garantia da ordem pública.

(D) A prisão deve ser relaxada, pois o magistrado não poderia, diante da ausência de pedido do Parquet, ter convertido a prisão em flagrante em preventiva de ofício.

Pela redação conferida ao art. 311 do CPP pela Lei 12.403/2011, a prisão preventiva, decretada nas duas fases que compõem a persecu-

15. DIREITO PROCESSUAL PENAL

ção penal (inquérito e ação penal), podia ser decretada de ofício pelo juiz no curso da ação penal; durante as investigações, somente a requerimento do MP, do querelante ou do assistente, ou por representação da autoridade policial. Esta realidade perdurou até a edição da Lei 13.964/2019, publicada em 24/12/2019 e com entrada em vigor aos 23/01/2020, que, em homenagem à adoção da estrutura acusatória que reveste o processo penal brasileiro (art. 3º-A do CPP) e atendendo aos anseios da comunidade jurídica, vedou, de uma vez por todas, a possibilidade de o juiz decretar de ofício a prisão preventiva, quer no curso das investigações (o que já era vedado no regime anterior), quer no decorrer da ação penal (art. 311 do CPP, com redação dada pela Lei 13.964/2019). Doravante, portanto, é de rigor, à decretação da prisão preventiva, tal como se dá na custódia temporária, que haja provocação da autoridade policial ou do MP. Até então, discutia-se a possibilidade de o juiz converter de ofício a prisão em flagrante em preventiva. A partir do advento do pacote anticrime, é afastada tal possibilidade, sendo de rigor a provocação da autoridade policial, do MP, do assistente ou do querelante. Portanto, na hipótese narrada no enunciado, a prisão preventiva, decretada de ofício pelo juiz ante a ausência do MP, deve ser relaxada. No STJ, tal entendimento foi fixado por maioria de votos pela Terceira Seção, quando da concessão de *habeas corpus* a um homem preso em flagrante acusado de tráfico de entorpecentes. Conferir: "1. Em razão do advento da Lei n. 13.964/2019 não é mais possível a conversão *ex officio* da prisão em flagrante em prisão preventiva. Interpretação conjunta do disposto nos arts. 3º-A, 282, § 2º, e 311, *caput*, todos do CPP. 2. IMPOSSIBILIDADE, DE OUTRO LADO, DA DECRETAÇÃO "EX OFFICIO" DE PRISÃO PREVENTIVA EM QUALQUER SITUAÇÃO (EM JUÍZO OU NO CURSO DE INVESTIGAÇÃO PENAL) INCLUSIVE NO CONTEXTO DE AUDIÊNCIA DE CUSTÓDIA (OU DE APRESENTAÇÃO), SEM QUE SE REGISTRE, MESMO NA HIPÓTESE DA CONVERSÃO A QUE SE REFERE O ART. 310, II, DO CPP, PRÉVIA, NECESSÁRIA E INDISPENSÁVEL PROVOCAÇÃO DO MINISTÉRIO PÚBLICO OU DA AUTORIDADE POLICIAL – RECENTE INOVAÇÃO LEGISLATIVA INTRODUZIDA PELA LEI N. 13.964/2019 ("LEI ANTI-CRIME"), QUE ALTEROU OS ARTS. 282, §§ 2º e 4º, E 311 DO CÓDIGO DE PROCESSO PENAL, SUPRIMINDO AO MAGISTRADO A POSSIBILIDADE DE ORDENAR, "SPONTE SUA", A IMPOSIÇÃO DE PRISÃO PREVENTIVA – NÃO REALIZAÇÃO, NO CASO, DA AUDIÊNCIA DE CUSTÓDIA (OU DE APRESENTAÇÃO) – INADMISSIBILIDADE DE PRESUMIR-SE IMPLÍCITA, NO AUTO DE PRISÃO EM FLAGRANTE, A EXISTÊNCIA DE PEDIDO DE CONVERSÃO EM PRISÃO PREVENTIVA – CONVERSÃO, DE OFÍCIO, MESMO ASSIM, DA PRISÃO EM FLA-GRANTE DO ORA PACIENTE EM PRISÃO PREVENTIVA – IMPOSSIBILIDADE DE TAL ATO, QUER EM FACE DA ILEGALIDADE DESSA DECISÃO. [...] – A reforma introduzida pela Lei n. 13.964/2019 ("Lei Anticrime") modificou a disciplina referente às medidas de índole cautelar, notadamente aquelas de caráter pessoal, estabelecendo um modelo mais consentâneo com as novas exigências definidas pelo moderno processo penal de perfil democrático e assim preservando, em consequência, de modo mais expressivo, as características essenciais inerentes à estrutura acusatória do processo penal brasileiro. – A Lei n. 13.964/2019, ao suprimir a expressão "de ofício" que constava do art. 282, §§ 2º e 4º, e do art. 311, todos do Código de Processo Penal, vedou, de forma absoluta, a decretação da prisão preventiva sem o prévio "requerimento das partes ou, quando no curso da investigação criminal, por representação da autoridade policial ou mediante requerimento do Ministério Público", não mais sendo lícita, portanto, com base no ordenamento jurídico vigente, a atuação "ex officio" do Juízo processante em tema de privação cautelar da liberdade. – A interpretação do art. 310, II, do CPP deve ser realizada à luz dos arts. 282, §§ 2º e 4º, e 311, do mesmo estatuto processual penal, a significar que se tornou inviável, mesmo no contexto da audiência de custódia, a conversão, de ofício, da prisão em flagrante de qualquer pessoa em prisão preventiva, sendo necessária, por isso mesmo, para tal efeito, anterior e formal provocação do Ministério Público, da autoridade policial ou, quando o caso, do querelante ou do assistente do MP. Magistério doutrinário. Jurisprudência. [...] – A conversão da prisão em flagrante

em prisão preventiva, no contexto da audiência de custódia, somente se legitima se e quando houver, por parte do Ministério Público ou da autoridade policial (ou do querelante, quando for o caso), pedido expresso e inequívoco dirigido ao Juízo competente, pois não se presume – independentemente da gravidade em abstrato do crime – a configuração dos pressupostos e dos fundamentos a que se refere o art. 312 do Código de Processo Penal, que hão de ser adequada e motivadamente comprovados em cada situação ocorrente. Doutrina. PROCESSO PENAL – PODER GERAL DE CAUTELA – INCOMPATIBILIDADE COM OS PRINCÍPIOS DA LEGALIDADE ESTRITA E DA TIPICIDADE PROCESSUAL – CONSEQUENTE INADMISSIBILIDADE DA ADOÇÃO, PELO MAGISTRADO, DE MEDIDAS CAUTELARES ATÍPICAS, INESPECÍFICAS OU INOMINADAS EM DETRIMENTO DO "STATUS LIBERTATIS" E DA ESFERA JURÍDICA DO INVESTIGADO, DO ACUSADO OU DO RÉU – O PROCESSO PENAL COMO INSTRUMENTO DE SALVAGUARDA DA LIBERDADE JURÍDICA DAS PESSOAS SOB PERSECUÇÃO CRIMINAL. – Inexiste, em nosso sistema jurídico, em matéria processual penal, o poder geral de cautela dos Juízes, notadamente em tema de privação e/ou de restrição da liberdade das pessoas, vedada, em consequência, em face dos postulados constitucionais da tipicidade processual e da legalidade estrita, a adoção, em detrimento do investigado, do acusado ou do réu, de provimentos cautelares inominados ou atípicos. O processo penal como instrumento de salvaguarda da liberdade jurídica das pessoas sob persecução criminal. Doutrina. Precedentes: HC n. 173.791/MG, Ministro Celso de Mello – HC n. 173.800/MG, Ministro Celso de Mello – HC n. 186.209 – MC/SP, Ministro Celso de Mello, v.g. (HC n. 188.888/MG, Ministro Celso de Mello, Segunda Turma, julgado em 6/10/2020). 3. Da análise do auto de prisão é possível se concluir que houve ilegalidade no ingresso pela polícia do domicílio do paciente e, por conseguinte, que são inadmissíveis as provas daí derivadas e, consequentemente, sua própria prisão. Tal conclusão autoriza a concessão de ordem de ofício. 4. Recurso em *habeas corpus* provido para invalidar, por ilegal, a conversão *ex officio* da prisão em flagrante do ora recorrente em prisão preventiva. Ordem concedida de ofício, para anular o processo, *ab initio*, por ilegalidade da prova de que resultou sua prisão, a qual, por conseguinte, deve ser imediatamente relaxada também por essa razão" (STJ, RHC 131.263/GO, Rel. Ministro SEBASTIÃO REIS JÚNIOR, TERCEIRA SEÇÃO, julgado em 24/02/2021, DJe 15/04/2021). No STF: "Agravo regimental em *habeas corpus*. 2. Direito Processual Penal. 3. Tráfico de drogas (art. 33, *caput*, da Lei 11.343/2006). 4. *Habeas corpus* impetrado contra decisão que indeferiu liminar no STJ. Súmula 691. Superação do entendimento diante de manifesta ilegalidade. 5. Prisão Preventiva decretada com base em fundamentos abstratos. Impossibilidade. Precedentes. 6. Conversão, de ofício, da prisão em flagrante em preventiva. Violação ao sistema acusatório no processo penal brasileiro. Sistemática de decretação da prisão preventiva e as alterações aportadas pela Lei 13.964/2019. A recente Lei 13.964/2019 avançou em tal consolidação da separação entre as funções de acusar, julgar e defender. Para tanto, modificou-se a redação do art. 311 do CPP, que regula a prisão preventiva, suprimindo do texto a possibilidade de decretação da medida de ofício pelo juiz. 7. Inexistência de argumentos capazes de infirmar a decisão agravada. 8. Agravo regimental desprovido" (HC 192532 AgR, Rel. Min. Gilmar Mendes, Segunda Turma, julgado em 24/02/2021, publicado em 02/03/2021). Ademais, reforçando tal posicionamento, o STJ, em edição de n. 184 (Pacote Anticrime) da ferramenta *Jurisprudência em Teses*, publicou, sobre este tema, a seguinte tese (*7*): *Não é possível a decretação da prisão preventiva de ofício em face do que dispõe a Lei n. 13.964/2019, mesmo se decorrente de conversão da prisão em flagrante.*

Gabarito "D".

(OAB/Exame XXXV) Rodrigo responde ação penal pela suposta prática do crime de venda irregular de arma de fogo de uso restrito, na condição de preso. O magistrado veio a tomar conhecimento de que Rodrigo seria pai de uma criança de 11 anos de idade e que seria o único respon-

EDUARDO DOMPIERI

sável pelo menor, que, inclusive, foi encaminhado ao abrigo por nao ter outros familiares ou pessoas amigas capazes de garantir seus cuidados.

Com esse fundamento, substituiu, de ofício, a prisão preventiva por prisão domiciliar. Rodrigo, intimado da decisão, entrou em contato com seu(sua) advogado(a) em busca de esclarecimentos sobre o cabimento da medida e suas consequências.

A defesa técnica de Rodrigo deverá esclarecer que a concessão da prisão domiciliar foi

(A) adequada, e o tempo recolhido em casa justifica o reconhecimento de detração do período de cumprimento, que deverá ser observado na execução da pena, mas não no momento da fixação do regime inicial do cumprimento de pena.

(B) adequada, e o tempo recolhido em casa justifica o reconhecimento de detração do período de cumprimento, que poderá ser observado no momento da fixação do regime inicial de cumprimento de pena.

(C) inadequada, pois somente admitida para as mulheres que sejam mães de crianças menores de 12 anos.

(D) adequada, mas não justifica o reconhecimento de detração.

A prisão domiciliar, é bom que se diga, não está inserida no âmbito das medidas cautelares diversas da prisão (art. 319, CPP). Cuida-se, isto sim, de prisão preventiva que deverá ser cumprida no domicílio do investigado/acusado (e não em casa do albergado), desde que, é claro, este esteja em uma das situações previstas no art. 318 do CPP (com redação alterada por força da Lei 13.257/2016): maior de 80 anos; extremamente debilitado por motivo de doença grave; imprescindível aos cuidados especiais de pessoa menor de 6 anos de idade ou com deficiência; gestante; mulher com filho de até 12 (doze) anos de idade incompletos; homem, caso seja o único responsável pelos cuidados do filho de até 12 (doze) anos de idade incompletos, sendo esta última hipótese a do enunciado. De fato, em razão de Rodrigo ser pai de uma criança de 11 anos, pela qual ele é o único responsável, deverá o juiz autorizar que ele cumpra a custódia preventiva no seu domicílio, nos termos do já citado art. 318, VI, do CPP. No mais, tendo em conta o que estabelece o art. 387, § 2º, do CPP, é de rigor que o magistrado promova o desconto referente à detração para escolher o regime inicial adequado de cumprimento de pena, ainda que se trate de prisão preventiva domiciliar. Na jurisprudência: "HABEAS CORPUS SUBSTITUTIVO. NÃO CABIMENTO. EXECUÇÃO PENAL. DETRAÇÃO DA PENA E PRISÃO DOMICILIAR. POSSIBILIDADE. WRIT NÃO CONHECIDO. ORDEM CONCEDIDA DE OFÍCIO. 1. O habeas corpus não pode ser utilizado como substitutivo de recurso próprio, a fim de que não se desvirtue a finalidade dessa garantia constitucional, com a exceção de quando a ilegalidade apontada é flagrante, hipótese em que se concede a ordem de ofício. 2. Embora inexista previsão legal o cumprimento de prisão domiciliar, por comprometer o *status libertatis* da pessoa humana, deve ser reconhecido como pena efetivamente cumprida para fins de detração da pena, em homenagem ao princípio da proporcionalidade e em apreço ao princípio do non bis in idem. 3. Habeas corpus não conhecido. Ordem concedida de ofício para permitir a detração da pena pelo período em que a paciente esteve em prisão domiciliar." (STJ, HC n. 459.377/RS, relator Ministro Reynaldo Soares da Fonseca, Quinta Turma, julgado em 4/9/2018, DJe de 13/9/2018).

Gabarito "B".

(OAB/Exame XXXV) Policiais militares, ao avistarem Jairo roubar um carro no município de Toledo (PB), passaram a persegui-lo logo após a subtração, o que se deu ininterruptamente durante 28 (vinte e oito) horas. Por terem

perdido de vista Jairo quando estavam prestes a ingressar no município de Córdoba (PB), os policiais militares se dirigiram à Delegacia de Polícia de Toledo para confecção do Boletim de Ocorrência.

Antes que fosse finalizado o Boletim de Ocorrência, a Delegacia Policial de Toledo recebeu uma ligação telefônica do lesado (Luiz), informando que Jairo, na posse do seu carro (roubado), estava sentado numa mesa de bar naquele município tomando cerveja. Os policiais militares e os policiais da Distrital se deslocaram até o referido bar, encontrando Jairo como descrito no telefonema do lesado, apenas de chinelo e bermuda, portando uma carteira de identidade e a quantia de R$ 50,00 (cinquenta) reais. Nada mais foi encontrado com Jairo, que negou a autoria do crime.

Jairo foi preso em flagrante delito e lavrado o respectivo auto pelo Delegado de Polícia, cujo despacho que determinou o recolhimento à prisão do indiciado teve como fundamento a situação de quase flagrante, já que a diligência não havia sido encerrada e nem encerrado o Boletim de Ocorrência.

Os policiais militares que efetuaram a perseguição reconheceram Jairo como o motorista que dirigia o carro roubado. O lesado (Luiz) também foi ouvido e reconheceu Jairo pessoalmente.

A família de Jairo contratou você, como advogado(a), para participar da audiência de custódia na Comarca de Toledo e requerer a sua liberdade.

Assinale a opção que indica o fundamento da sua manifestação nessa audiência para colocar Jairo em liberdade.

(A) A prisão de Jairo era ilegal, pois a perseguição, ainda que não cessada como constou do despacho da autoridade policial, exigia que o carro fosse apreendido para comprovar a materialidade do crime.

(B) A prisão de Jairo era ilegal, pois, ainda que fosse, inicialmente, uma situação de quase flagrante (ou flagrante impróprio), a perseguição foi encerrada em Toledo, tanto que os policiais militares se dirigiram à Delegacia de Polícia do município para confecção do Boletim de Ocorrência. Restava cessada a situação a caracterizar um flagrante delito. Posterior prisão cautelar somente caberia por ordem judicial.

(C) A prisão de Jairo era ilegal, pois o Código de Processo Penal somente autoriza a prisão em flagrante delito quando o agente está cometendo o crime, acaba de cometê-lo (flagrante real) ou é encontrado, logo depois, com instrumentos, armas, objetos ou papéis que façam presumir ser ele o autor da infração penal (flagrante presumido).

(D) A prisão de Jairo era ilegal, pois o Código de Processo Penal autoriza a prisão em flagrante delito quando o agente é perseguido, logo após, pela autoridade em situação que faça presumir ser autor da infração (quase flagrante), não podendo passar a perseguição de 24 (vinte e quatro) horas.

Segundo o relato apresentado no enunciado, policiais militares, após presenciarem Jairo roubar um carro no município de Toledo (PB), passaram a persegui-lo, de forma ininterrupta, pelo período de 28 horas, até que, em dado momento, acabaram por perdê-lo de vista. Diante do ocorrido, os policiais militares se dirigem à Delegacia de Polícia de Toledo para proceder ao registro dos fatos, confeccionando

15. DIREITO PROCESSUAL PENAL 1035

o respectivo boletim de ocorrência. Perceba que a perseguição, durante 28 horas, permaneceu ininterrupta, com os policiais no encalço de Jairo. Se a prisão-captura tivesse ocorrido neste ínterim, configurado estaria o chamado *flagrante impróprio* ou *quase flagrante* (art. 302, III, CPP), modalidade legal de flagrante em que a perseguição ao agente tem início logo em seguida ao cometimento do crime, podendo perdurar, desde que de forma ininterrupta, por prazo indeterminado, até por vários dias ou semanas. No caso narrado no enunciado, temos que a perseguição sofreu solução de continuidade, o que elide a possibilidade de reconhecer-se o flagrante impróprio, que pressupõe, como já dissemos, que a perseguição se dê de forma ininterrupta. Se houve interrupção, não há que se falar nesta modalidade de flagrante. Considerando que os policiais, no curso da perseguição, perderam Jairo de vista, eventual prisão em flagrante com base no art. 302, III, do CPP torna-se ilegal, porquanto ausente o elemento *perseguição ininterrupta*. Restaria, então, o *flagrante presumido* ou *ficto* (art. 302, IV, CPP), assim entendido aquele em que o agente é encontrado logo depois do crime na posse de instrumentos, armas, objetos ou papéis, em circunstâncias que revelem ser ele o autor da infração penal. Neste caso, dispensa-se o elemento *perseguição ininterrupta*, mas se exige que com o agente sejam encontrados instrumentos, armas, objetos ou papéis que tenham de alguma forma relação com o delito que acabara de praticar. O enunciado é claro no sentido de que com Jairo, quando de sua captura, não foram encontrados objetos que pudessem ligá-lo ao crime praticado; ele somente portava uma carteira de identidade e R$ 50,00 em espécie. A despeito de ele ter sido reconhecido pelos policiais como autor do crime, a situação não caracteriza nenhuma das espécies de flagrante, porquanto a perseguição já havia cessado e em seu poder não foram encontrados objetos que fizessem presumir ser ele o autor da infração. Dessa forma, a prisão em flagrante de Jairo padece de ilegalidade, impondo-se, em razão disso, o seu relaxamento.

Gabarito "B".

(OAB/Exame XXXIV) Ricardo, motorista profissional e legalizado para transporte escolar, conduzia seu veículo de trabalho por uma rua da Comarca de Celta (MS), sendo surpreendido com a travessia repentina de Igor que conduzia uma bicicleta, vindo com isso a atropelá-lo. Igor ficou caído no chão reclamando de muita dor no peito, não conseguindo levantar-se.

Ricardo, diante das reclamações de dor da vítima, e com receio de agravar o seu estado de saúde, permaneceu no local e pediu ajuda ao Corpo de Bombeiros, ligando para o número 193.

A polícia militar chegou, fez o teste em Ricardo para apurar a concentração de álcool por litro de sangue, sendo 0 (zero) o resultado de miligrama de álcool. Diante da situação de flagrância, Ricardo foi preso e, no dia seguinte, levado à audiência de custódia.

Igor foi socorrido pelo Corpo de Bombeiros constatando-se no hospital, por exame de imagem, que a vítima havia fraturado 03 (três) costelas e o tornozelo direito, sendo operado com sucesso.

Você, como advogado(a) de Ricardo, postularia

(A) concessão da liberdade provisória, sem fiança, diante da legalidade da prisão, por se tratar de indiciado primário e de bons antecedentes, além de ter prestado imediato e integral socorro à vítima.

(B) somente a imposição da medida cautelar diversa da prisão, consistente no comparecimento periódico em juízo, diante da legalidade da prisão e considerando que a custódia cautelar deve ser a última medida imposta diante do princípio da proporcionalidade.

(C) relaxamento da prisão de Ricardo por ser ilegal, haja vista que prestou imediato e integral socorro à vítima.

(D) concessão da liberdade provisória, mediante fiança, arbitrado o menor valor legal, diante da legalidade da prisão, por ser o indiciado primário e de bons antecedentes, bem como em razão da sua capacidade econômica.

A solução desta questão deve ser extraída do art. 301 da Lei 9.503/1997 (Código de Trânsito Brasileiro), segundo o qual não se imporá prisão nem se exigirá fiança ao condutor de veículo, nos casos de acidentes de trânsito com vítima, desde que preste socorro à vítima. É de rigor, portanto, dada a ilegalidade da prisão, seja a mesma relaxada.

Gabarito "C".

(OAB/Exame Unificado – 2020.2) Em 14/01/2021, Valentim, reincidente, foi denunciado como incurso nas sanções penais do Art. 14 da Lei nº 10.826/03, cuja pena prevista é de reclusão, de 2 a 4 anos, narrando a denúncia que, em 10/01/2017, o denunciado portava, em via pública, arma de fogo de uso permitido.

Após recebimento da denúncia e apresentação de resposta à acusação, o magistrado, verificando que a única outra anotação que constava da Folha de Antecedentes Criminais era referente a delito da mesma natureza, decretou, apesar da ausência de requerimento, a prisão preventiva do denunciado, destacando o risco de reiteração delitiva.

Ao tomar conhecimento dos fatos, sob o ponto de vista técnico, a defesa de Valentim deverá argumentar que a prisão é inadequada porque

(A) não poderia ter sido decretada de ofício e pela ausência de contemporaneidade, apesar de a pena máxima, por si só, não impedir o decreto prisional na situação diante da reincidência.

(B) não poderia ter sido decretada de ofício, não havia contemporaneidade e porque, considerando a pena máxima, os pressupostos legais não estariam preenchidos.

(C) não haveria contemporaneidade, apesar da possibilidade de decretação de ofício pelo momento processual e com base na reincidência.

(D) não haveria contemporaneidade e considerando a pena máxima prevista para o delito, apesar de, pelo momento processual, ser possível a decretação de ofício.

Até a edição da Lei 13.964/2019, ao juiz era dado decretar de ofício a custódia preventiva no curso da ação penal, conforme dispunha o art. 311 do CPP, com a redação dada pela Lei 12.403/2011. Pois bem. Prestigiando o sistema acusatório, a Lei 13.964/2019 (Pacote Anticrime) alterou a redação do art. 311 do CPP, desta vez para vedar a decretação de ofício, pelo juiz, da custódia preventiva, quer na fase investigativa, como antes já ocorria, quer na etapa instrutória, o que até a edição do pacote anticrime era permitido. É dizer, para que a custódia preventiva, atualmente, seja decretada no curso da investigação ou no decorrer da ação penal, somente mediante provocação da autoridade policial, se no curso do inquérito, ou a requerimento do Ministério Público, se no curso da ação penal ou das investigações. Com isso, também fica vedada, segundo têm entendido os tribunais superiores, a conversão da prisão em flagrante em preventiva de ofício. Além disso, o art. 312, § 2º, do CPP, introduzido pela Lei 13.964/2019, impõe que a decisão que decretar a custódia preventiva leve em conta aspectos contemporâneos que representem risco de o réu permanecer em liberdade. Os fatos se deram em 2017 e o fundamento de que se valeu o magistrado para decretar a prisão é uma condenação anterior pelo mesmo fato. Considerando que o decreto de prisão preventiva se deu em 2021, é patente a ausência de contemporaneidade, o que constitui óbice à prisão de Valentim. Não percamos de vista que a prisão preventiva, por constituir providência extrema tomada antes da formação de culpa, somente deve ser empregada em último caso. Ou seja, só se deve a ela recorrer quando de fato revelar-se necessária e diante da inexistência de outros instrumentos menos rigorosos, como as medidas cautelares previstas no art. 319 do CPP (art. 282, § 6°, do CPP, com redação alterada pela Lei 13.964/2019). Por fim, registre-se que, segundo entendimento sedimentado nos tribunais superiores, a reincidência, por si só, não é apta a autorizar a decretação da prisão preventiva. Conferir: "A privação antecipada da liberdade do cidadão acusado de crime reveste-se de caráter excepcional em nosso ordenamento jurídico, e a medida deve estar embasada em decisão judicial fundamentada (art. 93, IX, da CF) que demonstre a existência da prova da materialidade do crime e a presença de indícios suficientes da autoria e de perigo gerado pelo estado de liberdade do imputado, bem como a ocorrência de um ou mais pressupostos do artigo 312 do Código de Processo Penal. 3. Caso em que o decreto que impôs a prisão preventiva ao paciente não apresentou motivação concreta apta a justificar a necessidade, adequação e a imprescindibilidade da medida extrema. Consta apenas que o paciente foi encontrado na posse de três objetos alheios (painel frontal de um som automotivo, um par de chinelo e uma caixa de máscaras), subtraídos de um veículo que estava fechado, porém não trancado, em via pública; e que possui diversas condenações criminais. Não há *modus operandi* excepcional (delito cometido sem violência ou grave ameaça) e a reincidência, por si só, notadamente diante do cenário de pandemia que estamos vivendo, não justifica a prisão preventiva. Constrangimento ilegal configurado" (STJ, HC 618.229/SP, Rel. Ministro REYNALDO SOARES DA FONSECA, QUINTA TURMA, julgado em 20/10/2020, DJe 26/10/2020).

Gabarito "A".

(OAB/Exame Unificado - 2018.3) Após ser instaurado inquérito policial para apurar a prática de um crime de lesão corporal culposa praticada na direção de veículo automotor (Art. 303 da Lei nº 9.503/97 – pena: detenção de seis meses a dois anos), foi identificado que o autor dos fatos seria Carlos, que, em sua Folha de Antecedentes Criminais, possuía três anotações referentes a condenações, com trânsito em julgado, pela prática da mesma infração penal, todas aptas a configurar reincidência quando da prática do delito ora investigado.

Encaminhados os autos ao Ministério Público, foi oferecida denúncia em face de Carlos pelo crime antes investigado; diante da reincidência específica do denunciado civilmente identificado, foi requerida a decretação da prisão preventiva. Recebidos os autos, o juiz competente decretou a prisão preventiva, reiterando a reincidência de Carlos e destacando que essa circunstância faria com que todos os requisitos legais estivessem preenchidos.

Ao ser intimado da decisão, o(a) advogado(a) de Carlos deverá requerer

(A) a liberdade provisória dele, ainda que com aplicação das medidas cautelares alternativas.

(B) o relaxamento da prisão dele, tendo em vista que a prisão, em que pese ser legal, é desnecessária.

(C) a revogação da prisão dele, tendo em vista que, em que pese ser legal, é desnecessária.

(D) o relaxamento da prisão dele, pois ela é ilegal.

A prisão preventiva, neste caso, deve ser considerada ilegal, na medida em que não há essa modalidade de custódia provisória nos crimes culposos (art. 313, I, CPP).

Gabarito "D".

(OAB/Exame Unificado – 2018.2) Durante as investigações de um crime de associação criminosa (Art. 288 do CP), a autoridade policial representa pela decretação da prisão temporária do indiciado Jorge, tendo em vista que a medida seria imprescindível para a continuidade das investigações.

Os autos são encaminhados ao Ministério Público, que se manifesta favoravelmente à representação da autoridade policial, mas deixa de requerer expressamente, por conta própria, a decretação da prisão temporária. Por sua vez, o magistrado, ao receber o procedimento, decretou a prisão temporária pelo prazo de 10 dias, ressaltando que a lei admite a prorrogação do prazo de 05 dias por igual período. Fez o magistrado constar, ainda, que Jorge não poderia permanecer acautelado junto com outros detentos que estavam presos em razão de preventivas decretadas.

Considerando apenas as informações narradas, o advogado de Jorge, ao ser constituído, deverá alegar que

(A) o prazo fixado para a prisão temporária de Jorge é ilegal.

(B) a decisão do magistrado de determinar que Jorge ficasse separado dos demais detentos é ilegal.

(C) a prisão temporária decretada é ilegal, tendo em vista que a associação criminosa não está prevista no rol dos crimes hediondos e nem naquele que admite a decretação dessa espécie de prisão.

(D) a decretação da prisão foi ilegal, pelo fato de ter sido decretada de ofício, já que não houve requerimento do Ministério Público.

A: correta. Não sendo hediondo tampouco a ele equiparado o delito em que incorreu Jorge, o prazo de prisão temporária será de 5 dias, podendo, eventualmente, em nova representação formulada pela autoridade policial ou pelo MP, este por meio de requerimento, desde que imprescindível para o prosseguimento das investigações do inquérito policial, ser prorrogada por mais 5 dias, nos termos do art. 2° da Lei 7.960/1989. Em se tratando, no entanto, de crime hediondo ou delito a ele equiparado (tortura, tráfico de drogas e terrorismo), a *custódia temporária* será decretada por *até* 30 dias, prorrogável por igual período em caso de extrema e comprovada necessidade, em consonância com o disposto no art. 2°, § 4°, da Lei 8.072/1990 (Lei de Crimes Hediondos). É ilegal, assim, a prisão temporária, pelo prazo de 10 dias, decretada em desfavor de Jorge; **B:** incorreta. Por força do que dispõe o art. 3° da Lei 7.960/1989, é obrigatória a separação dos presos temporários dos demais detentos (preventivos e condenados); **C:** incorreta. É fato que o crime de associação criminosa (art. 288, CP) não é considerado hediondo, pois não faz parte do rol do art. 1° da Lei 8.072/1990; a despeito disso, constitui crime em cuja apuração é autorizada a decretação da custódia temporária, conforme estabelece o art. 1°, III, *l*, da Lei 7.960/1989; **D:** incorreta. De fato, a prisão temporária não pode ser decretada de ofício pelo juiz; na hipótese narrada no enunciado, o magistrado decretou a custódia temporária com base em representação que lhe foi formulada pela autoridade policial. Dessa forma, não se pode dizer que a decretação foi por iniciativa do juiz. Ademais disso, esta modalidade de prisão processual pode ser decretada tanto mediante representação do delegado de polícia quanto a requerimento do MP, tal como estabelece o art. 2°, *caput*, da Lei 7.960/1989.

> **Dica:** um dos temas mais recorrentes, em matéria de prisão temporária, é a iniciativa para a sua decretação. Caberá somente ao juiz decretar esta modalidade de prisão provisória, mas somente poderá fazê-lo a requerimento do MP ou em face de representação da autoridade policial. Ou seja, é imprescindível que haja provocação do MP ou do delegado. No caso da prisão preventiva, a situação, ao tempo em que foi elaborada esta questão, era diversa. O juiz podia agir de ofício, decretando a custódia preventiva, desde que na fase de instrução processual (ação penal). Tal realidade mudou com a entrada em vigor da Lei 13.964/2019, que alterou o art. 311 do CPP e eliminou a possibilidade de o magistrado decretar a prisão preventiva de ofício, ainda que no curso da ação penal, prestigiando o sistema acusatório.

Gabarito "A".

(OAB/Exame Unificado – 2018.1) No dia 15 de maio de 2017, Caio, pai de um adolescente de 14 anos, conduzia um veículo automotor, em via pública, às 14h, quando foi solicitada sua parada em uma blitz. Após consultar a placa do automóvel, os policiais constataram que o veículo era produto de crime de roubo ocorrido no dia 13 de maio de 2017, às 09h. Diante da suposta prática do crime de receptação, realizaram a prisão e encaminharam Caio para a Delegacia.

Em sede policial, a vítima do crime de roubo foi convidada a comparecer e, em observância a todas as formalidades legais, reconheceu Caio como o autor do crime que sofrera. A autoridade policial lavrou auto de prisão em flagrante pelo crime de roubo em detrimento de receptação. O Ministério Público, em audiência de custódia, manifesta-se pela conversão da prisão em flagrante em preventiva, valorizando o fato de Caio ser reincidente, conforme confirmação constante de sua Folha de Antecedentes Criminais.

Quando de sua manifestação, o advogado de Caio, sob o ponto de vista técnico, deverá requerer

(A) liberdade provisória, pois, apesar da prisão em flagrante ser legal, não estão presentes os pressupostos para prisão preventiva.

(B) relaxamento da prisão, em razão da ausência de situação de flagrante.

(C) revogação da prisão preventiva, pois a prisão em flagrante pelo crime de roubo foi ilegal.

(D) substituição da prisão preventiva por prisão domiciliar, pois Caio é responsável pelos cuidados de adolescente de 14 anos.

A: incorreta. Considerando que Caio foi o autor do roubo do veículo que dirigia quando de sua prisão, fato ocorrido dois dias antes, não lhe poderia ser imputado o crime de receptação do mesmo veículo. É que o autor, coautor ou mesmo o partícipe do delito de roubo/furto não responde pelo delito de receptação. Em assim sendo, a prisão em flagrante pelo cometimento do crime de roubo, que ocorreu dois dias antes, é ilegal, já que não se enquadra nas hipóteses descritas no art. 302 do CPP. Se Caio não tivesse sido autor do roubo, sua prisão, por receptação, seria legal, já que este crime é permanente, autorizando a prisão em flagrante a qualquer tempo, enquanto não cessado o estado de permanência; **B:** correta. Como já dissemos, inexiste situação de flagrância, razão pela qual a prisão deve ser relaxada pelo magistrado em audiência de custódia. E por falar em audiência de custódia, vale a observação de que, bem recentemente, a Lei 13.964/2019, conhecida como Pacote Anticrime, contemplou a audiência de custódia, inserindo-a no art. 310 do CPP. Pela

primeira vez, portanto, a audiência de custódia, objeto de tantos debates na comunidade jurídica, tem previsão legal. Até então esta matéria estava prevista tão somente na Resolução CNJ 213/2015. Segundo estabelece a nova redação do *caput* do art. 310 do CPP, "após receber o auto de prisão em flagrante, no prazo máximo de 24 (vinte e quatro) horas após a realização da prisão, o juiz deverá promover audiência de custódia com a presença do acusado, seu advogado constituído ou membro da Defensoria Pública e o membro do Ministério Público e, nessa audiência, o juiz deverá, fundamentadamente: (...)"; **C:** incorreta. Pelo que consta do enunciado, a prisão em flagrante ainda não fora convertida em preventiva, razão pela qual não tem sentido o advogado manifestar-se pela sua revogação. A propósito, será revogada a prisão preventiva que se revelar desnecessária; se ilegal for, deverá ser relaxada. É importante ainda que se diga que, mesmo que seja reconhecida a ilegalidade da prisão em flagrante, com o seu consequente relaxamento, nada obsta que o magistrado decrete a prisão preventiva do investigado, desde que, é claro, estejam presentes os requisitos dos arts. 312 e 313 do CPP, cuja redação foi alterada pela Lei 13.964/2019 (pacote anticrime); **D:** incorreta. A substituição da prisão preventiva pela domiciliar somente seria possível caso Caio fosse o único responsável pelos cuidados do filho menor de 12 anos (o filho de Caio conta com 14 anos), conforme art. 318, VI, do CPP.

> **Dica:** quanto ao tema *substituição da prisão preventiva por domiciliar*, importante tecer algumas ponderações, tendo em vista o advento da Lei 13.769/2018, que, entre outras coisas, inseriu no CPP o art. 318-A, que estabelece a substituição da prisão preventiva por prisão domiciliar da mulher gestante, mãe ou responsável por crianças ou pessoas com deficiência. Além disso, disciplina o regime de cumprimento de pena privativa de liberdade de condenadas na mesma situação, com alteração da Lei de Crimes Hediondos e da Lei de Execução Penal. Como bem sabemos, a 2ª turma do STF, ao julgar o HC coletivo 143.641, assegurou a conversão da prisão preventiva em domiciliar a todas as presas provisórias do país que sejam gestantes, puérperas ou mães de crianças e deficientes sob sua guarda. Perceba, dessa forma, que o legislador, ao inserir o art. 318-A do CPP, nada mais fez do que contemplar, no texto legal, o entendimento consolidado no *habeas corpus* coletivo a que fizemos referência. Também em consonância com o que ficou decidido no julgamento do HC, o legislador impôs dois requisitos: que não tenha sido cometido crime com grave ameaça ou violência contra a pessoa; que não tenha sido cometido contra o filho ou dependente. O art. 318-B, também inserido por meio da Lei 13.769/2018, prevê a possibilidade de aplicação concomitante da prisão domiciliar e das medidas alternativas previstas no art. 319 do CPP, na esteira do decidido no HC 143.641. Para além da inserção desses dois dispositivos legais no CPP, a Lei 13.769/2018 promoveu alterações na LEP. Perceba, pois, que os arts. 318, 318-A e 318-B tratam da concessão da prisão domiciliar no contexto da prisão preventiva, que constitui modalidade de prisão provisória. Pressupõe-se, aqui, portanto, ausência de condenação definitiva. Após o trânsito em julgado da condenação, a prisão domiciliar passa a ser disciplinada, como não poderia deixar de ser, pela LEP. Neste caso, temos que a Lei 13.769/2018 inseriu no art. 112 da LEP o § 3º, que estabelece fração diferenciada de cumprimento de pena para que a mulher, nas condições a que fizemos referência, possa alcançar o regime mais brando (a fração necessária, que antes era um sexto, passou para um oitavo). Para tanto, a reeducanda deve reunir quatro requisitos cumulativos, além de ter cumprido um oitavo da pena que lhe foi imposta. Também incluído pela Lei 13.769/2018, o § 4º do art. 112 da LEP estabelece que a prática de novo crime doloso ou falta grave acarretará a revogação do benefício.

Gabarito "B".

1038 EDUARDO DOMPIERI

(OAB/Exame Unificado – 2017.2) Douglas responde a ação penal, na condição de preso cautelar, pela prática do crime de furto qualificado, sendo ele triplamente reincidente específico. No curso do processo, foi constatado por peritos que Douglas seria semi-imputável e que haveria risco de reiteração.

O magistrado em atuação, de ofício, revoga a prisão preventiva de Douglas, entendendo que não persistem os motivos que justificaram essa medida mais grave, aplicando, porém, a medida cautelar de internação provisória, com base no Art. 319 do Código de Processo Penal.

Diante da situação narrada, o advogado de Douglas poderá requerer o afastamento da cautelar aplicada, em razão:

(A) da não previsão legal da cautelar de internação provisória, sendo certo que tais medidas estão sujeitas ao princípio da taxatividade.

(B) de somente ser cabível a cautelar quando os peritos concluírem pela inimputabilidade, mas não pela semi-imputabilidade.

(C) de o crime imputado não ter sido praticado com violência ou grave ameaça à pessoa.

(D) de não ser cabível, na hipótese, a aplicação de medida cautelar de ofício, sem requerimento pretérito do Ministério Público.

A: incorreta. A medida cautelar diversa da prisão a que faz referência o enunciado está contemplada, expressamente, no art. 319, VII, do CPP, não sendo essa a razão pela qual o magistrado estaria impedido de aplicar tal medida a Douglas; **B:** incorreta, uma vez que, por expressa previsão contida no art. 319, VII, do CPP, podem submeter-se à medida cautelar em questão tanto o inimputável quanto o semi-imputável; **C:** correta. Descabe a decretação da medida cautelar de internação uma vez que o crime pelo qual está Douglas sendo processado é desprovido de violência (à pessoa) ou grave ameaça, na forma estatuída no art. 319, VII, do CPP; **D:** incorreta. No que toca à oportunidade para decretação das medidas cautelares, aplica-se a mesma regra prevista para a prisão preventiva (art. 311, CPP). Assim, por força do disposto no art. 282, § 2º, do CPP, as medidas cautelares diversas da prisão somente serão decretadas de ofício pelo juiz no curso da ação penal (é este o caso narrado no enunciado). Se ainda na fase de investigação, a decretação, que sempre caberá ao juiz de direito, somente poderá se dar mediante representação da autoridade policial ou a requerimento do MP. Esta assertiva e seu respectivo comentário não levaram em conta as alterações implementadas pela Lei 13.964/2019 nos arts. 282, § 2º, do CPP e art. 311 do CPP, que agora vedam a atuação de ofício do juiz na decretação de medidas cautelares de natureza pessoal, como a prisão processual, ainda que no curso da ação penal. ED
Gabarito "C".

(OAB/Exame Unificado – 2016.2) José Augusto foi preso em flagrante delito pela suposta prática do crime de receptação (Art. 180 do Código Penal – pena: 01 a 04 anos de reclusão e multa). Em que pese seja tecnicamente primário e de bons antecedentes e seja civilmente identificado, possui, em sua Folha de Antecedentes Criminais, duas anotações pela prática de crimes patrimoniais, sem que essas ações tenham resultados definitivos.

Neste caso, de acordo com as previsões expressas do Código de Processo Penal, assinale a afirmativa correta.

(A) Estão preenchidos os requisitos para decretação da prisão preventiva, pois as ações penais em curso

demonstram a existência de risco para a ordem pública.

(B) A autoridade policial não poderá arbitrar fiança neste caso, ficando tal medida de responsabilidade do magistrado.

(C) Antes de decidir pela liberdade provisória ou conversão em preventiva, poderá a prisão em flagrante do acusado perdurar pelo prazo de 10 dias úteis, ou seja, até o oferecimento da denúncia.

(D) O juiz não poderá converter a prisão em flagrante em preventiva, mas poderá aplicar as demais medidas cautelares.

A: incorreta. Não cabe, neste caso, a decretação da custódia preventiva, já que a pena máxima cominada ao crime de receptação não é superior a quatro anos, conforme impõe o art. 313, I, do CPP. A prisão poderia ser decretada, em princípio, se José Augusto tivesse condenação por crime doloso com trânsito em julgado. Não é o caso, já que as ações penais que constam das suas anotações ainda não passaram em julgado. Ademais disso, ações penais em curso, por si sós, não bastam para a decretação da custódia preventiva; **B:** incorreta. A Lei 12.403/2011 mudou sobremaneira o panorama da fiança. Antes da reforma por ela implementada, a autoridade policial, em vista da revogada redação do art. 322 do CPP, somente estava credenciada a concedê-la nas hipóteses de infração punida com *detenção* ou *prisão simples*. Bem por isso, não podia o delegado de polícia arbitrar fiança nos crimes punidos com *reclusão*, tarefa exclusiva do magistrado. Pela nova redação dada ao art. 322 do CPP, a autoridade policial passou a conceder fiança nos casos de infração cuja pena privativa de liberdade máxima não seja superior a quatro anos (é este o caso do crime imputado a José Augusto), independentemente de ser o crime apenado com reclusão ou detenção (qualidade da pena). Naqueles casos em que a pena máxima superar os quatro anos, somente o magistrado poderá estabelecer a fiança; **C:** incorreta. O art. 310 do CPP, cuja redação foi alterada pela Lei 12.403/2011, impõe ao magistrado, quando do recebimento do auto de prisão em flagrante, o dever de manifestar-se *fundamentadamente* acerca da prisão que lhe é comunicada. Pela *novel* redação do dispositivo, abrem-se para o juiz as seguintes opções: se se tratar de prisão ilegal, deverá o magistrado relaxá-la e determinar a soltura imediata do preso; se a prisão estiver em ordem, deverá o juiz, desde que entenda necessário ao processo, converter a prisão em flagrante em preventiva, sempre levando em conta os requisitos do art. 312 do CPP, não sendo suficiente a prova da existência do crime e indícios de autoria. Ressalte-se que, tendo em vista o *postulado da proporcionalidade*, a custódia preventiva somente terá lugar se as medidas cautelares diversas da prisão revelarem-se inadequadas. Disso inferimos que a prisão em flagrante não mais poderá perdurar por vários dias ou mesmo até o final do processo como modalidade de prisão cautelar, como antes ocorria. Vedada, pois, a homologação da prisão em flagrante. Se achar que é o caso de manter o investigado preso, deverá, isto sim, converter, sem demora, a prisão em flagrante em preventiva; poderá o juiz, por fim, conceder a liberdade provisória, com ou sem fiança, substituindo, assim, a prisão em flagrante. Atenção: recentemente, a Lei 13.964/2019 alterou o *caput* do art. 310 do CPP, que passa a ter a seguinte redação: "após receber o auto de prisão em flagrante, no prazo máximo de até 24 (vinte e quatro) horas após a realização da prisão, o juiz deverá promover audiência de custódia com a presença do acusado, seu advogado constituído ou membro da Defensoria Pública e o membro do Ministério Público e, nessa audiência, o juiz deverá, fundamentadamente (...)" ; **D:** correta (arts. 283, § 1º, e 310, II, do CPP).
Gabarito "D".

(OAB/Exame Unificado – 2015.1) A prisão temporária pode ser definida como uma medida cautelar restritiva, decretada por tempo determinado, destinada a possibilitar as inves-

15. DIREITO PROCESSUAL PENAL 1039

tigações de certos crimes considerados pelo legislador como graves, antes da propositura da ação penal. Sobre o tema, assinale a afirmativa correta.

(A) Assim como a prisão preventiva, pode ser decretada de ofício pelo juiz, após requerimento do Ministério Público ou representação da autoridade policial.

(B) Sendo o crime investigado hediondo, o prazo poderá ser fixado em, no máximo, 15 dias, prorrogáveis uma vez pelo mesmo período.

(C) Findo o prazo da temporária sem prorrogação, o preso deve ser imediatamente solto.

(D) O preso, em razão de prisão temporária, poderá ficar detido no mesmo local em que se encontram os presos provisórios ou os condenados definitivos.

A assertiva a ser assinalada como correta é a "C". No curso do inquérito, tanto a prisão temporária quanto a preventiva não podem ser decretadas de ofício; quanto à custódia preventiva, cabe decretação de ofício tão somente na instrução processual (art. 311, CPP); no que toca à prisão temporária, sua decretação somente pode realizar-se no curso das investigações e mediante representação da autoridade policial ou a requerimento do MP (art. 2º da Lei 7.960/1989); não pode ser decretada de ofício. Em resumo, somente comporta decretação de ofício a prisão preventiva no curso da ação penal. Se o crime for hediondo ou assemelhado, o prazo de prisão temporária será de *trinta* dias, prorrogável por mais trinta, também em caso de comprovada e extrema necessidade. É o teor do art. 2º, § 4º, da Lei 8.072/1990 (Crimes Hediondos). Diz-se que a ordem de prisão temporária contém o chamado "comando implícito de soltura" porquanto, passados os 5 dias de custódia, o investigado deverá ser imediatamente posto em liberdade pela autoridade policial, sem a necessidade de alvará de soltura a ser expedido pelo juiz que decretou a prisão. Evidente que permanecerá custodiado o investigado que contra si for prorrogada a prisão temporária ou mesmo expedido mandado de prisão preventiva. É o que estabelece o art. 2º, § 7º, da Lei 7.960/1989, cuja redação foi alterada pela Lei 13.869/2019 (nova Lei de Abuso de Autoridade). Por fim, os presos temporários devem permanecer separados dos demais (art. 3º da Lei 7.960/1989). Atenção: ao tempo em que esta questão foi elaborada, ao juiz somente era dado decretar a custódia preventiva no curso da ação penal, conforme dispunha o art. 311 do CPP, com a redação dada pela Lei 12.403/2011. Pois bem. Prestigiando o sistema acusatório, a recente Lei 13.964/2019 (Pacote Anticrime) alterou a redação do art. 311 do CPP, desta vez para vedar a decretação de ofício, pelo juiz, da custódia preventiva, quer na fase investigativa, como antes já ocorria, quer na etapa instrutória, o que até a edição do pacote anticrime era permitido. É dizer, para que a custódia preventiva, atualmente, seja decretada no curso da investigação ou no decorrer da ação penal, somente mediante provocação da autoridade policial, se no curso do inquérito, ou a requerimento do Ministério Público, se no curso da ação penal ou das investigações.
Gabarito "C".

(OAB/Exame Unificado – 2012.3.A) O Código de Processo Penal pátrio menciona que também se considera em flagrante delito quem é perseguido, logo após o delito, pela autoridade, pelo ofendido ou por qualquer pessoa, em situação que faça-a presumir ser o perseguido autor da infração.

A essa modalidade dá-se o nome de flagrante

(A) impróprio.

(B) ficto.

(C) diferido ou retardado.

(D) esperado.

No chamado flagrante impróprio, imperfeito ou quase flagrante, o sujeito é perseguido, logo em seguida à prática criminosa, em situação que faça

presumir ser o autor da infração (art. 302, III). Já no flagrante próprio, real ou perfeito, o agente é surpreendido no momento em que comete o crime ou quando acaba de cometê-lo – art. 302, I e II, do CPP. Ficto ou presumido, por sua vez, é a modalidade de flagrante (art. 302, IV) em que o agente é encontrado, depois do crime, na posse de instrumentos, armas, objetos ou papéis em circunstâncias que revelem ser ele o autor da infração penal. De se ver que, nesta modalidade de flagrante, inexiste perseguição, como ocorre no flagrante impróprio. Por fim, diferido ou retardado é o flagrante em que a lei confere à autoridade policial, para o fim de tornar mais eficaz a colheita de provas e o fornecimento de informações, a faculdade de retardar a prisão daqueles que se acham em situação de flagrante. Esta modalidade de flagrante está prevista no art. 53, II, da Lei 11.343/2006 (Drogas) e arts. 3º, III, 8º e 9º da Lei 12.850/2013 (Crime Organizado).
Gabarito "A".

(OAB/Exame Unificado – 2012.2) O deputado "M" é um famoso político do Estado "Y", e tem grande influência no governo estadual, em virtude das posições que já ocupou, como a de Presidente da Assembleia Legislativa. Atualmente, exerce a função de Presidente da Comissão de Finanças e Contratos. Durante a reunião semestral com as empresas interessadas em participar das inúmeras contratações que a Câmara fará até o final do ano, o deputado "M" exigiu do presidente da empresa "Z" R$ 500.000,00 (quinhentos mil reais) para que esta pudesse participar da concorrência para a realização das obras na sede da Câmara dos Deputados. O presidente da empresa "Z", assustado com tal exigência, visto que sua empresa preenchia todos os requisitos legais para participar das obras, compareceu à Delegacia de Polícia e informou ao Delegado de Plantão o ocorrido, que o orientou a combinar a entrega da quantia para daqui a uma semana, oportunidade em que uma equipe de policiais estaria presente para efetuar a prisão em flagrante do deputado. No dia e hora aprazados para a entrega da quantia indevida, os policiais prenderam em flagrante o deputado "M" quando este conferia o valor entregue pelo presidente da empresa "Z". Na qualidade de advogado contratado pelo Deputado, assinale a alternativa que indica a peça processual ou pretensão processual, exclusiva de advogado, cabível na hipótese acima.

(A) Liberdade Provisória.

(B) *Habeas Corpus.*

(C) Relaxamento de Prisão.

(D) Revisão Criminal.

Segundo o enunciado, o deputado federal "M", valendo-se do cargo que ocupa na Câmara dos Deputados, exigiu do presidente da empresa "Z", para que esta pudesse participar de concorrência para a realização de obras na Câmara dos Deputados, o pagamento de R$ 500.000,00. Neste exato momento (imposição do valor indevido), o crime se consumara. Uma semana depois, a polícia, tendo conhecimento dos fatos e após orientar a vítima a combinar a entrega da importância exigida, prendeu em flagrante o deputado no instante em que este conferia o dinheiro a ele entregue pelo presidente da empresa "Z", por orientação dos policiais. Considerando que o crime de concussão, que é formal, se aperfeiçoa com a imposição da vantagem indevida, o posterior recebimento dessa vantagem por parte do deputado constitui mero exaurimento do delito (desdobramento típico). A prisão em flagrante seria, em princípio, possível se tivesse sido realizada no momento em que foi formulada a exigência. A captura efetuada uma semana depois de o crime consumar-se, portanto, é ilegal, visto que não se enquadra em nenhuma das hipóteses listadas no art. 302 do CPP. Não é só. Por ser deputado federal, "M" somente poderia ter sido preso em flagrante, em obediência ao disposto no art. 53, § 2º, da CF, pela prática de crime inafiançável. Não é o caso do delito imputado a "M". Também por essa razão o flagrante é ilegal. Neste caso, deve ser formulado pedido de relaxamento da prisão em flagrante, que tem lugar sempre que o flagrante padecer de vício formal ou material. Note que o enunciado fala em peça exclusiva de advogado. Impende ainda consignar que, apesar de a liberdade provisória ser um sucedâneo da prisão em flagrante, somente será o caso de pleiteá-la/concedê-la quando se tratar de prisão legal desnecessária (ausência dos requisitos estampados no art. 312 do CPP – prisão preventiva).

Gabarito "C".

(OAB/Exame Unificado – 2010.3) Como se sabe, a prisão processual (provisória ou cautelar) é a decretada antes do trânsito em julgado de sentença penal condenatória, nas hipóteses previstas em lei. A respeito de tal modalidade de prisão, é correto afirmar que

(A) são requisitos da prisão preventiva a sua imprescindibilidade para as investigações do inquérito policial e o fato de o indiciado não ter residência fixa ou não fornecer elementos necessários ao esclarecimento de sua identidade.

(B) a prisão temporária tem como pressupostos a existência de indícios de autoria e prova da materialidade, e como fundamentos a necessidade de garantia da ordem pública, a conveniência da instrução criminal, a necessidade de garantir a futura aplicação da lei penal e a garantia da ordem pública.

(C) o prazo de duração da prisão temporária é de 5 (cinco) dias, prorrogável por mais cinco em caso de extrema e comprovada necessidade. Em se tratando, todavia, de crime hediondo, a prisão temporária poderá ser decretada pelo prazo de 30 (trinta) dias, prorrogável por igual período.

(D) em nosso ordenamento jurídico, a prisão processual contempla as seguintes modalidades: prisão em flagrante, preventiva, temporária, por pronúncia e em virtude de sentença condenatória recorrível.

A: incorreta, visto que o fato de a custódia ser imprescindível às investigações do inquérito policial constitui requisito da prisão temporária – art. 1º, I, da Lei 7.960/1989. No mais, a possibilidade de decretar-se a prisão na hipótese de o investigado não ter residência fixa ou não fornecer elementos necessários ao esclarecimento de sua identidade foi também contemplada na Lei 7.960/1989, em seu art. 1º, II. Impende, por fim, consignar que o art. 313, § 1º, do CPP (com a redação dada pela Lei 13.964/2019) admite que a prisão preventiva seja decretada quando houver dúvida sobre a identidade civil da pessoa ou quando esta não fornecer elementos suficientes para esclarecê-la; **B:** incorreta, na medida em que faz referência aos pressupostos e aos fundamentos da *prisão preventiva*, deixando de fazer menção tão somente ao fundamento "como garantia da ordem econômica"; **C:** correta. A *prisão temporária* terá o prazo de 5 (cinco) dias, prorrogável por igual período, em caso de extrema e comprovada necessidade, nos termos do art. 2º, *caput*, da Lei 7.960/1989. Em se tratando, no entanto, de crime hediondo ou equiparado (tortura, tráfico de drogas e terrorismo), a *custódia temporária* será decretada por *até* 30 (trinta) dias, prorrogável por igual período em caso de extrema e comprovada necessidade, em consonância com o disposto no art. 2º, § 4º, da Lei 8.072/1990 (Crimes Hediondos); **D:** incorreta. Com o advento da Lei 12.403/2011, instaurou-se uma nova realidade. A partir de então, a *prisão em flagrante* não mais pode perdurar durante todo o processo como modalidade de prisão cautelar. Deverá o juiz, se entender que o indiciado deve permanecer encarcerado, converter a prisão em flagrante em preventiva. Alguns doutrinadores passaram

a entender que a prisão em flagrante deixou de constituir modalidade de prisão cautelar (processual). Passaríamos, neste caso, a contar com duas modalidades de prisão cautelar, a saber: *prisão preventiva* e *prisão temporária*. Só para lembrar: a *prisão decorrente de pronúncia* e a *prisão decorrente de sentença condenatória recorrível* deixaram de integrar o rol das prisões processuais com a entrada em vigor das Leis 11.689/2008 e 11.719/2008.

Gabarito "C".

(OAB/Exame Unificado – 2010.3) Com relação às modalidades de prisão, assinale a alternativa correta.

(A) A prisão preventiva poderá ser decretada durante o inquérito policial.

(B) A prisão em flagrante delito somente poderá ser realizada dentro do período de 24 (vinte e quatro) horas, contadas do momento em que se inicia a execução do crime.

(C) A prisão temporária poderá ser decretada a qualquer tempo, desde que se mostre imprescindível para a produção da prova.

(D) Em caso de descumprimento de medida protetiva prevista na Lei 11.340/2006, o juiz não poderá decretar a prisão preventiva do acusado.

A: assertiva correta, na medida em que a prisão preventiva pode ser decretada pelo juiz em qualquer fase do *inquérito* ou do *processo*, conforme preceitua o art. 311 do CPP. Ocorre que, com a edição da Lei 12.403/2011, a redação do art. 311 do CPP foi modificada. A prisão preventiva continua a ser decretada em qualquer fase da investigação policial ou do processo penal, mas o juiz, que antes podia determiná-la de ofício também na fase investigatória, somente poderá fazê-lo, a partir de agora, no curso da ação penal. É dizer, para que a custódia preventiva seja decretada no curso da investigação, somente mediante representação da autoridade policial ou a requerimento do Ministério Público. Atenção: a prisão temporária, destinada a viabilizar investigações de crimes graves, somente pode ser decretada na fase de inquérito. Aqui, nada mudou. Este comentário precede o advento da Lei 13.964/2019. Nos dias atuais, como bem sabemos, ao juiz é vedado decretar de ofício a prisão preventiva durante fase da persecução penal (art. 311 do CPP, alterado pela Lei 13.964/2019); **B:** assertiva incorreta. O Código de Processo Penal não estabelece este prazo no art. 302. O art. 306, §§ 1º e 2º, do CPP fixa o prazo de 24 (vinte e quatro) horas, a contar da prisão, para que a autoridade que presidiu o flagrante providencie o encaminhamento do auto de prisão em flagrante ao juiz competente juntamente com todas as peças. Caso não informe o nome de seu advogado, deverá a autoridade, dentro do mesmo prazo, encaminhar as peças à Defensoria Pública. Deverá ainda, no prazo de 24 (vinte e quatro) horas da prisão, entregar ao autuado a nota de culpa, cientificando-lhe do motivo de sua prisão, o nome do condutor e o das testemunhas. Quanto a isso, vale o registro de que o Conselho Nacional de Justiça, em parceria com o Tribunal de Justiça de São Paulo e também com o Ministério da Justiça, lançou e implementou o projeto "audiência de custódia", cujo propósito é assegurar ao preso o direito de ser apresentado, de forma rápida, a um juiz de direito, ao qual cabe analisar, entre outros aspectos, a legalidade da prisão em flagrante e também a necessidade de a mesma ser convertida em prisão preventiva. Tal vai ao encontro de garantia presente no Pacto de São José da Costa Rica. Após, o CNJ, por meio da Resolução 213/2015, disciplinou as audiências de custódia em todo o território nacional. Recentemente, a Lei 13.964/2019, conhecida como Pacote Anticrime, contemplou a audiência de custódia, inserindo-a no art. 310 do CPP. Pela primeira vez, portanto, a audiência de custódia, objeto de tantos debates na comunidade jurídica, tem previsão legal. Como dissemos acima, até então esta matéria estava prevista tão somente na Resolução CNJ 213/2015. Segundo estabelece a nova

15. DIREITO PROCESSUAL PENAL — 1041

redação do *caput* do art. 310 do CPP, "após receber o auto de prisão em flagrante, no prazo máximo de 24 (vinte e quatro) horas após a realização da prisão, o juiz deverá promover audiência de custódia com a presença do acusado, seu advogado constituído ou membro da Defensoria Pública e o membro do Ministério Público, e, nessa audiência, o juiz deverá, fundamentadamente: (...)"; **C:** assertiva incorreta. A prisão temporária será decretada quando, no curso do inquérito policial, mostrar-se imprescindível para as investigações. Não pode, portanto, ser decretada a qualquer tempo; **D:** assertiva incorreta, dado que, em caso de descumprimento, o juiz poderá decretar a prisão preventiva do acusado (art. 20 da Lei 11.340/2006 e art. 313, III, do CPP).

Gabarito "A"

(OAB/Exame Unificado – 2009.2) Acerca das prisões cautelares, assinale a opção correta.

(A) Em regra, a prisão temporária deve ter duração máxima de 5 (cinco) dias. Tratando-se, no entanto, de procedimento destinado à apuração da prática de delito hediondo, tal prazo poderá estender-se para 30 (trinta) dias, prorrogável por igual período em caso de extrema e comprovada necessidade.

(B) A apresentação espontânea do acusado à autoridade policial, ao juiz criminal ou ao MP impede a prisão preventiva, devendo o acusado responder ao processo em liberdade.

(C) Considere que Amanda, na intenção de obter vantagem econômica, tenha sequestrado Bruna, levando-a para o cativeiro. Nesse caso, a prisão em flagrante de Amanda só poderá ocorrer até 24 (vinte e quatro) horas após a constrição da liberdade de Bruna, devendo a autoridade policial, caso descubra o paradeiro da vítima após tal prazo, solicitar ao juiz competente o mandado de prisão contra a sequestradora.

(D) São pressupostos da prisão preventiva: garantia da ordem pública ou da ordem econômica; conveniência da instrução criminal; garantia de aplicação da lei penal; prova da existência do crime; indício suficiente de autoria.

A: correta. A *prisão temporária*, a ser decretada tão somente pelo juiz de direito, terá o prazo de 5 (*cinco) dias*, prorrogável por igual período em caso de extrema e comprovada necessidade, nos termos do art. 2º da Lei 7.960/1989. Em se tratando, no entanto, de crime hediondo ou delito a ele equiparado (tortura, tráfico de drogas e terrorismo), a *custódia temporária* será decretada por *até* 30 (trinta) dias, prorrogável por igual período em caso de extrema e comprovada necessidade, em consonância com o disposto no art. 2º, § 4º, da Lei 8.072/1990 (Lei de Crimes Hediondos); **B:** incorreta. O art. 317 do CPP, que previa a apresentação espontânea do acusado, foi revogado pela Lei 12.403/2011. A despeito disso, a apresentação espontânea do acusado não elide a possibilidade de o juiz decretar-lhe a prisão preventiva, desde que presentes os requisitos legais; **C:** incorreta. O crime perpetrado por Amanda – extorsão mediante sequestro (art. 159 do CP) – é permanente, o que permite, com fulcro no art. 303 do CPP, a prisão em flagrante de seus autores enquanto o processo de consumação não cessar. Dito de outro modo, enquanto Bruna estiver no cativeiro, Amanda poderá, sim, ser presa em flagrante, ainda que isso venha a ocorrer dias, semanas depois do arrebatamento da vítima; **D:** alternativa, a nosso ver, correta, uma vez que está em conformidade com o disposto no art. 312 do CPP. A Lei 13.964/2019 agregou ao art. 312, *caput*, do CPP um novo elemento: a necessidade de existir *perigo gerado pelo estado de liberdade do imputado* (*periculum libertatis*).

Gabarito "A"

(OAB/Exame Unificado – 2008.3) Relativamente à prisão, assinale a opção correta de acordo com o CPP.

(A) Se o réu, sendo perseguido, passar ao território de outro município ou comarca, o executor poderá efetuar-lhe a prisão no lugar onde o alcançar, apresentando-o imediatamente à autoridade local, que providenciará a remoção do preso depois de haver lavrado, se for o caso, o auto de flagrante.

(B) Na hipótese de resistência à prisão em flagrante, por parte de terceiras pessoas, diversas do réu, o executor e as pessoas que o auxiliarem não poderão usar dos meios necessários para defender-se ou para vencer a resistência.

(C) Na hipótese de o executor do mandado verificar, com segurança, que o réu tenha entrado em alguma casa, o morador será intimado a entregá-lo, à vista da ordem de prisão. Se não for atendido imediatamente, o executor convocará duas testemunhas e, ainda que seja noite, entrará à força na casa, arrombando as portas, caso seja necessário.

(D) Ainda que haja tentativa de fuga do preso, não será permitido o emprego de força.

A: correta, pois reflete a regra contida no art. 290, *caput*, do CPP; **B:** incorreta, pois, neste caso, o art. 292 do CPP autoriza o emprego dos meios necessários para a defesa do executor e das pessoas que lhe prestam auxílio ou ainda para vencer a resistência oposta; **C:** incorreta, pois a providência prevista no art. 293 do CPP (arrombamento diante da recalcitrância do morador) somente poderá ser tomada durante o dia; sendo noite, por força do mesmo dispositivo, deverá o executor da ordem, diante da recusa do morador em franquear-lhe o ingresso, providenciar para que todas as saídas do imóvel sejam vigiadas até o amanhecer, quando, aí sim, será possível proceder-se ao arrombamento e à prisão do acusado; **D:** incorreta, dado que é permitido o emprego de força no caso de resistência ou fuga (art. 284 do CPP).

Gabarito "A"

(OAB/Exame Unificado – 2008.2) Os parâmetros previstos no CPP para que a autoridade determine o valor da fiança não incluem

(A) A natureza da infração.

(B) O grau de instrução do acusado.

(C) A vida pregressa do acusado.

(D) O valor provável das custas do processo.

É do art. 326 do CPP que "Para determinar o valor da fiança, a autoridade terá em consideração a natureza da infração, as condições pessoais de fortuna e vida pregressa do acusado, as circunstâncias indicativas de sua periculosidade, bem como a importância provável das custas do processo, até final julgamento".

Gabarito "B"

(OAB/Exame Unificado – 2007.3) É compatível com a Constituição Federal de 1988

(A) o processo iniciado, de ofício, pela autoridade policial ou judiciária.

(B) A prisão processual.

(C) A prisão para averiguação.

(D) A busca domiciliar determinada pela autoridade policial.

A: incorreta (*princípio da ação ou da demanda*: incumbe à parte provocar a atuação da função jurisdicional). No que concerne à autoridade policial, vige o *princípio da obrigatoriedade*, já que, assim que tenha notícia

1042 EDUARDO DOMPIERI

da prática da infração, deverá instaurar, de ofício, inquérito policial, exceção feita às hipóteses em que o crime sob investigação seja de ação penal privativa do ofendido, em que é imprescindível o requerimento formulado por este, ou pública condicionada à representação da vítima ou requisição do MJ; **B:** correta (arts. 282 e ss. do CPP); **C:** incorreta. A prisão para averiguação foi extinta pela CF/1988 (art. 5º, LXI e LXV, da CF); **D:** incorreta, dado que a busca domiciliar é ordenada por determinação judicial (art. 5º, XI, da CF).

Gabarito "B".

(FGV – 2013) A Lei n. 12.403, de 04.05.2011, introduziu mudanças significativas no Código de Processo Penal ao disciplinar as prisões e medidas cautelares.

Sobre as prisões cautelares, assinale a afirmativa incorreta.

(A) A prisão preventiva poderá ser decretada de ofício pelo magistrado, no curso da ação penal.

(B) A prisão preventiva pode ser substituída pela domiciliar quando o agente for maior de 80 anos.

(C) A gravidade em abstrato do crime não é fundamento suficiente para, por si só, justificar a decretação da prisão preventiva.

(D) O juiz poderá relaxar a prisão preventiva se, no correr do processo, verificar a falta de motivo para que subsista, ou poderá revogá-la, verificando qualquer ilegalidade em sua decretação.

(E) Computam-se, na pena privativa de liberdade e na medida de segurança, o tempo de prisão provisória no Brasil ou no estrangeiro, o de prisão administrativa e o de internação em hospital de custódia e tratamento psiquiátrico ou outro estabelecimento adequado.

A: correta, pois em conformidade com a redação do art. 311 do CPP em vigor ao tempo em que foi aplicada esta prova, resultado da modificação introduzida pela Lei de Reforma n. 12.403/2011. Esta situação perdurou até a edição da Lei 13.964/2019, que alterou a redação do art. 311 do CPP, agora para vedar a atuação de ofício do juiz na decretação da prisão preventiva, quer no curso das investigações (o que já era vedado), quer no decorrer da ação penal; **B:** correta. A prisão domiciliar, é bom que se diga, não está inserida no âmbito das medidas cautelares diversas da prisão (art. 319, CPP). Cuida-se, isto sim, de prisão preventiva que deverá ser cumprida no domicílio do investigado/acusado, desde que, é claro, este esteja em uma das situações previstas no art. 318 do CPP (com redação alterada por força da Lei 13.257/2016): maior de 80 anos; extremamente debilitado por motivo de doença grave; imprescindível aos cuidados especiais de pessoa menor de 6 anos de idade ou com deficiência; gestante, mulher com filho de até 12 (doze) anos de idade incompletos; homem, caso seja o único responsável pelos cuidados do filho de até 12 (doze) anos de idade incompletos; **C:** correta. De fato, a jurisprudência dos tribunais sedimentou entendimento no sentido de que a prisão cautelar exige motivação idônea e concreta, sendo vedado ao juiz se valer de motivação relacionada à gravidade abstrata do crime. Conferir: "*Habeas corpus.* Corrupção passiva e formação de quadrilha. Fraudes em benefícios previdenciários. Condenação. Manutenção da custódia cautelar. Pressupostos do art. 312 do Código de Processo Penal. Demonstração. Gravidade em abstrato insuficiente para justificá--la. Precedentes da Corte. Ordem parcialmente concedida. 1. Segundo a jurisprudência consolidada do Supremo Tribunal Federal, para que o decreto de custódia cautelar seja idôneo, é necessário que o ato judicial constritivo da liberdade traga, fundamentalmente, elementos concretos aptos a justificar tal medida. 2. Está sedimentado na Corte o entendimento de que a gravidade em abstrato do delito não basta para justificar, por si só, a privação cautelar da liberdade do agente. 3. As recentes alterações promovidas pela Lei 12.403/2011 no Código de Pro cesso Penal trouxeram alterações que aditaram uma exceção à regra da prisão. 4. Não mais subsistente a situação fática que ensejou

a decretação da prisão preventiva, é o caso de concessão parcial da ordem de habeas corpus, para que o Juiz de piso substitua a segregação cautelar pelas medidas cautelares diversas da prisão elencadas no art. 319, incisos I, II III e VI, do Código de Processo Penal". (HC 109709, DIAS TOFFOLI, STF). Em consonância com o entendimento consagrado na jurisprudência, a Lei 13.964/2019 inseriu o § 2º ao art. 312 do CPP, que assim dispõe: *a decisão que decretar a prisão preventiva deve ser motivada e fundamentada em receio de perigo e existência concreta de fatos novos ou contemporâneos que justifiquem a aplicação da medida adotada.* Dentro desse mesmo espírito, esta mesma Lei incluiu o § 1º ao art. 315 do CPP, com a seguinte redação: *na motivação da decretação da prisão preventiva ou de qualquer outra cautelar, o juiz deverá indicar concretamente a existência de fatos novos ou contemporâneos que justifiquem a aplicação da medida adotada.* O § 2º deste dispositivo elenca as situações em que se deve considerar a decisão como não fundamentada; **D:** incorreta, devendo ser assinalada, posto que, sendo a prisão ilegal, impõe-se ao juiz o seu relaxamento (e não a sua revogação); agora, se a prisão preventiva mostrar-se desnecessária ao processo, deverá o juiz, neste caso, revogá-la (e não relaxá-la), conforme o que estabelece o art. 316, *caput*, do CPP, com redação determinada pela Lei 13.964/2019; **E:** correta. Corresponde ao instituto da *detração*, presente no art. 42 do CP.

Gabarito "D".

Em 2011, a Lei n. 12.403 trouxe uma série de inovações no tratamento conferido pelo Código de Processo Penal às prisões cautelares. Ademais, uma grande novidade foi a previsão detalhada de medidas cautelares típicas diversas da prisão que poderão ser aplicadas pelo magistrado.

(FGV – 2013) Sobre o tema *prisão e medidas cautelares*, assinale a afirmativa correta.

(A) A prisão preventiva pode ser decretada em qualquer fase do processo penal ou investigação policial, sempre de ofício ou a requerimento do Ministério Público, do assistente de acusação ou do querelante, ou por representação da autoridade policial.

(B) De acordo com a jurisprudência amplamente majoritária do Superior Tribunal de Justiça, tanto o flagrante esperado quanto o flagrante preparado são ilegais.

(C) A medida cautelar de internação provisória poderá ser decretada nos crimes praticados com violência ou grave ameaça, quando os peritos concluírem ser inimputável ou semi-imputável o acusado, desde que haja risco de reiteração.

(D) O juiz poderá substituir a prisão preventiva pela domiciliar, de acordo com o Código de Processo Penal, sempre que o agente for maior de 65 anos.

(E) A prisão temporária será decretada pelo juiz pelo prazo máximo de 10 dias, prorrogável por igual período no caso de extrema e comprovada necessidade.

A: incorreta, dado que, com as modificações operadas pela Lei 12.403/2011 no campo da prisão processual, o juiz, que antes podia determinar a custódia preventiva de ofício em qualquer fase da persecução penal, agora somente poderá fazê-lo no curso da ação penal; assim, a prisão preventiva, no decorrer da investigação, somente será decretada (sempre pelo juiz) a requerimento do MP, ou por representação da autoridade policial, conforme estabelece o art. 311 do CPP. Isso até a edição da Lei 13.964/2019, posterior à elaboração desta questão, que, ao alterar a redação do art. 311 do CPP, eliminou por completo a possibilidade de o juiz decretar a prisão preventiva de ofício; **B:** incorreta. Segundo doutrina e jurisprudência pacíficas, não há ilegalidade no chamado *flagrante esperado*, em que a polícia, uma vez comunicada, aguarda a ocorrência do crime, não exercendo

15. DIREITO PROCESSUAL PENAL — 1043

qualquer tipo de controle sobre a ação do agente; inexiste, neste caso, intervenção policial que leve o agente à prática delituosa. É, por isso, hipótese viável de prisão em flagrante. Não deve ser confundido com o *flagrante preparado*. Este restará configurado sempre que o agente provocador levar alguém a praticar uma infração penal. Está-se aqui diante de uma modalidade de crime impossível (art. 17 do CP), consubstanciada na Súmula n. 145 do STF; **C:** correta, nos termos do art. 319, VII, do CPP; **D:** incorreta, uma vez que tal substituição somente é possível se o agente contar com mais de oitenta anos (e não sessenta e cinco), nos termos do art. 318, I, do CPP; **E:** incorreta, uma vez que esta modalidade de prisão provisória terá o prazo de cinco dias, prorrogável por igual período em caso de extrema e comprovada necessidade, nos termos do art. 2º, *caput*, da Lei 7.960/1989. Em se tratando, no entanto, de crime hediondo ou a ele equiparado (tortura, tráfico de drogas e terrorismo), a custódia temporária será decretada por *até* trinta dias, prorrogável por igual período em caso de extrema e comprovada necessidade, em consonância com o disposto no art. 2º, § 4º, da Lei 8.072/1990 (Crimes Hediondos).
Gabarito "C".

(FGV – 2013) Com relação à Lei n. 7.960/1989, que dispõe sobre *prisão temporária*, assinale a afirmativa correta.

(A) O prazo limite, seja qual for o crime em apuração, é de 30 dias.

(B) O prazo, em se tratando de crime hediondo ou assemelhado, é de trinta dias, enquanto nos demais é de cinco dias, não sendo possível a prorrogação.

(C) O juiz, atendendo representação da autoridade policial ou a requerimento do Ministério Público, poderá decretá-la de ofício.

(D) O preso, decorrido o prazo da prisão, deverá ser posto imediatamente em liberdade, independentemente de alvará de soltura, salvo se já tiver sido decretada sua prisão preventiva.

(E) Os presos temporários, dentro do possível, devem ficar separados dos demais detentos.

A: incorreta. No âmbito da prisão temporária, o prazo será, em regra, de 5 dias, podendo, em caso de extrema e comprovada necessidade, ser prorrogado por igual período, nos termos do art. 2º, *caput*, da Lei 7.960/1989; agora, se se tratar de crime hediondo ou a ele equiparado (tortura, tráfico de drogas e terrorismo), o prazo é diferenciado: a custódia será decretada por *até* trinta dias, prorrogável por igual período em caso de extrema e comprovada necessidade, em consonância com o disposto no art. 2º, § 4º, da Lei 8.072/1990 (Crimes Hediondos); **B:** incorreta. Hediondo ou não o crime, o prazo poderá ser prorrogado (uma única vez), desde que diante de extrema e comprovada necessidade; **C:** incorreta, uma vez que, no campo da prisão temporária, é vedado ao juiz decretá-la de ofício; somente poderá determiná-la diante da representação formulada pela autoridade policial ou de requerimento do Ministério Público – art. 2º, *caput*, da Lei 7.960/1989; **D:** correta (art. 2º, § 7º, da Lei 7.960/1989, cuja redação foi alterada por força da Lei 13.869/2019); **E:** incorreta, pois o art. 3º da Lei 7.960/1989 estabelece que *os presos temporários deverão permanecer, obrigatoriamente, separados dos demais detentos*.
Gabarito "D".

(FGV – 2011) A respeito da prisão preventiva, é correto afirmar que

(A) durante o inquérito policial não é possível a decretação da prisão preventiva pelo juiz "ex officio", somente sendo ela permitida durante a instrução criminal.

(B) o juiz pode decretar a prisão preventiva quando as provas dos autos indicam que o agente cometeu o fato em estrito cumprimento do dever legal, mas não se pode dizer o mesmo se o fato foi cometido em estado de necessidade.

(C) o juiz pode revogar a prisão preventiva se verificar falta de motivo para a sua subsistência; entretanto, uma vez revogada, o juiz não pode decretá-la de novo.

(D) nos termos do Código de Processo Penal, a prisão preventiva pode ser decretada como garantia da ordem pública ou para assegurar a aplicação da lei penal, quando houver prova da existência do crime e indício suficiente de autoria.

(E) a apresentação espontânea do acusado, confessando crime de autoria ignorada ou imputada a outrem, impede a decretação da prisão preventiva.

A: ao tempo em que esta questão foi formulada, a assertiva estava incorreta, já que não correspondia à redação do então vigente art. 311 do CPP, pois a *prisão preventiva* podia ser determinada de ofício pelo magistrado em qualquer fase do inquérito policial ou da instrução criminal. Posteriormente, dada a modificação implementada no art. 311 pela Lei 12.403/2011, passou a ser defeso ao juiz decretar, de ofício, a prisão preventiva no curso do inquérito policial. Mais recentemente, por força de nova modificação realizada no art. 311 do CPP, desta vez pela Lei 13.964/2019, eliminou-se a possibilidade de o juiz decretar a prisão preventiva de ofício em qualquer fase da persecução criminal (IP e ação penal); **B:** a proposição está incorreta, visto que, em consonância com o que dispõe o art. 314 do CPP, não será decretada a custódia preventiva do investigado ou acusado que agiu sob o manto de qualquer das excludentes de ilicitude (art. 23, I, II e III, do CP). Impende observar que a modificação implementada pela Lei 12.403/2011 no art. 314 do CPP se deu tão somente para o fim de alterar a referência ao dispositivo do Código Penal que trata das excludentes de antijuridicidade. De resto, o artigo permanece intacto; **C:** em vista do disposto no art. 316 do CPP, se a prisão preventiva mostrar-se desnecessária ao processo, deve o juiz revogá-la; se, no entanto, surgir nova prova, apta a alterar a situação fática e justificar novo decreto prisional, deverá o juiz assim proceder, mandando expedir o competente mandado de prisão; **D:** assertiva em consonância com o disposto no art. 312 do CPP; **E:** a revogação do art. 317 do CPP pela Lei 12.403/2011 não impede que o juiz decrete a prisão preventiva daquele que se apresente espontaneamente.
Gabarito "D".

(FGV – 2010) Roberto entra em uma agência bancária e efetua o saque de quinhentos reais da conta corrente de terceiro, utilizando um cheque falsificado. De posse do dinheiro, Roberto se retira da agência. Quinze minutos depois, o caixa do banco observa o cheque com mais cuidado e percebe a falsidade. O segurança da agência é acionado e consegue deter Roberto no ponto de ônibus próximo à agência. O segurança revista Roberto e encontra os quinhentos reais em seu bolso. Roberto é conduzido pelo segurança à Delegacia de Polícia mais próxima. Considerando a narrativa acima, assinale a alternativa correta.

(A) O Delegado de Polícia deve baixar a portaria de instauração do inquérito policial, tomar o depoimento de Roberto, lavrar termo de apreensão do dinheiro que havia sido sacado por ele na agência bancária, e liberá-lo, já que a situação narrada não caracterizou flagrante delito. Encerradas as investigações, deve remeter os autos do inquérito policial ao Ministério Público para que ofereça denúncia.

(B) O Delegado de Polícia a quem Roberto é apresentado deve lavrar o auto de prisão em flagrante, sendo-lhe vedado tomar o depoimento do preso sem que esteja assistido por advogado. Se o autuado não informar o nome de seu advogado, o Delegado deverá solicitar a presença de um defensor público ou nomear um advogado dativo para proceder à oitiva. Após a lavratura do auto, deve comunicar a prisão ao juiz competente e entregar nota de culpa ao preso.

(C) O Delegado de Polícia a quem Roberto é apresentado deve lavrar o auto de prisão em flagrante, comunicar a prisão imediatamente ao juiz competente e à família do preso ou à pessoa por ele indicada, bem como entregar a nota de culpa ao preso. Se o juiz constatar a desnecessidade da decretação de prisão cautelar, deverá conceder liberdade provisória ao preso, com ou sem fiança, independentemente de manifestação do Ministério Público ou da defensoria pública.

(D) O Delegado de Polícia a quem Roberto é apresentado deve lavrar o auto de prisão em flagrante, comunicar a prisão imediatamente ao juiz competente e à família do preso ou à pessoa por ele indicada, devendo ainda remeter, em vinte e quatro horas, o auto de prisão em flagrante acompanhado de todas as oitivas colhidas ao juiz competente e, caso o autuado não informe o nome de seu advogado, cópia integral do auto à Defensoria Pública, e entregar nota de culpa ao preso.

(E) O Delegado de Polícia a quem Roberto é apresentado deve lavrar o auto de prisão em flagrante, comunicar a prisão imediatamente ao juiz competente e à família do preso ou à pessoa por ele indicada, devendo ainda remeter, em vinte e quatro horas, o auto de prisão em flagrante acompanhado de todas as oitivas colhidas ao juiz competente e entregar nota de culpa ao preso. Caberá ao juiz abrir vista dos autos de comunicação de prisão ao Ministério Público e, caso o preso tenha declarado não possuir advogado, à defensoria pública.

As providências que devem ser tomadas pela autoridade policial, na hipótese de prisão em flagrante, estão contempladas nos arts. 304 e ss. do CPP, com destaque para a modificação introduzida no art. 306, *caput*, do CPP pela Lei 12.403/2011, que impõe à autoridade policial o dever de comunicar, incontinenti, a prisão de qualquer pessoa e o local onde esta se encontre ao Ministério Público, sem prejuízo da comunicação ao juiz e à família do preso ou à pessoa por ele indicada. Gabarito "D".

(FGV – 2010) Assinale a alternativa que contenha um princípio que não se aplica a *prisão preventiva*.

(A) Taxatividade das hipóteses de aplicação.

(B) Admissibilidade de aplicação automática.

(C) Adequação e proporcionalidade.

(D) Jurisdicionariedade das medidas cautelares.

(E) Demonstração do *fumus comissi delicti* e do *periculum libertatis*.

A decretação ou manutenção da prisão cautelar (provisória ou processual), assim entendida aquela que antecede a condenação definitiva, deve sempre estar condicionada à demonstração de sua imperiosa necessidade. Bem por isso, deve o magistrado, e somente ele (jurisdicionalidade das cautelares), apontar as razões, no seu entender, que a tornam indispensável (art. 312 do CPP). Colocado de outra forma, a prisão provisória ou cautelar somente se justifica dentro do ordenamento jurídico quando necessária ao processo. Deve ser vista, portanto, como um instrumento do processo a ser utilizado em situações excepcionais. É por essa razão que a prisão decorrente de sentença penal condenatória recorrível deixou de constituir modalidade de prisão cautelar. Era uma prisão automática, já que, com a prolação da sentença condenatória, o réu era recolhido ao cárcere (independente de a prisão ser necessária). Nesse contexto, o acusado era considerado presumidamente culpado. Com as modificações introduzidas pela Lei 11.719/2008 e também em razão da atuação dos tribunais, esta modalidade de prisão cautelar deixou de existir, consagrando, assim, o postulado da presunção de inocência. Em vista dessa nova realidade, se o acusado permanecer preso durante toda a instrução, a manutenção dessa prisão somente terá lugar se indispensável for ao processo, pouco importando se, uma vez condenado em definitivo, permanecerá ou não preso. A prisão desnecessária decretada ou mantida antes de a sentença passar em julgado constitui antecipação da pena que porventura seria aplicada em caso de condenação, o que representa patente violação ao princípio da presunção de inocência, postulado esse de índole constitucional – art. 5º, LVII. De se ver ainda que, tendo em conta as mudanças implementadas pela Lei 12.403/2011, que instituiu as medidas cautelares alternativas à prisão provisória, esta somente terá lugar diante da impossibilidade de se recorrer às medidas cautelares. Dessa forma, a prisão, como medida excepcional que é, deve também ser vista como instrumento subsidiário, supletivo. Pois bem. Essa tônica (de somente dar-se início ao cumprimento da pena depois do trânsito em julgado da sentença penal condenatória) sofreu um revés. Explico. O STF, em julgamento histórico realizado em 17 de fevereiro de 2016, mudou, à revelia de grande parte da comunidade jurídica, seu entendimento acerca da possibilidade de prisão antes do trânsito em julgado da sentença penal condenatória. A Corte, ao julgar o HC n. 126.292, passou a admitir a execução da pena após decisão condenatória proferida em segunda instância. Com isso, passou a ser desnecessário, para dar início ao cumprimento da pena, aguardar o trânsito em julgado da decisão condenatória. Flexibilizou-se, pois, o postulado da presunção de inocência. Naquela ocasião, votaram pela mudança de paradigma sete ministros, enquanto quatro mantiveram o entendimento até então prevalente. Cuidava-se, é bem verdade, de uma decisão tomada em processo subjetivo, sem eficácia vinculante, portanto. Tal decisão, conquanto tomada em processo subjetivo, passou a ser vista como uma mudança de entendimento acerca de tema que há vários anos havia se sedimentado. Mais recentemente, nossa Suprema Corte foi chamada a se manifestar, em ações declaratórias de constitucionalidade impetradas pelo Conselho Federal da OAB e pelo Partido Ecológico Nacional, sobre a constitucionalidade do art. 283 do CPP. Existia a expectativa de que algum ou alguns dos ministros mudassem o posicionamento adotado no julgamento realizado em fevereiro de 2016. Afinal, a decisão, agora, teria uma repercussão muito maior, na medida em que tomada em ADC. Pois bem. Depois de muita especulação e grande expectativa, o STF, em julgamento realizado em 5 de outubro do mesmo ano, desta vez por maioria mais apertada (6 a 5), já que houve mudança de posicionamento do ministro Dias Toffoli, indeferiu as medidas cautelares pleiteadas nessas ADCs (43 e 44), mantendo, assim, o posicionamento que autoriza a prisão depois de decisão condenatória confirmada em segunda instância. O julgamento do mérito dessas ações permaneceu pendente até 7 de novembro de 2019, quando, finalmente, depois de muita expectativa, o STF, em novo julgamento histórico, referente às ADCs 43, 44 e 54, mudou o entendimento adotado em 2016, até então em vigor, que permitia a execução (provisória) da pena de prisão após condenação em segunda instância. Reconheceu-se a constitucionalidade do art. 283 do CPP, com a redação que lhe foi dada pela Lei 12.403/2011. Por 6 x 5, ficou decidido que é vedada a execução provisória da pena. Cumprimento de pena, a partir de agora, portanto, somente quando esgotados todos os recursos. Atualmente, essa discussão acerca da possibilidade de prisão em segunda instância, que suscitou debates tão acalorados, chegando, inclusive, a ganhar as ruas, saiu do STF, onde até então se encontrava, e passou para o Parlamento. Hoje se discute qual o melhor caminho para inserir, no nosso ordenamento jurídico, a prisão após condenação em segunda instância. Aguardemos. Gabarito "B".

15. DIREITO PROCESSUAL PENAL 1045

(FGV – 2010) Eduardo Souza é um conhecido estelionatário que falsifica documentos para obtenção de benefícios previdenciários estaduais falsos (pensões de funcionários públicos estaduais). Numa fiscalização de rotina, funcionários do setor de controladoria e auditoria da Secretaria de Fazenda Estadual identificaram um grande número de benefícios com valores semelhantes e documentações idênticas, concedidos na mesma data para pessoas com nomes muito parecidos (Fernando Souza, Ferdinand Souza, Hernandes Souza, Hernando Souza, Ernani Souza, Ernesto Souza, Ernã Souza, Fernnando Souza etc.). Desconfiados, checaram a documentação e desconfiaram da sua validade. De posse desses documentos, os funcionários dirigem-se à polícia que instaura inquérito para apuração dos crimes de estelionato qualificado, falsificação de documento público e uso de documento falso. Durante as investigações, o laudo pericial confirma tratar-se de falsificações muito parecidas e todos os indícios (provas testemunhais e filmagens, entre outras) e apontam para Eduardo, o qual é indiciado de forma indireta, já que não foi localizado. O Delegado de Polícia considera que é imprescindível a prisão de Eduardo para as investigações do inquérito policial (mesmo porque Eduardo não possui residência fixa) e decide representar pela prisão temporária do indiciado. Considerando a narrativa acima, assinale a alternativa correta.

(A) O Delegado deve dirigir sua representação ao promotor de justiça, não podendo fazê-lo diretamente ao juiz, sugerindo que ele requeira ao juiz competente a decretação da prisão temporária, que tem como finalidade justamente assegurar a investigação do inquérito policial, adequando-se perfeitamente à hipótese narrada.

(B) O Delegado deve dirigir sua representação ao juiz competente, requerendo a decretação da prisão temporária, que tem como finalidade justamente assegurar a investigação do inquérito policial, adequando-se perfeitamente à hipótese narrada. O juiz poderá decidir sem ouvir o Ministério Público.

(C) O Delegado deve dirigir sua representação ao Ministério Público, requerendo a decretação da prisão preventiva, que tem como finalidade justamente assegurar a investigação do inquérito policial, adequando-se perfeitamente à hipótese narrada.

(D) O Delegado deve dirigir sua representação ao promotor de justiça, não podendo fazê-lo diretamente ao juiz, sugerindo que ele requeira ao juiz competente a decretação da prisão preventiva, obrigando-se contudo a demonstrar qual das hipóteses presentes no art. 312 do Código Processual Penal se amolda à hipótese narrada.

(E) O Delegado deve dirigir sua representação ao juiz competente, requerendo a decretação da prisão preventiva, obrigando-se contudo a demonstrar qual das hipóteses presentes no art. 312 do Código Processual Penal se amolda à hipótese narrada.

A prisão temporária, conforme preleciona o art. 1º, I, da Lei 7.960/1989, constitui modalidade de prisão provisória destinada a viabilizar as investigações acerca de crimes graves durante a fase de inquérito. Não pode ser decretada de ofício pelo juiz, que deverá determiná-la diante da representação formulada pela autoridade policial ou de requerimento do Ministério Público. Será decretada pelo prazo de 5 (cinco) dias,

podendo esse prazo ser prorrogado uma vez em caso de comprovada e extrema necessidade (art. 2º, *caput*, da Lei 7.960/1989). Se o crime apurado, de outro lado, for hediondo ou delito a ele equiparado, o prazo de prisão temporária será de 30 (trinta) dias, prorrogável por mais 30 (trinta), também em caso de comprovada e extrema necessidade. É o teor do art. 2º, § 4º, da Lei 8.072/1990 (Crimes Hediondos). Ocorre que os crimes imputados a Eduardo não fazem parte do rol do art. 1º, III, da Lei 7.960/1989, de tal sorte que não poderia ser decretada sua prisão temporária para viabilizar a investigação desses crimes. Resta, portanto, a prisão preventiva, que somente será decretada se presentes seus requisitos legais. Registre-se que o juiz somente decretará a prisão preventiva do indiciado diante da necessidade da custódia, sempre levando em conta os requisitos do art. 312 do CPP. Ausentes estes, deve o magistrado, ante a desnecessidade da prisão, revogá-la, permitindo ao acusado que aguarde o trânsito em julgado da sentença em liberdade. No mais, em vista da mudança a que foi submetido o art. 313 do CPP (Lei 12.403/2011), ainda assim o crime de estelionato comporta a custódia preventiva, dado que sua pena máxima cominada é superior a 4 (quatro) anos.
Gabarito "E".

(FGV – 2010) Relativamente ao tema *prisão temporária*, analise as afirmativas a seguir:

I. A prisão temporária será decretada pelo Juiz, em face da representação da autoridade policial ou de requerimento do Ministério Público, e terá o prazo de 5 (cinco) dias. A prorrogação dispensará nova decisão judicial, devendo entretanto a autoridade policial colocar o preso imediatamente em liberdade findo o prazo da prorrogação.

II. Ao decretar a prisão temporária, o Juiz poderá, de ofício, determinar que o preso lhe seja apresentado, solicitar esclarecimentos da autoridade policial e submeter o preso a exame de corpo de delito.

III. Os presos temporários deverão permanecer, obrigatoriamente, separados dos demais detentos.

Assinale:

(A) se somente a afirmativa I estiver correta.

(B) se somente a afirmativa II estiver correta.

(C) se somente a afirmativa III estiver correta.

(D) se somente as afirmativas II e III estiverem corretas.

(E) se todas as afirmativas estiverem corretas.

I: incorreta, uma vez que a prorrogação se submete a nova decisão judicial, já que cabe ao magistrado verificar se a medida é de fato necessária; II: correta, pois em conformidade com o que estabelece o art. 2º, § 3º, da Lei 7.960/1989; III: correta, pois reflete a regra presente no art. 3º da Lei 7.960/1989.
Gabarito "D".

8. SUJEITOS PROCESSUAIS, CITAÇÃO, INTIMAÇÃO E PRAZOS

(OAB/Exame XXXVIII) Luciane ajuizou na Vara Criminal da Comarca de Romã (ES) uma ação penal privada contra Jorge (guarda municipal daquele município) por crime de injúria (Art. 140, *caput*, do CP).

Antes de oferecer a queixa-crime, Luciane propôs uma ação cível de indenização contra Jorge e não conseguiu citá-lo pessoalmente em sua residência, sita no próprio Município de Romã (ES), tendo em vista que o oficial de justiça certificou que esteve em duas oportunidades na casa de Jorge e não o localizou.

Luciane foi informada por vizinhos que Jorge estava temporariamente residindo com sua mãe na cidade vizinha de Oeiras (ES), onde ela já havia passado um final de semana.

Em se tratando de infração penal de menor potencial ofensivo, você, como advogado(a) da querelante, deverá, na ação penal privada, requerer a citação de Jorge

(A) por intermédio do seu chefe de serviço, em razão de Jorge ser guarda municipal, expedindo-se ofício ao comandante da Guarda Municipal.

(B) por hora certa, haja vista que Jorge estava se ocultando para não ser encontrado.

(C) por carta precatória, visto que Jorge está residindo temporariamente fora da jurisdição do juiz processante, considerando que a querelante tinha conhecimento do endereço da mãe do querelado na Comarca de Oeiras (ES).

(D) por correspondência com aviso de recebimento em mão própria, considerando que a querelante tinha conhecimento do endereço da mãe do querelado na Comarca de Oeiras (ES).

A: incorreta, uma vez que a citação por intermédio do chefe do respectivo serviço somente se fará na hipótese de o réu/querelado ser militar (art. 358, CPP); **B:** incorreta. Isso porque não consta do enunciado que Jorge estivesse se ocultando a fim de evitar a sua citação. Como bem sabemos, a citação por hora certa somente será levada a efeito na hipótese de o oficial de justiça constatar indícios de que o agente se oculta para não ser encontrado; **C:** correta. No caso narrado no enunciado, a citação será feita por meio de carta precatória, isto é, o juiz da comarca onde tramita o processo (chamado deprecante) solicita ao juiz da comarca onde se encontra o réu (chamado deprecado) que determine a citação do acusado, que também será feita por oficial de Justiça. Uma vez realizado o ato citatório, a carta precatória é devolvida pelo juiz deprecado ao juiz deprecante; **D:** incorreta, uma vez que a legislação processual penal não contempla a citação por via postal.
Gabarito "C".

(OAB/Exame XXXIV) Matheus está sendo investigado por suposta prática de crime de uso de documento público falso. Após representação da autoridade policial, o juiz deferiu que fosse realizada busca e apreensão na residência do investigado.

Realizadas diversas diligências e concluído o procedimento investigatório, os autos foram encaminhados ao Ministério Público, ocasião em que Lúcia, promotora de justiça junto à 5ª Vara Criminal daquela mesma comarca, ofereceu denúncia imputando a Matheus a prática do crime do Art. 304 (uso de documento falso) do Código Penal.

O magistrado recebeu a denúncia oferecida, e a defesa técnica de Matheus foi intimada, após citação, para a adoção das medidas cabíveis. Ocorre que o advogado de Matheus veio a tomar conhecimento que o denunciado devia R$ 2.000,00 (dois mil reais) a Lúcia, pois, em momento anterior, não havia prestado um serviço contratado e pago pela promotora de justiça.

Considerando as informações narradas e de acordo com as previsões do Código de Processo Penal, o advogado de Matheus poderá

(A) apresentar resposta à acusação, mas não exceção, tendo em vista que as causas de suspeição e impedi-

mento do magistrado não são aplicáveis aos membros do Ministério Público.

(B) opor exceção de ilegitimidade da parte, diante da constatação de causa de impedimento do membro do Ministério Público que ofereceu denúncia.

(C) opor exceção de suspeição, diante da causa de impedimento do membro do Ministério Público que ofereceu a denúncia.

(D) opor exceção de suspeição, diante da constatação de causa de suspeição do membro do Ministério Público que ofereceu a denúncia.

A solução desta questão deve ser extraída do art. 254, V, do CPP, que estabelece que pode ser recusado por qualquer das partes o juiz (e também o membro do MP – art. 258, CPP) que for credor ou devedor de qualquer das partes. Considerando que Lucia, promotora de justiça responsável pela acusação de Matheus, é credora deste, já que ele recebeu por serviço não prestado, é de rigor que o advogado por ele contratado oponha exceção de suspeição em face da promotora.
Gabarito "D".

(OAB/Exame XXXIV) José, primário e de bons antecedentes, foi denunciado pela prática do crime de receptação simples (*pena: 01 a 04 anos de reclusão e multa*). Após ser certificado que o denunciado estava em local incerto e não sabido, foi publicado edital com objetivo de citá-lo. Mesmo após passado o prazo do edital, José não compareceu em juízo nem constituiu advogado.

O magistrado, informado sobre o fato, determinou a suspensão do processo e do curso do prazo prescricional. Na mesma decisão, decretou a prisão preventiva de José, exatamente por ele não ter sido localizado para citação, além da produção de duas provas, antecipadamente: oitiva de Maria, senhora de 90 anos de idade, que se encontrava internada e com risco de falecer, e da vítima, Bruno, jovem de 22 anos, sob o fundamento de que o decurso do tempo poderia prejudicar essa oitiva e gerar esquecimento. José, dez dias após a decisão, veio a tomar conhecimento dos fatos e entrou em contato com seu advogado.

Considerando apenas as informações expostas, o advogado de José deverá buscar o reconhecimento de que

(A) a suspensão do processo após citação por edital foi legal, mas não a suspensão do prazo prescricional, já que o magistrado determinou a produção antecipada de provas.

(B) o magistrado poderia ter determinado a produção antecipada de provas em relação à Maria, mas não em relação à oitiva de Bruno, sendo, ainda, inadequada a decretação da prisão preventiva.

(C) a prisão foi decretada de maneira inadequada, mas a determinação da oitiva de Maria e de Bruno de maneira antecipada foi correta.

(D) não poderiam ser produzidas quaisquer provas antecipadas, já que o processo encontrava-se suspenso, apesar de legal a decretação da prisão preventiva.

Na hipótese de o réu não ser encontrado, deverá o juiz determinar a sua citação por edital, depois de esgotados os meios disponíveis para a sua localização. Se o acusado, depois de citado por edital, não comparecer tampouco constituir defensor, o processo e o prazo prescricional ficarão, em vista da disciplina estabelecida no art. 366 do CPP, suspensos. Quanto ao período durante o qual o prazo prescricional deverá

15. DIREITO PROCESSUAL PENAL 1047

permanecer suspenso, prevalece o entendimento de que tal deverá ocorrer pelo interregno correspondente ao prazo máximo em abstrato previsto para o crime narrado na peça acusatória. A esse respeito, *vide* Súmula 415 do STJ. A produção da prova considerada urgente deverá se dar em conformidade com o entendimento firmado na Súmula 455 do STJ: "A decisão que determina a produção antecipada de provas com base no art. 366 do CPP deve ser concretamente fundamentada, não a justificando unicamente o mero decurso do tempo". Mais: a colheita desta prova somente poderá se dar na presença de defensor público ou dativo, para o fim de que ao acusado seja assegurado direito de defesa. No que toca à prisão preventiva, a sua decretação, no âmbito do art. 366 do CPP, somente poderá se dar diante da presença dos requisitos do art. 312 do CPP, sendo vedada, portanto, a decretação automática da custódia. O mesmo há de ser aplicado à produção antecipada de provas, que está condicionada à demonstração de sua necessidade, não bastando, a autorizá-la, como dissemos, o mero decurso do tempo. Dessa forma, é correto afirmar-se que o magistrado agiu bem ao determinar a produção antecipada de provas em relação à Maria, que, além de sua idade avançada, encontra-se internada, com risco de falecer, mas não em relação à oitiva de Bruno, sendo, ademais, inadequada a decretação da prisão preventiva, que se deu de forma automática, sem se demonstrar, com base no art. 312 do CPP, a sua imperiosa necessidade.

Gabarito "B".

(OAB/Exame Unificado – 2019.3) Fred foi denunciado e condenado, em primeira instância, pela prática de crime de corrupção ativa, sendo ele e seu advogado intimados do teor da sentença no dia 05 de junho de 2018, terça-feira. A juntada do mandado de intimação do réu ao processo, todavia, somente ocorreu em 11 de junho de 2018, segunda-feira.

Considerando as informações narradas, o prazo para interposição de recurso de apelação pelo advogado de Fred, de acordo com a jurisprudência dos Tribunais Superiores, será iniciado

(A) no dia seguinte à juntada do mandado de intimação (12/06/18), devendo a data final do prazo ser prorrogada para o primeiro dia útil seguinte, caso se encerre no final de semana.

(B) no dia da juntada do mandado de intimação (11/06/18), devendo ser cumprido até o final do prazo de 05 dias previsto em lei, ainda que este ocorra no final de semana.

(C) no dia da intimação (05/06/18), independentemente da data da juntada do mandado, devendo ser cumprido até o final do prazo de 05 dias previsto em lei, ainda que este ocorra no final de semana.

(D) no dia seguinte à intimação (06/06/18), independentemente da data da juntada do mandado, devendo a data final do prazo ser prorrogada para o primeiro dia útil seguinte, caso se encerre no final de semana.

A solução desta questão deve ser extraída da Súmula 710, do STF, segundo a qual *no processo penal, contam-se os prazos da data da intimação, e não da juntada aos autos do mandado ou da carta precatória ou de ordem*. Além disso, por se tratar de prazo de natureza processual, o marco inicial corresponde ao dia útil seguinte. Ao contrário do prazo de natureza penal, em que o primeiro dia é computado, no processo penal, diferentemente, o primeiro dia é desprezado, iniciando-se a contagem no dia seguinte. Ademais, se o prazo (processual) terminar em final de semana ou feriado, será prorrogado para o dia útil imediato (art. 798, § 3º, CPP).

Gabarito "D".

(OAB/Exame Unificado – 2019.3) Rogério foi denunciado pela prática de um crime de homicídio qualificado por fatos que teriam ocorrido em 2017. Após regular citação e apresentação de resposta à acusação, Rogério decide não comparecer aos atos do processo, apesar de regularmente intimado, razão pela qual foi decretada sua revelia.

Em audiência realizada na primeira fase do procedimento do Tribunal do Júri, sem a presença de Rogério, mas tão só de sua defesa técnica, foi proferida decisão de pronúncia. Rogério mudou-se e não informou ao juízo o novo endereço, não sendo localizado para ser pessoalmente intimado dessa decisão, ocorrendo, então, a intimação por edital. Posteriormente, a ação penal teve regular prosseguimento, sem a participação do acusado, sendo designada data para realização da sessão plenária.

Ao tomar conhecimento desse fato por terceiros, Rogério procura seu advogado para esclarecimentos, informando não ter interesse em comparecer à sessão plenária.

Com base apenas nas informações narradas, o advogado de Rogério deverá esclarecer que

(A) o processo e o curso do prazo prescricional, diante da intimação por edital, deveriam ficar suspensos.

(B) a intimação da decisão de pronúncia por edital não é admitida pelo Código de Processo Penal.

(C) o julgamento em sessão plenária do Tribunal do Júri, na hipótese, poderá ocorrer mesmo sem a presença do réu.

(D) a revelia gerou presunção de veracidade dos fatos e a intimação foi válida, mas a presença do réu é indispensável para a realização da sessão plenária do Tribunal do Júri.

A: incorreta, dado que a suspensão do processo e do curso do prazo prescricional somente poderá ocorrer, a teor do art. 366 do CPP, na hipótese do réu que, citado por edital, não comparece tampouco constitui defensor; **B:** incorreta, na medida em que o art. 420, parágrafo único, do CPP autoriza a intimação da decisão de pronúncia por edital, desde que o acusado esteja solto e não tenha sido localizado para ser intimado pessoalmente. Em outras palavras, a intimação ficta somente poderá ocorrer na hipótese de o réu pronunciado não ser localizado; **C:** correta, pois a ausência do réu que responde ao processo em liberdade não implicará o adiamento do julgamento, que será realizado mesmo assim (arts. 367 e 457, *caput*, do CPP); **D:** incorreta. A rigor, não há que se falar em revelia no âmbito do processo penal, ao menos tal como verificado no processo civil, em que, como sabemos, a falta de contestação do réu citado implica o reconhecimento, como verdadeiros, dos fatos articulados na inicial. No processo penal, diferentemente, a inação do réu, que foi regularmente intimado para comparecer à sessão do tribunal do júri, não pode acarretar o mesmo efeito produzido no processo civil. É dizer, o não comparecimento do réu não gera presunção de veracidade dos fatos.

Gabarito "C".

(OAB/Exame Unificado – 2018.1) Zeca e Juca foram denunciados pela prática de crime de sequestro, figurando como vítima Vanda. Por ocasião do interrogatório, Zeca nega a autoria delitiva e diz que nem conhece Juca; já Juca alega que conhece Zeca e que somente este seria o autor do fato, declarando-se inocente.

Após a instrução, o juiz profere sentença absolvendo os denunciados. No dia da publicação da sentença, Vanda e Juca procuram seus respectivos advogados e reiteram

EDUARDO DOMPIERI

a certeza quanto à autoria delitiva de Zeca e ao interesse em Intervir no processo como assistentes de acusação.

Considerando apenas as informações narradas, assinale a afirmativa correta.

(A) O advogado de Juca poderá requerer a intervenção de seu cliente como assistente de acusação, devendo, porém, o Ministério Público ser ouvido previamente sobre a admissão do assistente.

(B) Os advogados de Juca e Vanda não poderão requerer a intervenção de seus clientes como assistentes de acusação, tendo em vista que já foi proferida sentença.

(C) O advogado de Vanda poderá requerer a intervenção de sua cliente como assistente de acusação, mas não poderá solicitar a realização de nova audiência para elaborar as perguntas que entender pertinentes.

(D) O advogado de Vanda poderá requerer a intervenção de sua cliente como assistente de acusação, e do despacho que admitir ou não o assistente caberá recurso em sentido estrito.

A: incorreta, na medida em que é vedado o ingresso, no processo, do corréu como assistente de acusação (art. 270, CPP); **B:** incorreta. É que o assistente será admitido a partir do recebimento da denúncia, permanecendo nessa condição até o trânsito em julgado (art. 269, CPP). Assim, o advogado de Vanda poderia requerer a intervenção de sua cliente após a prolação da sentença. Já Juca, como afirmado, não poderá figurar como assistente de acusação, já que é corréu no mesmo processo; **C:** correta. O assistente de acusação receberá a causa no estado em que se encontrar, razão por que é-lhe vedado solicitar a realização de nova audiência para elaborar as perguntas que entender pertinentes (art. 269, CPP); **D:** incorreta, dado que a decisão que admitir ou não o assistente não comporta recurso (art. 273, CPP).
Gabarito "C".

(OAB/Exame Unificado – 2016.3) Marlon, Wellington e Vitor foram denunciados pela prática de um crime de lesão corporal dolosa gravíssima em concurso de agentes. Após o recebimento da denúncia, o oficial de justiça compareceu ao endereço indicado no processo como sendo de residência de Marlon, mas não o encontrou, tendo em vista que estava preso, naquela mesma unidade da Federação, por decisão oriunda de outro processo. Marlon, então, foi citado por edital. Wellington, por sua vez, estava em local incerto e não sabido, sendo também citado por edital.

Em relação a Vitor, o oficial de justiça foi à sua residência em quatro oportunidades, constatando que ele, de fato, residia no local, mas que estava se ocultando para não ser citado. Após certificar-se de tal fato, foi realizada a citação de Vitor com hora certa.

Considerando a hipótese narrada, o(a) advogado(a) dos acusados deverá alegar ter sido inválida a citação de:

(A) Marlon, apenas.

(B) Marlon e Vitor, apenas.

(C) Vitor, apenas.

(D) Marlon, Wellington e Vitor.

Há três situações distintas a considerar. O corréu Marlon encontrava-se preso, segundo consta, na mesma unidade da Federação na qual tramita o processo ao qual ele responde juntamente com Wellington e Vitor. O oficial de justiça incumbido da citação compareceu à residência de Marlon e, como era de se esperar, não o encontrou. A questão deve ser analisada tendo em conta o fato de Marlon encontrar-se preso na mesma

unidade da Federação onde está em curso o processo. Pois bem. Neste caso, a solução deve ser extraída da Súmula 351 do STF, que assim dispõe: *É nula a citação por edital de réu preso na mesma unidade da Federação em que o juiz exerce a sua jurisdição.* A citação de Marlon, em vista do que foi ponderado, deve, assim, ser considerada inválida, devendo, bem por isso, ser renovada. De ver-se que a citação do réu preso, em obediência ao que estabelece o art. 360 do CPP, deve sempre ser feita pessoalmente. Passemos à análise da situação do corréu Wellington, que, segundo consta, foi também citado por edital, mas em contexto diverso do de Marlon. É que Wellington encontrava-se em lugar incerto e não sabido, circunstância essa que autoriza seja a citação realizada por edital (art. 361, CPP), com a ressalva de que, segundo entendimento jurisprudencial consolidado, esta modalidade de citação ficta somente poderá realizar-se depois de esgotados todos os meios disponíveis para a localização do acusado. Por fim, analisaremos agora a situação de Vitor. É claro o enunciado ao afirmar que a sua citação pessoal não se realizou porque ele estava se ocultando. Sendo assim, uma vez constatada tal circunstância pelo oficial de justiça, determina o art. 362 do CPP que se proceda à citação por hora certa. Dessa forma, deve ser considerada como válida a sua citação. Temos, então, o seguinte: são válidas as citações de Wellington e Vitor, ao passo que a de Marlon deve ser considerada inválida. 🆔
Gabarito "A".

(OAB/Exame Unificado – 2014.1) Felipe foi reconhecido em sede policial por meio de fotografia como o autor de um crime de roubo. O inquérito policial seguiu seus trâmites de forma regular e o Ministério Público decidiu denunciar o indiciado. O oficial de justiça procurou em todos os endereços constantes nos autos, mas a citação pessoal ou por hora certa foram impossíveis. Assim, o juiz decidiu pela citação por edital. Marcela, irmã de Felipe, ao passar pelo fórum leu a citação por edital e procurou um advogado para tomar ciência das consequências de tal citação, pois ela também não sabe do paradeiro do irmão.

Diante da situação descrita, acerca da orientação a ser dada pelo advogado, assinale a afirmativa correta.

(A) Felipe deve comparecer em juízo, sob pena de ser processado e condenado sem que seja dada oportunidade para a sua defesa.

(B) Se Felipe não comparecer e não constituir advogado, o processo e o curso do prazo prescricional ficarão suspensos, sendo decretada a sua prisão preventiva de forma automática.

(C) Se Felipe não comparecer e não constituir advogado, o processo e o curso do prazo prescricional ficarão suspensos, sendo determinada a produção antecipada de provas de forma automática, diante do risco do desaparecimento das provas pelo decurso do tempo.

(D) Se Felipe não comparecer e não constituir advogado, o processo e o curso do prazo prescricional ficarão suspensos e, se for urgente, o juiz determinará a produção antecipada de provas, podendo decretar a prisão preventiva se presentes os requisitos expressos no artigo 312, do CPP.

Na hipótese de o réu não ser encontrado, deverá o juiz determinar a sua citação por edital, depois de esgotados os meios disponíveis para a sua localização. Se o acusado, depois de citado por edital, não comparecer tampouco constituir defensor (é o caso de Felipe), o processo e o prazo prescricional ficarão, em vista da disciplina estabelecida no art. 366 do CPP, suspensos. A produção da prova considerada urgente deverá se dar em conformidade com o entendimento firmado na Súmula 455 do STJ: "A decisão que determina a produção antecipada de provas com base no art. 366 do CPP deve ser concretamente fundamentada, não

15. DIREITO PROCESSUAL PENAL 1049

a justificando unicamente o mero decurso do tempo". No que toca à prisão preventiva, a sua decretação, no contexto do art. 366 do CPP, somente poderá se dar diante da presença dos requisitos do art. 312 do CPP, sendo vedada, portanto, a decretação automática da custódia. O mesmo há de ser aplicado à produção antecipada de provas, que está condicionada à demonstração de sua necessidade, não bastando, a autorizá-la, o mero decurso do tempo.
Gabarito "D".

(OAB/Exame Unificado – 2011.3.B) A Justiça Brasileira recebeu Carta Rogatória encaminhada pelo Ministério das Relações Exteriores a pedido da Embaixada da Romênia, com o fim de verificar a possível ocorrência de crime de lavagem de dinheiro do empresário brasileiro Z. A quem compete a execução da Carta Rogatória?

(A) Aos Juízes Federais.

(B) Ao Superior Tribunal de Justiça.

(C) Aos Juízes Estaduais.

(D) Ao Supremo Tribunal Federal.

Assim estabelecem os arts. 105, I, "i", e 109, X, da CF: "Art. 105. Compete ao Superior Tribunal de Justiça: I – processar e julgar, originariamente: (...) i) a homologação de sentenças estrangeiras e a concessão de *exequatur* às cartas rogatórias; (...) Art. 109. Aos juízes federais compete processar e julgar: (...) X – os crimes de ingresso ou permanência irregular de estrangeiro, a execução de carta rogatória, após o exequatur, e de sentença estrangeira, após a homologação, as causas referentes à nacionalidade, inclusive a respectiva opção, e à naturalização".
Gabarito "A".

(OAB/Exame Unificado – 2010.1) Carlos, empresário reconhecidamente bem-sucedido, foi denunciado por crime contra a ordem tributária. No curso da ação penal, seu advogado constituído renunciou ao mandato procuratório. Devidamente intimado para constituir novo advogado, Carlos não o fez, tendo o juiz nomeado defensor dativo para patrocinar sua defesa. Nessa hipótese, de acordo com o que dispõe o CPP, Carlos

(A) será obrigado, por não ser pobre, a pagar os honorários do defensor dativo, arbitrados pelo juiz.

(B) será obrigado, por não ser pobre, a pagar os honorários do defensor dativo, arbitrados pelo próprio defensor.

(C) será obrigado, por não ser pobre, a pagar os honorários do defensor dativo, os quais deverão ser postulados em ação própria no juízo cível da comarca onde tenha tramitado a ação penal.

(D) estará desobrigado do pagamento dos honorários advocatícios, visto que é incabível o arbitramento de honorários ao defensor dativo, ainda que o réu não seja pobre.

A: correta. Dispõe o art. 263, parágrafo único, do CPP que: "O acusado que, não for pobre, será obrigado a pagar os honorários do defensor dativo, arbitrados pelo juiz."; **B:** incorreta. *Vide* texto do art. 263, parágrafo único, do CPP, transcrito na justificativa da opção "A"; **C:** incorreta. *Vide* texto do art. 263, parágrafo único, do CPP, transcrito na justificativa da opção "A". Não há determinação legal que obrigue o defensor dativo a postular em ação própria o pagamento de seus honorários, os quais devem ser arbitrados pelo próprio juiz da causa criminal; **D:** incorreta. *Vide* texto do art. 263, parágrafo único, do CPP, transcrito na justificativa da opção "A".
Gabarito "A".

(OAB/Exame Unificado – 2009.3) No que se refere a citações e intimações, assinale a opção correta.

(A) É inadmissível no processo penal a citação por hora certa.

(B) Tratando-se de processo penal, a citação inicial deve ser feita pelo correio.

(C) Tratando-se de processo penal, não se admite a citação de acusado por edital.

(D) O réu preso deve ser citado pessoalmente.

A: incorreta. A Lei 11.719/2008 alterou a redação do art. 362 do CPP e introduziu no processo penal a *citação por hora certa*, a ser realizada por oficial de Justiça na hipótese de ocultação do réu; **B:** incorreta. No processo penal, a citação inicial far-se-á por mandado, nos termos do art. 351 do CPP. Inexiste, no âmbito do processo penal, citação pelo correio, comumente utilizada no processo civil; **C:** incorreta, pois se admite a citação por edital (arts. 364, 365 e 366 do CPP); **D:** correta, nos termos do art. 360 do CPP.
Gabarito "D".

(OAB/Exame Unificado – 2008.3) De acordo com o CPP, considera-se impedido o juiz

(A) Que seja amigo íntimo ou inimigo capital de qualquer das partes.

(B) Cujo cônjuge ou parente, consanguíneo ou afim, em linha reta ou colateral até o terceiro grau, inclusive, tenha funcionado como defensor ou advogado, órgão do Ministério Público, autoridade policial, auxiliar da justiça ou perito.

(C) Que tenha aconselhado qualquer das partes.

(D) Que esteja respondendo a processo por fato análogo, sobre cujo caráter criminoso haja controvérsia.

A: incorreta. Art. 254, I, do CPP. É hipótese de exceção de suspeição; **B:** correta (art. 252, I, do CPP); **C:** incorreta (art. 254, IV, do CPP). Outra hipótese de suspeição; **D:** incorreta (art. 254, II, do CPP). Também é causa geradora de suspeição.
Gabarito "B".

(OAB/Exame Unificado – 2008.1) Acerca dos sujeitos processuais, assinale a opção correta.

(A) A vítima pode intervir no processo penal por intermédio de advogado, como assistente da acusação, depois de iniciada a ação penal e enquanto não transitada em julgado a decisão final.

(B) O assistente da acusação pode arrolar testemunhas e recorrer da decisão que rejeita a denúncia, pronúncia ou absolve sumariamente o réu, tendo o recurso efeito suspensivo.

(C) O juiz deve declarar-se suspeito caso seja amigo ou inimigo das partes, esteja interessado no feito ou quando a parte o injuriar de propósito.

(D) A participação de membro do Ministério Público no inquérito policial acarreta o seu impedimento para o oferecimento da denúncia.

A: correta, nos termos dos arts. 268 e 269 do CPP; **B:** incorreta, pois não reflete o que dispõe o art. 271, *caput*, parte final, do CPP. O assistente de acusação só está credenciado a recorrer, autonomamente, nos casos contidos no art. 271 do CPP (arts. 584, § 1º, e 598); **C:** incorreta, nos termos dos arts. 252, IV (impedimento), 254 (suspeição) e 256 do CPP; **D:** incorreta, pois não acarreta impedimento (Súmula n. 234 do STJ).
Gabarito "A".

EDUARDO DOMPIERI

O Ministério Público é instituição permanente, essencial à função jurisdicional do Estado, incumbindo-lhe a defesa da ordem jurídica, do regime democrático e dos interesses sociais e individuais indisponíveis (Art. 127 da Constituição).

(FGV – 2013) A esse respeito, analise as afirmativas a seguir.

I. Os órgãos do Ministério Público não funcionarão nos processos em que o juiz ou qualquer das partes for seu cônjuge, ou parente, consanguíneo ou afim, em linha reta ou colateral, até o terceiro grau, inclusive, e a eles se estendem, no que lhes for aplicável, as prescrições relativas à suspeição e aos impedimentos dos juízes.

II. A participação de membro do Ministério Público na fase investigatória criminal não acarreta impedimento ou suspeição para o oferecimento da denúncia.

III. No caso de ação penal privada subsidiária da pública, cabe ao Ministério Público aditar a queixa, repudiá-la e oferecer denúncia substitutiva, interpor recurso e, no caso de negligência do querelante e desde que haja sua concordância, retomar a ação penal como parte principal.

Assinale:

(A) se somente a afirmativa I estiver correta.

(B) se somente a afirmativa II estiver correta.

(C) se somente a afirmativa III estiver correta.

(D) se somente as afirmativas I e II estiverem corretas.

(E) se todas as afirmativas estiverem corretas.

I: correta, pois corresponde à redação do art. 258 do CPP; II: correta, pois reflete o entendimento firmado na Súmula n. 234, STJ: "A participação de membro do Ministério Público na fase investigatória criminal não acarreta seu impedimento ou suspeição para o oferecimento da denúncia"; III: incorreta, uma vez que a retomada da titularidade da ação privada subsidiária pelo MP, na hipótese de negligência do querelante, prescinde da concordância deste (art. 29, CPP).
Gabarito "D".

(FGV – 2013) No tocante à *citação*, aponte a afirmativa correta.

(A) No direito processual penal não há previsão da citação por hora certa.

(B) Na citação ficta, realizada por meio de edital, o acusado não comparecendo ou não tendo constituído advogado no prazo legal, o processo deve ficar suspenso, bem como o prazo prescricional.

(C) A citação do militar é feita por mandado.

(D) O réu que se encontra preso e tenha advogado constituído com poderes especiais, pode ser citado por meio deste para apresentar resposta preliminar.

(E) Quando o processo for suspenso em razão da não localização do acusado, tal circunstância, por si só, autoriza o juiz a decretar a prisão preventiva e determinar a produção antecipada de provas.

A: incorreta, uma vez que, segundo dispõe o art. 362 do CPP, diante da ocultação do réu, incumbe ao oficial de Justiça proceder à citação com hora certa. Esta modalidade de citação ficta, antes exclusiva do processo civil, agora também é admitida no âmbito do processo penal, dada a mudança introduzida na redação do dispositivo legal pela Lei 11.719/2008. É bom que se diga que o STF, ao julgar o RE 635.145, reconheceu, em votação unânime, a constitucionalidade da citação por hora certa, rechaçando a tese segundo a qual esta modalidade de citação

ficta ofende os postulados da ampla defesa e do contraditório; **B:** correta. De fato, se o réu, depois de citado por edital, não comparecer tampouco constituir defensor, o processo e o prazo prescricional ficarão, em vista da disciplina estabelecida no art. 366 do CPP, suspensos; **C:** incorreta. Em obediência ao que dispõe o art. 358 do CPP, a citação do militar será feita por meio do chefe do respectivo serviço, e não por mandado; **D:** incorreta, pois, estando o réu preso, sua citação será feita pessoalmente – art. 360 do CPP; **E:** incorreta. A produção da prova considerada urgente deverá se dar em conformidade com o entendimento firmado na Súmula 455 do STJ: "A decisão que determina a produção antecipada de provas com base no art. 366 do CPP deve ser concretamente fundamentada, não a justificando unicamente o mero decurso do tempo". No que toca à prisão preventiva, a sua decretação, no âmbito do art. 366 do CPP, somente poderá se dar diante da presença dos requisitos do art. 312 do CPP, sendo vedada, portanto, a decretação automática da custódia. O mesmo há de ser aplicado à produção antecipada de provas, que está condicionada à demonstração de sua necessidade, não bastando, a autorizá-la, como dissemos, o mero decurso do tempo.
Gabarito "B".

(FGV – 2010) Com relação ao tema *citações*, assinale a afirmativa incorreta.

(A) No processo penal o réu que se oculta para não ser citado poderá ser citado por hora certa na forma estabelecida no Código de Processo Civil.

(B) Estando o acusado no estrangeiro, em lugar sabido, a citação far-se-á por carta ou qualquer meio hábil de comunicação.

(C) Se o acusado, citado por edital, não comparecer, nem constituir advogado, ficarão suspensos o processo e o curso do prazo prescricional.

(D) O processo seguirá sem a presença do acusado que, citado ou intimado pessoalmente para qualquer ato, deixar de comparecer sem motivo justificado.

(E) Se o réu estiver preso, será pessoalmente citado.

A: a alternativa está correta, na medida em que a Lei 11.719/2008 alterou a redação do art. 362 do CPP e introduziu no âmbito do processo penal a citação por hora certa, a ser realizada por oficial de Justiça na hipótese de ocultação do réu; **B:** incorreta, devendo ser assinalada. Estando o acusado no estrangeiro, sua citação realizar-se-á por carta rogatória (art. 368 do CPP); **C:** correta (art. 366 do CPP). *Vide* Súmulas ns. 415 e 455, STJ; **D:** correta, nos termos do art. 367 do CPP; **E:** correta, nos termos do art. 360 do CPP.
Gabarito "B".

(FGV – 2010) Com relação ao tema *intimação*, assinale a afirmativa incorreta.

(A) A intimação do defensor constituído feita por publicação no órgão incumbido da publicidade dos atos judiciais da comarca deve, necessariamente, conter o nome do acusado, sob pena de nulidade.

(B) A intimação do Ministério Público e do defensor nomeado será pessoal.

(C) No processo penal, contam-se os prazos da juntada aos autos do mandado ou da carta precatória ou de ordem, e não da data da intimação.

(D) Quando não houver órgão de publicação dos atos judiciais na comarca, a intimação far-se-á diretamente pelo escrivão, por mandado, ou via postal com comprovante de recebimento, ou por qualquer outro meio idôneo.

(E) Adiada, por qualquer motivo, a instrução criminal, o juiz marcará desde logo, na presença das partes e

15. DIREITO PROCESSUAL PENAL 1051

testemunhas, dia e hora para seu prosseguimento, do que se lavrará termo nos autos.

A: correta (art. 370, § 1º, do CPP); **B:** correta (art. 370, § 4º, do CPP); **C:** incorreta, devendo ser assinalada. Segundo entendimento firmado na Súmula n. 710 do STF, contam-se os prazos da data da intimação, e não da juntada aos autos do mandado ou da carta precatória ou de ordem; **D:** correta (art. 370, § 2º, do CPP); **E:** correta (art. 372 do CPP).
Gabarito "C".

9. PROCESSO E PROCEDIMENTO; SENTENÇA, PRECLUSÃO E COISA JULGADA

(OAB/Exame Unificado – 2020.2) Vitor foi denunciado pela suposta prática dos crimes de furto e ameaça, já que teria ingressado em estabelecimento comercial e, enquanto subtraía produtos, teria, para garantir o sucesso da empreitada delitiva, ameaçado o funcionário que realizava sua abordagem. Considerando que o funcionário não compareceu em juízo para esclarecimento dos fatos, Vitor veio a ser absolvido por insuficiência de provas, transitando em julgado a sentença.

Outro promotor de justiça, ao tomar conhecimento dos fatos e localizar o funcionário para ser ouvido em juízo, veio a denunciar Vitor pelo mesmo evento, mas, dessa vez, pelo crime de roubo impróprio.

Após citação, caberá ao(à) advogado(a) de Vitor, sob o ponto de vista técnico,

(A) buscar a desclassificação para o crime de furto simples em concurso com o de ameaça no momento das alegações finais, mas não a extinção do processo, considerando que a absolvição anterior foi fundamentada em insuficiência probatória.

(B) requerer, em resposta à acusação, a absolvição sumária de Vitor, pois está provado que o fato não ocorreu.

(C) apresentar exceção de litispendência, requerendo a extinção do processo.

(D) apresentar exceção de coisa julgada, buscando extinção do processo.

Se o mérito da causa já foi decidido em favor do acusado, com o trânsito em julgado da sentença penal absolutória, não poderá o julgado ser objeto de nova avaliação, visto que a decisão tornou-se, porque passou em julgado, imutável. Não poderá o acusado, portanto, pelos mesmos fatos, ser de novo processado. É o que chamamos de *coisa julgada material*. É exatamente essa a hipótese narrada no enunciado. Com efeito, à parte a discussão acerca da tipificação da conduta levada a efeito por Vitor, fato é que a sentença que o absolveu transitou em julgado e, por conta disso, adquiriu status de coisa julgada, o que impede seja ele novamente processado pelos mesmos fatos, pouco importando a classificação jurídica que a ele tenha sido emprestado em momento anterior. Dessa forma, caberá à defesa de Vitor, após a sua citação, apresentar exceção de coisa julgada, com vistas a promover a extinção do processo (art. 95, V, do CPP). Cuidado: a mesma sorte não tem a sentença condenatória, que, mesmo depois do trânsito em julgado, poderá ser reavaliada por meio da revisão criminal.
Gabarito "D".

(OAB/Exame Unificado – 2020.1) Mariana foi vítima de um crime de apropriação indébita consumado, que teria sido praticado por Paloma.

Ao tomar conhecimento de que Paloma teria sido denunciada pelo crime mencionado, inclusive sendo apresen-

tado pelo Ministério Público o valor do prejuízo sofrido pela vítima e o requerimento de reparação do dano, Mariana passou a acompanhar o andamento processual, sem, porém, habilitar- se como assistente de acusação.

No momento em que constatou que os autos estariam conclusos para sentença, Mariana procurou seu advogado para adoção das medidas cabíveis, esclarecendo o temor de ver a ré absolvida e não ter seu prejuízo reparado.

O advogado de Mariana deverá informar à sua cliente que

(A) não poderá ser fixado pelo juiz valor mínimo a título de indenização, mas, em caso de sentença condenatória, poderá esta ser executada, por meio de ação civil *ex delicto*, por Mariana ou seu representante legal.

(B) poderá ser apresentado recurso de apelação, diante de eventual sentença absolutória e omissão do Ministério Público, por parte de Mariana, por meio de seu patrono, ainda que não esteja, no momento da sentença, habilitada como assistente de acusação.

(C) poderá ser fixado pelo juiz valor a título de indenização em caso de sentença condenatória, não podendo a ofendida, porém, nesta hipótese, buscar a apuração do dano efetivamente sofrido perante o juízo cível.

(D) não poderá ser buscada reparação cível diante de eventual sentença absolutória, com trânsito em julgado, que reconheça não existir prova suficiente para condenação.

A: incorreta. Isso porque ao juiz é dado, com base no art. 387, IV, do CPP, fixar valor mínimo para reparação dos danos causados pela infração. Para tanto, é de rigor que haja pedido formal, feito pela vítima (habilitada como assistente de acusação) ou mesmo pelo MP, para que o valor seja apurado, com a indicação de provas aptas a sustentar o pleito indenizatório. Somente dessa forma a parte contrária poderá questionar o valor pleiteado e as provas que lhe servem de base. Se não houver tal pedido, é defeso ao magistrado fixar valor indenizatório; **B:** correta, pois retrata o disposto no art. 598 do CPP, que assegura ao ofendido, mesmo que não habilitado como assistente, a prerrogativa de interpor recurso de apelação, em face de sentença absolutória contra a qual o MP não recorreu; **C:** incorreta, uma vez que, com o trânsito em julgado da sentença condenatória, poderá o ofendido realizar a execução do valor reparatório fixado pelo juízo criminal (art. 387, IV, do CPP), sem prejuízo da possibilidade de buscar, no juízo cível, a indenização que corresponda à real extensão do dano que lhe fora causado pela prática criminosa (art. 63, parágrafo único, CPP); **D:** incorreta. Isso porque não faz coisa julgada na esfera cível, entre outras, a sentença absolutória que declara não existir prova suficiente para condenação (arts. 66 e 386, VII, CPP).
Gabarito "B".

(OAB/Exame Unificado - 2018.3) No âmbito de ação penal, foi proferida sentença condenatória em desfavor de Bernardo pela suposta prática de crime de uso de documento público falso, sendo aplicada pena privativa de liberdade de cinco anos. Durante toda a instrução, o réu foi assistido pela Defensoria Pública e respondeu ao processo em liberdade.

Ocorre que Bernardo não foi localizado para ser intimado da sentença, tendo o oficial de justiça certificado que compareceu em todos os endereços identificados. Diante disso, foi publicado edital de intimação da sentença, com prazo de 90 dias. Bernardo, ao tomar conhecimento da intimação por edital 89 dias após sua publicação, descobre que a Defensoria se manteve inerte, razão pela qual

EDUARDO DOMPIERI

procura, de imediato, um advogado para defender seus interesses, assegurando ser inocente.

Considerando apenas as informações narradas, o(a) advogado(a) deverá esclarecer que

(A) houve preclusão do direito de recurso, tendo em vista que a Defensoria Pública se manteve inerte.

(B) foi ultrapassado o prazo recursal de cinco dias, mas poderá ser apresentada revisão criminal.

(C) é possível a apresentação de recurso de apelação, pois o prazo de cinco dias para interposição de apelação pelo acusado ainda não transcorreu.

(D) é possível apresentar medida para desconstituir a sentença publicada, tendo em vista não ser possível a intimação do réu sobre o teor de sentença condenatória por meio de edital.

Caberá a interposição de recurso de apelação por Bernardo na medida em que o prazo para esse recurso somente correrá depois do término do prazo fixado no edital, que, neste caso, é de 90 dias, conforme art. 392, § 2º, CPP.
„Gabarito „C".

(OAB/Exame Unificado – 2017.1) Ricardo foi denunciado, perante a 1ª Vara Criminal de determinada cidade, pela prática de crime de associação para o tráfico com mais 04 outros indivíduos, destacando a denúncia o local, o período e a existência de outros indivíduos não identificados, integrantes da mesma associação. Foi condenado em primeira instância e foi mantida a prisão preventiva, apresentando a defesa recurso de apelação.

No dia seguinte da condenação, na cadeia, Ricardo vem a ser notificado em razão de denúncia diversa oferecida pelo Ministério Público, agora perante a 2ª Vara Criminal da mesma cidade, pela prática do mesmo crime de associação para o tráfico, em iguais período e local da primeira denúncia, mas, dessa vez, foram denunciados também os indivíduos não identificados mencionados no primeiro processo.

Ricardo, então, entra em contato com seu advogado, informando da nova notificação.

Considerando a situação narrada, caberá ao advogado de Ricardo apresentar exceção de:

(A) litispendência.

(B) coisa julgada.

(C) incompetência.

(D) ilegitimidade.

Segundo consta do enunciado, Ricardo responde a dois processos idênticos em varas distintas. Diz-se que são idênticos porque há coincidência entre os pedidos formulados nessas ações; as partes são as mesmas; bem como a causa de pedir, que se refere ao fato criminoso. Por isso, para se evitar o *bis in idem*, que consiste na imputação a alguém do mesmo fato por duas vezes, deve o advogado de Ricardo opor exceção de litispendência, cujo objetivo é impedir o processamento paralelo de duas ações idênticas. Fica afastada a possibilidade de oposição de exceção de coisa julgada na medida em que esta tem como pressuposto que já tenha operado, em relação a uma das ações, o trânsito em julgado. Não é este o caso aqui tratado, uma vez que a decisão condenatória proferida na 1ª Vara ainda não transitou em julgado. ED
„Gabarito „A".

(OAB/Exame Unificado – 2016.2) Guilherme foi denunciado pela prática de um crime de lesão corporal seguida de morte. Após o recebimento da denúncia, Guilherme é devidamente citado. Em conversa com sua defesa técnica,

Guilherme apresenta prova inequívoca de que agiu em estado de necessidade.

Diante da situação narrada, o advogado de Guilherme, em resposta à acusação, deverá requerer a

(A) rejeição de denúncia, que fará coisa julgada material.

(B) absolvição sumária do réu, que fará coisa julgada material.

(C) absolvição imprópria do réu, que fará coisa julgada material.

(D) impronúncia do acusado, que não faz coisa julgada material.

Deverá o advogado pleitear, em sede de resposta à acusação, a absolvição sumária de seu cliente, nos termos do art. 397, I, do CPP, na medida em que, uma vez recebida a denúncia e sendo Guilherme citado, chegou ao conhecimento de seu patrono prova inequívoca de que teria o denunciado agido em estado de necessidade, que constitui uma das causas de exclusão da ilicitude. De ver-se que o reconhecimento das excludentes de ilicitude, nesta fase, pressupõe que a prova obtida seja inconteste, inegável, não deixando dúvida quanto à sua existência. Se dúvida houver, deverá o juiz dar seguimento ao feito, instruindo o processo e, ao final, reconhecer, se o caso, a excludente de ilicitude. Afinal, estamos a falar (hipóteses de absolvição sumária) de um julgamento antecipado da lide, antes, portanto, da fase instrutória.
„Gabarito „B".

(OAB/Exame Unificado – 2016.1) Em 16/02/2016, Gisele praticou um crime de lesão corporal culposa simples no trânsito, vitimando Maria Clara. Gisele, então, procura seu advogado para saber se faz jus à transação penal, esclarecendo que já foi condenada definitivamente por uma vez a pena restritiva de direitos pela prática de furto e que já se beneficiou do instituto da transação há 7 anos.

Deverá o advogado esclarecer sobre o benefício que

(A) não cabe oferecimento de proposta de transação penal porque Gisele já possui condenação anterior com trânsito em julgado.

(B) não cabe oferecimento de proposta de transação penal porque Gisele já foi beneficiada pela transação em momento anterior.

(C) poderá ser oferecida proposta de transação penal porque só quem já se beneficiou da transação penal nos 3 anos anteriores não poderá receber novamente o benefício.

(D) a condenação pela prática de furto e a transação penal obtida há 7 anos não impedem o oferecimento de proposta de transação penal.

Pelas razões que a seguir serão expostas, é cabível, no caso narrado no enunciado, o oferecimento de proposta de transação penal. Vejamos. O fato de Gisele ostentar uma condenação definitiva e já haver se beneficiado do instituto da transação não obsta seja uma vez mais agraciada. Porque, em primeiro lugar, a condenação definitiva que lhe foi imposta foi a pena restritiva de direitos. Pelo que estabelece o art. 76, § 2º, I, da Lei 9.099/1995, somente seria óbice à transação penal a condenação com trânsito em julgado a pena privativa de liberdade, não sendo esse o caso de Gisele, que, como já dito, foi condenada à pena restritiva de direitos. Além disso, por imposição do art. 76, § 2º, II, da Lei 9.099/1995, a proposta de transação penal não será admitida na hipótese de o agente ter sido beneficiado, no prazo de cinco anos, pela aplicação de pena restritiva ou multa (decorrente de transação penal). Sabemos que Gisele já foi beneficiada pelo instituto da transação penal, mas tal ocorreu há sete anos. Assim, Gisele faz jus à obtenção de nova transação penal.
„Gabarito „D".

15. DIREITO PROCESSUAL PENAL   1053

(OAB/Exame Unificado – 2014.2) Wilson está sendo regularmente processado pela prática do crime de furto. Durante a instrução criminal, entretanto, as testemunhas foram uníssonas ao afirmar que, para a subtração, Wilson utilizou-se de grave ameaça, exercida por meio de uma faca. A partir do caso narrado, assinale a opção correta.

(A) A hipótese é de *emendatio libelli* e o juiz deve absolver o réu relativamente ao crime que lhe foi imputado.

(B) Não haverá necessidade de aditamento da inicial acusatória, haja vista o fato de que as alegações finais orais acontecem após a oitiva das testemunhas e, com isso, respeitam-se os princípios do contraditório e da ampla defesa.

(C) A hipótese é de *mutatio libelli* e, nos termos da lei, o Ministério Público deverá fazer o respectivo aditamento.

(D) Caso o magistrado entenda que deve ocorrer o aditamento da inicial acusatória, se o promotor de justiça e, recusar-se a fazê-lo, o juiz estará obrigado a absolver o réu da imputação que lhe foi originalmente atribuída.

É hipótese de *mutatio libelli*, já que a prova colhida na instrução aponta para uma nova definição jurídica do fato, diversa daquela contida na inicial. Com o advento da Lei 11.719/2008, que modificou a redação do art. 384 do CPP, se o magistrado entender cabível nova definição jurídica do fato em consequência de prova de elementar ou circunstância não contida na inicial, o aditamento pelo Ministério Público passa a ser obrigatório, ainda que a nova capitulação jurídica implique aplicação de pena igual ou menos grave. No panorama anterior, a participação do Ministério Público não era necessária, ou seja, bastava que o processo baixasse para manifestação da defesa e oitiva de testemunhas. No caso narrado no enunciado, o réu foi denunciado por furto e, concluída a instrução, chegou-se à conclusão de que o crime em que ele incorreu foi o de roubo, uma vez que, para efetuar a subtração, Wilson valeu-se de grave ameaça. É de rigor, neste caso, o aditamento pelo MP. Afasta-se, dessa forma, a ocorrência de *emendatio libelli* (art. 383 do CPP), em que o fato permanece inalterado, sem prejuízo, por isso mesmo, para a defesa. A mudança, aqui, incide na classificação da conduta, levada a efeito pela acusação, no ato da propositura da ação, e retificada pelo juiz, de ofício, no momento da sentença, sendo desnecessário, em vista disso, ouvir a esse respeito o defensor. Em vista do que dispõe o art. 384, § 1º, do CPP (que manda aplicar o art. 28 do CPP), o juiz, diante da recusa do promotor em proceder ao aditamento, fará a remessa dos autos ao chefe do Ministério Público, o procurador-geral, que é quem tem atribuição para reavaliar a situação. A partir daí, pode o procurador-geral, em face da provocação do magistrado, designar outro membro do MP para proceder ao aditamento ou ainda insistir no prosseguimento da ação tal como foi proposta, julgando a lide nos termos da imputação contida na denúncia.
Gabarito "C".

(OAB/Exame Unificado – 2014.1) João foi denunciado pela prática de crime de furto simples. Na denúncia, o Ministério Público apenas narrou que houve a subtração do cordão da vítima, indicando hora e local. Na audiência de instrução e julgamento, a vítima narrou que João empurrou-a em direção ao chão dizendo que se gritasse "o bicho ia pegar", arrancando, em seguida, o seu cordão. Diante da narrativa da violência e da grave ameaça, o juiz fica convencido de que houve crime de roubo e não de furto.

Sobre o caso apresentado, de acordo com o Código de Processo Penal, assinale a afirmativa correta.

(A) O juiz na sentença poderá condenar João pelo crime de roubo, com base no artigo 383 do CPP, que assim

dispõe: "*O juiz, sem modificar a descrição do fato contida na denúncia ou queixa, poderá atribuir-lhe definição jurídica diversa, ainda que, em consequência, tenha de aplicar pena mais grave*".

(B) Encerrada a instrução probatória, o Ministério Público deverá aditar a denúncia em 5 (cinco) dias. Se o Ministério Público ficar inerte, o juiz deve aplicar o artigo 28 do CPP.

(C) Encerrada a instrução probatória, o Ministério Público deverá aditar a denúncia em 5 (cinco) dias. Se o Ministério Público ficar inerte, o juiz poderá condenar João pelo crime de roubo, tendo em vista que a vítima narrou a agressão em juízo.

(D) O juiz poderá condenar João pelo crime de roubo, independentemente de qualquer providência, em homenagem ao princípio da verdade real.

Se, depois de concluída a fase instrutória, o juiz verificar que a definição jurídica conferida ao fato na denúncia não corresponde àquela resultante da instrução, tendo isso ocorrido em razão da mudança do fato, deverá providenciar para que o MP adite a denúncia no prazo de cinco dias. Diante da recusa do órgão acusatório em assim proceder, estabelece o art. 384, § 1º, do CPP que o juiz deverá aplicar o art. 28 do CPP, com a remessa dos autos ao chefe do Ministério Público, o procurador-geral, que é quem tem atribuição para reavaliar a situação. A partir daí, pode o procurador-geral, em face da provocação do magistrado, designar outro membro do MP para proceder ao aditamento ou ainda insistir no prosseguimento da ação tal como foi proposta, julgando a lide nos termos da imputação contida na denúncia.
Gabarito "B".

(OAB/Exame Unificado – 2012.3.B) Com relação aos artigos 383 e 384 do Código de Processo Penal, assinale a afirmativa **incorreta**.

(A) Se, no curso da instrução processual, vier aos autos prova de circunstância elementar, não contida explícita ou implicitamente na denúncia, de crime menos grave, não será necessário ao Ministério Público aditar a inicial, podendo o juiz proferir sentença condenatória.

(B) Se, encerrada a instrução processual, o juiz, sem modificar a descrição do fato contido na denúncia, verificar tratar-se de delito diverso do classificado na inicial, poderá proferir sentença condenatória, ainda que, em consequência, tenha de aplicar pena mais grave.

(C) Se, no curso da instrução processual, vier aos autos prova de circunstância elementar, não contida explícita ou implicitamente na denúncia, de crime mais grave, o Ministério Público deverá aditar a inicial.

(D) Se, encerrada a instrução processual, o juiz, sem modificar a descrição do fato contido na denúncia, verificar tratar-se de delito diverso do indicado na inicial, em relação ao qual caiba a suspensão condicional do processo, deverá abrir vista ao Ministério Público para que se manifeste sobre o oferecimento do *sursis* processual.

A: incorreta, devendo ser assinalada. Se surgir, no curso da instrução, prova de circunstância elementar, não contemplada na peça acusatória, que resulte capitulação jurídica diversa daquela contida na denúncia, é de rigor o aditamento pelo Ministério Público, pouco importando se a pena do novo crime é maior ou menor do que aquela prevista para o crime descrito na exordial. É o que estabelece o art. 384 do CPP (*mutatio* *libelli*). Incorreta, portanto, a assertiva; **B:** correta, pois o acusado, no processo penal, defende-se dos fatos que lhe são imputados, e não da capitulação que é atribuída à conduta na peça acusatória, denúncia ou queixa. Pouco importa, pois, a classificação operada pelo titular da ação penal na exordial. É nesse sentido que reza o art. 383 do CPP (*emendatio libelli*). Note que o fato, na *emendatio libelli*, permanece inalterado, sem prejuízo, por isso mesmo, para a defesa. A mudança, aqui, incide na classificação da conduta, levada a efeito pela acusação, no ato da propositura da ação, e retificada pelo juiz, de ofício, no momento da sentença, sendo desnecessário, em vista disso, aditar a denúncia; **C:** correta, pois, no campo da *mutatio libelli* (art. 384 do CPP), o MP sempre deverá proceder ao aditamento da denúncia, ainda que se trate de crime menos grave; **D:** correta, pois reflete do disposto no art. 383, § 1º, do CPP.

Gabarito "A".

(OAB/Exame Unificado – 2011.3.A) Trácio foi denunciado pela prática do delito descrito no artigo 333 do Código Penal. A peça inaugural foi recebida pelo Juiz Titular da Vara Única da Comarca X, que presidiu a Audiência de Instrução e Julgamento. Encerrada a instrução do feito, o processo foi concluso ao juiz substituto, que proferiu sentença condenatória, tendo em vista que o juiz titular havia sido promovido e estava, nesse momento, na 11ª Vara Criminal da Comarca da Capital. De acordo com a Lei Processual Penal, assinale a alternativa correta.

(A) A sentença é nula, porque foi prolatada por juiz que não presidiu a instrução do feito, em desacordo com o princípio da identidade física do juiz.

(B) A sentença é nula, porque ao juiz substituto é vedada a prolação de decisão definitiva ou terminativa.

(C) Não há nulidade na sentença, porque não se faz exigível a identidade física do juiz diante das peculiaridades narradas no enunciado.

(D) A sentença é nula, porque viola o princípio do juiz natural.

A Lei 11.719/2008 introduziu no art. 399 do CPP o § 2º, conferindo-lhe a seguinte redação: "O juiz que presidiu a instrução deverá proferir a sentença". O *princípio da identidade física do juiz*, antes exclusivo do processo civil, agora será também aplicável ao processo penal.

Gabarito "C".

(OAB/Exame Unificado – 2011.1) Levando em consideração as modificações trazidas pela Lei 11.719/2008, assinale a alternativa correta.

(A) Na *mutatio libelli* (em que a denúncia descreve determinado fato, mas as provas apontam que o fato delituoso é diverso), o Ministério Público deverá, após encerrada a instrução probatória, aditar a denúncia no prazo de 5 (cinco) dias sob pena de se operar a preclusão temporal.

(B) O rito comum ordinário é o reservado aos crimes apenados com reclusão, independentemente do montante da pena para eles prevista.

(C) O rito sumário é o reservado para as infrações penais de menor potencial ofensivo.

(D) O Código de Processo Penal admite a figura da citação com hora certa, tal como ocorre no Código de Processo Civil.

A: incorreta. Não há que se falar em preclusão temporal. Em face da recusa do membro do Ministério Público em proceder ao aditamento da denúncia, deverá o magistrado aplicar, por analogia, o art. 28 do CPP,

determinando o encaminhamento dos autos do processo ao chefe do *parquet* para que este decida; **B:** antes da modificação implementada pela Lei 11.719/2008, o procedimento comum ordinário era reservado aos crimes apenados com reclusão. Atualmente, impõe o art. 394, § 1º, I, do CPP que o procedimento comum será ordinário se tiver por objeto crime cuja sanção máxima cominada seja igual ou superior a 4 (quatro) anos de pena privativa de liberdade. A assertiva, por isso, está incorreta; **C:** incorreta. As infrações penais de menor potencial ofensivo submetem-se ao procedimento comum sumaríssimo, previsto na Lei 9.099/1995, conforme impõe o art. 394, § 1º, III, do CPP. O procedimento comum sumário, por sua vez, é aquele a que se submetem os crimes cuja sanção máxima cominada seja inferior a 4 (quatro) anos de pena privativa de liberdade – art. 394, § 1º, II, do CPP; **D:** alternativa correta. A Lei 11.719/2008 alterou a redação do art. 362 do CPP e introduziu no processo penal a citação por hora certa, a ser realizada por oficial de justiça na hipótese de ocultação do réu.

Gabarito "D".

(OAB/Exame Unificado – 2010.3) Em relação aos procedimentos previstos atualmente no Código de Processo Penal, assinale a alternativa correta.

(A) No rito sumário, oferecida a denúncia, se o juiz não a rejeitar liminarmente, recebê-la-á e ordenará a citação do acusado para responder à acusação, por escrito, no prazo de 10 (dez) dias.

(B) No rito ordinário, oferecida a denúncia, se o juiz não a rejeitar liminarmente, recebê-la-á e ordenará a citação do acusado para responder à acusação, por escrito, no prazo de 15 (quinze) dias.

(C) No rito ordinário, oferecida a denúncia, se o juiz não a rejeitar liminarmente, recebê-la-á e designará dia e hora para a realização do interrogatório, ocasião em que o acusado deverá estar assistido por defensor.

(D) No rito sumário, oferecida a denúncia, se o juiz não a rejeitar liminarmente, recebê-la-á e designará dia e hora para a realização do interrogatório, ocasião em que o acusado deverá estar assistido por defensor.

A: assertiva correta, visto que de acordo com o prescrito no art. 396, *caput*, do CPP; **B:** assertiva incorreta, já que o art. 396, *caput*, do CPP estabelece que o acusado, depois de citado, disporá do prazo de *dez* dias para apresentar sua resposta escrita (defesa prévia), tanto no procedimento ordinário quanto no sumário; **C** e **D:** assertivas incorretas. Recebida a denúncia, o juiz designará dia e hora para a audiência, ordenando a intimação do réu, de seu defensor, do MP e, quando o caso, do querelante e do assistente de acusação (art. 399 do CPP). Nesta audiência (art. 400 do CPP – ordinário; art. 531, CPP – sumário), em face do novo panorama estabelecido pela Lei 11.719/2008, realizar-se-á toda a instrução. Ouve-se, em primeiro lugar, o ofendido; depois, serão ouvidas as testemunhas de acusação e, em seguida, as de defesa. Após, vêm os esclarecimentos dos peritos e as acareações. Em seguida, procede-se ao reconhecimento de pessoas e coisas. Finalmente, interroga-se o acusado.

Gabarito "A".

(OAB/Exame Unificado – 2010.2) Em processo sujeito ao rito ordinário, ao apresentar resposta escrita, o advogado requer a absolvição sumária de seu cliente e não propõe provas. O juiz, rejeitando o requerimento de absolvição sumária, designa audiência de instrução e julgamento, destinada à inquirição das testemunhas arroladas pelo Ministério Público e ao interrogatório do réu. Ao final da audiência, o advogado requer a oitiva de duas testemunhas de defesa e que o juiz designe nova data para que sejam inquiridas.

15. DIREITO PROCESSUAL PENAL 1055

Considerando tal narrativa, assinale a afirmativa correta.

(A) O juiz deve deferir o pedido, pois a juntada do rol das testemunhas de defesa pode ser feita até o encerramento da prova de acusação.

(B) O juiz não deve deferir o pedido, pois o desmembramento da audiência una causa nulidade absoluta.

(C) O juiz só deve deferir a oitiva de testemunhas de defesa arroladas posteriormente ao momento da apresentação da resposta escrita se ficar demonstrado que a necessidade da oitiva se originou de circunstâncias ou fatos apurados na instrução.

(D) O juiz deve deferir o pedido, pois apesar de a juntada do rol de testemunhas da defesa não ter sido feita no momento correto, em nenhuma hipótese do processo penal, o juiz deve indeferir diligências requeridas pela defesa.

De fato, à luz do que estabelece o art. 396-A do CPP, a resposta do acusado constitui o momento adequado para que a defesa arrole testemunhas. Se não o fizer, só poderá indicar testemunhas, em momento posterior a esse, se restar demonstrado que a necessidade da oitiva surgiu de fato apurado no curso da instrução. É o caso, por exemplo, das chamadas testemunhas referidas, que surgem durante as declarações prestadas por outra testemunha, o que se dá no curso da instrução.
Gabarito "C".

(OAB/Exame Unificado – 2010.2) João foi denunciado pela prática do crime de furto (CP, art. 155), pois segundo narra a denúncia ele subtraiu colar de pedras preciosas da vítima. No decorrer da instrução processual, a testemunha Antônio relata fato não narrado na denúncia: a subtração do objeto furtado se deu mediante "encontrão" dado por João no corpo da vítima. Na fase de sentença, sem antes tomar qualquer providência, o Juiz decide, com base no sobredito testemunho de Antônio, condenar João nas penas do crime de roubo (CP, art. 157), por entender que o "encontrão" relatado caracteriza emprego de violência contra a vítima. A sentença condenatória transita em julgado para o Ministério Público.

O Tribunal, ao julgar apelo de João com fundamento exclusivo na insuficiência da prova para a condenação, deve:

(A) anular a sentença.

(B) manter a condenação pela prática do crime de roubo.

(C) abrir vista ao Ministério Público para aditamento da denúncia.

(D) absolver o acusado.

Com o advento da Lei 11.719/2008, que modificou o art. 384 do CPP, se o magistrado entender cabível nova definição jurídica do fato, em consequência de prova existente nos autos de elemento ou circunstância da infração não contida na inicial, o aditamento pelo Ministério Público passa a ser obrigatório, ainda que a nova capitulação jurídica implique aplicação de pena igual ou menos grave. No panorama anterior, a participação do Ministério Público não era necessária, ou seja, bastava que o processo baixasse para manifestação da defesa e oitiva de testemunhas. Dessa forma, em vista dos novos fatos trazidos pela testemunha Antônio, o que se deu no curso da instrução, deveria o juiz, ao seu término, em obediência ao disposto no art. 384 do CPP, determinar o aditamento da inicial pelo Ministério Público. Como no Tribunal a questão suscitada limitou-se à insuficiência probatória, coube a este absolver o recorrente.
Gabarito "D".

(OAB/Exame Unificado – 2010.1) Márcio foi denunciado pelo crime de bigamia. O advogado de defesa peticionou ao juízo criminal requerendo a suspensão da ação penal, por entender que o primeiro casamento de Márcio padecia de nulidade, fato que gerou ação civil anulatória, em trâmite perante o juízo cível da mesma comarca. Nessa situação hipotética,

(A) deverá o juízo criminal, de ofício, extinguir a punibilidade de Márcio, uma vez que o delito de bigamia foi revogado.

(B) considerando-se a independência das instâncias, o processo criminal deverá ter seguimento independentemente do desfecho da ação anulatória civil.

(C) apesar de as instâncias cível e criminal serem independentes, o juízo criminal poderá, por cautela, determinar a suspensão da ação penal até que se resolva, no juízo cível, a controvérsia relativa à nulidade do primeiro casamento de Márcio.

(D) a ação penal deverá ser suspensa até que a nulidade do primeiro casamento de Márcio seja resolvida definitivamente no juízo cível.

A: incorreta. A Lei n. 11.106/2005, que alterou o Código Penal, revogou, no capítulo referente aos crimes contra o casamento, entre outros, apenas o delito de adultério (antigo art. 240), de forma que a figura típica da bigamia continua em vigor (art. 235); **B:** incorreta. *Vide* justificativa à opção "D"; **C:** incorreta. *Vide* justificativa à opção "D"; **D:** correta. Trata-se de hipótese de suspensão obrigatória (CPP, art. 92). Nesse sentido, ainda: Fauzi Hassan Choukr. Código de Processo Penal – Comentários Consolidados e Crítica Jurisprudencial. Rio de Janeiro: Lumen Juris, 2007. p. 233.
Gabarito "D".

(OAB/Exame Unificado – 2009.3) Assinale a opção correta quanto ao procedimento comum previsto no CPP.

(A) O juiz decidirá se realiza o interrogatório por videoconferência em razão de pedido do MP, não precisando fundamentar sua decisão.

(B) Na audiência de instrução e julgamento, deverá proceder-se à tomada das declarações do ofendido e do réu, designando-se nova data para a inquirição das testemunhas e dos peritos.

(C) Conforme a complexidade do caso, após a audiência de instrução e julgamento, poderá o juiz conceder às partes prazo de cinco dias sucessivos para a apresentação de memoriais.

(D) Caso a denúncia ou a queixa sejam manifestamente ineptas ou falte justa causa para a ação penal, deverá o réu ser absolvido sumariamente.

A: incorreta, visto que esta decisão deverá ser fundamentada (art. 185, § 2º, do CPP); **B:** incorreta. Em face do novo panorama trazido pela Lei 11.719/2008, toda a instrução deverá ser realizada em audiência única (de instrução e julgamento). Ouve-se, em primeiro lugar, o ofendido; depois, serão ouvidas as testemunhas de acusação e, em seguida, as de defesa. Após, vêm os esclarecimentos dos peritos e as acareações. Em seguida, procede-se ao reconhecimento de pessoas e coisas. Finalmente, interroga-se o acusado; **C:** correta, nos termos do art. 403, § 3º, do CPP; **D:** incorreta. Se acaso a denúncia ou a queixa for absolutamente inepta ou falte justa causa para o exercício da ação penal, a peça inicial será rejeitada, nos termos do art. 395 do CPP. As hipóteses de absolvição sumária estão contidas no art. 397 do CPP.
Gabarito "C".

(OAB/Exame Unificado – 2009.2) Acerca das normas aplicáveis ao processo e ao julgamento dos crimes de calúnia e injúria, previstas no CPP, assinale a opção correta.

(A) É pública incondicionada a ação penal por crime contra a honra de funcionário público em razão do exercício de suas funções.

(B) Caso seja oferecida a exceção da verdade ou da notoriedade do fato imputado, poderá o querelante contestar a exceção, podendo ser inquiridas as testemunhas arroladas na queixa.

(C) O juiz, antes de receber a queixa, oferece às partes oportunidade para se reconciliarem, fazendo-as comparecer em juízo para serem ouvidas, separadamente, na presença, obrigatória, dos seus advogados, lavrando-se o termo respectivo.

(D) No caso de reconciliação, depois de assinado pelo querelante termo de desistência da queixa, esta será suspensa pelo prazo de dois anos, e o juiz fixará as condições a serem respeitadas pelo querelado para que se opere a extinção da punibilidade após o decurso do referido prazo.

A: incorreta. Nos termos do disposto no art. 145, parágrafo único, do CP, se se tratar de crime perpetrado contra a honra de funcionário público em razão de suas funções, a ação penal será *pública condicionada à representação do ofendido*. Ocorre, no entanto, que o STF, por meio da Súmula 714, firmou entendimento no sentido de que, nesses casos, a legitimidade é concorrente entre o ofendido (mediante queixa) e o Ministério Público (ação pública condicionada à representação do ofendido); **B:** correta – art. 523 do CPP; **C:** incorreta. As partes serão ouvidas sem a presença dos seus advogados e não será lavrado termo (art. 520 do CPP); **D:** incorreta. Depois de assinado o termo, a queixa será arquivada (art. 522 do CPP).

Gabarito "B".

(OAB/Exame Unificado – 2009.1) Acerca do procedimento relativo aos crimes de menor potencial ofensivo, previsto na Lei n. 9.099/1995, assinale a opção correta.

(A) A reparação dos danos sofridos pela vítima não é objetivo do processo perante o juizado especial criminal, devendo ser objeto de ação de indenização por eventuais danos materiais e morais sofridos, perante a vara cível ou o juizado especial cível competente.

(B) Não sendo encontrado o acusado, para ser citado pessoalmente, e havendo certidão do oficial de justiça afirmando que o réu se encontra em local incerto e não sabido, o juiz do juizado especial criminal deverá proceder à citação por edital, ouvido previamente o MP.

(C) Na audiência preliminar, o ofendido terá a oportunidade de exercer o direito de representação verbal nas ações penais públicas condicionadas e, caso não o faça, ocorrerá a decadência do direito.

(D) Tratando-se de crime de ação penal pública incondicionada, não sendo o caso de arquivamento, o MP poderá propor a aplicação imediata de pena de multa, a qual, se for a única aplicável, poderá ser reduzida, pelo juiz, até a metade.

A: incorreta, pois um dos objetivos dos juizados especiais criminais é a reparação dos danos sofridos pela vítima (art. 62 da Lei 9.099/1995); **B:** incorreta. No âmbito do juizado, não se procederá à citação por edital. Na hipótese de o autor não ser encontrado para citação pessoal, o juiz encaminhará as peças ao juízo comum para adoção do procedimento

previsto em lei – art. 66, parágrafo único, da Lei 9.099/95; **C:** incorreta. Não ocorrerá a decadência. O direito poderá ser exercido no prazo estabelecido na lei (art. 75, parágrafo único, da Lei 9.099/1995); **D:** correta, nos termos do art. 76, § 1º, da Lei 9.099/1995.

Gabarito "D".

(OAB/Exame Unificado – 2008.3) Considerando a redação atual do CPP, assinale a opção correta no que diz respeito ao processo ordinário.

(A) O acusado será citado para responder à acusação, por escrito, no prazo de 10 dias.

(B) O acusado será citado para apresentar defesa prévia, no prazo de 3 dias.

(C) O acusado será citado para comparecer a audiência de introdução, debates e julgamento.

(D) O acusado será citado para comparecer a audiência de interrogatório.

Estabelece o art. 396, *caput*, do CPP que "Nos procedimentos ordinário e sumário, oferecida a denúncia ou queixa, o juiz, se não a rejeitar liminarmente, recebê-la-á e ordenará a citação do acusado para responder à acusação, por escrito, no prazo de 10 (dez) dias." Dispositivo introduzido pela Lei 11.719/2008.

Gabarito "A".

10. PROCESSO DOS CRIMES DE COMPETÊNCIA DO JÚRI

(OAB/Exame XXXIV) Após ter sido exonerado do cargo em comissão que ocupava há mais de dez anos, Lúcio, abatido com a perda financeira que iria sofrer, vai a um bar situado na porta da repartição estadual em que trabalhava e começa a beber para tentar esquecer os problemas financeiros que viria a encontrar.

Duas horas depois, completamente embriagado, na saída do trabalho, encontra seu chefe Plínio, que fora o responsável por sua exoneração. Assim, com a intenção de causar a morte de Plínio, resolve empurrá-lo na direção de um ônibus que trafegava pela rua, vindo a vítima efetivamente a ser atropelada. Levado para o hospital totalmente consciente, mas com uma lesão significativa na perna a justificar o recebimento de analgésicos, Plinio vem a falecer, reconhecendo o auto de necropsia que a causa da morte foi unicamente envenenamento, decorrente de erro na medicação que lhe fora ministrada ao chegar ao hospital, já que o remédio estaria fora de validade e sequer seria adequado no tratamento da perna da vítima.

Lúcio foi denunciado, perante o Tribunal do Júri, pela prática do crime de homicídio consumado, imputando a denúncia a agravante da embriaguez preordenada.

Confirmados os fatos, no momento das alegações finais da primeira fase do procedimento do Tribunal do Júri, sob o ponto de vista técnico, a defesa deverá pleitear

(A) o afastamento da agravante da embriaguez, ainda que adequada a pronúncia pelo crime de homicídio consumado.

(B) o afastamento, na pronúncia, da forma consumada do crime, bem como o afastamento da agravante da embriaguez.

(C) o afastamento, na pronúncia, da forma consumada do crime, ainda que possível a manutenção da agravante da embriaguez.

(D) a desclassificação para o crime de lesão corporal seguida de morte, bem como o afastamento da agravante da embriaguez.

Está-se diante de hipótese de *causa superveniente relativamente independente*, que tem o condão de excluir a imputação, desde que seja apta, por si só, a produzir o resultado; os fatos anteriores, no entanto, serão imputados a quem os praticou (art. 13, § 1º, do CP). Exemplo clássico e sempre lembrado pela doutrina é aquele em que a vítima de tentativa de homicídio é socorrida e levada ao hospital e, ali estando, vem a falecer, não em razão dos ferimentos que experimentou, mas por conta de incêndio ocorrido na enfermaria do hospital. Este evento (incêndio) do qual decorreu a morte da vítima constitui causa superveniente relativamente independente que, por si só, gerou o resultado. O nexo causal, nos termos do art. 13, § 1º, do CP, é interrompido (há imprevisibilidade). O agente, por isso, responderá por homicídio na forma tentada (e não na modalidade consumada). Perceba que, neste caso, estamos a falar de causa *relativamente* independente porque, não fosse a tentativa de homicídio, o ofendido não seria, por óbvio, hospitalizado e não seria, por consequência, vítima do incêndio que produziu, de fato, a sua morte. Foi o que se deu na narrativa contida no enunciado. Com efeito, Lúcio, com o firme propósito de causar a morte de Plínio, resolve empurrá-lo na direção de um ônibus que trafegava pela rua, vindo a vítima efetivamente a ser atropelada. Socorrida ao hospital e estando totalmente consciente, a Plínio foram ministrados analgésicos, que, após se veio a saber, acabaram por causar a sua morte, já que estavam vencidos e sequer seriam adequados no tratamento da lesão que sofrera na sua perna. O erro médico de que foi vítima Plínio constitui *causa superveniente relativamente independente* que, por si só, gerou o resultado. O nexo causal, nos termos do art. 13, § 1º, do CP, é interrompido, de sorte que o agente, neste caso Lúcio, responderá por homicídio na forma tentada (e não na modalidade consumada). No mais, deve ser afastada a agravante de embriaguez preordenada (art. 61, II, *l*, do CP), na medida em que Lúcio não se embriagou com o fim de praticar o crime contra Plínio. Na verdade, conforme consta do enunciado, Lúcio se embriagou *para tentar esquecer os problemas financeiros que viria a encontrar.*
Gabarito "B".

(OAB/Exame XXXIV) Ao término da instrução criminal no processo em que Irineu foi denunciado pelo crime de homicídio doloso consumado que vitimou Alberto, o advogado de Irineu teve a palavra em audiência para fazer suas alegações finais (juízo de admissibilidade da acusação).

No curso do inquérito policial o Delegado de Polícia representou ao juízo competente pelo incidente de insanidade mental, cujo laudo afirmou que, na data em que o crime foi praticado, Irineu era inteiramente incapaz de entender o caráter ilícito do fato.

Ouvidas as testemunhas arroladas na denúncia, Roberta, cliente que estava no bar em que aconteceu o crime, declarou que Irineu tinha traços semelhantes àqueles da pessoa que efetuou o disparo de arma de fogo, mas não poderia afirmar com certeza a autoria. No mesmo sentido foi o depoimento de Laércio, que era garçom daquele estabelecimento comercial. Rui, que estava no caixa do bar, e Ana, a gerente, disseram não ter condições de reconhecer o réu.

Irineu sempre negou a autoria do homicídio.

Você, como advogado(a) de defesa de Irineu, em alegações finais, deve sustentar a tese de

(A) nulidade do processo desde a decisão que determinou o exame de insanidade mental, pois o Delegado de Polícia não poderia representar pelo incidente de insanidade mental, por não ter qualidade de parte.

(B) absolvição sumária, em razão do laudo do exame de insanidade mental ter afirmado que Irineu era absolutamente incapaz, por doença mental, sem condições, à época, de entender o caráter ilícito do fato.

(C) impronúncia de Irineu, posto que a prova testemunhal não revelou a existência de indícios suficientes de autoria.

(D) despronúncia, em razão das declarações de Rui e Ana, que não reconheceram Irineu como autor do disparo de arma de fogo.

Pelo que consta do enunciado, a prova testemunhal que pesa em desfavor de Irineu carece de robustez a autorizar a sua pronúncia. Assim sendo, deve o magistrado, à míngua de indícios suficientes de autoria, impronunciar o réu (art. 414, CPP).
Gabarito "C".

(OAB/Exame XXXIII – 2020.3) Bartolomeu foi denunciado e pronunciado pela suposta prática de um crime de homicídio qualificado. No dia da sessão plenária do Tribunal do Júri, no momento dos debates orais, o Promotor de Justiça iniciou sua fala lendo o teor da denúncia para que os jurados tivessem conhecimento sobre os fatos imputados. Após, afirmou que estaria presente a prova da materialidade e de autoria, passando a ler a decisão de pronúncia e destacar que esta demonstraria a veracidade do que assegurava sobre a prova da prática do crime por Bartolomeu. Por fim, o *Parquet* leu reportagem jornalística que apontava Bartolomeu como possível autor do homicídio, sendo certo que tal documentação foi acostada ao procedimento sete dias antes da sessão plenária, tendo a defesa acesso à mesma quatro dias úteis antes do julgamento. Em sua fala, a defesa técnica de Bartolomeu pugnou pela absolvição, negando a autoria, e consignou em ata seu inconformismo com a leitura da denúncia, a menção à pronúncia e a leitura da reportagem jornalística. O réu foi condenado.

Considerando as informações narradas, com base nas previsões legais e sob o ponto de vista técnico, no momento de apresentar recurso de apelação, o(a) advogado(a) de Bartolomeu poderá alegar a existência de nulidade, em razão

(A) da leitura da denúncia, da menção à pronúncia e leitura da reportagem jornalística.

(B) da menção à pronúncia e leitura da reportagem jornalística, apenas.

(C) da leitura da reportagem jornalística, apenas.

(D) da menção à pronúncia, apenas.

Por imposição do art. 478, I, do CPP, é vedado às partes, durante os debates, sob pena de nulidade, fazer referência *à decisão de pronúncia, às decisões posteriores que julgaram admissível a acusação ou à determinação do uso de algemas como argumento de autoridade que beneficiem ou prejudiquem o acusado.* O inciso II do mesmo dispositivo impede que se faça referência *ao silêncio do acusado ou à ausência de interrogatório por falta de requerimento, em seu prejuízo.* Como se pode ver, a menção à denúncia não foi contemplada na vedação legal. No mais, a leitura da reportagem jornalística pelo representante do Ministério Público está em consonância com a regra disposta no art. 479 do CPP, em que se exige que a respectiva juntada aos autos ocorra com antecedência mínima de três dias úteis. No caso narrado no enunciado, o acesso ao material, pela defesa, ocorreu quatro dias úteis antes do julgamento perante do Tribunal Popular.
Gabarito "D".

(OAB/Exame Unificado – 2020.1) Ricardo foi pronunciado pela suposta prática do crime de homicídio qualificado. No dia anterior à sessão plenária do Tribunal do Júri, o defensor público que assistia Ricardo até aquele momento acostou ao processo a folha de antecedentes criminais da vítima, matérias jornalísticas e fotografias que poderiam ser favoráveis à defesa do acusado. O Ministério Público, em sessão plenária, foi surpreendido por aquele material do qual não tinha tido ciência, mas o juiz presidente manteve o julgamento para a data agendada e, após o defensor público mencionar a documentação acostada, Ricardo foi absolvido pelos jurados, em 23/10/2018 (terça-feira).

No dia 29/10/2018, o Ministério Público apresentou recurso de apelação, acompanhado das razões recursais, requerendo a realização de novo júri, pois a decisão dos jurados havia sido manifestamente contrária à prova dos autos.

O Tribunal de Justiça conheceu do recurso interposto e anulou o julgamento realizado, determinando nova sessão plenária, sob o fundamento de que a defesa se utilizou em plenário de documentos acostados fora do prazo permitido pela lei. A família de Ricardo procura você, como advogado(a), para patrocinar os interesses do réu.

Considerando as informações narradas, você, como advogado(a) de Ricardo, deverá questionar a decisão do Tribunal, sob o fundamento de que

(A) respeitando-se o princípio da amplitude de defesa, não existe vedação legal na juntada e utilização em plenário de documentação pela defesa no prazo mencionado.

(B) diante da nulidade reconhecida, caberia ao Tribunal de Justiça realizar, diretamente, novo julgamento, e não submeter o réu a novo julgamento pelo Tribunal do Júri.

(C) não poderia o Tribunal anular o julgamento com base em nulidade não arguida, mas tão só reconhecer, se fosse o caso, que a decisão dos jurados era manifestamente contrária à prova dos autos.

(D) o recurso foi apresentado de maneira intempestiva, de modo que sequer deveria ter sido conhecido.

Nada obsta que o defensor do réu exiba, em plenário, matérias jornalísticas, fotografias, vídeos bem como a folha de antecedentes criminais da vítima, com vistas a explorar a sua personalidade e convencer os jurados de que se trata de pessoa de comportamento agressivo ou desabonador. O que a legislação impõe (art. 479, *caput*, do CPP) é que o documento, assim considerado todo e qualquer objeto apto a demonstrar a verdade de um fato, apresentado (lido ou exibido), em plenário, seja juntado aos autos com antecedência mínima de três dias úteis, para que a parte contrária, neste caso a acusação, dele tenha conhecimento e possa traçar uma linha de defesa para se contrapor ao seu conteúdo. Busca-se, pois, evitar que a parte contrária seja surpreendida e não tenha condição de se insurgir, de forma adequada, contra o documento lido ou exibido. Perceba que esta regra, presente no art. 479, *caput*, do CPP, constitui exceção, na medida em que, no processo penal, "salvo os casos expressos em lei, as partes poderão apresentar documentos em qualquer fase do processo" (art. 231, CPP). No caso narrado no enunciado, a despeito de o Ministério Público, em sessão plenária, ter sido surpreendido por material que fora juntado aos autos em prazo inferior ao estabelecido no art. 479, *caput*, do CPP, o magistrado manteve o julgamento, permitindo que o defensor público explorasse a documentação, resultando na absolvição, pelo conselho de sentença, do acusado. O Ministério Público, inconformado com a

decisão absolutória, apresentou recurso de apelação, acompanhado das razões recursais, requerendo a realização de novo júri, pois a decisão dos jurados havia sido manifestamente contrária à prova dos autos. No apelo, o *parquet* não suscitou a nulidade decorrente da violação à regra contida no art. 479, *caput*, do CPP. O Tribunal, por sua vez, anulou o julgamento realizado, determinando nova sessão plenária, ao argumento de que a defesa se utilizou em plenário de documentos acostados fora do prazo permitido pela lei. Ou seja, o Tribunal anulou o julgamento com base em nulidade não arguida, o que é vedado, conforme entendimento sedimentado na Súmula 160, do STF: "É nula a decisão do Tribunal que acolhe, contra o réu, nulidade não arguida no recurso da acusação, ressalvados os casos de recurso de ofício". Dessa forma, o advogado procurado pela defesa do acusado deve se insurgir contra a decisão do Tribunal, de que não poderia anular o julgamento com base em nulidade não arguida, mas tão somente, se o caso fosse, reconhecer que a decisão dos jurados era manifestamente contrária à prova dos autos (art. 593, III, *d*, CPP).

Gabarito "C".

(OAB/Exame Unificado – 2018.1) Luiz foi condenado, em primeira instância, pela prática de crime de homicídio qualificado em razão de recurso que dificultou a defesa da vítima. Durante seu interrogatório em Plenário, Luiz confessou a prática delitiva, mas disse que não houve recurso que dificultou a defesa da vítima, tendo em vista que ele estava discutindo com ela quando da ação delitiva. Insatisfeito com o reconhecimento da qualificadora pelos jurados, já que, diferentemente do que ocorreu em relação à autoria, não haveria qualquer prova em relação àquela, o advogado apresentou, de imediato, recurso de apelação.

Considerando apenas as informações narradas, o advogado de Luiz deverá buscar, em sede de recurso,

(A) o reconhecimento de nulidade, com consequente realização de nova sessão de julgamento.

(B) o reconhecimento de que a decisão dos jurados foi manifestamente contrária à prova dos autos em relação à qualificadora, com consequente realização de nova sessão de julgamento.

(C) o afastamento da qualificadora pelo Tribunal de 2ª instância, com imediata readequação, pelo órgão, da pena aplicada pelo juízo do Tribunal do Júri.

(D) o afastamento da qualificadora pelo Tribunal de 2ª instância, com baixa dos autos, para que o juízo do Tribunal do Júri aplique nova pena.

Se a decisão do Conselho de Sentença revelar-se manifestamente contrária à prova dos autos, assim entendida aquela que, de forma clara, não encontra ressonância no acervo probatório, caberá ao tribunal *ad quem*, ao apreciar a apelação interposta com supedâneo no art. 593, III, *d*, do CPP, após constatar que a decisão combatida de fato não encontra lastro probatório, dar provimento ao recurso e determinar a realização de novo julgamento pelo Tribunal Popular. É vedado ao tribunal *ad quem*, portanto, fazendo as vezes do tribunal do júri, substituir a decisão recorrida. A "correção" caberá, assim, ao tribunal do júri (art. 593, § 3º, CPP), em nova sessão de julgamento.

Gabarito "B".

(OAB/Exame Unificado – 2017.2) Mateus foi denunciado pela prática de um crime de homicídio qualificado, sendo narrado na denúncia que a motivação do crime seria guerra entre facções do tráfico. Cinco dias antes do julgamento em plenário, o Ministério Público junta ao processo a Folha de Antecedentes Criminais (FAC) do acusado, conforme requerido quando da manifestação em diligências, em que, de fato, constavam anotações referentes a processos pela prática do crime da Lei de Drogas.

Apenas três dias úteis antes do julgamento, a defesa de Mateus vem a tomar conhecimento da juntada da FAC. No dia do julgamento, após a manifestação oral da defesa em plenário, indagado pelo juiz presidente sobre o interesse em se manifestar em réplica, o promotor de justiça afirma negativamente, reiterando aos jurados que as provas estão muito claras e que o réu deve ser condenado, não havendo necessidade de maiores explanações. Posteriormente, o juiz presidente nega à defesa o direito de tréplica. Mateus é condenado.

Diante da situação narrada, o(a) advogado(a) de Mateus, em sede de apelação, deverá buscar:

(A) a nulidade do julgamento, pois foi juntada documentação sem a antecedência necessária exigida pela lei.

(B) o afastamento da qualificadora pelo Tribunal, pois foi juntada documentação que influenciou seu reconhecimento sem a antecedência necessária exigida pela lei.

(C) a nulidade do julgamento, pois o direito de tréplica da defesa independe da réplica do Ministério Público.

(D) a nulidade do julgamento, pois houve réplica por parte do Ministério Público, de modo que deveria ser deferido à defesa o direito de tréplica.

A: incorreta, uma vez que o prazo estabelecido em lei para a juntada do documento foi respeitado (art. 479, "caput", do CPP). Não cabe, portanto, anulação do julgamento por esse motivo; B: incorreta. Vide comentário anterior; C (incorreta) e D (correta): a defesa somente fará jus à tréplica se a acusação utilizar seu tempo para a réplica, ou seja, a tréplica está condicionada à efetivação da réplica (art. 476, § 4º, CPP). É dizer: tendo havido, por parte da acusação, réplica, impõe-se o direito de a defesa fazer uso da tréplica. Quanto a isso, conferir o magistério de Guilherme de Souza Nucci: "Réplica é direito exclusivo da acusação: se o promotor não utilizar o seu tempo para réplica, não pode a defesa exigir que o faça e muito menos pode ir à tréplica. Assim, não é prudente que o defensor reserve importantes temas para o momento da tréplica, uma vez que esta não é certa. Por outro lado, se o juiz indagar ao promotor "se vai à réplica", deve este responder, caso não queira, simplesmente "não". Caso faça alguma observação, ingressando no mérito da causa, por menor que seja, justifica a abertura de prazo para a tréplica. Portanto, se o promotor disser, por exemplo, "não vou à réplica, porque já provei que o réu é culpado", está aberta a oportunidade para a defesa treplicar (...)" (*Código de Processo Penal Comentado*, 12. ed., p. 877). [ED]

Gabarito "D".

(OAB/Exame Unificado – 2017.1) Daniel foi autor de um crime de homicídio doloso consumado em desfavor de William. Após a denúncia e ao fim da primeira fase do procedimento bifásico dos crimes dolosos contra a vida, Daniel foi pronunciado. Inconformado, o advogado do acusado interpôs o recurso cabível, mas o juiz de primeira instância, ao realizar o primeiro juízo de admissibilidade, negou seguimento ao recurso. Novamente inconformado com a decisão, o defensor de Daniel impetrou nova medida.

Considerando a situação narrada, assinale a opção que indica o recurso interposto da decisão de pronúncia e a medida para combater a decisão que denegou o recurso anterior, respectivamente.

(A) Apelação e Recurso em Sentido Estrito.

(B) Recurso em Sentido Estrito e novo Recurso em Sentido Estrito.

(C) Recurso em Sentido Estrito e Carta Testemunhável.

(D) Apelação e Carta Testemunhável.

Ao final da primeira fase do processo dos crimes de competência do júri, etapa essa denominada sumário de culpa ou *judicium accusationis*, o magistrado, se se convencer de que existem indícios suficientes de autoria e prova da existência do crime (materialidade), pronunciará o acusado, levando-o a julgamento perante o Tribunal Popular, decisão contra a qual cabe recurso em sentido estrito (art. 581, IV, do CPP) ao Tribunal *ad quem*. Se o magistrado ao qual foi apresentado o recurso em sentido estrito negar-lhe seguimento, poderá o réu se valer da carta testemunhável, prevista no art. 639 do CPP. [ED]

Gabarito "C".

(OAB/Exame Unificado – 2016.3) Victória e Bernadete entram em luta corporal em razão da disputa por um namorado, vindo Victória a desferir uma facada no pé da rival, que sofreu lesões graves. Bernadete compareceu em sede policial, narrou o ocorrido e disse ter intenção de ver a agente responsabilizada criminalmente.

Em razão dos fatos, Victória é denunciada e pronunciada pela prática do crime de tentativa de homicídio. Em sessão plenária do Tribunal do Júri, os jurados entendem, no momento de responder aos quesitos, que Victória foi autora da facada, mas que não houve dolo de matar.

Diante da desclassificação, será competente para julgamento do crime residual, bem como da avaliação do cabimento dos institutos despenalizadores,

(A) o Juiz Presidente do Tribunal do Júri.

(B) o corpo de jurados, que decidiu pela desclassificação.

(C) o Juiz Criminal da Comarca, a partir de livre distribuição.

(D) o Juiz em atuação perante o Juizado Especial Criminal da Comarca em que ocorreram os fatos.

A solução desta questão deve ser extraída do art. 492, § 1º, do CPP, segundo o qual se, da desclassificação operada pelos jurados, a competência do júri for deslocada para o juízo singular, a decisão deverá ser proferida de imediato pelo presidente do Tribunal Popular. Se a desclassificação for para infração penal de menor potencial ofensivo, deverá o magistrado aplicar, no que for cabível, o disposto nos arts. 69 e seguintes da Lei 9.099/1995. [ED]

Gabarito "A".

(OAB/Exame Unificado – 2014.3) Fabrício, com dolo de matar, realiza vários disparos de arma de fogo em direção a Cristiano. Dois projéteis de arma de fogo atingem o peito da vítima, que vem a falecer. Fabrício foge para não ser preso em flagrante. Os fatos ocorreram no final de uma tarde de domingo, diante de várias testemunhas. O inquérito policial foi instaurado, e Fabrício foi indiciado pelo homicídio de Cristiano. Os autos são remetidos ao Ministério Público, que denuncia Fabrício. O processo tem seu curso regular e as testemunhas confirmam que Fabrício foi o autor do disparo. Após a apresentação dos memoriais, os autos são remetidos para conclusão, a fim de que seja exarada a sentença, sendo certo que o juiz está convencido de que há indícios de autoria em desfavor de Fabrício e prova da materialidade de crime doloso contra a vida.

Diante do caso narrado, assinale a alternativa correta acerca da sentença a ser proferida pelo juiz na primeira fase do procedimento do Júri.

(A) O juiz deve impronunciar Fabrício pelo crime de homicídio, diante dos indícios de autoria e prova da materialidade, que indicam a prática de crime doloso contra a vida.

(B) O juiz deve pronunciar Fabrício, remetendo os autos ao Juízo comum, diante dos indícios de autoria e prova da materialidade, que indicam a prática de crime doloso contra a vida.

(C) O juiz deve pronunciar Fabrício, submetendo-o ao plenário do Júri, diante dos indícios de autoria e prova da materialidade, que indicam a prática de crime doloso contra a vida.

(D) O juiz deve pronunciar Fabrício, submetendo-o ao plenário do Júri mediante desclassificação do crime comum para crime doloso contra a vida, diante dos indícios de autoria e prova da materialidade, que indicam a prática de crime doloso contra a vida.

Tendo em vista o enunciado da questão, a outra conclusão não se pode chegar senão a de que ao juiz, diante da presença de prova da existência do crime doloso contra a vida (materialidade) e indícios suficientes de autoria, deverá, a teor do art. 413 do CPP, proferir decisão de pronúncia, levando o réu a julgamento perante o Tribunal Popular. Correta, portanto, a alternativa "C". Seria o caso de impronunciar Fabrício se o magistrado não se convencesse acerca da materialidade do fato (há dúvidas quanto ao fato de o crime ter existido) ou dos indícios suficientes de autoria (art. 414, CPP). No mais, não há que se falar em desclassificação, na medida em que o enunciado nenhuma dúvida deixa quanto à ocorrência de crime doloso contra a vida (homicídio), cuja competência para o julgamento cabe, por imposição do art. 5º, XXXVIII, da CF, ao Tribunal do Júri.
Gabarito "C".

(OAB/Exame Unificado – 2013.2) Quanto ao julgamento pelo Tribunal do Júri, assinale a afirmativa **incorreta**.

(A) As partes não poderão fazer referência, em plenário, à decisão de pronúncia, às decisões posteriores que julgaram admissível a acusação ou à determinação do uso de algemas como argumento de autoridade que beneficiem ou prejudiquem o acusado.

(B) Durante o julgamento, não será permitida a leitura de documento ou a exibição de objeto que não tiver sido juntado aos autos com a antecedência mínima de três dias úteis, dando-se ciência à outra parte.

(C) Durante os debates em Plenário, os jurados poderão solicitar ao orador, por intermédio do juiz-presidente do Tribunal do Júri, que esclareça algum fato por ele alegado em sua tese.

(D) Se a verificação de qualquer fato, reconhecida como essencial para o julgamento da causa, não puder ser realizada imediatamente, o juiz-presidente determinará que o Conselho de Sentença se recolha à sala secreta, ordenando a realização das diligências entendidas necessárias.

A: correta, visto que corresponde ao que estabelece o art. 478, I, do CPP; **B:** correta, pois em consonância com o disposto no art. 479 do CPP; **C:** correta, conforme dispõe o art. 480, *caput*, do CPP; **D:** incorreta, devendo ser assinalada, pois o art. 481, *caput*, do CPP estabelece que, neste caso, deve o magistrado dissolver o Conselho de Sentença.
Gabarito "D".

(OAB/Exame Unificado – 2013.1) João está sendo processado por um crime doloso contra a vida e, após o oferecimento das alegações finais, o magistrado impronuncia o réu.

Assinale a alternativa que apresenta a situação em que seria possível processar João novamente pelo mesmo fato delituoso.

(A) Desde que haja novas provas e não tenha ocorrido qualquer causa extintiva de punibilidade, pois a decisão de impronúncia não transita em julgado.

(B) A justiça já se manifestou em relação ao processo de João, tendo a decisão do magistrado transitado em julgado.

(C) Ninguém pode ser processado duas vezes pelo mesmo fato (*non bis in idem*).

(D) A sentença de impronúncia é uma decisão interlocutória mista não terminativa.

Estabelece o parágrafo único do art. 414 do CPP que "Enquanto não ocorrer a extinção da punibilidade, poderá ser formulada nova denúncia ou queixa se houver prova nova".
Gabarito "A".

(OAB/Exame Unificado – 2012.3.B) Com relação aos procedimentos a serem adotados no Tribunal do Júri, assinale a afirmativa correta.

(A) O julgamento pelo Tribunal do Júri não será adiado pelo não comparecimento de acusado solto que tiver sido regularmente intimado.

(B) A nova legislação processual penal permite que se simplifique a quesitação do Júri com a introdução do seguinte quesito: "o jurado condena o acusado?".

(C) Diversamente do que ocorre no procedimento comum, no rito do júri o juiz recebe a denúncia após a apresentação da resposta escrita do acusado.

(D) Não será possível recusa ao serviço do Júri fundada em convicção religiosa, filosófica ou política.

A: correta, pois reflete o que estabelece o art. 457, *caput*, do CPP; **B:** quesito não contemplado no rol do art. 483 do CPP. Proposição, portanto, incorreta; **C:** incorreta, pois não corresponde ao que dispõe o art. 406 do CPP, que estabelece que o juiz, depois de receber a denúncia ou queixa, determinará a citação do acusado para, no prazo de dez dias, responder à acusação, regra idêntica, portanto, àquela contida no art. 396, *caput*, do CPP, que trata do procedimento comum; **D:** incorreta, pois não reflete o que prescreve o art. 438, *caput*, do CPP.
Gabarito "A".

(OAB/Exame Unificado – 2012.2) Pedro foi denunciado pela prática de homicídio triplamente qualificado. Como se trata de um crime doloso contra a vida, será julgado pelo Tribunal do Júri. O processo seguiu seu curso normal, tendo Pedro sido pronunciado.

Acerca da 2ª fase do procedimento, assinale a afirmativa que não corresponde à realidade.

(A) Encerrada a instrução, será concedida a palavra ao Ministério Público, que fará a acusação, nos limites da pronúncia ou das decisões posteriores que julgaram admissível a acusação, sustentando, se for o caso, a existência de circunstância agravante.

(B) À medida que as cédulas forem sendo retiradas da urna, o juiz presidente as lerá, e a defesa e, depois dela, o Ministério Público poderão recusar os jurados sorteados, até 3 (três) cada parte, sem motivar a recusa.

(C) Prestado o compromisso pelos jurados, será iniciada a instrução plenária quando o juiz presidente, o Ministério Público, o assistente, o querelante e o defensor

15. DIREITO PROCESSUAL PENAL — 1061

do acusado tomarão, sucessiva e diretamente, as declarações do ofendido, se possível, e inquirirão as testemunhas arroladas pela acusação.

(D) Durante o julgamento não será permitida a leitura de documento ou a exibição de objeto que não tiver sido juntado aos autos com a antecedência mínima de 3 (três) dias úteis, dando-se ciência à outra parte, salvo jornais ou revistas.

A: proposição correta, pois em consonância com o que dispõe o art. 476 do CPP; **B:** correta, nos termos do art. 468, *caput*, do CPP; **C:** correta, pois em conformidade com o art. 473, *caput*, do CPP; **D:** incorreta (devendo ser assinalada), pois nem mesmo jornais ou revistas poderão ser lidos ou exibidos sem a antecedência mínima e ciência da outra parte, nos termos do art. 479, *caput* e parágrafo único, do CPP.

Gabarito "D".

(OAB/Exame Unificado – 2010.3) Assinale a alternativa correta à luz da doutrina referente ao Tribunal do Júri.

(A) Alcançada a etapa decisória do sumário da culpa, o juiz poderá exarar quatro espécies de decisão, a saber: pronúncia, impronúncia, absolvição sumária e condenação.

(B) A natureza jurídica da sentença de pronúncia (em que o magistrado se convence da existência material do fato criminoso e de indícios suficientes de autoria) é de decisão interlocutória mista não terminativa.

(C) O rito das ações de competência do Tribunal do Júri se desenvolve em duas fases: *judicium causae* e *judicium accusacionis*. O *judicium accusacionis* se inicia com a intimação das partes para indicação das provas que pretendem produzir e tem fim com o trânsito em julgado da decisão do Tribunal do Júri.

(D) São princípios que informam o Tribunal do Júri: a plenitude de defesa, o sigilo das votações, a soberania dos veredictos e a competência exclusiva para julgamento dos crimes dolosos contra a vida.

A: incorreta. Ao final da primeira fase do processo dos crimes de competência do júri, etapa essa denominada sumário de culpa ou *judicium accusationis*, ao magistrado resta seguir um dos seguintes caminhos: pronunciar o réu (art. 413 do CPP); impronunciá-lo (art. 414 do CPP); operar a desclassificação do crime (art. 419 do CPP); ou absolvê-lo sumariamente (art. 415 do CPP). A condenação não se dá, no âmbito do Tribunal do Júri, nesse momento. Se pronunciado for, o caso será remetido para apreciação do Tribunal popular, onde o réu poderá, aí sim, ser condenado. Trata-se de uma imposição de índole constitucional – art. 5º, XXXVIII, *d*, da CF; **B:** assertiva correta. A pronúncia de fato tem como natureza jurídica *decisão interlocutória mista não terminativa*; **C:** incorreta. O procedimento é bifásico (escalonado), constituído pelo sumário de culpa (*judicium accusationis*), que tem seu início com o recebimento da denúncia e termina com a preclusão da decisão de pronúncia, e pelo *judicium causae*, que se inicia com a intimação das partes para a indicação das provas que pretendem produzir e tem fim com o trânsito em julgado da decisão do Tribunal do Júri; **D:** incorreta. São princípios que de fato informam o Tribunal do Júri: plenitude de defesa, sigilo das votações, soberania dos veredictos e competência para o julgamento dos crimes dolosos contra a vida. A competência a que alude o art. 5º, XXXVIII, *d*, da CF é *mínima*, nada impedindo que a lei inclua outras infrações na competência do Júri. Não se trata, portanto, de competência exclusiva para julgamento dos crimes dolosos contra a vida.

Gabarito "B".

(OAB/Exame Unificado – 2010.2) João da Silva foi denunciado por homicídio qualificado por motivo fútil. Nos debates orais ocorridos na primeira fase do procedimento de júri, a Defesa alegou que João agira em estrito cumprimento de dever legal, postulando sua absolvição sumária. Ao proferir sua decisão, o juiz rejeitou a tese de estrito cumprimento de dever legal e o pedido de absolvição sumária, e pronunciou João por homicídio simples, afastando a qualificadora contida na denúncia. A decisão de pronúncia foi confirmada pelo Tribunal de Justiça, operando-se a preclusão.

Considerando tal narrativa, assinale a afirmativa correta.

(A) Nos debates orais perante os jurados, o promotor de justiça não poderá sustentar a qualificadora de motivo fútil, mas a defesa poderá alegar a tese de estrito cumprimento de dever legal.

(B) Nos debates orais perante os jurados, o promotor de justiça poderá sustentar a qualificadora de motivo fútil e a defesa poderá alegar a tese de estrito cumprimento de dever legal.

(C) Nos debates orais perante os jurados, o promotor de justiça não poderá sustentar a qualificadora de motivo fútil e a defesa não poderá alegar a tese de estrito cumprimento de dever legal.

(D) Nos debates orais perante os jurados, o promotor de justiça poderá sustentar a qualificadora de motivo fútil, mas a defesa não poderá alegar a tese de estrito cumprimento de dever legal.

Art. 476, *caput*, do CPP. Antes da nova sistemática trazida pela Lei 11.689/2008, a acusação deveria basear-se no chamado libelo-crime acusatório, peça extinta com o advento dessa lei. Hoje, é à pronúncia que incumbe estabelecer os limites da acusação, não podendo, dessa forma, o promotor de justiça sustentar qualificadora que não constou da pronúncia. De outro lado, as teses da defesa poderão ser inovadas em sede de debate oral perante os jurados.

Gabarito "A".

(OAB/Exame Unificado – 2009.1) A respeito do questionário utilizado no tribunal do júri, assinale a opção correta.

(A) O juiz-presidente não deve formular quesitos sobre causas de diminuição de pena alegadas pela defesa, visto tratar-se de matéria atinente à fixação da pena, que incumbe ao juiz-presidente, e não, aos jurados.

(B) Havendo mais de um crime ou mais de um acusado, os quesitos devem ser formulados em série única, dividida em capítulos conforme o crime ou o acusado.

(C) Se a resposta a qualquer dos quesitos estiver em contradição com outra ou outras já apresentadas, o juiz-presidente deverá, de imediato, declarar a nulidade da sessão de julgamento, designando outra para o primeiro dia desimpedido.

(D) Se, pela resposta apresentada a um dos quesitos, o juiz-presidente verificar que ficam prejudicados os seguintes, assim o declarará, dando por finda a votação.

A: incorreta, pois devem ser formulados quesitos sobre as causas de diminuição de pena alegadas pela defesa (art. 483, IV, do CPP); **B:** incorreta. Neste caso, os quesitos devem ser formulados em séries distintas (art. 483, § 6º, do CPP); **C:** incorreta. O juiz-presidente deverá submeter novamente à votação os quesitos a que se referirem tais respostas (art. 490, *caput*, do CPP); **D:** correta (art. 490, parágrafo único, do CPP).

Gabarito "D".

11. NULIDADES

(OAB/Exame XXXVII) Antônio Silva foi denunciado pelo Ministério Público do Estado do Rio de Janeiro pelo crime de tráfico de drogas. Essa denúncia foi rejeitada pelo juízo da 50ª Vara Criminal da Comarca do Rio de Janeiro, por falta de prova mínima da autoria e materialidade (justa causa). O órgão ministerial então interpôs recurso em sentido estrito dessa decisão, já arrazoado.

Para evitar a caracterização de uma nulidade processual, é correto afirmar que o juízo deve, em seguida,

(A) nomear defensor público para apresentar contrarrazões recursais em favor de Antônio.

(B) nomear defensor dativo para apresentar contrarrazões recursais em favor de Antônio.

(C) notificar Antônio para apresentar contrarrazões recursais.

(D) remeter os autos ao Tribunal competente.

A solução desta questão deve ser extraída da Súmula 707, do STF: "Constitui nulidade a falta de intimação do denunciado para oferecer contrarrazões ao recurso interposto da rejeição da denúncia, não a suprindo a nomeação de defensor dativo".
Gabarito "C".

(OAB/Exame XXXV) Joel está sendo processado por crime de estelionato na Vara Criminal da Comarca de Estoril. Na peça de resposta à acusação, o Dr. Roberto, advogado de Joel, arrolou 03 (três) testemunhas. Dentre elas, estava Olinto Silva, residente na Comarca de Vieiras.

O juízo da Vara Criminal da Comarca de Estoril determinou a expedição de carta precatória ao juízo da Vara Criminal da Comarca de Vieiras com a finalidade de ser ouvido Olinto Silva, notificando o Promotor de Justiça e o Defensor Público.

Na Vara Criminal da Comarca de Vieiras, o juiz designou a audiência para oitiva de Olinto Silva, notificando somente o Ministério Público, não obstante haver Defensor Público na comarca.

Realizada a oitiva de Olinto Silva, a deprecata foi devolvida ao Juízo da Vara Criminal da Comarca de Estoril.

Recebida a carta precatória, o Dr. Roberto tomou ciência do seu cumprimento.

Assinale a opção que apresenta a providência que o advogado de Joel deve tomar em sua defesa.

(A) Requerer ao Juízo da Vara Criminal da Comarca de Estoril a declaração de nulidade da audiência de oitiva de Olinto Silva, que se deu na Vara Criminal da Comarca de Vieiras, por ter sido realizado aquele ato processual sem a intimação do Defensor Público.

(B) Requerer ao Juízo da Vara Criminal da Comarca de Vieiras a declaração de nulidade da audiência de oitiva de Olinto Silva, em razão de ter ocorrido aquele ato processual sem que tenha sido intimado como advogado de Joel.

(C) Requerer ao Juízo da Vara Criminal da Comarca de Vieiras a declaração de nulidade da audiência de oitiva de Olinto Silva, em razão de ter ocorrido aquele ato processual sem que tenha sido intimado o Defensor Público.

(D) Requerer ao Juízo da Vara Criminal da Comarca de Estoril a declaração de nulidade do processo a partir da expedição da carta precatória ao Juízo da Vara Criminal da Comarca de Vieiras, como também a dos atos que dela diretamente dependessem ou fossem consequência, haja vista que, como advogado de Joel, não foi intimado da remessa da referida carta ao juízo deprecado.

Segundo consta, Joel está sendo processado por crime de estelionato na Vara Criminal da Comarca de Estoril, tendo constituído defensor de sua confiança para tanto, que, em sede de resposta à acusação, arrolou três testemunhas, uma das quais residente em outra comarca, razão pela qual fez-se necessário o envio de carta precatório para realizar a sua oitiva. Em casos assim, o STJ firmou o entendimento no sentido de que é necessária a intimação da defesa técnica a respeito do envio da carta precatória, sendo despicienda a sua intimação da data da audiência no Juízo deprecado, uma vez que cabe ao interessado diligenciar junto ao juízo deprecado para disso se inteirar. Este é o entendimento consolidado por meio da Súmula 273, do STJ. Dessa forma, na hipótese de a defesa não ser intimada da remessa da carta precatória, será de rigor a declaração de nulidade do ato e, por via de consequência, de todos os que lhe forem dependentes e subsequentes (art. 573, § 1º, CPP).
Gabarito "D".

(OAB/Exame Unificado – 2013.3) A Teoria Geral das Nulidades determina que nulidade é a sanção aplicada pelo Poder Judiciário ao ato imperfeito, defeituoso. Tal teoria é regida pelos princípios relacionados a seguir, *à exceção de um*. Assinale-o.

(A) Princípio do Prejuízo.

(B) Princípio da Causalidade.

(C) Princípio do Interesse.

(D) Princípio da Voluntariedade.

A: correta. Impõe o *princípio do prejuízo*, consagrado no art. 563 do CPP, que, em se tratando de *nulidade relativa*, em que o prejuízo não é presumido, é necessário, para se decretar a nulidade do ato, verificar se o mesmo gerou efeitos prejudiciais; **B:** correta. Segundo o *princípio da causalidade* (ou da *consequencialidade*), que diz respeito ao alcance dos efeitos da decretação da nulidade de certo ato, "a nulidade de um ato, uma vez declarada, causará a dos atos que dele diretamente dependam ou sejam consequência" (§ 1º do art. 573 do CPP); **C:** correta. Por este princípio, é defeso à parte arguir nulidade a que ela própria deu causa ou para a qual tenha concorrido, ou, ainda, que diga respeito a formalidade cuja observância somente à parte contrária interesse (art. 565, CPP); **D:** incorreta, devendo ser assinalada, uma vez que o *princípio da voluntariedade* tem incidência no campo dos recursos, e não no das nulidades (art. 574, CPP).
Gabarito "D".

(OAB/Exame Unificado – 2012.1) O advogado José, observando determinado acontecimento no processo, entende por bem arguir a nulidade do processo, tendo em vista a violação do devido processo legal, ocorrida durante a Audiência de Instrução e Julgamento. Acerca da Teoria Geral das Nulidades, é correto afirmar que o princípio da causalidade significa

(A) a possibilidade do defeito do ato se estender aos atos que lhes são subsequentes e que deles dependam.

(B) que não há como se declarar a nulidade de um ato se este não resultar prejuízo à acusação ou à defesa.

(C) que nenhuma das partes poderá arguir nulidade a que haja dado causa, ou para que tenha concorrido.

(D) que as nulidades poderão ser sanadas.

15. DIREITO PROCESSUAL PENAL 1063

Reza o § 1º do art. 573 do CPP: "A nulidade de um ato, uma vez declarada, causará a dos atos que dele diretamente dependam ou sejam consequência".
Gabarito "A".

(OAB/Exame Unificado – 2011.2) Aristóteles, juiz de uma vara criminal da justiça comum, profere sentença em processo-crime cuja competência era da justiça militar.

Com base em tal afirmativa, pode-se dizer que a não observância de Aristóteles à matriz legal gerará a

(A) nulidade absoluta do ato.

(B) nulidade relativa do ato.

(C) irregularidade do ato.

(D) inexistência do ato.

A incompetência absoluta constitui causa geradora de nulidade absoluta do processo – art. 564, I, do CPP.
Gabarito "A".

(OAB/Exame Unificado – 2008.3) Acerca das nulidades, assinale a opção correta de acordo com o CPP.

(A) A incompetência do juiz é causa de nulidade, ao passo que a sua suspeição é mera irregularidade.

(B) A falta de intervenção do Ministério Público em todos os termos da ação por ele intentada e nos da intentada pela parte ofendida, quando se tratar de crime de ação pública, é causa de nulidade.

(C) Uma vez declarada a nulidade de um ato, esta causará a dos atos que dele indiretamente dependam ou sejam consequência.

(D) As omissões da denúncia, da queixa ou da representação não poderão ser supridas, ainda que antes da sentença final.

A: incorreta, já que a suspeição também gera nulidade (art. 564, I, do CPP); **B:** correta, nos termos do art. 564, III, *d*, do CPP; **C:** incorreta, pois causará a nulidade dos atos que dele diretamente dependam (art. 573, § 1º, do CPP); **D:** incorreta, dado que, desde que antes da sentença final, tais omissões poderão ser supridas a qualquer tempo (art. 569 do CPP).
Gabarito "B".

(OAB/Exame Unificado – 2008.1) Assinale a opção correta acerca das nulidades no processo penal.

(A) Em matéria de nulidades, atua o princípio geral de que, inexistindo prejuízo, não se proclama a nulidade do ato processual, embora produzido em desacordo com as formalidades legais (*pas de nullite sans grief*).

(B) A suspeição do juiz é motivo de nulidade absoluta, ainda que a parte interessada não oponha a exceção cabível.

(C) Diz respeito às nulidades absolutas e relativas a seguinte afirmação do CPP: "nenhuma das partes poderá arguir nulidade a que haja dado causa, ou para que tenha concorrido, ou referente a formalidade cuja observância só à parte contrária interesse."

(D) A incompetência do juízo anula todo o processo, desde o seu início.

A: correta. *Princípio do prejuízo*, consubstanciado no art. 563 do CPP e na Súmula n. 523 do STF; **B:** incorreta, nos termos do art. 564, I, do CPP. Trata-se de *nulidade relativa*. Assim, se a parte não suscitar a suspeição, os atos praticados pelo juiz não serão anulados; **C:** incorreta. O dispositivo em questão só se aplica às nulidades relativas, já que as nulidades absolutas devem ser reconhecidas a qualquer tempo e de

ofício, inclusive; **D:** incorreta, já que a incompetência do juízo anula apenas os atos decisórios (art. 567 do CPP).
Gabarito "A".

12. RECURSOS

(OAB/Exame XXXIX) Fabrício foi preso em flagrante pela prática do crime de roubo, tendo havido a regular conversão do flagrante em prisão preventiva.

Contudo, passados mais de dois anos, a instrução processual não logrou finalizar a oitiva das testemunhas de acusação, pois o Ministério Público insiste na oitiva de policiais que, constantemente, faltam à audiência por motivos pessoais, alegando férias e licença. Fabrício permanece preso preventivamente, o que ensejou impetração de *habeas corpus* para o Tribunal de Justiça competente. O Tribunal de Justiça, em decisão colegiada, denegou a ordem de *habeas corpus*.

Identifique, corretamente, a medida judicial a ser proposta para o caso narrado.

(A) Recurso ordinário constitucional, dirigido ao Superior Tribunal de Justiça.

(B) Recurso de apelação, dirigido ao Superior Tribunal de Justiça.

(C) Agravo interno, dirigido para o Tribunal de Justiça.

(D) Recurso extraordinário, dirigido ao Supremo Tribunal Federal.

A Constituição Federal contempla hipóteses de cabimento de recurso ordinário, a ser dirigido, a depender do caso, ao STF (art. 102, II, CF) ou ao STJ (art. 105, II, da CF). No caso narrado no enunciado, a fim de combater a decisão desfavorável a Fabrício, seu advogado deverá interpor recurso ordinário constitucional perante do STJ, conforme art. 105, II, *a* e *b*, da CF.
Gabarito "A".

(OAB/Exame XXXVII) Leonardo praticou um crime que, objetivamente, admitia o acordo de não persecução penal (ANPP). Concluída a investigação criminal, e estando presente a justa causa, o Promotor de Justiça se recusou a fazer a proposta de ANPP, por entender que estava demonstrado que a conduta de Leonardo era habitual.

Diante da recusa do Promotor de Justiça em propor o ANPP, o Juiz da Comarca de Cascais, acolhendo o requerimento do advogado de Leonardo, remeteu o investigatório ao Ministério Público para se manifestar sobre o tema.

O MP apresentou ao Juiz da Vara Criminal da Comarca de Cascais uma proposta de ANPP para ser homologada.

O juiz considerou insuficiente a condição de Leonardo pagar como prestação pecuniária a quantia correspondente a 02 (dois) salários-mínimos a uma entidade pública, a ser indicada pelo juízo da execução, devolvendo os autos ao MP para reformular a proposta nesta parte.

O MP manteve a proposta nos termos acordados com Leonardo, razão pela qual o Juiz da Vara Criminal de Cascais recusou-se a homologá-la.

Sobre a decisão de não homologação da proposta de ANPP, assinale a opção que indica qual o recurso cabível e quem poderá interpô-lo.

(A) Recurso de agravo previsto na Lei de Execução Penal, haja vista que a prestação pecuniária era destinada a uma entidade pública a ser indicada pelo juízo da execução. O legitimado para interpor esse recurso é Leonardo, haja vista que contra o mesmo seria cobrada a prestação pecuniária junto ao juízo da execução.

(B) Recurso em sentido estrito, considerando se tratar de um ato judicial de natureza declaratória. Estavam legitimados a recorrer o Ministério Público e Leonardo, por terem, ambos, interesse recursal.

(C) Recurso de apelação (residual), por se tratar de uma decisão definitiva. Somente estava legitimado a recorrer o Ministério Público, por ser o autor da proposta, ainda que a ela tenha aderido Leonardo.

(D) Recurso de apelação (residual), por se tratar de uma decisão com força de definitiva, e dela poderia recorrer o Promotor de Justiça com atribuição e Leonardo, por terem, ambos, interesse recursal.

A solução desta questão deve ser extraída do art. 581, XXV, do CPP, introduzido pela Lei 13.964/2019: *Caberá recurso, no sentido estrito, da decisão, despacho ou sentença: (...) XXV – que recusar homologação à proposta de acordo de não persecução penal, previsto no art. 28-A desta Lei.* Tendo em conta se tratar de tema relativamente novo, importante que façamos algumas ponderações sobre o chamado acordo de não persecução penal. Pois bem. A Lei 13.964/2019 introduziu, no art. 28-A do CPP, o chamado acordo de não persecução penal, que consiste, em linhas gerais, no ajuste obrigacional firmado entre o Ministério Público e o investigado, em que este admite sua responsabilidade pela prática criminosa e aceita se submeter a determinadas condições menos severas do que a pena que porventura ser-lhe-ia aplicada em caso de condenação. Este instrumento de justiça penal consensual não é novidade no ordenamento jurídico brasileiro, uma vez que já contava com previsão na Resolução 181/2017, editada pelo CNMP, posteriormente modificada pela Resolução 183/2018. O art. 28-A do CPP impõe os seguintes requisitos à celebração do acordo de não persecução penal: a) que não seja caso de arquivamento da investigação; b) crime praticado sem violência ou grave ameaça à pessoa; c) crime punido com pena mínima inferior a 4 anos; d) confissão formal e circunstanciada; e) que o acordo se mostre necessário e suficiente para reprovação e prevenção do crime; f) não ser o investigado reincidente; g) não haver elementos probatórios que indiquem conduta criminosa habitual, reiterada ou profissional; h) não ter o agente sido agraciado com outro acordo de não persecução, transação penal ou suspensão condicional do processo nos 5 anos anteriores ao cometimento do crime; i) não se tratar de crimes praticados no âmbito de violência doméstica ou familiar ou praticados contra a mulher por razões da condição de sexo feminino, em favor do agressor. Por fim, importante que se diga que o STF, ao julgar as ADIs 6.298, 6.299, 6.300 e 6.305, que questionavam algumas das alterações promovidas pelo pacote anticrime, considerou constitucional o dispositivo que introduziu o ANPP.

Gabarito "B".

(OAB/Exame XXXIII – 2020.3) Paulo, advogado, foi intimado de duas decisões proferidas pelo juízo da execução penal do Rio de Janeiro, em relação a dois de seus clientes. Na primeira, foi determinada a perda de 1/5 (um quinto) dos dias remidos por Lúcio, considerando que foi reconhecida, por meio de procedimento regular, observadas as exigências legais, a prática de falta grave pelo mesmo. Na segunda decisão, o pedido de progressão de regime formulado por Paulo em relação ao apenado Flávio foi deferido, tendo o magistrado fixado, como condição a ser

observada no regime aberto, o cumprimento de prestação de serviços à comunidade.

Diante das intimações, Paulo poderá apresentar

(A) recurso em sentido estrito para questionar as duas decisões do magistrado, que seriam ilegais.

(B) agravo para questionar as duas decisões do magistrado, que seriam ilegais.

(C) agravo para questionar apenas a decisão que determinou a perda dos dias remidos, que seria ilegal, mas não a que fixou condições especiais para a progressão de regime.

(D) agravo para questionar a decisão que fixou a prestação de serviço à comunidade como condição para a progressão para o regime aberto, não havendo ilegalidade, porém, na determinação da perda de 1/5 (um quinto) dos dias remidos por Lúcio.

Tendo em conta o teor da Súmula 493 dos STJ ("É inadmissível a fixação de pena substitutiva (art. 44 do CP) como condição especial ao regime aberto"), Paulo deverá interpor recurso de agravo em execução (art. 197, LEP) com vistas a rebater a imposição de cumprimento de prestação de serviços à comunidade como condição para possibilitar a progressão de regime em benefício do reeducando Flávio. Já a determinação da perda de 1/5 (um quinto) dos dias remidos por Lúcio encontra previsão no art. 127 da LEP, que autoriza o magistrado, diante da prática de falta grave, a revogar até um terço do tempo remido.

Gabarito "D".

(OAB/Exame Unificado – 2019.3) O advogado de Josefina, ré em processo criminal, entendendo que, entre o recebimento da denúncia e o término da instrução, ocorreu a prescrição da pretensão punitiva estatal, apresentou requerimento, antes mesmo do oferecimento de alegações finais, de reconhecimento da extinção da punibilidade da agente, sendo o pedido imediatamente indeferido pelo magistrado.

Intimado, caberá ao(à) advogado(a) de Josefina, discordando da decisão, apresentar

(A) recurso em sentido estrito, no prazo de 5 dias.

(B) recurso de apelação, no prazo de 5 dias.

(C) carta testemunhável, no prazo de 48h.

(D) reclamação constitucional, no prazo de 15 dias.

O indeferimento da decretação da extinção de punibilidade, aqui incluída a prescrição, desafia a interposição de recurso em sentido estrito, nos termos do art. 581, IX, do CPP, contando o recorrente, para tanto, com o interregno de cinco dias (art. 586, *caput*, do CPP).

Gabarito "A".

(OAB/Exame Unificado - 2019.2) Vitor foi denunciado pela prática de um crime de peculato. O magistrado, quando da análise da inicial acusatória, decide rejeitar a denúncia em razão de ausência de justa causa.

O Ministério Público apresentou recurso em sentido estrito, sendo os autos encaminhados ao Tribunal, de imediato, para decisão. Todavia, Vitor, em consulta ao sítio eletrônico do Tribunal de Justiça, toma conhecimento da existência do recurso ministerial, razão pela qual procura seu advogado e demonstra preocupação com a revisão da decisão do juiz de primeira instância.

Considerando as informações narradas, de acordo com a jurisprudência do Supremo Tribunal Federal, o advogado de Vitor deverá esclarecer que

15. DIREITO PROCESSUAL PENAL 1065

(A) o Tribunal não poderá conhecer do recurso apresentado, tendo em vista que a decisão de rejeição da denúncia é irrecorrível.

(B) o Tribunal não poderá conhecer do recurso apresentado, pois caberia recurso de apelação, e não recurso em sentido estrito.

(C) ele deveria ter sido intimado para apresentar contrarrazões, apesar de ainda não figurar como réu, mas tão só como denunciado.

(D) caso o Tribunal dê provimento ao recurso, os autos serão encaminhados para o juízo de primeira instância para nova decisão sobre recebimento ou não da denúncia.

A solução da questão deve ser extraída da Súmula 707, STF: "Constitui nulidade a falta de intimação do denunciado para oferecer contrarrazões ao recurso interposto da rejeição da denúncia, não a suprimindo a nomeação de defensor dativo".

Gabarito "C".

(OAB/Exame Unificado - 2019.1) Marcus, advogado, atua em duas causas distintas que correm perante a Vara Criminal da Comarca de Fortaleza. Na primeira ação penal, Renato figura como denunciado em ação penal por crime de natureza tributária, enquanto, na segunda ação, Hélio consta como denunciado por crime de peculato.

Entendendo pela atipicidade da conduta de Renato, Marcus impetra *habeas corpus*, perante o Tribunal de Justiça, em busca do "trancamento" da ação penal. Já em favor de Hélio, impetra mandado de segurança, também perante o Tribunal de Justiça, sob o fundamento de que o magistrado de primeira instância, de maneira recorrente, não estava permitindo o acesso aos autos do processo.

Na mesma data são julgados o *habeas corpus* e o mandado de segurança por Câmara Criminal do Tribunal de Justiça do Ceará, sendo que a ordem de *habeas corpus* não foi concedida por maioria de votos, enquanto o mandado de segurança foi denegado por unanimidade.

Intimado da decisão proferida no *habeas corpus* e no mandado de segurança, caberá a Marcus apresentar, em busca de combatê-las,

(A) Recurso Ordinário Constitucional, nos dois casos.

(B) Recurso em Sentido Estrito e Recurso Ordinário Constitucional, respectivamente.

(C) Embargos infringentes, nos dois casos.

(D) Embargos infringentes e Recurso Ordinário Constitucional, respectivamente.

A Constituição Federal contempla hipóteses de cabimento de recurso ordinário, a ser dirigido, a depender do caso, ao STF (art. 102, II, CF) ou ao STJ (art. 105, II, da CF). No caso narrado no enunciado, a fim de combater a decisão desfavorável a seus clientes, Marcus deverá interpor recurso ordinário constitucional perante do STJ, conforme art. 105, II, *a* e *b*, da CF (HC e mandado de segurança decididos em última ou única instância por tribunal estadual, respectivamente), já que as decisões a serem desafiadas foram proferidas por Câmara Criminal do Tribunal de Justiça do Estado do Ceará.

Gabarito "A".

(OAB/Exame Unificado - 2019.1) Miguel foi denunciado pela prática de um crime de extorsão majorada pelo emprego de arma e concurso de agentes, sendo a pretensão punitiva do Estado julgada inteiramente procedente e aplicada sanção penal, em primeira instância, de 05 anos e 06 meses de reclusão e 14 dias multa.

A defesa técnica de Miguel apresentou recurso alegando:

(i) preliminar de nulidade em razão de violação ao princípio da correlação entre acusação e sentença;

(ii) insuficiência probatória, já que as declarações da vítima, que não presta compromisso legal de dizer a verdade, não poderiam ser consideradas;

(iii) que deveria ser afastada a causa de aumento do emprego de arma, uma vez que o instrumento utilizado era um simulacro de arma de fogo, conforme laudo acostado aos autos.

A sentença foi integralmente mantida. Todos os desembargadores que participaram do julgamento votaram pelo não acolhimento da preliminar e pela manutenção da condenação. Houve voto vencido de um desembargador, que afastava apenas a causa de aumento do emprego de arma.

Intimado do teor do acórdão, o(a) advogado(a) de Miguel deverá interpor

(A) embargos infringentes e de nulidade, buscando o acolhimento da preliminar, sua absolvição e o afastamento da causa de aumento de pena reconhecida.

(B) embargos infringentes e de nulidade, buscando o acolhimento da preliminar e o afastamento da causa de aumento do emprego de arma, apenas.

(C) embargos de nulidade, buscando o acolhimento da preliminar, apenas.

(D) embargos infringentes, buscando o afastamento da causa de aumento do emprego de arma, apenas.

Antes de mais nada, é importante que se diga que os embargos infringentes, recurso exclusivo da defesa, somente podem ser opostos quando a decisão desfavorável ao réu, em segunda instância, não for unânime – art. 609, parágrafo único, CPP. No caso acima narrado, temos que, no julgamento do recurso interposto pela defesa técnica de Miguel, o Tribunal confirmou a decisão proferida pelo juízo *a quo*, rejeitando, inclusive, a preliminar de nulidade. A exceção ficou por conta do voto de um dos desembargadores, que divergiu dos demais julgadores e afastou a causa de aumento do emprego de arma. Cabem, portanto, os embargos infringentes, uma vez que a decisão, como se pode ver, não foi unânime. Pois bem. Neste caso, qual será o objeto dos embargos? Ele poderá ultrapassar o limite da divergência, que, neste caso, reside na existência ou não do aumento decorrente do emprego de arma? Resposta: a matéria a ser discutida em sede de embargos está restrita ao limite da divergência contida na decisão embargada. No caso aqui tratado, somente pode ser objeto de questionamento, na oposição de embargos, a existência ou não da causa de aumento do emprego de arma. É o que estabelece o art. 609, parágrafo único, CPP.

Gabarito "D".

(OAB/Exame Unificado – 2018.2) Pablo e Leonardo foram condenados, em primeira instância, pela prática do crime de furto qualificado, à pena de 02 anos e 06 meses de reclusão e 12 dias-multa, por fatos que teriam ocorrido quando Pablo tinha 18 anos e Leonardo, 21 anos. A pena-base foi aumentada, não sendo reconhecidas atenuantes ou agravantes nem causas de aumento ou diminuição.

Intimados da sentença, o promotor e o advogado de Leonardo não tiveram interesse em apresentar recurso, mas o advogado de Pablo apresentou recurso de apelação.

Por ocasião do julgamento do recurso, entenderam os desembargadores por reconhecer que o crime restou tentado, bem como que deveria ser aplicada a atenuante da menoridade relativa a Pablo.

Com base nas informações expostas, os efeitos da decisão do Tribunal

(A) não poderão ser estendidos a Leonardo, tendo em vista que houve trânsito em julgado da sua condenação.

(B) poderão ser integralmente estendidos a Leonardo, aplicando-se a atenuante e a causa de diminuição de pena da tentativa.

(C) poderão ser parcialmente estendidos a Leonardo, aplicando-se a causa de diminuição de pena da tentativa, mas não a atenuante.

(D) não poderão ser estendidos a Leonardo, pois, ainda que sem trânsito em julgado, em recurso exclusivo de Pablo não poderia haver reformatio in mellius para o corréu.

Segundo o enunciado, Pablo, com 18 anos, e Leonardo, com 21 anos, foram condenados, em primeira instância, porque praticaram, em concurso, o crime de furto qualificado. Sucede que, intimados da sentença, somente o advogado de Pablo interpôs recurso de apelação; tanto Leonardo quanto o MP deixaram de recorrer. Em segunda instância, o Tribunal deu provimento ao recurso de Pablo para o fim de reconhecer que o crime restou tentado, bem como que deveria ser aplicada a atenuante da menoridade relativa ao recorrente. A questão que se coloca é saber se a reforma da decisão em segundo grau de jurisdição alcança Leonardo, cujo advogado achou por bem não recorrer de sua condenação. Tudo vai depender do motivo que serviu de base à reforma. Assim, se o motivo que deu ensejo à reforma da decisão for de caráter pessoal, o benefício não poderá ser estendido ao corréu que não recorreu. É este o caso da atenuante da menoridade relativa reconhecida em relação a Pablo, que, ao tempo do crime, contava com 18 anos. Por óbvio, não poderia Leonardo ter se beneficiado, já que contava, quando da prática criminosa, com 21 anos. Agora, não se tratando de motivo de caráter pessoal, o condenado que não interpôs recurso será, sim, beneficiado pela reforma. É o caso do reconhecimento do crime tentado. Se o delito em que incorreram é o mesmo (teoria monista), é justo que a tentativa seja reconhecida em benefício dos dois, ainda que um deles não tenha recorrido. Leonardo, bem por isso, será beneficiado pela reforma da decisão de primeira instância no que toca ao reconhecimento do crime tentado; entretanto, não será alcançado pelo reconhecimento da menoridade relativa, já que se trata de motivo de ordem pessoal, que somente aproveitará Pablo. Este é o chamado efeito *extensivo*, que diz respeito à ampliação do alcance do recurso ao corréu que, embora não haja recorrido, também foi beneficiado pelo resultado do recurso interposto por outro corréu. Em outras palavras, o corréu que não recorreu será beneficiado por recurso que não haja interposto. É o que se extrai do art. 580 do CPP.
Gabarito "C".

(OAB/Exame Unificado – 2017.3) João foi denunciado pela prática do crime de furto qualificado previsto no Art. 155, § 4º, inciso I, do Código Penal. Em primeira instância, João foi absolvido.

Em sede de recurso de apelação apresentado pelo Ministério Público, houve provimento parcial do recurso, sendo o agente condenado de maneira unânime. Apesar da unanimidade na condenação, o reconhecimento da qualificadora restou afastado por maioria de votos. Ademais, um dos desembargadores ainda votou pelo reconhecimento do privilégio do Art. 155, § 2º, do CP, mas restou isolado e vencido.

Insatisfeito com a condenação pelo furto simples, o Ministério Público apresenta embargos infringentes em busca do reconhecimento da qualificadora.

Considerando apenas as informações narradas, é correto afirmar que o advogado de João, sob o ponto de vista técnico, deverá defender

(A) o não conhecimento dos embargos infringentes apresentados pelo Ministério Público e apresentar recurso de embargos infringentes em busca da absolvição de João.

(B) o conhecimento e não provimento dos embargos infringentes apresentados pelo Ministério Público e apresentar embargos infringentes em busca do reconhecimento do privilégio.

(C) o não conhecimento dos embargos infringentes apresentados pelo Ministério Público e apresentar embargos infringentes em busca do reconhecimento do privilégio.

(D) o conhecimento e não provimento dos embargos do Ministério Público e não poderá apresentar recurso de embargos infringentes.

Os embargos infringentes (e também os de nulidade), que serão opostos tão somente em sede de apelação, recurso em sentido estrito e agravo em execução, constituem recurso exclusivo da *defesa* (podem ser manejados pelo Ministério Público, quando de sua atuação como *custos legis*, para o fim de alcançar situação mais favorável ao condenado), a serem opostos quando a decisão desfavorável ao réu, em segunda instância, não for unânime (decisão plurânime) – art. 609, parágrafo único, CPP. Dessa forma, forçoso concluir que não poderia o Ministério Público apresentar embargos infringentes em busca do reconhecimento da qualificadora, pois tal implicaria prejuízo ao réu. Não devem, portanto, ser conhecidos. Além disso, a matéria objeto de discussão em sede de embargos infringentes está restrita ao limite da divergência contida na decisão embargada, razão penal qual deve restringir-se, no caso narrado no enunciado, ao reconhecimento do privilégio.
Gabarito "C".

(OAB/Exame Unificado – 2017.3) Vinícius, sócio de um grande escritório de advocacia, especializado na área criminal, recebeu, no dia 02 de outubro de 2017, duas intimações de decisões referentes a dois clientes diferentes.

A primeira intimação tratava de decisão proferida pela 1ª Câmara Criminal de determinado Tribunal de Justiça denegando a ordem de habeas corpus que havia sido apresentada perante o órgão em favor de Gilmar (após negativa em primeira instância), que responde preso a ação pela suposta prática de crime de roubo.

A segunda intimação foi de decisão proferida pelo Juiz de Direito da 1ª Vara Criminal de Fortaleza, também denegando ordem de habeas corpus, mas, dessa vez, a medida havia sido apresentada em favor de Rubens, que figura como indiciado em inquérito que investiga a suposta prática do crime de tráfico de drogas.

Diante das intimações realizadas, insatisfeito com as decisões proferidas, Vinícius, para combater as decisões prejudiciais a Gilmar e Rubens, deverá apresentar

(A) Recurso Ordinário Constitucional e Recurso em Sentido Estrito, respectivamente.

(B) Recurso em Sentido Estrito, nos dois casos.

(C) Recurso Ordinário Constitucional, nos dois casos.

15. DIREITO PROCESSUAL PENAL 1067

(D) Recurso Especial e Recurso Ordinário Constitucional, respectivamente.

Na primeira hipótese, em que a ordem de *habeas corpus* foi denegada por Câmara Criminal de determinado TJ, é caso de interposição de recurso ordinário constitucional, tal como estabelece o art. 105, II, *a*, da CF; já com relação à segunda hipótese, na qual o juiz de direito da 1ª Vara Criminal de Fortaleza denegou ordem de *habeas corpus* impetrado em favor de Rubens, deverá Vinícius, seu advogado, se valer do recurso em sentido estrito, conforme art. 581, X, do CPP.
Gabarito "A".

(OAB/Exame Unificado – 2017.2) Vitor, corretor de imóveis, está sendo investigado em inquérito policial. Considerando que o delegado vem atuando com abuso e colocando em risco a liberdade de Vitor, o advogado do investigado apresenta *habeas corpus* perante o órgão competente. Quando da análise do *habeas corpus,* a autoridade competente entende por denegar a ordem.

Considerando as informações narradas, o advogado de Vitor poderá recorrer da decisão que denegou a ordem por meio de:

(A) recurso em sentido estrito, tendo em vista que o Tribunal de Justiça foi o órgão competente para análise do *habeas corpus* apresentado em razão da conduta do delegado.

(B) recurso em sentido estrito, tendo em vista que o juiz de primeiro grau era competente para a análise do *habeas corpus* apresentado em razão da conduta do delegado.

(C) recurso ordinário constitucional, tendo em vista que o Tribunal de Justiça foi o órgão competente para análise do *habeas corpus* apresentado em razão da conduta do delegado.

(D) recurso ordinário constitucional, tendo em vista que o juiz de primeiro grau era competente para a análise do *habeas corpus* apresentado em razão da conduta do delegado.

Caberá ao juiz de primeiro grau em cujos limites de jurisdição estiver ocorrendo a coação o julgamento de *habeas corpus* em que figure como autoridade coatora o delegado de polícia. Uma vez denegada a ordem de HC pelo magistrado *a quo*, poderá o investigado, para ver o caso reapreciado, valer-se da interposição de recurso em sentido estrito perante o Tribunal de Justiça, tal como estabelece o art. 581, X, do CPP. 🔲
Gabarito "B".

(OAB/Exame Unificado – 2016.1) Antônio foi denunciado e condenado pela prática de um crime de roubo simples à pena privativa de liberdade de 4 anos de reclusão, a ser cumprido em regime fechado, e 10 dias-multa. Publicada a sentença no Diário Oficial, o advogado do réu se manteve inerte. Antônio, que estava preso, foi intimado pessoalmente, em momento posterior, manifestando interesse em recorrer do regime de pena aplicado. Diante disso, 2 dias após a intimação pessoal de Antônio, mas apenas 10 dias após a publicação no Diário Oficial, sua defesa técnica interpôs recurso de apelação. O juiz de primeira instância denegou a apelação, afirmando a intempestividade.

Contra essa decisão, o advogado de Antônio deverá apresentar

(A) Recurso de Agravo.

(B) Carta Testemunhável.

(C) Recurso Ordinário Constitucional.

(D) Recurso em Sentido Estrito.

Tendo em vista o fato narrado no enunciado, caberá à defesa de Antônio interpor recurso em sentido estrito, conforme estabelece o art. 581, XV, do CPP.
Gabarito "D".

(OAB/Exame Unificado – 2015.2) Marcelo foi denunciado pela prática de um crime de furto. Entendendo que não haveria justa causa, antes mesmo de citar o acusado, o magistrado não recebeu a denúncia. Diante disso, o Ministério Público interpôs o recurso adequado. Analisando a hipótese, é correto afirmar que

(A) o recurso apresentado pelo Ministério Público foi de apelação.

(B) apesar de ainda não ter sido citado, Marcelo deve ser intimado para apresentar contrarrazões ao recurso, sob pena de nulidade.

(C) mantida a decisão do magistrado pelo Tribunal, não poderá o Ministério Público oferecer nova denúncia pelo mesmo fato, ainda que surjam provas novas.

(D) antes da rejeição da denúncia, deveria o magistrado ter citado o réu para apresentar resposta à acusação.

Está correto o que se afirma na alternativa "B", porquanto em conformidade com o entendimento firmado na Súmula 707, STF: "Constitui nulidade a falta de intimação do denunciado para oferecer contrarrazões ao recurso interposto da rejeição da denúncia, não a suprimindo a nomeação de defensor dativo".
Gabarito "B".

(OAB/Exame Unificado – 2015.2) Após regular instrução processual, Flávio foi condenado pela prática do crime de tráfico ilícito de entorpecentes a uma pena privativa de liberdade de cinco anos de reclusão, a ser cumprida em regime inicial fechado, e 500 dias-multa. Intimado da sentença, sem assistência da defesa técnica, Flávio renunciou ao direito de recorrer, pois havia confessado a prática delitiva. Rafael, advogado de Flávio, porém, interpôs recurso de apelação dentro do prazo legal, buscando a mudança do regime de pena. Neste caso, é correto dizer que o recurso apresentado por Rafael

(A) não poderá ser conhecido, pois houve renúncia por parte de Flávio, mas nada impede que o Tribunal, de ofício, melhore a situação do acusado.

(B) deverá ser conhecido, pois não é admissível a renúncia ao direito de recorrer, no âmbito do processo penal.

(C) não poderá ser conhecido, pois a renúncia expressa de Flávio não pode ser retratada, não podendo o Tribunal, de ofício, alterar a decisão do magistrado.

(D) deverá ser conhecido, pois a renúncia foi manifestada sem assistência do defensor.

A solução para esta questão deve ser extraída da Súmula 705: "A renúncia do réu ao direito de apelação, manifestada sem a assistência do defensor, não impede o conhecimento da apelação por este interposta".
Gabarito "D".

(OAB/Exame Unificado – 2014.3) Tiago e Andrea agiram em concurso de agentes em determinado crime. O processo segue seu curso natural, culminando com sentença condenatória, na qual os dois são condenados. Quando da interposição do recurso, apenas Andrea apela. O recurso é julgado. Na decisão, fundada em motivos que não são de caráter exclusivamente pessoal, os julgadores decidem pela absolvição de Andrea.

Nesse sentido, diante apenas das informações apresentadas pelo enunciado, assinale a afirmativa correta.

(A) Andrea será absolvida e Tiago continuará condenado, devido ao fato de a decisão ter sido fundada em motivos que não são de caráter exclusivamente pessoal.

(B) Andrea e Tiago serão absolvidos, pois os efeitos da decisão serão estendidos a este, devido ao fato de a decisão ter sido fundada em motivos que não são de caráter exclusivamente pessoal.

(C) Andrea e Tiago serão absolvidos, porém será necessário interpor Recurso Especial.

(D) Andrea será absolvida e Tiago continuará condenado, pois não interpôs recurso.

Estabelece o art. 580 do CPP que o corréu que não recorreu da sentença será beneficiado pelo recurso interposto pelo outro corréu, desde que este seja fundado em motivo que não seja de caráter exclusivamente pessoal. É o chamado efeito *extensivo* dos recursos. Correta, dessa forma, a assertiva "B".

Gabarito "B".

(OAB/Exame Unificado – 2013.3) A jurisprudência uníssona do Supremo Tribunal Federal admite a proibição da *reformatio in pejus* indireta. Por este instituto entende-se que

(A) o Tribunal não poderá agravar a pena do réu, se somente o réu houver recorrido – não havendo, portanto, recurso por parte da acusação.

(B) o juiz está proibido de prolatar sentença com condenação superior à que foi dada no primeiro julgamento quando o Tribunal, ao julgar recurso interposto apenas pela defesa, anula a sentença proferida pelo juízo *a quo*.

(C) o Tribunal não poderá tornar pior a situação do réu, quando não só o réu houver recorrido.

(D) o Tribunal está proibido de exarar acórdão com condenação superior à que foi dada no julgamento *a quo* quando julga recurso da acusação.

É tranquilo o entendimento doutrinário e jurisprudencial segundo o qual, anulada a condenação proferida em recurso exclusivo da defesa, a nova decisão a ser prolatada não pode ser mais prejudicial ao réu do que aquela que foi anulada (proibição da *reformatio in pejus* indireta – art. 617 do CPP). Nesse sentido: "Justiça Federal: incompetência. A concussão ou a corrupção passiva praticadas por funcionário estadual são graves violações do dever fundamental de probidade, cujo sujeito passivo primário é a entidade estatal à qual a relação funcional vincula o agente: no caso, o Estado-membro; não o converte em delito contra a administração pública da União a circunstância de ser o sujeito passivo secundário da ação delituosa um condenado pela Justiça Federal, que, por força de delegação legal, cumpre pena em estabelecimento penitenciário estadual. II. Prescrição pela pena concreta: condenação por Justiça incompetente: *ne reformatio in pejus* indireta. Declarada a nulidade do processo por incompetência da Justiça de que emanou a condenação, a pena por ela aplicada se considera para efeito de cálculo da condenação – dada a vedação da *reformatio in pejus* indireta – desconsideradas as interrupções do fluxo do prazo prescricional decorrentes do processo nulo, a partir da instauração" (STF, RE 211.941, Sepúlveda Pertence).

Gabarito "B".

(OAB/Exame Unificado – 2013.2) De acordo com a doutrina, recurso é todo meio voluntário de impugnação apto a propiciar ao recorrente resultado mais vantajoso. Em alguns casos, fenômenos processuais impedem o caminho natural de um recurso. Quando a parte se manifesta, esclarecendo que não deseja recorrer, estamos diante do fenômeno processual conhecido como

(A) preclusão.

(B) desistência.

(C) deserção.

(D) renúncia.

A manifestação de vontade, expressa ou tácita, da parte no sentido de que não deseja recorrer da decisão configura, de fato, *renúncia*.

Gabarito "D".

(OAB/Exame Unificado – 2013.1) José, após responder ao processo cautelarmente preso, foi condenado à pena de oito anos e sete meses de prisão em regime inicialmente fechado. Após alguns anos no sistema carcerário, seu advogado realizou um pedido de livramento condicional, que foi deferido pelo magistrado competente. O membro do *parquet* entendeu que tal benefício era incabível no momento e deseja recorrer da decisão.

Sobre o caso apresentado, assinale a afirmativa que menciona o recurso correto.

(A) Agravo em Execução, no prazo de 10 (dez dias);

(B) Recurso em Sentido Estrito, no prazo de 05 (cinco dias);

(C) Agravo em Execução, no prazo de 05 (cinco dias);

(D) Recurso em Sentido Estrito, no prazo de 10 (dez dias).

O recurso de agravo em execução, que deve seguir o mesmo rito previsto para o recurso em sentido estrito (arts. 582 a 592 do CPP), está previsto no art. 197 da LEP.

Gabarito "C".

(OAB/Exame Unificado – 2012.3.A) Joel foi condenado pela prática do crime de extorsão mediante sequestro. A defesa interpôs recurso de Apelação, que foi recebido e processado, sendo certo que o tribunal, de forma não unânime, manteve a condenação imposta pelo juízo *a quo*. O advogado do réu verifica que o acórdão viola, de forma direta, dispositivos constitucionais, razão pela qual decide continuar recorrendo da decisão exarada pela Segunda Instância.

De acordo com as informações acima, assinale a alternativa que indica o recurso a ser interposto.

(A) Recurso em Sentido Estrito.

(B) Recurso Ordinário Constitucional.

(C) Recurso Extraordinário.

(D) Embargos Infringentes.

Os embargos infringentes, recurso exclusivo da defesa, somente podem ser opostos quando a decisão desfavorável ao réu, em segunda instância, não for unânime – art. 609, parágrafo único, do CPP.

Gabarito "D".

(OAB/Exame Unificado – 2012.2) Adão ofereceu uma queixa-crime contra Eva por crime de dano qualificado (art. 163, parágrafo único, IV). A queixa preenche todos os requisitos legais e foi oferecida antes do fim do prazo decadencial. Apesar disso, há a rejeição da inicial pelo

15. DIREITO PROCESSUAL PENAL · 1069

juízo competente, que refere, equivocadamente, que a inicial é intempestiva, pois já teria transcorrido o prazo decadencial.

Nesse caso, assinale a afirmativa que indica o recurso cabível.

(A) Recurso em sentido estrito.

(B) Apelação.

(C) Embargos infringentes.

(D) Carta testemunhável.

Conforme norma contida no art. 581, I, do CPP, caberá recurso em sentido estrito da decisão que não receber a denúncia ou a queixa.
Gabarito "A".

(OAB/Exame Unificado – 2012.1) Em relação aos meios de impugnação de decisões judiciais, assinale a afirmativa INCORRETA.

(A) Caberá recurso em sentido estrito contra a decisão que rejeitar a denúncia, podendo o magistrado, entretanto, após a apresentação das razões recursais, reconsiderar a decisão proferida.

(B) Caberá apelação contra a decisão que impronunciar o acusado, a qual terá efeito meramente devolutivo.

(C) Caberá recurso em sentido estrito contra a decisão que receber a denúncia oferecida contra funcionário público por delito próprio, o qual terá duplo efeito.

(D) Caberá apelação contra a decisão que rejeitar a queixa-crime oferecida perante o Juizado Especial Criminal, a qual terá efeito meramente devolutivo.

A: correta, já que, de fato, a rejeição da inicial poderá ser combatida por meio de recurso em sentido estrito, em conformidade com o que estabelece o art. 581, I, do CPP. Também é verdade que esse recurso comporta retratação (art. 589 do CPP); **B:** correta. Contra a sentença de impronúncia cabe, de fato, apelação (art. 416 do CPP); **C:** assertiva incorreta, devendo ser assinalada, pois não cabe recurso contra o despacho que recebe a denúncia. É possível, neste caso, impetrar HC; **D:** correta (art. 82 da Lei 9.099/1995).
Gabarito "C".

(OAB/Exame Unificado – 2011.3.A) Caio, Mévio e Tício estão sendo acusados pela prática do crime de roubo majorado. No curso da instrução criminal, ficou comprovado que os três acusados agiram em concurso para a prática do crime. Os três acabaram condenados, e somente um deles recorreu da decisão. A decisão do recurso interposto por Caio

(A) aproveitará aos demais, sempre.

(B) se fundado em motivos que não sejam de caráter exclusivamente pessoal, aproveitará aos outros.

(C) sempre aproveitará apenas ao recorrente.

(D) aproveitará aos demais, desde que eles tenham expressamente consentido nos autos com os termos do recurso interposto.

É do art. 580 do CPP que, se houver concurso de agentes, "a decisão do recurso interposto por um dos réus, se fundado em motivos que não sejam de caráter exclusivamente pessoal, aproveitará aos outros".
Gabarito "B".

(OAB/Exame Unificado – 2011.2) Da sentença que absolver sumariamente o réu caberá(ão)

(A) recurso em sentido estrito.

(B) embargos.

(C) revisão criminal.

(D) apelação.

Arts. 416 (no âmbito do Tribunal do Júri) e 593, I, do CPP.
Gabarito "D".

(OAB/Exame Unificado – 2010.3) José é denunciado sob a acusação de que teria praticado o crime de roubo simples contra Ana Maria. Na audiência de instrução e julgamento, o magistrado indefere, imotivadamente, que sejam ouvidas duas testemunhas de defesa. Ao proferir sentença, o juiz condena José a pena de quatro anos de reclusão, a ser cumprida em regime aberto. Após a sentença passar em julgado para a acusação, a defesa interpõe recurso de apelação, arguindo, preliminarmente, a nulidade do processo em razão do indeferimento imotivado de se ouvirem duas testemunhas, e alegando, no mérito, a improcedência da acusação. Analisando o caso, o Tribunal de Justiça dá provimento ao recurso e declara nulo o processo desde a Audiência de Instrução e Julgamento. Realizado o ato e apresentadas novas alegações finais por meio de memoriais, o juiz profere outra sentença, desta vez condenando José a pena de quatro anos de reclusão a ser cumprida em regime inicialmente semiaberto, pois, sendo reincidente, não poderia iniciar o cumprimento de sua reprimenda em regime aberto. Com base no relatado acima, é correto afirmar que o juiz agiu

(A) corretamente, pois a pena atribuída proíbe a imposição do regimento aberto para o início do cumprimento de pena.

(B) corretamente, pois, embora a pena atribuída permita a fixação do regime aberto para o início do cumprimento de pena, o fato de ser o réu reincidente impede tal providência, não se podendo falar em prejuízo para o réu uma vez que o recurso de apelação da defesa foi provido pelo Tribunal de Justiça.

(C) equivocadamente, pois, por ser praticado com violência ou grave ameaça contra a pessoa, o crime de roubo impõe o início do cumprimento da pena em regime fechado.

(D) equivocadamente, pois a primeira sentença transitou em julgado para a acusação, de sorte que não poderia a segunda decisão trazer consequência mais gravosa para o réu em razão da interposição de recurso exclusivo da defesa.

De fato, uma vez anulada a condenação proferida em recurso exclusivo da defesa, a nova decisão a ser prolatada não pode ser mais prejudicial ao réu do que aquela que foi anulada. É o que a doutrina convencionou chamar de "*reformatio in pejus*" indireta.
Gabarito "D".

(OAB/Exame Unificado – 2010.3) Ao proferir sentença, o magistrado, reputando irrelevantes os argumentos desenvolvidos pela defesa, deixa de apreciá-los, vindo a condenar o acusado. Com base no caso acima, assinale a alternativa correta.

(A) Como reputou irrelevantes as alegações feitas pela defesa, o magistrado não precisava tê-las apreciado na sentença proferida, não havendo qualquer nulidade processual, pois não há nulidade sem prejuízo.

(B) Como é causa de nulidade absoluta da sentença, a falta de fundamentação não precisa ser arguida por meio de embargos de declaração, devendo necessariamente, no entanto, ser sustentada no recurso de apelação para poder ser conhecida pelo Tribunal.

(C) Como é causa de nulidade da sentença, a falta de fundamentação deve ser arguida inicialmente por meio de embargos de declaração, que, se não forem opostos, gerarão a preclusão da alegação, pois a nulidade decorrente da falta de fundamentação do decreto condenatório importa em nulidade relativa.

(D) Como é causa de nulidade absoluta da sentença, a falta de fundamentação não precisa ser arguida nem por meio de embargos de declaração, nem no recurso de apelação, podendo ser conhecida de ofício pelo Tribunal.

A sentença que condenou o acusado padece de nulidade absoluta, razão pela qual poderá ser reconhecida de ofício pelo Tribunal, sendo desnecessário, assim, que a falta de fundamentação da sentença seja arguida por meio de embargos de declaração ou mesmo por meio de recurso de apelação.

"Gabarito "D".

(OAB/Exame Unificado – 2010.2) Antônio Ribeiro foi denunciado pela prática de homicídio qualificado, pronunciado nos mesmos moldes da denúncia e submetido a julgamento pelo Tribunal do Júri em 25.05.2005, tendo sido condenado à pena de 15 anos de reclusão em regime integralmente fechado. A decisão transita em julgado para o Ministério Público, mas a defesa de Antônio apela, alegando que a decisão dos Jurados é manifestamente contrária à prova dos autos. A apelação é provida, sendo o réu submetido a novo Júri. Neste segundo Júri, Antônio é novamente condenado e sua pena é agravada, mas fixado regime mais vantajoso (inicial fechado).

A esse respeito, assinale a afirmativa correta.

(A) Não cabe nova apelação no caso concreto, em respeito ao princípio da soberania dos veredictos.

(B) A decisão do juiz togado foi incorreta, pois violou o princípio do *ne reformatio in pejus*, cabendo apelação.

(C) A decisão dos jurados foi incorreta, pois violou o princípio do *tantum devolutum quantum appelatum*.

(D) Não cabe apelação por falta de interesse jurídico, já que a fixação do regime inicial fechado é mais vantajosa do que uma pena a ser cumprida em regime integralmente fechado.

O artigo 617 do CPP, em sua parte final, veda a chamada *reformatio in pejus*, que consiste na possibilidade de o tribunal piorar a situação processual do recorrente, em razão de recurso por este interposto. Significa dizer, pois, que, no Tribunal do Júri, a despeito de os jurados, em vista da soberania dos veredictos, princípio de índole constitucional (art. 5º, XXXVIII, "c"), não ficarem adstritos ao primeiro julgamento, o juiz togado, este sim, na hipótese de o júri, no segundo julgamento, proferir decisão idêntica à do primeiro, ficará limitado, no que se refere à imposição da pena, ao primeiro julgamento, não podendo ir além da pena imposta neste. Nesse sentido: "Homicídio doloso. Tribunal do Júri. Três julgamentos da mesma causa. Reconhecimento da legítima defesa, com excesso, no segundo julgamento. Condenação do réu à pena de seis anos de reclusão, em regime semiaberto. Interposição de recurso exclusivo da defesa. Provimento para cassar a decisão anterior. Condenação do réu, por homicídio qualificado, à pena de doze anos de reclusão, em regime integralmente fechado, no terceiro julgamento. Aplicação de pena mais grave. Inadmissibilidade. *Reformatio in pejus* indireta. Caracterização. Reconhecimento de outros fatos ou circunstâncias não ventilados no julgamento anterior. Irrelevância. Violação consequente do justo processo da lei (*due process of law*), nas cláusulas do contraditório e da ampla defesa. Proibição compatível com a regra constitucional da soberania relativa dos veredictos. HC concedido para restabelecer a pena menor. Ofensa ao art. 5º, incs. LIV, LV e LVII, da CF. Inteligência dos arts. 617 e 626 do CPP. Anulados o julgamento pelo Tribunal do Júri e a correspondente sentença condenatória, transitada em julgado para a acusação, não pode o acusado, na renovação do julgamento, vir a ser condenado a pena maior do que a imposta na sentença anulada, ainda que com base em circunstância não ventilada no julgamento anterior" (STF, HC 89.544, 2ª Turma, rel. Min.. Cezar Peluso, 14.04.2009).

"Gabarito "B".

(OAB/Exame Unificado – 2010.1) Maurício foi denunciado pela prática do delito de estelionato perante a 1.ª Vara Criminal de Justiça de Belo Horizonte – MG. Por entender que não havia justa causa para a ação penal, o advogado contratado pelo réu impetrou *habeas corpus* perante o TJ/MG, que, por maioria de votos, denegou a ordem. Nessa situação hipotética, em face da inexistência de ambiguidade, omissão, contradição, ou obscuridade no acórdão, caberá recurso

(A) ordinário constitucional ao STJ.

(B) ordinário constitucional ao STF.

(C) especial ao STJ e(ou) recurso extraordinário ao STF, conforme o teor da fundamentação do acórdão.

(D) de embargos infringentes e de nulidade ao grupo criminal competente do TJ/MG.

O art. 105, II, "a", da CF/1988 assim dispõe: "Art. 105. Compete ao Superior Tribunal de Justiça: I – julgar, em recurso ordinário: a) os "habeas-corpus" decididos em única ou última instância pelos Tribunais Regionais Federais ou pelos tribunais dos Estados, do Distrito Federal e Territórios, quando a decisão for denegatória".

"Gabarito "A".

(OAB/Exame Unificado – 2008.3) Acerca das disposições gerais sobre os recursos criminais, assinale a opção correta.

(A) O MP poderá desistir de recurso que haja interposto, desde que se verifique que o fato evidentemente não constitui crime.

(B) Ainda que haja má-fé, em face do princípio da fungibilidade recursal, que possui natureza absoluta no direito processual penal, a parte não será prejudicada pela interposição de um recurso por outro.

(C) No caso de concurso de agentes, a decisão do recurso interposto por um dos réus, se fundado em motivos que não sejam de caráter exclusivamente pessoal, aproveitará aos outros.

(D) O recurso não poderá ser interposto pelo réu, pois tal ato é exclusivo de advogado.

A: incorreta. À luz do princípio da indisponibilidade, é defeso ao Ministério Público desistir da ação penal proposta (CPP, art. 42) e do recurso interposto (CPP, art. 576); **B:** incorreta, pois em desconformidade com o teor do art. 579 do CPP, que assim dispõe: "Salvo a hipótese de má-fé, a parte não será prejudicada pela interposição de um recurso por outro"; **C:** correta, nos termos do art. 580 do CPP; **D:** incorreta, pois o recurso pode ser interposto pelo réu (art. 577 do CPP).

"Gabarito "C".

15. DIREITO PROCESSUAL PENAL   1071

(OAB/Exame Unificado – 2008.3) Assinale a opção que representa, segundo o CPP, recurso cujas razões podem ser apresentadas, posteriormente à interposição do recurso, na instância superior.

(A) Embargos de nulidade

(B) Embargos de declaração

(C) Apelação

(D) Carta testemunhável

De acordo com o § 4º do art. 600 do CPP: "Se o apelante declarar, na petição ou no termo, ao interpor a apelação, que deseja arrazoar na superior instância, serão os autos remetidos ao tribunal ad quem onde será aberta vista às partes, observados os prazos legais, notificadas as partes pela publicação oficial".
Gabarito "C"

(OAB/Exame Unificado – 2008.2) Assinale a opção correta acerca do tribunal do júri.

(A) Em se tratando de nulidades do júri, o CPP determina que sejam elas suscitadas logo após a réplica.

(B) O efeito devolutivo da apelação contra decisões do júri não é adstrito aos fundamentos da sua interposição.

(C) A soberania dos veredictos não é assegurada, pela CF, à instituição do júri.

(D) Se a decisão for manifestamente contrária à prova dos autos, ou seja, quando os jurados decidirem arbitrariamente, dissociando-se de toda e qualquer evidência probatória, caberá apelação.

A: incorreta. *Vide* art. 571, I, V e VIII, do CPP, que indica o momento oportuno para suscitá-las; **B:** incorreta. Súmula n. 713 do STF: "O efeito devolutivo da apelação contra decisões do júri é adstrito aos fundamentos da sua interposição"; **C:** incorreta, já que está expressamente prevista no art. 5º, XXXVIII, *c*, da CF; **D:** correta (art. 593, III, *d*, do CPP).
Gabarito "D"

(OAB/Exame Unificado – 2008.2) Assinale a opção correta de acordo com as súmulas do STF.

(A) A renúncia do réu ao direito de apelação, manifestada sem a assistência do defensor, não impede o conhecimento da apelação por este interposta.

(B) Admite-se a suspensão condicional do processo por crime continuado, se a soma da pena mínima da infração mais grave com o aumento mínimo de um sexto for superior a um ano.

(C) A pena unificada para atender ao limite de trinta anos de cumprimento, determinado pelo CP, é considerada para a concessão de outros benefícios, tais como o livramento condicional ou regime mais favorável de execução.

(D) Inadmite-se a progressão de regime de cumprimento da pena ou a aplicação imediata de regime menos severo nela determinada, antes do trânsito em julgado da sentença condenatória.

A: correta (Súmula n. 705 do STF); **B:** incorreta, pois, se ultrapassar o limite de um ano, a suspensão não poderá ser admitida (Súmula n. 243 do STJ); **C:** incorreta, uma vez que a pena unificada não é considerada para a concessão dos benefícios citados (Súmula n. 715 do STF); **D:** incorreta, pois é admitida, neste caso, a progressão (Súmula n. 716 do STF).
Gabarito "A"

(OAB/Exame Unificado – 2008.2) Assinale a opção correta acerca dos recursos, segundo o CPP.

(A) O juiz deverá recorrer, de ofício, da sentença concessiva de *habeas corpus*.

(B) O MP poderá desistir de recurso que haja interposto.

(C) Admite-se recurso da parte que não tiver interesse na reforma ou modificação da decisão.

(D) A parte será prejudicada pela interposição de um recurso por outro, ainda que tenha atuado de boa-fé.

A: correta (art. 574, I, do CPP); **B:** incorreta, visto que ao MP não é dado desistir do recurso que haja interposto (art. 576 do CPP – postulado da indisponibilidade); **C:** incorreta, pois, não havendo interesse na reforma ou modificação do julgado, não será admitida a interposição de recurso (art. 577, parágrafo único, do CPP); **D:** incorreta, pois em conformidade com o art. 579 do CPP, que enuncia o princípio da fungibilidade recursal.
Gabarito "A"

(OAB/Exame Unificado – 2008.1) Acerca dos recursos no processo penal, assinale a opção correta.

(A) No caso de crime político previsto na Lei de Segurança Nacional, cabe recurso ordinário constitucional ao STJ.

(B) No caso de concurso de pessoas, a decisão do recurso interposto por um dos réus se estende aos demais, em face do princípio da igualdade, sendo irrelevante o fundamento.

(C) Admite-se protesto por novo júri quando a condenação imposta em grau de recurso for igual ou superior a vinte anos, desde que decorrente de concurso material.

(D) É nula a decisão do tribunal de justiça que acolhe, contra o réu, nulidade não arguida no recurso da acusação, ressalvados os casos de recurso de ofício.

A: incorreta. Caberá recurso ordinário constitucional ao STF (art. 102, II, *b*, da CF); **B:** incorreta. Só se estenderá aos demais se os motivos não forem de caráter exclusivamente pessoal (art. 580 do CPP); **C:** incorreta. Os artigos 607 e 608 do CPP, que disciplinavam o *protesto por novo júri*, foram revogados por força da Lei n. 11.689/2008; **D:** correta, pois a redação da assertiva corresponde à Súmula n. 160 do STF.
Gabarito "D"

(OAB/Exame Unificado – 2008.1) Assinale a opção correta acerca do recurso de apelação.

(A) O regular processamento de recurso de apelação do condenado depende do seu recolhimento à prisão.

(B) O Código de Processo Penal (CPP) não permite que o apelante recorra de apenas uma parte da sentença, como, por exemplo, do regime de cumprimento da pena, visto que a apelação deve ser interposta em relação a todo o julgado.

(C) O acesso à instância recursal superior consubstancia direito que se encontra incorporado ao sistema pátrio de direitos e garantias fundamentais.

(D) A apelação da sentença absolutória impedirá que o réu seja posto imediatamente em liberdade.

A: incorreta (art. 5º, LXVI, da CF). A prisão processual automática é incompatível com a atual ordem constitucional; **B:** incorreta, já que ao apelante é dado o direito de recorrer de apenas uma parte da sentença (art. 599 do CPP); **C:** correta, conforme art. 5º, LV e § 2º, e arts. 92 e ss., também da CF ("Do Poder Judiciário"). A garantia do *duplo grau de jurisdição* está implicitamente prevista na Constituição Federal;

1072 EDUARDO DOMPIERI

D: incorreta, pois não impedirá que ele seja posto imediatamente em liberdade (art. 596 do CPP).
Gabarito "C".

13. *HABEAS CORPUS,* MANDADO DE SEGURANÇA E REVISÃO CRIMINAL

(OAB/Exame Unificado - 2019.2) Vanessa foi condenada pela prática de um crime de furto qualificado pela 1ª Vara Criminal de Curitiba, em razão de suposto abuso de confiança que decorreria da relação entre a vítima e Vanessa.

Como as partes não interpuseram recurso, a sentença de primeiro grau transitou em julgado. Apesar de existirem provas da subtração de coisa alheia móvel, a vítima não foi ouvida por ocasião da instrução por não ter sido localizada. Durante a execução da pena por Vanessa, a vítima é localizada, confirma a subtração por Vanessa, mas diz que sequer conhecia a autora dos fatos antes da prática delitiva. Vanessa procura seu advogado para esclarecimento sobre eventual medida cabível.

Considerando apenas as informações narradas, o advogado de Vanessa deve esclarecer que

(A) não poderá apresentar revisão criminal, tendo em vista que a pena já está sendo executada, mas poderá ser buscada reparação civil.

(B) caberá apresentação de revisão criminal, sendo imprescindível a representação de Vanessa por advogado, devendo a medida ser iniciada perante o próprio juízo da condenação.

(C) não poderá apresentar revisão criminal em favor da cliente, tendo em vista que a nova prova não é apta a justificar a absolvição de Vanessa, mas tão só a redução da pena.

(D) caberá apresentação de revisão criminal, podendo Vanessa apresentar a ação autônoma independentemente de estar assistida por advogado, ou por meio de procurador legalmente habilitado.

A: incorreta. Transitada em julgado a sentença penal condenatória, a revisão pode ser requerida a qualquer tempo, antes ou depois de extinta a pena (art. 622, *caput*, do CPP); **B:** incorreta, pois contraria o disposto no art. 623 do CPP, que estabelece que a revisão poderá ser pedida pelo próprio réu ou por procurador legalmente habilitado ou, no caso de morte do condenado, pelo cônjuge, ascendente, descendente ou irmão. Admite-se, pois, que o próprio condenado ajuíze a ação revisional, ainda que não se faça representar por advogado; **C:** incorreta. O julgamento da revisão criminal cabe aos tribunais (art. 624, CPP); **D:** correta. Vide comentário à assertiva "B".
Gabarito "D".

(OAB/Exame Unificado – 2016.2) José foi absolvido em 1ª instância após ser denunciado pela prática de um crime de extorsão em face de Marina. O Ministério Público interpôs recurso de apelação, sendo a sentença de primeiro grau reformada pelo Tribunal de Justiça de Santa Catarina para condenar o réu à pena de 05 anos, sendo certo que o acórdão transitou em julgado. Sete anos depois da condenação, já tendo cumprido integralmente a pena, José vem a falecer. Posteriormente, Caio, filho de José, encontrou um vídeo no qual foi gravada uma conversa de José e Marina, onde esta admite que mentiu ao dizer que foi vítima do crime pelo qual José foi condenado, mas que a atitude foi tomada por ciúmes. Caio, então, procura o advogado da família.

Diante da situação narrada, é correto afirmar que Caio, através de seu advogado,

(A) não poderá apresentar revisão criminal, pois a pena de José já havia sido extinta pelo cumprimento.

(B) não poderá apresentar revisão criminal, pois o acusado, que é quem teria legitimidade, já é falecido.

(C) poderá apresentar revisão criminal, sendo competente para julgamento o Superior Tribunal de Justiça.

(D) poderá apresentar revisão criminal, sendo competente para julgamento o Tribunal de Justiça de Santa Catarina.

A: incorreta. É que inexiste prazo para ingressar com a revisão criminal, que poderá ser ajuizada mesmo depois de extinta a pena (art. 622, *caput*, do CPP); **B:** incorreta. Ainda que morto o interessado, é admissível a propositura da revisão criminal, sendo legitimados, neste caso, o cônjuge, o ascendente, o descendente e o irmão do falecido (art. 623 do CPP); **C:** incorreta. Em vista do que estabelece o art. 624 do CPP, o julgamento da revisão criminal cabe ao tribunal que detém competência para o conhecimento de recurso ordinário. Jamais será julgado, portanto, por magistrado de primeiro grau. No caso narrado no enunciado, o julgamento da ação revisional deverá dar-se pelo Tribunal de Justiça do Estado de Santa Catarina; **D:** correta, pois em conformidade com o disposto no art. 624, II, do CPP (*vide* comentário anterior).
Gabarito "D".

(OAB/Exame Unificado – 2014.2) Eduardo foi denunciado pelo crime de estupro de vulnerável. Durante a instrução, negou a autoria do crime, afirmando estar, na época dos fatos, no município "C", distante dois quilômetros do local dos fatos. Como a afirmativa não foi corroborada por outros elementos de convicção, o Juiz entendeu que a palavra da vítima deveria ser considerada, condenando Eduardo. A defesa recorreu, mas após longo debate nos Tribunais Superiores, a decisão transitou em julgado desfavoravelmente ao réu. Eduardo dirigiu-se, então, ao município "C", em busca de provas que pudessem apontar a sua inocência, e, depois de muito procurar, conseguiu as filmagens de um estabelecimento comercial, que estavam esquecidas em um galpão velho. Nas filmagens, Eduardo aparece comprando lanche em uma padaria. Com a prova em mãos, procura seu advogado. Assinale a opção que apresenta a providência a ser adotada pelo advogado de Eduardo.

(A) O advogado deve ingressar com agravo em execução, pois Eduardo descobriu uma prova que atesta a sua inocência de forma inconteste.

(B) O advogado deve ingressar com revisão criminal, pois Eduardo descobriu uma prova que atesta a sua inocência de forma inconteste.

(C) O advogado deve ingressar com reclamação constitucional, pois Eduardo descobriu uma prova que atesta a sua inocência de forma inconteste.

(D) O advogado deve ingressar com ação de habeas corpus, pois Eduardo descobriu uma prova que atesta a sua inocência de forma inconteste.

Tendo em conta o trânsito em julgado da sentença que condenou Eduardo pela prática do crime de estupro de vulnerável e também o surgimento posterior (após a sentença) de provas ainda não conhecidas e não anexadas aos autos, é o caso de ajuizar-se ação de revisão criminal, nos termos do art. 621, III, do CPP. Não se trata, aqui, de reapreciar a prova que consta dos autos, já que não houve equívoco do juiz quando da apreciação da prova (art. 621, I, do CPP). Trata-se,

15. DIREITO PROCESSUAL PENAL

1073

isto sim, de reavaliar a condenação em razão do surgimento de prova nova, obtida depois da sentença. Importante dizer que inexiste prazo para ingressar com a revisão criminal, que poderá ser ajuizada mesmo depois de extinta a pena (art. 622, *caput*, CPP).

Gabarito "B".

(OAB/Exame Unificado – 2013.2) Frida foi condenada pela prática de determinado crime. Como nenhuma das partes interpôs recurso da sentença condenatória, tal decisão transitou em julgado, definitivamente, dentro de pouco tempo. Pablo, esposo de Frida, sempre soube da inocência de sua consorte, mas somente após a condenação definitiva é que conseguiu reunir as provas necessárias para inocentá-la. Ocorre que Frida não deseja vivenciar novamente a angústia de estar perante o Judiciário, preferindo encarar sua condenação injusta como um meio de tornar-se uma pessoa melhor. Nesse sentido, tomando-se por base o caso apresentado e a medida cabível à espécie, assinale a afirmativa correta.

(A) Pablo pode ingressar com revisão criminal em favor de Frida, ainda que sem a concordância desta.

(B) Caso Frida tivesse sido absolvida com base em falta de provas, seria possível ingressar com revisão criminal para pedir a mudança do fundamento da absolvição.

(C) Da decisão que julga a revisão criminal são cabíveis, por exemplo, embargos de declaração, mas não cabe apelação.

(D) Caso a sentença dada à Frida, no caso concreto, a tivesse condenado mas, ao mesmo tempo, reconhecido a prescrição da pretensão executória, seria incabível revisão criminal.

A: incorreta, dado que só dispõe de legitimidade para a propositura de revisão criminal o próprio sentenciado. Somente será conferida legitimidade às pessoas elencadas no art. 623 do CPP no caso de o condenado ser falecido; **B:** incorreta. Constitui pressuposto ao ajuizamento da revisão criminal a existência de uma sentença condenatória definitiva. Exceção a esta regra é a sentença absolutória *imprópria*, que impõe ao inimputável uma medida de segurança; **C:** correta. Embora caibam embargos de declaração, não é viável a interposição de recurso de apelação, dado que competem aos tribunais o processamento e julgamento da revisão; **D:** incorreta. Se a extinção da punibilidade se der em razão da prescrição da pretensão executória, caberá a revisão criminal; agora, se a extinção da punibilidade se der em razão da prescrição da pretensão punitiva, não terá lugar, neste caso, o ajuizamento do pedido revisional.

Gabarito "C".

(OAB/Exame Unificado – 2008.3) Acerca da revisão criminal, assinale a opção correta.

(A) A revisão poderá ser requerida em qualquer tempo, antes ou após a extinção da pena.

(B) Ainda que fundada em novas provas, não é admitida a reiteração do pedido de revisão criminal.

(C) A revisão não pode ser pedida pelo próprio réu, pois é recurso de interposição privativo de advogado.

(D) Julgando procedente a revisão, o tribunal poderá alterar a classificação da infração ou absolver o réu, mas não poderá modificar a pena.

A: correta (art. 622, *caput*, do CPP); **B:** incorreta, visto que, se fundada em novas provas, é admitida a reiteração do pedido (art. 622, parágrafo único, do CPP); **C:** incorreta. Pode ser pedida pelo réu, por seu procurador ou, no caso de morte do réu, pelo seu cônjuge, ascendente,

descendente ou irmão (art. 623 do CPP); **D:** incorreta, pois poderá modificar a pena (art. 626, *caput*, do CPP).

Gabarito "A".

(OAB/Exame Unificado – 2008.2) Durante uma blitz, um policial simulou a descoberta de arma de fogo e substância alucinógena no porta-malas do carro de Rui, que foi preso em flagrante. O flagrante foi comunicado ao juiz no prazo legal. O advogado de Rui apresentou requerimento adequado ao juiz de plantão, que indeferiu o pedido, sob o fundamento de que as prisões provisórias não ofendem os preceitos constitucionais. Nessa situação hipotética, a providência cabível para que Rui seja liberado será

(A) O *habeas corpus* perante o tribunal de justiça.

(B) O livramento condicional perante o juiz titular.

(C) A reclamação à corregedoria de polícia.

(D) O *habeas corpus* perante o STF.

Art. 5º, LXVIII, da CF; arts. 647 e 648, I, do CPP. O remédio constitucional deverá ser impetrado no Tribunal de Justiça porque a autoridade coatora, neste caso, é juiz de direito.

Gabarito "A".

(OAB/Exame Unificado – 2008.1) No que se refere às ações autônomas criminais, assinale a opção correta.

(A) Em face da soberania dos veredictos, das decisões de mérito do tribunal do júri não se admite revisão criminal.

(B) A revisão criminal pode ser requerida, desde que antes da extinção da pena, pelo réu ou por procurador, independentemente de habilitação.

(C) Cabe *habeas corpus* contra decisão condenatória a pena de multa ou quando já estiver extinta a pena privativa de liberdade.

(D) Admite-se mandado de segurança para o advogado poder acompanhar diligência em processo judicial, ainda que sigiloso.

A: incorreta. Prevalece hoje na doutrina e na jurisprudência o entendimento segundo o qual cabe revisão criminal contra decisão definitiva proferida pelo Tribunal Popular; **B:** incorreta, visto que a revisão pode ser requerida depois de extinta a pena, e o procurador deve estar legalmente habilitado (arts. 622 e 623 do CPP); **C:** incorreta. Não cabe *habeas corpus* nas hipóteses contidas na alternativa (Súmulas n. 693 e 695 do STF); **D:** correta, nos moldes do art. 5º, LXIX, da CF. As Leis 1.533/1951 e 4.348/1964 foram expressamente revogadas pela Lei 12.016/2009, que estabeleceu nova disciplina para o mandado de segurança (individual e coletivo). Destina-se o mandado de segurança a amparar direito líquido e certo. A jurisprudência tem entendido cabível o uso do mandado de segurança, entre outras hipóteses, para permitir o acesso do advogado aos autos de inquérito e também do processo, ainda que tramitem em segredo de justiça.

Gabarito "D".

(OAB/Exame Unificado – 2008.1) Adalberto, indiciado pelo crime de roubo, está preso preventivamente por mais de dois anos, sendo o excesso de prazo culpa do Poder Judiciário. Além disso, o juiz marcou a audiência de oitiva de testemunhas do Ministério Público para 2009.

Nesse caso, o advogado de Adalberto, a fim de que este aguarde o término do processo em liberdade, poderá

(A) impetrar *habeas corpus*.

EDUARDO DOMPIERI

(B) opor embargos de declaração da decisão do juiz quanto à designação da audiência de oitiva de testemunhas para 2009.

(C) opor embargos infringentes da decisão do juiz quanto à designação da audiência de oitiva de testemunhas para 2009.

(D) interpor agravo em execução.

Art. 5º, LXVIII, da CF; e arts. 647 e 648, II, do CPP.
Gabarito "A".

14. EXECUÇÃO PENAL

(OAB/Exame XXXIX) Júnior foi condenado pelo delito de latrocínio, na modalidade tentada, a uma pena de 8 (oito) anos e 6 (seis) meses de reclusão, a ser cumprida em regime inicial fechado, já tendo a sentença transitado em julgado, sem nulidade. Júnior inicia a execução das penas e procura você, na qualidade de advogado(a).

Assinale a afirmativa que apresenta, corretamente, a orientação jurídica que possibilita reduzir o tempo de encarceramento de Júnior.

(A) Postular o perdão do ofendido e, assim, reduzir sua pena.

(B) Aguardar o decreto presidencial de comutação de pena.

(C) Requerer a classificação de Júnior para trabalho e estudo no sistema carcerário, a fim de viabilizar a remição de penas.

(D) Pleitear um decreto de anistia no âmbito da Assembleia Legislativa do seu Estado.

A solução desta questão deve ser extraída do art. 126 da Lei 7.210/1984: "O condenado que cumpre a pena em regime fechado ou semiaberto poderá remir, por trabalho ou por estudo, parte do tempo de execução da pena".
Gabarito "C".

(OAB/Exame XXXVI) Renata, primária, foi condenada à pena de 5 (cinco) anos de reclusão, em regime fechado, por crime de estelionato, em continuidade delitiva, sendo atestado o seu bom comportamento carcerário.

Rogério, marido de Renata, que cuidava da filha do casal de 10 (dez) anos de idade, veio a falecer, sendo que Renata já havia cumprido 1/8 (um oitavo) da pena no regime fechado.

A filha de Renata está morando provisoriamente com uma amiga de Renata, por não existir qualquer parente para cuidar da criança.

Em relação ao cumprimento de pena por Renata, você, como advogado(a), postularia ao juízo da execução a progressão para o regime

(A) semiaberto, em razão de a penitente já ter cumprido a fração de pena estabelecida na Lei de Execução Penal e comprovado o bom comportamento carcerário.

(B) semiaberto e a saída temporária, em razão de a penitente já ter cumprido o percentual de pena estabelecido na Lei de Execução Penal e por ter comprovado o bom comportamento carcerário.

(C) domiciliar, para que ela cuide da filha de 10 (dez) anos de idade, em observância ao Estatuto da Primeira Infância e por ser medida de caráter humanitário.

(D) aberto, em razão de a penitente já ter cumprido 1/8 (um oitavo) da pena estabelecido na Lei de Execução Penal e comprovado o bom comportamento carcerário, somado ao fato de ser a única responsável pela filha menor de 10 (dez) anos de idade.

A Lei 13.769/2018 inseriu no art. 112 da LEP o § 3º, que estabelece fração diferenciada de cumprimento de pena para que a mulher gestante, mãe ou responsável por crianças ou pessoas com deficiência possa alcançar o regime mais brando (a fração necessária, que antes era um sexto, passou para um oitavo). Para tanto, a reeducanda deve reunir quatro requisitos cumulativos, além de ter cumprido um oitavo da pena que lhe foi imposta, a saber: *I – não ter cometido crime com violência ou grave ameaça a pessoa; II – não ter cometido o crime contra seu filho ou dependente; III – ter cumprido ao menos 1/8 (um oitavo) da pena no regime anterior; IV – ser primária e ter bom comportamento carcerário, comprovado pelo diretor do estabelecimento; V – não ter integrado organização criminosa.* Considerando que Renata, pelos dados fornecidos pelo enunciado, reúne os requisitos legais, fará jus à progressão ao regime semiaberto.
Gabarito "A".

(OAB/Exame Unificado – 2019.3) Enquanto cumpria pena em regime fechado, Antônio trabalhava na unidade prisional de maneira regular. Após progressão para o regime semiaberto, o apenado passou a estudar por meio de metodologia de ensino a distância, devidamente certificado pelas autoridades educacionais. Com a obtenção de livramento condicional, passou a frequentar curso de educação profissional. Ocorre que havia contra Antônio procedimento administrativo disciplinar em que se investigava a prática de falta grave durante o cumprimento da pena em regime semiaberto, sendo, após observância de todas as formalidades legais, reconhecida a prática da falta grave. Preocupado, Antônio procura seu advogado para esclarecimentos sobre o tempo de pena que poderá ser remido e as consequências do reconhecimento da falta grave. Considerando as informações narradas, o advogado de Antônio deverá esclarecer que

(A) o trabalho na unidade prisional e o estudo durante cumprimento de pena em regime semiaberto justificam a remição da pena, mas não o curso frequentado durante livramento condicional, sendo certo que a falta grave permite perda de parte dos dias remidos.

(B) o trabalho somente quando realizado em regime fechado ou semiaberto justifica a remição de pena, mas o estudo a distância e a frequência ao curso poderão gerar remição mesmo no regime aberto ou durante livramento condicional, podendo a punição por falta grave gerar perda de parte dos dias remidos.

(C) o reconhecimento de falta grave não permite a perda dos dias remidos com o trabalho na unidade e a frequência a curso em regime semiaberto, mas tão só a regressão do regime de cumprimento da pena.

(D) o tempo remido exclusivamente com o trabalho em regime fechado, mas não com o estudo, será computado como pena cumprida, para todos os efeitos, mas, diante da falta grave, poderá haver perda de todos os dias remidos anteriormente.

A remição pelo trabalho somente é possível nos regimes fechado e semiaberto (art. 126, *caput*, do LEP); no regime aberto, somente poderá o condenado obter a remição pelo estudo, tal como autorizado pelo art. 126, § 6º, da LEP, que também estabelece que poderá o condenado que usufrui liberdade condicional remir, pelo estudo, parte do tempo

15. DIREITO PROCESSUAL PENAL   1075

do período de prova. Além disso, é fato que a punição por falta grave levará à revogação de até um terço do tempo remido (art. 127 da LEP). Atenção: a Lei 13.964/2019, com vigência a partir de 23 de janeiro de 2020 e posterior, portanto, à aplicação desta prova, introduziu novo requisito para a concessão do livramento condicional. Até então, tínhamos que o inciso III do art. 83 do CP continha os seguintes requisitos: comportamento satisfatório no curso da execução da pena; bom desempenho no trabalho atribuído ao reeducando; e aptidão para prover à própria subsistência por meio de trabalho honesto. O que fez a Lei 13.964/2019 foi inserir, neste inciso III, um quarto requisito. Doravante, além de preencher os requisitos contemplados no art. 83 do CP (nos seus cinco incisos), é de rigor que o reeducando, para fazer jus à concessão do livramento, não tenha cometido falta grave nos últimos 12 meses. O inciso III, que passou a abrigar esta modificação, foi fracionado em quatro alíneas ("a", "b", "c" e "d"), cada qual correspondente a um requisito (os três aos quais me referi acima e este novo requisito introduzido pela *novel* lei).

Gabarito "B".

(OAB/Exame Unificado – 2014.3) Daniel foi condenado à pena privativa de liberdade de 06 anos de reclusão, em regime inicial fechado, pela prática do delito de estupro (Art. 213, do Código Penal). Tendo decorrido lapso temporal para progressão de regime prisional e ostentando o reeducando bom comportamento carcerário, sua defesa pleiteou a concessão do benefício. Em 26.07.2013, o Juízo das Execuções, tendo em vista a necessidade de melhor aferição do requisito subjetivo, determinou a realização de exame criminológico, em decisão devidamente fundamentada.

Sobre o caso apresentado, segundo entendimento sumulado nos Tribunais Superiores, assinale a opção correta.

(A) Agiu corretamente o magistrado, eis que é possível a realização de exame criminológico pelas peculiaridades do caso, desde que em decisão motivada.

(B) Agiu corretamente o magistrado, pois a realização de exame criminológico é sempre necessária.

(C) Não agiu corretamente o magistrado, uma vez que não é possível a realização de exame criminológico.

(D) Não agiu corretamente o magistrado, na medida em que o exame criminológico só poderá ser realizado no caso de crimes graves e hediondos.

Deve ser assinalada a alternativa "A". Com as alterações implementadas pela Lei 10.792/2003, o exame criminológico, até então obrigatório para fins de progressão de regime, deixou de sê-lo. Contudo, doutrina e jurisprudência dominantes passaram a entender que, desde que determinado por decisão fundamentada em elementos concretos, o exame pode ser exigido, entendimento esse que se acha consagrado na Súmula n. 439 do STJ: "Admite-se o exame criminológico pelas peculiaridades do caso, desde que em decisão motivada".

Gabarito "A".

(OAB/Exame Unificado – 2014.3) João Paulo, primário e de bons antecedentes, foi denunciado pela prática de homicídio qualificado por motivo fútil (Art. 121, § 2º, II, do Código Penal). Logo após o recebimento da denúncia, o magistrado, acatando o pedido realizado pelo Ministério Público, decretou a prisão preventiva do acusado, já que havia documentação comprobatória de que o réu estava fugindo do país, a fim de se furtar de uma possível sentença condenatória ao final do processo. O processo transcorreu normalmente, tendo ao réu sido assegurados todos os seus direitos legais. Após cinco anos de prisão provisória, foi marcada a audiência no Plenário do Júri.

Os jurados, por unanimidade, consideraram o réu culpado pela prática do homicídio supramencionado. O Juiz Presidente então passou à aplicação da pena e, ao término do cálculo no rito trifásico, obteve a pena de 12 anos de prisão em regime inicialmente fechado.

Sobre a hipótese narrada, assinale a afirmativa correta.

(A) Somente o juiz da Vara de Execuções Penais poderá realizar o cômputo do tempo de prisão provisória para fins de determinação do regime inicial de cumprimento de pena.

(B) O magistrado sentenciante deverá computar o tempo de prisão provisória para fins de determinação do regime inicial de pena privativa de liberdade.

(C) O condenado deverá iniciar seu cumprimento de pena no regime inicial fechado e, passado o prazo de 1/6, poderá requerer ao juízo de execução a progressão para o regime mais benéfico, desde que preencha os demais requisitos legais.

(D) O condenado deverá iniciar seu cumprimento de pena no regime inicial fechado e, passado o prazo de 1/6, poderá requerer ao juízo sentenciante a progressão para o regime mais benéfico, desde que preencha os demais requisitos legais.

A assertiva a ser assinalada como correta é a "B", já que está em conformidade com a regra presente no art. 387, § 2º, do CPP (dispositivo introduzido pela Lei 12.736/2012), que estabelece que o juiz que sentenciar deverá, para determinar o regime inicial de cumprimento de pena, levar em consideração o tempo em que o condenado permaneceu preso cautelarmente. Ademais disso, se se tratar de crime hediondo ou delito a ele equiparado, como é o caso do crime de homicídio qualificado, a progressão, nos moldes do art. 2º, § 2º, da Lei 8.072/1990, dar-se-á depois de o condenado cumprir 2/5 da pena, se primário (caso de João Paulo); se reincidente, a progressão somente se dará após o cumprimento de 3/5 da pena, com a ressalva de que, se se tratar de crime praticado antes da entrada em vigor da Lei 11.464/2007, que alterou, na Lei de Crimes Hediondos, a disciplina relativa à progressão de pena, deverá prevalecer o entendimento firmado na Súmula 471 do STJ, que estabelece que, neste caso, deve-se obedecer à regência do art. 112 da LEP, que impõe, como condição para progressão de regime, o cumprimento de um sexto da pena no regime anterior, além de bom comportamento carcerário. Atenção: com a alteração promovida pela Lei 13.964/2019 na redação do art. 112 da LEP (posterior, portanto, à elaboração desta questão), criam-se novos patamares para o reeducando pleitear a progressão de regime de cumprimento de pena, aqui incluído o condenado pela prática de crime hediondo/equiparado, cuja disciplina, até então, estava no art. 2º, § 2º, da Lei 8.072/1990, que estabelecia faixas diferenciadas de cumprimento de pena necessárias à progressão, dispositivo expressamente revogado pela Lei 13.964/2019. Com isso, as novas regras de progressão, inclusive para os autores de crimes hediondos, estão contempladas no novo art. 112 da LEP, que foi substancialmente reformulado pela Lei 13.964/2019, estabelecendo uma nova e ampla tabela de progressão de regime. Nesse sentido a Tese n. 8 da Edição 185 (pacote anticrime II) da ferramenta "Jurisprudência em Teses", do STJ: *Após revogação expressa do art. 2º, § 2º, da Lei n. 8.072/1990 pelo Pacote Anticrime, a progressão de regime para os condenados pela prática de crime hediondo ou equiparado passou a ser regida pelo art. 112 da Lei n. 7.210/1992 (LEP), que modificou a sistemática com o acréscimo de critérios e percentuais distintos e específicos para cada grupo, conforme a natureza do crime.*

Gabarito "B".

(OAB/Exame Unificado – 2014.2) Washington foi condenado à pena de 5 anos e 4 meses de reclusão e ao pagamento de 10 dias-multa pela prática do delito de roubo (Art.

157, do CP), em regime semiaberto, tendo iniciado o cumprimento da pena logo após a publicação da sentença condenatória. Decorrido certo lapso temporal, a defesa de Washington pleiteia a progressão de regime prisional ao argumento de que, com a remição de pena a que faz jus, já cumpriu a fração necessária para ser agraciado com o avanço prisional, estando, assim, presente o requisito objetivo. Washington ostentaria, ainda, bom comportamento carcerário, atestado pelo diretor do estabelecimento prisional. Na decisão, o juiz a quo concedeu a progressão para o regime aberto, mediante a condição especial de prestação de serviços à comunidade (Art. 43, IV, do CP). De acordo com entendimento sumulado pelo Superior Tribunal de Justiça, assinale a opção correta.

(A) O magistrado não agiu corretamente, eis que é inadmissível a fixação de prestação de serviços à comunidade (Art. 43, IV, do CP) como condição especial para o regime aberto.

(B) O magistrado agiu corretamente, uma vez que é admissível a fixação de prestação de serviços à comunidade (Art. 43, IV, do CP) como condição especial para o regime aberto.

(C) O magistrado não agiu corretamente, tendo em vista que deveria ter fixado mais de uma pena substitutiva prevista no Art. 44, do CP, como condição especial para a concessão do regime aberto.

(D) O magistrado agiu corretamente, pois poderia estabelecer qualquer condição como requisito para a concessão do regime aberto.

A Súmula n. 493 do Superior Tribunal de Justiça consagrou o entendimento no sentido de que não podem ser aplicadas as penas substitutivas do art. 44 do CP como condição para a ida do condenado ao regime aberto. Conferir: "É inadmissível a fixação de pena substitutiva (art. 44 do CP) como condição especial ao regime aberto". Nesse sentido: "*HABEAS CORPUS.* EXECUÇÃO PENAL. FURTO QUALIFICADO. CONVERSÃO DAS PENAS RESTRITIVAS DE DIREITOS EM PRIVATIVA DE LIBERDADE. IMPOSIÇÃO DE CONDIÇÕES ESPECIAIS PARA A CONCESSÃO DO REGIME INICIAL ABERTO. OBSERVÂNCIA DA SÚMULA 493 DESTA CORTE. MEDIDAS PREVISTAS NO ART. 115 DA LEI 7.210/1984. POSSIBILIDADE. HABEAS CORPUS PARCIALMENTE CONCEDIDA. 1. Nos termos da Súmula 493 desta Corte, "[é] inadmissível a fixação de pena substitutiva (art. 44 do CP) como condição especial ao regime aberto." É permitida, todavia, a imposição de medidas especiais constantes do art. 115 da Lei 7.210/1984. 2. Ordem de habeas corpus parcialmente concedida para que sejam afastadas, como condições especiais ao regime aberto, quaisquer das penas restritivas de direitos previstas no art. 43 do Código Penal" (HC 201101288995, LAURITA VAZ – QUINTA TURMA, *DJE* 30.04.2013).
Gabarito "A".

(OAB/Exame Unificado – 2013.2) Helena, condenada a pena privativa de liberdade, sofre, no curso da execução da referida pena, superveniência de doença mental. Nesse caso, o juiz da execução, verificando que a enfermidade mental tem caráter permanente, deverá

(A) aplicar o art. 41, do CP, que assim dispõe, *verbis*: *"O condenado a quem sobrevém doença mental deve ser recolhido a hospital de custódia e tratamento psiquiátrico ou, à falta, a outro estabelecimento adequado."*

(B) aplicar o art. 97, do CP, que assim dispõe, *verbis*: *"Se o agente for inimputável, o juiz determinará sua internação (art. 26). Se, todavia, o fato previsto como crime*

for punível com detenção, poderá o juiz submetê-lo a tratamento ambulatorial."

(C) aplicar o art. 183 da LEP (Lei n. 7.210/1984), que assim dispõe, *verbis*: *"Quando, no curso da execução da pena privativa de liberdade, sobrevier doença mental ou perturbação da saúde mental, o Juiz, de Ofício, a requerimento do Ministério Público, da Defensoria Pública ou da autoridade administrativa, poderá determinar a substituição da pena por medida de segurança."*

(D) aplicar o Art. 108 da LEP (Lei n. 7.210/1984), que assim dispõe, *verbis*: *"O condenado a quem sobrevier doença mental será internado em Hospital de Custódia e Tratamento Psiquiátrico".*

Há que se distinguir, aqui, duas situações. Em se tratando de doença mental de caráter *transitório*, com perspectiva, portanto, de cura, não há por que converter a pena privativa de liberdade em medida de segurança. Aplica-se, neste caso, o art. 41 do CP, que estabelece que o sentenciado será transferido para hospital de custódia e tratamento e ali permanecerá até o seu restabelecimento. De outro lado, se se tratar de doença mental de caráter *permanente*, como é o caso narrado no enunciado, deverá o juiz, em obediência ao que estabelece o art. 183 da LEP, converter a pena privativa de liberdade em medida de segurança, já que não existe, ao menos naquele momento, perspectiva de melhora da saúde mental do condenado.
Gabarito "C".

(OAB/Exame Unificado – 2009.3) Acerca do instituto da remição, previsto na Lei de Execução Penal, assinale a opção correta.

(A) O tempo remido não poderá ser computado para a concessão de livramento condicional e indulto.

(B) O condenado que for punido por falta grave não perderá o direito ao tempo remido, que constitui direito adquirido do preso.

(C) Poderão ser beneficiados pela remição em razão do trabalho o preso provisório e o preso condenado que cumpra a pena em regime fechado, semiaberto ou aberto.

(D) O preso impossibilitado, por acidente, de prosseguir no trabalho continuará a se beneficiar da remição.

A: incorreta. Em vista da nova redação dada ao art. 128 pela Lei 12.433/2011, o tempo remido será computado para todos os fins, não só para a concessão de livramento condicional e indulto. Na prática, já funcionava dessa maneira; **B:** incorreta. O cometimento de falta grave implica a revogação de parte do tempo remido. Não há que se falar, aqui, em direito adquirido. Em vista das alterações implementadas na LEP pela Lei 12.433/2011, estabeleceu-se, no caso de cometimento de falta grave, uma proporção máxima em relação à qual poderá se dar a perda dos dias remidos. Assim, diante da prática de falta grave, poderá o juiz, em vista da nova redação do art. 127 da LEP, revogar no máximo 1/3 do tempo remido, devendo a contagem recomeçar a partir da data da infração disciplinar. Antes disso, o condenado perdia os dias remidos na sua totalidade. *Vide* o teor da Súmula Vinculante 9, que, com a edição da Lei 12.433/2011, perdeu sua razão de ser; **C:** incorreta. Os condenados que cumpram pena em regime aberto não poderão ser beneficiados (art. 126, *caput*, da Lei 7.210/1984, com redação modificada pela Lei 12.344/2011); **D:** correta. Art. 126, § 4º, da Lei 7.210/1984, com redação alterada pela Lei 12.433/2011.
Gabarito "D".

(OAB/Exame Unificado – 2009.2) Com base no que dispõe a Lei de Execuções Penais, assinale a opção correta.

(A) A execução da pena privativa de liberdade ficará sujeita à forma regressiva, com a transferência para

15. DIREITO PROCESSUAL PENAL

regimes mais rigorosos, quando o condenado, por exemplo, praticar fato definido como crime doloso ou falta grave.

(B) A saída temporária destina-se aos condenados que cumpram pena em regime fechado ou semiaberto e poderá ser autorizada para visita à família, frequência a curso profissionalizante ou de instrução do ensino médio ou superior.

(C) Considere que James tenha sido definitivamente condenado pela prática de crime de estupro e que, posteriormente, no curso da execução de tal pena, ele tenha sido condenado pela prática de crime de corrupção passiva. Nessa situação, como James já estava cumprindo a pena do crime de estupro, não poderá haver soma das penas para determinação do regime.

(D) O ingresso do condenado no regime aberto em decorrência da progressão do regime semiaberto fixado como inicial pela sentença condenatória constitui resultado do cumprimento de parte da pena imposta e é automático, não pressupondo a aceitação do programa do regime aberto e de eventuais condições impostas pelo juiz.

A: correta (art. 118 da Lei 7.210/1984); **B:** incorreta. Os condenados que cumprem a pena em regime fechado não fazem jus à saída temporária, nos termos do disposto no art. 122 da Lei 7.210/1984; **C:** incorreta. As penas serão somadas para determinação do regime de cumprimento da reprimenda (art. 111, parágrafo único, da Lei 7.210/1984); **D:** incorreta, dado que o ingresso no regime mais brando não é automático e pressupõe a aceitação do programa e das condições impostas pelo juiz (arts. 113 e 114 da Lei 7.210/1984).
Gabarito "A"

(OAB/Exame Unificado – 2009.1) Acerca da substituição da pena privativa de liberdade, assinale a opção incorreta.

(A) As penas restritivas de direitos são autônomas e substituem as penas privativas de liberdade, podendo ser aplicadas em casos de crimes cometidos com grave ameaça, desde que não tenha havido violência contra a pessoa.

(B) Se o condenado for reincidente, o juiz poderá aplicar a substituição, desde que, em face de condenação anterior, a medida seja socialmente recomendável e a reincidência não se tenha operado em virtude da prática do mesmo crime.

(C) A pena restritiva de direitos converte-se em privativa de liberdade quando ocorrer o descumprimento injustificado da restrição imposta.

(D) A pena de multa descumprida não pode ser convertida em prisão.

A: incorreta, devendo ser assinalada, visto que não pode ter havido grave ameaça (art. 44, I, do CP); **B:** correta, nos termos do art. 44, § 3º, do CP; **C:** correta, nos termos do art. 44, § 4º, primeira parte, do CP; **D:** correta. Com a alteração implementada pela Lei 9.268/1996, que modificou a redação do art. 51 do Código Penal, fica vedada a conversão da pena de multa em prisão. Quanto a isso, valem alguns esclarecimentos, em especial no que concerne à legitimidade para promover a cobrança da pena de multa, tema, até então, objeto de divergência na doutrina e jurisprudência. Até o advento da Lei 9.268/1996, conforme já dissemos, era possível a conversão da pena de multa não adimplida em pena privativa de liberdade. Ou seja, o não pagamento da pena de multa imposta ao condenado poderia ensejar a sua prisão. Com a entrada em

vigor desta Lei, modificou-se o procedimento de cobrança da pena de multa, que passou a ser considerada dívida de valor, com incidência das normas relativas à dívida da Fazenda Pública. Com isso, deixou de ser possível - e esse era o objetivo a ser alcançado – a conversão da pena de multa em prisão. A partir de então, surgiu a discussão acerca da atribuição para cobrança da pena de multa: deveria ela se dar na Vara da Fazenda Pública ou na Vara de Execução Penal? A jurisprudência, durante muito tempo, consagrou o entendimento no sentido de que a pena pecuniária, sendo dívida de valor, possui caráter extrapenal e, portanto, a sua execução deve se dar pela Procuradoria da Fazenda Pública. Tal entendimento, até então pacífico, sofreu um revés em 2018, quando o STF, ao julgar a ADI 3150, conferiu nova interpretação ao art. 51 do CP e passou a considerar que a cobrança da multa, que constitui, é importante que se diga, espécie de sanção penal, cabe ao Ministério Público, que o fará perante o juízo da execução penal. Ficou ainda decidido que, caso o MP não promova a cobrança dentro do prazo de noventa dias, aí sim poderá a Procuradoria da Fazenda Pública fazê-lo. A atuação da Fazenda Pública passou a ser, portanto, subsidiária em relação ao MP. Pois bem. A Lei 13.964/2019, ao conferir nova redação ao art. 51 do CP, consolidou o entendimento adotado pelo STF, no sentido de que a execução da pena de multa ocorrerá perante o juiz da execução penal. A cobrança, portanto, cabe ao MP. De se ver que a atribuição subsidiária conferida à Fazenda Pública (pelo STF) não constou da nova redação do art. 51 do CP.
Gabarito "A"

(OAB/Exame Unificado – 2008.3) Assinale a opção correta acerca do regime disciplinar diferenciado, segundo a Lei de Execução Penal.

(A) Estará sujeito a esse regime disciplinar, sem prejuízo da sanção penal, o condenado que praticar, enquanto preso, fato previsto como crime doloso, causando com isso subversão da ordem ou disciplina internas.

(B) O regime disciplinar diferenciado terá a duração máxima de 6 meses.

(C) O preso provisório não se sujeita ao regime disciplinar diferenciado.

(D) O preso não terá direito a visitas semanais.

A: correta, nos moldes do art. 52, *caput*, da Lei 7.210/1984 (Lei de Execução Penal), cuja redação foi alterada por força da Lei 13.964/2019; **B:** incorreta. Ao tempo em que esta questão foi elaborada, estabelecia o art. 52, I, da Lei 7.210/1984 que o regime disciplinar diferenciado (RDD) tinha a duração máxima de 360 dias. Atualmente, por força das modificações implementadas no art. 52, I, da LEP pela Lei 13.964/2019, a duração máxima será de até 2 anos, sem prejuízo de repetição da sanção por nova falta grave de mesma espécie; **C:** incorreta. Por força do disposto no *caput* do art. 52 da Lei 7.210/1984, além do condenado, o preso provisório também sujeitar-se-á ao regime disciplinar diferenciado; **D:** incorreta. O preso, condenado ou provisório, em conformidade com a redação anterior do art. 52, III, da Lei 7.210/1984, em vigor à época em que aplicada esta prova, tinha direito a visitas semanais de duas pessoas, sem contar as crianças, com duração de duas horas. Dada a modificação operada nesse dispositivo pela Lei 13.964/2019, as visitas passam a ser quinzenais, de 2 pessoas por vez, que serão realizadas em instalações equipadas para impedir o contato físico e a passagem de objetos, por pessoa da família ou, no caso de terceiro, autorizado pelo juiz, com duração de 2 horas.
Gabarito "A"

(OAB/Exame Unificado – 2008.2) Com base na Lei de Execução Penal, assinale a opção correta.

(A) A assistência material ao preso consiste no fornecimento de alimentação, vestuário, objetos de higiene pessoal e da limpeza da cela, bem como instrumentos de trabalho e educacionais.

1078 EDUARDO DOMPIERI

(B) A assistência à saúde do preso, de caráter preventivo e curativo, compreende atendimento médico, farmacêutico e odontológico.

(C) A autoridade administrativa pode decretar o isolamento preventivo do preso faltoso e incluí-lo em regime disciplinar diferenciado, por interesse da disciplina, independentemente de despacho do juiz competente.

(D) Os presos, sem distinção, têm direito a contato com o mundo exterior por meio de visitas, inclusive íntimas, correspondência escrita, leitura e demais meios de comunicação e informação.

A: incorreta (art. 41 da Lei de Execuções Penais); **B:** correta, nos termos do art. 14 da Lei n. 7.210/1984 (Lei de Execuções Penais); **C:** incorreta. A inclusão em regime disciplinar diferenciado depende de despacho do juiz competente (art. 60 da Lei de Execuções Penais); **D:** incorreta, visto que a visita íntima, apesar de ser um costume adotado nos presídios, não está legalmente prevista (art. 41, X e XV, da Lei de Execuções).
Gabarito "B".

(FGV – 2013) Na forma do Art. 61 da LEP, assinale a alternativa que indica órgãos da execução penal.

(A) OAB e Ministério Público.

(B) Secretaria de Polícia Civil e Juízo da Execução.

(C) Patronato e Conselho da Comunidade.

(D) Defensoria Pública e OAB.

(E) Conselho Penitenciário e Conselho Tutelar.

A: incorreta, uma vez que a OAB não constitui órgão da execução penal, já que não integra o rol do art. 61 da Lei 7.210/1984; **B:** incorreta, uma vez que a Secretaria de Polícia Civil não constitui órgão da execução penal, já que não integra o rol do art. 61 da Lei 7.210/1984; **C:** correta, pois contempla órgãos da execução penal (art. 61, VI e VII, da LEP); **D:** incorreta. *Vide* comentário à alternativa "A"; **E:** incorreta, uma vez que o Conselho Tutelar não constitui órgão da execução penal, já que não integra o rol do art. 61 da Lei 7.210/1984.
Gabarito "C".

(FGV – 2013) As faltas disciplinares classificam-se em leves, médias e graves.

As alternativas a seguir apresentam faltas graves segundo a lei de execução penal, à exceção de uma. Assinale-a.

(A) Deixar de conservar em ordem os objetos de uso pessoal.

(B) Fugir.

(C) Tiver em sua posse, utilizar ou fornecer aparelho telefônico, de rádio ou similar, que permita a comunicação com outros presos ou com o ambiente externo.

(D) Descumprir, no regime aberto, as condições impostas.

(E) Faltar com o dever de obediência ao servidor e respeito a qualquer pessoa com quem deve relacionar-se.

A: incorreta, devendo ser assinalada. Embora se trate de dever imposto ao condenado (art. 39, X, da LEP), sua inobservância não configura falta grave, posto que não integra o rol do art. 50 da LEP; **B:** correta (art. 50, II, da LEP); **C:** correta (art. 50, VII, da LEP); **D:** correta (art. 50, V, da LEP); **E:** correta (arts. 39, II, e 50, VI, da LEP).
Gabarito "A".

(FGV – 2013) Com relação à *anistia*, à *graça* e ao *indulto*, assinale a afirmativa **incorreta**.

(A) A anistia, a graça e o indulto são causas de extinção da punibilidade previstas no Art. 107, do Código Penal.

(B) A anistia faz desaparecer o crime, cessando os efeitos penais, permanecendo os civis.

(C) A anistia resulta de uma lei, dependendo da sanção do Presidente.

(D) O indulto tem caráter coletivo, enquanto a graça é individual, sendo a concessão de ambos da competência do Presidente da República.

(E) A concessão do indulto prejudica o julgamento da apelação manejada pela defesa técnica.

A: correta, nos termos do art. 107, II, do CP; **B:** correta. De fato, na anistia, a lei penal que a institui tem efeito retroativo, que afasta todas as consequências de natureza penal; os efeitos civis, todavia, subsistem; **C:** correta. A concessão de anistia constitui de fato atribuição do Congresso Nacional, com a sanção do presidente da República, conforme reza o art. 48, VIII, da CF; **D:** correta. Ao presidente da República compete, privativamente, conceder *graça* e *indulto*, nos termos do art. 84, XII, da CF; **E:** incorreta, devendo ser assinalada, pois a concessão de indulto não impede o julgamento da apelação, na medida em que o recorrente pode, na apelação, obter absolvição.
Gabarito "E".

15. LEGISLAÇÃO EXTRAVAGANTE E TEMAS COMBINADOS

(OAB/Exame XXXV) Caio, primário e de bons antecedentes, sem envolvimento pretérito com o aparato policial ou judicial, foi denunciado pela suposta prática do crime de tráfico de drogas.

Em sua entrevista particular com seu advogado, esclareceu que, de fato, estaria com as drogas, mas que as mesmas seriam destinadas ao seu próprio uso. Indagou, então, à sua defesa técnica sobre as consequências que poderiam advir do acolhimento pelo magistrado de sua versão a ser apresentada em interrogatório.

Considerando apenas as informações expostas, o(a) advogado(a) deverá esclarecer ao seu cliente que, caso o magistrado entenda que as drogas seriam destinadas apenas ao uso de Caio, deverá o julgador

(A) condenar o réu, de imediato, pelo crime de porte de drogas para consumo próprio, aplicando o instituto da *mutatio libelli*.

(B) condenar o réu, de imediato, pelo crime de porte de drogas para consumo próprio, aplicando o instituto da *emendatio libelli*.

(C) reconhecer que não foi praticado o crime de tráfico de drogas e encaminhar os autos ao Ministério Público para analisar eventual proposta de transação penal.

(D) reconhecer que não foi praticado o crime de tráfico de drogas e encaminhar os autos ao Ministério Público para analisar proposta de suspensão condicional do processo, mas não transação penal, diante do procedimento especial previsto na Lei de Drogas.

A solução desta questão deve ser extraída do art. 48, § 5º, da Lei 11.343/2006 (Lei de Drogas), segundo o qual, *para os fins do disposto no art. 76 da Lei 9.099, de 1995, que dispõe sobre os Juizados Especiais Criminais, o Ministério Público poderá propor a aplicação imediata de pena prevista no art. 28 desta Lei, a ser especificada na proposta.* Isso significa que a proposta de transação penal do MP (art. 76, Lei 9.099/1995), formulada na hipótese de cometimento do crime porte de drogas para consumo próprio, deve restringir-se às penas previstas no art. 28 da Lei 11.343/2006.
Gabarito "C".

15. DIREITO PROCESSUAL PENAL 1079

(OAB/Exame XXXIII – 2020.3) Fernando foi preso em flagrante e indiciado pela suposta prática do crime previsto no Art. 306 da Lei 9.503/97 (Código de Trânsito Brasileiro), pois conduzia veículo automotor em via pública sob a influência de álcool.

O magistrado competente, ao analisar o auto de prisão em flagrante, concedeu a liberdade provisória, aplicando a cautelar de suspensão da habilitação para dirigir veículo automotor. Fernando, entendendo que a cautelar prejudicaria seu sustento, já que era motorista de caminhão, solicita que você, como advogado(a), adote as medidas cabíveis para questionar a decisão do magistrado de aplicar a cautelar alternativa de suspensão da habilitação.

Considerando apenas as informações expostas, de acordo com a Lei nº 9.503/97, o(a) advogado(a) de Fernando

(A) não poderá apresentar recurso, tendo em vista que a decisão que aplica cautelar alternativa é irrecorrível.

(B) poderá apresentar recurso de apelação.

(C) poderá apresentar recurso em sentido estrito.

(D) poderá apresentar recurso de agravo.

A solução desta questão deve ser extraída do art. 294, parágrafo único, da Lei 9.503/1997 (Código de Trânsito Brasileiro), que estabelece que, *da decisão que decretar a suspensão ou a medida cautelar, ou da que indeferir o requerimento do Ministério Público, caberá recurso em sentido estrito, sem efeito suspensivo.*

Gabarito "C".

(OAB/Exame Unificado – 2020.1) Durante escuta telefônica devidamente deferida para investigar organização criminosa destinada ao contrabando de armas, policiais obtiveram a informação de que Marcelo receberia, naquele dia, grande quantidade de armamento, que seria depois repassada a Daniel, chefe de sua facção.

Diante dessa informação, os policiais se dirigiram até o local combinado. Após informarem o fato à autoridade policial, que o comunicou ao juízo competente, eles acompanharam o recebimento do armamento por Marcelo, optando por não o prender naquele momento, pois aguardariam que ele se encontrasse com o chefe da sua organização para, então, prendê-los. De posse do armamento, Marcelo se dirigiu ao encontro de Daniel e lhe repassou as armas contrabandeadas, quando, então, ambos foram surpreendidos e presos em flagrante pelos policiais que monitoravam a operação.

Encaminhados para a Delegacia, os presos entraram em contato com um advogado para esclarecimentos sobre a validade das prisões ocorridas.

Com base nos fatos acima narrados, o advogado deverá esclarecer aos seus clientes que a prisão em flagrante efetuada pelos policiais foi

(A) ilegal, por se tratar de flagrante esperado.

(B) legal, restando configurado o flagrante preparado.

(C) legal, tratando-se de flagrante retardado.

(D) ilegal, pois a conduta dos policiais dependeria de prévia autorização judicial.

Segundo o que do enunciado consta, no curso de interceptação telefônica devidamente autorizada pelo Poder Judiciário, policiais que investigavam a ação de organização criminosa voltada à prática de contrabando de armas tomam conhecimento de que um dos membros dessa organização receberia, em determinado dia e em certo local,

grande quantidade de armamento, que, sem seguida, seria repassada ao chefe da facção. Com o objetivo de conferir maior efetividade à investigação, os agentes decidem protelar o momento da prisão em flagrante, pois assim seria possível efetuar a detenção não somente do membro da facção incumbido do recebimento e entrega do armamento, mas também do seu líder. Além do que, o retardamento da intervenção policial torna possível amealhar um espectro mais amplo de provas. Conforme é sabido, a autoridade policial e seus agentes, à luz do que estabelece o art. 301 do CPP, devem prender quem quer que se encontre em situação de flagrante. Contudo, em situações excepcionais, poderá a polícia, ainda que diante da concretização de crime por organização criminosa, optar por não efetuar a prisão naquele instante, deixando para fazê-lo em momento mais oportuno do ponto de vista da prova a ser colhida. Na hipótese narrada no enunciado, os agentes deveriam, em princípio, efetuar a prisão em flagrante no momento em que Marcelo recebia o armamento contrabandeado. Lançando mão do meio de obtenção de prova previsto no art. 3º, III, e disciplinado no art. 8º, ambos da Lei 12.850/2013 (ação controlada), os policiais, no lugar de prender Marcelo na primeira oportunidade, monitoram a sua ação até o momento em que é feita a entrega do armamento ao chefe da organização criminosa, Daniel, quando então ambos são presos em flagrante. As detenções não padecem de ilegalidade, já que realizadas de acordo com as regras estabelecidas no art. 8º da Lei 12.850/2013. Trata-se do chamado flagrante *retardado* ou *diferido*. É importante que se diga que o art. 8º, § 1º, da Lei 12.850/2013 (Organização Criminosa) reza que a ação controlada será *comunicada* ao juiz competente, que estabelecerá, conforme o caso, os limites da medida e comunicará o MP. Perceba que, neste caso, o legislador não impôs a necessidade de o magistrado autorizar o retardamento da intervenção policial; exigiu tão somente a sua comunicação. Já a Lei de Drogas (Lei 11.343/2006), em seu art. 53, *caput* e II, estabelece que a implementação da ação controlada deve ser precedida de autorização judicial e manifestação do MP.

Gabarito "C".

(OAB/Exame Unificado – 2018.2) Maicon, na condução de veículo automotor, causou lesão corporal de natureza leve em Marta, desconhecida que dirigia outro automóvel, que inicialmente disse ter interesse em representar em face do autor dos fatos, diante da prática do crime do Art. 303, *caput*, do Código de Trânsito Brasileiro.

Em audiência preliminar, com a presença de Maicon e Marta acompanhados por seus advogados e pelo Ministério Público, houve composição dos danos civis, reduzida a termo e homologada pelo juiz em sentença. No dia seguinte, Marta se arrepende, procura seu advogado e afirma não ter interesse na execução do acordo celebrado.

Considerando apenas as informações narradas, o advogado de Marta deverá

(A) interpor recurso de apelação da sentença que homologou a composição dos danos civis.

(B) esclarecer que o acordo homologado acarretou renúncia ao direito de representação.

(C) interpor recurso em sentido estrito da sentença que homologou composição dos danos civis.

(D) esclarecer que, sendo crime de ação penal de natureza pública, não caberia composição dos danos civis, mas sim transação penal, de modo que a sentença é nula.

A solução desta questão deve ser extraída do art. 74, parágrafo único, da Lei 9.099/1995, que assim dispõe: *tratando-se de ação penal de iniciativa privada ou de ação penal pública condicionada à representação, o acordo homologado acarreta a renúncia ao direito de queixa ou representação.*

Gabarito "B".

1080 EDUARDO DOMPIERI

(OAB/Exame Unificado – 2018.2) Caio vinha sendo investigado pela prática de crime de organização criminosa. Durante os atos de investigação, agentes da Polícia Civil descobriram que ele realizaria ação no exercício da atividade criminosa da organização que deixaria clara a situação de flagrante e permitiria a obtenção de provas. Todavia, a investigação também indicava que nos dias seguintes outros atos do grupo criminoso seriam praticados por Caio, o que permitiria a identificação de outros envolvidos na organização. Diante disso, a autoridade policial determina diretamente e em sigilo que ocorra ação controlada, comunicando apenas ao Ministério Público, retardando a intervenção policial para que a medida se concretizasse de forma mais eficaz à formação da prova e obtenção de informações.

Considerando apenas as informações narradas, o advogado de Caio poderá buscar a invalidade da chamada "ação controlada", porque

(A) não foi deferido acesso aos autos, antes do encerramento da diligência, à defesa técnica, mas tão só ao Ministério Público e ao delegado.

(B) não é instrumento previsto na Lei de Organização Criminosa, diferente da infiltração de agentes, devidamente disciplinada no diploma legal.

(C) não houve prévia comunicação ao juiz competente, que nos termos da lei, poderia, inclusive, estabelecer os limites do ato.

(D) não poderia haver retardo na realização da prisão em flagrante, sob pena de não mais ser admitida medida cautelar restritiva de liberdade, apesar de ser possível o retardo na formação e obtenção das provas.

A: incorreta. Por razões óbvias, até que a diligência, na ação controlada, seja concluída, o acesso aos autos será restrito ao juiz, ao MP e ao delegado de polícia (art. 8º, § 2º, Lei 12.850/2013); B: incorreta. Estão contempladas, na Lei de Organização Criminosa (Lei 12.850/2013), tanto a infiltração de agentes (art. 10) quanto a ação controlada (art. 8º); C: correta. O art. 8º, § 1º, da Lei12.850/2013 (Organização Criminosa) reza que a ação controlada será *comunicada* ao juiz competente, que estabelecerá, conforme o caso, os limites da medida e comunicará o MP. Perceba que, neste caso, o legislador não impôs a necessidade de o magistrado autorizar o retardamento da intervenção policial; exigiu tão somente a comunicação, providência esta não tomada no caso narrado no enunciado; D: incorreta. O retardamento da intervenção policial refere-se, na maioria dos casos, à não realização da prisão em flagrante, que deixa de ser levada a efeito mesmo diante da concretização do crime praticado pela organização criminosa. O objetivo, aqui, é, postergando a prisão para momento mais oportuno, reunir um acervo probatório mais robusto, tanto no que se refere à materialidade quanto à autoria, identificando-se outros membros da organização, inclusive aquele que exerce a sua liderança.
Gabarito "C".

(OAB/Exame Unificado – 2015.1) Scott procurou um advogado, pois tinha a intenção de ingressar com queixa-crime contra dois vizinhos que vinham lhe injuriando constantemente. Narrados os fatos e conferida procuração com poderes especiais, o patrono da vítima ingressou com a ação penal no Juizado Especial Criminal, órgão efetivamente competente, contudo o magistrado rejeitou a queixa apresentada. Dessa decisão do magistrado caberá

(A) recurso em sentido estrito, no prazo de 05 dias.

(B) apelação, no prazo de 05 dias.

(C) recurso em sentido estrito, no prazo de 02 dias.

(D) apelação, no prazo de 10 dias.

Está correta a assertiva "D", já que em consonância com o que estabelece o art. 82, *caput* e § 1º, da Lei 9.099/1995, segundo o qual, no âmbito do Juizado Especial, a decisão que rejeita a queixa (e também a denúncia) desafia recurso de apelação, que deverá ser interposto no prazo de dez dias.
Gabarito "D".

(OAB/Exame Unificado – 2014.3) Matheus foi denunciado pela prática dos crimes de tráfico de drogas (Art. 33, *caput*, da Lei 11.343/2006) e associação para o tráfico (Art. 35, *caput*, da Lei 11.343/2006), em concurso material. Quando da realização da audiência de instrução e julgamento, o advogado de defesa pleiteou que o réu fosse interrogado após a oitiva das testemunhas de acusação e de defesa, como determina o Código de Processo Penal (Art. 400 do CPP, com redação dada pela Lei 11.719/2008), o que seria mais benéfico à defesa. O juiz singular indeferiu a inversão do interrogatório, sob a alegação de que a norma aplicável à espécie seria a Lei 11.343/2006, a qual prevê, em seu Art. 57, que o réu deverá ser ouvido no início da instrução.

Nesse caso,

(A) o juiz não agiu corretamente, pois o interrogatório do acusado, de acordo com o Código de Processo Penal, é o último ato a ser realizado.

(B) o juiz agiu corretamente, eis que o interrogatório, em razão do princípio da especialidade, deve ser o primeiro ato da instrução nas ações penais instauradas para a persecução dos crimes previstos na Lei de Drogas.

(C) o juiz não agiu corretamente, pois é cabível a inversão do interrogatório, devendo ser automaticamente reconhecida a nulidade em razão da adoção de procedimento incorreto.

(D) o juiz agiu corretamente, já que, independentemente do procedimento adotado, não há uma ordem a ser seguida em relação ao momento da realização do interrogatório do acusado.

O examinador, adotando o princípio da especialidade, considerou como correta a alternativa "B", que está em conformidade com a regra presente no art. 57 da Lei 11.343/2006, segundo a qual o interrogatório, no âmbito do crime de tráfico, constitui o primeiro ato da instrução. Segundo jurisprudência atualmente consolidada nos tribunais superiores, o rito processual para o interrogatório, previsto no art. 400 do CPP, deve alcançar todos os procedimentos disciplinados por leis especiais, aqui incluído o rito previsto para as ações penais em que se apura o crime de tráfico de drogas, cujo art. 57 estabelece que o interrogatório realizar-se-á no começo da instrução. Significa que o interrogatório, mesmo nos procedimentos regidos por leis especiais, passa a ser o derradeiro ato da instrução. No entanto, com o fito de não abalar a segurança jurídica dos feitos em que já fora proferida sentença, tal entendimento somente deve ser aplicável aos processos com instrução ainda não ultimada até o dia 11.03.2016, que corresponde à data em que se deu a publicação da ata do julgamento, pelo STF, do HC 127.900. Conferir: "1. Por ocasião do julgamento do HC n. 127.900/AM, ocorrido em 3/3/2016 (DJe 3/8/2016), o Pleno do Supremo Tribunal Federal firmou o entendimento de que o rito processual para o interrogatório, previsto no art. 400 do Código de Processo Penal, deve ser aplicado a todos os procedimentos regidos por leis especiais. Isso porque a Lei n. 11.719/2008 (que deu nova redação ao referido art. 400) prepondera sobre as disposições em sentido contrário previstas em legislação especial, por se tratar de lei posterior mais benéfica ao acusado (*lex mitior*). 2. De modo a não comprometer o princípio da

15. DIREITO PROCESSUAL PENAL 1081

segurança jurídica dos feitos já sentenciados (CR, art. 5º, XXXVI), houve modulação dos efeitos da decisão: a Corte Suprema estabeleceu que essa nova orientação somente deve ser aplicada aos processos cuja instrução ainda não se haja encerrado. 3. Se nem a doutrina nem a jurisprudência ignoram a importância de que se reveste o interrogatório judicial - cuja natureza jurídica permite qualificá-lo como ato essencialmente de defesa –, não é necessária para o reconhecimento da nulidade processual, nos casos em que o interrogatório do réu tenha sido realizado no início da instrução, a comprovação de efetivo prejuízo à defesa, se do processo resultou condenação. Precedente. 4. O interrogatório é, em verdade, o momento ótimo do acusado, o seu "dia na Corte" (day in Court), a única oportunidade, ao longo de todo o processo, em que ele tem voz ativa e livre para, se assim o desejar, dar sua versão dos fatos, rebater os argumentos, as narrativas e as provas do órgão acusador, apresentar álibis, indicar provas, justificar atitudes, dizer, enfim, tudo o que lhe pareça importante para a sua defesa, além, é claro, de responder às perguntas que quiser responder, de modo livre, desimpedido e voluntário. 5. Não há como se imputar à defesa do acusado o ônus de comprovar eventual prejuízo em decorrência de uma ilegalidade, para a qual não deu causa e em processo que já lhe ensejou sentença condenatória. Isso porque não há, num processo penal, prejuízo maior do que uma condenação resultante de um procedimento que não respeitou as diretrizes legais e tampouco observou determinadas garantias constitucionais do réu (no caso, a do contraditório e a da ampla defesa). 6. Uma vez fixada a compreensão pela desnecessidade de a defesa ter de demonstrar eventual prejuízo decorrente da inversão da ordem do interrogatório do réu, em processo do qual resultou a condenação, também não se mostra imprescindível, para o reconhecimento da nulidade, que a defesa tenha alegado o vício processual já na própria audiência de instrução. 7. Porque reconhecida a nulidade do interrogatório do recorrente, com a determinação de que o Juízo de primeiro grau proceda à nova realização do ato, fica prejudicada a análise das demais matérias suscitadas neste recurso (reconhecimento da minorante prevista no § 4º do art. 33 da Lei de Drogas, fixação do regime aberto e substituição da reprimenda privativa de liberdade por restritivas de direitos). 8. Recurso especial provido, para anular o interrogatório do recorrente e determinar que o Juízo de primeiro grau proceda à nova realização do ato (Processo n. 0000079-90.2016.8.26.0592, da Vara Criminal da Comarca de Tupã - SP)" (STJ, REsp 1825622/SP, Rel. Ministro ROGERIO SCHIETTI CRUZ, SEXTA TURMA, julgado em 20/10/2020, DJe 28/10/2020). Como se pode ver, levando-se em conta o atual entendimento jurisprudencial, a assertiva estaria correta.
Gabarito "B".

(OAB/Exame Unificado – 2014.1) Fernanda, durante uma discussão com seu marido Renato, levou vários socos e chutes. Inconformada com a agressão, dirigiu-se à Delegacia de Polícia mais próxima e narrou todo o ocorrido. Após a realização do exame de corpo de delito, foi constatada a prática de lesão corporal leve por parte de Renato. O Delegado de Polícia registrou a ocorrência e requereu as medidas cautelares constantes no Artigo 23 da Lei 11.340/2006. Após alguns dias e com objetivo de reconciliação com o marido, Fernanda foi novamente à Delegacia de Polícia requerendo a cessação das investigações para que não fosse ajuizada a ação penal respectiva.

Diante do caso narrado, de acordo com o recente entendimento do Supremo Tribunal Federal, assinale a afirmativa correta.

(A) No âmbito da Lei Maria da Penha, nos crimes de lesão corporal leve, a ação penal é condicionada à representação. Desta forma, é possível a sua retratação, pois não houve o oferecimento da denúncia.

(B) No âmbito da Lei Maria da Penha, nos crimes de lesão corporal leve, a ação penal é pública incondicionada,

sendo impossível interromper as investigações e obstar o prosseguimento da ação penal.

(C) No âmbito da Lei Maria da Penha, nos crimes de lesão corporal leve, a ação penal é pública incondicionada, mas é possível a retratação da representação antes do oferecimento da denúncia.

(D) No âmbito da Lei Maria da Penha, nos crimes de lesão corporal leve, a ação penal é pública condicionada à representação, mas como os fatos já foram levados ao conhecimento da autoridade policial será impossível impedir o prosseguimento das investigações e o ajuizamento da ação penal.

Em decisão tomada no julgamento da ADIn n. 4.424, de 09.02.2012, o STF estabeleceu a natureza _incondicionada_ da ação penal nos crimes de lesão corporal, independente de sua extensão, praticados contra a mulher no ambiente doméstico. Tal decisão, é importante que se diga, é restrita aos crimes de lesão corporal, não se aplicando, por exemplo, ao crime de ameaça, que, por força do que estabelece o art. 147, parágrafo único, do CP, continua a ser de ação penal pública condicionada à representação da vítima, que deverá, bem por isso, manifestar seu desejo em ver processado o autor deste delito. De se ver que, se praticada (a ameaça) no âmbito doméstico, exige-se que a renúncia à representação seja formulada perante o juiz e em audiência designada para esse fim (art. 16 da Lei 11.340/2006). _Vide_, quanto a isso, a Súmula 542, do STJ.
Gabarito "B".

(OAB/Exame Unificado – 2013.3) Segundo a Lei dos Juizados Especiais, assinale a alternativa que apresenta o procedimento correto.

(A) Aberta a audiência, será dada a palavra ao defensor para responder à acusação, após o que o Juiz receberá, ou não, a denúncia ou queixa; havendo recebimento, serão ouvidas a vítima e as testemunhas de acusação e defesa, interrogando-se a seguir o acusado, se presente, passando-se imediatamente aos debates orais e à prolação da sentença.

(B) Da decisão de rejeição da denúncia ou queixa caberá recurso em sentido estrito, que deverá ser interposto no prazo de cinco dias.

(C) Os embargos de declaração são cabíveis quando, em sentença ou acórdão, houver obscuridade, contradição, omissão ou dúvida, que deverão ser opostos em dois dias.

(D) Se a complexidade do caso não permitir a formulação da denúncia oral em audiência, o Ministério Público poderá requerer ao juiz dilação do prazo para apresentar denúncia escrita nas próximas 72 horas.

A: correta, pois corresponde à redação do art. 81, _caput_, da Lei 9.099/1995; **B:** incorreta. O art. 82, _caput_ e § 1º, da Lei 9.099/1995 estabelece que da decisão que rejeitar a denúncia ou a queixa caberá recurso de _apelação_ (e não _recurso em sentido estrito_), a ser interposto, por petição escrita, no prazo de dez dias, da qual deverão constar as razões e o pedido. Registre-se que o julgamento deste recurso caberá a uma turma composta de três juízes em exercício no primeiro grau de jurisdição, reunidos na sede do Juizado; **C:** incorreta, uma vez que os embargos de declaração, no âmbito do juizado especial criminal, deverão ser opostos no prazo de cinco dias (e não de dois), a contar da ciência da decisão – art. 83, § 1º, da Lei 9.099/1995; **D:** incorreta. Se a complexidade do caso impedir a formulação de denúncia em audiência, poderá o MP requerer ao juiz o encaminhamento das peças existentes, na forma estatuída no art. 66, parágrafo único, da Lei 9.099/1995 (art. 77, § 2º, da Lei 9.099/1995).
Gabarito "A".

1082 EDUARDO DOMPIERI

(OAB/Exame Unificado 2012.3.A) Em relação Lei Maria da Penha, assinale a afirmativa correta.

(A) Constatada a prática de violência doméstica e familiar contra a mulher, a autoridade policial poderá aplicar, de imediato, ao agressor, em conjunto ou separadamente, medidas protetivas de urgência, dentre as quais o afastamento do lar, domicílio ou local de convivência com a ofendida.

(B) Em todos os casos de violência doméstica e familiar contra a mulher, feito o registro da ocorrência, deverá a autoridade policial adotar, de imediato, procedimentos especiais em relação ao agressor, dentre os quais podemos citar a suspensão da posse ou restrição do porte de armas, com comunicação ao órgão competente, nos termos da Lei n. 10.826, de 22 de dezembro de 2003, sem prejuízo daqueles previstos no Código de Processo Penal.

(C) Somente o advogado da ofendida deverá ser notificado, através do Diário Oficial, dos atos processuais relativos ao agressor, especialmente dos pertinentes ao ingresso e à saída da prisão.

(D) Em qualquer fase do inquérito policial ou da instrução criminal, caberá a prisão preventiva do agressor, decretada pelo juiz, de ofício, a requerimento do Ministério Público ou mediante representação da autoridade policial.

A: incorreta. Ao tempo em que formulada esta questão, somente ao juiz era dado aplicar as medidas protetivas de urgência, nos termos do art. 22, *caput*, da Lei 11.340/2006 (Maria da Penha). Tal realidade mudou com o advento da Lei 13.827/2019, que inseriu na Lei 11.340/2006 (Maria da Penha) o art. 12-C, que estabelece que, constatada situação de risco à vida ou à integridade física da mulher, no contexto de violência doméstica e familiar, a autoridade policial promoverá o imediato afastamento do ofensor do lar ou do local em que convive com a ofendida, desde que o município não seja sede de comarca; à falta de autoridade policial, o afastamento poderá ser realizado pelo policial de plantão; **B:** incorreta. Providência não prevista no art. 12 da Lei Maria da Penha; **C:** incorreta, pois contraria o disposto no art. 21, *caput*, da Lei Maria da Penha; **D:** correta, pois reflete o que estabelece o art. 20, *caput*, da Lei Maria da Penha.
„Gabarito "D".

(OAB/Exame Unificado – 2012.3.A) Em relação aos procedimentos previstos na Lei n. 8.666/1993, que instituiu as normas de licitações e contratos da Administração Pública, assinale a afirmativa correta.

(A) Todos os crimes definidos na lei de licitação e contratos ação penal pública incondicionada.

(B) Somente a vítima poderá provocar a iniciativa do Ministério Público, fornecendo-lhe, por escrito, informações sobre o fato e sua autoria, bem como as circunstâncias em que se deu a ocorrência.

(C) Não será admitida ação penal privada subsidiária da pública.

(D) Da sentença caberá apelação, interponível no prazo de 10 (dez) dias.

A: correta, pois, em conformidade com o que dispõe o art. 100 da Lei 8.666/1993, a ação penal, nos crimes nela previstos, é pública incondicionada; **B:** incorreta, pois contraria o disposto no art. 101 da Lei 8.666/1993; **C:** incorreta, já que a ação penal privada subsidiária está expressamente prevista no art. 103 da Lei 8.666/1993; **D:** incorreta. A teor do art. 107 da Lei 8.666/1993, o prazo para a interposição de apelação é de cinco dias, não de dez. Atenção: os arts. 89 a 108 da Lei 8.666/1993, que reuniam os crimes em espécie e o respectivo procedimento judicial, foram revogados pela Lei 14.133/2021 (nova Lei de Licitações e Contratos Administrativos). Por força desta mesma Lei, os delitos relativos a licitações e contratos administrativos foram inseridos no Código Penal, criando-se, para tanto, o Capítulo II-B, dentro do Título XI (dos crimes contra a administração pública). Assim, as condutas configuradoras de crimes relativos a licitações e contratos administrativos, que antes tinham previsão na Lei 8.666/1993, passam a tê-lo nos arts. 337-E a 337-P do CP.
„Gabarito "A".

(OAB/Exame Unificado – 2011.3.B) O policial Fernando recebe determinação para investigar a venda de drogas em uma determinada localidade, próximo a uma reconhecida Faculdade de Direito. A autoridade judiciária autoriza que o policial, nesse primeiro momento, não atue sobre os portadores e vendedores de entorpecentes, com a finalidade de identificar e responsabilizar um maior número de integrantes na operacionalização do tráfico e de sua distribuição. A figura do flagrante diferido é prevista em quais legislações brasileiras?

(A) Na Lei de Drogas (11.343/2006) e na Lei do Crime Organizado (9.034/1995).

(B) Somente na Lei de Drogas (11.343/2006).

(C) Na Lei de Drogas (11.343/2006) e na Lei de Crimes Hediondos (8.072/1990).

(D) Na Lei do Crime Organizado (9.034/1995) e na Lei de Crimes Hediondos (8.072/1990).

Art. 53, II, da Lei 11.343/2006 (Lei de Drogas); com a revogação da Lei 9.034/1995 pela Lei 12.850/2013 (Crime Organizado), a disciplina da ação controlada, nesta novel legislação, está prevista nos arts. 3º, III, 8º e 9º.
„Gabarito "A".

(OAB/Exame Unificado – 2011.3.B) Mévio recebeu intimação para comparecer ao Juizado Especial Criminal pelo fato de ter em sua guarda espécie silvestre considerada ameaçada de extinção. Mévio não aceitou a proposta de transação penal ofertada pelo membro do *Parquet*, tendo sido denunciado por crime previsto na Lei 9.605/1998, nada sendo mencionado sobre o instituto da suspensão condicional do processo. A esse respeito, é correto afirmar que

(A) nos crimes previstos na Lei Ambiental, após o cumprimento das condições da proposta, o juiz somente declarará a extinção da punibilidade após o laudo de constatação de reparação do dano ambiental, salvo no caso de impossibilidade de fazê-lo.

(B) não é possível a suspensão condicional do processo nos crimes definidos na Lei Ambiental.

(C) o juiz, entendendo cabível o instituto, poderá formular e oferecer a proposta de suspensão do processo ao acusado.

(D) nos crimes previstos na Lei Ambiental, após o cumprimento das condições da proposta, o juiz declarará extinta a punibilidade.

A alternativa correta é a "A", conforme disposição contida no art. 28, I, da Lei 9.605/1998.
„Gabarito "A".

15. DIREITO PROCESSUAL PENAL 1083

(OAB/Exame Unificado – 2011.1) À luz da lei que dispõe sobre os Juizados Especiais Criminais (Lei 9.099/1995), assinale a alternativa correta.

(A) Tratando-se de crime de ação penal pública incondicionada, não sendo caso de arquivamento, o Ministério Público poderá propor a aplicação imediata de pena restritiva de direitos ou multas, a ser especificada na proposta.

(B) A competência do juizado será determinada pelo lugar em que se consumar a infração penal.

(C) A citação será pessoal e se fará no próprio juizado, sempre que possível, ou por edital.

(D) O instituto da transação penal pode ser concedido pelo juiz sem a anuência do Ministério Público.

A: o texto da assertiva – que está correta – corresponde à redação do art. 76 da Lei 9.099/1995, que cuida da chamada transação penal; **B:** incorreta, pois, a teor do disposto no art. 63 da Lei 9.099/1995, a competência do juizado será determinada pelo lugar em que foi praticada a infração penal. Já o Código de Processo Penal, em seu art. 70, estabelece que a competência será determinada, de regra, pelo lugar em que se consumar a infração penal; **C:** a proposição está em parte correta. É verdadeira a parte da assertiva em que se afirma que "a citação será pessoal e se fará no próprio juizado, sempre que possível" – art. 66, *caput*, Lei 9.099/1995. Mas se dizer que a citação far-se-á, no âmbito do juizado especial, por edital torna a assertiva incorreta. É que, em obediência ao que preleciona o art. 66, parágrafo único, da Lei 9.099/1995, uma vez não localizado o acusado para ser citado, o juiz deverá providenciar o encaminhamento dos autos ao juízo comum para prosseguimento, e não determinar a sua citação por edital; **D:** incorreto, já que é vedado ao juiz substituir-se ao membro do Ministério Público e, ele próprio, oferecer a proposta de transação penal. Diante da recusa injustificada do promotor de Justiça em oferecer a proposta, cabe ao magistrado aplicar, por analogia, o art. 28 do CPP, provocando a atuação do chefe do *parquet*. Gabarito "A".

(OAB/Exame Unificado – 2011.1) A Lei 7.492/1986 define os Crimes contra o Sistema Financeiro Nacional. Acerca do procedimento previsto para tais crimes, é correto afirmar que

(A) a ação penal será promovida perante a Justiça Federal quando a infração for praticada em detrimento de bens e serviços de entes federais. Nos demais casos, será proposta perante a Justiça Estadual.

(B) os órgãos dos Ministérios Públicos Federal e Estadual, sempre que julgarem necessário, poderão requisitar, a qualquer autoridade, informação, documento ou diligência relativa à prova dos crimes previstos na Lei 7.492/1986.

(C) quando a denúncia não for intentada no prazo legal, o ofendido poderá representar ao Procurador-Geral da República, para que este a ofereça, designe outro órgão do Ministério Público para oferecê-la ou determine o arquivamento das peças de informações recebidas.

(D) nos crimes previstos nessa lei, cometidos em quadrilha ou coautoria, o coautor ou partícipe que, por meio de confissão espontânea, revelar à autoridade policial ou judicial toda a trama delituosa terá sua pena reduzida de 1 (um) a 2/5 (dois quintos).

A: incorreta, na medida em que a ação penal nos crimes contra o sistema financeiro nacional será sempre promovida perante a Justiça Federal,

---

conforme estabelecem os arts. 109, VI, segunda parte, da CF e 26, *caput*, da Lei 7.492/1986; **B:** incorreta, pois esta atribuição é exclusiva do Ministério Público Federal – art. 29, *caput*, da Lei 7.492/1986; **C:** correta, nos moldes do art. 27 da Lei 7.492/1986; **D:** incorreta, uma vez que a redução prevista no 25, § 2º, da Lei 7.492/1986 é da ordem de um a dois terços. Gabarito "C".

(OAB/Exame Unificado – 2010.1) Considerando as disposições processuais penais previstas na Lei federal n. 9.099/1995 (Lei dos Juizados Especiais), assinale a opção correta.

(A) Os processos referentes aos juizados especiais criminais devem orientar-se pelos critérios de oralidade, documentação, simplicidade, formalidade, economia processual e celeridade, em busca, sempre que possível, da conciliação ou da transação.

(B) O juizado especial criminal, provido por juízes togados ou togados e leigos, tem competência apenas para a conciliação e o julgamento das infrações penais de menor potencial ofensivo, respeitadas as regras de conexão e continência.

(C) Na reunião de processos, perante o juízo comum ou o tribunal do júri, decorrente da aplicação das regras de conexão e continência, serão observados os institutos da transação penal, excluindo-se os da composição dos danos civis.

(D) Os atos processuais serão públicos e poderão realizar-se em horário noturno e em qualquer dia da semana, conforme dispuserem as normas de organização judiciária.

A: opção incorreta. Dispõe o art. 2.º da Lei n. 9.099/1995 que "o processo orientar-se-á pelos critérios de oralidade, simplicidade, informalidade, economia processual e celeridade, buscando, sempre que possível, a conciliação ou a transação". Do mesmo modo, também não há exigência, no sistema dos juizados especiais, que as provas sejam conservadas "por escrito", o que afasta o critério da "documentação". Ada Pellegrini Grinover, Antônio Carlos de Araújo Cintra e Cândido Rangel Dinamarco lecionam que "quando se exige que as alegações ou provas orais sejam conservadas por escrito, fala-se no princípio da documentação" (*Teoria Geral do Processo*. 18 ed., Malheiros Editores, 2002. p. 325); **B:** opção incorreta. Dispõe o art. 60 da Lei n. 9.099/1995 que "o Juizado Especial Criminal, provido por juízes togados ou togados e leigos, tem competência para a conciliação, o julgamento e a execução das infrações penais de menor potencial ofensivo, respeitadas as regras de conexão e continência"; **C:** opção incorreta. Dispõe o parágrafo único do art. 60 da Lei n. 9.099/1995 que "na reunião de processos, perante o juízo comum ou o tribunal do júri, decorrentes da aplicação das regras de conexão e continência, observar-se-ão os institutos da transação penal e da composição dos danos civis"; **D:** opção correta. Trata-se da redação expressa no art. 64 da Lei n. 9.099/1995. Gabarito "D".

(OAB/Exame Unificado – 2009.2) A respeito dos meios de prova e das citações e intimações no âmbito do direito processual penal, assinale a opção correta.

(A) O procedimento de acareação, objeto de severas críticas por violar o princípio da dignidade da pessoa humana, foi extinto pela recente reforma do CPP.

(B) O oficial de justiça, ao verificar que o réu se oculta para não ser citado, deve certificar a ocorrência e proceder à citação com hora certa, na forma estabelecida no CPC.

1084 EDUARDO DOMPIERI

(C) O exame do corpo de delito e outras perícias devem ser feitos, necessariamente, por dois peritos oficiais ou, na impossibilidade de estes o fazerem, por duas pessoas idôneas assim consideradas pelo juiz.

(D) Tratando-se de processo penal, é absoluta a nulidade por falta de intimação da expedição de precatória para inquirição de testemunha.

A: incorreta, porquanto a acareação, meio de prova presente nos arts. 229 e 230 do CPP, não sofreu qualquer modificação. A reforma a que foi submetido do CPP, portanto, não extinguiu o procedimento; **B:** correta, pois, de fato, a Lei 11.719/2008 alterou a redação do art. 362 do CPP e introduziu, no âmbito do processo penal, a *citação por hora certa*, antes exclusiva do processo civil; **C:** incorreta, já que o art. 159, *caput*, do CPP, com a redação que lhe foi dada pela Lei 11.690/2008, determina que o exame de corpo de delito e outras perícias sejam realizados por *perito oficial*, portador de diploma de curso superior. A redação anterior do dispositivo exigia a realização da perícia por dois profissionais; **D:** incorreta. Cuida-se de *nulidade relativa*, consoante entendimento esposado na Súmula 155 do STF.
Gabarito "B".

(OAB/Exame Unificado – 2008.2) Manoel está sendo investigado pela prática do crime de lavagem de dinheiro. Por meio de testemunhas, a autoridade policial tomou conhecimento de que, em sua residência, constam provas da autoria do crime, tais como dinheiro, registros contábeis e transferências bancárias. Considerando a situação hipotética acima, assinale a opção correta.

(A) A autoridade policial pode realizar imediatamente a busca e apreensão, visto que, quando realiza a diligência pessoalmente, não necessita de mandado judicial.

(B) Caso Manoel permita que a autoridade policial entre em sua residência, a diligência poderá ser efetuada durante o dia ou à noite, com ou sem mandado judicial.

(C) Cartas particulares encontradas durante a busca e apreensão, estejam elas abertas ou fechadas, poderão ser apreendidas, quando a diligência ocorrer mediante autorização judicial.

(D) Ainda que Manoel, durante a busca e apreensão, se negue terminantemente a abrir gavetas, sob o argumento de que tenha perdido as chaves, os policiais não poderão arrombá-las; caso o façam, estará caracterizado abuso de autoridade, independentemente da existência de mandado judicial.

Assim dispõe o inc. XI do art. 5º da CF: "a casa é asilo inviolável do indivíduo, ninguém nela podendo penetrar sem consentimento do morador, salvo em caso de flagrante delito ou desastre, ou para prestar socorro, ou, durante o dia, por determinação judicial". Quanto a este tema, vale o registro de que o STJ pacificou o entendimento no sentido de que cabe ao Estado comprovar que o morador anuiu com o ingresso de policiais no seu domicílio sem ordem judicial. Nesse sentido: 1. O Superior Tribunal de Justiça tem entendimento pacífico de que o ônus de comprovar o suposto consentimento do morador para a entrada dos policiais no imóvel é do Estado que o alega. Notadamente, na hipótese em que transcorrido mais de um ano da decisão proferida no HC 598.051/SP (Relatoria do Ministro Rogério Schietti), na qual fixou--se prazo de um ano para o aparelhamento das polícias, treinamento e demais providências necessárias para a adaptação às diretrizes estabelecidas na referida decisão - sobre as futuras buscas domiciliares, sem mandado judicial. Na oportunidade, firmou-se o posicionamento de que

a prova do consentimento de morador acerca do ingresso de policiais em residência sem mandado judicial para averiguação de situação de flagrante deve ser feita mediante registro em vídeo e áudio e, sempre que possível, por escrito. 2. Agravo regimental não provido.". (AgRg no HC n. 766.472/SP, relator Ministro Ribeiro Dantas, Quinta Turma, julgado em 18/10/2022, DJe de 24/10/2022.).
Gabarito "B".

(OAB/Exame Unificado – 2008.1) Assinale a opção correta acerca do processo penal.

(A) No que se refere ao processo e julgamento dos crimes de responsabilidade dos funcionários públicos, é desnecessária a resposta preliminar na ação penal instruída por inquérito policial.

(B) A opinião do julgador sobre a gravidade em abstrato do crime constitui motivação idônea para a imposição de regime mais severo do que o permitido segundo a pena aplicada.

(C) A reincidência penal pode ser considerada como circunstância agravante e, simultaneamente, como circunstância judicial.

(D) Viola as garantias do juiz natural, da ampla defesa e do devido processo legal a atração por continência ou conexão do processo do corréu ao foro por prerrogativa de função de um dos denunciados.

A: correta. A peculiaridade do procedimento referente aos crimes de responsabilidade dos funcionários públicos reside na impugnação ofertada pelo funcionário antes do recebimento da denúncia. É a chamada *resposta* ou *defesa preliminar*, prevista no art. 514 do CPP, que somente terá incidência nos crimes funcionais afiançáveis, não se estendendo ao particular que, na qualidade de coautor ou partícipe, tomar parte no crime. Com a edição da Súmula 330 do STJ, esta defesa que antecede o recebimento da denúncia deixou de ser necessária na ação penal alicerçada em inquérito policial. Dessa forma, a formalidade imposta pelo art. 514 do CPP somente se fará necessária, segundo o STJ, quando a denúncia se basear em outras peças de informação que não o inquérito policial. Em outras palavras, a resposta preliminar é necessária, sim, na hipótese de a ação penal não ser calcada em inquérito policial; **B:** incorreta, visto que a opinião do julgador não constitui motivação idônea (Súmula n. 718 do STF); **C:** incorreta. Não pode ser considerada como circunstância agravante e, simultaneamente, como circunstância judicial (Súmula n. 241 do STJ); **D:** incorreta, pois não viola tais garantias (Súmula n. 704 do STF).
Gabarito "A".

(FGV – 2013) João foi denunciado e condenado no Juizado Especial Criminal pela prática do crime de ameaça à pena privativa de liberdade de 5 meses. Inconformado com a pena aplicada, o advogado decide interpor o seguinte recurso adequado:

(A) apelação, no prazo de 5 dias, com razões a serem oferecidas no prazo de 8 dias.

(B) apelação, no prazo de 8 dias, com razões a serem oferecidas no prazo de 5 dias.

(C) apelação, no prazo de 10 dias.

(D) apelação, no prazo de 15 dias.

(E) recurso em sentido estrito, no prazo de 2 dias.

Segundo estabelece o art. 82, § 1º, da Lei 9.099/1995, da sentença, proferida pelo Juizado Especial Criminal, caberá apelação escrita no prazo de 10 (dez) dias, da qual constarão as razões e o pedido do recorrente.
Gabarito "C".

16. DIREITOS HUMANOS

Renan Flumian

1. TEORIA GERAL E DOCUMENTOS HISTÓRICOS

(OAB/Exame Unificado – 2013.2) *"Ninguém poderá ser detido, preso ou despojado dos seus bens, costumes e liberdades, senão em virtude de julgamento de seus pares, segundo as leis do país."*

O texto transcrito é um trecho da Magna Carta, proclamada na Inglaterra, no ano de 1215. Esse importante documento é apontado como um marco na afirmação histórica dos direitos humanos, dentre outras razões, porque

(A) consolida os direitos civis e políticos e os econômicos e sociais.

(B) é origem daquilo que na modernidade ficou conhecido como devido processo legal.

(C) representa um marco jurídico político que estabeleceu uma nova ordem social na Inglaterra, tendo sido respeitada por todos os governos seguintes.

(D) institui e oficializa o direito ao habeas corpus.

Dentre as assertivas existentes, a única que faz correta menção à importância destacada da Magna Carta é a B. O século XII marcou o início de uma onda de centralização de poder, tanto em nível civil como eclesiástico. É importante ter em mente tal consideração, pois ela é o motivador da assinatura da Magna Carta. À título histórico, cabe lembrar que já em 1188 havia sido feita a declaração das cortes de Leão, na Espanha. Depois dessa declaração, os senhores feudais espanhóis continuaram se manifestando, mediante declarações e petições, contra a instalação do poder real soberano. A Magna Carta é um documento de 1215 que limitou o poder dos monarcas da Inglaterra, impedindo o exercício do poder absoluto. Ela resultou de desentendimentos entre o rei João I (conhecido como "João Sem Terra"), o papa e os barões ingleses acerca das prerrogativas do soberano. Essas discordâncias tinham raízes diversas. A contenda com os barões foi motivada pelo aumento das exações fiscais, constituídas para financiar campanhas bélicas, pois o rei João Sem Terra acabara de perder a Normandia – que era sua por herança dinástica – para o rei francês Filipe Augusto. A desavença com o papa surgiu de seu apoio às pretensões territoriais do imperador Óton IV, seu sobrinho, em prejuízo do papado. Ademais, o rei João I recusara a escolha papal de Stephen Langton como cardeal de Canterbury, o que lhe rendeu a excomunhão, operada pelo papa Inocêncio III. A Magna Carta só foi assinada pelo rei quando a revolta armada dos barões atingiu Londres, sendo sua assinatura condição para o cessar-fogo. Todavia, ela foi reafirmada solenemente (pois tinha vigência determinada de três meses) em 1216, 1217 e 1225, quando se tornou direito permanente. Como curiosidade, cabe apontar que algumas de suas disposições se encontram em vigor ainda nos dias de hoje. Sua forma foi de promessa unilateral, por parte do monarca, de conceder certos privilégios aos barões, mas é possível entendê-la como uma convenção firmada entre os barões e o rei. Além disso, segundo os termos do documento, o rei deveria renunciar a certos direitos e respeitar determinados procedimentos legais (apontado, pela historiologia jurídica, como a origem do devido processo legal), bem como reconhecer que sua vontade estaria sujeita à lei. Considera-se a Magna Carta o primeiro capítulo de um longo processo histórico que levaria ao surgimento do constitucionalismo[1] e da democracia moderna. Em síntese, o documento é uma limitação institucional dos poderes reais.

Gabarito "B".

(OAB/Exame Unificado – 2013.1) Sobre o sistema global de proteção dos Direitos Humanos, assinale a afirmativa correta.

(A) O Direito Humanitário, a Organização Internacional do Trabalho e a Liga das Nações são considerados os principais precedentes do processo de internacionalização dos direitos humanos, uma vez que rompem com o conceito de soberania, já que admitem intervenções nos países em prol da proteção dos direitos humanos.

(B) A Declaração Universal dos Direitos Humanos juntamente com a adoção do Pacto Internacional dos Direitos Civis e Políticos formam a Carta Internacional dos Direitos Humanos, podendo um Estado adotar ou não os seus postulados.

(C) O sistema global restringe-se à Carta Internacional dos Direitos Humanos. Outros tratados multilaterais sobre Direitos Humanos, que se referem a violações específicas de direitos, tais como Convenção Internacional contra a Tortura, são facultativos e, consequentemente, não são considerados como parte do sistema global.

(D) O sistema global é composto por mecanismos não convencionais de proteção dos direitos humanos. Tais mecanismos são aqueles criados por convenções específicas de Direitos Humanos, de adoção facultativa para os Estados.

A: correta. A ideia de soberania absoluta encontra-se há muito superada. Assim, o Estado que violar direitos humanos poderá ser responsabilizado perante a comunidade internacional, como, por exemplo, por intermédio de cortes regionais (ex.: Corte Interamericana de Direitos Humanos) ou de comitês internacionais (ex.: Comitê dos Direitos Humanos criado pelo Pacto Internacional dos Direitos Civis e Políticos). Por essa lógica, o indivíduo que tiver sua dignidade violada e não conseguir a efetiva tutela poderá dirigir-se (direta ou indiretamente), quando previsto, a cortes e comitês internacionais para buscar sua devida proteção. Sobre a responsabilização de Estado, é importante dizer que o artigo 28 da Convenção Americana de Direitos Humanos estabelece a cláusula federal, que em seu ponto 2 determina: "No tocante às disposições relativas às matérias que correspondem à competência das entidades componentes da federação, o governo nacional deve tomar imediatamente as medidas pertinentes, em conformidade com sua Constituição e com suas leis, a fim de que as autoridades competentes das referidas entidades possam adotar as disposições cabíveis para o cumprimento desta Convenção". Ademais, sempre é o governo central que responderá perante a comunidade internacional, pois é o

---

1. O constitucionalismo pode ser conceituado como o movimento político, social e jurídico cujo objetivo é limitar o poder do Estado por meio de uma Constituição. Já o neoconstitucionalismo surge depois da Segunda Guerra Mundial e tem por objetivo principal conferir maior efetividade aos comandos constitucionais, notadamente os direitos fundamentais.

representante do Estado como um todo, o único dotontor de personalidade jurídica internacional. Em outras palavras, a Federação de Estados ou Estado Federal é a união permanente de dois ou mais estados, dos quais cada um conserva apenas a autonomia interna, pois a soberania externa é exercida por um órgão central, normalmente denominado *governo federal*. O Brasil é Estado Federal desde a Constituição Federal de 1891. Por fim, pode-se afirmar que a divisão de autonomias em relação às competências internas não interfere na responsabilização internacional. E o dirigente político que conduzir o país à prática de crimes contra a humanidade também poderá ser julgado e condenado pelo Tribunal Penal Internacional (TPI). Sobre esse processo de mitigação da soberania, é imprescindível apontar o papel do Tribunal de Nuremberg[2], pois com a instalação desse tribunal *ad hoc* ficou demonstrada a necessária flexibilização da noção de soberania para bem proteger os direitos humanos. Por outro lado, ficou comprovado o reconhecimento de direitos do indivíduo pelo direito internacional. Antes do Tribunal de Nuremberg, podemos citar o Direito Humanitário, a Liga das Nações e a Organização Internacional do Trabalho como exemplos de limitação, oriundas da comunidade internacional, que os Estados sofreram em sua inabalável soberania. É importante destacar o caráter *complementar* e *subsidiário* dos sistemas internacionais, porque estes apenas serão acionados caso o sistema jurídico nacional tenha sido incapaz ou não tenha demonstrado interesse em julgar o caso. Sob outro aspecto, não se configuraria vilipêndio à soberania, pois, na maioria dos casos, o Estado, com suporte no *princípio da autodeterminação dos povos*, aquiesceu à competência de cortes e comitês internacionais. Isto é, com supedâneo em sua soberania escolheu fazer parte de certo sistema de proteção internacional, e qualquer determinação ou punição que provier desse sistema já é aceita de antemão pelo Estado; **B**: incorreta. A denominada Carta Internacional de Direitos Humanos ou *International Bill of Rights* é constituída pela Declaração Universal dos Direitos Humanos em conjunto com os dois Pactos Internacionais – sobre Direitos Civis e Políticos e sobre Direitos Econômicos, Sociais e Culturais; **C**: incorreta, pois os tratados que se referem à violações específicas também fazem parte do sistema global de proteção (específica) dos direitos humanos. E são considerados específicos por protegerem indivíduos determinados, e não todos os seres humanos. Nas palavras de Norberto Bobbio, é o processo de *especificação* dos sujeitos titulares de direitos[3]; **D**: incorreta. Os mecanismos criados por convenções específicas de Direitos Humanos são convencionais. Pode-se apontar que o Conselho de Direitos Humanos se insere no sistema global[4] de proteção dos direitos humanos como um mecanismo não convencional, destoando dos mecanismos convencionais de proteção instituídos pelas Convenções da ONU. A fonte material do sistema não convencional são as resoluções elaboradas pelos órgãos da ONU (notadamente o Conselho de Direitos Humanos, a Assembleia Geral e o Conselho Econômico e Social).

Gabarito "A"

2. GERAÇÕES OU GESTAÇÕES DE DIREITOS HUMANOS

(OAB/Exame Unificado – 2013.3) O processo histórico de afirmação dos direitos humanos foi inscrito em importantes documentos, tais como a Declaração Universal dos Direitos do Homem e do Cidadão de 1789 ou mesmo a Constituição Mexicana de 1917. Desse processo é possível inferir que os Direitos Humanos são constituídos por, ao menos, duas dimensões interdependentes e indivisíveis.

São elas:

(A) Direitos Naturais e Direitos Positivos.

(B) Direitos Civis e Direitos Políticos.

(C) Direitos Civis e Políticos e Direitos Econômicos e Sociais.

(D) Direito Público e Direito Privado.

Apenas as assertivas "B" e "C" cuidam das chamadas dimensões (gestações ou gerações) dos direitos humanos. Mas a assertiva "B" traz apenas os direitos pertencentes à primeira dimensão (direitos individuais), em razão disso está incorreta. Já a "C" traz exemplos das duas primeiras dimensões dos direitos humanos. A segunda geração trata dos direitos sociais, culturais e econômicos. A titularidade desses direitos é atribuída à coletividade, por isso são conhecidos como direitos coletivos. Tal análise perde um pouco de seu sentido quando o enfoque recai sobre países ditos novos, como o Brasil e a Austrália, pois a maioria dos tipos de direitos humanos foram reconhecidos, logo disciplinados, de uma só vez em suas respectivas Constituições. Mas quando a análise leva em conta os países europeus, por exemplo, entende-se muito bem que o reconhecimento dos direitos humanos é um processo que perpassa vários séculos. Assim, os direitos civis apareceram no século XVIII para garantir a liberdade do indivíduo perante o Estado (opressor). Essa maior liberdade permitiu uma atuação mais ativa por parte das pessoas, o que eclodiu no reconhecimento dos direitos políticos no século XIX, ou seja, esse direito, antes exclusivo de poucos, foi estendido para grande parcela da população masculina, incluindo os trabalhadores. E o exercício desses direitos políticos, sobretudo pela classe trabalhadora, permitiu a constituição dos direitos sociais no século XX (MARSHALL, Thomas. *Cidadania, classe social e status*. Rio de Janeiro: Zahar, 1967. p. 57 a 114).

Gabarito "C"

3. CARACTERÍSTICAS DOS DIREITOS HUMANOS

(OAB/Exame XXXIII – 2020.3) Você, que atua na defesa de Direitos Humanos, foi convidado(a) para participar de um debate promovido pela Comissão de Direitos Humanos da OAB. Um dos debatedores afirmou, com base na Declaração e Programa de Ação de Viena, que é importante compreender que Direitos Humanos são indivisíveis e devem ser considerados com igual ênfase. Outro debatedor retrucou essa afirmação.

No momento da sua fala, você deve esclarecer que, de acordo com a Declaração citada, os Direitos Humanos são

---

2. O Tribunal de Nuremberg foi instituído para julgar os crimes de guerra contra a humanidade perpetrados durante a Segunda Guerra Mundial pelos líderes nazistas (o julgamento começou em 20 de novembro de 1945). Idealizado pelos Aliados (sobretudo EUA, URSS, Reino Unido e França), escalou o Chefe da Justiça americana, Robert Jackson, para ser seu coordenador. Cabe lembrar que a experiência de Nuremberg marca a primeira vez em que crimes de guerra foram julgados por um tribunal internacional. Uma crítica que se faz ao Tribunal é que se trata de uma "justiça dos vencedores".

3. BOBBIO, Norberto. **A era dos direitos**. Rio de Janeiro: Elsevier, 2004. Mais detidamente: "Essa especificação ocorreu com relação seja ao gênero, seja às várias fases da vida, seja à diferença entre estado normal e estados excepcionais na existência humana. Com relação ao gênero, foram cada vez mais reconhecidas as diferenças específicas entre a mulher e o homem. Com relação às várias fases da vida, foram-se progressivamente diferenciando os direitos da infância e da velhice, por um lado, e do homem adulto, por outro. Com relação aos estados normais e excepcionais, fez-se valer a exigência de reconhecer direitos especiais aos doentes, aos deficientes, aos doentes mentais etc." (p. 59).

4. Também denominado Sistema das Nações Unidas.

(A) indivisíveis, interdependentes e interrelacionados, e a comunidade internacional deve considerá-los em pé de igualdade.

(B) divididos em direitos públicos e direitos privados, com ênfase nos direitos públicos como parte do Direito Positivo de cada país.

(C) divididos em direitos em sentido forte e direitos em sentido fraco, e que apenas os direitos civis e políticos são direitos humanos em sentido forte.

(D) conceitos acadêmicos sempre em disputa e que a Declaração e Programa de Ação de Viena não fala da indivisibilidade ou da divisibilidade dos Direitos Humanos.

Todos os direitos humanos se retroalimentam e se complementam, assim, é infrutífero buscar a proteção e a promoção de apenas uma parcela deles. Tanto é assim que o art. 13 da Carta Democrática Interamericana, instrumento integrante do sistema interamericano (regional) de proteção dos direitos humanos, crava que "a promoção e observância dos direitos econômicos, sociais e culturais são inerentes ao desenvolvimento integral, ao crescimento econômico com equidade e à consolidação da democracia dos Estados do Hemisfério". E também cabe citar a Nota Geral 3 (natureza e alcance das obrigações das partes contratantes) dos Princípios de Limburgo relativos à aplicabilidade do Pacto Internacional dos Direitos Econômicos, Sociais e Culturais: "tendo em conta que os direitos humanos são indivisíveis e interdependentes, deveria ser canalizada a mesma atenção à aplicação, fomento e proteção dos direitos civis e políticos, como dos econômicos, sociais e culturais. Os direitos humanos se retroalimentam e se complementam, destarte, cada direito depende dos outros para ser substancialmente realizado. É importante transcrever o ponto 5 da Declaração de Direitos Humanos de Viena, que sintetiza as características dos direitos humanos de modo geral:

"Todos os direitos humanos são universais, indivisíveis, interdependentes e inter-relacionados. A comunidade internacional deve tratar os direitos humanos de forma global, justa e equitativa, em pé de igualdade e com a mesma ênfase. Embora particularidades nacionais e regionais devam ser levadas em consideração, assim como diversos contextos históricos, culturais e religiosos, é dever dos Estados promover e proteger todos os direitos humanos e liberdades fundamentais, sejam quais forem seus sistemas políticos, econômicos e culturais".

Gabarito "A".

(OAB/Exame Unificado – 2014.1) A Companhia Energética de Minas Gerais (Cemig) foi responsabilizada por fiscais do Ministério do Trabalho e Emprego (MTE) e pelo Ministério Público do Trabalho (MPT) pela submissão de 179 trabalhadores a condições análogas às de escravos, em Belo Horizonte. Esse fato gravíssimo comprova, na prática, violação de um princípio crucial acerca dos Direitos Humanos.

Assinale a opção que expressa esse princípio.

(A) O princípio do relativismo cultural determina que o trabalho forçado seja combatido apenas nos países onde a legislação defina tal conduta como ilícita.

(B) O princípio da razoabilidade, pois não é razoável que pessoas sejam submetidas ao trabalho na condição análoga à de escravo.

(C) O princípio do direito humanitário, pois o trabalho na condição análoga à de escravo é desumano.

(D) O princípio da indivisibilidade dos direitos humanos, pois o trabalho na condição análoga à de escravo viola a um só tempo os direitos civis e políticos e os direitos econômicos e sociais.

A: incorreta. Condições ideias de trabalho são requisitos objetivos que têm a ver com a segurança e saúde dos trabalhadores. O princípio do relativismo cultural não incide aqui. Até porque para defender sua incidência seria necessário provar que em certos países, em função de um contexto cultural específico, certas pessoas estão fadadas a ser escravas. Além do que cabe dizer que a proibição de tortura faz parte do *jus cogens*; **B:** incorreta. Não é uma questão de ser razoável ou não, mas sim de ser indiscutivelmente proibido (ler o comentário anterior); **C:** incorreta. O Direito Humanitário é composto de princípios e regras – positivadas ou costumeiras – que têm como função, por questões humanitárias, **limitar os efeitos do conflito armado**. Mais especificamente, o Direito Humanitário protege as pessoas que não participam ou não mais participam das hostilidades e restringe os meios e os métodos de guerra. Tal conceito permite-nos encará-lo como Direito Internacional dos Conflitos Armados ou Direito da Guerra. Pelo âmbito de aplicação do Direito Humanitário, podemos apontar essa assertiva como incorreta; **D:** correta, pois, certamente, ao reduzir alguém a condições análogas às de escravos, essa pessoa perderia o gozo de todos os seus direitos fundamentais. E quanto mais um tipo de direito humano (ex.: direito econômico) é desrespeitado e violado, os outros são enfraquecidos. Isso porque a indivisibilidade é uma característica central dos direitos humanos. Cabe lembrar que um escravo nem possui o básico direito de ir e vir conforme seu próprio interesse.

Gabarito "D".

4. SISTEMA GLOBAL DE PROTEÇÃO DOS DIREITOS HUMANOS

4.1. Pactos internacionais – sobre direitos civis e políticos e sobre direitos econômicos, sociais e culturais

(OAB/Exame Unificado – 2020.1) Recentemente assumiu a presidência da Câmara dos Deputados um parlamentar que afirma que o Brasil é um país soberano e não deve ter nenhum compromisso com os Direitos Humanos na ordem internacional. Afirma que, apesar de ter sido internamente ratificado, o *Pacto Internacional dos Direitos Civis e Políticos* não se caracteriza como norma vigente, e os direitos ali previstos podem ser suspensos ou não precisam ser aplicados.

Por ser atuante na área dos Direitos Humanos, você foi convidado(a) pela Comissão de Direitos Humanos da Câmara dos Deputados para prestar mais esclarecimentos sobre o assunto. Com base no que dispõe o próprio *Pacto Internacional dos Direitos Civis e Políticos – PIDCP*, assinale a opção que apresenta o esclarecimento dado à Comissão.

(A) Caso situações excepcionais ameacem a existência da nação e sejam proclamadas oficialmente, os Estados- partes podem adotar, na estrita medida exigida pela situação, medidas que suspendam as obrigações decorrentes do PIDCP, desde que tais medidas não acarretem discriminação por motivo de raça, cor, sexo, língua, religião ou origem social.

(B) É admissível a suspensão das obrigações decorrentes do PIDCP quando houver, no âmbito do Estado- parte, um ato formal do Poder Legislativo e do Poder Executivo declarando o efeito suspensivo, desde que tal ato declare um prazo para essa suspensão, que, em nenhuma hipótese, pode exceder o período de 2 anos.

(C) Em nenhuma hipótese ou situação os Estados-partes do PIDCP podem adotar medidas que suspendam as obrigações decorrentes do Pacto, uma vez que, ratificado o Pacto, todos os seus direitos vigoram de forma efetiva, não sendo admitida nenhuma possibilidade de suspensão ou exceção.

(D) Mesmo ratificado, o Pacto Internacional dos Direitos Civis e Políticos e os direitos nele contidos não podem ser caracterizados como normas vigentes, uma vez que se trata de direitos em sentido fraco, de forma que apenas os direitos fundamentais, previstos na Constituição, são direitos em sentido forte.

Conforme o artigo 4º do Pacto Internacional dos Direitos Civis e Políticos, é possível sim a suspensão das obrigações decorrentes do Pacto. Portanto, a assertiva "A" é a correta e deve ser assinalada.
Gabarito "A".

(OAB/Exame Unificado – 2019.1) O padrasto de Ana Maria, rotineiramente, abre sua correspondência física e entra em sua conta de e-mail sem autorização, ainda que a jovem seja maior de idade. Cansada dessa ingerência arbitrária e sem o amparo de sua própria mãe, a jovem busca apoio na organização de direitos humanos em que você atua.

Com base no Pacto Internacional dos Direitos Civis e Políticos (PIDCP), assinale a opção que indica o esclarecimento correto que você, como advogado(a), prestou a Ana Maria.

(A) O Pacto prevê a prevalência do poder familiar nas relações familiares e, como a conduta do padrasto tem a concordância da mãe de Ana Maria, ainda que seja inconveniente, essa conduta não pode ser considerada uma violação de direitos.

(B) O Pacto assegura o direito à privacidade nas relações em gerais, mas nas relações especificamente familiares admite ingerências arbitrárias se forem voltadas para a proteção e o cuidado.

(C) O Pacto dispõe que ninguém poderá ser objeto de ingerências arbitrárias ou ilegais em sua vida privada, em sua família, em seu domicílio ou em sua correspondência.

(D) O Pacto é omisso em relação à prática de ingerências arbitrárias na vida privada e na família, tratando apenas da proteção da privacidade na vida pública e em face da conduta do Estado.

O Pacto Internacional dos Direitos Civis e Políticos tem previsão expressa que proíbe as práticas do padrasto de Ana Maria, trata-se do art. 17, ponto 1, do Pacto Internacional dos Direitos Civis e Políticos.
Gabarito "C".

4.1.1. Segundo protocolo adicional ao pacto dos direitos civis e políticos com vista à abolição da pena de morte

(OAB/Exame Unificado – 2014.3) Em atos de violência que provocam grande comoção social, é comum que setores da mídia, parte da opinião pública e algumas personalidades políticas reclamem por mudanças na ordem jurídica, a fim de que seja implantada a pena de morte como sanção penal.

Em relação à pena de morte, segundo o Protocolo Adicional ao Pacto dos Direitos Civis e Políticos, devidamente ratificado pelo Brasil, assinale a afirmativa correta.

(A) É permitida apenas nos casos mais graves de extrema violência contra a pessoa, desde que respeitado o devido processo legal.

(B) É proibida em qualquer hipótese, pois o direito à vida é inerente à pessoa humana e tal direito deve ser respeitado e protegido pela lei.

(C) É permitida apenas para os países que já haviam adotado a pena de morte antes de ratificarem o Protocolo, desde que reservada para os crimes mais graves e que a sentença tenha sido proferida pelo Tribunal competente.

(D) É proibida de forma geral, admitindo, como exceção, apenas para o caso de infração penal grave de natureza militar e cometida em tempo de guerra, desde que o Estado Parte tenha formulado tal reserva no ato da ratificação do Protocolo.

O Segundo **Protocolo Facultativo ao Pacto Internacional dos Direitos Civis e Políticos com Vista à Abolição da Pena de Morte**, adotado pela ONU em 15 de dezembro de 1989, tem por fundamento a consciência de que a abolição da pena de morte contribui para a promoção da dignidade humana e para o desenvolvimento progressivo dos direitos do homem. Ademais, devem-se considerar todas as medidas de abolição da pena de morte como um progresso no gozo do direito à vida.
Não é admitida qualquer reserva ao Protocolo, ou seja, a pena de morte é proibida, de forma geral, pelo Protocolo. Porém, é possível formular uma única reserva que possibilitaria a pena de morte numa dada situação. Trata-se da reserva formulada no momento da ratificação ou adesão do Protocolo prevendo a aplicação da pena de morte em tempo de guerra, em virtude de condenação por infração penal de natureza militar de gravidade extrema, desde que cometida em tempo de guerra (artigo 2º do Protocolo).
Gabarito "D".

5. SISTEMA GLOBAL DE PROTEÇÃO ESPECÍFICA DOS DIREITOS HUMANOS

5.1. Convenção contra a tortura e outros tratamentos ou penas cruéis, desumanos ou degradantes

(Defensoria/MA – 2009 – FCC) Nos termos da Convenção contra a Tortura e outros Tratamentos ou Penas Cruéis, Desumanos ou Degradantes, a tortura é

(A) proibida em toda e qualquer circunstância, seja ameaça ou estado de guerra, instabilidade política interna ou qualquer outra emergência pública, sendo um crime impróprio em que a qualidade de agente público é causa de aumento de pena.

(B) permitida excepcionalmente em estado de guerra, sendo um crime próprio que tem como sujeito ativo um agente público.

(C) permitida excepcionalmente para o combate ao terrorismo, sendo um crime impróprio em que a qualidade de agente público é causa de aumento de pena.

(D) proibida em toda e qualquer circunstância, seja ameaça ou estado de guerra, instabilidade política interna ou qualquer outra emergência pública, sendo um crime próprio que tem como sujeito ativo um agente público.

(E) permitida excepcionalmente em estado de guerra, sendo um crime impróprio em que a qualidade de agente público é causa de aumento de pena.

16. DIREITOS HUMANOS **1089**

A Convenção contra a Tortura e outros Tratamentos ou Penas Cruéis, Desumanos ou Degradantes, adotada pela ONU em 28 de setembro de 1984 e ratificada pelo Brasil em 28 de setembro de 1989, tem por fundamento a obrigação que incumbe aos Estados, em virtude da Carta, em particular do artigo 55, de promover o respeito universal e a observância dos direitos humanos e das liberdades fundamentais. Ademais, o art. 5º da Declaração Universal dos Direitos Humanos e o art. 7º do Pacto Internacional sobre Direitos Civis e Políticos determinam que ninguém será sujeito à tortura ou a pena ou tratamento cruel, desumano ou degradante. Os Estados partes têm a obrigação de proibir a tortura, esta não podendo ser utilizada nem mesmo em circunstâncias excepcionais. Além de proibir, os Estados se obrigam a punir os torturadores, independentemente do país em que a tortura foi realizada e da nacionalidade do torturador. Percebe-se que a Convenção contra a Tortura e outros Tratamentos ou Penas Cruéis, Desumanos ou Degradantes estabeleceu jurisdição compulsória e universal para julgar os acusados de tortura. A compulsoriedade da jurisdição determina que os Estados partes devem punir os torturadores, independentemente do local onde o crime foi cometido e da nacionalidade do torturador e da vítima. E a universalidade da jurisdição determina que os Estados partes devem processar ou extraditar o suspeito da prática de tortura, independentemente da existência de tratado prévio de extradição. Por fim, e com base no art. 1º da Convenção, afirmamos que a tortura é crime próprio, pois as dores ou os sofrimentos são infligidos por um funcionário público ou outra pessoa no exercício de funções públicas, ou por sua instigação, ou com o seu consentimento ou aquiescência. À título de curiosidade: os últimos Relatórios enviados pelo Brasil no tocante à esta importante Convenção foram apreciados e julgados pelo Comitê de Fiscalização como parcialmente aceitáveis, pois, de um lado, o Comitê elogiou a disposição do governo brasileiro para tentar resolver o problema da tortura no Brasil; mas, por outro, também repreendeu o país por entender que existe uma certa cultura de aceitação popular da tortura, principalmente em relação a presídios, casas de detenção e delegacias, o que foi duramente criticado e repreendido pelo Comitê, gerando, de um modo geral, um relatório final desfavorável ao Brasil no que tange à aplicação efetiva de meios administrativos e legais para cumprimento dos termos e preceitos da Convenção.

Gabarito "D".

5.2. Convenção Sobre a Eliminação de Todas as Formas de Discriminação Racial

(Defensoria/MA – 2009 – FCC) À luz da Convenção Internacional sobre a Eliminação de todas as formas de Discriminação Racial, as ações afirmativas são

(A) proibidas, porque constituem uma forma de discriminação direta positiva, nos termos da Convenção.

(B) permitidas, cabendo aos Estados partes adotá-las para fomentar a promoção da igualdade étnico-racial.

(C) obrigatórias, devendo os Estados partes adotá-las no prazo de até cinco anos a contar da data da ratificação da Convenção.

(D) proibidas, porque constituem uma forma de discriminação indireta negativa, nos termos da Convenção.

(E) obrigatórias, devendo os Estados partes adotá-las no prazo de até dois anos a contar da data da ratificação da Convenção.

A Convenção Internacional sobre a Eliminação de todas as formas de Discriminação Racial, adotada pela ONU em 21 de dezembro de 1965 e ratificada pelo Brasil em 27 de março de 1968, tem por fundamento a consciência de que a discriminação entre as pessoas por motivo de raça, cor ou origem étnica é um obstáculo às relações amistosas e pacíficas entre as nações e é capaz de perturbar a paz e

a segurança entre os povos e a harmonia de pessoas vivendo lado a lado, até dentro de um mesmo Estado. Os Estados partes têm a obrigação de implementar políticas públicas que assegurem efetivamente a progressiva eliminação da discriminação racial. Percebe-se que o ideal de igualdade não vai ser atingido somente por meio de políticas repressivas que proíbam a discriminação. É necessário uma comunhão da proibição da discriminação (igualdade formal) com **políticas promocionais temporárias** (igualdade material), aliás, o art. 1º, ponto 4, da Convenção dispõe que as ações afirmativas não serão consideradas como discriminação racial. Tal dualidade de ação faz-se necessária, pois a parcela populacional vítima de discriminação racial coincide com a parcela socialmente vulnerável.

Gabarito "B".

5.3. Convenção Sobre os Direitos da Criança

(OAB/Exame Unificado – 2012.2) A Convenção sobre os Direitos da Criança estabelece que os Estados-partes reconheçam a importância da função exercida pelos órgãos de comunicação social, devendo assegurar o acesso da criança à informação. Do mesmo modo o Estatuto da Criança e do Adolescente assegura que a informação é um direito da criança e do adolescente.

Acerca da política de informação envolvendo menores, assinale a afirmativa correta.

(A) No que concerne às Medidas Específicas de Proteção, é incabível, qualquer que seja o estágio de compreensão da criança, prestar-lhe informações sobre os motivos que determinam a intervenção, o que será informado apenas aos pais e responsáveis.

(B) Deve haver o encorajamento dos órgãos de comunicação social a levar em conta as necessidades linguísticas das crianças indígenas ou que pertençam a um grupo minoritário.

(C) Os proprietários das lojas que explorem a locação de fitas de programação respondem pela falta de informação no invólucro sobre a natureza da obra e faixa etária a que se destinam, isentando os funcionários e gerentes.

(D) A criança tem direito à liberdade de expressão, que compreende, inclusive, liberdade de procurar, receber e expandir informações e ideias, sem restrições, de forma oral ou por qualquer outro meio à escolha da criança.

A: incorreta, pois contraria a redação do art. 100, par. único, XI do Estatuto da Criança e Adolescente (ECA): "obrigatoriedade da informação: a criança e o adolescente, respeitado seu estágio de desenvolvimento e capacidade de compreensão, seus pais ou responsável devem ser informados dos seus direitos, dos motivos que determinaram a intervenção e da forma como esta se processa"; **B:** correta, pois reflete a redação do art. 17, *d*, da Convenção sobre os Direitos da Criança; **C:** incorreta, pois contraria o disposto no art. 77 do ECA: "Os proprietários, diretores, gerentes e funcionários de empresas que explorem a venda ou aluguel de fitas de programação em vídeo cuidarão para que não haja venda ou locação em desacordo com a classificação atribuída pelo órgão competente"; **D:** incorreta, pois existem restrições ao direito da criança à liberdade de expressão. Essas restrições estão no art. 17, ponto 2, da Convenção sobre os Direitos da Criança: Art. 17. 1. A criança terá direito à liberdade de expressão. Esse direito incluirá a liberdade de procurar, receber e divulgar informações e ideias de todo tipo, independentemente de fronteiras, de forma oral, escrita ou impressa, por meio das artes ou por qualquer outro meio escolhido pela criança. 2. O exercício de tal direito poderá estar sujeito a determinadas

RENAN FLUMIAN

restrições, que serão unicamente as previstas pela lei e consideradas necessárias: a) para o respeito dos direitos ou da reputação dos demais, ou b) para a proteção da segurança nacional ou da ordem pública, ou para proteger a saúde e a moral públicas.

Gabarito "B".

5.4. Convenção Sobre a Eliminação de Todas as Formas de Discriminação Contra a Mulher

(OAB/Exame Unificado – 2016.1) Você, advogado, foi procurado por Maria. Esta relatou que era funcionária de uma sociedade empresária e seu empregador lhe disse que ela estava cotada para uma promoção, mas para tanto deveria entregar um laudo comprovando que não estava grávida. O empregador ainda afirmou que se soubesse, por meio de laudo médico, que ela havia feito algum procedimento que a impedisse de ter filhos, teria a certeza de que Maria estaria plenamente dedicada à sociedade empresária, o que seria muito favorável a sua carreira. Maria terminou o relato que fez a você, informando que se negou a entregar tal laudo e acabou sendo demitida no mês seguinte. Você sabe que o Brasil é signatário da Convenção sobre a Eliminação de Todas as Formas de Discriminação contra a Mulher.

A conduta praticada pelo empregador de Maria pode ser caracterizada como

(A) ato moralmente reprovável mas plenamente lícito, uma vez que o empregador agiu na sua esfera de autonomia e dentro do exercício de seu direito potestativo.

(B) violação à Convenção sobre a Eliminação de Todas as Formas de Discriminação contra a Mulher, porém sem ensejar consequência jurídica de responsabilização do empregador, uma vez que não há nenhuma outra lei nacional que proteja a mulher trabalhadora em casos como esse.

(C) abuso de direito que sujeita o empregador, única e exclusivamente, ao pagamento de indenização pelo dano moral causado à funcionária.

(D) violação à Convenção sobre a Eliminação de Todas as Formas de Discriminação contra a Mulher e, também, um crime que pode acarretar ao empregador infrator multa administrativa e proibição de empréstimo, além de ser possível a readmissão da funcionária, desde que ela assim deseje.

A resposta correta é a "D". Cabe lembrar que segundo o art. 1º da Convenção define que violência contra a mulher é qualquer ato ou conduta baseados no gênero, que causem morte, dano ou sofrimento físico, sexual ou psicológico à mulher, tanto na esfera pública como na esfera privada. Portanto, pelo caso narrado na questão fica patente a violação à Convenção sobre a Eliminação de Todas as Formas de Discriminação contra a Mulher. E de maneira ainda mais específica, segue a redação do art. 11, ponto 2, *a* da Convenção: "A fim de impedir a discriminação contra a mulher por razões de casamento ou maternidade e assegurar a efetividade de seu direito a trabalhar, os Estados-partes tomarão as medidas adequadas para: a) proibir, sob sanções, a demissão por motivo de gravidez ou de licença-maternidade e a discriminação nas demissões motivadas pelo estado civil". O restante da assertiva traz possíveis sanções com base na legislação pátria. Porém, cabe criticar exatamente esse ponto por exigir dos candidatos conhecimento que extrapola o conteúdo dos Direitos Humanos.

Gabarito "D".

(OAB/Exame Unificado – 2011.3.A) A respeito da Convenção sobre Eliminação de Todas as Formas de Discriminação contra a Mulher, ratificada pelo Brasil, assinale a alternativa correta.

(A) Uma vez que a Convenção tem como objetivo proteger um grupo específico, não pode ser considerada como um documento de proteção internacional dos direitos humanos.

(B) A Convenção possui um protocolo facultativo, que permite a apresentação de denúncias sobre violação dos direitos por ela consagrados.

(C) A Convenção permite que o Estado-parte adote, de forma definitiva, ações afirmativas para garantir a igualdade entre gêneros.

(D) A Convenção traz em seu texto um mecanismo de proteção dos direitos que consagra, por meio de petições sobre violações, que podem ser protocoladas por qualquer Estado-parte.

A: incorreta. Pois é sim um documento de proteção internacional dos direitos humanos. A convenção citada é um exemplo do processo alcunhado, por Norberto Bobbio, de *especificação dos sujeitos titulares de direitos*. Percebeu-se que a proteção geral destinada a todas as pessoas não era suficiente para garantir uma vida digna a certos grupos sociais vulneráveis. Em razão disso, inúmeros documentos internacionais e leis internas (ex.: Estatuto do Idoso) foram confeccionados para tutelar de forma efetiva a dignidade destas pessoas; **B:** correta. A Convenção, adotada pela ONU em 18 de dezembro de 1979 e promulgada no Brasil em 13 de setembro de 2002 pelo Decreto nº 4.377[5], tem por fundamento a consciência de que a discriminação contra a mulher viola os princípios da igualdade de direitos e do respeito da dignidade humana, dificulta a participação da mulher, nas mesmas condições que o homem, na vida política, social, econômica e cultural de seu país, constitui um obstáculo ao aumento do bem-estar da sociedade e da família e dificulta o pleno desenvolvimento das potencialidades da mulher para prestar serviço a seu país e à humanidade. Os Estados-partes, atualmente 187, têm a obrigação de progressivamente eliminar a discriminação e promover a igualdade de gênero. Assim, consoante visto na Convenção Internacional sobre a Eliminação de todas as formas de Discriminação Racial, os Estados, além de proibir a discriminação, podem adotar medidas promocionais temporárias para acelerar o processo de obtenção do ideal de igualdade de gênero. E para monitorar o cumprimento, pelos Estados-partes, das obrigações constantes na Convenção, foi criado o Comitê sobre a Eliminação da Discriminação contra a Mulher. Este será responsável para receber os relatórios confeccionados pelos Estados-partes (note-se que os relatórios governamentais costumam ser acompanhados de relatórios independentes e complementares feitos por organizações não governamentais, as ONG´s, os quais, não raras as vezes, refletem muito mais a realidade de um Estado-membro do que os relatórios governamentais). As petições individuais e a possibilidade de realizar investigações *in loco* só foram possibilitadas, como mecanismos de controle e fiscalização (controle de convencionalidade internacional), com a adoção do Protocolo Facultativo à Convenção Internacional sobre a Eliminação de todas as formas de Discriminação contra a Mulher. A decisão do Comitê não tem força vinculante, mas será publicada no relatório anual, o qual é encaminhado para a Assembleia Geral da ONU; **C:** incorreta, pois, como dito no comentário anterior, os Estados, além de proibir a discriminação, podem adotar medidas promocionais temporárias para acelerar o processo de obtenção do ideal de igualdade de gênero; **D:** incorreta. Reler o comentário sobre a assertiva "B". Ademais, quando o Estado assina e ratifica um Protocolo Facultativo, as petições individuais podem ser manejadas por qualquer

---

5. Que também revoga o Decreto nº 89.460, de 20 de março de 1984.

16. DIREITOS HUMANOS 1091

pessoa ou grupo de pessoas, ou qualquer entidade não governamental. Isto é, os Estados não podem se utilizar desse instrumento.

Gabarito "B".

5.5. Convenção sobre os Direitos das Pessoas com Deficiência

(CESPE – 2014) Em relação à Convenção sobre os Direitos das Pessoas com Deficiência e a seu Protocolo Facultativo, que, assinados em Nova Iorque, em 30.03.1987, são considerados um avanço quanto à abrangência e à efetividade dos direitos humanos, assinale a opção correta.

(A) A validade da referida convenção no ordenamento jurídico brasileiro independe de procedimento formal de incorporação.

(B) Sendo a matéria da referida convenção prevista na CF, não é necessário que tal convenção seja invocada na ordem interna.

(C) Os dispositivos da referida convenção são aplicados, no ordenamento jurídico brasileiro, somente de modo analógico, já que o documento não foi incorporado formalmente ao ordenamento nacional.

(D) O Protocolo Facultativo da convenção trata da submissão dos Estados signatários à jurisdição da Corte Interamericana de Direitos Humanos.

(E) A referida convenção foi introduzida no ordenamento jurídico brasileiro nos termos inovadores da EC 45/2004.

A: incorreta, porque todos os tratados devem passar pelo procedimento formal de incorporação para terem validade e vigência dentro do Brasil. Somente após a incorporação, o tratado internacional começa a fazer parte formalmente do ordenamento jurídico pátrio; **B:** incorreta. Em determinadas situações ocorre uma sobreposição de normas (oriundas do sistema global, do regional e do nacional). Mas isso não se reflete em problema, pois o que se busca é a substancial proteção dos direitos humanos. Portanto, de modo geral, os sistemas protetivos global, regional e nacional interagem e complementam-se para melhor proteger o indivíduo dos abusos perpetrados contra sua dignidade humana. Esse exercício foi denominado, por Erik Jaime,[6] de o *diálogo das fontes,*[7] ou seja, os diversos sistemas de proteção (fontes heterogêneas) são coordenados para garantir a maior tutela possível da dignidade da pessoa humana – dessa forma, o sistema com maiores possibilidades de garantir a proteção no caso específico será o eleito, podendo até haver uma aplicação conjunta dos sistemas, desde que apropriada. A Constituição brasileira traz previsão expressa da "cláusula de diálogo ou dialógica" no seu art. 4º, II. Em outras palavras, os sistemas não competem, mas se completam; **C:** incorreta, pois o referido tratado foi sim incorporado pelo Brasil (Decreto 6.949, de 25.08.2009); **D:** incorreta. A Convenção e o Protocolo tratados nessa questão são instrumentos do sistema global de proteção dos direitos humanos e não possuem relação com a Corte Interamericana, órgão judicial de um sistema regional (americano) de proteção dos direitos humanos; **E:** correta. A Convenção e seu respectivo Protocolo Facultativo foram internalizados, no Brasil, em conformidade com o artigo 5º, § 3º, da Constituição, isto é, têm hierarquia constitucional tanto pelo aspecto formal quanto pelo material. Em outras palavras, possuem hierarquia de emenda constitucional.

Gabarito "E".

---

6. *Identité culturelle et integration: le droit international privé postmoderne.* Séries Recueil des Cours de l'Académie de Droit International de la Haye 251, 1995.

7. O citado diálogo também é previsto expressamente no artigo 29, *b,* da Convenção Americana de Direitos Humanos.

5.5.1. *Tratado de Marraqueche para Facilitar o Acesso a Obras Publicadas às Pessoas Cegas, com Deficiência Visual ou com Outras Dificuldades*

(OAB/Exame XXXIV) Você está trabalhando, como advogada(o), para um grupo de estudantes universitários com deficiência visual. Eles relataram ter muita dificuldade para estudar, pois há pouquíssima disponibilidade de obras científicas com exemplar em formato acessível. Para preparar sua atuação no caso, você recorreu ao *Tratado de Marraqueche para Facilitar o Acesso a Obras Publicadas às Pessoas Cegas, com Deficiência Visual ou com Outras Dificuldades para Ter Acesso ao Texto Impresso.*

Como ponto de partida do seu caso, *exemplar em formato acessível,* segundo o Tratado de Marraqueche, deve ser entendido como

(A) disponibilização da obra no sistema de escrita e leitura tátil baseada em símbolos em relevo, conhecido como método Braille. Tal disponibilização deve se dar em centros governamentais ou não governamentais especializados em apoio às pessoas com deficiência visual.

(B) venda ou reprodução de obras literárias, artísticas ou científicas por preços de no máximo 30% do valor de mercado destinada exclusivamente às pessoas com deficiência visual. As empresas editoriais contarão com isenções tributárias para compensar o custo de produção.

(C) reprodução de uma obra de uma maneira ou forma alternativa que dê aos beneficiários acesso à obra, inclusive para permitir que a pessoa tenha acesso de maneira tão prática e cômoda como uma pessoa sem deficiência visual ou sem outras dificuldades para ter acesso ao texto impresso.

(D) exemplar disponível para as pessoas com deficiência visual em bibliotecas que tenham ledores disponíveis durante todo o seu horário de funcionamento.

Segundo o art. 2º, *b,* do Tratado de Marraqueche, "exemplar em formato acessível" significa a reprodução de uma obra de uma maneira ou forma alternativa que dê aos beneficiários acesso à obra, inclusive para permitir que a pessoa tenha acesso de maneira tão prática e cômoda como uma pessoa sem deficiência visual ou sem outras dificuldades para ter acesso ao texto impresso. O exemplar em formato acessível é utilizado exclusivamente por beneficiários e deve respeitar a integridade da obra original, levando em devida consideração as alterações necessárias para tornar a obra acessível no formato alternativo e as necessidades de acessibilidade dos beneficiários.

Gabarito "C".

5.6. Convenção para a prevenção e repressão do crime de genocídio

(OAB/Exame Unificado – 2012.3.A) A Resolução 96 (I), de 11 de dezembro de 1946, da Assembleia Geral da Organização das Nações Unidas declarou que o genocídio é um crime contra o Direito Internacional.

Nesse passo, a Convenção para a Prevenção e Repressão do Crime de Genocídio afirmou que

(A) as partes contratantes da Convenção confirmam que o genocídio configura crime contra o Direito Internacional, exceto se cometido em tempo de guerra.

(B) o genocídio é entendido como o assassinato de membros de um grupo nacional, étnico, racial ou religioso, com a intenção de destruí-lo no todo, não se entendendo como tal, dano grave à saúde do grupo.

(C) os atos tentados ou consumados, bem como a cumplicidade para cometer genocídio, serão punidos, mas a incitação ao cometimento de genocídio, ainda que direta e pública, não será punida.

(D) a transferência forçada de menores de um grupo religioso para outro grupo religioso, cometida com a intenção de destruir aquele, considera-se genocídio.

A Convenção sobre a Prevenção e Repressão do Crime de Genocídio – a primeira Convenção após a criação da ONU e da Declaração Universal dos Direitos do Homem – adotada pela Resolução 260 A (III) da Assembleia Geral das Nações Unidas, em 9 de dezembro de 1948, definiu no art. 2º que *crime de genocídio é a conduta criminosa que tenha a intenção de destruir, no todo ou em parte, um grupo nacional, étnico, religioso ou racial*. Tal definição foi reproduzida no art. 6º do Estatuto de Roma. O próprio art. 2º indica os tipos de crime considerados genocídio (também reproduzidos pelo art. 6º do Estatuto de Roma): **a)** assassinato de membros do grupo; **b)** atentado grave à integridade física e mental de membros do grupo; **c)** submissão deliberada do grupo a condições de existência que acarretarão sua destruição física, total ou parcial; **d)** medidas destinadas a impedir os nascimentos no seio do grupo; e **e) transferência forçada das crianças do grupo para outro grupo.** O art. 3º dispõe que, além do genocídio, serão punidas as demais condutas: **a)** o acordo com vista a cometer genocídio; **b)** o incitamento, direto e público, ao genocídio; **c)** a tentativa de genocídio; e **d)** a cumplicidade no genocídio.

Gabarito "D".

5.7. Convenção internacional para a proteção de todas as pessoas contra o desaparecimento forçado

(OAB/Exame Unificado – 2014.3) Em julho de 2013, o ajudante de pedreiro "X", após ter sido detido por policiais militares e conduzido da porta de sua casa em direção à delegacia, desapareceu. Há um amplo debate em torno do caso e, dentre outros aspectos, discute-se se seria esse caso uma hipótese de desaparecimento forçado.

Sabendo que o Brasil ratificou, em 2010, a Convenção Internacional Para a Proteção de Todas as Pessoas Contra o Desaparecimento Forçado, assinale a afirmativa correta.

(A) Entende-se por desaparecimento forçado a privação da liberdade promovida por particulares no exercício de uma coação irresistível, seguida da recusa em reconhecer a privação de liberdade ou do encobrimento do destino ou do paradeiro da pessoa desaparecida, colocando-a, assim, fora do âmbito de proteção da lei.

(B) Entende-se por desaparecimento forçado a prisão, a detenção, o sequestro ou qualquer outra forma de privação de liberdade por agentes do Estado ou por pessoas ou grupos de pessoas agindo com a autorização, o apoio ou o consentimento do Estado, seguida da recusa em reconhecer a privação de liberdade ou do encobrimento do destino ou do paradeiro da pessoa desaparecida, colocando-a, assim, fora do âmbito de proteção da lei.

(C) Entende-se por desaparecimento forçado a prisão, a detenção, o sequestro ou qualquer outra forma de privação de liberdade por agentes do Estado ou por pes-

soas ou grupos de pessoas agindo com a autorização, o apoio ou o consentimento do Estado, colocando-a, assim, fora do âmbito de proteção da lei.

(D) Entende-se por desaparecimento forçado o sequestro de um cidadão praticado por agentes das forças armadas do Estado, seguido da recusa em reconhecer a privação de liberdade ou do encobrimento do destino ou do paradeiro da pessoa desaparecida, colocando-a, assim, fora do âmbito de proteção da lei.

O artigo 2º da Convenção assim define o "desaparecimento forçado": a prisão, a detenção, o sequestro ou qualquer outra forma de privação de liberdade que seja perpetrada por agentes do Estado ou por pessoas ou grupos de pessoas agindo com a autorização, apoio ou aquiescência do Estado, e a subsequente recusa em admitir a privação de liberdade ou a ocultação do destino ou do paradeiro da pessoa desaparecida, privando-a assim da proteção da lei.

Gabarito "B".

5.8. Convenção internacional sobre a proteção dos direitos de todos os trabalhadores migrantes e dos membros das suas famílias

(OAB/Exame Unificado – 2015.1) Em setembro de 2014, na cidade de São Paulo, foi inaugurado o Centro de Referência e Acolhida para Imigrantes (CRAI), que é o primeiro do país e tem como objetivo oferecer a estrutura de uma casa de passagem e auxiliar os imigrantes na adaptação à vida na capital paulista, além de dar condições para a autonomia de tais imigrantes. Do ponto de vista dos Direitos Humanos, essa situação é regulada pela Convenção Internacional sobre a Proteção dos Direitos de Todos os Trabalhadores Migrantes e dos Membros das suas Famílias, adotada pela ONU em dezembro de 1990 e em vigor desde julho de 2003. Em relação ao posicionamento do Estado brasileiro perante essa Convenção, assinale a afirmativa correta.

(A) A Convenção não foi ratificada pelo Brasil e, por isso, suas normas não produzem efeito jurídico em território brasileiro.

(B) A Convenção foi ratificada pelo Brasil e, por isso, suas normas podem ser juridicamente exigidas.

(C) A Convenção foi ratificada pelo Brasil, mas não foi regulamentada. Por isso, suas normas possuem efeito contido no território brasileiro.

(D) A Convenção não foi ratificada pelo Brasil, mas suas normas produzem pleno efeito jurídico, uma vez que as normas de Direitos Humanos não dependem de ratificação para vigorar em território brasileiro.

A Convenção Internacional sobre a Proteção dos Direitos de Todos os Trabalhadores Migrantes e dos Membros das suas Famílias, adotada pela ONU, por meio da Resolução 45/158 da Assembleia Geral, em 18 de dezembro de 1990 e **não** ratificada pelo Brasil, tem por fundamento a importância e a extensão do fenômeno da migração, que envolve milhares de pessoas e afeta um grande número de Estados na comunidade internacional, como também o efeito das migrações de trabalhadores nos Estados e nas populações interessadas. Tem por objetivo estabelecer normas que possam contribuir para a harmonização das condutas dos Estados mediante a aceitação de princípios fundamentais relativos ao tratamento dos trabalhadores migrantes e dos membros das suas famílias, pessoas que frequentemente se encontram em situação de vulnerabilidade.

16. DIREITOS HUMANOS 1093

O tema, de certo modo, já tinha sido abordado no seio da Organização Internacional do Trabalho (OIT). A Convenção 97/1949 da OIT (ratificada pelo Brasil em 18 de junho de 1965) tratou de forma geral sobre os trabalhadores migrantes e a Convenção 143/1975 da OIT (não ratificada pelo Brasil) tratou das migrações em condições abusivas e da promoção da igualdade de oportunidades e de tratamento para os trabalhadores migrantes. No seio da ONU, antes dessa Convenção, o tema apareceu algumas vezes em resoluções do Conselho Econômico e Social e da Assembleia Geral, como também dentro de relatórios.

Por fim, a Convenção, no seu art. 2º, determina que trabalhador migrante é a pessoa que vai exercer, exerce ou exerceu uma atividade remunerada num Estado de que não é nacional.

Gabarito "A".

5.9. Convenção OIT sobre povos indígenas e tribais em países independentes

(OAB/Exame Unificado – 2016.2) Considere o seguinte caso: Em um Estado do norte do Brasil está havendo uma disputa que envolve a exploração de recursos naturais em terras indígenas. Esta disputa envolve diferentes comunidades indígenas e uma mineradora privada. Como advogado que atua na área dos Direitos Humanos, foi-lhe solicitado elaborar um parecer. Nesse caso, é imprescindível se ter em conta a Convenção 169 da OIT, que foi ratificada pelo Brasil, em 2002. De acordo com o Art. 2º desta Convenção, os governos deverão assumir a responsabilidade de desenvolver, com a participação dos povos interessados, uma ação coordenada e sistemática com vistas a proteger os direitos desses povos e a garantir o respeito pela sua integridade.

Levando-se em consideração esta Convenção e em relação ao que se refere aos recursos naturais eventualmente existentes em terras indígenas, assinale a afirmativa correta.

(A) Os povos indígenas que ocupam terras onde haja a exploração de suas riquezas minerais e do subsolo têm direito ao recebimento de parte dos recursos auferidos, mas não possuem direito a participar da utilização, administração e conservação dos recursos mencionados.

(B) Em caso de a propriedade dos minérios ou dos recursos do subsolo pertencer ao Estado, o governo deverá estabelecer ou manter consultas dos povos interessados, a fim de determinar se os interesses desses povos seriam prejudicados, antes de empreender ou autorizar qualquer programa de prospecção ou exploração dos recursos existentes.

(C) A exploração de riquezas minerais e do subsolo em terras ocupadas por povos indígenas é aceitável e prescinde de consulta prévia desde que se cumpram os seguintes requisitos: preservação da identidade cultural dos povos ocupantes da terra, pagamento de *royalties* em função dos transtornos causados e autorização por meio de decreto legislativo.

(D) Em nenhuma hipótese pode haver a exploração de riquezas minerais e do subsolo em terras ocupadas por populações indígenas.

A: incorreta, pois as comunidades afetadas devem ser ouvidas (art. 231, § 3º, da CF) e o art. 2º da Convenção 169 da OIT é claro ao definir a necessidade de "participação dos povos interessados". Além do que, existe previsão expressa nesse sentido no art. 15, ponto 2, da Convenção: "Em caso de pertencer ao Estado a propriedade dos minérios ou dos recursos do subsolo, ou de ter direitos sobre outros recursos, existentes nas terras, os governos deverão estabelecer ou manter procedimentos com vistas a consultar os povos interessados, a fim de se determinar se os interesses desses povos seriam prejudicados, e em que medida, antes de se empreender ou autorizar qualquer programa de prospecção ou exploração dos recursos existentes nas suas terras. Os povos interessados deverão participar sempre que for possível dos benefícios que essas atividades produzam, e receber indenização equitativa por qualquer dano que possam sofrer como resultado dessas atividades"; **B:** correta (reler o comentário sobre a assertiva anterior); **C** e **D:** incorretas (reler o comentário sobre a assertiva A).

Gabarito "B".

5.10. Convenção sobre a Abolição da Escravatura, do Tráfico de Escravos e das Instituições e Práticas Análogas à Escravatura

(OAB/Exame Unificado – 2016.1) Em dezembro de 2014, a sul-africana Urmila Bhoola, relatora especial das Nações Unidas sobre as formas contemporâneas de escravidão, declarou que "pelo menos 20,9 milhões de pessoas estão sujeitas a formas modernas de escravidão, que atingem principalmente mulheres e crianças". A relatora da ONU, para fazer tal afirmação, considerou o conceito de escravidão presente na Convenção Suplementar sobre a Abolição da Escravatura, do Tráfico de Escravos e das Instituições e Práticas Análogas à Escravatura adotada em Genebra, em 7 de setembro de 1956.

Assinale a opção que apresenta o conceito de escravidão conforme disposto na referida Convenção:

(A) Estado ou a condição de um indivíduo sobre o qual se exercem todos ou parte dos poderes atribuídos ao direito de propriedade.

(B) Situação em que um indivíduo trabalha em condições precárias e não recebe seus direitos trabalhistas de modo pleno e integral.

(C) Relação em que uma pessoa possui o controle físico sobre o corpo de outra pessoa.

(D) Condição por meio da qual uma pessoa se encontra psicologicamente constrangida a cumprir as ordens que lhe são dadas por terceiros, ainda que tais ordens sejam contrárias aos seus interesses.

A citada Convenção define escravidão da seguinte maneira: "é o estado ou a condição de um indivíduo sobre o qual se exercem todos ou parte dos poderes atribuídos ao direito de propriedade". Desta forma, a única assertiva correta é a "A" e deve ser assinalada.

Gabarito "A".

5.11. Tribunal Penal Internacional

(OAB/Exame Unificado – 2014.1) O sistema global de Direitos Humanos foi pensado para proteger as vítimas de violações ou ameaças de violações dos direitos humanos. Daí os variados mecanismos que buscam proteção ou reparações em face de diferentes violências.

Contudo, dentro do sistema global há um tratado internacional que instituiu um órgão de caráter permanente e independente voltado especificamente para o julgamento e a punição de indivíduos agressores e não diretamente para a proteção das vítimas.

Assinale a opção que indica esse órgão.

(A) Corte Internacional de Justiça – Corte de Haia – instituída pela Carta das Nações Unidas.

(B) Conselho de Segurança da ONU, instituído pela Carta das Nações Unidas.

(C) Tribunal Penal Internacional, instituído pelo Estatuto de Roma.

(D) Corte Europeia dos Direitos dos Homens, instituída pela Convenção Europeia dos Direitos do Homem.

A: incorreta. A Corte de Haia, principal órgão judicial da ONU, não julga indivíduos, mas apenas Estados, sejam ou não membros da ONU. Em relação à competência *ratione materiae*, a Corte pode analisar todas as questões levadas até ela, como também todos os assuntos previstos na Carta da ONU ou em tratados e convenções em vigor (artigo 36, ponto 1, do Estatuto da CIJ); **B:** incorreta. O Conselho de Segurança (CS) também não julga indivíduos. Cabe destacar que o CS é o maior responsável pela manutenção da paz e da segurança internacionais; **C:** correta. O Tribunal Penal Internacional (TPI) foi constituído na Conferência de Roma, em 17 de julho de 1998, na qual se aprovou o Estatuto de Roma (tratado que não admite a apresentação de reservas), que só entrou em vigor internacionalmente em 1º de julho de 2002 e passou a vigorar, para o Brasil, no dia 25 de setembro de 2002. Com a criação do TPI, tem-se um tribunal permanente para julgar **indivíduos** acusados da prática de crimes de genocídio, de crimes de guerra, de crimes de agressão e de crimes contra a humanidade. Deve-se apontar que indivíduos diz respeito a quaisquer indivíduos, independentemente de exercerem funções governamentais ou cargos públicos (artigo 27 do Estatuto de Roma), desde que, à data da alegada prática do crime, tenham completado 18 anos de idade; **D:** incorreta. A Corte Europeia faz parte do sistema regional (europeu) de proteção dos direitos humanos.
Gabarito "C".

6. SISTEMA REGIONAL DE PROTEÇÃO DOS DIREITOS HUMANOS – SISTEMA INTERAMERICANO

(OAB/Exame Unificado – 2019.2) No âmbito dos sistemas internacionais de proteção dos Direitos Humanos, existem hoje três sistemas regionais: africano, (inter)americano e europeu. Existem semelhanças e diferenças entre esses sistemas. Assinale a opção que corretamente expressa uma grande diferença entre o sistema (inter)americano e o europeu.

(A) O sistema europeu foi instituído a partir da Convenção para a Proteção dos Direitos do Homem e das Liberdades Fundamentais, de 1950, e já está em pleno funcionamento. Já o sistema (inter)americano foi instituído pela Convenção Americana Sobre Direitos Humanos, de 1998, e ainda não está em pleno funcionamento.

(B) O sistema (inter)americano conta com uma Comissão Interamericana de Direitos Humanos, mas não possui uma Corte ou Tribunal. Já o sistema europeu possui um Tribunal, mas não possui uma Comissão de Direitos Humanos.

(C) O sistema europeu é baseado em um Conselho de Ministros e admite denúncias de violações de direitos humanos que sejam feitas pelos Estados-partes da Convenção, mas não admite petições individuais. Já o sistema (inter)americano não possui o Conselho de Ministros e admite petições individuais.

(D) O sistema (inter)americano possui uma Comissão e uma Corte para conhecer de assuntos relacionados ao cumprimento dos compromissos assumidos pelos Estados-partes na Convenção Americana Sobre Direitos Humanos. Já o sistema europeu não possui uma Comissão com as mesmas funções que a Comissão Interamericana, mas um Tribunal Europeu dos Direitos do Homem, que é efetivo e permanente.

A única assertiva correta é a "D", isto porque de fato o sistema europeu de proteção dos direitos humanos não conta com um órgão similar à Comissão Americana sobre Direitos Humanos. O sistema europeu tem o Tribunal Europeu dos Direitos do Homem no centro de sua sistemática de funcionamento.
Gabarito "D".

6.1. Convenção Americana de Direitos Humanos ou Pacto de São José da Costa Rica

(OAB/Exame XXXVIII) Numa acirrada disputa eleitoral pelo governo municipal de sua cidade, o prefeito atual e candidato à reeleição, divulgou, por meio do *site* da Prefeitura, informações inexatas e ofensivas contra o candidato da oposição.

Esse candidato o(a) procurou, por saber de sua atuação como advogado(a) em defesa dos Direitos Humanos, e disse que, amparado na Convenção Americana sobre Direitos Humanos, queria o direito de resposta na rádio local.

Sobre a hipótese narrada, cabe a você esclarecer que a Convenção assegura

(A) plenamente o direito à resposta, que deve ocorrer no órgão de difusão da escolha do ofendido.

(B) o direito de resposta e determina que ele aconteça no órgão de difusão que tenha a capacidade de alcançar o maior número de pessoas.

(C) o direito à resposta e determina que ela deve ser feita no mesmo órgão de difusão em que ocorreu a divulgação das informações inexatas e ofensivas.

(D) o direito de resposta, mas estabelece como condição a apreciação judicial e o encerramento da lide em última instância.

Conforme o art. 14, I, a Convenção Americana sobre Direitos Humanos assegura o direito à resposta e determina que ela deve ser feita no mesmo órgão de difusão em que ocorreu a divulgação das informações inexatas e ofensivas.
Gabarito "C".

(OAB/Exame Unificado – 2020.2) Como advogada(o) atuante na área dos Direitos Humanos, você foi convidada(o) para participar de um evento na OAB sobre o Sistema Interamericano de Direitos Humanos. Em meio ao debate, foi alegado que a Convenção Americana dos Direitos Humanos não vincula juridicamente os Estados que a ratificaram, mas apenas cria um compromisso moral.

Em relação a tal alegação, é fundamental invocar o conhecido e importante Caso Velásquez Rodriguez. Essa decisão da Corte Interamericana dos Direitos Humanos é especialmente relevante porque

(A) foi a primeira condenação do Brasil pela Corte Interamericana de Direitos Humanos e obrigou o Estado brasileiro a reconhecer suas omissões, a indenizar os familiares da vítima e a promover ajustes no sistema de saúde pública brasileiro.

16. DIREITOS HUMANOS — 1095

(B) afirmou que os Estados-partes devem prevenir, investigar e punir toda violação dos direitos reconhecidos pela Convenção Americana, bem como procurar, ademais, o restabelecimento, se possível, do direito violado e, se for o caso, a reparação dos danos produzidos pela violação dos Direitos Humanos.

(C) admitiu que o Sistema Interamericano dos Direitos Humanos é formado por um conjunto de órgãos que estão vinculados à Secretaria Geral da Organização dos Estados Americanos e subordinados à Assembleia Geral dessa mesma Organização, de forma que suas decisões apenas adquirem força vinculante quando confirmadas pela Assembleia Geral.

(D) estabeleceu o procedimento de eficácia das próprias decisões da Corte, que, após serem prolatadas, deverão ser encaminhadas para os tribunais superiores dos Estados-partes da Convenção Americana dos Direitos Humanos, a fim de que sejam ratificadas por esses tribunais. Somente após essa confirmação é que as decisões se tornarão juridicamente vinculantes.

Segue um trecho da importante sentença da Corte Interamericana de Direitos Humanos exarada no caso Velásquez Rodríguez, ocasião em que foi explicitada a obrigação de os Estados-partes garantirem o livre e o pleno exercício dos direitos reconhecidos na Convenção Americana de Direitos Humanos:
"Esta obrigação implica o dever dos Estados-partes de organizar todo o aparato governamental e, em geral, todas as estruturas por meio das quais se manifesta o exercício do poder público, de maneira que sejam capazes de assegurar juridicamente o livre e pleno exercício dos direitos humanos. Como consequência dessa obrigação, os *Estados devem prevenir, investigar e sancionar toda violação dos direitos reconhecidos pela Convenção* e procurar, ademais, o restabelecimento, se possível, do direito violado e também a reparação dos danos produzidos pela violação dos direitos humanos" (tradução minha).
O caso analisado trata de um estudante universitário de Honduras – Velásquez Rodríguez – que foi detido por autoridades policiais hondurenhas, sendo, posteriormente, vítima de tortura até ser tido como desaparecido. Em sentença de 29.07.1998, a Corte Interamericana de Direitos Humanos declarou, por unanimidade, que Honduras violou, em prejuízo de Velásquez Rodríguez, o direito à liberdade pessoal (art. 7º da Convenção), o direito à integridade pessoal (art. 5º da Convenção) e o direito à vida (art. 4º da Convenção), todos em conexão com o art. 1º, ponto 1, da Convenção. A Corte declarou ainda, também por unanimidade, que Honduras deveria pagar uma justa indenização compensadora para os familiares da vítima, mas não fixou os parâmetros para o pagamento, apenas ressalvou que, se a Comissão Interamericana de Direitos Humanos e Honduras não chegassem a um acordo, a Corte seria responsável por estabelecer a forma e a quantia da indenização.
Gabarito "B".

(OAB/Exame Unificado – 2020.1) Recentemente houve grande polêmica na cidade de Piraporanga, porque o Prefeito proibiu o museu local de realizar uma exposição, sob a alegação de que as obras de arte misturavam temas religiosos com conteúdos sexuais, além de haver quadros e esculturas obscenas.

Você é contratada(o) para atuar no caso pelos autores das obras de arte e por intelectuais. Com base na Convenção Americana de Direitos Humanos e na Constituição Federal de 1988, assinale a opção que apresenta o argumento que você, como advogada(o), deveria adotar.

(A) A censura prévia por autoridades administrativas competentes, como mecanismo eficaz para assegurar

o respeito à reputação de pessoas e como forma de garantir a moralidade pública, deve ser admitida.

(B) O exercício da liberdade de expressão e o da criação artística estão sujeitos à censura prévia, mas apenas por força de lei devidamente justificada, como forma de proteção da honra individual e da moral pública.

(C) A liberdade de expressão e de criação artística estão sujeitas à censura prévia pelas autoridades competentes quando elas ocorrem por meio de exposições em museus, tendo em vista a proteção da memória nacional e da ordem pública.

(D) A lei pode regular o acesso a diversões e espetáculos públicos, tendo em vista a proteção moral da infância e da adolescência, sendo vedada, porém, toda e qualquer censura prévia de natureza política, ideológica e artística.

Conforme o artigo 13, ponto 4, da Convenção Americana de Direitos Humanos e o artigo 220 da CF, a lei pode regular o acesso a diversões e espetáculos públicos, tendo em vista a proteção moral da infância e da adolescência, conforme o disposto na assertiva "D".
Gabarito "D".

(OAB/Exame Unificado – 2019.3) Um rapaz, que era pessoa em situação de rua, acabou de sair da prisão. Ele fora condenado pelo crime de latrocínio e, posteriormente, a defensoria pública ajuizou, a seu favor, uma ação de revisão criminal, na qual ele foi absolvido por ausência de provas, caracterizando, assim, um erro judiciário. Nesse período, ele ficou cinco anos preso. Agora a família indaga se existe um direito de indenização em função de condenação por erro judiciário.

Assinale a opção que apresenta a informação que você, na condição de advogado(a) especializado(a) em Direitos Humanos, deve prestar à família, com base na *Convenção Americana Sobre Direitos Humanos*.

(A) O direito à indenização está previsto na Convenção Americana Sobre Direitos Humanos de forma geral, mas não há previsão expressa de indenização por erro judiciário; portanto, essa é uma construção argumentativa que deve ser produzida no caso concreto.

(B) A indenização por erro judiciário não é uma matéria própria do campo dos Direitos Humanos, por isso não existe tal previsão nem na Convenção Americana Sobre Direitos Humanos, nem em nenhum outro tratado de Direitos Humanos de que o Brasil seja signatário.

(C) A Convenção Americana Sobre Direitos Humanos assegura o direito à indenização por erro judiciário, mas o restringe aos erros que resultam em condenação na esfera civil, excluindo eventuais erros que ocorram na jurisdição penal.

(D) A Convenção Americana Sobre Direitos Humanos dispõe que toda pessoa tem direito de ser indenizada conforme a lei, no caso de haver sido condenada em sentença transitada em julgado por erro judiciário.

O artigo 10 Convenção Americana Sobre Direitos Humanos assim estatui: Toda pessoa tem direito de ser indenizada conforme a lei, no caso de haver sido condenada em sentença passada em julgado, por erro judiciário. Portanto, a assertiva D é a correta.
Gabarito "D".

(OAB/Exame Unificado – 2016.2) Alguns jovens relataram um caso em que um outro jovem, de origem vietnamita, foi preso sob a alegação de tráfico de drogas. O acusado não conhece ninguém no Brasil e o processo penal já se iniciou, mas ele não compreende o que se passa no processo por não saber o idioma e pela grande dificuldade de comunicação entre ele e seu defensor.

A partir da hipótese apresentada, de acordo com o Pacto de São José da Costa Rica, assinale a afirmativa correta.

(A) O acusado tem direito de ser assistido gratuitamente por tradutor ou intérprete, se não compreender ou não falar o idioma do juízo ou tribunal.

(B) O acusado tem que garantir por seus próprios meios a assistência de tradutor ou intérprete, mas tem o direito de que os atos processuais sejam suspensos até que seja providenciado o intérprete.

(C) A investigação e o processo penal somente poderão acontecer quando o acusado tiver assistência consular de seu país de origem.

(D) O Pacto de São José da Costa Rica não dá ao acusado o direito de ser assistido por um intérprete providenciado pelo Estado signatário ou de ter algum rito especial no processo.

A única assertiva correta é "A", pois está em consonância com o art. 8º, ponto 2, *a*, do Pacto de São José da Costa Rica.
Gabarito "A".

(OAB/Exame Unificado – 2015.3) Em relação ao direito de liberdade de pensamento e expressão, a Convenção Americana sobre os Direitos Humanos, devidamente ratificada pelo Estado brasileiro, adotou o seguinte posicionamento:

(A) vedou a censura prévia, mas admite que a lei o faça em relação aos espetáculos públicos apenas como forma de regular o acesso a eles, tendo em vista a proteção moral da infância e da adolescência.

(B) vedou a censura prévia em geral, mas admite que ela ocorra expressamente nos casos de propaganda política eleitoral, tendo em vista a proteção da ordem pública e da segurança nacional.

(C) admitiu a censura prévia em geral, tendo em vista a proteção da saúde e da moral públicas, mas a veda expressamente nos casos de propaganda eleitoral, a fim de assegurar a livre manifestação das ideias políticas.

(D) admitiu a censura prévia como forma de assegurar o respeito aos direitos e à reputação das demais pessoas.

A assertiva correta é "A", pois está em sintonia com o disposto no art. 13, ponto 4, da Convenção Americana sobre Direitos Humanos. Quanto à censura prévia, a Corte Interamericana assim definiu em decisão sobre o paradigmático caso *A Última Tentação de Cristo (Olmedo Bustos e outros) vs. Chile*: "A censura prévia não é permitida dentro do marco do sistema interamericano de proteção dos direitos humanos. O artigo 13, ponto 4, da Convenção estabelece apenas uma exceção à censura prévia, e se trata de regular o acesso à espetáculos públicos pela única razão de garantir a tutela moral da infância e da juventude. Em todos os demais casos, qualquer medida preventiva implica desrespeito à liberdade de pensamento e de expressão[8].
Gabarito "A".

6.2. Protocolo Adicional à Convenção Americana sobre Direitos Humanos referente à abolição da pena de morte

(OAB/Exame XXXIII – 2020.3) Você, como advogada(o) atuante na defesa dos Direitos Humanos, foi convidada(o) para participar de um programa de debate na rádio local sobre a questão da pena de morte.

Um dos debatedores, em certo ponto do programa, afirmou que, caso fosse aprovada uma Proposta de Emenda Constitucional (PEC) suprimindo a vedação da pena de morte presente na Constituição, o Brasil poderia adotar esse tipo de pena. Na opinião desse debatedor, tratar-se-ia apenas de vontade política e não de questão jurídica.

Diante disso, cabe a você esclarecer que

(A) essa PEC poderia ser aprovada pelo Congresso Nacional e surtir seus efeitos jurídicos mas, por se tratar de uma questão política, o ideal seria que essa decisão fosse precedida de amplo debate popular.

(B) essa PEC poderia ser aprovada pelo Congresso Nacional mas, de acordo com a Constituição da República, uma decisão nesse sentido somente poderia ser implementada após aprovação em referendo popular.

(C) essa PEC não é juridicamente adequada, porque tal vedação é cláusula pétrea da Constituição e porque o Brasil promulgou o Protocolo Adicional à Convenção Americana sobre Direitos Humanos referente à abolição da pena de morte.

(D) de acordo com a Constituição da República e a Convenção Americana sobre Direitos Humanos, apenas o Supremo Tribunal Federal poderia admitir a pena de morte, porque possui competência para relativizar a proteção a um direito fundamental, desde que para proteger outro direito fundamental.

Em 08.06.1990 foi adotado, em Assunção, no Paraguai, outro Protocolo Facultativo à Convenção Americana sobre Direitos Humanos, dessa vez sobre a abolição da pena de morte. Os Estados que aderem ao Protocolo ficam impedidos, em qualquer hipótese, de aplicar a pena de morte; assim, estão revogadas as disposições de direito interno que prevejam a pena capital. Esse Protocolo foi influenciado diretamente pelo Segundo Protocolo Facultativo ao Pacto Internacional dos Direitos Civis e Políticos de 1989. O Brasil, ao ratificar o Protocolo sobre abolição da pena de morte, declarou, devido à imperativos constitucionais, reserva[9] conforme o estabelecido no art. 2º do Protocolo em questão, o qual assegura aos Estados-partes o direito de aplicar pena de morte em tempo de guerra, de acordo com o Direito Internacional, para delitos sumamente graves de caráter militar. O Protocolo foi promulgado no Brasil via o Decreto presidencial 2.754/1998.
Gabarito "C".

6.3. Protocolo de San Salvador

(OAB/Exame Unificado – 2019.2) Uma Organização de Direitos Humanos afirma estar tramitando, no Congresso Nacional, um Projeto de Lei propondo que o trabalhador tenha direito a férias, mas que seja possível que o empregador determine a não remuneração dessas férias. No mesmo

---

8. Corte IDH. *Caso A Última Tentação de Cristo" (Olmedo Bustos e outros) vs. Chile*. Item 70 da decisão.

9. A reserva é um condicionante do consentimento. Ou seja, é a declaração unilateral do Estado aceitando o tratado, mas sob a condição de que certas disposições não valerão para ele.

Projeto de Lei, fica estipulado que, nos feriados nacionais, não haverá remuneração.

A Organização procura você, como advogado(a), para redigir um parecer quanto a um eventual controle de convencionalidade, caso esse projeto seja transformado em lei.

Assim, com base no Protocolo Adicional à Convenção Americana Sobre Direitos Humanos em Matéria de Direitos Econômicos, Sociais e Culturais – Protocolo de San Salvador –, assinale a opção que apresenta seu parecer sobre o fato apresentado.

(A) O Brasil, embora tenha ratificado a Convenção Americana de Direitos Humanos, não é signatário do Protocolo Adicional à Convenção Americana Sobre Direitos Humanos em Matéria de Direitos Econômicos, Sociais e Culturais – Protocolo de San Salvador. Portanto, independentemente do que disponha esse Protocolo, ele não configura uma base jurídica que permita fazer um controle de convencionalidade.

(B) Tanto o direito a férias remuneradas quanto o direito à remuneração nos feriados nacionais estão presentes no Protocolo de San Salvador. Considerando que o Brasil é signatário desse Protocolo, caso o Projeto de Lei venha a ser convertido em Lei pelo Congresso Nacional, é possível submetê-lo ao controle de convencionalidade, com base no Protocolo de San Salvador.

(C) A despeito de as férias remuneradas e a remuneração nos feriados nacionais estarem previstos no Protocolo de San Salvador, não é possível fazer o controle de convencionalidade caso o Projeto de Lei seja aprovado, porque se trata apenas de um Protocolo, e, como tal, não possui força de Convenção como é o caso da Convenção Americana Sobre Direitos Humanos.

(D) Se o Projeto de Lei for aprovado, não será possível submetê-lo a um controle de convencionalidade com base no Protocolo de San Salvador, porque os direitos em questão não estão previstos no referido Protocolo, que sequer trata de condições justas, equitativas e satisfatórias de trabalho.

Com base no Protocolo de San Salvador, a assertiva correta é a "B", pois o direito a férias remuneradas e o direito à remuneração nos feriados nacionais estão presentes no Protocolo de San Salvador, e o Brasil é signatário desse Protocolo, portanto, essa lei é passível de controle de convencionalidade (art.7º, *h*, do Protocolo de San Salvador).

Gabarito "B".

Segue, para conhecimento, a lista dos direitos humanos protegidos na Convenção Americana de Direitos Humanos e a lista dos protegidos no Protocolo de São Salvador:

Os direitos humanos protegidos na Convenção Americana de Direitos Humanos são:

A) direito ao reconhecimento da personalidade jurídica (art. 3º);

B) direito à vida (art. 4º. É importante apontar que a Convenção determina que, em geral, este direito deve ser protegido desde o momento da concepção;

C) direito à integridade pessoal (art. 5º). Leia-se integridade física, psíquica e moral;

D) proibição da escravidão e da servidão (art. 6º). O tráfico de escravos e o tráfico de mulheres também são proibidos em todas as suas formas;

E) direito à liberdade pessoal (artigo 7º). É no ponto 7 deste artigo que aparece o princípio da proibição da detenção por dívidas e a sua correlata exceção somente em virtude de inadimplemento de obrigação alimentar. E seu reflexo no Brasil foi, depois de muitas decisões, a Súmula Vinculante 25 do STF;

F) garantias judiciais (art. 8º). É neste artigo que aparece o princípio da celeridade dos atos processuais;

G) princípio da legalidade e da retroatividade da lei penal mais benéfica (art. 9º);

H) direito à indenização por erro judiciário (art. 10). O artigo dispõe ser necessário o trânsito em julgado da condenação;

I) proteção da honra e da dignidade (art. 11);

J) liberdade de consciência e de religião (art. 12);

K) liberdade de pensamento e de expressão (art. 13)

L) direito de retificação ou resposta (art. 14). Direito a ser utilizado quando as informações inexatas ou ofensivas forem emitidas, em seu prejuízo, por meios de difusão legalmente regulamentados e que se dirijam ao público em geral;

M) direito de reunião (art. 15). Desde que pacífica e sem armas;

N) liberdade de associação (art. 16);

O) proteção da família (art. 17);

P) direito ao nome (art. 18);

Q) direitos da criança (art. 19);

R) direito à nacionalidade (art. 20). Este artigo traz a importante regra de que toda pessoa tem direito à nacionalidade do Estado em cujo território houver nascido, se não tiver direito a outra;

S) direito à propriedade privada (art. 21);

T) direito de circulação e de residência (art. 22). Tal artigo traz duas regras importantes, a primeira, constante do ponto 7 do artigo, é a de que toda pessoa tem o direito de buscar e receber asilo em território estrangeiro, em caso de perseguição por delitos políticos ou comuns conexos com delitos políticos e a segunda, constante do ponto 8 do artigo, é a de que em nenhum caso o estrangeiro pode ser expulso ou entregue a outro país, seja ou não de origem, onde seu direito à vida ou à liberdade pessoal esteja em risco de violação em virtude de sua raça, nacionalidade, religião, condição social ou de suas opiniões políticas;

U) direitos políticos (art. 23);

V) Igualdade perante a lei (art. 24);

W) Proteção judicial (art. 25).

Os direitos humanos protegidos no Protocolo San Salvador são:

A) direito ao trabalho (art. 6º);

B) condições justas, equitativas e satisfatórias de trabalho (art. 7º);

C) direitos sindicais (art. 8º);

D) direito à seguridade social (art. 9º);

E) direito à saúde (art. 10);

F) direito à um meio-ambiente sadio (art. 11);

G) direito à alimentação (art. 12);

H) direito à educação (art. 13);

I) direito de receber os benefícios da cultura (art. 14);

J) direito à constituição e à proteção da família (art. 15);

K) direitos da criança (art. 16);

L) proteção dos idosos (art. 17);

M) proteção dos deficientes (art. 18).

6.4. Comissão interamericana de direitos humanos

(OAB/Exame XXXVII) Você está diante de um caso de extrema gravidade de violação de direitos previstos na Convenção Americana sobre Direitos Humanos, quando é urgente a adoção de medidas para evitar prejuízos irreparáveis às vítimas. Trata-se de um caso com demora injustificada na decisão sobre os recursos da jurisdição interna. Como advogada ou advogado que conhece o Sistema Interamericano de Proteção dos Direitos Humanos você sabe que a Corte Interamericana de Direitos Humanos pode adotar medidas provisórias que considerar cabíveis.

Considerando as normas pertinentes do Sistema Interamericano, assinale a afirmativa correta.

(A) Deve-se peticionar diretamente à Corte Interamericana de Direitos Humanos, ainda que o caso não esteja sob o conhecimento da Corte, para que ela adote as medidas provisórias cabíveis.

(B) O caso deve ser encaminhado à Comissão Jurídica Interamericana para que, nos termos do Art. 99 da Carta da OEA, ela tome as medidas provisórias adequadas.

(C) É preciso aguardar a decisão de um Tribunal Superior sobre o caso para que, após, se recorra ao Sistema Interamericano, segundo o princípio do duplo grau de jurisdição.

(D) Pode-se submeter o caso à Comissão Interamericana de Direitos Humanos para que ela avalie e decida se irá solicitar medidas provisórias à Corte.

A Comissão, por iniciativa própria (*ex officio*) ou depois de receber uma denúncia, poderá entrar em contato com o Estado denunciado para que este adote, com urgência, medidas cautelares de natureza individual ou coletiva antes da análise do mérito da denúncia, desde que verificado risco de dano irreparável à vítima ou às vítimas. Dentro dessa ótica, poderá também solicitar que a Corte ordene que o Estado denunciado adote medidas provisórias mesmo antes da análise do mérito do caso, desde que o caráter de urgência e de gravidade as justifiquem para poder impedir a ocorrência de danos irreparáveis às pessoas.

As medidas cautelares (solicitadas pela Comissão e aplicadas por Estados) e as provisórias (ordenadas pela Corte, mediante solicitação da Comissão, e aplicadas por Estados) possuem o mesmo efeito prático.

Gabarito "D".

(OAB/Exame XXXIV) Você, como advogado(a), representa um grupo de familiares que possuem algum ente internado em estabelecimento público de tratamento de saúde mental onde, comprovadamente, tem havido tratamento cruel e degradante, violando o Art. 5º da Convenção Americana sobre Direitos Humanos. Após tentativas frustradas de resolução do problema por via administrativa junto aos órgãos competentes, você ingressou com petição na Comissão Interamericana de Direitos Humanos.

Tendo em vista que se trata de uma situação de gravidade e urgência, e considerando o que dispõe o Regulamento da Comissão Interamericana de Direitos Humanos, cabe a você esclarecer aos familiares e às próprias vítimas que, mesmo diante da gravidade e urgência da situação, a Comissão

(A) deverá emitir o seu relatório final com recomendações para o Estado brasileiro, caso ele seja considerado responsável pelas violações ocorridas.

(B) pode decidir liminarmente o caso, porém essa decisão liminar favorável às vítimas deverá ser homologada pelo Superior Tribunal de Justiça brasileiro para que possa ser devidamente executada.

(C) deverá encaminhar de imediato o caso para a Corte Interamericana de Direitos Humanos para que esta adote medida prévia que vise à garantia dos direitos violados das vítimas.

(D) poderá solicitar que o Estado brasileiro adote medidas cautelares para prevenir danos irreparáveis às pessoas vítimas da violação dos Direitos Humanos.

A resposta correta conforme o Regulamento da Comissão Interamericana de Direitos Humanos é a "D". A Comissão, por iniciativa própria (*ex officio*) ou depois de receber uma denúncia, poderá entrar em contato com o Estado denunciado para que este adote, com urgência, medidas cautelares de natureza individual ou coletiva antes da análise do mérito da denúncia, desde que verificado risco de dano irreparável à vítima ou às vítimas. Dentro dessa ótica, poderá também solicitar que a Corte ordene que o Estado denunciado adote medidas provisórias mesmo antes da análise do mérito do caso, desde que o caráter de urgência e de gravidade as justifiquem para poder impedir a ocorrência de danos irreparáveis às pessoas. As medidas cautelares (solicitadas pela Comissão e aplicadas por Estados) e as provisórias (ordenadas pela Corte, mediante solicitação da Comissão, e aplicadas por Estados) possuem o mesmo efeito prático.

Gabarito "D".

(OAB/Exame Unificado – 2017.3) Há cerca de três meses, foi verificado que os presos da Penitenciária Quebrantar estavam sofrendo diversas formas de maus tratos, incluindo violência física. Você foi contratado(a) por familiares dos presos, que lhe disseram ter elementos suficientes para acreditar que qualquer medida judicial no Brasil seria ineficaz no prazo desejado. Por isso, eles o(a) consultaram sobre a possibilidade de submeter o caso à Comissão Interamericana de Direitos Humanos (CIDH).

Considerando as regras de funcionamento dessa Comissão, você deve informá-los de que a CIDH pode receber a denúncia:

(A) caso sejam feitas petições individualizadas, uma vez que os casos de violação de direitos previstos no Pacto de São José da Costa Rica devem ser julgados diretamente pela Corte Interamericana de Justiça.

(B) caso sejam feitas petições individualizadas relatando a violação sofrida por cada uma das vítimas e as relacionando aos direitos previstos na Convenção Americana; assim, a CIDH poderá adotar as medidas que julgar necessárias para a cessação da violação.

(C) caso entenda haver situação de gravidade e urgência. Assim, a CIDH poderá instaurar de ofício um procedimento no qual solicita que o Estado brasileiro adote medidas cautelares de natureza coletiva para evitar danos irreparáveis aos presos.

(D) caso entenda haver situação de gravidade e urgência. Assim, a CIDH deve encaminhar diretamente o caso à Corte Interamericana de Justiça, que poderá ordenar

16. DIREITOS HUMANOS — 1099

a medida provisória que julgar necessária à cessação da violação.

A Comissão, por iniciativa própria (*ex officio*) ou depois de receber uma denúncia, poderá entrar em contato com o Estado denunciado para que este adote, com urgência, medidas cautelares de natureza individual ou coletiva antes da análise do mérito da denúncia, desde que verificado risco de dano irreparável à vítima ou às vítimas. Dentro dessa ótica, poderá também solicitar que a Corte ordene que o Estado denunciado adote medidas provisórias mesmo antes da análise do mérito do caso, desde que o caráter de urgência e de gravidade as justifiquem para poder impedir a ocorrência de danos irreparáveis às pessoas. As medidas cautelares (solicitadas pela Comissão e aplicadas por Estados) e as provisórias (ordenadas pela Corte, mediante solicitação da Comissão, e aplicadas por Estados) possuem o mesmo efeito prático. Gabarito "C".

(OAB/Exame Unificado – 2017.1) Seu cliente possui um filho com algum nível de deficiência mental e, após muito tentar, não conseguiu vaga no sistema público de ensino da cidade, uma vez que as escolas se diziam não preparadas para lidar com essa situação.

Você já ingressou com a ação judicial competente há mais de dois anos, mas há uma demora injustificada no julgamento e o caso ainda se arrasta nos tribunais.

Diante desse quadro, você avalia a possibilidade de apresentar uma petição à Comissão Interamericana de Direitos Humanos.

Tendo em vista o que dispõe a Convenção Americana sobre Direitos Humanos e seus respectivos protocolos, assinale a afirmativa correta.

(A) Considerando a demora injustificada da decisão na jurisdição interna, você pode peticionar à Comissão, pois o direito à Educação é um dos casos de direitos sociais previstos no Protocolo de São Salvador, que, uma vez violado, pode ensejar aplicação do sistema de petições individuais.

(B) Não obstante a demora injustificada da decisão final do Poder Judiciário brasileiro ser uma condição que admite excepcionar os requisitos de admissibilidade para que seja apresentada a petição, o direito à educação não está expressamente previsto nem na Convenção, nem no Protocolo de São Salvador como um caso de petição individual.

(C) Apenas a Corte Interamericana de Direitos Humanos pode encaminhar um caso para a Comissão. Portanto, deve ser provocada a jurisdição da Corte. Se esta entender adequado, pode enviar o caso para que a Comissão adote as medidas e providências necessárias para garantir o direito e reparar a vítima, se for o caso.

(D) Em nenhuma situação você pode entrar com a petição individual de seu cliente na Comissão Interamericana de Direitos Humanos até que sejam esgotados todos os recursos da jurisdição interna do Brasil.

A: correta. O sistema interamericano tem competência para interpretar e aplicar o Protocolo Adicional à Convenção Americana de Direitos Humanos (Protocolo de San Salvador) somente em relação ao art. 8º, ponto 1, alínea *a* (direitos sindicais dos trabalhadores) e ao art. 13 (direito à educação). Tudo em conformidade com o art. 19, ponto 6, do mencionado Protocolo. Portanto, seria possível enviar petição individual para a Comissão Interamericana analisar o caso (art. 44 da Convenção Americana sobre Direitos Humanos); **B:** incorreta (reler o comentário sobre a assertiva anterior); **C:** incorreta. A competência da

Comissão abarca a possibilidade de receber petições de um Estado-parte, do indivíduo "lesionado" ou de terceiras pessoas ou de organizações não governamentais legalmente reconhecidas em um ou mais Estados-membros da OEA que representem o indivíduo lesionado (art. 44 da Convenção Americana sobre Direitos Humanos); **D:** incorreta. O sistema americano impõe a mesma ideia de ressalva existente no sistema global. As regras de esgotamento de todos os recursos internos disponíveis e do prazo de seis meses para a apresentação da petição ou comunicação não serão aplicadas quando o indivíduo for privado de seu direito de ação pela jurisdição doméstica, ou lhe forem ceifadas as garantias do devido processo legal, ou, ainda, se os processos internos forem excessivamente demorados. E o ônus da prova da existência de um recurso acessível e suficiente recai sobre o Estado demandado. **RF** Gabarito "A".

(OAB/Exame Unificado – 2015.2) A Comissão Interamericana de Direitos Humanos é competente para examinar comunicações encaminhadas por indivíduos ou grupos de indivíduos que contenham denúncia de violação de direitos previstos na Convenção Americana de Direitos Humanos, violação essa que tenha sido cometida por um Estado-parte. Após receber a denúncia e considerá-la admissível, a Comissão deverá requerer mais informações e buscar uma solução amistosa. Em não ocorrendo tal solução, enviará um informe ao Estado, concedendo-lhe três meses para cumprir suas exigências. Caso o Estado não atenda às exigências deliberadas pela Comissão, esta poderá

(A) encaminhar o caso para deliberação pela Assembleia Geral da OEA.

(B) proceder ao desligamento do Estado violador da Organização dos Estados Americanos.

(C) enviar o caso à Corte Interamericana de Justiça ou à Corte Internacional de Haia, desde que escolha apenas uma das duas Cortes para evitar litispendência no sistema internacional de proteção dos Direitos Humanos.

(D) elaborar um segundo informe ao Estado ou enviar o caso à Corte Interamericana de Justiça.

De posse da acusação, a Comissão assim agirá:

a) declarada a admissibilidade, a Comissão buscará uma solução amistosa entre o indivíduo denunciante e o Estado violador;

b) se não se chegar a uma solução, e dentro do prazo que for fixado pelo Estatuto da Comissão, esta redigirá um relatório no qual exporá os fatos e suas conclusões;

c) o relatório será encaminhado aos Estados interessados, aos quais não será facultado publicá-lo;

d) ao encaminhar o relatório, a Comissão pode formular as proposições e as recomendações que julgar adequadas;

e) se, no prazo de três meses a partir da remessa aos Estados interessados do relatório da Comissão, o assunto não tiver sido solucionado ou submetido à decisão da Corte pela Comissão (chamada remessa automática) ou pelo Estado interessado, aceitando sua competência, a Comissão poderá emitir, pelo voto da maioria absoluta de seus membros, sua opinião e conclusões sobre a questão submetida à sua consideração;

f) a Comissão fará as recomendações pertinentes e fixará um prazo dentro do qual o Estado deve tomar as medidas que lhe competir para remediar a situação examinada;

g) transcorrido o prazo fixado, a Comissão decidirá, pelo voto da maioria absoluta de seus membros, se o Estado tomou ou não as medidas adequadas e se publica ou não seu relatório.

Importante aclarar que na Opinião Consultiva 13/1993, a Corte asseverou que os artigos 50 e 51 da Convenção contemplam relatórios separados, cujo conteúdo pode ser similar, mas o primeiro não pode ser publicado. Já o segundo pode ser, desde que haja prévia decisão da Comissão, por maioria absoluta de votos, depois de transcorrido o prazo que foi conferido ao Estado para tomar as medidas adequadas. E vale frisar que o envio à Corte apenas será permitido se o Estado violador tiver aquiescido de forma expressa e inequívoca em relação à competência da Corte Interamericana de Direitos Humanos para solucionar os casos de violação dos direitos humanos insculpidos na Convenção e em outros tratados do sistema americano de proteção. Gabarito "D".

(OAB/Exame Unificado – 2013.3) Um advogado é procurado por um grupo de familiares que narraram a ocorrência de tortura e tratamento degradante num presídio estadual. Após constatar a denúncia *in loco*, o advogado levou a situação ao conhecimento das autoridades administrativas competentes que, entretanto, não deram a atenção devida ao caso. Em razão disso, o advogado admitiu recorrer à Comissão Interamericana de Direitos Humanos.

A respeito do caso narrado, assinale a afirmativa correta.

(A) A Comissão apenas receberá a denúncia se ficar comprovado prévio esgotamento dos recursos internos.

(B) A competência para a análise desse caso não é da Comissão Interamericana de Direitos Humanos e, sim, da Corte Interamericana de Direitos Humanos.

(C) A Comissão é competente para receber a denúncia, mas apenas por meio de petições individualizadas, a fim de proferir decisões mediante o devido processo legal.

(D) Por se tratar de caso grave e urgente, a Comissão pode receber a denúncia e expedir medida cautelar para obrigar o Estado a fazer cessar a violação ocorrente no presídio.

A: incorreta, porque para a Comissão receber a denúncia é necessário o cumprimento de outros requisitos, como, por exemplo, inexistência de litispendência internacional, ausência de coisa julgada internacional e o respeito ao prazo de seis meses para apresentar a petição, contado a partir da data em que o presumido prejudicado em seus direitos tenha sido notificado da decisão definitiva exarada no sistema protetivo nacional; **B:** incorreta. A Corte Interamericana não recebe petições individuais. Portanto, a competência é sim da Comissão; **C:** incorreta. A Comissão também tem competência para receber comunicações interestatais; **D:** correta, apesar da redação estar mal elaborada. É importante destacar que a Comissão não pode obrigar um Estado a tomar certa posição, pois trata-se de um órgão administrativo. O que a Comissão pode fazer é entrar em contato com o Estado denunciado, por iniciativa própria (*ex officio*) ou depois de receber uma denúncia, para que este adote, com urgência, medidas cautelares de natureza individual ou coletiva antes da análise do mérito da denúncia, desde que verificado risco de dano irreparável à vítima ou às vítimas. Ora, pelo dito percebe-se que é o próprio Estado que adota as medidas cautelares não a Comissão como é possível inferir em função da estranha redação da assertiva "D". De qualquer forma, é a assertiva a ser assinalada por exclusão. Gabarito "D".

(OAB/Exame Unificado – 2013.2) Após interpor uma denúncia por violação de direitos humanos contra um Estado membro da Organização dos Estados Americanos, o cidadão "X" espera que, dentre outras possibilidades, a Comissão Interamericana de Direitos Humanos recomende

(A) o pagamento de indenização por danos materiais e morais ao cidadão "X", mas não poderá recomendar a introdução de mudanças em seu ordenamento jurídico.

(B) a suspensão imediata dos atos que causam violação de direitos humanos, mas não poderá exigir que "X" receba indenização pecuniária pelos danos sofridos.

(C) a introdução de mudanças no ordenamento jurídico, podendo cumular tal ato com outras medidas, tais como a reparação dos danos sofridos por "X".

(D) a investigação e a punição dos responsáveis pela violação, mas não poderá tentar uma solução amistosa com o Estado, uma vez que protocolada a denúncia, ela deverá ser investigada e, caso comprovada, a punição será necessariamente imposta pela Comissão.

A: incorreta, pois a Comissão pode sim recomendar alterações na legislação interna do país infrator; **B:** incorreta, pois a Comissão pode exigir que o indivíduo vilipendiado receba indenização pecuniária pelos danos sofridos; **C:** correta. Um aspecto importante da competência da Comissão é a possibilidade de receber petições do indivíduo "lesionado", de terceiras pessoas ou de organizações não governamentais legalmente reconhecidas em um ou mais Estados-membros da OEA que representem o indivíduo lesionado[10]. Entrementes, essa competência só poderá ser exercida se o Estado violador tiver aderido à Convenção Americana de Direitos Humanos. Percebe-se que não é necessária a expressa aceitação da competência da Comissão para receber petições, bastando que o Estado tenha aderido à Convenção. A Comissão também tem competência para receber comunicações interestatais. Conforme já visto no sistema global de proteção, nesse mecanismo um Estado-parte pode denunciar o outro que incorrer em violação dos direitos humanos. Mas, para a denúncia ter validade, os dois Estados, denunciante e denunciado, devem ter expressamente declarado a competência da Comissão Interamericana de Direitos Humanos para tanto. Figuram aqui os mesmos requisitos de admissibilidade verificados quando da análise do procedimento de apresentação de petições individuais e de comunicações interestatais no sistema global de proteção. Ou seja, só são aceitas as petições ou as comunicações que comprovarem a inexistência de litispendência internacional, ausência de coisa julgada internacional e o esgotamento de todos os recursos internos disponíveis[11]. Ademais, o artigo 46 da Convenção Americana de Direitos Humanos exige que a petição ou a comunicação seja apresentada dentro do prazo de seis meses, a partir da data em que o presumido prejudicado em seus direitos tenha sido notificado da decisão definitiva exarada no sistema protetivo nacional e a petição a ser interposta deve conter o nome, a nacionalidade, a profissão, o domicílio e a assinatura da pessoa ou pessoas ou do representante legal da entidade que submeter a petição. Importante destacar que **não** é necessária a manifestação expressa de concordância da vítima ou vítimas da alegada violação aos direitos humanos. O sistema americano impõe a mesma ideia de ressalva existente no sistema global. As regras de esgotamento de todos os recursos administrativos e judiciais internos disponíveis e do prazo de seis meses para a apresentação da petição ou comunicação

10. Como exemplo pode-se citar o conhecido caso Maria da Penha.

11. Cabe apontar, consoante jurisprudência da Corte Interamericana, que o Estado-parte tem direito de renunciar a regra do prévio esgotamento dos recursos internos. Na decisão de 13 novembro de 1981 (caso Viviana Gallardo e outras), a Corte Interamericana, invocando precedente da Corte Europeia de Direitos Humanos (De Wilde, Ooms and Versyp Cases – "Vagrancy" Cases), apontou que segundo os princípios do Direito Internacional geralmente reconhecidos e a prática internacional, a regra que exige o prévio esgotamento dos recursos internos foi concebida no interesse do Estado, pois busca dispensa-lo de responder perante um órgão internacional por atos a ele imputado, antes de ter a oportunidade de resolve--los com seus próprios instrumentos. Essa regra é considerada como meio de defesa e como tal, renunciável, ainda que de modo tácito. Essa renúncia, uma vez anunciada, é irrevogável.

não serão aplicadas quando o indivíduo for privado de seu direito de ação pela jurisdição doméstica, ou lhe forem ceifadas as garantias do devido processo legal, ou, ainda, se os processos internos forem excessivamente demorados. E o ônus da prova da existência de um recurso acessível e suficiente recai sobre o Estado demandado. De posse da acusação, a Comissão assim agirá: **a)** buscará uma solução amistosa entre o indivíduo denunciante e o Estado violador; **b)** se não se chegar a uma solução, e dentro do prazo que for fixado pelo Estatuto da Comissão, esta redigirá um relatório no qual exporá os fatos e suas conclusões; **c)** o relatório será encaminhado aos Estados interessados, aos quais não será facultado publicá-lo; **d)** ao encaminhar o relatório, a Comissão pode formular as proposições e as recomendações que julgar adequadas; **e)** se, no prazo de três meses a partir da remessa aos Estados interessados do relatório da Comissão, o assunto não tiver sido solucionado ou submetido à decisão da Corte pela Comissão (chamada remessa automática) ou pelo Estado interessado, aceitando sua competência, a Comissão poderá emitir, pelo voto da maioria absoluta de seus membros, sua opinião e conclusões sobre a questão submetida à sua consideração; **f)** a Comissão fará as recomendações pertinentes e fixará um prazo dentro do qual o Estado deve tomar as medidas que lhe competir para remediar a situação examinada; **g)** transcorrido o prazo fixado, a Comissão decidirá, pelo voto da maioria absoluta de seus membros, se o Estado tomou ou não as medidas adequadas e se publica ou não seu relatório. Importante aclarar que na Opinião Consultiva 13/1993, a Corte asseverou que os arts. 50 e 51 da Convenção contemplam relatórios separados, cujo conteúdo pode ser similar, mas o primeiro não pode ser publicado. Já o segundo pode ser, desde que haja prévia decisão da Comissão por maioria absoluta de votos depois de transcorrido o prazo que foi conferido ao Estado para tomar as medidas adequadas. Vale frisar que o envio à Corte apenas será permitido se o Estado violador tiver aquiescido de forma expressa e inequívoca em relação à competência da Corte Interamericana de Direitos Humanos para solucionar os casos de violação dos direitos humanos insculpidos na Convenção e em outros tratados do sistema americano de proteção. Por fim, a Comissão, por iniciativa própria (*ex officio*) ou depois de receber uma denúncia, poderá entrar em contato com o Estado denunciado para que este adote, com urgência, medidas cautelares de natureza individual ou coletiva antes da análise do mérito da denúncia, desde que verificado risco de dano irreparável à vítima ou às vítimas. Dentro dessa ótica, poderá também solicitar que a Corte adote medidas provisórias mesmo antes da análise do mérito do caso, desde que o caráter de urgência e de gravidade as justifique; **D:** incorreta. Reler o comentário sobre a assertiva anterior.

Gabarito "C".

(OAB/Exame Unificado – 2013.1) Sobre as denúncias e o sistema de responsabilização por violação de Direitos Humanos, perante a Comissão Interamericana de Direitos Humanos, assinale a afirmativa correta.

(A) A Comissão poderá responsabilizar tanto o Estado como as pessoas naturais e jurídicas, de direito público ou privado, que cometeram a violação, solidariamente.

(B) A Comissão não possui competência para responsabilizar a pessoas naturais, podendo apenas determinar a responsabilidade das pessoas jurídicas, de direito público ou privado, que cometeram a violação.

(C) A Comissão poderá responsabilizar tanto o Estado como as pessoas naturais e jurídicas, de direito público ou privado, que cometeram a violação. Neste caso a responsabilidade do Estado será subsidiária.

(D) A Comissão não possui competência para atribuir responsabilidades individuais, podendo apenas determinar a responsabilidade internacional de um Estado membro da OEA.

A: incorreta, pois a Comissão apenas poderá responsabilizar o Estado (pessoa jurídica de direito público) parte do sistema interamericano de proteção dos direitos humanos; **B:** incorreta, pois pessoas jurídicas de direito privado não podem ter sua responsabilidade determinada pela Comissão; **C:** incorreta. Reler os comentários anteriores; **D:** correta (reler comentário sobre a assertiva A).

Gabarito "D".

6.5. Corte interamericana de direitos humanos

(OAB/Exame XXXVIII) Considere a hipótese de ter sido decretado Estado de Emergência no país, implicando a suspensão de garantias judiciais, como o *habeas corpus*. Argumentando a favor desse Decreto, o Governo alega que a própria Convenção Americana de Direitos Humanos prevê, em seu Art. 27, a suspensão de garantias.

Como advogada(o) que atua na defesa dos Direitos Humanos, de acordo com as importantes Opiniões Consultivas OC-08/87 e OC-09/87 da Corte Interamericana de Direitos Humanos, você deve esclarecer que

(A) uma vez que tais garantias judiciais não estejam previstas entre os direitos ressalvados expressamente no Art. 27.2 da Convenção, elas podem ser suspensas.

(B) pode haver a suspensão de tais garantias, inclusive do *habeas corpus* em situações de estado de emergência, como o Estado de Defesa, desde que isso seja decidido pelo Poder Executivo e confirmado pelo Poder Judiciário.

(C) as garantias judiciais, como o *habeas corpus*, não podem ser canceladas ou descontinuadas, pois visam à proteção dos direitos essenciais que, segundo o art. 27.2 da Convenção, não podem ser suspensos.

(D) em situações de emergência, como o Estado de Defesa, tendo em vista a proteção da soberania nacional, pode haver a suspensão de alguns direitos e garantias, dentre eles o direito ao *habeas corpus*.

A Convenção Americana de Direitos Humanos, ao permitir que os Estados-membros e os órgãos da OEA solicitem opiniões consultivas, cria um sistema paralelo ao do art. 62 da Convenção e oferece um método judicial alternativo de caráter consultivo, destinado a ajudar os Estados e os órgãos a cumprir e a aplicar tratados em matéria de direitos humanos, sem submeter-se ao formalismo e ao sistema de sanções que caracteriza o processo contencioso[12]. "A Corte Interamericana de Direitos Humanos emite pareceres consultivos (ou opiniões consultivas) de duas espécies: os pareceres interpretativos de tratados de direitos humanos do sistema interamericano e os pareceres sobre a compatibilidade entre leis ou projetos de lei internos (segundo a decisão da Corte no Parecer Consultivo 12/91) e a Convenção Americana de Direitos Humanos[13]".
Na OC-08/87, a Corte decidiu, por unanimidade, que os procedimentos jurídicos consagrados nos arts. 25, ponto 1 e 7º, ponto 6, da Convenção Americana de Direitos Humanos não podem ser suspensos conforme o disposto no art. 27, ponto 2, da mesma Convenção, pois constituem garantias judiciais indispensáveis para proteger direitos e liberdades que tampouco podem ser suspensos, segundo preceitua o já citado art. 27, ponto 2, da Convenção. E na OC-09/87, a Corte decidiu, por unanimidade, que devem ser considerados garantias judiciais indispensáveis, conforme o estabelecido no art. 27, ponto 2, da Convenção, o

---

12. Opinião Consultiva 03/1983, de 08.09.1983, item 43.

13. RAMOS, André de Carvalho. *Teoria geral dos direitos humanos na ordem internacional*. 2. ed. São Paulo: Saraiva, 2012. p. 244.

habeas corpus (art. 7º, ponto 6), o amparo[14] ou qualquer outro recurso efetivo perante os juízes ou tribunais competentes (art. 25, ponto 1), destinado a garantir o respeito aos direitos e liberdades cuja suspensão não está autorizada pela Convenção Americana de Direitos Humanos. Gabarito "C"

(OAB/Exame Unificado – 2016.3) Maria deu entrada em uma maternidade pública já em trabalho de parto. Contudo, a falta de pronto atendimento levou a óbito tanto Maria quanto o bebê. Você foi contratado(a) pela família de Maria para advogar neste caso de grave violação de Direitos Humanos. Após algumas rápidas pesquisas na *Internet*, o pai e a mãe de Maria pedem que o caso seja imediatamente encaminhado para julgamento na Corte Interamericana de Direitos Humanos.

Você, como advogado(a) da família, deve esclarecer que:

(A) é uma ótima ideia e vai peticionar para que o caso seja submetido à decisão da Corte, bem como tomar todas as providências para que o caso seja julgado o mais cedo possível.

(B) apesar de ser uma boa ideia, é necessário aguardar que hajam sido interpostos e esgotados os recursos de jurisdição interna para que a família possa submeter o caso à decisão da Corte.

(C) não é possível a família encaminhar o caso à Corte, pois somente os Estados Partes da Convenção Americana de Direitos Humanos e a Comissão Interamericana de Direitos Humanos têm direito de submeter um caso à decisão da Corte.

(D) não é possível que o caso seja encaminhado para decisão da Corte porque, embora o Brasil seja signatário da Convenção Americana dos Direitos Humanos, o país não reconheceu a jurisdição da Corte.

A Corte só pode ser acionada pelos Estados-partes ou pela Comissão; o indivíduo, conforme art. 61 da Convenção, é proibido de apresentar petição à Corte. E o Brasil reconheceu a competência obrigatória da Corte em 8 de novembro 2002 (Decreto 4.463). O reconhecimento foi feito por prazo indeterminado, mas abrange fatos ocorridos após 10 de dezembro de 1998. RF Gabarito "C"

(OAB/Exame Unificado – 2017.1) Você está advogando em um caso que tramita na Corte Interamericana de Direitos Humanos. O Brasil é parte passiva do processo e, finalmente, foi condenado. A condenação envolve, além da reparação pecuniária pela violação dos direitos humanos, medidas simbólicas de restauração da dignidade da vítima e até mesmo a mudança de parte da legislação interna.

Embora a União tenha providenciado o pagamento do valor referente à reparação pecuniária da vítima, há muito tempo permanece inadimplente quanto ao cumprimento das demais obrigações impostas na sentença condenatória proferida pela Corte.

Diante disso, assinale a afirmativa correta.

---

14. O amparo é uma ação adotada por inúmeros países, muitos da América do Sul, como também Portugal, Espanha e Alemanha. Trata-se de uma ação constitucional que tem por fito proteger todos os direitos fundamentais, menos os que tutelam a liberdade física e a locomoção (já protegidos pelo *habeas corpus*).

(A) É necessário ingressar com medida específica junto ao STF para a homologação da sentença da Corte ou a obtenção do exequatur, isto é, a decisão de cumprir, aqui no Brasil, uma sentença que tenha sido proferida por tribunal estrangeiro.

(B) Não há nada que possa ser feito, já que não há previsão nem na legislação do Brasil, nem na própria Convenção Americana dos Direitos Humanos sobre algum tipo de medida quando do não cumprimento da sentença da Corte pelo país que se submeteu à sua jurisdição.

(C) A execução da sentença pode ser feita diretamente no Sistema Interamericano de Direitos Humanos, pois essa é uma das atribuições e incumbências previstas no Pacto de São José da Costa Rica para a Comissão Interamericana de Direitos Humanos.

(D) Pode-se solicitar à Corte que, no seu relatório anual para a Assembleia Geral da OEA, indique o caso em que o Brasil foi condenado, como aquele em que um Estado não deu cumprimento total à sentença da Corte.

A única assertiva que comporta uma ação possível diante do quadro descrito na assertiva é a "D", pois a Corte submeterá à Assembleia Geral da OEA, em cada período ordinário de sessões, um relatório sobre suas atividades no ano anterior, onde indicará os casos em que um Estado não houver dado cumprimento a suas sentenças (art. 30 do Estatuto da Corte Interamericana de Direitos Humanos). RF Gabarito "D"

(OAB/Exame Unificado – 2014.2) Na hipótese de inadimplência do Estado brasileiro, condenado ao pagamento de quantia certa pela Corte Interamericana de Direitos Humanos, deverá o interessado

(A) executá-la perante a Justiça Federal pelo processo interno vigente para a execução de sentenças contra o Estado.

(B) pedir que os autos do processo sejam encaminhados ao Conselho de Segurança da ONU para a imposição de sanções internacionais.

(C) reivindicar pelo processo vigente no país, porque as sentenças proferidas pela Corte Interamericana de Direitos Humanos são desprovidas de executoriedade.

(D) postular perante a Corte a intimação do Estado brasileiro para efetuar o pagamento em vinte e quatro horas ou nomear bens à penhora.

O cumprimento da sentença da Corte se dá geralmente de maneira voluntária pelos Estados. Caso isso não ocorra, por exemplo, no Brasil, o cumprimento se dará mediante execução da sentença, como título executivo judicial, perante a justiça federal, consoante disposto no art. 109, I, da CF. Mas deve-se saber que os Estados-partes da Convenção se comprometem a cumprir a decisão da Corte em todo caso em que forem parte (artigo 68 da Convenção Americana de Direitos Humanos). Ademais, caso o Estado levante óbices jurídicos para viabilizar a execução da sentença em conformidade com o processo interno vigente, estará incorrendo em violação adicional da CADH (art. 2º), por não adotar providências no sentido de adequar o seu direito interno às obrigações internacionais assumidas. Gabarito "A"

(OAB/Exame Unificado – 2013.2) Diante de uma sentença desfavorável não unânime da Corte Interamericana de Direitos Humanos, que lhe condenou ao pagamento de determinada quantia em dinheiro, pretende a República Federativa do Brasil insurgir-se contra a mesma. A partir da hipótese sugerida, assinale a afirmativa correta.

16. DIREITOS HUMANOS   1103

(A) A sentença da Corte pode ser modificada mediante recurso de embargos infringentes, diante da falta de unanimidade da decisão a ser hostilizada.

(B) A sentença da Corte somente pode ser modificada por intermédio de uma ação rescisória.

(C) A sentença da Corte é definitiva e inapelável.

(D) A sentença da Corte pode ser modificada graças a um recurso de apelação.

Em relação à sentença da Corte Interamericana, cabe informar que ela será sempre fundamentada, definitiva e inapelável (arts. 66 e 67 da Convenção Americana de Direitos Humanos), todavia, em caso de divergência sobre o sentido ou alcance da sentença, a Corte interpretá-la-á, à pedido de qualquer das partes[15], desde que o pedido seja apresentado dentro de 90 dias a partir da data da *notificação* da sentença. Ainda é possível apontar que a Corte admitiu, em casos excepcionais, o recurso de revisão contra sentenças que colocam fim ao processo, com o propósito de evitar que a coisa julgada mantenha uma situação de evidente injustiça, devido ao descobrimento de um fato que, se houvesse sido conhecido no momento da confecção da sentença, teria o condão de alterar seu resultado, o que demonstraria a existência de um vício substancial na sentença[16].

Gabarito "C".

7. SISTEMA AMERICANO DE PROTEÇÃO ESPECÍFICA DOS DIREITOS HUMANOS

(OAB/Exame Unificado – 2017.1) O país foi tomado por uma onda de manifestações sociais, que produzem grave e iminente instabilidade institucional, de modo que a Presidência da República decretou, e o Congresso Nacional aprovou, o estado de defesa no Brasil.

Nesse período, você é procurado(a), como advogado(a), para atuar na causa em que um casal relata que seu filho, João da Silva, de 21 anos, encontra-se desaparecido há cinco dias, desde que foi detido para investigação policial. Os órgãos de segurança afirmam não ter informações acerca do paradeiro dele, embora admitam que ele foi interrogado pela polícia. Ao questionar o procedimento de interrogatório e buscar mais informações sobre o paradeiro de João da Silva junto à Corregedoria da Polícia, você é lembrado de que o país encontra-se sob estado de defesa, existindo, nesse caso, restrição a vários direitos fundamentais.

Sobre a hipótese apresentada, com base na Convenção Interamericana sobre o Desaparecimento Forçado de Pessoas, assinale a afirmativa correta.

(A) A Convenção proíbe que os Estados-Partes decretem qualquer tipo de estado de emergência, incluindo aí o estado de defesa ou o estado de sítio, de forma a evitar a gravíssima violação dos direitos humanos, como é o desaparecimento forçado de João da Silva.

(B) O caso de João da Silva ainda não pode ser considerado desaparecimento forçado, porque a Convenção afirma que o prazo para que o desaparecimento forçado seja caracterizado como tal deve ser de pelo menos dez dias, desde a falta de informação ou a

recusa a reconhecer a privação de liberdade pelos agentes do Estado.

(C) O Conselho de Defesa Nacional deliberou que, mesmo no estado de defesa, as autoridades judiciárias competentes devem ter livre e imediato acesso a todo centro de detenção e às suas dependências, bem como a todo lugar onde houver motivo para crer que se possa encontrar a pessoa desaparecida.

(D) O Brasil, como Estado-Parte da Convenção, comprometeu-se a não praticar, nem permitir, nem tolerar o desaparecimento forçado de pessoas, nem mesmo durante os estados de emergência, exceção ou de suspensão de garantias individuais.

A única assertiva conforme a Convenção Interamericana sobre o Desaparecimento Forçado de Pessoas é a "D" (art. 1º, *a*, da Convenção). A Convenção tem por fundamento a consciência de que o desaparecimento forçado de pessoas viola múltiplos direitos essenciais da pessoa humana, de caráter irrevogável. A Corte Interamericana classifica essa violação como de caráter pluriofensivo, posto que infringe o direito à vida (art. 4º da Convenção Americana), à integridade pessoal (art. 5º), à liberdade pessoal (art. 7º) e o direito à personalidade jurídica (art. 3º).[17] Na jurisprudência da Corte Interamericana, especialmente na sentença do caso *González Medina e Familiares vs. República Dominicana*, reafirmaram-se os elementos configuradores do delito de desaparecimento forçado: a) a privação de liberdade; b) a intervenção ou aquiescência de agentes estatais; c) a negativa de reconhecer a detenção e de revelar o paradeiro do interessado.[18]

Gabarito "D".

(OAB/Exame Unificado – 2012.3.A) Com relação à Convenção Interamericana para Prevenir e Punir a Tortura, ratificada pelo Brasil em 20 de julho de 1989, assinale a afirmativa correta.

(A) Os funcionários públicos que ordenem a execução da tortura ou a cometam diretamente são responsáveis pelo delito de tortura, exceto se houverem agido por ordens superiores, o que eximirá o agente da responsabilidade penal correspondente.

(B) O Estado Parte somente tomará as medidas necessárias para conceder a extradição, em conformidade com sua legislação e suas obrigações internacionais, de pessoa condenada pela prática de delito de tortura, não bastando a acusação pela prática do delito.

(C) As declarações obtidas por meio de tortura não podem ser admitidas como prova em processo, salvo em processo instaurado contra a pessoa acusada de havê-las obtido mediante atos de tortura e unicamente

---

15. Funciona como os embargos de declaração.

16. Caso Genie Lacayo, Solicitação de Revisão da sentença de 29 de janeiro de 1997 (Resolução de 13 de setembro de 1997, item 10).

17. Corte IDH. *Caso Gelman vs. Uruguai*. Mérito e reparações. Sentença de 24 de fevereiro de 2011. Item 77 da decisão; Corte IDH. *Caso Anzualdo Castro vs. Perú*. Exceções preliminares, mérito, reparações e custas. Sentença de 22 de Setembro de 2009. Item 63 da decisão; y Corte IDH. *Caso Ibsen Cárdenas e Ibsen Peña vs. Bolivia*. Mérito, reparações e custas. Sentença de 1º de setembro de 2010. Item 63 da decisão.

18. Corte IDH. *Caso González Medina e familiares vs. República Dominicana*. Sentença de 27 de fevereiro de 2012. Item 128 da decisão; Corte IDH. *Caso Gómez Palomino vs. Perú*. Mérito, reparações e custas. Sentença de 22 de novembro de 2005. Item 97 da decisão; e Corte IDH. *Caso Torres Millacura e outros vs. Argentina*. Mérito, reparações e custas. Sentença de 26 de agosto de 2011. Item 95 da decisão.

como prova de que, por esse meio, o acusado obteve tal declaração.

(D) Esgotado o procedimento jurídico interno do Estado e os recursos que este prevê para a investigação sobre caso de tortura, o processo deverá ser submetido a instâncias internacionais, mesmo que o Estado não tenha aceitado tal competência.

A Convenção Interamericana para Prevenir e Punir a Tortura, adotada em 9 de dezembro de 1985, em Cartagena, na Colômbia, e promulgada no Brasil em 9 de dezembro de 1989 pelo Decreto nº 98.386, tem por fundamento a consciência de que todo ato de tortura ou outros tratamentos ou penas cruéis, desumanos ou degradantes constituem uma ofensa à dignidade humana. Os Estados-partes têm obrigação de proibir a tortura, esta não podendo ser praticada nem mesmo em circunstâncias excepcionais. Por tortura entende-se todo ato pelo qual são infligidos intencionalmente a uma pessoa penas ou sofrimentos físicos ou mentais, com fins de investigação criminal, como meio de intimidação, como castigo pessoal, como medida preventiva, como pena ou com qualquer outro fim. Entende-se também como tortura a aplicação em uma pessoa de métodos tendentes a anular a personalidade da vítima ou a diminuir sua capacidade física ou mental, embora não causem dor física ou angústia psíquica (art. 2º da Convenção). E consoante o art. 3º, *a* e *b*, da Convenção, apenas os funcionários ou empregados públicos, ou ainda os particulares, desde que instigados pelos dois primeiros, podem ser sujeitos ativos do crime de tortura. É muito importante a ressalva do art. 4º: "O fato de haver agido por ordens superiores não eximirá da responsabilidade penal correspondente". Igualmente ao previsto na Convenção da ONU contra a Tortura e outros Tratamentos ou Penas Cruéis, Desumanos ou Degradantes, os Estados-partes se obrigam a punir os torturadores, independentemente do país em que a tortura tenha sido realizada e da nacionalidade do torturador. Percebe-se que a Convenção Interamericana também estabeleceu jurisdição compulsória e universal para julgar os acusados de tortura. A compulsoriedade da jurisdição determina que os Estados-partes devem punir os torturadores, independentemente do local onde o crime foi cometido e da nacionalidade do torturador e da vítima. A universalidade da jurisdição determina que os Estados-partes processem ou extraditem o suspeito da prática de tortura, independentemente da existência de tratado prévio de extradição. Para monitorar o cumprimento das obrigações constantes na Convenção, a Comissão Interamericana de Direitos Humanos recebe relatórios confeccionados pelos Estados-partes, os quais auxiliam a confecção do relatório anual da Comissão. **A:** incorreta. Conforme destacado no texto inicial, o fato de haver agido por ordens superiores não eximirá da responsabilidade penal correspondente; **B:** incorreta, porque a Convenção Interamericana estabeleceu jurisdição compulsória e universal para julgar os acusados de tortura; **C:** correta, pois reproduz integralmente o texto do art. 10 da Convenção Interamericana para Prevenir e Punir a Tortura; **D:** incorreta, pois é necessária a prévia aceitação do Estado. Ou seja, os Estados, com base em sua soberania, escolhem fazer parte do sistema internacional de proteção dos direitos humanos.

Gabarito "C".

8. DIREITOS HUMANOS NO BRASIL

8.1. Histórico das constituições

(OAB/Exame Unificado – 2011.2) As Constituições brasileiras se mostraram com avanços e retrocessos em relação aos direitos humanos. A esse respeito assinale a alternativa correta.

(A) A Constituição de 1934 se revelou retrógrada ao ignorar normas de proteção social ao trabalhador.

(B) A Constituição de 1969, mesmo incorporando as medidas dos Atos Institucionais, se revelou mais atenta aos direitos humanos que a Constituição de 1967.

(C) A Constituição de 1946 apresentou diversos retrocessos em relação aos direitos humanos, principalmente no tocante aos direitos sociais.

(D) A Constituição de 1967 consolidou arbitrariedades decretadas nos Atos Institucionais, caracterizando diversos retrocessos em relação aos direitos humanos.

A: incorreta. A Constituição de 1934 sofreu grande influência da Constituição alemã de Weimar e passou a tratar de temas antes relegados, como a ordem social e econômica, a família, a educação e a cultura. Cuidou dos assuntos trabalhistas ao determinar a proibição de diferença de salário para um mesmo trabalho por motivo de idade, sexo, nacionalidade ou estado civil, a regulamentação dos trabalhos dos menores e das mulheres, a instituição do salário-mínimo, do descanso semanal, das férias remuneradas e da indenização na despedida sem justa causa. Tome de exemplo o art. 113, ponto 34, da Constituição da República dos Estados Unidos do Brasil de 1934 que assim dispõe: "A todos cabe o direito de prover à própria subsistência e à de sua família, mediante trabalho honesto. O Poder Público deve amparar, na forma da lei, os que estejam em indigência". Percebe-se que a Constituição de 1934 **não** ignorou a proteção social do trabalhador; **B:** incorreta. Em dezembro de 1968 o Congresso Nacional foi fechado pelo AI-5, baixado pelo então Presidente Costa e Silva. O AI-5 suspendeu a Constituição de 1967, concedeu ainda mais poderes para o Executivo e, ao contrário dos atos anteriores, não tinha vigência definida – dando início à fase mais dura da repressão. A emenda constitucional nº 17/1969, que passou a ser chamada de Constituição de 1969, foi outorgada pelo general Emílio Garrastazu Médici e incorporou o AI-5; **C:** incorreta. Depois de terminada a ditadura do Estado Novo, Dutra foi eleito Presidente em 1945 e no ano seguinte a nova Constituição foi promulgada. A Constituição dos Estados Unidos do Brasil de 1946 é nitidamente de roupagem liberal-democrática, assim, afasta-se da Constituição anterior, de 1937, apesar de manter algumas similaridades com essa. Em relação à ordem social, a Constituição de 1946 manteve, de certa forma, os benefícios mínimos assegurados na Constituição de 1934. Cabe destacar que foi a Constituição de 1946 que conferiu, no plano dos direitos políticos, a igualdade entre homens e mulheres. Por todo o dito, fica claro que a Constituição de 1946 **não** representou um retrocesso em relação aos direitos humanos, pelo contrário, significou um avanço em certas áreas; **D:** correta. As mudanças nas instituições do Brasil foram iniciadas com os Atos Institucionais levados a cabo pelo Regime Militar, que completou o ciclo de mudanças com a aprovação da Constituição da República Federativa do Brasil de 1967, lembrando que o Congresso Nacional foi reconvocado, pois estava fechado devido às inúmeras cassações de parlamentares, para aprovar o novo texto constitucional. A Constituição de 1967 absorveu a legislação que tinha ampliado os poderes do Executivo, principalmente no tocante à segurança pública. Por todo o dito, fica patente que a Constituição de 1967 representou grande retrocesso em relação aos direitos humanos.

Gabarito "D".

8.2. Constituição Cidadã de 1998

(OAB/Exame XXXVII) Você, como advogado(a), foi procurada(o) por uma família indígena que relatou ter interesse em manter sua cultura e suas tradições. Contudo, na escola pública mais próxima da comunidade indígena, escola em que estudam algumas crianças dessa comunidade, o ensino ocorre apenas em Língua Portuguesa.

Em relação a isso, você deve esclarecer para a família que

(A) o paradigma adotado pelo ordenamento jurídico brasileiro é o da integração, por isso o ensino feito exclusivamente Em Língua Portuguesa é, na verdade, uma forma de assegurar o direito dos índios de se integrarem à cultura mais abrangente.

16. DIREITOS HUMANOS 1105

(B) no ensino regular fundamental cabe apenas a Língua Portuguesa. Para que seja assegurada às comunidades indígenas a utilização da sua língua materna isso deve acontecer fora do ensino regular fundamental, em escolas mantidas pelas próprias comunidades indígenas.

(C) no ensino fundamental de competência dos municípios, cada municipalidade, de acordo com sua legislação local, é que vai decidir sobre a utilização ou não de línguas maternas indígenas no sistema oficial de ensino.

(D) não obstante o ensino fundamental regular ser ministrado em Língua Portuguesa, deve ser assegurada às comunidades indígenas também a utilização de suas línguas maternas e processos próprios de aprendizagem.

Conforme o art. 210, § 2°, da CF, a assertiva correta é a "D".
Gabarito "D".

(OAB/Exame Unificado – 2018.2) No estado em que você reside há cerca de quinze anos, cinco homens foram assassinados por tiros disparados por pessoas encapuzadas. Houve uma alteração da cena do crime, sugerindo a mesma forma de atuação de outros assassinatos que vinham sendo praticados por um grupo de extermínio que contaria com a participação de policiais.

Na época, a Polícia Civil instaurou inquérito para apurar os fatos, mas concluiu pela ausência de elementos suficientes de autoria, encaminhando os autos ao Ministério Público, que pediu o arquivamento do caso. A Justiça acolheu o pedido e alegou não haver informações sobre autoria, motivação ou envolvimento de policiais.

Segundo opinião de especialistas, a apuração policial do caso foi prematuramente interrompida. A Polícia Civil teria deixado de realizar diligências imprescindíveis à elucidação da autoria do episódio. Manter o arquivamento do inquérito, sem a investigação adequada, significaria ratificar a atuação institucionalmente violenta de agentes de segurança pública e, consequentemente, referendar grave violação de direitos humanos.

Para a hipótese narrada, como advogado de uma instituição de direitos humanos, assinale a opção processual prevista pela Constituição da República.

(A) O MPF deve ingressar com ação diretamente no Supremo Tribunal Federal para assegurar o direito de acesso à justiça.

(B) O advogado deve apresentar pedido de avocatória no Superior Tribunal de Justiça, a fim de que se garanta a continuidade das investigações.

(C) O Procurador Geral da República deve suscitar, perante o Superior Tribunal de Justiça, incidente de deslocamento de competência para a Justiça Federal.

(D) O advogado deve ajuizar ação competente junto à Corte Interamericana de Direitos Humanos.

"Nas hipóteses de grave violação de direitos humanos, o Procurador-Geral da República, com a finalidade de assegurar o cumprimento de obrigações decorrentes de tratados internacionais de direitos humanos dos quais o Brasil seja parte, poderá suscitar, perante o Superior Tribunal de Justiça, em qualquer fase do inquérito ou processo, incidente de deslocamento de competência para a Justiça Federal" (art. 109, § 5°, da CF). Trata-se da denominada *federalização* dos crimes

contra os direitos humanos, e um caso conhecido é o IDC 2-DF/STJ de relatoria da ministra Laurita Vaz, pois o caso tinha como pano de fundo a atuação de um grupo de extermínio e o incidente de deslocamento de competência foi parcialmente acolhido.[19] É importante asseverar, com base na jurisprudência do STJ, que o incidente de deslocamento só será provido se ficar comprovado que a justiça estadual constitui verdadeira barreira ao cumprimento dos compromissos internacionais de proteção dos direitos humanos assumidos pelo Brasil. Dito de outra forma e agora com ênfase na razão de ser do instituto, deve-se ter consciência que um caso de grave violação dos direitos humanos previstos em tratados internacionais do qual o Brasil é parte, embora ocorrido no âmbito de um estado-membro da federação, é capaz de ensejar no cenário internacional a responsabilidade do Estado brasileiro, de modo que o deslocamento de competência para a órbita federal, em casos como esse, dá a oportunidade, no plano interno, para o órgão de Justiça da União examinar e decidir a questão, antes de arcar com o pesado ônus dessa violação
Gabarito "C".

(OAB/Exame Unificado – 2016.1) Você, na condição de advogado, foi procurado por um travesti que é servidor público federal. Na verdade, ele adota o nome social de Joana, embora, no assento de nascimento, o seu nome de registro seja João. Ele gostaria de ser identificado no trabalho pelo nome social e que, assim, o nome social constasse em coisas básicas, como o cadastro de dados, o correio eletrônico e o crachá.

Sob o ponto de vista jurídico, em relação à orientação a ser dada ao solicitante, assinale a afirmativa correta.

(A) A Constituição Federal até prevê a promoção do bem sem qualquer forma de discriminação, mas não existe nenhuma norma específica que ampare a pretensão do solicitante.

(B) Não apenas a Constituição está orientada para a ideia de promoção do bem sem discriminação, como a demanda pleiteada pelo solicitante encontra amparo em norma infraconstitucional.

(C) O solicitante possui esse direito, pois assim está previsto na Convenção das Nações Unidas para os Direitos LGBT.

(D) Ainda que compreenda a demanda do solicitante, ele não possui o direito de ser identificado pelo nome social no trabalho, uma vez que é um homem que se traveste de mulher.

A: incorreta. O art. 3° da CF coloca como um dos objetivos fundamentais da República Federativa do Brasil, o seguinte: "promover o bem de todos, sem preconceitos de origem, raça, sexo, cor, idade e quaisquer outras formas de discriminação" (inciso IV). Além do que, um dos fundamentos da República Federativa do Brasil é a dignidade da pessoa humana (art. 1°, III, da CF). Sobre o tema, é importante conhecer posicionamento da ministra do STJ Nancy Andrighi: quando se iniciou a obrigatoriedade do registro civil, a distinção entre os dois sexos era feita baseada na conformação da genitália. Hoje, com o desenvolvimento científico e tecnológico, existem vários outros elementos identificadores do sexo, razão pela qual a definição de gênero não pode mais ser limitada somente ao sexo aparente. Todo

---

19. IDC 2-DF, rel. Min. Laurita Vaz, julgado em 27.10.2010 (Inform. STJ 453). O STJ decidiu, no dia 10.12.2014, que uma causa relativa à violação de Direitos Humanos deve passar da Justiça Estadual para a Justiça Federal, configurando o chamado Incidente de Deslocamento de Competência. A causa trata do desaparecimento de três moradores de rua e da suspeita de tortura contra um quarto indivíduo.

um conjunto de fatores, tanto psicológicos quanto biológicos, culturais e familiares, devem ser considerados. A título exemplificativo, podem ser apontados, para a caracterização sexual, os critérios cromossomial, gonadal, cromatínico, da genitália interna, psíquico ou comportamental, médico-legal, e jurídico. Para Andrighi, se o Estado consente com a possibilidade de realizar-se cirurgia de transgenitalização, logo deve também prover os meios necessários para que o indivíduo tenha uma vida digna e, por conseguinte, seja identificado jurídica e civilmente tal como se apresenta perante a sociedade. Assim, mesmo que não exista uma norma específica na Constituição, existem os princípios, que são normas jurídicas dotadas de maior plasticidade e informam a direção axiological que todas as leis e atos públicos devem ser seguidos, sob o risco de serem tachados de inconstitucionais. No caso específico dessa questão, podemos destacar o princípio da dignidade da pessoa e da vedação à discriminação, que constitui o fundamento da pretensão do travesti. Esse é o entendimento do STJ, segundo o qual deve-se levar em consideração a realidade psicológica; **B:** correta. Além do já dito no comentário sobre a assertiva "A", o entendimento predominante é o de que após a edição da Lei 9.708/1998, que alterou a Lei 6.015 (Lei de Registros Públicos), admite-se, com fundamento no art. 58, a alteração do nome para constar o nome social. Ademais, após a realização dessa prova, foi promulgado o Decreto 8.727, de 28 de abril de 2016, que dispõe sobre o uso do nome social e o reconhecimento da identidade de gênero de pessoas travestis e transexuais no âmbito da administração pública federal direta, autárquica e fundacional; **C:** incorreta, pois não existe uma convenção específica da ONU para tratar dos direitos dos Lésbicas, Gays, Bissexuais, Travestis, Transexuais e Transgêneros; **D:** incorreta (reler os comentários sobre as duas primeiras alternativas).
Gabarito "B".

(OAB/Exame Unificado – 2015.3) O STJ decidiu, no dia 10/12/2014, que uma causa relativa à violação de Direitos Humanos deve passar da Justiça Estadual para a Justiça Federal, configurando o chamado Incidente de Deslocamento de Competência. A causa trata do desaparecimento de três moradores de rua e da suspeita de tortura contra um quarto indivíduo. Desde a promulgação da Emenda 45, em 2004, essa é a terceira vez que o STJ admite o Incidente de Deslocamento de Competência.

De acordo com o que está expressamente previsto na Constituição Federal, a finalidade desse Incidente é o de

(A) garantir o direito de acesso à Justiça.

(B) assegurar o cumprimento de obrigações decorrentes de tratados internacionais de Direitos Humanos dos quais o Brasil seja parte.

(C) combater a morosidade de órgãos da Administração Pública e do Poder Judiciário.

(D) combater a corrupção em entes públicos dos Estados e do Distrito Federal.

A assertiva correta é "B" pois trata-se da denominada *federalização* dos crimes contra os direitos humanos. O § 5º ao artigo 109 da CF assim dispõe: "Nas hipóteses de grave violação de direitos humanos, o Procurador-Geral da República, com a finalidade de assegurar o cumprimento de obrigações decorrentes de tratados internacionais de direitos humanos dos quais o Brasil seja parte, poderá suscitar, perante o Superior Tribunal de Justiça, em qualquer fase do inquérito ou processo, incidente de deslocamento de competência para a Justiça Federal". **É importante asseverar, com base na jurisprudência do STJ, que o incidente de desloc**amento só será provido se ficar comprovado que a justiça estadual constitui verdadeira barreira ao cumprimento dos compromissos internacionais de proteção dos direitos humanos assumidos pelo Brasil.
Gabarito "B".

(OAB/Exame Unificado – 2015.3) No Caso Damião Ximenes (primeiro caso do Brasil na Corte Interamericana de Direitos Humanos), o Brasil foi condenado a investigar e sancionar os responsáveis pela morte de Damião Ximenes, a desenvolver um programa de formação e capacitação para as pessoas vinculadas ao atendimento de saúde mental e a reparação pecuniária da família. Damião Ximenes foi morto, sob tortura, em uma clínica psiquiátrica particular na cidade de Sobral, no Ceará. A condenação recaiu sobre a Federação (União) e não sobre o estado do Ceará ou sobre o município de Sobral, embora ambos tenham algum tipo de responsabilidade sobre o funcionamento da clínica.

A responsabilização do governo federal (e não do estadual ou do municipal) aconteceu porque

(A) estado e município não possuem capacidade jurídica para responder pela violação de direitos humanos praticados por seus agentes.

(B) o Brasil é um estado federativo e, nesses casos, cabe ao governo nacional cumprir todas as disposições da Convenção Americana sobre Direitos Humanos, relacionadas com as matérias sobre as quais exerce competência legislativa e judicial.

(C) o falecimento de Damião Ximenes aconteceu em uma clínica particular e cabe ao SUS, que é federal, a regulamentação e supervisão do funcionamento de todas as casas de saúde.

(D) a Corte Interamericana de Direitos Humanos possui jurisdição internacional e para que a condenação recaísse sobre um estado ou um município seria necessária a homologação da decisão da Corte pelo Tribunal de Justiça do Ceará.

A assertiva correta é a "B" porque é sempre o governo central que responderá perante a comunidade internacional, pois é o representante do Estado como um todo, o único detentor de personalidade jurídica internacional. Tome de exemplo a Federação de Estados ou Estado Federal, que é a união permanente de dois ou mais estados, dos quais cada um conserva apenas a autonomia interna, pois a soberania externa é exercida por um órgão central, normalmente denominado *governo federal*. O Brasil é Estado Federal desde a Constituição de 1891. Cabe sublinhar que a divisão de autonomias em relação às competências internas não interfere na responsabilização internacional. Dito de outra maneira, "no plano internacional o Estado é reconhecido como um sujeito único e indivisível e o princípio da unidade do Estado estabelece que os atos ou omissões dos órgãos do Estado devem ser reconhecidos como atos ou omissões desse Estado em sua totalidade[20]".
Gabarito "B".

(OAB/Exame Unificado – 2013.3) Segundo informações do Comitê para a Proteção dos Jornalistas (CPJ), no Brasil, nos últimos 20 anos, 70% dos casos de assassinatos a jornalistas ficaram impunes. O CPJ contabilizou 23 assassinatos entre 1992 e 2012, sendo que quatro ocorreram de janeiro a abril de 2012. Desse total, quatorze não foram punidos.

Diante desse quadro, sindicatos de jornalistas de vários estados brasileiros propuseram à Secretaria de Direitos Humanos do Governo Federal a federalização da investigação desses crimes, porque, segundo esses sindicatos,

---

20. Convención Americana sobre Derechos Humanos – Comentario: STEINER, Christian e URIBE, Patricia (Editores). Konrad Adenauer Stiftung. Bolívia: Plural editores, 2014. P.15.

16. DIREITOS HUMANOS   1107

tais crimes caracterizam graves violações de Direitos Humanos. Para que a investigação e o julgamento de tais violações sejam federalizados é necessário que fique demonstrado que se trata de grave violação de Direitos Humanos afirmados em Tratados internacionais, dos quais o Brasil seja parte e pode, por isso mesmo, responder diante de instâncias internacionais. Além disso, é preciso que

(A) os familiares das vítimas entrem com o pedido de incidente de deslocamento de competência perante o STJ que deve julgá-lo favoravelmente.

(B) os familiares das vítimas entrem com um mandado de segurança perante o STF que deve julgá-lo favoravelmente.

(C) as autoridades locais entrem com o pedido de incidente de deslocamento de competência perante o STJ que deve julgá-lo favoravelmente.

(D) o Procurador Geral da República entre com o pedido de incidente de deslocamento de competência perante o STJ que deve julgá-lo favoravelmente.

A assertiva correta, conforme o disposto no § 5º do art. 109 da CF, é a "D". Segue a redação do parágrafo citado: "Nas hipóteses de grave violação de direitos humanos, o Procurador-Geral da República, com a finalidade de assegurar o cumprimento de obrigações decorrentes de tratados internacionais de direitos humanos dos quais o Brasil seja parte, poderá suscitar, perante o Superior Tribunal de Justiça, em qualquer fase do inquérito ou processo, incidente de deslocamento de competência para a Justiça Federal".
Gabarito "D".

8.3. Direitos fundamentais – artigo 5º da CF

(OAB/Exame Unificado – 2016.3) Maria é aluna do sexto período do curso de Direito. Por convicção filosófica e política se afirma feminista e é reconhecida como militante de movimentos que denunciam o machismo e afirmam o feminismo como ideologia de gênero. Após um confronto de ideias com um professor em sala de aula e de chamá-lo de machista, Maria é colocada pelo professor para fora de sala e, posteriormente, o mesmo não lhe dá a oportunidade de fazer a vista de sua prova para um eventual pedido de revisão da correção, o que é um direito previsto no regimento da instituição de ensino.

Em função do exposto, e com base na Constituição da República, assinale a afirmativa correta.

(A) Maria foi privada de um direito por motivo de convicção filosófica ou política e, portanto, as autoridades competentes da instituição de ensino devem assegurar a ela o direito de ter vista de prova e, se for o caso, de pedir a revisão da correção.

(B) Houve um debate livre e legítimo em sala de aula e a postura do professor pode ser considerada "dura", mas não implicou nenhum tipo de violação de direito de Maria.

(C) Embora tenha havido um debate acerca de uma questão que envolve convicção filosófica ou política, não houve privação de direito já que a vista de prova e o eventual pedido de revisão da correção está contido apenas no regimento da instituição de ensino e não na legislação pátria.

(D) A solução do impasse instaurado entre a aluna e o professor somente pode acontecer mediante o diálogo

entre as duas partes, em que cada um considere seus eventuais excessos, uma vez que o que houve foi um mero desentendimento e não uma violação de direito por convicção filosófica ou política.

A questão trata de um caso indiscutível de privação de direito por motivo de convicção filosófica ou política, retratando caso de absoluta violação de um direito fundamental (art. 5º, VIII, da CF). Desta forma, as autoridades competentes devem assegurar a ela o direito de vista da prova e, como apontado na assertiva "A", se for o caso, de pedir revisão da correção.
Gabarito "A".

8.4. Incorporação de tratados no direito brasileiro

(OAB/Exame Unificado – 2014.1) Considere a seguinte informação jurisprudencial: *"Súmula Vinculante nº 25 do STF: É ilícita a prisão civil de depositário infiel, qualquer que seja a modalidade do depósito."* Os debates no STF que levaram à alteração de sua própria jurisprudência e à adoção da Súmula acima consagraram a prevalência do Pacto de São José da Costa Rica e de sua proibição de prisão civil (Artigo 7º, item 7, do Pacto).

Assinale a opção que contém a tese majoritária que fundamentou a decisão do STF.

(A) A natureza supraconstitucional das Convenções de Direitos Humanos já que estas são universais e possuem força vinculante.

(B) A natureza constitucional das Convenções de Direitos Humanos que no Brasil decorre do Artigo 5º, § 2º, da Constituição de 1988.

(C) A natureza supralegal das Convenções de Direitos Humanos que faz com que elas sejam hierarquicamente superiores ao código civil e ao de processo civil.

(D) A natureza de lei ordinária das Convenções de Direitos Humanos, considerando que lei posterior revoga lei anterior.

Em 3 de dezembro de 2008, o Ministro Gilmar Mendes, no RE 466.343-SP, defendeu a tese da supralegalidade de tais tratados, ou seja, superior às normas infraconstitucionais e inferior às normas constitucionais. O voto do Ministro Gilmar Mendes foi acompanhado pela maioria (posição atual do STF). Portanto, todo tratado de direitos humanos que for internalizado sem observar o procedimento estabelecido no art. 5º, § 3º, da CF, tem *status* de norma supralegal.
Gabarito "C".

(OAB/Exame Unificado – 2011.1) Em 2010, o Congresso Nacional aprovou por Decreto Legislativo a Convenção Internacional sobre os Direitos das Pessoas com Deficiência. Essa convenção já foi aprovada na forma do artigo 5º, § 3º, da Constituição, sendo sua hierarquia normativa de

(A) emenda constitucional.

(B) *status* supralegal.

(C) lei complementar.

(D) lei federal ordinária.

No Brasil, os tratados só terão validade interna após terem sido aprovados pelo Congresso Nacional e ratificados e promulgados pelo Presidente da República, lembrando que a promulgação é efetuada mediante decreto presidencial. Depois de incorporado internamente, o tratado é equiparado hierarquicamente à norma infraconstitucional.

Todavia, com a edição da Emenda Constitucional n. 45, os **tratados de direitos humanos** que forem aprovados, em cada Casa do Congresso Nacional, em dois turnos, por três quintos dos votos dos respectivos membros, serão equivalentes às emendas constitucionais – consoante determina o artigo 5º, §3º, da CF. Ou seja, tais tratados terão hierarquia constitucional. A Convenção sobre os Direitos das Pessoas com Deficiência foi adotada pela ONU em 13 de dezembro de 2006 e ratificada (consoante determina o art. 5º, §3º, da CF) pelo Brasil em 25 de agosto de 2009, e tem por fundamento a consciência de que a deficiência é um conceito em evolução, e que a deficiência resulta da interação entre pessoas com deficiência, e que as barreiras devidas às atitudes e ao ambiente impedem a plena e efetiva participação dessas pessoas na sociedade em igualdade de oportunidades com as demais pessoas. Ademais, a discriminação contra qualquer pessoa, por motivo de deficiência, configura violação da dignidade e do valor inerentes ao ser humano.

Gabarito "A".

8.5. Controle de convencionalidade

(OAB/Exame XXXV) De acordo com a Recomendação nº 123, de 07 de janeiro de 2022, do Conselho Nacional de Justiça, os órgãos do Poder Judiciário brasileiro estão recomendados à *"observância dos tratados e convenções internacionais de direitos humanos em vigor no Brasil e à utilização da jurisprudência da Corte Interamericana de Direitos Humanos (Corte IDH), bem como à necessidade de controle de convencionalidade das leis internas."*

Nesse sentido, controle de convencionalidade deve ser corretamente entendido como

(A) o controle de compatibilidade material e formal entre a legislação brasileira e o que está disposto, em geral, na Constituição Federal.

(B) a verificação da compatibilidade entre as leis de um Estado (legislação doméstica) e as normas dos tratados internacionais de Direitos Humanos firmados e incorporados à legislação do país.

(C) a análise hermenêutica que propõe uma interpretação das normas de Direitos Humanos, de maneira a adequá-las àquilo que estabelece a legislação interna do país.

(D) a busca da conformidade da Constituição e da legislação doméstica àquilo que está convencionado nas normas do Direito Natural, pois essas são logicamente anteriores e moralmente superiores.

Em 2006, a Corte Interamericana mencionou pela primeira vez o controle de convencionalidade, como já mencionado antes. Isso ocorreu no Caso *Almonacid Arellano e outros vs. Chile* e devido à grande importância dessa elucubração da Corte, cabe transcrever o trecho já previamente destacado: "Os juízes e tribunais internos estão sujeitos ao império da lei, e por isso estão obrigados a aplicar as disposições vigentes no ordenamento jurídico. Mas quando um Estado ratifica um tratado internacional, como a Convenção Americana, seus juízes, como parte do aparato estatal, também ficam submetidos à ela e devem garantir que as disposições da Convenção Americana não sejam desrespeitadas pela aplicação de leis contrárias ao seu objeto e finalidade. Em outras palavras, o poder judicial deve exercer uma espécie de controle de convencionalidade entre as normas jurídicas internas que são aplicadas nos casos concretos e a Convenção Americana sobre Direitos Humanos. No exercício dessa tarefa, o Poder Judiciário deve basear-se não somente no tratado, como também na interpretação que a

Corte deu aos seus dispositivos, afinal a Corte Interamericana é a intérprete última da Convenção Americana"[21]. A doutrina do controle de convencionalidade foi elaborada para garantir a plena eficácia dos direitos humanos no continente americano, pois não basta prever direitos, é fundamental a cobrança pelo cumprimento das obrigações internacionais assumidas.

Gabarito "B".

8.6. Legislação nacional protetiva

8.6.1. Quilombolas

(OAB/Exame Unificado – 2017.3) Você, como advogada(o) que atua na defesa dos Direitos Humanos, foi chamada(o) para atuar em um caso em que há uma disputa pela terra entre produtores rurais e uma comunidade quilombola.

Você sabe que, de acordo com o Decreto nº 4.887/03 do Governo Federal, "consideram-se remanescentes das comunidades dos quilombos, os grupos étnico-raciais, segundo critérios de auto-atribuição, com trajetória histórica própria, dotados de relações territoriais específicas, com presunção de ancestralidade negra relacionada com a resistência à opressão histórica sofrida".

Em relação a essas pessoas remanescentes de quilombos, é correto dizer que a Constituição Federal de 1988

(A) assegura o direito às suas tradições, mas não garante a propriedade da terra ocupada por elas.

(B) prevê o direito à consulta aos quilombolas sempre que houver proposta oficial de exploração de riquezas minerais de suas terras.

(C) afirma o direito à posse da terra quando ocupada de boa-fé por esses grupos.

(D) reconhece a propriedade definitiva das terras que estejam ocupando, cabendo ao Estado a emissão dos títulos respectivos.

A assertiva correta é D (art. 68 do ADCT).

Gabarito "D".

(OAB/Exame Unificado – 2014.2) Em 2014, em pelo menos 24 Estados do Brasil, estavam cadastradas mais de 3.500 comunidades quilombolas. As comunidades quilombolas são grupos étnico-raciais, segundo critérios de autoatribuição, com trajetória histórica própria, dotados de relações territoriais específicas e com ancestralidade negra relacionada com a resistência à opressão histórica sofrida. O constituinte brasileiro reconheceu a identidade dos quilombolas e, especificamente, seu direito fundamental à

(A) expressão cultural e artística.

(B) educação em escolas próprias.

(C) prática religiosa e litúrgica conforme suas tradições.

(D) propriedade definitiva das terras que estejam ocupando.

O direito fundamental dos quilombolas, reconhecido expressamente pelo constituinte, foi o de propriedade definitiva das terras que estejam ocupando (art. 68 do ADCT).

Gabarito "D".

---

21. Corte IDH. *Caso Almonacid Arellano e outros vs. Chile.* Exceções Preliminares, Mérito, Reparações e Custas. Sentença de 26.09.2006. Ponto 123.

16. DIREITOS HUMANOS   1109

8.6.2. Comissão nacional da verdade

(OAB/Exame Unificado – 2014.2) A história recente da república brasileira conta com capítulos autoritários e violentos. Para restituir o direito à memória e cessar a violência do silêncio e da desinformação, o Estado brasileiro aprovou a Lei n. 12.528/2011 que instituiu, no âmbito da Casa Civil da Presidência da República, a Comissão Nacional da Verdade, como forma de realizar, no Brasil, a Justiça de Transição. Assinale a opção que apresenta o objetivo dessa Comissão.

(A) Investigar as atividades praticadas por grupos de oposição ao governo, no período de 1946 até 1988, para apurar as responsabilidades civis e criminais de seus militantes em eventuais atos ilegais.

(B) Promover uma avaliação e revisão da anistia no Brasil para, ao final, propor uma PEC que modifique e adeque o Art. 8º, dos Atos das Disposições Constitucionais Transitórias, que trata, justamente, da anistia.

(C) Examinar e esclarecer as graves violações de direitos humanos praticadas entre 1946 e 1988, a fim de efetivar o direito à memória e à verdade histórica, bem como promover a reconciliação nacional.

(D) Examinar e esclarecer ocorrência de crimes praticados entre 1946 e 1988 que não tenham sido resolvidos à época, a fim de efetivar o direito à memória e à verdade histórica, bem como promover a reconciliação nacional.

A única assertiva com conteúdo correto, em função da delimitação dada pela pergunta, é a "C". Isso porque essa assertiva reproduziu o disposto no art. 1º da Lei 12.528/2011.
Gabarito "C".

8.6.3. Pessoa portadora de deficiência ou com mobilidade reduzida

(OAB/Exame XXXIX) Você, como advogado(a), recebeu uma família cujo filho mais velho é pessoa com deficiência. Na conversa inicial, os pais relataram algumas situações em que certas barreiras eram verdadeiros obstáculos para que seu filho pudesse exercer seus direitos.

Com base no Estatuto da Pessoa com Deficiência, cabe a você, como advogado(a), esclarecer que uma das barreiras mais significativas é a atitudinal. Assinale a afirmativa que a caracteriza.

(A) Os obstáculos existentes nas vias e nos espaços públicos e privados abertos ao público ou de uso coletivo.

(B) Os comportamentos que impedem a participação social da pessoa com deficiência em igualdade de condições e oportunidades com as demais pessoas.

(C) As barreiras que ocorrem nos edifícios públicos e privados, bem como nos sistemas e meios de transportes de uso coletivo.

(D) Os meios que dificultam a expressão ou o recebimento de mensagens e de informações por intermédio de sistemas de comunicação e de tecnologia da informação.

A assertiva que caracteriza corretamente a barreira atitudinal é a "B" (art. 3º, IV, *e*, do Estatuto da Pessoa com Deficiência).
Gabarito "B".

(OAB/Exame Unificado – 2018.3) Maria e João são pais de uma criança deficiente que utiliza cadeira de rodas. O casal, de classe média, optou por matricular o filho em uma escola particular. No ato da matrícula, foi-lhes informado, pela administração da escola, que teriam de pagar um valor adicional, uma vez que haveria um trabalho extraordinário, por parte da escola, para garantir o acesso dessa criança com deficiência, em igualdade de condições, a jogos e a atividades recreativas, esportivas e de lazer, no sistema escolar.

Insatisfeitos com essa informação, Maria e João decidiram consultar você, como advogado(a), para saber se tal cobrança seria legalmente aceitável e se não haveria alguma proteção específica para pessoas com deficiência contra esse tipo de cobrança.

Diante disso, assinale a opção que apresenta a resposta correta a ser dada ao casal.

(A) A cobrança é aceitável e justificada, mesmo que desagrade ao casal, porque, de fato, a criança cadeirante precisará de atenção especial e ajuda para sua mobilidade. Nada na legislação pátria impede tal cobrança. A solução seria a matrícula da criança em uma escola pública.

(B) A cobrança do valor adicional na matrícula é moralmente reprovável, pois expressa um tipo de preconceito. Contudo, do ponto de vista estritamente legal, o caso se situa no campo da liberdade contratual das partes, não havendo vedação legal a tal cobrança.

(C) A Lei Brasileira de Inclusão da Pessoa com Deficiência admite esse tipo de cobrança, uma vez que reconhece o trabalho adicional a ser feito nas escolas, contudo prevê que as famílias hipossuficientes sejam isentadas dessa cobrança, sendo devido à escola uma compensação tributária.

(D) A escola particular deve adotar as medidas inclusivas previstas na lei, tais como garantir o acesso da criança com deficiência, em igualdade de condições, a jogos e a atividades recreativas, sendo vedada a cobrança de valores adicionais de qualquer natureza em suas anuidades, no cumprimento dessas medidas.

A cobrança que a escola mencionou é ilegal, isso porque toda escola particular deve adotar as medidas inclusivas previstas na lei, tais como garantir o acesso da criança com deficiência, em igualdade de condições, a jogos e a atividades recreativas, sendo vedada a cobrança de valores adicionais de qualquer natureza em suas anuidades, no cumprimento dessas medidas (art. 28, XV e § 1º, do Estatuto da Pessoa com Deficiência).
Gabarito "D".

(OAB/Exame Unificado – 2016.3) Você, na condição de advogado(a) comprometido com os Direitos Humanos, foi procurado por José, que é paraplégico e candidato a vereador. A partir de denúncia feita por ele, você constatou que um outro candidato e desafeto de José, tem afirmado, em programa de rádio local, que não obstante José ser boa pessoa, o fato de ser deficiente o impede de exercer o mandato de forma plena, razão pela qual ele nem deveria ter a candidatura homologada pelo TRE.

Com base na hipótese apresentada, assinale a opção que apresenta a resposta que, juridicamente, melhor caracteriza a situação.

1110 RENAN FLUMIAN

(A) O problema é político e não jurídico. José deve ser aconselhado a reforçar sua campanha, a apresentar suas propostas aos eleitores e mostrar que sempre foi um cidadão ativo, de maneira a demonstrar que tem plena condição para o exercício de um eventual mandato, apesar de sua deficiência.

(B) A análise jurídica revela um problema restrito ao campo do Direito Civil. O fato é que o desafeto de José não o impediu de candidatar-se, assim não houve discriminação. O procedimento deve ser caracterizado apenas como dano moral, uma vez que José teve sua dignidade atacada.

(C) O fato evidencia crime de incitação à discriminação de pessoa em razão de deficiência, com o agravante de ter sido cometido em meio de comunicação, independentemente da caracterização ou não de dano moral.

(D) O caso é típico de colisão de princípios em que, de um lado, está o princípio da dignidade da pessoa humana e, do outro, o princípio da liberdade de expressão. Mas não há caracterização de ilícito civil nem de ilícito penal.

A única assertiva correta diante do grave quadro descrito na questão é a "C" (art. 88, "caput" e § 2º, da Lei 13.146/2015). **RF**

Gabarito "C".

(OAB/Exame Unificado – 2016.2) João e Maria são casados e ambos são deficientes visuais. Enquanto João possui visão subnormal (incapacidade de enxergar com clareza suficiente para contar os dedos da mão a uma distância de 3 metros), Maria possui cegueira total. O casal tentou se habilitar ao processo de adoção de uma criança, mas foi informado no Fórum local que não teriam o perfil de pais adotantes, em função da deficiência visual, uma vez que isso seria um obstáculo para a criação de um futuro filho.

Diante desse caso, assinale a opção que melhor define juridicamente a situação.

(A) A informação obtida no Fórum local está errada e o casal, a despeito da deficiência visual, pode exercer o direito à adoção em igualdade de oportunidades com as demais pessoas, conforme previsão expressa na legislação pátria.

(B) A informação prestada no Fórum está imprecisa. Embora não haja previsão legal expressa que assegure o direito à adoção em igualdade de oportunidades pela pessoa com deficiência, é possível defender e postular tal direito com base nos princípios constitucionais.

(C) Conforme previsto no Art. 149 do Estatuto da Criança e do Adolescente, cabe ao juiz disciplinar, por meio de Portaria, os critérios de habilitação dos pretendentes à adoção. Assim, se no Fórum foi dito que o casal não pode se habilitar em função da deficiência é porque a Portaria do Juiz assim definiu, sendo esta válida nos termos do artigo citado do ECA.

(D) Como não há nenhuma previsão expressa na legislação sobre adoção em igualdade de oportunidades por pessoas com deficiência e os princípios constitucionais não possuem densidade normativa para regulamentar tal caso, deve-se reconhecer a lacuna da lei e raciocinar com base em analogia, costumes e princípios gerais do direito, conforme determina

o Art. 4º da Lei de Introdução às Normas do Direito Brasileiro.

A: correta. Primeiro, não existe nenhum impedimento expresso na legislação brasileira que proíba a adoção por pessoas com limitação visual. E cabe esclarecer que a deficiência visual não tem nada a ver com limitação da capacidade de uma pessoa. Assim, se a pessoa for capaz e preencher todos os demais requisitos exigidos pela legislação, não há qualquer impedimento para a adoção acontecer. E, além do que, existe previsão expressa nesse sentido no sistema internacional de proteção específica dos direitos humanos, mais precisamente no art. 23, ponto 2, da Convenção Internacional sobre os Direitos das Pessoas com Deficiência: "Os Estados-Partes assegurarão os direitos e responsabilidades das pessoas com deficiência, relativos à guarda, custódia, curatela e adoção de crianças ou instituições semelhantes, caso esses conceitos constem na legislação nacional. Em todos os casos, prevalecerá o superior interesse da criança. Os Estados-Partes prestarão a devida assistência às pessoas com deficiência para que essas pessoas possam exercer suas responsabilidades na criação dos filhos"; **B** e **D:** incorretas. A Convenção Internacional sobre os Direitos das Pessoas com Deficiência foi adotada pela ONU por meio da Resolução 61/106 da Assembleia Geral em 13 de dezembro de 2006 e promulgada no Brasil em 25 de agosto de 2009 pelo Decreto 6.949/2009. Essa Convenção e seu respectivo Protocolo Facultativo foram internalizados, no Brasil, em conformidade com o artigo 5º, § 3º, da Constituição (regime especial de incorporação), isto é, têm hierarquia constitucional tanto pelo aspecto formal quanto pelo material. Em outras palavras, possuem hierarquia de emenda constitucional. E o tratado uma vez incorporado passa a fazer parte da legislação pátria, e no caso específico da questão, pode-se dizer que temos previsão constitucional expressa; **C:** incorreta, pois art. 149 do ECA trata da possibilidade de edição de portaria para entrada e permanência em determinados locais e também para participação em eventos.

Gabarito "A".

8.6.4. Direito indigenista

(OAB/Exame Unificado – 2018.1) O governo federal autorizou uma mineradora a prospectar a exploração dos recursos existentes nas terras indígenas. Numerosas instituições da sociedade civil contratam você para, na condição de advogado, atuar em defesa da comunidade indígena.

Tendo em vista tal fato, além do que determina a Convenção 169 da OIT Sobre Povos Indígenas e Tribais, assinale a afirmativa correta.

(A) O governo deverá estabelecer ou manter procedimentos com vistas a consultar os povos indígenas interessados, a fim de determinar se os interesses desses povos seriam prejudicados e em que medida, antes de empreender ou autorizar qualquer programa de prospecção ou exploração dos recursos existentes em suas terras.

(B) A prospecção e a exploração dos recursos naturais em terras indígenas pode ocorrer independentemente da autorização e da participação dos povos indígenas nesse processo, desde que haja uma indenização por eventuais danos causados em decorrência dessa exploração.

(C) A prospecção e a exploração das riquezas naturais em terras indígenas podem ocorrer mesmo sem a participação ou o consentimento dos povos indígenas afetados. No entanto, esses povos têm direito a receber a metade do valor obtido como lucro líquido resultante dessa exploração.

16. DIREITOS HUMANOS · 1111

(D) Se a propriedade dos minérios ou dos recursos do subsolo existentes na terra indígena pertencerem ao Estado, o governo não está juridicamente obrigado a consultar os povos interessados. Nesse caso, restaria apenas a mobilização política como estratégia de convencimento.

Segue a redação do art. 15 da Convenção 169 da OIT Sobre Povos Indígenas e Tribais:
1. Os direitos dos povos interessados aos recursos naturais existentes nas suas terras deverão ser especialmente protegidos. Esses direitos abrangem o direito desses povos a participarem da utilização, administração e conservação dos recursos mencionados.
2. Em caso de pertencer ao Estado a propriedade dos minérios ou dos recursos do subsolo, ou de ter direitos sobre outros recursos, existentes nas terras, os governos deverão estabelecer ou manter procedimentos com vistas a consultar os povos interessados, a fim de se determinar se os interesses desses povos seriam prejudicados, e em que medida, antes de se empreender ou autorizar qualquer programa de prospecção ou exploração dos recursos existentes nas suas terras. Os povos interessados deverão participar sempre que for possível dos benefícios que essas atividades produzam, e receber indenização equitativa por qualquer dano que possam sofrer como resultado dessas atividades. Portanto, a assertiva correta é a "A".
Gabarito "A".

(OAB/Exame Unificado – 2012.2) O Pacto de São José da Costa Rica estabelece que todas as pessoas são iguais perante a Lei, não se admitindo qualquer discriminação, sendo assegurada a proteção legal.

No que tange ao direito indigenista, segundo a norma brasileira, assinale a afirmativa correta.

(A) As terras tradicionalmente ocupadas pelos índios destinam-se a sua posse permanente, cabendo-lhes o usufruto exclusivo das riquezas do solo, dos rios e dos lagos, irrelevante o interesse público da União, sendo nulos e não produzindo efeitos jurídicos os atos que tenham por objeto a ocupação, o domínio e a posse das terras.

(B) Os índios e as comunidades indígenas ainda não integrados à comunhão nacional ficam sujeitos ao regime tutelar, mas qualquer índio poderá requerer ao juiz competente a sua liberação do regime tutelar, mesmo que não conheça a língua portuguesa.

(C) O Ministério Público Federal, com exclusão de qualquer outro órgão público ou privado, deve promover a plena assistência ao índio e a defesa judicial ou extrajudicial dos direitos dos silvícolas e das comunidades indígenas.

(D) Os atos praticados entre um índio não integrado e qualquer pessoa estranha à comunidade indígena, quando não tenha havido assistência do órgão tutelar competente, são nulos, salvo se o índio revelar consciência e conhecimento do ato praticado, desde que não lhe seja prejudicial, diante da extensão dos seus efeitos.

A: incorreta, pois existe ressalva em relação ao relevante interesse público da União (art. 231, §§ 2º e 6º, da CF); B: incorreta, pois contraria o disposto nos arts. 7º e 9º do Estatuto do Índio (Lei 6.001/73). Os requisitos para obter a liberação do regime tutelar são: a) idade mínima de 21 anos; b) conhecimento da língua portuguesa; c) habilitação para o exercício de atividade útil, na comunhão nacional; d) razoável compreensão dos usos e costumes da comunhão nacional; C: incorreta, pois contraria o disposto no art. 37 do Estatuto do Índio;

D: correta, pois reflete o disposto no art. 8º, *caput* e parágrafo único, do Estatuto do Índio.
Gabarito "D".

8.6.5. Idosos

(OAB/Exame Unificado – 2017.2) João sempre agiu de forma prestativa e solidária na comunidade, ajudando todas as pessoas conforme suas possibilidades. Agora, os conhecidos estão revoltados porque ele foi abandonado pelos filhos, quando eles se tornaram adultos. Enquanto os filhos estão empregados, João tem dificuldades financeiras até para comprar comida.

Você foi procurado(a) por um grupo de pessoas que buscam amparo para esse idoso. Tendo em vista a Constituição da República e o Estatuto do Idoso, assinale a afirmativa correta.

(A) O dever de amparo, incluindo obrigação alimentar, dá-se apenas dos pais para os filhos; portanto, não se pode exigir juridicamente dos filhos a prestação alimentar para os pais que estejam em necessidade.

(B) João pode exigir judicialmente dos filhos prestação alimentar que funcione como amparo, mas caso seus filhos se mantenham omissos, o Poder Judiciário ou o Ministério Público podem determinar medida de orientação e apoio temporários.

(C) A pensão alimentícia por parte dos filhos é exigível judicialmente, mas se houver inadimplência, não há nenhuma medida de proteção que o Poder Judiciário possa determinar, pois se trata de questão privada.

(D) Não há alternativa jurídica para o problema de João de acordo com a legislação brasileira, sendo a única solução possível a solidariedade de pessoas próximas e sensíveis.

A única assertiva correta conforme a legislação brasileira é a "B" (art. 43, II, c/c art. 45, II, ambos do Estatuto do Idoso).
Gabarito "B".

(OAB/Exame Unificado – 2012.1) O IBGE estima que nos próximos trinta anos a previsão é de que os idosos ultrapassem cinquenta milhões de pessoas, o que corresponderá a 28% da população brasileira. Os Direitos Humanos inerentes à população idosa no Brasil são amplamente reconhecidos. A Constituição Federal estabelece que a família, o Estado e toda a sociedade devem amparar pessoas idosas, defendendo sua dignidade e bem-estar. Em 1994 foi criado o Conselho Nacional do Idoso, por meio da Lei nº. 8.842 e, atualmente, o Estatuto do Idoso (Lei nº 10.741/03) contempla políticas diversas de proteção aos maiores de sessenta anos e estabelece, ainda, que os idosos

(A) têm direito a alimentos, mas a obrigação alimentar é subsidiária e não cabe ao idoso optar por quem os prestará, devendo obedecer à ordem estabelecida na lei civil.

(B) devem contar com direito à prioridade, nisso consistindo, inclusive, prioridade no recebimento da restituição do imposto de renda.

(C) podem ser admitidos em qualquer trabalho ou emprego, vedada, em qualquer hipótese, discriminação e fixação de limite máximo de idade.

(D) maiores de sessenta e cinco anos têm direito à gratuidade dos transportes coletivos públicos urbanos, mesmo os serviços seletivos e especiais, quando prestados paralelamente aos serviços regulares.

A: incorreta, pois em contradição com o art. 12 do Estatuto do Idoso ("A obrigação alimentar é solidária, podendo o idoso optar entre os prestadores"); **B:** correta, pois em consonância com o art. 3º, parágrafo único, IX, do Estatuto do Idoso; **C:** incorreta. A assertiva traz a regra geral, mas existem exceções e por isso o alegado está errado. O art. 27 do Estatuto do Idoso assim dispõe: "Na admissão do idoso em qualquer trabalho ou emprego, é vedada a discriminação e a fixação de limite máximo de idade, inclusive para concursos, ressalvados os casos em que a natureza do cargo o exigir"; **D:** incorreta, pois em contradição com o art. 39 do Estatuto do Idoso ("Aos maiores de 65 anos fica assegurada a gratuidade dos transportes coletivos públicos urbanos e semiurbanos, exceto nos serviços seletivos e especiais, quando prestados paralelamente aos serviços regulares").
Gabarito "B".

8.6.6. Presos

(OAB/Exame Unificado – 2015.1) Como é sabido, o Pacto Internacional dos Direitos Civis e Políticos estabelece em seu Art. 25 que todo cidadão terá o direito e a possibilidade de votar e de ser eleito em eleições periódicas, autênticas, realizadas por sufrágio universal e igualitário e por voto secreto, que garantam a manifestação da vontade dos eleitores. Segundo informação da Agência Brasil (Empresa Brasileira de Comunicação), o Brasil possuía, em 2014, cerca de 230 mil presos provisórios. Em relação a tais presos, assinale a afirmativa correta.

(A) A despeito do Pacto supramencionado, eles não possuem direito ao voto, por estarem em situação de encarceramento, o que enseja perda da condição de cidadão.

(B) Tais presos provisórios têm direito ao voto apenas se manifestarem expressamente o interesse em votar e forem previamente cadastrados pelo TRE.

(C) Todos aqueles que estão privados de liberdade por ato legal do Estado perdem seus direitos políticos, não podendo, portanto, votar e nem se candidatar.

(D) Presos provisórios têm o direito de votar em seções eleitorais especiais devidamente instaladas em estabelecimentos penais e em unidades de internação de adolescentes.

O art. 1º da Resolução do TSE 23.219/2010 assim dispõe: "Os Juízes Eleitorais, sob a coordenação dos Tribunais Regionais Eleitorais, criarão seções eleitorais especiais em estabelecimentos penais e em unidades de internação de adolescentes, a fim de que os presos provisórios e os adolescentes internados tenham assegurado o direito de voto, observadas as normas eleitorais e as normas específicas constantes desta resolução".
Gabarito "D".

8.6.7. Igualdade Racial

(OAB/Exame Unificado – 2019.1) Você foi procurada, como advogada, por um pequeno grupo de estudantes negros que cursa o terceiro ano do ensino médio em uma escola particular. Os estudantes relatam que se sentem violados na sua cultura, porque os programas das disciplinas pertinentes não tratam de temas ligados à História da África e da população negra no Brasil. Indagam a você, como advogado(a), se a Escola não teria a obrigação de fazê-lo.

Nesse caso, com base no Estatuto da Igualdade Racial, assinale a opção que apresenta a resposta correta a ser dada aos alunos.

(A) O estudo de temas ligados à história da população negra na África e no Brasil e da cultura afro-brasileira é importante no sentido ético, mas não há obrigação legal das escolas nesse sentido.

(B) As escolas públicas devem promover o estudo da História da África e da história da população negra no Brasil, mas esse dever não se estende aos estabelecimentos privados de ensino que possuem autonomia na definição de seus currículos.

(C) A adoção de conteúdos referentes à cultura afro-brasileira, bem como aqueles referentes à história da população negra no Brasil, depende de determinação dos Conselhos de Educação, seja o Conselho Nacional, sejam os respectivos Conselhos Estaduais.

(D) As escolas de ensino fundamental e médio devem promover o estudo da História da África e da história da população negra no Brasil, bem como da cultura afro-brasileira, o que deve ocorrer no âmbito de todo o currículo escolar.

A escola tem sim a obrigação de promover o estudo da História da África e da história da população negra no Brasil, bem como da cultura afro-brasileira, o que deve ocorrer no âmbito de todo o currículo escolar das escolas de ensino fundamental e médio (art. 11 do Estatuto da Igualdade Racial).
Gabarito "D".

8.6.8. Identidade de Gênero

(OAB/Exame Unificado – 2020.2) Maria, sua cliente, é mulher transexual e professora servidora pública lotada no Colégio de Aplicação de uma universidade federal. Na ocasião do concurso que prestou, Maria ainda era reconhecida como homem em sua identidade de gênero. Contudo, após a cirurgia de transgenitalização, pretende ser reconhecida como mulher. Ela procurou você porque tentou adotar o nome social – Maria – na Administração Pública, mas foi informada que, por trabalhar com adolescentes no ensino médio, isso não seria possível.

Assim, com base na norma que regulamenta o assunto, cabe a você esclarecer à administração da universidade que

(A) os órgãos e as entidades da administração pública federal direta, autárquica e fundacional, em seus atos e procedimentos, deverão adotar o nome social da pessoa travesti ou transexual, de acordo com seu requerimento.

(B) a Convenção Americana sobre Direitos Humanos, da qual o Brasil é signatário, determina que os Estados-Partes assegurem a utilização do nome social de travestis e transexuais, tanto no âmbito da vida privada quanto da vida pública.

(C) após decisão do Supremo Tribunal Federal, o Conselho Nacional de Justiça já regulamentou que pessoas transexuais e travestis podem adotar o nome social nos contratos de trabalho, contratos civis e na relação com a administração pública.

(D) embora seja ato discricionário da administração pública acolher, ou não, o requerimento de travestis e transexuais para utilização do nome social, o requeri-

16. DIREITOS HUMANOS   1113

mento deve ser acolhido, pois os alunos de Maria já a reconhecem como mulher desde a transgenitalização.

A resposta correta conforme o Decreto nº 8.727, de 2016, é a "A" (art. 2º).

Gabarito "A".

8.6.9. Mecanismo nacional de prevenção e combate à tortura

(OAB/Exame Unificado – 2017.2) Você advoga na Procuradoria Geral do Estado em que reside. Em uma tarde, recebe um telefonema urgente do diretor da Penitenciária Anhanguera, que deseja fazer uma consulta de viva voz. Diz o diretor que está com duas pessoas identificadas como membros do Mecanismo Nacional de Prevenção e Combate à Tortura (MNPCT) e que elas estão requerendo acesso imediato às instalações da penitenciária, onde pretendem gravar entrevistas com alguns presos. Também estão solicitando acesso aos registros relativos ao tratamento conferido aos presos.

Com base nas normas de funcionamento do Mecanismo Nacional de Prevenção e Combate à Tortura, cabe a você informar corretamente ao diretor que:

(A) os membros do MNPCT não possuem direito de acesso às penitenciárias, devendo a visita ser tratada previamente com a Secretaria de Segurança Pública e Administração Penitenciária do Estado.

(B) tanto o acesso à penitenciária quanto o acesso aos registros relativos ao tratamento conferido aos presos dependem de autorização judiciária expedida pelo juiz da Vara de Execução Penal da Comarca onde fica a Penitenciária.

(C) o acesso dos membros do MNPCT às instalações da penitenciária deve ser liberado, mas a gravação de entrevistas e o acesso aos registros relativos ao tratamento conferido aos presos devem ser negados.

(D) o acesso às instalações da penitenciária aos membros do MNPCT deve ser liberado, bem como fornecidos os registros solicitados e permitida a gravação das entrevistas com os presos.

O Mecanismo Nacional de Prevenção e Combate à Tortura (MNPCT) faz parte do Sistema Nacional de Prevenção e Combate à Tortura, de acordo com a Lei 12.847, sancionada no dia 2 de agosto de 2013. O órgão é composto por 11 especialistas independentes (peritos), que terão acesso às instalações de privação de liberdade, como centros de detenção, estabelecimento penal, hospital psiquiátrico, abrigo de pessoa idosa, instituição socioeducativa ou centro militar de detenção disciplinar. Constatadas violações, os peritos elaborarão relatórios com recomendações às demais autoridades competentes, que poderão usá-los para adotar as devidas providências. Sua instituição atende a compromisso internacional assumido pelo Estado brasileiro em 2007 com a ratificação do Protocolo Facultativo à Convenção Contra Tortura e Outros Tratamentos ou Penas Cruéis, Desumanos ou Degradantes da Organização das Nações Unidas – ONU. O sistema conta ainda com um Comitê Nacional de Combate à Tortura composto por 23 (vinte e três) membros, escolhidos e designados pela Presidenta da República, sendo 11 (onze) representantes de órgãos do Poder Executivo federal e 12 (doze) de conselhos de classes profissionais e de organizações da sociedade civil.[22] E a única assertiva correta conforme a legislação brasileira é a "D" (art. 10, II, V e VI da Lei 12.847/2013). RF

Gabarito "D".

---

22. Fonte: www.sdh.gov.br.

(OAB/Exame Unificado – 2014.3) Como forma de evitar a ocorrência de violação de Direitos Humanos em estabelecimentos prisionais, o Brasil ratificou, em 2007, o Protocolo Facultativo à Convenção contra a tortura e outros tratamentos ou penas cruéis, desumanos ou degradantes. Tal protocolo estabelece que cada Estado-Parte deverá designar ou manter, em nível doméstico, um ou mais mecanismos preventivos nacionais. Por meio da Lei 12.847/2013, o Brasil pretendeu atender à exigência do Protocolo, ao criar o Mecanismo Nacional de Prevenção e Combate à Tortura.

Quanto ao meio proposto tanto pelo Protocolo quanto pela Lei para alcançar a finalidade almejada, assinale a afirmativa correta.

(A) Sistema de visitas regulares de seus membros.

(B) Mutirões judiciais.

(C) Medidas legislativas de parlamentares que integrem o Mecanismo.

(D) Criação e fortalecimento de defensorias públicas.

A única assertiva que traz um meio proposto tanto pelo Protocolo como pela Lei 12.847/2013 é a "A". A redação do art. 1º do Protocolo é a seguinte: "O objetivo do presente Protocolo é estabelecer um sistema de visitas regulares efetuadas por órgãos nacionais e internacionais independentes a lugares onde pessoas são privadas de sua liberdade, com a intenção de prevenir a tortura e outros tratamentos ou penas cruéis, desumanos ou degradantes". Já a lei estatui no seu artigo 9º, I, que compete ao Mecanismo Nacional de Prevenção e Combate à Tortura "planejar, realizar e monitorar visitas periódicas e regulares a pessoas privadas de liberdade em todas as unidades da Federação, para verificar as condições de fato e de direito a que se encontram submetidas".

Gabarito "A".

8.7. Programa nacional de direitos humanos – PNDH

(OAB/Exame Unificado – 2014.2) Em maio de 1996, o Brasil instituiu seu primeiro Programa Nacional de Direitos Humanos (PNDH 1). Na Introdução do PNDH 2, adotado em maio de 2002, vem escrito o seguinte:

"Entre as principais medidas legislativas que resultaram de proposições do PNDH figuram... a transferência da justiça militar para a justiça comum dos crimes dolosos contra a vida praticados por policiais militares (Lei 9.299/1996), que permitiu o indiciamento e o julgamento de policiais militares em casos de múltiplas e graves violações como os do Carandiru, Corumbiara e Eldorado dos Carajás; a tipificação do crime de tortura (Lei 9.455/1997), que constituiu marco referencial para o combate a essa prática criminosa no Brasil; e a construção da proposta de reforma do Poder Judiciário, na qual se inclui, entre outras medidas destinadas a agilizar o processamento dos responsáveis por violações, a chamada 'federalização' dos crimes de direitos humanos."

Em relação ao último ponto descrito, é correto dizer que a federalização contra os crimes de direitos humanos pode ocorrer apenas no seguinte caso:

(A) havendo indício de violação de direitos humanos previstos na legislação nacional ou nos tratados internacionais.

(B) havendo grave violação de direitos humanos previstos nos tratados internacionais de direitos humanos dos quais o Brasil seja parte.

(C) havendo violação das leis protetivas dos direitos humanos, tais quais as leis citadas na Introdução do PNDH 2.

(D) havendo grave violação dos direitos humanos previstos na Constituição Federal.

O § 5º do art. 109 da CF assim dispõe: "Nas hipóteses de **grave violação de direitos humanos**, o Procurador-Geral da República, com a finalidade de assegurar o cumprimento de **obrigações decorrentes de tratados internacionais de direitos humanos dos quais o Brasil seja parte**, poderá suscitar, perante o Superior Tribunal de Justiça, em qualquer fase do inquérito ou processo, incidente de deslocamento de competência para a Justiça Federal". Pela redação acima disposta percebe-se que a assertiva correta é a "B". Sobre o tema é importante asseverar, com base na jurisprudência do STJ, que o incidente de deslocamento só será provido se ficar comprovado que a justiça estadual constitui verdadeira barreira ao cumprimento dos compromissos internacionais de proteção dos direitos humanos assumidos pelo Brasil. Dito de outra forma e agora com ênfase na razão de ser do instituto, deve-se ter consciência de que um caso de grave violação dos direitos humanos previstos em tratados internacionais em que o Brasil seja parte, embora ocorrido no âmbito de um estado-membro da federação, é capaz de ensejar no cenário internacional a responsabilidade do Estado brasileiro, de modo que o deslocamento de competência para a órbita federal, em casos como esse, dá a oportunidade, no plano interno, para o órgão de Justiça da União examinar e decidir a questão, antes de arcar com o pesado ônus dessa violação. No IDC 1-PA/STJ, a linha jurisprudencial acima disposta foi inicialmente construída e no voto do relator desse julgamento ficou fixado a necessidade de se observar os princípios da proporcionalidade e da razoabilidade quando da efetivação do deslocamento.
Gabarito "B".

8.8. Conselho Nacional dos Direitos Humanos – CNDH

(OAB/Exame XXXV) O Conselho Nacional dos Direitos Humanos (CNDH), assim denominado pela Lei nº 12.986/14 e vinculado à administração pública federal, é um importante órgão de proteção dos direitos no Brasil.

Você, que atua na defesa dos Direitos Humanos, tomou conhecimento de uma violação de um direito social previsto no Pacto Internacional dos Direitos Econômicos e Sociais. Assim, você avalia a possibilidade de levar tal situação ao conhecimento do Conselho Nacional dos Direitos Humanos (CNDH).

Diante disso, assinale a opção que corresponde às corretas incumbência e atribuição desse Conselho.

(A) Assessorar o Congresso Nacional em matéria relativa aos Direitos Humanos e avaliar eventuais projetos de leis que envolvam os Direitos Humanos que tenham sido propostos por deputados federais e senadores da República.

(B) Representar o Brasil perante a Comissão Interamericana de Direitos Humanos quando da apuração, por esta Comissão, de denúncia de violação de Direitos Humanos resultante da ação ou omissão do Estado brasileiro.

(C) Receber representações ou denúncias de condutas ou situações contrárias aos Direitos Humanos e apurar as respectivas responsabilidades, aplicando sanções de advertência, censura pública ou recomendação para afastamento de cargo.

(D) Representar, em juízo, as vítimas de violações de Direitos Humanos, naquelas ações judiciais reparadoras de direitos que forem impetradas pelo próprio

CNDH no âmbito de jurisdição especial do Superior Tribunal de Justiça.

A: incorreta, pois tal atividade não está prevista no art. 4º da Lei nº 12.986/14, que define a competência do Conselho Nacional dos Direitos Humanos. Dentre elas, por exemplo, "fiscalizar a política nacional de direitos humanos, podendo sugerir e recomendar diretrizes para a sua efetivação" (inciso II) e "opinar sobre atos normativos, administrativos e legislativos de interesse da política nacional de direitos humanos e elaborar propostas legislativas e atos normativos relacionados com matéria de sua competência (inciso IX); **B:** incorreta. O CNDH poderá "acompanhar o desempenho das obrigações relativas à defesa dos direitos humanos resultantes de acordos internacionais, produzindo relatórios e prestando a colaboração que for necessária ao Ministério das Relações Exteriores" (art. 4º, VIII, da Lei nº 12.986/14); **C:** correta (arts. 4º, XV, e 6º da Lei nº 12.986/14); **D:** incorreta, pois o CNDH não tem essa competência (art. 4º, XIV, e 6º da Lei nº 12.986/14).
Gabarito "C".

(OAB/Exame Unificado – 2015.2) A Lei 12.986/2014 transformou o antigo Conselho de Defesa dos Direitos da Pessoa Humana – CDDPH – em Conselho Nacional dos Direitos Humanos – CNDH. A respeito da finalidade desse Conselho, de acordo com a lei mencionada, assinale a afirmativa correta.

(A) Deve apresentar as demandas brasileiras relativas aos direitos humanos junto aos organismos internacionais e multilaterais de proteção dos Direitos Humanos.

(B) Deve representar o Estado brasileiro em todas as notificações que este venha a receber em função de procedimentos, como parte da Comissão Interamericana de Direitos Humanos, ou de processos movidos contra o Brasil na Corte Interamericana de Direitos Humanos.

(C) Deve elaborar um projeto nacional de Educação para os Direitos Humanos.

(D) Deve promover e defender os direitos humanos mediante ações preventivas, protetivas, reparadoras e sancionadoras das condutas e situações de ameaça ou da violação desses direitos.

A assertiva "D" é a correta porque reproduz a redação do artigo 2º da Lei nº 12.986/2014. Essa lei transformou o Conselho de Defesa dos Direitos da Pessoa Humana – CDDPH – em Conselho Nacional dos Direitos Humanos. O Conselho é um órgão colegiado[23] com representantes de setores representativos ligados aos Direitos Humanos e com importância fundamental na promoção e defesa desses no País.
Gabarito "D".

(OAB/Exame Unificado – 2015.1) A Lei 12.986, de 2 de junho de 2014, transformou o antigo Conselho de Defesa dos Direitos da Pessoa Humana em Conselho Nacional dos Direitos Humanos — CNDH. Esse Conselho poderá solicitar credenciamento junto à Organização das Nações Unidas (ONU) para ser reconhecido como Instituição Nacional de Direitos Humanos. Para isso, é necessário que atenda aos Princípios de Paris, que foram sugeridos durante o Encontro Internacional das Instituições Nacionais de Direitos do Homem, em 1991, e adotados pela Assembleia Geral das Nações Unidas, em 1993. De acordo com os Princípios de Paris, as Instituições Nacionais de Direitos Humanos devem atender a cinco características. Assinale a afirmativa que as indica.

---

23. Seus integrantes estão elencados no art. 3º da Lei 12.986/2014.

16. DIREITOS HUMANOS   **1115**

(A) 1) Autonomia para monitorar qualquer violação de Direitos Humanos; 2) Autoridade para assessorar o Executivo, o Legislativo e qualquer outra instância sobre temas relacionados aos Direitos Humanos; 3) Capacidade de se relacionar com instituições regionais e internacionais; 4) Legitimidade para educar e informar sobre Direitos Humanos; e 5) Competência para atuar em temas jurídicos (quase judicial).

(B) 1) Autonomia orçamentária; 2) Eleição direta de seus membros; 3) Autoridade para negociar com lideranças do setor público e do setor privado; 4) Jurisdição administrativa em matéria de Direitos Humanos; e 5) Competência para denunciar estados-partes que não cumpram as convenções de que são parte.

(C) 1) Legitimidade legiferante e poder de veto em legislação relativa aos Direitos Humanos; 2) Competência deliberativa sobre a alocação de recursos públicos em programas e projetos de Direitos Humanos; 3) Capacidade de responder em juízo em casos de litígio que envolvam os Direitos Humanos; 4) Expertise para realizar pesquisas em Direitos Humanos; e 5) Autoridade para definir currículos escolares em matérias relativas aos Direitos Humanos.

(D) 1) Indivisibilidade; 2) Universalidade; 3) Complementaridade; 4) Imprescritibilidade; e 5) Irrenunciabilidade dos Direitos Humanos.

A assertiva correta com base nos Princípios de Paris é a "A".

Gabarito "A".

9. DIREITO DOS REFUGIADOS

(OAB/Exame XXXIX) Você atua, como advogado(a), em um caso em que seu cliente é um estrangeiro indocumentado que vive no Brasil. Isso ocorreu porque ele teve de fugir às pressas do país de origem, porque estava sendo perseguido por motivos religiosos. Ele gostaria de permanecer no Brasil e trazer a esposa.

Assim, com base no que dispõe a Lei nº 9.474/97 que trata da implementação do Estatuto dos Refugiados no Brasil, assinale a afirmativa correta.

(A) A perseguição por motivos religiosos não faz parte dos tipos de perseguição abrangidos no conceito de refugiado e, assim, ele deve regularizar sua documentação de estrangeiro ou deixar o país.

(B) A perseguição por motivos religiosos se enquadra no conceito de refugiado e ele pode pedir refúgio no Brasil, mas o refúgio é ato personalíssimo e não se estende à sua esposa.

(C) A situação condiz com a possibilidade de reconhecimento da condição de refugiado e os efeitos dessa condição são extensivos à esposa.

(D) A perseguição religiosa é motivo para que o governo brasileiro o declare refugiado e a extensão dessa condição à esposa depende de decisão judicial e não administrativa.

A situação descrita no enunciado da questão condiz com a possibilidade de reconhecimento da condição de refugiado e os efeitos da condição do *status* de refugiado são extensivos ao cônjuge, aos ascendentes e descendentes, assim como aos demais membros do grupo familiar que do refugiado dependerem economicamente, desde que se encontrem em território nacional (art. 2º da Lei 9.474/1997).

Refugiado é **(i)** o indivíduo que, perseguido devido à sua raça, religião, nacionalidade, opinião política ou por sua ligação com certo grupo social, se encontra fora de seu país de nacionalidade e não pode ou não quer, por temor, regressar ao seu país; **(ii)** ou o apátrida que, perseguido devido à sua raça, religião, nacionalidade, opinião política ou por sua ligação com certo grupo social, se encontra fora do país onde teve sua última residência habitual e não pode ou não quer, por temor, regressar a tal país. Ainda, é possível considerar refugiado **(iii)** todo aquele que é vítima de grave e generalizada violação de direitos humanos[24]. Lembrando que apátrida é a condição do indivíduo que não possui nenhuma nacionalidade.

Gabarito "C".

(OAB/Exame Unificado – 2018.2) Um jovem congolês, em função de perseguição sofrida no país de origem, obteve, há cerca de três anos, reconhecimento de sua condição de refugiado no Brasil. Sua mãe, triste pela distância do filho, decide vir ao Brasil para com ele viver, porém não se enquadra na condição de refugiada.

Com base na Lei brasileira que implementou o Estatuto dos Refugiados, cabe a você, como advogado que atua na área dos Direitos Humanos, orientar a família.

Assinale a opção que apresenta a orientação correta para o caso.

(A) As medidas e os direitos previstos na legislação brasileira sobre refugiados se aplicam somente àqueles que tiverem sido reconhecidos nessa condição. Por isso, a mãe deve entrar com o pedido de refúgio e comprovar que também se enquadra na condição.

(B) Apesar de a mãe não ser refugiada, os efeitos da condição de refugiado de seu filho são extensivos a ela; por isso, ela pode obter autorização para residência no Brasil.

(C) A lei brasileira que trata de refúgio prevê a possibilidade de que pai e mãe tenham direito à residência caso o filho ou a filha venham a ser considerados refugiados, mas a previsão condiciona esse direito a uma avaliação a ser feita pelo representante do governo brasileiro.

(D) Para que a mãe possa viver no Brasil com seu filho ou sua filha, ela deverá comprovar que é economicamente dependente dele ou dela, pois é nesse caso que ascendentes podem gozar dos efeitos da condição de refugiado reconhecida a um filho ou a uma filha.

Os efeitos da condição do *status* de refugiado são extensivos ao cônjuge, aos **ascendentes** e descendentes, assim como aos demais membros do grupo familiar que do refugiado dependerem economicamente, desde que se encontrem em território nacional (art. 2º da Lei 9.474/1997).

Gabarito "B".

(OAB/Exame Unificado – 2017.2) Em 22 de julho de 1997, foi promulgada a Lei nº 9.474, que define os mecanismos para implementação da Convenção das Nações Unidas sobre o Estatuto dos Refugiados, da qual o Brasil é signatário.

A respeito dos mecanismos, termos e condições nela previstos, assinale a afirmativa correta.

(A) Para que possa solicitar refúgio, o indivíduo deve ter ingressado no Brasil de maneira regular.

---

24. Em consonância com a legislação nacional (art. 1º da Lei 9.474/1997).

RENAN FLUMIAN

(B) Compete ao Ministério da Justiça declarar o reconhecimento, em primeira instância, da condição de refugiado.

(C) O refugiado poderá exercer atividade remunerada no Brasil, ainda que pendente o processo de refúgio.

(D) Na hipótese de decisão negativa no curso do processo de refúgio, é cabível a interposição de recurso pelo refugiado perante o Supremo Tribunal Federal.

A: incorreta, pois o ingresso irregular no território nacional não constitui impedimento para o estrangeiro solicitar refúgio às autoridades competentes (art. 8º da Lei 9.474/1997); **B:** incorreta, pois compete ao Comitê Nacional para os Refugiados – CONARE (art. 12, I, da Lei 9.474/1997). O CONARE é o órgão encarregado de fazer a análise relacional entre o receio de perseguição e o dado objetivo ligado à situação sociopolítica do país de origem; **C:** correta (art. 21, § 1º, da Lei 9.474/1997); **D:** incorreta. Em caso de decisão negativa, esta deve ser fundamentada na notificação ao solicitante, cabendo direito de recurso ao ministro da Justiça, no prazo de 15 dias, contados do recebimento da notificação. A decisão do ministro da Justiça não é passível de recurso (arts. 29 e 31 da Lei 9.474/1997). Importante destacar que, consoante jurisprudência do STJ, o Poder Judiciário, em regra, deve limitar-se à verificação da legalidade do procedimento do CONARE que tenha decidido pelo indeferimento de refúgio de estrangeiro. **RF**
Gabarito "C".

(OAB/Exame Unificado – 2015.2) Segundo dados do CONARE (Comitê Nacional para os Refugiados), o Brasil possuía, no fim de 2014, 6.492 refugiados de 80 nacionalidades. Como é sabido, o Brasil ratificou a Convenção das Nações Unidas sobre o Estatuto dos Refugiados, assim como promulgou a Lei nº 9.474/97, que define os mecanismos para a implementação dessa Convenção. Assinale a opção que, conforme a lei mencionada, define a condição jurídica do refugiado no Brasil.

(A) Possui os direitos e deveres dos estrangeiros no Brasil, bem como direito a cédula de identidade comprobatória de sua condição jurídica, carteira de trabalho e documento de viagem.

(B) Está sujeito aos deveres dos estrangeiros no Brasil e tem direito a documento de viagem para deixar o país quando for de sua vontade.

(C) Sendo acolhido como refugiado, tem todos os direitos previstos no seu país de origem, mas deve acatar os deveres impostos a todos os brasileiros. Também tem direito à cédula de identidade.

(D) Possui os direitos e deveres dos estrangeiros no Brasil, bem como direito a cédula de identidade comprobatória de sua condição jurídica, carteira de trabalho, documento de viagem e título de eleitor.

Conforme o art. 6º da Lei 9.474/97, a assertiva correta é a "A".
Gabarito "A".

10. DIREITO HUMANITÁRIO

(OAB/Exame Unificado – 2008.2) Não se inclui entre as quatro Convenções de Genebra de 1949 sobre Direito Internacional Humanitário a convenção relativa

(A) à melhoria da sorte dos feridos e enfermos dos exércitos em campanha.

(B) ao tratamento dos prisioneiros de guerra.

(C) à proteção de bens culturais em caso de conflito armado.

(D) à proteção das pessoas civis em tempo de guerra.

O Direito Humanitário é composto de princípios e regras – positivadas ou costumeiras – que têm como função, por questões humanitárias, limitar os efeitos do conflito armado. Mais especificamente, o Direito Humanitário protege as pessoas que não participam ou não mais participam das hostilidades e restringe os meios e os métodos de guerra. Tal conceito permite-nos encará-lo como Direito Internacional dos Conflitos Armados ou Direito da Guerra. *É considerado por muitos a primeira limitação internacional que os Estados sofreram na sua soberania*[25], pois, na hipótese de conflito armado, estes teriam que respeitar certas regras que visavam proteger as vítimas civis e os militares fora de combate. Assim, teve-se início o processo de internacionalização dos direitos humanos. O Direito Internacional Humanitário é principalmente fruto das quatro Convenções de Genebra de 1949 (em 1949 foram revistas as três Convenções anteriores – 1864, 1906 e 1929 – e criada uma quarta, relativa à proteção dos civis em período de guerra) e seus Protocolos Adicionais, os quais formam o conjunto de leis para reger os conflitos armados e buscar limitar seus efeitos (Direito de Genebra). A proteção recai sobre as pessoas que não participam dos conflitos (civis, profissionais da saúde e de socorro) e os que não mais participam das hostilidades (soldados feridos, doentes, náufragos e prisioneiros de guerra). As Convenções e seus Protocolos apelam para que sejam tomadas medidas para evitar ou para encerrar todas as violações. Eles contêm regras rigorosas para lidar com as chamadas "violações graves", devendo seus responsáveis ser julgados ou extraditados, independentemente de sua nacionalidade. Em seus 64 artigos, a *1ª Convenção de Genebra protege feridos e enfermos das forças armadas em campanha*, além do pessoal médico e religioso, as unidades e os transportes médicos. A Convenção também reconhece os emblemas distintivos. A 2ª Convenção de Genebra, que substitui a Convenção de Haia de 1907 sobre a Adaptação dos Princípios da Convenção de Genebra de 1864 a Guerras Marítimas, protege feridos, enfermos e náufragos das forças armadas no mar. Ela segue as disposições da 1ª Convenção de Genebra em termos de estrutura e conteúdo. Seus 63 artigos se aplicam especificamente a guerras marítimas, por exemplo, protegendo os navios-hospitais. A 3ª Convenção de Genebra, que substitui a Convenção sobre Prisioneiros de Guerra de 1929, se aplica aos prisioneiros de guerra. Contém 143 artigos, enquanto a de 1929 continha apenas 97. As categorias de pessoas com direito ao *status* de prisioneiras de guerra foram ampliadas. As condições e os locais de cativeiro também foram definidos com mais precisão, em particular com relação ao trabalho de prisioneiros de guerra, seus recursos pecuniários, o socorro que recebem e os processos judiciais contra eles. Convenção estabelece que os prisioneiros de guerra devem ser liberados e repatriados sem demora após o término das hostilidades ativas.

As Convenções de Genebra adotadas antes de 1949 preocupavam-se apenas com os combatentes, não com os civis. Os eventos da Segunda Guerra Mundial, no entanto, mostraram as consequências desastrosas da ausência de uma convenção para proteger os civis em tempos de guerra – e essa experiência foi levada em consideração na 4ª Convenção de Genebra, adotada em 1949, que protege os civis, inclusive em territórios ocupados. Ela é composta por 159 artigos e contém uma pequena seção referente à proteção geral das populações contra certas consequências da guerra, sem tratar da conduta das operações militares, que foi examinada depois nos Protocolos Adicionais de 1977. Ademais, a 4ª Convenção esclarece as obrigações da potência ocupante com relação à população civil e contém disposições detalhadas sobre o socorro humanitário em território ocupado. Merece destaque o art. 3º, que é comum às quatro Convenções de Genebra e marca um avanço ao disciplinar, pela primeira vez, os conflitos armados não internacionais. Esses tipos de conflito variam muito. Eles incluem guerras civis tradicionais, conflitos armados internos que se expandem para outros

---

25. A Liga das Nações e a Organização Internacional do Trabalho são os outros exemplos dessa primeira limitação, oriunda da comunidade internacional, que os Estados sofreram em sua inabalável soberania.

16. DIREITOS HUMANOS 1117

Estados ou conflitos internos nos quais um terceiro Estado ou uma força multinacional intervém junto com o governo. O art. 3º estabelece regras fundamentais que não podem ser derrogadas e funciona como uma miniconvenção dentro das Convenções, pois contém as regras essenciais das Convenções de Genebra em um formato condensado e as torna aplicáveis aos conflitos de caráter não internacional.

Por fim, nas duas décadas após a adoção das Convenções de Genebra, o mundo testemunhou um aumento no número de conflitos armados não internacionais e de guerras por independência. Em resposta à isso, foram adotados em 1977 dois Protocolos Adicionais às Convenções de Genebra de 1949. Eles fortalecem a proteção das vítimas de conflitos armados internacionais (Protocolo I) e não internacionais (Protocolo II) e determinam limites aos métodos de guerra. O Protocolo II foi o primeiro tratado internacional exclusivamente dedicado às situações de conflitos armados não internacionais. Em 2007, um terceiro Protocolo Adicional foi adotado, criando um emblema adicional, o Cristal Vermelho, que tem o mesmo *status* internacional dos emblemas da Cruz Vermelha e do Crescente Vermelho. A outra parte das regras do Direito Internacional Humanitário provém do Direito de Haia (Convenções de Haia de 1899 e de 1907), as quais regulam especificamente o meio e os métodos utilizados na guerra, ou, em outras palavras, a condução das hostilidades pelos beligerantes e as Regras de Nova Iorque[26], que cuidam da proteção dos direitos humanos em período de conflito armado. Pode-se apontar ainda o Tribunal Penal Internacional como um dos destaques na tutela do Direito Internacional Humanitário. Por sua vez, os bens culturais, que nada mais são que bens civis, possuem uma proteção específica: a Convenção da Haia para a Proteção de Bens Culturais durante os Conflitos Armados, de 1954. Essa Convenção tem por base o reconhecimento da herança cultural de todos os povos. Posteriormente, a tutela dos bens culturais foi complementada pelos Protocolos Adicionais às Convenções de Genebra de 1977[27] e pelo Protocolo Adicional à Convenção da Haia para a Proteção de Bens Culturais durante os Conflitos Armados de 1999. Interessante também notar que o grande fator motivador dessa Convenção foi a destruição de inúmeros bens culturais durante a Segunda Guerra Mundial, situação que levou a comunidade internacional a se conscientizar e prever proteção jurídica específica.

Gabarito "C".

---

26. Resolução 2.444 (XXIII) adotada em 1968 pela Assembleia Geral das Nações Unidas.

27. Mais especificamente o art. 53 do Protocolo I Adicional às Convenções de Genebra e o art. 16 do Protocolo II Adicional às Convenções de Genebra.

17. FILOSOFIA DO DIREITO

Renan Flumian

1. ÉTICA

1.1. Teoria geral

(EXAME 2009)

Olhe pro menino

Sem camisa e descalço

Que chora por comida

Que te pede um trocado

Olhe pro menino

Que não tem onde morar

Não tem pra onde ir

E não tem onde ficar

Olhe em seus olhos

Sinta o ódio animal

A revolta que ele sente

Da injustiça social

Injustiça Social – Esgoto. In: <http://www.letras.com.br/esgoto/injustica-social>

A música retrata situação que afronta direitos fundamentais, registrados no texto constitucional brasileiro. Esses direitos traduzem-se em

(A) falácias do legislador constituinte.

(B) situações referidas à dignidade humana.

(C) valores religiosos, de matriz filosófica.

(D) regras gerais, sem eficácia plena.

(E) situações políticas, sem viés jurídico.

Esses direitos traduzem-se em situações referidas à dignidade humana. E a dignidade da pessoa humana se traduz na situação de mínimo gozo garantido dos direitos pessoais, civis, políticos, judiciais, de subsistência, econômicos, sociais e culturais. Todavia, a música citada na presente questão expõe uma situação, infelizmente diuturna em nosso país, em que o gozo dos direitos humanos não é garantido a uma pessoa, isto é, a dignidade humana é totalmente violentada ("ódio animal").
Gabarito "B".

(ENADE) Considere as seguintes afirmações:

A Filosofia do Direito preocupa-se com o fundamento ético do sistema jurídico, com os problemas lógicos do conceito de Direito e com a concretização dessas exigências éticas e lógicas na ordem social e histórica do Direito Positivo PORQUE a Filosofia do Direito implica compreender a experiência jurídica na unidade de seus elementos ético, lógico, social e histórico.

De acordo com as afirmações acima, assinale:

(A) se as duas são verdadeiras e a segunda justifica a primeira.

(B) se as duas são verdadeiras e a segunda não justifica a primeira.

(C) se a primeira é verdadeira e a segunda é falsa.

(D) se a primeira é falsa e a segunda é verdadeira.

(E) se as duas são falsas.

De acordo com Miguel Reale, em sua clássica obra **Filosofia do Direito** (SP: Saraiva, 17ª ed., pgs. 291 e ss), a Filosofia do Direito preocupa-se com três questões: a) lógica do Direito; b) ética do Direito; e c) concretização social e histórica do Direito. Tal preocupação implica, portanto, em compreender os elementos ético, lógico e sociocultural, daí porque as duas afirmações são verdadeiras e a segunda explica a primeira. Avançando um pouco na divisão tripartida de Miguel Reale, entende-se, a partir dessa visão da filosofia do direito, a razão desse autor entender o Direito a partir de uma Teoria Tridimensional, pela qual o Direito é uma dialética de complementaridade entre a **norma** (lei, lógica), o **valor** (ética) e o **fato** (elemento sócio cultural). O Direito, assim, é uma síntese desses três elementos e a correlação entre fato, valor e norma permite entender o Direito como um sistema aberto, dependente de outros que o abrangem e circunscrevem.
Gabarito "A".

1.2. Ética na cultura grega antiga

(OAB/Exame Unificado – 2019.2) Mas a justiça não é a perfeição dos homens?

PLATÃO, A República. Lisboa: Calouste Gulbenkian, 1993.

O conceito de justiça é o mais importante da Filosofia do Direito. Há uma antiga concepção segundo a qual justiça é dar a cada um o que lhe é devido. No entanto, Platão, em seu livro A República, faz uma crítica a tal concepção.

Assinale a opção que, conforme o livro citado, melhor explica a razão pela qual Platão realiza essa crítica.

(A) Platão defende que justiça é apenas uma maneira de proteger o que é mais conveniente para o mais forte.

(B) A justiça não deve ser considerada algo que seja entendido como virtude e sabedoria, mas uma decorrência da obediência à lei.

(C) Essa ideia implicaria fazer bem ao amigo e mal ao inimigo, mas fazer o mal não produz perfeição, e a justiça é uma virtude que produz a perfeição humana.

(D) Esse é um conceito decorrente exclusivamente da ideia de troca entre particulares, e, para Platão, o conceito de justiça diz respeito à convivência na cidade.

A resposta correta segundo o pensamento de Platão externado no livro "A República" é a "C", isto porque a concepção de justiça materializada no ideal de "dar a cada um o que lhe é devido" não geraria perfeição. Ao contrário, implicaria fazer bem ao amigo e mal ao inimigo, e fazer o mal não produz perfeição.
Gabarito "C".

(Defensor Público/TO – 2013 – CESPE) Com relação ao conceito de justiça, assinale a opção correta.

(A) O vocábulo justiça é empregado, em sentido lato, como equivalente a organização judiciária.

(B) O sentido estrito de justiça está associado ao conjunto das virtudes que regulam as relações entre os homens.

(C) De acordo com a doutrina majoritária, caracterizam o sentido lato de justiça a alteridade, o débito e a igualdade.

(D) Consoante a doutrina aristotélica, a justiça comutativa caracteriza-se como aquela em que o particular dá a outro o bem que lhe é devido.

(E) Na antiguidade clássica, Platão definiu justiça como a vontade constante e perpétua de dar a cada um o que lhe pertence.

Justiça, na obra de Aristóteles, pode ser definida como sendo relação bilateral, preferencial e voluntária, em conformidade com a lei e com o bem comum e que respeita a igualdade. O termo, como já se pode perceber, não é unívoco, é ambíguo, porque possui uma pluralidade de sentidos, vários significados e acepções. Daí a distinção que Aristóteles realiza entre justiça universal e justiça particular. A primeira (universal), também denominada de justiça em sentido lato, define-se como a conduta de acordo com a lei; a segunda (particular) denominada, às vezes, de justiça em sentido estrito, define-se como o hábito de realiza e respeita a igualdade. A justiça particular, que realiza e respeita a igualdade, é promovida de duas maneiras. Uma maneira é a que se manifesta na igualdade que consiste na distribuição proporcional geométrica (igualar o desigual) de bens e outras vantagens entre os cidadãos da polis, a esta se dá o nome de justiça distributiva. A outra maneira é a que se manifesta na igualdade que desempenha um papel corretivo nas transações entre os cidadãos, a esta se dá o nome de justiça retificadora ou comutativa que consiste numa proporcionalidade aritmética (igual). A justiça universal, que é a conduta conforme a lei, abrange, de certo modo, todas as demais virtudes, quando estas estiverem prescritas em lei. Com efeito, é normalmente por intermédio da lei que se realiza o bem comum. Nesse sentido, diz Aristóteles que nas disposições que tomam sobre todos os assuntos, as leis têm em mira a vantagem comum. Nesse sentido, o hábito de respeitar a lei faz do homem respeitador da lei um homem justo. Por fim, devemos destacar que Platão (filosofia metafísica) não construiu um conceito fechado de justiça.
Gabarito "D".

(Ed. Foco 2012) Qual das expressões abaixo enuncia o conceito antigo de justiça (diké).

(A) dura lex, sed lex

(B) perseguir o próprio desejo sempre

(C) dar a cada um o que é seu

(D) in dubio pro reo

A expressão que enuncia o conceito antigo de justiça é a contida na assertiva "C".
Gabarito "C".

(Ed. Foco 2012) A ideia de justiça, na cultura grega, adquire a concepção forte de igualdade. Justiça é, portanto, igualdade e retidão (diké). Por sua vez, qual o termo utilizado para expressar o excesso e a desmedida

(A) íson

(B) hybris

(C) areté

(D) phronésis

A: incorreta, pois íson significa isonomia; **B:** correta, pois hybris significa excesso e desmedida; **C:** incorreta, pois areté significa virtude; **D:** incorreta, pois phronésis significa prudência ética. A phronésis constitui a mais alta qualidade moral a se opor a hybris.
Gabarito "B".

1.2.1. Sócrates

(Ed. Foco 2012) Com Sócrates, o pensamento desloca-se da contemplação da natureza para a contemplação do homem na sua subjetividade. Sócrates dialoga, não há ensinamento de dogmas. Assim, é possível ao homem redescobrir as virtudes que existem em si mesmo ("Conhece-te a ti mesmo"). Qual o nome que leva essa investigação metódica subjetiva criada por Sócrates

(A) ética

(B) dialética

(C) jusnaturalismo

(D) maiêutica

O nome dessa investigação metódica subjetiva criada por Sócrates é maiêutica.
Gabarito "D".

1.2.2. Aristóteles

(OAB/Exame XXXIX) "E tiveste a audácia de desobedecer a essa determinação? Sim porque não foi Zeus que a promulgou; e a Justiça, a deusa que habita com as divindades subterrâneas jamais estabeleceu tal decreto entre os humanos; nem eu creio que teu édito tenha força bastante para conferir a um mortal o poder de infringir as leis divinas, que nunca foram escritas, mas são irrevogáveis; não existem a partir de ontem ou de hoje; são eternas sim e ninguém sabe desde quando vigoram."

Sófocles.

O excerto acima é parte da peça Antígona, uma das mais importantes tragédias gregas, que foi escrita por Sófocles.

De acordo com Aristóteles, em seu livro Retórica, essa peça de Sófocles pode ser usada para se entender o que seria uma lei natural. Assinale a opção que apresenta, segundo Aristóteles, o conceito de *lei natural*.

(A) Aquela que emana do diálogo comum entre diferentes comunidades políticas e resulta em um acordo que está acima de leis e tratados impostos pelo Estado.

(B) Uma expressão da natureza divina, que se encarna na figura do rei ou do soberano e é a base da legitimidade da monarquia como forma de governo.

(C) As tradições de uma comunidade política, que são repassadas de geração em geração sob a presunção de realizarem os anseios de justiça de um determinado povo.

(D) A justiça da qual todos têm, de alguma maneira, uma intuição e que é comum a todos, independentemente de todo Estado e de toda convenção recíproca.

A assertiva que traz o conceito correto de lei natural, conforme a obra Retórica de Aristóteles, é a "D".
Gabarito "D".

17. FILOSOFIA DO DIREITO 1121

Temos pois definido o justo e o injusto. Após distingui-los assim um do outro, é evidente que a ação justa é intermediária entre o agir injustamente e o ser vítima da injustiça; pois um deles é ter demais e o outro é ter demasiado pouco.

ARISTÓTELES. Ética a Nicômaco. Coleção Os Pensadores. São Paulo: Abril Cultural, 1973.

(OAB/Exame Unificado – 2020.1) Em seu livro Ética a Nicômaco, Aristóteles apresenta a justiça como uma virtude e a diferencia daquilo que é injusto.

Assinale a opção que define aquilo que, nos termos do livro citado, deve ser entendido como justiça enquanto virtude.

(A) Uma espécie de meio-termo, porém não no mesmo sentido que as outras virtudes, e sim porque se relaciona com uma quantia intermediária, enquanto a injustiça se relaciona com os extremos.

(B) Uma maneira de proteger aquilo que é o mais conveniente para o mais forte, uma vez que a justiça como produto do governo dos homens expressa sempre as forças que conseguem fazer valer seus próprios interesses.

(C) O cumprimento dos pactos que decorrem da vida em sociedade, seja da lei como pacto que vincula todos os cidadãos da cidade, seja dos contratos que funcionam como pactos celebrados entre particulares e vinculam as partes contratantes.

(D) Um imperativo categórico que define um modelo de ação moralmente desejável para toda e qualquer pessoa e se expressa da seguinte maneira: "Age como se a máxima de tua ação devesse tornar-se, por meio da tua vontade, uma lei universal".

Para Aristóteles, a justiça está no meio-termo, portanto, a assertiva "A" é a correta. A mediania ou medida relativa que caracteriza a virtude é o justo meio, entendido como equilíbrio ou moderação entre dois extremos (excesso e escassez). A justiça (vontade racional) é o cálculo moderador que encontra o justo meio entre dois extremos. A ética aparece, assim, como a ciência da moderação e do equilíbrio, isto é, da prudência ou phronesis. Hybris é, conforme especificado pelos antigos, a falta de medida, a origem do vício por excesso ou por escassez. Em outras palavras, pode-se dizer que em Aristóteles, a justiça corresponde ao controle da hybris, tanto no excesso quanto na escassez. Coragem (virtude), por exemplo, é o justo meio entre a temeridade (excesso) e a covardia (escassez); amor (virtude) é o justo meio entre a possessão (excesso) e a indiferença (escassez); e assim em relação a todas as virtudes. Nesse sentido, a noção aristotélica de justiça tem algo a ver com a antiga noção de diké.
Gabarito "A".

(OAB/Exame Unificado – 2016.2) A partir da leitura de Aristóteles (Ética a Nicômaco), assinale a alternativa que corresponde à classificação de justiça constante do texto:

"... uma espécie é a que se manifesta nas distribuições de honras, de dinheiro ou das outras coisas que são divididas entre aqueles que têm parte na constituição (pois aí é possível receber um quinhão igual ou desigual ao de um outro)..."

(A) Justiça Natural.

(B) Justiça Comutativa.

(C) Justiça Corretiva.

(D) Justiça Distributiva.

Os gregos são os artífices dos conceitos de isonomia e de justiça distributiva. A isonomia implica a igualdade dos cidadãos, por mais diferentes que sejam em função de sua aparência, de sua origem, da classe ou da função. A justiça distributiva é a que se manifesta na igualdade material, que consiste na distribuição proporcional geométrica (igualar os desiguais) de bens e de outras vantagens entre os cidadãos da polis. Na construção da isonomia, é preciso igualar as diferenças, o que pressupõe uma igualdade que consista em tratar desigualmente os desiguais. Hoje, o princípio da igualdade (isonomia) constitui o alicerce sobre o qual se constrói os direitos da pessoa portadora de deficiência. Aristóteles também cuidou da ideia de justiça comutativa e essa diz respeito à igualdade em sentido formal, tendo por pressuposto a igualdade entre as pessoas.
Gabarito "D".

(OAB/Exame Unificado – 2013.2) Considere a seguinte afirmação de Aristóteles:

"Temos pois definido o justo e o injusto. Após distingui-los assim um do outro, é evidente que a ação justa é intermediária entre o agir injustamente e o ser vítima da injustiça; pois um deles é ter demais e o outro é ter demasiado pouco."

(Aristóteles. **Ética a Nicômaco**. Coleção Os Pensadores. São Paulo: Abril Cultural, 1973, p. 329.)

De efeito, é correto concluir que para Aristóteles a justiça deve sempre ser entendida como

(A) produto da legalidade, pois o homem probo é o homem justo.

(B) espécie de meio termo.

(C) relação de igualdade aritmética.

(D) ação natural imutável.

Segundo Aristóteles, a virtude não é uma coisa natural no ser humano, mas um hábito adquirido ou uma disposição permanente. A ética orienta o homem para a aquisição dos hábitos virtuosos que o encaminham no sentido da perfeição. Virtude, portanto, é ação, atividade da vontade que delibera, isto é, examina várias possibilidades possíveis e escolhe. O ato de escolher passa a ser um ato racional e voluntário próprio do cidadão ético e político. Portanto, a virtude se desenvolve na polis; ou seja, no encontro dos homens enquanto cidadãos. Por isso, os fins racionais de uma escolha têm sempre em vista um bem, que é o bem comum. A partir dessa ideia, Aristóteles defende que virtude é uma disposição para agir de um modo deliberado, consistindo numa mediania relativa ao ser humano, racionalmente determinada e tal como seria determinada pelo homem prudente, dotado de sabedoria prática. A ação virtuosa consiste em um ato feito por e com virtude, isto é, numa escolha preferencial (proairesis) proveniente de uma deliberação racional (bouleusis), que depende do ser humano e que ele pode realizar. O homem delibera à respeito do preferível e não do necessário, isto é, daquilo que está em seu poder. A mediania ou medida relativa que caracteriza a virtude é o justo meio, entendido como equilíbrio ou moderação entre dois extremos (excesso e escassez). A justiça (vontade racional) é o cálculo moderador que encontra o justo meio entre dois extremos. A ética aparece, assim, como a ciência da moderação e do equilíbrio, isto é, da prudência ou phronesis. Hybris é, conforme especificado pelos antigos, a falta de medida, a origem do vício por excesso ou por escassez. Em outras palavras, pode-se dizer que em Aristóteles, a justiça corresponde ao controle da hybris, tanto no excesso quanto na escassez. Coragem (virtude), por exemplo, é o justo meio entre a temeridade (excesso) e a covardia (escassez), amor (virtude) é o justo meio entre a possessão (excesso) e a indiferença (escassez) e assim em relação a todas as virtudes. Nesse sentido, a noção aristotélica de justiça tem algo a ver com a antiga noção de diké.
Gabarito "B".

RENAN FLUMIAN

(Ed. Foco 2012) Aristóteles faz distinção entre justiça universal e justiça particular. A primeira (universal), também denominada de justiça em sentido lato, define-se como a conduta de acordo com a lei; a segunda (particular) denominada, às vezes, de justiça em sentido estrito, define-se como o hábito que realiza e respeita a igualdade. A justiça particular, segundo Aristóteles, pode ser realizada de duas formas, quais são elas :

(A) justiça distributiva e justiça natural

(B) justiça retificadora ou comutativa e justiça natural

(C) justiça distributiva e justiça retificadora ou comutativa

(D) justiça natural e justiça mediana

Uma forma de promover a justiça particular é mediante a distribuição proporcional geométrica (igualar o desigual) de bens e outras vantagens entre os cidadãos da polis, a esta se dá o nome de **justiça distributiva**. A outra maneira é mediante uma correção das transações entre os cidadãos, a esta se dá o nome de **justiça retificadora ou comutativa** que consiste numa proporcionalidade aritmética (igual).

Gabarito "C".

1.2.3. *Estoicismo*

(Ed. Foco 2012) A ética estoica é subdivida em duas: uma identifica-se com o honestum, consiste na retidão da vontade (recta ratio), na firmeza moral, na convicção inabalável e no caráter incorruptível; e a outra consiste no cumprimento das ações conforme as tendências naturais que todo homem possui, como a tendência à conservação da vida e à sociabilidade ou na escolha de coisas e condutas tidas como úteis, convenientes, preferíveis ou desejáveis relativas à vida prática ou cotidiana. Consoante a ordem apresentada, quais são os institutos definidos na questão?

(A) moral absoluta e moral do dever reto

(B) moral dos deveres médios e moral do dever reto

(C) moral do dever reto e moral dos deveres médios

(D) moral absoluta e moral dos deveres médios

Conforme a sequência apresentada na questão, a ética estoica é dividida em: a) moral do dever reto; e b) moral dos deveres médios.

Gabarito "C".

1.3. Ética medieval

1.3.1. *Tomás de Aquino*

(Ed. Foco 2013) Qual a definição de Tomás de Aquino para lei eterna:

(A) é a expressão da razão divina, que governa todo o universo, de ninguém conhecida inteiramente em si, mas da qual o homem pode obter conhecimento parcial através de suas manifestações

(B) é a lei revelada, ou seja, a expressão da lei eterna (ex.: Sagradas Escrituras)

(C) é a lei que pode ser conhecida pelo homem por meio da razão, consiste, por exemplo, em fazer o bem e evitar o mal, conservar a vida, educar a prole, participação na vida social etc.

(D) é a lei humana (lei positiva) que determina

A definição tomasiana de lei eterna encontra-se dada na assertiva A. A assertiva B traz a definição de lei divina e a C de lei natural. Por último, a assertiva D traz a definição de lei escrita.

Gabarito "A".

1.3.2. *Agostinho*

(Ed. Foco 2012) Assinale a alternativa incorreta em relação ao Querer e Poder.

(A) a filosofia grega não chega a elaborar a noção de liberdade subjetiva (livre arbítrio), portanto, a autonomia da vontade é algo estranho à cultura greco-romana. Nessa cultura, liberdade pressupõe status (prestígio) e está conectado à ação política, ser livre é participar da polis ou viver em conformidade com a natureza, não se trata, pois, de algo que se passa no interior da subjetividade.

(B) o deslocamento da liberdade para o interior da subjetividade inicia-se, portanto, com Paulo de Tarso, e solidifica-se na Idade Média com a separação entre querer e poder. Com os filósofos medievais o querer passa a ser considerado, na sua intimidade, como uma espécie de optar, mas não necessariamente de realizar (quero, mas não posso).

(C) Santo Agostinho foi um dos primeiros a sublinhar a noção de que querer é ser livre. Se a vontade quer, diz ele, é ela que quer, tendo podido não querer.

(D) Para Santo Agostinho o homem não tinha a possibilidade de querer alguma coisa, pois sua única possibilidade é respeitar e ser guiado pelo poder divino.

A única assertiva que traz informação incorreta é a "D" (devendo ser assinalada).

Gabarito "D".

1.4. Ética moderna

1.4.1. *Kant*

(OAB/Exame XXXVII) Operadores do Direito, com relativa frequência, precisam enfrentar situações dramáticas que envolvem a vida humana ou o corpo humano. Em casos como esses, nem sempre a lei oferece uma determinação clara e unívoca. Certas vezes a filosofia oferece uma base mais consistente de reflexão e argumentação.

Assinale a opção que apresenta o conhecido imperativo categórico de Kant, muitas vezes citado nos debates relativos a essas situações dramáticas.

(A) O homem é um animal político e como tal possui o sentimento do bem e do mal, do justo e do injusto, sobre os quais pode se manifestar graças ao dom da fala e de sua capacidade de comunicação.

(B) A normatização que regula a relação entre o todo e as partes deve ser considerada justa, de forma a realizar a distribuição proporcional dos bens comuns.

(C) Age de tal maneira que uses a humanidade, tanto na tua pessoa como na pessoa de qualquer outro, sempre e simultaneamente como um fim e nunca como um meio.

(D) O mundo ético vivo é o espírito em sua verdade; assim que o espírito chega ao saber abstrato de sua essência, a eticidade decai na universalidade formal do Direito.

Em sua obra Metafísica dos Costumes, Kant trata das diferenças entre direito e moral, geralmente considerado como problema preliminar da filosofia do direito. Para Kant, categóricos são os imperativos que prescrevem uma ação boa por si mesma, por exemplo: "Você não deve mentir", e chamam-se assim porque são declarados por meio de um juízo categórico. Portanto, a assertiva correta é a "C".

Gabarito "C".

17. FILOSOFIA DO DIREITO — 1123

É preciso sair do estado natural, no qual cada um age em função dos seus próprios caprichos, e convencionar com todos os demais em submeter-se a uma limitação exterior, publicamente acordada, e, por conseguinte, entrar num estado em que tudo que deve ser reconhecido como seu é determinado pela lei...

Immanuel Kant

(OAB/Exame Unificado – 2020.1) A perspectiva contratualista de Kant, apresentada na obra Doutrina do Direito, sustenta ser necessário passar de um estado de natureza, no qual as pessoas agem egoisticamente, para um estado civil, em que a vida em comum seja regulada pela lei, como forma de justiça pública. Isso implica interferir na liberdade das pessoas.

Em relação à liberdade no estado civil, assinale a opção que apresenta a posição que Kant sustenta na obra em referência.

(A) O homem deixou sua liberdade selvagem e sem freio para encontrar toda a sua liberdade na dependência legal, isto é, num estado jurídico, porque essa dependência procede de sua própria vontade legisladora.

(B) A liberdade num estado jurídico ou civil consiste na capacidade da vontade soberana de cada indivíduo de fazer aquilo que deseja, pois somente nesse estado o homem se vê livre das forças da natureza que limitam sua vontade.

(C) A liberdade civil resulta da estrutura política do estado, de forma que somente pode ser considerado liberdade aquilo que decorre de uma afirmação de vontade do soberano. No estado civil, a liberdade não pode ser considerada uma vontade pessoal.

(D) Na república, a liberdade é do governante para governar em prol de todos os cidadãos, de modo que o governante possui liberdade, e os governados possuem direitos que são instituídos pelo governo.

A única assertiva que corresponde ao pensamento de Kant exposto na obra "Doutrina do Direito" é a "A". Para o pensador, o Direito é uma garantia externa da liberdade.
Gabarito "A".

(OAB/Exame Unificado – 2016.1) Segundo o filósofo Immanuel Kant, em sua obra Fundamentação da Metafísica dos Costumes, a ideia de dignidade humana é entendida

(A) como qualidade própria de todo ser vivo que é capaz de sentir dor e prazer, isto é, característica de todo ser senciente.

(B) quando membros de uma mesma espécie podem ser considerados como equivalentes e, portanto, iguais e plenamente cooperantes se eles possuem dignidade.

(C) como valor jurídico que se atribui às pessoas como característica de sua condição de sujeitos de direitos.

(D) como algo que está acima de todo o preço, pois quando uma coisa tem um preço pode-se pôr em vez dela qualquer outra como equivalente; mas quando uma coisa está acima de todo o preço, e portanto não permite equivalência, então ela tem dignidade.

A assertiva que traz corretamente o conceito de dignidade trabalhado por Kant na sua obra Fundamentação da Metafísica dos Costumes é a

"D". Nesse livro Kant trabalha as diferenças entre direito e moral, dentre as diferenças apontadas, merecem ser destacadas: **a)** a que decorre da diferença entre moralidade e legalidade; **b)** a que decorre da diferença entre autonomia e heteronomia; e **c)** a que decorre da diferença entre imperativo categórico e imperativo hipotético.
Gabarito "D".

(OAB/Exame Unificado – 2013.1) "Manter os próprios compromissos não constitui dever de virtude, mas dever de direito, a cujo cumprimento pode-se ser forçado. Mas prossegue sendo uma ação virtuosa (uma demonstração de virtude) fazê-lo mesmo quando nenhuma coerção possa ser aplicada. A doutrina do direito e a doutrina da virtude não são, consequentemente, distinguidas tanto por seus diferentes deveres, como pela diferença em sua legislação, a qual relaciona um motivo ou outro com a lei".

Pelo trecho acima podemos inferir que Kant estabelece uma relação entre o direito e a moral. A esse respeito, assinale a afirmativa correta.

(A) O direito e a moral são idênticos, tanto na forma como no conteúdo prescritivo. Assim, toda ação contrária à moralidade das normas jurídicas é também uma violação da ordem jurídica.

(B) A conduta moral refere-se à vontade interna do sujeito, enquanto o direito é imposto por uma ação exterior e se concretiza no seu cumprimento, ainda que as razões da obediência do sujeito não sejam morais.

(C) A coerção, tanto no direito quanto na moral, é um elemento determinante. É na possibilidade de impor-se pela força, independentemente da vontade, que o direito e a moral regulam a liberdade.

(D) Direito e moral são absolutamente distintos. Consequentemente, cumprir a lei, ainda que espontaneamente, não é demonstração de virtude moral.

Em sua obra **Metafísica dos Costumes**, Kant trata das diferenças entre direito e moral, geralmente considerado como problema preliminar da filosofia do direito. Dentre as diferenças apontadas, merecem ser destacadas: **a)** a que decorre da diferença entre moralidade e legalidade; **b)** a que decorre da diferença entre autonomia e heteronomia; e **c)** a que decorre da diferença entre imperativo categórico e imperativo hipotético.
A. Moralidade e Legalidade: Essa diferença diz respeito aos motivos da ação e toma como base a noção de boa vontade. **Boa vontade** é aquela que não está determinada por atitude alguma e por cálculo interessado algum, mas somente pelo respeito ao dever. Assim, tem-se **moralidade** quando a ação é cumprida por dever, ou seja, a legislação moral é aquela que não admite que uma ação possa ser cumprida segundo inclinação ou interesse. Tem-se **legalidade** quando a ação é cumprida em conformidade ao dever, mas segundo alguma inclinação ou interesse. Kant dá o exemplo do comerciante que não abusa do cliente ingênuo: Se ele age assim, não porque este seja seu dever, mas porque seja de seu próprio interesse, a sua ação não é moral.
B. Autonomia e Heteronomia: Essa distinção também implica em separar direito e moral. Autonomia é a qualidade que a vontade tem de dar leis a si mesma. A vontade moral é por excelência uma vontade autônoma. Heteronomia é quando a vontade é determinada por outra vontade. A vontade jurídica (estatal) é por excelência uma vontade heterônoma. Pode-se dizer que quando a pessoa age conforme a sua vontade, encontra-se no terreno da moralidade (autonomia); quando age em obediência à lei do Estado, encontra-se no terreno da legalidade (heteronomia).
C. Imperativo Categórico e Imperativo Hipotético: **Categóricos** são os imperativos que prescrevem uma ação boa por si mesma, por exemplo: "Você não deve mentir", e chamam-se assim porque são declarados por

meio de um juízo categórico. **Hipotéticos** são aqueles que prescrevem uma ação boa para alcançar um certo fim, por exemplo: "Se você quer evitar ser condenado por falsidade, você não deve mentir", e chamam-se assim porque são declarados por meio de um juízo hipotético. Pelos preceitos acima, vemos que a resposta B é a correta.

Gabarito "B".

1.4.2. Rousseau

(OAB/Exame Unificado – 2018.3) Concebo, na espécie humana, dois tipos de desigualdade: uma que chamo de natural ou física, por ser estabelecida pela natureza e que consiste na diferença das idades, da saúde, das forças do corpo e das qualidades do espírito e da alma; a outra, que se pode chamar de desigualdade moral ou política, porque depende de uma espécie de convenção e que é estabelecida ou, pelo menos, autorizada pelo consentimento dos homens.

> ROUSSEAU, Jean-Jacques. Discurso Sobre a Origem e os Fundamentos da Desigualdade entre os Homens. Coleção Os Pensadores. São Paulo: Abril Cultural, 1978.

Levando em consideração o trecho acima, assinale a afirmativa que apresenta a perspectiva de Rousseau sobre como se coloca o problema da desigualdade.

(A) As desigualdades naturais são a causa das desigualdades morais, uma vez que as diferenças naturais se projetam na vida política.

(B) As desigualdades naturais são inaceitáveis; por isso, o homem funda a sociedade civil por meio do contrato social.

(C) As desigualdades naturais são aceitáveis, mas as desigualdades morais não o são, pois consistem em privilégios de uns sobre os outros.

(D) Todas as formas de desigualdade consistem num fato objetivo, devendo ser compreendidas e toleradas, pois elas geram o progresso humano e produzem mais bens do que males.

Para Rousseau, as desigualdades naturais são aceitáveis, mas as desigualdades morais não o são, pois consistem em privilégios de uns sobre os outros.

Gabarito "C".

(OAB/Exame Unificado – 2017.2) ...só a vontade geral pode dirigir as forças do Estado de acordo com a finalidade de suas instituições, que é o bem comum...

Jean-Jacques Rousseau

A ideia de vontade geral, apresentada por Rousseau em seu livro Do Contrato Social, foi fundamental para o amadurecimento do conceito moderno de lei e de democracia.

Assinale a opção que melhor expressa essa ideia conforme concebida por Rousseau no livro citado.

(A) A soma das vontades particulares.

(B) A vontade de todos.

(C) O interesse particular do soberano, após o contrato social.

(D) O interesse em comum ou o substrato em comum das diferenças.

A ideia de vontade geral para Rousseau se cristaliza no interesse em comum ou no substrato em comum das diferenças. A vontade geral

é aquela que dá voz aos interesses que cada pessoa tem em comum com todas as demais, de modo que, ao ser atendido um interesse seu, também estarão sendo atendidos os interesses de todas as pessoas.[1]

Gabarito "D".

1.4.3. Thomas Hobbes

(OAB/Exame XXXIV) Mas tal como os homens, tendo em vista conseguir a paz, e através disso sua própria conservação, criaram um homem artificial, ao qual chamamos Estado, assim também criaram cadeias artificiais, chamadas leis civis, as quais eles mesmos, mediante pactos mútuos, prenderam numa das pontas à boca daquele homem ou assembleia a quem confiaram o poder soberano, e na outra ponta a seus próprios ouvidos.

Thomas Hobbes

Em seu livro Leviatã, Hobbes fala de um direito natural à liberdade de preservar sua própria vida. Porém, ele fala, também, da liberdade resultante do Pacto que institui o Estado Civil, isto é, da liberdade dos súditos.

Assinale a opção que expressa essa ideia de liberdade dos súditos, segundo Hobbes no livro em referência.

(A) Agir conforme os princípios do direito internacional, das tradições e dos costumes que são amplamente conhecidos pelos governos e pelos povos.

(B) Ser livre para instaurar uma assembleia soberana que decida acerca das condutas que serão permitidas, proibidas e obrigatórias no âmbito do Estado Civil.

(C) O poder do mais forte de decidir sobre os mais fracos, tal qual fazem os Estados soberanos após batalharem entre si e algum deles vencer a guerra.

(D) A liberdade de fazer as coisas conforme elas foram reguladas pelo poder soberano, tais como comprar, vender e realizar outros contratos mútuos.

A identificação entre direito e poder está na raiz da positivação do direito e da construção do Estado Moderno. Thomas Hobbes representa a matriz de um pensamento que identifica direito e poder e faz do direito um instrumento de gestão governamental, criado ou reconhecido por uma vontade estatal soberana, e não pela razão dos indivíduos ou pela prática da sociedade. Para o autor, a liberdade se trata de fazer as coisas conforme elas foram reguladas pelo poder soberano. Portanto, a assertiva correta com seus respectivos exemplos é a "D".

Gabarito "D".

(OAB/Exame Unificado – 2016.3) De acordo com o contratualismo proposto por Thomas Hobbes em sua obra Leviatã, o contrato social só é possível em função de uma lei da natureza que expresse, segundo o autor, a própria ideia de justiça.

Assinale a opção que, segundo o autor na obra em referência, apresenta esta lei da natureza.

(A) Tratar igualmente os iguais e desigualmente os desiguais.

(B) Dar a cada um o que é seu.

(C) Que os homens cumpram os pactos que celebrem.

(D) Fazer o bem e evitar o mal.

---

1. Morena Pinto, Marcio. A noção de vontade geral e seu papel no pensamento político de Jean-Jacques Rousseau. Cadernos de Ética e Filosofia Política 7, 2/2005, da Revista USP.

A lei da natureza que garantiria o funcionamento do contrato social proposto por Hobbes é a seguinte máxima: "que os homens cumpram os pactos que celebrem".

Gabarito "C".

1.4.4. John Locke

(OAB/Exame XXXIV) John Locke, em seu livro Segundo Tratado sobre o Governo, afirma que no estado de natureza as pessoas são livres, porém não possuem as condições de fruição da liberdade. Assim, é necessário instituir uma sociedade política com um governo civil.

Assinale a opção que, segundo o autor no livro em referência, expressa os fins da sociedade política e do governo.

(A) Estabelecer um processo de dominação de classe.

(B) Promover a autocontenção da animalidade humana.

(C) Garantir a mútua conservação da vida, da liberdade e da propriedade.

(D) Assegurar o governo de um soberano forte e limitado apenas pela própria vontade.

Para Locke, o homem nasce com o direito à liberdade perfeita. E garanti-la é um dos fins da sociedade política e do governo, tal como a conservação da vida e da propriedade.

Gabarito "C".

1.4.5. Utilitarismo

É preciso repetir mais uma vez aquilo que os adversários do utilitarismo raramente fazem o favor de reconhecer: a felicidade que os utilitaristas adotaram como padrão do que é certo na conduta não é a do próprio agente, mas a de todos os envolvidos.

John Stuart Mill

(OAB/Exame Unificado – 2019.3) Na defesa que Stuart Mill faz do utilitarismo como princípio moral, em seu texto Utilitarismo, ele afirma que o utilitarismo exige que o indivíduo não coloque seus interesses acima dos interesses dos demais, devendo, por isso, ser imparcial e até mesmo benevolente.

Assim, no texto em referência, Stuart Mill afirma que, para aproximar os indivíduos desse ideal, a utilidade recomenda que

(A) as leis e os dispositivos sociais coloquem, o máximo possível, a felicidade ou o interesse de cada indivíduo em harmonia com os interesses do todo.

(B) o Direito Natural, que possui como base a própria natureza das coisas, seja o fundamento primeiro e último de todas as leis, para que o desejo de ninguém se sobreponha ao convívio social.

(C) os sentimentos morais que são inatos aos seres humanos e conformam, de fato, uma parte de nossa natureza, já que estão presentes em todos, sejam a base da legislação.

(D) as leis de cada país garantam a liberdade de cada indivíduo em buscar sua própria felicidade, ainda que a felicidade de um não seja compatível com a felicidade de outro.

A assertiva "A" define corretamente o conceito de "utilidade" dentro do pensamento de John Stuart Mill, um dos principais filósofos utilitaristas.

Gabarito "A".

(OAB/Exame Unificado – 2016.3) Há um limite para a interferência legítima da opinião coletiva sobre a independência individual, e encontrar esse limite, guardando-o de invasões, é tão indispensável à boa condição dos negócios humanos como a proteção contra o despotismo político.

John Stuart Mill

A consciência jurídica deve levar em conta o delicado balanço entre a liberdade individual e o governo das leis. No livro A Liberdade. Utilitarismo, John Stuart Mill sustenta que um dos maiores problemas da vida civil é a tirania das maiorias.

Conforme a obra citada, assinale a opção que expressa corretamente a maneira como esse autor entende o que seja tirania e a forma de proteção necessária.

(A) A tirania resulta do poder do povo como autogoverno porque o povo não é esclarecido para fazer suas escolhas. A proteção contra essa tirania é delegar o governo aos mais capacitados, como uma espécie de governo por meritocracia.

(B) A deliberação de juízes ao imporem suas concepções de certo e errado sobre as causas que julgam, produz a mais poderosa tirania, pois subjuga a vontade daqueles que estão sob a jurisdição desses magistrados. Apenas o duplo grau de jurisdição pode proteger a sociedade desta tirania.

(C) Os governantes eleitos impõem sobre o povo suas vontades e essa forma de opressão é a única tirania da maioria contra a qual se deve buscar a proteção na vida social, o que é feito por meio da desobediência civil.

(D) A sociedade, quando faz as vezes do tirano, pratica uma tirania mais temível do que muitas espécies de opressão política, pois penetra nos detalhes da vida e escraviza a alma. Por isso é necessária a proteção contra a tirania da opinião e do sentimento dominantes.

A única assertiva que traz corretamente a ideia de tirania e a maneira de combatê-la, conforme a teoria desenvolvida por Mill, é a "D". Essa tirania é destacada como tirania das massas, tirania da maioria ou ditadura da maioria, onde minorias são constantemente massacradas em razão de uma maioria eleitoral. É o surgimento de uma ditadura dentro de um regime democrático, que funciona com base em decisões tomadas por maioria absoluta sem os necessários instrumentos de proteção das minorias (freio à vontade da maioria). RF

Gabarito "D".

(OAB/Exame Unificado – 2014.2) O filósofo inglês Jeremy Bentham, em seu livro "Uma introdução aos princípios da moral e da legislação", defendeu o princípio da utilidade como fundamento para a Moral e para o Direito. Para esse autor, o princípio da utilidade é aquele que

(A) estabelece que a moral e a lei devem ser obedecidas porque são úteis à coexistência humana na vida em sociedade.

(B) aprova ou desaprova qualquer ação, segundo a tendência que tem a aumentar ou diminuir a felicidade das pessoas cujos interesses estão em jogo.

(C) demonstra que o direito natural é superior ao direito positivo, pois, ao longo do tempo, revelou-se mais útil à tarefa de regular a convivência humana.

(D) afirma que a liberdade humana é o bem maior a ser protegido tanto pela moral quanto pelo direito, pois são a liberdade de pensamento e a ação que permitem às pessoas tornarem algo útil.

O utilitarismo é um movimento fortemente influenciado pelo Iluminismo francês e que teve em Bentham o seu grande expoente. É uma doutrina consequencialista. Assim, a ética utilitarista defende que com o aumento do prazer e a diminuição da dor (chegando a sua eliminação), a felicidade humana estaria garantida (cunho hedonista). E o princípio da utilidade é o parâmetro para julgamento da conduta individual e coletiva, permitindo, dessa forma, encontrar a fórmula que proporcione a maior quantidade de felicidade ao maior número de integrantes da sociedade. Gabarito "B".

(OAB/Exame Unificado – 2013.3) O utilitarismo é uma filosofia moderna que conquistou muitos adeptos nos séculos XIX e XX, inclusive no pensamento jurídico. As principais características do utilitarismo são:

(A) convencionalismo, consequencialismo e antifundacionalismo.

(B) consequencialismo, transcendentalismo e fundacionalismo.

(C) convencionalismo, materialismo e fatalismo.

(D) mecanicismo, fatalismo e antifundacionalismo.

Questão bastante controvertida. Das características dispostas nas assertivas, a única que, de fato, diz respeito ao utilitarismo é o consequencialismo. O utilitarismo é uma doutrina **consequencialista**, pois defende que com o aumento do prazer e a diminuição da dor (chegando a sua eliminação), a felicidade humana estaria garantida (cunho hedonista). Gabarito Nosso "Anulada"/Gabarito Oficial "A".

(Ed. Foco 2013) Assinale a assertiva incorreta acerca da ética utilitarista.

(A) defende que com o aumento do prazer e a diminuição da dor (chegando a sua eliminação), a felicidade humana estaria garantida

(B) o princípio da utilidade é o parâmetro para julgamento da conduta individual e coletiva

(C) a utilidade permitiria encontrar a fórmula que proporcione a maior quantidade de felicidade ao maior número de integrantes da sociedade

(D) a ética utilitarista é uma doutrina não consequencialista

A única assertiva incorreta é a D (devendo ser assinalada), porque a ética utilitarista é altamente consequencialista. Tanto é assim que o princípio da utilidade é o parâmetro para julgamento da conduta individual e coletiva. E afirma que a utilidade permitiria encontrar a fórmula que proporcione a maior quantidade de felicidade ao maior número de integrantes da sociedade. Segundo Bentham, o legislador não deve focar na felicidade de cada qual, mas sim de garantir um estado de bem-estar social (utilidade geral que garanta a felicidade da maioria). Na prática, toma corpo via estímulo e desestímulo de condutas que possam ou não contribuir para o aumento de felicidade. Gabarito "D".

(Ed. Foco 2013) O Utilitarismo é um movimento fortemente influenciado pelo (a):

(A) escolástica

(B) pensamento aristotélico

(C) iluminismo francês

(D) teoria da igualdade de John Rawls

O Utilitarismo recebeu forte influência do iluminismo francês. Gabarito "C".

1.4.5.1. Neil MacCormick

(OAB/Exame XXXVI) Juízes e juristas, ademais, são muito mal aparelhados para fazer esse tipo de avaliação [consequencialista], em comparação com o braço executivo do governo, ou mesmo do legislador.

Neil MacCormick.

Neil MacCormick, em seu livro Retórica e o Estado de Direito, afirma que um certo tipo de raciocínio consequencialista tem importância decisiva na justificação das decisões jurídicas. Contudo, ele reconhece que há dificuldades para se adotar essa postura consequencialista.

Assinale a opção que, segundo o autor, na obra citada, expressa tal dificuldade.

(A) A dificuldade está na extensão das consequências que os juízes devem considerar e nas bases sobre as quais eles devem avaliá-las.

(B) É difícil fazer uma análise isenta, pois as convicções religiosas de um juiz o fazem projetar as consequências de suas decisões nos termos de sua cosmovisão.

(C) É preciso decidir com base nos textos legais e é impossível fazer juízos consequencialistas a partir daquilo que dizem as normas jurídicas.

(D) O juízo consequencialista se adequa ao sistema de direito romano-germânico, mas não ao sistema de direito consuetudinário, portanto, é muito difícil torná-lo um padrão universal.

Para o autor, a dificuldade do juiz está na extensão das consequências que deve considerar na hora de decidir, bem como sobre quais bases deve levar em conta para avaliar as consequências de suas decisões. Portanto, a assertiva correta é "A". Gabarito "A".

Um juiz pode dar uma sentença favorável a uma querelante com um rostinho bonito ou proveniente de determinada classe social, na realidade porque gosta do rosto ou da classe, mas ostensivamente pelas razões que apresentar para sua decisão.

Neil MacCormick

(OAB/Exame Unificado – 2019.3) Existem diferentes motivos pelos quais uma decisão é tomada, segundo MacCormick. Alguns argumentos podem ser até mesmo inconfessáveis, porém, de qualquer forma, a autoridade que decide precisa persuadir um auditório quanto à sua decisão.

Assinale a opção que, segundo Neil MacCormick, em seu livro Argumentação Jurídica e Teoria do Direito, apresenta a noção essencial daquilo que a fundamentação de uma decisão deve fazer.

(A) Dar boas razões ostensivamente justificadoras em defesa da decisão, de modo que o processo de

17. FILOSOFIA DO DIREITO 1127

argumentação seja apresentado como processo de justificação.

(B) Realizar uma dedução silogística por intermédio da qual a decisão seja a premissa maior, resultante da lei, que deve ser considerada a premissa menor do raciocínio lógico.

(C) Proceder a um ato de vontade no qual cabe ao juiz escolher uma norma válida contida no ordenamento jurídico vigente e aplicá-la ao caso concreto.

(D) Alinhar-se à jurisprudência dominante em respeito às decisões dos tribunais superiores expressas na firma de precedentes, enunciados e súmulas.

Para Neil MacCormick, o processo de argumentação é como um processo de justificação, portanto, a assertiva correta é a "A".
Gabarito "A".

1.4.6. Outras Questões

Este sistema, que consiste em fazer uso da oposição e da rivalidade dos interesses, na falta de motivos melhores, é o segredo de todos os negócios humanos, quer sejam particulares, quer públicos.

MADISON, James; HAMILTON, Alexander; JAY, John.
In *O Federalista*

(OAB/Exame XXXIII – 2020.3) Os textos conhecidos na forma do livro O Federalista expressam um princípio de governo republicano que ficou conhecido como freios e contrapesos, que se propõe a assegurar a justiça e a liberdade que deveriam ser, segundo os autores, o fim de todo governo e da sociedade civil.

Assinale a opção que melhor expressa, com base no livro em referência, o princípio dos freios e contrapesos.

(A) Assegurar o devido processo legal, de modo que todos aqueles que sejam acusados de terem cometido um ilícito contra um particular ou contra o Poder Público possam se valer de todos os instrumentos de defesa técnica adequada, tendo em vista impedir que o magistrado da causa julgue com base em suas convicções morais, filosóficas ou religiosas.

(B) Assegurar um sistema de representação eleitoral em que a população manifeste sua vontade, mas escolhendo apenas representantes que tenham passado por um devido processo de formação política oferecido pela Escola de Governo da República. Essa Escola deve ser mantida pela União e as vagas devem ser repartidas proporcionalmente entre os partidos políticos.

(C) Assegurar a ampla defesa e o contraditório, de forma que no desenrolar de uma ação judicial os argumentos de acusação e defesa se coloquem em equilíbrio e, dessa forma, não haja um peso excessivo apenas para um dos lados da causa, o que geraria uma inevitável injustiça.

(D) Assegurar a vontade própria de cada Poder do Estado, de modo que aqueles que o exercitam tenham a menor influência na escolha dos representantes dos demais poderes. Além disso, deve-se organizar o poder legislativo em duas casas legislativas com

eleições independentes, e deve-se, também, impedir que uma facção política destrua a outra.

A assertiva "D" traz a definição correta, conforme o livro, do princípio dos freios e contrapesos. O Brasil é uma república federativa como seu art. 1º anuncia. A título de curiosidade, o livro reúne uma série de 85 artigos que argumentam para ratificar a Constituição dos Estados Unidos. É o resultado de reuniões que ocorreram na Filadélfia em 1787, para elaborar a Constituição Americana. E pode ser acessado no seguinte site: https://bd.camara.leg.br/bd/handle/bdcamara/17661.
Gabarito "D".

1.5. Ética contemporânea

(OAB/Exame Unificado – 2013.2) Boa parte da doutrina jusfilosófica contemporânea associa a ideia de Direito ao conceito de razão prática ou sabedoria prática.

Assinale a alternativa que apresenta o conceito correto de razão prática.

(A) Uma forma de conhecimento científico (episteme) capaz de distinguir entre o verdadeiro e o falso.

(B) Uma técnica (techne) capaz de produzir resultados universalmente corretos e desejados.

(C) A manifestação de uma opinião (doxa) qualificada ou ponto de vista específico de um agente diante de um tema específico.

(D) A capacidade de bem deliberar (phronesis) a respeito de bens ou questões humanas.

A única questão que traz informação correta acerca da razão prática é a "D". Os argumentos podem ser teóricos (premissa descritiva e conclusão descritiva) ou práticos. O prático pode ser normativo (ao menos uma premissa normativa e a conclusão é uma norma – proibido, permitido e facultativo), e, assim, imanar uma prescrição (o Direito funciona na maior parte do tempo assim). Portanto, sempre que se tentar inferir uma prescrição (normativa) de uma premissa apenas fática, tem-se a falácia naturalista. Cabe elucidar que a maioria das teorias de razão prática na atualidade são de orientação kantiana. A razão prática tem a ver com a ação, enquanto a teórica com o conhecimento. A ação não é de mera conduta (psicológica, biológica), a ação tem a ver com a justificação da conduta. Existem três concepções gerais (denotativas) sobre razão prática: como razão instrumental: orientada aos fins; como razão normativa: orientada à normas; e como razão valorativa: orientada à valores.
Gabarito "D".

1.5.1. John Rawls

(FGV – 2013) O pensador norte-americano John Rawls (1921-2002) contribuiu para a reformulação do pensamento moral contemporâneo, ao pretender ampliar o conceito e o papel da justiça.

Nesse sentido, seu modelo de justiça

(A) é igualitarista, identificando a justiça com a igualdade econômica, a ser conquistada por meio da planificação e estatização da economia.

(B) se baseia em uma concepção metafísica e apriorística de Bem, que obriga a pessoa a se orientar eticamente através de imperativos categóricos que comandam o sentido individual de suas ações.

(C) é utilitarista, pois concebe uma sociedade justa quando suas organizações são instituídas de forma a alcançar a maior soma de satisfação para o conjunto de indivíduos.

(D) defende as assimetrias econômicas e sociais, na medida em que recusa o argumento de ser vantajoso amparar os menos favorecidos.

(E) é pluralista, no sentido de compreender o universo social como composto por elementos diferentes e conflitantes, mas orientado por princípios, entre os quais, o da liberdade.

Como bem estatui Manuel Atienza, a teoria de justiça de Rawls busca superar o intuicionismo e o utilitarismo, assim busca inspiração na filosofia kantiana e constrói uma nova versão da teoria do contrato social. A teoria de justiça de Rawls tem por objetivo garantir a liberdade individual (via tolerância) e a igualdade econômica e social. A equidade é garantida pelo véu da ignorância na posição original, momento em que serão definidas as estruturas institucionais da sociedade, ou seja, o "contrato social pactuado". A escolha dos direitos e deveres é feita totalmente com base na igualdade inicial, que impossibilita a definição de princípios que vise privilegiar a condição particular de alguém (garantindo a neutralidade das pessoas pactuantes). Para uma compreensão melhor do dito, cabe esclarecer que véu da ignorância quer dizer que quem está na posição original não pode saber a posição que ocupará na sociedade, seu status social, sua sorte na distribuição de dotes naturais (inteligência, força física), a situação econômica e política, o nível de civilização e cultura etc. É uma teoria de justiça processual que para funcionar, segundo Rawls, as pessoas devem ter direito ao mais amplo sistema de liberdades básicas. Por fim, é pluralista porque forjada pelas próprias pessoas via contrato social.
Gabarito "E".

(Ed. Foco 2013) Assinale a assertiva incorreta acerca da teoria da justiça de John Rawls:

(A) Ralws se posiciona no campo da ética normativa

(B) Ralws se posiciona no campo da metaética

(C) a posição original de Rawls é uma situação hipotética que permitirá a criação dos princípios de justiça por consenso

(D) Rawls cria o conceito de véu da ignorância para garantir a imparcialidade

---

A assertiva incorreta é a B (devendo ser assinalada), porque Rawls se posiciona claramente no campo da ética normativa, assim não se preocupa em descrever o modo como as pessoas pensam e agem. Seu objetivo é prescrever como as pessoas devem pensar e agir. Em outras palavras, o objetivo principal da ética normativa é formular normas válidas de conduta e de avaliação de caráter. Por outro lado, a metaética tem um papel explicativo e não prescritivo, pois busca o conhecimento das regras e das proposições éticas.
Gabarito "B".

1.5.2. Habermas

(Ed. Foco 2013) Assinale a assertiva incorreta acerca da teoria da justiça de Habermas:

(A) a ética habermasiana está centrada na ideia de interação pelo discurso

(B) sua ética não tenta definir o conteúdo dos valores, mas apenas descrever a formação racional da vontade

(C) segundo Habermas, a ação estratégica é orientada ao êxito

(D) segundo Habermas, a ação comunicativa é orientada ao êxito

---

A assertiva incorreta é a "D" (devendo ser assinalada) porque a ação comunicativa visa à compreensão intersubjetiva.
Gabarito "D".

1.5.3. Tercio Sampaio Ferraz Júnior

(Defensor Público/SP – 2012 – FCC) Na obra **A Ciência do Direito**, o jurista Tercio Sampaio Ferraz Júnior desenvolve uma análise que o conduz a concluir que o problema central da Ciência do Direito é a decidibilidade. Assim, ao envolver uma questão de decidibilidade, essa Ciência manifesta-se, para o autor, como pensamento

(A) tecnocrata.

(B) teleológico.

(C) fenomenológico.

(D) tecnológico.

(E) demonstrativo.

Para Tercio, trata-se de um pensamento tecnológico. "Reconhecemos, é verdade, que correntes há e houve que praticaram uma espécie de sociologismo jurídico, com a expressa intenção de fazer da ciência jurídica uma ciência social, empírica nos moldes das ciências do comportamento (Sociologia, Psicologia). Mas não é a elas que nos reportamos neste capítulo. Mantemos, por isso, a ideia diretriz que comanda nossa exposição, qual seja, de que o pensamento jurídico é um pensamento tecnológico específico, voltado para o problema da decidibilidade normativa de conflitos. Nestes termos, o modelo empírico deve ser entendido não como descrição do direito como realidade social, mas como investigação dos instrumentos jurídicos de e para controle do comportamento. Não se trata de saber se o direito é um sistema de controle, mas, assumindo-se que ele o seja, como devemos fazer para exercer este controle. Neste sentido, a ciência jurídica se revela não como teoria sobre a decisão mas como teoria para a obtenção de decisão. Mas uma vez se acentua o seu caráter criptonormativo[2]".
Gabarito "D".

(Defensor Público/SP – 2012 – FCC) "A Ciência do Direito (...), se de um lado quebra o elo entre jurisprudência e procedimento dogmático fundado na autoridade dos textos romanos, não rompe, de outro, com o caráter dogmático, que tentou aperfeiçoar, ao dar-lhe a qualidade de sistema, que se constrói a partir de premissas cuja validade repousa na sua generalidade racional. A teoria jurídica passa a ser um construído sistemático da razão e, em nome da própria razão, um instrumento de crítica da realidade".

Esta caracterização, realizada por Tercio Sampaio Ferraz Júnior, em sua obra A Ciência do Direito, evoca elementos essenciais do

(A) jusnaturalismo moderno.

(B) historicismo.

(C) realismo crítico.

(D) positivismo jurídico.

(E) humanismo renascentista.

O fragmento disposto na questão cuida de considerações feitas por Tercio Sampaio Ferraz Júnior acerca do jusnaturalismo moderno. Segundo Luiz Recassem Xirxes, o grande objetivo do jusnaturalismo foi aproximar o direito posto (normatizado) do ideal de justiça. Mas cabe asseverar que existem diferentes perspectivas de jusnaturalismo ao longo da história e o jusnaturalismo moderno é apenas uma delas. Essa vertente do jusnaturalismo apareceu no final do século XVI e início do XVII e teve como seu maior expoente Samuel Pufendorf.
Gabarito "A".

---

2. FERRAZ JR, Tercio Sampaio. **A Ciência do Direito**. 2. ed. São Paulo: Atlas, 2010. p. 87-88.

17. FILOSOFIA DO DIREITO — 1129

1.5.4. Gustav Radbruch

(OAB/Exame Unificado – 2014.2) O jusfilósofo alemão Gustav Radbruch, após a II Guerra Mundial, escreve, como circular dirigida aos seus alunos de Heidelberg, seu texto "Cinco Minutos de Filosofia do Direito", na qual afirma: "Esta concepção da lei e sua validade, a que chamamos Positivismo, foi a que deixou sem defesa o povo e os juristas contra as leis mais arbitrárias, mais cruéis e mais criminosas." De acordo com a fórmula de Radbruch,

(A) embora as leis injustas sejam válidas e devam ser obedecidas, as leis extremamente injustas perderão a validade e o próprio caráter de jurídicas, sendo, portanto, dispensada sua obediência.

(B) apenas a lei justa pode ser considerada jurídica, pois a lei injusta não será direito.

(C) o direito é o mínimo ético de uma sociedade, de forma que qualquer lei injusta não será direito.

(D) o direito natural é uma concepção superior ao positivismo jurídico; por isso, a justiça deve sempre prevalecer sobre a segurança.

A fórmula de Radbruch cria uma escala que irá determinar a validade das leis. Primeiro, é preciso verificar se todos os requisitos formais forma respeitados. Se sim, tem-se hipoteticamente leis válidas. Depois cabe perscrutar sobre a justiça que emana dessas leis, se forem injustas continuam válidas, mas se forem extremamente injustas aí já perdem a validade. Percebe-se que a teoria de Radbruch defende a segurança jurídica enquanto valor para o funcionamento da sociedade, mas em situações extremas ele relativiza o formalismo para cumprir (ou não atrapalhar) com o ideal de justiça do Direito.
Gabarito "A".

1.5.5. Karl Larenz

(OAB/Exame Unificado – 2015.3) Segundo o jusfilósofo alemão Karl Larenz, os textos jurídicos são problematizáveis porque estão redigidos em linguagem corrente ou em linguagem especializada, mas que, de todo modo, contêm expressões que apresentam uma margem de variabilidade de significação. Nesse sentido, assinale a opção que exprime o pensamento desse autor acerca da ideia de interpretação da lei.

(A) Deve-se aceitar que os textos jurídicos apenas carecem de interpretação quando surgem particularmente como obscuros, pouco claros ou contraditórios.

(B) Interpretar um texto significa alcançar o único sentido possível de uma norma conforme a intenção que ela foi dada pelo legislador.

(C) Os textos jurídicos, em princípio, são suscetíveis e carecem de interpretação porque toda linguagem é passível de adequação a cada situação.

(D) A interpretação dada por uma autoridade judicial a uma lei é uma conclusão logicamente vinculante que, por isso mesmo, deve ser repetida sempre que a mesma lei for aplicada.

Segundo o citado autor, interpretar um texto significa ter que escolher entre as possíveis interpretações. Isso porque sempre existem múltiplos significados em um texto, e a interpretação demanda um ato decisório do intérprete, de escolha entre as opções apresentadas. E a justificativa pela escolha será dada pela fundamentação apresentada. Dessa forma, tem-se uma relação dialética entre interpretação e aplicação dos textos jurídicos ao caso concreto. O

intérprete deve adequar a regra – de necessária generalidade – ao caso concreto – de sabida singularidade. Por todo o dito, pode-se afirmar que a assertiva "C" é a correta, afinal, os textos jurídicos são suscetíveis e dependem da interpretação para se adequarem às particularidades do caso concreto.
Gabarito "C".

1.5.6. Norberto Bobbio

(OAB/Exame XXXVI) "O problema da eficácia nos leva ao terreno da aplicação das normas jurídicas, que é o terreno dos comportamentos efetivos dos homens que vivem em sociedade..."

Norberto Bobbio

Norberto Bobbio, em seu livro Teoria da Norma Jurídica, ao tratar dos critérios de valoração da norma jurídica, fala de três critérios possíveis: justiça, validade e eficácia.

Com relação ao critério da eficácia na obra em referência, assinale a afirmativa correta.

(A) Relaciona-se ao problema da interdependência necessária entre os critérios, isto é, para que uma regra seja eficaz, ela deve também ser válida e ser justa.

(B) Diz respeito ao problema de uma norma ser ou não seguida pelas pessoas a quem é dirigida e, no caso de violação, ser imposta por via coercitiva pela autoridade que a evocou.

(C) Trata-se do problema da correspondência ou não da norma aos valores últimos ou finais que inspiram um determinado ordenamento jurídico, expressos pelo legislador de maneira mais ou menos explícita.

(D) Refere-se ao problema da existência da regra enquanto tal e se resolve com um juízo de fato, isto é, trata-se de constatar se uma regra assim determinada pertence ou não a um ordenamento jurídico.

A única assertiva que diz respeito ao critério da eficácia, tal qual definido por Bobbio em sua Teoria da Norma Jurídica, é a "B" e deve ser assinalada.
Gabarito "B".

(OAB/Exame XXXV) É possível que, diante de um caso concreto, seja aceitável a aplicação tanto de uma lei geral quanto de uma lei especial. Isso, segundo Norberto Bobbio, em seu livro Teoria do Ordenamento Jurídico, caracteriza uma situação de antinomia.

Assinale a opção que, segundo o autor na obra em referência, apresenta a solução que deve ser adotada.

(A) Deve ser feita uma ponderação de princípios entre a lei geral e a lei especial, de forma que a lei que se revelar menos razoável seja revogada.

(B) Deve prevalecer a lei especial sobre a lei geral, de forma que a lei geral seja derrogada, isto é, caia parcialmente.

(C) Deve ser verificada a data de edição de ambas as leis, pois, nesse tipo de conflito entre lei geral e lei especial, deve prevalecer aquela que for posterior.

(D) Deve prevalecer a lei geral sobre a lei especial, pois essa prevalência da lei geral é um momento ineliminável de desenvolvimento de um ordenamento jurídico.

Para Bobbio, antinomia jurídica é aquela situação verificada entre duas normas incompatíveis, pertencentes ao mesmo ordenamento jurídico e tendo o mesmo âmbito de validade (temporal, espacial, pessoal e material). E o autor italiano cria três critérios para a solução das antinomias, são eles: cronológico, hierárquico e o da especialidade. Pelo último critério, a lei especial deve prevalecer sobre a geral. Logo, a assertiva "B" deve ser assinalada.

Gabarito "B".

(OAB/Exame XXXIII – 2020.3) Norberto Bobbio, em seu livro Teoria da Norma Jurídica, considera a sanção uma das mais significativas características da norma jurídica. Ele diferencia a sanção jurídica da sanção moral e da sanção social, pelo fato de a sanção jurídica ser institucionalizada.

Assinale a opção que, segundo Bobbio na obra em referência, expressa as características da sanção institucionalizada.

(A) A sanção que obriga a consciência dos destinatários da norma e que produz um sentimento de culpa, que é a consequência negativa ou desagradável decorrente da eventual violação da norma.

(B) A sanção que resulta dos costumes e da vida em sociedade em geral, e que possui como fim tornar mais fácil ou menos difícil a convivência social.

(C) A sanção que foi feita para os casos de violação de uma regra primária e que tem sua medida estabelecida dentro de certos termos, para ser executada por pessoas previamente determinadas.

(D) A sanção instituída pelo direito natural e que decorre da natureza mesma das coisas, da vontade de Deus e da razão humana.

A sanção institucionalizada, para Bobbio, é aquela feita para os casos de violação de uma regra primária e que tem sua medida estabelecida dentro de certos termos, para ser executada por pessoas previamente determinadas, conforme determina a assertiva C.

Gabarito "C".

(OAB/Exame Unificado – 2020.2) Norberto Bobbio, em seu livro O Positivismo Jurídico: lições de Filosofia do Direito, afirma que o positivismo jurídico é uma teoria na medida em que se propõe a descrever o Direito, mas que também pode ser uma ideologia na medida em que se propõe a ser um certo modo de querer o Direito.

Assinale a opção que, segundo Bobbio, no livro em referência, expressa essa suposta ideologia do positivismo jurídico, denominada por ele positivismo ético.

(A) A ética como fundamento moral para a autoridade competente propor e aprovar a lei.

(B) A lei só é válida se for moralmente aceitável por parte da maioria da população.

(C) A lei deve ser obedecida apenas na medida em que se revelar socialmente útil.

(D) O dever absoluto ou incondicional de obedecer a lei enquanto tal.

Para Bobbio, o positivismo jurídico como ideologia se refere ao dever absoluto de obedecer a lei enquanto tal, sem qualquer ponderação crítica.

Gabarito "D".

(OAB/Exame Unificado – 2019.2) Costuma-se dizer que o ordenamento jurídico regula a própria produção normativa. Existem normas de comportamento ao lado de normas de estrutura... elas não regulam um comportamento, mas o modo de regular um comportamento...

BOBBIO, Norberto. Teoria do Ordenamento Jurídico. São Paulo: Polis; Brasília EdUnB, 1989.

A atuação de um advogado deve se dar com base no ordenamento jurídico. Por isso, não basta conhecer as leis; é preciso compreender o conceito e o funcionamento do ordenamento. Bobbio, em seu livro Teoria do Ordenamento Jurídico, afirma que a unidade do ordenamento jurídico é assegurada por suas fontes.

Assinale a opção que indica o fato que, para esse autor, interessa notar para uma teoria geral do ordenamento jurídico, em relação às fontes do Direito.

(A) No mesmo momento em que se reconhece existirem atos ou fatos dos quais se faz depender a produção de normas jurídicas, reconhece-se que o ordenamento jurídico, além de regular o comportamento das pessoas, regula também o modo pelo qual se devem produzir as regras.

(B) As fontes do Direito definem o ordenamento jurídico como um complexo de normas de comportamento referidas a uma dada sociedade e a um dado momento histórico, de forma que garante a vinculação entre interesse social e comportamento normatizado.

(C) Como forma de institucionalização do direito positivo, as fontes do Direito definem o ordenamento jurídico exclusivamente em relação ao processo formal de sua criação, sem levar em conta os elementos morais que poderiam definir uma norma como justa ou injusta.

(D) As normas, uma vez definidas como jurídicas, são associadas num conjunto específico, chamado de direito positivo. Esse direito positivo é o que comumente chamamos de ordenamento jurídico. Portanto, a fonte do Direito que institui o Direito como ordenamento é a norma, anteriormente definida como jurídica.

A assertiva correta conforme o pensamento de Bobbio articulado no livro Teoria do Ordenamento Jurídico é a "A". Kelsen distingue entre os ordenamentos normativos dois tipos de sistemas, um que chama estático (as normas estão relacionadas entre si no que se refere ao seu conteúdo) e outro dinâmico (as normas que o compõem derivam umas das outras através de sucessivas delegações de poder, isto é, através da autoridade).

Gabarito "A".

1.5.7. Hans Kelsen

(OAB/Exame Unificado – 2019.1) Isso pressupõe que a norma de justiça e a norma do direito positivo sejam consideradas como simultaneamente válidas. Tal, porém, não é possível, se as duas normas estão em contradição, quer dizer, entram em conflito uma com a outra. Nesse caso apenas uma pode ser considerada como válida.

Hans Kelsen

Sobre a relação entre validade e justiça da norma, o jusfilósofo Hans Kelsen, em seu livro O Problema da Justiça, sustenta o princípio do positivismo jurídico, para afirmar que

(A) a validade de uma norma do direito positivo é independente da validade de uma norma de justiça.

(B) o direito possui uma textura aberta que confere, ao intérprete, a possibilidade de buscar um equilíbrio entre interesses conflitantes.

(C) o valor de justiça do ato normativo define a validade formal da norma; por isso valor moral e valor jurídico se confundem no direito positivo.

(D) a validade de uma norma jurídica se refere à sua dimensão normativa positiva, à sua dimensão axiológica, e também, à sua dimensão fática.

Segundo Kelsen, a validade de uma norma do direito positivo é independente da validade de uma norma de justiça. No livro O problema da justiça, Kelsen tenta definir uma realidade jurídica com uma metodologia única, cristalina e objetiva, capaz de separar o valor jurídico do valor de justiça.

Gabarito "A".

1.5.8. Herbert Hart

(OAB/Exame XXXVIII)

Há muitos tipos diferentes de relação entre o direito e a moral e a relação entre eles não pode ser isolada com proveito para efeitos de estudo. Em vez disso, é importante distinguir algumas das muitas coisas diferentes que podem querer dizer-se através da afirmação ou negação de que o direito e a moral estão relacionados.

Herbert Hart

Herbert Hart, em seu livro O Conceito de Direito, comenta sobre a influência da moral sobre o Direito, afirmando que nenhum positivista poderá negar que a estabilidade dos sistemas jurídicos depende, em parte, da correspondência com a moral.

Assinale a opção que, segundo o autor no livro em referência, mostra como essa influência da moral sobre o direito pode ocorrer.

(A) Pode se dar por meio da legislação ou por intermédio do processo judicial. Pode ocorrer que, em alguns sistemas, os critérios últimos de validade incorporem explicitamente princípios de justiça ou valores morais substantivos.

(B) Por intermédio da religião, sobretudo naqueles estados que, mesmo tendo a forma laica, admitem a influência das autoridades religiosas sobre o funcionamento das instituições.

(C) Ocorre por meio do pensamento científico. O desenvolvimento da ciência aponta possibilidades que exigem uma base moral que normatize os padrões de conduta em relação ao que seria aceitável ou não naquela sociedade.

(D) A influência da moral sobre o direito acontece por força da própria natureza das coisas. São padrões de certo e errado que surgem naturalmente e em um determinado momento histórico são incorporados ao direito positivo de forma espontânea e automática.

Para Hart, no seu livro "O Conceito de direito", a influência da moral sobre o Direito pode ocorrer por meio da legislação ou por intermédio do processo judicial, portanto, a assertiva a ser assinalada é a "A".

Gabarito "A".

(OAB/Exame Unificado – 2019.1) Uma das mais importantes questões para a Filosofia do Direito diz respeito ao procedimento que define uma norma jurídica como sendo válida.

Para o jusfilósofo Herbert Hart, em O Conceito de Direito, o fundamento de validade do Direito baseia-se na existência de uma regra de reconhecimento, sem a qual não seria possível a existência de ordenamentos jurídicos.

Segundo Hart, assinale a opção que define regra de reconhecimento.

(A) Regra que exige que os seres humanos pratiquem ou se abstenham de praticar certos atos, quer queiram quer não.

(B) Regra que estabelece critérios segundo os quais uma sociedade considera válida a existência de suas próprias normas jurídicas.

(C) Regra que impõe deveres a todos aqueles que são reconhecidos como cidadãos sob a tutela do Estado.

(D) Regra que reconhece grupos excluídos e minorias sociais como detentores de direitos fundamentais.

Para Herbert Hart, regra de reconhecimento é aquela que estabelece critérios segundo os quais uma sociedade considera válida a existência de suas próprias normas jurídicas.

Gabarito "B".

1.5.9. Hannah Arendt

(OAB/Exame XXXV) A calamidade dos que não têm direitos não decorre do fato de terem sido privados da vida, da liberdade ou da procura da felicidade... Sua situação angustiante não resulta do fato de não serem iguais perante a lei, mas sim de não existirem mais leis para eles...

Hannah Arendt

A filósofa Hannah Arendt, em seu livro As Origens do Totalitarismo, aborda a trágica realidade daqueles que, com os eventos da II Guerra Mundial, perderam não apenas seu lar, mas a proteção do governo. Com isso, ficaram destituídos de seus direitos e, também, sem a quem pudessem recorrer.

Diante disso, Hannah Arendt afirma que, antes de todos os direitos fundamentais, há um primeiro direito a ser garantido pela própria humanidade.

Assinale a opção que o apresenta.

(A) O direito à liberdade de consciência e credo.

(B) O direito a ter direitos, isto é, de pertencer à humanidade.

(C) O direito de resistência contra governos tiranos.

(D) O direito à igualdade e de não ser oprimido.

"O advento do Direito Internacional dos Direitos Humanos [DIDH], em 1945, possibilitou o surgimento de uma nova forma de cidadania. Desde então, a proteção jurídica do sistema internacional ao ser humano passou a independer do seu vínculo de nacionalidade com um Estado específico, tendo como requisito único e fundamental o fato do nascimento. Essa nova cidadania pode ser definida como cidadania mundial ou cosmopolita, diferenciando-se da cidadania do Estado-Nação. A cidadania cosmopolita é um dos principais limites para a atuação do poder soberano, pois dá garantia da proteção internacional na falta da proteção do Estado Nacional. Nesse sentido, a relação da soberania com o DIDH é uma relação limitadora".[3] Portanto, no direito a ter direitos de Hannah Arendt, segundo a Declaração, a condição de pessoa humana é requisito único e exclusivo para ser titular de direitos.

Gabarito "B".

(OAB/Exame Unificado – 2018.3) Algo mais fundamental do que a liberdade e a justiça, que são os direitos dos cidadãos, está em jogo quando deixa de ser natural que um homem pertença à comunidade em que nasceu...

ARENDT, Hannah. As origens do Totalitarismo. São Paulo: Cia das Letras, 2012.

A situação atual dos refugiados no mundo provoca uma reflexão jusfilosófica no sentido do que já havia pensado Hannah Arendt, logo após a II Guerra Mundial, em sua obra As Origens do Totalitarismo. Nela, a autora sustenta que o mais fundamental de todos os direitos humanos é o direito a ter direitos, o que não ocorre com os apátridas.

Segundo a obra em referência, assinale a opção que apresenta a razão pela qual o homem perde sua qualidade essencial de homem e sua própria dignidade.

(A) Ser privado de direitos subjetivos específicos previstos no ordenamento jurídico pátrio.

(B) Viver sob um regime de tirania que viola a liberdade de crença e limita a liberdade de expressão.

(C) Cumprir pena de privação da liberdade, quando executada em penitenciárias sob condições desumanas.

(D) Deixar de pertencer a uma comunidade organizada, disposta e capaz de garantir quaisquer direitos.

A assertiva correta conforme o pensamento de Hannah Arendt é a "D", porque o homem perde sua qualidade essencial de homem e sua própria dignidade quando deixar de pertencer a uma comunidade organizada, disposta e capaz de garantir quaisquer direitos. Que retrata bem o caso e o drama atual dos refugiados espalhados pelo mundo.

Gabarito "D".

1.5.10. Ronald Dworkin

(OAB/Exame XXXVII)

"...a justiça tem um papel a desempenhar na determinação do que é o direito." (Ronald Dworkin)

Um dos mais importantes debates no âmbito da Filosofia do Direito é a relação entre direito e moral. Esse tema costuma dividir o posicionamento de positivistas e não positivistas. Ronald Dworkin, um dos mais influentes filósofos do direito contemporâneo, em seu livro A Justiça de Toga, se posiciona expressamente sobre essa questão.

Assinale a opção que expressa o posicionamento desse autor no livro em referência.

(A) A moral é parte do Direito porque, ao tomar decisões no âmbito de um processo judicial, um juiz ou uma juíza devem julgar de acordo com a sua consciência, seguindo aquilo que acham correto.

(B) O Direito não se confunde com a moral, pois são formas distintas de conhecimento. Além disso, a norma jurídica e a norma moral possuem formas diferentes, sendo a primeira subjetiva e a segunda objetiva.

(C) A moral e o Direito devem ser tratadas como áreas específicas e distintas de conhecimento, a menos que o legislador inclua critérios morais no direito positivo, caso em que eles seriam complementares, embora independentes.

(D) O Direito deveria ser tratado como um segmento da moral, não como algo separado dela. Dessa forma, a teoria jurídica deveria ser considerada uma parte especial da moral política.

No livro "A Justiça de Toga", Dworkin defende que o Direito deveria ser tratado como um segmento da moral, não como algo separado dela. Para ele, o Direito deveria ser considerado uma parte especial da moral política.

Gabarito "D".

1.5.11. Michel Foucault

(OAB/Exame XXXVIII)

"Mas a disciplina traz consigo uma maneira específica de punir, e que é apenas um modelo reduzido do tribunal. O que pertence à penalidade disciplinar é a inobservância, tudo o que está inadequado à regra, tudo que se afasta dela, os desvios."

Michael Foucault

Foucault, em seu livro Vigiar e Punir, fala do poder disciplinar que recai sobre os corpos dos indivíduos e, também, dos castigos disciplinares que resultam de uma lei, um programa ou um regulamento.

Assinale a opção que, segundo o autor da obra de referência, apresenta a função do castigo disciplinar.

(A) Reduzir os desvios, funcionando, portanto, como algo essencialmente corretivo.

(B) Coibir a ocorrência de crime, de modo a evitar a ocorrência de atos ilícitos.

(C) Expiar a culpa de ter se afastado da norma, de forma a produzir arrependimento.

(D) Indenizar a vítima da conduta indisciplinada, como forma de reparação de um dano.

Segundo o pensador francês na sua obra "Vigiar e Punir", a função do castigo disciplinar é reduzir os desvios, funcionando, portanto, como algo essencialmente corretivo.

Gabarito "A".

1.5.12. Miguel Reale

(OAB/Exame XXXIX) O Código Civil de Napoleão, de 1804, representou um momento de grande expectativa e confiança nos poderes da lei escrita. Nesse contexto, surge um importante movimento no Direito, chamado "Escola da Exegese".

Assinale a opção que, segundo Miguel Reale em seu livro Lições Preliminares do Direito, define este movimento.

(A) A afirmação de que a lei é uma realidade histórica, que se situa na progressão do tempo e, por isso, deve ser interpretada segundo as tradições e o próprio espírito do povo.

(B) A crença de que a lei é importante, mas se não corresponder mais aos fatos supervenientes, deve-se

---

3 ALMEIDA, Guilherme Assis de. "Mediação, proteção local dos direitos humanos e prevenção de violência". Revista Brasileira de Segurança Pública, ano 1, ed. 2, p. 137-138, 2007.

17. FILOSOFIA DO DIREITO   1133

procurar a solução em outras fontes, como o costume, por exemplo.

(C) A concepção segundo a qual cabe ao juiz julgar segundo os ditames da ciência e de sua consciência, de forma a prevalecer um direito justo, seja na falta da lei, seja contra aquilo que dispõe a lei.

(D) A sustentação de que na lei positiva, e de maneira especial no Código Civil, já se encontra a possibilidade de uma solução para todos os eventuais casos ou ocorrências da vida social.

Escola da Exegese é definida por Reale em seu livro "Lições Preliminares do Direito" como a sustentação de que na lei positiva, e de maneira especial no Código Civil, já se encontra a possibilidade de uma solução para todos os eventuais casos ou ocorrências da vida social. Importante destacar que a interpretação dos textos legais foi marcada, durante longo tempo, pela predominância do raciocínio formalista, de caráter lógico-dedutivo, que se baseava na mera subsunção do fato à norma, procedimento que se personifica no estilo de julgar consagrado pela escola da exegese.

„Gabarito "D".

2. QUESTÕES COMBINADAS E OUTROS TEMAS

(OAB/Exame Unificado – 2020.2) Miguel Reale, ao tratar do tema da validade da norma jurídica em seu livro Lições Preliminares de Direito, fala de uma dimensão denominada por ele validade social ou, ainda, eficácia ou efetividade. Segundo Reale, a eficácia seria a regra jurídica enquanto momento da conduta humana.

Com base no livro em referência, assinale a opção que apresenta a ideia de eficácia ou efetividade da norma jurídica.

(A) Executoriedade compulsória de uma regra de direito, por haver preenchido os requisitos essenciais à sua feitura ou elaboração.

(B) Obediência das normas jurídicas às determinações formais e materiais da Constituição Federal, sem o que uma norma jurídica não teria capacidade de produzir efeitos.

(C) O fundamento da norma jurídica, isto é, o valor ou o fim objetivado pela regra de direito; a razão de ser da norma, pois é impossível conceber uma regra jurídica desvinculada de sua finalidade.

(D) A norma em sua dimensão experimental, pois se refere ao cumprimento efetivo do direito por parte de uma sociedade ou, ainda, aos efeitos sociais que uma regra suscita por meio de seu cumprimento.

A assertiva correta conforme o pensamento de Miguel Reale é a "D". Trata-se da materialização da norma.

„Gabarito "D".

(Defensor Público/RO – 2012 – CESPE) Considerando os conceitos de direito e de moral, assinale a opção correta à luz da filosofia do direito.

(A) Kant desenvolveu a teoria do mínimo ético, segundo a qual o direito representa todo o conteúdo moral obrigatório para que a sociedade possa sobreviver minimamente.

(B) Hans Kelsen formulou a teoria da bilateralidade atributiva, asseverando que a moral não se distingue do direito, mas o complementa por meio da bilateralidade ou intersubjetividade.

(C) Christian Thomasius propôs a distinção entre o direito e a moral, sob a inspiração pufendorfiana, com base na ideia de coação.

(D) Thomas Hobbes desenvolveu a teoria da atributividade, segundo a qual direito e moral estão inter--relacionados, tendo ambos origem no direito natural.

(E) Max Scheler preconizava uma espécie de moral pura, condição para a existência de um comportamento que, guiado pelo direito e pela ética, não muda segundo as circunstâncias.

A: incorreta. Quem desenvolveu a teoria do mínimo ético foi Georg Jellinek; **B:** incorreta, pois Kelsen não desenvolveu a teoria da bilateralidade atributiva. No Brasil, essa teoria foi muito bem desenvolvida pelo jurista Miguel Reale. "Pelos estudos que temos desenvolvido sobre a matéria pensamos que há bilateralidade atributiva quando duas ou mais pessoas se relacionam segundo uma proporção objetiva que as autoriza a pretender ou a fazer garantidamente algo. Quando um fato social apresente esse tipo de relacionamento dizemos que ele é jurídico. Onde não existe proporção no pretender, no fazer ou no exigir não há Direito, como inexiste este se não houver garantia específica para tais atos. Bilateralidade atributiva é, pois, uma proporção intersubjetiva, em função da qual os sujeitos de uma relação ficam autorizados a pretender, exigir, ou a fazer, garantidamente, algo⁴"; **C:** correta, pois, de fato, Thomasius fez a citada distinção na assertiva; **D:** incorreta, pois a assertiva não correlaciona um pensamento de Hobbes. Na obra de Hobbes, Estado e Direito surgem simultaneamente, e seus fundamentos repousam no pacto social firmado entre os homens. Para que haja corpo político, diz Hobbes, é preciso que as vontades de todos sejam depositadas numa única vontade. Essa vontade é denominada soberania, cujo detentor é chamado de soberano, e dele se diz que possui poder soberano. Todos os restantes são súditos. Soberania é, assim, uma vontade suprema que se coloca acima das vontades individuais. O poder soberano, em Hobbes, possui as seguintes características: a) absoluto: não tolera restrições nem condicionamentos; b) indivisível: o soberano tem todo o poder ou não tem poder nenhum; c) perpétuo: quem tem o poder soberano o tem para sempre. Uma vez constituído o Estado, a vontade soberana passa a ser a única fonte do Direito. As leis expressam a vontade do soberano, e a validade da lei repousa no fato de ser a expressão dessa vontade. As leis positivas são para os súditos comandos que devem ser obedecidos absolutamente, enquanto as leis naturais são para o soberano apenas regras de prudência. Para justificar teoricamente a sua concepção, Hobbes afirma que no Estado de natureza a condição do homem é a de guerra de todos contra todos, em que cada um é governado por sua própria vontade. O homem é o lobo do próprio homem. Segundo ele, enquanto perdurar esse estado não haverá segurança de viver. Daí a ideia de que o homem não é livre no estado de natureza, ele se torna livre no estado civil. A liberdade passa a ser uma realidade quando se completa a passagem do estado de natureza para o Estado Leviatã. Liberdade passa a ser, desse modo, a conformação com a ordem jurídica estatal, um padrão objetivo produzido pelo Estado; **E:** incorreta. Max Scheler nunca preconizou a dita moral pura, pelo contrário, ele criticava o pensamento como apreensão intelectual-racional.

„Gabarito "C".

---

4. REALE, Miguel. **Lições Preliminares de Direito**. 25. ed. São Paulo: Saraiva, 2001. p. 47-48.

18. DIREITO ELEITORAL

Savio Chalita

1. PRINCÍPIOS, DIREITOS POLÍTICOS, ELEGIBILIDADE

(Juiz – TJ-SC – FCC – 2017) Para concorrer às eleições, o candidato deverá possuir, entre outras condições,

(A) domicílio eleitoral na respectiva circunscrição pelo prazo de, pelo menos, um ano antes do pleito e estar com a filiação deferida pelo partido no mesmo prazo.

(B) domicílio eleitoral na respectiva circunscrição pelo prazo de, pelo menos, um ano antes do pleito, ressalvado o caso de transferência ou remoção de servidor público ou de membro de sua família.

(C) filiação deferida pelo partido no mínimo um ano antes da data da eleição, caso o estatuto partidário não estabeleça prazo inferior.

(D) domicílio eleitoral na respectiva circunscrição pelo prazo de, pelo menos, seis meses antes do pleito e estar com a filiação deferida pelo partido no mesmo prazo.

(E) domicílio eleitoral na respectiva circunscrição pelo prazo de, pelo menos, um ano antes do pleito, e estar com a filiação deferida pelo partido no mínimo seis meses antes da data da eleição.

A questão trata das condições de elegibilidade, assunto recorrente em todas as provas da magistratura, uma vez que caberá ao leitor, futuro magistrado, decidir sobre os pedidos de registro de candidatura (e também decidir sobre as Ações de Impugnação ao Registro de Candidatura) nas eleições municipais. Sobre o tema, leitura obrigatória do art. 14,§ 3°, CF. Vejamos as alternativas pontualmente: **A:** incorreta, já que a filiação partidária deverá ter uma anterioridade mínima de 6 meses anteriores ao pleito. Quanto ao domicílio eleitoral, o prazo permanece imutável (1 ano). Vide, quanto a isso, as alterações da Lei 13.165/2015 no art. 9°, Lei das Eleições; **B:** incorreta. Importante mencionar que, muito embora o prazo de domicílio eleitoral seja de 1 ano anterior ao pleito, o art. 18 da Resolução TSE 21.538/2003 assim dispõe: *Art. 18. A transferência do eleitor só será admitida se satisfeitas as seguintes exigências:*
I – recebimento do pedido no cartório eleitoral do novo domicílio no prazo estabelecido pela legislação vigente;
II – transcurso de, pelo menos, um ano do alistamento ou da última transferência;
III – residência mínima de três meses no novo domicílio, declarada, sob as penas da lei, pelo próprio eleitor;
IV – prova de quitação com a Justiça Eleitoral
§ 1° O disposto nos incisos II e III não se aplica à transferência de título eleitoral de servidor público civil, militar, autárquico, ou de membro de sua família, por motivo de remoção ou transferência
C: incorreta, uma vez que o art. 20 da Lei dos Partidos Políticos autoriza que a agremiação crie prazo superior e jamais inferior ao estabelecido em lei. Ou seja, ao menos 6 meses deve ser considerado. Se o partido estabelecer 1 ano, estará dentro do que permite o já dito art. 20; **D:** incorreta, pelos mesmos fundamentos da assertiva A; **E:** correta, com fundamento no art. 9°, Lei das Eleições. **SC**

Gabarito "E".

2. INELEGIBILIDADE

(Juiz de Direito – TJ/MS – 2020 – FCC) O artigo 1°, inciso I, alínea "e", da Lei Complementar federal 64, de 18 de maio de 1990, estabelece, como causa de inelegibilidade para qualquer cargo, a condenação, pelos crimes que especifica, em decisão transitada em julgado ou proferida por órgão judicial colegiado, desde a condenação até o transcurso do prazo de 8 (oito) anos após o cumprimento da pena. A esse respeito, o Tribunal Superior Eleitoral tem decidido que

(A) o reconhecimento da prescrição da pretensão executória pela Justiça Comum afasta a inelegibilidade em questão.

(B) os crimes contra a ordem tributária não estão abrangidos pela citada hipótese de inelegibilidade.

(C) o Tribunal do Júri não pode ser considerado órgão judicial colegiado para os fins da aplicação dessa hipótese de inelegibilidade.

(D) os crimes previstos na Lei de Licitações (Lei federal 8.666, de 21 de junho de 1993) não estão abrangidos pela citada hipótese de inelegibilidade.

(E) o prazo concernente à hipótese de inelegibilidade em questão projeta-se por 8 (oito) anos após o cumprimento da pena, seja ela privativa de liberdade, restritiva de direito ou multa.

A: Incorreta. A Súmula TSE 59, dispõe que "O reconhecimento da prescrição da pretensão executória pela Justiça Comum não afasta a inelegibilidade prevista no art. 1°, I, e, da LC 64/1990, porquanto não extingue os efeitos secundários da condenação.". **B:** Incorreta. Conforme jurisprudência do TSE no AgR-REsp 40650, os crimes contra a ordem tributária enquadram-se nos crimes contra a administração pública, previstos no item "1", da alínea "e", inciso I, do art. 1, da LC 64/90; **C:** Incorreta. Conforme jurisprudência do TSE no RO 263449 e, de 21.5.2013, no REsp 61103 " a inelegibilidade prevista no item 9, da alínea "e", inciso I, do art. 1°, da LC 64/90, incide nas hipóteses de condenação criminal emanada do Tribunal do Júri, órgão colegiado soberano, integrante do Poder Judiciário"; **D:** Incorreta. Conforme jurisprudência do TSE "no REsp 12922, os crimes contra a administração e o patrimônio públicos, previstos no item "1", da alínea "e", inciso I, do art. 1, da LC 64/90, abrangem os previstos na Lei de Licitações"; **E:** Correta, conforme redação da Súmula 61, TSE, "O prazo concernente à hipótese de inelegibilidade prevista no art. 1°, I, e, da LC 64/1990 projeta-se por oito anos após o cumprimento da pena, seja ela privativa de liberdade, restritiva de direito ou multa". **SC**

Gabarito "E".

(Juiz de Direito - TJ/BA - 2019 - CESPE/CEBRASPE) Com base na legislação e na jurisprudência do TSE sobre inelegibilidade e alistamento eleitoral, assinale a opção correta.

(A) Ante a impossibilidade de interpretação extensiva das regras de inelegibilidade, as relações estáveis homoafetivas não são situações configuradoras de hipóteses de inelegibilidade reflexa.

(B) O procedimento de revisão do eleitorado foi inaugurado no Brasil com o recadastramento biométrico promovido pela justiça eleitoral, o qual tem como objetivo conferir maior segurança à identificação do eleitor.

(C) Deferido o pedido de registro de candidatura, haverá preclusão quanto à possibilidade de arguir eventual ausência de domicílio eleitoral do candidato na circunscrição.

(D) O prazo de inelegibilidade dos que forem condenados por corrupção eleitoral em decisão transitada em julgado tem como termo final o oitavo ano seguinte ao fato ilícito praticado.

(E) O encerramento do prazo de inelegibilidade antes do dia da eleição afasta inelegibilidade que for constatada no momento da formalização do pedido de registro de candidatura.

A: Incorreta. A inelegibilidade reflexa alcança tanto uniões hetero como homoafetivas. Importante lembrar que a Resolução CNJ 175/2013 veda a recusa, por parte das autoridades competentes, de habilitação, celebração de casamento civil ou de conversão de união estável em casamento entre pessoas do mesmo sexo. Além disso, a jurisprudência do TSE acena no mesmo sentido de que a inelegibilidade deve ser observada em qualquer das situações, não havendo distinção (REsp 24564/PA). **B:** Incorreta. A revisão do eleitoral consta de disposição do Código Eleitoral, art. 71, § 4º, com origem em 1965 (Código eleitoral: Lei 4737/65). O recadastramento biométrico, por sua vez, vem a ser inaugurado no sistema jurídico através das resoluções do TSE 22.688/2007, 23.061/2009, 23.335/2011, 23.345/2011 e 23.366/2011. **C:** Incorreta. A súmula TSE 47 dispõe que a inelegibilidade superveniente que autoriza a interposição de recurso contra expedição de diploma, fundado no art. 262 do Código Eleitoral, é aquela de índole constitucional ou, se infraconstitucional, superveniente ao registro de candidatura, e que surge até a data do pleito. **D:** Incorreta. Com fundamento na Súmula TSE 61, a inelegibilidade, nesses casos, deve ser considerada após o cumprimento da pena (prazo de inelegibilidade será de 8 anos, art. 1º, I, e, LC 64/90). **E:** Correta. Em plena concordância com o conteúdo da Súmula TSE 70, que dispõe "O encerramento do prazo de inelegibilidade antes do dia da eleição constitui fato superveniente que afasta a inelegibilidade, nos termos do art. 11, § 10, da Lei 9.504/97." SC

Gabarito "E".

3. ALISTAMENTO ELEITORAL, DOMICÍLIO

(Juiz de Direito – TJ/MS – 2020 – FCC) Consideradas a disciplina normativa e a jurisprudência do Tribunal Superior Eleitoral a respeito do alistamento, da transferência do eleitor, do domicílio eleitoral e do cancelamento da inscrição,

(A) o domicílio eleitoral é determinado pelo lugar em que o eleitor estabelece a sua residência com ânimo definitivo, não se admitindo a demonstração de outros vínculos para tal determinação.

(B) a transferência de título eleitoral de servidor público civil, militar, autárquico, ou de membro de sua família, por motivo de remoção ou transferência, não exige o transcurso de, pelo menos, 1 (um) ano do alistamento ou da última transferência.

(C) a transferência de domicílio eleitoral deve ocorrer independentemente da apresentação, pelo eleitor, de declaração relativa a período mínimo de residência no novo domicílio.

(D) a suspensão e a perda dos direitos políticos não são causas de cancelamento do alistamento eleitoral.

(E) o eleitor transferido poderá votar no novo domicílio eleitoral em eleição suplementar à que tiver sido realizada antes de sua transferência.

A: Incorreta. O código Eleitoral estabelece um conceito mais amplo de domicílio eleitoral, diferentemente do Código Civil. Especificamente, o art. 42, parágrafo único, Código Eleitoral, dispõe que para "o efeito da inscrição, é domicílio eleitoral o lugar de residência ou moradia do requerente, e, verificado ter o alistando mais de uma, considerar-se-á domicílio qualquer delas"; **B:** Correta, nos termos do art. 55, § 2º, que estabelece que neste caso não se aplicam as regras contidas, no mesmo dispositivo, nos incisos II e III. Ou seja, quando se tratar de servidor público civil, militar, autárquico, ou de membro de sua família, por motivo de remoção ou transferência, haverá possibilidade de transferência; **C:** Incorreta. O art. 55, Código Eleitoral, estabelece a exigência mínima de 3 meses no novo domicílio; **D:** Incorreta. O art. 71, Código Eleitoral, indica como causa de cancelamento (inciso II) a "suspensão ou perda dos direitos políticos"; **E:** Incorreta. O art. 60, Código Eleitoral, estabelece que neste caso não haverá a possibilidade de que o eleitor transferido vote (diferentemente do que diz a assertiva). SC

Gabarito "B".

(Juiz de Direito – TJ/AL – 2019 – FCC) Aprovado o ato convocatório de plebiscito pelo Congresso Nacional, o Presidente do

(A) STF dará ciência à Justiça Eleitoral para a adoção das providências cabíveis para a sua realização.

(B) Congresso Nacional dará ciência ao Presidente do STF para a adoção das providências cabíveis para a sua realização, em homenagem ao princípio da separação dos poderes.

(C) Congresso Nacional após fixar a data da consulta popular, dará ciência à Justiça Eleitoral para a adoção das providências cabíveis para a sua realização.

(D) Congresso Nacional dará ciência à Justiça Eleitoral, a quem incumbirá, nos limites de sua circunscrição, entre outros, expedir instruções para a realização da consulta.

(E) STF, ouvida a Justiça Eleitoral, fixará a data, tornará pública a respectiva cédula e expedirá instruções para realização da consulta.

A única alternativa correta está representada pela assertiva D. Isto porque o art. 8º, Lei 9.709/98, dispõe que após aprovado o ato convocatório, o Presidente do Congresso Nacional dará ciência à Justiça Eleitoral. Cabe a esta Justiça especializada fixar a data da consulta a ser realizada, tornar pública a cédula respectiva, expedir instruções para a realização da consulta popular e assegurar a gratuidade dos meios de comunicação para que partidos políticos e frentes suprapartidárias possam divulgar seus postulados referentes ao tema em consulta. SC

Gabarito "D".

4. PARTIDOS POLÍTICOS, CANDIDATOS, SISTEMAS ELEITORAIS

(OAB/Exame XXXIX) Joana, deputada estadual no Estado *Alfa*, vinha recebendo inúmeras críticas de alguns correligionários do seu partido político. Apesar do amplo apoio popular que recebia, para sua surpresa, não foi escolhida, na convenção partidária, para concorrer à reeleição ao cargo de deputada estadual.

A esse respeito, assinale a afirmativa correta.

(A) Como Joana busca a reeleição, deve ser considerada candidata nata.

(B) A deliberação adotada na convenção partidária é lícita, caso tenha sido adotada por maioria absoluta.

(C) Os partidos políticos têm autonomia para a escolha dos seus candidatos, observados os balizamentos legais.

(D) Joana pode requerer pessoalmente o registro de sua candidatura, ainda que não tenha sido aprovada na convenção partidária.

A: Incorreta. Muito embora o § 1º, art. 8º, Lei 9.504/97 estabeleça que "Aos detentores de mandato de Deputado Federal, Estadual ou Distrital, ou de Vereador, e aos que tenham exercido esses cargos em qualquer período da legislatura que estiver em curso, é assegurado o registro de candidatura para o mesmo cargo pelo partido a que estejam filiados", por ocasião do julgamento da ADI 2530-9, o Supremo Tribunal Federal consolidou o entendimento de que mesmo estes detentores de mandatos deverão ser submetidos à escolha em âmbito das convenções partidárias (uma forma de prestigiar a garantia da autonomia partidária – art. 17, CF). Desta forma, firmou o entendimento de que a candidatura nata é incompatível com a Constituição Federal, declarando, portanto, a inconstitucionalidade do dispositivo; **B:** Incorreta. Em razão do princípio da autonomia partidária (art. 17, CF), cabe ao próprio partido político estabelecer critérios de escolha de candidaturas e coligações em âmbito das convenções partidárias; **C:** Correta. A alternativa ressalta o princípio da autonomia dos partidos políticos em estabelecer critérios de escolha de candidaturas e coligações, conforme art. 17, CF; **D:** Incorreta. Diante da impossibilidade da chamada "candidatura nata" (vide comentários à alternativa A), a única hipótese em que Joana poderia requerer o próprio registro seria na ocasião em que fosse verificado que, mesmo escolhida em convenção, o partido não apresentara seu nome para a registro junto à Justiça Eleitoral. Neste caso, no prazo de 48h a contar da publicação do edital (que relaciona os cidadãos escolhidos pelo partido para concorrer às respectivas eleições) apresentará diretamente seu requerimento de registro de candidatura (conforme § 4º, art. 11, Lei 9.504/97). **SC**
Gabarito "C".

(OAB/Exame XXXIX) Os partidos políticos *Alfa*, *Beta* e *Gama* decidiram celebrar uma coligação para a eleição municipal majoritária que se avizinhava. Apesar do apoio recebido da maior parte dos correligionários dessas agremiações, alguns tinham dúvidas em relação aos efeitos dessa iniciativa quanto à autonomia de cada partido político durante o processo eleitoral, mais especificamente, se poderiam atuar isoladamente ou se apenas a coligação poderia fazê-lo.

De acordo com a narrativa e a sistemática estabelecida na Lei nº 9.504/97, assinale a afirmativa correta.

(A) *Alfa*, *Beta* e *Gama* somente podem atuar isoladamente no processo eleitoral para questionar a validade da própria coligação, isto no período delimitado em lei.

(B) Em qualquer fase do processo eleitoral, somente a coligação pode atuar, mas isto não afeta a autonomia de *Alfa*, *Beta* e *Gama*, que devem referendar cada ato praticado.

(C) *Alfa*, *Beta* e *Gama* podem atuar isoladamente em todas as fases do processo eleitoral, sempre que os seus interesses colidirem com os da coligação.

(D) As prerrogativas e obrigações da coligação são distintas daquelas afetas a *Alfa*, *Beta* e *Gama*, de modo que cada qual atua em sua própria esfera de atribuições.

A: Correta. Como as alternativas são muito parecidas, faremos os comentários de forma global: O § 4º, art. 6º, Lei 9.504/97, dispõe que o partido político que esteja coligado com outras agremiações apenas terá legitimidade de atuação isolada (ou seja, sem os demais partidos em conjunto), quando for para questionar a validade da própria coligação formada. Importante mencionar que isto ainda estará limitado ao período compreendido entre a data da convenção (as convenções partidárias devem ocorrer entre os dias 20.07 a 05.08 do ano eleitoral) e o termo final do prazo para a impugnação do registro de candidatos. O prazo para requerer o registro de candidatura será até o dia 15.08 do ano eleitoral, às 19h. Após o pedido de registro feito, é publicado um edital relacionando os nomes de todos os pretendentes a registro de candidatura (de todos que foram indicados pelo partido após escolha em convenção). Com a publicação do edital, passa a fluir um prazo de 5 dias para que outros partidos, federações, coligações, Ministério Público Eleitoral e candidatos possam impugnar a pretensão de registro (Ação de Impugnação ao Registro de Candidatura). Portanto, para fins de identificar a possibilidade de atuação isolada de um partido coligado, temos este prazo de até 5 dias após a publicação do edital. **SC**
Gabarito "A".

(OAB/Exame XXXVIII) No ano anterior à realização de eleições para cargos eletivos federais e estaduais, os dirigentes dos partidos políticos *Alfa* e *Gama* iniciaram tratativas para se aliançarem, tanto nas eleições majoritárias como nas proporcionais, mas havia dúvida em relação ao modelo a ser utilizado.

Após consultarem a legislação de regência, concluíram corretamente que deveriam formar

(A) coligação, que se extinguirá ao fim do prazo para o ajuizamento da ação de impugnação de mandato eletivo.

(B) gestão colegiada, somente utilizada nas eleições proporcionais, que deve perdurar até o fim do prazo do mandato eletivo obtido.

(C) ajuntamento partidário, que se extinguirá após a diplomação dos eleitos.

(D) federação, sendo que os partidos devem permanecer filiados por no mínimo quatro anos, contados da data do respectivo ingresso.

A e B: Incorretas. Uma vez que o § 1º, art. 17, CF, veda a celebração de coligações para os cargos proporcionais (deputado federal, estadual, distrital e vereadores). **C:** Incorreta, vez que as duas possibilidades existentes em nosso sistema jurídico são: coligações e federações partidárias. **D:** Correta. A Federação Partidária será a única forma de uma aliança formal entre os partidos, seja para eleições proporcionais quanto majoritárias. Acerca das federações, importante destacar que somente poderá ser integrada por partidos com registro definitivo junto ao TSE e deve ser observado o período mínimo de 4 anos para a permanência desta filiação, sob pena de acarretar vedação em ingressar em nova federação ou celebrar coligação nas 2 eleições seguintes e, até completar o período mínimo remanescente, de utilizar o fundo partidário (§§ 3º e 4º, art. 11-A, Lei 9.096/95). **SC**
Gabarito "D".

(Juiz de Direito – TJ/AL – 2019 – FCC) Sobre os partidos políticos, é correto afirmar:

(A) É livre a criação, fusão, incorporação de partidos políticos de caráter regional e nacional.

(B) A partir de 2020, são vedadas as coligações partidárias nas eleições proporcionais.

(C) Na legislatura seguinte às eleições de 2026, o partido político que tiver elegido menos de treze Deputados

Federais distribuídos em um terço das unidades da Federação não terá direito a recursos do fundo partidário.

(D) A autonomia partidária contempla, entre outros, a definição da estrutura interna do partido, regras sobre escolha, formação e duração de seus órgãos permanentes e provisórios, sendo obrigatória a vinculação entre as candidaturas em âmbito nacional, estadual, distrital ou municipal, devendo seus estatutos estabelecer normas de disciplina e fidelidade partidária.

(E) Os partidos políticos adquirem personalidade jurídica após o registro de seus estatutos no Tribunal Superior Eleitoral.

A: Incorreta. A CF/88, art. 17, *caput*, dispõe sobre a liberdade conferida aos partidos políticos quanto à criação, fusão, incorporação e extinção. Dentre os preceitos a serem observados está o de "caráter nacional" e não regional. **B:** Correta. Com a alteração do art. 17, CF, pela EC 97/17, as coligações apenas poderão ocorrer em âmbito das eleições majoritárias (presidente da república e vice, governador e vice, prefeito e vice, senador e suplentes). **C:** Incorreta. A alternativa é bastante "maldosa". Exigiu do candidato conhecer a redação original da EC 97/17. Explico melhor: A EC 97 inaugurou no texto da Constituição a chamada cláusula de desempenho partidário. Por esta cláusula, o partido político, após adquirir personalidade jurídica com o registro junto ao cartório de pessoas jurídicas competente, e ter registrado no TSE seu estatuto, deverá ainda demonstrar "desempenho" a partir do cumprimento dos seguintes critérios objetivos:

Na legislatura seguinte às eleições de 2018	Nas eleições para a Câmara dos Deputados, no mínimo, 1,5% (um e meio por cento) dos votos válidos, distribuídos em pelo menos um terço das unidades da Federação, com um mínimo de 1% (um por cento) dos votos válidos em cada uma delas; **ou**
	Tiverem elegido pelo menos nove Deputados Federais distribuídos em pelo menos um terço das unidades da Federação
Na legislatura seguinte às eleições de 2022	Obtiverem, nas eleições para a Câmara dos Deputados, no mínimo, 2% (dois por cento) dos votos válidos, distribuídos em pelo menos um terço das unidades da Federação, com um mínimo de 1% (um por cento) dos votos válidos em cada uma delas; **ou**
	Tiverem elegido pelo menos onze Deputados Federais distribuídos em pelo menos um terço das unidades da Federação;
Na legislatura seguinte às eleições de 2026	Obtiverem, nas eleições para a Câmara dos Deputados, no mínimo, 2,5% (dois e meio por cento) dos votos válidos, distribuídos em pelo menos um terço das unidades da Federação, com um mínimo de 1,5% (um e meio por cento) dos votos válidos em cada uma delas; **ou**
	Tiverem elegido pelo menos treze Deputados Federais distribuídos em pelo menos um terço das unidades da Federação.
Na legislatura seguinte às eleições de 2030 (em diante)	Obtiverem, nas eleições para a Câmara dos Deputados, no mínimo, 3% (três por cento) dos votos válidos, distribuídos em pelo menos um terço das unidades da Federação, com um mínimo de 2% (dois por cento) dos votos válidos em cada uma delas; **ou**
	Tiverem elegido pelo menos quinze Deputados Federais distribuídos em pelo menos um terço das unidades da Federação.

Portanto, se o candidato conhecia o escalonamento, pode ter incorrido no erro contido na parte final da assertiva que indica que após cumprir o desempenho de ao menos 13 deputados, distribuídos em pelo menos 1/3 das unidades da federação, não terão direito ao Fundo Partidário. Na verdade, o escalonamento indicado na assertiva está correto. Ocorre que somente após cumpri-lo é que o partido político poderá ter acesso tanto ao fundo partidário quanto ao chamado direito de antena (direito de acesso gratuito ao rádio e à televisão). **D:** Incorreta. O art. 17, § 1º, CF, indica que a vinculação não é obrigatória (trata-se da chamada "não obrigatoriedade da verticalização das coligações"). **E:** Incorreta. A aquisição de personalidade jurídica pelos partidos políticos se dará com o registro junto ao cartório de registro de pessoas jurídicas, vez que os partidos políticos são pessoas jurídicas de direito privado (Art. 44, V, Código Civil) e pela inteligência contida no art. 17, § 2º, CF. **SC**
Gabarito "B".

(Juiz de Direito - TJ/BA - 2019 - CESPE/CEBRASPE) A respeito da atuação dos partidos políticos e das estratégias de exercício da democracia, assinale a opção correta.

(A) O modelo brasileiro de financiamento de campanha é misto, com participação tanto do poder público quanto do setor privado, sendo possível posterior retificação, na justiça eleitoral, dos limites de gastos de cada campanha.

(B) A CF prevê a proteção à fidelidade partidária, de modo que, nos cargos alcançados pelo sistema majoritário, a arbitrária desfiliação partidária implica renúncia tácita do mandato.

(C) O sistema eleitoral distrital tem natureza proporcional, o que possibilita o prestígio da representação de minorias e a diminuição do clientelismo político.

(D) No Brasil, a discussão acerca da viabilidade de candidaturas avulsas está relacionada com o respeito às condições de elegibilidade previstas na CF e às garantias previstas no Pacto de San José da Costa Rica.

(E) Ao eleito por partido que não alcançar a cláusula de desempenho eleitoral exigida pela legislação será assegurado o mandato, desde que ele se filie a outro partido.

A: Incorreta. De fato, o modelo de financiamento é o misto, sendo vedada apenas a participação (no financiamento) por pessoas jurídicas. No entanto, não é permitida a retificação do limite de gastos. **B:** Incorreta. A súmula TSE 67, dispõe que a perda do mandato em razão da desfiliação de partido sem justa causa não se aplica aos candidatos eleitos pelo sistema majoritário (presidente da república, governador de estado e do DF, prefeito e senador). **C:** Incorreta. O voto distrital, não adotado no Brasil, não possui natureza proporcional. Pelo sistema distrital é feita uma divisão do Município ou Estado em circunscrições ou distritos. Nestas limitações, partidos lançarão candidatos (um por partido). A eleição será definida por um critério de maioria, não existindo qualquer proporcionalidade na apuração, mas sim apuração do "mais votado". Não há, portanto, prestígio da representação de minorias, o que é possível a partir da proporcionalidade na apuração. **D:** Correta. A chamada candidatura avulsa guarda relação com as condições de elegibilidade previstas na CF (art. 14, § 3º, CF) e as disposições do Pacto de San Jose da Costa Rica, que ao tratar sobre os direitos políticos não menciona a filiação partidária como condição. No entanto, prevalece a vedação às candidaturas avulsas. **E:** Incorreta. O art. 17, § 5º, CF dispõe que ao eleito por partido que não cumprir com o desempenho mínimo (§ 3º, art. 17, CF) será assegurado o mandato e facultada a filiação a outro partido que tenha atingido (a cláusula de desempenho do § 3º, art. 17, CF), sem que isso constitua razão para perda de mandato (por infidelidade partidária). Também, nessa situação, não será considerada eventual troca de partido para fins de distribuição dos recursos do fundo partidário e do acesso gratuito ao tempo de rádio e televisão. **SC**
Gabarito "D".

18. DIREITO ELEITORAL

5. ELEIÇÕES, VOTOS, APURAÇÃO, QUOCIENTES ELEITORAL E PARTIDÁRIO

(Juiz de Direito – TJ/SC – 2019 – CESPE/CEBRASPE) A respeito das regras que devem ser obedecidas por candidatos, eleitores e pela justiça eleitoral em dia de eleições, desde o início até o término da votação, é correto afirmar que

(A) é vedada a manifestação individual e silenciosa da preferência do eleitor por determinado partido político, coligação ou candidato.

(B) é permitida a aglomeração de pessoas portando vestuário padronizado, bandeiras, broches, dísticos e adesivos que caracterizem manifestação coletiva.

(C) é permitido aos fiscais partidários o uso de crachá com o nome e a sigla do partido político ou da coligação de sua preferência, bem como de vestuário padronizado.

(D) é permitida aos candidatos e aos fiscais partidários a arregimentação de eleitores, desde que a uma distância mínima de duzentos metros das zonas eleitorais.

(E) é vedada a divulgação de qualquer espécie de propaganda de partidos políticos ou de seus candidatos, assim como a publicação de novos conteúdos ou o impulsionamento de conteúdos de caráter partidário em aplicações de Internet.

A: Incorreta. A manifestação individual e silenciosa, no dia das eleições, é permitida (art. 39-A, Lei 9.504/97). **B e C:** Incorretas. O art. 39-A, § 1º, da Lei 9.504/97 veda, no dia do pleito, até o término do horário de votação, a aglomeração de pessoas portando vestuário padronizado. **D:** Incorreta. O art. 39, § 5º, Lei 9.504/97, dispõe que constitui crime, no dia da eleição, a arregimentação de eleitor ou a propaganda boca de urna. **E:** Correta. Trata-se de disposição contida no art. 39, § 5º, Lei 9.504/97, que estabelece constituir crime, no dia da eleição, a divulgação de qualquer espécie de propaganda de partidos ou candidatos. No mesmo sentido, também é vedada a publicação de novos conteúdos ou impulsionamento de conteúdos na internet. **SC**
Gabarito "E".

(Juiz de Direito – TJ/AL – 2019 – FCC) Quanto à Ação de Impugnação de Registro de Candidatos (AIRC), é correto afirmar:

(A) Trata-se de veículo processual adequado para a discussão das condições de elegibilidade, registrabilidade e inelegibilidades.

(B) A impugnação de registro de candidato por partido político ou coligação veda a ação do Ministério Público nesse sentido.

(C) Poderá impugnar o registro de candidato o representante do Ministério Público, mesmo que tenha integrado diretório de partido ou exercido atividade político-partidária, desde que não mais filiado a partido político.

(D) Em homenagem ao princípio da celeridade processual que norteia o processo eleitoral, deverá ser deduzida no prazo decadencial de três dias contados da publicação do pedido de registro do candidato.

(E) Em homenagem ao princípio da imparcialidade do Juiz e visando o equilíbrio entre as partes, o Juiz Eleitoral não poderá determinar diligências de ofício.

A: Correta, uma vez que o fundamento do pedido é a falta de condição de elegibilidade, a existência de hipótese de inelegibilidade ou mesmo o descumprimento formal de exigência legal (tal como a juntada de documentos). **B:** Incorreta, uma vez que o Membro do Ministério Público é um dos legitimados indicados no art. 3º, § 1º, LC 64/90. **C:** Incorreta.

O art. 3º, § 2º, LC 64/90, dispõe que ainda que o MP tenha legitimidade para apresentar AIRC, não poderá impugnar o registro de candidato se nos 4 anos anteriores tenha disputado cargo eletivo, integrado diretório de partido ou exercido atividade partidária. **D:** Incorreta. O prazo é de 5 dias, art. 3º, *caput*, da LC 64/90. **E:** Incorreta. O art. 5º, § 2º, LC 64/90, dispõe que o juiz ou o relator poderão proceder a todas as diligências que determinar, sejam as de ofício ou aquelas feita a requerimento das partes. **SC**
Gabarito "A".

6. PROPAGANDA ELEITORAL E RESTRIÇÕES NO PERÍODO ELEITORAL

(Juiz de Direito – TJ/AL – 2019 – FCC) No que se refere a propaganda eleitoral,

(A) somente é permitida após o dia 5 de julho do ano da eleição.

(B) não é permitida a veiculação de material de propaganda eleitoral em bens públicos ou particulares, exceto bandeiras ao longo de vias públicas, desde que móveis e que não dificultem o bom andamento do trânsito de pessoas e veículos.

(C) é permitido qualquer tipo de propaganda política paga no rádio e na televisão durante o período eleitoral, desde que conste da prestação de contas do candidato, partido ou coligação.

(D) configuram propaganda eleitoral antecipada, mesmo não havendo pedido explícito de voto, a menção à pretensa candidatura e a exaltação das qualidades pessoais do pré-candidato.

(E) é permitida a veiculação de propaganda eleitoral na internet em sítios de pessoas jurídicas sem fins lucrativos.

A: Incorreta. A propaganda eleitoral poderá ser realizada a contar do dia 16 de agosto do ano eleitoral (a redação da lei menciona "após o dia 15 de agosto do ano eleitoral"), conforme art. 36, Lei das Eleições. **B:** Correta, de acordo com o que autoriza o art. 37, § 2º, I e § 6º do mesmo dispositivo, Lei das Eleições. A Lei estabelece que não será, de fato, permitida a veiculação de material de propaganda eleitoral em bens públicos ou particulares, exceto no caso (entre outros) de uso de bandeiras ao longo de vias públicas, devendo ser móveis e não dificultar o bom andamento do trânsito de pessoas e veículos. **C:** Incorreta. O art. 44, Lei 9.504/97, veda a propaganda paga no rádio ou na televisão, devendo ser totalmente gratuita, nos termos que a lei distribuir (o tempo disponível a cada partido). **D:** Incorreta. O art. 36-A, Lei 9.504/97 dispõe que tal conduta não pode ser considerada propaganda antecipada. **E:** Incorreta. Muito embora a reforma eleitoral de 2017 (Lei 13.488/2017) tenha permitido o impulsionamento de conteúdo de propaganda eleitoral, não se alargou a possibilidade como descrita no enunciado. É vedada, mesmo que de forma gratuita, a veiculação de propaganda eleitoral na internet em sites de pessoas jurídicas, com ou sem fins lucrativos. **SC**
Gabarito "B".

Em janeiro do ano das eleições municipais, o pai de um possível candidato à prefeitura de determinado município, em entrevista concedida a uma rádio local, exaltou a eventual candidatura do filho, tendo mencionado durante a entrevista diversas qualidades pessoais de seu descendente, mas sem pedir que votassem nele. Por isso, o diretório de um partido formulou representação contra a conduta narrada, tendo alegado a prática de propaganda eleitoral antecipada.

(Juiz de Direito - TJ/BA - 2019 - CESPE/CEBRASPE) Considerando essa situação hipotética, assinale a opção correta.

(A) A situação configura propaganda eleitoral antecipada, pois, mesmo não tendo havido pedido explícito de votos, houve menção expressa à pretensa candidatura e exaltação das qualidades pessoais de pré-candidato.

(B) Se o pai do eventual candidato a prefeito não for filiado a partido político, tal fato impedirá sua responsabilização por propaganda antecipada, sendo possível, no entanto, a aplicação de sanção ao beneficiário da propaganda ilegal.

(C) A situação narrada não configura propaganda eleitoral antecipada, uma vez que houve a simples menção a eventual candidatura e exaltação de qualidades pessoais de possível pré-candidato, sem pedido explícito de votos.

(D) A conduta não se enquadra como propaganda eleitoral antecipada, pois o lapso temporal existente entre a entrevista e as eleições impede a caracterização da ilegalidade da entrevista.

(E) Antes do recebimento da representação, o juiz eleitoral da comarca, investido de poder de polícia, poderia ter instaurado, de ofício, procedimento com a finalidade de impor multa pela veiculação de propaganda eleitoral ilícita.

A: Incorreta. No caso não se verifica a ocorrência de propaganda eleitoral antecipada, já que a menção à pretensa candidatura ou exaltação das qualidades pessoais de pré-candidato, desde que não haja pedido explícito de voto (art. 36-A, Lei 9.504/97); **B:** Incorreta. É possível a aplicação de multa ao cidadão, independentemente de sua condição de vínculo com partido político (filiado). A aplicação de multa ao candidato também é possível (beneficiado), caso seja demonstrado seu prévio conhecimento da propaganda irregular (art. 36, § 3º, Lei 9504/97). **C:** Correta, pois em conformidade com o art. 36-A, Lei 9504/97). **D:** Incorreta. A questão temporal não é determinante. A jurisprudência esclarece que "a configuração de propaganda eleitoral antecipada independe da distância temporal entre o ato impugnado e a data das eleições ou das convenções partidárias de escolha dos candidatos" (TSE, Rec Rep 140/ 2010). **E:** Incorreta. Súmula TSE, no 18: "Conquanto investido de poder de polícia, não tem legitimidade o juiz eleitoral para, de ofício, instaurar procedimento com a finalidade de impor multa pela veiculação de propaganda eleitoral em desacordo com a Lei 9.504/1997". SC
Gabarito "C".

7. PRESTAÇÃO DE CONTAS, DESPESAS, ARRECADAÇÃO, FINANCIAMENTO DE CAMPANHA

(OAB/Exame XXXVIII) Helena, filiada ao partido político Beta e candidata ao cargo de governadora do Estado *Alfa*, consultou seu advogado a respeito da composição dos gastos de campanha, mais especificamente se o pagamento de honorários em razão da prestação de serviços advocatícios, no curso e em razão da campanha eleitoral, teria essa natureza jurídica.

A assessoria respondeu, corretamente, que os referidos honorários

(A) estão incluídos no limite de gastos de campanha, sendo tidos como despesas eleitorais.

(B) são considerados gastos eleitorais e não estão incluídos no limite de gastos de campanha.

(C) pela sua essência alimentar, não têm correlação com os gastos eleitorais, o que afasta a possibilidade de serem enquadrados em qualquer limitador de despesas.

(D) podem ser considerados gastos eleitorais, caso o candidato assim os declare, e estão incluídos no limite de gastos de campanha.

Considerando a complementariedade das alternativas, bem como a semelhança, os comentários serão apresentados de forma conjunta. Alternativas **A**, **C** e **D** estão incorretas. Apenas alternativa **B** poderia ser assinalada. Isto em razão de que as despesas com consultoria, assessoria e pagamento de honorários realizadas em decorrência da prestação de serviços advocatícios e de contabilidade no curso das campanhas eleitorais serão consideradas gastos eleitorais, mas serão excluídas do limite de gastos de campanha (§ 4º, art. 26, Lei 9.504/97).
Gabarito "B".

(Juiz de Direito – TJ/MS – 2020 – FCC) Ao disciplinar a arrecadação e a aplicação de recursos nas campanhas eleitorais, a Lei no 9.504, de 30 de setembro de 1997, estabelece que

(A) as despesas de natureza pessoal do candidato com combustível e manutenção de veículo automotor por ele usado na campanha são consideradas gastos eleitorais, sujeitando-se à prestação de contas.

(B) as despesas relativas à realização de pesquisas ou testes pré-eleitorais não são consideradas gastos eleitorais, não se lhes aplicando o dever de registro, nem os limites fixados na lei.

(C) o descumprimento dos limites de gastos fixados para cada campanha acarretará o pagamento de multa em valor equivalente a 100% (cem por cento) da quantia que ultrapassar o limite estabelecido, sem prejuízo da apuração da ocorrência de abuso do poder econômico.

(D) é facultativo para o partido e para os candidatos abrir conta bancária específica para registrar o movimento financeiro da campanha.

(E) é vedado ao candidato utilizar recursos próprios em sua campanha.

A: Incorreta. O art. 26, § 3º, Lei das Eleições, estabelece que não são considerados gastos, dentre outros, o combustível e manutenção de veículo automotor usado pelo candidato em campanha; **B:** Incorreta. Uma vez que o art. 26, XII, Lei das Eleições, dispõe que são considerados gastos, sujeitos a registro e aos limites legais, dentre outros, a realização de pesquisas ou testes pré-eleitorais; **C:** Correta. Conforme texto do art. 18-B, Lei das Eleições, "O descumprimento dos limites de gastos fixados para cada campanha acarretará o pagamento de multa em valor equivalente a 100% (cem por cento) da quantia que ultrapassar o limite estabelecido, sem prejuízo da apuração da ocorrência de abuso do poder econômico"; **D:** Incorreta. O art. 22, Lei das Eleições, estabelece que é obrigatório (e não facultativo) para o partido político e os candidatos, abrir conta bancária específica para registrar todo o movimento financeiro da campanha; **E:** Incorreta. O art. 23, § 2º-A, Lei das Eleições, estabelece que o candidato poderá usar recursos próprios em sua campanha até o total de 10% dos limites previstos para gastos de campanha no cargo em que concorrer. SC
Gabarito "C".

(Juiz de Direito – TJ/SC – 2019 – CESPE/CEBRASPE) Serão admitidos como recursos destinados às campanhas eleitorais os valores que

(A) forem provenientes de receitas decorrentes da aplicação financeira de recursos de campanha.

(B) forem provenientes de doações estimáveis em dinheiro feitas por pessoas jurídicas.

(C) não forem provenientes de doações de outros partidos e de outros candidatos.

(D) forem provenientes de doações em dinheiro feitas por pessoas jurídicas.

(E) não forem provenientes de promoção de eventos de arrecadação realizados diretamente pelo candidato.

Como fundamento das assertivas que serão comentadas em sequência, temos o conteúdo da Resolução TSE 23553/2017. **A:** Correta. Pois de acordo com o art. 15, VI, Resolução 23.607/2019, os recursos destinados às campanhas eleitorais, respeitados os limites previstos, somente são admitidos quando provenientes de rendimentos gerados pela aplicação de suas disponibilidades. **B:** Incorreta, uma vez que o art. 31, I, da Resolução veda que o partido político e o candidato receba tais quantias provenientes de pessoas jurídicas (é neste sentido, também, o inciso II, art. 31, Lei 9.096/95). **C:** Incorreta, vez que é admitido expressamente pelo art. 15, III da Resolução. **D:** Incorreta. Expressa vedação do art. 31, I, da Resolução. Também, inciso II, art. 31, Lei 9.096/95. **E:** Incorreta. Pois o art. 15, IV, Resolução, admite expressamente que sejam admitidos quando provenientes de promoção de eventos de arrecadação realizados diretamente pelo candidato. Gabarito "A".

(Juiz de Direito – TJ/SC – 2019 – CESPE/CEBRASPE) A respeito da prestação de contas por partidos políticos e candidatos e da arrecadação de dinheiro para fins eleitorais, julgue os seguintes itens.

I. As doações realizadas por pessoas físicas a partido político são limitadas a 10% dos rendimentos brutos auferidos pelo doador no ano-calendário anterior à eleição.

II. As contas bancárias utilizadas para o registro da movimentação financeira de campanha eleitoral estão submetidas ao sigilo, e seus extratos integram informações de natureza privada, não compondo a prestação de contas à justiça eleitoral.

III. O candidato deverá emitir recibo eleitoral referente à cessão de automóvel de propriedade de seu cônjuge que tenha sido destinado ao uso pessoal do candidato durante a campanha.

IV. Os partidos políticos devem destinar, no mínimo, 20% do montante do Fundo Especial de Financiamento de Campanha para aplicação nas campanhas de suas candidatas.

Assinale a opção correta.

(A) Apenas o item I está certo.

(B) Apenas o item II está certo.

(C) Apenas o item III está certo.

(D) Apenas os itens II e IV estão certos.

(E) Apenas os itens I, III e IV estão certos.

I: Verdadeiro. Conforme art. 23, Lei 9.504/97, que estabelece o limite de doações e contribuições até 10% dos rendimentos brutos auferidos pelo doador no ano anterior às eleições. **II:** Falso. O art. 34, Lei 9.096/97 dispõe que a Justiça Eleitoral exerce a fiscalização sobre a prestação de contas do partido e das despesas de campanha eleitoral, devendo atestar se elas refletem adequadamente a real movimentação financeira os dispêndios e os recursos aplicados nas campanhas eleitorais. **III:** Falso. O art. 28, § 6º, Lei 9.504/97, estabelece situações de dispensa de comprovação de prestação de contas, dentre as situações, a de cessão de automóvel de propriedade de candidato, do cônjuge e de seus parentes até o terceiro grau para seu uso pessoal durante a campanha

(inciso III). **IV:** Falso. Por ocasião do julgamento da ADI 5617, o STF entendeu que ao menos 30% dos recursos do Fundo Partidário deve ser direcionado às campanhas de candidatas, sem fixação de percentual máximo (julgamento em 15.03.2018). Gabarito "A".

8. JUSTIÇA ELEITORAL

(Juiz de Direito – TJ/AL – 2019 – FCC) Sobre os órgãos da Justiça Eleitoral, é correto afirmar:

(A) Compete ao Juiz Eleitoral processar e julgar o registro e o cancelamento de registro dos diretórios municipais de partidos políticos.

(B) Junta Eleitoral é órgão da Justiça Eleitoral composta pelo Juiz de Direito, que a preside, pelo representante do Ministério Público eleitoral e por dois a quatro cidadãos de notória idoneidade.

(C) O Tribunal Superior Eleitoral é composto, entre outros, por dois Juízes dentre seis advogados de notável saber jurídico e idoneidade moral, indicados pelo Senado Federal.

(D) Os tribunais regionais federais elegerão seu Presidente e Vice-Presidente dentre os Juízes que os compõem.

(E) Além da função jurisdicional, o Juiz Eleitoral exerce função administrativa, já que investido de poder de polícia. São exemplos dessa função administrativa: medidas para impedir a prática de propaganda eleitoral irregular e o alistamento eleitoral.

A: Incorreta, pois o art. 29, CE, dispõe que tal competência é atribuída aos TREs e não aos juízes eleitorais. **B:** Incorreta. A composição das juntas eleitorais deve obediência ao disposto no art. 36, CE, sendo composta por um juiz de direito (que será o presidente) e de 2 a 4 cidadãos de notória idoneidade. **C:** Incorreta. A composição do TSE, estabelecida no art. 119, CF, indica que a nomeação será pelo presidente da república e não pelo senado federal. **D:** Incorreta. O art. 120, § 2º, CF, dispõe que o Tribunal Regional Eleitoral elegerá seu Presidente e o Vice-Presidente dentre os desembargadores. A assertiva faz menção ao Tribunal Regional Federal, que sequer é órgão da justiça eleitoral, como orienta o enunciado. **E:** Correta. A assertiva está em plena consonância com o que dispõe o art. 35, CE. Em complemento, o art. 41, Lei das Eleições (Lei 9504/97) dispõe nos §§ 1º e 2º sobre o poder de polícia exercido pelos juízes eleitorais e a restrição deste poder às providências necessárias para inibir práticas ilegais. Gabarito "E".

> **Para lembrar:**
>
> Código Eleitoral – Art. 36. Compor-se-ão as juntas eleitorais de um juiz de direito, que será o presidente, e de 2 (dois) ou 4 (quatro) cidadãos de notória idoneidade.

9. AÇÕES, RECURSOS, IMPUGNAÇÕES

(Juiz de Direito – TJ/MS – 2020 – FCC) À luz da jurisprudência do Tribunal Superior Eleitoral, no âmbito do processo de registro de candidatos para disputa de mandato eletivo,

(A) o partido que não impugnou o pedido de registro de candidato não tem legitimidade para recorrer da sentença que o deferiu, salvo se se cuidar de matéria constitucional.

(B) há formação de litisconsórcio passivo necessário entre o candidato e seu partido ou coligação, na ação de impugnação de registro de candidatura.

(C) compete à Justiça Eleitoral verificar a prescrição da pretensão punitiva ou executória do candidato e declarar a extinção da pena imposta pela Justiça Comum.

(D) o juiz eleitoral não pode conhecer de ofício da existência de causas de inelegibilidade ou da ausência de condição de elegibilidade, mesmo que resguardados o contraditório e a ampla defesa.

(E) a Carteira Nacional de Habilitação não gera a presunção da escolaridade necessária ao deferimento do registro de candidatura.

A: Correta, conforme enunciado da Súmula TSE 11: "No processo de registro de candidatos, o partido que não o impugnou não tem legitimidade para recorrer da sentença que o deferiu, salvo se se cuidar de matéria constitucional."; **B:** Incorreta. Pois não há litisconsórcio passivo necessário, conforme Súmula 40, TSE: "O partido político não é litisconsorte passivo necessário em ações que visem à cassação de diploma". Importante ter atenção para que não haja confusão com a Súmula TSE 38, que trata do litisconsórcio passivo necessário entre titular e vice em chapa majoritária, na AIRC; **C:** Incorreta. A Súmula TSE, 58, estabelece que "não compete à Justiça Eleitoral, em processo de registro de candidatura, verificar a prescrição da pretensão punitiva ou executória do candidato e declarar a extinção da pena imposta pela Justiça Comum"; **D:** Incorreta. Pois a Súmula 45, TSE, estabelece que "Nos processos de registro de candidatura, o Juiz Eleitoral pode conhecer de ofício da existência de causas de inelegibilidade ou da ausência de condição de elegibilidade, desde que resguardados o contraditório e a ampla defesa"; **E:** Incorreta. Pois a redação da Súmula, 55, TSE, estabelece que "A Carteira Nacional de Habilitação gera a presunção da escolaridade necessária ao deferimento do registro de candidatura". SC
Gabarito "A".

(Juiz de Direito - TJ/BA - 2019 - CESPE/CEBRASPE) A respeito dos crimes eleitorais e do processo penal eleitoral, julgue os itens a seguir.

I. No crime de calúnia eleitoral, a prova da verdade do fato é admitida ainda que, sendo o fato imputado objeto de ação penal privada, o ofendido tenha sido condenado por sentença recorrível.

II. A transação penal e a suspensão condicional do processo não são admitidas no processo penal eleitoral.

III. Constitui crime a contratação, direta ou indireta, de grupo de pessoas com a finalidade de emitir mensagens ou comentários na Internet para ofender a honra de candidato, partido ou coligação.

IV. De acordo com o Código Eleitoral, os TREs e o TSE possuem competência para julgar *habeas corpus*, quando houver perigo de se consumar a violência antes que o juiz competente possa prover sobre a impetração.

Assinale a opção correta.

(A) Estão certos apenas os itens I e II.

(B) Estão certos apenas os itens I e IV.

(C) Estão certos apenas os itens II e III.

(D) Estão certos apenas os itens III e IV.

(E) Todos os itens estão certos.

I: Incorreta. No crime de calúnia eleitoral a prova da verdade do fato exclui o crime, mas NÃO é admitida se, constituindo o fato imputado crime de ação privada, o ofendido, não foi condenado por sentença irrecorrível, art. 324, § 2º, I, do Código Eleitoral; **II:** Incorreta. A transação penal e a suspensão condicional do processo são admitidas no processo penal eleitoral. **III.** Correta, conforme art. 57-H, §1º, Lei 9.504/97, que dispõe "Constitui crime a contratação direta ou indireta

de grupo de pessoas com a finalidade específica de emitir mensagens ou comentários na internet para ofender a honra ou denegrir a imagem de candidato, partido ou coligação, punível com detenção de 2 (dois) a 4 (quatro) anos e multa de R$ 15.000,00 (quinze mil reais) a R$ 50.000,00 (cinquenta mil reais)."; **IV:** correta, de acordo com os artigos 22 e 29 do Código Eleitoral. SC
Gabarito "D".

(Juiz de Direito - TJ/BA - 2019 - CESPE/CEBRASPE) Com base na lei e na jurisprudência do TSE acerca dos processos judiciais e dos recursos eleitorais, assinale a opção correta.

(A) Em razão do princípio da inalterabilidade das decisões judiciais, o juízo de retratação realizado pelos juízes eleitorais, quando do recebimento de recursos, exige pedido expresso da parte recorrente.

(B) A partir das eleições municipais de 2016, nas ações de investigação judicial eleitoral, é facultativo o litisconsórcio passivo entre o responsável pela prática de abuso de poder político e o candidato beneficiado pelo ato ilegal.

(C) Para que uma ação que vise apurar abuso de poder seja julgada procedente, é necessário comprovar que o evento, além de afetar o equilíbrio na disputa eleitoral, pode alterar o resultado das eleições.

(D) A União é parte legítima para requerer a execução de multa por descumprimento de ordem judicial no âmbito da justiça eleitoral.

(E) Em processo de cassação de mandato de governador e de vice-governador, há interesse jurídico dos respectivos deputados estaduais para ingressar na demanda, autonomamente, como terceiros prejudicados.

A: incorreta. Uma vez que a posição jurisprudencial (Ac.-TSE, de 10.3.2015, no RMS nº 5698) é no sentido de que o juízo de retratação prescinde de pedido expresso da parte recorrente, consubstanciando-se como exceção ao princípio da inalterabilidade da decisão na Justiça Eleitoral ; **B:** incorreta, uma vez que a partir das eleições de 2016 o litisconsórcio passivo necessário entre o candidato beneficiário e o responsável pela prática de abuso do poder político passa a ser obrigatório nas ações de investigação judicial eleitoral – AIJE - Ac.--TSE, de 21.6.2016, no REspe nº 84356; **C:** incorreta. O art. 22, XVI, LC 64/90, dispõe que "para a configuração do ato abusivo, não será considerada a potencialidade do o fato alterar o resultado da eleição, mas apenas a gravidade das circunstâncias que o caracterizam"; **D:** correta, conforme dispõe a Súmula 68 do TSE: A União é parte legítima para requerer a execução de astreintes, fixada por descumprimento de ordem judicial no âmbito da Justiça Eleitoral.; **E:** incorreta. O TSE se manifestou no sentido de que *"O Plenário do Tribunal Superior Eleitoral, por unanimidade, ao julgar embargos de declaração opostos a acórdão que cassou o mandato do governador e do vice-governador do Amazonas e determinou a realização de novas eleições, entendeu pela inexistência de interesse jurídico que autorizasse, isoladamente, os deputados estaduais do estado a integrar o processo como terceiros prejudicados, reconhecendo, entretanto, a existência de tal interesse por parte da Assembleia Legislativa. Não repercute no campo dos direitos dos deputados estaduais nem afeta prerrogativas inerentes ao cargo que ocupam, pois a intenção em participar de eventual eleição indireta representa tão somente interesse de fato que não possibilita a ampliação subjetiva da demanda. Em relação aos embargos opostos pela Assembleia Legislativa, o ministro entendeu que há interesse jurídico que enseja o conhecimento do recurso, tendo em vista a discussão sobre a incidência do § 4º do art. 224 do Código Eleitoral, que prevê eleições diretas quando a vacância do cargo ocorrer mais de seis meses antes do final do mandato."* Informativo 11/2017 TSE – j 22.8.17. SC
Gabarito "D".

18. DIREITO ELEITORAL **1143**

Veja a seguinte tabela resumida com as principais ações cíveis eleitorais e os recursos cabíveis:

Principais Ações Cíveis Eleitorais e Recursos		
	Cabimento – observações	**Prazo**
Ação de Impugnação de Registro de Candidatura – AIRC Art. 3° da Lei da Inelegibilidade – LI (LC 64/1990)	–Para impugnar registro de candidatura –Rito do próprio art. 3° e seguintes da Lei da Inelegibilidade – LI (LC 64/1990) –Súmula 11/TSE: no processo de registro de candidatos, o partido que não o impugnou não tem legitimidade para recorrer da sentença que o deferiu, salvo se se cuidar de matéria constitucional	5 dias da publicação do pedido de registro
Ação de Investigação Judicial Eleitoral – AIJE Art. 22 da LI	–Declaração de inelegibilidade por uso indevido, desvio ou abuso do poder econômico ou do poder de autoridade, ou utilização indevida de veículos ou meios de comunicação social, em benefício de candidato ou de partido político –Rito do próprio art. 22 da LI –A legitimidade ativa para a representação é de qualquer partido político, coligação, candidato ou Ministério Público Eleitoral –Se for julgada procedente antes das eleições, há cassação do registro do candidato diretamente beneficiado. Se for julgada procedente após as eleições, o MP poderá ajuizar AIME e/ou RCED	Entre o registro da candidatura e a diplomação
Ação de Impugnação de Mandato Eletivo – AIME Art. 14, § 10, da CF	–Casos de abuso do poder econômico, corrupção ou fraude –Rito da LI, mas a cassação de mandato tem efeito imediato (não se aplica o art. 15 da Lei de Inelegibilidade) –A AIME deve ser instruída com provas de abuso do poder econômico, corrupção ou fraude, mas o TSE tem entendimento de que não se trata de prova pré-constituída, sendo exigidos apenas indícios idôneos do cometimento desses ilícitos – ver RESPE 16.257/PE-TSE	Em até 15 dias da diplomação
Recurso contra a Expedição de Diploma – RCED Art. 262 do CE	–Casos de inelegibilidade ou incompatibilidade de candidato; errônea interpretação da lei quanto à aplicação do sistema de representação proporcional; erro de direito ou de fato na apuração final, quanto à determinação do quociente eleitoral ou partidário, contagem de votos e classificação de candidato, ou a sua contemplação sob determinada legenda; concessão ou denegação do diploma em manifesta contradição com a prova dos autos, nas hipóteses do art. 222 do CE e do art. 41-A da LE –Não há requisito de prova pré-constituída – ver RCED 767/SP-TSE	3 dias contados da diplomação
Representação Arts. 30-A, 41-A, 73 a 77 da LE	Casos de: –ilícitos na arrecadação e nos gastos de campanha (art. 30-A da LE) –captação de sufrágio (compra de voto – art. 41-A da LE) –condutas vedadas a agentes públicos em campanhas (arts. 73 a 77 da LE) –Rito ordinário eleitoral (art. 22 da LI), ou rito sumário do art. 96 da LE para o caso das condutas vedadas –A demonstração da potencialidade lesiva é exigida apenas para a prova do abuso do poder econômico, mas não para a comprovação de captação ilícita de sufrágio (= compra de votos) – ver RCED 774/SP-TSE e RO 1.461/GO	– até 15 dias da diplomação, no caso de ilícitos na arrecadação e nos gastos de campanha – até a diplomação, no caso de captação ilícita de sufrágio – até a eleição, no caso das condutas vedadas – recursos contra a decisão em 3 dias
Ação Rescisória Eleitoral Art. 22, I, *j*, do CE	–Casos de inelegibilidade –Proposta no TSE –Possibilita-se o exercício do mandato eletivo até o seu trânsito em julgado	120 dias da decisão irrecorrível

Principais Ações Cíveis Eleitorais e Recursos

	Cabimento – observações	Prazo
Direito de resposta Art. 58 da LE	Casos de candidato, partido ou coligação atingidos, ainda que de forma indireta, por conceito, imagem ou afirmação caluniosa, difamatória, injuriosa ou sabidamente inverídica, difundidos por qualquer veículo de comunicação social	– 24 horas, horário eleitoral gratuito – 48 horas, programação normal de rádio e televisão – 72 horas, órgão de imprensa escrita – Recurso em 24 horas da publicação em cartório ou sessão
Recursos Inominados –Art. 96, § 4º, da LE –Art. 8º da LI –Arts. 29, II, e 265, c/c art. 169 do CE	Contra decisões de juízes e juízes auxiliares, atos e decisões das juntas eleitorais, e decisões em *habeas corpus* ou mandado de segurança	– 24 horas (art. 96, § 8º, da LE) da publicação em cartório ou sessão – 3 dias da publicação em cartório (art. 8º da LI)
Recurso Especial Art. 276, I, do CE	Contra decisões dos TREs proferidas contra expressa disposição de lei; ou quando ocorrer divergência na interpretação de lei entre dois ou mais tribunais eleitorais.	3 dias da publicação da decisão
Recurso Extraordinário contra decisão do TSE Art. 281 do CE	Violação à Constituição Federal	3 dias – art. 12 da Lei 6.055/1974, ver AI 616.654 AgR/SP-STF.
Agravo de Instrumento Arts. 279 e 282 do CE	Denegação de RESPE ou de RE	3 dias para peticionar mais 3 dias para formar o instrumento
Recurso ordinário para o TSE ou para o STF Arts. 276, II, e 281 do CE	Julgamentos originários dos TREs (sobre expedição de diplomas nas eleições federais e estaduais ou relativos a HC ou MS) ou do TSE	3 dias da publicação da decisão ou da sessão da diplomação

10. CRIMES ELEITORAIS

(Juiz de Direito – TJ/MS – 2020 – FCC) Em relação ao crime de falsidade ideológica eleitoral, definido no Código Eleitoral,

(A) a desaprovação das contas pela Justiça Eleitoral tipifica, por si só, o crime em questão, eis que, nesse caso, é possível presumir que determinadas despesas foram omitidas na prestação de contas.

(B) trata-se de crime material, que depende, para a sua consumação, de resultado danoso naturalístico.

(C) eventual falsidade cometida em processo de prestação de contas, por ser posterior à data das eleições, impossibilita a configuração desse crime, eis que tal elemento cronológico não se compatibiliza com a finalidade eleitoral da conduta.

(D) de acordo com o entendimento do Tribunal Superior Eleitoral, não é meio necessário, tampouco fase normal de preparação, para a prática do crime de induzimento à inscrição fraudulenta de eleitor, igualmente tipificado no Código Eleitoral.

(E) a demonstração da potencialidade lesiva da conduta não é necessária para a caracterização do crime, mas, se tal potencialidade estiver presente, incidirá causa de aumento de pena.

A: Incorreta. A mera desaprovação das contas pela Corte Eleitoral não tipifica, por si só, o crime previsto no art. 350, Código Eleitoral (STF, no AG.REG. na Petição 7.354/DF); **B:** Incorreta. De acordo com a jurisprudência do TSE, o tipo previsto neste artigo é um crime de natureza formal, sendo irrelevante a existência do resultado naturalístico, bastando que o documento falso tenha potencialidade lesiva (Ac.-TSE, de 7.12.2011, no HC 154094); **C:** Incorreta. De acordo com a jurisprudência do TSE, "é equivocada a afirmação de que nenhuma omissão de informações ou inserção de informações inverídicas em prestação de contas tem aptidão para configurar o delito em análise, por ser cronologicamente posterior às eleições" (Ac.-TSE, de 4.8.2015, no REspe 41861); **D:** Correta, sendo posição jurisprudencialmente aceita: "o tipo previsto neste artigo não é meio necessário nem fase normal de preparação para a prática do delito tipificado no art. 290 deste código; são crimes autônomos que podem ser praticados sem que um dependa do outro" (Ac.-TSE, de 18.8.2011, no REspe 23310); **E:** Incorreta. Conforme já apresentado anteriormente, basta que o documento falso possua potencialidade lesiva (Ac.-TSE, de 7.12.2011, no HC 154094). SC

Gabarito "D".

11. CONDUTAS VEDADAS AOS AGENTES PÚBLICOS

(Juiz – TJ-SC – FCC – 2017) No ano em que se realizar eleição, fica proibida a distribuição gratuita de bens, valores ou benefícios por parte da Administração pública, EXCETO em casos de:

18. DIREITO ELEITORAL · 1145

(A) estado de emergência, de intervenção federal ou de programas sociais autorizados em lei e já em execução orçamentária desde o primeiro semestre do ano eleitoral, mesmo que executados por entidade nominalmente vinculada a candidato ou por esse mantida.

(B) calamidade pública, de intervenção federal ou de programas sociais autorizados em lei e já em execução orçamentária desde o primeiro mês do ano eleitoral, vedada, no entanto, a execução de tais programas por entidade nominalmente vinculada a candidato ou por esse mantida.

(C) calamidade pública, de estado de emergência ou de programas sociais autorizados em lei e já em execução orçamentária no exercício anterior, vedada, no entanto, a execução de tais programas por entidade nominalmente vinculada a candidato ou por esse mantida.

(D) estado de emergência, de calamidade pública ou de programas sociais autorizados em lei e já em execução orçamentária desde o primeiro semestre do ano eleitoral, vedada, no entanto, a execução de tais programas por entidade nominalmente vinculada a candidato ou por esse mantida.

(E) calamidade pública, de intervenção federal ou de programas sociais autorizados em lei e já em execução orçamentária no exercício anterior, mesmo que executados por entidade nominalmente vinculada a candidato ou por esse mantida.

A única alternativa correta vem representada pela assertiva C, pois em plena consonância com o que estabelece o art. 73, §10, Lei das Eleições. O tema das condutas vedadas aos agentes públicos em campanhas eleitorais (art. 73 e seguintes da Lei das Eleições) é de extrema relevância para a carreira da magistratura, isto porque os colegas leitores (futuros magistrados!) que estiverem atuando nas comarcas com a cumulação de serviços eleitorais estarão diante de situações constantes ali descritas durante as eleições municipais. SC

Gabarito "C".

12. COMBINADAS E OUTRAS MATÉRIAS

(Juiz de Direito – TJ/SC – 2019 – CESPE/CEBRASPE) A respeito da criação de partidos políticos no Brasil, assinale a opção correta.

(A) Os fundadores de partido político em formação, em número máximo de cento e um, são encarregados de subscrever e dirigir os requerimentos de registro do partido para o cartório de registro civil de pessoas jurídicas competente.

(B) Após obter o seu registro civil, o partido político em formação deverá informar sua criação ao TSE, no prazo de cem dias contados da obtenção desse registro.

(C) Em até um ano após adquirir personalidade jurídica, o partido político tem de comprovar o apoiamento mínimo de eleitores filiados, no total de, pelo menos, 0,5% dos votos dados na última eleição geral para a Câmara dos Deputados, não computados os votos em branco e os nulos.

(D) A apresentação do requerimento de registro de partido político em formação no cartório de registro civil basta para autorizar à nova agremiação o recebimento de recursos do fundo partidário e o acesso gratuito ao rádio e à televisão para propaganda.

(E) A estrutura interna, a organização e o funcionamento do partido político em formação serão determinados pela justiça eleitoral, até o registro definitivo do partido.

A: Incorreta. O art. 8º, Lei 9.096/95, estabelece que o apoiamento inicial, para fins de aquisição de personalidade (registro do estatuto) junto ao cartório de registro civil de pessoas jurídicas deverá obedecer número nunca inferior a 101 fundadores. **B:** Correta. Trata-se de redação contida na Resolução TSE 23.571/18, art. 10, § 3º, que estabelece o prazo de 100 dias, a contar da obtenção do primeiro registro (aquisição de personalidade), para informar sua criação ao TSE. **C:** Incorreta. Pois o período em que é possível comprovar o apoiamento mínimo de eleitores é de dois anos (art. 7º, § 1º, Lei 9.096/95). **D:** Incorreta, pois para participar do processo eleitoral é necessário que o partido tenha cumprido com os dois registros: no cartório de pessoas jurídicas e no TSE. **E:** Incorreta. Pois tanto o art. 17, CF quanto o art. 3º, Lei 9.096/95, asseguram ao partido político autonomia para que defina sua estrutura interna, organização e funcionamento. SC

Gabarito "B".

(Juiz de Direito – TJ/SC – 2019 – CESPE/CEBRASPE) Embora os partidos políticos com registro deferido pelo Tribunal Superior Eleitoral (TSE) possam receber dinheiro proveniente de várias fontes para a sua própria manutenção, existem regramentos a serem obedecidos no gasto desse dinheiro pelos partidos políticos. Acerca desse assunto, assinale a opção correta.

(A) Os partidos políticos são autorizados a utilizar recursos do fundo partidário para celebrar contratos bancários, tais como empréstimos e consórcios, com o objetivo de adquirir imóvel para funcionar como sede de suas atividades.

(B) Os diretórios partidários são impedidos de utilizar recursos próprios para liquidação de contratos bancários, tais como empréstimos e consórcios, celebrados com o objetivo de adquirir imóvel para funcionar como sede de suas atividades.

(C) Os partidos políticos têm permissão para executar, com recursos do fundo partidário, obras de benfeitorias em imóvel locado como sede partidária por período não inferior a cinco anos, ainda que estritamente necessárias.

(D) Os diretórios partidários, em todas as instâncias, são autorizados a liquidar, com recursos próprios, contratos bancários, tais como empréstimos e consórcios, celebrados para aquisição de imóvel para funcionar como sede de suas atividades.

(E) Os partidos políticos são autorizados a empregar recursos do fundo partidário na execução de obras de benfeitorias, se estritamente necessárias, em imóvel locado como sede partidária por período inferior a cinco anos.

Atenção:
Não obstante a questão ser de 2019, especialmente em razão da inclusão do inciso X, art. 44, Lei dos Partidos Políticos (Lei 9.096/95), promovido pela Lei 13.877/2019, que estabelece que "os recursos oriundos do Fundo Partidário serão aplicados na compra ou locação de bens móveis e imóveis, bem como na edificação ou construção de sedes e afins, e na realização de reformas e outras adaptações nesses bens".

A questão, originalmente, exigia conhecimento acerca da Consulta TSE n. 52988, que orientava no sentido contrário da utilização, pelos diretórios partidários, de celebrar contratos bancários visando adquirir imóvel para funcionar como sede de suas atividades com a utilização dos recursos do Fundo Partidário (circunstância que passou a ser autorizada com o advento da Lei 13.877/2019). SC

Gabarito "D".

(Juiz de Direito – TJ/SC – 2019 – CESPE/CEBRASPE) Terão acesso aos recursos do fundo partidário e à propaganda gratuita no rádio e na televisão os partidos políticos que, na legislatura seguinte às eleições de 2018, obtiverem, nas eleições para a Câmara dos Deputados, no mínimo

- **(A)** 1% dos votos válidos, distribuídos em pelo menos um terço das unidades da Federação, com, no mínimo, 1% dos votos válidos em cada uma delas.
- **(B)** 1,5% dos votos válidos, distribuídos em pelo menos um terço das unidades da Federação, com, no mínimo, 1% dos votos válidos em cada uma delas.
- **(C)** 2% dos votos válidos, distribuídos em pelo menos um terço das unidades da Federação, com, no mínimo, 1,5% dos votos válidos em cada uma delas.
- **(D)** 2,5% dos votos válidos, distribuídos em pelo menos um terço das unidades da Federação, com no mínimo, 2% dos votos válidos em cada uma delas.
- **(E)** 2,5% dos votos válidos, distribuídos em pelo menos um terço das unidades da Federação, com, no mínimo, 2,5% dos votos válidos em cada uma delas.

A EC 97/2017 trouxe importantes alterações ao art. 17, CF, relativamente aos partidos políticos. Considerando a abordagem da questão, necessário conhecimento do texto da emenda, e não apenas as alterações apresentadas no citado art. 17. Explico: uma das alterações envolve a criação da chamada "cláusula de barreira" ou "cláusula de desempenho", de modo que a agremiação apenas terá acesso aos recursos do fundo partidário e à propaganda gratuita no rádio e na televisão (direito de antena) se comprovar desempenho mínimo nas urnas. O art. 3º, EC 97/2017 traz um escalonamento deste "desempenho", indicando qual é o mínimo a ser cumprido em cada legislatura posterior às eleições indicadas, considerando as eleições para a Câmara dos Deputados (não pode ser considerado o número de senadores eleitos no cumprimento deste critério). Vejamos:

> **I – na legislatura seguinte às eleições de 2018:**
> *a)* 1,5% (um e meio por cento) dos votos válidos, distribuídos em pelo menos um terço das unidades da Federação, com um mínimo de 1% (um por cento) dos votos válidos em cada uma delas; ou
> *b)* tiverem elegido pelo menos nove Deputados Federais distribuídos em pelo menos um terço das unidades da Federação;
> **II – na legislatura seguinte às eleições de 2022:**
> *a)* 2% (dois por cento) dos votos válidos, distribuídos em pelo menos um terço das unidades da Federação, com um mínimo de 1% (um por cento) dos votos válidos em cada uma delas; ou
> *b)* tiverem elegido pelo menos onze Deputados Federais distribuídos em pelo menos um terço das unidades da Federação;
> **III – na legislatura seguinte às eleições de 2026:**
> *a)* 2,5% (dois e meio por cento) dos votos válidos, distribuídos em pelo menos um terço das unidades da Federação, com um mínimo de 1,5% (um e meio por cento) dos votos válidos em cada uma delas; ou
> *b)* tiverem elegido pelo menos treze Deputados Federais distribuídos em pelo menos um terço das unidades da Federação.

Desta forma, a resposta correta está contida na alternativa B. SC

Gabarito "B".

19. DIREITO PREVIDENCIÁRIO

Ricardo Quartim, Robinson Barreirinhas e Henrique Subi[1]

1. PRINCÍPIOS E NORMAS GERAIS

(Juiz – TRF 4ª Região – 2016) Assinale a alternativa correta.

Com base nos conceitos e nos princípios informadores da Previdência Social:

(A) O Regime Geral da Previdência Social deverá observar critérios que preservem o equilíbrio financeiro e atuarial, bem como possuir caráter contributivo e filiação obrigatória.

(B) O caráter democrático e descentralizado da administração da Previdência Social garante participação dos empregadores, dos aposentados e do Governo nos órgãos colegiados, conformando a denominada gestão tripartite.

(C) É assegurado o reajustamento dos benefícios previdenciários para preservar-lhes, em caráter permanente, o valor real, conforme critérios definidos em decreto anual do Presidente da República.

(D) A Previdência Social, organizada sob a forma do regime geral, atenderá, exclusivamente, nos termos da lei, à cobertura dos eventos de doença, morte e idade avançada.

(E) É vedada a adoção de requisitos e critérios diferenciados para a concessão de qualquer aposentadoria no Regime Geral da Previdência Social, por força do princípio da equivalência e da uniformidade dos benefícios.

A: correta, nos termos do art. 201, "caput", da CF; **B:** incorreta. A gestão será quadripartite, acolhendo também representant dos trabalhadores (art. 194, parágrafo único, VII, da CF); **C:** incorreta. Os critérios de reajuste dos benefícios devem ser definidos em lei (art. 201, §4º, da CF). O STF reiterou em diversas oportunidades ser de competência do legislador ordinário definir as diretrizes para a conservação do valor real do benefício (AI Agr 668.444, DJ 07.12.2007); **D:** incorreta. O rol do art. 201, dentro do qual se localizam os eventos doença, morte e idade avançada, contempla outras tantas contingências e não é exaustivo; **E:** incorreta, porque, excepcionalmente, é aceita a existência de critérios diferentes em caso de atividades exercidas com efetiva exposição a agentes químicos, físicos e biológicos prejudiciais à saúde ou para pessoas portadoras de deficiência (art. 201, §1º, da CF). RQ

Gabarito "A".

2. CUSTEIO

(Juiz – TRF 4ª Região – 2016) Assinale a alternativa correta.

(A) O tempo de contribuição ou de serviço contado por um sistema para concessão de aposentadoria poderá ser aproveitado para outro sistema, desde que anterior à edição da Lei Federal nº 8.213/91.

(B) Na contagem do tempo de contribuição ou de serviço regulado pela Lei nº 8.213/91, não será admitida a contagem em dobro ou em outras condições especiais, exceto se comprovado o duplo recolhimento das contribuições.

(C) Atualmente, o exercente de mandato eletivo federal é considerado segurado obrigatório do Regime Geral da Previdência Social, independentemente de ser vinculado a regime próprio.

(D) A compensação financeira entre os regimes de previdência será feita ao sistema que o interessado estiver vinculado ao requerer o benefício pelos demais sistemas, em relação aos respectivos tempos de contribuição ou de serviço, conforme dispuser o regulamento.

(E) O tempo de serviço militar, inclusive voluntário, desde que seja posterior à filiação ao Regime Geral de Previdência Social e não tenha sido contado para inatividade remunerada nas Forças Armadas ou aposentadoria no serviço público, poderá ser aproveitado na aposentadoria pelo Regime Geral de Previdência Social.

A: incorreta. O aproveitamento para este fim é proibido pelo art. 96, III, da Lei 8.213/91; **B:** incorreta. Não está prevista qualquer exceção no RGPS (art. 96, I, da Lei 8.213/1991); **C:** incorreta. Somente será considerado segurado obrigatório do RGPS, na qualidade de empregado, o exercente de mandato eletivo que não esteja vinculado a regime próprio de previdência (art. 11, I, *h*, da Lei 8.213/1991). O art. 14 da EC 103/2019 vedou a adesão de novos segurados e a instituição de novos regimes de previdência aplicáveis a titulares de mandato eletivo da União, dos Estados, do Distrito Federal e dos Municípios; **D:** correta, nos termos do art. 94, §1º, da Lei 8.213/1991; **E:** incorreta. O tempo de serviço militar é contado **ainda que** anterior à filiação ao RGPS (art. 55, I, da Lei 8.213/1991 e art. 201, §9º-A, da CF). RQ

Gabarito "D".

3. SEGURADOS, DEPENDENTES

(Juiz – TRF 3ª Região – 2016) Assinale a alternativa incorreta:

(A) Os segurados facultativos são aqueles que não exercem atividade remunerada, enquadrada por lei como obrigatória, tenham idade mínima de 16 (dezesseis) anos, não se enquadrem em regime próprio e decidam contribuir para o Regime Geral da Previdência Social.

(B) São segurados obrigatórios da Previdência Social aqueles que exercem atividade remunerada, os quais são divididos nas seguintes classes: empregado, empregado doméstico, trabalhador avulso, contribuinte individual, segurado especial, bolsista e estagiário prestadores de serviços à empresa, nos termos da Lei 11.788/2008.

(C) O período de graça é o prazo em que a pessoa mantém a qualidade de segurado, embora não esteja vertendo

---

1. RB questões comentadas por: **Robinson Barreirinhas**
   HS questões comentadas por: **Henrique Subi**
   RQ questões comentadas por: **Ricardo Quartim**

contribuições, podendo ou não ter limite, nos termos da lei, e conservando todos os seus direitos perante a previdência social.

(D) É beneficiário do Regime Geral da Previdência Social, na condição de dependente do segurado, o irmão não emancipado, de qualquer condição, menor de 21 (vinte e um) anos ou inválido ou que tenha deficiência intelectual ou mental ou deficiência grave.

A: correta, nos termos dos arts. 11 do Decreto 3.048/1999; **B:** incorreta, pois bolsista e estagiário não constituem classes ou tipos de segurados da previdência social. O bolsista e o estagiário são segurados facultativos (art. 11, VII e VIII, do Decreto 3.048/1999). Já o bolsista da Fundação Habitacional do Exército contratado em conformidade com a Lei 6.855/1980, se enquadra como contribuinte individual (CC 140.943, j. 28.09.2016); **C:** correta, nos termos do art. 15 da Lei 8.213/1991. O termo "período de graça" não é adotado pela lei, tendo sido cunhado pela doutrina; **D:** correta, nos termos do art. 16, III, da Lei 8.213/1991. Note que a invalidez ou deficiência que ocorra após o óbito não gera direito ao benefício de pensão por morte (Súmula 663 do STJ). RO

Gabarito "B".

(OAB/Exame XXXVIII) Manoel, empresário do segmento de alimentação, desempenha suas atividades como sócio administrador de sua sociedade empresária, a qual desenvolve suas atividades em mais de uma cidade, recebendo seu pro-labore regularmente. Além da condição de empresário, Manoel também é engajado em diversas ações voluntárias em prol de pessoas carentes.

Diante dessa realidade, sobre os direitos previdenciários de Manoel assinale a afirmativa correta.

(A) Devido à atividade beneficente de Manoel, ele poderá verter contribuições ao Regime Geral de Previdência Social na condição de facultativo, além de seus aportes como empresário.

(B) Na condição de empresário administrador de sua sociedade empresária, Manoel é segurado obrigatório do Regime Geral de Previdência Social, como contribuinte individual.

(C) Manoel, na condição de administrador de sua sociedade, não poderá aposentar-se por invalidez, tendo em vista a prestação ser restrita a segurados empregados, somente.

(D) Manoel, caso encerre suas atividades profissionais, não poderá manter recolhimentos ao Regime Geral de Previdência Social, haja vista a perda da qualidade de segurado.

A: Incorreta. Manoel participa do RGPS como contribuinte individual, motivo pelo qual não pode se inscrever, também, como segurado facultativo. O art. 13 da Lei 8.213/1991 proíbe que segurado obrigatório se inscreva como segurado facultativo; **B:** Correta, nos termos do art. 11, V, alínea 'f', da Lei 8.213/1991; **C:** Incorreta, pois o segurado contribuinte individual faz jus à aposentadoria por invalidez. O benefício por incapacidade ao qual o contribuinte individual não tem direito é o auxílio-acidente, nos termos do art. 18, §1º, da Lei 8.213/1991; **D:** Incorreta. Uma vez encerrada sua atuação como empresário, Manoel poderá passar a contribuir como segurado facultativo. RO

Gabarito "B".

Veja as seguintes tabelas, com os segurados obrigatórios do RGPS e os dependentes:

Segurados obrigatórios do RGPS – art. 11 do PBPS	
Empregado	– aquele que presta serviço de natureza urbana ou rural à empresa, em caráter não eventual, sob sua subordinação e mediante remuneração, inclusive como diretor empregado; – aquele que, contratado por empresa de trabalho temporário, definida em legislação específica, presta serviço para atender a necessidade transitória de substituição de pessoal regular e permanente ou a acréscimo extraordinário de serviços de outras empresas; – o brasileiro ou o estrangeiro domiciliado e contratado no Brasil para trabalhar como empregado em sucursal ou agência de empresa nacional no exterior; – aquele que presta serviço no Brasil a missão diplomática ou a repartição consular de carreira estrangeira e a órgãos a elas subordinados, ou a membros dessas missões e repartições, excluídos o não brasileiro sem residência permanente no Brasil e o brasileiro amparado pela legislação previdenciária do país da respectiva missão diplomática ou repartição consular; – o brasileiro civil que trabalha para a União, no exterior, em organismos oficiais brasileiros ou internacionais dos quais o Brasil seja membro efetivo, ainda que lá domiciliado e contratado, salvo se segurado na forma da legislação vigente do país do domicílio; – o brasileiro ou estrangeiro domiciliado e contratado no Brasil para trabalhar como empregado em empresa domiciliada no exterior, cuja maioria do capital votante pertença a empresa brasileira de capital nacional; – o servidor público ocupante de cargo em comissão, sem vínculo efetivo com a União, Autarquias, inclusive em regime especial, e Fundações Públicas Federais; – o exercente de mandato eletivo federal, estadual ou municipal, desde que não vinculado a regime próprio de previdência social; – o empregado de organismo oficial internacional ou estrangeiro em funcionamento no Brasil, salvo quando coberto por regime próprio de previdência social;
Empregado doméstico	– aquele que presta serviço de natureza contínua a pessoa ou família, no âmbito residencial desta, em atividades sem fins lucrativos;

Contribuinte individual	– a pessoa física, proprietária ou não, que explora atividade agropecuária, a qualquer título, em caráter permanente ou temporário, em área superior a 4 (quatro) módulos fiscais; ou, quando em área igual ou inferior a 4 (quatro) módulos fiscais ou atividade pesqueira, com auxílio de empregados ou por intermédio de prepostos; ou ainda nas hipóteses dos §§ 9º e 10 deste artigo; – a pessoa física, proprietária ou não, que explora atividade de extração mineral – garimpo, em caráter permanente ou temporário, diretamente ou por intermédio de prepostos, com ou sem o auxílio de empregados, utilizados a qualquer título, ainda que de forma não contínua; – o ministro de confissão religiosa e o membro de instituto de vida consagrada, de congregação ou de ordem religiosa; – o brasileiro civil que trabalha no exterior para organismo oficial internacional do qual o Brasil é membro efetivo, ainda que lá domiciliado e contratado, salvo quando coberto por regime próprio de previdência social; – o titular de firma individual urbana ou rural, o diretor não empregado e o membro de conselho de administração de sociedade anônima, o sócio solidário, o sócio de indústria, o sócio gerente e o sócio cotista que recebam remuneração decorrente de seu trabalho em empresa urbana ou rural, e o associado eleito para cargo de direção em cooperativa, associação ou entidade de qualquer natureza ou finalidade, bem como o síndico ou administrador eleito para exercer atividade de direção condominial, desde que recebam remuneração; – quem presta serviço de natureza urbana ou rural, em caráter eventual, a uma ou mais empresas, sem relação de emprego; – a pessoa física que exerce, por conta própria, atividade econômica de natureza urbana, com fins lucrativos ou não; – o médico-residente (Lei 6.932/1981); – o bolsista da Fundação Habitacional do Exército contratado em conformidade com a Lei 6.855/1980; – o árbitro de competições desportivas e seus auxiliares que atuem em conformidade com a Lei 9.615/1998.
Trabalhador avulso	– quem presta, a diversas empresas, sem vínculo empregatício, serviço de natureza urbana ou rural definidos no Regulamento;
Segurado especial	– como segurado especial: a pessoa física residente no imóvel rural ou em aglomerado urbano ou rural próximo a ele que, individualmente ou em regime de economia familiar, ainda que com o auxílio eventual de terceiros, exerça as atividades de produtor ou pescador, ou seja cônjuge, companheiro, filho ou equiparado, conforme o art. 11, VII, do PBPS.

> **Dependentes no RGPS – art. 16 do PBPS – a primeira classe com dependente exclui as seguintes**
>
> – o cônjuge, a companheira, o companheiro e o filho não emancipado, de qualquer condição, menor de 21 (vinte e um) anos ou inválido ou que tenha deficiência intelectual ou mental grave. A dependência econômica desses é presumida, a dos demais deve ser comprovada – § 3º. O enteado e o menor tutelado equiparam-se a filho, mediante declaração do segurado, e desde que comprovada a dependência econômica – § 2º;
> – os pais;
> – o irmão não emancipado, de qualquer condição, menor de 21 (vinte e um) anos ou inválido ou que tenha deficiência intelectual ou mental ou deficiência grave.

4. BENEFÍCIOS

(Juiz – TRF5 – 2017 – CESPE) Assinale a opção que apresenta requisito(s) para o pagamento vitalício de pensão por morte à companheira de segurado do regime geral de previdência social falecido.

(A) não exercício, pela companheira, na data do óbito, de atividade remunerada e comprovação de sua dependência econômica do segurado falecido

(B) convivência sob o mesmo teto por mais de dois anos e existência de filhos em comum

(C) invalidez da companheira e comprovação de sua dependência do segurado, independentemente do tempo de contribuição do segurado e da união estável

(D) mais de dezoito contribuições mensais, pelo segurado, na data do óbito, pelo menos dois anos de união estável, e idade mínima de quarenta e quatro anos para a companheira

(E) falecimento do segurado em decorrência de acidente de trabalho, independentemente do tempo de contribuição e do tempo de união estável

Desde a edição da Lei 13.135/2015 a pensão por morte somente será vitalícia se, cumulativamente, o segurado já houver contribuído com 18 prestações mensais, o casamento ou união estável tiver mais de 2 anos e o cônjuge/companheiro supérstite contar 44 anos de idade ou mais. Veja, a respeito, o art. 23, §4º, da EC 103/2019. **RD**
Gabarito "D".

(Juiz – TRF 2ª Região – 2017) Relativamente às pensões por morte do Regime Geral de Previdência Social (Lei nº 8.213/1991), assinale a opção correta:

(A) A jurisprudência dominante admite estender a pensão até os 24 anos de idade do beneficiário, desde que ele demonstre a necessidade e a sua condição de estudante universitário.

(B) A jurisprudência dominante aponta que o cônjuge divorciado, que recebia pensão alimentícia, concorrerá à pensão por morte com o coeficiente do benefício limitado ao percentual ou ao valor dos alimentos que recebia do falecido.

(C) O valor da pensão terá o coeficiente de 100% da aposentadoria que o segurado recebia ou a que teria direito se estivesse aposentado por invalidez, ainda que tenha havido óbito do instituidor em época em que a legislação vigente fixava o coeficiente em 80%.

(D) A mãe do segurado, quando idosa e na falta de beneficiários de classe anterior, faz jus à pensão derivada da morte do filho, sendo presumida a dependência econômica.

(E) O indivíduo maior, ainda que efetivamente inválido, não faz jus a receber a pensão decorrente do falecimento de seu irmão em concomitância com o filho menor deste, que já a recebe.

A: incorreta. A jurisprudência do STJ se assentou no sentido de que não é possível a extensão do benefício, por faltar previsão legal e em face da proibição constitucional de que se o faça sem a respectiva fonte de custeio (STJ, AgRg no AREsp 68.457); **B:** incorreta. A jurisprudência do STJ aponta que o cônjuge divorciado, que recebia pensão alimentícia, deve concorrer em igualdade de condições com os demais dependentes (STJ, REsp 887.271), na esteira do art. 76, §2º, do PBPS; **C:** incorreta. Aplica-se ao caso o brocardo *tempus regit actum*, sendo o coeficiente da renda mensal inicial obtido na legislação vigente à data do óbito, nos termos da Súmula 340 do STJ e do RExt nº 597.389/SP; **D:** incorreta. Os dependentes de segunda classe devem comprovar a dependência econômica para terem acesso aos benefícios previdenciários (art. 16, §4º, da Lei n 8.213/1991); **E:** correta. A existência de dependentes de classe superior (no caso, o filho – 1ª classe) impede o recebimento do benefício por dependentes de classes inferiores (no caso, o irmão inválido – 3ª classe), nos termos do art. 16, §1º, da Lei 8.213/91. **RO**

Gabarito "E".

(Juiz – TRF 2ª Região – 2017) Quanto ao Regime Geral de Previdência (RGPS) é correto afirmar:

(A) É possível a cumulação entre o auxílio-acidente e o auxílio-doença decorrentes do mesmo fato gerador incapacitante, pois o primeiro é benefício complementar da renda e, ademais, a vedação não é expressa no rol taxativo da Lei nº 8.213/1991.

(B) O tempo em que o segurado do RGPS recebe auxílio-doença não é computado como tempo de contribuição.

(C) A prestação relativa à pensão por morte independe de carência.

(D) Reconhecida a incapacidade parcial para o trabalho, o Juiz não pode conceder a aposentadoria por invalidez, mas sim o auxílio-doença.

(E) Após perdida a qualidade de segurado, em caso de lesão incapacitante, o beneficiário do RGPS precisa contribuir durante 6 meses, no mínimo, para fazer jus ao auxílio-doença.

A: incorreta. Os benefícios são inacumuláveis porque o art. 86, §2º, da Lei 8.213/91 determina que o auxílio-acidente comece a ser pago no dia seguinte ao da cessação do auxílio-doença, de modo que o mesmo fato gerador não pode gerar direito a ambos os benefícios (AgRg no Ag.Resp 152.315/SE).; **B:** incorreta. O art. 55, II, da Lei 8.213/1991 garante a contagem de tempo de serviço no período intercalado em que o segurado esteve em gozo de auxílio-doença ou aposentadoria por invalidez. A súmula 73 da Turma Nacional de Uniformização afirma que: *"o tempo de gozo de auxílio-doença ou de aposentadoria por invalidez não decorrentes de acidente de trabalho só pode ser computado como tempo de contribuição ou para fins de carência quando intercalado entre períodos nos quais houve recolhimento de contribuições para a previdência social."*; **C:** correta, nos termos do art. 26, I, da Lei 8.213/1991; **D:** incorreta. O auxílio-doença é pago somente em caso de incapacidade **total** e temporária (porém maior que 15 dias no caso do segurado empregado) para o exercício das funções **habituais** do segurado. No caso em exame, deve ser concedido o auxílio-acidente ou a reabilitação profissional; **E:** incorreta. "Lesão incapacitante" é

aquela prevista em portaria conjunta do Ministério da Saúde e da Previdência Social, as quais, nos termos do art. 26, II, da Lei 8.213/1991, independem de carência. **RO**

Gabarito "C".

(Juiz – TRF 3ª Região – 2016) Assinale a alternativa correta, acerca do cálculo do valor dos benefícios:

(A) O cálculo do valor dos benefícios de prestação continuada da Previdência Social corresponde à média dos 36 últimos salários-de-contribuição, corrigidos monetariamente mês a mês, de modo a preservar o seu valor real.

(B) O salário-de-benefício corresponde à renda mensal inicial dos benefícios pagos pela Previdência Social e é apurado por meio da aplicação da fórmula denominada Fator Previdenciário, não podendo ser inferior a um salário mínimo, nem superior ao limite máximo do salário-de- contribuição.

(C) A Lei 9.876/99 instituiu o Fator Previdenciário que passou a incidir no cálculo das aposentadorias por tempo de contribuição e por idade, ampliando o período de apuração dos salários-de- contribuição e agregando a expectativa de sobrevida e a idade do segurado no momento da aposentadoria.

(D) Período Básico de Cálculo – PBC é o período contributivo dos segurados filiados ao Regime Geral da Previdência Social, considerado para o cálculo do valor de todos os benefícios previdenciários, com exceção apenas do salário-maternidade.

A: incorreta. Os benefícios de prestação continuada da previdência social são calculados a partir da grandeza conhecida como salário de benefício, encontrado pela média aritmética simples das 80% maiores contribuições do segurado desde 1994, corrigidos monetariamente (art. 29 da Lei 8.213/1991 e art. 3º da Lei 9.876/1999). O art. 26 da Emenda Constitucional nº 103/2019 afirma que até que lei discipline o cálculo dos benefícios do Regime Geral de Previdência Social, será utilizada a média aritmética simples dos salários de contribuição, atualizados monetariamente, correspondentes a 100% (cem por cento) do período contributivo desde a competência julho de 1994 ou desde o início da contribuição, se posterior àquela competência; **B:** Incorreta. Salário--de-benefício é grandeza aferida a partir da média aritmética simples de determinado número de salários de contribuição, conforme os arts. 28 e 29 da Lei 8.213/1991 e o art. 26 da EC 103/2019. A Renda Mensal Inicial se obtém pela incidência de um coeficiente sobre o valor do salário-de-benefício. Assim como a prestação tributária é calculada através da incidência de uma alíquota sobre uma base-de--cálculo, a prestação previdenciária devida ao segurado é calculada pela incidência de uma alíquota ou coeficiente sobre o salário-de-benefício (veja, por exemplo, os arts. 61, 75 e 86, §1º, do PBPS); **C:** correta, nos termos do art. 5º da Lei 9.876/1999 e respectivo anexo. A propósito, a EC 103/2019 extinguiu a distinção entre aposentadoria por idade e aposentadoria por tempo de contribuição. Assim, ressalvados direitos adquiridos, existe agora apenas a aposentadoria programada, cujo deferimento exige tanto idade mínima como tempo de contribuição. O cálculo do salário de benefício da aposentadoria programada não inclui a utilização do fator previdenciário. Não se pode, contudo, afirmar que o fator previdenciário foi totalmente excluído de nosso ordenamento jurídico, pois ele ainda incide no caso da regra de transição prevista no art. 17 da EC 103/2019, como expressamente diz o parágrafo único de tal dispositivo. Na mesma seara, por força do art. 22 da EC nº 103/2019, a aposentadoria da pessoa com deficiência continuará sendo regida pela Lei Complementar 142/2013 até que lei discipline o artigo. 201, § 1º, I, da CF. Ora, o art. 9º, I, da LC 142/2013, afirma que o fator previdenciário incide nas aposentadorias de pessoas com deficiência, se resultar em

19. DIREITO PREVIDENCIÁRIO 1151

renda mensal de valor mais elevado; **D**: incorreta. Além do salário-maternidade, também o salário-família é pago em parcela fixa, não se valendo do conceito de salário-de-benefício. **RO**

Gabarito "C".

(Juiz – TRF 3ª Região – 2016) Sobre o benefício de auxílio-doença, é correto afirmar que:

(A) É devido ao segurado empregado que ficar incapacitado, temporariamente, para o seu trabalho, desde que cumprido o período de carência, devendo ser pago o seu salário integral pela empresa, durante os 30 (trinta) primeiros dias consecutivos ao do afastamento da atividade por motivo de doença.

(B) Para o segurado empregado, o benefício de auxílio-doença tem início no 16º dia da incapacidade, se requerido até 30 (trinta) dias do afastamento do trabalho.

(C) A progressão ou o agravamento da doença ou da lesão invocada como causa para a incapacidade devem ser anteriores à filiação do segurado ao Regime Geral de Previdência Social, para que seja devido o benefício de auxílio-doença.

(D) Cumpridos os requisitos legais, a concessão do auxílio-doença é devido a todos os segurados a partir da data do início da incapacidade.

A: incorreta. O salário será pago pela empresa ao segurado empregado nos primeiros 15 dias de afastamento (art. 60, §3º, da Lei 8.213/1991); **B**: correta, nos termos do art. 60 da Lei 8.213/1991; **C**: incorreta. As doenças e lesões pré-existentes, em regra, excluem o direito ao auxílio-doença, **salvo se** a incapacidade decorrer de agravamento dessas lesões causado pelo exercício do trabalho (art. 59, parágrafo único, da Lei 8.213/1991); **D**: incorreta. Para o segurado empregado, o benefício é devido somente a partir do 16º dia de afastamento (art. 60 da Lei 8.213/1991). **HS**

Gabarito "B".

(Juiz – TRF 3ª Região – 2016) Assinale a alternativa correta:

(A) O abono anual corresponde ao valor integral da prestação mensal e é devido a todos os beneficiários de prestação continuada do Sistema de Seguridade Social, sendo, apenas, proporcional ao número de meses da percepção do benefício, caso tenha percebido menos de 12 parcelas no ano.

(B) O valor dos benefícios em manutenção será reajustado, anualmente, na mesma data do reajuste do salário mínimo, *pro rata*, de acordo com suas respectivas datas de início ou do último reajustamento, e pelos mesmos índices.

(C) Não há ofensa aos princípios constitucionais da irredutibilidade e da preservação do valor real dos benefícios, a aplicação de reajustes com base nos critérios estabelecidos em lei.

(D) O primeiro pagamento do benefício será efetuado até trinta dias após a data da apresentação, pelo segurado, da documentação necessária à sua concessão.

A: incorreta. O abono anual é pago somente aos beneficiários em gozo de auxílio-doença, auxílio-acidente, aposentadoria, pensão por morte ou auxílio-reclusão. Além disso, seu valor é equivalente ao benefício pago no mês de dezembro do respectivo ano (art. 40 da Lei 8.213/1991); **B**: incorreta. O índice de reajustamento do benefício previdenciário é o INPC/IBGE (art. 41-A da Lei 8.213/1991), não se vinculando ao reajuste do salário mínimo, exceto, obviamente, quando o próprio benefício for

no valor de um salário mínimo; **C**: correta, nos termos da jurisprudência do STJ (*v.g.*, AgRg no REsp 1.019.510); **D**: incorreta. O prazo é de 45 dias (art. 174 do Decreto 3.048/1999). **HS**

Gabarito "C".

(Juiz – TRF 4ª Região – 2016) Assinale a alternativa correta.

Em relação aos benefícios previdenciários do Regime Geral de Previdência Social:

(A) Para fins previdenciários, a qualidade de dependente do companheiro ou companheira com o segurado ou a segurada está condicionada à comprovação da efetiva dependência econômica.

(B) A concessão da pensão por morte é regida pela lei vigente ao tempo da solicitação do benefício.

(C) O cálculo do fator previdenciário incide nas aposentadorias especial e por invalidez.

(D) É assegurada aposentadoria por idade ao segurado que completar 65 (sessenta e cinco) anos de idade, se homem, e 60 (sessenta) anos, se mulher, observada a carência exigida na Lei nº 8.213/91.

(E) A aposentadoria especial somente será devida ao segurado que tiver trabalhado em condições especiais que prejudiquem a saúde ou a integridade física durante 25 (vinte e cinco) anos e desde que cumprida a carência exigida na Lei nº 8.213/91.

A: incorreta. Como dependentes de primeira classe, o(a) companheiro(a) têm a dependência econômica presumida (art. 16, I e §4º, da Lei 8.213/1991); **B**: incorreta. O marco é a data do óbito, como se vê da Súmula 340 do STJ; **C**: incorreta. Nas regras anteriores à EC 103/2019 o fator previdenciário incidia, facultativamente, na aposentadoria por idade e, obrigatoriamente, na aposentadoria por tempo de contribuição, exceto se o resultado do tempo de contribuição e da idade do segurado, somados, for maior que 95, se homem, ou 85, se mulher, caso em que também seria facultativo (art. 29-C da Lei 8.213/1991); **D**: correta, no regime anterior à EC 103/2019, nos termos do art. 48 da Lei 8.213/1991; **E**: incorreta. A aposentadoria especial é devida também após 15 ou 20 anos de contribuição, a depender do grau de insalubridade ou periculosidade (art. 57 da Lei 8.213/1991 e art. 19, §1º, I, da EC 103/2019). **RO**

Gabarito "D".

(Juiz – TRF 4ª Região – 2016) Assinale a alternativa correta.

Em relação ao auxílio-doença no Regime Geral de Previdência Social:

(A) O benefício será devido ao segurado que, havendo cumprido, quando for o caso, o período de carência exigido em lei, ficar incapacitado para sua atividade laboral por, no mínimo, 30 (trinta) dias.

(B) Quando requerido por segurado afastado da atividade laboral por mais de 30 (trinta) dias, será devido a contar do 31º dia de afastamento do trabalho.

(C) Quando decorrente de acidente de trabalho, consistirá em uma renda mensal correspondente a 100% do salário de benefício.

(D) Será devido ao segurado que se filiar ao Regime Geral de Previdência Social já portador da doença, independentemente de a incapacidade decorrer de agravamento da lesão, desde que recolhidas as contribuições vencidas no prazo de 60 (sessenta) dias.

(E) O segurado em gozo desse benefício, insusceptível de recuperação para sua atividade habitual, deverá submeter-se a processo de reabilitação profissional para o exercício de outra atividade, mantendo a per cepção do auxílio-doença até que seja considerado habilitado para o desempenho de nova atividade que lhe garanta a subsistência ou, quando considerado não recuperável, for aposentado por invalidez.

A: incorreta. O benefício é devido já a partir do 16º dia de afastamento ao segurado empregado e desde o início da incapacidade aos demais segurados, desde que requerido em até 30 dias do afastamento da atividade (arts. 59 e 60 da Lei 8.213/1991); **B:** incorreta Quando requerido por segurado afastado da atividade por mais de 30 (trinta) dias, o auxílio-doença será devido a contar da data da entrada do requerimento, a rigor do art. 60, §1º, da Lei nº 8.213/91; **C:** incorreta. A renda mensal inicial é sempre de 91% do salário de benefício (art. 61 da Lei 8.213/91); **D:** incorreta. Doenças pré-existentes afastam o direito ao auxílio-doença, salvo se forem agravadas pelo exercício do trabalho (art. 59, parágrafo único, da Lei 8.213/91); **E:** correta, nos termos do art. 62 da Lei 8.213/1991. [RQ]

Gabarito "E".

(Juiz – TRF 4ª Região – 2016) Assinale a alternativa correta.

No plano do Regime Geral de Previdência Social:

(A) A empresa que pagar o salário-maternidade devido à gestante empregada será ressarcida pelo Instituto Nacional do Seguro Social, mediante apresentação de cobrança anual relativa a todos os benefícios da espécie pagos.

(B) O auxílio-reclusão será devido aos dependentes do segurado recolhido à prisão, desde que não tenha condenação definitiva, não receba remuneração da empresa nem esteja em gozo de auxílio-doença ou aposentadoria.

(C) A aposentadoria por idade será devida ao trabalhador rural que, exercendo atividade exclusivamente rural, cumprir a carência exigida em lei e completar 65 (sessenta e cinco) anos de idade, se homem, e 60 (sessenta), se mulher.

(D) A renda mensal da aposentadoria por tempo de serviço da mulher corresponderá a 70% do salário de benefício aos 25 (vinte e cinco) anos de serviço, mais 6%, para cada ano novo completo de atividade, até o máximo de 100% do salário de benefício aos 30 (trinta) anos de serviço, cumprida a carência exigida na lei.

(E) O aposentado por invalidez que necessitar de assistência permanente de outra pessoa terá direito ao acréscimo de 25% no benefício, até o limite máximo legal da aposentadoria do Regime Geral de Previdência Social, e terá esse valor incorporado à pensão.

A: incorreta. A empresa deverá compensar os valores pagos com o montante por ela devido a título de contribuição previdenciária (art. 94 do Decreto 3.048/1999); **B:** incorreta. O auxílio-reclusão é devido mesmo em caso de condenação definitiva, desde que o segurado esteja recolhido à prisão em regime fechado (art. 116, §5º, do Decreto 3.048/1999); **C:** incorreta. A aposentadoria por idade do trabalhador rural é reduzida em 5 anos, sendo concedida aos 60 anos de idade para o homem e aos 55 anos de idade para a mulher (art. 48, §1º, da Lei 8.213/1991); **D:** considerada como correta pelo gabarito oficial, por força do disposto no art. 53, I, da Lei 8.213/1991. A questão, porém, não é pacífica na doutrina, vez que parte dela entende que tal dispositivo foi revogado pela Emenda Constitucional 20/1998, que, ao dar nova redação ao art. 201, §7º, da CF, determinou que a aposentadoria por tempo de contribuição para a mulher só é assegurada após cumpridos 30 anos de contribuição. A EC nº 103/2019 reformulou por completo os requisitos para concessão de aposentadoria; **E:** incorreta. O acréscimo

de que trata a alternativa pode suporar o teto dos benefícios do RGPS e não se incorpora ao valor da pensão por morte (art. 45, parágrafo único, *a* e *c*, da Lei 8.213/1991). [RQ]

Gabarito "D".

(OAB/EXAME XXXVIII) Maria, empregada doméstica, deu à luz um menino. No mês em que seu filho nasceu, foram contabilizadas sete contribuições mensais feitas por ela para o Regime Geral de Previdência Social.

Em relação ao salário-maternidade solicitado por Maria, assinale a afirmativa correta.

(A) Ela tem direito, pois a concessão desse benefício para as empregadas domésticas independe de carência.

(B) Ela terá direito, desde que contribua por mais três meses para o Regime Geral de Previdência Social.

(C) Ela não tem direito, já que não cumpriu o período de carência para a concessão do benefício.

(D) Ela não tem direito, pois as empregadas domésticas não podem gozar desse benefício.

A: correta. A concessão de salário-maternidade para as seguradas contribuinte individual, segurada especial e facultativa requer carência de 10 (dez) contribuições mensais, conforme o art. 25, III, da Lei 8.213/1991. Contudo, o inciso VI do art. 26 desta mesma Lei afirma independer de carência a concessão de salário-maternidade para as seguradas empregada, trabalhadora avulsa e empregada doméstica;: Incorretas. Tratando-se de segurada empregada doméstica, o benefício de salário-maternidade independe de carência; **D:** Incorreta. Após a vigência da Lei Complementar 150/2015, o único benefício previdenciário ao qual a empregada doméstica não tem direito *ope iuris* é a aposentadoria especial (art. 64 do Decreto 3.048/1999). [RQ]

Gabarito "A".

(OAB/EXAME XXXIX) Marina, empregada doméstica, é casada com Pedro, trabalhador avulso. Ambos são pessoas de baixa renda. O casal possui 2 (dois) filhos, um com 7 (sete) anos e outro com 15 (quinze) anos, sendo este inválido. Marina contribui para a Previdência Social há 2 (dois) anos e Pedro iniciou a contribuição há 4 (quatro) meses.

Diante do caso narrado, assinale a afirmativa correta.

(A) Pedro não possui a carência mínima para receber o benefício do salário-família.

(B) Marina e Pedro não fazem jus ao salário-família por possuírem um filho maior de 14 (quatorze) anos.

(C) Marina e Pedro têm direito ao benefício do salário-família, na proporção do respectivo número de filhos.

(D) Pedro, na qualidade de trabalhador avulso, não possui direito ao benefício do salário-família.

A: Incorreta, uma vez que o salário-família independe de carência (art. 26, I, da Lei 8.213/1991); **B:** Incorreta. O salário-família é devido ao segurado de baixa renda na proporção do número de filhos ou equiparado de qualquer condição até 14 (quatorze) anos de idade, ou inválido de qualquer idade, que tiver (arts. 65 e 66 da Lei 8.213/1991 e art. 81 do Decreto 3.048/1999). Assim, o fato de o casal possuir um filho com idade superior a 14 anos de idade não significaria não fazerem jus às respectivas cotas do salário-mínimo devidas em razão do filho menor de 7 (sete) anos de idade. No caso concreto, tanto Pedro como Marina fazem jus a ambas as cotas (art. 82, §3º, do Decreto 3.048/1999), pois o filho com 15 (quinze) anos de idade é inválido; **C:** Correta, a rigor dos arts. 65 e 66 da Lei 8.213/91; **D:** Incorreta. O salário-família será devido, mensalmente, ao segurado empregado, inclusive o doméstico, e ao segurado trabalhador avulso, conforme o art. 65 da Lei 8.213/91. [RQ]

Gabarito "C".

19. DIREITO PREVIDENCIÁRIO 1153

(OAB/EXAME XXXIX) Henrique e Amanda foram casados por 30 anos. Em 02/03/2022, Amanda, que era segurada obrigatória do Regime Geral de Previdência Social, veio a óbito. Henrique fez o requerimento de pensão por morte ao INSS no dia 02/05/2022.

Segundo a Lei nº 8.213/91, assinale a afirmativa que indica a data a partir da qual Henrique terá direito ao benefício.

(A) Do requerimento, já que foi requerido 60 dias após o óbito.

(B) Do óbito, já que foi requerido em até 90 dias após o óbito.

(C) Da decisão judicial, já que Henrique perdeu o prazo para requerer o benefício administrativamente.

(D) Do óbito, independentemente da data em que foi feito o requerimento.

A: Incorreta. Nos termos do art. 74, I, da Lei 8.213/1991, a pensão por morte será devida a contar da data do óbito se requerida até noventa dias depois deste. A exceção são os filhos menores de 16 anos, hipótese na qual a pensão por morte será devida a partir da data do óbito se requerida em até cento e oitenta dias. Tendo transcorrido menos do que 90 dias entre 02/03/2022 e 02/05/2022, o benefício é devido desde a data do óbito; **B:** Correta, na esteira do art. 74, I, da Lei 8.213/1991; **C:** Incorreta. A data de eventual decisão judicial só será utilizada como data de início do benefício de pensão por morte no caso de morte presumida. Nas demais hipóteses o termo inicial será o óbito ou a data do requerimento administrativo; **D:** Incorreta. A data em que foi feito o requerimento é determinante para definir se a pensão por morte será devida desde o óbito ou não. **RO**
Gabarito "B".

Veja as seguintes tabelas, para estudo e memorização dos períodos de carência e das prestações que independem de carência:

Períodos de Carência – art. 25 do PBPS	
– auxílio-doença e aposentadoria por invalidez	12 contribuições mensais
– aposentadoria por idade, aposentadoria por tempo de serviço e aposentadoria especial	180 contribuições mensais
- auxílio-reclusão	24 contribuições mensais
– salário-maternidade para contribuintes individuais, seguradas especiais e facultativas	10 contribuições mensais. Em caso de antecipação do parto, o período é reduzido em número de contribuições equivalentes ao número de meses em que o parto foi antecipado. A segurada especial deve apenas comprovar atividade rural nos 12 meses anteriores ao início do benefício – art. 39, parágrafo único, do PBPS

Independem de Carência – art. 26 do PBPS
– pensão por morte, salário-família e auxílio-acidente;   – auxílio-doença e aposentadoria por invalidez;   – aposentadoria por idade ou por invalidez, auxílio-doença, auxílio-reclusão, pensão para o segurado especial, no valor de um salário-mínimo, desde que comprove o exercício de atividade rural, ainda que de forma descontínua, no período, imediatamente anterior ao requerimento do benefício, igual ao número de meses correspondentes à carência do benefício requerido;   – serviço social;   – reabilitação profissional;   – salário-maternidade para as seguradas empregada, trabalhadora avulsa e empregada doméstica.

5. SERVIDORES PÚBLICOS

(Juiz – TRF 2ª Região – 2017) Quanto ao regime de Previdência Social do servidor público federal, marque a opção correta:

(A) O servidor licenciado do cargo, sem direito à remuneração, para servir em organismo internacional do qual o Brasil é membro efetivo, e que contribua para outro regime de previdência social no exterior, mantém o seu vínculo com o regime do Plano de Seguridade Social do Servidor Público enquanto durar a licença.

(B) Ao servidor licenciado sem remuneração não é permitida a manutenção da vinculação ao regime do Plano de Seguridade Social do Servidor Público. Eventual recolhimento mensal da respectiva contribuição, ainda que no mesmo percentual devido pelos servidores em atividade, apenas se permite para efeito de filiação ao Regime Geral de Previdência (RGPS).

(C) Cessa a licença-gestante, de pleno direito, no caso de natimorto. Se for o caso, mediante laudo de junta médica, ela será convertida em licença saúde.

(D) O direito de requerer e, assim, obter a pensão por morte prescreve em cinco anos, contados do óbito ou da sua ciência.

(E) É vedada a possibilidade de cumular a pensão por morte instituída pelo falecido cônjuge com nova pensão por morte, caso o atual cônjuge faleça.

A: incorreta. No caso mencionado, é suspenso o vínculo com o Regime Próprio de Previdência, nos termos do art. 183, §2º, da Lei 8.112/1990; **B:** incorreta. Tal direito é previsto no art. 183, §3º, da Lei 8.112/1990; **C:** incorreta. A licença-gestante, no caso de natimorto, é de 30 dias, após o que a servidora será submetida a exame médico, e se julgada apta, reassumirá o exercício (art. 207, §3º, da Lei 8.112/1990); **D:** incorreta. A pensão pode ser requerida a qualquer tempo, prescrevendo somente as prestações devidas há mais de 5 anos (arts. 110, I, e, 219, ambos da Lei nº 8.112/1990 e súmula 85 do STJ); **E:** correta, nos termos do art. 225 da Lei 8.112/1990 e art. 24 da EC 103/2019. **RO**
Gabarito "E".

6. AÇÕES PREVIDENCIÁRIAS

(Juiz – TRF 4ª Região – 2016) Assinale a alternativa correta.

Relativamente ao julgamento do Supremo Tribunal Federal, em repercussão geral (RE 631.240/MG), que assentou entendimento sobre o interesse de agir e o prévio requerimento administrativo de benefício previdenciário:

(A) A falta de prévio requerimento administrativo de concessão de benefício deve implicar a extinção do processo judicial com resolução de mérito.

(B) Nas ações já ajuizadas no âmbito de Juizado Itinerante, a falta do prévio requerimento administrativo implicará a extinção do feito sem julgamento de mérito.

(C) Nas ações judiciais, mesmo que o Instituto Nacional do Seguro Social tenha apresentado contestação de mérito, aplica-se a extinção do feito sem resolução de mérito, em face da ausência de prévio requerimento administrativo.

(D) Nas ações em que estiver ausente o prévio requerimento administrativo, o feito será baixado em diligência ao Juízo de primeiro grau, onde permanecerá sobrestado, a fim de intimar o autor a dar entrada no pedido em até 30 dias, sob pena de extinção do processo por falta de interesse de agir.

(E) Nos casos em que estiver ausente o prévio requerimento administrativo e, baixado o feito em diligência, o interessado comprovar a postulação administrativa e o Instituto Nacional do Seguro Social, após intimação judicial, manifestar-se e indeferir o benefício, estará caracterizado o interesse de agir, e o feito deverá prosseguir, retornando ao Tribunal Regional Federal para julgamento.

A: incorreta. A extinção se dá sem resolução do mérito, porque falta interesse de agir, uma das condições da ação; **B:** incorreta. As ações ajuizadas em âmbito de Juizado Itinerante antes da decisão mencionada na questão foram excepcionadas, não se lhes aplicando a extinção do processo; **C:** incorreta. Entendeu o STF que, se o INSS apresentou contestação, ficou demonstrada a resistência à pretensão do segurado e, consequentemente, o interesse de agir; **D:** correta, nos exatos termos constantes do acórdão; **E:** incorreta. No caso concreto examinado, cabe ao Juízo de 1º grau apreciar a subsistência ou não do interesse de agir. HS
Gabarito "D".

7. ASSISTÊNCIA SOCIAL E SAÚDE

(Juiz – TRF5 – 2017 – CESPE) O benefício de prestação continuada concedido a pessoa com deficiência será suspenso no caso de o beneficiário

(A) receber a título de herança patrimônio capaz de prover sua manutenção.

(B) ser acolhido por instituição assistencial pública ou particular, como, por exemplo, abrigo ou instituição congênere.

(C) receber imóvel para fixação de residência, mediante doação de programa social concedido pelo poder público.

(D) completar dois anos de recebimento do benefício.

(E) passar a exercer atividade remunerada na condição de aprendiz.

A: correta. Um dos requisitos do benefício de prestação continuada é a ausência de meios de prover a própria subsistência (art. 20 da Lei 8.742/1993), de sorte que a obtenção de patrimônio que altere essa condição faz cessar o benefício; **B:** incorreta, por contrariar o disposto no art. 20, § 5º, da Lei 8.742/1993; **C:** incorreta. O fato de ter imóvel próprio, por si, não afasta o direito ao benefício; **D:** incorreta. O benefício será pago enquanto perdurarem as condições que autorizaram seu pagamento, revisadas essas a cada dois anos (art. 21 da Lei 8.742/1993); **E:** incorreta. Os proventos decorrentes de programa de aprendizagem não são contabilizados no cálculo da renda familiar *per capita* (art. 20, § 9º, da Lei 8.742/1993). HS
Gabarito "A".

(Juiz – TRF 3ª Região – 2016) Quanto à assistência à saúde, é correto afirmar:

(A) É um direito de acesso universal e igualitário às ações e aos serviços de saúde e de atendimento integral, com preferência para as atividades preventivas, sendo devido pelo Estado complementarmente aos serviços privados, podendo ser executado diretamente pelo Poder Público ou por intermédio de terceiros, pessoas físicas ou jurídicas.

(B) As ações e os serviços públicos de saúde integram uma rede regionalizada e hierarquizada, constituída na forma de um sistema único de saúde, financiado com recursos do orçamento da seguridade social e da União, não podendo, no caso da União, a receita líquida do respectivo exercício financeiro ser inferior a 15% (quinze por cento).

(C) A Agência Nacional de Saúde Suplementar – ANS é autarquia especial, vinculada ao Ministério da Saúde, com funções de regular, normatizar, controlar e fiscalizar as medidas sanitárias, cabendo aos Estados e Municípios e à rede privada a prestação dos serviços de saúde e vigilância sanitária em todo o território nacional.

(D) Entende-se por vigilância sanitária um conjunto de ações capaz de eliminar, diminuir ou prevenir riscos à saúde e de intervir nos problemas sanitários decorrentes do meio ambiente, da produção e circulação de bens e da prestação de serviços de interesse da saúde.

A: incorreta. O serviço de saúde é direito de todos e dever do Estado. Sua realização se dá através de políticas sociais e econômicas que visem à redução do risco de doença e de outros agravos e ao acesso universal e igualitário às ações e serviços para sua promoção, proteção e recuperação. (art. 196 da CF). Isso posto, é livre o seu exercício pela iniciativa privada, sendo que a eventual participação de instituições privadas no Sistema Único de Saúde se dá de modo complementar (art. 199, *caput* e §1º, da CF); **B:** incorreta. O financiamento do serviço de saúde é oriundo também dos orçamentos dos Estados, do Distrito Federal, dos Municípios e outras fontes (art. 198, §1º, da CF); **C:** incorreta. A ANS atua sobre a assistência suplementar à saúde (art. 1º da Lei 9.961/2000), assim entendido o serviço prestado por entidades privadas com finalidade de garantir assistência médica, hospitalar ou odontológica ("planos de saúde"). A competência para fiscalização sanitária é da Agência Nacional de Vigilância Sanitária – ANVISA; **D:** correta, nos termos do art. 6º, §1º, da Lei nº 8.080/1990. RO
Gabarito "D".

(Juiz – TRF 3ª Região – 2016) Considerando as assertivas abaixo, assinale a alternativa correta:

I. São diretrizes para a organização das ações governamentais na área da assistência social: a descentralização político-administrativa e a participação da população, por meio de organizações representativas.

19. DIREITO PREVIDENCIÁRIO 1155

II. A assistência social será prestada a quem dela necessitar, independentemente de contribuição, para subsistência da pessoa necessitada, portadora de deficiência e do idoso, cabendo à família do beneficiário contribuir com valor mensal correspondente a ¼ do salário mínimo *per capita*, nos termos da lei.

III. A renda mensal vitalícia, o benefício de prestação continuada, o auxílio-natalidade e os benefícios eventuais, previstos no artigo 22 da Lei Orgânica da Assistência Social – LOAS, são benefícios concedidos independentemente de requerimento e contribuição da pessoa necessitada e prestados com recursos do orçamento da seguridade social, como encargo de toda a sociedade, de forma direta ou indireta.

IV. O benefício de prestação continuada não pode ser acumulado pelo beneficiário com qualquer outro no âmbito da seguridade social ou de outro regime, excepcionados apenas o de assistência médica e da pensão especial de natureza indenizatória, não sendo também computados os rendimentos decorrentes de estágio supervisionado e de aprendizagem, para os fins de cumprimento do requisito da renda familiar mínima.

(A) As assertivas I e IV estão corretas.

(B) As assertivas I e III estão corretas.

(C) Apenas a assertiva III está incorreta.

(D) Apenas a assertiva I está correta.

I: correta, nos termos do art. 5º, I e II, da Lei 8.742/1993 (LOAS); **II:** incorreta. A assistência social será prestada a quem dela necessitar, independentemente de contribuição à seguridade social, nos termos do art. 203 da CF. Uma das prestações garantidas pela assistência social é o benefício de prestação continuada previsto no art. 20 da Lei nº 8.7423/1993, ao qual têm direitos os idosos e portadores de deficiência cuja renda mensal *per capita* seja inferior a um quarto do salário mínimo (art. 20, §3º, I, da Lei nº 8.742/1993 com a redação dada pela Lei 14.176/2021). Apesar do critério de ¼ do salário-mínimo ser constitucional, ele pode ser conjugado com outros fatores indicativos do estado de miserabilidade do indivíduo e de sua família, segundo a jurisprudência do STF firmada na Rcl 4.374, DJe 04/09/2013. Ademais, é preciso esclarecer que o critério da renda mensal para fins de concessão de benefício assistencial foi modificado pela Lei nº 14.176/2021. A pessoa com deficiência ou a pessoa idosa com renda familiar mensal *per capita* igual ou inferior a 1/4 (um quarto) do salário-mínimo tem direito ao benefício assistencial sem maiores considerações. Contudo, desde a promulgação da Lei 13.146/2015, o § 11 do art. 20 da LOAS afirma que para a concessão de tal benefício poderão ser utilizados outros elementos probatórios da condição de miserabilidade do grupo familiar e da situação de vulnerabilidade, conforme regulamento. Ou seja, o direito positivo não mais limita a aferição da miserabilidade exclusivamente ao critério da renda mensal renda familiar mensal *per capita* igual ou inferior a 1/4 (um quarto) do salário-mínimo. Indo mais além, a Lei 14.176/2021 inclui um § 11-A, neste mesmo art. 20 da LOAS, segundo o qual o regulamento poderá ampliar o limite de renda mensal *familiar per capita* previsto no § 3º deste artigo para até 1/2 (meio) salário-mínimo, observado o disposto no art. 20-B da mesma Lei. Este último dispositivo elenca os aspectos para ampliação do critério de aferição da renda familiar mensal *per capita*. São eles: i) o grau da deficiência; ii) a dependência de terceiros para o desempenho de atividades básicas da vida diária e; iii) o comprometimento do orçamento do núcleo familiar de que trata o § 3º do art. 20 da LOAS exclusivamente com gastos médicos, com tratamentos de saúde, com fraldas, com alimentos especiais e com medicamentos do idoso ou da pessoa com deficiência não disponibilizados gratuitamente pelo SUS, ou com serviços não prestados pelo SUAS, desde que comprovadamente necessários à preservação da saúde e da vida; **III:** incorreta. Todos eles

dependem de requerimento do interessado; **IV:** correta, nos termos do art. 20, §§4º e 9º, da Lei 8.742/1993. O aludido §4º do art. 20 da Lei 8.742/1993 recebeu nova redação pela Lei 14.601/2023, segundo a qual o benefício de que trata este artigo não pode ser acumulado pelo beneficiário com qualquer outro no âmbito da seguridade social ou de outro regime, salvo os da assistência médica e da pensão especial de natureza indenizatória, bem como as transferências de renda de que tratam o parágrafo único do art. 6º e o inciso VI do *caput* do art. 203 da CF e o *caput* e o § 1º do art. 1º da Lei nº 10.835/2004. RO **Gabarito "A".**

Veja a tabela seguinte, para estudo e memorização dos objetivos da assistência social:

Objetivos da Assistência Social – art. 203 da CF
– a proteção à família, à maternidade, à infância, à adolescência e à velhice
– o amparo às crianças e adolescentes carentes
– a promoção da integração ao mercado de trabalho
– a habilitação e reabilitação das pessoas portadoras de deficiência e a promoção de sua integração à vida comunitária
– a garantia de um salário-mínimo de benefício mensal à pessoa portadora de deficiência e ao idoso que comprovem não possuir meios de prover à própria manutenção ou de tê-la provida por sua família, conforme dispuser a lei
– a redução da vulnerabilidade socioeconômica de famílias em situação de pobreza ou de extrema pobreza

8. OUTROS TEMAS E MATÉRIAS COMBINADAS

(Juiz – TRF 2ª Região – 2017) Marque a opção que está de acordo com a atual disciplina constitucional relativa ao Regime Geral de Previdência (RGPS):

(A) A gratificação natalina dos aposentados e pensionistas terá por base a média dos valores dos proventos ao longo do ano.

(B) Quando se trata de aposentadoria por tempo de contribuição, a Constituição confere tratamento diferenciado a homens e mulheres, mas os requisitos etários se igualam quando se trata de aposentadoria exclusivamente por idade.

(C) A Constituição confere benesse aos professores, inclusive aos do ensino médio e superior, deferindo-lhes redução de 5 (cinco anos) do tempo de contribuição.

(D) A par dos casos previstos na própria Constituição, é vedada a adoção de requisitos e critérios diferenciados para a concessão de aposentadoria aos beneficiários do regime geral de previdência social, ressalvados os casos de atividades exercidas sob condições especiais que prejudiquem a saúde ou a integridade física e quando se tratar de segurados portadores de deficiência, nos termos definidos em lei complementar.

(E) A falta de referência, na atual Constituição, à importância de o regime de previdência preservar o equilíbrio atuarial e financeiro é um dos principais fatores do que hoje se chama de falência do sistema.

A: incorreta. A base de cálculo da gratificação natalina dos aposentados e pensionistas do RGPS é o valor do benefício em dezembro do respectivo ano (art. 201, §6º, da CF); **B:** incorreta. Mesmo na aposentadoria por idade, os requisitos são diferentes: 65 anos para o homem e 60 para a mulher (62 anos a partir da EC nº 103/2019), (art. 201, §7º, I, da

CF); **C**: incorreta. Aos professores do ensino superior não é conferida a redução no tempo de contribuição para aposentadoria (art. 201, §8º, da CF); **D**: correta, nos termos do art. 201, §1º, da CF; **E**: incorreta. O princípio da manutenção do equilíbrio atuarial e financeiro está previsto expressamente no art. 201, "caput", da CF. **RO**

Gabarito "D".

(Juiz – TRF 2ª Região – 2017) Analise as assertivas e, ao final, marque a opção correta:

I. É permitida a filiação ao regime geral de previdência social, na qualidade de segurado facultativo, à pessoa participante de regime próprio de previdência.

II. Quando o óbito do segurado, casado há mais de 2 (dois) anos, ocorre depois de vertidas mais de 18 (dezoito) contribuições mensais, a pensão em favor da viúva, que conta 35 anos de idade, será devida por prazo indeterminado.

III. Nos pedidos de benefício de prestação continuada regulados pela Lei nº 8.742/93 (LOAS), para adequada valoração dos fatores ambientais, sociais, econômicos e pessoais que impactam a participação da pessoa com deficiência na sociedade é necessária a avaliação por assistente social ou outras providências aptas a revelar a efetiva condição vivida pelo requerente no meio social.

(A) Apenas as assertivas II e III estão corretas.

(B) Apenas a assertiva III está correta.

(C) Todas estão corretas.

(D) Apenas as assertivas I e II estão corretas.

(E) Apenas as assertivas I e III estão corretas.

I: incorreta. É proibida a filiação como facultativo nesse caso (art. 201, §5º, da CF); **II**: incorreta. Nesse caso, o benefício será pago por 15 anos (art. 77, §2º, V, *c*, item 4, da Lei n. 8.213/91). Para que a pensão por morte seja vitalícia é preciso que o óbito ocorra depois de vertidas 18 (dezoito) contribuições mensais, que na data do óbito tenha decorrido pelo menos 2 (dois) anos do início do casamento ou da união estável e que *o beneficiário da pensão* tenha 44 anos de idade ou mais quando do óbito do segurado; **III**: correta, nos termos do art. 20, §6º, da Lei 8.742/1993. **RO**

Gabarito "B".

(Juiz – TRF 3ª Região – 2016) Assinale a alternativa correta:

(A) Ao segurado que completou 35 anos de serviço, se homem, ou 30 anos, se mulher, e optou por continuar em atividade é assegurado, se mais vantajoso, o direito à aposentadoria, nas mesmas condições legais da data do cumprimento dos requisitos necessários à concessão do benefício.

(B) Deve ser dirimido pelo Tribunal Regional Federal o conflito de competência entre juízos estadual e federal, instalado na ação em que se discute benefício decorrente de acidente do trabalho.

(C) A suspensão do pagamento do benefício previdenciário concedido mediante fraude não configura ofensa ao devido processo legal, devendo ser expedida a notificação de ciência ao segurado ou beneficiário, para conhecimento e apresentação de defesa.

(D) No âmbito da competência delegada, prevista no artigo 109, §3º, da Constituição da República, as causas de natureza previdenciária cujo valor não ultrapasse 60 (sessenta) salários mínimos serão processadas e julgadas nos juizados especiais estaduais.

A: correta, nos termos do art. 122 da Lei 8.213/1991. Com a promulgação da EC 103/2019 e suas múltiplas formas de concessão de aposentadoria, o art. 122 do PBPS deixa de incidir quando completados 35 ou 30 anos de serviço e passa a incidir quando o segurado tiver reunido os requisitos legais para se aposentar e optar por permanecer em atividade, nos termos do art. 181-D do Decreto nº 3.048/1999; **B**: incorreta. Compete ao Superior Tribunal de Justiça dirimir conflitos de competência entre juízos vinculados a tribunais diversos (art. 105, I, *d*, da CF) **C**: incorreta. O benefício somente pode ser suspenso **após** a notificação do beneficiário e julgamento administrativo de sua defesa, se apresentada (art. 11 da Lei 10.666/2003); **D**: incorreta. Na redação original do art. 109, §3º, da CF eram processadas na Justiça Estadual as ações de natureza previdenciária se na comarca não houvesse sido instalado um Juizado Especial Federal ou uma Vara Federal, independentemente do valor da causa. Após a EC 103/2019, o art. 109, §3º, da CF, passou a afirmar que lei poderá autorizar que as causas de competência da Justiça Federal em que forem parte instituição de previdência social e segurado possam ser processadas e julgadas na justiça estadual quando a comarca do domicílio do segurado não for sede de vara federal. Antes da modificação introduzida pela EC 103/2019 não era necessária autorização por lei, a competência delegada da Justiça Estadual advinha diretamente do texto constitucional. A Lei nº 13.876/2019 regulou a questão estabelecendo a competência da Justiça Estadual para processar e julgar as causas em que forem parte instituição de previdência social e segurado e que se referirem a benefícios de natureza pecuniária, quando a Comarca de domicílio do segurado estiver localizada a mais de 70 km (setenta quilômetros) de Município sede de Vara Federal. **RO**

Gabarito "A".

(Juiz – TRF 4ª Região – 2016) Assinale a alternativa correta.

(A) O benefício Pensão por Morte no Regime Geral de Previdência Social é devido, desde a data do requerimento, ao conjunto de dependentes do segurado que falecer aposentado ou não, quando requerido até 30 (trinta) dias do óbito.

(B) O princípio da universalidade, adotado no Brasil, garante acesso à Previdência Social, independentemente de qualquer condição, a todas as pessoas residentes no país, inclusive estrangeiros.

(C) A Constituição Federal autoriza a instituição de regime de previdência privada facultativo, de caráter complementar e organizado de forma autônoma em relação ao Regime Geral da Previdência Social, regulado por lei complementar e baseado na constituição de reservas que garantam o benefício contratado.

(D) A filiação obrigatória do segurado à Previdência Social decorre do exercício de atividade remunerada e depende de ato específico de registro perante o Instituto Nacional do Seguro Social.

(E) Para fins previdenciários, no ambiente residencial em que o empregado doméstico presta serviços, podem ser exercidas atividades com ou sem fins lucrativos.

A: incorreta. Nos termos da atual redação do art. 74, I, da Lei 8.213/1991, dada pela Lei 13.846/2019, a pensão por morte será devida a contar da data do óbito se requerida até noventa dias depois deste. A exceção são os filhos menores de 16 anos, hipótese na qual a pensão por morte será devida a partir da data do óbito se requerida em até cento e

19. DIREITO PREVIDENCIÁRIO 1157

oitenta dias. Na época do certame estava em vigor redação dada pela Lei 13.183/2015, segundo a qual a pensão por morte seria devida a contar do óbito se requerida até noventa dias depois deste, sem exceções.; **B:** incorreta. A previdência social tem caráter contributivo, ou seja, é acessível somente àqueles que pagam as contribuições previdenciárias (art. 201, "caput", da CF); **C:** correta, nos termos do art. 202 da CF; **D:** incorreta. A filiação à previdência social decorre automaticamente do exercício de atividade remunerada, para os segurados obrigatórios, e da inscrição formalizada com o pagamento da primeira contribuição, para o segurado facultativo (art. 20, §1º, do Decreto nº 3.048/1999); **E:** incorreta. O empregado doméstico se caracteriza somente em atividades sem fins lucrativos no âmbito residencial (art. 11, II, da Lei 8.213/1991). RO

Gabarito "C".

20. DIREITO FINANCEIRO

Filipe Venturini e Robinson Barreirinhas

1. PRINCÍPIOS E NORMAS GERAIS

Veja a seguinte tabela com os mais importantes princípios orçamentários, para estudo e memorização:

Princípios orçamentários	
Anualidade	A lei orçamentária é anual (LOA), de modo que suas dotações orçamentárias referem-se a um único exercício financeiro – art. 165, § 5°, da CF
Universalidade	A LOA inclui todas as despesas e receitas do exercício – arts. 3° e 4° da Lei 4.320/1964
Unidade	A LOA refere-se a um único ato normativo, compreendendo os orçamentos fiscal, de investimento e da seguridade social – art. 165, § 5°, da CF e art. 1° da Lei 4.320/1964. Ademais, cada esfera de governo (União, Estados, DF e Municípios) terá uma única LOA para cada exercício, o que também é indicado como princípio da unidade
Exclusividade	A LOA não conterá dispositivo estranho à previsão da receita e à fixação da despesa, admitindo-se a autorização para abertura de créditos suplementares e para contratação de operações de crédito – art. 165, § 8°, da CF
Equilíbrio	Deve haver equilíbrio entre a previsão de receitas e a autorização de despesas, o que deve também ser observado na execução orçamentária. Isso não impede a realização de *superávits* – ver art. 48, *b*, da Lei 4.320/1964 e art. 31, § 1°, II, da LRF (LC 101/2000)
Especificação, especialização ou discriminação	Deve haver previsão pormenorizada de receitas e despesas, não cabendo dotações globais ou ilimitadas – art. 167, VII, da CF e art. 5° da Lei 4.320/1964
Unidade de tesouraria	As receitas devem ser recolhidas em caixa único, sendo vedada qualquer fragmentação para criação de caixas especiais – art. 56 da Lei 4.320/1964
Não afetação ou não vinculação da receita dos impostos	É vedada a vinculação de receita de impostos a órgão, fundo ou despesa, com as exceções previstas no art. 167, IV, da CF

(Juiz – TRF5 – 2017 – CESPE) A respeito dos princípios orçamentários, assinale a opção correta.

(A) O princípio do equilíbrio orçamentário foi alterado para considerar a possibilidade da previsão de déficit nas contas públicas, desde que mantido em níveis controláveis e nos parâmetros impostos pela legislação.

(B) O princípio da transparência orçamentária diz respeito à necessidade de divulgação anual do orçamento para conhecimento, pelos cidadãos, da estimação de receita e despesa.

(C) O princípio da não afetação refere-se à impossibilidade de vinculação de impostos a determinadas despesas, salvo se a vinculação se referir exclusivamente ao pagamento de dívida pública.

(D) O princípio da especialidade ou especificação do orçamento define que somente o orçamento pode tratar de matéria orçamentária, podendo conter autorização para a abertura de créditos suplementares e operações de crédito.

(E) O princípio participativo orçamentário refere-se à possibilidade de o cidadão fazer representações perante os órgãos de controle interno e externo e de fiscalização para a apuração de fatos relacionados ao cumprimento do orçamento.

A: correta, sendo que a Constituição atual exige apenas que as operações de crédito não excedam o montante das despesas de capital (é a chamada regra de ouro – art. 167, III, da CF: Art. 167. "São vedados: (...) III – a realização de operações de créditos que excedam o montante das despesas de capital, ressalvadas as autorizadas mediante créditos suplementares ou especiais com finalidade precisa, aprovados pelo Poder Legislativo por maioria absoluta)". **Importante:** Denomina-se Regra de Ouro os dispositivos legais que vedam que os ingressos financeiros oriundos do endividamento (operações de crédito) sejam superiores às despesas de capital (investimentos, inversões financeiras e amortização da dívida). Assim como na meta de resultado primário e no teto dos gastos, a avaliação do cumprimento da regra de ouro ocorre legalmente ao final de cada exercício fechado (janeiro a dezembro de cada ano – disponível em < https://www.tesourotransparente.gov.br/visualizacao/painel-da-regra-de-ouro > acesso em 02.12.2023).); B: incorreta, pois o princípio da transparência é muito mais amplo, abrangendo por exemplo os dados da execução orçamentária (toda realização de receitas e despesas) – art. 48 da LRF; C: incorreta, pois há outras exceções à não afetação – art. 167, IV, da CF; D: incorreta, **pois o princípio da especificação, especialização ou discriminação** dispõe que deve haver previsão pormenorizada de receitas e despesas, não cabendo dotações globais ou ilimitadas – art. 167, VII, da CF e art. 5° da Lei 4.320/1964; E: incorreta, pois a alternativa refere-se ao chamado controle social – art. 74, § 2°, da CF. **FV**

Gabarito "A"

(Juiz – TJ-SC – FCC – 2017) Tendo em vista princípios de direito financeiro, é correto afirmar:

(A) O princípio do equilíbrio orçamentário significa que despesas e receitas projetadas devem se manter em níveis compatíveis umas frente às outras, vedando, portanto, a realização de *superávits*.

(B) O princípio da unidade de tesouraria determina que todas as receitas sejam recolhidas a conta única, vedada a criação de caixas especiais, à exceção dos fundos de despesa.

(C) A anualidade determina que as dotações orçamentárias do exercício seguinte sejam fixadas conforme exercício anterior.

(D) O orçamento especial da previdência social é a única exceção ao princípio na universalidade.

(E) É permitida a vinculação de receita de impostos a órgão ou fundo, exclusiva mente, para a despesas com educação.

A: incorreta, pois o equilíbrio orçamentário não impede a realização de *superávits* – art. 48, *b*, da Lei 4.320/64 e art. 31, § 1º, II, da LRF; **B: correta** – art. 56 da Lei 4.320/64 (Art. 56. O recolhimento de todas as receitas far-se-á em estrita observância ao princípio de unidade de tesouraria, vedada qualquer fragmentação para criação de caixas especiais.) Princípio da Unidade Orçamentária: Princípio orçamentário que estabelece que toda a programação dos orçamentos fiscal, da seguridade social e de investimento deve estar contida na LOA, ou seja, em um único diploma legal, de forma a evidenciar a política econômico-financeira e o programa de trabalho do governo. Disponível em < https://www.congressonacional.leg.br/legislacao-e-publicacoes/glossario-orcamentario/-/orcamentario/termo/principio_da_unidade_orcamentaria > acesso em: 02.12.2023; **C:** incorreta, pois não há essa imposição de identidade das dotações de um ano em relação ao anterior. A anualidade se refere ao período em que aplicável cada lei orçamentária – art. 165, § 5º, da CF; **D:** incorreta, lembrando que a lei orçamentária anual compreende, além do orçamento fiscal do ente político, o orçamento de investimento de empresas estatais e o orçamento da seguridade social, nos termos do art. 165, § 5º, da CF; **E:** incorreta, pois há outras hipóteses em que se admite a vinculação excepcional da receita de impostos – art. 167, IV, da CF. **FV**

Gabarito "B".

2. LEIS ORÇAMENTÁRIAS (PPA – PLANO PLURIANUAL; LDO – LEI DE DIRETRIZES ORÇAMENTÁRIAS; LOA – LEI ORÇAMENTÁRIA ANUAL)

(OAB/Exame XXXVIII) O Presidente da República está elaborando projeto de lei que estabelece, de forma regionalizada, as diretrizes, objetivos e metas da Administração Pública federal para as despesas de capital e outras delas decorrentes e para as relativas aos programas de duração continuada.

Diante desse cenário, assinale a afirmativa correta.

(A) A matéria tratada em tal projeto de lei objetiva instituir a Lei de Diretrizes Orçamentárias, a qual deve ser aprovada por quórum de maioria simples no Congresso Nacional.

(B) Tal projeto versa sobre a Lei de Diretrizes Orçamentárias e se submete à reserva de lei complementar.

(C) Embora institua o Plano Plurianual, tal projeto de lei necessita ser aprovado por quórum de maioria absoluta no Congresso Nacional.

(D) Trata-se de projeto de lei que institui o Plano Plurianual, a ser veiculado por meio de lei ordinária.

A alternativa **correta é a "D"**, assim, e para tal conclusão, observamos a Constituição Federal no que se refere as respectivas leis contidas no artigo 165, I, II e III. Neste aspecto, importante salientar que quando omissa a CF sobre o fato de ser Complementar ou Ordinária, explicitando apenas "Lei/Leis", esta poderá ser editada como Lei Ordinária, seguindo os parâmetros da maioria absoluta dos membros de cada casa do Congresso Nacional e das suas Comissões (art. 47, CF). Assim, *as*

Leis Orçamentárias são atos normativos editados sob a forma de Leis *Ordinárias*. Em suma, no que se refere a exatidão da questão, esta é concernente ao Plano Plurianual, conforme artigo 165, I da CF (Art. 165. Leis de iniciativa do Poder Executivo estabelecerão: **I – o plano plurianual**; II – as diretrizes orçamentárias; III – os orçamentos anuais. § 1º A **lei que instituir o plano plurianual** estabelecerá, de forma regionalizada, as diretrizes, objetivos e metas da administração pública federal para as despesas de capital e outras delas decorrentes e para as relativas aos programas de duração continuada). Dica 01: PPA (Plano plurianual); LDO: Lei de Diretrizes Orçamentaria; LOA: Lei Orçamentaria Anual. Dica 02: **Plano Plurianual (PPA):** Lei de iniciativa do Presidente da República que estabelece, de forma regionalizada, as diretrizes, objetivos e metas da administração pública federal para as despesas de capital e outras delas decorrentes e para as relativas aos programas de duração continuada. É elaborado e encaminhado até quatro meses antes do encerramento do exercício financeiro do primeiro ano do mandato presidencial e orienta o planejamento orçamentário para os quatro anos subsequentes. Disponível em < https://www.congressonacional.leg.br/legislacao-e-publicacoes/glossario-orcamentario/-/orcamentario/termo/plano_plurianual_ppa#:~:text=Conceito%20Geral%3A%20Lei%20Ordin%C3%A1ria%20. > acesso em 18 de dezembro 2023. **FV**

Gabarito "D".

(OAB/Exame XXXIX) Em um determinado ano, diante de grave impasse entre o Poder Executivo federal e o Congresso Nacional, o que vem dificultando a aprovação das leis orçamentárias, e em face da relevância e urgência em autorizar a realização de uma série de despesas públicas, o chefe do Poder Executivo avalia a hipótese de adotar Medidas Provisórias para legislar sobre o tema, especialmente sobre o plano plurianual, diretrizes orçamentárias, orçamento anual, abertura de créditos suplementares, especiais e extraordinários.

Diante desse cenário, à luz da CRFB/88, assinale a afirmativa correta.

(A) A Medida Provisória pode ser usada apenas para abrir crédito suplementar ou especial voltado a atender a despesas de saúde e educação.

(B) A instituição da lei de diretrizes orçamentárias e da lei do orçamento anual, em caso de urgência e relevância, pode ser feita por Medida Provisória, mas não a instituição do Plano Plurianual.

(C) A abertura de crédito extraordinário por meio de Medida Provisória somente será admitida para atender a despesas imprevisíveis e urgentes, como as decorrentes de guerra, comoção interna ou calamidade pública.

(D) A Medida Provisória para dispor sobre qualquer matéria orçamentária, pode ser editada, desde que haja relevância e urgência, e que seja aprovada pelo Congresso Nacional no prazo de 60 (sessenta) dias.

A alternativa **correta é a "C"**, para tal, observamos o artigo 167, §3º, da CF (Art. 167. São vedados: (...) § 3º A abertura de crédito extraordinário somente será admitida para atender a despesas imprevisíveis e urgentes, como as decorrentes de guerra, comoção interna ou calamidade pública, observado o disposto no art. 62. Assim, por oportuno, apontamos também o artigo 62 da Constituição Federal, que denota as possibilidades, em caso de relevância e urgência, da edição de medidas provisórias, com importante leitura para provas da OAB que se manifestam em objetiva leitura dos artigos da CF (Art. 62. Em caso de relevância e urgência, o Presidente da República poderá adotar medidas provisórias, com força de lei, devendo submetê-las de imediato ao Congresso Nacional. § 1º É vedada a edição de medidas

20. DIREITO FINANCEIRO   1161

provisórias sobre matéria: (...) d) planos plurianuais, diretrizes orçamentárias, orçamento e créditos adicionais e suplementares, ressalvado o previsto no art. 167, § 3º;). Desta forma, a alternativa apontada como correta é a cominação exata dos artigos 167, § 3º e 62, § 1º, "d", da Constituição Federal. FV

Gabarito "C".

(Juiz – TRF5 – 2017 – CESPE) O orçamento moderno, diferentemente do orçamento tradicional, é instrumento de planejamento governamental e necessário para a consecução das políticas públicas. A respeito desse assunto, que envolve o conceito de orçamento e princípios orçamentários, assinale a opção correta.

(A) O orçamento moderno trabalha com a ideia central de que os recursos a serem arrecadados devem servir à aquisição de meios para fazer face exclusivamente às despesas contingenciais.

(B) O orçamento público é um instrumento que confere ao Poder Executivo poder discricionário para a reformulação de políticas públicas, sem a necessidade de autorização legislativa para tanto.

(C) O orçamento público moderno deve garantir o equilíbrio fiscal, por meio do cumprimento das metas de resultados fiscais estipuladas.

(D) O orçamento moderno, assim como o tradicional, exige que as receitas sejam matematicamente iguais às despesas.

(E) A concepção moderna de orçamento público enfatiza seu aspecto contábil e gerencial, distanciando-se da avaliação de eficiência e efetividade.

A: incorreta, pois as receitas não se referem apenas a despesas contingenciais, devendo suportar todas as despesas, inclusive as correntes e de capital; B: incorreta, pois a LOA é autorização legislativa para a realização das despesas; **C: correta** – art. 1º, § 1º, da LRF (Art. 1º Esta Lei Complementar estabelece normas de finanças públicas voltadas para a responsabilidade na gestão fiscal, com amparo no Capítulo II do Título VI da Constituição. § 1º A responsabilidade na gestão fiscal pressupõe a ação planejada e transparente, em que se previnem riscos e corrigem desvios capazes de afetar o equilíbrio das contas públicas, mediante o cumprimento de metas de resultados entre receitas e despesas e a obediência a limites e condições no que tange a renúncia de receita, geração de despesas com pessoal, da seguridade social e outras, dívidas consolidada e mobiliária, operações de crédito, inclusive por antecipação de receita, concessão de garantia e inscrição em Restos a Pagar); D: incorreta, pois admitem-se déficits, desde que observada a regra de ouro (exige-se que as operações de crédito não excedam o montante das despesas de capital– art. 167, III, da CF); E: incorreta, pois o chamado orçamento-programa não se afasta do princípio da eficiência. Pelo contrário, deve ser instrumento para seu atingimento – art. 37, *caput*, da CF. FV

Gabarito "C".

(Juiz – TJ/RJ – VUNESP – 2016) O orçamento fiscal referente aos Poderes da União, seus fundos, órgãos e entidades da Administração direta e indireta, inclusive fundações instituídas e mantidas pelo Poder Público está compreendido na lei

(A) do plano diretor.

(B) do orçamento anual.

(C) de diretrizes orçamentárias.

(D) de responsabilidade fiscal.

(E) orgânica.

A: incorreta, considerando que o plano diretor se refere a normas urbanísticas – art. 182, § 1º, da CF; **B: correta**, conforme o art. 165, § 5º, I, da CF (Art. 165. Leis de iniciativa do Poder Executivo estabelecerão: (...) § 5º A lei orçamentária anual compreenderá: (...) I – o orçamento fiscal referente aos Poderes da União, seus fundos, órgãos e entidades da administração direta e indireta, inclusive fundações instituídas e mantidas pelo Poder Público;) Importante: **Orçamento Fiscal** – Parcela do orçamento que compreende as dotações referentes aos Poderes da União, seus fundos, órgãos e entidades da administração direta e indireta, inclusive fundações instituídas e mantidas pelo Poder Público, excluindo-se as dotações destinadas à seguridade social e as relativas aos investimentos das estatais não dependentes. Disponível em < https://www.congressonacional.leg.br/legislacao-e-publicacoes/glossario-orcamentario/-/orcamentario/termo/orcamento_fiscal > acesso em: 02.12.2023; C: incorreta, pois a LDO compreende as metas e prioridades da administração pública federal, incluindo as despesas de capital para o exercício financeiro subsequente, orienta a elaboração da lei orçamentária anual, dispõe sobre as alterações na legislação tributária e estabelece a política de aplicação das agências financeiras oficiais de fomento – art. 165, § 2º, da CF; D: incorreta, pois a LRF é norma nacional, não compreende especificamente os orçamentos anuais, que estão em leis de cada ente político brasileiro; E: incorreta, pois a lei orgânica é a norma maior dos Municípios e Distrito Federal, não dispondo especificamente dos orçamentos anuais de cada ente – arts. 29 e 32 da CF. FV

Gabarito "B".

3. RECEITA PÚBLICA

(OAB/Exame XXXIX) O deputado federal José, por meio das emendas individuais impositivas constitucionalmente previstas que a ele competem, deseja destinar recursos para o Município *Alfa*. Contudo, deseja fazê-lo por meio de repasses diretos ao referido Município, independentemente de celebração de convênio ou de instrumento congênere.

Assinale a opção que indica o instrumento constitucional que ele deve adotar.

(A) Transferência especial.

(B) Transferência com finalidade definida.

(C) Transferência individual.

(D) Transferência extraordinária.

A alternativa **correta é a "A"**, assim, o instrumento constitucional correto a ser adotado para o formato de repasse direto para o município, independente da celebração de convênio ou de instrumento congênere apontado na questão, será à **transferência especial**, visto que, o artigo 166-A, §2º, I, da CF assim determina (Art. 166-A. As emendas individuais impositivas apresentadas ao projeto de lei orçamentária anual poderão alocar recursos a Estados, ao Distrito Federal e a Municípios por meio de: I – transferência especial; ou (...) § 2º Na transferência especial a que se refere o inciso I do caput deste artigo, os recursos: I – serão repassados diretamente ao ente federado beneficiado, independentemente de celebração de convênio ou de instrumento congênere). FV

Gabarito "A".

(Juiz – TJ/CE – 2018 – CESPE) O governador de determinado estado da Federação pretende conceder isenção tributária de caráter não geral por meio de projeto de lei. A proposta de legislação contém a demonstração de que a renúncia foi considerada na estimativa de receita da lei orçamentária do respectivo estado, na forma da lei de diretrizes orçamentárias.

Nessa situação hipotética, considerando que a Lei de Responsabilidade Fiscal e os demais requisitos legais tenham sido observados no projeto governamental, uma das medidas exigíveis é que o projeto

(A) contenha declaração do ordenador da despesa de que a isenção tem adequação orçamentária e financeira e compatibilidade com o plano plurianual.

(B) esteja necessariamente acompanhado de medidas de compensação referentes somente ao exercício em que deva se iniciar a sua vigência.

(C) demonstre que a isenção não afetará as metas de resultado fiscal previstas no anexo próprio da lei de diretrizes orçamentárias.

(D) comprove que a isenção não implicará tratamento tributário diferenciado.

(E) mostre que a queda de arrecadação será compensada com o aumento permanente da receita ou com a redução contínua da despesa.

No caso de demonstração de que a renúncia de receita foi considerada na estimativa da LOA, exige-se ainda que demonstração de que não afetará as metas de resultados fiscais prevista no anexo próprio da LDO, conforme o art. 14, I, da LRF (Art. 14. A concessão ou ampliação de incentivo ou benefício de natureza tributária da qual decorra renúncia de receita deverá estar acompanhada de estimativa do impacto orça-mentário-financeiro no exercício em que deva iniciar sua vigência e nos dois seguintes, atender ao disposto na lei de diretrizes orçamentárias e a pelo menos uma das seguintes condições: I – demonstração pelo proponente de que a renúncia foi considerada na estimativa de receita da lei orçamentária, na forma do art. 12, e de que não afetará as metas de resultados fiscais previstas no anexo próprio da lei de diretrizes orçamentárias;). Por essa razão, a alternativa **"C" é a correta**. FV
Gabarito "C".

(Juiz – TRF 2ª Região – 2017) Sobre a renúncia de receitas na Lei de Responsabilidade Fiscal (Lei Complementar nº 101/2000), assinale a opção correta:

(A) A legalidade da concessão de benefício de natureza tributária da qual decorra renúncia de receita estará garantida, sob o ponto de vista da Lei Complementar nº 101, desde que esteja acompanhada de estimativa do impacto orçamentário-financeiro no exercício em que deva iniciar sua vigência e nos dois seguintes.

(B) A redução nas alíquotas do imposto de produtos industrializados (IPI), em razão de seu impacto sobre a arrecadação federal, submete-se aos requisitos para renúncia de receitas estabelecidos pela Lei de Responsabilidade Fiscal.

(C) Quando o ato de concessão ou ampliação do incentivo ou benefício do qual decorra renúncia de receita estiver condicionado à implementação de medidas de compensação, o benefício só entrará em vigor 90 (noventa) dias após implementadas tais medidas.

(D) É facultativo o exercício da competência tributária pelos entes federados, razão pela qual o ente que não instituir todos os impostos de sua competência pode, nos termos da Lei de Responsabilidade Fiscal, continuar a receber transferências obrigatórias e voluntárias.

(E) O cancelamento de débito cujo montante seja inferior ao dos respectivos custos de cobrança não é considerado, pela Lei de Responsabilidade Fiscal, como renúncia de receita.

A: incorreta, pois não basta a estimativa de impacto, sendo necessário a atendimento às disposições da LDO e a pelo menos uma das condições listadas nos incisos do art. 14 da LRF; **B:** incorreta, pois a alteração das alíquotas dos impostos de carga fortemente extrafiscal listados no art. 14, § 3º, I, da LRF é dispensada das medidas para renúncia de receita estabelecidas nesse artigo; **C:** incorreta, pois o benefício entra em vigor assim que implementadas as medidas – art. 14, § 2º, da LRF; **D:** incorreta, pois a LRF traz sanção para o ente que não instituir e cobrar efetivamente os impostos de sua competência, que é a vedação de transferências voluntárias, nos termos do art. 11, parágrafo único, da LRF, com a exceção do art. 25, § 3º, da mesma lei; **E: correta** – art. 14, § 3º, II, da LRF (Art. 14. A concessão ou ampliação de incentivo ou benefício de natureza tributária da qual decorra renúncia de receita deverá estar acompanhada de estimativa do impacto orçamentário--financeiro no exercício em que deva iniciar sua vigência e nos dois seguintes, atender ao disposto na lei de diretrizes orçamentárias e a pelo menos uma das seguintes condições: (...) § 3º O disposto neste artigo não se aplica: (...) II – ao cancelamento de débito cujo montante seja inferior ao dos respectivos custos de cobrança.) FV
Gabarito "E".

4. PRECATÓRIOS

(OAB/Exame XXXVIII) João ganhou uma ação movida em face do Estado Gama, na qual este foi condenado a pagar o equivalente a 30 salários mínimos a título de danos morais pelo uso indevido de sua imagem em uma publicidade institucional do governo estadual. A ação transitou em julgado em 15 de julho de 2022.

Seu advogado verifica que não há legislação específica estadual acerca de prazos e limites de valores sobre pagamentos pela Fazenda Pública em caso de condenação judicial.

Diante desse cenário, e à luz da Constituição Federal de 1988, João receberá o valor a que tem direito

(A) por meio de precatório alimentar, que tem prioridade em relação aos demais, dentro do próprio ano do trânsito em julgado.

(B) por meio de Requisição de Pequeno Valor (RPV).

(C) por meio de precatório comum, a ser pago no ano seguinte ao do trânsito em julgado da condenação judicial.

(D) em dinheiro, no prazo máximo de 15 (quinze) dias contados da intimação da Fazenda Pública do trânsito em julgado da ação, através de transferência bancária entre a instituição financeira que administra o tesouro estadual e o banco em que João tem sua conta.

O gabarito **correto é o "B"**, conforme podemos observar o artigo 100, § 3º, da CF (Art. 100. Os pagamentos devidos pelas Fazendas Públicas Federal, Estaduais, Distrital e Municipais, em virtude de sentença judiciária, far-se-ão exclusivamente na ordem cronológica de apresentação dos precatórios e à conta dos créditos respectivos, proibida a designação de casos ou de pessoas nas dotações orçamentárias e nos créditos adicionais abertos para este fim. (...) § 3º O disposto no *caput* deste artigo relativamente à expedição de precatórios não se aplica aos pagamentos de **obrigações definidas em leis como de pequeno valor que as Fazendas referidas devam fazer em virtude de sentença judicial transitada em julgado**). Neste sentido, complementamos com o direcionamento da leitura observada do art. 87, dos Atos das Disposições Constitucionais Transitórias, que fala sobre os débitos ou obrigações consignadas em precatório judiciário (Art. 87, ADCT: Para efeito do que dispõem o § 3º do art. 100 da Constituição Federal e o art. 78 deste Ato das

Disposições Constitucionais Transitórias serão consideradas de pequeno valor, até que se dê a publicação oficial das respectivas leis definidoras pelos entes da Federação, observado o disposto no § 4º do art. 100 da Constituição Federal, os débitos ou obrigações consignados em precatório judiciário, que tenham valor igual ou inferior a: I – **quarenta salários-mínimos, perante a Fazenda dos Estados e do Distrito Federal**; II – trinta salários-mínimos, perante a Fazenda dos Municípios. Parágrafo único. Se o valor da execução ultrapassar o estabelecido neste artigo, o pagamento far-se-á, sempre, por meio de precatório, sendo facultada à parte exequente a renúncia ao crédito do valor excedente, para que possa optar pelo pagamento do saldo sem o precatório, da forma prevista no § 3º do art. 100.). FV

Gabarito "B".

(Juiz – TRF5 – 2017 – CESPE) Pagamentos devidos pela fazenda pública federal, estadual, distrital e municipal em virtude de sentença judiciária deverão ser feitos exclusivamente na ordem cronológica de apresentação dos precatórios. Conforme o entendimento do STF, é aplicável o regime de precatório apenas à

(A) União, aos estados, ao Distrito Federal, aos municípios, às autarquias, às fundações públicas, às empresas públicas e às sociedades de economia mista prestadoras de serviço público próprio do Estado.

(B) União, aos estados, ao Distrito Federal, aos municípios, às autarquias, às fundações públicas, às empresas públicas, às sociedades de economia mista prestadoras de serviço público próprio do Estado e aos conselhos profissionais.

(C) União, aos estados, ao Distrito Federal e aos municípios.

(D) União, aos estados, ao Distrito Federal, aos municípios, às autarquias e às fundações públicas.

(E) União, aos estados, ao Distrito Federal, aos municípios, às autarquias, às fundações públicas e aos conselhos profissionais.

A: correta – ver RE 1.009.828AgR/RJ – disponível em < https://redir.stf.jus.br/paginadorpub/paginador.jsp?docTP=TP&docID=748148575 >; **B e E**: incorretas, pois os conselhos de fiscalização não se submetem ao regime de precatórios – RE 938.837/SP-repercussão geral; **C e D**: incorretas, pois também as empresas públicas e sociedades de economia mista que prestam serviços públicos próprios do Estado sujeitam-se ao regime dos precatórios, conforme comentário anterior. FV

Gabarito "A".

5. LEI DE RESPONSABILIDADE FISCAL

(Juiz de Direito – TJ/BA – 2019 – CESPE/CEBRASPE) De acordo com a LRF, a concessão ou ampliação de incentivo ou benefício de natureza tributária da qual decorra renúncia de receita deverá, entre outras condições, estar acompanhada de estimativa do impacto orçamentário-financeiro no exercício em que deva se iniciar sua vigência e nos dois seguintes. Para os efeitos dessa regra, são exemplos de renúncia de receita

(A) o crédito presumido, a concessão de isenção em caráter geral e a modificação de base de cálculo, ainda que esta última não implique redução discriminada de tributos.

(B) a anistia, a remissão e a modificação de base de cálculo, ainda que não impliquem redução discriminada de tributos.

(C) o crédito presumido, o subsídio e o aumento de alíquotas para a majoração discriminada de tributos.

(D) a remissão, a concessão de isenção em caráter geral e o crédito presumido.

(E) a anistia, a remissão e a concessão de isenção em caráter não geral.

Nos termos do art. 14, § 1º, da LRF, a renúncia de receita compreende anistia, remissão, subsídio, crédito presumido, concessão de isenção em caráter não geral, alteração de alíquota ou modificação de base de cálculo que implique redução discriminada de tributos ou contribuições, e outros benefícios que correspondam a tratamento diferenciado. **A, e B**: incorretas, pois somente a modificação da base de cálculo que implique redução discriminada de tributos ou contribuições é considerada renúncia de receita para fins do art. 14, da LRF; **C**: incorreta, pois a majoração de tributos não é, evidentemente, renúncia de receita; **D**: incorreta, pois somente a isenção de caráter não geral é considerada renúncia de receita para fins do art. 14, da LRF; **E: correta**, conforme comentários iniciais (Art. 14. A concessão ou ampliação de incentivo ou benefício de natureza tributária da qual decorra renúncia de receita deverá estar acompanhada de estimativa do impacto orçamentário-financeiro no exercício em que deva iniciar sua vigência e nos dois seguintes, atender ao disposto na lei de diretrizes orçamentárias e a pelo menos uma das seguintes condições: (...) § 1º A renúncia compreende anistia, remissão, subsídio, crédito presumido, concessão de isenção em caráter não geral, alteração de alíquota ou modificação de base de cálculo que implique redução discriminada de tributos ou contribuições, e outros benefícios que correspondam a tratamento diferenciado). FV

Gabarito "E".

(Juiz – TRF 2ª Região – 2017) À luz da Lei Complementar nº 101/2000 (Lei de Responsabilidade Fiscal – LRF), assinale a opção correta:

(A) É vedado a Estados e Municípios – e permitido à União Federal – conceder garantia em operações de crédito externas.

(B) Em regra, instituição financeira que contrate operação de crédito com ente da Federação fica dispensada de exigir comprovação de que a operação atende às condições e limites estabelecidos na Lei de Responsabilidade Fiscal.

(C) A Caixa Econômica Federal, em razão da proibição de operação de crédito entre instituição financeira estatal e o ente da Federação que a controla, está impedida de adquirir títulos da dívida de emissão da União Federal.

(D) O Banco Central do Brasil está impedido de comprar diretamente títulos emitidos pela União, salvo para refinanciar a dívida mobiliária federal que estiver vencendo na sua carteira.

(E) É absolutamente vedado ao Tesouro Nacional adquirir títulos da dívida pública federal existentes na carteira do Banco Central do Brasil.

A: incorreta, pois Estados e Municípios também podem conceder garantias, observadas as normas do art. 40 da LRF; **B**: incorreta, pois em regra há essa obrigação, nos termos do art. 33 da LRF; **C**: incorreta, pois a vedação desse tipo de operação de crédito não impede a aquisição de títulos da dívida emitidos pela União – art. 36, parágrafo único, da LRF; **D**: **correta** – art. 39, § 2º, da LRF (Art. 39. Nas suas relações com ente da Federação, o Banco Central do Brasil está sujeito às vedações constantes do art. 35 e mais às seguintes: (...) § 2º O Banco Central do Brasil só poderá comprar diretamente títulos emitidos pela União para refinanciar a dívida mobiliária federal que estiver vencendo na sua

1164 · FILIPE VENTURINI E ROBINSON BARREIRINHAS

carteira); **E:** incorreta, pois há possibilidade de adquirir títulos para reduzir a dívida mobiliária – art. 39, § 4º, da LRF. **FV**

Gabarito "D".

6. OUTROS TEMAS E COMBINADOS

(Juiz de Direito – TJ/SC – 2019 – CESPE/CEBRASPE) De acordo com a Lei 4.320/1964, classificam-se como inversões financeiras as dotações orçamentárias destinadas

(A) a despesas às quais não corresponda contraprestação direta em bens ou serviços, bem como as destinadas a obras de conservação e adaptação de bens imóveis.

(B) a obras de conservação e adaptação de bens imóveis e ao aumento do capital de empresas que visem a objetivos financeiros.

(C) ao aumento do capital de empresas que visem a objetivos financeiros, bem como as destinadas ao planejamento e à execução de obras.

(D) ao planejamento e à execução de obras e à aquisição de bens de capital já em utilização.

(E) à aquisição de bens de capital já em utilização e ao aumento do capital de empresas que visem a objetivos financeiros.

A: incorreta, pois a assertiva se refere a transferências correntes – art. 12, § 2º, da Lei 4.320/1964; **B:** incorreta, pois as obras são investimentos – art. 12, § 4º, da Lei 4.320/1964. O aumento de capital de empresas que visem a objetivos comerciais ou financeiros é classificado como inversão financeira – art. 12, § 5º, III, da Lei 4.320/1964; **C** e **D:** incorretas, pois o planejamento e a execução de obras referem-se a investimentos, não a inversões financeiras – art. 12, § 4º, da Lei 4.320/1964. A aquisição de imóveis ou bens de capital já em utilização é inversão financeira – art. 12, § 5º, I, da Lei 4.320/1964; **E: correta** – art. 12, § 5º, I e III, da Lei 4.320/1964 (Art. 12. A despesa será classificada nas seguintes categorias econômicas: (...) § 5º Classificam-se como Inversões Financeiras as dotações destinadas a: I – **aquisição de imóveis, ou de bens de capital já em utilização**; II – aquisição de títulos representativos do capital de empresas ou entidades de qualquer espécie, já constituídas, quando a operação não importe aumento do capital; III – constituição ou **aumento do capital de entidades ou empresas que visem a objetivos comerciais ou financeiros**, inclusive operações bancárias ou de seguros). **FV**

Gabarito "E".

ANOTAÇÕES